Herbert Hömig

BRÜNING

Politiker ohne Auftrag

Herbert Hömig

BRÜNING

Politiker ohne Auftrag

Zwischen Weimarer
und Bonner Republik

Ferdinand Schöningh
Paderborn · München · Wien · Zürich

Bibliografische Information Der Deutschen Bibliothek

Die Deutsche Bibliothek verzeichnet diese Publikation in der Deutschen Nationalbibliografie; detaillierte bibliografische Daten sind im Internet über http://dnb.ddb.de abrufbar.

Umschlaggestaltung: Evelyn Ziegler, München

Gedruckt auf umweltfreundlichem, chlorfrei gebleichtem und alterungsbeständigem Papier ⊗ ISO 9706

© 2005 Ferdinand Schöningh, Paderborn
(Verlag Ferdinand Schöningh GmbH, Jühenplatz 1, D-33098 Paderborn)

Alle Rechte vorbehalten. Dieses Werk sowie einzelne Teile desselben sind urheberrechtlich geschützt. Jede Verwertung in anderen als den gesetzlich zugelassenen Fällen ist ohne vorherige schriftliche Zustimmung des Verlages nicht zulässig.

Printed in Germany. Herstellung: Ferdinand Schöningh, Paderborn

ISBN 3-506-72938-1

INHALT

Vorbemerkungen 9

I. DAS NACHSPIEL DER KANZLERSCHAFT 16
   1. In der Opposition zu Papen 16
      Die Reparationskonferenz von Lausanne – Kritik an Papens Verhandlungen – Spitzenkandidat der Zentrumspartei – Der »Preußenschlag« vom 20. Juli 1932 – Angebot an Papen – Die Reichstagswahlen vom 31. Juli – Kontroverse um den »Neuen Staat« – Der Eklat vom 13. August – Kontakte zwischen Zentrum und NSDAP – Die Neuwahl des Reichstagspräsidiums – Zähmung oder Sammlung? – Das Mißtrauensvotum gegen Papen – Die neuerliche Auflösung des Reichstages

   2. Tolerierung und Unterstützung Schleichers 41
      Die Folgen der Novemberwahlen – Staatsstreich oder »Nationale Sammlung« – Schleichers Querfront-Konzept – Der Sturz Papens -Die Regierung Schleicher – Die »Gewerkschaftsfront« – Regierungskrise – Machenschaften gegen Schleicher – Das Zentrum im Zwielicht – Papen als homo regius – Die Formierung der Gegenkräfte – Die Schwäche des Zentrums – Die Osthilfe und Hindenburg – Vertagung des Reichstages? – Brüning unterstützt Schleicher gegen Hindenburg – Schleichers Sturz

   3. Der Kampf gegen Hitler 79
      Die Haltung der Gewerkschaften und der Reichswehr – Das Kabinett Hitler: Kaas' Hoffnungen und Illusionen – Letzte Begegnung mit Schleicher – Brüning im Wahlkampf – Die Kampagne für das Ermächtigungsgesetz – Spannungen in der Zentrumsfraktion – Terror im Reichstag – Die Entscheidung des Zentrums – Die Forderung nach Verfassungsgarantien – Die Annahme des Ermächtigungsgesetzes – Appell an Hindenburg – Verwirrung im Zentrum – Der Görreshaus-Skandal – Kaas' »Flucht« nach Rom – Die Konkordatsfrage – Die Wahl Brünings zum Parteivorsitzenden – Vorübergehende Konsolidierung – Begegnungen zwischen Brüning und Hitler – Das Zentrum zwischen den Fronten – Der Abschluß des Reichskonkordats – Der Untergang des Zentrums – Verfolgung

II. DAS EXIL 139
   1. Wanderer zwischen zwei Welten 1934-1937 139
      Die Flucht – Reise nach London – Begegnung mit MacDonald – Der sogenannte Röhm-Putsch – Bei Churchill in Chartwell – Gegen jede »antideutsche Agitation« – Politische Standortsuche – Spanienreise mit Brettauer – Domizil in Portman Court – Hoffnung auf eine diplomatische Aufgabe – Aufrüstung in Deutschland – Monarchische Restauration? – Kritik

der britischen Deutschlandpolitik – Das Memorandum vom August 1935 –
Die erste Reise in die USA – Geheime Kontakte zur Wehrmacht – Politische
Lectures vor amerikanischen Zuhörern – Gestapoaktivitäten – Ein angeblicher
Mittelsmann – Die Gestapoaktion in Zürich – Das Nachspiel der Zürcher
Affäre – Der Prozeß gegen Römer und Müller – Vorzeichen des drohenden
Krieges – Kritik an der britischen Unterstützung der deutschen
Kriegswirtschaft – Auseinandersetzung mit der amerikanischen Demokratie –
Die Enzyklika »Mit brennender Sorge«

2. DIPLOMAT OHNE AUFTRAG 1937/1938 201
Existenz auf Abruf – Churchill und die britischen Interessen – Amerikanische
Freunde – Hoffnungen auf Roosevelt – Kontakt zu Goerdeler in den USA –
Auftritt im Cosmopolitan Club New York – Kontakt zu Stimson – Dozent
für Politische Wissenschaft – Audienz im Weißen Haus – Die Blomberg-
Fritsch-Krise – Das Chatham-House-Komitee – »Ein neues fait accompli alle
halbe Jahre« – Für ein »festumrissenes Programm« – Die Grand Alliance –
Beratungen mit Goerdeler in Brüssel – Audienz bei König Leopold III. –
Vorbehalte gegen die deutsche Widerstandsbewegung – Goerdelers
Bemühungen um ein »Maximalangebot« des Westens an die Wehrmacht –
Das Ende der Stresa-Front – Vorlesungen und Seminare in Oxford – Das
»faschistische Argument« – Die Sudetenkrise: Kritik an der Appeasement-
Politik – Empfehlungen für Churchill in der Sudetenfrage – Chamberlains
Druck auf die Tschechoslowakei – Enttäuschung über die britische Politik

3. KRIEGSGEFAHR 249
Der Ruf nach Harvard – Die totalitäre Herausforderung – Das Memorandum
vom 29. Januar 1939 – Die Korridor-Frage und der Widerstand –
Kriegsausbruch im Osten oder im Westen? – Vorsichtige Kontakte in London
– Roosevelts Friedensappell vom 15. April 1939 – Über Hitlers Charakter –
Die militärische Opposition am Vorabend des Krieges – Beratungen in
Blickling Hall – Militärische und außenpolitische Konsultationen – Das
Treffen mit Lord Halifax – Emigration in die USA

4. DER ZWEITE WELTKRIEG 281
Der Ausbruch des Krieges – Das Leben in Harvard – Trotts Besuch im
Herbst 1939 – Der zweite Besuch bei Roosevelt: Das Scheffer-Trott-
Memorandum – Warnung vor einem Regime Göring – Konspirative Kontakte
– Messersmiths Projekt einer amerikanischen Friedensinitiative – Die
Friedensenzyklika Pius' XII. – Ruhige Tage in Huntington – Lageanalysen
und persönliches Befinden – Der deutsche Angriff im Westen –
Auseinandersetzung mit Chatham House – Hilfe für Schicksalsgefährten –
Die deutsche Emigration in den USA – Die Schwäche des deutschen Exils –
Der Primat der Außenpolitik und die Wehrmacht – Geheime Informationen
aus Widerstandskreisen – Goerdelers Kontakte – Fehleinschätzungen der
militärischen Lage – Die Wende: Der Krieg mit der Sowjetunion – Erinne-
rung an General Hoffmann – Betrachtungen über Stalins Strategie – Der
Rußlandfeldzug – Stalin und Tuchatschewski – Kritik an den
Friedensvorschlägen von Emigranten

5. IM ZEICHEN DER DROHENDEN NIEDERLAGE 340
Vergebliche Hoffnungen – Inneres Exil in Harvard – Angriffe aus
Emigrantenkreisen – Eine deutsche Exilregierung? – Keine Rückkehr in die

deutsche Politik – Stimsons Initiative – Ratschläge an die Verschwörer – Angebot des State Department – Der Kampf gegen den »Morgenthau-Plan« – Stimsons Widerspruch – Die Denkschriften vom Herbst 1944 – Die deutsche Rechts- und Verwaltungstradition: Das Problem der Entnazifizierung – Personalvorschläge

6. Das Kriegsende 375
Gegen die bedingungslose Kapitulation – Unsicherheit Roosevelts gegenüber Morgenthau – Das Verhältnis zu Stimson – Private und politische Hilfsaktionen – Die Vorherrschaft in Europa – Die alliierte Kriegführung und der deutsche Widerstand – Die Chicagoer Rede 1946 – Die Erneuerung des christlichen Lagers – Zukunftspläne – Deutschland unter alliierter Besatzung – Elder Statesman – Spannungen in der Anti-Hitler-Koalition – Zerstückelung, Teilung, Föderalismus – Der Hauptkriegsverbrecherprozeß – Die Verbrechen des NS-Regimes und der Widerstand – Rechenschaft über das Ende der Weimarer Republik – Politik im Hintergrund – Marshall und Morgenthau – Föderationspläne – Der Marshall-Plan – Das Krisenjahr 1948

III. DIE RÜCKKEHR NACH DEUTSCHLAND 427

1. DIE GRÜNDUNG DER BUNDESREPUBLIK 427
Besuch in der Britischen Zone – Informationsreisen – Begegnung mit Konrad Adenauer und Jakob Kaiser – Wiedersehen mit Freunden und Bekannten – Clays Einladung – Der Prozeß gegen Schacht – Nach dem Deutschland-Besuch – Politische Ratschläge: Empfehlungen für Adenauer – Außenpolitische Zweifel und Bedenken – Deutschland im Ost-West-Konflikt – Adenauers Konzept – Anregungen zur Deutschlandpolitik – Die Kanzlerschaft Adenauers – Europäische Integrationsbemühungen – Zunehmende Kritik an »Bonn« – Der Schuman-Plan

2. DER ZWEITE DEUTSCHLAND-BESUCH 466
Keine Reisebeschränkungen – Bei Adenauer in Rhöndorf – Appell an die Jugend – Die Tradition der »ungeschriebenen Verfassung« – Kritik an Brünings historischer Perspektive – Brüning Außenminister?

3. HEIMKEHR AUF WIDERRUF 479
Der Streit um die Wiederbewaffnung – Der Ruf nach Köln – Lehrtätigkeit: Erfahrungen des Staatsmanns – Zwischen Köln und Harvard – Politische Theorie – Das Ende des Kölner Engagements – Bedenken gegen eine übereilte Integrationspolitik – Der Streit um die Stalin-Note – Kritik an der »Politik der Stärke« – Zunehmende Distanz zur Bonner Politik

4. DER EKLAT VON DÜSSELDORF 516
Die Einladung des Rhein-Ruhr-Klubs – »Dogmatismus« in der Außenpolitik – Die Verantwortung für die Spaltung Deutschlands – Sicherheits- und Wirtschaftspolitik – Die Debatte um Pfleiderers Ostkontakte – Das Echo in der Öffentlichkeit – Adenauers Warnung vor »Rapallo« – Anzeichen eines Kurswechsels? – Das Nachspiel – Das Anliegen – »Vergangenheit« als politisches Argument

IV. RÜCKZUG IN DIE USA 544

    1. Ratlosigkeit und Resignation 544
       Rückzug aus der Öffentlichkeit – Westdeutsche Wiederbewaffnung und
       Mitgliedschaft in der NATO – Abschied von Deutschland – Das Ende der
       Hoffnungen auf die Wiedervereinigung – Der siebzigste Geburtstag –
       Verhärtung in der Deutschen Frage – Warten auf den »gegebenen Augen-
       blick« – Der Kalte Krieg

    2. Letzte Jahre in Norwich, Vermont 568
       Distanzierter Beobachter der internationalen Szene – Irritationen um die
       Nachfolge von Theodor Heuss – Außenpolitische Sorgen – Einsamkeit – Tod

V. BILANZ EINES POLITISCHEN LEBENS 586

    1. Die Staats- und Wirtschaftskrise der Weimarer Republik 586
       Das Notverordnungsregime – Die Reparationsfrage – Das Problem der
       Deflationspolitik – Erfolge in der Außenpolitik – Zwangslagen und
       Handlungsspielräume

    2. Der Untergang der Republik 594
       Die Ära Brüning – Der Weimarer Politiker – Die NS-Bewegung – Der Kampf
       gegen Hitler – Die Nachfolger: Papen und Schleicher

    3. Widerstand im Exil 605
       Der Flüchtling – Politische Erfahrungen in den USA – Außenpolitischer
       Berater Stimsons – Sorge um das Schicksal Deutschlands

    4. Die Ära Adenauer 612
       Der Faktor Deutschland – Auswirkungen des Ost-West-Konflikts –
       Stillhalte- oder Integrationspolitik? – Die Europa-Politik Adenauers und
       Schumans

    5. Das Vermächtnis: Weltbild und Weltanschauung 622
       Die Persönlichkeit – Melancholie und Kontemplation – Die Utopie des
       Abwartens – Das Lebenswerk – Christliches Bekenntnis –
       Epochenbewußtsein – Skeptisches Demokratieverständnis

ANMERKUNGEN 640

DANKSAGUNG 796

ABKÜRZUNGEN 797

QUELLEN UND LITERATUR 799

INDEX 833

VORBEMERKUNGEN

»Nichts gibt es auf den Blättern der Geschichte, das mich so ergriffe wie die nicht seltne Wahrnehmung, daß bedeutende Menschen oft gerade da, wo sie fehlgreifen, ihren eigentlichen Charakter in das schönste Licht stellen." (Theodor Fontane)[1]

Mit dem Namen Brüning verbindet sich die Assoziation des Scheiterns, des Mißerfolges und die eines verzweifelten Kampfes, den einer der letzten bedeutenden Politiker der Weimarer Republik führte, um die Katastrophe der Deutschen Geschichte im 20. Jahrhundert abzuwenden. Den vor fünf Jahren erschienenen ersten Band der Lebensgeschichte Brünings mit dessen Sturz als Kanzler enden zu lassen, erschien dem Verfasser aus mehreren Gründen gerechtfertigt. Die politische Rolle, die Brüning als Kanzler des Deutschen Reiches zugefallen war, endete mit der Entlassung durch Hindenburg am 30. Mai 1932. Danach ist sein politisches Leben von dem epochalen Ereignis seines plötzlichen Sturzes bestimmt gewesen. Dies gilt nicht nur für die eigentliche Exilzeit. Auch die kurze Episode als aktiver Parteipolitiker, als Spitzenkandidat seiner Partei bei mehreren Wahlen und schließlich noch als Parteivorsitzender ist überschattet von jenem Ereignis, das als Wendepunkt seines ganzen politischen Lebens gelten kann. Gewiß, er hat alles getan, daß die Zeitgenossen und die Geschichtsschreibung seinen Sturz als größere Zäsur in der Neueren Geschichte Deutschlands betrachteten als den Rücktritt seiner beiden Nachfolger Papen und Schleicher. Im übrigen repräsentierte Brüning 1932 als Charakter und in seiner politischen Haltung die Grundstimmung der breiten Massen, gleichsam die »German Soul« (Stephen A. Schuker) noch mehr als der aufstrebende Hitler.[2]

Diese Ansicht hat sich weitgehend durchgesetzt, nicht zuletzt auf Grund einer Quellenlage, die diese Sicht begünstigte. Die angeblichen Putschvorbereitungen der Reichswehr am Vorabend der Berufung Hitlers zum Reichskanzler, um die Regierung Schleicher im Amt zu halten, verdienen kaum weniger Aufmerksamkeit als die Machenschaften gegen Brüning im Vorfeld seines Rücktritts. Brünings politisches Wirken nach seinem Abschied aus dem Reichskanzleramt stand im Schatten jener Ereignisse, die mit den Namen seiner Gegenspieler Papen und Schleicher verknüpft sind. Brüning gerät nach dem Abschied von der politischen Verantwortung nicht zuletzt durch die Verhandlungen zwischen Zentrum und NSDAP über eine Regierungsbildung in Preußen, aber auch durch die schwankende Haltung des Parteivorsitzenden Ludwig Kaas ins politische Abseits. Oft ist er von nichtigen Nachrichtenquellen über die Reichspolitik abgeschnitten und muß sich aus zweiter und dritter Hand ein Bild der wirklichen Lage verschaffen. Unsere Darstellung wird diesem

Defizit Rechnung tragen, um die historischen Zusammenhänge vor allem im Vorfeld der Ernennung Hitlers zum Reichskanzler deutlich werden zu lassen. Dabei ist zu beachten, daß seine Bestrebungen und Bemühungen im politischen Hintergrund weniger detailliert dokumentiert sind als in seiner Kanzlerzeit. Nicht erst unter Hitler, sondern schon unter Papen und Schleicher wird Brüning eine politische Statistenrolle aufgezwungen, aus der er sich nur noch selten, etwa im Vorfeld des Ermächtigungsgesetzes, zu befreien vermag. Schließlich erlebt der ehemalige Abgeordnete und Reichskanzler das Ende der Weimarer Republik in der Rolle des gejagten Flüchtlings. Das zeigen schon die Memoiren, bei deren Abfassung er sich schon für die kurze Zeit bis zu seiner Flucht ins Exil nun nicht mehr auf vergleichbare Hilfsmittel wie die »Tageszettel« der Reichskanzlei stützen konnte, die ihm bei der Niederschrift des Manuskripts für die Kanzlerzeit zur Verfügung standen.³

Die Memoiren wahren nicht durchgehend den zeitlichen und sachlichen Zusammenhang und müssen, wie sich gezeigt hat, an Hand anderer Quellen überprüft werden, die dann manchen Irrtum, nicht selten aber auch den verborgenen Kern der Mitteilungen freisetzen. Festzuhalten bleibt, daß Brüning seit dem Sommer 1932 nicht mehr in der Rolle des verantwortlich Handelnden, sondern in der des teilnehmenden, häufig jedoch erstaunlich detailliert informierten Beobachters berichtet, dessen Urteil freilich häufig durch einen ausgeprägten Pessimismus über die politische Entwicklung, aber auch durch mancherlei Illusionen beeinflußt wird.

Für die Folgezeit sind wir überwiegend auf Briefe und gelegentliche Niederschriften angewiesen, die oft nicht in einem sachlichen und chronologischen Zusammenhang stehen. Die private Korrespondenz vor 1932 scheint er größtenteils selbst vernichtet zu haben.⁴ Die beiden umfangreichen Bände mit Briefen und Gesprächen, von Claire Nix 1974 herausgegeben, versuchen, dies durch eingehende Kommentare und Anmerkungen auszugleichen. Auf die Problematik dieser Publikation ist von berufener Seite hingewiesen worden. Dies soll hier nicht näher erörtert werden. In großen Linien spiegelt sich das Schicksal des Exkanzlers in dieser Briefsammlung, obwohl sie nicht immer die notwendigen Details seiner Aktivitäten vor und nach seiner Flucht aus Deutschland wiedergibt. So werden wir nur unzureichend über Brünings Aufenthalte in den Niederlanden, in der Schweiz und in Belgien unterrichtet. Klarer erscheinen seine Lebensumstände in England und in den USA.

Seine politischen Bestrebungen während der Emigration und in der Nachkriegszeit sind in den Grundzügen seit längerem bekannt. Sie fanden ihren quellenmäßigen Niederschlag in zahllosen Briefen, Denkschriften und Aufzeichnungen. Wir wissen von Gesprächen mit führenden Politikern in verschiedenen Staaten, daneben aber auch mit Schicksalsgenossen und Besuchern aus Deutschland, ferner mit Fachkollegen in England und in den Vereinigten Staaten. Brünings Leben im Exil hat sich die Forschung nur sehr zögernd genähert. Außer den grundlegenden Arbeiten Rudolf Morseys und der eingehenden Rezension des ersten Bandes der Edition von Claire Nix durch Albert Mirgeler⁵ sind nur wenige Beiträge erwähnenswert, etwa die unveröffentlichte Prüfungsarbeit von Edmund D. Spevack über Brünings Aufenthalt in den USA (1986)⁶ und die Arbeit von Frank Müller über die »Brüning Papers« in Harvard.⁷ Die Augsburger Dissertation von Peer Volkmann über Brünings Exil in den USA (2004) lag dem Verfasser noch nicht vor.⁸ Für die 38 Jahre zwischen dem Sturz als Reichskanzler und seinem Tode im Jahre 1970 machte Morsey 1985 mit

Recht eine Minusbilanz auf.[9] Insofern steht eine Darstellung von Brünings Schicksal in diesen Jahrzehnten vor einer ganz anderen Aufgabe als jene, die sich seiner Lebensgeschichte bis zum Mai 1932 widmet. Der Forschungsstand kann allenfalls im Hinblick auf die Geschichte des Zweiten Weltkrieges als befriedigend bezeichnet werden und bedarf im Rahmen unserer Fragestellungen sowohl in bezug auf die Geschichte des Exils als auch der deutschen Widerstandsbewegung der Ergänzung.

Mit Recht hat man darauf verwiesen, daß eine Biographie Brünings die Jahre nach seinem Sturz nicht übersehen oder vernachlässigen darf. Es wäre andererseits verfehlt, Brünings Exil nur als Thema einer gleichsam inneren Geschichte, der Biographie des Exkanzlers im engeren Sinne, zu verstehen, so wahr es ist, daß die innere Entwicklung seiner Persönlichkeit in den Jahren, in denen er nur gelegentlich in der Öffentlichkeit erschien, sein Handeln und Denken stärker bestimmte als vor seiner Emigration. Äußerlich gesehen, verfügte er seither über genügend Zeit, sich über seine bisherige Laufbahn und über das Schicksal seines Landes klar zu werden, abgesehen von den Zeiten, in denen ihn akute Sorgen um seinen Lebensunterhalt plagten. So war er in seinem Denken und Planen in dem Maße immer wieder auf sich selbst verwiesen, als ihm der Austausch mit politischen Freunden und Mitstreitern wie vor 1933 fehlte. Nicht von ungefähr meinten einzelne Beobachter nach dem Zweiten Weltkrieg, Brüning lebe noch immer in einer Vorstellungswelt, die von den Problemen, Erfahrungen und Fragen der Weimarer Zeit bestimmt sei.

Manche Zeitgenossen warfen ihm vor, sich als einer der prominentesten deutschen Emigranten nicht öffentlich über die nationalsozialistische Herrschaft in seiner Heimat geäußert zu haben. Er folgte dem Beispiel Thomas Manns und anderer Gegner des Nationalsozialismus nicht, die sich im Rahmen ihrer Möglichkeiten, etwa über den Rundfunk, an die deutsche Bevölkerung wandten, um sie über die politische Lage in Europa und über den Charakter des Regimes und dessen Politik aufzuklären. Brünings angebliches »Schweigen für Deutschland« diente, wie allein seine zahlreichen bereits veröffentlichen Briefe zeigen, in erster Linie dazu, seine vielfältigen verdeckten, letztlich konspirativen Kontakte zu ausländischen Politikern in hohen und teilweise auch höchsten Stellungen zu tarnen. Er pflegte auch verdeckte Kontakte zu deutschen Politikern wie Goerdeler, Moltke und Trott zu Solz, die sich zeitweise im Ausland aufhielten.

Es ist seit längerem bekannt, daß Brüning während seines Aufenthaltes in den Niederlanden, in England und in der Schweiz von den dortigen Polizeibehörden beobachtet und gelegentlich auch vor Nachstellungen der Gestapo geschützt wurde. Brüning war sich dessen sehr wohl bewußt, wahrte jedoch im Sinne seiner Rolle als ehemaliger Reichskanzler, der sich im Ausland aufhielt und bis Herbst 1938 über einen gültigen deutschen Paß verfügte, möglichst Distanz zu den Geheimdiensten seiner Gastländer. Als mittelloser Flüchtling war er auf fremde Hilfe angewiesen. Im Dienste der westlichen Propaganda gegen das Dritte Reich hätte er leicht seinen Lebensunterhalt verdienen können, was er jedoch zum Unwillen seiner englischen Freunde, die er teilweise noch aus der Weimarer Zeit kannte, ablehnte. So versuchte er vor allem in den ersten Jahren, sich durch Vorträge und Lehrtätigkeit an Universitäten in England und in den USA finanziell über Wasser zu halten.

Vor diesem Hintergrund entfaltete er bis 1939 zahlreiche politische Aktivitäten, die darauf zielten, das NS-Regime zu stürzen, und, solange dies noch möglich schien, den Ausbruch des Krieges zu verhindern. Während des Krieges versuchte er im Sinne des deutschen militärischen Widerstandes, soweit ihm dessen Pläne und Möglichkeiten bekannt waren, zu wirken. Im einzelnen wird es im vorliegenden Band darum gehen, Brünings Bemühungen zu verfolgen, die Haltung der alliierten Regierungen in London und Washington gegenüber dem Dritten Reich vor und nach dem Ausbruch des Krieges zu beeinflussen.

Brünings politisches Denken in den Jahren der Emigration und in der Nachkriegszeit muß in erster Linie von seinen inneren Voraussetzungen her verstanden werden. Die Bewertung muß sich danach richten, erfährt aber erst aus der Rückschau einer späteren Zeit den entscheidenden Maßstab. Die Darstellung seines Lebens wird die frühere und die spätere Perspektive nicht außer acht lassen dürfen. Beide miteinander zu verbinden, muß der Einbildungskraft des Historikers angesichts einer möglichst sicheren Quellen- und Forschungslage überlassen bleiben, um Zusammenhänge und Hintergründe lebendig und verständlich werden zu lassen. Die Schwelle zur reinen Fiktion wird er dabei nicht übertreten wollen, so fruchtbar das »Spiel« mit ihr und der rhetorischen Kunst sein mag.[10] Immer dann, wenn sich über fragwürdige Details und Zusammenhänge in der Forschung eine Art Konsens herausgebildet hat, ist es angezeigt, möglichst die noch greifbaren Fakten zu prüfen und die Quellen sprechen zu lassen, ohne dem Urteil des Lesers allzu sehr vorzugreifen.

Es scheint, daß die Geschichtsschreibung in ihrer Erzählstruktur sowohl den »Launen« als auch der »Produktivität« der Sprache (Hayden White) ausgesetzt bleibt. Man wird allerdings die »Erzählung« der Lebensgeschichte Brünings in ihrer inneren Tendenz kaum auf eine der von berufener Seite vorgeschlagenen Archetypen: Romanze, Tragödie, Komödie oder Satire festlegen wollen.[11] Für die Zeit der Emigration des früheren Kanzlers gilt ebenso wie für die Kanzlerzeit, daß im Sinne Droysens aus »Geschäften« eine »Erzählung« werden müsse, deren Art und Weise ihrerseits wieder nach verschieden Typen unterschieden werden mag. Der Leser wird prüfen, ob Forschungsergebnisse im einzelnen – traditional, exemplarisch, kritisch und genetisch (Jörn Rüsen) – überzeugend dargelegt werden.[12] Die immer anzustrebende Gefälligkeit der Form und die Klarheit der Diktion sind nicht schlechthin als Kennzeichen von Dilettantismus, das Gegenteil nicht unbedingt als das Merkmal von Wissenschaft anzusehen.[13] Die historische Biographie, wie sie sich seit John Dryden (1683) entwickelt hat, muß nicht gegenüber dem historischen Roman verteidigt werden, seitdem Siegfried Kracauer in den zwanziger Jahren die literarische Biographie umgekehrt als »Ausflucht« aus der »Krise des Romans« und als eine dem überkommenen Persönlichkeitsideal entspringende literarische Gattung bezeichnet hatte. Für ihn war die Biographie in der Zeit vor dem Ersten Weltkrieg »das seltene Werk der Gelehrsamkeit«, hernach sei sie ein »verbreitetes literarisches Erzeugnis« gewesen. Es werde bald »keinen großen Politiker, Feldherrn, Diplomaten mehr geben, dem nicht ein mehr oder weniger vergängliches Denkmal gesetzt wäre.«[14]

Die Sorge Kracauers war unbegründet, da die Epoche der Biographien im Stile Emil Ludwigs und auch Stefan Zweigs bald ihrem Ende entgegenging. Aber auch die Überzeugung, daß der Historiker seinen Gegenstand einfach »anpacken« könne, weil dieser »wirklich gelebt« habe und alle »Züge dieses Lebens dokumentarisch seien«, war doch allzu sehr vom Ideal der reinen Fiktion in einer literarischen Romanhandlung bestimmt. Für den Historiker sind die Grundprobleme der Biographie damit keineswegs methodisch geklärt, auch wenn er sich stets darauf berufen darf, daß er seinen »Stoff« nicht erfindet.[15] Dies gilt neben der Quellenfrage in erster Linie für die psychologischen und anthropologischen Grundlagen. Für den Schriftsteller Lytton Strachey blieb eine nicht interpretierte Wahrheit so wertlos wie vergrabenes Gold (Uninterpreted truth is as useless als buried gold). Die Kunst, nicht die Wissenschaft, war für ihn der große Interpret.[16] Der Historiker Johan Huizinga sah hingegen in einer rein ästhetischen Orientierung moderner Biographien eine bedenkliche Entwicklung, die der wirkliche Historiker ablehnen müsse.[17] Dagegen steht freilich die Ansicht, Biographik sei »die letzte Auffangstellung des deutschen Historismus« (Jürgen Oelker).[18] Der Psychologe Gordon Willard Allport konstatierte, dies mache die historischen Biographien immer mehr zu »wissenschaftlichen Autopsien«. Sie würden eher geschrieben, um Verständnis als Zustimmung zu wecken.[19] Allport betrachtete sie als »Teil einer Kunst der Biographie«.[20] Dichter und Historiker »erzählen auf durchaus unterschiedliche Weise, beanspruchen aber beide für sich nicht selten die Perspektive des allwissenden Autors.[21]

Die immer wieder aktuelle Aufgabe, den »Menschen in seinen Zeitverhältnissen darzustellen und zu zeigen, inwiefern ihm das Ganze widerstrebt, inwiefern es ihn begünstigt, wie er sich eine Welt- und eine Menschenansicht daraus gebildet«, hat Goethe vornehmlich der Künstlerbiographie zugewiesen.[22] Im Falle eines »umstrittenen« Politikers liegen die Dinge verwickelter, abgesehen davon, daß die Gattung der Biographie nicht an die »außerordentliche«, womöglich weltgeschichtliche Persönlichkeit gebunden sein muß.[23] Die »Geschichte seines Geistes« im Sinne Schillers[24] zu verfolgen, macht nur einen Teil der Aufgabe aus, da diese in den politischen Prozeß verwoben ist. Dieser ist von ungleich größerem Gewicht für das Urteil über dessen historische Leistung, auch für dessen »Erfolg«, als das staatsmännische Wirken letztlich mehr nach der virtuellen als der aktuellen Seite hin dargestellt werden kann. Das Werk des Künstlers und das Werk des Politikers und Staatsmannes gehören zugegebenermaßen verschiedenen Bereichen von Realität an, auch wenn diese sich gelegentlich berühren mögen. Von einer Rezeptionsgeschichte mag man in beiden Fällen sprechen, doch ist das Handeln des Politikers in ganz anderer Weise mit dem anderer Menschen und damit in die Zeitverhältnisse verwoben, als dasjenige des Künstlers. Diese Problematik soll hier nicht weiter vertieft werden.

Brüning hat stets eine große politische Konzeption auf dem Gebiet der Wirtschaftspolitik und der Außenpolitik, teilweise auch eine Theorie der europäischen Verfassungsentwicklung und der jüngeren deutschen Geschichte beansprucht. Nicht nur sein konkretes politisches Handeln, sondern auch die Entwicklung seines politischen Denkens verdient daher Beachtung. Dies gilt für seine Kanzlerzeit, aber mehr noch für die Zeit seines Ausscheidens aus der politischen Verantwortung und die Jahre des Exils, der »Verbannung«, aber auch für die Jahrzehnte nach dem Zweiten Weltkrieg.

In dem Maße, wie sein Wirken und seine Politik durch den Fortgang der Zeit der Gegenwart entrückt werden, stellt sich die Aufgabe, den Stellenwert eines in seiner Zeit beachteten und umstrittenen Lebenswerkes in seinen Entwicklungsbedingungen aufs neue historisch zu bestimmen. Ob der »Staatsmann« Brüning ein »echter«

Politiker war, was sein späterer Gegenspieler Konrad Adenauer verneinte, oder ein Gelehrter, den das Schicksal in die Politik verschlagen hatte, ist kaum weniger umstritten. Adenauer hat ihm eine theoretische Begabung zuerkannt, von seiten der Wissenschaft wurde zuweilen der geringe Umfang seines Œuvres bemängelt. Als Repräsentant der politischen Wissenschaft des 20. Jahrhunderts dürfte Brüning kaum gelten. Als »blasse angekränkelte Erscheinung« mit »sichtbaren Zeichen innerer Größe« (Anthony Grafton) kann er trotz seines zurückhaltenden und bescheidenen Auftretens, seiner leisen Stimme und eigenwilligen Argumentationsweise nicht angesehen werden.[25]

Brüning hatte auf die Politiker-Biographie als Gattung große Hoffnungen gesetzt und ihr geradezu eine politische Funktion zuweisen wollen. Er bedauerte, daß die deutschen Historiker seit Ranke weniger die Gabe hätten, sich »in die Erfahrungen und Hoffnungen politischer Führer hineinzuversetzen.« In diesem Falle wäre die politische Entwicklung in Deutschland anders verlaufen. »Aber unsere Historiker waren Pathologen, keine Internisten.«[26] Von diesem Verdikt nahm er allenfalls Franz Schnabel (1887-1966) aus. Wenn Schnabel seine »Deutsche Geschichte im 19. Jahrhundert« fortsetzen wolle, würde er dies begrüßen, könne es aber verstehen, wenn dieser noch zögere, »die Zeit meiner Kanzlerschaft als kritischer Historiker darzulegen«, da der amtliche Niederschlag seiner Politik beispielsweise in den Akten sehr begrenzt sei. Er habe über seine Pläne und Absichten gewöhnlich nur den Staatssekretär im Auswärtigen Amt, Bernhard v. Bülow, unterrichtet und die Diktate von entscheidenden Unterhaltungen besonders vorsichtig formuliert, da nach seinen Beobachtungen häufig Abschriften an das Reichswehrministerium gingen, mit denen »Schleicher in Gesellschaften hausieren ging«. Schnabels Bedenken seien jedoch unbegründet, daß der größte Teil der Dokumente über die deutsche Außenpolitik in Washington und London liege. Über den Zugang zu diesen Akten äußerte er sich nicht. Brüning war sich offensichtlich der Tatsache bewußt, daß er in seiner Kanzlerzeit die Dokumentation seiner Politik für die Nachwelt vernachlässigt hatte – im Gegensatz zu Hindenburgs Staatssekretär Otto Meissner, der stets darauf bedacht war, Unterlagen für das Hausarchiv Hindenburg zu sichern.[27] Noch zu Brünings Lebzeiten erhoben sich Stimmen, die den Umstand bedenklich nannten, daß sich bis dahin kein Historiker der Person Brünings zugewandt hatte. Als möglichen Grund nannte man die »Brüning-Legende«, die Umstände, die zum plötzlichen Sturz des Reichskanzlers geführt hatten. Von den oft erwähnten, bis dahin nicht erschienenen Memoiren sei womöglich eine Widerlegung der »Legende« zu erwarten.[28]

Der zweite Band der Brüning-Biographie versucht jene Fragen zu beantworten, die der erste Band durch seine thematische und chronologische Begrenzung offen lassen mußte. Erst im Rückblick auf seine ganze Lebenszeit läßt sich auch seine Kanzlerzeit, abgesehen von der Gegenwartsperspektive einer jeden späteren Epoche, angemessen würdigen. Jedes Urteil über den Weimarer Politiker Brüning kann dessen Schicksal nach 1933 und auch nach 1945 nicht außer acht lassen. Insbesondere die Auseinandersetzung zwischen Brüning und Adenauer in den fünfziger Jahren wirft manches Licht auf das politische Profil des früheren Parlamentariers und Reichskanzlers. In einem weiteren Sinne bleibt die Lebensgeschichte Brünings nach 1933 und auch nach 1945, wie sich vielfach zeigen wird, eine »Weimarer Biographie«.

An dieser Stelle darf ich, wie dies schon im Vorwort des ersten Bandes geschah, jenen Kollegen und Mitarbeitern danken, die je auf ihre Weise einen Beitrag zur technischen Realisierung des Buches geleistet haben. Wichtige Hinweise, teilweise auch die Überlassung von einschlägigen Materialien verdanke ich den Herren Prof. Dr. Vincent Berning, Roetgen, Andreas Burtscheidt, Düren, und Dr. Bernd Haunfelder, Münster, Dr. Hans Peter Mensing, Bad Honnef / Rhöndorf, Prof. Dr. Rudolf Morsey, Speyer und Dr. Jürgen Steinle, Düsseldorf. Die Korrekturen lasen Dr. Erik Gieseking, Dr. Irene Gückel, Köln, Marianne Schenk, Bochum, sowie meine Töchter Barbara, Cornelia und Regine. Dr. Gieseking erstellte auch das Register. Für vielfältige Hilfe bei den technischen Problemen der Manuskripterstellung danke ich Herrn Dipl.-Ing. Gregor Kowalewski. Meine Frau Ursula las nicht nur Korrekturen, sondern überwachte in bewährter Weise auch die Herstellung des Textes. Ihrer Mitarbeit vor allem im Archiv der Harvard-Universität (Pusey Library) verdanke ich wesentliche Einsichten in den Lebenslauf und das Werk Brünings.

Köln, den 5. Mai 2005   Herbert Hömig

I. DAS NACHSPIEL DER KANZLERSCHAFT

1. In der Opposition zu Papen

Die Reparationskonferenz von Lausanne

Nicht anders als Brüning suchte Papen, der Nachfolger als Reichskanzler, sein Heil in einem außenpolitischen Erfolg. Man hat zu Recht darauf verwiesen, er habe in Lausanne geerntet, was Brüning zuvor in mühevollen Verhandlungen gesät habe.[1] Der Verlauf der Konferenz, die am 16. Juni 1932 unter dem Vorsitz MacDonalds begann, bestätigte die Erkenntnis Brünings, daß sämtliche Gläubigerländer des Reiches mehr oder weniger entschlossen waren, die Reparationsfrage endgültig zu lösen. Nach der gemeinsamen Erklärung der Regierungen wollten sie »in kürzestmöglicher Frist zu einem Ergebnis gelangen«, ohne ihre grundsätzlichen Ansprüche und Rechtspositionen aufgeben. Papen bezeichnete die bestehenden Verträge als gültig, prangerte aber die »wirtschaftswidrigen Zahlungen« als Hauptursache der Weltwirtschaftskrise an. Er konstruierte einen Zusammenhang zwischen politischer Verschuldung, Handelsbilanz und Goldverteilung. Eine Verlängerung des Hoover-Moratoriums, wie es von Frankreich gefordert wurde, lehnte er ebenso wie Brüning ab. Man habe die durch das Moratorium gewährte »Atempause« nicht genutzt. Die deutsche Auslandsverschuldung beruhe größtenteils auf der »Substanzübertragung infolge der Reparationsleistungen«. Von den seit der Währungsstabilisierung aufgenommenen Auslandsanleihen in Höhe von 18 Milliarden RM seien im übrigen 10 Milliarden als Reparationsleistungen in bar wieder zurückgeflossen.[2]

Das Argument wäre in einer anderen Situation zweischneidig gewesen. Jetzt richtete es sich gegen den Argwohn, Deutschland habe von dem Kapitalimport der letzten Jahre vor allem aus den Vereinigten Staaten übermäßig profitiert. Nach Papen hatten sich die Reparationslasten Deutschlands als schädlich für alle Beteiligten erwiesen. Die französische Delegation hielt dagegen, Deutschland werde von einem Erlaß aller Reparationszahlungen einen zusätzlichen Wettbewerbsvorteil für die Zeit nach dem Ende der Wirtschaftskrise gewinnen, da es durch die Sparmaßnahmen unter Brüning sich seiner inneren Verschuldung weitgehend entledigt habe. Mit weiteren Reparationszahlungen konnte Frankreich wegen des Widerstandes der Briten nicht mehr rechnen. Für die Reichsregierung war entscheidend, daß sich der Young-Plan als undurchführbar erwiesen hatte. Großbritannien trat seit einiger Zeit ebenso wie die USA für eine allgemeine Streichung der Kriegsschulden ein. Die von den »politischen Zahlungen« herrührenden Gefahren für die Weltwirtschaft, die Brüning immer wieder beschworen hatte, hatte man inzwischen nicht nur auf deutscher Seite, sondern auch in den Gläubigerländern, sogar in Frankreich erkannt. Herriot ließ am 20. Juni durch MacDonald bei Papen sondieren, ob Deutschland zu einer einmaligen Restzahlung – einem »solde net« – von rund sechs Milliarden RM bereit sei. Dies war schon unter Brüning im Gespräch gewesen.

Papen ließ MacDonald ein Aide Mémoire überreichen, das diesen Vorschlag ablehnte, sagte jedoch acht Tage später einen Beitrag des Reiches zum Wiederaufbau der Weltwirtschaft zu, wenn die Siegermächte zu einem Zugeständnis auf einem anderen Gebiet bereit seien. Sie müßten die außenpolitische Gleichberechtigung Deutschlands und dessen Recht auf gleiche Sicherheit mit seinen Nachbarn im militärischen Bereich, endlich anerkennen. Dazu gehörte die Aufhebung von Teil V des Versailler Vertrages und die Annullierung des Kriegsschuldartikels 231 in Teil VIII, die Schleicher in einer Denkschrift über »das *interne* Ziel auf der Abrüstungskonferenz« vom 14. Juni gefordert hatte. Schließlich nannte er auch eine Summe von zwei Milliarden RM, die Deutschland zahlen könne. Dies schien die Briten zu irritieren, die sich schon auf das Ende der deutschen Zahlungen eingestellt hatten, während die Franzosen an ihren Forderungen bis zuletzt festhielten.

Herriot hatte Papen im Verlauf der Verhandlungen darauf festzulegen versucht, daß dieser nicht aus finanziellen, sondern aus politischen Gründen nicht zahlen wolle, wie François-Poncet gegenüber dem Grafen Kessler behauptete. Die endgültige Verständigung kam erst zustande, nachdem Reichsaußenminister Konstantin v. Neurath vorgeschlagen hatte, die Konferenz auf einen günstigeren Zeitpunkt zu verschieben. Papen wollte notfalls die Konferenz scheitern lassen. Am 8. Juli vereinbarte man schließlich eine Restzahlung von drei Milliarden RM, deren Termin nicht festgelegt wurde. Im Lausanner Abkommen vom 9. Juli blieb jedoch die von Deutschland geforderte militärische Gleichberechtigung ebenso ausgeklammert wie die Kriegsschuldfrage. Beide Fragen sollten später »im Geiste des Ausgleichs, der Zusammenarbeit und der Gerechtigkeit« geregelt werden. Ausschlaggebend war aber die faktische Lösung der Reparationsfrage.

Die Restzahlung sollte durch fünfprozentige Bonds der Reichsbank an die Bank für Internationalen Zahlungsausgleich (BIZ) erfolgen, die jedoch in den ersten drei Jahren nicht begeben werden durften. Wenn diese nicht innerhalb von 15 Jahren auf dem internationalen Kapitalmarkt zu 95 Prozent plaziert werden konnten, mußten sie vernichtet werden. Damit erlosch zugleich die Pflicht zur Einlösung. Die Mittel sollten in einen Hilfsfonds zur Unterstützung der am stärksten notleidenden Staaten fließen. Die Zahlung unterblieb schließlich, da der Lausanner Vertrag niemals in Kraft trat.[3]

Kritik an Papens Verhandlungen

Brüning hätte an Papens Stelle in Lausanne keine wesentlich andere Strategie verfolgen können, obwohl er diesen auch nach Jahren noch dafür tadelte, daß die Abschlußzahlung nicht über internationale, sondern über Reichsbank-Bonds finanziert werden sollte.[4] Ihm war zu Ohren gekommen, daß Papen seine Verhandlungen angeblich mit »den unglaublichsten Schnitzern« begonnen hatte, die Bülow und Planck veranlaßt hatten, mit ihrem Rücktritt zu drohen. Schleicher hätte Papen angeblich am liebsten gleich wieder gestürzt, während Hindenburg den wenige Wochen zuvor berufenen Kanzler im Amt halten wollte.⁵ Doch hatte dieser in der Schlußphase ungewöhnliches Verhandlungsgeschick gezeigt, als es noch einmal zu einer Krise kam. Als Papen am 9. Juli von einer geheimen britisch-französischen Vereinbarung erfuhr, den Young-Plan automatisch wieder in Kraft zu setzen, falls es nicht zu einer Lösung der Reparationsfrage kam, protestierte er energisch. Die britische und die französische Delegation verständigten sich, noch einmal in Konsultationen einzutreten, um die in diesem Eventualfall entstehende Lage zu prüfen. Die deutsche Seite verlangte, daran teilzunehmen, was von der Gegenseite abgelehnt wurde.⁶

Möglicherweise wäre Brüning dies erspart worden, da ihm besonders von britischer Seite größeres Vertrauen als Papen entgegengebracht worden war.⁷ In seinen Memoiren berührt er dessen Auftritt in Lausanne nur knapp und geht auch nicht näher auf den Verlauf der Verhandlungen ein. Bülow und Schwerin-Krosigk hätten, so registriert er lakonisch, am letzten Tag mit Hilfe von Walter Layton »eine Lösung« durchgesetzt. Er habe allerdings die Vertrauten aus seiner Kanzlerzeit gebeten, den Verkehr mit ihm, Brüning, einzuschränken, um dem Ansehen des amtierenden Kanzlers nicht zu schaden.

Papen seinerseits glaubte nicht, auf den Beistand seines Vorgängers angewiesen zu sein und ignorierte auch das persönliche Vertrauenskapital, das Brüning in Paris und London gewonnen hatte. Dieser wiederum wollte nicht wahrhaben, daß sich sein Nachfolger in Lausanne im wesentlichen gut behauptet hatte, was nicht nur auf dessen ausgezeichnete französische Sprachkenntnisse zurückzuführen war. Die »nationale Regierung«, wie sich das »Kabinett der Barone« gern nannte, hatte nach Brünings Ansicht die hochgespannten Erwartungen nicht erfüllt. Um so mehr habe die Hugenberg-Presse seine, die vorhergehende Regierung mit Lügen und Verleumdungen überzogen. Gleichwohl tadelte Brüning Papen weder intern noch öffentlich, weil dieser in Lausanne eine Restzahlung akzeptiert hatte. Dieses Zugeständnis hatte er im äußersten Falle selbst machen wollen, obwohl Schleicher deswegen seinerzeit mit Rücktritt gedroht hatte. Brüning warf jedoch seinem Nachfolger vor, die Abrüstungsfrage nicht gelöst zu haben.

Den Boykott der Genfer Abrüstungskonferenz durch Deutschland und die Vertagung nach der Rückkehr der Berliner Delegation bis zum 31. Januar 1933 bedauerte er. »Der Sommer 1932, der in meinen Augen die letzte Chance für große und dauernde Lösungen bringen konnte, ging für die Welt und für Deutschland ungenützt verloren.«⁸ Er bemängelte ebenso allgemein wie unbestimmt, daß der Kanzler keinen seiner Vorschläge aufgegriffen habe, die er Planck angeblich »in großen Linien ausgearbeitet zurückgelassen« habe.⁹ Letzteres traf insofern zu, als Papen den Revisionskurs der Weimarer Außenpolitik von Stresemann bis Brüning endgültig verlassen und den Übergang zur sogenannten »Raumpolitik« eingeleitet hatte.¹⁰

Der Ausgang der Konferenz rechtfertigte teilweise Brünings Vorbehalte. Das faktische Ende der Reparationen war sein erklärtes Ziel gewesen und bleibt mit seinem Namen verbunden. Andererseits erwartete man im In- und Ausland schon gar nicht mehr, daß die »politischen Zahlungen« je wieder aufgenommen würden. Insofern fand auch Papens persönlicher Erfolg in Lausanne bei den Parteien, die sich im Sommer 1932 im Wahlkampf gegen die Regierung befanden, wenig Anerkennung. Schleicher hielt das Ergebnis von Lausanne für bescheiden, da er seine Gleichberechtigungsforderungen nicht hatte durchsetzen können. Die Botschaft von Lausanne kam daher nicht nur für Brüning, sondern letztlich auch für Papen zu spät, um die innenpolitische Situation noch wesentlich zu beeinflussen. Einem Kanzler Brüning wäre sie vielleicht noch zustatten gekommen, nicht etwa, um eine radikalisierte Öffentlichkeit zu beeindrucken, sondern weil sie seine Stellung gegenüber Hindenburg gestärkt hätte.

Ob die Wahlchancen der gemäßigten Parteien bei den Reichstagswahlen gestiegen wären, wenn Brüning, der Spitzenkandidat des Zentrums, noch Regierungschef gewesen wäre, ist höchst zweifelhaft. Die Außenpolitik besaß in der deutschen Öffentlichkeit nur einen geringen Stellenwert. Brüning wußte dies und hatte nach dem Desaster vom 14. September 1930 Neuwahlen aus guten Gründen vor dem Ende der Legislaturperiode vermeiden wollen. Schleicher sagte im Juni 1932 zu seinem engen Freund und Mitarbeiter General Ferdinand v. Bredow, »die außenpolitische Bedeutung einer Persönlichkeit wie Brüning« werde im Reichswehrministerium nicht verkannt. Die Außenpolitik dürfe aber nicht überschätzt werden. Das Kabinett Brüning sei nicht die Regierung gewesen, »welche das deutsche Volk in erster Linie für sich selbst brauchte«, und sei der nationalen Bewegung nicht gerecht geworden.[11] Die Kölnische Zeitung hatte drei Wochen vor Brünings Sturz bezweifelt, ob man »in der Politik heute noch von der Hoffnung auf Lausanne leben« könne.[12]

Spitzenkandidat der Zentrumspartei

Im Wahlkampf war Brüning der unbestrittene »Führer« seiner Partei, wie ihn auch die Zentrumspropaganda nannte. Seine alte Abneigung gegen Wahlkampfauftritte überwand er in der Rolle des zu Unrecht aus der Verantwortung entlassenen Reichskanzlers und Staatsmanns leichter als früher, obwohl er sich in seinen Reden mit Rücksicht auf Hindenburg große Zurückhaltung auferlegte. Die Kampagne des Zentrums stand im Zeichen der Parole »Für ein freies Volk im freien Deutschland!« Brünings Porträt trug die Unterschrift »Mit ihm zu Freiheit und Aufstieg!«[13]

Wider Erwarten verwandelte sich der Exkanzler in einen aktiven Wahlkämpfer. Auf zahlreichen, durchweg gut besuchten Veranstaltungen des Zentrums rechtfertigte er seine frühere Politik und warnte die Regierung vor unbedachten Entscheidungen. So sehr er selbst als Regierungschef unter der mangelnden Popularität gelitten hatte, so sehr fühlte er sich jetzt gleichsam als Repräsentant und Anwalt des Volkes, wenn ihm seine Anhänger auf den Versammlungen zujubelten. Am 3. Juli 1932 begann er eine mehrwöchige Wahlkampfreise mit Auftritten in Siegburg, Bonn, Köln, Koblenz und anderen Städten. »In Mainz war eine Riesenversammlung, in der ich die Warnung vor den inflationistischen Absichten der hinter der neuen Regierung stehenden Kreise in Schärfe aussprach, um diesen Absichten zuvorzukommen. Das Volk erwartete von mir irgendein Wort über die Vorgänge bei meiner Entlassung. Ich mußte das ablehnen. Meine Aufgabe konnte nur sein, mich öffentlich für die Autorität des Staatsoberhauptes klar und deutlich einzusetzen, wohl wissend, daß die Ära Papen kurz sein würde, aber alles zerstören müßte, was noch eine ruhige Entwicklung bringen könnte. Nur eines könnte noch retten. Das war der noch immer vorhandene Nimbus des Reichspräsidenten, der noch einmal wirksam werden konnte, falls es gelang, ihm einen vernünftigen Rat zukommen zu lassen«.[14]

Die paradoxe Argumentation zielte auf die Stimmung unter den Anhängern der gemäßigten Parteien, nicht nur des Zentrums. Das überraschende Bekenntnis zu Hindenburg knüpfte einerseits an den erst wenige Monate zurückliegenden Präsidentschaftswahlkampf an, lenkte andererseits die eigentlich Hindenburg geltende Kritik auf Papen. Ohnehin pflegten sich die Sprecher der demokratischen Parteien in der Öffentlichkeit nicht negativ über das Staatsoberhaupt zu äußern. In dieser Hinsicht ist das Bekenntnis Brünings zu relativieren, so sehr es vordergründig den Illusionen in der Wählerschaft über Hindenburgs politische Aktionsfähigkeit huldigte.[15]

Im Kontrast zu Papen versuchte Brüning, sich in der Rolle des erfahrenen Politikers zu zeigen. In seinen Reden beschwor er in bewußter Anspielung auf den Kanzler das Ideal des christlichen Staatsmanns, das dieser für sich beanspruchte. Er bekannte sich zu einem gemeinsamen Handeln der Christen beider Konfessionen, wenn auch in verschiedenen Parteien im Interesse des »Volkswohls«. Er erinnerte daran, daß seine Regierung »in der Mehrzahl, mit nahezu Zweidrittelmehrheit aus konservativen, größtenteils früher deutschnationalen Männern zusammengesetzt« gewesen sei. An ihm habe es nicht gelegen, betonte er, daß sich die Rechte im Sommer 1930 der Mitarbeit versagt habe. Brüning brach zugleich eine Lanze für die Sozialdemokratie, die ihn »in größter Staatsverantwortlichkeit« gestützt habe, ohne von ihm »die geringsten Bindungen zu verlangen«. »Sollte ich dieses Erwachen einer starken Staatsverantwortlichkeit zurückstoßen und wieder in Verhandlungen wie im letzten Sommer mit Herrn Hugenberg stehen, die im letzten Augenblick wieder scheitern, so daß man zwischen zwei Stühlen gesessen hätte?« Nach den preußischen Landtagswahlen vom 24. April 1932 habe er sich für ein Kabinett der Rechten in Preußen eingesetzt. Einige Monate später, »in dem dafür außenpolitisch geeignetsten Zeitpunkt« hätte man auch eine Rechtsregierung im Reiche bilden können. Mit Rücksicht auf die bisherige Tolerierung seines Kabinetts durch die Sozialdemokratie habe er sich freilich nicht persönlich an einer solchen Koalition mit den Rechtsparteien beteiligen können.

Brüning wandte sich auch im Wahlkampf noch einmal gegen den Vorwurf des »Agrarbolschewismus« und übernahm die Verantwortung für die Politik Schlange-Schöningens. »Wenn es einen gewissen kleinen Prozentsatz von Gütern gibt, die nicht entschuldet werden können aus diesem oder jenem Grunde, dann ist es kein Siedlungsbolschewismus, wenn man dann den hungernden nachgeborenen Söhnen aus West- und Süddeutschland auch mal einen Happen Land im Osten zuteilen will.«

Aufschlußreich waren seine – teilweise fragwürdigen – Ausführungen über den Parlamentarismus. Man müsse zwar dessen »Auswüchse« beseitigen, dürfe aber nie das Parlament ganz ausschalten. Der ehemalige Chef einer Präsidialregierung, der den Einfluß »der Parteien« zurückdrängen wollte, weil er keine parlamentarische Mehrheit gefunden hatte, war sich der Tatsache bewußt, daß die Demokratie in erster Linie durch die rechtsradikalen Parteien gefährdet war. Es sei ihm darum gegangen, »ein vernünftiges, gemäßigtes, autoritäres demokratisches System« zu schaffen, nachdem das »Parlament in seiner Macht, in seiner Tätigkeit, in seiner Arbeit doch auf einen wirklich sehr engen Umkreis beschränkt« worden sei. Die Nationalsozialisten hingegen wollten die »einseitigste und unmöglichste aller Parteiherrschaften, nämlich die Herrschaft einer einzigen Partei an der Stelle von Koalitionsregierungen« einführen.[16]

Seine Wahlkampfauftritte waren, wie erwähnt, im Stil der Zeit ganz auf ihn selbst, den »Führer Brüning«, im Gegensatz zum »Diktator« Papen zugeschnitten. Sein Bild erschien auf den Plakaten und Aufrufen der Liste Vier und sollte den erfahrenen Staatsmann zeigen. In seinen Reden forderte er überall die Wiederherstellung der Staatsautorität, die Erhaltung des Rechtsstaats und trat für einen konservativ verstandenen »Staat gemäßigter Demokratie« ein.[17] Ein Rest von Gemeinsamkeit zwischen den politischen Lagern schien ihm unerläßlich, um die Regierungspolitik in seinem Sinne zu beeinflussen.[18]

Befriedigt registrierte er seine Erfolge als Wahlredner vor vielen Tausend begeisterten Anhängern, die ihm wohl zum ersten Mal das Gefühl vermittelten, ein relativ populärer Politiker zu sein. Die größten Triumphe feierte er in den traditionellen Zentrumshochburgen West- und Süddeutschlands, aber auch in Schlesien. In der Kölner Rheinlandhalle trat er vor 10.000 Zuhörern auf. Zwei Tage später auf einer Kundgebung im Bochumer Stadion waren etwa 50.000 Personen erschienen. In Münster, das ihn wenige Wochen zuvor zum Ehrenbürger ernannt hatte, hörten ihn 20.000 Landsleute.[19]

Beim Abschluß der Rundreise durch seine westfälische Heimat schallte ihm in Paderborn ein tausendstimmiges »Treu Heil« entgegen, ehe er das Wort ergriff. Einer Weisung der Parteiführung gemäß waren die Veranstaltungen optisch und atmosphärisch vor allem durch die Jugend getragen und in ihrem Erscheinungsbild bestimmt. Ein junger Mann gelobte in der Paderborner »Bekenntnisstunde«: »Treue und Freiheit sehen wir in Dir, Reichskanzler Dr. Heinrich Brüning, lebendig uns vorgelebt ... Du sollst uns Führer sein im Kampfe für die Freiheit unseres Vaterlandes!« Brüning griff bei dieser Gelegenheit wiederum die Rechtsparteien an, die sich in Preußen seit 1921 und später auch im Reich als nicht regierungsfähig erwiesen hätten. Die Maßnahmen, die die Regierung seit dem Herbst 1930 habe ergreifen müssen, »um Volk, Staat und Wirtschaft zu retten«, seien nur von der Sozialdemokratie und den gemäßigten bürgerlichen Parteien unterstützt worden – »wenigstens eine Zeit lang«.[20]

Der »Preußenschlag« vom 20. Juli 1932

Im Gegensatz zu Brüning tat sich Papen in seiner Kampagne schwer. Er konnte nur auf die Unterstützung der Deutschnationalen rechnen, obwohl diese sich keineswegs als »Regierungspartei« verstanden. Das aufsehenerregende Vorgehen des Kanzlers gegen die geschäftsführende Regierung Braun in Preußen am 20. Juli 1932 überschattete die Schlußphase des Wahlkampfes. Deren Absetzung auf Grund der Befugnisse des Reichspräsidenten nach Artikel 48 WRV begründete Papen noch am Abend im Rundfunk mit dem angeblich passiven Verhalten des Kabinetts Braun gegenüber kommunistischen Umtrieben und Ausschreitungen vor allem in Schlesien.[21]

Das Vorgehen der Reichsregierung gegen Preußen forderte alle gemäßigten Parteien in bisher unerhörter Weise heraus. Das Zentrum hatte dort seit Wochen zusammen mit den Nationalsozialisten versucht, die Regierungskrise nach den Landtagswahlen zu lösen. So hatte es in stillschweigendem Einverständnis mit den Sozialdemokraten am 25. Mai die vorläufige Wahl des nationalsozialistischen Landtagspräsidenten Kerrl ermöglicht, nachdem es den Vorschlag Heilmanns, den Sozialdemokraten Wittmaack gemeinsam mit den Kommunisten zu wählen, abgelehnt hatte. Anfang Juni hatte das Zentrum auf Drängen Papens die Verhandlungen mit der NSDAP über eine gemeinsame Regierungsbildung wieder aufgenommen. Als Regierungschef hatte Papen vorübergehend den deutschnationalen Fraktionsvorsitzenden im Landtag, Friedrich v. Winterfeld, ins Auge gefaßt.

Die NSDAP beanspruchte in Preußen außer dem Ministerpräsidenten und dem Innenminister zwei weitere Minister, ohne dies jedoch je offiziell kundzutun. Das Zentrum neigte dazu, der DNVP das Amt des Regierungschefs zu überlassen. Nach Papen hatte sich das Zentrum verpflichtet, seine Angriffe auf die Reichsregierung einzustellen. Zu einer definitiven Einigung über die Regierungsbildung war es jedoch nicht gekommen, da das Zentrum angesichts der Drohung Papens, einen Staatskommissar in Preußen einzusetzen, die Forderungen der Nationalsozialisten abgelehnt hatte. Es war nicht bereit, das Kabinett Papen indirekt zu stützen. Papens Drohung gegen Preußen hatte sich deshalb in erster Linie gegen das Zentrum gerichtet. Die Rechtsparteien gaben einer Intervention des Reiches ohnehin den Vorzug. Die Koalitionsverhandlungen waren schließlich im gegenseitigen Einverständnis auf die Zeit nach den Reichstagswahlen vertagt worden. Am 18. Juli hatte Kerrl Papen offiziell über das vorläufige Scheitern der Bemühungen um eine »verfassungsmäßige Regierung« unterrichtet. Kerrl hatte seinerseits angeregt, die preußische Polizei mit Hilfe des Artikels 48 WRV in die Zuständigkeit des Reiches zu übernehmen, um sie der Kontrolle Severings als amtierendem Innenminister zu entziehen. Er hatte es jedoch zu diesem Zeitpunkt vermieden, die Übernahme der gesamten Regierungsgewalt zu empfehlen, damit seine Partei nicht etwa durch Papen an einer Machtübernahme gehindert würde.[22]

In preußischen Regierungskreisen hatte man seit Wochen befürchtet, daß Papen gegen Preußen vorgehen würde. Indessen kam die Übernahme der gesamten exekutiven Gewalt dann doch überraschend.[23] Hindenburg beauftragte Papen mit der Übernahme der preußischen Regierungsgewalt und setzte ihn als Reichskommissar ein. Mit der Einsetzung des Essener Oberbürgermeisters Franz Bracht, der dem Zentrum angehörte, als stellvertretendem Reichskommissar hatte Papen auch die Zentrumspartei und ihren Spitzenkandidaten brüskiert. Die Tatsache, daß Brüning Bracht seit Jahren kannte und ihm zumindest vorübergehend auch persönlich nahegestanden hatte, machte die Sache für den Exkanzler nicht besser. Das gilt auch für die Behauptung Papens, er habe seinem Vorgänger schon in dessen Amtszeit geraten, die preußische Regierungsgewalt auf das Reich zu übernehmen.[24]

Brüning selbst hatte zwar eine solche Lösung schon frühzeitig als eine Chance zur Reichsreform erkannt und für den Fall ins Auge gefaßt, daß die Wirtschaftskrise anhielt und eine Machtübernahme der NSDAP in Preußen anders nicht mehr zu verhindern sei. Er hatte den Nationalsozialisten aber weder die Gerichte noch die Polizei überlassen wollen. Als er während des Wahlkampfes vor Beginn einer Versammlung in München von dem »Preußenschlag« des Reichskanzlers erfuhr, bestritt er sofort öffentlich, daß gegenwärtig die Voraussetzungen für eine solche Maßnahme gegeben seien. Er zeigte sich vielmehr empört, daß seine »ausgearbeiteten

Pläne und Notverordnungen ... sinn- und planlos zu verfassungswidrigen Zwecken benutzt« würden.

Für diesen Mißbrauch der Befugnisse des Reichspräsidenten machte Brüning vor allem Schleicher verantwortlich. Doch war nicht zu leugnen, daß die Aktion gegen Preußen seinen eigenen früheren Plänen folgte. Er hatte eine solche Reichsexekution nach Artikel 48 als letztes Mittel für legal gehalten. Nach der herrschenden juristischen Auffassung unterlag das Staatsrecht der Länder und auch der Kommunen letztlich der Diktaturgewalt des Reichspräsidenten. Noch Anfang Mai 1932 hatten Staatssekretär Zweigert und Reichsjustizminister Joël den Entwurf einer Notverordnung vorgelegt, nach der die Polizei der Länder mit Ausnahme Bayerns, Badens und Württembergs auf das Reich übernommen werden sollte. Allerdings war damals ein Reichskommissar nicht vorgesehen. Brüning hatte selbst auf diese Pläne zurückgreifen wollen, falls die Koalitionsverhandlungen des Zentrums mit den Rechtsparteien in den Ländern scheitern sollten. Die Notverordnung hätte in kurzer Zeit auch zur Übernahme der Justizverwaltungen der Länder geführt, da diese bald keine Gehälter ohne Zustimmung des Reiches hätten auszahlen können. Eine faktische »Gleichschaltung« wäre die Folge gewesen.[25]

Papen befand sich allerdings in einer größeren Zwangslage als sein Vorgänger, der bis zuletzt auf die Tolerierung durch die SPD und die indirekte Unterstützung durch die preußische Regierung rechnen konnte. Notstandsmaßnahmen des Reiches hatte Brüning einst mit Hilfe der Regierung Braun durchführen wollen. Er bezweifelte, daß sich der Preußenschlag nicht nur gegen den angeblichen »Marxismus« der Regierung Braun, sondern indirekt auch gegen die Nationalsozialisten richtete, wie Papen glauben machen wollte, und fühlte sich deshalb persönlich von Papen getäuscht. Dieser hatte ihn vor der Aktion durch den Gesandten Müller-Bern und andere Herren dahingehend informieren lassen, er wolle keineswegs die Nationalsozialisten in die Regierung aufnehmen, sondern sie nur »hereinlegen«. Papen hatte die preußischen Minister, die dem Zentrum angehörten, kurz zuvor noch einmal – zum Schein – dringend gebeten, eine Koalitionsregierung mit der NSDAP zu bilden. Brüning erkannte sofort, daß dies ein Ablenkungsmanöver war. »Ich teilte Hirtsiefer meine Informationen mit und warnte ihn, sich auf Verhandlungen mit den Nazis einzulassen, wenn die Regierung beabsichtige, einen Stoß gegen die Nazis zu führen.«[26]

Trotzdem verurteilte Brüning Papens Vorgehen nicht grundsätzlich. Er hatte zu einem früheren Zeitpunkt ein Eingreifen auch gegen die preußische Regierung in dem Fall für geboten gehalten, daß eine Neubildung der Regierung sich als unmöglich erweisen sollte und mit einem »Stillstand der Staatsmaschinerie« zu rechnen sei. Ministerpräsident Braun hatte sich bereits im Vorfeld der Ereignisse auf einen längeren Urlaub begeben, aus dem er aus persönlichen Gründen nicht zurückzukehren gedachte[27] Brüning wußte, daß Braun nach der Berufung Papens zum Reichskanzler beabsichtigt hatte, seine Amtsgeschäfte möglichst bald niederzulegen. Nach der preußischen Verfassung war dies aber nur nach der Bildung einer neuen Regierung möglich. Deshalb war das Kabinett Braun am 24. Mai formell zurückgetreten. Seither amtierte das Kabinett nur geschäftsführend.

Braun behauptete, er habe keine Richtlinienkompetenz mehr gegenüber den Ressortchefs, die im Gegensatz zu ihm, der kein eigenes Ressort innehatte, ihre Geschäfte weiterhin zu erledigen hätten. Darin sah er eine formale Rechtfertigung für seinen faktischen Rückzug aus der Regierungsverantwortung. Als geschäftsführender Regierungschef fungierte seit dem 4. Juni Wohlfahrtsminister Hirtsiefer, den noch die alte Zentrumsfraktion nach den Landtagswahlen vorsorglich in Personalunion zum Ministerpräsidenten hatte wählen wollen, um das Problem, das sich für Braun angeblich stellte, zu vermeiden. Er hätte zwar über ein Ressort verfügt, aber keine Richtlinienkompetenz besessen, wenn das Problem, so wie Braun es sah, wirklich existierte. Severing und Grimme hingegen hätten ihre Ämter ebenso wie Braun lieber heute als morgen aufgegeben, taten dies aber nicht mit Rücksicht auf die Stimmung in ihrer Partei.[28]

Brüning vertrat im Gegensatz zu Papen die Ansicht, die Zeit für ein Eingreifen des Reiches in Preußen sei am 20. Juli nicht reif gewesen. Noch größer dürften allerdings die Differenzen zwischen den beiden Politikern über den Zweck einer solchen »Notoperation« gewesen sein. Sollte sie in erster Linie eine Abwehrmaßnahme gegen die Nationalsozialisten sein oder der erste Schritt zu einer durchgreifenden Reichsreform? Beides hatte schon Brüning beabsichtigt. Papen hingegen kam es vor allem darauf an, im Reich die Exekutive gegen das Parlament zu stärken. Sein Vorgehen versuchte er, verfassungsrechtlich abzusichern. Am 25. Juli erklärte er im Kabinett, die Regierung werde sich in einem Rechtsstreit mit der bisherigen geschäftsführenden preußischen Regierung durch die Staatsrechtler Carl Schmitt, Erwin Jacobi und Carl Bilfinger vertreten lassen, was auf eine Empfehlung Schleichers zurückging. Der Reichswehrminister suchte seit einiger Zeit einen Ausweg aus der latenten Verfassungskrise im Reich, die nach seiner Ansicht die Gefahr einer oppositionellen, also nicht zu gemeinsamer Regierungsarbeit bereitstehenden Mehrheit staatsfeindlicher Parteien bannen sollte.[29] Konkret sollte dies bedeuten, in Zukunft reine Mißtrauensvoten auszuschließen, die unter Brüning mit Hilfe der Sozialdemokratie regelmäßig vereitelt worden waren.

Angebot an Papen

In der letzten Phase des Wahlkampfes kritisierte Brüning Papen vor allem wegen der vorzeitigen Auflösung des Reichstages. Sie habe die »wertvollen Ansätze zur Bildung gemäßigter Parteien zerstört.« Das Zentrum habe ein Interesse an einer »starken konservativen Partei« auf evangelischer Seite, mit der man in kulturpolitischen Fragen zusammengehen könne. Er wandte sich dagegen, dem Volke »irgendeine Form der Diktatur« aufzuzwingen. »Mit maßvoller Anwendung der Aushilfsartikel der Reichsverfassung ist es noch immer möglich gewesen, in schwierigsten Zeiten durchzukommen«. Er warnte vor »Experimenten« wie dem Preußenschlag vom 20. Juli. Nach den Reichstagswahlen müsse auch ein neuer preußischer Ministerpräsident gewählt werden.[30]

In den Memoiren erwähnt Brüning ein »Angebot« zu begrenzter Zusammenarbeit, das er Papen in diesen Tagen gemacht habe. In einer Wahlrede im Sportpalast habe er detaillierte Vorschläge zur Änderung der Verfassung »in zwei oder drei Punkten, wie der Auslegung des Art. 54« gemacht, um eine Rückkehr zu einer verfassungsmäßigen Regierungsweise einzuleiten[31]. »Es wird ein Kampf sein um eine Politik der Mäßigung, um eine Politik, die keinen Teil der Bevölkerung bewußt zurückstößt, der Kampf aber auch um die Erhaltung freier Meinungsbildung, der

Kampf um die Rechte, die einem mündigen Volke auch im Inneren zustehen. Es wird ein Kampf sein gegen Versuche einer irgendwie gearteten Diktatur, auch gegen die Diktatur einer einzigen Partei. Wir werden allen denen die Hände reichen, wir werden alle die unterstützen, die für eine ruhige und gemäßigte Fortentwicklung in Deutschland sind und die mit uns für die innere Freiheit des deutschen Volkes kämpfen gegen alleinige Herrschaftsgelüste irgendeiner Gruppe oder irgendeiner Partei. Wir kämpfen für diese Freiheit, weil sie in der Politik einmal das Beste, und auf die Dauer gesehen, auch das Sicherste für den Staat selbst ist.«[32]

Die Vorschrift des Artikels 54 WRV, nach der der Reichskanzler oder die Reichsminister zurücktreten mußten, wenn ihnen der Reichstag das Vertrauen entzog, war auch unter dem Präsidialregime Papen unwirksam, so lange der Reichstag nicht opponierte. So lief Brünings Angebot darauf hinaus, zu einer verschleierten Form der Tolerierung nach den Wahlen zurückzukehren, bei der seine Partei offiziell ihre Oppositionsrolle beibehalten konnte. Papen ließ den Vorschlag unbeantwortet, soll sich jedoch, wie Brüning erfahren haben wollte, intern abfällig geäußert haben: »Jetzt haben wir das Zentrum geleimt. Man muß dem Volke nur den Stiefelabsatz durch die Schnauze ziehen, dann pariert es schon.«[33]

Der Exkanzler verkannte nicht die Gefährdung der öffentlichen Sicherheit, mit der Papen sein Vorgehen gegen Preußen begründete. Sie überschattete den gesamten Wahlkampf. Er bezweifelte jedoch, daß dafür allein die Kommunisten verantwortlich gewesen waren. Seit der Regierungsübernahme Papens bis zu dessen Eingreifen in Preußen waren 72 Tote und 497 Schwerverletzte (ohne Berlin) bei Ausschreitungen und Unruhen zu beklagen. Drei Tage vor dem Preußenschlag war es zu schweren Zusammenstößen beim »Altonaer Blutsonntag« gekommen, die die Polizei nur unter dem Einsatz von Panzerwagen beenden konnte.[34]

Man hat der Regierung Braun, vor allem Innenminister Severing, vorgeworfen, sie habe allzu bereitwillig das Feld geräumt und sei nicht bereit gewesen, sich mit Hilfe der preußischen Polizei gegen die Maßnahmen Papens, »des Kavaliers auch im Staatsstreich« (F. Stampfer), zur Wehr zu setzen. Tatsächlich verfügte die Reichsregierung nur über geringe militärische Kräfte in und um Berlin, die kaum in der Lage gewesen wären, den Ausnahmezustand gegen die preußische Polizei durchzusetzen. Eine andere Frage war, ob ein Zusammenstoß zwischen den beiden Regierungen den offenen Bürgerkrieg ausgelöst hätte, in den die Wehrverbände sofort verwickelt worden wären. Dieser Gesichtspunkt scheint vor allem für Hirtsiefer und Severing ausschlaggebend gewesen zu sein.[35] Brüning sah hier das Verwerfliche in Papens Vorgehen. Es sei gar nicht nötig gewesen, »einen Mann wie Severing derart zu brüskieren, einen Mann, der 14 Jahre seines Lebens wie kein anderer für den Staat und seine Autorität gekämpft hat«, meinte er am 21. Juli in einer Rede in München. »Einige Herren der Reichswehr außerhalb des Schleicher-Kreises« ließen ihn wissen, daß sie den Staatsstreich mißbilligten und Papen fallenlassen wollten.[36]

Die Reichstagswahlen vom 31. Juli

Das Ergebnis der Wahlen zum 6. Reichstag bestätigte die schlimmsten Erwartungen im Lager der gemäßigten und demokratischen Parteien. Die Nationalsozialisten steigerten ihren Erfolg vom 14. September 1930 noch einmal und zogen mit 230 Abgeordneten erstmals als stärkste Fraktion in den Reichstag ein. Mit 37,4 Prozent der Stimmen hatten sie alle anderen Parteien weit hinter sich gelassen. Allerdings hatten sie, wie sozialdemokratische Beobachter erkannten, ihr Wählerpotential weitgehend ausgeschöpft. Die Sozialdemokraten bildeten die zweitstärkste mit 133 und die Kommunisten die drittstärkste Fraktion mit 89 Mandaten. Die KPD hatte 14,9 Prozent erreicht und vor allem vom Zulauf sozialdemokratischer Wähler profitiert, die sich wegen der Tolerierungspolitik der letzten beiden Jahre von der SPD abgewandt hatten. Das Zentrum und die BVP hatten zusammen zehn Sitze hinzugewonnen und verfügten nun über 97 Mandate. Dagegen war die DNVP als einzige Partei, die Papen unterstützt hatte, weiter geschwächt worden. Sie besaß mit 37 Sitzen vier weniger als im alten Reichstag. DVP und Staatspartei verfielen mit sieben bzw. vier Mandaten endgültig der Bedeutungslosigkeit. An eine parlamentarische Mehrheitsbildung ohne die Nationalsozialisten, die im Reichstag zusammen mit dem Zentrum über eine knappe Mehrheit verfügt hätten, war nicht mehr zu denken. Eine Koalition von NSDAP und DNVP war dagegen ausgeschlossen, da die beiden Fraktionen zusammen nur 267 von 608 Sitzen innehatten.[37]

Kontroverse um den »Neuen Staat«

Nach den Wahlen stellte sich für Papen ebenso wie vorher schon für Brüning die Frage, wie die NS-Bewegung politisch neutralisiert werden könne, ohne ihr die gesamte Staatsmacht, nach der Hitler strebte, auszuliefern. Schon am 1. August erklärte Papen, er wolle sich als Chef eines Präsidialkabinetts keineswegs um die Bildung einer Koalition bemühen, um eine Mehrheit im Reichstag zu gewinnen. Allerdings lehnte er den Eintritt Hitlers oder anderer Nationalsozialisten in die Regierung nicht eindeutig ab. Die NSDAP müsse zeigen, ob sie sich am »Wiederaufbau des Landes« beteiligen wolle. Zugleich deutete er eine Verfassungsreform im Sinne eines »Neuen Staates« an. Dieses Konzept lief auf ein autoritär geführtes Regime auf der Grundlage einer extensiv ausgelegten Notverordnungsbefugnis des Reichspräsidenten nach Artikel 48 WRV hinaus. Sein Innenminister v. Gayl erstrebte überdies eine Revision des Wahlrechts nach Artikel 22 WRV mit einem angeblich »wirklich freien Mandat« der Abgeordneten, tatsächlich aber im Sinne eines verdeckten Gruppenwahlrechts mit Zusatzstimmen für Familienväter, Witwen und ehemalige Kriegsteilnehmer sowie die Einführung eines Zweikammersystems mit einem Oberhaus anstelle des bisherigen Reichsrats. Das vor allem für die Deutschnationalen katastrophale Wahlergebnis wollte der Kanzler nach außen hin nicht als politische Niederlage gelten lassen, obwohl zumindest Schleicher auf eine neue Tolerierungsmehrheit spekuliert hatte. Papen leitete eine Woche später in einer öffentlichen Erklärung aus dem Wahlergebnis die Notwendigkeit eines »überparteilichen« Präsidialregimes mit »geeigneten Persönlichkeiten«, auch aus der NSDAP, ab.[38]

Das Angebot an Hitler war verlockend. Dieser zögerte, sich festzulegen, wie dies zu erwarten war, lehnte dann aber den Eintritt in jedes Koalitionskabinett ab, in dem er nicht allein den Kurs bestimmen würde. Gegenüber Schleicher, der ihn von dieser Forderung abbringen wollte und ihm Ministerposten für die NSDAP anbot, berief er sich rigoros auf das »Führerprinzip« seiner Partei, an das er gebunden sei. Danach müßten sich die nationalsozialistischen Minister bei Kabinettsentscheidungen jeweils seiner Zustimmung versichern.[39]

Wenn Hindenburg Hitler in dieser Situation von der Macht hätte fernhalten wollen, ohne den Reichstag vollends auszuschalten, hätte er Brüning noch einmal mit der Regierungsbildung betrauen müssen. Dann wären die Sozialdemokraten unter Umständen wieder zur Tolerierungspolitik zurückgekehrt, was unter Papen nicht mehr zu erwarten war. Die Ansicht, daß Papen für die Demokratie gefährlicher als Hitler sei, war bei den Sozialdemokraten kaum weniger verbreitet als beim Zentrum, das sich nicht zu einer Annäherung an die Regierung bewegen ließ. Eine solche Initiative Hindenburgs war nicht mehr zu erwarten. Eine bürgerliche Tolerierungsmehrheit ohne die NSDAP war im übrigen schon rein rechnerisch nicht mehr vorhanden.[40]

Papen war ohnehin der falsche Kandidat für jede parlamentarische Kombination, die den Verhältnissen vor Brünings Abgang gleichgekommen wäre. Er hoffte vergeblich, wenigstens das Zentrum neben der DNVP zur Unterstützung seiner Regierung bewegen zu können. Es waren nicht nur psychologisch verständliche Vorbehalte gegen den »Renegaten« Papen, die hinter der Absicht der Zentrumsführung standen, nun eine »Totallösung« anzustreben, um die NSDAP durch die Einbeziehung in die politische Verantwortung zu »zähmen«, d. h. einem Abnutzungsprozeß zu unterwerfen. Dies hätte, wie man glaubte, eine Rückkehr zu parlamentarischen Verhältnissen einleiten können. Die Abneigung der maßgebenden Zentrumskreise gegen Papen war immer noch stärker als die gegen Hitler. Kaas hatte Papen nach dem Sturz Brünings einen »Ephialtes« genannt in Anspielung auf den Verräter, der im Perserkrieg Xerxes die griechischen Stellungen an den Thermopylen preisgegeben hatte. Das Wort tauchte – ohne Herkunftsangabe – auch in einem Leitartikel der Kölnischen Volkszeitung auf und führte zu einem dreitägigen Erscheinungsverbot.[41]

In der Haltung zu Papen war sich Brüning mit Kaas zunächst einig. Nach einiger Zeit, nicht erst nach den Wahlen vom 5. März 1933, gingen ihre Ansichten jedoch auseinander. Diese Differenz beeinflußte das Verhältnis des Zentrums gegenüber Hitler. Im Sinne ihres Zähmungskonzepts wollte die Parteiführung nach den Wahlen Verhandlungen mit den Nationalsozialisten durch die Klärung einiger Einzelfragen anbahnen. In einem zweiten Schritt hielten einige Zentrumspolitiker nicht nur auf Länder-, sondern sogar auf Reichsebene eine Koalition mit der NSDAP für denkbar. Zu ihnen gehörten der preußische Wohlfahrtsminister Hirtsiefer und der Fraktionsvorsitzende im Preußischen Landtag, Grass, der Nachfolger von Heß, während Joos, Bolz und Stegerwald sich reserviert verhielten. Brüning behauptete nach dem Zweiten Weltkrieg, er sei überzeugt gewesen, daß Hitler keineswegs in ein Koalitionskabinett habe eintreten wollen. Es sei ihm nur darauf angekommen, durch die Verhandlungen vor der Öffentlichkeit nachzuweisen, daß Hitler die ganze Macht für sich allein wolle. Als Ausweg habe er ein Kabinett Schleicher empfohlen, als ihn ein Abgesandter des Reichspräsidenten um Rat fragte, wie die Krise zu lösen sei.[42]

Bei den Nationalsozialisten waren die Meinungen über eine Koalition mit dem Zentrum ebenfalls geteilt. Hitler und Röhm waren dagegen, während Strasser, Kube und Goebbels damit sympathisierten. Die Christlichen Gewerkschaften, mit dem

Zentrum eng verbunden, traten für eine Kanzlerschaft Schleichers ein, der seinerseits eine Zusammenarbeit zwischen NSDAP und Zentrum im Reich, nicht jedoch in Preußen wünschte.[43] Brüning lehnte eine Regierungsbeteiligung der NSDAP im Reich nicht schlechthin ab, wollte sich jedoch nicht auf einen Zeitpunkt festlegen. Er ließ aber weiterhin keinen Zweifel, daß er einer solchen Rechtsregierung nicht angehören werde.[44]

In führenden Zentrumskreisen hegte man den Wunsch, das Regime Papens möglichst bald zu beenden, nachdem der Reichstag ein neues Mandat erhalten hatte. Das Zentrum sah Papen keineswegs in einer Kontinuität zu Brüning, obwohl beide nach ihrer Regierungsübernahme den Reichstag aufgelöst hatten. Der Unterschied bestand in der Tolerierung Brünings nach den Wahlen vom 14. September 1930 durch den Reichstag. Darauf konnte Papen nicht rechnen. Am 4. August erörterten einige Zentrums- und BVP-Politiker im Hause des Reichstagsabgeordneten Bockius eine Zusammenarbeit mit den Nationalsozialisten auf Reichsebene. Anwesend waren der stellvertretende Parteichef Joseph Joos, der württembergische Staatspräsident und Reichstagsabgeordnete Eugen Bolz sowie der BVP-Vorsitzende Fritz Schäffer, der Fraktionsvorsitzende im Reichstag, Prälat Johann Leicht, ferner die Generalsekretäre beider Parteien, Heinrich Vockel und Anton Pfeiffer.[45]

Brüning, der anscheinend nicht an diesem Treffen teilnahm, hielt einen Rücktritt des Kanzlers für geboten, nachdem dieser seine Offerte einer begrenzten Zusammenarbeit und die Aufforderung, zu einer verfassungsmäßigen Regierungsweise zurückzukehren, ignoriert hatte. Papen ersuchte vielmehr Joos und Bolz, nicht mit der NSDAP zu verhandeln, ehe die Gespräche der Regierung mit den Nationalsozialisten abgeschlossen seien. Er bat seine früheren Fraktionskollegen um Vertrauen und erklärte, er werde notfalls »die SA und die SS auf den Straßen mit Maschinengewehren niedermähen lassen«. Joos und Bolz stellten eine konstruktive Haltung des Zentrums in Aussicht, wenn die Regierung zu »verfassungsmäßigen Wegen und Methoden« zurückkehre. Papen gab sich nach außen hin sicher, daß es ihm ohne die Hilfe des Zentrums gelingen werde, die Nationalsozialisten zum Eintritt in sein Kabinett zu bewegen.

Brüning sorgte dafür, daß das Zentrum sich bei aller grundsätzlichen Gesprächsbereitschaft in den Kontakten mit der NSDAP zurückhielt. Für die anstehende Umbildung des Kabinetts überließ er Papen die Initiative. Kaas' zeitweilige Abwesenheit von Berlin erweckte indessen den Eindruck, daß das Zentrum in dieser Frage handlungsunfähig sei. Der Prälat hielt sich in diesen Wochen überwiegend in Südtirol auf, was in Parteikreisen allerdings auch auf Unverständnis und Unwillen stieß. Denn er war weder bereit, sein Amt als Parteichef auszuüben, noch es niederzulegen. Brüning war beunruhigt. Im Oktober 1933 bezeichnete er nach Rücksprache mit dem Chefarzt des Hedwigskrankenhauses, der Kaas behandelte, den Prälaten als mehr oder weniger hysterisch. Sein Geisteszustand müsse wohl teilweise vom psychiatrischen Standpunkt her beurteilt werden.[46]

In dieser Situation mußte Brüning die von nationalsozialistischer Seite verbreiteten Gerüchte ernstnehmen, es könne zu einer Anklage des Reichspräsidenten wegen der Absetzung der preußischen Regierung kommen, falls die NSDAP nicht in die Regierungsverantwortung einbezogen würde. Nach seiner Ansicht begann nunmehr eine weitere Phase der nationalsozialistischen »Revolution«. Nun sei mit einer

1. In der Opposition zu Papen

Mehrheit im Reichstag für eine Anklage wegen des wahrscheinlich teilweise verfassungswidrigen Verhaltens der Reichsregierung gegenüber Preußen zu rechnen, falls dies tatsächlich durch das Reichsgericht im Herbst festgestellt werden sollte.[47] Eine Absetzung Hindenburgs hätte eine Wahl Hitlers zum Nachfolger wahrscheinlich gemacht.[48] Nach dem Zweiten Weltkrieg berichtete Brüning, daß die Zentrumspartei mit der NSDAP verhandelt habe, um die Drohung gegen Hindenburg abzuwehren. Die Kontakte seien von »gemäßigten Führern« (Strasser und Göring) ausgegangen. Auf seine Empfehlung hin habe das Zentrum die Verhandlungen unterbrechen lassen, als Hitler für sich die Kanzlerschaft forderte.[49]

Daß das Zentrum auch prinzipielle Gründe für seine Forderung nach einer Regierungsbeteiligung der NSDAP in Preußen hatte, enthüllte die Rede Gayls zum Verfassungstag am 11. August, in der dieser die Mängel der Weimarer Reichsverfassung einer eingehenden Kritik unterzog und die Grundzüge einer auf autoritären Vorstellungen fußenden Reform entwickelte. Außerdem regte er eine Lösung der preußischen Frage an.[50] Über Einzelfragen hätte das Zentrum mit sich reden lassen. Doch herrschte in der Zentrumsführung die Meinung vor, es sei eher eine Diktatur Papens als Hitlers zu befürchten. Die Fraktion erklärte in ihrer Entschließung vom 29. August, »daß jede Regierung, die, ohne Mehrheit und Vertrauen in der Volksvertretung zu besitzen, notwendigerweise auf eine abschüssige Bahn kommen« müsse. Die Fraktion arbeite »unbekümmert um Drohungen und Einschüchterungen ihrerseits mit an der Schaffung einer Regierung, die sich auf eine klare Mehrheit des Parlaments stützen kann und gewillt ist, mit ihm zusammenzuarbeiten«. Dies sei der »eindeutige Sinn der Reichsverfassung«.[51]

Die Position des Kanzlers war nach den Wahlen angeschlagen, obwohl er bereit war, einige Nationalsozialisten in ein Präsidialkabinett aufzunehmen, ohne eine formelle Regierungskoalition zu bilden. Ebenso wie Schleicher beabsichtigte er, die Führung der NSDAP zu spalten und die gemäßigte Gruppe um Gregor Strasser zu stärken. Schleicher hatte jedoch inzwischen erkannt, daß Papen eigene Wege gehen und sich von seinem Einfluß freimachen wollte. Der General verfolgte weiterhin das Ziel, die NSDAP und damit auch SA und SS unter die Kontrolle des staatlichen Machtapparats zu bringen. Gegenüber einem Vertrauten Brünings räumte er ein, daß die Kanzlerschaft Papens ein »Fehlgriff« gewesen sei. Sie sei aber auch am Widerstand des Zentrums gescheitert.

Unmittelbar nach den Reichstagswahlen hatte Schleicher hinter dem Rücken des Kanzlers, der Berlin für einen kurzen Urlaub verlassen hatte, den Kontakt zur NSDAP wieder aufgenommen. Hitler auf der anderen Seite befürchtete jedoch, daß sich Schleicher auf seine Kosten mit der Strasser-Gruppe arrangieren könne, und verständigte sich mit ihm grundsätzlich über eine Regierung unter seiner Kanzlerschaft sowie über eine personelle Verbindung zwischen der Reichsregierung und der preußischen Regierung. Schleicher »vereinfachte« damit gleichsam das Brüningsche Zähmungskonzept zugunsten der Pläne Hitlers, indem er diesem nicht nur die Führung der Reichsregierung, sondern auch der preußischen Regierung zugestand, um das Regime Papen, das er selbst installiert und bis dahin mitgetragen hatte, aus den Angeln zu heben. Das Projekt sollte binnen einer Woche, bis zum 13. August, verwirklicht werden.[52] Andreas Hillgruber spricht von einem Duell Schleicher-Hitler, das sich in drei Phasen vollzogen habe: Vom 8. Mai bis zum 13. August, vom 13.

August bis zum 8. Dezember, als es nach der Bildung des Kabinetts Schleicher zum offenen Bruch zwischen Strasser und Hitler kam, und vom 8. Dezember 1932 bis zum 30. Januar 1933, dem Tag der Ernennung Hitlers zum Reichskanzler.[53]

Der Eklat vom 13. August

An jenem 13. August kam es zum offenen Bruch zwischen Papen und Hitler in der Koalitionsfrage, da dieser es für sich und seine Partei ablehnte, in das Kabinett Papen einzutreten und statt dessen, wie erwartet, das Kanzleramt entschieden für sich beanspruchte, nachdem ihm Schleicher weitgehende Zusagen gemacht hatte. Eine wirkliche Unterstützung der Papen-Regierung durch Hitler und seine Partei war also nicht zu erwarten. Hitler hätte – selbst wenn er es gewollt hätte – seine Anhänger, wie das Scheitern der Harzburger Front im Vorjahr gezeigt hatte, niemals für ein Bündnis unter konservativer Führung gewinnen können, ohne seine Führungsrolle zu gefährden.[54] Wenige Tage zuvor hatten Hitler und führende NS-Funktionäre auf dem Obersalzberg die politische Marschrichtung für die nächsten Wochen festgelegt. Es ist müßig darüber zu spekulieren, ob Hitler persönlich dazu neigte, Papen entgegenzukommen. Wahrscheinlicher ist, daß Papen ebenso wie Schleicher jeden weiteren Widerstand für aussichtslos hielt und nach Wegen suchte, Hitler von der totalen Macht fernzuhalten.

Papen war lediglich bereit, als er Hitler am 13. August mittags in der Reichskanzlei empfing, diesem das Amt des Vizekanzlers und des preußischen Ministerpräsidenten zu überlassen. Er schloß ihm gegenüber jedoch nicht grundsätzlich aus, zu gegebener Zeit zu dessen Gunsten zurückzutreten. Strasser sollte gleichzeitig Innenminister im Reich und in Preußen werden, Frick preußischer Kultusminister und Reichsminister ohne Portefeuille. Nun aber erwies sich Hindenburg bei der kurzen Unterredung mit Hitler im alten Bismarckzimmer des Präsidentenpalais überraschend als derjenige, der sich entschieden weigerte, den Nationalsozialisten überhaupt einen Zugang zur Regierungsgewalt im Reich zu gewähren. Diesen Willen hatte er zuvor auch gegenüber Schleicher kundgetan, dem er vorhielt, dieser wolle ihn den »Nazis ausliefern«.

Schleicher selbst war zu diesem Zeitpunkt mit einer Kanzlerschaft Hitlers einverstanden gewesen, wenn diese nicht dessen Alleinherrschaft bedeutete, wie er gegenüber Pünder bekannte, während maßgebliche Vertreter der Großindustrie sich noch klar dagegen aussprachen. Er riet, die Entscheidung zu vertagen, ohne im Hintergrund untätig zu bleiben. Den Staatsnotstand sah er ebenso gegeben wie Papen, doch hielt er den offenen Verfassungsbruch nicht für einen erlaubten Ausweg, ein zulässiges Mittel, ihn zu beheben. Er beabsichtigte vielmehr den extensiven Gebrauch des Artikels 48 RV, der den Parteien die Möglichkeit nahm, durch Obstruktion, durch den Mißbrauch des Rechts, die jeweilige Regierung zu stürzen, ohne für eine arbeitsfähige Nachfolgerin zu sorgen. Andererseits wußte er, daß die sofortige Rückkehr zu parlamentarischen Verhältnissen den Staat den Nationalsozialisten ausliefern würde. Die totale Ausschaltung des Reichstages, auf die Papen hinsteuerte, war nicht seine Absicht, da dies zur Konfrontation zwischen der Regierung und den wichtigsten gesellschaftlichen Gruppen führen konnte. Der Kanzler hatte die meisten Parteien des Reichstages gegen sich und verfügte nur noch über einen gewissen Rückhalt in Industrie und Großgrundbesitz.⁵⁵

Das Verhältnis zwischen Papen und Schleicher blieb getrübt. Nach Plancks Angaben wollte Hindenburg Hitler nicht einmal zum Vizekanzler ernennen. Drei Tage zuvor hatte er Papen darauf hingewiesen, daß Hitler weder Regierungs- noch Verwaltungserfahrung besitze und auch seine eigene Partei nicht unter Kontrolle habe. Dies war ein unmißverständlicher Hinweis auf den zunehmenden Terror der Nationalsozialisten, die Tausende von Braunhemden um Berlin zusammengezogen hatten, um die Regierung einzuschüchtern. Gerüchte über eine Aktion nach dem Vorbild von Mussolinis Marsch auf Rom kamen in Umlauf, die von der NSDAP-Pressestelle – nicht allzu überzeugend – nachdrücklich dementiert wurden. Hitler, der nur widerwillig auf Drängen Papens in Begleitung Röhms und Fricks im Präsidentenpalais erschienen war, äußerte sich erbost über Hindenburgs Abfuhr, als er den Auftrag zur Regierungsbildung forderte und sagte lediglich zu, eine »legale Opposition« zu betreiben. Hernach erklärte er öffentlich, daß ein Eintritt seiner Partei in die Regierung Papen ausgeschlossen sei. In der Zentrumsfraktion weckte dies einige Sympathien für Papen. Einzelne Abgeordnete vermuteten, daß Papen geschickt Hitler »hereingelegt«, d. h. zu seiner schroffen Ablehnung provoziert habe. Die Unterbrechung der Verhandlungen zwischen Zentrum und NSDAP dürfte im Zusammenhang mit diesem Eklat gestanden haben.⁵⁶

Ein im Stil der Emser Depesche Bismarcks von 1870 geschickt aufgemachtes Kommuniqué der Präsidialkanzlei, das unmittelbar nach Hitlers Audienz über Presse, Extrablätter und den Rundfunk verbreitet wurde, stellte das ungebührliche Auftreten Hitlers und seine Forderung nach der ausschließlichen politischen Macht heraus. Das Echo in der Presse entsprach der Verlautbarung, die von Planck redigiert worden war. Darin wurde Hindenburg beinahe als Volksheld und »Hüter der Verfassung« gefeiert. Die Audienz in der Wilhelmstraße bedeutete für Hitler eine psychologisch-propagandistische Schlappe selbst in den Augen mancher seiner Anhänger. Sie warteten ungeduldig auf eine baldige Machtübernahme und sahen sich fürs erste in ihren Hoffnungen getäuscht. Dies sollte sich bei den Wahlen im November auswirken.⁵⁷

Kontakte zwischen Zentrum und NSDAP

Der Eklat vom 13. August veranlaßte den Vorsitzenden der preußischen Zentrumsfraktion, Grass, mit Wissen des abgesetzten Ministers Hirtsiefer, das Angebot des Landtagspräsidenten Kerrl (NSDAP) zu Verhandlungen über eine Koalition in Preußen anzunehmen. Sie begannen drei Tage später, während die Gespräche auf Reichsebene offensichtlich ruhten. Man verständigte sich in Preußen grundsätzlich über eine paritätische Zusammensetzung unter einem Ministerpräsidenten Hitler. Die Nationalsozialisten sollten außer dem Innenministerium auch das Finanz- und Kultusministerium besetzen. Der Parteiführung des Zentrums, in erster Linie Brüning, kamen diese Kontakte jedoch ungelegen. Sie ließ die Besprechungen sofort abbrechen.⁵⁸

Die Regierungsbildung im Reich, nicht in Preußen, besaß für die Partei unbedingten Vorrang. Brüning hielt nach den Informationen, die er in der Nacht zum 20. August während einer Bahnfahrt von Berlin nach München von Gregor Strasser erhalten hatte, Verhandlungen mit dem gemäßigten Flügel der Nationalsozialisten für ratsam. Ein Abgesandter Strassers hatte ihm zwischen Halle und Jena dessen Bitte um eine Aussprache übermittelt, ein weiterer Vertrauter des Politikers sprach ihn darauf an, ehe er den Zug in München verließ. Brüning sagte unter der Bedingung zu, daß dies von den führenden Männern der BVP und des Zentrums, insbesondere von Kaas, die er in München treffen wollte, gebilligt würde.

Der Exkanzler schien sich mit Papens Verbleiben im Amt abgefunden zu haben und lehnte auch in dieser Situation noch jede Koalition mit der NSDAP auf Reichsebene ab, was eine Verständigung in einigen politischen Grundsatzfragen nicht ausschloß. Entscheidend war für ihn, einen Weg zu finden, um zu verfassungsmäßigen Verhältnissen zurückzukehren, was jedoch nicht im Interesse der Nazis lag. Ihnen wollte er dem parlamentarischen Brauch entsprechend die Wahl eines Nationalsozialisten zum Reichstagspräsidenten zugestehen. Nach der Regierungserklärung sollte, darin wurde man sich einig, eine kurze Debatte stattfinden, ehe sich der Reichstag – zunächst für vier Wochen – vertagen sollte, »um entweder der Regierung oder dem Reichspräsidenten die Chancen einer besonnenen Neuüberprüfung der Lage zu geben«. Schließlich sollte die 1925 nach dem Tode Eberts vom Reichstag vorübergehend eingeführte Stellvertretung des Staatsoberhauptes durch den Präsidenten des Reichsgerichts wieder in Kraft gesetzt werden.[59] Die Stellvertretung des Reichspräsidenten konnte bei Hindenburgs hohem Alter plötzlich akut werden und auch die Verhandlungen mit den Nationalsozialisten berühren. Diese bevorzugten zu diesem Zeitpunkt noch eine Stellvertretung Hindenburgs durch den Reichskanzler, da sie früher oder später mit der Kanzlerschaft Hitlers rechneten.[60]

Der BVP-Vorsitzende Fritz Schäffer und der Zentrumsvorsitzende Ludwig Kaas, die Brüning am 20. August im Hause Anton Pfeiffers in München getroffen hatte, drängten darauf, den Kontakt zu den Nationalsozialisten zu verstärken. Darüber unterrichtete man auch die Deutschnationalen. Ehe Brüning Strasser drei Tage später in einem Privathaus in Tübingen zu einem Besuch empfing, ließ ihn Kaas wissen, daß sich auch andere BVP-Politiker inzwischen von Schäffers Standpunkt distanziert hätten. Er selbst wolle von den Verhandlungen mit Strasser weder abraten, noch sie ausdrücklich billigen. So konnte Brüning nur ein vertrauliches Sondierungsgespräch führen. Nach seinem Bericht akzeptierte Strasser seine Bedingungen und deutete an, daß Hitler auf das Kanzleramt verzichten würde, wenn es rasch zu einer Einigung käme. Strasser fragte Brüning, ob er in ein »gemäßigtes« Kabinett eintreten würde, was dieser ablehnte, nicht ohne einer solchen Regierung seine guten Dienste in Aussicht zu stellen.[61] Am 27. August notierte der DNVP-Abgeordnete Reinhold Quaatz einen »Alarmanruf« seines Kollegen Herzberg, nach dem bereits ein Kabinett Schleicher – Brüning – Strasser perfekt sei.[62]

Während Brüning alsdann nach Freudenstadt reiste, wo er die Antwort Hitlers abwarten wollte, fuhr Strasser nach Konstanz. Dort quartierte er sich in einem Hotel ein, in dem zufällig ein Postbeamter namens Brüning wohnte. Die Presse berichtete über das geheime Treffen in Tübingen, verlegte es deshalb aber irrtümlich nach Konstanz. Brüning vermutete, daß Agenten des Reichswehrministeriums in der NSDAP davon erfahren und Meldungen in die Presse lanciert hätten.[63] Daraufhin hielt er sich von den nachfolgenden Gesprächen, die zwischen dem 28. August und dem 12. September stattfanden, fern – unter anderem, um nicht den Eindruck zu erwecken, er betreibe den Sturz Papens. Außerdem bezweifelte er nach wie vor, daß die NSDAP-Führung ernsthaft verhandeln und nicht lediglich Druck auf Papen und Hindenburg ausüben wollte. Beide Parteien hoben den informellen Charakter der Verhandlungen hervor. Sie dienten angeblich »der Beruhigung und Festigung der innerpolitischen Verhältnisse in Deutschland auf längere Sicht, weil nur auf der Grundlage der Wiederherstellung des Vertrauens eine erfolgreiche und eine dauernde wirtschaftliche Besserung und Beseitigung der außenpolitischen Isolierung erzielt und gesichert werden« könne. Das Zentrum legte Wert darauf, daß diese Verhandlungen zu einer Regierung führen sollten, die im Sinne der Verfassung mit dem Parlament zusammenarbeiten werde.[64]

Der Augenblick für einen Vorstoß bei Hindenburg in der Koalitionsfrage war für das Zentrum günstig, da sich das Kabinett Papen nach der Wahlniederlage in der Defensive befand. Dagegen befand sich Hitler in einer Zwangslage. Er war bei seinem Weg zur Macht auf das Zentrum angewiesen, wenn er sich nicht völlig von Hugenberg abhängig machen wollte. Verhandlungen über Wirtschaftsfragen lagen für das Zentrum auf der Linie seiner bisherigen Zähmungskonzepte. Hitler und seine Leute sollten »Farbe bekennen« und sich damit entweder öffentlich selbst entlarven oder gezwungen werden, ihre demagogische Agitation aufzugeben, was zu einer Trennung zwischen den gemäßigten und den extremistischen Kräften innerhalb der NSDAP führen konnte.

Der ehemalige Kanzler vermied jede Obstruktionstaktik gegenüber Papen, setzte vielmehr seit längerem auf die Gruppe um Strasser, die diesen Klärungsprozeß voranzutreiben schien. Der Kampf gegen Papen, den die Partei vor den Wahlen geführt hatte, war für ihn vorbei. Er war sichtlich bemüht, die Kontakte zur Reichsregierung nicht abreißen zu lassen. Über Planck versuchte er, mit Schleicher Verbindung aufzunehmen. Dabei hoffte er vergeblich auch auf eine geheime Begegnung mit Hindenburg, die durch die Vermittlung des Industriellen Moritz Klönne in Ostpreußen arrangiert werden sollte. Nach seiner Meinung erkannten weder Papen noch Schleicher, daß die Bestrebungen auf Zentrumsseite der Regierung »ein Sprungbrett« schaffen sollten, die NSDAP unter die Kontrolle der Exekutive zu bringen. Beide gingen nicht auf Brünings Anregungen ein. Mißtrauisch machte Brüning das Verhalten Schleichers, der ihn anscheinend bespitzeln ließ.[65]

Charakteristisch für das Verhältnis zwischen Brüning und Papen war die Tatsache, daß sie beide dem Katholikentag fernblieben, der Anfang September 1932 in Essen stattfand. Sie respektierten den Wunsch des Präsidenten des Zentralkomitees der deutschen Katholiken, Alois Fürst zu Löwenstein, der eine politische Konfrontation zwischen den Anhängern der Zentrumspartei und den rechtsorientierten Katholiken, die Papen unterstützten, vermeiden wollte. Traditionell boten die Katholikentage den führenden Zentrumspolitikern ein Forum zur Selbstdarstellung. Als Reichskanzler hatte Brüning zwei Jahre zuvor an der letzten Generalversammlung der Katholiken in Münster teilgenommen.[66]

Brüning war sich sehr wohl bewußt, daß er selbst zu diesem Zeitpunkt – nach der Konferenz von Lausanne – kaum eine andere Entscheidung getroffen hätte. Er konnte Papen schwerlich tadeln, wenn dieser über die bisherige Sanierungspolitik hinausging, um Arbeitsbeschaffungsmaßnahmen im größeren Umfang zu finanzieren. Die Kreditmittel von 2,2 Milliarden RM, die die Regierung bereitstellte, führten innerhalb weniger Wochen zu einer Verminderung der Arbeitslosenzahl um etwa 123.000, während sie sich im gleichen Zeitraum des Vorjahres um 140.000 erhöht hatte.[67] Die Maßnahmen übertrafen in ihrem Umfang diejenigen Brünings und folgten unter anderem den Vorschlägen Ernst Wagemanns, die Heinrich Dräger im August 1932 in einer Denkschrift noch einmal erläuterte. Bis zum Frühjahr 1933 sollten monatlich zunächst zwischen 100 und 200 Millionen RM für die produktive Arbeitsbeschaffung bereitgestellt werden. Danach wollte man diese Summe auf 250 bis maximal 400 Millionen erhöhen.[68] Die Chancen, derartige Pläne zu realisieren, waren inzwischen größer als unter Brüning, da die Industrie der Regierung Papen aufgeschlossener gegenüberstand.[69]

Das Zentrum war bei den Verhandlungen vom 30. August und 1. September durch Joos, Bolz und Eßer, die BVP durch Fritz Schäffer, die NSDAP durch Göring, Frick und Strasser vertreten. In ihrer Mehrheit wollte die Fraktion vor allem eine neue Koalition zustande bringen, um Neuwahlen zu vermeiden. Sie verabschiedete ein vorläufiges Wirtschaftsprogramm, das in seinen Grundzügen vom »Wirtschaftspolitischen Ausschuß« der Fraktion unter dem Vorsitz Dessauers entworfen worden war und schwerpunktmäßig der Arbeitsbeschaffung dienen sollte. Es war als Antwort auf das Wirtschaftsprogramm (Papen-Plan), das Papen am 28. August auf einem Bauerntreffen in Münster verkündet hatte, und die zu erwartende Notverordnung vom 4. bzw. 5. September gedacht.

Die Partei tat sich im übrigen schwer, Papens Programm zu kritisieren, da dieses weitgehend auf Vorarbeiten aus der Ära Brüning beruhte. Es wurde aber nicht nur von den meisten Parteien und den Gewerkschaften, sondern auch von Arbeitgeberseite abgelehnt, obwohl es in erster Linie die Produzenten begünstigte, um die Wirtschaft zu beleben. Die Notverordnung ließ unter anderem Tarifsenkungen bis zu 20 Prozent bei schlechtem Geschäftsgang in einzelnen Wirtschaftszweigen zu. Florierende Unternehmen wurden mit Steuererleichterungen begünstigt.[70] Brüning meinte lakonisch, daß die »Steuergutscheine« der Regierung nur eine vorübergehende Entlastung der wirtschaftlichen Lage brächten, auch wenn er einräumte, daß dies einen Stimmungsumschwung bewirken könne, vorausgesetzt, die bisherige Regierung werde sich halten.[71]

Trotz seiner demonstrativen Zurückhaltung blieb Brüning in der Koalitionsfrage nicht untätig. Ihm kam es unter anderem darauf an, die Absichten der NS-Führung zu erkunden. Er erklärte, daß er sich darauf beschränken wolle, lediglich Kontakte zu vermitteln. So traf er sich mit Hitler im Haus des Fabrikanten Wollmann im Grunewald, der mit Hitler befreundet war. Gregor Strassers Adjutant Paul Schulz hatte ihn im Hedwigskrankenhaus, wo er wohnte, mit dem Auto abgeholt. Im Innern des Hauses Wollmann befanden sich schwerbewaffnete SS-Leute. Brüning behauptet, er habe Hitler, den er seit den frühen zwanziger Jahren persönlich kannte, gesagt, daß das Zentrum ihm weder das Amt des preußischen Ministerpräsidenten noch die preußische Polizei zugestehen werde. Dies läßt darauf schließen, daß er notfalls die Regierung Papen tolerieren wollte oder in Preußen lediglich Scheinverhandlungen für vertretbar hielt. Weitere Verhandlungen könnten nur geführt werden, wenn man sich zuvor über ein Wirtschaftsprogramm verständigt habe. An diesen Gesprächen wolle er sich jedoch nicht selbst beteiligen. Hitler habe zugestimmt, so daß sich Vertreter beider Parteien in mehreren Sitzungen über das Dessauersche

Programm und auch über »alle anderen Forderungen« geeinigt hätten. Der gemeinsame Nenner bestand in der Ablehnung der sozialpolitischen Maßnahmen Papens.[72] »Andeutungsweise« habe man sich darüber verständigt, daß die Nazis auf einen Antrag zur Anklageerhebung gegen Hindenburg wegen der Beseitigung des preußischen Kabinetts verzichteten. Nach Brüning hatten damit die Verhandlungen zwischen NSDAP und Zentrum auf Reichsebene ihr wesentliches Ziel erreicht.[73] Anscheinend führten auch Joos und Eugen Bolz ein Gespräch mit Hitler im Grunewald, über das nichts Näheres bekannt ist.[74]

Die Neuwahl des Reichstagspräsidiums

Die Führung der NSDAP verfolgte das Ziel, die Regierung Papen zu stürzen. Dies war schon vor der konstituierenden Sitzung des Reichstages zu erkennen. Lediglich mit Rücksicht auf das Zentrum verzichteten die Nationalsozialisten am Tag der Reichstagseröffnung am 30. August darauf, die Rede der kommunistischen Alterspräsidentin Clara Zetkin zu stören, obwohl diese einer Provokation der Mehrheit des Parlaments gleichkam. Die Abgeordnete gab nach einer Abrechnung mit dem »zusammenbrechenden Kapitalismus« und der Aufforderung, in einer »Einheitsfront aller Werktätigen« den »Faschismus zurückzuwerfen«, der Hoffnung Ausdruck, noch als Alterspräsidentin den ersten »Rätekongreß Sowjet-Deutschlands« eröffnen zu können. Sie war soeben aus Moskau nach Berlin zurückgekehrt.

Die Nationalsozialisten hielten sich bei der Neuwahl des Präsidiums an die Vereinbarung mit dem Zentrum, indem sie außer ihrem eigenen Kandidaten den Vertreter des Zentrums wählten. Sie lehnten es jedoch ab, einen sozialdemokratischen und einen kommunistischen Vizepräsidenten zu wählen. Bei der Vizepräsidentenwahl unterstützte das Zentrum zunächst den Sozialdemokraten Löbe, in der Stichwahl entschied es sich dann für den eigenen Kandidaten, so daß kein Sozialdemokrat, wie es der parlamentarischen Sitte angemessen gewesen wäre, zum Vizepräsidenten gewählt wurde. Neben dem Nationalsozialisten Göring als Präsident wurden die dem Zentrum beziehungsweise der BVP angehörenden Vizepräsidenten Eßer und Rauch sowie der deutschnationale Vizepräsident Graef gewählt.

Danach versuchte die NSDAP mit der Forderung, Hindenburg wegen Verfassungsbruchs durch den Reichstag anzuklagen, wiederum Verwirrung unter den Parteien zu stiften. Wegen der laufenden Verhandlungen rechnete sie nicht mit einem entschiedenen Widerstand des Zentrums. Die Aktion war in erster Linie als Warnung an Hindenburg gedacht, Papen nicht um jeden Preis im Amt zu halten. Vor allem sollte sie allen Versuchen von Regierungsseite, den weitgehend von den Nationalsozialisten beherrschten Reichstag auszuschalten, vorbeugen. Von Breitscheid und Hilferding, die sich ihrerseits auf Stegerwald beriefen, erfuhr Brüning, daß im Reichstag ein Antrag auf Anklage gestellt werden sollte. Sie ließen Brüning wissen, daß sie sich kaum gegen einen solchen Antrag stellen könnten. Brüning machte daraufhin seinen ganzen Einfluß geltend, um seine Partei davon abzubringen, die Aktion zu unterstützen. »Ich erklärte in einer sofort einberufenen Sitzung, ich würde aus der Zentrumspartei ausscheiden, wenn irgendein Mitglied der Fraktion noch weitere Verhandlungen in dieser Richtung führe.«[75]

Zähmung oder Sammlung?

Brüning blieb überzeugt, daß die Zähmungsstrategie gegenüber der Hitlerbewegung richtig war. Allenfalls eine Zusammenarbeit in Preußen unter der Bedingung, daß die Verwaltung und Polizei in Preußen nicht an die Nationalsozialisten ausgeliefert würden, sollte am Ende eines längeren Annäherungs- und Abnutzungsprozesses stehen. Die Verhandlungen waren auf Zeitgewinn angelegt und sollten die Nationalsozialisten in ihrer Aktionsfähigkeit und Agitation einschränken, ihnen freilich die Illusion lassen, demnächst die politische Führung auf Reichsebene zu gewinnen. Die »Fieberkurve« der Bewegung, die der Exkanzler in erster Linie auf die außenpolitischen Belastungen und die nach seiner Ansicht mit der Reparationsfrage verbundene Wirtschaftskrise zurückführte[76], hatte jedoch ihren Höhepunkt keineswegs überschritten. Dies setzte nach der Wahlniederlage Papens jeder auf Zeitgewinn angelegten Politik sehr enge Grenzen. Zwischen Brüning und Kaas, die häufig demonstrativ gemeinsam in der Öffentlichkeit auftraten, ergaben sich bald ernsthafte Differenzen in der Frage, wie der taktische Spielraum, der dem Zentrum zugefallen war, auszunutzen sei. Dabei zeigte sich, daß beide die »Totallösung«, die sie anstrebten, unterschiedlich verstanden. Der Brüningschen Abnutzungsstrategie setzte Kaas sein Konzept einer »Sammlungspolitik« (»Kampf oder Sammlung«) entgegen, die die NS-Bewegung letztlich im Sinne seiner früher einmal Schleicher vorgetragenen naturrechtlichen Überlegungen als nicht schlechthin verwerflich einschätzte. So stand er Papen im Grundsätzlichen näher als Brüning.[77]

Die Befürchtung, Hindenburg könne nach dem Urteil des Staatsgerichtshofs für das Deutsche Reich über den Preußenschlag Papens vom 25. 10. 1932 wegen Verfassungsbruchs auf Beschluß des Reichstages juristisch belangt werden[78], war übertrieben, so realistisch die Vermutung war, daß Hitler bei einer Neuwahl nach einem Amtsverzicht oder einer Amtsenthebung Hindenburgs siegreich sein würde. Hitler selbst hatte schon bei der Begegnung mit Papen am 13. August den Sturz des Reichspräsidenten prophezeit.[79] Es war aber doch höchst fraglich, ob es wirklich zu einem entsprechenden Reichstagsbeschluß angesichts der politischen Spannungen zwischen den Parteien kommen würde. Die politischen Gruppen bewerteten die Gegensätze untereinander gewöhnlich höher als sachliche Übereinstimmungen. Die demokratischen Parteien scheuten eine so weittragende Entscheidung. Die Lage konnte sich allerdings ändern, wenn Papen weitere Maßnahmen ergriff, die die Verfassung berührten, etwa wenn er unter Berufung auf die Notverordnung vom 20. Juli die Neuwahl einer rechtmäßigen preußischen Regierung verhinderte.[80]

Die Gefahr, in der sich Hindenburg befand, war objektiv geringer, als dessen Anhänger und Gegner annahmen. Brüning selbst hätte sich gern in der Rolle des Retters gesehen, der den gleichsam treulosen Reichspräsidenten aus der ausweglosen Lage befreite, in die dieser sich durch die Berufung Papens selbst gebracht hatte. Die Gründe sind durchsichtig und verständlich. Dies legt die Frage nahe, ob Brüning aus seinem Sturz als Kanzler die angemessenen politischen Konsequenzen gezogen hatte. Er hatte längst erkannt, daß eine Konfrontation mit Papen und Schleicher auf mittlere Sicht ihm und seiner Partei nur schaden konnte. Spätestens nach dem Preußenschlag lenkte er vorsichtig ein und versuchte die Kontakte des Zentrums mit der NSDAP in diesem Sinne zu beeinflussen. Dies spiegelte sich zum Teil in dem Unmut über die kleineren und größeren Intrigen Papens und Schleichers gegen ihn wider, die er in seinen Memoiren erwähnt.

Eine entscheidende Differenz zu Papen tat sich in der Frage auf, wie sich die Regierung gegenüber dem neugewählten Reichstag verhalten sollte. Papen war entschlossen, den Reichstag nach seiner Regierungserklärung sofort wieder aufzulösen, während Brüning dies verhindern wollte. Dies hätte zu einem Stillhalteabkommen mit den Parteien führen können. Schleicher hingegen erwog, Papen zu stürzen, ehe dieser eine Gelegenheit haben würde, von der Blankovollmacht Gebrauch zu machen, die ihm Hindenburg erteilt hatte. Dennoch ließ er derartige Absichten, als sie von der Reichspressestelle in die Öffentlichkeit getragen wurden, am 10. September vorsorglich dementieren.[81] Hindenburg hatte zwei Tage zuvor bei dem Empfang für das neugewählte Reichstagspräsidium erkennen lassen, daß der Kanzler auch künftig seines Vertrauens sicher sein könne.[82] Bei dieser Gelegenheit hatten Göring, Eßer und Rauch erklärt, daß der Reichstag arbeitsfähig sei und nicht aufgelöst werden dürfe, während Graef darauf verwiesen hatte, daß das Reichstagspräsidium nicht befugt sei, politische Erklärungen abzugeben.[83]

Die schwebenden Sondierungen und Verhandlungen zwischen NSDAP und Zentrum kritisierte Papen am 7. September als »Sünde wider den heiligen Geist«, obwohl er sie vor den Wahlen gefördert hatte. Jetzt sah er dadurch sein Regime gefährdet. Brüning erkannte Papens Dilemma und lehnte ebenso wie die anderen führenden Politiker, vor allem Joos, eine weitere Reichstagsauflösung ab, die es der Regierung ermöglicht hätte, bis zur Neuwahl des Parlaments verfassungswidrige Maßnahmen zu ergreifen. Er teilte das Urteil Schleichers über »diesen leichtsinnigen Kanzler«.[84] Dagegen vertrat Papen seine Reformvorstellungen, den von ihm und Gayl propagierten »Neuen Staat« einschließlich der Möglichkeit einer monarchischen Restauration, entschieden auch in der Öffentlichkeit. Dort fand er teilweise Beifall vor allem bei jungkonservativ gesinnten Intellektuellen.[85]

Die Absichten des Kanzlers bestätigten sich schon in der zweiten Reichstagssitzung am 12. September, bei der die Regierungserklärung Papens anstand, aufs neue, nachdem Hindenburg, der am 8. September seine Amtsgeschäfte in Berlin wieder aufgenommen hatte[86], der Notverordnung zugestimmt hatte. In der vorausgehenden Sitzung des Ältestenrats hatten die Kommunisten einen Mißtrauensantrag gegen den Kanzler angekündigt. Darüber sollte noch vor der Regierungserklärung abgestimmt werden. Nach der Geschäftsordnung hätte der Widerspruch eines Reichstagsmitgliedes genügt, den Antrag abzusetzen. Die Vertreter des Zentrums drohten mit dem Abbruch der interfraktionellen Gespräche, wenn der kommunistische Antrag von den Nationalsozialisten unterstützt würde. Daraufhin erklärte sich Oberfohren als Fraktionschef der DNVP bereit, im Plenum Widerspruch einzulegen, falls die Kommunisten auf ihren Antrag zurückkämen. Die Aussprache über die Regierungserklärung sollte nach dem Willen des Ältestenrats am 13. September stattfinden.[87]

Das Mißtrauensvotum gegen Papen

Im Reichstag überstürzten sich die Ereignisse. Allgemein erwartete man, daß der Kanzler sofort den Reichstag auflösen würde. Die Zentrumsfraktion wollte dies verhindern. Stegerwald und Schreiber teilten in der Sitzung des Fraktionsvorstandes am Mittag des 12. September mit, daß mit einer Aufnahme von NSDAP und Zentrum in das Kabinett Papen nicht zu rechnen sei. Ersing meinte, alle ehrlichen Bemühungen seien an der »Unaufrichtigkeit« Papens gescheitert. Dagegen rieten Schreiber und Joos, noch einmal bei Papen zu intervenieren. Joos deutete jedoch an, daß Kaas, der Parteivorsitzende, dies nicht wolle. Kaas war am Morgen auf eine dringende Bitte Brünings aus Italien nach Berlin zurückgekehrt, ließ sich aber nicht im Reichstag sehen. Brüning kam ebenfalls nicht, da er nach parlamentarischem Brauch nicht bei der ersten Regierungserklärung seines Nachfolgers anwesend sein wollte. Er traf sich statt dessen mit dem Bankier Marcus Wallenberg zum Frühstück.[88]

Nach der Eröffnung der Reichstagssitzung um 15 Uhr durch Göring meldete sich der KPD-Abgeordnete Ernst Torgler zur Tagesordnung und brachte den angekündigten Antrag ein. Als einzigen Tagesordnungspunkt hatte der Ältestenrat die »Entgegennahme einer Erklärung der Reichsregierung« vorgesehen. Die Nationalsozialisten hatten verlangt, die Aussprache unmittelbar der Regierungserklärung folgen zu lassen, was jedoch von den anderen Parteien abgelehnt wurde. Papen gedachte, den Reichstag nicht unmittelbar danach, sondern erst zu einem späteren Zeitpunkt aufzulösen. Er hatte deshalb das Dekret nicht bei sich, da er mit einer mehrtägigen Verhandlung rechnete. Torgler verlangte aber, noch vor der Regierungserklärung über die kommunistischen Aufhebungsanträge gegen die Notverordnungen vom 4. und 5. September und danach über den Mißtrauensantrag seiner Fraktion abzustimmen.

Vorsorglich beantragte Torgler, die Sitzung sofort zu schließen und eine neue einzuberufen, in der über das Mißtrauensvotum abgestimmt werden könne. Der Sozialdemokrat Löbe konterte mit einem Antrag, die Verordnungen zur Belebung der Wirtschaft und Arbeitsbeschaffung als zweiten Punkt auf die Tagesordnung zu setzen und diese, soweit sie nicht in Kraft gesetzt seien, bis zur Abstimmung über die Aufhebungsanträge zu suspendieren. Auf Görings Frage, ob gegen den Antrag Torgler das Wort gewünscht werde, schwieg Oberfohren, auch kein anderer Abgeordneter erhob Widerspruch. Hermann Dietrich und die wenigen Abgeordneten der Deutschen Staatspartei verließen daraufhin aus Protest den Sitzungssaal. Löbe machte zwar auf »geschäftsordnungsmäßige Schwierigkeiten« aufmerksam, unterbrach aber die Sitzung nicht.

Für den sonderbaren Vorfall liefert das Stenographische Protokoll eine Erklärung. In dem Augenblick, als Göring anhob: »Ich stelle fest, daß damit —«, wurde er durch den Zuruf des NSDAP-Abgeordneten Frick zur Geschäftsordnung unterbrochen, so daß Oberfohren, der möglicherweise mit seinem Antrag einen Augenblick gezögert hatte, nicht zu Wort kam. Auf Fricks Antrag wurde die Sitzung mit den Stimmen von NSDAP und Zentrum für eine halbe Stunde unterbrochen. Nach der Wiedereröffnung ließ Göring sofort über den Mißtrauensantrag der Kommunisten abstimmen, indem er kurzerhand noch einmal feststellte, daß kein Widerspruch gegen den Antrag Torgler erfolgt sei. Bei den Worten »Wir schreiten jetzt« meldete sich Papen, der nun mit der roten Mappe, die das vorbereitete Auflösungsdekret enthielt, erschienen war und diese demonstrativ auf seinem Platz niedergelegt hatte, zu Wort. Dies stand ihm und den anderen Mitgliedern der Reichsregierung nach Artikel 33, Absatz 3 der Verfassung jederzeit zu. Der Kanzler hatte mit einem »graziösen Lächeln« (Rudolf Kircher) den Saal betreten. Göring, der erfahren hatte, daß der

Erlaß zur Auflösung des Reichstages während der Unterbrechung der Sitzung auf einem Blatt mit der in Neudeck erteilten Blankounterschrift Hindenburgs fertiggestellt worden war, beschränkte sich auf die Feststellung, man befinde sich bereits in der Abstimmung.

Die Abstimmung über das Mißtrauensvotum wurde zu einem Triumph für die Kommunisten. Von den 559 anwesenden Mitgliedern des Reichstages votierten 512 dafür und 42 dagegen. Nur 5 Enthaltungen wurden registriert.[89] Die Kommunisten hatten die meisten Abgeordneten der anderen Parteien zu einer Option gezwungen, der sie lieber ausgewichen wären. Die NSDAP-Fraktion hatte sich während der Sitzungspause noch einmal ausdrücklich der Zustimmung Hitlers versichert. Hitler hatte seine Gesinnungsgenossen darauf festgelegt, auf keinen Fall gegen den Antrag der Kommunisten zu stimmen. Damit war die Mehrheit gegeben. Nachdem sich die SPD für den Antrag ausgesprochen hatte, fielen auch die Bedenken in der Zentrumsfraktion. Wahrscheinlich war man sich dort der Tragweite der Entscheidung nicht bewußt.[90]

Die neuerliche Auflösung des Reichstages

Der Vorgang ist oft in seinen Einzelheiten beschrieben worden. Vergeblich meldete sich Papen wieder zu Wort, stürzte dann zum Präsidententisch und legte dort die Auflösungsorder nieder. Göring ließ sie unbeachtet und betonte, daß über alle Anträge abgestimmt werde. Nun schaltete sich Staatssekretär Planck ein und legte die Auflösungsorder, die Göring an den Rand des Tisches geschoben hatte, noch einmal vor, während Papen mit den Mitgliedern des Kabinetts unter Protest den Saal verließ. Göring nahm das Dokument erst nach der Abstimmung zur Kenntnis und erklärte, daß es sich um ein Schreiben handele, das von einem gestürzten Kanzler und einem gestürzten Innenminister gegengezeichnet und insofern »hinfällig« sei. Vergeblich bemühten sich Torgler und Oberfohren, das Wort zur Geschäftsordnung zu erhalten, da Göring es verweigerte.[91]

Der Verlauf der Sitzung läßt den Schluß zu, daß die Unterbrechung ein zwischen Göring und Frick abgesprochenes Manöver gewesen ist, um den erwarteten Antrag Oberfohrens zu hintertreiben. Denkbar ist jedoch auch, daß Oberfohren auf einen Wink Hugenbergs auf seinen Einspruch verzichtete, um die sofortige Auflösung des Reichstages zu provozieren. Die DNVP als einzige Partei, die hinter Papen stand, war bereit, eine Auflösung des Parlaments, in dem sie ohnehin nur eine kleine Fraktion bildete, hinzunehmen. Hugenberg, der von der bereitliegenden Auflösungsorder wußte, stand den dubiosen und keineswegs konkreten Verfassungsreformplänen Papens fern und hegte keine Bedenken gegen Neuwahlen, die am 6. November stattfinden sollten.[92]

Als Brüning durch Perlitius, dem Chef der Zentrumsfraktion, von den Ereignissen hörte, die sich im Plenum abgespielt hatten, war er bestürzt. Die Verwirrung in der Fraktion führte er auf eine Reihe von Mißverständnissen zurück. Darin war er sich mit Kaas einig. Die Abgeordneten von Zentrum und BVP hätten auf ein irreführendes Zeichen hin geschlossen ihre Nein-Stimmen abgegeben. Während Perlitius eine blaue Karte zum Zeichen der Stimmenthaltung hochgehoben habe, habe Prälat Johann Leicht, der Fraktionsvorsitzende der BVP, aus Zorn über Papens herausforderndes Verhalten mit einer weißen Karte seine Zustimmung geben wollen. Die Zentrumsabgeordneten seien diesem Zeichen gefolgt und hätten dies irrtümlich für eine Empfehlung der eigenen Fraktionsführung gehalten. Aus der Behauptung, Perlitius habe die Enthaltung mit ihm vereinbart, könnte man schließen, daß dieser spätestens während der Pause – etwa telefonisch – mit Brüning gesprochen hatte. Nach der Reichstagssitzung begründete Perlitius im Fraktionsvorstand das Verhalten der Fraktion mit dem Ergebnis der Besprechungen unter den Parteiführern während der Sitzungspause. Das war die offizielle Sprachregelung, um das unbesonnene Verhalten der Fraktion gegenüber der Öffentlichkeit zu verschleiern. Joos meinte beschwichtigend, man habe nur feststellen wollen, »daß die Regierung nichts hinter sich hat.« Stegerwald vermutete leichthin, daß die Regierung nach dem Votum des Parlaments durch Hindenburg lediglich »neu bestellt« werde. Brüning wollte es sich nicht so einfach machen. Er machte Papen für den Eklat verantwortlich, nicht etwa den »stets so maßvollen« Prälaten Leicht, bezweifelte aber, daß die Haltung der Fraktion den Anhängern der Partei im Lande verständlich zu machen sei. Noch nie habe das Zentrum gegen die Regierung gestimmt.[93]

Die Notverordnungen scheiterten im letzten Augenblick daran, daß Papen die Auflösungsorder nicht rechtzeitig im Reichstag eingebracht hatte. Durch das Geschäftsordnungsmanöver der Kommunisten hatte er sich in seiner Unbesonnenheit daran hindern lassen, die angekündigte Regierungserklärung abzugeben, der dann die Aussprache und die Behandlung einschlägiger Anträge hätten folgen sollen. Aus der Mitte des Parlaments war kein Widerspruch erfolgt, um die Aktion Torglers nach der Geschäftsordnung zu blockieren. Einem Mißtrauensvotum hatte der Kanzler zuvorkommen wollen. Andererseits hatten die Parteien aller Richtungen die Auflösung des Reichstags befürchtet, der erst am 30. August zu seiner konstituierenden Sitzung zusammengetreten war.[94]

Der Kanzler hatte nicht mehr viel zu verlieren. Er wußte, daß die Parteien die Wahlen mehr als er, der ja nicht an sie gebunden war, zu fürchten hatten. Die Regierung erwartete, daß Zentrum und Nationalsozialisten wenigstens 25 Sitze bei den Neuwahlen verlieren würden, so daß eine Koalition zwischen ihnen ausgeschlossen gewesen wäre, was in seiner Sicht aufs neue einen Rückgriff auf ein angebliches »Staatsnotrecht« jenseits der Verfassung gerechtfertigt hätte.[95] Dies galt freilich nur so lange, wie Hindenburg ihn halten wollte und auch dazu in der Lage war. Brüning meinte resignierend in der Rückschau: »Papen blieb. Mit ihm blieb die wachsende Sorge der wenigen Einsichtigen, daß er das deutsche Volk rettungslos in eine Katastrophe hineinführen würde.«[96] Pünder, der am 18. September Brüning und Kaas im Hedwigskrankenhaus traf, korrigiert dieses Urteil. Man sei sich einig gewesen, »daß die jetzige Regierung vieles Richtige tue und auch sehr geschickt anfange, daß aber ihre völlig fehlende Basis im Volke etwas Erschreckendes sei«.[97] Andererseits versäumte Brüning nicht, sich gelegentlich »sehr positiv« über Schleicher zu äußern, was diesem sofort zu Ohren kam.[98]

Papen hielt noch am Abend im Rundfunk eine Rede, in der er zu den Vorgängen im Reichstag ausführlich Stellung nahm. Die Ansprache diente unter anderem als Ersatz für die Regierungserklärung, die er im Parlament nicht mehr hatte halten können. Das neue Medium, das der Regierung für gelegentliche Reden zur Verfügung stand, gedachte der Kanzler künftig neben einer intensivierten Pressearbeit zur Propaganda für seine Ziele einzusetzen.[99] Für die Regierung war entscheidend, daß die Wahlen ihr eine Atempause von einigen Wochen verschafften, obwohl ihr ein bloßer Vertagungsbeschluß des Reichstages lieber gewesen wäre. Papen spekulierte darauf, daß die Aktivität, vielleicht auch die Aggressivität der Parteien sich in dieser Zeit allmählich abnutzte und sie mit zunehmender Wahlmüdigkeit zu kämpfen hatten. Schon von den Juli-Wahlen hatte er erwartet, daß sich das politische Gewicht der Parteien verringern würde. Dennoch befand er sich in einer schwächeren Position als Brüning nach den Septemberwahlen 1930. Andererseits hatte der Reichstag Brünings Sturz im Mai 1932 nicht verhindert, während sich Papen weiterhin der Gunst des Reichspräsidenten erfreute und als dessen »Lieblingskanzler« galt.

Brüning kreidete Papen nicht an, daß dieser die Macht des Reichstages beschränken wollte. Er teilte mit Papen den Wunsch, die Exekutive zu stärken. Eine – wiederholte – Selbstvertagung wäre wie in seiner Amtszeit das geeignete Mittel gewesen. Angesichts der innenpolitischen Lage, die sich inzwischen erheblich verschärft hatte, hielt er allerdings die Auflösung des Reichstages für verhängnisvoll, auch wenn sich die Regierung dadurch eine Gelegenheit für weitere Notmaßnahmen verschafft hatte. Der Konflikt zwischen Präsidialregierung und Parlament, den er selbst mühsam vermieden hatte, war unter Papen endgültig ausgebrochen und damit zur entscheidenden Machtfrage geworden.

Der Beschluß des Parlaments war ungültig, da der Reichstag bereits aufgelöst war. Es kam jedoch einer bedeutsamen politischen Demonstration der Parteien gegen die Regierung gleich. Es ist daher aufschlußreich, daß sowohl die Sprecher der SPD wie die des Zentrums erklärten, daß der Reichstag ordnungsgemäß aufgelöst worden sei.[100] Die Hinnahme der Reichstagsauflösung fiel den demokratischen Parteien um so leichter, als ein Sturz der Regierung vorerst nicht zu erreichen war. Ein weiteres tat die Erklärung Hindenburgs, er werde den Notstand verkünden, falls der aufgelöste Reichstag wieder zusammentrete.[101]

Dies war nicht zu erwarten. Eher wäre damit zu rechnen gewesen, daß die Regierung Verfassungsbruch beging, indem sie die Neuwahlen auf unbestimmte Zeit verschob. Das Debakel im Reichstag bewirkte, daß die Mehrheit der Regierungsmitglieder dies ablehnte. Die Entscheidung für die Neuwahlen und gegen den Versuch, den Kampf mit den Parteien aufzunehmen, fiel am 14. September im Kabinett gegen das Votum Gayls und Schleichers, die sich dafür aussprachen, die Neuwahlen nach der Auflösung des Reichstages zu vertagen und ein neues Wahlgesetz zu erlassen. Die meisten Kabinettsmitglieder hielten dies entgegen dem Votum von Carl Schmitt für unvereinbar mit den Verfassungsvorschriften. Die Wahl wurde daher wieder wie im Frühjahr auf den spätestmöglichen Termin, den 6. November, festgelegt.[102]

2. Tolerierung und Unterstützung Schleichers

Die Folgen der Novemberwahlen

Brüning und seinen politischen Freunden kamen die Neuwahlen, bei denen das Zentrum wieder mit der Liste 4 antrat, durchaus ungelegen – im Gegensatz zu Papen, der gar nicht mehr auf eine parlamentarische Unterstützung zählte und die Parteien abgeschrieben hatte. Er suchte den Eindruck zu erwecken, daß die Regierung durch das zu erwartende Ergebnis nicht allzu sehr berührt würde. Am 12. Oktober sprach er sich in einer Rede in München für eine Reform der Verfassung aus, distanzierte sich aber gleichzeitig von der gegenwärtigen parlamentarischen Demokratie. So forderte er den Zentrumsvorsitzenden Kaas auf, seine Vorstellungen über eine Revision der Verfassung zu erläutern, die dieser vor einiger Zeit angedeutet hatte.[103] Er wußte, daß sich der Prälat schon früher mit den philosophischen Grundfragen des Verfassungsrechts beschäftigt und auf dieser Ebene gelegentlich auch im kleinen Kreis die Problematik eines Staatsstreichs erörtert hatte. Andererseits hütete er sich, konkrete Schritte in Richtung des »Neuen Staates« vorzuschlagen. Kaas' Vorstellungen dürften freilich nicht über Ansätze hinaus entwickelt worden sein, was Papen wohl nicht entgangen war. Ein solches Projekt wurde dagegen beispielsweise in einer Schrift des der Regierung nahestehenden Publizisten Walther Schotte, einem führenden Mitglied des Herrenklubs, propagiert.[104]

Papen ließ die Möglichkeit prüfen, das Wahlrecht zu ändern, um zu stabileren parlamentarischen Verhältnissen im Sinne des »Neuen Staates« zu gelangen, mußte sich aber belehren lassen, daß dies nicht durch eine Notverordnung geschehen konnte, da das Proporzsystem in der Verfassung vorgeschrieben war und damit Verfassungsrang besaß. Im Reichstag hätte sich kaum eine qualifizierte Mehrheit zur Änderung der Vorschrift finden lassen. Anders stand es mit den Details des Wahlverfahrens. Innenminister v. Gayl empfahl die Verkleinerung der Wahlbezirke und die Heraufsetzung des Wahlalters sowie eine stärkere verfassungsrechtliche Stellung des Präsidenten gegenüber dem Reichstag, dessen Gewicht zugunsten des Reichsrates verringert werden sollte. Solche Überlegungen hatte es schon unter Brüning gegeben. Der Reichstag sollte nur mit Zweidrittelmehrheit Notverordnungen aufheben und ein Mißtrauensvotum gegen die Regierung beschließen können. Auch im Zentrum gab es einflußreiche Befürworter einer Verkleinerung der »Riesenwahlbezirke«, obwohl sich die Partei nicht für ein neues Wahlrecht aussprach.

Für das Zentrum lag die Führung des Wahlkampfes auch dieses Mal wieder in den Händen Brünings. Kaas war allerdings für ihn zunächst weder brieflich noch telefonisch zu erreichen. Erst nach Tagen konnte Brüning mit ihm telefonieren und ihn veranlassen, nach Badenweiler zu kommen, wo er ein Treffen einiger führender Parteifreunde organisiert hatte. Kaas' Wunsch, er möge auch offiziell die Führung des Wahlkampfes als Spitzenkandidat übernehmen, lehnte Brüning ab. Die Partei dürfe nicht mit der Verantwortung für seine damaligen Notverordnungen belastet werden. Er bot ihm an, ihn nach Kräften zu unterstützen. Kaas war nach Brünings Ansicht der am ehesten geeignete Mann, der die deutschen Katholiken und die Zentrumswähler für die Meinung gewinnen konnte, daß die Politik Papens keineswegs den politischen Vorstellungen der kirchlichen Behörden entsprach. »Gerade wegen der scheinbaren Übereinstimmung der Regierungspraxis Papens mit bestimmten Auffassungen im Vatikan mußte Kaas nun hervortreten.«

Kaas fügte sich widerwillig den Ratschlägen Brünings. Dieser entwarf die Rede, die Kaas auf der ersten Großveranstaltung des Zentrums in Münster am 17. Oktober hielt. An der Kundgebung nahmen neben Brüning, Joos und Eßer Repräsentanten der Partei aus ganz Deutschland teil. Abweichend vom Redemanuskript ließ sich

Kaas zu heftigen Angriffen auf Papen provozieren, weil dieser vor westfälischen Industriellen scharfe Kritik an den katholischen Arbeitervereinen geübt hatte. Die Reaktion der Zuhörer zeigte, daß diese Kritik an der Regierung wenig Zustimmung fand, teilweise sogar auf Mißfallen stieß.[105]

Kaas tat sich schwer, die Verhandlungen zwischen seiner Partei und der NSDAP in den letzten Wochen öffentlich zu rechtfertigen, da er daran keinen Anteil gehabt hatte. Er griff die Regierung an, weil sie die Verhandlungen hintertrieben habe. Zugleich bekannte er sich zum Rechtsstaat und zur Verfassung und forderte dazu auf, zu Brünings politischem Kurs, zur »autoritären Demokratie« zurückzukehren. In der gegenwärtigen Lage könne nur eine Gruppe von »drei, vier, fünf politischen Führern« der Regierung eine »sachentsprechende Arbeits- und Gestaltungsfreiheit« verschaffen. Der Appell war an alle Rechtsparteien gerichtet.[106]

Kaas' Angriff erfolgte nicht nur aus einer vorübergehenden Stimmung. Fünf Tage vorher hatte er den Reichskanzler wissen lassen, daß eine Aussprache, die dieser in einem freundschaftlich gehaltenen Brief angeregt hatte, während des Wahlkampfes nach seiner Ansicht untunlich sei.[107] Mit dieser Absage wollte er seine Ausgangsposition für künftige Verhandlungen mit Papen und den anderen Parteiführern verbessern. Die Agitation des Zentrums richtete sich im Unterschied zu der Kampagne im Juli allerdings weniger gegen Papen als gegen Hugenberg und die DNVP.[108]

Nach den offiziellen Verlautbarungen des Zentrums ging es in dieser Wahl erneut um die Alternative »Freiheit oder Diktatur«. Bei der letzten Wahl habe das Volk die Diktatur Hitlers verworfen, jetzt werde es diejenige Papens ablehnen. Recht und Freiheit als Grundsätze der Demokratie dürften durch keine Verfassungsreform beseitigt werden. »Wir brauchen im Reichstag zur Verhinderung radikaler Experimente von Rechts und Links eine starke gemäßigte Mitte, auf parlamentarischer Grundlage einer mit dem Volke verbundenen Regierung. Wir verlangen daher die Beseitigung der Regierung ohne Volk.« Die Parole lautete: »Nicht Regierung Papen, sondern zurück zu Brüning ... der das Vertrauen des Volkes besaß ...«[109]

Der Wahlkampf des Zentrums zielte vor allem darauf, die traditionelle Klientel bei der Stange zu halten, indem man die anderen Parteien als für Katholiken nicht wählbar darstellte.[110] Brüning stand trotz seiner zahlreichen Auftritte nicht mehr wie im Juli im Mittelpunkt der Wahlkampagne, was der Partei größeren taktischen Spielraum gewährte. Er beschwor folgerichtig in seinen Reden die Notwendigkeit, die Verfassung zu erhalten. Das Zentrum müsse eine Verfassungspartei bleiben, um weiterhin eine Existenzberechtigung zu haben.[111]

Der ehemalige Kanzler fürchtete nicht ohne Grund, daß Papens Spekulation aufging, die Wähler würden den Parteien die Reichstagsneuwahlen anlasten, nachdem sie der Regierung eine Abstimmungsniederlage zugefügt hatten.[112] Dies sollte sich insofern bestätigen, als NSDAP und Zentrum nach dem 6. November zusammen nicht mehr über jene Mehrheit verfügten, die die Voraussetzung für die umstrittenen Kontakte im Sommer gewesen war. Die größten Stimmeneinbußen mußten bei der deutlich gesunkenen Wahlbeteiligung (80,6 Prozent gegen 84 Prozent) die Nationalsozialisten hinnehmen. Ihre Mandate gingen von 230 auf 196 zurück, während die Deutschnationalen sich von 37 auf 52 verbessern konnten. Ein beachtlicher Teil der Stimmen, die Brüning bei der letzten Wahl auf sein Ansehen als ehemaliger Kanzler der Partei hinzugewonnen hatte, ging jetzt wieder verloren. Zentrum und

BVP büßten gegenüber den Juli-Wahlen rund 460.000 Stimmen ein und kehrten mit 70 bzw. 20 statt bisher 75 bzw. 22 Mandaten in den Reichstag zurück. DVP und CSVD, die jetzt zusammen nur noch über 16 Mandate verfügten, waren fast bedeutungslos geworden. Die Staatspartei stellte nur noch zwei Abgeordnete. Auf der Linken standen Verlusten der SPD, deren Mandate von 133 auf 121 zurückgingen, Gewinne der KPD gegenüber. Sie steigerte ihre Mandate von 89 auf 100.[113]

Staatsstreich oder »Nationale Sammlung«

Papen mußte jede Hoffnung auf eine Tolerierung durch den Reichstag endgültig aufgeben. Die SPD lehnte von vornherein Verhandlungen mit ihm ab. Vom Zentrum erhielt er keine Zusage. Im Verlauf der Aussprache am 13. November, die Papen angeregt hatte, verlangte Kaas dessen Rücktritt, um den Weg für eine Regierung der »nationalen Sammlung« bzw. »nationalen Konzentration«, die er in Münster gefordert hatte, frei zu machen. An dieser Forderung, die er schon zwei Tage nach der Wahl öffentlich erhoben hatte, hielt er bei einer weiteren Begegnung mit dem Kanzler fest.[114]

Die Nationalsozialisten reagierten ausweichend und hinhaltend. Sie wollten nur »schriftliche Verhandlungen« über eine Regierungsbildung mit Papen führen, keinesfalls aber über das bereits in Angriff genommene Wirtschaftsprogramm der Reichsregierung. Der Kanzler entschloß sich daher am 17. November zum Rücktritt, nachdem das Kabinett den einzigen Ausweg aus der Regierungskrise in unmittelbaren Verhandlungen des Reichspräsidenten mit den Parteiführern gesehen hatte. In der Ministerrunde hatte sich Schleicher als erster für diesen Schritt ausgesprochen. Papen wollte zurücktreten – wohl in der Erwartung, nach den bisherigen und vielleicht auch nach weiteren ergebnislosen Verhandlungen des Reichspräsidenten mit den Parteien aufs neue als Chef eines Präsidialkabinetts berufen zu werden. Nach zwei Wochen sollte sich dies als aussichtslos erweisen.[115]

Am Tage nach dem Rücktritt Papens kam Kaas bei einer Audienz im Reichspräsidentenpalais noch einmal auf den Vorschlag eines »Treuepakts« zurück, den er in Münster gemacht hatte. Er wollte damit den Weg für eine Regierung unter Beteiligung der NSDAP frei machen, so sehr er verbal vor allem dem bisherigen Parlamentarismus absagte, in den man nicht wieder »zurückfallen« dürfe. Eine solche Regierung hätte sogar über eine Mehrheit im Reichstag verfügt. Das Problem einer Verfassungsrevision reduzierte er auf die Lösung des Dualismus zwischen dem Reich und Preußen, was einem unausgesprochenen Vorwurf des Verfassungsbruches gegen Hindenburg wegen der Maßnahmen Papens vom 20. Juli 1932 gleichkam. Das Zentrum sei bereit, die Bestrebungen zur Überwindung der Preußen-Krise auf verfassungsmäßigem Wege zu unterstützen. Allerdings sei Papen als Reichskanzler untragbar.[116]

Das Gespräch Hindenburgs mit Kaas hatte nach Lage der Dinge größeres Gewicht als jenes mit Hugenberg (DNVP) und Dingeldey (DVP), die am selben Tag zur Audienz in die Wilhelmstraße gebeten worden waren. Am Tag danach erschien auch Hitler. Nach einer Unterhaltung, die über eine Stunde dauerte, wurde Meissner hinzugezogen. Als letzter Parteiführer erschien Staatsrat Fritz Schäffer für die BVP. Die SPD war nicht eingeladen worden.[117]

Die politischen Risiken, die mit einem »Treuepakt« der bürgerlichen Parteien verbunden waren, gestand der frühere Innenminister Wirth gegenüber dem Sozialdemokraten Breitscheid offen ein und bat um Verständnis für die Zwangslage seiner Partei: »Bei uns im Zentrum ist zur Stunde die politische taktische Generallinie wohl klar zu erkennen. Das Zentrum setzt seinen Versuch, die Nationalsozialisten zur praktischen Verantwortung im Reich zu bringen, fort. Wir sind wohl beide der Meinung, daß dieser Versuch ein sehr großes Risiko darstellt. Aber so habe ich wiederholt argumentiert, ohne ein solches Risiko zu übernehmen, führt eben alles zur Ausschaltung des Reichstags und zur Zerstörung der Rechte des Volkes. Um der Demokratie willen geht das Zentrum in die Sache hinein.« Zugleich forderte Wirth die Sozialdemokratie auf, diese Politik aus der Haltung einer »echten Opposition« indirekt zu unterstützen. Er schlug einen parlamentarischen Ausschuß vor, der die Notverordnungen überprüfen und gegebenenfalls revidieren müsse.[118]

Die Taktik des Zentrums bei seinen Verhandlungen in der Wilhelmstraße zielte darauf, auch Hindenburg ein von den Parteien getragenes »Konzentrationskabinett« schmackhaft zu machen und Hitler in die Regierung einzubinden. Sie beruhte nicht zuletzt auf der Vermutung, daß die Hitler-Bewegung ihren Zenit überschritten habe und als Regierungspartei künftige Wahlen fürchten müsse. Brüning verfolgte allerdings die Bemühungen des Parteivorsitzenden Kaas skeptisch. Er hatte erkannt, daß Hitler die Verhandlungen mit dem Zentrum nur deshalb nicht abbrechen ließ, weil dieser Schleicher und Hindenburg unter Druck setzen wollte. In den Sitzungen des Fraktionsvorstandes vermied er es aber, sich offen gegen die Kaasschen Sammlungspläne auszusprechen. Vielmehr riet er, abzuwarten, bis sich die Verhältnisse geklärt hätten, warnte aber davor, sich über Hitlers Absichten Illusionen zu machen.[119]

Kaas betonte, daß seine Gegnerschaft zu Papen kein »persönliches Mißverhältnis« bedeute. Immerhin vertrat Papen nach der Novemberwahl ebenso wie Kaas das Ziel einer nationalen Sammlung und lehnte jeden Führungsanspruch Hitlers ab. Brüning hingegen sympathisierte mehr mit Schleichers politischer »Querfront« der gemäßigten gesellschaftlichen Kräfte. Der Begriff soll auf dessen Mitarbeiter General Kurt v. Bredow, seinen Nachfolger als Chef des Ministeramts der Reichswehr, oder auf den Fraktionsvorsitzenden der Nationalsozialisten im Reichstag, Gregor Strasser, zurückgehen.

Dennoch verabredete Brüning gemeinsam mit Kaas und dem preußischen Partei- und Fraktionsvorsitzenden Albert Lauscher am 20. November, die Koalitionsverhandlungen auf Landesebene wieder aufzunehmen. Prälat Lauscher, der gegen Brünings Rat auch zum Parteichef des Zentrums in Preußen gewählt worden war, sollte zusammen mit dem Geschäftsführer der Landtagsfraktion die Verhandlungen in Abstimmung mit der Parteiführung im Reich führen. Diese Verhandlungen scheiterten jedoch schon Mitte Dezember, als sich Schleicher ebenso wie vorher Papen weigerte, auf das Reichskommissariat in Preußen zu verzichten. Die preußischen Zentrumsvertreter hatten inzwischen den Nationalsozialisten das Amt des Ministerpräsidenten zugesagt, was auf Brünings Unwillen stieß.[120]

Hitler fiel, wie zu erwarten war, eine Schlüsselrolle im Hintergrund zu, nachdem ihn Hindenburg am 21. November erneut empfangen und ihm den Auftrag erteilt hatte, zu erkunden, ob eine von ihm geführte Reichsregierung über eine sichere Mehrheit für ein einheitliches Arbeitsprogramm verfügen werde. Hitler sagte wie üblich nicht sofort zu, stellte aber eine vorläufige Antwort, ob er den Sondierungsauftrag annehme, für den Nachmittag in Aussicht. Am Abend ging seine Mitteilung im Präsidentenpalais ein, daß er dort bis spätestens zum 24. November über das Ergebnis berichten werde. Hindenburg hatte für die Bildung der neuen Regierung fünf Bedingungen, »präsidiale Vorbehalte«, gestellt: Die personelle Zusammensetzung bedürfe seiner Zustimmung, eine besondere Einwirkung behalte er sich als Oberbefehlshaber der Reichswehr und Staatsoberhaupt auf die Besetzung des Auswärtigen Amtes und des Reichswehrministeriums vor. Ferner verlange er ein neues Wirtschaftsprogramm, die Beibehaltung des Reichskommissariats in Preußen und die uneingeschränkte Freiheit in der Anwendung des Artikels 48.[121]

Hitler dachte nicht daran, mit den anderen Parteien unter diesen Voraussetzungen, die Göring in einer Pressekonferenz am 24. November – formal nicht zu Unrecht – als verfassungswidrig bezeichnete, über die Möglichkeit einer Mehrheitsbildung im Reichstag zu verhandeln. Seine definitive Absage an eine angeblich »100prozentige parlamentarische Lösung« der Krise am 23. November quittierte Hindenburg tags darauf gegenüber Kaas mit der harten Feststellung, er könne es vor dem deutschen Volke nicht verantworten, den Führer einer Partei, die ihren ausschließlichen Anspruch auf die staatliche Macht wiederholt betont habe, als Regierungschef mit seinen präsidialen Befugnissen auszustatten. Ein Kabinett Hitler müsse zwangsläufig zu einer Parteidiktatur führen. Hitler stellte dies in einem Schriftsatz an Meissner ebenso wortreich wie bewußt unklar und polemisch sofort in Abrede.[122]

Hitler benutzte den Schriftverkehr, den Otto Dietrich schließlich in Abstimmung mit Goebbels veröffentlichte, vor allem zu Propagandazwecken, nicht zuletzt gegenüber seiner eigenen Partei, um seine Führungsrolle trotz der Stimmenverluste von fast 40 Prozent vom 6. November zu unterstreichen. Hindenburg durchschaute das Spiel und brach es ab. Er ließ daher Kaas am 24. November noch einmal kommen, um ihn mit weiteren Sondierungen zu beauftragen. Nach Ansicht Brünings war diese »Mission« des Prälaten von vornherein aussichtslos. Kaas hielt jedoch unbeirrt an seinem Sammlungskonzept fest und bezeichnete ein Präsidialkabinett mit Tolerierungsmehrheit, allerdings ohne Papen, für denkbar. Er deutete an, daß unter Umständen ein Zentrumspolitiker einen Versuch in dieser Richtung machen könne. Auf die Frage Meissners, ob er diesen Versuch selbst unternehmen würde, antwortete er ausweichend und bat um Bedenkzeit bis zum nächsten Tag. Auf die Frage, wer die offiziellen Verhandlungen an seiner Stelle führen könne, riet er, Brüning zu beauftragen, was Meissner mit Rücksicht auf Hindenburg und im Hinblick auf das zu erwartende Echo in der Öffentlichkeit für inopportun erklärte.

Kaas' Sondierungen ergaben, daß außer dem Zentrum lediglich die BVP und die DVP weiterhin ihre Bereitschaft zu Verhandlungen signalisierten, während die beiden Rechtsparteien ihm nun eine klare Absage erteilten. Hitler hatte sich äußerlich konziliant gegeben, aber eine Beteiligung an einer Mehrheitsregierung weit von sich gewiesen. Durch Gerüchte aus verschiedenen Ministerien, seine Sondierungen seien nicht ernst gemeint oder liefen neben anders gerichteten her, fühlte sich Kaas desavouiert. Er bat, ihn von seinem Auftrag zu entbinden. Auf Hindenburgs Frage: »Was nun?« erwiderte Kaas, daß eine Wiederkehr der Regierung Papen ein verhängnisvoller Schritt sein werde: »Die Regierung Papen ist, ohne daß ich ihren guten

Willen bezweifle, mir erschienen als ein Experiment; wenn sie wiederkehrt – sei es im Haupt, sei es in ihren Gliedern, wie sie war – würde ich pflichtgemäß meiner Meinung Ausdruck geben müssen, daß dann aus einer experimentierenden Regierung von Papen eine Konfliktsregierung werden müßte mit allen unheilvollen Folgen für das deutsche Volk.« Statt dessen gelte es, eine neue Präsidialregierung zu installieren, die in der Öffentlichkeit als Neuanfang betrachtet werde. Hindenburg war konsterniert und fragte den Prälaten entgeistert, was dessen Partei an Papen zu tadeln habe.

Kaas antwortete nach dem Zeugnis Meissners mit einer indirekten Empfehlung für Brüning, ohne dessen Namen zu nennen: »Bei den Schwierigkeiten der Lage müßte der Kanzler des Reichs ein Mann sein, der über Finanz- und Wirtschaftsfragen aus eigener Erfahrung und eigenem Wissen so viel leisten könne, daß er die auf diesem Gebiete liegenden Arbeiten des Kabinetts führen könne. Diese Eigenschaft bringe Herr von Papen nicht mit. Herr von Papen sei nur Politiker.« Hindenburg reagierte enttäuscht und fragte Kaas, ob er ihn selbst für ein Hindernis für die Lösung der Krise halte. Er sei bereit, jederzeit zu gehen, wenn er nicht mehr über das notwendige Vertrauen im Innern und im Ausland verfüge. Zugleich beklagte er sich darüber, daß man ihm in den Verhandlungen »immer mit der einen Hand das Zuckerbrot, mit der anderen die Peitsche« zeige. Er verstieg sich schließlich zu der Feststellung: »Ich komme in eine immer schwierigere Position. Man will mir den Mann meines Vertrauens wegnehmen und mir einen Kanzler aufzwingen.« Kaas stellte dies in Abrede, als er sich verabschiedete: »Die persönlichen Rechte des Herrn Reichspräsidenten erkennen wir durchaus an.«[123]

Dies entsprach der Linie, auf die sich die Zentrumsfraktion verständigt hatte.[124] Zu einer eigenen Kanzlerschaft konnte sich Kaas nicht durchringen. Ebensowenig betrieb er ein *Comeback* Brünings. Kaas hatte diesen ebenso wie Fritz Schäffer konsultiert, ehe er mit Papen am 16. November, einen Tag vor dessen Rücktritt, über eine Tolerierungsmehrheit gesprochen hatte. Über Kaas' Sondierungen, die ohne Beteiligung des amtierenden Kanzlers stattfanden, war von den Kabinettsmitgliedern lediglich Schleicher genauer unterrichtet.

Die seit Monaten erkennbare Entfremdung zwischen Papen und Schleicher wurde offenbar, nachdem Kaas' Sondierungen gescheitert waren. Der Reichswehrminister lehnte es ab, den Konfrontationskurs des Kanzlers gegen die Parteien mitzutragen und eine Bürgerkriegssituation, womöglich begleitet von außenpolitischen Verwicklungen, etwa mit Polen, zu riskieren. Er hegte die stärksten Bedenken gegen Papens Absicht, im Falle von Unruhen den Ausnahmezustand auszurufen. Damit zeichnete sich bereits eine Kanzlerschaft Schleichers ab, falls Hindenburg nicht an Papen unbeirrt festhalten würde.[125]

Schleicher wollte einen Verfassungsbruch und damit einen Konflikt mit den gemäßigten gesellschaftlichen Gruppen vermeiden. Eine Verletzung der Verfassung durch die Regierung hätte einen Generalstreik auslösen können, wenn die demokratischen Gewerkschaften dazu bereit gewesen wären. Diese wollten jedoch wegen der angespannten sozialen Lage ein solches Risiko nicht auf sich nehmen, weil sie die kommunistische Agitation unter der Arbeiterschaft fürchteten und nicht sicher waren, ob sie eine solche Aktion unter Kontrolle halten konnten. Seit Wochen verhandelten sie untereinander über eine Einheitsfront, um ihre Position zu stärken.[126]

Da Papen seine der Öffentlichkeit keineswegs unbekannten Umsturzpläne nicht aufgeben wollte, wendete sich das Blatt endgültig zugunsten Schleichers. Der General hatte längst eingesehen, daß der mit seiner maßgeblichen Hilfe installierte Kanzler die Hoffnungen nicht erfüllte, die er in ihn noch vor wenigen Monaten gesetzt hatte. Die weiter bestehende Ablehnung durch das Zentrum, die Papen nicht zu überwinden vermochte, hatte eine wichtige, wenn auch nicht entscheidende Rolle für ihn gespielt. Die Staatsstreichpläne machten den Kanzler für Schleicher unberechenbar, auch wenn die Reichswehr dabei unter seiner Führung eine wichtige Schlüsselstellung einnehmen sollte. Papen erwies sich für Schleicher im negativen Sinne eben doch mehr als »ein Hut«. Er war für den General zur Belastung geworden. Mehr noch: Schleicher und Papen waren zu Konkurrenten und Gegnern geworden.

Schleicher scheute den offenen Verfassungsbruch, lehnte jeden Verstoß gegen Artikel 25 WRV ab, der die Auflösung des Reichstages durch den Reichspräsidenten nur einmal aus dem gleichen Anlaß zuließ, wollte aber die von Kommunisten und Sozialdemokraten gemeinsam beschlossenen Mißtrauensvoten gegen die Regierung als systemwidrig und damit als ungültig behandelt sehen. Dies widersprach eindeutig den Vorschriften des Artikels 54, der den Reichskanzler und die Minister vom Vertrauen des Reichstages abhängig machte. Andererseits lag der Sinn des Artikels darin, eine vom Vertrauen des Reichstages getragene Regierung herbeizuführen, und nicht etwa die Exekutive handlungsunfähig zu machen.

In der Öffentlichkeit waren diese Bedenken durchaus verbreitet, so daß eine Interpretation im Sinne des späteren »konstruktiven Mißtrauensvotums« teilweise auf Verständnis stieß. Sie ließ sich unter Umständen, wie seine Berater andeuteten, im Sinne der Verpflichtung des Reichspräsidenten auslegen, die Verfassung zu schützen, die durch einen Mißbrauch, der vom Parlament ausging, gefährdet wurde. Der Amtseid des Reichspräsidenten bot einen Ansatzpunkt, eine solche Verfassungsreform etwa im Sinne einer Präsidialdemokratie einzuleiten. Schleicher wollte, wie es sich in seiner Kanzlerzeit zeigen sollte, nur im äußersten Fall einen solchen Ausweg wählen, um die Krise zu meistern.[127]

Schleichers Querfront-Konzept

Nach den letzten Wahlen hatte das Zentrum seine Schlüsselstellung in der Koalitionsfrage verloren, so daß es sich neu orientieren mußte. Dies galt auch für das Verhältnis zur Regierung. Die meisten Fraktionsmitglieder, auch Brüning, akzeptierten Schleicher trotz seiner zwielichtigen Rolle als Partner eher als den »Renegaten« Papen. Die politischen Ziele, die der General als Mitglied der Regierung verfolgte, wichen in der Sache kaum von der Linie ab, die Brüning vorgezeichnet hatte. Sie entsprachen der außen- und innenpolitischen Situation nach der Lausanner Reparationskonferenz. Ebenso wie Brüning strebte er nach einer militärischen Gleichberechtigung, verstand sie jedoch stärker als jener als faktische Aufrüstung der Reichswehr im Verhältnis zu den Armeen der Nachbarstaaten. Innenpolitisch versuchte er eine ähnlich stabile Position zu gewinnen wie Brüning, ohne daß er wirklich eine parlamentarische Tolerierung durch die Sozialdemokratie hätte erreichen können.

Statt dessen versuchte er seit Sommer 1932 in Verbindung mit einem Teil der Industrie unter Führung Paul Silverbergs, eine innenpolitische »Querfront« zwischen der Regierung und den Sozialpartnern zu schaffen, um endlich die Massenarbeitslosigkeit durch umfangreiche Arbeitsbeschaffungsprogramme zu überwinden. Zugleich sollte die Querfront die Gefahr eines Bürgerkrieges vermindern, falls die Regierung gezwungen sein sollte, den Notstand auszurufen, den Reichstag aufzulösen und die dann anstehenden Neuwahlen zu verschieben.[128]

Einer der Urheber des Konzepts war der Chefredakteur der »Täglichen Rundschau« und der »Tat«, Hans Zehrer (1899-1966), der sich im Sommer 1932 Schleicher politisch näherte und in Anlehnung an Carl Schmitt ein »auctoritas-potestas«-Konzept vertrat. Der »Tat«-Kreis hatte die »Tägliche Rundschau« übernommen. Ein bekanntes Schlagwort beschwor die »antikapitalistische Sehnsucht der Massen«. Zehrer ließ sich als Anhänger Schleichers nicht davon abhalten, die Politik Papens zu kritisieren.[129]

Ende August hatten in den Zeitungen bereits Gerüchte kursiert, daß einer künftigen Regierung Schleicher sowohl Strasser als auch der Vorsitzende des ADGB, Leipart, angehören sollten. Strasser hatte sich seinerseits in seinen arbeitsmarktpolitischen Vorstellungen den Gewerkschaften, auch dem von Brüning wegen der ungelösten Reparationsfrage seinerzeit noch abgelehnten WTB-Plan, angenähert. Schleicher und Strasser umwarben, Hitlers Kurs der »absoluten Opposition« entschieden ablehnend, gemeinsam die gewerkschaftlichen Kräfte innerhalb und außerhalb der Parteien. Strasser fand für seine Bemühungen, die gegen Hitler stehenden Kräfte innerhalb der NSDAP zu stärken, unter anderem die finanzielle Unterstützung des Industriellen Silverberg. Das Zentrum, das sich durch die Opposition gegen Papen und durch die fragwürdigen Kontakte zur NSDAP wegen einer Koalition in Preußen und eines begrenzten parlamentarischen Zusammenwirkens im Reich in eine Sackgasse manövriert hatte, war jetzt bereit, einem Kanzler Schleicher bei aller gebotenen Vorsicht eine Chance zu geben.

Der Ausgang der Novemberwahlen zwang das Zentrum, die politischen Fronten zu überprüfen und notfalls auch die fatalen Spuren der informellen Koalitionsgespräche mit der NSDAP über Preußen zu verwischen. Brüning, der nicht mehr mit einer Rückkehr ins Kanzleramt rechnete, wollte sogar gegenüber Papen einlenken.[130] Er hatte jedoch auf Reichsebene dem Parteivorsitzenden Kaas die Initiative in der Koalitionsfrage überlassen, als dieser von Hindenburg beauftragt worden war, die Möglichkeiten für eine Lösung der Regierungskrise zu erkunden. Eine parlamentarische Tolerierungsmehrheit, wie sie Brüning besessen hatte, schien Kaas nach den Erfahrungen der letzten Monate unabdingbar. Entsprechend seiner Sammlungsparole hatte er Hindenburg empfohlen, ein neues Präsidialkabinett mit einer breiteren parlamentarischen Basis, einer »Not- und Arbeitsmehrheit« von den Nationalsozialisten bis zum Zentrum, zu berufen.

Hitler hatte sich nicht festgelegt, sich statt dessen weitschweifig über die Korruption und das Chaos in der Umgebung des Reichspräsidenten geäußert und sich auf das Kompliment beschränkt, Kaas und Brüning seien die einzigen ihm bekannten Politiker, die nicht intrigierten und lediglich das Wohl des Volkes suchten. Hugenberg, der »Silberfuchs«, der inzwischen eine Zusammenarbeit mit Hitler für gefährlich hielt, wollte die Entwicklung abwarten. Auch Schleicher gab sich im Kreise seiner bisherigen Kabinettskollegen zurückhaltend im Hinblick auf eine eigene Kanzlerschaft. Er erklärte es für unklug, das Reichswehrministerium und das Kanzleramt in einer Hand zu vereinigen.

Als Meissner Brüning am Abend des 27. November in dessen Wohnung aufsuchte und um einen Vorschlag für das Kanzleramt bat, nannte dieser Schleicher als Kandidaten. Das Gespräch begann gegen neun Uhr und dauerte bis nach Mitternacht. Das Votum zugunsten Schleichers war folgerichtig im Hinblick auf jene denkwürdige Unterredung zwischen Brüning und Schleicher in der Bibliothek der Reichskanzlei einige Monate zuvor, als der Kanzler den General aufgefordert hatte, aus der Deckung hervorzutreten und die politische Führung des Reiches zu übernehmen. Brüning lehnte es aber ausdrücklich ab, die entstandene Lage persönlich mit Schleicher zu erörtern. Immerhin deutete er an, daß er Schleicher gleichsam »aus einer Reservestellung heraus« unterstützen wolle, offensichtlich nachdem Schleicher hatte erkennen lassen, daß er den Sturz Brünings inzwischen bedauere.

Nach Ansicht des Exkanzlers ging es darum, die Kaasschen Sondierungen wieder aufzunehmen, um eine Kabinettsbildung unter Schleicher zu erreichen. Dieser sollte neben dem Kanzleramt das Reichswehrministerium beibehalten, was die Stellung der Reichswehr im Kabinett verstärkt hätte. Papen müsse »irgendein bedeutendes Amt« erhalten, »das ihm einen Glorienschein verleihe, ohne daß er weiteres Unheil anrichten könne«. Brüning teilte im übrigen Kaas' Ansicht, daß die neue Regierung einen stärkeren Rückhalt im Reichstag als die bisherige haben müsse.[131] Brüning hat später die Ernennung Schleichers und damit seine Empfehlung als »Fehler« bezeichnet, obwohl er dessen Bestrebungen »nicht restlos« verurteilen wollte.[132]

Nicht ohne Eitelkeit riet Brüning seinem zweiten Nachfolger, zu den »Grundlinien« seiner Politik zurückzukehren, was er später bestätigt finden sollte. Er vermied es, auf die Vorgänge im Mai 1932 zurückzukommen, ließ auch seinen Groll gegen Papen nicht allzu deutlich erkennen, lehnte es jedoch ab, sich persönlich in die Verhandlungen über die Kabinettsbildung einzuschalten. Schleicher müsse diese Aufgaben schon selbst übernehmen. Der Minister sondierte daraufhin am 28. und 30. November bei Persönlichkeiten verschiedener Richtungen, darunter auch Theodor Leipart und Wilhelm Eggert von den Freien Gewerkschaften, Bernhard Otte, dem Vorsitzenden der Christlichen Gewerkschaften sowie dem Präsidenten des Deutschen Landgemeindetages und Abgeordneten der Landvolkpartei, Günther Gereke, die Möglichkeit einer Unterstützung durch die wichtigsten gesellschaftlichen Gruppen. Gereke hatte sich mit Vorschlägen zur Arbeitsbeschaffung in den letzten Monaten, vor allem in Gewerkschaftskreisen einen Namen gemacht. Um ihn hatte sich ein diffuser Kreis von Kräften aus ganz Deutschland geschart, die die Massenarbeitslosigkeit gemeinsam durch staatliche Maßnahmen bekämpfen wollten.

Zu derartigen Kontakten nach allen Seiten hin war Schleicher zwei Wochen zuvor, am 10. November, ermächtigt worden. Sie zielten auf eine Reichstagsmehrheit von der Sozialdemokratie bis zum Strasser-Flügel der NSDAP. Hitler sollte von der Macht ferngehalten werden. Die Gewerkschaften aller Richtungen, christliche, sozialistische und liberale, suchte er mit dem Angebot einer begrenzten Verstaatlichung der Großindustrie zu gewinnen, mit der »Errichtung einer Volksordnung auf staatssozialistischem Fundament«. Da große Teile der Industrie sich gegenüber solchen Plänen reserviert verhielten, mußte Hitler sich gegenüber Leipart darauf beschränken, ein großzügiges Sofortprogramm zur Arbeitsbeschaffung in Aussicht zu stellen.

Leipart ging darauf ein und präzisierte eigene Forderungen: »Außerkraftsetzung der Verordnung vom 5. September, Verwendung der für Neueinstellungsprämien zur Verfügung gestellten 700 Millionen RM zur Finanzierung öffentlicher Arbeiten, gesetzliche Verkürzung der Arbeitswoche auf 40 Stunden, Verwendung von Steuergutscheinen für die Finanzierung öffentlicher Arbeiten und Wiederaufhebung der durch die Notverordnungen herbeigeführten Verschlechterungen der Sozialleistungen.«[133]

Angeblich wollte Schleicher auch Brüning früher oder später in sein Kabinett holen.[134] Auch mit Breitscheid verhandelte er, allerdings erfolglos. Das Mißtrauen der Sozialdemokratie gegen ihn, der dort bisher als Gegner bekannt war, ließ sich nicht in kurzer Zeit überwinden. Die Empörung über den Preußenschlag Papens, für den die SPD Schleicher mit Recht mitverantwortlich machte, wirkte immer noch nach. Allein Schleicher glaubte, daß Breitscheids Ankündigung, die SPD werde die neue Regierung bekämpfen, nicht dessen letztes Wort sei. Eine solche trügerische Hoffnung machte er sich auch auf Hitler.

Am Abend des 1. Dezember empfing Hindenburg Schleicher und Papen zu einer gemeinsamen Aussprache. Anwesend waren außerdem Meissner und Oskar von Hindenburg. Schleicher mußte einräumen, daß seine bisherigen Konsultationen keine Aussichten auf ein vom Reichstag toleriertes Kabinett unter seiner Führung eröffnet hatten. Papen sah eine Chance, auf seine alten Pläne zurückzugreifen und schlug vor, das bisherige Kabinett im Amt zu belassen, den Reichstag vorübergehend auszuschalten und eine Verfassungsreform mit Hilfe einer neuen Nationalversammlung vorzubereiten, um dann zu verfassungsmäßigen Zuständen zurückzukehren. Er gab zu, daß dieses Verfahren möglicherweise einen Verfassungsbruch darstelle, bezeichnete es aber angesichts des staatlichen Notstandes für vertretbar. Zwar stehe das Amt des Reichspräsidenten einem solchen Vorgehen entgegen, doch sei der Vorschlag dem Beispiel Bismarcks im preußischen Verfassungskonflikt vergleichbar. So erklärte er sich bereit, in einer Konfliktstrategie eine neue Verfassung vorzubereiten.

Dies war bereits Papens zweiter Versuch, Hindenburg für einen Staatsstreich zu gewinnen. Schleicher, der sich noch jüngst scharf gegen Verfassungsexperimente ausgesprochen hatte, taktierte in dieser Situation vorsichtiger und behauptete, es gebe eine Lösung, die den Eid des Reichspräsidenten auf die Weimarer Verfassung nicht berühre, und bat deshalb, ihn mit der Regierungsbildung zu betrauen. Er sehe eine Chance, in dem kürzlich gewählten Reichstag eine Tolerierungsmehrheit durch die Spaltung der NSDAP-Fraktion zu erreichen. Angesichts der Spannungen innerhalb der Fraktion rechne er mit einer Sezession von etwa 60 Abgeordneten unter Führung Gregor Strassers von Hitler. Diese Gruppe wolle er dann an der Regierung beteiligen. Strasser, der die Zahl seiner Anhänger in der Fraktion auf etwa 100 bezifferte, trat seit den Novemberwahlen entschiedener als bisher als innerparteilicher Gegner Hitlers, Goebbels' und Röhms auf. Innerhalb der Partei rechnete Strasser mit der Unterstützung von Frick, Feder und einigen anderen. Nach seiner Ansicht gefährdeten die überzogenen Forderungen Hitlers nach dem Kanzleramt die Chancen der NS-Bewegung, überhaupt an der Macht beteiligt zu werden.

Ähnliche Pläne waren seinerzeit auch schon von Brüning verfolgt worden, mit dem sich Strasser Anfang Dezember 1931 im Hause des badischen Zentrumsvorsitzenden Ernst Föhr in Freiburg getroffen hatte, um über dessen Eintritt in das Reichskabinett zu sprechen. Das Treffen war damals von dem Gewerkschafter Max Habermann arrangiert worden. Brüning hatte Vertrauen zu Strasser gefaßt, als dieser sich für eine Verlängerung der Amtszeit Hindenburgs aussprach und eine Kandidatur Hitlers für die Präsidentenwahl energisch bekämpfte. Er war von Strassers intellektuellem und organisatorischem Profil beeindruckt. Ihm hatte er angeboten, zu seinen Gunsten als Kanzler zurückzutreten, wenn es ihm gelänge, eine Mehrheit in der NSDAP-Fraktion zu gewinnen. Als Außenminister wollte er in diesem Falle noch die Reparationsverhandlungen zu Ende führen, während er später den Wunsch Hindenburgs, dies in einem Kabinett Papen zu tun, ablehnte. Strasser, als Führer des »nationalbolschewistischen«, rußlandfreundlichen Flügels, nach Hitler möglicherweise der mächtigste Mann in der NSDAP, hatte seit Januar 1932 die NSDAP auf eine Art Tolerierungskurs gegenüber der Regierung Brüning zu bringen versucht.

Schleicher wollte an Brünings frühere, durchaus erfolgversprechenden Bemühungen anknüpfen und Strasser für sich gewinnen, was der Exkanzler seinerseits unterstützte. Seine Überlegungen hinsichtlich der Rechte des Reichstages gegenüber den Mitgliedern der Reichsregierung nach Artikel 54 erwähnte er wahrscheinlich nicht, vielleicht, weil auch Papen derartige Absichten hegte. Es ging darum, ein Mißtrauensvotum des Reichstages gegen die Regierung wegen der Anwendung des Artikels 48 zu ignorieren.

Hindenburg war nicht allzu sehr von Schleichers Ausführungen beeindruckt. Er bemerkte, die Entscheidung dürfe nicht weiter hinausgezögert werden, und erklärte kurzerhand, daß er sich den Vorschlag Papens zu eigen mache. Er beauftragte Papen, seine Bemühungen für die Neubildung der Regierung fortzusetzen. Zugleich sicherte er ihm zu, daß er ihn im Falle eines Konflikts mit dem Reichstag im Rahmen seiner präsidialen Rechte unterstützen werde. Dies machte grundsätzlich den Weg zum Staatsstreich frei. Die Zusage richtete sich gegen Parteien und Gewerkschaften und beschwor die Gefahr des Bürgerkrieges herauf, was Schleicher enttäuscht registrierte. Als Papen mit Schleicher das Reichspräsidentenpalais verließ, verabschiedete sich dieser, wie sich Papen erinnerte, von ihm mit den Worten: »Mönchlein, Mönchlein, du gehst einen schweren Gang«.[135]

Der Sturz Papens

In der Ministerbesprechung am Morgen des 2. Dezember, die noch in der Nacht anberaumt worden war, versuchte Papen vergeblich, einen Beschluß über ein gleichzeitiges Vorgehen gegen die Linksparteien, die Gewerkschaften und die NSDAP herbeizuführen. Nach der Audienz bei Hindenburg am Abend zuvor hatte er von den Ministern Gürtner und v. Eltz erfahren, daß Schleicher die Pläne des Kanzlers gegenüber Kabinettskollegen als aussichtslos und gefährlich, ja als Weg in den Bürgerkrieg bezeichnet hatte. Jetzt forderte Papen Schleicher auf, sich verbindlich in der Sache zu erklären. Der General bezeichnete Papens Pläne als unausführbar und meinte, dies werde chaotische Verhältnisse heraufbeschwören.

Finanzminister Schwerin von Krosigk äußerte sich ebenfalls in diesem Sinne. Die Reichswehr könne keinen Bürgerkrieg führen. Papens Behauptung, eine Unterdrückung der politischen Widersacher der Regierung sei trotz der nationalsozialistischen Unterwanderung von Polizei und Reichswehr militärisch realisierbar, beantwortete Schleicher, indem er auf das Ergebnis einer »Generalstabsübung« aufmerksam machte, die am 25. und 26. November im Reichswehrministerium in Berlin stattgefunden hatte. Sie war von seinem Vertrauten Ott, dem Leiter der sogenannten »Wehrmachtsabteilung«, nach dem Berliner Verkehrsstreik vom 3. bis zum 9. November angeregt worden. Die Wehrmachtsabteilung sammelte im Auftrag Schleichers politisch-militärische Informationen und bearbeitete auch politische Grundsatzfragen. Ott hatte Schleicher ein solches Planspiel, auch »Kriegsspiel« genannt, empfohlen, da bei dem erwähnten Verkehrsstreik Nationalsozialisten und Kommunisten zusammengegangen waren.

Die Übung, bei der Vertreter aller staatlichen Institutionen mitwirkten, unterstellte einen allgemeinen Generalstreik und die Blockade aller wichtigen Versorgungs- und Verkehrsbetriebe sowie umfangreiche staatsfeindliche Sabotageaktionen und separatistische Bestrebungen im Westen des Reiches. Das Ergebnis war ernüchternd. Die Reichswehr schien nicht imstande zu sein, solche Aktionen mit Waffengewalt niederzuwerfen. Auf Wunsch Papens legte Ott die gewonnenen Erkenntnisse den Ministern dar. Er widersprach den Aussagen des Kanzlers in allen Punkten, was die Runde nachhaltig beeindruckte. Schleicher äußerte sich nicht zur Sache. Papen erkannte, daß seine Stellung im Kabinett unhaltbar geworden war, und sagte, daß er angesichts der neuen Lage unverzüglich den Reichspräsidenten um Entlassung bitten werde.[136]

Papen erklärte gegenüber Hindenburg, es gebe nur noch zwei Möglichkeiten, die Krise zu lösen. Wenn er im Amt bleiben solle, müsse Schleicher als Reichswehrminister entlassen werden, andernfalls empfehle er, diesen zum Nachfolger zu ernennen.[137] Hindenburg entschied sich für die Demission des Kanzlers und nahm den Auftrag an ihn zurück. Allein, er scheute die Aussicht, am Ende seines Lebens die Verantwortung für einen Bürgerkrieg übernehmen zu müssen, wie er erklärte. In diesem Sinne hatte er sich einige Tage vorher schon gegenüber Kaas geäußert. Man müsse Herrn von Schleicher in Gottes Namen sein Glück versuchen lassen, meinte er resigniert.[138]

Die Regierung Schleicher

Die Reaktionen in der in- und ausländischen Öffentlichkeit auf die Ernennung Schleichers waren gedämpft, da das Revirement allenthalben erwartet worden war. Lediglich die dem neuen Kanzler nahestehende »Tägliche Rundschau« begrüßte dessen Ernennung überschwenglich.[139] Brüning war, wie er in seinen Memoiren andeutet, mit der Lösung nicht völlig zufrieden, da Schleicher seinen Auftrag zur Kabinettsbildung nicht zu neuerlichen Verhandlungen mit den Parteiführern nutzte, sondern einfach die meisten Minister der bisherigen Regierung übernahm. In das Kabinett traten nur zwei neue Mitglieder ein: Arbeitsminister Friedrich Syrup, bisher Präsident der Reichsanstalt für Arbeitsvermittlung und Arbeitslosenversicherung – jetzt zugleich Reichskommissar für den Freiwilligen Arbeitsdienst – und Reichsinnenminister Franz Bracht, der weiterhin als Reichskommissar in Preußen amtierte. Beide waren Vertrauensleute des Kanzlers, der erstere war mit ihm persönlich befreundet.

Die Berufung Brachts konnte als geschicktes Manöver gelten für den Fall, daß Schleicher das Reichskommissariat demnächst aufzuheben gedachte. Neben dem Reichskanzleramt behielt Schleicher das Reichswehrministerium bei. Reichskommissar für Arbeitsbeschaffung und Reichsminister ohne Geschäftsbereich, aber mit Sitz im Kabinett wurde Günther Gereke. Ausgeschieden waren Gayl und Hugo Schäffer. Ersteren hielt Schleicher wegen der Identifikation mit Papens »Neuem Staat«, letzteren wegen der Verordnungen vom 5. September für belastet.[140]

Brüning war enttäuscht, daß das Zentrum und auch er selbst bei der Kabinettsbildung nicht konsultiert worden waren. Anderseits konnte er sich nicht verhehlen, daß die Ernennung Schleichers eine gewisse Folgerichtigkeit besaß. Die Entscheidung des Reichspräsidenten löste, so schien es ihm, auch das Problem Papen. Schleicher beabsichtigte, bei nächster Gelegenheit einige Minister durch Nationalsozialisten zu ersetzen, während das Zentrum nach den Novemberwahlen koalitionspolitisch aus dem Spiel war. Als Teil einer politischen »Querfront« kalkulierte Schleicher die Partei ohnehin ein, gleichwohl, ob sie im Kabinett vertreten war oder nicht.[141]

Daß die Ernennung Schleichers zum Reichskanzler weder in der deutschen noch in der ausländischen Öffentlichkeit Aufsehen erregte läßt sich im wesentlichen auf zwei Gründe zurückführen: Einerseits hatte der Reichswehrminister seinen Weg in die Reichskanzlei ohne dies eigentlich zu wollen lange Zeit vorbereitet, anderseits aber über mehrere Etappen hinweg verzögert. In seinem bisherigen Amt fühlte er sich wohl, da er das Aufgabenfeld seit Jahren kannte und beherrschte. Als früherer Chef des Ministeramtes galt er seit langem als ein »Drahtzieher« der großen Politik, der hinter den Kulissen agierte, was seinem Ansehen im allgemeinen durchaus förderlich war.

Nicht zuletzt verdankten ihm Brüning und Papen Aufstieg und Sturz. Groeners Abgang war im wesentlichen sein Werk gewesen. Sein indirekter Einfluß auf die öffentliche Meinung und die Presse war erheblich. Die »Tägliche Rundschau«, die finanziell von der Reichswehr und der Industrie unterstützt wurde, galt als sein Sprachrohr. Über die Abwehrstelle des Reichswehrministeriums am Dönhoffplatz in Berlin, die von Wilhelm Canaris geleitet wurde, erhielt er gewöhnlich zuverlässige Nachrichten über interne und geheime politische Vorgänge in allen politischen Lagern. Seine Gegner machten ihn häufig für das geheime Abhören von telefonisch geführten Gesprächen verantwortlich.

Die Kehrseite dieses Informationsvorsprunges bestand darin, daß sich Schleicher allzu sehr darauf verließ, die Bedeutung von geheimen Nachrichten oft in ihrem Realitätsgehalt überbewertete und sich auch über die Rolle Strassers in der NS-Bewegung täuschte. Die Neigung zu Intrige und Geheimniskrämerei unterliegt ihrem eigenen Gesetz. Geheimes Wissen bedeutete Hintergrundwissen, das in seinem Wert leicht überschätzt werden kann, was auch Brüning erkannte. Er behauptete, mit Canaris während des Ruhrkampfes 1923 zusammengearbeitet und ihm damals nahegelegt zu haben, Telefongespräche von Ministern abzuhören, die in Verdacht standen, mit Insiderwissen gegen die fallende Reichsmark zu spekulieren. Inzwischen war das Abhörsystem der Reichswehr ausgebaut worden. »Bei Männern, die ihr ganzes Leben im Nachrichtendienst verbrachten, wird es wohl immer schwer sein, festzustellen, was in ihrem Verhalten aus der Routine ihres Dienstes oder aus ihrem Charakter herrührt. ... Sie sind so sehr mit dem Geheimnisvollen und Hypothetischen beschäftigt, daß sie das Offensichtliche und Beständige unterschätzen.« Schleicher hielt nicht von ungefähr auch nach seinem Sturz die »Methode des politischen Frühstücks noch immer für nützlich wie in der Zeit der gutmütigen Republik« (R. Olden).[142]

Das konspirativ gewonnene Hintergrundwissen gehörte gleichsam zu den oft nur eingebildeten Kulissen, die Schleicher in seinen Kalkulationen fiktiv hin- und herschob. Die Reichskanzlerschaft selbst zu übernehmen, hatte er wohl erst in den letzten Monaten erwogen. Er hätte dieses Ziel, wie Brüning sehr wohl erkannt hatte, schon früher erreichen können. Schwerin v. Krosigk war überzeugt, daß Schleicher lieber im Reichswehrministerium und damit hinter den Kulissen geblieben wäre, als in der Rolle des Kanzlers in das Rampenlicht der großen Politik zu treten.[143] Der britische Botschafter Sir Horace Rumbold, einer der besten ausländischen Deutschlandexperten, glaubte, daß Schleicher zwar irgendwann einmal Kanzler werden wollte, aber noch nicht zu diesem kritischen Zeitpunkt, d. h. im Dezember 1932.[144]

Nacheinander hatte sich Schleicher erst mit Brüning, dann mit Papen überworfen, da diese auf die Dauer nicht gleichsam als seine Marionetten agieren wollten. Der Zwist mit Papen war für ihn noch schmerzlicher als der mit Brüning, weil er ihn die persönliche Sympathie Hindenburgs gekostet hatte. Als Papens Stern sank, dürfte sich danach Brüning bei aller Enttäuschung und Bitterkeit, vielleicht aber auch in dem Gefühl, recht behalten zu haben, nicht nur gegenüber Hindenburg, sondern auch intern entschieden für Schleicher ausgesprochen haben.[145]

Mit Ausnahme Goerdelers hielt Brüning keinen der damals genannten Konkurrenten Schleichers: Gessler, Gereke, v. Neurath, Schacht, Bracht oder Gürtner[146], für geeignet, an die Spitze der deutschen Politik zu treten. Trotz aller charakterlichen Unbeständigkeit und Unzuverlässigkeit, die er dem neuen Kanzler nachsagte, setzte er doch einige Hoffnungen auf ihn. Das Querfront-Konzept – Schleicher selbst vermied den Begriff – bot nach Brüning eine zumindest vage Chance, die gegenseitige Blockade der politischen Parteien aufzubrechen, vor allem aber den Zerfall der Hitler-Bewegung zu fördern. Schleicher verfügte im übrigen auch über die Reichswehr als Stütze seiner Querfront-Bestrebungen.[147]

Brüning übersah nicht, daß der General den Grundlinien seiner eigenen früheren Politik folgte, soweit dies die gewandelten Umstände zuließen. Der Streit um die Reparationsfrage und die bis zur Lausanner Konferenz heiß umstrittenen staatlichen Arbeitsbeschaffungsmaßnahmen gehörten der Vergangenheit an, nachdem die Talsohle der Wirtschaftskrise durchschritten war. Doch bemühte sich Schleicher vergeblich um einen Brückenschlag zur Sozialdemokratie, teilweise über die Verbindungen zu den freien Gewerkschaften. Im Gegensatz zu den Kontakten mit Leipart und Eggert blieben die Gespräche mit Breitscheid ohne Ergebnis. Die SPD-Führung bekämpfte entschieden alle Versuche im eigenen Lager, einen regierungsfreundlichen Kurs einzuleiten. Dies richtete sich nicht nur gegen Leipart und die Führung des ADGB, sondern auch gegen die Bereitschaft des Vorsitzenden des Reichsbanners

Schwarz-Rot-Gold, Karl Höltermann, die Einrichtung eines Reichskuratoriums für Jugendertüchtigung im Sinne einer halbmilitärischen Ausbildung zu unterstützen.[148]

Brüning wollte ebenso wie Schleicher eine Machtübernahme der Nationalsozialisten verhindern. Persönlich hatte er nach seinem Rücktritt als Kanzler die unmittelbare Begegnung mit Schleicher gescheut, fühlte sich aber frei von Mißgunst im Hinblick auf dessen politische Fortune, soweit man das seinen Memoiren entnehmen kann. Daß der General nach François-Poncet in Friedrich dem Großen und dem Freiherrn vom Stein seine politischen Vorbilder sah, dürfte ihn, wenn es ihm bekannt gewesen sein sollte, nicht allzu sehr verwundert haben. Brüning setzte einen stärkeren Akzent auf die preußische Verfassung und das Werk Bismarcks als der erklärte Monarchist Schleicher, der seinerseits gleichwohl die republikanische Verfassung respektierte.[149] In seinen Memoiren vermerkt Brüning entsetzt, daß der neue Kanzler seine Regierungserklärung nicht im Reichstag abgab, sondern am 15. Dezember verspätet im Rundfunk »vorlas«. Der Kanzler hatte vermeiden wollen, sich im Reichstag eine Blöße zu geben. Auch Hindenburg war konsterniert und neigte nach Brünings Eindruck noch mehr als bisher dazu, den politischen Forderungen Hitlers nachzugeben, was sich wiederum auf Schleichers Haltung ausgewirkt habe.[150]

Von Schleichers Rundfunkrede war Brüning wenig angetan, obwohl der Kanzler unter anderem an seine Verdienste in der Lösung der Reparations- und Abrüstungsfrage sowie um das Ansehen Deutschlands in der Welt erinnerte. Der Appell an die Nation unterstrich die Absicht, die Öffentlichkeit zu mobilisieren, was einerseits eine Mißachtung des Parlaments bedeutete, andererseits aber die Querfront fördern konnte. Immerhin konnte der Kanzler über das Radio ohne Zwischenrufe und andere Störungen, wie dies im Reichstag zu erwarten gewesen wäre, ein größeres Publikum ansprechen. Das Parlament hatte ohnehin den sozialdemokratischen Antrag abgelehnt, die Regierungserklärung auf die Tagesordnung zu setzen.

Die Rede enthielt zwar das Regierungsprogramm, war aber ganz darauf abgestellt, die Sympathien breiter Schichten jenseits aller Parteien und Gruppen zu gewinnen. Er gab sich leutselig und war bemüht, als neutraler und unabhängiger Sachwalter der Interessen der Nation zu erscheinen. Er folgte darin dem Vorbild seines Vorgängers Papen, der mehr als Brüning den Rundfunk bereits für sich genutzt hatte. Für Papen war der Rundfunk das einzige wirksame Medium der öffentlichen Selbstdarstellung gewesen.[151]

Nach dem Willen des Kanzlers sollte die Arbeit der Regierung in den nächsten Monaten vor allem im Zeichen der Arbeitsbeschaffung stehen. Er wollte dem Ziel: »Arbeit schaffen!« durch einige Neuerungen mehr Nachdruck verleihen als seine Vorgänger und kündigte ein Sofortprogramm für öffentliche Arbeiten in Höhe von 600 Millionen RM noch für den gegenwärtigen Winter an. Es gehe um »Sein oder Nichtsein« erklärte Schleicher. Das war gleichsam als innenpolitische Versöhnungsbotschaft gedacht.

Vage Andeutungen verdeckten eine taktische Kompromißbereitschaft gegenüber den gesellschaftlich einflußreichen Gruppen. Er betonte, daß er Bedenken gegen die Übernahme des Reichskanzleramtes gehabt habe und bat seine Zuhörer, in ihm nicht nur den Soldaten, sondern den überparteilichen Sachwalter der Interessen aller Bevölkerungskreise zu sehen. Als »sozialer General«, wenn nicht gar als »Denker im Soldatenrock«, wie er sich gerne nennen ließ, distanzierte er sich von den Diktaturplänen Papens, indem er betonte, es sitze sich schlecht auf den Spitzen der Bajonette, obwohl er der Reichswehr eine politische Funktion in der staatlichen Jugenderziehung zuweisen wollte. Man könne auf Dauer nicht ohne eine »breite Volksstimmung hinter sich regieren«.[152]

Sein Verständnis einer idealen Demokratie war ebenso preußisch geprägt wie denkbar einfach: »Suum cuique und keine Propaganda«.[153] Das nachdrückliche Werben um eine breite Zustimmung der Öffentlichkeit bedeutete einen neuen Akzent gegenüber dem Regime Papen und dessen Diktaturbestrebungen. Papen hingegen hatte schon gar nicht mehr auf eine Unterstützung durch nennenswerte Bevölkerungskreise gerechnet. Aber auch von Brünings Rhetorik der persönlichen und gesellschaftlichen Opferbereitschaft unterschied sich Schleichers öffentliche Selbstdarstellung – nicht nur deshalb, weil sich die innen- und außenpolitische Gesamtlage verändert hatte. Anders als seinerzeit Brüning vertraute der neue Kanzler darauf, durch geduldiges Werben Sympathie zu wecken. So war er bereit, die Tarifautonomie, die Papen per Verordnung weitgehend beseitigt hatte, wiederherzustellen. Er bemerkte gelegentlich, wie Botschafter Rumbold nach London berichtete, daß er die »Idee der Autarkie, die einige Befürworter in Deutschland habe, nur verdammen« könne, was auch Brünings Ansicht entsprach. Kein Geringerer als Rudolf Hilferding wollte in dieser Situation dem General ebenfalls eine politische Chance geben.

Nach Brünings Ansicht hatte Schleicher einen Auftritt im Reichstag nach dem Streit um die Wahl des Parlamentspräsidiums gescheut und war deshalb auf den Rundfunk ausgewichen. Die dem General fehlende Gabe der öffentlichen Rede mochte dies ratsam erscheinen lassen. Brüning sah darin mehr ein Anzeichen von Furcht als etwa Selbstüberschätzung, die man Schleicher gelegentlich nachsagte. Die Scheu vor der Öffentlichkeit war ihnen gemeinsam. Überlegen war Schleicher dem früheren Kanzler in seinen Umgangsformen, der Fähigkeit, auf Menschen zuzugehen und sie für sich zu gewinnen. Diese Fähigkeit kam ihm auch gegenüber jenen, die ihm politisch fern standen, zustatten. Die Auseinandersetzung mit widerstrebenden Ansichten fiel beiden schwer, wenn es darum ging, Kompromisse zu finden.

Schleicher dachte stets mehr in einzelnen konkreten Anordnungen, Brüning mehr in großangelegten Planungen und Maßnahmen. Beide ließen sich nicht gern in ihre Karten sehen, doch beherrschte der General das gesellschaftliche und politische Intrigenspiel ungleich besser als der frühere Kanzler mit seiner Neigung zum Einzelgängertum. Brüning sagte Schleicher wenige Wochen nach dessen Sturz nach, daß es ihm an Selbstkontrolle gefehlt habe. Die Versuchung, sich zu verstellen und zu taktieren, habe ihn in den Ruf des Intriganten gebracht. Dennoch umgab beide stets die Aura des Rätselhaften und Geheimnisvollen. Sie schätzten die Beratung im kleinen Kreis. Indessen vermittelte Schleicher seinen Gesprächspartnern eher als Brüning das Gefühl, daß er sie sehr gut verstehe. Manche, wie der ADGB-Funktionär Wilhelm Eggert, lobten ihn als einen »offenen Charakter«. Andere, die ihn näher kannten, argwöhnten, hinter seiner nicht immer aufrichtigen zur Schau gestellten Offenheit stecke ein skrupelloser Machiavellismus.

Beide, Brüning wie Schleicher, verfügten nicht über eine ausgeprägte Menschenkenntnis und neigten zu einsamen Entschlüssen, besaßen aber Freunde in anderen politischen Lagern. Allein Schleichers Kontakte waren umfassender und vielfältiger als die oft langjährigen und dauerhaften Freundschaften des Einzelgängers Brüning. Ebert und Noske schätzten Schleicher ebenso wie Höltermann, Leipart und Müller-Franken. Der General verfügte andererseits ebenso wie Brüning über persönliche Kontakte zu Stegerwald und Habermann von den Christlichen Gewerkschaften.[154]

Brüning registrierte amüsiert, daß Groener Schleicher Anfang Januar 1933 »eine ähnliche Natur« wie ihn, Brüning, nannte, was wohl ein Körnchen Wahrheit enthielt. Brüning kannte Schleicher gut genug, um zu wissen, daß sich hinter dessen Jovialität oft geheime Gedanken und Absichten verbargen, die er nicht ohne weiteres preisgab. Er war sich jedoch nicht sicher, ob Schleicher wirklich so sorglos war, wie er sich im Gespräch gab.[155]

Schleichers bis dahin durchaus erfolgreiches Spiel hinter den Kulissen hörte auf, als er selbst in das Rampenlicht treten mußte. Mit dem Ende der Ära Papen war die letzte Chance vertan, sich als weitgehend unbemerkter politischer Drahtzieher im Kampf gegen Hitler zu bewähren, ohne dem Agitator öffentlich entgegentreten zu müssen. Brüning bemerkte die Unbeholfenheit des Kanzlers im Umgang mit der Öffentlichkeit mit der Sensibilität eines Menschen, der sich selbst einer solchen Schwäche bewußt ist.[156]

Hier mochte sich Brüning einiges darauf zugute halten, daß er selbst Erfahrungen mit politischen Angriffen hatte, was Schleicher bisher weitgehend erspart geblieben war. Bedeutsam war hingegen die Tatsache, daß der ehemalige Kanzler die Querfront-Versuche seines früheren Widersachers, insbesondere die Kontakte zu Strasser, nachdrücklich unterstützte. Darin wußte er sich einig mit den Christlichen Gewerkschaften. So forderte der rheinisch-westfälische Landesgeschäftsführer Jakob Kaiser in einer Kundgebung in Köln offen eine Zusammenarbeit mit Schleicher.[157] Diese Bestrebungen gingen in dieselbe Richtung wie die Brünings, unabhängig von der Frage, ob man sie unter koalitionspolitischen Gesichtspunkten bewertete oder nicht. Sie beruhten auf dem Zähmungskonzept, das beide früher gemeinsam verfolgt hatten. Brüning und Schleicher schienen im Hinblick auf die Chancen, die Hitler-Bewegung zu spalten und die Fähigkeiten Gregor Strassers, Hitler auszumanövrieren, ähnliche Illusionen zu hegen.

Charakteristisch für diese parallelen Bemühungen war die Rolle eines Mittelsmannes, dessen sich beide bedienten. Es war der Zahnarzt Dr. Hellmuth Elbrechter, ein ehemaliger Offizier, in dessen Haus sowohl Brüning als auch Schleicher mit Strasser wiederholt zusammentrafen. Elbrechter, der als Anhänger Zehrers gelegentlich in der »Tat« und in der »Täglichen Rundschau« publizierte, förderte den Gedankenaustausch zwischen Strasser und Brüning. Letzteren besuchte er häufig in seinen verschiedenen Quartieren, vor allem im Hedwigskrankenhaus. Außer zu Brüning und Schleicher unterhielt Elbrechter enge Beziehungen zu General Kurt v. Hammerstein-Equord, dem Chef der Heeresleitung, einem entschiedenen Gegner Hitlers. Hammerstein, der sein Kommando unter anderem der Förderung Brünings verdankte, hatte im Jahr zuvor zu Hitler gesagt, wenn dieser legal an die Macht komme, solle es ihm recht sein. Im anderen Falle werde er schießen. Innerhalb der Reichswehr hatte der wegen seiner Gegnerschaft zu den Deutschnationalen und seiner Kontakte zur SPD und den Gewerkschaften gelegentlich als »roter General« bezeichnete, die Politik Brünings unterstützt und nationalsozialistische Tendenzen in der Truppe bekämpft.[158] Hammerstein war nach Ansicht Groeners, seines früheren

Chefs als Reichswehrminister, der Mann, der in der Lage war, unter Umständen »brutal zuzuschlagen«.[159]

Die »Gewerkschaftsfront«

Die Entwicklung der Querfront-Strategie, die in wesentlichen Teilen auf eine »Gewerkschaftsfront« bzw. »Gewerkschaftsachse« der verschiedenen Richtungen hinauslief[160], verfolgte Brüning, der einige Monate zuvor von Hindenburg als »Gewerkschafter« tituliert worden war, mit großer Aufmerksamkeit. Das Konzept, das im Kern auf einem stillschweigenden Bündnis zwischen der Reichswehr und den Gewerkschaften beruhte, ähnelte dem Sammlungsgedanken, den Kaas und Brüning im Namen des Zentrums vertraten, ging aber doch darüber hinaus, da es eine Spaltung der NSDAP voraussetzte. Für den General stellte es eine Reminiszenz an den »Kriegssozialismus« des Weltkrieges dar. Zu den Anhängern eines solchen Konzepts innerhalb der Reichswehr gehörte auch Hammerstein.[161] Zusätzliche Aktualität hatte es durch die in den dreißiger Jahren aufkommende Debatte um die angeblich gemeinsame gesellschaftlich tragende Rolle des »Soldaten« und des »Arbeiters« erhalten, im Sinne der damals bekannten Schrift »Der Arbeiter« von Ernst Jünger, die im September 1932 erschienen war.

Die umfangreichen Kompetenzen des Kanzlers, der zugleich das Reichswehrministerium verwaltete, betrachtete Brüning als Aktivposten im Kampf gegen Hitler. Schleicher akzeptierte seinerseits den Kurs der Zentrumspartei. Brüning berichtet, daß Schleichers Vertrauensmann Planck, jetzt dessen Staatssekretär, »von Stunde zu Stunde« mehr auf die Ratschläge hörte, »die alte erfahrene Geschäftspraktiker der Zentrumspartei wie Eßer und Bell ihm gaben«.[162] Er selbst beschränkte sich darauf, Schleichers angebliche oder tatsächliche Fehler zu kritisieren oder auf die Chancen zu verweisen, die der General in seinem neuen Amt angeblich verpaßte. Das begrenzte Urteilsvermögen des Kanzlers zeigte sich vor allem in seinen Kontakten zu Strasser, vor allem in den Tagen vor und nach der Regierungsbildung. Bedeutsam für diese Kontakte war, wie wir gesehen haben, daß Schleicher Strasser als Führer einer wie auch immer gearteten Anti-Hitler-Gruppe oder Fronde innerhalb der NS-Bewegung ebenso überschätzte wie Brüning. Von einer solchen organisatorisch oder ideologisch eindeutig faßbaren Richtung konnte jedoch keine Rede sein.[163]

Nach seinem Einzug in die Reichskanzlei glaubte Schleicher freie Hand zu haben, die ersten Schritte in Richtung Querfront tun zu können, indem er einige der eben erst ernannten Minister durch gemäßigte Nationalsozialisten zu ersetzen versuchte. Schon am 3. Dezember bot er Strasser erneut an, als Arbeitsminister und Vizekanzler in sein Reichskabinett einzutreten, ohne dies an besondere Bedingungen zu knüpfen. Auch das Amt des preußischen Ministerpräsidenten nach einer Aufhebung des Reichskommissariats oder unter dessen Fortbestehen scheint er ihm in Aussicht gestellt zu haben. Das Angebot war gleichsam als Ermutigung des Hitler-Gegners gedacht und als Versuch, diesem zusätzliches Gewicht innerhalb der NSDAP zu verleihen. Strasser war damit grundsätzlich einverstanden.[164]

Gereke, der energischste Verfechter des Querfront-Konzepts innerhalb der Regierung, berief einige gemäßigte Gewerkschafter und Anhänger Strassers in seine

Dienststelle. Dessen Rückhalt war jedoch innerhalb der NSDAP trotz der Enttäuschung über die Wahlverluste bei den letzten Wahlen in Thüringen, für die man allenthalben Hitler persönlich verantwortlich machte, nicht so stark, wie Schleicher und Brüning annahmen. Dies zeigte sich in den Auseinandersetzungen am 5. Dezember im Führungszirkel der Partei im Hotel Kaiserhof. Strasser forderte Hitler erneut dazu auf, das Kabinett Schleicher zu tolerieren, wie er es schon bei dem Treffen der Funktionäre in Weimar verlangt hatte. Darauf verbot ihm Hitler kurzerhand alle weiteren Verhandlungen mit Schleicher. Die Palastrevolution, die Strasser mit Hilfe anderer Funktionäre zu inszenieren gedachte, fand nicht statt, da sich Goebbels und Göring auf Hitlers Seite schlugen. Nur Frick, Feder und Ley standen auf seiner Seite.[165]

Strasser legte am 8. Dezember unter Protest gegen eine »zur Religion werdende Weltanschauungsbewegung« seine Parteiämter nieder und begab sich auf Urlaub nach Italien. Der ausgebildete Apotheker trat später in die Firma Schering-Kahlbaum ein, behielt jedoch sein Reichstagsmandat. Um den Vorgang zu vertuschen, ließ die Parteiführung verlauten, Strasser habe einen Krankheitsurlaub angetreten. Brüning hörte von einem Gewährsmann, Strasser sei wutentbrannt aus dem Kaiserhof auf den Wilhelmplatz hinausgestürzt und sei mit sich selbst redend planlos hin und her gelaufen. Brüning machte nicht zuletzt »die Reichswehr« und damit indirekt Schleicher für den unüberlegten Rückzug Strassers verantwortlich. »Die Reichswehr« habe diesen zu seinem Schritt ermutigt. Die »Tägliche Rundschau« stellte den Rücktritt groß heraus und pries Strasser als den Mann, der allein die zerstrittene NSDAP wieder zusammenführen könne.[166]

Regierungskrise

Die Querfront-Konzeption sollte die politische Krise überwinden und in absehbarer Zeit auch die Handlungsfähigkeit des Reichstages wiederherstellen. Dafür schienen die Aussichten alles andere als günstig. Arnold Brecht, ehemals Ministerialdirektor im preußischen Innenministerium, glaubte damals mehrere Möglichkeiten zu erkennen, etwa eine vom Reichstag tolerierte Regierung, vorausgesetzt, daß sich ein gemäßigter Teil der NSDAP abspaltete, wie dies Schleicher vorschwebte. Denkbar war ebenso eine Koalitionsregierung von Zentrum und NSDAP mit oder ohne weitere Parteien, allerdings auch eine Minderheitsregierung, die von Nationalsozialisten und Deutschnationalen bei gleichzeitiger Auflösung des Reichstages gestützt würde. Die angeblich angestrebten Reichstagswahlen hätten dann unter einem Vorwand verschoben werden können.

Schleichers Pläne lagen in den Einzelheiten noch nicht fest. Sie liefen, falls er sich im Amt halten konnte, unter Umständen auf eine Art Militärdiktatur hinaus, gemildert durch eine indirekte Unterstützung durch die Gewerkschaften und die demokratischen Kräfte, notfalls gegen den Willen des Reichspräsidenten. Eine autoritär geprägte monarchische Restauration war ebenfalls denkbar. Unter parlamentarisch-demokratischen Gesichtspunkten wären alle diese Pläne in normalen Zeiten inakzeptabel gewesen. In der Krise von 1932/33 stellte sich indessen die Frage des geringsten Übels, wenn es darum ging, die drohende Diktatur der Nationalsozialisten zu verhindern und die demokratischen Institutionen und den Rechtsstaat in ihrem Kern zu retten.[167]

Im Reichstag war die Lage unübersichtlich. Mit Ausnahme der Kommunisten und der Sozialdemokraten zögerten die Parteien der Mitte und der Rechten, eine feste Position gegen die Regierung einzunehmen. Selbst die NSDAP zögerte und tat sich schwer, den Reichskanzler unmittelbar anzugreifen, der immerhin über die Reichswehr verfügte und den Hitler wenige Tage zuvor noch als möglichen Reichswehrminister in einem von ihm selbst geführten Kabinett genannt hatte.[168] Am Tag nach der Eröffnung des Reichstages am 6. Dezember kam es zu den üblichen Radauszenen und einer Schlägerei zwischen Kommunisten und Nationalsozialisten wegen der Wahl des Dritten Vizepräsidenten (Paul Löbe). Da Schleicher darauf verzichtet hatte, eine Regierungserklärung im Reichstag abzugeben, waren die Rechtsparteien irritiert und vermochten sich nicht sofort neu zu formieren. Seine politischen Aktivitäten gedachte Schleicher jenseits der parlamentarischen Ebene zu entfalten, was der Öffentlichkeit durchaus nicht verborgen blieb.[169]

Gleichwohl beherrschten in der Eröffnungssitzung die Nationalsozialisten die Szene, nachdem einer ihrer Abgeordneten, General a. D. Karl Litzmann, als Alterspräsident den Reichspräsidenten in seiner Rede persönlich attackiert hatte. Litzmann hatte Hindenburg vorgehalten, daß er sich geweigert habe, Hitler als den Führer der stärksten politischen Bewegung mit der Regierungsbildung zu betrauen. Er erinnerte den Reichspräsidenten an sein Wort, daß er seiner, Litzmanns, ehemaligen Infanteriebrigade in der Schlacht bei Lodz, in der Nähe von Brzeziny, 1916 den Feldmarschallstab verdanke. Gegenwärtig gehe es um Wichtigeres als um den Feldmarschallstab, es gehe darum, daß der Reichspräsident dem »historischen Fluch« entgehe, »das deutsche Volk zur Verzweiflung getrieben, dem Bolschewismus preisgegeben zu haben«.[170]

Brüning berichtet, daß Hindenburg über die Angriffe seines Kriegskameraden empört gewesen sei, und wirft Schleicher vor, dies mitverschuldet zu haben.[171] Andererseits zeigte der Verlauf der Reichstagssitzung, wenn man von der Schlägerei absieht, daß es die Reichstagsmehrheit nicht sofort auf einen Sturz der Regierung abgesehen hatte. Sie lehnte sowohl die Anträge der KPD auf Außerkraftsetzung der Notverordnung vom 4. September und auf ein Mißtrauensvotum als auch den Antrag der SPD ab, die Regierungserklärung des neuen Kabinetts auf die Tagesordnung zu setzen. Die kommunistischen Vorstöße hätte die Regierung mit der sofortigen Reichstagsauflösung beantworten können, was den anderen Parteien höchst ungelegen gewesen wäre. Schleicher gewann durch diese Beschlüsse eine Schonfrist von einigen Tagen für weitere Verhandlungen und Kontakte im Hintergrund.

Hinzu kam der Beschluß des Reichstages, sich auf unbestimmte Zeit zu vertagen und dem Ältestenrat die Entscheidung für den nächsten Sitzungstermin zu überlassen. Dieser setzte auf Antrag des Zentrums die nächste Sitzung auf den 24. Januar fest. Ein Versuch der SPD und der Kommunisten, den Reichstag durch den Ältestenrat wegen der Winterhilfe noch vor Weihnachten einberufen zu lassen, konnte Staatssekretär Planck durch eine persönliche Intervention im Ältestenrat, nämlich mit der Drohung, den Reichstag aufzulösen, verhindern.

Außerdem verabschiedete der Reichstag nach fast zehnstündigen Beratungen mit 395 gegen 144 Stimmen bei vier Enthaltungen ein Amnestiegesetz, das alle vor dem

1. Dezember begangenen Straftaten mit politischem oder wirtschaftspolitischem Hintergrund betraf, nicht jedoch Anschläge auf das Leben politischer Gegner oder von Polizisten. Für Brüning war der Beschluß der »Anfang vom Ende des Rechtsstaates«. Er tadelte die Ausweitung der Amnestie, wie sie von Kommunisten, Sozialdemokraten und Nationalsozialisten betrieben wurde. Vergeblich hatte er versucht, die Zentrumsfraktion dagegen zu mobilisieren. So waren nach seiner Ansicht die schwersten Verbrechen amnestiert worden. Dennoch entging ihm nicht, daß der Kanzler in taktischer Absicht die Amnestie und die Aufhebung der Papenschen Notverordnung vom 14. Juni zur Bekämpfung politischer Ausschreitungen sowie die erwähnten Verordnungen vom 4. und 5. September betrieb, um Zeit zu gewinnen.[172]

Es fällt auf, daß Brüning das Stellvertretungsgesetz für den Reichspräsidenten in seinen Memoiren nicht erwähnt, das der Reichstag am 9. Dezember mit mehr als zwei Dritteln der Stimmen verabschiedete. Die Aussicht, daß Schleicher als amtierender Reichskanzler im Verhinderungs- oder Todesfalle Hindenburgs dessen verfassungsrechtliche Stellung vertretungsweise übernehmen würde, hätte dessen Machtfülle unter Umständen ins Ungemessene gesteigert. Daher hatten die Nationalsozialisten im Reichstag den bereits erwähnten Gesetzentwurf in Ergänzung von Artikel 51 WRV eingebracht, der den amtierenden Kanzler hindern sollte, sich der Amtsgewalt des Reichspräsidenten zu bemächtigen. Der Entwurf sah vor, die Präsidialgewalt nicht wie dies 1919 festgelegt worden war, an den Reichskanzler, sondern an den Präsidenten des Reichsgerichts, Erwin Bumke, übergehen zu lassen. Es ist auffällig, daß sich nur die Kommunisten und die Deutschnationalen gegen den Antrag aussprachen. Die anderen bürgerlichen Parteien, also auch das Zentrum, sowie die SPD unterstützten ihn. Man wollte unter anderem verhindern, daß Hindenburg selbst, beeinflußt etwa durch Schleicher, in die Lage käme, seinen Stellvertreter zu bestimmen, etwa den ehemaligen Kronprinzen, der Schleicher duzte. Das Gesetz trat am 17. Dezember 1932 in Kraft.[173]

Formal gesehen bedeutete dies eine Niederlage für Schleicher, obwohl sie vorerst ohne konkrete Auswirkung blieb. Schleicher konnte nach Lage der Dinge nicht damit rechnen, in absehbarer Zeit das Amt des Reichspräsidenten zu übernehmen, wenn es ihm nicht gelang, eine innenpolitische Machtbasis zu gewinnen. Wir wollen hier die Frage unerörtert lassen, ob Schleicher selbst hinter dem Antrag der NSDAP-Fraktion stand, angeblich um Hindenburgs Ablehnung einer Kanzlerschaft Hitlers zu mildern. Denn Bumke war zu diesem Zeitpunkt noch keineswegs nationalsozialistischer Sympathien verdächtig.[174] Für die NSDAP bedeutete der Beschluß einen taktischen Erfolg und stärkte die innere Einheit der Fraktion. Die Chancen für eine Spaltung der NSDAP und einen Erfolg Strassers waren hingegen schon nach drei Tagen zunichte, da Hitler den Organisationsapparat seiner Partei unter Kontrolle brachte. Die Gerüchte um eine baldige Umbildung der Regierung im Sinne der Querfront entbehrten daher jeder Grundlage.[175]

Die Neuauflage des Präsidialregimes unter Schleicher hätte nach Ansicht Brünings eine günstigere Entwicklung einleiten können als in der Ära Papen, der alle positiven Ansätze seiner eigenen Amtszeit verdorben hatte. Damals kommentierte er politische Vorgänge gerne mit einem Satz aus der gerade lateinisch erschienenen Version von Buschs »Max und Moritz«: »Manet lex moralis est malitiae fatalis.«

Schleicher hatte sich zwar die Sympathien Hindenburgs verscherzt, war aber auch nicht allzu sehr dem Druck der Kamarilla in dessen Umgebung ausgesetzt. Noch verfügte er über den Zugang zum Reichspräsidenten und kontrollierte die Wege, auf denen die Nationalsozialisten zum Präsidentenpalais zu gelangen suchten. Die machtpolitischen Fronten schienen vereinfacht. Der angeblich »starke Mann« vereinigte in seiner Hand äußerlich gesehen die notwendige Macht, mit der er die innenpolitische Krise angehen konnte. Vieles von dem, was Brüning wenige Monate zuvor noch das Leben schwer gemacht hatte, hatte sein Gewicht verloren.

Der neue Regierungschef wäre, wenn Hindenburg ihm von vornherein alle Vollmachten nach Artikel 48 WRV erteilt hätte, anders als seine Vorgänger in der Lage gewesen, seine Maßnahmen mit den Fraktionsgremien oder mit seinen Ministern abzustimmen. Hindenburg hatte ihm allerdings am 2. Dezember die Vollmacht zur Auflösung des Parlaments zugesagt. Die Drohung mit der Reichstagsauflösung schien nach den Ergebnissen der Novemberwahl endlich das Instrument geworden zu sein, zu dem es schon Papen machen wollte. Alle Parteien einschließlich der NSDAP fürchteten inzwischen den ungewissen Ausgang von vorzeitig angesetzten Neuwahlen.[176]

Machenschaften gegen Schleicher

Bei allen persönlichen Vorbehalten gegenüber Schleicher war Brüning besorgt, daß dieser sich nicht lange im Amt halten würde. Der Absicht, ihn zu stützen, dienten nicht zuletzt die Kontakte Brünings zu Strasser. Er verfolgte deshalb mißtrauisch die Machenschaften Papens, den er verdächtigte, im Verein mit den Nationalsozialisten wieder an die Regierung gelangen zu wollen. Papen pflegte nicht ohne Grund seine Beziehungen zu Oskar v. Hindenburg, was ihm um so leichter fiel, da der Reichspräsident ihn mit großem Bedauern verabschiedet hatte. In seinen Memoiren erwähnt Brüning die Gerüchte, nach denen Alvensleben, Ribbentrop und Kalckreuth angeblich als Mittelsmänner zwischen Papen und Hitler, bzw. zwischen Hugenberg und Hitler auf den baldigen Sturz Schleichers hinarbeiteten.

Brüning vermerkt, daß Papen seinerseits Schleicher sein Offiziersehrenwort verpfändet habe, nichts gegen ihn zu unternehmen. Dennoch bat er Strasser, einen Vertrauensmann zu Schleicher zu schicken, um diesen vor den Aktivitäten Papens zu warnen. Zugleich riet er Strasser, sich aus taktischen Gründen vorläufig wieder mit Hitler zu arrangieren. Er müsse in der Partei bleiben, weil er als einziger noch eine friedliche Lösung der Krise herbeiführen könne. Ihm, Brüning, sei es »gleichgültig, wer Kanzler sei oder würde.« Er wolle jeden unterstützen, »der guten Willens sei und die Politik auf ein Geleise zurückbrächte, das wenigstens annähernd der Verfassung entspreche«.[177]

Dem amtierenden Kanzler gestand Brüning den guten Willen und den Respekt vor der Reichsverfassung ebenso zu wie etwa einem künftigen Kanzler Strasser. Diesen warnte er jedoch vor Schleichers wankelmütigem Charakter. Strasser dürfe nicht auf die »leichtsinnigen Versprechungen« Schleichers vertrauen: »Sichern Sie sich seine Mitarbeit. Er ist klug, aber nicht treu. Deshalb müssen Sie ihn in Gegenwart des Reichspräsidenten festlegen. Sonst sehe ich nicht nur für Deutschland, sondern auch für Sie persönlich eine Katastrophe kommen.« In der Fraktion dürfte sich Brüning ähnlich geäußert haben.[178] Die überzogenen Hoffnungen auf Strasser, die zeitweise von maßgeblichen Reichswehrkreisen und vom früheren Kronprinzen geteilt wurden,[179] sollten sich als trügerisch erweisen.

Sein Erinnerungsbericht ist geprägt von der Kenntnis der weiteren Entwicklung und der Erschütterung über Strassers und Schleichers tragisches Schicksal im Jahre 1934. Insofern sind einige Zweifel daran erlaubt, inwiefern Brüning die Bedeutung seiner Verhandlungen und Interventionen, seinen Beitrag zu den tatsächlichen Ereignissen richtig einschätzt oder wiedergibt. Die »Reservestellung« gegenüber Schleicher hielt er durch, so sehr er dessen Vorgehen in den kommenden Wochen kritisch verfolgte. Als verhängnisvoll sollte es sich erweisen, daß er als Parlamentarier und Mitglied der Zentrumsfraktion für den Kanzler kaum noch nützlich sein konnte, da die wichtigsten Entscheidungen ohnehin außerhalb des Reichstages fielen.

So vermochte er sich auch nicht in die öffentliche Debatte um Schleichers und Gerekes Arbeitsbeschaffungsprogramme im Umfang von rund 500 Millionen RM einzuschalten, abgesehen von den Querfront-Bestrebungen und der Diskussion um die Einführung berufsständischer Interessenvertretungen. Dies war insofern verwunderlich, als die Idee einer »Berufsständischen Ordnung« nicht zuletzt durch die päpstliche Enzyklika »Quadragesimo anno« und die Schule des Wiener Soziologen Otmar Spann angeregt worden war. Derartige Vorstellungen wurden sowohl in den Industrieverbänden als auch in den Gewerkschaften erörtert. Innerhalb der Zentrumspartei hatten sie jedoch wenig Widerhall gefunden, während der Korporatismus in manchen nationalsozialistischen Kreisen als Alternative zum demokratisch-parlamentarischen System Anhänger fand.[180] Nach Brüning stiftete die Enzyklika jedoch vor allem in kirchlichen Kreisen Verwirrung, die sich Papen für seinen »Neuen Staat« zunutze mache. Der deutsche Begriff »Arbeitsgemeinschaft« von Arbeitgebern und Arbeitnehmern im deutschen Entwurf der Enzyklika sei im lateinischen Text einmal richtig mit »associatio« und einmal – unzutreffend – mit »corporatio« übersetzt worden.[181]

Nach einigen Tagen war Brüning etwas optimistischer Hinblick auf die Chancen Schleichers, sich für längere Zeit zu halten, gestimmt. Zwar schien das innenpolitische Konzept in manchen Punkten, nicht zuletzt in Hinsicht auf dessen Durchsetzbarkeit im Reichstag, äußerst risikoreich, doch hatte sich in den letzten Monaten die außenpolitische Situation deutlich verbessert, was Schleichers Stellung zumindest gegenüber Hindenburg unter Umständen stärken konnte. Anfang Oktober hatte die britische Regierung die Außenminister Deutschlands, Frankreichs und Italiens zu Verhandlungen über die Abrüstungsfrage nach Genf eingeladen. Zugleich regte das Foreign Office gegenüber Washington an, die Gespräche von Bessinge fortzusetzen. Im November hatte Außenminister Sir John Simon im Unterhaus das deutsche Begehren nach militärischer Gleichberechtigung, das schon von Brüning in Genf vertreten worden war, in aller Form anerkannt.

Schleicher gab sich mit der Einladung nicht zufrieden und vermochte am 10. Dezember noch im Vorfeld einige alliierte Zusagen im deutschen Interesse durchzusetzen, vor allem das Recht, eine Miliz zur Territorialverteidigung aufzustellen. Das Ergebnis war die »Abrüstungsformel« in der Fünf-Mächte-Erklärung vom 11.

Dezember, die die Gleichberechtigung Deutschlands auf sicherheitspolitischem Gebiet anerkannte. Drei Tage später stimmten die Westmächte offiziell zu. Schon am 15. Oktober hatte er gegenüber Außenminister v. Neurath seine präzisen Vorstellungen für eine begrenzte deutsche Aufrüstung im Zeichen einer militärischen Gleichberechtigung erläutert. Neben neun schweren Artillerieeinheiten dachte er an zweiundzwanzig Fliegergeschwader und ein Panzerbataillon. Das stehende Heer sollte auf 145.000 Mann erweitert und die Zahl der ausgebildeten Reservisten durch eine Verkürzung der regulären Dienstzeit innerhalb von fünf Jahren auf 200.000 bis 300.000 erhöht werden.[182] In dem Entgegenkommen der Alliierten hätte Brüning mit Recht einen späten Erfolg seiner eigenen Bestrebungen sehen können, wenn sich das innenpolitische Szenario nicht beträchtlich verschlechtert hätte. Die Außenpolitik besaß jedoch für die Regierung Schleicher einen geringeren Stellenwert als in den letzten Monaten der Regierung Brüning und auch noch unter Papen.[183]

Das Zentrum im Zwielicht

Der ehemalige Kanzler war in diesen Tagen besonders um seine Fraktion und seine Partei besorgt. Das Fiasko der Verhandlungen um eine neue Regierungskoalition belastete die Stimmung innerhalb des Zentrums nicht weniger als die Führungsschwäche von Kaas. Für das Scheitern der Verhandlungen in Preußen machte er den Fraktionsvorsitzenden Albert Lauscher und dessen Geschäftsführer Fritz Grass verantwortlich, die abwechselnd mit den Nazis und Schleicher verhandelt hätten. Lauscher selbst sei allerdings nur selten in Berlin gewesen und habe die Gespräche meist Grass überlassen. Letzterer hatte seit August mit dem nationalsozialistischen Landtagspräsidenten Kerrl über eine Koalition verhandelt.

Eine Mahnung von Kaas an Lauscher, diese Kontakte mit der Parteiführung abzustimmen, habe zum Krach zwischen den beiden Prälaten geführt, der nicht wirklich beigelegt worden sei. Grass habe als früherer Mitarbeiter des preußischen Zentrumsvorsitzenden Heß dessen eigenwillige Politik fortgesetzt. Brüning nannte Heß' Führungsmethoden eine »Diktatur«, obwohl dieser ihn zu Lebzeiten unterstützt und keinerlei Neigung zur Zusammenarbeit mit den Rechtsparteien gezeigt hatte.[184] Nicht zuletzt machte Brüning aber Kaas für die »Extratouren« des Preußenzentrums verantwortlich. Er habe ungehindert die separaten Verhandlungen »des Herrn Grass mit Herrn Göring und Herrn Kube« durchgehen lassen.[185] Zuletzt hatte die preußische Zentrumsführung mit den Nationalsozialisten am 3. Dezember über eine Koalition verhandelt, was Schleicher zu heiklen Fragen an die Reichstagsfraktion veranlaßte. Denn im Falle einer Einigung hätte ein parlamentarisch gestütztes Kabinett unter Göring in der Nachfolge des Kabinetts Braun nach dem Spruch des Leipziger Reichsgerichts als »Hoheitsregierung« der »Kommissariatsregierung« unter Bracht gegenübergestanden. Schleicher entzog schließlich, wie erwähnt, diesen Verhandlungen die Grundlage, indem er den Rückzug des Reichskommissariats definitiv ablehnte.

Schleicher verfolgte sein Konzept unbeirrt weiter. Brüning bewahrte seine »Reservestellung«, weil er ohnehin dazu verurteilt war, den Dingen ihren Lauf zu lassen. Er versuchte, wenigstens die Partei auf eine einheitliche Linie festzulegen. Zu diesem Zweck bat er Kaas, Lauscher und den württembergischen Staatspräsidenten Eugen Bolz ins Hedwigskrankenhaus, ohne daß es ihm gelang, sie von der Gefährlichkeit der Lage, in der sich die Partei befand, zu überzeugen.[186]

So berechtigt diese Befürchtungen waren, als entscheidend für die Zukunft der Republik betrachtete Brüning das Schicksal Schleichers. Die Warnungen vor den Aktivitäten Papens und der Rat an Strasser, sich mit Hitler zu versöhnen, um den Einfluß auf die NSDAP nicht zu verlieren, weisen in diese Richtung.[187] Die relative Ruhe, in der die Regierung Schleicher die politische Bühne betreten hatte, hielt noch während der Weihnachtspause an, was Hindenburg dem Kanzler immerhin als Verdienst anrechnete.[188]

Brüning setzte, wie erwähnt, nicht weniger Hoffnungen auf Strasser als auf Schleicher. Eigentlich hoffte er nicht auf Schleichers, sondern auf Strassers Erfolg. Er meinte sogar, diesen vor Fehlern im Umgang mit Schleicher warnen zu müssen, wenn er sein Ziel, Hitler von der Macht fernzuhalten, erreichen wolle. Am 28. Dezember traf er sich mit Strasser zu einem mehrstündigen Gespräch in Freudenstadt, wo er zusammen mit seiner Schwester Maria und dem Philosophen Alois Dempf den Weihnachtsurlaub verbrachte. Strasser war kurz vor Weihnachten nach Deutschland zurückgekehrt. Von ihm erfuhr er, daß sich Papen und Hitler am 4. Januar um 10.30 Uhr im Hause des Bankiers Kurt v. Schröder, Mitinhaber des Bankhauses J. H. Stein, in Köln treffen wollten. Er bat Strasser, sofort nach Berlin zu reisen, um Schleicher zu unterrichten. Strasser machte sich umgehend auf den Weg, informierte aber Schleicher vorher telefonisch über das geplante Treffen.

Am 4. Januar 1933 besuchte Strasser Schleicher in der Reichskanzlei. Auf dessen Empfehlung und in dessen Gegenwart wurde er anschließend von Hindenburg empfangen, der einen günstigen Eindruck von ihm gewann und sich gegenüber Schleicher damit einverstanden erklärte, ihn zum Vizekanzler und Arbeitsminister zu ernennen. Auch Goebbels erfuhr von Strassers Anwesenheit in Berlin, was er für ein Alarmzeichen hielt. Strasser hatte wenige Tage zuvor, Ende Dezember, gegenüber einem Vertrauten und Zuträger Hitlers, dem sächsischen Gauleiter Martin Mutschmann, ganz offen geäußert, daß er die Absicht habe, in die Regierung einzutreten.[189]

Papen als homo regius

Im Gegensatz zu Schleicher maß Brüning der (von beiden Seiten zunächst geheim gehaltenen) aufsehenerregenden Unterredung zwischen Hitler und Papen in Köln große Bedeutung bei. Die Anregung zu dem Treffen ging nach Papen von Schröder aus, der auf dem »Jahresessen« des Herrenklubs am 16. Dezember in Berlin mit dem ehemaligen Kanzler ins Gespräch gekommen war. Schröder, Geschäftsfreund der Industriellen Friedrich Flick, Emil Kirdorf und Fritz Thyssen, gehörte zu den Anhängern der NSDAP und Hitlers. Papen hatte als Ehrengast vor mehr als dreihundert Gästen eine Rede über die politische Lage gehalten, in der er die Nationalsozialisten aufforderte, sich künftig einer Regierungsverantwortung nicht zu entziehen, was in der damaligen Situation von informierten Beobachtern wie dem Volksparteiler Theodor Eschenburg und Erwin Planck, dem Staatssekretär in der Reichskanzlei, als Affront gegen die Regierung Schleicher verstanden wurde.

2. Tolerierung und Unterstützung Schleichers

Papen, der nach wie vor als Vertrauensmann Hindenburgs galt, verfolgte keineswegs das Ziel, die Hitlerbewegung an die Regierung Schleicher heranzuführen. Der einflußreiche Bankier Schröder, Präsident der Kölner Herrengesellschaft, einer Sektion des »Herrenklubs Mittelrhein im Ring«, regte nach Papen an, erneut einen Versuch zu machen, die Nationalsozialisten an der Regierung zu beteiligen, woraufhin Papen entgegnet habe, daß Hitler bisher alle Angebote zurückgewiesen habe. Papen behauptet in seinen Erinnerungen, ihm selbst sei es um eine Verständigung zwischen Schleicher und Hitler gegangen, nachdem sich die Hoffnungen auf Strasser als Illusion erwiesen hätten. Schröder scheint Hitler die Einladung zu dem Gespräch mit Papen noch vor Jahresende zusammen mit Robert Ley in Berchtesgaden überbracht zu haben. Die Bildung eines Hitler-Kabinetts sei mit keinem einzigen Wort erörtert worden. Der Eintritt Hitlers oder eines seiner Genossen in die Regierung Schleicher sei sein Ziel gewesen. Es habe sich nicht um die Alternative: Schleicher oder Hitler gehandelt.[190]

Die Darstellung Papens entsprach sehr wahrscheinlich nicht dem wirklichen Verlauf der Kölner Begegnung. Brüning erwähnt Gerüchte über finanzielle Transaktionen Papens, der Wechsel der NSDAP für ihre Wahlkampfausgaben in Höhe von 7 Millionen RM habe ankaufen lassen, die er notfalls mit gerichtlicher Hilfe einlösen wollte, wenn es nicht zu einer politischen Verständigung zwischen ihm und Hitler komme. Papen wies jedoch alle Gerüchte, die teilweise sogar von 14 Millionen wissen wollten, zurück. Er selbst habe weder Hitler auch nur einen Pfennig zukommen lassen, noch andere Personen veranlaßt, für Hitler zu spenden.[191]

An der Unterredung im Hause des Barons am Stadtwaldgürtel 35 im Kölner Stadtteil Lindenthal nahmen neben dem Hausherrn und Papen auch Hitler und dessen Parteigenossen Himmler, Heß und Wilhelm Keppler, Hitlers Wirtschaftsberater, teil. Als Papen aus dem Taxi stieg, wurde er wie die anderen Gesprächspartner von zwei Journalisten fotografiert, die ihn neben der Eingangstür erwartet hatten. Sie waren von Elbrechter nach Köln entsandt worden. Papen konnte also nicht annehmen, daß das Treffen mit Hitler und sein Versuch, den Kanzler zu hintergehen, unbeachtet bleiben werde. Auch Zehrer hatte rechtzeitig davon erfahren und seinerseits Schleicher informiert. Schleicher hatte die Nachrichten über ein Treffen Hitler-Papen zunächst für ein Gerücht gehalten und ihnen keine Bedeutung beimessen wollen. Erst als er die Fotos aus Köln sah, war er alarmiert. Er wußte, daß das Verhältnis zwischen den beiden Politikern nach dem Eklat vom 13. August 1932 und wegen der Potempa-Affäre belastet war. Bis zu diesem Zeitpunkt hatte es Hitler abgelehnt, mit Papen zusammenzutreffen.

Brüning erwähnt, daß Schleicher Papen wegen der Kontakte zu Hitler zur Rede stellte, und will gehört haben, daß dabei auch das ominöse »Offiziersehrenwort« Papens noch einmal erneuert worden sei. Diese Unterredung, die etwa anderthalb Stunden dauerte, fand am 9. Januar in der Reichskanzlei statt und endete mit einem Kommuniqué, das die »völlige Haltlosigkeit« der Gerüchte über einen Konflikt zwischen den Gesprächspartnern unterstrich. Schleicher hatte zuvor Hindenburg vorsorglich ersucht, Papen künftig Aktivitäten wie die Kölner Unterredung zu untersagen und ihn nur noch in seiner Gegenwart zu empfangen, was dieser zwar nicht rundheraus zurückwies, allerdings auch nicht zusagte. Die anschließende Audienz Papens bei Hindenburg bewirkte das Gegenteil dessen, was Schleicher erreichen wollte.

Papen erstattete Hindenburg am 9. Januar unter vier Augen – also auch in Abwesenheit von Staatssekretär Meissner – einen höchst subjektiven Bericht von der Kölner Begegnung mit Hitler. Danach hatte Hitler, angeblich seine bisherige Forderung nach der gesamten Regierungsgewalt aufgegeben und sich dazu bereit erklärt, sich an einer Koalitionsregierung der Rechten zu beteiligen. Papen gelang es, Hindenburg davon zu überzeugen, daß Schleichers Vorwürfe gegen ihn wegen mangelnder Loyalität unberechtigt seien. Hindenburg erklärte sich einverstanden, daß Papen weiterhin mit Hitler vertraulich im Gespräch blieb. Das Ziel war die »Neubildung eines Kabinetts« mit Papen an der Spitze. Bedeutsam war, daß Hindenburg seinen Staatssekretär anwies, gegenüber dem Kanzler Stillschweigen über den Auftrag Papens zu wahren.[192] Zu diesem Zeitpunkt hielt Schleicher es noch für ausgeschlossen, daß Hindenburg Hitler mit der Regierungsbildung beauftragen werde. Hitler habe ein »Brett vor der Stirn« und verstehe nicht, daß ihn der »alte Herr« nicht wolle, meinte er, wie Rudolf Olden berichtet.[193]

Die Formierung der Gegenkräfte

Schleicher verzichtete darauf, Strasser unmittelbar nach der Audienz bei Hindenburg zum Minister und Vizekanzler ernennen zu lassen. Die »Deutsche Allgemeine Zeitung« deutete allerdings an, daß zwischen Schleicher und dem Abgeordneten Strasser »eine Fühlungnahme schon stattgefunden« haben dürfte. Möglicherweise irritierten ihn die sensationellen Nachrichten über die konspirative Begegnung zwischen Hitler und Papen, so daß er sein Vorhaben noch einmal aufschob. Zwischen Präsident und Kanzler war das notwendige Mindestmaß an gegenseitigem Vertrauen aufgezehrt. Hinzu kam der Umstand, daß Hitler den Machtkampf mit Strasser nach der Wahl in Lippe endgültig zu seinen Gunsten entscheiden konnte. Vier Tage vorher hatte sich Strasser gegenüber Hindenburg pessimistisch über die innerparteiliche Entwicklung bei den Nationalsozialisten geäußert. Die Mehrheit der Gauleiter schlug sich in dem Konflikt mit Strasser auf Hitlers Seite.[194]

Die Kontakte Schleichers zur politischen Linken erwiesen sich dagegen weiterhin als wenig erfolgversprechend. Als Ministerpräsident Braun dem Kanzler schließlich am 6. Januar 1933, zwei Tage nach Papens Kölner Treffen mit Hitler, vorschlug, die Verordnung vom 20. Juli 1932, die dem Preußenschlag zugrunde lag, aufzuheben und ihm die Geschäfte des preußischen Ministerpräsidenten zu überlassen, lehnte dieser ab. Braun wollte sich dem Amt trotz seiner angeschlagenen Gesundheit wieder mit voller Kraft widmen. Man könne dann die Auflösung des Reichstages wie auch des preußischen Landtages betreiben und die Neuwahlen eine Zeitlang hinausschieben, bis sich die Stimmung gegen die Nationalsozialisten gekehrt habe und ein Sieg der gemäßigten Kräfte zu erwarten sei. Braun gewann den Eindruck, daß der Kanzler zu diesem Zeitpunkt noch an ein Zusammengehen mit Strasser glaubte, aber Hindenburg einen solchen Plan ablehnte. Brauns Angebot war das letzte gewesen, das Schleicher von seiten der Sozialdemokratie im Sinne seiner Querfront-Pläne erhalten hatte.[195]

Schleicher erwartete, wie Brüning noch 1947 glaubte, einen offenen Konflikt innerhalb der Nazi-Bewegung etwa Anfang Februar 1933. Zu diesem Zeitpunkt plante er die Auflösung des Reichstages.[196] Seit Mitte Januar hielt er dies für die letzte Möglichkeit, eine Kanzlerschaft Hitlers zu vermeiden. Die Neuwahlen gedachte er bis zum Herbst 1933 zu verschieben.[197] Eine Alternative hätte darin bestehen können, etwaige Mißtrauensvoten ohne die Ausschreibung von Neuwahlen zu ignorieren, wie dies der Regierung von einigen Experten und Politikern wie Wilhelm Simpfendörfer vom Christlich-Sozialen Volksdienst vorgeschlagen wurde.[198] Die letzte vertrauliche, mehrere Stunden dauernde Unterredung zwischen Schleicher und Braun fand am 28. Januar statt und brachte eine Annäherung in der Frage einer Reichsreform, die den Konflikt zwischen dem Reich und Preußen hätte bereinigen können. Schleicher zeigte sich als außerordentlich entgegenkommend. Zu einer Verständigung kam es wegen Schleichers Rücktritt nicht mehr.[199]

Brüning erkannte die latente Gefahr, in der sich Schleichers Regime befand, obwohl es äußerlich vorerst durchaus gefestigt zu sein schien. Auch in der linksorientierten Presse gab es vereinzelte Stimmen, die Sympathien für den Kanzler erkennen ließen. Innerhalb des Zentrums stellte sich der Gewerkschaftsflügel nachdrücklich auf seine Seite. Befriedigt registrierte Brüning, daß der Kanzler den Kontakt zu ihm suchte: »In dieser Zeit ließ Schleicher dauernd bei mir vorfühlen, wie ich auf seine Tätigkeit reagiere. Ich bekam täglich zwei oder drei solcher Besuche. Schon die Fragestellung der Besucher ließ mich vom ersten Augenblick an erkennen, daß sie von Schleicher geschickt waren.«[200]

Es blieb unklar, welchem unmittelbaren Zweck dieser Kontakt dienen sollte. Brünings Frage an Schleichers Mittelsmänner, wie der Kanzler ein Mißtrauensvotum nach dem Zusammentritt des vertagten Reichstages überstehen wolle, wurde mit dem Hinweis beantwortet, der Kanzler werde den Reichstag so oft auflösen, bis die Parteien erschöpft seien. Die Auskunft dürfte nicht allzu ernsthaft gemeint gewesen sein, so daß es verwundert, daß Brüning sie als Beweis für Schleichers angeblichen politischen Zynismus nahm, obwohl er dessen sarkastische Ausdrucksweise kannte, aber auch nicht sicher sein konnte, was dieser wirklich dachte oder gesagt hatte. Inzwischen hatte er von einem Freund erfahren, daß Papen entschlossen sei, mit jeder Gruppe zusammenzugehen, um wieder an die Macht zu kommen. Der ungenannte Freund war angeblich von Oskar von Hindenburg, mit dem sich Papen damals oft traf, beschworen worden, den Verkehr mit Brüning abzubrechen.[201]

Den Hintergrund bildete der vertrauliche Auftrag Hindenburgs an Papen vom 9. Januar, die Möglichkeiten einer Regierung zusammen mit der Rechten zu sondieren. Papen führte seither intensive Gespräche mit Hitler, Göring, Hugenberg und Seldte. Zwar bemühte er sich anfangs um eine möglichst breite Unterstützung unter Einschluß von Zentrum und Bayerischer Volkspartei, doch drängte Hitler darauf, lediglich NSDAP, DNVP und Stahlhelm zu beteiligen.[202]

Schleicher scheint diese Machenschaften mehr oder weniger unbeachtet gelassen zu haben. Brüning hörte von einem Bekannten, daß der Kanzler trotz der Kölner Affäre »schon wieder vertrauensselig« geworden sei.[203] Schleicher war allerdings auch nicht imstande, Papens Aktivitäten zu unterbinden. Sein Verhältnis zu Hindenburg ähnelte dem Brünings in den Wochen vor dessen Sturz. Er war gezwungen, die Entfremdung zwischen ihm und Hindenburg, in deren Zeichen seine Laufbahn als Kanzler begonnen hatte, gegenüber der Öffentlichkeit zu verschleiern, was ihm nur teilweise gelang. Inwiefern zusätzliche persönliche Differenzen zwischen dem Präsidenten und dem Kanzler wirksam waren, steht dahin. Brüning erfuhr später von Gerüchten, daß sich die Nazis durch einen Einbruch die Akten über die Scheidung der ersten Ehe der Gemahlin von General Schleicher beschafft und Hindenburg über deren Inhalt informiert hatten.[204]

Die Schwäche des Zentrums

Brüning erkannte Schleichers Zwangslage, konnte ihm aber kaum mit parlamentarischen oder anderen politischen Mitteln beistehen. Die Zentrumsfraktion schwankte, ob sie sich auf die Seite der Regierung oder ihrer Gegner stellen sollte. Hinzu kam der Umstand, daß auch in der Fraktion Illusionen über die angebliche Stabilität der Regierung verbreitet waren. Die Notmaßnahmen der Regierung, die ihren Niederschlag in den Dezember-Verordnungen gefunden hatten, spielten für die Politik der Fraktion keine wesentliche Rolle. Auch Brüning beachtete sie nicht sonderlich, obwohl sie seinen eigenen Vorstellungen keineswegs zuwiderliefen.

Dies galt sowohl für die Notverordnung für Arbeitsbeschaffung und Siedlung vom 15. Dezember, die in der Linie von Brünings vermeintlichem Siedlungsbolschewismus lag, als auch für die Notverordnung zum Schutze von Wirtschaft und Finanzen vom 23. Dezember und den Kabinettsbeschluß vom 21. Dezember über die »Winterhilfe für Unterstützungsempfänger.« Letzterer ging auf eine Anregung der SPD zurück, die im Reichstag einen einschlägigen Entwurf eingebracht hatte.[205] Vermutlich war Brünings Aufmerksamkeit allzu sehr von den internen Auseinandersetzungen in seiner Fraktion beansprucht, deren Führung sich nur schwer in der unübersichtlichen Lage zurechtfand.

Die traditionelle Schlüsselstellung der Partei war verloren, ehe die Fraktion sich ihrer parlamentarischen Schwäche bewußt wurde. Die Hoffnung, diese Stellung wiederzugewinnen, sollte die Politik der Parteiführung und auch Brünings bis in die Tage der Regierungsbildung unter Hitler bestimmen, während dieser mit Erfolg das Zentrum mit Scheinverhandlungen täuschte. Die oft nichtssagenden Protokolle der meisten Vorstands- und Fraktionssitzungen zwischen Mitte Dezember 1932 und Ende Januar 1933, mehr noch deren geringe Anzahl sprechen eine deutliche Sprache. Als Schleicher am 16. Januar Kaas empfing, um ihm die Beteiligung des Zentrums bei einer Kabinettsumbildung anzubieten, gab sich dieser zurückhaltend, ohne das Ansinnen des Kanzlers definitiv abzulehnen. Offensichtlich wollte er abwarten, wie sich die Deutschnationalen verhalten würden. Hugenberg erwog zeitweilig, in die Regierung einzutreten, ehe er dann doch zur Gegenseite, zu Hitler, überging.[206]

Die Osthilfe und Hindenburg

Am 19. Januar erregte eine Rede des Zentrumsabgeordneten Joseph Ersing über das Osthilfe- und Siedlungsprogramm der Regierung im Haushaltsausschuß Aufsehen, nachdem das Zentrum sechs Tage zuvor einen Antrag zur Durchführung der Osthilfe gestellt hatte. Die Ausschüsse des Reichstages waren nicht vom Vertagungsbeschluß des Ältestenrates betroffen. Der Ausschuß hatte auf Antrag des Zentrums und in Abstimmung mit der Sozialdemokratie die Regierung um Auskünfte über die Durchführung des Osthilfe- und Siedlungsprogramms ersucht und an mehreren Tagen über das Problem debattiert. Ersing rühmte die Bemühungen der Regierung Brüning auf diesem Gebiet, insbesondere den Versuch, die Osthilfe mit der Siedlungsfrage zu verbinden, und forderte eine Untersuchung der Mißstände bei der Vergabe der Osthilfe-Mittel. Er griff jene »Gutsbesitzerkreise« scharf an, die eine Auflösung des Reichstages betrieben, um zu verhindern, daß die Verwendung der Osthilfe-Geldern geprüft und eventuell zu Unrecht erhaltene Mittel zurückgezahlt werden müßten.

Brüning registrierte den Vorstoß Ersings mit gemischten Gefühlen. Nach seiner Einschätzung wollte Ersing mit dieser Attacke der Regierung Schleicher einen Hilfsdienst leisten, hatte aber das Gegenteil bewirkt. Der Abgeordnete habe die Deutschnationalen und den Landbund provoziert, die eine »Volksbewegung« gegen die Osthilfe befürchtet hätten. Ersings Rede bezog sich auf Klagen des Reichslandbundes (RLB) beim Reichspräsidenten am 11. Januar über die angebliche Vernachlässigung der Landwirtschaft. Die Minister v. Braun und Warmbold hatten dies während der Audienz für das Präsidium des RLB in Gegenwart Hindenburgs zurückgewiesen. Auch Schleicher hatte eine beruhigende Erklärung abgegeben, lehnte aber Verhandlungen über die Wünsche des RLB ab.

Ersings Einlassung, die an die Machenschaften der Agrarlobby gegen Brüning erinnerte, hinterließ einen zwiespältigen Eindruck, da Gerüchte im Umlauf waren, daß Osthilfe-Gelder Verwandten des Reichspräsidenten zu Unrecht zugute gekommen seien. Solche Mittel hätten, so munkelte man, in der Vergangenheit dazu gedient, das Familiengut Neudeck zu entschulden, das Hindenburg 1927 zum Geschenk gemacht worden war. Unlängst hatten führende Kreise von Industrie und Landwirtschaft auf Betreiben von Oldenburg-Januschau dem Reichspräsidenten auf den Namen von dessen Sohn Oskar die mehrere Tausend Morgen umfassende Domäne Langenau, die an Neudeck grenzte, geschenkt.

So entstand in der Öffentlichkeit der Eindruck, eine Auflösung des Reichstages solle dazu dienen, den Reichspräsidenten vor einer Untersuchung seiner Verwicklung in den vermeintlichen Osthilfe-Skandal zu schützen. Ersings Auftritt trug dazu bei, diese Vermutungen zu verstärken. Die Gerüchte um die Osthilfe weckten in der Umgebung des Reichspräsidenten politische Befürchtungen und schwächten die Stellung des Kanzlers gegenüber Hindenburg.[207]

Der Vorstoß des Zentrums war durch die Absicht bestimmt gewesen, als parlamentarischer Faktor wirksam zu bleiben. Die Orientierungslosigkeit und die Verwirrung der Fraktion erreichten ihren Höhepunkt, als sich der Fraktionsvorstand am 20. Januar auf den Standpunkt stellte, eine Zwangsvertagung des Reichstages sei verfassungswidrig, weil ein »echter Staatsnotstand« nicht vorliege. Die Resolution richtete sich gegen angebliche Störversuche der rund 13.000 Großagrarier, von denen man annahm, daß sie einen Untersuchungsausschuß über die Unregelmäßigkeiten in der Osthilfe fürchteten. Diese Kreise propagierten seit dem 11. Januar offen den Sturz des Kanzlers. Die Regierung hatte vier Tage zuvor beschlossen, Hindenburg um die Auflösung des Reichstages und den Aufschub der binnen 60 Tagen vorgeschriebenen Neuwahlen zu ersuchen.

Über die Resolution wurde der Reichskanzler noch am 20. Januar in der Mittagszeit durch Perlitius und Eßer unterrichtet. Dabei wurden drei Möglichkeiten, die Krise zu lösen, erörtert: Neben einer Minderheitsregierung von NSDAP und DNVP, die vom Zentrum toleriert werden müsse, hielt man eine Mehrheitsregierung unter Hitler mit Beteiligung des Zentrums für denkbar. Eine Regierung der »Harzburger Front« schloß das Zentrum aus. Man unterstellte, daß sie auch nicht die Zustimmung des Reichspräsidenten gefunden hätte. Die Mehrheitslösung bezeichneten Eßer und Perlitius dagegen als realisierbar. Eine dritte Möglichkeit sah man in einer längeren allerdings befristeten Vertagung, die von den Parteien beantragt werden sollte. Schleicher nahm diese Anregungen kommentarlos zur Kenntnis. Er hatte vorsorglich die Dokumente über Langenau bei Major Marcks, dem Pressechef der Reichsregierung, sicherstellen lassen und drohte damit, sie veröffentlichen zu lassen, zögerte dann aber tagelang, dies zu tun.

Vertagung des Reichstages?

Brüning war in den beiden Fraktionssitzungen vor und nach dem Besuch der Abgeordneten bei Schleicher anwesend und beteiligte sich an der Aussprache. Über seine Stellungnahme ist jedoch nichts Näheres bekannt. Das Protokoll läßt erkennen, daß die Abgeordneten die Aufforderung Schleichers dahingehend verstanden hatten, eine längere Vertagung des Reichstages über den Ältestenrat einzuleiten. In Brünings Memoiren ist davon die Rede, daß er dies für wünschenswert hielt, vorausgesetzt, die Nationalsozialisten wären damit einverstanden gewesen. Im Jahre 1952 berichtete er, daß er selbst ebenso wie Prälat Leicht angeregt habe, den Reichstag für längere Zeit zu vertagen. Ein solcher Beschluß hätte eine Verfassungsverletzung durch die Regierung vermieden. Auch die SPD sei bereit gewesen, einen solchen Antrag zu unterstützen. Es kam jedoch darauf an, die Nationalsozialisten dafür zu gewinnen. Allerdings wurde noch während der Sitzung bekannt, daß Frick im Auftrag seiner Partei eine Vertagung lediglich bis zum 31. Januar beantragen wollte. Schleicher ging nicht auf die Anregung ein.[208]

Schon am Ende der zweiten Januarwoche hatte Brüning erfahren, daß Hindenburg Schleicher keine Vollmacht mehr für eine Reichstagsauflösung geben wollte. Spätestens seit der Wahl in Lippe am 15. Januar, die den Nationalsozialisten zwar nicht die absolute Mehrheit, aber doch einen begrenzten – von ihrer eigenen Propaganda hochgespielten – Erfolg gegenüber der Wahl vom November (Zuwachs von 6.000 Stimmen) brachte, zerbrach das leidlich harmonische Einvernehmen zwischen Hindenburg und Schleicher endgültig. Dies war insofern fatal für die politische Entwicklung, als die NSDAP enorme finanzielle Mittel für den Wahlkampf in dem kleinen Land Lippe aufgewendet hatte und kaum noch in der Lage gewesen wäre, bei vorgezogenen Reichstagswahlen in kurzer Zeit eine neue großangelegte Kampagne zu bestreiten.[209]

Die Zentrumsführung mußte also mit dem baldigen Sturz Schleichers rechnen, wenn der Reichstag ein Mißtrauensvotum annahm oder Hindenburg den Kanzler fallen ließ. Der Beschluß der Fraktion vom 20. Januar richtete sich faktisch gegen die Absicht Schleichers, auf der Grundlage des Papenschen Staatsnotstandsplanes vom

November den Reichstag erneut aufzulösen und die nach der Verfassung vorgeschriebenen Neuwahlen auf unbestimmte Zeit aufzuschieben. Zugleich hoffte man, die heraufziehende Gefahr einer Rechtsdiktatur zu verhindern. Schleicher seinerseits hielt inzwischen eine »parlamentarische« Lösung, von der Eßer und Perlitius gesprochen hatten, bereits für aussichtslos und unternahm nichts, um sie auf den Weg zu bringen.

Noch an jenem 20. Januar beschloß der Ältestenrat des Reichstages, den Termin für den Wiederzusammentritt um eine Woche zu verschieben. Am 27. Januar legte er ihn endgültig auf den 31. Januar fest.[210] Brüning gibt in seinen Memoiren eine einigermaßen plausible Erklärung der Vorgänge im Ältestenrat. Er berichtet, daß Frick am Vormittag des 20. Januar bei Eßer angefragt habe, ob das Zentrum notfalls mit einer längeren Vertagung einverstanden sei. Die Nationalsozialisten hatten kein Interesse daran, durch ein Mißtrauensvotum eine Reichstagsauflösung zu provozieren, die aus ihrer Sicht keineswegs ausgeschlossen war.

Staatssekretär Planck hatte im Auftrag des Kanzlers in der Sitzung des Ältestenrates darauf gedrängt, die Vertagung nicht über eine Woche auszudehnen. Dies verwirrte die Vertreter des Zentrums, was auch dem Protokoll der Vorstandssitzung zu entnehmen ist. Der Grund für Plancks Forderung bestand nach Brünings Informationen darin, daß Hindenburg junior dem Kanzler vor der Sitzung des Ältestenrates feierlich versichert hatte, er werde von seinem Vater »alle Vollmachten« erhalten – gemeint waren die Vollmachten für eine Auflösung des Reichstages und eine nachfolgende Verschiebung der Neuwahlen auf unbestimmte Zeit. Nach der Sitzung habe Schleicher feststellen müssen, daß Oskar erneut »umgefallen« sei. Die Zusage sei dadurch hinfällig geworden. Brüning verlangte, den Ältestenrat nochmals einzuberufen, was Planck ablehnte. Schleicher war damit für Brüning als Kanzler erledigt. Bedeutsam erscheint der Umstand, daß Oskar v. Hindenburg an jenem Tag ein Gespräch mit Hitler führte.[211] Vermutlich drohte Hitler bei dieser Gelegenheit mit einer Anklage wegen Verfassungsbruchs auf Grund der Absetzung der preußischen Regierung, ferner wegen Steuerhinterziehung – d. h. der betrügerischen Grundbucheintragung des Gutes Neudeck – und mit Enthüllungen über Oskars Verwicklung in den Osthilfeskandal von 1930/31 sowie wegen Veruntreuung von Geldern aus der Präsidentschaftskampagne 1932. Von dem Mißbrauch der Spenden für die Hindenburg-Wahl erfuhr Brüning allerdings erst durch Schleicher nach dessen Sturz.[212]

Der Reichskanzler befand sich in einer unhaltbaren Situation, da sein Verhältnis zu Hindenburg inzwischen so gespannt war, daß er kaum damit rechnen konnte, daß Hindenburg seine Diktaturpläne akzeptierte. Dieser lehnte aber auch alle Pläne ab, die im Reichswehrministerium erörtert wurden, Hindenburg wegen Amtsunfähigkeit durch einen juristischen Trick abzusetzen und zugleich den Reichstag aufzulösen, was nachträglich vom Präsidenten des Reichsgerichts unter dem Druck der geschaffenen Tatsachen hätte sanktioniert werden müssen.

Den Reichstag hätte der Kanzler nur entmachten können, wenn es ihm gelungen wäre, den Präsidenten dafür zu gewinnen. Eine gleichzeitig gegen Hindenburg und den Reichstag gerichtete Aktion hätte Schleicher aber um jeden Kredit gerade bei jenen Gruppen gebracht, die die Stabilität der staatlichen Ordnung wünschten. Es hat den Anschein, daß in der zweiten Januarhälfte 1933 nur noch wenige nennenswerte Kräfte aus dem Gewerkschaftslager auf Schleichers Seite standen. Die Annäherungsversuche des Kanzlers mit Hilfe des ADGB an die SPD scheiterten insbesondere am Widerstand Breitscheids, was im Rückblick ein Licht auf die ungleich günstigere parlamentarische Position Brünings wirft.[213]

Der bisher so wendige Causeur und Drahtzieher Schleicher erwies sich angesichts der verschärften innenpolitischen Lage als noch schwächer als der Zauderer Brüning, der bis zuletzt die Sozialdemokratie auf seiner Seite halten konnte. Schleichers Versuch, außer Strasser auch Leipart und Leuschner in sein Kabinett zu holen, scheiterte. Die Gegnerschaft Breitscheids, der sich innerhalb der Parteiführung durchsetzte und Leipart mit seinem Anhang am 6. Januar zum Rückzug zwang, mochte einer engen, ideologisch bedingten Einschätzung entsprochen haben. Auf der anderen Seite hatten Schleichers Avancen in Richtung Gewerkschaften und Sozialdemokratie ihn bereits jene Sympathien im bürgerlichen Lager gekostet, auf die sein Vorgänger Papen noch rechnen konnte.

Diese Kreise sahen in Schleichers Werben um die Strasser-Gruppe eine Gefahr für die bestehende Gesellschaftsordnung. Der Kanzler vertrat einen »nationalen Sozialismus«, während Hitler noch als Gegner einer jeden Art von Sozialismus galt. Charakteristisch für die zunehmende Schwäche des Kabinetts war der Übergang der Deutschnationalen in die Opposition am 21. Januar, der nicht zuletzt darauf zurückzuführen war, daß die Regierung Indiskretionen über Unregelmäßigkeiten bei der Osthilfe nicht verhindern konnte. Die DNVP-Fraktion verlangte eine vollständige Neubildung des Kabinetts und das Ende der »Politik des Hinhaltens und Zauderns«.[214]

Im Hinblick auf die Regierung Schleicher befand sich die Zentrumsfraktion in einem doppelten Dilemma. Das Querfront-Konzept vermochte sie nicht wesentlich zu fördern, da es ihr an politischem Gewicht fehlte. Die preußische Karte hatte sie noch zu einem Zeitpunkt auszuspielen versucht, als das Zähmungs- und Sammlungskonzept längst überholt war. Die Handlungsunfähigkeit des Zentrums in der gleichwohl noch akuten Preußenfrage zeigte sich noch in einer anderen Hinsicht. Die Begegnung Brauns mit Schleicher hatte die verfahrene Lage zur Genüge demonstriert. Das politische Risiko, das Braun einging, war erheblich gewesen. Braun hatte, wenn wir seinen Erinnerungen trauen dürfen, zusammen mit Schleicher Hindenburg aufsuchen wollen, um ihn zu den Vollmachten zu drängen, die für die Entmachtung des Reichstages notwendig gewesen wären, und war auch bereit gewesen, sich gegen die eigene Partei zu stellen.[215]

Brüning unterstützt Schleicher gegen Hindenburg

Dagegen bedeuteten die Aktionen Lauschers und Grass' allenfalls geringfügige Störmanöver gegenüber den Bestrebungen Schleichers, während sie keinerlei Auswirkungen auf den Kurs der nationalsozialistischen Führung hatten. Daß die Zentrumsfraktion am 20. Januar einen »echten Staatsnotstand« leugnete, illustriert den Realitätsverlust, dem sie erlegen war. Brüning, der noch am 21. Januar versucht hatte, die Vertagung des Reichstages zu verlängern, ahnte die Gefahr, die der Regierung Schleicher drohte. Von Planck, der ihn im Hedwigskrankenhaus besuchte, hörte er auch von den Drohungen der Nazis, Hindenburg wegen Verfassungsbruchs nach

Artikel 59 durch den Reichstag anzuklagen. Der Parteivorstand der SPD protestierte fünf Tage später noch schärfer gegen den »Plan der Proklamierung eines sogenannten staatlichen Notstandsrechts«. Gegen einen solchen Staatsstreich sei jeder Widerstand erlaubt und geboten.

Schleicher wurde unsicher. Er erkannte, daß ihm der Präsident die »Rote Mappe« für die Auflösung des Reichstages verweigern würde. Vielsagend und zugleich nicht sonderlich glaubwürdig wirkte die Meldung der Reichspressestelle vom 24. Januar, daß sich der Kanzler die Theorie des »Staatlichen Notstandes« nicht zu eigen gemacht habe. Zwei Tage später nannte Kaas in einem Brief an Schleicher eine »Hinausdatierung der Wahl« einen unleugbaren Verfassungsbruch. Auch jetzt noch wollte er von einem »echten Staatsnotstand« nicht sprechen, wohl aber von dem »Notstand eines Regierungssystems«. Er wandte sich namentlich gegen die »das gesamte Staatsrecht relativierenden Grundtendenzen von Carl Schmitt und seinen Gefolgsmännern«. Schmitt hatte sich für eine Verschiebung der Wahlen ausgesprochen. Den Brief schickte Kaas an Schleicher, ohne zuvor die Fraktion oder den geschäftsführenden Vorstand über den Inhalt in Kenntnis zu setzen. Auf Brünings Anregung hin ließ die Fraktion vorsorglich eine Abschrift dem Reichspräsidenten zustellen.

Dies spricht dafür, daß Brüning erkannt hatte, daß die Gefahr für den Bestand der Verfassung nicht von Schleicher, sondern letztlich von Hindenburg oder von dessen Beratern ausging. Er hielt es jedoch vorerst nicht für opportun, dies in der Fraktion zu äußern, oder den Parteichef wegen seines eigenmächtigen Vorgehens zu kritisieren. Er warnte aber seine Kollegen davor, die weitreichenden Pläne der Nationalsozialisten zu unterschätzen und auf Absprachen und sogar protokollarisch fixierte Vereinbarungen zu vertrauen, und forderte, die Haltung der Zentrumsvertreter im Ältestenrat von vornherein festzulegen. Dies war ein letzter Versuch, der Regierung mit parlamentarischen Mitteln zu Hilfe zu kommen. 1952 behauptete er rückblickend, eine Woche vor dem Sturz Schleichers seien die internen Verhandlungen zwischen den Parteien so weit gediehen gewesen, daß die Mehrheit für eine Vertagung erreicht worden wäre, wenn sich Schleicher entschieden dafür eingesetzt hätte. Entscheidend für das Scheitern dieses Versuches sei das unklare Taktieren des Kanzlers bei getrennten Gesprächen mit den Fraktionen gewesen.

In der Nacht zum 25. Januar suchte Planck Brüning auf, der einen Vertagungsbeschluß des Reichstages zur Rettung des Kabinetts Schleicher als aussichtslos bezeichnete. Brüning solle das Projekt persönlich mit Schleicher erörtern. Er lehnte ab und behauptete, daß man die NSDAP zwingen könne, für die Vertagung zu stimmen. Er wollte die Problematik eines möglichen Verfassungsbruches zunächst innerhalb seiner eigenen Partei diskutieren, nachdem zwei Tage zuvor der Notstandsplan Schleichers einer größeren Öffentlichkeit bekannt geworden war. Die Partei müsse »im Interesse ihrer Erhaltung« die »Grundlagen des Rechts- und Verfassungsstaates« verteidigen. Kaas war anderer Ansicht und verwies auf die Gefahren einer Verschiebung der nächsten Wahlen unter den Bedingungen des Notstandsrechts.[216]

Brüning blieb bei allen persönlichen Vorbehalten auf Schleichers Seite. Zumindest in den letzten Tagen unterstützte er sogar dessen Staatsnotstandsplan, wobei unsicher ist, ob er wußte, daß das Kabinett dem Plan am 16. Januar zugestimmt hatte.[217] Die Entschließung des Vorstandes vom 20. Januar spricht jedoch dagegen. Wahrscheinlich begriff er die Absichten Schleichers in ihrer vollen Tragweite erst, als dieser den Fraktionsvorsitzenden Perlitius und den Reichstagsvizepräsidenten Eßer die denkbaren Auswege aus der Krise in hinreichender Offenheit erläuterte. Der Kanzler bezeichnete nur eine Alternative als realistisch: Vertagung des Reichstages auf Initiative der Parteien, andernfalls eine klare Entscheidung zwischen Vertrauen und Mißtrauen. Im letzteren Falle werde die Auflösung erfolgen. Wie erwähnt, erfuhr Brüning noch am selben Tage, daß Hindenburg Schleicher die notwendigen Vollmachten versagen würde. Dies sollte sich bei Schleichers Besuch im Präsidentenpalais am 23. Januar bestätigen.

Mit Schleichers Gedankengängen und Lieblingsideen zu einer Revision der Verfassung war Brüning seit Ende der zwanziger Jahre vertraut. Noch im Frühjahr 1932 hatte er allerdings den Plan, den Reichstag erneut aufzulösen und für drei Jahre die Neuwahlen aufzuschieben, entschieden abgelehnt.[218] Jetzt sah er hingegen den Notstand als gegeben an, der von Papen wie auch von Schleicher auf unterschiedliche Weise selbst mit herbeigeführt worden war. Es scheint Brüning entgangen zu sein, daß sich nicht nur der Kanzler, sondern auch der Reichspräsident in einem politischen Dilemma befand, so daß man mit guten Gründen von einer gleichzeitigen Kanzler- und Präsidentenkrise (E. R. Huber) sprechen kann.[219] Er rechnete mit der Furcht im Präsidentenpalais vor der Hitlerbewegung einerseits und der Sympathie für den bisherigen Kanzler Papen andererseits. Vor allem sah er die Parallele zu den Vorgängen vor seiner eigenen Demission. Schleicher befand sich nach dem Scheitern seiner Querfront-Versuche in einer noch schwierigeren Situation als Brüning im Mai 1932.

Schleicher hatte damals mit seinen Aktionen gegen Brüning eben jene Entwicklung gefördert, die er jetzt nicht mehr beherrschte. Hinter der Kritik der Brüningschen Memoiren an Schleichers Leichtsinn oder Entschlußlosigkeit, die gelegentlich auch von Freunden des Generals geäußert wurde[220], verbirgt sich weniger ein Gefühl der Genugtuung als die Einsicht, daß es Schleicher an Selbstkontrolle gebrach, und er oft heftigen Schwankungen in der Stimmungslage erlegen war, die sein Handeln bestimmten.[221]

Brüning maß dem Verhalten des Kanzlers entscheidende Bedeutung zu, obwohl er beobachtete, daß der Konflikt zwischen Regierung und Reichstag von anderen Faktoren überlagert wurde. Die Kritik an Papens Kölner Alleingang vom 4. Januar weist in diese Richtung. Immerhin konnte Hitler mit einigem Recht annehmen, daß Papen zumindest im stillen Einverständnis mit Hindenburg auf die Einladung Schröders eingegangen war. Der Verlauf des Gesprächs deutet darauf hin. Andererseits mißt man dem Motiv, sich an Schleicher zu rächen, bei Papen zu großes Gewicht zu, wenn man meint, er habe mehr oder weniger allein handelnd die Nationalsozialisten mit seiner Duumvirats-Idee in eine bestimmte Richtung gedrängt.

Spätestens am 4. Januar dürfte Hitler herausgefunden haben, daß er Papen für seine eigenen Pläne einspannen konnte. Er brauchte nur an seinen bisherigen Forderungen festzuhalten und abzuwarten, bis andere Kräfte Schleichers Position im Reichspräsidentenpalais untergruben. Hitler dachte daher nicht daran, Papen das Amt des Kanzlers zu überlassen, und erkannte, daß die Duumvirats-Idee ein erstes Zugeständnis war, dem weitere folgen konnten. Dies hatte sich in mehreren Begegnungen zwischen beiden am 11., 18. und 22. Januar gezeigt. Inzwischen hatte Papen, wie bereits erwähnt, einen informellen, besser gesagt: vertraulichen Auftrag Hindenburgs erhalten, die Möglichkeiten einer Kabinettsbildung mit Hitler zu sondieren. Seit Mitte Januar war er häufig unangemeldet im Reichspräsidentenpalais aufgetaucht, das er von der Dienstwohnung, die er immer noch nicht aufgegeben hatte, über die Ministergärten unauffällig betreten konnte.

Papen hatte Hindenburg gleichsam zum Komplizen seiner Bestrebungen gemacht, die man als beinahe konspirativ bezeichnen konnte, weil er sie hinter dem Rücken Schleichers verfolgte. So korrigierte er den formalen Fehler, der ihm bei seiner ersten Aktion vom 4. Januar unterlaufen war, als er Hindenburg nicht konsultiert hatte. Von der Unterredung am 18. Januar in Ribbentrops Haus in Dahlem, an der auch Himmler und Röhm teilnahmen, erfuhr die Öffentlichkeit unter anderem aus der nationalsozialistischen Presse, die den Eindruck erweckte, die Standpunkte Hitlers und Papens hätten sich angenähert.²²² Der entscheidende Durchbruch zu einem Kabinett Hitler ergab sich bei einer Begegnung mit Oskar v. Hindenburg und Meissner bei Ribbentrop in Dahlem am 22. Januar. Hitler nutzte hernach die Gelegenheit noch zu einer längeren Unterredung unter vier Augen mit Oskar v. Hindenburg. Papen versuchte noch vergeblich, den päpstlichen Nuntius Cesare Orsenigo für seine Pläne einzuspannen, doch lehnte dieser es ab, zwischen dem Exkanzler und seiner früheren Partei zu vermitteln, noch den Boden für einen Besuch in Rom bei Pacelli zu bereiten. Enttäuscht machte sich Papen nun ebenso wie Hindenburg junior zum Fürsprecher einer Kanzlerschaft Hitlers, während Hindenburg lieber Papen zurückholen wollte.²²³

Schleichers Sturz

Hindenburg ließ sich trotz der veränderten Stimmung in seiner Umgebung noch nicht für das geplante Hitler-Kabinett gewinnen. Als Schleicher von den Dahlemer Zusammenkünften erfuhr, ließ er sich sofort, d. h. noch am nächsten Vormittag, bei Hindenburg melden und verlangte die Vollmacht zur Auflösung des für den 31. Januar einberufenen Reichstages. Die in der Verfassung vorgeschriebenen Neuwahlen wollte er über die 60-Tage-Frist hinaus vorläufig verschieben. Schleicher war allerdings, als er bei Hindenburg erschien, bereits »ein verlorener Mann« (E. Eyck).

Schleicher wollte den Staatsnotstand erklären und die extremen Parteien verbieten. Auf den Einwand, daß Schleicher noch Anfang Dezember von einer solchen Maßnahme abgeraten und sich auf das Planspiel des Reichswehrministeriums berufen habe, erklärte der Kanzler, daß inzwischen nicht mehr mit einem Generalstreik zu rechnen sei. SPD und Gewerkschaften würden sich einem Ausnahmezustand nicht widersetzen. Als Reichskanzler und Reichswehrminister könne er dafür einstehen, daß die erforderlichen politischen und militärischen Maßnahmen aufeinander abgestimmt würden.

Zu Schleichers Entsetzen lehnte Hindenburg diese Vorschläge aus verfassungsrechtlichen Gründen ab. Sie sollten die Bedenken verschleiern, die ihm inzwischen im Hinblick auf Schleichers Fortune und Durchsetzungskraft gekommen waren, abgesehen von den Einflüssen, denen er in seiner Umgebung ausgesetzt war. Selbst die Vollmacht zur Auflösung des Reichstages, die er ihm bei seiner Berufung zugesagt hatte, wollte er nicht mehr erteilen. Er verweigerte dem Kanzler die »Rote Mappe«, um die dieser gebeten hatte. Eine weitere Begegnung vier Tage später blieb ebenfalls ohne Ergebnis. Allerdings wurden Einzelheiten der Gespräche bald in der Öffentlichkeit ausgestreut, was dem Ansehen des Kanzlers Abbruch tat.[224]

Am Vormittag des 26. Januar, vielleicht auch erst am folgenden Tage, empfing Hindenburg den Chef der Heeresleitung, General Kurt von Hammerstein-Equord, und den Chef des Heerespersonalamtes, General Erich von dem Bussche-Ippenburg, die ihm von einer Berufung Hitlers abrieten und verlangten, die gegenwärtige Regierung im Amte zu belassen. Hindenburg reagierte auf den Vorstoß der Generale indigniert und betonte, daß er sehr wohl wisse, was für die Reichswehr gut sei. Im übrigen versicherte er, daß er nicht daran denke, Hitler, den »österreichischen Gefreiten« zum Reichswehrminister oder zum Kanzler zu machen.[225]

Als Schleicher die Lage am Vormittag des 28. Januar dem Kabinett erläuterte, mußte er die Schwierigkeiten mit Hindenburg eingestehen. Er könne nicht ohne Auflösungsorder vor den Reichstag treten, um die längst überfällige Regierungserklärung abzugeben. Eine Regierung Hitler werde vielleicht weniger parlamentarische Schwierigkeiten haben. Zu einer Ernennung Hitlers sei aber der Reichspräsident nach wie vor nicht bereit. Er wolle ihn erneut um die erwähnten Vollmachten ersuchen. Andernfalls müsse er demissionieren. Die Minister stellten sich hinter den Kanzler.[226]

Gegen 12.15 Uhr erschien Schleicher, nachdem die Besprechung unterbrochen worden war, im Reichspräsidentenpalais, um nochmals die Auflösungsvollmacht zu erbitten. Da Hindenburg ablehnte, wurde die Demission unumgänglich. Nach zwanzig Minuten kehrte Schleicher in die Reichskanzlei zurück. Die Audienz hatte kaum mehr als 10 Minuten gedauert, freilich ein wenig länger als diejenige für Brüning am 30. Mai 1932.[227]

Bezeichnend für die Verwirrung, die sowohl die demokratischen Kräfte als auch die konservativ-bürgerlichen Kreise erfaßte, ist der Umstand, daß nicht nur die Gewerkschaften, sondern auch der preußische Ministerpräsident Braun und der Reichsverband der Deutschen Industrie, bei dem Schleicher geradezu verhaßt war, im Vorfeld der sogenannten Machtergreifung Hitlers vor einem Staatsstreich warnten. Den Hintergrund bildeten Gerüchte, Schleicher werde entlassen und durch Papen oder Schacht ersetzt. Die »Tägliche Rundschau« berichtete am 28. Januar von einem angeblichen neuen Kabinett Papen mit diktatorischen Vollmachten. Die paradoxe Warnung an Hindenburg, sich nicht mit dem Vorwurf eines Staatsstreichs zu belasten, sollte von Schleichers Absichten ablenken. Dagegen war von einer Präsidentenkrise die Rede, was Hindenburg Schleicher verübelte, obwohl dieser den Begriff in seinem Vortrag selbst vermieden, jedoch von der Gefahr einer Staatskrise gesprochen hatte. Der sozialdemokratische »Vorwärts« vermutete eine reaktionäre Zielsetzung. Schleichers tatsächliche Notstandspläne spielten für die Zeitung keine wesentliche Rolle.[228] Zwischen den verhärteten Fronten sollte Hitler schließlich, wie der Schriftsteller Carl Zuckmayer rückblickend bemerkte, wie ein »Aal« zur Macht schlüpfen.[229]

Wegen der Gerüchte um einen Generalstreik der Gewerkschaften, der angeblich am Montag, dem 30. Januar, beginnen sollte, hatte Brüning eine Vorstandssitzung seiner Fraktion beantragt. Sie fand am Nachmittag des 27. Januar statt. Er wollte die dort anwesenden Gewerkschaftsführer darauf festlegen, »keine politische Aktion ohne Wissen des Parteiführers Kaas zu unternehmen«. Dies bezog sich auf die für den 29. Januar anberaumte Besprechung des Kanzlers mit den Führern der Gewerkschaften im Reichswehrministerium. Kaas scheint jedoch nicht verstanden zu haben, was Brüning damit beabsichtigte. Wir wissen nicht einmal, ob Kaas überhaupt anwesend war. Allerdings belegen die Protokolle der Fraktion, daß der Vorstand des Zentrums wußte, daß die Stellung Schleichers erschüttert war. Nach Ansicht des Vorstandes war eine weitere Vertagung zwecklos, wenn eine neue Regierung gebildet wurde. Eine Vertagung faßte man demnach ins Auge, um Schleicher zu stützen. Der Vorschlag hatte allerdings den Nachteil, daß Nationalsozialisten und Kommunisten ihn scheitern lassen konnten, da sie über eine rechnerische Mehrheit von vier Stimmen verfügten. Zumindest einige nationalsozialistische Abgeordnete hätten Schleicher unterstützen müssen.[230]

3. Der Kampf gegen Hitler

Die Haltung der Gewerkschaften und der Reichswehr

Am 28. Januar beauftragte Hindenburg Papen offiziell als »Homo Regius« mit Sondierungen über die Möglichkeiten einer Neubildung des Kabinetts. Damit übertrug er Papen einen großen Teil seiner politischen Verantwortung für die Ernennung Hitlers zum Reichskanzler. Tags zuvor hatte Carl Schmitt in seinem Tagebuch vermerkt, der alte Herr sei verrückt geworden. Der Hindenburg-Mythos sei zu Ende. Er war ohnehin verbittert, daß Hindenburg seine Neuinterpretation von Artikel 54 WRV über die Ungültigkeit von Mißtrauensvoten des Reichstages gegen den Reichskanzler oder die Minister auf Grund einer negativen Mehrheit nicht akzeptiert hatte. Auch Schleicher hatte sich nicht überzeugen lassen.[231]

Bei Hindenburg ging ein Telegramm der Gewerkschaften ein, das gegen eine mögliche Berufung einer »sozialreaktionären und arbeiterfeindlichen Regierung« protestierte.[232] Die für den folgenden Tag, einem Sonntag, im Reichswehrministerium angesetzte Besprechung der Gewerkschaften mit Schleicher scheint indessen nicht mehr stattgefunden zu haben, da das Schicksal des Kabinetts inzwischen besiegelt war.[233] Allerdings wissen wir, daß der zurückgetretene Reichskanzler am Vormittag mit den Generalen v. Hammerstein, Adam und v. dem Bussche die Lage erörtert hatte. Hammerstein hatte anscheinend am Tage zuvor Hindenburg – notfalls mit einem Ultimatum – zwingen wollen, von einer Berufung Hitlers abzusehen, was Schleicher jedoch abgelehnt hatte. Als v. dem Bussche Schleicher aufforderte, die Reichswehr einzusetzen, um »ein Unglück für ganz Deutschland« zu verhindern, erklärte dieser, daß die Reichswehr gegenüber Hindenburg loyal bleiben müsse. Nach dem Ende der kurzen Unterredung bemerkte Oberst v. Reichenau, der sich im Vorzimmer aufgehalten hatte, zu einem der Generale, daß man Hindenburg eigentlich verhaften müsse. Die Antwort Schleichers lautete: »Unsinn!«

Dies könnte der Kern des Gerüchts über die angeblichen Putschabsichten Schleichers und Hammersteins an jenem Tage gewesen sein, die Hermann Göring noch vor dem Nürnberger Kriegsverbrechertribunal als zutreffend bezeichnete.²³⁴ Für Brüning blieb mit dem Namen Hammerstein noch auf Jahre hinaus die Hoffnung auf ein Eingreifen der Reichswehr gegen das NS-Regime verbunden – offensichtlich in Kenntnis einiger Vorgänge, die sich kurz vor der Ernennung Hitlers zum Reichskanzler abgespielt hatten. Die Furcht vor einem Bürgerkrieg, vielleicht auch die stille Hoffnung des Kanzlers, demnächst erneut an die Spitze der Regierung berufen zu werden, dürfte die Entscheidung gegen einen Putsch bestimmt haben. Zu allem Überfluß tauchten am Nachmittag Gerüchte über einen Marsch der Potsdamer Garnison auf, die vor allem von Alvensleben leichtfertig verbreitet wurden, der mit Schleicher befreundet war und als Mittelsmann zwischen diesem und Hitler bzw. Röhm galt. Er betrieb als »politischer Geschäftemacher« (G. Ritter) ein obskures Antikomintern-Büro unter dem Namen »Bund zum Schutze der abendländischen Kultur« in der Magdeburger Straße unweit des Reichswehrministeriums. Nach Sefton Delmer war er noch in jeden Putschversuch und jede Verschwörung im Deutschland der Nachkriegszeit verwickelt gewesen.

Alvensleben erschien am Abend in der Wohnung von Goebbels am Reichskanzlerplatz. Dort traf er außer Goebbels auch Hitler an, denen er erzählte, Hindenburg wolle erneut Papen berufen, was die Reichswehr unter keinen Umständen hinnehmen wolle. Goebbels hielt die Mitteilungen Alvenslebens für »tolle Mären«, da er ihn als einen »feigen Intriganten« ansah. Hitler indessen wollte sichergehen und ließ Papen und Meissner in Kenntnis setzen. Die Gerüchte wurden mit Schleicher und Hammerstein in Verbindung gebracht, denen man unterstellte, die Bildung einer Regierung Hitler verhindern und den Reichspräsidenten absetzen zu wollen, was Schleicher energisch dementierte. Goebbels traute Schleicher den Mut zu einer solchen Aktion nicht zu, wohl aber Hammerstein. Göring benutzte schließlich diese Nachrichten, um Papen zu einem raschen Abschluß seiner Sondierungen über ein neues Kabinett zu drängen. Hitler behauptete am 31. Januar gegenüber Kaas rundheraus, daß eine Militärdiktatur bevorgestanden habe, was ihn zum Handeln gezwungen habe.²³⁵

Hammerstein behauptete zwei Jahre später, er sei sich mit Schleicher darin einig gewesen, daß eine Regierung Papen – Hugenberg verhindert werden müsse. Einen Putschversuch gegen eine Regierung Hitler habe es nicht gegeben: »Wir waren uns darüber klar, daß nur Hitler als zukünftiger Reichskanzler möglich sei. Jede andere Wahl müsse zum Generalstreik, wenn nicht zum Bürgerkrieg führen und damit zu einem äußerst unerwünschten Einsatz der Armee im Innern gegen zwei Seiten, gegen die Nationalsozialisten und die Linke.«²³⁶

Die Darstellung, die ein halbes Jahr nach der Ermordung Schleichers datiert ist, weckt einige Zweifel und nährt den Verdacht, daß die wirklichen Absichten der beiden Militärs post festum verschleiert werden sollten. Sie richtet sich erklärtermaßen gegen Vorwürfe, die noch nach drei Jahren gegen Schleicher von nationalsozialistischer Seite erhoben wurden. Hammerstein war sich der Gefahr bewußt, die auch ihm wegen dieser Vorwürfe drohte, und verteidigte sich vorsorglich dagegen. Was Schleicher und Hammerstein am 29. Januar wirklich besprochen haben, ist ungeklärt. Wahrscheinlich hat Hammerstein ein Kabinett Papen – Hugenberg tatsächlich für untragbar, eine Regierung Hitler bei einem Verbleiben Schleichers als Reichswehrminister jedoch für denkbar gehalten.

3. Der Kampf gegen Hitler

Es ist möglich, daß Hammerstein und Schleicher darin übereinstimmten, den Dingen ihren Lauf zu lassen, was Hammerstein nicht hinderte, sich auf eine angebliche Option für Hitler zu berufen, um sich gegen den Vorwurf einer geplanten Verschwörung zu verteidigen. Sein späteres Verhalten spricht dafür. Dagegen könnte ein Angebot Schleichers an Hitler durch seinen Mittelsmann Alvensleben am 29. Januar, sich mit ihm über eine Regierungsbildung zu verständigen, ein Täuschungsmanöver gewesen sein. Das Angebot eines Bündnisses zwischen Reichswehr und NSDAP konnte unter Umständen als ein indirektes Ultimatum verstanden werden, das im Falle einer Ablehnung das Signal zum Putsch bedeutet hätte. Es hätte dazu dienen können, tatsächliche Putschvorbereitungen zu verschleiern und diese notfalls als Maßnahmen gegen ein Kabinett Papen – Hugenberg umzudeuten.[237]

Während der Unterredung Hammersteins mit Hitler am Nachmittag desselben Tages telefonierte Schleicher im Hause des Fabrikanten Bechstein mit dem Kölner Unternehmer Otto Wolff. Auf die Frage Schleichers, was zu tun sei, soll dieser geraten haben, den Ausnahmezustand zu verhängen, Blomberg bei seiner Rückkehr aus der Schweiz an der Grenze verhaften und erschießen zu lassen und Hindenburg nach Ostpreußen abzuschieben.[238]

Brünings Erinnerungen an die Vorgänge im Umfeld der Ernennung Hitlers zum Reichskanzler sind teilweise unklar und unzutreffend, punktuell aber aufschlußreich. Die zeitlichen Zusammenhänge erschließen sich nur, wenn man Mitteilungen und Nachrichten aus anderen Quellen berücksichtigt. Graf Kessler traf ihn am 25. Januar bei einem Abendessen im Hause Hilferdings. Brüning machte auf ihn einen jugendlicheren, frischeren Eindruck, als er es nach Bildern und Karikaturen erwartet hatte. Er sei »fast lustig« gestimmt, seine Augen seien »pleins de malice« gewesen und er habe gut gelaunt von den Revolutionstagen 1918 in Eupen und Malmedy erzählt.[239] Ein nicht näher bestimmbares Gerücht wollte wissen, Brüning habe nach der Ernennung Hitlers gesagt, es sei gut, daß Hitler an die Macht gekommen sei. Er werde in drei Wochen abgewirtschaftet haben.[240]

Brüning erwähnt in seinen Erinnerungen die Ankunft des Generalobersten Werner von Blomberg, des Chefs der deutschen Delegation auf der Genfer Abrüstungskonferenz am 30. Januar 1933 in Berlin. Papen habe Blomberg – im Auftrag Hindenburgs – am Vortage telegraphisch zurückrufen lassen, um ihn zum Reichswehrminister zu machen. Tatsächlich war der General an diesem Tage gegen 11 Uhr auf Anweisung Hindenburgs durch Meissner telegraphisch nach Berlin bestellt worden. Blomberg galt in der Umgebung Hindenburgs bis dahin als Garant der Sicherheit gegen die Diktaturbestrebungen Hitlers. Als er am Bahnhof Friedrichstraße zwischen 8 und 9 Uhr eintraf, habe ihn ein Offizier des Reichswehrministeriums empfangen, der ihn angeblich aufgefordert habe, sofort nach Genf zurückzukehren.

Blomberg habe sich auf die Anweisung Hindenburgs berufen und darauf bestanden, mit Oskar von Hindenburg zu telefonieren. Dieser habe Blomberg mitgeteilt, daß er dem Wunsch des »Höchstkommandierenden« zu folgen habe. Als Schleicher dies erfahren habe, sei er empört gewesen. Er habe angenommen, daß Papen seinen alten Staatsstreichplan wieder aufnehmen wolle und »einem neuen Abenteuer zueile«, was die Reichswehr in einen Kampf gegen die Rechte wie die Linke bringen werde, in dem sie zerbrechen müsse. Bei dieser Gelegenheit habe er sich zu der Bemerkung hinreißen lassen, er werde die Potsdamer Garnison in Marsch setzen, um Oskar von Hindenburg, Papen und Hugenberg zu verhaften. Durch eine Indiskretion des Leiters des Ministeramtes im Reichswehrministerium, General v. Bredow, sei die Bemerkung des Kanzlers in entstellter Form dem Reichspräsidenten hinterbracht worden.

Sie wäre, wenn sie gefallen sein sollte, fatal genug gewesen, um Mißtrauen im Präsidentenpalais zu erregen, und konnte den Kanzler in Verlegenheit bringen. Schon am 26. Januar hatte Hindenburg den General zu einem vertraulichen Gespräch empfangen, über das der Kanzler nicht unterrichtet wurde. Blomberg hatte sich dafür ausgesprochen, Hitler zu berufen, obwohl er diesen bis dahin persönlich kaum gekannt haben dürfte, und behauptet, daß Schleichers Diktaturpläne nicht realisierbar seien und auf den Widerstand der jüngeren Offiziere stoßen würden, während eine nationale Regierung unter Hitler von der Reichswehr begrüßt werde. Hindenburg übertrug Blomberg am 30. Januar das Amt des Reichswehrministers, obwohl der neue Reichskanzler noch gar nicht ernannt war.[241]

Brüning hegte seit langem Vorbehalte gegen Blombergs intellektuelles Format und dessen charakterliche Integrität. Dessen Versagen auf der Abrüstungskonferenz hatte er nicht vergessen. Blomberg stand unter dem Einfluß des Obersten Walter von Reichenau, seines Stabschefs und wichtigsten Mitarbeiters im ostpreußischen Wehrkreis I Königsberg, der seit Sommer 1932 von Hitler für den Nationalsozialismus gewonnen worden war. Seither hatte er engen Kontakt mit dem ostpreußischen Gauleiter Koch und dem Wehrkreispfarrer Ludwig Müller, dem späteren Reichsbischof gehalten. Schleicher scheint hingegen eine Chance gesehen zu haben, Blomberg in seinem Sinne zu beeinflussen, da dieser als im Grunde unpolitischer Soldat die Aufrüstung der Reichswehr betrieb und der SA ablehnend gegenüberstand.[242]

Das Kabinett Hitler: Kaas' Hoffnungen und Illusionen

Am 27. Januar erkrankte Brüning an einer schweren Bronchitis, die ihn mit hohem Fieber ans Bett fesselte. Nur mit Mühe hatte er an diesem Tage noch an der Vorstandssitzung seiner Partei teilnehmen können. Danach fühlte er sich außerstande, die Entwicklung der nächsten Tage im Rahmen seiner Möglichkeiten zu beeinflussen, und ersuchte Kaas, sich in die Gespräche um die Regierungsbildung einzuschalten.[243] Bereits am Nachmittag des 28. Januar signalisierte der BVP-Vorsitzende Fritz Schäffer nach Rücksprache mit Kaas und Brüning gegenüber Papen die Bereitschaft, in die neue Regierung einzutreten.

Papen behauptete nach dem Zweiten Weltkrieg, Schäffer habe ihm im Auftrag Brünings mitgeteilt, dieser sei ebenso wie er selbst bereit, in ein Kabinett Hitler, nicht aber in ein Kabinett Papen einzutreten, was Schäffer 1947 unter Eid bestätigt habe.[244] Brüning hat dies stets bestritten. 1946 erklärte er kategorisch, in seiner Partei sei »niemals der Gedanke aufgetreten, sich an einer Regierung Hitler zu beteiligen oder die Hoffnung, mittelbar oder unmittelbar den Kurs einer solchen Regierung bestimmen zu können«. Hitler habe vergeblich einem Dutzend Zentrumspolitikern einen Sitz im Kabinett angeboten. »Alle haben ohne Schwanken stets abgelehnt.«[245] Der Vorgang ist nicht ganz durchsichtig, da die Partei eine Mitarbeit in einer Regierung der Rechten nicht prinzipiell ausgeschlossen hatte.[246] Möglicherweise liegt eine Verwechslung mit dem nicht allzu ernsthaften Angebot vor, das Hitler nach seiner Ernennung am 31. Januar in Gegenwart von Reichsinnenminister Frick gegenüber Perlitius und Kaas unterbreitete, einen Minister in das Kabinett aufzunehmen.

Im Rückblick muß eine solche Zusage Brüning und seinen politischen Freunden fatal anmuten. Tatsächlich spielte das Zentrum bei den Vorgängen der letzten Tage und Stunden vor der Ernennung Hitlers keine Rolle. In seinen Erinnerungen verweist Brüning darauf, daß die Verwirrung über die Regierungsbildung noch am Vormittag des 30. Januar so groß gewesen sei, daß v. Krosigk und v. Neurath noch kurz vor ihrer Ernennung nicht wußten, ob sie einem Kabinett Papen oder Hitler angehören würden. Besonders empörend empfand er die Behandlung Duesterbergs, der vorübergehend anstelle Seldtes als Arbeitsminister in Aussicht genommen worden war und auch schon die Ernennungsurkunde erhalten hatte. Als Seldte erschien, habe man Duesterberg, dessen Großvater Rabbiner gewesen war, die Urkunde wieder abgenommen und zerrissen. Es verdient beachtet zu werden, daß Brüning den Eintritt Krosigks in die Regierung billigte. Zwei Wochen nach der Machtübernahme machte er ihn jedoch auf die Gefahren aufmerksam, denen er als Mitglied des Kabinetts Hitler ausgesetzt sein werde.[247]

Angeblich wollte Papen, wie er im März 1933 erklärte, sowohl das Zentrum wie auch die BVP an den Verhandlungen beteiligen. Allein der von ihm angestrebte »nationale Block« sei erst eine Stunde vor der Ernennung Hitlers zustande gekommen. Dies bezog sich auf Hugenberg, der sich erst im letzten Augenblick für den Eintritt in die Koalition mit den Nationalsozialisten entschieden und sich bis zuletzt gegen eine Auflösung des Reichstages gewehrt hatte. Das Zentrum in die Regierung einzubeziehen, hatte er ebenso abgelehnt wie Hitler. Nach dem Bericht Duesterbergs hatte er dann aber dem Drängen des Staatssekretärs Meissner nachgegeben, den Reichspräsidenten, der den neuen Kanzler am 30. Januar gegen 11 Uhr ernennen wollte, nicht länger warten zu lassen. Die Ernennung Hitlers erfolgte gegen 11.15 Uhr.[248]

Nach seiner Ernennung lud Hitler Kaas und Brüning zu einer Besprechung über die Kabinettsfrage ein. Da Brüning erkrankt war, erschien an seiner Stelle Perlitius zusammen mit Kaas am nächsten Tag in der Reichskanzlei. Hitler zeigte sich nicht sonderlich an einer Zusammenarbeit mit dem Zentrum interessiert, deutete aber an, unter Umständen einen Vertreter des Zentrums als Justizminister nachträglich in sein Kabinett zu nehmen. Der Posten war bisher nicht besetzt worden. Brüning scheint dem Angebot mißtraut zu haben, riet aber für den Fall, daß die Verhandlungen weitergingen, Bell wegen seiner großen politischen Erfahrung vorzuschlagen. In zweiter Linie dachte er an August Wegmann oder Fritz Schäffer. Dies widerspricht nicht seiner späteren Erklärung, kein Mitglied seiner Fraktion habe sich für eine Regierung Hitler zur Verfügung gestellt, da die Genannten das Angebot ablehnten. Nach Brünings Eindruck glaubte Kaas neben einem anderen Zentrumspolitiker als Justizminister ihn, Brüning, als Außenminister bei Hitler »durchdrücken« zu können.

Kaas ließ noch am selben Tage Hitler schriftlich einige Fragen über das Arbeitsprogramm der Regierung zukommen, von denen das Zentrum eine Unterstützung

Hitlers abhängig machen wollte. Noch ganz von der Debatte um den angeblichen Staatsnotstand eingenommen, forderte er von der Regierung eine Zusage, keinerlei verfassungswidrige Entscheidungen zu treffen. Offensichtlich in Übereinstimmung mit Brüning verlangte er dafür schriftliche Garantien. Er forderte konkret die »Wiederaufnahme des umfassenden Siedlungswerkes« und fragte nach der Haltung der Regierung zur Sozialversicherung und zum Tarifvertragsrecht sowie zu Maßnahmen, die Binnenkonjunktur und den Export zu fördern. Außerdem verlangte er Sicherungen gegen Inflationsgefahren und gefährliche finanzpolitische Experimente, was sich gegen bestimmte Bestrebungen Hugenbergs richtete, den man zu diesem Zeitpunkt für noch gefährlicher hielt als Hitler.

Schon zwei Tage zuvor hatte die Fraktion sicherheitshalber vor »Staats- und Verfassungsexperimenten« und vor einer »einseitigen Parteiherrschaft« gewarnt, ohne zugleich eine klare Analyse der Lage zum Ausdruck zu bringen. Im übrigen waren die Zentrumsvertreter mehr über Papens undurchsichtige Taktik als über Hitler verstimmt. Dieser war allerdings ohnehin nicht gesonnen, ernsthaft mit dem Zentrum zu verhandeln, da er sich der Alleinherrschaft schon greifbar nahe wähnte. Eine Unterstützung des Zentrums neben den Deutschnationalen konnte für ihn allenfalls für eine neuerliche Vertagung des Parlaments zur Vorbereitung kurzfristiger Neuwahlen bedeutsam sein, wenn ihn Hindenburg nicht zur Auflösung ermächtigen würde. Dazu kam es jedoch nicht.[249]

Den Fragen- und Forderungskatalog von Kaas beantwortete Hitler ausweichend und in absichtlicher Verdrehung der Argumente, nachdem er am Abend zuvor die Zustimmung Hindenburgs zur Reichstagsauflösung erhalten hatte. Die Absicht der Zentrumsführung, der Regierung Hitler im Rahmen der verfassungsmäßigen Ordnung eine »Arbeitsmöglichkeit« zu geben, war durch die Zusage des Reichspräsidenten überholt und gegenstandslos geworden. Das neue Kabinett hatte bereits beschlossen, dem neuen Reichstag unverzüglich ein Ermächtigungsgesetz vorzulegen.[250]

Brüning bat den Parteivorsitzenden, den Kontakt zu einigen Verbindungsleuten auf der Gegenseite zu pflegen, die ihn bisher mit Informationen versorgt hatten. Ihm hielt er vor, wertvolle Zeit durch stundenlange Gespräche mit »Leuten wie Spahn und Gleichen von dem ‚Gewissen'« vertan zu haben. Nach Brüning hatte Kaas nicht erkannt, daß die Zentrumsführung jeglichen Einfluß auf die entscheidenden Vorgänge verloren hatte.[251] Brüning war der erste – obwohl noch nicht von seiner Krankheit genesen –, der Schleicher sein Bedauern über dessen Sturz telefonisch aussprach.[252]

Letzte Begegnung mit Schleicher

Am 11. Februar, als sich Brüning wieder besser fühlte, machte Schleicher bei ihm einen Besuch im Hedwigskrankenhaus, der fast vier Stunden dauerte. Es war die letzte Begegnung zwischen den beiden Politikern und scheint sie fast zu einer Versöhnung geführt zu haben, nachdem Brüning Schleicher in den beiden letzten Monaten nachdrücklich unterstützt hatte. Schleicher berichtete, was Hindenburg zum Abschied gesagt hatte: »Ich danke Ihnen Herr General, für alles, was Sie für das Vaterland getan haben. Nun wollen wir mal sehen, wie mit Gottes Hilfe der Hase weiterläuft.«[253] Bei dieser Gelegenheit scheint Schleicher zugegeben zu haben, daß die Bildung des Kabinetts Papen als eine Rechtsregierung von »Fachleuten« ein Fehler gewesen sei. Das hinderte Brüning nicht, dem General auch später noch – über dessen Tod hinaus – vorzuwerfen, an seinem Sturz beteiligt gewesen zu sein. Die persönlichen Differenzen waren indessen beigelegt, da es nach ihrer gemeinsamen Überzeugung galt, Hitler von der totalen Macht im Staate fernzuhalten und dessen bereits gewonnene Machtstellung wieder zu beseitigen. Wahrscheinlich spielte in dieser Unterredung ein Plan Schleichers, über den wir von einem seiner Vertrauten – Trabert von der Thann – unterrichtet sind, eine wichtige Rolle. Danach gedachte Schleicher zusammen mit Brüning anstelle von Papen und Hugenberg – wohl mit Rückendeckung der Reichswehr – in die Regierung Hitler einzutreten.

Am 19. Februar berichtete ein Anhänger Brünings aus dessen Kanzlerzeit, der Journalist Otto v. Heydebreck, von einer angeblich bevorstehenden Umbildung der Regierung Hitler in diesem Sinne. Brüning habe dies »abwartend«, aber »wohlwollend« aufgenommen, wie der Historiker Karl Otmar von Aretin 1956 den damals noch unveröffentlichten Memoiren entnahm. Die Druckfassung und auch die in Harvard verwahrte Kopie des Manuskripts (»Skript A«) von 1934/35 enthalten eine solche Passage nicht. Schleichers Pläne dürfte Brüning für illusionär gehalten haben, was nicht ausschließt, daß er nicht doch gewisse Hoffnungen in sie setzte, um einen Umschwung in letzter Stunde herbeizuführen.[254] Dagegen spricht allerdings die Begründung des Spruchkammer-Verfahrens gegen Papen vom 24. 2. 1947 in Nürnberg, Brüning sei laut Aussage Fritz Schäffers bereit gewesen, sich mit einem einfachen Ministerposten an einer Regierung mit den Nationalsozialisten zu beteiligen.[255]

Die Versöhnung zwischen Brüning und Schleicher konnte die sachlichen und persönlichen Differenzen nicht völlig ausräumen. Schleicher bezeichnete Brüning ein Jahr später, am 29. April 1934, als einen »hervorragenden Kanzler«, der »uns schlecht und recht, so gut es eben ging, durch die erste Zeit der Wirtschaftskrise gesteuert« habe. Er sei jedoch stets ein Zauderer geblieben. »Er hat meiner Taktik gegenüber der NSDAP nur zögernd folgen können, bis es schließlich zum Konflikt anläßlich des SA-Verbots kam. Er wußte von meinen Verhandlungen mit der NSDAP.«[256]

Brüning und Schleicher sahen noch zwei Möglichkeiten, die Nazis zu schwächen oder sie von der Macht zu entfernen. Die eine bestand darin, daß das Reich ohne Unterstützung von außen spätestens im Sommer 1934 in Zahlungsschwierigkeiten gegenüber dem Ausland kam, was die Nazis in eine hoffnungslose Lage gebracht hätte. Diese Erwartung mochte es Brüning später erleichtern, seine schweren Bedenken gegen das Ermächtigungsgesetz zu besänftigen. Die zweite bestand in der Hoffnung, daß Hammerstein trotz der Ernennung Blombergs noch einen Weg finden würde, sich mit Hilfe der Reichswehr der Diktatur entgegenzustellen.

Weder die eine noch die andere Möglichkeit sollte sich erfüllen. Die zunächst durchaus realistische Prognose Brünings, daß das Regime angesichts der »verzweifelten Valutalage« im Jahre 1933 bald in Zahlungsschwierigkeiten geraten werde, war schon durch die Dollarabwertung vom Januar, spätestens aber nach dem deutsch-britischen Transferabkommen vom 4. Juli und dem nachfolgenden Zahlungsabkommen vom 1. November 1934 überholt. Die Goldzahlungen der Sowjetunion in Höhe von 500 Millionen Mark behoben die aktuelle Devisenknappheit, die die Aufrüstung eine Zeit lang behinderte. Gleichwohl glaubte er nun, wie er später berichtete, daß die Regierung Hitler innerhalb von 18 Monaten zurücktreten müsse.

Andererseits deuten die gemeinsamen Überlegungen über eine Intervention der Reichswehr darauf hin, daß Brüning Schleichers frühere Notstandspläne nicht nur vertraut waren, sondern daß er vorübergehend mit ihnen sympathisierte. Man überlegte, wie lange sich Hammerstein unter Blomberg halten würde. Schleicher hielt es für möglich, daß dieser bis zum Sommer 1933 im Amt bleiben könne, wenn er, Schleicher, seine Differenzen mit Hindenburg beilegte. Dies hätte auch eine Versöhnung zwischen ihm und dessen Sohn einschließen müssen. Eine Aktion des Chefs der Heeresleitung gegen die Nazis hätte allenfalls durch die Deutschnationalen unterstützt werden können, wenn diese, bald enttäuscht von der Politik Hitlers, Hindenburg im Sommer zu einer Aktion der Reichswehr gedrängt hätten.

Brüning und Schleicher stimmten darin überein, daß eine Auflösung der Parteien bis zum Juli verhindert werden müsse. Die Abneigung Schleichers gegen Papen und Oskar v. Hindenburg, die er leidenschaftlich zum Ausdruck brachte, teilte sein Gastgeber. Auch in ihrem Mißtrauen gegen Blomberg waren sie sich einig. Über das Verhalten des Reichspräsidenten brauchten sie nicht viele Worte zu machen. Schleicher äußerte sich laut Brüning »sehr vornehm« über Hindenburg. Brüning war erschüttert über die persönliche Situation, in der sich sein Besucher befand.[257]

Schleicher wollte nicht nur die Differenzen mit Brüning, sondern auch mit anderen Politikern bereinigen, etwa mit Treviranus, den er noch im Juni 1934 – zwei Wochen vor seiner Ermordung – allerdings vergeblich zu einer Teestunde in sein Haus einlud.[258] Brünings abschließendes Urteil über ihn ist bestimmt von den Ereignissen, die zu dessen Sturz als Reichskanzler führten. Das Geschick im Umgang mit Menschen habe ihm auch das Taktieren zwischen den Fronten der Parteien erleichtert. Er habe, »wenn man den Nachrichtenoffizier von ihm abzieht«, als einziger General seiner Generation »immerhin eine gewisse Ahnung von der Politik« gehabt. Um so härter fiel sein Urteil aus, daß Schleicher »wegen seiner Ängstlichkeit vor letzten Entscheidungen« nicht der erste Mann im Staate hätte sein dürfen. Diese Ansicht steht im Widerspruch zu der früheren Aufforderung an Schleicher, das Amt des Reichskanzlers zu übernehmen, die er während der langen Unterredung vom Mai 1932 in der Bibliothek der Reichskanzlei ausgesprochen hatte. Auch dessen Berufung zum Reichskanzler hatte er mit Sympathie begleitet. Brüning war sich des Widerspruchs durchaus bewußt, meinte später aber, daß es keine Alternative mehr zu Schleicher gegeben habe.[259]

Brüning im Wahlkampf

Hitlers Weigerung, die Verhandlungen mit der Zentrumsführung fortzusetzen[260], und die Entscheidung des Reichspräsidenten, den Reichstag aufzulösen, klärten fürs erste die politische Lage. Die Auflösung des Reichstages machte die Bemühungen von Kaas, mit parlamentarischen Mitteln auf die Entwicklung Einfluß zu nehmen, zunichte. Resigniert, aber auch seinen Standpunkt rechtfertigend, richtete er ein Schreiben an Hitler, in dem er sich im Namen seiner Partei gegen die Begründung der Reichstagsauflösung verwahrte. Er bestritt, daß das Zentrum mit einer längeren Vertagung des Reichstages einverstanden gewesen sei. Eine Abschrift schickte er an Hindenburg. Er bedauerte, daß die Besprechungen mit der Regierung über die Möglichkeiten einer Tolerierung nicht weitergeführt worden seien. »Daß man die im Zuge befindlichen Verhandlungen plötzlich abbrach, daß man nach soviel unnütz vertanen Wochen nicht mehr die Geduld aufbrachte, die ein- oder zweimal vierundzwanzig Stunden zu warten, innerhalb deren die Beantwortung der Fragen und damit die notwendige Klärung durchaus möglich gewesen wäre, ist tief bedauerlich und von anderen zu verantworten, aber nicht von uns. ...«[261]

Die gedanklich gewandte Rechtsverwahrung, der verzweifelte Appell an den Reichspräsidenten, dokumentierte gleichsam das Fiasko seines politischen Konzepts, seiner nationalen »Sammlung«, das Kaas seit Oktober 1932 verfolgt hatte. Nicht nur im Hinblick auf die politische Entwicklung der folgenden Jahre stellten die Scheinverhandlungen der letzten Wochen, auf die sich die Zentrumsführer eingelassen hatten, zumindest eine politische Blamage dar, die ihrer Urteilsfähigkeit ein ungünstiges Zeugnis ausstellte. Das Debakel um die dubiosen Anfragen von Kaas an Hitler empfand Brüning, wie die Unsicherheit seiner späteren Äußerungen zeigt, noch nach Jahren als Belastung, obwohl er wegen seiner Erkrankung daran keinen unmittelbaren Anteil gehabt hatte. Kaas versuchte seiner Stellungnahme vom 2. Februar nachträglich Gewicht zu verleihen, indem er den Briefwechsel veröffentlichen ließ, was in der Öffentlichkeit Aufsehen erregte. Sie machte deutlich, daß das Zentrum der Politik Hitlers für die kommenden Wochen keinen Blankoscheck ausstellen wollte.

Dies zeigte sich unter anderem im Widerstand des Preußenzentrums gegen alle Pläne, den preußischen Landtag zusammen mit dem Reichstag am 5. März wählen zu lassen. Der Fraktionsvorsitzende Lauscher betonte, daß die Zusammensetzung des Landtages eine regierungsfähige Mehrheit zuließe und deshalb nicht aufgelöst werden müsse. Dies dürfte auch Brünings Ansicht gewesen sein. In Preußen lag das Recht, den Landtag aufzulösen, in den Händen des sogenannten Dreimännerkollegiums, dem Ministerpräsident Braun als Chef der sogenannten »Hoheitsregierung«, Staatsratspräsident Adenauer und der nationalsozialistische Landtagspräsident Kerrl angehörten. Braun und Adenauer widersetzten sich mit dieser parlamentarischen Gegenstrategie der Auflösung.

Daraufhin übertrug Hindenburg mit Hilfe einer »Verordnung zur Herstellung geordneter Regierungsverhältnisse in Preußen« die Befugnisse Brauns auf Papen als Reichskommissar. Gegen den Protest Adenauers, der die Sitzung verließ, lösten Papen und Kerrl am 6. Februar den Landtag auf. Der Anspruch Brauns wurde übergangen. Faktisch besaß er bzw. sein Stellvertreter Hirtsiefer nur noch das Recht, die preußischen Reichsratsstimmen zu instruieren, was inzwischen politisch bedeutungslos geworden war.[262] Die Zentrumspartei prangerte die Entscheidung als ungerechtfertigt an. Die Proteste gegen die Auflösung von Reichstag und Landtag erwiesen sich als wirkungslos, so folgerichtig sie auch begründet sein mochten. Die Forderung, die parlamentarischen Rechte gegen willkürliche Regierungsmaßnahmen zu verteidigen, fand in der Öffentlichkeit kaum Beachtung. Auch die Sammlungsparole, die Kaas gegen die Gefahr einer schrankenlosen Parteidiktatur ausgab, war nur von begrenzter propagandistischer Bedeutung.

Brüning scheint von Anfang an die ideologischen Vorstellungen einer nationalen »Sammlung« nicht ohne Vorbehalte betrachtet, ihnen zumindest nicht viel Gewicht beigemessen zu haben. Gemeinsam war ihm und Kaas der Wille, den Kernbestand der Verfassung und des Rechtsstaates zu bewahren. Nach der Berufung Hitlers und der überraschenden Reichstagsauflösung hätte dieses Anliegen neue Bedeutung gewinnen können, wenn die »Machtfrage« nicht inzwischen weitgehend zu Hitlers Gunsten entschieden gewesen wäre. Der bevorstehende Wahlkampf wiederum aus der Opposition heraus entsprach gerade nicht jener Tradition, die bis zu Brüning die Politik der Partei bestimmt hatte.

Das Zentrum hatte sich nicht zuletzt dank der Aktivitäten Brünings in den Wahlkämpfen vom Sommer und Herbst 1932 gut behauptet. Ein Achtungserfolg war auch diesmal zu erwarten. Die Frage war nur, ob dies unter einer Regierung Hitler noch von politischer Bedeutung sein würde. Der Exkanzler, der sich gern als der überparteilich denkende und handelnde Staatsmann darstellte, hatte inzwischen wichtige Erfahrungen als Wahlkämpfer in der Kampagne für die Wiederwahl Hindenburgs und in den Wahlkämpfen gegen Papen im Sommer und Herbst 1932 gemacht, so sehr er die politische Agitation auf Versammlungsplätzen und in großen Sälen in früheren Jahren gescheut hatte. Wider Willen hatte er sich vorübergehend wieder in einen Parteipolitiker, der er nie sein wollte, verwandelt, der aus der Opposition heraus als berufener Sprecher seiner Partei unter dem alten Schlachtruf »Für Wahrheit, Freiheit und Recht« seine Anhänger in einem Kampf mit klarer Frontstellung gegen die Extreme von rechts und links zu sammeln und zu mobilisieren suchte.

Dieser Wahlkampf sollte nach dem erklärten Willen der Nationalsozialisten der letzte sein. Kaas, der Parteivorsitzende, überließ aus Rücksicht auf seine Gesundheit wieder mehr oder weniger freiwillig dem ehemaligen Kanzler das Feld als Führungsfigur, als Brünings Heraustreten auch aus den Reihen der Mitglieder gefordert wurde.[263] Brünings Kampagne war im Hinblick auf den Zuspruch der Anhängerschaft der Partei durchaus erfolgreich, auch wenn er, wie sein Freund, der preußische Landtagsabgeordnete Franz Graf von Galen, meinte, ebensowenig wie Kaas zu den politischen »Kraft- und Gewaltnaturen« zählte, die die politische Szene in Deutschland beherrschten.[264]

Brüning selbst registrierte befriedigt, daß sein Auftreten und seine Reden, meist bloße Ansprachen innerhalb eines oft aufwendig inszenierten Kundgebungsprogramms mit Treuegelöbnissen, von den jeweils Anwesenden stürmisch gefeiert wurden. Teilweise war der Stil dieser Massenveranstaltungen beeinflußt durch das Vorbild der Gegenseite. Der aufgeheizten politischen Atmosphäre konnte sich keine Partei entziehen. Als Brüning sich von seiner Krankheit erholt hatte, nahm er zunächst am 16. Februar an einer internen Vertrauensmännerversammlung des Zentrums in Breslau teil. Die Ausführungen, die er dort machte, wurden trotz der vereinbarten Vertraulichkeit in der Öffentlichkeit sofort bekannt, wie er einem Artikel einer Berliner Zeitung entnehmen konnte.

Im Wahlkampf war Brüning trotz der Mobilisierung der Zentrumswählerschaft persönlich dem Terror der Nationalsozialisten ausgesetzt. Als er zwei Tage später in der überfüllten Würzburger Frankenhalle seine erste Wahlrede hielt, mußte er durch ein Polizeiaufgebot geschützt werden. Die Repressalien galten auch Personen, die ihn auf diese oder jene Weise während seiner Wahlkampfreise unterstützten oder beherbergten. In Würzburg kritisierte er beispielsweise die Einsetzung von Reichskommissaren in den Ländern und bekannte sich zur Weimarer Reichsverfassung. »Bei aller Korrekturbedürftigkeit des Parlamentarismus kann man das deutsche Volk nicht regieren mit romantischen Ideen oder mit Auffassungen, wie sie zum Teil im deutschen Osten verbreitet sind. Meiner Regierung kann man nicht den Vorwurf machen, daß sie den Einfluß des Reichstages nicht genügend zurückgedrängt hätte, und zwar ohne Verfassungsänderung, allein durch die weise Beschränkung der Anwendung des § 48. Die spätere Umdeutung, die dieser Paragraph ... erhielt, hat mit seiner Entstehung und seinem Sinn nichts mehr zu tun. Keine moderne Verfassung ist elastischer als die von Weimar, trotz aller unschönen Dinge an ihr. ... Wer von großen Vollmachten nicht weitschauend Gebrauch macht, führt automatisch die Politik in eine Sackgasse. Daher glitt man seit vorigem Sommer von einem Experiment ins andere.« Das Zentrum werde mit jeder Regierung zusammenarbeiten, die den sozialen Ausgleich, den »Ausgleich zwischen den Ständen« wolle und verfassungstreu sei.[265]

Brüning trat auch in Ravensburg, Biberach, Breslau, Hannover, Gelsenkirchen, Hamm, Düsseldorf, Elberfeld, Dortmund und Essen auf.[266] Im Gegensatz zu Kaas, der im Hinblick auf die Gefährdung des Rechtsstaates allmählich resignierte und aus gesundheitlichen Gründen erst spät in den Wahlkampf eingriff und auch nicht so zahlreiche Termine wie Brüning – vor allem in Westdeutschland – wahrnahm,[267] ließ sich Brüning nicht durch Drohungen entmutigen, etwa durch das Gerücht, man werde ein Redeverbot gegen ihn und Kaas verhängen.[268] Besondere Beachtung fand seine große Rede in der Breslauer Jahrhunderthalle am 22. Februar vor 16.000 Zuhörern, in der er seine politischen Überzeugungen und Erfahrungen eingehend darlegte. Er hatte das Gefühl, von seinen Breslauer Wählern Abschied nehmen zu müssen. Ein knappes Jahr zuvor hatte er in derselben Halle einen ebenso großen Auftritt während der Hindenburg-Kampagne erlebt.

Den Nationalsozialisten warf er in Breslau vor, vor allem an Machtpositionen, weniger an wirtschaftlichen Reformen interessiert zu sein. Den Programmpunkt »Brechung der Parteiwirtschaft« bzw. »Weg mit den Parteibonzen aus den Regierungsstellen« habe die NSDAP sehr schnell aufgegeben, erklärte er in Breslau. »Man hat alles getan, um Machtpositionen im Staate um jeden Preis zu besetzen und die Wirtschaft dem Herrn Krisenminister zu überlassen.« Mit letzterem war Hugenberg gemeint. Die Entwicklung der letzten Monate seit dem Regierungsantritt Papens habe mit einer »Parteiregierung« geendet, wie es sie noch nie in Deutschland gegeben habe. Er scheute sich nicht, die von den Nationalsozialisten aufgeworfene Frage des »Berufsbeamtentums« richtigzustellen: Diese Beamten seien auf »das kärgliche Einkommen« dringend angewiesen. »Wir haben nunmehr Persönlichkeiten in den Ministerien, die Gehalt beziehen, den Eid auf die Verfassung geleistet haben und die der disziplinarischen Gerichtsbarkeit unterstellt sind, und wir haben weiter Persönlichkeiten, die kein Gehalt beziehen, die keinen Eid auf die Verfassung geleistet haben und die der disziplinarischen Gewalt nicht unterstehen. Das ist die größte Gefahr, die seit den Revolutionstagen gegenüber dem Berufsbeamtentum überhaupt bestanden hat.« Offen verfassungswidrig nannte er Äußerungen »einiger Mitglieder der Reichsregierung«, man werde um jeden Preis in der Regierung bleiben, auch wenn man keine Mehrheit bekomme. »Muß man solche Drohungen aussprechen, wenn man sicher wäre, die berühmten 51 Prozent bei den Wahlen zu erobern?«

Brüning appellierte indirekt an die Loyalität des Reichspräsidenten gegenüber seinen Wählern vom Frühjahr 1932, indem er die Nationalsozialisten anklagte: »Sind wir vogelfrei, die dem Herrn Reichspräsidenten gedient, ihn im Februar und April gewählt haben, während die anderen, die ihn bekämpft haben, das Recht haben sollen, die Wähler des Herrn Reichspräsidenten zu bedrücken und zu misshandeln?«[269]

In Kaiserslautern skizzierte er das innen- und außenpolitische Programm seiner Partei, soweit er es noch für vertretbar hielt. »Wir rufen auf zur Fortsetzung des Kampfes für die Freiheit und für die Rechte des Volkes, für die Freiheit der Meinungsbildung, für eine gemäßigte und vernünftige Demokratie und vor allem auch für die Erkenntnis der Tatsache, daß Druck nur Gegendruck erzeugt, und daß ein Volkstum, das im letzten Ringen um seine Freiheit steht, nicht zerrissen werden darf, sondern zusammengefaßt werden muß. Es darf nicht wieder so kommen, wie es so oft in der deutschen Geschichte gewesen ist, daß kurz vor dem Erfolg die einige Kampffront zerrissen wird. Wir wollen den Frieden im Volke und die Freiheit des Bürgers, denn auf dieser Grundlage allein läßt sich die Befreiungspolitik fortführen und ein glückliches und freies Vaterland wieder erobern.«[270]

Militärische Begriffe, deutliche Anklänge an die Terminologie der Gegner, insbesondere deren Befreiungsphraseologie, aber auch konservative Demokratiekritik sind unverkennbar. Gelegentlich, wie in seiner Rede in Gelsenkirchen, griff er die Parole einer angeblichen »nationalen Erhebung« auf. Sie habe begonnen, als »wir den Kampf um die Befreiung der Rheinlande vor dem Räumungstermin führten, als wir den passiven Widerstand an der Ruhr leisteten. Als 1930 bis 1932 dem deutschen Volke die schwersten Opfer auferlegt wurden, die es allein möglich machten, den Kampf um die Streichung der Reparationen und den Kampf um die Gleichberechtigung in der Rüstungsfrage aufzunehmen.« Dies versuchte er mit der nationalen Rolle des Zentrums zu verbinden: »National ist, wer opfert und seiner Partei die unpopulärsten Opfer zur Vorbereitung der Freiheit zumutet.«[271]

In Gelsenkirchen griff Brüning Papen als Reichskommissar in Preußen an, indem er die dort »abgebauten« Beamten erwähnte, was ihm den Verweis eines Polizeileutnants eintrug: »Ich verwarne den Redner«. Er wies die Ermahnung begleitet von einem vieltausendstimmigen Pfui in großer Erregung zurück: Er habe die Unpopularität seiner Maßnahmen, den Erlaß von harten Notverordnungen auf sich genommen, aber »in keinem Augenblick dem Recht und der Verfassung Gewalt angetan«. »Ich habe nicht die Ambition, in ein Amt zurückzukehren, habe aber die Mission dafür zu sorgen, daß jene, die den Reichspräsidenten gewählt haben, nicht unterdrückt werden von denen, die ihn damals bekämpft und verleumdet haben. Diesen Kampf werde ich bis zur letzten Lebenskraft durchhalten. Ich habe den ärmsten Schichten der Bevölkerung nicht die schweren Opfer zugemutet, um sie danach unterdrücken zu lassen, sondern um der nationalen Freiheit willen.« Nichts könne ihn in seinem »christlich-nationalen Gewissen« hindern, den Kampf »für Wahrheit, Recht und Gerechtigkeit fortzusetzen.«[272]

Kampfparolen aller Art gehörten zum Arsenal auch der gemäßigten Parteien, die sich der oft brutalen Agitationsmethoden der Nazis zu erwehren hatten. Tätliche Angriffe auf Politiker der Linken und der Mitte waren an der Tagesordnung. Während und nach der gemeinsamen Kundgebung von Zentrum und BVP in Kaiserslautern fielen Schüsse. Es gab Zusammenstöße zwischen der »Pfalzwacht« bzw. der Katholischen Jugend und der SA, die zahlreiche Verletzte forderten. Brüning glaubte sogar Tote oder Verwundete gesehen zu haben. »Als ich aus der Versammlung in Kaiserslautern herauskam, stand ein Polizeikommando dort unter einem sehr tüchtigen Offizier. Ich wurde in ein Auto gebracht, und Polizeiwagen folgten. Ich hörte hinter mir Schüsse. Mehrere junge Leute der Bayerischen Volkspartei lagen tot oder verwundet auf der Straße. ...«

Brüning mußte danach unter polizeilichem Schutz zum nächsten Termin nach Mannheim gebracht werden.[273] Auch Stegerwald wurde physisch bedroht. Bei einer Kundgebung in Krefeld wurde er niedergeschlagen und am Kopf verletzt.[274] Vor seinem Auftritt im Berliner Sportpalast am Abend des 3. März hatte Brüning zahlreiche Warnungen vor einem Anschlag auf dem Wege dorthin erhalten. Die Polizei erklärte sich lediglich in der Lage, ihn während der Veranstaltung zu schützen, nicht jedoch auf der Hin- und Rückfahrt. Im überfüllten Sportpalast hielt er seine letzte große politische Rede, fast ein Jahr nach seiner Hindenburg-Kundgebung vom 11. März 1932, als er den Reichspräsidenten als den großen Retter und Führer der Nation gefeiert hatte. Die Lage hatte sich verändert. Der Antrag der Zentrumspartei, die Rede durch den Rundfunk übertragen zu lassen, wie dies bei Hitler, Papen, Göring, Hugenberg sowie anderen Ministern und Regierungsbeamten fast täglich der Fall war, wurde von der Reichsrundfunkgesellschaft nicht genehmigt, ja nicht einmal beantwortet.[275]

Im Sportpalast wurde Brüning von Heinrich Krone, dem Generalsekretär der Zentrumspartei, begrüßt. Prominentester Gast war der Generalvikar des Bistums, Prälat Paul Steinmann (1871-1963). Brüning charakterisierte in seiner Rede die politische Lage dahin, daß es nur noch einen politischen Kampf geben dürfe, jenen, einen politischen Umsturz zu verhindern. Den Brand des Reichstages am 27. Februar und die Rede Hitlers vom Tage zuvor am selben Ort, in der dieser unter anderem in bekannter Manier gegen Marxismus und Bolschewismus zu Felde gezogen war, nahm er zum Anlaß, der Reichsregierung zu versichern, daß das Zentrum die Regierung grundsätzlich im Kampf gegen den Kommunismus unterstützen werde. Er verlange jedoch, über die Ursache des Brandes eine rasche und öffentliche Untersuchung durchzuführen. Die Hintergründe müßten noch vor den Wahlen aufgeklärt werden. Der Kampf gegen den Bolschewismus lasse sich im übrigen »niemals ausschließlich mit dem Schwert« führen. Er bekannte sich zu einem gelebten Christentum als einzigem Mittel gegen die bolschewistische Gefahr. Brüning unterließ es auch bei dieser Gelegenheit nicht, seinen Sturz zu erwähnen und die bisherige Haltung der Zentrumspartei gegenüber dem Nationalsozialismus zu rechtfertigen. Man habe die Nationalsozialisten in die Regierungsverantwortung unter »stärksten verfassungsmäßigen Garantien« einbeziehen wollen. Aus der »autoritären Staatsführung« sei jedoch eine Regierung geworden, »an der nur zwei Parteien beteiligt seien«.

In Berlin verwahrte sich der Exkanzler ebenso wie zuvor in Kaiserslautern gegen den Vorwurf, seine Regierung habe »einen Trümmerhaufen« hinterlassen, und beklagte, daß in den letzten acht Monaten keine energischen wirtschaftspolitischen Maßnahmen ergriffen worden seien, was insbesondere für die östliche Landwirtschaft gelte. Die Rede gipfelte in einem beschwörenden Bekenntnis zur Weimarer Verfassung, die das Zentrum mitgeschaffen habe und mit der man über die schweren Jahre zwischen 1930 und 1932 hinweggekommen sei. Das Recht und die Verfassung müßten verteidigt werden. Im Hinblick auf die traditionelle Wählerschaft hob er die Bemühungen des Zentrums um die Erhaltung der konfessionellen Schule und den Abschluß der Länderkonkordate und des Evangelischen Kirchenvertrages in Preußen hervor. Selbst das Ziel der außenpolitischen Gleichberechtigung, das er als Kanzler verfolgt hatte, erwähnte er noch einmal. Deutschland könne seine »völlige Freiheit« auf diesem Gebiet nur erreichen, wenn es sie im Innern besitze. Nicht sicher verbürgt ist indessen seine Aussage: »Denken Sie an das, was ich Ihnen heute sage: Ich werde einmal wieder an diesem Platze stehen, aber dann ist Deutschland ein Trümmerhaufen.« Tatsächlich kam er nach dem Krieg weder nach Berlin, noch sah er den Sportpalast wieder.[276] »Ich war in der Stimmung eines Menschen, der nichts mehr zu verlieren hat, fast heiter. Meine Worte über den Rechtsstaat und der Appell an den Reichspräsidenten hatten eine gewaltige Wirkung. Die überwachenden Beamten lächelten humorvoll.«[277] Er verließ den Palast über einen Nebenausgang, wo ihn ein Wagen erwartete. Hernach mußte er sich zum ersten Mal in ein Versteck im Osten Berlins begeben, wo er sich zwei Tage lang aufhielt.[278]

Die Kampagne für das Ermächtigungsgesetz

Im Vergleich zu früheren Wahlen konnte Brüning mit dem Ergebnis seiner Partei vom 5. März zufrieden sein. Die Partei hatte ihre bisherige Stärke weitgehend behauptet. Zwar ging ihr Stimmenanteil geringfügig von 11,9 auf 11,2 Prozent zurück, doch erhöhte sich ihre Stimmenzahl absolut um 200.000 (im Gegensatz zur BVP, die mehr als 30.000 Stimmen verlor). Das Zentrum hatte sein bisheriges Stimmenpotential stärker als bisher ausgeschöpft, war jedoch kaum wesentlich in nichtkatholische Wählergruppen vorgedrungen, auch wenn das persönliche Ansehen Brünings dort beträchtlich gewesen zu sein scheint. Die Zahl der Zentrumsmandate im Reichstag stieg um 3 auf 73. Die Nationalsozialisten erreichten 43,9 Prozent, verfehlten also trotz eines gewaltigen Propagandaaufwandes und trotz des Terrors gegen die anderen Parteien die absolute Mehrheit. Brüning registrierte, daß es den Nationalsozialisten nicht gelungen war, in die traditionelle Wählerschaft des Zentrums einzubrechen.[279]

Er erwartete zunächst keine wesentlichen parlamentarischen Veränderungen, erkannte aber, wie die Memoiren zeigen, sehr bald, daß Hitler ein Ermächtigungsgesetz anstrebte, um den Reichstag dauerhaft auszuschalten, vor allem aber, um sich mit parlamentarischer Legitimation von Hindenburg unabhängig zu machen. Dies war schon der Hauptzweck von Hitlers Taktik vor und während der Regierungsbildung gewesen. Brüning sah sich in seinem Urteil bestätigt, daß Hitler alle Verhandlungen mit dem Zentrum nur zum Schein hatte führen lassen. Er beobachtete ferner, daß die Nationalsozialisten weiterhin eine Doppelstrategie verfolgten: Gegenüber Kaas und den Mitgliedern der Zentrumsfraktion gaben sie sich gesprächsbereit, während sie zugleich den Kampf gegen die katholischen Organisationen fortsetzten.[280]

Für die Etablierung der Diktatur bedeutete das Wahlergebnis selbst keineswegs ein eindeutiges Signal. Die NSDAP verfügte im Reichstag nicht über die absolute Mehrheit, konnte aber auf die Deutschnationalen rechnen, die als »Kampffront (Kampfblock) Schwarz Weiß Rot« mit großen Erwartungen in den Wahlkampf gezogen waren, aber dann trotz einer Zunahme von 200.000 Stimmen unter ihrem Stimmenanteil bei den letzten Wahlen blieben. Insofern befand sich die DNVP in einer ähnlichen politischen Situation wie das Zentrum. Eine NSDAP/DNVP-Koalition hätte eine Rückkehr zu »normalen« parlamentarischen Verhältnissen, also zur Mehrheitsregierung ermöglicht – unter der Voraussetzung eines insgesamt republikanisch-demokratisch orientierten und funktionierenden Parteiensystems. Damit wäre das Präsidialsystem politisch überwunden gewesen.

Hitler aber wollte weder das eine noch das andere. Mit Hilfe des Reichstages gedachte er, sich gleichsam »legal« aus der Abhängigkeit von Hindenburg zu befreien. Diesen Weg war Brüning seinerzeit nicht gegangen. Er hatte den Reichstag soweit respektiert, als er sich mit der Tolerierung zufrieden gab, nachdem er mit seinen Bemühungen um eine bürgerliche Mehrheit gescheitert war. Ein positives Votum des Parlaments hatte er damals im Konflikt mit Hindenburg nicht herbeizuführen gewagt. Hitler hingegen forcierte den Reichstag und erzwang die Zustimmung zu einem Regime, das sich nicht im Rahmen der Befugnisse des Artikels 48 erschöpfte.

Die Verhaftung fast aller Kommunisten und zahlreicher Sozialdemokraten nach dem Reichstagsbrand bereitete – aus späterer Sicht unverständlicherweise – den machtpolitischen Boden für das Ermächtigungsgesetz. Brüning fühlte sich verpflichtet, etwas zu tun, um »die unglücklichen Wähler des Reichspräsidenten vor Verfolgung und Ermordung zu schützen«. Das Verhalten des Reichspräsidenten, dessen Ansehen er selbst im Interesse des Staates geschont hatte, enttäuschte ihn sehr. Daß die Deutschnationalen, deren gemäßigten Flügel er einst für sich gewinnen wollte, versagten, war zu erwarten gewesen. Jetzt, nach dem Scheitern der »Kampffront Schwarz Weiß Rot« gerieten sie unter Führung Hugenbergs völlig in das Schlepptau Hitlers. Hugenberg hatte den entscheidenden Schritt in diese Richtung getan, als er sich von Schleicher abgewandt hatte.

Gemäßigt konservative Persönlichkeiten in der DNVP, die den Kurs Hugenbergs mißbilligten, traten an Brüning heran, um einen Weg zu finden, die Verfassung und den Rechtsstaat gegen die Anschläge des Regimes zu verteidigen. Ein Datum für diese Kontakte ist nicht bekannt. Wahrscheinlich geschah dies nach der Gleichschaltung der meisten Länder, die sich zwischen dem 6. und 10. März vollzog, aber noch vor dem erzwungenen Rücktritt des bayerischen Ministerpräsidenten Dr. Held am 16. März.[281]

Die Sondierungen standen nicht im Gegensatz zu den Verhandlungen, die Parteichef Kaas mit Hitler führte. Diese scheinen jedoch ohne Brünings Einverständnis, vielleicht auch ohne dessen Wissen geführt worden zu sein. Das Zentrum war nicht prinzipiell gegen ein Ermächtigungsgesetz eingestellt, das vor 1918 und auch in der Geschichte des Weimarer Parlamentarismus, wie die Ermächtigungsgesetze von 1920 bis 1923 belegen, einige Vorläufer besaß.[282] Auch die Kaassche Sammlungsparole schloß prinzipiell die Bereitschaft ein, der bestehenden Regierung einen Vertrauensvorschuß zu gewähren, wenn die Regierung sich im Rahmen der Verfassung bewegte.[283]

Die Regierung hielt ihren Entwurf für das geplante Ermächtigungsgesetz geheim, bis es am 21. März als gemeinsamer Antrag von NSDAP und DNVP im Reichstag eingebracht wurde. Es kam also für die Opposition, soweit sie sich im Zentrum und in Teilen der DNVP formierte, darauf an, wenigstens die Leitlinien festzulegen, an denen das erwartete Gesetz zu messen war. Brüning nannte einen acht Punkte umfassenden Katalog, der in erster Linie die Grundrechte der Bürger, die Unabhängigkeit der Rechtsprechung und die Sicherung der Beamtenrechte betraf. Gegen die Maßregelung von höheren Beamten hatte der Abgeordnete Eßer auf Brünings Anregung hin schon anläßlich eines Empfanges bei Hindenburg Einspruch erhoben. Ferner verlangte man eine Änderung der Verordnung des Propagandaministers, d. h. der Propaganda-Direktiven, die Goebbels am 15. März in einem Vortrag vor der Pressekonferenz verkündet hatte, ein Gesetz über die Anwendung von § 2 der Reichstagsbrandverordnung, d. h. der Verordnung zum Schutz von Volk und Staat vom 28. Februar, die in die Rechte der Länder eingriff, sowie die Anerkennung der Flagge Schwarz-Weiß-Rot, um die Hakenkreuzfahne abzuwehren.

Es handelte sich gleichsam um ein konservatives Oppositionsprogramm, wie die Stellungnahme zur Flaggenfrage zeigt. Hitler hatte am 10. März angeordnet, die Farben des Kaiserreichs auf den öffentlichen Gebäuden aufzuziehen. Zwei Tage später war ein Erlaß herausgekommen, nach dem bis auf weiteres die schwarzweißrote Fahne und die Hakenkreuzfahne gemeinsam zu hissen waren. Die Abkehr von der schwarzrotgoldenen Fahne stellte einen seltsamen Kompromiß unter den Rechtsparteien, formal ein Zugeständnis der NSDAP an die DNVP dar. Diese hatte die Wiedereinführung der alten Fahne ausdrücklich begrüßt. Der Vorgang bedeutete einen symbolischen Abschied von der Weimarer Republik, in der der Flaggenstreit zugleich ein Streit um Monarchie und Republik gewesen war. Die rote Parteifahne der NSDAP hätte demnach für die DNVP ebensowenig als staatliches Symbol akzeptabel sein dürfen wie für das Zentrum.[284] Brüning vertrat diesen Forderungskatalog, obwohl er die Flaggenfrage seit dem Kapp-Putsch zugunsten von Schwarz-Rot-Gold für entschieden gehalten hatte.[285]

Die Verwahrung gegen ein gewaltsames Vorgehen gegen einzelne Länder, das Innenminister Frick am 24. Februar angekündigt hatte, bezog sich insbesondere auf die prekäre Lage Bayerns. So hatte Fritz Schäffer am 26. Februar auf einer Zentrumskundgebung in Frankfurt am Main, an der auch Brüning teilgenommen hatte, erklärt, daß ihm der Reichspräsident versichert habe, daß weder von ihm persönlich noch von der von ihm bestellten Reichsregierung Gewaltakte gegen Bayern geplant seien. Sie würden nicht geschehen, »sofern dieses Land im Rahmen der Verfassung von seinen Zuständigkeiten und Rechten Gebrauch« mache.[286]

Nach Brüning war es schwierig, einen Vertrauensmann zu finden, der den Katalog Hindenburg zur Kenntnis brachte, unter anderem deshalb, weil dessen Sohn dies womöglich zu vereiteln versuchte. Ob Hindenburg dennoch davon erfuhr, ist unbekannt. Zumindest scheint das Schriftstück zu Papen gelangt zu sein, der den Düsseldorfer Oberbürgermeister Robert Lehr zu Brüning schickte. Lehr, der einzige deutschnationale Oberbürgermeister im Westen, teilte Brüning mit, daß Papen, der seit dem 1. März der DNVP angehörte, mit ihm über die Sicherung des Rechtsstaates verhandeln wolle. Die Bedingungen, die Papen dafür stellte, waren die Auflösung der Christlichen Gewerkschaften und die Selbstaufgabe der Zentrumspartei. Brüning hielt dies für eine Finte. »Ich antwortete Lehr, daß ich auf diese beiden Bedingungen dann antworten würde, wenn er in der Lage wäre, mir zu sagen, was dann die positiven Vorschläge Papens waren. Ich merkte bald sehr deutlich, daß er gar keine hatte.« Wie er Papen einschätzte, ist einer Nebenbemerkung im Wahlkampf zu entnehmen: »Einer meiner Nachfolger wird von seinem Kabinett bis auf eine Stimme verlassen, er findet sich mit seinem früheren Gegner zusammen, um seinen Nachfolger zu stürzen. Es mag das Vergnügen machen, aber das deutsche Volk hat die Zeche zu bezahlen.«

Brüning setzte trotz aller Bedenken den Gedankenaustausch mit Lehr fort. Für die Idee der Einheitsgewerkschaft hegte der ehemalige Geschäftsführer des DGB ohnehin Sympathien; das Schicksal der Zentrumspartei beurteilte er skeptisch. Lehr berichtete Brüning nach einigen Stunden, daß Papen eine zwischen Brüning und Lehr abgestimmte gemeinsame Position bis zum äußersten im Kabinett vertreten wolle.[287] Kurz nach Lehrs zweitem Besuch mußte Brüning feststellen, daß Papen mit diesen Vorschlägen hausieren ging. Es ist jedoch fraglich, ob dieser versuchte, innerhalb des Kabinetts den Boden für eine Beschränkung der Regierungsbefugnisse vorzubereiten. Lehr wurde, wie Brüning berichtet, wenige Tage später verhaftet, angeklagt und für anderthalb Jahre ins Gefängnis geworfen. Brüning selbst wollte verhindern, daß die Regierung vom Reichstag eine Blankovollmacht erhielt. Er verlangte, daß vor allen Regierungserlassen Einzelverhandlungen im Sinne der bereits genannten Punkte erfolgten. Außerdem sollte der Reichstag zunächst einmal zusammentreten und sich dann um zwei Monate vertagen. In der Zwischenzeit sollte über das Ermächtigungsgesetz verhandelt werden.[288]

Am Abend des 21. März kam es zu einer mehrstündigen Aussprache mit seinem alten Gegner Hugenberg im Hause des DNVP-Abgeordneten Otto Schmidt-Hannover in Dahlem. Dieser Generalstabsoffizier des Ersten Weltkrieges, der seit der Tagung der Harzburger Front mit Brüning in Verbindung stand und ein entschiedener Gegner Hitlers war, hatte das Gespräch vermittelt. Brüning versuchte den Geheimrat von der Richtigkeit seiner früheren Politik als Kanzler zu überzeugen und gewann dabei erstmals das Gefühl, ihn beeindruckt zu haben. Hugenberg akzeptierte Brünings Forderungen im Hinblick auf das Ermächtigungsgesetz und versprach, sie sich zu eigen zu machen. Dieser maß der Zusage große Bedeutung bei, was sein späteres Urteil über Hugenberg wesentlich beeinflußt haben dürfte.[289]

Brüning wollte das Gesetz in seinen Auswirkungen begrenzen. Ähnliche Forderungen hatten auch einige DNVP-Mitglieder des Reichskabinetts am 15. bzw. 16. März erhoben, um die Mitwirkung des Reichspräsidenten bei der Ausführung des Gesetzes sicherzustellen. Hugenberg ließ gegenüber Brüning nicht erkennen, daß bereits mehr als die Hälfte der Mitglieder seiner Fraktion einen Antrag von Spahn und Stadtler unterstützten, die Partei aufzulösen und zur NSDAP überzutreten. Die beiden verständigten sich über einen Abänderungsantrag, der während der Reichstagsverhandlungen vorgelegt werden sollte. Brüning sollte ihn formulieren, die DNVP ihn nach Rücksprache mit Hitler einbringen.

Nach diesem Entwurf, der schließlich von Brüning und dem Zentrumsabgeordneten Johannes Bell vorgelegt wurde, sollte das Ermächtigungsgesetz durch eine Geltungsdauer von sechs Monaten, durch ein Vetorecht Hindenburgs und durch eine teilweise Aufhebung der Reichstagsbrandverordnung, soweit sie die bürgerlichen

Grundrechte betraf, begrenzt werden. Denn die Verordnung verstieß gegen den rechtsstaatlichen Grundsatz »nulla poena sine lege«, da sie Strafen für Delikte vorsah, die zur Tatzeit nicht mit Strafen bedroht gewesen waren. Dies galt auch für die Todesstrafe für den Niederländer Marinus van der Lubbe, da der Anschlag auf den Reichstag zur Tatzeit lediglich mit einer Freiheitsstrafe bedroht gewesen war. Brüning hielt daher die Verordnung vom 28. Februar für wesentlich gefährlicher als das geplante Ermächtigungsgesetz, das einige vage Grundrechtsgarantien enthielt, zeitlich auf vier Jahre begrenzt war und nicht Hitler allein, sondern dem Kabinett die vorgesehenen Vollmachten erteilte. Die Rechte des Reichspräsidenten durften nach seiner Auffassung nicht »beeinträchtigt« werden. Theoretisch hätte der Reichspräsident das Ermächtigungsgesetz außer Kraft setzen können, wenn er den Reichskanzler abberief. Es war politisch bedeutungslos, daß das Ermächtigungsgesetz in der Folgezeit durch den ohnehin gleichgeschalteten Reichstag dreimal verlängert wurde.

Hitler wandte das Ermächtigungsgesetz bedenkenlos als Diktaturvollmacht an, ohne sich auf die Reichstagsbrandverordnung zu stützen. Letztere wurde jedoch nie aufgehoben, so daß man sie mit Recht als »Grundgesetz der nationalsozialistischen Diktatur« (G. Jasper) bezeichnet hat. Sie diente unter anderem der schrittweise durchgeführten Auflösung der katholischen Verbände. Brüning forderte die DNVP auf, sich gegen die Drohung Hitlers zu verwahren, Hindenburg gemäß Artikel 59 der Reichsverfassung auf Grund der Reichsexekution gegen Preußen am 20. Juli 1932 anzuklagen, nachdem der Staatsgerichtshof die einschlägige Notverordnung teilweise für verfassungswidrig erklärt hatte. Für die Einleitung eines Amtsenthebungsverfahrens wären wenigstens hundert Unterschriften von Abgeordneten des Reichstages, für eine Absetzung wäre eine Zweidrittelmehrheit erforderlich gewesen. Dies wäre leicht erreichbar gewesen, da außer den Nationalsozialisten und Kommunisten, die Sozialdemokraten, gegen die sich der Preußenschlag in erster Linie gerichtet hatte, sich kaum einem solchen Votum hätten entziehen können, wie Brüning mit Recht vermutete. Allein die Aussicht auf ein solches Verfahren schwächte die Stellung des Reichspräsidenten. Die Vereinbarung zwischen Zentrum und DNVP wurde gegenstandslos, als Brüning wenige Minuten vor der zweiten Lesung des Ermächtigungsgesetzes die Nachricht Hugenbergs erreichte, daß es ihm trotz wiederholter Versuche nicht gelungen sei, Hitler zu sprechen. Am nächsten Tage stellte sich heraus, daß 22 Mitglieder der DNVP-Fraktion den mit dem Zentrum vereinbarten Antrag zu Fall gebracht hatten, indem sie drohten, sich der NSDAP anzuschließen.

Über das Treffen mit Hugenberg bewahrte Brüning vereinbarungsgemäß Stillschweigen gegenüber den meisten Mitgliedern des Vorstandes, nicht jedoch gegenüber Kaas. Auch Hugenberg und Schmidt-Hannover hielten sich an die Absprache. Die Entscheidung der Deutschnationalen schwächte die Position der Zentrumspartei in ihren Verhandlungen mit Hitler über das Ermächtigungsgesetz. Kaas war entsetzt, weil er glaubte, von der DNVP in eine Falle gelockt worden zu sein.[290] Brüning war hingegen überzeugt, daß Papen im Auftrag Hindenburgs stets gegen alle Beschlüsse des Kabinetts ein Veto hätte einlegen können. Deshalb hatte er auch ein Verbleiben von Regierungsmitgliedern wie Schwerin-Krosigk, die nicht der NSDAP angehörten, im Amt gebilligt.[291]

Fraglich ist, ob die Anregung Papens in der Ministerbesprechung vom 20. März, ein neues Staatsgrundgesetz ausarbeiten zu lassen und die Flaggenfrage durch ein vom Reichstag zu erlassendes Gesetz zu regeln, mit Brünings Sondierungen im Zusammenhang stand. Hitler hatte ausweichend, aber nicht ablehnend reagiert, indem er sich auf ein kurz zuvor stattgefundenes Gespräch mit Kaas, Stegerwald und Perlitius berief. Vergeblich hatte Hugenberg angeregt, das Ermächtigungsgesetz durch einen Passus zu ergänzen, nach dem der Reichstag zur Nationalversammlung erklärt werden könne. Damit hätten in letzter Konsequenz die Vollmachten der Regierung auf die Nationalversammlung übertragen werden können. Göring hatte vorsorglich – in Kenntnis von Hitlers ablehnender Haltung – davon abgeraten.

Hitler behauptete, daß die Vertreter des Zentrums die Notwendigkeit eines Ermächtigungsgesetzes »eingesehen« und lediglich gebeten hätten, es möge »ein kleines Gremium gebildet werden«, das über die beabsichtigten Maßnahmen fortlaufend unterrichtet werden sollte. Das Kabinett stimmte dem Entwurf des sogenannten Gesetzes zur Behebung der Not von Volk und Staat ohne Debatte zu. In Goebbels Tagebuch heißt es: »Wir haben die Nachricht, daß das Zentrum es im Reichstag akzeptieren wird.«[292] Hitler erwähnte diese Zusage in der Regierungserklärung vom 23. März und kam am darauffolgenden Tag im Kabinett noch einmal darauf zurück. Der Ausschuß solle nur von Fall zu Fall einberufen werden, wenn es opportun erscheine.[293]

Brüning hatte im Vorfeld des Ermächtigungsgesetzes eine andere Strategie als Kaas verfolgt, der als Parteivorsitzender erst am 18. März von Hitler zu den erwähnten Verhandlungen über die Haltung der Partei im Reichstag für den 20. März eingeladen worden war. Als Kaas zusammen mit Stegerwald und dem Großindustriellen Albert Hackelsberger, dem Verbindungsmann der Fraktion zu Göring und Frick, an diesem Tag von Hitler empfangen wurde, war der Text des Entwurfs noch nicht veröffentlicht. Dieser wurde ihm erst bei seinem zweiten Besuch in der Reichskanzlei – wiederum zusammen mit Stegerwald und Hackelsberger – zwei Tage später bekannt.

Kaas äußerte unter anderem seine Überraschung über den Wortlaut, über die »Ausschaltung des Reichspräsidenten beim Vollzug der einschlägigen Gesetze, die Bindung an die Regierung in ihrer gegenwärtigen Zusammensetzung sowie über die vierjährige Geltungsdauer«. Hitler machte unverbindliche Zusagen in fast allen Punkten, darunter auch im Hinblick auf die Unabsetzbarkeit der Richter und die Verwendung von Beamten, die der Zentrumspartei angehörten (außer sogenannten »Parteibuchbeamten ohne Vorbildung«), drohte aber, notfalls den Staatsnotstand zu verkünden, was Kaas irritierte. Nicht zuletzt auf Grund seiner juristischen Vorbildung glaubte dieser jedoch, verbindliche Zusicherungen erhalten zu haben. Die Unterstellung des angeblichen formalrechtlich nicht greifbaren »Parteibuchbeamtentums« hätte er aber nicht ohne Widerspruch hinnehmen dürfen. Nach Kaas deutete Hitler die Rücknahme der Bestimmungen der Reichstagsbranderlasse an, soweit sie die staatsbürgerlichen Rechte betrafen.

Hitler kündigte an, seine Zusagen in wesentlichen Punkten in die Regierungserklärung aufzunehmen. Dies erschien nicht völlig ausgeschlossen, nachdem Innenminister Frick am 15. März bei einer Ministerbesprechung erklärt hatte, das Gesetz müsse so weit gefaßt werden, »daß von jeder Bestimmung der Reichsverfassung abgewichen werden könne«. Brüning nahm ebenso wie viele andere Zentrumsabgeordnete an, daß die Zusagen Hitlers in Form eines Briefes an die Fraktion vor der Regierungserklärung bestätigt würden. Angeblich war ein solches Versprechen von Hitler und Frick »genehmigt« worden. Hitlers Verhalten am nächsten Tag ließ darauf schließen, daß er tatsächlich ein einschlägiges Schriftstück an das Zentrum gelangen lassen wollte. Eine Kommission, der neben Kaas auch Brüning angehörte, stellte die mündlichen Zusagen Hitlers zusammen und übermittelte den Text der Reichsregierung noch am 22. März. Dieser umfangreiche Katalog ging inhaltlich sogar über die Forderungen hinaus, die Brüning mit Hugenberg vereinbart hatte.[294]

Spannungen in der Zentrumsfraktion

In einer anderen politischen Situation, ohne den nationalsozialistischen Terrorhintergrund, hätten Brünings Aktivitäten gegen das Ermächtigungsgesetz erfolgreich sein können. Er selbst blieb skeptisch gegenüber den Zusagen Hitlers, während die Mehrheit seiner Fraktionskollegen das Ermächtigungsgesetz annehmen wollte. Brüning erkannte die politische Bedeutung, die eine Zustimmung der Fraktion für Hitler besaß, auch wenn es ein Leichtes sein würde, die erforderliche Parlamentsmehrheit durch Zwangsmaßnahmen gegen einzelne Abgeordnete auf andere Weise herbeizuführen. Zu Beginn der Sitzung in der »Krolloper« am 23. März stimmte der Reichstag einer Änderung der Geschäftsordnung zu. Reichstagspräsident Göring durfte nun nach Belieben einzelne Abgeordnete von der Sitzung ausschließen, die nach der neuen Geschäftsordnung bei Abstimmungen dennoch als »anwesend« gezählt werden konnten. Auch das Zentrum votierte dafür. Die 51 kommunistischen Mandate waren kassiert worden, so daß sich die Gesamtzahl auf 566 verringert hatte. Den 288 Abgeordneten der NSDAP standen 278 nichtnationalsozialistische gegenüber.

Hitler war daran interessiert, daß außer NSDAP und DNVP das Zentrum ebenso wie die anderen bürgerlichen Parteien dem äußeren Anschein nach dem Gesetz »freiwillig« zustimmten. Dem Zentrum kam in dieser Strategie ausschlaggebende Bedeutung zu. Die erwähnte schriftliche Bestätigung der Zusicherungen, die Hitler gegeben hatte, stand nach dem Zusammentritt des Parlaments – offiziell – noch aus, was die Unsicherheit in der Fraktion steigerte. Man befürchtete, der Terror des Regimes werde sich künftig noch mehr als bisher gegen das Zentrum richten, wenn die Partei nicht mehr als »nationale Partei« gelten würde. So könne ein neuer Kulturkampf ausbrechen.

Die gespannte Atmosphäre in der Fraktion ließ eine offene Diskussion nicht mehr zu, was vor allem jüngere Abgeordnete wie Johannes Schauff irritierte, der Brünings Vorsicht und Zurückhaltung für übertrieben hielt. Aber nicht nur dieser glaubte, daß es zwei oder drei »Verräter« gebe, die die Gegenseite über interne Vorgänge informierten. Einige Mitglieder verdächtigten Hackelsberger neben Grass als Zwischenträger. Die beiden Politiker fungierten als Verbindungsleute der Fraktion zu Göring. Sie schlugen am Vormittag des 23. März Reichsinnenminister Frick vor, den Reichstag nach der Regierungserklärung Hitlers zu vertagen.

Den Text der Regierungserklärung sollte die Fraktion eine halbe Stunde vor Beginn der Reichstagssitzung, die für 14.00 Uhr angesetzt war, erhalten. Angeblich wurde er noch im Kabinett beraten, verlautete aus der Reichskanzlei. Statt der vom Zentrum gewünschten Vertagung nach der Regierungserklärung war nur noch eine Pause von zwei bis drei Stunden vorgesehen. In dieser Zeit sollten noch offene Fragen geklärt werden.[295]

Die ohnehin geringen Chancen für eine Entschärfung des Ermächtigungsgesetzes blieben ungenutzt, vorausgesetzt, daß sie je bestanden. In der kurzen Vorstandssitzung der Zentrumsfraktion am 23. März, die um 11.00 Uhr begann und nur eine Viertelstunde dauerte, informierte Hackelsberger kurz über die Besprechung mit Frick und teilte mit, daß Hitler eine Vertagung des Reichstages nach der Regierungserklärung ablehne. In der nachfolgenden Fraktionssitzung berichtete Kaas von der Begegnung mit Hitler, insbesondere über dessen Zusagen hinsichtlich der Bedingungen, von denen die Partei ihre Zustimmung abhängig machen wollte. Kaas verwies darauf, daß sich für die Fraktion und die Partei unangenehme Folgen ergäben, wenn das Zentrum die Vorlage ablehne. Man könne nur noch versuchen, das Schlimmste abzuwenden. Falls die notwendige Zweidrittelmehrheit im Plenum nicht erreicht werde, wolle die Regierung ihre Ziele auf anderem Wege durchsetzen. Von den Deutschnationalen sei keine Hilfe zu erwarten. Er verzichtete ausdrücklich darauf, eine Empfehlung für die Abstimmung zu geben.[296]

Brüning hingegen betonte, daß sich die Fraktion in einer Zwangslage befinde. Darin stimmte er mit Eugen Bolz überein, der am Vortag denselben Begriff verwandt und jede Zustimmung als verhängnisvoll bezeichnet hatte. An die Adresse von Kaas gewandt, warnte er davor, »die Gesamtlage des Vaterlandes und der Partei nicht einer zu leichten Beurteilung [zu] unterziehen«. Es bestünden die größten Gefahren für die gesamte Verfassung, da der Reichspräsident sich mit dem Ermächtigungsgesetz abgefunden habe. Die Rechte des Reichspräsidenten einschließlich der Befugnisse des Artikels 48 stellten aber weiterhin Garantien für den Bestand der Reichsverfassung dar.[297]

Es gibt Anzeichen für eine Auseinandersetzung zwischen Brüning und Kaas bereits einige Tage zuvor in der Wohnung des preußischen Landtagsabgeordneten Bernhard Letterhaus, dem Verbandssekretär der Katholischen Arbeitervereine Westdeutschlands, in der Odenkirchener Straße in Köln über die Annahme des Ermächtigungsgesetzes. Während Brüning dringend forderte, den Charakter der Zentrumspartei als Verfassungspartei zu wahren, und vor einem Rechtsbruch warnte, bestand Kaas vor allem auf seiner Rolle als Führer der Zentrumspartei. Der Schluß liegt nahe, daß er sich bei seinen Verhandlungen mit Hitler oder der NSDAP auf eine Zustimmung seiner Partei festgelegt hatte. Nach der Sitzung des Fraktionsvorstandes vom 20. März, an der Brüning nicht teilgenommen hatte, kam es zu weiteren Differenzen zwischen den beiden Politikern. Während der Prälat noch immer an juristische Möglichkeiten glauben wollte, einen Mißbrauch des Ermächtigungsgesetzes zu verhindern, warnte Brüning vor solchen Illusionen.[298]

Brüning und Kaas unterschieden sich nicht nur in der Frage des Ermächtigungsgesetzes, sondern auch in ihrem Urteil über einzelne Personen der Gegenseite, insbesondere über Papen. Kaas hatte die einzige Möglichkeit, den Einfluß und die Existenz der Partei zu retten, in der Verbindung mit dem Vizekanzler gesehen, dem er am 6. März vorgeschlagen hatte, die Parteien von Fall zu Fall über die geplanten Maßnahmen der Regierung zu unterrichten. Kaas hatte ihn ohne Rücksprache mit seinen Parteifreunden aufgesucht. Papen erwähnte am 7. März im Kabinett, daß Kaas ihm ohne vorherige Fühlungnahme mit seiner Partei erklärt habe, einen Strich unter die Vergangenheit ziehen zu wollen, und ihm die »Mitarbeit des Zentrums« angeboten habe.[299]

Brüning, der Kaas insgeheim verdächtigte, innerhalb der Partei für eine Annäherung an Papen zu werben, hatte hingegen vergeblich darauf gehofft, daß die DNVP den vereinbarten Abänderungsantrag, den er zusammen mit Bell formuliert hatte, trotz des Hinweises von Kaas stellen würde. Der Prälat hatte seinerseits noch kurz vor der dritten Lesung beruhigende Nachrichten aus dem Reichspräsidentenpalais und von Papen erhalten. Der Reichspräsident verbürge sich, nach einiger Zeit die Garantien der Verfassung in einem offenen Brief feierlich zu bezeugen.

Terror im Reichstag

Die Atmosphäre im Reichstag, der sich am 23. März in der Krolloper versammelte, war durch die Anwesenheit zahlreicher uniformierter und lärmender SA- und SS-Männer bestimmt. Sogenannte Schutzwachen waren neben den Bänken der Oppositionsparteien postiert. Von außen war das Haus durch SS-Kräfte von der Umgebung abgesperrt. Die Dekoration der Stirnseite mit dem riesigen Hakenkreuz entsprach symbolisch der bevorstehenden Abschaffung des Parlamentarismus durch das Regime, das sich jetzt etabliert. Der Reichstag stand unter Ausnahmerecht, als die Sitzung um 14.05 Uhr begann. Brüning berichtet, daß er nur in der Hoffnung auf das Amendement der DNVP zwei Tage zuvor an der Eröffnung des Reichstages in der Potsdamer Garnisonkirche teilgenommen habe. Er habe das Gefühl eines Menschen gehabt, der »zum Richtplatz geführt wird.« Sein Freund und Kollege August Wegmann meinte rückblickend zu der Frage, ob Zentrum und BVP das Ermächtigungsgesetz noch hätten ablehnen können, es sei für Hitler eine »Kleinigkeit« gewesen, vor der Abstimmung die ausreichende Anzahl von Abgeordneten der SPD und der beiden katholischen Fraktionen in Schutzhaft nehmen zu lassen oder auf andere Weise am Erscheinen zu hindern.[300]

Die Grundlage für die Verhaftungen bot die Reichstagsbrandverordnung, die Brüning als schweren und entscheidenden Anschlag auf Verfassung und Rechtssicherheit betrachtete. Das Gefühl, auch persönlich bedroht zu sein, brachte er in diesen Tagen unabsichtlich gegenüber dem französischen Journalisten François Le Grix zum Ausdruck, als er sich – wenig glaubwürdig – über Hitler äußerte: »Hitler ist ein anständiger Mensch, gemäßigt und verständig, vernünftigen Argumenten zugänglicher, als der Ton seiner Sprache und die Tätlichkeiten seiner Unterführer vermuten lassen. Er mangelt nicht des religiösen Gewissens.« Treviranus vermutete nicht ganz zu Unrecht, daß diese seltsame Stellungnahme, wenn sie zum Zweck der Tarnung nicht bewußt unaufrichtig war, durch einen früheren Kameraden im Ersten Weltkrieg, den SA- und SS-Führer und Vorsitzenden des Parteigerichts der NSDAP Walter Buch, beeinflußt gewesen ist, der in Martin Bormann den bösen Geist Hitlers und der NSDAP sah, d. h. Hitlers Charakter selbst positiv bewertete. Buch war der Schwiegersohn Bormanns und scheint sich in extremer persönlicher Abhängigkeit von diesem befunden zu haben.[301] Vielleicht wollte Brüning sich auf Grund seiner persönlichen Bekanntschaft mit Hitler seit den frühen zwanziger Jahren nicht eingestehen, daß er ihn früher falsch eingeschätzt hatte. Seine Äußerung beruhte trotzdem auf einer näheren Kenntnis von Hitlers Charakter, was Illusionen nicht ausschloß. Er schien zu bedauern, daß er Hitler nie in seinem Sinne zu beeinflussen vermocht hatte.

Brüning fehlte im Gegensatz zu Hitler die Gabe der Verstellung, um etwa im Sinne der Shakespeareschen Antonius-Rede gegen die Mörder Caesars den Kampf um Demokratie und Republik aufzunehmen. Der Kampf um das Ermächtigungsgesetz sollte dies bestätigen. Hitler erwies sich als der überlegene Taktiker. Der Brief mit den gewünschten Zusagen traf weder vor der Sitzung noch später ein, was die Unruhe und Spannung innerhalb der Fraktion ins Unerträgliche steigerte.

Gleichwohl bot die Regierungserklärung Hitlers eine Überraschung. Die Rede enthielt die meisten jener Forderungen, die das Zentrum erhoben hatte, teilweise waren sogar Formulierungen von Kaas übernommen. Diese reichten von der Garantie für den Fortbestand der Länder, die bestehenden Konkordate, den kirchlichen Einfluß auf das Schulwesen, die Unabsetzbarkeit der Richter, die Existenz von Reichstag und Reichsrat bis zur Garantie für die Rechte des Reichspräsidenten. Letztere wurde freilich durch die Gleichschaltung bzw. Beseitigung dieser Institutionen (Reichsrat) gegenstandslos. Eine weitere Überraschung stellte schließlich die Feststellung des Reichskanzlers dar, die »freundschaftlichen Beziehungen mit dem Heiligen Stuhl weiter zu pflegen und auszugestalten.«[302]

Die Entscheidung des Zentrums

Im Anschluß an die Regierungserklärung versammelte sich die Zentrumsfraktion in ihrem alten Sitzungssaal im Reichstag. Die Stimmung war nach Brünings Eindruck schon zu Beginn der Beratung ganz überwiegend für die Annahme des Gesetzes. Er schätzte den Anteil der Befürworter auf 70 Prozent. Dies war vor allem Hackelsbergers Werk gewesen. Brüning sprach sich dagegen aus: »Ich erinnerte an Windthorst, an den 70jährigen Kampf für Wahrheit, Recht und Freiheit. Ich warnte vor allzu großer Furcht; sie sei berechtigt für den Einzelnen, nicht aber in der Sache. Auch wenn wir jetzt zustimmten, würden unsere Zeitungen eingehen, unsere Schulen verloren sein und unsere Jugend in die Hände der Nationalsozialisten fallen. Besser sei es, ruhmreich unterzugehen, als einzeln nach und nach dieses Schicksal zu erleben.« Brüning erklärte dies sowohl vor dem Plenum der Fraktion als auch in zahlreichen Einzelgesprächen mit den Kollegen, um die Ablehnung der Vorlage zu erreichen. Der Konflikt in der Parteiführung war offenkundig. Kaas regte eine Probeabstimmung an, die erwartungsgemäß zu keinem einmütigen Votum führte. Brüning war der Wortführer der Minderheit. Für ihn war die Vorlage der Regierung das »Ungeheuerlichste, was je von einem Parlament gefordert« worden sei.

Nach seiner Erinnerung wollte außer ihm noch ein weiteres Mitglied der Fraktion – wahrscheinlich Wirth – vor der Abstimmung aus der Partei austreten. Mehrere andere kündigten an, gegen das Gesetz zu stimmen. Nach seinem Eindruck waren es Kollegen, die in Kürze mit ihrer Verhaftung rechnen mußten. Insgesamt umfaßte die Dissidenten-Gruppe um Brüning etwa zwölf bis vierzehn Abgeordnete. Zu ihr gehörten Bockius, Bolz, Dessauer, Ersing, Fahrenbrach, Imbusch, Joos, Kaiser, Schauff, Hermann Joseph Schmitt, Teusch, Weber und Wirth. Die Zettel der Probeabstimmung wurden sofort vernichtet. Danach verließ Brüning den Saal. Wirth, der ihn in der Aussprache unterstützt hatte, stürzte erregt und weinend aus dem Raum. Die Zurückbleibenden waren sich nach dem Protokoll lediglich darin einig, »mit Rücksicht auf die Partei und ihre Zukunft der Mehrheit der Fraktion zu folgen und für das Ermächtigungsgesetz zu stimmen«.

Ausschlaggebend für diese begrenzte Einmütigkeit dürfte der Umstand gewesen sein, daß es für die Fraktion keine wirkliche Alternative gab, wie Kaas feststellte. Er hatte sich keineswegs begeistert über die Regierungsvorlage geäußert. Für Kaas und wohl auch für Brüning sprach noch ein weiteres Argument mit, das sie freilich in der Debatte innerhalb der Fraktion unerwähnt ließen, jedenfalls nicht offen aussprachen. Es bestand in den Gerüchten um einen polnischen oder polnisch-französischen Präventivkrieg, die wieder einmal kursierten. Die Reichswehr hätte einen solchen Angriff kaum erfolgreich abwehren können. Aufmarschpläne gegen einen möglichen Angreifer besaß die Reichswehr nicht, da Stärke und Bewaffnung für diesen Zweck nicht ausreichten. Sie konnte ihr Heil nur in der strategischen Defensive suchen. Die Reichswehr hätte gegen einen Überfall aus dem Osten allenfalls hinhaltenden Widerstand leisten können, bis der Völkerbund zum Eingreifen in den Konflikt bereit war.

Dazu war die außenpolitische Lage nach der sogenannten Machtergreifung keineswegs angetan. Hitlers Innenpolitik hatte zu einer Verhärtung der Haltung Frankreichs und Englands gegenüber Deutschland geführt. Kaas deutete an, daß sich das Vaterland in höchster Gefahr befinde. In der konkreten Situation betrachtete die Fraktion die Zustimmung, vor allem aber eine einheitliche Haltung als das geringere Übel. Das Gesetz erschien Brüning als weniger einschneidend im Hinblick auf seine unmittelbaren Auswirkungen, vor allem aber gegenüber den aktuellen unkontrollierbaren Terrormaßnahmen und Übergriffen, die jeder wie immer gearteten Rechtsgrundlage entbehren. Gleichwohl verhalf das Zentrum der Regierung dazu, die angebliche Legalität ihrer bereits ergriffenen und geplanten Zwangsmaßnahmen zu demonstrieren. Entscheidend war schließlich für die Fraktion die Überlegung, daß Hitler zu diesem Zeitpunkt seine Ziele schon ohne ihre Zustimmung und auch ohne das Ermächtigungsgesetz weiter verfolgen konnte.[303]

Die Forderung nach Verfassungsgarantien

In der Aussprache, die kurz nach 18 Uhr in der Krolloper begann, hielt Otto Wels jene berühmte Rede, die als Bekenntnis zur Weimarer Demokratie, zum Rechtsstaat und als Absage an die Gewaltherrschaft in die Geschichte eingegangen ist. Für das Zentrum sprach Kaas, der noch einmal den nationalen Sammlungsgedanken beschwor und die Zustimmung seiner Partei zur Regierungsvorlage ankündigte. Er verwies aber zugleich auf die Erwartungen des Zentrums hinsichtlich des Umgangs der Regierung mit dem Ermächtigungsgesetz, ohne freilich die zugesagten schriftlichen Garantien anzumahnen. Statt dessen berief er sich auf Hitlers »sachliche Erklärungen«, die der Partei »bezüglich einzelner wesentlicher Punkte des deutschen

Staats-, Rechts- und Kulturlebens – vor allem auch in Verbindung mit den bei den Vorverhandlungen gemachten Feststellungen – die Möglichkeit einräumten, eine Reihe wesentlicher Bedenken, welche die zeitliche und die sachliche Ausdehnung des Ermächtigungsbegehrens der Regierung ausgelöst hatte und auslösen mußte, anders zu beurteilen«. Die Vertreter der anderen bürgerlichen Parteien sprachen sich ebenfalls für die Annahme aus.304

In einem funktionierenden parlamentarischen System – selbst in einer Notlage – vor dem Forum einer intakten öffentlichen Meinungsbildung hätten die Absprachen, wie sie zwischen Hitler und der Zentrumsfraktion getroffen wurden, die Einschränkungen, die Hitler in seiner Erklärung selbst vorgenommen hatte, schließlich auch die unwidersprochenen Feststellungen des Prälaten einen gravierenden Mißbrauch des Gesetzes verhindert. Nach dem Grundsatz von Treu und Glauben wären die Gefahren für Rechtsstaat und Verfassung beseitigt worden, wenn man davon absieht, daß sich das Land keineswegs im Kriegszustand oder in einer sonstigen außerordentlichen Notlage befand, die außerordentliche Befugnisse einer Regierung rechtfertigen konnten. Brüning war skeptisch gegenüber der Neigung seines Parteifreundes Kaas, der in der Tradition des Rechtspositivismus offenbar noch an die Wirkung von Rechtsvorbehalten unter den Bedingungen einer totalitären Diktatur glaubte. Es beeindruckte ihn nicht, daß Hitler ebenso wie Papen die Rede des Prälaten mit Beifall bedacht hatte. Mit den salvatorischen Vorbehalten, die Kaas vorgetragen hatte, gab sich Brüning nicht zufrieden. Die Details der Vorgänge, die er in den Memoiren schildert, muten teilweise gespenstisch, zuweilen auch phantastisch-grotesk an und werden von anderer Seite nicht ohne weiteres bestätigt. Allerdings behauptete Brüning später, daß er bei der Abfassung der Memoiren noch über alle Briefe Hindenburgs an ihn und über viele andere Unterlagen verfügt habe.

Es war ihm vor der Abstimmung nicht gelungen, der Fraktion zu verdeutlichen, daß sie im Begriff war, sich moralisch zu diskreditieren. Er hatte mit Dietrich und mit Heuss von der Staatspartei und einigen anderen Abgeordneten, auch mit Mitgliedern der DNVP-Fraktion, gesprochen, die ihn von einem spektakulären Schritt, einem Austritt aus seiner Partei, abzuhalten suchten. Der Vorsitzende des oberschlesischen Zentrums, Prälat Ulitzka hatte ihn davor gewarnt, durch eine solche Entscheidung das »katholische Volk« zu irritieren. Vollends hatte ihn die Nachricht konsterniert, daß ein Stenogramm seiner soeben in der Fraktion gehaltenen Rede an Göring gelangt sei, der Hitler bewegen wolle, den versprochenen Brief an das Zentrum zurückzuhalten.305

Auch wenn man berücksichtigt, daß Brüning ähnlich wie Schleicher dazu neigte, Hintergrundinformationen überzubewerten, erscheint der Vorgang ungeheuerlich. Der Exkanzler und wohl auch mehrere seiner Kollegen schätzten die Atmosphäre in der Fraktion offenbar so ein, daß ein derart eklatanter Vertrauensbruch möglich war. Der Terror gegen die einzelnen Abgeordneten machte vor den Sitzungszimmern der Fraktionen nicht mehr halt. Nach Brüning führte der Vorgang zu einem Stimmungsumschwung selbst bei den Dissidenten in der Fraktion. Brüning erkannte, daß seine Ausführungen nicht nur ihn selbst, sondern auch seine Gefolgsleute in Gefahr zu bringen drohten. Die meisten seiner Freunde ließen ihn wissen, daß sich die Lage für sie geändert habe. Brüning verhehlte sich dies nicht, so sehr er von seiner eigenen Person absehen wollte. Ihn erfüllte jedoch die Sorge um Kollegen wie Friedrich Dessauer, der jüdischer Herkunft war. »Ich wollte nicht Dessauer mit seiner Familie ins Unglück bringen, nicht ahnend, daß ihn doch das von mir befürchtete Schicksal ereilen würde. So entschloß ich mich, am Nachmittag des 23. März mit in die Krolloper zu gehen, unter der Voraussetzung, daß Kaas, wenn der Brief von Hitler nicht käme, einen Vertagungsantrag stellen würde.«[306] Für die Ansicht, Brüning sei nicht grundsätzlich gegen das Ermächtigungsgesetz gewesen, die unter anderen von dem Publizisten und Historiker Edgar Alexander[307] vertreten wurde, gibt es, wie schon der Verlauf der Diskussion in der Zentrumsfraktion zeigt, keinen stichhaltigen Beweis.[308]

Für den Fall, daß Kaas den Vertagungsantrag nicht stellte, wollte Brüning die Krolloper verlassen und zugleich seinen Austritt aus der Partei erklären. Ein solcher Schritt hätte den schwelenden Konflikt mit Kaas offen zum Ausbruch gebracht und dessen Ansehen nicht nur unter den Anhängern der Zentrumspartei schwer geschadet, sondern vermutlich eine Führungskrise heraufbeschworen. Brüning zeigte Kaas den Entwurf seiner Austrittserklärung, um ihm den Ernst seiner Absicht vor Augen zu führen. »Ich hoffte, dadurch einen Druck auf ihn auszuüben und gleichfalls durch meine Anwesenheit vielleicht ein Betrugsmanöver im letzten Augenblick verhindern zu können.«[309]

Worin dieses Manöver hätte bestehen können, ist nicht klar. Vermutlich handelte es sich um einen Taschenspielertrick von der Art, wie ihn schließlich Hitler dem anscheinend gutgläubigen Kaas vorführte. Der letztmögliche Zeitpunkt für einen Vertagungsantrag wäre kurz vor Beginn der zweiten Lesung gewesen. Als der Brief nicht eintraf, drohte Brüning damit, die Sitzung zu verlassen, wenn Kaas seinen Antrag nicht stellte. Kaas ging zu Hitler und kündigte danach die Ankunft des erwarteten Briefes noch während der Sitzung an. Er suchte Brüning zu beruhigen und gab sich von Hitlers ehrlichen Absichten überzeugt. Darüber hinaus brachte er ein letztes Argument vor, das die verfahrene Situation auf seltsame Weise charakterisierte, Brüning aber doch beeindruckte. Kaas meinte, wenn er jetzt den Antrag stelle, oder wenn Brüning die Sitzung verlasse, könne dies Hitler veranlassen, die Übergabe des Briefes zu widerrufen.

Vielleicht drohte er ihm in dieser Situation sogar mit dem Ausschluß aus der Partei, wie Treviranus später behauptete. Kaas hatte sich laut Brüning von den »Landesvertretern der Zentrumspartei« diktatorische Vollmachten geben lassen, diejenigen Mitglieder der Reichstagsfraktion aus der Zentrumspartei auszuschließen, die nicht für das Gesetz stimmen würden. Der Konflikt zwischen den beiden Politikern erreichte seinen Höhepunkt, als der Brief auch während der dritten Lesung nicht eintraf. Kaas zögerte, noch einmal zu Hitler zu gehen. Als Brüning aufstand, um den Saal zu verlassen, eilte ihm Kaas nach und beschwor ihn zu bleiben. Er werde mit Hitler und Frick sprechen. Kaas kam mit der – angeblichen – Nachricht zurück, Frick habe im Innenministerium nachgefragt und erfahren, daß der Brief durch einen besonderen Boten abgegangen sei. Die Verzögerung beruhe wohl auf dem Sicherheitskordon um den Königsplatz, hieß es. Dennoch werde der Brief noch während der Abstimmung eintreffen, was allerdings nicht geschah. Nach dem Krieg bestritten Frick und Göring gegenüber Otto Meissner, Kaas jemals irgendeine Zusage gegeben zu haben.

Die Annahme des Ermächtigungsgesetzes

Brüning hatte sich durch das unwürdige Spiel, an dem auch Kaas seinen Anteil hatte, dazu bestimmen lassen, mit der Fraktion zu votieren. Das lebenslange Zerwürfnis zwischen den beiden Politikern scheint hier seinen Ursprung zu haben. »So hatte ich noch die Erniedrigung zu ertragen, im Interesse der Sache für das Ermächtigungsgesetz gestimmt zu haben.« Treviranus, der Brüning am Abend im Hedwigskrankenhaus besuchte, bemerkte, wie sehr dieser durch die Vorgänge in der Krolloper erschüttert war. Brüning sagte zu ihm: »Der Gedanke, daß Rudi Hilferding hätte erschlagen werden können im dunklen Keller bei einem Nein der Fraktion, hat mir den letzten Stoß gegeben zum Ja. Nun können wir nur hoffen, daß Hammerstein sein Wort wahrmachen kann!«[310]

Brünings Selbstkritik war nicht unbegründet, da die Zustimmung der bürgerlichen Parteien ganz offensichtlich ebenso wie die Ablehnung der Sozialdemokratie in der Regie von Hitler und Goebbels einen bestimmten Stellenwert besaß. Brüning hatte das Gesetz aus Gründen sittlicher Verantwortung ablehnen wollen, so sehr er den äußeren Druck auf die Partei als moralisch entlastend bewertete. Der Zentrumshistoriker und ehemalige Politiker Karl Bachem wollte unter moralischen Gesichtspunkten weder Brüning noch Kaas tadeln, auch wenn er den Prälaten verdächtigte, bei den Verhandlungen mit Hitler vielleicht Zusagen gemacht zu haben, die ihn dann zwangen, die Zustimmung seiner Fraktion herbeizuführen.

Die Sorge um den sozialdemokratischen Kollegen und Freund Hilferding ebenso wie um das Schicksal der eigenen Partei gewinnt an Gewicht, wenn man daran erinnert, daß sich nach dem Ende der Reichstagssitzung Otto Wels bei dem Zentrumsabgeordneten Johannes Ernst für die Zustimmung bedankte. Wels meinte, man wäre im Falle einer Ablehnung nicht mehr aus der Krolloper herausgekommen. An einer Zustimmung der SPD war Hitler ohnehin nicht interessiert gewesen.[311] Brüning hatte sich unter diesen Voraussetzungen die Folgen eines negativen Votums vorzustellen versucht, wie sie Bachem zwei Tage nach der Abstimmung in einer Betrachtung unter historischen Gesichtspunkten niederschrieb. Bachem rechnete mit unmittelbar bevorstehenden Terrormaßnahmen gegen Mitglieder der Zentrumspartei, insbesondere in der Beamtenschaft, hielt aber die Zustimmung zum Ermächtigungsgesetz für ein großes politisches Wagnis, das nur angesichts der bestehenden Gefahren vertretbar gewesen sei. Selbst dieser erfahrene ehemalige Politiker glaubte, daß sich der Parlamentarismus und der demokratische Gedanke »totgelaufen« hätten. Brüning habe freilich »bis zum letzten versucht, den Parlamentarismus noch einmal zu retten, da er eben der Verfassung entsprach«.[312]

Das Gesetz wurde mit 444 gegen 94 Stimmen angenommen. Damit war die Zweidrittelmehrheit der 538 anwesenden Abgeordneten erreicht und sogar überschritten. Auf die Modalitäten der Abstimmung soll hier nicht näher eingegangen werden. Es ist für die Beurteilung des Vorganges unerheblich, ob die Zweidrittelmehrheit angesichts der den einzelnen Abgeordneten drohenden physischen Gewalt auch bei einem vollbesetzten Plenum erreicht worden wäre.[313] Brüning verließ erregt den Saal. Kaas folgte. Am Ausgang der Krolloper, an der Haupttreppe wurde Brüning mit wütendem Geschrei von SS-Leuten empfangen. Sie waren dort im Karree in Bataillonsstärke aufgestellt und schrieen: »Nieder mit Brüning, schlagt ihn tot!«

Brüning erkannte, wie gefährlich die Situation war. »Zehn höhere Polizeioffiziere, die neben mir am Ausgang standen, erkannten mich nunmehr und verkrochen sich buchstäblich auf den Knien hinter den Ministerautos, um nicht Zeuge des Massakers zu sein.« Von ihnen war keine Hilfe zu erwarten, noch weniger von Außenminister v. Neurath, den er noch beim Herausgehen begrüßte. Neurath verschwand in seinem Wagen und fuhr davon. Als Kaas zurückwich, um Schutz im Hause zu suchen, ging ihm Brüning nach. Dieser hatte sich inzwischen wieder gefaßt und forderte Kaas auf, mit ihm durch den Kordon zu gehen. Sonst sei es um seine Autorität geschehen. Kaas folgte ihm zögernd in einigen Metern Abstand. Die Schilderung der Episode gehört zu den dramatischen Partien der Memoiren. Es ist wie so oft die ihm vertraute militärische Perspektive. »Ich betrachtete die tobenden SS-Leute, wie wenn man im Felde vor einer unausweichlichen Situation steht. In der linken Ecke des Vierecks sah ich eine kleine Lücke, darauf steuerte ich los. Nun trat etwas ein, was man häufiger erlebt: die SS-Leute waren auf meinen Entschluß nicht vorbereitet, ihr Sprachchor kam durcheinander. Je näher ich an sie herankam, desto leiser wurden ihre Rufe. Als ich mitten zwischen den beiden Gliedern stand, schwiegen sie völlig. Nun konnte ich hindurchschreiten und in einer Nebengasse ein Auto nehmen.« Die SS-Leute standen mit der Front nach innen, was die Gefahr eines Angriffs auf Brüning und Kaas verringerte, da sich die Bewaffneten bei einem Angriff auf die beiden Politiker gegenseitig gefährdet hätten.

Das Täuschungsmanöver um den Hitler-Brief war kennzeichnend für die Umstände, unter denen das Ermächtigungsgesetz zustande kam. Die Zentrumspartei, vor allem ihr Vorsitzender, war nicht in der Lage gewesen, von vornherein mit einer Ablehnung zu drohen, falls Hitlers Zusage nicht erfüllt würde. Die Vertagung, die Brüning verlangte, war das äußerste, was die Zentrumspartei verlangen konnte. Die angebliche parlamentarische Vertrauensgrundlage der Regierungspolitik wäre durch einen solchen Schritt als nicht vorhanden enthüllt worden. Brüning wollte dies in Kauf nehmen.

Nach dem Ende der Affäre bestand er darauf, festzustellen, warum der ominöse Brief nicht gekommen war. Hitler war nicht einmal daran gelegen, die Finte zu verschleiern, deren er sich bedient hatte, um die Gegenseite zu täuschen und zu einem positiven Votum zu bewegen. Zunächst war er telefonisch nicht erreichbar, dann aber drehte er gleichsam den Spieß um und machte das Zentrum selbst für eine angebliche Panne und für einen Bruch der Diskretion verantwortlich. Die Nachricht, daß ein Brief an ihn unterwegs sei, habe die Deutschnationalen veranlaßt, dagegen zu protestieren. Weder das eine noch das andere entsprach der Wahrheit. Nicht Vertraulichkeit war vereinbart gewesen, sondern die Veröffentlichung des Dokumentes, dessen Bedeutung der Exkanzler überschätzte.

Dies sollte Kaas zugute gehalten werden. Selbst wenn es den Brief gegeben hätte, und wenn dieser rechtzeitig eingetroffen wäre, hätte das die Entwicklung nicht wesentlich beeinflußt. Die Deutschnationalen hatten keineswegs dagegen protestiert, sondern im Einvernehmen mit dem Zentrum abgewartet. Das Nachspiel der Episode fand in der Fraktion statt, als der Abgeordnete Hackelsberger am 24. März behauptete, der Brief Hitlers sei immer noch unterwegs.[314]

An jenem 24. März fand eine der letzten regelmäßigen Fraktionssitzungen statt. In dieser Sitzung erklärte Brüning nach eigenem Zeugnis, die Zentrumspartei existiere faktisch nicht mehr. Er werde künftig nicht mehr an Fraktionssitzungen teilnehmen und zu gegebener Zeit sein Mandat niederlegen, allerdings so, daß der Eindruck vermieden werde, er habe die Partei zerstört. Das Protokoll bestätigt diese Einlassung nicht. Es ist ihm auch nicht zu entnehmen, ob Brüning überhaupt an der Sitzung teilgenommen hat.[315]

Appell an Hindenburg

Klarheit über das Verhalten Hitlers, der sich nach allen Regeln von Treu und Glauben durch Unverfrorenheit disqualifiziert hatte, hätte den Differenzen zwischen Brüning und Kaas die Grundlage entziehen können. Kaas ließ sich jedoch von Brüning nicht überzeugen, obwohl seine Illusionen über die Aufrichtigkeit Hitlers so eklatant widerlegt worden waren. So entschloß sich Brüning zu einem Alleingang. Er wollte Hindenburg schriftlich zu einer klärenden Stellungnahme auffordern, was Kaas entschieden mißbilligte. Schließlich einigte man sich dahin, daß Brüning ein Schreiben im Namen der Zentrumspartei an den Reichspräsidenten richten sollte. Kaas behielt sich jedoch vor, den Entwurf zu redigieren. Brüning hielt den endlich ausgefertigten Text für zu schwach, ließ den vom 24. März datierten Brief dennoch im Reichspräsidentenpalais durch seinen Sekretär persönlich bei einem hohen Beamten abgeben. Die Antwort Hindenburgs beschränkte sich auf die Feststellung, daß Hitler »auch ohne formale verfassungsrechtliche Bindung die auf Grund des Ermächtigungsgesetzes zu ergreifenden Maßnahmen nur nach vorherigem Benehmen« mit ihm treffen könne.[316]

Dies bedeutete nicht viel mehr als die fragwürdigen Zusagen Hitlers gegenüber der Zentrumspartei. Mehr hätte selbst ein schärferer Brief nicht bewirken können. Wenn Brüning erwartet hatte, das Staatsoberhaupt würde den Reichskanzler in seine Schranken verweisen, dann hatte er sich getäuscht. Seine Bemühungen um eine schriftliche Garantie rechtsstaatlicher Verhältnisse durch den Reichspräsidenten erwiesen sich als kaum weniger illusionär als die mündlichen Zusagen Hitlers, die Kaas erreicht hatte. Die Kritik von Staatssekretär Meissner an den »Jasagern«, die unfähig gewesen seien, Hitler auf eine schriftliche Erklärung festzulegen, verkennt einerseits die Bemühungen Brünings, andererseits den tatsächlichen Wert von schriftlichen Garantien, wenn Hitler sie wirklich gegeben hätte. Brüning gab allerdings seine Versuche, die Vollmachten des Ermächtigungsgesetzes nachträglich zu beschränken, noch nicht auf.

Hindenburg war sich der Problematik des Gesetzes bewußt. In seiner Ansprache in der Garnisonkirche hatte er die verfassungsmäßige Grundlage der Regierung herausgestellt und behauptet, das Volk selbst habe sich hinter die »durch mein Vertrauen berufene Regierung gestellt und ihr hierdurch die verfassungsmäßige Grundlage für ihre Arbeit gegeben«. Über Papen hoffte er, seinen Einfluß auf die Kabinettsentscheidungen zu behalten. Dieser wollte oder konnte, wie wir gesehen haben, diese Mittlerrolle nicht spielen und geriet bald in die politische Defensive.[317]

Nicht nur das Zustandekommen des Gesetzes war nach dem Geist und den Buchstaben der Weimarer Reichsverfassung verfassungswidrig gewesen, sondern noch mehr dessen Durchführung und Anwendung. Sie standen »von Anbeginn im Zeichen offener Verletzung des Gesetzes selbst und seiner fundamentalen Einschränkungen« (K. D. Bracher).[318]

Verwirrung im Zentrum

Die Verwirrung, die sich der Führung der Zentrumspartei bemächtigt hatte, war vor allem auf mangelhafte Einsicht in die Politik und die Taktik der Gegenseite zurückzuführen. Das Zentrum war gleichsam »hereingelegt« worden, um es zu einem positiven Votum über das Ermächtigungsgesetz zu bewegen, ohne daß die Abgeordneten wissen konnten, wie sich die Entscheidung auf das künftige Schicksal der Partei auswirken werde. Die unverhüllten Drohungen gegen alle demokratischen Kräfte hatten deren Verhalten vor und nach der Verabschiedung des Ermächtigungsgesetzes wesentlich beeinflußt. Während Brüning versucht hatte, über Kaas die schriftliche Bestätigung der Zusagen Hitlers zu erreichen, war sein Fraktionskollege Hackelsberger einen anderen Weg gegangen, um zwischen dem Regime und den demokratischen Parteien, auch seiner eigenen zu vermitteln, was Brüning grundsätzlich durchaus anerkannte, obwohl er das Vertrauen Hackelsbergers insbesondere zu Göring nicht teilte und dessen Verhandlungen mit Papen und Frick für verfehlt hielt.[319]

Nach Hackelsbergers Erkundigungen in der Umgebung des Reichspräsidenten sympathisierte dieser mit Kaas' Forderung nach Aufhebung des Reichstagsbranderlasses, hielt aber die Annahme des Ermächtigungsgesetzes für unvermeidlich, um ein Verbot der demokratischen Parteien durch die Regierung zu verhindern, was Brüning allerdings nicht überzeugte. Denn die Aufhebung des Reichstagsbranderlasses hätte nach seiner Ansicht eine wesentliche Gefahr für die Oppositionsparteien beseitigt.[320] Mit anderen Gegnern des Regimes bis hin zu den Sozialdemokraten und den Kommunisten teilte er die Erwartung, daß die Hitler-Diktatur nicht von langer Dauer sein werde. Für ihn spielten dabei, wie erwähnt, nicht zuletzt wirtschaftspolitische Gesichtspunkte eine Rolle.[321]

Seine Hoffnung, daß sich die Reichswehr oder der Reichspräsident in absehbarer Zeit gegen Hitler und dessen Regime stellen würden, sollte sich nicht erfüllen. Im Mai 1933 traf er sich mehrfach mit dem früheren hessischen Innenminister Wilhelm Leuschner in der Wohnung seines Freundes Franz Röhr, den er aus der Zeit beim DGB kannte. Brüning brachte daraufhin Leuschner mit Goerdeler in Verbindung. Leuschner pflegte schon damals Kontakte zu oppositionellen Offizieren im Reichswehrministerium, die Schleicher nahestanden, sowie mit Gregor Strasser. Goerdeler hielt die Verbindung zu allen diesen Gruppen und erkundete Möglichkeiten einer Regierungsbildung nach einer Entlassung Hitlers.

Brüning hatte Schleicher vor einiger Zeit gebeten, sich im Hintergrund zu halten und sich auch nicht mit ihm zu treffen, statt dessen aber den Kontakt zu Oskar v. Hindenburg zu suchen. Allerdings hörte Brüning schon im Juni von Hammerstein, daß dieser Schritt für Schritt entmachtet werde und sich außerstande sehe, sich mit Hindenburg zu verständigen. Im Juli erzählte ihm Hackelsberger, der General sei nur noch nominell Chef der Heeresleitung. Für Treviranus war dies nicht allzu verwunderlich. Die Entscheidung sei gefallen, als Reichenau Chef des Ministeramtes in der Bendlerstraße geworden sei, meinte er. Hammerstein sei seit langem bei den

Leutnants umstritten gewesen. Inzwischen hätten sich auch die Stabsoffiziere und Generale auf die neue Lage eingestellt. Hier ist zu erwähnen, daß sich auch Hindenburg und Hammerstein spätestens seit Januar 1933, wenn nicht schon früher, entfremdet hatten. Der Präsident warf dem General eine allzu lasche Pflichtauffassung vor.

Einen irgendwie gearteten Burgfrieden der wichtigsten politischen Lager hielt Brüning nach dem Scheitern des Schleicherschen Querfront-Konzepts für ausgeschlossen. Den Rechtsstaat in der aktuellen Krise zu retten, war für ihn eine Machtfrage, die es zu klären galt, wenn überhaupt ein neuer gesellschaftlicher Konsens entstehen sollte. Diesen konnte für ihn nur die Reichswehr herbeiführen. Dabei spielte der Umstand eine Rolle, daß Hammerstein, der weiterhin den Kontakt zu Schleicher pflegte, noch im Amt war. Er wurde erst Ende Januar 1934 aus seinem Amt unter gleichzeitiger Ernennung zum Generalobersten verabschiedet, nachdem er im Oktober 1933 sich genötigt gesehen hatte, um seinen Abschied nachzusuchen. Als erster Soldat nach Schlieffen erhielt er das Recht, die neue »Führerstabsuniform« des Generalstabs zu tragen. Hitler wußte sehr wohl, daß Hammerstein zu seinen Gegnern zählte, und bedauerte später, kurz vor Kriegsende, daß er seine ursprüngliche Absicht, außer Schleicher auch Hammerstein »rücksichtslos zur Verantwortung zu ziehen«, nicht wahr gemacht habe.[322]

Der Görreshaus-Skandal

Nach der Annahme des Ermächtigungsgesetzes befanden sich alle politischen Gegner Hitlers in persönlicher Gefahr. Der parteiinterne Konflikt zwischen Brüning und Kaas wird vor diesem Hintergrund verständlich. Das Vertrauensverhältnis, das sich vor allem während der Regierungsjahre Brünings trotz gelegentlicher Differenzen bewährt hatte, erlebte seit dem Sommer 1932 manche Trübung, die in den Monaten der entscheidenden Auseinandersetzung mit der Hitler-Bewegung allmählich zur persönlichen Gegnerschaft führte. Ein Vergleich mit dem Verhältnis Brünings zu Schleicher liegt nahe, da auch hier charakterliche Gegensätze, die lange Zeit ein fruchtbares Zusammenwirken ermöglichten, in einer anderen politischen Situation, unter anderen äußeren Bedingungen, zum Konflikt führten. Die Geselligkeit und Weltläufigkeit des geschickt argumentierenden und taktierenden, aber durchaus irenisch gesinnten Prälaten, der sich zu dem Grundsatz »pax intra et extra muros« bekannte, stand in einem deutlichen Kontrast zu dem Skeptiker und Einzelgänger Brüning, der früher als Kaas die Grenzen des Zähmungskonzepts, das er selbst zeitweise mit vertreten hatte, erkannte und die Sammlungsparole für illusionär, zumindest für überholt hielt. Eine nationale Sammlung unter Einschluß der Rechtsparteien hielt er im Gegensatz zu Kaas für ebenso unerreichbar wie verfehlt.[323]

Als Oppositionspolitiker machte sich Brüning im Unterschied zu Kaas zum entschiedenen Anwalt der Weimarer Verfassung. Während Kaas in seinen Reden das nationalistische Vokabular seiner Gegner teilweise übernahm, um den Patriotismus der Zentrumspartei hervorzuheben, betonte Brüning öffentlich die Grundsätze der Verfassungstreue und Rechtsstaatlichkeit. Von diesem Standpunkt aus kritisierte er sowohl die Staatsstreichpläne Papens als auch die totalitären Bestrebungen Hitlers.

Mit Schleicher war er sich einig, daß angesichts der Stärke der extremen Parteien auf der Rechten und der Linken ein Staatsnotstand vorliege. Kaas hingegen glaubte – anders als Brüning und Schleicher – nicht an eine mögliche Schlüsselrolle Strassers. Die Hoffnung Brünings bis in den Sommer 1934 hinein auf ein Eingreifen der Reichswehrführung knüpfte an die Schleicherschen Notstandspläne an. In dieser Hinsicht verdient sein Verfassungsverständnis Beachtung, das nicht wegen seines – zeitbedingten – Bekenntnisses zu einer »vernünftigen und gemäßigten Demokratie«, das er in seiner Wahlrede am 21. Februar in Kaiserslautern ablegte, als schlechthin undemokratisch abgetan werden kann.

Es war das Bekenntnis zur Verfassung als der allgemeinen Garantie des Rechtsstaates, das er aus den Erfahrungen der Notstandspraxis gewonnen hatte. Er habe in seiner Amtszeit »die Autorität des Herrn Reichspräsidenten ohne Verletzung der Verfassung bis zum äußersten« gesteigert, behauptete er, um die Grenze zum Staatsstreich zu markieren. Gewiß bedeutete dies in erster Linie ein Bekenntnis zur deutschen Rechtsstaatstradition, die er durch die nationalsozialistische Herrschaft unterbrochen sah, wie der bekannte Brief von 1947 dokumentiert.[324] Daneben entsprach es einem verbreiteten demokratischen Verfassungsverständnis, das die Existenz des Staates tendenziell über die Maximen der Verfassung stellte.

Die Entfremdung zwischen Brüning und Kaas hatte noch andere Gründe. Seit längerem nahm Brüning Anstoß an der Amtsführung des Parteivorsitzenden, auch an dessen früherer Funktion als Aufsichtsratsvorsitzender der Kölner Görreshaus-AG, die die Kölnische Volkszeitung als führendes Zentrumsblatt verlegte und druckte. Dabei spielte ein höherer Kredit einer Amsterdamer Bank eine Rolle, für den Kaas die Bürgschaft übernommen hatte. Nach Brünings Ansicht war damit dem Prälaten, ohne daß sich dieser darüber im klaren war, die »Führung der KV« und damit die juristische Verantwortung für deren Geschäfte zugefallen. Mit diesem Geld war die bankrotte Firma, die 1926 gegründete Görreshaus GmbH, Ende September 1930 auf Betreiben des Direktors der Kölner Filiale der Deutschen Bank, Anton P. Brüning, der trotz des gleichlautenden Familiennamens mit dem Kanzler nicht verwandt war, in eine AG umgewandelt worden. Diese hatte vier Fünftel des Stammkapitals der GmbH übernommen und Millionenverluste aus dem Zeitungsgeschäft in die AG eingebracht. Der Vorgang wurde gegenüber dem Kölner Registergericht durch falsche Informationen verschleiert. Die Verantwortlichen huldigten schließlich der Hoffnung, daß die Zentrumspartei die bedeutendste Zeitung ihrer Richtung finanziell nicht zugrunde gehen ließ.

Die Kölnische Volkszeitung war zuletzt ebenso wie andere demokratisch gesinnte Blätter mit Mitteln der preußischen Staatsregierung verdeckt subventioniert worden. Über die Berliner Heimbank AG hatte die preußische Staatsbank insgesamt 2.310.000 RM zur Verfügung gestellt. So wurde das Stammkapital auf über sechs Millionen RM erhöht. Daß diese Mittel aus der Preußenkasse stammten, war nur dem Aufsichtsratsmitglied Heinrich Lübke bekannt gewesen. Die Anteile der Heimbank AG wurden von Lübke und dem preußischen Wohlfahrtsminister Heinrich Hirtsiefer treuhänderisch verwaltet. Diese Transaktionen und einige Unregelmäßigkeiten im Geschäftsgebaren der Gesellschaft wurden nach dem Papenschen Preußenschlag vom 20. Juli 1932 bekannt und zum Gegenstand eines parlamentarischen Untersuchungsausschusses gemacht, ehe sie dann im Frühjahr 1933 von der

NS-Propaganda erneut hochgespielt wurden. Im Februar 1933 hatte sich der Kölner Oberbürgermeister Konrad Adenauer an Kölner Industrielle mit der Bitte um Hilfe gewandt, um den fälligen Schuldendienst für einen Monat aufzubringen.

Die Görreshaus-AG wurde am 12. April unter Sequester gestellt. Das Ergebnis war ein aufsehenerregender Schauprozeß. Die beiden Vorstandsmitglieder Generalkonsul Heinrich Maus und Konsul Julius Stocky hatten den Kassen des Unternehmens 60.000 RM entnommen, als es die gesetzlichen Sozialversicherungs- und Rentenbeiträge wegen seiner Verschuldung nicht mehr abführen konnte. Brüning konnte nach eigenem Bekunden zwei größere Beträge von 200.000 und 60.000 Mark aus Parteimitteln bereitstellen, um die ungesetzlich erfolgten Zahlungen aus öffentlichen Mitteln noch kurz vor der Auflösung der Zentrumspartei im Juli 1933 rückgängig zu machen.[325] Kaas, der nur bis 1931 Aufsichtsratsvorsitzender gewesen war, hatte seinerseits schon am 19. Oktober 1932 erklärt, daß er von der Herkunft der Gelder, die die Görreshaus-AG über die Heimbank erhalten hatte, nichts gewußt habe.[326]

Kaas hatte sich seinerzeit von Anton Brüning, den er von Trier her kannte, anscheinend zu einer Aktienspekulation um eine Schnapsbrennerei im Münsterland, an der dieser beteiligt war, verleiten lassen. Der Exkanzler hörte aus Nazikreisen, daß diese Vorgänge dort bekannt waren, und fuhr sofort nach Köln, um den Sachverhalt aufzuklären. Dies sei ihm jedoch nicht gelungen, berichtete er 1959, da er seinen Namensvetter nicht ungestört unter vier Augen habe sprechen können. Dieser habe ihn am Bahnhof abgeholt und mit in sein Haus genommen, wo am Abend ein großes Essen stattfand. Unter den Gästen hätten sich einige Bankiers, Adenauer und auch dessen Intimus Pferdmenges befunden. Wenige Tage später sei Anton Brüning wegen Vergehens gegen das Bankgesetz verhaftet worden. Dies geschah Ende April 1933.[327]

Die häufige Abwesenheit des Parteivorsitzenden von Berlin empfand Brüning als fatal, abgesehen von der Unvorsichtigkeit und Naivität vieler seiner Aktionen, die er angesichts der politischen Lage für gefährlich hielt. Die Differenzen gipfelten in der Auseinandersetzung um das Ermächtigungsgesetz und führten, wie Brüning bestätigt, zu einer dauernden persönlichen Entfremdung. Am 24. März 1933 scheinen sie einander zum letzten Mal begegnet zu sein.[328]

Äußerlich gesehen, vielleicht aber nur scheinbar, bewältigte der Prälat die Krise in der Partei fürs erste trotz aller eigenen Bedenken leichter als Brüning. Seine Fraktionskollegen waren überrascht, daß er noch am Abend nach der Fraktionssitzung nach Rom reiste. Über seine Absicht, dort die Aussichten für eine »umfassende Verständigung zwischen Kirche und Staat« unter den Auspizien des Hitlerschen Konkordatsangebots zu prüfen, hatte er angeblich keinen seiner Kollegen informiert. Nach einer Woche kehrte er jedoch nach Berlin zurück.[329]

Brüning machte Kaas nicht ganz zu Recht für den verhängnisvollen Kurs seiner Partei gegenüber Hitler verantwortlich. Er selbst hatte es vermieden, an den Verhandlungen der Fraktion mit Hitler über das Ermächtigungsgesetz teilzunehmen. Unausgesprochene Protokollfragen mögen dabei für den ehemaligen Kanzler eine gewisse Rolle gespielt haben. Bei früheren persönlichen Begegnungen mit Hitler hatte er stets ein Gefühl der Überlegenheit gehabt, das ihm inzwischen abhanden gekommen sein mochte.[330]

Kaas' »Flucht« nach Rom

So blieb die Erhaltung der Zentrumspartei seine wichtigste Aufgabe, nachdem Kaas seine Pflichten als Parteivorsitzender kaum noch wahrnahm. Dessen plötzliche Abreise nährte bald Gerüchte, die Reise habe etwas mit dessen Verhandlungen mit Hitler vor der Verabschiedung des Ermächtigungsgesetzes zu tun. Daß Hitler in seiner Regierungserklärung die Beziehungen zum Heiligen Stuhl in freundlichem Ton erwähnt und den Abschluß eines Konkordates angedeutet hatte, machte eine solche Vermutung plausibel. Nach seiner Rückkehr aus Rom führte Kaas mit Hitler am 7. April ein Gespräch in der Reichskanzlei. Einzelheiten über das Gespräch mit Hitler unter vier Augen wurden nicht bekannt. Wir wissen allerdings, daß Brüning vorher über die Begegnung informiert war. Dieser hatte das Treffen möglicherweise sogar angeregt, wie er in seinen Memoiren berichtet. Am Abend desselben Tages fuhr Kaas wieder nach Rom, obwohl er, wie sich Brüning erinnerte, ursprünglich erst am 14. April, also eine Woche später, sich dorthin begeben wollte.

Die vorzeitige Reise unternahm Kaas aus eigenem Entschluß. Dieses Mal hatte er Brüning jedoch darüber unterrichtet, während andere Parteifreunde noch Ende April glaubten, er sei in Berlin. Von einer Absprache mit Brüning, wie Kaas in seinen Aufzeichnungen behauptet, kann allerdings kaum die Rede sein. Daß Kaas schon zu diesem Zeitpunkt beabsichtigte, nicht wieder nach Deutschland zurückzukehren, ist anzunehmen. Bald war, wie im Falle Wirths, der am 24. März in die Schweiz gegangen war, in Parteikreisen von einer Flucht die Rede, möglicherweise um einer strafrechtlichen Verfolgung wegen Kaas' Rolle in der Görreshaus-AG zu entgehen. Deren Vorstand mußte am Tage nach dessen Abreise den Antrag auf Eröffnung des Vergleichsverfahrens stellen. Ob ihm Hitler mit einer Untersuchung oder gar mit einer Anklage gedroht oder ob die beiden über ein Reichskonkordat gesprochen hatten, steht dahin. Jedenfalls war Kaas in Brünings Augen erpreßbar, wenn Einzelheiten der Kölner Affäre durchsickerten.[331]

Nach Brünings Angaben liegt es nahe, daß Kaas mit Hitler einen modus vivendi in der Beamtenfrage vereinbaren wollte, von diesem aber wegen des Görreshausskandals unter Druck gesetzt wurde. Darauf bot Kaas, der ohnehin in Rom wegen eines deutsch-belgischen Streitfalls – es ging um die kirchliche Jurisdiktion im Gebiet von Eupen-Malmedy –, der bei der Kurie anhängig war, als Kirchenrechtsexperte zu tun hatte, aber wegen der Ausschußverhandlungen vorübergehend am 31. März wieder nach Berlin zurückgekehrt war, vermutlich bereits seine »guten Dienste« für ein Reichskonkordat an. Er hatte in den Weimarer Jahren sowohl die Reichsregierung als auch den damaligen Nuntius in Konkordatsfragen beraten. Außerdem war er als Experte zu den preußischen Konkordatsverhandlungen hinzugezogen worden.[332]

Der Gegensatz zwischen Brüning und Kaas in Temperament und Begabung machte sich auch in dieser Situation bemerkbar. Die größere intellektuelle Beweglichkeit des geistlichen Parteivorsitzenden irritierte den eher schwerblütigen Exkanzler. Wenn Brünings Angaben zutreffen, dann hatte sich Kaas einer persönlichen Gefahr entzogen. Vielleicht hatte er aber auch dem deutschen Katholizismus einen letzten Dienst erweisen wollen.

Nach Brüning hatte Kaas, ehe er Deutschland verließ, mehrere große Beträge, darunter 50.000 RM, die der Zentrumspartei gehörten, über den Nuntius ins Ausland gebracht, angeblich um einer befreundeten Persönlichkeit zu helfen. Hinzu kam noch die Rückzahlung der großen Summe, die Wohlfahrtsminister Hirtsiefer der Kölnischen Volkszeitung zur Verfügung gestellt hatte, aus Parteimitteln. Der preußische Finanzminister Johannes Popitz habe dann dafür gesorgt, daß der Vorgang aus den Akten verschwand, ehe die Gestapo der Sache auf die Spur kam.[333]

Für Brüning war die Angelegenheit gefährlich, da er seinerseits versucht hatte, den Vorgang zu vertuschen. Er habe die Mittel der Partei, behauptete er, soweit sie ihm zur Verfügung standen, nur dazu verwendet, einen Skandal zu vermeiden, weil er fürchtete, daß die Kaasschen Transaktionen von interessierter Seite aufgegriffen würden. Die Gefahr, daß Kaas verhaftet wurde, war nach Anzeichen einer gewissen taktischen Vorbereitung durch die nationalsozialistische Propaganda nicht von der Hand zu weisen, wie die Aktionen gegen einzelne prominente Zentrumspolitiker – Thomas Eßer und Perlitius – zeigten, die vorübergehend in »Schutzhaft« genommen wurden. Dennoch war Brüning über das Verhalten des Parteivorsitzenden entsetzt und verübelte ihm die »Flucht« auch noch in späteren Jahren. Nach dem Krieg hielt er es immer noch für angebracht, daß Kaas den angerichteten finanziellen Schaden wiedergutmachte, ehe die wahren Hintergründe in Einzelheiten publik würden.[334] 1947 schrieb er an Thomas Eßer, Kaas sei der einzige Zentrumspolitiker gewesen, den er nicht habe wiedersehen wollen. Später, 1959, nannte er allerdings Kaas' Leben »eine Tragik«. Die Haltung des Prälaten mutete ihm wie vielen anderen Zentrumspolitikern »unheimlich« an.

Die Konkordatsfrage

Kaas nahm, ohne der einen oder der anderen Seite offiziell zugeordnet zu sein, in den bevorstehenden Verhandlungen zwischen der Kurie und dem Reich um das Konkordat eine Schlüsselrolle ein.[335] Er reiste am Abend des 7. April mit dem Nachtschnellzug um 21.37 Uhr von Berlin nach München. Dort bestieg er am nächsten Morgen den Zug nach Rom. Kurz nach der Abfahrt von München traf er angeblich zufällig im Speisewagen Vizekanzler Papen, der ihm erzählte, daß er mit der Kurie über ein Reichskonkordat verhandeln wolle. Daß dieses Zusammentreffen zufällig war, ist häufig bezweifelt worden. An diesem Tag war auch Göring in derselben Angelegenheit auf dem Weg nach Rom, um dem NS-Regime durch eine Verständigung mit der Kurie einen Prestigeerfolg zu verschaffen. Göring war schon Anfang Mai 1931 im Auftrag Hitlers in Rom gewesen, um im päpstlichen Staatssekretariat um Vertrauen für die NS-Bewegung zu werben. Offenbar hatten Papen und Göring Aufsehen durch eine gemeinsame Reise vermeiden wollen. Für den Katholiken Papen war die Konkordatsfrage ein überaus gewichtiges Argument für die Richtigkeit seiner bisherigen und den Erfolg seiner künftigen Politik. Insofern ist er als Befürworter, wenn auch nicht Urheber des Konkordatsangebotes, das Hitler am 10. April unterbreitete, anzusehen. Das Projekt entlastete ihn von manchen Bedenken, die ihm selbst gegen das politische Bündnis mit Hitler gekommen waren und ihn weiterhin bedrängten. Er wußte allerdings auch, daß das Interesse der Kurie an einem solchen Vertrag groß war, nachdem Kardinalstaatssekretär Pacelli der Reichsregierung am 25. Oktober 1932 noch einmal Verhandlungen darüber angeboten hatte.

Es ging unter anderem um den vor Jahren geäußerten Wunsch des Reichswehrministeriums nach Einsetzung eines katholischen Feldpropstes, über den Pacelli mit sich reden lassen wollte, wenn das Reich dafür Zugeständnisse auf anderem Gebiet machen würde. Auch Brüning war von Kaas darüber informiert worden, als er 1931 nach Rom reiste. In seinem Gespräch mit Pacelli schnitt er jedoch das Thema nicht an, weil er den Stand der Konsultationen zwischen dem Reichswehrministerium und der Kurie in der erwähnten Detailfrage nicht näher kannte, vor allem aber, weil er den Abschluß eines Reichskonkordats ohnehin nicht für parlamentarisch durchsetzbar gehalten hatte. Die Begegnung zwischen Brüning und Pacelli hatte zu einer anhaltenden Verstimmung zwischen ihnen geführt, so daß es zeitweise den Anschein hatte, Brünings Sympathien für Mussolini seien größer als die für Pacelli.[336]

Papen hingegen hatte schon als Kanzler ernsthaftes Interesse an einem Konkordat bekundet, ohne über den dafür notwendigen parlamentarischen Rückhalt zu verfügen. Unter der Regierung Hitler hatten sich die Verhältnisse verändert und ließen nach der Regierungserklärung vom 23. März ein Konkordat um so aussichtsreicher, aber auch dringender für die Kurie erscheinen, was wiederum den politischen Vorstellungen Papens als Kritiker des Zentrums entgegenkam.

Die Unterhaltung zwischen Papen und Kaas auf der Reise nach Rom erstreckte sich zunächst auf die allgemeine politische Lage, berührte dann die kulturpolitische Situation, den Bestand der Bekenntnisschule und der katholischen Organisationen, so daß Papen die Lösung dieser Probleme durch ein Konkordat ohne Umschweife aufwerfen konnte. Im Gepäck hatte der Vizekanzler einen Vertragsentwurf aus dem Jahre 1924, das Promemoria Pacellis vom 25. Oktober 1932, sowie zwei Entwürfe für eine Antwort auf dieses Schriftstück.

Das persönliche Verhältnis zwischen dem ehemaligen Kanzler und dem noch amtierenden Vorsitzenden der Zentrumspartei war seit einiger Zeit durch gemeinsame Bemühungen um die Überwindung der Konfrontation nach dem Sturz Brünings weitgehend entspannt. Kaas sagte Papen seine Hilfe für die Vorbereitung eines Vertrages zwischen der Kurie und dem Reich zu, was dieser dankend annahm. Nach Brüning erörterte Kaas mit Papen schon auf der zweiundzwanzigstündigen Bahnfahrt Einzelheiten eines Konkordates und den Stand der Beratungen in Berlin. Kaas habe sogar in bester Absicht verhindern wollen, daß der Konkordatsentwurf aus den zwanziger Jahren, den das Zentrum seinerzeit abgelehnt hatte, zur Grundlage der bevorstehenden Verhandlungen gemacht wurde. Eine besondere Direktive Hitlers habe Papen für seine Verhandlungen nicht besessen, auch der Entwurf von 1924 sei für ihn nicht verbindlich gewesen. Hitler sei an den Einzelheiten gar nicht interessiert gewesen.

Kurze Zeit nach der Ankunft in Rom schaltete sich der Prälat als Experte und Berater in die Verhandlungen ein, nachdem Papen Pacelli das Angebot der Reichsregierung unterbreitet hatte.[337] Das Angebot schien für die Kurie so günstig zu sein, daß sie darauf eingehen zu müssen glaubte. Eine Ablehnung seitens der Kirche erschien inopportun. In Rom wollte man einen Affront vermeiden, weil man befürchtete, daß Hitler darauf mit einem offenen Kirchenkampf antworten würde. Als Gesprächspartner dürfte Papen in Rom willkommen gewesen sein, da sich Papen und Pacelli aus der Kriegszeit in der Türkei gut kannten. Pacelli war damals Apostolischer Delegat gewesen.[338]

Kaas hatte bei seiner Abreise in Berlin eine Rückfahrkarte gelöst[339], was nicht von vornherein den Anschein einer Flucht erweckte, wenn man nicht darin einen Versuch sehen muß, seine Absichten angesichts der prekären Lage der Partei zu tarnen. Die Rolle der Zentrumspartei war innenpolitisch überaus kritisch geworden. Das Hitler-Regime dachte auch weiterhin nicht daran, die Kaassche Sammlungsparole zu honorieren. Statt dessen versuchte es, der Partei die gesellschaftliche Grundlage, ihren Rückhalt im katholischen Bevölkerungsteil zu entziehen. Schon wenige Tage nach den Reichstagswahlen hatte sich Hitler endgültig entschlossen, den politischen Katholizismus durch eine Vereinbarung mit der Kurie auszuschalten, also in letzter Konsequenz das Zentrum als Organisation zu vernichten. Das Angebot eines Reichskonkordats durch Hitler desavouierte die gesamte bisherige Politik des Zentrums. Es hatte zwar mehrere Länderkonkordate erreicht, war jedoch mit seiner Absicht gescheitert, ein Reichskonkordat zustande zu bringen, und hatte auch 1927 seine kirchen- und schulpolitischen Anliegen in einem Reichsschulgesetz nicht durchsetzen können. Brüning hatte sich 1931 von Kardinalstaatssekretär Pacelli vorwerfen lassen müssen, daß das Zentrum in der Konkordatsfrage auf Reichsebene ohne Erfolg geblieben war.

Der Vorstoß des neuen Regimes auf diesem Gebiet stellte in dieser Hinsicht die Existenzberechtigung der Partei eklatant in Frage. Dies war wesentlich brisanter als etwa am Ende des Kulturkampfes in den 1880er Jahren, bei dem Bismarck sich hinter dem Rücken des Zentrums mit der Kurie arrangiert hatte. Hitler benutzte das Zentrum gleichsam als Geisel, um den bisherigen »Kirchenbann« gegen die NS-Bewegung durch seine Initiative, die das Vorbild Bismarcks nicht verleugnen konnte, loszuwerden. Auch auf katholisch-kirchlicher Seite wuchs die Bereitschaft zu einer politischen Neuorientierung. Die Zustimmung der Zentrumsfraktion, deren interne Auseinandersetzungen in der Öffentlichkeit weitgehend unbekannt geblieben waren, trug nicht zuletzt zu diesem Stimmungswechsel bei. Papen war vorher und nachher tätig, um die Bischöfe von Breslau und Köln zu einer Neubewertung der Lage und zu einer Verständigung mit dem Nationalsozialismus zu bewegen. Er tat dies nicht zuletzt, um seine Stellung innerhalb der Reichsregierung aufzuwerten. Papens Bemühungen bei den Bischöfen waren unerwartet erfolgreich, nachdem der Münchner Erzbischof Kardinal Faulhaber die Regierungserklärung sogar als »Bekenntnis zum Christentum« gewertet hatte.[340]

Schon fünf Tage nach der Regierungserklärung und der Verabschiedung des Ermächtigungsgesetzes war eine Kundgebung der Fuldaer Bischofskonferenz ergangen, die die bisherigen Vorbehalte gegen die NS-Bewegung zurücknahm und die Bevölkerung an ihre Pflichten gegen die »rechtmäßige Obrigkeit« erinnerte. Die Überraschung, die die Erklärung in der Öffentlichkeit auslöste, suchte Kardinal Bertram, der Vorsitzende der Fuldaer Bischofskonferenz, abzuschwächen, indem er erläuternde Kommentare in der katholischen Presse anregte. Er hatte die Erklärung der Bischöfe – nach Ansicht einiger Amtsbrüder übereilt – herausgegeben. Bertram, der einen neuen Kulturkampf nach Bismarckschem Vorbild fürchtete, hatte sich im Hinblick auf die Erwartungen des Regimes um eine zurückhaltende Diktion der bischöflichen Verlautbarung bemüht, was Brüning bekannt war. Dieser hatte allerdings auch erfahren, daß Nuntius Orsenigo (1889-1953), den er für den »naivsten päpstlichen Diplomaten« hielt, den es je gegeben habe, den Schritt der Bischöfe billigte bzw. sogar angeregt hatte, während er nichts davon wußte, daß sich Kardinalstaatssekretär Pacelli über die Eile der Bischöfe verwundert äußerte: »Warum mußten die deutschen Bischöfe so schnell reagieren?« Brüning führte dies später auf Absichten der Nazis zurück, eine Nationalkirche ins Leben zu rufen, über die Bertram Pacelli Ende Mai in Rom unterrichtete, was nach Brünings Ansicht das Interesse der Kurie an einem Konkordat förderte.[341]

Brüning gehörte zu jenen Zentrumspolitikern, die die bischöfliche Stellungnahme als schweren Schlag gegen ihre Partei betrachteten und befürchteten, daß dies die Widerstandskraft der katholischen Bevölkerung gegen die Gewaltherrschaft schwächen, Illusionen über den Charakter des Regimes nähren würde. Er kritisierte sowohl die Arglosigkeit als auch den unzureichenden Informationsstand der kirchlichen Stellen in Rom und in Deutschland. Ihm war offensichtlich noch nicht bekannt, daß einflußreiche Kreise an der Kurie, insbesondere der Kardinalstaatssekretär, das Schicksal des Zentrums für besiegelt hielten. Am gefährlichsten erschien Brüning die Verwirrung im Führungskreis seiner Partei, die Hitler, durch scheinbare Verhandlungen mit einem vom Zentrum gebildeten Arbeitsausschuß, den er im Reichskabinett als »Informationsausschuß« bezeichnet hatte, zu steigern wußte. Brüning gehörte dem Gremium nicht an, dessen Vorsitzender Kaas war. Dies war jenes »kleine Gremium« zur Orientierung über beabsichtigte Maßnahmen der Regierung, dem Hitler von vornherein keinerlei Mitsprache zugestanden hatte. Die Zentrumsfraktion hingegen brachte in diesem Ausschuß, der Ende März und Anfang April dreimal tagte, ihre Klagen über die Entlassungen und Benachteiligungen von Beamten vor, die der Partei angehörten, und versuchte dort, Einfluß auf das geplante »Gesetz über die Wiederherstellung des Berufsbeamtentums« zu nehmen.

Hitler und Frick machten verklausulierte Zusagen, daß Beamte allein wegen ihrer Mitgliedschaft im Zentrum nicht benachteiligt würden. Sie erklärten aber, daß unter Umständen Mitglieder der Partei betroffen sein würden, wenn Nationalsozialisten entsprechend dem Gewicht der Partei im Reichstag eingestellt werden müßten. Sie ließen durchblicken, daß Entlassungen unvermeidlich seien, wenn sich Angehörige des Zentrums nicht als loyal gegenüber der neuen Führung erwiesen. Auf Vorschläge zur Eingrenzung des problematischen Begriffs »Parteibuchbeamtentum« für die Ausführungsbestimmungen des Gesetzes, das neben dem Gesetz über die Gleichschaltung der Länder am 7. April erlassen wurde, und auf eine Garantie für die Angehörigen des Zentrums im Beamtenapparat ließ sich Hitler nicht ein und fertigte die Abgesandten des Zentrums ohne jedes Nachgeben ab.[342]

Die Wahl Brünings zum Parteivorsitzenden

Kaas veranlaßte Brüning durch seine »Flucht«, wider Willen in absehbarer Zeit die Führung der in ihrer Existenz bedrohten Partei zu übernehmen. Bevor er sich nach Rom abgesetzt hatte, erschien in der gesamten Zentrumspresse ein Grundsatzartikel »Der Weg des Zentrums«, der offensichtlich von ihm stammte. Der Artikel rechtfertigte die Politik der Reichstagsfraktion in den letzten Wochen und verteidigte deren Rechtsposition gegenüber der Regierung. Er erwähnte das Recht des Reichspräsidenten, auf die Regierungspolitik Einfluß zu nehmen, und wies sogar darauf hin, daß einige Zentrumsabgeordnete dem Gesetz nur auf Grund der einschränkenden Erklärungen des Reichskanzlers zugestimmt hätten. Schließlich war noch von dem erwähnten Arbeitsausschuß die Rede, der die Möglichkeit zur »zeitigen Einsicht« in geplante Vorhaben der Regierung besitze. Der Artikel beschwor noch einmal die Sammlungsparole vom Oktober 1932 und forderte daher die Anhänger der Partei auf, an dem bevorstehenden politischen Umgestaltungsprozeß aktiv teilzunehmen und im Sinne der eigenen Vorstellungen zu beeinflussen. Solche Töne fanden innerhalb der Partei ein überwiegend positives Echo, da sie vorübergehende Hoffnungen auf ein Weiterbestehen der Partei weckten.[343]

Von einem solchen Zweckoptimismus blieb Brüning unberührt. Eine organisatorische und programmatische Erneuerung stand jedoch 1933 noch weniger zur Debatte als nach der Essener Rede Stegerwalds von 1920.[344] Das plötzliche Verschwinden des Parteivorsitzenden von der politischen Bühne in Berlin war ein bezeichnendes Faktum, das angesichts der innenpolitischen Gefahren den bevorstehenden Untergang der Partei ankündigte, obwohl Brüning Kaas keineswegs unterstellte, das Zentrum »verraten« zu haben. Inzwischen war er der Ansicht, daß in dieser Lage selbst ein Parteiaustritt gerechtfertigt sein konnte, um den Kampf gegen den Nationalsozialismus aufzunehmen. »Wer den Kampf aufnahm, mußte unter den damaligen Umständen aus der Partei ausscheiden und hätte noch den Makel auf sich genommen, kein guter Katholik zu sein.«[345]

Brüning war ratlos. Während des Monats April – der Reichstag war ohnehin vertagt – vermied er es, in der Öffentlichkeit zu erscheinen. Die Furcht vor Repressalien war sehr wohl begründet, da seine Kritik am Ermächtigungsgesetz der Gegenseite längst bekannt war. Verhaftungen mißliebiger Politiker unter irgendeinem Vorwand oder Schutzhaft waren an der Tagesordnung. Mühsam versuchte er den Kontakt zu den Fraktionskollegen aufrecht zu erhalten, auf drohende Gefahren aufmerksam zu machen und sie von einer allzu optimistischen Sicht der politischen Entwicklung abzuhalten. Darüber hinaus war der einzelne Politiker angesichts einer zunehmend propagandistisch manipulierten öffentlichen Meinung oft nur noch unzureichend informiert. Brüning selbst verfügte indessen noch über vielfältige Kontakte, die ihm ein einigermaßen zutreffendes Bild über die Ereignisse in Berlin und im Reich verschafften. Andererseits war das Vertrauensverhältnis unter den Mitgliedern seiner Fraktion gestört, so daß er nur mit Vorsicht versuchen konnte, ihren Widerstandswillen zu stärken, indem er sich wiederholt auf die Politik Windthorsts berief.

Dies geschah, wie den Memoiren zu entnehmen ist, in den Wochen um Ostern. Vielleicht fühlte er sich nie in seiner politischen Laufbahn der Tradition der Zentrumspartei so verbunden wie jetzt, als ihre Existenz bedroht war. Dabei empfand er sich im Einklang mit einem großen Teil der Anhänger des Zentrums, aber auch mit »den Führern der alten Konservativen«. Dem Exkanzler war bewußt, daß seine Partei bei aller Kritik, die er bisher am Weimarer Parlamentarismus geübt hatte, Teil der rechtsstaatlichen Tradition und der Weimarer Republik gewesen war. Er hatte nicht zuletzt im Umgang mit den Notverordnungen die »Elastizität« des politischen Systems von Weimar erprobt, wie er noch kürzlich in Würzburg ausgeführt hatte, und wußte, wo dessen Grenzen in Krisenzeiten lagen.

Die Aufbruchsrhetorik jüngerer Zentrumspolitiker, etwa aus den Windthorstbunden, und die Sympathien führender DGB-Gewerkschafter für das neue Regime waren ihm fremd. Seine Hinweise auf Windthorst waren daher angesichts der Annäherungsversuche des Regimes an die Kurie naheliegend, so sehr sich auch die historischen Verhältnisse geändert hatten und der Unterschied zwischen den von Bismarck und Hitler verkörperten politischen Systemen unübersehbar war.[346]

Vor allem Kaas' »Flucht« ließ Brüning zweifeln, ob die Organisation der Zentrumspartei überhaupt noch eine brauchbare Plattform politischen Handelns darstellte. Ihm war zu Ohren gekommen, daß Parteifreunde nach Rom gefahren waren, um Kaas zur Rede zu stellen. Sie hätten aber feststellen müssen, daß dieser die »äußerliche Lage noch immer optimistisch« sah. Brüning hielt sich – vielleicht aus Furcht, vielleicht wegen innerer Zweifel – von der eigentlichen Parteiarbeit fern und erwog, sein Reichstagsmandat, das faktisch nicht mehr ausgeübt werden konnte, niederzulegen. Die Loyalität gegenüber den Mitgliedern und den Anhängern der Partei bestimmte ihn dann doch, gleichsam auf seinem Posten zu bleiben. Bedenken, daß die Wählerschaft des Zentrums in den Sog der nationalsozialistischen Propaganda geraten würde, gaben den Ausschlag, obwohl er erkannt hatte, daß seine politische Laufbahn zu Ende war.

Die Doppelstrategie des Regimes gegenüber den demokratischen Kräften beeindruckte den Skeptiker kaum. Er erkannte die durchgängige Methode der Gleichschaltung der gesellschaftlichen Gruppen und der Ausschaltung politischer Gegner. Die Neigung zur Konspiration, die er mit Schleicher teilte, zeigte sich auch in dieser Situation, als er beispielsweise mit dem Stahlhelm-Führer Duesterberg die Möglichkeit erörterte, die Katholische Jugend in den Stahlhelm zu überführen, um sie der Kontrolle durch die Nationalsozialisten zu entziehen. Für derartige Maßnahmen war es bereits zu spät. Mit Entsetzen beobachtete er, wie eine Jugendgruppe des Gesellenvereins mit Hakenkreuzwimpeln und Kolpingbannern zur Kirche marschierte. Das fragwürdige Projekt läßt erkennen, daß sich für Brüning die Machtfrage jenseits aller ideologischen Fronten stellte. Die Nazi-Bewegung besaß für ihn keine ernstzunehmende ideologische Grundlage, sie war für ihn lediglich der Reflex einer sozialen Not, unter der große Teile der deutschen Gesellschaft litten. Nach seinen Erfahrungen mit den Führern der NS-Bewegung glaubte er, deren Verhalten besser einschätzen zu können als manche seiner politischen Freunde. So erzählt er, daß ihn sein Fraktionskollege Eßer Ende April besucht habe, um ihm die Chancen einer Zusammenarbeit insbesondere mit Göring, der es gut mit ihm meine, zu erläutern. Eßer habe unter anderem berichtet, daß ihm der nunmehr amtierende preußische Ministerpräsident bei einem Besuch eine seiner Zigarren angeboten habe, die nur besten Freunden vorbehalten seien. Einen Tag später sei Eßer wegen angeblicher Untreue verhaftet worden.[347]

Was Brüning in jenen Wochen nach der Selbstausschaltung des Reichstages erlebte, ähnelte, wie er meinte, jenen bedrohlichen existentiellen Situationen, die er während des Krieges häufig erlebt hatte. Es war der Ernstfall, nach dem er gern den Charakter von Menschen beurteilte. Eine solche Ausnahmesituation hielt er jetzt wieder für gegeben, als Kaas einerseits keine Anstalten machte, sein Amt als Parteivorsitzender zur Verfügung zu stellen, aber andererseits auch nicht – angeblich vorerst nicht – nach Deutschland zurückkehren wollte. Formal hatte er seinem Stellvertreter Joos alle Vollmachten für die laufenden Geschäfte erteilt. Für die politische Führung reichte dies nicht aus. Das Reichsgeneralsekretariat beschränkte sich im wesentlichen darauf, die Unruhe unter den katholischen bzw. dem Zentrum angehörenden Beamten zu dämpfen, indem es beruhigende Erklärungen abgab. Am 14. April erließ Joos einen Aufruf an die »Zentrumsleute in Stadt und Land«, in dem er vor »verwirrenden und übereilten Entscheidungen« warnte. Die Partei müsse aus den Tiefen ihrer Tradition erneuert werden. Bedeutsam war, daß der Aufruf keinerlei Reverenz gegenüber dem Regime enthielt.

Brüning will von Joos, der mit Kaas telefoniert hatte, erfahren haben, daß Kaas seine Anwesenheit in Rom als unentbehrlich bezeichnete, zugleich aber vor der Wahl eines neuen Vorsitzenden warnte. Angeblich konnte dies die Lage in Rom »zum Platzen bringen«, woraus Joos geschlossen habe, daß eine Neuwahl für die Kurie ein Signal sein werde, ihrerseits die Zentrumspartei offiziell endgültig aufzugeben. Andererseits bemühte sich der Prälat, die persönlich-politische Beziehung zu Hitler aufrecht zu erhalten, wie sein freundschaftlich gehaltener Glückwunsch zu dessen 44. Geburtstag belegt.[348]

Weder Joos noch Brüning betreiben die Absetzung von Kaas, der meinte, in Rom der Zentrumspartei, dem deutschen Katholizismus und seinem Vaterland am besten dienen zu können. Brüning zögerte, vollendete Tatsachen zu schaffen, obwohl Stimmen laut geworden waren, die eine Führungsrolle von ihm erwarteten. Die innenpolitische Entwicklung in Deutschland ließ den Politikern des Zentrums, soweit sie den Kampf um die Reste des Rechtsstaates nicht aufgegeben hatten, keine andere Wahl, als sich von Kaas zu trennen.[349]

Für Brüning selbst ging es in dieser Situation nicht nur um den Bestand der Partei, die er bereits für weitgehend verloren hielt. Die schwankende Haltung des deutschen Episkopats gegenüber der Hitler-Bewegung betrachtete er als besonders gefährlich. Die nationalsozialistische »Weltanschauung«, vor allem der rassische Antisemitismus, war nach seiner Ansicht unvereinbar mit der christlichen Lehre. Das war vorerst die Ansicht der höheren Geistlichkeit trotz der Erklärung vom 28. März, die eine Verständigung zwischen Kirche und Regime als möglich erscheinen ließ, wenngleich sie nicht mehr besagte, als daß sie das Odium der Nichtwählbarkeit für Katholiken von der NSDAP nahm, ohne damit eine Empfehlung zu verbinden.

Allerdings gab es auch Anpassungs- und Gleichschaltungstendenzen auf katholischer Seite, etwa in einzelnen Orden, die sich offensichtlich gegen die Traditionen des politischen Katholizismus richteten, soweit diese in der Zentrumspartei lebendig waren. Kritisch beurteilte Brüning die Haltung der Dominikaner und auch der Benediktiner von Maria Laach. So hielt er sich für verpflichtet, das Bischöfliche Ordinariat in Berlin vertraulich über die angebliche Neigung von rund vierhundert Geistlichen in Kenntnis zu setzen, der NSDAP beizutreten und sich einer nationalen Kirche anzuschließen. Selbst Kaas ließ er noch vor dessen Abreise nach Rom über Bestrebungen zu einer einheitlichen christlichen Kirche unter nationalem Vorzeichen unterrichten. Die Informationen waren nicht allzu seriös, beunruhigten ihn aber doch als erklärten Gegner des Regimes ebenso wie die Machenschaften der Goebbelsschen Propaganda, katholische Persönlichkeiten und Institutionen, etwa die katholische Presse, öffentlich in Mißkredit zu bringen. Gewiß lassen Brünings Memoiren erkennen, daß er den Stellenwert vor allem von Skandalnachrichten den Umständen entsprechend realistisch einschätzte, wobei er den sachlichen Kern, etwa im Falle des Görreshaus-Prozesses, durchaus kritisch würdigte. Der Prozeß endete am 18. August 1933 mit Gefängnisstrafen für die Angeklagten.[350]

Da die Einberufung eines Sonderparteitages zur Wahl einer neuen Parteiführung allseits als inopportun angesehen wurde, sollte die Entscheidung über die Zukunft der Partei in der Reichstagsfraktion und in der preußischen Landtagsfraktion fallen, die zunächst für den 27. April einberufen wurden. Die Fraktionen bildeten seit dem Kulturkampf das politische Zentrum des Parteiapparates. Die gemeinsame Sitzung wurde aber auf Anfang Mai verschoben, nicht zuletzt wohl in der Hoffnung, daß Kaas noch rechtzeitig aus Rom zurückkehren werde. Die Beratungen fanden am 6. und 7. Mai 1933 im katholischen Berliner Gesellenhaus statt und standen im Zeichen eines Zeitungsartikels, der wenige Tage zuvor in der Kölnischen Volkszeitung erschienen war. Der Verfasser, Geheimrat Robert Bürgers, hatte zur »Selbstbesinnung« in der Partei aufgerufen, um sie zu »Einkehr und Umkehr« zu bewegen. Das Zentrum sollte zu einer Bewegung des ganzen katholischen Volksteils umgestaltet werden. Der Beitrag löste unterschiedliche Reaktionen aus, die von einer entschiedenen Kritik an der angeblich überalterten Führungselite und ihren politischen Kompromißstrategien bis zum Bekenntnis zu einer energischen Führung unter dem ehemaligen Kanzler Heinrich Brüning reichten.[351]

Nachdem Joos den definitiven Rücktritt von Kaas aus gesundheitlichen Gründen hatte bekanntgeben können, schien die innerparteiliche Lage geklärt. Neben Brüning kamen drei Personen als Nachfolger in Frage: Franz Graf von Galen, Joseph Joos und Albert Hackelsberger. Galen lehnte am 5. Mai eine Kandidatur ab, zum einen, weil ihm von bischöflicher Seite nahegelegt wurde, die Führung der »Katholischen Aktion« zu übernehmen, zum andern, weil er der Integrität der Partei nach der Abstimmung über das Ermächtigungsgesetz nicht mehr traute. In diesem Punkt stand er nicht allzu weit entfernt von Brüning.

Für eine Kandidatur Hackelsbergers sprachen wegen dessen Kontakten zu führenden Nationalsozialisten allenfalls taktische Gründe, die Brüning für sich kaum akzeptiert hätte. Sie kam ohnedies nicht zustande. Brüning selbst favorisierte Joos und setzte sich damit zunächst im Parteivorstand durch. Joos wurde einstimmig nominiert, doch gab es innerhalb der Reichstagsfraktion erhebliche Widerstände gegen ihn, vor allem aus Kreisen der katholischen Verbände.

Joos galt als Repräsentant des linken Zentrums, was angesichts der politischen Stimmung nicht unbedingt als Empfehlung galt. Brüning rechnete zwar mit einer Mehrheit bei der bevorstehenden Abstimmung, sah aber zugleich die Gefahr, daß dies zu einer Spaltung der Partei führen konnte. Schließlich wurde auch sein Name in der Diskussion genannt. Brüning verstand dies als Signal und ließ sich in dieser Situation nun nicht mehr das Gesetz des Handelns aus der Hand nehmen. Er war entschlossen, den Gang der Verhandlungen zu beeinflussen, und hielt eine programmatische Rede über die politischen Gestaltungsmöglichkeiten, die der Partei nach seiner Ansicht jetzt noch geblieben waren, um die »Rettung und Freiheit Deutschlands« zu erreichen. Die Frontstellung gegen die Nationalsozialisten war unverkennbar. Sie war getragen von der Überzeugung, daß der Gegensatz zwischen den Wertvorstellungen des deutschen Katholizismus, der bisher die Zentrumspartei getragen hatte, und der nationalsozialistischen »Weltanschauung« unüberbrückbar war.

Er gab die Parole aus: »Wir werden unsere Selbständigkeit unter allen Umständen behaupten«. Während seiner Rede war der »Direktor und Mitbesitzer eines süddeutschen Zentrumszeitungskonzerns«, den Brüning in den Memoiren nicht namentlich nennt, plötzlich im Saal erschienen und hatte die sofortige Auflösung der Partei verlangt, was einige Anwesende so sehr beeindruckte, daß sie geneigt waren, dem Ansinnen nachzugeben. Brüning ließ den Störer aus dem Saal weisen, was einen Stimmungsumschwung zu seinen Gunsten bewirkte. »Nunmehr erklärten alle Anwesenden, daß sie nur noch zusammenbleiben würden, wenn ich die Führung der Partei übernähme. Das war für mich das Schwerste, was mir im politischen Leben zugemutet wurde. Ich sollte die Verantwortung dafür tragen, daß die Partei ruhmlos auseinanderlief und daß Windthorst in schmachvoller Weise verraten wurde.«

Die Ausführungen und seine Reaktion auf die Provokation machten deutlich, daß er die Zweifel, ob er sich aus der Politik und vom Zentrum zurückziehen sollte, überwunden hatte. Damit hatte er sich als Nachfolger von Kaas empfohlen. Als er am Abend des 6. Mai einstimmig zum Vorsitzenden der Partei und der Reichstagsfraktion gewählt wurde, erbat er sich eine zweistündige Bedenkzeit, die Ämter von Kaas und Perlitius zu übernehmen. Er wußte sehr wohl, daß er sich die Zwangslage erspart hätte, wenn er bei der zweiten Lesung des Ermächtigungsgesetzes sein Mandat niedergelegt hätte und aus der Partei ausgetreten wäre. Um so schwerer belastete ihn die Verpflichtung gegenüber dem politischen Erbe der Zentrumspartei. In diesen beiden Stunden telefonierte er mit einem Mittelsmann Hugenbergs, der ihm versicherte, daß auch die Deutschnationalen ihre Partei nicht auflösen wollten, selbst wenn alle Mandatsträger verhaftet würden. Mit dieser Zusage und in dieser Hoffnung glaubte er, das schwierige Amt übernehmen zu können.³⁵²

Vorübergehende Konsolidierung

Der Exkanzler selbst hatte wider Willen die Entscheidung des Zentrums gegen eine Selbstauflösung herbeigeführt. Dem neuen Parteichef kam es darauf an, politischen Ballast abzuwerfen und dem Naziregime möglichst wenig Angriffsfläche zu bieten. Dies schloß eine Verständigung in Einzelfragen nicht aus, so aussichtslos jeder Versuch auch sein mochte, die Politik der Reichsregierung zu beeinflussen. Die parlamentarische Tätigkeit von Geistlichen, personifiziert in dem bisherigen Parteichef, die mit dem bevorstehenden Konkordat unvereinbar werden sollte, hielt er ohnehin nicht mehr für gerechtfertigt. Jeder Abgeordnete, der nicht über den leisesten Vorwurf der Korruption im Sinne der Nazi-Agitation erhaben war, sollte sein Mandat niederlegen.

Dies stieß innerhalb der Fraktion durchaus auf Verständnis. Brüning verlangte von der Partei absolute Loyalität, als er sich bereit erklärte, »den Kopf hinzuhalten.« Dies bedeutete unter anderem, daß ihm, der jetzt zum »Parteiführer« mit umfassenden Vollmachten gewählt war, die Entscheidung vorbehalten blieb, wer sein Mandat im Reichstag oder im preußischen Landtag behalten durfte und wer nicht. Lediglich Lauscher meldete Bedenken gegen diese Vollmacht an, konnte sich jedoch nicht durchsetzen. Alle Zentrumsabgeordneten des Reichstages und des Landtages waren bereit, auf ihre Mandate zu verzichten. Im übrigen war Brüning das Recht zugestanden worden, Parteiämter nach eigenem Ermessen zu besetzen und Umbesetzungen vorzunehmen.³⁵³

Brüning verfügte damit auch in den Augen der Nationalsozialisten formal über eine außerordentliche – wenngleich nur innerparteiliche – Machtstellung, die ihnen zwar kaum noch gefährlich werden konnte, ihn aber doch zu einem ernstzunehmenden Gegner machte, so lange ihm seine Partei Gefolgschaft leistete. Der Exkanzler gedachte, sich dieser bescheidenen Machtbasis energisch zu bedienen. Er appellierte an seine Parteifreunde, den Kampf um die Grundsätze der Partei im Sinne Windthorsts fortzusetzen. Ihm schwebte eine – außerparlamentarische – Gegenfront aus Zentrum und Deutschnationalen vor, vielleicht noch erweitert durch einige der kleineren Parteien. Sie sollte als eine Art Schutzmauer gegen die weitere Auflösung des Rechtsstaates aufgebaut werden. Das Gespräch mit Hugenberg über einen Abänderungsantrag zum Ermächtigungsgesetz hatte eine neue, wenn auch wenig tragfähige Vertrauensbasis zwischen den beiden Politikern geschaffen.[354]

Beobachter meinten, eine vorübergehende Erstarkung des Zentrums unter der Führung Brünings erkennen zu können.[355] Die kurze Ära des Parteivorsitzenden Brüning kam dennoch einem Abgesang der Zentrumsgeschichte gleich. Der Vorwurf Hermann Ullmanns, Brüning habe sich nicht entschieden genug in seiner neuen Funktion profiliert, verkannte die politischen Umstände, unter denen der ehemalige Kanzler seine Aufgaben zu erfüllen hatte.[356] Gewiß war es bedenklich, daß die Partei ihren neuen Vorsitzenden mit geradezu diktatorischen Vollmachten ausgestattet und insofern dem totalitären Führerprinzip der Gegenseite eine ebenso unfreiwillige wie fragwürdige Reverenz erwiesen hatte. Gleichwohl waren sich alle Beteiligten darüber im klaren, daß dies eine Notmaßnahme darstellte, die das Zentrum keineswegs zu einer prinzipiell antiparlamentarischen Partei machte.[357] Die Tage der Partei waren seit der Zustimmung zum Ermächtigungsgesetz gezählt, ohne daß dies vielen Mitgliedern bewußt wurde.[358]

Über die weiteren Pläne der Partei unter Brüning gibt eine anonyme Niederschrift vom 6. Mai Auskunft, die aus dem Führungskreis stammt. Das Zentrum lehnte es demnach ab, nach dem Vorbild der Deutschnationalen seinen Parteicharakter aufzugeben, indem es sich zu einer irgendwie gearteten »Bewegung« oder gar »Front« umorganisierte. Zugleich vermied man es, sich als Opposition gegen die Regierung darzustellen. Die Kaassche Sammlungsparole wurde allerdings verändert: Das Zentrum sprach nun alle Katholiken an, die durch »eine gleiche Gesinnung und durch ein gleiches Zielstreben miteinander im tiefsten Innern verbunden« seien, um »gemeinsam ihre politischen Interessen nach außen hin zu vertreten«. Im Stil der Zeit bekannte man sich zu einer klaren und entschlossenen Führung unter Brüning, zu einer klaren »Parole für das Arbeiten und Schaffen«, das eine Zusammenarbeit mit der Regierung nicht schlechthin ablehnte, sowie zu einer weitgehenden Beteiligung der Jugend an der Parteiarbeit. Auch Brünings Forderung nach einem Rückzug gefährdeter Parteimitglieder und Amtsträger wurde erwähnt, freilich in höchst peinlicher Diktion. Es war die Rede von einer rücksichtslosen »Ausmerzung aller irgendwie belasteten Persönlichkeiten in unserer Partei«, allerdings relativiert durch die Feststellung: »Über keinen einzigen Fall, der in diesem Punkte zur Debatte steht, ist es bis jetzt möglich, ein Urteil zu sprechen.«[359]

Zu einer innerparteilichen Hetzjagd kam es nicht. Man bemühte sich vielmehr, den »politischen katholischen Kräften« eine angemessene Organisation zu geben, um sie »wieder zu lebendiger und tatkräftiger Wirkung« kommen zu lassen, was man innerhalb der NS-Bewegung nicht für möglich hielt. Gleichwohl wußte man, daß die Wahl Brünings für die Partei auch ein Risiko darstellte, da dessen Haltung zum Ermächtigungsgesetz bekannt war. Es war zu erwarten, daß die Nationalsozialisten Brüning deshalb angreifen würden. Das Ansehen des Exkanzlers innerhalb der Partei wog jedoch schwerer, ja konnte im äußersten Notfall der Partei auf paradoxe, vielleicht auf tragische Weise von Nutzen sein. »Für unsere Anhänger zumal wäre eine Verhaftung Brünings als Führer der Partei ein Signal, das nicht geeignet wäre, uns der Partei zu entfremden, sondern erst recht und noch viel stärker zusammenzuschließen. Bezeichnend ist, daß der Ruf nach Brünings Führung vor allem auch aus den Kreisen der Jugend kommt.« Große Hoffnungen setzte die Parteiführung einstweilen darauf, daß sich die katholische Presse zum Sprachrohr ihrer Politik machen werde. Mit der Möglichkeit eines Gewaltaktes gegen die Funktionsträger der Partei und ihren Vorsitzenden während der Beratungen rechnete man allenthalben, wie die Anwesenheit der als Wachen auftretenden Mitglieder des katholischen Gesellenvereins bewies.[360]

Brüning hatte sich trotz aller Bedenken noch einmal in die Pflicht nehmen lassen und versuchte, auch den Kontakt zur Parteibasis in den Ländern und Kommunen zu gewinnen. Die Erwartung, daß das Regime noch nicht konsolidiert sei, bestärkte seine leisen Hoffnungen selbst angesichts offenkundiger innerer Zersetzungserscheinungen in der eigenen Partei. Es sollte sich freilich bald zeigen, daß die Gegenseite in jedem Augenblick, der ihr günstig erschien, über die Existenz des Zentrums entscheiden konnte. Brüning mußte sich auf Ermahnungen gegenüber dem Parteivorstand und Funktionären aus den Ländern beschränken, der Partei treu zu bleiben. Dies war nicht unbegründet, da sich die Zahl der Austritte aus dem Zentrum in den letzten Wochen häuften und oft mit Hitlers Zusagen vom 23. März und der Erklärung des Episkopats vom 28. März begründet wurden. Das Fortbestehen der Partei wurde in den Begründungen oft als überflüssig bezeichnet. Andererseits war die Bereitschaft der Mandatsträger im Reich und im Land, ohne Widerspruch auf ihre Parteiämter zu verzichten, im allgemeinen ein Beweis für den Rückhalt, den Brüning bei ihnen besaß, wenn man davon absieht, daß ein solcher Verzicht ein probates Mittel sein konnte, sich von der Partei zurückzuziehen. Ihnen folgten Mitte Mai die Mitglieder der Führungsgremien der Partei bis in die untersten Ebenen, indem sie die jeweiligen Vorsitzenden mit allen einschlägigen Vollmachten nach dem »Führerprinzip« versahen.

Nach außen hin demonstrierte Brüning Führungswillen. Die Hoffnungen, die die Anhänger der Partei auf den neuen Vorsitzenden setzten, entsprachen nicht den geringen Erwartungen, die er selbst hegte, ja standen geradezu im Kontrast zu seiner skeptischen Lagebeurteilung. Die Gefahr, daß die Zentrumspartei verboten würde, war nicht von der Hand zu weisen und wurde unter ihren Anhängern häufig erörtert. Brüning ließ sich jedoch durch die unsichere innenpolitische Lage nicht hindern, eine handlungsfähige Führungsmannschaft zu installieren, indem er Joos, v. Galen, Hackelsberger und Bernhard Kaes, letzterer Vertreter der Windthorstbunde, zu Stellvertretern bestimmte. Nach demselben Prinzip wollte er auch die unteren Parteiebenen reorganisieren. Dieser Versuch blieb hingegen in den Anfängen stecken.[361]

Die äußerliche Anpassung an die Führungsmethoden der Nationalsozialisten, mochte kurzfristig das demokratische Potential der traditionsreichen Partei nicht gefährden. Sie stellte aber zumindest eine formale Kapitulation vor der Gegenseite dar, die am Ende den politischen Kampf gegen das Regime sinnlos machen konnte. Die Übernahme des undemokratischen Führerprinzips hatte für Brüning jedoch weniger ideologische als taktische Bedeutung. Er wußte, daß er nur scheinbar der starke neue Mann der Partei war und aus einer Position der Schwäche handeln mußte. Bei aller Skepsis hinsichtlich der Möglichkeiten, die Existenz der Partei auf Dauer zu sichern, war er doch nicht gegen die Illusion gefeit, es sei möglich, auf die Politik des Regimes indirekt Einfluß zu nehmen. Sicherlich hätte er die Rede Hitlers über seine weitgesteckten innen- und außenpolitischen Ziele vor den Generalen der Reichswehr vom 3. Februar 1933 ernst genommen, wenn sie ihm bekannt gewesen wäre. Dennoch unterschätzte er im allgemeinen die Absichten Hitlers ebenso wie viele Zeitgenossen, die die Tiraden der NS-Größen und ihre Propaganda als weitgehend gegenstandslos abtaten.[362]

Während Brüning die Möglichkeiten des Widerstandes gegen die Gleichschaltung der gesellschaftlichen Kräfte sondierte, setzte Papen seine bisherige Politik der Anpassung fort. Mitte Mai hielt er auf einer Stahlhelm-Veranstaltung eine Rede, in der er sich zu außenpolitischen Fragen äußerte. Er sprach in diesem Zusammenhang von einer »altgermanischen Abscheu vor dem Strohtod«, was im Ausland großes Aufsehen erregte. Beunruhigung lösten in diesen Tagen auch ein WTB-Interview Blombergs und ein Auftritt Alfred Rosenbergs in London aus. Tatsächlich waren die Spannungen zwischen Berlin und Warschau durch ein Gespräch Hitlers mit dem polnischen Gesandten Alfred Wysocki am 2. Mai 1933 vorerst beigelegt worden. An der Ernsthaftigkeit der Absichten Piłsudskis ist ebensowenig zu zweifeln, wie an der Überzeugung der deutschen Militärführung, daß tatsächlich die Gefahr eines Zweifrontenkrieges im Osten und im Westen bestand und Deutschland ihm nicht gewachsen gewesen wäre.[363]

Begegnungen zwischen Brüning und Hitler

Der erfahrene Außenpolitiker Brüning hielt es für seine Pflicht, in dieser Situation den amtierenden Kanzler vor einer aggressiven Politik gegenüber dem Ausland zu warnen, nachdem ihn mehrere Botschafter und auch Beamte des Auswärtigen Amtes darum gebeten hatten. So hatte er sich insgeheim mit Roosevelts Sonderbotschafter Richard Wasburn Child in der Wohnung von Rechtsanwalt Etscheid getroffen. Die Begegnung hatte der Journalist Louis P. Lochner arrangiert. Auf die Frage, welches Programm er für den Fall habe, daß er noch einmal in die politische Verantwortung gerufen würde, antwortete Brüning ausweichend, Deutschland müsse wieder ein Rechtsstaat werden.[364] Er stellte alle Vorbehalte und politischen Bedenken zurück, wenn sich eine Gelegenheit ergab, Hitler seinen politischen Rat anzubieten. Sebastian Haffner hat auf das merkwürdige Phänomen hingewiesen, daß Hitler seine Gegner oft dadurch verblüffte, daß er sich nicht so verhielt, wie sie es in Kenntnis der üblen Seiten des Regimes von ihm erwarteten. Man traute ihm alles Böse zu, war aber dann verwundert, wenn er – zumindest vorübergehend – das Mißtrauen gegen ihn nicht bestätigte.[365] Brüning zögerte nicht, mit Hitler zusammenzutreffen und ignorierte auch die Agitation der NS-Propaganda gegen ihn als »Führer des Zentrums«, das in Wirklichkeit ein Trümmerhaufen sei, den man liquidieren müsse.

Wenn der frühere Kanzler im Mai nicht etwa in Schutzhaft genommen, womöglich dort mißhandelt wurde, sondern von Hitler am 16. Mai zu einem Gespräch über außenpolitische Fragen – in Gegenwart Fricks und Hackelsbergers – empfangen wurde, dann geschah dies nach jenem von Haffner beschriebenen Prinzip, das in der Rückschau überaus deutlich zu erkennen ist. Es bildete gleichsam das retardierende Moment eines historischen Dramas. In der konkreten Situation konnte dies auf eine veränderte politische Lage hindeuten, obwohl Hitler wenige Tage zuvor, am 7. Mai, noch eine blutrünstige Rede auf einer SA-Kundgebung in Kiel gehalten hatte, in der er seinen Willen bekräftigt hatte, die sogenannten »Novemberverbrecher« bis in die letzten Schlupfwinkel zu verfolgen.

Andererseits hatte er dort zugleich das Ende der »Revolution« verkündet. Unüberhörbar war die Absicht, alle politischen Organisationen außer den nationalsozialistischen zu zerschlagen oder gleichzuschalten: »Am Ende unseres Weges steht ein deutsches Volk mit einer deutschen Willensorganisation.« An jenem Tage war der DNVP-Politiker Ernst Oberfohren, mit dem Brüning ein besonderes Vertrauensverhältnis verband, erschossen aufgefunden worden, nachdem Ende April im Manchester Guardian ein Memorandum über den Reichstagsbrand, das ihm zugeschrieben worden war (The Oberfohren Memorandum), erschienen war. Es blieb ungeklärt, ob er Selbstmord begangen hatte oder von fremder Hand getötet wurde. Er hatte schon am 30. März sein Reichstagsmandat aufgegeben und sich aus der Politik zurückgezogen.[366]

Hitler erörterte mit Brüning die sogenannte Friedensrede, die er am 17. Mai im Reichstag halten wollte. Brüning, der von seiten der Reichswehr über polnische Angriffsvorbereitungen informiert war, betrachtete den Entwurf als brauchbar: »Wir sprachen seine Rede durch. An sich war sie schon verhältnismäßig gut. Ich verlangte nur, daß er noch stärker und positiver auf den Abrüstungsappell des Präsidenten Roosevelt eingehen sollte.« Brüning versuchte ein taktisches Manöver, indem er Hitler riet, auf das in der Rede vorgesehene Angebot einer Kontrolle von SA und SS zu verzichten. Hitler tat dies mit dem Hinweis ab, daß eine solche Kontrolle ohnehin unmöglich sei. Brüning erreichte während der Unterhaltung eine scheinbare Zusage, demnächst, nach der Friedensrede im Reichstag, über eine Abänderung der bisherigen Notverordnungen, also über die Einschränkung der persönlichen Rechte zu sprechen, und ihm dabei »weitgehend entgegenzukommen.«[367]

In dem scheinbar vertrauensvollen Gespräch ließ Hitler Brüning die Rolle des außenpolitischen Experten spielen, um ihn und die Zentrumsfraktion für seine angebliche Friedensinitiative zu gewinnen. Frick übergab Brüning eine bereits formulierte Zustimmungserklärung. Dieser blieb zwar mißtrauisch, erklärte aber seine Absicht, einem Antrag zur Billigung der Rede zuzustimmen, wenn sie die Abänderungen enthalte, die er gewünscht habe. Im übrigen werde er sich bemühen, in diesem Falle auch die SPD zu einer positiven Stellungnahme zu bewegen. Er schlug eine eigene Formulierung des Zustimmungsantrages vor, den Hitler akzeptierte. Anschließend gewann er auch die SPD-Führung für diesen Antrag.[368]

Hitler hatte Brüning im Hinblick auf seine taktisch gemeinte außenpolitische Friedensrede in eine ähnliche Rolle gedrängt, wie wenige Wochen zuvor den Prälaten Kaas. Er scheint dem früheren Kanzler bei dieser Gelegenheit eine unverbindliche Mitarbeit für die Regierung, vielleicht auch die Leitung der deutschen Delegation auf der »Internationalen Währungs- und Wirtschaftskonferenz« in London, die am 12. Juni 1933 begann, angeboten zu haben. So hat man ihm nicht ohne Grund vorgeworfen, sich ebenso wie zuvor Kaas mit mündlichen Zusagen zufrieden gegeben zu haben. Insofern beging er jetzt die Fehler, die er Kaas angekreidet hatte.[369]

Hitlers ungewöhnlich maßvolle außenpolitische Reichstagsrede vom 17. Mai, in der er im wesentlichen die bekannte deutsche Forderung nach internationaler Gleichberechtigung bekräftigte, wurde im In- und Ausland überwiegend positiv aufgenommen, was nicht zuletzt durch die zustimmenden Erklärungen des Zentrums und der Sozialdemokraten im Reichstag bedingt war. Der britische »Spectator« schrieb am 19. Mai, die Rede hätte Wort für Wort auch von Stresemann, Müller oder Brüning stammen können und habe »Deutschlands vernünftige Ziele in einer fast untadelhaft vernünftigen Sprache« enthalten.[370]

Für das Regime hatte das Zentrum seine Rolle noch nicht ausgespielt. In Hessen, Württemberg und auch in Preußen stimmte es im Abstand von wenigen Wochen regionalen Ermächtigungsgesetzen nach dem Vorbild des Reichstages zu. Doch schon im Juni sollte es auf Reichs- und Länderebene aus jeder politischen Verantwortung verdrängt sein.[371] Dies hatte Hitler von vornherein einkalkuliert. Er hatte Brüning dazu benutzt, den Anschein seiner angeblichen Friedensbereitschaft zu verstärken. In einem mißverstandenen nationalen Interesse hatte sich dieser zu Hitlers Sendboten gegenüber der Sozialdemokratie gemacht, da ihn die Gefahr eines polnischen Angriffs auf das Reich beunruhigte.[372] Nur für kurze Zeit wahrte Hitler noch den Schein eines vertrauensvollen Einvernehmens mit Brüning. Am 30. Mai empfing er ihn noch einmal zu einer Unterredung.

Über den Verlauf dieser letzten Begegnung ist wenig bekannt, obwohl sie in der Öffentlichkeit registriert wurde. Hitler bestritt nach Brünings Bericht, daß es Mißhandlungen von Politikern gebe, was dieser mit der Aufforderung konterte, sich zusammen mit ihm einige der verletzten und verstümmelten Patienten im Hedwigskrankenhaus anzusehen. Zugleich übergab er einen Entwurf für eine Änderung der Reichstagsbrandverordnung, um die verfassungsmäßigen Grundrechte wiederherzustellen. Hitler beauftragte daraufhin Frick, demnächst mit Brüning über dessen Entwurf zu verhandeln. Dabei blieb es, nachdem Frick mehrfach die vereinbarten Termine abgesagt hatte. Statt dessen erschienen wie schon im März häufig SA-Abteilungen vor dem Krankenhaus, die den Exkanzler mit dem Ruf »Nieder mit Brüning!« einschüchtern sollten.[373]

Die letzten Besuche in der Reichskanzlei stellen der Urteilsfähigkeit des Exkanzlers über Hitler und dessen Regime kein günstiges Zeugnis aus, so sehr man ihm die Bereitschaft zugute halten muß, im Interesse seines Landes angesichts einer – angeblich – drohenden äußeren Gefahr politische Bedenken gegen eine Zusammenarbeit mit der amtierenden Regierung zurückzustellen. In späterer Perspektive mutet das letzte Treffen mit Hitler wie eine Schmierenkomödie an, die Brüning nicht durchschaute, weil er die ihm zugewiesene Rolle nicht für real hielt. Gleichwohl war sein Versuch respektabel, eine Milderung der Notverordnung vom 28. Februar zu erreichen.

Er hatte bei aller Skepsis aber doch den Umstand verkannt, daß ihm Hitler am 16. Mai eine unerwartet plumpe Falle gestellt hatte, weil er lediglich an einem positiven Votum des Zentrums zu seiner Erklärung im Reichstag interessiert gewesen war.

Auf einem anderen Blatt stand die Frage, was ein Bekenntnis der bürgerlichen Parteien zu einer friedlichen Außenpolitik des Deutschen Reiches grundsätzlich bedeutete. Brüning selbst schätzte diesen Aspekt des Problems ebenso wie seine sozialdemokratischen Kollegen hoch ein, bis hin zu der Illusion, man könne dem Regime mit einem einheitlichen Votum des Reichstages gewissermaßen psychologische Fesseln anlegen.

Das Zentrum zwischen den Fronten

Einen Tag vor dem Treffen zwischen Hitler und Brüning am 30. Mai hatte eine Konferenz von Funktionären und Abgeordneten des Zentrums im Reichstag und im Preußischen Landtag stattgefunden. Über den Verlauf und die Ergebnisse der Beratungen verlautete jedoch wenig. Es war lediglich von »unterrichtenden und zielsetzenden Beratungen« die Rede. Sie sollten demnächst fortgesetzt werden und vor allem »kulturpolitischen Zeitfragen« gelten. Während der Berliner Tagung hielt der junge Staatsrechtler Hans Peters (1896-1966) auf Anregung Brünings ein Referat über Grundsatzfragen des Rechtsstaates. Peters hatte 1932 die Zentrumsfraktion im Streit um die abgesetzte Regierung Braun vor dem Reichsgericht vertreten. Enttäuscht mußte Brüning feststellen, daß die Abgeordneten wenig Interesse an den Ausführungen des Gelehrten bekundeten. Mit ihm blieb er in den Jahren des Exils in Verbindung. Die Anwesenden hatten größte Bedenken, Einzelheiten der Diskussion, etwa Meinungsäußerungen von einzelnen in die Öffentlichkeit gelangen zu lassen. Die Veranstaltung zeigte, daß freie politische Diskussionen und insofern auch die Parteiarbeit des Zentrums unmöglich geworden waren. Das war selbst durch autoritative Verlautbarungen oder den »Führungswillen« der Parteispitze nicht auszugleichen.[374]

Eine wichtige Rolle im Hintergrund dürften Informationen über den bevorstehenden Abschluß des Reichskonkordats gespielt haben, den man unter keinen Umständen verhindern wollte. Brüning selbst verzichtete darauf, seine Bedenken öffentlich zu äußern. So geriet die Partei und ihre Führung rasch in die Rolle einer politischen Geisel, die bei nächster Gelegenheit liquidiert werden konnte. Die erwähnte Zustimmung des Zentrums zu den Ermächtigungsgesetzen in den Ländern bestätigte mit allen ihren Begleiterscheinungen die Abwicklungsfunktion, die der Parteiführung vom Regime noch zugedacht war. Faktisch war der Parteiapparat aktionsunfähig. Die Partei drohte, allmählich auf die abschüssige Bahn einer prinzipienlosen Anpassungspolitik zu geraten.

In dieser Situation lancierte Martin Spahn, der Anfang Juni der NSDAP-Fraktion beigetreten war, in politischen Kreisen den Vorschlag, Brüning als Botschafter nach Prag zu entsenden, um dort die Interessen des Reiches im Hinblick auf die sudetendeutsche Frage zu vertreten. Er deutete an, den Vorschlag an Hitler »heranzubringen«, woraus nicht zu entnehmen war, daß Hitler darüber unterrichtet war. Ob Brüning diesen Plan kannte, ist allerdings nicht sicher.[375] Eine Entsendung Brünings nach Prag hätte politisch auf derselben Linie gelegen wie die Ernennung des früheren Reichskanzlers Luther zum Botschafter in Washington als Nachfolger des aus politischen Gründen zurückgetretenen Botschafters v. Prittwitz und Gaffron im Frühjahr 1933.[376] Luther vertrat dort das Reich bis 1937.

Der Parteichef, dessen Bewegungsfreiheit eingeschränkt war, dessen Post und Telefon seit langem überwacht wurden, wußte, daß seine Funktion bald erledigt sein würde. Eine Unterhaltung bei einem Essen mit dem scheidenden britischen Botschafter Rumbold am 13. Juni dokumentierte seine zunehmende Ratlosigkeit. Er bekannte sich zu einer Wiedereinführung der Monarchie in Deutschland, was vielleicht nur als Reverenz gegenüber dem englischen Botschafter gedacht war, vielleicht aber auch auf einem Einverständnis mit bestimmten Reichswehrkreisen oder Bestrebungen in der Umgebung Papens beruhte. Er äußerte sich pessimistisch über die Entwicklung nach einem Abgang Hindenburgs, erklärte aber – wenig glaubwürdig – seine grundsätzliche Bereitschaft, Hitler zu unterstützen, wenn er die rechtsstaatliche Ordnung respektiere und eine gemäßigte Außenpolitik betreibe, was der Botschafter umgehend nach London meldete.

Ähnlich pessimistisch äußerte er sich gegenüber dem amerikanischen Botschafter Gordon. In Gegenwart von Treviranus erlaubte er sich eine deutliche Kritik am Verhalten Hindenburgs. Aber auch in diesem Gespräch blieb er im Rahmen der diplomatischen Gepflogenheiten. Immerhin meldete der Botschafter nach Washington lakonisch, daß nicht mit einem Eintritt Brünings in die Regierung Hitler zu rechnen sei.[377] Ende Juni bat der Reichspräsident Brüning um ein Gespräch, das jedoch angeblich wegen einer Veröffentlichung des in Paris lebenden Publizisten Georg Bernhard (1875-1944) nicht zustande kam, die in Berlin für Aufsehen sorgte. Bernhard, früher Chefredakteur der Vossischen Zeitung und Reichstagsabgeordneter der DDP, lebte seit seiner Flucht im Februar 1933 als Emigrant in Frankreich und war als Kritiker des NS-Regimes bekannt. Brüning, der sich ständig von einem Versteck ins andere begeben mußte, sah keine Möglichkeit ungefährdet bei Hindenburg zu erscheinen, weil dessen Amtssitz durch SS bewacht wurde. Ursprünglich hatte er die Absicht gehabt, bei Hindenburg eine Verordnung durchzusetzen, die die Machenschaften der Nazis begrenzt hätte.[378]

Der Abschluß des Reichskonkordats

An dem Wochenende vom 17. zum 18. Juni fuhr Brüning nach Tübingen, um bei seinem Freund Paul Simon den Fraktionskollegen Hackelsberger zu treffen, der wegen der Konkordatsfrage in Rom gewesen war. Mit diesem hielt Brüning in diesen Monaten engen Kontakt, wenn auch das Verhältnis zwischen beiden durch gelegentliche Spannungen getrübt war. Der Abgeordnete, einer der Stellvertreter des Parteichefs, war im Besitz des Kaasschen Konkordatsentwurfes vom 11. Mai, den er Brüning zur Kenntnis gab.[379]

Dieser war irritiert wegen der Zugeständnisse, die die Kurie dem NS-Regime machen wollte. Die konfessionelle Schule war nach seiner Ansicht de facto preisgegeben worden. »Die Formulierung entsprach der alten Formulierung der DVP, die in dem Entwurf eines Reichsschulgesetzes von 1920 enthalten war.« Demnach war die Kurie bereit, eine Regelung anzunehmen, die das Zentrum noch 1927 abgelehnt hatte. »Ich war tief erschüttert, auch über die molluskenartigen Formulierungen über katholische Verbände und über die Lehrerbildung. Klar und eindeutig formuliert war nur die Sicherung der Stellung des Nuntius in Berlin als Doyen des diplomatischen Korps.«[380]

Brüning war alarmiert. Als er sich am Sonntagabend von Simon verabschiedet und aufgemacht hatte, um über Stuttgart nach Berlin zurückzukehren, zerschlug eine Pistolenkugel das Fenster des Zimmers, in dem er übernachtet und sich noch kurz zuvor aufgehalten hatte. Die Polizei fand das Geschoß jedoch nicht und lehnte es ab, weitere Nachforschungen anzustellen.[381]

Nach Berlin zurückgekehrt, entwarf er einige Alternativvorschläge zu den fraglichen Bestimmungen des Reichskonkordates, um wenigstens die konfessionelle Schule zu erhalten. Die traditionellen kulturpolitischen Fragen waren ihm seit Mitte der zwanziger Jahre vertraut und lagen ihm am Herzen, als er sich 1928 außer in den Reichstag auch in den Preußischen Landtag wählen ließ. Er hatte das Landtagsmandat erst aufgegeben, als ihm das Preußenkonkordat gesichert schien. Dieser Vertrag klammerte allerdings die Schulfrage aus, was das Zentrum hinnahm, da dieses Problem durch die Reichsverfassung vorläufig, bis zum Erlaß eines Schulgesetzes, suspendiert war. Das Scheitern des Reichsschulgesetzes von 1927 hatte das bisherige Provisorium in den Ländern bestehen lassen. Jetzt aber stand jener Weimarer Schulkompromiß von 1919 in Frage, der zu den beachtenswerten Leistungen der Zentrumspolitik zählte.[382]

Nach Brünings Ansicht war das Reichskonkordat vom kirchlich-katholischen Standpunkt trotz aller formalen Zugeständnisse in Statusfragen wertlos, wenn die Kurie die katholische Bekenntnisschule aufgab. In diesem Sinne hatte auch Wirth Ostern 1933 in Rom interveniert. Brüning wußte jedoch nicht, daß die Kurie der Erhaltung und Bewegungsfreiheit der katholischen Vereine eine größere Bedeutung beimaß als der Schulfrage, deren Regelung durch Reichsrecht in der Weimarer Zeit ohnehin nicht gelungen war. Der Kurswechsel war eine Reaktion der Kurie auf die politischen Umwälzungen in Deutschland. Das katholische Verbands- und Vereinswesen als kirchenrechtlich verankerte Organisation hielt insbesondere Pacelli für unmittelbar gefährdet. Er beurteilte die Zwangslage der Kirche in Deutschland anders als die Mehrheit der deutschen Bischöfe im Lichte der Erfahrungen mit den Lateranverträgen der Kurie mit dem faschistischen Italien von 1929. Die Lösung der »Römischen Frage« hatte dem Mussolini-Regime einige kulturpolitische Beschränkungen auferlegt. Pacellis Einschätzung des totalitären NS-Regimes war durch die Erfahrungen mit der Diktatur Mussolinis nach dem sogenannten »avenimento del fascismo« vom Frühjahr 1922 bestimmt, so vertraut dem Kardinalstaatssekretär die deutschen Verhältnisse auch sein mochten. Dabei ist nicht auszuschließen, daß er, wie sein Mitarbeiter Robert Leiber später in einem Nachruf auf Pacelli meinte, die Beibehaltung der Länderkonkordate unter Umständen einem ungünstigen Reichskonkordat vorgezogen hätte. Angeblich ließ Pacelli, wie ein Gewährsmann behauptete, über den Nuntius Orsenigo Kaas kurz nach der Reichstagswahl vom 5. März wissen, daß die Kurie eine Zustimmung zum Ermächtigungsgesetz für wünschenswert hielt. Der Prälat selbst habe ursprünglich nicht zu den Befürwortern gehört.

Nicht zu übersehen ist, daß Brüning die endgültige Vernichtung seiner Partei befürchtete, wenn das Konkordat abgeschlossen würde. Diesen Preis hielt er angesichts der bescheidenen Zugeständnisse der Reichsregierung für zu hoch. Seine Gegenvorschläge übermittelte er Hackelsberger nach Rom. Zugleich ließ er Kaas mitteilen, das Konkordat werde »mit absoluter Sicherheit das Ende der Zentrumspartei« bedeuten. Die Konkordatsverhandlungen zu verzögern, um der Partei noch eine kurze Frist für die Abwicklung der letzten Geschäfte – etwa die Entlassung der Mitarbeiter – einzuräumen, dürfte ein zusätzliches Motiv für seine Kritik an dem Vertragsentwurf gewesen sein. Sein Vorgehen läßt aber auch darauf schließen, daß er spätestens Ende Juni mit dem Untergang der Partei rechnete.

Die Kurie hatte nach seiner Ansicht das Zentrum politisch aufgegeben. Ob dies nun den Preis für den Abschluß des Konkordats darstellte, war nicht entscheidend. Brüning warnte Kaas, das NS-Regime werde nach einem Verbot des Zentrums das Konkordat nicht halten, weil der Wortlaut »zu schillernd« sei. Er riet dringend, den Abschluß des Vertrages wenigstens hinauszuziehen, um die Entwicklung der nächsten Wochen und Monate abzuwarten. Diese Warnung ließ er auch über den Jesuiten Robert Leiber, den Vertrauten Pacellis, an Pius XI. gelangen. Dieser war anscheinend auch von anderer Seite, etwa durch den Philosophen Alois Dempf und den Generalsekretär der Katholischen Arbeitervereine, Hermann Joseph Schmitt, über Brünings Bedenken, die sie teilten, unterrichtet worden.[383] Den deutschen Bischöfen ließ Brüning ebenfalls eine dringende Warnung zukommen. In der ausländischen Presse war von einem Brief in dieser Sache die Rede, dessen Existenz er in einem Interview mit einer belgischen Zeitung entschieden dementierte. Man dürfe das Aufbauwerk der gegenwärtigen Regierung auf keine Weise behindern, behauptete er ausweichend.[384]

Für den »Völkischen Beobachter« stellte das Zentrum längst »ein Überbleibsel einer innerlich und äußerlich schon überwundenen Vergangenheit« dar.[385] Brünings Appell an Kaas kam einem indirekten Hilferuf an die Kurie gleich. Pacelli ging nicht darauf ein und Kaas war, auch wenn er es gewollt hätte, außerstande, ihn zu einer flexibleren Taktik gegenüber dem NS-Regime zu bewegen. Es ist allerdings festzuhalten, daß die Verhandlungen über das Konkordat formell erst abgeschlossen wurden, als sich die Zentrumspartei bereits aufgelöst hatte.

Das Konkordat stellte für Kaas in dieser unübersichtlichen innenpolitischen Situation in Deutschland ein ebenso wünschenswertes wie erreichbares Ziel dar. Dabei mag sein positives Urteil über das italienische Konkordat mitgespielt haben. Überdies war er der wohl beste deutsche Experte und ein wichtiger Berater Pacellis auf dem Konkordatsgebiet – in Berlin und auch noch nach dessen Rückberufung nach Rom –, der mit der Problematik seit langem vertraut war und die Gelegenheit erkannte, zu Vereinbarungen zu gelangen, die noch vor kurzem für die Kirche nicht erreichbar gewesen wären. Er versuchte allerdings auch nicht, sein Vorgehen mit seinen Parteifreunden in Berlin abzustimmen. Dies entsprach indessen nicht Kaas' Naturell und auch nicht der Lageanalyse des Papstes, der zur Eile drängte, weil er fürchtete, daß die Chance für den Vertrag rasch vorübergehen könne. Brüning vermutete ohnedies, daß die kuriale Politik im Ernstfall auf die Zentrumspartei keine Rücksicht nehmen würde. Er machte seinerseits Kaas für die Entwicklung in dieser Frage verantwortlich. Dieser habe wegen des Konkordats mit den Nazis Frieden geschlossen, behauptete er noch in den fünfziger Jahren. Brüning wußte im übrigen, daß Kaas Pacelli in Deutschland als kanonistischer Berater und Redenschreiber gedient hatte.

Die Existenz des Zentrums stellte allerdings für Hitler und Papen ein Hindernis für den Abschluß des Konkordats dar. Papen verübelte es daher Brüning, daß dieser den Vorsitz der Zentrumspartei übernommen hatte. Deren Auflösung betrachtete er als Voraussetzung für den Erfolg seiner Verhandlungen mit Pacelli. Sie begannen am 29. Juni und dauerten offiziell bis zum Vertragsabschluß am 20. Juli. Bedeutsam war in diesem Zusammenhang, daß die deutschen Bischöfe die Verhandlungen nur wenig zu beeinflussen suchten, obwohl Kaas am 28. Mai vorgeschlagen hatte, den Vorsitzenden oder einen Vertreter der Fuldaer Bischofskonferenz nach Rom zu entsenden. Die Bischöfe, auch Kardinal Bertram, beschränkten sich zunächst darauf, schriftlich zu dem Entwurf des Konkordats vom 11. Mai Stellung zu nehmen, obwohl bekannt war, daß diese Korrespondenz polizeilich überwacht wurde. Erst seit dem 1. Juli schaltete sich Erzbischof Conrad Gröber in die Verhandlungen ein. Gröber, der vor allem in der Anfangszeit nicht zu den entschiedensten Kritikern des neuen Regimes gehörte und Papen nahestand, beurteilte im Gegensatz zu Brüning den Kaasschen Entwurf positiv, machte aber doch einige Änderungsvorschläge und war neben Papen, Pacelli und Kaas noch an den letzten Konsultationen am 7. Juli beteiligt.[386]

Brüning und die Führung seiner Partei waren von diesen Vorgängen auf einem wichtigen kirchen- und kulturpolitischem Gebiet, das die Partei jahrzehntelang als ihre Domäne betrachtet hatte, völlig abgeschnitten. Zuletzt hoffte er, daß wenigstens die Ratifizierung des Konkordats noch aufgeschoben werden könnte. Der Lage entsprechend hätte dies nur bedeuten können, daß Pius XI. im letzten Augenblick noch Änderungswünsche vorgebracht hätte. So ergab sich eine fatale zeitliche Nähe zweier Ereignisse: Die Auflösung der Zentrumspartei am 5. Juli und die Paraphierung der römischen Verhandlungen drei Tage später. Der Zeitplan folgte äußerlich gesehen den Absichten Hitlers und nicht den Hoffnungen Brünings. Zwei Jahre später behauptete dieser gegenüber Graf Kessler, Pacelli habe wegen des Konkordats bewußt das Zentrum aufgegeben.[387]

In Brünings Memoiren klingt der Vorwurf an, daß die Kurie mit ihrer Entscheidung für ein Konkordat mit Hitler den bekenntnistreuen Protestanten unter der Führung Friedrich von Bodelschwinghs im Kampf mit den sogenannten Deutschen Christen (DC) in den Rücken gefallen sei. Über Hackelsberger hatte er Kaas auf dieses Problem aufmerksam machen wollen. Ob ihm dies gelang, ist nicht bekannt.

Bodelschwingh befand sich seit seiner Wahl am 27. Mai zum Reichsbischof in einer schwierigen Auseinandersetzung mit den sogenannten Deutschen Christen unter der Führung Ludwig Müllers, der trotz der Unterstützung Hitlers Bodelschwingh unterlegen war. Müller und seine Anhänger stellten die Rechtmäßigkeit der Wahl Bodelschwinghs in Frage. Vergeblich bat dieser den Reichspräsidenten am 17. Juni um eine Audienz. Hindenburg lehnte dies ab und empfahl statt dessen, die Differenzen mit Müller unter Vermittlung des Reichsinnenministers zu klären. Nach der Einsetzung eines staatlichen Kirchenkommissars legte Bodelschwingh am 24. Juni sein Amt nieder. Der Vorgang selbst hatte nach Brünings Eindruck Hindenburg die letzten Illusionen über den Charakter der Regierung Hitler genommen. Am 30. Juni äußerte sich der Reichspräsident besorgt über die Lage in der evangelischen Kirche und ersuchte Hitler vorsichtig um Vermittlung. Die nachfolgenden Kirchenwahlen vom 23. Juli brachten den Deutschen Christen einen großen Erfolg. Am 5. August wurde Müller zum Präsidenten des Evangelischen Oberkirchenrats mit dem Titel »Landesbischof« der altpreußischen Landeskirche gewählt.[388]

Man hat die mißglückte Wahl Bodelschwinghs als entscheidende Zäsur in der Entwicklung der Beziehungen zwischen Staat und Kirche nach 1933 bezeichnet.[389]

Gegenüber Fabian v. Schlabrendorff, der Brüning im Hedwigskrankenhaus besuchte, beklagte er sich über das Verhalten der katholischen Bischöfe, in erster Linie des Osnabrücker Bischofs Wilhelm Berning, der sich von Göring zum preußischen Staatsrat habe ernennen lassen. Man müsse wählen, »ob man unter dem Hakenkreuz oder unter dem Kreuz Christi stehen will.«

Bei den römischen Verhandlungen zwischen Papen und Pacelli war das Interesse der Zentrumspartei insofern von vornherein berührt, als Hitler nach dem Vorbild des italienischen Konkordats, nach Artikel 43 der Lateranverträge, ein Betätigungsverbot für Geistliche in politischen Parteien verlangte. Zwischen Italien und der Kurie war dies kein besonderer Streitpunkt gewesen, da dies ohnehin weitgehend den gegebenen Verhältnissen entsprach.[390]

Die Entklerikalisierungsbestimmung nach Artikel 32 (ursprünglich 31) wurde von Kaas keineswegs favorisiert. Die Vorschrift stellte jedoch das einzige sachliche Zugeständnis der Kurie dar, obwohl es beim Abschluß des Vertrages nur noch von geringer konkreter Bedeutung war, da die deutschen Parteien mit Ausnahme der NSDAP zu diesem Zeitpunkt schon verboten waren. Kaas versuchte die Bestimmung dennoch zu entschärfen, was der Kritik Brünings an dessen Haltung widerspricht. Wahrscheinlich versuchte Kaas aber nicht ernsthaft, Pacelli für eine Rettung des Zentrums zu gewinnen. Insofern nahm er den Untergang seiner Partei im Sinne einer von ihm als positiv eingeschätzten Verständigung zwischen dem Vatikan und dem Deutschen Reich in Kauf. Freilich ist nicht zu übersehen, daß ein Fortbestehen des Zentrums um einige Monate einem erfolgreichen Abschluß der Verhandlungen im Sinne der Kurie eher genützt als geschadet hätte.[391]

So bleibt als Fazit, daß Brüning die Verhandlungslage, wie sie sich für Kaas in Rom darstellte, teilweise mißverstand, vielleicht auch mißverstehen mußte. Der Vertrag war im wesentlichen zwischen dem deutschen Prälaten und Papen ausgehandelt worden. Er brachte der Kirche inhaltlich nichts, was sie nicht auch schon bisher erreicht hatte, sicherte ihr jedoch manches, das man in Rom für gefährdet hielt. Die Entpolitisierung des Klerus war ein politisches Ziel, das Hitlers unbedingtem Willen entsprach, aber auch Papens – teilweise persönlich motivierten – Kampf gegen das Zentrum entgegenkam. Papen war der Urheber der Bestimmung gewesen und hatte sich gleichsam in die Verhandlungen hineingedrängt, die deutscherseits in erster Linie die Aufgabe des Vatikan-Botschafters Diego von Bergen gewesen wären. In seiner Eigenschaft als Vizekanzler umging Papen die Zuständigkeit des Botschafters, indem er ihn zu seinem Berater zu machen suchte.

Auf dieser Ebene traf er sich mit Kaas, der allerdings weder von staatlicher noch von kurialer Seite einen offiziellen Verhandlungsauftrag erhalten hatte. Während Papen im Sinne Hitlers das politische Engagement des Klerus verboten sehen wollte, war Kaas lediglich geneigt, dieses einzuschränken. Die Bedenken in der Kurie gegen die Entpolitisierung waren erheblich und wurden erst in der Schlußphase der Verhandlungen fallengelassen. Kaas wollte eine kirchenrechtliche Begrenzung erreichen, die im Einzelfall durch die Kirche aufgehoben werden konnte. Er achtete im Gegensatz zu Papen peinlich darauf, Bergen, der sich auf eine Statistenrolle beschränken mußte, über den Stand der Gespräche auf dem laufenden zu halten.[392]

Brüning wußte, daß der Prälat weniger Politiker als Diplomat war, der in kirchen- und staatsrechtlichen Fragen der Kurie wertvolle Dienste leisten konnte. Drei Jahre zuvor hatte er selbst angeregt, Kaas zum Rektor des deutschen Priesterkollegs in Rom, des Campo Santo Teutonico, zu berufen, was diesem nicht unangenehm gewesen wäre. Andererseits hatte er nach seinem Besuch im Sommer 1931 im Vatikan den Eindruck gewonnen, daß Kaas nicht mehr ohne Vorbehalt hinter ihm stand.[393]

Alle Hoffnungen auf Hilfe aus Rom für das Zentrum waren trügerisch. Nicht Brüning hatte dort seinen politischen Einfluß geltend machen können, sondern Papen, der sich überhaupt das wesentliche Verdienst am Konkordatsabschluß anrechnete. Am 22. Juli 1933 hielt der Vizekanzler auf der »Dritten soziologischen Sondertagung des Katholischen Akademikerverbandes« in Maria Laach über das Thema »Die nationale Aufgabe im Katholizismus – Idee und Aufbau des Reiches« eine vielbeachtete Rede über den Vertrag, der nach seiner Ansicht einen lang gehegten Wunsch der deutschen Katholiken erfüllt hatte. Es bestehe ein »unleugbarer Zusammenhang zwischen der in diesen Tagen erfolgten Auflösung der Zentrumspartei und dem Abschluß des Reichskonkordats«, behauptete er. Sein Mitarbeiter Edgar Julius Jung erregte in Maria Laach als Protestant calvinistischer Provenienz Beachtung mit der fragwürdigen These, durch das Konkordat sei in Deutschland die Errichtung eines totalen Staates unmöglich geworden. Er forderte daher öffentlich eine Auflösung der NSDAP. Dies wäre nach dem Verschwinden der Weimarer Parteien, die von der NS-Propaganda als »Systemparteien« diffamiert wurden, folgerichtig gewesen.[394]

Der Untergang des Zentrums

Die Zentrumspartei war nach dem Christlich-Sozialen Volksdienst (1. Juli) und der Bayerischen Volkspartei (4. Juli) die letzte nichtnationalsozialistische Partei, die am 5. Juli aufgelöst wurde. Bereits am 27. Juni hatte die DNVP aufgegeben, indem sie ein »Freundschaftsabkommen« mit Hitler schloß. Hugenberg war zwei Tage später aus der Reichsregierung ausgeschieden. Die Absprachen, die Brüning in der letzten Zeit mit Hugenberg getroffen hatte, blieben folgenlos. Hugenberg hatte seine Partei nicht mehr unter Kontrolle, wie das Freundschaftsabkommen zeigte, das ohne seine Mitwirkung abgeschlossen wurde. Brüning scheint den Einfluß Hugenbergs auf seine Fraktion überschätzt zu haben. Auf ihn hatte er nach dem Gespräch vom März eine seiner letzten Hoffnungen gesetzt. Jetzt mußte er feststellen, daß dessen Einsicht in die Lage zu spät gekommen war. Mit seinem früheren Straßburger Lehrer Friedrich Meinecke, den er im Frühjahr 1934 wiedersah, war er sich darin einig, daß das Schicksal Deutschlands von Hindenburg und Hugenberg abhängig gewesen sei.[395]

Innerhalb der Zentrumsfraktionen des Reichstages und des preußischen Landtags wurden die schon früher bemerkbaren Zersetzungstendenzen übermächtig. Brüning erwähnt Grass und Hackelsberger als besonders entschiedene Befürworter der Selbstauflösung. Eine größere Zahl von Abgeordneten wollte die Partei verlassen. Brüning, der sich bis zuletzt der Auflösung widersetzt hatte, mußte sich davon überzeugen, daß höchstens die Hälfte der Reichstagsabgeordneten den Kampf fortsetzen wollte. In diesem kritischen Augenblick glaubte er, den Abgang mit einer Erklärung vollziehen zu müssen, daß Hitler zugesagt habe, nach der Auflösung der

Parteien zu rechtsstaatlichen Verhältnissen zurückzukehren. Diese Stellungnahme sollte mit Zustimmung Hitlers veröffentlicht werden, was dieser ohne Einwände zugestand.

Der Auflösungsbeschluß der Führungsspitze wurde von Hackelsberger entworfen und von der Reichskanzlei gebilligt. Die Folge war der Anschein einer freiwilligen Zustimmung zu dem angeblichen Reformwerk der Regierung. »Die politische Umwälzung hat das deutsche Staatsleben auf eine völlig neue Grundlage gestellt, die für eine bis vor kurzem mögliche parteipolitische Betätigung keinen Raum mehr läßt. Die Deutsche Zentrumspartei löst sich daher im Einvernehmen mit dem Herrn Reichskanzler Hitler mit sofortiger Wirkung auf.« Der Abbau der Parteiorganisation sollte mit »tunlichster Beschleunigung« erfolgen.

Brüning meinte, mit diesem Verfahren, wie es in den Memoiren heißt, Hitler »vor der Geschichte ... förmlich festgelegt« zu haben, obwohl dieser ihn jederzeit hätte desavouieren können. Von einer »Festlegung« Hitlers konnte freilich keine Rede sein. Die zugleich »loyalerweise« zum Ausdruck gebrachte Erwartung, daß die Auflösung der Partei nicht behindert und ihr Eigentum respektiert werde, verhaftete Mitglieder wieder in Freiheit kämen, andere von Unterdrückungsmaßnahmen verschont würden, ließ nur indirekt die Umstände dieser Selbstauflösung erkennen, deren Bekanntmachung notfalls auch hätte unterdrückt werden können. Die bisherigen Mandatsträger sollten zunächst fraktionslos bleiben und durch Verbindungsleute in Beziehung zur NSDAP treten. Für die bisherige Reichstagsfraktion wurde der Name Hackelsbergers genannt, der seit dem 28. Juni mit Reichsinnenminister Frick über die Modalitäten einer Auflösung verhandelt hatte. Hackelsberger übernahm die Leitung der »Abwicklungsstelle der Deutschen Zentrumspartei«, deren Arbeit bis zum 1. August beendet sein sollte.[396]

Die noch am selben Abend veröffentlichte Abschlußkundgebung des Zentrums, die mit dem Ruf »Heil Deutschland!« endete, enthielt eine Rechtfertigung der Parteiarbeit und beschwor die Leistungen des organisierten politischen Katholizismus. Sie war von Joos redigiert worden. Ihr Wortlaut entsprach auch der Sicht ihres letzten Vorsitzenden auf die politische Lage im Sommer 1933. Das Dokument vermied es, Hitler und den Nationalsozialismus ausdrücklich zu erwähnen. Es versuchte gleichermaßen der Tradition der Partei, ihrem Selbstverständnis angesichts der politischen Lage, vor allem dem begrenzten Aktionsradius und der persönlichen Gefährdung der Funktionsträger gerecht zu werden. Die Parteiführung wollte ein letztes Mal ihren Anhängern Trost und Mut zusprechen und jeder Gegenpropaganda die Grundlage entziehen. Das Zentrum habe seine nach Millionen zählenden Anhänger »zur Staatstreue und zum selbstlosen Dienst am Volksganzen« erzogen. Sie seien ein wertvolles Element im Gemeinschaftsleben gewesen und könnten auf die Dauer nicht übersehen werden, wenn es gelte, »die Volkskräfte unauflöslich ineinander zu schweißen und Staat und Volk gegen die feindlichen Mächte der Zersetzung zu schützen«.

Was unter letzterem im einzelnen zu verstehen war, blieb ungesagt. Die Erschütterung Brünings und seiner Freunde spricht aus jeder Zeile. Der Text versucht die Propagandaphraseologie des Regimes zu vermeiden. Es ist lediglich vom »Neuaufbau des Staates und der Volksgemeinschaft« die Rede, an dem man in ehrlichem Streben mitwirken und sich von niemandem übertreffen lassen wolle. Letzteres konnte als Provokation verstanden werden. Dies galt auch für das »ehrfurchtsvolle Gedenken« an die »großen Führer« der Partei und für den Dank an alle, die »treu zur alten Fahne« gestanden hätten. Der Wille, weiterhin dem »Volksganzen« zu dienen, getreu einer »stolzen Überlieferung, die stets Staat und Vaterland über die Partei gestellt hat«, bildete das Vermächtnis des Zentrums für die Zukunft.[397]

Mit Bitterkeit registrierte Brüning, daß die sogenannte Amtskirche, die katholischen deutschen Bischöfe also, die Auflösung der Partei am 5. Juli kaum zur Kenntnis nahm, von einem ausdrücklichen Dank für ihre mehr als sechzigjährige Arbeit im Dienste der kirchlichen Interessen ganz zu schweigen. In diesem Zusammenhang kam dem vielfach erörterten Telefonat zwischen Joos und Kaas vom 2. Juli besondere Bedeutung zu. Kaas hatte sich in ein Gespräch zwischen Joos, der sich in der Nähe von Basel aufhielt, und dem Freiburger Bischof Conrad Gröber in Rom eingeschaltet und ihn gefragt: »Habt Ihr Euch denn noch nicht aufgelöst?« Die Frage war mißverständlich. Sowohl Joos als auch einige seiner Parteifreunde, vor allem Brüning, verstanden sie als Aufforderung, den Weg für das Konkordat frei zu machen.[398]

Indessen lag auch eine andere Deutung nahe. Die Nachrichten aus Deutschland, die der italienischen Presse zugingen, hatten Kaas möglicherweise so beunruhigt, daß er das Schicksal der Partei bereits für verloren hielt. Andererseits erklärte sich Pius XI. just an diesem Tag mit der Forderung Hitlers nach einem Verbot parteipolitischer Betätigung von Geistlichen einverstanden. Die Kurie fürchtete zu diesem Zeitpunkt, daß sich nationalsozialistische Tendenzen im Klerus verstärkten. Die Mitteilung Papens aus Rom, daß die Kurie den Schritt der Zentrumspartei billige, war indessen voreilig gewesen, abgesehen davon, daß Pacelli schon unmittelbar nach der Regierungsübernahme Hitlers das Zentrum nicht mehr als einen Machtfaktor in Deutschland betrachtete.[399] Kaas' Aktion wurde gleichwohl in Rom bekannt, fand aber hier keineswegs die Billigung Pacellis, wie Robert Leiber nachdrücklich versicherte.[400] Während die deutschen Bischöfe und noch weniger die Kurie den Verdiensten der Zentrumspartei einen Nachruf widmeten, machte der Provinzial der Jesuiten in Berlin, Pater Bley, Brüning einige Tage später einen Besuch. Auch Vertreter der konservativen Rechten und der evangelischen Kirche sprachen ihm den Dank für die Arbeit der Partei aus.[401]

Nach der Auflösung der Partei blieb Brüning zwar Reichstagsabgeordneter, verfügte aber nur noch auf dem Papier über den Schutz der Immunität. Das unstete Wanderleben, das er über mehrere Jahre führen sollte, hatte schon nach den Märzwahlen begonnen. Die Verhaftung seiner Freunde Eugen Bolz und Friedrich Dessauer im Juni dürfte ihm vor Augen geführt haben, daß auch seine persönliche Sicherheit bedroht war. Bolz hatte er noch ohne Bedenken geraten, sich ins Polizeipräsidium nach Stuttgart zu einer Vernehmung zu begeben. Die Folge war »Schutzhaft« für den ehemaligen württembergischen Minister und Staatspräsidenten.[402]

In der Öffentlichkeit fand das Ende des Zentrums kein allzu großes Echo, von nennenswerter Kritik an der Entscheidung der Parteiführung ganz zu schweigen, wie Karl Bachem, der Historiker der Zentrumspartei, bemerkte. Der Abgang des politischen Katholizismus geschah gleichsam lautlos. Verärgerung bemerkte Bachem freilich vor allem unter den jüngeren Mitgliedern über das Verhalten von Kaas, Brüning und anderen führenden Zentrumspolitikern wegen ihrer Untätigkeit und ihres Kleinmutes. Man warf ihnen vor, den Untergang der Partei mit verschuldet zu haben. Bachem bezweifelte allerdings, daß ein Aufruf an die Anhängerschaft der Partei und an die katholische Wählerschaft von nennenswertem Erfolg gewesen wäre. Ein solcher Widerstand hätte lediglich die »physische Machtlosigkeit« der Partei erwiesen und wäre ohne weiteres niedergeschlagen worden.[403]

Verfolgung

Der erzwungene Rückzug Brünings aus der Politik ins Privatleben war von Drohungen und Angriffen unterschiedlicher Art begleitet, was ihn veranlaßte, möglichst nicht öffentlich zu erscheinen oder gar aufzutreten, nachdem er von einem Mann gehört hatte, der ihm ähnlich sah und der auf der Straße tätlich angegriffen worden war. Den Vorgang schätzte der englische Botschafter Rumbold für wichtig genug ein, um ihn nach London zu melden. Es gab auch mehrere Attentatsversuche, selbst im Hedwigskrankenhaus. Die Fenster seines Zimmers wurden wiederholt durch Kugeln zerschmettert.[404] Einen fingierten Unfall plante im Sommer 1933 angeblich der SA-Standartenführer Schöneberg. Auf Intervention des nach dem 20. Juli 1944 hingerichteten Geographen und Geopolitikers Albrecht Haushofer bei Rudolf Heß, dem »Stellvertreter des Führers«, soll dieser Anschlag unterblieben sein.[405] Brünings Stimmungslage und sein gesundheitlicher Zustand waren bedenklich. Der Arzt bestand darauf, daß er den Zigarrenkonsum einschränkte. Die Erwartung, daß das NS-Regime sich nicht lange halten würde, tröstete ihn wenig. Vorläufig wohnte Brüning noch im Hedwigskrankenhaus, auf zwei Zimmern, abgeschirmt von der Telefonzentrale, die von der strengen Schwester Apollonia geführt wurde und nicht jeden Anruf an Brüning weiterleitete. Zuvor hatte er sich vorübergehend bei den Tennstedts in der Paretzer Straße 14 in Wilmersdorf einquartiert. Bei den Jugendfreunden aus der Straßburger Studienzeit hatte er seit 1926 häufig die Wochenenden und die Weihnachtsfeiertage verbracht.[406]

Er wußte, daß er überwacht wurde, und empfing in seiner Wohnung im Krankenhaus nur selten Besucher. Die Gestapo hatte im Haus gegenüber einen Stützpunkt, von dem aus sie ihn Tag und Nacht beobachtete. Im Herbst 1933 – es war in den Tagen nach dem Austritt Deutschlands aus dem Völkerbund am 14. Oktober – mußte er dieses Quartier verlassen, nachdem eines Tages zwei Unbekannte im Krankenhaus erschienen waren, die sich nach ihm bei der stellvertretenden Oberin erkundigten. Die Schwester versicherte den Besuchern, die sich mit einem Fahrausweis der S-Bahn zu legitimieren suchten, daß sie nicht wisse, wo sich Dr. Brüning aufhalte. Sie nahm die Anfrage entgegen, ob Brüning bereit sei, im November für den nächsten Reichstag zu kandidieren.

Nach einiger Zeit meldete sich wieder ein angeblicher Anrufer aus der Reichskanzlei bei einer anderen Schwester mit demselben Anliegen, ließ aber die Bitte, deshalb noch einmal anzurufen, da Brüning nicht anwesend sei, unbeachtet. Brüning, der inzwischen nach Hause zurückgekehrt war, wartete zwei Tage vergeblich auf den Anruf. Die Episode endete kurze Zeit später – inzwischen war es November – mit einem Besuch des »Präsidenten Bumm«. Es handelte sich um den Präsidenten des Reichsgesundheitsamtes, Geheimrat Franz Bumm (1861-1942), der seit vielen

Jahren dem Kuratorium des Krankenhauses angehörte. Dieser unterrichtete ihn darüber, daß er aus dem Innenministerium erfahren habe, daß das Krankenhaus ihn nicht länger beherbergen dürfe, wenn die Schwestern Repressalien vermeiden wollten.

Noch am selben Tage verließ Brüning das Haus, das seine letzte feste Unterkunft in Berlin gewesen ist. Am nächsten Tag suchte ihn dort schon die Gestapo. Er bezeichnete das Leben, das er seither führte, als Versteckspiel, eine ständige Flucht vor der Gestapo, die erst im Juni 1934 endete. Zweimal suchte man ihn bei den Tennstedts. Einmal konnte er sich mit knapper Not in der Loggia unter einem Fenster verbergen. Der vorher erkundete Fluchtweg führte dann von der Loggia über die Küche zum Hinterausgang der Wohnung über den Dachboden. Annemarie Tennstedt hatte die Beamten geistesgegenwärtig aufgefordert, sich überall in der Wohnung nach dem Gesuchten umzusehen.

Die Memoiren erwähnen einige Details dieser Odyssee, deren Stationen nur teilweise bekannt sind. Manchmal mußte er wochenlang jeden Tag das Quartier wechseln. In den Wintertagen durfte er das Licht nicht einschalten. Zum Zeitvertreib rezitierte er gelegentlich aus dem Gedächtnis Oden des Horaz, von denen er nicht weniger als sieben noch auswendig konnte, wie er später einmal zum Lob des Gymnasiums Paulinum hervorhob. Als sich herumsprach, Brüning sei auf der Flucht vor der Gestapo, fand er Hilfe bei vielen Menschen, darunter auch Kommunisten. Bischof Nikolaus Bares (1871-1935), bisher Bischof von Hildesheim und seit Dezember 1933 Bischof von Berlin, und der Erzabt von Beuron, Raphael Walzer (1888-1966), der 1935 aus politischen Gründen ins Ausland ging, boten ihm unbeschränkte Gastfreundschaft an. Dagegen wollten ihn viele andere Menschen auf der Straße nicht wiedererkennen.

Im November 1933 traf er den amerikanischen Botschafter William Dodd in der Wohnung Louis P. Lochners, nachdem er auf dem Weg dorthin fünfmal das Taxi gewechselt hatte, um der Beobachtung durch die Gestapo zu entgehen. Bei dieser Gelegenheit gab Brüning einen umfassenden politischen Lagebericht.[407] Weihnachten 1933 verbrachte er noch in Berlin, nachdem er sich sechs Wochen lang in verschiedenen Quartieren in der Stadt versteckt hatte. Wenn wir hören, daß er einen Abgesandten des Generals Fedor v. Bock in seinem »Versteck im Grunewald« empfing, dann weist dies auf die verzweifelte Lage hin, in der sich der ruhelose Flüchtling befand. Der Journalist und Historiker John Wheeler-Bennett erzählt, daß er Brüning bei einem Mittagessen an einem Sonntag im Frühjahr 1933 bei Treviranus in dessen Garten am Wannsee getroffen habe. Der Engländer kannte Brüning schon seit dessen Kanzlerzeit. Brüning sei plötzlich aus seinem Versteck aufgetaucht, das kurz danach von der Gestapo untersucht worden sei. Als er mit Brüning, der im Fond seines Wagens saß, an einer Verkehrsampel an der Kreuzung Wilhelmstraße / Wilhelmplatz anhalten mußte, war er froh, daß eine vorbeikommende SA-Abteilung den Fahrgast nicht erkannte.

Der Gewerkschafter und DDP-Politiker Ernst Lemmer, der sich bereits in der Schweiz befand, schrieb am 1. Mai 1934 im Luzerner Tageblatt über Brüning: »Er lebt als Gast in völliger Zurückhaltung von allen politischen Dingen im bayerischen Kloster Ettal, nachdem er sein jahrelanges Domizil im Elisabeth-Krankenhaus (sic) hat aufgeben müssen. Wie es heißt, beschäftigt sich Brüning ... mit wissenschaftlichen, und zwar besonders mit historischen Studien; auf alle Fälle will er auf diese Weise offenbar jeder Berührung mit dem politischen Zeitgeschehen entgehen. Über die tragische Rolle, die dieser Mann in dem Schlußkampf um den Weimarer Staat geführt hat, wird der Historiker später noch manches schwerwiegende Wort zu sagen haben«.[408] Vermutlich gab Lemmer den Aufenthaltsort Brünings absichtlich falsch an. Brüning wollte in Berlin bleiben, so lange dies möglich war. Treviranus berichtet, daß er den Silvesterabend 1933 im Familienkreis mit Brüning und dem Ehepaar Tennstedt in einer Jagdhütte in Scharlibbe im Elbe-Havel-Dreieck verbracht habe. Danach drängte er ihn, sich in entferntere Gegenden abzusetzen.[409]

Im März 1934 traf sich Brüning einmal mit dem englischen Botschaftsrat B. C. Newton. Dabei soll er sich noch einmal vergleichsweise freundlich über Hitler geäußert haben. Er sei bereit, berichtete Newton, mit Hitler zusammenzuarbeiten, wenn die extremen Kräfte ausgeschaltet würden.[410] Vermutlich kalkulierte er ebenso wie bei ähnlichen Begegnungen mit Ausländern, die er nicht näher kannte, ein, daß seine Äußerung auf Umwegen den Nazis zugetragen würde.

II. DAS EXIL

1. Wanderer zwischen zwei Welten 1934-1937

Die Flucht

Der Zugriff der Gestapo war nur eine Frage der Zeit. Brüning erzählte 1958, daß er im Mai 1934 einen Mann am Gartentor der Villa von Hermann Muckermann, damals Leiter der Abteilung Eugenik der Kaiser-Wilhelm-Gesellschaft, in Dahlem stehen sah, dessen Gesicht ihm bekannt vorkam. »Ich ging zu ihm hin und sagte ihm, ich könne mich seines Namens nicht entsinnen, wohl aber, daß ich 1917 mit ihm im Felde gewesen sei. Er war von Major Buch geschickt, der ein hoher SS-Führer geworden war, und der zu meinem Erstaunen bei der Gestapo festgestellt hatte, wo ich mich im Augenblick verborgen hielt; ich müsse in den nächsten 36 Stunden aus Deutschland heraus sein, weil schon die Grenzsperre über mich verhängt sei.«[1] Brüning hörte von ihm, daß Himmler den Befehl zu seiner Verhaftung bereits unterzeichnet habe – wahrscheinlich im Vorgriff auf die Mordaktionen vom 30. Juni 1934, die ursprünglich für den Beginn der zweiten Juni-Woche vorgesehen waren.[2]

Hermann Muckermanns Bruder Friedrich, der Brüning in diesen Wochen oft sah, berichtet, daß dieser äußerlich einen verängstigten Eindruck machte, was ihm freilich nur zu verständlich dünkte. Brüning sei erschöpft und ermüdet gewesen, und schien mit dem baldigen Ende der Hetzjagd durch seine Festnahme zu rechnen. »Der Altreichskanzler befand sich damals in einer Lage, die auch das gesundeste Nervensystem hätte ruinieren müssen. Sich vor der Gestapo wirklich zu verbergen, war schon damals nicht leicht, auch dann nicht, wenn man einige sichere Freunde besaß.«

Aus zuverlässiger Quelle, von einem Kriminalpolizisten, erfuhr Brüning, daß alle seine bisherigen Verstecke der Gestapo bekannt waren. Ihm selbst war nicht entgangen, daß er immer genauer beobachtet wurde. Schließlich wurde ihm dringend geraten, noch vor dem 14. Juni 1934 ins Ausland zu gehen. Derartige Warnungen scheinen ihm von mehreren Seiten zugegangen zu sein. Er selbst wurde wenige Tage vor Pfingsten unbeobachtet Zeuge einer Szene, die ihm den Ernst seiner persönlichen Lage verdeutlichte. Er sah drei SS-Männer in dem Haus, wo er gerade Quartier gefunden hatte, die Treppe herunterkommen. »Ich ging ruhig an ihnen vorbei. Sie erkannten mich nicht. Ich blieb einen Treppenabsatz höher stehen, um zu beobachten. Der ältere von ihnen zog eine elektrische Taschenlampe aus der Tasche und leuchtete die Namenschilder ab. Als er den Namen meines Freundes las, sagte er den beiden anderen: ,Hier ist er, das müßt ihr euch merken.'«[3]

Der Vorgang deutete auf eine geplante Aktion gegen Regimegegner hin. In diesen Wochen, zwischen Ende April und Anfang Mai 1934, erfuhr Brüning von Proskriptionslisten, die Himmler und Göring aufgestellt hatten. Unter den Genannten fanden sich Schleicher, Papen, Strasser und auch er selbst. Trotz vieler Bedenken entschloß er sich auf den dringenden Rat von Freunden, vor allem von Hermann Muckermann, nicht bis zum letzten Augenblick zu warten und wenigstens für einige Wochen ins Ausland zu gehen. Auch der Rechtsanwalt Dr. Alfred Etscheid, der Kaas wegen der Kölnischen Volkszeitung beraten hatte, warnte ihn mehrfach vor beabsichtigten Maßnahmen gegen ihn. Die wochenlange Verfolgung hatte ihn ohnedies vom Ernst der Lage überzeugt. Er gehe fort, er sei gewarnt worden, ließ er Freunde wissen.

Ein Hinweis, daß ein Anschlag auf ihn im Hause Hermann Muckermanns in der Klopstockstraße 44-46 geplant sei, trug ebenfalls zu seinem Entschluß bei, Deutschland zu verlassen. Die entscheidende Warnung ging wahrscheinlich auf den Berliner Kriminalrat Lothar Wandel oder auf den bereits erwähnten Kriegskameraden Walter Buch zurück. In den Nachkriegsjahren nannte er zunächst Wandel, der Etscheit mit Informationen aus der Gestapo versorgte, in diesem Zusammenhang. Später sprach er allerdings rückblickend auf Grund von Informationen seines Vetters Clemens Baeumker seinem Kriegskameraden Buch, der 1949 Selbstmord beging, den entscheidenden Hinweis zu, obwohl er diesen 1940 einmal als ähnlich gefährlich wie Himmler bezeichnet hatte. Wahrscheinlich wurde Brüning sowohl von Buch wie von Wandel gewarnt. Angeblich war Wandel auf Anraten Etscheids, der später im Konzentrationslager umkam, in die Gestapo eingetreten und hatte diesem regelmäßig geheime Nachrichten zukommen lassen. Wandel berichtete in einem Spruchkammer Verfahren in Bielefeld gegen ihn 1947, er habe Brüning seinerzeit über die Absichten der Gestapo informiert, was auch von Hermann Muckermann bestätigt wurde.

Im Hause Muckermann hatte sich Brüning in diesen Monaten aufgehalten und auch noch in den letzten Tagen gewohnt. Ehe die Gestapo von seiner Anwesenheit erfuhr, hatte er hier unauffällig Freunde und Bekannte empfangen können. Muckermann berichtet, daß sich Brüning am 20. Mai bei einem Abendessen in seinem Hause, an dem dessen Schwester Maria und das Ehepaar Tennstedt teilnahmen, mit einer kleinen Ansprache für die erwiesene Gastfreundschaft bedankte. Die kleine Abendgesellschaft, die bis nach Mitternacht beisammen blieb, hörte Schallplatten mit der Neunten Symphonie Beethovens, die Brüning dem Gastgeber geschenkt hatte.[4] Auch von anderen Bekannten scheint er sich noch persönlich verabschiedet zu haben, so von dem früheren Finanzminister Bernhard Dernburg, den er unauffällig in seiner Villa aufgesucht hatte. Dernburg hatte Tränen in den Augen, als Brüning ging.[5] Kurz vor seiner Flucht hatte sich Brüning zu nächtlicher Stunde im Hause von Hans Peters in Berlin noch mit dem Oberrabbiner Leo Baeck (1873-1956) getroffen, mit dem er die Lage der Juden in Deutschland mehrfach erörtert hatte. Er hatte ihn dringend gemahnt, rechtzeitig Deutschland zu verlassen. Baeck hatte dabei seine Hoffnung geäußert, daß Reichspräsident Hindenburg sich zumindest vor die alten jüdischen Familien stellen werde.[6]

Brüning zögerte nicht, Warnungen auch an andere gefährdete Personen weiterzugeben. Einigen rettete er auf diese Weise das Leben. Seine angeschlagene Gesundheit machte ihm nach den Belastungen der letzten Monate zunehmend Sorge. Er fürchtete sich, nicht zuletzt wegen heftiger Herzbeschwerden, sein bisheriges unstetes Leben auf der Flucht fortsetzen zu müssen, auch wenn er im Ausland weniger mit den

Nachstellungen der Gestapo rechnen mußte als in Deutschland. Besonders gefährlich war es, wenn er sich in Gebäuden versteckt hatte, in denen hohe NS-Funktionäre wohnten.[7] Der Entschluß, ins Exil, das er später gelegentlich als Verbannung bezeichnete, zu gehen, fiel ihm trotz allem nicht leicht, nicht allein deshalb, weil er die Emigration als persönlichen Makel empfand.[8] Kurz bevor er das Reich verließ, hatte er noch eine lange vertrauliche Unterredung mit dem Herausgeber der amerikanischen Zeitschrift »Commonweal«, Michael Williams, den er darum bat, eine wichtige Nachricht mündlich an Präsident Roosevelt gelangen zu lassen. Williams sagte ihm zu, dies zu versuchen. Ob die Botschaft den Präsidenten erreichte, ist nicht bekannt. Wir kennen auch ihren Inhalt nicht.[9]

Um fünf oder sechs Uhr in der Frühe des 21. Mai 1934, Pfingstmontag, verließen Brüning und Hermann Muckermann Berlin in Richtung Potsdam. Bis dahin wurden sie von Brünings Schwester Maria und von Annemarie Tennstedt begleitet. Die Fahrt ging auf Wunsch Brünings über Münster. Die Absicht, auch von seiner Heimatstadt Abschied zu nehmen, dürfte dabei mitgespielt haben. Wichtiger war jedoch der Umstand, eine Ausflucht zu haben, wenn die Gestapo seine Abreise aus Berlin bemerken sollte. An diesem Tage fand in Münster ein Treffen der Abiturientia von 1904 statt, die nach dreißig Jahren eine Wiedersehensfeier angesetzt hatte. Am Nachmittag trafen Muckermann und Brüning dort ein, ohne sich jedoch aufzuhalten. Über Wesel erreichten sie nach zwölfstündiger Reise Emmerich, wo sie bei Dechant Franz Sprünken (1867-1948), dem Pfarrer an Sankt Aldegundis, Station machten.

Dort erfuhren sie, daß die Grenzstation nur noch eine Stunde geöffnet war. Muckermann ließ seinen Wagen mit dem Berliner IA-Kennzeichen in Emmerich stehen, um kein Aufsehen zu erregen. Sprünken stellte sein Auto für die Fahrt über die Grenze zur Verfügung und bat den Organisten und Rendanten Johann Heister, der als niederländischer Staatsbürger jenseits der Grenze wohnte, die beiden Reisenden mitzunehmen, ohne ihn über die Identität des ehemaligen Kanzlers ins Bild zu setzen. Brüning überließ dem Fahrer einige Hundertmarkscheine mit dem Bemerken, daß es nicht zulässig sei, sie über die Grenze mitzuführen. Auch sein Gepäck ließ er – vorläufig – zurück, um umständliche Zollformalitäten auszuschließen. Die Pässe Brünings und Muckermanns waren gültig, berechtigten also dazu, die Grenze zu passieren. Brünings Paß war am 9. November 1933 ausgestellt worden. Formal war also gegen den Grenzübertritt nichts einzuwenden.

Als Heister die Fremden zur Grenze brachte, war der Schlagbaum schon heruntergelassen. Da der Grenzbeamte den Fahrer von Ansehen kannte, ließ er den Wagen, ohne nach den Pässen zu fragen, durch.[10] In der Tasche hatte der Exkanzler noch 40 RM, seine ganze Barschaft. Vor seiner Flucht hatte er seinen Anteil am Familienvermögen, dem Craterschen Familienkommiß, seiner Schwester übertragen. Diese hatte ihm vorher eine größere Summe überlassen, die er für die Schulden der Zentrumspartei verwendet hatte.[11]

Reise nach London

Brüning war es gelungen, noch vor dem ersten Werktag nach Pfingsten, dem 23. Mai, das Reich zu verlassen, ehe der Haftbefehl die Grenzstellen erreichte. Hinter der Grenze wies Muckermann den Fahrer an, in einem nicht allzu weit entfernten Dorf, in Valkenburg in der Provinz Limburg, anzuhalten, wo er den Flüchtling fürs erste bei Freunden, d. h. im Studienkolleg der Jesuiten, unterbrachte. Nach Emmerich zurückgekehrt organisierte Muckermann den diskreten Transfer des zurückgelassenen Gepäcks und besorgte dem Flüchtling schon am folgenden Tag telefonisch eine neue Unterkunft bei einem Geistlichen in Heerlen bei Maastricht, Monsignore Dr. Henricus Andreas Poels (1868-1948), Leiter der Arbeiterseelsorge der Diözese Roermond bzw. in der Provinz Limburg. Dieser nahm Brüning gastfreundlich auf, nachdem ihn Heister mit Sprünkens Wagen dorthin gebracht hatte. Mit Poels, einem Vorkämpfer der christlichen Sozialbewegung, Präses der Christlichen Bergarbeitergewerkschaft und Politiker, der auch andere im Exil lebende Gegner des NS-Regimes unterstützte, blieb Brüning ebenso wie mit den meisten Menschen, die ihm in diesen Wochen beistanden, in den folgenden Jahren freundschaftlich verbunden. Poels kannte er seit der Weimarer Zeit.[12]

Von Heerlen aus telefonierte Brüning mit seinem alten englischen Freund Archibald Church, der von 1929 bis 1931 parlamentarischer Unterstaatssekretär im Kriegsministerium gewesen war. Bei den Unterhauswahlen 1931 hatte er jedoch seinen Sitz als Labour-Abgeordneter im Parlament verloren. Church erwirkte für Brüning sofort eine dreißigtägige Aufenthaltserlaubnis für Großbritannien. Dies wurde ihm finanziell ermöglicht durch den amerikanischen Industriellen Dannie Heineman (1872-1962), der in Deutschland studiert hatte und der seit 1905 als Präsident des internationalen Elektrokonzerns SOFINA in Brüssel tätig war. In London traf Brüning, der unter dem Decknamen Dr. Henry Brown eingereist war, mit Church zusammen, der ihn schon nach wenigen Tagen, am 28. Mai, bei persönlichen Freunden, bei der Familie Anderson in Weybridge südwestlich von London in der Grafschaft Surrey unterbrachte.

Die Familie kannte er nicht, fühlte sich dort aber bald sehr wohl und schloß mit Mona und Ian Anderson, den Kindern Fiona, John und Colin, sowie der Großmutter Ethel Freundschaft, die das ganze Leben hielt. Die Andersons waren schottischer Herkunft. Ian Anderson (1891-1970) war Mitglied der London Stock Exchange. Während des Ersten Weltkrieges war er Offizier bei den Seaforth Highlanders gewesen und wurde an einigen Frontabschnitten eingesetzt, an denen auch Brüning gekämpft hatte. Nach Treviranus ähnelte die Beziehung Brünings zu dieser Gastfamilie derjenigen, die er seit seiner Straßburger Zeit zu den Tennstedts gepflegt hatte.[13]

Schon in diesen ersten Wochen knüpfte der Exkanzler an alte offizielle Kontakte an, was ihm von britischer Seite sehr erleichtert wurde. Er hatte zahlreiche Bekannte in der City, wie Sir Walter Layton, den Herausgeber des »Economist«, Montagu Norman, den Gouverneur der Bank von England, oder Bankleute wie Sir Josiah Stamp, oder Reginald McKenna, Chef der Midland Bank. Privatbankiers deutscher Herkunft wie Paul Lindenberg und Siegmund Warburg gewährten manche Hilfe und ließen es an Gastfreundschaft nicht fehlen. Auch mit der Fleet Street war Brüning vertraut. Dort kannte er frühere Berliner Auslandskorrespondenten wie Norman Ebbutt von der »Times«, oder den Chefredakteur des der Labour Party nahestehenden »Daily Herald« Francis Williams.[14]

Am 7. Juni hatte er ein längeres Gespräch mit dem früheren Botschafter in Berlin, Rumbold, der darüber an das Foreign Office berichtete. Am 12. Juni war er bei dem konservativen Publizisten und Politiker, Malcolm Bullock, Schwiegersohn von Lord Derby, zum Frühstück eingeladen, wo man interessiert sein Urteil über die politische Lage in Deutschland zur Kenntnis nahm. »Brüning spricht gut und klar!«, notierte der Diplomat Harold Nicolson, der Brüning noch von Berlin her kannte.[15]

Begegnung mit MacDonald

Zwei Tage später wurde er zu einem Essen mit Premierminister Ramsay MacDonald in Denham gebeten. Sir Robert Vansittart, Ständiger Unterstaatssekretär im Foreign Office, hatte ihn schon unmittelbar nach seiner Ankunft aufgesucht und ihm die Einladung überbracht. Anwesend war auch Church, der die Einladung eingefädelt hatte. Sie bedeutete für den Flüchtling eine protokollarische Ehre, die freilich in anderen Zeiten und unter anderen Umständen nichts Außergewöhnliches gewesen wäre. Einen früheren ausländischen Regierungschef zu empfangen, gehörte zur Routine des außenpolitischen Geschäfts und war nicht nur eine Frage der Höflichkeit. Brüning war mit den Regeln des diplomatischen Verkehrs vertraut und versuchte ihnen möglichst zu entsprechen. Vansittart machte er die Zusage, daß er in England sich europäischen Gepflogenheiten folgend nicht öffentlich zu politischen Fragen äußern werde. Dafür wurde der Verein der britischen Presse gebeten, nicht über Brünings Aufenthalt zu berichten, was diese jedoch nicht befolgte. Brüning wahrte die Form und die Würde seines früheren Amtes, als er MacDonald seine Sicht der außenpolitischen Lage erläuterte. MacDonald und Vansittart, die beide die Kanzlerschaft Hitlers mit Sorge registrierten, waren an Auskünften über die künftige Entwicklung in Deutschland interessiert. Brüning bezeichnete die Herrschaft der Nazis als stabil.

Dies war nicht etwa das Gegenteil seiner wirklichen Überzeugung, sollte aber seine Gesprächspartner für den Gedanken gewinnen, daß jeder Versuch, die inneren Verhältnisse im Reich von außen zu beeinflussen, voraussetze, daß das Ausland die wahren Interessen Deutschlands respektierte. Der Hinweis auf das Interesse der Reichswehr an einer begrenzten Aufrüstung und der Wille der maßgebenden Militärs, einen künftigen Krieg zu verhindern, entsprach gleichsam einem politischen Programm. Neben verschiedenen Widerstandsaktivitäten gegen das NS-Regime glaubte Brüning im Sommer 1934 sogar Anzeichen von Unzufriedenheit unter den Anhängern Hitlers zu erkennen. Unklar bleibt seine Andeutung von 1947, im Jahre 1934 hätten ein oder zwei Männer versucht, die Führung der Opposition zu übernehmen, denen es trotz persönlichen Mutes an Diskretion, Phantasie und Entschlußkraft gefehlt habe. Wen er damit meinte, ist unbekannt. Zu denken wäre außer an Hammerstein auch an Schleicher, von dem bis in das Jahr 1934 Gerüchte wissen wollten, daß er einen Wechsel des Regimes vorbereitete, während sich Gregor Strasser von der Politik zurückzog und wirtschaftlichen Aufgaben zuwandte.

Es ist unerheblich, daß Brüning die taktische Bewegungsfreiheit Hitlers in der Rückschau überschätzte: »Er konnte allein Entscheidungen treffen, und er hatte die Macht, seine Entscheidungen sofort auszuführen. Seine Gegner hatten keine solche Macht, und sie mußten unter ständiger Gefahr jeden Tag gebrochene Glieder in der Kette ihrer Pläne flicken.«[16] Brüning und viele andere Gegner des Regimes wollten sich nicht eingestehen, daß Hitlers Übernahme der politischen Macht für sie eine vorerst endgültige Niederlage bedeutete. Diese hatte ihre Kräfte so sehr geschwächt, daß sie in absehbarer Zeit nicht zu wirksamen Gegenaktionen in der Lage waren. Der Ausbruch des Krieges sollte solchen Versuchen die letzte politische Chance nehmen.[17] Im Januar 1934 hatte der Exilvorstand der SPD das sogenannte »Prager Manifest der Sopade« veröffentlicht, das die Hitler-Diktatur eindeutig als Ausdruck des Sieges der »Gegenrevolution« bezeichnete. Um die Hitlerregierung zu beseitigen, müsse eine neue Massenbewegung ins Leben gerufen werden. Dies könne nur durch eine »revolutionäre Organisation« geschehen.[18]

Brüning setzte seine Hoffnungen eher auf eine interne Zersetzung des Regimes. Den britischen Befürchtungen vor einer umfassenden deutschen Aufrüstung nach dem Austritt des Reiches aus dem Völkerbund im Herbst 1933 begegnete er stets mit dem Hinweis, daß es nach wie vor gemäßigte Kräfte in der Reichswehr gebe, die zwar eine begrenzte Aufrüstung wünschten, aber das Risiko eines Krieges vermeiden wollten, was insbesondere Vansittart bezweifelte. Letzterer war seit Beginn der Herrschaft Hitlers zu der Einsicht gelangt, daß von Deutschland eine Kriegsgefahr ausgehe, da die Rüstungsanstrengungen des Reiches unübersehbar waren. Dies hatte er in einem Memorandum vom 7. April 1934 nachzuweisen versucht, um die Notwendigkeit einer verstärkten britischen Aufrüstung zu begründen. Tatsächlich stiegen die jährlichen deutschen Rüstungsausgaben im Haushalt in den Jahren 1933 bis 1938 von 720 auf 15.500 Millionen RM. Die Militärs glaubten nach Brüning ihrerseits, daß Deutschland ohne militärische Stärke diplomatisch und außenpolitisch nicht erfolgreich sein könne. Der Exkanzler versuchte in London den Anschein zu erwecken, als ob in absehbarer Zeit mit einer Fortsetzung der traditionellen außenpolitischen Verhandlungen zu rechnen sei. Er empfahl, die gemäßigten Kräfte an führenden Stellen der Reichwehr von außen zu stärken, obwohl er nicht verhehlte, daß er gegenüber den meisten dieser Militärs Vorbehalte hatte. Wesentlich sei jedoch, daß diese Groeners strategisch begründete Ansicht teilten, Deutschland müsse im Konfliktfall gleichsam als belagerte Festung früher oder später kapitulieren.

Brüning nannte die Generäle Fedor v. Bock und Gerd v. Rundstedt, die Inhaber von zwei der höchsten Kommandeursstellen, als man ihn fragte, wer für diese Richtung stehe. Den amtierenden Reichswehrminister v. Blomberg rechnete er nicht dazu: »Ich warne vor Blomberg, der seiner selbst nicht mehr mächtig war und der schon auf die Demissionsliste gesetzt worden war, als ich noch im Amt war.« Brüning empfahl, die deutsche Aufrüstung vorläufig weiter als »defensiv« anzusehen, solange die gegenwärtige militärische Führung noch von maßgeblichem Einfluß sei.

Dies dürfte sich auf die Konzeption Rundstedts bezogen haben, der sich seit den Weimarer Jahren unter anderem aus geographischen und geopolitischen Gründen für eine »strategische Defensive« einsetzte, zugleich aber den Aufbau eines Wehrpflichtheeres betrieb. Langfristig, länger als etwa für einen Zeitraum von drei Jahren, so Brüning, sei die Reichswehr indessen nicht in der Lage, die Nationalsozialisten von einer aggressiven Außenpolitik abzuhalten. Bei aller Zurückhaltung riet er doch den Engländern, die traditionellen deutschen Forderungen nach Revision der Friedensverträge von 1919, die er schon in seiner Amtszeit erhoben hatte, zu erfüllen, um Hitlers Absichten den Boden zu entziehen. »Zu den Punkten, die in ein solches Programm aufgenommen werden sollten, gehörten: Eine Lösung der Korridorfrage, Deutschlands Recht, mit Österreich, der Tschechoslowakei und Ungarn eine Zollunion zu gründen; eine internationale Anleihe, wie sie im April 1932 gefordert worden war.« Dafür könne man von Deutschland verlangen, die Rüstung nach den Richtlinien von 1932 zu begrenzen, die seit drei Jahren bestehende Devisenkontrolle wieder aufzuheben und Zollerleichterungen zu gewähren sowie nach gewissen Zugeständnissen in den Völkerbund zurückzukehren.[19] Diesen Standpunkt vertrat er bis in die Kriegsjahre.[20]

Der sogenannte Röhm-Putsch

Brünings Pseudonym wurde schon nach kurzer Zeit gelüftet. So wurde der Aufenthalt des Exkanzlers in London auch in Deutschland rasch bekannt. Am 15. Juni gab die Berliner »Germania« eine Meldung des Evening Standard wieder, daß sich Brüning, wie er erklärt habe, auf Einladung eines Freundes in London aufhalte und nach zehn Tagen wieder nach Deutschland zurückkehren werde.[21] Eine Schweizer Zeitung mutmaßte, daß er in London den Boden für eine kommende Regierung Brüning sondieren wolle.[22]

Treviranus traf ihn zwei Wochen nach seiner Ankunft anläßlich einer Besuchsreise in England. Brüning war mit der Vorbereitung einer Vortragsreihe beschäftigt, verfolgte aber gleichzeitig intensiv die Nachrichten aus der Heimat, soweit sie bis nach London gelangten. Er hörte auch von Putschgerüchten, von Versuchen Hitlers, sich Röhms als eines lästigen Konkurrenten zu entledigen. Seinen Besucher, der ihm einige Wochen zuvor selbst geraten hatte, sich von Berlin zu entfernen, fragte er besorgt, ob er nicht in England bleiben wolle, um die Entwicklung abzuwarten. Trotzdem glaubte er, in wenigen Tagen ungefährdet wieder nach Deutschland zurückkehren zu können, da er »Privatmann« sei.[23]

Einen guten Monat nach seiner Ankunft in England reisten Brüning und Church nach Frankreich, wo sie in Boulogne den aus Österreich stammenden Schweizer Bankier Erwin Brettauer (1883-1973) trafen. Am 30. Juni, dem Tag des sogenannten Röhm-Putsches, fuhr Brüning nach Melide bei Lugano, wo er in Brettauers Haus den folgenden Monat verbrachte. Dort besuchten ihn Annemarie Tennstedt und ihre Tochter Herta. In der »Villa Magnolia« wurde er unter dem Pseudonym »Dr. Braun« eingeführt. In der Schweiz hörte er von den Mordaktionen der SS, über die von den Auslandssendern berichtet wurde.[24]

Mit Erschütterung vernahm er die Nachricht vom Tode Schleichers und dessen Frau, sowie anderer politischer Gegner des Regimes, die diesem Massenverbrechen zum Opfer gefallen waren. Für ihn waren die Ereignisse vom 30. Juni unter anderem ein Beweis dafür, daß Papen als Vizekanzler, womöglich mit Einverständnis Hindenburgs, nicht imstande gewesen war, etwas gegen Hitler zu unternehmen. Er wußte indessen nicht, daß Papen nach einem Plan seines Mitarbeiters Herbert v. Bose an jenem Tag bei Hindenburg Maßnahmen gegen die Gefahr eines Bürgerkrieges verlangen sollte, was wiederum Heydrich erfahren und daraufhin bei Hitler die Aktion gegen Röhm und die SA veranlaßt hatte.

Knapp zwei Wochen vor der Mordaktion hielt Papen seine vielbeachtete Rede in der Marburger Universität am 17. Juni. Brüning hielt den Zeitpunkt für verfehlt.

Den Text hatte er noch vor seiner Flucht – Ende April oder Mitte Mai – durch seinen Fraktionskollegen Johannes Schauff erhalten. Den Inhalt betrachtete er als »Dynamit« und hoffte, daß Papen ihn mit Hindenburg und oppositionellen Kräften in der Reichswehr abgestimmt hatte. Ihr Verfasser, der Publizist Edgar Julius Jung, gehörte zu den Opfern des sogenannten Röhm-Putsches, d. h. der von Hitler inszenierten Aktion gegen den von Röhm geplanten Umsturz.

Jung, der seine Stellung als Mitarbeiter Papens einer Empfehlung Rudolf Pechels verdankte, war sich damals noch unschlüssig gewesen, wer die Rede halten sollte, obwohl er seit Oktober alle Reden Papens schrieb. Ihm waren inzwischen Zweifel an der politischen Urteilsfähigkeit Papens gegenüber Hitler gekommen, vor allem nach einer enttäuschenden Begegnung mit ihm in Gegenwart des Philosophen Leopold Ziegler am 25. März in Sorrent. Bei dieser Gelegenheit hatte er dem Vizekanzler die letzten Illusionen über Hitler zu nehmen versucht. Gegen den Rat Brünings, der ihn spätestens seit dem Ruhrkampf 1923 kannte, hatte er die Rede schließlich aber doch Papen anvertraut. Immerhin diente die Vizekanzlei mit ihren 35 Mitarbeitern nicht ohne Grund als eine Art »Reichsbeschwerdestelle«, die häufig bedrängten Menschen zu helfen versuchte. Die Vizekanzlei, die von Ministerialrat Hermann F. Sabath geleitet wurde, bildete eine Zentrale konservativer Hitler-Gegner. Dort wurden von Jung, Herbert v. Bose und Fritz-Günther v. Tschirschky schon seit der Jahreswende 1933/34 auch Staatsstreichpläne erörtert. Jung, der seine ursprünglichen Illusionen über das Regime gründlich widerlegt sah, bezeichnete Hitler intern nur noch als »Al Capone«. Über seine geheimen Aktivitäten war auch der französische Botschafter François-Poncet informiert, der zeitweise verdächtigt wurde, in Röhms Pläne eingeweiht zu sein.

Im Umkreis der Vizekanzlei nahm man die Gerüchte über eine mögliche zweite Revolution von extremen Nationalsozialisten, etwa von seiten der SA, durchaus ernst und entwarf Pläne, dies mit Hilfe der Reichswehr und Hindenburgs zu verhindern. Die SA sollte nach Ausrufung des Ausnahme- und Belagerungszustandes durch die Reichswehr entwaffnet werden. Zugleich sollte die Verfassung vorübergehend außer Kraft gesetzt und ein Direktorium gebildet werden, dem der Chef der Heeresleitung, Generaloberst Werner v. Fritsch, ferner Rundstedt, Papen, Brüning, Goerdeler, Hitler und Göring angehören sollten. Zunächst hatte Jung Hitler nicht nur politisch ausschalten, sondern durch ein Attentat beseitigen wollen, sich aber den Argumenten v. Boses, v. Kettelers, v. Tschirschkys und Leopold Zieglers gefügt, die Hitler mit Rücksicht auf die Öffentlichkeit nicht auf einen Schlag von der politischen Bühne verdrängen wollten.[25] Wenn es darum ging, wie man einen vermeintlichen oder tatsächlichen Putschversuch der SA politisch nutzen konnte, sollte sich Hitler seinen bürgerlich-konservativen Gegnern als überlegen erweisen.

Brüning hatte die Chancen Papens, Hitler abzulösen, nicht allzu hoch eingeschätzt und es als skandalös empfunden, daß Papen die Rede erst zwei Stunden, bevor er sie hielt, zum ersten Mal im Zug nach Marburg gelesen hatte. Anscheinend wußte Brüning nicht, daß Jung und seine Mitstreiter Papen absichtlich nicht in die politischen Pläne, die der Rede folgen sollten, eingeweiht hatten. Ursprünglich sollte sie an der Berliner Universität gehalten werden. Aus taktischen Gründen verzichtete man jedoch darauf, um Gegenaktionen von Goebbels als Gauleiter von Berlin zu vermeiden. Allerdings darf man Papen zugute halten, daß er eine einschlägige Denkschrift Jungs kannte, die dieser für ihn im April verfaßt hatte.[26] Noch vor seiner Flucht hatte Brüning Jung vor einem Anschlag auf sein Leben gewarnt und ihn wissen lassen, daß auch er auf der Schwarzen Liste der »Umzulegenden« stehe. Nun tauchte er unter, wurde jedoch am 25. Juni in Berlin-Halensee von der Gestapo gefaßt, als er noch einmal in seine Wohnung zurückkehrte, um einen Brief zu holen. Für Papens Verhalten, der später behauptete, er habe sich bereits Anfang Juni entschlossen, an »Hitlers Gewissen« zu appellieren, brachte Brüning wenig Verständnis auf, während er den Gerüchten, daß Röhm gemeinsam mit bestimmten Kreisen der Reichswehr, etwa mit Schleicher und Bredow, einen Schlag gegen korrupte NS-Bonzen beabsichtigt hatte, einen gewissen Glauben schenkte. Röhm hatte Ende Juni noch einmal den Kontakt zu Schleicher gesucht.

Nach Sefton Delmer hatte der Verleger Lord Beaverbrook dies aus Regierungskreisen erfahren. Brüning nahm an, daß die Opposition in der Reichswehr im Hinblick auf die Rolle Röhms gespalten war, und unterschätzte den systemimmanenten Charakter des Machtkampfes in der NS-Führung. Der SA-Führer, dem bisher keine konkreten Putschvorbereitungen nachgewiesen wurden, war für ihn »kein guter Pläneschmied« gewesen. Es ist nicht ausgeschlossen, daß Brüning sich in diesem Sinne gegenüber Chamberlain und Vansittart in London äußerte. Beeinflußt von Göring hatte sich Hitler, wie er richtig vermutete, zum Vorgehen gegen Röhm entschlossen. Am 27. Juni verständigte er sich mit Blomberg, Reichenau und dem SA-Obergruppenführer Lutze über den Schlag gegen die SA.

Die zwielichtige Rolle von Goebbels, der sich erst im letzten Augenblick in die Aktion einschaltete, um nicht selbst in Gefahr zu geraten, war Brüning ebenfalls bekannt. Daß er selbst zu den »Umzulegenden« gehörte, verdankte er allerdings nicht Goebbels, der ihm, wie er später berichtete, einmal das Leben gerettet hatte, sondern Göring und Hitler. Goebbels hatte ihm im Frühjahr 1932 – wohl zwischen dem ersten und zweiten Wahlgang der Präsidentenwahl – eine Warnung zukommenlassen, seinen Weg nicht durch gewohnte Straßen zu nehmen. Damit hatte er sich bei Brüning empfehlen wollen. Goebbels hatte zweimal seine »Dienste« angeboten. Welcher Natur diese waren, wissen wir nicht. Auch der Berliner Polizeipräsident Wolf Graf v. Helldorf, der später zur Widerstandsbewegung stieß, habe ihn vor einem Anschlag bewahrt. Himmler hingegen habe ihn immer »fangen« wollen.

Papens Rolle im Sommer 1934 kommentierte Brüning sarkastisch: »Papen bereitete seinen eigenen ›Putsch‹ im Herrenklub vor, wohin er Leute zum Essen einlud, um über künftige Kabinette zu diskutieren.« Nach seiner Ansicht hatte das Heer Hitler gedrängt, gegen Röhm vorzugehen. Schleicher hingegen habe bis zuletzt auf eine Aktion Röhms gesetzt, was man von Rundstedt nicht sagen konnte, der in dem SA-Führer wie viele andere Offiziere vor allem einen Feind der Reichswehr erblickte.[27]

Daß Brüning in den Plänen Schleichers, nach einem Putsch der Reichswehr an die Macht zurückzukehren, eine Rolle spielte, ist wahrscheinlich, aber nicht erwiesen. Einige Gerüchte, die beispielsweise in der Adlon-Bar, wo mehrere Gestapo-Agenten als Kellner tätig waren, verbreitet wurden, besagten, daß Brüning in einem Kabinett Hitler bzw. Schleicher Außenminister und Röhm Verteidigungsminister werden sollte. Brüning bestritt jedoch gegenüber Wheeler-Bennett, der ihn damals im Hedwigskrankenhaus aufsuchte, jede Kenntnis solcher Pläne.[28] Es steht indessen fest, daß Schleicher noch im Juni darauf hoffte, daß Fritsch beim Tode Hindenburgs »losschlagen« werde, aber zweifelte, ob sich dieser dazu aufraffen werde. In diesen letzten Tagen entfaltete Schleicher zahlreiche, allzu auffällige Aktivitäten gegen das Regime. Er wurde deshalb von verschiedenen Seiten zur Vorsicht ermahnt.[29]

Schleicher vertraute auf seine vielfältigen Beziehungen. Vor Monaten hatte er sich von Blomberg die seltsame, nur aus dem Geiste militärischer Kameradschaft verständliche Zusage geben lassen, daß dieser ihn über jedes im Reichswehrministerium auftauchende Gerücht, das seine Person betraf, auch über angebliche politische Aktivitäten, informieren werde. Dafür hatte er angeboten, sich jederzeit gegenüber dem Minister zu rechtfertigen. Blomberg hielt sich jedoch nicht an die Vereinbarung. In Reichswehrkreisen war der Minister charakterlich als »Waschlappen«, wie es hieß, bekannt und galt trotz seiner markanten Erscheinung als »Gummilöwe«. Schleicher kannte die persönliche Abneigung Blombergs gegen ihn, hatte sie auch erwidert, ohne selbst mißtrauisch zu werden.[30]

Brüning hatte ebenso wie Treviranus und Stegerwald auf der Liste gestanden, die die Namen der künftigen Opfer der SS-Schergen enthielt. Treviranus war noch im letzten Augenblick einem Mordkommando, das ihn beim Tennis im Garten seines Freundes, des Verlegers Dr. Wilhelm Guido Regendanz (1885-1955), in Dahlem überfallen wollte, mit seinem Wagen entkommen. Dies verdankte er der Aufmerksamkeit seiner Tochter, die ihm rechtzeitig das Stichwort »SS« zurief, aber auch dank seiner eigenen Geistesgegenwart. Er war dann ebenso wie Brüning mit Hilfe Hermann Muckermanns über die niederländische Grenze ins Ausland geflohen. Am 15. Juli kam er in Harwich an.

Brünings Verschwinden war, wie erwähnt, erst nach drei Wochen bemerkt worden. Man schloß nicht aus, daß er bald wieder in Berlin auftauchen würde. Zum Zeitpunkt seiner Abreise aus London am 27. Juni nach Boulogne nahm man an, er sei wieder dort, und suchte ihn vergeblich in einem Hause, in dem er sich häufig aufgehalten hatte. Dort hatte er 1929 Werner von Alvensleben getroffen, den er allerdings nach eigener Aussage nur dieses eine Mal gesehen hat. Dieses mehrere Jahre zurückliegende Treffen diente nun, wie er erfuhr, in einem Fahndungsaufruf als Begründung für eine Festnahme.[31]

Bei Churchill in Chartwell

Im August 1934 kehrte Brüning wiederum als Henry Brown – ein leicht auflösbares Pseudonym, das er bald wieder ablegte, aus der Schweiz nach London zurück. Dort begann er mit der Arbeit an seinen Memoiren, die er später in Melide fortsetzte. Im September hielt er sich mehrere Wochen bei Sir Will Spens (1882-1962), dem Rektor des Corpus Christi College, in Cambridge auf. Mitte September war er zusammen mit Archibald Church zu einem Essen bei Winston Churchill auf dessen Landsitz Chartwell Manor bei Westerham in der Grafschaft Kent eingeladen. Churchill besaß das Anwesen seit 1922. Die Einladung ging wohl auf Lord Geoffrey Lloyd, den Präsidenten des British Council, zurück. Auch Professor Frederick Alexander Lindemann, als Lord Cherwell in den Adelsstand erhoben (1886-1957), Physiker an der Universität Oxford, und General Edward L. Spears waren zugegen.

1. Wanderer zwischen zwei Welten 1934-1937

Churchill ist neben Anthony Eden der einzige führende britische Politiker gewesen, dem er bis dahin nicht begegnet war. Beim Londoner Aufenthalt des Kanzlers im Juni 1931 war Churchill im Gegensatz zu vielen bekannten Persönlichkeiten nicht bei den offiziellen Empfängen erschienen. Brüning wußte, daß ihn Churchill für die deutsche Aufrüstung verantwortlich machte, da diese schon in seiner Regierungszeit begonnen hatte. Im Unterhaus hatte Churchill wiederholt die Haltung der Regierung MacDonald in der Abrüstungsfrage kritisiert. Nach seiner Ansicht hatten die Abrüstungsgespräche lediglich die deutsche Wiederaufrüstung gefördert. Um so aufschlußreicher und spannungsreicher versprach das Rencontre mit Brüning zu werden, an dem offenkundig beide Seiten interessiert waren. Die Dame des Hauses, Clementine, hatte sich vorsorglich entschuldigen lassen.

Die Unterhaltung begann mit den gewohnten Fragen nach den Ursachen für den Aufstieg der NS-Bewegung, der Rolle Hindenburgs und der Zukunft Deutschlands und Europas. Brüning war fasziniert von der Persönlichkeit des Gastgebers. »Churchills Streitbarkeit und seine ganze unenglische Leidenschaftlichkeit und Spontaneität wirkten anregend und ermunternd auf mich«, erinnerte er sich, um nicht zu sagen, daß dessen Selbstsicherheit ihn irritierte. Dieser hingegen nahm wahr, daß der Gast unter den Ereignissen der letzten Monate sichtlich gelitten hatte, was ihn nicht hinderte, diese Schwäche im Disput taktisch auszunutzen. »Wir saßen unten in einer Art Bar und tranken Whisky, an den ich nicht gewöhnt war. Churchill geriet bald in eine deutschfeindliche Stimmung. Er sprach bewundernd von Hindenburg und Ludendorff, die für ihn die einzigen deutschen Strategen waren.« In diesem Sinne hatte er sich schon in seinem 1931 erschienenen Buch »The World Crisis« geäußert.

Das Lob für Hindenburg klang doppeldeutig im Munde eines Mannes, der als einer der entscheidenden Befürworter der Tankwaffe zu den Urhebern des Sieges über das deutsche Heer, vor allem in der Tankschlacht vom 8. August 1918, dem »Schwarzen Tag« der deutschen Armee, gehörte. Zwei Jahre zuvor hatte er ein Frontkommando beim Durchbruch der Tanks bei Thiepval innegehabt und als Chef des 6. Schottischen Füsilierregiments den Wert dieser Waffe demonstriert. Bei anderer Gelegenheit ließ sich Churchill allerdings kritisch über die Maßlosigkeit der strategischen Entscheidungen Ludendorffs vernehmen.

Die Beseitigung der Monarchien in Deutschland und Österreich bei Kriegsende bezeichnete Churchill als politischen Fehler, was Brüning beeindruckt vermerkte. Seine Begeisterung für die Monarchie, die manche Kritiker dem Memoirenschreiber später vorwarfen, dürfte jedoch kaum in dieser Begegnung ihre Wurzel haben. Die Beredsamkeit, mit der Churchill seine These vortrug, dürfte den Exkanzler vielleicht darin bestärkt haben, daß eine monarchische Restauration ein zündender Gedanke neben anderen Erwägungen sein konnte, die Gegner Hitlers in der Reichswehrgeneralität zum Handeln zu bewegen.[32] Auch Schleicher hatte bei seinen letzten Umsturzplänen anscheinend eine Restauration der Monarchie nach dem Tode Hindenburgs unter dem Prinzen August Wilhelm erwogen.[33]

Bis tief in die Nacht entspann sich ein Disput, in dem der einstige Erste Lord der Admiralität sowie Rüstungs- und Kriegsminister aus seiner Gegnerschaft zu Deutschland kein Hehl machte und die gegenwärtige Rolle seines Gastes als Flüchtling vor Hitler aus einer eigenwilligen, aber doch aufrichtigen Fairness heraus ignorierte, indem er ihn diesen Status nicht fühlen ließ. Er behandelte ihn als einen Repräsentanten der deutschen Politik, um ihm seine Vorstellungen von der historischen Entwicklung der europäischen Politik und der gegenwärtigen Lage zu erläutern. Brüning reagierte kritisch auf das seltsame Lob für Hindenburg und Ludendorff, indem er die Frühjahrsoffensive 1918 wegen der Halbherzigkeit ihrer strategischen Entscheidungen kritisierte, da er erkannt hatte, daß Churchill den Sieg der Westmächte über einen mächtigen Gegner um so größer herausstellen wollte. Dies wiederum provozierte Churchill dazu, erregt das »Preußentum und die Junker in Bausch und Bogen« zu verdammen. Daß Brüning dies als unenglisch bezeichnete, bedeutete den schwersten Tadel, mit dem er sein Gegenüber bedenken konnte. Er fühlte sich in seinem Element, wenn er den jüngeren Moltke wegen der Verletzung der belgischen Neutralität verteidigte, aber zugleich um Verständnis für dessen Zwangslage bat.[34]

Brüning beschrieb später, um 1939, den Charakter Churchills als höchst widerspruchsvoll und kämpferisch. Er habe »ein fast körperliches Bedürfnis danach, jemand oder etwas im Kampf niederzuschlagen«. Um die »Kraft seines Temperaments und Geistes zu offenbaren«, brauche er »Widerstand, wie Wasser in einem Bach, das über ein Hindernis hinwegschäumt.« Seine Meinungen und Absichten seien indessen, soweit sie überhaupt rational begründet seien, keineswegs unveränderlich. Brüning erkannte die Streitbarkeit seines Gesprächspartners, dessen Vergnügen an der politischen Polemik, aber auch seine Bereitschaft, auf gegnerische Positionen einzugehen. Nach seinem Eindruck war Churchill durchaus imstande, sein Temperament zu zügeln. Er werde leicht von Ausländern, vor allem von deutschen Diplomaten unterschätzt, die ihm einen starren Standpunkt unterstellten.[35]

Churchill ergriff ebenso die Gelegenheit, Brüning vorwiegend im Monolog seine Sicht der Entwicklung der politischen Lage im Hinblick auf Deutschland zu erläutern. Dreihundert Jahre habe England das europäische Gleichgewicht gegen den Hegemonialanspruch Frankreichs verteidigt. Seit der Agadirkrise von 1911 habe es dieses Gleichgewicht gegenüber dem aufstrebenden Deutschland wahren müssen, obwohl die britische Nation lange Zeit an einen Krieg mit Deutschland nicht habe glauben wollen. Er verhehlte nicht, daß er als Erster Lord der Admiralität drei Wochen vor Ausbruch des Weltkrieges, also während der Julikrise 1914, vorsorglich die britische Mittelmeerflotte in die Nordsee zurückberufen und mit der sogenannten Home Fleet vereinigt habe, obwohl die Entscheidung über den Krieg noch nicht gefallen war. Die Bevölkerung habe zuletzt den Krieg gewollt, was wiederum auf die Haltung des Kabinetts zurückgewirkt habe.

Die Mobilmachung der Flotte war zwei Tage vor Kriegsausbruch abgeschlossen gewesen. Er ließ erkennen, daß seine Haltung vor allem durch die Erfahrung des Burenkrieges geprägt war. Das Kabinett Lloyd George habe mit Überraschung registriert, behauptete er, daß die Kolonien 1914 den Krieg befürworteten, was wiederum teilweise auf das gemeinsame Kriegserlebnis in Südafrika zurückzuführen gewesen sei.[36] Churchill hatte – unter anderem aus historischen Gründen – die deutsche Gleichberechtigungsformel, die Außenminister v. Neurath am 14. September 1932 gegenüber Henderson als dem Präsidenten der Abrüstungskonferenz des Völkerbundes ultimativ erhoben hatte, abgelehnt. Er hatte die Ansicht des Außenministers Sir John Simon, Deutschland werde sich sonst nicht an den weiteren Verhandlungen der Kommission beteiligen, im Unterhaus scharf kritisiert und erwartete im Gegensatz zur Regierung MacDonald, die einen Kompromiß anstrebte, und der öffentlichen Meinung von einer militärischen Gleichberechtigung des Reiches die größten Nachteile, da diese das Machtgleichgewicht in Europa bedrohe. Der Konflikt war am 11. Dezember 1932 in Genf durch einen feierlichen Gewaltverzicht der europäischen Mächte vorläufig beigelegt worden, indem die deutsche Forderung anerkannt wurde.[37]

Wir wissen, daß Churchill die frühere Kompromißbereitschaft seines Gastes in der Abrüstungsfrage keineswegs anerkannte. Stresemann und seine Nachfolger seien lediglich daran interessiert gewesen, meinte er, die alte Machtstellung auf irgendeine Weise zurückzugewinnen. Brüning habe ebenso daran gedacht wie Rathenau, wenn auch Hitler damit erst begonnen habe, behauptete er noch 1945 gegenüber Stalin in Jalta.[38]

Brüning vermied vorsichtig jeden Mißton, indem er sich auf einzelne Detailfragen zurückzog, die Churchill um so lieber aufnahm. Brüning fragte ihn nach den oft erörterten Chancen für einen Frieden im Jahre 1917. Sein Gegenüber erwähnte die Verhandlungen zwischen dem südafrikanischen General Jan Christiaan Smuts (1870-1950) und dem Staatssekretär im Auswärtigen Amt, Richard v. Kühlmann (1873-1948). Der günstigste Zeitpunkt für eine Verständigung sei im Winter 1917/18 gewesen. Smuts habe für eine Abtretung von Elsaß-Lothringen Deutschland handelspolitische oder territoriale Kompensationen im Osten angeboten. Diese Chance sei durch die deutsche Frühjahrsoffensive zunichte gemacht geworden.[39]

Churchills Ausführungen waren prinzipiell von der Sorge vor einer von Deutschland ausgehenden Gefahr bestimmt. Bemerkenswert war, daß er eingestand, Hitler zunächst mit Sympathie gesehen zu haben, obwohl er schon im August 1933 vor dessen Aufrüstungsplänen gewarnt hatte. Nun aber ließ er keinen Zweifel, daß er mit einem Kampf zwischen Großbritannien und Deutschland um die Vorherrschaft in Europa, ja zwischen der ganzen Welt und Deutschland rechnete.

Die Anwesenheit Lindemanns und Vansittarts, die als deutschfeindlich galten, erklärt teilweise die polemische Schärfe dieser Einlassungen. Vansittart hatte im April 1934 den Staatssekretär Bernhard von Bülow, der Brünings besonderes Vertrauen genossen hatte, als gefährlicher als den Leiter des außenpolitischen Amtes der NSDAP, Alfred Rosenberg, bezeichnet. Brüning hingegen hatte gerade Bülow und dessen Gesinnungsgenossen im Auswärtigen Amt noch vor seiner Flucht gebeten, vorläufig auf ihren Posten zu bleiben, um die aggressiven Pläne Hitlers zu sabotieren. Tatsächlich hatte Bülow im Frühjahr 1933 ernsthaft erwogen, sein Amt aufzugeben. Vansittart galt als Verfechter des Gleichgewichtsprinzips im Sinne der bekannten Denkschrift Sir Eyre Crowes (1864-1925) vom 1. Januar 1907 über die britischen Beziehungen zu Frankreich und Deutschland und kannte Deutschland aus eigener Anschauung. Er gehörte später zu den ersten Politikern auf alliierter Seite, die während des Krieges konkrete territoriale Vorstellungen für die Zukunft Deutschlands entwickelten, darunter Ideen über eine Umsiedlung der Sudetendeutschen und die Aufteilung Preußens. Daß er dem NS-Regime feindlich gesinnt war, verstand sich von selbst. Vansittart schätzte Brüning persönlich keineswegs so wie der Journalist und Historiker Wheeler-Bennett, führendes Mitglied des Chatham-House-Komitees, d. h. des 1919/1920 begründeten Royal Institute of International Affairs am St. James's Square in London,[40] gestand ihm aber zu, daß er als Kanzler und Politiker angesichts der politischen Lage vor 1933 keine wirkliche Erfolgschance gehabt habe. Mit Brüning, den er wiederholt bei Church traf, war er sich darin einig, daß jedes Zugeständnis an Hitler im Sinne früherer Revisionsforderungen dessen Stellung festigen werde. Churchill, der Gastgeber, ignorierte alle Regeln von Höflichkeit und Gastfreundschaft, als er offen erklärte, daß er seinerzeit Brünings Außenpolitik, dessen steigenden Einfluß auf die Staatsmänner der Welt und dessen Streben nach einer begrenzten Aufrüstung für gefährlich gehalten habe.

Churchill bekannte sich wie Lindemann, der ihn in technisch-militärischen Fragen beriet, zum Aufbau einer starken britischen Luftwaffe. Er werde die Regierung, wenn sie dies ins Werk setze, unterstützen. Der Physiker, der in Baden-Baden geboren war und dessen Vater aus der bayerischen Pfalz stammte, hatte in Berlin studiert und dort promoviert. Später war er führend in der britischen Atomforschung tätig. Als Lord Cherwell, als Mitglied des Oberhauses, gehörte Lindemann zu den entschiedensten Befürwortern eines harten Kurses gegenüber einem aggressiven Deutschland. In dieser Hinsicht stand ihm Vansittart nicht nach, der während des Burenkrieges in Berlin Deutsch gelernt hatte und den, wie er nach dem Zweiten Weltkrieg gestand, eine Art Haßliebe mit Deutschland verband. Vansittart war gleichwohl vorläufig bereit, den gemäßigten Kräften in Deutschland eine Chance zu geben, wollte aber alles vermeiden, was das NS-Regime auf Dauer stärkte. Eine Wende zum Besseren hielt er noch für denkbar, »when the dust, the shouting and parading subside«. Seine Anwesenheit bei den Olympischen Spielen 1936 in Berlin, wo er von Hitler empfangen wurde, spricht für diese Haltung.

Am Rande erwähnte Churchill, daß er vom Schatzamt Maßnahmen gegen die Finanzierung deutscher Rüstungen durch englische Kredite verlangen werde. Brüning war allerdings konsterniert, als Churchill das Übergewicht Deutschlands nach seiner Bevölkerungszahl gegenüber Frankreich von 65 zu 40 Millionen erwähnte, das er immer vor Augen gehabt habe. Zudem hörte Brüning nebenher von Lindemann, daß der Gastgeber einen endgültigen militärischen Sieg über Deutschland als unumgänglich betrachtete, um für Frankreich und England den Frieden dauerhaft zu sichern.[41]

Es ist bekannt, daß Churchill damals noch kein entschiedener ideologischer Gegner Hitlers gewesen ist, so wesentlich ihm das Gleichgewichtsprinzip war, das jener, wie er erkannte, durch seine Rüstungsbestrebungen in Frage stellte. Die Herausforderung durch das Dritte Reich verstand er in erster Linie als außenpolitische Bedrohung der Stellung Großbritanniens. Noch im November 1936 beurteilte er die Rolle Hitlers nicht ohne Bewunderung: »Wenn unser Volk geschlagen würde, könnte ich nur wünschen, wir möchten einen ebenso unbeugsamen Vorkämpfer wie Hitler finden, der uns unseren Mut wiedergäbe und uns auf den Platz zurückführte, der uns unter den Nationen gebührt.«[42]

Noch im selben Monat suchte Brüning Montagu Norman, den Gouverneur der Bank von England, auf. Ihn kannte er von seinem Londoner Besuch im Jahre 1931. Er befand sich wiederum in Gesellschaft von Church, der ihn in Normans Büro begleitete. Das Gespräch erwies sich als kaum fruchtbarer als das mit Churchill, nachdem Norman sich als persönlicher Freund des Reichsbankpräsidenten und Wirtschaftsministers Schacht, den er privat mit dessen englischen Vornamen Horace anzureden pflegte, und als Anhänger von dessen Politik bekannt hatte. Norman bemerkte unwillig, daß er den Gegensatz zwischen Schacht und seinem Besucher kenne.

Brüning mußte wiederum den größten Teil der Konversation bestreiten, indem er sich kritisch über die Abwertung des Dollars im Januar 1934 äußerte und die Reichsmark als unechte Währung bezeichnete. Dieser Ansicht war er schon nach der Bankenkrise von 1931 gewesen. Außerdem kam er noch einmal auf seine Pläne zurück, nach der Konferenz von Lausanne die Reichsmark um 20 Prozent abzuwerten. Inzwischen sei ein solcher Prozentsatz nicht mehr hoch genug. Auch die Krise des Goldstandards kam zur Sprache. Brüning meinte, die ungleiche Goldverteilung werde »die Nationen zu größerer Wirtschaftsplanung zwingen«. Die Konsequenzen »für normale demokratische und parlamentarische Regierungsformen« seien offenkundig. Norman ließ sich jedoch nicht aus der Reserve locken, so daß man sich nach einigen Höflichkeiten und einer Besichtigung des neuen Bankgebäudes mit seinen besonders stark gesicherten Safes verabschiedete. Brüning verübelte Norman auch später noch dessen, wie er meinte, kritiklose Verehrung Schachts.[43]

Gegen jede »antideutsche Agitation«

Archibald Church gab sich alle Mühe, dem deutschen Exkanzler den Zugang zu den maßgeblichen Kreisen Londons zu eröffnen. Freilich hatte dessen Betreuung in der anfänglichen Rolle eines »Impresario«, die er gern auf Dauer gespielt hätte, nach Brünings Empfinden eine Schattenseite. Church gedachte, seinen Freund für die britischen Interessen einzuspannen, beachtete zudem keineswegs die Diskretion, auf die Brüning Wert legte. Ausschlaggebend aber war, daß Brüning sich nicht bereit fand, in irgendeiner Weise »gegen sein Land zu arbeiten«. Damit stellte sich ihm das Problem jedes aktiven politischen Emigranten, der im Ausland zu wirken sucht. Als ihm Church nahelegte, eine politische Erklärung vor dem Volksentscheid am 13. Januar 1935 an der Saar abzugeben, lehnte er ab. »Lieber würde ich sterben, als auch dem anderen Deutschland einen solchen Schaden zuzufügen. Ich kann ihm nicht mehr sagen, was ich wirklich tue, außer daß ich über die Politik der letzten vier Jahre diktiere«, schrieb er am 28. Oktober aus Melide an Mona Anderson. Dem war zu entnehmen, daß er Pläne verfolgte, die nicht in der Öffentlichkeit bekannt werden sollten. Zugleich deutete er sein Mißtrauen gegenüber dem gemeinsamen Freund an. Er habe zahlreiche Beweise erhalten, daß Church die »beste Quelle« der Gestapo geworden sei, so daß seine, Brünings, Freunde darunter leiden müßten. Es sei an der Zeit, mit ihm darüber offen zu reden.[44] Indessen ist nicht zu übersehen, daß Church auch Brünings Freund Treviranus für seine Zwecke zu gewinnen suchte.[45]

Vermutlich hatten Brüning vor allem die Differenzen mit Church veranlaßt, im Oktober wieder in die Schweiz, nach Melide, zu reisen. Er sei jederzeit bereit, nach England zurückzukehren, um jede Art von Einladung nach Oxford oder Cambridge anzunehmen, vorausgesetzt, dies diene nicht der Agitation gegen sein eigenes Land und beruhe nicht auf einer Empfehlung von Church, ließ er Mona Anderson wissen. Daß er sie ins Vertrauen zog, belegt, wie eng die Beziehung zu den Andersons inzwischen geworden war. Mona hatte Verständnis für die Loyalität Brünings gegenüber seinem Vaterland und gestand ihm zu, daß er in dieser Hinsicht »das Gesetz mit Liebe« erfüllen wolle. In der Korrespondenz zwischen beiden kommen häufig religiöse Aspekte und Gefühle zum Ausdruck. Doch äußerte sich Brüning hier auch immer wieder zu politischen Fragen, wahrscheinlich sogar in der Absicht, indirekt Church über seine Ansichten zu informieren. Church beklagte sich zur selben Zeit darüber, daß Brüning nicht bereit sei, einen »Kreuzzug« gegen Hitler anzuführen. Die Folge war eine dauerhafte Entfremdung zwischen den beiden Politikern, die auch in zwei Begegnungen 1935 und 1936 nicht überwunden werden konnte.[46]

Der Emigrant Brüning lehnte jede Art von antideutscher Agitation im Dienste des Auslands ab, auch wenn sie im Namen der Demokratie firmierte. Dahinter stand, wenn man von charakterlich und psychisch bedingten Momenten absieht, die Überzeugung, daß öffentliche Erklärungen deutscher Politiker, die sich im ausländischen Exil befanden, in der Heimat keine nennenswerte, vor allem nicht die von ihnen erwünschte Resonanz gefunden hätten. Er warnte andere Schicksalsgefährten, aber auch britische Regierungskreise vor dieser Illusion. Man dürfe allerdings die Londoner Regierung nicht darin bestärken, untätig zu sein.[47] Ob er befürchtete, in der Konkurrenz mit den äußerst aktiven Vertretern der politischen Linken nicht bestehen zu können, steht auf einem anderen Blatt.[48] Im Dezember 1934 notierte der Schriftsteller Klaus Mann in seinem Tagebuch, Brüning sei in England unbeliebt.[49]

Brüning blieb bei seiner Linie, informelle Kontakte zu Londoner Regierungsstellen und einflußreichen Persönlichkeiten zu pflegen, während er sich kaum darum bemühte, in Paris politische Gesprächspartner zu finden, was trotz seiner schon früher erkennbaren Sympathien für die angelsächsischen Mächte verwundert. Es fällt auf, daß Brüning in den Jahren vor seiner endgültigen Übersiedlung in die USA sich kaum einmal länger in Frankreich aufhielt und sich nichts davon versprach, mit führenden französischen Politikern, etwa mit Laval, Kontakt aufzunehmen, obwohl er diesem, der 1934-1936 als Außenminister amtierte, noch längere Zeit, auch noch nach dem Krieg, Sympathie und Verständnis entgegenbrachte. Brüning wußte, daß Laval die Annäherung Italiens und Deutschlands mit Sorge verfolgte und eine gemeinsame Linie mit England zu finden suchte. Von Daladier, ebenso wie er ehemaliger Frontsoldat, glaubte er hingegen zu wissen, daß dieser nach der Ernennung Hitlers zum Reichskanzler Angriffspläne des polnischen Regierungschefs Piłsudski torpediert hatte, so daß dieser seither einen elastischeren Kurs gegenüber Deutschland, d. h. eine Politik der Annäherung, eingeschlagen habe. Piłsudski hatte damals nach einer alten, auf Marschall Foch zurückgehenden Idee von 1923 Ostpreußen und Schlesien als »Faustpfänder« in einer außenpolitischen Krise besetzen wollen. Das Zahlenverhältnis der polnischen Armee zur Reichswehr betrug 3:1. Die Aufmarschpläne waren vom französischen Generalstab noch während der Regierungszeit Brünings ausgearbeitet worden.[50] Daladier hatte im März 1933 der Wilhelmstraße signalisiert, daß er an einem informellen Gedankenaustausch mit Papen oder Neurath über die Abrüstungsfrage interessiert sei. Ein Zusammentreffen mit Hitler hatte er ebenfalls nicht ausgeschlossen.[51]

In Paris gab es für Brüning anscheinend keine interessante Adresse, an die er sich wenden konnte. Im Gegenteil, er schien sich geradezu zu ängstigen, als er sich trotz aller Zweifel im Juli 1935 inkognito zwei Tage dort aufhielt. Er besuchte die Schriftstellerin Annette Kolb, die Deutschland verlassen hatte, ehemals eine Anhängerin seiner Politik, und machte mit ihr einen Spaziergang durch das Quartier Latin. Er hatte sie bereits einmal während eines Urlaubs in ihrem Haus in Badenweiler besucht. In der Buchhandlung Ostertag in der Rue Vignon trafen sie zufällig den Grafen Kessler. Man verabredete sich in Annette Kolbs Wohnung in der Rue Casimir Périer in der Nähe von St. Clotilde zum Abendessen, das bis tief in die Nacht dauerte. Brüning verschwieg seinen Gesprächspartnern den Grund seiner Vorsicht nicht. Er wolle um keinen Preis mit dem höchst aktiven zumeist linksorientierten deutschen »Emigrantenklüngel« in Paris in Berührung kommen, dessen – nach seiner Ansicht – fragwürdige Agitation gegen das NS-Regime er als schädlich für die Interessen Deutschlands und die Gegner Hitlers betrachtete. Die Zahl der deutschen Emigranten in Frankreich war im übrigen zehnmal so hoch wie die derjenigen, die nach England gekommen waren. 1933 lag sie in Frankreich bei rund 25.000 bzw. in England 2.500 bis 3.000. Bis 1939 stieg die Zahl der Emigranten aus Deutschland, Österreich und den Sudetengebieten auf rund 70.000.[52] Andererseits dürfte ihn die Agitation führender Intellektueller in der französischen Öffentlichkeit gegen die Volksfront-Regierung von Léon Blum seit 1936 unter der Parole »Lieber Hitler als Blum«[53] schwerlich motiviert haben, politische Kontakte in Paris zu pflegen.

Politische Standortsuche

Brüning bezweifelte, daß die deutschen Emigranten eine wirksame propagandistische Strategie zu entfalten vermochten, die die öffentliche Meinung des Auslands gegen Hitler mobilisiert und diesen auch im Innern unter Druck gesetzt hätte. Vor allem traute er den exilierten Oppositionskräften nicht zu, sich der Goebbelsschen Propaganda im Ausland erfolgreich zu erwehren. Dessen agitatorische Fähigkeiten schätzte er hoch ein. Er sei ein Mann von »diabolischer Klugheit«. Wenn sich die Emigranten in den Dienst einer ausländischen Propaganda gegen das Dritte Reich stellten, so glaubte Brüning, seien ihre Anstrengungen zum Scheitern verurteilt. Deshalb hatte er derartige Avancen, die ihm Church schon kurz nach seiner Ankunft gemacht hatte, stets zurückgewiesen. Ihm kam es vielmehr darauf an, die Außenpolitik der Westmächte gegen Hitler zu beeinflussen. Dafür sah er in Paris keine Chance, eher schon in London, obwohl seine ersten Erfahrungen dort enttäuschend waren.

Im Herbst 1936 erwog er zusammen mit Erwin Brettauer und einigen Gleichgesinnten, eine Zeitschrift ins Leben zu rufen, die sich vornehmlich an militärische Oppositionskreise in Deutschland wenden und auf verborgenen Wegen dorthin gebracht werden sollte. Brettauer, der häufig publizistische Aktivitäten gegen das NS-Regime unterstützte, wollte eine hohe Summe zur Verfügung stellen, wenn sich auch andere Financiers mit einem gleich hohen Betrag beteiligten. Brüning entwarf ein Exposé für die ersten Nummern und machte Vorschläge für die ersten Artikel, lehnte es dann aber ab, als Herausgeber aufzutreten, als dies von seiten der potentiellen britischen Geldgeber zur Bedingung ihres Engagements gemacht wurde. Brüning selbst dachte an Rauschning, den er bei Brettauer in Melide getroffen hatte, und Treviranus als Herausgeber und behauptete, daß sein eigener Name wohl keine Empfehlung an die Leser sei, die man erreichen wolle. Rauschning, ehemals Präsident des nationalsozialistischen Danziger Senats, war 1936 in die USA emigriert und bekämpfte als früherer Anhänger Hitlers öffentlich das NS-Regime.[54]

Wahrscheinlich glaubte Brüning, das Projekt sei zum Scheitern verurteilt, wenn er als spiritus rector gleichsam aus der Deckung und Tarnung heraustrete. Im Einverständnis mit Brüning, zumindest unter Berufung auf ihn, sprach Rauschning auch mit Thomas Mann über das Projekt. Die Zeitschrift erschien später ohne Brünings Wissen und Mitwirkung unter dem Namen »Das wahre Deutschland«.[55] Der Gedanke, das »wahre«, das nichtnationalsozialistische Deutschland öffentlichkeitswirksam darzustellen, war damit keineswegs erschöpft und blieb in der Diskussion. Im Sommer 1939 erörterte beispielsweise die German Labor Delegation den Plan einer »Dreitausend-Mann-Versammlung« mit Thomas Mann, Hermann Rauschning, Heinrich Brüning und Friedrich Stampfer in New York, die jedoch nicht zustande kam. Dies galt auch für einen ähnlichen Versuch im Jahre 1943.[56]

Vorerst aber hoffte Brüning immer noch auf einen Wechsel der Verhältnisse im Reich. Gelegentlich litt er unter Depressionen. An Mona Anderson schrieb er: »... ich werde – vielleicht lange Zeit – warten und versuchen müssen, mit jeglicher Bitterkeit, die in meinem Herzen aufsteigen mag, fertigzuwerden und das in die Tat umzusetzen, was ich jahrelang gepredigt habe: daß das Leben für die Ideale meines Landes und der Menschheit geopfert werden muß.« Brüning entdeckte allmählich die Aufgabe, die ihm sein Exil stellte: Die Aufklärung über das NS-Regime in Deutschland als innere und äußere Gefahr. Er habe nur seine Augen, die er gegen die »Dunkelheit der Gegenwart und der Zukunft einsetzen« könne. In den folgenden Jahren sollten sich seine Vorstellungen über den Gegensatz zwischen den traditionellen Demokratien des Westens und dem NS-Regime nach der prinzipiellen Seite hin weiter entwickeln.

Den demokratischen Politikern Europas wollte er mit seinen Erfahrungen und Informationen nützen, indem er versuchte, ihnen den wahren Charakter der Hitler-Diktatur zu enthüllen. Daß er über die internationale Lage umfassend und vor allem besser informiert war, als viele oppositionell eingestellte Politiker in der Heimat, fand beispielsweise sein früherer Staatssekretär Hermann Pünder bestätigt, der ihn bis 1935 wiederholt in Holland traf.[57] Den Exkanzler bedrückten die Nachrichten aus Deutschland und die Folgerungen, die er daraus ziehen zu müssen glaubte. »Die schreckliche Gabe, etwas von der Zukunft vorherzusehen, hat mich mein ganzes Leben lang bedrückt.«[58]

Als Kenner der deutschen Verhältnisse nahm er die Informationen aus der Heimat ebenso begierig wie kritisch auf, um sich ein möglichst umfassendes Bild der Lage zu verschaffen. Insofern akzeptierte er grundsätzlich das Schicksal des politischen Emigranten, sehr wohl wissend, daß seine Erkenntnisse zwangsläufig bei vielen seiner Gesprächspartner auf Mißtrauen und Vorbehalte stoßen würden. Die Begegnungen mit Churchill und Norman hatten ihm überdies die Einsicht vermittelt, wie begrenzt seine Bewegungsfreiheit war, so tröstlich die Haltung vieler Freunde und Helfer auch sein mochte. Es entging ihm nicht, daß die Regierungen aller Länder, in denen er sich aufhielt, ihn beobachten ließen und notfalls auch unter bestimmten Bedingungen seinen Lebensunterhalt sichern wollten. Ausschlaggebend waren dabei eigene politische Interessen. Ein Versuch des aus Deutschland stammenden emigrierten Nationalökonomen Max J. Bonn, Brüning über kirchliche Stellen eine Verdienstmöglichkeit zu schaffen, scheiterte, was dieser auf Animositäten gegen ihn in der Kurie zurückführte.[59]

So war er seit Herbst 1934 auf der Suche nach einer endgültigen Bleibe und einer neuen politischen Aufgabe, wollte andererseits aber die Gastfreundschaft von Freunden und Bekannten nicht allzu sehr strapazieren. Die Erkenntnis, daß seine Gastgeber oder gar die Länder, in denen er sich aufhielt, ihn mißverstanden und von seiner politischen Zurückhaltung enttäuscht waren, deprimierte ihn. Die Furcht vor Agenten und Spitzeln der Gestapo, die ihm auf den Fersen waren, tat ein übriges, ihn nicht zur Ruhe kommen zu lassen.

Als Brüning am 31. Oktober Straßburg wiedersah, erinnerte er sich wehmütig seiner Studienzeit, Albert Schweitzers Nachmittagspredigten, seiner damaligen Sorgen und auch an den Weihnachtsabend von 1910. Er bestieg nach vielen Jahren wieder einmal den Turm des Münsters, um einen Blick in Richtung Deutschland zu werfen. Er fühlte sich gleichermaßen froh und unglücklich. Am nächsten Tag besuchte er nach dem Allerheiligen-Gottesdienst im Straßburger Münster Lothringen mit den Schlachtfeldern von Verdun, wo ihm neue schwere Befestigungen auffielen.

In der ersten Novemberwoche hielt er sich bei Poels in Heerlen auf, wo er einige seiner Freunde aus Deutschland wiedersah. Inzwischen hatte die Gestapo seine Spur bis nach Emmerich verfolgt. Unter den Freunden regte sich Mißtrauen, wer der Gestapo den Weg verraten haben könnte. Damals wußte er noch nicht, daß Church die Geschichte seiner Flucht britischen Journalisten in dem italienischen Restaurant »Taverne« in Berlin, Kurfürstenstraße 24, erzählt hatte.[60] Mit Poels pflegte er am 6. und 7. November einen intensiven Gedankenaustausch über kirchlich-theologische Fragen, unter anderem über das »Altwerden der Kirche« und über die Aussichten ihrer Erneuerung. Am letzten Abend kam noch Hermann Muckermann hinzu.

Das Heimweh bedrückte Brüning, der sich unter dem Namen Dr. Anderson einquartiert hatte, in diesen Tagen so sehr, daß er durch eine Tür in der Mauer des Grundstücks, das an der Grenze lag, schlüpfte, um, wie er Friedrich Dessauer gestand, »wenigstens eine Minute auf heimischem Boden« zu verweilen, ehe er wieder für einige Tage nach Melide fuhr. Das nächste Mal überschritt er die Reichsgrenze im August 1938, um einige hundert Meter ins Münsterland hineinzugehen. Ein Jahr später hielt er sich zum letzten Mal dort auf. Vergeblich versuchte er, von einem Aussichtsturm auf einem Hügel unweit von Oldenzaal nordwestlich von Ahaus aus mit einem Fernglas die Türme von Münster zu erkennen. Das Münsterland bot sich ihm in klarer Sicht bis nach Greven dar, während sich Münster selbst hinter einem schweren Gewitter verbarg. Es zog rasch nach Westen herüber, ging als Hagelschauer nieder und vertrieb ihn nach wenigen Minuten von seinem Aussichtspunkt.[61] Gleichwohl wehrte er sich dagegen, sich vom Heimweh überwältigen zu lassen. So tief das Gefühl auch sei, hatte er schon im November 1934 an Friedrich Dessauer geschrieben, so gebe es doch noch andere Werte »hier auf Erden«, die im Reiche ewiger Ideen lägen: Wahrheit, Freiheit, Recht.[62]

Spanienreise mit Brettauer

Einen konkreten Anlaß, sein Schicksal zu beklagen, hatte Brüning nicht. Brettauer bot ihm in Melide den angenehmsten Aufenthalt. In England schien er sich dagegen am sichersten zu fühlen. Brettauer, österreichischer Staatsbürger jüdischer Herkunft, der einer alten Bankiersfamilie entstammte, war ein entschiedener Gegner der Nationalsozialisten in Deutschland und in Österreich. Im Rahmen seiner finanziellen Möglichkeiten war er stets bereit, die politische Arbeit von Emigranten zu unterstützen und notleidenden Flüchtlingen zu helfen.[63] Er verstand Brünings inneres Dilemma. Für ihn war der Exkanzler in erster Linie ein politischer Kampfgefährte, dem er jede Hilfe gewährte. Zunächst wollte er ihm helfen, seine physischen und psychischen Kräfte nach den Anstrengungen und Belastungen der letzten Monate zurückzugewinnen. Er schlug ihm eine zwei Monate dauernde Reise nach Argentinien vor, was bei Brüning auf wenig Gegenliebe stieß, denn nach der Rückkehr aus Holland hatte sich seine Stimmung verdüstert. So regte Brettauer nun eine Autofahrt nach Spanien an. Sie fand in den beiden letzten Monaten des Jahres statt und führte durch Südfrankreich und Spanien. Brüning berichtete später, daß diese Reise nicht zuletzt den Zweck hatte, seine Spuren gegenüber der Gestapo zu verwischen.[64]

Die Mittelmeerreise brachte dem Flüchtling allerdings auch eine Fülle neuer Eindrücke, die die schmerzlichen Erlebnisse der letzten Monate etwas in den Hintergrund treten ließen. Seine Tagebucheintragungen sind deutlich bestimmt von dem Willen, das Gesehene möglichst aufmerksam in sich aufzunehmen. Über Brignoles und Perpignan ging die Fahrt nach Barcelona, Tarragona, Valencia, Sevilla, Córdoba, Manzanares, Madrid und von dort nach Saragossa und Lérida.

In Frankreich, wo man in Perpignan, Carcasson und Avignon Station machte, hielt man sich nicht lange auf. Brüning war von den baulichen Zeugnissen einer spannungsreichen Geschichte seit dem hohen Mittelalter beeindruckt. Vor dem Hintergrund der historischen Kulissen versuchte er, sich aufs neue über das Verhältnis von Politik und Religion klar zu werden. Das Stadtbild von Aix-en-Provence mit seiner Kathedrale, den Kurien und Palästen regten ihn zu Betrachtungen über Zeit und Ewigkeit, auch über den Verfall der Kultur an: »Könnte das nicht alles lebendiger erhalten bleiben?«

In Spanien erfaßte ihn eine andere Stimmung. Seine Beobachtungen waren nicht sonderlich originell, lassen aber die Sehnsucht nach einem von schweren sittlichen und physischen Belastungen freien Leben erkennen. Die Sauberkeit der Menschen und Dörfer beeindruckte ihn im Baskenland, ebenso die ungebrochene kulturelle Tradition, die er in der Kathedrale von Tarragona verkörpert sah. »Die große Landschaft und die Zeichen einer großen Vergangenheit in ihr gaben mir Abstand vom eigenen Schicksal.« Granada im November, umgeben von den schneebedeckten Bergen und Tälern der Sierra Nevada, vor allem die Alhambra beeindruckten ihn in ihrer Schönheit. Die Harmonie von Natur und Architektur nahm ihn gefangen, um ihn dann wieder nach den Symbolen irdischer, also politischer Herrschaft suchen zu lassen. »Ich verstehe, daß Karl V. auf der Hochzeitsreise den Entschluß faßte, ... hier sich einen Palast zu bauen. ... Die Sonne Afrikas, regnerischer Atlantischer Ozean und smaragdblaues Mittelmeer, alpine Schneeberge und wenige Meilen davon afrikanische Dürre, rieselnde Wasser und tiefes Grün, der Blick in erhabene Ferne: was gab es selbst im Traume mehr? Der mächtige, nie fertig gewordene Palast mit dem gewaltigen Oval des inneren Hofes zeigt, wie stark die Hoffnung und der Wille war.« Zugleich bedrängten ihn düstere Anwandlungen über den Tod des vollendet Schönen und Harmonischen in der Kunst, die ihm schon in seiner Straßburger Studienzeit vertraut gewesen waren.

Nur noch mit halber Aufmerksamkeit nahm er die andalusische Landschaft, auch einzelne bedeutende Bauwerke wie die Kathedrale von Córdoba, wahr. Als er dort eine Menschenmenge, Militär, Musik und die Anwesenheit eines Ministers bemerkte, erinnerte er sich an seine Ostreise als Reichskanzler im Winter 1930/31 und sein heimatliches Münster. Die Moschee von Córdoba empfand er als Symbol eines Sieges des Islam im Glaubenskampf, von dem er einst als kleiner Junge in einer alten Weltgeschichte gelesen hatte. Damals habe er gehofft, selbst einmal »so etwas zu erleben, in ungeheurem Ringen für den Glauben als Held zu fallen.« Zugleich habe er Zweifel gehabt, wie er eine dreitägige Schlacht wie die von Córdoba hätte überstehen können. Über Manzanaras, Madrid, wo sie den Prado besuchten, Lérida und Saragossa kehrten die Reisenden wieder in die Schweiz zurück.

Im Verlauf der Spanienreise war Brüning sich darüber klar geworden, daß er auf absehbare Zeit ein Leben im Exil führen mußte. In Gibraltar hatte er seinen 49. Geburtstag begangen. Er fühlte sich »einsam und geächtet, wie alte Politiker«. Das Schwerste war für ihn, den »Kämpfenden« in der Heimat von außen Mut zu machen, wobei er unter anderem an Hermann Muckermann dachte, der ihn gerettet hatte und der vorübergehend in Verdacht geraten war, ein doppeltes Spiel getrieben zu haben.[65]

Domizil in Portman Court

Das unstete Leben setzte sich fort. Schon am 9. Dezember war Brüning wieder in London, wo er von Trevinarus und dessen Frau am Zug begrüßt wurde. Frau Treviranus weinte, als sie ihn sah. In London traf er ebenso wie in Nymwegen, Melide oder Como häufig Freunde aus Deutschland. Die Rückkehr in sein Quartier bei den Andersons in 12, Portman Court, am Portman Square, London W I., in der Nähe der Niederländischen Botschaft, erfüllte ihn mit Freude, als er sah, daß er wie stets willkommen war. »Oh wenn diese Menschen wüßten, was dieser Blick bedeutet für den Wandrer, der auf Gastfreundschaft angewiesen ist und keine Freude und Leben anders als mit äußerster Willenskraft geben kann!«, heißt es in seinen Aufzeichnungen.[66] Noch Jahre später erinnerte er sich »an eine wunderbare Mainacht in P[ortman] C[ourt]; das Feuer brannte im Kamin, und ein grüner Himmel färbte die Fenster«.[67] Der enge Kontakt zu den Andersons scheint auch der deutschen Auslandsspionage nicht entgangen zu sein, die zwei deutsche Dienstmädchen in den Haushalt der Andersons einschleuste.[68]

Trotz mancher düsteren Stimmungen nahm er die alten Londoner Beziehungen wieder auf. Er empfing schon nach wenigen Tagen zahlreiche Besucher. Am 13. Dezember folgte er einer Einladung von John Wheeler-Bennett nach Garsington Manor. Zusammen mit den Andersons, dem Ehepaar Treviranus und Church verlebte er dort einen heiteren Abend in freundschaftlicher Atmosphäre. Die Differenzen zwischen Brüning und Church schienen beigelegt, was sich jedoch nicht bestätigen sollte, da sich die beiden nicht mehr wiedersahen. Brüning erinnerte sich an frühere Zeiten, ging zu der Wohnung in Hampstead Hill Gardens, wo er vor dem Ersten Weltkrieg gewohnt hatte, und dachte an zwei Jugendfreunde aus dieser Gegend, die inzwischen verstorben waren.[69]

Nach wenigen Tagen reiste er wieder ab, um am 21. und 22. Dezember in Heerlen zu sein. Als er dort Freunde aus Deutschland traf, hatte er das Gefühl, sie glaubten, ihn zum letzten Mal zu sehen. Den Weihnachtsabend verbrachte er in Straßburg, das er bei einem Spaziergang fast als ein Stück alter Heimat wiedererkannte. Dort hatte er das Weihnachtsfest 1910 verbracht – in ähnlicher Stimmung. Die Mette besuchte er im Münster. Sie bescherte ihm ein tiefes Erlebnis. »Die Menge so dicht gedrängt, daß ich am Hauptportal stehend, mich nicht bewegen konnte. ... Nie wirkten Gloria und Credo so auf mich. Ewiges Menschheitslied. ›Pax hominibus bonae voluntatis. Suscipe deprecationem nostram.‹ Gibt es eine andere Möglichkeit, letzten Menschheitsglauben auszudrücken, so daß er nach oben führt, als hier? ... Ich war berauscht und ruhig-heiter zugleich.«[70]

Am ersten Weihnachtstag ging es über Bellinzona, Lugano und Como nach Mailand, wo sich Brüning mit dem Jesuiten Ivo Zeiger traf, mit dem er die Möglichkeit erörterte, eine gemeinsame Kundgebung von Katholiken und Protestanten gegen das NS-Regime zu erlassen. Zeiger war einverstanden, zweifelte aber, ob dies zu realisieren sei – die Skepsis sollte sich bestätigen. Die geplante Aktion kam nicht zustande. Das Ende des ereignisreichen Jahres erlebte der unruhige, in Europa hin und her reisende Emigrant in Melide bei Brettauer.[71]

Hoffnung auf eine diplomatische Aufgabe

Das Itinerar des folgenden Jahres ist, obwohl in den wesentlichen Daten bekannt, noch unübersichtlicher als das vorherige. Auf den ersten Blick wirken die Reisen ziellos, scheinen wie jene von 1934 von innerer Unruhe und Ratlosigkeit beherrscht. Der Grund lag in der prekären persönlichen Situation des prominenten politischen Flüchtlings, der seit Monaten eine neue Aufgabe und ein Unterkommen auf Dauer suchte. An eine zielstrebige und kontinuierliche politische Tätigkeit war nach den bisherigen Erfahrungen nicht zu denken. Seine zahlreichen Besprechungen in London hatten ihn gelehrt, daß seine Absicht, die westlichen Politiker über die Bestrebungen und Pläne Hitlers aus erster Hand zu unterrichten, schwer zu verwirklichen war. Dies galt noch mehr für jeden Versuch, sie in ihrer operativen Politik beeinflussen zu wollen.

Für Winston Churchill war weniger Hitler als Deutschland selbst ein Gefahrenherd. Archibald Church, Herausgeber des »Realist« und Parteifreund von Premierminister MacDonald, dachte ähnlich, als er Brüning für Propagandaaktionen gewinnen wollte. Brüning war, wie wir schon wissen, nicht zu einem solchen Engagement bereit, was seine persönliche, vor allem seine finanzielle Lage erschwerte. Glücklicherweise versagte ihm Brettauer auch weiterhin seine Hilfe nicht. Er schloß 1935 für ihn eine Lebensversicherung mit einer hohen Prämie bei der Schweizerischen Lebensversicherung ab, die diesem 1949 in einer bedrängten finanziellen Lage in Höhe von 11.000 Schweizer Franken zugute kommen sollte, nachdem einige Wertpapiere, die Brüning bei den Tennstedts in Wilmersdorf hinterlassen hatte, im Kriege verbrannt waren.

Der Aufenthalt in Melide war angenehmer, aber auch gefährlicher als der in London, da die englische Regierung seine Sicherheit eher als die schweizerische garantieren konnte. Die Unruhe des »einsamen Wanderers« (B. Letterhaus) legte sich nicht, ebensowenig wie das Heimweh; dennoch war seine Seelenlage nicht so instabil wie die seines Freundes Joseph Wirth, der seine Verzweiflung oft im Alkohol zu ertränken suchte. Da Wirth den Kontakt zu den deutschen Behörden in der Schweiz aufrechterhielt, vermied Brüning seither jede Verbindung zu ihm.-[72]

Brüning arbeitete weiter an seinen Memoiren[73], konnte sich aber nicht dazu entschließen, sich künftig von jeglicher Politik fernzuhalten, da er den Kampf gegen Hitler für unumgänglich hielt. Er wollte sich eben nicht auf politische Kontakte und gelegentliche politische Vorträge beschränken, die zwangsläufig an Reiz für ihn, seine Gesprächspartner und sein Publikum verlieren mußten. Anders als sein Freund Treviranus verfügte er jedoch nicht über besondere Kontakte zur Industrie, um dort ein Unterkommen zu finden, was diesem bald gelang. Eine Lehrtätigkeit an einer Hochschule oder Universität wäre ihm willkommen gewesen, da er sich, wie er sich bei seinem letzten Geburtstag in Gibraltar eingestanden hatte, schon fast als einen »ehemaligen« Politiker betrachtete.

Andererseits hegte er immer noch Bedenken, sich in die Aktivitäten der Emigrantenszene einbeziehen zu lassen und sich in einer der zahlreichen Organisationen zu betätigen, ganz zu schweigen von jeglichem Versuch, das »andere Deutschland« gegen Hitler unter seiner Führung zu einigen. Spätestens in diesem zweiten Jahr der Emigration gewann er Klarheit über seine Absichten und Pläne, aber auch über seinen Handlungsspielraum. Die Hoffnung auf einen politischen Umsturz in der Heimat beruhte nach wie vor auf einer Aktion der Reichswehr, deren bisherige Rolle er allerdings durchaus realistisch einschätzte.

So nannte er den Umstand, daß die Reichswehr die Morde im Zusammenhang des angeblichen Röhm-Putsches hingenommen hatte, einen einzigartigen Vorgang. Die preußische Armee habe immer auf ihre Ehre gehalten, meinte er gegenüber dem Grafen Kessler. Bei einer inneren Krise des Regimes erwartete Brüning jedoch, daß ihm eine wichtige inoffizielle diplomatische Funktion zufiele. In militärischen Kreisen der Widerstandsbewegung, die sich nach dem Röhm-Putsch allmählich formierte, dachte man ähnlich und ließ den Exkanzler darüber nicht im unklaren. Er wußte, daß sich eine solche Bewegung nicht von außen führen oder auch nur indirekt steuern ließe, und verhielt sich insofern durchaus konsequent. Er zweifelte nicht daran, daß die deutschen Behörden ihn beobachten ließen.

Sein Verhalten war weder provozierend, wie er dies an vielen seiner Schicksalsgenossen tadelte, noch von einer so demonstrativen wie absonderlichen förmlichen Loyalität gegenüber dem offiziellen Deutschland bestimmt, wie sie Joseph Wirth bekundete, der jede oppositionelle Betätigung in Abrede stellte. Dessen »Dauerkontakte mit der Führung des nationalsozialistischen Reiches« lassen auf eine Doppelrolle, wenn auch nicht in landesverräterischer Absicht, schließen.[74]

Aufrüstung in Deutschland

Brüning hielt sich dagegen für etwaige gute Dienste als Unterhändler in Reserve. Am 11. März 1935, vier Tage vor der Bekanntmachung des Gesetzes über den Aufbau der Wehrmacht und der allgemeinen Wehrpflicht, meldete sich bei ihm Generaloberst Heinrich-Gottfried von Vietinghoff-Scheel, ein früherer Mitarbeiter Schleichers und Vertrauter von Hammersteins Nachfolger, des Chefs der Heeresleitung, v. Fritsch, mit dem er als Chef der Landesverteidigung zusammenarbeitete. Hammerstein war Anfang 1934 durch Fritsch abgelöst worden. Daß Vietinghoff im Auftrage Fritschs erschien, ist wahrscheinlich. Die Unterredung erstreckte sich über zwei Tage und vermittelte dem Exkanzler ein detailliertes Bild über den Umfang der Aufrüstung und den Ausbau der Wehrmacht, die sich nach der Schilderung Vietinghoffs in einem chaotischen Zustand befand. Gemeint war das zweite Rüstungsprogramm der Jahre 1932-1938, das die technischen Voraussetzungen für den Aufbau von 21 Divisionen, sowie der Panzertruppe und der Luftwaffe schaffen sollte.

Von »Rüstungswut à outrance« war die Rede, »ohne Rücksicht, ob man schlagfertig ist«. Brüning konnte nicht sicher sein, ob er seinem Gesprächspartner vertrauen konnte, gewann aber von Vietinghoff den Eindruck eines »mutigen und feinen Mannes«, was nähere Kontakte in Zukunft nicht ausschloß. Vietinghoff wurde später als scharfer Gegner des Nationalsozialismus bekannt und nach dem Krieg im Spruchkammerverfahren entlastet. Brüning beschränkte sich darauf, die außenpolitischen Gefahren einer konzeptionslosen Heeresvermehrung um jeden Preis und deren finanzielle Problematik zu kommentieren. Etwas anderes war von dem früheren Kanzler nicht zu erwarten. Die Aufforderung an die militärischen Fachleute, Hitler Einhalt zu gebieten, war dennoch unüberhörbar und beruhte im übrigen auf der Kenntnis der strategischen Diskussionen in der Reichswehrführung seit seiner Kanzlerzeit. Im Tagebuch heißt es: »Klar gemacht, wenn nicht bald die Dinge gewendet werden, man in den finanziellen Bankerott hineinsteuert mit nachfolgender Finanzkontrolle.« Er bat Vietinghoff-Scheel, seine Freunde darauf hinzuweisen, »daß an sich Vermehrung nicht die Welt aufregt. Aber als Vorwand für neue Rüstungen und fortschreitende geheime Militärpakte gegen uns gefährlich für die Zukunft, falls nicht über irgendeinem Abenteuer eines einzelnen Landes das bisherige Gleichgewichtssystem sowieso zusammenbricht.«

Die forcierte Aufrüstung war, was auch Churchill wußte, nicht ohne große internationale Auslandsanleihen zu finanzieren, die wiederum nur durch Sparmaßnahmen im Haushalt vorbereitet werden konnten, was im Vorfeld im Innern zu Spannungen und im Ausland zu einer allgemeinen Forderung nach wirksamer Rüstungskontrolle führen mußte.[75]

Auf die britische Bereitschaft zu einer Verständigung reagierte Berlin mit dem Angebot eines Flottenabkommens, das Ribbentrop am 18. Juni 1935 zustande brachte. Das Abkommen sanktionierte grundsätzlich die deutsche Aufrüstung zu Lande und zu Wasser. Die deutsche Flottentonnage sollte 35 % der britischen betragen. Die Zugeständnisse an Englands Anspruch auf Seeüberlegenheit konnte Hitler leicht machen, da die Briten bereit waren, die Bestimmungen des Versailler Vertrages endgültig außer Kraft zu setzen und sich von der französischen Sicherheitspolitik abzusetzen.[76] Die erste Gegenreaktion auf die Aufrüstungsbestrebungen Hitlers von alliierter Seite sollten die Beschlüsse der Konferenz von Stresa Mitte April 1936 darstellen. Großbritannien, Frankreich und Italien schlossen sich zur sogenannten Stresa-Front zusammen und mißbilligten dort einmütig die deutsche Aufrüstung und die einseitige Aufkündigung von Teil V des Versailler Vertrages.[77]

Für Vietinghoff dürfte der Gedankenaustausch mit Brüning nicht allzu viel Neues gebracht haben, ihm kam es vielmehr darauf an, den Exkanzler den Standpunkt maßgeblicher deutscher Militärs wissen zu lassen. Brüning hingegen sah sich erneut in seiner Einsicht bestätigt, daß die Reichswehr weder auf einen Machtkampf mit dem Regime vorbereitet noch in der näheren Zukunft dazu entschlossen war. Auch künftig äußerte er sich skeptisch über die Reichswehr, was seinem Naturell entsprechend Ausdruck eines gewissen Zweckpessimismus, einer leisen Hoffnung wider alle Hoffnung war.[78] Vietinghoff scheint Brüning nicht ausdrücklich beauftragt zu haben, das Verhalten des Auslands für den Fall eines Regimewechsels zu sondieren. Dies schloß weitere Konsultationen in der Zukunft nicht aus.

Einmal meinte er sogar, es sei am günstigsten, wenn Göring einen Putsch der Reichswehr gegen Hitler anführte, was keineswegs auf vertraulichen Informationen beruhte und auch nicht als Indiskretion gedacht war. Selbst in der Rückschau nach 1945 glaubte er, daß Göring dazu bis 1939 in der Lage gewesen wäre.[79] Es verdient beachtet zu werden, daß Wheeler-Bennett Göring 1933 als vielleicht tragischste Persönlichkeit bezeichnet hatte und ihm bescheinigte, daß dieser sich gleichsam in der Rolle Mussolinis sehe.[80]

Monarchische Restauration?

Brüning mußte sich wider willen darauf beschränken, die politische Entwicklung abzuwarten, ohne jede Aussicht, sie wirklich beeinflussen zu können. Am 18. März schloß er in Melide, wo er ein ruhigeres Leben führte als in London, das Diktat seiner Memoiren vorerst ab. Diese spiegeln in ihren Passagen über eine Restauration der Monarchie teilweise die politischen Hoffnungen wider, die er in den Monaten vor und nach dem Röhm-Putsch hegte. Der Ursprung dieser Überlegungen liegt im Dunkeln. Einschlägige Äußerungen in dieser Zeit gegenüber Rumbold und Churchill scheinen nicht allzu viel Gewicht zu haben. Es ist bekannt, daß die Frage, wie man verhindern könne, daß Hitler beim Tode Hindenburgs das Amt des Reichskanzlers mit dem des Reichspräsidenten verbinden werde, in oppositionellen Kreisen der Wehrmacht erörtert wurde. Dies dürfte Brüning bekannt gewesen sein. Eine Restauration der Monarchie hatte sowohl in der Reichswehr bzw. in der Wehrmachtführung als auch im Kreis um Papen ihre Anhänger. Brüning sympathisierte auch noch nach dem sogenannten Röhm-Putsch mit dem Gedanken, die Macht Hitlers durch eine Restauration der Hohenzollernmonarchie zu brechen und ihn in absehbarer Zeit zu stürzen. Das deutsche Volk müsse, wenn es innerlich gesunden wolle, sich vom NS-Regime befreien.

Hier ist daran zu erinnern, daß Edgar Julius Jung diesen Gedanken lange Zeit nachdrücklich – auch in jener bereits erwähnten Denkschrift für Papen – propagiert hatte, was Brüning ebenso bekannt gewesen sein dürfte wie dessen Marburger Rede vor ihrer Veröffentlichung. Die Denkschrift war unter anderem an Schleicher und Hackelsberger gelangt. Auch Papen hatte darauf spekuliert, daß sich Hitler unter dem Einfluß Mussolinis, der die Monarchie in Italien bestehen ließ, vielleicht auf eine Restauration in Deutschland einlassen würde. Papen hatte deshalb das Treffen Hitlers mit Mussolini am 14./15. Juni 1934 in Venedig angeregt, nachdem er den

Duce zehn Tage vorher, an Pfingsten (4./5. Juni) besucht und sich von dessen kritischer Einstellung gegenüber Hitler überzeugt hatte.[81]

In Melide empfing Brüning ebenso wie in den Monaten, in denen er sich in England und in den Niederlanden aufhielt, zahlreiche Freunde aus früheren Zeiten. Neue Bekanntschaften kamen hinzu. Mit John Wheeler-Bennett, der über Kontakte zum britischen Generalstab verfügte und den Geheimdienst mit Nachrichten versorgte, was Brüning sehr wohl bekannt war, erörterte er die möglichen Folgen der deutschen Aufrüstung wenige Tage nach der Einführung der allgemeinen Wehrpflicht am 16. März 1935. Brüning versprach sich stets wichtige Informationen von Wheeler-Bennett, die er auf andere Weise kaum gewinnen konnte. Joos und Letterhaus besuchten ihn wenige Tage später in Melide. Mit Letterhaus, dem »Tapfersten und Unbeugsamsten«, machte er einen Ausflug nach Carona. Mit Hermann Joseph Schmitt, mit Franz Graf v. Galen, an dem er sehr hing, und dessen Frau traf er ebenfalls in der Schweiz zusammen. Über Galens Begegnung mit Brüning war die Gestapo in Münster schon wenige Tage später unterrichtet. Galen erklärte beim Verhör freimütig, daß er Brüning mehrere Male gesehen habe und dies bei jeder Gelegenheit wieder tun werde. Die Information war dem deutschen Konsulat in Lugano von Brettauers Köchin, die gerade entlassen worden war, zugetragen worden.[82]

Brüning fand weder in Melide noch in London die Gelassenheit, die Entwicklung in Deutschland untätig abzuwarten. Er suchte wiederholt die Gelegenheit in Holland, gleichsam auf halbem Wege zwischen der Schweiz und England, Freunde, Bekannte und Verwandte zu treffen. Im April sah er seine Schwester Maria, das damals dreizehnjährige Patenkind Herta Tennstedt (geboren 1921) und seinen Jugendfreund Paul Simon. Über Poels in Heerlen knüpfte er Kontakte zu holländischen Politikern.[83]

Kritik der britischen Deutschlandpolitik

Nach der Rückkehr nach London erörterte er am 11. April mit dem Direktorium der Lloyds Bank Währungsfragen und die zu erwartende Abwertung des belgischen und des französischen Franc. Das Gespräch mit zahlreichen einflußreichen Fachleuten erschöpfte sich nicht in oberflächlichen Höflichkeiten und bloßer Fachsimpelei. Brüning wollte als Kenner der internationalen Wirtschaftsbeziehungen in der City und damit auch mit maßgebenden Regierungsstellen im Gespräch bleiben. Dies scheint ihm gelungen zu sein. Andererseits wußte er, daß derartige Konsultationen sich gewöhnlich rasch abnutzten, wenn sie nicht auf aktuellen Informationen beruhten und zu konkreten Entscheidungen führen konnten. Da er früher oder später mit wirtschaftlichen Schwierigkeiten des NS-Regimes rechnete, beobachtete er aufmerksam die Außenhandelsbeziehungen zwischen Großbritannien und dem Deutschen Reich, die jahrelang im Zeichen des britischen Appeasement-Kurses (»economic appeasement«) standen. Die britische Politik zielte lange Zeit auf einen friedlichen Austrag zwischenstaatlicher Konflikte.[84]

Als man ihm ein neuerliches Treffen mit Premierminister MacDonald nahelegte, gab er zu bedenken, daß dies bald in Berlin bekannt werden dürfte. Stattdessen traf er noch einmal Unterstaatssekretär Robert Vansittart, der ihn auf seine zahlreichen

Reisen in den letzten Monaten ansprach, über die er durch Church informiert worden war. Brüning vermied es, ihn über seine persönlichen Absichten, die Hintergründe seiner Unrast und seines ständigen Ortswechsels als weitgehend mittelloser Flüchtling ins Bild zu setzen. Der Staatsmann außer Diensten kritisierte stattdessen die britische Deutschlandpolitik vom Standpunkt eines Kenners der internationalen Verhältnisse: »Letztes Jahr sprach ich Ihnen gegenüber aus, ich sähe keine Gefahr in einer deutschen Wiederaufrüstung. Ich bin deshalb verpflichtet zu gestehen, daß mich das deutsch-englische Zahlungsabkommen sehr bestürzte. Noch mehr bestürzt mich die Politik der Bank von England. Wenn sie fortgesetzt wird, wird sie es den Nazis ermöglichen, in einem Umfang wiederaufzurüsten, der zwangsläufig zu Konflikten führen wird.«[85]

Brünings Urteil über das deutsch-britische Transferabkommen vom 4. Juli 1934 war unverkennbar auf Vansittarts kritische Einschätzung der Lage berechnet und entsprach den Ansichten Churchills, die nicht mit der offiziellen Regierungsmeinung übereinstimmten. Offensichtlich wollte er Vansittart entgegenkommen. Nach seiner Ansicht förderte das Abkommen die deutsche Aufrüstung. Einen anderen Standpunkt hätte Brüning als Gegner des NS-Regimes, der einen neuen europäischen Krieg befürchtete, freilich kaum einnehmen können. Schon im Sommer 1935 rechnete er damit, daß es zu einem militärischen Konflikt in Europa spätestens im Herbst 1936 oder Frühjahr 1937 kommen werde. Vor allem sprach der Überschuß der britischen Exporte nach Deutschland, speziell die Lieferung von Rohstoffen auf Kredit für seine Kritik. Andererseits mußten sich Brünings Vorwürfe an die britische Adresse zunächst als fruchtlos erweisen, da Vansittart an die politische Linie der Regierung MacDonald gebunden war. Es war jedoch bekannt, daß der Unterstaatssekretär engen Kontakt zu Churchill hielt, der den Kurs MacDonalds und seines Nachfolgers Baldwin gegenüber dem Dritten Reich bekämpfte. Baldwin wurde am 7. Juni 1935 zum Premierminister ernannt.

Brüning hoffte, daß sich diese Tendenz durchsetzte. Dennoch verstärkten sich seine Zweifel, die politische Entwicklung beeinflussen zu können. Außerdem fürchtete er, seinem Land zu schaden, »ohne der Welt zu helfen«. Er argwöhnte, daß seine zahlreichen Freunde aus der Heimat allmählich ein größeres persönliches Risiko eingingen als er selbst, wenn sie, die »Kämpfenden«, mit ihm zusammentrafen.[86] Seine Einschätzung der politischen Lage in England stimmte im wesentlichen überein mit dem Urteil, das Claus Graf Stauffenberg bei einem Besuch über die »politisch-moralische Situation« in London fällte. Es sei nur ein »Glimmen unter der Asche« zu bemerken, meinte dieser im Hinblick auf den britischen Willen, sich gegenüber der aufkommenden militärischen Macht Deutschlands auf dem Kontinent zu behaupten.[87]

Das Memorandum vom August 1935

In London las Brüning Grotius' berühmtes Werk über das Recht des Krieges und des Friedens, mit dem er sich in seiner Studienzeit zuletzt beschäftigt hatte. Er glaubte, eine Parallele zwischen dessen Exil in Paris (1621-1631), von dem er bis dahin nichts gewußt hatte, und seinem eigenen Schicksal zu sehen.[88] Daneben entwarf er politische Pläne für die Zukunft. So verfaßte er eine Art politisches Testament in Form einer Denkschrift. Das Dokument, datiert vom 25. Mai, war in erster Linie für seine politischen Freunde aus der Zentrumspartei »im Falle des Zusammenbruchs des gegenwärtigen Regierungssystems« bestimmt.

Brüning wendet sich darin als letzter Vorsitzender der Zentrumspartei an jene Weggefährten, die zwei Jahre zuvor den Kampf um den Rechtsstaat mit ihm zu führen gewillt waren, aber auch an jene »gutgesinnten« Kräfte, die »vielleicht schwach waren«. Im Falle einer »Änderung« der politischen Verhältnisse in der Heimat, solle man alle Bitterkeiten der Vergangenheit auf sich beruhen lassen. »Man muß möglichst viel vergessen. Das hat die Partei in ihrem 60jährigen Bestehen groß gemacht. Es war trotz leidenschaftlicher Gegensätze fast immer möglich, im Geiste wirklich christlicher Brüderlichkeit sich zu verstehen und nichts nachzutragen.« Gleichwohl fordert er, daß sich die »Opportunisten um jeden Preis« von damals »für immer fernhalten« sollten. Das müsse auch für die Zukunft gelten. »Nehmt niemanden auf, der unter allen Umständen Minister werden möchte oder Geschäfte machen will.«

Er warnt auch davor, »äußerlich fromme Leute« und Geistliche aus der kirchlichen Bürokratie in die Volksvertretungen gelangen zu lassen. Unentbehrlich seien jedoch volksnahe Priester, die im politischen Leben versöhnend wirkten. Als politische Vorbilder nennt er Leicht, Ulitzka, Föhr und Hermann Joseph Schmitt. Seine eigene Rolle möchte er in Zukunft möglichst zurücknehmen. Er habe sich vergeblich dagegen gewandt, daß ihn die Partei im Sommer 1932 politisch stark herausgestellt habe. Er selbst glaubte, seinem Volke am besten »als stiller Berater und vielleicht Unterhändler« dienen zu können. »Meine Erfahrung zeigt, daß man bei dem Charakter des deutschen Volkes im allgemeinen mehr erreichen kann, wenn man in der Stille die Dinge beeinflußt und Erfolge nicht mit seinem Namen verknüpft.«[89]

Die Aussage ist zwiespältig und dürfte sich auf die relativen Erfolge seiner Außenpolitik, vor allem in der Reparations- und in der Abrüstungsfrage beziehen. Um so klarer erscheint die Absicht, die er in Zukunft zu verfolgen gedenkt. Der Staatsmann im Exil möchte künftig die Interessen seines Landes diskret wahrnehmen, soweit ihm dies seine persönliche Situation gestattet. Er weiß, daß alle seine Handlungen von Mißverständnissen zu Hause, aber auch in der Fremde bedroht sind.

Das war das Verhängnis seines bisherigen politischen Wirkens. Er war stets überzeugt, daß der verantwortliche Politiker in Kenntnis von Tatsachen handeln müsse, die das Volk oft nicht verstehe. Brüning vollendete den Text nicht, vielleicht aus Zeitnot, möglicherweise aber auch, weil er die Aporien seiner Argumentation erkannte und nicht aufzulösen vermochte. Die Einsicht, daß er die außenpolitische Entwicklung in Europa nicht zu beeinflussen vermochte und ihr ihren Lauf lassen müsse, gestand er sich ein, was ihn nicht hinderte, immer noch auf andere Kräfte zu hoffen. Diese Hoffnungen galten bis zum Ausbruch des Krieges immer wieder der Reichswehr- und Wehrmachtführung. Er wußte, daß die Opposition den Kontakt zum Ausland brauchte und auch auf seine Hilfe angewiesen war.

Anfang August 1935 hatte Irmgard v. Willisen telefonisch aus Paris die Ankunft eines Boten der Heeresleitung (Deckname »Friedrich«) in Melide angekündigt, wo sich Brüning gerade aufhielt. Mit ihr hatte er ein Stichwort verabredet. Als Witwe seines Freundes Willisen war sie mit den Generälen v. Rundstedt und v. Fritsch befreundet. Rundstedt, der erklärtermaßen Politik als »ein Buch mit sieben Siegeln«

betrachtete, aber als Monarchist, vor allem aber als Gegner der NS-Ideologie bekannt war und die Verfolgung der Kirchen mißbilligte, ließ Brüning wissen, daß er an einer Denkschrift über eine Veränderung der politischen Lage in Deutschland interessiert sei. Irmgard v. Willisen unterrichtete Brüning über einige wichtige Details der internen Diskussion der führenden Militärs. Rundstedts und auch Brünings Vertrauensmann in London war der deutsche Militärattaché, Generalleutnant Leo Freiherr Geyr von Schweppenburg (1883-1974), der mit den Brüdern Stauffenberg seit den zwanziger Jahren bekannt war und später in der militärischen Widerstandsbewegung eine Rolle spielte. Nach der Fritsch-Krise 1938 als Kommandierender General des V. Armeekorps vorübergehend in den einstweiligen Ruhestand versetzt, sollte er sich unter anderem während des Rußlandfeldzuges auszeichnen.[90] Der Bote ließ auf sich warten, so daß Brüning zweifelte, ob den Nachrichten Irmgard v. Willisens große Bedeutung beizumessen sei. Gleichwohl veranlaßte ihn der Vorgang, ein Memorandum für die Militäropposition in der Heimat auszuarbeiten.[91]

Das Dokument entstand in der Nacht vom 19. zum 20. August 1935, wurde dann acht Stunden lang auf der Reise nach Amerika an Bord der Duchess of York überarbeitet und nachträglich durch einige Passagen ergänzt[92], was die Anlage und auch den Stil der rasch hingeworfenen allzu allgemeinen und wenig begründeten Feststellungen und Gedankensplitter erklärt. Dennoch deklarierte er die Denkschrift später als »Generalstabsplan« zur »Beseitigung der Nazis«.[93]

Brüning war sich über die mangelnde logische Konsistenz dieser Ausführungen im klaren. Um so mehr erlauben sie einen unmittelbaren Einblick in sein politisches Denken und seine Stimmungslage in den beiden ersten Jahren des Exils. Er weiß sehr wohl, daß ein Emigrant im Ausland manche Erkenntnisse gewinnen kann, die in der Heimat nicht zugänglich sind. Andererseits ist er sich der Tatsache bewußt, daß er selbst von wesentlichen, d. h. amtlichen Informationswegen abgeschnitten ist. Dennoch entgeht er nicht dem Schicksal des teilweise unwissenden Ratgebers, dessen Empfehlungen schließlich stillschweigend übergangen werden. Seine Betrachtungen und Empfehlungen galten für den Fall, »daß X. handeln muß«. Es ging also um eine Situation, die durch äußere Umstände, nicht durch das Verhalten der Reichswehr selbst herbeigeführt werden würde.

Dieser X., wahrscheinlich ein Mitglied der Wehrmachtführung oder eine Gruppe von Hitler-Gegnern, besitzt, so meint er, kaum mehr die Freiheit, zu entscheiden, wann er eingreifen könne. Um so delikater ist die Aufgabe, die sich Brüning selbst stellt. Er verfügt, wie wir wissen, über zahlreiche Nachrichten aus erster und zweiter Hand, kennt Stimmungsberichte aus der Wehrmacht und den NS-Jugendorganisationen. Er räumt ein, daß er nicht in allen Fragen auf dem neuesten Stand sein kann, glaubt aber, die Struktur des nationalsozialistischen Herrschaftssystems und den Charakter des deutschen Volkes realistisch einschätzen zu können. Dies bringt er mehrfach zum Ausdruck. Unverkennbar steht die Überzeugung dahinter, daß die politische Situation des Frühjahrs 1932 wiederhergestellt werden müsse. Dies ist der durchgehende Gesichtspunkt seiner Argumentation, die auch sonst häufig ins Grundsätzliche ausweicht, wenn es ihm an sicheren Fakten für eine konkrete Lageanalyse fehlt.

So verlangt er, daß die Reichswehr lernen müsse, auf zehn Jahre hinaus zu denken, was Schleicher angeblich nie begriffen habe. Nach einem Umschwung sei es erst innerhalb von fünf Jahren möglich, zu einer gewissen Stabilisierung der politischen Verhältnisse zu gelangen. Man dürfe sich nicht durch eine vorübergehende Hochstimmung der Bevölkerung täuschen lassen, die rasch ins Gegenteil umschlagen könne. Dies sieht er in der Mentalität seiner Landsleute begründet, was ihn zu einer ebenso eigenwilligen wie fragwürdigen Deutung veranlaßt. »Bei dem Charakter des deutschen Volkes ist man durchweg sicher, das für das Vaterland Richtige zu tun, wenn man, an verantwortlicher Stelle stehend, gerade im Augenblick am meisten kritisiert wird.«

Die Argumentation erschöpft sich nicht in solchen Betrachtungen, die man getrost beiseite lassen könnte. Wenn der Politiker in jedem Widerspruch die Bestätigung für die Richtigkeit seiner Ansichten sieht, ist es um die Rationalität seines Denkens geschehen. Brüning neigte allerdings zu solchen Anwandlungen, die sich in seinen späteren Jahren noch verstärken sollten. Im August 1935 trieb ihn vor allem die Sorge um, eine einmal gegebene Chance, einen Schlag gegen Hitler zu führen, könne vertan, schlimmer noch, durch falsches Taktieren der militärischen Führung verdorben werden. Solche Spekulationen über den Ernstfall, den man nicht vorhersehen könne, in dem man dann aber rasch und entschlossen handeln müsse, kennen wir schon aus früheren Jahren und anderen Zusammenhängen und werden ihnen auch später wieder begegnen.

Gegenüber Kessler, der ihn am 22. August in London, in der Wohnung der Andersons am Portman Square besuchte, behauptete er, die Wehrmachtführung glaube, man könne Hitler nach der Ausschaltung von Leuten wie Göring, Goebbels und Streicher allmählich entmachten und auf irgendeinen Ehrenposten abschieben. Für ein solches Manöver stehe er selbst allerdings nicht zur Verfügung. Er werde nicht in ein Kabinett mit einem Mörder wie Hitler eintreten. Im übrigen sei die Duldung der vielen Morde, vor allem derjenigen vom 30. Juni 1934 durch die Reichswehr ein ungewöhnlicher Vorgang. Die jungen Offiziere lachten zwar über Hitler, seien aber sonst Skeptiker und Opportunisten.[94]

Zuletzt hatte er sich im Februar 1935 gegenüber Hans Schäffer über die Möglichkeit geäußert, durch einen Vorstoß der Reichswehr »auf großer Basis« eine Entmachtung Hitlers zu erreichen. Damals glaubte er noch, daß Schacht, der neben dem Amt des Reichswirtschaftsministers und des Reichsbankpräsidenten seit Januar 1935 auch das des »Generalbevollmächtigten für die Kriegswirtschaft« innehatte, gemeinsam mit der Reichswehr, die nicht zuletzt ihm die Finanzierung der staatlichen Rüstungsaufträge verdankte, Hitler politisch »in die Zange« nehmen könne. Schacht genoß zu keiner Zeit das volle Vertrauen der NS-Führung, hatte aber um so größeren Rückhalt in der Reichswehr. In diesem Falle konnte sich Brüning eine neue politische Führung mit Mackensen als »Reichsverweser« im Sinne seiner Restaurationspläne und sogar Hitler als Kanzler und Papen als Vizekanzler vorstellen.[95] Die Ansicht über die starke Stellung Schachts gegenüber Hitler im Zeichen der vorläufig betriebenen Offen-Markt-Politik teilten auch andere Beobachter wie Hermann Pünder. Er hatte eine Bemerkung Schachts über Hitler gehört: »Aber er soll mir keinen Krieg anfangen oder auch nur für ihn rüsten. Dann hat's geschellt und nicht zu knapp. Dann ohne mich und auf jede, aber auch jede Konsequenz.«[96] Tatsächlich stellte die Reichsbank ihre Finanzhilfe im Etatsjahr 1937/38 im Zeichen einer überhitzten Konjunktur ein. Im Jahr zuvor hatte sie noch 9 Milliarden RM, 1935/36

1. Wanderer zwischen zwei Welten 1934-1937

5 Milliarden RM betragen.[97] Die von der sogenannten »Metallurgischen Forschungsgesellschaft« zwischen 1934 und 1937 herausgegebenen »Mefo-Wechsel« erreichten ein Gesamtvolumen von 12 Milliarden RM.[98] Die Staatsquote stieg zwischen 1933 und 1939 von 36,8 % auf 47,2 %.[99]

Die Äußerung Schachts dürfte auch Brüning zu Ohren gekommen sein. Er scheint jedoch schon frühzeitig erkannt zu haben, daß der Weg in den Krieg für Hitler unausweichlich war. Der Krieg sei gleichsam ein Ausweg aus dem inneren Dilemma, in dem sich der Diktator befand, obwohl das Volk zu keinem Zeitpunkt kriegsbereit gewesen sei. Er sei unfähig, Frieden nach innen und außen zu halten, und müsse daher den Ausweg in einem Krieg suchen. Für Brüning stellte sich daher schon 1935 die Frage, wie lange der Krieg noch aufzuhalten sei, wenn Hitler nicht im letzten Augenblick noch ausgeschaltet werde.[100]

Im Jahr zuvor hatte er Hitler gegenüber dem Grafen Kessler und der Schriftstellerin Annette Kolb als feige bezeichnet. Er sei das Gegenteil eines wirklichen »Führers«, leicht beeinflußbar und unentschlossen, wenn auch bauernschlau und grausam. Mörder seien im übrigen durchweg schwache Menschen.[101] Alles hänge davon ab, »daß es gelingt und wir nicht zerbrechen!«

Dies zielte ebenso wie in seiner Denkschrift auf die Problematik eines militärischen Staatsstreiches. Hinzu kam die schwierige Frage, wie lange ein militärischer Ausnahmezustand nach einem Putsch andauern dürfe und könne. Er rechnete mit einer Frist von drei bis sechs Monaten. In dieser Zeit müßten die Weichen für die Zukunft gestellt werden. Jedes Versäumnis, jede Halbheit und Unentschlossenheit, jeder Fehler würde sich in der Zukunft rächen. Es dürfe keine Übergangslösungen geben. Im äußersten Fall werde das Volk die Richtung der künftigen Entwicklung auf gewaltsame, gleichsam revolutionäre Weise bestimmen. »Das Volk macht dann von sich aus eine ganze Wendung.« »Entfesselte Bewegungen« seien aber wegen ihrer Ziellosigkeit von Übel.

Das in wenigen Stunden skizzierte Programm läßt erkennen, wie sich Brüning den Regimewechsel in Deutschland vorstellte. Jeden Pakt der Wehrmacht mit Hitler, selbst für eine Übergangszeit gegen vermeintlich noch radikalere Elemente, womöglich mit Hilfe von ehrgeizigen Persönlichkeiten wie Schacht, hält er für eine verhängnisvolle Selbsttäuschung, die unter allen Umständen vermieden werden müsse. Eine allmähliche Überleitung von der »ungehemmten Diktatur« zu einer »gemäßigt autoritären Regierung«, die ihm für die nächsten Jahre vorschwebte, sei nicht möglich. »Wenn man vom jetzigen Willkürstaat zum geordneten Rechtsstaat allmählich überleitet, kommt der Schrei nach der Guillotine oder dem An-die-Wand-Stellen.« Er plädiert andererseits für Pressefreiheit, jede Beschränkung sei abzulehnen.

Das Plädoyer für eine gemäßigt autoritäre Regierung entsprach seinen Vorstellungen von einer »gemäßigten« Demokratie, die er mit den meisten Emigranten in jener Zeit teilte.[102] Für eine Entscheidung war nach seiner Ansicht die Zeit reif. Die Wehrmacht müsse die Verantwortung für einen Umsturz übernehmen und die vollziehende Gewalt auch nach außen hin ausüben. Zugleich müsse sie Korruption, politischen Betrug und die finanzielle Lage rücksichtslos aufdecken. Man müsse versuchen, die Sympathien der »gelernten Arbeiterschaft«, der Intellektuellen und des Mittelstandes zu gewinnen, Einheitsgewerkschaften unter gewissen Kautelen zulassen und den Landwirten größte Freiheiten bei vorläufig weiterbestehenden Preiskontrollen einräumen.

Die Großindustrie müsse indessen unter Kontrolle gehalten, notfalls politisch eingeschüchtert werden. Spätestens nach drei Monaten müsse die Bevölkerung darüber aufgeklärt werden, daß die Wehrmacht nicht auf die Dauer Politik zu machen gedenke. Nach Annahme der Verfassung solle sie sich wieder in den Hintergrund des politischen Lebens zurückziehen. Hinter diesem Szenario stand das Bild einer letztlich rechtsstaatlich verstandenen, also prinzipiell zeitlich begrenzten Notstands-Diktatur.

Brüning beruft sich auf Willisen, der Seeckt 1923/24 veranlaßt habe, nach der Überwindung der Krise von sich aus die vollziehende Gewalt wieder in die Hand der Reichsregierung zurückzulegen. Nach dem Umsturz müsse eine Nationalversammlung einberufen werden. Seltsamerweise spricht er von einer »Nationalversammlung der Kriegsteilnehmer« und präzisiert dies dahin, daß nur diesen, ihren Witwen und Kindern über 25 Jahre ein Wahlrecht eingeräumt werden solle. Die Vorschrift sei notwendig mit Rücksicht auf das Urteil des Auslandes. Die jüngste Wählergeneration hält er offenkundig für so weit durch die NS-Propaganda indoktriniert, daß er sie von dieser Abstimmung ausschließen will. Er spricht von einer Wahl nach einer Einheitsliste, auf der auch einige radikale Kandidaten erscheinen sollen, um eine wirkliche Debatte zu ermöglichen.

Zweifellos sind diese eigenwilligen Vorstellungen von dem Gedanken geprägt, alle politischen Verfassungen seien durch ihre jeweilige Gründungsgeschichte, d. h. durch die historische Konstellation zum Zeitpunkt ihrer Entstehung bestimmt, wie dies beispielsweise Friedrich Naumann in der Nationalversammlung 1919 erklärt hatte, als er meinte, »Revolutionszeiten brauchen Weltanschauungsgedanken«. Jede politische Neuordnung bedürfe eines politischen Programms.[103]

Brünings Überlegungen gipfelten in einem Bekenntnis zur Monarchie, die von der Nationalversammlung allerdings nur »im Prinzip« beschlossen werden sollte[104], um zunächst das Ausland auf die Restauration vorzubereiten. Er dachte sich die Monarchie als »Gegengewicht« zum Reichstag – zusammen mit einer Ersten Kammer, die neu geschaffen werden müsse. Die Kammer sollte nach gemischten Prinzipien gebildet werden. Ein Drittel sollte entsandt werden auf Grund von »korporativer Auswahl«, ein Drittel von den »Provinzen«, d. h. wohl den Ländern, und ein Drittel von der Krone berufene Vertreter. Diese Anregung war von den ständestaatlichen Diskussionen der dreißiger Jahre geprägt, was auch für die Vorstellung galt, daß die Erste Kammer für den Haushalt ein Veto-Recht en bloc haben solle.

Zu den Merkwürdigkeiten des Projekts gehört ein »Kronrat« nach britischem Muster als dritte beratende Instanz, um zusammen mit der Krone die Kontinuität der Entwicklung zu sichern. Ihm sollten alle früheren Reichsminister angehören, soweit sie nicht durch Verbrechen oder Korruption belastet seien. Der Kronrat müsse befugt sein, Notverordnungen zu sanktionieren. Solche Vorschriften sollten »den Hang des deutschen Volkes zu utopischem Denken in der Politik möglichst unschädlich ... machen.« Der Entwurf der Verfassungsurkunde dürfe im übrigen nicht »durch junge Gelehrte oder ähnliche Typen« ausgearbeitet werden. Damit beschwört er das britische Vorbild: »Nur lange Erfahrung, nicht theoretische Überlegung, kann eine dauerhafte und praktisch wirksame Verfassung schaffen.«

Brüning warnt davor, in der Reichswehr bzw. der Wehrmacht auf Dauer einen innenpolitischen Ordnungsfaktor für Krisensituationen zu sehen. »Gegenüber sich konsolidierenden Volksbewegungen sind die Waffen auf die Dauer stumpf.« Er huldigt der Clausewitzschen Maxime, daß militärisches und politisches Denken grundsätzlich verschieden seien. Jede Mischung sei von Übel.[105] Um so sorgfältiger müßten die Vorbereitungen des Umschwunges getroffen werden. Die Reichswehr müsse unter allen Umständen für klare Verhältnisse sorgen, auf der »Abdrängung des H.«, also Hitlers, bestehen, indem sie die Wiederherstellung des Rechtsstaates erzwinge. Die bewaffnete Macht müsse von Hitler ultimativ die Einsetzung eines Triumvirats mit unbeschränkten Vollmachten verlangen, um dies ins Werk zu setzen. Neben der Neuordnung der Straf- und Zivilgesetzgebung müsse das Gremium die Entlassung von belasteten Richtern durchführen. Als mögliche Mitglieder nennt er den früheren Justizminister Curt Joël, den früheren Kammergerichtspräsidenten Eduard Tigges und den Kölner Senatspräsidenten Rudolf Schetter.

Aufschlußreich sind seine Betrachtungen über die wirtschaftspolitische Entwicklung Deutschlands angesichts einer inneren und äußeren Verschuldung und einer passiven Außenhandelsbilanz, die er für äußerst bedenklich hält. Ende 1934 hatte sie einen Passivsaldo von 280 Millionen RM. Die Reichswehr, d. h. die Wehrmacht, müsse das gegenwärtige Regime zu Sparmaßnahmen zwingen, vor allem auf dem Personalsektor, unter anderem durch Entlassung unqualifizierter Beamter, die unter Hitler berufen wurden. Insgesamt müßten nach fünf Jahren 50.000 Beamtenstellen eingespart sein. Auch dafür macht er Vorschläge.

Nach Brünings – eingestandenermaßen unsicheren – Berechnungen war die Neuverschuldung des Reiches in etwa gleich der Gesamtsumme aller privaten Spardepositen einschließlich der Lebensversicherungen. Darin lägen ungeheure Gefahren für das Gelingen eines Umschwunges. Im Bewußtsein der Öffentlichkeit müsse klargestellt werden, wer für diese Fehlentwicklung verantwortlich sei.

Aus seinen bisherigen Beobachtungen der deutschen Finanzlage folgert er, daß Deutschland ohne eine große ausländische Anleihe nicht gerettet werden könne. Vergeblich hatte er schon früher gehofft, daß das Regime unter dem Druck der äußeren Verschuldung zusammenbrechen werde. Um so mehr fürchtet er, daß dies erst im Zeichen des Regimewechsels eintreten werde. Die »Bankrottwirtschaft« müsse rücksichtslos beendet werden. Wenn dies allzu sehr verzögert werde, müsse es zur Finanzkontrolle von Gläubigerseite über die Einzelausgaben kommen, was schließlich auch die Wehrmacht in ihrer Handlungsfähigkeit lähmen werde.

Die öffentliche Darlegung der Finanzlage habe bis zum Beginn des nächsten Sommers zu erfolgen. Brüning weiß, daß man im Inland die Finanzlage für günstiger hält als im Ausland, erachtet es aber für notwendig, die kreditfinanzierte Scheinblüte der Wirtschaft noch für einige Zeit aufrechtzuerhalten, um sie dann allmählich abzubauen. Die Entwicklung der Volkswirtschaft veranlaßt ihn zu umfangreichen Überlegungen über die Details der öffentlichen Haushalte. Er sieht die Gefahr, daß irgendwann die Kreditschöpfung der letzten beiden Jahre zur Geldschöpfung und zur »offenen Inflation« führen werde. Nach den bisherigen Erfahrungen, die das Publikum in der Inflationszeit gemacht habe, werde dies schon in einigen Monaten eine Warenknappheit auf dem Lebensmittelmarkt und hernach auch in anderen Branchen bewirken. Wirtschaftsminister Schacht müsse in absehbarer Zeit seine bisherige wirtschaftspolitische Linie aufgeben. Entscheidend sei die Währungsfrage, die durch jedes Verzögern nur noch dringender werden könne.[106]

Vermutlich war Brüning über die Differenzen zwischen Schacht und Hitler in dieser Frage unterrichtet.

Brüning trifft eine Feststellung, die auch ein Licht auf seine eigene frühere Finanzpolitik wirft. »Je länger die Währungslösungen aufgeschoben werden, desto radikaler und verzweifelter werden die Lösungen sein müssen, auch wenn man die erwähnten budgetären Maßnahmen inzwischen trifft. Sie wirken ohne gleichzeitige Inangriffnahme der Währungsfragen *rein deflationistisch*. Es ist nicht ein sorgfältiges Anpassen mehr – wie 1930/32 an einen für die Nachkriegszeit normalen Lebensstandard mit einem schon im Frühjahr 1932 erreichten Tiefpunkt –, sondern ... ein rohes Herunterdrücken, ähnlich wie Ende 1923, mit genau den gleichen Folgen, die zur wirtschaftlichen und sozialen Explosion zwingen.«

Brünings Befürchtungen sollten sich nicht bestätigen, obwohl sich die Staatsschuld zwischen 1933 und 1939 verdreifachte. Um die Jahreswende 1937/38 erreichte der Devisenbestand und der Rohstoffvorrat an Eisenerz, Stahlveredlern und Buntmetallen einen Tiefstand.[107] Er setzte voraus, daß es in absehbarer Zeit nicht zum Krieg kam. Er rechnete mit einer wirtschaftlichen Krise in Deutschland unter friedenswirtschaftlichen Bedingungen, wollte aber auch nicht ausschließen, daß Hitler in seinen Kriegsplänen die ökonomischen Faktoren als zweitrangig betrachtete. Stattdessen erörterte er die Frage, ob die Reichsmark stufenweise abgewertet oder überhaupt durch eine neue Währung ersetzt werden solle. In dieser Frage legte er sich nicht fest. Der Abwertungseffekt müsse in beiden Fällen beträchtlich sein, im ersten Fall durch ein Anhängen der Mark an das englische Pfund, was eine Abwertung der Mark um vierzig Prozent bedeuten würde. Nicht auszuschließen sei aber, daß die Mark sogar um 70 Prozent abgewertet werden müsse. In diesem Fall sei eine Außenanleihe in Höhe von vier Milliarden RM erforderlich, die international kaum unterzubringen sei.

Zu einem günstigen Zeitpunkt müßten durch Verhandlungen mit der internationalen Finanzwelt wenigstens Rohstoffkredite für zwei Jahre im Wert von etwa zwei Milliarden RM und eine Anleihe als Stütze einer Währungsreform von mindestens einer halben Milliarde beschafft werden. Durch eine offene Darlegung der Finanzlage könne man vielleicht das Vertrauen des Auslands in die deutsche Wirtschaft wiedergewinnen. Unverkennbar ist die unausgesprochene Empfehlung, ihn selbst gegebenenfalls mit diesen Verhandlungen zu betrauen.

Eine künftige Wirtschaftspolitik müsse auf längere Sicht die Freiheit und die Initiative des einzelnen Unternehmers wiederherstellen, nicht zuletzt, um im Export erfolgreich zu sein. Er rechnet mit einer Übergangszeit von mindestens drei Jahren. Hernach dürfe es zunächst nur maßvolle Lohnerhöhungen geben, doch müsse man die Tarifautonomie der Arbeitgeber und Gewerkschaften dann wieder einführen. Gebundene Preise für Mieten und Getreide müßten nach einer Geldabwertung eine gewisse Zeit beibehalten werden. In der Landwirtschaft und in der Sozialpolitik empfiehlt er, zu den Maßnahmen seiner Regierungszeit zurückzukehren. Man müsse dafür den ehemaligen Reichskommissar Hans Schlange-Schöningen, den Agrarökonomen Karl Brandt, der Deutschland im Vorjahr verlassen hatte, sowie den ehemaligen Wirtschaftsminister Hermann Dietrich heranziehen. Die Sozialversicherung der Arbeitnehmer sei nur noch in den ersten Jahren als gesetzlicher Rahmen aufrechtzuerhalten. Für die Arbeitnehmer sei eine »gewerkschaftliche Versicherung« denkbar, die bei den höchstqualifizierten zuerst beginnen müsse.

Seine außenpolitischen Vorstellungen knüpfen an die Absichten der Reichswehrführung an, sind aber in erster Linie der Weimarer Revisionspolitik verpflichtet: »Ziel muß bleiben, wie seit einem Jahrzehnt, Wiedergewinnung besserer Grenzen und größeren Raums im Osten.« Die Forderung zielt nicht zwangsläufig auf die Rückkehr zu den Grenzen von 1914, sondern auf eine einvernehmliche Lösung der Korridorfrage. Der »größere Raum im Osten« bleibt unbestimmt. Vermutlich will er der aktuellen Stimmung in Teilen der Wehrmachtführung lediglich entgegenkommen. Er warnt um so deutlicher vor einem brüsken Kurswechsel, um die außenpolitischen Errungenschaften seit 1921 nicht zu gefährden. In diesem Punkt stimmt er mit der Denkschrift des Staatssekretärs im Auswärtigen Amt, Bernhard von Bülow, vom 13. März 1933 überein. Es könne zu einer unkontrollierten revolutionären Entwicklung kommen, wenn die Wehrmacht ihr nicht vorbeuge. Wenn sich Deutschland wirtschaftlich erhole, würden sich rasch die alten Gegnerschaften wieder einstellen. Das gelte auch für England. Wichtiger als diese Gesichtspunkte ist ihm die Empfehlung an die Wehrmacht, sich von den Verbrechen des NS-Regimes zu distanzieren, auch um die Ehre der alten preußischen Armee wiederherzustellen.

Dies ist eine Warnung vor allen Illusionen, man könne den Kampf gegen Hitler von außenpolitischen Zusagen der Alliierten für die Zeit nach dessen Sturz abhängig machen, oder gar darauf hoffen, daß die Gegenseite derartige Angebote machen werde. Andererseits macht diese Erkenntnis die Sache noch schwieriger. Er stellt die außenpolitische und die weltwirtschaftliche Lage kritisch dar, um der Militärführung vor Augen zu führen, daß keine Zeit mehr zu verlieren sei, wenn man einen offenen Konflikt mit den Westmächten vermeiden wolle.

Die Denkschrift für »Friedrich« blieb nicht der einzige Appell an die Reichswehr- bzw. Wehrmachtführung, das Gesetz des Handelns zu ergreifen. Auch in der demokratisch gesinnten Arbeiterschaft gab es Stimmen, die die bewaffnete Macht, insbesondere Hammerstein, der mit Schleicher befreundet gewesen war, und Fritsch, aufforderten, sich gegen das Regime zu erheben.[108] Immerhin befürchtete auch Oberst Franz Halder, Chef des Stabes im Wehrkreis VI (Münster), nach dem sogenannten Röhm-Putsch, daß die Reichswehr eines Tages »als bewaffneter Friedensstifter im eigenen Volk« eingesetzt werden müsse, falls es zu Unruhen käme.[109] Der Appell des Emigranten an die Wehrmacht, ausdrücklich noch als Reichswehr apostrophiert, gipfelte darin, die Machtfrage zu stellen und für sich zu entscheiden. Doch hielt der überwiegende Teil der deutschen Militärelite in seiner Frontstellung gegen die SA am Bündnis mit Hitler fest.[110]

Die erste Reise in die USA

Ende August 1935 reiste Brüning alias Henry Anderson für vier Wochen auf Einladung der Carl-Schurz-Stiftung in Philadelphia erstmals nach Kanada und in die USA. Die Einladung hatte der Bankier George Murnane vermittelt, den er aus seiner Kanzlerzeit kannte. Murnane dürfte die Reise, die auch der Erholung dienen sollte, finanziert haben. Die Erlaubnis zur Einreise hatte er erhalten, nachdem er Staatssekretär Cordell Hull zugesagt hatte, sich nicht an irgendwelchen exildeutschen politischen

Aktivitäten in den USA zu beteiligen. An Bord der Duchess of York, die er am 23. August im Hafen von Liverpool betreten hatte, gönnte er sich einige Tage der Ruhe und Lektüre.[111] Er las unter anderem die Lebenserinnerungen des französischen Diplomaten und Schriftstellers Maurice Paléologue (1859-1944) über die Vorkriegszeit, und die Hindenburg-Biographie des Emigranten Rudolf Olden, dessen Kritik an seiner Politik ihn erboste, während er die Darstellung Paléologues bewunderte.[112]

Aber auch auf hoher See verfolgten ihn die trüben Gedanken der letzten Monate. Das Schicksal seiner Generation hielt er für verhängnisvoll. Der deutsche Nationalcharakter sei in Gefahr, stets das gleiche Unheil hervorzubringen. Den Begriff selbst problematisierte er nicht. Er dachte an den französischen Außenminister Théophile Delcassé (1852-1923), der im Unterschied zu ihm eine glänzende Rechtfertigung seiner Politik vor dem Ersten Weltkrieg erfahren hatte. Der Minister war nach dem Abschluß der Entente Cordiale mit England und Rußland und einem Ausgleich mit Italien 1904 gestürzt worden. Seine Gegner hatten dann seine Politik erfolgreich fortgesetzt.

Brüning erwähnte nicht, daß Delcassé neun Jahre nach seinem Sturz ein *Comeback* erlebte. Die politische Klasse Frankreichs sei der deutschen überlegen, klagte er. »Aber welcher Milieuunterschied! Vorzügliche Männer im Heer, in der Diplomatie und in der Verwaltung, die ohne zu intrigieren, in unsentimentaler Freundschaft zusammenarbeiteten, ohne die man keine große Politik machen kann ...« Ihn quälte der Gedanke, wie er Mona Anderson gestand, aus lauter Vaterlandsliebe sein eigenes Leben verfehlt zu haben: »Warum stürme ich seit 1914 durchs Leben, immer kämpfend, fast ohne Vergnügen, oft sehr einsam, statt mich glücklich zu verheiraten und mich nicht täglich um das Schicksal meines Landes zu sorgen? Ich weiß, daß diese Gedanken feige sind, aber jetzt brechen sie manchmal aus ...«[113]

Nach der Ankunft in Amerika hellte sich seine Stimmung wieder auf, nicht nur, weil er das Meer nicht mochte und die Reise per Schiff nur schlecht vertragen hatte. In Montreal wurde er von Professor Robert George und Mr. Foster Stearns, einem republikanischen Mitglied des amerikanischen Kongresses, mit dem Wagen abgeholt und über Vermont zunächst nach Jaffrey, New Hampshire, und dann nach Portsmouth, Rhode Island, gebracht. Er war beeindruckt von den Landschaften Neu-Englands, die er zum erstenmal bei dem heiteren Wetter des Indian Summer erlebte und verglich sie in ihren Details aufmerksam mit jenen, die ihm in Europa vertraut waren.

In Portsmouth nahm er Quartier in einem Benediktinerkloster, wo er mit den zwei anwesenden Mönchen anregende Gespräche führte. Er empfand den Aufenthalt als angenehm und wohltuend. Nach einigen Tagen meinte er, daß er sich von seiner Heimat weit entfernt fühle, was ihn dann auch wieder belastete. Er reise gerne »durch die Welt«, um über die »Dinge hinwegzukommen, die geschehen sind«. Andererseits machte er sich weiter Sorgen um die politische Entwicklung in Europa.[114]

Von Portsmouth ging die Reise nach Huntington, Long Island. Man fuhr über Boston und Cambridge, Massachusetts, die ihm auf den ersten Blick gefielen. 1951, als er sich anschickte, nach Köln überzusiedeln, meinte er einmal, die beiden Städte bildeten den »einzigen europäischen Brückenkopf hier, der noch geblieben ist.« Am 11. September 1935 besuchte er in Huntington zum erstenmal das von irischen Katholiken begründete Immaculate Conception Seminary von Brooklyn, mit dessen Rektor, dem Philosophen und Historiker Patrick Barry, der einst in München studiert hatte, ihn eine lebenslange Freundschaft verbinden sollte. Im Hafen von New

York holte ihn ein Polizeiboot ab, das Bürgermeister Fiorello Henry LaGuardia (1882-1947) zur Begrüßung entsandt hatte. Von dort brachte man ihn zum Hague Club, wo ihn George Murnane begrüßte. Der Aufenthalt in den USA bescherte ihm eine relativ unbeschwerte Zeit, in der er sich auch gesundheitlich erholte, nicht zuletzt, weil er das Gefühl hatte, sich dort in Sicherheit zu befinden. In New York traf Brüning zahlreiche Amerikaner, die er noch von Berlin her kannte.[115]

Brüning lernte vor allem den Osten der Vereinigten Staaten kennen, der ihm später zur Wahlheimat werden sollte. In Huntington, wo er mehrere Monate als Gast des Bischofs Thomas E. Malloy verbrachte, hielt er einige Vorträge vor Studenten, ohne vorläufig seine Identität preiszugeben. Bei einem Dinner im Players' Club wurde er jedoch von einem der Anwesenden erkannt: »Sir, has anyone ever told you that you look like Dr. Bruening?« Am 7. November berichtete die New York Times, daß Brüning den Bischof von Brooklyn und andere Katholiken getroffen habe. Unter ihnen befand sich Paul Schwarz, der frühere deutsche Generalkonsul in New York, und ein alter Bekannter der Berliner Zeit, George N. Shuster (1894-1977), Präsident des ebenfalls dort ansässigen katholischen Hunter College für Studentinnen zwischen 1940 und 1960. Mit letzterem, der an einer Geschichte der Zentrumspartei nach 1918 arbeitete, pflegte er einen intensiven Gedankenaustausch. Shuster hatte ihn nach Hitlers Machtübernahme oft im Hedwigskrankenhaus besucht.

Die Neue Welt verhieß ihm einen Ausweg aus den Bedrängnissen seines bisherigen Lebens. Als er sich in Amerika aufhielt, entging er zwar den alten Sorgen und auch dem Heimweh nicht, das ihn an Deutschland und Europa fesselte, doch bemerkte er, daß das Leben in den USA manche der Fragen und Probleme relativierte, die sein Gemüt beschwerten. Möglicherweise erwog er zu diesem Zeitpunkt, sich demnächst für längere Zeit in den USA niederzulassen. Vorerst gedachte er jedoch seine diskrete Arbeit in Europa fortzusetzen, als er am 13. November wieder nach England zurückkehrte. Seine letzte Denkschrift hatte er von Montreal aus in zwei Exemplaren auf den Weg bringen wollen, was ihm jedoch nicht gelungen war. Ein weiteres Exemplar deponierte er wahrscheinlich später bei Mona Anderson in Old Surrey Hall. Dies war der Landsitz der Andersons in East Grinstead 240, West Sussex, den sie 1935 erworben hatten.

Als die Schwester Irmgard v. Willisens, Gerta-Luise v. Einem, die abwechselnd in Paris und in London lebte, während Brünings Aufenthalt in den USA »sämtliche Papiere von Dr. Brüning« abholen wollte, um sie in die Schweiz mitzunehmen, wurde Mona Anderson mißtrauisch und leugnete, daß Brüning irgend etwas hinterlassen habe. Frau v. Einem erklärte, daß dies gegen die Vereinbarung sei, was Frau Anderson ausweichend quittierte: Brüning müsse es sich anders überlegt haben. Wahrscheinlich kannte sie die Vorbehalte, die Brüning gegen die Baronin hegte. Dieser glaubte noch nach dem Krieg, daß sie sowohl für Göring als auch für die Engländer spionierte.[116]

Geheime Kontakte zur Wehrmacht

Ende November 1935 hörte er in Nymwegen, daß ihn wiederum jemand in Melide besuchen wolle, der sich durch ein Stichwort ausweisen werde. Brüning war vorsichtig und mißtrauisch, als er für zwei Wochen nach Melide fuhr, um dort die Weihnachtstage zu verbringen. Wenige Tage nach seiner Ankunft erschien Frau Treviranus mit der Nachricht, ein Oberstleutnant wolle ihn besuchen und werde ihn von Bern aus anrufen. Brüning und seine Freunde trauten der Sache nicht, als der Offizier sich im Januar 1936 telefonisch meldete und mitteilte, er werde mit einem Taxi kommen und es dann warten lassen. »Frau Treviranus und Dr. Brettauer fuhren nach Lugano und begegneten ihm unterwegs. Wegen Frau Treviranus' Bedenken zeigte mir Dr. Brettauer, ehe er wegfuhr, einen Revolver in seinem Schreibtisch, wo ich ihn leicht erreichen konnte. Mein Memorandum war in meiner Aktentasche.«

Brüning überwand in der zweistündigen Unterredung mit dem ungenannten Offizier der Nachrichtenabteilung der Wehrmacht, d. h. der Abwehr, sein Mißtrauen nicht, weil dieser das vereinbarte Stichwort nicht nannte. So beschränkte er sich auf einige allgemeine Ausführungen, die der Besucher gleichsam wie bei einem Diktat auf einem Schreibblock notierte. Anscheinend führte sein Gegenüber lediglich einen Auftrag aus, der darin bestand, Brünings politische Lagebeurteilung zu erkunden.

Dieser hingegen machte einige kritische Anmerkungen zur Lage im Reich, und warnte auch davor zu meinen, Hitler könne, wie gelegentlich zu hören sei, einfach gestürzt werden. Die Reichswehr, d. h. die Wehrmacht, solle sich jedoch möglichst an Göring halten, um ihn im öffentlichen Bewußtsein an die Stelle Hitlers zu setzen. Über Göring, den er für brutal und blutrünstig hielt, wenn dieser unter Morphium stand, machte er sich allerdings keine allzu großen Illusionen, überschätzte jedoch bis etwa 1936 dessen politische Fähigkeiten. Im übrigen erwähnte er die monarchistischen Strömungen in der Wehrmacht. Diese könne die Monarchie wieder einführen, die »nach kurzer Zeit zwangsläufig ein gemäßigtes parlamentarisches Regime wiederherstellen müsse«.

Vorsichtig deutete er an, daß eine solche Wendung zu einer besseren internationalen Stellung Deutschlands als unter Bismarck führen könne, ließ aber doch den Kern seiner Botschaft deutlich werden. »Ich sprach so, teils weil ich fürchtete, das Heer könne einen Versuch wagen, der nichts als Chaos hervorbringen würde. Ich hatte genug Erfahrungen mit ihnen gehabt. Ich sagte, ich hoffte, es komme in den nächsten paar Monaten, wenn ich in Amerika sei, nicht zu einem radikalen Zug in der Außenpolitik, insbesondere nicht zu einer Wiederbesetzung der entmilitarisierten Zone.« Letzteres mußte nicht unbedingt als Aufforderung zum Staatsstreich verstanden werden. Die Denkschrift vom August gab Brüning nicht aus der Hand. Er lehnte es auch ab, seine Ansichten schriftlich niederzulegen, bot jedoch an, zu einem weiteren Gespräch am 27. März in Nymwegen zur Verfügung zu stehen. Ob er hingegen von dem Besucher eine Denkschrift Rundstedts mit Hinweisen auf einen geplanten Einmarsch in das entmilitarisierte Rheinland erhielt, oder ob er sich weigerte, sie entgegenzunehmen, wie Treviranus berichtet, ist nicht bekannt. Fest steht, daß führende deutsche Militärs das Unternehmen als äußerst riskant ansahen.[117]

Diese Begegnung stellte den letzten unmittelbaren Kontakt Brünings zu einem Angehörigen der Wehrmacht dar. Er hatte bei aller Zurückhaltung alles Wesentliche gesagt. Seinen Andeutungen war zu entnehmen, daß er eine rasche Aktion gegen Hitler wünschte und daß er sich bereit hielt, ein neues Regime vom Ausland her zu unterstützen.[118] Ein Gestapospitzel konnte zwar kaum eine Loyalitätserklärung Brünings gegenüber dem NS-Regime erwarten, hätte aber genug erfahren, um dessen Absichten und Aktivitäten einzuschätzen. Höchst unvorsichtig war daher sein Angebot, sich erneut mit seinem Gesprächspartner an einem bestimmten Ort und zu einer bestimmten Zeit zu treffen. Ob er dessen echten oder falschen Namen nicht erfuhr, oder ihn absichtlich in den Aufzeichnungen verschweigt, ist nicht klar. Die Unsicherheit Brünings war darauf zurückzuführen, daß er von dritter Seite Hinweise auf gezielte Gestapo-Aktivitäten erhalten hatte. Die Gestapo verdächtigte ihn, in England gegen Anleiheverhandlungen zwischen Deutschland und Großbritannien vor allem durch seine Kontakte zur Londoner City zu arbeiten.[119]

Der Oberstleutnant hingegen hatte sich, falls er wirklich von Rundstedt entsandt worden war, um den Kontakt zu Brüning herzustellen, seinerseits im wesentlichen an die Regeln der Konspiration gehalten, obwohl er das Stichwort aus irgendeinem Grunde nicht kannte bzw. nicht nannte. Er scheint allerdings hernach seinem Vorgesetzten über das Gespräch mit dem Exkanzler sachlich berichtet zu haben, etwa über dessen Forderung nach einer Abwertung der Mark, die auch in regimetreuen Kreisen erwogen, aber von Hitler abgelehnt wurde.[120]

Offenkundig überschätzte Brüning die Kontrolle der Gestapo über das Militär und das Offizierskorps zu diesem Zeitpunkt. Das Militär widersetzte sich im Gegensatz zu den kommunistischen und sozialistischen Untergrundgruppen lange erfolgreich der Unterwanderung durch Gestapo-Agenten. Auf einem anderen Blatt stand die Loyalität der Offiziere nach den Grundsätzen von Disziplin und Gehorsam gegenüber ihren Befehlshabern.[121]

Politische Lectures vor amerikanischen Zuhörern

Im Januar 1936 reiste Brüning nach England und von dort aus für kurze Zeit in die USA. Am 21. Januar traf er in New York ein; am 18. März war er wieder in England. In Boston und in Harvard hatte er einige alte Bekannte aus seiner Kanzlerzeit wiedergesehen und eine Reihe von Vorträgen gehalten. Am 4. März hielt er in New York vor dem Council on Foreign Relations in Anwesenheit des ehemaligen Secretary of State unter Präsident Hoover, Henry Lewis Stimson, der die Veranstaltung leitete, einen Vortrag über die Bemühungen um die Abrüstung zwischen Deutschland und Frankreich.[122]

In Harvard wurde er erstmals als Godkin Lecturer mit drei Vorlesungen über »The Essentials of Free Government and the Duties of the Citizen« betraut. Diese hatte ihm Oliver Sprague vermittelt, der ihm seit den Londoner Reparationsgesprächen persönlich zugetan war. Die Vorlesungen fanden in der New Lecture Hall, später Lowell Lecture Hall genannt, statt. Brünings Auftritt war ein Erfolg und beeindruckte die Führungsspitze der Universität, vor allem den Präsidenten Abbott Lawrence Lowell.[123] Die Institution, besser die nicht institutionalisierte Funktion eines »lecturer« war Brüning bisher nicht vertraut gewesen. Sie verschaffte ihm seit 1936 zusätzliche Einkünfte für den Lebensunterhalt. Solche Lectures bilden traditionell eine Besonderheit des gesellschaftlichen Lebens vor allem in den USA. Sie stellen dotierte Vorträge von intellektuellen Außenseitern dar, die aus den verschiedensten Berufen kommen, höchst unterschiedliche Spezialkenntnisse und Lebenserfahrungen einbringen können und vor einem interessierten Publikum darüber berichten.

Die Lectures waren auch in den dreißiger Jahren meist keine eigentlichen Vorlesungen, wie sie an deutschen Universitäten üblich waren, sie entsprachen auch nicht den dort gewöhnlich gehaltenen Gastvorträgen von Dozenten auswärtiger Hochschulen. Die »Lecturers«, die Klaus Mann als »Wanderredner« bezeichnete, müssen nicht aus Literatur und Politik kommen, sondern sind häufig Wissenschaftler, Begründer von neuen Religionen oder Menschen mit ausgefallenen Ideen oder Lebensgeschichten. Für intellektuelle Emigranten aus Europa war dies in den dreißiger Jahren eine begehrte Verdienstmöglichkeit. Auch Brüning war darauf angewiesen und ergriff die Gelegenheit, wenn sie sich ihm bot.

Man erwartete von den Lecturers, daß sie möglichst ohne Manuskript frei ihr Thema behandelten und sich vor allem als kompetente Persönlichkeit darstellten. Das thesenartig zu behandelnde Thema sollte demgegenüber zurücktreten. Das Interesse der Studenten war zunächst beachtlich, ließ aber bald nach. Auch später gehörte Brüning nicht zu jenen Dozenten, die ein größeres Auditorium für längere Zeit zu binden vermochten. Neben den Grundzügen der Verfassungsgeschichte berührte Brüning seine Rolle im Präsidentschaftswahlkampf von 1932. Er behauptete, daß die Kampagne zu einem Plebiszit, zu einer Regentschaft unter Hindenburg und zur Restauration der Monarchie unter einem jüngeren Mitglied des Hohenzollernhauses habe führen sollen.[124]

In Boston hielt er acht Lectures des Lowell Instituts, denen im nächsten Jahr weitere folgen sollten.[125] Dieses Mal erwähnte er auch die politische Situation in Deutschland und kritisierte das NS-Regime, ohne sich über dessen Zukunft zu äußern. Er könne sich nicht mit dem politischen System, das in Deutschland herrsche, identifizieren, betonte er, solange die Prinzipien von Recht und Gleichheit vor dem Gesetz mißachtet würden und die Freiheit des Gewissens bedroht sei. In erster Linie aber setzte er sich mit der politischen Situation auseinander, wie sie sich in Europa im Zeichen der Friedensverträge von 1919 ergeben hatte. Das Hauptthema bildete das Schicksal der Weimarer Republik.

Versailles betrachtete er als »lost moment«, als vertane Chance, eine dauerhafte internationale Ordnung zu errichten. Er bedauerte, daß man es nach 1918 versäumt habe, auf allen Seiten abzurüsten, und nahm die Gelegenheit wahr, wie schon so oft, seinen Zuhörern zu erklären, daß das deutsche Volk friedliebend und die gegenwärtigen Verhältnisse in Deutschland unerträglich seien. Neben dem Faschismus bilde der Kommunismus eine neue Gefahr in Europa. Ein Krieg könne nur durch eine internationale Verständigung auf wirtschaftlichem und politischem Gebiet vermieden werden.

Die Frage, warum die deutsche Demokratie untergegangen und das Land dem Totalitarismus verfallen sei, führte er vor allem auf ökonomische Schwierigkeiten, auf die Belastungen durch die Reparationen und die Wirtschaftskrise zurück, offensichtlich um die Erwartungen des Publikums nicht zu enttäuschen. Er hielt es nicht für opportun, auf andere Aspekte zu verweisen, etwa auf die Mitschuld des Auslands beim Aufstieg Hitlers, die er bei anderer Gelegenheit gern betonte. Der künstliche Aufschwung der Jahre 1926 bis 1929 habe die Wirtschaftskrise verschärft, da er mit kurz- statt mit langfristigen Krediten finanziert worden sei. Der überdimensionale Ausbau der Industrie und die Verschuldung der östlichen Landwirtschaft habe sich zusätzlich negativ ausgewirkt.[126]

Gestapoaktivitäten

Am 18. März 1936 traf Brüning aus den USA kommend wieder in England ein – unter starken Ischias-Beschwerden leidend, die ihn fast bewegungsunfähig machten. Trotzdem kam er am 28. März, einen Tag nach dem ursprünglich in Melide verabredeten Termin, nach Nymwegen. Wahrscheinlich war die Verspätung auf die Krankheit zurückzuführen. Außer mit einem Offizier der Wehrmacht wollte er sich auch mit Freunden treffen. Das geplante Treffen mit dem Offizier hatte wenige Wochen nach dem Einmarsch der Wehrmacht in die entmilitarisierte Zone am 7. März zusätzliche Aktualität gewonnen. In Nymwegen überraschten ihn zwei Freunde, Prälat Mommersteeg und Dr. A. J. M. Cornelissen, letzterer Bibliothekar an der Universität, mit der Nachricht, zwei Gestapoleute seien angeblich aus Deutschland über die Grenze entflohen, von denen einer Empfehlungen des Paderborner Erzbischofs Kaspar Klein und des Generals v. Rundstedt an ihn, Brüning, besäße.

Die Gestapo hatte offensichtlich erfahren, daß sich Brüning mit einem Vertreter der Wehrmacht verabredet hatte, was sich später bestätigte. Der Vorgang irritierte ihn, zumal auch Letterhaus und seine Schwester Maria am nächsten Tag kommen sollten. Er vermutete, daß dies den beiden Agenten kaum unbekannt bleiben würde, so daß auch deren Auftraggeber davon mit Sicherheit erfahren hätten, wenn sie nicht ohnehin bereits informiert waren. Mit Mühe gelang es Brüning, Joos zu diesem Zeitpunkt vor einer Reise nach Holland zu warnen. Später wurden vier von den sechs Freunden aus Deutschland, die ihn gelegentlich bei Mommersteeg besucht hatten, verhaftet und in Konzentrationslager gebracht. Letterhaus, der über gute Verbindungen zur Katholischen Arbeiter-Internationale verfügte und sich häufig in Holland und in der Schweiz aufhielt, wurde mehrfach von der Gestapo verhört, entging aber der Verhaftung. Die Gestapo wußte, daß sich Brüning bei Mommersteeg wiederholt aufgehalten hatte.

Die beiden Gestapo-Agenten waren ebenso wie Brüning von Johann Heister über die Grenze gebracht worden. Dieser war daraufhin zwei Tage in Deutschland eingesperrt gewesen. Bei der Vernehmung hatte er erfahren, daß auch seine Hilfe bei der Flucht Brünings und Treviranus' bekannt geworden war. Die Agenten, getarnt als Flüchtlinge, hatten sich der Hilfe Heisters bedient, weil sie glaubten, Brüning werde dies als Zeichen ihrer Zuverlässigkeit werten. Auch ihre vorübergehende Festnahme und das Verhör durch die niederländische Polizei waren ein reines Täuschungsmanöver. Die Gestapo unterhielt in den Niederlanden ein Agentennetz zur Beobachtung der politischen Emigranten – damals weit über zweitausend –, das sie in den nächsten Jahren noch ausbaute, unter anderem, um in die britische Gegenspionage einzudringen, was ihr teilweise gelang.[127]

Die beiden Agenten waren von Professor Schmutzer von der Universität Nymwegen, dem Vorsitzenden einer katholischen Hilfsorganisation für Flüchtlinge, und dessen Frau bei Mommersteeg guten Glaubens empfohlen worden und wohnten wie Brüning im Stift zum Heiligen Grab. Als Brüning hörte, daß sie bei dem Architekten des Stifts Erkundigungen über seine Besucher eingezogen hatten, war er sicher, daß die beiden für die Gestapo arbeiteten. Er informierte daraufhin den zuständigen holländischen Polizeipräsidenten[128], der sich jedoch für die Zuverlässigkeit der beiden »Flüchtlinge« verbürgte und ihn zu einem vertrauensvollen Gespräch mit ihnen ermunterte. Der hohe Beamte, der später als Gestapo-Agent entlarvt wurde, war vom niederländischen Justizminister angewiesen worden, für Brünings Sicherheit zu sorgen.

Brüning versuchte, sich seinerseits ein eigenes Bild von den beiden rätselhaften Deutschen zu machen. So unterhielt er sich eingehend mit dem einen, der die erwähnten Empfehlungsschreiben vorwies. Er hieß Heinrich Eduard Klemens Müller und war katholischer Konfession.[129] Die Rolle, die der andere angebliche Flüchtling, ein gewisser Hugo Römer spielte, blieb ihm zunächst noch unklar. Dieser war, was er noch nicht wissen konnte, Kommissar bei der Gestapo in Dortmund.[130] Während Müller den unmittelbaren Kontakt zu Brüning suchte, hielt sich Römer im Hintergrund. Brüning verhielt sich reserviert. Allerdings versuchte er herauszufinden, in welchem Maße Müller Kenntnis von den im Untergrund noch bestehenden Gruppen seiner früheren Parteifreunde besaß. Seine Neugier dürfte ihn gelegentlich dazu verleitet haben, unbesonnen verfängliche Details preiszugeben.

Ein angeblicher Mittelsmann

Brüning war durch die Nachrichten verunsichert, die Müller überbrachte. Dieser berief sich auf Rundstedt, für den er angeblich gearbeitet habe und der den Sturz der Nazis vorbereite. Außerdem berichtete er von einer Aktion von staatlicher Seite, Kardinal Adolf Bertram, Fürstbischof von Breslau, in einen Skandal zu verwickeln, was Brüning verhindern müsse. Dieser gab sich vorsichtshalber als Gegner Rundstedts aus. Zu Bertram äußerte er sich nicht näher, entschloß sich aber, insgeheim bei nächster Gelegenheit Pater Leiber in Rom über Müllers Mitteilungen zu unterrichten, damit dieser den Kardinal vor der angeblich bevorstehenden Aktion warnen könne. Diese Gelegenheit sollte sich schon nach kurzer Zeit in Mailand ergeben. Müller betrachtete er als nicht allzu wichtige Figur, hielt es aber doch für angebracht, sich mit ihm zu unterhalten, um ihn seinerseits auszuhorchen. Offensichtlich hatte Müller kirchlichen Stellen gelegentlich Informationen aus Gestapokreisen zugespielt und sich dadurch deren Vertrauen erschlichen.[131]

Müller versuchte Brünings Interesse zu wecken, indem er ihm von geheimnisvollen Invasionsvorbereitungen der Wehrmacht in Holland erzählte. Eine angebliche »Generalstabssondergruppe« in Gronau käme jeden Tag über die Grenze, behauptete er, um die holländischen Befestigungsanlagen zu erkunden und mit den einheimischen Nazis Kontakt aufzunehmen. Die Angriffsvorbereitungen umfaßten weitreichende Geschütze und sähen Fallschirmjägereinsätze vor, ehe die deutschen Invasionstruppen einmarschieren sollten.

Im übrigen berichtete Müller von dem traurigen Schicksal eines Politikers namens »Heymann« in einem Konzentrationslager. Gemeint war wohl der ehemalige sozialdemokratische Reichstagsabgeordnete und Fraktionsvorsitzende im Preußischen Landtag, Ernst Heilmann. Um das Gespräch zu beenden, sagte ihm Brüning unvorsichtigerweise zu, demnächst in der Schweiz einen Herrn um ein paar tausend Franken Lösegeld für Heilmann zu bitten. Wahrscheinlich erwähnte er dabei den Namen Brettauers. Müller bot Brüning in aufdringlicher Weise immer wieder Zigarren an, was diesen verstimmte. Es sollte sich später herausstellen, daß es mit den Zigarren eine besondere Bewandtnis hatte: Brüning war schließlich sicher, daß die ersten harmlos, die später angebotenen vergiftet gewesen seien. Ob sie tödlich wirken oder das Opfer nur betäuben sollten, um eine Entführung vorzubereiten oder zu erleichtern, ist nie zweifelsfrei geklärt worden.

Brüning wußte nicht recht, was er von Müller, der sich als angeblicher Flüchtling den ganzen Tag im Haus aufhielt, denken sollte. Es irritierte ihn, daß eine weitere verdächtige Person, eine angeblich aus Deutschland entflohene Gräfin Plettenberg auftauchte, die eine seltsame Lebensgeschichte erzählte. Sie hatte mit Hilfe des Ehepaars Schmutzer sogar einen holländischen Diplomatenpaß erhalten. Wie Brüning vermutete, stammte die Legende der präsumptiven Gestapo-Agentin aus dem Umkreis von Verwandten der Frau des Reichsfinanzministers v. Schwerin-Krosigk. Sie sollte möglicherweise feststellen, ob noch Beziehungen zwischen dem Minister und dem früheren Reichskanzler bestanden. Vorsorglich vermied Brüning ein Gespräch, nachdem er von einem Nebenzimmer aus die merkwürdige Geschichte der angeblichen Gräfin mitgehört hatte, die diese einer dritten Person erzählte. Er war inzwischen sicher, daß die Gestapo von seiner Absicht, einen Vertreter der Wehrmacht zu treffen, gehört und dies verhindert hatte. Um so mehr war er besorgt, daß seine Schwester Maria, Letterhaus und auch Joos von der Gestapo verhört oder andere persönliche Konsequenzen zu gewärtigen hätten. Von Müller hatte er sich darüber Informationen erhofft. Dieser hatte sich jedoch ausweichend geäußert und von einem Besuch der beiden Politiker abgeraten, was im Falle von Letterhaus zeitlich jedoch nicht mehr zu verhindern gewesen war.

Die Gestapoaktion in Zürich

Am 5. April verließ Brüning Nymwegen, um nach Melide zurückzukehren. Am Morgen erschien Müller bei ihm und behauptete, er werde verfolgt und fürchte, nach Deutschland entführt zu werden. Er erzählte ihm auch, daß er ebenfalls in Kürze in die Schweiz fahren werde. Als Brüning unerwartet Müllers Zimmer betrat, stand dieser am Fenster und gab irgendwelche Zeichen nach draußen. Dort waren einige Autos zu sehen, die vor dem Hause abgestellt waren. Er informierte einen der beiden Detektive, die zu seinem Schutz abgestellt worden waren, über Müllers angebliche Angst entführt zu werden. Der Beamte erschien kurz darauf in Begleitung des Polizeipräsidenten, der die Befürchtungen Müllers für gerechtfertigt erklärte. Als sie von Brünings Reiseplänen erfuhren, rieten sie dringend ab. Nachdem der Polizeichef gegangen war, zog der Detektiv ihn jedoch unter vier Augen ins Vertrauen und empfahl ihm, sofort das Haus zu verlassen. Er begleitete ihn zum Hinterausgang des Hauses und sorgte dafür, daß er zu einem Bahnhof außerhalb von Nymwegen gebracht wurde.

Über Den Haag fuhr Brüning in die Schweiz. Als er endlich in Melide eintraf, hörte er von Brettauer, daß Müller ihn soeben besucht hatte. Dieser habe ihm von den Foltermethoden der Gestapo berichtet, was Brüning sehr erregte. Müller hatte sich als flüchtiger Gestapo-Beamter ausgegeben und behauptet, zugunsten der »Katholischen Aktion« Akten aus Strafprozessen gestohlen zu haben. Er sei daher ebenso gefährdet wie Brüning. Angeblich wollte er sich demnächst in ein kirchliches

Heim in Österreich zurückziehen. Auch gegenüber Brettauer hatte er den ehemaligen SPD-Politiker Heilmann erwähnt und angedeutet, es sei möglich, ihn mit 30.000 Schweizer Franken zu befreien.

Der Umstand, daß ihm Müller in die Schweiz vorausgereist war, verschaffte Brüning Klarheit über dessen Auftraggeber, auch wenn er sich auf dessen Verhalten noch nicht in allem einen Reim machen konnte. In Lugano hatte sich Müller im Hotel »Adler« unter dem Namen »Hugo Annaert« einquartiert. Offensichtlich hatte er die Spur Brünings nicht verlieren wollen, während sich sein Komplize Römer inzwischen wieder nach Deutschland abgesetzt hatte. Brünings zunehmendes Mißtrauen brachte Müller aber so sehr aus dem Konzept, daß er sich entschloß, unverzüglich wieder mit seinen Auftraggebern Kontakt aufzunehmen und Lugano zu verlassen. Offensichtlich wollte er sich neue Instruktionen holen.

Brüning hatte gegenüber Müller die Contenance gewahrt, weil er befürchtete, daß dieser unter Umständen seinen Freunden in Deutschland schaden könne. Dieser spielte in seiner aufdringlichen und theatralischen Art die Rolle des verfolgten Flüchtlings weiter und scheute sich nicht, Brettauer um 3.000 Franken anzugehen, die er angeblich für eine Reise nach Wien brauche, um sich dort mit gewissen oppositionellen Mitgliedern des »Stahlhelm« zu treffen. Die Organisation war im November 1935 aufgelöst worden. Brüning riet Brettauer, die Summe herzugeben, um Müller loszuwerden. Das angebliche Lösegeld für Heilmann erhielt Müller jedoch nicht.

Am 7. April fuhr Müller nach Basel, wo er sich drei Tage in wechselnden Hotels wieder unter dem Namen Annaert aufhielt, wie die Schweizer Polizei später ermittelte. In diesen Tagen bat er telefonisch seine Auftraggeber in Dortmund um ein Treffen, das am Vormittag des 10. April in Grenzach bei Basel stattfand. Anwesend waren außer ihm der Dortmunder Gestapo-Chef Dr. Karl Hinkmann und dessen Mitarbeiter Römer und Masloh. Weder Römer noch Müller waren später bereit, Aussagen über den Inhalt der Besprechung zu machen, so daß über den Gegenstand und das Ergebnis nur spekuliert werden kann. Nach dem geheimnisvollen Treffen in Grenzach fuhr Müller tatsächlich über Basel nach Wien, wie aus einem Telegramm und einem Brief zu entnehmen ist, die später bekannt wurden. Am 14. April war er wieder in Basel, wo er sich diesmal unter seinem richtigen Namen im »Bristol« anmeldete. Von dort gab er ein Telegramm nach Dortmund auf, in dem er noch einmal um eine Rücksprache bat. Es enthielt unter anderem den Satz: »Dr. Braun ist im Süden erkrankt.« Er hatte von Brettauer telefonisch erfahren, daß sich Brünings Ischiasbeschwerden verschlimmert hatten und deshalb im Krankenhaus behandelt werden sollten. Später versuchte er vergeblich den Eindruck zu erwecken, dies habe sich nicht auf Brüning, sondern auf den ehemaligen preußischen Ministerpräsidenten Otto Braun bezogen, der damals in Ascona lebte. Daß Brüning gemeint war, gab Müller erst später bei einem polizeilichen Verhör in Holland am 19. bzw. 20. Mai zu, nachdem sich seine ursprüngliche Aussage als unwahr herausgestellt hatte.

Wegen seines Ischiasleidens begab sich Brüning am 16. April von Melide nach Zürich ins reformierte Diakonissenkrankenhaus »Bethanienheim«. Dort wurde er von Professor Veraguth nach einer neuen Methode behandelt, die seine Schmerzen linderte. Dort nannte er sich, offenbar im Einverständnis mit den Behörden, »Dr. Braun«, empfing aber bei aller sonstigen Zurückhaltung häufig Besuche.

Für Müller und seine Auftraggeber ergab sich durch den Ortswechsel wieder eine neue Lage, die bei einer Besprechung am 16. April in Köln erörtert wurde. Den Anlaß hatte Müller selbst mit dem erwähnten Telegramm gegeben. An ihr nahmen Römer, ein weiterer Beamter und auch Müller teil, der von Basel per Flugzeug angereist war. Er leugnete allerdings später, länger als eine Viertelstunde anwesend gewesen zu sein. Gegenstand der Beratung war nach Müllers Aussage die Tätigkeit Brünings und des aus dem Saargebiet stammenden Journalisten Johannes Hoffmann gewesen, die als gefährliche Gegner des NS-Regimes bezeichnet worden seien. Er selbst habe den Anwesenden mitgeteilt, daß sich Brüning an diesem Tage auf dem Wege ins Krankenhaus befinde, was er durch zwei Telefongespräche mit Brettauer am 14. und 15. April erfahren hatte. Müller war nach eigener Aussage in Köln beauftragt worden, einen Anschlag auf Brüning durchzuführen, was später in der Schweizer Presse erwähnt wurde. Am Nachmittag kehrte er mit der Lufthansa über Stuttgart in die Schweiz zurück. Die Maschine landete um 15.37 Uhr in Dübendorf. Am 17. April stieg er im Zürcher Hotel »Habis Royal« ab.[132]

Am nächsten Tag kam auch Müllers Komplize Römer in die Schweiz. Gegen 13 Uhr wurde er jedoch von den Detektiven Albert Frey (Frey III) und Fritz Bleiker im Zürcher Hauptbahnhof vorübergehend festgenommen. Sie hatten ihn beschattet, nachdem er sich zuvor bei dem städtischen Kriminalkommissär Otto Müller nach dem Verbleib seines angeblichen Schwagers Heinrich Müller, der seine Familie verlassen habe, erkundigt hatte. Dieser halte sich in einem Hotel in Zürich auf, erklärte er. Bei dieser Gelegenheit hatte er sich als Mitarbeiter des Dortmunder Gesundheitsamtes ausgegeben, zugleich aber wegen seines Passes den Argwohn der Polizei erregt. Römer wollte offensichtlich Müllers Vorgehen ebenso überwachen wie zuvor in Nymwegen. Gegen Mittag hatten sich die beiden zufällig am Bahnhofsbuffet getroffen. Die Beamten hatten beobachtet, daß Müller erschrocken war, Römer zu sehen, auch wenn beide sich so verhielten, als kennten sie sich nicht. Für den Hintergrund der Affäre sollte sich dies als bedeutsam erweisen. Hatte Müller in Köln einen Auftrag bekommen, den er nicht ausführen wollte, so daß Römer ihm in die Schweiz gefolgt war, weil er ihm mißtraute? Römer hatte daraufhin offensichtlich fluchtartig Zürich verlassen wollen und am Bahnhof eine Fahrkarte zurück nach Basel gelöst, als ihn die Polizei stellte. Den Aufenthaltsort Müllers hatte die Polizei rasch festgestellt. Sie hinterließ in dessen Hotel eine Nachricht mit der Aufforderung, auf der städtischen Hauptwache zu erscheinen.

Kurz zuvor war Müller im Bethanienheim aufgetaucht, um den Kranken zu besuchen. Nach der Begegnung mit Römer im Hauptbahnhof war er mit einem Taxi zu Brüning ins Krankenhaus gefahren. Dort meldete er sich unter dem Namen »Schulte« an und verlangte, einen »Dr. Braun« zu sehen. Gegenüber Brüning gab er sich außerordentlich gesprächig. Dieser bezweifelte jedoch den Wahrheitsgehalt seiner Schilderungen, darunter jene, daß er inzwischen wirklich in Wien gewesen sein konnte, und überrumpelte ihn mit der Bitte, ihm seinen Paß zu zeigen. Der Paß enthielt weder einen Stempel für die Reise nach Österreich, noch einen Einreisestempel für die Schweiz. Brüning sagte ihm auf den Kopf zu, daß das Dokument nicht der Paß sei, den er in Nymwegen besessen hatte.

Müller redete sich darauf heraus, das Dokument von alten Freunden bei der Gestapo bekommen zu haben, konnte aber nun die Legende als politischer Flüchtling nicht mehr aufrecht erhalten. Brüning beobachtete, wie Müller vom Krankenzimmer auf den angrenzenden Balkon unter dem Vorwand hinausging, er wolle einen Aschenbecher ausleeren. Dort blieb er einige Minuten. Plötzlich erschien die Oberschwester mit zwei Polizisten, die Müller festnahmen. Die Polizei hatte ihn beobachtet, wie er von einem Balkon des Krankenhauses Römer, der auf der Straße in einem Auto wartete, irgendein Zeichen gegeben hatte. Müller bat die Polizisten, noch einmal mit Brüning unter vier Augen sprechen zu dürfen. »Er fiel auf die Knie, weinte und bat um Hilfe; er sagte, er werde ohne jeden Zweifel erschossen, wenn er nach allem der Gestapo in die Hände fiele. Ich sagte nur, er solle mit den Detektiven mitgehen, und es sei vielleicht möglich, später etwas für ihn zu tun.« Die Angst um sein Leben bekundete er auch später noch bei dem erwähnten Verhör in Holland.[133]

Zur Klärung der Sachlage Müller / Römer riet Brüning der Polizei, Cornelissen in Nymwegen um einen Besuch in der Schweiz zu bitten. Da die Telefonleitungen von Zürich nach Nymwegen über Stuttgart gingen, rief Brettauer seinen Bruder in Paris an, der die Nachricht übermittelte. Cornelissen flog sofort über Paris nach Zürich, um Brünings Beobachtungen über die Vorgänge in Nymwegen der Polizei zu bestätigen.

Nun wurde bekannt, daß Müller angeblich früher für die Reichswehr gearbeitet hatte und im September 1933 von einem französischen Kriegsgericht in Metz wegen Spionage mit zwei Jahren Gefängnis, einer Buße von 1.000 Francs und zehnjährigem Landesverweis bestraft worden war. Am 19. Juli 1935 war er aus der Haft entlassen worden. Müller erwähnte offensichtlich nicht, daß er auch in Deutschland zwei Vorstrafen erhalten hatte. So war er wegen Körperverletzung vom Amtsgericht Dortmund-Hörde am 17. Februar 1931 zu einer Geldstrafe von 60 RM verurteilt worden. Noch bedeutsamer war jedoch der Umstand, daß er als früherer KPD-Funktionär am 10. Juli 1931 vom Reichsgericht in Leipzig wegen Vorbereitung zum Hochverrat in Tateinheit mit einem Vergehen gegen das Republikschutzgesetz eine Strafe von einem Jahr Festungshaft erhalten hatte. In der Strafanstalt Wesermünde hatte er bis zu seiner Begnadigung im Februar 1932 eine Zelle der illegalen KPD geleitet. Die Bewährungszeit war am 30. Juni 1935 abgelaufen. Am 14. März 1936 hatte er von Luxemburg aus der Gestapo in Dortmund freiwillig seine Mitarbeit angeboten, um katholische und sozialdemokratische Emigrantenkreise in den Niederlanden auszuforschen. Die Gestapo nahm das Angebot an, wohl in erster Linie, um seine Zuverlässigkeit zu prüfen, da ihr der Leumund und die politische Vergangenheit Müllers bekannt waren. Dies setzte zuverlässige Informationen, vielleicht auch eine Bewährungstat des Agenten voraus.[134]

Römer gab sich als Müllers Vorgesetzter. Nachdem Müller erklärt hatte, daß Römer nicht sein Schwager sei, gab dieser seine Lüge zu. Nun erklärte er, Beamter der Gestapo in Dortmund zu sein. Er sei in die Schweiz gekommen, um den Mitbeteiligten an einem Mord vom Januar 1933 zu suchen, der sich in der Schweiz aufhalte. Später deutete er jedoch an, von seinem Vorgesetzten Hinkmann beauftragt worden zu sein, die Glaubwürdigkeit Müllers nachzuprüfen, was bei der Polizei auf Unmut stieß. Schließlich gab er zu, nach Müller gesucht zu haben, um Brüning zu finden. Zweimal erklärte er im Gespräch mit den beiden Detektiven Frey III und Franz Stier: »Wo Müller ist, ist auch ... na, Sie wissen schon, wen ich meine.«

Brüning hielt Römers Verhalten für eindeutig kriminell, während er Müllers Handlungsweise für zumindest fragwürdig und zweifelhaft hielt. Er ahnte, daß dieser unter dem Druck der Gestapo stand. Zur Überraschung der Polizei war Römer aber rasch bereit, über seinen Auftrag auszusagen, nachdem er sich, wie Brüning hörte, erkundigt hatte, ob er in der Vernehmung gefoltert werde. Die Polizei wies dies empört zurück. Der Zürcher Staatsanwalt Kaegi schloß später daraus, daß Römer Müller in die Schweiz gefolgt war, um über ihn den genauen Aufenthaltsort Brünings festzustellen. Die Einlassung Müllers, er habe den Auftrag gehabt, nicht Brüning, sondern Otto Braun zu töten, war unglaubwürdig und sollte offenkundig dazu dienen, sich zu entlasten, da der ursprüngliche Auftrag unausgeführt geblieben war. Sie widersprach schon allein den Vorgängen in Nymwegen.

Auf Brünings Anregung teilte die Polizei Römer mit, was dessen Komplize über die Gestapo erzählt hatte. Römer quittierte dies mit der Bemerkung: »Wenn dieser Mann nach Deutschland zurückkehrt, ziehe ich ihn aus dem Verkehr!« Brüning empfahl der Polizei, Müller laufen zu lassen, um festzustellen, wohin er sich begeben werde. Wenn er nach Holland reise, bestehe die Chance, dort eine ganze Bande von Agenten auszuheben, die auf politische Flüchtlinge aus Deutschland angesetzt seien. Die Schweizer Behörden scheinen dies nicht für abwegig gehalten zu haben. Andererseits spielte Müller nach ihrer Ansicht die Rolle des Verfolgten und Bedrohten so überzeugend, daß sie ihn am Nachmittag des 19. April wieder freiließen. Sie waren zu diesem Zeitpunkt noch nicht sicher, daß er ein Gestapospitzel war, und verzichteten darauf, ihn der Justiz zu übergeben. Er fuhr nach Basel, wo er noch am selben Tage sich unter einem Vorwand des Gepäcks bemächtigte, das Römer dort deponiert hatte, um es – angeblich – dessen Vorgesetztem Hinkmann in Dortmund zu übergeben. Bei der späteren Vernehmung in Holland am 19. bzw. 20. Mai behauptete er, daß er bei der Gestapo in Berlin tätig und mehrfach unter falschem Namen in der Schweiz gewesen sei. Nach den Informationen der Schweizer Polizei traf das nicht zu. Die Angabe verriet vielmehr eine ausgeprägte Renommiersucht. Die Nachforschungen ergaben, daß Müller über beträchtliche Geldmittel verfügte, die er nicht durch eine gewöhnliche Berufstätigkeit erworben haben konnte. Er war allerdings auch kein Gestapobeamter, was aus naheliegenden Gründen von deutschen Stellen bestätigt wurde. Ihr Vertreter, Oberregierungsrat Walter Stahlecker (Stahlecker II) vom Württembergischen Landeskriminalamt, distanzierte sich ausdrücklich von ihm. Er bezeichnete Müller kurzerhand als »Charakterlumpen«, dem man kein Wort glauben dürfe. Auch bei der Gestapo in Dortmund galt er nach den Schweizer Ermittlungen – angeblich – als »Phantast und skrupelloser Abenteurer«. Den Beginn seiner Zusammenarbeit mit der Gestapo datierte er selbst auf Januar 1936. Die Schweizer Behörden stellten schließlich fest, daß die Gestapo in Dortmund mit ihm ins Geschäft gekommen war, als er ihr Interesse auf Brüning und Brettauer gelenkt hatte. Die Gestapo stellte der Schweizer Staatsanwaltschaft unter anderem zwei belastende Briefe vom 5. und 7. April zur Verfügung, in denen die Absicht Brünings, demnächst Brettauer in der Schweiz zu besuchen, erwähnt war. Sie enthielten auch Hinweise auf dessen finanzielle Hilfe für die oppositionellen Kräfte in Deutschland. Dies sprach dafür, daß Müller weitgehend auf eigenes Risiko arbeitete.

Tatsächlich tauchte Müller schon bald wieder in Holland auf, wo er festgenommen wurde. Er war über Österreich und Deutschland dorthin zurückgekehrt und hatte trotz seiner Legende als Gestapoflüchtling die deutsch-niederländische Grenze unbehelligt passiert. Nicht nur dies: Er erzählte, an einem Treffen mit Himmler, Heydrich, Buch und den höchsten Gestapo-Beamten am 9. April – Gründonnerstag – teilgenommen zu haben. Damals habe eine Hundertschaft von SS-Leuten hinter der Grenze bereitgestanden, nur vier Kilometer von Brünings Aufenthaltsort entfernt. Nachweislich aber hatte am 10. April – Karfreitag – die bereits erwähnte Besprechung von Gestapobeamten und -Agenten in Grenzach, unweit von Basel auf deutschem Gebiet stattgefunden.

Müller erklärte bei der späteren Vernehmung durch einen Schweizer Untersuchungsrichter am 19. und 20. Mai in Nymwegen, daß Brüning entführt oder »umgelegt« werden sollte, er habe diesen Auftrag jedoch nicht ausführen wollen. Er habe Brüning nichts zuleide tun wollen, so leicht es ihm gefallen wäre, eine »vergiftete Zigarre einzuschmuggeln«. Bis diese die erwartete Wirkung gehabt hätte, wäre er, so behauptete er, »längst über alle Berge« gewesen. Damit bestritt er, wirklich einen Anschlag auf Brüning beabsichtigt zu haben, ließ aber durchblicken, daß ihm ein solcher Auftrag bei dem Treffen in Köln erteilt worden war.

Im Falle einer Vergiftung hätte Römer seinen Wagen für eine gemeinsame Flucht bereithalten können. Eine Entführung hingegen wäre schwerer zu bewältigen gewesen, da der Schweizer Polizist, der sich in Brünings Zimmer zu dessen Schutz aufhielt, sich dem widersetzt und seine Kollegen alarmiert hätte, vorausgesetzt, daß diese nicht mit der Gestapo zusammenarbeiteten. Wahrscheinlich hatte Müller die rätselhaften Zigarren bei seiner Festnahme noch bei sich. Sie wurden aber nicht untersucht, so daß auch nicht festgestellt wurde, von welcher Art das angeblich enthaltene Gift war. Allerdings wurden später, nach Bekanntwerden der Affäre, tödlich wirkende Zigarren in der Presse erwähnt, die Müller bei sich gehabt habe.

Müller erklärte bei seiner Vernehmung, daß er allenfalls Brünings Gepäck habe stehlen wollen, um der Gestapo wichtige Dokumente zu verschaffen. In der Schweiz habe er dagegen Attentate auf Personen, darunter auch Brüning, verhindert und diesen lediglich aushorchen wollen. Daher bezeichnete er sich als »Hauptschuldigen« im Hinblick auf den Vorwurf des Staatsanwalts, dort politische Spionage betrieben zu haben. Die Schweizer Behörden betrachteten den angeblichen Auftrag an Müller, einen Anschlag auf Brüning zu verüben, – offiziell – als unbewiesen. Man wollte auch nicht ausschließen, daß Müller nach dem überraschenden Zusammentreffen in Zürich mit Römer eilig zu Brüning ins Krankenhaus gefahren sein könnte, um diesen vor Römer zu warnen. Offensichtlich aber wollten die Schweizer Behörden lediglich die Spitzeltätigkeit der beiden Agenten auf Grund des sogenannten Spitzelgesetzes vom 21. Juni 1935 unterbinden und verzichteten daher darauf, die Aussagen Müllers näher zu prüfen. Die Rücksicht auf den Unmut der Berliner Regierung dürfte dabei mitgespielt haben.[135]

Im Hinblick auf Römer riet Brüning, die deutschen Behörden vorläufig über dessen Verhaftung, die erst am 4. Mai erfolgte, im unklaren zu lassen, obwohl die deutsche Polizei nach ihm suchte. Erst nach mehreren Wochen, am 10. Juni, als sich Brüning schon wieder in England befand, berichteten westliche Nachrichtenagenturen von Römers und Müllers Verhaftung auf Grund eines amtlichen Schweizerischen Kommuniqués, das zwar die Aktivitäten der beiden Agenten »gegen eine hochgestellte Persönlichkeit des früheren Regimes in Deutschland, die sich ... in einem Krankenhaus in Zürich aufhielt« erwähnte, aber ihre Namen nicht nannte. Müller, der sich zu diesem Zeitpunkt in den Niederlanden aufhielt, wurde in diesem Zusammenhang beschuldigt, ein Doppelspiel zwischen katholischen Kirchenkreisen und der Gestapo betrieben zu haben. Auch von vier Pässen, die er mit sich führe, war die Rede. Im Kommuniqué und auch in der Presse wurde vermerkt, daß die Gestapo im Ausland gewöhnlich zwar Agenten, jedoch keine Beamten wie Römer einsetze.[136]

Am 16. Juni berichtete das sozialdemokratische Zürcher »Volksrecht« von einem Anschlag, der von Nazi-Agenten gegen Brüning verübt worden sei. Sie hätten ihn beseitigen wollen. »Man muß ja nicht in jedem Falle eine Entführung vornehmen. Man muß auch nicht immer einen Autounfall inszenieren. Es gibt andere Mittel. Auch Cesare Borgia kannte andere Mittel, geräuschlosere.« Das Blatt berief sich auf Informationen aus Polizeikreisen, nach denen der Spitzel Müller Brüning speziell präparierte Zigarren anbieten sollte, die eine Nikotinvergiftung verursacht hätten. Müller habe sich allerdings geweigert, dem »Manne, der ihm Vertrauen schenkte, diese Todeszigarren zuzustecken.«[137] Nur am Rande sei erwähnt, daß der bisherige Zigarrenraucher 1936 seine bisherige Gewohnheit aufgab und sich auf englische Zigaretten der Marke »Parliament« umstellte.[138]

Das Nachspiel der Zürcher Affäre

Die Episode hatte ein überraschendes Nachspiel. Brüning wurde nach der Festnahme Müllers zunächst in einem anderen Stockwerk des Krankenhauses untergebracht, wo er ebenfalls ständig durch die Polizei bewacht wurde. Die Zürcher Kantonspolizei ordnete vier namentlich bekannte Beamte – Albert Frey, Walter Hüni, Franz Stier, Fritz Bleiker – zu seinem Schutz ab, von denen sich einer Tag und Nacht in seinem Zimmer aufhielt. Nach einigen Tagen wechselte Brüning dann doch seinen Aufenthaltsort und ging in das Krankenhaus am Zürichberg. Am 29. April verließ er Zürich, weil er sich auch in der Schweiz nicht mehr sicher fühlte oder den Schweizer Behörden nicht länger zur Last fallen wollte. Anfang Mai machte er sich auf den Weg nach England, obwohl er seine Erkrankung noch nicht völlig überwunden hatte. Als er bei den Andersons in London ankam, mußte er sich sofort zu Bett begeben. Schon nach zwei Stunden, so berichtet Brüning, seien Cornelissen und der namentlich von ihm nicht genannte Polizeichef von Nymwegen erschienen. Der Beamte legte ihm das umfassende Geständnis Müllers vor, das im Auftrag der niederländischen Gesandtschaft auch Scotland Yard zur Kenntnis gebracht werden sollte. Brüning erklärte, daß er sich in England sicher fühle und keinen Polizeischutz brauche. Dennoch hielt es Scotland Yard für angebracht, zu seinem Schutz zwei Inspektoren abzustellen, die sich zweieinhalb Monate lang von 22 Uhr bis 7 Uhr im Haus der Andersons aufhielten.

Das Geständnis Müllers war indirekt den Bemühungen Cornelissens zu verdanken, der später, d. h. unter der deutschen Besatzung, der niederländischen Widerstandsbewegung angehörte. Cornelissen hatte Müllers Abhängigkeit von Nikotin und Alkohol bemerkt und die widerstandslose Festnahme in seinem Hause herbeigeführt, indem er dessen Trunksucht ausnutzte. Nach vier Tagen des Entzuges hatte er dann unter dem Einfluß von Zigaretten und Branntwein endlose Geständnisse geschrieben.

Der Polizeipräsident gab vor, vom niederländischen Generalstaatsanwalt beauftragt zu sein, Brüning einige Fragen zu den Vorgängen in Nymwegen und in Zürich zu stellen. Bedeutsam war jedoch nur die eine, ob er mit Rundstedt in Verbindung stehe und in Nymwegen den Abgesandten irgendeines deutschen Generals habe treffen wollen. Damit war erwiesen, daß der Zweck von Brünings Reise nach Nymwegen einer größeren Anzahl von Personen bekannt war. Brüning dementierte rundheraus die Unterstellung. »Ich lachte und sagte: ›Die Wehrmacht, die mich aus dem Amt warf, wird wohl kaum mit mir in Verbindung stehen wollen! Das ist sicher eine Erfindung von Müller; er brachte eine vorgetäuschte Empfehlung von Rundstedt.‹«

Der Verdacht, daß der niederländische Beamte mit der Gestapo kollaborierte, wurde jetzt für ihn zur Gewißheit, ja daß er eine »zentrale Rolle« in der Affäre gespielt hatte. Nach Brünings Beobachtung war er darauf aus gewesen, ihn der Gestapo auszuliefern. Sein Freund Cornelissen teilte diese Ansicht. Als sich Brüning wieder in Nymwegen aufhielt, erschien einer der Polizisten, die zuvor mit seinem Schutz beauftragt worden waren, und unterrichtete ihn über die wahre Rolle ihres Chefs. Dieser hatte Spielschulden im Umfang von 160.000 Gulden, die er mit Hilfe der Gestapo plötzlich zurückzahlen konnte. Cornelissen veranlaßte daraufhin, daß er verhaftet wurde. Im Gefängnis legte er ein umfassendes Geständnis ab. Danach ergänzte Müller seine bisherigen Aussagen um weitere, allerdings im wesentlichen unglaubwürdige Details.[139]

Das Interesse der niederländischen und auch der schweizerischen Behörden an der Aufklärung der ganzen Affäre war nicht allzu groß. Der politische Druck Deutschlands veranlaßte die Niederlande zur Vorsicht, unter anderem, um die deutschen Emigranten nicht noch stärker zu gefährden, als dies ohnehin der Fall war. Diese mußten stets damit rechnen, gegen ihren Willen durch deutsche Agenten wieder über die Grenze nach Deutschland gebracht zu werden.[140]

Der Prozeß gegen Römer und Müller

Der Prozeß gegen Römer und Müller vor der I. Abteilung des Bezirksgerichts Zürich führte am 26. September 1936 zu deren Verurteilung wegen Verstoßes gegen das sogenannte Spitzelgesetz, d. h. wegen verbotener Amtshandlungen für einen fremden Staat beziehungsweise wegen nachrichtendienstlicher Tätigkeit gemäß dem Bundesbeschluß vom 21. Juni 1935. Es war das erste Mal, daß das Schweizerische Spitzelgesetz angewandt wurde. Römer erhielt vier Monate Gefängnis und wurde für zehn Jahre des Landes verwiesen, während Müller, bei dem vier verschiedene Pässe auf die Namen Müller, Dorthausen, Schulte und Annaert gefunden worden waren, zu eineinhalb Jahren Zuchthaus bei lebenslänglichem Landesverweis verurteilt wurde. Die Verhandlung fand in Abwesenheit des Angeklagten Müller statt, der zu diesem Zeitpunkt noch in Haft in Holland war. Römer, dessen Anwalt in der Verhandlung auf Freispruch plädiert hatte, legte am 27. Oktober Berufung ein, die er jedoch nach wenigen Tagen wieder zurückzog. Im Gegensatz zu Brüning beurteilte das Gericht offenkundig die Persönlichkeit und das Verhalten Müllers wesentlich ungünstiger als die Vorgehensweise Römers, dessen Dienstpflichten als Beamter man als strafmindernd würdigte.

Brüning hatte die Affäre glücklich überstanden, doch hatte sie ihn die persönliche Gefahr sehen gelehrt, in der er sich befand. Er mußte sich bei aller Vorsicht vorwerfen, gegenüber Müller allzu vertrauensselig gewesen zu sein, und sich eingestehen, daß die Gestapo über ihn und seine Lebensumstände umfassend unterrichtet war. Das NS-Regime hatte ihn nach seiner Flucht keineswegs vergessen. Das »Schwarze Korps« hatte ihn am 16. April 1936, am Tag der Gestapo-Besprechung in Köln, als »politischen Geißelbruder des deutschen Volkes« mit den »zusammengekniffenen Lippen« verunglimpft. Es erwähnte auch dessen »Mußestunden in einem Berliner Kloster«. Der zeitliche Zusammenhang zwischen dem Kölner Gestapotreffen und dieser Hetzattacke war auch den Schweizer Ermittlungsbehörden aufgefallen.[141] Die Pressekampagne sollte Brüning offensichtlich vor weiteren Aktivitäten warnen, vielleicht sogar im Zusammenhang mit den Machenschaften Müllers und Römers, auch wenn er dadurch nicht physisch zu Schaden kam.

Der Umstand, daß ihn Gestapo-Agenten bis nach London verfolgt hatten, ließ Brüning schließlich doch daran zweifeln, ob er sich an irgendeinem Ort in Europa noch sicher fühlen konnte. Vorsorglich fragte er beim Rektor des Priesterseminars in Huntington, Edward Hoar, an, ob er sich dort einige Monate inkognito aufhalten könne. Diesen hatte er im Jahr zuvor kennengelernt. Er hoffte, wieder in dem herrlichen Manor House des Seminars mit seinem gepflegten Park zu wohnen, das ihm schon bei seinem ersten Besuch gefallen hatte. Wesentlich für diese Reisepläne dürfte die Tatsache gewesen sein, daß er nicht nur in der Schweiz und in den Niederlanden, sondern auch in England unter Polizeischutz stand. Als er hörte, daß der Zürcher Prozeß gegen Römer für September angesetzt war, hielt er es für ratsam, früher als ursprünglich geplant, nach Amerika zu fahren.

Ehe er sich am 19. September erneut nach den USA einschiffte, reiste er noch einmal für drei Wochen nach Holland. Die niederländische Polizei ließ ihn wissen, daß er in Nymwegen vor Gericht als Zeuge auftreten müsse, wenn er Wert auf die Verfolgung Müllers lege. Brüning fürchtete weiterhin für seine Freunde in Deutschland und stellte wiederum anheim, Müller auf freien Fuß zu setzen. Dieser sei ohnehin für Auslandseinsätze kaum noch verwendbar. Schließlich wurde Müller von den Holländern nach Belgien abgeschoben, ehe er nach Deutschland zurückkehrte.

Zwischen der Schweiz und dem Dritten Reich waren die Beziehungen wegen der Zürcher Affäre vorübergehend belastet. Einerseits intervenierte Bern wegen der Aktivitäten der beiden Gestapo-Agenten, andererseits bekundete das Auswärtige Amt in Berlin sein Mißfallen wegen der Zeitungsberichte über einen Anschlag auf Brüning.

Brünings Hoffnung, daß Letterhaus und Joos von der Gestapo in Ruhe gelassen würden, erfüllte sich nicht. Letterhaus wurde in Köln verhört, Joos in Stuttgart. Letzterer konnte glücklicherweise nachweisen, daß er – angeblich – nicht im Ausland gewesen war. Brüning pflegte seither in Holland nur noch wenige Kontakte.[142] Er äußerte sich überaus anerkennend über die Zürcher Polizei, die als einzige Kantonspolizei auf der Höhe gewesen sei, was man von der in Basel und der in Neuchâtel nicht habe sagen können. Unter anderem hatte er erfahren, daß der illegale Chef der Gestapo in Basel derselbe Detektiv gewesen sei, der einst Stresemann und auch ihn selbst in seiner Amtszeit begleitet hatte. Nun habe dieser jede seiner Bewegungen überwacht. Er habe es nicht über sich gebracht, behauptet Brüning, diesen Beamten, dessen Namen er nicht nannte, auffliegen zu lassen, da dieser bei seinen Schweizer Kollegen sehr angesehen gewesen sei.[143]

Die ursprüngliche Absicht der Gestapo, Brüning entführen zu lassen, ist kaum zu bezweifeln, obwohl unsere Kenntnis der Affäre in dieser Hinsicht weitgehend auf Brünings eigener Darstellung beruht, der auf Grund verschiedener Indizien einen Entführungsversuch unterstellte, während in der Schweizer und der österreichischen Presse eher von einem Anschlag auf sein Leben die Rede war. Er selbst rechnete offenbar noch in Zürich damit, daß man ihn entführen wolle. Vielleicht hatte Müller dies schon in Nymwegen tun wollen. Ob wirklich eine Hundertschaft dabei helfen sollte, Brüning über die niederländisch-deutsche Grenze zu bringen, ist fraglich. In diesem Falle hätte Müller in Nymwegen nur den Lockspitzel gespielt, um dies vorzubereiten. In Zürich, noch dazu in einem Krankenhaus, war dies sicherlich wegen der Entfernung von der deutschen Grenze schwieriger gewesen. Ein Anschlag auf Brünings Leben wäre wahrscheinlicher gewesen, wenn der Täter eine realistische Chance zur Flucht haben sollte. Spätestens in der Schweiz scheint Müller dies erkannt zu haben, so daß er unsicher wurde, ob er sich darauf einlassen sollte. Einen Mord hatte er offensichtlich nicht begehen wollen. Deshalb hatte er wiederholt um Rücksprache mit seinen Auftraggebern gebeten. Vermutlich hatten diese ihm in Grenzach und in Köln neben der Entführung auch einen Anschlag auf Brünings Leben nahegelegt, ihm aber jedes persönliche Risiko überlassen. Wie bereits erwähnt waren die ominösen Zigarren weder Gegenstand polizeilicher Ermittlungen noch des Prozesses vom 26. September, obwohl sie in der Presse Aufsehen erregten. Selbst die »Neue Volkszeitung« (New York) brachte im Juni 1936 eine entsprechende Nachricht.[144]

Die Persönlichkeit Müllers schien für einen Anschlag insofern geeignet, da die politischen Stellen in Deutschland sich von seinem Vorgehen jederzeit distanzieren konnten und dies auch taten. Auch Römer mißtraute dem ehemaligen Kommunisten Müller. Einerseits überwachte und kontrollierte er ihn, andererseits konnte er ihn jederzeit fallen lassen. Anschläge – Entführungen oder Attentate – auf prominente Politiker und Publizisten kamen in den dreißiger Jahren wiederholt vor, obwohl es sich zumeist um Einzelfälle handelte. Zu nennen sind etwa Aktionen gegen die Sozialdemokraten Philipp Scheidemann, Gerhart Seger und Max Braun sowie den Journalisten Berthold Jacob (eigentlich: Berthold Salomon).[145] Letzterer war im März 1935 aus Basel durch einen angeblichen Emigranten, Hans Wesemann, entführt worden. Auf den Protest des Schweizer Bundesrates hin, der mit einer Klage im Haag drohte, hatte Berlin Jacob in die Schweiz zurückkehren lassen. Nach einer zweiten Entführung 1941 aus Portugal kam er 1944 in KZ-Haft. Er starb auf Grund der erlittenen Mißhandlungen während des Lageraufenthaltes im Februar 1944 im Israelitischen Krankenhaus in Berlin.[146]

Die Aktivitäten gegen Brüning scheinen durch dessen Vortragstätigkeit in den Vereinigten Staaten ausgelöst worden zu sein. Dem Artikel des Schwarzen Korps vom 16. April war ein Hinweis auf »feindliche Vorträge« zu entnehmen, die er im Ausland halte. In der Besprechung mit Staatsanwalt Kaegi am 20. Juni erwähnte auch Stahlecker die »jüngste Vortragstätigkeit Brünings in den Vereinigten Staaten«, die man »nur sehr ungern« gesehen habe, obwohl er zugleich versicherte, Brüning könne, da er ein »anständiger Gegner« sei, nach Deutschland zurückkehren, »sofern er sich ruhig verhalte«.[147]

Die Aktion gegen Brüning erwies sich als Fehlschlag, was die Gestapo nicht hinderte, in der Folgezeit unter dem Vorwand einer angeblichen Verschwörung unter Führung Rundstedts weitere Operationen im Ausland durchzuführen. Drei Jahre später gelang es ihr sogar, auf diese Weise den britischen Geheimdienst hinters Licht zu führen. Dessen Chef in den Niederlanden, Major Richard Stevens, wurde am 9. November 1939 bei Venlo zusammen mit einem weiteren Offizier mit Waffengewalt nach Deutschland entführt. Stevens hatte sich dort mit Abgesandten des militärischen Widerstandes, vielleicht sogar mit Rundstedt selbst treffen wollen. An dessen Stelle erschien der SS-Obersturmbannführer Walter Schellenberg, der kurz zuvor an die Gestapostelle Dortmund versetzt worden war. Diese Dienststelle war unter anderem mit der Beobachtung der Emigranten in Westeuropa betraut. Das Treffen hatte Carl Spiecker vermittelt, der in Frankreich seit 1937/38 die sogenannte Deutsche Freiheitspartei organisiert hatte. Der Zentrumspolitiker war 1930 von Reichsinnenminister Wirth mit der Bekämpfung der NS-Bewegung betraut worden und hatte dem Vorstand des Reichsbanners angehört.[148] Der Exkanzler verdächtigte ihn später, auf der Gehaltsliste des französischen und britischen Geheimdienstes gestanden zu haben. Auch von Brettauer habe er riesige Summen erschwindelt.[149]

Die Berührung mit der Gestapo dürfte Brüning stärker belastet haben, als dies die Aufzeichnungen erkennen lassen. Unmittelbare Kontaktversuche aus dieser Richtung scheint es mindestens bis 1938 gegeben zu haben.[150] Seine Sorge um Angehörige und Freunde war ebenso begründet wie jene, die seine eigene Sicherheit betraf. Der persönliche Schutz durch die niederländischen und die Schweizer Behörden hatte die Gestapo nicht davon abgehalten, sich ihm zu nähern. Er mußte damit rechnen, in ihre Fänge zu geraten, vor allem, wenn er als Zeuge in einem Prozeß gegen Müller und Römer aufgetreten wäre.

Vorzeichen des drohenden Krieges

An einen endgültigen Abschied von Europa dachte Brüning noch nicht, so sehr er mit einer krisenhaften Entwicklung rechnete. Seit Monaten beobachtete er die Aufrüstung der Wehrmacht, aber auch die Reaktionen darauf in den Nachbarstaaten, etwa in Frankreich und England. Daneben registrierte er weiterhin britische Rohstofflieferungen an Deutschland, die ihn mit Sorge erfüllten. Vergeblich warnte er englische Politiker davor, die Entschlossenheit Hitlers zu unterschätzen, seine außenpolitischen Ziele auf Kosten der europäischen Nachbarn zu realisieren.[151]

Im Etatsjahr 1935/36 betrugen die Kosten für die deutsche Rüstung rund 5 Milliarden RM, im darauffolgenden bereits 7 Milliarden, von denen die Reichsbank 1,75 bzw. 3,75 Milliarden RM aufbrachte. Brüning wußte zunächst nicht, daß Schacht trotz seiner fast unbeschränkten Vollmachten als Generalbevollmächtigter für die Wehrwirtschaft seit etwa Mitte 1935 seinerseits auf eine allmähliche Beschränkung der Rüstungsausgaben hinarbeitete, da er keine Möglichkeiten mehr sah, dem Reich zusätzliche Devisen zu verschaffen. Er hatte zunächst die Geldschöpfung mengenmäßig nicht begrenzt, vielmehr deren Strom im Unterschied zu seinen Vorgängern freigegeben. Nachdem die Vollbeschäftigung erreicht war, hielt er die Zeit für gekommen, die Geldmenge wieder unter Kontrolle zu bringen, um der Inflationsgefahr zu begegnen, was jedoch nicht gelang.[152]

Diese Schwierigkeiten hatte Brüning vorhergesehen und Schacht wegen seines öffentlichen Auftretens, seines politischen Ehrgeizes und seiner angeblichen Grundsatzlosigkeit getadelt. Ihm sei es gleichgültig, ob der »Mann an der Spitze, Hitler, Meier oder Schulze« heiße, hatte dieser erklärt, vorausgesetzt jener beuge sich seinem Willen. Inzwischen war Brüning, wohl aus Wehrmachtskreisen, besser informiert. Schacht hatte sich der Militäropposition genähert, die eine unkontrollierte, über die angeblich notwendigen Verteidigungsbedürfnisse hinausgehende Aufrüstung ablehnte. Brüning ließ ihm daher seinerseits Nachrichten zukommen, nachdem er die alten Verbindungen zu ihm wieder aufgenommen hatte.

Schacht war in einen Gegensatz zu dem, wie Brüning meinte, »Abwertungsflügel der Nazipartei« geraten, der von der Schwerindustrie und den Reedereien unterstützt wurde. Er hatte erkannt, daß Hitlers Aufrüstung über den Rahmen der militärischen Gleichberechtigung, die Brüning im Einverständnis mit der Reichswehrführung angestrebt hatte, hinausging. Brüning war zugetragen worden, daß Hitler Schacht entlassen wollte, ihn aber auf Druck der Wehrmacht vorläufig im Amt beließ, weil dessen Sturz im Ausland Aufsehen erregt hätte, was wiederum den Import von kriegswichtigem Material beeinträchtigen konnte. Schacht hatte sich seinerseits nicht davon abhalten lassen, seine Sorgen gegenüber dem Bankier George Murnane, dem europäischen Vertreter von Lee Higginson und Vertrauten Brünings, zu äußern. Hinfort betrachtete Brüning Schacht beinahe als Verbündeten – »unseren Freund« titulierte er ihn gegenüber Murnane und verwies darauf, daß Schacht bespitzelt werde.[153]

Der schwelende Konflikt zwischen Schacht und dem Regime hatte am 2. April 1936 zur Ernennung Görings zum Devisen- und Rohstoffkommissar geführt. Göring hatte sich schon seit längerem als Konkurrent Schachts profiliert und Hitler zu dieser Entscheidung gedrängt. Am 18. Oktober wurde Görings Ernennung zum Generalbevollmächtigten für den Vierjahresplan bekanntgegeben, der im wesentlichen auf Vorarbeiten Schachts beruhte.[154] Brüning sah sich wegen der Düpierung Schachts durch Hitler, die auch im Ausland registriert wurde, in seiner Lageanalyse bestätigt. Mit Schacht, den er als Finanzfachmann schätzte, hatte er in der Vergangenheit manchen politischen Streit ausgefochten, was für ihn um so schmerzlicher gewesen war, als er in ihm stets den fachlich überlegenen Experten gesehen hatte.[155] Andererseits hatte auch Schacht die fachliche Kompetenz des Reichskanzlers anerkannt, obwohl man dessen Bemerkung gegenüber Pünder nicht überbewerten sollte, er hätte 1930 das Amt des Reichsbankpräsidenten nicht aufgegeben, wenn er gewußt hätte, daß Brüning zum Kanzler berufen werden würde.[156]

Schachts Kurswechsel ermutigte Brüning zu neuen Versuchen, die ökonomische Instabilität des NS-Regimes – im Zeichen einer allgemeinen Rohstoffknappheit – zum Argument für einen härteren Kurs Englands gegenüber Deutschland zu machen. Deutschland könne sich keinen Krieg leisten, müsse ihn geradezu fürchten, behauptete er. Aber auch für die Gegenseite bleibe ein militärischer Konflikt mit untragbaren Kosten verbunden, wenn er schließlich doch ausbreche. »In Deutschland werden die Rohstoffe so lächerlich knapp«, meinte er gegenüber Oliver Sprague, »daß jeder der auch nur einen Funken Verstand besitzt, zu dem Schluß kommen muß, daß der Krieg unmöglich ist. Gleichzeitig herrscht überall, außer in den skandinavischen Ländern, wirtschaftliche Not, wenn man von den unmittelbaren Ergebnissen der riesigen Rüstungsausgaben absieht. Selbst hier in England überlegen weitblickende Menschen mit einer gewissen Furcht, was im wirtschaftlichen und finanziellen Leben des Landes geschehen könnte, wenn zum Beispiel in zwei oder drei Jahren der große Rüstungsboom seine Wirkung als Stimulans verliert.«[157]

Die Sache hatte noch eine andere Seite. Churchill fragte am 20. Juli 1936 im Unterhaus an, ob dem Chancellor of the Exchequer bekannt sei, daß Deutschland im Vorjahr »gut und gerne 800 Millionen Pfund« ausgegeben habe, und ob er nicht glaube, daß diese Summe auch für das laufende Jahr angesetzt worden sei. Chamberlain erklärte, diese Angaben seien alles andere als übertrieben. Formal betrugen die Militärausgaben 1935 einschließlich des Einsatzes von Mefo-Wechseln jedoch 5.487 Milliarden RM, was etwa 1.075,91 Millionen Pfund entsprach.[158] Churchills Anfrage zielte indirekt auf die nach seiner Ansicht unzureichende britische Rüstung.

Brüning wußte, daß Churchill vorläufig noch eine parlamentarische Minderheitsposition vertrat, die kurzfristig den Kurs der Politik Londons noch nicht bestimmen würde. Die britische Aufrüstung, die ihm nicht entgangen war, besaß einen bei weitem geringeren Umfang als die deutsche und wurde damals noch vornehmlich aus konjunkturpolitischen Gründen betrieben. Der britische Rüstungsetat lag 1935 bei 135 Millionen Pfund, 1936 bei 180 Millionen Pfund und entsprach in etwa dem französischen.[159]

Aufs ganze gesehen befriedigten Brüning die Kontakte zu britischen Politikern nicht. Der Gedanke, die Hitlersche Politik durch einen wirtschaftlichen und finanziellen Boykott Englands zu bekämpfen, war gewiß realistischer als alle Versuche von Emigranten, vom Ausland die politische Lage im Innern durch Propaganda zu beeinflussen. Dahinter stand die Erfahrung, die er als Außenpolitiker gewonnen hatte. Zugleich zeigte sich aber, wie begrenzt, ja aussichtslos alle Bemühungen waren, aus der Position eines Flüchtlings in einer der europäischen Hauptstädte politisch zu wirken. Er beobachtete, daß alle Staaten – allen voran Deutschland – aufrüsteten, ohne daß sich bereits eine militärische Konfrontation offen ankündigte.

Die traditionellen Konfliktlinien der europäischen Mächte beunruhigten ihn nicht sonderlich, eher schon die besondere Situation Englands, wo er einerseits eine seltsame Indolenz der politischen Kreise gegenüber der aggressiven Politik des Dritten Reiches wahrzunehmen glaubte, andererseits aber auch erkannte, daß sich die militärische Führung in Großbritannien doch auf einen Konflikt mit Deutschland in absehbarer Zeit vorbereitete. Für ihn ergab sich so ein widersprüchliches Bild der politischen Lage in Europa, da er den Willen der Westmächte vermißte, den Krieg durch entschiedenes Auftreten gegenüber dem Dritten Reich zu verhindern. Hitler hatte längst einen beachtlichen militärischen Vorsprung gegenüber Frankreich und England errungen, den Teile der öffentlichen Meinung in diesen Ländern nur widerwillig zur Kenntnis nehmen wollten[160], was aber früher oder später zu politischen Konflikten führen mußte.

Kritik an der britischen Unterstützung der deutschen Kriegswirtschaft

Den englischen Politikern, denen er begegnete, riet er durchaus folgerichtig, aber ohne nennenswerten Erfolg, Hitler ökonomisch und politisch in die Schranken zu weisen. Nur Churchill schien als Sprecher der konservativen Opposition für seine Warnungen ein offenes Ohr zu haben. Seine Hinweise waren nicht an irgendwelche Bedingungen geknüpft, wie sie noch lange von Sprechern der deutschen Opposition zu hören waren. Vor allem die Zivilisten unter ihnen glaubten, ihren Kampf gegen Hitler von außenpolitischen Zusagen für die Zeit nach dessen Sturz abhängig machen zu müssen, um die Militärführung zum Losschlagen veranlassen zu können.[161]

Er wußte, daß die Opposition Vorleistungen zu erbringen hatte, die im Ausland vorläufig nicht ohne weiteres honoriert werden würden. Eine harte Haltung Großbritanniens gegenüber Hitler hielt er für unumgänglich, weil dies einen inneren Umschwung in Deutschland fördern und einen späteren Krieg verhindern konnte, den er trotz aller Befürchtungen vorderhand noch für vermeidbar hielt. Eine militärische Antwort auf Hitlers Vertragsbrüche beim Einmarsch der Wehrmacht in das entmilitarisierte Rheinland am 7. März 1936 unterblieb jedoch, obwohl dies eine Gelegenheit gewesen wäre, Hitler in seine Schranken zu verweisen.[162] Brüning hatte seinen Freund Henry Stimson[163] am 5. März, einen Tag nach seinem Vortrag vor dem Council on Foreign Relations in New York, in einem längeren Gespräch darüber informiert, daß General von Fritsch militärische Reaktionen der Westmächte befürchtet und auf keinen Fall das Risiko eines Krieges hatte eingehen wollen. Zu dem französischen Wirtschaftspolitiker Jean Monnet, den er im März 1936 in New York traf, sagte er: »Wenn Ihr nicht reagiert, hält Hitler sich für unbesiegbar, und die deutsche Armee wird glauben, daß er immer recht hat.«

Nach Ansicht Fritschs und anderer hoher Militärs war die Wehrmacht nicht einmal in der Lage, erfolgreich einen Verteidigungskrieg zu führen. Falls Hitler den Krieg beginne, werde die Wehrmacht gegen ihn vorgehen, behauptete Brüning. Nach dem Gesetz vom 30. Januar 1934 über den Neuaufbau des Reiches habe das Heer das Recht, Aufstände zu unterdrücken. Mit Stimson erörterte er eingehend die Konsequenzen einer solchen Entwicklung. Er kritisierte das Verhalten von Außenminister Sir John Simon und Lordsiegelbewahrer Sir Anthony Eden, die wenige Tage nach der einseitigen Aufkündigung der militärischen Bestimmungen des Versailler Vertrages (16. März 1935) in Berlin erschienen waren und das deutsch-britische Flottenabkommen unterschriftsreif gemacht hatten. Durch die Vereinbarung fühlte sich die französische Regierung düpiert.[164] Das britische Kabinett hatte schon im Jahr zuvor beschlossen, nichts gegen eine militärische Besetzung des Rheinlandes zu unternehmen. Für um so größer hielt Brüning die Wahrscheinlichkeit, daß die Außenpolitik des Dritten Reiches nach einigen spektakulären Erfolgen auf mittlere Sicht in einem Desaster enden werde.[165] Selbst nach dem Kriege warf er der britischen Außenpolitik wegen des Zahlungsmoratoriums vom 1. November 1934 und des Flottenabkommens vom 18. Juni 1935 vor, Hitlers Kriegspolitik begünstigt zu haben.[166]

Auseinandersetzung mit der amerikanischen Demokratie

Nach den bisherigen Erfahrungen fragte sich Brüning, ob er in den USA eine größere politische Wirksamkeit entfalten könne als in England. Bei aller Ratlosigkeit im einzelnen hielt er an seiner Grundüberzeugung fest, daß Hitler nur durch eine entschiedene Haltung der Westmächte in die Schranken verwiesen werden könne, was der Widerstandsbewegung im Innern die Chance böte, das Regime zu beseitigen. Vor allem vergaß er nie, daß er ein Repräsentant seines Landes war, an dessen politischer Spitze er zwei Jahre lang gestanden hatte. Als Staatsmann der Republik nahm er für sich in Anspruch, das »wahre Deutschland« zu vertreten. »Im Politischen muß mein Vaterland vor mir, vor Hoffnungen, vor Bitterkeit immer stehen«, notierte er am Tage seiner Abreise zu seinem dritten Besuch in den USA.

Die Konsequenzen waren ihm unklar. Er verstieg sich zu abstrusen Spekulationen: »Wenn ich das auch für mich persönlich so weit gelten lasse, daß ich es als meine Pflicht ansehe, im Falle eines nicht geradezu frivol heraufbeschworenen Krieges noch einmal für das Vaterland ins Feld zu ziehen, so bleiben für mich unumstößliche innere Gesetze. Kein Krieg ist gerechtfertigt, selbst wenn er für eine gerechte Sache geführt wird, wenn dasselbe Ziel erreicht werden könnte durch eine kluge, weitschauende und in jedem Augenblick erfindungsreiche Politik.«[167] Seine Gedanken gingen in die Richtung eines künftigen Krieges, obwohl er ein Erwachen der politischen Klasse Englands im Hinblick auf die von Hitler drohenden Gefahren zu fördern versuchte, um ihn zu vermeiden. Er fürchtete aber zugleich, daß dieses Erwachen sich schließlich nicht nur gegen die Nazidiktatur, sondern gegen sein »Land als Ganzes« richten werde.[168]

Hinter allem stand die Einsicht, daß sich die Beziehungen der europäischen Staaten nach einem Sturz Hitlers keineswegs einfacher gestalten würden. Die geographische Lage bleibe durch politische Faktoren unberührt, der Bismarcksche »cauchemar des coalitions« sei auch in Zukunft begründet, meinte er. Dieser Problematik seien sich Stresemann und er selbst stets bewußt gewesen. Der innere Neuaufbau nach dem Sturz des NS-Regimes blieb gleichwohl sein Ziel, das er durch äußere Faktoren möglichst gefördert, nicht etwa gefährdet sehen wollte. Er wollte nichts zerstören, was er selbst zuvor aufgebaut hatte. Unter diesem Gesichtspunkt verfolgte er die aktuellen Mächtekonstellationen und die wirtschaftliche Entwicklung der verschiedenen Staaten. Rohstofflager, Erzausfuhren, Brotgetreide- und Futtermittellieferungen beobachtete er im Hinblick auf die deutsche Aufrüstung, ebenso die innenpolitische Entwicklung in Jugoslawien, Polen und Frankreich, die sich nach seiner Überzeugung zugunsten Hitlers auswirkte.[169]

In diesem Zusammenhang stellte er sich immer wieder die Frage nach dem Stellenwert des deutschen politischen Systems im europäischen Maßstab. Er strebte in erster Linie den Sturz Hitlers an, um eine Rückkehr zu rechtsstaatlichen Verhältnissen zu ermöglichen. Dennoch ist sein Verständnis von Demokratie nicht leicht zu bestimmen. Gewiß glaubte er strukturelle Schwächen des Weimarer Parlamentarismus zu erkennen, dessen Auswüchse er kritisierte. Doch bekundete er wiederholt seine konservativ verstandene »Staatstreue« ohne Vorbehalt und ohne Rücksicht auf die aktuelle politische Verfassung, keineswegs jedoch unter monarchistischen Gesichtspunkten, von einem Bekenntnis zu irgendeiner Reichsidee ganz zu schweigen.¹⁷⁰ Antirepublikanismus war nie seine Sache, weder vor noch nach 1933. Daran ändern auch seine angeblichen Restaurationspläne nichts, von denen in den Memoiren die Rede ist. Es bleibt das Faktum, daß er sich während seiner Amtszeit nach Ausweis der Quellen kaum über die aktuelle Staatsform und damit weder zur Monarchie noch zur Republik, gelegentlich allerdings zur Demokratie, nach seinem Sturz sogar häufig über die bestehende Verfassung im beschwörenden Sinne äußerte.

Bei Kriegsende machte er allerdings die angeblich überzogenen »demokratischen Verfahrenssicherungen« der Verfassung verantwortlich für die begrenzte Gestaltungskraft der parlamentarischen Regierung. Die Konsequenz war paradox: »Die Abschnitte der Weimarer Verfassung, die der Belastung kritischer Zeiten standhielten, waren diejenigen, die man fast wörtlich aus der Bismarckschen Verfassung übernommen hatte ... Die parlamentarische Praxis wurde nach der französischen Verfassung ausgerichtet, die Wahl des Präsidenten und die Institution des Staatsgerichtshofs nach der Verfassung der Vereinigten Staaten, die Anwendung von Volksabstimmungen nach der schweizerischen Verfassung, und zusätzliche Kontrollen der Regierungsmacht, die anderswo unbekannt waren, machten die Position jedes Kabinetts schwach und unsicher.« Die inneren Schwierigkeiten des politischen Systems der Weimarer Republik führte er auf eine »dreifache Souveränität« von Volk, Reichstag und Reichspräsident zurück.¹⁷¹

Die Ursprünge totalitärer Ideologie in Deutschland vermutete er in den vierziger Jahren des 19. Jahrhunderts, wie er 1935 in einem Vortrag in Huntington ausgeführt hatte.¹⁷² Von zeitgebundener Erfahrung geprägt war seine Befürchtung, daß die Parteienherrschaft in sich selbst eine Gefahr für den Staat darstelle. Es ist der Rechtsstaat, den er als »Symbol« für »gemäßigte Demokratie, Gewissensfreiheit und Gleichheit vor dem Gesetz« und als Gegenbild der NS-Diktatur ansah. Die politische Form der Staaten sei außenpolitisch entscheidend, betonte er gegenüber der konservativen Politikerin Katherine Stewart-Murray, der Duchess of Atholl (1874-1960): »Wenn Frieden und Ordnung in Europa herrschen sollen, ist dieser Kampf überall aufzunehmen gegen jede Art unkonstitutioneller oder pseudokonstitutioneller Diktatur und gegen pervertierte Formen der Demokratie, die zwangsläufig zur Diktatur führen. Es ist einerlei, ob die Diktaturen bolschewistisch, faschistisch oder autoritär genannt werden. Das sind nur verschiedene Giftpflanzen, die auf dem gleichen Boden wachsen.«

So sehr dies auf die Adressatin berechnet sein mochte, bedeutsam war doch die Einsicht, daß die Herrschaft Hitlers noch mehr als diejenige Mussolinis die liberalen politischen Systeme Westeuropas herausforderte und dies früher oder später zum Konflikt führen werde. Versäumnisse der Gegenseite, etwa die englische Tradition einer vorgeblichen *splendid isolation* machte er – gleichsam *pro domo* sprechend – für die Entwicklung in Deutschland mitverantwortlich: »Generationenlang suchten die Menschen in Nord- und Westdeutschland die moralische Unterstützung der öffentlichen Meinung in England. Daß diese Unterstützung zu dieser äußerst kritischen Zeit fehlt, ist die bitterste Enttäuschung für gemäßigte und friedliebende Menschen in Deutschland.« Für Brüning handelte es sich gleichsam um eine Krankheit, die alle europäischen Staaten und auch die Welt bedrohte. Es sei daher eine Illusion zu glauben, England sei durch die Gunst seiner geographischen Lage und der politischen Verhältnisse immun gegen die totalitäre Gefahr.¹⁷³ Die Ansicht, daß in England eine Entwicklung ähnlich der in Deutschland nicht möglich sei, war schwer zu widerlegen.

Bereits in seiner Kanzlerzeit hatte Brüning die außenpolitische Rolle der USA positiver als die ihrer europäischen Verbündeten bewertet. Dies hatte sich nach 1933 nicht geändert. Im Gegenteil, er mußte die Tatsache akzeptieren, daß die Herrschaft der Nationalsozialisten für die US-Administration eine ungleich größere politische Herausforderung bedeutete als für Frankreich und Großbritannien. Die Problematik der neuartigen Gewaltherrschaft in Deutschland hatte er bei seinem zweiten Besuch in den USA seinen Zuhörern nahezubringen versucht. In Boston stellte er Ende Januar 1936 in seiner ersten Lowell-Vorlesung klar, daß er sich weiterhin als Repräsentant seines Landes verstand und seine Loyalität nicht in Frage stellen lassen wollte. Er sei ihm »mit kindlichster Liebe ergeben«, sagte er, und werde diesen Standpunkt unter keinen Umständen aufgeben, was der deutsche Konsul v. Tippelskirch unverzüglich nach Berlin meldete.[174] In einem Interview mit der New York Times bekannte er sich allerdings offen als Gegner des NS-Regimes. Er werde sich ihm widersetzen, »solange die Prinzipien der Gerechtigkeit und der Gleichheit vor dem Gesetz mißachtet werden«. Seine Botschaft an die amerikanische Öffentlichkeit lautete, daß in Deutschland die »Freiheit des Gewissens« in Gefahr sei und die Deutschen in ihrer großen Mehrheit einen Krieg nicht wollten. Er selbst hoffe, eines Tages in ein »blühendes und freies« Land zurückzukehren. Die Äußerungen erregten auch in Emigrantenkreisen Aufsehen. Einige Stimmen befürchteten schädliche Rückwirkungen auf die innerdeutsche Opposition, andere hielten sie für nicht entschieden genug.[175]

Während seines dritten Aufenthaltes in den USA vom Herbst 1936 bis zum Frühjahr 1937 trat Brüning wiederum als Lecturer an mehreren Universitäten auf. In Harvard hielt er als »Lecturer on Government« Vorträge und als »Tutor« an den »Divisions of History, Government and Economics« ein reguläres Seminar. Auch am Queen's College in Princeton und am Pierson College in Yale hielt er Vorlesungen. In Princeton handelte es sich um vier »Vanuxem-Vorlesungen« im Januar 1937 über die Leistungsfähigkeit demokratischer Systeme: »Some Reflections on the Decay of European Democracy«.[176]

Brüning wußte, daß er sein Anliegen in den USA anders vertreten mußte als in England, wo er sich nicht von seiner früheren Rolle als deutscher und europäischer Politiker lösen konnte, wenn er Kontakte zu alten Bekannten aus seiner Kanzlerzeit pflegte. Der Neigung zu einer wissenschaftlichen Auseinandersetzung mit den politischen Problemen der Gegenwart, nicht zuletzt um seinen Lebensunterhalt bestreiten zu können, folgte er jetzt ohne große Bedenken. Schon in London hatte er sich unmittelbar nach seiner Flucht nach entsprechenden Wirkungsfeldern umgesehen, freilich ohne sonderlichen Erfolg. Um so größer waren die Chancen in den USA. In Harvard hatte er erstmals ein reguläres Seminar halten können.[177]

So leitete der dritte Aufenthalt in Amerika eine neue Phase in Brünings Exil-Dasein ein. Er fühlte sich dort wohler als in Europa, obwohl ihn weiter gesundheitliche Beschwerden plagten. Sein Ischias-Leiden, das ihn im Frühjahr 1936 zu einem Sanatoriumsaufenthalt in Zürich gezwungen hatte, hatte sich gebessert. Statt dessen belasteten ihn nervöse Herzbeschwerden. Bei der zweiten seiner vier Vanuxem-Vorlesungen in Princeton überfielen ihn schwere Herzrhythmusstörungen, die ihn nötigten, seine Ausführungen sitzend zu beenden. Über solche Beschwerden klagte er seit Ende 1936. Im Februar 1937 trat er einen längeren Erholungsurlaub in Kalifornien an, nachdem er vierzehn Tage im Krankenhaus behandelt worden war. Mit von der Partie waren die Andersons aus England, mit denen er inzwischen eng befreundet war. Brüning führte die Unpäßlichkeiten einerseits auf den häufigen Klimawechsel der letzten Zeit zurück, andererseits darauf, daß er das Klima in den USA – im Unterschied zu dem englischen – nicht vertrage.[178] Dies war eine voreilige Feststellung, denn schon im nächsten Herbst empfand er das Wetter als sehr viel angenehmer als im Vorjahr.[179]

Brünings gesundheitliche Beschwerden waren teilweise psychisch bedingt[180], was sich auch in der Folgezeit immer wieder bestätigte. In den USA fühlte sich Brüning freier als in Europa. Er trat nun nicht mehr inkognito auf, obwohl er auch dort von deutschen Dienststellen beobachtet wurde. Es war eine »aufregende Mischung von Inkognito und Entdecktwerden«, die sein Freund George Shuster schon bei Brünings erstem Besuch in den USA bemerkt hatte. Brüning bemühte sich um Einladungen zu Vorträgen und Vorlesungen vor unterschiedlichem Publikum, keineswegs nur vor führenden Kreisen von Politik und Wirtschaft, nachdem er feststellen mußte, daß deren Interesse an seinen Ausführungen höchst begrenzt war beziehungsweise rasch nachließ. Er trat in privaten Klubs, in Lehrerausbildungsstätten, in Schulen, bei Lehrer- und anderen Berufsverbänden und kirchlichen Organisationen auf. Beauftragt wurde er vom Gouverneur des Staates Massachusetts, offensichtlich vermittelt durch Freunde aus dem kirchlichen Bereich, die ihn betreuten. Die Vorträge an den zwölf Lehrerseminaren des Staates brachte ihm die für ihn ungeheure Summe von 800 Dollar, die ihm sehr willkommen war. Einige Zeit verbrachte er als Gast von Father George B. Ford im Corpus Christi Rectory in New York. Von dort aus knüpfte er Beziehungen nach Boston an, die sich künftig als nützlich erweisen sollten. Seinen 52. Geburtstag und das Weihnachtsfest 1937 beging er im Familienkreise von George Shuster und dessen Frau Doris. In deren großen Haus am Connecticut Sound in Stamford, verbrachte er häufig – gelegentlich zusammen mit Treviranus – das Wochenende.[181]

Vom 16. bis zum 19. März 1937 hielt Brüning vier »Moore-Foundation Lectures« am Dartmouth College in Hanover, New Hampshire, über die intellektuellen und psychologischen Hintergründe des faschistischen Herrschaftssystems und die Krise der deutschen Demokratie in den Weimarer Jahren unter dem Titel »The Essence of Democracy«. Darin behandelte er die verschiedenen Konzeptionen von Demokratie und erörterte deren gleichsam naturgegebene Grundlage (»natural basis«) in der Kontrolle der Regierung durch das Volk. Die Demokratie sei an das Naturrecht und die Herrschaft der Gesetze gebunden. Freilich müsse ihre machtpolitische Grundlage gesichert werden. »Democracy has to be saved by saving its authority«. Dabei versuchte er die spezifische Problematik der deutschen Verhältnisse in der Weimarer Zeit seinen Zuhörern nahezubringen, indem er von den praktischen Erfahrungen seiner amerikanischen Zuhörer im Umgang mit den demokratischen Institutionen auf allen Ebenen ausging, um die speziellen historischen Bedingungen, unter denen etwa das deutsche und teilweise auch das europäische Parteiensystem entstand, verständlich zu machen. Dies sollte sich auch künftig als der durchgehende rote Faden seiner politischen Analysen erweisen.

Die Zeitgebundenheit seiner Vorstellungen verschloß ihm ebenso wie vielen anderen seiner – vorwiegend bürgerlichen – Zeitgenossen die Einsicht in die Entwicklungsfähigkeit des regierenden Parlamentarismus, etwa im Zeichen des späteren konstruktiven Mißtrauensvotums in der Bonner Republik. Der »konservative« Aspekt seines Staatsverständnisses leitete sich von der Bismarckschen Reichsverfassung her, bezog sich zuweilen aber auch auf das angelsächsische Vorbild, das für ihn jedoch von sekundärer Bedeutung war. So liegt es nahe, in diesem Zusammenhang nach dem neuzeitlichen, modernen Verständnis von »Demokratie« im Vergleich zum antiken zu fragen, das Brüning seit seiner Straßburger Zeit geläufig war. Letzteres war für ihn gleichbedeutend mit reiner Herrschaft des Mehrheitswillens im Staatsvolk. Ihm blieb die Einsicht verschlossen, daß der neuzeitliche westeuropäische, vor allem angelsächsische Begriff sich nicht unmittelbar von dem antiken Demokratieverständnis herleitete, sondern – vermittelt durch des Polybios' Beschreibung der römischen Verfassung und der scholastischen Staatstheorie – eher von dem Ideal der gemischten Verfassung, dem *status mixtus*.[182]

Die aktuellen politischen Verhältnisse unter Hitler überging er gewöhnlich in seinen Vorlesungen. Dies hinderte ihn nicht, die Problematik totalitärer Herrschaft zu erörtern. Die Frage, ob die zeitgenössischen Diktaturen den demokratischen Systemen überlegen seien, verneinte er entschieden. Sie beruhten auf Unsicherheit, einer ungewissen Zukunft und müßten ständig die Stimmung in der Bevölkerung – durch Propagandakampagnen – aufheizen, um ihre Existenzberechtigung zu behaupten. Das Argument, sie setzten eine übersteigerte Zentralisierung des Staatsapparates voraus, zielte auf die festverankerte amerikanische Selbstverwaltungstradition. Die Demokratien seien auf einen extremen Zentralismus nicht angewiesen. Sie müßten allerdings in einer religiösen Tradition wurzeln, auf der die Anerkennung von Institutionen und Menschenrechten beruhe. Als Vorbild für sein Verständnis von autoritärer Demokratie betrachtete er das englische Zweiparteiensystem unter der Monarchie in England, die er im Sinne der Verfassungstheorie Walter Bagehots (1826-1877) verstand. Dieses sei in Notzeiten stabiler als das Weimarer Vielparteiensystem. Nach seiner Emigration in die USA im Jahre 1939 revidierte er allmählich diesen Standpunkt.

Die Enzyklika »Mit brennender Sorge«

Angeregt durch die weithin beachtete päpstliche Enzyklika »Mit brennender Sorge« vom 14. März 1937[183] flocht er auch ein kirchenpolitisches Argument in seine Betrachtungen ein, indem er das Reichskonkordat von 1933 kritisierte, das nach seiner Ansicht nicht nur die katholische Kirche, sondern auch andere Glaubensgemeinschaften in ihrer Bewegungs- und Aktionsfreiheit beschränkt hatte. »Hätten sich die christlichen Kirchen in Deutschland der Sache der Freiheit verschrieben, so wäre es ihnen gelungen auch diejenigen zu sammeln, die früher nicht tief religiös waren. Das Christentum hätte die Religion der Nation werden können. Die überwiegende Mehrheit der Deutschen war in ihren allgemeinen Vorstellungen christlich, aber sie suchten eine lebendige Kirche, die mit den Bedürfnissen aller Schichten in enger Berührung stand. Da die Kirchen Ehrerbietung vor der Autorität lehrten, auch vor der

Autorität im öffentlichen Leben, sollten sie im Kampf gegen jede gewaltsame Usurpation von Autorität an vorderster Front stehen.«[184]

Brüning sah seine Ansicht bestätigt, daß Papst Pius XI. nie mit der politischen Linie des Kardinalstaatssekretärs Pacelli gegenüber dem NS-Regime übereingestimmt habe, und erkannte die Enzyklika als klärendes Wort Roms gegenüber den deutschen Katholiken und der internationalen Öffentlichkeit an. »Die Kirche hat nun eine klare Haltung, sie lehnt demütigende und verwirrende Kompromisse ab, und es kann noch viel für die Zukunft gerettet werden, obgleich die gegenwärtige Lage düster aussieht.«[185] Tatsächlich hatte Pacelli an den letzten Beratungen über die Enzyklika im Heiligen Offizium nicht teilgenommen, zuvor aber zwei scharfe Passagen gegen die Rassenideologie in den von Kardinal Faulhaber stammenden Entwurf eingefügt.[186]

Das internationale Echo auf die Enzyklika ermutigte Brüning in der Hoffnung, daß die Stellungnahme des Papstes ein erstes Signal zur Bildung einer breiten politischen und ideologischen Front gegen das NS-Regime gegeben habe. Das internationale Ansehen der Kurie war groß genug, um einen Wandel in der Einschätzung des NS-Regimes einzuleiten, nicht zuletzt deshalb, weil die Enzyklika als Dokument für einen gleichsam ideologischen Kurswechsel der Kurie angesehen werden konnte. Wenn Hitler das Konkordat dazu benutzt hatte, einen internationalen Achtungserfolg zu Beginn seiner Herrschaft zu erzielen, so mußte die unverhohlene Kritik des Papstes an den kirchenfeindlichen Maßnahmen des Regimes Aufsehen erregen. Das NS-Regime wurde in dem Dokument neben dem bolschewistischen Regime in der Sowjetunion und anderen Diktaturen des Jahrhunderts in die Reihe der Verfolger der Kirche eingereiht.[187]

Die Stellungnahme hatte nach Brünings Ansicht noch einen weiteren Vorzug: Sie unterstrich den Gegensatz zwischen dem in Berlin herrschenden Regime und den kirchentreuen deutschen Katholiken, die auch im Ausland als wichtige gesellschaftliche Gruppe angesehen werden mußte. Der Papst, in dessen Auftrag seit 1933 über 70 Protestnoten und Memoranden an die Reichsregierung überreicht worden waren, unterstützte gleichsam Brünings Hoffnung auf das bessere Deutschland, zu dessen Repräsentanten dieser sich selbst rechnete. Aufmerksam und voller Mitgefühl beobachtete Brüning seither den sich täglich verschärfenden Kirchenkampf in der Heimat. Mit Sorge registrierte er die inszenierte Serie von Sittlichkeitsprozessen gegen katholische Geistliche. Er fürchtete, daß sie geeignet seien, die katholische Bevölkerung irrezuführen.[188]

Um so mehr war er enttäuscht, daß der deutsche Episkopat die kirchenpolitische Linie des Papstes im Innern nicht fortzusetzen schien. Über Letterhaus versuchte er die Bischöfe zu einer entschiedeneren Haltung zu bewegen, obwohl diese nach der Veröffentlichung der Enzyklika befürchteten, Hitler werde das Reichskonkordat kündigen und daher keinen einschlägigen Hirtenbrief erließen. Letterhaus, der sich das Anliegen zu eigen machte, bemühte sich, ein Treffen zwischen dem Mainzer Bischof Albert Stohr und dem Exkanzler in Holland herbeizuführen. Der Termin scheiterte jedoch daran, daß Brüning früher als erwartet, im Sommer 1937, wieder nach England gereist war.[189]

2. Diplomat ohne Auftrag 1937/38

Existenz auf Abruf

In England angekommen, erfuhr er aus der Times von einem Angebot aus Harvard, im nächsten Herbst ein Seminar abzuhalten, obwohl er bisher dafür keine offizielle Einladung erhalten hatte. Gleichzeitig erreichte ihn ein – definitives – Angebot, für zwei Jahre als Fellow am Queen's College nach Oxford zu gehen. Dort sollte er als »Supernumerary Fellow and Lecturer« für Politische Theorie tätig sein. Finanziert werden sollte dies durch ein Stipendium, um das Hans Schäffer die Familie Wallenberg gebeten hatte. Brüning wußte davon wahrscheinlich nichts, obwohl er seit seiner Kanzlerzeit mit Marcus Wallenberg Senior befreundet war. Er nahm beide Angebote an, da sie sich zeitmäßig mit einander vereinbaren ließen. Sie gewährten ihm eine gewisse Unabhängigkeit von den Zuwendungen seiner Londoner Freunde, die ihm inzwischen eine eigene kleine Wohnung mit zwei Zimmern in London eingerichtet hatten.

Die Adresse 707, Nelson House, Dolphin Square, London S. W. 1, befand sich in der Nähe der Grosvenor Road. Die Zwei-Zimmer-Wohnung war auf den Namen Dr. Henry Anderson gemietet worden. Als offizielle Adresse gab Brüning jedoch vorsorglich die Wohnung der Andersons in Portman Court an, wo er auch Bekannte empfing. In den Sommermonaten von 1937 bis 1939 weilte sein Patenkind Herta Tennstedt – »Püpps« oder »Püppchen« – bei ihm. Mit ihr besuchte er Kirchen, Museen und Gemäldegalerien, machte Spaziergänge – etwa zu dem zwanzig Gehminuten von seiner Wohnung entfernten Haus von Sir Thomas More mit den Maulbeerbäumen oder zum Battersea Park. Mit dem Zug oder mit dem Wagen von Treviranus machten sie Ausflüge nach Cambridge, Chichester, Salisbury, Stonehenge, Winchester, Boston, Peterborough, Canterbury, Ely, Kew Gardens, Hampton und Windsor. Herta erinnerte sich, daß der Patenonkel regelmäßig den Manchester Guardian und den Economist las, der ihm seit 1905 vertraut war, und regelmäßig die Nachrichten der BBC hörte.[190] Wiederholt bat er sie einen längeren Besuch im British Museum in der National Gallery und in der Tate Gallery, zu machen, wenn er nachmittags mit irgendwelchen schwarz gekleideten Herren, deren Namen sie nicht kannte in seiner Wohnung politische Gespräche führte. Sie sollte davon nichts erfahren. Am Dolphin Square suchte ihn einmal auch Irmgard von Willisen auf.[191]

Er empfand sein Dasein im Ausland als eine Existenz auf Abruf, meinte aber, eine wichtige Mission zu erfüllen. Zwar hatten sich seine Bemühungen, die britische Deutschlandpolitik zu beeinflussen, als wenig fruchtbar erwiesen, doch hoffte er weiterhin auf einen Kurswechsel. Hoffnungen setzte er auch auf eine innenpolitische Krise nach einem Abflauen der ökonomischen Scheinblüte in Deutschland auf Grund der ausgedehnten Aufträge der Wehrmacht an die Rüstungsindustrie. Eine unmittelbare Kriegsgefahr stellte er gegenüber englischen Politikern stets in Abrede, warnte aber davor, durch eine nachgiebige Haltung eine solche Gefahr heraufzubeschwören. Er war irritiert, als McKenna, den er häufig sah, behauptete, die Berichte des britischen Finanzattachés in Berlin sprächen dagegen. Er selbst stützte sich auf Zahlen, die er aus deutschen Veröffentlichungen gewonnen hatte. Sie belegten den Beschäftigungsanstieg in der Rüstungsindustrie, was McKenna anscheinend überzeugte.[192]

Brüning übersah nicht, daß es in London und in Paris Tendenzen gab, die ein sicherheitspolitisches Arrangement mit Deutschland befürworteten, um die Aufrüstung der Wehrmacht zu stoppen oder wenigstens zu begrenzen. Man erörterte ein europäisches Sicherheitsabkommen, einen »Westpakt«, der den Locarnopakt ersetzen sollte. Brüning blieb skeptisch, daß die seit einem Jahr geführten Verhandlungen in letzter Minute zu einem definitiven Ergebnis führen würden. Der Pakt kam jedoch nicht zustande, nachdem Außenminister v. Neurath seinen Besuch in London, der für den 23. Juni vorgesehen war, abgesagt hatte.[193]

Churchill und die britischen Interessen

Bei einer neuen Begegnung mit Winston Churchill am 4. August 1937 registrierte er auffällige Veränderungen in dessen Einschätzung der Politik des NS-Regimes. Sie gingen allerdings nicht in die Richtung, die er für wünschenswert hielt. Angelpunkt der Diskussion war ein Regimewechsel nach einem Aufstand der Wehrmachtsführer bei einem außenpolitischen Abenteuer Hitlers. »Ich versuchte Winston Churchill davon zu überzeugen, daß die britische Regierung unbedingt einen Maximalvorschlag von Bedingungen ausarbeiten müsse, auf die sie eingehen würde, falls Hitlers Regime gestürzt und ein Rüstungsbeschränkungsabkommen erzielt würde.«

Brüning mochte glauben, daß seine Vorstellungen den wahren Interessen der Briten entsprachen. Diese waren hingegen allenfalls daran interessiert, die politischen Emigranten aus Deutschland in ihrem Sinne zu instrumentalisieren und für ihre aktuelle Propaganda zu gewinnen. Sie wollten sich aber keineswegs vor den Karren der deutschen Hitler-Gegner spannen lassen. Diese Differenzen wurden nie, d. h. bis zum Untergang des NS-Regimes überwunden. Selbst Churchill war als Oppositionspolitiker der Ansicht, daß die britische Sicherheit oder britische Interessen noch nicht unmittelbar gefährdet waren. Er äußerte sich vielmehr besorgt wegen der Bedrohung Frankreichs durch Deutschland und hielt die Machtfrage in Deutschland für vorläufig entschieden.[194] Nach Ansicht Brünings hielt Churchill allerdings einen Krieg in absehbarer Zeit für unvermeidlich.[195]

Churchill nannte die Begegnung mit Brüning dennoch, wie er ihm noch am selben Tag schrieb, »angenehm«[196], obwohl ihm dieser materiell ebensowenig zu bieten hatte wie andere prominente Repräsentanten des deutschen Exils. Als willfähriger politischer Partner Churchills hatte er sich als ungeeignet erwiesen. Am nächsten Tag rechtfertigte Brüning noch einmal schriftlich seinen Standpunkt, um den Kontakt aufrechtzuerhalten, gestand aber doch zwischen den Zeilen seine Rat- und Hilflosigkeit ein. Er appellierte an das Verständnis, die Kollegialität und Fairness des Adressaten: »Beim persönlichen Gespräch mit Ihnen über einige Züge der internationalen Beziehungen glaubte ich, sehr offen sein zu müssen, obgleich ich mich in der Regel zurückhalte, denn trotz der derzeitigen Stimmung in allen Teilen Deutschlands, die regimefeindlicher ist als je zuvor, kann ich die Lage nicht wesentlich ändern.« Er sei froh, von Churchill so gut verstanden worden zu sein, und riet ihm, nach Deutschland zu reisen und offen »mit den Leuten« zu reden. »Das könnte die

Zukunft tatsächlich beeinflussen, denn die Leute erkennen, welche Macht Sie in England haben.«[197]

Churchill war nicht auf solche Ratschläge angewiesen. Brüning mußte sich hinfort darauf beschränken, sich dessen – ohnehin begrenzte – persönliche Sympathien möglichst zu erhalten. Als Churchill ihn nach seinem Besuch in Chartwell am 4. August bat, ihm seine Ansicht zu drei Aufsätzen über Hitler, Hindenburg und Wilhelm II., die Churchill soeben in einem Buch veröffentlicht hatte[198], wissen zu lassen, kommentierte er sie ebenso wohlwollend wie ausführlich. Den Artikel über den Kaiser nannte er höflich die »zutreffendste Analyse seines Charakters«, die er je gelesen habe. Churchill hatte unter anderem Sympathien für eine Restauration der Hohenzollern erkennen lassen. Brüning beschrieb den ehemaligen Monarchen daher als konservativen Reformer von dessen liebenswürdiger Seite: »Seine Sehnsucht nach enthusiastischer Freundschaft und vollem Verständnis für seine Ideen wuchs, aber er achtete nicht auf den Charakter seiner Freunde, solange sie phantasievoll waren und seinen Hang zur Romantik teilten.«

Brüning brach auch eine Lanze für Hindenburg, der – obwohl »gescheit, listig und ganz phantasielos« – wider willen zu einem politischen Mythos geworden sei. Eine charakterliche Schwäche des Feldmarschalls sei dessen angeborene Sentimentalität im Hinblick auf Familienangehörige und Freunde gewesen. Vorsichtig und differenziert äußerte er sich dagegen zu Churchills Aufsatz »Hitler and His Choice«, den er grundsätzlich wegen seines Verständnisses für die Stimmung im deutschen Volk nach dem Ende des Ersten Weltkrieges lobte. Taktvoll überging er die Kritik, die Churchill an ihm selbst und seinen früheren Aufrüstungsbestrebungen übte. Churchill hatte sich durchaus ambivalent zu Hitler geäußert: Man könne nicht sagen, ob er einen neuen Weltkrieg entfesseln, oder als der Mann in die Geschichte eingehen werde, »der die Ehre und den Frieden des großen germanischen Volkes« wiederherstelle.

In diesem Zusammenhang beschrieb Brüning die früheren Bestrebungen der Reichswehr um eine Wiederaufrüstung als ebenso weitsichtig wie verantwortungsvoll. Er erwähnte seinen Freund Willisen, der als Leiter der vier illegalen Fliegerschulen der Reichswehr der Abschaffung der Bombenflugzeuge bei der Abrüstungskonferenz zugestimmt habe. Nach der Machtübernahme Hitlers sei die Reichswehr keineswegs die treibende Kraft bei der deutschen Aufrüstung gewesen, auch wenn die Vermehrung des Heeres auf 800.000 Mann von der Masse der Wehrmachtsangehörigen gebilligt werde. Hitlers Aufstieg habe erst 1929 wirklich begonnen, seitdem die Großindustrie ihn massiv unterstützt habe. Dies habe den anderen nationalen Organisationen geschadet, die in den Grenzgebieten des Ostens, etwa in Oberschlesien 1920 oder 1923 eine große Rolle gespielt hätten. Am Rande erwähnte er, daß der Oberbefehlshaber des Heeres, General v. Fritsch, nicht zu den Anhängern Hitlers gehörte.[199]

Amerikanische Freunde

Brüning konnte sich nicht endgültig von seinen Freunden in Europa lösen. In Holland hatte er sich im Frühjahr 1937 wieder mit Bekannten aus Deutschland getroffen, um sich auf dem laufenden zu halten, aber auch, um sich des Gefühls der Einsamkeit zu erwehren und das Heimweh nicht übermächtig werden zu lassen. Er erkundigte sich stets eingehend nach dem Schicksal seiner Freunde in der Heimat und nahm an allen Vorgängen, von denen er hörte, Anteil. Das sollte sich bis zum Sommer 1939, bis kurz vor dem Ausbruch des Krieges nicht ändern. Diese Kontakte dienten ihm unter anderem dazu, möglichst authentische Informationen über die Lage in Deutschland zu erlangen, obwohl er bald feststellen mußte, daß seine Gewährsleute häufig weniger gut unterrichtet waren als er selbst, da ihm die freie Presse im Westen zugänglich war. Bis 1938 verfügte Brüning im allgemeinen über ausgezeichnete Informationen, um die Situation im Reich realistisch einschätzen zu können.[200] Andererseits mußte er feststellen, daß er als Gesprächspartner für ausländische Politiker nur so lange interessant war, als er ihnen Informationen bieten konnte, über die sie nicht selbst aus anderer Quelle verfügten.

Seine Aufenthalte in den Vereinigten Staaten unterschieden sich von denen in England allein schon dadurch, daß dort der Zugang zu Politikern und Regierungsstellen sehr viel schwerer zu bewerkstelligen war. In London hatte er eine eigene Wohnung, in Washington hielt er sich dagegen nur ausnahmsweise zu politischen Gesprächen auf. Sein ständiger Wohnsitz in den Vereinigten Staaten während der nächsten Jahre wurde Cambridge, Massachusetts, seitdem er im Herbst 1937 mit seiner Lehrtätigkeit in Harvard begonnen hatte.

Dies bedeutete nicht, daß sich Brüning dort endgültig auf die wissenschaftliche Arbeit zurückziehen wollte oder mußte. Das Gegenteil war der Fall. Er blieb lediglich seinem Vorsatz treu, nicht durch öffentliche Auftritte und Erklärungen in die Tagespolitik einzugreifen, abgesehen davon, daß dies auch von staatlicher Seite nicht erwünscht war.[201] Die Absicht, die politische Entwicklung in Deutschland zu beeinflussen und zu einem Regime-Wechsel beizutragen, verlor er trotzdem in den USA ebensowenig aus dem Auge wie in Europa.

Gewiß hatte er zunächst größere Hoffnungen auf die politischen Kontakte in der britischen Hauptstadt gesetzt, die ihm seit Jahrzehnten vertraut war, während er Washington in seiner Kanzlerzeit nicht kennengelernt hatte. Das Versäumte galt es jetzt nachzuholen. Im Juli 1937 traf er in London wieder mit dem früheren amerikanischen Außenminister Stimson zusammen, der sich mit seiner Frau Mabel auf Urlaub in Schottland aufhielt. Der Republikaner Stimson hatte nach dem Wahlsieg Roosevelts sein Amt verloren, war aber nicht aus dem politischen Geschäft ausgeschieden. Er gehörte zu jenen Politikern, die eine Stabilisierung der internationalen Lage und eine Stärkung des Völkerbundes anstrebten. Dies entsprach den vielfältigen Bemühungen in den europäischen Hauptstädten, Hitlers Expansionsbestrebungen durch internationale Vereinbarungen einzudämmen. Brüning billige eine solche Strategie, falls sie konsequent verfolgt würde, da sie die Stellung Hitlers im Innern schwächen konnte. Er kannte beispielsweise die Vorbehalte Mussolinis gegen Hitler trotz der am 1. November 1936 proklamierten »Achse Berlin-Rom« und hielt es ebenso wie François-Poncet sogar für denkbar, Mussolini in ein internationales Sicherheitssystem einzubeziehen, obwohl dieser zu diesem Zeitpunkt seine früher angestrebte Schiedsrichterrolle aufgegeben hatte. Gleichwohl kam Stimsons Konzeption den Hoffnungen Brünings entgegen, der sich beeilte, die alten persönlichen Beziehungen zu ihm zu erneuern.[202]

In seinen Bemühungen, mit den politischen Kreisen Washingtons ins Gespräch zu kommen, kamen ihm George N. Messersmith (1883-1960), der ehemalige amerikanische Generalkonsul in Berlin (1930-1934) und spätere Gesandte in Wien und der frühere amerikanische Botschafter Frederick Sackett entgegen. Messersmith, zwischen 1937 und 1940 Unterstaatssekretär im State Department, der Brüning anscheinend bereits bei dessen Flucht aus Deutschland auf nicht näher bekannte Weise unterstützt hatte, versuchte seinen Einfluß nachdrücklich geltend zu machen, daß Brüning schon bald nach seiner Ankunft in den USA von Präsident Roosevelt empfangen wurde. Eine Begegnung kam jedoch angeblich aus Termingründen nicht zustande. Eine solche Audienz wäre ohnedies mehr gewesen, als Brüning in dieser Situation erhoffen konnte.[203] Messersmiths Einfluß in Washington, in Brünings Regierungszeit durchaus beachtlich, war in den letzten Jahren vor dem Krieg trotz seines Amtes nur noch gering.

Den Kontakt zu Sackett hatte Brüning schon im Vorjahr wieder aufgenommen. Der frühere Botschafter, der 1933 aus Deutschland zurückgerufen wurde, war ihm nach wie vor persönlich sehr gewogen. Offensichtlich auf seine Anregung hin wurde er am 22. September 1937 zu Beginn des 173. Studienjahres zum Ehrendoktor der Rechte der Brown University in Providence, Rhode Island, an der Sackett Jura studiert hatte, ernannt. Die Laudatio des Rektors gipfelte in dem Satz: »Vom Erfolg nicht verdorben, vom Unglück nicht entmutigt.« Sackett seinerseits hatte in Brünings Kanzlerzeit den Ehrendoktorhut der juristischen Fakultät der Universität Tübingen erhalten.[204] Brüning dankte für die Auszeichnung, indem er dem Auditorium seine Erlebnisse während des Kapp-Putsches im März 1920 schilderte.[205]

Hoffnungen auf Roosevelt

Der Umstand, daß Stimson und Sackett Brünings Stellung kurz vor dessen Sturz zu stärken versucht hatten, bedeutete nicht, daß der Exkanzler erwarten konnte, in Washington einen größeren politischen Einfluß zu gewinnen als in London. Andererseits setzte er auf die amerikanische Außenpolitik nach der Amtsübernahme Roosevelts größere Hoffnungen als auf die britische unter der Führung Chamberlains, in dessen Umgebung im Juli 1937 eine Verständigung mit Mussolini und Hitler auf Kosten der Tschechoslowakei erwogen wurde, was Hitler hinterbracht wurde. Zwei Tage nach der bekannten »Quarantäne-Rede« Roosevelts vom 5. Oktober 1937 in Chicago wandte sich Brüning an Sackett, um ihm die Lage in Deutschland, so wie er sie beurteilte, zu erläutern. Brüning zeigte sich dabei nicht als Kritiker, sondern als Befürworter einer bestimmten Linie der amerikanischen Außenpolitik, die nach seiner Ansicht gewisse Chancen hatte, sich innenpolitisch durchzusetzen.

In England war es ihm nicht gelungen, sich auf diese Weise ins Spiel zu bringen, weder gegenüber MacDonald und Baldwin noch gegenüber Churchill. Für sie blieb er der gescheiterte Politiker der Weimarer Republik, der es nicht vermocht hatte, Hitler von der Macht fernzuhalten und der jetzt glaubte, die britische Deutschlandpolitik kritisieren zu müssen. In den USA hatte Deutschland einen anderen Stellenwert, der sich nicht nur aus einer ferneren Perspektive, sondern auch aus dem Bewußtsein ergab, von den europäischen Konflikten weniger bedroht zu sein. Dies verlieh der europäischen Außenpolitik zuweilen einen beinahe akademischen, gelegentlich unverbindlichen Charakter. Europäische Spezialisten und Fachleute konnten jedoch darauf rechnen, gehört zu werden.

Dies stellte Brüning von vornherein in Rechnung. Die gleichsam konzertierte Aktion aller friedliebenden Nationen gegen »die Terrorherrschaft und internationale Gesetzlosigkeit«, die Roosevelt in seiner »Quarantäne-Rede« propagierte, beruhte auf einem politischen Programm, das gleichermaßen der zivilisatorischen Mission der Vereinigten Staaten wie jener Koalition der westeuropäischen Mächte entsprach, die Brüning bisher vorschwebte. Die Aufforderung, nach dem Überfall der Japaner auf China kriegerische Nationen gleichsam wie Kranke »unter Quarantäne« zu stellen, stellte die allgemeine Warnung einer Weltmacht an Staaten wie Japan und Italien, aber auch an Hitler-Deutschland dar, die Bereitschaft der USA nicht zu unterschätzen, zur Erhaltung der weltpolitischen Stabilität auch in Übersee zu intervenieren. Nach Roosevelt hatte sich seit einiger Zeit eine »Schreckensherrschaft internationaler Rechtlosigkeit« durch Eingriffe in die inneren Angelegenheiten anderer Völker unter »Bruch bestehender Verträge« breit gemacht, die die »Grundlagen der Zivilisation« ernstlich bedrohte. Der Vorstoß des Präsidenten kam einer Abkehr von dem bisherigen amerikanischen Neutralitätskurs gleich, den der Kongreß am 31. August 1935 bekräftigt hatte.

Das Übel sah er primär in unerklärten Kriegen ohne vorhergehende Warnung oder irgendwelche Rechtfertigung, was einer Verurteilung des italienischen Feldzuges in Abessinien (Oktober 1935), des Eingreifens italienischer und deutscher Truppen in den spanischen Bürgerkrieg (Sommer 1936) und des japanischen Angriffes auf China (Juli 1937) gleichkam. Roosevelt argumentierte gleichermaßen innen- wie außenpolitisch. Die westliche Hemisphäre werde nicht verschont bleiben, wenn die Friedensbrecher nicht in die Schranken verwiesen würden. Er warnte vor einem Konflikt zwischen 90 Prozent der Weltbevölkerung, die in Frieden und Sicherheit leben wollten, und jenen zehn Prozent, die drohten, »Völkerrechte und Ordnung in ein Nichts aufzulösen«. Der Gegensatz bestand nach seiner Ansicht zwischen den grundsätzlich friedlichen Nationen und deren Feinden, die er auf das Risiko aufmerksam machte, das sich ergab, wenn sie ihre Politik der Aggression und der Vertragsverletzung fortsetzten. Er berief sich ausdrücklich auf das Völkerbundstatut, den Kellogg-Pakt und den Neunmächtevertrag von 1922 über die Unabhängigkeit Chinas.[206]

Der Botschaft war zu entnehmen, daß in den USA in absehbarer Zeit die internationalistische Strömung die isolationistische überlagern werde. Dies bedeutete, daß die Neigung der Amerikaner, sich nicht durch »verstrickende Bündnisse« in Abhängigkeit von anderen Mächten zu begeben, zumindest vorübergehend zugunsten des »Modells Amerika« überwunden würde. Roosevelts Erklärung erhielt zusätzliches Gewicht durch eine einschlägige Resolution des Völkerbundes am folgenden Tage, der noch eine Erklärung des State Department folgte.[207] Brüning begrüßte Roosevelts Vorstoß und äußerte gegenüber Sackett die Hoffnung, daß dieser nicht ebenso wie die früheren Vermittlungsbemühungen Stimsons in der Abrüstungsfrage – 1931 und 1932 – scheitere.[208]

Die universale außenpolitische Zielsetzung lag in der Richtung von Brünings Bestrebungen, wie er glaubte, und nahm gewissermaßen schon den Kurswechsel vorweg, den er vergeblich in London zu fördern gesucht hatte. Alles, was er tun konnte, lief darauf hinaus, Roosevelts Programm zu unterstützen, auch wenn der Präsident sich nicht speziell über Deutschland geäußert hatte. Brüning sah eine Chance, sein Expertenwissen als Emigrant in den USA besser anzubringen als in London, wo die verantwortlichen Politiker gern für sich beanspruchten, die Lage in Deutschland im wesentlichen selbst am besten beurteilen zu können. Sackett hatte ihn in seiner Berliner Zeit als ernstzunehmenden politischen Partner schätzen gelernt, dessen Politik im Interesse der Vereinigten Staaten stärker hätte unterstützt werden müssen, als dies tatsächlich geschehen war. In den letzten Maitagen 1932 hatte er dem damaligen Reichskanzler vergeblich diplomatisch beizustehen versucht. Andererseits ist daran zu erinnern, daß führende Kreise in Washington USA in den beiden letzten Jahren vor Hitler jene Kräften in Deutschland, die sich der aufkommenden NS-Bewegung im Zeichen der Wirtschaftskrise entgegenstellten, durchaus mit Sympathie beobachteten. Diese positive Einschätzung konkretisierte sich unter anderem in der Person Brünings.²⁰⁹

Die Außenpolitik der USA stand an einem Wendepunkt. Kritiker der Quarantäne-Rede wie der Bankier und Industrielle Thomas W. Lamont warnten vor Überreaktionen und wirtschaftlichen Sanktionen gegen die autoritär regierten Staaten. Dies sei ebenfalls eine Form von Krieg, den niemand in den USA wolle. Lamont war der Ansicht, daß die Generalstäbe der europäischen Staaten einen Krieg ohnehin verhindern würden.²¹⁰ Der angekündigte Kurswechsel Washingtons im Hinblick auf Deutschland ließ allerdings auf sich warten. Die Handelsbeziehungen zwischen Deutschland und den USA schienen sich sogar zu verbessern, als im Dezember 1937 Empfehlungen für ein umfassendes Handelsabkommen vorgelegt wurden. Letzteres war weder im Sinne Brünings noch seines Freundes Messersmith, der zu diesem Zeitpunkt bereits zu den Gegnern eines jeden Abkommens mit dem NS-Regime gehörte.

Am 11. Oktober 1937 legte Messersmith ein Memorandum für Staatssekretär Cordell Hull und den Präsidenten vor, in dem er eine deutsche Regierung als wünschenswert bezeichnete, »mit der die Vereinigten Staaten und andere Länder normal verhandeln können«. Ein politischer Wechsel in Deutschland werde auch entspannend im Mittelmeer und im Fernen Osten wirken. In diesem Sinne äußerte sich auch Dannie Heineman, der sowohl mit Messersmith als auch mit Adenauer, Brüning und Goerdeler befreundet war.²¹¹

Messersmith sollte sich neben Stimson als ein zuverlässiger politischer Gesprächspartner Brünings erweisen. Im Dezember 1937 übersandte er dem Präsidenten ein Memorandum über ein Gespräch mit Brüning, in dem er den Exkanzler als »one of the greatest living Germans« bezeichnete. Er sei der Mann, der am besten geeignet sei, die Führung in Deutschland zu übernehmen. Von ihm hofften die meisten guten Deutschen, daß er die gegenwärtige Regierung ersetzen werde.²¹²

Kontakt zu Goerdeler in den USA

Carl Goerdeler hatte ihn am 26. September 1937 in der Nähe von Baltimore im Hause von Paul Betters, dem geschäftsführenden Sekretär der amerikanischen Bürgermeisterkonferenz, gebeten, ihm eine Begegnung mit Messersmith zu vermitteln. Außer Messersmith traf Goerdeler dann auch Hugh Wilson, den späteren Botschafter in Berlin. Brüning brachte ihn schließlich auch mit John Wheeler-Bennett in Washington zusammen, der damals noch zu den Persönlichkeiten in England gehörte, die für eine Verständigung zwischen der britischen Regierung mit der deutschen Militäropposition eintraten. Goerdeler war am 25. November 1936 aus Protest gegen die nationalsozialistische Kirchen- und Rassenpolitik als Oberbürgermeister von Leipzig zurückgetreten. Anlaß war die Beseitigung des dortigen Denkmals von Felix Mendelssohn-Bartholdy während einer Auslandsreise Goerdelers gewesen. Seither war er als Finanzberater des Bosch-Konzerns tätig, in dessen Auftrag er zahlreiche Auslandsreisen unternahm. Der Verlauf seiner ausgedehnten Reise durch die Vereinigten Staaten wurde von den deutschen Behörden aufmerksam verfolgt. Von einem Inkognito konnte also nicht die Rede sein, da die deutsche Diplomatie seine Anwesenheit bei mehreren Gelegenheiten sogar offiziell zur Kenntnis nahm. Er sprach unter anderem vor Handelskammern und Wirtschaftsverbänden.

Brüning sah Goerdeler während dessen USA-Aufenthalts noch ein weiteres Mal Anfang Dezember bei einem früheren Mitglied des Deutschen Städtetages, Gotthelf Bronisch in Summit, New Jersey. Dabei kamen sie überein, sich demnächst in London oder in Belgien zu treffen. Bei einem Gespräch zwischen Goerdeler und Eden im Jahre 1934 war Bronisch, der Goerdeler noch aus Deutschland kannte, ebenfalls zugegen gewesen.[213]

Goerdeler wollte Messersmith im Dezember noch einmal treffen. Dazu kam es jedoch nicht, wahrscheinlich wegen gleichzeitig laufender diplomatischer Verhandlungen zwischen Washington und Berlin. Welche Einflüsse, etwa des britischen Geheimdienstes, die Begegnung verhinderten, ist nicht ganz klar. Messersmith war allerdings enttäuscht, daß ihn Goerdeler vor seiner Rückreise nach Europa nicht noch einmal aufgesucht hatte.[214]

Auftritt im Cosmopolitan Club New York

Neben seinen diskreten politischen Aktivitäten hielt Brüning während seines dritten Aufenthaltes in den USA wiederum zahlreiche Vorträge in unterschiedlichen Institutionen. Seine öffentlichen Auftritte hätten nur ein Ziel: »Ich möchte zeigen, daß das deutsche Volk nicht nur aus denen besteht, die jetzt an der Macht sind, und daß die Traditionen, die Deutschland groß gemacht und ihm die Bewunderung der Welt errungen haben, nicht ganz und gar tot sind«, erklärte er im Dezember 1937 einem Studenten, der einen Vortrag im Union Theological of Seminary gehört hatte.[215]

Klaus Mann, der Brüning am 29. November im exklusiven »Cosmopolitan Club« in New York über »Die Krise der deutschen Konstitution von 1929-1932« gehört hatte, war von Brünings Vortragsweise angetan, registrierte aber doch dessen wenig hoffnungsvolle Botschaft. Er habe fast anderthalb Stunden in »fließendem, korrektem, eleganten Englisch« gesprochen, ohne ein Manuskript oder Notizen zu benutzen. Der Auftritt entsprach dem glänzenden gesellschaftlichem Rahmen, dem illustren Publikum, das ein, so Mann, »mondänes Ereignis« erwartete. »Während zu den Vorträgen der Schriftsteller und Künstler meist nur die eigentlichen Club-Mitglieder, die Damen, erscheinen, waren diesmal auch die Herren in stattlicher Anzahl zur Stelle: weiße Hemdbrüste und schwarze Krawatten, neben den bunten oder dunklen Abendkleidern – und man zeigte sich, wie bei einer Opernpremiere, die Träger großer Namen oder die Inhaber großer Bankguthaben.«

Das Auditorium brachte dem Gast aus Deutschland große Sympathien entgegen. Allein seine äußere Erscheinung war dazu angetan, die Anteilnahme der Anwesenden zu wecken. Klaus Mann nannte Brünings Aussehen »sowohl imposant als rührend«. Das »durchgeistigte, strenge Gesicht mit den asketischen Lippen« zeige »Spuren von Leiden«. »Er wurde von einer eleganten Dame deutscher Herkunft eingeführt, die den Redner als Repräsentanten einer Politik der Versöhnlichkeit charakterisiert. Die Haltung ist eine etwas frömmelnde: Hände über der Magengegend gefaltet. Kopf ein wenig schräg gestellt – der vertriebene Staatsmann tritt zum Rednerpult, wie ein Priester die Kanzel betritt. ... Seine nachdenklichen, gescheiten, etwas müden Augen, hinter den runden Brillengläsern, halten das Publikum fest. Es ist sehr still im Saal. Brünings Botschaft wird mit der gleichen Andacht, der gleichen Feierlichkeit empfunden, die in seiner untergründig bewegten Stimme spürbar sind.« Manns Tagebuch ergänzt diese Beobachtung: »Interessant, hörenswert, oft erschütternd. Im Zentrum der Betrachtung: Hindenburg. Manches wird klar, nichts entschuldigt ...«

Die Wirkung auf die Zuhörer empfand der Schriftsteller als zwiespältig: »sympathisch, sehr kultiviert, etwas pfäffisch, nicht bedeutend.« Dies war jene Rhetorik im kleinen Kreis, die man ihm zuweilen auch in seiner Kanzlerzeit nachrühmte, die Fähigkeit, ohne demagogisches Pathos durch bescheidene, aber eindringliche Argumentation Menschen anzusprechen, die bereit waren, ihm Aufmerksamkeit und – vielleicht – auch Wohlwollen zu schenken. Dies bestätigte sich auch in seinen kleineren Lehrveranstaltungen in Harvard. Klaus Mann vermißte nicht zu Unrecht die eigentliche Botschaft, das Wegweisende, die Zukunftsperspektive, die man von einem Politiker zu erwarten pflegt. »Dieser feine ältere Herr am Rednerpult scheint nichts mehr bieten zu wollen als wehmütige – freilich sehr fesselnde Erinnerungen. Sein Blick ist noch in die Vergangenheit gerichtet; nicht auf die Zukunft. Hat er überhaupt noch einen Willen zur Zukunft? Hat er Hoffnungen, Vorstellungen, Visionen?«

Klaus Mann wollte die Frage nicht schlechthin verneinen, gestand immerhin zu, daß Brüning nicht alles preisgab, was ihn bewegte. Er wollte nicht ausschließen, daß der Exkanzler es für klug und angebracht hielt, über seine Absichten zu schweigen, bemängelte aber, daß in dem langen Vortrag nicht einmal ein »flüchtiger Hinweis« auf jene Kräfte zu entdecken gewesen sei, die im In- und Ausland gegen Hitler zu mobilisieren seien.[216]

Hindenburg sei der eigentliche Held des New Yorker Vortrages, die »zentrale Figur des Dramas« gewesen. Die Gedanken und Gefühle des Politikers und Gelehrten seien auf eine seltsame Art an die Gestalt des protestantischen Offiziers Hindenburg gebunden, so daß sich in seiner Darstellung Kritik und Ehrfurcht mischten. Er verehre ihn weiterhin. Um so schärfer sei sein Urteil über den Sohn Hindenburg, dem er in seiner Darstellung geradezu kriminelle Züge beilege. Zu den Verantwortlichen der Entwicklung, die zu Hitler führte, rechne er neben den Personen in Hindenburgs persönlicher Umgebung auch den Staatssekretär Meissner und seinen Nachfolger Papen.

Brüning erwähnte auch Schleicher und Röhm, die Opfer des 30. Juni 1934. Schleichers Rolle charakterisierte er ähnlich wie die Oskar v. Hindenburgs und behauptete, der General sei immer der Mann des Geheimdienstes geblieben und habe das Licht der Öffentlichkeit gescheut. Das tragische Ende Schleichers und dessen Gemahlin erwähnte er nicht. Überraschend wohlwollend waren die Ausführungen über Röhm, dem er besondere Talente bescheinigte, die Hitlers Machtstellung zugute gekommen seien.[217]

Der Redner wußte, daß seine Ausführungen den deutschen Dienststellen bekannt werden würden. Er nahm deshalb auch Rücksicht auf oppositionelle Kreise, die von seinem Auftritt vielleicht auf indirekte Weise erfahren würden. Dies ist seiner Schlußthese über die Rolle Hindenburgs bei der Machtübernahme Hitlers zu entnehmen. »Der alte Herr ist betrogen worden!« sagte er, »Der ist betrogen worden – vor allem von seinem Sohn.« Der Reichspräsident habe Hitler keineswegs an die Macht bringen wollen. Dies sei das Werk von Intriganten in seiner Umgebung gewesen. Er beschrieb mit bebender Stimme die letzten Stunden des sterbenden Präsidenten, dem von seinem Sohn der Trost der Kirche verwehrt worden sei. Oskar habe vor der Tür des Sterbezimmers gestanden, um den Geistlichen, die sich unter anderem über die kirchenfeindliche Politik des Regimes beklagen wollten, den Zutritt zu verwehren.[218]

Klaus Mann meinte optimistisch, Brüning habe sein bisheriges Schweigen gebrochen, obwohl er sich auf einen Rückblick auf die Ereignisse beschränkt und auch keine politischen Fehler eingestanden hatte. »Wir brauchen sein Zeugnis«, meinte er. Er habe die Autorität und die Intelligenz, in einer Welt, die seinen Namen kenne und auf ihn höre.[219] Man darf das insgesamt wohlwollende Urteil des Schriftstellers als aufschlußreich ansehen für die Problematik von Brünings Emigrantenrolle, sowohl im Hinblick auf seine politischen Aktivitäten als auch in seinem Verhältnis zu seinen Schicksalsgenossen. Die Kritik aus Exilkreisen an seinem Verhalten sollte in der Folgezeit noch sehr viel schärfer ausfallen und häufig zu politischer Entfremdung und Feindschaft führen. Einer seiner früheren Anhänger, der angesehene katholische Publizist Waldemar Gurian, griff ihn wiederholt in seinen »Deutschen Briefen« an, die in Luzern erschienen.[220]

Einige seiner Kritiker verstiegen sich in der Nachkriegszeit dazu zu behaupten, Brüning habe sich im Ausland niemals in der Öffentlichkeit kritisch über das NS-Regime geäußert.[221] Brüning ärgerte sich jedoch über das Echo seines New Yorker Vortrages bei den deutschen Emigranten und bedauerte, daß er überhaupt im Cosmopolitan Club wie auch zuvor bei einer Veranstaltung in Oxford aufgetreten war.[222] So hatte er sich etwa anläßlich der schon erwähnten Verleihung des Ehrendoktorates der Brown University im September 1937 geweigert, sich öffentlich politisch zu äußern. Sein Auftreten hatte die New York Times immerhin als »bitter silence« charakterisiert, aber auch vermerkt, daß er die Presse gebeten hatte, ihn nicht zu zitieren.[223] Wenn er zu einer Veranstaltung eingeladen wurde, war ihm stets daran gelegen, daß keine Reporter anwesend waren. Dies hinderte ihn freilich nicht, hin und wieder ein »Hintergrundgespräch« mit Journalisten zu führen, wenn man ihm zusagte, daß sein Name nicht in der Presse genannt würde.[224] Brüning lehnte auch in der Folgezeit öffentliche Auftritte in den USA prinzipiell ab. Selbst im Harvard Club sprach er nicht öffentlich, wenn er damit rechnete, daß deutsche Emigranten anwesend waren Er drängte sich nicht in die Öffentlichkeit, sah sich aber stets als Repräsentant des anderen Deutschland, darin Persönlichkeiten wie Thomas Mann vergleichbar.[225]

Kontakt zu Stimson

Der ehemalige Kanzler verstand sich als erfahrener Politiker und Experte, der sich auf dem laufenden hielt und der seinen Rat anbot, wenn dieser im Hinblick auf die Verhältnisse in Deutschland, auch in Europa, erwünscht war. Kurz vor Weihnachten brachte er sich wieder bei Stimson in Erinnerung. Dieser hatte am 7. Oktober in der New York Times eine Stellungnahme zur Quarantäne-Rede des Präsidenten veröffentlicht. Stimson pflichtete Roosevelt darin bei, daß Amerika zwischen »Recht und Unrecht, zwischen Aggression und ihren Opfern« nicht neutral bleiben dürfe, und forderte die Öffentlichkeit dazu auf, Roosevelt auf seinem Weg in eine neue Außenpolitik zu folgen. Die Stellungnahme hatte den Zweck, isolationistische Gegenreaktionen abzuwehren, die die unmittelbare, allerdings vorübergehende Folge der Quarantäne-Rede waren.

Stimson bekräftigte seinen Standpunkt in einer weiteren Erklärung, die am 22. Oktober erschien. Brüning beglückwünschte ihn zu seinem, wie er fand, mutigen Vorstoß, kritisierte aber in diesem Zusammenhang das sogenannte Ludlow Amendment, nach dem künftig jedes militärische Engagement der USA von einer Volksabstimmung abhängig gemacht werden sollte. »Wenn die Demokratien ihre Augen vor den Verletzungen der geheiligtsten menschlichen Rechte völlig verschließen, ist es wirklich besser«, meinte er, »den Gedanken ganz fallen zu lassen, es gebe ein gemeinsames Ideal, für das es sich lohnt, Opfer zu bringen. Natürlich ist das, was zur Zeit geschieht, das Ende eines langen Prozesses ... Es wird mir stets ein Rätsel bleiben, wie die britische Politik in all diesen Jahren so wenig weitsichtig sein konnte im Blick auf das, was geschehen würde.« Das Amendment scheiterte mit geringer Mehrheit im Repräsentantenhaus.

Brüning hielt die Verbindung zu Stimson, dessen politische Karriere noch nicht beendet, sondern lediglich unterbrochen war, ehe er im Juni 1940 mit 73 Jahren wieder in die Regierung berufen wurde. Er bekundete sein Interesse an einer baldigen Gelegenheit zu einem Gedankenaustausch, nicht ohne zu erwähnen, daß er kürzlich eine längere Unterredung mit Expräsident Hoover gehabt hatte. Hoover gehörte zu den Gegnern einer interventionistischen Außenpolitik und zu den Kritikern der Roosevelt-Administration.[226]

Bei aller Zurückhaltung suchte Brüning weiterhin nach Gelegenheiten, seine Sicht der weltpolitischen Zusammenhänge in den Ländern, in denen er sich aufhielt, verantwortlichen Politikern, aber auch einer interessierten Öffentlichkeit zu verdeutlichen. In den USA hieß dies noch mehr als in England, sich zugunsten von bereits vorgegebenen bestimmten politischen Alternativen auszusprechen. Dies bedeutete auch, daß er zuweilen frühere Positionen revidieren oder relativieren mußte. Besonders auffällig wird dies in seinem Gedankenaustausch mit Stimson im Herbst 1937. Ihm gegenüber hatte er angedeutet, daß es möglich sei, Mussolini trotz dessen Überfalls auf Abessinien auf die Seite des Westens herüberzuziehen und damit in einen

Gegensatz zu Hitler zu bringen, was Stimson skeptisch beurteilte. Immerhin war Mussolini im Hoare-Laval Pakt von 1935 ein Ausgreifen nach Abessinien insgeheim zugestanden worden, andererseits belastete die italienische Aktion seither das Verhältnis zu Frankreich und Italien. Brüning hielt den Duce, dem er bei seinem Staatsbesuch in Rom 1931 begegnet war, für einen »schwachen« Diktator – ein Urteil, das damals viele demokratische Politiker in Europa teilten, wenn sie ihn als eine aristokratische »Exzellenz« gelten lassen wollten. Briand hatte ihn als ebenso großen wie guten Menschen bezeichnet, Churchill nannte ihn einmal »das Genie in Person«. Anfänglich scheint auch Brüning gewisse persönliche Sympathien für Mussolini empfunden zu haben, wie sie beispielsweise auch Ernst v. Weizsäcker für die erste Begegnung mit dem Duce 1937 in der Rückschau bekundete. Gegenüber Stimsons Einwänden zog sich Brüning darauf zurück, daß Mussolini inzwischen anscheinend nervös und mißtrauisch gegenüber den Absichten Englands geworden sei, weil London die außenpolitischen Verhandlungen verschleppt habe.[227]

Brüning konnte nicht ignorieren, daß es inzwischen zu einer stärkeren Annäherung zwischen Rom und Berlin gekommen war, nachdem Hitler Ende September 1937 Mussolini einen triumphalen Empfang in der Reichshauptstadt bereitet hatte, der mit allem auf die faschistische Ideologie des Duce ausgerichteten Pomp geschmückt war. Mussolini war von Hitlers Empfang beeindruckt gewesen, was die persönlichen und politischen Beziehungen zwischen ihnen nachhaltig beeinflussen sollte. Brüning irrte allerdings, wenn er glaubte, Mussolini werde Hitler zu einer gemäßigten Außenpolitik und zu einem Verzicht auf einen Angriff auf die Tschechoslowakei drängen. Dabei hatte er den Druck auf Österreich durchaus registriert.[228]

Dozent für Politische Wissenschaft

Ende 1937 hatte sich Brüning in seinem Exil – sowohl in England als auch in den Vereinigten Staaten – einigermaßen eingerichtet und vermochte seinen Lebensunterhalt aus seiner Vortrags- und Lehrtätigkeit zu bestreiten. Oxford und Harvard boten ihm Gelegenheit zu wissenschaftlicher Arbeit, obgleich er sich dort noch keineswegs endgültig etabliert hatte. Eine *tenure*, eine Anstellung auf Dauer, stand noch aus. Seine wissenschaftlichen Interessen blieben, wie seine Vorträge und Vorlesungen zeigen, nach wie vor von den Erfahrungen und Plänen aus seiner aktiven politischen Tätigkeit in Deutschland bestimmt. Sie richteten sich insgesamt auf das Ziel, den Sturz des Hitler-Regimes einzuleiten, den alle politischen Emigranten aus Deutschland verfolgten, doch waren sie immer mehr von den Erwartungen seines jeweiligen Auditoriums bestimmt, was er nicht ignorieren konnte. Die schwindende Hörerzahl kurz nach Beginn einer Vortragsreihe warnte ihn, Wissenschaft nicht mit Politik oder gar Agitation zu verwechseln. Selbst historische Reminiszenzen, mit denen er seine systematischen Reflexionen zu würzen suchte, waren nur angebracht, wenn sie dazu dienten, den amerikanischen Studenten die politische Welt Europas nahezubringen.

Der künftige Professor der Politischen Wissenschaft mußte seinen Hörern und Studenten in erster Linie deren eigene politische Welt erklären, die ihm vorläufig noch selbst ziemlich fremd war. Dennoch fand er allmählich Gefallen an dieser Arbeit. Der professorale Stil seiner Vorträge entsprach seinem Naturell und war schon

2. Diplomat ohne Auftrag 1937/1938

den Ministern seiner Regierung von den oft ermüdenden Kabinettsitzungen her vertraut gewesen. Es war der Stil eines Politikers, der sein Geschäft immer mehr als ein Erkenntnis- denn als ein Machtproblem verstanden hatte. Vor allem die räumliche Distanz Amerikas zu Europa und das ebenso distanzierte wie oft naive Interesse seiner dortigen Hörer kam seinem Bedürfnis entgegen, aus den politischen Problemen seines Landes und Europas gleichsam eine wissenschaftliche Aufgabe zu machen, wie er dies mit gleichgesinnten Studienfreunden in seiner Straßburger Zeit getan hatte. Wie damals befaßte er sich auch in Harvard wiederholt mit der Geschichte der römischen Kaiserzeit. Eine der Erkenntnisse, die er in diesen Studien gewann, war jene, daß die europäische Zivilisation zu den »tiefsten Urgründen des Christentums« zurückkehren müsse.

Rückblickend gestand er sich später ein, daß ihm die wissenschaftliche Arbeit in den USA einen beträchtlichen Gewinn an Erkenntnis gebracht habe. Er habe in den Jahren des Exils die Entwicklung der angelsächsischen, französischen und deutschen Rechtsauffassungen studiert und erkannt, wie unzureichend die Lehrmeinungen gewesen seien, die er in seiner Jugend auf der Universität gehört habe. Deren Unhaltbarkeit habe er schon damals vermutet. »Wie schwer hat doch die Generation der Professoren damals an dem deutschen Volke gesündigt!«, meinte er einmal. »Ihrer Phantasielosigkeit und reinem Spezialistentum verdanken wir es zum großen Teile, daß wir als Volk so wenig verstanden wurden und daß es zu einer so kleinlich positivistischen Auffassung in Recht und Verfassung kam und man alle Traditionen vergaß.«[229]

Die Existenz eines »Wanderredners«, auch eines gefragten Lecturers, war für ihn auf die Dauer unbefriedigend, wenn sie nicht mit der Gelegenheit zu fortgesetzter und regelmäßiger Forschung verbunden war. Ein Lehramt an einer Universität war sein Ziel schon in seiner Jugend gewesen, als er bei seiner Einberufung als Kriegsfreiwilliger 1915 als Berufswunsch »Privatdozent« angegeben hatte.[230] Seiner Schwester berichtete er Ende 1937, daß die akademische Lehrtätigkeit ihm viel Freude bereite. Er bedauerte, daß es wohl »nichts Dauerndes« sein werde.[231] Solange er dieses Ziel nicht erreicht hatte, war er auf die Lectures angewiesen, zu denen noch ein Angebot aus Oxford als Fellow für das Sommertrimester 1938 kam. Im Queen's College von Oxford erwarb er in diesem Jahr nebenher den Grad eines Master of Arts, in Harvard erhielt er 1940 ebenfalls ein solches Diplom.

Vorderhand beunruhigte ihn der Umstand, daß sein Paß im November 1938 ablief. Er erkundigte sich im Januar im State Department, wie er an einen neuen kommen könne, ohne die deutschen Behörden darum ersuchen zu müssen. Daß ihm seine Staatsbürgerschaft bisher nicht entzogen worden war, hatte er Bekannten im Auswärtigen Amt zu verdanken. Die Angelegenheit erwies sich als langwierig, nicht zuletzt deshalb, weil er die amerikanische Staatsbürgerschaft nicht erwerben wollte, was ihm nicht allzu schwer gefallen wäre. Sie wurde schließlich durch ein »Affidavit als Reiseausweis statt eines Passes« mit Paßbild, das ihm der amerikanische Generalkonsul in London am 14. September 1938 ausstellte, erledigt. Das Dokument enthielt eine Erklärung: »Aus politischen Gründen ist es mir nicht möglich, einen gültigen Paß von der deutschen Regierung in Berlin zu erlangen. Mein letzter Paß wurde von der deutschen Regierung in Berlin am 9. November 1933 ausgestellt.«[232]

Die Monate in den Vereinigten Staaten waren im übrigen ausgefüllt mit der Vorbereitung der Vorträge, die er zunächst ausarbeitete und diktierte. Im Januar 1938 hielt er drei »Cutler Lectures« in Rochester, in denen er die »Unfähigkeit der Staatsmänner« behandelte, »1914 den Krieg zu verhindern, 1916 und 1917 den Krieg zu beenden und 1918 und 1919 einen konstruktiven Frieden zu schließen.« Am 20. Januar sprach er vor der Vereinigung amerikanischer Colleges, zwei Tage später vor dem Council on Foreign Relations in Chicago. Als Experte für Verfassungsfragen trat er am 28. Januar bei einer Anhörung der Royal Commission on Dominion-Provincial Relations in Ottawa auf. Dort erläuterte er das Verwaltungssystem der Weimarer Republik auf Landes-, Kreis- und Gemeindeebene und plädierte für eine tragfähige Verteilung der finanziellen Lasten.

Die Frage, welche Freiheiten in einem Staate am meisten zu schützen seien, beantwortete er dahin, daß erstens die richterliche Unabhängigkeit selbst in Notzeiten nicht angetastet werden dürfe und zweitens die Meinungs- und Redefreiheit garantiert werden müsse. Presse und Rundfunk dürften nicht einer staatlichen, sondern nur einer professionellen Aufsicht, also einer freiwilligen Selbstkontrolle, unterworfen werden.[233]

Audienz im Weißen Haus

Der Name des ehemaligen Reichskanzlers gewann in den USA bald einen guten Klang selbst in politischen Kreisen, die ihn bisher nicht beachtet hatten. In Washington fand er schneller Zugang zu hohen und höchsten Regierungsstellen, als er erwartet hatte. Ebenso wie in London konnte er vor Ausbruch des Krieges und in den ersten Kriegsjahren jederzeit mit der Administration in Verbindung treten.[234] Nach seinem Besuch im State Department, der wahrscheinlich von Messersmith oder Stimson vorbereitet worden war, erhielt er eine Einladung zu einem Gespräch mit Staatssekretär Cordell Hull und Präsident Roosevelt. Ob das Gespräch mit Hull zustande kam, wissen wir nicht. Am 31. Januar 1938 kam es jedoch zu einer vierstündigen Begegnung mit Roosevelt in Gegenwart Messersmiths im Weißen Haus, bei der die außenpolitische Lage erörtert wurde.

Der Präsident empfing den deutschen Gast in seinem Amtszimmer und lud ihn zum Essen ein, das auf dem Schreibtisch aufgetragen worden war. Sein Inkognito hatte Brüning auch im Weißen Haus, wohl dank der Fürsorge Messersmiths, weitgehend wahren können. »Weder die FBI-Abwehr, noch Frau Roosevelt, die wiederholt durch den Saal rauschte, schienen zu wissen, wer ich war.« Brüning argwöhnte, daß ihm Eleanor Roosevelt persönlich nicht gewogen war, obwohl diese sich gelegentlich unter dem Einfluß der aus Deutschland ausgewiesenen Journalistin Dorothy Thompson (1893-1961) für die ungehinderte Einreise gefährdeter Flüchtlinge einsetzte. Er riet dem Präsidenten, der Deutschland in seiner Kindheit kennengelernt hatte, zu einem geduldigen und zielbewußten außenpolitischen Kurs in der europäischen Politik, versuchte aber zugleich, ihn dafür zu gewinnen, die legitimen Interessen Deutschlands zu respektieren. »Nach vier Stunden war es soweit, daß Roosevelt bereit war, eine Garantie für die damaligen Grenzen Deutschlands zu geben, falls die Reichswehr Hitler stürzen würde.«

Bedeutsam ist, daß Brüning im Weißen Haus darauf verzichtet hatte, die Forderungen des älteren Weimarer Revisionismus, dem er einst selbst verpflichtet gewesen war, zu vertreten. Er dachte allerdings immer noch an eine Grenzregelung im Osten, die ungefähr den Verhältnissen von 1914 entsprochen hätte. Dies spricht dafür, daß Brüning die Motivation, die hinter Hitlers expansivem Raumprogramm seit März 1938 stand, noch nicht völlig durchschaut hatte. Andererseits vertraten auch politisch anders orientierte Emigranten wie Carl Spiecker in ihrer Propaganda »einen nationalen Standpunkt«. Dessen »Schwarzsender« »Hier spricht Deutschland«, der von England, zuletzt von London und Bletchley in Buckinghamshire aus arbeitete, verlangte nach 1938 bis zum Februar 1941 ein »Beibehalten der meisten militärischen Gebietsgewinne« für Deutschland – offensichtlich nicht nur aus Rücksicht auf die öffentliche Meinung in Deutschland.[235] Alldeutsch geprägte Kreise des Exils in den USA sympathisierten ohnehin mit solchen Lösungen.[236] Der Einfluß dieser Kreise auf die Deutschamerikaner dürfte beachtlich gewesen sein, während der Propaganda von ausgesprochenen Nazi-Organisationen wie dem »German American Bund« und den »Friends of the New Germany«, die ab 1939 von Hitlers früherem Kompaniechef während des Ersten Weltkrieges und späteren Adjutanten Fritz Wiedemann geführt werden sollte, kaum Bedeutung zukam. Der Anteil der Deutschstämmigen in den USA war beachtlich. Um 1930 galten sie mit knapp 6,9 Millionen, 1941 mit knapp 5 Millionen als stärkste nationale Gruppe in den USA.[237]

Die Grundlinien seiner Argumentation gegenüber Roosevelt hatte Brüning am Tag zuvor mit Messersmith, dem Assistant Secretary of State, erörtert, dem wir eine mehrseitige Niederschrift der vorausgehenden Beratung zwischen ihm und Brüning verdanken. Ihr sind die Überlegungen zu entnehmen, die Brüning dem Präsidenten vortrug, zumindest vortragen wollte. Die Denkschrift enthält eine umfassende Analyse der Expansionsabsichten Hitlers, wie sie sich aus dessen offiziellen und halboffiziellen Äußerungen ablesen ließen. Die Voraussagen sollten sich in hohem Maße als realistisch erweisen. Ein Hinweis auf entsprechende Aussagen in Hitlers Buch »Mein Kampf« fehlt nicht, das Brüning erst nach der sogenannten Machtergreifung auf Empfehlung der Duchess of Atholl gelesen hatte. Messersmith berief sich unter anderem auf Mitteilungen Görings gegenüber dem amerikanischen Botschafter William Bullitt. Göring hatte keinen Hehl daraus gemacht, daß Deutschland die Unabhängigkeit Österreichs nicht mehr respektieren werde. Er selbst habe sich dies von hochrangigen Parteifunktionären noch vor wenigen Tagen bestätigen lassen. Andererseits erklärte Brüning, daß Hitler noch nicht zum Krieg bereit sei. In vier oder fünf Monaten werde sich allerdings für die Tschechoslowakei eine ähnliche Situation wie für Österreich ergeben.

Insgesamt verfolge Deutschland einen festen Kurs, der sich seit der Machtübernahme Hitlers nicht geändert habe. Messersmith meinte, wenn Deutschland unter Umständen die Kontrolle über die Rohstoffproduktion Südosteuropas erlange, werde dies England und Frankreich außenpolitisch in eine sekundäre Rolle bringen und sie praktisch zur Unbeweglichkeit verurteilen. Dies werde Rückwirkungen auf die westliche Hemisphäre haben, wo Deutschland, Italien und Japan beachtliche Aktivitäten zeigten.

Messersmith erklärte in Übereinstimmung mit Brüning unumwunden, daß er die britische Haltung nicht verstehe. Dort scheine es eine Gruppe zu geben, die glaube, Sicherheit zu erkaufen, wenn man Südosteuropa dem deutschen Einfluß ausliefere. Bilaterale Vereinbarungen zwischen den USA und diesen Staaten versprächen wenig, wenn ein »internationaler Gangster mit der Waffe von diesen Unterwerfung« verlange. Gegenüber Messersmith meinte Brüning ergänzend, wenn England eine konsequente Politik gegenüber Hitler einschlagen wolle, dann müßten Chamberlain, Simon und Hoare gehen. Sie seien nicht in der Lage zu erkennen, daß das politische System in Deutschland weit schlimmer sei als das russische. Die britische Regierung meine, durch die Unterstützung des Hitler-Regimes den Kommunismus abzuwehren. Im Hinblick auf die Beziehungen zwischen Berlin und Rom betonte Messersmith, daß die NSDAP für ein militärisches Bündnis eintrete, während die Wehrmacht es ablehne.

Wahrscheinlich bestärkte Messersmith ebenso wie Brüning den Präsidenten in seiner Absicht, einerseits die Rüstung der Vereinigten Staaten voranzutreiben, andererseits aber durch »konstruktive Handelsabkommen« die Kriegsgefahr zu verringern. Das Handelsprogramm der USA sei geeignet, einen Großteil der Weltwirtschaft zu beeinflussen, wenn sich Großbritannien anschließe. Der wirtschaftliche Druck auf Italien und Deutschland werde sich in etwa drei Jahren bemerkbar machen. In Deutschland verschlechtere sich die Wirtschaftslage von Tag zu Tag. Falls das dort herrschende politische System in eine Krise gerate, werde dies die radikalen Elemente begünstigen. Andererseits hänge die Entwicklung vom Verhalten der Reichswehrführung ab, die durch die aufsehenerregenden Berichte über die Heirat Blombergs am 12. Januar 1938 mit einer vorbestraften ehemaligen Prostituierten irritiert sei. Die Hoffnung, daß sich die Lage in Deutschland unter Umständen unter dem Einfluß der Wehrmacht ändern könnte, dürfte er gegenüber dem Präsidenten ebenfalls geäußert haben.

Brüning selbst berichtete, daß Roosevelt seinem Appell, einen klaren außenpolitischen Kurs zu verfolgen, zugestimmt habe, vermerkte aber, daß der Präsident wiederholt in einen »seichten Optimismus« verfallen sei und rasche Lösungen erhoffe.[238] Roosevelt habe ihn im übrigen gebeten, einen Plan für eine Kontaktaufnahme mit Hammerstein auszuarbeiten. Er, Brüning, habe ihm ein Stichwort mitgeteilt, das der General als Signal von ihm erkennen sollte und die Möglichkeit einer Beseitigung Hitlers mit den hohen Militärs »aus den alten Familien«, mit denen er in Verbindung stand, erläutert. Roosevelt habe er gedrängt, die Franzosen von einem militärischen Vorstoß abzuhalten, wenn es zu den unvermeidlichen blutigen Auseinandersetzungen zwischen »der alten Reichswehr und Hitler« käme. Allerdings erschien der Adjutant des Präsidenten, der den Plan abholen sollte, nie, woraus Brüning schloß, daß der Präsident inzwischen Ratschläge von anderer Seite erhalten hatte.[239]

Enttäuscht und verbittert vermerkte er, daß Roosevelt schließlich das Gegenteil von dem getan habe, wozu er ihm geraten hatte. In Washington habe man eine »Generals-Lösung« durch einen Militärputsch unmöglich machen wollen, wie Brüning bald verbittert feststellen mußte. Wohlmeinende Leute hätten ihn schließlich zu der Einsicht gebracht, daß dies auch künftig das Ergebnis eines jeden Schrittes sein werde, den er in Washington im Sinne der Widerstandsbewegung unternehmen werde.[240] Nach Ansicht des Diplomaten George Kennan fiel es dem Präsidenten, der sich für einen Kenner Deutschlands hielt, ebenso wie vielen anderen amerikanischen Politikern schwer, den Ersten vom Zweiten Weltkrieg in seinen historischen Voraussetzungen zu unterscheiden. Vor allem habe er ausgeprägte Vorurteile gegen Preußen gehabt.[241]

Die Blomberg-Fritsch-Krise

Aufschlußreiche Informationen über die politischen Machtkämpfe in der Führung des Dritten Reiches, vor allem zwischen Himmler und Göring, gab Brüning am 2. Februar 1938 an Stimson weiter. Ihm erschien eine Machtübernahme Görings günstiger als eine Himmlers, weil letzteres dazu führen würde, die Vollmachten Fritschs und Becks, des Generalstabschefs des Heeres, einzuschränken. Andererseits könne eine Vermittlerrolle der Wehrmacht darunter leiden.[242]

Empfehlungen für die amerikanische Regierung in Einzelfragen vermied er tunlichst, um nicht in eine peinliche Lage zu geraten. Für seine Anregungen war Messersmith die richtige Adresse, den er ausführlich über die Lage in Deutschland informierte, soweit sie ihm bekannt war. Messersmith lehnte in Übereinstimmung mit Brüning wirtschaftliche Zugeständnisse an Deutschland ohne Gegenleistung ab. Brüning sah sich allerdings außerstande, dies gegenüber den englischen oder den amerikanischen Politikern zu fordern. Als Verhandlungspartner der Westmächte hatte er das Regime in Berlin längst aufgegeben. Statt dessen verwies er immer wieder auf die Wehrmachtführung, die sich bisher wiederholt als eine defensive Macht bewährt habe und einen Krieg ablehne. Diese Kräfte müßten unterstützt werden.[243]

Das Revirement im Gefolge der Blomberg-Fritsch-Krise deutete, wie Brüning erkannte, auf einen Konflikt zwischen der militärischen und der politischen Führung in Berlin hin. Am 4. Februar, zwei Tage nach Brünings Rückkehr nach England, trat General Werner von Blomberg als Reichskriegsminister und Oberbefehlshaber der Wehrmacht wegen der verbreiteten Kritik an seiner Heirat zurück. Hitler, der als Trauzeuge fungiert hatte, nahm im Gefolge der Krise die Gelegenheit wahr, die politischen und militärischen Führungsebenen noch stärker als bisher auf sich auszurichten. Einer Anregung Blombergs folgend, errichtete er das Oberkommando der Wehrmacht unter Wilhelm Keitel, das ihm unmittelbar unterstellt wurde. Feldmarschall Walther von Brauchitsch löste Generaloberst Werner von Fritsch als Oberbefehlshaber des Heeres ab.

Brüning hielt Brauchitsch zwar für einen weniger bedeutenden Militär als Fritsch, schrieb ihm aber ein »gewisses Maß an Besonnenheit« zu. Fritsch, der stets betont hatte, daß die Wehrmacht keine eigene Politik mache, aber im Januar gegenüber Göring und Hitler die Ablösung Blombergs verlangt hatte, war mit Hilfe einer Verleumdungskampagne zum Rücktritt gezwungen worden. Beck hatte das Angebot Hitlers, die Position zu übernehmen, abgelehnt und statt dessen eine kriegsgerichtliche Klärung der inzwischen gegen Fritsch lancierten Vorwürfe über dessen Privatleben und angebliche sexuelle Veranlagung verlangt. Trotz eines von Rundstedt veranlaßten Ehrengerichtsverfahrens, bei dem er freigesprochen wurde, erhielt Fritsch sein Kommando nicht zurück. Eine Anzahl hoher Offiziere wurde ebenfalls verabschiedet. Walter Funk wurde Nachfolger Schachts als Wirtschaftsminister, der in dieser Funktion am 27. November 1937 entlassen worden war. Im Zusammenhang dieses Revirements wurden auch die bisherigen Botschafter in Wien, Rom und Tokio abgelöst. An die Stelle des bisherigen Außenministers Konstantin v. Neurath trat Joachim v. Ribbentrop, bisher Botschafter in London.[244]

Eine Krise des Regimes, die Brüning seit längerem erwartet hatte, schien sich am politischen Horizont abzuzeichnen, auch wenn Hitler sich offenkundig noch einmal gegen seine Widersacher durchsetzte. Brüning war einigermaßen zutreffend über die internen Auseinandersetzungen informiert, die zu dem Revirement an der Spitze der Wehrmacht geführt hatten, und rechnete damit, daß diese die Demütigung durch die Intrige gegen Fritsch nicht ohne weiteres hinnehmen werde, obwohl der Generalstab auf einen einmütigen Protest durch ein gemeinsames Rücktrittsgesuch verzichtet hatte. Immerhin hatte Fritsch es unter anderem als seine Aufgabe bezeichnet, für den Frieden und nicht für den Krieg zu rüsten, und daher Hitlers Außenpolitik vom militärischen Standpunkt aus kritisiert. Andererseits hatten hohe SS-Kreise mit einer militärischen Aktion gerechnet.[245]

Das Chatham-House-Komitee

Brüning war von seinen Gesprächspartnern in Großbritannien bei seinem letzten Aufenthalt mißverstanden worden, wenn diese meinten, er wolle sie seinerseits gleichsam für eigene Zwecke gewinnen, auch wenn diese mit den Absichten der anderen Hitler-Gegner übereinstimmten, die den Kampf gegen das Regime 1933 verloren hatten. Lange Zeit überwogen in Regierungskreisen und in der City jene Stimmen, die sich eine Stabilisierung der außenpolitischen Lage in Europa von wirtschafts- und militärpolitischen Vereinbarungen mit dem Deutschen Reich versprachen. Brünings Appell, Hitler durch eine feste Haltung in die Schranken zu weisen, mutete in den Augen der Briten geradezu obsolet an, erinnerte allzu sehr an die Gepflogenheiten der französischen Deutschlandpolitik nach Versailles. Nur wenige Experten wie Paul Einzig (1897-1973) teilten seine Kritik an der Politik der City und der Bank of England. Man wollte nicht wieder in die alten Fehler der Konfrontation verfallen, die man gegenüber der Weimarer Republik gemacht hatte. Von den führenden Politikern hatten lediglich Churchill und Unterstaatssekretär Robert Vansittart damals die britische Konzessionsbereitschaft gegenüber Deutschland abgelehnt, ohne sich Brünings Argumentation zu eigen zu machen. Nach dem Zweiten Weltkrieg meinte Churchill einmal, die deutsche Aufrüstung seit etwa 1924 hätte unter allen Umständen verhindert werden müssen. Dies sei bis 1934 möglich gewesen.

Jetzt aber schien Hitler entschlossen, die britische Verständigungspolitik, die sich in Grenzen gegenüber Mussolini bewährt zu haben schien, durch weitere außenpolitische Aktionen auf die Probe zu stellen. Brüning registrierte bei seiner Rückkehr nach London, wie nervös die Stimmung in Westminster und teilweise auch in der Fleet Street geworden war. Von Ian Anderson erfuhr er, daß Churchill an einem weiteren Gedankenaustausch mit ihm interessiert sei. Die Spannungen zwischen Deutschland und der Republik Österreich aber auch der sich abzeichnende Konflikt mit der Tschechoslowakei beunruhigten die politischen Kreise an der Themse.

Es war nicht verwunderlich, daß man in London wieder auf Brüning zuging, um sein Urteil über die Lage zu hören. Als er im Februar seine Lehrtätigkeit in Oxford für das Sommertrimester 1938 aufnahm, erreichte ihn eine Anfrage von Professor Lionel Curtis, Fellow of All Souls College und Mitbegründer des Royal Institute of International Affairs in Chatham House, als Herausgeber der Zeitschrift »Round Table«, ob er daran interessiert sei, eine mehrmonatige Reise nach Australien und

2. Diplomat ohne Auftrag 1937/1938

Indien zu unternehmen, um dort Vorträge über die Möglichkeiten einer föderalen Umgestaltung des Commonwealth zu halten. Curtis (1872-1955), Verfasser einer dreibändigen Weltgeschichte unter dem Titel »Civitas Dei. The Commonwealth of God«, die in den Jahren 1934 bis 1937 erschien, gehörte zu den bekannten Befürwortern eines »Commonwealth-Patriotismus« – er war der Schöpfer des Begriffs »Commonwealth of Nations« – beziehungsweise einer hegemonialen Pax Britannica, die sich von der traditionellen britischen Gleichgewichtspolitik in Europa distanzierte.

Ob der Vorschlag ganz ernst gemeint war, steht dahin, jedenfalls lehnte Brüning ihn ab und verwies auf die gespannten Beziehungen zwischen Berlin und Wien. In Kürze sei mit einem Schlag gegen Österreich zu rechnen, behauptete er. Er ließ erkennen, daß ihn die Entwicklung in Mittel- und Südosteuropa stärker interessierte als die Reform des Commonwealth. Curtis hatte anscheinend das Terrain für Kontakte zu Brüning sondieren wollen und meldete sich schon kurze Zeit, nachdem der Nationalsozialist Arthur Seyß-Inquart am 12. Februar auf Grund von Hitlers Ultimatum an Bundeskanzler v. Schuschnigg zum österreichischen Innenminister ernannt worden war, erneut bei Brüning. Er lud ihn zu einem Frühstück im Royal Institute of International Affairs ein und fragte ihn, ob er bereit sei, mit Lord Lothian zusammenzutreffen. Lothian hatte 1936 ebenso wie eine Reihe anderer englischer Politiker Hitler anläßlich der Olympischen Spiele seine Aufwartung gemacht und gehörte zu den Verfechtern der britischen Appeasement-Politik, jener Politik vorläufigen Nachgebens gegenüber den Diktaturen in Deutschland und Italien im Interesse des britischen Weltreiches entsprechend den eigenen militärischen Kräften, die sich im Stadium der Aufrüstung befanden. Sie glaubten so das Gleichgewicht der Westmächte gegenüber den Achsenmächten zu wahren. Auch nach Ausbruch des Krieges hielt Lothian an der Überzeugung fest, daß der Hitlerismus ein Kind des Bolschewismus und eines extremen ökonomischen Nationalismus sei.[246] Hitlers Politik zielte aber, wie Lothian später erkannte, weder auf einen gerechten Ausgleich mit den anderen europäischen Mächten, noch war sie im Kern friedlich, sondern war auf Eroberung und Vorherrschaft in Europa ausgerichtet.[247]

Das Chatham-House-Komitee, das seinen Sitz am St. James's Square hatte, bemühte sich seit 1919 darum, den Frieden in Europa zu fördern, indem es die britische Öffentlichkeit über die Probleme der Europa- und Weltpolitik aufklärte. Zugleich versuchte es, die öffentliche Meinung im Sinne seiner Forschungen und Erkenntnisse zu beeinflussen und beriet nicht zuletzt die für die Außenpolitik und die Kolonien, auch das Commonwealth, verantwortlichen Politiker auf wissenschaftlicher Grundlage.[248] Das Institut, das mit dem Council on Foreign Relations in New York zusammenarbeitete, wollte eine politische Elite für die auswärtige Politik heranbilden und Experten aus unterschiedlichen Berufszweigen, vor allem Journalisten, Historiker und Nationalökonomen für seine Arbeit gewinnen. Das Institut bot im übrigen Gelehrten aus verschiedenen Disziplinen exzellente Arbeits- und Entfaltungsmöglichkeiten. Brüning pflegte enge Beziehungen zu verschiedenen Repräsentanten und Mitarbeitern des Chatham House, von denen er sich seinerseits Einfluß auf die britische Außenpolitik versprach, nachdem sich Mitte der dreißiger Jahre auf Anregung Lord Lothians eine Gruppe von Spezialisten für die deutsch-englischen Beziehungen unter Leitung von Lord Allen of Hurtwood gebildet hatte, zu denen

John Wheeler-Bennett, den er noch aus Berlin kannte, General Sir Neill Malcolm sowie einige Labour-Abgeordnete gehörten. Diese versuchten erklärtermaßen einen Krieg zwischen beiden Ländern zu verhindern.[249]

Brüning, der sehr wohl wußte, daß Lothian zu den Kritikern des Versailler Vertrages, aber auch in gewissem Umfang zu den Bewunderern des neuen Deutschland gehörte, nahm ohne Zögern die Einladung an. Er traf den Lord in dessen Büro und war verwundert, daß dieser ihn wegen der Vorgänge in Wien ratlos fragte: »Was können wir tun?« Brüning erwiderte, daß jede Intervention von alliierter Seite es Hitler ermöglichen werde, die deutsche Bevölkerung hinter sich zu bringen. England könne nichts anderes tun, als die eigene Aufrüstung zu beschleunigen und zu verstärken, um für die nächste internationale Krise gewappnet zu sein. Dann könne es Hitler das Risiko eines allgemeinen Krieges nachdrücklich vor Augen führen. Lothians Antwort, man müsse mit Hitler verhandeln, bezeichnete er als Illusion. Die Illusionen über Hitler, die für manche Mitglieder des Chatham-House-Komitees charakteristisch waren, sollten spätestens im März 1939 vergehen – nach dem Einmarsch Hitlers in Prag.

«Ein neues fait accompli alle halbe Jahre»

Brüning bestritt nicht, daß Verhandlungen mit Hitler, nicht etwa mit anderen Repräsentanten des Regimes, unter Umständen nützlich waren, warnte aber davor, wenn man nicht mit Gegenmaßnahmen drohen könne. »Ein neues fait accompli alle halbe Jahre« werde allmählich das Gefühl verbreiten, es werde schließlich auch den klügsten und friedliebendsten Staatsmännern unmöglich sein, den Krieg zu verhindern. Es blieben nur noch sechs Monate, »bis Hitlers nächster Zug das militärische Gleichgewicht in Europa erschüttern und die Westmächte sogar gegen ihren Willen zwingen könne, den Krieg zu wagen in einem Augenblick, in dem sie nicht darauf vorbereitet seien.«[250]

Die Argumentation war schwer zu widerlegen. Curtis hielt es für geraten, Brüning mit Vertretern der »Times« zusammenzubringen, auf die dieser nicht gut zu sprechen war. Lediglich mit dem Leiter des Ressorts Finanzen, C. J. F. Mill, den er im Jahr zuvor zusammen mit Archibald Church getroffen hatte, stand Brüning persönlich auf gutem Fuße. Er trug der Zeitung nicht nur nach, daß sie am 28. April 1933 einen Bericht über die Verhaftung des Kölner Bankiers Anton Brüning wegen des Görreshaus-Skandals mit der Überschrift »Dr. Brüning's Cousin Arrested« gebracht hatte, sondern auch noch kürzlich, am 14. Februar 1938, einen »zynischen Leitartikel« zur Regierungsumbildung in Wien, der Hitler zu seinem Erfolg beglückwünschte. Weitere Klagen äußerte er, etwa über die interne Behandlung des früheren Berlin-Korrespondenten Norman Ebbutt nach dessen Ausweisung durch die NS-Behörden.

Brüning empfand die politische Linie der »Times« seit längerem als sehr bedenklich, wenn nicht als geradezu »amoralisch«. Dennoch fand er sich bereit, Major John Jacob Astor, den britischen Delegierten beim Völkerbund und Haupteigentümer des Blattes zusammen mit dessen Chefredakteur, Geoffrey Dawson, in Old Surrey Hall, dem Landsitz der Andersons in East Grinstead, zu empfangen.[251] Die Verlegenheit, in der sich die Befürworter der britischen Appeasement-Politik befanden, entging Brüning nicht. Am selben Tag, als er sich mit Astor und Dawson traf, erschien in der »Times« ein Artikel unter dem Titel »Herr Hitler's Speech«, der empfahl, die britische Aufrüstung bei aller Bereitschaft zu einer evolutionären, stetigen Politik zu beschleunigen. Zugleich wurde Deutschland gewarnt, seinen bisherigen außenpolitischen Kurs fortzusetzen. Dies könne nur zum Konflikt führen, aus dem sich Großbritannien kaum heraushalten könne. Für britische Begriffe bedeutete dies die Empfehlung, wenn nicht die Ankündigung einer härteren Gangart gegenüber Deutschland.

Brüning riet, konsequent diesen Weg weiterzugehen, zugleich aber mit dem »gemäßigten Teil der deutschen Wehrmacht« in Verbindung zu treten. Dies müsse innerhalb eines halben Jahres geschehen. Hitler werde im Mai seinen Feldzug gegen die Tschechoslowakei unternehmen, was die Westmächte vor die Frage Kapitulation oder Intervention stellen werde. Falls sie diesmal wieder nachgäben, werde dies Hitler stärken, der dann endgültig am längeren Hebel sitzen werde. Brüning betonte, daß die Deutschen gegenüber den Tschechen keine feindseligen Gefühle hegten, kritisierte aber doch Beneš' »größenwahnsinnigen Ehrgeiz« in den zurückliegenden Jahren. Er sei eine »bête noire«.

Astor und Dawson zeigten sich von diesen Argumenten nicht allzu beeindruckt. Bei einem weiteren Treffen auf Einladung Astors nach Hever Castle in Penshurst Place and Gardens in der Grafschaft Kent bat ihn Dawson, ihn von Zeit zu Zeit über seine Ansichten zu informieren. Brüning war enttäuscht, erwiderte aber höflich, daß er kaum andere Vorschläge machen könne als jene, die er seit Jahren gemacht habe. In einem halben Jahr könne es allerdings für ein Arrangement mit der Wehrmacht zu spät sein.[252]

In der Rückschau glaubte er auf Grund seiner eigenen Sondierungen in London, daß bis 1936 gute Chancen für eine Verständigung zwischen der Anti-Hitler-Opposition in der Wehrmachtführung um Fritsch und Rundstedt und besonnenen britischen Politikern und Militärs bestanden hätten. Es sei dabei um eine britische Garantie für alles gegangen, was Deutschland bis dahin außenpolitisch erreicht hatte. Er sei bei diesen Kontakten der Unterhändler dabei gewesen und wisse Bescheid. Sein Fazit lautete: »Es gab diabolische Naturen in leitenden Stellungen in allen Ländern, die später gegen Deutschland Krieg geführt haben, die alles daran gesetzt haben, eine friedliche Entwicklung zu stören, so lange, wie der Kampf gegen Hitler von preußischen Generälen geführt wurde.« Nach seiner Überzeugung hätte man mit Männern wie Halifax oder mit Generalstabschef Gort, nicht aber mit Vansittart und Roosevelt »alles lösen können«.[253] Dies setzte freilich voraus, daß Hitler rechtzeitig gestürzt und Brünings Stellenwert als »Unterhändler« für die britische Seite aufgewertet worden wäre. London pflegte damals eine Vielzahl von Kontakten mit deutschen Hitler-Gegnern.

Für ein »festumrissenes Programm«

Das Ansehen und das politische Prestige des Exkanzlers schienen aufs ganze gesehen, wie die inoffiziellen Kontakte zu Astor und Dawson zeigen, angesichts der Spannungen auf dem Kontinent zu steigen. Er fühlte sich bei aller Sorge um die Entwicklung in Deutschland ermutigt, seine Sondierungen in England, Belgien, Holland und in der Schweiz fortzusetzen.

Mitte März, unmittelbar nach dem Anschluß Österreichs, suchte Brüning Churchill in dessen Londoner Wohnung in Morpeth Mansions gegenüber der Kathedrale von Westminster auf. Befriedigt stellte er fest, daß dieser bei aller Kritik am NS-Regime diesmal auf die gewohnten »deutschfeindlichen Ausbrüche« verzichtete. Er versuchte Churchill, der zu den schärfsten Gegnern von Premierminister Chamberlain in der Konservativen Partei gehörte, den Gedanken nahezubringen, daß Großbritannien die innenpolitische Entwicklung in Deutschland durch ein »festumrissenes Programm« beeinflussen und die heraufziehende außenpolitische Krise noch vermeiden könne. Er brauche seinerseits ein solches Programm, um es den »maßgeblichen Leuten im deutschen Heer« vorlegen zu können. Dies werde sie vielleicht veranlassen, einen Staatsstreich zu wagen.[254]

Die Haltung Churchills spiegelte die Stimmung von Teilen der britischen Öffentlichkeit wider, in der die antideutschen Gefühle wieder hochkamen, die schon Hitlers Machtübernahme begleitet hatten. Im Unterhaus hatte er am 14. März 1938, zwei Tage nach dem Anschluß Österreichs an das Deutsche Reich, unumwunden gefordert: »There must be a moral basis for British rearmament and foreign policy«. Diese Kreise empfahlen energischen Widerstand gegen weitere außenpolitische Zumutungen Hitlers, während Außenminister Halifax zu diesem Zeitpunkt noch intern Verständnis für das Vorgehen gegen Österreich äußerte und im Gegensatz zu Vansittart nicht damit rechnete, daß Hitler beabsichtigte, Deutschland zu einer mitteleuropäischen Großmacht mit beherrschendem Einfluß auf dem Balkan zu machen.[255]

Brüning wollte Churchill davon überzeugen, daß es möglich sei, die Wehrmachtführung zu einem Schlag gegen Hitler zu veranlassen, wenn die westlichen Großmächte bereit seien, einer Lösung der europäischen Grenzfragen, etwa des Korridorproblems, zuzustimmen, nachdem der polnische Außenminister August Zaleski schon im April 1932 – anscheinend während der Abrüstungskonferenz in Genf – eine gewisse Verständigungsbereitschaft angedeutet hatte. Dies geschah offensichtlich mit Rücksicht auf London und Washington. Brüning legte Churchill nahe, unbedingt die berechtigten deutschen Interessen, so wie er sie sah, ernstzunehmen, was diesen, wie er glaubte, nachdenklich machte.[256]

Die Grand Alliance

Churchill hatte gerade eine weithin beachtete, vier Bände umfassende Biographie seines Urahns, des Herzogs von Marlborough (1650-1722), neben dem Prinzen Eugen der bedeutendste Feldherr des Spanischen Erbfolgekrieges, veröffentlicht. Das Buch war nicht nur das Werk eines Historikers, sondern auch eines aktiven Politikers, der zeitgenössische Erfahrungen nicht verleugnete. Anspielungen auf aktuelle Vorgänge, auch Anregungen aus der Tagespolitik sind unübersehbar. Ohne Churchills Kritik an Lloyd George und Chamberlain als Repräsentanten des Appeasement ist das Werk nicht zu verstehen, vor allem nicht die Politik der damaligen Tories, die 1711 zur Abberufung Marlboroughs unter anderem auf Betreiben

Bolingbrokes führte. Die glänzenden Erfolge im Zusammenwirken mit dem Prinzen Eugen bei Höchstädt (1704), Malplaquet (1708) und Oudenaarde (1709) konnten daran nichts ändern. Marlborough, den Kaiser Joseph I. zum Fürsten von Mindelheim erhob, erscheint in Churchills Werk als der überragende Repräsentant der britischen Gleichgewichtspolitik auf dem Kontinent, sowohl als Feldherr wie auch als Politiker, während er die Rolle Bolingbrokes negativ bewertet. Mit seinem Urahn Marlborough identifizierte sich Churchill mehr als mit seinem Vater Randolph, dem er ebenfalls eine Biographie gewidmet hatte.

Gegen den Vorwurf seines Vetters, des Marquess of Londonderry (1878-1949), des ehemaligen Luftfahrtministers, er betrachte einen deutsch-englischen Krieg in absehbarer Zeit als unvermeidlich, verwahrte er sich im Mai 1938 mit dem Argument, Großbritannien habe sich seit 400 Jahren immer der stärksten Macht auf dem Kontinent entgegengestellt und sich zugleich um ein Bündnis mit den anderen Mächten bemüht. Ihn beherrsche keineswegs ein antideutsches Ressentiment. Vorläufig sah er freilich nicht die Aufgabe auf sich zukommen, eine internationale Allianz zusammenzuschmieden, vielmehr mußte er zunächst einmal eine Mehrheit für eine solche Politik im britischen Parlament womöglich unter seiner Führung zustande bringen. Londonderry, der wiederholt in Berlin gewesen und Hitler, Neurath, Ribbentrop und Göring begegnet war, hatte unter anderem in seinem nach dem Einmarsch der Wehrmacht in Österreich erschienenen Buch »Ourselves and Germany« behauptet, es sei für Großbritannien immer noch möglich, mit Hitler trotz »bestimmter Lehren totalitärer Art« zu einer Verständigung zu gelangen.[257]

Churchill galt gleichwohl als Verfechter einer »Grand Alliance« bestehend aus Großbritannien, Frankreich, Rußland, den Ländern der Kleinen Entente und anderen.[258] Er bedauerte es im Gespräch mit Brüning, daß der 1919 ausgehandelte Garantievertrag zwischen Frankreich, Großbritannien und den USA gegen einen unprovozierten Angriff Deutschlands nicht ratifiziert worden war, da sich der amerikanische Senat dieser defensiven Allianz widersetzt hatte. Die Gelegenheit, das Sicherheitsproblem von 1914 nachträglich auf friedliche Weise zu lösen, sei damals vertan worden. Wenn es wieder virulent werden sollte, bedürfe es noch größerer Anstrengungen als in der Vergangenheit. Schon 1929 hatte er die angeblichen Fehler von 1919 und die daraus resultierenden Gefahren in den zwanziger Jahren beschrieben: »Inzwischen erlag Frankreich, von England getrennt, von den Vereinigten Staaten verlassen, isoliert und in höchster Aufregung, militärischen Einflüssen und pochte auf seine unleugbar bewaffnete Überlegenheit. Die französische Ruhrbesetzung im Jahre 1923 und der daraus folgende Rückschlag auf das wirtschaftliche Wiedererstarken Deutschlands kann als der verhängnisvollste Augenblick seit Einstellung der Feindseligkeiten bezeichnet werden.« Deutschland habe zwar bittere Erfahrungen gemacht, aber die Fähigkeit, künftige militärische Erfolge zu erringen, keineswegs eingebüßt.[259]

Brüning ging nicht auf diese historischen Aspekte ein, registrierte aber um so aufmerksamer die Reaktionen Churchills auf seine dAusführungen. Man war sich, wie er glaubte, einig in dem Urteil über das NS-Regime. »Er war sehr gefaßt und ernst und sprach davon, die Gangster zu beseitigen und die europäische Lage zu festigen. Ich pflichtete ihm bei, dies sei wesentlich, denn nach ihrem Erfolg in Österreich und der Zustimmung der britischen öffentlichen Meinung müsse sich die Bande zwangsläufig in neue Abenteuer stürzen.« Brüning war von Churchills zuvorkommender Haltung angetan und freute sich, daß dieser ihn auch seiner Frau Clementine vorstellte. Allerdings bemerkte er, daß »Clemmie« bei aller Liebenswürdigkeit und allem Charme sich sehr »franzosenfreundlich« gab.[260]

Beratungen mit Goerdeler in Brüssel

Noch im März begab sich Brüning wieder auf den Kontinent, wo er auf dem Weg in die Schweiz in Brüssel und Nymwegen Station machte. In Brüssel begegnete Brüning überraschend Goerdeler im Büro Dannie Heinemans in der Rue de Naples, was ihm sehr gelegen kam, obwohl Goerdeler dort unangemeldet erschienen war. Sie hatten in Amerika verabredet, bei nächster Gelegenheit, wenn sie wieder in Europa seien, die innere Situation in Deutschland eingehend zu erörtern. Die Nachrichten, die Goerdeler aus Deutschland über den Verlauf der Blomberg-Fritsch-Krise mitbrachte, deuteten auf einen Machtkampf zwischen Göring, Himmler, Goebbels und Hitler hin.

Brüning und Goerdeler stellten fest, daß diese Hintergründe trotz der Pressemeldungen über die Affäre Blomberg in den verantwortlichen politischen Kreisen in London und Washington weitgehend unbekannt waren, obwohl Freunde Goerdelers detaillierte Nachrichten über die Vorgänge dorthin lanciert hatten. Goerdeler selbst hatte Mitte Januar, vierzehn Tage vor dem Ausbruch der Krise, einen längeren Meinungsaustausch mit Beck und Fritsch gehabt, bei denen er seine politischen und militärischen Beobachtungen im Ausland schilderte. Die beiden Generäle waren zu diesem Zeitpunkt über Hitlers Angriffspläne unterrichtet gewesen. Brüning bestätigte nach dem Kriege, »durch einen amerikanischen Herrn« dauernd mit Fritsch in Verbindung gestanden zu haben. Fritsch, Rundstedt und eine Reihe von anderen Generälen hätten, unter anderem durch ihn, Brüning, bis zur Besetzung von Prag versucht, Garantien der Alliierten für eine militärische Zurückhaltung im Falle eines Putsches zu erhalten.[261]

Auch mit dem neuen Oberbefehlshaber v. Brauchitsch hatte Goerdeler gesprochen. Die beiden Politiker waren sich einig, daß Fritsch es versäumt hatte, auf die Vorwürfe wegen seines angeblich moralisch zweifelhaften Privatlebens mit einer energischen Gegenaktion zu reagieren und sich der Loyalität des Generalstabs zu versichern. Die Unterstützung Fritschs durch Canaris, der Material zur Entlastung des Generals beschafft hatte, scheint diesem wenig genützt zu haben. Hitler behielt die Oberhand in der Affäre und konnte so das Revirement erfolgreich beenden, um seine Machtstellung zu verstärken. Dies geschah unter anderem im Zeichen seines erfolgreichen Schlages gegen Österreich, den er mit einer triumphalen Inszenierung auf dem Heldenplatz in Wien am 15. März 1938 abschloß.

Goerdeler hatte vergeblich versucht, einige der Generäle, denen er vertraute, zum offenen Protest zu bewegen. Das Zögern Becks dürfte für diesen Mißerfolg ausschlaggebend gewesen sein. Brüning fragte kritisch nach der Rolle von Goebbels und Himmler in diesen Auseinandersetzungen. Er wollte wissen, auf welche Seite sie sich bei einem Konflikt zwischen Hitler und der Wehrmacht schlagen würden. Nach Ansicht Goerdelers wollte Goebbels Göring auf ein politisches Abstellgleis schieben, da

Hitler dessen Wunsch, die Nachfolge Blombergs anzutreten, nicht erfüllt und ihn lediglich zum Feldmarschall, dem formell höchsten Rang innerhalb der Wehrmacht, nicht aber zum Oberbefehlshaber ernannt hatte. Goerdeler berichtete auch von einer Auseinandersetzung zwischen Goebbels und Hitler Ende Januar 1938.

Brüning und Goerdeler waren sich in ihrer Brüsseler Unterredung, die einige Stunden dauerte, darin einig, daß die einzige Chance, das Regime zu schwächen oder Hitler zu beseitigen, in einem Eingreifen des Militärs bestand. Goerdeler vermutete, daß die Repräsentanten des Regimes ihrerseits einen Militärputsch fürchteten, was zumindest für Hitler zutraf. Sie erörterten auch die Frage, welche Persönlichkeiten für künftige Führungsaufgaben geeignet seien. Sie diskutierten die Frage, ob ein Regime Göring als Übergangslösung für eine Rückkehr zu verfassungsmäßigen Zuständen, etwa zu einer monarchischen Restauration, denkbar sei. Ob sie die Entschlossenheit der oppositionell gesinnten Generäle überschätzten, ist schwer zu entscheiden. Sie waren skeptisch, doch wußten sie, daß nur von dieser Seite ernsthafter Widerstand gegen das Regime zu erwarten war.

Brüning hoffte sehr lange, ja bis Kriegsende, darauf, daß das Militär dem Hitler-Regime ein Ende setzen würde. Ermutigende Zeichen aus dem Ausland hätten dies nach seiner Überzeugung fördern können. Brüning gestand Goerdeler, daß er seit 1934 vergeblich die Regierungen Baldwin und Chamberlain zu bewegen versucht hatte, mit oppositionellen Wehrmachtskreisen in Kontakt zu treten. Er war skeptisch, ob ein weiterer Versuch in dieser Richtung, den Goerdeler unternehmen wollte, erfolgreich sein werde. Er bot ihm aber an, ihn bei Churchill einzuführen, wenn er sich wieder in London aufhalte. Brüning billigte dessen Absicht, die Briten um eine indirekte Rückendeckung der militärischen Opposition in Deutschland zu ersuchen. Er hielt Churchill für den kommenden Mann der britischen Politik, der sich schon jetzt eines großen Einflusses in militärischen Kreisen erfreue. Diese sähen ihn, so vermutete er, bereits als Nachfolger Chamberlains.[262] Dagegen hielten ihn andere für einen politisch toten Mann, unter anderem der frühere deutsche Botschafter v. Ribbentrop. Er hatte erfahren, daß Churchill angeblich hoch verschuldet war, was in der Botschaft Überlegungen veranlaßte, dem Politiker diskret finanziell zu Hilfe zu kommen. Ribbentrop betrachtete ein solches Unterfangen für reine Verschwendung und lehnte es ab.[263]

Die Brüsseler Begegnung offenbarte Gemeinsamkeiten und Gegensätze zwischen den beiden Politikern. Sie hielten es für ausgeschlossen, Hitler durch eine Volksbewegung, gar durch eine Revolution zu beseitigen. Das war auch die Ansicht anderer Beobachter an Ort und Stelle. Die Mittel für Agitation und Propaganda befanden sich in den Händen der Gegenseite, des NS-Regimes. Massenbewegungen waren in absehbarer Zeit Sache der Nationalsozialisten, die aus dieser Richtung vorerst nichts zu befürchten hatten. Dies zeigten alle Versuche vor allem von kommunistischer oder sozialdemokratischer Seite, vom Ausland her eine linke Volksbewegung im Innern zu organisieren. Die Hoffnung auf die Wehrmacht mutet daher in der Rückschau nur auf den ersten Blick illusionär an, nicht zuletzt angesichts der Ereignisse des 20. Juli 1944 in Deutschland. Tatsächlich aber hätte allein ein militärischer Umsturzversuch nach Lage der Dinge erfolgreich sein können.

Allerdings handelte es sich sechs Jahre zuvor noch nicht darum, die Gewaltherrschaft mitten im Kriege durch militärische Mittel zu brechen, sondern darum, den

Krieg mit derartigen Mitteln zu verhindern. Brüning und Goerdeler hielten die letztere Möglichkeit immer noch für gegeben. Während Goerdeler allerdings eine Katastrophe für Deutschland in einem kommenden Krieg für sicher hielt, glaubte Brüning eher daran, daß Hitler zumindest beträchtliche Anfangserfolge erringen würde. Die Differenz hinderte sie nicht, ihre Bemühungen zu koordinieren. Die Frage war, was sie tun konnten, um ihre Vorstellungen zu realisieren. Dem eigentlichen Entscheidungszentrum standen sie fern. Sie sahen sich immer wieder darauf verwiesen, ihr gemeinsames Ziel auf verdeckten Wegen zu verfolgen.

Dies galt noch mehr für Brüning als für Goerdeler, der sich vorerst noch ungehindert im In- und Ausland bewegen konnte. Brüning hielt es jedoch für angezeigt, Goerdeler davor zu warnen, sich beispielsweise in der Öffentlichkeit zusammen mit einem Agenten des britischen Geheimdienstes sehen zu lassen, der von deutschen Spitzeln auf den Kanalschiffen erkannt werden könnte. Der mißtrauische Brüning, der schon das plötzliche Auftauchen Goerdelers in Heinemans Büro verwundert registriert hatte, nahm besorgt die Leichtfertigkeit und Unvorsichtigkeit Goerdelers wahr, die diesem und anderen Verschwörern des 20. Juli 1944 später zum Verhängnis werden sollten.

Er wußte, vermutlich im Gegensatz zur Londoner Regierung, daß Goerdeler in Verbindung mit Canaris stand. Als Chef der Gegenspionage schien dieser, wie Brüning glaubte, die Erkenntnisse seines ausgedehnten Telefonüberwachungssystems vor 1933 zeitweise den Nazis im Kampf gegen gemäßigte Politiker zugänglich gemacht zu haben. Brüning hielt ihn für einen außergewöhnlich begabten Doppelagenten, der seine wahre Gesinnung hinter verschiedenen Masken verberge. Er wußte auch, daß ein bekannter Geheimdienstler aus der Zeit des Ersten Weltkrieges wie Kurt Jahnke (Zebu) für Canaris arbeitete.

Das persönliche Verhältnis zwischen dem Exkanzler und dem früheren Reichskommissar für die Preisüberwachung bis zum 1. Juli 1935 war sonst durchaus spannungsfrei, obwohl er später, im April 1941, mit Verwunderung und Entsetzen von Dannie Heineman erfuhr, daß sich dieser mit ihm regelmäßig getroffen hatte, was die Gestapo mit großer Wahrscheinlichkeit erfahren hatte. Er bezeichnete Goerdelers Verhalten als naiv, ohne dessen Integrität zu bezweifeln. Mit Recht hat man festgestellt, daß sich die beiden Politiker im Hinblick auf das unpolitische Sachlichkeitsideal gegenseitig kaum etwas vorwerfen konnten. Brüning hatte nicht vergessen, daß Goerdeler es im Mai 1932 abgelehnt hatte, in das Kabinett Papen als Wirtschafts- und Arbeitsminister einzutreten. Allerdings versagte sich Frau Goerdeler, die ihren Mann nach Brüssel begleitet hatte, nicht die spitze Bemerkung, Brüning hätte ihn im Januar 1933 nicht davon abhalten sollen, in die Regierung Hitler einzutreten. Bis zu seinem Tode verzieh sich Goerdeler diese Entscheidung nicht, weil er glaubte, er hätte damals das Unheil verhindern können.[264]

Audienz bei König Leopold III.

Während seines Brüsseler Aufenthaltes wurde Brüning von König Leopold III. empfangen, der ihn über seine Sorgen unterrichtete, daß bald ein Krieg ausbreche, der sein Land zum Opfer eines Angriffs machen werde. In diesem Zusammenhang ist daran zu erinnern, daß Belgien Mitte der dreißiger Jahre zu seiner Neutralitätspolitik zurückkehrte und vor allem nach der Kündigung des Locarnovertrages und der Besetzung des Rheinlandes durch die Wehrmacht an einem Ausgleich mit Deutschland interessiert war. Brüning versuchte, den Monarchen davon zu überzeugen, daß eine feierliche Garantieerklärung Englands gegenüber Deutschland dies verhindern könnte. Zugleich versicherte er ihm, daß der deutsche Generalstab den Krieg nicht wolle, was den König keineswegs beruhigte. Brüning nahm die Gelegenheit wahr, die nach seiner Ansicht naive Politik des Kabinetts van Zeeland gegenüber Deutschland zu kritisieren, so sehr er die Autorität des Ministerpräsidenten als Wirtschaftsfachmann anerkannte. Ministerpräsident Paul van Zeeland (1893-1973) hatte Ende 1936 London gebeten, Deutschland bei der Überwindung seiner wirtschaftlichen Schwierigkeiten zu unterstützen.

Die belgische Regierung hatte im übrigen am 2. April 1935 den belgischen Franken um 28 Prozent abgewertet, was nach Brünings Ansicht nicht ausreiche, um die Wirtschaftskrise des Landes zu bannen. Leopold bat Brüning, ein Exposé über die außenpolitische Lage zu verfassen. Darin riet jener unter anderem zu Zollvereinbarungen Belgiens mit den Nachbarstaaten, ohne Deutschland namentlich zu erwähnen, unter Mißachtung der unbedingten Meistbegünstigung für die Dauer der Krise. Außerdem empfahl er eine weitere Abwertung, die einer künftigen Festlegung der Parität zwischen Pfund und Dollar entsprechen sollte.[265]

Dies zielte unter anderem darauf, auch Deutschland in das System einer »Gruppenlösung« einzubeziehen und den Handelsaustausch zwischen den beiden Ländern auf Clearing-Basis, d. h. auf einen Handel auf Devisenbasis umzustellen. Brüning versprach sich von einer Liberalisierung der Handelsbeziehungen eine Milderung der außenpolitischen Spannungen. In ihrem Gefolge hätte sich auch eine Abwertung der Mark ergeben können, die die deutsche Aufrüstung begrenzt, wenn nicht gar beendet hätte.

Vorbehalte gegen die deutsche Widerstandsbewegung

Brüning machte unverzüglich Gebrauch von den Informationen seines »ehemaligen Mitarbeiters«, gemeint war Goerdeler – und von den Erkenntnissen, die er bei dem Gespräch mit dem belgischen König gewonnen hatte. Er sah sich in seinem Urteil über die britische Politik abermals bestätigt, wie er Mona Anderson wissen ließ.[266] Entscheidend für ihn war der Umstand, daß die Engländer von sich aus nicht die Verbindung zu oppositionellen Gruppen in Deutschland suchen oder sie gar zu aktivem Handeln ermutigen wollten. So war sein alter Freund Church lediglich interessiert gewesen, ihn selbst für die britische Propaganda gegen die Nazis zu gewinnen. Während des Krieges bekundete Church in seinen öffentlichen Stellungnahmen eine geradezu feindselige Haltung gegen ihn.

Diese Aufgabe hätte einem entschiedenen Parteipolitiker, der im Ausland politische Freunde suchte, näher gelegen. Aber selbst die Politiker der Linken, die vom Ausland her Propaganda gegen das Nazi-Regime machten, erreichten rasch die Grenze ihres politischen Einflusses in ihren Gastländern. Sie taten sich in dieser Hinsicht ebenso schwer wie jene aus dem bürgerlichen Lager. Eine »Deutschlandpolitik«, die die unterschiedlichen Emigrantengruppen für die jeweiligen Ziele der Regierungen einspannte, betrieb man sowohl in London als auch später in Washington bis in die Kriegszeit hinein. Das »wahre Deutschland« blieb in dieser Sicht eine unbestimmbare, illusionäre Größe. Daran änderte auch der Umstand nichts, daß Spieckers »Deutsche Freiheitspartei« sich durch den gleichnamigen Titel ihrer »Auslandsblätter« dazu ausdrücklich bekannte. Der Platz, den es einnehmen sollte, wäre dann wieder die Sache der Deutschen selbst gewesen, was man allenfalls für einen Ausdruck angelsächsischer Fairness halten konnte.

Brüning hielt die britische Indolenz, die er allenthalben wahrzunehmen meinte, für verhängnisvoll. Er war sichtlich bestrebt, auf der internationalen Ebene im Gespräch zu bleiben, was ihm nur in begrenztem Maße gelang. Den Deutschen einen bestimmten Platz in Europa einzuräumen oder gar anzuweisen, war nicht Sache der Engländer in einer Situation, in der sie die militärische Macht des Dritten Reiches zu fürchten hatten. Dies stand erst nach dem Ende des Zweiten Weltkrieges auf der Tagesordnung. Es ist bemerkenswert, daß Churchill zu den wenigen einflußreichen britischen Politikern zählte, die sich vor Ausbruch des Krieges überhaupt für die Opposition in Deutschland interessierten.

Um über die politische Entwicklung in der Heimat informiert zu bleiben, traf sich Brüning wenige Tage später in Nymwegen mit Bernhard Letterhaus, dessen Urteil und Informationen ihm sehr wichtig waren. Ihm traute er bedeutende politische Führungsaufgaben für die Zukunft zu. Mit ihm war er sich unter anderem darin einig, daß die Zentrumspartei nach dem Krieg nicht wieder aufleben sollte. Ihn sah er, wie erwähnt, vor Ausbruch des Krieges mehrfach in Holland. Über die Schweiz stand er mit ihm bis 1942 in Verbindung. Letterhaus meinte bei dem Treffen von 1938 resigniert, daß es innerhalb Deutschlands keine nennenswerten Kräfte gebe, die gesonnen seien, sich Hitlers Politik entgegenzustellen. Darin unterschied er sich von Goerdeler, der in dieser Hinsicht weniger pessimistisch gestimmt war.

Auch von anderer Seite, von dem ehemaligen Zentrumsabgeordneten Hermann Joseph Schmitt, erfuhr Brüning, daß die gesamte Wehrmachtführung unter keinen Umständen einen Bürgerkrieg riskieren wolle, selbst dann nicht, wenn ein regionaler Aufstand ausbrechen sollte. Die Nachrichten waren niederschmetternd: Die Wehrmacht wolle Hitler so lange stützen, wie sie als staatliche Institution nicht gefährdet sei. Politische Kritik äußere sie grundsätzlich nicht, sie gebe sich damit zufrieden, wenn sie zu weittragenden politischen Maßnahmen überhaupt gehört werde. Politik sei für sie Parteipolitik, die sie ablehne. Unter diesem Gesichtspunkt mißbilligten die Militärs freilich auch die Unterdrückungsmaßnahmen des Regimes. Die staatserhaltende Rolle der Wehrmacht, einschließlich des Willens, die angeblichen »Errungenschaften« der jüngsten Zeit zu sichern, bildete nach der herrschenden Meinung der höchsten Offiziere die *raison d'être* der Wehrmacht.

Der gemeinsame Nenner dieser fragwürdigen staatskonservativen Haltung war eine angeblich monarchistische Einstellung von, wie es hieß, »100 Prozent der Offiziere«, die allerdings keineswegs ein wirkliches politisches Programm verfolgten. Die Wehrmacht werde für eine Restauration der Monarchie den Bürgerkrieg nicht riskieren, lautete die Nachricht. Von »chaotischen Kräften« erwarte sie nur Gefahren für den Bestand des Staates. Eine andere Frage sei ihre Haltung, wenn eine breite Volksbewegung das Dritte Reich in ein Viertes Reich überführen wolle.[267] Unverkennbar war eine diffuse Hoffnung auf einen neuen Konsens der Gesellschaft, für die die Wehrmacht in ihrem Selbstverständnis gleichsam das Vorbild sein wollte. Von einem Willen, das eigene Gewicht gegenüber der »Politik« des Regimes auszuspielen, war hingegen nichts zu erkennen.

Goerdeler beurteilte die Haltung der führenden Offiziere angesichts der Krise um Blomberg und Fritsch und vor dem Hintergrund des Konflikts mit der Tschechoslowakei anders. Er glaubte, daß der drohende Krieg gegen eine übermächtige Allianz zwangsläufig die Wehrmacht in ihrem »unpolitischen Selbstverständnis« herausfordern werde. Im Ausland verstieg er sich gelegentlich zu der Behauptung, in Deutschland wolle niemand außer Hitler den Krieg. Auch Brüning wollte die gemeinsame Sache der Hitlergegner noch keineswegs für verloren geben. Die Wehrmacht blieb für ihn die einzige Kraft, die Hitler innenpolitisch gefährlich werden konnte.

Nicht von ungefähr lagen die Wurzeln der späteren militärischen Widerstandsbewegung in den Vorgängen um den sogenannten Röhm-Putsch von 1934 und in der Blomberg-Fritsch-Krise im Januar/Februar 1938. Brüning nahm ebenso wie Goerdeler mit seinen Überlegungen spätere Einsichten der militärischen Widerstandsbewegung vorweg. Beide wußten, daß die Machtfrage nur militärisch zu lösen war, und daß die größte Chance für eine militärische Lösung so lange gegeben war, als die Wehrmacht ihr Gewicht einsetzen konnte, um sich einem militärischen Abenteuer zu widersetzen. Dieser Ansicht waren auch führende oppositionelle Militärs wie Halder und Beck. Das Regime hätte sich in diesem Falle durch Aufrüstung und Kriegsvorbereitung seinen Untergang selbst bereitet.

Goerdelers Bemühungen um ein »Maximalangebot« des Westens an die Wehrmacht

All dies lag auch in der Konsequenz der Überlegungen Brünings. Zunächst aber verfolgte er seine bisherige Linie weiter und setzte seine Sondierungen fort. Als er am 23. März von seinem Besuch in den Niederlanden nach England zurückkehrte, nahm er wieder Kontakt zu Churchill auf und vereinbarte mit ihm ein gemeinsames Treffen mit Goerdeler, der sich gerade in London aufhielt. Anlaß war ein Vortrag über »Wirtschaft und öffentliche Verwaltung« auf Einladung des Londoner »Institute of Public Administration«.

Vorgesehen war ein Mittagessen in Old Surrey Hall am Sonntag, dem 3. April 1938. Die Begegnung war von Brüning und den Andersons sorgfältig vorbereitet worden, als ein Anruf aus dem Foreign Office am Tag zuvor in Old Surrey Hall ankam, demzufolge Goerdeler angeblich telegraphisch nach Berlin gerufen worden sei. Brüning veranlaßte die Hausherrin, Mrs. Anderson, Goerdeler in seinem Hotel anzurufen. Dieser war jedoch nicht erreichbar. Die angebliche Abreise wurde von einer Bekannten, der Frau des ehemaligen Leiters des Deutschen Studentenwerks Reinhold Schairer, der seit 1933 in London lebte und eine Zeitschrift unter dem Titel »Neue Post aus England« herausgab, bestätigt, während der Hotelpage dem widersprach. Als Brüning am nächsten Vormittag mit Frau Goerdeler telefonierte, bestätigte auch diese den Wink aus dem Foreign Office, teilte aber mit, daß ihr Mann Churchill gern an einem anderen Ort und nicht unbedingt in Gegenwart Brünings treffen würde. Schairer war mit Goerdeler eng befreundet und leistete ihm als Vertrauensmann in London häufig Hilfsdienste, unter anderem unterhielt er Verbindungen zu Vansittart. Schairer hatte Goerdeler mitgeteilt, daß Vansittart das Treffen nicht wünschte.

Brüning befand sich gegenüber Churchill in einer peinlichen Lage. Dieser wartete im Hause der Andersons drei Stunden vergeblich auf Goerdeler. Brüning erklärte, daß Goerdeler nach Deutschland gerufen worden sei und deshalb nicht kommen könne, unterließ aber nicht den Hinweis, daß dies möglicherweise auf Machinationen politischer Gegner zurückzuführen war. Goerdeler habe auch Außenminister Lord Halifax gesehen, der erst seit dem 25. Februar, nach dem Rücktritt Edens wegen der Italienpolitik Chamberlains, im Amt war. »Churchill sagte, Halifax habe ihn angerufen und ihm nahegelegt, mit Goerdeler zu sprechen, und er habe Halifax mitgeteilt, wir hätten bereits ein Treffen vereinbart. Halifax sei sehr erfreut gewesen.« Churchill sah sich düpiert, wenn nicht gar vorgeführt und verabschiedete sich bald nach dem Essen.[268]

Das Ergebnis der Unterhaltung war bescheiden. Brüning wiederholte noch einmal seine bekannten Vorschläge und hätte notfalls die Namen der Befehlshaber der Wehrmacht genannt, die nach seinen Informationen bereit waren, ein »Maximalangebot« der britischen Regierung entgegenzunehmen. Churchill bezweifelte, daß das Kabinett Chamberlain überhaupt noch zu einem festen Entschluß gelangen werde. Er lud Brüning ein, demnächst wieder einmal sonntags nach Chartwell zu kommen und kündigte an, er werde sich seinerseits wegen des Termins über die Andersons an ihn wenden.

Goerdeler hatte sich klug verhalten, als er den Termin angesichts der für ihn unübersichtlichen Lage verstreichen ließ. Die beabsichtigte Begegnung mit Churchill und Brüning war zur Unzeit Personen bekanntgeworden, die dies zu verhindern suchten und unter Umständen einen Hinweis an die deutschen Behörden gelangen lassen konnten. Es war außerdem unklar, ob man ein Treffen Goerdelers mit Churchill verhindern wollte oder ob sich die Aktion allein gegen die Anwesenheit Brünings richtete. Bedeutsam war, daß Goerdeler vor dem 3. April außer mit Halifax auch mit Vansittart, Chamberlain und anderen zusammengetroffen war, was für die erste Möglichkeit sprach.[269]

Einen Tag nach dem abgesagten Termin vom April kam Goerdeler zu Brüning, um sein Verhalten zu erklären. Er bat, ihn auch bei den Andersons und bei Churchill zu entschuldigen. Seinen Wunsch, Churchill noch am selben Tag zu sehen, konnte Brüning nach dem Vorangegangenen nicht erfüllen, sagte aber zu, im nächsten Sommer eine neue Begegnung vorzubereiten.[270] Eine Begegnung zwischen Goerdeler und Churchill sollte erst im Mai 1939 zustande kommen. Bei dieser Gelegenheit ließ sich der Brite ausführlich über die innerdeutsche Opposition unterrichten, ebenso wie kurze Zeit später, als ihn Fabian v. Schlabrendorff in Chartwell besuchte. Es ist bekannt, daß Schlabrendorff Churchills Frage, ob er für eine erfolgreiche Aktion des Militärs einstehen könne, verneinen mußte.[271]

Am 7. April meldete sich Erwin Schuller, Vertreter der englischen Investitionsbank auf dem Kontinent, der mit der deutschen Opposition sympathisierte, bei Brüning. Er informierte ihn über das Echo, das die Gespräche Goerdelers mit englischen Regierungsstellen gefunden hatten. Insbesondere die Ansicht Robert Brands, des Generaldirektors von Lazard Bros. und Direktors im Verlag der Times, teilte er ihm mit. Um die Gegenseite zu einem Entschluß zu bringen, seien Verhandlungen von etwa einem Jahr erforderlich. Brüning gestand, er sei schuld daran, daß Goerdeler auf eine rasche Entscheidung gedrängt habe. Allerdings sei damit zu rechnen, daß die »letzten besonnenen Generale« ihren Einfluß in Berlin bald verlieren würden, wenn nicht in den nächsten zwölf Monaten ein Umschwung eintrete.[272]

So fragwürdig die Bemühungen Brünings und Goerdelers in Zielsetzung und Methode auch sein mochten, so kann man ihnen doch den Willen nicht absprechen, den Krieg, den sie in absehbarer Zeit erwarteten, doch noch zu verhindern. Ihre Kontakte zu hochrangigen Repräsentanten von Politik und Wirtschaft in London hätten große politische Bedeutung gehabt, wenn sie als autorisierte Sprecher einer formierten deutschen Militäropposition hätten auftreten können. Dies war nicht der Fall, so sehr sich beide um einen Rückhalt bei der Wehrmachtführung bemühten. Erst die Blomberg-Fritsch-Krise gab, wie sich später herausstellte, das entscheidende Signal für den Beginn des organisierten militärischen Widerstandes.[273]

Das Ende der Stresa-Front

Goerdeler betrieb weiterhin seine weitgespannten Sondierungen. Von London reiste er nach Paris, wo er noch kurz vor dem Sturz des Kabinetts Léon Blum mit hohen Beamten der Regierung zusammentraf.[274] Auch Brüning setzte seine diskreten Konsultationen fort, obwohl er fürchtete, die Wehrmacht werde sich nicht rühren, wenn die anderen Regierungen nicht unmittelbar an sie heranträten, um direkte Unterhandlungen zu führen.[275] Im April teilte er Stimson mit, daß nach seiner Ansicht innerhalb der nächsten zwölf Monate mit Krieg in Europa zu rechnen sei, wenn nicht die letzten Chancen, das Unheil abzuwenden, genutzt würden. Es sei zu befürchten, daß die politische Führung des Dritten Reiches das bisherige Verhalten Großbritanniens und Frankreichs als Ermunterung zu weiteren außenpolitischen Abenteuern auffasse. Er kritisierte auch das Zögern Großbritanniens, ein Abkommen mit Mussolini zu schließen, und behauptete, daß die Haltung Londons den Anschluß Österreichs an Deutschland ermöglicht habe. Immerhin hatte Mussolini noch 1934 einen nationalsozialistischen Umsturz nach der Ermordung von Bundeskanzler Dollfuß verhindert.

Brüning sagte voraus, daß die »Aufsplitterung der Tschechoslowakei unter legalen Gesichtspunkten so geregelt werden wird, daß die Franzosen nur schwer eingreifen können«.[276] Unverkennbar war Brünings Empfehlung, Mussolini unter allen Umständen in der sogenannten Stresa-Front zu halten, die 1935 gegen die Hitlerschen Aufrüstungspläne zustande gekommen war. Die Konferenz von Stresa hatte ein weitgehendes Einverständnis der Westmächte mit Italien erbracht. Auch Churchill wollte das bisherige Einvernehmen Londons mit dem Duce bewahren, um das außenpolitische Gewicht Hitlers nicht unnötig zu verstärken.[277] Tatsächlich entschloß sich Mussolini erst nach der Kapitulation Belgiens, dem Fall von Calais und der Evakuierung Dünkirchens am 4. Juni 1940 an der Seite Hitlers in den Krieg einzutreten, was sechs Tage später geschah.[278]

Die führenden englischen Politiker kannte Brüning gut genug, um zu wissen, daß sie keine Sympathien für Hitler empfanden und das NS-Regime ablehnten. Gegenüber Roland de Margerie, dem ersten Sekretär der Französischen Botschaft in London, beklagte er, daß Engländer gewöhnlich nur ungern offen redeten, etwa nach dem Einmarsch der Wehrmacht in Österreich. Damals habe die Londoner Regierung mit Rücksicht auf die öffentliche Meinung darauf verzichtet, in größerem Umfang Reservisten einzuberufen.[279]

Den Einmarsch der Wehrmacht in Österreich verurteilte Brüning, auch wenn er den Anschluß Österreichs unter anderen Umständen kaum abgelehnt hätte. Gegenüber seinem Freund Patrick Barry kritisierte er indessen scharf die Haltung der österreichischen Bischöfe bei der Besetzung des Landes, während er den Mut ihrer deutschen Amtsbrüder lobte, die es abgelehnt hatten, mit den Österreichern – zwecks Bildung einer gemeinsamen Bischofskonferenz – zusammenzutreffen.[280]

Vorlesungen und Seminare in Oxford

Im Sommer 1938 wandte sich Brüning jenen Aufgaben zu, die ihn zu Anfang des Jahres nach Europa zurückgeführt hatten. Er hielt die geplanten Vorlesungen und Seminare am Queen's College in Oxford, wo er sich besonders wohl fühlte. Oxford empfand er als noch sympathischer als die Schwesterstadt Cambridge, so sehr ihm das dortige Trinity College gefiel. Oxford, die älteste Universitätsstadt Englands, erinnerte ihn atmosphärisch ein wenig an das heimatliche Münster. Er glaubte sogar, eine Verwandtschaft in der religiösen Tradition der beiden Städte zu erkennen. In Oxford stieß er außerdem auf die Spuren Walter Paters, der einst dem Queen's College angehört hatte. Gerne erinnerte er sich an die Lektüre von dessen Schriften über Lakedaimon und Kreta in seiner Straßburger Zeit.

Die heimatlichen Gefühle, die ihn dort überkamen, ließen vorübergehend sogar eine antipreußische Stimmung bei ihm aufkommen: »Die gesamte Kultur im nordwestlichen Deutschland, die der hiesigen so nahe steht, ist untergegangen, seit wir vor 130 Jahren von Preußen erobert wurden. Darunter leiden wir heute noch. Die neuen öffentlichen Gebäude wurden von Beamten aus den weiten Ebenen des Ostens entworfen und ohne Rücksicht auf ihre Umgebung errichtet.«[281]

Die Arbeit in Oxford ließ ihm Zeit, über seine persönliche Lage nachzudenken. Er mache sich oft Gedanken über die »Bedeutung der Heimat«, gestand er Mona Anderson, und habe das Gefühl, daß die emotionale Bindung an das Vaterland, in dessen Dienst er auch im Exil wirken wolle, sich allmählich verflüchtige. Diese Bindung sei für ihn vielmehr zu einem »Konzentrations- und Willensakt« geworden: »Immer mehr löse ich mich aus den normalen Banden, die für die meisten Menschen den Begriff Heimat bilden. Für mich ist sie eine Idee ...«[282]

Brüning mußte sich eingestehen, daß er sich seit längerem, seit 1919, vielleicht auch schon seit 1915, innerlich von Münster und von Westfalen entfernt hatte. Jetzt aber, in Oxford, wurden Erinnerungen an die Jugendzeit wieder wach. Er hatte das Bedürfnis, zumindest vorübergehend in Distanz zur politischen Gegenwart zu gehen. Die Loyalität gegenüber seinem Vaterland blieb ihm selbstverständlich. Der Haß mancher Emigranten auf Deutschland erfüllte ihn dagegen mit Abscheu. Er mied jene Emigrantenkreise, denen man nachsagte: »Ils vomitaient l'Allemagne«. In diesem Punkt war er sich einig mit den Brüdern Mann.[283]

Den Aufenthalt im Queen's College empfand er trotz aller Sorgen und Beschwernisse als angenehm. Der hübscheste Teil sei die Bibliothek, auf die er von den Fenstern seines Zimmers sehen konnte. Die Dozententätigkeit kam seinem Bedürfnis entgegen, politische Grundlagenprobleme der Zeit näher zu untersuchen. Wissenschaftlich gesehen bedeutete dies, erneut über das Problem Diktatur und Demokratie zu reflektieren, die Chancen zu prüfen, die das demokratische System angesichts der totalitären Herausforderung besaß oder auf einer theoretischen Ebene zu entfalten vermochte. »The essence of any political system is to create a lead and to create a willingly accepted authority«. Demnach kam es darauf an, die demokratische Legitimation mit einer funktionierenden Staatsführung zu verbinden. Der Oxford-Dozent vermerkte, daß viele Teilnehmer seines Seminars über gute Kenntnisse verfügten, was er von den Studenten, die er in Harvard kennengelernt hatte, nicht sagen konnte.

Neben seinem Seminar hielt er sieben öffentliche Vorlesungen über das Demokratie-Problem, das er in politischer, sozialer, ethischer und religiöser Hinsicht beleuchtete. Den historischen Hintergrund bildeten stets seine eigenen Erfahrungen als aktiver Politiker. Die Vorträge dienten ebenso wie jene Lectures, die er in Amerika hielt, immer auch dem Zweck, seine einstigen Bemühungen als Reichskanzler zu rechtfertigen, eine totalitäre Diktatur in Deutschland zu verhindern. Daraus leitete er bestimmte Forderungen ab, die die nach seiner Ansicht gefährdeten Demokratien befähigen sollten, sich gegenüber dem Totalitarismus zu behaupten. Notfalls müßten die persönlichen Freiheiten und die traditionellen Rechte des Parlaments eingeschränkt werden.

Das Thema war in England, in ganz Europa, aktueller als in den USA, wo das politische Denken, wie Brüning feststellte, von der Überlegenheit des *American way of life* entscheidend geprägt war. Manches, was er in den letzten Jahren für wahr und richtig gehalten hatte, war ihm allmählich fragwürdig geworden. Dies galt nicht für seine Gegnerschaft zu Hitler und zum Nationalsozialismus. Sie beruhte nicht nur darauf, daß ihn das Regime seit langem seinerseits als Feind ausgemacht und ihn letztlich in die Emigration getrieben hatte, als es ihm nach dem Leben trachtete. Er hatte die Gefährlichkeit der NS-Ideologie und der Politik Hitlers erkannt, nachdem sich seine früheren Analysen als fehlerhaft erwiesen hatten. Noch kritischer stand es mit der Frage nach einem angemessenen Verständnis der Demokratie und ihrer Überlebensfähigkeit. Er mußte sich eingestehen, daß er hier manches nachzuholen hatte.

Das »faschistische Argument«

Sein altes Thema »Führung und Gefolgschaft in der Demokratie« nahm er in Oxford und im folgenden Winter auch in den USA wieder auf, um das »faschistische Argument« zu widerlegen. »Man kann sämtliche Aspekte der totalitären Idee verwerfen, wie ich es tue, aber man kann die Stärke des faschistischen Arguments, daß die Nachkriegsdemokratie keine starke, überzeugende Führung hervorgebracht habe, nicht leugnen.« Der Gedanke der politischen Führung, auf die kein Staat verzichten könne, wenn er nicht seine Existenz aufgeben wolle, schien ihm unter der formalen, gleichsam rohen Herrschaft des Mehrheitsprinzips nicht gelöst. Die demokratischen Regierungen müßten die öffentliche Meinung in ihren Ländern anführen, statt ihren Stimmungen zögernd und defensiv zu folgen. Es ging ihm um das innere Entwicklungsprinzip, um das *telos* des Gemeinwesens, das der Aktionismus der faschistischen Bewegungen nach dem Ersten Weltkrieg in Deutschland und Italien zum Nachteil des demokratischen Prinzips freigesetzt hatte.

Die Einsicht, daß jedes Gemeinwesen nicht nur eine funktionierende Ordnung brauche, sondern auch eine Geschichte habe und deshalb einen Weg in die Zukunft suchen müsse, hoffte er mit dem demokratischen Prinzip zu verbinden. Die Demokratie habe bisher keine überzeugende Lösung für dieses Problem gefunden. Die faschistischen Regime hätten die in der Demokratie vorhandenen Schwierigkeiten nicht gelöst, sondern lediglich verstärkt. Dennoch hielt er die demokratische Staatsform nicht nur für legitim, sondern letztlich für überlegen. Zumindest glaubte er, letzteres dartun zu müssen: »Freiheit für die natürliche Entwicklung wirtschaftlicher und politischer Tendenzen in jedem Volk und in der Welt«. Die Betrachtung richtete sich konkret auf die Währungsfrage, die nach seiner Ansicht spätestens 1932 durch eine Neubewertung der Paritäten hätte gelöst werden müssen, um die wirtschaftliche Entwicklung zu fördern.[284]

Anfang Dezember 1938 hielt er einen Vortrag in Boston, in dem er sich mit dem Problem der Elitebildung in den Diktaturen und den Demokratien auseinandersetzte. Diktaturen wie jene in Rußland und Deutschland versuchten, erklärte er, durch ein »System des Drills«, durch eine militärisch geprägte Erziehung, die keine Einzelmeinung und keine Abweichung von der vorgeschriebenen Ideologie zulasse, politische Führer heranzuziehen. Dies sei jedoch ein Zeichen innerer Schwäche und eines fehlenden Glaubens an ihre eigene Mission, wenn sie zu solchen Prinzipien greifen müßten. Allerdings bedürften die Demokratien für ihr Weiterbestehen einer öffentlichen Erziehung, die allenthalben geeignete Führerpersönlichkeiten hervorbringe. Die ethische Seite dürfe trotz der Notwendigkeit, Spezialisten heranzubilden, nicht vernachlässigt werden, wenn man vermeiden wolle, daß diese Elite der Macht eines Diktators in einer Generation unterworfen würde. Die Jugend müsse in der Gesinnung erzogen werden, daß die Achtung vor dem Gesetz das wichtigste sei für die »auf Gesetz und Freiheit gebaute Ordnung«. Völker, die von einer großen religiösen und sittlichen Höhe herabsänken, hätten am Ende nicht mehr den Mut, ihre individuellen Rechte zu verteidigen. Die Essenz der Demokratie bestehe darin, die Jugend anzuhalten, ihrem Lande zu dienen, und nicht etwa lediglich aus den freiheitlichen demokratischen Zuständen persönliche Vorteile zu ziehen.[285]

Als Brüning wieder in England war, fand er in Oxford Gelegenheit zum Gedankenaustausch mit zwei Kennern des Reparationsproblems, Sir Arthur Salter und Professor H. D. Henderson, mit denen er die Irrtümer und Fehler der aktuellen Politik analysierte.[286] Diskussionen dieser Art erlaubten es ihm, mit politisch einflußreichen Persönlichkeiten im Gespräch zu bleiben und seine Ansichten über die drängenden Gegenwartsfragen mitzuteilen und für sie zu werben. Vorsorglich hielt er Mona und Ian Anderson darüber auf dem laufenden. Mitte Mai ließ er sie wissen, daß er nicht vor August 1939 mit dem Ausbruch des Krieges rechne. England könne dies durch beschleunigte Rüstungen aber immer noch verhindern.[287]

Aufmerksam verfolgte er die Rüstungsanstrengungen des Dritten Reiches. Zugleich fürchtete er, daß die Westmächte, vor allem Großbritannien, diese Bestrebungen tatenlos und fatalistisch als gegeben hinnahmen und jedem außenpolitischen Erpressungsversuch im Zeichen des Appeasement nachgaben. Als der Ozeanflieger Charles Lindbergh nach einem Besuch in Deutschland behauptete, die deutsche Industrie könne jährlich 20.000 Flugzeuge herstellen, stellte er dies wütend in Abrede. Selbst wenn dies möglich sei, stünden kaum genügend Piloten für Bombenangriffe zur Verfügung. Man könne allenfalls Piloten für Jagdflugzeuge in kurzer Zeit ausbilden. Ein – plötzlicher – Angriff auf England durch eine so große Anzahl von Bombenflugzeugen sei unmöglich, erklärte er, doch fiel es ihm nicht leicht, derart übertriebene Ängste vor einem solchen Schlag der deutschen Luftwaffe zu zerstreuen. Die Zahl der einsatzfähigen deutschen Kampf- und Jagdflugzeuge lag bei Kriegsausbruch allenfalls bei knapp 3.000 Maschinen verschiedener Gattungen.[288]

Derartige Gerüchte, die später von der deutschen Kriegspropaganda noch geschürt wurden[289], beunruhigten seit Jahren die politischen Kreise Londons, zu denen Brüning Zugang gefunden hatte. Den Hintergrund bildeten unzureichende Produktionszahlen in der britischen Flugzeugindustrie, die 1938 nicht mehr als 38 Kampfflugzeuge im Monat auszuliefern vermochte. »Ich befürchtete, die Verbreitung dieses Geredes werde zu panikartiger Kapitulation und später zur Notwendigkeit des Kampfes führen. Wenn die Nazis mit Hilfe britischer und amerikanischer Importe genug Benzin für ihre Bombenflugzeuge bekämen und dann die rumänischen Raffinerien weiter ausbauten, würde das einen verlängerten Weltkrieg bedeuten.«[290]

Die Sudetenkrise: Kritik an der Appeasement-Politik

Brüning sah sich immer mehr darin bestätigt, daß nur ein entschiedener Widerstand Großbritanniens und Frankreichs gegen alle Provokationen Hitlers den sich abzeichnenden internationalen Konflikt verhindern konnte. Die Konsultationen Daladiers und Bonnets mit britischen Kabinettsmitgliedern am 28. und 29. April 1938 über die außenpolitische Lage begrüßte er ausdrücklich. Sie leiteten militärische Absprachen der Generalstäbe beider Länder ein.[291]

Die veränderte Haltung der Westmächte, vor allem die demonstrative Entschlossenheit Englands, an der Seite Frankreichs zu stehen, wenn dieses die Tschechoslowakei unterstützen wolle, erregte während der sogenannten Wochenendkrise vom 20. beziehungsweise 21. Mai 1938 internationales Aufsehen. Die Tschechoslowakei mobilisierte ihre Truppen, weil sie irrtümlich oder angeblich mit einem deutschen Angriff rechnete. Die internationale Öffentlichkeit gewann den Eindruck, daß Hitler die Aktion im letzten Augenblick abgeblasen habe. Der Widerstandswille der Prager Regierung wurde vorübergehend noch einmal gestärkt, obwohl Hitler sich dadurch nicht von seiner Absicht, die Sudetengebiete notfalls militärisch in Besitz zu nehmen, abbringen ließ. Der Ausgang der Krise galt international als diplomatische Niederlage des Führers.[292]

Die zunehmende Besorgnis in Londoner Regierungskreisen veranlaßte Brüning, seine Ratschläge und Empfehlungen zu modifizieren. Nachdem Lord Lothian sein bisheriges pessimistisches Urteil über die Lage geändert hatte, schlug er vor, eine Lösung zu suchen, »die die Nazis scheinbar befriedigte und auch ihr Regime vorläufig stabilisierte«. Es sei entscheidend, Zeit zu gewinnen, solange die militärische Lage für den Westen ungünstig sei. Brüning glaubte jetzt, daß der Kriegsausbruch nicht mehr verhindert, sondern lediglich um acht Monate herausgezögert werden könne. Die Führung des britischen Heeres habe den Ernst der Lage klar erkannt. Dies sei allerdings beim Foreign Office und bei der Marine nicht der Fall.

In einer Lageanalyse schrieb er Anfang August, vorläufig könne keine Seite in einem plötzlich ausbrechenden Krieg eine eindeutige militärische Überlegenheit erringen. Die Denkschrift war für den nationalliberalen Unterhausabgeordneten und ehemaligen Handelsminister Lord Walter Runciman bestimmt, dessen Entsendung als Sonderbotschafter Premierminister Chamberlain am 26. Juli im Parlament angekündigt hatte. Sie gelangte über Lord Lothian an Runciman.[293] Dessen Entsendung wurde in Berlin offiziell erwähnt, aber von Hitler und Ribbentrop als unerbetene Einmischung kritisiert.[294]

Daß Brüning daran glaubte, daß das Gleichgewicht zu diesem Zeitpunkt noch bewahrt werden könne, ist unwahrscheinlich. Sein Anliegen war, die britische Seite davon zu überzeugen, daß »führende deutsche Generalstäbler« einen europäischen Krieg ablehnten, der aus dem Konflikt um die Sudetenfrage entstehen könne, was den Tatsachen entsprach. Andererseits seien die »Nazi-Extremisten« von den militärischen Chancen eines überraschenden Schlages gegen die Tschechoslowakei noch vor dem nächsten Sommer überzeugt. Sie glaubten, so Brüning, daß die Befestigungen an der deutschen Westgrenze schon innerhalb von vier Wochen so weit ausgebaut seien, um einen französischen Angriff abwehren zu können. Französischen Luftangriffen glaube man in Berlin durch überlegene Kräfte gewachsen zu sein.

Nach Brünings Urteil waren die Westmächte in der Lage, jeden deutschen Angriff erfolgreich zurückzuschlagen. Dies sei auch die Ansicht der besonnenen Generalstäbler in Deutschland, behauptete er. Dies könne nicht ohne Eindruck auf Hitler bleiben, da dieser die diplomatische Niederlage der Wochenendkrise vom 20./21. Mai nicht habe verschmerzen können. »Man kann annehmen, daß in seinem Gemüt doch noch ein Gegengewicht gegen dieses Gefühl vorhanden ist, nämlich die Überlegung, daß seine diplomatische Position schwächer ist als je zuvor. Er könnte aber genauso gut der Meinung sein, die Wahrscheinlichkeit diplomatischer Isolation werde im nächsten halben Jahr zweifellos zunehmen.«

Brüning glaubte Hitler von früheren persönlichen Begegnungen gut genug zu kennen und nahm an, daß dieser noch nicht definitiv entschlossen sei, die Tschechoslowakei zu überfallen. Tatsächlich erging, was Brüning noch nicht wußte, Hitlers Weisung an die Generäle, gemäß seines »unabänderlichen Entschlusses« die Zerschlagung der Tschechoslowakei vorzubereiten, am 30. Mai (»Fall« beziehungsweise »Aufmarsch Grün«). Andererseits traf seine Einschätzung zu, daß sich Hitler zu diesem Zeitpunkt noch nicht endgültig auf eine militärische Lösung festgelegt hatte.[295]

Durchaus zutreffend nannte er die militärischen Vorbereitungen des Regimes eine »Art Bluff«. Hitler werde sie wieder zurücknehmen, wenn er dafür einen aufsehenerregenden propagandistischen Erfolg erringen könne. Die gegenwärtige Mobilmachung ließe sich allein aus wirtschaftlichen Gründen allenfalls noch drei Monate aufrechterhalten. Brüning überschätzte allerdings die Bedeutung der Mobilmachung des tschechoslowakischen Heeres während der Wochenendkrise. Hitler werde sein

Ziel, prophezeite er, die Zerschlagung der ČSR, nur mit Gewalt erreichen und werde sich nicht noch einmal durch eine militärische Demonstration der Tschechen international in eine Position der diplomatischen Schwäche hineinmanövrieren lassen. Persönliche Eitelkeit und Prestigebewußtsein spielten für den Diktator eine wesentliche Rolle.[296]

Brüning war noch immer der Vorstellung verhaftet, daß Hitler unter dem beherrschenden Einfluß radikaler Partei- und Staatsfunktionäre stehe. Die Gestapo sei über die interne Lage in Deutschland genau unterrichtet. Es sei aber nicht gewiß, in welchem Maße Hitler informiert werde. So habe Himmler Hitler häufig wichtige Informationen vorenthalten, um ihn in seinem Sinne zu beeinflussen. Dies bleibe ein Unsicherheitsfaktor. Gleichwohl scheue Hitler unkalkulierbare Risiken. Er habe die sudetendeutschen Nazis dazu benutzt, die gemäßigten deutschen Parteien in der ČSR zu zerstören und die tschechoslowakische Regierung zu immer neuen Zugeständnissen zu zwingen.

Nach Brünings Eindruck wollten sich die sudetendeutschen Nazis, entsprechend den Weisungen Hitlers nie mit den Konzessionen zufrieden geben, die Lord Runciman bei seinen Verhandlungen in Prag erreichen würde. Durch gleichzeitige militärische Demonstrationen hoffe Hitler bis Mitte Oktober die Tschechoslowakei so weit im Innern zu destabilisieren, daß sie sich nicht mehr an der alten österreichischen Grenze verteidigen könne, weil sie Aufstände im Norden unterdrücken müsse. Zugleich werde er versuchen, die Zustimmung der Großmächte für eine Volksabstimmung in den Sudetengebieten zu erlangen. Die Tschechoslowakei stehe nach dem »Anschluß« Österreichs ohnehin wirtschaftlich unter starkem Druck. Die Hitlersche Destabilisierungsstrategie könne auch ohne Krieg zum Erfolg und schließlich zu einer Zollunion zwischen dem Reich und der Tschechoslowakei führen.

Daher empfahl er eine Lösung auf der Grundlage des sogenannten Karlsbader Programms der Sudetendeutschen Partei Konrad Henleins vom 24. April 1938, um das Problem durch weitgehende Autonomie zu entschärfen. Das acht Punkte umfassende Programm setzte den Fortbestand der ČSR voraus, ohne ihn allerdings ausdrücklich anzuerkennen. Henlein hatte sich zuletzt am 12. und 13. Mai in London aufgehalten, um seine politischen Ziele zu erläutern. Er traf sich mit dem Schriftsteller und Abgeordneten Harold Nicolson, Vansittart, und Group Captain Malcolm Graham Christie, der als früherer Attaché an der britischen Botschaft in Berlin seit Jahren mit Göring bekannt war. Auch mit Churchill hatte Henlein gesprochen und dabei den Eindruck erweckt, daß die Führung der Sudetendeutschen einen ehrlichen Ausgleich in der Minderheitenfrage anstrebe und die Integrität der ČSR respektieren wolle.[297] Christie unterhielt im Auftrag Vansittarts einen privaten Nachrichtendienst, der auch Kontakte mit deutschen Politikern und Emigranten pflegte, unter ihnen Goerdeler und die Brüder Kordt.[298]

Chamberlain deutete gegenüber amerikanischen Journalisten an, daß sich weder Großbritannien noch Frankreich auf die derzeitigen Grenzen der Tschechoslowakei festlegen wollten. Im Unterhaus ließ er schließlich am 27. September 1938 keinen Zweifel, daß England nicht für einen Streit zwischen Völkern, die man nicht kenne, in den Krieg ziehen wolle.[299] Im Inland versuchte die Sudetendeutsche Partei, die gereizte Stimmung unter ihren Landsleuten zu dämpfen und trat Gerüchten über einen baldigen Anschluß der deutschsprachigen Gebiete an das Reich entgegen.[300]

Erst mit ihrem 14-Punkte-Programm vom 7. Juni beschritt sie den Weg zu einer Umgestaltung des tschechoslowakischen Staates.[301]

Die britische Außenpolitik in Person Lord Runcimans sollte nach Brünings Ansicht versuchen, die radikalen Kräfte unter den Sudetendeutschen durch eine hinhaltende Taktik zu schwächen und von Gewalttaten abzuhalten. Zwar bestehe im August noch keine Gefahr, doch müsse man Ende September / Anfang Oktober 1938 sowie Ende März / Anfang April 1939 mit einer äußerst kritischen Situation rechnen. Brüning sah sehr klar, daß einerseits die Prager Regierung nicht ohne weiteres an einer dauerhaften Lösung auf friedlichem Wege interessiert war[302], andererseits in Berlin zwei verschiedene politische Richtungen miteinander um den günstigsten Weg rangen, die ČSR zu zerstören.

Die einen neigten zu einem raschen Gewaltstreich, so Brüning, die anderen hofften, innerhalb von zwei Jahren mit Hilfe der Sudetendeutschen das politische System mit immer neuen Autonomieforderungen zu untergraben, ohne zu kriegerischen Mitteln zu greifen. »Sie sind ganz sicher, daß sie sämtliche Ziele der Radikalen ohne kriegsähnliches Experiment erreichen können, nur durch ständige Spannung und wirksamen wirtschaftlichen Druck von außen, eine Waffe, die sehr wirkungsvoll eingesetzt werden kann seit dem ›Anschluß‹ und noch mehr nach einer engeren Verständigung mit Ungarn. Sie glauben, da in früheren Jahren die Möglichkeiten für eine enge wirtschaftliche Zusammenarbeit in Mitteleuropa nicht wahrgenommen worden seien, werde die Tschechoslowakei zwangsläufig in den deutschen Einflußbereich kommen, womit sie ganz recht haben.«

Der ehemalige Kanzler, der einst eine Zollunion mit Österreich und ein stärkeres wirtschaftliches Engagement in Südosteuropa angestrebt hatte, erinnerte an politische Versäumnisse der britischen Politik in der Vergangenheit. Er verschwieg nicht, daß auch »führende Mitglieder des deutschen Generalstabs« einen stärkeren politischen Einfluß in der Tschechoslowakei befürworteten, ohne daß er ihre Rolle als entscheidend darstellte. Bedeutsam war, daß Brüning ebenso wie einflußreiche englische Politiker, allen voran Chamberlain, das Sudetenproblem als Gefahr für den europäischen Frieden ansah und insofern mit einer weitgehenden Autonomie der Sudetendeutschen sympathisierte. Diese hielt er ebenso wie Revisionsforderungen aus der Weimarer Zeit im Hinblick auf die Ostgrenzen des Reiches gegenüber Polen jenseits aller »völkischen« Ideologie für vertretbar.

Es ging ihm darum, den »legitimen Ansprüchen der Sudetendeutschen« gerecht zu werden, die für »alle echten deutschen Patrioten annehmbar« sein müßten. Damit ging er über die Weimarer Revisionspolitik hinaus. Wir wissen nicht, ob er so weit ging, etwa die Meinung General Becks zu teilen, das »Problem Tschechei« müsse zu einem späteren Zeitpunkt, etwa 1940-43, »gelöst« werden. Er riet allerdings der englischen Seite, mit »einer konstruktiven Lösung« bis spätestens Juli 1938 hervorzutreten, Hitler aber zugleich klar zu machen, daß die Ablehnung einer Autonomieregelung Krieg bedeute. Dagegen hatte Goerdeler im April gegenüber Vansittart eine Abtretung der Sudetengebiete an Deutschland gefordert.

Auch andere Besucher aus Deutschland bestätigten, daß diese Position der Meinung der Mehrheit der Hitler-Gegner entsprach, was deren Glaubwürdigkeit in britischer Sicht abträglich war. Weder Goerdeler noch Brüning scheint das klar gewesen zu sein. Andererseits übersahen ihre Gesprächspartner, daß die Sprecher der

Anti-Hitler-Opposition selbst darauf achten mußten, vor der deutschen Öffentlichkeit nicht als »Erfüllungspolitiker« alten Stils zu erscheinen. Die Demonstration militärischer Entschlossenheit auf westlicher Seite hielt Brüning nicht anders als Goerdeler für unumgänglich, da alle »extremen Nazis«, wie sie vermuteten, einen internationalen Konflikt scheuten, um ihre Machtstellung im Innern nicht zu gefährden.[303]

Brünings Ratschläge an die britische Seite liefen insgesamt darauf hinaus, alle Konzessionen an Deutschland nur nach einem festen Programm zu machen, das Hitler die Möglichkeit nähme, Gewalt gegen die ČSR anzuwenden. Falls er es doch tue, werde dies die Weltmeinung gegen ihn mobilisieren.[304] Formulierungen wie »chemische Auflösung« im Hinblick auf die ČSR, die der Staatssekretär Ernst von Weizsäcker im Juni 1938 gebrauchte[305], lagen ihm fern, so sehr er als ehemaliger Reichskanzler dessen Überzeugung teilte, daß die westlichen Siegermächte dem Deutschland Hindenburgs, Stresemanns und Brünings alles – einschließlich der Zollunion mit Österreich – verweigert hatten, was man nun Hitler zugestehen wollte.[306]

Freilich vermied er, was nahegelegen hätte, jede Kritik an der Ideologie des Tschechoslowakismus, der Existenz eines tschechoslowakischen Volkes, die die Sudetendeutschen zur Minderheit deklarierte, abgesehen davon, daß er sich auch in der Weimarer Zeit nicht in diesem Sinne geäußert hatte. Das negative Urteil über Beneš vor und nach 1933 hatte andere Gründe. Runciman müsse bei seinen Konsultationen in Prag die Stimmung im deutschen Generalstab und unter den »gemäßigten Nazis« berücksichtigen. Er müsse »jeden Zug vermeiden, der die Position der tschechoslowakischen Regierung in der Richtung schwächt, daß die Radikalen glauben können, die Tschechoslowakei besitze kein echtes Widerstandsvermögen«. Zwecks Zeitgewinn legte er ihm nahe, er möge sich auf Reisen durch das Land ein genaues Bild von den örtlichen Verhältnissen verschaffen. So könne er die Dinge günstig beeinflussen, bis der bevorstehende Nürnberger Parteitag der NSDAP, der »Parteitag Großdeutschlands« Anfang September 1938 (5. bis 12. September), auf dem das Sudetenproblem auf der Tagesordnung stehen sollte[307], vorbei sei, da die vorgesehenen Manöver der Wehrmacht danach erst begännen.

Die Vermittlerrolle Großbritanniens könne verstärkt werden, wenn es offiziell beiden Seiten, Berlin und Prag, vorschlage, Lord Runciman zum Schiedsrichter bei Streitfragen zwischen Sudetendeutschen und Tschechen zu berufen. Der Vorschlag entsprach der ursprünglichen Intention, die das Foreign Office mit der Entsendung Runcimans im August 1938 verband. Halifax hatte sich die Idee einer britischen Vermittlungsaktion bereits im April zu eigen gemacht, andererseits aber im Juli gegenüber Hitlers persönlichem Adjutanten, dem Hauptmann Fritz Wiedemann, erklärt, daß das britische Volk eine gewaltsame Lösung der Sudetenkrise nicht hinnehmen werde.[308]

Großbritannien wünschte also mitzureden, wenn es einen Schiedsspruch forderte, der von vornherein als verbindlich anerkannt werden müsse. Dies hätte, wie Brüning kalkulierte, wieder einen Zeitgewinn von zwei bis drei Monaten eingebracht. Dessen Vorschläge waren allerdings einerseits nicht mehr besonders originell, andererseits verkannten sie die Tatsache, daß die britische Regierung bereits im Mai in Berlin vertraulich angeboten hatte, sich die deutschen Wünsche hinsichtlich der Lösung des Problems zu eigen zu machen, wenn man darüber informiert werde, um dann entsprechenden Druck auf Prag auszuüben.³⁰⁹ Am 10. August ließ Runciman Halifax wissen, daß er nur dann erfolgreich vermitteln könne, wenn Hitler den Krieg nicht wolle.³¹⁰

Brüning glaubte, daß die Ergebnisse von Runcimans Sondierungen weitgehend mit den Autonomieforderungen des Karlsbader Programms übereinstimmten. Entscheidend sei jedoch der Zeitgewinn für einen außenpolitischen Entspannungsprozeß, wenn die Realisierung der Autonomie sich auf etwa fünf Jahre erstrecke. Dieses Verfahren sei geeignet, eine Gewaltlösung zu vermeiden. Brüning äußerte sich vorsichtig zustimmend zu dem Kurial- beziehungsweise Kantonalsystem, das Henlein in dem 14-Punkte-Programm gefordert hatte³¹¹, und regte an, die ersten Regionalwahlen erst nach fünf Jahren stattfinden zu lassen. So könne ein Prozeß der Ernüchterung in der ČSR eingeleitet werden, der zur Beruhigung der internationalen Lage beitragen werde.

Die Überlegungen, die mit jenen der gemäßigten Kräfte in der Wilhelmstraße und der Wehrmacht weitgehend übereinstimmten, entsprachen zu dem Zeitpunkt, als sie schriftlich fixiert wurden, weder dem Informationsstand der britischen Regierung noch deren politischen Zielen. London war in erster Linie daran interessiert, die wirklichen Absichten Hitlers zu erkunden, in zweiter Linie den Ausbruch eines militärischen Konflikts in Mitteleuropa zu vermeiden, unter anderem, weil man sich einer solchen Konfrontation noch nicht gewachsen fühlte. Frankreich als Garantiemacht der ČSR mußte sich der britischen Linie weitgehend anpassen. Brüning verkannte die Haltung der meisten der führenden Generalstabsoffiziere, auf deren Entschlossenheit er immer noch hoffte. Das Rücktrittsangebot Becks als Chef des Generalstabes am 18. August, das neun Tage später angenommen, aber erst Ende Oktober bekanntgegeben wurde, blieb die einzige Widerstandsaktion von einiger politischer Bedeutung. Beck hatte zuvor vergeblich versucht, den Oberbefehlshaber v. Brauchitsch und die übrige Generalität zu einem einheitlichen Vorgehen gegen Hitlers Angriffspläne zu bewegen.

Beck hatte es abgelehnt, eine Invasion deutscher Truppen in die ČSR vorzubereiten.³¹² Über dessen Verhältnis zu Hitler war Brüning unter anderem durch Goerdeler unterrichtet. Er wußte vermutlich auch von den Besprechungen, die der Gutsbesitzer Ewald von Kleist-Schmenzin, der in Deutschland als Gegner des Regimes mehrfach in Haft gewesen war, im Auftrag des Generalstabschefs Halder zwischen dem 18. und dem 24. August mit Vansittart, Churchill und Lord Geoffrey Lloyd führte. Letzteren bezeichnete Treviranus als unermüdlichen Fürsprecher der deutschen Hitler-Gegner. Es schadete jedoch Kleists Anliegen, daß Chamberlain ihn für einen »rabiaten Hitler-Gegner« hielt, der seine deutschen Freunde zu einem Putsch anstacheln wolle.³¹³

Kleist hatte zumindest gegenüber Vansittart die Ansicht vertreten, daß der Kriegsentschluß Hitlers feststehe und dieser Entschluß allein dessen Sache sei. Der Einfluß der anderen Naziführer sei ohne Bedeutung. Die Generäle seien über den Angriffstermin unterrichtet, sie seien ausnahmslos gegen den Krieg, was auch für General Reichenau gelte, würden aber marschieren, wenn sie nicht von außen zum Widerstand ermutigt würden und auf indirekte Hilfe rechnen könnten. Die Frage nach dem Angriffstermin beantwortete Kleist mit dem Hinweis, nach dem 27. September werde alles zu spät sein. Er erwähnte, daß er mit seinen Ratschlägen sein Leben aufs Spiel setze.

Die Londoner Kontakte Kleists waren von dem Journalisten Ian Colvin, einem Vetter Ian Andersons, vermittelt worden. Colvin hatte als Korrespondent des »News Chronicle« in Berlin dem Kasino-Klub angehört und dort den konservativen Politiker kennengelernt und auch als Mittelsmann des Foreign Office und der britischen Botschaft in Berlin geheime Beziehungen zu einigen hohen Generälen angeknüpft. Kleists Besuch war von Botschafter Sir Nevile Henderson angekündigt worden, der ihn als Abgesandten gemäßigter Kräfte im deutschen Generalstab avisiert hatte. Becks Auftrag lautete: »Bringen Sie mir den sicheren Beweis, daß England kämpfen wird, wenn die Tschechoslowakei angegriffen wird, und ich will diesem Regime ein Ende machen.« Im übrigen war Kleist in Absprache mit Canaris und Oster nach London geflogen, ohne daß dies die Gestapo erfahren hatte.[314]

Die Mission Kleists lief darauf hinaus, England zu einer glaubwürdigen Geste zu bewegen, daß es, ebenso wie Frankreich, entschlossen war, trotz unzureichender militärischer Vorbereitung Hitler entgegenzutreten und nicht, wie dieser vermutete, ihn lediglich zu bluffen versuche.[315] Ob Brüning über dieselben Informationen verfügte wie Kleist, ist ungewiß. Das ungefähre Angriffsdatum – 27. oder 28. September – war gleichwohl in London durchgesickert, wie einer Bemerkung Kleists gegenüber Vansittart zu entnehmen ist, der Premierminister kenne den Termin. Auch Vansittart hatte davon gehört, möglicherweise von Colvin.[316]

Brüning glaubte zu dem Zeitpunkt, als er am 8. und 9. August sein Memorandum für Runciman verfaßte, daß Hitler nach dem 20. September beziehungsweise in der letzten Septemberwoche ein Ultimatum an die ČSR stellen wolle. Nach seinem Eindruck wurde allerdings der Widerstand aus dem Generalstab insgesamt schwächer, was darauf hindeutet, daß er nicht näher über die Aktivitäten Becks und seiner Gesinnungsfreunde unterrichtet war. Frankreich und England könnten gegenwärtig nicht mehr riskieren, als ihre Truppen zu mobilisieren.[317]

Für den August bestand nach seiner Ansicht noch keine unmittelbare Gefahr für den Frieden. Aber auch bis zum Oktober werde es keinen Krieg in Europa geben, d. h. ein möglicher Konflikt zwischen der ČSR und dem Reich werde sich vorerst nicht ausweiten, da England noch keinen Krieg führen könne und deshalb die Tschechoslowakei nicht unterstützen werde. Dies kalkuliere die Gegenseite bei ihren Erpressungsversuchen ein und sei auch der Sinn der Mobilisierung sämtlicher Reservisten am 22. August.[318]

Empfehlungen für Churchill in der Sudetenfrage

Wenige Tage später, in der zweiten Augustwoche erörterte Brüning mit Churchill das Sudetenproblem. Dabei kam es zu einem heftigen Wortwechsel über die britische Außenpolitik. Brüning, der für sich beanspruchte, die politischen Verhältnisse in der ČSR gut zu kennen, wiederholte die Ratschläge, die er Runciman gegeben hatte, ja ging noch über sie hinaus, als er meinte, den Sudetendeutschen müßten über die schon 1919 erörterten Kantonalvorschläge hinaus Zugeständnisse gemacht werden. Damals hätten Masaryk und Beneš, wie er – einer verbreiteten Legende folgend – erklärte, eine Lösung im Sinne des Kantonsystems der Schweiz zugesagt.[319]

Brüning dachte nun an »Konzessionen hinsichtlich der Grenzen ... – in der Stadt Eger im Nordwesten der Tschechoslowakei und im sogenannten österreichischen Schlesien – die aber die Verteidigung der Tschechoslowakei strategisch nicht beeinträchtigen würden.« Churchill wies dies entrüstet zurück, nannte Brüning einen Feigling und betonte, er werde nie »auch nur den kleinsten Kompromiß mit diesen Burschen schließen.« Brüning reagierte verstimmt und erinnerte seinen Gastgeber, der ihn in den weitläufigen Garten seines Landsitzes geführt hatte, daran, daß ihn das NS-Regime immerhin persönlich verfolgt habe. Er kannte das Temperament und die politische Leidenschaft Churchills, dem er nach Eigenart und persönlicher Lebenssituation nur Nüchternheit und Sachlichkeit entgegenzusetzen hatte.

Ihm gehe es um die »Sicherheit des britischen Weltreiches«, erklärte Churchill unwirsch, versuchte aber den Eindruck zu erwecken, daß Großbritannien einen langandauernden Krieg gegen Hitler vor allem durch die Rückendeckung der Vereinigten Staaten gewinnen werde, so erfolgreich die Wehrmacht in der Anfangsphase eines militärischen Konflikts in Europa auch sein möge. Churchills Bemerkung: »Was wir wollen, ist, daß die deutsche Wirtschaft vollkommen zusammengeschlagen wird«, konterte Brüning mit der Bemerkung: »Das bedeutet, daß Sie nach einer gewissen Zeit das Land wieder aufbauen müssen zur Unterstützung gegen die Russen.« Dies beeindruckte den Briten, der sich Anfang der zwanziger Jahre in ähnlichem Sinne geäußert hatte, als er vorschlug, Deutschland in den Kampf gegen Sowjetrußland einzubeziehen. Im Hinblick auf die aktuelle innenpolitische Lage zog er sich auf die Feststellung zurück, daß er nicht so sehr gegen die amtierende Regierung stehe, wie es in der Presse den Anschein habe. Mit Halifax habe er viele Gespräche geführt.

Als Churchill erwähnte, er sei zum Nürnberger Parteitag eingeladen worden, riet Brüning dringend von einer Teilnahme ab. Statt dessen solle er die Gelegenheit zu einer unmittelbaren Begegnung mit Hitler suchen, um diesem möglichst in Gegenwart Neuraths, den britischen Standpunkt in aller Klarheit, d. h. nicht in der nach außen hin konzilianten Methode des »Appeasement«, in einer längeren Unterredung eingehend zu erläutern. Dies werde nicht ohne Rückwirkung auf die Wehrmachtführung bleiben. Dem war zu entnehmen, daß Brüning die Chamberlainsche Politik nicht etwa als prinzipiell pazifistisch mißverstand. Er nannte keine Namen außer dem Keitels und Reichenaus, die ohnehin Gefolgsleute Hitlers waren, gab sich aber zuversichtlich, daß Gegner Hitlers eine »Waffe« suchten, um diesen von seinem Kurs abzubringen. Wenn dies gelänge, könne sich das NS-Regime nicht halten und werde selbst ohne einen Staatsstreich zusammenbrechen.[320]

Die Argumentation war auf die Denkweise des »hardliners« Churchill berechnet, der aus seiner strikten Haltung gegenüber den Diktatoren – Hitler und Mussolini – keinen Hehl machte und sogar einen militärischen Konflikt nicht ausschloß, obwohl er ihn nicht anstrebte. Der angesehene Führer der sudetendeutschen Sozialdemokraten, Wenzel Jaksch, verwies auf einen damals bedeutsamen taktischen Aspekt der politischen Position Churchills. Dieser wolle die faschistischen Länder mit einer »Mauer von Stahl und Beton« umgeben. »Dieser Friedenswall von Waffen und Beton« solle verhindern, daß sich die »Explosivkräfte des Faschismus« nach außen entlüden. Die Folge sei dann eine »revolutionäre Explosion« im Inneren, also der Sturz der totalitären Regime in Deutschland und in Italien.[321] Brüning wollte keine Panik schüren, erkannte auch an, daß beispielsweise die niederländische Regierung den Ernst der Lage erkannt hatte, glaubte aber, daß die notwendigen politischen und militärischen Vorbereitungen in England für den Fall eines Krieges gegenüber den deutschen um mindestens zehn Monate im Rückstand seien.[322]

In der dritten Augustwoche reiste Brüning erneut für eine Woche nach Holland, nachdem er die Nachricht erhalten hatte, Freunde aus Deutschland wollten mit ihm in Verbindung treten. Kurz zuvor hatte er in Belgien zwei Wochen vergeblich auf Besucher aus Deutschland, unter anderem auf seine Schwester gewartet. Sie hatten es nicht gewagt, die Grenze zu passieren. Jetzt erschien nur ein einziger von seinen Vertrauten, der ihn über die angespannte Lage in Deutschland unterrichtete. Die Nachrichten klangen düsterer als jene, die er im April in Holland erhalten hatte. Es sei eine Lage wie vierzehn Tage nach der Kriegserklärung 1914, hieß es. Die Nervosität in Deutschland sei entsetzlich. Auslandsreisen seien nur noch mit Sonderausweis möglich. Hitler werde sich über alle Warnungen von seiten Englands und Frankreichs hinwegsetzen.

Brüning war erschüttert und verzweifelt. »Wenn die Nazis im Oktober keinen vollständigen Erfolg haben, könnte die Spannung für die Nerven der Leute zu groß werden. Von daher halte ich es fast für eine Notwendigkeit, daß die Nazis den Schlag spätestens im Oktober ausführen.« Er rechnete mit einem propagandistischen Triumph Hitlers. Die zögernde Haltung Londons führte er auf die erwähnte mangelnde politische Vorbereitung beziehungsweise einen unzureichenden Rüstungsstand zurück. Diese Sicht stimmte weitgehend mit derjenigen des britischen Generalstabes überein, der zwar mit einem Sieg in einem längeren Krieg rechnete, aber die Risiken eines von Deutschland vom Zaun gebrochenen Blitzkrieges für England scheute.[323]

Die Begegnung mit Churchill hatte das ganze Dilemma offenbart, in dem sich Brüning als geduldeter Mahner und Berater in London befand. Er sah sich auf die Rolle des Kontinentaleuropäers gegenüber dem Repräsentanten der britischen Weltmacht beschränkt, so sehr er die Sache der deutschen Opposition zu vertreten suchte. Die Gemeinsamkeiten in der Beurteilung der außenpolitischen Lage hatten sich als nicht allzu groß erwiesen. Churchill fand in der Folgezeit keine Gelegenheit mehr zu einem Gedankenaustausch mit Hitler, wie dies Brüning empfohlen hatte, vorausgesetzt, daß er sich überhaupt darum bemüht hatte. Die Sudetenkrise trieb im September ihrem Höhepunkt zu, nachdem Hitler seine mit Spannung erwartete Rede zum Abschluß des Nürnberger Reichsparteitags gehalten hatte. Die Diktion wurde in der internationalen Öffentlichkeit weithin – verglichen mit den Tiraden Görings zwei Tage zuvor – als maßvoll empfunden, was Brüning mit Recht als taktisches Manöver, wiederum als »Bluff« erkannte, obwohl die Rede in erster Linie als Signal zu einem Aufstand in den sudetendeutschen Gebieten gedacht war. Er wollte allerdings nicht ausschließen, daß Hitler schließlich zu einem militärischen Vorgehen gezwungen sein könne, um sich nicht zu blamieren.[324]

Ehe Neville Chamberlain Hitler am 15. September in Berchtesgaden aufsuchte, traf Brüning noch einmal mit Churchill in Chartwell zusammen und erklärte ihm, es sei eigentlich bereits zu spät für einen unmittelbaren Kontakt zu Hitler. Chamberlain war nach Brünings Ansicht ohnedies der falsche Gesprächs- und Verhandlungspartner für den Diktator. Um den Krieg zu verhindern, müsse Großbritannien unter allen Umständen die Rüstungsproduktion auf volle Touren bringen. Churchill wollte dies nicht gelten lassen, weil ihn die unverhohlene Kritik Brünings an seiner politischen Haltung gegenüber Deutschland empörte.

Zwei Tage später lenkte er ein, da er einsah, daß Brünings Rat faktisch nichts anderes bedeutete, als daß dieser ihn für einen ernstzunehmenden Gegenspieler Hitlers hielt. Inzwischen war ihm nahegelegt worden, in das Kabinett Chamberlain einzutreten. Brüning schloß daraus, daß die britische Admiralität sich auf den Kriegsfall vorbereitete und erwähnte noch einmal die »Generäle aus Groeners Schule«, die ihren französischen Kollegen überlegen seien. Er schätze namentlich das Urteil Groeners und Hammersteins, obwohl er die Pläne der Elite in der Wehrmachtführung – im einzelnen – nicht kenne. Seine Argumentation setzte voraus, daß die Hitler-Gegner sich nicht durch die scheinbaren Chancen eines Blitzkrieges verführen ließen, sondern die Gefahr einer sicheren Niederlage in einem längeren Krieg als ausschlaggebenden Grund ansahen, gegen das Regime vorzugehen. Brünings Hinweise auf die möglichen Anfangserfolge der Wehrmacht schienen Churchill zu beeindrucken. Dieser meldete sich deshalb noch zweimal telefonisch bei ihm. Ein dritter Anruf am Tag seiner Abreise in die Vereinigten Staaten erreichte Brüning nicht mehr.[325]

Churchill, der auch aus anderen Quellen über die politischen Vorgänge in Berlin und Prag informiert war[326], schätzte die unmittelbare Gefahr eines deutschen Angriffs hoch ein, da Deutschland nach seiner Ansicht weitgehend mobilisiert war, und erwartete nicht anders als Brüning, daß Hitler in der Krise nach einem festen Programm vorgehe. Der Krieg könne nur noch durch eine entschiedene Haltung gegenüber den »wutschnaubenden Führern des deutschen Nazismus« (»the fierce chiefs of German Nazidom«), nicht durch die »üblichen glatten und ausgewogenen Phrasen der Diplomatie« verhindert werden. Nur eine scharfe Sprache werde sie beeindrucken.[327]

Zu einer weiteren Begegnung mit Churchill sollte es nicht mehr kommen, nachdem Churchills Schwiegersohn, Duncan Sandys, der bei dem letzten Gespräch anwesend war, in einem Artikel des Evening Standard darüber berichtet hatte. Brüning hatte mit Churchill Vertraulichkeit vereinbart und lehnte es hinfort ab, wieder mit ihm zusammenzutreffen.[328] Andererseits bedurfte der Brite nicht der Ratschläge des deutschen Exkanzlers, der sich nicht zum bloßen Parteigänger, wenn nicht Mitarbeiter im Dienst einer antideutschen Propaganda benutzen lassen wollte. Als Repräsentanten des »anderen Deutschland«[329] akzeptierte ihn Churchill wie viele andere Engländer nicht, trotz der gemeinsamen Überzeugung, daß Hitlers Expansionsplänen nur durch eine harte Haltung der britischen Regierung Einhalt geboten werden könne. Das »andere Deutschland« besaß in Churchills politischen Vorstellungen keinen entscheidenden Stellenwert, ohne daß diese prinzipiell von antideutschen Ressentiments bestimmt gewesen wären, wie dies bei Vansittart der Fall war.

Man mag es bedauern, daß Brüning sich nicht in letzter Stunde noch einmal zum Gedankenaustausch mit Churchill bereitfand. Die erwähnten Indiskretionen dürften nicht der wahre Grund dafür gewesen sein, eher schon der Umstand, daß Brüning den Dialog für aussichtslos hielt, da Churchill als der kommende Mann der britischen Politik andere politische Ziele verfolgte als der ehemalige deutsche Reichskanzler. Ihre gemeinsame Feindschaft gegen das NS-Regime reichte aber als Basis für eine gleichsam internationale Zusammenarbeit nicht aus.

Der Dialog mit Brüning hatte Churchill darin bestärkt, die Auseinandersetzung mit Hitler als Widerstand gegen dessen Vorherrschaft in Europa zu verstehen. Darin erschöpfte sich für ihn der Wert dieses Gedankenaustauschs mit dem früheren deutschen Regierungschef. Die Beseitigung der Diktatur in Deutschland war dem Briten, der die Außenpolitik in den Traditionen der europäischen Geschichte seit dem Spanischen Erbfolgekrieg verstand, kein besonderes Anliegen, ohne die ideologische Bedeutung des Problems zu verkennen. Brüning hatte deshalb gut daran getan, die Gefahr für den Frieden während der Sudetenkrise in den Vordergrund des Dialogs mit Churchill zu stellen. Die im angelsächsischen Denken tief verankerte Überzeugung, daß die Völker in der Regel von jenen Regierungen beherrscht werden, die sie verdienten, war Churchill selbstverständlich. Eine »Einmischung« verbot sich, wenn Herrscher und Beherrschte im Völkerrecht als einheitliches Subjekt galten.[330]

Ein ideologisches Bündnis über Grenzen hinweg widersprach Churchills außenpolitischem Denken, in dem das machtpolitische, wohl auch geopolitische Gewicht Deutschlands neben dem Willen, der totalitären Herausforderung zu widerstehen, eine große Rolle spielte. Damit entfiel für den Dialog zwischen Churchill und Brüning gleichsam die Geschäftsgrundlage für irgendeine Form politischer Zusammenarbeit, von einem gemeinsamen »Widerstand« oder gar internationalen »Freiheitskampf« ganz zu schweigen. Die Erfahrungen mit den totalitären Systemen des Jahrhunderts sollten die Grenzen dieser Sicht offenbaren. Gegenüber Kleist-Schmenzin hatte Churchill das Problem im August sehr klar beschrieben. »Wenn ein solcher Krieg erst einmal entfesselt wird, würde er genauso wie der letzte bis zum bitteren Ende ausgekämpft werden.«

Brüning fühlte sich Churchill intellektuell keineswegs überlegen, reklamierte aber für sich, das NS-Regime in Deutschland besser zu kennen als die meisten britischen Politiker, Vansittart und Churchill eingeschlossen. Er gestand Churchill politischen Weitblick zu, vermißte aber die Fähigkeit, konstruktiv im Sinne eines gerechten Interessenausgleichs zu denken, weil dessen Temperament nicht ausgeglichen sei. Die letzte Begegnung hatte bei ihm »eine große Ernüchterung bewirkt«, doch wollte er die Hoffnung nicht ganz aufgeben, daß seine Ratschläge trotz aller Vorbehalte, die Churchill ihm gegenüber gezeigt hatte, ihre Wirkung tun würden, wenn dieser als Kabinettsmitglied die Regierungspolitik wieder stärker beeinflussen konnte. Andererseits befürchtete er, daß die britische Regierung in ihrer Unentschlossenheit wider willen schließlich doch dazu beitrug, den Krieg herbeizuführen.[331]

Churchill wußte sehr wohl, daß Brüning die Haltung der britischen Regierung zu Recht kritisierte. Über die Bereitschaft führender Mitglieder des deutschen Generalstabes zum Widerstand gegen Hitlers kriegerische Absichten war er durch Kleist-Schmenzin, wenn nicht auch noch von anderer Seite unterrichtet worden.[332] Selbst Premierminister Chamberlain war inzwischen durch die Nachrichten über Hitlers Angriffspläne, vor allem durch das aus Widerstandskreisen mitgeteilte mögliche Angriffsdatum beunruhigt und hielt nun »irgendeine warnende Geste« gegenüber Berlin für angebracht.[333]

Chamberlains Druck auf die Tschechoslowakei

Die Nachrichten aus Deutschland bewirkten aber nicht, daß Chamberlain mit Krieg drohte, sondern noch einmal den Verhandlungsweg beschritt, indem er die ČSR unter Druck setzte. Was zur diplomatischen Niederlage Hitlers hätte werden können, sollte zu einem außenpolitischen Triumph der nationalsozialistischen Gewaltpolitik werden. Die Warnungen aus deutschen Oppositionskreisen, etwa die Nachrichten über Hitlers Kriegswillen ließen Chamberlain mit Vorsicht statt mit Entschlossenheit reagieren. Churchill, der dem Konflikt nicht ausweichen wollte, sah allerdings ebensowenig wie Chamberlain eine Chance zu einem Arrangement mit den Vertretern des deutschen Widerstandes. Das Faktum, daß Großbritannien nicht kriegsbereit war, besaß für die handelnden Politiker in London, Churchill nicht ausgenommen, größeres Gewicht als irgendein Arrangement mit oppositionellen Kräften auf seiten eines potentiellen Gegners.

Dies stellte der deutsche Geschäftsträger in London, Theo Kordt, der sich als Sprecher der militärischen und politischen Opposition in Berlin, vor allem als Vertrauensmann Weizsäckers, zu erkennen gab, bei einem vertraulichen Gespräch mit Lord Halifax am 7. September fest. Für Halifax stellte ein Krieg wegen der Tschechoslowakei »ein Verbrechen« dar. Er bezeichnete ihn allerdings als unvermeidlich, wenn Hitler gegen die Tschechoslowakei gewaltsam vorgehe. Kordt hinterließ im Büro von Chamberlains Mitarbeiter Sir Horace Wilson zudem eine vertrauliche Botschaft Weizsäckers für die Regierung.[334] Den Krieg als unvermeidlich zu bezeichnen, hieß nicht, sich auf das Maß eines britischen Eingreifens festzulegen. Immerhin traf man in London und Paris einige militärische Vorbereitungen. Ein deutsches Ultimatum an die ČSR, das am 28. September ablaufen sollte, beantwortete diese mit der Mobilmachung. Frankreich berief Reservisten ein und England versetzte seine Flotte in Kriegsbereitschaft.[335]

Letzteres war ein wichtiges Anliegen Brünings gewesen. Die Rolle Frankreichs im Kalkül Londons schätzte er gering ein, wahrscheinlich zu Recht. So blieb der intern unterbreitete Vorschlag des französischen Botschafters François-Poncet, in Prag auf einen Sturz Beneš' hinzuwirken und die Sudetengebiete durch eine internationale Streitmacht besetzen zu lassen, in London und Paris unberücksichtigt.[336] Brünings allmählich schwächer werdende Hoffnung auf die oppositionellen Generäle in der Wehrmachtführung war realistischer gewesen, als er selbst es hätte wissen können, da er sich trotz seiner vielfältigen Kontakte, etwa durch die Gespräche mit zahlreichen Flüchtlingen aus Deutschland und Österreich, nur teilweise ein wahrheitsgetreues Bild über die Stimmung in der Wehrmacht machen konnte.[337]

Brüning reagierte erleichtert auf die entschiedene Erklärung des Foreign Office vom 11. September 1938, dem Tag vor Hitlers Parteitagsrede, für den Fall eines Angriffs von dritter Seite auf das Territorium der ČSR. Frankreich sei als Verbündeter zum Beistand verpflichtet, glaubte er, außerdem könne es nun seinerseits auf die Hilfe Großbritanniens und Rußlands rechnen.[338] Die Erklärung erregte Aufsehen, nachdem vier Tage zuvor in der Times (7. August. 1938) ein Artikel erschienen war, den Brüning als geradezu teuflisch empfand, da sich der Verfasser dafür einsetzte, die Sudetenkrise durch die Übergabe der deutschsprachigen Gebiete an das Reich zu lösen und Hitlers Forderungen zu erfüllen. Der strategische Wert der böhmischen Grenze dürfe nicht zum Anlaß eines Weltkrieges herhalten, hatte es zuvor im New Statesman geheißen, nachdem im Juli und August 21 einschlägige Artikel im Daily Telegraph erschienen waren. Die NS-Propaganda behauptete seither, die Idee einer Volksabstimmung sei englischen Ursprungs gewesen. Am 7. September war es in

Mährisch-Ostrau zu Schlägereien zwischen Teilnehmern einer sudetendeutschen Demonstration und der tschechischen Polizei gekommen, die der Sudetendeutschen Partei einen Vorwand lieferten, die Verhandlungen mit der tschechischen Seite am 13. September abzubrechen.[339]

Die Erklärung des Foreign Office vom 11. September täuschte darüber hinweg, daß die britische Regierung noch keineswegs entschlossen war, ihre Appeasement-Politik aufzugeben, obwohl die Zahl der Anti-Appeaser in der Konservativen Partei beträchtlich zugenommen hatte. Beide Richtungen waren und blieben dem »British Interest« verpflichtet, das Robert Wigram, der Leiter der Mitteleuropa-Abteilung, kurz nach Hitlers »Machtergreifung« als »British honour, British territory, British independence« formuliert hatte. Die Regierung setzte immer noch darauf, Hitler in ihre Bemühungen um die Sicherheit in Europa einzubeziehen. Diesem Zweck entsprachen die Konsultationen mit dem französischen und dem amerikanischen Botschafter. Die Erklärung stellte allerdings auch ein Signal dar, daß diese Politik ihre Grenzen hatte, ohne daß Hitler dies als ernsthafte Warnung verstanden hätte. Andererseits bedeutete ein Festhalten an diesem Kurs, daß Großbritannien durch sein Engagement in Europa und in Übersee in absehbarer Zeit machtpolitisch überfordert sein würde, wenn es nicht auf die Hilfe der USA rechnen konnte. Brüning registrierte eine fatalistische Stimmung in Frankreich und England, wo man erwartete, daß in etwa zwei Jahren ohnehin der Krieg ausbrechen werde.[340]

Enttäuschung über die britische Politik

Am Tag seiner Abreise aus England »mit fast versteinertem Herzen« glaubte er, daß er wohl in der »Verbannung« – in den Vereinigten Staaten – sterben müsse, wenn Hitlers Kriegspläne erfolgreich sein würden. Dorthin zu gehen, sei besser, als in ein »zerrissenes Vaterland« lebend zurückzukehren. Hatte er noch wenige Monate zuvor den Aufenthalt in Oxford überschwenglich genossen, so war ihm England jetzt bei seinem Abschied geradezu verhaßt. Dies bezog sich freilich auf die Politik und die »engstirnige Londoner Gesellschaft«, nicht auf das Land selbst, das er seit seiner Jugend kannte. Schon im Jahr zuvor hatte er einmal bemerkt, er lebe nicht mehr gerne in England, weil selbst »private Bemerkungen kurzfristig die politische Situation beeinflussen« könnten.[341] In England, für die meisten Flüchtlinge aus den verschiedenen Ländern des Kontinents wegen der Nähe zu ihrer Heimat das europäische Exilland schlechthin[342], war ihm das Elend des Exildaseins in seiner Ausweglosigkeit und inneren Widersprüchlichkeit bewußt geworden.

Auf dem Weg nach Southampton gaben ihm Treviranus und seine Patentochter Herta Tennstedt, vielleicht auch Brettauer, das Geleit, was seine düstere Stimmung eher noch verstärkte als milderte. Herta hielt sich in den Sommermonaten 1937 und 1938 in England auf. Während Brünings viertem Aufenthalt in den USA, der von September 1938 bis März 1939 dauerte, besuchte sie die School of Commerce and Languages in Purley. Nachdem die Sechzehnjährige 1937 aus politischen Gründen – sie sollte sich von ihrem Patenonkel distanzieren – vom Lyzeum relegiert worden war, hatte Brüning sie nach England geholt, um ihr zu einem Schulabschluß zu verhelfen. Nach einem weiteren Aufenthalt im Sommer 1939 kehrte sie nach Deutschland zurück. Als Diplombibliothekarin arbeitete sie während des Krieges im gehobenen Dienst der Staatsbibliothek in Berlin. Auf seine Schwester Maria, die ihn ebenfalls noch treffen wollte, hatte Brüning vor seiner Abreise an Bord der Empress of Britain vergebens gewartet.

Er haderte mit der englischen Politik und prophezeite, daß diese sich bald mit Hitler arrangieren würde. Ihn selber werde man künftig als lästigen Warner fernhalten. »Nichts hilft, wenn Gott die Völker mit Blindheit schlägt«, vermerkte er zu der absehbaren Vereinbarung der Großmächte über das Schicksal der Tschechoslowakei. Als das Schiff Cherbourg hinter sich gelassen hatte, fühlte er sich einen Augenblick wie erlöst, »dieses verwirrte und kranke Europa zu verlassen.«[343] Hier erhebt sich die Frage, ob Brüning ebenso wie viele andere politische Emigranten die außenpolitischen Realitäten, wie sie sich den westlichen Regierungen stellten, angemessen würdigte. Dies gilt auch für den Vorwurf, den Brüning und auch der emigrierte Historiker Hans Rothfels äußerten, die Westmächte unterstützten indirekt das NS-Regime.[344]

Als er in Boston ankam, hatte sich seine Stimmung trotz aller Sorgen um die Entwicklung in Europa ein wenig gebessert. Die Furcht, daß der Krieg in Europa unmittelbar bevorstehe, beherrschte ihn immer noch, doch klammerte er sich an die Hoffnung, daß die Appeasement-Strategie, die er im Ansatz für verfehlt hielt, wider Erwarten doch Hitler zu einigen Zugeständnissen bewegen könne. Er war Hitler wiederholt begegnet und kannte ihn aus persönlichem Umgang, nachdem er ihn 1922 in einem Berliner Klub – vielleicht dem Herrenklub in der Stresemannstraße – kennengelernt hatte. Er scheint ihn in seinem geistigen Format und seinen politischen Fähigkeiten stets unterschätzt, aber auch nicht als Genie der Verworfenheit und Dämonie gesehen zu haben, das diplomatischer Kunst völlig unzugänglich gewesen wäre.[345]

Das Münchner Abkommen über die Abtretung der sudetendeutschen Gebiete an Deutschland vom 29. September 1938 registrierte er insofern erleichtert, als die Kriegsgefahr noch einmal abgewendet worden war, wobei er in erster Linie das Schicksal seines eigenen Landes im Auge hatte. Die Erwartung, daß Hitler einen Krieg mit England und Frankreich nicht gewinnen werde, beruhigte und tröstete ihn keineswegs. Eine militärische Niederlage des Hitler-Regimes sah er nach Lage der Dinge als unvermeidlich, aber faktisch gleichbedeutend mit einer Niederlage Deutschlands an. Das Münchner Abkommen, dessen Bestimmungen er im einzelnen nicht näher kommentierte, verbesserte allerdings, wie er an Mona Anderson schrieb, kurzfristig die Ausgangsposition bei einer militärischen Auseinandersetzung, woraus zu schließen war, daß er die Kriegsgefahr in der Zukunft höher einschätzte als unmittelbar nach der Sudetenkrise. Andererseits schien er die Politik der britischen Regierung nun milder zu beurteilen. London hätte nach seiner Ansicht vor Hitler nicht in letzter Stunde kapituliert, wenn die britischen Generalstäbe sich als kampfbereit erklärt hätten. Durch rechtzeitige Zugeständnisse in »konstruktiver Form« hätte das Münchner Abkommen vermieden werden können, was freilich kaum ohne einen beträchtlichen Druck Londons auf Prag zu erreichen gewesen wäre. Hitler habe sich im übrigen wie stets nicht an die Spielregeln der internationalen Politik gehalten und werde dies auch in Zukunft nicht tun.[346]

Die Stellungnahme stimmt auffällig überein mit einer Äußerung George Messersmiths vom 29. September, in der dieser entschieden die Ansicht vertrat, daß die Zugeständnisse an Hitler, die den Krieg verhindern sollten, ihn in Wirklichkeit unvermeidbar machen würden.[347] Beide verfolgten weiterhin das Ziel, ihn überhaupt zu verhindern oder wenigstens in seinem Ausmaß zu begrenzen.[348]

3. Kriegsgefahr

Der Ruf nach Harvard

Brüning sah sich in Amerika weniger in der Rolle eines Exilpolitikers als in jener eines aus seiner Heimat Verbannten, ein Gedanke, der ihm schon einige Wochen zuvor gekommen war. Er hielt das zu Ende gehende Jahr für den Beginn der letzten Phase seines Lebens. »Ich sehe keine große Möglichkeit mehr, mein Leben zu ändern oder den Nationen zu helfen, daß sie dem Niedergang entrinnen, den ich seit sechs Jahren kommen sehe.« Brüning las in dieser Zeit zwei Dramen des Euripides, die er als Beispiele für eine heroische Lebenshaltung verstand. Er sah darin die Lehre, ein »schweres Schicksal schweigend und mit Würde« anzunehmen.[349]

Dieses Schweigen in Würde, später von ihm selbst als jahrzehntelanges »Schweigen für Deutschland« stilisiert, klingt hier an. Schon in der Weimarer Zeit neigte er zu einer seltsamen Art von Verschwiegenheit, die ihn daran hinderte, mit aller Kraft öffentlich für seine Politik zu werben. Es sollte sich für ihn in der Folgezeit als ein schwieriges Problem erweisen. Man warf ihm schließlich vor, er leide an einer Art Verfolgungswahn. Dies sei der eigentliche Grund, die Öffentlichkeit zu meiden. Er litt darunter, »so vieles schweigend ertragen zu müssen«, obwohl er dadurch menschlich nicht ärmer werde.[350] Der Aufenthalt in Harvard im Wintersemester 1938/39 ließ indessen dem erschöpften und deprimierten ehemaligen Staatsmann nicht viel Zeit, sich allein den Sorgen und Ängsten zu überlassen, die er aus Europa mitgebracht hatte. Anfang 1939 ergab sich für ihn eine Chance, sich endgültig als Professor in Harvard, einer der angesehensten Universitäten des Landes, zu etablieren, nachdem er dort zuvor als »Lecturer« und »Tutor« tätig gewesen war. Er erhielt einen Ruf als »Professor of Government« an der gerade errichteten Littauer Graduate School of Public Administration.

Seine neue Lehrtätigkeit begann schon im Januar, obwohl er erst im September offiziell berufen wurde. Gerüchte in Harvard wollten wissen, daß der Ruf auf einen Wink des State Department hin erfolgt sei und daß er unter dem Schutz von privaten Leibwächtern stehe, die von der Regierung beauftragt worden seien. Er selbst fühlte sich nach den Erfahrungen der letzten Jahre selbst in Harvard nicht sicher vor der Beobachtung und vor Anschlägen durch Naziagenten. Das persönliche Ordinariat in Harvard war mit einem Jahresgehalt von 5.000 Dollar verbunden. Es war eine »unauffällige Position«, mit der er durchaus zufrieden war. Es wurde durch die Lucius N. Littauer Foundation, New York, finanziert, vermutlich auf Betreiben Hans Schäffers, mit dem Brüning 1935 einige Urlaubstage in der Schweiz verbracht hatte. Zu seinen Aufgaben gehörten Seminare über europäische Geschichte, Wirtschaft und Politik, vornehmlich im 19. und 20. Jahrhundert. Während seine Lehrtätigkeit in England immerhin noch in der deutschen Presse erwähnt worden war, blieb der Ruf nach Harvard ohne weitere Beachtung.[351]

Hier ist daran zu erinnern, daß sich nach 1933 zahlreiche amerikanische Forschungsstätten bereit fanden, deutschen Gelehrten und Künstlern neue Arbeitsmöglichkeiten zu bieten, was großenteils auf den guten Ruf der deutschen Wissenschaft und Kunst zurückzuführen war. So hat man für die Jahre 1933 bis 1944 die Zahl der deutschen Emigranten in den USA auf knapp 3.000 von insgesamt etwa 100.000 berechnet. Besonders aufnahmebereit erwiesen sich Universitäten an der Ostküste, wie die Columbia Universität in New York, wo Max Horkheimer schon 1934 das Institut für Sozialforschung neu begründete, die Universität von Chicago, auch Yale und Harvard, sowie das 1930 gegründete Institute of Advanced Study in Princeton. Hinzu kamen einige Colleges, etwa das Vassar College in New York und das Blackmountain College in Nordkarolina. Mitte der dreißiger Jahre fand auch eine größere Zahl von deutschen Wissenschaftlern Aufnahme in Los Angeles, San Francisco und Berkeley.[352]

Ende Februar 1939 beendete Brüning die Vorlesungen und Seminare des Wintersemesters. Im Januar hatte er nebenher noch die »Milton War Memorial Lecture« an der Milton Academy in Massachusetts, über »Reflections on the Decline of the Authority of Law« und eine dreiteilige Vortragsreihe über »The Changing Background of Democracy« an der Universität von Virginia in Charlottesville gehalten. Bei letzteren handelte es sich um die jährlichen Page-Barbour Lectures, die seit 1907 stattfanden. Sie stießen auf ein überaus günstiges Echo bei einem anspruchsvollen Publikum. Der Historiker Oron James Hale, angesehenes Mitglied einer wissenschaftlichen Kommission des Kriegsministeriums und mit Shuster befreundet, bezweifelte allerdings, daß Brüning als Politiker dem Demagogen Hitler jemals gewachsen gewesen wäre.

In Harvard genoß er die akademische Atmosphäre, die ihn schon bei seinem ersten Aufenthalt angezogen hatte. Er stand in näherem Kontakt mit einigen Fachkollegen, die ihn trotz seiner Zurückhaltung im persönlichen Umgang bald »Henry« oder »Harry« nannten, darunter Carl Joachim Friedrich, der ebenfalls aus Deutschland emigriert war und Brünings Berufung gefördert haben dürfte, ferner William Y. Elliott, Arthur Holcombe, Bruce Hopper und der Historiker Sidney B. Fay. An einem von Elliott 1943 mitherausgegebenen Sammelwerk war er mit einem Beitrag über die Verwaltungstraditionen in Deutschland und Großbritannien beteiligt. Mit Fay hielt er ein gemeinsames Seminar über den Wiener Kongreß ab.[353] Seine Lehrveranstaltungen waren zumeist Forschungsseminare. Die *research seminars* für *postgraduate students* erschienen Brüning in der Rückschau fruchtbarer als reine Vorlesungen.[354]

Friedrich, der sich in mehreren politischen Vereinigungen engagierte und eine intensive Anti-Nazi-Propaganda betrieb, war jedoch von Brüning enttäuscht, weil sich dieser während des Krieges nicht nur von den Aktivitäten der Emigranten, sondern auch von den politischen Diskussionen in der Universität fernhielt.[355] Dem gesellschaftlichen Leben der Universität versagte er sich allerdings nicht völlig, wie seine schon seit seiner Berufung bestehende Mitgliedschaft im sogenannten »Club« erkennen läßt, so sehr er sich als Emigrant und Katholik als Außenseiter empfand und auch so angesehen wurde. Der prominente Emigrant blieb eine Ausnahmeerscheinung in Harvard. Jahrelang erschien er einmal im Monat im »Club«. Der Verein umfaßte jeweils nur zwölf Mitglieder auf Lebenszeit. Die älteste und führende Professorenvereinigung in Harvard war von dem Philosophen William James (1842-1910) begründet worden, der dort zwischen 1872 und 1907 lehrte. Fay war in Brünings Zeit der *spiritus rector* des »Clubs«. Zuletzt hielt Brüning am 10. April 1943 dort eine Ansprache.

Brüning liebte stets den »inneren Kreis« von Freunden und Gleichgesinnten. Nur zu wenigen Familien in Boston pflegte er regelmäßige Kontakte. 1940 entdeckten Reporter angebliche Verbindungen Brünings zu rechtsorientierten Geschäftsleuten und Vertretern des Vatikans. Lediglich Kontakte zu dem Bostoner Unternehmer George Plympton sind bekannt. Im November 1942 vermutete George W. Pate, Brüning wolle Hitler mit Hilfe des Vatikans zu Fall bringen. Man beobachtete seine Zurückgezogenheit, seine Distanz gegenüber allem, was auf dem Campus gerade an der Tagesordnung war. Außerdem beobachtete man, daß er sich selten in der Mensa von Lowell House sehen ließ und auch nicht allzu viele Studenten, vor allem keine Studienanfänger, an seinen Seminaren teilnahmen. Trotz seiner Außenseiterrolle nahm er oft an den Versammlungen im Raum des Seniors von Lowell House teil. 1941 wurde er Ehrenmitglied eines weiteren Klubs: »Phi Beta Kappa«, was im *Boston Globe* registriert wurde.[356]

Die nicht allzu große Wohnung in Lowell House gefiel ihm, obwohl er beengte Raumverhältnisse sonst als unerträglich empfand. In dieser »sehr netten Suite« brachte er die Möbel unter, die früher in seiner Wohnung im Nelson House am Dolphin Square in London gestanden hatten. Die Fenster gingen auf einen mit Gras bewachsenen und von einigen Bäumen bestandenen quadratischen Innenhof hinaus.

Die Adresse Lowell House E 11, Cambridge 38, Massachusetts, behielt er in den Jahren seines Aufenthaltes in Harvard bei. In seinem etwas altmodisch wirkenden Studierzimmer mit Kamin im Parterregeschoß des Hauses empfing er Besucher von außerhalb, aber auch Fakultätskollegen und Studenten. »Ich wohne in einem der schönen Häuser, die man in Oxford Colleges nennt«, schrieb er 1947 an einen Freund. »Es leben darin einige Professoren und vielleicht 300-400 Studenten. Ich habe ein schönes Zimmer, zwei sehr kleine und ein Badezimmer. Eine Haushälterin habe ich natürlich nicht, ich könnte keine bezahlen. Die Löhne sind hier sehr hoch. Eine Haushälterin würde mich ein Drittel meines Monatseinkommens kosten, nach Abzug der Steuern. Mein Frühstück und mein Abendessen mache ich mir meistens selber.«[357] Für diese Mahlzeiten richtete er sich im Badezimmer eine kleine Küche ein. Das Mittagessen nahm er gelegentlich zusammen mit den anderen Dozenten am »Hohen Tisch« im Speisesaal des Hauses ein.[358]

Die Aussicht auf eine Karriere als festangestellter Hochschullehrer vermochte ihn nur wenig von den Vorgängen in Europa abzulenken. Die Frage, welches Land Hitler in nächster Zeit angreifen werde, nachdem das NS-Regime eine weitere Mobilmachung angekündigt hatte, versuchte er durch indirekte Indizien zu beantworten. Er hörte von deutschen Truppenbewegungen an der niederländischen Grenze und Gerüchten von einem bevorstehenden Überfall auf Holland oder Belgien, registrierte aber auch, daß sich allmählich eine Abwehrfront der westeuropäischen Staaten einschließlich Großbritanniens formierte. Am 11. Januar wies er Mona Anderson darauf hin, daß die Roosevelt-Administration sich anschickte, wie die Rede des Präsidenten vom 4. Januar zeige, ihren Neutralitätskurs aufzugeben und Maßnahmen gegen Aggressoren vorzubereiten, insbesondere durch den Ausbau der Luftwaffe.[359]

Brünings Bemühungen richteten sich darauf, in der angespannten Weltlage den Frieden zu erhalten und die Demokratie zu verteidigen. Darin unterschied er sich, wie er bald erkennen mußte, von Winston Churchill, der den Krieg längst für unvermeidlich hielt, und sich deshalb darauf einstellte, sein Land und seine Streitkräfte entsprechend vorzubereiten, um ihn schließlich gewinnen zu können.[360] Churchill wollte die Möglichkeit einer inneren Revolte in Deutschland zwar im Auge behalten, aber aus Gründen einer übersichtlichen Strategie auf »alle derartigen Anfragen« aus Deutschland künftig »mit absolutem Stillschweigen« reagieren, wie er am 20. Januar 1941 an Anthony Eden schrieb. In dieser Hinsicht habe sich Halifax im Dezember 1939 »absolut falsch« verhalten.[361] Eden hielt sich an die Direktive, als er kurz darauf ein Vermittlungsangebot Görings über einen schwedischen Mittelsmann ins Leere laufen ließ. Die Direktive galt im wesentlichen bis zum Ende des Krieges. Nach dem Überfall Hitlers auf die Sowjetunion bekräftigte Churchill die Anweisung. Nicht einmal der Anschein eines britischen Interesses an irgendwelchen Friedensfühlern sollte erweckt werden. Freilich waren die britischen Missionschefs gehalten, über Kontaktversuche dieser Art regelmäßig zu berichten, ohne daß sie vor das War Cabinet gebracht wurden.[362]

Die totalitäre Herausforderung

Brüning dürfte geahnt haben, wie Churchill die vielfältigen Berichte über die deutsche Opposition strategisch bewertete. Damit war den Aktivitäten Brünings und denen seiner Freunde jede operative Grundlage entzogen. Für Churchill ging es darum, welche Macht künftig in Europa die Oberhand gewinnen werde. In den USA sah man dagegen die europäischen Probleme oft anders. Im Mittelpunkt der Betrachtungen stand die Frage nach der Stärke und Gefährlichkeit der Diktaturen für den Weltfrieden, weniger das Problem der Hegemonie in Mitteleuropa, die Hitler allerdings 1939 erreichte. Brüning registrierte die amerikanische Politik insofern mit Sympathie, als er Berührungspunkte mit seinen eigenen Bestrebungen zu erkennen meinte, und stellte sich auch in seiner Lehr- und Vortragstätigkeit darauf ein.

In den »Page-Barbour Lectures« setzte er sich im Winter 1938/39 eingehend mit dem Problem der Diktatur in der modernen Gesellschaft auseinander, d. h. auch mit der Frage, inwiefern die Diktaturen als »modern« im Sinne der Industriegesellschaft anzusehen seien. Er wollte bei seinen amerikanischen Zuhörern Verständnis für die politische Lage in Europa wecken, zugleich aber ihrem Überlegenheitsgefühl und ihrem Sendungsbewußtsein als Bürger der Vereinigten Staaten den erwarteten Tribut zollen. Seine Botschaft klang simpel: »Diktaturen entstehen nur in Nationen, die eine Reihe von Krisen durchgemacht haben, welche die normalen, traditionellen Denkweisen umstürzen.«

Es sei aber am Ende nicht die Verfassung, die die Demokratie rette, wenn die Gefahren übermächtig würden. Sie müsse in sich selbst entwicklungsfähig sein, wie das britische und das amerikanische Vorbild zeige. Andererseits gehe von den Diktaturen angesichts des Rüstungswettlaufs eine Gefahr für demokratische Regime aus. Sie seien nicht wie diese von den Trends der öffentlichen Meinung weitgehend abhängig. Die Folge sei, daß dort vor allem die Finanzgebarung gegenüber den Kontrollorganen erschwert und auch die persönlichen Freiheitsrechte beschränkt würden. Demokratische Systeme seien aus sich heraus nur in Zeiten sich ausweitenden Wohlstandes lebensfähig. In Zeiten der Depression seien – in den demokratischen Rechtsstaaten – deshalb zuweilen autoritäre Regierungsformen mit einem »Finanz- und Wirtschaftsdiktator« erforderlich, um die sonst im Parlamentarismus wirksamen Einzelinteressen zu neutralisieren. Den Hintergrund der Aussage bildete die zeitgenössische Wirtschaftspolitik in Großbritannien und den USA, abgesehen von dem uneingestandenen Vorbild des Papenschen »Neuen Staates«. Die staatliche Verwaltung, so Brüning, habe in einer Krise die Aufgabe, die Wirtschaft und die Finanzen grundlegend zu reformieren. In diesem Falle verliere die normale gesetzgebende Funktion des Parlaments an Bedeutung. Dies gelte etwa dann, wenn die wirtschaftspolitischen Probleme kompliziert würden und allzu rasch wechselten. In diesem Falle müsse das Parlament der Exekutive die Initiative überlassen.

Die Form der parlamentarischen Kontrolle müsse den neuen Bedingungen angepaßt werden, ohne daß sie dadurch beschädigt würde. Dies sei möglich, wenn die Regierung von der parlamentarischen Mehrheit abhängig bleibe, selbst wenn sie per Verordnung regieren müsse. Wenn dies nicht zu einer Veränderung der Verfassung führe, könne man ohne allzu große Schwierigkeiten zum traditionellen Verfahren zurückkehren. Entscheidend sei, daß derartige Maßnahmen zuweilen aus finanz-, wirtschafts- und vor allem außenpolitischen Gründen ergriffen werden müßten. »Die Ziele und Absichten der Regierung können dem Stand der öffentlichen Meinung weit vorauseilen, aber die Realisierung einer solchen Politik kann nicht von der Entwicklung des Denkens und der Stimmung der Nation getrennt werden.«

Wenn eine Regierung sich nicht in der Lage fühle, den außenpolitischen Zumutungen anderer Regierungen zu widerstehen, dürfe sie in der Öffentlichkeit nicht den Eindruck erwecken, daß sie große Risiken eingehe. Wenn sie schließlich in einem Konflikt nachgeben müsse, dann werde die Enttäuschung und der Defätismus in der öffentlichen Meinung nur um so größer ausfallen. Dagegen könne ein Diktator ohne solche Rücksichten bis an die Grenzen einer Katastrophe gehen, unter anderem weil die von ihm beherrschte Bevölkerung nicht über die wirkliche Lage informiert sei. Brünings eigene politische Erfahrung spiegelte sich in der Bemerkung wider, daß der demokratische Staatsmann jedoch angesichts der Bedrohung seines Landes zwangsläufig in eine persönliche Isolierung gerate. Ein demokratisches Gesellschaftssystem vermöge außenpolitisch ebenso wie eine Diktatur politische Pläne zu entwerfen, auch wenn sie diese nicht so rücksichtslos verwirklichen könne wie jene. Ein demokratischer Politiker könne außenpolitische Erfolge im Gegensatz zu einem Diktator nicht versprechen. Dies bedeute das Ende seiner politischen Karriere.

Das Problem, daß reale Erfolge, die ohne propagandistischen Aufwand erzielt werden können, wenig beachtet werden, erläuterte er am Beispiel der Rheinlandräumung und des Endes der Reparationen. Er legte Wert auf die Feststellung, daß die deutsche Demokratie nach 1918 nicht gezögert habe, die drängendsten Probleme der Außenpolitik anzugehen. Dies führte ihn wieder zu der oft erörterten Frage nach der Überlebensfähigkeit der Demokratie in Zeiten wirtschaftlicher Krisen und angesichts der Bedrohung durch die totalitären Regime. Man wisse nicht, in welchem

Maße moderne Waffen die Diktatoren in die Lage versetzten, den moralischen Verfall im Innern ihrer Staaten in Grenzen zu halten, der aus ökonomischen Überbelastungen resultiere.

Es sei nicht auszuschließen, daß die Diktaturen auf längere Sicht den höchsten Stand ihrer Gefechtsbereitschaft aufrechterhielten. Die europäischen Demokratien seien daher gezwungen, in ihrer militärischen Stärke mit den totalitären Regimen Schritt zu halten oder diese sogar zu überholen. Die Notwendigkeit, die militärischen und ökonomischen Planungen an das Tempo der diktatorisch regierten Länder anzupassen, verlange enorme Anstrengungen. Wie dies ausgehen werde, sei nicht abzusehen. Früher oder später müßten die Demokratien die Exekutive gegenüber dem Parlament stärken. Diejenigen unter ihnen, die in der Lage seien, sich auf Grund ihrer Verfassung oder ihrer konstitutionellen Traditionen dieser Herausforderung für eine gewisse Zeit zu stellen, könnten ihre Stabilität und die Stetigkeit ihrer Politik sichern. Heutige Kriege verlangten im Unterschied zu früheren, daß sich auch die Zivilbevölkerung auf den Notfall einstellen müsse und jeder Staatsbürger seine Aufgaben in diesem Falle kenne. Die Erfolge würden um so größer sein und die Verluste geringer, wenn sich jeder darüber von Beginn an im klaren sei. Die Einsicht in die unvermeidliche Beschränkung der Freiheitsrechte angesichts der äußeren Bedrohung wachse allmählich in ganz Europa.

In Holland und in der Schweiz gebe es bereits entsprechende Gesetze, die die Regierung zu restriktiven Maßnahmen ermächtigten. Die Furcht vor der totalitären Herrschaft fördere das Einverständnis der Öffentlichkeit. Sie lehne eine schleichende Einführung eines totalitären Regimes unter patriotischen Vorwänden ab. Die vorübergehende Einführung von demokratischen Allparteienregierungen nach dem Vorbild Englands und Frankreichs könne durchaus praktischen Wert haben, dürfe aber nicht zu früh erprobt werden. Wenn eine solche Regierung scheitere, setzten die Politiker aller Parteien ihr Ansehen und ihren künftigen Einfluß aufs Spiel. Sie sei, wenn sie zu lange regiere, keineswegs eine Sicherung gegen den Mißbrauch von Notstandsvollmachten.

Brüning war der Ansicht, daß Faschismus, wenn er nicht von außen einem Lande aufgezwungen werde, eine außerparlamentarische Erscheinung sei. Im allgemeinen werde er durch einen Mann oder eine Gruppe von Leuten, die keine verantwortliche Regierungserfahrung hätten, repräsentiert. Daß sich dies am Beispiel der NSDAP bestätigte, führte er darauf zurück, daß die Deutschnationalen seit etwa 1928 nicht mehr in der Lage gewesen seien, ihre Wähler für eine gemäßigte Politik zu gewinnen.

Für seine Kanzlerzeit beanspruchte Brüning, nicht antidemokratisch regiert zu haben, und verwahrte sich daher gegen den Begriff »Präsidialregierung«. Ursprünglich sei keineswegs beabsichtigt gewesen, die Autorität der Exekutive mit Hilfe des Artikels 48 WRV wiederherzustellen. Tatsächlich förderte aber die Abhängigkeit des Kanzlers von den »dominanten Machteliten« (H. Mommsen) tendenziell die Entwicklung zum Präsidialsystem unter Papen und Schleicher. In der Außenpolitik belaste, so Brüning, die totalitäre Herausforderung durch die Diktaturen die internationale Diplomatie und erzeuge ein Klima der Furcht. Mit Blick auf die Rolle der USA behauptete er, ein Zermürbungskrieg sei in Europa wahrscheinlicher als ein Überraschungskrieg. Die Chancen der Diktaturen, sich zu behaupten oder gar zu obsiegen, seien in diesem Falle begrenzt – eine Erwartung, die von anderen Analytikern nicht ohne weiteres geteilt wurde.³⁶³

In den USA besaß die Problematik des demokratischen Regierungssystems stets ein großes öffentliches Interesse. »Demokratie« stellte schon vor Ausbruch des Krieges ein beliebtes Thema, fast ein »Allerweltsthema«, dar, das er unter wechselnden Gesichtspunkten sowohl in Harvard als auch anderswo in Gastvorträgen behandelte. Es eröffnete ihm die Möglichkeit, gelegentlich in der Öffentlichkeit aufzutreten, ohne sich konkret zu aktuellen Problemen, etwa zur politischen Lage in Deutschland äußern zu müssen.

Das Memorandum vom 29. Januar 1939

Neben seinen Lehrverpflichtungen in Harvard setzte Brüning seine Lectures an verschiedenen Orten fort. Gemeinsam mit John Wheeler-Bennett, der von 1937 bis 1939 in Charlottesville, Virginia, Gastprofessor war und seine Page-Barbour Lectures teilweise redigiert hatte, fuhr er am 29. Januar 1939 nach Washington. Es war sein zweiter Besuch in der amerikanischen Bundeshauptstadt. Während Wheeler-Bennett am Abend im Weißen Haus war, ging Brüning zu George Messersmith, dem zweiten Mann an der Spitze des State Department. Ihm übergab er ein Memorandum über die Lage in Europa, das er in Harvard verfaßt hatte.

Brüning erinnerte daran, daß sich Sir John Simon und Anthony Eden wenige Tage nach dem Einmarsch der Wehrmacht ins Rheinland und kurz vor der Konferenz von Stresa im April 1935 in Berlin von der Politik Frankreichs und der Kleinen Entente, die sich seit 1935 als fünfte Großmacht konstituiert hatte, in Südosteuropa distanziert hatten. Daraus hatten führende NS-Funktionäre und die Spitze des Auswärtigen Amtes unter v. Neurath gefolgert, daß ein Druck auf die östlichen Nachbarstaaten Deutschlands die deutsch-britischen Beziehungen nicht allzu sehr belasten werde, wenn dies aus britischer Sicht nicht sogar erwünscht war. Nach Mussolinis Überfall auf Abessinien am 5. Mai 1936 hätten sich nach dem Eindruck Londoner Gewährsleute, die der Regierung nahestanden, die Chancen für eine Annexion Österreichs erhöht, da sich der Duce von Hitler abhängig gemacht habe. Andererseits habe sich Chamberlain, wie im Juli 1937 in Berlin bekannt wurde, mit Mussolini wegen der gemeinsamen Interessen im Mittelmeer zu verständigen gesucht. Chamberlain habe sich bereit erklärt, die Eroberung Äthiopiens anzuerkennen und einen Sieg Francos im spanischen Bürgerkrieg hinzunehmen.

Brüning kritisierte in erster Linie die Politik Chamberlains in der außenpolitischen Krise, die sich seit 1935 allmählich zugespitzt hatte. Zugleich unterstrich er die überlegene Taktik Hitlers, der sowohl Mussolini als auch Chamberlain, Daladier und Flandin nicht gewachsen seien. Im Mittelpunkt seiner Kritik stand der britische Premierminister, während er Außenminister Lord Halifax, den er öfters gesehen hatte, milder beurteilte, wie seine Mitteilung über dessen Besuch bei Hitler Mitte November 1937 erkennen läßt. Er behauptete, Halifax habe sich entschieden gegen den Wortlaut des Protokolls verwahrt, das der deutsche Dolmetscher angefertigt hatte. Halifax habe bestritten, im Namen seiner Regierung die Politik Hitlers gegenüber Österreich und der Tschechoslowakei gebilligt zu haben.³⁶⁴

Brüning war anscheinend nicht näher über das Treffen zwischen Hitler und Halifax informiert, das nicht, wie er andeutete, in Berlin, sondern auf dem Berghof bei Berchtesgaden stattgefunden (19. November 1937) hatte. Daß Halifax keinen eigenen Dolmetscher mitgebracht hatte, sondern auf den Chefdolmetscher Paul Schmidt vom Auswärtigen Amt angewiesen war, beruhte auf dem Umstand, daß Halifax' Deutschlandreise offiziell als Privatbesuch galt. Halifax hatte als »Master of the Middleton hounds« zunächst die Internationale Jagdausstellung in Berlin besucht, ehe er von dort mit Neurath und Schmidt nach Berchtesgaden gefahren war. Schmidt hatte gemeinsam mit Neurath an der Unterredung in Hitlers Arbeitszimmer auf dem Berghof teilgenommen.

Hitler hatte Halifax in einem längeren Monolog unverhohlen und aggressiv seine Absichten in Bezug auf Österreich und die Tschechoslowakei vorgetragen. Zu irgendeiner Absprache oder Vereinbarung war es nicht gekommen. Nach seiner Rückkehr nach Berlin hatte Halifax dann Göring in Karinhall besucht. Göring hatte Hitlers Standpunkt bekräftigt, jedoch betont, daß Deutschland seine Ziele auf dem Verhandlungswege erreichen wolle und dies auch für aussichtsreich halte.[365]

Halifax, der genaue Instruktionen vom Kabinett erhalten hatte, hatte sich nicht auf Zusagen gegenüber Hitler eingelassen, aber eine Lösung der tschechoslowakischen Frage im »Wege friedlicher Evolution« angeregt. Eine andere Frage war, welche Schlüsse Hitler aus Halifax' Verhalten gezogen hatte. Davon konnte Brüning nichts wissen. Die Spekulationen in der britischen Presse und die propagandistische Behandlung des Besuchs in Deutschland dürften dagegen der Hintergrund für Brünings Darstellung gewesen sein. Schmidt hatte eine offizielle Niederschrift verfaßt, die er allen Beteiligten zusandte. Sie beruhte auf Notizen, die er sich während der Unterredung als Dolmetscher gemacht hatte. Seine Memoiren enthalten keinen Hinweis auf die Vorbehalte, die Halifax angeblich geäußert hatte. Es ist indessen bekannt, daß Schmidt als Anhänger einer deutsch-britischen Verständigung bemüht war, die Gegensätze zwischen den Gesprächspartnern durch die Art seiner Übersetzung zu mildern. An seiner sachlichen Qualifikation war nicht zu zweifeln. Andererseits hatte es in der britischen Öffentlichkeit Stimmen gegeben, die bezweifelten, daß der Minister sich jeder Festlegung enthalten habe. Das Kommuniqué des Deutschen Nachrichtenbüros war nichtssagend, was auf den Einfluß des Auswärtigen Amtes zurückzuführen war.

Schon Halifax' Reise nach Berlin war zuvor im Unterhaus lebhaft erörtert worden und hatte Chamberlain zu der beschwichtigenden Zusage veranlaßt, zu gegebener Zeit die Öffentlichkeit über das Ergebnis der Reise zu informieren. Nach der Rückkehr des Ministers aus Berlin dementierte der Premierminister am 24. November energisch alle Gerüchte über die Gespräche auf dem Obersalzberg, ohne den Inhalt der als »privat« deklarierten Unterhaltungen näher zu erläutern. Im Kabinett beschränkte sich Halifax am selben Tage auf einige wenige Details. Er meinte, Hitler sei mit den bisherigen Vereinbarungen zwischen Deutschland und Österreich vom Juli zufrieden. Zur Sudetenfrage habe er lediglich erklärt, die Tschechoslowakei müsse die Deutschen innerhalb ihrer Grenzen in Ruhe lassen, dann seien sie vollkommen zufrieden. Nach Göring werde Deutschland keinen Kampf um Kolonien führen. Von Blomberg hatte Halifax angeblich gehört, die deutsch-britischen Beziehungen seien wichtiger als die Kolonialfrage. Zwischen Görings und Blombergs Aussagen sehe er keinen Gegensatz. Nach seinem Eindruck plane Deutschland keineswegs in nächster Zeit irgendwelche Abenteuer, werde aber seine Machtposition in Mitteleuropa ausbauen. Eine Verständigung mit Deutschland sei nach wie vor möglich.[366]

Brüning bezeichnete 1947 jene Besprechung zwischen Hitler und Halifax auf dem Obersalzberg als den »echten Wendepunkt auf die Katastrophe hin«, verlegte jedoch den verhängnisvollen Novemberabend 1937 irrtümlich auf das folgende Jahr.[367] Für ihn war Hitler selbst der Urheber aller Aggressionsabsichten des Dritten Reiches. Er erwähnte die Anweisungen, die dieser am 5. November der Wehrmacht gegeben hatte[368], und wußte auch, daß die führenden Militärs einen Einmarsch in Österreich und in der Tschechoslowakei ablehnten, da sie mit einer Intervention der Westmächte rechneten. Für sie war Deutschland auf einen großen Krieg in Europa nicht vorbereitet. Hitler, der Österreich und die Tschechoslowakei als »unser erstes Ziel« bezeichnet hatte, konnte dem sachlich nichts entgegensetzen und behauptete, er verfüge über zuverlässige Nachrichten, daß Frankreich und England keinen Krieg gegen Deutschland führen würden, ohne dadurch die Skepsis der meisten Generäle zu überwinden.

Hitler ließ nach Brüning zusammen mit Himmler und der SA in den folgenden Monaten die Gegner seiner Kriegspläne kaltstellen oder entmachten: »Mit Methoden, die im Frühjahr weithin bekannt wurden, gelang es Hitler, sich die beiden wichtigsten Gegner seiner Politik unter den Generälen (gemeint waren Fritsch und Beck, der Verf.) vom Hals zu schaffen.«[369] Brüning versuchte die Grundlinien seiner Analyse durch Details der Vorgänge im Hintergrund zu belegen. So erwähnt er einen angeblich fehlgeschlagenen Versuch Himmlers, durch ein Gestapo-Attentat auf Hitlers Sonderbotschafter v. Papen in Wien ein Ultimatum an die österreichische Regierung zu motivieren. Papen habe, so Brüning, den Vorfall Bundeskanzler v. Schuschnigg zur Kenntnis gebracht, der seinerseits Mussolini darüber informiert habe. Dieser habe sich in der Österreichfrage erst im letzten Augenblick auf Hitlers Seite geschlagen, da Chamberlain seine Forderung nach einem Abkommen mit England nicht mehr rechtzeitig erfüllt hatte. Der Truppenaufmarsch der Wehrmacht an der österreichischen Grenze habe als Drohgebärde die erwünschte Wirkung gehabt.[370]

Im Hinblick auf das Schicksal der Tschechoslowakei behauptete Brüning, die »führenden britischen Kabinettsmitglieder« hätten lediglich befürchtet, daß Hitler eine Situation herbeiführen könnte, die Frankreich zur Intervention zwingen würde. Er verschwieg nicht, daß London von dritter Seite, d. h. von ihm, geraten worden war, »einen konstruktiven Vorschlag zum deutsch-tschechoslowakischen Problem« zu unterbreiten. Da Chamberlain dies nicht tat, habe sich Hitler in der Annahme bestätigt gesehen, Großbritannien werde seinen Absichten nichts in den Weg legen. Der Aufmarsch deutscher Truppen an der schwer befestigten tschechoslowakischen Grenze bereitete, wie er glaubte, ebenso wie vorher im Falle Österreichs, eine innere Destabilisierung vor, und sollte Aktionen der SS und der sudetendeutschen Nazis im Innern des Landes decken.

Die Warnung Englands und Frankreichs vom 21. Mai 1938 an die Adresse Berlins habe die Wehrmacht so sehr beeindruckt, daß sie Hitler zu bewegen vermochte, seine Pläne aufzuschieben. Die Führung beschwor die Risiken eines gleichzeitig ausbrechenden Konflikts im Osten und Westen, der der Wehrmacht schwere Verluste hätte zufügen können. Man entschloß sich daraufhin, wie Brüning berichtete, die Befestigungen im Westen zu verstärken, was noch einmal eine Verzögerung der Angriffsvorbereitungen bewirkte. Andererseits sei das französische ebenso wie das britische Kabinett nach dem Gespräch Flandins mit Hitler im Februar 1938 zum Nachgeben bereit gewesen, mit dem Unterschied, daß man in Paris einen Weg suchte, die völkerrechtlichen Pflichten gegenüber Prag zu umgehen. Hitler habe Flandin mit Sanktionsdrohungen gegen französische Kapitalinteressen in Deutschland und in der ČSR einzuschüchtern vermocht.

Brüning erwähnte unter anderem die Gespräche von Regimegegnern und Hitler-Anhängern im März 1938 mit britischen Politikern. Die »pronazistischen Mitglieder des Kabinetts und des Außenministeriums« hätten den schwankenden Chamberlain dahin gebracht, sich für eine Autonomie der Sudetengebiete einzusetzen. Die sogenannte Runciman-Mission sei von einer in London lebenden Deutschen, gemeint war Stefanie Hohenlohe-Richter, angeregt worden. Die Kriegsvorbereitungen der deutschen Seite hätten den Briten die Bereitschaft zu jedem Risiko demonstriert. Brüning ergänzte dies dahin, daß die Rohstoffkäufe für die deutsche Kriegsreserve von den »Banken in der City« finanziert worden seien, was übertrieben gewesen sein dürfte. Er erinnerte an sein Memorandum vom 8./9. August 1938 für die britische Regierung, das »die Auffassungen von sehr einflußreichen und patriotischen Menschen in Deutschland enthielt«, aber durch Indiskretion schon nach einer Woche bekannt geworden sei, als sein Inhalt in der nazifreundlichen ungarischen Zeitung Hirlap und dann auch anderen Blättern veröffentlicht wurde. Ähnlich argumentierte Brünings späterer Harvard-Kollege William Y. Elliott. Er verlangte, daß Großbritannien und die USA strategisch wichtige Metalle vom Weltmarkt nehmen sollten, um zu verhindern, daß Italien und Deutschland sie dort aufkauften.

Nach Brünings Ansicht erreichte die Verwirrung in den Londoner Regierungskreisen ihren Höhepunkt, als man dort befürchtete, Hitler werde, wenn er gegenüber der ČSR nachgeben müsse, in absehbarer Zeit gestürzt, so daß eine Machtübernahme der Kommunisten in Deutschland zu befürchten sei. Bedenken, die britische Flugabwehr sei nicht in der Lage, einen deutschen Angriff auf London abzuwehren, hätten das übrige getan, Hitlers Absichten nichts in den Weg zu legen. Sie seien von Gerüchten genährt worden, die von Nazi-Agenten verbreitet wurden. Die Rede war von einem Großangriff mit 2.000 veralteten Flugzeugen ohne Rücksicht auf die Sicherheit und das Schicksal der Besatzungen. Den Nazis sei es angesichts der Ratlosigkeit auf britischer und französischer Seite gelungen, ihre Strategie des Bluffs erfolgreich zu Ende zu führen. Brüning kam zu dem Ergebnis, daß jene Kräfte, die vor allem dem britischen Kabinett geraten hätten, Hitler mit konstruktiven Vorschlägen von seinem Kurs abzubringen, resignierten und nun ihrerseits dafür eintraten, mit Hitler ein Abkommen zu dessen Bedingungen zu schließen und auf weitere Vermittlungsversuche zu verzichten.[371]

Von Messersmith erfuhr Brüning, daß Roosevelt den Verkauf von kriegswichtigem Material, vor allem von Flugzeugen, an Länder wie Frankreich angeordnet habe, während pazifistische Kreise im Kongreß, etwa die Hoover-Gruppe, und die Senatoren aus den Baumwolle produzierenden Bundesstaaten dagegen opponierten. Letztere hofften auf große Geschäfte mit Deutschland, Italien und Japan.

Die Korridor-Frage und der Widerstand

Am 31. Januar 1939 fuhr Brüning von Cambridge in Richtung New York, um in Huntington zwei Tage Vorlesungen zu halten. In New York sah er George Shuster und den republikanischen Kongreßabgeordneten Hamilton (»Ham«) Fish Armstrong. Shuster, der aus Lancaster, Wisconsin, stammte, war 1938 in Europa, auch in Deutschland gewesen. In der Schweiz, in Basel, hatte er Brüning getroffen. Er hatte an verschiedenen geheimen Zusammenkünften mit Hitler-Gegnern teilgenommen und auch Konrad Adenauer besucht, um Informationen über die Widerstandskräfte in den Gewerkschaften und im Militär zu erhalten. Armstrong, Mitglied des 1938 ins Leben gerufenen President's Advisory Committee on Political Refugees, sowie Chefredakteur der Vierteljahrsschrift »Foreign Affairs«, die vom Council on Foreign Affairs herausgegeben wurde, bat Brüning um einen Beitrag über die gegenwärtige Lage in Europa. Schon 1935 hatte er ihn vergeblich um einen Artikel gebeten. Die Anregung ging diesmal auf Stimson zurück, was Brüning in Verlegenheit brachte.

In dieser Zeitschrift erschienen häufig Artikel prominenter Politiker aus anderen Ländern. In der Vergangenheit hatten dort unter anderen Stresemann, Wilhelm Marx, Groener, Poincaré, Bucharin, Trotzki und Masaryk ihre Ansichten publiziert. Trotzdem lehnte er ab und erklärte ausweichend, daß er nichts sagen wolle, was als Affront gegen sein Land verstanden werden könne. Er wolle im Augenblick auch Chamberlain nicht kritisieren, weil dieser inzwischen die Lage realistischer einzuschätzen beginne als früher und gegenwärtig kaum zu ersetzen sei. Solche Bedenken hinderten ihn nicht, ein freundliches Vorwort – neben einem weiteren von Lord Josiah Charles Stamp (1880-1941) – für das »Journal of Reparations« zu verfassen. Brüning hielt die außenpolitische Lage für unübersichtlich und zögerte, öffentlich mit Hitler abzurechnen. Dessen Reichstagsrede vom 30. Januar 1939, die unter anderem ein indirektes Angebot zur Zusammenarbeit mit Großbritannien enthielt, bezeichnete er gegenüber Mona Anderson als ein taktisches Rückzugsmanöver. Hitler habe seinen Führungsanspruch unter Staaten wie Japan, Italien und Polen vorläufig zurückgestellt. Bezeichnend für den Ernst der Lage in Deutschland sei die Anordnung, daß kein ausgebildeter Reservist unter dem 50. Lebensjahr das Land verlassen dürfe.[372]

Deutsche Emigranten scheinen ihm Anfang 1939 die grundsätzliche Zusage abgerungen zu haben, demnächst einmal öffentlich zur Lage in Deutschland Stellung zu nehmen. Er vertröstete sie jedoch auf die Zeit nach seiner für das Frühjahr geplanten Europareise.[373] Anfang März 1939 setzte Brüning in London die Konsultationen mit Politikern und Journalisten fort, einerseits um sich selbst über die jüngsten Ereignisse zu informieren, andererseits in der Hoffnung, die politische Entwicklung angesichts der drohenden Kriegsgefahr beeinflussen zu können. Zwei nicht namentlich genannte Besucher aus Deutschland informierten ihn über die Entwicklung in Berlin. Sie wurden auch bei Vansittart vorstellig, um vor einer Fortsetzung des Appeasement-Kurses zu warnen.

Die Chancen für einen Kurswechsel Londons in letzter Stunde standen nicht günstig. Andererseits verfügte Brüning weiterhin in England und in den USA als ehemaliger Reichskanzler über soviel Ansehen, daß er als Gesprächspartner geschätzt war, wenn es auch nur wenige gab, die wie der Diplomat Oliver Harvey der Ansicht waren, daß Brüning, wenn er im Amt geblieben wäre, bei den Alliierten längst die Rückgabe der Kolonien durchgesetzt hätte. Politiker und Journalisten suchten erneut den Kontakt zu ihm, weil sie ihn als Kenner der deutschen Verhältnisse betrachteten und von ihm wichtige Informationen erwarteten.

Die Nachrichten, Hitler beabsichtige einen Angriff auf Holland im Mai, beunruhigten ihn. In diesem Falle wäre die britische Appeasement-Politik offenkundig und definitiv gescheitert gewesen. Bis zum März 1939 erwog Hitler einen Angriff im Westen, während er mit Polen vorläufig die Spannungen nicht verschärfen wollte. Brüning befürchtete immer noch, daß London seinen bisherigen Kurs gegenüber Deutschland im wesentlichen fortsetzte. Darum setzte er sich gegenüber dem Parlamentarischen Staatssekretär Lord Lloyd für eine Politik von Zuckerbrot und Peitsche ein, die Hitlers Expansionsdrang Grenzen setze, aber legitime Ansprüche Deutschlands anerkenne. Das Gespräch mit Lloyd war von einem gemeinsamen Bekannten arrangiert worden, offenbar auf einen Wunsch Lloyds hin. Brünings Empfehlung entsprach den Grundlinien der Weimarer Außenpolitik, nicht etwa einer uneingestandenen, heimlichen Genugtuung über die bisherigen außenpolitischen »Erfolge« Hitlers. Ihm schwebte weiterhin eine »friedliche, konstruktive Lösung« vor. »Die einzige Frage, die noch gelöst werden muß, ist die des Korridors. Ohne eine Bereinigung dieses Problems wird es keinen gesicherten Frieden geben.«[374] Dies bedeutete nicht notwendig einen Affront gegen die britische Seite, wo Polen in dieser Frage damals kaum Freunde besaß.[375]

Brüning hielt seit jeher die Lösung der Korridorfrage für eine legitime Forderung deutscher Außenpolitik. Er selbst hatte in seiner Amtszeit ebenso wie seine Vorgänger eine friedliche Regelung, zumindest einige Korrekturen des 1919 geschaffenen Zustandes angestrebt. 1935 hatte er deshalb erklärt, Hitler habe mit dem Vertrag zwischen Deutschland und Polen vom 26. Januar 1934 teilweise gegen deutsche Interessen verstoßen. Es handele sich um einen zehnjährigen Nichtangriffspakt und nicht um ein Verständigungsabkommen, das durch eine »unmittelbare Verständigung von Staat zu Staat eine neue Phase in den politischen Beziehungen zwischen Deutschland und Polen« hätte einleiten sollen. Hitler kündigte den Vertrag offiziell in seiner Reichstagsrede vom 28. April 1939.

Gleichwohl trifft weder Brüning noch die anderen verantwortlichen Politiker der Weimarer Republik der Vorwurf, den Grundsatz *Polonia esse delenda* verfochten zu haben, so fragwürdig und mißverständlich seine Äußerung vom Dezember 1938 sein mag, er werde sich »von Herzen freuen«, wenn Hitler den Korridor ohne Krieg zurückerhalten könne.[376] Hier ist daran zu erinnern, daß auch Goerdeler in seiner Denkschrift für Hitler von 1935 einen Krieg gegen Polen für unvermeidlich erachtete. Die Forderung nach einer Revision des Korridors war bis in weite Kreise des militärischen Widerstands populär[377] und wurde ebenso von anderen Hitler-Gegnern wie Kleist-Schmenzin und Theo Kordt erhoben. Auf britischer Seite fand dies teilweise Verständnis, obwohl das Ansehen Goerdelers beim Foreign Office inzwischen im Schwinden war. Selbst Churchill hielt die deutsche Revisionsforderung für vertretbar, auch wenn er sich weigerte, das Problem mit deutschen Oppositionsvertretern zu erörtern.[378]

Wußte Brüning, daß es dem Diktator nicht um eine bloße »Revision« der deutschen Ostgrenze ging, sondern um den angeblich notwendigen Lebensraum im

Osten? Bedeutsam ist, daß Hitler noch wenige Stunden vor Kriegsausbruch 1939 seinen Entschluß zum Angriff mit der angeblich mangelnden Kompromißbereitschaft der Westmächte in der Korridorfrage, deren Lösung von weiten Kreisen der deutschen Öffentlichkeit gewünscht wurde, begründete, als er ein sogenanntes 16-Punkte-Programm vorlegte.[379]

Brüning wollte Hitler nicht zu einem neuen Triumph verhelfen, sondern die Westmächte zu einer aktiven Rolle bei der Lösung tatsächlich bestehender Probleme bewegen. Auf Lloyds Frage, was geschehe, wenn es nicht zu einer friedlichen Lösung komme, antwortete er: »Ich fürchte, daß Hitler annimmt, England und Frankreich würden im letzten Augenblick keinen entscheidenden Schritt wagen, und eines Tages plötzlich in Polen einmarschiert.«

Die Alternative zu einem Angriff auf Polen: ein Überfall auf Holland, schloß er nicht aus, schätzte sie aber als wenig wahrscheinlich ein. Zwar sei die Wehrmacht gegenwärtig noch dazu in der Lage, in einem halben Jahr lasse die englische und französische Aufrüstung aber einen solchen Vorstoß schon als sehr riskant erscheinen. Sein Rat bedeutete nichts anderes, als Hitler deutlich zu machen, daß die Westmächte bereit seien, das Risiko schwerer Rückschläge in der Anfangsphase des Krieges einzugehen, da sie damit rechneten, am Ende zu siegen. Gleichwohl sei es auch jetzt für Hitler gefährlich, Holland anzugreifen, solange er die Tschechoslowakei und Polen nicht völlig unterworfen habe. Die Stationierung einer mechanisierten Division der Wehrmacht an der niederländischen Grenze erklärte er im Mai rückblickend als Vorsichtsmaßnahme, teilweise auch als Tarnungsmanöver, um von den Angriffsabsichten gegenüber der Tschechoslowakei abzulenken, die Hitler am 15. März mit dem »Griff nach Prag« verwirklichte.

Die Sowjetunion hielt Brüning im Gegensatz zum Dritten Reich für eine defensive, wenngleich gefährliche Macht: »Rußlands einziges Interesse ist ein langer Krieg in Europa, der jede andere Macht schwächt. Während des Krieges wird es versuchen, seine Position im Westen und im [Fernen] Osten zu festigen.« Er berief sich auf General v. Hammerstein, nach dessen Ansicht Rußland zwar in der Offensive schwach, jedoch in der Defensive stark sei. Die Frage, ob Hitler mit Stalin »zusammengehen« werde, beantwortete er im Hinblick auf den Berliner Vertrag, der 1931 und 1933 verlängert worden war. Hitler habe bisher darauf verzichtet, die Vereinbarungen zu kündigen, woraus zu schließen sei, daß er mit Rußland nicht ganz brechen wolle.[380]

Das Verhältnis der Wehrmacht zu Rußland, das Lloyd ansprach, bildete den kritischen Punkt dieser Lageanalyse. Brüning mußte zugestehen, daß von der Wehrmacht nicht mehr ohne weiteres ein energischer Widerstand gegen Hitler zu erwarten war, nachdem dieser in den letzten drei Jahren unerhörte außenpolitische Erfolge errungen hatte. Im übrigen habe beim Heer stets das Dogma bestanden, daß zu Rußland gute Beziehungen bestehen müßten. Die Meinung sei dort verbreitet, Deutschland habe den Ersten Weltkrieg wegen der Entfremdung gegenüber Rußland in den Jahrzehnten vor 1914 verloren.

Alle Hoffnungen auf oppositionelle Strömungen im Offizierskorps hatten sich bis dahin für Brüning als Illusion erwiesen. »Die Wehrmachtsoffiziere sind zu gute Patrioten, um diese Erfolge abzustreiten.« Im Falle eines Krieges könne sich dies jedoch ändern. »Skepsis und Opposition bei den wenigen politisch denkenden, führenden Generälen entstammen nur der Furcht vor einem neuen Weltkrieg, der die Zerstörung Deutschlands für mindestens zwei Generationen bedeuten und damit enden könnte, daß Deutschland bolschewistisch würde.« Die Generäle seien in ihrem Widerstand gegen Hitlers Außenpolitik sehr vorsichtig geworden, nachdem sich bislang alle Warnungen vor den Risiken eines Konflikts mit den Westmächten als unzutreffend herausgestellt hätten.[381]

Brüning wußte also sehr wohl, daß seine bisherigen Prophezeiungen und Analysen durch die Erfolge Hitlers teilweise ad absurdum geführt worden waren. Sein Plan, die Westmächte zu einer entschiedenen Haltung gegenüber Hitler zu veranlassen und diesen innen- und außenpolitisch zu schwächen, war ohne greifbare Ergebnisse geblieben, so zutreffend er auch die künftige Entwicklung vorhersagen mochte. Die Militäropposition verfolgte letztlich dasselbe Ziel, den Krieg zu verhindern, verfehlte es aber. Ihre und Brünings Befürchtungen bestätigten sich, als der Krieg ausbrach.

Die heikle Frage nach dem gleichsam »echten« Widerstand gegen Hitler beantwortete Brüning vorsichtig durch den Hinweis auf die »rein religiös« geprägte Opposition. Die Stellungnahme enthüllte, in welcher Stimmung er die Lage im Frühjahr 1939 einschätzte und wie sehr ihm die außenpolitischen Erfolge Hitlers zu schaffen machten. Oberflächlich betrachtet waren dies Erfolge, die ihm einst selbst nicht nur verwehrt gewesen waren, sondern auch jenseits aller Möglichkeiten lagen, die ihm gegeben waren. Er war enttäuscht, daß sich anscheinend in keiner Gesellschaftsschicht nennenswerter Unmut oder Widerstand gegen das Regime regte, weder beim liberalen Bürgertum, dem unteren Mittelstand noch bei den Bauern oder den Großgrundbesitzern, auch nicht bei der Masse der Arbeiterschaft, die in der Rüstungsindustrie von Lohnerhöhungen profitierte. Auch die im Exil organisierte Sozialdemokratie schien ihren Einfluß auf ihre früheren Anhänger im Reich verloren zu haben.

Das NS-Regime hatte die deutsche Gesellschaft nach Brünings Ansicht so sehr unter ihre Kontrolle gebracht, daß innere Kräfte den Ausbruch des drohenden Krieges kaum noch verhindern konnten. Im Frühjahr 1939 hoffte er daher, wie angedeutet, auf eine rasche und umfassende Aufrüstung Großbritanniens in den nächsten Monaten, die Hitler allein noch von seinem Kriegsentschluß abbringen konnte. Vor allem müsse England die allgemeine Wehrpflicht einführen. Im Unterschied zu Churchill empfahl er allerdings nicht, den Krieg mit dem Ziel vorzubereiten, ihn früher oder später zu gewinnen. Eine ernsthafte britische Kriegsdrohung verbunden mit einem »Maximalangebot« in der Grenzfrage sei im übrigen die einzige noch verbleibende Möglichkeit, die Kriegsgegner im deutschen Generalstab zum Handeln zu bewegen.

Brüning erwähnte General Beck, über dessen Bemühungen er in groben Umrissen unterrichtet war. Er wußte, wahrscheinlich nicht nur aus der Presse, von dessen Treffen mit dem Stabschef des französischen Heeres, General Maurice Gamelin im Juni 1937. Die allmählich in England aufkommende Kriegsbereitschaft – er sprach von einem Umschlag von Beschwichtigung zu Kriegslust – entging ihm nicht. Aufschlußreich erschien ihm, daß die Regierung Chamberlain um Freiwillige für die Armee warb, aber vorerst darauf verzichtete, die allgemeine Wehrpflicht einzuführen.[382]

Kriegsausbruch im Osten oder im Westen?

Die drohende allgemeine Kriegsgefahr nach der Zerschlagung der sogenannten »Resttschechei« und dem Einmarsch der Wehrmacht am 15. und 16. März 1939 veranlaßte die Nachbarstaaten Deutschlands zu stärkeren Gegenmaßnahmen. Nicht zu Unrecht datierte der frühere Botschafter François-Poncet den Beginn des Zweiten Weltkrieges auf die Einnahme Prags durch die deutschen Truppen. Die militärischen Drohgebärden der Wehrmacht an der Grenze gegenüber den Niederlanden und Belgien sollten, wie Brüning spätestens im März erkannte, von den Vorbereitungen für den Überfall im Osten ablenken. Ein Angriff im Westen war nach seiner Ansicht nicht ausgeschlossen, allenfalls auf einen späteren Zeitpunkt verschoben worden.

Die Frage, wann und auf welche Weise der Krieg ausbrechen werde, überlagerte in Brünings Sicht allmählich die Frage, wie man ihn verhindern könne. Brüning argwöhnte jedoch immer noch, daß das Dritte Reich bei aller Propaganda und Machtentfaltung zugleich mit bedenklichen inneren Schwächen zu kämpfen hatte. »In Deutschland schreitet der Verfall der Moral, der Industrieproduktion und der Heeresorganisation rasch fort. Es ist kaum erklärlich, warum trotz der ungeheuren Erfolge der Nazis in der Außenpolitik der Defätismus in Deutschland bei allen Bevölkerungsschichten, auch bei Naziführern, zunimmt.« Er folgerte daraus, daß die Westmächte sich dies zunutze machen könnten, befürchtete aber, daß diese ihre schwankende und unentschlossene Politik noch einige Zeit fortsetzten.[383]

Solche Betrachtungen lagen Londoner und Pariser Regierungskreisen fern. Den Krieg zu verhindern und das Hitler-Regime zu stürzen, war ihnen erwünscht, letzteres herbeiführen zu wollen, hielten sie für jedoch unrealistisch, obwohl beide Ziele durchaus vereinbar gewesen wären. Wenn Brüning sich dafür aussprach, die Kriegsentschlossenheit der Westmächte zu stärken, bedeutete dies in letzter Konsequenz, das NS-Regime in einem mehrjährigen Waffengang zu vernichten. Gleichwohl klammerte er sich an die Vorstellung, daß das NS-Regime selbst ernsthaft gefährdet sei und sich in einem Wettlauf mit der Zeit befand, also sein Heil gleichsam in einer Flucht in den Krieg suchte, ehe zwangsläufig ein innerer Erosionsprozeß einsetzte. Dieser Vorgang werde dem Gesetz folgen, nach dem Hitler sein Regime errichtet habe. Die allmählich anlaufenden Gegenmaßnahmen im Westen drängten daher die Nazis zusätzlich zur Eile: »Alle meine Eindrücke der letzten drei Wochen brachten mich zu der Ansicht, daß es, wenn diese Stimmung anhält, den Nazis [in] knapp vierzehn Tage[n], ehe sie automatisch zusammenbrechen würden, schließlich doch gelingen könnte, Polen, die Schweiz, Holland und sogar noch andere Länder zu unterwerfen.«

So fragwürdig er solche Spekulationen selbst empfinden mochte, so verbissen hielt er an seiner ursprünglichen These fest, die Nazis würden, »wenn sie auf festen Widerstand stoßen, nachgeben«, was zum Zusammenbruch ihrer Herrschaft führen müsse. Brüning begrüßte jedes Anzeichen, das in diese Richtung deutete, etwa den Antrag Anthony Edens und seiner Freunde vom 28. März im Unterhaus, der eine beträchtliche Ausweitung der Rüstungsproduktion im Zeichen eines nationalen Notstandes forderte. Ähnliche Illusionen und Hoffnungen wie er hegten auch einige der Gegner Hitlers in Deutschland. Sie dürften, wie Gerhard Ritter meinte, allen Gegnern einer jeden Gewaltherrschaft in der Geschichte nahegelegen haben.[384]

Nun hatte er erkannt, daß das Ende der Appeasement-Periode erreicht war. Die Welt sei aus »ihren letzten Illusionen aufgewacht«. Zugleich registrierte er bestürzt, daß man den Krieg allenthalben für unvermeidlich hielt. Der ehemalige Kanzler fühlte sich an die innenpolitische Konstellation in Deutschland erinnert, an jene hundert Meter, die er im Mai 1932 noch vor sich sah, um eine politische Wende mit dem Ende der Reparationen herbeizuführen. Die Nachrichten aus Deutschland bestärkten ihn in der Erwartung, daß Armee und Wirtschaft das NS-Regime nicht mehr stützen würden, wenn es durch die Kriegsbereitschaft der Westmächte in den nächsten vier Wochen von einem Angriff abgehalten werde. Gegenüber Hans Schäffer äußerte er allerdings die Befürchtung, daß die prekäre Lage Hitler zu einem Abenteuer verführen könne.

Wenig Illusionen hegte er über den Stand der Diskussion im Lager der Hitler-Gegner hinsichtlich des Wiederaufbaus demokratischer und rechtsstaatlicher Verhältnisse. Er sah die Rivalitäten unter den verschiedenen Richtungen des Widerstandes um die Führungspositionen nach einem Sturz des Regimes, soweit sie durch Persönlichkeiten wie Schacht und Goerdeler geprägt waren, und warnte davor, sich etwa eine Restauration der Monarchie allzu einfach vorzustellen. Rätselhaft ist seine ironisch gemeinte Feststellung, Landesverrat scheine bei den Gegnern des Regimes das einzige zu sein, das sie wirklich verstünden.[385] Offensichtlich war er in einige konspirative Aktionen der Hitler-Gegner in der Diplomatie und in der Abwehr eingeweiht.

Es ist allerdings unklar, ob sich diese Äußerung auf die Aktivitäten und Unterredungen Goerdelers bezog, von denen er im März durch Dannie Heineman in Brüssel erfuhr.[386] Über Goerdelers Lagebeurteilung und die Folgerungen, die er daraus zog, sind wir recht genau unterrichtet. Er hatte am 16. März, einen Tag nach dem Einmarsch der Wehrmacht in Prag, mit dem Industriellen Arthur P. Young, Manager der Thomson-Huston Company, in London die prekäre ökonomische Lage in Deutschland, insbesondere die Haushaltslage erörtert, die nur für kurze Zeit durch die eroberten Gold- und Devisenvorräte der Tschechoslowakei gemildert werden könne. Der deutsche Export sinke rapide, die Industrieproduktion werde durch indirekte Zwangsanleihen aufrechterhalten. Tatsächlich waren die Gold- und Devisenvorräte des Reiches zwischen 1933 und 1937 von 5.230,7 Millionen auf rund 70 Millionen Reichsmark gesunken. Die Reichsausgaben im Rechnungsjahr 1938/39 stiegen dagegen beträchtlich.

Die wirtschaftliche Lage der Vereinigten Staaten und Großbritanniens sah Goerdeler nicht viel günstiger. Die USA stünden vor der Alternative, entweder den Haushalt zu sanieren und dadurch die Massenkaufkraft zu senken, oder schrittweise zum Freihandel zurückzukehren – vorausgesetzt, daß auch Hitler und Mussolini von ihrer Zwangswirtschaft im Innern abrückten. Zugleich bemängelte er das neue Statut der Bank von England, nach dem der Devisenausgleichsfonds und der Buchwert der Goldvorräte beträchtlich erhöht wurde. Die britische Aufrüstung stehe im Gegensatz zur wirtschaftlichen Leistungsfähigkeit des Landes.

Nach Goerdeler war Hitlers Außenpolitik weiterhin sehr gefährlich für den Frieden in Europa. Er riet, eine gemeinsame Erklärung der Demokratien, der USA, Großbritanniens und Frankreichs gegen die Besetzung der Tschechoslowakei zu erlassen und ihre Botschafter aus Berlin, sowie eine dort gerade weilende britische Industriellen-Delegation zurückzurufen (Letzteres geschah tatsächlich). Hitler solle zu einer internationalen Konferenz über die Abrüstung eingeladen werden, sobald sich dieser bereit erklärt habe, auf weitere Gebietsforderungen zu verzichten und dafür die entsprechenden Garantien zu geben. Die Bestimmungen des Münchner Abkommens müßten wieder in Kraft gesetzt werden, d. h. die Besetzung der sogenannten »Resttschechei« hätte rückgängig gemacht werden müssen.[387]

Brüning sah sich durch Goerdeler in seinem Urteil über die Lage in Deutschland und in seinen eigenen Bemühungen bestätigt. Möglicherweise stimmte er mit ihm auch darin überein, daß sich der allmählich erstarkende Wille Großbritanniens und Frankreichs, Hitler außenpolitisch in die Schranken zu weisen, auszuwirken beginne. Hitler habe deshalb seine Angriffspläne im Westen – wenn auch nur vorübergehend – zurückgestellt und sich statt dessen nach Osten hin orientiert.[388]

Vorsichtige Kontakte in London

Gegenüber dem früheren Premierminister Stanley Baldwin, der an ihn herangetreten war, forderte Brüning noch im April ein deutliches Zeichen Londons an die Wehrmachtführer, daß England zum Kampf bereit sei, was von der Nazi-Propaganda bestritten wurde. Sie gab vor, England werde es hinnehmen, wenn Polen überrannt werde. Da Brüning inzwischen mit einem Angriff im Osten rechnete, drängte er Baldwin, seinen Einfluß in der Regierung für eine »offene, ja schroffe Erklärung ihres Kampfeswillens« geltend zu machen.[389]

Brünings Warnungen fielen allmählich auf fruchtbaren Boden. Doch war es vor allem Hitlers Politik selbst, die nach und nach einen Umschwung der Stimmung in London herbeiführte.[390] Indessen wertete das Treffen mit Baldwin Brüning als deutschen Politiker auf und verlieh ihm neues Gewicht. Wenige Tage später suchte ihn Sir Will Spens auf, um ihn davon zu überzeugen, daß die Regierung seine Vorstellungen ernstnähme. Sie werde »alles Vernünftige« unternehmen, um »sämtliche legitime« Forderungen, auch hinsichtlich des Korridors, zu befriedigen. Brüning nahm dies zur Kenntnis, blieb aber skeptisch, ob sich diese Haltung wirklich im Kabinett durchsetzen werde. Anregungen zu weiteren Konsultationen mit Sir Robert Vansittart und dem wirtschaftspolitischen Berater des Premierministers, Sir Horace Wilson, nahm er reserviert auf, ohne sie ausdrücklich abzulehnen.[391]

Bei solchen Avancen wahrte er seine Rolle als ehemals verantwortlicher deutscher Staatsmann, der nach außen hin auf jede politische Tätigkeit verzichtete. Seine demonstrative Distanz zu dem »politischen Treiben« anderer Emigranten und zu den Exilorganisationen war in dieser Hinsicht nur konsequent. Er pflegte nur zu wenigen ehemaligen Politikern der Weimarer Zeit, darunter Treviranus, Rauschning und Sollmann, regelmäßige und intensive Kontakte, vermied aber sowohl in London wie auch in Harvard den Umgang mit Emigranten der extremen Linken, aber auch der extremen Rechten.

Gleichwohl erhebt sich die Frage, ob dies alles Brünings Verhalten in den Jahren seines Exils zureichend erklärt. Gewiß kam es ihm in erster Linie darauf an, von seinen zahlreichen ausländischen Gesprächspartnern auf britischer und amerikanischer Seite überhaupt ernstgenommen zu werden. Das diffuse, innerlich zerrissene Bild der Emigration warf in seinen Augen vor allem in England und Frankreich ein ungünstiges Licht auf die Gegner des NS-Regimes und wirkte auch keineswegs anziehend auf die jüngere Generation in der Heimat. Diese verlange – unter dem Eindruck der übermächtigen Goebbelsschen Propaganda – nach einer »Ideologie« und nicht etwa nach »Konspirationen von Emigranten, die sich in allem Negativen, aber darüber hinaus über nichts verständigen können«. Er hielt nichts von der Emigrantenpresse, die unabsichtlich eher das Ansehen des Regimes im Innern stärke. Die Agitation des Exils in England habe eine andere Wirkung, als ihre Urheber vermuteten, erklärte er. In Frankreich werde sie schlicht zur französischen Regierungspropaganda benutzt.[392]

Die Kritik, die er am Appeasement Chamberlains geübt hatte, schien durch die zunehmende Kriegsgefahr bestätigt. Dennoch ist es fraglich, ob Brüning über den internen Meinungsbildungsprozeß in den politischen Kreisen Londons umfassend oder auch nur in seinen hauptsächlichen Tendenzen informiert war. Er wußte kaum etwas darüber, wie Chamberlain Hitlers Persönlichkeit einschätzte. Die Zweifel des Premierministers, ob das Land einer militärischen Konfrontation mit Deutschland gewachsen wäre, hatten diesen nicht erst seit München bewogen, dem unmittelbaren Konflikt noch eine Zeitlang auszuweichen, bis England den Provokationen Hitlers mehr als bloße Worte entgegenzusetzen vermochte.

Dies stellte Brüning selbst verwundert fest, als er von dem französischen Diplomaten Roland de Margerie hörte, daß Chamberlain und Simon bei ihren Gesprächen mit dem französischen Ministerpräsidenten Daladier und dessen Außenminister Bonnet angeblich ihre Bereitschaft erklärt hätten, der Tschechoslowakei militärisch beizustehen, wenn Frankreich seine völkerrechtlich verbindliche Bündnispflicht gegenüber diesem Lande erfüllen werde. Die Franzosen hätten sich nicht festlegen wollen, was Chamberlain von der Verantwortung für das Schicksal der ČSR teilweise entlastet hätte. Beide Seiten verständigten sich daher darauf, die Konsultationen auf Expertenebene fortzusetzen. De Margerie, den Brüning sehr schätzte, schien die Politik seiner Regierung nicht uneingeschränkt zu billigen und bestätigte Brünings Informationen, nach denen die Wehrmacht demoralisiert sei, was sich die Alliierten zunutze machen könnten. Die französischen Militärs hätten sich nach seinen Informationen auf einen langen Zermürbungskrieg eingestellt. De Margeries Analyse gelangte über Wheeler-Bennett auch zur Kenntnis Roosevelts.[393]

Angesichts der britischen Haltung in der Sudetenfrage lag nach Brünings Eindruck die Führung der internationalen Politik im demokratischen Lager bei Frankreich, wie er im April in polemischer Absicht gegenüber John Wheeler-Bennett betonte. Chamberlain bleibe dagegen in seinem Kurs unsicher, was Hitler in seinem Entschluß bestärken werde, Polen anzugreifen. Immerhin hatte Chamberlain in einer Rede in Birmingham am 17. März, zwei Tage nach dem Einmarsch der Wehrmacht in Prag, das Ende der Appeasement Policy verkündet, als er öffentlich die Frage stellte, ob der Angriff auf die Tschechoslowakei der letzte Angriff auf einen kleinen Staat gewesen sei. Von dem schlesischen Gutsbesitzer Helmuth James Graf von Moltke, den er in London traf, erfuhr Brüning, Chamberlain habe es zugelassen, daß Hitler die modernen tschechoslowakischen Rüstungsgüter in die Hand bekam. Mit Moltke war Brüning befreundet. In Deutschland hatte er ihn zuletzt um die Jahreswende 1933/34 gesehen und ihn seither jedes Jahr, häufig in London, getroffen. Moltkes Informationen stammten aus Chatham House, vielleicht auch von Lionel Curtis selbst, dem Moltke nahestand. Außerdem verfügte er über Verbindungen zur deutschen Abwehr und zu Widerstandsgruppen im Reich. Der Premierminister wollte angeblich Hitler mit diesem Material, das für 40 Divisionen reiche, gegen Rußland kämpfen lassen. Nach Brüning glaubte Hitler Chamberlains Absichten zu kennen und rechnete damit, daß Mussolini sich wieder wie vor München als Vermittler empfehlen und stillhalten werde.[394] Von Moltke erfuhr Brüning, daß General Falkenhausen einen Aufstand der Generäle gegen Hitler plane, falls dieser das Land in den Krieg treibe.[395]

Brünings Hoffnungen auf einen mäßigenden Einfluß Mussolinis auf Hitler erwiesen sich als trügerisch. Einerseits führte er dies auf Veränderungen der Persönlichkeit des Duce zurück, die ihm, nachdem er die Tonaufnahme einer Rede gehört hatte, auffielen. Andererseits hatte er erfahren, daß Italien von dem Kriegsmaterial profitierte, das die Wehrmacht in der ČSR erbeutet hatte. Dennoch glaubte er noch im Mai, daß der deutsch-italienische Freundschafts- und Bündnispakt, der sogenannte Stahlpakt, der am 22. Mai 1939 von Ribbentrop und Graf Ciano in Berlin abgeschlossen wurde, geeignet sei, einen Krieg wenigstens vorläufig zu vermeiden.[396] Eine Nachricht von Anfang Mai, die er aus militärischen Kreisen erhalten hatte, besagte, daß der Generalstab der Wehrmacht damit rechnete, daß Mussolini höchstens noch sechs Monate an der Seite Hitlers bleiben werde.[397]

In der letzten April- und in der ersten Maiwoche hielt sich Brüning in Belgien, Holland und der Schweiz auf. Allenthalben beobachtete er Aktivitäten der Gestapo. Seine deutschen Freunde warnten ihn, sich nicht mit Besuchern aus Deutschland zu treffen, wenn die niederländische Polizei davon erfahre.[398] Die politische Atmosphäre in der Schweiz schien ihm verändert angesichts der internationalen Spannungen und durch die militärischen Vorbereitungen des Generals Henri Guisan (1874-1960) für ein »réduit national« im Alpenmassiv bei einer Invasion von außen. Die Angehörigen der Miliz würden, so vernahm er, bis zum Alter von 45 Jahren für jeweils ein Vierteljahr einberufen.[399]

Er verfolgte zugleich aufmerksam die Nachrichten über die pessimistische Stimmung in Deutschland und die angeblich fortschreitende Demoralisation der Jugend. In England beobachtete er, daß die verbreitete Angstpsychose wegen eines plötzlichen Angriffs allmählich nachließ. Man suche nach einem »ideologisch fundierten Programm« und wolle, wie er schrieb, »ein stabiles Verfassungsleben« aufbauen, um das traditionelle politische System in seinem Kern zu verteidigen.[400]

Roosevelts Friedensappell vom 15. April 1939

Um so größer wurden die Sorgen, die sich Brüning um die Erhaltung des Friedens und das Schicksal seines Landes machte. Am 23. Mai wandte er sich noch einmal an George Messersmith, um der amerikanischen Regierung ein möglichst zuverlässiges Bild der Lage zu vermitteln, nachdem Roosevelt seine Absicht, den Diktatoren entgegenzutreten, zuletzt in seiner Botschaft an Hitler und Mussolini vom 15. April, wiederholt hatte. Roosevelt hatte die kriegerischen Ereignisse der letzten Zeit beklagt und vor weiteren Aggressionen gegen andere Staaten gewarnt, was einer diplomatischen Ohrfeige für die Adressaten gleichkam: »Drei Nationen in Europa und eine in Afrika haben ihre unabhängige Existenz eingebüßt. Ein großes Gebiet in einem anderen unabhängigen Land des Fernen Ostens ist von einem Nachbarstaat besetzt worden. Berichte – wir vertrauen allerdings darauf, daß sie nicht zutreffen – besagen immer wieder, daß gegen noch andere unabhängige Nationen weitere Angriffsakte erwogen werden.«

Roosevelt forderte, in den internationalen Beziehungen und Verhandlungen zu den Grundsätzen von Treu und Glauben wie dem Verzicht auf Gewalt zurückzukehren. Er regte eine internationale Wirtschaftskonferenz an und forderte Hitler und Mussolini auf, sich ihm gegenüber schriftlich zu verpflichten, auf kriegerische Aktionen zu verzichten. Im einzelnen zählte er 31 Staaten auf – von Spanien bis zum Iran einschließlich Rußlands und Arabiens (the Arabias) –, die er für gefährdet hielt, und erklärte sich bereit, eine Nichtangriffserklärung an diese weiterzuleiten und eine entsprechende Gegenerklärung zu fordern.

Die Botschaft unterstellte für diese Vereinbarungen einen Zeitraum von zehn Jahren, in dem die Spannungen zwischen den Staaten abgebaut werden könnten. Dafür bot Roosevelt die guten Dienste der USA an, um die Völker von den Lasten der Rüstungen zu befreien. Die USA seien bereit, an allen Verhandlungen über die Erschließung der internationalen Handelswege teilzunehmen, um allen Nationen den Zugang zum Weltmarkt zu garantieren. Letzterem war eine deutliche Kritik an der bisherigen protektionistischen nationalsozialistischen Handelspolitik, aber auch die immer noch bestehende Bereitschaft zu wirtschaftlicher Zusammenarbeit mit Deutschland zu entnehmen.[401]

Über Hitlers Charakter

Vor dem Hintergrund dieser Botschaft, die Hitler und Mussolini international an den Pranger stellte, so sehr sie auch vorerst noch in Washington umstritten sein mochte, entwickelte Brüning eigene Vorstellungen. Mussolini hatte sich zunächst geweigert, die Botschaft überhaupt zu lesen, ehe er sie intern kurzerhand eine »Frucht der fortschreitenden Paralyse« nannte und dann wütend öffentlich zurückwies. Hitler reagierte vorsichtiger, indem er wortreich die Begrenztheit seiner politischen Ziele in der Korridorfrage und seinen Willen zur Verständigung betonte. Brüning traute sich zu, ein zutreffendes Bild von Hitlers Persönlichkeit und seinen politischen Zielen vor dem Hintergrund der Entwicklung der letzten Jahre und der gegenwärtigen Lage zu entwerfen.

Der Diktator werde seinen nächsten Schlag dort führen, »wo es allgemein politisch und militärisch am besten für ihn ist.« Gleichwohl hielt er ihn für einen schwankenden Charakter. Einerseits sei er beherrscht von seinem Ehrgeiz, sich als militärisches Genie zu beweisen, andererseits fürchte er, in einem Krieg alles zu verlieren. Dennoch wußte Brüning, daß Hitler entschlossen war, sich noch vor dem Winter der Freien Stadt Danzig und des Korridors zu bemächtigen. Nach seinen Informationen sei der Termin angeblich auf den 15. Juni festgesetzt worden. Der Aufmarsch könne jedoch nicht vor Ende Juli abgeschlossen sein. Die Reservisten würden zum 1. und zum 15. Juni einberufen, die technischen Vorbereitungen seien bereits im Gange. »Tag und Nacht fahren Munitionszüge an die Ostgrenze. Die meisten Eisenbahnlinien sind für diesen Zweck belegt, so daß die Truppen meist zu Fuß an die Ostgrenze marschieren. Man schätzt wohl kaum daneben, wenn man vermutet, daß bereits etwa eine Million Soldaten an der Ostgrenze zusammengezogen sind.«

Die aktuellen englisch-russischen Kontakte und den englisch-türkischen Vertrag vom 12. Mai übersah er nicht. Letzterer habe die deutschen Generäle sehr beeindruckt. Daraus folgerte er: »Ich kann nicht glauben, daß Hitler wirklich beabsichtigt, einen kühnen militärischen Streich zu führen. Er wird die Danziger Frage klüglich von der Stadt selbst aus angehen, und zwar so, daß Danzig politisch und militärisch ein Nazibollwerk wird, ohne Feindseligkeiten oder eine formelle Auflösung des bestehenden Vertrags.« Polen werde dann den Korridor nicht mehr verteidigen können und sich zu gegebener Zeit auf die alte russische Verteidigungslinie 45 Kilometer westlich von Warschau zurückziehen müssen.

Dies alles galt nach Brüning für den Fall, daß es nicht zum Krieg kam. So unterstellte er, daß sich Hitler vorübergehend still verhalten werde, wenn er den Korridor in Besitz genommen habe. Dies sei angesichts der Weltlage für ihn politisch und militärisch ratsam. Damit führte Brüning seine bisherigen Lageanalysen teilweise selbst ad absurdum. Der Gedanke, Hitler versuche mit der Kriegsdrohung den großen Krieg zu vermeiden, seine Gegenspieler zu bluffen, lag auf der Linie seiner früheren Spekulationen, die der Revisionspolitik der Weimarer Zeit verpflichtet war.[402] Brüning betonte hier die Differenz zwischen sich und Hitler: »So sehr ich auch wünsche, daß die Korridorfrage auf die einzig natürliche Weise im Interesse Deutschlands gelöst wird, kann ich mich doch nicht mit einer Lösungsmethode einverstanden erklären, die schließlich zu einem langdauernden allgemeinen Krieg führen könnte.«

So gewagt diese Analyse war, so realistisch erwies sie sich im Vergleich mit Nachrichten, die das Weiße Haus aus der Schweiz im Juli 1939 erhielt. Diese bezogen sich auf die Rede von Außenminister Halifax am 29. Juni in Chatham House, in der dieser die Entschlossenheit Großbritanniens bekräftigt hatte, sich jedem Angriff auf ein europäisches Land zu widersetzen. Er hatte Deutschland angeboten, die außenpolitische Einkreisung gegen ein entsprechendes Wohlverhalten zu beenden. Aus den Schweizer Informationen ging nun hervor, daß Hitler einen Krieg mit dem Westen keineswegs unter allen Umständen vermeiden wollte, zumal wenn er mit keinem ernsthaften Widerstand gegen seine Pläne rechnete. Mit einem Friedensangebot im günstigen Augenblick glaube er eine Konfrontation im Westen, wenn es dazu wirklich komme, zu beenden. Hitler wolle nicht nur die Grenze mit Polen revidieren, sondern das Land mit einem »ehrenhaften Frieden« zu einem Satellitenstaat machen. Darüber war Brüning nicht informiert. Daß Hitler nicht nur die Grenzen von 1919 revidieren wollte, sondern einen rassenideologisch begründeten Vernichtungskrieg gegen die östlichen Völker ins Auge faßte, lag Halifax ebenso fern wie Brüning.[403]

Erst in der Rückschau nahm er dies wahr und bezeichnete den Zweiten Weltkrieg als einen ideologischen Bürgerkrieg. Vorher hatte er sogar eine gewisse Chance gesehen, daß sich die Beziehungen zwischen Deutschland und den Westmächten nach der Beseitigung des Korridors bessern könnten, vorausgesetzt, daß Hitler seine außenpolitischen Abenteuer nicht fortsetzte. Darauf hoffte Brüning und deutete an, daß sich der Diktator andernfalls in eine schwierige Lage bringen könnte. Die Generalität werde in diesem Falle bei aller zeitweiligen Bewunderung für dessen bisherige Erfolge wieder eine kritische Haltung zu ihm einnehmen. Dies war die Aussicht auf einen langen Krieg, der nach anfänglichen Erfolgen mit einer Katastrophe für Deutschland enden sollte. Brüning zweifelte indessen, ob diese Bedenken die militärischen Gegner Hitlers zum Handeln veranlassen würden. »Menschen, die schwanken und keinen festen Entschluß gefaßt haben, werden nie im günstigsten Augenblick die richtige Entscheidung treffen. Das ist der eigentliche Grund meines Pessimismus.«

Für Brüning hatte Präsident Roosevelt in seinem Telegramm die deutlichste Warnung an Hitler und Mussolini ausgesprochen, ohne offen mit dem Krieg zu drohen. Roosevelt hatte seinen Handlungsspielraum als Repräsentant einer formal neutralen überseeischen Macht ausgeschöpft. Auch Churchill sah dies so. Nach seiner Ansicht hatten sich die beiden Diktatoren und ihre Bundesgenossen bereits politisch isoliert. Für die kommende Auseinandersetzung war dies vorteilhaft für England, was Brüning nicht entging. Er kannte auch die Verhältnisse in Deutschland gut genug, um zu wissen, daß man in Berlin Warnungen wie die vom 15. April in den Wind schlagen würde.

Für Hitler und für die Goebbelssche Propaganda war es ein Leichtes, die Aufforderung zu einer friedlichen Außenpolitik zurückzuweisen und innenpolitisch vor der gleichgeschalteten öffentlichen Meinung umzudeuten. Dies geschah in der von der Propaganda groß herausgestellten sog. »Häme-Rede« Hitlers vor dem Reichstag am 28. April 1939.[404] Brüning riet, Roosevelt möge eventuell Ende Juli noch einmal eine Konferenz der fünf oder sechs Mächte vorschlagen, was Hitler wohl ablehnen, Mussolini vielleicht aber annehmen werde. Eine solche Konferenz hatte auch Goerdeler angeregt. Der Vorschlag dürfe nicht zu früh kommen, um in Deutschland innenpolitisch wirksam zu sein. Hitler müsse als Kriegstreiber in Konflikt mit der Generalität und der Masse der Bevölkerung gebracht werden. Der Präsident der USA müsse seine Autorität als Schiedsrichter und Vermittler notfalls auch für die Zeit nach dem Ausbruch des Krieges wahren.[405]

Die militärische Opposition am Vorabend des Krieges

An eine mögliche Schiedsrichterrolle Roosevelts zu denken, hieß bereits den Ausbruch des Krieges, nicht nur die bloße Kriegsgefahr, für den Kampf gegen Hitler einzukalkulieren. Als erste konkrete Frage stellte sich die nach dem möglichen Datum. Mit Goerdeler, den er im Mai in England traf, war sich Brüning darin einig, daß Hitler den Eindruck erwecken wolle, nicht vor Anfang August loszuschlagen. Die deutschen Heereskommandeure sperrten sich, berichtete Goerdeler, weiterhin gegen Hitlers Pläne und versuchten, Hitler über Mittelsmänner zu veranlassen, den Termin bis zum nächsten Frühjahr hinauszuschieben. Goerdeler gab diese Informationen in der Hoffnung weiter, die britische und die französische Regierung werde diese Bestrebungen unterstützen.

Von Goerdeler erhoffte sich Brüning auch in den nächsten Monaten weitere Informationen über die Lage im Reich. Doch gelang es ihm nicht mehr, ihn persönlich zu treffen. Eine Begegnung im Juli in der Schweiz oder Ende August beziehungsweise Anfang September in Stockholm kam nicht zustande. Ob er den Kontakt zu der ebenfalls in der schwedischen Hauptstadt tätigen Gruppe um Fritz Tarnow halten konnte, ist nicht bekannt.[406] Später ließ Brüning Goerdeler mitteilen, daß die Katastrophe vielleicht hätte vermieden werden können, wenn dieser zu dem vereinbarten Treffen in Zürich im Juli erschienen wäre beziehungsweise die Rückkehr dorthin nicht verzögert hätte. Bei diesem Treffen hatten Einzelheiten der bereits von Adam von Trott zu Solz und dem Obersten Gerhard Graf von Schwerin vorbereiteten Kontakte zwischen Außenminister Halifax und Generalstabschef Viscount John Gort und den oppositionellen Generälen erörtert werden sollen.[407] Trott war noch im Juni 1939 durch Vermittlung seines Freundes Lord David Astor, dem Eigentümer des Observer und langjährigem Präsidenten des Royal Institute of International Affairs (1935-1952), von Premierminister Chamberlain in Downing Street empfangen worden. Dieser hatte einen günstigen Eindruck von seinem Besucher gewonnen und ihn als geeignete Mittelsperson angesehen. Trott, ein Verwandter von Rundstedts Ehefrau Luise, war auch mit Lionel Curtis befreundet. Astor gehörte zu den prominenten Befürwortern der Appeasement-Politik und hatte Trott ebenso eine Begegnung mit Lord Halifax auf dem Landsitz seiner Eltern in Clivedon ermöglicht. Auch Lothian hatte er gesehen.[408]

Brüning schätzte die Aktivitäten Goerdelers und dessen Informationen hoch ein, so sehr er dessen mangelnde Vorsicht gegenüber den Agenten der Gestapo im Ausland beklagte. Ihm entging nicht, daß dieser unter anderem Kontakte zu Exkanzler v. Papen, seit April 1939 Botschafter in Ankara, unterhielt und vertrauliche Informationen an türkische Bekannte weitergab, die ihrerseits die Engländer informierten.[409] Bei seiner letzten Begegnung hatte er freilich registriert, daß Goerdeler seine allzu große Vertrauensseligkeit gegenüber einzelnen Personen in seiner Umgebung, gegen Schairer und Spencer Miller, einem weiteren Verbindungsmann Goerdelers, aufgegeben zu haben schien. Brünings Mißtrauen gegen Schairer scheint jedoch unbegründet gewesen zu sein.[410] Er hatte allerdings auch erfahren, daß Goerdeler bei seiner Rückkehr nach Deutschland von der Gestapo verhört worden war.[411]

Der ehemalige Reichskanzler mußte, wie wir gesehen haben, sich vor dem Ausbruch des Krieges nicht sonderlich um Kontakte zu britischen Politikern, Wirtschaftsexperten und Journalisten bemühen. Er gehörte zu jenen ausländischen Experten, deren Meinung in politischen Kreisen gefragt war. Die unmittelbare Begegnung mit amtierenden Regierungsmitgliedern vermied Brüning tunlichst seit den enttäuschenden Treffen mit Premierminister MacDonald und Außenminister Sir John Simon 1934 – nicht nur, um der Beobachtung durch Gestapo-Agenten zu entgehen, sondern auch, um seine Reputation als deutscher Politiker zu wahren.[412]

Als Kenner der politischen Verhältnisse auf dem Kontinent hatte er jedoch bald gute Gründe, seine eher vorgeschützten als wirklich bestehenden »protokollarischen« Bedenken zurückzustellen, als er sich im Sommer 1939 mit den Staatssekretären beziehungsweise Unterstaatssekretären Geoffrey Lloyd, Sir Alexander Cadogan und Richard Austen Butler traf. Die zugespitzte außenpolitische Lage, vielleicht auch die Aktivitäten jener Hitlergegner, die aus dem Reich nach England gekommen waren, wie Kleist und Goerdeler, mochten ihn ermutigt haben, etwas aus seiner Reserve herauszutreten und künftig jedes Gesprächsangebot von einflußreichen und hochgestellten Politikern und Militärs anzunehmen. Er konnte sich nicht verhehlen, daß diese ein ungleich höheres Risiko eingingen als er selbst, was ihn vielleicht darin bestärkte, die eigene Angst vor Entführung oder Anschlägen zu ignorieren. Die antideutsche Stimmung in London tat ein übriges, seine Sorgen um die Stabilität der politischen Lage zu vermehren.

Cadogans Sympathien für Goerdeler und dessen Gesinnungsfreunde, vielleicht auch dessen Kontakte zu James Lonsdale Bryans, dem Mitarbeiter von Lord Halifax und Vertrauensmann Hassells, dürfte Brüning gekannt haben. Der Permanent Under Secretary Cadogan, der für die Koordination der Geheimdienste zuständig war, hatte sich den Gedanken zu eigen gemacht, daß Großbritannien mit jeder deutschen Regierung zusammenarbeiten müsse, die mit ihren Nachbarn in Frieden leben wolle. Cadogan versuchte vergeblich, die Regierung zu veranlassen, eine ermunternde Mitteilung an Goerdeler gelangen zu lassen. Die Regierung wollte nichts von derartigen Initiativen wissen, während Cadogans Sympathien für Goerdeler und seine Leute ungetrübt bleiben sollten.[413]

Am 22. Juni 1939 erörterte Brüning mit Cadogan, dem er wiederholt begegnet war, unter anderem bei den Genfer Verhandlungen von 1932, im Hause des Industriellen Gerald E. Coke die politische Lage in Deutschland. Cadogans Frage nach der gegenwärtigen Rolle Görings im Machtgefüge des NS-Regimes zeigte, daß man britischerseits die Stellung Hitlers sorgfältig beobachtete und auch die von deutschen Regimegegnern stammenden Hinweise auf innere Spannungen zur Kenntnis genommen hatte. Brüning wußte, daß nicht zuletzt Botschafter Nevile Henderson gewisse Sympathien für Göring hegte, betonte aber um so nachdrücklicher, daß die Chancen für ein Zusammenwirken Görings mit der Wehrmacht, die vielleicht 1935 bestanden hätten, längst nicht mehr gegeben seien. Nach dem Krieg meinte er jedoch, daß Göring noch 1938 Hitler hätte stürzen können.

Die Frage nach der gegenwärtigen Haltung der oppositionellen Wehrmachtoffiziere vermochte Brüning nicht eindeutig zu beantworten: »In ihrem Herzen sind sie gegen den Krieg, dessen bin ich sicher. Aber sie können nichts unternehmen, um einen Krieg zu verhindern, wenn sie nicht ein Angebot erhalten, das es ihnen ermöglicht, von sich selbst zu behaupten, sie hätten alle legitimen Ziele des deutschen Volkes erreicht.« Ähnlich hatte auch Goerdeler gegenüber seinen englischen Gesprächspartnern argumentiert, die sich Klarheit über die Haltung »der Generäle« zu verschaffen suchten. Diese Position war den Briten bekannt, wurde freilich teilweise als »half baked scheme« (O. Harvey) oder als »mad scheme« angesehen. Goerdeler wollte Zusicherungen, daß die britische Regierung eine interne Revolte gegen das NS-System nicht außenpolitisch ausnutzen und Sanktionen gegen Deutschland ergreifen werde. Er verlangte eine umfangreiche Anleihe, die Rückgabe von Kolonien und freie Hand im Osten.[414]

So weit wagte Brüning nicht mehr zu gehen. Die legitimen Ziele der deutschen Außenpolitik reduzierten sich für ihn auf die Lösung der Korridorfrage. Gegenüber Unterstaatssekretär Butler, den er durch zwei Schweizer Bekannte, die in London lebten, kennengelernt hatte, meinte er, das Problem dürfe nicht Hitler überlassen werden, deshalb müßten die Westmächte ihn notfalls mit Gewalt daran hindern, einen solchen Erfolg an seine Fahne zu heften. Brüning verlangte nichts anderes, als daß Großbritannien alle Kriegsdrohungen Hitlers jeweils mit einer Kriegsdrohung beantwortete. Wenn dagegen die Gegner Hitlers mit indirekter Unterstützung in dieser Frage rechnen könnten, werde dies ihrem Ansehen im deutschen Volk zugute kommen. Brüning berief sich noch einmal darauf, daß schon in seiner Regierungszeit die Einsicht in die Unhaltbarkeit der Grenzregelung im Osten verbreitet gewesen sei und polnische Politiker wie Zaleski dies ihm gegenüber im April 1932 eingeräumt hätten. Auch Wheeler-Bennett habe dies bei seinen Recherchen für seine Hindenburg-Biographie in Warschau bestätigt gefunden. Brüning glaubte, daß die Grenzfrage friedlich gelöst werden könne.[415]

Was Brüning von der britischen Regierung verlangte, erschien nach den bisherigen Erfahrungen unrealistisch. So sehr er wünschte, den Frieden zu erhalten, so pessimistisch war er, daß dies noch gelingen konnte. Längst beschäftigte ihn der Gedanke, wie der bevorstehende Krieg rasch wieder beendet werden und dies zum Sturz des NS-Regimes führen könnte, nachdem im Jahr zuvor die Chance vertan worden war, Hitler im Zeichen seiner Kriegsvorbereitungen durch das Militär zu beseitigen. Dieser einmaligen Chance trauerte Brüning ebenso nach, wie dies Goerdeler tat, ohne näher über die Bestrebungen General Halders, der ihn in der Weimarer Zeit unterstützt hatte, unterrichtet gewesen zu sein.[416]

Beratungen in Blickling Hall

Bis Ende 1941, bis zum Angriff Hitlers auf die Sowjetunion, wurde Brüning wiederholt von englischen Politikern um Ratschläge für einen friedlichen Ausgleich und die Beendigung des Konflikts mit Deutschland gebeten.[417] Am Wochenende vom 24. bis 26. Juni 1939 kam er mit mehreren Freunden von Lord Lothian, überwiegend Mitgliedern des Chatham-House-Komitees in dessen Haus, Blickling Hall in Norfolk, zusammen. Die Einladung Lothians war ihm von David Astor überbracht worden. Anwesend waren außer den Genannten Lord John Jacob Waldorf Astor, der Vater David Astors, Lionel Curtis, Sir Edward Grigg, Sir James Grigg und Professor Edward Hallett Carr, sowie Lord Lothians Sekretär, Philip Viscount Snowden und zwei weitere Mitarbeiter des Instituts.[418]

Angesichts der gespannten internationalen Lage stellte Brüning seine bisherigen Bedenken, mit Lothian zusammenzutreffen, zurück. Er beteiligte sich lebhaft an der Diskussion über eine föderative Union in Europa nach dem Vorbild des Commonwealth, die Lionel Curtis und sein Institut seit längerem propagierten. Er verhehlte seine grundsätzliche Sympathie für derartige Visionen nicht, äußerte aber Vorbehalte gegen internationale Regelungen im Rahmen des Völkerbundes und warnte vor der bürokratischen Schwerfälligkeit einer neuen internationalen Organisation. »Ich schlug eine regionale Gruppierung von Mächten, die an den gleichen Problemen interessiert sind, vor.« Ähnliche Gedanken hegten damals auch andere führende Emigranten wie der Sozialdemokrat Wilhelm Hoegner, der ehemalige Zentrumsjournalist Franz Albert Kramer, Otto Strasser, Hermann Rauschning und der in Genf lehrende Nationalökonom Wilhelm Röpke. Nach dem Kriege enthüllte Brüning den Grund für seine Vorbehalte gegen den Plan einer föderativen Union. Dieser sei eine typische Variante der britischen Kolonialpolitik und entspreche der britischen Weltherrschaftstradition, die man in London nicht »um einer größeren, konstruktiven

Lösung willen« opfern wolle. Er habe seine Vorbehalte seinerzeit, d. h. 1938 und 1939 auch Moltke wissen lassen.[419]

Die grundsätzlichen Vorbehalte gegen den Völkerbund waren offenkundig, obwohl er lediglich Bedenken wegen der angeblichen Unbeweglichkeit der Bürokratie der Organisation und der dort verbreiteten kleinlichen Intrigen vorschützte. Brüning behauptete, er habe seinerzeit Zaleski eingeladen, nach der Lausanner Konferenz nach Berlin zu kommen. Damals habe er eine Lösung vorschlagen wollen, nach der Deutschland eine enge Konföderation Polens mit den drei baltischen Staaten dulden und ihm in Memel und an der Weichselmündung einen eisfreien Hafen überlassen würde. Dafür sollte Polen den »eigentlichen Korridor« zurückgeben, aber die frühere Provinz Posen und den östlichen Teil Oberschlesiens behalten. Er habe damals eine »Rückkehr zu natürlicheren Verhältnissen an der Grenze« angestrebt.

Ihm habe eine Ostseekonferenz und die Umwandlung des Berliner Vertrages zwischen Deutschland und der Sowjetunion in einen Nichtangriffspakt aller Ostseeanrainer vorgeschwebt. Auch eine Erweiterung des Locarno-Vertrages habe er damals erwogen, verbunden mit einer begrenzten Revision der Grenzregelungen im Westen und einer Neutralisierung des größten Teils von Elsaß-Lothringen nach dem Vorbild Luxemburgs und der Schweiz. Dies wäre, wie er annahm, dem militärischen Sicherheitsbedürfnis Frankreichs entgegengekommen. Einen ähnlichen Vorschlag hatte der frühere britische Militärattaché in Berlin, General Sir James Marshall-Cornwall, 1935 gemacht, um den Einmarsch deutscher Truppen in die entmilitarisierte Zone des Rheinlandes zu verhindern. Danach sollte das Elsaß ebenfalls entmilitarisiert werden, was auf französischer Seite kaum auf Sympathien gestoßen war.[420]

Es sei dahingestellt, in welchem Maße diese Betrachtungen plötzlichen Eingebungen und der Atmosphäre in Blickling Hall entsprangen. Sie waren sachlich nicht allzu weit entfernt von Hitlers Vorschlag an Polen, den Ribbentrop am 24. Oktober 1938 dem polnischen Botschafter Lipski unterbreitet hatte. Danach sollte der Freistaat Danzig zu Deutschland zurückkehren. Durch den Korridor sollte eine exterritoriale Autobahn und eine mehrgleisige Eisenbahnverbindung unter deutscher Verwaltung gebaut werden. Dafür sollte Polen im Danziger Gebiet eine exterritoriale Straße oder eine Autobahn, eine Eisenbahn und einen Freihafen erhalten.[421]

Daß das machtpolitische Gewicht des Reiches unter Hitler beträchtlich zugenommen hatte, vermochte Brüning ebensowenig zu leugnen wie andere Hitler-Gegner. Er widerstand auch der Versuchung nicht, dieses Moment mit den früheren Revisionsvorstellungen der Weimarer Zeit zu vermischen. Insofern erkannte er nicht, daß Hitler die älteren Revisionsforderungen im Sinne seiner »Lebensraum«-Strategie instrumentalisierte.

Am Vorabend des Kriegsausbruchs mochten solche Erwägungen, die auch andere Widerstandskämpfer anstellten, nicht von vornherein als illusionär gelten. Brüning lehnte Curtis' Europa-Pläne keineswegs rundheraus ab, im Gegenteil, sie beflügelten geradezu seine Phantasie. Er versuchte aber das deutsche Interesse, soweit es ihm jenseits der Gewaltpolitik Hitlers legitim erschien, ins Spiel zu bringen. Er regte an, außer regionalen Vereinbarungen alle vier Jahre eine europäische, eine panamerikanische, eine fernöstliche und eine Mittelmeer-Konferenz abzuhalten. Eine erste europäische Konferenz könne auf britische Initiative und mit Ansätzen zu einer ständigen Institution schon im Jahre 1940 stattfinden. »Für die nächsten vier Jahre würde Großbritannien dann einen Konferenzsekretär abstellen und einen sehr erfahrenen Diplomaten in diese Position berufen. Er müßte alle Einzelheiten für die nächste Konferenz regeln und in der Zwischenzeit reisen, um die Dinge zu klären und Vorschläge zu machen. Ein Mann wie Sir Robert Vansittart zum Beispiel würde der Geschichte seinen Stempel aufprägen, wenn er vier Jahre lang allein für diese höchst wichtige Aufgabe verantwortlich wäre. In seinem eigenen Interesse würde er sein Möglichstes tun, um Probleme zu lösen und ein friedliches, konstruktives Ergebnis zu erzielen. Die nächste Konferenz könnte dann in Paris abgehalten werden mit einem französischen Sekretär für die folgenden vier Jahre usw.«

Mit dem für jeweils vier Jahre bestellten Konferenzsekretär wollte Brüning ein gleichermaßen dynamisches und beruhigendes Moment in die internationalen Beziehungen bringen, was eine lebhafte Debatte unter den Anwesenden bis in den folgenden Morgen auslöste. Brüning wähnte, seine Kontrahenten weitgehend überzeugt und Curtis' föderative Union, die einen vorherigen Sturz des NS-Regimes in Deutschland voraussetzte, widerlegt zu haben. Er glaubte, ein System institutionalisierter Konferenzen entspreche nicht zuletzt auch dem weltpolitischen Gewicht und den außenpolitischen Interessen Großbritanniens, wenn dieses an allen diesen Konferenzen teilnehmen würde. So werde dieses Land seinerseits davor bewahrt, seine überkommene weltpolitische Aufgabe zu verfehlen.

In Blickling Hall begegnete Brüning zum letzten Mal Lord Lothian. Ihn beeindruckte dessen Hoffnung, der Krieg könne in letzter Stunde noch vermieden werden. Er bemerkte mit Befriedigung, daß dieser seine frühere Einstellung zum NS-Regime gründlich revidiert hatte und nun für eine feste Haltung gegenüber Hitler eintrat. Als Botschafter werde er sich künftig in Washington dafür einsetzen, die Nazis zu zerschmettern, wenn sie einen Krieg anfingen, gab er Brüning zu verstehen. Lothian hatte zu jenen Mitgliedern des Chatham-House-Komitees gehört, die nach dem Ersten Weltkrieg die nationalen Interessen Deutschlands weitgehend anerkannt und sich weder einem Anschluß Österreichs an Deutschland noch einer Rückkehr Danzigs in das Reich widersetzt hatten.[422]

Brüning war angetan von den Bestrebungen dieser Gruppe, die, wie er meinte, eine »konstruktive Neuordnung Europas« im Falle eines Krieges oder nach dem Zusammenbruch des NS-Regimes vorbereiten wolle. Er hielt mit ihren Mitgliedern Kontakt, bezweifelte aber, daß die Gruppe stark genug sei, wesentlichen Einfluß auf die öffentliche Meinung zu gewinnen.[423]

Militärische und außenpolitische Konsultationen

Die Kette der Einladungen aus Regierungskreisen riß nicht ab. Ende Juni war er bei dem früheren Berliner Botschafter Sir Horace Rumbold zu Gast. Die Sympathie für Rumbold beruhte auf Gegenseitigkeit. Der Botschafter gehörte zu jenen Kennern der Berliner Szene, die glaubten, daß die Zeit für eine erfolgreiche Politik des Appeasement gegenüber Deutschland die Ära der Kanzler Müller und Brüning gewesen sei. Als Rumbold zwei Jahre später (21. Mai 1941) starb, meinte Brüning, daß sich die europäische Politik zum Besseren entwickelt hätte, wenn Rumbold in Berlin geblieben wäre. Bei Rumbold traf er General Marshall-Cornwall und dessen Gattin, die ihn ihrerseits zu einem Essen bei sich einluden. Der General, der als Stellvertreter von Generalstabschef Gort fungierte, fragte ebenso wie viele andere frühere Gesprächspartner nach der Haltung des deutschen Generalstabs. In der Runde tauchte sogar der Vorschlag auf, deutsche Generalstäbler zu einem Besuch nach England einzuladen.

Brüning nannte die Anregung ausgezeichnet, sofern es sich nicht um ein »gesellschaftliches Höflichkeitstreffen« handele, was, wie er meinte, von den Deutschen, vor allem wenn es sich um »Ostdeutsche« handele, leicht mißverstanden würde. Er befürchtete, daß die britischen Umgangsformen die Deutschen über den Ernst ihrer Absichten, etwa in der Korridorfrage, täuschen könnten. Es käme darauf an, Hitler deutlich zu machen, daß England einen Angriff auf Polen nicht hinnehmen würde. Dieser sei aber kaum imstande, die britische Mentalität zu verstehen und verlasse sich auf Ribbentrops negatives Urteil über die Engländer.

Auf Gorts Frage, wer nach Berlin gehen solle, um Hitler von einem Angriff auf Polen abzubringen, nannte Brüning Horace Rumbold und, falls dies nicht möglich sei, einen General, der eine »unmißverständliche Sprache« spreche und vielleicht mit deutschen militärischen Führern zusammentreffen könne. Er gewann den Eindruck, daß die führenden Köpfe des Kriegsministeriums, vor allem Heeresminister Hore-Belisha, die außenpolitische Lage zu optimistisch sahen und sich auf Informationen des französischen Generalstabs und die gemeinsamen Vorbereitungen mit dem französischen Oberkommando verließen.[424]

Unter den bei Marshall-Cornwall Anwesenden bemerkte Brüning einen ehemaligen Admiral, Sir Aubrey Smith, der im Ersten Weltkrieg eine wichtige Rolle gespielt hatte, und einen ihm nicht namentlich bekannten angeblich »sehr alten Zivilisten«, der wahrscheinlich der Marine angehörte und für einen politischen Nachrichtendienst arbeitete. Letzterem begegnete er vier Wochen später noch einmal bei einem Treffen mit Gort und Marshall-Cornwall in dessen Haus. Die beiden hielten sich im Hintergrund, bezeugten aber durch ihre Anwesenheit, daß sich der britische Geheimdienst für Brüning interessierte. Diesem fiel auf, daß sie zweimal plötzlich zu Hore-Belisha gerufen wurden.[425]

Weit skeptischer als die politische Situation in London betrachtete Brüning nun wieder die Entwicklung in Paris. In Frankreich seien »sehr einflußreiche Leute damit beschäftigt, wie im Jahr 1918 die Europakarte neu zu gliedern«, argwöhnte er. Dort erwäge man, nach dem Kriege Ostpreußen Polen zuzuschlagen. Man habe Pläne für einen »Donaustaatenbund« im Süden, der auch Schlesien und das frühere Vorderösterreich am Hochrhein umfassen solle.[426]

Im Juli besuchte der Adjutant des Königs, Sir Louis Greig, den ehemaligen Reichskanzler am Dolphin Square und regte ein Treffen mit Lord William G. Tyrrell, dem ehemaligen Staatssekretär im Foreign Office, in dessen Haus an. Die Geste besonderer Wertschätzung, die allein Greigs Besuch darstellte, dürfte Brüning nicht übersehen haben, obwohl er sich nicht mehr allzuviel von solchen Kontakten versprach. Zuletzt war er im Mai 1938 mit Sir John Simon, dem amtierenden Schatzkanzler und früheren Außenminister, auf dessen Wunsch hin zusammengetroffen, hatte sich mit ihm aber, wie er jetzt prätentiös bekannte, nur über Nebensächlichkeiten unterhalten.

Brüning kannte die Vorbehalte Tyrrells gegen Simon und war sich mit ihm einig, daß dieser 1914 eine schwankende Haltung gezeigt hatte, was den Ausbruch des

Krieges begünstigt habe. Jetzt verhalte er sich ähnlich. Die historischen Reminiszenzen an den Ersten Weltkrieg bildeten jedoch nur das Vorspiel zu einer konkreten Anfrage Tyrrells, welche Empfehlung Brüning in letzter Stunde geben könne. Dieser wiederholte den Vorschlag, einen Sondergesandten nach Berlin zu schicken, wobei sichergestellt werden müsse, daß dieser von Hitler wirklich empfangen werde. Er nannte wiederum Sir Horace Rumbold, der freilich nicht als Abgesandter des Königs auftreten dürfe, was dort als Zeichen der Schwäche ausgelegt werden würde. Brüning hielt auch Churchill für diese Aufgabe geeignet, im Unterschied zu vielen prominenten Engländern aus Mayfair, die sich gegenüber Hitler und dem Regime durch eine schmeichelnde und unterwürfige Haltung ausgezeichnet hätten.

Bei Kriegsende behauptete Brüning nicht zuletzt auf Grund persönlicher Erfahrung, England habe bis 1939 die Nazi-Herrschaft beseitigen können, wenn es dies wirklich gewollt hätte.[427] Damals kam es ihm auf eine scharfe Warnung an Hitler an, wenn dieser endgültig den Weg der Gewalt beschreite. Dennoch bezeichnete er die britische Garantieerklärung vom 31. März für Polen als voreilig und wenig überlegt, weil sie einseitig den polnischen Standpunkt in der Korridorfrage akzeptiere und so eine britische Vermittlung erschwere. Nach seiner Ansicht hätte die Erklärung mit der Sowjetunion abgestimmt werden müssen. Tatsächlich war sie nur mit Paris und Warschau abgesprochen worden.

Tyrrell und Brüning vertieften dieses Problem nicht weiter. Sie tauschten statt dessen Beobachtungen über die Differenzen zwischen der deutschen, besonders ostdeutschen und der britischen Mentalität aus, die häufig zu Mißverständnissen führe. Tyrrell ergänzte dies durch eine Reminiszenz an den Besuch Albert Ballins in London im Juli 1914, um die Parallele zur gegenwärtigen Lage zu unterstreichen.[428]

Das Gespräch berührte die englischen Bemühungen, einen Ausweg aus der Krise zu finden. Wenige Tage später unterrichtete Bischof George Bell von Chichester Brüning über einen Versuch der anglikanischen Kirche, eine gemeinsame Erklärung mit Pius XII. über einen friedlichen Wiederaufbau der Welt zustande zu bringen. Die abweisende Antwort des Papstes überraschte ihn nicht, was er dem Bischof nicht verhehlte. Bell hatte sich im Mai 1939 mit den evangelischen Theologen Dietrich Bonhoeffer und Hans von Schönfeld in Schweden getroffen.[429] Mit Unmut verfolgte Brüning den, wie er meinte, profaschistischen Kurs des neuen Papstes Pius XII. Ihm unterstellte er, unter dem Einfluß Mussolinis ein dauerhaftes Einvernehmen mit Hitler anzustreben. Pius verkenne aus Angst vor dem sogenannten Weltbolschewismus den aggressiven Charakter des Nationalsozialismus.[430] Allerdings registrierte er befriedigt, daß der Papst die Großmut besaß, ihn über einen Vertrauten, den er in die Schweiz entsandte, wissen zu lassen, daß er, Brüning, seinerzeit in der Konkordatsfrage recht gehabt habe.[431]

Das Treffen mit Lord Halifax

Die Informationen und Bewertungen Brünings über die politische Lage auf dem Kontinent scheinen für die britische Seite aufschlußreich gewesen zu sein. Daß Außenminister Halifax den ehemaligen Reichskanzler zu sehen wünschte, dürfte als ein Ergebnis der vorausgegangenen Konsultationen anzusehen sein. Man traf sich Anfang August in der Wohnung des schweizerischen Oberst Hans Bon im Grosvenor Hotel.

Das Gespräch dauerte 40 Minuten und bildete den Höhepunkt der Bemühungen Brünings, die britische Außenpolitik in der Korridorfrage zu beeinflussen. Lord Halifax wiederholte die Frage, die auch Lord Tyrrell gestellt hatte, und Brüning gab dieselbe Antwort. Er hielt an seiner Ansicht fest, daß eine »konstruktive« Lösung gefunden werden müsse, und unterstrich dies mit der Bemerkung, ein Krieg gegen Polen sei »der einzige in Deutschland populäre Krieg«. Brüning beschwor Halifax, dies im Interesse der Erhaltung des Friedens zu berücksichtigen, und versuchte die Hintergründe von Hitlers bisherigen außenpolitischen Erfolgen zu erklären. »Immer wenn Hitler einen Schlag führte, erwarteten das Heer, alle, die politisch tätig sind, und die meisten Naziführer, daß England und Frankreich handeln würden. Jedesmal war der einzige Mann, der einer solchen Möglichkeit kein Gewicht beimaß, Hitler selbst. Da er faktisch recht behielt, hatte sich sogar bei seinen Gegnern die Überzeugung gebildet, er müsse entweder Geheiminformationen oder einen untrüglichen Instinkt besitzen.«

Brüning bekräftigte erneut seinen Standpunkt, daß das deutsche Volk den Krieg nicht wolle. Allerdings sei der Korridor die einzige außenpolitische Frage, die man in Deutschland für ungelöst halte. Daher müsse die Drohung der Westmächte, einen Überfall auf Polen mit Krieg zu beantworten, mit dem Angebot verbunden sein, über den Korridor zu verhandeln. Brüning wollte immer noch Hitlers Expansionsbestrebungen Einhalt gebieten und ihn von einem Krieg abhalten, indem er den Westmächten riet, ihre Kriegsbereitschaft glaubwürdig zum Ausdruck zu bringen.

Seine Stellungnahme entsprach in wesentlichen Punkten der Einschätzung führender militärischer Köpfe der Wehrmacht. Brüning berief sich auf seinen Freund Rudolf Pechel, den Herausgeber der »Deutschen Rundschau«. Dieser habe ihm in diesen Wochen bei einem Besuch in London bestätigt, daß die Botschaft laute: »Wir wollen den Korridor, aber wir wollen wegen des Korridors nicht Krieg mit der ganzen Welt.« Mit Pechel, der sich später in Deutschland unter anderem wegen seiner Kontakte zu Rauschning und Brüning verantworten mußte, traf er sich wiederholt in London. Brüning verhehlte nicht, daß die Wehrmachtsführer, die Hitlers Strategie abgelehnt hatten, nach dessen Erfolgen nur noch wenig Autorität besaßen. Teilweise hielten sie jetzt einen neuen militärischen Erfolg für nicht ausgeschlossen. Brüning und Pechel waren sich darin einig, daß es vor Hindenburgs Tod für die Reichswehr leicht gewesen wäre, Hitler zu stürzen. Doch auch noch im Sommer 1939 wäre es möglich gewesen. Brüning gab die Nachricht, nicht noch weitere 14 Tage mit einer scharfen Warnung Großbritanniens zu warten, auf Pechels Wunsch an Halifax weiter. Zu Pechel sagte er, daß er Hammerstein für den einzigen General halte, der Hitler beseitigen könne. Als Hammerstein davon hörte, soll er mit grimmigem Lächeln geantwortet haben: »Gebt mir nur eine Truppe, dann wird's an mir nicht fehlen«.

An dieser Truppe sollte es aber in Zukunft fehlen. Es sollte am Ende die fehlende Gelegenheit und keineswegs nur ein Mangel an persönlichem Mut gewesen sein. Sie hinderte Hammerstein, den Brüning für einen »durch und durch anständigen Menschen« hielt, daran, Hitler zu beseitigen. Eine Verhaftung Hitlers in Hammersteins Hauptquartier scheiterte einmal daran, daß Hitler seine Absicht dorthin zu fahren, im letzten Augenblick änderte. Auf welcher Seite Hammerstein stand, erhellt unter anderem daraus, daß er im Mai 1939 trotz des offiziellen Verbots in voller Uniform an der Beisetzung General Groeners teilnahm. Im Januar 1942 meinte er gegenüber dem Prinzen Louis Ferdinand, gegen Hitler könne man nur mit der Pistole in der Hand vorgehen. Hammersteins Tod im April 1943 beraubte die Hitler-Gegner eines ihrer führenden Köpfe. Daß Hitler keine revisionistischen Ziele in der Tradition der Weimarer Außenpolitik verfolgte, war bei genauer Betrachtung, d. h. wenn man die »Heim-ins-Reich-Propaganda« außer Acht ließ, schon in der Sudetenkrise und später beim Einmarsch in Prag offenbar geworden. Aber auch der Korridor und das Schicksal Danzigs bildeten für Hitler kein »Revisionsproblem« im eigentlichen Sinne, d. h. im Sinne einer Revision der Regelungen von Versailles. Danzig sei nicht das »Objekt, um das es geht«, hatte er am 23. Mai gegenüber den Generälen erklärt, nachdem er am 3. und 11. April die ersten Weisungen zum »Fall Weiß« ausgegeben hatte. Es handele sich vielmehr um die Arrondierung des »Lebensraumes im Osten«.[432]

Hitler hatte gelogen, als er am 15. September 1938 auf dem Obersalzberg zu Chamberlain sagte, der Anschluß der Sudetengebiete sei seine letzte territoriale Forderung. Er log wieder, als er wenige Tage vor dem Überfall auf Polen dem britischen Botschafter Henderson in Berchtesgaden versicherte, er werde sich nach der Lösung der Korridorfrage ins Privatleben zurückziehen und sich seinem eigentlichen Beruf als Künstler widmen.[433]

Im wesentlichen war Halifax über die strategischen Überlegungen der Gegner Hitlers unterrichtet. Insofern brachte das Treffen mit Brüning für ihn nicht viel Neues. Der Minister wollte vor allem Details über die Charaktereigenschaften Hitlers und verschiedene Interna des NS-Regimes wissen. Brüning beschrieb Hitlers Ehrgeiz, als überragender Stratege unter den Militärexperten zu gelten, denen er sich nicht gewachsen fühle, und begründete damit wieder seine Ratschläge für eine möglichst geschlossene militärische Gegenallianz, ein Abkommen zwischen England, Frankreich und Rußland, um das Kriegsrisiko für Hitler ins »Ungeheure zu steigern«.

Er sei sicher, daß der Krieg auf diese Weise wieder einmal hinausgeschoben werden könne. Im Frühjahr 1940 werde sich das Gewicht der Westmächte bemerkbar machen und ein Gleichgewicht herbeiführen. Halifax' Frage, warum er eine britisch-sowjetische Verständigung für dringlich erachte, beantwortete er mit den Erfahrungen von 1914, d. h. der Zweifrontensituation bei Kriegsausbruch, die wertvolle Kräfte im Osten gebunden habe. Brüning wußte, daß Großbritannien ohnehin seit einigen Monaten Verhandlungen mit Moskau führte, und betonte deren strategische Tragweite. Vor allem mahnte er dringend, wenigstens ein deutsch-sowjetisches Bündnis zu verhindern.

Halifax schien letzteres besonders zu beunruhigen. Man vereinbarte, den Gedankenaustausch bei nächster Gelegenheit fortzusetzen. Als Brüning erwähnte, daß er spätestens am 2. September in die USA reisen werde, versprach Halifax sich danach zu richten und ihn gegebenenfalls über Ian Anderson zu benachrichtigen. Dazu kam es nicht mehr. Halifax ließ Brüning Anfang August wissen, daß er ein weiteres Treffen nicht mehr für angezeigt halte. Er wolle Brüning nicht zumuten, sich länger als beabsichtigt in London aufzuhalten, nur um einen Termin mit ihm abzuwarten. Die

Gefahr, daß Hitler von dem Treffen erfahre, sei groß. Er würde ihn allerdings gerne sehen, wenn Brüning neue Gesichtspunkte vorzutragen hätte.

Brüning verzichtete darauf, war sich aber nicht im klaren, warum der Minister es nicht mehr für opportun hielt, nochmals mit ihm Kontakt aufzunehmen. Er zweifelte zunächst, ob er bei einem weiteren Treffen mit Halifax noch etwas Wesentliches hätte erreichen können. Später machte er sich Vorwürfe, jene letzte Gelegenheit nicht wahrgenommen zu haben, obwohl er in den letzten Wochen eine große Zahl von Gesprächen mit teilweise sehr einflußreichen Persönlichkeiten geführt hatte.[434]

Wahrscheinlich unterschätzte er die Wirkung seiner Ratschläge auf Halifax und die britische Regierung. Am 23. August ließ Premierminister Chamberlain durch Botschafter Henderson Hitler auf dem Obersalzberg eine unmißverständliche Warnung übergeben, daß »eine Intervention Großbritanniens« bei einem Angriff auf Polen mit Sicherheit erfolgen werde und keinesfalls nur eine »Eventualität« darstelle. Brüning meinte allerdings, daß dieser Schritt drei Wochen früher hätte erfolgen müssen.[435]

Hitler beantwortete die Botschaft mit der Forderung, in Osteuropa freie Hand und auf dem Kolonialgebiet »begrenzte« Zugeständnisse zu erhalten. London präzisierte daraufhin abmildernd seinen Standpunkt, indem es wiederum eine Lösung der deutsch-polnischen Streitfrage durch direkte Verhandlungen verlangte. Hitler hielt dies anscheinend für ein halbes Entgegenkommen und beendete den Notenaustausch, indem er zwar seine »Skepsis« gegenüber einem Erfolg solcher Verhandlungen bekundete, aber die Entsendung einer »mit allen Vollmachten versehenen polnischen Persönlichkeit« nach Berlin für den 30. August vorschlug. Seither überstürzten sich die Ereignisse.[436]

Emigration in die USA

Brüning hielt es Anfang Juli für angezeigt, vor dem Ausbruch des drohenden Konflikts seine ohnehin geplante Abreise in die USA vorzubereiten, wo er seine Lehrtätigkeit in Harvard wieder aufnehmen wollte. Er ordnete alles so, »daß er im Notfall sofort in die Vereinigten Staaten zurückkehren« könne. Den Kampf gegen Hitler von England, von London aus, fortzuführen, lag ihm zwar nicht fern, doch glaubte er längst nicht mehr, die britische Regierungspolitik beeinflussen zu können, wenn der Krieg ausgebrochen sei.[437]

Unter keinen Umständen wollte er während des Krieges in Europa bleiben. In die USA, die sich vorerst noch nicht im Kriegszustand befanden, wollte er »lieber auf dem letzten Schiff vorher, als auf dem ersten Schiff nachher« fahren. Nicht zu unterschätzen war dabei für ihn der Umstand, daß in den Vereinigten Staaten eine lange Tradition lebendig war, die Emigranten aus Europa eine neue Heimat bot. Sie waren weit weniger isoliert in einer fremden Umgebung als dies in Frankreich oder in England der Fall war.[438]

Im Juli reiste Brüning wieder für wenige Tage in die Schweiz, um sich von Brettauer zu verabschieden. Eine Postkarte Pechels vom 5. August deutete verschlüsselt den Kriegsausbruch für Ende September oder im Oktober an.[439] Den endgültigen Entschluß zur Abreise faßte er nach der Unterzeichnung des deutsch-sowjetischen

Nichtangriffspaktes vom 23. August. Zwei Tage später verabschiedete er sich von seiner Patentochter Herta Tennstedt, die ihn besucht hatte, und brachte sie zur Victoria Station in London. Er war der Ansicht, daß sie angesichts der drohenden Kriegsgefahr zu ihren Eltern nach Berlin zurückkehren müsse. Herta pflegte ihn, wenn sie nach London kam, auch mit politischen Informationen aus der Heimat zu versorgen. Am Abend feierte er Abschied bei den Andersons in Old Surrey Hall. Außer der Familie waren einige Freunde anwesend. Dort verbrachte er auch die letzte Nacht vor der Abfahrt.

Die Andersons begleiteten ihn am 26. August bis nach Southampton. Mona Anderson erschien kurz vor der Abfahrt an Bord der überfüllten Empress of Australia, des ehemaligen Turbinenschiffs »Admiral von Tirpitz«, das 1913 in Stettin vom Stapel gelaufen war, verfehlte ihn aber dort. Ihr Mann war an Land geblieben. Brüning sah bis zuletzt die Scheinwerfer seines Wagens aufblitzen. Als das Schiff nach einem Zwischenaufenthalt von Cherbourg abgelegt hatte, schrieb er an Mona: »Ich bin von tiefem Dank erfüllt für all diese Jahre Ihrer Freundschaft und für all die Güte, mit der Sie mich umgeben haben, so daß der letzte Tag einem hoffnungsvollen, goldenen Sonnenuntergang vor einer langen dunklen Nacht glich. In Gedanken werde ich stets bei Ihnen und den Jungen sein ...« Auf dem Schiff verfolgte er trotz des großen Lärms über den Bordlautsprecher den Bittgottesdienst für den Frieden, der von der BBC aus Westminster übertragen wurde, und nahm an, daß auch die Freunde in Old Surrey Hall zuhörten.[440]

4. Der Zweite Weltkrieg

Der Ausbruch des Krieges

Der Krieg brach am 1. September aus, während sich das voll besetzte Schiff auf hoher See befand. Brüning hatte die Entwicklung seit dem Hitler-Stalin-Pakt kommen sehen und war zu dem Schluß gekommen, daß er in London – zumindest vorerst – nichts mehr gegen die drohende Katastrophe für Deutschland und Europa tun konnte. War es auch die Sorge um das eigene Überleben, die ihn nun den Weg in die Vereinigten Staaten gehen ließ? Physische Erschöpfung und seelische Niedergeschlagenheit forderten ihren Tribut. Die vage Hoffnung, in den Vereinigten Staaten neue Kräfte zu sammeln und von dort aus für die Beendigung des Krieges zu wirken, mochte ihn in seinem Entschluß bestärkt haben, den europäischen Schauplatz zu verlassen. Mitte September hatte er ohnehin wieder in die USA reisen wollen, auch wenn der Krieg nicht ausgebrochen wäre. Im Mai aber hatte er bereits überlegt, im anderen Falle früher abzureisen.[441]

Im übrigen hatte er schon bei seinen früheren Aufenthalten in den USA den Eindruck gewonnen, daß die amerikanische Karte im internationalen Spiel große Bedeutung haben würde, nachdem Roosevelt früher als Chamberlain die Bedrohung der Demokratien durch die totalitären Diktaturen erkannt hatte. Die USA konnten nach seiner Einschätzung den Krieg durch ihre Intervention beenden, ehe er sich ausweitete, im schlimmsten Fall aber auch die Niederlage Deutschlands herbeiführen. Daß der Ruf nach Harvard ihn von persönlichen Existenzsorgen befreite, mag ihm die Reise erleichtert haben.

Es war die ruhigste Überfahrt über den Atlantik gewesen, die er bis dahin erlebt hatte. Noch am Abend des 29. August glaubte er einen Augenblick, der Krieg werde nicht kommen, am nächsten Tag hielt er ihn für unvermeidlich. Über die Vorgänge in Europa war er durch Radionachrichten, die er alle drei Stunden an Bord hören konnte, informiert. Der Einmarsch der Wehrmacht in Polen alarmierte ihn, doch glaubte er, daß die Polen den Korridor nicht ernsthaft verteidigten, was er für klug hielt. Die letzten Hoffnungen auf eine Beilegung des Konflikts setzte er auf den Zeitpunkt, an dem die Wehrmacht die alten Grenzen von 1914 erreichte. Wenn er dann anhalte, könne er Mussolini, der sich militärisch klug verhalte, um Vermittlung bitten. Dies setzte voraus, daß Hitlers Absichten trotz allem doch noch revisionistisch blieben, womit nun nicht mehr zu rechnen war. Aber selbst in diesem Fall fürchtete er, daß der »britische Löwe« nach den vorangegangenen Erfahrungen nicht mehr zum Einlenken bereit sei.

Zwei Tage später schufen die französische und die britische Regierung Klarheit, indem sie Hitler den Krieg erklärten. Der Ausbruch des Krieges machte sich auch an Bord bemerkbar. Telegramme wurden nicht angenommen, die Bullaugen mußten für zwei Tage geschlossen bleiben.[442]

Trotz aller Bedenken, in der amerikanischen Öffentlichkeit aufzutreten, äußerte sich Brüning bereits Anfang September in einem Interview mit der New York Times über die Ursachen des Krieges.[443] Er wandte sich gegen die Ansicht, daß Deutschland allein für den Krieg verantwortlich sei, unterstellte als Kriegsursache das Vorhandensein konkreter zwischenstaatlicher Konflikte und beklagte vorsichtig den Mangel an konstruktiver Phantasie nach dem Ersten Weltkrieg bei den europäischen Staatsmännern. Es ging ihm also nicht um den Anlaß oder um den Kriegsentschluß Hitlers, sondern um die tieferliegenden historischen Ursachen, besser: die Voraussetzungen, die den Zweiten Weltkrieg möglich gemacht hatten. Der Versailler Vertrag habe »einen unnatürlichen Frieden« begründet und unüberwindliche ökonomische und politische Probleme hervorgebracht. Die harten Bedingungen des Vertrages hätten die deutsche Volkswirtschaft zerstört und die Basis für eine Protestbewegung wie den Nationalsozialismus geschaffen. Für die Machtübernahme Hitlers machte Brüning im übrigen die anderen europäischen Regierungen mitverantwortlich. Sie hätten seine Warnungen ignoriert und Hitler indirekt unterstützt. Er erwähnte auch, daß die französische Schwerindustrie den Krieg befürwortet habe, um die Produktion steigern und die deutsche Konkurrenz ausschalten zu können.

Die fragwürdige Argumentation bezog sich nicht auf die unmittelbare Ursache des Krieges, den Kriegsentschluß Hitlers, der zum Überfall auf Polen geführt hatte. Diese stand für ihn außer Frage. Er erwähnte sie nicht ausdrücklich, wollte er doch, wie er erklärte, den Anschein vermeiden, der amerikanischen Regierung Ratschläge zu erteilen oder die Öffentlichkeit unmittelbar zu beeinflussen. Er könne »politische Vorgänge in Deutschland nicht diskutieren«, meinte er diplomatisch im Hinblick auf den neutralen Status seines Gastlandes. Dies habe er sich zum Prinzip gemacht, was deutlich genug war, da er Deutschland bekanntermaßen unter Lebensgefahr verlassen hatte. Brüning wandte sich gleichwohl an eine Öffentlichkeit, die bei aller Sympathie besonders für Großbritannien die Vorgänge in Europa mit einiger Distanz betrachtete und dazu neigte, das Aufkommen totalitärer Regime für ein Symptom undemokratischer gesellschaftlicher Strukturen zu halten. Hier klang der Gedanke an, daß der Krieg nicht nur beendet, sondern eine dauerhafte Friedensordnung geschaffen werden müsse.

Das Leben in Harvard

Als Brüning im Herbst ein Seminar über »Government Regulation of Industry« zusammen mit seinem Kollegen William Y. Elliot begann, wurde ihm bewußt, wie sehr ihn die Ereignisse der jüngsten Zeit psychisch und physisch mitgenommen hatten. Gewiß kamen noch einige unerwartete Belastungen hinzu. So besuchten ihn gleichzeitig Treviranus, der sich zur Auswanderung nach Kanada entschlossen hatte, und John Wheeler-Bennett. Jener blieb eine Woche, der andere ein paar Tage. Auch Mommersteeg und Brettauer hielten sich vorübergehend bei ihm auf, was ihm die Arbeit an der Universität erschwerte. Seine Gäste brachte er, wie Treviranus berichtet, im Hotel Commodore in Cambridge unter. Er wußte manchmal nicht, wie er die Betreuung der Besucher mit seinen neuen Pflichten vereinbaren sollte.[444]

Außer in Cambridge traf sich Brüning öfters mit Freunden in New York. Zunächst wohnte er dort im Harvard Club der Alumnen in der Fifth Avenue, später dank des Entgegenkommens eines Freundes, Benno Bechthold, im Savoy Plaza Hotel im Südosten des Central Parks, wo sich auch Treviranus mit seiner Familie aufhielt. In New York traf Brüning Bekannte von früher wie Arnold Brecht, Kurt Riezler, Annette Kolb und Friedrich Stampfer, gelegentlich auch wieder Brettauer, dessen Quartier sich gewöhnlich im Alrae Hotel in der Nähe des Harvard Clubs befand.[445]

Die Zahl der Teilnehmer seines Seminars in Harvard war auf höchstens 16 begrenzt, abgesehen von einigen Gasthörern. Regelmäßig waren einige künftige Diplomaten darunter, die auf Weisung von George Messersmith ein bis zwei Semester bei ihm studierten. Gelegentlich waren Fakultätskollegen anwesend, was die Atmosphäre auflockerte. John Wheeler-Bennett, den er während des Krieges häufig sah, studierte ein ganzes Semester lang bei ihm. Mit einzelnen Studenten pflegte Brüning intensiveren Umgang, indem er sie gelegentlich zu einem Privatissimum in seine Wohnung abends im Anschluß an ein Seminar oder am Sonntagnachmittag einlud.[446] Sein Lieblingslokal in Cambridge war das griechische »Olymp«, wo er einen Stammplatz hatte. Dorthin lud er auch Gäste ein, wie einst in das »Rheingold« in der Berliner Bellevuestraße.[447]

Engeren Kontakt pflegte er mit William Y. Elliott, Bruce Hopper, Arthur Holcombe, Sidney B. Fay und Carl Joachim Friedrich, mit denen er sich schon bei seinem ersten Aufenthalt in Harvard angefreundet hatte. Hinzu kamen George Pettee vom Amherst College, der ihn bei seiner ersten Vorlesung in Harvard betreut hatte, Oberrichter Manley aus Singapur, der ehemalige Kammergerichtsrat Abraham aus Berlin und der Arzt Siegfried Thannhauser, ein Freund Brettauers, Leiter des Boston Dispensary, der ihn wegen seiner Herzbeschwerden behandelte.[448] Über sein Verhältnis zu dem bedeutenden Philologen Werner Jaeger, dem er einen großen Einfluß auf einige wenige Menschen bescheinigte, ist nur wenig bekannt. Mit ihm fühlte er sich dank seiner humanistischen Erziehung geistesverwandt. Jaeger, neben dem Politologen Carl Joachim Friedrich und dem Germanisten Karl Viëtor, einer der bekanntesten deutschen Emigranten in Harvard, schenkte ihm 1939 eine Schrift mit Widmung über Aristoteles und die mittelalterliche Philosophie, die auf einer Vorlesung beruhte.[449]

Als Hochschullehrer wollte Brüning seine Erfahrungen als ehemals verantwortlicher Staatsmann wissenschaftlich fruchtbar machen, wobei er das bedrohte demokratische Prinzip zu stärken hoffte. Dies kam den Wünschen und Erwartungen seiner amerikanischen Studenten, die teilweise mit Verwunderung, aber auch mit Unverständnis die Vorgänge in der Alten Welt wahrnahmen, entgegen. Die Geschichte der Weimarer Republik bildete den Hintergrund seines wissenschaftlichen Interesses. Systematische Forschungen im engeren Sinne betrieb der Professor der politischen Wissenschaft kaum, weder in Harvard noch später in Köln.[450]

Über Brünings Privatleben in den USA, etwa über die Art, wie er seinen Urlaub oder seine Freizeit verbrachte, wissen wir sehr wenig. Gelegentlich brachte ihm eine Fahrt nach New York einige Stunden der Entspannung. Von Treviranus wissen wir, daß im Plaza Hotel die Sängerin Hildegarde Loretta Sell (1906-1982) aus Adell in Wisconsin (»The incomparable Hildegarde«) auftrat, die deutscher Herkunft war und auch schon im Fernsehen bekannt war. Außer ihr lernten Brüning und Treviranus auch Grete Mosheim (1905-1986), Mitglied des Ensembles von Max Reinhardts Großem Schauspielhaus in Berlin bis 1933, näher kennen. Die Schauspielerin, die 1932 die erste Eliza Doolittle in Shaws »Pygmalion« auf einer Berliner Bühne spielte, lebte seit 1938 in New York. Nach ihrem Debüt am Broadway 1941 in dem pazifistischen Drama »Letters to Lucerne« von Fritz Rotter gehörte sie 1972 zu den Mitbegründern einer Bühne mit dem Namen »Deutsches Theater Inc.« in New York.[451]

Trotts Besuch im Herbst 1939

Europa ließ Brüning nicht los, nicht nur in Person enger Freunde und Schicksalsgenossen. Am vorletzten Oktoberwochenende besuchte ihn der angehende junge Diplomat Adam von Trott zu Solz, der am 21. September aus Deutschland über Genua abgereist war. Der frühere Rhodes-Stipendiat war auf Einladung seines amerikanischen Studienkollegen Edward C. Carter, Leiter des Institute of Pacific Relations in Virginia Beach, in dessen Auftrag er sich in den Jahren 1937 und 1938 zu Forschungszwecken in Ostasien aufgehalten hatte, mit Genehmigung des Auswärtigen Amtes in die USA gekommen.

Er wollte dort wissenschaftliche Vorträge halten und als Gegner des NS-Regimes nebenher verdeckte politische Kontakte anknüpfen. Er führte Gespräche mit angesehenen Persönlichkeiten aus England, Kanada und den USA. Nach Virginia hatte ihn John Wheeler-Bennett auf Anweisung des neuen britischen Botschafters in Washington, Lord Lothian, begleitet. Bei ihm arbeitete Wheeler-Bennett zeitweise als persönlicher Mitarbeiter und hielt in dessen Auftrag unter anderem den Kontakt zu

Brüning aufrecht. Auf langen Ausritten zu Pferde am Strand erörterten Wheeler-Bennett und Trott das »deutsche Problem«. Bei diesen vertraulichen Gesprächen offenbarte Trott seine politische Einstellung und gewann dessen Vertrauen. Von New York aus hatte er sich zunächst brieflich bei Brüning, der ihn nicht persönlich kannte, gemeldet, wobei er sich auf eine Empfehlung Helmuth James von Moltkes berief, den er noch 14 Tagen zuvor gesehen hatte, und um ein Gespräch unter vier Augen gebeten. Diese Bitte war auch von Carter an Brüning über dessen Kollegen Jerome Greene übermittelt worden. Moltke hatte Brüning seit 1936 wiederholt in London getroffen.

Der Besucher aus Deutschland hielt sich drei Tage in Cambridge auf und brachte Brüning die ersten direkten Nachrichten aus der Heimat mit. Er berichtete über die Bestrebungen der Generäle v. Falkenhausen, Kommandeur des Wehrkreises Dresden, und v. Hammerstein, schien aber keine detaillierten Aufträge von ihnen oder anderen Hitlergegnern erhalten zu haben. Er beschränkte sich darauf, grundsätzliche Fragen der politischen Organisation, der künftigen Verfassung Deutschlands mit Brüning zu erörtern, und berichtete unter anderem, daß die Sozialdemokraten, die mit den Militärs in Verbindung standen, keineswegs gegen die Kirchen eingestellt seien. Sie folgten vielmehr der Linie der früheren religiösen Sozialisten. Brüning empfahl einen Kompromiß zwischen der alten Bismarckschen und der Reichsverfassung, die künftig die »Gefahren der Massendemokratie« vermeiden solle. Er scheint, wie einer späteren Mitteilung Otto Johns zu entnehmen ist, Trott eine Empfehlung für den Prinzen Louis Ferdinand von Preußen mitgegeben zu haben, eine Restauration der Monarchie auf der Grundlage einer Volksabstimmung zu betreiben. Es ist allerdings bekannt, daß Trott diese Frage im Gegensatz zu Oberst Oster und General Beck als zweitrangig betrachtete. Er hatte Falkenhausen, der vor Kriegsende ebenso wie die Generäle Halder und Thomas abgesetzt und inhaftiert werden sollte, häufig besucht.[452]

Welchen Informationswert dies für Brüning hatte, ist jedoch nicht bekannt. Trott dürfte ihn über Pläne und Stärke der Widerstandsbewegung im Heer unterrichtet haben, über den Kreis um Goerdeler schien er nach Brünings Eindruck indessen nicht näher im Bilde gewesen zu sein. Man sprach auch über geeignete Führungspersönlichkeiten für die Zukunft. Brüning nannte, wie er später berichtete, Letterhaus als den »besten Mann« für die Bildung einer neuen Regierung. Wie er zu ihm stand, ist der Tatsache zu entnehmen, daß er ihm 1939 bei ihrer letzten Begegnung in Holland die Einzelheiten der finanziellen Transaktionen von Kaas für den Fall anvertraute, daß diese eines Tages ans Licht kämen. Daß er in Letterhaus den Idealtyp des kommenden verantwortlichen Politikers sah, ist vermutlich nicht allein auf persönliche Sympathien zurückzuführen. Gewiß, Letterhaus gehörte in den Weimarer Jahren zu seinen unbedingten politischen Anhängern in der Zentrumspartei. Beide hatten sich als Soldaten im Ersten Weltkrieg ausgezeichnet. Vor 1933 war Brüning häufig zu Gast bei Letterhaus in Köln. Bedeutsam dürfte aber für Brünings Urteil der politische Austausch bei den konspirativen Begegnungen in Holland gewesen sein. Brüning bat Trott, sich dafür einzusetzen, daß Letterhaus dem Zugriff der Gestapo entzogen würde. Moltke sollte es 1942 gelingen, Letterhaus, der bis dahin an der Ost- und Westfront eingesetzt worden war, in das Amt Ausland/Abwehr beim Oberkommando der Wehrmacht (OKW) zu holen, wo er als Referent der Presse-

und Informationsgruppe arbeitete. Dort waren ihm unzensierte Presse- und Agenturinformationen jeder Art zugänglich. Die Versetzung entsprach wohl auch einer Empfehlung von Letterhaus' Freund Alphons Nobel, der bereits dort tätig war.

Brüning hörte von Trott, daß im September in militärischen und zivilen Kreisen in Deutschland die Furcht weit verbreitet gewesen war, daß französische und britische Bomber bei Kriegsbeginn von Lothringen aus die westdeutsche Rüstungsindustrie ausschalten würden. Gegen diese Flugzeuge hätte die Wehrmacht lediglich Flakgeschütze einsetzen können. Diese Befürchtungen stärkten die militärische Opposition, die ursprünglich den Sturz Hitlers noch vor der »Schlacht um Frankreich« angestrebt hatte.

Brüning faßte Vertrauen zu Trott und führte ihn bei George Messersmith als »ehrlichen Mann, der wirklich verantwortliche, potentiell starke konservative Einflüsse in Deutschland repräsentierte« ein, wie Messersmith notierte. Er zweifelte auch in Zukunft nicht daran, daß Trott ein entschiedener Gegner Hitlers war. Brüning entnahm allerdings dessen Mitteilungen, daß die Diskretion bei seinen Londoner Gesprächen nicht immer gewahrt worden war, was seinen Freunden in Deutschland, wie er meinte, schadete.[453]

Noch 1942 äußerte sich Brüning bei allen Vorbehalten über Trotts – wie er meinte – allzu großen Optimismus wiederholt positiv über dessen persönliche Integrität. Er versuchte die Zweifel, die Edward Carter an seinem früheren Freund gekommen waren, zu zerstreuen. Zwar habe er ihn von früher her nicht gekannt, wohl aber dessen Vater und einen seiner besten Freunde, Moltke, aus der Zeit nach der sogenannten Machtergreifung, als er sich vor der Gestapo habe verstecken müssen. An Informationen von Trott blieb er auch später noch interessiert.[454] Brüning pflegte alle Kontakte zur militärischen Opposition unter der Voraussetzung, daß dieser daran gelegen war, Garantien von alliierter Seite für den Fall zu erhalten, daß man dort die militärische Lage nicht ausnutzen werde, wenn es gelänge, Hitler zu beseitigen. Wenigstens Hammerstein war in diesen Kreisen jedoch, wie Moltke Brüning 1939 bestätigte, darüber informiert, daß die Briten diese Garantien nicht geben wollten.[455]

Trott, der in halboffizieller Mission in die USA gekommen war und in Verbindung mit der Deutschen Botschaft in Washington bleiben mußte, stieß in Regierungskreisen naturgemäß auf mancherlei Vorbehalte. Er suchte den Kontakt mit Vertretern des State Department und traf sich auch heimlich mit Lord Lothian. Trott stand allgemein in Verdacht, ein Nazi- oder Gestapo-Agent zu sein und wurde während seines gesamten Aufenthaltes in den USA von zwei FBI-Beamten beschattet. Auch seine Telefongespräche wurden abgehört. Zeitweise sah man sein Auftreten in den USA im Zusammenhang mit dem Besuch des NS-Reichspressechefs, Otto Dietrich, der einige Wochen zuvor bei Präsident Roosevelt gewesen war, um ihn zu einer Vermittlungsmission gegenüber Frankreich und England zu bewegen. So mutete Trotts Besuch in politischen Kreisen wie ein weiterer »Friedensfühler« des NS-Regimes an. Nur wenige Beobachter erkannten, daß Trott die amerikanische Unterstützung für Bestrebungen suchte, Hitler zu beseitigen. Brüning seinerseits half ihm nach Kräften, die Vorbehalte auf amerikanischer Seite gegen ihn zu überwinden.[456]

Andererseits achtete Brüning darauf, nicht mit Trott in der Öffentlichkeit gesehen zu werden, da er die Gefahr, die diesem von Gestapo-Agenten drohte, hoch einschätzte, nachdem er von drastischen Zwangsmaßnahmen der Gestapo gegen Personen aus Deutschland und den besetzten Ländern erfahren hatte, die ihn in den letzten Jahren besucht hatten. Er fühlte sich erleichtert, daß Trott nach dessen Rückkehr nichts geschehen war.[457]

Brüning hielt Trott mit Recht für einen Repräsentanten jener konservativen Kräfte in Deutschland, die eine verantwortliche Regierung nach Hitler bilden könnten. Dagegen war Messersmith nach der ersten, nur wenige Minuten dauernden Begegnung mit Trott am 20. November skeptisch, teilte aber seine Zweifel Brüning nicht mit. Er hielt Trott ebenso wie Sir Stafford Cripps in England eine bona fides zugute, befürchtete aber, daß seine relative Bewegungsfreiheit auf einem Arrangement mit nationalsozialistischen Agenten beruhte, so daß dessen Bestrebungen letztlich im Sinne des NS-Regimes gewesen wären. Im State Department wußte man allerdings nichts von der Strategie des Staatssekretärs im Auswärtigen Amt, Ernst von Weizsäcker, der Trotts Aktivitäten deckte.[458] Eine massive Propagandakampagne gegen das NS-Regime, wie sie der Präsidentenberater Adolf Berle in seiner Denkschrift vom 23. April 1942 empfahl, um die Bestrebungen oppositioneller deutscher Militärs zu unterstützen, wäre eine angemessene Reaktion gewesen. Berles Anregung löste aber nur skeptische Reaktionen aus. Im Hinblick auf die spätere Entwicklung ist zu erwähnen, daß Allen W. Dulles (1893-1969), ein früherer Diplomat und Rechtsanwalt, der ab November 1942 das Office of Strategic Services (OSS) in Bern leiten sollte, Trotts Memorandum im Januar von seinem Mitarbeiter Gero von Schulze-Gaevernitz erhielt, es allerdings nur mit Vorbehalt weitergab und lediglich als brauchbar für die psychologische Kriegführung betrachtete. Er wollte sich nicht darauf festlegen, daß es in Deutschland eine ernstzunehmende militärische Opposition gab.[459]

Brüning, der Dulles wohl schon seit 1935 kannte[460], konnte durch den Besuch Trotts den Kontakt zur deutschen Widerstandsbewegung wieder anknüpfen, nachdem Goerdeler vergeblich versuchte hatte, ihn am 2. September in Stockholm zu treffen. Goerdeler war am 26. August aus Deutschland abgereist und hatte einige Tage in Stockholm gewartet. Dort hatte er sich mit den Bankiers Marcus und Jacob Wallenberg getroffen, mit denen er schon vor 1933 durch Brüning bekannt geworden war.[461] Die beiden Bankiers versuchten vor und während des Krieges zwischen Deutschland und England zu vermitteln. Während Jacob vor allem seine Beziehungen zu Deutschland pflegte, hielt sein Bruder Marcus den Kontakt zu England und bemühte sich immer wieder um eine Verbindung zu Churchill. Mit Jacob Wallenberg, den Goerdeler Mitte Februar 1943 noch einmal in Berlin traf, standen indessen auch Himmler und Göring in Verbindung.[462]

Der zweite Besuch bei Roosevelt: Das Scheffer-Trott-Memorandum

Der rasche Sieg der Wehrmacht über die polnische Armee, die am 1. Oktober 1939 kapitulierte, warf die Frage auf, wie der Konflikt zwischen Deutschland und den anderen Alliierten ausgehen werde. Der Krieg wurde bis dahin in Deutschland als »Sitzkrieg« oder »Schattenkrieg«, in Frankreich als »drôle de guerre«, in England aber richtiger als »twilight« oder »phoney war«, gleichsam als »fauler Zauber«[463] bezeichnet. Dies forderte zu einer Neubewertung der Lage heraus, wenn man den

Krieg noch beenden wollte, ehe er sich zu einer allgemeinen Katastrophe ausweitete. Hitler sah in dem Verhalten der Westmächte vorderhand einen Erfolg seiner Strategie und unterbreitete ihnen am 6. Oktober ein Friedensangebot, das in den westlichen Hauptstädten Nervosität erzeugte. Dies galt gleichermaßen für die USA.

Wenige Tage später, am folgenden Wochenende vom 11. zum 12. November, weilte Brüning auf Einladung Messersmiths in Washington. Dieser veranlaßte, daß Brüning von Roosevelt empfangen wurde und Gelegenheit erhielt, die Informationen Trotts dem Präsidenten zu erläutern. Er habe sie »flehentlich und leidenschaftlich zugleich« unterbreitet, was den Präsidenten sichtlich beeindruckt habe, berichtete er später. Brüning regte an, Roosevelt solle in seiner Weihnachtsansprache die kriegführenden Mächte auffordern, ihre Friedensbedingungen bekanntzumachen. Man müsse Hitler zwingen, sich in seinen Absichten und Zielen festzulegen. So werde er sich selbst entlarven und in einen Gegensatz zur Wehrmacht manövrieren. Diese erhalte dann eine Chance, gegen ihn vorzugehen.[464]

Wie richtig dieser Vorschlag war, bestätigten die Sondierungen des amerikanischen Unterstaatssekretärs Sumner Welles Anfang März 1940 in Berlin, bei denen sich zeigen sollte, daß Hitler nicht bereit war, auf diplomatischem Wege irgendwelche Zusagen im Hinblick auf seine politischen Ziele zu geben und an seinem Willen, den Krieg fortzusetzen, keinen Zweifel ließ. Welles erklärte daraufhin, daß die USA bei einer Ausweitung des Krieges nicht Gewehr bei Fuß stehen würden.[465] Wahrscheinlich fragte Roosevelt Brüning, welche Regierung nach einem Sturz Hitlers zu erwarten sei. Brüning dürfte darauf hingewiesen haben, daß eine Regierung aus demokratischen Politikern einschließlich einiger SPD-Mitglieder zur Verfügung stehen würde.[466]

Kurz nach Brünings Besuch im Weißen Haus erhielt Messersmith von William T. Stone, dem Repräsentanten der Foreign Policy Association in Washington, ein Memorandum der deutschen Opposition, das sogenannte »Trott-Friedensmemorandum« beziehungsweise besser »Scheffer-Trott-Memorandum«. Ein weiteres Exemplar gab Stone an Unterstaatssekretär Sumner Welles, der Deutschland ähnlich reserviert gegenüberstand wie sein englischer Kollege Vansittart. Es ging im wesentlichen auf Paul Scheffer, den ehemaligen Chefredakteur des Berliner Tagblatts, zurück, der in den USA als Auslandskorrespondent deutscher Zeitungen arbeitete. Trott hatte sich allerdings das Dokument ausdrücklich zu eigen gemacht und es ursprünglich Roosevelt selbst übergeben wollen.

Scheffer befand sich mit einem gültigen deutschen Paß in den USA und galt noch nicht als Emigrant. Sein Entwurf hatte den Titel getragen: »Eine praktische Vorausschau auf den zukünftigen Frieden als integraler Teil der gegenwärtigen Kriegführung« und war ursprünglich als Artikel für »Atlantic Monthly« verfaßt worden, aber dort nicht erschienen. Als Mitverfasser werden auch die beiden Emigranten Kurt Riezler, ehemals tätig im Büro des Reichspräsidenten Ebert, und Hans Simons, beide Professoren an der Graduate Faculty (»University in Exile«) der »New School of Social Research« in New York, genannt. Indessen hatte der Richter am Supreme Court und Professor an der Harvard Law School, der aus Wien stammende Felix Frankfurter, als Berater des Präsidenten verhindert, daß Scheffer ebenso wie Brüning im Weißen Haus empfangen wurde. Frankfurter kannte auch Trott aus gemeinsamen Studienjahren in Oxford und stand ihm ablehnend gegenüber. Ihn hatte Trott im

März 1937 besucht und mit ihm in durchaus vertrauensvoller Atmosphäre politische Fragen erörtert. Eine weitere Begegnung mit ihm erwies sich als Desaster, vermutlich wegen der unangemessenen Bemerkung Trotts, die amerikanischen Juden sollten sich in der Frage der Friedensregelung zurückhalten.

Messersmith ließ eine Anzahl von Kopien – nach späterer Aussage Scheffers waren es 24 – vertraulich in Regierungskreisen in Umlauf bringen. Er bat Trott, den Empfängern die Denkschrift persönlich zu erläutern. Die Kritik an der Denkschrift, deren Inhalt sofort auch der britischen Regierung zugänglich gemacht wurde, führte dazu, daß Roosevelts Meinung umschlug, nachdem er das Memorandum zunächst mit Sympathie zur Kenntnis genommen hatte. Brüning hatte den Eindruck gewonnen, daß sein Gespräch mit Roosevelt vielversprechend verlaufen war.[467] Nach dem Kriege behauptete Brüning, im Anschluß an das Gespräch mit Roosevelt dringend davor gewarnt zu haben, die Denkschrift an den Präsidenten zu senden, obwohl er Trott als Verbindungsmann zur Opposition in der Wehrmacht für sehr geeignet gehalten hatte.[468]

Es ist nicht auszuschließen, daß der Sinneswandel im Weißen Haus durch Nachrichten anderer Art, etwa Informationen aus London, bedingt war. Dort wollte man anscheinend verhindern, daß die deutsche Widerstandsbewegung außer in London auch in Washington Ansprechpartner fand. In diese Zeit fielen auch die einzigen ernsthaften britischen Kontakte zum deutschen militärischen Widerstand. Die Verbindungswege zwischen der britischen Regierung und dem Chef der deutschen Abwehr am Tirpitz-Ufer in Berlin, Admiral Canaris, liefen damals über den Vatikan, wo sich zeitweise dessen Abgesandter, der Münchner Rechtsanwalt Josef Müller, zur Verfügung des Papstes hielt. Müller, ehemals Mitglied der Bayerischen Volkspartei, unterhielt enge Beziehungen zu Pater Leiber und Prälat Kaas, die Zugang zu Pius XII. besaßen.[469] Müller war im Oktober von Beck und Canaris nach Rom entsandt worden, um den Papst um Vermittlung für einen fairen Frieden zu bitten. Pius XII. war unter der Voraussetzung dazu bereit, daß die USA weiterhin neutral blieben und es möglich war, Italien aus dem Krieg herauszuhalten. Halifax ließ über seinen Botschafter Sir Godolphin Francis d'Arcy Osborne den Papst wissen, daß die britische Regierung zu einem Kompromiß bereit war. Auch mit Müller führte Osborne zwischen Oktober 1939 und Februar 1940 Gespräche.[470]

Brüning gelangte schon zwei Tage nach seinem Besuch bei Roosevelt zu der Einsicht, daß jene Kreise in der US-Administration die Oberhand gewonnen hatten, die nicht an einer Aktion gegen Hitler interessiert waren oder sie gar verhindern wollten. Damit wäre auch eine Stillhalte-Garantie der Westmächte entfallen, wenn Hitler gestürzt worden wäre. Er machte sich jahrelang Vorwürfe, diese pessimistische Einschätzung über den Erfolg seiner Besprechung im Weißen Haus Trott gegenüber nicht in aller Deutlichkeit ausgesprochen zu haben.[471]

Die erwähnte Denkschrift riet den Alliierten, Deutschland einen Kompromißfrieden anzubieten, um die Hitler-Gegner im Inland zu ermuntern, sich gegen das Regime zu stellen. Sie setzte voraus, daß der gegenwärtige Konflikt nicht zuletzt ein Ergebnis des Versailler Friedensvertrags war. Der Vertrag habe die aggressiven Kräfte in Deutschland an die Macht gebracht, so wie dies auch in anderen Ländern aus Gründen nationaler Selbstachtung möglich gewesen wäre. Die Fehler von Versailles müßten künftig vermieden werden. Deutschland müsse »a fair basis for national existence« erhalten. An die amerikanische Adresse richtete sich der Vorwurf, Deutschland sei durch die Vierzehn Punkte Wilsons vom 8. Januar 1918 betrogen worden, was sich auf die Differenzen zwischen den USA und ihren Alliierten in den Jahren nach dem Ersten Weltkrieg bezog und Sympathien für Deutschland als den Leidtragenden dieser Differenzen wecken sollte. Die Verfasser wehrten sich gegen die These, daß der Krieg von 1939 die Folge eines angeblich aggressiven deutschen Nationalcharakters sei, wie er sich seit 1864 gezeigt habe. Es gebe in Deutschland genügend verantwortungsbewußte Kräfte, die in der Lage seien, an einem Neuaufbau Europas mit einem befreiten Deutschland mitzuwirken. Die berechtigten Interessen Deutschlands müßten allerdings bei einem konstruktiven und fairen Frieden berücksichtigt werden.

Der Umstand, daß der Krieg im Westen bislang noch nicht in aller Schärfe entbrannt war, biete eine Chance, ihn noch unter günstigen Bedingungen für Deutschland, aber auch im Interesse Europas zu beenden. Im Hintergrund stand der Gedanke, daß eine Garantie des Friedens durch die Vereinigten Staaten allein oder im Einvernehmen mit dem Vatikan, wie Scheffer später erläuterte, verhindern sollte, daß Großbritannien und Frankreich ihrerseits einen Umsturz in Deutschland militärisch ausnutzten, indem sie die *guerre de drôle* beendeten und Deutschland angriffen. Dies setzte voraus, daß der Siegeswille der westlichen Nationen bisher noch nicht wirklich erprobt war. Die Verfasser verwiesen darauf, daß die Formulierung westlicher »Friedensziele« vor allem auf das deutsche Offizierskorps, das nicht einheitlich sei, großen Eindruck machen werde.

Es ging ihnen darum, den Krieg zu einem letztlich für alle Seiten erträglichen Ausgang zu bringen, »a satisfactory conclusion«, das implizit den Krieg gegen Polen im Sinne der früheren Revisionspolitik als nicht ganz unberechtigt anerkannte, zumindest unterstellte, daß dies die Meinung gemäßigter Kräfte innerhalb des Militärs sei. Gleichwohl betonte das Memorandum, daß die Niederwerfung Polens in Deutschland nicht populär sei und die Ausweitung des Krieges nach Westen befürchtet werde. Das deutsche Volk suche nach einer tragbaren Alternative zu Hitler, erlebe aber nur Unbestimmtheiten und Unbeugsamkeit auf westlicher Seite. Anzustreben sei ein Verständigungsfriede zwischen Deutschland und den alliierten Mächten.

Brüning hielt ein westliches Friedensangebot zu diesem Zeitpunkt für taktisch falsch, weil dies Hitlers Stellung stärken müsse. Die deutsche Opposition könne einen solchen Vorstoß nicht anregen, ohne Mißtrauen zu erwecken und gegenteilige Stellungnahmen zu provozieren. Im Gegensatz zu Trott schätzte er die Bereitschaft der USA, in dem europäischen Konflikt neutral zu bleiben, gering ein. Tatsächlich erregte das Memorandum vielfältige Kritik im State Department. Roosevelt distanzierte sich bald von allen Überlegungen, eine deutsche Untergrundbewegung zu fördern.

Trott selbst mußte gegenüber Messersmith einräumen, daß der Wortlaut nicht mehr ganz aktuell war. Ein vorzeitiger Friedensschluß berge die Gefahr, gestand er, daß das gegenwärtige Regime in Deutschland an der Macht bleibe. Er rückte von dem Vorschlag ab, zum gegenwärtigen Zeitpunkt die westlichen Friedensziele zu formulieren. Sein eigener Anteil an dem Text sei im übrigen unbedeutend gewesen. Mit Sicherheit stammten jedoch von ihm die beiden Schlußabschnitte, in denen an die »constructive elements« auf allen Seiten appelliert wurde.[472]

Warnung vor einem Regime Göring

In diesen Tagen verfaßte Brüning selbst eine neue Lageanalyse, datiert vom 13. November, die wahrscheinlich für Dannie Heineman, wie Claire Nix annimmt, vielleicht aber auch für Messersmith bestimmt war. Er setzte sich darin mit der Frage auseinander, ob die Westmächte sofort offensiv gegen den Feind vorgehen oder im Vertrauen auf die zunehmende eigene Stärke den inneren Verfall des Hitlerschen Kriegsimperiums und seines Herrschaftssystems in Deutschland abwarten sollten. Abwarten oder die Initiative ergreifen, lautete vereinfacht die Alternative. Brüning sah nicht zuletzt das Problem, welche Ziele die Alliierten in diesem Krieg, den sie nicht verursacht und verschuldet hatten, verfolgen sollten. Es müsse nicht nur der Krieg, sondern auch der nachfolgende Friede gewonnen werden.

Darin wußte er sich einig mit maßgebenden politischen Kreisen Washingtons. Anscheinend wollte er mit seinem Memorandum wieder einmal eine konkrete Frage von dritter Seite beantworten. Es war wohl die Frage, wie die Westmächte auf Gesprächsangebote angeblich gemäßigter Nazikreise reagieren sollten. Brüning unterschied zwischen einer radikalen und einer gemäßigten »Nazigruppe«. Er meinte, eine starke »Agitation gemäßigter Nazis« vor allem in den neutralen Ländern zu erkennen, die das »Schreckgespenst des Bolschewismus« beschwöre, d. h. einen Bruch des Hitler-Stalin-Paktes andeute. Man propagiere eine Regierung Göring, die sich auf die Wehrmacht stütze und zu einer Verständigung mit den Westmächten bereit sei. »Von dieser Ecke her offeriert man heute die Wiederherstellung eines unabhängigen Böhmens und Polens, fernerhin den Kopf Ribbentrops, eventuell auch Himmlers, und man läßt mehr oder weniger ausgesprochen durchblicken, daß auch der Kopf Hitlers selbst ein diskutabler Preis für einen solchen Frieden sei.«

Brüning hielt ein Regime Göring nicht mehr für aktuell und warnte davor, derartige Projekte ernstzunehmen. In Deutschland werde ein *Ondit* verbreitet: »lieber ein Regime vernünftiger Verbrecher als ein Regime wahnwitziger Verbrecher«. Ein Regime Göring werde sich – angesichts des Krieges – keineswegs allmählich in ein konservatives Regime verwandeln oder durch inneren Druck verwandeln lassen. Ein politischer Wechsel sei nur von Männern zu erwarten, die nicht durch die Untaten des gegenwärtigen Systems belastet und in der Lage seien, den Nationalsozialismus zu beseitigen. Die Agitation für eine angebliche gemäßigte NS-Regierung könne vielmehr einer vorübergehenden Militärdiktatur als Grundlage einer »konservativen Restauration« das Wasser abgraben.[473]

Die Vermutungen, daß ein Ausgleich mit angeblich gemäßigten Nazikreisen noch möglich sei, beruhten anscheinend auf verschiedenen Friedensfühlern von deutscher Seite. Es war in dieser Situation schwierig, zwischen erklärten Gegnern des NS-Regimes und angeblich oder tatsächlich gemäßigten Nazis zu unterscheiden, vor allem dann, wenn sie im Ausland agierten. Ständig versuchten Gestapo-Agenten mit Hilfe von Desinformationen in oppositionelle Kreise im In- und Ausland einzudringen. Umgekehrt gaben sich Hitler-Gegner häufig als gemäßigte beziehungsweise »vernünftige« Gefolgsleute des Regimes aus, um die Regeln der scheinbaren Konspiration zu wahren. Exilpolitiker aller Richtungen kannten dieses Problem, das den Aufbau jeder wirksamen Organisation erschwerte. Brüning versuchte, es für sich durch sein demonstratives Schweigen für Deutschland zu lösen. Es diente vor allem der Tarnung für seine intensiven Bemühungen um Informationen aus Deutschland und für beachtliche versteckte politische Aktivitäten. Dafür nahm er in Kauf, von vielen seiner Schicksalsgenossen mißverstanden zu werden. In der Rolle des emigrierten Wissenschaftlers erweckte er womöglich sogar aus Angst um seine persönliche Sicherheit den Anschein, jedes Interesse an aktiver Politik verloren zu haben,. Die Taktik hatte den Vorzug, daß sie das Eindringen von Agenten und Spitzeln in seinen Freundes- und Bekanntenkreis erschwerte. Die ethische Seite seines Verhaltens würdigte Paul Sethe in der Rückschau: Brüning habe in den USA »kein Wort gegen Deutschland gesagt, sein Volk aber verteidigt einfach durch sein Dasein« und dadurch gezeigt, daß die »Nation und die Schergen der Tyrannei nicht gleichzusetzen waren.«[474]

Konspirative Kontakte

Einerseits war Brüning bemüht, den Kontakt mit der innerdeutschen Militäropposition zu halten, andererseits versuchte er, einflußreiche Persönlichkeiten innerhalb und außerhalb des Regierungsapparates, erst in Großbritannien und hernach auch in den USA, zu beeinflussen. Der Umstand, daß zahlreiche Harvard-Kollegen für den OSS arbeiteten, mochte ihm diese Bemühungen erleichtern. Seine wichtigsten Vertrauensleute auf amerikanischer Seite blieben allerdings Messersmith, Shuster und nicht zuletzt Stimson. Auch über Kontakte zum Office of Strategic Services (OSS), das im Juni 1942 als Nachfolger der Dienststelle des Coordinator of Information (COI) eingerichtet wurde, verfügte er. Dessen Chef und Gründer, den prominenten katholischen New Yorker Rechtsanwalt William J. Donovan (»Wild Bill«, 1883-1959), kannte er spätestens seit 1936. Dieser war mit Stimson befreundet und gehörte zu jenen, die öffentlich davor warnten, daß die Vereinigten Staaten nach dem Kampf gegen Hitler in die Lage kommen könnten, in Gegensatz zu Stalin zu geraten, was auch Brüning erwartete.

Gewiß spielte in Brünings Verhalten die Furcht vor den Machenschaften der Gestapo eine Rolle, über die er nur bruchstückhaft, wenn überhaupt, informiert war. Seine bisherigen Erfahrungen mahnten ihn zur Vorsicht. Die absichtlich zur Schau getragene Zurückhaltung entsprach oberflächlich gesehen den diplomatischen Gepflogenheiten, an die sich der ehemalige Staatsmann gebunden fühlte. Er verstand sich immer noch als eine Art Geheimnisträger und wahrte den äußeren Anschein, über seine Regierungszeit hinaus zur amtlichen Verschwiegenheit verpflichtet zu sein. Zumindest fühlte er sich nach wie vor verantwortlich für das Schicksal seines Landes. Andererseits spielte er in Harvard mit dem Gedanken, das Inkognito perfekt zu machen und seinen Namen zu ändern.[475] Im übrigen berief er sich darauf, daß ihm die Regierungen aller Gastländer nahegelegt hätten, sich nicht öffentlich zu äußern. Es ist allerdings wahrscheinlich, wie Rudolf Morsey vermutet, daß der Kanzler in der amerikanischen Deutschlandpolitik trotz seiner öffentlichen Zurückhaltung stets eine »politische Größe« darstellte.[476]

Er beanspruchte für sich nach wie vor, legitime Interessen und Ziele Deutschlands zu vertreten, was er dem NS-Regime absprach.[477] Gleichwohl steckte, wie bereits angedeutet, in seiner demonstrativen Zurückhaltung ein beträchtliches Stück politischer Tarnung für alle gegen Hitler gerichteten Aktionen. Sie war als Schutz gegen mögliche Nachstellungen der Gestapo gedacht. Diese verfügte in den pro-nazistisch eingestellten deutschen Gruppen mit ihrer beachtlichen Mitgliederzahl vor dem Eintritt der USA in den Krieg über ein großes Nachschubreservoir. Zu diesen Gruppen und auch einigen anderen vermied Brüning jede Verbindung, von gelegentlichen persönlichen Kontakten zu Otto Strasser abgesehen, der in Kanada eine »Frei-Deutschland-Gruppe« ins Leben gerufen hatte und unter anderem mit seiner Hilfe den Aufbau einer »German Legion« anstrebte. Er sollte auch einem geplanten Nationalrat mit Rauschning, Sollmann, Höltermann und Otto Strasser angehören. Dazu war der Exkanzler jedoch nicht bereit.[478]

Strategisch gesehen mußte Brüning vermeiden, daß die Gegenseite, die Gestapo und das NS-Regime, seine politischen Absichten und seine Bestrebungen erkannte. Einerseits versuchte er, die Westmächte dazu zu bewegen, eine Art »Containment«-Politik gegen Hitler zu betreiben, solange es noch möglich war, den Krieg zu verhindern oder ihn zu begrenzen. Andererseits versuchte er, die deutsche Militäropposition durch vertrauliche Informationen und Ratschläge zu beeinflussen. Vor allem letzteres verschleierte er durch sein »öffentliches Schweigen«. Jede Art von politischer Agitation hätte dem entgegengestanden. Er vermied sogar den Anschein, für irgendwelche inoffiziellen Vermittlerdienste zur Verfügung zu stehen.[479]

Es war nur konsequent, daß Brüning sich später sogar dem Ansinnen entzog, ein Manifest katholischer Persönlichkeiten zu unterzeichnen, das Anfang 1942 in New York veröffentlicht wurde. Es bekannte sich zu den fundamentalen Prinzipien des Christentums und richtete sich gegen die Bedrohung durch den Totalitarismus. Ein Sieg Hitler-Deutschlands bedeute – so hieß es – eine größere Gefahr als ein Sieg Rußlands, das sich in einem Prozeß der Rückkehr in die westliche Gemeinschaft befinde. Unter den 43 prominenten exilierten Katholiken fanden sich Waldemar Gurian, Dietrich von Hildebrand, Thomas Michels und Don Luigi Sturzo, der Führer des Partito Popolare Italiano, den Brüning seit 1921 kannte.[480]

In einem strikten Sinne enthielt sich Brüning keineswegs jeder Art politischer Meinungsäußerung, etwa daß er niemanden wissen ließ, was er über die Ereignisse in Deutschland oder in Europa dachte. Er versuchte vielmehr einen möglichst wirksamen Einfluß auf politische Entscheidungsträger und Meinungsführer im Ausland auszuüben. Er vermied es zugleich, sich sein Verhalten von dritter Seite, etwa der öffentlichen Meinung oder von politischen Gegnern, aufzwingen zu lassen. Vor allem aber enthielt er sich weiterhin möglichst öffentlicher Äußerungen, die seinen Freunden in Deutschland schaden oder gegen diese verwendet werden konnten. Ebenso wie Treviranus war er aber auch während des Krieges bereit, Journalisten in London oder in New York seine Ansichten über die politische Lage mitzuteilen, wenn ihm zuvor Vertraulichkeit zugesichert wurde, sein Name als Quelle ungenannt blieb und seine Äußerungen nicht zitiert wurden.[481]

Illusionen und Irrtümern über die aktuelle Lage unterlag er in seinen Analysen häufig. Partielle Übereinstimmungen mit den politischen Zielen Hitlers, die ihm gelegentlich unterstellt wurden, stellte er in Abrede, obwohl er in seinen Lagebeurteilungen häufig schwankte. Am deutlichsten zeigte sich das in seinem Urteil über Mussolinis Verhältnis zum Dritten Reich. Hingegen sah er sich in seinem Urteil über Friedensfühler des Regimes nach Westen im wesentlichen bestätigt, als sich die entsprechenden Signale aus dem Auswärtigen Amt vermehrten.[482]

Brüning fühlte sich während des Krieges in seinem Urteil oft unsicher, weil er nur noch über wenige zuverlässige Nachrichten verfügte. Er vermutete, daß in einzelnen Presseberichten, etwa in der New York Herald Tribune vom 15. und 18. November 1939, aus Berlin versteckte Nachrichten abgedruckt waren, nach denen das angeblich konservativ gesinnte Oberkommando der Wehrmacht einen Angriff auf neutrale Länder ablehnte. Nach einem Bericht von United Press hatten »zahlreiche deutsche Generale« den Nazismus für überholt erklärt und sich für ein neues Regime zum Wiederaufbau des Landes ausgesprochen. Sie seien bereit, auf Böhmen, Mähren und Polen zu verzichten, wollten aber das Sudetenland behalten. In Österreich könne eine Volksabstimmung über den Anschluß an das Reich stattfinden. Aufschlußreich war der seltsame Hinweis, daß diese Kreise Weizsäcker als angeblichen Strohmann Görings zum Nachfolger Ribbentrops machen wollten. Die Haltung Weizsäckers als Gegner des Regimes stand für ihn, wie er nach dem Kriege hervorhob, stets außerhalb allen Zweifels.

Er maß diesen Gerüchten insofern Bedeutung bei, als Goerdeler ihm noch im Juni gesagt hatte, im Falle des Kriegsausbruches solle er die Berichte von Associated Press und der New York Herald Tribune aufmerksam verfolgen. Man werde ihn auf diese Weise über die Ansichten der Opposition zur jeweiligen Lage unterrichten. So stimmte der Bericht der New York Herald Tribune über die Vorschläge der innerdeutschen Opposition, wie sich später herausstellte, mit den Vorschlägen überein, die Rechtsanwalt Müller Papst Pius XII. im Auftrag von Beck und Canaris übermittelte. Brüning zweifelte allerdings, ob die Berliner Depeschen wirklich zuverlässig waren. Womöglich dienten sie der Desinformation. Er bat daher Messersmith, die Hintergründe in Berlin durch den amerikanischen Militärattaché überprüfen zu lassen. So wollte er geklärt wissen, ob die Russen sich unter deutschem Einfluß dazu bestimmen ließen, über Finnland nach Norwegen auszugreifen und durch die Eroberung von Narvik die englische Position im Atlantik herauszufordern. Dies hätte, wie er annahm, eine Verständigung zwischen dem Reich und England herbeiführen können, so daß Hitler in die Lage gekommen wäre, eine endgültige »Schwenkung« gegen Rußland herbeizuführen. Der sowjetische Angriff auf Finnland erfolgte am 30. November.[483]

Messersmiths Projekt einer amerikanischen Friedensinitiative

Messersmith erörterte in dieser Situation mit Brüning eine amerikanische Friedensinitiative ebenso offen wie vertrauensvoll. Nachdem er Trott am 8. Dezember 1939 noch einmal empfangen hatte, meinte Messersmith jedoch, daß der rechte Zeitpunkt dafür noch nicht gegeben sei. Von Trott hatte er bei aller Skepsis den Eindruck gewonnen, dieser sei »sehr vernünftig und fähig«, und betonte gegenüber Brüning, daß er dem Besucher die »besten Informationen« in der Hoffnung gegeben habe, daß sie dessen Freunden in Deutschland nützlich seien. Brüning mochte Bedenken haben gegen die allzu indiskrete Vorgehensweise Trotts, die auch vom FBI registriert wurde, hütete sich jedoch, dies zu äußern. Er erklärte, Trott habe viel gesehen und werde »zweifellos seinen Freunden von seinen Eindrücken berichten«. Seine Pläne und die seiner Freunde seien gut. Doch bezweifelte er nach seinen Erfahrungen in den

Jahren 1935 und 1936, daß diese »den richtigen Augenblick für einen Anfang erkennen würden«. Er räumte ein, daß »die Autorität und das Prestige dieses Landes absolut intakt bleiben müssen für die Zeit, in der echte Friedensverhandlungen möglich sein werden.« Dies sei auch im Interesse der Autorität des Präsidenten notwendig.[484]

Der Gedankenaustausch mit Messersmith macht deutlich, daß Brüning flexibel und besonnen taktierte. Ein entschiedenes Machtwort des Präsidenten in Form einer Friedensinitiative hielt er für das Gebot der Stunde, ohne dies offen auszusprechen.[485] Roosevelt ging diesen Weg nicht und kalkulierte eine innere Zersetzung des NS-Regimes ebensowenig ein wie Churchill, der seit dem 3. September 1939 als Erster Lord der Admiralität in das Kabinett Chamberlain eingetreten war. Beide lehnten es ab, diesen Prozeß zu fördern, um die innerdeutsche Opposition zu stärken. Washington verzichtete im Februar 1940 bewußt darauf, einen Kontakt zu der Gruppe um Hammerstein aufzunehmen.[486] Brüning erkannte, daß damit die Mission Trotts endgültig gescheitert war, respektierte aber wohl oder übel das Amt seines Freundes Messersmith. Damit wurden seine letzten Hoffnungen auf eine Ende des Krieges zunichte, ehe sich dieser zum Weltkrieg ausweitete. Auch noch nach dem Krieg hielt er daran fest, daß die Trott-Mission »ein wirklich ernsthafter Versuch« gewesen sei, »von hier aus eine Initiative zur Stärkung der Fronde im Heere einzuleiten, die ursprünglich günstig aufgenommen wurde.«[487]

Seine Meinung über Trott entsprach der Maxime, die er schon vor Jahren als Prinzip seiner Menschenkenntnis formuliert hatte. Er beurteilte die Menschen, indem er sich vorstellte, wie sie im Ernstfall, etwa im Krieg nach einem Gefechtsende, und ohne Befehl handeln würden. Letzteres war graue Theorie, vor allem in dem unübersichtlichen Feld von Diplomatie, Spionage, Desinformation und Feindpropaganda. Die Enttäuschung über den Fehlschlag der Mission Trott hinderte ihn in der Folgezeit nicht, ebenso lebhaft wie diskret Anteil an den Bestrebungen der »International Group of New York« zu nehmen, die im Winter 1939/40 auf Anregung Trotts gegründet wurde. Ihr gehörten Amerikaner, deutsche Emigranten und der Engländer John Wheeler-Bennett an. Unter der Führung Edward Carters setzte sich die Gruppe für einen realistischen, auf einem Interessenausgleich beruhenden Frieden und eine dauerhafte internationale Ordnung ein. Zu der Gruppe gehörte unter anderen der bedeutende Völkerrechtler Percy Ellwood Corbett von der McGill University in Montreal, der das Programm für eine künftige Friedensordnung entworfen hatte. Von den Deutschen sind Hans Muhle aus dem preußischen Handelsministerium, Kurt Riezler, Hans Simons, früher Direktor der Deutschen Hochschule für Politik in Berlin, Ministerialrat im preußischen Innenministerium zuletzt Oberpräsident der Provinz Niederschlesien in Liegnitz, der unter Papen in den Ruhestand versetzt worden war, sowie der Journalist Paul Scheffer zu nennen.[488]

Wenige Monate später, im April 1940, fand im Littauer Center eine internationale »Harvard Foreign Relations Club Conference« über »Frieden durch eine neue internationale Ordnung« statt, die von Brüning, Francis Deák, Waldo Heinrichs und Rafael de Colina geleitet wurde. Sie verfolgte das Ziel, die Konflikte der kriegführenden Nationen ohne den Einsatz von Waffen im Geiste rationaler Analyse zu lösen. Zugleich wollte man die Grundsätze, die die internationalen Vereinbarungen bestimmen sollten, herausarbeiten und klären, inwieweit sie mit den individuellen

Interessen zu vereinbaren seien. So kam beispielsweise die Frage einer allmählichen Rückgabe der früheren deutschen Kolonien zur Sprache.[489]

Die Friedensenzyklika Pius' XII.

In Washington beobachtete man die Entwicklung in Europa aufmerksam, wollte aber vorerst nicht militärisch aktiv werden. Präsident Roosevelts Weihnachtsbotschaft vom 23. Dezember fand Brüning enttäuschend. Sie habe lediglich gewisse mächtige Kreise in den USA beeindrucken sollen, meinte er. Eine entschiedene Warnung an Hitler, wie er sie Roosevelt im November empfohlen hatte, enthielt sie nach seiner Ansicht nicht. Der Präsident appellierte an den Papst, die Oberhäupter der evangelischen Kirchen und den Großrabbiner der Vereinigten Staaten, sich für Friedensvermittlungen bereitzuhalten. Er wollte aber nicht als Vermittler auftreten und verzichtete auch darauf, wie Brüning geraten hatte, die kriegführenden Parteien aufzufordern, ihre Friedensbedingungen zu nennen, um Hitler außenpolitisch in die Enge zu treiben.

Am selben Tage entsandte Roosevelt, wie in der Botschaft angekündigt, Myron Taylor, den früheren Präsidenten der United Steel Corporation, als persönlichen Botschafter zu diplomatischen Sondierungen mit der Kurie nach Rom, um den Papst zu einem öffentlichen Protest gegen die Vernichtungsaktionen des NS-Regimes vor allem im Osten zu bewegen. Taylor traf am 27. Februar 1940 im Vatikan ein und wurde dort feierlich begrüßt. Pius XII. antwortete auf die von Taylor überbrachte Botschaft des Präsidenten, daß der Tempel des Friedens nur auf der Grundlage christlicher Nächstenliebe, nicht auf Rachsucht und Haß begründet und gesichert werden könne. Tatsächlich nannte der Papst in seinen Reden nie den Faschismus beim Namen, befaßte sich allerdings mit den Auswirkungen der nationalsozialistischen Herrschaft, ohne deren Ideologie ausdrücklich zu apostrophieren. Die auffällige Beachtung der päpstlichen Friedensbemühungen in der Presse der Vereinigten Staaten, die seit 1867 keine diplomatischen Beziehungen zur Kurie unterhielten, irritierte Brüning. Der Name des Papstes tauche fast täglich in den Zeitungen auf, stellte er fest.

Mit Vorbehalten registrierte er dessen Weihnachtsansprache. Pius XII. forderte dazu auf, die »Riesenmauern des Hasses« niederzureißen und die »wahren Bedürfnisse und gerechten Forderungen der Nationen« friedlich auf der Grundlage des Naturrechts zu lösen. Er prangerte die »Untaten einer Politik, die sich nicht um Gottes Gesetz kümmerte«, an, ohne Hitler oder das Dritte Reich namentlich zu erwähnen. Allerdings machte er deutlich, was er meinte, als er von dem »blutgetränkten Boden Polens und Finnlands« sprach. Der Lebenswille eines Staates dürfe »niemals für den andern das Todesurteil bedeuten«. Hauptbedingung für einen gerechten und ehrenvollen Frieden sei das »Recht auf Leben und Freiheit für alle Völker, die großen und kleinen, die starken und die schwachen.« Der Papst verlangte, bei einem Friedensschluß die legitimen Ansprüche der Nationen und Völker zu achten, auch wenn sie nicht immer ein striktes Recht begründeten.

Brüning befürchtete, daß letzteres als Distanzierung von den Zielen der Alliierten mißverstanden werden könne. Dagegen hatte er die Erstlings-Enzyklika Pius' XII. »Summi Pontificatus« vom 20. Oktober 1939 begrüßt, obschon er es bedauerte, daß die Sprache des Dokuments nicht entschieden genug ausgefallen sei. Die Enzyklika erläuterte das Selbstverständnis des Papstes als Oberhaupt der römischen Kirche. Brüning kommentierte das Dokument, das unter anderem die Lateranverträge als »Werk der Vorsehung« feierte, aber auch den Ausbruch des Krieges und die falsche Lehre des Totalitarismus, die »schrankenlose staatliche Autorität«, beklagte: »Ich erkenne darin viele verschiedene Federn und es ist nicht schwierig, in jedem Satze zu merken, wer dominierte«, schrieb er. »Insgesamt ist es aber eine recht gute Arbeit ...« Das Lob war erstaunlich angesichts seiner persönlichen Vorbehalte gegenüber Pius XII.[490] Die Zielrichtung des Dokuments wurde allerdings auch von den NS-Behörden klar erkannt. So ordnete Gestapochef Heydrich an, die Verbreitung des Textes, der am Palmsonntag 1940 von den Kanzeln verlesen wurde, durch die kirchlichen Amtsblätter zu verhindern und die bereits gedruckten Exemplare zu beschlagnahmen.[491]

Sonderbar erscheint in diesem Zusammenhang das Gerücht, das sich 1939 in England verbreitete, Brüning sei ein »Appeaser«, der im Auftrag des Heiligen Stuhls tätig sei. Später verdächtigte ihn die Fabian Society in den USA sogar, gegen den Eintritt des Landes in den Krieg zu arbeiten.[492]

Ruhige Tage in Huntington

Das ereignisreiche Jahr, in dem der Zweite Weltkrieg begonnen hatte, beendete Brüning in Brooklyn. Er verbrachte die Weihnachtstage 1939 im Immaculate Conception Seminary in Huntington, wo er schon oft die Gastfreundschaft Patrick Barrys genossen hatte. Seither hielt er sich dort häufig über Weihnachten auf. Er kam diesmal noch rechtzeitig zur Vesper am Heiligen Abend. Mit Freunden beobachtete er danach die »berühmte Konstellation von Mars, Jupiter und Saturn«. »Alle drei schienen sehr hell. Wir hatten Glück; eine Stunde später brach ein schwerer Schneesturm los. ... Um vier Uhr morgens wachte ich auf wie im Traum – die Jungen zogen durch das ganze Haus und sangen mittelalterliche Weihnachtslieder ... Um 5 Uhr war ein wunderbares Hochamt, ich dachte an Europa und an die wenigen guten Freunde, die ich dort noch habe ...«

Brüning erinnerte sich, in den letzten 25 Jahren nur »wenige glückliche, normale Weihnachtsfeste erlebt« zu haben. »1914 war ich enttäuscht, weil ich als Freiwilliger abgewiesen worden war. Weihnachten 1915 in der Kaserne, gerade nach der Rückkehr vom Offiziersausbildungslager und auf den nächsten Transport wartend, um mich meinem Regiment in der Champagne anzuschließen.« 1935 war er am Tag vor Heiligabend bei den Andersons in Old Surrey Hall gewesen, ehe er nach Lugano gereist war. Im darauffolgenden Jahr hatte er das Fest krank in New York verbracht, 1937 war er in Virginia, 1938 in Connecticut.

Am ersten Feiertag war er bei den Murnanes zum Essen eingeladen, danach hielt er sich für ein paar Stunden bei den Stimsons in deren 1903 erbauten Landhaus »Highhold« im spätviktorianischen Stil in Huntington, auf Long Island auf. Henry und Mabel Stimson, die seit langem glücklich verheiratet waren, verfügten nur über wenig Hauspersonal, nicht mehr als zwei Dienstmädchen. Zu dem Anwesen gehörten einige Ställe, in denen Reitpferde standen. Stimson selbst trieb dort jeden Tag

Sport: Reiten, Rasentennis, Fischen oder Jagen. Brüning besuchte ihn mehrfach auf »Highhold«. Beide gehörten zu jenen Menschen, die das Gespräch im kleinen Kreis der großen Gesellschaft vorzogen. Während der ganzen Zeit, die Brüning in den USA verbrachte, riß der Kontakt trotz ihrer unterschiedlichen gesellschaftlichen Stellung nicht ab. Stimson war jederzeit für Brüning erreichbar. Das Ideal des mutigen Staatsmanns verband sie miteinander, weniger die Ablehnung des europäischen Nationalismus, wie einer Bemerkung Stimsons von 1947 zu entnehmen ist: »The besetting sin of the nations was nationalism; that of the statesmen was timidity.«[493]

Am Abend kehrte Brüning in das Seminar zurück. Er war die »einzige lebende Seele in diesem großen Hause«, während draußen der Sturm raste. Er fühlte eine innere Stille, obwohl er bedrückt und ohne Hoffnung war, da er keinen Weg sah, um zu einem baldigen Frieden zu gelangen.[494]

Lageanalysen und persönliches Befinden

Die Tage in Brooklyn verhalfen ihm zu neuer Klarheit über sein künftiges politisches Wirken. Ermüdet von den endlosen Diskussionen und der oft dilettantischen strategischen Agitation in Emigrantenkreisen, wollte er unbedingt an seiner diskreten Vorgehensweise festhalten. Trotts Auftreten hatte ihn über die Gefahren und Grenzen eines jeden Versuches belehrt, die Entwicklung in Deutschland von außen beeinflussen zu wollen. Aber auch die Möglichkeiten des inneren Widerstandes hielt er für überaus begrenzt. »Wer das Regime von innen auswerfen will, muß schweigen können, bis der Augenblick reif ist«, schrieb er an den Soziologen Eugen Rosenstock-Huessy, der früher in Breslau und nun am Dartmouth College in Hanover, New Hampshire, lehrte.

Es war wieder die Abneigung gegen alles »Emigrantentreiben«[495], dem er fernbleiben wollte, solange er imstande war, den Kontakt mit hochgestellten Persönlichkeiten des öffentlichen Lebens in den USA aufrechtzuerhalten. Seine Furcht vor Gestapo-Agenten bewahrte ihn vor allzu großer Vertrauensseligkeit, andererseits erschwerte sie ihm den Umgang und den Austausch mit vielen Landsleuten, die sein Schicksal teilten, aber auch den Kontakt mit manchen amerikanischen Politikern.

Über seinen Aufenthalt in den USA, seine Lehrtätigkeit in Harvard und gelegentliche politische Äußerungen waren Sicherheitsdienst und Gestapo unterrichtet. Man hatte beispielsweise erfahren, daß er 1939 einmal öffentlich den Sturz des Nationalsozialismus prophezeit hatte. Brüning wußte nichts Genaues über das Ausmaß der Observation, hielt es aber gerade deshalb für angezeigt, sich in der Öffentlichkeit politisch zurückzuhalten, was von der Gegenseite durchaus wahrgenommen wurde. Man wußte in Berlin auch, daß es Bestrebungen gab, ihn politisch herauszustellen und daß er dies ablehnte.[496]

Sein Name wurde seit 1935 in der Nazi-Presse nicht mehr genannt. Lediglich in einem Artikel über die Harvard-Universität, die nicht mehr sei als ein hochgepriesenes Sport-Stadion, hieß es 1939, daß dort der Exkanzler Brüning lehre.[497] Brüning vermied nach Möglichkeit jeden Kontakt mit den diplomatischen Vertretungen des Reiches im Ausland. Empfindlich reagierte er auf Provokationen und Desinformationen aus Nazikreisen, etwa einen angeblich von ihm verfaßten Propaganda-Artikel mit seinem Bild in einer französischen Provinz-Zeitung, den ihm der deutsche Konsul in Boston, Herbert Scholz, ein früherer NS-Parteifunktionär, bis zu seiner Ausweisung Chef der Gestapo in den USA, Anfang April 1940 per Einschreiben übersandt hatte. Der Artikel griff nicht nur die Nazis, sondern die Deutschen im allgemeinen an und stammte nach Brünings Informationen von einem Emigranten. Er hörte auch, daß Kopien angeblich massenweise über den deutschen Linien abgeworfen worden seien. Der Konsul hatte sich ebenso wie der deutsche Botschafter in London, Herbert v. Dirksen, um einen Kontakt zu ihm bemüht. Brüning war nicht darauf eingegangen und ließ ein Schreiben des Botschafters, der weder als Nationalsozialist galt noch der NSDAP angehörte, unbeantwortet, hielt es aber für angebracht, Scholz über einen prominenten Anwalt zu informieren, daß er mit dem fraglichen Artikel nichts zu tun habe.[498] Brüning hielt es für untunlich, auf solche Kontaktversuche unmittelbar zu reagieren, solange er befürchten mußte, daß die Gestapo dahintersteckte. Im Jahr zuvor hatte er angeblich dem ehemaligen Botschaftsrat Dr. Meyer in Washington mitgeteilt, daß er sich so lange reserviert zu verhalten gedenke, bis der Krieg entschieden sei.[499]

Allmählich gelangte Brüning zu der Erkenntnis, daß die ausufernde internationale Debatte um neue Verständigungs- und Friedensvorschläge fruchtlos bleiben werde. Viele der »an sich sehr interessanten Friedensvorschläge und Pläne auf künftige Gestaltung der Innen- und Außenpolitik Deutschlands« erreichten ihn, wie er behauptete, täglich aus Europa und Amerika. Er könne mehrere Sekretärinnen beschäftigen, um sie zu beantworten, ohne noch irgend etwas anderes zu tun, klagte er gegenüber Rosenstock-Huessy. Die Vorschläge nützten nichts, wenn es nicht gelinge, den moralischen Verfall der deutschen Gesellschaft zu überwinden. Diese allgemeine Klage kam einem indirekten Eingeständnis gleich, es gebe keinen Weg mehr, den Krieg unter für Deutschland erträglichen Bedingungen zu beenden. Hitlers Herrschaft betrachtete er als Ausdruck, gleichsam als Chiffre der sittlichen Verfassung des deutschen Volkes. Sie könne nur bestehen, weil sie dem Zustand der Gesellschaft entspreche. Solche Erwägungen beruhten auf den Erfahrungen, die Brüning in den Jahren des Exils, vor allem in England und in den USA, gemacht hatte. In seinen Vorlesungen hatte er sich mit den Bedingungen für die Stabilität der demokratischen Regime auseinandergesetzt. Die Kenntnis der Ursachen des Untergangs der Weimarer Republik reichte allerdings nicht aus, um zu erklären, warum sich seine Landsleute seither Diktatur und Gewaltherrschaft gefallen ließen.

Indessen war er mit der alltäglichen Wirklichkeit der Terrorherrschaft in Deutschland nicht mehr so vertraut wie in den Jahren 1933 und 1934. Die räumliche Entfernung und der Alltag des Universitätslebens ließen ihn dennoch gegenüber den Ereignissen in Europa nicht gleichgültig werden. »Die Ereignisse Tag um Tag sehr aufmerksam zu beobachten und nicht imstande zu sein, irgend etwas zu tun, ist für mich schlimmer, als wenn ich selbst im Krieg wäre.« Mit Ungeduld und Spannung registrierte er die Nachrichten, die aus Europa herüberkamen, beklagte beispielsweise, daß die »Times« in der Regel zwölf Tage alt war, wenn er sie in Cambridge zu sehen bekam. Luftpost-Briefe aus England brauchten gewöhnlich drei Wochen.[500]

Die Distanz zu den aktuellen Ereignissen und die Einsicht, zu weitgehender politischer Untätigkeit verurteilt zu sein, bargen die Gefahr, sich in bloßen Spekulationen zu verlieren. Eine »tiefgehende und nachhaltige moralische Gesundung des deutschen Volkes« erwartete er vorläufig nicht, sie konnte, wie er glaubte, allenfalls nach dem Ende des NS-Regimes nach einem furchtbaren Krieg eintreten. Brüning war häufig niedergeschlagen, im persönlichen Umgang machte er einen gleichermaßen leidenden wie unglücklichen Eindruck. Im Mai musste er sich wegen seiner Herzbeschwerden ins Massachusetts General Hospital begeben.

Sein allgemeiner Gesundheitszustand besserte sich danach nur langsam. Nervöse Herz- und Atembeschwerden plagten ihn den ganzen Sommer über. Im November meinte er schließlich, daß ihm eine Kieferoperation, bei der ihm sämtliche Zähne gezogen worden waren, geholfen habe.[501] Ablenkung boten immer wieder die Lehrverpflichtungen, die ihn sehr beanspruchten. Er machte die Erfahrung, wie er später bekannte, daß fast alle Menschen, die keinen festen Wirkungskreis mit festen Pflichten hätten, das Gleichgewicht verlören. Der Mensch sei »nun einmal so veranlagt, daß er, solange er nicht seinen Blick völlig vom Irdischen abwendet, nicht allein vom Warten und vom Betrachten der Welt leben kann«.[502]

Den Rat an Mona Anderson, in der gegenwärtigen Lage viel zu arbeiten und den Mut nicht sinken zu lassen, machte er sich selbst zu eigen. Das Studium umfangreicher Literatur für die Vorlesungen und die Betreuung der Studenten beanspruchten viel Zeit. Anfang Februar 1940 begann er mit einem neuen Seminar über »Probleme der internationalen Beziehungen«, das seinem Interesse an den Verhältnissen in Europa und den Entwicklungstendenzen der amerikanischen Außenpolitik Rechnung trug. Auch auswärtige Vorlesungen und Vorträge hielt er, wenn auch in geringerem Maße als vor seiner Berufung nach Harvard, so an der University of Iowa School of Religion, über »Some Thoughts on the Spiritual Background of the Present Crisis« (1941), die unter anderem die politischen Folgen der technischen Rüstungsentwicklung behandelte, an der Johns Hopkins Universität in Baltimore/Maryland (1941), wo er mit den Meier-Katz-Vorträgen über »Organization of Europe and the World: Theory and Practice« beziehungsweise »Lessons of the Past« beauftragt worden war, am St. John's College in Annapolis, Maryland, im April 1940, in Detroit im Dezember 1941 und an der Universität Boston im November 1943. Im Frühjahr 1940 bestritt er acht Todd-Vorlesungen vor Lehrern an der Massachusetts School of Art.[503]

Diese Vorlesungen behandelten nur am Rande die gegenwärtige deutsche Politik oder Fragen, mit denen er sich in seiner Kanzlerzeit auseinandergesetzt hatte[504], und blieben unveröffentlicht – offensichtlich unter anderem mit Rücksicht auf die amerikanische Regierung. Als er im Sommer 1941 gebeten wurde, den Text einer Ansprache, die er in der Groton School, einer der angesehensten privaten Schulen in Massachusetts, an deren »Prize Day« gehalten hatte, zur Veröffentlichung freizugeben, erlaubte er dies erst, nachdem Stimson sich damit einverstanden erklärt hatte. Stimson stand nicht an, die Erlaubnis mit der Bekundung seiner Freundschaft zu dem »letzten wirklichen Kanzler von Deutschland« zu verbinden.[505]

Der deutsche Angriff im Westen

Im Zeichen des sogenannten Sitzkrieges wären die Aussichten für einen Waffenstillstand und ein Ende des Krieges in Europa durchaus gegeben gewesen, wenn Hitler begrenzte Revisions- und Kriegsziele nach traditionellen politischen Begriffen verfolgt hätte. Auch innerhalb des britischen War Cabinet, das am 9. September 1939 gebildet worden war, gab es Kräfte, darunter vor allem Chamberlain, die in diesen Monaten hofften, Hitler noch zu einem Entgegenkommen bewegen zu können, indem man eigene begrenzte Kriegsziele genauer definierte, während man in Paris zu diesem Zeitpunkt den Sicherheitsgesichtspunkt in den Vordergrund schob und sogar schon eine künftige Teilung Deutschlands anvisierte.

Im Februar 1940 entsandte Präsident Roosevelt Unterstaatssekretär Sumner Welles zu dem erwähnten Informationsbesuch nach Europa, der ihn nach Rom, Paris, London und Berlin führte. Er war ausdrücklich nicht autorisiert, in Berlin irgendwelche Vorschläge zu machen oder Abmachungen zu treffen. Washington legte Wert darauf, daß die Reise nicht im Zusammenhang mit laufenden diplomatischen Besprechungen mit den neutralen Mächten stehe, die sich ihrerseits angeblich auf Wirtschaftsfragen im Zeichen einer neuen Friedensordnung beschränkten. Man deutete jedoch an, daß diese Gespräche zu gegebener Zeit auch auf die kriegführenden Parteien ausgedehnt werden könnten, was von französischer und britischer Seite zustimmend kommentiert wurde. Vor seiner Rückkehr in die USA suchte er gemeinsam mit Myron Taylor am 18. März den Kardinalstaatssekretär Luigi Maglione im Vatikan auf. Dieser war in diesen Wochen bemüht, die USA zu veranlassen, auf Mussolini Druck auszuüben, damit dieser sich den amerikanischen Vermittlungsbemühungen anschloß.

In den ersten Märztagen hielt sich Welles in Deutschland auf. In Berlin wurde er von Ribbentrop und Hitler, danach von Göring in Karinhall zu Gesprächen empfangen.[506] Nach Brüning gelang es Sumner Welles nicht, den Nazis Respekt vor der Macht der Vereinigten Staaten einzuflößen. Er habe sich lediglich den Standpunkt der Reichsregierung angehört und in Berlin den Eindruck von Ohnmacht und Schwäche seiner eigenen Regierung hinterlassen.[507] Während Welles nicht einmal in der Rolle eines Vermittlers oder gar eines Kuriers auftreten sollte, führte Staatssekretär Cordell Hull in Europa Gespräche über Wirtschaftsfragen. Von Neapel aus besuchte er die Hauptstädte der kriegführenden Mächte und sondierte die Aussichten für einen Waffenstillstand und eine Friedenslösung. Es handelte sich also um eine verdeckte Friedensinitiative, in deren Dienst die USA auch ihre wirtschaftliche Macht stellen wollten. Zu diesem Zeitpunkt herrschte an der Westfront Ruhe, was einer Verständigung durchaus förderlich hätte sein können. Andererseits war zu erwarten, daß die Fronten in Bewegung gerieten, wenn es nicht zu einer Verhandlungslösung käme.[508]

Wider Erwarten waren es schließlich doch militärische Ereignisse, die die politische Entwicklung bestimmten. Hitlers Vorstoß im Westen überraschte die Weltöffentlichkeit, obwohl sein Entschluß nicht völlig unbeeinflußt von den britischen Plänen, ein Expeditionskorps nach Finnland über Nordnorwegen zu entsenden und die Fahrrinne vor der norwegischen Küste zu verminen, zustande gekommen war.[509] Seit der deutschen Invasion in Dänemark und Norwegen am 9. Mai erwartete Brüning, daß der Krieg mit der Niederlage Deutschlands, also nicht mit einer Verständigung mit den Westmächten, enden werde. Angesichts der Ausweitung des Krieges vermied er es seither, sich bei offiziellen Stellen in Washington sehen zu lassen.[510]

Bis dahin hatte er damit gerechnet, daß die internationalen Spannungen noch eine Weile anhalten würden, ohne daß Hitler die Initiative aufs neue an sich riß. Nun trat jene Wende ein, in deren Gefolge Premierminister Chamberlain unter dem Druck der öffentlichen Meinung sein Amt am 10. Mai 1940 an Winston Churchill abgeben mußte. Die Diplomatie zwischen den europäischen Mächten hatte endgültig abgedankt, nachdem es ihr nicht gelungen war, den Krieg zu verhindern oder noch im Anfangsstadium zu beenden. Die militärischen Ereignisse sollten hinfort über das Schicksal Deutschlands und Europas entscheiden. Bei aller Zurückhaltung und vorgeblichem Schweigen setzte Brüning dennoch seine Versuche fort, sich als Anwalt der Hitler-Gegner in Deutschland in Washington Gehör zu verschaffen. Militärische Fragen hatten ihn im Zusammenhang mit den Erfahrungen des Ersten Weltkrieges ebenso wie viele seiner Zeitgenossen stets interessiert, so daß er nicht zögerte, sich wieder stärker mit ihnen zu befassen. Nachdem er als außenpolitischer Experte keine entscheidende Rolle hatte spielen können und schon Ende 1939 nicht mehr imstande gewesen war, Messersmith verwertbare Hinweise auf die Absichten Hitlers zu geben, wandte er sich nun dem eigentlichen Kriegsgeschehen zu, um gegenüber den amerikanischen Behörden als Kenner der europäischen Verhältnisse im Gespräch zu bleiben.

Es gehörte seit Jahren zum guten Ton, zur gepflegten politischen Konversation auch unter Politikern, Kriegserlebnisse mitzuteilen und auszutauschen. Brüning machte hier keine Ausnahme, wie seine Pariser Gespräche mit dem Außenminister Stimson seinerzeit gezeigt hatten. Bei ihrer Begegnung vom 26. Juli 1931 hatte der Amerikaner den mißtrauischen Grundzug in Brünings politischem Denken bemerkt, was ihn veranlaßte, an dessen Bereitschaft zu appellieren, der amerikanischen Außenpolitik in der Abrüstungsfrage zu vertrauen.[511] Er bekannte sich zu der Maxime, es sei immer ratsam, Menschen dadurch vertrauenswürdig zu machen, daß man ihnen Vertrauen entgegenbringe, was sich offenkundig im Falle Brünings bewährt hatte.[512] Stimson schätzte die Macht der öffentlichen Meinung in der Weltpolitik hoch ein, wenn es um die Integrität und Vertrauenswürdigkeit von Politikern oder das Gegenteil ging. Sie könne zumindest, so erklärte er am 8. August 1940, vor dem Außenpolitischen Ausschuß des Repräsentantenhauses, zur mächtigsten Waffe in der Welt gemacht werden.[513]

Den Krieg, der sich nun endgültig zum europäischen Krieg ausweitete, betrachtete Brüning als Entscheidungskampf um die Führung in Europa, nachdem deutsche Truppen in Dänemark und Norwegen einmarschiert und den Angriff im Westen begonnen hatten.[514] Er war keineswegs von den Erfolgen Hitlers im Osten und Westen fasziniert, auch wenn er einzelne territoriale Forderungen aus der Weimarer Zeit für legitim gehalten hatte, deren Erfüllung er aber nur auf dem Verhandlungswege hatte erreichen wollen. Hitlers außenpolitische und militärische Erfolge waren für ihn von Anfang an lediglich Scheinerfolge, die ihn durchaus nicht mit gleichsam heimlicher, uneingestandener Freude erfüllten. Der Gedanke, Deutschland könne von den »Erfolgen Hitlers profitieren«[515], lag ihm fern. Er hatte ohnehin mit Anfangserfolgen der Wehrmacht gerechnet. Die Überwältigung Hollands und Belgiens überraschte ihn kaum. Die niederländischen Grenzbefestigungen nach historischen Vorbildern hatte er nach eigenem Augenschein für wenig wirksam eingeschätzt, eher hatte er damit gerechnet, daß die Niederländer durch gezielte Überflutung bestimmter Gebiete die Invasion aufzuhalten oder zu erschweren versucht hätten. Die rasche Einnahme des Forts Eben-Emael, das stärkste Fort der belgischen Festung Lüttich, die er für die beste Festung hielt, die in den letzten zehn Jahren in Europa gebaut worden sei, durch deutsche Fallschirmjäger der 7. Fliegerdivision noch am 10. Mai, dem Tag des mehrfach verschobenen Angriffs im Westen, erschütterte ihn. Er glaube nicht an neue Waffen, vermute vielmehr, daß Verrat im Spiel gewesen sei, schrieb er als erfahrener Soldat an Messersmith. Bei diesem Handstreich durch eine Abteilung der Luftwaffe unter der Führung des Oberleutnants Witzig war der Kommandant des Forts mit 1.000 Mann gefangengenommen worden. So sehr ihn die jüngsten Vorstöße der Wehrmacht gegen die Nachbarländer irritierten, so versuchte er doch die Vorgänge möglichst genau zu analysieren.[516]

Er hatte unmittelbar nach Beginn der Invasion in Polen eine Gegenoffensive der Westmächte erwartet. Seither glaubte er kaum noch an eine Aktion der Generäle gegen Hitler, wenn sie nicht vom Ausland her durch politische Garantien ermutigt würden. Noch im Februar 1940 meinte er in Übereinstimmung mit Groeners Theorie der militärischen Kräfte in jedem modernen Krieg, daß es bald zu einem Patt kommen müsse und kritisierte die traditionelle französische Militärdoktrin, die darauf ausgerichtet sei, die deutschen »Kriegspotentiale« und die deutsche Wirtschaft durch präventive Maßnahmen zu vernichten, um Sicherheit vor einem deutschen Angriff zu gewinnen. In diesem Falle hatte er sogar einen Augenblick erwogen, selbst nach Deutschland zu gehen, »um das Notwendige in Gang zu bringen.«

Auseinandersetzung mit Chatham House

Die bündige Schlußfolgerung, Frankreich könne nicht gleichzeitig Sicherheit verlangen und Deutschland ausschalten wollen, sollte sich jedoch nach wenigen Wochen durch den Kriegsverlauf als gegenstandslos erweisen. Allerdings ist der Zusammenhang zu beachten, in dem Brüning seine Überlegungen anstellte. Es handelte sich um eine Stellungnahme zu einem Dokument des Chatham-House-Komitees, in der er die Chancen einer wirtschaftlichen Verflechtung der europäischen Staaten unter sicherheitspolitischen Gesichtspunkten erörterte. Er erwähnte unter anderem das Projekt eines großen Staudamms im Moseltal an der Grenze zwischen Deutschland, Luxemburg und Frankreich, das er schon 1931 mit Dannie Heineman besprochen habe. »Es hätte im Lauf der Zeit die Kosten der Elektrizitätserzeugung um 30 Prozent gesenkt, und zwar in einem Gebiet, das ganz West- und Süddeutschland bis zur Elbe und bis Wien, die Niederlande und ganz Frankreich nördlich der Seine umfaßt hätte. ...«

Eine weitere Möglichkeit der Verzahnung verschiedener Interessen sah er auf militärpolitischem Gebiet, indem er daran erinnerte, daß Grenzen, die angeblich für ein Land günstig gezogen seien, leicht zur Falle werden könnten, wie sich dies gerade im Polenfeldzug gezeigt habe. Sie müßten vielmehr die beiderseitigen Sicherheitsinteressen ausgleichen. Polen sollte künftig nach einer neuen Grenzregelung mit Deutschland eine Art Staatenbund mit Ungarn und der – inzwischen selbständigen – Slowakei bilden, um »strategischen Spielraum« und ein wirkliches Gegengewicht zu Deutschland zu schaffen. Zugleich müßten die wirtschaftlichen Schranken in Ostmitteleuropa und die künstlichen industriellen Kriegspotentiale, gemeint waren die unrentablen Schwerindustrien, abgebaut werden.[517]

Diese Betrachtungen bezogen sich auf Pläne, die ihrerseits eine nähere Verbindung, ja eine politische Union zwischen Großbritannien und Frankreich bezweckten, wie sie unter anderem von Lionel Curtis, William Beveridge und Arnold Toynbee Anfang 1940 vertreten wurden. Der Historiker Toynbee entwarf einen »Act of Perpetual Association between the United Kingdom and France«, der sich in seinem Aufbau nach dem Vorbild der Schweiz richten sollte. Vorgesehen waren zwei kollegiale Regierungschefs mit einem Ständigen Sekretariat als Regierung und einem Obersten Rat als Parlament. Eine britisch-französische Union hätte dann ein Gegengewicht zu einem vergrößertes Deutschland bilden können. Auch Churchill schlug am Nachmittag des 16. Juni 1940 eine »unauflösliche Union« zwischen den beiden Alliierten im Sinne seiner »Grand Alliance« vor. Damit verband er seine historische Vision einer Grand Alliance mit jener Federal Union von Chatham House. Wenige Stunden später kapitulierte Frankreich vor den siegreichen Armeen Hitlers.[518]

Brüning verfolgte auch aus der Ferne stets interessiert die Arbeit des Chatham-House-Komitees, das seit dem Sommer 1939 zu 80 Prozent von der Regierung finanziert wurde, hatte aber angesichts der außenpolitischen Spannungen und der drohenden Kriegsgefahr im Mai 1939 davon abgeraten, eine zentraleuropäische Union schon frühzeitig in den Einzelheiten festzulegen. So wollte er vermeiden, daß sich eine neue machtpolitische Konstellation ergab, die ihrerseits aufs neue den Frieden gefährden konnte. Darin unterschied er sich nicht von Churchill, der sich noch 1940 sehr gegen alle Pläne für eine Nachkriegsordnung wehrte.[519]

Er hatte seine englischen Gesprächspartner immer davor gewarnt, das Appeasement so weit zu treiben, daß es den Krieg begünstige, statt ihn zu verhindern. Diesen Standpunkt vertrat er auch, nachdem das Chatham-House-Komitee im November 1939 ein Memorandum zur Sicherheitsfrage vorgelegt hatte.[520] Selbst nach einem Ende der Naziherrschaft würden, so führte er aus, die Spannungsverhältnisse unter den europäischen Staaten wahrscheinlich weiterbestehen, so daß man einer neuen Konfrontation zwischen Westeuropa und Deutschland vorbeugen müsse. Deutschland habe bis 1934 keine vollen staatlichen Souveränitätsrechte besessen. 1920 habe es keine Soldaten ins Ruhrgebiet entsenden dürfen, um den Ruhrkampf zu beenden, bis 1925 habe es keine freien Handelsverträge abschließen können, 1931 habe es – anders als England – nicht vom Goldstandard abweichen dürfen. Auch die Befestigung seiner offenen Grenzen sei ihm nicht gestattet worden. Zahlreiche Steuern, Verbrauchssteuern und Eisenbahntarife hätten nur mit Genehmigung des Reparationsagenten erhöht beziehungsweise verändert werden dürfen. Andererseits sei es ihm nur durch die Erhöhung von öffentlichen Einkünften gestattet gewesen, Reparationen zu leisten.

Im Hinblick auf Export und Import habe Deutschland sich als einziges europäisches Land an den Prinzipien Ricardos und seiner Nachfolger orientieren müssen – eine Feststellung, die einer indirekten Kritik an der Schutzzollpolitik der alliierten Staaten gleichkam. Seine Kritik an den Belastungen, die Deutschland durch den Versailler Vertrag zu ertragen hatte, richtete sich auf das zugrundeliegende hegemoniale Prinzip, Frieden und Sicherheit durch eine universale Ordnung gewährleisten zu wollen. In dem Memorandum des Chatham-House-Komitees vom November 1939 erkannte er die Absicht, die Sicherheit in Europa und der übrigen Welt durch eine

4. Der Zweite Weltkrieg

Reihe von regionalen Sicherheitspakten zu stabilisieren. Er stellte sich ein System von Interessen- und Einflußsphären vor, an denen die USA und die europäischen Staaten beteiligt waren. Großbritannien und Frankreich sah er auch in Zukunft als Kolonialmächte, aber auch Deutschland und Italien sprach er das Interesse an einem »neuen System von Kolonialmandaten« zu. Regionale Bündnisse, die das Chatham-House-Komitee als Bestandteile »eines kooperativen Friedens«, des Weltfriedens für vier verschiedene Weltgegenden: Europa, Amerika, den Fernen Osten, für Mittel- und Südafrika vorgeschlagen hatte, befürwortete er ebenfalls, bezweifelte aber, daß ein solches System von vornherein einen defensiven Charakter haben werde.

Brüning riet, auf einige Gedanken der Begegnung von Bessinge im Jahre 1932 zurückzugreifen. Groeners Vorschlag, auf beiden Seiten kein stehendes Heer, sondern eine Kaderarmee und eine Bürgerwehr zu schaffen, brachte er ins Spiel, um den deutschen Streitkräften nach dem Ende des Krieges einen neuen Platz zuzuweisen. Eine solche Armee gewähre Sicherheit, lasse aber keinen Offensivkrieg zu. Der Besitz von Jagdflugzeugen müsse jedem Land zu seiner eigenen Verteidigung gestattet werden. Die Beschränkung des Militärbudgets und der Verzicht auf Panzerkreuzer und U-Boote, die die deutsche Seite schon 1931 angeboten hatte, um mit Großbritannien zu einem Abkommen über die Marine zu gelangen, regte er aufs neue an. Frankreich könne die Vogesen als seine »militärische« Grenze behalten. Zwischen den Vogesen und dem Schwarzwald dürfe es jedoch künftig keine befestigte Grenze geben, was zumindest einer Entmilitarisierung des Elsaß gleichgekommen wäre.

Auch den schon früher einmal diskutierten Vorschlag einer »Art europäischer Bomberreserve« unter einem vereinigten Kommando griff er auf, wohl in der Erwartung, daß sich ein künftiger Konflikt zwischen den westlichen Staaten und Rußland ergeben werde. Den Wiederaufbau Europas als gemeinsame Aufgabe der bisherigen Kriegsgegner hielt er nur für möglich durch den Zufluß von amerikanischem Kapital, so wie er überzeugt war, daß das Wettrüsten die europäischen Staaten ökonomisch geschwächt habe und keineswegs einen langfristig vertretbaren Beitrag zur Lösung des Arbeitslosenproblems darstelle.

Diese Einschätzung der Lage entsprach einer verbreiteten Meinung über die gegenwärtige Macht Hitlers als des starken Mannes in Europa, dessen Stellung vorerst nicht bedroht schien. Auch der in Berlin tätige Diplomat George Kennan meinte rückblickend, es habe 1940 keinen Anlaß gegeben, an einen Konflikt zwischen Deutschland und Rußland zu glauben. Vielmehr hätten die bisherigen überwältigenden Erfolge der Nazis einen totalen Sieg auf dem europäischen Kriegsschauplatz erwarten lassen.[521]

Diese Perspektive entsprach längst nicht mehr der aktuellen Entwicklung in Europa. Das Interesse an den militärischen Ereignissen, die Brüning unter strategischen und taktischen Gesichtspunkten vor dem Hintergrund seiner eigenen früheren Kriegserfahrungen zu deuten suchte, war aus seiner persönlichen Lage her verständlich. Wenn er sich auf Groeners Schriften berief, um die Erfolge und Fehler der Armeen gleichsam kriegsspielmäßig zu betrachten, dann stellte dies den Versuch dar, sich von dem Grauen des Krieges und seinen eigenen Zukunftsängsten abzulenken. Reminiszenzen früherer militärpolitischer Debatten, etwa über die Problematik des Schlieffenplanes oder den fragwürdigen Wert von Maginot-Linie und Westwall, bildeten den Hintergrund vieler seiner Überlegungen, die er mit einer intensiven

Auswertung der Nachrichten vom Kriegsschauplatz verband. Seine Neigung, zuweilen politische Vorgänge unter militärischen Gesichtspunkten zu betrachten, hatte sich bereits in den Weimarer Jahren gezeigt. Es war eine Mitgift der Kriegsjahre gewesen, die er nicht hinter sich zu lassen vermochte, aber auch nicht verleugnen wollte. Gewiß war er kein »Militarist« in dem Sinne, daß er den Krieg als das eigentliche politische Geschehen oder als Vorbild aller Politik verstanden hätte. Vielmehr blieb ihm in seiner persönlichen Lage, da alle seine bisherigen politischen Schritte und Bemühungen nicht den gewünschten Erfolg gezeitigt hatten, nichts anderes übrig, als sich mit dem Fortgang des Krieges im Hinblick auf die politischen Folgen auseinanderzusetzen.

Die aktuellen Vorgänge historisch einzuordnen, mochte aus der Entfernung von Europa einen gewissen Reiz haben, sofern sich die daraus hergeleiteten Prognosen bestätigten. Ihn wunderte das Versagen des französischen Generalstabs, da doch der deutsche Vormarsch genau den »Linien« gefolgt sei, die Groener in seinen Büchern über Schlieffen beschrieben hatte. Ein Gegenschlag hätte von Süden her in die Flanke der angreifenden Truppen erfolgen müssen, was französische Experten durchaus erkannt hätten.[522]

Unverkennbar waren abstrakte strategische Betrachtungen zur Kriegslage ein Mittel, sich gegen die Depressionen zu wehren, die ihn häufig heimsuchten. Dies entsprach seiner Neigung, Probleme »objektiv« zu betrachten, obwohl ihm die früher oder später eintretende Katastrophe seines Landes jederzeit vor Augen stand. Die Nachrichten aus Europa erschütterten ihn dann wieder so sehr, daß er sich zeitweise ganz vom gesellschaftlichen Leben zurückzog. Sein labiler Gesundheitszustand mochte dazu beitragen. »Ich sehe kaum jemanden und schließe mich in meinen Zimmern ein«, schrieb er im Juni 1940 an Mona Anderson.[523]

Diese Stimmung hielt nicht an, wie Begegnungen mit Freunden, aber auch alten und neuen Bekannten zeigen, darunter John Wheeler-Bennett, Theodore Roosevelt junior und dessen Frau, das Ehepaar Higginson sowie der französische Schriftsteller André Maurois und dessen Frau. Maurois erzählte ihm, daß er die Freunde seiner Mutter in der Normandie kannte und damals, dreißig Jahre zuvor, von ihm gehört hatte.[524]

Verzweiflung und Angst trieben ihn soweit, daß er sich mit dem Gedanken vertraut machte, nie wieder nach Europa zu fahren oder gar dorthin zurückzukehren.[525] Manchmal meinte er angesichts des Gefühls zunehmender Einsamkeit, wie leicht es doch sei, auf dem Schlachtfeld zu fallen.[526] Im Juli 1941 äußerte er dann wieder die Hoffnung, später einmal seine alten Freunde in der Schweiz zu treffen.[527]

Insgeheim aber hoffte Brüning immer noch, auf irgendeine Weise Zugang zu einflußreichen Stellen in Washington zu finden. Als sein Freund, der Republikaner Stimson zusammen mit dessen Parteifreund Frank Knox am 21. Juni 1940 in die Regierung des Demokraten Roosevelt berufen wurde, registrierte er dies hocherfreut. Überschwenglich gratulierte er dem neuen Kriegs- und ehemaligen Außenminister, den er 1931 in Paris kennengelernt hatte. Er sei sicher, daß ihm das neue Amt trotz aller Anstrengung »sehr große Befriedigung verschaffen« werde. Brüning verhehlte ihm nicht, daß er seit einem Jahr nur noch sehr sporadisch aus erster Hand über die Vorgänge in seinem Lande informiert sei, und machte den Minister diskret auf möglicherweise noch immer bestehende Vorbehalte führender Militärs der Wehrmacht gegen das Regime aufmerksam. Aus dem offiziellen Bericht des deutschen Oberkommandos gehe hervor, daß fast alle Heerführer bei den Operationen in Belgien und Frankreich Schüler von General Groener gewesen seien. »Mehrere der Heereskommandeure, die von Hitler [nach] 1933 und 1934 als Nazifeinde entlassen wurden, sind jetzt zu meiner großen Verblüffung in den höchsten Rängen der deutschen Wehrmacht aufgetaucht. Ihre politische Macht ist jedoch nicht groß ... Ich befürchte deshalb, daß jegliche Opposition wie auch jegliche Unzufriedenheit noch lange unterdrückt werden wird, was wohl jede Möglichkeit für einen Frieden auf längere Zeit hinaus ausschließt ...«[528]

Es war also das alte Thema, das er gegenüber Stimson erneut zur Sprache brachte. Ein aktueller Anlaß, es zu vertiefen, bestand freilich vorerst nicht. Bei Gelegenheit gedachte er darauf zurückzukommen. Die Rückkehr Stimsons, des angesehenen früheren Generalgouverneurs der Philippinen und Außenministers unter Hoover, in die politische Verantwortung als Secretary of War, als Kriegsminister, im Jahre 1940 ermunterte ihn allerdings, auch seinen eigenen politischen Stellenwert höher zu bewerten. Stimsons Hauptinteresse galt dem Krieg im Fernen Osten, der Krieg gegen Deutschland besaß für ihn untergeordnete Bedeutung, so entschieden er eine militärische Unterstützung Großbritanniens befürwortete.[529] Dies erklärt unter anderem, daß er später die Rolle der Sowjetunion auf dem europäischen Kriegsschauplatz anders bewertete als auf dem asiatischen. In Asien waren für ihn die amerikanischen und sowjetischen Interessen von vornherein miteinander vereinbar, in Europa hingegen nicht.[530] Dies war Brüning bekannt, wie seinen späteren Publikationen in »Foreign Affairs« zu entnehmen ist.

Hilfe für Schicksalsgefährten

Neben strategischen Spekulationen, die eine vorübergehende seelische Entlastung bewirken konnten, und seinen beruflichen Pflichten stellten sich ihm nach Ausbruch des Krieges zusätzliche, höchst praktische Aufgaben, etwa die Hilfe für politisch Verfolgte aus Deutschland, denen es gelungen war, in eines der besetzten Länder zu entkommen, denen er sich ohne Zögern widmete. Monatelang beschäftigte er sich damit, früheren deutschen Politikern zu helfen, die in das unbesetzte Frankreich geflohen waren und damit rechnen mußten, an die Gestapo ausgeliefert zu werden. Über Spanien und Portugal konnten sie allerdings in die USA gelangen, wenn sie mit Glück die grüne Grenze an den Pyrenäen überwunden hatten und über ein Einreisevisum der US-Behörden verfügten.

Für die Einwanderung aus Deutschland und Österreich galt eine Einwanderungsquote von 27.370 Personen, die lediglich 1939 völlig und 1940 annähernd, 1941 zu 47,7 Prozent und 1942 zu 17 Prozent ausgeschöpft wurde, da die Bestimmungen der Immigration Act vom State Department zunehmend restriktiv angewandt wurden. Es war für die Fluchthelfer oft schwierig, die Flüchtlinge in ihren Verstecken im unbesetzten Frankreich aufzufinden und in Sicherheit zu bringen. So arbeitete Brüning mit Hilfsorganisationen, dem Unitarian Service Committee und wohl auch dem Emergency Rescue Committee bei Präsident Roosevelt, dessen Vorsitzender der Journalist Varian Fry (1907-1967) war, zusammen. Letzteres hatte unter anderem eine größere Zahl von Verfolgten aus Frankreich gerettet und stand mit Staatssekretär Cordell Hull und indirekt auch mit Eleanor Roosevelt in Verbindung. Anders als bei Frys Komitee, in dem christliche und jüdische Organisationen vertreten waren, fand Brüning bei offiziellen katholischen Stellen keine Hilfe.

Brüning, der selbst noch mit einem Besuchervisum ins Land gekommen war, aber noch nicht über ein »permanentes Einwanderungsvisum« verfügte, besaß Verständnis für die bedrängte Lage der Flüchtlinge. Er selbst erhielt erst am 24. Mai 1941 ein ständiges Non-Quota-Visum, zwei Tage nach einer kurzen Reise nach Havanna, zu der ihn die Familie Messersmith eingeladen hatte. Ein Antrag auf ein »Immigrant Visum« durfte nur bei einem ausländischen Konsulat, etwa in Havanna, gestellt werden, weil sich die amerikanischen Behörden nach dem »Bloom – Van Huys – Gesetz« aus dem Ersten Weltkrieg vorbehielten, dem Antragsteller die Einreise zu verweigern, wenn beispielsweise der zuständige Konsul durch die Einreise eines mutmaßlichen Agenten die Sicherheit der Vereinigten Staaten gefährdet sah. Die Aussichten, als Flüchtlinge in die USA zu gelangen, verschlechterten sich allgemein, nachdem Präsident Roosevelt am 27. Mai im Hinblick auf die gespannten Beziehungen zu Deutschland einen »unbegrenzten nationalen Notstand« verkündete. Kurze Zeit später wurden die deutschen Konsulate in den USA und daraufhin die amerikanischen in Deutschland und in den besetzten Gebieten geschlossen. Über Havanna hatte beispielsweise der deutsche Komponist Hanns Eisler (1898-1962), Dozent an der New School for Social Research in New York, im Jahre 1938 vergeblich ein solches Visum zu erlangen gesucht, das ihm wegen des Verdachts kommunistischer Gesinnung erst 1940 in Mexiko erteilt worden war.

Das »Immigrant Visum« erhöhte Brünings Bewegungsfreiheit in den USA und erleichterte ihm auch seine Bemühungen, anderen bedrängten Landsleuten zu helfen. Noch auf Kuba, während einer Partie ins Landesinnere, erörterten Brüning und Messersmith eingehend die Flüchtlingsfrage, aber auch die künftigen Verhältnisse in Deutschland nach Kriegsende. Dabei zeigten sich, wie Messersmith bemerkte, die ersten politischen Differenzen zwischen ihnen. Gleichwohl bat Brüning ihn dringend, sich bei Staatssekretär Hull und Unterstaatssekretär Breckinridge Long (1881-1958) für diese unglücklichen Flüchtlinge einzusetzen, die im übrigen keineswegs seiner Partei angehörten. Long, dem die Visa-Abteilung im State Department unterstand, war für humanitäre Probleme, die sich aus dem Krieg ergaben, zuständig. Er selbst sei willens, erklärte Brüning, alles zu ihrer Rettung zu tun. Notfalls werde er deshalb nach Washington fahren.[531]

Wie erwähnt, versuchte er Exilanten, die in Frankreich festsaßen, zu helfen, darunter auch ehemalige Nationalsozialisten wie Otto Strasser, der allerdings schließlich mit Hilfe Vansittarts nach Kanada gelangte.[532] Vergeblich waren seine intensiven Bemühungen, den beiden Sozialdemokraten Hilferding und Breitscheid zur Flucht aus Europa zu verhelfen. Ihnen hatte er ebenso wie ihrem Parteifreund Otto Wels, den er zuletzt im Februar 1935 in London sah, bereits bei der Flucht aus Deutschland Ende März 1933 beigestanden. 48 Stunden vor der beabsichtigten Verhaftung auf Grund von Informationen aus Nazikreisen hatte er Wels, Breitscheid und Hilferding warnen können. Die beiden Politiker hatten sich im August 1940 in Marseille aufgehalten, einem Zentrum der politischen Emigration, wo Fry im Auftrag des Emergency Rescue Committee eine Beratungsstelle in der Rue Grignan eingerichtet hatte. Dort warteten sie auf ein beschleunigtes »Emergency Visum« des dortigen US-Konsulats, das sie auch erhielten. Die Einreise in die Schweiz war ihnen zuvor nicht gelungen.[533]

Die Hilfsaktionen für Breitscheid und Hilferding schlugen im letzten Augenblick fehl. Im September 1940 wurden die beiden Sozialdemokraten von der französischen Polizei nach Arles geschickt, wo sie unter Polizeiaufsicht standen. Ein Plan des sogenannten Unitarian Service Committee, sie aus dem unbesetzten Frankreich über Marokko und Martinique in die USA zu bringen, war daran gescheitert, daß sie sich nicht zur Flucht über die spanische Grenze entschließen konnten. Damals wurden viele Flüchtlinge von amerikanischen Helfern auf Schleichwegen nach Spanien gebracht, darunter beispielsweise die Schriftsteller Heinrich Mann, Lion Feuchtwanger und Franz Werfel. Frys Komitee hatte bis zu seiner Ausweisung 1941 aus Frankreich über 600 Flüchtlinge in Sicherheit bringen können, wie seiner Broschüre »602 Lives« (1941) zu entnehmen ist. Brüning hatte sich wegen Hilferding und einigen anderen Emigranten an das Komitee gewandt. Breitscheid fürchtete, mit den gefälschten Papieren bei der Flucht über die Pyrenäen von der spanischen Polizei verhaftet und an Deutschland ausgeliefert zu werden. Hilferding wollte sich vor allem nicht von Breitscheid trennen.

Die beiden Politiker wurden am 11. Februar 1941 auf Grund von § 19 des deutsch-französischen Waffenstillstandsabkommens durch das Vichy-Regime an die Gestapo ausgeliefert, obwohl sie bereits über französische Ausreisevisa verfügt hatten, mit denen sie im Februar das unbesetzte Frankreich verlassen wollten. Wenige Tage später aber wurden die Dokumente für ungültig erklärt. Während Breitscheid mit seiner Frau in das Berliner Gestapo-Gefängnis in der Prinz-Albrecht Straße, später nach Sachsenhausen und schließlich nach Buchenwald gebracht wurde, beging Hilferding am 11. Februar 1941 Selbstmord durch eine Überdosis Veronal. Nach einer anderen Version soll er nach einer Vernehmung aus einem Fenster des Gestapo-Gebäudes in Paris auf die Straße gestürzt sein, nach einer weiteren erhängte er sich einen Tag nach der Auslieferung an die deutschen Behörden in seiner Zelle im Gefängnis La Santé. Seiner Frau Rose gelang schließlich die Flucht in die USA. Breitscheid kam 1944 als »Schutzhäftling« bei einem Luftangriff in Buchenwald ums Leben.[534]

Brüning hatte den Unglücklichen helfen wollen und alles getan, was in seiner Macht stand. Als er Ende Januar 1941 Hilferding telegraphisch mitteilte, die Franzosen, d. h. das Vichy-Regime, hätten (auf amerikanisches Drängen hin) sich bereit erklärt, ihm und dem Ehepaar Breitscheid ein Ausreisevisum zu erteilen, hatte er geglaubt, daß dies gelingen werde. Auch das Geld für die Reise hatte er aufgebracht, obwohl nur ein Teilbetrag an Hilferding weitergeleitet wurde. Er erfuhr erst im September 1941 von dessen Schicksal.[535] Für das Scheitern der detailliert geplanten Rettungsaktion machte er die German Labor Delegation mitverantwortlich. Namentlich nannte er Otto Brauns früheren persönlichen Referenten Herbert Weichmann.[536] Hier ist zu erwähnen, daß Brüning im September 1940 bei Alvin Johnson, Dekan der New School for Social Research in New York, angefragt hatte, ob Hilferding und Breitscheid dort als Dozenten unterkommen könnten. Johnson hatte abgelehnt, indem er ideologische Bedenken gegen Hilferding vorbrachte. Dieser sei weder ein Marxist noch ein Liberaler. Der Dekan, der die »Graduate Faculty«

der New School of Social Research zu einer University in Exile auszubauen versuchte, hatte auch die Qualifikation Breitscheids abgelehnt, unter anderem weil er die Notverordnungen Brünings unterstützt habe.[537]

Der Hilfe für Flüchtlinge widmete Brüning bis in die letzten Kriegsjahre einen beträchtlichen Teil seiner Kraft und seiner Zeit.[538] Wenn er Geld brauchte, konnte er sich an Erwin Brettauer und Jakob Goldschmidt wenden, die ihm im Rahmen ihrer Möglichkeiten halfen. Zu den Amerikanern, die ihm finanziell zur Seite standen, gehörte nicht zuletzt der Bankier Shepard Morgan, den er seit den Reparationsverhandlungen der Weimarer Zeit kannte. Dieser hatte auch das Geld für Rudolf Hilferding gespendet.[539] Zu jenen, denen Brüning zu Unterkunft und Auskommen verhalf, gehörten Rose Hilferding und Paul Scheffer. Die Witwe Hilferdings, der Brüning eine Anstellung in einem Krankenhaus in Boston verschaffte, machte ihn gleichwohl – zu Unrecht – für das tragische Schicksal ihres Mannes mitverantwortlich, so daß das Verhältnis zwischen ihnen vorübergehend getrübt war.[540]

Die deutsche Emigration in den USA

Brünings Verbindung zu Stimson unterstreicht die Tatsache, daß Brüning eine besondere Stellung innerhalb des amerikanischen Exils genoß. Neben den Nobelpreisträgern Albert Einstein und Thomas Mann war Brüning der prominenteste Deutsche unter den zahlreichen Flüchtlingen, die in die USA gelangt waren. Einstein, der 1933 das Reich verlassen hatte, lehrte am Institute for Advanced Studies in Princeton. Thomas Mann lebte wie Brüning seit einem Jahr in den USA. Er hatte zunächst seinen Wohnsitz in Princeton genommen, ehe er sich in Pacific Palisades in Kalifornien niederließ.

Bei aller Distanz zu den Emigrantenorganisationen beobachtete Brüning deren Bestrebungen dennoch aufmerksam. Als der Sozialdemokrat Rudolf Katz, Geschäftsführer der German Labor Delegation und Mitherausgeber der »Neuen Volkszeitung« (Auflage zwischen 10.000 und 15.000), die in New York erschien, Mitte Dezember 1940 bei ihm anfragte, ob er Bedenken habe, Thomas Mann an eine nicht näher bestimmte informelle politische Gruppierung heranzuführen, verneinte er dies. Die German Labor Delegation respektierte Brünings Absicht, sich öffentlich nicht politisch zu äußern, solange die Entscheidung über den Kriegsausgang nicht gefallen war. Man hatte deshalb lange Zeit darauf verzichtet, an ihn heranzutreten.

Katz wußte andererseits, daß der Politiker und der Schriftsteller einander großen Respekt entgegenbrachten und einer Zusammenarbeit nicht von vornherein abgeneigt sein würden. Brüning war anscheinend schon über diese Planungen informiert gewesen und stimmte »selbstverständlich« zu. Er erklärte anerkennend, daß kein Deutscher in Amerika sich so großer Popularität erfreue wie Thomas Mann, erlaubte sich aber zu fragen, welche Auswirkungen dies in Deutschland haben könnte, wenn ein solches Engagement dort bekannt werde.[541]

Seine Bedenken verhehlte er nicht. »Ehe eine solche Gruppe geschaffen wird, muß meines Erachtens eine sehr klare Vorstellung von ihrer Arbeitsweise und ihrer eigentlichen Funktion herausgearbeitet werden. Sonst fürchte ich, daß sie ihr Ziel nicht erreicht.« Es ging ihm um die Frage, wie eine schlagkräftige Exilorganisation mit dem Ziel, zum Sturz Hitlers beizutragen, unter den Bedingungen des Krieges aufgebaut werden könne. Die taktischen und strategischen Aspekte wollte er mit Katz in Kürze vertraulich erörtern. Wahrscheinlich kannte er die Bestrebungen des Schriftstellers, die deutsche Emigration in einer lockeren Organisation zusammenzufassen. »Wenn Sie Leute wie Thomas Mann zum Beitritt auffordern, muß die Tendenz der Gruppe anders sein, als ich dachte, aber das braucht keine unerwünschte Wirkung zu zeitigen, wenn die Ziele des lockeren Zusammenschlusses eindeutig umrissen sind.«[542]

Brüning erkannte, welche Bedeutung ein Engagement des Dichters für die »Gruppe«, aus der am 29. November 1941 auf Betreiben des früheren preußischen Innenministers Albert Grzesinski die »Association of Free Germans Inc.« entstand, haben konnte. Ihr gehörten frühere Mitglieder der demokratischen Parteien, vor allem der Sozialdemokratie, an. Sie war im übrigen als Keimzelle einer neuen Partei gedacht, die rechtsextreme Gruppen von Auslandsdeutschen, das NS-Regime in Deutschland und die von Vansittart betriebene antideutsche Kriegspropaganda bekämpfen sollte. Letzterer hatte im März 1940 in einem amtlichen Schriftstück die Ansicht vertreten, daß »80 % der deutschen Rasse der moralische und politische Abschaum der Welt« seien. Daher sei den Deutschen mit Verträgen und Zugeständnissen nicht beizukommen. »Es gilt sie zu fangen und ihr Rückgrat zu brechen ... sie sind eine Rasse starrköpfiger Aggressoren und wir sollten alles daran setzen, Deutschland aufzuteilen«.[543] Im Überseeprogramm der BBC äußerte er sich ähnlich in sechs Vorträgen im November und Dezember. Die Vorträge erschienen danach auch als Bestseller unter dem Titel »Black Record. Germans Past and Present« (1941) in hoher Auflage. Anknüpfend an die Pressepropaganda Lord Northcliffes (1865-1922) während des Ersten Weltkrieges behauptete er in einem Buch, es gebe keine »besseren Deutsche« beziehungsweise kein »besseres Deutschland« im Gegensatz zum Dritten Reich, indem er sich unter anderem auf Hitlers Behauptung berief, die deutsche Nation hätte 1914 den Krieg gewollt. »The ›better‹ a German is, the more likely he is to join in the war. ›Better‹ Germans are no more pro-British than better Englishmen are pro-German«.[544] Eine Antwort des angesehenen Verlegers Victor Gollancz erschien allerdings bereits im Februar 1942, der den »Vansittartism" kritisierte: ›Shall our Children Live or Die? A Reply to Lord Vansittart on the German Problem.«[545]

Die erwähnte »Gruppe«, die »German Study Group« stand der German Labor Delegation nahe. Letztere bildete einen Ausschuß innerhalb der American Federation of Labor (AFL) unter dem Vorsitz Grzesinskis, der den Exilvorstand der SPD in London vertrat. Auch die Association of Free Germans erfreute sich der Förderung durch den amerikanischen Gewerkschaftsführer William Green und damit der mächtigen Gewerkschaft AFL. Sie verfolgte unter anderem das Ziel, zu gegebener Zeit eine deutsche Exilregierung zu bilden. Sie leugnete allerdings jeden offiziellen Kontakt mit den Regierungen in London und Washington, arbeitete jedoch faktisch mit amerikanischen Regierungsstellen zusammen. Ihre Initiatoren beabsichtigten, aus der Association of Free Germans allmählich eine repräsentative Agentur der deutschen Exilpolitik in Washington zu schaffen.[546] Allerdings vermochte die deutsche politische Emigration es nicht, sich in Washington eine anerkannte Lobby durchzusetzen.[547]

Außer an Brüning dachte man in diesen Kreisen an Persönlichkeiten wie Max Brauer und den früheren preußischen Ministerialdirektor Arnold Brecht, der an der New School of Social Research in New York und in Harvard lehrte. Sie sollten die verschiedenen demokratischen Richtungen des deutschen Exils in den USA vertreten.[548] Brüning war skeptisch gegenüber solchen Plänen, vermied aber jeden Anschein, sie sabotieren zu wollen und beispielsweise in einen Gegensatz zu Thomas Mann zu geraten, der seinerseits Abstand zu den Emigrantengruppen, vor allem den politischen, wahrte. In dieser Haltung zeigte sich eine Gemeinsamkeit zwischen den so unterschiedlichen Persönlichkeiten, auch wenn der Dichter anders als der Politiker der politischen Reife des deutschen Volkes mißtraute; eine weitere bestand in der außerordentlichen Hilfsbereitschaft für bedrängte Landsleute, die sie – je nach ihren Möglichkeiten – übten.[549]

Katz' Anregung, den Präsidenten des Internationalen Gewerkschaftsbundes, Sir Walter Citrine, in die Arbeit der »Gruppe« einzubeziehen, lehnte Brüning nicht ab, meinte aber, daß die Einladung zu einem Gespräch von Citrine ausgehen müsse. Citrine hatte vor dem Krieg freundschaftliche Beziehungen zu dem Sozialdemokraten Julius Leber unterhalten. Brüning warnte davor, seinen eigenen Einfluß und den anderer Emigranten in Deutschland zu überschätzen, und betonte, daß nur ein Teil der deutschen Katholiken sich seiner wohlwollend erinnerte. Als Repräsentant des deutschen politischen Katholizismus könne er in der Emigration nicht auftreten. Denn die meisten offiziellen Autoritäten der katholischen Kirche seien gegen ihn eingestellt, behauptete er, was einer indirekten, einer vorsorglichen Absage an eine persönliche Mitarbeit gleichkam. Nach seinen bisherigen Erfahrungen müsse er damit rechnen, daß jede öffentliche Stellungnahme seinerseits vom deutschen Episkopat abgelehnt werde.[550]

Einige Wochen zuvor waren Gerüchte in Berlin aufgetaucht, nach denen in britischen Regierungskreisen die Bildung einer deutschen Exilregierung erwogen wurde. Ihr sollten angeblich außer Brüning auch Wirth, Treviranus und Rauschning angehören. Goebbels nannte dies einen »dummen, kindischen Plan«, nahm aber die Nachricht insofern ernst, als er es für angezeigt hielt, Nachforschungen darüber anstellen zu lassen, welche Aktivitäten Wirth und Brüning im Ausland entfalteten.[551]

Unverkennbar wollte Brüning seine eigenen Bemühungen, die sich auf Kontakte zu höchsten Regierungsstellen richteten, gegenüber den Emigrantenorganisationen abschirmen. Persönliche Ressentiments dürften nicht entscheidend gewesen sein, wohl auch nicht die Furcht, in den USA als unerwünschter Ausländer betrachtet zu werden, obwohl er mit Sorge eine zunehmend antideutsche Stimmung registrierte. Er wußte sehr wohl, daß Katz Kontakte zu Emigranten suchte, die nicht aus dem linken Lager stammten, und auch ihn an die »Gruppe« heranführen wollte.

Ähnliche Versuche gingen auch von anderen Gruppen aus, etwa der »Frei-Deutschland-Bewegung« oder der »American Guild for German Cultural Freedom«, die von dem Publizisten Hubertus Prinz zu Löwenstein-Wertheim-Freudenberg (1906-1984) begründet worden waren. Letztere gewährte auch bedrängten Emigranten kleinere und größere Stipendien. Der Prinz, der nach seiner Emigration in den USA als Gastprofessor Geschichte lehrte, plante zeitweise eine »freideutsche« Exilregierung mit ehemaligen Ministern und Beamten in Tanganjika. Als ehemaliges

Mitglied des Zentrums und des Reichsbanners war er sehr an einer Zusammenarbeit mit dem ehemaligen Reichskanzler interessiert.

Brüning bemühte sich zwar, »freundschaftliche Beziehungen« zwischen diesen Gruppen zu fördern, und beklagte die politische Zersplitterung der deutschen Emigration, wollte sich aber nicht für fremde Zwecke vereinnahmen lassen. Im übrigen beobachtete er, daß die politischen Emigranten aus den besetzten Ländern, vor allem in London, Ziele verfolgten, die den deutschen Interessen zuwiderliefen. Emigrierte Franzosen, Tschechen und Polen verlangten die Abtretung deutscher Grenzgebiete. Anhänger einer habsburgischen Restauration propagierten eine Aufteilung Deutschlands, während die sozialdemokratische Opposition organisiert in der »Union deutscher sozialistischer Organisationen in Großbritannien« 1941 die Kollektivschuld des deutschen Volkes ablehnte und die Einheit des Reiches in den Grenzen von 1937 bewahren wollte.

Über Mittelsmänner wie den Politologen Fritz Ermarth, Vorsitzender eines »Council for Democracy« in Harvard, versuchte Brüning seinerseits die deutschen Exilgruppen, auch linksorientierte, auf eine gemeinsame politische Linie zu bringen. Ihm schwebte ein gemäßigtes vereinigtes Komitee der deutschen Emigranten in den USA vor, das einen künftigen Friedensvertrag vorbereiten sollte. Er wußte, daß Grzesinski und seine Mitstreiter über einigen Einfluß in Washington verfügten und kannte die verschiedenen Versuche, die bisher unternommen worden waren, eine deutsche »Exilregierung« zu bilden, und hatte erfahren, daß sein Name wiederholt in diesem Zusammenhang genannt worden war. Ein solches Experiment täusche der öffentlichen Meinung eine politische Bedeutung vor, wandte er jedoch ein, die sie in Wirklichkeit nicht habe.[552] Die Verhandlungen Grzesinskis in Washington über eine deutsche Exilregierung wurden mindestens bis 1943 geführt. Als Mitglieder einer solchen Regierung war neben Brüning auch Thomas Mann bis zuletzt im Gespräch gewesen. Dabei war Washington keineswegs daran interessiert, daß der Schriftsteller – im Gegensatz zu Brüning – ein politisches Amt übernahm.[553] Auch auf österreichischer Seite gab es Versuche, eine Exilregierung zu errichten. Sie stießen jedoch in Washington auf Desinteresse.[554] Im Februar 1944 warnte ein Memorandum des Foreign Office davor, daß Brüning, Treviranus und Rauschning potentiell in der Lage seien, die amerikanische Öffentlichkeit zu beeinflussen.[555] Wir wissen, daß Brüning im Frühjahr eine »Peace Aims Group« ins Leben rief, der Persönlichkeiten wie Hamilton F. Armstrong, Calvin B. Hoover, Bruce C. Hopper, William L. Langer, Walter L. Mallory, William L. Shirer und George N. Shuster angehörten. Diese Gruppe erörterte die Fragen der Behandlung und der Zukunft Deutschlands nach der Kapitulation.[556]

Die Schwäche des deutschen Exils

Brüning war sich darüber im klaren, daß die Alliierten politische Initiativen des deutschen Exils – zumindest vorläufig – nicht wünschten, während sie die in London bestehenden Exilregierungen der von Deutschland besetzten Länder als Verbündete betrachteten, obschon deren politisches Gewicht höchst unterschiedlich war. Er fürchtete, eine deutsche Exilregierung werde eine bloße Nachahmung des polnischen und tschechischen Vorbilds darstellen und im Gegensatz zu diesen einen »ziemlich lächerlichen Eindruck« machen. Die deutsche Emigration stellte, wie er in seinen zahlreichen Gesprächen mit führenden Politikern bestätigt fand, weder in Großbritannien noch in den USA einen politischen Verhandlungspartner dar. Alle seine Bemühungen zielten darauf, diesen Status überhaupt erst zu erreichen. Nicht nur die politische Zersplitterung des Exils, auch das Desinteresse der westlichen Regierungen standen der Bildung einer Exilregierung entgegen, die kaum die These, Deutschland sei ein von Nationalsozialisten besetztes Land, glaubwürdig zu machen vermocht hätte.[557]

Nach Brünings Eindruck kamen Bestrebungen, im Ausland eine sogenannte Deutsche Legion zu bilden und mit den Exilgruppen aus den besetzten Ländern, vor allem einer polnischen und tschechischen Exilregierung Vereinbarungen für die Nachkriegszeit zu schließen, nur der Goebbelsschen Propaganda zugute und waren geeignet, die Stimmung für Hitler anzufachen. Die Emigranten aus den besetzten Ländern kämpften für ihre nationale Unabhängigkeit und befänden sich in einer völlig anderen Situation als die deutschen. Andererseits sei es fatal, wenn die britische Kriegspropaganda unter Premierminister Churchill und dessen Informationsminister Duff Cooper jede Hoffnung auf eine glückliche Zukunft Deutschlands zerstöre.[558]

Das Leben der meisten Emigranten aller Nationalitäten schien ihm durch den Umstand charakterisiert zu sein, daß sie von den Gefahren und Leiden des Krieges weit entfernt waren. Das einzige, was sie verbinde, sei der »Haß« untereinander als »tägliches Brot«.[559] Das deutsche Exil hielt er für heillos zerstritten. Dessen einzige Gemeinsamkeit bestehe darin, alles, was in der Vergangenheit getan worden sei, abzulehnen. Die dort herrschenden politischen Vorstellungen von der Zukunft seien uneinheitlich. Man müsse versuchen, meinte er, die Emigranten daran zu hindern, daß sie »sich billig ausländischen Regierungen anbieten und entweder aus Rache oder aus Naivität vorschlagen, Deutschland solle aufgeteilt und verstümmelt werden ...«[560]

So entging ihm nicht, daß Exilpolitiker anderer Nationalität wie Edvard Beneš in London seit langem versuchten, Einfluß auf die Gestaltung der künftigen Grenzverhältnisse zu nehmen. Dieser hatte schon in den zwanziger Jahren, wie er von dem früheren österreichischen Diplomaten Richard Schüller in Harvard hörte, mit Frankreich über eine Umsiedlung der Sudetendeutschen verhandelt. Es war nur folgerichtig, wenn sich Brüning immer skeptisch über die politischen Wirkungsmöglichkeiten von Emigranten äußerte und auch auf historische Erfahrungen zurückgriff. Sie täten im allgemeinen besser daran, »sich der öffentlichen Diskussion fernzuhalten.« »Wenn Hitler gestürzt werden soll, muß es aus dem Innern Deutschlands geschehen. Die Leute, die es unternehmen, sind dann die einzigen, die einen gewissen legitimen Anspruch darauf haben, eine Übergangsregierung zu bilden, bis so etwas wie eine Nationalversammlung einberufen worden ist ...«[561]

In diesem Sinne hatte er sich schon im Frühjahr 1940 gegenüber Frank Ashton-Gwatkin (1889-1976), Counsellor im Foreign Office und Leiter der Wirtschaftsabteilung, ausgesprochen, der ihn um ein Treffen gebeten hatte. Dieser hatte ihn gefragt, welche Regierung in Deutschland nach einem Sturz Hitlers an die Macht käme, was sich auch auf seine eigenen politischen Absichten bezog.[562] In diesem Zusammenhang ist zu erwähnen, daß die Regierung Chamberlain im März 1940 durch

Christie und Philip Conwell-Evans, einem Freund der Brüder Kordt, über die Schweiz der deutschen Militäropposition zum Schein ein auf einige Wochen begrenztes militärisches Stillhalten gegen Deutschland angeboten hatte, wenn es zu einem erfolgreichen Aufstand gegen das NS-Regime komme. Als Verbindungsleute auf deutscher Seite fungierten der ehemalige Reichskanzler Joseph Wirth und ein Angehöriger der deutschen Botschaft in Bern, Hans Ritter, der seit Jahren als Agent für die Briten arbeitete. Andererseits galt Conwell-Evans, einst Lektor für Englisch an der Universität Königsberg, als Sympathisant des Nationalsozialismus. Spätestens bis Mai müsse eine solche Aktion erfolgen, teilte man den Militärs mit. Man verlangte unter anderem, daß auch Göring, der in einigen Widerstandskreisen noch lange als Vermittler galt, einer neuen Regierung in Berlin nicht angehören dürfe. Am 24. Februar hatte Chamberlain im Unterhaus Kompromißbereitschaft unter bestimmten Voraussetzungen angedeutet, solange der »Sitzkrieg« andauerte. In London rechnete man stillschweigend damit, daß die französische Regierung sich dieser Haltung anschließen werde. Das erwähnte fragwürdige Angebot fand jedoch nicht das erwartete Echo auf deutscher Seite. Der Sturz Chamberlains und die Berufung Churchills im Mai 1940 nach dem deutschen Überfall auf Norwegen beendeten diese Episode. Bis zum Frühjahr 1941 war die britische Seite allerdings noch bereit, die Verbindung zur deutschen Opposition nicht ganz abreißen zu lassen.[563]

Den Anstoß für die britische Initiative bildete vielleicht ein Brief, den Wirth am Heiligen Abend 1939 auf Anregung Schairers an Chamberlain gerichtet hatte, in dem er die britische Regierung zu einer festen Haltung gegenüber der Reichsregierung aufgefordert, zugleich aber auch gebeten hatte, ein ermutigendes Signal an die Widerstandsbewegung in Deutschland zu senden. Wirth, Goerdelers Verbindungsmann nach Frankreich, hatte sich darin zum Sprecher der bürgerlichen Opposition gemacht und angedeutet, daß er für eine föderalistische Umgestaltung Deutschlands in einem neugeordneten Europa eintreten wolle. Die Botschaft war durch Ashton-Gwatkin, der sich in London positiv über Wirths Integrität äußerte, weitergeleitet worden. Chamberlain hatte einige der Anregungen Wirths schon am 9. Januar in einer Rede im Mansion House aufgenommen.[564]

Über diese Vorgänge war Brüning nur in Umrissen informiert. Er wollte allen Spekulationen, vor allem über seine eigenen Pläne, den Boden entziehen, d. h. er wollte sich seine persönliche Handlungsfreiheit bewahren, indirekt aber auch der innerdeutschen Widerstandsbewegung, vor allem den Bestrebungen Goerdelers nicht in den Rücken fallen. Goerdeler, Hammerstein und Falkenhausen nannte er vertrauenswürdig, vermied zugleich aber jede Andeutung, was er täte, wenn er im Ernstfall in die Verantwortung genommen würde.

Brüning und viele seiner Schicksalsgenossen in der Emigration glaubten, einem Deutschland nach Hitler durch politischen Rat nützlich sein zu können. Andererseits fürchtete er, daß die Emigranten sich nicht nur in politischen Konflikten gegenseitig lähmen, sondern von den Regierungen der Alliierten für deren Zwecke eingespannt werden könnten. Durch die »Übernahme eines Programmes durch irgendeine dieser Gruppen« könne eine »mögliche Friedensvereinbarung mit dem deutschen Volk beeinträchtigt« werden.[565]

Brüning war sich der weitgehenden Machtlosigkeit des deutschen Exils bewußt, das leicht zum Spielball fremder Interessen werden konnte. Irgendeinen politischen

Einfluß konnte es nur gewinnen, wenn man auf alliierter Seite der Unterstützung der führenden Emigranten bedurfte. Damit war in absehbarer Zeit nicht zu rechnen. So verharrte er gleichsam in einer Art Reservestellung und nahm auch die Kritik an seiner scheinbaren Passivität hin. Entschieden verteidigte er jedoch den sozialdemokratischen früheren Reichsinnenminister Wilhelm Sollmann, den er persönlich sehr schätzte, gegen die Kritik, daß dieser es an öffentlichem Engagement in Amerika fehlen lasse.[566]

Brüning fürchtete, seinen eigenen Einfluß auf die politische Entwicklung, auf die internen Diskussionen im Exil, aber auch auf die US-Administration zu verlieren. Dieses Dilemma war schwer aufzulösen. Brünings Analyse beruhte auf der Einsicht, daß die deutschen Emigranten nicht wie die Flüchtlinge aus den besetzten Ländern in der Rolle potentieller Verbündeter auftreten konnten beziehungsweise, wenn sie es taten, nicht als solche anerkannt wurden. Brünings persönliches Verhalten zielte darauf, dieses Dilemma nicht manifest werden zu lassen. Er war besorgt, daß die deutsche Emigration sich selbst um politischen Einfluß und moralisches Ansehen brachte. »In dem Bestreben, das Naziregime zu stürzen und der amerikanischen Öffentlichkeit zu erklären, daß viele Deutsche in Deutschland und außerhalb ganz gegen das Naziregime sind, könnten sie der amerikanischen Öffentlichkeit so sehr zu gefallen trachten, daß sie sich selbst von jeder denkbaren Einflußnahme auf die künftige politische Entwicklung ausschließen ...«[567]

Die Sorge veranlaßte ihn zu gesteigerter Aktivität[568], trotz aller Bedenken, selbst persönlich hervorzutreten. So verriet er im Februar 1941 Wilhelm Sollmann, er wolle »im äußersten Notfall« eine »öffentliche Erklärung an das deutsche Volk« abgeben, wenn sein allenthalben wahrgenommenes öffentliches »Schweigen« selbst zum Politikum in der amerikanischen Öffentlichkeit werden sollte. Bis zu einem gewissen Grade mochte ihm die Kritik in Exilkreisen an seinem Verhalten willkommen sein, um gegenüber der Gestapo als harmlos zu erscheinen.

Eine öffentliche Äußerung, etwa wenn eine wichtige militärische Entscheidung in Europa gefallen sein sollte, behielt er sich vor, auch wenn er es vorzog, vorläufig im Schweigen zu verharren. In der Öffentlichkeit hatte man gelegentlich auch bemerkt, daß die Nazipropaganda sich ihrerseits gegenüber Brüning im allgemeinen zurückhielt. Eine Erklärung im geeigneten Augenblick, etwa über den Rundfunk, an die deutsche Öffentlichkeit werde nichts mit irgendwelcher Propaganda zu tun haben. Er werde auch nicht »zugunsten irgendeiner Bestrafungsaktion oder eines Bestrafungsfriedens« sprechen, sondern das Gegenteil tun.[569]

Der Primat der Außenpolitik und die Wehrmacht

Äußerst pessimistisch beurteilte er die Folgen der zu erwartenden militärischen Niederlage, die früher oder später eintreten müsse. Wenn sie lange auf sich warten lasse, werde die Wehrmacht jede politische Autorität verlieren, wie dies im letzten Krieg geschehen sei, als das Offizierskorps den Waffenstillstand und den Friedensschluß zivilen Kräften überlassen habe. Dies hieß nicht, den Primat der Politik gegenüber der militärischen Sphäre im Sinne von Clausewitz zu verkennen, für den der politische Zweck des Krieges trotz des von ihm behaupteten Primats »kein despotischer Gesetzgeber« war. Dieser müsse sich vielmehr »der Natur des Mittels fügen« und werde »dadurch oft ganz verändert«. Er sei aber immer das, »was zuerst in Erwägung gezogen werden« müsse. So hatten sich auch Beck und Halder in ihren Warnungen vor dem Kriege zu den Grundsätzen Clausewitzens bekannt. Nach Brüning trug das Heer nach Lage der Dinge nicht nur im Ersten, sondern auch im Zweiten Weltkrieg eine wichtige politische Verantwortung. Das Heer dürfe nicht wieder wie damals politisch im Hintergrund bleiben und jede Verantwortung für die Geschehnisse ablehnen.[570]

Brüning ging es um die Einsicht, daß die Hitler-Diktatur nur mit militärischen Mitteln im Innern oder von außen beseitigt werden konnte und deshalb die politische Verantwortung der obersten militärischen Führer unabweisbar war. Er sei »entschieden nicht willens, an dieser Lösung teilzunehmen«, d. h. er lehnte es ab, als Zivilist später die Verantwortung für die militärische Kapitulation zu übernehmen. Diese Haltung hatte er schon in seiner Kanzlerzeit bewiesen, als er sich dem Führungsanspruch des Militärs, wie ihn Schleicher vertrat, widersetzt hatte. Andererseits konnte von einem Übergewicht des Militärischen in der politischen Führung im Falle Hitlers im Vergleich zur ehemaligen Obersten Heeresleitung nicht die Rede sein.

Brünings Standpunkt beruhte auf den Erfahrungen des Ersten Weltkrieges. Selbst ein Umsturz mit Hilfe Görings zu einem relativ günstigen Zeitpunkt, auf den einige Oppositionelle in Deutschland hofften[571], ein Regimewechsel, der frühzeitig zu einem Waffenstillstand oder sogar noch zu einem Frieden mit dem Westen führte, mußte nach seiner Einschätzung eine – unerwünschte – politische Reaktion im Innern zur Folge haben. Die traditionellen Eliten, die schon vor Hitler politische Verantwortung getragen hätten, waren nach seinem Eindruck nicht imstande, die Führung wieder zu übernehmen, abgesehen davon, daß sie kaum bereit wären, den Ratschlägen der »Verbannten« zu folgen.[572]

Er stimmte mit der Analyse des Soziologen Eric (Erich) Voegelin, seines früheren Harvard-Kollegen, überein, der das Nichtvorhandensein einer funktionstüchtigen Führungsschicht in Deutschland nach dem Ersten Weltkrieg konstatiert hatte. Nach Voegelin war ein großer Teil des konservativ geprägten Bürgertums finanziell und gesellschaftlich durch die Inflation ruiniert worden und entwickelte sich »in seiner ganzen Ideologie proletarisch«.[573]

Indessen stellt sich die Frage, ob Brüning das Denken und die Mentalität der militärischen Elite, deren wichtigste Repräsentanten ihm noch aus der Weimarer Zeit persönlich bekannt waren, richtig einschätzte. Der »Militarismus« der Reichswehr- und hernach der Wehrmachtführung stand seinen Hoffnungen, mit Hilfe des Militärs die Diktatur zu beseitigen und den Rechtsstaat wiederherzustellen, im Wege. Mit Schleicher hatte er sich einst unter anderem deshalb überworfen, weil er die Aufrüstungsfrage, als Problem militärischer Gleichberechtigung deklariert, anderen außenpolitischen Interessen, vor allem der Reparationsfrage untergeordnet hatte. Die konservativ geprägte Reichswehrführung hatte die Linie Schleichers im Sinne eines Milizkonzepts seither weiterverfolgt. Vor allem Reichenau hatte im Zeichen einer »totalen Landesverteidigung« die Hitler-Gegner in der militärischen Führung allmählich entmachtet. Diese Form des »Militarismus« ließ sich nach Ausbruch des

Krieges ohne größere Schwierigkeiten durch die Hitlersche »Blitzkriegs«-Strategie ideologisch gleichschalten und instrumentalisieren, solange diese erfolgreich schien.[574] Mit Hilfe dieser Strategie hatte Hitler bis zum Überfall der Japaner auf Pearl Harbour am 7. Dezember die Gefahr eines »Weltkrieges« gleichsam »unterlaufen« wollen (A. Hillgruber).[575]

Geheime Informationen aus Widerstandskreisen

In seiner Eigenschaft als Hochschullehrer und Vertreter der politischen Wissenschaft scheute sich Brüning keineswegs, in der Öffentlichkeit aufzutreten, und ging auch gesellschaftlichen Kontakten nicht grundsätzlich aus dem Weg. Er schützte gelegentlich vor, sich auf Universitätsvorlesungen beschränken zu müssen, wenn er das Gefühl hatte, man wollte ihn für irgendein Komitee einspannen.[576] Nach außen hin wahrte er die Würde seines Amtes und nahm derartige Einladungen selten an. Sie boten jedoch häufig, wenn er ihnen Folge leistete, eine unverfängliche Gelegenheit, von dritter Seite mit ihm ins Gespräch zu kommen.

Anfang 1941 hielt er eine *Lecture* über die deutsche Kriegführung 1914 und 1940 im »Club« in Harvard und die »Meyer Katz Memorial Lectures« über Abrüstungs- und Sicherheitsfragen nach dem Kriege (»Organization of Europe and the World: Theory and Practice«, Februar 1941) an der Johns Hopkins Universität in Baltimore. Der Vortrag über die deutsche Strategie erschien noch im April in »Foreign Affairs«.[577] Damit kam er nachträglich einem Wunsch Stimsons nach, den er zwei Jahre zuvor nicht hatte erfüllen wollen. Stimson rechnete damals ebenso wie sein Stabschef, General George C. Marshall, im Gegensatz zu Präsident Roosevelt mit einem raschen Sieg der deutschen Truppen über die Rote Armee innerhalb weniger Monate.[578] Bei einem Vortrag Brünings vor der »Brookings Institution« am 6. März 1941 in Washington über »Democratic Reorientation«, der vervielfältigt in Umlauf gesetzt wurde, war unter anderem Unterstaatssekretär Breckinridge Long anwesend, der ihn um eine Unterredung am folgenden Tag bat. Die 1916 begründete »Brookings Institution« widmete sich unter anderem der wissenschaftlichen Politikberatung. Es ging Long um vertrauliche Informationen, die das State Department aus Berlin über die deutsche Kriegswirtschaft, gelegentlich als »Kriegswirtschaft in Friedenszeiten« bezeichnet, erhalten hatte. Das Reich hatte bei Kriegsausbruch trotz aller Bemühungen allenfalls eine Teilautarkie erreicht, blieb aber auf allen wesentlichen Gebieten auf Rohstoffimporte vor allem bei Metallen und auch bei Mineralöl angewiesen.[579]

Die Informationen enthielten Details einer vertraulichen Besprechung Hitlers mit seinen wichtigsten Beratern im Januar 1941 in Berchtesgaden. Der Gewährsmann war der ehemalige Zentrumsabgeordnete Ralph Erwin Respondek (1894-1971), der als Wirtschaftsexperte über gute Beziehungen zur Industrie und zur amerikanischen Botschaft in Berlin verfügte. Diese versorgte er regelmäßig mit geheimen Nachrichten über interne politische Vorgänge.[580] Respondek war im Juli 1932 mit Unterstützung von Brüning und Kaas für Oppeln in den Reichstag gewählt worden. Ihn hatte Brüning zuletzt 1938 in London getroffen. Über Erwin Planck stand Respondek in Verbindung zu dem Kreis um Goerdeler. Er verfügte außerdem über gute Kontakte zum Vatikan und zu Pius XII.

Long legte Brüning ein Bündel Akten vor, deren Herkunft dieser sofort erkannte, da die alle sechs Monate verfaßten Berichte Respondeks seit Sommer 1934 regelmäßig auf verschiedenen Wegen durch Kuriere – auch nach Harvard – in seine Hand gelangt waren. Noch vor seiner Flucht hatte Brüning dafür gesorgt, daß ihn Respondek mit seinen Berichten, die auf Informationen, darunter Statistiken aus der Reichsbank und aus den Ministerien beruhten, auf dem laufenden halten konnte. Er bestätigte deren Herkunft und bezeichnete die Quelle als »100 % korrekt«, räumte aber ein, daß Respondek zum Pessimismus neige.[581]

Im Gegensatz zu Respondek bezweifelte Brüning allerdings, daß die prekäre wehrwirtschaftliche Situation Deutschlands, die er im Gegensatz zu diesem noch negativer bewertete, den Westen zu einer Friedensinitiative veranlassen werde. Respondek hatte ihm früher gelegentlich Kopien seines Informationsdienstes, der offiziell für Kunden in der Industrie bestimmt war, persönlich in Heerlen übergeben. Auch ein Datum für den Überfall auf Polen hatte er ihm mitgeteilt: Es war der 28. August. Bedeutsam war ebenfalls, daß Respondeks Nachrichten die Ansichten von Generaloberst Friedrich Fromm enthielten. Der Chef des Allgemeinen Heeresamtes und des Ersatzheeres stand seit 1938 mit dem Kreis um Beck, Halder und Witzleben in Verbindung, ohne sich jedoch an deren Bestrebungen zu beteiligen.[582]

Vorübergehende Erfolge der Wehrmacht hielt Brüning zu diesem Zeitpunkt immer noch für möglich. Insofern teilte er die Befürchtungen Stimsons. Er meinte, das einzige, was sie definitiv zum Stillstand bringen werde, sei der Mangel an Erdöl, was im Frühjahr 1941 allerdings noch nicht entschieden war.[583] Brüning bestätigte mit seinen Erläuterungen die Zuverlässigkeit eines wichtigen Informanten, des Agenten des State Department mit dem Code-Namen »Ralph«, der mit dem früheren Attaché der amerikanischen Botschaft in Berlin, Sam E. Woods, eng zusammenarbeitete. Von ihm stammte die Information über einen möglichen deutschen Angriff auf die Sowjetunion, den er schon Anfang März 1941 andeutete. Später übergab Brüning dem State Department weitere Berichte mit dem Hinweis, daß diese nicht ohne streng vertrauliches statistisches Material erarbeitet sein konnten.[584]

Die Niederlage Deutschlands stand für Brüning spätestens nach Beginn der Westoffensive fest, obwohl zu diesem Zeitpunkt weder die Vereinigten Staaten noch die Sowjetunion im Kriegszustand mit dem Deutschen Reich waren, so daß er sich zunehmend mit der Frage auseinandersetzte, welches Schicksal Deutschland nach dem Ende der Kampfhandlungen haben werde. Das Problem bestimmte nicht nur seine Haltung gegenüber den unterschiedlichen Gruppen der deutschen Emigration in den beiden angelsächsischen Staaten, sondern auch gegenüber den Exilgruppen aus den besetzten Ländern.

Goerdelers Kontakte

Die Frage nach dem Schicksal Deutschlands stand auch hinter seinen Beziehungen zur militärischen Opposition, die für ihn jetzt wieder an Bedeutung gewannen. Nach Trotts Besuch Ende 1939 hatte er nur noch indirekt Nachrichten aus Deutschland erhalten und seine politischen Aktivitäten hinter einer Fassade vorgeblichen

Schweigens und äußerlicher Zurückgezogenheit verborgen. Eine solche Haltung erwartete er auch von den Hitler-Gegnern in Deutschland. Als er im Frühjahr 1940 durch Ashton-Gwatkin, der ihn in Cambridge besuchte, von Goerdelers Kontakten zu Göring erfuhr, war er entsetzt über die mangelnde Verschwiegenheit und Umsicht.[585] Nach dem Krieg legte er beispielsweise Wert auf die Feststellung, daß er mit Goerdeler nie über Bernhard Letterhaus gesprochen habe, um diesen nicht zu gefährden. Ihn hielt er, wie erwähnt, für eine wichtige Führungspersönlichkeit, auf die man nach dem Ende des Nationalsozialismus nicht verzichten könne.[586]

Ashton-Gwatkin gehörte zu jenen Personen im Foreign Office, die Goerdelers Plänen vor Ausbruch des Krieges einiges Vertrauen entgegen gebracht hatten. Er stand in dem Ruf, in der Sudetenfrage einen Kompromiß vorbereitet zu haben, der jedoch schließlich an Hitler gescheitert war. Goerdeler hatte ihm seine Vorstellungen über die Ziele und Absichten einer deutschen Außenpolitik nach Hitler in einem Memorandum vom 4. Dezember 1938 erläutert. Ashton-Gwatkin war der Urheber jenes erwähnten »half-baked scheme« über Goerdeler als heimlichen Gegenspieler Hitlers, der mit den gemäßigten Kräften in Deutschland in Verbindung stehe, die nur auf eine Gelegenheit warteten, dem Regime ein Ende zu bereiten. Goerdeler hatte von der britischen Regierung Zusicherungen verlangt, daß sie daraus keinen Vorteil ziehen und keine Sanktionen gegen Deutschland verhängen werde. Gegen eine zinslose Großanleihe, die Rückgabe von Kolonien und die Zusage, daß Deutschland in Osteuropa freie Hand haben werde, würde Deutschland Zugeständnisse bei der Abrüstung machen.[587]

Der Counsellor im Foreign Office hatte sich zum Sprecher jener Kräfte in London gemacht, die den Bestrebungen Goerdelers und seiner Freunde eine Chance geben wollten, obwohl dieser die Vorbehalte, die französische, britische und amerikanische Regierungsstellen ihm gegenüber hegten, sonst nicht überwinden konnte. Er war inzwischen auch interner Kritik im Foreign Office ausgesetzt gewesen. Als er sich im Frühjahr 1940 mit Brüning traf, hatte er Zweifel, ob man dem früheren Leipziger Oberbürgermeister vertrauen könne. Ashton-Gwatkin wollte beispielsweise wissen, ob Goerdeler Vansittart absichtlich mit Falschinformationen irregeführt habe. Brüning erklärte sich ohne jeden Vorbehalt mit Goerdeler solidarisch und bezeichnete ihn trotz seiner Irritation über dessen Kontakte zu Berliner Regierungsstellen und anderer Fehler als charakterlich integer. Er räumte allerdings ein, daß er sich nicht wieder mit ihm getroffen hätte, wenn er von dessen Kontakten zu Göring gewußt hätte.[588]

Dieser Vorbehalt war gegenstandslos und nur taktisch gemeint. Auch in Zukunft setzte Brüning noch Hoffnungen auf die Aktivitäten Goerdelers, der im Mai 1941 der britischen Gesandtschaft in Bern einen Friedensplan übermittelte. Im Oktober ließ Brüning Goerdeler wissen, daß er nach wie vor »eine Aktion zur rechten Zeit in der richtigen Form, ohne einen sofortigen psychologischen Zusammenbruch« für richtig hielt.[589] Die Anfrage Ashton-Gwatkins wegen Goerdeler erschien unter anderem deshalb aktuell, weil am 28. Februar 1940 im Daily Telegraph von einem Friedensplan des »Führers« die Rede gewesen war, der in den Grundlinien mit Goerdelers Forderungen übereinstimmte. Hitler hatte den Plan angeblich dem amerikanischen Sonderbeauftragten, Unterstaatssekretär Sumner Welles, wenige Tage vor dessen Besuch in Berlin übermitteln lassen. In Deutschland selbst waren nur amtliche Mitteilungen über die Reise in der Presse erschienen.[590]

Es war nicht auszuschließen, daß die Falschmeldung über Hitlers angeblichen Friedensplan, der auch zwei neutralen Regierungen mitgeteilt und von Mussolini uneingeschränkt gebilligt worden sei, auf Goerdeler oder seine Vertrauensleute zurückging. Tatsächlich versuchte Hitler in diesen Tagen, Mussolini in den Krieg hineinzuziehen. Brünings Bedenken gegen Goerdelers Aktivitäten waren nur teilweise berechtigt. Er übersah, daß Goerdeler, der aus seiner Kritik an einzelnen Erscheinungen des NS-Regimes nie ein Hehl gemacht und auch Hitler nicht selten abweichende Ansichten etwa in seiner Denkschrift zur Währungs- und Wirtschaftspolitik von 1935 vorgetragen hatte, seine Rolle als Verwaltungs- und Wirtschaftsexperte auf unterschiedliche Weise als Fassade zunächst für reformerische Bestrebungen und bald für seine regimefeindlichen Aktivitäten nutzte. Dies galt nicht weniger für seine vielfältigen Auslandskontakte im Auftrage des Industriellen Robert Bosch.

Den Verkehr mit Repräsentanten des Regimes vermied Goerdeler nicht grundsätzlich, um sich nicht unnötig verdächtig zu machen. Er rechnete nicht zu Unrecht auf die internen Spannungen und Gegensätze innerhalb des Partei- und Staatsapparates und hoffte, dies werde ihn vor den Nachstellungen der Gestapo abschirmen. Folgerichtig mied er keineswegs den offiziellen Kontakt mit den deutschen Behörden im Ausland und kalkulierte die Nachstellungen des Sicherheitsdienstes ein, um sich jederzeit rechtfertigen zu können. Selbst das ungeschickt eingefädelte Treffen mit Brüning ließ diese Strategie erkennen, obwohl die Gefahren, die nach Ansicht Brünings damit verbunden gewesen wären, dagegen sprachen.[591] Aus Ashton-Gwatkins Sondierungen schloß Brüning, daß Goerdeler seine Pläne nach Kriegsausbruch weiterhin betrieb und daß die britische Regierung dem einige Aufmerksamkeit schenkte.[592]

Fehleinschätzungen der militärischen Lage

Zur militärischen Lage traute sich Brüning ein Urteil zu, so wenig er den Umstand verkannte, daß es in Spannungs- und Notzeiten »immer zur Verwirrung von Hoffnung und Illusionen« kommen könne. Noch im Mai 1941 hielt er einen Konflikt zwischen Hitler-Deutschland und der Sowjetunion vorerst für unwahrscheinlich, möglicherweise aus wirtschaftlichen Gründen. Zwei Tage vor dem Überfall auf die Sowjetunion kam er zu dem Ergebnis, daß Hitler nicht mehr bis zum nächsten Jahr mit einem Schlag gegen die Sowjetunion warten könne, meinte aber, daß der günstigste Zeitpunkt dafür aus klimatischen Gründen schon vorbei sei. Außerdem erwartete er Nachschubschwierigkeiten der Wehrmacht im Westen im Laufe des nächsten Winters, da die deutsche Logistik überorganisiert und daher unflexibel sei. Die Knappheit an Kriegsmaterial werde die Wehrmacht in den nächsten zwei Jahren freilich noch nicht zur Kapitulation zwingen. Die deutschen Truppen könnten Großbritannien allerdings nur noch durch einen unerwarteten Angriff niederwerfen. Großbritannien seinerseits werde noch zwei Jahre brauchen, um Hitler zu besiegen.[593]

Die Aussichten für einen wesentlichen Einfluß des Exils auf die internen Vorgänge im Reich schätzte er weiterhin höchst pessimistisch ein, einen bloßen Aufruf zum Widerstand hielt er für illusionär, den Erfolg einer Fronde der Wehrmachtführer gegen Hitler vorläufig für aussichtslos. In diesem Sinne äußerte er sich gegenüber Wheeler-Bennett. Es gebe verdeckte und offene Machtkämpfe auf verschiedenen Ebenen des Regimes, ohne daß diese Kräfte über zukunftsweisende Ideen verfügten. »Diese Leute benützen die Flauten zwischen militärischen Siegen, um sehr vorsichtig Skepsis zu verbreiten, aber in Wirklichkeit sind sie Nihilisten.«

Die Wende: Der Krieg mit der Sowjetunion

Bezeichnend für die Stimmungslage Brünings nach dem Überfall Hitlers auf die Sowjetunion war sein Urteil über die sogenannte Atlantik-Charta vom 14. August 1941, die Churchill und Roosevelt auf dem amerikanischen Kreuzer »Augusta« und dem britischen Schlachtschiff »Prince of Wales« in der Placentia-Bucht vor Neufundland verabredeten. Sie wurde zwei Tage später veröffentlicht, ohne daß sie zuvor unterzeichnet oder auch nur paraphiert worden wäre. Das Original existiert lediglich als Korrekturexemplar. Das Dokument, von Churchill entworfen, enthielt Züge einer künftigen Nachkriegsordnung und erkannte unter anderem den unterdrückten Völkern in den besetzten Ländern das Recht auf Selbstbestimmung zu und kündigte zugleich die Errichtung einer neuen Weltwirtschaftsordnung an, die allen Nationen, auch den Besiegten des Krieges, einen gleichberechtigten Zugang zu den Weltmärkten und Rohstoffquellen garantieren sollte. Die sowjetischen Interessen waren in diesem Dokument angesichts der vorübergehenden Schwäche der Roten Armee unberücksichtigt. Nach dem Sieg über die Achsenmächte und deren Abrüstung sollte eine neue Friedensordnung errichtet werden, was Außenminister Cordell Hull am 23. März 1944 noch einmal bekräftigte.[594] Unverkennbar stand hinter diesem Vorschlag unter anderem die Einsicht, daß die Devisenknappheit Deutschlands und dessen Abhängigkeit vom Weltmarkt auch nach einem Ende des NS-Regimes bestehen bleiben würde. Die Rohstoffbewirtschaftung und die Investitionslenkung unter der Ägide Schachts nach dem Gesetz vom 22. März 1932 sollte dieser Problematik Rechnung tragen – freilich im Zeichen eines sich abzeichnenden außenpolitischen Konflikts – und schloß den Übergang zur Kriegswirtschaft ein.[595]

Brüning hielt dieses Programm für allzu vage, um daraus akzeptable Friedensbedingungen für ein Deutschland nach Hitler entnehmen zu können. Ihn bedrückte die Aussicht auf einen Bestrafungsfrieden. Eine deutsche Exilregierung, die nur unter der Voraussetzung von den Alliierten anerkannt würde, daß sie die auf der Charta beruhenden harten Bedingungen annähme, lehnte er ab. Dies liefe, wie er befürchtete, auf eine »noch schlimmere Wiederholung des Versailler Vertrages« hinaus.[596]

Den Gedanke, daß eine deutsche Exilregierung die Aufgabe übernehmen könnte, gegenüber den Alliierten als eine Art »halboffizielle Sammelstelle« eine Milderung der Friedensbedingungen zu erreichen, hielt er für unrealistisch. Folgerichtig mißbilligte er die organisatorischen Vorbereitungen der Gruppen um die Sozialdemokraten Hans Vogel in London und Grzesinski in New York.[597] Der ehemalige Reichskanzler hielt eine solche Institution für illegitim. Nur die Führer des innerdeutschen Widerstandes waren, wie erwähnt, nach seiner Auffassung befugt, mit den Siegermächten zu unterhandeln. Eine Exilorganisation werde nicht frei in ihren Entscheidungen sein und könne von den alliierten Regierungen zu Vereinbarungen und

Festlegungen gedrängt werden, die die endgültigen Vereinbarungen über den Frieden präjudizierten.[598]

Mit dem Angriff der Wehrmacht auf die Sowjetunion, der Churchill sofort zu einem Bündnisangebot an Stalin veranlaßte[599], begann für Brüning der »weltgeschichtliche Zug«: »Unendlich kühn, in der politischen Konsequenz weiter wirkend als alles Bisherige.« Für ihn bedeutete die verhängnisvolle Entscheidung Hitlers den eigentlichen Beginn des Zweiten Weltkrieges.[600] Künftige Historiker würden in dem deutsch-russischen Krieg – er benutzte stets das Wort »russisch« für »sowjetisch« – die letzte Phase in einem Prozeß der Liquidation aller traditionellen außenpolitischen Fehler sehen, was Hitler offenkundig auch anstrebte. Eine heilsame Folge dieser Liquidation werde sein, so führte er in der Zeitschrift »Foreign Affairs« aus, wenn sie zu gesunden internationalen Verhältnissen, zu einem friedlichen Wettstreit innerhalb der Familie der europäischen Nationen führe. Dies sei nur möglich, wenn aus dem gegenwärtigen Krieg nicht ein neuer Nationalismus hervorgehe. Dies hänge freilich davon ab, daß diejenigen, die für den Frieden verantwortlich seien, nur bescheidene, begrenzte Ziele verfolgten.[601]

Brüning war erschüttert, daß Rußland und Deutschland innerhalb von knapp dreißig Jahren zum zweiten Mal gegeneinander zu Felde zogen, obwohl es zuvor, abgesehen von einem kurzen Intermezzo während des Siebenjährigen Krieges, niemals einen ernsthaften Konflikt zwischen ihnen gegeben habe. Selbst im Zeitalter des aufkommenden Nationalismus sei es Deutschland möglich gewesen, die unterschiedlichen Interessen Österreich-Ungarns auf dem Balkan zu koordinieren, was er für eine Spätfolge der Politik der Heiligen Allianz, aber auch für eine Auswirkung der traditionell guten preußisch-russischen Beziehungen seit den Befreiungskriegen hielt. Deutschland und Rußland seien sehr wohl in der Lage, künftig miteinander in Frieden zu leben und wirtschaftlich zusammenzuarbeiten. Selbst während des Ersten Weltkrieges hätte es, so Brüning, zu einem Separatfrieden kommen können, wenn die Führungen beider Seiten besser über die jeweilige Interessenlage informiert gewesen wären. Da Persönlichkeiten wie Bethmann-Hollweg, Graf Hertling und Ludendorff nicht wirklich russische Gebiete erwerben wollten, sei eine Verständigung und die Rettung des Zaren möglich gewesen, wenn sie sich rechtzeitig, d. h. vor der Revolution unter Kerenskij, in diesem Sinne geäußert hätten.

Erinnerung an General Hoffmann

Eine Ahnung der künftigen Entwicklung, die zur Herrschaft der Bolschewisten führte, sprach er Ludendorffs wichtigstem Mitarbeiter und Nachfolger als Chef des Generalstabes beim Oberbefehlshaber Ost, Prinz Leopold von Bayern, General Max Hoffmann (1869-1927)[602], zu. Ihn, mit dem er sich Ende der zwanziger Jahre zweimal zu einem längeren Gespräch getroffen hatte, hielt er für ein »militärisches Genie«, trotz der Vorbehalte, die Groener gegen ihn als Mitarbeiter Ludendorffs gehegt hatte. Hoffmann habe bis zu seinem Tode geglaubt, Europa könne nicht konsolidiert werden, solange das bolschewistische System in Rußland nicht gestürzt sei und dort wieder stabile Verhältnisse herrschten. Hoffmann hatte als Vertreter der Obersten Heeresleitung wesentlichen Anteil an den Verhandlungen von Brest-Litowsk gehabt und kurze Zeit eine wichtige politische und militärische Rolle in der Ukraine gespielt. Brüning erinnerte daran, daß Hoffmann noch 1921 die Ansicht vertreten hatte, dieses Ziel könne nur durch einen Kreuzzug gegen das bolschewistische Rußland erreicht werden. Nur ein vereinigtes Europa, nicht Deutschland allein, sei demnach in der Lage, dieses Problem zu lösen.[603]

Die Berufung auf Hoffmann, dem Lenin im März 1918 zugetraut hatte, er werde Leningrad und Moskau in absehbarer Zeit nehmen[604], war problematisch, legte sie doch den Gedanken nahe, daß Hitlers Rußlandfeldzug letztlich ein falsches Ziel verfolge. Sie wird verständlich, wenn man berücksichtigt, daß Frankreich 1932 gegenüber Deutschland ein antibolschewistisches Bündnis propagiert hatte, das Brüning allerdings wegen der deutschen Gleichberechtigungsforderung abgelehnt hatte.[605] Andererseits ist nicht ersichtlich, warum Brüning sich auf Hoffmann bezog, da er behauptete, niemals an die Möglichkeit geglaubt zu haben, »ganz Europa zu einem gemeinsamen Feldzug zusammenzufassen, um die Bolschewistenherrschaft in Rußland zu stürzen«. Die relative Stärke Deutschlands vor 1933 habe darin bestanden, daß sowohl die westlichen Alliierten des Ersten Weltkrieges als auch die Sowjetunion jeweils verhindern wollten, daß das Reich unter den Einfluß der jeweils anderen Seite geriete.[606] Dem ist zu entnehmen, daß Brüning das Hoffmannsche Argument aus taktischen Gründen benutzte, um anzudeuten, daß die Sowjetunion auch nach einem gemeinsamen Sieg über Hitler auf die Dauer ein Feind des Westens sein werde. Damit befand er sich im Gegensatz etwa zu dem einflußreichen Publizisten Walter Lippmann (1889-1974), der die Ansicht vertrat, daß die »Atlantic community« und die Sowjetunion ein gemeinsames Interesse an einer konfliktfreien europäischen Ordnung hätten.[607] Auf der anderen Seite teilten Bruce Hopper und DeWitt Clinton Poole, die für das OSS arbeiteten, seinen Standpunkt in dieser Frage.[608] Hier ist daran zu erinnern, daß einige der westlich orientierten Verschwörer des 20. Juli 1944 in ihrem politischen Denken von Hoffmann beeinflußt waren.[609] Ein solches Argument wies der ehemalige britische Innenminister Sir Samuel Hoare am 25. Februar 1943 entschieden zurück. Er leugnete jede Bedrohung Europas durch Rußland nach dem Ende des Krieges und prophezeite, daß Großbritannien die »kraftvollste Militärmacht auf dem Kontinent« sein werde.[610]

Nach Brünings Ansicht waren die deutschen Truppen allenfalls in der Lage, die Rote Armee zu besiegen, jedoch nicht, sich in Rußland auf Dauer zu halten. Sie wüßten letztlich nicht, welche Aufgabe sie dort hätten. Zwischen beiden Ländern stünden Polen und die baltischen Staaten, was zwangsläufig neue Konflikte zwischen ihnen heraufbeschwören müsse. Der Friede von Brest-Litowsk habe für beide Seiten instabile Verhältnisse geschaffen. Der Versuch Deutschlands, das polnische Königreich wenige Monate vor Kriegsende wiederherzustellen, habe sich zum Nachteil für Deutschland ausgewirkt und in Konsequenz des Versailler Vertrages zu einem beträchtlichen Verlust deutscher Gebiete an Polen geführt.

Die Folge sei der Rapallo-Vertrag gewesen, der Vorläufer eines zunächst auf fünf Jahre abgeschlossenen Neutralitätsvertrages, des Berliner Vertrages von 1926. Der Vertrag habe Deutschland aus Gründen der *raison d'état* wieder an die Seite Rußlands geführt. Im Hinblick auf das Verhältnis zum Osten hätten sich in den zwanziger Jahren drei Denkschulen ausgebildet. Eine habe bei aller Feindschaft gegen den Bolschewismus aus politischen und ökonomischen Gründen eine deutsch-russische

Freundschaft propagiert. Eine zweite, die viele Jahre von General Hoffmann angeführt worden sei, habe beabsichtigt, Rußland mit Hilfe einer europäischen Expedition von der bolschewistischen Herrschaft zu befreien und dort ein konstitutionelles Regime zu errichten. Die dritte Richtung habe eine Verständigung mit Polen angestrebt ohne jede aggressive Absicht gegen Rußland.[611]

Diese letztgenannte Richtung habe die deutsche Außenpolitik zwischen 1930 und 1933, also auch in seiner eigenen Regierungszeit beeinflußt. In dieser Zeit hätte sich die Situation durch das Verhalten Rußlands ständig verändert. Rußland habe eine Verständigung zwischen Frankreich und Japan befürchtet, an der sich auch Polen beteiligt hätte. Das Ergebnis sei der Vorschlag eines Nichtangriffspaktes zwischen Rußland und Polen gewesen, das seinerseits die Ratifikation von einem Pakt zwischen Rußland und seinem Verbündeten Rumänien abhängig machen wollte. Rumänien wiederum habe zuvor von Rußland einen Verzicht auf Bessarabien verlangt, so daß der ganze Vertrag nicht zustande kam. Andererseits sei er seinerzeit als Reichskanzler nicht bereit gewesen, den Berliner Vertrag von 1926 für weitere fünf Jahre zu erneuern. Statt dessen sei er nur für zwei Jahre verlängert worden. Danach hätte er durch einen Vertrag zwischen Deutschland und Polen ersetzt werden können, was jedoch von einem Teil der Reichswehr abgelehnt worden sei.

Diese Option, so Brüning, sei weder von Papen noch von Schleicher und auch nicht von Hitler aufgegeben worden. Letzterer habe vorübergehend mit den Ideen Hoffmanns sympathisiert, sie jedoch nur in der verkürzten Form kennengelernt, in der sie ihm von Ludendorff vermittelt worden seien. Als Hitler zum Reichskanzler ernannt wurde, sei die Erneuerung des Berliner Vertrages noch nicht ratifiziert gewesen. Angeblich hatte ihn die Reichswehr gezwungen, dies zu tun. Auf jeden Fall habe er den Vertrag nur mit innerem Vorbehalt akzeptiert. Angesichts der militärischen Drohungen Piłsudskis gegen das Reich habe sich Hitler entschlossen, einen zehnjährigen Garantievertrag über die gemeinsame Grenze zu schließen, was den Deutschen als doppelte Niederlage erschienen sei. Doch habe sich niemand im In- und Ausland vorstellen können, daß Hitler nicht gesonnen war, sich an die Vereinbarung zu halten.

Ebenso wie Hitler habe auch Stalin 1933 den Berliner Vertrag mit Hintergedanken verlängert und sei bereit gewesen, in den nächsten vier Jahren 500 Millionen Dollar zurückzuzahlen, die ihm in mittelfristigen Krediten der deutschen Industrie für gelieferte Güter zugute gekommen und von der Reichsregierung durch Bürgschaften abgesichert worden waren. Hitler und Stalin hätten die ganze Welt in einer unglaublichen Komödie mit ihrer Propaganda überzogen, während ihre Armeen friedlich zusammenarbeiteten, was gelegentlich zu Irritationen bei ausländischen Regierungen geführt habe. Tatsächlich war, was Brüning nicht erwähnte, auch die geheime Zusammenarbeit zwischen der Reichswehr und der Roten Armee nach 1933 allmählich ausgelaufen. Brüning war spätestens seit 1931 eingehend über diese Zusammenarbeit und die entsprechende außenpolitische Sprachregelung unterrichtet gewesen. Es verwunderte ihn nicht, daß die beiden totalitären Regime ihre ideologischen Gegensätze vorübergehend als nachrangig betrachteten.[612] Die Wirtschaftsbeziehungen wurden durch die Vereinbarung vom 9. April 1935 neu geregelt, ohne daß diese allerdings bis zum sogenannten Hitler-Stalin-Pakt einen nennenswerten Umfang erreichten.[613]

Nach Brüning bestätigten sich die meisten Einsichten Hoffmanns und anderer Analytiker in den Charakter des sowjetischen Systems. Die Stabilität Europas sei nicht zu erreichen, solange die Russen ihre doppelgleisige Politik fortsetzten, also einerseits eine Politik zuverlässiger zwischenstaatlicher Vereinbarungen betrieben, andererseits aber seit der Revolution stets darauf aus waren, innere Unruhen in jenen Ländern anzuzetteln, mit denen die Moskauer Regierung korrekte diplomatische Beziehungen unterhielt. Diese Methode sei charakteristisch für totalitäre Regime. Lediglich Mussolini sei ihr bisher nicht gefolgt, entweder weil er dazu nicht fähig sei oder er es nicht wolle.

Dagegen hätten Bolschewiken und Nazis alle anderen Länder in innere Konflikte zu stürzen versucht. Sie seien imstande, »den traditionellen Nationalismus jener Länder zu schwächen oder zu stärken, indem sie deren Aufmerksamkeit und Leidenschaft auf eine einzige Alternative – Faschismus oder Bolschewismus – « richteten. Dies habe Hitler und Stalin nicht davon abgehalten, von Zeit zu Zeit aus taktischen Gründen miteinander gegen die gemäßigten politischen Kräfte zu paktieren. Stalin habe mit Hilfe der KPD den Aufstieg Hitlers gefördert. Danach habe er die Volksfronttaktik der Kommunisten in Spanien und Frankreich befohlen. Hitler hingegen, der sich bis dahin gehütet hatte, die österreichische Regierung unter Druck zu setzen, habe kurz danach begonnen, den Nationalsozialismus zum »Exportartikel« zu machen – unter Anspielung auf ein Wort Mussolinis, der Faschismus sei nichts dergleichen.

Brünings Überzeugung zufolge gehorchten Kommunisten und Nationalsozialisten in den einzelnen Ländern unbedingt den Befehlen ihrer jeweiligen »Hohenpriester« in Berlin und Moskau. Überall denunzierten sich Geheimagenten Hitlers und Stalins gegenseitig bei der Polizei. Sie arbeiteten zusammen, wenn es darum gehe, anders gesinnte Exilanten zu bekämpfen. Nach Brüning erschienen sogar Anti-Nazi-Bücher aus der Feder kommunistischer Agenten, die mit echten oder gefälschten Informationen die wirklichen Gegner des NS-Regimes in Mißkredit zu bringen suchten. Nazis hingegen spielten sich als Salon-Bolschewisten auf, äußerten sich verächtlich über Hitlers Pläne und deuteten an, über geheime Informationen zu verfügen, um ausländische Regierungen irrezuführen. Stalin versuche durch angeblich liberale Verfassungsreformen den Eindruck größerer Toleranz zu erwecken. Hitler trete sogar als Verteidiger des Katholizismus gegen den Bolschewismus auf.

Das Spiel der beiden Diktatoren sei durch den moralischen Verfall Europas nach dem Ersten Weltkrieg begünstigt worden. In jedem Land habe es den liberalen Kräften an Mut gefehlt, offen gegen Nazis und Kommunisten aufzutreten und dabei Leben und Existenz zu riskieren. Um der Sicherheit willen seien sie bereit gewesen, ihre Freiheit aufzugeben. Überall sei der Patriotismus zwischen den beiden entgegengesetzten extremen Ideologien zerrieben worden. Brüning berief sich auf Hoffmann, der mit Recht prophezeit habe, daß alle traditionellen Moralbegriffe in der Politik untergraben würden, wenn man den Bolschewiken erlaube, Rußland zu beherrschen.

Die Diktatoren hätten die Welt verdorben. Jeder von ihnen habe versucht, die Situation für sich auszunützen und habe auf Zeit gespielt. Stalin sei mit dieser Taktik erfolgreicher als Hitler gewesen, weil er gewartet habe, bis Hitler seine expansionistischen Pläne ins Werk gesetzt hatte. Hitler hingegen habe nach einem Zeitplan handeln müssen. Wenn er nicht vor 1941 den entscheidenden militärischen Schlag hätte führen können, wären die anderen europäischen Mächte in der Lage gewesen, langsam ihre eigenen Rüstungen so weit voranzubringen, daß er das Risiko des Angriffs nicht mehr hätte eingehen können. Die deutsche Aufrüstung habe mit ausländischer Unterstützung begonnen und sei dann unter den Bedingungen eines totalitären Regimes beschleunigt worden. Der Höhepunkt sei 1940 erreicht worden. Da diese Anstrengungen der Gegenseite nicht unbekannt waren, seien sie zu einem Zeitpunkt von England und Frankreich übertroffen worden, als die deutsche Produktivität auf militärischem Gebiet bereits nachgelassen habe.

Für Stalins Pläne seien die Erfolgsaussichten weniger günstig gewesen. Er hätte erst im Jahre 1943 den Höhepunkt seiner Rüstungen erreichen können, vorausgesetzt, daß die vertragsmäßigen Lieferungen von kriegswichtigen Gütern aus Deutschland weitergegangen wären. Um die Rüstungsproduktion aufrechtzuerhalten und die Erfüllung des Dritten Fünfjahrplanes zu sichern, habe er rechtzeitig die fälligen Raten für die eingeräumten Kredite zurückgezahlt und Öl und kriegswichtige Metallegierungen an Deutschland geliefert. Zugleich habe er, um seine eigenen militärischen Aktionen vorbereiten zu können, Hitlers Aufrüstung fördern und diesen veranlassen müssen, seine Kräfte in Konflikten zu verbrauchen, an denen er sich selbst nicht beteiligte. Im Frühjahr 1939 habe sich diese Taktik bewährt. Hitler habe Polen ursprünglich schon im Mai oder Juni überfallen wollen, ohne zuvor eine Interessengemeinschaft mit Stalin auf Kosten Polens einzugehen. Es sei fraglich, ob Hitler davon durch die kurz danach erfolgte englisch-französische Garantie für Polen abgehalten oder ob seine Verwegenheit durch die Generalität gedämpft worden sei.[614]

Betrachtungen über Stalins Strategie

Brünings Hoffnungen auf ein Einschreiten des Militärs gegen die Entscheidungen Hitlers, die sich so oft als trügerisch erwiesen hatten, sind auch in dieser Lageanalyse erkennbar. Für den Nichteingeweihten, so schrieb er, bleibe die Rolle, die erfahrene Heerführer in den totalitären Ländern spielten, ein Rätsel. »Zwischen dem Polenfeldzug und der Schlacht um Frankreich schien es nicht, daß die deutschen Generäle in irgendeinem Sinne optimistisch gewesen seien. Der Erfolg in Frankreich muß sie wirklich überrascht haben. Jetzt ist es offenkundig, daß sie ihren raschen Vormarsch kaum eine Woche länger hätten fortsetzen können.« Groeners Warnung vor einer Erschöpfung von Menschen und Material habe sich bewahrheitet.

Es sei zu vermuten, daß die Wehrmacht nach der britisch-französischen Garantie eine Invasion Polens nicht habe riskieren wollen, ohne zu wissen, wie die Russen reagieren würden. Wenn sich die führenden Militärs einig seien, könnten sie selbst unter einem totalitären Regime Entscheidungen verzögern oder in ihrem Charakter verändern, nicht jedoch völlig verhindern, wenn der Diktator zum Handeln entschlossen sei. Das Schicksal Badoglios, Grazianis, Fritschs, Becks und einiger russischer Generäle habe dies gezeigt. Sie fürchteten, daß sie in der Stunde der Gefahr durch andere, weniger fähige Personen ersetzt würden. Einige von Hitlers Entscheidungen, etwa die, sich mit Rußland über Polen zu verständigen, seien nur durch den

Druck von seiten des Militärs zu erklären. Der deutsche Generalstab sei keineswegs für einen Feldzug gegen Rußland gewesen, teilweise wegen der alten Beziehungen der Reichswehr zur Roten Armee. Für die Generäle müsse die gleichzeitige Eröffnung mehrerer Fronten Selbstmord der Wehrmacht bedeutet haben.

Für die deutschen Generäle ebenso wie für viele andere Beobachter war die englisch-französische Garantie für Polen, Rumänien und Griechenland nicht ohne irgendeine Verständigung mit Rußland zustande gekommen. Immerhin habe sich Stalin in der Rolle des von beiden Seiten Umworbenen befunden. Wenn die Alliierten auf die Garantie für Polen und Rumänien verzichtet, aber beim Angriff Hitlers im Osten ihre Truppen sofort voll mobilisiert hätten, hätten sie, so glaubte Brüning, wahrscheinlich einen Konflikt zwischen Hitler und Stalin provoziert. Die Garantie sei verhängnisvoll gewesen und habe den beiden unglücklichen Ländern nicht helfen können. Die Verständigung zwischen Hitler und Stalin ließ der polnischen Armee angesichts der Fehler und Eitelkeiten des Obersten Józef Beck nach Brüning nur den Ausweg, sich zu opfern. Polen sei durch den Kampf an zwei Fronten überfordert gewesen. Beck hatte als Staatssekretär unter Zaleski am 25. Juli 1932 den polnisch-sowjetischen Nichtangriffspakt abgeschlossen und im Auftrag Piłsudskis die deutsche Forderung nach militärischer »Gleichberechtigung« entschieden bekämpft. Im November desselben Jahres hatte er Zaleski als Außenminister abgelöst.[615]

Brüning fragte sich, ob Stalin die Folgen seines Bündnisses mit Hitler zu ermessen vermochte. Von 1936 bis vor kurzem sei es üblich gewesen, alle europäischen Staatsmänner für Narren zu halten. Dagegen sei in den Jahren 1929 bis 1936 jedes Wort in den leeren Resolutionen von Genf als Ausfluß von Weisheit und konstruktiver Voraussicht aufgenommen worden. Stalin müsse man die Überlegung zugute halten, daß Deutschland einen langwierigen, vielleicht aussichtslosen Kampf im Westen führen müsse. So hätte er im Gefolge seiner eigenen Rüstungsanstrengungen zum wirklichen Herrn Europas werden können.

Andererseits warf Brüning Stalin mangelnde strategische Vorstellungskraft vor. Einerseits bot die neue Westgrenze Rußlands nach seiner Ansicht eine ideale Ausgangsbasis für einen Angriff auf Deutschland. Andererseits bedeutete sie, falls Deutschland der Angreifer war, ein Danaergeschenk. Vielleicht erkannte Stalin, meinte Brüning, dies nach der Niederlage Frankreichs. Wenn Molotow im Herbst 1940 die Ausweitung des sowjetischen Territoriums in Richtung Finnland und Rumänien verlangt hätte, wie dies Hitler behauptete, dann wäre die Verteidigungsposition des Landes wesentlich günstiger gewesen. Mit der Herrschaft über die Moldau-Republik als Operationsbasis wäre Stalin in der Lage gewesen, Hitler daran zu hindern, sich Rumäniens zu bemächtigen. Schließlich hätte er die Karte des Panslawismus ausspielen können, um Hitler auf dem Balkan in eine schwierige Lage zu bringen. Hitler wäre von kriegswichtigem Material, etwa dem rumänischen Öl, abgeschnitten gewesen. Damit hätte Stalin ihn sogar um die Chance eines erfolgreichen Rußlandfeldzuges bringen können.

Nach historischer Erfahrung hätten Kalkulationen über das höchste Maß an Vorbereitung und den günstigsten Zeitpunkt eines Angriffs häufig zu dramatischen Explosionen geführt. 1914 sei die deutsche Militärmaschine weit davon entfernt gewesen, für jeden Krieg, der mehr als nur einige Monate gedauert hätte, einsatzfähig zu sein. Dagegen habe Rußland damals den höchsten Grad an Einsatzbereitschaft erreicht gehabt, weshalb einige seiner Generäle angeblich sofort losschlagen wollten. Dies habe sich nun wiederholt. Wenn eine Seite Vorbereitungen treffe, dann tue es die andere auch. Kühle und weitsichtige Betrachtungen seien in einer solchen Situation unmöglich. Diejenigen, die von einem unerbittlichen Zeitplan besessen seien, setzten sich selbst so lange unter Druck, bis alle anderen Erwägungen und Berechnungen in den Hintergrund getreten seien.

Es sei anzunehmen, daß Stalin vorübergehende Zugeständnisse gemacht haben würde im Hinblick auf Ölvorräte, Getreide und anderes Material, die für Hitler von vitalem Interesse waren, wenn er dafür die Verschiebung des deutschen Angriffs auch nur um sechs Wochen, bis Mitte August hätte erreichen können. Dann hätte er die Ernte in der Ukraine und seine wichtigsten Industrien retten, alle möglichen Reserven mobilisieren und Hitler an oder hinter der Stalin-Linie aufhalten können, ohne katastrophale Verluste an Menschen und Material zu erleiden. Aber Hitler sei durch seinen Zeitplan gezwungen gewesen, sofort loszuschlagen, wenn er unter der zweifachen Drohung der ständig zunehmenden Kräfte Rußlands und Großbritanniens überleben wollte, nachdem er feststellen mußte, daß er mit Churchill nicht zu einer Verständigung kommen konnte. Es sei zu spät dafür gewesen, auf Hoffmanns Plan von 1923[616] zurückzugreifen und ganz Europa dazu zu bringen, den Kampf gegen den Bolschewismus, nicht gegen das russische Volk, aufzunehmen.

Es sei nicht zu bezweifeln, daß zumindest einige der bedeutendsten deutschen Militärs Hitler zu überzeugen versucht hätten, daß Rußland nicht so ein leichter Gegner wie Frankreich sei. Außerdem werde ein zwei Jahre dauernder Krieg mit Rußland die Aussichten verringern, England niederzuwerfen. Churchill werde sich »natürlich« mit Stalin verbünden, abgesehen davon, daß der Stand der Rüstungen in Großbritannien und den USA mit großer Geschwindigkeit ihrem Höhepunkt zustrebe. Die deutschen Heerführer scheuten offensichtlich eine Invasion Englands, was daraus zu schließen sei, daß nach dem Ende der Schlacht um Frankreich keinerlei Vorbereitungen dafür getroffen worden waren. Die Elite der Generalstabsoffiziere sei nicht so einfältig, wie Lloyd George und einige seiner Anhänger annähmen. Brüning berief sich auf den englischen General Archibald Wavell (1883-1950), der in seinen berühmten »Lees Knowles Lectures« gezeigt habe, daß das Verständnis der Probleme von Nachschub und Moral für einen großen Generalstabsoffizier ebenso wichtig sei wie die strategische Begabung.

Nirgendwo hätten Nachschub und Transport eine solche Bedeutung wie in Rußland. Dies gelte vor allem im modernen mechanisierten Krieg. Für große Vorstöße brauchten Panzerdivisionen eine spezielle Bodenbeschaffenheit und wenigstens zweitklassige Straßen. Sümpfe, undurchdringliche Wälder und tiefer Schlamm seien die hauptsächlichen Gegner. Nach jedem langen und schnellen Vormarsch müßten Flugplätze gebaut werden.

Ohne Flugzeugaufklärung und Stuka-Angriffe könnten Panzerdivisionen ihre Aufgabe in vorgeschobener Position nicht erfüllen, wie dies einst die Kavallerie Friedrichs des Großen und anderer Heerführer vermocht habe. Alle mechanisierten Fahrzeuge müßten nicht nur regelmäßig repariert, sondern wenigstens alle zwei Monate überholt werden. Nicht zuletzt brauche die Infanterie Straßen und Versorgungsbasen, um den Panzerdivisionen über lange Entfernungen hin folgen zu können. Nach wie vor sei in Rußland wie auch anderswo die Infanterie der entscheidende militärische Faktor.

Doch könnten weder Panzer- noch Infanteriedivisionen mehr als achtzig oder hundert Meilen über den letzten wichtigen Eisenbahnstützpunkt vorrücken. Dieses Faktum habe sich im letzten Krieg bestätigt. Aber in Rußland bedeute dies tagelang darauf zu warten, bis die Eisenbahn auf die Standard-Spurweite eingestellt sei. Während des Krieges habe General Groener alles getan, um dieses Problem zu lösen. Die Weite des Raumes und seine Topographie machten jede Invasion Rußlands in jedem Fall zu einem gefährlichen Risiko.

Den Vergleich zwischen Napoleons und Hitlers Rußlandfeldzug, der in der zeitgenössischen Publizistik vielfach gezogen wurde, hielt auch Brüning für angebracht. Er erinnerte daran, daß Clausewitz sehr oft zitiert, aber wenig gelesen und häufig mißverstanden werde. Dieser habe vergeblich Napoleons Genie zu verteidigen und die realen Gründe für dessen Niederlage zu erklären versucht. Die Zerstörung Moskaus und die Katastrophe beim Übergang über die Beresina auf dem Rückzug seien eher zufällig gewesen.[617]

Rußland werde nur dann rasch um Frieden nachsuchen, wenn es entscheidend geschlagen sei. Es gebe keine Alternative zu einem vollständigen Sieg. Letzteres sei für Napoleon nicht möglich gewesen, weil er nicht über ausreichend Truppen und Nachschub verfügt habe. Statt dessen habe er *va banque* gespielt. Er habe gehofft, mit dem Sieg über die russische Hauptarmee vor Moskau und der Eroberung der Stadt den Zaren zu Friedensverhandlungen nötigen zu können. Darin habe er sich getäuscht. Die Russen seien ratlos gewesen und hätten das Spiel, das nur ein zweiter Napoleon hätte spielen können, nicht begonnen. Napoleons Unternehmung hätte in jedem Falle in einem Debakel geendet. Denn in Moskau zu bleiben, selbst wenn es nicht in Brand gesetzt worden wäre, hätte keinerlei Folgen für den Ausgang des Krieges gehabt.

Eine andere Möglichkeit, die Russen zu besiegen, bestehe darin, sie zunächst nach Westen vorstoßen zu lassen und sie dann entscheidend westlich der Beresina und des Dnjepr zu schlagen. Schon Schlieffen habe dies als Grundlage einer jeden Operation gegen Rußland betrachtet. Nach diesem Prinzip sei der Sieg von Tannenberg (26.-30. August 1914) erfochten worden. Dieser sei jedoch nur ein Teilerfolg gewesen. Eine wirkliche Chance, den russischen Widerstand zu brechen, habe im November 1914 bestanden, als die sogenannte »Hindenburg-Rochade« eingeleitet wurde. Die deutschen und die österreichischen Truppen hätten sich damals bis zum Gipfel der Karpaten, auf die Höhe von Krakau und der schlesischen Grenze zurückgezogen. Zur selben Zeit seien einige Divisionen heimlich hinter den Linien vom Süden nach dem Norden verlegt worden, um die Hauptmasse der russischen Kräfte von Warschau abzuhalten und sie durch einen plötzlichen Angriff von Nordwesten gegen die Karpaten zu drängen.

Laut Brüning behaupteten Hoffmann, Willisen und andere Generalstabsoffiziere, daß dieses große strategische Manöver seinen Zweck nur hätte erreichen können, wenn die deutschen Truppen vorübergehend Schlesien verlassen und sich in die böhmisch-schlesische Bergregion zurückgezogen hätten. So wäre ein großräumiges Gebiet zwischen Warschau und der Rückseite der russischen Linien für eine »Vernichtungsschlacht« gewonnen worden. Allerdings habe sich Hindenburg aus sentimentalen Gründen geweigert, Schlesien auch nur zeitweise zu räumen.

Das Manöver sei von einer jener großartigen Heldentaten in der Militärgeschichte, der Schlacht von Brzeziny gekrönt gewesen, die ein junger Hauptmann des Generalstabes vollbracht habe. Ein zweiter Anlauf hätte auf die beiden Flanken des russischen Heeres vom Süden entweder von Galizien oder von der Bukowina her und vom Norden zwischen Grodno und Wilna erfolgen müssen um sie dann in Richtung der Beresina und der Pripjet-Sümpfe abdrängen zu können. Indessen sei das Manöver nur vorsichtig und halbherzig ausgeführt worden, weil General von Falkenhayn nicht bereit gewesen sei, alles in einem einzigen Schlag gegen Rußland zu riskieren.

Dieses letzte Manöver habe den Mitgliedern des Generalstabes, die für den gegenwärtigen Feldzug verantwortlich seien, deutlich vor Augen gestanden. Allerdings hätten die erwähnten Transportbedingungen und die topographischen Verhältnisse nur wenige strategische Möglichkeiten gelassen. So habe die neue Grenze, wie sie im deutsch-russischen Vertrag vom August 1939 gezogen worden sei, dazu geführt, daß die Ziele der hauptsächlichen Vormarschwege Leningrad, Moskau und Kiew sein mußten, wie dies schon bei Napoleon der Fall gewesen war.

Der Rußlandfeldzug

In beiden Fällen sei der stärkste Stoß in der Mitte geführt worden und zwar in der Richtung Wilna – Smolensk – Moskau. Dies habe ein taktisches Zusammenwirken zwischen der schwächeren Heeresgruppe Nord unter v. Leeb und der stärkeren Heeresgruppe Mitte unter v. Bock ermöglicht. Die nördliche Heeresgruppe habe vor allem die Aufgabe gehabt, die russischen Truppen von den baltischen Staaten fern- und die verbleibenden russischen Kräfte im Norden von Leningrad zurückzuhalten. Sie sei in einer Position, in der sie sich mit der Heeresgruppe Mitte vor Moskau vereinigen könne. Die neue Grenze von 1939 habe die besten Voraussetzungen für die Vereinigung der beiden Heeresgruppen geschaffen. Brüning erkannte, daß die Heeresgruppe Mitte als stärkste deutsche Heeresgruppe bis zum Beginn der sowjetischen Sommeroffensive vom 22. Juni 1944 eine größere taktische Bewegungsfreiheit bewahren konnte als die beiden benachbarten im Norden und Süden. Von dieser Offensive waren 28 deutsche Divisionen mit 350.000 Mann betroffen. Der Durchbruch der Roten Armee führte zu einem Loch in der deutschen Front von etwa 300 Kilometern Breite.[618]

In einer anderen Lage befinde sich die Heeresgruppe Süd unter v. Rundstedt. Lemberg und die starke Verteidigungslinie an der Grodek-Seenkette westlich von Lemberg ließen nur die Chance zu einem frontalen Durchbruch in der Richtung Wladimir – Wolinski – Lutsk – Nowograd – Wolhynsk. Die Stalin-Linie mit dem starken Rückhalt von Kiew dahinter verlaufe am Dnestr und dann durch ein leicht zu schützendes Gebiet in der Richtung von Schitomir und Korosten. Eine flankierende Bewegung über den Pruth und dann über den Dnestr gegen die Stalin-Linie zu machen, sei wegen der schwachen deutschen und rumänischen Kräfte kaum möglich gewesen. Sie seien zu schwach für einen solchen frontalen Angriff. Selbst der kleinere ungarische und rumänische Flankenangriff über die Karpatenpässe von Süden gegen Lemberg sei zunächst wegen der schweren Schneestürme erfolglos gewesen, die Ende Juni eine meteorologische Besonderheit dargestellt hätten.

Daher habe sich Rundstedts Heeresgruppe anfangs langsamer als die anderen bewegt. Nach deutschen Berichten sei er überall auf russische Elitetruppen gestoßen.

Es habe nur wenige Straßen in der Richtung von Rundstedts Vormarsch-Linie gegeben. Die wichtigste von ihnen, die von Lutsk durch Rowno nach Nowograd und Wolhynsk, verlaufe am südlichen Rand der Pripjet-Sümpfe durch viele sumpfige Gebiete. Dort könne allenfalls ein frontaler Angriff entlang schmaler Landstreifen erfolgen.

Nach einigen russischen Berichten habe es sehr aufschlußreiche und komplizierte taktische Manöver hinter den deutschen Linien gegeben, als man dorthin Panzertruppen verlegte. Die hauptsächlichen russischen Verteidigungslinien seien in einer Weise festgelegt worden, die die großen militärischen Qualitäten des Marschalls Michail Nikolajewitsch Tuchatschewski (1893-1937) verrieten.[619] Rundstedt sei nach vielen schwierigen Ausfällen und Durchbrüchen gezwungen gewesen, nach Südosten abzuschwenken, und sei genau unter die Geschütze von Kiew und der Stalin-Linie bei Korosten geraten. Er habe eine sehr gewagte und schwierige Operation durchführen müssen, um einen großen Teil von Budjonnys Armee westlich des Dnjepr zu vernichten. Solche Operationen seien in diesem Teil Rußlands ohne Vorbild gewesen. Rundstedt sei zum ersten Mal in einer Position gewesen, in der er strategisch und taktisch mit der Heeresgruppe Mitte kooperieren konnte.

Im Mittelabschnitt und im Norden sei die Situation völlig anders gewesen. Die Vormarschwege der Heeresgruppen Nord und Mitte hätten ungefähr denen Napoleons und jenen der Deutschen im letzten Krieg entsprochen. Die Lücke zwischen der oberen Düna und dem oberen Dnjepr werde immer das erste Ziel eines Angriffs auf Moskau sein. Die günstigsten Gelegenheiten ergäben sich bei einem Durchbruch parallel zum Nordrand der Pripjet-Sümpfe, bei einem zweiten Stoß von Grodno in Richtung Baranowicze und Minsk sowie einem dritten von Wilna in Richtung Minsk und Polosk, letzterer unter gleichzeitigem Druck des rechten Flügels der Heeresgruppe Nord.

Dies erleichtere es, vielfache Panzerbewegungen zu machen, viele russische Soldaten gefangenzunehmen, und öffne den Weg nach Moskau vor allem für die Panzer und die motorisierten Divisionen. Dieses Terrain hätten Ludendorff und Hoffmann als am günstigsten für einen Versuch angesehen, die Russen in die Pripjet- und Beresina-Sümpfe zu treiben und die ganze russische Front von der Rückseite her aufzurollen. Indessen hätten sie zu ihrer Zeit nie über genügend Truppen für eine solche Operation verfügt und deshalb die Kraft ihrer Armeen erschöpft, was zu keinem durchschlagenden Erfolg führen konnte.

Im gegenwärtigen Krieg hätten die Invasionstruppen von vornherein sehr viel günstigere Bedingungen gehabt. Die neuen deutschen Grenzen hätten schon am ersten Tag einen Angriff von Wilna her ermöglicht. Außerdem seien die Brücken über den Bug noch nicht zerstört gewesen, was es Guderians Panzern erlaubt habe, in siebzehn Tagen durch die Pripjet-Sümpfe und die Stalin-Linie in Richtung Wjasma, 120 Meilen westlich von Moskau, vorzustoßen. Dabei hätten sie mehrere russische Armeen gefangengenommen. Nach russischen Berichten sei dies ein ununterbrochener Vormarsch bei Tag und Nacht in unaufhörlichem Kampf gewesen. Brüning bezeichnete ihn als einen der gewaltigsten in der Kriegsgeschichte.

Die russischen Aufmarschpläne in diesem Abschnitt seien in mehr als einer Hinsicht erstaunlich gewesen. Die Gefangennahme großer russischer Kräfte östlich von Białystok, einer weiteren großen Truppenmasse in der Nähe von Minsk und der deutsche Bericht, Reservekräfte seien an der Stalin-Linie entlang der Beresina angetroffen worden, seien mehr als rätselhaft. Die russischen Verbände, die zwischen Białystok und Minsk vernichtet worden waren, seien zu groß gewesen, um als bloße Deckung zu gelten. Wegen der neuen Grenzen seien sie schon zu Beginn des Feldzuges der schwersten Gefahr ausgesetzt gewesen.

Diese Gefahr hätte den Russen klar gewesen sein müssen, weil die Deutschen im Sommer 1939 darauf bestanden hätten, die riesigen Wälder in der Nähe von Augustowo in der Wojwodschaft Białystok zu bekommen, die geeignet gewesen seien, sehr große Kräfte zu verbergen. Brüning stellte sich die Frage, ob die russischen Truppen an ihren Stationierungsplätzen bei Ausbruch des Krieges einen vorher geplanten Angriff hätten ausführen können und ob sie sich nach dem Beginn des deutschen Feldzuges nach einem plötzlichen Strategiewechsel zurückzogen. Wenn dies zutraf, dann hätten sie sich nach seiner Ansicht in den ersten vier Tagen in der gefährlichsten Situation befunden, in die sie überhaupt geraten konnten.

Die Erfahrung des letzten Krieges zeige, daß die beste Verteidigungslinie der Russen entweder entlang der unteren Düna in Richtung Dünaburg und von dort südlich entlang der Seen und Sümpfe um den Narocz-See durch Minsk in Richtung Bobruisk oder entlang der Stalin-Linie führe. Diese Linie könne leicht aus der allgemeinen Reserve aufgefüllt werden, die um Moskau wenige Tage vor Ausbruch des Krieges zusammengezogen worden sei. Nach der Einschließung von zwei Heeresgruppen östlich von Białystok in der Nähe von Minsk sei die Reserve wahrscheinlich in die Schlacht um Smolensk (8. Juli bis 5. August 1941) geworfen worden, nur um ein ähnliches Schicksal vierzehn Tage später zu erleiden.[620] Die beiden Gruppen seien im Verlauf der langen Schlacht durch zwei Panzerarmeen der Heeresgruppe Nord voneinander getrennt worden. Diese habe sich gleichmäßig in Richtung Ost-Nord-Ost bewegt und sei ständig durch den Druck von Leebs einziger Panzerarmee unterstützt worden, die nach Nord-Nord-West durch Dünaburg marschiert sei.

Hier hätten in den ersten Tagen des Feldzuges Durchbrüche, denen Kreisbewegungen folgten, zur Vernichtung großer russischer Armeen führen können. Im Süden habe eine solche Chance nur bestanden, wenn drei- oder viermal stärkere Armeen für eine Flankenbewegung über den Pruth oder den Dnestr vorhanden gewesen wären. Im Norden habe es eine solche Chance nicht gegeben außer am Ende, nachdem die Stalin-Linie bei Ostrow zwischen Dünaburg und dem Peipus-See durchbrochen worden war. Leebs Heeresgruppe sei es gelungen, die Reste der russischen Nordarmee an der Küste von Estland und in Leningrad zurückzuhalten, nachdem sie Kaunas und Dünaburg genommen, die Stalin-Linie durchbrochen und sich gleichzeitig auf ihrer rechten Flanke gegen starke und wiederholte russische Gegenangriffe von Welikije Luki, vom Waldai-Gebirge, von Nowgorod und der Umgebung von Wolkow verteidigt habe.

Dieser Vormarsch sei weniger eindrucksvoll als die Erfolge der anderen deutschen Armeen, jedoch höchst schwierig und gewagt gewesen. Nachdem v. Leeb eine starke russische Tankarmee nördlich von Kaunas besiegt habe, habe er sich auf sehr schwierigem Terrain für Panzereinheiten befunden. In einer Entfernung von 320 Meilen zwischen der Düna und Leningrad befinde sich ein sumpfiges Gelände mit großen Wäldern und zahlreichen Seen, mit sehr wenigen kleinen Städten und Dörfern und nur zwei erstklassigen Straßen. Tatsächlich hätten Leebs Truppen in Richtung Leningrad für fast 160 Meilen nur über eine bessere und eine zweitklassige Straße verfügt.

Das ganze Unternehmen sei sehr risikoreich gewesen, Leebs Heeresgruppe hätte gegenüber den anderen allerdings einen Vorteil gehabt. Die Eisenbahnen bis zur Düna hätten der europäischen Norm entsprochen, so daß Versorgungszüge bis Riga und Dünaburg rollen konnten, unmittelbar nachdem die Panzerdivisionen vorgestoßen waren. Möglicherweise seien auch Infanterietruppen per Eisenbahn bis zur Düna gebracht worden.

Die Gelegenheiten für die taktischen und strategischen Erfolge Leebs und Bocks, für das höchst erfolgreiche Zusammenwirken der beiden Heeresgruppen entlang der Linie Kaunas – Wilna – Polototsk – Newel, seien dem Umstand zu verdanken, daß die Russen einen starken Stützpunkt in den 1939 eroberten Gebieten errichtet hätten. Wenn sie statt dessen, so Brüning, von Beginn an eine Strategie der verbrannten Erde verfolgt und alle Eisenbahnstrecken, Straßen und Brücken westlich der Linie Düna – Narocz-See – Minsk – Pripjet zerstört hätten, dann wäre ihnen Zeit geblieben, ihre Reserven zur Stalin-Linie zu bringen und sich dort über viele Monate zu halten. Sie hätten jedoch nichts aus den Fehlern der Alliierten gut ein Jahr früher in den Niederlanden gelernt, als Franzosen und Briten halbwegs vorgestoßen seien, um den deutschen Angriff abzuwehren, und in einer höchst nachteiligen Position gefangen gewesen seien.

Drei wichtige Gesichtspunkte seien hervorzuheben:

Erstens: Der deutsche Generalstab habe für seine weit ausgreifenden Umfassungsbewegungen einige wenige Landstriche gewählt – fast überall Endmoränen-Gebiete, die etwas höher gelegen und trockener gewesen seien als das umliegende Land. Diese hätten die einzigen Gelegenheiten geboten, die Panzerdivisionen einzusetzen und voll zu nutzen. So sei die Vernichtungsschlacht östlich von Białystok auf der sandigen Erhebung rund um Wolkowysk und Nowogrodek geführt worden, ebenso die nächste Schlacht auf dem ähnlichen Terrain um Minsk, nördlich der Eisenbahn Brest Litowsk – Smolensk. Die dritte Schlacht, die von Rundstedts und Bocks vereinigten Heeresgruppen nordöstlich von Kiew bestritten worden sei, passe nur teilweise in dieses Schema. Die zwei folgenden Schlachten bei Briansk und Wjasma (2.-12. Oktober 1941), wo 673.000 Angehörige der Roten Armee eingeschlossen wurden[621], seien wiederum gute Beispiele derselben Strategie. Damals mußte die sowjetische Regierung nach Kujbyschew ausweichen, während Stalin in Moskau blieb. Die Übernahme des Oberbefehls über das Heer am 19. Dezember 1941 durch Hitler nach der Entlassung der Feldmarschälle v. Bock und v. Rundstedt erwähnte Brüning nicht, ebensowenig wie den voraufgehenden rigorosen Haltebefehl Hitlers vor Moskau.[622]

Zweitens: Der Umstand, daß große russische Kräfte so nahe an der Grenze eingekreist gewesen seien, habe es Bocks Panzerarmeen erlaubt, direkt auf die Stalin-Linie bei Bobruisk-Mogilew vorzugehen und sie zu durchbrechen, solange sie weitgehend durch Reservedivisionen verteidigt worden sei und ehe die Hauptreserve bei Moskau für einen Gegenschlag bereitgestanden hätte. Daher sei die sowjetische Hauptreserve später in drei großen Schlachten nordöstlich von Kiew, bei Briansk und Wjasma, gefangengenommen worden. In dieser Hinsicht habe sich der Rußland- vom Frankreichfeldzug äußerlich unterschieden. Dort hätten sich grob gesprochen alle verfügbaren Truppen von Anfang an im Einsatz befunden, obwohl sie teilweise durch die Maginot-Linie aufgehalten worden seien.

Drittens: Die Einnahme von Smolensk und die Schlacht nordöstlich von Kiew habe die Russen jeder Möglichkeit beraubt, die Nord-Süd-Eisenbahnlinien einzusetzen. Deshalb habe jede Bewegung der Hauptreserve über Moskau gehen müssen. Die verschiedenen strategischen Eisenbahnlinien in Polen, die von so gewaltigem Vorteil für die Russen im letzten Krieg gewesen seien, hätten ihnen jetzt nicht mehr zur Verfügung gestanden. Ludendorff und Hoffmann hätten im letzten Krieg diese Bahnen für einen entscheidenden Schlag gegen die Russen nutzen wollen, wenn sie genügend Truppen von der Westfront dafür hätten abziehen können. Er erwähnte jedoch nicht, daß das sowjetische Eisenbahnnetz im Landesinnern weitgehend unzerstört war.[623]

Die russische Seite habe sich wie immer tapfer geschlagen. Sie hätte eine enorme Überlegenheit an Soldaten, Tanks und Flugzeugen gegenüber den Deutschen gehabt. Diese hingegen hätten den Vorteil des Überraschungsmoments in ihrer Blitzkriegsstrategie besessen. Um diesen Vorteil auszugleichen, hätten die Führer einer gegnerischen Armee über außerordentliche Fähigkeiten im Hinblick auf Vorstellungskraft und Voraussicht verfügen müssen. Sie hätten, so Brüning, größer sein müssen als in früheren Kriegen. Auf russischer Seite seien sie nicht vorhanden gewesen. Die Geister Tuchatschewskis und der von Hunderten fähiger russischer Generalstabsoffiziere, die Stalin vier Jahre zuvor habe erschießen lassen, hätten gleichsam auf deutscher Seite gekämpft. Die Hinrichtung Tuchatschewskis und anderer führender Generäle auf Befehl Stalins am 12. Juni 1937 wegen einer angeblich trotzkistischen Verschwörung hatte Brüning mit Entsetzen registriert.[624] Tuchatschewskis Besuch im September 1932 in Deutschland war seinerzeit in der Öffentlichkeit stark beachtet worden. Auf Einladung der Heeresleitung hatte er die Herbstmanöver in Ostpreußen beobachtet und war auch von Hindenburg empfangen worden.[625]

Brüning fragte sich zum Zeitpunkt der Niederschrift seiner Analyse, ob die deutsche Armee den Großteil der russischen aktiven Divisionen ohne allzu große eigene Verluste vernichtet oder zurückgedrängt habe. Die Verluste an sowjetischen Offizieren und Piloten müßten enorm sein und könnten nicht leicht ersetzt werden, vermutete er. Deutsche Verluste, mit Ausnahme der an Ausrüstung und Ölvorräten, könnten vielleicht als gering angesehen werden. Viel von der Blüte der russischen Armee sei verloren.

Trotzdem könne Moskau für eine beträchtliche Zeit standhalten, da es außer vom Westen und Süden nicht leicht angegriffen werden könne. In den übrigen Teilen Rußlands werde der deutsche Vormarsch durch das Wetter und die Straßen verlangsamt werden. Die Kälte sei bei weitem nicht so nachteilig wie Schneeregen, Schlamm und schmelzender Schnee. Dies bilde eine Grenze für das Durchhaltevermögen der deutschen Infanterie und für die Pferde mit Bagage und leichten Geschützen. Die deutschen Armeen seien im übrigen gezwungen, allzusehr auf ihre eigenen Ölvorräte zurückzugreifen, es sei denn, sie eroberten die Ölvorkommen des Kaukasus.

Wenn Stalin keinen Frieden mache, müsse das deutsche Oberkommando das große Problem der ungeheuren Weite Rußlands nüchtern in Rechnung stellen. Die Deutschen müßten die neuen Industriegebiete in der Ural-Region zerstören, auch wenn sie diese nicht erobern wollten. Dies bedeute einen neuen Feldzug im Frühjahr. Die Strecke von Moskau nach Swerdlowsk entspreche der zweieinhalbfachen derjenigen von der deutschen Grenze nach Moskau. Wenn irgendetwas in der Geschichte ohne Beispiel sei, dann der kämpfende Vormarsch der deutschen Infanterie. Aber die Wolga und der Ural lägen noch weit vor ihnen. Dies gelte gegenwärtig auch für den Kaukasus. Brüning fragte sich, ob es dem deutschen Generalstab nicht in den Sinn komme, aufs neue anzuhalten, so wie dies nach jeder großen Umfassungsschlacht gewesen sei, und deshalb im nächsten Mai die letzten verfügbaren russischen Kräfte gegen die deutschen Truppen vorrücken zu lassen. So könne das bisher Erreichte vielleicht durch einen letzten Erfolg gekrönt werden. Der Winter werde auf jeden Fall für die deutschen Truppen hart werden. Das Leben in zerstörten Städten und Dörfern oder in Erdlöchern in der weiten russischen Ebene mit den üblichen sanitären Bedingungen und über 1.000 Meilen von der Heimat entfernt sei schwer erträglich.

Brüning erinnerte schließlich noch daran, daß bislang nicht über eine Unabhängigkeit der Ukraine und der baltischen Staaten diskutiert worden sei. Die Ukraine sei wie ein russisches Territorium unter Besatzung behandelt worden. In den baltischen Staaten gebe keine Quisling-Regierungen nach dem Vorbild Norwegens. Nur Odessa sei den Rumänen versprochen worden. Daraus könne nur eines gefolgert werden: Die Deutschen seien darauf aus, die Fehler zu vermeiden, die sie im Ersten Weltkrieg gemacht hätten, als sie den baltischen Staaten und der Ukraine die Unabhängigkeit und den Polen eine Expansion nach Osten versprachen. So hätten sie eine Gelegenheit für einen Frieden mit Rußland ohne Verstümmelung ihrer Grenzen ungenutzt gelassen. Dies könne erreicht werden, jedoch mit einem anderen Rußland als dem Stalins. Ob ein solches Rußland schon im nächsten Jahr existieren werde, könne vernünftigerweise von jemandem, der ohne jeden Kontakt mit den russischen Massen lebe, nicht vorhergesagt werden.

Dies gelte auch für die Auswirkungen der militärischen Situation auf deren Mentalität oder die Frage, ob die bolschewistische Ideologie derart furchtbare Verluste überleben könne. »Gibt es noch einen Mann in einem Land, das seit 25 Jahren unter totalitärer Herrschaft steht, der versucht, Stalin loszuwerden? Die Geschichte bietet, wenn überhaupt, wenige Vorbilder, die uns ermutigen würden, intelligente Antworten auf diese Fragen zu versuchen.« Der Vergleich mit den Verhältnissen in Deutschland lag nahe. Einige Monate später, im April 1943, meinte er, es sei schwer zu verstehen, »daß die gleichen Leute, die den Deutschen das Nichtzustandekommen einer Gegenrevolution zum Vorwurf machen, keinen Anstoß an deren Fehlen in Rußland unter einem noch blutrünstigeren Regime nehmen«.[626]

Alle diese Erwägungen sprachen in der Summe gegen eine künftige amerikanisch-sowjetische Allianz, die Brüning im Herbst 1941 offensichtlich befürchtete. Er zählte neben Hannah Arendt und einigen anderen zu einer Minderheit europäischer Emigranten, die Nationalsozialismus und Bolschewismus als gleichermaßen totalitäre Bewegungen ansahen, mit denen die Vereinigten Staaten sich nicht verbünden dürften. Die öffentliche Meinung wehrte sich jedoch überwiegend dagegen, die beiden Ideologien auf eine gemeinsame Ebene zu setzen.[627] Als er diese Überlegungen niederschrieb, standen der Überfall der Japaner auf Pearl Harbour am 7. Dezember und die deutsche und italienische Kriegserklärung an die USA am 11. Dezember 1941 noch bevor, was die Zeitschrift »Foreign Affairs« nicht hinderte, den Aufsatz im Januar 1942 zu veröffentlichen. Der Gedanke, den Krieg zwischen Deutschland und Rußland durch einen Friedensschluß mit einem anderen Rußland ohne Stalin zu beenden, litt darunter, daß ein Sturz Hitlers dabei zunächst nicht ausdrücklich vorausgesetzt wurde, wenn auch das Verhalten der führenden Militärs deutlich herausgestellt wurde.

Auf den ersten Blick mutet sein Konzept wie eine jener hypothetischen Patentlösungen an, die Brüning in militärischen Fragen, meist in der Rückschau, gern entwickelte. Der Aufsatz knüpfte allerdings an die amerikanische Einschätzung der Rolle der Sowjetunion im Winter 1941/42 als eine »quantité négligeable« (A. Hillgruber) an. Einen Krieg gegen die Sowjetunion als Befreiungskrieg für das russische Volk zu führen, lag in der Logik der Schriften Max Hoffmanns. Brüning hatte sich im Laufe des Krieges dennoch keineswegs von seinem früheren Standpunkt entfernt, als er das Nazi-Regime für noch gefährlicher als den Bolschewismus betrachtet hatte und Papst Pius XII. vorwarf, gewisse Sympathien für Hitler zu hegen. Andererseits fanden seine Analysen Beachtung und Anerkennung, die man seiner militärischen Sachkenntnis zuschrieb.[628]

Stalin und Tuchatschewski

Seine Argumentation bewegte sich im Rahmen militärgeschichtlicher Fakten und strategischer Erwägungen. Er tadelte die Fehler der russischen Kriegführung, lobte die Tapferkeit der Russen, pries das strategische Genie Tuchatschewskis, einst der jüngste Marschall der Welt und stellvertretender Verteidigungskommissar, und prangerte die Verbrechen Stalins an, der Tuchatschewski und andere hohe sowjetische Offiziere 1937 nach Geheimprozessen hatte ermorden lassen. Die Moskauer Prozesse hatten in der internationalen Öffentlichkeit Aufsehen erregt. Viele der Offiziere hatten einst mit der Reichswehrführung zusammengearbeitet, was Brüning bekannt war. Vermutlich ahnte er, daß geheime Kontakte zwischen deutschen und sowjetischen Militärs trotz der Auflösung der militärischen Zusammenarbeit nach 1933 weiterbestanden und sich sowohl gegen Hitler wie gegen Stalin gerichtet hatten.[629] Es ist bekannt, daß Tuchatschewskis Planungen eine Unterlegenheit der Roten Armee gegenüber der deutschen und der polnischen unterstellten. Er hatte am 31. März 1935 in der Prawda die Gefahr eines Krieges mit Deutschland öffentlich beschworen und Hitler aggressiver Absichten (»Deutschlands aktuelle Kriegspläne«) bezichtigt, meinte aber, die antisowjetische Tendenz der deutschen Politik diene nur dazu, ihre Absichten im Westen und Süden zu verdecken. Im Oktober desselben Jahres hatte Tuchatschewski gegenüber dem deutschen Diplomaten Fritz v. Twardowski in Berlin eine Verbesserung der deutsch-sowjetischen Beziehungen angeregt und die vertrauensvolle Zusammenarbeit in der Vergangenheit beschworen.[630]

Den Namen Hitlers nannte Brüning meist im Zusammenhang mit Stalin. Dies läßt die Absicht der Analyse erkennen, nämlich die indirekte Empfehlung an die Amerikaner, den Ausgang des Rußlandfeldzuges in ihrer formal neutralen Position ohne Intervention abzuwarten. Daneben kalkulierte er den Umstand ein, daß die Kritik am sowjetischen Gesellschaftssystem und die Neigung, es mit dem NS-Regime zu vergleichen, in den USA stärker verbreitet war als in Großbritannien. Nähere Kenntnis von einer Verschwörung der sowjetischen Generäle im Jahre 1936, nachdem sie von Stalins früherer Tätigkeit als *agent provocateur* der zaristischen Geheimpolizei erfahren hatten, scheint Brüning nicht gehabt zu haben. Die offizielle Version der Anklage, sie hätten mit der Wehrmacht paktiert, dürfte ihm bekannt gewesen sein.[631]

Brüning kannte den östlichen Kriegsschauplatz nicht aus eigener Anschauung, da er den Ersten Weltkrieg ausschließlich an der Westfront erlebt hatte. Er mußte sich daher auf die einschlägige Literatur und auf zeitgenössische Presseberichte stützen. Für ihn war der Ausgang des Krieges im Osten keineswegs von vornherein entschieden. Einen Sieg der Wehrmacht hielt er noch 1941 ebenso für möglich wie Churchill. Die Russen dürften jedoch nicht den Fehler der Franzosen und Engländer begehen und den deutschen Truppen entgegenziehen. Es war der Hinweis auf das schon von Clausewitz formulierte Argument, daß die russische Stärke in der Weite des Raumes liege.[632] Die Rote Armee könne den Angriff durch einen strategischen Rückzug erfolgreich abwehren. Nach der Zerstörung von Straßen, Brücken und Eisenbahnen und der Einrichtung von Sperrnestern könne sie eine Rückzugslinie von der Düna über die Pripjet-Sümpfe bis nach Stochod und den Karpaten einnehmen. Einen deutschen Sieg im Osten hielt er im Unterschied zu anderen Hitler-Gegnern wie Ulrich von Hassell nicht für völlig ausgeschlossen, was seine Erwartungen hinsichtlich des Kriegsausgangs im ganzen aber nicht beeinflußte, da ihm die strategische Schlüsselrolle der USA sehr wohl bewußt war. Eine wichtige Vorentscheidung hatte Präsident Roosevelt getroffen, als er sich am 8. Juni 1940 entschloß, Waffenverkäufe aus Heeresbeständen an Großbritannien zu erlauben.[633]

Bei allgemeinen Betrachtungen über den Krieg im Osten ließ es Brüning nicht bewenden. Im Juli 1942 ließ er anonym eine Analyse des Rußlandfeldzuges in »Foreign Affairs« folgen[634], die auf eingehenden strategischen Studien beruhte, obwohl er nicht auf geheimes Material zurückgreifen konnte. Als er das Manuskript abschloß, stand die Katastrophe von Stalingrad noch bevor, abgesehen von der »Führer-Weisung« Nr. 3 vom 3. November 1943, den Schwerpunkt der Verteidigungsanstrengung vom Osten in den Westen zu verlegen.[635] Der Aufsatz versuchte die Voraussetzungen und Konsequenzen des Überfalls auf die Sowjetunion zu klären. Vor dem Hintergrund historischer Erfahrungen erörterte er die auf Clausewitz zurückgehenden strategischen Konzepte Lenins[636] und Tuchatschewskis, die nach seiner Ansicht von »Budjonny und anderen Dilettanten« zum Nachteil der Roten Armee »verwässert« worden seien. Budjonny war im Prozeß gegen Tuchatschewski zusammen mit Woroschilow als Zeuge aufgetreten.[637]

Die Russen seien in der Lage, gleichsam »Raum gegen Zeit« zu »verkaufen«. Es ging Brüning nicht einfach darum, die bevorstehende Niederlage der Wehrmacht durch eine Kalkulation der Kräfte und der deutschen Führungsfehler vorherzusagen. Zu erklären waren sowohl die deutschen Anfangserfolge als auch die Rückschläge der sowjetischen Strategie, die nach Brünings Ansicht weder Clausewitzens noch Tuchatschewskis Verständnis von Großraumstrategie verriet.[638] Allerdings ist es fraglich, ob die Weite des Raumes wirklich als »Waffe« von sowjetischer Seite eingesetzt wurde.[639]

Tuchatschewski hatte, so Brüning, das Gebiet um Moskau rund 560 Kilometer im Umkreis zu einem bewaffneten Heerlager – geschützt durch ausgedehnte Wald- und Sumpfgebiete – machen wollen, umgeben von einem Kreis von Städten mit Rüstungs- und Zubringer-Industrien, während Leningrad nur als Vorposten von untergeordneter Bedeutung dienen sollte. Dies setzte einen langen Krieg voraus, in dem der Transport von Kohle, Stahl und Öl aus dem Osten oder aus der Ukraine gesichert werden mußte. Tuchatschewski habe der Verteidigung der Ukraine und ihrer Hauptstadt Kiew besondere Bedeutung zugemessen.

Brüning hielt die Besetzung der Stalin-Linie von Kiew mit starken Kräften für strategisch richtig, betrachtete aber die Dislozierung von beträchtlichen Streitkräften westlich von dieser Linie für verfehlt. Dies habe den Verteidigungsplan für das Zentrum um Moskau unbrauchbar gemacht. Die Rote Armee habe zugleich die Dnjepr-Linie südlich von Kiew aufgegeben und statt dessen eine noch weiter südlich gelegene Linie bei Dnjepropetrowsk gebildet, so daß Rundstedt den Dnjepr bei Cherkassy habe überschreiten können. Dieser habe dann seine Truppen östlich von Kiew mit denen unter v. Bock vereinigen und die sowjetische Front in diesem Raum zerschlagen können.

Nach Brüning war das Zentrum der sowjetischen Streitmacht an der europäischen Front auf Grund eigener Führungsfehler am 16. Oktober 1941 aufgebrochen worden – allerdings unter ungeheuren Opfern für die Wehrmacht, die erschöpft war und unter Treibstoffmangel litt. An diesem Tage waren mehrere sowjetische Armeen in der Doppelschlacht von Wjasma und Briansk durch die Heeresgruppe Mitte unter Generalfeldmarschall v. Bock geschlagen worden.[640]

Das strategische Ergebnis sei jedoch gewesen, daß die Rote Armee ihre Reserven vom Fernen Osten nach Europa verlegte. Dies habe die Japaner ermuntert, in den Krieg einzutreten und die amerikanische Flotte in Pearl Harbour am 7. Dezember 1941 zu überfallen. »Hitler übernahm nach diesem Triumph den Oberbefehl persönlich und nun auch die volle Verantwortung für Sieg und Niederlage.«

Unverkennbar war für Brüning der Krieg im Osten um die Jahreswende 1941/42 entschieden. Der Rückzug der deutschen Truppen hatte begonnen, obwohl die Panzer-Divisionen ihre Kampfkraft »weiter gegen Moskau als Deckung demonstrierten«. Demnach mußten eine Million Soldaten und 13 Panzer-Divisionen zwischen 110 bis 220 Meilen in eine neue Verteidigungsstellung zurückverlegt werden. Die deutschen Verluste vor Moskau bezifferte er nach dem sowjetischen Heeresbericht auf 110.000 Mann. Er erwähnte die mangelhafte Ausrüstung der Wehrmacht für den Winterkrieg und gelangte zu dem Schluß, daß die deutschen Truppen ihre gegenwärtige Position unter keinen Umständen halten könnten, abgesehen davon, daß sich im Westen bald eine zweite Front ergab.[641] Einen neuen Vorstoß nach Osten betrachtete er als unrealistisch: »Wenn sie sich entschließen, sich nach Osten zu wenden, so müßten sie den Kaukasus einnehmen und noch in diesem Jahr die alliierten Stellungen im Nahen Osten bedrohen oder England selbst einen Schlag versetzen. Sonst werden sie die strategische Vorhand verlieren, die ihnen hauptsächlich die bisherigen Erfolge eingebracht hat ...«

Kritik an den Friedensvorschlägen von Emigranten

In Amerika erlebte Brüning in diesen Monaten nach dem Beginn des Rußlandfeldzuges die Problematik des Exils in seiner ganzen Hoffnungslosigkeit. Die erwartete unvermeidliche Niederlage Deutschlands bedeutete für ihn die Katastrophe seines Heimatlandes. Die verschiedenen nationalen Gruppen aus Europa, die sich in der amerikanischen Öffentlichkeit bemerkbar machten, demonstrierten in ihrer Zerstrittenheit, daß kaum mit einer Einheitsfront aller Demokraten und Hitler-Gegner – weder vor noch nach dem Ende des Krieges – zu rechnen war.

Die Haltung der deutschen Emigranten erboste ihn besonders. Sie schmähten das eigene Volk, meinte er, um politischen Einfluß in den USA zu gewinnen. So kritisierte er auch die sozialdemokratische German Labor Delegation, weil einige ihrer Mitglieder nach seiner Ansicht mit Agenten fremder Mächte zusammenarbeiten, die »das deutsche Volk für immer vernichten« wollten. Die Absicht der German Labor Delegation, nach Kriegsende wenigstens die territoriale Einheit Deutschlands zu erhalten, hielt er für unzureichend, die völlige Entwaffnung des Landes und die Zerstörung seiner Schwer- und Metallindustrie für unzumutbar. Solche Friedensvorschläge waren am 2. August 1941 in der »Neuen Volkszeitung« unter dem Titel »Kriegs- und Friedensziele« veröffentlicht worden.

Nachdrücklich warnte er Albert Grzesinski, der ihn am 8. Oktober in Cambridge besuchte, vor solchen Zugeständnissen. Sie würden unter anderem mehrere Millionen Arbeiter um ihre Existenz bringen. Die Differenzen zwischen den beiden Politikern blieben auch in der Folgezeit unüberbrückbar. Brünings Distanz zu den Exilorganisationen mochte ihn trotz vielfältiger persönlicher Kontakte, auch zu der Gruppe rechter Sozialdemokraten um die »Neue Volkszeitung«, in eine Außenseiterrolle drängen, andererseits bewahrte ihn dies vor Betriebsblindheit gegenüber bloßem Aktionismus und Selbsttäuschung. Absprachen deutscher Emigranten mit sozialistischen Gruppen aus anderen Staaten über »Kriegs- und Friedensziele«, die auf eine »dauernde Sicherheit der zivilisierten Welt« gerichtet waren, betrachtete er als unzeitige Vorleistungen, die später kaum honoriert würden.

Derartigen Vorschlägen, die er als »Angebote« deklarierte, würden bei einer Friedenskonferenz Forderungen gegenüberstehen, die um 200 Prozent höher wären. Maximalangebote der einen Seite könnten nach Kriegsende die Minimalforderungen der anderen nicht mehr erfüllen.[642] Brünings Vorbehalte gegen die Politik der Grzesinski-Gruppe wurden von prominenten Sozialdemokraten wie Wilhelm Sollmann, der wegen der »Kriegs- und Friedensziele« der German Labor Delegation den Rücken kehrte, und dem ehemaligen Oberbürgermeister von Altona, Max Brauer, geteilt. Sollmann gehörte allerdings nie zu der eigentlichen Exil-SPD.[643]

5. Im Zeichen der drohenden Niederlage

Vergebliche Hoffnungen

Die Chancen, das Hitler-Regime zu beseitigen, waren in den letzten Jahren auf andere Weise gewachsen, als es Brüning bei seiner Flucht ins Ausland und nach seiner Emigration in die USA erhofft hatte. Es war der Krieg, den Hitler angezettelt hatte und der in absehbarer Zeit nicht nur dem NS-Regime, sondern auch Deutschland zum Verhängnis zu werden drohte. Die Kriegsvorbereitungen selbst hatten nicht zum Sturz Hitlers geführt, die militärischen Anfangserfolge hatten dessen Stellung sogar gestärkt. Wenn die Wehrmacht ihn im Zeichen der drohenden Niederlage zu beseitigen versuchte, war dies mit noch größeren Risiken verbunden als zuvor, als das Ausland unter Umständen noch an für alle Seiten erträglichen Friedensbedingungen interessiert war.

Für eine militärische Revolte im Innern sah Brüning spätestens nach Beginn des Rußlandfeldzuges kaum noch eine Gelegenheit, vor allem nicht, solange die militärischen Erfolge anhielten. Die Hoffnung auf eine solche Wendung gab er dennoch nicht auf. Er hielt einen Sturz Hitlers gleichwohl für unabdingbar, obwohl er wußte, daß die Schwierigkeiten, ihn herbeizuführen, durch die früher oder später kommende Niederlage noch zunehmen mußten. Für ihn gab es »hervorragende Generäle« in Deutschland, doch besäße keiner von ihnen den »geringsten politischen Spürsinn« für eine günstige Gelegenheit.

Die Problematik des die Wehrmacht weithin beherrschenden Militarismus, der sich die Frage nach den Grenzen staatlicher Macht und des politischen Totalitarismus nicht stellte, scheint ihm nicht völlig klar gewesen zu sein. »Hitler rechtzeitig zu beseitigen«, lautete für ihn die zentrale Aufgabe, wobei er an einen Zeitpunkt nach den ersten militärischen Rückschlägen im Osten dachte. Trotzdem müßten die deutschen Hitler-Gegner einen Erfolg der Gegenseite fürchten, da die Alliierten entschlossen seien, Deutschland für zwei Generationen zu zerstören. Zu dieser Erkenntnis habe er sich mühsam durchringen müssen.[644]

Einen Putsch vor oder nach einer militärischen Niederlage gegen Hitler zu organisieren, ohne daß dies zu schweren inneren Erschütterungen führte, empfand er gleichsam als »Doktorfrage« im Sinne Bismarcks, für deren Beantwortung er keinen geeigneten Kandidaten in der militärischen Führung erblickte. Nach seiner Ansicht hatte es jedoch bis zum Überfall auf die Sowjetunion zahlreiche günstige Gelegenheiten gegeben, diesen Schlag zu führen, doch hätten die Generäle sie alle ungenutzt verstreichen lassen.

Jahr für Jahr habe sich bis dahin eine solche Chance geboten. Im November 1941, noch vor der Kriegserklärung Hitlers an die USA, äußerte er gegenüber seinem Vertrauten Fritz Ermarth die Überzeugung, daß der Versuch, das Regime zu stürzen, nun allerdings katastrophale Friedensbedingungen zur Folge haben werde. Die internen Zersetzungserscheinungen des Regimes seien nicht so weit gediehen, daß »einige Generäle, um Hitler zu beseitigen, das Risiko auf sich nehmen würden, die Moral des deutschen Volkes vollständig zu brechen und sich dann mit Bedingungen auseinandersetzen zu müssen, die in der Praxis schlimmer sind als die des Versailler Vertrages ...«[645]

Brüning erwartete daher eine europäische Katastrophe bei Kriegsende, da der gegenwärtige Krieg nicht nur ein Konflikt zwischen Nationen, sondern auch der Ideologien sei. Innerhalb der einzelnen Länder stelle er »offen oder versteckt« einen Bürgerkrieg dar.[646] Mit dieser Deutung unterschied er sich von der herrschenden öffentlichen Meinung in Großbritannien und auch in den USA, die den Konflikt überwiegend in nationalistischen Kategorien wahrnahm, wenn auch im Bewußtsein der Überlegenheit der demokratischen Staatsform gegenüber den modernen Diktaturen. Eine Hoffnung auf die Generäle hielt Brüning aber wider alle Einsicht aufrecht. Darin unterschied er sich beispielsweise von Canaris, dem Chef der deutschen Abwehr, der schon nach der Sudetenkrise nicht mehr an ein Eingreifen der Wehrmachtführung glauben wollte, obwohl es vor dem Münchner Abkommen eine Vielzahl von Kontaktversuchen der innerdeutschen Opposition zu den alliierten Regierungen gegeben hatte.[647]

Im Januar 1942 wagte Brüning die – verzweifelte – Prophezeiung, nur Menschen wie Adam von Trott, nicht etwa die Volksmassen, seien in der Lage Hitler zu stürzen, »falls dies in Deutschland jemals gelingt«.[648] Im Sommer nannte er dem früheren Generalkonsul Paul Schwarz vertraulich die Namen zweier entschiedener Nazi-Gegner an herausragender Stelle: Rundstedt und Canaris. Während Rundstedt als offener Kritiker des Kirchenkampfes seit Jahren unter strenger Bewachung der Gestapo stehe, teilte er mit, sei die Abwehr unter Canaris noch immer von dieser unabhängig. Er sei für seinen Posten wie geschaffen und Persönlichkeiten in der Obersten Heeresleitung wie Oberst Max Bauer (1868-1929) während des Ersten Weltkrieges überlegen. Von Canaris wußte er, daß dieser viele Menschen vor dem Zugriff der Gestapo geschützt hatte, argwöhnte aber, daß er trotz allem vielleicht persönliche Sympathien für Hitler habe. Letztlich bezweifelte er jedoch, daß Canaris oder andere Generäle in der Lage seien, gegen Hitler vorzugehen.[649] Im Hinblick auf die aktuelle Lage, in der sich Canaris befand, verfügte Brüning allerdings nur über unzureichende Informationen.[650] Dies galt anscheinend auch für Rundstedt, dessen Integrität er nie bezweifelte, wie ein nächtliches Gespräch mit dem bayerischen CSU-Politiker und späteren Ministerpräsidenten Franz Josef Strauß in den fünfziger Jahren zeigen sollte.[651]

Inneres Exil in Harvard

Ende November 1941 berichtete Brüning Mona Anderson, daß er nie in seinem Leben so viel gelesen habe wie während des dritten Kriegsjahres. Er sehe viele Probleme, die ihn schon vor 1914 bewegt hätten, klarer als früher.[652] Man mag darin ein Indiz dafür sehen, daß Brüning in seinem Urteil über die politische Lage zunehmend ratloser wurde. Das Ende der formellen Neutralität der Vereinigten Staaten durch die Kriegserklärung Deutschlands und Italiens am 11. Dezember veränderte auch die innenpolitische Lage in den USA nachhaltig. Hitler hatte die Chance vertan, den Krieg gegen die USA zu verzögern und den »Weltkrieg« zu vermeiden, nachdem die amerikanische Öffentlichkeit nach Pearl Harbour in erster Linie Japan als Aggressor gegen die USA betrachtete. Formal war Hitler durch den Pakt mit Japan keineswegs zur Kriegserklärung verpflichtet gewesen.[653] Brüning empfand die Situation als bedrohlich, in der deutsche, italienische und japanische Staatsbürger, die sich in den USA aufhielten, damit rechnen mußten, interniert zu werden. Ihre Zahl betrug über eine Million.

Nach dem »Alien Registration Law«, das am 1. Juli 1940 in Kraft trat, mußten alle Ausländer ihre Fingerabdrücke hinterlassen und erklären, in welchen politischen Organisationen sie tätig waren. Brüning entging dank der Fürsorge einflußreicher Freunde, vor allem der Protektion Henry Stimsons, solchen Verpflichtungen. Für die allmählich einsetzenden Internierungsmaßnahmen und für den Tod von Schicksalsgenossen in den Lagern wie des siebzigjährigen Emigranten Walther Dauch, der zuvor in Guatemala gelebt hatte, machte er deutsche Exilpolitiker und Journalisten verantwortlich, ohne zu berücksichtigen, daß nach Pearl Harbour die staatlichen Restriktionsmaßnahmen viele Hitler-Gegner, auch Juden, betrafen. Dauch sei von Guatemala per Flugzeug nach Texas gebracht worden und 1942 in einem »Lagunenlager« gestorben. Nach dem Kriege meinte Brüning, daß »die Emigranten« – gemeint waren jene, die ihn politisch bekämpften – dafür gesorgt hätten, daß er in einem Internierungslager zu seinem Ende gekommen wäre, wenn er nicht von Stimson vor einem solchen Schicksal bewahrt worden wäre.[654]

Mit Entsetzen vernahm er im Januar 1942, daß Erwin Brettauer schon im Dezember zusammen mit seinem Sohn Alfred in ein Internierungslager in Bismarck, Nord-Dakota, gebracht worden war. Der Bankier hatte ihn zuletzt Ende September 1941 in Harvard besucht. Brüning bemühte sich sofort bei Breckinridge Long und anderen Bekannten in Washington um dessen Freilassung. Die beiden Brettauers wurden daraufhin im Februar 1942 bedingt freigelassen und ließen sich später als amerikanische Staatsbürger in Santa Monica, Kalifornien, nieder. In den nächsten Wochen schrieb Brüning eine große Zahl von Bürgschaftserklärungen, um internierte Emigranten freizubekommen. Dabei begünstigte ihn der Umstand, daß die Internierungsmaßnahmen, was die Zahl der Betroffenen anging, begrenzt waren. Von den rund 300.000 deutschen Staatsbürgern wurde nur rund 1 Prozent interniert. Er selbst durfte in dieser Zeit nur mit Genehmigung Cambridge und den Distrikt Boston verlassen und mußte dies eine Woche beziehungsweise zehn Tage vorher beim District Attorney beantragen. Eine Fahrt über kanadisches Gebiet, als er im Dezember 1941 in Detroit einen Vortrag halten wollte, oder gar Auslandsreisen waren nicht gestattet. Persönlich war er sich darüber im klaren, »technically an enemy alien« zu sein. Eine Bürgschaft des Gastgebers mit einer Zuverlässigkeitserklärung und einer Bestätigung des Reisezwecks war dem Begehren förderlich. Auf dem Antragsformular mußte nicht nur der Reiseweg, sondern auch die Zulassungsnummer eines eventuell zu benutzenden Fahrzeuges angegeben werden. Die Reisebeschränkungen wurden erst im April 1946 aufgehoben. Die Behörden verhielten sich ihm gegenüber stets wohlwollend und erteilten die gewünschte Erlaubnis jedesmal anstandslos.[655]

Brüning stand unter polizeilicher Beobachtung. Sein Telefon wurde abgehört, seine Post wurde regelmäßig kontrolliert. Zeitweise erhielt er zweimal in der Woche einen Packen von geöffneten Briefen mit dem Zensurvermerk. Man ließ ihn augenzwinkernd wissen, daß dies weitgehend als Formsache betrachtet werde. Manchmal erhielt sein Freund George Pettee Kopien von Brünings Korrespondenz.[656] Brüning schätzte seine Privilegien als Freund Henry Stimsons, gestand aber später Mona Anderson, daß er infolge der »Kriegsverordnungen« praktisch zwischen Lowell House und seinem Büro eingeschlossen gewesen sei. Er habe geradezu an einer »Klaustrophobie« gelitten.[657]

Daß Brüning zu den begünstigten Emigranten gehörte, wird deutlich, wenn man die Behandlung, die ihm zuteil wurde, mit der seines Freundes Treviranus vergleicht. Dieser war im September 1942 mit einem sechs Monate gültigen Visum aus Kanada nach New York gekommen und wurde im Februar 1943 aufgefordert, mit seiner Familie die Stadt wieder zu verlassen. 1940 hatte er vergeblich versucht, ein Dauervisum für die USA zu erhalten, obwohl Brüning, aber auch Messersmith und Sackett sich sehr dafür eingesetzt hatten. Den Hintergrund für die Aufforderung, New York zu verlassen, bildeten haltlose Gerüchte in der Presse, Treviranus pflege Kontakte im Auftrage rechtsradikaler deutscher Organisationen – Organisation Consul und Oberland – zu militärischen Geheimdienstkreisen in den USA. In Cambridge, Massachusetts, wartete er, obwohl inzwischen naturalisierter Kanadier, auf ein kanadisches Einreisevisum.[658] Der Verdacht gegen Treviranus war haltlos, muß aber im Zusammenhang mit dem Umstand gesehen werden, daß zahlreiche prominente Emigranten zur Mitarbeit für den Geheimdienst bereit waren, Brüning, Treviranus, Grzesinski und Ernst Fraenkel nicht ausgenommen, deren Integrität durch derartige Gerüchte in Frage gestellt werden konnte.[659]

Die Arbeit in Harvard bot Brüning eine willkommene Ablenkung in seiner seelischen Bedrängnis. Im Frühjahr 1942 bereitete er 24 zusätzliche Vorlesungen für den Sommer und Herbst vor, die er jedoch nicht mehr hielt, da die Universitätsleitung Vorlesungen eines »feindlichen Ausländers« über Verfassungsfragen nach der – anonymen – Veröffentlichung seines zweiteiligen Aufsatzes über den Krieg zwischen der Sowjetunion und Deutschland, sowie nach Protesten von ehemaligen Absolventen als untragbar betrachtete. Gegenstand seines wissenschaftlichen Interesses war weiterhin das Problem der Stabilität demokratischer Regierungssysteme unter wechselnden historischen und sozialen Bedingungen. Daß er sich in seinen Vorlesungen auch über das sowjetische Regierungssystem geäußert hatte, trug ihm den Unmut einiger Fakultätsmitglieder ein, was ihn nötigte, bei der Harvard Corporation um Beurlaubung bis zum Ende des Krieges nachzusuchen. Dies hätte ihn finanziell in arge Bedrängnis gebracht, da er bisher einen großen Teil seiner Einkünfte »ziemlich leichtherzig« ausgegeben hatte, um Flüchtlingen zu helfen, wenn sich nicht Stimson, wie Brüning glaubte, eingeschaltet hätte. Dem Minister schrieb er das Verdienst zu, verhindert zu haben, daß er aus Harvard verdrängt wurde. Stimson habe dafür gesorgt, daß er seine Lehrtätigkeit fortsetzen konnte. Letztlich wurde Brüning nur eine einzige Veranstaltung gestrichen.[660]

Um diese Zeit dürfte der Secretary of War Brüning angeboten haben, seinen Wohnsitz bei ihm in Washington zu nehmen, nachdem er erfahren hatte, daß es Bestrebungen gab, Brüning in ein Internierungslager zu bringen. Brüning lehnte das Angebot ab, um zu verhindern, daß dies von der NS-Propaganda ausgeschlachtet würde. Brüning gelang es, dem FBI nachzuweisen, daß Anschuldigungen gegen ihn von kommunistischen Emigranten ausgegangen und unbegründet waren. Daraufhin stellte sich Stimson demonstrativ hinter Brüning. Seither hatte Brüning Ruhe vor Denunziationen dieser Art.[661]

Eine Befreiung von seinen Lehrverpflichtungen in Harvard wäre ihm im Hinblick auf seinen Gesundheitszustand erwünscht gewesen. Denn schon im Juni 1943 meinte er erschöpft, daß er von Oktober bis Juni nächsten Jahres durchhalten müsse. Aus politischen Gründen mußte er jedoch froh sein, daß sein Antrag abgelehnt wurde. Im August 1943 ließ er sich in den Fakultätsausschuß wählen, so daß er an allen Fakultätssitzungen teilnehmen mußte.[662] Die dienstlichen Aufgaben lenkten ihn nur wenig von seinen politischen Sorgen ab, nicht zuletzt deshalb, weil nach dem Beginn des Kriegszustandes die politische Atmosphäre in den USA eine sachliche Diskussion über die Lage in Europa und in Deutschland immer mehr erschwerte.

Die Zerstrittenheit der verschiedenen Lager der Emigration empfand Brüning als unerträglich, nachdem diese stärker als bisher ihre jeweiligen Chancen witterten, die offizielle Politik und die militärischen Entscheidungen der amerikanischen Regierung und den Ausgang des Krieges zu beeinflussen. Auch ihm selbst wäre nichts lieber gewesen, als wenn sein Rat in Washington gefragt gewesen wäre. Nach den Gesprächen mit Roosevelt im Januar 1938 und im November 1939 wußte er um seinen politischen Stellenwert, den er seinem Naturell gemäß nicht durch unzeitige Avancen oder durch konventionelle Kontakte verringern wollte. Er hielt sich daher weiterhin möglichst von Washington fern. Seinen nächsten, allerdings privaten Besuch dort machte er erst nach dem Kriege im Dezember 1946.

Als ihn Stimson im Januar 1942 um eine vertrauliche Unterredung bat, sagte er zu, verwies aber darauf, daß er kaum unbeobachtet nach Washington kommen könne. Wahrscheinlich ging es um die Nachkriegsverhältnisse in Deutschland. Seit 1942 bildeten sowohl die Engländer als auch die Amerikaner Personal für die künftigen Militärregierungen in Deutschland aus. Wir wissen, daß Stimsons Beziehungen zu Präsident Roosevelt damals noch als besonders vertrauensvoll galten, ehe sie sich im Laufe des Jahres verschlechterten. Brüning teilte Stimson mit, daß er auch weiterhin nicht für irgendein Amt in der Heimat nach dem Sturz des Nazi-Regimes zur Verfügung stehe. »Wenn Sie aber, sobald die Situation reif ist, mit mir über eine Regelung zu sprechen wünschen, wäre ich nur zu gern bereit, zu Ihnen zu kommen.«

Das Argument, er müsse vermeiden, in Washington gesehen zu werden, mutet abstrus an, zumal er – verständlicherweise – nicht etwa auf die CIA verwies, sondern auf die Emigrantengruppen aus Deutschland und den besetzten Ländern. Die Rücksicht auf die amerikanische Regierung, der er angeblich keine Ungelegenheiten bereiten wolle, mag insofern verständlich sein, als er eine Diskussion um seine politische Rolle vermeiden wollte.[663] Es ist auch nicht auszuschließen, daß er um seine Sicherheit besorgt war und daher unter allen Umständen den Anschein wahren wollte, er halte sich von allen politischen Aktivitäten fern. Ihn beunruhigte, daß sein Name in unterschiedlichen Zusammenhängen in der internationalen Presse auftauchte, meist mit der deutlichen Tendenz, Gerüchte über seine angeblichen Absichten und Pläne in die Welt zu setzen.[664]

Brüning erläuterte seinen Standpunkt, er wolle nach dem Kriege seinem Lande allenfalls in der Rolle eines politischen Beraters dienen, auffällig oft aus unterschiedlichen Anlässen. Ihm dürfte klar gewesen sein, daß derartige Dementis zu den Regeln politischer Rhetorik gehörten und selbst von einem Politiker erwartet wurden, der in einer unübersichtlichen Situation ein politisches Führungsamt entschlossen anstrebte, aber vermeiden wollte, allzu früh öffentliche Kritik auf sich zu ziehen. Selbst wenn er eine Rückkehr in die Politik beabsichtigte, durfte er dies nicht von vornherein erkennen lassen. Wenn er dies nicht wollte, konnte er Mißverständnisse kaum vermeiden, mußte sie aber in Kauf nehmen. Doch beurteilte er die Aussichten, ein solches Ziel zu erreichen, ohnehin skeptisch. Die konfessionellen Vorbehalte gegen ihn als Katholiken in seiner Kanzlerzeit vergaß er nie und er sprach dies auch gelegentlich aus: »Außerdem sah ich stets große Schwierigkeiten voraus, wenn ein Katholik die führende Position in Deutschland bekleidet ... . Es besteht kein Zweifel daran, daß eine gewisse Anzahl von Stimmen im protestantischen Mitteldeutschland den Nazis zufiel, nur weil ich Katholik bin ...«[665]

Angriffe aus Emigrantenkreisen

Die Frage, ob er wirklich eine Chance für ein politisches *Comeback* haben würde, beschäftigte ihn trotz aller persönlichen Zurückhaltung. So bemerkte er mehrfach, er sei in Deutschland vergessen, was auch für andere Emigranten gelte. Es sei ein »müßiger Traum« zu glauben, die Emigranten könnten »mit Hilfe der Bajonette einer Besatzungsarmee wieder an die Macht gebracht werden«.

Andererseits verletzte es ihn, wenn er – nicht zuletzt wegen seiner demonstrativen Zurückhaltung – hörte, daß man es in Emigrantenkreisen ablehnte, ihn im Kurzwellenrundfunk zu Wort kommen zu lassen oder ihn gar öffentlich als ungeeignet für eine neue politische Führungsaufgabe in der Heimat bezeichnete. Den Aufbau eines von deutschen Emigranten betriebenen Radioprogramms verfolgte er mit Aufmerksamkeit und Sympathie. Auch wenn er sich einer neuen Führungsrolle, etwa wegen seiner labilen gesundheitlichen Verfassung, tatsächlich nicht – oder nicht zu jedem Zeitpunkt – gewachsen fühlte, so hielten ihn doch andere Emigranten für einen ernsthaften Bewerber um die politische Führung, den man entweder dafür gewinnen und unterstützen oder – das war vor allem im gegnerischen Lager der Fall – frühzeitig ausschalten müsse.

Im Umkreis von Harvard sah er sich Angriffen seines aus Italien emigrierten älteren Kollegen, des Historikers Gaetano Salvemini (1873-1957) ausgesetzt, der nicht nur die Verbrechen der Nazis öffentlich anprangerte. Eine gelegentliche Bemerkung Salveminis unter Gleichgesinnten, die Brüning anläßlich einer geselligen Veranstaltung mithörte, bezog er als persönliche Beleidigung auf sich selbst, was wohl auch beabsichtigt war: »When Catholicism comes to power, can fascism be far behind?« Der im Londoner Exil lebende linksextreme Journalist Bernhard Menne (1901-1968), ein früherer Redakteur der »Roten Fahne«, griff ihn 1942 mit einem im amerikanischen Kongreß verbreiteten Pamphlet unter dem Titel »The Case of Dr. Bruening« an, das ihn als Repräsentanten des aggressiven deutschen Klerikalismus und Nationalismus verunglimpfte. Unter dem Vorwand eines »Kampfes für die Freiheit« arbeite er im Dienste einer vom Vatikan inspirierten antisowjetischen Verschwörung. Menne behauptete unter anderem, Brüning habe sich niemals öffentlich von Hitler distanziert. Die Schrift, die in hoher Auflage verbreitet war, zielte darauf, Mißtrauen gegen den Exkanzler zu wecken und einer neuen Karriere in Deutschland vorzubeugen. Sie fand unter anderem den Beifall Vansittarts, den Brüning nach dem Ausbruch des Krieges endgültig zu seinen politischen Gegnern rechnete.[666] Von Menne wußte er nach dem Krieg zu berichten, daß dieser Briefe an angesehene Familien in Cambridge und an Universitätskollegen habe verschicken lassen, in denen sein verstorbener Bruder Hermann Joseph als deutscher Spion bezeichnet wurde. Diesen Vorwurf erhob auch Brünings ehemaliger Freund Archibald Church.[667]

Im Sinne Vansittarts agitierte auch der aus Deutschland stammende Schriftsteller und Rundfunkkommentator Hans Jacob (1896-1961), der Brüning dafür verantwortlich machte, daß Hitler an die Macht gelangen konnte, und davor warnte, daß er und seinesgleichen nach dem Krieg wieder in die Politik zurückkehrten.[668] In einer Sendung der »Stimme Amerikas« bezeichnete er Brüning am 30. Oktober 1943 als »einen der gefährlichsten Führer für irgendein Nachkriegsdeutschland«, der sich trotz seiner angeblichen Gegnerschaft zu Hitler »sorgsam jeder Verurteilung der

Nazis« enthalten habe.⁶⁶⁹ Brüning führte es auf diese Art von »Propaganda« zurück, daß »viele alte Freunde« sich allmählich von ihm zurückzogen.⁶⁷⁰

In der gleichen Weise wie Jacob hatte sich auch der aus Deutschland stammende, seit Anfang 1934 in den USA lebende Journalist Johannes Steel (eigentlich: Herbert Stahl) in einer Sendung des YMCA am 29. Oktober 1941 und in verschiedenen Zeitungen geäußert. Steel verfolgte in seiner weithin beachteten Agitation Brüning geradezu als Haupt einer »alldeutschen Verschwörung«.⁶⁷¹ Die Angriffe des Pädagogen Friedrich Wilhelm Foerster (1869-1966), der 1940 über Rio de Janeiro in die USA emigriert war, gegen ihn und Wilhelm Sollmann als angebliche Repräsentanten einer »deutschen Kamarilla« vor dem New World Club verwunderten ihn nicht, wie er an Sollmann schrieb. Er sah aber keine Möglichkeit, sich dagegen zu wehren. Foerster verfocht als Deutscher die Politik Vansittarts und wandte sich gegen die These der meisten Emigranten, man müsse zwischen dem Nazi-Regime und dem deutschen Volk unterscheiden. In seinen Vorträgen in den USA versuchte Foerster die Nazi-Herrschaft als Konsequenz der geopolitischen Theorien Karl Haushofers (1869-1946) nachzuweisen und die amerikanische Öffentlichkeit und die US-Administration in diesem Sinne zu beeinflussen. Der angesehenen deutschsprachigen »New Yorker Staatszeitung und Herold« warf er alldeutsche Bestrebungen vor.⁶⁷²

Die Agitation Foersters, der Brüning als »Friedensbrecher und Kriegsknecht Hitlers« brandmarkte, irritierte diesen mehr als er es sich bei aller demonstrativen Abstinenz gegenüber der Öffentlichkeit und dem wiederholt bekundeten Willen, nicht in irgendwelche politische Kombination einbezogen werden zu wollen, eingestehen mochte. Er sprach von einer »bolschewistischen Kampagne« gegen ihn, die nach seinem Eindruck seit Kriegsbeginn von linken Emigranten aus Deutschland und Österreich mit Unterstützung aus Moskau, inszeniert worden sei und wohl auch in Zukunft andauern werde. Er sprach zugleich von einer »zionistischen Clique«, die seine Bemühungen sabotiere. Mit Empörung vernahm er, daß von bestimmten Emigrantenkreisen das Gerücht verbreitet wurde, er erhielte von Hitler eine Pension.⁶⁷³

Vor diesem Hintergrund schätzte Brüning das Gewicht konservativer und bürgerlicher Exilgruppen, auf die er sich als Politiker hätte stützen können, als gering ein.⁶⁷⁴ Einen Alptraum bildete für ihn zudem die Vorstellung, daß Europa dem Bolschewismus verfallen werde, wenn der Krieg vorbei sei und die siegreichen westalliierten Truppen vom Kontinent abgezogen würden. Die Konflikte unter den verschiedenen Exilregierungen und Emigrantengruppen leisteten, wie Brüning glaubte, einer solchen Entwicklung Vorschub.⁶⁷⁵ Er wußte, daß in amerikanischen Geheimdienstkreisen nach dem Kriegseintritt der USA eine Repräsentation des deutschen Exils unter Umständen für nützlich gehalten wurde. Im Dezember 1941 hatte die »Special Activities Section« vorgeschlagen, ein deutsches Emigrantenkomitee mit Brüning, Treviranus und Paul Hagen (Pseudonym für Karl Borromäus Frank, 1893-1969) zu bilden, was jedoch vom State Department abgelehnt wurde. Vorbehalte bestanden vornehmlich gegen den aus Österreich stammenden linksrevolutionär gesinnten Hagen.⁶⁷⁶

Im Frühjahr 1944 wurde in New York ein »Council for a Democratic Germany« unter Leitung von Paul Tillich und Paul Hagen begründet, das Brünings Mitarbeit zu gewinnen suchte. Das Gremium, dem 19 Mitglieder angehörten, wandte sich am 3. Mai 1944 mit einer von Tillich verfaßten Erklärung an die Öffentlichkeit. Die

New Yorker Erklärung bekannte sich unter anderem zu einer demokratischen Entwicklung in Deutschland und forderte, daß dies von seiten der politischen und militärischen Repräsentanten der siegreichen Vereinten Nationen von vornherein ermöglicht werden müsse. Man verlangte, daß alle ausgeschlossen würden, die »für den Aufstieg des Nationalismus (sic) mit verantwortlich« seien. Dafür müßten »alle diejenigen einbezogen werden, die dem Nationalsozialismus widerstanden« hätten, so die »Unbekannten der Untergrundbewegung, der Gestapo-Gefängnisse und Konzentrationslager, Gewerkschafter und Arbeiter aus der Arbeiterbewegung, die Widerstandskreise der Kirchen und Intellektuellen, des Mittelstandes in Stadt und Land und einzelne Persönlichkeiten, die zu keiner dieser Gruppen gehören.«

Zu den führenden Mitgliedern des Council, das alle Emigranten von den Bürgerlichen und Konservativen bis hin zu den Sozialdemokraten und Kommunisten ansprechen sollte, gehörten unter anderen Albert Grzesinski (vorübergehend) als einziger prominenter Sozialdemokrat, der Rabbiner Leo Baerwald (1883-1970), der Pfarrer Friedrich Joachim Forell (1888-1968), der Rechtsanwalt Joseph Kaskell (früher Kaskel, 1892-1946) sowie der Linguist Alfons Nehring (1890-1967) und die amerikanische Journalistin Dorothy Thompson. Sie propagierte trotz ihrer Ausweisung aus Berlin stets, beispielsweise in ihren wöchentlichen Rundfunksendungen, das Bild eines »anderen Deutschland« und hoffte bis zuletzt auf eine Aktion des deutschen Widerstandes, wenn sie an »Hans«, gemeint war Helmuth James v. Moltke, appellierte. Die Erklärung wurde von 65 prominenten deutschen Politikern, Künstlern und Schriftstellern unterzeichnet, darunter Elisabeth Bergner, Ernst Bloch, Lion Feuchtwanger, Leopold Jessner, Alfred Kantorowicz, Fritz Kortner, Heinrich Mann, Wolfgang Stresemann und Herbert Weichmann. Unter den Unterzeichnern befand sich auch eine Reihe von amerikanischen Intellektuellen.

Brüning jedoch lehnte es ab, sich in diesem Kreis zu engagieren, da Washington davon abgeraten hatte, ebenso wie Thomas Mann, dem man den Ehrenvorsitz angetragen hatte. Doch behielt er sich vor, sich notfalls an den Aktivitäten des Council zu beteiligen. Stimson hatte mit der erwähnten Anfrage Brünings aktuelle Lageeinschätzung kennenlernen, ihn vielleicht aber auch, falls sie ihm bereits bekannt war, umstimmen wollen. Während sich Thomas Mann von der »patriotischen Mode unter den deutschen Linkssozialisten« abgestoßen fühlte, hegte Brüning eher umgekehrte Vorbehalte, abgesehen davon, daß er sich nicht allzuviel von Organisationen dieser Art versprach. Er argwöhnte, daß die Organisation kommunistisch unterwandert war, und machte daraus auch keinen Hehl.[677] Das Council, das aus dem 1941 entstandenen »Free German Committee« hervorgegangen war, bildete gleichsam das Gegenstück zu dem im Juli 1943 in Krasnogorsk bei Moskau gegründeten »Nationalkomitee Freies Deutschland«. In Washington hatte man bemerkt, daß zu den Unterzeichnen der Erklärung eine größere Zahl von Sympathisanten der KPD gehörten. Ein Vorkämpfer der Volksfrontpolitik war unter anderen Albert Schreiner (1892-1979) gewesen. Das Council äußerte jedoch keine Sympathien für die Sowjetunion. Die moskauorientierten Kommunisten in den USA gehörten zumeist einer ebenfalls »Freies Deutschland« genannten Organisation an, die über Filialen in einigen südamerikanischen Ländern, in Mexiko, Brasilien, Uruguay und Argentinien verfügte.[678]

Eine deutsche Exilregierung?

Das Rätselraten um Brünings Zukunftspläne ging weiter. Wahrscheinlich fand er selbst bis zu einem gewissen Grade Gefallen daran. Die Aussicht, gleichsam als Retter des Vaterlandes nach einer nationalen Katastrophe ohnegleichen aufzutreten, faszinierte ihn jedoch keineswegs. Vielmehr überwog seine Furcht, an einer solchen Mission zu scheitern. So verfiel er schließlich auf eine persönliche Sprachregelung: Das Exil dürfe sich überhaupt nicht in die innerdeutschen Vorgänge einmischen. Die innere Abkehr vom NS-Regime vollziehe sich in Deutschland rasch und dürfe nicht gestört werden. Er warnte vor der Illusion, die Bevölkerung im Reich durch irgendwelche Erklärungen prominenter Emigranten gegen das Regime mobilisieren zu können. Die Wirkung werde verhängnisvoll sein.[679]

Im Mai 1941 hatte er es gegenüber Carl Joachim Friedrich als irreal bezeichnet, zu glauben, er könne mit einer Rede die Stimmung in Deutschland beeinflussen. Derartige Illusionen hätten sich auch schon in der britischen Politik als verhängnisvoll erwiesen.[680] Eine diskrete Anfrage aus Washington, ob er bereit sei, die Führung einer Exilregierung, die dort ihren Sitz haben sollte, zu übernehmen, lehnte er, wie wir noch sehen werden, im Sommer 1944 ab – in Vorahnung der alliierten Pläne für das Schicksal seines Landes. Auch nach dem Kriege war er sicher, richtig gehandelt zu haben, als er sich einem solchen amerikanischen Ansinnen verschloß. Er fürchtete, man werde ihn gleichsam zu einem Quisling der Alliierten machen, der die damals, wie er meinte, schon im Prinzip festgelegten Friedensbedingungen akzeptieren sollte, und mißtraute auch einigen seiner Gesprächspartner. »Einige unter den Leuten, die diesen Gedanken betreiben, hatten dabei nur eine Überlegung, daß sie mich auf diese Weise am schnellsten für immer mundtot hätten machen können. Sie hätten schließlich nicht einmal gezögert, mich den Russen in die Hände zu spielen.« Im September 1944 mußte er zudem feststellen, daß sich die Gruppe um Stimson in der US-Administration, die ein ähnliches Projekt in bester Absicht favorisierte, bei Roosevelt mit ihren maßvollen politischen Zielen nicht durchsetzen konnte. Einige Wochen zuvor hatte der Präsident an Stimson geschrieben: »Dem gesamten deutschen Volk muß eingehämmert werden, daß die ganze Nation an einer gesetzlosen Verschwörung gegen die Gesittung der modernen Welt beteiligt war.«[681]

Die Proklamation einer »Regierung« im Ausland konnte, wie Brüning befürchtete, die Machthaber im Reich, Hitler, Göring und Himmler, dazu provozieren, im Reich eine »zweite Bartholomäusnacht« zu veranstalten, um jene internen Gegner des Regimes zu beseitigen, die später für einen Wiederaufbau des Landes dringend gebraucht würden. Dies habe er durch seine bisherige Haltung unter allen Umständen verhindern wollen. Noch im November 1943 hatte er dem Sozialdemokraten Rudolf Katz versichert, daß in Deutschland »Mitglieder aller einstigen Parteien – ausgenommen Nazis und Kommunisten – mit gewissen Leuten in der Armee« zusammenarbeiteten. »Selbst wenn sie von unserem Standpunkt aus gesehen Fehler machen, dürfen sie nicht von außen behindert und gestört werden.« Sie müßten allerdings darauf vertrauen können, daß »sämtliche anständigen Emigranten« die Opposition in der Heimat unterstützten. Er riet den Emigrantenorganisationen, alles zu vermeiden, was in Deutschland den Eindruck erwecken könne, daß sie eine bloße Restauration der alten Verhältnisse anstrebten.[682]

Bedeutsam in diesem Zusammenhang ist der Umstand, daß der in sowjetische Gefangenschaft geratene General Walther von Seydlitz-Kurzbach, der führende Kopf des in Moskau bestehenden »Nationalkomitees Freies Deutschland«, im Februar 1944 eine »Deutsche Befreiungsarmee« in Analogie zur »Deutschen Legion« von 1812 gründen wollte, die an der Seite Rußlands gegen die Wehrmacht kämpfen sollte. Sie hätte ein sowjetisches Gegenstück zu der auf deutscher Seite kämpfenden Wlassow-Armee dargestellt. Außerdem regte er an, in Moskau eine Exilregierung gegen Hitler zu bilden. Beide Vorschläge wurden von Stalin abgelehnt, letzterer um die Westmächte nicht zu irritieren, vielleicht auch um keine konkurrierenden Pläne im westlichen Exil zu fördern.[683]

Dennoch führte sich für Brüning das politische Exil unausgesprochen selbst ad absurdum, da es nichts Konstruktives für die Zeit nach Hitler erwarten lasse. Alle Hoffnungen setzte er auf eine ethisch-moralische Erneuerung im Geiste der christlichen Religion, je näher das Ende des Krieges kam, obwohl er sich von den Ratschlägen der Philosophen und gelehrten Theologen sonst nichts Wesentliches versprach. Ein unfruchtbarer religiöser Formalismus sei sowohl unter regelmäßigen Kirchgängern als auch unter führenden Theologen und Kirchenmännern zu beobachten. Er kenne einen anglikanischen Bischof, der seine Meinung zu den Nazis in der Zeit, als er sich selbst in England aufhielt, wenigstens zehnmal geändert habe, bemerkte er einmal. Die Kirchen müßten von Zeit zu Zeit verfolgt werden, damit sich im Hinblick auf ihr Glaubenszeugnis die Spreu vom Weizen scheide. Die Predigten des evangelischen Theologen Martin Niemöller (1892-1984), des Gründers des Pfarrernotbundes, der seit 1932 in Berlin-Dahlem wirkte, fanden seinen Beifall, da sie »in einfachen, zu Herzen gehenden Worten die absoluten Forderungen der Religion« verkündeten.[684]

Depressionen angesichts der düsteren Zukunft seines Landes, aber auch die fortwährenden Angriffe aus Emigrantenkreisen beherrschten ihn so sehr, daß er sich gelegentlich in der Rolle des Mannes »in antro Platonis« wähnte, der als Gefangener in einer Höhle lediglich die Schatten der draußen vorbeihuschenden Gestalten wahrnimmt.[685] Zu Anfang des Krieges hatte er sich und seinen Kollegen Carl Joachim Friedrich mit dem Gedanken trösten wollen, jede Emigration müsse »eine Zeit neuer Erfahrung und Reifung sein, wenn sie etwas zur Zukunft entweder der Heimat oder des Gastlandes beitragen« solle.[686] Nach 1945 mußte er sich eingestehen, daß sich der Charakter jedes Menschen in der Emigration ändere. Dies galt auch für Friedrich, zu dem er wegen dessen Beratertätigkeit für die amerikanische Regierung nach dem Zweiten Weltkrieg in einen persönlichen Gegensatz geriet.[687]

Keine Rückkehr in die deutsche Politik

Außer der Gefahr, daß Deutschland seine Ostgebiete verlieren würde, schreckte ihn die Vorstellung, daß es künftig einer »internationalen Kolonialverwaltung« unterstellt werden würde.[688] Mit Sorge registrierte er im Februar 1943 Nachrichten über Verhandlungen zwischen der polnischen Exilregierung unter General Sikorski und dem State Department über die Abtretung Ostpreußens und Oberschlesiens an Polen. Demnach sollten etwa fünf beziehungsweise zehn Millionen Deutsche ins Innere des Landes umgesiedelt werden. Sowohl der Publizist Walter Lippmann als auch der frühere tschechoslowakische Präsident Edvard Beneš hatten sich in diesem Sinne geäußert. Die britische Regierung favorisierte ohnehin eine solche Lösung.[689]

Brüning erinnerte in einem Memorandum vom April 1943 daran, daß er als Kanzler für die Zeit nach dem Ende der Reparationen einen Friedensplan entwickelt habe, der bei gutem Willen von allen Seiten hätte akzeptiert werden können.[690] Er habe auf einem gerechten Interessenausgleich zwischen Deutschland und seinen Nachbarn beruht und eine mitteleuropäische Zoll- und Währungsunion vorgesehen, die Deutschland, Österreich, Ungarn und die Tschechoslowakei umfassen sollte. Rumänien und Polen sollten unter besonderen Bedingungen assoziiert werden. Leider habe damals der eigenwillige Beneš die Vorteile dieses Plans nicht erkannt. Deutschland sei bereit gewesen, auf die verlorenen Kolonien zu verzichten, wenn es dafür einen ungehinderten Zugang zu den Rohstoffen erhalte, ohne dafür Devisen aufwenden zu müssen.

Er wiederholte seinen längst obsolet gewordenen Vorschlag zur Lösung der Korridorfrage, der auch von allen militärischen Fachleuten gebilligt worden sei und zur militärischen Neutralisierung Elsaß-Lothringens. Dabei modifizierte er seine früheren Vorschläge über die deutsch-französische Grenze. Im Westen sollte sich Frankreich von der Maginot-Linie zurückziehen. Dafür dürften die Westmächte eine besser zu verteidigende Linie an der deutschen Westgrenze einnehmen, während Deutschland die Erlaubnis erhielte, seine Grenzen zu befestigen und eine Luftwaffe aufzustellen. Es werde jedoch für fünf Jahre darauf verzichten müssen, Panzer und Bomber herzustellen. Wenn andere Länder damit einverstanden seien, ihre Armeen in dieser Zeit nach dem Beispiel der Schweizer Miliz zu reduzieren, werde sich Deutschland seinerseits danach richten. Sonst hätte es das Recht, schwere Waffen anzuschaffen.

Die Gelegenheit für eine solche Reform der Verhältnisse in Mitteleuropa war nach dem Ausbruch des Krieges, erst recht nach dessen Ende unwiederbringlich vertan. Um so größer war Brünings Sorge, als er von Gerüchten hörte, nach denen die Alliierten sich bereits auf der Moskauer Konferenz über eine »Reduzierung der Größe Deutschlands« verständigt hätten.[691] Seine politischen Sorgen und Zukunftsängste entsprachen seinem Lebensgefühl. Der frühere Staatssekretär Hans Schäffer verkannte diesen Zusammenhang, wenn er nach dem Kriege meinte, Brünings Interesse habe »stets mehr der politischen Stellung Deutschlands gegolten ... als den einzelnen Menschen.«[692] Dies war nicht Ausdruck eines – verdeckten – politischen Willens zur Macht, eher das Gegenteil. Brüning war jederzeit bereit, persönliche Ansprüche hinter einer als Pflicht erkannten Aufgabe zurückzustellen. Gleichwohl überwog seine Skepsis, jemals wieder eine wichtige Aufgabe übernehmen zu können, trotz seiner vielfältigen Beziehungen zu Washington.

Als ihn der Abteilungsleiter für Europa und Mitglied des Beratenden Komitees für die Außenpolitik in der Nachkriegszeit, Ray Atherton (1885-1960), im März 1943 aufsuchte, um ihn um personelle Empfehlungen für künftige Führungsaufgaben zu bitten, bekräftigte er seinen Standpunkt, ehemalige politische Flüchtlinge sollten nicht in ihre früheren Ämter zurückkehren, wobei er sich selbst nicht ausnahm. Er berief sich unter anderem auf Otto Braun, der seine Ansicht teile. Er riet, auch Wilhelm Sollmann zu konsultieren, den er unverzüglich seinerseits informierte. Beide hegten hinsichtlich ihrer Rolle als Emigranten ähnliche Überzeugungen.[693]

Mit Atherton, der ihn wiederholt um Personalvorschläge für den politischen Neuaufbau in Deutschland bat, hatte er sich erstmals 1941 anläßlich eines Vortrages an der Johns Hopkins Universität in Maryland über das Problem unterhalten. Im Juni 1943 ließ er Mona Anderson wissen, daß die Zeit, in der er »einigen Einfluß auf die Ereignisse nehmen konnte«, vorbei sei. Man habe ihn vergessen, womit er ganz zufrieden sei. Er habe immer bereitwillig das Unvermeidliche auf sich genommen.[694] Bekanntlich war Brüning aber noch im August 1943 in deutschen Verschwörerkreisen neben Ulrich von Hassell als künftiger Außenminister im Gespräch gewesen.[695] Wheeler-Bennett gestand er allerdings im Februar 1944 ein, daß er nicht mehr damit rechne, zur Übernahme eines führenden Postens aufgefordert zu werden.[696] Brüning hielt seine einmal nach außen hin festgelegte Linie bei, ohne sich durch verlockende Angebote oder durch mehr oder weniger diskrete Anfragen von Journalisten aus der Reserve locken zu lassen.

Als ihn Hans Schäffer fragen ließ, ob er gedenke, demnächst wieder in die »Firma« einzutreten, antwortete er, lieber »privater Ratgeber« bleiben zu wollen. Er habe eine schwache Gesundheit und wisse nicht, ob er einer neuen Belastung gewachsen sein werde. Im übrigen wunderte er sich darüber, daß Schacht, den er jetzt wieder als einen gemeinsamen alten Gegner bezeichnete, von den »früheren Gläubigern« anscheinend begünstigt werde.[697] Seinen Standpunkt vertrat er unbeirrt, um Spekulationen über seine Person abzuwehren, die trotz wiederholter Dementis nicht aufhörten. Gereizt reagierte er allerdings, wie bereits erwähnt, wenn er von dritter Seite als ungeeignet für eine künftige Führungsaufgabe bezeichnet wurde, oder das Gerücht verbreitet wurde, die Alliierten wünschten nicht, daß er in die Politik zurückkehre.[698] Daß er tatsächlich nicht wieder in die aktive deutsche Politik eingreifen wollte, versicherte er nach dem Kriege auch vertraulich gegenüber Paul Simon und seiner Schwester Maria.[699]

Brünings Verhalten läßt sich jenseits aller privaten und persönlichen Bedenken und Vorbehalte auf rationale Beweggründe zurückführen: Ihm war der begrenzte Bewegungsspielraum, der ihm gegeben war, stets gegenwärtig. Er wußte auch, daß er von den amerikanischen Behörden beobachtet wurde, und versuchte durch demonstrative Distanz zu den Exilorganisationen, sich dem Druck von politischen Gegenkräften zu entziehen, offensichtlich in Kenntnis der Haltung des State Department, die Ende 1941 festgelegt worden war. Die Diskussionen in den führenden Organisationen der Flüchtlinge verfolgte er dennoch mit großer Aufmerksamkeit. Ein internationales Treffen von deutschen Sozialdemokraten und Sozialisten aus anderen Staaten Anfang Juli 1943 beispielsweise beunruhigte ihn so sehr, daß er befürchtete, seine Landsleute wollten die deutschen Interessen »verraten und verkaufen«, insbesondere nachdem die britische Labour Party auf ihrem jüngsten Parteitag mit großer Mehrheit eine Resolution abgelehnt hatte, die sich gegen einen »Friedensvertrag der Rache« und die »falsche Identifizierung des Volks mit schlechten Regierungen« im Hinblick auf Deutschland richtete.[700]

Die antideutsche Agitation in der amerikanischen Presse betrachtete Brüning mit Abscheu und hielt sie keineswegs allein durch den Kampf der Vereinigten Staaten gegen das NS-Regime für gerechtfertigt. Das Argument, die Deutschen seien verantwortlich für das politische System, das der Journalist Walter Lippmann, der ebenso wie Brüning in Harvard lehrte, unter Berufung auf Augustinus' Lehre über das

»Versäumnis der Stadt, die Sünden ihrer eigenen Bürger zu bestrafen« dem deutschen Volk anlastete, wies er entschieden zurück, indem er die Geschichte des deutschen Volkes mit der anderer europäischer Nationen verglich. Lippmann sah in Hitlers Eroberungspolitik gleichsam den zweiten Versuch Deutschlands nach Wilhelm II. sich das westliche Europa zu unterwerfen.[701]

Damit widersprach er der in den angelsächsischen Ländern seit Hugo Grotius und Thomas Hobbes verbreiteten Ansicht, daß in allen Staaten, auch in den Diktaturen, die Herrschenden und die Beherrschten eine Rechtsgemeinschaft bildeten, also selbst die der Gewaltherrschaft unterworfene Gesellschaft für das jeweils bestehende Regime verantwortlich sei.[702] Grotius setzt in seiner Rechtslehre Individuum und Volk gleich und erkennt ein grundsätzliches Widerstandsrecht gegen die Inhaber der Staatsgewalt an.[703] Nach Hobbes lassen sich alle Pflichten der Herrscher in dem Satz zusammenfassen, das Wohl des Volkes sei das oberste Gesetz.[704]

Selbst in Harvard machte sich die antideutsche Agitation stärker als bisher bemerkbar, so daß Brüning wieder einmal bezweifelte, dort länger bleiben zu können. Es sei nicht wichtig, ob er noch ein Jahr oder länger lebe, er sehe aber nicht ein, warum er persönliche Demütigungen ertragen solle, die er nur um eines höheren Zweckes willen ertragen könne. Dieser Zweck scheint ihm zeitweise verdunkelt gewesen zu sein. Er wandte sich gegen die verbreitete antideutsche Stimmung, indem er um so entschiedener, wenn es irgend anging, auf die wertvollen traditionellen Institutionen und auf das kulturelle Erbe seines Landes verwies.[705]

Er wehrte sich gegen jede pauschale Kritik an Deutschland, die das deutsche Volk und die deutsche Kultur mit dem Dritten Reich gleichsetzte, wohl wissend, daß die amerikanische Öffentlichkeit im Angesicht der bevorstehenden militärischen Niederlage des Dritten Reiches an einem differenzierten Urteil über die deutsche Kultur nicht sonderlich interessiert war. Von Anfang an hatte er sein Land gegen, wie er meinte, ungerechtfertigte Angriffe auch mitten im Krieg verteidigt. So hatte er sich schon im Oktober 1942 gegen die Kritik aus katholischen Kreisen in den USA an den deutschen Bischöfen gewandt, die sich angeblich sehr spät erst gegen Hitler gestellt hätten, obwohl er früher ähnliche Ansichten gehegt hatte. Entschieden verteidigte er Bischof Nikolaus Bares von Berlin. Dieser erfreue sich in Deutschland großer Beliebtheit. Dagegen beklagte er die Haltung von Nuntius Orsenigo, der die deutschen Bischöfe gegen Hitler nicht unterstütze.[706]

Stimsons Initiative

Brünings demonstrative persönliche Distanz zu Washington in der Hoffnung, dadurch gleichsam seinen politischen »Stellenwert« zu erhöhen, beeindruckte niemanden, wenn man davon absieht, daß Henry Stimson ihm sein persönliches Wohlwollen unverändert bewahrte und sich seines Rates zu bedienen suchte. Stimson machte sich vor allem in den letzten Kriegsmonaten zum Sprecher jener Kreise in der US-Administration, die den Wiederaufbau Deutschlands und Europas nach dem Ende des NS-Regimes in den Vordergrund aller politischen Planungen rücken wollten.

Im Februar und März 1944 nahm Brüning auf offizielle Einladung an zwei Konferenzen des New Yorker »Council on Foreign Relations« teil, bei denen auch Vertreter des »Advisory Committee« des State Department und des OSS anwesend waren. Dies kam einer Aufwertung seiner Rolle als ehemals verantwortlicher deutscher Staatsmann gleich, was Brüning sehr wohl bemerkte. Schon die erste Zusammenkunft ermutigte ihn zu einigen Hoffnungen, obwohl der einflußreiche Rektor der Johns Hopkins Universität und stellvertretende Vorsitzende des Advisory Committees im State Department, Isaiah Bowman (1878-1950), nicht anwesend war. Der Wirtschaftsgeograph Bowman war als Befürworter einer internationalen Zusammenarbeit im Saargebiet und an der Ruhr unbeschadet der deutschen Souveränität bekannt. Brüning verdankte Bowman den Kontakt zu Atherton.

Brüning registrierte die freundliche Atmosphäre, die es ihm erleichterte, in der Rolle des außenpolitischen Experten aufzutreten, indem er Fragen im Sinne eines Hearings beantwortete. Eine andere Aufgabe hätte er sich kaum wünschen können, vorausgesetzt, man würdigte seinen Rat und seinen Rang als Repräsentant eines anderen Deutschland, obwohl sich dessen Existenz im Laufe des Krieges allmählich in der amerikanischen Öffentlichkeit verdunkelte. Der Typ des »guten Deutschen« wurde allmählich durch den des »bösen Nazi« in den Hintergrund gedrängt. Seinen Ausführungen war zu entnehmen, daß er auf eine militärische Kapitulation der Wehrmacht hoffte. Dagegen beurteilte er die Möglichkeit eines inneren Zusammenbruchs oder eines Umsturzes skeptisch. Er versicherte jedoch seinen Gesprächspartnern, daß es immer noch beachtliche Gruppen von Nazi-Gegnern unter den alten Gewerkschaftern gebe. Im Hinblick auf die Kommunisten, die nach seiner Ansicht künftig kein großes Gewicht erlangen würden, deutete er an, daß mit Differenzen zwischen den Sowjets und den westlichen Alliierten zu rechnen sei, wenn es darum gehe, mit welchen Gruppen in Deutschland sie nach der Kapitulation zusammenarbeiten könnten.

Er riet dringend zur Diskretion in dieser Frage, um zu vermeiden, daß Regime-Gegner oder Antikommunisten Repressalien der Nazis oder auch – später – der Russen ausgesetzt sein würden. Dies lief indirekt auf eine prinzipielle Kritik an der amerikanisch-sowjetischen Waffenbrüderschaft und der Politik Roosevelts hinaus. Ihm ging es darum, die Amerikaner vor den Gefahren des Kommunismus nach dem Ende des Krieges zu warnen. Vorsichtig regte er an, die Besatzungsoffiziere der siegreichen Armeen möglichst für eine Zusammenarbeit mit den deutschen Verwaltungen auf den unteren Ebenen auszubilden, vor allem um deren Unabhängigkeit und die Unabhängigkeit der Gerichte zu gewährleisten. Eine Teilung Deutschlands nach der endgültigen Besetzung, wie sie im Herbst 1943 unter den Großen Drei in Teheran verabredet worden war, werde eine allgemeine Instabilität zur Folge haben.

Erst nach dem Wiederaufbau einer funktionierenden Verwaltung solle eine zentrale deutsche Regierung gebildet werden. Dies war der heikle Punkt der ganzen Befragung. Brüning wollte ebenso wie der OSS-Chef in der Schweiz, Allen Dulles, die Amerikaner dazu bewegen, sich bei ihren Entscheidungen im Falle ihres Sieges rechtzeitig von der eigenen Feindpropaganda zu befreien. Dies galt nicht zuletzt für die »unconditional-surrender«-Forderung. Er warnte davor, die Gefahren, die von den Angehörigen der Gestapo und den Funktionären der NSDAP im Augenblick des Zusammenbruchs ausgehen könnten, zu überschätzen. Diese Leute würden einfach »verschwinden«, ohne sich, wie er glaubte, noch irgendwie politisch bemerkbar zu machen.

Trotz seiner Hoffnung, daß die Einheit des deutschen Staates zu retten sei, mußte er sich doch mit dem Gedanken vertraut machen, daß Deutschland bei Kriegsende größere Teile seines Territoriums verlieren werde. Dem Wunsch Polens nach sicheren Grenzen glaubte er entgegenzukommen, indem er die Abtretung einiger Gebiete von Ostpreußen und des Memellandes als denkbar bezeichnete. Polen werde im Bunde mit Litauen dann über die erstrebte militärische Sicherheit verfügen. Vermutlich wollte er mit diesem scheinbaren Zugeständnis lediglich als Ratgeber im Gespräch bleiben.

Insgesamt appellierte Brüning an die USA, zu ihrer traditionellen Schiedsrichterrolle nach dem Ende der Kampfhandlungen zurückzukehren. Sie seien dann in einer besseren Position als ihre Alliierten. Die USA dürften die Entscheidungen in Europa nicht allein Großbritannien überlassen. Dies bezog sich auf Überlegungen in britischen Regierungskreisen, das »wirtschaftliche Kriegspotential« Deutschlands für die Zukunft über das notwendige Maß hinaus zu begrenzen. Nach seiner Ansicht genügte es, die Zufuhr gewisser Rohstoffe zu überwachen, um die deutsche Rüstung in Zukunft zu kontrollieren.[707]

Unverkennbar wollte er Deutschland als gleichsam normales Mitglied der Völkerfamilie darstellen, das trotz des Krieges und der Verbrechen des Dritten Reiches unverlierbare völkerrechtliche Ansprüche besitze. Deshalb warnte er davor, nach dem Krieg die Politik der Bündnisse und Allianzen fortzusetzen, etwa in der Absicht, die internationalen Organisationen zu stärken. Dies bezog sich auf die »Erklärung der Vereinten Nationen vom 1. Januar 1942«, die von 25 Nationen unterzeichnet worden war. Sie dürfe nach seiner Ansicht nicht zu einer neuen Blockbildung führen. Trotzdem lehnte er internationale Strukturen nicht prinzipiell ab. So empfahl er angesichts der militärischen Bedeutung der Luftwaffe während des Zweiten Weltkrieges sogar den Aufbau einer internationalen Luftpolizeitruppe.[708]

Ratschläge an die Verschwörer

Brünings Rat war von verschiedenen amtlichen Stellen in Washington gefragt. Im Auftrag einer Gruppe von Generälen im Kriegsministerium, die Stimson nahestanden, erkundigte sich der Nationalökonom Constantine McGuire, mit dem Brüning vor Jahren die Ansiedlung deutscher Emigranten erörtert hatte, im Sommer 1944 bei ihm nach der militärischen Opposition in Deutschland. Die Aktion scheint ihren Ursprung im Weißen Haus gehabt zu haben und auf eine Anregung von Roosevelt selbst zurückgegangen zu sein, was keineswegs eine Sinnesänderung des Präsidenten gegenüber Deutschland bedeuten mußte. Der ehemalige Reichskanzler glaubte zu diesem Zeitpunkt, sich wieder an einem Wendepunkt seines Weges als Exilpolitiker zu befinden, als er mit McGuire im Hause seines Kollegen Ambrose Vernon in Hanover, New Hampshire, einige Stunden die politische Lage in Deutschland erörterte. Das genaue Datum der Begegnung, die noch im Juli stattgefunden haben dürfte, kennen wir nicht. McGuire erfüllte also einen Auftrag aus Washington, Brünings Haltung zu sondieren. Von dem Anschlag auf Hitler durch Stauffenberg am 20. Juli wußten die Gesprächspartner offensichtlich noch nichts, da sie eine bevorstehende Aktion gegen Hitler erwarteten.

Für Brüning war der »letzte Augenblick gekommen, in dem der Präsident durch eine Andeutung, daß der Friede mild ausfallen werde, den Widerstand noch zu einer erfolgreichen Aktion anstacheln konnte.« Die Folgen eines erfolgreichen Umsturzversuches in Deutschland wären unabsehbar gewesen. Doch erhebt sich die Frage, inwieweit ein solches Ereignis die Planungen der Siegermächte, vor allem der Vereinigten Staaten wirklich beeinflußt hätte. Nach Ansicht McGuires waren Brünings Freunde im Kriegsministerium daran interessiert zu erfahren, wie dieser die Wahrscheinlichkeit einer solchen Aktion beurteilte. Brüning glaubte nach dem Kriege, daß 1944 noch vieles im Interesse Deutschlands und Europas hätte gerettet werden können.[709]

Zum Zeitpunkt der Invasion in der Normandie am 6. Juni 1944 hatte sich herausgestellt, daß es keinen detaillierten Plan für die Besetzung Deutschlands gab, nach dem eine neue Verwaltung aufgebaut werden konnte, obwohl Stimson mit der am 1. März 1943 berufenen Civil Administration Division für Europa eine entsprechende Abteilung im Pentagon geschaffen hatte. Unter anderem berief sich Brüning auf Generalmajor George V. Strong, den er von der Genfer Abrüstungskonferenz her kannte. Strong hege ein »freundliches Interesse für eine ordentliche Regierung in Deutschland«.

McGuire ließ erkennen, daß er das Gespräch über die militärische Opposition fortsetzen wolle. Dies brachte Brüning in einige Verlegenheit, da er seit Ausbruch des Krieges kaum noch über aktuelle Kontakte nach Deutschland verfügte. Nach dem Fall von Stalingrad, den das Führerhauptquartier am 3. Februar 1943 bekanntgeben mußte, scheint er nur noch gehofft zu haben, daß möglichst viele der Gegner des Regimes dessen Untergang überleben würden. Im Juni 1944 ging in Washington eine Nachricht für ihn ein, die ihn jedoch nicht erreichte. Es handelte sich um eine Botschaft, die kurz zuvor vermutlich von Otto John – wahrscheinlich im Auftrag der Stauffenberg-Gruppe – über das OSS in Madrid auf den Weg gebracht worden war. Brüning wurde gebeten, nach Madrid zu einem Treffen mit Offizieren zu kommen. Die Nachricht wurde im Einverständnis mit Breckinridge Long in Washington zurückgehalten.[710] Ob Brüning sich dorthin begeben hätte, ist zweifelhaft, ebenso, daß er die Erlaubnis der US-Behörden erhalten hätte.

Im Juni 1944 war auch ein Presseartikel erschienen, der Brünings Ansichten über die Bedingungen eines Friedensschlusses wiedergab. Der Artikel war mit seinem Wissen von einem Mitglied seines Seminars, das für die Chicago News arbeitete, verfaßt worden. Er bezeichnete einen Friedensschluß nach dem Vorbild des Wiener Kongresses als wünschenswert und betonte, daß harte Friedensbedingungen für Deutschland nicht etwa der Stellung Großbritanniens, sondern der Sowjetunion zugute kämen. Der Artikel enthielt im übrigen eine verdeckte Nachricht an die militärische Widerstandsbewegung, speziell an Admiral Canaris, von dessen Abberufung als Chef der militärischen Abwehr Brüning offensichtlich noch nichts wußte.

Sie bestand in der Aufforderung, sofort zu handeln, d. h. ohne die erwünschten, aber nicht gewährten Zusicherungen der Alliierten, um zu vermeiden, daß diese sich untereinander über alle Details des bevorstehenden Endes der Kampfhandlungen verständigten. Außerdem enthielt sie eine Warnung an die Führer der Verschwörung, angesichts verschiedener Indiskretionen in der westlichen Presse, ihre Sicherheit zu vernachlässigen. Brüning bediente sich damit jener Methode der Nachrichtenübermittlung, die Goerdeler, wenn auch in umgekehrter Richtung, 1939 empfohlen hatte.⁷¹¹

Goerdeler hatte im April 1942 in Stockholm über die Wallenbergs von Churchill eine Zusicherung erreichen wollen, daß die Alliierten einen Umsturz in Deutschland nicht militärisch zu ihren Gunsten ausnutzen würden. Die beiden Bankiers hielten dies nach ihren Informationen für aussichtslos und ließen Goerdeler wissen, daß die Alliierten ihre Absichten erst nach einem Sturz Hitlers mitteilen würden. Sie selbst würden jedoch nach einer Entscheidung in Berlin mit Churchill Kontakt aufnehmen.⁷¹² Inzwischen war wertvolle Zeit verstrichen, ohne daß die Verschwörer gehandelt oder die britische Regierung ihren Standpunkt geändert hatten.

Den Hintergrund von Brünings Warnung bildete ein Artikel von George Axelsson, Stockholmer Korrespondent der New York Times, der in seinen Artikeln Informationen aus Berlin gebracht hatte, die Brüning wegen einiger darin enthaltener Details, die für die Gestapo aufschlußreich sein konnten, als »besorgniserregend« empfand. Im Sommer und Herbst 1943 hatte die Zeitung von Gerüchten über einen bevorstehenden Staatsstreich von »adligen Militaristen« berichtet. Eine Meldung von Associated Press (AP) aus London vom 30. November erwähnte Rundstedt, Brauchitsch, Beck und Raeder als Führer einer oppositionellen Gruppe. Axelsson hatte am 11. Dezember 1943 aus Stockholm gemeldet, in Berlin deute alles auf einen Waffenstillstand zwischen den Nazis und den Generälen hin.⁷¹³ Am 20. November war ein angebliches Memorandum von Widerstandsgruppen in der Wehrmacht an das Foreign Office gelangt, das dort allerdings nicht ernst genommen wurde. Man glaubte dort die Handschrift Trotts zu erkennen, auf dessen Integrität man jedoch nicht vertraute.⁷¹⁴ Brüning hätte sich über den Irrtum kaum gewundert. Er war ohnehin überzeugt, daß die Menschen im Ausland keinerlei Vorstellung von der »Perfektion« der Gestapo-Methoden hätten.⁷¹⁵

Gleichwohl war McGuire daran interessiert, Näheres über die militärische Widerstandsbewegung zu erfahren, so daß ihn sein Gegenüber bitten mußte, unter keinen Umständen die prominenten Namen, die er erwähnte, in irgendeinem Dokument für das Kriegsministerium oder das OSS festzuhalten. Brüning befürchtete, daß dies von interessierter Seite, etwa von Verfechtern harter Friedensbedingungen und heimlichen Förderern sowjetischer Interessen, mißbraucht werden würde. McGuire stimmte zu und versicherte ihm, seine Freunde im Kriegsministerium seien dringend an einer Vereinbarung mit der Widerstandsbewegung interessiert, um Europa vor dem Bolschewismus zu retten.⁷¹⁶

Angebot des State Department

Ein wesentliches Anliegen McGuires bestand indessen darin, Brüning zu einer klaren Stellungnahme zu bewegen, ob er bereit sei, nach dem Ende des Dritten Reiches, mit dem man noch im Jahre 1944 rechnete, die Regierung in Deutschland zu übernehmen. Brüning wußte, daß die Anfrage entweder mit Staatssekretär Cordell Hull abgesprochen war oder sogar auf ihn zurückging. Seine Antwort ließ auf den ersten Blick an Klarheit nichts zu wünschen übrig, obwohl sie bei näherer Betrachtung aufschlußreiche Gegenforderungen enthielt. McGuire hatte ihn zuvor gefragt, ob er gewillt sei, mit Stimson oder einem der Generäle des Ministeriums zusammenzutreffen. Brüning bejahte dies, er »würde dies nur zu gern tun«, stellte aber klar, daß er kein »Kandidat für die Regierungsübernahme in Deutschland sei«. So habe er sich auch im Jahr zuvor gegenüber Ray Atherton geäußert.

Zur Begründung nannte er drei gewichtige Argumente, die er wie folgt zusammenfaßte: »Erstens: Kein Emigrant in der Geschichte, der nach vielen Jahren in seine Heimat zurückkehrte, um aus der Hand fremder Mächte die Regierung zu übernehmen, hatte je Erfolg. Zweitens: Ich war in Deutschland mehr oder weniger in Vergessenheit geraten, außer bei Leuten meiner eigenen Partei und bei einigen Sozialistenführern, die mit Moltke und Trott in Verbindung standen, und bei jenen Menschen der einstigen Rechten, die Treviranus mehr oder weniger gefolgt waren ... Drittens: Nachdem ich eine Verständigung über die Rüstung erzielt hatte, die geeignet gewesen wäre, den Frieden und die Stabilität Europas zu retten, und nachdem ich Deutschland von den Reparationen befreit und Vorgespräche über die Rückgabe des polnischen Korridors an Deutschland angefangen hatte, war ich nicht bereit, die Verantwortung für destruktive und demütigende Waffenstillstandsbedingungen zu übernehmen.«[717]

Gleichviel, ob diese Stellungnahme das letzte Wort in der Sache war, oder ob er die Bedingungen für ein indirektes Engagement erhöhen wollte, enthielt sie doch eine entschiedene Warnung vor allzu harten Friedensbedingungen. Über die interne Diskussion innerhalb des pro-angelsächsischen Flügels der deutschen Militär-Opposition, wie sie im sogenannten »Herman Plan« Moltkes vom Dezember 1943 zum Ausdruck kam, war er offensichtlich nicht unterrichtet. Der Plan zielte auf ein indirektes militärisches Zusammenwirken deutscher und westalliierter Truppen, um ein Vordringen der Roten Armee in das Zentrum Europas zu verhindern. Zu diesem Zeitpunkt stand die Invasion in der Normandie noch bevor. Zugleich sollte eine deutsche Gegenregierung gebildet werden, die nach einem Waffenstillstand auf Grund einer bedingungslosen Kapitulation Friedensverhandlungen einleiten sollte.[718] Im Mai 1944 hatten Abgesandte des militärischen Widerstands detaillierte Vorschläge für einen separaten Friedensvertrag mit dem Westen an das OSS in Bern übermittelt. Sie hatten darin auch die Namen mehrerer Generäle erwähnt, die in die Verschwörung eingeweiht waren.[719]

Brüning wollte nicht als Vollstrecker des Willens der Siegermächte auftreten, legte aber Wert darauf, daß er selbst für eine andere Politik als Hitler gestanden hatte. Diese hätte nach seiner Ansicht zu einem endgültigen Erfolg geführt, wenn ihn auch die übrigen Mächte unterstützt hätten. Andererseits wußte er, daß längst Gegenkräfte wirksam waren, die seine Rückkehr nach Deutschland zu verhindern trachteten. Die Foreign Nationalities Branch innerhalb des OSS, in denen unter anderen Universitätskollegen aus Harvard und Princeton tätig waren, hatte ihn schon im Mai 1944 wegen seiner – angeblich – nationalistischen und antirussischen Einstellung als ungeeignet für den politischen Wiederaufbau in Deutschland bezeichnet.[720]

Brüning hielt sich für weitere Konsultationen in der nächsten Zeit bereit. Als er Anfang September 1944 wieder, wie er es häufig zu tun pflegte, für ein paar Tage zur Erholung in Huntington war, erschien bei ihm ein Vertrauensmann McGuires, Dr. Watson A. Baumert, mit der Nachricht, ihn werde in wenigen Tagen eine Mitteilung aus dem Kriegsministerium erreichen. Außerdem erhielt er ein Memorandum

McGuires vom 3. September. Danach war in Moskau ein weitreichendes deutsches Angebot über die Einstellung der Feindseligkeiten an der polnischen Grenze eingegangen. Deshalb wolle Churchill die in Casablanca am 24. Januar 1943 verabredete Forderung nach einer bedingungslosen Kapitulation des Dritten Reiches modifizieren. Nach dem Mißlingen des Umsturzversuches vom 20. Juli befürchteten die Briten, daß SS-Chef Himmler nach einem Ableben Hitlers ein Abkommen mit Rußland anstrebte. Selbst in dem Falle, daß die Russen nicht darauf eingingen, sei die Wehrmacht nach ihrer Meinung in der Lage, die Westfront noch monatelang zu halten.[721]

Der Kampf gegen den »Morgenthau-Plan«

Die Amerikaner beurteilten die Lage nicht wesentlich anders. Im August und September 1944 hatten die Minister beziehungsweise Staatssekretäre Cordell Hull, Henry J. Morgenthau jr. und Henry Stimson in einem Kabinettsausschuß, dem »Cabinet Committee on Germany« für die Nachkriegspolitik gegenüber Deutschland, der vom Präsidenten eingesetzt worden war, beraten, ohne zu einem wesentlichen Ergebnis, zu genauen Direktiven für General Eisenhower, dem Oberbefehlshaber der vereinigten alliierten Streitkräfte in Europa (Joint Chief of Staff), zu gelangen. Am 2. September 1944 hatte Morgenthau seinen bekannten, von Unterstaatssekretär Harry Dexter White und zwei weiteren Mitarbeitern (Luxford und Pehle) entworfenen 14-Punkte-Plan vorgelegt, ein Memorandum, nach dem Deutschland in einen Agrarstaat umgewandelt werden sollte. Morgenthau, dessen Vater aus Mannheim stammte[722], hatte im August eine Kampagne für dieses Ziel mit großem Aufwand und mit Unterstützung von Roosevelts Berater Harry Hopkins[723] ins Werk gesetzt. Das Programm ähnelte in wichtigen Punkten den Thesen Vansittarts, die dieser im britischen Oberhaus vertreten hatte. Stimson und Hull erhoben in Gegenwart Roosevelts, der mit Morgenthau persönlich befreundet war, energischen Einspruch, so daß es nicht zu einer Verständigung und zu einem Beschluß kam. Hopkins mußte die Vorschläge Morgenthaus noch einmal überarbeiten.

Stimson setzte mit Hilfe zahlreicher Juristen und Finanzfachleute alles in Bewegung, um die nach seiner Ansicht »übertriebenen Strafmaßnahmen« gegen Deutschland zu vereiteln. Brüning berichtete nach dem Kriege, daß sich »sehr einflußreiche Kreise im Kabinett« dafür eingesetzt hätten, ihn offiziell zu den Vorschlägen Morgenthaus anzuhören, was jedoch durch eine raffinierte Intrige verhindert worden sei. Er selbst behauptete später, während einer Eisenbahnfahrt Zeuge eines Gesprächs gewesen zu sein, in dem sich einer der Herren, der ihn 1942 für den Gedanken einer Exilregierung zu gewinnen versucht habe, laut mit seiner Frau darüber unterhielt, wie es gelungen sei zu verhindern, daß er als ehemaliger Reichskanzler zum Morgenthau-Plan gehört würde. »Es war für ihn allerdings peinlich, mich kurz darauf bei einem Weekend bei seinen besten Freunden wiederzuerkennen als den Nachbar im Zuge an jenem kritischen Tage. Für mich war es ein großes Amusement.«

Es war allerdings kein Zufall, daß weder Hull noch Stimson, sondern Morgenthau den Präsidenten zu der zweiten Konferenz von Quebec (11.–19. September) – die erste hatte im August 1943 stattgefunden – mit Churchill begleiten durfte. Die zeitweilige Abkühlung des Verhältnisses zwischen Roosevelt und Stimson, der schon seit 1942 eine Zeitlang von wichtigen Entscheidungen ausgeschlossen war, dürfte dabei mitgespielt haben. Stimson, der zeitweise als »Assistant President« galt, zog sich vorübergehend aus den internen Verhandlungen über Deutschland zurück und überließ es seinem Mitarbeiter John McCloy, den Standpunkt des Kriegsministeriums gegenüber Morgenthau und dem Präsidenten zu vertreten.[724]

Am Freitag, dem 8. September 1944, erhielt Brüning über Paul Buck, den Dekan seiner Fakultät in Harvard, die Nachricht sich sofort mit Harvey Hollister Bundy, einem engen Mitarbeiter Stimsons, in Verbindung zu setzen. Bundy (1888-1963) bat Brüning, sich am nachfolgenden Wochenende nach Huntington zu begeben. Stimson werde am Samstag nach Mitchell Field auf Long Island fliegen, um ihn zu sprechen. Ein Offizier werde ihn abholen und zu Stimsons Haus bringen.

Zu der Begegnung kam es nicht, obwohl Stimson tatsächlich nach Long Island gekommen war und sich über das Wochenende ebenfalls in Huntington aufhielt. Der Offizier hatte sich nicht gemeldet und war auch nicht erschienen. Am 11. September, einem Montag, erkundigte sich Brüning bei Bundy, warum das Treffen nicht zustande gekommen sei. Dieser entschuldigte sich dafür, daß das War Department Brüning nicht angerufen habe. Die Frage, ob noch mit einem neuen Termin zu rechnen sei, beantwortete er schroff: »Wir werden Fühlung mit Ihnen aufnehmen, wenn wir Sie brauchen.« Brüning wollte zunächst nicht wahrhaben, daß damit der Vorgang beendet war. Am nächsten Tag erfuhr er aus der New York Times, daß die zweite Konferenz in Quebec begonnen hatte, ohne sofort den Zusammenhang mit der nicht zustande gekommenen Begegnung mit Stimson zu erkennen.[725]

Brüning bedauerte, daß er Stimson nicht gesehen hatte, nahm aber auch nicht an, daß ein Gedankenaustausch weitreichende Folgen gehabt hätte, da Stimson seine Ansichten über die politische Lage im wesentlichen kannte. Aktuelle Informationen über die Lage in Deutschland hätte Brüning dem Minister kaum bieten können, abgesehen von Ratschlägen, der militärischen Opposition in der Wehrmacht auf irgendeine Weise entgegenzukommen. Dies hätte eine Sinnesänderung Roosevelts vorausgesetzt, die Stimson vergeblich anstrebte.

Andererseits irritierte ihn der Umstand, daß bestimmte Washingtoner Regierungskreise ihn zunächst konsultieren wollten, dann aber im letzten Augenblick darauf verzichtet hatten. Es dauerte nicht lange, bis ihm ein Dokument aus Geheimdienstkreisen vor Augen kam, aus dem, wie er später berichtete, hervorging, daß Prälat Kaas sich gegenüber dem New Yorker Erzbischof Kardinal Spellman bei dessen Besuch in Rom dafür ausgesprochen habe, Ostdeutschland den Polen und Westdeutschland den Franzosen zu überlassen. Der Prälat verfüge nach Spellmans Eindruck über großen Einfluß bei den höchsten Stellen der Kurie. Der Jesuit Robert Leiber habe sich, so hatte Spellman angeblich berichtet, entschieden gegen solche Pläne gewehrt. Die Nachricht wurde nach Brünings Ansicht in Washington sehr beachtet und trug dazu bei, die Morgenthau entgegengesetzten Vorstellungen von Stimson und Hull zu konterkarieren. Auch er selbst sei, so glaubte er die Informationen überschätzend, deshalb in den Tagen vor Quebec jeden Einflusses in Washington beraubt worden.[726]

Am 1. April 1944 hatte der Präsident erklärt, er sei nicht bereit, auf ein deutsches Friedensangebot einzugehen. Auch eine Anregung, öffentlich klarzustellen, daß die

Vereinigten Staaten nicht beabsichtigten, »die deutsche Nation zu vernichten«, hatte er sich nicht zu eigen gemacht. Die dringende Empfehlung des State Department und der Armee, die – angenommene – Krise in der Wehrmachtführung durch eine indirekte Garantieerklärung für Recht und Ordnung zu verstärken und dadurch die Invasion in Frankreich zu fördern, hatte er abgelehnt und die Diskussion darüber für beendet erklärt. Im Mai lehnte das Weiße Haus unter dem Einfluß des Finanzministeriums und der Vereinigten Stabschefs die letzte Anfrage der Gruppe um Beck und Goerdeler über Gisevius und Waetjen ab. Gisevius und Dulles hatten seit 1942 in Verbindung gestanden. Die Ansichten des OSS und des Kriegsministeriums wurden ignoriert. Auch die Nachrichten von Trott aus Stockholm hatte Roosevelt unbeantwortet gelassen. Trott hatte sich im März und dann noch einmal Ende Juni bis Anfang Juli 1944 dort aufgehalten. Erst am 17. Juli hatte Roosevelt zugesagt, daß eine Garantieerklärung unter günstigen Bedingungen abgegeben werden könne.[727] Einen Vorschlag des OSS, an die kapitulationsbereiten Befehlshaber heranzutreten, lehnte Washington mit der Begründung ab, es sei nicht erwünscht, daß deutsche Militaristen die Hitler-Diktatur stürzten.[728]

Brüning war seit 1943, seit dem verstärkten Bombardement deutscher Städte, unter dem besonders die Zivilbevölkerung zu leiden hatte, in einen zunehmenden Gegensatz zur Roosevelt-Administration geraten. Diese Haltung trieb ihn zu einer ausgesprochen persönlichen Feindseligkeit gegen den Präsidenten und einige Regierungsmitglieder, in erster Linie gegen Morgenthau. Er klagte offen darüber, daß er nicht genug Einfluß auf die amerikanische Regierung habe.[729] Vorübergehend verschlechterte sich zudem Brünings Verhältnis zu Messersmith und George Shuster, der lange Zeit als indirektes Sprachrohr Brünings galt. Shuster führte die zeitweilige Entfremdung zwischen sich und Brüning auf dessen Enttäuschung über den Besuch bei Roosevelt im Weißen Haus Ende Januar 1938 zurück.

Die enge Freundschaft mit Wheeler-Bennett zerbrach, nachdem es zu Differenzen über dessen Bücher »The Nemesis of Power« und »The Wooden Titan« gekommen war.[730] Wheeler-Bennett fürchtete um die britischen Interessen, wenn sich in den USA die Tendenz zu einem »American Appeasement« gegenüber Deutschland auf Kosten Großbritanniens durchsetzen würde, falls sich das »Big Business« für die Bestrebungen der oppositionellen deutschen Militärs interessieren würde.[731] Wheeler-Bennett hatte, was Brüning nicht wußte, in einem vertraulichen Memorandum für das Foreign Office vom Juli 1942 behauptet, daß führende deutsche Nazi-Gegner wie Hermann Rauschning, Carl Spiecker und Heinrich Brüning den Isolationismus in den USA stärken wollten. Im Jahr darauf hatte er in einer weiteren Denkschrift dieser Art darauf verwiesen, daß Brüning eine gemäßigte Friedensregelung anstrebe und die Rolle eines Talleyrand am Verhandlungstisch im Namen eines »anderen Deutschland« spielen wolle. Im Februar 1943 hatte Wheeler-Bennett ein siebenstündiges Gespräch mit ihm in Harvard geführt. Brüning war verstimmt, als Wheeler-Bennett meinte, die deutsche Widerstandsbewegung solle auf eigene Faust vorgehen und trotz der Forderung nach bedingungsloser Kapitulation auf den Urteilsspruch der Alliierten über die Zukunft Deutschlands vertrauen. Ihn selbst forderte er zur Zusammenarbeit mit dem britischen Geheimdienst auf, was dieser entschieden ablehnte. Statt dessen kritisierte Brüning in erster Linie die britische Deutschlandpolitik. Einzelheiten von Wheeler-Bennetts Berichten gingen in eine Empfehlung Lord Halifax' an das Londoner Kabinett ein.[732]

In Quebec stellte Roosevelt den sogenannten Morgenthau-Plan[733] zur Debatte. Churchill erhob zwar heftige Bedenken, sagte dann aber eine Prüfung zu, weil er an der Fortsetzung der amerikanischen Lieferungen nach dem Leih- und Pachtabkommen (Lend-And-Lease-Act) vom 11. März 1941 in Höhe eines 6,5 Milliarden Dollar umfassenden Kredits dringend interessiert war. So verständigte er sich mit Roosevelt grundsätzlich über den Plan. Churchill, der es zunächst abgelehnt hatte, »einen Leichnam an unseren Hals zu ketten«, war von Lord Cherwell (Frederick Lindemann) schließlich dazu gebracht worden, seinen Standpunkt völlig zu revidieren. Brüning wollte später erfahren haben, daß Morgenthau für eine Zustimmung der Briten eine Anleihe von dreieinhalb Milliarden Dollar angeboten hatte. Cherwell betonte die Vorzüge der Vorschläge Morgenthaus. Als Hull und Stimson gegen die Zustimmung Roosevelts und Churchills zum Morgenthau-Plan protestierten, zog Roosevelt seine Unterschrift eine Woche später wieder zurück. Auch von Otto von Habsburg, dem Sohn des letzten österreichischen Kaisers, war der kranke Roosevelt entschieden gewarnt worden. Unter vier Augen sagte Roosevelt allerdings zu Stimson am 3. Oktober 1944, er beabsichtige nicht, Deutschland in einen Agrarstaat zu verwandeln. Teile des Planes kehrten jedoch in der bekannten amerikanischen Direktive JCS 1067/6 vom 7. Mai 1945 wieder, die bis zum Juli 1947 in Kraft bleiben sollte, allerdings von keinem der anderen Alliierten offiziell akzeptiert wurde.[734]

Stimsons Widerspruch

In einem Memorandum vom 15. September wiederholte Stimson in aller Deutlichkeit seinen Widerspruch gegen Morgenthaus Vorschläge.[735] Er faßte darin seine Kritik zusammen, die er schon sechs Tage zuvor vorgebracht hatte[736], und behauptete, daß die Vorschläge auf lange Sicht all das zunichte machen würden, was man durch einen vollständigen militärischen Sieg zu erreichen hoffe, nämlich den Weltfrieden und soziale, ökonomische und politische Stabilität in Europa. In den Zielen sei man sich einig, die Differenz bestehe in den Mitteln, wie sie zu erreichen seien. Es gehe nicht darum, das deutsche Volk hart oder sanft zu behandeln. Man dürfe ein Volk von siebzig Millionen gebildeten, tüchtigen und schöpferischen Menschen nicht auf eine so niedrige Existenz, wie es dem Finanzministerium vorschwebe, herabdrücken. Er glaube nicht, daß dies der menschlichen Würde entspreche, abgesehen davon, daß dies für den Rest der Welt weder ökonomisch noch geistig zuträglich sei. Armut zu erzwingen, verderbe sowohl den Geist der Besiegten wie auch der Sieger. Stimson verglich einen solchen Weg mit den Methoden der Nazis gegenüber ihren Opfern. Dies sei ein Verbrechen an der Zivilisation. Er erinnerte an den fundamentalen Glauben seines Landes, daß alle Menschen das Recht hätten, freie menschliche Wesen zu sein und ihr Leben im Streben nach Glück zu verbringen.

Die Vorstellungen Morgenthaus bedeuteten, so Stimson, zwangsläufig eine Umwälzung aller Lebensverhältnisse, werde den Betroffenen ungeheures Leid zufügen und Rachegefühle gegen die Feinde des deutschen Volkes wecken. Insgesamt stellten die Vorschläge das offene Eingeständnis dar, daß die Hoffnungen auf eine vernünftige ökonomische und politische Beseitigung der Ursachen des Krieges zusammengebrochen seien. Stimson plädierte für vernünftige Friedensbedingungen, die nach historischer Erfahrung allein geeignet seien, neue Kriege zu verhindern. Ein gleichsam »karthagischer« Friede werde selbst bei einem Teil der amerikanischen Bevölkerung und in der übrigen Welt zu einer Reaktion führen, die sich sogar gegen die vernünftigen Maßnahmen richten werde, die man gerechterweise den Deutschen auferlegen müsse.

Die Ausführungen Stimsons stimmten im wesentlichen mit den Ansichten Brünings überein, obwohl der Minister an seiner Forderung nach Bestrafung der Kriegsverbrecher festhielt und vorübergehend auch eine Teilung Deutschlands nicht völlig ausschließen wollte. Anhänger Morgenthaus registrierten ihrerseits den angeblichen Einfluß Brünings auf den Kriegsminister. Morgenthau erfuhr am 19. September von Spekulationen über eine mögliche Führungsrolle Brünings nach Kriegsende. Zugleich wurde ihm die Warnung Foersters, Brüning sei »gefährlicher als Hitler«, zugespielt, deren er sich bei günstiger Gelegenheit in einer interministeriellen Ausschußsitzung bedienen solle.[737]

Von den Absichten Morgenthaus erfuhr Brüning aus der Presse frühestens am 23. September. Er entnahm ihr auch die Nachricht, daß sich das State Department und das Kriegsministerium dagegen ausgesprochen hätten.[738] Spätestens zu diesem Zeitpunkt dürfte ihm der Hintergrund der erwähnten Einladung vom 8. September 1944 nach Huntington deutlich geworden sein, ohne daß er für sich beanspruchen konnte, irgendwie in seinem Sinne zur Meinungsbildung in Washington beigetragen zu haben. Andererseits blieb das potentielle politische Gewicht, das man ihm teilweise von offizieller Seite zumaß, seinen Gegnern nicht verborgen. Außenminister Hull und der neu ernannte politische Berater General Eisenhowers, Robert Murphy, hatten es schon am 14. September für nötig befunden, gegenüber der Washington Post alle Gerüchte, Brüning sei wegen Deutschland konsultiert worden, als »100 Prozent Gefasel« und »reinen Unsinn« zu bezeichnen.[739] Auch Stimson war besorgt, daß die verbreitete antideutsche Stimmung in Hysterie umschlagen könne. »Die ganze Atmosphäre macht es notwendig, sein Gleichgewicht sorgfältig zu bewahren«, hatte er im März 1944 in sein Tagebuch geschrieben.[740]

Die Denkschriften vom Herbst 1944

Stimson handelte, wie erwähnt, in der Auseinandersetzung mit Morgenthau in völligem Einverständnis mit Brüning, was diesen darin bestärkte, an seiner diskreten Beraterrolle festzuhalten. Die Nachrichten vom Scheitern des Aufstandes vom 20. Juli – in der britischen Kriegspropaganda war von einem »Generals' putsch«, in der amerikanischen von einem »Peace Movement« die Rede – ließen ihn an seiner Aufgabe nicht irre werden, obwohl er ebenso wie Treviranus, Goerdeler, Popitz, Hassell, Lejeune-Jung und Moltke grundsätzlicher Gegner eines Attentats auf Hitler gewesen war.[741] Am 12. September las er in der New York Times, Carl Goerdeler, Ulrich v. Hassell, Wolf Graf v. Helldorf, Paul Lejeune-Jung, Wilhelm Leuschner, Josef Wirmer und Adam von Trott zu Solz seien hingerichtet worden. Die Nachricht war insofern unzutreffend, als zu diesem Zeitpunkt Goerdeler, Hassell, Helldorf und Leuschner noch vor ihrer Hinrichtung standen.

Die Erschütterung über das Scheitern des Umsturzversuches und die Trauer über das Schicksal der Opfer der Hitlerschen Rachejustiz sollten ihn noch lange belasten.

Zunächst aber stürzte er sich in seine Arbeit als Experte und Berater derjenigen amerikanischen Politiker, zu denen er Zugang hatte. Den Widerstand gegen die Absichten Morgenthaus empfand er nicht als aussichtslos, da sie in der amerikanischen Öffentlichkeit nie wirklich populär und auch in der Kriegspropaganda gegen das Dritte Reich hinderlich waren.[742]

Brüning entschloß sich im Herbst 1944, seine Vorstellungen über den Neuaufbau des sozialen und politischen Lebens in Form einer oder mehrerer Denkschriften niederzulegen, ohne über die jüngsten Diskussionen in den Kreisen des militärischen und zivilen Widerstandes, etwa über deren Kontakte zum britischen und amerikanischen Geheimdienst in der Schweiz und in Schweden unterrichtet zu sein. Er lief freilich Gefahr, sich unglaubwürdig zu machen, weil seine Gesprächspartner, vor allem deren Auftraggeber über ungleich bessere Informationswege verfügten als er. Das galt auch für das OSS, das vor allem aus der Schweiz und aus Schweden wichtige Informationen im Vorfeld des 20. Juli erhalten hatte, aber nicht in der Lage war, den Kurs des Weißen Hauses wesentlich zu beeinflussen. Die Briten hatten im Frühjahr 1944 alle wichtigen Nachrichten über oppositionelle Bestrebungen in Deutschland mit einem negativen Ergebnis über deren Absichten ausgewertet. Eine erfolgreiche Verschwörung hoher Offiziere gegen das NS-Regime erwartete man allenfalls als Vorspiel zur Kapitulation der deutschen Wehrmacht.[743] Churchills Entscheidung, solche Nachrichten unbeachtet zu lassen, stand dahinter. Über die Kontakte der deutschen Opposition zu alliierten Stellen war Brüning in den letzten Monaten des Krieges nur unzureichend informiert. Aus der Schweiz erfuhr er kaum etwas. Aus Schweden erhielt er allerdings über Bruce C. Hopper, der als Sondergesandter für das OSS dort tätig war, einige Nachrichten aus dem Reich, unter anderem einen Gruß von Hammerstein.[744]

Andererseits war er sich mit seinen Gesinnungsgenossen in Deutschland darin einig, daß das Reich mit harten Friedensbedingungen rechnen mußte. Inwiefern Brüning die Hintergründe der Vereinbarungen des »unconditional surrender meetings« von Casablanca im Januar 1943 durchschaute, ist nicht klar. Die Vorbehalte Hulls und Stimsons dürften ihm dagegen bekannt gewesen sein. Die Forderung nach bedingungsloser Kapitulation Deutschlands, Italiens und Japans, die Präsident Roosevelt nach Abschluß der Verhandlungen erhob, hatte in erster Linie den Zweck, die keineswegs spannungsfreie Allianz mit Stalin bis zum siegreichen Ende des Krieges zu sichern und nicht durch Separatverträge oder Gerüchte um derartige Vereinbarungen mit der Gegenseite auseinanderfallen zu lassen. Nebenher wollte man einer neuen deutschen »Dolchstoßlegende« wie nach 1918 vorbeugen.[745] Eine bedingungslose Kapitulation lehnten dennoch alle Gruppen der Widerstandsbewegung ab.

Brüning befand sich in einer Situation, wie er sie ähnlich schon früher erlebt hatte, wenn es ihm darum ging, die persönlichen Qualitäten anderer Menschen, etwa von Mitarbeitern, zu beurteilen. Er pflegte, wie wir gesehen haben, gern den »Ernstfall« zu beschwören, um sich vorzustellen, wie sich Menschen in unübersichtlichen Situationen verhalten würden. Jetzt versuchte er seiner eigenen Maxime gerecht zu werden. Es war der Ernstfall im Krieg, zwar nicht, wie er früher sagte, nach Gefechtsende, aber es ging darum, gleichsam ohne Befehl oder höhere Anweisung richtig zu handeln. Im Sinne seiner Maxime verfehlte er seine Aufgabe nicht. Alle seine

Aktionen standen letztlich im Einklang mit den Absichten der Verschwörer in Deutschland, zumindest handelte er ihnen nicht zuwider, abgesehen davon, daß er ihnen in keiner Weise durch sein diskretes Handeln geschadet hätte. Auch gefährliche oder schädliche Indiskretionen wird man ihm kaum vorwerfen können. Er wußte, daß er nur über begrenzte Informationen verfügte und leicht zu Fehldiagnosen gelangen konnte.

Im Oktober 1944 legte Brüning auf Wunsch des Diplomaten DeWitt C. Poole, neben John C. Wiley »Chief of the Department on Foreign Nationalities«, im OSS, der ihn im Auftrag Stimsons in Cambridge aufgesucht hatte, vier Denkschriften vor, in denen er seine Vorstellungen von einem Wiederaufbau des sozialen und politischen Lebens, wie er sie den amerikanischen Behörden bereits im Februar vorgetragen hatte, erläuterte. Die Denkschriften, mit dem Kürzel »R« versehen, kursierten im State Department unter dem Titel »A Prominent German on the Problem of Germany«.[746] Mit Poole, dem Assistenten Donovans, stand er ebenso wie mit Atherton seit 1943 im Gedankenaustausch wegen der Neuordnung Deutschlands nach dem Kriege.[747] Brünings Lageanalyse widersprach in ihren Details allen Erwartungen, daß Deutschland nach einer sogenannten bedingungslosen Kapitulation im wesentlichen von den Besatzungsmächten verwaltet werden könne. Damit teilte er den Standpunkt des Kriegsministeriums, den McCloy gegenüber Morgenthau und dem Präsidenten vertrat.[748]

Die Schrift über »Mögliche Gruppierungen politischer Kräfte nach dem Untergang der Nazis« erinnerte daran, daß das politische Leben unter einem Besatzungsregime keineswegs ausgeschaltet werden könne. Sie versuchte die Adressaten zu überzeugen, daß es notwendig sei, die inneren Voraussetzungen für einen demokratischen Wiederaufbau zu respektieren. Vor allem dürfe die »zwölfjährige Unterdrückung jedes freien politischen Denkens und Redens und der Tod einer großen Anzahl der örtlichen Führer der alten Parlamentsparteien« nicht übersehen werden. Dies werde der »Wiedergeburt der parlamentarischen Demokratie« besondere Schwierigkeiten bereiten.

Brüning verwies auf die Verluste an Menschen, Material und Arbeitsplätzen sowie die Evakuierung von Millionen Menschen aus ihrer Heimat. Das Wirtschaftsleben könne nicht in kurzer Zeit wieder in Gang gesetzt werden. Die Kriegszerstörungen ließen es nicht zu, die aus den Ballungszentren geflohenen oder evakuierten Menschen nach dem Ende der »Feindseligkeiten«, wie er sich ausdrückte, wieder mit Wohnungen zu versorgen. Es werde nicht einmal möglich sein, in einem Zeitraum von drei Jahren Wahlen zu einer verfassunggebenden Nationalversammlung durchzuführen, die die Bildung einer intakten öffentlichen Meinung widerspiegeln würde. Es sei freilich eine vorläufige beratende Nationalversammlung aus Vertretern örtlicher oder regionaler Körperschaften denkbar, die die Wahl einer – allerdings nur provisorischen – Nationalversammlung vorbereiten könne. Nach fünf Jahren sollten deren Beschlüsse durch eine endgültige Nationalversammlung auf Grund von allgemeinen Wahlen überprüft werden. Bis dahin sollte die Weimarer Reichsverfassung gelten, wie sie vor 1933 in Kraft gewesen sei. Die Bevölkerung dürfe nicht allzu lange von Wahlen ferngehalten werden, da dies die Agitation extremistischer Gruppen begünstige. Eine solche Entwicklung werde die politische Stabilität in ganz Europa gefährden.

Brüning kalkulierte zwei Alternativen ein, nach denen sich das politische Leben in Deutschland wieder normalisieren könne: Neben dem allmählichen Wiederaufbau der Verwaltung auf den untersten Ebenen entsprechend dem Vormarsch der alliierten Streitkräfte hielt er einen plötzlichen Zusammenbruch des Regimes in Berlin für möglich. Im zweiten Fall sei es dringlich, viele Zweige der Zentralverwaltung unter Aufsicht einer »interalliierten Kommission« sofort neu zu beleben. Er räumte ein, daß den deutschen Behörden von den Besatzungsmächten keine wirklichen staatlichen Aufgaben zugestanden würden: »Unmittelbar nach dem Zusammenbruch des Naziregimes werden diese Zentralverwaltungseinheiten wahrscheinlich keine Exekutivgewalt im Lande haben, außer derjenigen, die sie von der Unterstützung einer alliierten Kommission und der Macht der alliierten Waffen ableiten ...«

Brüning sprach von einer alliierten Kommission, nicht etwa von einer Militärregierung oder Militärgouverneuren. Um so eingehender analysierte er die Aussichten, ein funktionierendes politisches System wiederherzustellen. Er behandelte dieses Problem – ein gutes halbes Jahr vor dem Ende des Hitler-Regimes – als sei es die wichtigste Frage, die die Alliierten zu lösen hätten. Dies sollte ihnen verdeutlichen, daß sich nach dem gemeinsamen Sieg der Anti-Hitler-Koalition die eigentlichen politischen Probleme stellten. Er gestand zu, daß die Beschlüsse einer aus Wahlen hervorgehenden provisorischen Konstituante durch eine fünf Jahre später zu wählende endgültige Nationalversammlung bestätigt werden müßten, um einen demokratischen Willensbildungsprozeß unter der Kontrolle der Besatzungsmächte zu halten.

Er war unsicher, wann regionale Wahlen stattfinden sollten. Zumindest scheint er seinen Standpunkt nach Kriegsende dahingehend geändert zu haben, möglichst frühzeitig regionale Wahlen stattfinden zu lassen. 1947 behauptete er, den Amerikanern drei Jahre zuvor geraten zu haben, so bald wie möglich Wahlen für die Kommunal- und Länderparlamente abzuhalten.[749] Brüning machte die US-Administration darauf aufmerksam, daß die kargen Lebensverhältnisse in Deutschland bedenkliche Folgen für die politische Entwicklung haben müßten. Die Rückführung der Evakuierten in ihre früheren Wohnorte spielten in den militärischen Planungen, die eher auf die Kontrolle der besetzten Gebiete, die Festlegung der Grenzen zwischen den Besatzungszonen und die Beschränkung des Personenverkehrs gerichtet waren, kaum eine Rolle. Brüning riet dringend, den Evakuierten und Ausgebombten zu erlauben, möglichst in ihre Heimatorte zurückzukehren. Die Begründung mutet angesichts der realen Notlage in weiten Teilen des Reiches geradezu naiv an: »Der Europäer und insbesondere der Deutsche ist politisch konservativer in seiner vertrauten Umgebung und in engem Kontakt mit seinen Verwandten und Freunden.« Von den bevorstehenden Vertreibungen, die auch das Chatham House in seinem Bericht vom Juni 1943 nicht ausschließen wollte, obwohl es jede Form der Zerstückelung Deutschlands ablehnte, hatte er bereits einige Kenntnis, nachdem das Münchener Abkommen im August 1942 von London annulliert und auch der »Grundsatz des Transfers der Deutschen aus Ostmitteleuropa« akzeptiert worden war. Vorsichtig erwähnte er die Evakuierungen von Deutschen aus Bessarabien, Südtirol, den baltischen Staaten, Rumänien und Ungarn und bezifferte die Zahl der Vertriebenen auf über eine Million.

Die innere Überwindung des NS-Regimes, die »Wiederherstellung demokratischer Ideale« im Bewußtsein der Bevölkerung betrachtete Brüning als schwieriges

Problem. In den USA war er einer anders gearteten demokratischen Mentalität als in Europa und in Deutschland begegnet. Sie unterschied sich grundlegend von seinen Vorstellungen einer Parteiendemokratie, die der »Staat« irgendwie bändigen müsse. Die historische Schuld der demokratischen Parteien, besser gesagt, die Fehler und Mängel des politischen Systems der Weimarer Republik machte er neben der gewaltigen Wirtschaftskrise am Ende der zwanziger Jahre, wenn auch in geringerem Maße für die Entstehung der totalitären Herrschaft verantwortlich. Die Mängel des Weimarer Systems dürften, so lautete sein Rat, nicht wiederhergestellt werden.[750]

Die Argumentation war in vielen Aspekten angreifbar und trug apologetische, teilweise propagandistische Züge, was den amerikanischen Adressaten nicht entging. Er versuchte Verständnis dafür zu wecken, daß sowohl die Anhänger der früheren Parteien als auch die jüngere Generation in Deutschland umfassend über die politische Entwicklung vor und nach 1933 aufgeklärt werden müßten. Der Aufbau politischer Parteien könne sich nur langsam vollziehen, vor allem durch die »Übernahme der praktischen Aufgaben« des Wiederaufbaus in Zusammenarbeit mit den Besatzungsbehörden.

Sein Urteil über die Weimarer Verfassung fiel überaus kritisch aus: Sie habe angeblich zur »Hälfte aus rein rhetorischen Erklärungen« bestanden, habe ein »utopisches Denken« begünstigt und sei mit »demokratischen Verfahrenssicherungen« überladen gewesen, die man »aus ausländischen Verfassungen zusammengesammelt« habe. Diese hätten vielleicht im Kaiserreich ihren Wert gehabt, für die parlamentarische Regierungsweise seien sie nur hinderlich gewesen. Brüning erwähnte die Bismarckschen Elemente der Weimarer Verfassung, die eher zur Stabilität als zur Schwäche der Republik beigetragen hätten, und auch die republikanische Verfassung von 1919 für Preußen, die einige Fehler der Weimarer Reichsverfassung vermieden und deshalb bis 1932 den preußischen Staat und dessen Parteiensystem stabil gehalten habe.

Falls das NS-Regime durch eine Entscheidungsschlacht gestürzt werde, meinte er, könne eine gemeinsame Kommission der Siegermächte in Berlin eingesetzt werden, ohne daß die Weimarer Reichsverfassung außer Kraft gesetzt werden müsse. Lediglich die Nazi-Erlasse müßten, soweit sie verfassungsändernde Wirkung hatten, aufgehoben werden. Solche Maßnahmen würden allerdings dadurch erschwert, daß viele »Menschen mit ausgeprägten politischen Ansichten« den Säuberungen der jüngsten Zeit zum Opfer gefallen seien. Die emigrierten Politiker der Weimarer Zeit hingegen könnten nicht damit rechnen, bei der Bevölkerung Anklang zu finden. Jeder Versuch, »Emigrantenführer in die deutsche Politik einzusetzen«, werde den Besatzungsbehörden unnötige Schwierigkeiten bereiten. Dies entsprach einem Appell an die demokratische Überzeugung der Amerikaner, daß jede Form von Fremdherrschaft der Volkssouveränität widerspreche.

Einer kurzsichtigen Manipulation des Volkswillens durch die Besatzungsmächte in bester Absicht stünden die Erfahrungen wichtiger Gruppen der Bevölkerung in den Jahren der Unterdrückung entgegen. Er nannte die »unscheinbaren Mitglieder« der früheren demokratischen Parteien, die einen »sehr wichtigen Konsolidierungsfaktor« darstellten, nicht zuletzt in der Absicht, Sympathien auf amerikanischer Seite zu wecken. »In den dreißiger Jahren hielten frühere Sozialisten, Mitglieder der gemäßigten Parteien und evangelische und katholische Geistliche in allen Teilen

Deutschlands, ja sogar im weitgehend protestantischen Osten, geheime Warnsysteme zum Schutz vor Übergriffen der Nazipartei oder Gestapo in Gang.« Er scheute sich nicht, die verbreitete These in Frage zu stellen, Hitler habe sich auf eine Mehrheit im deutschen Volk stützen können. Der Totalitarismus des NS-Regimes lasse einen solchen Schluß nicht zu. Bei den letzten Betriebsratswahlen von 1936 hätten immerhin 80 Prozent der Arbeiter gegen die Nazis gestimmt. Es empfehle sich, die damals gewählten Betriebsratsmitglieder und die Geistlichen beider Konfessionen für den Aufbau der örtlichen Verwaltungen heranzuziehen.

Er wollte vor allem den Amerikanern helfen, weitgehend unbelastete, geeignete Partner, auch Politiker aus der Zeit vor Hitler zu finden, um den Wiederaufbau demokratischer Strukturen nach dem Zusammenbruch einer »überorganisierten, totalitären Verwaltung« zu ermöglichen und Vertrauen bei der Bevölkerung zu gewinnen. Er zog eine Parallele zu den Erfahrungen von 1919, als die Deutschen trotz des Umsturzes überwiegend tüchtigen und unparteilichen Verwaltungsbeamten aus der Vorkriegszeit vertraut hätten. Dies kam dem wiederholt vorgebrachten Rat gleich, sich auf alliierter Seite von den Formeln und Schlagworten der eigenen Kriegspropaganda und ihrem Feindbild zu befreien. Diese würden im Augenblick des Sieges ohnehin obsolet werden. In erster Linie komme es bei Kriegsende darauf an, die Gefahr des Verhungerns für breite Bevölkerungskreise zu bannen und die Inlandsproduktion wieder anzukurbeln. Dies richtete sich gegen alle Pläne, die vor allem auf die Reduzierung des deutschen Industriepotentials zielten, unter dem verständlichen Vorwand, Deutschland daran zu hindern, in absehbarer Zeit wieder einen Krieg vom Zaun zu brechen.

Solche Versuche hielt Brüning für ebenso unrealistisch wie unhistorisch. Zu einem späteren Zeitpunkt könne es tunlich sein, einen kleinen Ausschuß von deutschen Emigranten, die den früheren demokratischen Parteien verbunden gewesen und inzwischen Staatsbürger anderer Länder geworden seien, zu bilden, um die alliierten Besatzungsmächte bei der Auswahl geeigneten Personals für Verwaltungsaufgaben zu unterstützen. Einseitige parteipolitische Bestrebungen würden allerdings die Arbeit eines solchen Gremiums in Frage stellen.

Der Vorschlag war aufschlußreich für sein Selbstverständnis als »feindlicher Ausländer« in den USA. Es wäre angesichts seines persönlichen Ansehens und seiner Beziehungen zu amerikanischen Regierungsstellen ein Leichtes gewesen, sich naturalisieren zu lassen, zumal ihm als politischem Flüchtling nach dem »Gesetz über den Widerruf von Einbürgerungen und die Aberkennung der deutschen Staatsbürgerschaft« vom 14. Juli 1933 zu Hause die Ausbürgerung drohte. Die ihn betreffende Urkunde soll jedoch, wie er später erfuhr, auf Betreiben von Freunden im Auswärtigen Amt unterschlagen worden sein. Andererseits verdankte er es Freunden wie Stimson, daß er nicht gezwungen war, einen Einbürgerungsantrag in den USA zu stellen.[751] Ihm ging es nicht um eine politische Option zwischen dem politischen System des Dritten Reiches und dem Lande, das ihm als prominentem feindlichen Ausländer Gastrecht gewährte, ohne ihn zu internieren. Die Staatsangehörigkeit bewertete er nicht im Sinne eines ideologischen Prinzips, das ihm den Wechsel zur Pflicht gemacht hätte. Der frühere Reichskanzler hielt es für undenkbar, Bürger eines anderen Landes zu werden, ohne sein eigenes politisches Werk zu verraten. Verrat war nach seiner Ansicht die Sache Hitlers, während er selbst den *status confes-*

sionis nicht nur im Hinblick auf sein Vaterland für sich beanspruchte, sondern auch für den deutschen Staat, an dessen Fortleben er trotz des NS-Regimes glaubte. In diesem Staatsverständnis wirkte die Weimarer Verfassungsdiskussion nach, die teilweise den deutschen Staat im Sinne einer ungeschriebenen Verfassung hinter der aktuellen politischen Form und aktuellen Fragestellungen – etwa Monarchie und Republik – als gegebene, wenn auch rechtlich unbestimmte Größe annahm. Nur am Rande sei vermerkt, daß sein früherer Freund Kaas ebenfalls von Ausbürgerung bedroht war, was jedoch am Widerspruch des Auswärtigen Amtes scheiterte. Kaas behielt seine Staatsbürgerschaft, wurde aber am 25. August 1935 auch Bürger des Vatikanstaates.[752]

Die deutsche Rechts- und Verwaltungstradition: Das Problem der »Entnazifizierung«

Ein weiteres Memorandum präzisierte seine Anregungen für den Wiederaufbau der Verwaltungseinrichtungen – unverkennbar in der Absicht, das spätere Besatzungsregime von vornherein im Sinne seines Sachlichkeitsideals möglichst zu »entpolitisieren« und das Prinzip der Zernierung außer Kraft zu setzen. Es setzte eine militärische Besetzung des Landes in Etappen voraus und bewertete dies indirekt als Vorteil für eine konstruktive Zusammenarbeit zwischen den Besatzungsbehörden und den örtlichen deutschen Stellen auf Gemeinde-, Kreis-, Bezirks- und Provinzialebene. Darauf könne später eine Zusammenarbeit von zentralen Organen in Berlin mit einer interalliierten Kommission aufbauen. Ohne eine funktionierende Verwaltung könne das »Bewußtsein demokratischer Verwaltung nicht wieder aufleben«. So warnte er davor, die ideologische und personelle Durchdringung der gleichsam »reinen« Verwaltung durch die Nationalsozialisten zu überschätzen.

Im Dritten Reich sei die »freie Überwachung der Verwaltung durch die Bürger« abgeschafft worden, als man allenthalben nationalsozialistische Bürgermeister und Oberbürgermeister eingesetzt habe. Die Verwaltungen hätten indessen oft sachfremden Einflüssen und der Korruption – besonders durch technische Schwierigkeiten – widerstanden. Offensichtlich überschätzte er vor allem die Stabilität der preußischen Verwaltung in der Steinschen Tradition. Die Einsetzung nicht ausgebildeter Nazi-Beamter habe das Regime bereits 1936 oft wieder rückgängig machen müssen. An ihre Stelle seien häufig die früheren Beamten zurückgeholt worden, die freilich nominell in die Partei eintreten mußten, abgesehen davon, daß sich sehr viele höhere und mittlere Beamte geweigert hätten, dies zu tun. Sie hätten allerdings alle dem nationalsozialistischen Beamtenbund angehört. Daraus leitete er den Ratschlag ab, diese Parteibindung nicht allzu hoch zu bewerten, um den Elitenwechsel, der durch die bevorstehende Umgestaltung der politischen Verhältnisse bedingt sein würde, zu erleichtern. Allerdings ist zu beachten, daß 1937 die Beamten im Reich zu 63 Prozent Parteimitglieder waren.[753]

Die Verwaltung der Regierungsbezirke müsse intakt gehalten beziehungsweise notfalls wieder intakt gesetzt werden. Gegebenenfalls müßten diese Beamten, sofern sie aus politischen Gründen, etwa aus Furcht vor den feindlichen Truppen ihre Posten verlassen hätten, gezwungen werden, dorthin zurückzukehren. Dies gelte auch für die Angestellten der Reichsbahnverwaltung, die nach seiner Ansicht nur in unbedeutendem Ausmaß unter den Einfluß der NSDAP geraten seien. Das sei vor allem das Verdienst des Verkehrsministers Dorpmüller gewesen. Offensichtlich war ihm der millionenfache Transport von Häftlingen in die Vernichtungslager durch die Reichsbahn und die Verantwortung nicht bekannt. Vergleichsweise günstig beurteilte er das Personal der Sozialversicherung, weniger das der Arbeitsämter, die das Regime stärker unter seine Kontrolle gebracht hätte. Letzteres gelte auch für die »nazistische Organisation der Land- und Forstwirtschaftsproduktion«, also den »Reichsnährstand«, der jedoch für eine Übergangszeit beibehalten werden müsse, da er nicht in kurzer Zeit entflochten werden könne. Andernfalls könnten sich katastrophale Engpässe in der Lebensmittelversorgung ergeben. Auch das bisherige gebundene Preissystem müsse vorübergehend bestehen bleiben. Die Bauern würden die reinen Funktionäre ohnehin bald aus ihren Ämtern verdrängen.

Der Verfasser der Denkschriften wollte verdeutlichen, daß die Besatzungsmächte nach dem Ende des Krieges weniger die Aufgabe hätten, die deutsche Gesellschaft von der NS-Ideologie zu befreien und die Deutschen zu Demokraten zu erziehen, als für den Lebensunterhalt der Bevölkerung zu sorgen. Die Ausschaltung der belasteten NS-Aktivisten könne erst in einem zweiten Schritt erfolgen. Er hielt es für unumgänglich, gegebenenfalls einzelne Nationalsozialisten an wichtigen Verwaltungsstellen zu belassen, was indirekt dazu führen werde, daß diese sowohl von den Deutschen wie von den Alliierten für auftretende Mißstände verantwortlich gemacht würden. Die Notzeit nach dem Kriege machte es nach seiner Ansicht ohnehin unvermeidlich, die knappen ökonomischen Ressourcen zu bewirtschaften: »Sobald wie möglich müssen die interalliierten Behörden eine zentrale Preis- und Währungsüberwachung einführen.«

Die Entnazifizierung der Spitzen von Justiz, Militär und Polizei war nach Brünings Ansicht unumgänglich, da sie die machtpolitischen Säulen des Regimes im Innern gewesen waren. Auch hier warnte er vor Fehlentscheidungen. Die Aufhebung der Verwaltungsgerichtshöfe im Dritten Reich werde die Rückkehr zu einer normalen Gerichtsbarkeit erschweren. Die Existenz »besonderer Parteigerichte wie des Volksgerichtshofs« zeugten nach seiner Ansicht für den »Widerstand der normalen Gerichte gegen den Druck der Nazis«, was nicht uneingeschränkt zutraf. Hier zeigte sich, daß er die Verhältnisse in Deutschland nach 1934 nicht mehr aus eigener Anschauung beurteilte. Er warb um Verständnis für die rechtsstaatlichen Traditionen in Deutschland, die während des Dritten Reiches unter der Oberfläche lebendig geblieben seien, und versuchte die Amerikaner als Siegermacht dafür zu gewinnen, die Träger dieser teilweise verschütteten Traditionen zu stärken. Solche Vorstellungen hegten in den Jahren der Emigration auch andere Politiker bis hin zu den Sozialdemokraten.[754]

Brüning appellierte nicht im klassischen Sinne an die Milde des Siegers, sondern plädierte für einen Realismus, der ideologisch bedingte Fehler vermeide. Im Bereich der Justiz hoffte er darauf, daß noch genügend ältere Richter vorhanden seien, die der NS-Ideologie und den Weisungen des Regimes widerstanden hätten. Sie könnten regionale und auch zentrale Kommissionen zur Beratung der Besatzungsbehörden für die Auswahl geeigneter und unbelasteter neuer Richter bilden. Der Einfluß von Emigranten könne dagegen verhängnisvoll wirken. »Die indirekte Ernennung von Richtern durch die Besatzungsbehörden auf der Grundlage von Listen, die von Emigranten aufgestellt wurden, die jahrelang außerhalb des Landes gelebt haben, wäre ein weiterer Schlag gegen die Achtung vor dem Gesetz, wie sie unter der deutschen Bevölkerung in der Zeit vor dem Nationalsozialismus herrschte.«

Es war das bessere, das wahre Deutschland, zu dessen Anwalt sich Brüning machte, dessen Interesse er sich in jedem Augenblick verpflichtet fühlte. Wenige Monate vor der bevorstehenden Katastrophe versuchte er langfristigen und tiefgehenden Schaden abzuwenden, indem er davor warnte, die Auswirkungen der nationalsozialistischen Herrschaft auf die deutsche Gesellschaft zu überschätzen. Der totalitäre Charakter des Nationalsozialismus war ihm vertraut, doch bezweifelte er, daß die innere Umgestaltung der gesellschaftlichen Verhältnisse ihrerseits »total« gewesen war.

Die Härte der NS-Diktatur selbst entlastete nach seiner Ansicht in gewissem Maße die unterworfene Bevölkerung von ihrer Mitverantwortung für den Bestand des Regimes, das nicht zuletzt wegen seiner strukturellen Instabilität den Weg in den Krieg gesucht hatte, indem es seinem inneren Bewegungsgesetz – abgesehen von seiner rassen- und raumpolitischen Ideologie – folgte.

Die Überwindung des Polizeistaates, der von Gestapo und Sicherheitsdienst beherrscht worden war, sah Brüning als das schwierigste Problem der inneren Reform an. Er forderte, die Polizei nach einer Übergangszeit wieder den Ländern zu unterstellen, wie dies bis zum Sommer 1932 der Fall gewesen war. Vorläufig müsse man die Zentralisierung der Polizei wie auch des Gerichtswesens noch bestehen lassen, um die Festnahme von Naziverbrechern zu ermöglichen und Gewalttaten der Linken und der Rechten zu verhüten. Im einzelnen riet er dazu, die früheren Polizeipräsidenten der größeren Städte aus der Weimarer Zeit wieder einzusetzen. Zugleich räumte er ein, daß die höheren Polizeiposten künftig schwer zu besetzen seien.

Die Demobilisierung der Wehrmacht, nun als »deutsches Heer« bezeichnet, versuchte Brüning möglichst nach traditionellen Erfahrungen und Begriffen zu beschreiben, ohne die Differenzen zu den Vorgängen von 1918/19 ignorieren zu können. Er berief sich auf die »Offiziere der Groener-Schule«, die gegen die SS eingestellt seien und die »jüngste Säuberung« – gemeint waren die Verhaftungsaktionen nach dem 20. Juli – verurteilten.[755] »Diese Offiziere werden die Verbrechen, die von der Nazipartei, der Gestapo und der SS begangen wurden, besser kennen als irgend jemand sonst, und sie werden auf Bestrafung der Täter dringen.« Eine Beteiligung der Wehrmacht in großem Ausmaß an den Verbrechen des Regimes vermutete er nicht. Statt dessen beschwor er die Tradition des iustus hostis in der europäischen Kriegsgeschichte, die nach seiner Ansicht auch noch für den Zweiten Weltkrieg und für die Wehrmacht gelten müsse. »Wenn man die Überlebenden unter ihnen [den Offizieren der Groener-Schule, d. V.] entsprechend den seit langer Zeit bestehenden Traditionen siegreicher und besiegter Heere ehrenvoll behandelt, werden sie und die älteren höheren Verwaltungsbeamten für die Alliierten bei der Aufrechterhaltung der Ordnung in Deutschland höchst wertvoll sein.«

Letzteres stellte die Quintessenz seiner Betrachtungen dar. Sie zielten darauf, eine funktionierende Zusammenarbeit der Besatzungsbehörden vor allem mit den deutschen Verwaltungen auf den verschiedenen Ebenen zu erleichtern. Nach dem aufgestellten Schema empfahl er auch die politische Säuberung des Personals der Gas-

und Elektrizitätskonzerne sowie der Kohlensyndikate. Die Energieversorgung dürfe nicht unterbrochen werden, die alliierten Mächte sollten den jeweiligen »Nazikommissar« durch einen neuen Kommissar ersetzen. Die über 2.000 Kartelle als Schutzverbände gegen die Macht der Konzerne sollten ihren alten Status wieder erhalten. Die Geldknappheit in den Kampf- und Besatzungsgebieten stellte für ihn ein weiteres schwieriges Problem dar.

Die Dezentralisierung der deutschen Verwaltung, auch die Aufteilung Preußens in kleinere Bundesstaaten, war nach Brünings Ansicht auf die Dauer unumgänglich. Die erforderlichen Maßnahmen sollten sich nach den Grundlinien der Ersten und der Vierten Notverordnung von 1930/31 richten. Seine Vorstellungen von der Machtübernahme der Alliierten in der Reichshauptstadt entsprachen nur in sehr groben Umrissen den Ereignissen, wie sie ein halbes Jahr später eintraten. Die Alliierten sollten sich nach der Flucht der »erklärten Nazis« aus Berlin der Mitarbeit der dienstälteren, also überwiegend noch aus der Weimarer Zeit stammenden Beamten versichern, auf deren Loyalität sie weitgehend rechnen könnten. Er ging so weit zu behaupten, die älteren hohen Beamten würden »auch die Personen sein, die am besten geeignet sind, die Beamtenschaft als Ganzes von Nazi-Elementen zu säubern«.

Der Kampf gegen die Folgen der Gewaltherrschaft dürfe die Besatzungsbehörden nicht dazu verführen, sich den konspirativen Methoden anzupassen, derer sich das NS-Regime bedient habe. Er warnte davor, das Denunziantentum zu fördern, so gerechtfertigt es oft sein möge, Anschuldigungen von Betroffenen gegen Funktionäre aufzugreifen. Die rechtliche Bewältigung der Verbrechen des Dritten Reiches müsse deutschen Gerichten überlassen werden. Angesichts ihrer Fülle sei es erforderlich, summarische Verfahren anzusetzen, was im Ergebnis einer Amnestie für geringere Vergehen gleichgekommen wäre. Es diene nicht dem Rechtsfrieden, wenn diese Verhandlungen vor alliierten Gerichten stattfänden.

Den Vorschlägen war zu entnehmen, daß Brüning ebenso wie seinerzeit Goerdeler und dessen Kreis den Wiederaufbau eines funktionierenden Gemeinwesens für aussichtsreich hielt, wenn die alliierten Mächte die Bereitschaft des deutschen Volkes zur Selbstverwaltung stärkten und die Kraft der NS-Ideologie unter dem Einfluß eigener Feindbilder nicht überschätzten. Als Repräsentant der untergegangenen Republik glaubte er an die Stärke der älteren Verwaltungstraditionen, die das Dritte Reich überlebt hätten und sich nach seiner Ansicht für den Neuaufbau fruchtbar machen ließen.[756]

Insgesamt stellten seine Vorschläge eine Art »Konversionsprogramm« dar. Sie setzten eine nur vorübergehende Herrschaft der Besatzungsmächte nach der zu erwartenden bedingungslosen Kapitulation voraus. DeWitt C. Poole nahm die Ausführungen über den Neuaufbau sozialer Strukturen im wesentlichen zustimmend auf und akzeptierte auch Brünings Vorbehalte gegen die Rückkehr politischer Emigranten. Er ergänzte sie durch Informationen, die er in vertraulichen Gesprächen mit ihm über die Ereignisse des 20. Juli und die Bedeutung Rußlands für Deutschland gewonnen hatte. Die Persönlichkeit des Exkanzlers und dessen Schicksal nach 1934 schilderte er mit unverhohlener Sympathie. Die Vorbehalte Brünings gegen die Politik MacDonalds gegenüber Hitler, aber auch die Haltung Vansittarts referierte er ohne Kritik, ebenso seine Ansichten über den Korridor und die deutsche Ostgrenze. Insgesamt gab er der politischen Lagebeurteilung des Emigranten in seiner

Schilderung den denkbar größten Raum. Die Gefahr einer Verständigung zwischen Hitler und Stalin unter dem Einfluß Himmlers und die Möglichkeit, daß die von den Westmächten besetzten Gebiete in Deutschland unter kommunistischen Einfluß geraten könnten, schien er ebenso wie Brüning zu befürchten. Der Ausbau der sowjetischen Machtstellung in Europa sei unvermeidlich.⁷⁵⁷

Von sachkundiger Seite im State Department verwies man allerdings auch auf die Schwächen seiner Argumentation, etwa auf seine These, daß nach der Liquidierung der führenden Männer der Verschwörung des 20. Juli diejenigen Persönlichkeiten ausgeschaltet worden seien, die die Führung in Deutschland hätten übernehmen können. Deren Kompetenz bezweifelte man auf Grund eigener Informationen. Andererseits stimmte man ihm darin zu, daß die Vertreter der republikanischen Parteien für den Neuaufbau demokratischer Strukturen herangezogen werden müßten, während die Mitwirkung politischer Emigranten weniger erwünscht sei. Was die Ursachen für das Scheitern des Aufstandes gegen Hitler angehe, so sei der Exkanzler der deutschen Schwäche verhaftet, andere für eigene Unfähigkeit verantwortlich zu machen, was auch gegen ein Bündnis mit dem Westen gegen die Sowjetunion spräche. Die Warnung vor dem Kommunismus hielt man für übertrieben. Im übrigen habe Brüning nie die Ursachen oder auch die Stärke des politischen Extremismus in Deutschland verstanden.⁷⁵⁸

Personalvorschläge

Brünings Vorschläge für den Wiederaufbau Deutschlands nach dem Kriege fanden insofern ein Echo, als Stimson im Oktober 1944 durch einen Vertrauten um Personalvorschläge für einen zu errichtenden Verwaltungsrat unter alliierter Aufsicht bitten ließ. Er nannte Dietrich, Pünder, Schlange-Schöningen, Adenauer, der jedoch nicht Vorsitzender sein sollte, ferner Stegerwald für ein Kabinett von Staatssekretären, da diese als erfahrene Politiker und Verwaltungsfachleute aus der Zeit vor 1933 gelten konnten. Als Vorsitzenden hielt er Hermann Dietrich für geeignet. Die Liste der Genannten hatte nach seiner Überzeugung »nur als Ganzes einen Sinn«, was zwar von der Armee, d. h. vom Kriegsministerium, nicht aber vom State Department akzeptiert worden war.

Ob Brüning ein »Verwaltungsrat« nach dem Vorbild des Freiherrn vom Stein vom 19. März 1813 vorschwebte, steht dahin. Immerhin wollte er an preußisch-deutsche Verwaltungstraditionen anknüpfen. Er dürfte das Projekt gekannt haben, das die von Rußland und Preußen geführte antinapoleonische Koalition damals ins Leben gerufen hatte. Der Zweck seines Vorschlages bestand darin, einen für Deutschland ungünstigen Friedensvertrag möglichst hinauszuschieben, da der Verwaltungsrat nicht befugt gewesen wäre, einen solchen Vertrag abzuschließen. Brünings ordnungspolitische Vorstellungen blieben unberücksichtigt, doch gelangten die Genannten später in andere führende Stellungen, was wenigstens teilweise auf seine Empfehlungen zurückzuführen war. Dietrich wurde im April 1946 Sonderbevollmächtigter und Chef des Amtes für Ernährung und Landwirtschaft in der Amerikanischen und Britischen Zone und ab Mai 1946 Leiter der Ernährungsabteilung im Sekretariat des Länderrates. Schlange-Schöningen war zunächst als Direktor des

Zentralamtes für Ernährung und Landwirtschaft der Britischen Zone in Hamburg, seit 1947 als Direktor für dasselbe Ressort im Frankfurter Wirtschaftsrat tätig. Möglicherweise beeinflußten Brünings Vorschläge auch die sogenannte Weiße Liste der Amerikaner vom 5. Dezember 1944, die etwa 1.500 Namen von unbelasteten deutschen Persönlichkeiten aufführte, die als geeignet für Führungsaufgaben galten.[759] Wahrscheinlich sah man auch Jakob Kaiser und Karl Arnold als ehemalige christliche Gewerkschaftsführer sowie einige Sozialdemokraten, die in Deutschland geblieben waren, für künftige Führungsaufgaben vor.[760]

Erst bei Kriegsende riet Brüning den Amerikanern, mit Adenauer, den er nach eigenem Bekunden seit 1920 kannte, Verbindung aufzunehmen. Schon vor dem Ende der Kampfhandlungen, am 16. März 1945, erschienen amerikanische Offiziere bei dem ehemaligen Kölner Oberbürgermeister mit der Bitte, sich für den Wiederaufbau der Stadt zur Verfügung zu stellen.[761] Die Empfehlung Brünings für Stegerwald erwies sich hingegen als fatal. Als Stegerwald Brüning kurze Zeit später öffentlich angriff, hatte dies eine Untersuchung zur Folge, die erbrachte, daß der ehemalige Minister Hitler seine Mitarbeit angeboten hatte. Daraufhin sei, wie Brüning berichtet, sein Einfluß in Washington »erledigt« gewesen.[762]

Brüning hatte mit seinen Vorschlägen verhindern wollen, daß »Wirth, Spiecker und einige Sozialisten« gleichsam noch in letzter Stunde ein Exilkabinett bildeten und – »selbstverständlich von flammendem Protest begleitet« – die Bedingungen unterschrieben, die in Jalta mündlich und in Potsdam schriftlich vereinbart worden waren.[763] Er selbst fragte 1946 seinen Freund Franz Thedieck: »Sollte ich einen Frieden, wie er in Yalta dunkel formuliert wurde, unterschreiben, damit ich die verächtlichste Persönlichkeit in der deutschen Geschichte würde?« Er habe seine Ansicht darüber »selbst auf die Gefahr der Internierung mit nicht mißverständlicher Deutlichkeit wiederholt maßgebenden Leuten gegenüber ausgesprochen« und wisse, daß man ihn deshalb für die verfahrene Lage nach dem Kriege verantwortlich mache.[764]

Brüning hielt es trotz ernster Bedenken für vertretbar, daß deutsche Emigranten, die die Staatsbürgerschaft alliierter oder neutraler Staaten angenommen hatten, in einem beratenden Gremium bei der bevorstehenden politischen und wirtschaftlichen Neuordnung mitwirkten, wenn dies nicht zu vermeiden sei. Für sich selbst beanspruchte er dies ausdrücklich nicht. Er rechnete damit, daß vor allem ehemalige Mitglieder der SPD und DDP in derartige Gremien berufen würden. Er schlug den Amerikanern vor, einen solchen beratenden Ausschuß zu bilden, und nannte ihnen Namen wie Friedrich Stampfer, Max Brauer und Gerhart Seger, den ehemaligen Reichstagsabgeordneten, der seit 1935 Redakteur der Neuen Volkszeitung in New York war. Gleichwohl argwöhnte er, daß die meisten exilierten Sozialdemokraten mit dem Gedanken liebäugelten, nach dem Ende der Naziherrschaft »ein absolutes Parteiregime« zu errichten.[765]

Die amerikanische Seite war ihrerseits daran interessiert, qualifizierte Berater aus Kreisen des Exils zu gewinnen. Allen Dulles hatte ein Komitee nach dem Vorbild des Nationalkomitees Freies Deutschland gründen wollen, um der amerikanischen Deutschlandpolitik eigene Akzente gegenüber der sowjetischen zu verleihen. Dies hatte unter anderem der Nationalökonom Wilhelm Röpke empfohlen, als die Gründung des Nationalkomitees im Juli 1943 bekannt wurde. Für eine solche Politik bot sich nicht zuletzt das Council for a Democratic Germany an. Innerhalb des OSS gab es jedoch Bedenken, ein deutsches Komitee aus politischen Flüchtlingen wie Brüning, Wirth, Treviranus und anderen ins Leben zu rufen, doch wollte man einzelne Deutsche als Ratgeber »still und ohne Formalitäten ... in Bereitschaft« halten.[766] Das letztere Prinzip setzte sich schließlich durch.

6. Das Kriegsende

Gegen die bedingungslose Kapitulation

Bei allem Bemühen um ein sachliches und nüchternes Urteil sah Brüning die Lage in Deutschland teilweise im Lichte der Erfahrungen des Kriegsendes von 1918. Dem entsprach seine grundsätzliche Distanz zu den aktuellen politischen Diskussionen in der Emigrantenszene, aber auch zum offiziellen Washington. Gewiß ging seine Zurückhaltung und sein vielfach umstrittenes »Schweigen« nicht so weit, daß er, wie eine Bostoner Zeitung schrieb, den Krieg »ausgesessen« hätte.[767]

Die Jahre des Exils in Amerika empfand Brüning als noch enttäuschender als den Aufenthalt in Großbritannien vor Kriegsausbruch. Wenn er geglaubt haben sollte, von dort aus eher zum Sturz des Hitler-Regimes beitragen zu können, so erwies sich das als Illusion. Auf die Aussichtslosigkeit seiner Bemühungen und die zunehmende antideutsche Propaganda reagierte er mit Unmut. Sie verursachte bei ihm psychologisch verständliche Überreaktionen, die über eine Kritik des verzerrten Deutschlandbildes in der amerikanischen Öffentlichkeit hinausgingen. Dies führte ihn schließlich zu einem allzu positiven Bild der Weimarer Republik und ihres politischen Systems, das er auch noch nach Jahren, ja bis zu seinem Tode kultivierte.

In einem sechsstündigen Interview mit zwei jungen Offizieren für den Stab des amerikanischen Chefanklägers Robert Jackson, dem »U. S. Judge Advocate General's Office« zur Vorbereitung des Nürnberger Kriegsverbrecherprozesses, äußerte er sich am 28. September 1945 über die politische Lage einschließlich der Behandlung der Kriegsverbrecher. Ähnliche Interviews gaben auch Edmund Stinnes und Wolfgang Stresemann.[768]

Die beiden Offiziere, Lieutenant Morton E. Rome und Captain Samuel R. Conkling, gelangten zu der Ansicht, daß Brüning zwar »anti-Nazi« sei, aber auch »100 % pro German«. Er sei ein fanatischer Reaktionär, lehne Kriegsverbrecherprozesse unter alliierter Leitung ab und halte Stalin für den schlimmsten Kriegsverbrecher. Er werde sich unter keinen Umständen als Zeuge für Kriegsverbrecherprozesse zur Verfügung stellen, die von den Verbrechen anderer Nationen, etwa der Russen ablenken sollten. Vielmehr halte er seine Landsleute für fähig, ihre eigenen Kriegsverbrecher abzuurteilen, wie dies nach dem Ersten Weltkrieg geschehen sei – was als Seitenhieb auf die Haltung der Alliierten in dieser Frage zu verstehen war. Dies sei angeblich notwendig, um sie nicht zu politischen Märtyrern zu machen, was der Fall wäre, wenn sie von alliierten Gerichten zur Verantwortung gezogen würden.

Die Aversion gegen die alliierte Kriegspropaganda provozierte Brüning zu ebenso gewagten wie einseitigen Anmerkungen über die tieferliegenden Ursachen des Krieges, die er bis 1914 zurückverfolgte. Französische und polnische Angriffsabsichten in den dreißiger Jahren, teilweise noch während seiner eigenen Regierungszeit, sowie die »unkluge Politik« Beneš' und eine angeblich indirekte Hilfe Großbritanniens für Hitlers Aufrüstung brachte er zur Sprache. Die Engländer hätten wie Stalin auch Hitler für ihre jeweiligen Zwecke benutzen wollen. Die sozialen Ursachen der Hitler-Bewegung betonte er ebenso wie die Unterstützung Hitlers durch ausländische Geldgeber, etwa durch die französische und die tschechoslowakische Schwerindustrie. Den von den Alliierten verlangten Sturz der Monarchie nach 1918, der eine tausendjährige Tradition beseitigt habe, machte er für den Ausbruch des Krieges mitverantwortlich. Für die Verwaltung Deutschlands empfahl er ein Regime, das zusammengesetzt sei aus »high military leaders and the old Prussian aristocracy«. Hier ergaben sich Mißverständnisse zwischen ihm und seinen Gesprächspartnern. Sie beruhten unter anderem darauf, daß die deutschen Bundesstaaten im Unterschied zu den amerikanischen über eine ausgebaute Auftragsverwaltung verfügten. Die Interviewer gelangten zu dem Ergebnis, daß Brüning sich genau an die »Nazi line« halte, jedoch die religiösen und rassischen Verfolgungen ablehne.[769] Brüning habe behauptet, daß er die Nazis hätte unterdrücken können, wenn die Alliierten ihm seinerzeit den Aufbau einer größeren Armee erlaubt hätten. Er hasse die Kommunisten mehr als die Nationalsozialisten. Offensichtlich hatte sich Brüning zu der Abrüstungsfrage in den dreißiger Jahren geäußert und das Prinzip der Gleichberechtigung betont, was zu weiteren Fehldeutungen führte.

Der Exkanzler dürfte selbst erheblich zu den erwähnten Fehlschlüssen auf der Gegenseite beigetragen, wenn nicht gar sie durch eine polemische Ausdrucksweise provoziert haben. Seine überlegene Kenntnis der deutschen Verhältnisse zu Beginn des NS-Regimes ließ er seine Gesprächspartner spüren, wobei er bemüht war, auch führende Repräsentanten des Dritten Reiches möglichst nicht allzu sehr zu belasten. So behauptete er, daß Admiral Raeder, Staatssekretär Meissner und Hermann Schmitz Nazi-Gegner gewesen seien, ohne sie freilich in anderer Hinsicht zu schonen. Er meinte über den IG-Farben-Chef Schmitz: »Er pfuschte in der Politik unter dem Einfluß seines Neffen [Max Ilgner].« Brüning versuchte den Eindruck zu erwecken, daß jene Persönlichkeiten, die nicht zu den alten Kämpfern der NSDAP gehörten, nach seiner Ansicht eigentlich in der Mehrzahl keine Nazis gewesen seien. Er verstieg sich zu der gewagten Behauptung, 65 Prozent der Mitglieder der SA seien Kommunisten gewesen, die von Moskau gesteuert worden seien.

Seine Ausführungen beruhten teilweise auf Gerüchten, die im einzelnen manche Informationen enthielten, im allgemeinen aber nicht mehr zutrafen oder unerheblich waren. Es war keine Frage, daß sich der Exkanzler mit seiner Stellungnahme nicht gerade für eine künftige Führungsaufgabe empfahl, wobei es unerheblich ist, daß er sein Interesse durchblicken ließ, demnächst nach Deutschland zurückzukehren, wo er ein Leben als Privatmann führen wolle. Selbst für eine inoffizielle Beraterrolle kam er nach diesem Interview kaum noch in Frage, auch wenn seine Ansichten zu einem erheblichen Teil nicht korrekt wiedergegeben wurden.

Brüning machte sich zu einem Sprecher bestimmter politischer Ideen, die zum großen Teil durch die Katastrophe des Dritten Reiches obsolet geworden waren, auch wenn sie nicht speziell der NS-Ideologie entstammten. Er verstand sich als Anwalt seines Landes, auch der deutschen Opfer des Krieges, auch der 12 Millionen

Vertriebenen aus dem Osten und der Millionen, die möglicherweise noch an Hunger sterben würden, wie er unter Hinweis auf die letzte Nummer des Economist bemerkte. Eine solche Anklage gegen die Westmächte war kaum geeignet, ihm Sympathien in der amerikanischen Öffentlichkeit zu verschaffen.770

Die Ratschläge, die er erteilte, waren bestimmt von der Überzeugung, daß die Alliierten den Aspekt der Befreiung Deutschlands von der Hitler-Diktatur in der Stunde des bevorstehenden Sieges über die Wehrmacht allzu sehr vernachlässigten. Er konnte sich allerdings der Einsicht nicht verschließen, daß der Sturz des NS-Regimes nur um den Preis einer militärischen Niederlage zu haben war, nachdem sich alle seine Hoffnungen, daß die Wehrmacht dieses beseitigen würde, zerschlagen hatten. Das deutsche Volk, nicht nur das NS-Regime, ging, wie er voller Sorge erwartete, der Katastrophe entgegen. Das altrömische Schreckbild *Vae Victis*, vor allem aber die Angst, daß die Nachkriegszeit noch millionenfaches Leid über seine Landsleute bringen werde, standen ihm vor Augen, als er die Maximen aufzuzeigen versuchte, nach denen sich die Sieger verhalten müßten, wenn sie eine dauerhafte Befriedung Deutschlands und Europas bewirken wollten. Er appellierte an die westlichen Siegermächte, angesichts der aufziehenden Bedrohung durch die siegreiche Rote Armee nicht nur den Krieg, sondern auch den Frieden zu gewinnen.

Das Scheitern des Aufstandes vom 20. Juli 1944, vor allem die Nachrichten, daß unter den Opfern der Rachejustiz des Regimes auch viele seiner Freunde und Vertrauten zu beklagen waren, sowie die Sorge um das Schicksal seiner in Einem bei Münster lebenden Schwester Maria und der Familie Tennstedt verdüsterten sein Gemüt so sehr, daß er seit Herbst 1944 vermehrt unter Herzbeschwerden litt. Es sollte noch bis zum Frühjahr 1946 dauern, bis er wieder unmittelbar mit seiner Schwester in Verbindung treten konnte. Im Winter 1944 vermochte er nur selten auszugehen, da das Gehen im Schnee ihn zu sehr anstrengte. Ihm war sehr wohl bewußt, daß seine Beschwerden vor allem psychisch bedingt waren: »Ich bin nicht der einzige Emigrant, der an diesen Symptomen krankt.« Er mußte zeitweise »völlige Ruhe halten« und unterbrach seine Lehrtätigkeit in Harvard für mehrere Wochen. Fast ein Vierteljahr lag er darnieder.771 Als er wiederhergestellt war, widmete er sich wieder seiner Arbeit in Harvard. Die Trauer über das Schicksal seines Landes beherrschte ihn gleichwohl und verfolgte ihn bis in die Nächte.772

In der Erschütterung über die Ereignisse der letzten Monate suchte er zuweilen Trost und Weisung in der europäischen Geschichte. Gegenüber Rosenstock-Huessy verglich er das Schicksal des deutschen Volkes mit dem Nibelungenlied, in dem er die Verdichtung einer langen Volksgeschichte sah. »Ich frage mich oft, ob nicht das Widerstreben des deutschen Volkes, einer geschickten Diplomatie und einem Geistesblitz im richtigen Augenblick zu trauen, und seine Verbohrtheit, immer mit dem Rücken zur Wand zu kämpfen, nachdem es jede Möglichkeit eines Auswegs versäumt hat, das Ergebnis dieser langen Geschichte und eine Folge seiner eigenartigen geographischen Lage ist.« Die britische Geschichte sei noch unlängst mehr durch Blutvergießen und Grausamkeit bestimmt gewesen als die deutsche, dennoch sei der Nationalcharakter der Engländer keineswegs permanent pessimistisch, weil sie sich im Konfliktfall auf ihre Insel zurückziehen könnten.

Angesichts der katastrophalen Lage Deutschlands hegte er nur noch die Hoffnung, daß »die Welt« in einer oder zwei Generationen »zu ihrer eigenen Sicherheit«

ein lebensfähiges Deutschland wieder auferstehen lassen wolle. Das Argument lief darauf hinaus, daß Europa nicht auf Deutschland verzichten könne. Diese Ansicht stand auch hinter seinen Denkschriften.[773] Er sprach vom notwendigen »Wiederaufbau« und warnte vor dem Hungertod von Millionen seiner Landsleute[774], während die nationalsozialistische Kriegspropaganda zur selben Zeit noch den »Endsieg« des Dritten Reiches beschwor.

Unsicherheit Roosevelts gegenüber Morgenthau

Den Morgenthau-Plan und die Forderung nach bedingungsloser Kapitulation betrachtete Brüning als Verhängnis. Darin war er sich mit Stimson einig. Dieser war ein Gegner Morgenthaus, weil er jede Art von Isolationismus – im Kriege wie im Frieden – ablehnte.[775] Stimson empfand die Beschlüsse von Quebec als Niederlage. Für ihn bedeuteten die Vorschläge Morgenthaus »fighting brutality with brutality«. Sie müßten zu einem weiteren Krieg in der nächsten Generation führen. Er war empört darüber, daß die beiden angelsächsischen Mächte von zwei Männern – Roosevelt und Churchill – geführt würden, die sich in ihrer Unbesonnenheit glichen. Vorher hatte er wiederholt den Morgenthau-Plan als rachsüchtig und gefährlich für die europäische Wirtschaft bezeichnet. Morgenthau hatte ihm entgegengehalten, daß Deutschland in fünfzehn bis fünfundzwanzig Jahren wieder in der Lage sein werde, seine Nachbarn anzugreifen, wenn dessen Forderung, die deutsche Industrie intakt zu halten, verwirklicht würde. Morgenthau, der von Beruf Landwirt war und die Landwirtschaft als Grundlage für ein gesundes politisches Leben betrachtete, hatte sich gegen den Vorwurf verwahrt, er rede einem Bestrafungsfrieden das Wort. Vielmehr verfolge er humanitäre Ziele, die den Deutschen nach einer Übergangszeit zu einem erfüllten, friedlichen Leben verhelfen würden. Seine Absicht sei, einen Dritten Weltkrieg, der von Deutschland ausgehen könne, zu verhindern. Stimson war nicht bereit, derartigen Gedankengängen zu folgen, die er für den verständlichen Ausfluß antideutschen jüdischen Denkens hielt.[776]

Roosevelt hatte, wie erwähnt, nach Quebec noch einmal seine Haltung gegenüber den Vorschlägen Morgenthaus teilweise revidiert. Bis zum Ende der Kampfhandlungen sollte offiziell nicht mehr von Reparationen, von der Entindustrialisierung der Ruhr und von der Teilung Deutschlands die Rede sein[777], nachdem sich in der Administration zunehmend Widerstand gegen die Absichten Morgenthaus bemerkbar gemacht hatte. Einflußreiche Kreise des Kriegsministeriums und des State Department, das inzwischen von Edward Stettinius geleitet wurde, der den kranken Cordell Hull abgelöst hatte, befürchteten nicht zuletzt, daß dessen Pläne den amerikanischen und britischen Interessen schadeten. Eine Entindustrialisierung Deutschlands stünde im Widerspruch zu einem allgemeinen Wiederaufbau Europas. Dagegen unterstützte der Senatsunterausschuß für die Kriegsmobilisierung unter dem Vorsitz des Senators Harley M. Kilgore aus Virginia die Pläne Morgenthaus. Im Dezember 1944 legte sich Roosevelt darauf fest, daß Deutschland erlaubt werden solle, »sich wirtschaftlich so weit wieder zu erholen, daß es für seine eigenen Bedürfnisse sorgen könne«.

Dennoch ging der Präsident nicht mit einem fertigen Konzept für die künftige Deutschlandpolitik in die Verhandlungen mit Churchill und Stalin Anfang Februar

6. Das Kriegsende 379

1945 in Jalta. Dort verzichtete er freilich auch darauf, die Pläne Morgenthaus ernsthaft ins Gespräch zu bringen. Er war vor allem bemüht, die Unterstützung Stalins auf dem asiatischen Kriegsschauplatz zu gewinnen. Das Kommunique der Konferenz vom 12. Februar blieb in den Einzelheiten vage, wenn man von dem gemeinsamen Willen absieht, den »deutschen Militarismus und Nazismus zu beseitigen und dafür zu sorgen, daß Deutschland nie wieder den Weltfrieden gefährden kann.« Der Präsident übertrug allerdings nicht Morgenthau, sondern Stettinius die Durchführung der Beschlüsse von Jalta und ermächtigte das State Department, diese Beschlüsse in seinem Sinne auszulegen. Am Tage vor seinem Tode, am 12. April genehmigte Roosevelt trotzdem die Veröffentlichung von Morgenthaus Buch: »Germany is our Problem«, das den eigentlichen »Morgenthau-Plan« enthält.[778]

Brüning hatte gehört, daß Roosevelt in den letzten Wochen seines Lebens beabsichtige, die Beschlüsse von Teheran, Jalta und Moskau wesentlich zu mildern. Er glaubte auch, daß Churchill dies ebenfalls gern getan hätte. Beide hätten angesichts der Stimmung in ihren Ländern die Geister, die man dort gerufen habe, unter den Bedingungen der Massendemokratie nicht wieder loswerden können. Er hatte auch gehört, daß sich Roosevelt Vorwürfe gemacht habe, sich den Russen allzu sehr ausgeliefert zu haben.[779] Nach dem Tode Roosevelts erwartete Brüning keine wesentliche Veränderung der Kriegslage und in den Friedensbedingungen, obwohl Morgenthau den wichtigsten Rückhalt für seine Politik verloren hatte.[780]

Bei Kriegsende war der Morgenthau-Plan im wesentlichen überholt, wenn man von der Direktive JCS 1067 absieht, die den Vorstellungen Morgenthaus entsprechend im April 1945 im Kriegsministerium ausgearbeitet worden waren und die Präsident Truman am 10. Mai unterzeichnete. Ihre ursprüngliche Fassung stammte vom 22. September 1944. In ihr kehrten einige der Bestimmungen des Plans wieder. Im Zeichen dieser Direktive vermochte der Finanzminister vor Kriegsende einen Teil seines Einflusses auf die amerikanische Besatzungsplanung zurückzugewinnen. Selbst Stimson hatte die Direktive zunächst als ein »fairly good paper« bezeichnet, später nannte er sie dagegen ein »painful negative document«.[781] Morgenthaus Einfluß machte sich noch nach der Verkündung des Marshall-Plans bemerkbar, als die USA lange zögerten, Druck auf ihre europäischen Verbündeten auszuüben, die Demontagemaßnahmen in der Britischen und in der Französischen Zone zu beenden. Andererseits waren Briten und Sowjets nicht bereit, sich nach der amerikanischen Direktive zu richten, so daß sie in ihrem politischen Gewicht für die Nachkriegsentwicklung relativiert wurde.[782]

Die Nachrichten aus Europa, vornehmlich jene über die Greuel in den Konzentrationslagern, die im Frühjahr 1945 die amerikanische Öffentlichkeit erregten, beunruhigten Brüning, auch wenn er sie lange Zeit für übertrieben hielt. Gegenüber George Shuster verstieg er sich noch im Sommer einmal zu der These, daß Deutsche, nicht einmal Angehörige der SS dazu fähig gewesen wären, den millionenfachen Mord an den europäischen Juden und den Konzentrationslagern von Auschwitz und anderswo zu begehen. Gelegentlich behauptete er, daß Polen die ersten Lager dieser Art errichtet habe. Er hatte den millionenfachen Mord an den europäischen Juden nicht vorhergesehen, obwohl er über die Konzentrationslager zu einem frühen Zeitpunkt informiert war. Er erinnerte allerdings daran, daß er in früheren Jahren kaum Gehör gefunden hatte, wenn er vorsichtig, weil er fürchtete, daß man ihm nicht glaubte, auf die Verbrechen des Hitler-Regimes verwiesen habe. Jetzt wandte er sich, wie er meinte, gegen irreale Darstellungen der politischen und moralischen Zustände während und nach der Naziherrschaft in Deutschland. Ein Beispiel für Fehleinschätzungen auf amerikanischer Seite nach der deutschen Kapitulation am 8. Mai 1945 sah er etwa in dem Vorschlag eines einflußreichen Katholiken, amerikanische Priester nach Deutschland zu schicken, um das Volk zu bekehren und die Kinder zu taufen.[783] Als er sich schließlich vom Wahrheitsgehalt der Berichte über Auschwitz – vollends nach dem Frankfurter Auschwitz-Prozeß, der in den Jahren 1963 bis 1965 stattfand, überzeugen mußte, war er so erschüttert, daß er selbst in persönlichen Gesprächen nicht mehr auf das Thema zurückzukommen wagte.[784]

Noch während des Krieges, im April 1943 hatte er vor der Vorstellung gewarnt, die »nazistischen Grundsätze und Methoden« seien bereits in der deutschen Jugend so tief verwurzelt, daß sie nicht mehr für andere Ansichten und Gedanken ansprechbar sei.[785] Offensichtlich hatte er seinen Landsleuten ein übertriebenes oder weltfremdes Reeducation-Programm ersparen wollen. Gegenüber der Presse hatte er im Juni 1944 behauptet, daß alliierte Erziehungsprogramme für die deutsche Jugend nur zu Gegenreaktionen führen würden. Ein vernünftiges Bildungssystem werde die Deutschen rascher zu Demokraten erziehen als alles andere.[786]

Er scheute sich in den ersten Jahren nach dem Krieg nicht, von einer jahrelangen »Greuelpropaganda« gegen Deutschland und das deutsche Volk in den Vereinigten Staaten und deren katastrophalen Auswirkungen zu sprechen, ohne selbst das Ausmaß der Verbrechen des Dritten Reiches in ganz Europa auch nur in Ansätzen zu kennen. Viele Jahre müßten noch vergehen, bis die amerikanische Öffentlichkeit vor allem in den Großstädten der Ostküste mit Deutschland etwas anderes verbinde als die Verbrechen der Nazis. Dieser Umstand werde von anderen europäischen Ländern ausgenutzt. Die Amerikaner unterschieden gewöhnlich nicht zwischen sittlichen und juristischen Auffassungen.[787]

Das Verhältnis zu Stimson

In den ersten Jahren nach dem Krieg fühlte sich Brüning oft zu politischer Untätigkeit verurteilt. Mit einer Rückkehr in die deutsche Politik schien allenfalls die Moskauer Propaganda zu rechnen. In der Prawda erschien am 25. März 1945 ein Artikel des Schriftstellers Ilja Ehrenburg, der Brüning als Führer der deutschen Katholiken und das deutsche Heer als Basis einer starken katholischen Macht bezeichnete. Radio Moskau nannte Brüning einen fanatischen Militaristen und einen geschworenen Feind der Demokratie. Er sei ein führendes Mitglied katholischer Kreise gewesen, die Hitler den Weg geebnet hätten. Brüning beschränkte sich darauf, die Anschuldigungen als völligen Unsinn zurückzuweisen, ohne sich auf Einzelheiten einzulassen.[788]

Der politische Einfluß Brünings auf die amerikanische Politik bei Kriegsende ist nur in Umrissen zu erkennen. Das persönliche Verhältnis zu Stimson blieb ungetrübt, obwohl von einer völligen Übereinstimmung zwischen beiden Politikern nicht die Rede sein kann. Stimson hielt, der offiziellen Linie entsprechend, eine Abrüstung Deutschlands für erforderlich, lehnte aber die Morgenthauschen Vorschläge weiterhin in aller Schärfe ab. Noch während der Potsdamer Konferenz sprach er sich in einer Denkschrift für Präsident Truman zwar dafür aus, Deutschland als potentiellen Aggressor auszuschalten, doch müsse es gleichzeitig in die Lage versetzt werden, seinen Beitrag zum notwendigen Wiederaufbauprozeß Europas zu leisten. Während des Krieges hatte er ebenso wie Außenminister Hull die Ansicht vertreten, daß das Bündnis der Siegermächte aufrechterhalten werden müsse, um eine von Deutschland ausgehende Gefahr abzuwehren. Diesen Gedanken, der dem Konzept der »One World«-Politik Roosevelts entstammte, hatte er inzwischen aufgegeben. Auch ein Dismemberment of Germany lehnte er entschieden ab.[789]

Der erste unmittelbare politische Kontakt zu Brüning nach Kriegsende ergab sich, nachdem Stimson am 25. Juli, noch während der Potsdamer Konferenz, Deutschland verlassen hatte. Der bevorstehende Abwurf der Atombombe machte Stimsons Rückkehr in die USA erforderlich. Stimson war, wie er Patrick Barry bei einem Besuch in Huntington gestand, von den Ergebnissen der Konferenz tief enttäuscht. Es sei verhängnisvoll, meinte er, wenn die Deutschen nach der Niederlage daran gehindert würden, eine angemessene Aufgabe in der Welt zu finden. In diesem Sinne hatte er sich noch vor seiner Abreise aus Deutschland gegenüber dem Oberbefehlshaber der Alliierten Streitkräfte in Europa, General Eisenhower, und dessen Stellvertreter, General Lucius D. Clay, bei einem Essen in Bad Homburg geäußert. Clay war sein Vertrauensmann, den er Eisenhower als Mitarbeiter für zivile Aufgaben – als Deputy Chief of Staff for Civil Affairs – empfohlen hatte. Er hatte bei Truman durchgesetzt, daß Clay und nicht Eisenhowers Kandidat, General Walter Bedell Smith, zum stellvertretenden Stabschef ernannt wurde. Stimson lehnte gegenüber den Generälen weiterhin jede Politik der Rache ab und sprach sich dafür aus, die Militärregierung vom eigentlichen Oberkommando zu trennen. Sie sollte ihm allerdings unterstellt bleiben. Nach seiner Rückkehr in die USA erkundigte sich Stimson nach Brüning und bat, ihn zu informieren, wenn sich dieser wieder, wie er es häufig tat, in Huntington aufhalte. Als Brüning im September dort erschien, kam die Begegnung innerhalb weniger Stunden zustande, da sich Stimson ohnehin auf Long Island aufhielt. Der Secretary of State kam in Begleitung seiner Frau Mabel, die die persönliche Sympathie ihres Mannes für Brüning teilte und ihm regelmäßig Geburtstags- und Weihnachtsgrüße zukommen ließ, in das Immaculate Conception Seminary. Das Gespräch fand allerdings unter vier Augen statt.

Stimson war deprimiert aus Europa zurückgekehrt, nachdem er in Potsdam die Stärke der sowjetischen Verhandlungsposition kennengelernt und erkannt hatte, daß mit Stalin keine Vereinbarung über einen dauerhaften Frieden zu erreichen war. Bis zum Ende des Krieges hatte er dessen Politik noch ähnlich wohlwollend beurteilt wie Präsident Roosevelt. Nach Jalta war er vom Verhalten der Sowjets in Polen und auf dem Balkan enttäuscht. Das galt auch für das Zurückhalten von Amerikanern, die aus deutscher Kriegsgefangenschaft in Polen befreit worden waren, sowie für die Behandlung gefangener russischer Soldaten, die auf deutscher Seite, etwa in der Wlassow-Armee, gekämpft hatten. Er führte Stalins Politik auf den totalitären Charakter des Sowjetsystems zurück.

Der Minister, der den damals kurz bevorstehenden Abwurf der Atombombe auf Hiroshima und Nagasaki mit zu verantworten hatte, gelangte zu der Einsicht, daß die Bombe nicht geeignet war, die Vereinigten Staaten und auch den Weltfrieden vor einer neuen Bedrohung zu schützen, weil es nur eine Frage der Zeit sei, wann der technische Vorsprung der Amerikaner durch die Sowjets eingeholt würde. Es sei eine Illusion, wenn demokratische Politiker meinten, auf die Zuverlässigkeit eines »Polizeistaats«, der wie jener Stalins das eigene Volk und andere Länder unterdrücke, vertrauen zu können. Nach seinem Eindruck hatte Stalin in Potsdam nichts getan, um sich das Vertrauen der Amerikaner zu erhalten, die unter anderem am Eintritt der Sowjetunion in den Krieg gegen Japan interessiert waren. Er bezweifelte außerdem, daß die Atomenergie sich kontrollieren lasse, wenn eine der Großmächte diktatorisch regiert werde. Noch in Potsdam hatte er dies in einer Denkschrift unter dem Titel »Reflections on the Basic Problems Which Confront US« für den Präsidenten dargelegt.[790] Am 11. September folgte eine zweite, die sich mit der zukünftigen Kontrolle der Atombombe befaßte. Darin analysierte er die Konsequenzen aus der gestärkten Position der Sowjetunion in Europa. Er empfahl eine Politik der Annäherung und Zusammenarbeit, um später ein atomares Wettrüsten zu vermeiden.[791]

Stimson war ebenso wie der Oberbefehlshaber der amerikanischen Truppen im Pazifik, General Douglas MacArthur, von den Beratungen in Cäcilienhof ferngehalten worden, was Brüning nicht entgangen war. Sie hätten sich lediglich für rein militärische Fragen in Bereitschaft halten müssen. Der Minister verhehlte seinem Freund nicht, wie sehr ihn der Anblick der zerstörten deutschen Städte und die Leiden des deutschen Volkes erschüttert hatten.[792] Stimson bat Brüning, vorerst in Amerika zu bleiben, d. h. er ließ ihn wissen, daß die Russen und auch einflußreiche Kreise in den westlichen Siegerstaaten einen Besuch des Exkanzlers in der Heimat vorläufig ablehnten.[793]

In Potsdam hatte Stimson nur eine Nebenrolle gespielt. Nur am Rande war es in Cäcilienhof zu Begegnungen zwischen Stimson und Churchill am 21. und 22. sowie mit Stalin am 25. Juli gekommen.[794] Stimson hatte den Präsidenten fast täglich, meist am Morgen gesehen, ehe Roosevelt zu den Sitzungen ging und für ihn verschiedene Schriftsätze verfaßt. Am 22. Juli hatte er ihm eine Denkschrift überreicht, die dem Schicksal Deutschlands, aber auch der Zukunft Europas galt, das nach seiner Ansicht auf die Hilfe Amerikas angewiesen sei. Die USA müßten an der Wiederherstellung stabiler Verhältnisse in ganz Europa interessiert sein. Die Deutschen sollten wieder Lebens- und Arbeitsmöglichkeiten erhalten und nur soweit kontrolliert werden, als es die prinzipiellen Zielsetzungen der USA erforderten. In die sozialen und wirtschaftlichen Verhältnisse solle nur eingegriffen werden, wenn es unerläßlich sei.[795] Nach Brüning hatte Stimson in Potsdam vergeblich die Bildung einer Zentralverwaltung nach seinen, Brünings, Vorschlägen angeregt.[796]

Nach dem Tode Roosevelts hatte sich Stimson mehr als zuvor aus Gesundheits- und Altersgründen mit Rücktrittsabsichten getragen. Zwei Tage nach dem Abwurf der Atombombe auf Hiroshima entschloß er sich, sein Amt aufzugeben. Am 21. September, seinem 78. Geburtstag, schied der Secretary of War aus dem Dienst aus.[797]

Der politische Hintergrund für diese Entscheidung war offenkundig. Stimson beunruhigten, wie erwähnt, die politischen Konsequenzen, die sich aus der Entwicklung der Bombe ergaben. Der Abwurf der Bombe, die erst im Sommer 1945 zur Verfügung stand, hatte zwar die japanische Kapitulation früher als zunächst erwartet herbeigeführt; kriegsentscheidend war sie aber nicht gewesen. In erster Linie sollte sie die militärischen Verluste auf amerikanischer Seite verringern und die militärischen und industriellen Zentren ausschalten, was einer konventionellen Lagebeurteilung entsprach.

Zu diesem Zeitpunkt waren die Inseln des japanischen Mutterlandes noch nicht erobert worden. Japan verfügte noch über eine Armee von fünf Millionen Mann in China und Japan. Bedenken, die gegen die Bombe vorgebracht werden konnten, hatte Stimson im Interesse der Vereinigten Staaten als unverantwortlich zurückgewiesen. Seit 1941 war er darüber unterrichtet, daß auch Deutschland an der Entwicklung der Atombombe arbeitete, die den Ausgang des Krieges in Europa hätte bestimmen können. Er hatte alles getan, um den Vorsprung der USA auf diesem Gebiet seit 1942 zu sichern. Es ging für ihn um den Besitz einer »Geheimwaffe, durch die der Krieg zu gewinnen ist.«

Nach der deutschen Kapitulation war sein oberstes Ziel der militärische Erfolg in Ostasien, der Sieg über Japan gewesen. Nach Hiroshima versuchte er, diese Entscheidung zu rechtfertigen. Man habe ohnehin nur über zwei Atombomben verfügt, die vor allem eine psychologische Waffe darstellten, meinte er. Zusätzliche konventionelle Luftangriffe mit B-29-Bombern, die nach der für den 1. November 1945 geplanten Invasion vorgesehen waren, hätten nach seiner Ansicht größere Verluste an Menschenleben und Material zur Folge gehabt.[798]

Mit Sicherheit fand das erwähnte Gespräch zwischen Brüning und Stimson noch vor dessen offiziellem Abschied von Washington statt. Brüning erwähnte weder Hiroshima noch den Rücktritt, vermerkte aber, daß Stimson niedergeschlagen gewirkt und sehr gealtert sei. Dieser versicherte ihm, daß er »glücklicherweise« keine Verantwortung für die Beschlüsse der Potsdamer Konferenz trage.[799]

Konkrete Ergebnisse scheint die Begegnung von Huntington nicht gehabt zu haben, so auffällig das Drängen des Ministers auch gewesen war, Brüning zu sehen. Dessen »Stellenwert« im Verhältnis zu ihm darf nicht überschätzt werden. Das Thema des Gesprächs bestimmte protokollgemäß der Amerikaner, der dem deutschen Freund sein Bedauern über den Ausgang der Potsdamer Konferenz aussprach. Die Sorge um das Schicksal Deutschlands verband sie nach wie vor. Entscheidend war für sie der Umstand, daß der Krieg beendet und die Atombombe in Deutschland nicht eingesetzt worden war, weil sie im Frühjahr noch nicht eingesetzt werden konnte. Die Freundschaft mit Brüning entsprach Stimsons Neigung, mit erfahrenen Politikern unterschiedlicher Herkunft Gedanken auszutauschen. Zeitweilig galt dies unter anderem für Ramsay MacDonald, Anthony Eden, Lord Josiah Stamp und Walter Layton.[800]

Das Kriegsende selbst sah Brüning ebenso wie Stimson nicht in der Kapitulation der deutschen Wehrmacht, sondern in der Kapitulation Japans am 2. September 1945. Das Schweigen der Waffen beging er zusammen mit seiner Mitarbeiterin Claire Nix in einer kleinen Feier.[801] Die militärische Niederlage Deutschlands und den Zusammenbruch des NS-Regimes hatte Brüning seit langem erwartet. Als Gegner Hitlers war für ihn die Schuldfrage am Kriege entschieden, auch wenn er den westlichen Alliierten stets eine indirekte Mitschuld zuwies, weil sie nach seiner Ansicht Hitler nicht rechtzeitig in seine Schranken verwiesen hatten. Auf die Verbrechen des NS-Regimes hatte er immer wieder verwiesen, war aber oft genug auf Zweifel und Mißtrauen gestoßen. »Ich bin nun einmal ein Stein des Anstoßes auch und besonders für die vielen, die ein schlechtes Gewissen haben, von Vansittart bis zu bis vor kurzem hier mächtigen Leuten«. Menschen liebten es nun einmal nicht, gewarnt zu werden. »Wenn die Warnungen sich bestätigen, kommt der Haß.«[802]

Vansittart hatte Brüning 1943 in seinem Buch »Lessons of my Life« unter anderem als »accomplice of the militarists« und als »pre-dictator who ruled by decree« bezeichnet.[803] Zu jenen Stimmen in der britischen Politik, die sich jetzt als besonders scharfe Kritiker Deutschlands gebärdeten, rechnete Brüning auch die Times, deren Chefredakteur Geoffrey Dawson bis 1938 das Appeasement Chamberlains lange Zeit unterstützt hatte.[804] Nun aber häuften sich Nachrichten über die Verbrechen und Grausamkeiten aus den Konzentrations- und Vernichtungslagern, die alle bisherigen Berichte übertrafen. Er hielt es jedoch immer noch für angebracht, vor übereilten Urteilen zu warnen.[805]

Sein Gesundheitszustand verschlechterte sich wieder, vor allem seine nervösen Herzbeschwerden setzten ihm zu. Im Sommer 1945 hielt er sich zusammen mit der Familie Treviranus für mehrere Wochen auf dem Lande in Woodstock im Staate New York als Gast des 1882 in Mexiko als Sohn des deutschen Konsuls geborenen Bankiers Federico Stallforth auf. Dieser hatte sich während des Krieges wiederholt um eine Friedensvermittlung mit Deutschland und auch zu Kontakten zur Militäropposition bemüht. Bis 1941 hatte er als Inhaber eines großen Vermögens seine Verbindungen zu führenden Wirtschaftskreisen dazu benutzt, die USA aus dem Krieg gegen Deutschland vor dem Angriff der Japaner auf Pearl Harbour herauszuhalten, was auch in Deutschland bekannt war. Besondere Hoffnungen hatte er in den USA auf den Einfluß Donovans gesetzt, der ihm durchaus gewogen war und seine Warnungen vor der relativen Stärke Deutschlands ernst genommen hatte. Allerdings hatte Roosevelts Berater Harry Hopkins Donovan davon abgehalten, Stallforth mit irgendwelchen Verhandlungen mit deutschen Stellen zu betrauen.[806]

Nach dem Besuch in Woodstock zog sich Brüning wieder nach Huntington zurück, um sich vor Beginn des neuen Semesters zu erholen, wie er es regelmäßig zu tun pflegte. Mit Patrick Barry unternahm er Spaziergänge im angeregten Gespräch oder spielte Billard. Gern unterhielt er sich mit Gästen und Besuchern des Seminars. Im September ging es ihm etwas besser, was jedoch nicht anhielt. Brüning war auf die regelmäßige Einnahme von Medikamenten angewiesen. Ein Aufenthalt am Meer, in Andover, in den Sommermonaten tat ihm gut, während er das Klima in Cambridge als unerträglich empfand.

Er selbst machte für seinen Zustand die Aufregung über die trüben Nachrichten aus Deutschland und die Sorgen um Verwandte und Freunde verantwortlich. Mona Anderson gestand er, daß er Heimweh habe, als diese erwähnte, daß sie sich in Potsdam und am Wannsee aufgehalten habe. Er klagte, seine frühere Arbeitskraft nicht mehr zu besitzen, und sehnte sich danach, im folgenden Jahr nach Europa, wenigstens nach Holland und in die Schweiz reisen zu können. Einen Besuch in Deutschland hielt er vorerst nicht für möglich. Er werde vor 1948/49 dafür kein Visum bekommen, vermutete er und fürchtete fast, dies nicht mehr zu erleben. »Vielleicht ist es dann schon zu spät ...«[807]

Als ihm Treviranus nahelegte, seinen 60. Geburtstag in größerem Rahmen im New Yorker Plaza Hotel zu feiern, lehnte er ab. An jenem 26. November fühlte er sich nicht wohl: Er hatte seit Wochen das Bett gehütet und wollte am Morgen nicht aufstehen. Treviranus erschien trotzdem mit zwei gebratenen Enten und drei Flaschen Rheinhessen Auslese in Lowell House. »Als zur Mittagszeit beide Enten hergerichtet waren, setzten Claire Nix und ich uns an den festlich gedeckten Tisch. Der Duft von Entenbraten hing im Gang und schien die rechte Medizin zu sein. Der Hausherr erschien nach kurzer Zeit und griff zu meiner Erleichterung herzhaft zu. Nach dem Essen schlug er mir einen Spaziergang am Charles River und durch das Universitätsgelände vor.« Nach der Rückkehr zur Teezeit zeigte sich der Hausarzt Professor Thannhauser, mit Brünings Gesundheitszustand zufrieden, nachdem er dem Patient am Morgen seinen Willen lassen wollte, im Bett zu bleiben.[808]

Brünings Mitarbeiterin Claire Nix, die in Harvard »Government« studiert hatte, kam aus St. Louis im Mittleren Westen der USA, wo sie am 9. Oktober 1918 geboren wurde. Sie hatte in Chicago die High School absolviert und in Harvard ein Diplom erworben. Seit 1940 arbeitete sie als wissenschaftliche Assistentin und Privatsekretärin bei Brüning in der Littauer Graduate School of Public Administration.[809]

Den einzigen öffentlichen Hinweis auf seinen Geburtstag brachte die deutschsprachige »New Yorker Staats-Zeitung und Herold« mit einem Artikel aus der Feder des ehemaligen Konsuls Paul Schwarz und der Reproduktion eines Porträts, das der Maler Eugen Spiro in jüngster Zeit geschaffen hatte.[810]

Private und politische Hilfsaktionen

Nicht anders als Treviranus hatte sich Brüning in den ersten Nachkriegsmonaten auf unpolitische und karitative Aktivitäten für notleidende Menschen in Deutschland beschränken müssen. Sein Engagement für Flüchtlinge in den USA stellte er bei Kriegsende ein. Seine neuen Aktivitäten entfaltete er vor allem im Rahmen des Thomas-Jefferson-Fund Inc., der Hilfsorganisation CERA und des O. B. CARE-Hilfswerks des Benediktiners Dom Odo von Württemberg. Dafür setzte er buchstäblich die letzten persönlichen Mittel ein. Claire Nix verschickte in seinem Auftrag Hunderte von Paketen an ehemalige politische Weggefährten und Vertriebene aus seinem früheren schlesischen Wahlkreis. Sie sammelte große Mengen von Kleidungsstücken, doch reichte dies nicht einmal für ein Zehntel der Bittsteller, die sich an Brüning wandten. Er klagte, daß allein das Porto für die Hilfssendungen ein Drittel seines gesamten Einkommens ausmache.

Im Juli 1947 ließ er den Kölner Erzbischof Kardinal Frings, den er einige Wochen zuvor an der kanadischen Grenze getroffen hatte, wissen, daß bei religiösen Einkehrtagen die – unzutreffende – Nachricht verbreitet werde, er sei in der Lage, Notleidende mit Lebensmittelpaketen zu versorgen. Die Kapazität seiner Hilfsaktionen hatte finanzielle und physische Grenzen. Im Dezember 1947 gestand er seinem Patenkind Herta, daß viele der Hilfesuchenden »zu optimistisch« hinsichtlich seines Einkommens und seiner Ersparnisse seien. Anfang 1948 erhielt er noch durchschnittlich hundert Bettelbriefe pro Woche. Nach eigener Aussage hatte er seit Kriegsende gegen 20.000 Briefe erhalten.[811] Karitativen Zwecken im engeren und im weiteren Sinne dienten auch die Empfehlungen, die er Theobald Dengler gab, der im Auftrag des Kriegsministeriums den Kontakt zu katholischen kirchlichen Stellen pflegte und der alliierten Kontrollkommission in Deutschland angehörte.[812]

Nebenher erkundigte er sich über Mittelspersonen mehrfach nach dem Wohlergehen seiner Schwester, der Familie Tennstedt und anderen Freunden, da der regelmäßige Postverkehr mit Deutschland noch bis zum April 1946 unterbrochen war. George Shuster, der Maria im Sommer 1945 besuchte, verdankte er ein erstes Lebenszeichen.[813] Seine Hauptaufgabe sah er freilich darin, wichtige Nachrichten, die ihn aus Deutschland erreichten, an seine amerikanischen Freunde weiterzugeben, um sie über die wirklichen Verhältnisse zu unterrichten, die nach seiner Ansicht in der Presse nur entstellt beschrieben wurden.[814]

Brüning glaubte vorerst nicht, nach Europa und nach Deutschland zurückkehren zu können. Die räumliche Distanz eröffnete ihm jedoch eine umfassendere Perspektive als sie oft jenen Politikern gegeben war, die sich in den verschiedenen Besatzungszonen Gedanken über die Zukunft des Landes machten. Diese standen vielfältigen Hindernissen gegenüber, etwa mit Gleichgesinnten Verbindung aufzunehmen, ganz zu schweigen von den beschränkten Möglichkeiten, das politische Leben auf kommunaler oder regionaler Ebene wieder zu beleben.

Dunkle Ahnungen, daß Deutschland nach dem Ende des Dritten Reiches noch größere Gebietsverluste als nach dem Ersten Weltkrieg hinnehmen müsse, hatten ihn schon seit längerem bedrängt. Mit Sorge beobachtete er, daß die Westmächte bereit schienen, Stalin freie Hand in Ostmitteleuropa zu lassen, und keineswegs darauf bestanden, die deutschen Ostgebiete in die gemeinsame Verantwortung der Siegermächte einzubeziehen. Nach der Potsdamer Konferenz gehörte auch Frankreich als vierte Besatzungsmacht dazu, dessen Interessen sich im Hinblick auf Deutschland teilweise mit den sowjetischen berührten. Argwöhnisch registrierte Brüning Bestrebungen General de Gaulles, das linke Rheinufer auf Dauer zu besetzen, aber auch Artikel im »Economist«, die empfahlen, die westlichen Besatzungszonen von der Sowjetischen Besatzungszone zu trennen, um sie in die amerikanische Wiederaufbauhilfe für Europa einzubeziehen.[815]

Der Kampf gegen die Zerschlagung Deutschlands und die Vernichtung seiner Stellung als Mitte Europas nach dem Ende des Dritten Reiches war ihm ein wesentliches Anliegen. Zugleich hoffte er, daß die Besatzungsbehörden durch die praktischen Erfahrungen des Alltags ihre »ursprünglichen Auffassungen« ohnehin ändern müßten. Als der frühere amerikanische Präsident Herbert Hoover am 17. September ein Moratorium für Kriegsschulden und ein umfassendes Kreditprogramm für amerikanische Warenlieferungen aller Art vorschlug, begrüßte er dies nachdrücklich. Der Vorschlag sei »nicht nur vom finanziellen Standpunkt aus äußerst gesund und konstruktiv«, sondern biete die einzige Chance für die Vereinigten Staaten, die politische Entwicklung in Europa zumindest für einige Zeit zu beeinflussen. »Es ist tatsächlich die letzte Gelegenheit, etwas von Europa zu retten und eine fortdauernde, zunehmende Beherrschung des Kontinents durch Rußland zu verhindern.«[816]

Der Quäker Hoover war ebenso wie zahlreiche einflußreiche amerikanische Katholiken gegen ein neues Bündnis mit Stalin.[817] Nach dem Ersten Weltkrieg war er in Deutschland unter anderem durch die Hoover- beziehungsweise Quäker-Speisungen bekannt geworden und galt als der erste Sachverständige für europäische Ernährungsfragen. Im Frühjahr 1946 unternahm er zusammen mit einem kleinen Stab von sechs Experten aus dem amerikanischen Landwirtschaftsministerium eine Informationsreise durch die europäischen Notstandsgebiete. Im Jahr darauf sollte er mehrere

Wochen lang an Bord von Hitlers Panzerzug Deutschland und Österreich bereisen, um ein spezielles Hilfsprogramm vorzubereiten. Zu seinen Begleitern gehörte der aus Wien stammende Wirtschaftsexperte Gustav Stolper, der vor 1933 zusammen mit Carl Landauer und Georg Kantona den »Deutschen Volkswirt« herausgegeben hatte. Auf der Grundlage des von Stolper mitverfaßten Berichtes, den er Präsident Truman erstattete – es war der sogenannte Dritte Hoover-Bericht – wurden seither die Lebensmittelquoten der USA schrittweise erhöht.[818]

Brüning fand im Herbst 1946 Gelegenheit, Hoover die Tragweite des Jalta-Abkommens zu erläutern, wie er auch anderen prominenten Politikern seine Sicht der Vorgänge in Europa darlegen konnte, ohne sich, wie er früher befürchtet hatte, politisch verdächtig zu machen.[819] Nach Ansicht des greisen Expräsidenten, der bereits im 83. Lebensjahr stand, konnte sich Europa nur durch einen Aufschwung der Wirtschaft erholen, der nicht ohne eine Ankurbelung der Produktion in Deutschland, sowie durch einen grenzüberschreitenden Austausch von Rohstoffen und Produkten möglich sei.

Für Hoover war es eine Illusion, Deutschland nach der Abtrennung der östlichen Landesteile in einen »Weidelandstaat« bzw. »Cabbage Patch« nach den Vorschlägen Morgenthaus und seiner Anhänger zu verwandeln, wenn man nicht das Leben von 25 Millionen Menschen aufs Spiel setzen wolle. »Wir sollten sofort für alle Zeiten mit der Zerstörung oder Entfernung aller Industrieanlagen aufhören, die Güter oder Dienstleistungen für Friedenszwecke liefern können. Die schwere Last, welche unsere Steuerzahler jetzt tragen müssen, ist hinreichend Beweis für die Idiotie solcher Art von Politik.« Es sei unsinnig zu glauben, man könne mit der Entfernung von industriellen Anlagen für die Produktion von Gütern für Friedenszeiten irgendwelche Reparationen erhalten. Es habe keinen Wert, Gebäude, Fundamente, Wasser- und Elektrizitätsanlagen und andere Installationen zu entfernen. Lediglich Maschinen hätten einen Nutzwert, der jedoch durch die Demontage und die Kosten für Transport und Wiederaufstellung wesentlich gemindert werde.[820] Es war kein Wunder, daß die Anhänger der Morgenthau-Politik in der amerikanischen Presse Hoover als »unverbesserlichen Deutschenfreund« und »Vorreiter eines dritten Weltkrieges« herabzusetzen suchten.[821]

Als vordringlich empfand Brüning den Wiederaufbau Deutschlands und dessen Rückkehr in die Völkergemeinschaft.[822] Die Abkehr Präsident Trumans vom Morgenthau-Plan bei Kriegsende begrüßte er enthusiastisch. Zugleich verlangte er, daß die Ruhrindustrie, die Ende 1944 den Höhepunkt ihrer Stahlerzeugung während des Krieges erreicht hatte, nicht weiter demontiert werde. Die aktuelle Produktion entsprach 95 Prozent der noch vorhandenen Kapazität. 1948 sollte der Produktionsindex schon wieder 60 Prozent desjenigen von 1936 erreichen.[823]

Die Vorherrschaft in Europa

Der Kampf um die Vorherrschaft in Europa bildete für Brüning das Hauptthema der Weltpolitik nach dem Ende des Krieges, das alle anderen Fragen überlagern werde – schon zu einem Zeitpunkt, als der Ost-West-Konflikt noch nicht ausgebrochen war. Seine Zweifel an dem Willen der Großmächte zu einer einheitlichen Deutschlandpolitik bestätigten sich schon anläßlich der Londoner Konferenz des Rates der Außenminister Ende September / Anfang Oktober 1945. Ihn beeindruckte die Überlegenheit der sowjetischen Verhandlungsposition. Sie beruhte nach seiner Überzeugung darauf, daß der Ausgang des Zweiten Weltkrieges für die Sowjetunion beträchtliche territoriale Gewinne gebracht hatte und sie ihre Einflußzone in Mitteleuropa erheblich ausweiten konnte, während die angelsächsischen Mächte ihre Besatzungspolitik nach dem Gesetz ihrer Expeditions- und Interventionsstrategie betreiben mußten.

Die unterschiedlichen Interessenlagen der Großmächte mußten sich demnach auch auf Deutschland auswirken. Die Forderungen der Sowjets nach Mitbestimmung im östlichen Mittelmeer hielt Brüning mit Recht für ein Ablenkungsmanöver. »Wenn sie mehr als 100 Prozent ihrer tatsächlichen Ziele erreicht haben, lassen sie vielleicht die Forderungen fallen, die für England am unangenehmsten sind.« Nach seinem Eindruck hatten die Engländer den Wandel der weltpolitischen Szene allerdings rascher erfaßt als die Amerikaner. Die noch lange anhaltende Sympathie der öffentlichen Meinung in den USA für die Politik der Sowjetunion war ihm unverständlich.[824]

In dem bereits erwähnten Background-Interview mit den Offizieren des U. S. Judge Advocate General's Office hatte er im September 1945 daran erinnert, daß Stalin einst deutsche Politiker in den Weimarer Jahren habe fragen lassen: »Warum erschießen Sie Ihre Kommunistenführer nicht?«[825] Noch im März 1946 meinte er, der Glaube an Stalin und Rußland sei »hier immer noch fast religiös«.[826] Die Nachrichten über die gegenwärtige Notlage in Deutschland berührten ihn stärker als die Berichte über das jüngst vergangene Geschehen, das gleichzeitig in Umrissen bekannt wurde. Er klagte, daß die amerikanische Öffentlichkeit nur sehr zögernd die wirkliche Situation in Deutschland zur Kenntnis nehme und daß feindliche Einstellungen humanitäre Gesichtspunkte verdunkelten, etwa wenn ein Kongreßmitglied vor Studenten erkläre, es sei ihm einerlei, ob alle Kinder in Deutschland stürben oder nicht.[827]

Brüning betrachtete, wie man ihm nicht ohne Grund vorgeworfen hat, die Vorgänge nach 1933 und nach 1945 überwiegend aus der Perspektive der Weimarer Zeit, auch wenn er glaubte, daß die damaligen Parteien in beträchtlichem Maße zum Untergang des demokratischen Systems und des Rechtsstaates beigetragen hatten. Um so näher liegt die Frage, in welchem Maße seine politischen Überzeugungen durch die Jahre in den USA beeinflußt wurden. Einerseits beherrschte ihn die Sorge um das Schicksal seines Landes so sehr, daß er Deutschland und Europa vor allem als Opfer des nationalsozialistischen Terrors sehen wollte. Andererseits fügten sich die Berichte über die Grausamkeiten des Krieges im Osten und die Zustände in den Konzentrationslagern nicht ohne weiteres in dieses Bild, das mehr von den Anfängen, ja von der Vorgeschichte als vom Ende des Dritten Reiches geprägt war.

Er zählte sich zu jenen Zeitgenossen, die die politische Wirklichkeit des Dritten Reiches realistisch wahrgenommen und frühzeitig vor Illusionen über Hitler gewarnt hatten. Seine Phantasie reichte dennoch nicht aus, um sich das Ausmaß der Verbrechen des Dritten Reiches vor allem den millionenfachen Mord an den Juden vor und vor allem während des Krieges auszumalen. Erschüttert registrierte er auch die Nachrichten über die Rachejustiz an politischen Gegnern, darunter vielen Mitgliedern seiner eigenen Partei. Andererseits wehrte er sich gegen vermeintlich übertriebene und unwahre Berichte über die Greuel, die das Regime zu verantworten hatte, von dem verbreiteten Vorwurf einer Kollektivschuld des deutschen Volkes ganz zu schweigen.

Der Politiker, der bisher überzeugt war, daß der Mangel an Weitsicht und Friedenswille 1919 Europa um die Chancen für einen dauerhaften Frieden gebracht hätten, konnte sich der Einsicht nicht verschließen, daß die Katastrophe von 1945 bei weitem schlimmer und folgenreicher war als die Schäden, die das Reich 1919 hatte hinnehmen müssen. Deutschland sei »vorläufig nur ein strategisches Gebiet«, dessen Schicksal von den »strategischen Plänen oder Auffassungen der Machthabenden« bestimmt werde. Hitler hatte den Krieg nicht gewonnen und Deutschland hatte ihn verloren. Der Ausbruch des Zweiten Weltkrieges ließ sich rückblickend als Argument dafür anführen, daß die harten Friedensbedingungen von 1919 letztlich nicht »karthagisch« genug gewesen seien, um einen neuen Konflikt in Europa zu verhindern. Die Pläne Morgenthaus und die Forderung nach bedingungsloser Kapitulation standen nicht von ungefähr im Zeichen eines Versuches, einen Dritten Weltkrieg zu verhindern, der von Deutschland ausgehen könnte.

Die Katastrophe von 1945, der Zusammenbruch des deutschen Staates, veranlaßte ihn, auch auf einer anderen Ebene nach den Ursachen von langfristigen Fehlentwicklungen in der deutschen Politik zu suchen, die über die Wirtschaftskrise zu Beginn der dreißiger Jahre hinausgingen. Die Republik habe nicht das Problem der Selbstdisziplin und des gegenseitigen Vertrauens in der Gesellschaft gemeistert, meinte er nachdenklich im Dezember 1945. Es habe die »gute monarchische Tradition Wilhelms I.« gefehlt, die schon in den neunziger Jahren brüchig geworden sei. Nur Vertrauen halte die Menschen zusammen: »Daß dieses Vertrauen systematisch ... zerstört wurde, war ein Verbrechen. Man brauchte nicht das Vertrauen zu einem einzelnen Mann, sondern untereinander ...«

Damit spielte er auf die Umstände seines Abgangs an: »Mit der Nähe greifbarer und entscheidender Erfolge wurde daher der Kampf um so heftiger ... Das Winken mit Deutschlands allgemeiner Aufrüstung entgegen meinem Abrüstungsprogramm, von ausländischer Seite ernstgenommen ... gab beim alten Herrn den Ausschlag neben vielen anderen Gründen ...« Sein persönliches Schicksal sah er im weltpolitischen Zusammenhang, ebenso wie das seiner damaligen Gegner. Die größten Schuldigen für das Scheitern der Abrüstung vor dem Ausbruch des Krieges säßen nicht auf der Anklagebank.[828] Brüning verfocht keine pazifistische Politik, wenn er als Kanzler auf allgemeiner Abrüstung bestanden und zugleich eine militärische Gleichberechtigung Deutschlands verlangt hatte. Auf einem anderen Blatt stand die fortgesetzte heimliche Aufrüstung der Reichswehr, die unter anderem den Bau von Flugzeugen in Lipezk betrieb, was kaum ohne sein Wissen geschehen sein dürfte.[829]

Brüning wehrte sich gegen den Vorwurf, er sei wegen der Katastrophe seines Landes verbittert. Dies sei nicht der Fall, meinte er ein Jahr nach dem Ende des Dritten Reiches. Ihm sei es stets nur darum gegangen, festzustellen, was für Deutschland das beste sei.[830] In der Friedensordnung von Versailles sah er eine entscheidende Ursache für die politische Fehlentwicklung in Europa, für die vor allem die Siegermächte des Ersten Weltkrieges verantwortlich seien. 1943 hatte er gegenüber Dorothy Thompson behauptet, die NS-Ideologie habe ihre historische Wurzel in den Friedensverträgen und dem Völkerbund. Sie sei entstanden aus dem »Glauben, man könne sämtliche Probleme mit Gewalt und Organisation lösen, unabhängig von der geschichtlichen Tradition, von den wirtschaftlichen Tatbeständen und von den Leiden und Erfahrungen eines Zeitraums von annähernd 1100 Jahren«.[831]

In den Jahren der Emigration hatte er intensiv die britische und amerikanische Außenpolitik verfolgt, sie zuweilen vergeblich zu beeinflussen versucht, aber doch persönlich ein Bild von den langfristig wirkenden Tendenzen seit dem 19. Jahrhundert gewonnen. Nach seiner Überzeugung hatte die deutsche Politik seit Jahrzehnten den Stil der angelsächsischen Außenpolitik verkannt. Dies richtete sich unter anderem gegen das bekannte Klischee des »perfiden Albion«. »In den letzten 100 Jahren entwickelte sich oder verstärkte sich ... eine verderbliche Tendenz in Deutschland, sich in negativer, manchmal sehr kleinlicher Kritik zu erschöpfen, statt gutem Willen Achtung zu erweisen. Das führt unmittelbar zur Vergötterung des Erfolgs; es erstickt jede objektive Einschätzung der Zeitgenossen und verdunkelt bedeutsame Tatsachen«, schrieb er im Juli 1946 an Hermann Ullmann. Dahinter stand die nicht allzu originelle Einsicht in die begrenzte Perspektive, die sich nach dem Ersten Weltkrieg aus einem engen nationalstaatlichen Blickwinkel im Zeichen einer verhängnisvollen »realpolitischen« Sicht der Welt ergab. »Eine überkritische Darstellung irgendeines großen Ereignisses hinterläßt dann den Eindruck der Zurücksetzung, Fehlkalkulation, Tatenlosigkeit und Verständnislosigkeit. Die ganze Weltgeschichte ist dann nur eine einzige Kette menschlicher Unzulänglichkeit und menschlichen Versagens«.[832]

Die Deutschen ähnelten, behauptete er, in manchem den Griechen. Dies gelte etwa für deren »schöpferische Phantasie, Wißbegierde, Mangel an Gleichgewicht zwischen großen politischen Konzeptionen und kleinlicher, überkritischer demagogischer Parteipolitik«. Dem Volke, das einst »das Herz der alten Welt« gebildet habe, bescheinigte er allerdings den Vorzug, eine »unsagbare Leidensfähigkeit« zu besitzen.[833]

Die alliierte Kriegführung und der deutsche Widerstand

Brüning versuchte die Mängel und Schwächen der deutschen Außenpolitik daher gleichsam von ihrem »Endergebnis« her zu verstehen. Er kritisierte die Unfähigkeit deutscher Politiker von Bethmann-Hollweg bis hin zu Goerdeler im Umgang mit ausländischen Politikern, ihr Schwanken zwischen unberechtigtem Mißtrauen und unbegründeter Vertrauensseligkeit. Auf diese Unsicherheit führte er auch das Scheitern der Kontakte zwischen den oppositionellen Generälen in der Wehrmacht und dem britischen Außenministerium zurück. Es sei der Argwohn gewesen, von den Engländern in eine Falle gelockt zu werden.[834]

Die Aussage überrascht, wenn man bedenkt, daß Brüning Menschen, die er nicht kannte, eher mit Mißtrauen als mit einem Vorschuß an Vertrauen begegnete. Er »prüfte lange nach der Väter Art, ehe er Vertrauen schenkte« (G. R. Treviranus).[835] Andererseits hatte er gerade mit Henry Stimson Erfahrungen gemacht, die seiner skeptischen Lebenseinstellung widersprachen. Dieser hatte ihm schon bei den Gesprächen über die Abrüstung in den Jahren 1931/1932 geraten, auf eine begrenzte

Aufrüstung im Sinne der Gleichberechtigung zu verzichten – in der Hoffnung, daß die übrigen Mächte für die Erhaltung des Gleichgewichts sorgen würden. Brüning war nicht darauf eingegangen. In der Folgezeit hatte Deutschland dieses Gleichgewicht selbst gestört und die Gegenkräfte, die es wiederherzustellen suchten, herausgefordert. Die USA standen an der Seite Großbritanniens und hatten sich angesichts der Herausforderung durch Hitler sogar mit ihrem weltgeschichtlichen Antipoden, der Sowjetunion, verbündet.

Im Hinblick auf die britische Position, insbesondere die Haltung Churchills vor und während des Krieges scheint sich seine Skepsis bestätigt zu haben. Immerhin hatte Churchill – anscheinend in grober Kenntnis der bisherigen oppositionellen Bestrebungen im deutschen Generalstab – seinen Außenminister Anthony Eden am 20. Januar 1941 angewiesen, auf alle Anfragen seitens der deutschen Militäropposition aus strategischen und taktischen Gründen mit »absolutem Stillschweigen« zu reagieren.[836] Die britische Regierung ließ andererseits die Aktivitäten der deutschen Widerstandsbewegung weiterhin genau beobachten, zumal diese sich äußerlich kaum von den Kontaktversuchen regimetreuer deutscher Geheimdienstler gegenüber fremden Geheimdiensten unterschieden. Nicht zuletzt der »Venlo-Zwischenfall« vom November 1938 hatte die britische Seite vor Leuten gewarnt, die mit der Legende auftraten, im Auftrage oppositioneller Gruppen in der Wehrmacht tätig zu sein.[837]

Die britische Zurückhaltung war begründet. Die Begegnungen Churchills mit Brüning und Goerdeler führten nicht zu einer Verständigung. Andererseits mangelte es nach Brünings späterem Urteil auch den oppositionellen Kräften in Deutschland an strategischem und taktischem Geschick, von außenpolitischer Erfahrung ganz zu schweigen. Seit Bismarck seien weder militärische Führer, noch Beamte und Diplomaten in der Lage gewesen, »etwas zu unternehmen, ohne zuvor einen detaillierten Arbeitsplan aufzustellen«. Das Argument entsprach seinem mehrfach erwähnten Prinzip, den Charakter von Mitarbeitern zu beurteilen. Es sei nicht nötig, jede Tat im voraus zu planen, vielmehr komme es darauf an, ein Netz von zuverlässigen Leuten in bestimmten Schlüsselstellungen aufzubauen, die auf Anweisung selbständig in ungewohnten Situationen besonnen zu handeln vermochten.

In diesem Zusammenhang kritisierte er die Rolle des Chefs der militärischen Abwehr, Admiral Canaris, dem er einerseits aus eigener früherer Kenntnis bescheinigte, von patriotischer Gesinnung beseelt gewesen zu sein. Andererseits glaubte er, bei ihm eine ähnliche Geheimdienst-Mentalität wie bei Schleicher beobachtet zu haben. Beide hätten sich häufig in ihren eigenen taktischen Aktionen verstrickt, so daß sie diejenigen, die gegen Hitler hätten handeln können, irritierten. Nach seinem Eindruck war dies unter anderem auf einen Mangel an Organisationstalent zurückzuführen, an dem beide gescheitert seien. »Wie Schleicher machte auch er Aussagen, die nur einen augenblicklichen Eindruck wiedergaben oder darauf abzielten, andere zu Enthüllungen zu veranlassen.« Die einen hätten sich von einer rechtzeitigen Aktion abhalten lassen, die anderen, vor allem jüngere Kräfte hätten aus seinen Informationen allzu optimistische Schlüsse gezogen. Er habe deshalb Goerdeler vor Canaris gewarnt. Nach seiner Ansicht habe Goerdeler auch nicht begriffen, daß unvorsichtige Äußerungen im Ausland gelegentlich durch alliierte Geheimdienste nach alter Geheimdienstmethode der von Canaris geleiteten Abwehr im Austausch gegen andere Informationen zugespielt würden.

Allerdings glaubte Brüning, daß dieser seinerseits Goerdeler in den dreißiger Jahren vor ihm gewarnt habe und Goerdeler »falsch dirigiert« habe. Dies spricht für einen charakterlichen Gegensatz ebenso wie für unvermeidliche Mißverständnisse unter zwei Menschen, die dieselben Ziele verfolgten. Als Hauptübel aller Bemühungen, Hitler zu stürzen, betrachtete Brüning indessen nicht die konspirativen Methoden des Abwehrchefs, die ihm letztlich nicht perfekt genug waren, sondern das »endlose Gerede innerhalb und außerhalb von Deutschland über die Verschwörungen, die angezettelt oder vermutet wurden.« Journalisten aller Länder seien immer wieder imstande gewesen, »in bemerkenswertem Umfang über vertrauliche Pläne zu berichten.«[838] Im Dezember 1941 hatte er es für angebracht gehalten, gegenüber Henry Mann, der im State Department für die Kontakte zu ausländischen Militärs zuständig war, den Verdacht auszusprechen, daß Naziagenten als angebliche Vertrauensleute der Wehrmacht Gerüchte über Differenzen zwischen Hitler und dem Heer verbreiteten. Mann hatte ebenfalls davon gehört.[839]

Brüning traute sich im Rückblick ein differenziertes Urteil über die militärische Widerstandsbewegung zu, da er die meisten der Akteure noch aus der Weimarer Zeit kannte. Mit einem wesentlichen Faktum hatte er jedoch nicht gerechnet, das, wie er befürchtete, alle Aktivitäten der Hitler-Gegner infrage gestellt hatte. Er hatte nicht erwartet, daß die Alliierten unmittelbar nach der Invasion in Holland und Belgien auf einen Gegenschlag verzichten würden. Seither hätten, behauptete er, die Generäle einen Schlag gegen Hitler von westlichen Garantien abhängig gemacht, so daß schließlich eine rechtzeitige Aktion unterblieben sei.

Die naheliegende Frage, wie er selbst gehandelt hätte, beantwortete er dahin, daß auch er von alliierter Seite eine Mindestgarantie für das Gelingen eines Umsturzes mitten im Kriege als unabdingbar betrachtet hätte. Es sei schwierig, ein Land auf allen Seiten gegen übermächtige Kräfte zu verteidigen. Störungen und Unentschlossenheit eines einzigen Tages könnten sich verhängnisvoll auf die Truppe auswirken und leicht zum völligen Zusammenbruch führen. Ein Umsturz stellte sich für ihn gleichsam als Wechsel des Regimes während eines virulenten Konflikts dar, der sich, wie er mit Recht annahm, keineswegs durch die Beseitigung Hitlers von selbst erledigt hätte.

Die Alliierten führten ihren Krieg gegen die Achsenmächte als feindliche Staaten, nicht als Befreiungsexpedition für die Völker, die unter der totalitären Diktatur lebten. Dies war auch nicht zu erwarten, denn diese Völker waren ihnen als Angreifer bewaffnet entgegengetreten. »Wenn ich an der Stelle der Heeresführer gewesen wäre«, meinte Brüning, »hätte ich keinen meiner innersten Gedanken verraten und ich hätte mich auch nicht in eine Diskussion über Einzelheiten verwickeln lassen mit Personen, die meine Verantwortung nicht teilten.« Er beklagte den Mangel an Diskretion in der Widerstandsbewegung, würdigte aber auch den Umstand, daß viele der Verschwörer, wie Wilhelm Leuschner und Josef Wirmer, sich durch besondere Verschwiegenheit ausgezeichnet hatten.[840] Wirmer hatte im Herbst 1941 den Auftrag von Beck und Goerdeler erhalten, noch vor dem Überfall der Japaner auf Pearl Harbour und Hitlers Kriegserklärung an die USA Louis P. Lochner, Korrespondent von Associated Press, zu veranlassen, den Kontakt zu Roosevelt herzustellen. Er sollte dem Präsidenten den Funk-Code für Kontakte mit dem militärischen Widerstand übermitteln. Lochner wurde jedoch wegen des Kriegszustandes mit den USA in

Deutschland interniert und kehrte erst im Juni 1942 nach Amerika zurück. Er war sowohl mit dem Präsidenten als auch mit Prinz Louis Ferdinand von Preußen befreundet. Seine Bemühungen bei Roosevelt gingen jedoch aus bekannten Gründen ins Leere, da der Präsident an keinem Kontakt mit den deutschen Militärs interessiert war. Lochner wurde in dieser Sache nicht einmal empfangen.[841]

Bei Kriegsende war Brüning im wesentlichen über die verschiedenen Gruppen der Widerstandsbewegung und deren Absichten unterrichtet. Dies galt vor allem für die Neuordnungspläne des Kreisauer Kreises um den Grafen von Moltke. Er war beeindruckt von dem sittlichen Ernst, der in den Dokumenten der Kreisauer in den Jahren 1941-1943 zum Ausdruck kam, zugleich aber auch deprimiert, daß die amerikanische Öffentlichkeit keinerlei Interesse an der Problematik des inneren Widerstandes in Deutschland bekundete.

Einen Beleg für diesen Eindruck sah er in der Reaktion auf den erschütternden Abschiedsbrief des Gewerkschafters Nikolaus Groß, der am 23. Januar 1945 in Plötzensee hingerichtet worden war. Der Brief war auf Brünings Veranlassung hin in den katholischen Kirchenblättern von Boston und Brooklyn veröffentlicht worden. Kein einziger Leserbrief sei daraufhin bei den Redaktionen eingegangen, was er auf die jahrelange Propaganda gegen das Dritte Reich zurückführte.[842] Den Bericht eines ermländischen Kaplans über die Invasion der Roten Armee in Ostpreußen ließ er 1947 in englischer Übersetzung in 500 Exemplaren verbreiten und mußte feststellen, daß dessen Inhalt angesichts der Nachrichten über die Verbrechen in den deutschen Konzentrationslagern bei vielen Empfängern entweder auf Skepsis stieß oder mit Beschämung schweigend aufgenommen wurde. Er meinte, daß die amerikanische Öffentlichkeit nichts über die sowjetischen Verbrechen hören wolle.[843]

Brüning war empört, daß in den USA häufig der Eindruck erweckt wurde, die Verschwörung vom 20. Juli 1944 sei vor allem eine sozialdemokratische Aktion gewesen, an der sich einige Offiziere beteiligt hätten.[844] Über die Auswirkungen eines erfolgreichen Umsturzes in Deutschland war er sich nach Kriegsende bald im klaren. Nach seiner Ansicht wären die Waffenstillstandsbedingungen trotz der immer noch geltenden »unconditional surrender«-Forderung der Alliierten erträglicher gewesen. Er ahnte zudem, daß die Zerstörungen und die Verluste an Menschenleben in Deutschland nach einem erfolgreichen Anschlag auf Hitler wesentlich geringer gewesen wären.[845]

Brüning, der sich wiederholt über die nach seiner Ansicht fatalen Folgen der amerikanisch-sowjetischen Waffenbrüderschaft, die nicht zuletzt eine Konsequenz der Hitlerschen Strategie gewesen war, geäußert hatte, hielt den Zusammenbruch der Anti-Hitler-Koalition für unvermeidlich. So wunderte er sich nicht darüber, daß die öffentliche Meinung, die jahrelang von der Regierungspropaganda auf das Bündnis mit Stalin eingestimmt worden war, sich nicht gleichsam über Nacht auf einen neuen weltpolitischen Konflikt einstellen konnte. Es sei schwierig für Regierungen, die erst eine friedliche Verständigung mit dem Osten gesucht hätten, plötzlich einen Propagandafeldzug gegen die Sowjetunion aufzuziehen. Seine Neigung, die Nachrichten der Presse und anderer Medien unter dem Verdacht einseitiger Propaganda zu sehen, hinderte ihn seinerseits daran, sich ein vorurteilsfreies Bild der Lage in Deutschland und Europa einschließlich der jüngsten Kriegsereignisse zu machen. Andere Nationen hätten ebenso Schuld auf sich geladen wie die Nazis, sagte er noch im September 1945 über den Aufstieg der Nazis zur Macht in Deutschland.[846]

Dabei spielte seine kritische Einstellung gegen die Politik Roosevelts und Churchills in den letzten Kriegsjahren eine wesentliche Rolle. Ihn empörte die Nachricht, daß der Premierminister nach der Konferenz von Jalta öffentlich erklärt habe, Deutschland brauche seine Ostprovinzen nicht mehr, da weitere sechs Millionen Deutsche im nächsten Jahr umkommen würden. Um so mehr beachtete er im Oktober 1945 Nachrichten, etwa in der Londoner Times, deren politischen Kurs er lange kritisch beurteilt hatte, über die Leiden der Vertriebenen aus dem Osten und über die Verbrechen aller Kriegsparteien. Er meinte allerdings, daß der Berichterstattung über den Bergen-Belsener Prozeß mit täglich zwei Spalten oder über die Verbrechen in den Konzentrationslagern Vorrang eingeräumt werde.[847]

Er mißbilligte den Vorschlag DeWitt Pooles nach einer Reise durch Frankreich und Rußland, den östlich der Elbe liegenden Teil Deutschlands den Russen zu überlassen und das westliche Deutschland einem westeuropäischen Staatenbund unter Führung Frankreichs einzuverleiben.[848] Die Vereinigten Staaten und Großbritannien seien bemüht, argwöhnte er, ihr Engagement in Deutschland möglichst rasch zu beenden und zu irgendeiner Friedensvereinbarung zu gelangen. Die amerikanische Regierung war daran im Hinblick auf die nächsten Wahlen interessiert, was sie nach Brünings Ansicht einige Monate daran hindern würde, einen entschiedenen Standpunkt gegenüber der Sowjetunion einzunehmen. Washington und London wollten, argwöhnte er, die russische Besatzungszone den Sowjets überlassen und Frankreich eine vorherrschende Stellung in Westdeutschland zugestehen.[849]

Die Chicagoer Rede 1946

Brüning hatte sich in den langen Jahren der Emigration stets ein Urteil über künftige politische Entwicklungen zugetraut. Es sei ihm bisher bei Gesprächen in England und in den USA leicht gefallen, »die Geschehnisse an sich und den Zeitpunkt ihres Eintreffens vorherzusagen«, meinte er ein Jahr nach Kriegsende, nun aber sei ihm dies nicht mehr möglich.[850] In einer Rede in Chicago Ende April 1946 vor einem großen Auditorium kehrte er zu der Einsicht zurück, daß der handelnde Staatsmann, der sich im Zentrum des Geschehens bewegt, nicht über dieselben prognostischen Fähigkeiten verfügen kann wie der distanzierte Beobachter, vorausgesetzt letzterer besitze eine zureichende Kenntnis der inneren Zusammenhänge der Politik. »Ich habe Erfahrung mit solcher Ratlosigkeit im Amt und solcher zutreffenden Voraussicht im Exil«.[851]

Gleichwohl war sein Denken noch mehr als in den Jahren vor dem Ende Hitlers auf die politische Zukunft Deutschlands gerichtet. Die Differenz zwischen dem Politologen und dem Politiker war dem Littauer Professor of Government vertraut genug, um zu wissen, daß dieser Gegensatz im konkreten Leben nicht aufzuheben war. Für ihn blieb der Wissenschaft dennoch die legitime Aufgabe, politisches Handeln am Beispiel des »großen und schöpferischen Politikers« zu beschreiben und zu analysieren. Es kam ihm darauf an, ein zutreffendes Bild der jeweiligen internationalen Lage, ihrer Entwicklungstendenzen und der Wechselbeziehungen zu den wirtschaftlichen Faktoren zu zeichnen.

Der Hinweis auf die internationale Lage läßt erkennen, wie weit sich Brüning in seinem politischen Denken von den Vorstellungen entfernt hatte, die er in seinem

Vortrag über den »Staatsmann« von 1928 geäußert hatte. Der Gedanke, daß der Staatsmann den unterschwelligen Konsens, den *consensus tacitus*, wirksam machen müsse,[852] spielte für ihn 1946 keine wesentliche Rolle mehr. Der Enthusiasmus seines damaligen Vortrages war dem Willen nach einer möglichst umfassenden Lageanalyse gewichen. Die Fähigkeit, dies zu leisten, erwies sich neben dem Mut und der Absicht, sich durchzusetzen, als entscheidend, vor allem insofern, als er selbst erkannt hatte, daß die Fähigkeit zur Analyse sich in aller Öffentlichkeit selbst behaupten muß. Selbst die Fähigkeit, langfristige Perspektiven zu entwickeln und auch für die eigene Nachfolge weitsichtig zu sorgen, unterlag diesem Prinzip. Woran man den wahren Staatsmann der Gegenwart erkennen könne, war seinen Ausführungen nur von ungefähr zu entnehmen. Brüning scheute, wie der Chicagoer Vortrag zeigt, die politische Prophetie keineswegs, fühlte sich vielmehr durch die Meditationen, denen er sich in den letzten Jahren gezwungenermaßen gewidmet hatte, dazu berufen. Er glaubte die »Folgen der revolutionären Epoche«, die der Erste Weltkrieg eröffnet hatte, zu überschauen und warnte vor Zuständen, die durch keinerlei Staatskunst mehr zu bewältigen seien. Er verglich die gegenwärtige Nachkriegszeit mit der Zeit nach dem Dreißigjährigen Krieg und fürchtete, daß die Folgen der jüngsten Katastrophe jene noch übertreffen würden.

Sein amerikanisches Publikum versuchte er vorsichtig für den Gedanken zu gewinnen, daß die beiden Weltkriege eine Epoche des politisch-militärischen Gleichgewichts in Europa abgeschlossen hatten. Lord Lansdowne und Bethmann-Hollweg hätten nicht von ungefähr fast gleichzeitig – während des Ersten Weltkrieges – die politische Bühne verlassen. Im 19. Jahrhundert hätten Politiker und Militärs immerhin erkannt, »daß der Kampf gegen die Vorherrschaft einer Nation nicht bis zu ihrer Vernichtung geführt werden darf, weil sonst die noch gefährlichere Vorherrschaft einer anderen Nation entstehen kann.« Dies lief auf eine Kritik der »unconditional surrender«-Strategie hinaus, die eine künftige aktive politische Funktion Deutschlands in der europäischen Politik nach seiner Ansicht außer acht gelassen hatte. Der ehemalige Kanzler führte den Gedanken nicht aus, ließ aber keinen Zweifel daran, daß die hier angedeutete Aufgabe gelöst werden müsse. Jetzt komme es darauf an, jene unter dem »Druck des Krieges getroffenen Entscheidungen auszuführen und überstürzte Abmachungen in konstruktive Politik umzusetzen«, was eine ungleich schwierigere Aufgabe sei, als Krieg zu führen. Die unausgesprochene Frage lag nahe, wer diese Aufgabe zu lösen habe. Brüning empfahl sich gegenüber seinem Auditorium als überlegener Experte. Die Überwindung der Kriegsschäden verlange, so lautete seine Botschaft, geradezu übermenschliche Kräfte, wenn man die damit verbundenen Probleme lösen wolle.

Der verantwortliche Staatsmann selbst brauche einen loyalen und leistungsfähigen Stab von Mitarbeitern, betonte er, fast als ob es für ihn selbst darum ginge, einen solchen Stab in Deutschland aufzubauen, oder gar eine Regierung zu bilden. Von Deutschland war nicht ausdrücklich die Rede. Hitler und Mussolini hätten sich in durchaus unsachgemäßer Weise der Kenntnisse ihrer Fachleute bedient. Der Zusammenbruch ihrer Regime sei schon deshalb unvermeidlich gewesen.

Andererseits wich er der naheliegenden Frage nicht aus, wie die relative Stabilität des Hitler-Regimes zu erklären sei. Die ständig schwindende Devisenreserve des Reiches hätte der Regierung Hitler schon im Sommer oder Herbst 1934 ein Ende bereitet, wenn ihr nicht drei unvorhersehbare Faktoren von außen zu Hilfe gekommen wären. Schon im Frühjahr 1933 habe die Abwertung des Dollars die Devisenmenge verringert, die Deutschland für die Zinsen auf Auslandsanleihen zu zahlen hatte, und habe auch die Verschuldung der Gemeinden und der Industrie gegenüber den USA um 40 % vermindert. Neben der Abwertung des Dollars, nannte er das englisch-deutsche Zahlungsabkommen nach dem sogenannten Röhm-Putsch von 1934, das Hitlers Aufrüstung ermöglicht habe. Den dritten Faktor bilde das Verhalten der Sowjetunion, die trotz der Beschlagnahme einer großen Zahl von Tankstellen in Deutschland, die in sowjetischem Besitz waren, ihre Zahlungen von 1,5 bis 2 Milliarden Mark für die Lieferung von Industriegütern nach einer Vereinbarung aus seiner Regierungszeit fortsetzte, statt sie zu kündigen.

Brüning vertrat die These, das nationalsozialistische Aufrüstungsprogramm sei von ausländischer Seite – wenn auch »ohne Vorsatz« – ermöglicht worden. 1937 habe Hitler die internationalen Vereinbarungen mit den Reparationsgläubigern über den Umfang der deutschen Kreditexpansion gekündigt, ohne daß die Gläubiger dagegen eingeschritten wären. Der Hinweis auf die »Mitschuld« des Auslands an der Katastrophe, die Hitler verursacht hatte, beruhte auf der Überzeugung, daß mit der Beseitigung eines Übels künftige politische Katastrophen nicht ein- für allemal ausgeschlossen seien. Das Handeln in schwierigen Situationen, aus eigener Erfahrung vertraut, verglich er mit den Zügen eines Schachspielers. Verschiedene Spieler folgten aufeinander und jeder müsse das Brett so übernehmen, wie er es vorfinde. Nach seiner Ansicht bedeutete dies den Normalzustand, der nicht einfach beendet werden könne. Mit Schärfe wandte er sich erneut gegen den Morgenthau-Plan, der auf völlig falschen Statistiken beruhe und die Sieger vor die Wahl stelle, »entweder mindestens 12 Millionen Deutsche zu ernähren, sie verhungern zu lassen oder die jetzt auf stark verkleinertem Raum zusammengedrängte Bevölkerung durch mehrjährige kontrollierte Unterernährung absichtlich zu reduzieren.«

Seine Prognose fiel vorsichtiger aus als jene von Expräsident Herbert Hoover und Frederick J. Libby, des Generalsekretärs des »National Council for the Prevention of War«, die mit einem Bevölkerungsverlust von 25 Millionen Deutschen beziehungsweise einem Drittel der Bevölkerung rechneten. Er fragte, wie sich eine – deutsche – Regierung halten könne, die für eine solche Politik verantwortlich gemacht werde. »Könnte in den USA eine aus den hervorragendsten Staatsmännern zusammengesetzte Regierung standhalten, wenn die gesamte Bevölkerung von Illinois, Iowa und Kansas nach New York, Pennsylvania und Ohio evakuiert würde?« Die Frage stellen, hieß sie zu beantworten. Brüning hielt es für ausgeschlossen, unter solchen Voraussetzungen den Verfassungsstaat wieder aufzubauen, und warnte davor, den »unmenschlichen Völkermord, den die Nazis gepredigt« hätten, fortzusetzen, auch wenn dies ohne Vorsatz geschehe. Die Vertreibung von 12 Millionen Menschen werde zusammen mit den bisher veröffentlichten Reparationsbedingungen in Zukunft jeden Ausgleich der Handels- und Zahlungsbilanz verhindern und die Hoffnung auf eine stabile Währung zunichte machen.

Die Schärfe der Analyse enthielt eine politische Botschaft. Einmal richtete sie sich gegen die Politik der Siegermächte, denen es nach Brüning an weitschauenden Staatsmännern fehlte. Zum anderen ließ sie erkennen, daß diese Mächte, in erster Linie die USA, in Deutschland dringend des Rates von Persönlichkeiten bedurften, die über politische Erfahrungen aus der Vorkriegszeit verfügten. Brüning nutzte die Gelegenheit, vor allem die amerikanische Öffentlichkeit auf die Probleme der künftigen politischen Entwicklung in Europa aufmerksam zu machen. In drastischen Worten warnte er vor einer »Politik der biologischen Ausrottung«. Es gebe in den Vereinigten Staaten »noch viele und einflußreiche Kreise«, erläuterte er Hans Bernd Gisevius, »denen eine biologische Vernichtung kein moralisches Problem« sei. Dies sei allerdings weniger die Folge des in allen Ländern verbreiteten Fehlens »fester moralischer Begriffe«, sondern einer unglaublichen Agitation deutscher Emigranten wie Friedrich Wilhelm Foerster, Emil Ludwig und der Kommunisten. Ludwig sei zeitweise jede Woche von Roosevelt empfangen worden und habe behauptet, aus seinen, Brünings Memoiren, die ihm angeblich zu treuen Händen überlassen worden seien, sehr genau über die Verhältnisse in Deutschland unterrichtet zu sein.[853]

Die Erneuerung des christlichen Lagers

Brüning setzte nach dem Zusammenbruch des Dritten Reiches schon frühzeitig seine früheren Freunde, mit denen er wieder in Verbindung kam, über seine Vorstellungen von einem künftigen politischen Wiederaufbau in Kenntnis. Er erwartete, daß sein Rat als letzter amtierender Vorsitzender der Zentrumspartei in Deutschland gefragt sei. Im September 1945 sprach er sich gegenüber Theobald Dengler entschieden gegen eine einfache Wiederbelebung der 1933 untergegangenen Partei aus. Statt dessen empfahl er, auf das ursprüngliche Anliegen Windthorsts zurückzugreifen und eine enge politische Zusammenarbeit von »Katholiken und religiösen Protestanten« vorzubereiten. Freilich müßten die neu entstehenden Gruppen »verfassungsmäßig demokratisch und in sozialen Fragen progressiv bleiben«. Sie müßten auch gegen die antireligiösen Elemente der Linken im Kampf um bildungspolitische Fragen zusammenhalten, wenn die Besatzungsmächte das Land wieder verlassen hätten. Dies sei notwendig, weil die linksorientierten unter den rund 132.000 deutschsprachigen Emigranten in den USA die alten kulturkämpferischen, kirchenfeindlichen Positionen aus dem 19. Jahrhundert bewahrt hätten.[854] Er führte auch die Hetze aus Emigrantenkreisen gegen ihn zum größten Teil auf seine katholische Konfession zurück. Deswegen sei er auch der Labour-Regierung in England unsympathisch. »Ich habe erst in der Emigration völlig erkannt, in welchem Ausmaße linksstehende Leute alles Katholische und Christliche hassen.«[855]

Brüning sympathisierte mit jenen Gesinnungsfreunden von früher, die nach den Erfahrungen mit der Gewaltherrschaft eine Reform des Weimarer Parteiensystems für unumgänglich hielten. Spätestens 1943 hatte er dieses System als überholt bezeichnet. Die Unterdrückung des kirchlichen Lebens, aber auch die Zusammenarbeit von Katholiken und Protestanten in der Widerstandsbewegung hatten nicht zuletzt den Boden für diesen Meinungswandel bereitet. Daher befürwortete er nachdrücklich die Gründung der CDU als konservative und zugleich als sozialfortschrittliche Partei. Er wandte sich gegen die Versuche, das alte Zentrum wieder ins Leben zu rufen. Statt dessen riet er schon im November, auf die Essener Rede Stegerwalds von 1920, die er »geschrieben« habe, zurückzukommen und eine neuartige überkonfessionelle christlich-demokratische Partei zu gründen, etwa zusammen mit den früheren Anhängern des Christlich-Sozialen Volksdienstes. Noch im Juli 1932 hatte er allerdings eine Zusammenarbeit der Konfessionen in getrennten Parteien empfohlen.[856]

Brüning verfolgte die Entwicklung der CDU mit Interesse und Sympathie schon in den ersten Monaten nach Kriegsende. Er legte Wert darauf, daß man sein bisheriges »Schweigen« in der Heimat nicht mißverstand und seine öffentliche Zurückhaltung nicht für Desinteresse gegenüber den Vorgängen dort hielt.[857] In den Jahren der Emigration hatte sich der letzte Vorsitzende des Zentrums von seiner Partei entfernt, so sehr er sich den Idealen ihrer Gründerväter, vor allem den Zielen Windthorsts, verbunden fühlte. Mit vielen seiner politischen Freunde aus den Weimarer Jahren betrachtete er die soziale Basis der Partei als zu schmal. Ihre schrumpfende Anhängerschaft hatte seinerzeit der junge Zentrumspolitiker Johannes Schauff in einer Untersuchung nachgewiesen. Nach Brüning hatte vor allem die Konkordatsfrage gezeigt, daß die Zentrumspartei politisch nicht uneingeschränkt handlungsfähig gewesen war. Als katholische Partei werde sie immer als »päpstliche Partei« gelten. Für eine auch nach außen hin überkonfessionelle Partei stelle sich diese Problematik nicht.[858] Seine Anregungen wurden seinen Freunden frühzeitig bekannt. So berief sich der Verfasser des Gründungsprogramms der Christlich-Demokratischen Partei, das am 2. September 1945 in Bochum verabschiedet wurde, der Journalist Josef Kannengießer, auf Brüning und seine Politik als Reichskanzler und erwähnte die alten Grundsätze des Zentrums »Wahrheit, Recht und Freiheit«.[859]

Aufmerksam beobachtete Brüning die Auseinandersetzungen Jakob Kaisers, des CDU-Vorsitzenden in Berlin mit der Sowjetischen Militäradministration, nachdem diese seine Vorgänger Andreas Hermes und Walther Schreiber abgesetzt hatten. Dessen organisatorische Begabung und politische Integrität schätzte er seit langem, befürchtete jedoch, daß er sich in der Sowjetischen Besatzungszone nicht werde halten können, da die Sowjets eine Diktatur unter Führung der Kommunisten errichten und die demokratischen Parteien gleichschalten wollten. Brüning bezeichnete Kaiser, dem er 1935 als einem der führenden ehemaligen Christlichen Gewerkschafter eine opportunistische Haltung vorgeworfen hatte, als »tapfer, ja wagemutig«, er bedürfe aber des freundschaftlichen Rates, »um nicht den Überblick zu verlieren«.

Brüning wußte von den Gegensätzen und Spannungen zwischen den Christlichen Demokraten in Köln und Berlin und hoffte, daß die führenden Persönlichkeiten der CDU »alle in aufrichtiger Freundschaft« verbunden seien, »damit sich die verschiedenen Temperamente ergänzen könnten.« Die »Freunde im Westen« müßten sich dringend mit jenen in der »Sowjetischen Besatzungszone« verständigen. Andererseits war er empört, daß die neue Partei in den USA als undemokratisch verdächtigt wurde, während die wieder ins Leben gerufene SPD dort allenthalben auf Sympathie stieß.[860]

Das positive Urteil über Kaiser stand anfangs nur wenig dem über Letterhaus nach. Im Mai 1946 schrieb er: »Ich verstehe Kaisers Einstellung und Politik sehr gut und billige sie.« Er wollte ihn lediglich davor warnen, in der Auseinandersetzung mit den Sowjets, »so weit zu gehen, daß er das übrige Deutschland aufs Spiel setzt für die geringe Chance, das zu retten, was im Osten noch bleibt.« Während er deutliche Sympathien für die Berliner CDU-Gründer zeigte, bedauerte er die politische Richtung der Kölner CDU-Gruppe, die er für ein »bißchen zu bürgerlich« hielt.[861]

6. Das Kriegsende

Nach Ansicht der New York Herald Tribune trug Kaiser den »politischen Mantel Heinrich Brünings«.[862]

Kaiser schlug im September 1947 einen gesamtdeutschen Konsultativrat vor, ehe er drei Monate später wegen des sowjetischen Drucks auf ihn in den Westen gehen mußte. Brüning nahm ihn gegen Kritiker in Schutz und bestritt, daß ein anderer für seine Partei und die demokratischen Kräfte in Berlin mehr hätte erreichen können. Der bald ausbrechende offene Streit zwischen den früheren Zentrumspolitikern, ob man die traditionsreiche Partei wieder ins Leben rufen oder sich für die CDU entscheiden sollte, forderte auch ihn zu einer offenen Stellungnahme heraus, obwohl er dies hatte vermeiden wollen. Nachdem ihm seine Schwester gestanden hatte, sie sei auf den Wunsch eines alten Münsteraner Freundes, Bernhard Reismann, der neuen Zentrumspartei beigetreten, bemühte sich Brüning um Vermittlung zwischen den beiden Gruppen. Maria Brüning bedauerte inzwischen ihre Entscheidung, nachdem die neue Partei den Namen des Bruders für sich beanspruchte. Brüning warnte Reismann: »Alte Freunde sollten sich nicht gegenseitig bekämpfen.«[863]

Brüning wunderte sich nicht, daß sein alter Gegner Carl Spiecker zu den Zentrumsaktivisten gestoßen war, allerdings bedauerte er, daß der frühere Generalsekretär der Rheinischen Zentrumspartei, Wilhelm Hamacher, ebenfalls dazu gehörte. Diesem fehle es, wie er schon 1945 geschrieben hatte, an »Vorstellungskraft«, obwohl er über »Mut und durchdachte Meinungen« verfüge. Er habe »eine nicht zu verwirklichende Idee von der Stellung einer mehr oder weniger katholischen Partei«. Ihn hoffte Brüning noch für die CDU zu gewinnen, nicht jedoch Spiecker. Diesem schwebte eine innere Umgestaltung der Zentrumspartei und eine Öffnung nach links vor. Sein Ziel war eine Art deutsche Labour-Partei nach britischem Vorbild. Das Zentrum sollte nach seiner Ansicht auch in Zukunft eine Mittelpartei sein. Die CDU betrachtete er dagegen wegen der zahlreichen protestantischen Mitglieder, die aus den früheren bürgerlichen Parteien der Weimarer Zeit stammten, als Rechtspartei. Er rechnete nicht ohne Grund auf die Hilfe britischer Regierungskreise, die allerdings auch die Sozialdemokratie unterstützten.[864] Brüning hatte seit langem Spieckers Aktivitäten mit Argwohn beobachtet und warnte Treviranus, der mit jenem während der letzten Kriegsjahre in Kanada zusammengearbeitet hatte, »zum letzten Mal« vor dessen angeblichen Machenschaften. Spiecker habe damals »gewissenlos« jedes vertrauliche Wort verwendet, das ihm – über Treviranus – zu Ohren gekommen sei.[865]

Um so positiver beurteilte er Kaisers Bestrebungen. Mit Genugtuung bemerkte er, daß dessen Auftreten bei einer Massenveranstaltung auf dem Frankfurter Römerberg auch in den USA registriert wurde.[866] Es dauerte allerdings nicht lange, bis er feststellte, daß sich Kaiser angesichts der aussichtslosen Konkurrenz mit Adenauer nicht entscheiden konnte, die Führung der Einheitsgewerkschaft zu übernehmen. Von den jüngeren Führern der Christlichen Gewerkschaften hatte sich, wie Brüning beobachtete, bisher keiner in der neu begründeten Einheitsgewerkschaft durchsetzen können. Ebenso wie seinerzeit Stegerwald könne er sich nicht zwischen der Rolle eines Gewerkschaftsführers und eines Politikers entscheiden. Die weltanschaulich und politisch neutrale Einheitsgewerkschaft hielt Brüning nach den Erfahrungen der dreißiger Jahre für eine große Errungenschaft, die entschieden gegen jede parteipolitische Instrumentalisierung verteidigt werden müsse. Wenige Jahre später betrachtete er diese wieder als gegeben, meinte aber, es sei zu spät, Christliche Gewerkschaften aufs neue ins Leben zu rufen.[867]

Zukunftspläne

In diesem Zusammenhang äußerte er sich noch einmal über seine eigene Rolle, die er in der Zukunft spielen wollte. Im Hinblick auf die nicht verstummenden Rückkehrgerüchte formulierte er das bekannte Dementi über seine politischen Pläne in einer neuen Variante. Nie habe er die Möglichkeit ausgeschlossen, eines Tages als »Privatmann heimzukehren«.[868] Es fällt auf, daß er seinen Aufenthalt im Ausland auch nach dem Kriege noch gelegentlich als »Verbannung« bezeichnete. Im Januar 1946 beklagte er sich, daß es Emigranten oft nicht gestattet werde, nach Deutschland zu reisen. Für seine Person nannte er gesundheitliche Gründe, die ihn – angeblich – an einer Reise nach Europa hinderten. Sein Gesundheitszustand blieb weiterhin labil. So wurde er im Frühjahr 1947 zweimal wegen eines Infekts im Krankenhaus mehrere Wochen stationär behandelt. Danach besserte sich sein Befinden für einige Zeit. Unter anderem hörten die Schlafstörungen auf, die ihn seit 1939 geplagt hatten.

Im August 1946 klagte er darüber, daß diejenigen Emigranten, die sich aktiv für die Alliierten betätigten, leichter als andere eine Reiseerlaubnis erhielten. Seine Heimat werde er gerne besuchen, wenn ihm dies gestattet werde. Es bedrücke ihn allerdings, daß diejenigen, die er am liebsten wiedersehen würde, nicht mehr am Leben seien.[869] Entscheidend für sein nach außen hin zur Schau getragenes Zögern, um eine Reiseerlaubnis nachzusuchen, dürfte die vielfältige Kritik an seiner Person und seiner politischen Haltung in den USA gewesen sein. Er befürchtete lange Zeit, überhaupt keine Erlaubnis zu erhalten.[870] Anfang 1947 deutete er gegenüber Hendrik Poels an, daß er am liebsten in regelmäßigen Abständen zwischen den USA und Deutschland hin- und herpendeln würde. Notfalls werde er ein Visum erzwingen, um eine Einladung der Universität München zu einer Gastvorlesung annehmen zu können. In der nächsten Zeit könne er abwechselnd in München und in Harvard lehren. »Das würde mir die große Chance bieten, jedes Mal nach meiner Rückkehr hier Aufklärung zu schaffen und mit den entscheidenden Leuten als Privatmann zu sprechen, in welcher Eigenschaft man erfahrungsgemäß immer mehr sagen kann als in einer offiziellen Stellung.«[871]

Eine Gastprofessur in München war Brüning im Oktober 1946 von Ministerialdirektor Dr. Theodor Süss vom bayerischen Kultusministerium angeboten worden. Auch von anderer Seite erreichten ihn derartige Angebote.[872] Eine inoffizielle Beratertätigkeit wäre möglich gewesen, wenn der ehemalige Kanzler den nötigen Rückhalt in Washington und bei den amerikanischen Besatzungsbehörden in Bayern besessen hätte. Das State Department hätte eine solche Vermittlerrolle aktiv unterstützen müssen. Dazu war es nicht bereit. Umgekehrt trauten ihm seine innenpolitischen Gegner, selbst die sowjetische Besatzungsmacht, eine solche Vermittlerrolle durchaus zu. Ihnen war jedoch der Einfluß des Exkanzlers unerwünscht, um von vornherein ein politisches *Comeback* zu verhindern. Auf westalliierter Seite galt Brüning als einer der kommenden Männer in Deutschland. Der stellvertretende US-Ankläger Robert Kempner bestätigte, daß im amerikanischen Justizministerium

»mit Brüning absolut gerechnet wurde«, obwohl man dort über das gespannte Verhältnis zwischen Brüning und Adenauer in der Weimarer Zeit informiert war.

Brünings Hoffnung, schon 1947 die Heimat wiederzusehen, erfüllte sich nicht. Anfang Mai stand fest, daß er von Washington keine Erlaubnis bekommen werde. Er dürfe die Vereinigten Staaten nicht verlassen, wie er an Pünder schrieb, »ehe die lebenswichtigen Beschlüsse des nächsten halben Jahres« gefaßt seien. Brüning tröstete sich mit dem Gedanken, daß er unter Umständen auf die politisch Verantwortlichen in Washington Einfluß ausüben könne, und meinte, er wäre für sein Leben unglücklich, wenn er nicht versuche, »das Schlimmste zu verhindern«. Durch die Ansicht eines ungenannten einflußreichen amerikanischen Freundes fühlte er sich in dieser Haltung bestätigt. Dieser hatte ihm gestanden, daß die Amerikaner ihrer Interventionspolitik in Übersee überdrüssig seien. Man wisse nicht genug über »Fakten und Menschen« der übrigen Welt. Brüning müsse vorerst noch in den USA bleiben und als Berater zur Verfügung stehen. Dies setze wiederum voraus, daß sein Name nicht in Verbindung mit irgendeinem künftigen Amt genannt werde.[873]

Persönlichkeiten wie Hoover und John Foster Dulles favorisierten ihn für ein politisches Amt in Deutschland. Einer Pressemeldung aus Washington zufolge beabsichtigte man in Washington nicht, Brüning die Verwaltung der vereinigten Amerikanisch-Britischen Zone zu übertragen. Letzteres war von Brünings altem Gegner Johannes Steel in einem Rundfunkkommentar und von dem französischen Journalisten Pertinax (André Géraud) in einem Zeitungsartikel behauptet worden. In Moskau war Brünings Absicht, nach Deutschland zurückzukehren, ebenfalls bekannt. Radio Moskau verbreitete prompt das Gerücht, Brüning sei als »Ministerpräsident« der Bizone vorgesehen.[874]

Schon im Juni 1947 hatte eine nicht näher bekannte anglo-amerikanische Kommission, wahrscheinlich aus Offizieren bestehend, den früheren Reichskanzler Luther befragt, wen er als künftigen deutschen Regierungschef vorschlagen würde. Dieser nannte den Namen Brünings und erklärte sich auf Wunsch bereit, ebenfalls ein Regierungsamt zu übernehmen. Auch Brüning erfuhr davon, ohne sich jedoch aus der Reserve locken zu lassen.[875] Allerdings meinte seine Schwester Anfang 1948, die seinen Standpunkt kannte und auch respektierte, daß er die Chancen für eine neue politischen Tätigkeit »zu schwarz« sehe.[876] Im Juli 1947 hatte er allerdings ein Grußwort für die Verbandstagung der katholischen Arbeitervereine geschrieben, in dem er die Hoffnung aussprach, bald wieder einen konstruktiven Beitrag zu ihrer Arbeit leisten zu können.[877]

Deutschland unter alliierter Besatzung

Schon 1936 hatte Brüning sowohl in England als auch in den USA gelegentlich die Parole gehört: »This time we will finish Germany for ever.«[878] Seine Befürchtungen sah er bestätigt in den antideutschen Kampagnen gewisser populärer Zeitungen, als Fachleute die amerikanische Regierung wiederholt auf Engpässe in der Lebensmittelversorgung in Deutschland aufmerksam machten und größere Lebensmittelexporte verlangten.[879] Nach seiner Beobachtung war die amerikanische Öffentlichkeit teilweise jahrelang von einem »Vernichtungsgedanken« gegenüber Deutschland beherrscht gewesen.[880]

Tatsächlich schien die Versorgungslage nach Kriegsende in Deutschland bedrohlich zu sein. In Potsdam hatte man der deutschen Bevölkerung eine Tagesration von 2.800 Kalorien pro Kopf zugebilligt. Die offizielle Zahl lag in der Amerikanischen und Britischen Zone Ende 1945 bei 1.550 Kalorien täglich. Im Frühjahr 1946 lag die offizielle Kalorienmenge nur noch zwischen 1.100 und 1.200, was fast einer Hungersnot gleichkam. Ende Oktober 1946 hatte es im Regierungsbezirk Düsseldorf etwa 13.000 Fälle von Hungerödemen gegeben. Die tatsächlich ausgegebenen Rationen für den Normalverbraucher fielen im Ruhrgebiet zwischen April und Juni auf 800 Kalorien. Im Oktober und November errechnete man in Duisburg 962, in Düsseldorf 980, in Bochum 1.000 und in Wuppertal 1.150 Kalorien pro Kopf. Im April 1947 lagen die Zuteilungen in der Bizone bei 1.040 Kalorien, um erst ein Jahr später den alten Stand von 1945 wieder zu erreichen. Es kam zu Massenstreiks und Hungerdemonstrationen an Rhein und Ruhr, beispielsweise in Essen.[881]

Am 21. Januar 1948 demonstrierten in Köln 120.000 Menschen gegen die verheerende Versorgungslage, nachdem die Kalorienzahl dort im Vorjahr wiederholt auf durchschnittlich 751 pro Person und Tag gefallen war, was als lebensbedrohend gelten mußte. Die zugesagten 1.550 Kalorien wurden mehrfach um die Hälfte unterschritten. In Sachsen, das in der Sowjetischen Besatzungszone lag, sah es ähnlich aus. Dort sank im Winter 1946/1947 die durchschnittlich erreichte Kalorienmenge während eines Dreivierteljahres auf einen Tiefstand von 900. 1946 tauchten im Ruhrgebiet – allerdings unbegründete – Gerüchte auf, denen zufolge gemäß einer geheimen Klausel des Potsdamer Abkommens der Ernährungsstand der Bevölkerung angeblich bis zum 1. April 1948 auf den der Konzentrationslager gedrückt werden solle. In Wirklichkeit erschwerte die weltweite Knappheit von Nahrungsmitteln wegen der schlechten Nachkriegsernten allgemein den Import.[882]

Nachdrücklich unterstützte Brüning alle Bemühungen von amerikanischer Seite, darunter die von Joseph Alsop, dem Leiter des Planungsstabes im State Department, von Expräsident Herbert Hoover und Frederick J. Libby, die Lebensmittelversorgung in Deutschland zu verbessern. Schon 1945 hatte der Quäker Libby, ein Gegner Morgenthaus, zusammen mit seinen Freunden eine Petition an Präsident Truman zugunsten höherer amerikanischer Lieferungen eingereicht. Sie war innerhalb einer Woche von 34 Senatoren unterzeichnet worden.[883] Befriedigt hatte Brüning im Dezember 1946 vermerkt, daß das Buch des in Stanford lehrenden deutschen Agrarwissenschaftlers Karl Brandt über die Ernährungslage in Deutschland in einer Auflage von 75.000 Exemplaren verkauft worden war.[884]

Anders als die amerikanische Politik, die sich noch nicht auf die veränderte Weltlage nach dem Ende des Dritten Reiches eingestellt habe, beurteilte er den Kurs der Engländer. Sie seien sich ihrer schwachen Position zwischen den USA und der Sowjetunion bewußt und versuchten, das Zünglein an der Waage zu spielen. Attlee und Bevin, die seit Sommer 1945 in London regierten, seien noch weniger mit den wirtschaftlichen und politischen Verhältnissen in Deutschland vertraut als ihre konservativen Vorgänger, deren Führer Churchill gewesen war. Der Premierminister und der Außenminister hätten im Unterhaus am 5./6. Juni 1946 beruhigend von den agrarischen Überschußgebieten in der russischen Zone gesprochen, obwohl deren Produktion nicht einmal ausreichte, um Berlin, Sachsen und Thüringen zu versorgen, von den Westzonen ganz zu schweigen.[885]

Elder Statesman

Brüning zweifelte manchmal, ob es überhaupt ratsam sei, schon jetzt womöglich endgültig nach Europa zurückzukehren, so sehr ihn die Sehnsucht beherrschte, das Land, Freunde und Angehörige wiederzusehen. Die »Möglichkeit fruchtbarer Arbeit« sei entscheidend. Im Juli 1946 war er beinahe überzeugt, daß er mehr für sein Vaterland tun könne, wenn er vorderhand in den USA bliebe. Mit Genugtuung stellte er fest, daß sich die Atmosphäre in seiner persönlichen Umgebung gebessert habe. An Paul Simon, der ihn schon 1945 aufgefordert hatte, nach Deutschland zurückzukehren, schrieb er: »Viele Leute, die früher kühl waren, sind zu mir gekommen und erklärten, meine Vorhersagen, die sie mir all die Jahre verübelten, seien richtig gewesen. Leider hilft Euch das drüben nichts, außer daß es die allgemeine Stimmung ändert.« Der Stimmungsumschwung in Harvard ermunterte ihn, mit der Autorität des Experten die tonangebenden politischen Kräfte auf die für die USA gefährlichen Entwicklungen in Deutschland und Europa aufmerksam zu machen. Trotzdem registrierte er eine immer noch starke Tendenz in Washington, das Engagement in Europa zu beenden – obwohl inzwischen Stalin in der amerikanischen Öffentlichkeit beträchtlich an Prestige verloren hatte. Man sei weiterhin darauf aus, die restlichen Truppen nach Hause zu holen und dafür den Sowjets beachtliche Zugeständnisse zu machen. Der Prozeß der Demobilisierung der amerikanischen Truppen war zu diesem Zeitpunkt schon weit gediehen. Bis Ende 1946 wurden die Bodentruppen auf 13 Prozent ihrer Kriegsstärke abgerüstet.[886]

Wiederum befand sich Brüning in der Rolle des Propheten, die er vor und während des Krieges eingenommen hatte, freilich mit dem Unterschied, daß ihm jetzt trotz mancher Vorbehalte auf amerikanischer Seite mehr Gehör als früher geschenkt wurde. Die politische Entwicklung ging im übrigen in eine Richtung, die seine Vorhersagen und Warnungen vor einem Konflikt der beiden Hauptmächte rascher bestätigten, als er es erwartete. Die europäischen Verbündeten der Vereinigten Staaten, Frankreich und Großbritannien, waren, wie er glaubte, der sowjetischen Herausforderung nicht gewachsen, so daß den USA in dem nun aufziehenden Weltkonflikt erneut eine Schlüsselstellung zufiel. Mit Sorge beobachtete er, daß einzelne versöhnliche Töne aus Moskau die amerikanische Öffentlichkeit verwirrten. Er argwöhnte, daß die Amerikaner »alle denkbaren Friedensbedingungen« annehmen, d. h. alle sowjetischen Forderungen für einen Friedensschluß in Europa erfüllen würden, wenn sie dafür eine Vereinbarung über die Atomwaffen erreichen könnten. Die Russen hingegen spielten auf Zeit, um eigene Atomwaffen zu entwickeln und den Vorsprung der Amerikaner einzuholen.[887]

Mit Sorge beobachte Brüning in den beiden ersten Nachkriegsjahren, daß man in Washington alle Zeichen einer angeblichen Konzessionsbereitschaft Moskaus begierig aufnahm und dafür jedes Opfer auf Kosten Deutschlands zu bringen bereit war. Für bedenklich hielt er die Reaktionen in der amerikanischen Öffentlichkeit auf die Unterredung zwischen den Außenministern Byrnes und Molotow am 26. November 1946, ehe sich das Verhältnis zwischen den USA und der Sowjetunion endgültig abkühlte.[888]

Spannungen in der Anti-Hitler-Koalition

Die internen Auseinandersetzungen um die amerikanische Europapolitik verfolgte Brüning ebenso aufmerksam wie die Differenzen unter den ehemaligen Alliierten. Ihm war nicht entgangen, daß Expräsident Hoover bei seinem Besuch in Deutschland im Frühjahr 1946 absichtlich von den Schwerpunkten des Versorgungsmangels ferngehalten wurde, um ihn über die kritische Lage zu täuschen. Andererseits registrierte er befriedigt, daß Molotow am 9. Juli zwar die Beseitigung des deutschen Kriegspotentials verlangt, tags darauf aber die Morgenthau-Politik angegriffen und erklärt hatte, daß die deutsche Schwerindustrie wieder aufgebaut werden müsse. Dies war indirekt an die deutsche Öffentlichkeit gerichtet und sollte dort Sympathien wecken.[889] Brüning wußte, daß die sowjetischen Reparationsforderungen einen anderen Stellenwert besaßen als die britischen und französischen und auch den Intentionen des Morgenthau-Planes zuwiderliefen. Molotow hatte mit seinen Forderungen die vorläufig bestehende Konzeptionslosigkeit der amerikanischen Position aufgedeckt. Die entsetzten Reaktionen der amerikanischen Presse schienen Brüning beinahe zu amüsieren.[890]

Als Außenminister F. Byrnes am 6. September 1946 in einer Rede in der Stuttgarter Staatsoper die Bildung einer deutschen Zentralverwaltung und eines deutschen Nationalrats als eine Art Vorparlament vorschlug sowie die Oder-Neiße-Linie als revisionsbedürftig bezeichnete,[891] reagierte Brüning skeptisch. Byrnes habe fast gleichzeitig den Sowjets angeboten, ihren bisherigen Herrschaftsbereich anzuerkennen. Die Rede habe lediglich taktische Bedeutung gehabt, argwöhnte er, um die Russen zu veranlassen, ihre eigenen Absichten erkennen zu lassen.[892] Seit Monaten rätselten politische Kreise in den USA darüber, welche politischen Ziele Stalin verfolgte. Dies entging Brüning nicht. Am 27. Februar hatte Senator Vandenberg die rhetorische Frage gestellt: »Was hat Rußland jetzt im Sinn?« und mehrere Länder genannt, in denen die Sowjetunion eine undurchsichtige Politik betrieb. Byrnes hatte einige Monate zuvor, auf der Moskauer Außenministerkonferenz im Dezember 1945, einen Deutschlandplan vorgelegt, der eine Entwaffnung und Entmilitarisierung Deutschlands vorsah, zu dem die Oder-Neiße-Gebiete nicht mehr gerechnet wurden.

Der Plan sollte als Pakt der vier Siegermächte realisiert werden und lief auf eine faktische Neutralisierung hinaus. Auf der Pariser Außenministerkonferenz im Frühjahr 1946 war Byrnes, der schon im Vorjahr Moskau Konzessionen im Hinblick auf die baltischen Staaten und Korea angedeutet hatte, den Wünschen der Sowjets entgegengekommen, indem er die Laufzeit seines Planes von 25 auf 40 Jahre verlängern wollte. Molotow griff dennoch sowohl die amerikanische wie die französische Deutschlandpolitik an, indem er angeblich fortwirkende Bestrebungen im Sinne Morgenthaus bei den Amerikanern und separatistische Tendenzen bei den Franzosen anprangerte. Er lehnte jede weitere Diskussion über die Deutschlandfrage ab, wenn der Westen keine Zugeständnisse in der Reparationsfrage machen und die Sowjetunion nicht an der Kontrolle über das Ruhrgebiet beteiligen würde.[893]

Für Brüning waren die weltpolitischen Positionen der Westmächte, vor allem der USA, auf der einen Seite und der Sowjetunion auf der andern, nach dem Ende des Krieges nicht zu vermitteln. Es war für ihn nur eine Frage der Zeit, wann der verdeckte Konflikt offen ausbrechen würde. Die Tendenzen, die Zusammenarbeit unter den vier Mächten fortzusetzen, und die Bereitschaft im Westen, die sowjetische Herausforderung anzunehmen, standen eine Zeitlang im Widerstreit. Brüning hielt nicht zu Unrecht die später berühmt gewordene Stuttgarter Rede von Byrnes für mehrdeutig, obwohl diese in der Rückschau den Wendepunkt in den Beziehungen der Großmächte markierte, ehe sich das Klima zwischen ihnen nachhaltig verschlechterte. Ihr Inhalt signalisierte keinen radikalen Kurswechsel, obwohl sie sofort ein lebhaftes Echo in der internationalen Öffentlichkeit fand, das auf das Klima unter den Siegermächten zurückwirkte. Die Aufregung, die die Rede in Polen hervorrief, veranlaßte die Sowjets dazu, in der Frage der Ostgebiete, die Byrnes anscheinend wieder aufwerfen wollte, ihre Position klarzustellen und zu bekräftigen. Das Interesse der USA an Polen verringerte sich und verlagerte sich künftig auf Deutschland.[894]

Zerstückelung, Teilung, Föderalismus

In der Folgezeit beobachtete Brüning den deutschlandpolitischen Kurs der Sowjets ebenso aufmerksam wie die Positionen der Westmächte. So registrierte er im Sommer 1947 mit Interesse den Besuch des ehemaligen Feldmarschalls Friedrich Paulus in Berlin und die Gerüchte, die Sowjets beabsichtigen, die SED fallenzulassen, mit Interesse. Es hieß, Paulus wolle eine nationalbolschewistische Regierungspartei aufbauen.[895] Dem war zu entnehmen, daß die Sowjets weiterhin die gesamtdeutsche Karte gegen die Westmächte auszuspielen gedachten. Daher entwickelten Briten und Franzosen im Sommer 1946 – im Unterschied zu den Amerikanern – ein Gegenkonzept zur sowjetischen Deutschlandpolitik. Am 19. September hielt Winston Churchill seine berühmte Zürcher Rede, in der er die Gründung der Vereinigten Staaten von Europa anregte.[896] Stalin reagierte darauf fünf Tage später gegenüber dem englischen Journalisten Alexander Werth, indem er unter anderem davon sprach, daß eine »kapitalistische Einkreisung« der Sowjetunion unmöglich sei. Er rechne nicht mit der Gefahr eines neuen Krieges und glaube an die freundschaftlichen Beziehungen zwischen Großbritannien und der Sowjetunion. Zugleich bekräftigte er seine alte These vom »Sozialismus in einem Land«.[897]

Brüning beunruhigten derartige Pläne, die nach seiner Ansicht in erster Linie auf eine endgültige Teilung Deutschlands hinausliefen. Eine »Aufgliederung Deutschlands und eine Eingliederung der Gliedstaaten in eine Föderation« empfand er als einen Vorwand, das Besatzungsregime zu verewigen. Empört stellte er fest, daß Wheeler-Bennett und DeWitt Poole in Artikeln in »Foreign Affairs« ähnliche Gedankengänge vortrugen. Mit letzterem, der ein slawisches und ein angelsächsisches Glacis in Europa befürwortete, hatte er deswegen in Harvard eine harte Auseinandersetzung. Daß auch Vansittart mit solchen Plänen sympathisierte, bestätigte seinen Argwohn, in Washington kündige sich ein Kurswechsel an.[898]

Zeitweilige Diskussionen unter den Alliierten über eine deutsche Zentralregierung hielt Brüning für Scheingefechte. Sie dienten, wie er mutmaßte, lediglich dazu, eine Institution zu schaffen, die die von den Alliierten diktierten Friedensbedingungen annehmen sollte. Er hielt allerdings die Bildung einer gesamtdeutschen Regierung unter alliierter Aufsicht grundsätzlich für richtig, um einen für Deutschland günstigen Klärungsprozeß unter den Siegermächten, d. h. die endgültige Auflösung der Anti-Hitler-Koalition abzuwarten. Bis dahin sollte der Abschluß eines Friedensvertrages hinausgezögert werden. Wenige Monate zuvor, im April 1946, war er noch der entgegengesetzten Ansicht gewesen. Allerdings glaubte er nicht, daß sich die politische Diskussion in den maßgebenden Kreisen Washingtons in den nächsten zwei Jahren bis zu einer definitiven Entscheidung entwickeln werde. Sie werde im übrigen vom Präsidentschaftswahlkampf des Jahres 1948 beherrscht.

Seine Vorbehalte gegen alle westlichen Integrationspläne und Europa-Ideen sollten sich in den nächsten Jahren zu prinzipieller Kritik an der gesamten Nachkriegsentwicklung in Westdeutschland ausweiten. Vor allem Frankreich verdächtigte er, eine bleibende Besetzung Südwestdeutschlands unter dem Vorwand einer losen europäischen Föderation anzustreben.[899]

Die Gefahren, die mit der Verzögerung des Friedensvertrages verbunden sein konnten, blieben ihm trotz seiner Sympathie für eine solche Taktik bewußt. Schweren Herzens halte er, wie er Rudolf Pechel gestand, an der Position fest, daß man im deutschen Interesse versuchen solle, den Friedensvertrag aufzuschieben, obwohl ihm nicht wohl dabei sei. Ein Rückzug der Amerikaner nach einem frühzeitigen Friedensvertrag könne in Deutschland zu einer Hungerkatastrophe führen. Die Klimaverschlechterung zwischen den USA und der Sowjetunion seit dem November 1946 könne auch noch andere unübersehbare Konsequenzen haben. Wenn die bevorstehende Konferenz in Moskau ohne Ergebnis bleibe, könnte dies, folgerte er, dazu führen, daß man in den USA auch die Sowjetische Besatzungszone abschrieb. Frankreich werde ohnehin seine alten »Richelieu-Pläne« weiterverfolgen. England und alle anderen europäischen Staaten sympathisierten, so glaubte er, mit einer losen Föderation in Deutschland.[900]

Diese Ansicht war insofern überholt, als sich der Quai d'Orsay nach dem Rücktritt General de Gaulles als Ministerpräsident – unter amerikanischem Einfluß – bis Ende 1946 von allen Zerstückelungsplänen weitgehend verabschiedet hatte. Ende 1947 meinte Brüning, daß eine Zentralregierung aus finanziellen und wirtschaftlichen Gründen geschaffen werden müsse, da sonst die anstehenden Währungsfragen nicht gelöst werden könnten. Damit sprach er sich gegen die Vorschläge von Lionel Curtis aus, der die Länder in den Westzonen in eine europäische Föderation aufnehmen wollte und damit auf seine Pläne aus den dreißiger Jahren zurückgriff. Nach Brüning faßte Curtis wie die meisten seiner britischen Landsleute den Föderalismus unbewußt als eine Art Kolonialismus auf. Es wunderte ihn nicht, daß der Gedanke einer westeuropäischen Zoll- und Währungsunion im Sommer 1947 vorerst auf unbestimmte Zeit verschoben wurde, da er mit dem Besatzungsregime in Deutschland nicht vereinbar war.[901] Brüning hielt den Begriff Föderalismus für problematisch, obwohl er die amerikanische Spielart kennengelernt hatte. Ehe man das Prinzip in Deutschland einführe, solle man es zuerst in Rußland und in den angelsächsischen Ländern verwirklichen. »Der Föderalismus, der Deutschland aufgezwungen wird, ist derselbe wie im Westfälischen Frieden von 1648, mit dem man Deutschland zu einem Objekt der Politik und Strategie des Auslandes herabdrücken wollte.«[902]

Seit der in zwei Etappen vollzogenen bedingungslosen Kapitulation vor den alliierten Armeen, die Deutschland gemeinsam besetzt hatten, stand die Einheit des Landes zur Disposition, obwohl die Siegermächte, Frankreich ausgenommen, zu diesem Zeitpunkt die bisherigen Dismemberment-Pläne offiziell aufgegeben hatten. Brüning hatte schon vor Kriegsende erkannt, daß Stalin die Gebiete östlich von Oder und Neiße von Deutschland abtrennen und Polen zuschlagen wollte und daß die westlichen Alliierten dies hinnehmen würden. Um so aufmerksamer verfolgte er die konkreten Schritte der Alliierten, deren Gemeinsamkeiten sich in absehbarer Zeit erschöpfen würden, wie er hoffte, aber auch teilweise befürchtete.

Die Abrechnung mit der Diktatur, die Auseinandersetzung mit ihren Folgen auf die deutsche Gesellschaft, betrachtete er im Hinblick auf den allmählich heraufziehenden weltpolitischen Konflikt als sekundär. Irgendein uneingestandenes Bedürfnis, sich in der Rolle eines Siegers an früheren politischen Gegnern zu rächen, lag ihm fern. In dieser Hinsicht fühlte er sich noch in höherem Maße als Repräsentant des eigentlichen, des besseren Deutschlands als Thomas Mann. Das Elend, in dem sich Deutschland gegenwärtig befand, hatten für ihn »die Nazis und die Alliierten herbeigeführt.« Er haderte bei Kriegsende daher nicht mit seinem Vaterlande, sondern dachte vor allem an die tägliche Not seiner Landsleute. Erst später sollte er den inneren Konflikt des Emigranten erleben, der sich in seiner Heimat nicht mehr zurechtfindet und den Zugang zu seinen Landsleuten nicht mehr zu gewinnen vermag.[903]

Brüning versuchte, auf unterschiedliche Weise die Verhältnisse in der Heimat zu beeinflussen. Schon im Sommer 1946 hatte er verlangt, daß die »anständigen Emigranten« ihre Aufklärungsarbeit miteinander abstimmen sollten.[904] Ein Jahr später, im Februar 1947, beschwerte er sich bei einem Besuch in Washington über manche Emigranten, die nach ihrer Rückkehr durch ihr politisches Verhalten der Sowjetunion in die Hände arbeiteten. Er schlug vor, Mitarbeiter des FBI nach Deutschland zu schicken, um das Treiben dieser Leute zu unterbinden. Er lehnte es jedoch ab, den Behörden Personen seines Vertrauens, die in Deutschland lebten, für diese Aufgabe vorzuschlagen. Man könne ihm nicht garantieren, daß diese nicht »zur Vergeltung als Nazis oder Kriegsverbrecher« behandelt würden, obwohl sie möglicherweise keinerlei Verbindung zur Nazipartei hatten und die Kriegsjahre in Konzentrationslagern verbrachten«.[905] Die Klage über den angeblich fragwürdigen, ja für Deutschland schädlichen Einfluß von Emigranten wiederholte er ein Jahr später gegenüber George F. Kennan, der kurz zuvor in »Foreign Affairs« eine Politik des Containment, der Eindämmung der kommunistischen Gefahr, gefordert und skizziert hatte. Brünings Kritik galt jenen Emigranten, die die antikommunistischen Kräfte herabsetzten. Die Beschränkung der Redefreiheit unter dem Besatzungsregime werde fatale Folgen haben, wenn beispielsweise berechtigte Kritik an den Behörden unter Zwang widerrufen werden müsse.[906]

Der Hauptkriegsverbrecherprozeß

Brüning war sich mit Stimson, Kennan und McCloy darin einig, daß nach dem Zweiten Weltkrieg die Fehler des Versailler Vertrages von 1918 vermieden werden müßten. In seiner Kritik an der Forderung nach bedingungsloser Kapitulation war er von Stimson unterstützt worden. Auch McCloy, der von Stimson ins Department of War geholt worden war, gehörte zu jenen amerikanischen Politikern, die sich jeder Haßpropaganda gegen die Deutschen widersetzten.[907]

Die moralische Abrechnung mit dem NS-Regime stellte sich Brüning letztlich nicht allzu schwierig vor. Für ihn handelte es sich nicht um Verantwortung oder auch nur Mitverantwortung des deutschen Volkes im ganzen, sondern grundsätzlich um die individuelle Bestrafung der Schuldigen durch ordentliche deutsche Gerichte. Die Verbrechen von Deutschen müßten ebenso bestraft werden wie die von Angehörigen anderer Völker. Eine Siegerjustiz in Konsequenz der bedingungslosen Kapitulation und des Übergangs der deutschen Souveränität auf die Alliierten lehnte er ab. In dem Background-Interview vom Herbst 1945[908] hatte er vor einer solchen Justiz gewarnt: »Menschen, die von Ausländern erschossen werden, werden zu Märtyrern.« Die Absicht, durch ein internationales Kriegsverbrechertribunal die moralischen Konsequenzen des Krieges zu ziehen, kommentierte er mit dem Hinweis, sich deshalb auch an Stalin zu halten. »Sie können kein internationales Recht aufstellen und es gleichzeitig brechen. Ich glaube nicht, daß das Gerichtsverfahren gerecht sein kann.« Es sei nicht zu erwarten, daß alle einschlägigen britischen und französischen Dokumente herangezogen würden. Sowohl Stalin als auch die Briten hätten Hitler – vor dem Kriege – für ihre jeweils unterschiedlichen Zwecke im Amt halten wollen.

Die Forderung, die Repräsentanten des NS-Regimes einfach zu erschießen, die in der öffentlichen Meinung in den USA populär war, wies er als ungerechtfertigt zurück. Er fragte, ob man etwa einen Mann wie Schacht, der sich in britischen und amerikanischen Finanzkreisen lange Zeit eines großen Ansehens erfreute, wegen seiner zeitweiligen Zusammenarbeit mit Hitler erschießen solle. Schacht sei keineswegs für die Kriegswirtschaft verantwortlich gewesen. Die Wirtschaftspolitik im Zeichen der sogenannten Mefo-Wechsel vor der eigentlichen Aufrüstung sei notwendig gewesen, da Deutschland nach dem Ende der Reparationen keine Anleihen erhalten hätte, so daß es seine Außenhandelsbeschränkungen nicht hatte überwinden können.

Ähnlich zurückhaltend, wenn nicht doppeldeutig, war sein Urteil über den ehemaligen Außenminister Konstantin v. Neurath, der als Berufsbeamter und Schützling Hindenburgs eine gemäßigte Außenpolitik befürwortet habe, und über Alfred Krupp, der ebenso wie die meisten Großindustriellen gegenüber Hitler skeptisch gewesen sei. Ihre Schuld sei kaum größer gewesen als die ausländischer Industrieller wie der »Kupferleute«, die um jeden Preis Geschäfte mit Deutschland hätten machen wollen. Die französische Schwerindustrie habe zeitweise größeres Interesse an der deutschen Aufrüstung gehabt als die deutsche. Alle Regierungen seien damit einverstanden gewesen, daß die Nazis aufrüsteten.

Brüning hielt seine Vorbehalte gegen das Nürnberger Tribunal auch später aufrecht und versuchte sogar, dem einen oder anderen der Angeklagten zu helfen. Unverkennbar wollte er gegenüber den Amerikanern die Verantwortung einzelner belasteter Personen herunterspielen. Die Verbrechen von Männern wie Streicher und Göring müßten vor einem deutschen Gerichte verhandelt werden. Robert Ley würde sicher zum Tode verurteilt werden, sehr wahrscheinlich auch Ribbentrop. Gegen ihn könne beispielsweise der ehemalige Staatssekretär v. Weizsäcker aussagen. In diesem Punkt unterschied er sich von Stimson, der in dem Tribunal eine Institution sehen wollte, die jede Willkür und das Gerede, die Schuldigen für die »Verbrechen gegen den Frieden« ohne Prozeß einfach zu erschießen, beenden könne. Schon in seinem Memorandum vom 9. September 1944 hatte Stimson verlangt, die Kriegsver-

6. Das Kriegsende

brecher nach einem streng definierten Verfahren zu behandeln. Grundsätzlich fand das Militärtribunal in Nürnberg daher seine Zustimmung. Er sah die Grundlage für die Prozesse im Briand-Kellogg-Pakt, der den Angriffskrieg geächtet hatte. Sie seien ohne Vorbild, aber nicht illegal.[909] Diesen Standpunkt scheint er später nicht revidiert zu haben, obwohl sich noch zu seinen Lebzeiten auch im alliierten Lager Stimmen gegen die Kriegsverbrecherprozesse regten.[910]

Man könnte Brünings Ansichten über die sittliche und moralische Verfassung des deutschen Volkes bei Kriegsende als unerheblich abtun, wenn man sein Urteil über den allgemeinen Zustand der europäischen und der amerikanischen Zivilisation außer acht ließe. Das Leben im Exil und die Kenntnis verschiedener Länder habe ihn gelehrt, »daß der Zusammenbruch aller sittlichen Lehren des Christentums nicht auf Deutschland beschränkt« sei. »Überall herrscht eine Unzufriedenheit mit sich selbst, eine Unsicherheit über die Dauer gegenwärtiger politischer Anschauungen und eine Furcht vor dem Kommenden. Man sucht nach neuen sittlichen Grundlagen für die menschliche Gesellschaft und hat den Glauben an den dauernden Schutz durch noch so sorgfältig überlegte Verfassungsbestimmungen verloren.« Das deutsche Volk komme im Vergleich zu den übrigen westlichen Völkern noch gut weg. Offen sprach er den westlichen Siegermächten – von der Sowjetunion ganz zu schweigen – die Legitimation dafür ab, über die Besiegten zu Gericht zu sitzen, weil sie selbst den Mut nicht hätten, ihre eigene Schuld einzugestehen, sie nicht nur bei den Besiegten zu suchen. Sie müßten sich entschließen, »zu der großen christlichen Tradition zurückzukehren und sie wieder lebendig zu machen«.[911]

Gegenüber John Wheeler-Bennett, der zum offiziellen Geschichtsschreiber der Nürnberger Prozesse ernannt worden war, bezeichnete er es als skandalös, daß die britische Richterschaft ihr Prestige für die Prozesse hergegeben habe. Er äußerte sich gegenüber dem alten Freund in schonungsloser Offenheit, nicht ohne einen Beisatz von Gereiztheit, die auf die Entfremdung zwischen beiden in den letzten Jahren zurückzuführen war. Dem entsprach die persönliche Spitze in der Bemerkung, daß es in England Leute gebe, »deren Gewissen noch nicht vom Krebsgeschwür der taktischen Wertung aller sittlichen und christlichen Grundsätze angekränkelt« sei. Mit Genugtuung hielt er Wheeler-Bennett die Bedenken führender amerikanischer Juristen wie des früheren Chief Justice Harlan Fiske Stone vor. Er habe nie etwas so sehr gehaßt, behauptete Brüning, wie den »Mißbrauch sittlicher und naturgesetzlicher Grundsätze für taktisch-politische Zwecke«. Vergeblich lud Wheeler-Bennett Brüning nach dem Kriege zu einer persönlichen Aussprache ein.

In diesem Sinne hatte sich Brüning früher schon mehrfach geäußert. Jetzt spielte er unter anderem auf die anhaltenden Schikanen, auf die restriktive Politik der britischen Mandatsbehörden gegen die illegale jüdische Einwanderung nach Palästina an – trotz der verschiedenen Zusagen der britischen Regierungen seit der sogenannten Balfour Declaration von 1918, dort eine jüdische Heimstatt zu schaffen. Erst am 22. Juni 1940 war ein Vertrag zwischen der britischen Regierung und der Jewish Agency über die Bildung eines jüdischen Staates abgeschlossen worden.[912]

Mit großer Befriedigung vernahm er, daß sich Pastor Martin Niemöller, der seit 1937 als »persönlicher Gefangener« Hitlers in den Konzentrationslagern Sachsenhausen und Dachau gewesen war, sehr entschieden dagegen aussprach, allein Deutschland für den Krieg verantwortlich zu machen. Nach Brünings Ansicht hätten zumindest zwei große »Fremdmächte« die Nazis gefördert. Er wäre gerne mit Niemöller zusammengetroffen, ehe dieser eine Vortragsreise durch die Vereinigten Staaten im Winter 1946/1947 begann, um ihm Ratschläge für Interviews mit »einer gewissen Art von New Yorker Journalisten« zu geben. Mit ihm hätte er sich gern über die Problematik des Sozialismus unterhalten. Zu der Begegnung kam es jedoch nicht, weil Brüning ihn in den Tagen vor Weihnachten, als Niemöller nach Boston kam, dort nicht treffen konnte.[913]

Die Verbrechen des NS-Regimes und der Widerstand

Die verbreitete Befürchtung auf alliierter Seite, daß die deutsche Bevölkerung noch immer überwiegend mit dem untergegangenen Regime sympathisierte, hielt Brüning für unbegründet. Deren letzte Sympathien würden rasch verschwinden, allein wenn die verbreitete Korruption aufgedeckt werde. Die Gefahr, daß der Nazismus wiederbelebt werde, hielt er für gering.[914] So sehr er eine Kollektivschuld des deutschen Volkes an den Verbrechen des Dritten Reiches und am Krieg ablehnte, so wenig wollte er das Verhalten seiner Landsleute schlechthin billigen. Seine Zweifel klangen in einer Bemerkung gegenüber Hermann Ullmann an, die einen Vergleich der moralischen Situation nach dem Zweiten Weltkrieg mit einer weit zurückliegenden historischen Epoche zog: »Hätte man nicht Irrtümer, Zweifel, schwankende Haltungen und sogar zeitweilige Abschwörung des Glaubens in den ersten zwei Jahrhunderten der christlichen Kirche übersehen, so wären nur sehr wenige Märtyrer heiliggesprochen worden.«[915]

Später ging er im Urteil über das Ausmaß des inneren Widerstands so weit, zu behaupten, in Deutschland habe es mehr »Gegner eines unmoralischen politischen Systems« gegeben als anderswo in der Welt. Gegenüber dem Schriftsteller Werner Bergengruen (1892-1964) sprach er den dämonischen Kräften und der moralischen Zersetzung der ganzen Welt großes Gewicht für das Schicksal seines Landes zu.[916] So bedrückend die unmittelbaren Erfahrungen mit den Nationalsozialisten in den Monaten vor und nach der sogenannten Machtergreifung für ihn gewesen sein mochten, so wenig kannte er doch die inneren Verhältnisse nach 1934 und vor allem während des Krieges. Die Gewalttätigkeit des Regimes hatte er zwar am eigenen Leibe erfahren, jedoch die Zeit der Konsolidierung nicht mehr unmittelbar erlebt. Das Ausmaß der Verfolgung von politischen Gegnern und rassischen Minderheiten, den rassenideologisch motivierten Aggressionskrieg hatte er nur in Umrissen wahrgenommen. Er beobachtete auch vielfältige Fehlentwicklungen in sittlicher Hinsicht, relativierte aber die deutschen Verhältnisse wieder im Hinblick auf die Zustände in den westlichen Ländern, und auch vor dem Hintergrund seiner früheren Kriegserfahrungen. So war er zwangsläufig auf seine Lebenserfahrungen verwiesen und blieb bei allem Bemühen um politische Objektivität in den Kräften und Begrenztheiten seines persönlichen Naturells gefangen.

Kurz, er vermochte sich bei allen Ängsten und Befürchtungen weder das Ausmaß der Nazi-Verbrechen noch die Verantwortung oder auch nur Mitverantwortung des deutschen Volkes im ganzen zu vergegenwärtigen. Die »Schuldfrage«, wie sie Karl Jaspers und andere nach 1945 stellten, wurde für ihn trotz seiner oft kritischen Einstellung gegenüber seinen Landsleute in den Jahren seines Exils nicht zum Problem. Er war von einer Mitschuld des Auslands am Entstehen der Gewaltherrschaft in Deutschland überzeugt. Die im Westen verbreitete Vorstellung, daß alle Völker letztlich die Regierung besitzen, die sie verdienen, lehnte er ab, zumindest wollte er sie im Hinblick auf das deutsche Volk nicht gelten lassen. Er blieb der Vorstellung verhaftet, die NS-Diktatur sei eine totalitäre Gewaltherrschaft gewesen, der zuerst das deutsche Volk und dann auch andere Völker unterworfen gewesen seien. Darauf bezogen sich auch seine wiederholt vorgebrachten Behauptungen über eine Mitschuld der westlichen Regierungen, vor allem der in Paris und London, an der Errichtung und dem Bestand des Terrorregimes, die nach seiner Ansicht selbst in Deutschland lebende Gegner des Nationalsozialismus angeblich unterschätzt hatten. In seinen Ansichten spiegelte sich nicht zuletzt die Erfahrung wider, daß er in den Jahren vor dem Krieg vergeblich die Appeasement-Politik Londons kritisiert hatte.[917]

Die politische, weltgeschichtliche Tragweite des Hitlerschen Antisemitismus und die barbarischen Folgen der Rassenpolitik des Dritten Reiches vermochte er bei Kriegsende nicht zu ermessen. Er fühlte sich so sehr als Repräsentant seines Landes, daß er die Folgen der in deutschem Namen begangenen Massenverbrechen nicht ohne inneres Widerstreben anerkennen wollte. Die Mitschuld derjenigen, die der Gewaltherrschaft der Nationalsozialisten unterworfen und in unterschiedlichem Maße an dieser Herrschaft beteiligt gewesen waren, fügte sich nicht ohne weiteres in das Bild ein, das er von der nationalsozialistischen Diktatur gewonnen hatte. Die Unzufriedenheit mit seinem Emigrantenschicksal, ein uneingestandenes Schuldgefühl gegenüber seinem Heimatland, das ihn gleichsam »verbannt« habe, dürfte seine Haltung ebenso mitbestimmt haben, wie seine persönliche Erfahrung mit dem Hitler-Regime in dessen Anfangsphase.

Die Zurückhaltung im Urteil über die Verbrechen des Dritten Reiches war nicht etwa durch einen latenten Antisemitismus, von dem gelegentlich in der Forschung die Rede ist[918], bedingt, da Äußerungen, die in diese Richtung deuten, sich auf einen früheren Konflikt mit einer bestimmten Gruppe preußischer Sozialdemokraten beziehen, denen zahlreiche andere Indizien und Fakten entgegenstehen. Dagegen spricht vor allem sein herzliches Verhältnis zu Erwin Brettauer, aber auch zu dem jüdischen Theologen und ehemaligen Präsidenten der Reichsvereinigung der Deutschen Juden, dem Oberrabbiner Leo Baeck, den er zuletzt 1934 gesehen hatte. Mit ihm hatte Brüning am Ostermontag 1948 in Lowell House noch einmal eine »wunderbare zweistündige Unterhaltung« über den sittlichen und moralischen Zustand der Kultur in ihrer historischen Entwicklung. Auch die Auseinandersetzung mit dem prominenten Zionisten Jacob Landau über die wirksamste Taktik gegen das NS-Regime spricht gegen den erwähnten Vorwurf, abgesehen davon, daß er den Antisemitismus schon 1922 in einem Artikel über Rathenau gebrandmarkt hatte. Nur am Rande sei erwähnt, daß er 1938 die Bilder von den »armen jüdischen Kindern, die in England ankommen« nicht ertragen konnte, aber vermerkte, daß man sich dessen auch in Deutschland zutiefst schäme.[919]

Seit dem Frühjahr 1947 äußerte er sich allerdings wiederholt kritisch zu den Versuchen, die deutsche Öffentlichkeit über die Verbrechen des Dritten Reiches umfassend aufzuklären. Er kritisierte auch manche Versuche von deutscher Seite, mit dem

Regime abzurechnen. Er warnte davor, diese Auseinandersetzung zu weit zu treiben, um die Menschen nicht zu demoralisieren. Diese Gefahr sei größer als die zu verhungern. Hier sei eine bedenkliche Form von Propaganda wirksam. »Kein Volk, dem täglich eingehämmert wird, wie vollkommen verderbt und unmoralisch es gewesen ist, kann überleben.« Diese Vorgehensweise sei besonders ausgeprägt in der Amerikanischen Zone, »wo frühere Kommunisten und ähnliche Typen jetzt in amerikanischer Uniform alles in der deutschen Geschichte schmähen.« Die Deutschen würden noch für lange Zeit »politisch kein freies Volk« sein. »Da das deutsche Volk keine Verantwortung hat, ... sinkt es auf den Krähwinkler Standpunkt zurück, genau wie nach dem Dreißigjährigen Kriege. Das bedeutet Kleinlichkeit, Dickköpfigkeit und beschränkten Horizont.« Die Stellenjägerei sei indessen zu allen Zeiten üblich. Die kleinlichen politischen Streitereien unter den politischen Gruppen, auch die »gutgemeinten Diskussionen über die theoretische Grundlage der Politik« hielt er ebenso für einen Ausdruck politischer Entmündigung wie eine »von purer Resignation geprägte Frömmigkeit«.⁹²⁰

Rechenschaft über das Ende der Weimarer Republik

Die Auseinandersetzung mit den Voraussetzungen und Folgen der nationalsozialistischen Herrschaft veranlaßte Brüning zu einer Stellungnahme in Form eines Briefes an Rudolf Pechel, den Herausgeber der »Deutschen Rundschau« (Juli 1947).⁹²¹ Sie ging über seine bisherigen Äußerungen über den Charakter des Regimes hinaus und berührte die Problematik des Zusammenbruchs der Weimarer Republik und die Rolle der politisch Verantwortlichen vor der sogenannten Machtergreifung. Nach Brüning enthielten viele Veröffentlichungen von Emigranten über den Untergang der Weimarer Republik nicht nur zahlreiche Irrtümer über die wahren Vorgänge, die der Ernennung Hitlers zum Reichskanzler vorausgingen, sondern schadeten auch den Interessen des Landes. Bewußt oder unbewußt hätten ihre Verfasser jenen Ideen das Wort geredet, die den Abkommen von Jalta und Potsdam zugrunde lägen. Auch in Deutschland gebe es viele falsche Vorstellungen über die Politik der letzten Reichsregierungen gegen den aufkommenden Nationalsozialismus.

Unmittelbar veranlaßt war der Brief durch ein Buch Schlange-Schöningens, das im Vorjahr erschienen war. In ihm wurden die Vorgänge um den Untergang der Weimarer Republik aus der Sicht eines früheren Mitgliedes des Kabinetts Brüning geschildert. Schlange hatte unter anderem das Verhalten des Kanzlers in der Regierungskrise im Frühjahr 1932 als allzu naiv und vertrauensselig gegenüber Hindenburg dargestellt und Bedenken gegen eine Politik vorgebracht, die zu sehr auf die Lösung der Reparationsfrage gerichtet gewesen sei.⁹²² Der Brief an die Deutsche Rundschau rechtfertigte nicht nur erstmals nach dem Krieg gegenüber einem größeren Publikum in Deutschland die Politik des Kabinetts Brüning, sondern sollte auch indirekt den Nürnberger Kriegsverbrecherprozeß beeinflussen. Brüning wollte mit seinen Erläuterungen der politischen Vorgänge während und nach seiner Amtszeit die Zeugen, die in Nürnberg auftraten, vor leichtfertigen und unüberlegten politischen Aussagen warnen. Das deutsche Volk sollte sich »diesmal«, d. h. nach dem Zweiten Weltkrieg, nicht, wie so oft in der Geschichte, durch Generationen hindurch zerfleischen. Es gebe keine »absolut fehlerfreie« Politik und keinen »dogmatischen Maßstab für ein sicheres Urteil, ob ein gewisser entscheidender Schritt in der Politik richtig war oder nicht.« Ewige Maßstäbe gälten allerdings für deren moralische Seite.[923]

Der Brief sollte in erster Linie den verzweifelten Kampf seiner Regierung gegen die Übermacht der Nazibewegung, die für ihn ein sekundäres Phänomen der Wirtschaftskrise gewesen war, deutlich machen. Brüning klagte im Sinne seiner Hundert-Meter-These von 1932 jene ausdrücklich an, die ihn seinerzeit gestürzt hatten. Er wollte aber auch »dem armen Volke zeigen, »daß nun nicht jedermann und nicht ganze Schichten Lumpen und Intriganten waren«. Man habe die Schwierigkeiten so lange beherrschen können bis Hindenburg, wie Groener vorhergesagt habe, »tatterig« geworden sei. Die Argumentation war sehr gewagt. Die meisten seiner früheren Freunde nahmen sie mit Befremden auf und mißbilligten die Veröffentlichung, wie er sich selbst eingestehen mußte. Er meinte unwillig, sie wollten in seiner Person eine Legende über die Vergangenheit konservieren und ihm selbst aber jedes »Urheberrecht« daran absprechen. Er wolle nicht zur Legende werden, »die jeder nach seinem Gusto weiterspinnt«. Treviranus warnte ihn davor, daß seine Darstellung in der Deutschen Rundschau den Eindruck hervorrufen könne, daß »frühere intime Mitarbeiter alles ›gemacht‹« hatten. So werde man ihn, Brüning, nur für einen »netten und liebenswürdigen Mann« halten, »der zum Schluß alles verpfuscht habe.«

Die Reaktionen auf seinen Brief an Pechel und die Berichte aus Nürnberg bestärkten ihn in seinen Bedenken, seine Memoiren über die Weimarer Zeit zu veröffentlichen. Deren Publikation hatte er seit 1938 wiederholt angekündigt, dies dann mit unterschiedlichen Gründen immer wieder aufgeschoben. Er bemerkte Gedächtnisfehler und Entstellungen in den Äußerungen von Zeugen und Angeklagten, die er in den Protokollen des Nürnberger Prozesses las. Sie veranlaßten ihn jedoch nicht dazu, ihnen öffentlich entgegenzutreten, obwohl in der Presse wiederholt der Vorwurf auftauchte, er habe eine Mitschuld am Aufkommen des Dritten Reiches. Dagegen wollte sich Brüning erst wehren, »wenn es Zweck für unser Vaterland hat und die Aufnahmefähigkeit vorhanden ist.«[924]

Auch jetzt noch beschäftigte ihn die Frage, welche Personen für seinen Sturz 1932 verantwortlich gewesen waren. Darüber hielt er seine Ansichten keineswegs zurück. Als der frühere französische Botschafter François-Poncet seine Erinnerungen veröffentlichte[925], behauptete er, daß dieser sich seinerzeit bei Schleicher für eine Berufung Papens eingesetzt habe, da dieser über enge Beziehungen zur französischen Schwerindustrie verfügte.[926] Dieser Gedanke entsprach seiner oft geäußerten Ansicht, daß die Regierungen in Paris und London für den Aufstieg Hitlers verantwortlich gewesen seien und diesen auch später lange indirekt gestützt hätten.

Die Kritik jener Emigranten, die durch eine unüberlegte Kritik an der deutschen Politik einer wirklichkeitsfernen alliierten Kriegspropaganda zugearbeitet hätten, führte er auf die angebliche Neigung seiner Landsleute zurück, »alles daheim zu benörgeln.« Sein Ziel sei damals gewesen, zu der Verfassung von 1871 zurückzukehren, »ohne die Möglichkeit des Umsturzes einer Regierung durch das Parlament auszuschalten«, schrieb er an den Staatsrechtler Hans Peters, der zur Widerstandsbewegung beziehungsweise zu den Kreisauern gehört hatte. Diese Deutung habe er auch in einer öffentlichen Vorlesung in den USA vertreten, den Text jedoch nicht drucken lassen, um einer mißbräuchlichen Interpretation durch feindlich gesinnte Emigranten vorzubeugen. Damit konkretisierte er erstmals sein oft beschworenes »Schweigen« nach der inhaltlichen Seite hin.

Die hier erwähnte Erklärung seiner Politik *ex post* ist nicht ohne die Erfahrungen zu verstehen, die Brüning in den USA gemacht hatte. Seine Reformpläne im Sinne einer Rückwärtsrevision der Verfassung schlossen die »Ministerverantwortlichkeit« im Sinne des 19. Jahrhunderts nicht ausdrücklich aus. Doch war dieses Prinzip damals nicht seine Hauptsorge gewesen. Seine Argumentationsweise ist von der Absicht bestimmt gewesen, sein damaliges Handeln und das seiner politischen Freunde im Lichte späterer Erkenntnisse zu rechtfertigen. Andererseits behauptete er, daß das »Verfassungmachen« seit der Französischen Revolution immer auch von dem Bestreben beherrscht gewesen sei, lediglich zeitbedingte Gefahren zu bannen, was einer mißbräuchlichen Anwendung Raum biete und radikale, d. h. verfassungsfeindliche Gruppen begünstige. »Weil man sich auf den Buchstaben der Verfassung verläßt, sinkt das tägliche Verantwortlichkeitsgefühl des Parlamentes und der Mut, schwere Verantwortungen kollektiv zu übernehmen.«[927]

Deutschland müsse die Erfahrungen der Weimarer Zeit für den Wiederaufbau nutzen. Über die Fehler und Schwächen des politischen Systems der Republik hatte er in den Jahren des Exils häufig nachgedacht. Nachdem er sich im Sommer 1947 noch einmal das Manuskript seiner Erinnerungen für die Jahre 1918 bis Ende 1924 vorgenommen hatte, meinte er, nach dem Zweiten Weltkrieg habe sich eine vergleichbare Situation ergeben wie 1923. In jenem Krisenjahr sei sowohl von russischer wie von französischer Seite versucht worden, »um jeden Preis eine Herrschaft über die Ruinen Mitteleuropas aufzurichten«.[928]

Politik im Hintergrund

Trotz aller Versicherungen, nicht wieder in die deutsche Politik zurückkehren zu wollen, die er vor und nach Kriegsende wiederholt vor der Presse bekräftigte[929], erhob sich doch die Frage, welche Rolle er als Repräsentant der untergegangenen Weimarer Republik künftig in Deutschland spielen werde. Zweifel, ob die politische Ordnung Westdeutschlands trotz aller äußerlichen Stabilität nicht doch in der Tradition der Weimarer Republik stehe, waren nach Kriegsende noch lange Zeit virulent. Erst in den achtziger Jahren verstummten sie.[930] Zunächst aber sahen viele Hitler-Gegner in Deutschland und zahlreiche einflußreiche Persönlichkeiten des politischen Lebens in den USA in Brüning einen Mann, der das geistige und demokratische Erbe der Weimarer Zeit verkörperte. Die New York Herald Tribune brachte 1947 ein *Comeback* Brünings öffentlich ins Gespräch. Einer der stärksten Befürworter war Expräsident Herbert Hoover, der mit Brünings Wirken in den Weimarer Jahren vertraut war und der ihm gelegentlich in dessen Exilzeit begegnet war. Die Empfehlung für Brüning beruhte darauf, daß man in Amerika einen bedenklichen Mangel an geeigneten Führungspersönlichkeiten in Deutschland festzustellen meinte, die nicht durch ihr Wirken unter dem NS-Regime belastet waren.[931] Die Schweizer »Weltwoche« nannte Brüning im April 1947 einen Politiker, der als Vertreter einer geschlagenen Nation eine ähnliche Rolle wie seinerzeit Talleyrand in Wien auf einem künftigen Friedenskongreß spielen könnte – ein Gedanke, den vor Kriegsende Wheeler-Bennett gegenüber der britischen Regierung geäußert hatte.⁹³²

Gegen seinen ausdrücklichen Willen, vielleicht aber mit uneingestandener innerer Genugtuung fiel Brüning nach dem Zusammenbruch des NS-Regimes eine gewisse politische Schlüsselrolle zu, der er sich nicht völlig entziehen konnte. Er galt bei seinen amerikanischen Freunden als Anwalt der demokratischen Kräfte, der die Nazis bekämpft hatte.⁹³³ Dies war auch in Deutschland bekannt. Am 21. Oktober 1945 hatte sein früherer Chef und Mentor Adam Stegerwald auf einer Versammlung der Kölner CDU behauptet, daß in Deutschland »weite Kreise« nach Brüning verlangten, und bedauert, daß dieser nach seinen Informationen in nächster Zeit noch nicht zurückkehren werde.⁹³⁴

Schon während des Krieges war Brüning mehrfach neben Thomas Mann als einer der führenden Männer für ein Nachkriegsdeutschland genannt worden. So hatte Felix Langner in seinem Buch »Stepping Stones to Peace« (1943) die Frage erörtert, wer auf deutscher Seite einen künftigen Friedensvertrag unterzeichnen könne. Er hatte bezweifelt, daß die Alliierten Vertreter einer Regierung von Nazianhängern akzeptieren könnten und es als denkbar bezeichnet, daß sie eine einsetzten, die aus Deutschen bestünde, die sie als Repräsentanten einer »deutschen Demokratie« anerkennten. Idealisten dächten an Thomas Mann als Präsidenten einer zweiten Republik, der dieses Ansinnen jedoch wahrscheinlich entschieden ablehnen würde. Aber auch Leute wie Brüning würden in diesem Zusammenhang genannt.⁹³⁵ Die »Association of Free Germans« hatte sich im Oktober 1943 ebenfalls dafür ausgesprochen, Thomas Mann, Heinrich Brüning und Otto Braun als Repräsentanten eines neuen Deutschland anzuerkennen.⁹³⁶ Brüning und Thomas Mann wurden neben Einstein und Grzesinski selbst in der Nazi-Propaganda mit einer drohenden Wiederkehr Weimarer Verhältnisse in Verbindung gebracht.⁹³⁷

Am 26. November 1946 hielt sich Brüning erstmals seit Jahren wieder in Washington auf und nahm an einem Herrenessen teil, das sein Harvard-Kollege Bruce Hopper zusammen mit seiner Gattin anläßlich seines 61. Geburtstages für ihn arrangiert hatte. Die Einladung war ihm hochwillkommen gewesen, weil er eine Gelegenheit erhoffte, indirekt zu erfahren, ob er im nächsten Jahr eine Reiseerlaubnis nach Deutschland erhalten würde, um seine Schwester zu besuchen. Er wurde belehrt, daß das entscheidende Hindernis für eine Europa-Reise seine deutsche Staatsbürgerschaft sei. Aus diesem Grunde sich naturalisieren zu lassen, lehnte er ab.

Im Frühjahr 1947 wurde sein Reiseantrag für das laufende Jahr definitiv abgelehnt, obwohl sich Bruce Hopper nachdrücklich dafür beim Chef der Abteilung für die Besetzten Gebiete im State Department, Henry P. Leverich, eingesetzt hatte. Die Behörde gestand offen ein, daß man Proteste von seiten der Kommunisten befürchtete und deshalb dem Wunsch Dr. Brünings nicht entsprechen könne. Schon zwei Jahre zuvor hatte Moskau Washington vor einer Rückkehr Brünings gewarnt und dies, wie Gerüchte wissen wollten, angeblich als »casus belli« bezeichnet. Die von der sowjetischen Besatzungsmacht in Berlin herausgegebene »Tägliche Rundschau« agitierte gegen den ehemaligen Kanzler als einen »Schrittmacher der Reaktion«. Vergeblich hatte Hopper versichert, daß Brüning lediglich seine Verwandten in der Britischen Zone besuchen und seinen Wohnsitz in den Vereinigten Staaten beibehalten wolle. Hopper erklärte öffentlich, daß Brüning sich in der Emigration von aller Politik ferngehalten habe. Er könne aber als Repräsentant aller jener Deutschen gelten, die sowohl den Nationalsozialismus wie den Kommunismus ablehnten und auf die Errichtung einer freien Republik hofften.

Ursprünglich hatte Brüning an den Feiern zum 1150jährigen Bestehen des Paulinums in Münster teilnehmen wollen. Die Frage nach seiner persönlichen Zukunft, nach seinen politischen Plänen, die man ihm bei dem Dinner gestellt hatte, war, wie er bemerkte, von einer »etwas ängstlichen Neugier« begleitet. »Als ich ihnen klarmachte, daß ich kein Konkurrent der SPD bin, waren sie spürbar erleichtert.« Er erläuterte unter anderem die allgemeine politische Lage in Deutschland und erwähnte auch die aus dem Osten drohenden Gefahren. Für letztere schien er eine gewisse Aufgeschlossenheit zu finden. Im einzelnen sprach er mit Robert Murphy, dem politischen Berater General Clays, und George F. Kennan, dem Leiter des Planungsstabes im State Department. Clay setzte sich dafür ein, Deutschland wirtschaftlich wieder lebensfähig zu machen und hatte am 26. Mai 1946 ein Memorandum vorgelegt, das die wirtschaftliche und politische Einheit Deutschlands forderte. Die Empfehlungen Clays waren unter anderem auf der zweiten Tagung des Rates der Außenminister der vier Siegermächte (15. 6. – 12. 7. 1946) in Paris beraten worden, fanden aber wegen der Reparationsfrage nicht die Zustimmung der Sowjetunion, während die französische Seite einige Vorbehalte anmeldete.[938]

Brüning unterrichtete Murphy über die wirtschaftlichen Folgen des Verlustes der Ostgebiete für Deutschland und berichtete ihm von den Gesprächen, die er im April 1932 mit Zaleski über eine Lösung der deutsch-polnischen Grenzfrage geführt hatte. Murphy fragte ihn, ob nach seiner Ansicht Polen einen Zugang zur Oder erhalten könne, wenn Pommern und ein Teil von Oberschlesien bei Deutschland blieben. Brüning hielt einen »kleinen Zugang« zur Oder durch Niederschlesien für denkbar. Da das Gespräch unterbrochen wurde, hatte Brüning den Eindruck, daß Murphy seine Bemerkung so ausgelegt habe, als ob er bereit sei, die deutschen Ansprüche auf das ganze Ostufer der Oder aufzugeben. Er bat einige Tage später Bruce Hopper, dies vor allem gegenüber Kennan klarzustellen.[940]

Das Urteil Murphys und die Ansichten Kennans bedeuteten ihm sehr viel. Daß Murphy eine Rückkehr deutscher Emigranten in die Politik ablehnte, sie aber als Berater der Alliierten schätzte,[940] stand dem nicht entgegen. Er gehörte zu jenen Politikern, die die »dynamischen Aspekte« der amerikanischen Politik im Hinblick auf ganz Deutschland betonten und es ablehnten, lediglich die westlichen Besatzungszonen zusammenzufassen. Brüning hielt Kennan für einen Mann, der mehr als jeder andere in einer vergleichbaren Stellung über auswärtige Angelegenheiten und Zustände, auch in Deutschland, unterrichtet sei. Dieser hatte im Jahr zuvor die Potsdamer Verhandlungen mit »Skepsis und Entsetzen« verfolgt und am 9. Februar 1946 in seinem berühmten »langen Telegramm« vor den Expansionsbestrebungen der sowjetischen Führung gewarnt.[941] Murphy erklärte im Januar 1947, daß, soweit ihm bekannt sei, die Vereinigten Staaten nichts gegen eine Rückkehr Brünings einzuwenden hätten. Er habe jedoch den Eindruck, daß Brüning, den er vor kurzem in Washington gesehen habe, noch nicht nach Deutschland zurückzukehren wünsche. Die Erklärung bezog sich unter anderem auf eine Äußerung Adenauers, Brüning dürfe zur Zeit nicht nach Deutschland kommen. Jakob Kaiser hatte behauptet, daß das Reiseverbot auf das Betreiben einer der alliierten Besatzungsmächte zurückgehe, wollte diese jedoch nicht nennen. Nach einer Meldung der Neuen Zürcher Zeitung vom 8. Juni 1947 handelte es sich um die Sowjetunion.[942]

Der Rat des oldenburgischen Innenministers August Wegmann, vorerst in den USA zu bleiben, um dort politischen Einfluß ausüben zu können, irritierte Brüning nicht allzu sehr, da er ohnehin vorerst keine Reiseerlaubnis erhielt. Er meinte, daß die politische Lage in Deutschland wegen der schweren Zerstörungen und der Teilung in Besatzungszonen sehr viel schwieriger sei als vorher.[943] Brüning tröstete sich mit dem Gedanken, daß er, wenn er dem Ruf, nach Deutschland zu kommen, gefolgt wäre, seinen Landsleuten kaum einen Vorteil gebracht hätte. Eher wäre das Gegenteil der Fall gewesen, so daß er inzwischen längst politisch erledigt wäre. »Ich wäre von den deutschen Emigranten, die als UNR[R]A-Leute oder Pressevertreter oder in der Militärverwaltung hinübergingen, Tag für Tag angegriffen worden. Die öffentliche Meinung wäre in 6 Wochen völlig gegen mich eingestellt. Ich will alles für mein Vaterland tun. Aber eines habe ich gelernt, daß man sich nicht in hoffnungslose Lagen hereinbegeben soll.«[944] Auf der anderen Seite war er bestürzt, daß allein sein Besuch in Washington Ende November 1946 eine Pressekampagne gegen ihn in Deutschland verursachte. Man griff ihn als Hungerkanzler und Gegner der Arbeiterschaft an. Er schloß daraus, daß derartige Stimmen auch in der amerikanischen Presse wieder laut würden, wenn er wirklich nach Deutschland ginge.[945]

Trotz dieser Irritationen verlor Brüning die weltpolitische Entwicklung nicht aus den Augen. Der frühere Kanzler hoffte, daß die Entscheidungen von Jalta und Potsdam sich unter Umständen noch revidieren ließen, nachdem Byrnes in Stuttgart einen Vorbehalt hinsichtlich der Endgültigkeit der Ostgrenzen angedeutet hatte. Das geheime Protokoll über die Reparationen scheint ihm nicht bekannt gewesen zu sein. Er begrüßte es, daß der SPD-Vorsitzende Schumacher, den er erst später persönlich kennenlernte, bei einem halboffiziellen Besuch in London auf Einladung der Labour-Regierung sich mehrfach gegen die Abtretung der deutschen Ostgebiete ausgesprochen hatte, obwohl er es mißbilligte, daß dieser einen Verzicht auf Ostpreußen angedeutet und sich abfällig über die Christlichen Demokraten in Deutschland geäußert hatte.[946] Um so positiver wertete er die Erklärungen Adenauers in dieser Frage. Er riet seinen Freunden, in der Grenzfrage festzubleiben und unter allen Umständen den Gedanken der CDU zu verfechten, bat aber zugleich darum, seinen Namen nicht zu stark für die Partei »auszunutzen«. Dies bezog sich auf seine Bemühungen, die Anhänger der Zentrumspartei für die CDU zu gewinnen. Andererseits befürchtete er ein Übergewicht der Rheinländer in der CDU. Der vielberufene »Kölsche Klüngel« und die Abneigung gegen Adenauer könnten dazu führen, daß weite Kreise in Westfalen um so entschiedener an der Zentrumspartei festhielten.[947]

Marshall und Morgenthau

Brüning hoffte darauf, daß vor allem die Amerikaner sich bald den konkreten Aufgaben des Wiederaufbaus in Deutschland und Europa stellen würden. Die prekäre Ernährungslage in weiten Teilen Europas veranlaßte die USA schließlich, nicht nur die ehemaligen verbündeten Staaten, und die einst von der Wehrmacht besetzten notleidenden Länder wie Griechenland und die Türkei, sondern auch die deutsche

Bevölkerung in der Amerikanischen Zone mit zusätzlichen Lebensmitteln zu versorgen.

Die Vorstellungen Morgenthaus waren damit nicht vereinbar. Gewiß waren es nicht allein die praktischen Erfahrungen des Besatzungsalltags, die einen Kurswechsel der amerikanischen Europa-Politik bewirkten. Sie beschleunigten aber doch eine Entwicklung, die sich nach Brünings Urteil zwangsläufig aus dem Ende der Kriegskoalition gegen Hitler ergab, wenn die USA ihre Weltmachtrolle auch in Europa behaupten wollten. Die politische Linie, die noch vor Kriegsende von Politikern wie Stimson und dann auch von Cordell Hull verfolgt wurde, hatte sich endgültig durchgesetzt, als Außenminister George Marshall am 5. Juni 1947 sein Land in einer Rede in Harvard aufforderte, ein Programm aufzustellen, um den vom Krieg verwüsteten europäischen Ländern zu helfen, ihre Wirtschaft wieder in Gang zu setzen, damit sie als gleichberechtigte Partner am Welthandel teilnehmen könnten. Damit waren Überlegungen, Frankreich durch massive Hilfe zur führenden Wirtschafts- und Industriemacht auf dem Kontinent zu machen, um ein Gegengewicht zur Sowjetunion und zu einer kommunistischen Expansion zu erhalten, hinfällig.

Brüning begrüßte diese Entwicklung und meinte im Juli 1947, die eingesessenen Amerikaner seien nicht bereit, eine »rein negative und destruktive Politik« längere Zeit zu ertragen, obwohl er auch später noch oft Ausbrüche der »Haßpsychose« und Rückfälle in die Propagandaphrasen der Kriegszeit in der Öffentlichkeit bemerken sollte. Vorerst löse jedoch »jede öffentliche Propaganda« für Deutschland bis auf weiteres nur Gegenpropaganda in den Vereinigten Staaten aus. Selbst die russische Gefahr ändere nichts daran.[948] Mit Befriedigung beobachtete er einige Monate später eine Kampagne der Regierung, den inländischen Verbrauch von Lebensmitteln einzuschränken, um die Überschüsse nach Europa zu liefern. Sie kaufte gleichzeitig auf dem freien Markt große Mengen Weizen auf, was nach seiner Ansicht den Kurswechsel des State Department in der Deutschlandfrage bestätigte.[949]

Brüning bezweifelte, daß die westeuropäischen Länder bereits reif seien für eine »Gesamtlösung« im Rahmen des Marshall-Planes, übersah aber andererseits, daß der Plan vom Winter und Frühjahr 1947 primär dem wirtschaftlichen Wiederaufbau Großbritanniens und Frankreichs dienen sollte. Denn das Projekt war ein Bestandteil der amerikanischen Containment-Strategie, die mit den Namen George F. Kennans, Walter Lippmanns, Dean Achesons und anderer verknüpft ist. Brüning entging nicht, daß Westdeutschland den geringsten Teil der Mittel aus dem Marshall-Plan erhielt (bis Ende 1952 etwa 1,4 Milliarden Dollar), aber dennoch einen beachtlichen Wirtschaftsaufschwung erreichte, so daß schon 1950 die Industrieproduktion 113 Prozent des Niveaus von 1936 betragen sollte.[950] Allerdings hatte der Aufschwung der Industrieproduktion schon vor der Währungsreform und dem Inkrafttreten des Marshall-Plans begonnen.[951] Er befürchtete gleichwohl, daß kaum privates amerikanisches Kapital nach Deutschland fließen werde, wenn die Ruhrindustrie über das Prinzip der Mitbestimmung der Gewerkschaften hinausgehend sozialisiert werden sollte. Deutschland könne nur Privatkapital mit Regierungsgarantie erwarten, da nach seinen Informationen das Budget für 1948 gekürzt werde.[952]

Um so argwöhnischer verfolgte er alle Bestrebungen, das überwundene Morgenthau-Konzept auf Kosten Deutschlands auf Umwegen wiederzubeleben. So beobachtete er aufmerksam die Bestrebungen der Society for the Prevention of World War III, die 1943 gegründet worden und die teilweise Morgenthauschen Vorstellungen verhaftet war.[953] Andererseits hielt er es für möglich, daß der Marshall-Plan von den europäischen Verbündeten der USA dazu ausgenutzt werden könnte, den Umfang der Reparationen zu erhöhen, da die Amerikaner Deutschland bis 1950 Kredite geben wollten, um die Industrie in Gang zu setzen. An höheren Reparationen sei auch Rußland interessiert und werde dafür vielleicht einen Teil Schlesiens und Pommerns zurückgeben. Den Hintergrund bildete die stets erhobene Forderung der Sowjets, aus ganz Deutschland, nicht nur aus der eigenen Zone Reparationen zu beziehen, die Roosevelt in Jalta akzeptiert hatte.[954]

Die größere Bewegungsfreiheit Brünings nach Kriegsende führte dazu, daß sich sein Stellenwert als Politiker in den USA weiter erhöhte. In der dritten Februarwoche 1947 hielt er sich wieder in Washington auf, um an einem privaten Frühstück teilzunehmen, zu dem Bruce Hopper außer Brüning auch den Handelsminister William Averell Harriman und den einflußreichen republikanischen Senator Robert Taft eingeladen hatte. Für Brüning war dies die »höchste Ebene«, zu der er nach dem Rücktritt Stimsons in Washington Zugang finden konnte. Er gewann den Eindruck, daß sich in amerikanischen Regierungskreisen eine Resignation im Hinblick auf die Aussichten, sich mit der Sowjetunion über das Schicksal Deutschlands zu verständigen, ausbreitete. Man glaubte in absehbarer Zeit kaum, die Sowjetunion wieder aus Deutschland herausdrängen zu können. Deutschland werde allenfalls in den »nächsten fünfzig Jahren« seine Ostprovinzen zurückgewinnen. Die schwierige wirtschaftliche Lage werde in diesen Kreisen in ihrer Tragweite kaum wahrgenommen. Darin war er sich mit Taft, dem Vorsitzenden des Steering Committees im Senat, einig. Mit dem ehemaligen Botschafter Harriman, der die USA von 1942 bis 1946 in Moskau vertreten hatte, unterhielt er sich über die Problematik der Demontage der deutschen Industrie. Harriman hatte einst Anteile an den oberschlesischen Hütten besessen und kannte sich in der deutschen Schwerindustrie aus. Die Gespräche an diesem Tage veranlaßten Brüning, jeweils ein Memorandum für Taft und Harriman auszuarbeiten.[955] In der Rückschau nahm er für sich in Anspruch, daß das spätere Ende der Demontagen durch Clay und und die Einbeziehung Westdeutschlands in den Marshall-Plan unter anderem auf seine Bemühungen zurückzuführen waren. Seine engen Beziehungen zu Clays Berater Robert Murphy dürften dabei mitgespielt haben.[956]

Föderationspläne

Eine Föderation von West- und Mitteleuropa sei wünschenswert, schrieb er in dem Memorandum für Taft, wenn sie weder als Vorwand zur »Unterdrückung der politischen Freiheit in einem Mitgliedsstaat ausgenutzt« werde, noch dazu diene, lediglich das strategische Vorfeld gegen die Sowjetunion zu vergrößern, was nach zehn Jahren eine neue Kriegsgefahr heraufbeschwören könne. Außerdem müßten alle Mitgliedsstaaten am freien wirtschaftlichen Wettbewerb innerhalb der Föderation teilhaben.

Die Aussichten für die Errichtung einer solchen Föderation beurteilte er jedoch skeptisch. Das Hauptübel bestehe in der Neigung Großbritanniens und Frankreichs, nach dem Kriege eine Planwirtschaft im nationalen Rahmen aufzubauen. Tatsächlich war der britische Kohlenbergbau Anfang 1947 verstaatlicht worden.[957] Mittelfristig werde dies zu überschüssigen Industriekapazitäten in diesen Ländern führen, ohne die Nachfrage an Konsumgütern zu befriedigen. Die nicht ausgelasteten Kapazitäten der Industrie in Europa hätten schon 1932 zum Scheitern der Abrüstungskonferenz geführt. Wenn die Kapazitäten Deutschlands, Österreichs, Italiens, später auch Polens und der Tschechoslowakei nicht berücksichtigt würden, werde die industrielle Autarkiepolitik der westlichen Länder zwangsläufig wieder zu Überkapazitäten führen. Aus diesem Grunde plane man, die deutsche Industrieproduktion einzuschränken, nicht etwa weil vorrangig militärische Erwägungen dafür sprächen. Eine wirtschaftspolitische Abschottung Großbritanniens und Frankreichs werde die deutsche Industrie ihrer westlichen Absatzmärkte weitgehend berauben, was in Deutschland zu Versorgungsengpässen führen werde.

Die Sowjetunion werde sich einer west- und mitteleuropäischen Föderation widersetzen und Deutschland in den Konflikt einbeziehen. Vordergründig, d. h. taktisch werde sie die Forderung nach einer Zentralregierung und den Wunsch des deutschen Volkes nach Wiedervereinigung der Besatzungszonen unterstützen. Sie werde es nicht dulden, die Tschechoslowakei und Polen aus ihrem Einflußbereich herauszulösen, um sie in die Föderation einzubeziehen. Wenigstens in den nächsten zehn Jahren werde sie zwar einen Krieg zu vermeiden suchen, sich aber nicht daran hindern lassen, die innenpolitischen Vorgänge in Deutschland und Italien in ihrem Sinne zu beeinflussen. In ihrem Machtbereich, vor allem in ihrer Besatzungszone werde sie die industrielle Produktion nach ihren Interessen ausrichten. Wenn es ihr gelinge, ihre Reparationsforderungen auf die westlichen Besatzungszonen auszudehnen, werde dies dort zu strukturellen Anpassungen führen. Sie werde schließlich über alle jene Gebiete in Europa herrschen, die über landwirtschaftliche Überschüsse verfügten.

Vor allem durch die Kontrolle über Ostdeutschland werde die Sowjetunion ihrerseits ein Kriegspotential entwickeln, das dem der Vereinigten Staaten ebenbürtig sein werde. Die sowjetische Planwirtschaft sei für dieses Ziel nicht von Nachteil, da ein totalitäres System eine solche Form der Wirtschaft voll auszunützen in der Lage sei und auch aus seinem Außenhandelsmonopol Nutzen ziehen könne. Im Unterschied zu einer westeuropäischen Föderation werde die Sowjetunion autark sein und könne selbst eine Hungersnot im eigenen Lande ohne weiteres ignorieren. Langfristig werde die Nahrungsmittelproduktion außerhalb Europas nicht ausreichen, den Mangel an Nahrungsmitteln in West- und Mitteleuropa auszugleichen, so daß man dort auf Lieferungen aus der Sowjetunion angewiesen sein werde. Diese erhielte dadurch die Mittel, alle mittel- und westeuropäischen Staaten nach Belieben zu destabilisieren und sie auch ihrer stabilen Währungen zu berauben.

Deutschland selbst werde durch die planwirtschaftlichen Autarkiebestrebungen Frankreichs und Großbritanniens in eine unhaltbare Lage geraten. Es werde kaum jemals wieder eine ausgeglichene Handelsbilanz erreichen, selbst dann nicht, wenn es gelänge, wieder die Produktionshöhe der Industrie von 1936 zu erreichen, da das Land bei fast allen Metallen auf Importe angewiesen sei. Die Ernährung der Ostflüchtlinge werde schwierig werden, da der größte Teil der Nahrungs- und Futtermittel schon vor dem Krieg hätte importiert werden müssen. Die Westmächte stünden vor der Alternative, die Bevölkerung entweder hungern zu lassen oder sie durch Nahrungsmittellieferungen auf eigene Kosten zu versorgen.

Die Konsequenz dieser Betrachtungen gipfelte in der Empfehlung, die beabsichtigte Föderation im Zeichen des freien Wettbewerbs auf wirtschaftlichem Gebiet und ohne Diskriminierung für Deutschland zu verwirklichen. Sie solle nicht von vornherein angestrebt werden, sondern nur als »letzter Ausweg« für den Fall dienen, daß es zu einer harten Konfrontation mit der Sowjetunion käme. Das Problem der Planwirtschaft in Deutschland, die er ebenfalls ablehnte[958], erwähnte er in der Denkschrift nicht.

Brünings Vorschlag nahm eine Konfrontation zwischen Ost und West bereits als gegeben an. Die »meisten Menschen hier« hätten inzwischen die katastrophalen Folgen der Beschlüsse von Jalta und Potsdam erkannt, behauptete er und klagte, daß die bisher zu beobachtende »puritanische Strenge« im Urteil über politische Fragen einer gleichgültigen Betrachtungsweise gewichen sei. Empört wandte er sich gegen die in der amerikanischen Öffentlichkeit üblichen »humanitären Phrasen«. Die Haltung vieler Amerikaner bezeichnete er mit einem Zitat aus dem Roman »Edwin Drood« von Charles Dickens als »gunpowderous philanthropy«.[959]

Trotz dieser bedenklichen Entwicklung habe Präsident Truman seit den Wahlen im Herbst 1946 einen sehr mutigen und konstruktiven Kurs eingeschlagen. Nach Brünings Ansicht hätte der Präsident noch einen sehr viel entschiedeneren Kurs verfolgt, wenn er nicht auf die Opposition unter den Demokraten hätte Rücksicht nehmen müssen. Die Republikaner wollten ihrerseits dem Vorwurf des »Isolationismus« entgehen und eine Außenpolitik betreiben, die nicht allzu sehr von den Demokraten kritisiert werden konnte, vor allem aber der Öffentlichkcit nicht allzu risikoreich und kostspielig erschien. Dies bilde den Hintergrund für den Vorschlag von Expräsident Hoover vom 29. Mai 1947, einen Separatfrieden der Westmächte mit den westlichen Besatzungszonen Deutschlands und mit Japan abzuschließen, wenn die Russen nicht zu einem allgemeinen Frieden mit Deutschland bereit sein sollten.

Dies setzte allerdings voraus, daß zuvor auch die Französische Zone mit der Britischen und der Amerikanischen Zone vereinigt wurde. Hoover glaubte, daß ein westlicher Separatfriede die Russen zu einem Kompromißfrieden mit ganz Deutschland veranlassen werde. Für ihn stand außer Frage, daß Deutschland früher oder später wiedervereinigt würde, weil dies dem Willen des deutschen Volkes entspreche. Brüning hielt Hoovers Vorschläge für illusionär und meinte, daß von französischer Seite in Washington der Eindruck erweckt werde, daß nur ein Frankreich unter General de Gaulle Europa retten könne. Der Korrespondent des Hearst-Konzerns in Europa, Karl von Wiegand, erwartete, daß das Memorandum das Gewicht Brünings in der deutschen Politik erhöhen werde. Ein Mann wie er könne als politische Persönlichkeit kaum übersehen werden.[960]

Als weiteres Anzeichen für einen Stimmungswandel in Washington nahm Brüning die Erklärungen von Senator Taft zur Außenpolitik zur Kenntnis. Am 1. August 1947 hatte Taft in Ohio erklärt, die amerikanische Politik gegenüber Deutschland habe Europa zugrunde gerichtet. Am 25. September bekräftigte er dies noch einmal in Tacoma, Washington. Die Vereinten Nationen sollten sich in ihren Zielen darauf beschränken, das internationale Recht auszubauen. Die Vereinigten Staaten seien nicht in der Lage, andere Staaten gegen den Kommunismus zu verteidigen und sollten keine imperialistischen Ziele verfolgen. Das amerikanische Geld könne nicht die Völker der Welt regieren, wohl aber den Lebensstandard anderer Nationen einschließlich Deutschlands und Japans fördern. Brüning bezeichnete Tafts Rede als »wunderbar vernünftig und mutig« und meinte gegenüber seiner Sekretärin, daß sein Gespräch mit Taft im Februar nicht umsonst gewesen sei.[961]

Nirgendwo im Westen sehe man ein, klagte er, daß die französische Politik der Sowjetunion in die Hände spiele.[962] Tatsächlich schien sich Frankreich aber schon Anfang 1948 mit einem föderativen Zusammenschluß der westlichen Besatzungszonen abgefunden zu haben, obwohl es immer noch auf einem Staatenbunde statt auf einem von den Angelsachsen inzwischen favorisierten Bundesstaate beharrte. Spätestens im Sommer 1948 verzichtete es auch auf diese Pläne.[963]

Der Marshall-Plan

Als sich abzeichnete, daß der Marshall-Plan nicht nur Westeuropa, sondern auch Westdeutschland zugute kommen sollte, forderte Brüning, daß die amerikanische Hilfe vor allem auf privatem Kapital beruhen sollte, da sie nicht für einen staatlichen Trust zur Verfügung gestellt werden würde. Die Grundlage wurde durch den »Foreign Assistance Act« vom 3. April 1948 geschaffen. Der Zufluß privaten amerikanischen Kapitals ließ noch längere Zeit auf sich warten, wie er mit Recht registrierte. Daß die vorgesehenen Mittel im letzten Augenblick noch einmal reduziert wurden, änderte den Sachverhalt nicht wesentlich. Der Marshall-Plan bildete schließlich eine entscheidende Devisenhilfe, um lebenswichtige Importe zu sichern.[964]

Bedeutsam war Brünings Ablehnung einer jeglichen Sozialisierung oder Verstaatlichung der Industrie. Diesen Standpunkt vertrat im wesentlichen auch die amerikanische Militärregierung, die den Artikel 41 der hessischen Verfassung über die Verstaatlichung der Schlüsselindustrien und die öffentliche Kontrolle der Großbanken und Versicherungen vorläufig nicht in Kraft setzte. Der Artikel war am 1. Dezember 1946 in einer besonderen Abstimmung von 77,9 Prozent der Wähler gebilligt worden. Die künftige Entwicklung vor allem der Ruhrindustrie müsse von Einzelfirmen, nicht von einem großen staatlich geführten Konzern für Kohle, Eisen und Stahl bestimmt sein. Seine Regierung habe schon 1931 beschlossen, die Firmen der Fertigwarenproduktion aus dem Stahlverein zu entfernen, da die Generaldirektoren der Konzerne der Wirtschaftskrise hilflos gegenübergestanden hätten. Die Einzelfirmen könnten sich freilich zu regionalen Dachorganisationen zusammenschließen. Er redete nicht einer »rein kapitalistischen Theorie vom freien Unternehmertum« das Wort, sondern setzte sich für eine selbstverwaltete genossenschaftlich organisierte Wirtschaft ein, die »im Gegensatz zur staatlichen Betriebsführung sämtliche Vorteile des freien Unternehmertums« besitze.

Das gemeinwirtschaftliche Prinzip, das er bejahte, sah er verwirklicht in den Kalisyndikaten und beim Rheinisch-Westfälischen Elektrizitätswerk, bei denen die Aktienmehrheit bei den Gemeinden lag, ohne daß er planwirtschaftliche Prinzipien »dogmatisch« ablehnte. Befriedigt vernahm Brüning, daß sich auch Adenauer für gemeinwirtschaftliche Unternehmen einsetzte. Brüning sprach sich vor allem im Interesse der Arbeiterschaft gegen die Sozialisierung der Schlüsselindustrien aus und berief sich dabei auf die Erfahrungen der Inflationszeit. Die Sozialisierung mache die Arbeiter zu Hörigen.⁹⁶⁵

Ausgehend von der Problematik der Sozialisierung setzte sich Brüning in der 45 Seiten umfassenden Denkschrift für Harriman, die er dem Minister am 3. Juli 1947 übersandte, mit der Demontage der deutschen Industrie gemäß den Vereinbarungen von Potsdam auseinander. In der US-Zone waren die Demontagen am 3. Mai 1947 gestoppt worden, was sich allerdings vor allem gegen die Obstruktionspolitik Frankreichs als Hauptreparationsgläubiger richtete.

In beiden Fragen hatten die Amerikaner andere Interessen als ihre europäischen Bündnispartner, von den Sowjets ganz zu schweigen. Das Ende der Demontagen in der Französischen und der Britischen Zone sollte offiziell erst mit dem Inkrafttreten des Deutschlandvertrages im Jahre 1955 erfolgen. Brüning stellte klar, daß die Demontage-Politik mit der Zielsetzung des Marshall-Planes, der im Juni 1947 offiziell angekündigt wurde, unvereinbar war. Der Plan setze nach dem Willen seiner Urheber sowohl das Ende der Demontagen als auch ein Bekenntnis zur Einheit des westlichen Europas voraus. Es sei nichts dagegen einzuwenden, wenn die Fabriken der eigentlichen Rüstungsproduktion, etwa im Flugzeugbau demontiert und Maschinen aus den ehemals besetzten Ländern zurückgeführt würden. Es gebe aber zumindest in der Britischen und der Französischen Zone Demontagen, die keineswegs durch die Vorschriften des Potsdamer Reparationsabkommens über die Senkung des »Industrieniveaus« – nach dem ersten Industrieplan des Alliierten Kontrollrats vom 26. März 1946 – gedeckt seien und damit den von den Besatzungsmächten in ihren Zonen garantierten Lebensstandard gefährdeten. Für Hoover war der Plan gleichbedeutend mit einer praktischen Anwendung der Morgenthauschen Vorstellungen. Diese Maßnahmen beeinträchtigten die Exportfähigkeit der Industrie und verhinderten, daß Deutschland seine Zahlungsbilanz verbessern könne. Allein der Zuzug von Millionen Flüchtlingen aus dem Osten verlange eine höhere Industriekapazität als früher.

Die USA müßten höhere Mittel zur Versorgung der Bevölkerung aufwenden. Die »künstliche Unterminierung einer stabilen Handels- oder Zahlungsbilanz in Deutschland« werde nach dem Inkrafttreten des Marshall-Planes die westeuropäischen Länder belasten und sie zwingen, sich zu einer Zolleinheit zusammenzuschließen. Dies sei nur zu erreichen, wenn dort ein einheitliches Währungssystem eingeführt werde. Wenn die Haushalte dieser Länder nicht stabilisiert würden, bestehe die Gefahr, daß die Marshall-Plan-Anleihe dazu verwendet werde, diese notwendigen Angleichungen zu finanzieren, einen künstlichen Wettbewerb zwischen den Ländern auszulösen und so eine Überproduktion anzuregen. Das ganze Projekt könne nur erfolgreich sein, wenn man nicht übersehe, daß Deutschland als »aktiver Abnehmermarkt« für die westlichen Staaten unverzichtbar sei. Damit bekannte er sich zu den Zielen des Marshall-Plans, der insgesamt die westeuropäische Nachkriegswirtschaft gleichsam auf »Wachstumskurs« (K. Lange) bringen sollte.⁹⁶⁶

Brüning überschätzte den Umfang der Demontagen und der geleisteten Reparationen, die, wie sich später zeigte, in den Westzonen höchstens 5 Prozent der gesamten Industriekapazität ausmachten.⁹⁶⁷ Seine Analyse zog jedoch die Konsequenzen aus dem neuen Kurs der amerikanischen Europapolitik und wurde bald durch die Entwicklung der nächsten Monate bestätigt. Schon im Sommer wurden die Bestimmungen über das sogenannte Industrieniveau in der Amerikanischen und der Britischen Zone auf 60 Prozent der Produktionshöhe von 1944 und 90 bis 95 Prozent der von 1936 heraufgesetzt. Es dauerte allerdings noch einige Monate, bis diese Ziffern wirklich erreicht wurden. Im Frühjahr 1948 lagen sie erst bei 50 Prozent der Produktion von 1936. Harriman empfahl Präsident Truman am 12. August dringend größere Hilfslieferungen nach Deutschland.

Ohne eine amerikanische Wirtschaftsförderung für Deutschland war nach seiner Ansicht der Marshall-Plan in Europa zum Scheitern verurteilt: »Wir werden eine Krise nach der anderen erleben, wenn nicht sofort Schritte unternommen werden, um den Abwärtstrend umzukehren. Wir können eine sich selbst tragende westeuropäische Wirtschaft nicht ankurbeln ohne ein gesundes Deutschland, das seine Rolle als Produktions- und Konsumfaktor spielt.« Bruce Hopper schickte am selben Tage eine Reihe weiterer Stellungnahmen zur Reparations- und zur Entnazifizierungsfrage an Harriman und forderte ebenso wie Hoover, die Vereinigten Staaten sollten den Kriegszustand mit Deutschland einseitig beenden. Harriman vertrat später die USA bei der Economic Cooperation Administration in Europe.[968]

Der Plan veränderte seit dem Frühjahr 1948 die politische Atmosphäre in Europa und in Deutschland nachhaltig. Dennoch zweifelte Brüning noch lange daran, daß dessen Ziel erreicht würde, da er ebenso wie maßgebende Politiker in Washington die Widerstände in Paris und London als beträchtlich einschätzte. Die Westeuropäer seien nicht damit einverstanden, daß Deutschland ohne Diskriminierung in die amerikanische Wirtschaftsförderung einbezogen würde. Die französische Initiative für eine westeuropäische Union hielt er für fragwürdig. Der Begriff einer »Union« Frankreichs mit Deutschland bedeute in der Tradition des Quai d'Orsay eine Beherrschung des Landes, was auch die Ansicht der New York Times sei. Die Idee, Frankreich zu einer führenden politischen und ökonomischen Macht in Europa zu machen, war jedoch, wenn sie je in Washington ernsthaft erwogen wurde, dort inzwischen stillschweigend wieder aufgegeben worden.

Die Alternative, Deutschland oder wenigstens den drei westlichen Besatzungszonen diese Rolle zuzuweisen, sollte sich erst in den folgenden Jahren ergeben. Nach Brüning fiel es auch weitblickenden Menschen in den Vereinigten Staaten schwer, die Tatsache öffentlich auszusprechen, daß Deutschland das einzige wirkliche Bollwerk gegen Rußland sein könne. Sie würden gesteinigt, wenn sie es täten. Diese Erkenntnis werde sich aber auch in Frankreich, selbst in der Umgebung de Gaulles, allmählich durchsetzen.[969]

Vorsichtige Versuche der Amerikaner, Frankreich für ihre Integrationspläne in Europa zu gewinnen, verfolgte Brüning gleichermaßen mit Interesse und Skepsis. Als sich Thomas Dewey, der Gouverneur des Staates New York, und der UN-Delegierte John Foster Dulles, 1919 zusammen mit seinem jüngeren Bruder Allen Mitglied der amerikanischen Friedensdelegation in Versailles, öffentlich für eine »Internationalisierung« der Ruhr einsetzten, sah er darin ein Zeichen, daß die Morgenthauschen Grundsätze in den USA immer noch lebendig waren. Diese Pläne kamen vor allem den Wünschen Frankreichs entgegen, das das Ruhrgebiet wirtschaftlich vom übrigen Deutschland abtrennen wollte. Die beiden Amerikaner ermunterten Belgien und Holland, ähnliche Forderungen wie Frankreich zu stellen. Dagegen erhielt Brüning Nachrichten aus Berlin, nach denen die Sowjets zumindest propagandistisch die gesamtdeutsche Karte gegen alle Pläne auszuspielen gedachten, die Westzonen in einen europäischen Staatenverbund einzubeziehen und dadurch Deutschland endgültig zu teilen.[970]

Das Krisenjahr 1948

Im März 1948 vermutete Brüning, daß sich die Weltpolitik an einem kritischen Punkt befand. Durch einen unerwarteten Zwischenfall könne das Pulverfaß ebenso explodieren wie im November 1938. Die Niederlage Deutschlands im Zweiten Weltkrieg habe den Russen den Weg bis zu den Pyrenäen frei gemacht – eine Aussage, der indirekt ein Urteil über die geringe Stärke Frankreichs zu entnehmen war.[971] Führende amerikanische Militärs wie General Clay schätzten die Lage als ähnlich gefährlich ein. Clay telegrafierte am 5. März nach Washington, daß ein Krieg plötzlich ausbrechen könne.[972]

Brüning selbst vermerkte Ende 1949, Clay habe in geschlossenen Versammlungen erklärt, daß nur die Deutschen in der Lage seien, die russische Flut aufzuhalten.[973] Angeblich hatte Clay um die Jahreswende 1946/1947 die Deutschen als das wahrscheinlich einzige Volk in Europa bezeichnet, auf das sich die USA im Ernstfall verlassen könnten – eine Bemerkung, die ihm gelegentlich als Verrat an der Anti-Hitler-Koalition ausgelegt wurde.[974] Ähnliches hatte Brüning schon Ende 1946 aus militärischen Kreisen gehört. Er riet von derartigen Bündnisplänen ab, solange sich die USA nicht definitiv entschlossen hätten, Maßnahmen gegen die sowjetischen Expansionspläne zu treffen. Es habe keinen Sinn, ein deutsches Heer aufzubauen, erklärte er, wenn nicht klar sei, wofür es eingesetzt werden solle. Nachdem sich herausstellte, daß nicht die Elbe-, sondern die Rheinlinie verteidigt werden sollte, hegte er noch größere Zweifel, ob ein eigenes Heer in einem modernen Krieg für Deutschland von Nutzen oder von Schaden sei.[975]

Brüning gab sich nicht mit bloßen Lageanalysen zufrieden. Seine Idee, ein Kabinett von deutschen Staatssekretären mit Politikern oder höheren Beamten aus der Weimarer Zeit, die er sich als »stellvertretende Beamtenregierung« für das gesamte Reich vorstellte, zu bilden, hielt er immer noch aufrecht, obwohl der Vorschlag von linken Emigranten kritisiert und inzwischen von den Russen und Franzosen abgelehnt wurde. Ursprünglich hätte, so Brüning, das Projekt nach den Vereinbarungen von Potsdam Sympathien bei den Angelsachsen und auch den Sowjets gehabt. Die angelsächsischen Mächte hätten, behauptete er, unmittelbar nach der Kapitulation im Hinblick auf die deutschen Interessen eine weniger harte Besatzungspolitik machen wollen, als jene, die dann tatsächlich ins Werk gesetzt worden sei. Selbst die Russen hätten zunächst eine einheitliche Regierung bestehen lassen wollen, was jedoch von Frankreich, das ursprünglich nicht an den entscheidenden Verhandlungen der Großmächte teilgenommen hatte, torpediert worden sei. Paris habe schließlich eine »Regierung der Staatssekretäre für das ganze Deutschland« verhindert.[976]

Die Errichtung des bizonalen Wirtschaftsrates, der sich am 25. Juni 1947 in Frankfurt unter dem Vorsitz Erich Köhlers konstituierte, entsprach weitgehend seinen Intentionen. Als Chef sollte Hermann Pünder fungieren, der jedoch das Amt nicht übernehmen wollte, weil er, wie Brüning annahm, seine brieflich übermittelte Anregung mißverstanden hatte. Schon 1945 hatte Brüning geglaubt, daß Pünder auf Grund seiner politischen Erfahrung in der Lage sei, eine Zentralverwaltung in Berlin aufzubauen. Pünders Ernennung zum Mitglied des Exekutivausschusses beziehungsweise zum Oberdirektor begrüßte er, obwohl er es lieber gesehen hätte, wenn sein ehemaliger Staatssekretär Präsident des Obersten Gerichtshofes geworden wäre.[977]

III. DIE RÜCKKEHR NACH DEUTSCHLAND

1. Die Gründung der Bundesrepublik

Besuch in der Britischen Zone

Anfang August 1948 kam Brüning zum ersten Mal seit 14 Jahren wieder nach Deutschland. Er hatte fast drei Monate lang um die Erlaubnis, die Heimat zu besuchen, gekämpft. Die letzten vier Wochen vor der Abreise waren noch mit allerlei Schwierigkeiten und Aufregungen verbunden gewesen, ehe er am 1. Juli endlich über alle Papiere verfügte. Sie hätten ihn, wenn sie einige Tage früher, wie ursprünglich geplant, in seine Hände gelangt wären, zur Abfahrt an Bord der »Queen Elizabeth« von New York aus berechtigt. Sie legte ohne ihn nach Europa ab. So reiste er – zusammen mit Rektor Mommersteeg – am 6. Juli auf einem holländischen Dampfer nach Europa, zunächst nach England, von dort nach Holland, ehe er bei Heerlen die Grenze nach Deutschland passierte. Die Umstände seiner Abreise ließen darauf schließen, daß verschiedene Behörden in den USA, in England und in den Niederlanden einen Besuch des prominenten deutschen Politikers zu verzögern oder gar zu verhindern suchten. Ursprünglich hatte er geplant, von Mitte Juni bis Anfang Juli nach Deutschland zu fahren. Resigniert hatte er die Fahrt noch im Juni absagen wollen, wenn die Erlaubnis nicht erteilt worden wäre. Er hätte dann den Sommer auf dem Lande verbracht. Auch ein finanzieller Grund sprach gegen eine Verschiebung der Reise: Wenn er sich schließlich nur drei statt, wie beabsichtigt vier Wochen in der Heimat aufhalten konnte, wäre ihm die Schiffspassage von 1.000 Dollar für seine Verhältnisse zu teuer gekommen.[1]

Brüning erhielt schließlich die Genehmigungen des Außen-, des Kriegs- und des Justizministeriums, um seine kranke Schwester in Münster zu besuchen, nachdem mehrere Freunde, darunter Bruce Hopper, aber auch Siegfried Thannhauser und Treviranus, zu seinen Gunsten interveniert hatten. Der Arzt Thannhauser verwies darauf, daß Maria Brüning nach den ihm vorliegenden medizinischen Unterlagen im nächsten Jahr möglicherweise nicht mehr am Leben sein werde. Treviranus erreichte schließlich den Durchbruch innerhalb weniger Tage, nachdem er mehrere Senatoren für die Sache gewonnen hatte. Die Genehmigung war bis 31. August befristet.[2]

In England nahm er Quartier bei den Andersons in Old Surrey Hall, die er seit 1939 nicht mehr gesehen hatte. Er hatte das Gefühl, nicht lange von England abwesend gewesen zu sein, wunderte sich jedoch über den langsameren europäischen Lebensrhythmus, sogar über das »Dorftempo« in London. Die Andersons hatten von Lord Perth, dem Schwiegervater Ians, erfahren, daß das Foreign Office Brüning überreden wollte, doch nicht nach Deutschland zu fahren, sondern seine Schwester nach England kommen zu lassen. Sie verschwiegen ihm dies jedoch, um ihn nicht aufzuregen. Als ihn der parlamentarische Staatssekretär William Henderson kommen ließ, um ihm die Bedenken der Regierung mitzuteilen, ließ er sich nicht umstimmen. Er bestand darauf, daß sein Besuch privat sei und erklärte sich lediglich bereit, seine Reise abzukürzen, wenn es irgendwo zu »Demonstrationen« kommen sollte. Er werde in Deutschland auf öffentliche Erklärungen und auf die Teilnahme an politischen Versammlungen verzichten. Damit unterwarf er sich noch einmal dem indirekten Verbot, sich politisch in der Öffentlichkeit zu äußern.[3]

Während seines Aufenthalts in London begegnete er mehreren bekannten Persönlichkeiten. Der amerikanische Botschafter, Lewis Douglas, lud ihn am 28. Juli zum Essen ein. Douglas erinnerte während der Unterhaltung an ein langes Gespräch, das er 1926 mit ihm im Londoner Plaza Hotel geführt hatte. Im Frühjahr 1948 hatte er die amerikanische Verhandlungsdelegation auf der Londoner Sechs-Mächte-Konferenz geleitet, was ebenfalls zur Sprache gekommen sein dürfte. Am Tag darauf speiste Brüning mit Lord John Jacob Waldorf Astor und Robert Brand vom Institute of Foreign Affairs, die sich telegrafisch bei ihm gemeldet hatten, nachdem sie von seiner Ankunft aus der Times erfahren hatten. Am Abend desselben Tages traf er noch einige führende Leute der City zum Dinner. Auch mit dem ehemaligen Staatssekretär im Luftfahrtministerium, Sir Arthur Street kam er zusammen, der 1946 dem Control Office für Deutschland und Österreich angehört hatte. Dieser hatte sich für den Wiederaufbau der Selbstverwaltung, die wirtschaftliche Vereinigung Deutschlands und das Ende der Entnazifizierungen eingesetzt. Während des Gesprächs im Dorchester Hotel erschien auch der Hausherr, der Deputy Lieutenant des County of London, Sir Louis Greig, der daran erinnerte, daß die Anwesenden 1939 am selben Ort mit Außenminister Halifax zusammengetroffen seien. Greig machte Brüning wegen seiner damaligen Kritik an der Appeasement-Politik das Kompliment: »Alles, was Sie vor neun Jahren gesagt haben, war richtig.« Am 23. Juli war auch der konservative Abgeordnete Gerald Palmer bei ihm.[4]

Am Morgen des 31. Juli erhielt Brüning, als er schon in Holland war, aus Old Surrey Hall die Nachricht, er benötige noch eine zusätzliche britische Militärgenehmigung für die Einreise in die Britische Zone. Mit Hilfe eines hohen amerikanischen Offiziers erhielt er dann aber doch am späten Abend eine Erlaubnis für alle Besatzungszonen. Als erneut Schwierigkeiten mit den britischen Behörden drohten, sprach der Amerikaner gegenüber den Engländern ein Machtwort. Sie hätten keine Gewalt gegenüber einem Mann mit ständigem Wohnsitz in den Vereinigten Staaten.[5] Ehe Brüning am 4. August die deutsche Grenze passierte, besuchte er noch Henricus Poels im Krankenhaus der niederländischen Missionsschwestern in Imstenrade bei Heerlen, den er in bedenklichem Zustand antraf und nur zweimal für jeweils fünf Minuten sprechen durfte. Mit den Worten: »Sie können noch viel tun. Verlieren Sie nicht ihren Glauben an die Zukunft«, verabschiedete sich der Priester von Brüning, der unter Tränen das Zimmer verließ. Poels verstarb am 7. September.[6]

Die Behinderungen der Reise waren darauf zurückzuführen, daß die Briten ebenso wie zuvor die Amerikaner ein unkontrollierbares öffentliches Interesse an einem Auftreten Brünings befürchteten. Vermutlich hatten sie sich gegenseitig konsultiert. Rücksichten auf die Sowjets dürften ebenfalls mitgespielt haben, nachdem diese Mitte Juni den Verkehr zwischen den westlichen Besatzungszonen und den Westsektoren Berlins durch die Sowjetzone zunächst massiv behindert und dann ab 24. Juni auf dem Land- und Wasserwege völlig unterbrochen hatten. Damit begann die Blockade West-Berlins. Die Westmächte antworteten zwei Tage später mit der Einrichtung der Luftbrücke, durch die sie West-Berlin fast ein Jahr lang versorgten.

Der Ost-West-Konflikt war ausgebrochen, obwohl beide Seiten bemüht waren, nach außen hin einige wenige Gemeinsamkeiten in der Verwaltung Deutschlands aufrechtzuerhalten. Gleichwohl hatten sie mit der Währungsreform in ihren Zonen, die der Blockade West-Berlins vorangegangen war, getrennte Wege in der Deutschlandpolitik beschritten. Für viele Beobachter, vor allem auf sowjetischer Seite, fiel die Verzögerungstaktik der amerikanischen und der britischen Behörden gegen Brünings Reise weniger ins Gewicht als der Umstand, daß der ehemalige Kanzler in Deutschland erschien, als der Berlin-Konflikt einem Höhepunkt zustrebte. Daß dessen früherer Staatssekretär und Vertrauter, Hermann Pünder, als Oberdirektor der Bizone amtierte, legte den Schluß nahe, daß dieser womöglich gleichsam als Platzhalter für Brüning als künftigen Regierungschef im Westen des Landes vorgesehen war. Das von der SED in Ost-Berlin herausgegebene »Neue Deutschland« veröffentlichte Auszüge des erwähnten Briefes von Brüning an Pünder vom Juni 1947 in einer mehrteiligen Artikelserie, in der Absicht zu zeigen, daß Brüning als Hintermann Pünders, Adenauers und Kaisers zu gelten habe und sogar die Amerikaner über seine wirklichen Absichten zu täuschen suche. Pünder beschränkte sich auf die Auskunft, daß er den Brief nicht kenne, wollte aber dessen Echtheit nicht rundheraus bestreiten.[7]

Brünings Aufenthalt in Deutschland wurde allgemein beachtet, nachdem Pünder ihn Anfang Juni 1948 öffentlich angekündigt hatte.[8] Der erste Eindruck, den er gewann, nachdem er die Grenze passiert hatte, ging von einem kleinen Mädchen aus, »das sein Brüderchen auf dem einen Arm trug und mit der anderen Hand einen Kinderwagen voller Kartoffeln schob.« Die Kleine sei in ihrer Kleidung sauberer gewesen als die Kinder in Holland und sei in einem Tempo marschiert, das er selbst in den USA nicht beobachtet habe. »Als ich den Fahrer bat, ganz langsam an ihr vorbeizufahren, war ihre einzige instinktive Reaktion, das Brüderchen abzusetzen und nachzusehen, ob sein Gesicht auch sauber war. Dann schob sie weiter, in geflickten Kleidern und Schuhen, die aus der Entfernung wie neu aussahen ...«[9]

Nach Brünings Eindruck bewegten sich die Deutschen gleichsam um 50 Prozent rascher auf der Straße als ihre Nachbarn im Westen. Eine ungeheure Energie liege in den Bewegungen und in den Gesichtern kleiner zehnjähriger Jungen. Selbst die älteren Leute gingen, als liefen sie den Bomben davon.[10] Die Menschen seien überall emsig damit beschäftigt, ihren Lebensunterhalt zu sichern. Im Ruhrgebiet, das er zuletzt 1933 im Wahlkampf besucht hatte, empfand er die Landschaft als erstaunlich grün: »Jedes Stückchen Land bis zu den Grubeneingängen ist bestellt, und überall sind Baumgruppen verstreut. Viele Bergleute können sich selbst etwas ziehen und halten eine Kuh oder zwei Schweine. Überall in Deutschland gibt es Schafe, und die Frauen verspinnen die Wolle.« Die ganze Bevölkerung von den Zehnjährigen aufwärts sei voller Unternehmungsgeist. Ihr Erfindungsreichtum sei sagenhaft.[11]

Informationsreisen

Insgesamt hielt sich Brüning 24 Tage in Deutschland auf. In Münster empfingen ihn am 4. August gegen 19 Uhr seine Schwester, seine Patentochter Herta Vollmar und deren Schwester Karla Sveistrup. In der Presse wurde der Besuch ausdrücklich als privat bezeichnet. »Der Spiegel« wußte zu berichten, daß dies aus Rücksicht auf die Amerikaner geschehe, deren Zone Brüning aber nicht besuchen werde. Er werde nicht mit Ministerpräsident Arnold, wahrscheinlich aber mit Adenauer und Pünder zusammentreffen.

Sein Quartier bezog er in der Wohnung seiner Schwester am Kaiser-Wilhelm-Ring 15, im Haus des evangelischen Propstes Gottlieb Funcke. Gleich nach seiner Ankunft setzte ein Besucherstrom ein. Auch zahlreiche Anrufer meldeten sich bei ihm. Zu den ersten Besuchern gehörten Hermann Joseph Schmitt und Franz Thedieck, die bereits am Ankunftstag erschienen. Schmitt, ehemals Generalsekretär des Verbandes der katholischen Arbeitervereine Ostdeutschlands, war 1933 noch für das Zentrum in den Reichstag gewählt worden. Thedieck war 1932 der Beauftragte der Reichsregierung für die Propaganda zugunsten Hindenburgs gewesen.

Während seines Aufenthaltes wollte Brüning ein möglichst vollständiges Bild von der Lage in Deutschland gewinnen. Er wurde nicht müde, Gespräche zu führen und möglichst viele Freunde aus seiner Kanzlerzeit zu treffen. Er wollte zunächst ins Sauerland, dann nach Köln, Bonn und Godesberg fahren, schließlich in umgekehrter Richtung über Bethel und Oldenburg wieder nach Münster zurückkommen. Allerdings war er sich bei seiner Ankunft noch nicht völlig klar über die Route und dürfte sein Besuchsprogramm wiederholt kurzfristig geändert haben. Mehrere Bekannte, die er besuchen wollte, traf er nicht an.

Wir wissen nicht, ob er alle Reiseziele erreichte, da er auf verschiedene Fahrer und Wagen angewiesen war. Sein Bericht vom 5. September für Claire Nix, in Old Surrey Hall geschrieben, läßt die einzelnen Fahrtrouten und die Termine, die er in West- und Norddeutschland wahrnahm, nicht immer genau ermitteln.[12] Aus der zeitgenössischen Presse läßt sich ein ungefähres Bild von den Stationen seines Deutschland-Besuches gewinnen. Am 6. August fuhr er zusammen mit seiner Schwester ins Sauerland, um den früheren Finanzminister Hermann Dietrich, seinen Jugendfreund Fritz König und dessen Frau, das mit den Brünings befreundete Ehepaar Praetorius, Charlotte v. Richthofen, sowie Irmgard v. Willisen in Warstein zu treffen, wo er einige Tage zubrachte. Die Frau des ehemaligen volkskonservativen Reichstagsabgeordneten Moritz Klönne hatte dafür gesorgt, daß er dort ungestört in einer Waldhütte mit verschiedenen Besuchern sprechen konnte, während sich seine Schwester im Hause von Frau Klönne von den Anstrengungen der letzten Tage erholte.

In der Waldhütte im Sauerland hatte er ein längeres Interview mit Franz Josef Schöningh, dem Herausgeber des Hochland und der Süddeutschen Zeitung. Ihm gegenüber, den er zuletzt 1938 in London gesehen hatte, eröffnete er seine Sicht der gegenwärtigen Weltlage. Die Deutschen dürften über den Verbrechen des Dritten Reiches nicht die 1000 Jahre ihrer Geschichte vergessen. Damit griff er einzelne Gedanken seines Briefes an Rudolf Pechel vom Vorjahr auf. »Ein Volk verliert sein Gleichgewicht und wird sich in Radikalismen zerfleischen, wenn es den Mutterboden seiner geschichtlichen Überlieferung verläßt und sich seinen Staat nach der reinen Theorie zu konstruieren versucht.« Die Deutschen sollten dort historisch anknüpfen, wo sie einstmals beispielhaft gewesen seien, in ihrer Rechtstradition. Deutschland sei vor Hitler ein Rechtsstaat gewesen. Die deutsche Rechtsgeschichte brauche sich nicht vor der Welt zu verbergen. Man habe in der Vergangenheit gelegentlich selbst Nachteile in Kauf genommen, wenn prinzipielle Fragen berührt worden seien, beispielsweise in der Kolonialpolitik. Rechtsbrüche und Unmenschlichkeiten seien seinerzeit in aller Offenheit erörtert worden.

Brüning stellte dies nicht ohne Kritik an typischen Eigenschaften seiner Landsleute fest. Sie hätten keinen Sinn für Maß und Mitte. Dadurch gerieten sie im Gegensatz zu den Engländern leicht in Gefahr, der Politik »alle moralischen Maßstäbe zu entziehen und dem reinen Machiavelli zu verfallen, weil man sie zuvor allzu moralisch bewertet hatte.« Jetzt neigten die Deutschen dazu, ihr eigentliches Wesen zu verneinen und mit ihrer Geschichte zu brechen. Es liege ihm fern, sie von der Verantwortung für die jüngste Vergangenheit freizusprechen. Doch dürften sie nicht nur jene Tendenzen sehen, die zum Nationalsozialismus geführt hätten. Selbstkritik sei berechtigt, sie dürfe jedoch nicht maßlos sein. Die Probleme der deutschen Politik waren nach seiner Ansicht nicht zuletzt durch die geographische Lage des Landes in der Mitte Europas bedingt. Auf Hindenburg anspielend meinte er, auch andere Staaten hätten gelegentlich »unzulängliche Generale« zum Präsidenten gewählt, ohne daß dies zu einer Katastrophe geführt habe. Der Verfall von Sitte und Moral in den letzten Jahren sei im übrigen nicht auf Deutschland beschränkt. Er wolle daher die Situation in Deutschland nicht isoliert betrachten. Brüning sprach von einer »moralischen Vereisung«, man lebe fast in einem »Zeitalter Diokletians«. Nach Schöningh überging Brüning »Parteifragen mit leiser Ironie« und betrachtete die aktuelle Lage der Welt mit »fast beklemmender Kühle« aus großer historischer Distanz. Voraussagen der künftigen Entwicklungen lehnte er ab.[13]

In Warstein traf er auch seinen Vetter Clemens Baeumker, der erzählte, wie er bei Kriegsende der russischen Gefangenschaft entgangen war. Das Ehepaar Richthofen berichtete ihm, daß es nach der Währungsreform seinen letzten Besitz verloren habe. Sein früherer Fraktionskollege Wilhelm Fonk schilderte seine Erlebnisse im sowjetischen Kriegsgefangenenlager. Er war frühzeitig entlassen worden, da er während des Krieges die Beförderung zum Offizier abgelehnt hatte.[14]

Der ehemalige Kanzler des Deutschen Reiches machte zwar einen privaten Besuch in der Britischen Besatzungszone, doch konnte die Stadt Münster seine Anwesenheit nicht ignorieren. Der Stadtrat gab am 13. August zu seinen Ehren ein Essen und lud ihn zu einer Sondersitzung ein. Bei dieser Gelegenheit nahm er die Ehrenbürgerschaft, die ihm schon am 12. Juni 1932 verliehen worden war, nachträglich an und trug sich in das Goldene Buch ein. Die Veranstaltung war nicht öffentlich – auf Wunsch des Stadtrates und auch des prominenten Gastes, wie der englische Brigadier Campbell gegenüber der Presse betonte. Für die Ehrung bedankte sich der Geehrte, indem er der Stadt ein Porträt schenkte, das der Berliner Maler Eugen Spiro vor Jahren in den USA geschaffen hatte.

Gegen Mitternacht führten ihn Oberbürgermeister Franz Rediger und der Oberstadtdirektor Karl Zuhorn durch die zerstörte Altstadt. Bei seiner Ankunft hatte er den Anblick des beschädigten Domes und des zerstörten Prinzipalmarktes vermieden. Den Eindruck, den die Ruinen bei ihm erweckten, empfand er »über alle dantische Vorstellung hinaus gräßlich«. Von dem einzigen Haus, das am Domplatz stehen geblieben war, sah er durch Lücken in drei schmale Straßen bis zur Stadtmauer. Alles was dazwischen lag, war zu 92 Prozent durch Luftangriffe zerstört worden. Dort gab es bei Kriegsende etwa 70.800 Kubikmeter Schutt, von dem inzwischen ein Fünftel beseitigt worden war.[15]

Fonk brachte Brüning mit dem Wagen nach Köln, wo er mit rund fünfzig Mitgliedern der katholischen Arbeitervereine und der ehemaligen Christlichen Gewerkschaften zusammenkam. Dort hielt er sich einige Tage auf. Es waren die Tage nach der Siebenhundertjahrfeier der Grundsteinlegung des Domes.[16] Nur mit Mühe fand er das Kolpinghaus in der Breite Straße. Um jemanden nach dem Weg zu fragen, müsse man den Namen der nächstliegenden Kirche angeben, hörte er. Er traf auch Pünder, den neuen Oberdirektor des Vereinigten Wirtschaftsgebietes, der noch vor kurzem Oberbürgermeister von Köln gewesen und eigens aus Frankfurt gekommen war, um ihn zu sprechen. Mit ihm unterhielt er sich längere Zeit und unternahm auch mehrere gemeinsame Fahrten. Pünders Fahrer brachte ihn zu dem dreiundneunzigjährigen Johannes Rings, dem ehemaligen Fraktionsvorsitzenden des Zentrums im Kölner Stadtrat und zu der Witwe des Widerstandskämpfers Nikolaus Groß.

Die vielen Begegnungen und der Gedankenaustausch mit alten Freunden hatten ihm wohlgetan, trotz einiger Herzbeschwerden, die ihn in Köln zwangen, eine Erholungspause einzulegen. Einige alte Funktionäre der Christlichen Gewerkschaften konnte er dort nur für einige Minuten in seinem Krankenzimmer empfangen.

Begegnungen mit Konrad Adenauer und Jakob Kaiser

Eingehend unterhielt er sich am Vormittag des 18. August mit Adenauer, inzwischen CDU-Vorsitzender in der Britischen Zone, der ihn am 9. August um eine Gelegenheit zu einem »ruhigen Gedankenaustausch« gebeten hatte, und Jakob Kaiser. Adenauer sah er in Köln, Kaiser traf er wahrscheinlich im ehemaligen Haus der Christlichen Gewerkschaften in Königswinter. Beiden hatte er im Vorjahr über Pünder vertraulich seine politischen Vorstellungen mitgeteilt. Nach seinem Eindruck waren beide »sehr gewachsen«. Kaiser war für Brüning der einzige unter den führenden demokratischen Politikern, der sich der Tragweite der bereits bestehenden Teilung Deutschlands bewußt gewesen sei. Adenauers Position beurteilte er anders. Brüning bemerkte, daß sich Adenauer sehr einsam fühlte. Der Tod seiner zweiten Frau Gussie im März 1947 bedeute für ihn, sagte Adenauer, eine »Amputation«. Er habe »eigentlich keine Wurzel mehr in dieser Welt«. In diesem Punkt verstanden sich die beiden so unterschiedlichen Politiker bei allen sonstigen Gegensätzen und Spannungen.

Adenauer wollte unter anderem herausfinden, ob Brüning beabsichtigte, in die deutsche Politik zurückzukehren, und gab sich erst zufrieden, als dieser ihn in dieser Hinsicht beruhigt hatte. Leider sind nur wenige Einzelheiten des Gesprächs bekannt, die auf Brüning zurückgehen. Adenauer habe ihn schon zu Beginn gefragt: »Sie werden doch nicht in Deutschland bleiben wollen?« Die zweite Frage sei gewesen: »Werden die Amerikaner in Deutschland bleiben?« Brüning habe geantwortet, die Frage sei nicht »werden«, sondern »müssen«. Zwei Jahre später verlautete offiziös aus Bonn, man habe in erster Linie weltanschauliche Fragen erörtert, Brüning habe sich nicht zur innenpolitischen Lage geäußert, weil er sie noch nicht genügend gekannt habe.

Nach dem Gespräch mit Adenauer meinte er, daß dieser gegenüber der französischen Politik allzu naiv sei. Brüning warnte Adenauer, zuviel Hoffnung auf ein Einlenken der Franzosen in der Deutschlandpolitik zu setzen. Der neue Außenminister Robert Schuman sei nicht der Quai d'Orsay, betonte er, ohne die dort sich vollziehende Kursänderung wahrhaben zu wollen. Andererseits traute er Adenauer zu, daß er auf seine alte Taktik aus der Oberbürgermeisterzeit zurückgreifen und Briten und Franzosen gegeneinander ausspielen würde. Adenauer hatte die Londoner Empfehlungen, auf denen die Frankfurter Dokumente beruhten, gegenüber einem niederländischen Journalisten als Katastrophe bezeichnet. Im Vergleich dazu sei der Versailler Vertrag ein »Rosenstrauß«.

Diese Ansicht teilten die meisten westdeutschen Politiker. Adenauers Hoffnungen auf Schuman schienen indessen begründet, hatte dieser doch als ehemaliger Ministerpräsident, der seit dem 27. Juli als Außenminister dem Kabinett André Marie angehörte, wenige Tage zuvor, am 11. August, im Auswärtigen Ausschuß der Pariser Nationalversammlung erklärt, es gehe nicht darum, Deutschland in verschiedene Staaten aufzuteilen. »Es handelt sich darum, die Einheit Deutschlands zu bewahren, aber ohne diese Zentralisierung, die von einer Einheit Deutschlands zu unterscheiden ist.«

Unter seiner Ministerpräsidentschaft hatte Frankreich die Empfehlungen der Londoner Sechs-Mächte-Konferenz vom 2. Juni akzeptiert, die die Errichtung eines westdeutschen Bundesstaates vorsahen. Auf der Konferenz hatte Frankreich seine bisherige Forderung, das Ruhrgebiet zu internationalisieren, aufgegeben. Am 1. Juli hatten die alliierten Militärgouverneure den westdeutschen Ministerpräsidenten die sogenannten Frankfurter Dokumente überreicht. Schuman galt als der Exponent eines neuen Kurses in der französischen Außenpolitik. Er vertrat ihn gegenüber der französischen Öffentlichkeit mit dem paradoxen Argument, Frankreich habe bisher überhaupt keine eigenständige Deutschlandpolitik betrieben, sondern sich lediglich im Schlepptau der Vereinigten Staaten bewegt.

Wiedersehen mit Freunden und Bekannten

Dem Gespräch Brünings mit Adenauer am 18. August folgte ein kleiner Empfang der Stadtverwaltung im provisorischen Kölner Rathaus, dem Gebäude der Allianz-Versicherung am Kaiser-Wilhelm-Ring, mit anschließendem Essen, bei dem Oberbürgermeister Ernst Schwering und die beiden früheren Christlichen Gewerkschafter Jakob Kaiser und Johannes Albers zugegen waren. Der päpstliche Legat zum Dombaufest, Kardinal Clemente Micara, machte in diesen Tagen bei Brüning – ebenso wie bei Ministerpräsident Arnold in Düsseldorf – einen allgemein beachteten Höflichkeitsbesuch.

Im Hause Pünder, Alteburger Straße 404 im Kölner Stadtteil Marienburg, sah Brüning am 19. August auf einer Abendgesellschaft Helene Weber, die ihn zwei Tage später noch einmal in Münster besuchte, Christine Teusch und Anna Hermes, die Frau des ehemaligen Landwirtschafts- und Finanzministers, Nelly Planck, die Witwe des ermordeten früheren Staatssekretärs in der Reichskanzlei, den früheren Landtagsabgeordneten Josef Baumhoff aus Hagen, ferner Gertrud Ehrle, die Vorsitzende des Katholischen Frauenbundes, und den ehemaligen Reichstagsabgeordneten Rudolf Schetter. Die Einladung ging auf die Hausherrin Magda Pünder zurück.

Karl Arnold, der Brünings Politik »auf vielen stürmischen Versammlungen« in der Weimarer Zeit vertreten hatte, traf er, vermutlich in Köln, zu einem langen Gespräch. Mit Albers hatte er verschiedene Unterhaltungen. Bei diesen Gelegenheiten äußerte er sich über eine günstige politische Entwicklung in Europa. Er verband sie mit einer Kritik an der beabsichtigten Durchführung des Marshall-Planes, der nach der Präsidentenwahl in den USA wirksam werden sollte. In Amerika, behauptete er, setze sich allmählich die Erkenntnis durch, daß gegenwärtig in Deutschland der größte Aufbauwille von allen europäischen Ländern vorhanden sei. Problematisch mutet seine Feststellung an, die Deutschen müßten gegenüber den Besatzungsmächten eine »neutrale Haltung« einnehmen. Er scheint dies nicht näher ausgeführt zu haben. Um so deutlicher äußerte er sich zum Neuaufbau des Parteiwesens. Um der gegenwärtigen Parteienverdrossenheit abzuhelfen, sei es nötig, das ideologische Profil der Parteien klar herauszustellen. Entschieden plädierte er für eine neue interkonfessionelle christliche Partei. In diesem Sinne hatte er sich schon im November 1945 gegenüber Maier-Hultschin ausgesprochen. Das neue Zentrum sei nicht die Lösung des Problems. Auch zu den Ostgebieten und zum gegenwärtigen Berlin-Konflikt äußerte er sich. Beide Probleme ließen sich nur durch eine kluge und abwartende Haltung lösen.[17]

Brüning wurde von mehreren Bekannten kreuz und quer durch das Rheinland und durch Westfalen gefahren. Von Köln aus fuhr er zusammen mit dem angesehenen Sozialwissenschaftler und Mitglied des Jesuitenordens, Pater Oswald von Nell-Breuning, nach Bad Godesberg, um den bejahrten Vorsitzenden der Rheinischen Zentrumspartei, Hugo Mönnig, aufzusuchen. Mit Nell-Breuning unterhielt er sich fünf Stunden lang über die ökumenischen Gespräche zwischen Katholiken und Protestanten. Dieser behauptete, auch Pius XII. befürworte die Kontakte. Das jüngste Verbot für Katholiken, an ökumenischen Gottesdiensten teilzunehmen, richte sich lediglich gegen Übertreibungen in Holland und Frankreich. Auch über wirtschaftliche Fragen unterhielt man sich und verständigte sich über gemischtwirtschaftliche Unternehmensformen in der Montanindustrie. Die Frage war am 6. August im Düsseldorfer Landtag durch die Sozialisierung des Bergbaus entschieden worden. Freilich blieb die Zustimmung der Alliierten aus.[18] Brüning empfahl auch später noch das genossenschaftliche Prinzip, das sich vor 1933 in der Kaliindustrie und Elektrizitätswirtschaft als die »einzige Form der Zusammenarbeit und Kontrolle auch seitens der Arbeitnehmer, die dem Deutschen liegt«, bewährt habe.[19]

In Godesberg verbrachte er mehrere Stunden mit dem Philosophen Alois Dempf, den er aus seiner Jugend kannte. Beide hatten zu Pfingsten 1914 an einem Treffen von Schülern des Würzburger Theologen Herman Schell teilgenommen. Zu Neujahr 1933 hatten sie einen gemeinsamen Ski-Urlaub im Schwarzwald verbracht. Mit Dempf, der 1933 auf der berühmt gewordenen Laacher Tagung des Katholischen Akademikerverbandes einen Vortrag über die Reichsgedanken gehalten und im Jahr darauf unter einem Pseudonym die Kirchenpolitik der Nationalsozialisten öffentlich einer fundamentalen Kritik unterzogen hatte, war er sich im Urteil über die Haltung der Kurie und eines Teils des deutschen Episkopats nach 1933 einig. Dempf, der von einem Kongreß aus Amsterdam kam, lehrte nun an der Universität Wien.

Der Verleger Otto Rippel brachte Brüning nach Hagen in Westfalen. In Höxter besuchte er seinen ehemaligen Kommandeur Athos v. Schauroth, der seit Oktober 1943 bis Kriegsende General zur besonderen Verwendung beim Oberbefehlshaber Südwest (Heeresgruppe E und F) auf dem Balkan gewesen war. Zusammen mit ihm und Treviranus brachte ihn Gunther Brunstäd, Sohn des evangelischen Theologen Friedrich Brunstäd, nach Paderborn und nach Bad Driburg, um dort den früheren Oberpräsidenten von Westfalen Johannes Gronowski zu besuchen. Dort sah er auch den ehemaligen Justizminister Johannes Bell und dessen Frau.

Zusammen mit Treviranus machte er bei herrlichem Wetter eine Wanderung zur Schaumburg, die sich die beiden 21 Jahre zuvor vorgenommen hatten. Nach einem Besuch in Herford bei Oberbürgermeister Friedrich Holzapfel brachte ihn Pünder über Rietberg, wo er den ehemaligen Obersten Hermann Thoma vom Infanterieregiment Graf Werder traf, wieder nach Münster zurück. Dort erschienen der frühere DVP-Reichstagsabgeordnete Curt Hoff und Ludger Westrick, Vorsitzender der Zentrumspartei in Westfalen vor 1933, der mit einem amerikanischen Flugzeug von Berlin angereist war. Auch Joseph Jahns Tochter Hedwig und Brünings Patenkind Thomas Röhr machten ihre Aufwartung.

Brüning hatte zudem ausführliche Unterredungen mit den Bischöfen Johannes van der Velden (Aachen) und Michael Keller (Münster). Er gewann den Eindruck, daß die katholische Bevölkerung große Erwartungen in die kirchlichen Oberen setzte, während die Politiker geringes Vertrauen genossen. Er traf außerdem den Münsterschen Generalvikar Friedrich Maria Rintelen und den Theologieprofessor Theoderich Kampmann. Letztere waren Schüler seines Freundes Paul Simon. Einen Tag, es war wohl der 23. August, verbrachte er in Bethel, wo er Gottfried v. Dryander, Felix v. Kameke, Günther Gereke, Hans F. Berger, seinen früheren Referenten, und seinen Straßburger Jugendfreund Fritz König sah. Gereke, der frühere Abgeordnete der Christlich-nationalen Landvolkpartei, versuchte Brüning vergeblich dafür zu gewinnen, sich an die Spitze der Adenauer-Gegner in der CDU zu stellen. Gereke sei bei schlechter Gesundheit, vermerkte Brüning, aber »hochintelligent und immer noch ein bißchen zu subtil.«

In Bethel traf er führende Repräsentanten des Protestantismus, mit denen er die Probleme einer Politik erörterte, die auf »christlich-sittlicher Weltanschauung« aufgebaut sein sollte. Er war beeindruckt, daß seine Gesprächspartner diese Fragen tiefer erfaßten als er dies bei seinen Parteifreunden aus dem Zentrum gewohnt war. In Bielefeld hatte er am 22. August einen kurzen Gedankenaustausch mit dem früheren preußischen Innenminister Severing über die politische Lage.[20] In Paderborn führte Brüning am selben Tage zusammen mit Treviranus ein Gespräch mit Erzbischof Lorenz Jaeger über ökumenische Fragen. In Oldenburg sah er den ehemaligen Innenminister August Wegmann, der ihn während des Exils in Amsterdam, Nymwegen und Heerlen besucht hatte.[21]

Clays Einladung

Am Morgen des 25. August besuchten ihn überraschend George Shuster und der Korrespondent der New York Herald Tribune, John Elliott, letzterer in seiner Eigenschaft als Chef des Political Acitivities Branch, in Münster. Beide waren auf Wunsch Clays nach Deutschland gekommen. Shuster sollte anläßlich einer glanzvollen Veranstaltung des amerikanischen Hauptquartiers in der Paulskirche vor geladenen Gästen einen Vortrag über Carl Schurz (1829-1906) halten, der nach der Achtundvierziger Revolution in die USA emigriert war und dort als Politiker und Militär Karriere gemacht hatte. Zwei Jahre später übernahm Shuster im Auftrag des Hohen Kommissars John McCloy die Aufgabe eines Land Commissioner in Bayern (1950-1951). Das Erscheinen der beiden Amerikaner unterstrich die Bedeutung, die Clay dem Aufenthalt Brünings in Deutschland zumaß. Shuster hatte bei seinem Besuch in Frankfurt den Namen Brünings von früheren Bekannten aus seiner Berliner Zeit häufig nennen hören. Elliott und er überbrachten eine herzliche Einladung Clays und bemühten sich, Brüning dazu zu bewegen, einer Begegnung mit Clay zuzustimmen. Elliott fertigte eine Niederschrift über das Gespräch an, in dem Brüning seine politischen Absichten relativ offen darlegen konnte, da ihm die Anwesenden freundlich gesonnen waren. Andererseits war Brüning mißtrauisch gegenüber dem Journalisten Elliott, so daß er gegen seine sonstige Gewohnheit im Umgang mit Amerikanern das Gespräch auf Deutsch führte. Auf die Frage, was er von den Ergebnissen der amerikanischen Versuche halte, Deutschland zu demokratisieren, meinte er, daß die wichtigste Leistung der Militärregierung darin bestanden habe, eine begrenzte Selbstverwaltung wieder aufzubauen. Sie entsprach den Empfehlungen, die er einige Monate zuvor gegeben hatte.

Brüning begrüßte die Absicht Washingtons, einen westdeutschen Staat zu errichten, doch dürfe dessen Verfassung nur vorläufigen Charakter haben. Nach seiner persönlichen Meinung sei es das beste, wenn man mit leichten Modifikationen auf die Bismarcksche Verfassung zurückgreife. Damit könne man der sowjetischen Propaganda den Boden entziehen, die Westmächte wollten Deutschland spalten. Er wollte die föderalistische Struktur des Reiches erhalten wissen, empfahl aber zugleich, die zentralistischen Elemente, die die Urheber der Weimarer Verfassung eingeführt hätten, beizubehalten. Dies zielte auf die unterschiedlichen föderalistischen Ideen der Amerikaner und der Franzosen und ähnelte den Absichten, die die Väter des Grundgesetzes verfolgten. Die Exekutive (Chief Executive) solle nicht unmittelbar durch das Volk, sondern durch das Parlament gewählt werden, der künftige Präsident die Funktion des früheren Monarchen wahrnehmen.

Bei allgemeinen Betrachtungen ließ er es nicht bewenden. Er warnte die Amerikaner, die verbreiteten Ängste in der westdeutschen Bevölkerung vor einem Vormarsch der Russen zu ignorieren, und verwies darauf, daß es unter den Politikern Tendenzen gebe, sich durch Kontakte mit der kommunistischen SED in der Sowjetischen Besatzungszone rückzuversichern. In einer westdeutschen Großstadt, die er nicht nannte, pflege beispielsweise ein Drittel der sozialdemokratischen Mitglieder des Stadtrates derartige geheime Kontakte. Auch Mitglieder der CDU hätten solche Verbindungen. Allenthalben habe er die Frage gehört, ob es Krieg mit Rußland gebe.

Andererseits scheute er sich nicht, die Mängel in der Zusammenarbeit zwischen deutschen und amerikanischen Behörden, etwa in Bayern, anzusprechen. Wichtiger war ihm jedoch, geeignete Politiker zu benennen, die nach seiner Ansicht die Führung des neuen Staates übernehmen sollten. Als Chef einer Zentralregierung empfahl er den bisherigen Ministerpräsidenten von Nordrhein-Westfalen, Karl Arnold, oder den Oberbürgermeister von Düsseldorf, Josef Gockeln. Ein günstiges Urteil fällte er über den bayerischen Ministerpräsidenten Hans Ehard und über Jakob Kaiser, der ebenfalls für das Amt eines Regierungschefs geeignet sei, aber über keine Verwaltungserfahrung verfüge. Von den Sozialdemokraten erwähnte er deren Vorsitzenden, Kurt Schumacher, und den früheren Innenminister Carl Severing. Schumacher sei allerdings allzu »emotional and instable«, um ein zuverlässiger politischer Führer zu sein, Severing sei in der SPD isoliert.[22]

Bei aller Vorliebe für politische Weggefährten aus der Weimarer Zeit, die er wiedergesehen hatte, beobachtete Brüning doch die konkurrierenden politischen Kräfte mißtrauisch. Die Politik der Sozialdemokraten beeindruckte ihn angeblich nicht allzu sehr. Die Kommunisten hätten die Grenze ihres politischen Einflusses erreicht. Sie gingen teilweise in den Untergrund und suchten die Verbindung zu ehemaligen Offizieren. Mit Sorge beobachtete er in Deutschland eine verbreitete Tendenz, von einem neuen Diktator in der Zukunft alles zu erwarten, während die demokratischen Politiker nur über geringes Ansehen verfügten. Nach seiner Ansicht überschätzte man das Interesse des Auslandes an dem deutschen Parteiwesen.[23]

Es entging ihm allerdings nicht, daß die »Führer der CDU«, d. h. einige der Prominenten, die er getroffen hatte, eifersüchtig seine beachtliche Popularität als Exkanzler vermerkten und sogar versuchten, ihn bei den Alliierten herabzusetzen. Clay hingegen lud ihn ein, sein Gast im amerikanischen Hauptquartier in Frankfurt am Main zu sein, falls er sich nicht dazu entschließen könne, nach Berlin zu kommen. Es ist unklar, warum Brüning Clays Einladung nicht annahm. Er lehnte sie mit der Begründung ab, er habe entsprechend seinem Antrag nur eine Besuchserlaubnis für die Britische Zone erhalten. Frankfurt hingegen liege in der Britischen Zone. Er hätte die Einladung, wie erwähnt, dennoch sehr wohl annehmen können, da der Verkehr zwischen der Amerikanischen und der Britischen Zone ohnehin frei war, wenn man davon absieht, daß Clay ihm den Besuch als Gastgeber jederzeit an jedem Ort hätte »erlauben« können. Für Clay war die Angelegenheit nicht wichtig genug, um darauf zurückzukommen, Um so mehr bedauerte Shuster die Absage seines Freundes. Brüning selbst scheint zumindest Bedenken gehabt zu haben, für irgendeinen politischen Zweck, über den er nicht näher informiert war, von dritter Seite »benutzt« zu werden.[24]

Der Prozeß gegen Schacht

Brüning hatte noch andere Gründe, der Einladung des amerikanischen Militärgouverneurs nicht zu folgen. Wenige Tage nach seiner Ankunft, wahrscheinlich während seines Aufenthaltes in Warstein, hatte ihn die amerikanische Militärregierung als Zeugen vor der Berufungskammer im Prozeß gegen Schacht vorladen lassen wollen. Am 11. August hatte der Vorsitzende erklärt, die amerikanische Militärregierung habe vergeblich versucht, Brüning in Münster zu erreichen. Man werde es aber weiter versuchen, bis man ihn gefunden habe. Brüning hatte sich geweigert, vor Gericht zu erscheinen, fand sich aber schließlich bereit, die Vorwürfe gegen Schacht erneut zu prüfen und sich in Münster zur Sache vernehmen zu lassen. Schacht war am 1. Oktober 1946 in Nürnberg freigesprochen, dann aber im Spruchkammerverfahren in Stuttgart im Mai 1947 zu acht Jahren Arbeitslager verurteilt worden.[25]

Brünings Weigerung, nach Nürnberg zu kommen, war ein Risiko, das er bewußt auf sich nahm. Ihm war angeblich zugetragen worden, daß es Leute gebe, die ihn deshalb gern ins Gefängnis gebracht hätten. Dies war verfahrensrechtlich nicht ausgeschlossen. Einer solchen Drohung sei er lange Zeit ausgesetzt gewesen, behauptete er später. Wegen der Briefzensur habe er sich auch in schriftlichen Äußerungen zurückhalten müssen.[26]

Die Amerikaner, vornehmlich General Clay, fürchteten anscheinend, daß das Urteil der Stuttgarter Spruchkammer vom Mai 1947 gegen Schacht wieder aufgehoben wurde. George Messersmith, ehemals Generalkonsul in Berlin, hatte Schacht in Nürnberg vorgeworfen, er habe als Wirtschaftsminister 90 Milliarden RM für die Aufrüstung ausgegeben.[27] Brüning gab in Münster eine Erklärung zur Entlastung Schachts für die Berufungskammer im Ludwigsburger Interniertenlager ab und ergänzte sie mit dem Hinweis, er habe Schacht im Juli 1931 das Amt eines Devisenkommissars angeboten.[28] Schacht wurde am 2. September 1948 in Ludwigsburg endgültig freigesprochen und nahm unverzüglich mit den Beamten des Frankfurter Wirtschaftsrates Verbindung auf, was Brüning mißbilligend zur Kenntnis nahm, aber auf Schachts Charakter zurückführte.[29]

Brüning bedauerte sehr bald, welche günstigen Folgen seine Aussagen für Schacht hatten. Künftig müßten die »vielen wankelmütigen Gestalten« im Interesse des deutschen Volkes »sehr scharf« angefaßt werden, um zu verhindern, daß diese als »einwandfreie Männer« dastünden, während entschiedene Gegner des Nationalsozialismus womöglich noch als Kriegsverbrecher verurteilt würden.[30] Im Dezember 1947 war Brüning durch die Entlastungsgutachten und durch »Zeugnisse für unschuldig Verfolgte« so sehr belastet gewesen, daß er nur noch mit Mühe seinen Lehrverpflichtungen nachkommen konnte. Bis zum Sommer 1949 stellte er über zweihundert Affidavits für verschiedene Persönlichkeiten zur Verfügung. Nach seinen Berechnungen benötigte er vier Monate Arbeitszeit, um die Zeugenaussagen für die politischen Prozesse zu bewältigen. Er müsse Entwürfe der Schreiben machen, die dann von seiner Sekretärin abgeschrieben würden. Danach müsse er beim Notar die Sache beschwören und schließlich nach Boston fahren, um das große Siegel des Staates Massachusetts für die Dokumente zu bekommen.[31]

Nach dem Deutschland-Besuch

Insgesamt wertete Brüning seine Reiseeindrücke positiv. Die Deutschen hätten einen ungeheuren Arbeitswillen. Er nahm »den besten Eindruck von dem Lebenswillen und der Schaffenskraft unseres Volkes« mit.[32] Er beklagte sich jedoch darüber, daß er allein fünf von den vierundzwanzig Tagen seines Aufenthaltes in Deutschland mit Vernehmungen für die sogenannten Kriegsverbrecher-Prozesse und Spruchkammer-Verfahren vertan habe.

Das Echo des Deutschland-Besuches in der Öffentlichkeit war nicht allzu lebhaft. In der Presse blieben die Begegnungen und Gespräche zwar nicht unerwähnt, wurden aber auch nicht groß herausgestellt. Einige wenige Kommentare versuchten die politische Bedeutung der privaten Visite im Rahmen der durch die Zensur gesetzten Bedingungen zu erläutern. In der Hamburger »Zeit« kommentierte Adolf Frisé die Visite Brünings freundlich und leuchtete deren politischen Hintergrund aus. Die Amerikanische Zone, »die Zone seines Gastlandes«, sei dem Besucher versperrt gewesen, um den privaten Charakter zu unterstreichen. Schon ein Jahr zuvor sei die Reise am »Veto« des State Department angesichts der Proteste von jenseits des Eisernen Vorhangs, die unter anderem durch Radio Moskau verbreitet wurden, gescheitert. Der Grund habe in Brünings beständigen Warnungen vor einer »extremistischen Politik in jeglicher Form« und seiner Kritik an den Beschlüssen von Teheran und Jalta gelegen, die man ihm in Moskau verübelt habe. Man befürchte dort, wie anderswo auch, ein politisches *Comeback*.

Frisé bedauerte, daß Brüning nicht schon früher habe kommen können. Nach dem Ausbruch des Ost-West-Konflikts hätten diese Vorbehalte an Gewicht verloren. Es sei die Frage, ob über den Exkanzler, dessen »Unantastbarkeit« unbestritten sei, oder über dem Wiederaufbau des westlichen Deutschland eine »Quarantäne« bestehe. Dies entsprach einer unverhohlenen Empfehlung, Brüning in Zukunft eine führende Aufgabe zu übertragen.

Der Autor beschwor den moralischen Kredit, den Brüning trotz seines Verzichts auf ein »offizielles politisches Hervortreten« in der Emigration gewonnen habe. Er könne diesen Kredit für die »Deutschlandpolitik der Westmächte in die Waagschale« werfen. Leider habe es Brüning nicht verstanden, sich frühzeitig für die Bildung einer Exilregierung einzusetzen, was dem Widerstand gegen Hitler zugute gekommen wäre. Frisé erwähnte auch die Kontakte Brünings zu Präsident Roosevelt Ende 1939 und den Umstand, daß er im Herbst 1944 von Gegnern des Morgenthau-Planes konsultiert worden war. Seither habe er eher Kritik an der amerikanischen Politik geübt als Ratschläge erteilt. Die Beschränkung seiner Bewegungsfreiheit sei vermutlich vor allem auf seine Rolle als unbequemer Mahner zurückzuführen. Mit Recht habe der Washingtoner Korrespondent von »Le Monde« den Aufenthalt Brünings in den USA für Frankreich als »gefährlicher« bezeichnet als seine Anwesenheit in Deutschland. Dies sei darauf zurückzuführen, daß er gelegentlich die Westmächte für den Aufstieg Hitlers verantwortlich gemacht habe.

Die Behauptung, daß diese Kritik für Brünings politisches Gewicht aufschlußreicher als die »seit Jahr und Tag in der Weltpresse kursierenden Gerüchte sei, wonach Brüning, noch aus der Zeit seines politischen Einvernehmens mit Hoover, ein besonderer Vertrauensmann der mutmaßlichen USA-Politiker von morgen sei«, wirkte wenig glaubwürdig. Der Kommentar gipfelte in der verklausulierten Aufforderung an Brüning, endgültig zurückzukommen. »Die entscheidende Frage aber, die der Besuch Brünings aufwirft, ist die der Selbstentscheidung der im Sinne des Westens freien Persönlichkeit. Die Antwort erscheint jenseits jeglichen politischen Plaidoyers für oder gegen Brüning entscheidend genug.«[33]

Dieser war sicher, daß er 1947 ganz anders empfangen worden wäre. Dennoch hatte er die Sympathie genossen, die ihm allenthalben entgegengeschlagen war. Von Deutschland aus reiste er wieder nach England, wo er ebenso wie einige Wochen zuvor in Old Surrey Hall Quartier nahm. Verwundert stellte er fest, daß sich seit dem Aufenthalt in der Heimat seine Stimmung und sein Wohlbefinden gebessert hatten, obwohl er dort wieder einige Tage krankheitshalber das Bett hüten mußte – wahrscheinlich wegen Überanstrengung. Als er mit den Andersons eine Landpartie durch die Downs machte, fühlte er einen Augenblick die Last der letzten zehn Jahre von sich abfallen. In Deutschland war man ohnehin von seiner äußeren Erscheinung angetan gewesen. Auf Franz Josef Schöningh hatte der 61jährige angeblich eher jünger als älter gewirkt. Sein Jugendfreund Abele hatte sein gutes Aussehen nach dessen Besuch in Werl gelobt. Lady Astor meinte, als sie ihn sah, scherzhaft: »Sie und Winston sind die einzigen, denen der Krieg guttut.«[34] Andere Stimmen kamen der Wirklichkeit näher: So meinte George Shuster, Brüning sei seit dem sechzigsten Lebensjahr sehr gealtert.[35] Für Franz Josef Strauß, mit dem er Anfang der fünfziger Jahre einen langen Abend in den »Toggenstuben« in München verbrachte, war Brüning ein »gebrochener Mann«, der mit dem Trauma seines Sturzes und der Machtübernahme Hitlers nicht fertig geworden sei.[36]

Nach seiner Rückkehr aus Deutschland im Sommer 1948 nach England sah Brüning wieder mehrere angesehene Persönlichkeiten des Landes, Journalisten, Gelehrte und Politiker, auch zwei Mitglieder des Kabinetts und einige parlamentarische Staatssekretäre. Offenkundig war die Zeit der »Quarantäne«, der Reisebeschränkung also, für ihn vorbei. Mit Wheeler-Bennett söhnte er sich aus und stimmte mit ihm überein, daß der erste Band von Churchills Memoiren »schlechte Arbeit« sei, ohne zu erwähnen, daß das Buch eine freundliche Würdigung seiner Kanzlerschaft und seiner Haltung in der Abrüstungsfrage enthielt. Sie entsprach im wesentlichen der Version der Umstände seines Rücktritts, die er selbst für zutreffend hielt, und war unter anderem der Hindenburg-Biographie Wheeler-Bennetts verpflichtet. Es mag sein, daß ihn unter anderem die Bemerkung verstimmte, die unpopuläre Regierung Brüning habe nicht die Kraft zu durchgreifenden Maßnahmen aufgebracht.[37]

Die Rückreise in die USA trat er um den 6. September von England aus an. Dort zog er eine Bilanz seiner jüngsten Beobachtungen und Erfahrungen, die er in Deutschland gemacht hatte. Im Hinblick auf die ökonomische Entwicklung war er nach wie vor skeptisch. Ihm waren die Zweifel nicht entgangen, die sich in Deutschland nach einer Phase des Aufschwungs hinsichtlich der Stabilität der D-Mark regten. Die Auswirkungen der Währungsreform, die er als Währungsplan bezeichnete, dienten nach seiner Ansicht dazu, »jede mögliche Konkurrenz zu andern westeuropäischen Ländern auf dem Weltmarkt auszuschalten«. Außerdem bestehe die Gefahr, daß die meisten Großbetriebe in absehbarer Zeit in ausländische Hand gerieten, da Betriebe, die bisher ganz oder teilweise in ausländischem Besitz waren, nicht demontiert würden, selbst wenn sie Rüstungsgüter hergestellt hätten. Sie würden in der neuen Währung im Goldwert von vor 1939 bewertet. Jegliche Abschreibung von deutschem Aktienbesitz gehe dagegen zu Lasten der Aktionäre. Durch die Währungsreform würden Obligationen in deutschem Besitz entwertet, während die Obligationen von Ausländern ihren Wert behielten. Daß die Reform den Durchbruch zum Wirtschaftsaufschwung bedeuten würde, glaubte er nicht.

Mit Sorge hatte er beobachtet, daß die Demontagen in der Britischen Zone weitergingen und augenscheinlich noch ausgeweitet wurden, obwohl sie im Widerspruch zur Strategie des Marshall-Planes standen. Nach seinen Informationen beruhten diese Maßnahmen auf einer detaillierten Kenntnis der deutschen Stahlproduktion. Die Demontagen seien an den lebenswichtigsten Stellen am intensivsten. Ähnliches gelte auch für die Textilindustrie.[38] Ihm war die Tatsache entgangen, daß der Wiederaufbau der deutschen Industrie schon vor dem Tag der Währungsreform am 20. Juni 1948 in vollem Gange gewesen war. Weder der Marshall-Plan noch die Währungsreform hatten im übrigen diese Entwicklung eingeleitet.[39] Brüning hielt den Zeitpunkt für gekommen, diese Bedenken seinen einflußreichen amerikanischen Freunden vorzutragen, da die europäischen Verbündeten angesichts des Konflikts mit der Sowjetunion ihre Deutschlandpolitik der Linie Washingtons anpassen mußten. Er sparte nicht mit Kritik an den Briten und vor allem an den Franzosen.[40]

Die innenpolitische Entwicklung in Deutschland beurteilte er günstiger, obwohl ihn das verbreitete Desinteresse in der Bevölkerung an politischen Fragen enttäuscht hatte. An die Rolle des Ratgebers auf schriftlichem und mündlichem Wege hatte er sich gewöhnt. Schon vor Kriegsende hatte er eine politische Konzeption entwickelt, die er in den folgenden Jahren der jeweiligen politischen Lage anpaßte. Er war sicher, daß sein Rat auch künftig von den verantwortlichen Politikern gesucht werde. Das Bedürfnis vieler ehemaliger Anhänger der Zentrumspartei und der Gewerkschaften, dem früheren Kanzler persönlich zu begegnen, war groß gewesen. Er, der keiner Partei mehr angehörte, hatte ausführliche Gespräche sowohl mit Politikern, die sich der CDU als auch der wieder ins Leben gerufenen Zentrumspartei angeschlossen hatten, geführt. Im Konflikt zwischen den Anhängern von CDU und Zentrum hielt er sich zurück, um eine Verhärtung der Positionen zu vermeiden und eine Verständigung zu fördern. Von Spiecker hatte er gehört, daß er im Kontakt sowohl mit Arnold wie mit Wirth stand. Hamacher und Brockmann, die dem Zentrum angehörten, hatten ihm versprochen, sich bei den nächsten Wahlen im Herbst in der Agitation gegen die CDU zurückzuhalten. Brüning hielt es nach seinen Erfahrungen, die er in Deutschland gemacht hatte, für angezeigt, künftig vor allem auf die politische Entwicklung der CDU Einfluß zu nehmen.

Politische Ratschläge: Empfehlungen für Adenauer

In der Rückschau hatten sich die Befürchtungen auf alliierter Seite, es könne anläßlich seines Deutschland-Besuches zu öffentlichen Demonstrationen kommen, als unbegründet erwiesen. Für den Politiker, der die Öffentlichkeit in den Jahren des Exils zu meiden pflegte, war es nicht schwer gewesen, die Wünsche der westlichen Besatzungsmächte zu erfüllen. Es scheint, daß die Amerikaner und Briten den Verlauf der Reise positiv beurteilten, was nicht zuletzt auf die Entwicklung des Ost-West-Konflikts zurückzuführen sein dürfte. Sie gewannen offenkundig den Eindruck, daß Brüning eine künftige Führungsaufgabe in dem entstehenden westdeutschen Teilstaat übernehmen konnte. Die Kritik der Sowjets an Brüning hatte im Zeichen der Berlin-Blockade im Westen an Bedeutung verloren. Er selbst hatte diese Klimaveränderung registriert, aber die Contenance gewahrt, als er es ablehnte, sich mit Clay in Frankfurt am Main zu treffen.

Ende 1948 analysierte Brüning die politische Lage und die Möglichkeiten des Wiederaufbaus in Deutschland unter dem Eindruck seiner Europareise in einem längeren Brief an Helene Weber.⁴¹ Er teilte der einstigen Fraktionskollegin mit, daß er zunächst beabsichtigt hatte, seine Überlegungen Konrad Adenauer vorzutragen, sich dann aber anders entschieden habe. Sie möge es übernehmen, Adenauer, Kaiser und Prälat Schmitt, Pünder und Wegmann in Kenntnis zu setzen.

Den Wiederaufbau bewährter Verwaltungsstrukturen aus der Zeit vor Hitler hielt er für das Gebot der Stunde. Eine Vereinfachung der früheren Verhältnisse lehnte er nicht grundsätzlich ab, meinte aber, daß die Zwischeninstanzen, Regierungs- und Oberpräsidien, nicht beseitigt werden dürften. Eine Vergrößerung der Regierungsbezirke oder die Zusammenlegung von Regierungs- und Oberpräsidien könne nach den Umständen sinnvoll sein. Im Interesse einer funktionierenden Zentralinstanz und damit einer künftigen gesamtdeutschen Regierung müßten die mittleren Strukturen erhalten bleiben. Er beklagte die gegenwärtige Tendenz bei Stadtoberhäuptern und Landräten, sich »ein eigenes kleines Fürstentum« mit »größtmöglichen Machtbefugnissen« zu schaffen. Als verhängnisvoll empfand er den Konflikt zwischen Bürgermeistern und Stadtdirektoren, die nach englischem Vorbild in der Britischen Zone an der Spitze der Kommunen standen und ihre Arbeit gegenseitig zum Schaden der Gemeinden sabotierten. In ihrer Haltung gegenüber den Besatzungsmächten seien die deutschen Politiker allzu vorsichtig. Man bitte allenthalben die fremden Behörden um Zustimmung »auch in Dingen, die sie nichts angehen«, was die Engländer veranlasse, die Deutschen in ihren Fähigkeiten zu unterschätzen und in ihrer Zone die deutsche Selbstverwaltung noch mehr zu beschränken und an das britische Vorbild zu binden.

Im Hinblick auf den Aufbau der CDU bat er seine frühere Fraktionskollegin Helene Weber, zwischen den Gewerkschaftern und den Vertretern der katholischen Arbeitervereine, gemeint waren vor allem Schmitt, Gockeln und Kaiser, zu vermitteln. Die Differenzen bestanden wahrscheinlich unter anderem darin, daß die ehemaligen Christlichen Gewerkschafter daran Anstoß nahmen, daß Schmitt die Arbeitervereine als kirchliche Organisationen auch in Zukunft unter die Leitung von geistlichen Präsides stellen wollte. Er riet allerdings, Schulungskurse nach dem Muster des einstigen Volksvereins vor allem für katholische und evangelische Gewerkschafter einzurichten.⁴² Geeignete Räume für die Kurse hatte ihm der Aachener Bischof Johannes van der Velden in Kornelimünster zugesagt.

Auch Helene Weber ließ er nicht darüber im unklaren, daß er Letterhaus für jenen Mann gehalten habe, der das »entsetzliche Erbe« des Dritten Reiches hätte übernehmen müssen. Dieser scheint für Brüning alle Charaktereigenschaften in sich vereinigt zu haben, die er von einem überragenden Politiker erwartete: »Ruhige Überlegung verbunden mit schneller Entschlußkraft, wenn nötig; scharfes und klares Urteil über Menschen verbunden mit großer Herzensgüte, einen seltenen politischen Instinkt; die Fähigkeit warten zu können, ohne Bedürfnis zu einer Geschäftigkeit, die zu nichts führt; Mut in Gefahr und voll Selbstbeherrschung in jedem Augenblick trotz des in ihm lodernden Feuers der Leidenschaft für Gerechtigkeit, Sauberkeit und Ordnung in seinem geliebten Vaterlande, abhold aller Intrigen, unfähig, eine selbst zu begehen, erkannte er sie schnell, bevor sie sich auswirken konnten, und wußte sie ruhig und sicher in der ersten Ausführung zu bekämpfen.« Brüning legte Letterhaus alle jene Eigenschaften bei, die seinen politischen Idealen entsprachen. Er beklagte immer wieder, daß viele der Männer des 20. Juli 1944 nicht mehr am Leben waren. Er hätte gewünscht, daß Persönlichkeiten wie Letterhaus, um den er persönlich trauerte, wie er dessen Witwe gestand, beim Wiederaufbau Deutschlands eine große Rolle gespielt hätten.

Nach Letterhaus' Tod habe er an Kaiser und Adenauer als politische Führungspersönlichkeiten gedacht, behauptete er, die ihn »im allgemeinen« nicht enttäuscht hätten. Er verhehlte sich nicht, daß Adenauer ihn beeindruckt hatte. Etwas von oben herab betonte er, daß er den CDU-Vorsitzenden der Britischen Zone sowohl in England wie in den USA, wo er unbeliebt sei, »dauernd verteidigt« habe.

Brüning wußte, daß Helene Weber Adenauer schätzte, so daß er den fast zehn Jahre Älteren nur vorsichtig und indirekt kritisierte. Adenauer sei allen anderen Politikern an sachlichen Kenntnissen, taktischem Geschick, Fleiß und Konzentrationsfähigkeit überlegen, müsse »nur größere Wärme zeigen und ebenso eine größere Bereitwilligkeit, mit den Mitgliedern der Parlamente sowohl wie mit andern sich öfters offen auszusprechen.« Ihm stehe freilich die »alte Oberbürgermeistertaktik« im Wege, doch werde er dies abstellen, wenn man ihm diese Schwäche auf geeignete Weise deutlich mache, was einer Bitte an Helene Weber gleichkam, ihren Einfluß geltend zu machen. Offene Kritik übte er jedoch an Adenauers außenpolitischer Haltung. Er sei allzu sehr auf einen »ausschließlich rheinischen Gesichtspunkt« fixiert und lasse es an Kritik und Skepsis an der Außenpolitik der Alliierten, insbesondere gegenüber Frankreich, fehlen. Adenauer müsse seine Politik unbedingt mit Pünder abstimmen, damit beide zu einer einheitlichen Linie kämen, meinte er, offensichtlich in Kenntnis des Umstandes, daß das beiderseitige Verhältnis getrübt war. Adenauer hielt er neben Kaiser für das stärkste politische Talent der CDU. Da letzterer wegen seines Auftretens in Berlin große Sympathien habe, müsse er vor allem als Führer der Arbeiterschaft hervortreten.

Das Wiedersehen mit Adenauer in Köln gehörte zu den wichtigsten Ereignissen während seines Deutschlandaufenthaltes, obwohl der von Adenauer gewünschte »ruhige Gedankenaustausch« vom 18. August für den Besucher nicht allzu erfreulich verlaufen war. In Köln hatte er das beträchtliche Ansehen des CDU-Vorsitzenden in der Bevölkerung bemerkt. So hörte er von mehreren Seiten, daß Adenauer die einzige Persönlichkeit gewesen sei, die bei der Massenversammlung anläßlich des Domjubiläums in Köln spontan mit überwältigendem Beifall begrüßt worden sei. Andererseits vermerkte er, daß Adenauer – wohl unter den Funktionären der CDU – »nicht sehr beliebt« sei.[43] Trotz mancher Spannungen mit Adenauer in der Weimarer Zeit hatte Brüning den ehemaligen Oberbürgermeister schon 1934 gegenüber Joseph Ruffini, der allerdings mit Adenauer befreundet war, als einen jener Politiker der Zentrumspartei bezeichnet, die sich nach dem Ende des Dritten Reiches nicht allzu früh »verbrauchen« dürften. Man müsse nach dem Zusammenbruch die erste Garnitur zurückhalten.[44]

Nicht auszuschließen ist, daß hinter dieser Fürsorge ein geheimer Vorbehalt steckte, der später wieder zum Vorschein kommen sollte. Immerhin hielt es Brüning für angebracht, sich nicht abfällig über Adenauer zu äußern selbst gegenüber Personen, die zu dessen Kritikern gehörten. Brüning war gerecht genug, den »Fleiß« und das Profil des ehemaligen Oberbürgermeisters hervorzuheben. »Adenauer ist der einzige, der in guter Form, aber mit präzisen Daten den Besatzungsbehörden die Meinung sagt. Er hat den Vorteil, Robert Schuman seit 16 Jahren gut zu kennen, mit dem er auch jüngst zweimal gesprochen hat.«

Schuman hatte im Juli 1932 an einem Kongreß des »Secrétariat International des Partis Démocratiques d'Inspiration Chrétienne« (SIPDIC) in Köln teilgenommen und dort den damaligen Oberbürgermeister kennengelernt. Adenauer und Schuman hatten sich im April 1947 in Bad Kreuznach zu einem freimütigen Gedankenaustausch getroffen und begegneten sich noch einmal am 9./10. Oktober 1948 im Schloß des Barons Friedrich Carl v. Oppenheim (1900-1978) in Bassenheim bei Koblenz. Die Begegnung in Kreuznach war von dem Direktor des Mainzer Gutenberg-Museums, Aloys Ruppel (1882-1977), vermittelt worden, der Schuman aus dem Studentenverband »Unitas« kannte. Die Initiative zu dem Treffen in Bassenheim ging dagegen von Schuman aus. Dort scheint der Außenminister Adenauer die Grundzüge seiner späteren Politik erläutert zu haben. Seither entwickelte sich zwischen den beiden Politikern ein vertrauensvolles persönliches Verhältnis.

Adenauer dürfte sein Urteil über Brüning seit der Weimarer Zeit kaum geändert haben. Wir wissen, wie kritisch er dessen Wirtschafts- und Finanzpolitik beurteilte, während er dessen damalige außenpolitische Konzeption billigte. Wahrscheinlich war er schon damals der Ansicht, daß die Weimarer Republik an der »mangelnden Energie, durch Feigheit, Unfähigkeit und Mittelmäßigkeit der verantwortlichen Männer« zugrunde gegangen sei, wie er 1964 rückblickend bemerkte.[45] Um so günstiger war der Eindruck, den Brüning von Adenauer in Köln gewonnen hatte. Er sei der einzige, der der Größe und den Schwierigkeiten »der deutschen Aufgabe« in den nächsten Jahren gewachsen sein werde.[46]

Brüning wertete sogar die verbreitete Kritik in Parteikreisen an Adenauer als Argument zu dessen Gunsten. Sie richte sich in Wirklichkeit gegen seine Überlegenheit, die nicht allein auf seinen taktischen Fähigkeiten und seiner großen politischen Erfahrung beruhe, sondern vor allem auf »seiner restlosen Hingabe an die Arbeit«. Seinem taktischen Geschick schrieb er auch den Achtungserfolg der CDU bei den letzten Gemeindewahlen in Nordrhein-Westfalen im Oktober 1948 zu. Sie hatte die SPD als stärkste Partei überflügelt.[47]

Helene Weber hatte er seine Sympathien für die CDU gestanden. Auch gegenüber anderen Politikern äußerte er sich in diesem Sinne. Es war die Absage an jegliche Form von katholischem Integralismus, die vor allem jeder praktischen Politik entgegenstehe, so wie er auch die Gründung katholischer Tageszeitungen für verfehlt hielt. Tageszeitungen müßten täglich politisch Stellung nehmen, man bringe die kirchliche Gesinnung dadurch nur in Schwierigkeiten. Bei anderer Gelegenheit verwies er darauf, daß Windthorst nie an die Gründung rein katholischer Tageszeitungen gedacht habe.[48]

Die inzwischen entstandenen CDU-Zeitungen hätten den Vorteil, daß katholische Grundsätze in vorsichtiger Form Andersdenkenden nahegebracht werden könnten. Er dachte vor allem an Familien- und Schulfragen sowie an die soziale Gesetzgebung.[49] Nur so sei es möglich, den konfessionellen Riß innerhalb des deutschen Volkes allmählich zu schließen. Darin stimmte er mit Stegerwald überein, der sich 1945 für eine Neuorientierung des katholischen Vereinswesens ausgesprochen hatte.[50] Freilich meinte er, daß der alte Berufsverband der katholischen Journalisten, der sogenannte Augustinus-Verein wieder aufleben müsse. Das Zentrum hatte nach seiner Ansicht keine Zukunft mehr, doch sei es kein »Unglück«, wenn die Partei vorläufig weiterbestehe. In den Streit der beiden Parteien wollte er nicht hineingezogen werden, was er jedoch nicht völlig vermeiden konnte, da die CDU nicht zögerte, Aussagen Brünings in Umlauf zu bringen, die er im November 1945 und im Januar 1946 in Privatbriefen geäußert hatte.⁵¹

Er war sicher, daß sich ein Platz für die Anhänger des Zentrums in der CDU finden werde. Als letzter Vorsitzender der Partei 1933 wollte er seine politischen Freunde für die CDU gewinnen, nicht zuletzt um dort Fehlentwicklungen zu verhindern, die sich aus dem allzu raschen Aufbau der Partei ergaben. Charakteristisch für die gegenwärtige Situation sei die große Enttäuschung bei jüngeren Leuten etwa aus dem Bund Neu-Deutschland, die sich zunächst begeistert der CDU in Süddeutschland angeschlossen hätten, über das Verhalten einzelner Funktionäre.

Den katholischen Integralismus prangerte er noch nach einer anderen Seite hin an, indem er die politische Haltung der Kurie kritisierte. Im Vatikan wolle man »›große‹ Politik machen und gleichzeitig die Welt religiös und moralisch wandeln.« Es sei verhängnisvoll, daß der Papst »alle acht Tage eine Rundfunkrede« halte und sich »in alle Tagesfragen« einmische.⁵² Eine religiöse und moralische Autorität müsse jede Äußerung im Hinblick auf ihre kurz- und langfristigen Auswirkungen bedenken, wenn man sich nicht in den eigenen Netzen glatter und nichtssagender Formulierungen verstricken wolle. Als Beispiel nannte er einige Stellungnahmen der Kurie gegen die Vertreibung der Deutschen aus den Ostgebieten. Wenige Monate später seien diese mit Billigung des Papstes von den polnischen Bischöfen relativiert worden. »Man will eben mehr scheinen, als die eigenen Fähigkeiten und Zeitumstände es erlauben«, meinte er im Hinblick auf die bisherigen Fehler und Niederlagen der vatikanischen Politik unter Pius XII. vom Reichskonkordat bis zu den »Schmeicheleien« Roosevelts gegenüber dem Papst Ende 1939. »Für den billigen Weihrauch, der der Stellung des Papstes gestreut wird, gibt der Vatikan die größten Chancen und manchmal sogar elementare Grundsätze auf. ... Es ist höchste Zeit, daß die deutschen Bischöfe ein deutliches Wort im Vatikan sprechen.«

So erwünscht ihm ein offenes Wort der Bischöfe in Rom gewesen wäre, so entschieden lehnte er jede Einmischung von dieser Seite in die Parteipolitik ab. Die Bischöfe sollten statt dessen eine klare Haltung in prinzipiellen Fragen zeigen und für eine »praktische Schulungsarbeit« sorgen, die sich dann auch parteipolitisch auswirken könne. Nur eine vertiefte Seelsorge werde »unserem armen Volke«, wie er sich häufig ausdrückte, helfen können. Es sei fatal, daß Bischof Michael Keller von Münster den Arbeitervereinen verbiete, Parteipolitik zu betreiben, und einige Monate später Kardinal Frings seine Zugehörigkeit zur CDU verkünde. Die Bischöfe müßten sich auf eine einheitliche Linie verständigen.⁵³

Gegenüber Helene Weber wagte Brüning nicht, die ökumenische Gesinnung des Papstes zu bezweifeln. Doch gebe es in Rom französische, polnische und andere Intrigen gegen eine Verständigung der Konfessionen. Diese schlügen sich nicht zuletzt in dem zu erwartenden Mariendogma nieder. Sein Inhalt sei zwar »in der Tradition der Kirche anerkannt«, werde aber unter den Protestanten Unmut erregen.⁵⁴

Außenpolitische Zweifel und Bedenken

So entschieden Brünings Ratschläge an seine Gesinnungsgenossen ausfielen, so zurückhaltend und skeptisch war sein Urteil über die außenpolitische Entwicklung.

Sein Mißtrauen gegenüber der unübersichtlichen amerikanischen Politik, dem Konkurrenzneid der Engländer und den Zernierungsplänen General de Gaulles verschloß ihm eine Zeitlang die Erkenntnis, daß der Marshall-Plan früher oder später das Ende der Demontagen in Westdeutschland bewirken würde. Er glaubte zeitweise sogar, daß der Plan auf der Absicht der Alliierten beruhe, eine unnötige wirtschaftliche Überkapazität aufzubauen. Man übersehe im Westen, daß dies zu einer Wirtschaftskrise führen werde, selbst wenn die deutsche Produktionskapazität dann künstlich gedrosselt werde. Franzosen und Engländer wollten nach seiner Ansicht vorerst ihre jeweils eigene Zukunft scheinbar »realistisch« gestalten, obwohl die amerikanischen Militärs schon seit zwei Jahren die »russische Gefahr« erkannt hätten.

Er übersah, daß sich auch in Frankreich seit 1947 jene Stimmen mehrten, die das freie Europa zu einer »dritten Kraft« neben den USA und der Sowjetunion machen wollten und sich deshalb mit den demokratischen Kräften in Deutschland zu verständigen suchten, nicht zuletzt um das Aufkommen eines extremen deutschen Nationalismus und Revanchismus zu verhindern. Ihre Wortführer waren neben den Sozialisten die Vertreter des »Mouvement Républicain Populaire«, vor allem Schuman und Bidault. Brüning kannte Schuman aus der Zeit vor dem Ersten Weltkrieg, zweifelte aber nach wie vor, ob er sich mit einer gemäßigten deutschlandpolitischen Linie innerhalb des Quai d'Orsay durchsetzen könne. Ebensowenig glaubte er an einen endgültigen Kurswechsel des State Department gegenüber den Sowjets. Die amerikanische Politik verkenne immer noch die gegebene politische Lage, während die Sowjets durch eine überlegene Hinhaltetaktik ihre Absichten nach und nach durchsetzen würden. Als Schuman Ende 1948 in Paris mit Marshall die Grundlinien der künftigen Integrationspolitik auf militärischem und wirtschaftlichem Gebiet erörterte – es ging um das Ruhrstatut, das am 29. Dezember 1948 veröffentlicht wurde, und einen möglichen deutschen Wehrbeitrag –, sah er seine Befürchtungen durchaus nicht widerlegt, daß Franzosen und Briten nach wie vor eine Strangulierung der deutschen Industrie beabsichtigten.[55]

Gegenüber Pünder beurteilte er die Chancen einer wirtschaftlichen Erholung in Westdeutschland im Zeichen des Marshall-Planes noch im Januar 1949 äußerst pessimistisch.[56] Unverkennbar wollte er Pünder vor einem vorschnellen, allzu positiven Urteil über den Kurswechsel der westlichen Alliierten im Vorfeld der Weststaatsgründung warnen, mit der er sich noch nicht abfinden wollte. Das Ruhrstatut bezeichnete er als einen »Sieg Frankreichs und der negativen Kräfte im State Department über Clay in Deutschland und die Militärs hier«. Konrad Adenauer, der Brünings Einstellung zu Frankreich kannte, hatte diesem gegenüber trocken bemerkt, man werde sich damit abfinden müssen. Pünder schloß sich bald dem Urteil Adenauers, nicht dem Brünings, über Schuman an. Dessen Washingtoner Verhandlungen mit Marshall im Frühjahr 1949 betrachtete Brüning keineswegs unter dem Gesichtspunkt des Einschwenkens der Franzosen auf die amerikanische Linie im Zeichen des sich verschärfenden Konflikts mit der Sowjetunion nach der gescheiterten Londoner Außenministerkonferenz von 1947 (25. 11.-15. 12. 1947). England werde, so prophezeite er, nach den Verhandlungen, die Paul G. Hoffman und Averell Harriman als Bevollmächtigte des Marshall-Plan-Programms in London geführt hatten, seine langfristigen Pläne gegenüber Deutschland nicht ändern. Dort befürchte man vielmehr, daß Deutschland unter dem Einfluß der amerikanischen Militärs allzu rasch wieder aufgebaut werde. Tatsächlich würden, so vermutete er, amerikanische Politiker wie Senator Robert Taft bei Besuchen in London und Paris allzu leicht umgestimmt.

Die Erfahrungen der Weimarer Zeit, die Brüning wiederholt gegenüber der angeblichen »Naivität« Adenauers und anderer ins Feld führte, ließen ihn nicht daran zweifeln, daß der Quai d'Orsay und der französische Generalstab auch nach dem Zweiten Weltkrieg das Ziel verfolgten, Frankreich zur militärischen Vormacht in Westeuropa zu machen. Die Idee einer militärischen Allianz mit Deutschland, die nun auf französischer Seite gelegentlich ventiliert wurde, alarmierte ihn, machte ihn vor allem mißtrauisch. Der Gedanke war ihm noch aus den Abrüstungsverhandlungen mit Tardieu zu Beginn der dreißiger Jahre vertraut, so daß er ihn im Gegensatz zu Politikern wie Robert Schuman oder Jean Monnet keineswegs als Ausdruck eines neuartigen politischen Konzepts verstehen und ernstnehmen wollte. Ähnliche Bedenken äußerte auch Adenauers Gegenspieler Kurt Schumacher. Wiederholte Anregungen Theodor Abeles, den Kontakt mit Schuman, dem gemeinsamen Jugendfreund aus der Straßburger Zeit, wieder aufzunehmen, griff Brüning nicht auf.[57]

Es ist müßig, darüber zu spekulieren, wie Brüning eine Bemerkung Schumans vom Herbst 1948 bewertet hätte, wenn sie ihm zu Ohren gekommen wäre: »Die Franzosen wären ... bestürzt, wenn sich der deutsche Wiederaufbau zu schnell [und] zum Schaden Frankreichs entwickle«.[58] Doppelbödige Formulierungen waren nicht seine Sache. Wenn er von »den Franzosen« sprach, meinte er gewöhnlich den Quai d'Orsay. Die Gewißheit, daß auch nach der Katastrophe des Dritten Reiches der Primat der Außenpolitik zu gelten habe, beruhte auf seinen eigenen politischen Erfahrungen. Der Außenpolitik seien grundsätzlich zuletzt alle innenpolitischen Meinungsverschiedenheiten unterzuordnen. Diese Sicht unterschied sich wesentlich von der Hitlers, der den Primat der Außenpolitik ausdrücklich ablehnte und in seiner berüchtigten Rede vor dem Düsseldorfer Industrieclub im Januar 1932 einen Primat des »inneren Handelns« proklamierte, der die »außenpolitischen Erfolge«, ja die »Zielsetzung« der nationalsozialistischen Politik bestimme. Die Stellung zu den Besatzungsmächten war für Brüning gleichsam außenpolitischer Natur. Dieser Tatsache müßten sich alle deutschen Politiker bewußt sein, um nicht gegeneinander ausgespielt zu werden. Er beklagte auch die nach seiner Ansicht unzureichende Zusammenarbeit zwischen dem Wirtschaftsrat und den Ministerpräsidenten der westdeutschen Länder. Das deutsche Publikum sei unzureichend über die öffentliche Meinung in den alliierten Ländern unterrichtet. Umgekehrt wisse die amerikanische Öffentlichkeit, die inzwischen relativ starke Sympathien für Deutschland empfinde, wenig über die Schwierigkeiten, die die Deutschen zu überwinden hätten. Diese dürften andererseits nicht übersehen, daß die USA in ihrer Politik auf die Stimmung bei den europäischen Verbündeten Rücksicht nehmen müßten. Die deutschen Politiker sollten sich allerdings bemühen, das Verhältnis zu England und Frankreich im Zeichen der gemeinsamen christlich-abendländischen Überlieferung zu verbessern.

Brüning bezeichnete das politische System der Vereinigten Staaten auch für Europa als vorbildlich, da es das friedliche Zusammenleben verschiedener Rassen und Religionen ermögliche, die in der Alten Welt nicht gut miteinander auskämen. Wegen dieser Vorzüge seien den Amerikanern gelegentliche Mißverständnisse der deutschen und europäischen Überlieferungen nachzusehen.[59] Überhaupt bewertete er Anfang 1949 die politische Stimmung in den USA gegenüber Deutschland zunehmend günstiger. Die Widerstandskraft der Berliner Bevölkerung während der Blockade werde von der amerikanischen Bevölkerung bewundert. Die Arbeit des Parlamentarischen Rates, den er als »Verfassungskommission« apostrophierte, sei bereits überholt, da man in den USA eine »günstigere Lösung« der Deutschen Frage ins Auge fasse. Sie werde jedoch wahrscheinlich mit Rücksicht auf das »ewig bremsende Frankreich« nicht zustande kommen. Er sprach mit deutlicher Reserve von der Verfassungskommission, die sich »in dem weltfernen Bonn monatelang von den wirklichen Ereignissen abgekapselt« habe. Es sei ein Fehler gewesen, angesichts der zunehmenden Spannungen unter den Großmächten in Deutschland für den Preis des Ruhrstatuts scheinbar »normale« und dauerhafte Zustände schaffen zu wollen. Trotz aller internationalen Spannungen rechnete er nicht mit einem Angriff der Sowjets. Diese seien gegenwärtig damit beschäftigt, ihre Erfolge im Fernen Osten zu konsolidieren.[60]

Deutschland im Ost-West-Konflikt

Im Frühjahr 1949 sah Brüning seine Erwartung bestätigt, daß der Ost-West-Konflikt die westlichen Positionen gegenüber Deutschland auf allen Gebieten beeinflußte. Im Februar teilte er Pünder mit, daß das Marshall-Komitee im Kongreß vorgeschlagen habe, die Ansprüche der westeuropäischen Länder gegen Westdeutschland gleichsam »aufzukaufen«, was sich günstig auf die Höhe der Marshall-Plan-Mittel auswirken werde. Weiteren Demontagen würden die USA nicht zustimmen. Andererseits stelle sich die Deutsche Frage grundsätzlich dar. Die Ostgebiete hatte Brüning persönlich keineswegs abgeschrieben und wollte sie bei nächster Gelegenheit wieder auf die Tagesordnung bringen. Die Stimmung im Hinblick darauf sei in den USA gegenwärtig flau, man wolle Polen und Tschechen nicht provozieren, um sie nicht davon abzuhalten, sich eines Tages gegen die Sowjets zu erheben. Er sah sich durch das offizielle Washington bestätigt, daß es keinen Krieg in Europa geben werde. Man hoffe, ihn durch den geplanten Atlantik-Pakt zu verhindern, weil man sich eingestehen müsse, daß die »strategischen Bomben«, d. h. die Atomwaffen der USA, die Sowjetunion nicht besiegen könnten.

In Washington wolle man den Widerstandswillen Westdeutschlands gegen die Bestrebungen der Sowjets stärken, und erwäge sogar, notfalls ehemalige deutsche Soldaten unter französischer Führung auf dem linken Rheinufer einzusetzen. Brüning bat Pünder dringend, dafür zu sorgen, daß die deutsche Presse sich solchen Absichten widersetze. Deutsche Pressestimmen gegen eine Aufstellung deutscher Streitkräfte seien mit Befriedigung in den USA aufgenommen worden. Die bevorstehende Gründung des Weststaates müsse ein Provisorium bleiben. Vor der Rückgabe des »deutschen Ostens« dürfe kein Friedensvertrag abgeschlossen werden.[61]

Brüning sah sich, wie auch diesen Überlegungen zu entnehmen ist, als Ratgeber der verantwortlichen deutschen Politiker, vor allem Pünders und auch Adenauers. Diese Rolle entsprach seiner persönlichen Situation, zugleich seinen begrenzten physischen Kräften. Seine vielfältigen Aktivitäten, seine Termine und Besprechungen belasteten ihn außerordentlich, so daß auch von dieser Seite her seine Zurückhaltung, aktiv in die deutsche Politik einzugreifen und politische Verantwortung zu übernehmen, verständlich ist. Sein Gesundheitszustand, seine Wetterfühligkeit und sein empfindliches Herz mahnten ihn während seiner Europareise stets, sich nicht zu überanstrengen. Dieser Gesichtspunkt darf im Hinblick auf seine politischen Pläne nicht vergessen werden.

Im Februar 1949 brach er sich zudem in einem Hotel in New York ein Bein. Bis Anfang Juni lag er dort im Krankenhaus. Seither war er lange Zeit beim Gehen auf einen Stock angewiesen. So zeigen ihn noch spätere Fotos aus der Kölner Zeit. Zur Erholung fuhr er im Juli 1949 aufs Land nach Hartland, einer kleinen Gemeinde in Vermont. Die Malerin Ilse Bischoff, eine Deutschamerikanerin, die mit Bruce Hopper bekannt war, hatte ihn eingeladen. Dort lebte er sechs Monate lang in einer kleinen Wohnung. Er sprach von seinem »Studio« in einem Bauernhaus in schönster Gegend. Es handelte sich um ein Wochenendhaus aus Holz, das die Besitzerin gelegentlich als Atelier benutzte. Versorgt wurde er von Claire Nix. Nach drei Wochen hatte er sich soweit erholt, daß er täglich zwei Stunden – wenn auch unter Schmerzen – in Wald und Feld spazierengehen konnte.

Noch Ende Dezember klagte er über Schmerzen im rechten Knie, wenn er länger als eine Stunde am Schreibtisch saß. In Hartland fühlte er sich jedoch, von den physischen Beschwerden abgesehen, so wohl, daß er am liebsten für immer dort geblieben wäre, wenn er es sich hätte leisten können. Hartland erinnerte ihn an seine »geliebte Grafschaft Glatz«, wo er einst gehofft hatte, den »Rest seiner Tage in Beschaulichkeit« verleben zu können. Vermont gefiel ihm seit langem. Gelegentlich hatte er dort das Wochenende verbracht, wenn er die Hitze in Cambridge nicht ertragen konnte. Im Januar 1950, zu Beginn des neuen Semesters, war er so weit genesen, daß er nach Cambridge zurückkehren konnte.

Auch die chronischen Herzbeschwerden ließen allmählich nach, nicht zuletzt deshalb, weil er in Hartland für längere Zeit von den politischen Kontakten nach Washington abgeschnitten war, was George Shuster bei einem Besuch bemerkte. Er hatte keine Gelegenheit, die selbst auferlegte Pflicht zu erfüllen, für die Interessen seines Landes in den USA zu wirken. »Jetzt besteht einfach die physische Unmöglichkeit, dauernd Leute zu bearbeiten«, meinte er, obgleich er sich eingestand, daß er in den letzten Wochen kaum etwas erreicht hatte. Dies galt vornehmlich für das Ziel, ein Ende der Demontagen herbeizuführen. Die Proteste in Deutschland hatten, wie er der Presse entnahm, in den USA teilweise zu deutschfeindlichen Reaktionen geführt. Es bedrückte ihn überdies, daß die Kosten für seine medizinische Behandlung in den letzten vier Monaten ein ganzes Jahresgehalt verschlungen hatten. Hartland wurde für ihn fast zu einer zweiten Heimat, nach der er sich auch in seiner Kölner Zeit nach 1951 sehnte, während er Cambridge nicht vermißte.[62]

Seit seinem Besuch in Deutschland setzte Brüning, wie wir gesehen haben, seine Hoffnungen in erster Linie auf Adenauer, dem er zutraute, deutsche Interessen nachdrücklich gegenüber den westlichen Alliierten zu vertreten, während er Pünder und Arnold für weniger geeignet hielt. Adenauer müsse allerdings lernen, die plötzlich auftretenden neuen Möglichkeiten, wie sie sich gegenwärtig angesichts des Konflikts mit den Sowjets ergäben, sofort wahrzunehmen. Er habe mit seiner zähen Arbeit für die Errichtung des Weststaates die Russen unabsichtlich beeinflußt. Jetzt komme es wieder darauf an, den Prozeß zu verzögern, um Druck auf den Westen auszuüben. Das Rezept konnte seine Herkunft aus der Weimarer Zeit nicht verleugnen. Er klagte nicht von ungefähr darüber, daß die Politiker, die er in Deutschland getroffen hatte, wenig an den Erfahrungen seiner Regierungszeit interessiert gewesen seien und kaum etwas über diese Zeit gewußt hätten. Dagegen hätten die Russen zu ihrem Vorteil die Fehler ihrer früheren Politik eingesehen.[63]

Diese »Fehler« bestanden für ihn darin, daß die Sowjets in der Vergangenheit ihr ureigenes Staatsinteresse aus ideologischen Gründen vernachlässigt hatten und daß Stalin Gefahr lief, im Zeichen einer kurzsichtigen Glacis-Politik sein Land von den Vorteilen eines intensiven Handelsaustausches mit Deutschland abzuschneiden. In den Auslandsbeziehungen dürfe die »Politik niemals dogmatisch oder statisch sein«, da sich die geopolitischen Gewichte in Europa durch den Krieg letztlich nicht grundsätzlich verändert hätten. Im Gegensatz zu Adenauer blieb für ihn Deutschland auch nach der Katastrophe und trotz der bedingungslosen Kapitulation immer noch ein nur vorübergehend in seiner Handlungsfreiheit eingeschränktes Subjekt des Völkerrechts, auf das Europa nicht verzichten könne. Früher oder später brauche die Welt ein befriedetes und wirtschaftlich gesundes Deutschland.

Die Überlegung verweist auf amerikanische Strategiediskussionen, auch auf die Auseinandersetzungen um den Morgenthau-Plan, vor Kriegsende. Darin spielte die Frage eine wichtige Rolle, wie Deutschland daran gehindert werden könne, einen »Dritten Weltkrieg« vom Zaun zu brechen. So hatte Walter Lippmann schon 1943 die Teilung des Landes und eine dauernde Entwaffnung zum Zweck der Friedenssicherung in Europa als problematisch bezeichnet, weil dies die Deutschen nur zum Widerstand anstacheln werde. Es käme vielmehr darauf an, die »deutsche Kriegspartei« endgültig zu besiegen, andererseits müsse die Rolle Deutschlands« als Träger des Gleichgewichts in Europa beseitigt werden. Die Alliierten könnten die Deutschen nicht immer unter Kontrolle halten und müßten ihnen einen Platz in Europa (»Germany's Place in the Sun«) zuweisen, wo sie nicht mehr gegen die Zivilisation rebellierten (»cease to rebel against civilization«). Dies könne nur in Übereinstimmung mit der Sowjetunion geschehen. Eine ständige Isolierung Deutschlands sei keine Lösung für das deutsche Problem. Anzustreben sei für Deutschland die Rolle einer entmilitarisierten Handelsnation innerhalb der »Atlantic Community«.[64]

Adenauers Konzept

Adenauer setzte die Akzente anders, obwohl auch ihm die Außenpolitik der Weimarer Zeit vertraut war. Seine Sicht der politischen Lage war durch die Erfahrungen des Dritten Reiches und das Erleben der Katastrophe von 1945 bestimmt, während Brüning über genauere Kenntnisse der amerikanischen Europapolitik verfügte. Entscheidend aber war der Unterschied des persönlichen Naturells der beiden Politiker, das sich schon vor 1933 bemerkbar gemacht hatte. So vertraten sie in der Folgezeit zwei verschiedene außenpolitische Konzeptionen, was zu Beginn der fünfziger Jahre zwangsläufig zum Bruch zwischen ihnen führte – nicht zuletzt weil sie einander in ihrer logischen Folgerichtigkeit ebenbürtig waren.

Für Adenauer war Deutschland in absehbarer Zeit dem andrängenden Kommunismus ausgeliefert, wenn der Westen des Landes nicht entschieden für die Zusammenarbeit mit den westlichen Siegermächten optierte. Brünings Sicht war trotz allem optimistischer als die Adenauers, weil er den USA einen entschiedenen Willen zusprach, sich als Weltmacht gegenüber der Sowjetunion vor allem in Europa zu behaupten. Er zog die umgekehrten Folgerungen aus dem Konflikt zwischen den USA und der Sowjetunion während der Berlin-Krise. Während Adenauer den Westen als Bündnispartner des freien Deutschland zu gewinnen oder zu erhalten suchte, warnte Brüning beispielsweise Adenauers Vertrauensmann Robert Pferdmenges davor, sich einseitig auf eine der Kriegsparteien und damit gegen die Sowjetunion festzulegen. Pferdmenges gehörte einst zu Brünings Wirtschaftsberatern. »Kein Land wird so schwierige beständige Probleme mit den Auslandsbeziehungen haben wie unseres. Wir müssen uns bemühen, einigermaßen annehmbare Beziehungen zu allen Nachbarn zu unterhalten, ohne uns darüber die Gelegenheit entgehen zu lassen, dauerhafte gute Beziehungen mit unseren westlichen Nachbarn zu pflegen.«

Ohne das einstige Bündnis mit Österreich-Ungarn namentlich zu erwähnen, behauptete er, daß Deutschland an außenpolitischer Bewegungsfreiheit immer nur verloren habe, wenn es eine dogmatisch begründete Politik der Bindung an eine Macht oder Mächtegruppe betrieben habe. Adenauer kehrte später gerade dieses Argument um, indem er forderte, daß der Westen insgesamt so stark werden müsse, daß die Sowjetunion zu Zugeständnissen in Europa und damit in der Deutschen Frage bereit sein werde. Schon 1945 hatte er den Zusammenbruch der Anti-Hitler-Koalition im Gegensatz zu Brüning als gegeben angesehen. Das Argument lief darauf hinaus, daß Deutschland zu keiner Zeit zwischen den Mächten Europas wie die Schweiz, Belgien oder auch Schweden neutral habe sein können, sondern stets für ein Bündnis habe optieren müssen, sei es für eines mit Österreich-Ungarn oder mit Italien. Dabei habe es den Fehler begangen, sich gegen die stärkere Mächtegruppe in Europa zu entscheiden.[65]

Am 27. August 1949 sprach sich Adenauer gegenüber Helene Wessel entschieden und ohne jeden Vorbehalt für ein »enges Verhältnis zu den Nachbarstaaten der westlichen Welt, insbesondere auch zu den Vereinigten Staaten« aus und bezeichnete dies als die Grundlinie seiner Außenpolitik. Er zog also, wie bereits angedeutet, aus den Weimarer Erfahrungen andere Konsequenzen als Brüning, wenn er in Zukunft immer vor jeder Art von Rapallo-Politik warnte, die er freilich auch in ihrer Substanz anders beurteilte als Stresemann und Brüning.[66]

Brüning bewunderte stets Adenauers Talent für Verhandlung und Kompromiß, kritisierte aber zunehmend dessen taktische Wendigkeit: Man könne nicht alles mit Taktik machen, meinte er, als er im Frühjahr 1949 hörte, daß Adenauer und Arnold sich für die Aufnahme Carl Spieckers in die CDU einsetzten, der wegen seiner Kontakte mit Vertretern der CDU aus der neuen Zentrumspartei ausgeschlossen worden war. Dies werde die »anständigen« Leute dort abschrecken, ebenfalls zur CDU zu kommen. Ihn empörten auch die guten Beziehungen François-Poncets zu den führenden Leuten der CDU, so wie er die jüngsten Verhandlungen Schumans in Washington mit Argwohn verfolgt hatte. Schuman habe während der westlichen Außenministerkonferenz in London mit »allen Forderungen des Quai d'Orsay einen vollen Erfolg« erzielt, meinte er Ende April 1949, nachdem einige Wochen zuvor, am 9. April, in Washington der Atlantikpakt und das künftige Besatzungsstatut unterzeichnet worden waren. Das Ruhrstatut bestimmte, daß die Erträge ebenso wie die Dekartellisierung und die Investitionslenkung von den westlichen Alliierten kontrolliert werden sollten. Es betonte außerdem den provisorischen Charakter des künftigen Weststaates.[67]

Man hat fast den Eindruck, als mache sich ein Generationengegensatz im Urteil über die Lage bemerkbar, wenn man bedenkt, daß Adenauer die Warnungen Brünings vor der französischen Politik anscheinend in den Wind schlug und alle berechtigten Vorbehalte in Vergangenheit und Gegenwart über Bord warf. Brüning war allerdings knapp zehn Jahre jünger als der Bundeskanzler. Adenauer vertraute mehr auf die Kraft seiner Persönlichkeit im Umgang mit anderen Politikern als dies Brüning je gegeben war. Die Einsicht Wilhelm Marx', daß Brüning oft zurückwich, wenn er bei Verhandlungen persönlichen Widerstand spürte, den er nicht »sachlich« zu überwinden vermochte, wirft ein Licht auf jene politischen »Erfahrungen«, auf die sich der Exkanzler nach dem Kriege gerne berief. Nicht zufällig hatte Brüning Marx in dessen Kanzlerzeit in allzu großer Abhängigkeit von dessen Pressechef Carl Spiecker gesehen. Brüning beanspruchte für sich eine realistischere Sicht der Dinge zu haben als Adenauer und hielt sich nicht ohne Grund seine internationalen Erfahrungen zugute.

Sein Standort als gleichsam privilegierter Beobachter in den Vereinigten Staaten bestärkte ihn in der Hoffnung, seinem Lande auf besondere Weise dienen zu können. Sein Informationsstand war beachtlich, wie seine Hinweise auf die Versuche der Sowjets zeigen, die Berlin-Blockade möglichst ohne Gesichtsverlust zu beenden. Seine Nähe zu den Vorgängen in Washington brachte ihn freilich dazu, die Politik Frankreichs und Englands mit um so größerem Mißtrauen zu verfolgen und auch deren Einfluß auf die Politik der USA zu überschätzen.

Dies führte ihn unter anderem zu der Überlegung, ob es nicht besser sei, wenn man die Führung der deutschen Politik Schumacher überlassen würde. Dieser könne unter Umständen die Engländer zwingen, in ihrer »SPD-Freundlichkeit« Farbe zu bekennen. Er konnte sich des Verdachts nicht erwehren, daß »manche europäische Mächte« lieber ein schwaches Westdeutschland als Mitglied einer westeuropäischen Union hätten als ein Deutschland, das mit Zustimmung der Sowjets nach der Blockade wiedervereinigt würde.[68]

Anregungen zur Deutschlandpolitik

Unter gesamtdeutschen Aspekten bezeichnete Brüning Anfang Mai 1949 in einem Memorandum, das er während eines Krankenhausaufenthaltes verfaßte, den Zeitpunkt der Verabschiedung des Grundgesetzes gegenüber Pünder trotz seiner Sympathien für eine Verzögerungstaktik als günstig, da sich das Ende der Blockade West-Berlins durch ein Einlenken der Sowjets abzeichnete. Das Grundgesetz wurde schließlich vier Tage vor dem offiziellen Ende der Blockade verkündet. Brüning unterstellte, daß sich die Sowjetunion in einer schwachen Position befand, als sie eine Viermächte-Konferenz und die Aufhebung der gegenseitigen Blockade anregte.[69]

In dieser Situation erblickte er eine Chance, die Interessen Deutschlands gegenüber der Sowjetunion nachdrücklich zu vertreten. Pünder versuchte er für diese

Sicht zu gewinnen, indem er behauptete, daß »militärische Kreise« in Washington durch die Avancen der Russen nicht gerade erfreut seien, während die Meinungen im State Department geteilt seien. Die erste Reaktion dort sei der Vorschlag gewesen, von den Russen zu verlangen, die Gebiete jenseits von Oder und Neiße zu räumen. Die Presse habe daraufhin sogar die Räumung von Polen und der Tschechoslowakei verlangt. Über dem Aufbau der Bundesrepublik dürfe man die gesamtdeutsche Perspektive nicht aus den Augen verlieren. Man dürfe sich nicht allzu viel vom Marshall-Plan versprechen, da der Kongreß wahrscheinlich die vorgesehenen Gelder nicht bewilligen werde. Es sei, wie er schon früher behauptet hatte, allenfalls mit stärkeren privaten amerikanischen Investitionen in Deutschland als in England zu rechnen. Frankreich werde in Konkurrenz mit England bestrebt sein, wie in den dreißiger Jahren das kapitalstärkste Land zu werden.[70]

Kurze Zeit später ergänzte Brüning seine Anregungen, die jetzt ausdrücklich außer für Pünder auch für Adenauer bestimmt waren. Er übergab eine Denkschrift Ludwig Erhard, der ihn im Mai 1949 zweimal im Krankenhaus in New York besuchte. Die Lage Deutschlands sei sehr viel besser als noch vor zwei Jahren, doch dürfe sich die neue deutsche Regierung in Bonn keine Illusionen über die Bedeutung und Tragweite des Marshall-Planes machen, den er als vorübergehendes Stimulans der Wirtschaftsförderung ansah. Die Auswirkungen würden sich nicht als dauerhaft erweisen, wenn man nicht für eine begrenzte Zeit zu einer gemäßigten Planwirtschaft nach den Jahren der nationalsozialistischen Wirtschaftslenkung übergehe. Ein Ansteigen der Weltmarktpreise und auch ein Mangel an Rohstoffen könne über kurz oder lang zur Einführung einer Planwirtschaft zwingen, die dann aber bei hohen Preisen und Löhnen schwer ins Werk gesetzt werden könne. Westdeutschland könne selbst mit größten Anstrengungen aus eigener Kraft keine ausgeglichene Zahlungsbilanz erreichen.

Außenpolitisch drängte er auf eine klare Konzeption, d. h. er mahnte zu einer realistischen Besinnung auf die deutschen Interessen, »um Schritte zu vermeiden, die eine unerwartet günstige Entwicklung in der Zukunft hemmen würden.« Man solle sich nach keiner Seite hin festlegen. Er glaubte vorhersagen zu können, »daß über kurz oder lang ein Wetteifer aller Mächte um Deutschland entstehen« werde. Alle Mächte seien allein aus »geographisch-militärisch-politischen Gründen« gezwungen, sich die Gunst Deutschlands zu erwerben. Mehr als je zuvor sei Deutschland nun das »Herz der Welt«. Es komme darauf an, die Mächte »in kühler Ausnutzung der sich entwickelnden Chancen« gegeneinander auszuspielen, ohne sich zu Intrige und Unaufrichtigkeit verleiten zu lassen. Eine solche Konstellation hatten Kenner der deutschen Verhältnisse in den USA schon bei Kriegsende vorausgesehen, als die Sowjets unbeschadet ihrer offiziellen Parole, die Reste des Faschismus auszumerzen, damit begannen, mit Hilfe deutscher Kommunisten, um die Sympathien der Bevölkerung in allen Zonen zu werben. Der Chef des OSS in Bern, Allen Dulles, hatte im Dezember 1944 das State Department darauf aufmerksam gemacht, daß bei Kriegsende ein riesiges Gebiet in Europa vom Rhein bis zur Weichsel »führerlos« sein werde. Angesichts des Konflikts mit den USA war spätestens Ende 1948 zu erkennen, daß die Sowjetunion mit Hilfe der SED ihre gesamtdeutsche Propaganda und damit ihr Werben um die Gunst der Öffentlichkeit verstärken wollte.

Konzessionen an die eine oder die andere Seite seien notwendig, dürften aber die »Freiheit des Handelns« nicht ausschließen, meinte Brüning. Er bekannte sich zur

Loyalität gegenüber dem Westen, riet aber dazu, auch mit dem Osten in dauerndem Gespräch zu bleiben, da der Westen weder die Erfahrung noch die Fähigkeit dazu besitze. »Nur eine deutsche Regierung ist dazu in der Lage, wenn sie eine Konzeption hat und es vermeidet, in der Öffentlichkeit sich mit Erfolgen zu brüsten.« Deutschland befinde sich im Ost-West-Konflikt in einer besseren Lage als Italien und Frankreich, da die kommunistische Agitation hier wenig ausrichten werde. Er empfahl, dem Vorbild der japanischen Regierung zu folgen, die alle Vorschläge der Amerikaner für den Wiederaufbau des Landes ablehne oder nur widerwillig akzeptiere. Die Japaner hätten sich vier Jahre lang »tot gestellt«, behauptete er zwei Jahre später, was dazu geführt habe, daß ihnen die USA bei den Friedensverhandlungen einen Vertrag als Bundesgenosse, ein Schutz- und Trutzbündnis anboten. »Ihnen wird eine bevorzugte Handelsstellung in Südostasien zugesichert; die Handelsflotte wird schnellstens wieder mit USA-Geld aufgebaut; sie haben im stillen eine Polizeitruppe mit allen Waffen unter Leitung von MacArthur aufgebaut, sich aber offiziell alles aufdrängen lassen.«

Brüning sollte bei seinem zweiten Deutschland-Besuch 1950 befriedigt feststellen, daß Kurt Schumacher sich eine ähnliche Argumentation zu eigen machte. Freilich befanden sich Deutsche und Japaner nicht in derselben Lage gegenüber ihren früheren Kriegsgegnern. Das Mißverständnis beruhte auf seinen eigenen außenpolitischen Erfahrungen und ließ darauf schließen, welches Konzept er selbst – im günstigsten Falle – gern verfolgt hätte, wenn er nach dem Ende der Berlin-Blockade für die deutsche Politik verantwortlich gewesen wäre. Er erwartete, daß die politische Entwicklung in der Welt »automatisch zugunsten Deutschlands« laufe, ohne sich über den zeitlichen Rahmen einer solchen Entwicklung im klaren zu sein. In erster Linie dachte Brüning an die Bedingungen eines Friedensvertrages, den er freilich möglichst hinauszuzögern trachtete, vermutlich aber auch an die militärische Lage, die nach seinen Informationen in absehbarer Zeit einen westdeutschen Wehrbeitrag erforderlich machen würde.

Seine Bedenken gegen einen vorzeitigen Friedensvertrag erläuterte er im einzelnen gegenüber Ludwig Erhard. Er machte ihn darauf aufmerksam, daß es ebenso wie 1920 keinerlei verfassungsmäßige Hindernisse für die Vereinigten Staaten gebe, den Kriegszustand mit Deutschland einseitig für beendet zu erklären, ohne daß es zu einem Friedensvertrag der USA allein mit Westdeutschland kommen müsse. Ein solcher Vertrag gebe den Russen einen Vorwand, ihrerseits einen Friedensvertrag mit ihrer Besatzungszone zu schließen und den Westmächten die Schuld an der Teilung des Landes zuzuschieben. Von deutscher Seite müsse man darauf verzichten, erklärte er in seiner Denkschrift, dauernd irgendwelche Forderungen an die Siegermächte zu stellen. Vor allem dürfe dies nicht öffentlich geschehen.

Dahinter steckte die Befürchtung, die Deutschen wollten die Einheit ihres Landes ausschließlich vom gemeinsamen Willen der Mächte abhängig machen. Die sogenannte Viermächte-Verantwortung für Deutschland als Ganzes diente der Bonner Außenpolitik noch jahrzehntelang als Argument gegen den Souveränitätsanspruch der DDR. Man solle vielmehr auf Angebote warten, die mit Sicherheit von den USA kommen würden, und sich zugleich höchst diskret gegenüber den Alliierten verhalten. Indiskretionen und unangebrachte Vertraulichkeit gegenüber Vertretern der Besatzungsmächte und den alliierten Verwaltungen würden gegen die deutsche Seite ausgenutzt und müßten künftig unterbleiben. Wenn man schon schwach sei, müsse man besonders bescheiden auftreten, notfalls sich sogar noch schwächer geben als man wirklich sei.[71]

Wie sehr Brünings Ansichten von eigenen früheren politischen Erfahrungen bestimmt waren, erhellt auch aus einem späteren Memorandum für Pünder. Wenn sich Deutschland nicht einseitig an eine Mächtegruppe anschließe, werde es wie zu Anfang der dreißiger Jahre zur »meistumworbenen Nation Europas« werden.[72] Man müsse geduldig den Wechsel der Verhältnisse abwarten. Vorderhand hätten sich Franzosen und Engländer, aber auch die Amerikaner noch nicht auf die neue Weltlage eingestellt. Dem Horizont der Weimarer Zeit, die er gleichsam als die außenpolitische »Normallage« ansah, entsprach auch sein Urteil über die französische Sicherheitspolitik. Er wollte erfahren haben, daß Frankreich eine begrenzte deutsche Aufrüstung »unter deutschen Offizieren« hinnehmen werde, wenn zugleich ein zehnjähriger Vorsprung der französischen Streitkräfte gegenüber den deutschen gesichert sei.[73]

Das Ende der Berlin-Blockade am 12. Mai 1949 betrachtete Brüning mit Recht als einen Erfolg der Westmächte. Diese waren der Sowjetunion insofern entgegengekommen, als sie sich mit ihr im sogenannten Jessup-Malik-Abkommen vom 4. Mai über die Aufhebung der gegenseitigen Blockade, also auch der westlichen Blockade des sowjetischen Sektors von Berlin und der Sowjetischen Besatzungszone verständigt hatten. Die Verlegung amerikanischer Atombomber nach England hatte den Sowjets demonstriert, daß die Westmächte ihre Position in Deutschland halten wollten. Mit dieser Entscheidung hatte die Konfrontation ihren Höhepunkt erreicht. In der Folgezeit bestritt die östliche Geschichtsschreibung, auch diejenige der SED, allerdings, daß es je eine sowjetische Blockade West-Berlins gegeben habe. Nach der sowjetischen Sprachregelung hatte es sich lediglich um technische Schwierigkeiten im Verkehr nach den Westsektoren gehandelt. Brüning erkannte, daß das Nachgeben der Sowjets keineswegs einen grundsätzlichen Kurswechsel einleitete. Stalin war nicht bereit, den Zugang der Westmächte künftig ohne jede Vorbedingung zu garantieren.[74] Andererseits hatten die Westmächte die Blockade Berlins dazu benutzt, die westdeutschen Ministerpräsidenten zu veranlassen, ihre letzten Bedenken gegen die Gründung des Weststaates zurückzustellen. Nach Brünings Analysen wollte die Sowjetunion nach dem Sieg Mao Tse-tungs in China zunächst einmal ihre Position in Asien festigen und deshalb den Konflikt in Europa entschärfen.[75]

Die Situation empfand er als so unübersichtlich, daß es ihm geboten erschien, aufs neue die künftige Haltung der Sowjets zu sondieren. Dem entsprachen nicht nur seine Empfehlungen an Pünder, sondern vor allem sein Memorandum für George F. Kennan, das darauf zielte, die Sowjets auf der geplanten Viermächte-Außenminister-Konferenz, die am 23. Mai 1949 in Paris beginnen sollte, zu einer Stellungnahme in der Deutschen Frage zu zwingen. Die Vereinigten Staaten sollten, so seine Auffassung, in einem günstigen Augenblick während der Pariser Verhandlungen das Schicksal der deutschen Ostgebiete ins Spiel bringen, indem sie sich zu Fürsprechern der im Westen lebenden Flüchtlinge machten. Eine Unterstützung dieses Anliegens durch Frankreich und England erwartete er nicht. Die Flüchtlinge sollten nach diesem Plan bei »allen Abstimmungen in der östlichen Besatzungszone mitgezählt« werden. Sie hätten dann bei »einigermaßen freien Wahlen« in der Sowjetischen Besatzungszone Stimmrecht und würden zu hundert Prozent antikommunistisch wählen, abgesehen davon, daß eine solche Initiative jedem Radikalismus unter den Millionen Heimatvertriebenen den Boden entziehen werde. Dies gelte auch für die kommunistische Agitation unter ihnen, die das Gerücht verbreitete, Stalin gedenke ohnehin demnächst die Ostgebiete zurückzugeben. Die Unzufriedenheit der einheimischen Bevölkerung gegenüber den Flüchtlingen werde dadurch wahrscheinlich sinken.

Auch dieses Memorandum hatte Brüning noch während seines Krankenhausaufenthaltes in New York verfaßt. Es hat den Anschein, daß er in dieser Zeit von wichtigen Informationen über die politische Entwicklung in Europa abgeschnitten war. Zumindest ist dies den Denkschriften vom Frühjahr 1949 zu entnehmen. Sie lassen erkennen, daß er nur unzureichend über die politischen Vorgänge in Washington unterrichtet war. Die Anregungen waren so unrealistisch, daß Kennan darauf nicht näher einging und Brüning am 31. Mai wissen ließ, daß der Verlauf der Pariser Verhandlungen bislang keine Gelegenheit für einen solchen Vorschlag geboten habe.[76] Kennan hatte am 12. August 1948 ein Memorandum (»Programm A«) vorgelegt, das eine handlungsfähige gesamtdeutsche Regierung und einen weitgehenden Abzug der Besatzungsmächte, auch aus dem blockierten Berlin, im Sinne eines »Disengagement« vorsah. Kennan konnte jedoch sein Programm im State Department nicht durchsetzen. Es hätte nicht zuletzt den Prozeß der westdeutschen Staatsgründung unterbrochen, was Brüning begrüßt hätte. Auf der Viermächte-Konferenz im Mai 1949 kam es nicht zu einer Entscheidung in der Deutschlandfrage.[77]

Brüning war wochenlang auf Mitteilungen von – allerdings sehr zahlreichen – Freunden und Besuchern wie Ludwig Erhard und vor allem auf die amerikanische Presse angewiesen. Damals ließ das State Department mehrere Gruppen von deutschen Politikern in die USA zu Studienzwecken einladen. Sie sollten auch das Bildungswesen kennenlernen, das nach Brünings Ansicht jedoch zu den schlechtesten Institutionen des Landes gehörte, einige gute Universitäten ausgenommen. Er versuchte sich dennoch die Willensbildung im State Department und im Kongreß zu vergegenwärtigen. Der Gedanke, die verantwortlichen Bonner Politiker sollten die Differenzen unter den Siegermächten im deutschen Interesse ausnutzen, entsprach zumindest dem Diskussionsstand in Teilen der amerikanischen Öffentlichkeit. In Washington wurden die Stimmen immer lauter, die nach der Berlin-Blockade nachdrücklich eine wirtschaftliche Stärkung Westdeutschlands forderten, um es als Bollwerk gegen die Expansionspläne Moskaus auszubauen, und dazu alle Hindernisse für eine solche Politik wie die Demontagen aus dem Wege räumen wollten. Man behauptete unter anderem, ein energischer Wiederaufbau (West-)Deutschlands werde in absehbarer Zeit die amerikanischen Steuerzahler entlasten. Dagegen wurde eingewandt, daß Deutschland bald wieder zu einer Gefahr werden und die Differenzen zwischen den früheren Kriegsgegnern ausnutzen könne.[78]

Brüning befürchtete, daß die westdeutschen Politiker unter dem Eindruck der gewaltigen wirtschaftlichen und sozialen Probleme, die sie zu bewältigen hatten, die großen weltpolitischen Tendenzen übersahen beziehungsweise unterschätzten, die er in den USA wahrzunehmen glaubte. Um so mehr ermunterte er Pünder und Adenauer, die Chancen der Krise trotz aller Schwierigkeiten zu nutzen. Sorge bereitete ihm der außenpolitische Kurs der künftigen Bonner Regierung, die er frühzeitig zu beeinflussen suchte. Die führende Rolle Adenauers hatte er vorausgesehen, nachdem sich dieser neben den Sozialdemokraten Kurt Schumacher und Carlo Schmid als beherrschende Figur des Parlamentarischen Rates profiliert hatte. Brüning lobte Adenauers Verhalten in der Verfassungsfrage, d. h. der Frage, in welchem Maße die Bonner Staatsgründung im Mai 1949 als endgültig oder provisorisch gelten sollte. In der Außenpolitik werde man sich an den Rahmen halten müssen, den Washington vorgebe, da die USA ohnehin den »Brotkorb für ganz Westeuropa« in der Hand hielten.

Er hörte jedoch nicht auf, davor zu warnen, sich unnötig früh und dauernd in der Deutschen Frage festzulegen. Dies bedeutete nicht, daß er sich für eine Neutralisierung Gesamtdeutschlands einsetzte, was ebenso wie eine definitive Westorientierung einer Festlegung gleichgekommen wäre. Die Forderung Frankreichs nach Abtrennung des Saarlandes bestärkte ihn darin, daß Deutschland von der Politik der europäischen Verbündeten der USA nicht viel zu erwarten habe.[79]

Die innenpolitische Entwicklung verfolgte er ebenso aufmerksam. Von Ludwig Erhard, mit dem er längere Unterhaltungen hatte, erfuhr er, daß die westlichen Alliierten sich dagegen ausgesprochen hatten, gleichzeitig die Währungsreform und den Lastenausgleich durchzuführen. Nach Brüning war es höchste Zeit, mit letzterem zu beginnen. Die Kritik, die er an der bisherigen Wirtschaftspolitik übte, wollte Erhard nicht uneingeschränkt zurückweisen. Brüning bestärkte ihn in der Absicht, die Kräfte des Marktes zu mobilisieren und den Arbeitswillen der Bevölkerung anzuregen, betonte aber die Gefahr, daß die Einführung der freien Marktwirtschaft für etwa 25 Prozent der deutschen Bevölkerung, vor allem Vertriebene, Flüchtlinge und Einheimische, die ihren Besitz verloren hatten, zum Desaster werden könne, weil diese Personengruppe von der Wohlfahrt lebe und nicht über genügend Kaufkraft verfüge.[80]

Die Kanzlerschaft Adenauers

Die Überwindung der Teilung Deutschlands, die sich seit der Berlin-Blockade zunehmend vertiefte, blieb das durchgehende Anliegen aller seiner politischen Bemühungen. Am Vorabend des Korea-Krieges äußerte sich Brüning nach einigem Zögern zur Frage einer Neutralisierung seines Landes, die er jetzt nicht mehr für realisierbar hielt. Eine solche Lösung hätte »vielleicht die radikale Abtrennung der Ostzone« zu einem früheren Zeitpunkt verhindern können, vermutete er, faktisch sei es aber nun zu spät, unter anderem deshalb, weil die USA angesichts der Konfrontation mit der Sowjetunion Westdeutschland in diesem Falle ihre Unterstützung entziehen würden.[81]

Zunächst aber verstimmten ihn die Erklärungen Adenauers vom 16. August – zwei Tage nach der ersten Bundestagswahl – in Interviews, unter anderem für die New York Times, zu der weitgehend vollzogenen Teilung Deutschlands. Erschüttert registrierte er, daß die amerikanische Presse den CDU-Vorsitzenden der Britischen Zone so verstanden habe, als ob er die Spaltung Deutschlands als dauerhaft ansehe, was ihm in den USA ebenso wie in England eine freundlichere Berichterstattung als bisher eingebracht habe. Zu seiner pessimistischen Stimmung trug die

Nachricht bei, daß die CDU im Verfassungsausschuß beantragt habe, jeden Deutschen vom passiven Wahlrecht auszuschließen, der in den letzten fünf Jahren außerhalb Deutschlands seinen Wohnsitz gehabt habe. Die »Sozen« hätten allerdings gegen eine solche »Lex Brüning« protestiert.[82]

Auch das Verhältnis der führenden Politiker und der Parteien untereinander nach der Bundestagswahl mißfiel ihm angesichts der internationalen Lage. Grundsätzlich befürwortete er eine große Koalition unter Führung von Karl Arnold in Bonn. Er wunderte sich, welche Persönlichkeiten sich um das Amt des Bundeskanzlers und des Bundespräsidenten bemühten, begrüßte dann aber doch die Wahl Adenauers, der nicht sein persönlicher Freund sei, was sich auf den alten Konflikt zwischen den beiden Politikern wegen der Finanzen der Stadt Köln im Jahre 1931 bezog. Damals hatten zwei preußische Ministerialräte, Krauthausen und Tapolski, die Finanzlage der Stadt Köln wegen deren hoher Verschuldung überprüfen müssen.

Adenauer sei der einzige, so glaubte Brüning, der der Rolle des Regierungschefs gewachsen sei. Daß dieser mit nur einer Stimme Mehrheit – seiner eigenen – gewählt wurde, sprach nach Brünings Ansicht nicht gegen dessen politische Stärke, sondern für dessen Durchsetzungskraft, die mehr bedeute als eine komfortable Parlamentsmehrheit.

Nach seinem Eindruck war die Wahl Adenauers für das Ausland eine Überraschung. Die westliche Presse hatte nicht auf ihn, sondern auf Schumacher als künftigen Regierungschef gesetzt. Ohne Adenauers Tricks, meinte Brüning Ende Dezember 1949, wäre das Feilschen um das Amt des Bundeskanzlers noch in vollem Gange. Er hatte von mindestens dreißig Leuten gehört, die sich Hoffnungen darauf gemacht hatten. Allein Spiecker habe vielen Persönlichkeiten Ämter versprochen, wenn sie eine Kandidatur Arnolds unterstützten. Die Wahl von Theodor Heuss zum Staatsoberhaupt fand ebenfalls seinen Beifall. Er sehe deshalb für die Zukunft nicht schwarz.[83] Den – aussichtslosen – Vorschlag des stellvertretenden bayerischen CSU-Vorsitzenden Ludwig Mayr (Fürth), ihn selbst zum Bundespräsidenten zu machen[84], ignorierte er. Seine Glückwünsche für Adenauer klangen aufrichtig, wenn er ihm lange politische Erfahrung, politische Einsicht und persönliche Eignung attestierte.[85]

Für Brüning war und blieb der neue Bundeskanzler freilich der Kölner Oberbürgermeister, der einst alle Parteien durch »politische Geschenke in den Sack steckte und der sich in der Weimarer Zeit zweimal nicht entscheiden konnte, Kanzler zu werden«. Er glaubte dessen Stärken und Schwächen gut zu kennen und setzte auf ihn bei allen Vorbehalten große Hoffnungen. Es genüge, ihn gelegentlich vor »Dummheiten«, wie er sie bisher ausgemacht hatte, zu warnen. Man müsse überhaupt Geduld mit den neuen Leuten haben, meinte er gegenüber seiner Schwester.

Den Abgang, die »Kaltstellung« Hermann Pünders, des bisherigen Oberdirektors des Vereinigten Wirtschaftsgebietes aus der großen Politik bedauerte er, indem er auf dessen Arbeit und Erfolge hinwies, die auch in Washington anerkannt wurden. Zwei Jahre später meinte er sogar, wenn Pünder noch ein halbes Jahr als »Direktor« im Amt geblieben wäre, hätte es in den Bonner Ministerien den »Kern eines neuen, soliden Beamtentums« gegeben. Brüning hatte, wie seine Memoranden zeigen, gehofft, daß Adenauer und Pünder gleichsam ein gemeinsames Gespann bilden würden. Adenauer wollte indessen weder mit Pünder, der gern inoffizieller Außenminister der neuen Bundesrepublik geworden wäre, noch mit dessen wichtigsten Leuten in der Oberdirektion zusammenarbeiten. Nicht von ungefähr ließ er die Arbeit Pünders und der Frankfurter Behörde in seiner ersten Regierungserklärung unerwähnt. Später, 1951, bot Adenauer dem enttäuschten Pünder den Posten eines Botschafters bei der Kurie oder in Madrid an, was dieser allerdings ablehnte.[86] Seinen alten Freund Hermann Dietrich, der anders als Hermann Pünder darauf verzichtet hatte, nach Bonn zu gehen, tröstete Brüning, indem er ihm nahelegte, künftig als freier Mann gelegentlich den Verantwortlichen als Berater zur Verfügung zu stehen.[87]

Nach seinem Eindruck waren die verantwortlichen Politiker in Bonn seit mehr als zehn Jahren »völlig von der Welt abgekapselt« gewesen. »So fallen sie auf ein paar freundliche Worte herein«, die man ihnen von ausländischer Seite gebe, dafür sei die »Staatsgesinnung fast völlig verlorengegangen«. Sie sei ersetzt worden »durch einen sentimentalen Idealismus, den man objektiv gesehen, eher als Unterwürfigkeit bezeichnen könnte.« Dies hinderte ihn nicht, seine eigene Beratungstätigkeit ohne Auftrag gegenüber der Bonner Führungsspitze unbeirrt fortzusetzen, obwohl er keinen unmittelbaren persönlichen Zugang zu Adenauer mehr finden konnte. So wandte er sich an den Adenauer-Intimus Robert Pferdmenges mit der Forderung, die deutsche Taktik in der Demontagefrage zu ändern. Er riet dringend davon ab, das Problem zu einer Prestigefrage für die Briten zu machen. Man dürfe nicht durch massenhafte Petitionen an amerikanische Politiker den Anschein erwecken, die Deutschen wollten unter den Alliierten Unfrieden stiften. In den USA führe dies dazu, alle »alten, geschworenen Feinde Deutschlands« mit »fremden Mächten« zusammenzubringen, was die »natürliche Entwicklung der öffentlichen Meinung in Amerika« behindere. Gleichwohl ließ er Pferdmenges wissen, daß Adenauers direkte Kontakte zu Frankreich und England in den USA unterstützt würden.[88]

Die Politik Adenauers verfolgte Brüning mit höchster Aufmerksamkeit. Er rechnete es ihm hoch an, daß dieser sich nicht durch seine eigene Regierungspropaganda in seiner Eitelkeit schmeicheln ließ. »Was aber wesentlich ist, ist daß er selbst nicht das Maß der Dinge verliert.« Das steigende Ansehen des Kanzlers im Ausland registrierte er mit Sympathie. Man müsse freilich nicht alles, was er rede und tue, akzeptieren. Im Hinblick auf England attestierte er ihm, keineswegs englandfeindlich zu sein, was er schon in den Jahren nach dem Ersten Weltkrieg bewiesen habe. Adenauers Absetzung als kommissarischer Oberbürgermeister von Köln am 6. Oktober 1945 durch den britischen Brigadier Barraclough führte er – allerdings unzutreffend – auf Machenschaften von Emigranten zurück.

Im Verhältnis zu Frankreich erwartete er, daß der Bundeskanzler dem neuen französischen Hochkommissar François-Poncet gewachsen sein werde. Das Maß des Vertrauens, das sich nicht zuletzt nach den gemeinsamen Erfahrungen der Luftbrücke zwischen den Westdeutschen und den West-Berlinern einerseits und den Westmächten andererseits aufgebaut hatte, hielt er allerdings noch nicht für so gefestigt, daß es neuerlichen Irritationen gewachsen wäre. Man müsse vor allem auf wirtschaftlichem und außenpolitischem Gebiet Fehler vermeiden. Es sei im übrigen nicht vertretbar, daß die Gehälter der verantwortlichen Politiker nach ihrer Kaufkraft in Deutschland höher lägen als in den Vereinigten Staaten. Unnötiger Repräsentationsaufwand wie in Düsseldorf und anderswo – gemeint war Bonn – werde von den Ausländern übel vermerkt.[89]

Derartige Beobachtungen berührten einen empfindlichen Punkt bei dem Emigranten, der sich in den letzten 15 Jahren »mühsam durchgeschlagen« hatte. Als er von einem Gesetzesvorhaben erfuhr, nach dem er als früherer Reichskanzler eine Pension erhalten hätte, äußerte er gegenüber Helene Weber, die jetzt dem Bundestag angehörte, sein entschiedenes Mißfallen und bat sie, ihren Einfluß dagegen geltend zu machen. Er verwies auf die dürftige Lage von zehn Millionen Ostvertriebenen und darauf, daß auch die meisten ehemaligen Offiziere von Wohlfahrtsunterstützung lebten. Die Bevorzugung einzelner Gruppen habe sich schon in Weimar als fatal erwiesen, weil sie eine verhüllte Korruption darstelle. Derartige Ungerechtigkeiten könne sich das heutige Deutschland weder finanziell noch moralisch leisten. Er erinnerte daran, daß er als Reichskanzler den Amtsantritt seiner Regierung um einige Stunden verzögert habe, so daß er und seine Minister nicht mehr in den Genuß der bisher üblichen Ministerpensionen kamen, die durch Gesetz am selben Tage abgeschafft wurden. 1951 lehnte er auch ein Angebot Adenauers ab, ihm 1.000 Mark für einen Kuraufenthalt in Bad Nauheim zu zahlen und die Möglichkeiten prüfen zu lassen, ihm eine Pension zu gewähren.[90]

Atmosphärische Veränderungen in der außenpolitischen Lage, die er in Washington bemerkte, veranlaßten ihn, seine Vertrauensleute in Deutschland auf die möglichen Konsequenzen für Europa hinzuweisen. Auf absehbare Zeit werde die deutsche Politik weiterhin von »auswärtigen Mächten« bestimmt. Es sei allerdings zu erwarten, daß nach dem Sieg Mao Tse-tungs in China die Marshall-Plan-Hilfe für Deutschland und Österreich fortgesetzt, während sie für andere Länder gekürzt werde.[91]

Europäische Integrationsbemühungen

Im Januar 1950 kehrte Brüning von Hartland nach Cambridge zurück, um seine Lehrtätigkeit in Harvard wieder aufzunehmen. Zugleich versuchte er von dort aus, seinen Einfluß auf die deutsche Politik wieder zu verstärken. Er war sich im klaren, daß es aus der Distanz schwierig war, die Lage in Deutschland zu beurteilen, was noch dadurch erschwert wurde, daß er in Washington keine klare politische Linie zu erkennen vermochte.[92] Seine Analysen wurden daher der wirklichen Sachlage nicht immer gerecht. Noch zu Beginn des Jahres erwartete er, daß die Marshall-Plan-Mittel schon im nächsten Jahr wieder gekürzt würden. Westdeutschland könne sich wirtschaftlich nur behaupten, meinte er, wenn es seine Ausfuhr gewaltig steigere und deren Qualität internationalen Maßstäben entspreche. Langfristige Tarifverträge und »wohlmeinende Gesetze« könnten der Wettbewerbsfähigkeit der Industrie entgegenstehen, was nach seiner Ansicht sowohl von vielen Arbeitern als auch vielen Unternehmern klar erkannt worden sei.[93] Die wirtschaftliche Entwicklung ließ zu seiner Verwunderung die ursprünglichen Planungen des State Department bald hinter sich. Die Industrieproduktion überschritt in den Ländern, denen der Marshall-Plan zugute kam, schon während des Jahres 1950 den Vorkriegsstand. Allerdings übertraf die amerikanische Waffenhilfe für die europäischen Verbündeten wertmäßig die Wirtschaftshilfe.[94]

In den außenpolitischen Fragen blieb sein Urteil durch Skepsis und Mißtrauen gegenüber den europäischen Verbündeten der USA geprägt. Diese müßten beispielsweise angesichts des Konflikts mit der Sowjetunion Frankreich notgedrungen Konzessionen in der Saarfrage machen. Er hielt es für unangebracht, daß Adenauer die Wiederbewaffnung Westdeutschlands im Herbst 1949, d. h. in seinem Interview vom 11. November mit der in Nancy erscheinenden Zeitung L'Est-Républicain, dem noch weitere Äußerungen in der Presse folgten, international ins Gespräch gebracht hatte. Brüning fragte sich anscheinend nicht, ob er in dieser Frage wirklich über den jeweils aktuellen Kenntnisstand verfügte, abgesehen davon, daß er etwa die Tragweite des Petersberger Abkommens vom 22. November 1949, das unter anderem die Demontagen beschränkte, das Besatzungsstatut modifizierte und auch den Beitritt der Bundesrepublik zur Ruhrbehörde vorsah, nicht erkannte. Statt dessen berief er sich auf seine Informationen von 1946 und meinte, daß sich die deutsche Seite in dieser Frage zurückhalten sollte, um einen Gegenschlag in der öffentlichen Meinung in den USA aber auch in anderen Staaten zu vermeiden. Erleichtert und verwundert stellte er wenige Tage später fest, daß sich die Empörung in der amerikanischen Öffentlichkeit über Adenauers Vorstoß rasch gelegt hatte. Er hörte jedoch, daß Hochkommissar McCloy deswegen vorübergehend einen schweren Stand in Washington hatte. Der Hochkommissar meine es, ließ er Helene Weber wissen, gut mit Deutschland und sei auch »Konrad« sehr gewogen.[95]

Die Wiederbewaffnungsfrage, die Ende 1949 zu einem heftigen Streit zwischen Frankreich und seinen westlichen Alliierten führte[96], betrachtete er nicht als ein bloßes Verteidigungsproblem angesichts der Bedrohung Westdeutschlands und Westeuropas durch sowjetische Expansionspläne. Er erkannte ebenso wie Adenauer, daß der neue Konflikt innerhalb der früheren Anti-Hitler-Koalition die Stellung Deutschlands grundlegend verändern mußte. Indessen ging es für Adenauer um die Rolle Westdeutschlands, die er als Teil des freien Westens zu stärken trachtete. Brüning lehnte dies nicht a limine ab, wollte aber um jeden Preis die gesamtdeutsche Funktion Westdeutschlands erhalten. Diese Differenz sollte sich als folgenschwer für das Verhältnis zwischen den beiden Politikern erweisen.

Im Februar 1950 bekannte sich der Exkanzler grundsätzlich zu dem »Ziel eines föderalistisch geeinigten West- und Mitteleuropas«, das unter allen Umständen erstrebenswert sei. Offensichtlich rechnete er unausgesprochen das ganze Deutschland zu Mitteleuropa und argwöhnte nicht ganz zu Unrecht, daß die in Westdeutschland erörterten föderalistischen Pläne sich in erster Linie auf eine Integration der Bundesrepublik in das westliche Europa bezogen. Auch in diesem Zusammenhang verwies er auf die Europa-Diskussion zu Beginn der dreißiger Jahre. Selbst Briand, der einst einen Europa-Plan vorgelegt hatte, hätte sich, so Brüning, ein »geeinigtes Europa mit voller Gleichberechtigung Deutschlands nicht vorstellen« können. Die Völker Europas seien leicht dafür zu gewinnen, nicht aber einflußreiche Leute in den Auswärtigen Ämtern und in den Parlamenten, obwohl diese erkennen könnten, daß es sonst keine Rettung vor dem Bolschewismus gebe.[97]

Brüning verharmloste diese Gefahr also nicht, schätzte sie aber als geringer ein als Adenauer, was einmal auf seine Erfahrungen in der Weimarer Zeit zurückzuführen, mehr aber noch aus der amerikanischen Perspektive zu erklären war, in der die innerdeutsche Auseinandersetzung zwischen der Bundesregierung und dem SED-Regime in Ost-Berlin geringere Bedeutung hatte. Adenauer hingegen erkannte im Gegensatz zu Brüning, daß Westdeutschland weder in der Lage war, aus eigener Kraft gesamtdeutsche Interessen zu vertreten, noch eine Brückenfunktion zwischen Ost und West zu erfüllen, wie sie in Deutschland von Politikern wie Jakob Kaiser, Josef Müller und Karl Arnold angestrebt wurde.[98]

Brüning stand in seinen Vorstellungen diesen Politikern nicht fern, übertraf sie freilich in der optimistischen Erwartung, daß die deutsche Politik von dem Konflikt der früheren Kriegsgegner profitieren könne, wenn es gelänge, wie er seinen Freunden in Deutschland einzuschärfen versuchte, einen vorzeitigen Friedensvertrag zu Lasten Deutschlands, wenigstens bis zum Herbst 1950, zu vermeiden. Im Hinblick auf die territorialen Fragen, die auf einer Friedenskonferenz entschieden werden müßten, berief er sich auf den Publizisten Walter Lippmann, dem er sonst nicht nahestehe. Dieser hatte 1947 den Begriff »Cold War« geprägt. Nach dessen Ansicht war es zu spät für eine Verständigung mit den Sowjets. Die USA sollten die Deutschen ermutigen, ihre eigenen Forderungen nach Wiedervereinigung, eigenem Militär und Polizei, Garantien gegen Angriffe von außen, Vertreibung und Neutralisierung zu vertreten. Diese Garantien sollten mit Zustimmung der Siegermächte einer Volksabstimmung in Deutschland unterworfen werden.[99]

Im April wies Brüning Franz Thedieck auf eine Nachricht der New York Herald Tribune hin, nach der die westlichen Alliierten sich mit der Abtrennung Ostpreußens und mit einer polnischen Grenze an der Oder einverstanden erklärt hätten und stellte die doppelbödige Frage: »Warum so stürmisch jetzt schon auf Lösungen dringen?«[100] Gemeint war vor allem ein Friedensvertrag mit Deutschland.

Zunehmende Kritik an »Bonn«

Brüning mißtraute weiterhin der französischen Europapolitik. Seine Zweifel stützten sich unter anderem auf die Haltung der französischen Diplomaten in Washington. Im Frühjahr 1950 vermutete er, daß der Quai d'Orsay das State Department für einen raschen Friedensvertrag mit Westdeutschland gewonnen habe, was die Verantwortlichen in Bonn nach seiner Ansicht nicht zur Kenntnis nahmen. Statt dessen sei man dort mit Public-Relations-Kampagnen beschäftigt. Er gestand dem Kanzler jedoch zu, daß er geschickt mit der Presse umging, die darauf aus sei, täglich irgendeine Geschichte über ihn zu bringen. Er kündige viele Vorhaben an und kalkuliere die Reaktionen ein, um dann notfalls ein wenig nachzugeben und erwecke den Eindruck, er sei von anderer Seite unter Druck gesetzt worden. »Man müßte absolut auf der Hut sein und sich nicht für unfehlbar halten. Es nützt nicht unserem Vaterland, wenn die von der Bonner Presseapparatur beeinflußten Zeitschriften jetzt schon bei dem Bonner Herrn Gesichtszüge entdecken, die an Julius Caesar erinnern!«[101]

So sehr er Adenauers taktische Fähigkeiten anerkannte, so argwöhnte er doch, alle sogenannten Erfolge der Bonner Politik seien von den USA vorbereitet worden. Sie hätten seit langem »festgestanden«, auch wenn sie erst durch die Tüchtigkeit der Deutschen im Westen und deren Aufbauwillen realisiert worden seien. Die Bonner Politik habe sehr wenig dazu beigetragen. »Die schnelle Wiedererholung unseres Vaterlandes war kein Wunder und auch nicht die Leistung eines Mannes«.[102]

Die Kritik an dem »Bonner Herrn« beschränkte sich noch im Frühjahr 1950 in dem Vorwurf, dieser würdige nicht alle erreichbaren, vor allem nicht alle unangenehmen Informationen. In Bonn müsse man bereit sein, sich ein zutreffendes Bild über die außenpolitische Lage zu machen. Dies hinderte Brüning nicht, im einzelnen auch »richtige« Entscheidungen anzuerkennen, etwa die Bedingungen Adenauers für einen Beitritt zum Europa-Rat. Deutschland müsse im Ministerrat vertreten sein und die Mitgliedschaft des Saarlandes dürfe nur als provisorisch gelten. Die Bundesrepublik wurde zunächst neben dem Saarland im März 1950 als assoziiertes Mitglied in den Europa-Rat aufgenommen. Die selbständige Mitgliedschaft des Saarlandes sollte bei Abschluß des Friedensvertrages mit Deutschland überprüft werden.[103]

Brüning sprach abschätzig von einem Europa-Komitee, gemeint war die Montan-Union, die demnächst ins Leben gerufen werden sollte. Es sei ein Fehler, in dieses Gremium einzutreten, wenn Frankreich nicht zuvor seinen Bündnisvertrag mit der Sowjetunion kündige, in dem es unter de Gaulle die Oder-Neiße-Grenze anerkannt habe.[104] Daß französische Politiker angesichts des Ost-West-Konflikts diese Vereinbarungen nicht mehr erwähnten, beruhigte ihn keineswegs. Er beobachtete statt dessen eine raffinierte französische Pressepropaganda, die die Teilung Deutschlands als notwendig für den »Frieden Europas« darstellte.[105]

Von Adenauer war nicht zu erwarten, daß er eine solche Bedingung stellte, obwohl er die Kritik Brünings an de Gaulle in diesem Punkt möglicherweise teilte. Die Haltung der Amerikaner im Vergleich zu ihren europäischen Verbündeten schätzte Brüning freilich anders ein. Im Zeichen des Ost-West-Konflikts traute er ihnen zu, daß sie in dieser Frage von den Sowjets unter Umständen eine Zusage über eine spätere Revision der Ostgrenze verlangten. Vordringlich aber sei, eine endgültige Anerkennung durch die Westmächte zu verhindern.[106]

Als François-Poncet Adenauer darüber in Kenntnis setzte, daß die französische Regierung ihren Standpunkt in dieser Frage geändert habe und die Oder-Neiße-Grenze ohne vorherigen Friedensvertrag nicht endgültig anerkennen werde, begrüßte dies Brüning vorübergehend als »ungeheuren Fortschritt« in den deutsch-französischen Beziehungen. Für ihn war dies ein zusätzliches Argument für Viermächte-Verhandlungen mit der Sowjetunion. Er riet mehreren Bonner Politikern, dahin zu wirken, daß von deutscher Seite die Rückgliederung von Schlesien an Deutschland ins Spiel gebracht werde, was zu einer entsprechenden Erklärung der Bundesregierung führte. Er war sich jedoch darüber im klaren, daß dies auf lange Zeit nicht ohne Krieg zu erreichen sei.[107] Bald darauf glaubte er jedoch wieder, daß Frankreich diplomatisch in Washington im gegenteiligen Sinne arbeite. Auch beruhigende Zusagen François-Poncets in der Saarfrage, zog er in Zweifel.[108]

Brüning wies es weit von sich, ohne Grund die Bonner Politik und Adenauer zu kritisieren. Niemand sei als Führer vollkommen. Vorübergehende Fehler seien korrigierbar, man müsse den Verantwortlichen stets »konstruktiv kritisieren« und ihm möglichst unter vier Augen seine Auffassung sagen. Man dürfe die verantwortlichen Politiker nicht durch Nörgelei nervös machen. Gleichwohl glaubte er, man könne Adenauer indirekt beeinflussen oder ihm Anregungen geben, abgesehen davon, daß man auf seine Umgebung Rücksicht nehmen müsse. So empfahl er dem Bevollmächtigten der Bundesregierung in Berlin, Heinrich Vockel, einst Generalsekretär der Zentrumspartei, eine 100 Millionen-Dollar-Anleihe über den Hochkommissar McCloy einzufädeln, der früher in der World Bank tätig gewesen war. Mittlerweile zweifelte er erneut daran, daß es richtig gewesen sei, eine Regierung in Westdeutschland zu installieren, statt damit noch einige Zeit zu warten. Freilich mußte er sich eingestehen, daß viele seiner früheren Beziehungen durch ein Revirement in den entscheidenden Ämtern nicht mehr bestanden.[109]

Die Botschaft, die er an Freunde und Gegner in der Bonner Regierung richtete, lautete einfach: »Nur noch nicht festlegen! Alles arbeitet auf lange Sicht für uns; man kann ohne uns nicht Europa halten.« Für Adenauer hingegen lautete die Frage, ob die Vereinigten Staaten Europa, auch Deutschland, wirklich halten wollten. Für ihn war die amerikanische Politik schwer im Voraus zu berechnen, während Brüning nach seinen Erfahrungen gerade dies bei allen vorübergehenden Schwankungen und Unsicherheiten für möglich hielt. Die Gefahren, die Deutschland und Europa von der Sowjetunion drohten, hielt er für ungleich größer als jene, die von den früheren Kriegsgegnern, etwa Frankreich, im Westen ausgingen. Zweifel an der Zuverlässigkeit der Vereinigten Staaten hegte Brüning bei aller Skepsis gegenüber der Stabilität politischer Verhältnisse nicht. Hier standen zwei Grundsatzfragen zur Debatte, aus denen sich unterschiedliche Konsequenzen ergaben, unter anderem für das Verhältnis Deutschlands zu Frankreich. Während Adenauer sich unbeirrt darum bemühte, das Verhältnis zum westlichen Nachbarn Frankreich mit allen Mitteln zu verbessern, sah sich Brüning in seinem Mißtrauen immer wieder bestätigt.

Als Adenauer am 22. März in einem Interview angedeutet hatte, daß es unter Umständen eine »allmähliche Verschmelzung« zwischen Frankreich und Deutschland – nach Lage der Dinge konnte nur Westdeutschland gemeint sein – auf den Gebieten des Zolls und der Wirtschaft geben könne, nannte er dies »taktisch richtig«, jedoch mit dem Vorbehalt, »wenn er sich nicht mehr dabei denkt«. Derartige Angebote würden auf französischer Seite a limine nicht honoriert. Eine »gewisse Macht im Westen« werde zwar ihre Minister auswechseln, aber nie ihre Außenpolitik ändern, bemerkte er, ohne den Namen des amtierenden Außenministers Robert Schuman zu erwähnen.[110]

Der Schuman-Plan

Seine Ansicht über die Beziehungen zu Frankreich änderte Brüning auch nicht, als Schuman am Abend des 9. Mai 1950 im Uhrensaal des französischen Außenministeriums in Anwesenheit von 200 Journalisten vorschlug, die »Gesamtheit der französisch-deutschen Kohle- und Stahlproduktion unter eine gemeinsame Hohe Behörde zu stellen, in einer Organisation, die den anderen europäischen Ländern zum Beitritt offensteht«. Das Projekt, das wie eine Bombe in der europäischen Öffentlichkeit einschlug, war vom 3. Mai datiert und ging vor allem auf den Wirtschaftsexperten Jean Monnet zurück, der schon während des Zweiten Weltkrieges im Jahre 1943 eine ähnliche Konzeption entwickelt hatte. Im Kabinett war der Plan, den Schuman im Parlament in einer Regierungserklärung erläuterte, einstimmig gebilligt worden.[111]

Der Plan beruhte unter anderem auf dem Gedanken, daß eine Kooperation der Montanindustrie ein künftiges Wettrüsten verhindern und ein Krieg zwischen Deutschland und Frankreich ausgeschlossen werden könne. Gleichwohl stand nicht die eigentliche europapolitische Seite im Vordergrund, sondern das nationale französische Interesse, wie dies früher auch für Briands Europa-Plan gegolten hatte. Der Vorschlag Schumans ging das Risiko einer supranationalen Lösung ohne die Beteiligung Großbritanniens ein, nachdem eine Internationalisierung der Ruhr gescheitert war. Entscheidend aber war, daß der Plan sich auch für die deutsche Seite als verhandlungs- und kompromißfähig erweisen sollte. Schuman hatte das Projekt noch am Morgen im Kabinett erläutert, ohne den Text vorzulegen. Adenauer, der erst in letzter Minute unterrichtet wurde, begrüßte den Plan, der dem »jahrhundertelangen Gegensatz zwischen Frankreich und Deutschland« ein Ende machen sollte, erwartungsgemäß und brachte den Plan sofort ins Bundeskabinett ein, wo er schon eine Woche später gebilligt wurde. Am 30. Juni sprachen sich die Regierungen Belgiens, der Bundesrepublik, Italiens, Luxemburgs und der Niederlande dafür aus, entsprechend dem Vorschlag Schumans eine Hohe Behörde für Kohle und Stahl zu errichten, und der Montan-Union Souveränitätsrechte zu übertragen.[112] Die Reaktionen aus Washington und Moskau waren geteilt. Washington bezeichnete den Plan als konstruktiv, während Moskau ihn als »Stahlkartell« verurteilte.[113]

Der Vorstoß Schumans hatte eine Vorgeschichte, in der auch Adenauer eine Rolle gespielt hatte. Am 22. November 1949 hatte dieser bei den Westmächten die Zusage erwirkt, daß die Bundesrepublik der Internationalen Ruhrbehörde beitreten durfte, was mit einer weiteren Reduzierung der Demontage-Maßnahmen verbunden war. Der Beitritt war im übrigen für die Mitgliedstaaten mit einer Beschränkung ihrer Souveränität verbunden, was dem Kanzler angesichts der ohnehin begrenzten Souveränität der Bundesrepublik akzeptabel schien. Ihm kam es auf »Mitbestimmung« im Zeichen einer westeuropäischen Integration an, nicht auf Souveränität und Unabhängigkeit der Bundesrepublik im traditionellen Sinne. Der Beitritt kam faktisch einer Erweiterung der Handlungsfähigkeit seiner Regierung und damit ihrer »Souveränität« gleich. In dieser Hinsicht war der Kanzler überzeugt, daß die Zeit für die Interessen der Bundesrepublik arbeite. Das ganze lief im günstigsten Fall auf eine »Prioritätensetzung: Freiheit, Friede, Einheit« (R. Morsey) hinaus.[114]

Darin unterschied er sich von Brüning, der den Ost-West-Konflikt als Chance für Deutschland im ganzen zu erkennen glaubte. Dieser mußte sich jedoch gegen den Verdacht verwehren, Gegner eines vereinigten Europa zu sein, weil er den in Deutschland verbreiteten Enthusiasmus nicht teilte. Er betrachtete vielmehr die französischen Integrationsbemühungen nach dem Zweiten Weltkrieg im Lichte der früheren Vorschläge Briands und Tardieus. Eine Vereinigung Europas müsse Schritt für Schritt durch einen allmählichen Abbau der Zollschranken innerhalb des gesamten westeuropäischen Raumes vorbereitet werden. Ein friedlich geeintes Europa müsse auf einer auf freier wirtschaftlicher Konkurrenz beruhenden »Integration« aufgebaut werden. Er berief sich auf die Erfahrungen mit dem Zollverein, die es Bismarck ermöglichten, zunächst den Norddeutschen Bund und dann das Reich zu errichten. Es war nicht verwunderlich, daß er den Schuman-Plan für gefährlich hielt, auch wenn er einräumte, daß das Projekt für Adenauer einen Prestigegewinn darstellte. So forderte er dessen Intimus, den Bankier Pferdmenges, auf, sich als Wirtschaftsfachmann ein eigenes Urteil über den »Kohle-Stahl-Pakt« zu bilden, vor allem »dessen Einzelbedingungen scharf zu prüfen«. Wie sehr er den Erfahrungen seiner Kanzlerzeit verhaftet war, zeigte sein Hinweis auf die Schwierigkeiten mit der

Deutsch-Französischen Wirtschaftskommission von 1931/32.[115] Er übersah, daß hinter Schumans Vorschlag ein neuartiges realpolitisches Moment steckte. Es war weniger das Streben Frankreichs nach Hegemonie in Europa, als vielmehr die Furcht, an Einfluß auf Deutschland angesichts des Ost-West-Konflikts zu verlieren.[116]

Eine »Verbindung der europäischen Staaten« war für ihn ein »guter« Gedanke, der freilich nur schrittweise und für »ganz bestimmte Zwecke« realisiert werden könne. Wenn Deutschland nicht geteilt und in seinen früheren Grenzen noch vorhanden wäre, würde der Quai d'Orsay nach seiner Einschätzung keineswegs darauf aus sein, ein europäisches Parlament und eine europäische Regierung ins Leben zu rufen. In diesem Fall wäre Deutschland leicht imstande gewesen, zusammen mit einigen kleineren Staaten die Führung zu erringen. Nun wolle der Quai d'Orsay mit Hilfe eines europäischen Parlaments, des Europarates, Westdeutschland kontrollieren. Die westdeutschen Abgeordneten der parlamentarischen Versammlung des Europarates sollten sich hüten, meinte Brüning, Souveränitätsrechte von vornherein aufzugeben. Er behauptete, daß die französische Europa-Politik in den Vereinigten Staaten, wo man inzwischen vom Wirken einer anderen internationalen Institution, den Vereinten Nationen, enttäuscht war, an Rückhalt verlor. Man werde es in Washington nicht hinnehmen, daß die französische Außenpolitik ganz Europa in Gefahr bringe.[117]

2. Der zweite Deutschland-Besuch

Keine Reisebeschränkungen

Am 7. Juni 1950 traf Brüning von Holland kommend über den Grenzübergang Glanerbrück (Kreis Borken) zu einem dreimonatigen Besuch in Deutschland ein. Erstmals seit 14 Jahren besaß er einen gültigen Reisepaß. Zuvor hatte er in London und Den Haag Station gemacht. In den folgenden Wochen reiste er mit dem Auto durch West- und Süddeutschland und machte auch Besuche in der Schweiz, in Luxemburg und in Frankreich. An keinem Ort blieb er länger als zwei oder drei Tage. Er war »in jedem Winkel Westdeutschlands mit Ausnahme der Braunschweig-Hildesheim-Gegend, Würzburg und der Pfalz«, mußte oft die Nächte im Wagen verbringen und empfing von morgens sieben bis in die Nacht hinein angemeldete und unangemeldete Besucher.[118]

Ebenso wie zwei Jahre zuvor deklarierte er seine Visite bei seiner Ankunft in Deutschland als Privatbesuch. Er wolle sich mit alten Freunden unterhalten, wisse auch nicht, ob er nach Bonn kommen und wie lange er sich in Deutschland aufhalten werde. Vorläufig beabsichtige er nicht, sich wieder in Deutschland niederzulassen, obwohl dem nichts entgegenstünde.

Die politischen Beschränkungen, die ihn zwei Jahre zuvor zu äußerster Zurückhaltung in der Öffentlichkeit veranlaßt hatten, galten nun nicht mehr. Seine Auftritte in Münster, Köln und Paderborn wurden in der Öffentlichkeit beachtet und vielfach kommentiert. Während seines Aufenthaltes traf er sich mit persönlichen Bekannten und politischen Freunden, sah auch die Witwen von mehreren Widerstandskämpfern, die der NS-Justiz zum Opfer gefallen waren, ferner hohe Würdenträger der evangelischen und der katholischen Kirche.

Am 18. Juni besuchten ihn die beiden ehemaligen Zentrumspolitiker Heinrich Vockel und Heinrich Krone sowie Treviranus, denen er in aller Deutlichkeit seine außenpolitischen Vorstellungen, auch zum Europa-Rat und zum Schuman-Plan darlegte. In Münster sprach er am 26. Juni vor Schülern und Studenten im überfüllten Auditorium Maximum (Bispinghof) der Universität zum Thema »Gedanken über Deutschland von einem Deutschen im Ausland«. Er äußerte sich unter anderem zu der Frage: »Wie kommt es, daß unser deutsches Volk ein Objekt des Abscheus für die ganze Welt werden konnte?« und mahnte seine Landsleute, alles zu tun, um dem Los der alten griechischen Polis zu entgehen. Die Deutschen forderte er auf, sich der verfassungsrechtlichen Errungenschaften früherer Zeiten zu erinnern, so etwa der Tatsache, daß das Fürstbistum Münster schon im 13. Jahrhundert Ansätze einer »konstitutionellen Kabinettsregierung« gehabt habe. In Deutschland bestehe die Gefahr der abstrakten »Überdemokratie«, es mangele an wirklich demokratischer Gesinnung, die nicht durch abstrakte Verfassungsdokumente ersetzt werden könne. Das Auditorium quittierte die Ausführungen mit stürmischen Ovationen.

Schon das Erscheinungsbild des vorübergehend Heimgekehrten fand wie bei seinem ersten Besuch Beachtung. Die einen meinten, seine Bewegungen und seine Haltung seien die gleichen geblieben, andere behaupteten, daß nur noch seine randlose Brille äußerlich an frühere Zeiten erinnere. »In allem anderen hat sich der Selfmademan, der er von Haus aus ist, den amerikanischen Umgangsformen angepaßt; heller Anzug, gelbe Schuhe, bunte Socken. Bisweilen mischen sich englische Brocken in seine Rede«, schrieb eine Zeitung.[119]

Die Sympathien, die ihm auf seinen Reisen entgegenschlugen, taten ihm wohl, auch wenn er gern einräumte, daß die Deutschen bisher nicht gelernt hätten, daß von einem einzelnen verantwortlichen Politiker kaum das Wohl und Wehe eines ganzen Volkes abhing. Besonders nah ging ihm das Leid der Millionen Vertriebenen. Er besuchte mehrere Flüchtlingslager und freute sich, Bekannte aus seinem ehemaligen schlesischen Wahlkreis zu treffen. Vertriebene aus Schlesien besuchten ihn auch später noch in großer Zahl.[120]

In den folgenden Tagen mußte er wiederholt gegenüber Journalisten die alte Frage beantworten, ob er wieder politisch tätig werden wolle, was er entschieden verneinte. Spekulationen über den Zweck seiner Reise konnte er damit jedoch nicht unterdrücken. Ehe er nach Deutschland kam, hatte er noch Bedenken gehabt, ob er vor den Landtagswahlen in Nordrhein-Westfalen am 18. Juni nicht besser nach Süddeutschland ausweichen sollte, um nicht in die politische Auseinandersetzung gezogen zu werden.[121] Die Frage, ob er wieder zurückkehren wolle, beantwortete er unbestimmt: »Vorläufig wahrscheinlich nicht.«[122]

Schließlich hatte er dann doch den Weg über Münster genommen, wo er wieder bei seiner Schwester Wohnung nahm. Den Ausgang der Wahlen in Düsseldorf, bei denen sich die CDU unter Ministerpräsident Arnold gut behauptet hatte, registrierte er befriedigt als »erstes sicheres Anzeichen für eine politische Stabilisierung in Deutschland«.[123] Er riet seinen Landsleuten zu einem, wie er meinte, gesunden

Selbstbewußtsein, und das Urteil des Auslands nicht kritiklos hinzunehmen. Es sei fatal, daß die Deutschen jede Regierung namentlich gegenüber Ausländern kritisierten. Denn der einzelne Bürger habe in Deutschland traditionell, d. h. vor 1933, den größten Rechtsschutz gegenüber der Staatsverwaltung genossen. Auch zu aktuellen Einzelfragen äußerte er sich während seines Besuches, etwa in einem Interview mit der DGB-Zeitung »Welt der Arbeit«, in dem er sich entschieden zur Einheitsgewerkschaft und zur Mitbestimmung bekannte, zugleich aber die Wirtschaftspolitik der Bundesregierung positiv beurteilte. Später lobte er auch die Haltung Adenauers bei der Vorbereitung des Mitbestimmungsgesetzes vom 21. Mai 1951, während er sich von der Haltung einzelner »intellektueller« Gewerkschaftsfunktionäre distanzierte.[124]

Bei Adenauer in Rhöndorf

Wenige Tage nach seiner Ankunft wandte sich Brüning an Pferdmenges mit der Bitte um ein Gespräch über den Schuman-Plan. Er informierte ihn bei einem gemeinsamen Essen mit einem Beamten aus der Auswärtigen Abteilung des Bundeskanzleramtes über die Absichten der französischen Regierung, die er bei seinem kurzen Aufenthalt in England, wenige Tage zuvor, aus britischer Quelle erfahren hatte. Die Franzosen hatten am 12. Mai die Engländer wissen lassen, daß sie beabsichtigten, über die Hohe Behörde der geplanten Montanunion die deutsche Rohstahlproduktion nach dem Wiederaufbau zu drosseln. Die Informationen waren nicht geheim, sollten ihrem Tenor entsprechend vielmehr britische Bedenken, vielleicht auch Bedenken in der französischen Öffentlichkeit, gegen eine deutsch-französische Zusammenarbeit auf dem Kontinent zerstreuen, indem sie den Plan als ein Mittel zur Kontrolle des deutschen Industriepotentials darstellten.

Brüning empfahl, die Details an Adenauer weiterzugeben, erfuhr jedoch, daß Adenauer den »ganzen Schuman-Plan« bereits akzeptiert hatte und angeblich beabsichtigte, den früheren Staatssekretär im Reichsfinanzministerium, Hans Schäffer, zum Staatssekretär für Auswärtige Angelegenheiten zu machen, was Brüning zu einer entschiedenen Intervention veranlaßte. Schäffer sei »an dem ganzen Unglück des Young-Plans schuld« und habe einst hinter dem Rücken von Stresemann, Curtius und Moldenhauer eigenmächtig mit den Franzosen verhandelt.

Pferdmenges schlug Brüning vor, nach Bonn zu fahren und den Bundeskanzler persönlich ins Bild zu setzen, was der Exkanzler mit der Begründung ablehnte, er wolle sich nicht aktiv in die deutsche Politik einmischen. Der Bankier fragte nach, ob Brüning bereit sei, den Kanzler außerhalb von Bonn zu sehen. Die Antwort lautete: »Wenn der Kanzler den Wunsch ausspricht, werde ich ihn selbstverständlich besuchen.« Adenauer ließ Brüning dagegen wissen, daß dieser um ein Gespräch bitten sollte. Brüning winkte ab: »Ich bin ein freier Mann!« Schließlich ließ sich Adenauer nach vierzehn Tagen herab, Brüning nach Rhöndorf einzuladen. Er lege großen Wert darauf, ihn zu sehen, schrieb er an Brüning.

Das Gespräch fand am 4. Juli statt, nachdem sich Adenauer von einer Erkrankung erholt hatte und bevor er sich zu einem Genesungsurlaub in die Schweiz begab. Der Verlauf und der Inhalt sind nicht im einzelnen bekannt.[125] Brüning äußerte sich da-

2. Der zweite Deutschland-Besuch

nach mehrfach über die für ihn unbefriedigende Begegnung. Dagegen ist keine Äußerung und keine Aufzeichnung Adenauers überliefert, wenn man von einer Bemerkung Adenauers absieht, die nicht genau zu datieren ist.[126] Zuvor hatte Brüning den Kanzler seinerseits über die Unterhaltung mit Pferdmenges informiert und angedeutet, daß er ihn über »gewisse französische Informationen für die englische Regierung, die auch in der ›Times‹ veröffentlicht wurden«, über die Beschränkung der deutschen Rohstahlproduktion unterrichten wolle. Auch die Bedenken gegen einen der »inoffiziellen Unterhändler« hatte er erläutern wollen.[127]

Brüning erzählte später, daß sich Adenauer scharf über zwei andere CDU-Politiker ausließ, sich aber auch mißbilligend über die zahlreichen Reisen und vielfältigen politischen Gespräche seines Gastes äußerte und fragte, wann dieser wieder in die USA zurückfahren werde. Brüning antwortete: »Spätestens am 4. September.« Im weiteren Verlauf der Unterhaltung versuchte er, Adenauer zu überzeugen, daß die Politik des Quai d'Orsay nicht von Schuman, sondern von Hervé Alphand gemacht werde. Alphand, nach Kriegsende zuständig für die Wirtschaftspolitik des Quai d'Orsay, wurde allerdings in diesen Tagen zum Botschafter bei der Nordatlantischen Verteidigungsgemeinschaft (NATO) ernannt. Ihn hielt er auch später noch für den »größten Gegner Deutschlands, den es gibt«, was sich wohl auf die Reparationsfrage bezog. Jean Monnet nannte er dagegen den klügsten Mann auf seinem Gebiete, dem er in seinem Leben begegnet sei, womit er erneut seine Bedenken gegen den Schuman-Plan untermauern, aber auch seinen Rat begründen wollte, die Verhandlungen klug und umsichtig zu führen, um die Vorzüge des Vertragswerkes, die er nicht leugnete, zu sichern.[128]

Die Vorbehalte gegen den Schuman-Plan als »erste Phase der Mediatisierung Westdeutschlands« überwogen jedoch. Er warnte entschieden davor, Schäffer als deutschen Unterhändler nach Paris zu schicken, was Adenauer offensichtlich beeindruckte, obwohl dieser am 15. Oktober 1949 dem früheren Staatssekretär angeboten hatte, in gleicher Funktion unter Erhard ins Wirtschaftsministerium einzutreten. Schäffer, der damals als Vertreter zweier schwedischer Konzerne, eines Zündholz- und eines Kugellagerkonzerns in Deutschland tätig war, hatte das Angebot damals unter Hinweis auf seine schwedische Staatsbürgerschaft abgelehnt. Anscheinend deutete Adenauer während der Unterredung an, er halte es für möglich, die politische Strategie des Quai d'Orsay günstig zu beeinflussen.[129]

Eine persönliche Begegnung mit Schuman, mit dem er seit seiner Straßburger Zeit bekannt war, vermied Brüning andererseits, zumindest ging er nicht auf die bereits erwähnten Ratschläge und Angebote seines Freundes Abele ein, ein solches Treffen vorzubereiten. Es genügte ihm, zu hören, daß Hans Schäffer, als inoffizieller Unterhändler von Jean Monnet agierte. Ihn verdächtigte er unter anderem, seinerzeit Mitteilungen aus einer Sitzung der Reichsregierung an Frankreich, vor allem an Monnet weitergegeben zu haben. Die kritische Einstellung gegen Schäffer hatte er, wie seine Korrespondenz zeigt, erstmals 1947 gegenüber Pünder geäußert, indem er sich auf einen Aufsatz Schäffers zum 80. Geburtstag von Jacob Wallenberg im Jahre 1939 bezog. Es handelte sich um ein Manuskript mit dem Titel: »Marcus Wallenberg und die deutsche Bankenkrise 1931«. Der Verfasser hatte darin erwähnt, daß er im Juli 1931 nicht zur Pariser Konferenz mitgenommen worden war und Brüning auch auf seinen Rat während der nachfolgenden Londoner Konferenz verzichtet habe. Schäffer hatte ihm den Aufsatz zu allem Überfluß persönlich gewidmet. Diesem Dokument und anderen Indizien entnahm Brüning, daß Schäffer ihn danach habe stürzen wollen. Der unmittelbare Anlaß für den Bruch zwischen ihnen liegt jedoch im Dunkeln. Erst seit Mitte der fünfziger Jahre allerdings ließ Brüning Schäffers Briefe unbeantwortet. Seither bezeichnete er ihn als »Organisator« seines Sturzes. Brüning behauptete, daß der »ganze Eisen- und Kohlenplan ... mit Unterstützung von Emigranten gemacht« worden sei. Die innenpolitischen Auseinandersetzungen in Frankreich, die bald zum Sturz des Ministerpräsidenten Bidault führten, deutete er als Schwäche der Position Schumans, ohne anzuerkennen, mit welcher Energie dieser im Verein mit Jean Monnet, René Pleven und René Mayer gegen die Widerstände in den Parteien und auch in der Stahlindustrie, die teilweise eine deutsche Übermacht in der europäischen Montanindustrie befürchtete, ankämpfte.[130]

Brüning hielt sich einiges darauf zugute, daß es ihm angeblich gelungen war, die Ernennung Schäffers durch seine Intervention verhindert zu haben.[131] Nach dem Rhöndorfer Besuch scheint allerdings sein altes Mißtrauen gegen Adenauer wieder erwacht zu sein. Hier liegt vermutlich die Wurzel der Legende, der Bundeskanzler habe Brünings Rückkehr nach Deutschland verhindern und ihm dann auch seinen Aufenthalt in der Heimat verleiden wollen.[132] Heinrich Krone bezeichnete die Rhöndorfer Begegnung nach Brünings Tode als »ephemer«, verschwieg aber nicht, daß die beiden Gesprächspartner sich seither aus dem Wege gegangen seien.[133]

Empört vernahm Brüning die Nachricht, daß Adenauer sich in den USA nachdrücklich zum Fürsprecher des Schuman-Plans machte. Es irritierte ihn aber, daß mehrere seiner persönlichen Freunde wie Dannie Heineman und George Messersmith seine Bedenken nicht teilten, was nun wiederum die Entfremdung zwischen ihnen und Brüning förderte. Während der parlamentarischen Verhandlungen über das Projekt, die erst im Januar 1952 abgeschlossen wurden, regte er vergeblich an, eine fünfjährige Probezeit für einige unter Umständen erforderliche Revisionen durchzusetzen.[134] Frankreich wolle unter anderem durch den Schuman-Plan die Trennung zwischen Ost- und Westeuropa fördern, meinte er.[135]

Bei späteren Gesprächen in Luxemburg und Frankreich im Sommer 1950 hörte er wieder, daß französische Industrielle den Monnet- beziehungsweise Schuman-Plan zwar grundsätzlich ablehnten, ihn aber als Mittel akzeptierten, später, das heißt nach Abschluß der geplanten Aufrüstung, die deutsche Schwerindustrie zu kontrollieren.[136] Der Gedanke, daß derartige Argumente dazu dienten, die Gegner des Plans in der Industrie zu beruhigen, kam ihm nicht. Adenauer, dessen Naivität Brüning gern kritisierte, war dagegen alles andere als unkritisch gegenüber der französischen öffentlichen Meinung im Hinblick auf die Bundesrepublik, wenn er beispielsweise meinte, die westlichen Alliierten müßten die Frage beantworten, ob die Gefahr durch die russische Bedrohung oder etwa durch einen Beitritt zur Europäischen Verteidigungsgemeinschaft größer sei.[137]

Appell an die Jugend

Es erfüllte Brüning mit Freude, daß er als Ehrenbürger von Münster an der Grundsteinlegung zum Wiederaufbau des Alten Rathauses am 9. Juli 1950 teilnehmen konnte. Knapp zwei Jahre zuvor, kurz vor seiner Abreise aus Deutschland war Brüning neben Ministerpräsident Arnold, Oberdirektor Pünder, dem Kölner Kardinal Frings und dem rheinischen Generalsuperintendenten Ernst Stoltenhoff in einen Ehrenausschuß für die 300-Jahr-Feier des Westfälischen Friedens berufen worden.[138] Neben dem Oberbürgermeister durfte er die Grundsteinlegung unter einigen Hammerschlägen mit dem alten Spruch in der Münsterschen Mundart: »Ehr ist Dwang gnog« vollziehen. In seiner fast halbstündigen Ansprache vor der Rathausruine beschwor er »die christlichen Traditionen und ewigen Rechtsprinzipien, die Grundlage der Blüte und der einzigartigen Freiheitsentwicklung unserer schönen alten deutschen Städte«. Die Selbstverwaltungstradition der Stadt stellte er vor dem Hintergrund des Münsterschen Wiedertäuferreiches heraus und zog eine gewagte Parallele zu den nationalsozialistischen Führern, die ihn bei den Verhandlungen, die er seinerzeit mit ihnen geführt hatte, an jene Eiferer des 16. Jahrhunderts erinnert hätten.[139]

Seinen ersten Auftritt vor einem größeren Publikum hatte er am 21. Juni, als er vor Studenten der Philosophisch-Theologischen Akademie in Paderborn einen Vortrag über die allgemeine politische Lage hielt, in dem er sich anerkennend über die Anstrengungen beim Wiederaufbau in Westdeutschland äußerte.[140] Besondere Beachtung fand ein Vortrag am Abend des 10. Juli 1950 in der überfüllten Aula der Kölner Universität. Unter den Anwesenden befanden sich die Kultusministerin von Nordrhein-Westfalen, Christine Teusch, der ehemalige Landtagspräsident Josef Gockeln und der frühere Oberdirektor Pünder. Brüning präsentierte sich als ruhiger und besonnener Redner, der seine Zuhörer mit den Beobachtungen und Gedanken bekannt zu machen versuchte, die er im Exil über das Schicksal Deutschlands gewonnen hatte. Sein Vortrag entsprach in Stil und Gedankenführung dem Vorbild der Lectures, mit denen er sich in den USA vertraut gemacht hatte.

In Köln nahm er einige Gedanken des Vortrages von Münster wieder auf, als er mit der Frage begann: »Weshalb ist es so, daß es zwischen den Deutschen und den alten Griechen so starke Parallelen gibt?«, um Licht- und Schattenseiten der jüngsten deutschen Geschichte zu beleuchten. Vor dem Anbruch des Dritten Reiches hätten die Deutschen wie kaum ein anderes Volk eine Tradition des Rechts und der Rechtssicherheit entwickelt. »Eine solche Tragödie konnte nur über ein Volk kommen, das nie eine Revolution gehabt hat«. Er wollte aber nicht zugestehen, daß gerade die obrigkeitsstaatliche Tradition die nationalsozialistische Gleichschaltung der deutschen Gesellschaft begünstigt hatte.

Die Tradition der »ungeschriebenen Verfassung«

Brüning entwarf in Köln eine Sicht der neueren Geschichte Deutschlands und Europas seit der Französischen Revolution, um die deutsche Rechts- und Verfassungstradition in ihren historischen Leistungen zu würdigen. Er glaubte seit längerem, daß die deutsche Rechtstradition der amerikanischen und auch der angelsächsischen überlegen sei und setzte sich mit dem Problem der geschriebenen Verfassungen auseinander, das vor allem die kontinentale Verfassungsgeschichte nach der Französischen Revolution bestimmte. Insofern war sein Urteil über die deutschen Verhältnisse indirekt durch seine Auseinandersetzung mit den angelsächsischen bestimmt.

Jede neue Verfassung habe, erklärte er, seither versucht, die Fehler der vorhergehenden Zustände zu beheben, ohne neue zu vermeiden. Die besten Artikel der Weimarer Verfassung seien jene gewesen, die aus der Bismarckschen von 1871 übernommen wurden. Ohne den umstrittenen Artikel 48 hätten die Deutschen sowohl in der Krise von 1923 als auch in derjenigen vom Anfang der dreißiger Jahre »weder als Staat noch als Volk überlebt«.

Die geschriebenen Worte einer Verfassung richteten, wie er am Beispiel der angelsächsischen Vorbilder erläuterte, nichts aus, wenn die politische Ordnung nicht in den Herzen der Menschen verankert sei. Der Mißbrauch einer geschriebenen Verfassung sei nur dann zu vermeiden, wenn diese nach alten Rechtsprinzipien und nach den Notwendigkeiten der Zeitumstände gehandhabt würde. Die Auseinandersetzung mit der amerikanischen Gesellschaft und deren Traditionen hatte ihn gelehrt, daß auch die Demokratie ihre Mythen und Mängel hatte, ja daß selbst Fehler einer Verfassungskonstruktion nicht zwangsläufig die Existenz einer demokratischen Gesellschaft gefährdeten. 1951 äußerte er diesen Gedanken einer gleichsam »organischen« Verfassungsentwicklung als stabilisierendes politisches Element gegenüber Bundespräsident Heuss erneut. Je älter er werde, um so mehr sei er der Ansicht, daß eine »lebendige verfassungsmäßige Entwicklung« wichtiger sei, als das »geschriebene Wort der Verfassung«.[141] Bei Kriegsende 1945 hatte er eine provisorische Nationalversammlung in Berlin noch für richtig gehalten. Sie hätte einen Entwurf vorbereiten sollen, der nach fünf Jahren von einer endgültigen verfassunggebenden Nationalversammlung in Kraft gesetzt werden sollte. Bis dahin hätte die Weimarer Verfassung gültig bleiben sollen.[142]

In seinen Kölner Ausführungen im Juli 1950 mischten sich frühe Einsichten und Erkenntnisse seines Straßburger Geschichtsstudiums bei Meinecke und Spahn mit Beobachtungen, die er in England und in den USA gemacht hatte. In diesem Zusammenhang bewertete er den Parlamentarismus der Weimarer Republik und setzte sich mit dem Argument, das im Ausland häufig zu hören sei, auseinander, die Deutschen hätten kein Talent für ein geordnetes Verfassungsleben. Der Reichstag habe keine verfassungsmäßige Macht besessen, seine Würde gegen die Feinde der parlamentarischen Demokratie zu verteidigen, wie dies in England und Frankreich möglich sei. Man habe seinerzeit nicht die Kraft besessen, den Reichstag gegen die Angriffe der Kommunisten und der Nationalsozialisten zu schützen.

Einige Tage zuvor hatte er allerdings in einem Interview behauptet, der Reichstag habe nach 1919 größere Rechte als andere Parlamente besessen, sich aber nicht dazu verstanden, sich in seinem Anspruch zu bescheiden. Auch die Würde der Gerichte sei in der Weimarer Zeit nicht gewahrt worden. Die deutschen Parteien seien in der Vergangenheit allzu doktrinär geprägt gewesen, was die praktische Politik behindert habe. Er nannte in diesem Zusammenhang die Sozialdemokratie und die liberalen Parteien und berief sich auf Friedrich Eberts Wort, es komme in der Politik auf das Wohl des Volkes an, beziehungsweise darauf, »das Vaterland zu retten«. Andererseits stellte er bei allen Mängeln des politischen Systems die preußische Verwaltung und Gesetzgebung heraus, die schon vor hundert Jahren selbst von ausländischen Experten als die besten der Welt anerkannt worden seien. Unverkennbar war sein Bemühen, ein allzu negatives Bild der deutschen Geschichte, dessen Spuren er auch in Deutschland unter dem Einfluß der alliierten Umerziehungspropaganda wahrzunehmen glaubte, zu korrigieren.

Er schien nicht zu bemerken, in welchem Maße seine Argumentation – unbeschadet seiner Erfahrungen in den USA – dem Diskussionsstand der späten Weimarer Jahre verhaftet war, in dem die »geschriebene Verfassung« als überaus revisionsbedürftig angesehen und gegenüber dem »Staat« nicht selten als mehr oder weniger kontingent betrachtet wurde. Statt dessen glaubte er, seine Kritik der geschriebenen Verfassung, die er der Verfassungswirklichkeit gegenüberstellte, sei eine notwendige Folgerung aus den Erfahrungen der letzten Jahrzehnte, ohne zu registrieren, daß dieses Thema allenfalls im Hinblick auf eine europäische Verfassung aktuell gewesen wäre und keineswegs an erster Stelle auf der Tagesordnung stand. Es wurde nur am Rande diskutiert. Die Rettung der Demokratie, der Kampf um ihr Überleben war gleichwohl sein Anliegen, wenn er meinte, die demokratische Mentalität sei von der politischen Verfaßtheit des Staates, der politischen Form eines Staates vergleichsweise unabhängig. Die Beobachtung der amerikanischen Verhältnisse, vor allem der dortigen Selbstverwaltungstradition, hatte ihn gelehrt, eine »gemäßigte Form« der Demokratie, die der Eigenart des jeweiligen Volkes oder einer bestimmten Gesellschaft entsprach, als Ideal zu betrachten.

Seine Folgerung mutet paradox an: Er setzte seine Hoffnungen nicht auf diejenigen, die schon in den Jahren vor dem Dritten Reich politische Erfahrungen gemacht hatten, sondern auf die Generation der Kriegsteilnehmer. »Ich sehe keine andere Rettung als eine Beteiligung der Kriegsteilnehmergeneration aktiv an der deutschen Politik!« Er habe früher seine Minister ermahnt, nicht immer gedankenlos das Wort »Soldateska« für das Militär zu verwenden, berichtete er und verwies auf Fehler, die nach dem Ersten Weltkrieg in der Politik begangen worden seien. Man habe damals die Jugend für die neue Republik zu gewinnen gesucht, was die Nationalsozialisten sich später zunutze gemacht hätten. »Daß sie irregeführt wurden, war zum großen Teil die Schuld aller anderen Parteien! Wie konnte man es verantworten, daß in der ersten Nationalversammlung und im ersten Reichstag nur fünf bis sechs Kriegsteilnehmer saßen.« Auch heute müsse die Jugend, die so Schweres im Krieg erlebt habe, in die Politik eingeführt werden, um das »Vaterland aus seinem Elend herauszuholen, indem sie mit dem Willen an die Arbeit geht, ihm zu dienen, nicht es zu beherrschen.«[143]

Der akademischen Jugend galt eine Hauptsorge. Alles was er und andere Gegner des NS-Regimes tun könnten, sei am Leben zu bleiben, hatte er schon 1946 an Theo Kordt geschrieben, um die Hoffnung für eine ferne Zukunft zu bewahren und die junge Generation in einer harten Schule für die großen Aufgaben ihres späteren Lebens vorzubereiten – anders als dies nach dem letzten Krieg in den Universitäten geschehen sei.[144] Der Appell an die ehemaligen Soldaten beruhte auf dem Eindruck, den er in den letzten Wochen bei der Beobachtung des politischen Lebens gewonnen hatte. Dort herrsche viel Kleinlichkeit und Intrige, aber wenig Zutrauen zur Arbeit der Politiker.[145]

Kritik an Brünings historischer Perspektive

Das Echo auf seine eigenwilligen Ausführungen war geteilt. Einerseits erkannte man an, daß aus ihnen die Sorge um das Schicksal des Vaterlandes sprach und daß er seine Landsleute ermutigen wollte, trotz der moralischen Katastrophe des Dritten Reiches die fruchtbaren und positiven politischen Traditionen Deutschlands, nicht zuletzt diejenigen Preußens nicht zu vergessen, um die Schwierigkeiten der Zukunft zu meistern. Die Zahl der Schmähbriefe, die ihn erreichten, überwogen jedoch die zustimmenden Schreiben.[146] Andererseits boten seine Ansichten im ganzen und auch im Detail Angriffsflächen, die von jenen, die er als politische Gegner angesprochen hatte, sofort wahrgenommen wurden.

Der seltsame, aber seit Winckelmann und Hölderlin in Deutschland einstmals geläufige Vergleich zwischen der Eigenart der Deutschen und der Griechen sowie der Hinweis auf die deutsche Rechtstradition enthüllte überdies, daß seine historische Perspektive durch die Jugendzeit vor dem Ersten Weltkrieg geprägt war. Dies rief Widerspruch hervor. So »bedankte« sich Hans Henrich in der Frankfurter Rundschau für Brünings Auftritt, indem er dessen Rechtfertigung der Weimarer Politik, vornehmlich die problematischen Ausführungen über den Artikel 48 geißelte: »Beinahe, so möchten wir sagen, hätte Deutschland gerade wegen dieses Artikels 48 das Jahr 1945 *nicht* überlebt!« Die Rechtfertigung der Artikel der Weimarer Verfassung, die aus der Bismarckzeit stammten, grenze fast an eine Gotteslästerung. Der Appell an das Verantwortungsbewußtsein der Kriegsteilnehmer erschien Henrich nicht weniger deplaziert. Nach dem von Goebbels proklamierten »totalen Krieg« seien alle Bewohner Deutschlands formal Kriegsteilnehmer gewesen. Brüning sei bei aller persönlichen Integrität, ein allzu »trockener Mann der Tugend« und allein schon von seiner Persönlichkeit her ungeeignet für jede politische Führungsaufgabe gewesen. Dies alles habe ihn zu einem unfreiwilligen Schrittmacher Hitlers gemacht.[147]

Dies kam einer Kampfansage gleich, die den »historischen« Brüning gleichsam in die Gegenwart zurückholen wollte. Selbst wohlwollende Beobachter registrierten Brünings Rückwärtsgewandtheit, seine Weimarer Perspektive, wenngleich sie, wie etwa der »Rheinische Merkur«, einräumten, daß es bei den Deutschen, die die NS-Herrschaft bis zum Ende erlebt hatten, charakteristische »Bewußtseinsverschiebungen« gegeben habe, die sich dem »Erleben des Harvard-Professors entzogen.« Der Zweite Weltkrieg habe ganz andere innenpolitische Folgen gehabt als der Erste, folgerichtig sei die »Frontkämpfer-Ideologie« fehl am Platze.

Das »Sonntagsblatt« betonte die lange Zeit von 17 Jahren, in denen sich viel verändert habe, sowohl bei denen, die im Lande geblieben, als auch bei denen, die ins Exil gegangen waren. Es sei für beide Seiten schwer, die unterschiedlichen Erfahrungen der anderen nachzuholen. Brüning habe sich in Köln als der »Kanzler vor 1933« dargestellt. Seine Fragestellungen seien in den letzten fünf Jahren nicht aktuell gewesen, was nicht ausschließe, daß sie es wieder einmal würden. »Es wäre nicht schlecht, wenn wir mit Brüning dort anknüpfen könnten, wo die letzte sinnvolle Ordnung vor 1933 noch verteidigt wurde.« Wenn er Einfluß auf die deutsche Politik nehmen wolle, müsse er im Lande bleiben und die letzten Jahre innerlich nachzuholen versuchen.[148] Der spätere Staatssekretär Wilhelm Grewe empfand den Vortrag Brünings als eine Art »Schattenkampf«.[149]

Der Appell an die »Front-Kämpfer« mochte durch eine momentane falsche Einschätzung der Befindlichkeiten seiner Zuhörer bedingt gewesen sein. Ein Hinweis darauf, daß es den meisten aktiven deutschen Politiker im Unterschied zu ihm und den anderen Emigranten an Auslandserfahrung fehlte, wäre angebracht gewesen. Brüning behauptete einige Zeit später, seine Bemerkungen über die Generation der

Frontsoldaten seien mißverstanden worden. Man habe ihn gebeten, die Studenten zu einem Engagement in der Politik zu ermuntern. Angesichts der Tatsache, daß damals viele junge Kriegsheimkehrer die Hörsäle bevölkerten, war der Gedanke nicht völlig abwegig. Ihm war nicht entgangen, daß die jungen Erwachsenen, die der jahrelangen Indoktrination unter dem NS-Regime ausgesetzt gewesen waren und das Kriegsende erlebt hatten, nur wenig Interesse an ideologischen und politischen Fragen zeigten, was der Soziologe Helmut Schelsky noch in seiner 1957 erschienenen Studie »Die skeptische Generation« bestätigte, als er von einer »seltsam ›erwachsenen‹ Haltung einer Jugend« sprach, um die Nachkriegsjugend zu charakterisieren, der er einen »geschärften Wirklichkeitssinn und unerbittliches Realitätsverlangen« bescheinigte.

Brüning wollte »diejenigen, die jahrelang von der Heimat getrennt und allen möglichen politischen Beeinflussungen im Auslande oder in der Gefangenschaft ausgesetzt waren, daran ... erinnern, daß wir unsere eigene, große politische Rechtstradition haben, die sich vor dem Auslande sehr wohl sehen lassen könne.« Er spielte auf die Unterschiede zwischen dem angelsächsischen und dem deutschen Recht vor 1933 an, wußte aber sehr wohl, daß diese Rechtstradition nicht mehr lebendig war. Gleichwohl wollte er nicht zugeben, daß dies weniger durch die Umerziehung oder alliierte Propaganda hervorgerufen worden war als durch die schwerwiegenden Eingriffe der Nationalsozialisten in das Rechtswesen. Die Problematik des gerade in der deutschen Rechtstradition, wie sie sich seit der Aufklärung entwickelt hatte, entstandenen Rechtspositivismus, den sich die Machthaber des Dritten Reiches zunutze gemacht hatten, ignorierte er. Insofern war sein Appell an die Frontgeneration eben doch eine Reminiszenz an die Umwälzungen nach dem Ersten Weltkrieg.

Nach dem Zweiten Weltkrieg ließ sich weder das Bild des »sozialen Leutnants« im Geiste Sonnenscheins noch des »sozialen Generals« im Sinne Schleichers wieder zum Leben erwecken. Er war seit 1918 überzeugt, wie er einem Bekannten schrieb, daß sich »im Felde besondere Eigenschaften entwickeln können wie selbstlose Hingabe an das Vaterland, Besonnenheit in schwierigen und nervösen Spannungen und vor allem eine treue Kameradschaft, die jedem sein Verdienst ohne Neid gelten läßt und über alles sonst Trennende für das Wohl des Vaterlandes zusammenhält«.[150]

Tugenden dieser Art mochten vielleicht noch viele Soldaten nach 1918 im Bewußtsein, für eine gerechte Sache gekämpft zu haben, vor allem im Zeichen der Dolchstoßlegende, bewahrt und verteidigt haben. Das NS-Regime und Hitlers Krieg hatten indessen erreicht, daß nach dem Kriege ein solches Ethos kaum noch für die Wehrmacht beansprucht werden konnte. In diesem Sinne fehlten Brüning, wie seine Kritiker meinten, jene Jahre an Erfahrung mit dem NS-Regime, die er im Ausland verbracht hatte. Die moralische Integrität des Volkes, die er beschwor, um sie seinen Zuhörern vermeintlich wieder ins Bewußtsein zu heben, indem er an die älteren rechtsstaatlichen Traditionen erinnerte, hatte mehr gelitten, als er es wahrhaben wollte, wenn er, oft im Tone des Bedauerns, von seinem »armen Vaterland« sprach.

Seine Landsleute betrachtete er nicht so sehr als verantwortlich für den Ausbruch und den Verlauf des Zweiten Weltkrieges, sondern sah in ihnen vor allem ein geschlagenes Volk, das erst unter die Herrschaft Hitlers geraten war und dann den Krieg verloren hatte. Die These des Philosophen Karl Jaspers: »Ein Verbrecherstaat fällt dem ganzen Volk zur Last«[151], hatte zwei Jahre zuvor die moralische Situation, in der sich die Deutschen befanden, angemessener beschrieben, als der Gedanke, daß der Nationalsozialismus eine der deutschen Kultur innerlich fremde Herrschaft gewesen sei. So weit wagte Brüning nicht zu gehen. Mehr noch als der Appell an die Generation der Heimkehrer, mußte allerdings der Hinweis auf den Artikel 48 der Weimarer Reichsverfassung fatal wirken. Mit Hilfe der »Notverordnung zum Schutz des deutschen Volkes« vom 4. Februar 1933 waren schon die Aktionen gegen die Kommunisten nach dem Reichstagsbrand begründet worden. Die berüchtigte Reichstagsbrandverordnung vom 28. Februar hatte Brüning seinerzeit als folgenreicher und gefährlicher für die Existenz des Rechtsstaates eingestuft als selbst das Ermächtigungsgesetz. Nicht ohne Grund hatte ihm 1945 der ehemalige DDP-Politiker August Weber vorgeworfen, geglaubt zu haben, es sei unmöglich gewesen, ohne den Artikel 48 zu regieren. Dieser habe in Wirklichkeit die Verfassung beiseite geschoben.[152]

Brüning Außenminister?

Die öffentlichen Auftritte des ehemaligen Reichskanzlers ließen die Spekulationen über seine politische Zukunft nicht verstummen. Wenige Tage nach dem Kölner Vortrag tauchten Gerüchte auf, er sei als künftiger Außenminister der Bundesrepublik vorgesehen, die wegen des Besatzungsstatuts vorläufig von den westlichen Siegermächten nach außen vertreten wurde und noch nicht über ein Auswärtiges Amt verfügte. Die Errichtung eines solchen Amtes wurde im Juni 1950 vorbereitet, als im Bundeskanzleramt eine »Dienststelle für Auswärtige Angelegenheiten« eingerichtet wurde. Anfang August verständigte sich der Londoner Dreimächte-Ausschuß darüber, der Bundesrepublik die Zuständigkeit für die Außenpolitik, vorsorglich eingeschränkt durch ein Veto-Recht der Westalliierten, demnächst zu übertragen. Die Presse wollte wissen, daß dies schon Ende September geschehen solle. Das Gerücht ging auf eine Meldung der »Basler Nachrichten« vom 15. Juli zurück und wurde in der westdeutschen Öffentlichkeit stark beachtet, obwohl es von Brüning sofort dementiert wurde. Tatsächlich wurde das Besatzungsstatut erst im März 1951 im Hinblick auf die Außenvertretung der Bundesrepublik geändert.[153]

Als Adenauer sich Ende Mai eine schwere Lungenentzündung zugezogen hatte und wochenlang das Bett hüten mußte, ehe er sich Mitte Juli zu einem Genesungsurlaub am Bürgenstock am Vierwaldstätter See begeben konnte, wollten einige Beobachter wissen, Brüning sei sogar als möglicher Nachfolger im Gespräch, falls sich der Bundeskanzler aus der Politik zurückziehen müsse. Es hieß zeitweise, daß selbst Adenauer nahestehende Kreise damit einverstanden seien. Brüning selbst traf sich während der sechswöchigen Abwesenheit Adenauers von Bonn mit zahlreichen Freunden und Bekannten und unternahm Reisen durch Deutschland. Am 19. Juli führte er ein mehrstündiges Gespräch mit dem Bundesminister für Gesamtdeutsche Fragen, Jakob Kaiser, im Adam-Stegerwald-Haus in Königswinter.

In der zweiten Julihälfte reiste Brüning nach Süddeutschland, wo er unter anderem mit Ehard zusammentraf. Von dort machte er einen kurzen Abstecher in die Schweiz, nach Zürich, wo er einen seiner früheren Harvard-Studenten, Willy Staehelin, Präsident des Verbandes der Schweizerischen Freunde der USA (SFUSA) besuchte. Am 27. Juli kehrte er nach Deutschland zurück. Am 2. August traf er sich erneut mit Kaiser und Pünder in Königswinter, unter anderem um den Kursus-Betrieb der neuen Gewerkschaften kennenzulernen. An den Besprechungen mit Brüning dort sollen fünfzehn CDU-Politiker teilgenommen haben.[154] Ob er insgeheim damit rechnete, Adenauer noch einmal zu sehen, ist unwahrscheinlich. Denn dieser dürfte kaum geneigt gewesen sein, Brüning wegen der Diskussion um das Auswärtige Amt »kommen zu lassen«, wie er zu sagen pflegte. Es ist jedoch bekannt, daß Brüning Adenauer im August wissen ließ, daß er die Methode, in der der Kanzler die Aufrüstungsfrage angesichts des Koreakrieges aufgeworfen hatte, für verfehlt hielt.

Seine stets bekundete Weigerung, sich für ein politisches Amt zur Verfügung zu stellen, hinderte ihn nicht, wie es aus Kreisen von Eingeweihten verlautete, »eine überraschend großzügige Konzeption« zu entwickeln, die auf seiner alten Strategie des Abwartens und der Vermeidung von Festlegungen beruhte. Vor allem mit Kaiser beriet er die Lage noch einmal, ehe er am 5. August in Begleitung desselben erstmals einen Besuch im Bonner Bundeshaus machte. Gegenüber Pressevertretern, die vergeblich eine Begegnung mit Vizekanzler Blücher (FDP), der seit dem 12. Juli die Regierungsgeschäfte führte, erwartet hatten, meinte er scherzhaft, daß ihm das Gebäude in Bonn besser gefiele, als einst der dumpfe und dunkle Wallot-Bau, d. h. der Reichstag, in Berlin.

Als sich die Rückkehr Adenauers aus der Schweiz im August abzeichnete – am 4. August wurde seine völlige Genesung gemeldet –, verstummten diese Gerüchte um Brüning, die auch in London umliefen, nicht. Es war aber nun vor allem von einer Berufung zum Außenminister die Rede, als gemeldet wurde, daß Blücher in Kürze den ehemaligen Reichskanzler empfangen werde. Blücher galt als Gegner des Schuman-Plans und als Sprecher jener Industriekreise, die den Plan von vornherein für wirtschaftlich überholt hielten. Das Gespräch zwischen beiden über dieses Thema fand am 6. August in Blüchers Essener Wohnung statt. Angeblich bot Blücher, wie Zeitungsberichten zu entnehmen war, mit Zustimmung Adenauers Brüning an, das Auswärtige Amt zu übernehmen. Die Gerüchte über die Besetzung des Außenministeriums erreichten ihren Höhepunkt, als aus Bonn verlautete, daß mehrere Politiker der Regierungsparteien den früheren Reichskanzler gern als künftigen Außenminister sähen. Adenauers rechte Hand, Ministerialdirektor Hans Globke, der im Bundeskanzleramt Wache zu halten pflegte, wenn Adenauer abwesend oder in Urlaub war, hatte den Kanzler telefonisch wiederholt über diese Bestrebungen und die verschiedenen Reisen Brünings informiert und ihn alarmiert, daß einflußreiche Regierungsmitglieder eine Führungsrolle Brünings befürworteten. Wie Adenauer, der erst am 11. August nach Rhöndorf zurückkehrte und vier Tage später seine Amtsgeschäfte in Bonn wieder aufnahm, das Projekt beurteilte, wurde nicht bekannt. Brüning hingegen zog es vor, sich der Öffentlichkeit zu entziehen. Vergeblich versuchte man ihn zu bewegen, sich bis zur Rückkehr des Bundeskanzlers nach Bonn zur Verfügung zu halten. Stattdessen bekundete er seine Absicht, zu einem Privatbesuch nach Frankreich zu reisen.[155]

Als möglicher Kandidat für das Auswärtige Amt besaß Brüning im In- und Ausland einige Sympathien. So kritisch sein Kölner Appell an die Frontgeneration aufgenommen worden war, so unbezweifelbar waren seine außenpolitischen Erfahrungen vor und nach 1933. Man gestand ihm zu, daß er in den Jahren des Dritten Reiches eine einzigartige Kenntnis der politischen Verhältnisse in England und in den USA erworben habe, an denen es den meisten Politikern mangle, die jetzt in Bonn Verantwortung trugen. Für eine Berufung Brünings in ein politisches Amt sprach indirekt die zeitweilige Unpopularität des Bundeskanzlers, von dessen akuter Erkrankung abgesehen. Im Frühjahr 1950 war nur noch ein Drittel der Wähler mit der Politik Adenauers zufrieden, als unentschieden bekannten sich 46 Prozent, 26 Prozent waren »nicht einverstanden«. Auch Spekulationen über eine große Koalition mit der Sozialdemokratie kursierten. Sie ließen ein baldiges Ende der Regierung Adenauer – vielleicht im Zusammenhang mit den Düsseldorfer Koalitionsverhandlungen nach den Landtagswahlen vom 18. Juni – möglich erscheinen.[156] Aus Washington und London verlautete, daß man Brüning als Leiter des Auswärtigen Amtes akzeptieren würde, während Hochkommissar François-Poncet Vorbehalte anmeldete, was Adenauer, wenn er nicht schon von vornherein gegen eine Berufung Brünings festgelegt war, schwerlich ignorieren konnte.[157]

Bei den Gesprächen, die Brüning mit Bonner Politikern führte, wurden auch andere mögliche Aufgaben wie etwa die Leitung der deutschen Verhandlungsdelegation für den Schuman-Plan berührt. Dieser Vorschlag scheint auch in Regierungskreisen ernsthaft erörtert worden zu sein, angeblich wurde er auch von Adenauer favorisiert. Tatsächlich wurde Staatssekretär Walter Hallstein später mit diesen Verhandlungen betraut. Brüning äußerte sich in diesen Tagen besorgt über die verbreitete Kritik an Adenauer, betonte aber, daß dieser durch sein Verhalten jeden, der sein Nachfolger werden könne, »schon im voraus jeglicher Autorität auch gegenüber den Alliierten« beraube. Als geeigneten Nachfolger bezeichnete er gegenüber Johannes Gronowski den bayerischen Ministerpräsidenten Hans Ehard. Über eine Nachfolge solle jedoch erst gesprochen werden, wenn es mit »dem anderen Herrn« nicht mehr gehe. Ehard war während der Beratungen des Parlamentarischen Rates als einer der Hauptgegenspieler Adenauers aufgetreten.[158]

Wenige Tage nach Adenauers Rückkehr verlautete aus dem Kanzleramt, daß Adenauer das Amt des Außenministers vorläufig selbst übernehmen werde, falls die Alliierten die Errichtung eines eigenen Außenministeriums genehmigen sollten. In diesem Falle sollte Herbert Blankenhorn, der dem Kanzler als einer der wichtigsten Mitarbeiter, vor allem als außenpolitischer Berater, unentbehrlich geworden war, zum Staatssekretär ernannt werden. Als künftiger Außenminister kam der Vorsitzende der CDU/CSU-Fraktion, Heinrich v. Brentano, ins Gespräch.[159]

In der zweiten Augusthälfte besuchte Brüning Ministerpräsident Arnold in Düsseldorf, danach fuhr er nach Mülheim, Essen und Köln, wo er Kardinal Frings seine Aufwartung machte. Arnold zeigte Sympathien für eine Große Koalition in Bonn, strebte sie aber nach seiner Wiederwahl zum Ministerpräsidenten auch für Düsseldorf an, als sich das Zentrum als Koalitionspartner der CDU dagegen wehrte, der FDP das Wirtschafts- und das Finanzministerium zu überlassen. CDU und Zentrum verfügten in Düsseldorf über eine knappe Mehrheit, bei der es bis zum Ende der Legislaturperiode bleiben sollte. Arnold, der am 4. August wegen der Querelen mit FDP und Zentrum seinen Rücktritt angeboten hatte, erweckte bei Brüning den Eindruck, daß er selbst auf mittlere Sicht eine Regierung in Bonn unter Beteiligung von CDU und SPD bilden und dies indirekt durch die Düsseldorfer Unterhandlungen vorbereiten wollte. Brüning blieb jedoch nach den Gesprächen mit Politikern aus dem Regierungslager immer noch der Ansicht, daß Adenauer vorerst nicht zu ersetzen war.

In Deutschland, das Brüning am 5. September verließ, war der Eindruck entstanden, daß er zwar nicht in das politische Leben zurückkehren, aber wahrscheinlich einem Ruf als Professor an die Universität Köln oder Bonn folgen werde, wenn er seine Verpflichtungen in Harvard erfüllt habe, um, wie es in der »Welt« hieß, seine »großen Erfahrungen auf außenpolitischem Gebiet für die Bundesrepublik nutzbar zu machen«.[160] Vorbilder für eine solche Rolle hatte er in Harvard während des Krieges genügend kennengelernt. Brüning bestätigte gegenüber der Presse, daß ihm ein Lehrstuhl an der Universität Köln angeboten worden sei. Er habe sich aber noch nicht entschieden. Kurz vor seiner Abreise ließ er bei Kultusministerin Teusch nachfragen, wie umfangreich seine Lehrverpflichtungen sein würden, vor allem wieviele Vorlesungen er »im Semester zusätzlich zu einem Seminar zu halten habe«.[161]

Ein offiziöser, aus Regierungskreisen inspirierter Artikel erschien am 11. September in der Kölnischen Rundschau, der die Gerüchte um eine angebliche Verwendung Brünings im auswärtigen Dienst der Bundesrepublik, etwa als Außenminister oder Delegationsleiter bei den Verhandlungen über den Schuman-Plan, dementierte, zugleich aber das Angebot, Brüning auf einen Lehrstuhl für Politische Wissenschaft in Köln zu berufen, bestätigte. Die Gerüchte stammten angeblich aus Kreisen außerhalb der CDU. Brüning sei zur Zeit nicht erreichbar. Man wisse jedoch, daß er stets gut informiert sei, aber in keiner Form zu erkennen gegeben habe, daß er eine offizielle politische Aufgabe übernehmen werde. Im übrigen lasse sein Gesundheitszustand »die Wiederaufnahme einer politischen Betätigung sehr zweifelhaft erscheinen«. Brüning werde in Kürze in die USA zurückkehren, wo er noch ein Jahr an die Harvard-Universität vertraglich gebunden sei.[162]

Ehe er über England in die USA zurückkehrte, hielt er sich einige Tage in Elbeuf in der Normandie auf, wo er bei den Freunden seiner Familie aus der Zeit vor dem Ersten Weltkrieg zu Gast war, die er seit Jahrzehnten nicht mehr gesehen hatte. Zusammen mit ihnen kam er auch ins Euretal, wo er sich zu dem Grab Briands begab. Danach reiste er zu den Andersons in Old Surrey Hall, ehe er sich am Morgen des 20. September in Southampton an Bord der »Nieuw Amsterdam« begab, die ihn nach New York brachte. Während seines Englandaufenthaltes traf er am 12. September den deutschen Generalkonsul in London, Hans Schlange-Schöningen, der sich um ein politisches Amt in Bonn bemühte.[163]

3. Heimkehr auf Widerruf

Der Streit um die Wiederbewaffnung

Nach der Ankunft in New York hielt er es für angebracht, sich noch einmal zu der Frage der Aufstellung westdeutscher Streitkräfte zu äußern, die nach dem Ausbruch des Koreakrieges sowohl von Winston Churchill wie von Konrad Adenauer aufgeworfen worden war. Churchill hatte am 11. August 1950 vor der Beratenden Versammlung des Europa-Rates in Straßburg angeregt, eine »Europa-Armee« zu schaffen.[164] Adenauer hatte am 29. August ein Sicherheitsmemorandum überreichen lassen, das unter anderem die Aufstellung einer Bundespolizei als Gegengewicht zu der auf 50.000 Mann geschätzten Kasernierten Volkspolizei (KVP) der DDR vorsah. Der Kanzler unterstellte darin die Gefahr eines kommunistischen Angriffs nach dem Vorbild des Überfalls der Nordkoreaner auf Südkorea, die im Juni große Teile der Halbinsel einschließlich der Hauptstadt Seoul erobert hatten.

Brüning hatte zuvor dem Kanzler zur Zurückhaltung in der Frage einer Wiederaufrüstung geraten, ohne sich eindeutig für eine Neutralisierung Deutschlands auszusprechen. Er hatte unter anderem daran erinnert, daß sowohl Frankreich als auch die Sowjetunion entschieden dagegen seien, zumindest in absehbarer Zeit. Unter dem Eindruck der Vorgänge in Korea wollte auch er einen Krieg in Europa nicht ausschließen. Falls es dazu käme, würde Deutschland vom Osten her »überrannt« werden. Dies werde zur Zerstörung der Industrieanlagen des Ruhrgebietes entweder durch sowjetische Truppen oder durch westliche Bomben führen. Eine Neutralisierung Deutschlands hätte, wie er schon früher behauptet hatte, unter Umständen die Abtrennung der Sowjetischen Besatzungszone verzögern können. Jetzt sei ein solches Konzept schon deshalb erledigt, weil die USA es nicht akzeptieren und Westdeutschland dann nicht mehr finanziell unterstützen würden.[165]

Am 27. September erklärte er in New York den Zeitpunkt für die Aufstellung deutscher Soldaten in Westdeutschland für verfrüht. Die Kasernierte Volkspolizei sei in erster Linie nötig, um inneren Unruhen in der DDR vorzubeugen. Er gestand freilich zu, daß die innere Sicherheit in der Bundesrepublik stärkere Polizeikräfte als bisher verlange.[166] Damit billigte er indirekt den Widerspruch Gustav Heinemanns gegen den sicherheitspolitischen Kurs des Kanzlers sowie dessen Rücktritt als Bundesinnenminister. Vier Jahre später meinte er im Rückblick, Bonn habe im Sommer 1950 nicht bemerkt, daß »Deutschland seinen Preis Monat für Monat hätte erhöhen können, wenn es keine festen Abkommen geschlossen, sondern die Verhandlungen weitergeführt« hätte.[167]

Brünings Haltung in dieser Frage beruhte auf Informationen, die er bereits im Januar erhalten hatte. Demnach wollten die Westmächte im Falle eines Krieges mit der Sowjetunion Europa nicht an der Elbe, sondern erst am Rhein verteidigen. Er hielt deswegen die Aufstellung deutscher Truppen in Westdeutschland nur für vertretbar, wenn der Westen, d. h. die Vereinigten Staaten ihre Position in Deutschland unter allen Umständen verteidigen wollten. Im August war er sogar unsicher gewesen, ob die USA angesichts ihres Engagements in Korea überhaupt in Europa bleiben wollten.[168]

Das Gewicht der USA für das Schicksal Westeuropas betrachtete er als entscheidend, nachdem die Briten im Gefolge des Korea-Krieges außenpolitisch eindeutig auf den Kurs der USA einschwenkten. Von der Politik der USA war nach seiner Auffassung letztlich auch die Haltung Frankreichs abhängig, das vorerst jedoch seine Hegemonialpläne weiter verfolgte, obwohl es nicht in der Lage sei, diese Hegemonie auf Dauer zu sichern. In der Wiederbewaffnungsfrage zeige sich dies in dem Vorschlag, Einzelbataillone von deutschen Soldaten in einem »französischen Block in der nordatlantischen Organisation« zusammenzufassen. Frankreich wolle keine »wirklich gleichberechtigte deutsche Armee«. Schon die amerikanischen Veteranen, die Roosevelt Frankreich einst zur Verfügung gestellt habe, seien seinerzeit gezwungen worden, in die Fremdenlegion einzutreten. Sie seien nach Indochina geschickt worden. Glücklicherweise fänden die französischen Pläne in Washington keine Sympathie. Bonn habe es versäumt, den amerikanischen Standpunkt zu unterstützen, was wiederum dazu führen könne, daß die Amerikaner gegenüber den Franzosen nachgäben. Sie hätten gewaltige Zuschüsse für ihre Rüstung von den USA erhalten. Die französische Europa-Politik werde langfristig, wenn sie erfolgreich sein sollte, die »Wiedervereinigung mit unserem Osten« verhindern.[169] Andererseits behauptete er, daß die »Franzosen mit ihren Forderungen in bezug auf die deutsche Aufrüstung ... den Leuten hier doch auf die Nerven gegangen« seien, was man in Bonn nicht bemerkt habe.

Brüning fuhr über das Wochenende vom 11./12. November nach Washington, wo er dem Präsidentenberater William Averell Harriman seinen Standpunkt erläuterte. Von Harriman erfuhr er, daß man sich in Washington über Adenauer wundere, der stets auf die Franzosen Rücksicht nehmen zu müssen glaube. Die angebotene stärkere amerikanische Unterstützung für die deutschen Interessen habe der Kanzler dagegen nicht angenommen. Harriman erkundigte sich nach Brünings Verhältnis zu Adenauer, offenbar weil er aus amerikanischen Quellen von den Differenzen zwischen beiden erfahren hatte. Brüning gewann den Eindruck, daß er unter Umständen mit Schwierigkeiten für eine neue Reiseerlaubnis nach Deutschland rechnen müsse, wenn der amerikanische Hochkommissar McCloy seine politische Haltung mißbilligt haben sollte.[170]

Brünings Bedenken bezogen sich auf die aktuelle, sich allmählich verschärfende Spaltung des Landes, in dem es seit 1949 zwei konkurrierende, ja einander feindlich gegenüberstehende Regierungen gab. Er meinte, daß »strenggenommen« eine Wiederbewaffnung in Westdeutschland eine Änderung des Artikels 4 Absatz 3 im Grundgesetz erforderlich mache, der das Recht auf Kriegsdienstverweigerung garantierte. Adenauers Methode, durch intensive Kontakte und Verhandlungen mit den Westmächten, allmählich größere Handlungsfreiheit für die Bundesrepublik zu gewinnen, begrüßte er trotz einiger Bedenken. Es sei aber falsch gewesen, wie Adenauer das Problem behandelt habe. Auf welchem Informationsstand Adenauers Sicherheitsmemorandum beruhte, entzog sich freilich seiner Kenntnis. Er vertraute vielmehr seinem eigenen Urteil über die Entscheidungsprozesse in Washington. So hatte er beobachtet, daß die »alten Deutschenhasser« in Washington wütend auf Adenauers Aktivitäten in der Aufrüstungsfrage reagiert hätten. Andererseits wußte er, daß die USA seit etwa anderthalb Jahren entschlossen waren, Westdeutschland angesichts des Konflikts mit Moskau ökonomisch und politisch zu stabilisieren.

Sein Rezept zielte auf eine Politik des Abwartens. Man dürfe sich »nicht begeistert auf die Aufrüstung stürzen«, sondern müsse sich, wie London und Paris dies täten, »lange bitten lassen« und finanzielle Gegenleistungen verlangen. Von welcher Seite diese Gegenleistungen zu erbringen waren, ließ er offen. Es konnte sich nach Lage der Dinge nur um die Vereinigten Staaten handeln. Wesentlich war für ihn die Gefahr, daß die Integrationspolitik nach Westen von Frankreich dazu benutzt werden konnte, indirekt die Teilung Deutschlands zu fördern. Er riet davon ab, »einen

Friedenspakt zwischen den Westmächten und Westdeutschland« zu schließen. In diesem Sinne hatte er sich schon im Juni gegenüber Adenauer und anderen Politikern geäußert.[171]

Brüning wußte, daß die Entscheidung über die Aufstellung westdeutscher Truppen letztlich von den USA abhing, denen er bei aller Wankelmütigkeit einen robusten Willen bescheinigte, die sowjetische Herausforderung anzunehmen, an dem es in Europa vielfach fehle. Andererseits wechsle das »Wetter« nirgendwo so rasch wie in Washington. Die Bundesregierung müsse es unter allen Umständen vermeiden, in dieser Frage in einen Gegensatz zu Washington zu geraten. In diesem Punkt war er sich mit Adenauer einig. Spätestens im November hielt er die Sache für entschieden, als er erfuhr, daß militärische Kreise in den USA der Verteidigungskraft Frankreichs nicht allzu viel zutrauten. Dagegen hielt man kleinere deutsche Verbände unter Korpsstärke – unter französischem Oberbefehl – für »reinen Unsinn«.

Das Wort ging auf eine Bemerkung General Ridgways zurück. Allenfalls in vorsichtiger Form, d. h. um Zeit zu gewinnen, könne sich Bonn hinter der Vorschrift des Artikels 4 Absatz 3 über die Wehrdienstverweigerung »verschanzen«, der ja immerhin mit Zustimmung der Westalliierten in Kraft getreten war. Dies setzte das Interesse vor allem der USA an einem ernstzunehmenden deutschen Wehrbeitrag voraus und zielte darauf, die Reste des Besatzungsregimes allmählich abzubauen und die beschränkten Souveränitätsrechte der Bundesrepublik zu verstärken. Nach Brünings Ansicht durfte ein deutscher Wehrbeitrag nicht dazu führen, »fremdenlegionsähnliche Gebilde« ins Leben zu rufen. Auch diesen Gedanken teilte er mit Adenauer: »Abhängigmachen deutscher Zustimmung zur Aufrüstung von der Gewährung von Rechten, die die staatsrechtlichen Bestimmungen Westdeutschlands auf die Basis voller Souveränität vom Gesichtspunkt des Völkerrechtes bringen, war richtig und geschickt ...«[172] Brüning wollte den Bonner Politikern auch in diesen Fragen die Mentalität der Amerikaner nahebringen. Diese seien ein junges Volk, das »schnell hassen« könne, aber nach einiger Zeit alles wiedergutmachen wolle. Man müsse es den Amerikanern jedoch überlassen, sich selbst durch eigene Fragen neu zu orientieren. »Argumentieren, wenn es ohne Humor geschieht, können sie nicht vertragen.«[173]

Das Streben Adenauers nach außenpolitischer Gleichberechtigung war kaum anders motiviert als Brünings Strategie in der Abrüstungsfrage von 1931/32.[174] Noch im Dezember glaubte der Exkanzler, daß es möglich sei, diese Strategie zu verfolgen, die auch von den Japanern in den Verhandlungen – über den Sicherheitsvertrag von San Francisco vom 8. September 1951 – erfolgreich angewandt worden sei. Es dürfe keine europäische Armee unter französischer Führung, sondern nur eine nordatlantische geben, lautete seine Lösung.[175]

Brüning regte Anfang Januar 1951 an, nebenher Verhandlungen mit der in Pankow residierenden Ost-Berliner Regierung unter Grotewohl über die Wiedervereinigung zu führen, obwohl auch er nicht damit rechnete, daß etwas dabei herauskomme. Er sah sehr klar, daß die kommunistische Propaganda die Wiedervereinigung in den fünfziger Jahren in erster Linie aus machtpolitischen Gründen auf ihre Fahnen geschrieben hatte. Ironisch meinte er, daß der »Bonner Herr« für derartige Verhandlungen bestens geeignet sei. Letztlich konnte er sich aber nicht vorstellen, daß Adenauer mit Grotewohl, von Ulbricht ganz zu schweigen, auf irgendeine Weise unterhandeln würde.

Es kam ihm auch jetzt noch darauf an, Zeit zu gewinnen, um im Interesse der Einheit des Landes die geplante Aufrüstung zu verzögern, zumindest bis in den USA die Aufrüstung – nach den Jahren der Abrüstung – wieder auf der Höhe sei. Bonn solle möglichst noch ein Jahr mit der Aufrüstung warten und diese dann durch die Aufstellung einer begrenzten Polizeitruppe – offensichtlich dachte er an das Vorbild der KVP – durchführen. Die Bundesregierung dürfe die Verhandlungen mit dem Osten nicht den Alliierten, insbesondere nicht Frankreich allein überlassen. »Dabei könnten allerlei Überraschungen zum Schaden unseres Vaterlandes herauskommen, da gewisse Mächte zu allen möglichen und unmöglichen Konzessionen auf Kosten des gesamten deutschen Vaterlandes bereit sind«.[176] Der Kanzler müsse sich unbedingt in die Verhandlungen des Westens »über die Ostzone« einschalten, meinte er wenig später gegenüber Jakob Kaiser. In die Gespräche mit der Pankower Regierung empfahl er, den Führer der Opposition, Kurt Schumacher, einzubeziehen. Es sei sogar ein Rücktritt der Regierung zu erwägen, falls die geplanten Verhandlungen der vier Siegermächte scheitern sollten. Eine große Koalition unter Führung der SPD könne notwendig sein, um der nach seiner Ansicht »bedenklichen SPD-Demagogie« gegen eine Wiederbewaffnung den Boden zu entziehen.[177]

So entschieden Brüning ein bestimmtes außenpolitisches Konzept gegenüber Adenauer vertrat, so kritisch war er wiederum hinsichtlich des Spielraums, den dieser besaß, beziehungsweise der Schwierigkeiten, mit denen der Kanzler zu kämpfen hatte. Es sei unangebracht, »alle Schuld für vieles, was schief gegangen ist, dem Kanzler zuzuschieben.« Die Parlamentarier, die das täten, unterschätzten die Probleme, die zu lösen seien. Das Volk sei völlig verwirrt und übe Kritik an Dingen, wofür die Regierung keineswegs die Verantwortung trage.[178] Die Bonner Außenpolitik sei bisher im wesentlichen von den Hohen Kommissaren gemacht worden. Wer auf deutscher Seite dafür die Verantwortung übernommen habe, müsse damit rechnen, später von allen Seiten angefeindet zu werden. Brüning überließ es dem Urteil einer späteren Geschichtsschreibung, in welchem Maße die »Fortschritte auf einigen Gebieten« der Regierungspolitik in Bonn oder dem alliierten Einfluß zuzurechnen waren. Er selbst war nicht mit allen Schritten der Bonner Politik einverstanden, erkannte aber ihre Zwangslage an und gestand den handelnden Politikern zu, nicht ohne weiteres die Möglichkeiten der jeweiligen Lage erkennen zu können.[179] Zuweilen billigte er einzelne Maßnahmen, wenn sie seinen Vorstellungen entgegenkamen, etwa die Veröffentlichung eines Weißbuches der Bundesregierung am 5. Mai 1951 unter dem Titel »Deutsche Souveränität« über die deutschen Grenzen vom 31. Dezember 1937.[180]

Im April 1951 gab Brüning die Hoffnung auf, durch eine Politik des Abwartens und Zögerns möglichst viel für die deutsche Position herausholen zu können. Nun kam für ihn alles darauf an, »daß Deutschland möglichst viel aus dem neuen Marshall-Plan für die europäische Aufrüstung« erhalte, der inzwischen in Washington beraten werde. Andernfalls werde das Land – die Bundesrepublik – in kurzer Zeit sicherheitspolitisch in eine aussichtslose Lage kommen.[181]

Der Ruf nach Köln

Als Brüning im Herbst 1950 nach Cambridge zurückgekehrt war, hatte er geglaubt, es sei höchste Zeit gewesen, aus dem Dunstkreis Bonns wieder zu verschwinden, um seinen Glauben an die Zukunft des deutschen Volkes nicht zu verlieren. Gesundheitlich fühlte er sich nach den Erschöpfungen seiner Europareise häufig nicht wohl, versuchte aber weiterhin, die Bonner Politik zu beeinflussen. Am liebsten hätte er als »Privatmann« den neuen Außenminister unterstützt, ja mit ihm zusammengearbeitet. Als geeignet betrachtete er den ehemaligen Bürgermeister von Düsseldorf, Robert Lehr.[182] Sein Urteil über Adenauer hatte sich inzwischen wesentlich verändert. Der Kanzler sei doch nicht so schlau, wie er ursprünglich angenommen habe.[183] Für Brüning bedeutete Bonn »rheinische Republik«. Die Protestanten ertrügen es im übrigen nicht, daß zu viele Katholiken im Kabinett seien.[184]

Die Animosität zwischen den beiden Politikern beruhte auf Gegenseitigkeit. »Konrad Adenauer nimmt von mir keinen Rat an – er tut das Gegenteil!«, resümierte Brüning im Dezember 1950. Adenauer erzählte eines Tages einem Emigranten über Brüning, immer wenn er diesen in der Reichskanzlei besucht habe, habe dort die Mütze eines Generals gehangen, was dieser, als er davon hörte, wütend zurückwies. Es verdroß ihn, daß die regelmäßigen konkreten Ratschläge, die er einzelnen Bonner Politikern zukommen ließ, anscheinend nur dann befolgt worden seien, wenn der »entscheidende Herr nicht wußte, woher sie kamen«. Der Kanzler könne es auch nicht ertragen, wenn er, Brüning, in den USA im stillen arbeite. Doch werde er unter keinen Umständen noch einmal in einen »Zug« einsteigen, der sich in die falsche Richtung bewege, womit er auf seine Berufung zum Reichskanzler 1930 anspielte.[185] Brüning fürchtete, daß in der Außenpolitik alle realen Möglichkeiten »verpfuscht« würden. Im Juni 1951 erklärte er, es für unmöglich gehalten zu haben, daß »irgend jemand« – gemeint war Adenauer – einen solchen »Ausverkauf« in der Außenpolitik im Hinblick auf die deutschen Interessen machen könne.[186]

Das einzige konkrete Ergebnis seines zweiten Deutschland-Besuches, das für ihn unmittelbar persönliche Bedeutung gewinnen sollte, war das »Angebot« der Universität Köln, einen Lehrstuhl für Politische Wissenschaften zu übernehmen. Die Anregung, ihn nach Köln zu berufen, ging unter anderem auf Hermann Pünder zurück. Er hatte schon 1947 als Vorsitzender des Kuratoriums der Universität dem Düsseldorfer Kultusministerium die Errichtung eines Lehrstuhls für Politische Wissenschaft vorgeschlagen. Die Überlegungen, Brüning nach Köln zu holen, lassen sich bis in das Jahr 1946 zurückverfolgen, als einige Honoratioren in Köln die Errichtung eines Lehrstuhls für Sozialpolitik erörterten. Seither war die Errichtung eines einschlägigen Lehrstuhls immer wieder diskutiert worden, vor allem innerhalb des Kuratoriums der Universität, die sich damals noch in städtischer Trägerschaft befand. Im Juni 1950 hatte die Wirtschafts- und Sozialwissenschaftlichen Fakultät die Aufstellung einer Berufungsliste erwogen, wollte aber zuvor noch Vorträge von drei möglichen Kandidaten – Heinrich Brüning, Carl Joachim Friedrich und Ferdinand Aloys Hermens – abwarten. Schließlich dürfte nur die Berufung Brünings ernsthaft erwogen worden sein.

Der Beschluß der Wirtschafts- und Sozialwissenschaftlichen Fakultät vom 11. Juli 1950, einen Tag nach dessen Kölner Vortrag, ihn auf eine Berufungsliste zu setzen, bedeutete eine wichtige Vorentscheidung, die offenkundig weniger aus internen Beratungen der Fakultät, als aus Anregungen von außen, aus Kreisen des Kuratoriums, wenn nicht des Kultusministeriums hervorgegangen war. Die Fakultät, die den Termin ihrer letzten Sitzung im Sommersemester wegen Brünings Vortrag um einen

Tag verschoben hatte, erklärte gegenüber dem Kuratorium am 2. August, in Deutschland vergeblich nach einem geeigneten Fachvertreter gesucht zu haben. Es seien dort wirkliche Kenner der internationalen Politik nicht zu finden. Der Beschluß, ihn für die Besetzung unico loco vorzuschlagen, war am 21. Juli 1950 gefaßt worden. Der Inhaber des Lehrstuhls müsse sich der Entwicklung der wissenschaftlichen Grundlagen der Lehre von der Politik widmen, hatte die Fakultät erklärt, und die Erziehung der deutschen akademischen Jugend zu politischem Denken fördern. »Wir wüßten gerade für diese Aufgabe keinen geeigneteren Mann als Heinrich Brüning. Niemand hat die überaus reiche Erfahrung in der deutschen und internationalen Politik der letzten Jahrzehnte, wie er sie hat.« Die Persönlichkeit des Exkanzlers rühmte der Dekan der Fakultät, Paul Berkenkopf, überschwenglich: »Heinrich Brüning ist ... auch ein großer Mensch, von lauterster Gesinnung und Haltung, ein Mann, dessen ganzes Leben und Denken tief verwurzelt ist in einer ethischen Grundhaltung, die aus der Einheitlichkeit und Stärke einer Weltanschauung erwächst, die jedes Handeln, auch das politische, unter die ewigen Gesetze einer vom Schöpfer bestimmten Weltordnung stellt.« Man verwies im übrigen darauf, daß Brüning eine mehrbändige »Geschichte deutscher Politik seit dem 1. Weltkrieg« plane. Diese ist jedoch nie erschienen.[187]

Das Votum der Fakultät war einstimmig gewesen, trotz einiger Bedenken, die sich wahrscheinlich auf Brünings fortgeschrittenes Alter, wohl auch auf sein schmales wissenschaftliches Œuvre bezogen. Massiven Widerspruch erhob indessen sofort die Juristische Fakultät, die zunächst versuchte, einen entsprechenden Beschluß des Kuratoriums zu verhindern, dann aber einstimmig ein negatives Votum abgab, das das hohe Alter Brünings und die durch die wahrscheinlich kurze Amtszeit nicht zu vertretende Höhe der Versorgungslasten, die mit der Berufung verbunden seien, hervorhob. Bedenken wegen der fachlichen Eignung wurden ebenso vorgebracht. Auch im Kuratorium wurden Gegenstimmen laut, die zu einem Sondervotum führten, obwohl die Liste Brüning mit acht zu drei Stimmen verabschiedet wurde.

Die Kritik innerhalb des Kuratoriums an der Entscheidung für Brüning ging an Schärfe sogar über den Widerspruch der Juristischen Fakultät hinaus. Man verwies darauf, daß der Dekan der Wirtschafts- und Sozialwissenschaftlichen Fakultät keine wichtigen einschlägigen Veröffentlichungen Brünings habe nennen können. Der Hinweis auf die Bedeutung des Rufes nach Harvard und die Ankündigung, daß Brünings Memoiren vor dem Abschluß stünden und »einen höchst wichtigen Beitrag für die Beurteilung der politischen Zusammenhänge in den Jahren 20 bis 40 zu werden versprächen«, wollte man nicht gelten lassen. Gegen den »Menschen Heinrich Brüning« erhob man keinerlei Einwendungen, wohl gegen seine Qualifikation für den Lehrstuhl. Man verwies auf seine jahrelange Abwesenheit von Deutschland, was dazu führen müsse die »heutigen Verhältnisse unrichtig zu beurteilen, ohne die Erfahrungen des Emigranten und seine Kenntnis der internationalen Verhältnisse« zu seinen Gunsten zu würdigen. »Als Quelle wissenschaftlicher Erkenntnis aus persönlichem Erleben konnte er die politische Entwicklung von 1933 bis 1945 in Deutschland nicht erfahren.«

Man verwies auf seine Ausführungen vom 10. Juli in der Aula der Universität, um die Verfehltheit seines politischen Weltbildes zu entlarven. »Er bezeichnete hierbei die Beteiligung der ›Frontkämpfergeneration‹ an den politischen Aufgaben als Allheilmittel. Wenn diese Auffassung vielleicht nach dem Ersten Weltkrieg einen gewissen politischen Sinn hatte, so trifft dies für die Situation nach 1945 in keiner Weise zu. Auch seine Bemerkungen über den Wert der Weimarer Verfassung, von der er nur die aus der Bismarckschen Reichsverfassung übernommenen Teile und den Artikel 48 als den besten Teil gelten ließ, zeigen seine geistige Haltung zu den Grundproblemen der Weimarer Zeit.«

Die Kritik war nicht ohne politische Polemik, die so weit ging, dem Professor der politischen Wissenschaften seinen politischen Standort, ja die Absicht, künftig politischen Einfluß auszuüben, vorzuwerfen. Im Kuratorium hatte Dekan Berkenkopf die Frage beantworten müssen, ob er sicher sei, daß sich Brüning etwa politisch nicht betätigen wolle. Nach Berkenkopf hatte Brüning dies verneint, was nach Ansicht der Kritiker die Abstimmung im Kuratorium beeinflußte. Die Beschwerdeführer verzichteten nicht darauf, ihrer Kritik eine einschlägige Pressemeldung beizufügen, die Brünings Absicht, politischen Einfluß auszuüben, illustrieren sollte. Sie bezog sich auf seine Kontakte zu Kaiser und Pünder. Das Votum zielte auf die Rolle Brünings als Kanzler in der Weimarer Republik. Eine Berufung werde weite Kreise der Bevölkerung aufs tiefste befremden, da sich mit seinem Namen »noch heute die Erinnerung an eine unglücklich verlaufene Periode deutscher Geschichte« verbinde.[188]

Brüning dürfte bald von den universitätsinternen Querelen erfahren haben, was teilweise sein späteres Zögern erklärt, nach Köln zu gehen. Andererseits war ihm das positive Votum der Wirtschafts- und Sozialwissenschaftlichen Fakultät bekannt, so daß er die Sache von dieser Seite her für abgemacht hielt, obwohl er den kurzfristigen, schon am Tage nach seinem Kölner Vortrag gefaßten Fakultätsbeschluß als einen Triumph empfinden konnte. Die Sympathie der Kultusministerin Christine Teusch, die seinen Kölner Vortrag gehört hatte, schien ihm sicher zu sein. Darin täuschte er sich nicht.

Die Berufungsliste übersandte Oberbürgermeister Ernst Schwering am 3. August 1950 nach Düsseldorf[189], wo sie für längere Zeit liegen blieb, wahrscheinlich mit Rücksicht auf die bedenklichen Einsprüche seiner Kritiker und Gegner, vielleicht aber auch, weil Brüning – wohl in Kenntnis der Schwierigkeiten – seinerseits zögerte, sein Interesse an dem Ruf nach Köln deutlich zu machen. Als am 8. September 1950 in der Presse gemeldet wurde, daß Brüning im Wintersemester 1951 seine Lehrtätigkeit in Köln aufnehmen werde, stellte das Kuratorium auf Anfrage fest, daß ihm von einem Ruf nichts bekannt sei.[190] Ein entsprechender Kabinettsbeschluß wurde tatsächlich erst am 18. September 1950 – einstimmig – gefaßt. Kultusministerin Christine Teusch teilte Brüning am 12. Oktober ihre Absicht mit, ihn auf einen Lehrstuhl für Politik zu berufen. Sie lud ihn ein, im Sommersemester 1951 für einige Wochen nach Köln zu kommen und über die Konditionen seiner künftigen Lehrtätigkeit zu verhandeln. Sie regte an, dort noch einige Gastvorlesungen zu halten, ehe er seine Verpflichtungen in Harvard endgültig abwickele.[191]

Brüning behielt sich die Entscheidung vor, obwohl das »Angebot« für ihn sehr verlockend war. Andererseits war ihm nicht entgangen, daß sein Kölner Vortrag in der Öffentlichkeit auf ein geteiltes Echo gestoßen war. Rückblickend bezeichnete er es als Fehler, daß er ihn gehalten hatte. Er ließ das Düsseldorfer Ministerium ein Jahr lang auf seine Antwort warten. Ihn irritierten auch die Gerüchte, nach denen er nur zum Schein nach Köln gehen wolle und sich in Wirklichkeit darauf vorbereite, demnächst das Außenministerium in Bonn zu übernehmen. Im Hinblick auf die Einwände innerhalb des Kuratoriums der Universität gegen seine Berufung vermutete er allerdings zu Unrecht, daß diese auf Oberbürgermeister Ernst Schwering und Oberstadtdirektor Willy Suth, dem Schwager Adenauers, zurückgingen. Er schloß auf eine Intrige des Bundeskanzlers, der ihn angeblich von Köln fernhalten wolle.[192]

Auf einem anderen Blatt stand die Enttäuschung über den außenpolitischen Kurs vor allem Adenauers nach der Korea-Krise. Ende Dezember 1950 hatte er erklärt, daß seine Neigung, nach Deutschland zurückzukehren, keineswegs gewachsen sei. Drei Monate später war er wegen der Bonner Politik so deprimiert, daß er am liebsten in den USA bleiben wollte.[193]

Dennoch entschloß er sich Ende 1950, nach Köln zu gehen, nachdem er noch eine einschlägige Anfrage über den US-Landeskommissar für Bayern, George N. Shuster, aus München erhalten hatte. Shuster hatte ihn noch im Sommer in Köln besucht, um seine Zukunftspläne zu erkunden. Dessen Behörde verhandelte mit etwa fünfzig exilierten Gelehrten, um sie an die Ludwig-Maximilians-Universität zu holen. Die »Einladung« dorthin zu gehen, nahm er erfreut zur Kenntnis, wollte ihr jedoch nicht folgen und ließ die Offerte sogar unbeantwortet, was seinen amerikanischen Gönner befremdete. Als im März 1951 in der Presse gemeldet wurde, daß Brüning nach Köln ginge, ließ das Ministerium verlauten, daß es lediglich eine Eventualanfrage an Brüning gerichtet habe. Dieser mußte daraufhin gegenüber der Presse durch Claire Nix bestätigen lassen, daß er keinen formellen Ruf aus Köln erhalten habe. Der peinliche Vorgang veranlaßte ihn zu der unüberlegten Erklärung, weder jetzt noch in Zukunft jemals nach Deutschland zurückkehren zu wollen.[194]

Brüning war verstimmt und wollte vorerst auf die Sache nicht mehr zurückkommen. Dazu scheint ihm auch Claire Nix geraten zu haben. Dies irritierte die Kultusministerin, die sehr an Brünings Zusage interessiert war. Christine Teusch mahnte dringend eine Antwort auf ihr »Berufungsangebot« an. Einen offiziellen Ruf wollte sie nicht herausgehen lassen, ehe sicher war, daß Brüning ihn annahm. Hermann Pünder ließ ihn wissen, daß ihn sein großer Freundeskreis und auch die Universität Köln »sehnlichst erwarte«. Zugleich erinnerte er ihn daran, daß ihm in Harvard wegen der Altersgrenze ohnehin die Abschiedsstunde schlagen werde, ob er nun nach Deutschland gehe oder nicht.[195] Brüning antwortete, daß er im Oktober nach Köln kommen, danach im Januar noch einmal für ein halbes Jahr nach Harvard gehen werde. Er wolle erst dann endgültig nach Deutschland übersiedeln, wenn er sehe, daß ein »Leben in Köln möglich ist, ohne täglich in die Tagespolitik hineingezogen zu werden.«

Sein unsicheres und undurchsichtiges Verhalten versuchte er nachträglich damit zu erklären, daß er im Herbst 1950 das Düsseldorfer Kultusministerium gebeten habe, nichts über eine eventuelle Berufung an die Presse gelangen zu lassen, weil er fürchtete, daß »gewisse Leute in der Paßabteilung« des State Department ihm Schwierigkeiten mit dem Visum bereiten könnten. Nachdem die Sache publik geworden sei, habe seine Sekretärin die zahlreichen Presseleute, die sich in Hartland eingefunden hätten, vorsorglich »abgewimmelt«.[196]

Er hatte den Eindruck gewonnen, daß es in Westdeutschland in einflußreichen Stellen und auch unter Emigranten, die dort im Dienste der Alliierten tätig seien,

Leute gebe, die seit Jahren alles täten, um seine Rückkehr in die Heimat selbst als Privatmann zu erschweren oder zu verhindern. Er ließ durchblicken, daß seine wiederholt »öffentlich gemachte Auffassung«, daß er »kein öffentliches Amt in der Heimat übernehmen« werde, mit diesen Widerständen zusammenhing. »Aber ich könnte vielleicht manches tun als Privatmann, wenn es Charaktere gäbe, mit denen ich im Stillen zusammenarbeiten könnte.«[197]

Inzwischen erwog Brüning nüchtern die persönlichen Konsequenzen, die sich aus dem Kölner Angebot ergaben. Auf Grund seines fortgeschrittenen Alters war seine Pensionierung in Harvard ohnehin am 1. Juli 1952 möglich, so daß sich die Frage, ob ein Ruf nach Köln überhaupt noch rechtlich zulässig war, erledigt hätte. Solche Bedenken, die angeblich von seinen Gegnern in Deutschland gehegt wurden, gelangten auch zu seiner Kenntnis. An einer bloßen Gastdozentur nach dem Ende seiner Lehrtätigkeit in Harvard war er nicht interessiert. Er argwöhnte, daß ihm dies nahegelegt werden sollte. Zunächst erwog er, für ein Semester nach Köln zu gehen, um festzustellen, ob er mit den dortigen Verhältnissen zurechtkäme.[198]

Erst am 7. September 1951 teilte Brüning Christine Teusch mit, daß er ihr Angebot nach Köln zu gehen, annehmen wolle, nachdem ihm sein Intimus Johannes Maier-Hultschin, Pressechef der Landesregierung von Nordrhein-Westfalen, im Auftrage der Ministerin versichert hatte, daß seiner Berufung keine Hindernisse im Wege stünden. Noch am 4. Oktober scheint sich allerdings das Kuratorium der Universität bei Brüning nach dessen Absichten erkundigt zu haben. Brüning schloß daraus, daß das Kultusministerium dem Kuratorium bisher keine Mitteilung über seine »Annahme, Vorlesungen zunächst einmal im Wintersemester an der Universität in Köln zu halten«, gemacht habe. Er werde daher sogleich die Ministerin bitten, der Universität die nötigen Informationen zu geben. Diese Ungereimtheit scheint darauf zu beruhen, daß Brüning seine Zusage an die Privatanschrift von Frau Teusch geschickt hatte und in Köln noch nicht bekannt war.[199] Wie kritisch er die beruhigenden Nachrichten Maiers betrachtete, erhellt daraus, daß er den Ruf nach Köln zum Wintersemester 1951/52 tatsächlich unter der Bedingung annahm, 1952 noch einmal für ein Semester nach Harvard zurückkehren zu dürfen, um dort seine Lehrverpflichtungen für ein ganzes Jahr entsprechend seiner Dienstverpflichtung bis zur Pensionierung – durch eine höhere Stundenzahl – zu absolvieren. Dies sicherte ihm die Ruhegehaltsansprüche aus Harvard zusätzlich zu den Bezügen aus Köln.[200]

Brünings Verstimmung war unverkennbar. Außerdem bedrängten ihn finanzielle Sorgen angesichts einer bevorstehenden Operation.[201] Zu allem Überfluß verlautete aus amerikanischen Quellen, die US-Behörden legten angeblich seiner Übersiedlung wegen seiner speziellen Kenntnisse der früheren amerikanischen Deutschlandpolitik unter Roosevelt und Morgenthau und wegen seiner engen Beziehungen zu den Republikanern Schwierigkeiten in den Weg.[202]

Die Gerüchte über die Besetzung des neuen Auswärtigen Amtes in Bonn standen ebenfalls im Hintergrund der Affäre. Er selbst hatte nicht nur durch seine zahlreichen Dementis das Seine dazu beigetragen, die Spekulationen wachzuhalten. Mit seinen vielfältigen politischen Gesprächen, die man teilweise als Konsultationen bezeichnen konnte, mit seinen Memoranden und mit seiner Korrespondenz verfolgte er eine bestimmte Strategie, die erklärtermaßen Bonner Regierungspolitik werden sollte, so sehr er seine Beraterrolle betonte.

Die Berufung nach Köln in einem Lebensalter, in dem deutsche Professoren üblicherweise emeritiert wurden, war als Faktum aufsehenerregend genug, um Zweifel zu begründen, ob er wirklich an dem Lehrstuhl in Köln interessiert war. Selbst Pünder, der ihn im Frühjahr 1951 in Cambridge besuchte, der mit ihm ausgedehnte Spaziergänge durch das Universitätsgelände unternahm und auch Boston besuchte, hielt es doch für angezeigt, ihn mehrfach zu fragen: »Sie haben doch keine Absichten, in die Politik zurückzukehren?« Es kränkte ihn, daß sich der CDU-Abgeordnete Heinrich von Brentano, der zusammen mit Pünder nach Boston gekommen war, weigerte, ihn aufzusuchen.[203] Auf der Abneigung gegen Brentano dürfte auch Brünings spätere Kritik an dessen eifriger Reisediplomatie als Außenminister beruht haben, die in der Weimarer Zeit nicht üblich gewesen sei. Nach seiner Ansicht waren Brentanos Reisen gewöhnlich schlecht vorbereitet.[204]

Kurz darauf tauchten Nachrichten auf, Brüning sei im Ausschuß der Wahlmänner des Bundestages als Mitglied des Bundesverfassungsgerichts im Gespräch gewesen. Eine Berufung des bisherigen Professors für Staatsrecht in Harvard sei jedoch daran gescheitert, daß er nicht das juristische Assessor-Examen und daher auch nicht die Befähigung zum Richteramt besitze. Brüning selbst bezeichnete den Plan als Unsinn. Man dürfe ohnehin niemanden vorschlagen, der nicht über »große richterliche Erfahrung« verfüge. Wer dies veranlaßt habe, wisse er nicht.[205]

Als Pünder 1951 von der CDU für dieses Amt vorgeschlagen wurde, lehnte er gegen den Rat Brünings ab.[206] Pünder hatte Adenauer die Kaltstellung bei der Bildung der Bonner Regierung nicht verziehen und mißbilligte ähnlich wie Brüning lange Zeit dessen politischen Kurs in der Deutschlandfrage. Im September 1951 kritisierte er in einem ungezeichneten Artikel der Ketteler-Wacht Adenauers allzu sehr auf Frankreich und die Bundesrepublik bezogene Integrationspolitik, weil sie die psychologischen Faktoren auf Seiten Frankreichs verkenne. Adenauer betreibe Außenpolitik als sein eigener Außenminister, während das Auswärtige Amt völlig einflußlos bleibe. Staatssekretär Walter Hallstein apostrophierte er kurzerhand von seiner Vorbildung her als »Fehlbesetzung«. Mit Brüning hätte hingegen »eine weit überlegene Person« zur Verfügung gestanden. Adenauer reagierte wütend, während Karl Arnold den Inhalt des Artikels ohne Einschränkung billigte.[207] Pünder teilte Brünings Argwohn, daß Adenauer die Wiedervereinigung nicht wirklich anstrebe. Zumindest zweifelte er, ob dessen Politik dieses Ziel erreichen werde. Adenauer habe schon in früheren Jahrzehnten »für Berlin und alles deutsches Land, was östlich der Elbe« liege, »so gut wie nichts übrig gehabt«: »Aber als Schlauberger sieht er natürlich, daß er ohne die Förderung der Wiedervereinigung vom deutschen Volke einfach weggeweht würde. Aber ob der Weg über die Nato wirklich zur Wiedervereinigung führt?«[208]

Im Frühjahr 1951 war Brüning entschlossen, im folgenden Wintersemester in Köln mit seinen Vorlesungen zu beginnen. Die letzten Seminare in Harvard sollten dann in den Monaten Februar bis Juni 1952 stattfinden. Die Lösung war aus zwei Gründen klug. Er unterstrich einerseits seinen Willen, seine Lehrtätigkeit fortsetzen zu wollen, andererseits signalisierte er in Richtung Deutschland, daß er nicht auf einen Ruf aus der Heimat angewiesen war. Endgültig wollte er im September 1952 nach Köln übersiedeln. Den Sommer 1951 und 1952 beabsichtigte er allerdings, wieder in Hartland zu verbringen.[209]

Anfang September 1951 hieß es offiziell, Brüning werde im Wintersemester 1951/52 mit seinen Kölner Vorlesungen beginnen. Mitte Oktober verlautete endlich aus dem Kultusministerium, daß das Kabinett die Berufung Brünings einstimmig gebilligt habe. Die Ernennung zum Ordinarius für Politische Wissenschaften durch das Kultusministerium auf Vorschlag der Wirtschafts- und Sozialwissenschaftlichen Fakultät erfolgte zum 1. November 1951. Das Fach wurde bis dahin durch ausländische Gastprofessoren wie die Engländer Sir Ernest Barker und Michael Beresford Foster sowie den in Groningen lehrenden Politologen Jan Jurriaan Schokking, seit 1945 Generalsekretär der Niederländischen Gesellschaft für Internationale Angelegenheiten, vertreten.[210]

Lehrtätigkeit: Erfahrungen des Staatsmanns

In der letzten Oktoberwoche 1951 ging Brüning an Bord des Luxusdampfers »America«, um am 3. November kurz nach Mitternacht in Bremerhaven einzutreffen. Bis Le Havre war unter anderem der amerikanische Außenminister Dean Acheson mit an Bord, der zur UN-Vollversammlung nach Paris reiste. Noch ehe der Exkanzler von Bord ging, bekräftigte er zum wiederholten Male öffentlich seine Absicht, nicht wieder aktiv in die deutsche Politik eingreifen zu wollen. Er werde zwar im nächsten Jahr noch einmal wegen bestehender Lehrverpflichtungen für ein Semester nach Harvard zurückkehren, sich aber im August 1952 endgültig in Deutschland niederlassen.[211] Brüning fuhr sofort nach Köln, wo er einige Tage im Hause von Josef Horatz an der Hültzstraße im Vorort Braunsfeld wohnte, ehe er für ein Jahr in das St. Elisabeth-Krankenhaus in Hohenlind zog. Dort bewohnte er eine Wohnung im 4. Stock.

Den Eid auf die Landesverfassung von Nordrhein-Westfalen leistete Brüning in Anwesenheit von Christine Teusch in Düsseldorf. In der Landeshauptstadt hatte er auch eine Unterredung mit Ministerpräsident Arnold über aktuelle politische Fragen, was den Gerüchten über eine mögliche neue Aufgabe in Bonn neue Nahrung gab. In Regierungskreisen wurden zudem wieder Stimmen laut, die empfahlen, sich in Zukunft der Dienste Brünings als außenpolitischer Ratgeber zu versichern. Sprecher der Opposition dagegen nannten ihn neben Männern wie Dollfuß und Schuschnigg einen »Todfeind der Sozialdemokratie« und behaupteten, daß er aus der Geschichte der Weimarer Republik nichts gelernt habe.[212]

Gemäß der Berufungsvereinbarung mit dem Ministerium vom 5. November erhielt Brüning ein Sondergehalt von jährlich 13.600 DM, eine 20%ige Teuerungszulage, sowie den gesetzlichen Wohnungsgeldzuschuß in Höhe von 1.584 DM. Das Kolleggeld betrug jährlich 5.000 DM. Die Universität richtete für ihn ein Seminar für Politische Wissenschaft ein. Dem neuen Professor wurde ein Assistent und eine Schreibkraft in Aussicht gestellt.[213]

Die Rückkehr des Altkanzlers wurde allenthalben als Politikum bewertet. Man erwartete zumindest, daß die Bonner Politik sich seiner Erfahrung und seines Rates bedienen werde. Doch auch von einer Berufung zum Außenminister war erneut die Rede, falls Adenauer dieses Amt, das er seit dem März 1951 kommissarisch verwaltete, wegen Arbeitsüberlastung abgeben sollte. Vor der Ernennung Adenauers zum

Außenminister hatten die oppositionelle SPD und auch die FDP als Regierungspartei die Personalunion von zwei Spitzenämtern der Regierung als unzweckmäßig erklärt, während Adenauer versichert hatte, das Außenamt nur so lange behalten zu wollen, bis die Bundesrepublik ihre volle Souveränität gewinne. Wichtige Fragen der Außenpolitik müßten bis dahin ohnehin mit den drei Hochkommissaren abgestimmt werden.[214]

Am 12. November begann Brüning seine Vorlesung über »Hauptprobleme der großen Politik zwischen 1924 und 1934«, die er während des Wintersemesters dienstags und donnerstags um 12 Uhr hielt.[215] Das Kolleg vom 12. November fand im überfüllten Hörsaalgebäude an der Gyrhofstraße vor etwa 900 Zuhörern statt. Anwesend waren neben den Studenten, großenteils des Geburtsjahrgangs 1932, als der Reichskanzler stürzte, zahlreiche Pressevertreter aus dem In- und Ausland, daneben auch hohe Beamte aus den Bonner Ministerien und Kollegen des Lehrkörpers. Etwa dreißig Sitzplätze waren für Gäste der Universität reserviert. Fotoaufnahmen waren nicht erlaubt, als der Exkanzler aus einem Nebenraum kommend mit eiligen Schritten unter dem Beifall der Anwesenden dem Vortragspult zustrebte.

Die Freude über den Ruf nach Köln sprach er unumwunden aus, indem er der Landesregierung und der Fakultät dafür dankte, daß sein Wunsch, einmal vor deutschen Studenten lehren zu dürfen, erfüllt worden sei. »Ein stiller Traum in den langen Jahren meines Exils ist in Erfüllung gegangen.«

Der Exkanzler sprach ruhig und bedächtig, immer noch mit einem leichten amerikanischen Akzent. Gelegentlich hatte es sogar den Anschein, als müsse er nach einem Wort in seiner Muttersprache suchen. Nach zwanzig Minuten hatte er sich frei gesprochen und ließ das hellblau eingeschlagene Manuskript unbeachtet. Die Art und Weise seines Vortrages ließ kaum erkennen, wie ein Zuhörer später meinte, daß dieser Mann in den letzten Jahren der Weimarer Republik an der Spitze der deutschen Regierung gestanden hatte, so klug und überlegt seine Ausführungen im einzelnen auch sein mochten.

Einleitend hatte er bemerkt, daß er nicht die Entwicklungslinien der gegenwärtigen Politik erörtern und sich auch nicht zu aktuellen Fragen äußern wolle, um Fehldeutungen seiner Absichten zu vermeiden. Statt dessen analysierte er die Problematik politischen Handelns im Lichte seiner eigenen Erfahrungen, um die Präliminarien der Epoche, die er im laufenden Semester behandeln wollte, zu klären und das Feld der nachfolgenden Vorlesungen abzustecken. Er warnte seine jugendlichen Zuhörer davor, zu glauben, daß es in der Politik vor allem auf ein umfassendes sachliches Wissen ankomme, um das politische Handwerk auszuüben. Die Aufgabe der Wissenschaft sah er in einer Theorie politischen Handelns, ohne daß er eine präzise Lehrbarkeit politischer Weisheit oder »richtigen« politischen Handelns zu behaupten wagte. Man könne an zahlreichen Beispielen demonstrieren, wie »gute oder schlechte Entscheidungen« zustande kämen. Die akademische Jugend ermunterte er zu »sorgfältiger und reifer Beurteilung« politischer, vor allem außenpolitischer Vorgänge. Seine Ausführungen muteten allzu professoral und theoretisch an, obwohl er keineswegs den Eindruck erweckte, daß er jeder praktischen politischen Tätigkeit abhold sei. Er beschrieb den weltpolitischen und sittlichen Horizont, vor dem sich politisches Handeln rechtfertigen müsse. Die moderne Demokratie zeige, daß die politischen Entscheidungsprozesse immer schwieriger würden und sich immer rascher vollzögen.

Im Mittelpunkt der Betrachtung stand sein Lieblingsthema – der handelnde Staatsmann, der in seinen Entscheidungen leicht das Opfer von Selbsttäuschungen oder des Einflusses von Experten werden könne. Der Staatsmann brauche sensible, aber auch starke Nerven, ferner die Fähigkeit die Folgen einer Entscheidung abzuschätzen, und Elastizität in politischen Verhandlungen, ohne das gesetzte Endziel aus den Augen zu verlieren. Der echte Politiker müsse einerseits über möglichst weitgehende Spezialkenntnisse, andererseits über eine gute Allgemeinbildung verfügen.

Die Methode internationaler Verhandlungen charakterisierte er am Beispiel der Völkerbund-Verhandlungen und der Vorgeschichte des Locarno-Vertrages dahin, daß diese sowohl sachlich wie psychologisch sorgfältig vorbereitet werden müßten, um dauerhafte internationale Vereinbarungen treffen zu können. Dies war als eine Anspielung auf die westeuropäischen Integrationsbestrebungen, wohl auch als vorsichtiges Signal in Richtung Bonn zu verstehen. Verträge, die unter bestimmten politischen Voraussetzungen abgeschlossen würden, verlören rasch ihre ursprüngliche Bedeutung. In diesem Falle sei es falsch, sich an die vereinbarten Paragraphen zu klammern. Man müsse dem angelsächsischen Vorbild folgen und rechtzeitig Verhandlungen über eine Revision einleiten. Die Angelsachsen pflegten sich in einer solchen Situation, so erläuterte er, auf einschlägige historische Präzedenzfälle und das Gewohnheitsrecht im internationalen Verkehr zu berufen. Dies biete eine solide Grundlage künftiger Verständigung, um die Völker frei zusammenwachsen zu lassen.

Nach jedem großen Krieg glaube die Menschheit durch bindende Satzungen und eine internationale Organisation den »Ewigen Frieden« herbeiführen zu können. Je mehr Zeit man sich bei solchen Verhandlungen nehme, um so eher könne man hoffen, etwas Dauerhaftes zu schaffen. Wesentlich sei immer eine Atmosphäre des Vertrauens. Sie herbeizuführen, sei die Aufgabe des Außenpolitikers, was gleichsam eine Selbstcharakteristik bedeutete. »Nichts macht sich weniger bezahlt, als die bewußte Täuschung des Verhandlungspartners.« Nichts vergifte die internationale Atmosphäre so sehr wie die Erfahrung, »daß der gute Wille zum Kompromiß von der Gegenseite mit einem lange geplanten Täuschungsmanöver beantwortet wird«. Daher leide Deutschland noch heute unter den Folgen einer solchen Politik durch die Nationalsozialisten. Die deutsche Regierung könne nur in mühevoller Arbeit das verlorene Vertrauen zurückgewinnen, das durch Hitler verspielt worden sei. Im Hinblick auf das Verhältnis zwischen Deutschland und Frankreich erklärte er: »Wenn man eine dauernde Freundschaft entwickeln will, die später vertraglich fixiert werden soll, muß man bescheiden anfangen.«

Man möge sich auf die Vorzüge der »guten alten Diplomatie« besinnen, die auf Erfahrung, Vorsicht und Verschwiegenheit beruhe, riet er. Sie sei die vielleicht beste Methode internationaler Verhandlungen. Gewiß bedeutete dies kein Bekenntnis zur »Geheim-Diplomatie« im Sinne des 18. Jahrhunderts, die kaum einer zugleich wissenschaftlichen und öffentlichen Darstellung zugänglich gewesen wäre. Er meinte aber, daß die Grundsätze der Diskretion auch gegenwärtig, also im demokratischen Zeitalter und angesichts der Macht der öffentlichen Meinung, erforderlich seien, wenn man sich nicht bei rasch abgeschlossenen Verträgen durch eine »mit Scheinwerfern angestrahlte Fassade auf brüchigem Untergrund« täuschen lassen wolle.

Kein Regierungschef und kein Außenminister dürfe die letzten, die langfristigen Ziele seiner Politik rückhaltlos vor der Öffentlichkeit enthüllen. Allerdings dürften die Mitglieder des Kabinetts und die Parteiführer beanspruchen, vertraulich ausreichend informiert zu werden.[216]

Ungewöhnlich war seine eigenwillige Charakteristik der internationalen Lage. »In dem gegenwärtigen Zustand der Verhetzung der Völker kommt es sehr darauf an, zu der bewährten Tradition der alten Demokratie zurückzufinden, um auf diesem Wege eine langsame Versöhnung zwischen den Nationen wieder anzubahnen.« Der Kern seiner Aussagen, mit denen er gleichsam das *arcanum imperii* beschwor, bestand in einer Analyse der Auswirkungen der Massendemokratie auf den politischen Prozeß. Sie bestätigten indirekt, daß er politische Entscheidungen vor allem von der Exekutive her zu sehen gewohnt war. Die Parlamentarier seien oft zu Zugeständnissen an ihre Wähler gezwungen, was sie daran hindere, wesentliche politische Herausforderungen zu erkennen. Dies könne zu einer »schleichenden Krise« des demokratischen Systems und schließlich zur Katastrophe werden, was sich in den Zeiten lang andauernder Währungsunsicherheiten gezeigt habe. Das Schwergewicht der politischen Macht gehe dann – gegen die Absicht der Verfassung – auf die Regierung über, deren Mitglieder ihrerseits überfordert wären, wenn sie nicht über einen Stab von Beratern verfügten, die in der Lage seien, die Auswirkungen bestimmter Maßnahmen in der Zukunft realistisch einzuschätzen.

Andererseits müsse jede verantwortungsvolle Regierung den Mut zur Unpopularität haben, wenn es um weittragende politische und wirtschaftliche Entscheidungen gehe. Hier kritisierte er wieder, wie er es schon zwei Jahre zuvor getan hatte, die angebliche Neigung seiner Landsleute zu utopischem und allzu abstraktem Denken, die sie mit den alten Griechen gemein hätten. Die Begabung zur Abstraktion, die der praktischen Anwendung wissenschaftlicher Erkenntnis sonst sehr dienlich sein könne, erweise sich in der Politik als eine sehr verführerische Gabe.[217]

Das utopische Denken behandelte er als eine Art Chiffre für deutsche Weltfremdheit, die sich dem Emigranten in der Auseinandersetzung vor allem mit der angelsächsisch geprägten Kultur erschlossen hatte. Seine Vorbehalte in dieser Hinsicht verschwieg er. Andererseits waren seine Betrachtungen von den Erfahrungen der Weimarer Zeit insofern geprägt, als er in den Begriffen internationaler Politik zu denken gewohnt war, aber supranationale Entwicklungen als sekundäre Phänomene unterschätzte. Statt dessen griff er auf historische Einsichten, die er schon in seiner Straßburger Zeit bei Meinecke und Spahn gewonnen hatte, zurück. Ein endgültiges Urteil über die Geschichte gebe es wahrscheinlich nicht, da jede Zeit ihre eigenen Anschauungen habe, was sich oft in politischen Memoiren zeige, die sich gegen eine Kritik richteten, die durch den Wandel politischer Ansichten bedingt sei. Eine bedeutende Ausnahme seien die Memoiren Lord d'Abernons, des früheren britischen Botschafters in Berlin, in denen beispielsweise die Verhandlungen über den Locarno-Vertrag objektiv dargestellt würden. Sie seien von hoher politischer Weisheit erfüllt. Der Locarno-Vertrag werde in seiner Vorlesung eine wichtige Rolle spielen. Der Vertrag hätte nach seiner Ansicht eine dauernde Pazifizierung erreicht, wenn Hitler ihn nicht gebrochen hätte.[218]

Das öffentliche Echo auf Brünings Vorlesung war überwiegend freundlich. Große politische Weisheiten oder Neuigkeiten erwartete man nicht. Es gab wiederum Stimmen, die ihm bei aller Souveränität eine gewisse Entfremdung im Urteil über die Verhältnisse in Deutschland nachsagten. Man fragte etwa, ob er in der Heimat ein Mann von gestern bleibe. Die Kenntnis der internationalen Verhältnisse bestritt man ihm nicht, und räumte ein, daß die Bundesrepublik auf seine Kenntnisse angewiesen sei. Auch die akademische Jugend, aus der möglicherweise einige Politiker hervorgehen würden, werde einiges für das politische Handwerk lernen können. Die Pflege der öffentlichen Meinung, der politischen Kultur auf akademischer Ebene schien ihn, wie man beobachtete, nur am Rande zu interessieren. Folglich zweifelte man allenthalben, ob er sich auf sein Kölner Engagement beschränken werde. Er sei als »Mann in der Reserve« zu betrachten, da es in Bonn an bedeutenden politischen Köpfen fehle.[219] Bundeskanzler Adenauer schickte ihm anläßlich seines Rufes nach Köln ein Begrüßungsschreiben und ließ ihn wissen, daß er ihn gern wieder einmal sehen würde. Die Universität ehrte ihn am 17. November mit einem Frühstück auf Einladung von Rektor Theodor Wessels.[220]

Die erste Vorlesung war faktisch Brünings Antrittsvorlesung gewesen. Zweimal wöchentlich hielt Brüning im Wintersemester 1951/52 in dem äußerlich wenig ansprechenden Hörsaal gegenüber dem Hauptgebäude der *alma mater Coloniensis* seine Vorlesung über die Hauptprobleme der internationalen Politik in der Zwischenkriegszeit, vor allem über den Vertrag von Rapallo und die Vorgeschichte des Locarno-Paktes. So versuchte er zu zeigen, daß das internationale politische Geschehen nicht in »Systemen« oder in der Logik von Schulen zu fassen sei. Politisches Handeln könne nicht dogmatisch begründet werden. Er warnte überhaupt vor jeder schematischen und theoretischen Betrachtung von Vorgängen, die historisch bedingt und ständig im Fluß seien. So erörterte er die Frage, wie beispielsweise der sogenannte »Rapallo-Komplex« der Westmächte zu erklären sei, obwohl sich doch Deutschland 1922 keineswegs bündnispolitisch auf den Osten festgelegt habe und auch nicht auf den Osthandel angewiesen gewesen sei.

Am Beispiel der Revolution von 1848 und der Reichsgründung von 1871 zeigte er, daß die deutsche Außenpolitik angesichts der deutschen Mittellage immer das Interesse der Nachbarstaaten berücksichtigen, d. h. im beständigen Dialog mit ihnen gestaltet werden müsse. Er verzichtete also nicht auf prinzipielle und »dogmatische« Aspekte. Das Scheitern der Paulskirche sei teilweise durch die mangelnde Erkenntnis der außenpolitischen Faktoren zu erklären. Bismarck sei sich dieser Problematik bewußt gewesen. Der Gedanke, daß die Außenpolitik den Prinzipien eines extrem ausgelegten Selbstbestimmungsrechtes folgen dürfe, habe ihm ferngelegen, erst recht jede Polemik gegen fremde Einmischungsversuche, wenn das Ausland in deutsche Angelegenheit hineinredete. »Aber unter seinen Nachfolgern zerriß das Bündnisnetz und Tirpitz dröhnte, seine Flottenpolitik sei eine rein innerdeutsche und keine englische Angelegenheit.«

Die Erfahrungen der Westmächte mit der deutschen Politik hätten sich in der Folgezeit fatal ausgewirkt. Immer dann, wenn sich die deutsche Rüstung »über ein bestimmtes Optimum« erhebe, »bilden sich Abwehrkreise gegen uns«. Brünings Argumentation folgte einerseits traditionellen Mustern der Kritik an den Nachfolgern Bismarcks, beschrieb aber andererseits die Problematik der außenpolitischen Einkreisung Deutschlands – noch jenseits der ideologischen Herausforderung des internationalen Systems durch den Totalitarismus seit 1933. Er beschwor die »ehrliche

Kunst des politisch Möglichen« im Verhältnis zur »unehrlichen Kunst des politisch Unmöglichen« im Sinne des Platonischen Ideals, daß Politik »wahr« sein müsse.[221]

Zwischen Köln und Harvard

Wir wissen wenig über das Privatleben, das Brüning in den Kölner Jahren führte. Er freute sich, daß er kurz nach seiner Übersiedlung aus den USA erstmals seinen Geburtstag – er war nun sechsundsechzig Jahre alt – wieder in der Heimat begehen konnte.[222] Seine Wohnung befand sich zunächst wie einst in Berlin in einem Krankenhaus, jedoch in einer angenehmen Gegend unweit des Stadtwaldes. In der Universität mußte er sich in einem Provisorium einrichten. Mitte Dezember 1951 besaß er dort noch kein Zimmer, keinen Assistenten und auch noch keine ständige Sekretärin. Dies änderte sich erst im Frühjahr 1954, als Hermann Josef Unland (geb. 1929) als Assistent und Bettina von Radowitz (geb. 1931) als Sekretärin ihren Dienst antraten.

Ehe das Wintersemester 1951/52 offiziell beendet war, reiste er am 23. Januar von Bremerhaven aus an Bord der »America« noch einmal für ein Semester in die Vereinigten Staaten. Er hatte das Semester früher beendet, um Anfang Februar wieder in Harvard sein zu können. Bei der Abreise zog er ein Fazit seiner ersten Erfahrungen in Deutschland: »Vieles war schlecht bei uns, aber vieles war und ist gut in Deutschland«. Hier brach er wieder – auf anfechtbare Weise – eine Lanze für die deutsche Rechts- und Verwaltungstradition einschließlich des Rechts- und Pflichtbewußtseins der Angehörigen des öffentlichen Lebens – trotz der verbreiteten Kritik an der Demontage und Zerstörung des Rechtsstaates in der NS-Ära.

Schon in den ersten Wochen seines Kölner Aufenthaltes glaubte er festgestellt zu haben, daß die Nazis die großen kulturellen Traditionen letztlich nicht zu zerstören vermocht hatten, ließ es aber offen, ob dies künftig den »Bolschewisten in der Ostzone« gelinge. Er äußerte sich anerkennend über den erstaunlichen wirtschaftlichen Aufschwung, allerdings merkte er an, »daß ein Drittel der deutschen Bevölkerung aus öffentlichen Mitteln erhalten« werden müsse. »Gelingt es nicht, auch diese Schichten möglichst wieder aus eigenem Erwerb kaufkräftig zu machen, ist die Gefahr wachsender sozialer Spannungen und ernster Konflikte mit allen ihren Folgen unausweichlich.« Bei seiner Ankunft in New York wiederholte er am 7. Februar seine Beobachtungen über die wirtschaftliche und soziale Lage in Deutschland, ergänzte sie jedoch mit der Feststellung, ein Wiederaufleben des Nazismus sei nicht zu befürchten.[223]

Nach dem letzten Semester in Harvard verbrachte er den Sommer und den Herbst in Hartland.[224] Ende Oktober kehrte er von New York aus wieder nach Europa zurück. Der Abschied von Harvard, vor allem von Hartland und Vermont, fiel ihm, wie er Freunden eingestand, schwerer, als er zuvor gedacht hatte. Als er endgültig seinen Haushalt auflöste, seine Sachen durchsah und für den Abtransport vorbereitete, empfand er die Trennung noch stärker als vor seinem zweiten Besuch in der Heimat, da er inzwischen die ersten Enttäuschungen über die Entwicklung in Deutschland erlebt hatte.[225]

Einerseits war er glücklich, von Cambridge wegzukommen, obwohl Lowell House der »bestmögliche Platz« für ihn zum Leben während des Krieges trotz aller Einschränkungen war. Scherzhaft hatte er Pünder erzählt, daß man in Washington sage, daß Cambridge und Boston außerhalb der Welt lägen. Gerade dies empfand er als angenehm. Die Lehrtätigkeit selbst schien ihn andererseits seit längerer Zeit nicht mehr zu befriedigen. Er klagte darüber, daß seine Studenten die Vorlesung über vergleichende Staats- und Regierungsformen in ihren soziologischen und historischen Hintergründen letztlich nicht verstünden, wie die Seminare und auch die Prüfungsarbeiten zeigten. Allerdings war er angetan von der Aufmerksamkeit deutscher Gaststudenten.[226]

In Köln hatte er sich im Stadtteil Braunsfeld endgültig eingerichtet, nachdem er im November 1952 von Hohenlind wieder in die Hültzstraße gezogen war. Auf Empfehlung von Frau Horatz überließ ihm die Witwe des ehemaligen Rektors der Universität, Christian Eckert, die in der Hültzstraße 28 wohnte, die Räume ihres Mannes und stellte ihm dessen Auto zur Verfügung.[227] In der Umgebung machte er häufig Spaziergänge, auch mit alten Freunden, etwa mit dem ehemaligen preußischen Landtagsabgeordneten Leo Schwering, der in der Nachbarschaft wohnte. Die Adresse gehörte zu einer bevorzugten Wohngegend am nördlichen Rand des Stadtwaldes, wenngleich sie noch teilweise von den Zerstörungen des Krieges geprägt war. Die allgemeine Wohnungsnot war in den fünfziger Jahren weiterhin groß wegen der nicht überwundenen Kriegsschäden. Brüning berichtete, daß neben seinem Haus zwei Familien in einem Keller mit Ofenrohr aus dem Fenster wohnten, eine weitere mit drei Kindern dahinter in einem Hühnerstall.[228] Große Teile der Stadt lagen nach wie vor in Trümmern. Bei einem abendlichen Besuch im Severinsviertel in der südlichen Altstadt zusammen mit George Pettee sah er nur drei intakte Häuser. Man bemerkte allerdings hingegen in der Innenstadt, vor allem am Ring, die neuen luxuriösen Bauten der Versicherungsgesellschaften und Hypothekenbanken, die aus der Ostzone in den Westen gezogen waren.[229]

Für das Wintersemester 1952/53 in Köln kündigte er eine dreistündige Vorlesung über »Verfassung, Verwaltung und Politik« an. Das Seminar war den »Internationalen Sicherheitsverträgen zwischen den beiden Weltkriegen« gewidmet. Die beiden Themen variierte er in den sechs Semestern bis zum Ende seiner Lehrtätigkeit, wenn man von zwei Seminaren über »Probleme der parlamentarischen Regierungsform« und über »Probleme der Abrüstung zwischen den beiden Weltkriegen« absieht. Er behandelte in der Regel entweder systematische Fragen der Innenpolitik oder der Außenpolitik unter weltpolitischen Aspekten vor dem Hintergrund seiner zeitgeschichtlichen Erfahrungen. Die Vorlesungen hielt er gewöhnlich dienstags, donnerstags oder freitags vormittags, das Seminar am Mittwochnachmittag.[230]

Politische Theorie

Nach einigen Monaten war das öffentliche Interesse an seiner Person abgeflaut. Er las zu Beginn seines zweiten Semesters in Hörsaal VII vor etwa 100 Studenten aus der Wirtschafts- und Sozialwissenschaftlichen sowie der Philosophischen Fakultät. Ein Hörer, der Journalist und Politiker Herbert Hupka, erlebte einen Dozenten, der ganz so aussah, wie man sich einen Professor vorstelle. »Während der Vorlesung wahrt er Distanz zu den Studenten, ganz eins mit dem Gegenstand seines Vortrages, unbekümmert um die Resonanz, die seine Worte im Auditorium finden. Er hält sich nicht streng an das Manuskript, schaut immer wieder auf, um die Theorie an Beispielen aus der eigenen Erfahrung anschaulich zu machen. Er spricht nicht sehr laut, seine Sätze strahlen nicht Wärme aus, sondern wirken eher kühl. Das ›L‹ hört sich amerikanisch an, die Zahl ›elf‹ wird ganz englisch ausgesprochen.«

Die Zuhörer schien er, so Hupka, mit seiner unterkühlten Rhetorik nur teilweise zu gewinnen. Sie hörten konzentriert zu, schrieben aber nichts mit, was für das Examen von Belang sein konnte. Erleichtert reagierten sie auf das Glockenzeichen, das nach 45 Minuten ertönte, was den Redner nicht hinderte, seine Vortragszeit um mehrere Minuten zu überziehen. Seine Ausführungen kreisten um Fragen, die ihn seit langem beschäftigten und die er im Lichte seiner deutschen und amerikanischen Erfahrungen zu klären suchte. Theorie und Praxis politischen Handelns versuchte er zu versöhnen, indem er die Haltlosigkeit reiner Deduktionen, wie sie die Deutschen angeblich bevorzugten, an historischen Beispielen demonstrierte. Das französische politische Denken sei dem deutschen durchaus überlegen, behauptete er. Wenn deutsche Politiker dagegen von der Doktrin abwichen, würden sie des »Revisionismus« geziehen. Diese Erfahrung habe beispielsweise Friedrich Ebert bei der Vereinigung von SPD und USPD 1922 machen müssen.

Ein anderes Beispiel liefere die Situation von 1934. Damals hätte Hitler – theoretisch – seine Macht verlieren müssen, da der Unmut innerhalb und außerhalb des Regimes beträchtlich gewesen sei. Durch Terrormaßnahmen habe sich Hitler gegen seine innerparteilichen Widersacher behauptet. Der Aufschwung der Weltwirtschaft durch die Abwertung des Dollars habe außerdem dazu beigetragen, seine Herrschaft zu festigen. Die Synthese seiner Ausführungen gipfelte wiederum im Ideal des Politikers, der schwierige Lagen zu meistern verstehe. »Der Politiker muß ein festes Ideal haben und es Schritt für Schritt verwirklichen. Wer sich auf eine einzige Theorie festlege und diese mit einem Schlag durchsetzen will, wird nur das Gegenteil erreichen.«

Der Politiker müsse Geduld haben, bis der rechte Zeitpunkt zum Handeln komme, und dürfe sich auch nicht zur Unzeit von Agitatoren drängen lassen. Wie etwa der demokratische Politiker auf geeignete Weise für seinen Standpunkt in der Öffentlichkeit werben könne, erörterte er nicht. Nicht ohne Ironie stellte Hupka fest, daß diese Geduld einst gerade dem Politiker Brüning zum Verhängnis geworden sei. Gleichwohl könne man von dessen Erkenntnissen profitieren. Das Lob der Tugend des Wartenkönnens war offensichtlich in erster Linie auf die Weltlage des Jahres 1952 gemünzt. Brüning glaubte weiterhin, wie er Ende Juli an Hermann Joseph Schmitt schrieb, daß die Zeit angesichts des Ost-West-Konflikts für Deutschland arbeite, was die Bonner Politik nicht begreife.[231]

Einen ähnlichen Eindruck wie Hupka gewann der Schriftsteller Eugen Skasa-Weiß. Als junger Mann hatte er die Anstrengungen des Exkanzlers, die Wirtschaftskrise zu bewältigen, erlebt. Nun hatte er den Hochschullehrer vor Augen. Dessen äußere Erscheinung habe sich nicht wesentlich verändert. Er habe lediglich an »Kühle« verloren und einige »Züge reservierter Güte gewonnen, aber die gemessene und gepflegte Kargheit der Geste« sei geblieben. »Eine sehr leise, bedachte und den Sätzen nachhorchende Art, sich persönlich und über den Tisch hin zu unterhalten; ein Mann, der sehr genau weiß, daß jedes Gegenüber sich anstrengt, ihn ausreden zu lassen und ihm zu folgen.« Von seinen Hoffnungen auf die Frontkämpfer-Generation war nicht mehr die Rede, statt dessen von einem Wechsel der Generationen zu den Zwanzigjährigen, die 1932/33 geboren wurden. Skasa-Weiß hielt es für verständlich, daß Brüning bei aller Kritik immer auch eine gewisse Popularität bei einem Teil der Bevölkerung genoß, was sich dort in der Erwartung geäußert habe, er könne politische Wunder wirken.

Skasa-Weiß war beeindruckt von den Ausführungen über die Funktion von Verfassungen in ökonomischen Krisenzeiten. Eine eindeutige Antwort auf die Frage, welche Auswirkungen Notverordnungen – vorausgesetzt, daß das Parlament noch funktionstüchtig sei – haben könnten, enthielten sie nicht. Statt dessen erörterte Brüning die Frage, in welchem Maße eine Ausweitung der Staatsbürokratie inflationistische Auswirkungen haben könne, gemeint war offensichtlich eine für das Wachstum der Wirtschaft untragbar hohe Staatsquote, die tendenziell die Geldentwertung fördert. Bezeichnend war, daß er den Begriff Notstandsgesetze bevorzugte. Auch das Problem der geschriebenen Verfassungen griff er wieder auf als sei es besonders aktuell, um zu zeigen, daß die Stabilität eines politischen Systems von dessen Fähigkeit abhänge, sich veränderten Umständen ohne große Erschütterungen anzupassen. Es sei eine Illusion zu glauben, in den USA bestünden klare Vorstellungen über die Bedeutung der Verfassung. Bei einer neuen Verfassung müsse man dafür sorgen, »daß ein späteres Präzisieren der einzelnen Bestimmungen nicht zu schwer gemacht werde.« Die Mittel der Veränderung seien nach einer bekannten französischen Definition immer die Mittel ihrer Erhaltung.[232]

Brüning hielt offenkundig einige politische Grundprobleme seiner Kanzlerzeit immer noch für aktuell. Dies galt auch für das Problem der Stabilität des demokratischen Systems. Nach seiner Ansicht betrachteten seine Landsleute nach dem Zusammenbruch des Dritten Reiches die angelsächsischen Vorbilder allzu unkritisch. Die Einsicht in deren Mängel und Schwächen wollte er in kritischer und vor dem Hintergrund des Dritten Reiches konstruktiver Absicht vermitteln. Insofern versuchte er, ein hintergründiges »Herrschaftswissen« zu verbreiten, Geheimnisse zu entzaubern, um die politische Bildung unter der akademischen Jugend zu fördern, die in den fünfziger Jahren ein wesentliches Anliegen der Universitäten im Zeichen des *studium generale* war und der politischen Wissenschaft zu einem beachtlichen Aufschwung verhalf. Er verzichtete allerdings darauf, die wissenschaftliche Dogmatik der Disziplin, die er vertrat, einschließlich ihres Entwicklungsstandes vorzutragen.

Die »Methode« mutete essayistisch an, war aber in erster Linie induktiv und phänomenologisch, dafür aber jeder reinen Theorie und hypothetischen oder transzendental-philosophischen Systematik abhold. Er vertrat gleichsam ständig seine eigene zeitgeschichtliche Analyse, deren Ansatzpunkt stets die staatliche Exekutive, nicht etwa eine demokratische Gesellschaftstheorie, bildete. Nicht von ungefähr bezweifelte er später, nach seiner Emeritierung, sogar die Existenzberechtigung seines Lehrstuhls für »Politische Wissenschaft«, die er als »verständnislose Nachahmung« amerikanischer Institutionen bezeichnete. Politische Wissenschaft müsse von Mitgliedern der Juristischen, der Wirtschafts- und Sozialwissenschaftlichen und der Philosophischen Fakultät – am besten in *research seminars* nach dem Vorbild der School of Public Administration in Harvard gelehrt werden, um die Studenten für politische Tätigkeiten vorzubereiten.[233]

3. Heimkehr auf Widerruf

Brüning wußte, daß Professuren für Politische Wissenschaft an deutschen Universitäten ein Novum bedeuteten. Methodisch müsse man »an Beispielen klarmachen, wie Verfassung, Verwaltung, wirtschaftliche Probleme und geistige Strömungen aufeinander einwirken und zu welchen konkreten Problemen das im Einzelfalle führt, wo die Möglichkeiten und die Grenzen liegen, daß es keine ›absoluten‹ Lösungen gibt und daß es in der Politik auf den Charakter, die Kenntnisse und die Feinnervigkeit der leitenden Politiker mehr ankommt als auf irgend etwas anderes.« Deutlicher ließ sich das Problem der Lehrbarkeit seiner Disziplin kaum beschreiben, die nicht mehr als ein Experiment sei. In Amerika habe er dies in den »Graduate«-Seminaren jahrelang erprobt, indem er die Teilnehmer veranlaßt habe, »ein bestimmtes Problem, beispielsweise in der Außenpolitik, in allen seinen Ursachen und weltweiten Wirkungen auf Grund von veröffentlichten Akten und Zeitungsartikeln genau zu untersuchen und sich so in die Rollen der einzelnen Politiker hineinzudenken, wie sie diesem im Augenblick erscheinen mußten.«[234]

Er trug der Tatsache Rechnung, daß sein Fach innerhalb der Fakultät nur als bloßes »Wahlfach« galt, tröstete sich aber damit, daß er eine »gewisse Elite aus seiner eigenen und der juristischen Fakultät« unter seinen Hörern habe. Überhaupt hatte er den – durchaus fragwürdigen – Eindruck gewonnen, daß die akademische Jugend an den Universitäten die Biographien früherer Politiker sorgfältig und kritisch lese. Im Unterschied zu Deutschland würden allerdings in anderen Ländern politische Biographien von »ausgezeichneten Historikern veröffentlicht, die in höchst objektiver Weise sowohl die Leistungen wie die Fehler dieser Männer, gleichgültig welcher Partei sie angehörten«, herausarbeiteten.[235]

Es scheint, daß Brüning durch die Abstraktheit seiner Darlegungen die meisten Studenten überforderte.[236] Die Geschichte der politischen Ideen in Vergangenheit und Gegenwart, die Darstellung und Erörterung politischer Systeme oder die politische Problematik des Völkerrechts, die aktuelle Problematik einer europäischen Vereinigung oder das Verhältnis von Religion und Politik überließ er seinem Kollegen Schokking, der 1953 zum Honorarprofessor ernannt wurde. Als Brüning wieder nach Amerika zurückgekehrt war, übernahm Schokking auch dessen Prüfungskandidaten.[237]

Das Aufsehen, das Brünings Berufung nach Köln hervorgerufen hatte, war, wie angedeutet, rasch verflogen. Die vielfach gehegte Erwartung, er werde nach kurzer Zeit sein Lehramt wieder aufgeben und in die Politik gehen, bestätigte sich nicht. Er übernahm auch kein Ehrenamt, wie das des Präsidenten des Deutschen Roten Kreuzes, das ihm angeboten wurde.[238] Mit seinen Vorlesungen war er zu Beginn des Wintersemesters 1952/53 einigermaßen zufrieden. Sie gingen ganz gut, schrieb er an Claire Nix. Die Anwesenheit der Studenten sei unterschiedlich groß, da das Kolleg sich auf drei Tage verteile. »Sonst ist die Atmosphäre so, wie ich es erwartet hatte. Vielleicht etwas schlechter.« Seine Kölner Zeit als ordentlicher Professor der politischen Wissenschaft, die offiziell im Wintersemester 1954/55 endete, war insgesamt nicht allzu erfolgreich, wenn man die Zahl seiner Hörer, seiner Diplomanden und Doktoranden zum Maßstab nimmt. Die Seminare hatten durchschnittlich 40 Teilnehmer. Rudolf Morsey hat errechnet, daß er von den mehr als vierzig Monaten seiner Professur nicht einmal die Hälfte wirklich in Köln anwesend war.[239]

Studenten und Dozenten, die den ehemaligen Reichskanzler aus historischem oder persönlichem Interesse Mitte der fünfziger Jahre, also noch vor seiner Rückkehr nach Amerika, kennenlernen wollten, berichten, daß sie dies vergeblich versuchten, weil er sich oft für längere Zeit nicht an der Universität sehen ließ.[240] Intime Kenner des Instituts behaupteten später, Brüning habe nur sehr begrenzt seine Dienstgeschäfte, später wegen Krankheit überhaupt nicht mehr wahrgenommen. Er habe nach kurzer Zeit seine Lehrveranstaltungen, die sich im großen und ganzen auf Darlegungen beschränkten, »die aus den später erschienenen Memoiren entnommen waren bzw. ihrer Vorbereitung dienten«, beendet. Die Hauptlast des Studienbetriebes, so die Kritik, habe vielmehr Schokking getragen, der auch das »Institut für politische Wissenschaft und europäische Fragen« als Honorarprofessor aufgebaut habe.[241]

Das Ende des Kölner Engagements

Brüning blieb von November 1953 bis September 1955 ohne Unterbrechung in Deutschland. Das Kölner Klima, besonders im Winter, vertrug er anfangs besser als das in Cambridge. Bald kehrte jedoch die alte Wetterfühligkeit zurück und belastete seinen Organismus, vor allem sein Herz. Er bereute scherzhaft jedes böse Wort über das Wetter in Cambridge, etwa über einen Hurrikan, der ihm an seinem 65. Geburtstag zu schaffen gemacht hatte.[242] Während des Wintersemesters 1952/53 hatte er drei Wochen im Bett wegen einer schweren Grippe gelegen. Im Sommersemester 1955 konnte er seine angekündigten Vorlesungen und Seminare nicht durchführen, weil er ab Anfang Juni wegen einer Koronarinsuffizienz mehrere Wochen in Paderborn im Krankenhaus behandelt werden mußte. Sein Engagement in Köln scheint ihm subjektiv mehr Verdruß als Befriedigung gebracht zu haben. Die Rückkehr in die Heimat sei sehr schön, meinte er, wenn man sich nicht jeden Tag über die Bonner Politik ärgern müßte. Das Leben in Köln sei Zeitverschwendung, bemerkte er mehrfach.[243]

Am 13. November 1953 ließ ihn der Dekan der Fakultät kommen, um ihm zu eröffnen, daß seine Amtszeit beendet sei, er könne jedoch noch ein weiteres Jahr seinen Lehrstuhl behalten, wenn er dies wünsche. Brüning war verärgert, da dies den Vereinbarungen mit der Kultusministerin Christine Teusch widersprach. Allerdings wurde die Angelegenheit durch eine von der Landesregierung beschlossene Verlängerung seiner Dienstzeit zu seiner Zufriedenheit bereinigt. Die Lehrtätigkeit beendete er offiziell im Sommersemester 1955.[244]

Einige Tage zuvor hatte Brüning Patrick Barry gestanden, er habe es bei jeder neuen Reise in die Heimat um so stärker empfunden, daß er dort ein Fremdling geworden sei.[245] Ein Trost für die Trennung von Cambridge und Harvard war der Besuch von Monsignore Barry und Father Edmund Sweeney aus Huntington im Sommer 1955. Ihnen zeigte er Anfang Juni romanische Kirchen am Rhein und in Westfalen. Er bedauerte, daß er nicht mehr, wie so oft in den früheren Jahren an Weihnachten an den religiösen Einkehrtagen im Conception Seminary teilnehmen konnte. Auch Claire Nix sagte sich für einen Besuch in Deutschland an. Im Januar wollte sie nach Münster kommen, um bei Maria Brüning an den Memoiren zu arbeiten. Ehe sie abreiste, bat er sie »auf Grund gewisser Eindrücke«, ihm jene Sachen, die noch in Boston seien, nicht nach Deutschland nachzuschicken.[246] Claire Nix hielt sich von Ende Februar bis Mai 1954 in Deutschland auf. Zu einem weiteren Besuch kam sie im August und blieb für knapp ein Jahr, bis sie zusammen mit Brüning wieder in die USA zurückkehrte. Sie wohnte in dieser Zeit auf der »Hegge« in Niesen-Peckelsheim.[247]

Bedenken gegen eine übereilte Integrationspolitik

Während Brünings Kölner Zeit bestätigten sich immer wieder die Erwartungen von Freunden und Kritikern, daß dem Exkanzler daran gelegen war, vor allem den Kurs der (west-)deutschen Außenpolitik zu beeinflussen. Er blieb trotz aller Dementis weiterhin im Gespräch als Außenminister oder als Botschafter in den Vereinigten Staaten. Zu aktuellen Fragen vermied er tunlichst direkte öffentliche Stellungnahmen. Schließlich faßte er erklärtermaßen einen »festen Vorsatz«, bis zu den nächsten Bundestagswahlen im Herbst 1953 keine politische Rede mehr zu halten, um nicht ein Wort zur Verteidigung der Adenauerschen Außenpolitik sagen zu müssen.

Seine Skepsis gegen die von Adenauer und Schuman verfolgten – nach seiner Ansicht übereilten – Integrationspläne bildete ein durchgehendes Motiv seines Urteils über die Bonner Politik. In Washington hatte er schon im November 1950 festgestellt, daß Adenauers Option für den Schuman-Plan zunehmend auch die Haltung des State Department beeinflußte. Er hielt es für verhängnisvoll, einen solchen Vertrag für fünfzig Jahre abzuschließen, obwohl man die politische Entwicklung nicht einmal für ein Jahr vorhersagen könne. Man dürfe nie Verträge schließen, deren Auswirkungen sich über zwei Generationen erstreckten, ohne daß man die momentane Lage wirklich überblicken könne. Frankreich werde jedoch mit Sicherheit darauf bestehen, daß Deutschland in Zukunft den Vertrag in allen Teilen erfülle. Die fünfzigjährige Laufzeit hielt gerade Adenauer in Übereinstimmung mit Schuman, der diesen Gedanken lebhaft vertrat, für einen besonderen Vorzug im Sinne der deutsch-französischen Verständigung.

Eine Probezeit von fünf Jahren hielt Brüning für notwendig, was formal durchaus möglich sei. Zuletzt verlangte er, daß der Vertrag zumindest eine Garantie gegen eine »competitive devaluation« enthalten müsse. Doch schon im Herbst 1951 hatte er es als aussichtslos betrachtet, die Ratifizierung und Realisierung des Projektes noch zu verhindern, da die USA die europäische Integration unterstützten. Auf amerikanischer Seite erwiesen sich Staatssekretär Acheson und dessen Nachfolger Dulles als zuverlässige Partner Adenauers.[248]

Dem Exkanzler blieb überdies nicht verborgen, daß die europäischen Vereinigungsbestrebungen in Deutschland allgemein mit Sympathie aufgenommen wurden. Solche Pläne imponierten auch der amerikanischen Öffentlichkeit, trotz der Bedenken in militärischen Kreisen, die auch der Oberbefehlshaber der NATO, als Supreme Allied Commander Europe (SACEUR) seit Herbst 1950, General Dwight D. Eisenhower, teilte, ehe er als Präsidentschaftskandidat unter dem Einfluß von McCloy und Jean Monnet seinen Standpunkt änderte. Eisenhower stand allen angeblichen deutschen Bemühungen reserviert gegenüber, durch einen militärischen Beitrag zur Verteidigung des Westens einen beträchtlichen Teil an politischer Souveränität beziehungsweise Handlungsfähigkeit zurückzugewinnen, bis er zu der Überzeugung gelangte, daß die Amerikaner das deutsche Problem lösen müßten, wenn dies nicht die Sowjets eines Tages in ihrem Sinne tun sollten.

Den Wechsel seines Standpunktes markierte die Rede Eisenhowers vom 3. Juli 1951, die als Plattform für seinen Präsidentschaftswahlkampf gedacht war. Später erweckte er gelegentlich sogar die Illusion, es sei möglich, sogar ein wiedervereinigtes Deutschland in die Europäische Verteidigungsgemeinschaft, die er ebenso wie die NATO für ein defensives Instrument hielt, einzubeziehen. Später könne man dann die sowjetischen Satellitenstaaten im Sinne des sogenannten *roll back* »befreien«.[249]

Nach Brünings Urteil waren die Vereinigten Staaten sowohl an einer Aufrüstung in Westdeutschland wie an der Realisierung des Schuman-Planes interessiert. Es sei allerdings nicht vertretbar, aus einer Position der Schwäche »die Zukunft der eigenen Nation auf Generationen festzulegen«. In dieser Situation ergäben sich zwei Alternativen für die westdeutsche Politik: Man könne die anstehenden Fragen dilatorisch behandeln oder konkrete Gegenvorschläge im Sinne einer ökonomischen Integration machen, die zugleich den »Pferdefuß« der alliierten Initiativen enthüllten. Er selbst entschied sich für die erste Alternative und äußerte dies zwar nicht gegenüber Adenauer, aber doch gegenüber anderen maßgeblichen Bonner Politikern. Seine Sympathie für die zweite Variante war unverkennbar, obwohl er sie nach Lage der Dinge für wenig aussichtsreich hielt, da er der Bundesregierung, vornehmlich Adenauer, nicht zutraute, einen solchen Kurs zu verfolgen.[250]

Brüning verfolgte mit Mißtrauen, daß Westdeutschland nicht von vornherein in die NATO, sondern in eine »Europäische Verteidigungsgemeinschaft« (EVG) einbezogen werden sollte. Die Bundesrepublik werde bewußt vom Atlantikpakt ausgeschlossen.[251] Eine Wiederbewaffnung in Westdeutschland hielt er zwar noch nicht für vertretbar, beobachtete allerdings aufmerksam die amerikanischen Rüstungsanstrengungen. Er schätzte die Folgen für die Wirtschaftsentwicklung in den USA und in Europa skeptisch ein, obwohl er nicht an den »Kreislauf von Krieg, Inflation, Arbeitslosigkeit, Krieg usw. im 18. Jahrhundert erinnern« wollte. Das rasche Veralten der modernen Waffen führe zu einer Ausweitung der Rüstungsproduktion, die tendenziell zu einer »mehr oder minder totalitären Regierung« führen müsse, wenn sich die Parteien nicht über die Kosten verständigten. Solche Anstrengungen müßten die meisten westeuropäischen Länder überfordern, da sie im Gegensatz zu den USA und der Sowjetunion weder über einen leistungsfähigen Markt noch über die erforderlichen Rohstoffe verfügten.[252]

Als die Sowjetunion im August ein Verbot der Atomwaffen und die DDR-Regierung im September 1951 die Wahl eines gesamtdeutschen Rates anregte, sah er eine Chance für die Bundesregierung, die seit einem Jahr angeblich verlorene Initiative in der Deutschlandpolitik zurückzugewinnen. Er bezweifelte freilich, daß Adenauer dafür eine »Konzeption und das nötige Geschick« habe, um nicht zu sagen, daß diesem der politische Wille fehle. Es sei weiterhin nötig, Zeit zu gewinnen. Die Gefahr eines Atomkrieges dürfe man nicht überschätzen. Besonders gefährlich sei die »neue Idee, kleinere taktische Atombomben im Falle eines russischen Vordrängens in Europa zur Störung von Truppenaufmärschen zu benützen.« Verhandlungen mit der DDR-Regierung in Pankow hielt er für wünschenswert, wenn auch nicht für erfolgversprechend, und begrüßte deshalb eine entsprechende öffentliche Erklärung der evangelischen Kirche. Auch in den USA gebe es, behauptete er, Leute, die solche

Verhandlungen nicht ungern sähen.[253] Wenn die Russen das SED-Regime hielten, verfügten sie über ein sicheres Glacis, um Westeuropa unter Spannung zu halten, was die demokratische Staatsform auf Dauer nicht ertragen könne.[254]

Brüning sah die Zwangslage, die sich aus der sowjetischen Initiative für die Bonner Politik ergeben konnte, als Präsident Truman die sowjetischen Vorstöße schroff ablehnte. Er erkannte auch, daß Adenauer mit der Bereitschaft, die Verhandlungen den Westmächten zu überlassen, sich dieser Zwangslage entziehen wollte. Trumans Forderung nach Rückgabe der Gebiete jenseits von Oder und Neiße sei lediglich taktischer Natur, eine Maximalforderung also, um Verhandlungen zu vermeiden.[255]

Im großen und ganzen hielt Brüning wiederum eine Politik des Abwartens für angezeigt. Während er eine solche Linie selbst bei Churchill zu erkennen glaubte, der in einer Rede im Unterhaus am 6. Dezember eine große Koalition mit der Labour-Partei andeutete, was auf eine ernste Lage schließen ließ, sah er in Bonn keine vergleichbaren Bemühungen.[256] Diese Konzeptionslosigkeit werde besonders in der Ostpolitik deutlich. Der »Mann in Bonn« habe »kein Interesse am Osten trotz allen Getues«, konstatierte er, nachdem Adenauer in London öffentlich erklärt hatte, man müsse um der historischen Gerechtigkeit willen auch die Ansprüche der Polen berücksichtigen. Diese Aussage werde, so Brüning, in der westdeutschen Presse unterschlagen.

Ihm schwebte eine Regierungsweise vor, wie er sie selbst einst in Ansätzen erprobt hatte, als er sich regelmäßig mit Dietrich, Stegerwald und Pünder sowie Bülow und Trendelenburg über Grundfragen verständigte. »Dann wurde entschieden, was gemacht werden sollte, nachdem jeder Minister sich auf solche Besprechungen vorbereitet hatte. Pünder bekam dann den Auftrag, mit den Staatssekretären der Ministerien zu sprechen, so daß auch sie unabhängig von den Ministern informiert waren und ihrerseits an die Arbeit gehen konnten.« Der Kanzler müsse die wesentlichen Aufgaben vorgeben und sie hernach im Kabinett erörtern lassen, um eine gemeinsame Linie zu finden. Die Staatssekretäre hätten dann im einzelnen formulierte Vorschläge auszuarbeiten, die das Kabinett endgültig verabschieden könne. Für Wirtschaftsfragen könne man ein kleines Kabinett, nicht einen großen Arbeitsstab unter der Führung von Vizekanzler Blücher bilden. Letzterer war für die Koordinierung der Wirtschaftspolitik zuständig.[257]

Brüning war verwundert über den Gleichmut, mit dem die Menschen in Europa auf die Spannungen unter den Großmächten reagierten. Die glänzende Fassade des wirtschaftlichen Aufschwungs im westlichen Teil Deutschlands nach der Währungsreform ließ ihn die Tatsache nicht übersehen, daß viele Menschen ihr Hab und Gut durch die Flucht aus dem Osten oder durch die Währungsreform verloren hatten und teilweise immer noch in großem Elend lebten, was er nicht zuletzt den vielen Bittgesuchen entnahm, die ihn erreichten. Er beobachtete die Bestrebungen vieler Menschen, sich einen kleinen Zusatzverdienst zu verschaffen: »Eine große Anzahl von Menschen lebt vom Detailhandel in kleinen Buden, meistens Obst, Tabakwaren und Süßigkeiten. Sie haben dann irgendwo in der Nähe aus Trümmern eine kleine Hütte gebaut und hungern sich wieder zu einigem Kapital herauf. Alle sind sehr erfinderisch.«[258]

Der Streit um die Stalin-Note

Am 10. März 1952 ließ Stalin eine gleichlautende Note in den Hauptstädten der Westmächte über einen Friedensvertrag mit einem neutralisierten Deutschland überreichen[259], die beträchtliches internationales Aufsehen erregte. Brüning hielt sich zu diesem Zeitpunkt gerade wieder in Harvard auf. Die naheliegende Frage, ob der Vorstoß lediglich taktischer Natur sei, wagte er nicht eindeutig zu beantworten, nahm sie jedoch insofern »sehr ernst«, als er es für geraten hielt, daß »man in Bonn nicht in aller Hast Schritte tut, die weitere Verhandlungen unmöglich machen.« Dies warf er Adenauer im Hinblick auf die EVG-Verhandlungen vor. »Seine Hast hat es den Franzosen erlaubt«, schrieb er an Hermann Pünder, »ihrerseits die Zögernden zu spielen und immer neue Forderungen gegenüber den USA und Bonn durchzusetzen.« Die entschiedene Ablehnung der Stalin-Note durch Washington, dem London und Paris folgten, deutete er als Zeichen von großer Ratlosigkeit und Verwirrung. Um so befremdlicher empfand er die Haltung der Bundesregierung. Denn er witterte eine Chance für neue Verhandlungen mit der Sowjetunion, die »die Lage zum mindesten ›auflockern‹ können« und argwöhnte, man habe in Bonn die Fähigkeit verloren, die »günstige geographische Lage Deutschlands zum Aushandeln von Vorteilen durch Verhandlungen mit beiden Lagern zu benützen.«[260]

Bedenken, daß falsche Schritte in dieser Situation verhängnisvoll sein könnten, waren auch Adenauer nicht fremd, der befürchtete, daß Deutschland im Westen isoliert würde, wenn die Bundesregierung den geringsten Zweifel an ihrer Loyalität erkennen lasse. »Wir mußten wählen« war seine Devise.[261] Adenauer sei immer der Ansicht gewesen, meinte Brüning, daß jeder Wechsel in der amerikanischen Politik sich zu Ungunsten Deutschlands vollziehen müsse. Dies sei jedoch falsch. Der Kanzler wisse nicht, wie schnell sich in Washington die herrschende politische Linie ändere.[262]

Die oft wiederholte Empfehlung, die Zeit für die deutschen Interessen arbeiten zu lassen, hielt er auch in dieser Situation aufrecht. Selbst eine westliche Forderung nach Rückgabe der deutschen Ostgebiete, die indirekt der westlichen Antwortnote vom 25. März[263] zu entnehmen war, hielt er jetzt für gerechtfertigt, um den Sowjets ihrerseits taktische Schwierigkeiten zu bereiten. Eine Neutralisierung Deutschlands durch die Siegermächte des Zweiten Weltkrieges, wie sie die östliche Seite vorschlug, sei nur vertretbar, wenn sie Ostpreußen und Schlesien einschließe. Diese Forderung war auf Betreiben Bonns in der Antwortnote enthalten, was er grundsätzlich begrüßte, obwohl er es lieber gesehen hätte, wenn diese Forderung erst im Laufe von Verhandlungen präzisiert und nicht als Mittel, diese von vornherein zu blockieren, eingesetzt worden wäre. Auch Frankreich müsse dies akzeptieren, wenn es sich auf seine wahren Interessen besinne, da dadurch seine strategische Lage entscheidend verbessert werde. Selbst die Tschechoslowakei werde sich in diesem Falle in einer günstigeren strategischen Lage befinden als bisher, um eine größere Unabhängigkeit von der Sowjetunion zu gewinnen. Derartige Überlegungen über das Schicksal der Ostgebiete wurden von den anderen Befürwortern einer Prüfung der sowjetischen Vorschläge sonst kaum angestellt.

Brüning glaubte, daß die deutsche Politik an einem strategischen Wendepunkt stand. Er beobachtete in den USA eine »gewaltige Agitation polnischer und anderer

Emigrantenorganisationen« gegen eine Rückgabe der früheren deutschen Ostgebiete. Es komme darauf an, im richtigen Augenblick die richtigen Forderungen zu stellen, andernfalls bestehe die Gefahr, gleichsam das Tor für eine günstige Entwicklung zuzuschlagen.[264] Brüning übersah auch nicht, daß die sowjetische Offerte nicht an die Bundesregierung, sondern an die westlichen Alliierten gerichtet war. Wenn Washington sich negativ entschied, was zu erwarten war, mußte Adenauer ohnehin dem Votum folgen. Aber weder mit einer Zustimmung der Briten war zu rechnen, noch mit derjenigen Frankreichs. Das war auch Brüning klar, was ihn jedoch nicht hinderte, von Bonn eine eigene Konzeption zu verlangen: Die Bundesregierung verfüge über keine konstruktiven Gegenvorschläge, konstatierte er: »Wenn man selbst keine konstruktive Lösung hat und in Verhandlungen eintritt, so ist man bald in einer Sackgasse.« Er kritisierte, daß die Bundesregierung es bisher versäumt habe, die amerikanische Öffentlichkeit für ein eigenes Konzept zu gewinnen, das einerseits dem amerikanischen Wunsch nach europäischen Zusammenschlüssen entgegenkomme, andererseits die Deutsche Frage vorläufig offenhielt. Im Gegenzug zum Schuman-Plan hätte man etwa Zollfreiheit für die Produkte der Schwerindustrie vorschlagen sollen mit der Klausel, bei Währungsabwertungen vorübergehend Differenzzölle einzuführen. Im Hinblick auf den Pflimlin-Plan über die Zusammenarbeit auf dem europäischen Agrarmarkt und andere Projekte hätte man, so Brüning, die Absicht bekunden können, demnächst den Handel auf weiteren Gebieten zu liberalisieren.[265]

Im Unterschied zu Brüning erkannte Adenauer im Zusammenhang mit der Stalin-Note keineswegs eine Chance, größeren Handlungsspielraum in der Deutschlandfrage zu gewinnen. Er hielt selbst, wie sein Mitarbeiter Wilhelm Grewe später einräumte, »den Test einer Konferenzdiskussion und gegebenenfalls einer Verhandlung« für untunlich. Sein Argwohn, daß die USA sich in einer kritischen Situation von Deutschland und Europa abwenden könnten, ließ ihn davor zurückschrecken, auch nur die geringste Unsicherheit in seiner Ablehnung des Angebots erkennen zu lassen. Ein Schwanken der Bundesregierung würde nur Mißtrauen im Westen schaffen. Adenauers Politik war auf ein »Mitmachen der Westmächte« (P. Berglar) angewiesen. Dies um so mehr als er in den jüngsten Verhandlungen über den »Dachvertrag« zum Deutschlandvertrag mit den westlichen Alliierten in seiner Eigenschaft als amtierender Außenminister beträchtlich an Ansehen und Einfluß gewonnen hatte.

Daß er das sowjetische Angebot jenseits aller taktischen Aspekte persönlich »ernst« nahm, d. h. als wirkliche Option für eine Neutralisierung Deutschlands und nicht für ein bloßes Störmanöver hielt, ist nicht zu bestreiten. Adenauers Entschiedenheit hingegen wirkte in Washington überzeugend, so daß in politischen Kreisen zuweilen der Eindruck entstand, nicht John Foster Dulles, sondern Adenauer habe die Ablehnung der Vorschläge Stalins herbeigeführt, abgesehen davon, daß der einstige US-Chefdelegierte bei den Vereinten Nationen erst einige Monate später ins State Department berufen wurde. Ähnliches ließe sich, wenn es wirklich zuträfe, für das Verhältnis Acheson – Adenauer sagen.[266]

Die Absicht Stalins, Deutschland zu neutralisieren, ist aus späterer Sicht kaum zu bezweifeln. Brüning war sich ebenso wie Adenauer darüber im klaren, daß bei Verhandlungen mit den Sowjets über eine Neutralisierung Deutschlands die gesamte westliche Integrationspolitik auf dem Spiel stand, was vielleicht für die Bundesrepublik und damit auch für ganz Deutschland zum Verhängnis werden konnte, wenn die Sowjets ihre Position in Europa zu Lasten des amerikanischen Einflusses verstärkten. In Washington setzte sich schließlich die Überzeugung durch, daß Stalin mit seinem Vorschlag ein machtpolitisches Vakuum in Mitteleuropa schaffen wollte.[267]

Brüning hatte die Verhandlungen Adenauers mit den westlichen Alliierten in den Grundlinien verfolgt. In der Integrationspolitik und auch in der Aufrüstungsfrage sah er vor allem die französische Handschrift, während er den Einfluß Washingtons auf seine europäischen Verbündeten unterschätzte. Die amerikanische Position sei unklar und unentschieden. Nach seiner Ansicht war die aktuelle amerikanische Position nicht zuletzt durch den bevorstehenden Präsidentschaftswahlkampf bedingt. So bezweifelte er, daß die »politischen Auffassungen der US-Freunde des Kanzlers auf wirklich weitschauenden, sachlichen Gründen beruhten«. Als um so entschiedener empfand er die französische Strategie, Westdeutschland in ein wirtschaftliches und militärisches Sicherheitskonzept durch »eiserne Verträge« einzubinden.[268] Er argwöhnte, daß die Bundesregierung vertrauliche Zusagen an die Westmächte im Zusammenhang mit der EVG gegenüber dem Parlament verschweige. Sie verlange die bloße Entscheidung für oder gegen die Verträge, »die man ohne Not und zum Teil auf Grund eigener Initiative schon angenommen hat.«[269]

Er zögerte nicht, seine Ansichten über die Stalin-Note »verschiedenen Herren des Kabinetts und des Parlaments« mitzuteilen, so daß auch Adenauer, zu dem er keinen unmittelbaren Zugang mehr hatte, über seine Bedenken informiert gewesen sein dürfte. Mit seiner Ansicht, daß der Westen das sowjetische Angebot prüfen und zur Grundlage von Gesprächen und Verhandlungen machen solle, stand er nicht allein. Ob er über die anfängliche Bereitschaft in den westlichen Hauptstädten, die Einzelheiten zu sondieren, näher informiert war, ist nicht bekannt. Auf deutscher Seite hatte Jakob Kaiser in seiner Eigenschaft als Bundesminister für gesamtdeutsche Fragen schon am 12. März im Rundfunk eine sorgfältige Prüfung verlangt, auch wenn er »allzu hastige Meinungsäußerungen« als wenig nützlich bezeichnet hatte. Er hatte jedoch vorsorglich drei Bedingungen für ernsthafte Verhandlungen gestellt: Die vier Mächte müßten sich über die Abhaltung freier Wahlen für eine Nationalversammlung verständigen. Die gesamtdeutschen Wahlen müßten dann unter internationaler Kontrolle stattfinden, um eine gesamtdeutsche Regierung zu bilden. Außerdem müsse eine Friedenskonferenz einberufen werden, auf der Deutschland durch eine frei gewählte Regierung vertreten sei. Der Sprecher der Bundesregierung erklärte darum, die Note enthalte in »wichtigen Punkten keine Verhandlungsgrundlage«, und auch Staatssekretär Hallstein pflichtete dem bei, indem er betonte, daß sie »nichts Neues« biete.[270]

In der Öffentlichkeit regten sich auch andere Stimmen. In der Frankfurter Allgemeinen Zeitung forderte der Publizist Paul Sethe, die Ernsthaftigkeit des sowjetischen Angebots in aller Nüchternheit zu sondieren, nachdem die Westmächte seit Jahren die Deutschen aufgefordert hätten, wieder die Waffen zu ergreifen, die ihnen, wie es noch vor kurzem scheinen mochte, ein für allemal aus der Hand geschlagen worden seien. Der Westen solle für die Prüfung des Angebots keine unnötigen Hindernisse aufbauen. Man müsse »aufhören, von den Sowjets die Zulassung der Kommission der Vereinten Nationen zu fordern, die prüfen soll, ob jetzt schon die Voraussetzungen für freie Wahlen gegeben« seien. »Alle Welt weiß, daß in Mitteldeutschland der Terror herrscht; gerade deshalb haben die Sowjets die Zulassung der Kommission abgelehnt. Gewiß ist eine internationale Kontrolle nötig, aber es genügt, wenn man die Voraussetzungen für die Zukunft schafft. Das sollte man den Russen vorschlagen; wenn sie dies ablehnen, ist alles geklärt.«

Sein Fazit lautete angesichts des Angebots einer bewaffneten Neutralität für das wiedervereinigte Deutschland: »Verhandeln!« beziehungsweise: »Eine einfache Ablehnung würde bei uns niemand verstehen.« Sethe schloß nicht aus, daß die Vorschläge »wieder nur ein Scheingefecht« seien, was in »genauen Verhandlungen« festgestellt werden müsse.[271] Er verwies zugleich auf die Spannungen innerhalb des Regierungslagers, die vor allem zwischen dem Kanzler und einem Teil seiner Gefolgsleute aufgebrochen waren. Adenauer habe bei den Landtagswahlen in Baden-Württemberg ein indirektes Vertrauensvotum für seine Aufrüstungspläne erhalten, was ihn noch selbstsicherer mache, als er ohnehin schon sei. Niemals sei er so sehr der Herr der einsamen Entschlüsse gewesen als gegenwärtig. Hinter der Ablehnung der russischen Note stehe eine »weiträumige Politik«, »die unsere schwachen Kräfte in die Versuche zur Befreiung des mitteleuropäischen Ostens verstricken will«. Dagegen habe trotz des allgemeinen Mißtrauens gegen die russische Offerte immerhin der Gesamtdeutsche Ausschuß des Bundestages eine Prüfung der Einzelheiten gefordert.

Die deutsche Politik, d. h. der Bundeskanzler, sei an der schroffen Ablehnung des Westens beteiligt gewesen. Mißtrauen erweckte bei Sethe und ähnlich denkenden Beobachtern Adenauers aktuelle Europapolitik, wie sie sich unter anderem an der Saar zeigte. Dieser habe darauf verzichtet, Schumans Erklärung, Frankreich halte an der Trennung der Saar von Deutschland fest, zu widersprechen. Es sei unerträglich, daß die Abtrennung der Saar als europäische Politik ausgegeben und der Widerstand dagegen als Nationalismus gebrandmarkt werde. Bei einer offenen Abstimmung werde der Kanzler angesichts des Widerspruchs im eigenen Lager, wie er von Kaiser vorgetragen worden sei, keine Mehrheit im Bundestag erreichen. Es sei für ihn Zeit, seinen Kurs zu ändern.[272]

Sethes Stellungnahme, die Kritik an Adenauers Führungsstil, aber auch die Warnung, die Kräfte Deutschlands für einen politischen oder militärischen Kreuzzug zur Befreiung Osteuropas unter amerikanischer Führung zu überschätzen, fand Brünings Beifall. Der Westen sei vorläufig einem sowjetischen Angriff, d. h. einem Präventivschlag, in Europa nicht gewachsen. Einige Wochen später, im Mai, glaubte er, herausgefunden zu haben, daß die USA und England trotz gegenteiliger Versicherungen ernsthafte Verhandlungen mit der Sowjetunion und auch mit der Pankower Regierung wünschten. Dort wende sich allerdings die öffentliche Meinung angesichts des Konflikts mit Moskau immer mehr zugunsten Deutschlands. Man halte die Deutschen für die stärkste Kraft in Europa und traue ihnen zu, die Stellung wieder zu erreichen, die ihnen zukomme. Leider habe die Bonner Politik die rasche Zustimmung zur EVG unter anderem damit begründet, man müsse die Wahl Eisenhowers zum Präsidenten sichern. Jede Einmischung in den amerikanischen Wahlkampf hielt er für verfehlt, abgesehen von seiner persönlichen Sympathie für Taft und seinen Vorbehalten gegen Eisenhower, der Deutschland gegenüber »nicht sehr freundlich eingestellt« sei. Allmählich habe er sich an die Erkenntnis gewöhnt, daß Bonn

»keine Dummheit« auslasse. Etwas der Unterstützung für Eisenhower Vergleichbares habe man deutscherseits 1916 versucht, als man – vergeblich – den Gegenkandidaten (den Republikaner Charles Evans Hughes) zu Woodrow Wilson zur Wahl empfohlen hatte.[273]

Ebenso wie der Publizist Sethe und die Bundesminister Kaiser und Heinemann befürchtete Brüning, daß eine allzu starke politische und militärische Bindung der Bundesrepublik an den Westen den Weg zur Wiedervereinigung verbauen werde. Deshalb sei das »Ausloten« der Chancen, die das Moskauer Angebot enthalte, unabdingbar. Für ihn waren alle Versicherungen Adenauers, durch eine Stärkung des Westens eine spätere Wiedervereinigung erreichen zu wollen, reine Lippenbekenntnisse. Ob Stalins Angebot »ernst gemeint« war oder nicht, war eine sekundäre Frage, sie diente lediglich dazu, die Gegensätze zwischen den Befürwortern und Gegnern einer genaueren Prüfung zu mildern, nachdem sich die US-Administration ohnehin für eine Ablehnung entschieden hatte. Es steht fest, daß Adenauer selbst das Angebot für gefährlich hielt, nicht etwa, weil er es für ein Störmanöver gehalten hätte, sondern weil es den Weg in die Neutralität zu ebnen schien. Eine Neutralisierung Deutschlands betrachtete er als Zwischenstufe zur Vorherrschaft der Sowjetunion über Deutschland und Europa.[274]

Kritik an der »Politik der Stärke«

Während Adenauer auf eine westeuropäische militärische Zusammenarbeit unter Einschluß der Bundesrepublik mit amerikanischer Deckung vertraute, verwarf Brüning eine vereinte europäische Armee unter französischer Führung. Hier war er sich mit Schumacher einig, der einfache deutsche *combat teams* ablehnte, wie sie der sozialistische französische Verteidigungsminister Jules Moch vorgeschlagen hatte. Überhaupt teilte Schumacher viele der Einwände Brünings gegen die Adenauersche Integrationspolitik. Dieses Prinzip hatte auch dem Pleven-Plan von 1950 zugrunde gelegen, der jedoch in Washington auf Widerstand gestoßen war, obwohl er als Vermittlungsvorschlag zwischen der amerikanischen und der französischen Position gedacht war. Er hatte als Grundlage der EVG-Verhandlungen gedient. Eine Aufnahme Westdeutschlands in die NATO beurteilte er günstiger, wunderte sich jedoch nicht, daß sie vorerst nicht auf der Tagesordnung stand. Gegenüber Sethe meinte er, »Bonn hätte ohne Zweifel durchsetzen können, daß es auch im NATO Council vertreten würde.« Eine amerikanische Schutzgarantie für Westdeutschland hielt er unter allen Umständen für notwendig. Befriedigt registrierte er, daß eine NATO-Mitgliedschaft Westdeutschlands sowohl in Großbritannien als auch in militärischen Kreisen in Washington erwogen wurde.[275]

Westdeutschland dürfe grundsätzlich nicht durch »Spezialverträge in eine von politischen Einflüssen gesteuerte Wirtschaft« und in eine »politische und militärische Sonderstellung« hineingezogen werden. Derartiges sei von den USA nicht gefordert worden. Einen politischen Wiederaufstieg durch eine Überwindung traditioneller nationalstaatlicher Beziehungen, wie sie Adenauer vorschwebte, um die überkommenen Konfliktpotentiale der europäischen Politik zu beseitigen, lag ihm fern. Statt dessen bedauerte er, daß Westdeutschland nicht die Gleichberechtigung eines

NATO-Mitgliedes genießen werde. Man habe, ohne eine Gegenleistung zu erzielen, »die starke Stellung Deutschlands« preisgegeben, die »aus seiner geographischen Lage und der Intelligenz und Tatkraft seiner Bevölkerung sich immer wieder automatisch ergeben« müsse.[276]

Solchen Aussagen ist zu entnehmen, daß Brüning das Ausmaß der Katastrophe Deutschlands von 1945 vor allem in seinen Tiefenwirkungen anders einschätzte als viele andere Menschen, die das Ende des Dritten Reiches erlebt hatten. Die aktuellen Gefahren für den Frieden in Deutschland und in Europa beurteilte er dagegen nicht wesentlich anders als Adenauer. Um so gegensätzlicher waren die Folgerungen, die sie aus der Lage zogen, in der beide ein potentielles militärisches Übergewicht der Sowjetunion bei einem kurzfristig ausbrechenden Konflikt unterstellten. Eine »Politik der Stärke«, die Adenauer im Zeichen einer engen Bundesgenossenschaft mit dem Westen verfolgte[277], hielt Brüning für eine Illusion, obwohl er schon Ende 1951 den Begriff Entspannung auf das Ost-West-Verhältnis anzuwenden versuchte. Um so entschiedener hielt er an der These fest, daß es einen Wettlauf der Großmächte um die Gunst Deutschlands geben werde, dessen politisches Schwergewicht er trotz der Teilung des Landes im Westen sah. Es schien ihm allerdings in der gegenwärtigen Situation angezeigt, unter allen Umständen einen Konflikt mit der Sowjetunion zu vermeiden.

An die Stärke des Westens in absehbarer Zeit glaubte er nicht. Innerhalb der nächsten zwei Jahre sei es nach Ansicht der »optimistischsten Militärschriftsteller« erst auf der Linie Ardennen-Vogesen möglich, einen russischen Angriff abzuwehren. Er vermutete, daß die Sowjetunion dann auch den atomaren Vorsprung der USA eingeholt haben würde. Eine Nervenprobe werde die westdeutsche Bevölkerung kaum aushalten, vor allem wenn die Bundesrepublik gleichzeitig ausländische Aufwertungs- und Entschädigungsansprüche für das gesamte frühere Deutschland bis zu 24 Milliarden DM übernehmen solle, und zugleich ein interner Lastenausgleich geplant sei, der in Einzelfällen bis zur Konfiskation reichen könne.[278] Drei Jahre später sah er seine Bedenken bestätigt, als er feststellte, die Entschädigungs- und Pensionsgesetze seien »teilweise höchst ungerecht und schlecht formuliert«. Wer den meisten politischen Einfluß habe, komme zuerst zu seinem Recht.[279]

Wichtiger war ihm jedoch die Außenpolitik. Von den USA, von Cambridge aus, meinte Brüning im Mai 1952 einen klaren Blick auf die internationale Lage zu haben. Es sei sehr einfach, gewisse internationale Entwicklungen vorherzusehen, wenn man einen kühlen Kopf bewahre. Die Nüchternheit Moltkes, der einst Historiker werden wollte, betrachtete er als Ideal. Die Frage, ob es in den nächsten zehn Jahren zu einem Krieg mit der Sowjetunion kommen werde, verneinte er. Diese wolle so lange wie irgend möglich, einen Krieg in Europa vermeiden, was sie jedoch nicht hindern werde, »jede Woche einen neuen politischen Überraschungszug zu machen«, um die westeuropäische Öffentlichkeit unter Druck zu setzen. Sie verfüge über jene von Clausewitz als strategischen Vorteil bezeichnete »innere Linie«[280] in ihrer Europapolitik und könne deshalb die übrige Welt in ständiger Unruhe halten.

Auf amerikanischer Seite habe dagegen schon Präsident Wilson die Rolle eines konstruktiven Mittlers in Übersee verfehlt. Roosevelt habe die USA vollends in eine strategisch schwache Position gebracht. Die USA könnten aus der Weltlage keinen Nutzen ziehen, wenn sie eine unsichere Politik unter dem abwechselnden französischen und britischen Einfluß betrieben. Sie glaubten aber fälschlich, jederzeit die Russen militärisch in Schach halten zu können. Ähnlich hatten Kritiker der amerikanischen Außenpolitik wie Lewis Brown, Gustav Stolper und Freda Utley argumentiert, nach deren Ansicht die USA vor 1947 keine wirkliche Deutschlandpolitik betrieben hatten. Auch für Brüning blieb das Verhältnis der USA zu Deutschland trotz der Erfahrungen während der Berlin-Blockade immer noch ambivalent. Eine endgültige Entscheidung über ihre Politik in Europa war für ihn im Frühjahr 1952 noch nicht gefallen.[281]

Brüning teilte die Kritik Sethes an Adenauers einsamen Entschlüssen, ohne freilich wie dieser zu erkennen, daß der Kanzler in den Grundlinien seiner Politik nicht nur schwer belehrbar, sondern vor allem keinen Gegner hatte, der ihm überlegen war. Die glänzendsten Erfolge hatte dieser nach Sethe nicht über politische, sondern gegenüber innerparteilichen Gegnern errungen, so daß man letztlich nur an seine eigene Einsicht appellieren könne, wenn man ihm rate, seinen Standpunkt im Urteil über die Stalin-Note zu überdenken. Sethe wollte, wie bereits angedeutet, nicht ausschließen, daß alle Urteile jener, die Stalins Absichten ebenso wie er selbst, erproben wollten, falsch seien. Er ging so weit zu behaupten, daß man selbst das Ziel einer bewaffneten Neutralität nicht verfolgen dürfe, wenn der Westen nicht bereit sei, als Garantiemacht gegen die Sowjetunion aufzutreten.[282] Darin stimmte er mit dem SPD Politiker Carlo Schmid überein, der einem grundsätzlichen Neutralismus in »Foreign Affairs« eine entschiedene Absage erteilte, weil das deutsche Problem nur in einer europäischen Neuordnung gelöst werden könne.[283] Brüning beurteilte bei aller Anerkennung der taktischen Fähigkeiten des Kanzlers dessen politische Weitsicht zunehmend kritischer. Überragendes persönliches Format wollte er ihm nach den Erfahrungen der letzten beiden Jahre nicht mehr zusprechen.

Die Ergebnisse des Notenwechsels unter den Siegermächten, vor allem der Streit um die Durchführung freier Wahlen schienen Brüning nicht mehr allzu sehr zu interessieren, nachdem Washington hinreichend deutlich gemacht hatte, daß es vorerst die Deutschlandfrage nicht anzuschneiden gedachte, aber auch Moskau und Ost-Berlin durch taktische Wendungen neue Zweifel an der Aufrichtigkeit der Moskauer Offerte nährten. Das Einreiseverbot für eine Kommission der Vereinten Nationen, die an Ort und Stelle in der DDR die Voraussetzungen für freie Wahlen prüfen sollte, nährte den Verdacht, daß die östliche Seite mit Scheinangeboten lediglich die EVG-Verträge zum Scheitern bringen wollte.[284] Brüning seinerseits hoffte ebenfalls, daß dies geschah, weil es der Überwindung der Teilung Deutschlands dienlich sei. Seit Juni 1952 kannte er den vollständigen Text des Vertragswerkes, dessen Einzelheiten er im Hinblick auf die politische und militärische Führung für unklar hielt. Einen sowjetischen Angriff, etwa gemeinsam mit der Kasernierten Volkspolizei der DDR, hielt er, wie erwähnt, vorerst für unwahrscheinlich. Seine Devise lautete seit langem: »Unser Preis wird steigen, wenn Deutschland warten kann.« Eine Ablehnung durch den Bundestag sei zwar nicht mehr möglich, doch könne das Parlament die Ratifizierung verzögern, um noch Erleichterungen und Zusagen zu erreichen. In diesem Punkt billigte er die Haltung Schumachers und der SPD. Der SPD-Vorsitzende übernehme aus patriotischen Gründen, meinte er, die Ideologie der DNVP in den ersten Weimarer Jahren und habe die frankreichfreundliche Position Rudolf Breitscheids aufgegeben. Im August 1952 meinte er feststellen zu können, daß Schumacher in den USA populärer sei als Adenauer. Die SPD sei jedoch nicht in der Lage, Einfluß auf die Haltung der Regierung etwa durch Abänderungsanträge zu nehmen. Zu Zugeständnissen seien dagegen die Vereinigten Staaten bereit, die nach seinem Eindruck unter allen Umständen die Ratifizierung durch Bonn erreichen wollten.[285] Brüning behauptete, daß die verantwortlichen Bonner Politiker in außenpolitischen Fragen naiv seien – bei allem Anstand und Pflichtgefühl, das er ihnen in ihrer parlamentarischen Arbeit gern attestierte. Er wunderte sich über den Unterschied zwischen den »Leuten daheim« und ihm selbst. Dieses Gefühl habe er 1948 nicht gehabt. Seine zahlreichen Briefe an alte politische Freunde hätten keinerlei Wirkung, klagte er.[286]

Den Höhepunkt der Ost-West-Spannungen erwartete er für 1954 bei einem Gleichstand der konventionellen und atomaren Rüstung. Zu diesem Zeitpunkt müßten, so kalkulierte er, die Russen angesichts der amerikanischen Rüstungsanstrengungen mit einem Ultimatum des Westens in Europa rechnen, was sie dazu verleiten könne, vorher aktiv zu werden und die politischen Spannungen zu erhöhen. Er bezweifelte, daß die westlichen Demokratien den »kalten Krieg länger aushalten« könnten.[287] Dieses Dilemma, das sich aus dem Programm General Eisenhowers als Präsidentschaftskandidat ergab, beobachtete er mit Sorge. Eisenhower hatte Anfang April 1952 in seinem Rechenschaftsbericht als NATO-Oberbefehlshaber behauptet, die Lage der Staaten der Freien Welt sei sicherer als noch vor einem Jahr. Die NATO sei so stark, daß sie jeden Angriff abwehren könne. Brüning selbst sympathisierte mit den realistischen außenpolitischen Vorstellungen George F. Kennans, und mit dem Kurs Robert Tafts, des angesehenen Fraktionsvorsitzenden der Republikaner im Senat, der als Gegner der Politik Roosevelts und Trumans eine defensive Außenpolitik auch gegenüber der Sowjetunion befürwortete. Taft (»Mr. Republican«), der nach Brüning »zu aufrichtig für die Politik« war, hatte sich vergeblich um die Präsidentschaftskandidatur seiner Partei bemüht und unterlag dem Außenseiter Eisenhower bei der Nominierung 1952. Mit Taft war er mehrere Male zusammengetroffen.

Brünings Rat, die innenpolitische Entwicklung in den USA auf deutscher Seite möglichst abzuwarten, zielte darauf, die Spannungen nicht zu erhöhen und den fortgeschrittenen Prozeß der Spaltung des Landes nicht noch weiter zu treiben. Um so vernichtender urteilte er über Adenauers Europa-Politik. Der Kanzler habe sich – so schien es ihm aus einer gleichsam amerikanischen Perspektive – völlig zum Erfüllungsgehilfen weitgespannter politischer Ziele Frankreichs gemacht. »Es ist alles unglaublich, was man macht«, schrieb er empört an Helene Weber. »Man ergreift öffentlich die Initiative zur Erfüllung weittragender, jahrhundertealter französischer Wünsche und ermöglicht es so den Franzosen, sich jedesmal für die ›Annahme‹ ihrerseits von hier bezahlen zu lassen.« Dabei berief er sich nicht zuletzt auf jene Stimmen in der amerikanischen Öffentlichkeit von der Presse bis zu den osteuropäischen Emigrantenorganisationen, die sich der Unterstützung durch Washington im Zeichen eines »Kreuzzuges gegen den Kommunismus« erfreuten, wie er von dem »National Committee for Free Europe« betrieben wurde.

Die Korrespondenten der amerikanischen Zeitungen verwunderten sich nach seinem Eindruck, wie gering das Interesse eines »gewissen Herrn« an der Wiedervereinigung der Besatzungszonen sei. Brüning fragte sich, ob man in Bonn keine ausländischen Zeitungen lese. Bonn müsse zeigen, daß nicht Frankreich, sondern Westdeutschland wesentliche Opfer für die EVG bringe. Zweifel an seinem eigenen Informationsstand in den langen Wochen seines Sommeraufenthaltes in Hartland hegte er nicht. Um so wütender reagierte er auf Versuche, die katholische Kirche für die Bonner Politik als vermeintliche »katholische Politik« zu gewinnen. Einladungen von seiten kirchlicher Institutionen zu Vorträgen lehnte er weiterhin ab, um sich nicht, was sein Hauptanliegen gewesen wäre, zu außenpolitischen Fragen kritisch äußern zu müssen.[288]

Aufmerksam nahm er die Stimmen zur Kenntnis, die in den USA und auch in Großbritannien die westliche Aufrüstung für verhängnisvoll hielten und statt dessen, wie die Labour Party einer Lösung der Deutschen Frage durch eine Vereinigung der beiden deutschen Staaten, wenn nicht gar einer Rückgabe der Ostprovinzen des Reiches das Wort redeten.[289] Seine Botschaft an Bonn lautete, daß die USA bei allen Unsicherheiten in der politischen Führung und der beständigen Nervosität der öffentlichen Meinung in der nächsten Zeit in Europa nur mit Großbritannien und Westdeutschland als wirkliche Verbündete rechneten.[290] »Man braucht uns«, meinte er gegenüber Hermann Pünder. Die USA würden unbeschadet aller innenpolitischen Spannungen allein durch die sowjetische Herausforderung in Europa zu einer bestimmten Option gezwungen sein.[291]

Sein Standpunkt war nach Lage der Dinge, wie sie sich vor dem Hintergrund der europäischen Politik seit den zwanziger Jahren zeigten, kaum weniger rational begründet als der Adenauers. Dessen Perspektive gründete ebenfalls in dieser Zeit, in der Brüning die Ansätze einer deutsch-französischen Verständigung vor allem in wirtschaftspolitischer Hinsicht mit Sympathie verfolgt hatte. Brüning wollte schon damals nicht ausschließen, daß sich die europäische Idee irgendwann einmal als fruchtbar erweisen würde. Nach dem Krieg hatte Adenauer die Begegnung mit Schuman gelehrt, daß sich das Prinzip auch gegen die Kalkulationen einer Zernierungspolitik nach traditionellen Vorbildern gegenüber Deutschland durchsetzen würde, wenn sich Westdeutschland durch eine entschiedene Integrationspolitik von nationalstaatlichen Prinzipien befreite. Für Brüning, der seit langem von den politischen Entscheidungsprozessen ausgeschlossen war, stellte sich dagegen die Deutsche Frage vor allem als ein Erkenntnisproblem dar, dem er in seiner selbstgewählten Rolle als Berater der verantwortlichen Politiker gerecht zu werden suchte. Seine historischen Erfahrungen und aktuellen Einsichten versuchte er in möglichst widerspruchsfreien Analysen zusammenzufassen.

Das primär ästhetische Verhältnis des Gelehrten zur politischen Realität, der die Option zum Handeln möglichst freihalten wollte, stand der Zwang des verantwortlich handelnden Politikers Adenauer gegenüber, der sich in seiner Handlungsfreiheit extrem eingeschränkt fühlte. Er glaubte, angesichts der Spaltung Deutschlands im Gefolge der Kriegsniederlage und der Schärfe des Ost-West-Konflikts kaum zwischen mehreren problematischen Alternativen wählen zu müssen. Die Handlungsfreiheit der Bonner Politik verstand Adenauer anders als Brüning, der die Notwendigkeit einer Option verneinte. Die unmißverständliche Entscheidung für das Bündnis mit dem Westen war für Adenauer zwingend, um die Existenz der Bundesrepublik nicht zu gefährden. Während Brüning den Ost-West-Konflikt als eine Chance betrachtete, die Handlungsfreiheit der deutschen Politik zu erweitern, sah

Adenauer die Konfrontation vor allem als Gefahr für die Interessen der Bundesrepublik.

Der Übergang vom Besatzungsregime zur Integration ohne vorher den Zustand der Souveränität zu erreichen, stellte für Adenauer weniger die »Aufhebung« eines von der Geschichte überholten Prinzips in einem beinahe Hegelschen Sinne als eine Option zugunsten einer größeren Handlungsfähigkeit einer bis dahin unter der Souveränität der Westmächte stehenden Bundesregierung dar. Für Brüning, der sich nur eine allmähliche Überwindung der nationalstaatlichen Ordnungen als »realistisch« im Sinne bisheriger Erfahrungen vorstellen konnte, bedeutete dies einen Weg zu einer Scheinsouveränität Westdeutschlands, in Wirklichkeit also dauernde Abhängigkeit von Frankreich, bei gleichzeitiger Vertiefung der Teilung des Landes, die er als einzigen Zweck der westlichen Integrationspolitik ansah. Ebendies sollte aber die Adenauersche »Politik der Stärke« des Westens angeblich vermeiden, sie sollte zu einem späteren Zeitpunkt die Einheit des Landes ermöglichen. Die Zusammenarbeit mit den Westmächten als politisches Postulat sollte die internationale Stellung der Bundesrepublik stärken, indem die Regierung auf eine selbständige Außenpolitik, wie sie sich Brüning vorstellte, weitgehend verzichtete.[292]

Für die beiden Kontrahenten ging es in der nächsten Zeit um die Frage, welches Konzept sich als das richtige erweisen würde, um die Deutsche Frage zu lösen. Brüning argwöhnte spätestens 1952, daß Adenauer dieses Ziel nicht wirklich verfolgte. Der entscheidende Unterschied in der Lagebeurteilung ergab sich jedoch aus der Frage, wie schwer das gegenwärtige und künftige Gewicht Deutschlands in der Weltpolitik und der Faktor Zeit einzuschätzen seien. Hier glaubte Adenauer, daß Eile geboten sei, um zu verhindern, daß Deutschland und Europa als Ganzes dem sowjetischen Expansionsdrang zum Opfer fiel. Diese Strategie hielt Brüning für verfehlt, da er sowohl das amerikanische Gegengewicht als gegeben ansah als auch die Spannungen unter den Großmächten selbst als neutralisierenden Faktor zugunsten Deutschlands wertete.

Er sprach von einer lediglich »optimistischen Augenblickseinstellung« in der Bonner Politik, die durch die wirtschaftlichen Folgen der Aufrüstung gefördert werde, und, wie er einräumte, mit der »einzigartigen Schaffensenergie« seiner Landsleute harmonierte. Auf die Dauer könne Westdeutschland aber nicht auf die osteuropäischen Märkte verzichten. Er berief sich dabei auf die Erfahrungen der Jahre 1929 bis 1932, indem er bemerkte, daß Deutschland ohne diese Absatzmärkte die schwere Krise damals nicht hätte durchstehen können, was wohl nur heißen konnte, daß er tatsächlich mit einem Zusammenbruch während seiner Regierungszeit gerechnet hatte. Washington unterbinde einen regen Ost-Handel der Bundesrepublik, während sich die anderen westeuropäischen Staaten um die Einsprüche der USA gegen Lieferungen an Rußland nicht kümmerten.[293]

Zunehmende Distanz zur Bonner Politik

Das Jahr 1953 verbrachte Brüning überwiegend in Köln, wo er sich vor allem seinen Vorlesungen und Seminaren widmete. Nebenher verfolgte er aufmerksam die Bonner Politik mit jenem Mißtrauen, das ihm in den letzten Jahren die Stimmung vergällt hatte. Er sah sehr klar, daß Adenauer trotz seiner einsamen Entschlüsse inzwischen die öffentliche Meinung in der EVG-Frage hinter sich gebracht hatte. Nach dem Tode Schumachers am 20. August 1952 schien ein beträchtlicher Teil der SPD-Bundestagsfraktion geneigt zu sein, die Vertragsgesetze ohne allzu großen Widerstand im Parlament passieren zu lassen. Eine hinhaltende Taktik vermochte Brüning auf keiner Seite zu erkennen. Sein Fazit lautete: »Man nimmt alles an, was die Westalliierten, besonders die Franzosen fordern, und ist glücklich über das Lob des Auslandes.« Ernsthafter Widerspruch sei kaum noch möglich. Andererseits habe sich die Haltung der Russen versteift, weil diese ihrerseits damit rechneten, daß die hohen Flüchtlingszahlen aus der DDR die wirtschaftlichen und politischen Schwierigkeiten im Westen verschärften. Die Bundesrepublik nannte er gelegentlich einen »Vasallenstaat« Frankreichs. Die öffentliche Meinung und die Presse hielt er in der EVG-Frage für inkompetent. Mit Bedauern registrierte er jedoch, daß alte Freunde und Weggefährten wie Erwin Respondek und Joseph Wirth sich Splittergruppen wie der Gesamtdeutschen Volkspartei oder dem Bund der Deutschen anschlossen.[294]

Seine häufig geübte Kritik an der Politik des Bundeskanzlers veranlaßte allerdings einige politische Freunde, ihm einen sicheren Wahlkreis in Westfalen für die CDU anzubieten, offenkundig, um ihn künftig in die Regierungspolitik einzubinden. Er lehnte das Angebot ebenso wie vier weitere aus Niedersachsen ab, vielleicht nicht nur aus grundsätzlichen politischen Erwägungen, sondern wahrscheinlich auch, weil er sich die Strapazen einer Wahlkampagne wegen seines Gesundheitszustandes nicht zutraute. Ein Bundestagsmandat wäre mit der Beschränkung auf eine Beraterrolle durchaus vereinbar gewesen. Es sei für ihn wichtiger, gab er vor, demnächst seine Memoiren in Hartland fertigzustellen. Im Dezember 1952 waren zudem Bestrebungen bekannt geworden, ihn als Minister in das Kabinett Arnold nach Düsseldorf zu berufen. Im Januar 1953 wurde das Gerücht, er werde Adenauer als Außenminister ablösen, wieder aktuell, nachdem er vor dem Wirtschaftsbeirat der CSU in München einen Vortrag gehalten hatte. Von der CSU war er wiederholt eingeladen worden. Im März war wieder die Rede von einem Botschafterposten in Washington oder anderswo.[295] Er selbst dementierte dies erneut und bekräftigte seine Absicht, nicht in das deutsche politische Leben zurückzukehren, als er im Juli 1953 für einige Monate wieder in den USA, in Hartland war. Er versicherte jedoch, für immer in Deutschland bleiben zu wollen.[296]

Zwar betrachtete er immer noch Hartland als seinen Lieblingsort, doch suchte er auch in der alten Heimat wieder Wurzeln zu schlagen, nachdem er 1952 erstmals seit 29 Jahren das Weihnachtsfest wieder in Münster bei seiner Schwester verbracht hatte. Er hielt sich gern in dem christlichen Bildungswerk »Die Hegge« in Niesen-Peckelsheim, Kreis Warburg, unweit Paderborn auf. Es war von Paul Simon 1945 in der Nähe des Klosters Corvey gegründet worden und stand unter der Leitung einer katholischen Frauengemeinschaft, einem geistlichen Säkularinstitut. Der Aufenthalt auf der Hegge entsprach der Neigung des lebenslangen Junggesellen, sich hin und wieder für einige Tage in eine klösterliche Einsamkeit zurückzuziehen, wie er dies schon in seiner Jugend bei den Benediktinern in Maria Laach und in Beuron zusammen mit gleichgesinnten Freunden getan hatte. Auch in Amerika hatte er im Priesterseminar von Huntington einen solchen Ort der Ruhe und Einkehr gefunden. In der »Einsamkeit an der Weser« hielt er sich mehrfach zu Erholungs- und Einkehrwochen auf. Die Landschaft erinnerte ihn nun wieder an Vermont, obwohl dort, wie er glaubte, die Wälder schöner seien.[297]

Brüning versagte sich konsequent den Weg in die praktische Politik und beschränkte sich weiter auf die Rolle des Beobachters und Kommentators. Als ihn Adenauer jedoch Ende Januar 1953, nach seinem Besuch in München zu einem persönlichen Gespräch in sein Privathaus nach Rhöndorf einlud, lehnte er höflich ab. Eine schwere Grippe erlaube ihm vorläufig nicht, auszugehen, ließ er ihn wissen. Es sei ihm von Herrn Globke gesagt worden, daß er nicht gerne nach Bonn kommen wolle, hatte Adenauer an den »lieben Herrn Brüning« geschrieben. Brüning lag drei Wochen lang krank zu Bett.[298] Zu einer Begegnung zwischen den beiden Politikern kam es nicht mehr.[299]

Nach der Entscheidung über den Schuman-Plan, der am 23. Juni 1952 in Kraft getreten war, konzentrierte sich Brünings Interesse auf die EVG-Problematik, was ihn zu einem definitiven Bekenntnis zu einem NATO-Beitritt bewog. Ihm war nicht entgangen, daß die außenpolitische Entwicklung die Stellung der Bundesregierung gefestigt hatte. Adenauer stand nach einer USA-Reise im April 1953 auf einem Höhepunkt seiner Popularität. Einen Augenblick glaubte Brüning, daß dieser seinen Kurs in der Deutschlandpolitik korrigieren und vielleicht »noch alles für die Zukunft retten« könne.[300] Diese Stimmung hielt nicht lange an. Daß der Kanzler sein Werk in einer Rede in Harvard gewürdigt hatte, beeindruckte ihn kaum.[301]

Das Jahr 1953 brachte nicht nur den Volksaufstand vom 17. Juni, sondern auch die zweite Bundestagswahl, die am 6. September stattfand. Der Volksaufstand irritierte ihn, ohne daß er sich ein sicheres Urteil über die politischen Folgen zutraute. Günstige Auswirkungen auf die Weltlage erwartete er nicht. Dies galt eher für den zuvor eingetretenen Führungswechsel in Moskau nach dem Tod Stalins am 5. März. Denkbar sei ein »ernstlicher Bruch« in den Ost-West-Beziehungen, wenigstens für eine gewisse Zeit. Er sei froh bei den kommenden Bundestagswahlen nicht in Deutschland zu sein.[302]

Von Ende Juli bis Oktober war Brüning in Hartland, ehe er im November wieder nach Deutschland zurückkehrte, so daß er die Kampagne zur zweiten Bundestagswahl nur indirekt von den USA aus verfolgen konnte. Dies erklärt teilweise sein verfehltes Urteil, die Agitation habe diejenige Hitlers übertroffen, wenn er auf die Mittel verwies, die die Regierungsparteien für die Propaganda aufgewandt hatten. Die Furcht vor und der Haß auf Rußland habe eine entscheidende Rolle neben dem wirtschaftlichen Interesse gespielt. Den Wahlerfolg der CDU und der CSU am 6. September hatte er in der tatsächlichen Höhe – 45,2 Prozent der Stimmen gegenüber 28,8 Prozent der SPD – nicht erwartet.[303]

Mit dem Wahlsieg der Unionsparteien im Zeichen des Koreakrieges und der Niederschlagung des Aufstandes in Mitteldeutschland hatte Adenauer seine Stellung für die nächste Zeit stabilisiert. Der Wirtschaftsaufschwung tat ein übriges. Brüning war bei aller Distanz beeindruckt von Adenauers Erfolg und betrachtete auch die Wirtschaftslage als die günstigste unter allen europäischen Ländern mit Ausnahme der Schweiz. Sie werde so lange anhalten, wie der Wiederbeschaffungsbedarf an industriellen Gütern in der Nachkriegszeit bestehe. Allerdings waren nach seiner Ansicht am Ende der Aufbauperiode sowohl Budget- als auch Zahlungsbilanzschwierigkeiten zu erwarten, eine Befürchtung, die er den Finanzminister wissen ließ. Eine solche Gefahr hielt er auch dann für gegeben, wenn die amerikanische Binnenkonjunktur nachlasse. Er war sich der Tatsache bewußt, daß die Konjunktur der westlichen Welt wesentlich von den Verhältnissen in den USA abhing.[304] In der Wirtschaftspolitik der Bundesregierung sah er eine »absolute Diskrepanz« zwischen der Politik Ludwig Erhards und Fritz Schäffers.[305]

4. Der Eklat von Düsseldorf

Die Einladung des Rhein-Ruhr-Klubs

Die Bonner Deutschlandpolitik befand sich nach Brüning seit der Stalin-Note vom März 1952, vor allem aber nach dem Scheitern der Berliner Viermächte-Konferenz von Anfang 1954, die am 18. Februar zu Ende ging, in einer Sackgasse. Die »Chancen für uns« waren nach Brünings Überzeugung in den letzten Jahren vertan worden. Derartige Gelegenheiten kehrten selten wieder, betonte er im Gegensatz zu Adenauer, für den das Ende der Konferenz kein Grund zur Trauer war. »Kehren sie plötzlich wieder, muß man blitzschnell zugreifen. Dazu fehlt es hier an der Erkenntnis und dem Willen. Man arbeitet dogmatisch weiter in der Außenpolitik und verdächtigt öffentlich jedermann, der sich eine andere Meinung erlaubt ...«[306], faßte er sein Urteil über Adenauers Deutschlandpolitik, die dieser als Europapolitik verstand, zusammen, ehe es zum offenen Streit mit dem Bundeskanzler kam. Die Unfähigkeit, rasch eine Gelegenheit ergreifen zu können, hatte einst General v. Schleicher ihm, dem Zauderer, noch im April 1934 vorgeworfen. Dieses Argument richtete er nun gegen Adenauer. Seit Monaten verfolgte er das Wettrüsten der Großmächte, aber auch die Bonner Außenpolitik mit Sorge. Er wußte, daß Adenauer gegen die von Churchill vorgeschlagene Vierer-Konferenz Bedenken gehabt und eine Verständigung der Siegermächte auf Kosten Deutschlands und ohne seine Mitsprache befürchtet hatte. In seinen Vorlesungen im Mai und im Juni 1954 machte Brüning – gegen seine sonstige Neigung zur Zurückhaltung – gelegentlich scharfe Bemerkungen über die Bonner Politik.[307] Öffentliche Auftritte vermied er weitgehend. Schließlich entschloß er sich, »in kleinem geschlossenen Kreise einige Warnungen auszusprechen.«

So kam es zu dem Vortrag »Die Vereinigten Staaten und Europa«[308], den er am Abend des 2. Juni, einem Mittwoch, vor dem Rhein-Ruhr-Klub im Restaurant Wolfsschlucht in Düsseldorf-Grafenberg vor etwa 400 Zuhörern hielt. Der Klub ist nicht zu verwechseln mit dem berüchtigten Industrieclub, in dem einst Adolf Hitler am 26. Januar 1932 seinen vielbeachteten Auftritt vor führenden Industriellen im Düsseldorfer Parkhotel hatte.[309] Über die Vorgeschichte und den Anlaß für die Einladung an Brüning nach Düsseldorf ist wenig bekannt. Der Münsteraner Rechtsanwalt Otto Eulerich, der Brüning durch dessen Schwester Maria 1951 kennengelernt hatte, legte später Wert darauf, zum Zustandekommen der außerordentlich gut besuchten Veranstaltung beigetragen zu haben. Er scheint auch dafür mitverantwortlich gewesen zu sein, daß der Vortrag – wie üblich – in einem Rahmen stattfand, zu dem die Öffentlichkeit Zutritt hatte.[310] Brüning hingegen scheint angenommen zu haben, daß er vor einem mehr oder weniger geschlossenen Kreis auftreten sollte. Als ihn der Chef der Kölner Firma Klosterfrau, Dr. Lippert, am Nachmittag gegen 16.30 Uhr in der Hültzstraße abholen wollte, ließ er sich noch einmal bestätigen, daß der Vortrag nicht öffentlich sein werde.[311] In Wirklichkeit war die Presse am 2. Juni wie gewöhnlich eingeladen und zahlreich vertreten gewesen.

Brüning hatte seinen Vortrag als eine Art *lecture* konzipiert, wie sie ihm aus den USA geläufig war. Eine thesenartige Zuspitzung war dort nichts Ungewöhnliches. Das deutsche Publikum erwartete dies jedoch nicht von ihm. Nachträglich behauptete er, die Einladung unter der Voraussetzung angenommen zu haben, daß keine Presse anwesend sei. Immerhin gestand er ein, daß der Vortrag ein »Vorstoß« gewesen sei, um eine Änderung der Bonner Außenpolitik anzuregen.[312] Nicht von ungefähr hatte Herbert von Borch, Chefredakteur der Zeitschrift »Außenpolitik« am 25. Mai bei Brüning angefragt, ob dieser ihm den Text des Vortrages zur Veröffentlichung überlassen könne, worauf Brüning jedoch nicht eingegangen war.[313]

Vermutlich erwartete er in Düsseldorf ein ähnlich zusammengesetztes Publikum wie am 24. Mai in Neustadt an der Weinstraße, wo er einen Vortrag über die außen- und wirtschaftspolitischen Entwicklungsmöglichkeiten Westdeutschlands vor geladenen Gästen gehalten hatte. Einen ähnlichen Vortrag wie in Düsseldorf hielt er wenig später in Bad Dürkheim.[314] Im Hinblick auf seinen Düsseldorfer Auftritt behauptete er vier Wochen später, ihn habe die nach wie vor vorhandene Kriegsgefahr zu seinen Ausführungen veranlaßt. Er sprach, ohne dies näher zu erläutern, sibyllinisch von der Möglichkeit eines zweiten »Pearl Harbour«, das nach Berichten amerikanischer Blätter durch den Abzug »amerikanischer Kerntruppen« seinerzeit geradezu provoziert worden sei.[315]

Die Behauptung, Brüning habe seinen Düsseldorfer Vortrag längere Zeit vorbereitet, indem er die politische Lage in Bonn, vor allem die Haltung führender Politiker »abgetastet« (E. Alexander) habe[316], mag inhaltlich zutreffen, unterstellt aber eine absichtliche Provokation. Tatsächlich hatte er den Text seiner Rede erst kurz vor der Veranstaltung diktiert. Es ist also unwahrscheinlich, daß er sich zu einem spektakulären Schritt entschloß, nachdem er erkannt hatte, daß seine vielfältigen Ratschläge an verschiedene Politiker sich als wenig wirksam erwiesen, vor allem den Bundeskanzler wenig beeindruckt hatten. Die Verärgerung über die politische Entwicklung der jüngsten Zeit mag ihn freilich veranlaßt haben, seine Position schärfer als ursprünglich beabsichtigt zu akzentuieren.[317]

Im Rhein-Ruhr-Klub, der im Herbst 1948 gegründet worden war, waren bisher häufig Politiker und Unternehmer als Redner aufgetreten wie der Bankier Hermann Josef Abs, Bundestagspräsident Hermann Ehlers, der Präsident des Bundesverfassungsgerichts, Hermann Höpker-Aschoff, der Bremer Bürgermeister Wilhelm Kaisen, der ehemalige Reichskanzler Hans Luther, der Regierende Berliner Bürgermeister Ernst Reuter, Finanzminister Fritz Schäffer, der Vizepräsident der Montanunion Hans Etzel, Bundestagsvizepräsident Carlo Schmid sowie die Abgeordneten Kurt Georg Kiesinger und Erich Mende.[318]

»Dogmatismus« in der Außenpolitik

Brüning äußerte sich in Düsseldorf zu wichtigen außenpolitischen Fragen, die Adenauer seinerseits als seine Domäne ansah und die er auch gegenüber anderen Kritikern seiner Politik, wie Jakob Kaiser und dessen Berater Wilhelm Wolfgang Schütz verteidigte.[319] Der Wortlaut der Ausführungen erregte in der deutschen Öffentlichkeit großes Aufsehen. Seine Botschaft, soweit sie in der Öffentlichkeit wahrgenommen wurde, lautete: Eine Wiedervereinigung sei nicht möglich, wenn das vereinigte Deutschland in die EVG einbezogen werde. Darüber wollte er eine Diskussion anstoßen, offensichtlich in der Überzeugung, daß dies in der gegenwärtigen Situation nützlich sei und keinen Schaden bringen werde. Hatte er sich doch schon einleitend dagegen verwahrt, er wolle die »Bonner und die Washingtoner Politik irgendwie kritisieren«. Er sei sich zu sehr der »Zwangsläufigkeiten bewußt, die sich aus den Vereinbarungen von Teheran, Jalta und Potsdam ergeben mußten.«

Schon in der Weimarer Zeit habe er als Abgeordneter »nur gelegentlich einmal eine Regierungsaktion im Reichstag oder in der Öffentlichkeit kritisiert«. Er beschwor die »englische parlamentarische Methode«, nach der sich Regierung und Opposition vor einer Parlamentsdebatte darüber verständigten, welche Position sie dann öffentlich einnähmen, um das Interesse des Landes nach außen hin um so wirksamer vertreten zu können. Eine kluge Regierung erbitte von der Opposition eine eingehende Kritik, was dazu führe, daß das Ausland den Sturz einer amtierenden Regierung, die eine konstruktive Außenpolitik betreibe, befürchten müsse und danach trachte, dies zu verhindern. Er erwähnte nicht, daß er als Kanzler in diesem Sinne einst vergeblich Hitler zu einem ähnlichen Arrangement zu bewegen versucht hatte, bemerkte aber, daß dieses Prinzip in Deutschland weder in der Weimarer Zeit noch nach dem Zweiten Weltkrieg verstanden worden sei.

Der Ansatz seiner Betrachtungen war historisch. Er berührte die Entstehungsgeschichte der Vereinigten Staaten und die deutsche Einwanderung und verwies auf die Neigung der amerikanischen Politik, nach schweren politischen und ökonomischen Krisen auf großzügige Lösungen hinzuarbeiten. Der Durchschnittsamerikaner könne sich nicht vorstellen, daß dies außerhalb des riesigen Landes nicht möglich sei. Im Unterschied zu den englischen Einwanderern hätten die Deutschen, gewöhnt an ihre landsmannschaftliche Zersplitterung und unsicher in ihren politischen Auffassungen, dort nur eine sekundäre Rolle gespielt. Allein die Vernachlässigung der deutschen Hochsprache zugunsten der heimatlichen Dialekte habe dazu beigetragen, die Vorherrschaft der englischen Sprache zu sichern, die die Vereinigten Staaten zu einer Nation zusammengeschweißt habe.

Die öffentliche Meinung in den USA mißverstehe aus historischen Gründen leicht die innenpolitischen Verhältnisse in den europäischen Staaten, was die politischen Schwankungen in der Beurteilung der gegenwärtigen Lage erkläre. Man könne sich schwer vorstellen, daß eine europäische Einigung, die man begrüße, sich anders vollziehe als in der Neuen Welt. Man verstehe dort nicht, daß man in Europa das erfolgreiche amerikanische Beispiel nicht einfach nachahme. Anderseits sei es der amerikanischen Politik nach dem Zweiten Weltkrieg nicht mehr wie zu Anfang der zwanziger Jahre möglich, sich der Stimmung im eigenen Lande folgend aus den europäischen Angelegenheiten zurückzuziehen. Schon nach kurzer Zeit hätten sich die USA damals aus wirtschaftlichen und finanziellen Gründen wieder in Europa engagiert, nach dem Zweiten Weltkrieg müßten sie dies schon allein aus militärischen tun.

Die Verantwortung für die Spaltung Deutschlands

Die historische Analyse führte der Redner bis in die weltpolitische Problematik der Gegenwart fort, als er feststellte, die USA seien erstmals nach dem Unabhängigkeitskrieg »militärisch äußerst verwundbar geworden – nicht vom alten Europa her, sondern im Falle eines Krieges vom russisch-chinesischen Machtblock« ausgehend – seitdem die Sowjetunion in der Lage sei, ihre Bomber in sechs Stunden nach Detroit und Chicago zu schicken. Daß diese spätestens seit dem 29. August 1949 ebenfalls Atommacht geworden war, erörterte er in den Konsequenzen nicht näher. Statt dessen erläuterte er rückblickend die militärischen Anstrengungen der USA, vor allem der Marine, im weltpolitischen Maßstab seit dem Anfang des Jahrhunderts bis in die Gegenwart. Der oberste Verteidigungsrat der Vereinigten Staaten unter Admiral Arthur W. Radford denke nicht, behauptete er, rein defensiv. Er plane neben der NATO ein weiteres Bündnis im Pazifischen Ozean, dem die nichtkommunistischen Anrainerstaaten angehören sollten. Nach seiner Auffassung hatten die Amerikaner die sowjetische Herausforderung früher als die Westeuropäer erkannt. Letztere hingen, wie Platon (Phaidon 109 B) einst von den Griechen sagte, an den Küsten des Mittelmeeres wie Frösche am Rande eines Teiches.

Durch die Ergebnisse der Kriegs- und Nachkriegskonferenzen mit der Sowjetunion seien die Westmächte in eine fatale Lage geraten. Der größte aller Fehler, die damals – auf westlicher Seite – gemacht wurden, sei die Hinnahme der Aufteilung Deutschlands gewesen. Er erwähnte in diesem Zusammenhang seinen Freund Stimson, der dies mißbilligt habe. Für die Zugeständnisse des Westens an Stalin machte er unter anderem die »wüste Agitation« gegen die deutsche Außenpolitik in den zwanziger Jahren in den USA und in England verantwortlich. Er brach eine Lanze zugunsten einer Politik des Gleichgewichts und des Friedens in Europa, wie sie Deutschland in den zwanziger Jahren nach dem Rapallo-Vertrag von 1922 und dem Berliner Vertrag von 1926 mit der Sowjetunion betrieben habe. Man habe diese Vereinbarungen zu Unrecht zum Ausgangspunkt einer ungerechtfertigten Agitation gemacht, ohne den genauen, den tatsächlichen Inhalt zu würdigen. Auch in Bonn geschehe dies neuerdings. »Es wird vor allem verschwiegen, daß ich mich geweigert habe, den Berliner Vertrag im Winter 1931/32 über zwei Jahre hinaus zu verlängern.« Er habe damals auf die gleichzeitigen Verhandlungen über die Abrüstung in Genf Rücksicht genommen und verhindern wollen, daß der Quai d'Orsay die deutschen Abrüstungsvorschläge, »die im April 1932 von den Regierungen der USA, Englands und Italiens bereits angenommen waren«, sabotierte.

Brüning verwies auf den Zusammenhang vor allem zwischen dem Locarno-Vertrag und dem Berliner Vertrag. Den letzteren hätte das Reich nicht ohne den ersteren abgeschlossen. Beide seien ein »Meisterstück der deutschen Diplomatie« gewesen. Ohne weiter auf den umstrittenen Rapallo-Vertrag einzugehen, behauptete er: »Locarno gab Frankreich und Belgien eine Sicherheit gegen Deutschland und uns eine Sicherheit gegen Frankreich mit englischer Garantie, soweit die Westgrenzen in Frage kamen. Aber unsere Ostgrenzen waren noch immer gefährdet durch die Militärpakte zwischen Frankreich und Polen und Frankreich und der Kleinen Entente.«

Diese Ausführungen charakterisierten die deutsche Außenpolitik vor 1933, in erster Linie während des entscheidenden Jahres 1932, wie dies nur von einem ihrer

Exponenten ohne Rücksicht auf die Folgezeit zu erwarten war. Der Zweite Weltkrieg hatte jedoch alle Fragestellungen und Probleme in einen neuen Zusammenhang gestellt, der Brüning zwar vertraut war, den er jedoch nicht ohne weiteres akzeptieren wollte. Dies taten jedoch viele Zeitgenossen, die den Krieg in Europa erlebt hatten, um so bereitwilliger. Hitler hatte für sie alle früheren außenpolitischen Bemühungen der deutschen Seite ins Unrecht gesetzt. Damit wollte sich Brüning nicht abfinden.

Er argumentierte aus der Perspektive der Weimarer Zeit vor allem im Hinblick auf Frankreich, das sich während der Verhandlungen über den Locarno-Vertrag seinerzeit ein Durchmarschrecht durch das Reich sichern wollte, um bei einem Angriff der Sowjetunion auf Polen und die Staaten der Kleinen Entente eingreifen zu können. Deutschland habe dies wegen der Verhandlungen mit der Sowjetunion abgelehnt. Bei einem französischen Durchmarschrecht wäre Deutschland in den Krieg verwickelt worden, was durch den Berliner Vertrag, der gegenseitige Neutralität bei einem Konflikt mit dritten Staaten vorsah, verhindert worden sei. Berlin habe damals den britischen Botschafter Lord d'Abernon über die Verhandlungen eingehend unterrichtet. Dieser habe diese Politik gebilligt, nicht jedoch die heimliche Aufrüstung der Reichswehr in der Sowjetunion. Als Reichskanzler habe er dafür gesorgt, »daß dieses System langsam abgebaut wurde, ohne daß wir dabei Schaden genommen haben.«

Brüning wollte zeigen, daß Deutschland in den Weimarer Jahren angesichts seiner geopolitischen Lage mit Hilfe dieser Verträge das politische Gleichgewicht in Europa stabilisiert habe. »Diese Aufgabe hat Deutschland mit Hilfe dieser Verträge erfüllt – bis Hitler«, wie er in seltsamer und mißverständlicher Verdrehung der Fakten meinte, »sich durch Stalin in den Krieg mit den Westmächten hineindrängen ließ.«[320] Eine »neutralistische« Stimme, die Wirth nahestand und Brüning freundlich gesinnt war, meinte im nachhinein verwundert, daß man über diesen »Punkt aus den politisch-historischen Forschungen noch etwas mehr hören möchte«.[321]

Sicherheits- und Wirtschaftspolitik

Bedeutsamer aber war die Schlußfolgerung, daß Deutschland die Aufgabe eines Stabilisators des europäischen Gleichgewichts irgendwann wieder übernehmen müsse. Ob dies gegenwärtig möglich sei, wage er nicht zu sagen. Er vertrat – anscheinend in der nachfolgenden Diskussion – im übrigen den Standpunkt, daß ein Bündnis der Bundesrepublik mit dem Westen den Frieden in Europa keineswegs sicherer mache.[322] Seit Jahren sei eine »rein dogmatische Außenpolitik« betrieben worden, wie dies in der Zeit nach Bismarcks Abgang bis zum Locarno-Vertrag schon einmal geschehen sei. Die Kritik an der Adenauerschen Deutschlandpolitik war unüberhörbar, obwohl der Name des Kanzlers nicht fiel. Die Aussage unterstellte, daß sich die EVG-Politik bereits in einer akuten Krise befand, so daß sich möglicherweise auch neue außenpolitische Möglichkeiten ergeben konnten. Die Anwesenden, darunter offenbar auch Vertreter des Bundespresseamtes, horchten auf. Unter den Zuhörern, meist unter denen jüngeren Alters, machte sich Unmut bemerkbar.[323]

Größte Beachtung fand in der Öffentlichkeit die These: »In der Außenpolitik muß jede Dogmatik abgelehnt werden. Man muß weitschauende Ideen haben über das, was sich vielleicht einmal als Möglichkeit entwickeln kann, um schnell zugreifen zu können, wenn sich eine solche Möglichkeit plötzlich ergeben sollte. Plötzliche Stellungswechsel in der Außenpolitik sind aber in keinem Land so möglich und so häufig wie in Sowjetrußland. Darin liegt die Stärke eines totalitären Regimes.« Die These war einerseits von den Erfahrungen der Weimarer Jahre bestimmt, beruhte andererseits aber auf der Überzeugung, daß totalitäre Regime keine tragfähigen politischen Traditionen entwickeln könnten und insofern tendenziell nur von geringer Lebensdauer seien. 1947 hatte er einmal die Struktur totalitären Denkens beschrieben: »Sobald man anfängt zu glauben, daß man alles in einer Generation schaffen könnte und womöglich durch eine einzige Persönlichkeit, so beginnt schon im Keime das totalitäre Denken.«324

Den Ausführungen war unschwer zu entnehmen, daß sich die Bundesrepublik auf den totalitären Charakter der sowjetischen Politik einstellen und sie für ihre Interessen zunutze machen sollte. Brüning leitete daraus eine Reihe von weiteren Folgerungen ab. Wenn jederzeit mit einem plötzlichen Stellungswechsel in der sowjetischen Europapolitik zu rechnen war, stand grundsätzlich auch der EVG-Vertrag in Frage. Keinem Vertragspartner könne bei einer endgültigen Regelung der Verhältnisse in Deutschland zugemutet werden, »politischen Selbstmord« zu begehen. In diesem Falle ging es um die Sowjetunion, die einer Wiedervereinigung unter den Bedingungen einer Integration des gesamten Deutschland in den Westen hätte zustimmen müssen. Artikel 7 Absatz 3 des Deutschland-Vertrages vom 26. Mai 1952 sah immerhin vor, daß das wiedervereinigte Deutschland die Möglichkeit haben sollte, sich der Europäischen Gemeinschaft anzuschließen.325

Brüning ließ die bescheidenen Ergebnisse der Berliner Konferenz wenige Monate zuvor unerwähnt, weil er erwartete, daß die Sowjets nunmehr der Pankower Regierung die Agitation für die Wiedervereinigung gegenüber der gesamtdeutschen Öffentlichkeit überlassen würden. Dies konnte, wie er einem Diplomaten anvertraute, nach seiner Ansicht den Westen in eine unhaltbare Situation treiben, wenn die Bundesrepublik an der Forderung festhielt, das vereinigte Deutschland müsse in den EVG-Vertrag einbezogen werden. Dies schließe nicht nur ernsthafte Verhandlungen mit Moskau aus, sondern spiele den Sowjets und der DDR-Regierung in Pankow, der »Ostregierung« wertvolle Propagandatrümpfe in die Hand.326

Im übrigen erinnerte er an das Bündnis zwischen de Gaulle und Stalin von 1944, das bis zur Stunde immer noch gelte. Die vorweggenommene Aufgabe deutscher Souveränitätsrechte durch den EVG-Vertrag sei ein schwerer Fehler. Deutschland sei nicht imstande, die außenpolitische Rolle der zwanziger Jahre wiederzugewinnen, als es am meisten zur Befriedung Europas beigetragen habe. Es sei allerdings verständlich, daß sowohl Frankreich als auch die Vereinigten Staaten das Land in irgendeiner Form von der westlichen Welt abhängig halten wollten. Dadurch werde der Friede in Europa und in der Welt jedoch nicht sicherer werden. Die Feststellung stellte eine Provokation dar, die in Brünings bisherigen öffentlichen Äußerungen zu außenpolitischen Fragen keine Parallele hatte.

Vermutlich hatte Brüning seit der Kontroverse um die Stalin-Note und noch mehr seit der gescheiterten Berliner Konferenz erkannt, daß die USA die europäische Einigung diesseits des Eisernen Vorhangs angesichts der zunehmenden Konfrontation mit der Sowjetunion mit größerem Nachdruck als bisher förderten. Andererseits glaubte er, daß die französische Europapolitik im Zeichen von Schuman-Plan und EVG ihren traditionellen Zielen verhaftet blieb und auf eine Täuschung der amerikanischen Politik hinauslief. Äußerungen dieser Art sprengten den Rahmen seiner bisherigen öffentlichen Stellungnahmen.

Um deren Schärfe zu mildern, erwähnte er, daß er sich in seiner Jugend häufig in Frankreich aufgehalten habe. Er habe immer für den Frieden zwischen Deutschland und Frankreich gearbeitet, um »künftige Kriege zwischen unseren beiden Ländern ein für allemal« zu verhindern. In seiner Amtszeit habe er mehrfach eine wirtschaftliche Integration auf der »Basis völlig freier Konkurrenz« angestrebt. Vergeblich habe er eine dauernde Integration der Schwerindustrie an Rhein und Ruhr, in Luxemburg und Lothringen und an der Saar, sowie der Elektrizitätserzeugung von Mittel- und Westeuropa angeregt, was trotz der Sympathien des Generalsekretärs des Quai d'Orsay, Philippe Berthelot, letztlich am Veto des französischen Generalstabes gescheitert sei.

Brüning verteidigte die Außenpolitik der Weimarer Republik, obwohl er deren Regierung noch 1943 gegenüber Dorothy Thompson als »eine Art Mandat- oder Kolonialregierung« bezeichnet hatte, die keine »Souveränität hinsichtlich ihrer Truppen, ihrer Polizei und ihrer Finanzen« gehabt habe.[327] Dies war die negative Seite der Tatsache, daß die relative Stabilität der Republik lange durch ihre außenpolitische Abhängigkeit bedingt war.[328] Brüning blieb den Erfahrungen jener Zeit verhaftet, wenn er betonte, daß sie für die Gegenwart, etwa beim Schuman-Plan, im Hinblick auf die Lage Deutschlands im ganzen, beachtet werden müßten. Die Handelsbeziehungen Westdeutschlands mit Ostdeutschland und Osteuropa dürften nicht abgebrochen werden, wenn die anderen westeuropäischen Länder ungehindert Handel mit dem Osten trieben.

Diesen Gedanken hatte er, wie erwähnt, zuvor wiederholt geäußert, dabei die USA für die Behinderung des Osthandels verantwortlich gemacht. Er beeilte sich jedoch, die »gewaltigen langfristigen und kurzfristigen Anleihen der Vereinigten Staaten und anderer westlicher Länder« hervorzuheben, die seinerzeit dazu beigetragen hatten, die Weimarer Republik in ihren mittleren Jahren zu stabilisieren. Die Lieferverträge mit Moskau seien damals im Westen zu Unrecht kritisch gesehen worden. Tatsächlich war der Anteil des Rußlandhandels an der deutschen Gesamtausfuhr nicht allzu hoch gewesen. Er lag 1931 bei 7,9 und 1932 bei 10,9 Prozent.[329]

Nach seiner Ansicht erwies sich immer wieder »die durch die geopolitische Lage Deutschlands gegebene schicksalhafte Polarität« als entscheidend. Er erwähnte auch die Reparationsfrage. Im »eigentlichen Sinne« müsse Deutschland nach dem Zweiten Weltkrieg keine Reparationen wie früher zahlen, meinte er, ohne die Demontagen zu erwähnen, die inzwischen im Zeichen des Marshall-Planes ausgelaufen und schließlich auch offiziell beendet worden waren. Die einstigen Reparationen, die unter anderem mit Hilfe amerikanischer Kredite aufgebracht wurden, setzte er in einen eigenwilligen und anfechtbaren Zusammenhang zum Marshall-Plan. »Unsere Gesamtzahlungen nach dem Ersten Weltkrieg waren sechsmal so groß wie der Gesamtbetrag der Marshall-Hilfe und anderer Beihilfen, die wir nach dem Zweiten Weltkrieg von draußen erhalten haben.«

Damit bekannte er sich zu der schon 1919 von Keynes vertretenen Ansicht, daß die Kapitalverluste durch große Kriege nicht wirklich ersetzt werden, vor allem kapitalarme Volkswirtschaften keine Reparationen an kapitalkräftige leisten konnten, ohne die Weltwirtschaft im ganzen zu schädigen. Der Kapitalzufluß, die Kreditausweitung durch den Marshall-Plan, habe nach dem Kriege, der einen großen Bedarf an Konsumgütern hinterließ, nahezu eine Vollbeschäftigung in der Wirtschaft bewirkt. Gleichwohl sei in absehbarer Zeit eine »Anpassungskrise an normale Verhältnisse« zu erwarten, die um so tiefer gehen werde, je einseitiger die westdeutschen Handelsbeziehungen seien. Wann die Krise eintreten werde, wagte er angesichts der gespannten internationalen Lage, der Höhe der Rüstungsausgaben und wegen der rasanten Entwicklung der Waffentechnik, nicht vorherzusagen. Die unvermeidliche »Reinigungskrise« in der Weltwirtschaft nach der Nachkriegskonjunktur hätte allerdings längst eingesetzt, wenn sich die internationalen Spannungen nicht in letzter Zeit verstärkt hätten. Als Anzeichen einer solchen Entwicklung führte er vorübergehende Schwächen in der Binnenkonjunktur der USA an, die sich jedoch glücklicherweise wieder gelegt hätten. Indessen lägen in der Agrarproduktion in den USA und im Sturz der Terminmarktpreise in den letzten Monaten bereits dieselben Bedingungen vor, die zu der Krise von 1929 geführt hätten. Außerdem sei das Absatzproblem für Automobile und Stahl wieder akut geworden. Die beiden größten Automobilkonzerne erhöhten ihre Produktion lediglich, um ihre letzten Konkurrenten vom Markt zu vertreiben.

Für eine kapitalintensive, hochrationalisierte Industrie bestehe das Problem des »break even point«, das man vor 1931 nicht erkannt habe. Bei der Reorganisation der Vereinigten Stahlwerke nach der Übernahme eines großen Teils ihrer Aktien durch das Reich habe man seinerzeit festgestellt, daß die Gewinne erst bei 54 Prozent Auslastung ihrer Kapazität begannen, die Verluste bis etwa 34 Prozent zu erwarten seien. Dies habe er 1935 beim United States Steel Trust bestätigt gesehen. Das Problem berühre auch die gegenwärtigen Rüstungsanstrengungen und gefährde tendenziell die parlamentarischen Demokratien. Dagegen könnten totalitäre Regime die Produktionskapazität in der Schwerindustrie bis zum günstigsten Punkt steigern, weil sie »mit Hilfe einer drakonisch kontrollierten Kreditausweitung und zentralisierten Kontrolle das Verhältnis von Rüstungsaufträgen zu der normalen Produktionsgüter- und Konsumgüternachfrage ändern können.« Im Unterschied zum »russisch-chinesischen Block« sei dies in den demokratischen Staaten nicht im selben Maße möglich.

Brüning wollte, wie er abschließend erklärte, weder Kritik üben noch Pessimismus wecken, sondern »eine etwas realistischere Atmosphäre in die außenpolitischen Diskussionen« bringen. Das Anliegen war ihm sehr ernst, wie seinem Schlußwort zu entnehmen war: »In der Not unseres Vaterlandes kommt alles darauf an, daß Regierung, Parlament, Wirtschaft und Volk die gegenwärtigen und zukünftigen Gefahren klar erkennen lernen; denn nur dann, wenn eine Gefahr klar gesehen wird, kann man das Richtige tun, um ein Volk zu retten!«

Die Debatte um Pfleiderers Ostkontakte

An den Vortrag schloß sich eine Diskussion an, in der Brüning seine Ausführungen über den Schuman-Plan und die EVG ergänzte. Der Verlauf ist nicht in allen Details bekannt. Dies ist insofern bedauerlich, als die rasch folgende massive Kritik Adenauers an Brüning wahrscheinlich nicht durch den Vortrag selbst, sondern überhaupt erst durch Formulierungen veranlaßt wurde, die der Exkanzler in freier Rede während der nachfolgenden Aussprache gebrauchte und die durch einzelne Anwesende nach Bonn übermittelt wurden. Man warf Brüning später vor, daß er diese Diskussionsäußerungen nicht publiziert habe. Der Schuman-Plan, sagte er in der Diskussion, sei »so starr«, daß er Deutschland in eine schwierige Lage bringen könne. Im Hinblick auf die EVG warnte er vor allzu großer Eile. Man könne ein Gegner der EVG sein, solange es noch eine Chance gebe, den Frieden zu bewahren, man könne sich dann für sie entscheiden, wenn alle anderen Versuche gescheitert seien. Bedenken äußerte Brüning gegen die Vorstöße des Bundestagsabgeordneten Karl Georg Pfleiderer aus dem württembergischen Beutelsbach in der Deutschen Frage, die als Pfleiderer-Plan bekannt wurden. Der Abgeordnete hatte verschiedene Gedanken unter anderem über eine »Räumung der Sowjetzone durch die Russen« am 6. Juni 1952 in einer aufsehenerregenden Rede in Waiblingen vorgetragen. Die Vorbedingung gesamtdeutscher Wahlen sollte nach seiner Ansicht vorläufig zurückgestellt werden.[330]

Die Frage, ob Pfleiderers Pläne realistisch seien oder nicht, könne er nicht beantworten, da er nicht aktiv in der Außenpolitik stehe. Ein Urteil hänge vom richtigen Zeitpunkt ab und auch davon, ob Pfleiderer mit den richtigen Leuten auf der anderen Seite gesprochen habe. Pfleiderer war am 27. Februar 1954 mit dem stellvertretenden sowjetischen Hochkommissar Wladimir Semjonow in Karlshorst zusammengetroffen. Er glaube, sagte Brüning, im übrigen nicht an ein unbedingtes Veto der Westalliierten, wenn etwa der Bundeskanzler die Hohen Kommissare um eine Genehmigung für Verhandlungen mit Moskau ersuchen würde. Er könne sich auch vorstellen, daß die Westmächte eines Tages an Gesprächen zwischen West- und Ostdeutschland interessiert seien. Letztere wollte er allerdings möglichst vermeiden, wie er später bekundete.[331]

In diesem Zusammenhang ist zu beachten, daß Pfleiderer einige Monate später, im Oktober 1952, seinen Plan eines europäischen Gleichgewichts zwischen den »zwei widerstreitenden Mächtegruppen« in Europa präzisierte und auch »den allzu schweigsam gewordenen Dr. Heinrich Brüning« aufforderte, sich zur außenpolitischen Lage zu äußern. Pfleiderer wollte die außenpolitische Linie Stresemanns wiederbeleben und war insofern ähnlich wie Brüning den Erfahrungen der Weimarer Zeit verpflichtet. Den Begriff Neutralität selbst lehnte er wegen der damit verbundenen antiwestlichen Implikationen ab.[332]

Ein Diskussionsredner bezeichnete Brünings Ausführungen als interessant, aber unbefriedigend, ein anderer erinnerte den früheren Reichskanzler daran, daß dieser auf Grund des Artikels 48 der Weimarer Reichsverfassung regiert habe, was Brüning zu einer wenig überlegten, höchst anfechtbaren Antwort veranlaßte: »Die Methoden der heutigen Bonner Regierung übertreffen an Diktatur bei weitem das Regieren auf Grund des Artikels 48«, was einer fragwürdigen Deutung des im Grundgesetz eingeführten sogenannten Konstruktiven Mißtrauensvotums gleichkam. Andererseits erwähnte er nicht, daß der Artikel wiederholt im Zusammenhang mit der parlamentarischen Tolerierung seiner Regierung angewendet worden war. Er hielt die verfassungsmäßige Sicherung gegen eine regierungsunwillige Parlamentsmehrheit für übertrieben und ließ sich zu der Bemerkung hinreißen, die Regierung, also die Exekutive der Weimarer Zeit, sei als solche in mancher Beziehung ein »Waisenknabe« gegenüber der heutigen Regierung gewesen. Die Frage eines Anwesenden, ob der Redner zur »totalitären Anschauung« neige, wurde vom Auditorium mit Schlußrufen quittiert.[333] Unter Brünings Zuhörern befand sich der frühere Reichskanzler Hans Luther, der in der Aussprache seine Sympathien für dessen Ausführungen bekundete.[334] Die Kritik an jeder »dogmatischen Außenpolitik« hatte Brüning während der Diskussion wiederholt.[335]

Das Echo in der Öffentlichkeit

Der Auftritt des ehemaligen Reichskanzlers fand in der Öffentlichkeit ein ungewöhnlich lebhaftes Echo. Noch am Abend ging eine dpa-Meldung per Fernschreiber an die Zeitungsredaktionen.[336] Den dpa-Bericht empfand er als korrekt. Überrascht war er, als die ersten kritischen Stimmen zu hören waren. Schon am Morgen des 3. Juni bemerkte Brünings Sekretärin, Bettina v. Radowitz, die den Text geschrieben hatte, daß einzelne Passagen zusammenhanglos im Rundfunk verbreitet wurden, was sie veranlaßte, ihren Chef sofort in seiner Wohnung aufzusuchen.[337]

Schon einen Tag später enthüllte der Ost-Berliner Deutschlandsender angebliche Versuche Adenauers, Brüning zu einer abschwächenden Erklärung zu veranlassen. Statt dessen veröffentlichte dieser noch im Juni den angeblich »eigentlichen« Text seiner Rede mit einigen unwesentlichen Korrekturen, die im einzelnen nicht bekannt sind. Der Unterschied zwischen der gesprochenen und der gedruckten Fassung dürfte allerdings nicht allzu groß gewesen sein. Dennoch dämpfte die Publikation der Rede das Aufsehen nicht, das durch Brünings Diskussionsäußerungen erregt worden war, offensichtlich weil seine Gegenspieler keine Ruhe geben wollten. Allerdings irritierte Brüning die Nachricht, man werde den Text der Bandaufnahme seines Vortrages veröffentlichen. Sein Anwalt beantragte bei der Staatsanwaltschaft am Oberlandesgericht in Hamm, das Tonband als Brünings Eigentum sicherzustellen, ehe sich herausstellte, daß es gar nicht existierte. Offensichtlich fürchtete der Redner nicht die Veröffentlichung seines Vortrages als vielmehr, daß seine Diskussionsäußerungen auf diese Weise dokumentiert würden.[338]

Es ging also nicht um irgendwelche Mißverständnisse, die aufgeklärt und damit aus der Welt geschafft werden konnten. Dies belegt auch eine kurze Zusammenfassung, die Brüning der Deutschen Presseagentur unter dem Titel: »Deutschland als Mittler« wahrscheinlich kurz nach der Düsseldorfer Veranstaltung zur Verfügung stellte. In diesem Text, der bisher nicht beachtet wurde, gab er sich überzeugt, daß eine wirtschaftliche Krise, die erwähnte Anpassungskrise, »nicht allzu fern« sei. Ein Anzeichen in dieser Richtung könne man in der nachlassenden Konjunktur während der letzten Monate sehen. Er wisse zwar nicht, wann und wie sie kommen werde. Sie werde aber die Bundesrepublik härter treffen, wenn ihr Handel »einseitig auf den Westen festgelegt« sei. Er fügte hinzu: »Und glauben Sie mir – die Russen wissen das sehr wohl.«

In der Rückschau mutet es erstaunlich an, daß der Rhein-Ruhr-Klub den Text des Düsseldorfer Vortrages – mit Brünings Zustimmung – schon nach einer guten Woche erscheinen ließ, so daß die Chance, den Vorfall durch ein Dementi in seiner Bedeutung abzuschwächen, rasch vertan war. Brüning und seine Umgebung witterten eine Kampagne, die aus Regierungskreisen gegen ihn angezettelt wurde, glaubten aber, das angebliche Mißverständnis rasch aufklären zu müssen. So war er dankbar, daß Gotthold Müller, der Leiter der Deutschen Verlagsanstalt in Stuttgart, in dem später seine Memoiren erscheinen sollten, bereit war, den Text der Rede zu veröffentlichen.339 Freilich gestand Brüning einige Wochen später indirekt ein, daß jene Äußerungen, die ihm vor allem in der Diskussion unterliefen, in der Stuttgarter Publikation nicht enthalten waren. Wegen »gewisser Behauptungen von Bonn« sei er gezwungen gewesen, behauptete er, »den Vortrag in wörtlicher Übereinstimmung mit meinem Manuskript drucken zu lassen, ohne die ergänzenden Bemerkungen in der Aussprache anfügen zu können«. Er war außerstande, sich aus seiner Verlegenheit zu befreien: »Der Zweck meines Vortrages, wie ähnlicher Vorträge, die ich in geschlossenen Kreisen gehalten habe, war nur der, das deutsche Volk zum Nachdenken über seine wirkliche Lage zu bringen.«340

Die Frage, ob Brüning das deutsche Volk zum »Nachdenken« durch einen Vortrag, der nicht für die Öffentlichkeit bestimmt war, anregen konnte, wollen wir auf sich beruhen lassen. Brüning dachte offensichtlich an die intellektuelle Elite, weniger an die politische Öffentlichkeit. Wichtiger ist der Umstand, daß Brünings Vorstoß bei Bundeskanzler Adenauer auf Unmut stieß, der sich unmittelbar zu mehreren Stellungnahmen veranlaßt sah. Sie kamen ihm in einer gerade laufenden Wahlkampagne in Nordrhein-Westfalen durchaus gelegen. Die nachfolgenden öffentlichen Reaktionen wären kaum zu erwarten gewesen, wenn vor allem Adenauer Brünings Auftritt unbeachtet gelassen hätte. Er benutzte gleichsam den Exkanzler als einen schwachen politischen Gegner und gab sich verärgert darüber, daß Brüning die Rede nicht nur gehalten hatte, sondern auch noch in Tausenden von Exemplaren verbreiten ließ. Er spielte die Sache hoch, wohl wissend, daß der Angegriffene ihm in der öffentlichen Auseinandersetzung nicht gewachsen war, vor allem aber zögern würde, den Fehdehandschuh aufzunehmen. Dies wird noch zu erörtern sein. Den Rhein-Ruhr-Klub qualifizierte Adenauer als einen »mehr oder weniger intellektuellen Debattierklub« ab, um damit die Rede seines Kritikers vollends herabzusetzen und der regierungsfreundlichen Presse die politische Linie vorzugeben.341

Brünings Aussage, es gehe darum, »ein Volk zu retten«, mutet seltsam an und wirft die Frage nach dem Hintergrund seines Düsseldorfer Auftritts auf. Im Umgang mit Bonner Politikern hatte er in der Vergangenheit vielfach unbequeme Ansichten vertreten. Seine Vorbehalte gegen die von Adenauer und Schuman vertretene Integrationspolitik waren bekannt. Gegenüber Adenauer hatte er, wie erwähnt, schon 1948 die Ansicht vertreten, es gehe nicht darum, ob die Amerikaner sich aus Europa zurückzögen, sondern darum, daß sie dort bleiben müßten. In der letzten Zeit schien es, als habe er sich mit dem Schuman-Plan abgefunden. Gegenüber der EVG blieb er hingegen weiterhin kritisch eingestellt, während er eine Mitgliedschaft der Bundesrepublik in der NATO nach Lage der Dinge für vertretbar hielt, wenn dadurch der Status eines wiedervereinigten Deutschlands nicht festgelegt würde. Die Beschränkungen des westdeutschen Osthandels hatte er in der letzten Zeit mehrfach kritisiert, ohne daß dies besonders beachtet worden wäre. Seine Einwände waren jedoch im Zusammenhang mit der Absage einer Reise von sechs Mitgliedern des Ost-ausschusses der westdeutschen Wirtschaft zu sehen, die vor kurzer Zeit auf Wunsch des Auswärtigen Amtes erfolgt war. Die Abreise war für den 7. Juni vorgesehen gewesen. Die Einladung ging auf den Präsidenten der Moskauer Handelskammer zurück.³⁴² Nach Brüning hatte sein Düsseldorfer Vortrag »unberechnetes Aufsehen erregt«, da er nur »Binsenweisheiten« ausgesprochen habe.³⁴³

Gewiß hatten die früheren öffentlichen Äußerungen keine wesentlichen Diskussionen ausgelöst. Die heftigen Reaktionen auf den Düsseldorfer Vortrag waren jedoch nicht allein auf Adenauers Stellungnahmen zurückzuführen. Das Thema besaß eine eigene Aktualität. Brünings bisherige Aussagen waren zwar öffentlich nicht weiter beachtet worden, aber in Regierungskreisen bekannt. Es half nicht viel, wenn Brüning ausweichend erklärte, er sei für Aussagen verantwortlich gemacht worden, die aus dem Zusammenhang gerissen seien. Sie wirkten dadurch – angeblich – anders als im Gesamtrahmen seiner Rede.³⁴⁴

Dies mochte zutreffen, berührte aber nicht den Kern der Sache. So zitierte eine Zeitung den Satz: »Keinem Vertragspartner, auch den Russen nicht, ist zuzumuten, daß er politischen Selbstmord begeht«³⁴⁵. Wahrscheinlich fiel der Satz in dieser Form ausdrücklich erst in der Diskussion. Die Druckfassung des Vortrages bietet eine vorsichtigere Fassung. Die Forderung nach Realismus in der Außenpolitik wurde sofort als Kritik an Adenauer verstanden.³⁴⁶ Die Düsseldorfer Rede sei zumindest keine »Wahlrede für Adenauer« gewesen, schrieb der Düsseldorfer »Mittag«.³⁴⁷

Schärfer urteilte die Neue Zürcher Zeitung, die den Vorwurf des Dogmatismus eindeutig auf Adenauers Integrationspolitik bezog. Eine Integration Gesamtdeutschlands in den Westen auf militärischem Gebiet habe Brüning abgelehnt. Die New York Times gelangte zu dem Schluß, Brüning habe Adenauers Außenpolitik kritisiert und sich zum Anwalt der Politik der Weimarer Republik gemacht. Er habe einem neutralen Deutschland das Wort geredet und sei damit weit über die Position hinausgegangen, die etwa die Freien Demokraten als Regierungspartei verträten und die diplomatische Beziehungen zwischen Bonn und Moskau verlangten. Brünings Rede könne allerdings beträchtlichen Einfluß auf die Bonner Politik haben.³⁴⁸

Die Washington Post nannte Brünings Äußerungen eine »furchtbare Warnung« an die Adresse der Pariser Regierung und riet, die Ratifikation der Pariser Verträge zu beschleunigen. Das Magazin »US News and World Report« sprach von einem »deal with Russia« den der Exkanzler und seine Freunde planten. Das State Department hielt den Vorstoß des ehemaligen Reichskanzlers nach einem Bericht der Frankfurter Rundschau für einen Beweis, daß einflußreiche konservative Regierungskreise eine Neuorientierung der westdeutschen Außenpolitik anstrebten. Washington wolle zwar die EVG-Politik, die in Frankreich und Italien auf Widerstand stoße, retten, beginne aber, wie Außenminister John Foster Dulles erklärte, über Alternativen nachzudenken. Die USA würden ihre Politik grundlegend ändern, wenn der Vertrag nicht in Kürze ratifiziert werde. Die Stellungnahme Brünings, der bisher als Anhänger einer Westorientierung der Bundesrepublik galt, wurde als Anzeichen eines Klimawechsels in Bonn angesehen.³⁴⁹

Brüning war über die Aufregung in Washington entsetzt, auf die sich auch Adenauer öffentlich bezog, indem er sich auf den deutsche Geschäftsträger berief. Als er hörte, daß auch Allen Dulles über ihn verärgert war, bat er Jakob Goldschmidt um Vermittlung, um ein eventuell entstandenes Mißverständnis auszuräumen. Später behauptete er, das ungünstige Echo in den USA sei auf Berichte zurückzuführen, die der Tendenz seiner Düsseldorfer Ausführungen zuwiderliefen.[350] Ihm dürfte nicht entgangen sein, daß man sich in Washington an Hitlers vielbeachteten Vortrag im Januar 1932 in Düsseldorf erinnerte, ohne sich zu vergewissern, daß dieser im Industrieclub, nicht etwa im Rhein-Ruhr-Klub, den es damals nicht gab, aufgetreten war.[351]

Diese Irritationen hinderten ihn nicht, Anfang Juli 1954 gegenüber Journalisten seine außenpolitischen Ansichten noch einmal zu erläutern und sich für Gespräche zwischen Bonn und Moskau sowie für die Verstärkung des Handels zwischen Westdeutschland und der Sowjetunion auszusprechen. Auch seine Vorbehalte gegen die Montanunion und die westeuropäische Integration wiederholte er. Sie vertieften nach seiner Meinung die Spaltung Deutschlands. Daß eine »Einstellung Westdeutschlands auf die agrarpolitischen und industriellen Probleme der Westmächte die Wiedervereinigung der beiden Zonen erschweren muß, dürfte eigentlich jedem Menschen klar sein.« Mißtrauisch registrierte er drei Jahre später, daß Frankreich am 11. Februar 1957 einen neuen Handelsvertrag mit der Sowjetunion abschloß, kurz bevor die Verträge über den Gemeinsamen Markt und die Europäische Atomgemeinschaft abgeschlossen wurden.[352]

Das unmittelbare Echo auf Brünings Vortrag vom 2. Juni 1954 war weniger lebhaft in London als in Washington, nicht zuletzt angesichts der Tatsache, daß der sogenannte Eden-Plan vom 29. Januar 1954 einem wiedervereinigten Deutschland eine uneingeschränkte Entscheidungsfreiheit für eine Westintegration zugestanden hatte.[353] Der Manchester Guardian behauptete nach eigenen Recherchen am 21. Juni, Brüning wünsche neue Verhandlungen über die Deutsche Frage unter Beteiligung deutscher Vertreter, die diesmal jedoch geheim sein sollten. Er sei auch für diplomatische Kontakte zur Sowjetunion. Seine Ausführungen hätten sich vornehmlich an die Kritiker Adenauers bei den Freien Demokraten gerichtet. Er bevorzuge Kontakte mit Moskau, stehe im Gegensatz zu der Adenauerschen Integrationspolitik und lehne das Wettrüsten ab. Dies werde die Sowjets jedoch nicht veranlassen, sich aus ihrer Zone hinter die Oder zurückzuziehen. Die Stellungnahme wurde von der Täglichen Rundschau in Ost-Berlin zurückhaltend, aber nicht ohne Wohlwollen kommentiert. Nicht von ungefähr versuchte Brüning gegenüber dem amerikanischen Hochkommissar James B. Conant klarzustellen, daß er mit seinen Ausführungen bestimmte Sorgen und Befürchtungen über die deutsche und die amerikanische Außenpolitik habe zerstreuen wollen, die in Gerüchten kolportiert würden. Zugleich habe er an das Erbe Rathenaus und Stresemanns erinnert.[354]

Gleichzeitig erfuhr die Bundesregierung aus Geheimdienstkreisen, daß der sowjetische Hochkommissar Semjonow den Vorsitzenden der Ost-CDU, Otto Nuschke, ermuntert habe, sich mit Brüning in Verbindung zu setzen. Das hätte bedeutet, daß offizielle Kreise in Moskau ihr negatives Urteil über Brüning revidieren wollten, während die SED ihre Haltung keineswegs änderte. Es hieß, Semjonow könne sich ein wiedervereinigtes Deutschland mit einem Kanzler Brüning als »sehr zukunftsreich vorstellen«. Angeblich wolle Nuschke Brüning wissen lassen, daß dieser in der Sowjetunion jederzeit willkommen sei. Emissäre aus Karlshorst sondierten im Herbst 1954 wie vorher schon 1952 bei Brüning wegen eines »Gesprächs«, was Brüning nicht sonderlich beeindruckt haben dürfte, da er die taktischen Aspekte solcher Aktionen erkannte. Nach seiner Ansicht benutzten die Sowjets lediglich seinen Namen für ihre Propaganda, um in Westdeutschland Verwirrung zu stiften.³⁵⁵

Brüning ging nicht auf derartige Gesprächsangebote ein, die ihn leicht bei seinen politischen Freunden diskreditiert hätten, vor allem wenn er sich ohne Abstimmung mit dem Bundeskanzleramt darauf eingelassen hätte. Daß er rasch in ein politisches Zwielicht geraten konnte, zeigte sich am 28. Juli, als der Präsident des Bundesamtes für Verfassungsschutz, Otto John, im Ost-Berliner Deutschlandsender erklärte, sein Wechsel in den Sowjetischen Sektor stehe im Zusammenhang mit einer Warnung Brünings. »Wenn ein so erfahrener und um Deutschland verdienter Politiker wie der frühere Reichskanzler Dr. Brüning sich aus ernstester Besorgnis veranlaßt sieht, das deutsche Volk öffentlich auf die Gefahren aufmerksam zu machen, die uns bedrohen, dann müßte doch endlich eingesehen werden, daß die Politik der Bundesregierung sich auf einem falschen Weg befindet.« Brüning betonte, daß er John nur einmal, am 20. Juli 1950, auf Grund einer Einladung Jakob Kaisers gesehen habe, was er kurz darauf berichtete, indem er sich an eine zweite Begegnung erinnerte. Bei einem Konzert von Prinz Louis Ferdinand habe er ihn allerdings nicht begrüßt. Er habe ihn gemieden, weil dieser »so vielen Herren gedient« habe. Johns Entschluß nach Ost-Berlin zu gehen, führte er auf dessen Gegnerschaft zu Adenauer zurück. Er habe – »möglicherweise angetrieben von seiner ehrgeizigen Frau« – die »Selbstbeherrschung« verloren. An Johns guten Absichten wollte er dennoch nicht zweifeln. »Gewiß besteht die Möglichkeit, daß er glaubte, er könne vielleicht herausfinden, ob die Russen tatsächlich bereit waren, hinsichtlich der Wiedervereinigung Deutschlands zu einer Verständigung zu kommen.«³⁵⁶ Nach Brünings Ansicht war John von Geheimdienstchef Gehlen und Staatssekretär Globke vor seiner Flucht in die Enge getrieben worden.³⁵⁷ Bei aller persönlichen Distanz scheint er über den Fall John erschüttert gewesen sein.³⁵⁸

Als Dorothy Thompson berichtete, Brüning habe sich eingehend mit John beraten, ehe dieser nach Ost-Berlin verschwand, bezeichnete er dies allerdings rundheraus als einen Beweis, wie leicht man mit den »absurdesten Gerüchten« die Presse beeinflussen könne. Indessen behauptete John, Brüning bei Jakob Kaiser kennengelernt zu haben.³⁵⁹ Bei anderer Gelegenheit erklärte Brüning, daß Wheeler-Bennetts jüngstes Buch (»Die Nemesis der Macht«) viele falsche Details enthalte, die auf John zurückgingen.³⁶⁰

Adenauers Warnung vor »Rapallo«

Für das Aufsehen um seinen Düsseldorfer Vortrag machte Brüning den Bundeskanzler verantwortlich, der knapp vierundzwanzig Stunden danach im Kurhaus von Baden-Baden vor der deutschen Gruppe der Internationalen Handelskammer und dann vor dem Deutschen Städtetag Brünings Ausführungen zurückgewiesen und unter anderem erwähnt hatte, daß ihm der Bericht eines Ohrenzeugen vorliege. »Hätte der Kanzler geschwiegen, so hätte sich niemand um den Vortrag gekümmert«, meinte Brüning.³⁶¹ Auch andere Beobachter gewannen den Eindruck, daß Adenauers prompte und scharfe Replik³⁶² die weltweite Beachtung verursacht hatte. Es dürfte kein Zufall gewesen sein, daß der christlich-demokratische Pressedienst noch am selben Tag eine Art Sprachregelung für die Auseinandersetzung mit Brünings Thesen veröffentlichte. Sie zielte auf die »veralteten Vorstellungen« des Exkanzlers auf außenpolitischem Gebiet.[363] Hier ist daran zu erinnern, daß Adenauer das Problem, das Brüning in Düsseldorf aufwarf, in seiner Regierungserklärung vom 20. Oktober 1953 in aller Klarheit umrissen hatte. Darin hatte er seine Kritiker aufgefordert, ihm das Geheimnis zu verraten, wie eine Wiedervereinigung in Frieden und Freiheit zustande kommen solle, wenn sie der Ansicht seien, daß Wiedervereinigung und Westintegration einen unlösbaren Widerspruch bildeten.[364]

Brüning hatte nach Adenauers Meinung Deutschlands Ansehen beschädigt und den Eindruck erweckt, daß die Bundesrepublik womöglich künftig den Osten gegen den Westen auszuspielen versuche. Der Kanzler vermerkte indigniert, daß Brüning immer die Bezeichnung »Bonner Regierung« benutzt habe. »Viel lieber höre ich, wenn von der Regierung Deutschlands oder von der Regierung der Bundesrepublik Deutschland gesprochen würde.«[365]

Auf das Stichwort »Rapallo« reagierte der Kanzler entsetzt, nicht zuletzt wohl, weil der Vertrag unter anderem mit dem Namen des ehemaligen Kanzlers Joseph Wirth verbunden war, der jetzt zu den entschiedenen Befürwortern einer Neutralitätspolitik zählte. Die Überlegungen des früheren deutschen Botschafters in Moskau, Rudolf Nadolny, die in diese Richtung gingen, lehnte er ohnehin ab. Die Andeutung, in den USA gebe es Anzeichen einer neuen Wirtschaftskrise, wies er empört zurück, indem er daran erinnerte, daß auch Stalin vor Jahren eine solche Krise vorhergesagt habe. Er glaube nicht, daß ein verstärkter Ost-West-Handel den Aufschwung der Wirtschaft in der Bundesrepublik fördern werde. Die Vorzüge des Ost-West-Handels würden übertrieben. Es gebe zwar ein allgemeines Embargo für Waffen und kriegswichtige Produkte gegen »Sowjetrußland und den ganzen Block der Satellitenstaaten«, doch sei der Handel sonst völlig frei. Die Bundesregierung habe der privaten Initiative der deutschen Wirtschaft niemals ein Hindernis in den Weg gelegt. Adenauer verglich die Handelsbilanzen der Sowjetunion mit denen der westeuropäischen Länder und verwies darauf, daß der Handel der Bundesrepublik mit der Sowjetunion im Jahre 1953 mit 1,3 Milliarden DM nicht wesentlich geringer war, als der zwischen England und der Sowjetunion mit 1,4 Milliarden DM.[366]

In dem Vorwurf, Brüning habe einer »Schaukelpolitik« das Wort geredet, kulminierte die Kritik Adenauers und von Teilen des Regierungslagers. Gegen diesen Vorwurf wurde er von anderer Seite in Schutz genommen, indem man seine Empfehlung für eine größere »Elastizität« in der Außenpolitik (F. Vogl) billigte, da dieser das europäische Gleichgewicht und die Friedensbemühungen der Weimarer Zeit am Beispiel der Verträge von Rapallo, Locarno und Berlin beschworen hatte. Für Brüning stellten diese Vereinbarungen einen Höhepunkt der deutschen Außenpolitik seit Bismarck dar. Schon 1951 hatte er die Ansicht vertreten, daß die Verträge den »Frieden Europas stabilisiert« hätten. Später distanzierte er sich allerdings von dem negativ besetzten Begriff »Rapallo-Politik«, obwohl er den Gegensatz der Großmächte im Interesse Deutschlands auszunutzen empfahl. Eine einseitige Bindung an die Sowjetunion stand für ihn ebenso außer Frage wie seinerzeit für Stresemann.[367] Brüning blieb auch noch nach dem Zweiten Weltkrieg dem Gedanken einer besonderen europäischen Friedensmission Deutschlands, einer »Präponderanz« (J. Becker) zugeneigt, ohne eine deutsche Hegemonie anstelle der französischen, die er befürchtete, anzustreben.368

Brüning hatte eine Klarstellung beabsichtigt, als er den Redetext rasch für den Druck freigab, was, wie erwähnt, den – zumindest nach außen hin gezeigten – Unmut des Kanzlers anscheinend noch mehr steigerte. Wenn er geglaubt haben sollte, Adenauers Zorn auf diese Weise zu mildern, hatte er sich getäuscht. Der Bundeskanzler ergriff jede Gelegenheit, seine Außenpolitik, die selbst innerhalb des Regierungslagers, in Teilen von CDU und FDP, nach dem Scheitern der Berliner Vier-Mächte-Konferenz zunehmend auf Kritik stieß, vor der deutschen und der internationalen Öffentlichkeit zu erläutern. Denn in Frankreich verzögerten sich die parlamentarischen Verhandlungen um die EVG, so daß ein Scheitern nicht auszuschließen war. Nicht von ungefähr sprach man davon, daß sich die Deutschlandpolitik des Kanzlers in der Mitte der fünfziger Jahre in einem »Fallwind« (P. Berglar) befand, obwohl er 1957 einen riesigen Wahlerfolg erleben sollte.

Die Gefahren für die EVG führten auch in Deutschland zu Irritationen, was Adenauer nervös registrierte. Am 9. Juni ließ er auf einer Wahlkundgebung in Lüdenscheid erkennen, daß er seine Politik wegen der vielfältigen Kritik in der Öffentlichkeit gefährdet sah. Seine Lagebeurteilung unterschied sich allerdings, wie zu erwarten war, grundlegend von Brünings Ansicht über die politischen Chancen angesichts des Ost-West-Konflikts. »Wir sind besiegt, wir sind besetzt, wir sind entwaffnet, wir sind geteilt und zerrissen durch den Eisernen Vorhang. Trotzdem ist es uns gelungen, zu erreichen, daß keine wichtige Entscheidung in der Welt gefällt wird, ohne daß wir vorher gefragt werden.« Sein Rezept formulierte er prägnant im Sinne seiner Bündnispolitik: »Keine Aggression gegen Sowjetrußland, aber auch keine Schwäche und vor allem eine geschlossene westliche Front gegenüber der kommunistischen Front«. Bei aller Hochachtung gegenüber Brüning, die er bekundete, meinte er trocken, man dürfe im Hinblick auf den Osthandel dem Teufel nicht den kleinen Finger geben.369

In Bochum erklärte er drei Tage später zum Ost-West-Handel, den Brüning verstärkt sehen wollte, vielsagend und absichtlich mißverständlich: »Als verantwortlicher Politiker verbitte ich mir, daß aus Ressentiments oder gewinnsüchtigem Streben – wie es bei einigen Wirtschaftlern der Fall ist – die Interessen des deutschen Volkes empfindlich geschädigt werden.«370 Im Kabinett meinte er am 15. Juni, daß Brünings Äußerungen ebenso wie die »Pläne« Pfleiderers dem Vertrauen in die Politik der Bundesregierung abträglich seien. Für den Kanzler war die regionale Wahl an Rhein und Ruhr, die am 27. Juni stattfand, unter anderem ein Stimmungstest für seine Außenpolitik.371 Es wäre indessen verfehlt, Adenauers Auseinandersetzung mit Brüning nur taktisches Gewicht beizumessen. Dem Kanzler waren die Überlegungen seines prominenten Kritikers durchaus nicht fremd. Die Verzögerung des Ratifizierungsprozesses zum Deutschland- und zum EVG-Vertrag durch Frankreich, nachdem die Parlamente aller anderen Unterzeichnerstaaten zugestimmt hatten, veranlaßte ihn am 20. Juni auf einer Wahlversammlung in Düsseldorf zu der doppelbödigen Warnung, man dürfe das deutsche Volk nicht länger auf die Wiederherstellung seiner Souveränität warten lassen.372

Anzeichen eines Kurswechsels?

Vermutlich gestand sich Adenauer nicht ein, daß er selbst nach jenem Rezept handelte, das Brüning in seiner Rede erwähnt hatte. Eine scharfe Opposition stärke die Position der Regierung bei internationalen Verhandlungen. Adenauer benutzte die Kritik Brünings und anderer, um seine Position als zuverlässiger internationaler Partner zu unterstreichen. Er trat allerdings dem Eindruck entgegen, die Ausführungen des Exkanzlers stellten eine Art Versuchsballon dar, den dieser in stillschweigendem Einverständnis mit bestimmten Regierungskreisen, wenn nicht gar mit dem Regierungschef selbst gestartet hätte.

Andererseits verfocht Brüning ein Konzept, das kaum weniger durchdacht war, als dasjenige, dem der Kanzler huldigte. Beide standen in der Öffentlichkeit nicht allein, sondern fanden vielfältige Zustimmung und Kritik. Sie waren Repräsentanten verschiedener politischer Strömungen, die sich in den letzten Jahren im öffentlichen Diskurs gebildet hatten. In der Öffentlichkeit wurden Personen aus dem Regierungslager genannt, denen man nachsagte, mit den Ansichten Brünings übereinzustimmen. Zu ihnen gehörte Bundestagspräsident Hermann Ehlers und Jakob Kaiser, der sich als früherer Vorsitzender der CDU in Berlin für eine »Brückenfunktion« Deutschlands eingesetzt hatte. Der Ost-Berliner Deutschlandsender berichtete schon am 4. Juni, daß sich »informierte Kreise der Bundesregierung« darin einig seien, daß Adenauers Angriffe auf Brüning nicht angebracht gewesen seien, da dieser keineswegs mit dem Kommunismus und der Sowjetunion sympathisiere. Sie hätten darauf verwiesen, daß der ehemalige Reichskanzler in einer der schwersten Krisenzeiten wichtige innen- und außenpolitische Erfahrungen gemacht habe. Drei Wochen nach dem Düsseldorfer Vortrag kursierten Gerüchte, maßgebliche deutsche Politiker und Parlamentarier hätten Brüning aufgesucht, um seinen Rat in der Saarfrage zu erbitten. Man erinnerte sich, daß noch vor kurzem einige Kabinettsmitglieder die Ernennung Brünings zum Außenminister favorisiert hatten. Dies warf die Frage nach den Kräften auf, die angeblich hinter Brüning standen.[373] Für Adenauer blieb jedoch entscheidend, daß Brüning ihm wider Willen dazu verholfen hatte, seine internationale Stellung zu stärken, indem er Angriffsflächen bot, die der Kanzler auszunutzen verstand. Außer Brüning kritisierte er auch noch andere »Neutralisten« wie etwa den ehemaligen Diplomaten Pfleiderer wegen seines Treffens mit Semjonow.[374]

Adenauer hatte am 3. Juni erklärt, daß die Saarfrage die EVG-Ratifizierung durch die französische Nationalversammlung nicht beeinträchtigen werde. Die Bundesrepublik habe keine Möglichkeiten, an der Saar einzugreifen. Jede Vereinbarung in dieser Frage stehe unter dem Vorbehalt eines künftigen Friedensvertrages. Im übrigen sei er sicher, daß die europäische Einigung noch im laufenden Jahre zustande komme. Frankreich werde die europäische Rolle spielen, die es spielen müsse. Auf dem Kölner Parteitag der CDU vor Pfingsten hatten sich einige Politiker der zweiten Garnitur wie Jakob Diel und Ferdinand Friedensburg gegen eine »europäische Lösung« der Saarfrage gewandt.[375] Der FDP-Vorsitzende Thomas Dehler hatte sich am Tage vor Brünings Vortrag gegenüber der amerikanischen Nachrichtenagentur AP für die Aufnahme normaler diplomatischer Beziehungen Bonns zu Moskau ausgesprochen und Adenauer aufgefordert, dafür die Zustimmung der Westmächte einzuholen. Die gleiche Forderung hatte schon am 29. Mai der SPD-Vorsitzende Erich Ollenhauer erhoben.

Auch nach Ansicht des FDP-Landesvorsitzenden von Nordrhein-Westfalen, Friedrich Middelhauve, mußte Adenauers Außenpolitik in eine Sackgasse führen. Der ehemalige Danziger Senatspräsident Hermann Rauschning meinte am 2. Juni, eine Wiedervereinigung könne nicht durch die EVG, sondern nur durch Verhandlungen mit Moskau erreicht werden – bei gleichzeitigem Abzug der Besatzungstruppen.[376]

Am 21. Juni bezeichnete Brüning gegenüber der Süddeutschen Zeitung die Kontaktversuche Pfleiderers, dessen persönliche Eignung für solche Gespräche er ausdrücklich anerkannte, offen als verfehlt. Deutlicher als zuvor distanzierte er sich von den Bemühungen des Abgeordneten. Derartige Vorstöße müßten immer mit der amtlichen Politik abgestimmt sein. Nach der Berliner Konferenz betrachtete er inoffizielle Verhandlungen durch »erfahrene Rußlandkenner« als unvermeidlich – ein diskreter Hinweis auf hervorragende frühere deutsche Diplomaten wie Rudolf Nadolny, deren Dienste man in Anspruch nehmen sollte. Aus diesem Grunde hielt er auch die Bemühungen von Wirth und Elfes für naiv.[377] Im Hinblick auf die Sowjetunion zog er sich auf den Rat zurück, es bedürfe bei Verhandlungen mit Moskau nur einer, allerdings sehr wesentlichen Tugend: der Geduld. Gleichzeitig wiederholte er aber die wesentlichen Aussagen, die er in Düsseldorf gemacht hatte, indem er sowohl auf die Gefahren einer wirtschaftlichen Anpassungskrise als auch einer unbeweglichen Außenpolitik hinwies. Adenauer sei falsch oder unzureichend informiert.[378]

Dieser legte auf solche Differenzierungen oder gar Klarstellungen keinen Wert. Er behauptete, daß die Äußerungen Brünings und Pfleiderers Mißtrauen in der freien Welt hervorgerufen hätten. Am 16. Juni, nachdem die Brüning-Rede als Broschüre erschienen war, ergänzte er dies durch die Feststellung, dessen Ausführungen hätten in Washington »peinliches Aufsehen« erregt. Über Brünings Befürchtungen, daß es in den USA zu einer Wirtschaftskrise kommen könne, die in der mündlichen Form deutlicher ausgesprochen worden seien als in der Druckfassung, äußerte er sich in beißender Schärfe: »Statt den Satz nachher zu streichen, wäre es klüger gewesen, ihn gar nicht auszusprechen.«[379]

Die Forderung nach einem verstärkten Osthandel im Zeichen einer vermeintlichen Wirtschaftskrise in den USA wies er ebenso zurück, wie der Präsident des Bundesverbandes der Deutschen Industrie, Fritz Berg, der Adenauer nach einigen Tagen mit einem Interview in der »Welt« zu Hilfe eilte. Er stimmte mit dem Bundeskanzler darin überein, daß die Aussichten des Osthandels weit überschätzt würden. Die Wirtschaft habe sich, wie Adenauer sagte, nach dem Kriege anders orientiert als in der Vorkriegszeit. Deutsche Wirtschaftsvertreter – aus der Bundesrepublik – hätten in der letzten Zeit viermal vergeblich versucht, mit der Sowjetunion ins Geschäft zu kommen. Er erklärte im »Namen der deutschen Industrie, daß unsere Option für den Westen definitiv ist«[380], ohne zu erwähnen, daß eine Reihe von Wirtschaftsvertretern mit Pfleiderer, der inzwischen auch seine bisherige Außenseiterrolle in der FDP überwunden hatte, sympathisierten.[381]

Das Nachspiel

Adenauers Kritik an Brüning rief eine Reihe weiterer Stimmen auf den Plan, die ihm entweder beipflichteten oder die Kritik an Brüning vertieften. Einige Besonnene versuchten zwischen den Positionen des Bundeskanzlers und des ehemaligen Reichskanzlers zu vermitteln. Brüning ging darauf nicht ein. Er selbst konnte sich den Zusammenstoß mit Adenauer nicht verzeihen, vor allem deshalb nicht, weil er einsehen mußte, daß er einer Auseinandersetzung mit ihm nicht gewachsen war. Den gemilderten »Originaltext« zwecks »Klarstellung« zu veröffentlichen, bedeutete in erster Linie das – unnötige – Eingeständnis eines politischen Fehlers.

So »scheiterte« Brüning schließlich an Adenauer gleichsam wie einst an Hindenburg, obwohl die Umstände, unter denen dies geschah kaum vergleichbar waren. An Hindenburg war er durch seine Notverordnungspolitik gebunden gewesen[382], während von einer engen Bindung an Adenauer nicht gesprochen werden konnte. Daß Brüning den Kanzler »mit einer Art Mischung aus Neid, Mißgunst und stiller Bewunderung« (Joachim Sobotta) beobachtete, ist nicht auszuschließen. Entscheidend aber dürfte gewesen sein, daß er seine außenpolitischen Vorstellungen Adenauer nicht nahezubringen vermochte und erkannte, daß dieser sein eigenes Konzept mit einem eisernen Willen durchzusetzen entschlossen war und in ihm einen Gegner und Konkurrenten sah, den er unbedingt ausschalten wollte.[383]

Es steht dahin, ob Adenauer damals wirklich seinen Einfluß geltend machte, um eine Rückkehr Brünings in die deutsche Politik zu verhindern.[384] Adenauer mochte nicht vergessen haben, daß er Brüning auf dem Höhepunkt der Weltwirtschaftskrise vergebens beschworen hatte, ein großangelegtes Arbeitsbeschaffungsprogramm einzuleiten. Für ihn blieb der Exkanzler ein »grundanständiger, integerer Mann, aber kein Politiker, durchaus theoretisch«. Schon Carl Sonnenschein hatte 1919 gezweifelt, ob Brüning wirklich ein echter Politiker werden würde.[385] Angeblich hatte sich Adenauer, wie man in den fünfziger Jahren wissen wollte, 1932 auch zum Fürsprecher eines gewaltsamen Vorgehens der Reichsregierung gegen die Hitler-Bewegung gemacht.[386]

Gegenüber Menschen in seiner Umgebung gestand Brüning den politischen Fehler, den er in Düsseldorf gemacht hatte, mehrfach unumwunden ein, indem er einräumte, daß er den Vortrag nie gehalten hätte, wenn er die Reaktionen Adenauers und der Öffentlichkeit vorhergesehen hätte. Er war überzeugt, daß Adenauer seine Äußerungen unnötig hochgespielt habe und er dem Kanzler selbst Gelegenheit gegeben hatte, ihn politisch an den Pranger zu stellen.[387]

Die Anhänger Adenauers beschworen hingegen die angebliche Rückwärtsgewandtheit der Brüningschen Perspektive und scheuen nicht davor zurück, die Erfolge des Exkanzlers vor 1933 im Vergleich mit der Politik des Bundeskanzlers in Frage zu stellen. Für die einen hatte Brünings Politik gezeigt, daß er kaum in der Lage gewesen wäre als Bundeskanzler oder Außenminister eine andere Politik als Adenauer zu betreiben.[388] Andere hielten Brüning seine damalige Wirtschaftspolitik vor, er sei als der Wirtschaftspolitiker der Deflation in die Geschichte eingegangen, was ihn nicht dazu befähige, sich über konjunkturelle Entwicklungen zu äußern. Er sei überhaupt der Gegenpol zu Ludwig Erhard, der »schon von seinem Temperament her ein Mann der Expansion« sei.[389] Der Staatssekretär im Vertriebenenministerium, Peter Paul Nahm, behauptete im Rheinischen Merkur, die Entfremdung Brünings von den deutschen Verhältnissen sei größer, als der leichte amerikanische Akzent in seiner Aussprache vermuten lasse. Als Reichskanzler habe er im übrigen seinerzeit gegen Hitler nicht die letzte Entschlossenheit gezeigt. Vergeblich habe Brüning erwartet, nach dem Ende des Dritten Reiches »zum Gestalter des neuen Deutschland berufen zu werden«, was Nahm auf Gründe zurückführte, die »in seinem Gastland lagen«.390

Brüning machte diese Stellungnahme sehr betroffen, weil er argwöhnte, daß dahinter eine Aktion kirchlicher Kreise steckte. Der Artikel war von der Hauptarbeitsstelle der katholischen Männerseelsorge in Fulda, die von Joseph Joos geleitet wurde, in einem Sonderdruck verbreitet worden. Er glaubte später sogar, daß die angebliche Hetze von dieser Seite seiner »vielgeprüften lieben Schwester den letzten Stoß gegeben« habe. Sie starb am 12. Mai 1955 in der Raphaelsklinik in Münster.391 Noch im Sommer 1954 erschien eine Sondernummer der regierungsnahen »Bonner Hefte« unter dem Titel »Hier irrte Heinrich Brüning«, die als Antwort auf den in Broschürenform veröffentlichten Vortrag vom 2. Juni dienen sollte und für eine größere Öffentlichkeit bestimmt war.392 Darin wurde Brünings damalige Regierungsarbeit und damit seine historische Rolle unverblümt in Frage gestellt. Sie enthalte keine »Lehre für Bonn«, da der »Umfang der Zugeständnisse, die Brüning vom Ausland erreichte, nicht groß genug war, um Brünings Sturz hundert Meter vor dem Ziel zu verhindern.«

Man gestand ihm zwar gerne zu, daß ihm das Ende der Reparationen – unter der Regierung Papen – zu verdanken war. Doch wurde sein Staatsverständnis als antiquiert charakterisiert. »Brünings politische Gesamtkonzeption zielte auf eine Umgestaltung des Reichs im Sinne einer erheblichen Verstärkung der Exekutive. Er erhoffte diese auch von der Präsidialregierung, die er mit Hindenburg praktizierte.« Jedoch habe er mit diesem Konzept das Anwachsen der Nationalsozialisten und der Kommunisten nicht verhindern können, es habe lediglich zentralistische Tendenzen innerhalb der Zentrumspartei verstärkt. Damit waren die späten Reichsreformbestrebungen unter Brüning gemeint. Dem damaligen politischen Extremismus habe Brüning auf diese Weise nicht beikommen können. Die zentralistischen Bestrebungen der Nationalsozialisten seien freilich noch viel radikaler gewesen, wie die Gleichschaltung der Länder unter dem Hitler-Regime gezeigt habe. Man ließ auch die These Brünings nicht gelten, daß es jüngst eine »wüste Agitation« gegen die deutsche Außenpolitik in den Jahren 1925-1932 gegeben habe. Richtig sei vielmehr, daß die Nationalsozialisten während ihrer Herrschaft die Außenpolitik der Weimarer Zeit verunglimpft hätten.393

Die Angriffe aus dem Regierungslager auf den Exkanzler riefen kurz vor den Landtagswahlen in Nordrhein-Westfalen im Sommer 1954 schließlich auch die Opposition auf den Plan, die sich bis dahin in der Debatte zurückgehalten hatte. Man spekulierte darüber, wenn man ihrer Presse folgen will, ob Brüning als Repräsentant einer innerparteilichen Opposition gegen Adenauer auftrete. Man schloß nicht aus, daß er sich für eine künftige gesamtdeutsche Aufgabe nach einer weiteren Berliner Konferenz empfehle, oder die Ruhrindustrie ihn für eine solche Aufgabe ins Gespräch bringen wolle. Seine Kritik an Adenauer bezeichnete man als vernichtend.394

Der SPD-Vorsitzende Erich Ollenhauer behauptete, er verfüge über Informationen, nach denen das Bundesamt für Verfassungsschutz im Rhein-Ruhr-Klub eine Haussuchung vorgenommen habe, um Material gegen Brüning sicherzustellen. Die Nachricht wurde von amtlicher Seite dementiert, während die sozialdemokratische Seite bei ihrer Darstellung blieb. Tatsächlich besaß das Amt keinerlei Exekutivbefugnisse. Auch Gerüchte über eine Telefonüberwachung tauchten auf, obwohl der Klub über keine eigenen Räume verfügte. Im August behauptete Brüning selbst, daß sein Telefon dauernd abgehört werde. Zwei Freunde von der Saar hätten vor einiger Zeit bei ihm angerufen, um einen Besuch zu vereinbaren. Schon am Abend sei die Nachricht in der französischen Presse an der Saar erschienen. Gegenüber Menschen in seiner Umgebung erwähnte er, daß auch in den USA, vor allem während des Krieges, sein Telefon überwacht worden war. Gelegentlich begann er ein Gespräch mit der Bemerkung, er wolle den Herren vom Verfassungsschutz Gelegenheit geben, sich in das Telefonat einzuschalten.[395]

Während seiner Vorlesungen meinte er gelegentlich, »über 20 Sekretärinnen von Bonner Herren« zu erkennen, die damit beschäftigt seien, seine Ausführungen mitzuschreiben.[396] Die Befürchtung, bespitzelt oder abgehört zu werden, grenzte zuweilen an Verfolgungswahn, etwa wenn er sich in einem Raum nach einem verborgenen Mikrophon umschaute und bei einer vertraulichen Mitteilung plötzlich die Stimme senkte.[397] Ob Brünings Argwohn unberechtigt war, ist nicht sicher. So wurde ihm zugetragen, daß Otto John vor seiner Fahrt nach Ost-Berlin prominente Leute in Köln angerufen und ihnen versichert habe, er habe nichts mit dem Abhören seiner Telefongespräche und der Propaganda gegen ihn zu tun. Sein und auch Johns Verdacht zielten auf die Organisation Gehlen. John behauptete 1969, durch den Kölner Dominikanerprovinzial Laurentius Siemer, der gemeinsam mit ihm 1954 nach Berlin zu den 20. Juli-Feiern geflogen war, im Auftrag von Brüning über dessen Überwachung informiert worden zu sein. Eine umgekehrte Mitteilung über eine Nachricht Johns machte Brüning im Juli 1954. Angeblich wurde Siemers Telefon und seine Post, ja jeder Schritt überwacht.[398]

Ende Juni kündigte Brüning an, sich demnächst im Rhein-Ruhr-Klub einer Diskussion zu stellen.[399] Sie fand am Nachmittag des 3. Juli in Hagen vor geladenen Gästen statt, ohne jedoch ein besonderes Echo zu erregen, da die meisten führenden Vertreter der Industrie nach der Kritik Bergs an Brüning und Pfleiderer abgesagt hatten. Brüning hatte sich vorbehalten, die Liste der Einzuladenden vorher zu genehmigen. Im Bundeskabinett hatte Bundesminister Franz Josef Strauß vergeblich angeregt, die Veranstaltung zu verhindern, oder dafür zu sorgen, daß der Standpunkt der Bundesregierung dort angemessen vertreten sei. Adenauer wollte sie jedoch ignorieren.[400] Brüning war von der Diskussion nicht sehr angetan. Sie habe »sich nicht so sehr mit dem Inhalt meines Vortrages am 2. Juni als mit der Beantwortung von Fragen über Taktik und Methoden diplomatischer Verhandlungen« beschäftigt. »Ich habe diese Fragen dann an Hand von Beispielen aus der Vergangenheit und eigenen Erlebnissen beantwortet. Es war nur ein kleiner Kreis versammelt«, meinte er kleinlaut gegenüber Herbert von Borch, der sein Anliegen, eine Stellungnahme für die Zeitschrift »Außenpolitik« aus der Feder Brünings zu erlangen, noch einmal wiederholt hatte. Es existierten keine Aufzeichnungen von seinen Ausführungen, beschied er ihn.[401]

Der Bundeskanzler griff den Disput mit Brüning in einem Interview mit dem Rheinischen Merkur am 9. Juli noch einmal auf, in dem er unter anderem bestritt, daß Deutschland nach dem Zweiten Weltkrieg eine Vermittlerfunktion zwischen Ost und West wahrnehmen könne. Seine Kritiker übersähen, erklärte er, »daß die konsequente Politik der Bundesregierung und das wachsende Vertrauen der westlichen Welt zum jungen deutschen Staat unser Volk vor der Gefahr bewahrt hat, in den Jahren nach Kriegsende einem Modus vivendi der großen Machtblöcke geopfert zu werden.« Im übrigen seien die Verhältnisse der Gegenwart nicht mehr mit denen von 1926 vergleichbar, wie die Anwesenheit der »Sowjets mitten in Deutschland« zeige. Jeder Versuch, sich »je nach Bedarf und Laune an den einen oder den anderen der beiden Großen anzulehnen« sei angesichts der Wasserstoffbombe für das Nachkriegsdeutschland von 1954 absurd, ja geradezu selbstmörderisch. Die Mehrheit des deutschen Volkes sei für eine solche Politik nicht zu haben.[402]

Einige Tage später, am 20. Juli 1954, bekundete Adenauer vor einem kleinen Kreis von Vertretern der Deutschen Industrie seine Sorge, daß die EVG scheitern könne. Dies bedeute einen Mißerfolg der Politik des Westens mit Auswirkungen bis nach Ostasien – angesichts der Schwäche Frankreichs in Indochina. Die isolationistischen Kräfte in den USA würden zwangsläufig bei den nächsten Wahlen gestärkt. In diesem Zusammenhang beklagte er den Umstand, daß der Abgeordnete Pfleiderer ohne Wissen seiner Partei Sondierungsgespräche mit den Sowjets geführt habe. Er bekräftigte auch seine Ansicht, daß Brünings Vortrag im »Ausland großen Schaden« angerichtet habe. Viermal habe er Brüning bitten lassen, ihn aufzusuchen, ohne daß dieser dem Folge geleistet hätte. Zu allem Überfluß werde Brüning noch durch Exkanzler Luther unterstützt.[403]

Es gab, wie erwähnt, auch Stimmen, die Brünings Kritik an der Adenauerschen Außenpolitik unterstützten. So hielt ihm die »Hannoversche Presse« Erkenntnisse internationaler Zusammenhänge zugute, die er durch eigene Erfahrungen »aus der weiten politischen Sicht, die ihm die frühere deutsche Hauptstadt Berlin zu vermitteln vermochte«, sowie durch die Vertrautheit mit dem politischen Klima in den USA gewonnen hatte. Dies verleihe ihm sehr wohl das Recht, die gegenwärtige Politik der Bundesregierung zu beurteilen. »Sein Warnen ist eine Mahnung, eine Lektion, die der Staatsmann dem einstigen Oberbürgermeister der rheinischen Metropole Köln erteilt, der heute als Kanzler in Bonn nie in die politische Großräumigkeit Berlins hineingewachsen ist, sondern immer in der eng begrenzten Ausrichtung seines politischen Denkens nach Westen im Schatten des Kölner Domes gefangen blieb.«[404]

Der West-Berliner »Telegraf« billigte Brüning den Status eines Beobachters und Analytikers zu, der berechtigt sei, in wirtschafts- und außenpolitischen Fragen den Tatsachen auf den Grund zu gehen und in ihrem Für und Wider aufzuzeigen. Brüning habe trotz mancher distanzierender Äußerungen keine prinzipielle Kritik an Adenauer geübt. Das Blatt pflichtete Brüning in der EVG-Frage bei, indem es darauf verwies, daß die EVG kaum als »Morgengabe in ein wiedervereinigtes Deutschland eingebracht« werden könne.[405]

Auch im Konflikt mit Adenauer wurde Brünings moralische Integrität gewürdigt. Für den Journalisten Hans Henrich enthielten die Ausführungen des Exkanzlers ein »kräftiges Korn Wahrheit«. Bei allen politischen Meinungsverschiedenheiten habe in dessen Reichskanzlerzeit unter den »wahrhaft demokratischen Parteien nie ein so unerfreulich gereiztes und gehässiges Klima geherrscht, wie es sich in unserer Innenpolitik seit 1949 durch das Unvermögen Dr. Adenauers, sachlicher Kritik Rechnung zu tragen, in steigendem Maße entwickelt hat«. Henrich hielt die Warnungen vor einer Anpassungskrise in der Weltwirtschaft für diskussionswürdig und kritisierte Adenauers Vorwurf, der Exkanzler befürworte eine Schaukelpolitik. Ein deutscher

Bundeskanzler und Außenminister dürfe nicht Begriffe wie »Rapallo-« und »Schaukelpolitik« gleichsetzen und Brüning in die Nähe Seeckts und Hitlers stellen.[406]

Das Anliegen

Brüning suchte nach Düsseldorf keine Verbündete, um sein Anliegen weiter zu vertreten, was teilweise in der Öffentlichkeit erwartet worden war. Daher hatte Adenauer dessen ungeschickten Hinweis, der Vortrag sei nicht für »die Öffentlichkeit« bestimmt gewesen, genutzt, um seinen eigenen politischen Kurs einer größeren, auch der internationalen, Öffentlichkeit um so deutlicher zu erläutern. Die Kritiker seines Führungsstils und einige andere unabhängige Geister wiederum wollten nun erst recht dem Exkanzler Gerechtigkeit widerfahren lassen. Wie groß das öffentliche Echo des Düsseldorfer Vortrages war, erhellt daraus, daß bis Ende Juli ohne Werbung 6.000 Exemplare des Textes verkauft wurden.[407]

In der Frankfurter Allgemeinen Zeitung bezweifelte Hans Baumgarten, daß der Gedanke, Deutschland könne in naher Zukunft wieder zwischen Ost und West vermitteln, den Umstand genügend beachte, daß weder die Sowjetunion noch der Westen Deutschland vereinigen wollten. Jeder fürchte die Einheit Deutschlands, wenn dieses nicht mit ihm selbst verbündet sein werde. Wesentlich für die gegenwärtige Lage sei, daß dem Lande selbst »das Gleichgewicht vorenthalten« sei, und es diese Funktion nicht für andere ausüben könne. Insofern konnte von einer Vermittlerrolle in der Zukunft nicht die Rede sein. Baumgarten nahm sogar das Argument auf, daß die Außenpolitik auf einem Mindestmaß an innenpolitischem Konsens aufgebaut sein müsse und vermutete, Adenauers politisches Kalkül ziele darauf, »die politischen Partner und Gegner in eine richtige Rechnung« einzubeziehen. Dies habe Brüning nicht erkannt. »Adenauers Politik läuft darauf hinaus, dem ganzen Europa einschließlich Deutschlands die Gleichgewichtsfunktion zu übertragen und mit dieser Friedensaufgabe auch Deutschlands Wiedervereinigung zu erreichen.«

Im Hinblick auf Brünings Warnung vor einer einseitigen wirtschaftlichen Bindung an den Westen argumentierte er ähnlich. Adenauer wolle durch die wirtschaftliche Integration jenen »Großmarkt« schaffen, der künftig als »Krisenschutz« dienen könne. Baumgarten wunderte sich, daß Brüning in Düsseldorf nicht zu Pfleiderers Aktivitäten dezidiert Stellung bezogen hatte, angeblich weil er nicht in der aktiven Außenpolitik stehe. Diese seien jedoch nur »Unterfragen« der Probleme, die Brüning behandelt habe. Sein Vortrag sei »für eine geschichtliche Vorlesung zu politisch und für eine politische Rede zu schematisch historisierend« gewesen. Er habe die »volle Tragweite« seiner Ausführungen unterschätzt.[408]

Der Publizist Dolf Sternberger meinte im Hessischen Rundfunk, es gebe einen Zusammenhang zwischen den Ausführungen Brünings und den gleichzeitig laufenden Verhandlungen der Westmächte mit der Sowjetunion über Indochina und Korea. Sie zeigten einerseits das Interesse der Sowjets an Verhandlungen mit dem Westen, andererseits aber auch, wie schwer es für den Westen sei, irgendein Ergebnis mit ihnen auszuhandeln. Ebenso wie Baumgarten fragte sich auch Sternberger, inwiefern es nach dem Zweiten Weltkrieg noch so etwas wie ein europäisches Gleichgewicht geben könne.

An seine Stelle sei allenfalls ein »Weltgleichgewicht« getreten, nachdem das europäische Staatensystem mindestens seit dem Jahre 1941 zusammengebrochen sei. Man könne nicht einmal die beiden Teile Berlins wieder zusammenfügen, wenn man nicht die »asiatischen Gewichte in Rechnung stelle, die sich hinter der Sowjetunion herausformen«, und in Beziehung zum amerikanischen Gewicht setze. Die Westdeutschen sollten bei allem Stolz auf das bisher Erreichte nicht so unbescheiden sein, die Welt mit »unseren« Kräften ins Gleichgewicht bringen zu wollen. Der Rest des freien Europa wiege allein nicht allzu viel. Die Bundesrepublik solle »ihr Gewichtchen« dazulegen, damit es nicht allzu leicht werde. Westeuropa könne zusammen mit England und dem britischen Staatenverband etwas zur Erhaltung oder Wiederherstellung des Weltgleichgewichts beitragen. Wenn man Westdeutschland jüngst geschmeichelt habe[409], es sei ein erwachter Riese, dann sei dies gefährlich. Die Geschichte vom tapferen Schneiderlein, das zwei Riesen überwand, indem er sie gegeneinander aufbrachte, sei eben nur ein Märchen. Die Deutschen sollten sich weder im Sinne der Gebrüder Grimm noch im Sinne Brünings selbst überschätzen.[410]

Ein anderer Kritiker, der ehemalige preußische Ministerialbeamte Dietrich Mende[411], ließ Brünings Vorschlag gelten, den Güteraustausch zwischen der Bundesrepublik und den Ostblockstaaten zu beleben. Ostpolitische Versuche seien jedoch problematisch angesichts der »offenen Krise der europäischen Integrationspolitik«, wenn der Eindruck entstehe, solche Tendenzen zielten auf eine Abkehr vom Westen. Diesen Eindruck erwecke aber Brünings Rede. Dessen Hinweise auf das Rußlandgeschäft zwischen 1919 und 1933 hielt er insofern für berechtigt, als dieses eine jener »Sicherungen, die den Zusammenbruch der deutschen Wirtschaft verhüteten«, dargestellt hätte. Allerdings sei der Rußlandhandel erst nach dem Handelsvertrag vom 12. Oktober 1925 von Bedeutung gewesen. Die seither wachsenden Exportziffern hätten jedoch nur auf mittelfristigen Krediten gegen Wechsel beruht. Die deutschen Exporte seien durch staatliche Kreditausfallgarantien abgesichert worden. Für die unmittelbare Zukunft bedeute der Handel mit der Sowjetunion gerade wegen der Unsicherheit ihrer Außenpolitik kein krisensicheres Geschäft.

Der Rapallo-Vertrag sei von zwei Mächten abgeschlossen worden, die sich gegenüber dem Völkerbund als Außenseiter sahen, und habe sich keineswegs als geschichtlicher Wendepunkt erwiesen. Die Rapallo-Legende als angebliche Schicksalsgemeinschaft zweier Nationen gehe auf den Grafen Brockdorff-Rantzau zurück und sei auch von Seeckt in seiner Denkschrift »Deutschland zwischen West und Ost« (1933) gepflegt worden. Größere Bedeutung hätten jedoch der Berliner Vertrag und der Locarno-Vertrag, die Stresemann zur Grundlage seiner Friedenspolitik gemacht habe. Darin stimmte Mende Brüning zu, hielt ihm aber entgegen, dem »›Mythos von Rapallo‹ und dem ›Mythos von Locarno‹ den ›Mythos des Vertragssystems‹« hinzugefügt zu haben.

Die beiden letzteren Verträge beruhten nicht etwa auf einem System, sondern ergäben erst ein System. Brünings Deutung sei gleichsam »ein ex-post konstruierter ›ideologischer Überbau‹«. Heute sei Deutschland kein einheitlicher Staat mehr wie in der Weimarer Zeit (»ein stark zentralisierter Staat«), es sei »in vier Teile zerrissen und vollständig besetzt«. Man könne auf die Stresemannschen Verträge heute ebensowenig vertrauen wie auf das »Metternichsche System der europäischen Ordnung«. Mende gestand Brüning zu, daß die geographische Mittellage Deutschlands irgendwann eine Verständigung mit der Sowjetunion erforderlich machen werde. Ein zweiseitiges Abkommen nach dem Vorbild von Rapallo sei jedoch ausgeschlossen. Ein deutsch-sowjetischer Ausgleich sei nur denkbar im »universalen Rahmen« als »entscheidender Beitrag zur Sicherung des Weltfriedens.« Das geopolitische Argument, das auch Verhandlungen mit der Sowjetunion erforderlich mache, wies auch ein anderer Kommentator, der Historiker Michael Freund, zurück, indem er die Frage stellte, ob es jene »geopolitische Lage Deutschlands« der zwanziger Jahre überhaupt noch gebe, von der Brüning rede. Eine »Mittellage« kenne auch das »Korn zwischen den Mühlsteinen«.[412]

Der gewandelten Rolle Deutschlands, das als Völkerrechtssubjekt nur im negativen Sinne in den Souveränitätsrechten der Alliierten existent schien, stand tatsächlich die neue Rolle der Sowjetunion als Siegermacht des Zweiten Weltkrieges gegenüber. Sie war – anders als in den zwanziger Jahren – eine echte Welt- und Militärmacht geworden, ihre Truppen standen auf deutschem Boden, wo sie sogar über eine einheimische Satellitenregierung in Berlin verfügte. Die historische Analyse und der Vergleich konnten erhellend für die gewandelte Lage nach dem Zweiten Weltkrieg sein, so daß die Frage berechtigt war, ob Adenauer als Regierungschef, auf Brünings Vorstoß notwendigerweise so heftig reagieren mußte, wie er es getan hatte.

Es hätte auf den ersten Blick näher gelegen, wenn sich Adenauer mit der Rapallo-Politik des Reichskanzlers Joseph Wirth, der seit einiger Zeit als Wortführer des »Bundes der Deutschen« zusammen mit dem früheren Zentrumspolitiker Wilhelm Elfes eine offen neutralistische und sowjetfreundliche Politik vertrat, auseinandergesetzt hätte. Wirths Kontakte zur Sowjetunion und zur DDR hatten ihn freilich in Bonn zur politischen Unperson gemacht, was Brüning seinerseits bei aller Kritik bedauerte. Mit den Angriffen auf Brüning, in die er auch den ehemaligen Reichskanzler Hans Luther, nunmehr Vorsitzender einer staatlichen Kommission zur Neugliederung des Bundesgebietes, einschloß, brandmarkte Adenauer nicht zuletzt auch die Haltung Wirths, ohne ihn namentlich zu erwähnen. Die Reaktion des Kanzlers auf Brünings Vortrag hatte dessen Ausführungen erst zu wirklich »umstrittenen Thesen« gemacht. Die positive Stellungnahme Wirths wurde hingegen wenig beachtet. Gerüchte über eine angebliche Fronde der drei ehemaligen Reichskanzler – Wirth, Luther, Brüning – waren gegenstandslos[413], obwohl Adenauer sein Mißbehagen über das Verhalten der »alten Reichskanzler«, die in der Bundesrepublik lebten, äußerte.[414] Diese Distanzierung sollte weniger ein aufkommendes Mißtrauen in den westlichen Hauptstädten gegen seinen eigenen politischen Kurs zerstreuen, als seine Linie in der EVG-Frage innenpolitisch durchsetzen. Für ihn war Brüning der Exponent einer anderen Außenpolitik, für die es innenpolitisch durchaus eine Basis gab, die von Teilen seiner eigenen Anhängerschaft über die anderen Koalitionsparteien bis in die Reihen der Opposition reichte. Persönliche Eifersucht auf den Exkanzler dürfte mitgespielt haben und beruhte wohl auf Gegenseitigkeit. Adenauer wußte, daß mehrere Mitglieder seines Kabinetts Brüning gerne als Außenminister gesehen hätten. In jüngster Zeit war dieser angeblich von Freunden gedrängt worden, trotz aller gegenteiligen Versicherungen in die Öffentlichkeit zurückzukehren.[415]

Adenauer betrachtete die aktuelle Lage als ernst, da er ein Scheitern der EVG wegen der innenpolitischen Auseinandersetzungen in Frankreich nicht ausschließen konnte. Wenn dies geschähe, erklärte er, bedeute dies einen Mißerfolg für die USA-Politik in Ostasien und für die Politik des Westens in Europa. Trotz des reichlichsten Dollarsegens sei es bisher nicht gelungen, Frankreich zur Vernunft zu bringen, klagte er. Im August werde die Entscheidung fallen.[416]

In der Lageanalyse selbst unterschied sich Brüning nicht allzu sehr von Adenauer. Freilich nahm er das Scheitern der EVG, das sich bald bestätigte, schon vorweg und übersah auch nicht, daß sich dadurch vor allem die Politik der USA nicht änderte und die westliche Integrationspolitik weiterhin der von Washington angegebenen Grundrichtung folgte. Darauf vermochte sich allerdings auch Adenauer ohne größere Schwierigkeiten wieder einzustellen, nachdem die Neunmächtekonferenz in London vom 28. September bis zum 3. Oktober 1954 den Weg für eine Beendigung des Besatzungsstatuts vom 6. März 1951 und den Beitritt der Bundesrepublik und Italiens zur Westeuropäischen Union und zur NATO gewiesen hatte.[417] Adenauer hätte freilich die EVG nicht unbedingt bevorzugt, und es entging ihm auch nicht, daß die Gaullisten sie am 30. August zum Scheitern gebracht hatten[418].

»Vergangenheit« als politisches Argument

Schon auf dem Höhepunkt der Auseinandersetzung um die Düsseldorfer Ausführungen war Brüning vorgeworfen worden, er sei schon in seiner Amtszeit im Gegensatz zu Adenauer als Politiker gescheitert. Seine politische Laufbahn vor 1933 wurde damit gleichsam zum ausschlaggebenden Argument gegen seine Thesen. Der in New York lebende Journalist Edgar Alexander (1902-1970), der aus dem Saarland stammte und früher der Zentrumspartei angehört und seinerzeit auch Brünings Politik unterstützt hatte, obwohl er ihm persönlich fernstand[419], veröffentlichte am 13. Juni in der deutschsprachigen New Yorker Staatszeitung eine fiktive Rede, die Brüning als Schuldbekenntnis für seine politischen Fehler vor und nach seinem Exil an Stelle der Angriffe auf die Bonner Außenpolitik hätte halten sollen. In Düsseldorf habe er, so Alexander, gleichsam politisch Selbstmord begangen. Er habe zwanzig Jahre im Exil zu allem geschwiegen, worauf er als »katholischer Politiker eine Antwort schuldig« gewesen sei, und habe auch die Gründe für seine Zustimmung zum Ermächtigungsgesetz von 1933 nicht zur Sprache gebracht und damit angeblich die Diffamierung des gesamten deutschen Katholizismus ermöglicht. Brüning sei stets in erster Linie mit sich selbst beschäftigt gewesen, und habe »müßig zugesehen, wie andere Leute in harter Arbeit die Rettung des deutschen Volkes vor den Vernichtungsplänen Morgenthaus und der Russen durchführten.«

Auch nach Alexander war Brüning in seinem politischen Denken allzu sehr der Weimarer Republik verhaftet. Er habe kein Recht mehr, in die deutsche Politik einzugreifen, selbst wenn »gewisse klerikale Kreise« glaubten, ihn gegen Adenauer ausspielen zu können. Alexander nannte Brüning einen Politiker, der durch »Intrigen über Nacht aus der provinziellen Bescheidenheit eines Reichstagsabgeordneten der Zentrumspartei in die internationale Bedeutsamkeit des Amtes eines deutschen Reichskanzlers« emporgestiegen sei. »Im Jahre 1954 konnte der gleiche Brüning nicht der Versuchung widerstehen, sich durch dieselben Kreise aus der selbstverschuldeten Obskurität eines staatsmännisch impotenten Universitätsprofessors erneut in das Licht der großen internationalen Kontroverse zwischen West und Ost emporheben zu lassen.« Seinerzeit sei Brüning von Verschwörern ins Amt gebracht worden. Das gleiche versuchten jetzt die »Düsseldorfer Verschwörer«, die sich einer verhängnisvollen »Brüning-Legende« bedienten, um den »ersten Dolchstoß gegen die Bonner Republik« zu sanktionieren und um »den christlichen Staatsmann Adenauer« zu Fall zu bringen.[420]

Nach Ansicht George Shusters, der sowohl mit Brüning als auch mit Alexander befreundet war, beruhte Alexanders Kritik »zum Teil auf ganz persönliche (sic) Ressentiments und zum Teil auf Abneigung gegen jede Form von nichtbürgerlichem Conservativismus«.[421] Brüning selbst glaubte das Phänomen als Emigrantenpsychose zu kennen, als er 1951 meinte, diejenigen Emigranten, die sich trotz mangelnder Erfahrung als politische Genies fühlten, hätten sich oft gegenseitig denunziert.[422] Für ihn war Alexander ein »Günstling Adenauers«, der im Auftrag von dessen Staatssekretär Globke gegen ihn agitierte.[423] Es war nicht verwunderlich, daß Brünings alter Feind Friedrich Wilhelm Foerster sich auf Alexanders Seite stellte. Er stimmte mit ihm in der Forderung überein, daß Brüning »niemals wieder in die Lage versetzt werden kann, etwa im heutigen oder zukünftigen Deutschland noch einmal die verantwortliche Führung der deutschen Katholiken zu übernehmen.«[424]

Nach Alexander hatte sich Brüning nach seinem Düsseldorfer Vortrag zu weiteren unüberlegten, entlarvenden Äußerungen hinreißen lassen, die eine Auseinandersetzung mit dessen Vergangenheit rechtfertigen. Brüning habe nicht nur im Exil über die Naziherrschaft geschwiegen, sondern den deutschen Katholizismus auch nicht gegen die Hetze anderer Emigranten wie Bernhard Menne und August Wegner verteidigt. Deren Bücher, die 1942 bzw. 1945 erschienen waren, enthielten nach Alexanders Ansicht Fakten aus der Amtszeit Brünings, die ihn schwer belasteten. Er habe nach 1934 »den katholischen Emigranten die unsäglich schwere Arbeit allein überlassen, im Kampfe gegen die Barbarei des Hitlersystems die Traditionen des echten Deutschtums hochzuhalten und neben dem deutschen Katholizismus zugleich auch noch alles dasjenige zu verteidigen, was selbst unter der Herrschaft des Dritten Reiches an deutscher Kultur und deutscher Sitte verteidigenswert und verteidigungsbedürftig war.«[425]

Die Ausfälle Alexanders, von dem gleichzeitig ein Buch über Adenauer angekündigt wurde, galten selbst im Regierungslager als überzogen. Die Regierung wollte deshalb nicht mit diesem Autor in Verbindung gebracht werden.[426] Dessen »Sozio-Biographie« sollte vor allem die Leistungen Adenauers würdigen. Man erwartete, daß Alexander seine Brüning-Kritik in einem weiteren Werk noch vertiefen werde. 1955 gelangten Auszüge aus dem Manuskript in die Hand von Staatssekretär Hans Globke. Darin wiederholte Alexander seine Kritik, daß »Optimisten vom Schlage Heinrich Brünings« die von Rußland als neuer Weltmacht ausgehenden Gefahren für Europa bagatellisierten. Sie »träumten einem vergangenen Zustand nach«, als sich ein schwaches Rußland »mit einem ebenbürtigen, wenn nicht stärkeren Deutschland« anschickte, »die Taktik von Rapallo mit dem Westen auszuprobieren.« Brüning hätte nach Alexander gut daran getan, »die Ausführungen von Ernst Troeltsch über ›Naturrecht und Humanität in der Weltpolitik‹ ernsthaft zu studieren, bevor er sich seiner unsubstanziierten Angriffe auf die Europa-Politik Adenauers vermaß«. Dort hätten er und die anderen Neutralisten die »sehr nötige Aufklärung« darüber finden können, daß ihre ethisch-politischen Konzeptionen keineswegs »genau so europäisch und abendländisch seien wie diejenigen des deutschen Bundeskanzlers.«[427] Dagegen ist nicht zu bezweifeln, daß Brüning bei allen Bedenken gegen opportunistische Deutungen der christlichen Idee des Naturrechts verpflichtet war.[428]

Globke hatte die Auszüge aus Alexanders Manuskript von zwei Bundestagsabgeordneten erhalten und befürchtete ein ungünstiges Echo in der Öffentlichkeit. Er wollte unter allen Umständen den Eindruck vermeiden, daß die Bundesregierung hinter Alexanders Aktivitäten stecke und dem ehemaligen Reichskanzler noch nachträglich einen »Eselstritt versetzen« wolle.[429] Globke bat daher den Autor, sich möglichst mit seiner Kritik an Brüning zurückzuhalten, um zu vermeiden, daß die Bundesregierung in Verdacht gerate. Er riet ihm, die Passagen über Brüning in die deutsche Übersetzung seines Buches »Church and Society« und nicht in das Lebensbild Adenauers einzufügen. Er habe den Bundeskanzler bewußt nicht über den Vorgang unterrichtet, wohl aber mit den beiden Bundestagsabgeordneten erörtert. Daraufhin entschloß sich Alexander, wie er behauptete, die Partien über Brüning in einer milderen Form als selbständige Publikation herauszubringen. Tatsächlich fügte er jedoch nur zwei längere Abschnitte in den Anmerkungsapparat des 1956 erschienenen Buches »Adenauer und das neue Deutschland« ein. Die angekündigte und von einigen Gegnern des Exkanzlers erwartete »Entlarvung der Brüning-Legende« fand nicht statt.[430]

Der Verleger Wilhelm Bitter, Recklinghausen, versuchte seinerseits Anfang 1959 weitere Mittel durch die Vermittlung von Adenauers Sohn Max und den Bankier Pferdmenges für den Autor, der zwei Jahre schwer krank gewesen war, zu mobilisieren, damit dieser sein Werk über Adenauer mit einem zweiten Band abschließen könne. Bitter hatte das Buch herausgebracht und erhebliche Mittel aufgewendet, um Alexander die Fertigstellung einer umfangreichen Adenauer-Biographie zu ermöglichen. Weder der zweite Band des Buches über Adenauer noch das Werk über die »Brüning-Legende« ist, von einer kurzen Zusammenfassung seiner Brüning-Kritik an anderer Stelle abgesehen, erschienen.[431] Schließlich kündigte Alexander letzteres für den Fall an, daß Brüning seine Memoiren veröffentliche. Er starb am 9. Januar 1970.[432]

IV. RÜCKZUG IN DIE USA

1. Ratlosigkeit und Resignation

Rückzug aus der Öffentlichkeit

Bald nach dem Düsseldorfer Vortrag stellte Brüning seine Kölner Lehrtätigkeit – während des noch laufenden Sommersemesters – ein. Seine Herzbeschwerden belasteten ihn so sehr, daß er sich zu einer längeren Behandlung nach Münster ins Krankenhaus begeben mußte. Man befürchtete einen akuten Herzinfarkt.[1] Danach zog er sich auf die »Hegge«[2] zurück, wo er sich von Mitte August bis Anfang November 1954 aufhielt, um sich zu erholen. Das Wetter, das für sein Wohlbefinden stets wichtig war, kam diesem Bedürfnis wenig entgegen. Er klagte darüber, daß es in diesen Monaten nur zehn schöne Tage gegeben habe. Von der Hegge aus, wo er gleichsam inkognito lebte, verfolgte er die politische Entwicklung weiter. Um ungestört zu sein, bat er auch seine Freunde, ihm dorthin nur unter der Adresse von Miss Nix zu schreiben. Diese hielt sich seit Anfang August zu einem zweiten Besuch in Deutschland auf.

Als sich Ende August das Scheitern der EVG-Verträge in Paris abzeichnete, sah sich Brüning in seiner Kritik an der Außenpolitik Adenauers bestätigt. Zwei Tage bevor die negative Entscheidung in der französischen Nationalversammlung fiel, sagte er, der Kanzler könne immer noch die »Weiche« umstellen, vorausgesetzt, er habe eine »wirklich konstruktive Konzeption«, was er bezweifelte. Er habe lange daran geglaubt, Adenauer könne seinen Kurs unauffällig ändern, ohne das Volk zu irritieren. Die »russische Karte« sei weiterhin im Spiel. Moskau werde immer eine »rein russische Politik gleichzeitig mit einer Unterminierungspolitik mit Hilfe des Kommunismus in der ganzen Welt betreiben.« Dies habe sich bereits 1922, also beim Abschluß des Rapallo-Vertrages, und auch später bestätigt. Vergeblich habe er schon 1950 den Kanzler davon zu überzeugen versucht, die Beziehungen zu Moskau mit Hilfe der besten Kenner der sowjetischen Verhältnisse wieder aufzunehmen. Das Ende der EVG eröffne allerdings den Westmächten neue Möglichkeiten, »das deutsche Problem von Grund auf neu zu überlegen.«

Dies setzte voraus, daß die Westmächte ihrerseits das deutsche Problem wirklich lösen wollten. Befriedigt registrierte er, daß sie bereit schienen, der Bundesrepublik größere Souveränitätsrechte einzuräumen. Dies komme allerdings spät, vielleicht sogar zu spät, nachdem die Sowjets der Regierung Grotewohl in Pankow »eine nominelle Souveränität« zugestanden hätten. Diese verfolgten, so Brüning, die Taktik, ihre Verantwortung von sich abzuwälzen, indem sie Verhandlungen zwischen Bonn und Pankow verlangten. In Düsseldorf sei es ihm darum gegangen, Bonn vor allem mit Moskau ins Gespräch zu bringen. Diese Chance habe die Bundesregierung versäumt. Aus dem totalitären Charakter des Sowjetsystems und den außenpolitischen Interessen Moskaus folgerte er, daß die dortige Führung jederzeit bereit sei, ihre »eigenen Trabanten«, d. h. das SED-Regime, zu opfern, wenn sie sich mit dem Westen auf deren Kosten verständigen könne. Sie sei zwar daran interessiert, die »schwärende Wunde in Mitteleuropa« offen zu halten, doch könne durch eine Neutralisierung ganz Deutschlands eine neue Lage entstehen.

Einer Forderung der Sowjets nach dem Rückzug der westlichen Truppen hinter den Rhein, könne man begegnen, indem man den Rückzug der sowjetischen Truppen hinter die Weichsel verlange. Allerdings sei nicht zu erwarten, daß sich die Amerikaner, die im Rheinland und im Hunsrück ihre militärischen Positionen unter gewaltigen Kosten ausgebaut hätten, darauf einließen. Ohne sie sei es kaum möglich, einen sowjetischen Angriff erfolgreich abzuwehren. Ein neuerlicher Vorstoß, die Problematik in die öffentliche Diskussion zu bringen, erschien ihm wenig opportun, da man dies im Ausland mit Mißtrauen betrachten werde. »Ich würde nichts Positives erreichen, wahrscheinlich nur das Gegenteil ...«[3]

Von der Hegge aus unternahm Brüning gelegentlich Reisen, um an politischen Veranstaltungen teilzunehmen. So fuhr er in der dritten Oktoberwoche in das evangelische Kloster Loccum zu einer interkonfessionellen Juristentagung, wo er von dem Hannoverschen Landesbischof Hanns Lilje (1899-1977) herzlich begrüßt wurde. Er beteiligte sich an der Diskussion, indem er seine Erfahrungen im Dialog und in der Zusammenarbeit zwischen katholischen und evangelischen Politikern in den Jahren nach dem Ersten Weltkrieg schilderte.[4]

Am 21. Oktober sprach er auf einer Totengedenkfeier der Katholischen Arbeiterbewegung im Kammermusiksaal in Essen, bei der er der Führer der KAB, Prälat Otto Müller, Nikolaus Groß und Bernhard Letterhaus gedachte, die die große Tradition der christlichen Arbeiterbewegung hätten weiterführen können, wenn sie nicht der Terrorjustiz des Dritten Reiches zum Opfer gefallen wären. Ihre Verdienste würden, so meinte er, in der Gegenwart unzureichend gewürdigt.[5] Daß er sich mit diesen Persönlichkeiten politisch identifizierte, ist nicht zu leugnen. Der Abwehr und Eindämmung der NS-Herrschaft[6] sei sein ganzes Wirken nach 1933 gewidmet gewesen, betonte er.

Vor dem Beginn des Wintersemesters hielt er sich zwei Tage in Baden-Baden auf, außerdem machte er mit zwei amerikanischen Bekannten, den republikanischen Politiker Henry Shattuck und den Journalisten John Crane eine Reise nach Soest, Münster, Corvey und Goslar.[7] Die Neigung, sich allmählich aus der Öffentlichkeit zurückzuziehen, war unverkennbar. Zu Fragen der Außen- und Deutschlandpolitik äußerte er sich öffentlich nicht mehr, vielmehr dementierte er jede Stellungnahme, die ihm zugeschrieben wurde. So erschien Ende November im Mailänder Nuovo Corriere della Sera ein Bericht über ein angebliches Interview mit Brüning, das dessen Äußerungen von Düsseldorf wiederholte. Brüning stellte entschieden in Abrede, ein solches Interview gewährt zu haben.[8] Anfang Dezember wurde eine Pressemeldung verbreitet, die unter anderem auch vom Süddeutschen Rundfunk übernommen wurde, nach der Brüning an einem kommunistisch gesteuerten Friedenskongreß teilgenommen und sich dort mit einem Vertreter des chinesischen Ministerpräsidenten Tschu En-lai getroffen hatte. Brüning wies dies ebenfalls zurück.[9]

Westdeutsche Wiederbewaffnung und Mitgliedschaft in der NATO

Nach dem Scheitern der EVG in der Französischen Nationalversammlung revidierte Brüning teilweise seinen Standpunkt in der Sicherheitsfrage. Eine NATO-Mitgliedschaft der Bundesrepublik hatte er schon früher unter Umständen für vertretbar gehalten – solange die Sowjets in der Deutschlandfrage nicht einlenkten. Die Sorge, daß eine dauernde Teilung des Landes die Folge dieser Option sein werde, beherrschte ihn gleichwohl. Daß die Mitgliedschaft in der NATO die Wiedervereinigung fördern würde, hatte nach seiner Ansicht »nicht viel Wahrscheinliches« für sich. In diesem Zusammenhang fällt auf, daß er den Antrag Moskaus im März 1954, Mitglied der NATO zu werden, nicht beachtete. Wahrscheinlich glaubte er wie die meisten Politiker nicht daran, daß der Vorstoß ernstgemeint sein könne. Er erwartete, daß der Bundestag die sogenannten Pariser Verträge über die Beendigung des Besatzungsregimes und die Beziehungen zwischen der Bundesrepublik und den Westmächten einschließlich des Beitritts der Bundesrepublik zur Westeuropäischen Union und zur NATO noch im Oktober 1954 annehmen werde.[10]

Die Zustimmung der Französischen Nationalversammlung zur Aufnahme der Bundesrepublik in die NATO am 27. Februar 1955 deutete er als eine vorläufige Bestätigung für die dauernde Teilung Deutschlands, über die die Westmächte sich indirekt mit der Sowjetunion verständigt hätten. Deutschland werde, so befürchtete er, künftig ebenso geteilt bleiben wie Korea. Noch im Sommer 1954, so behauptete er, seien die Russen bereit gewesen, über die Einheit Deutschlands zu verhandeln. Ein Indiz dafür sah er in der Ablösung Semjonows am 17. Juli 1954 durch Puschkin, dem er – wohl fälschlich – ein höheres Gewicht in der sowjetischen Nomenklatura zumaß als Semjonow. Nunmehr seien die Sowjets nur zu ihren eigenen Bedingungen bereit, die Wiedervereinigung zuzulassen.[11]

Völlig fern lag ihm der Gedanke Paul Sethes, die Pariser Verträge zu einem Werkzeug im Dienste der Wiedervereinigung zu machen. Sethe vermißte jeden Versuch in Bonn, sich dieses Werkzeugs zu bedienen.[12] Ein Jahr später revidierte Brüning seine Ansicht über die Chancen des Sommers 1954. Es sei schon für eine Verständigung mit den Sowjets zu spät gewesen, vor allem unter der Voraussetzung, daß Deutschland als Ganzes der NATO angehören müsse.[13] Im Rückblick auf seinen Düsseldorfer Vortrag bemerkte er, daß der republikanische Senator Ralph Flanders (1880-1970), der Eisenhower nahestand, in einer Rede »viel weiter« gegangen sei als er selbst. Flanders gehörte ebenso wie Paul Hoffman, Verwaltungsdirektor beim Europäischen Wiederaufbau-Programm (ERP), zu jenen, die nicht eine Aufrüstung, sondern eine Abrüstung befürworteten.[14]

Dagegen hielt er Distanz zu den deutschen Aufrüstungsgegnern um Gustav Heinemann und Helene Wessel. Sie seien »Idealisten«, die weder die Moskauer und die Pankower noch die Bonner Taktik verstünden. Er lehnte Heinemanns Anregung ab, durch eine Unterschriftenaktion die westdeutsche Aufrüstung zu verhindern, und wandte sich auch zunehmend gegen eine »übertriebene Kritik der Bonner Politik«, die keine positiven Folgen haben könne. Die Unsicherheit diene nur dem »russischen Block«. Auch von der Paulskirchenbewegung distanzierte er sich.[15] Noch immer hoffte er, daß sich die außenpolitischen Erfahrungen der zwanziger Jahre für die Gegenwart fruchtbar machen ließen, wurde aber in seiner Hoffnung, dies zu erreichen, bescheidener. Er warnte die Bonner Politik vor reinen Augenblickserfolgen, ohne auf günstige Chancen vorbereitet zu sein, nur weil man sich auf »bestimmte Linien«, nämlich die politische und militärische Integration der Bundesrepublik in den Westen, festgelegt habe.[16]

Eine Volksbefragung gegen die Ratifikation der Pariser Verträge, bezeichnete er im Februar 1955 – wenige Tage vor der dritten Lesung im Bundestag – in einem Kreis geladener Gäste im Hause eines Industriellen in der Nähe von Frankfurt am Main öffentlich als »absolut falsch und unverantwortlich« – gleichgültig, wie man zur Person des gegenwärtigen Bundeskanzlers stehe. Die »außerparlamentarische Straßenaktion« müsse man ablehnen.[17]

Brüning stand der weltpolitischen Situation nach dem Ende der EVG ratlos gegenüber. Er berief sich weiterhin auf die geopolitische Lage Deutschlands, das »die schwierigste Großmacht in der ganzen Welt« sei. Sein Denken blieb dem Prinzip einer Großmacht verpflichtet, die seit 1871 eine in vielfacher Hinsicht kontinuierliche außenpolitische Linie verfolgt hatte. Wahrscheinlich dachte er auch an die potentielle Rolle eines wiedervereinigten Deutschlands, das, wie er im Anschluß an ein Wort Lord d'Abernons von 1926 bemerkte, eine konstruktive Außenpolitik im Dienste des Friedens in Europa betreiben könne, wie sie seinerzeit auch Stresemann verfolgt hatte.[18]

Andererseits gab er zu, daß die Bundesregierung vorerst wenig politischen Handlungsspielraum besaß. Adenauer, dessen Geschick er wieder etwas günstiger beurteilte, könne sich kaum auf Verhandlungen mit Ost-Berlin einlassen. Später behauptete er sogar, immer vor einer Politik gewarnt zu haben, die in der Frage der Wiedervereinigung zu unmittelbaren Verhandlungen zwischen Bonn und Ost-Berlin führen müsse, da das SED-Regime über keinerlei Souveränität verfüge. Die Sowjetunion wolle der KPD eine »gewisse Garantie für ihren Einfluß« nach einer Wiedervereinigung sichern. Dies schloß er aus der Wahl nach der Einheitsliste der sogenannten »Nationalen Front« am 17. Oktober 1954, die auf 99,46 Prozent der Stimmen kam. Zwar werde es in absehbarer Zeit wieder eine Vier-Mächte-Konferenz geben, doch sei unter anderem mit dem Widerstand Frankreichs gegen die Einheit Deutschlands zu rechnen.[19]

Der alte Unmut über Adenauer bemächtigte sich seiner jedoch wieder, als er hörte, daß vor einiger Zeit sowohl England als auch Frankreich gegenüber Molotow angedeutet hätten, daß das wiedervereinigte Deutschland nicht der EVG angehören müsse. Davon sei in der deutschen Presse keine Rede gewesen, obwohl der Bundeskanzler öffentlich das Gegenteil behauptet habe.[20] Dennoch verzichtete er darauf, sich auf irgendeine Weise an die Öffentlichkeit zu wenden, um seine Sicht der politischen Lage darzulegen. Als ihn Hamilton Fish Armstrong bat, einen Artikel für »Foreign Affairs« über die zunehmenden Differenzen in der westdeutschen öffentlichen Meinung in der Frage der Wiedervereinigung und der Wiederaufrüstung zu schreiben, lehnte er ab. Vorläufig müsse er sich »äußerst vorsichtig« verhalten und alles vermeiden, was die Krise verschärfen könne oder auch nur den Vorwurf begründe, er habe dies getan. Später werde er gerne einmal die deutsch-russischen Beziehungen im Zusammenhang mit der Wiedervereinigung im Überblick behandeln. Er ließ Armstrong jedoch wissen, daß die westdeutsche Bevölkerung der NATO den Vorzug gegenüber der EVG gäbe. Verhandlungen mit den Sowjets über die

Deutsche Frage würden in der Bundesrepublik nach den DDR-Wahlen skeptisch betrachtet.[21]

Brüning gehörte nicht zu den prinzipiellen Gegnern einer Wiederaufrüstung in Westdeutschland, wie er im Februar an Bruce Hopper in Harvard schrieb, »falls sie auf streng militärischer Grundlage, auf vernünftige Weise und unter Berücksichtigung der technischen Entwicklung der neuen Waffen und der Folgen durchgeführt wird.« Gegenüber Hopper, der Vorlesungen für Offiziere hielt, entwickelte er seine sicherheitspolitischen Vorstellungen. Sie zielten darauf, sowohl den Frieden zu erhalten als auch darauf, die Sowjets aus der »Ostzone, die wir ›Mitteldeutschland‹ nennen, herauszubekommen«.[22] Seine Idee, durch eine Verzögerungstaktik die Siegermächte zu Zugeständnissen in der Souveränitätsfrage zu zwingen, war nach der Gründung der beiden deutschen Staaten überholt. Deren Aufrüstung war nur eine Frage der Zeit.

Nach der Aufstellung kasernierter Verbände der sogenannten Volkspolizei in der DDR, insbesondere nach dem Ausbruch des Koreakrieges, war auch Adenauer, wie erwähnt, entschlossen gewesen, eine westdeutsche Armee im Rahmen eines westlichen Bündnisses zu schaffen. Nach dem Scheitern der EVG ging es definitiv nicht mehr um die »Aufstellung kleinerer deutscher Verbände unter Korpsstärke« im Rahmen einer Europa-Armee.[23] Brüning begrüßte es, daß Westdeutschland im Rahmen der NATO ebenso wie Italien über zwölf Divisionen verfügen sollte, was formal keinen Unterschied zur EVG bedeutete. Frankreich sollte vierzehn Divisionen aufstellen, obwohl ihm, wie er bemerkte, nur »sehr wenig schwere Artillerie und Luftwaffe« zugestanden worden war. Die Vorbereitungen für den Aufbau der Bundeswehr, vor allem die Diskussionen um Uniformen und das Prinzip der inneren Führung, die einen »Bürger in Uniform« voraussetzte, seien reichlich dilettantisch – sowohl im Hinblick auf die deutsche Tradition als auch die der amerikanischen Streitkräfte.

Die Stellungnahme bestätigt aufs neue, in welchem Maße er die Lage im Lichte der Weimarer Erfahrungen betrachtete. So war er der Auffassung, die USA hätten schon 1950 eine Ausweitung des Grenzschutzes um 200.000 Mann verlangen sollen. Wenn dies geschehen wäre, stünde inzwischen ein »diszipliniertes Dreihunderttausendmannheer« zur Verfügung, das schon, wie wir wissen, seinerzeit in den militärischen Planungen der Reichswehr eine wichtige Rolle gespielt hatte.[24] Die Grenzschutzverbände hätten, so meinte er gegenüber Hopper, allmählich vergrößert werden können.

Diese Überlegungen, die er in aller Deutlichkeit seinem ehemaligen Harvard-Kollegen erläuterte, zielten darauf, die Sicherheitslage in Europa zu entspannen. Die in beiden deutschen Staaten aufgestellten Streitkräfte dürften weder über schwere Angriffswaffen, Panzer, schwere Artillerie noch gar über Atomraketen verfügen. Der strategische Kerngedanke bestand darin, daß die Sowjets bei einer solchen Übereinkunft für die Stabilität ihres Herrschaftssystems ein größeres Risiko eingingen als der Westen, aber geneigt sein könnten, es einzugehen, um einem noch größeren angesichts der Konfrontation mit den USA auf dem Atomwaffensektor zu entgehen. Er glaube allerdings immer noch nicht an einen »offenen Krieg, gerade wegen der Wasserstoffbombe«. Diese sei strategisch nicht wirklich anwendbar und erlaube es den Generalstäben beider Seiten kaum, eine in sich einleuchtende militärische Strategie zu entwickeln. Es sei daher denkbar, das sowjetische Sicherheitsinteresse unter angemessenen eigenen Bedingungen zu befriedigen. Den Sowjets und den Chinesen traute er freilich zu, unterhalb des Kriegsrisikos und damit unterhalb der »Atomschwelle« allerlei »kleine Feuerchen anzuzünden und die Welt und die Wirtschaft des Westens in Unruhe zu halten«.

Dies erinnert an George F. Kennans berühmte Analyse vom Februar 1946. Nach dem Begründer der sogenannten Containment-Politik hatte sich Rußlands Weltgeltung seit dem Zweiten Weltkrieg nicht etwa durch Entwicklungen im Innern erhöht, sondern beruhte auf dem Zerfall der Macht seiner Nachbarn. Brüning wußte, daß seine Überlegungen nur beachtet würden, wenn sie dem Diskussionsstand über die Politik der Sowjetunion entsprachen, der maßgeblich von Kennan bestimmt wurde. Nach Kennans Ansicht pflegte die sowjetische Führung seit langem keine unnötigen Risiken einzugehen und auch keine außenpolitischen Abenteuer zu suchen.[25]

Nach Brüning konnte eine feste Haltung des Westens die Sowjets unter Umständen in Schranken halten und ihre Bereitschaft zu Verhandlungen fördern. Die kommunistische Untergrundagitation werde dadurch nicht aufhören. Die schwankende Haltung des Westens in den letzten zehn Jahren sei insofern gefährlich gewesen, als sie eine »radikale, utopische Tendenz in Moskau« gefördert habe. Wenn die USA ihre Wirtschaftshilfe für Europa fortsetzten und die Bundesrepublik »gut und ohne Skandal regiert« werde, sei eine der »Hauptvoraussetzungen« für Verhandlungen gegeben.

In diesen Betrachtungen zog er eine realistische Konsequenz aus der politischen Lage, wie sie sich in Europa angesichts der bevorstehenden Aufnahme der Bundesrepublik in die NATO ergab. Er akzeptierte die zugrundeliegende amerikanische Entscheidung zugunsten der Integration des westlichen Deutschland in ein atlantisches Sicherheitssystem, nachdem die – angebliche – Gefahr einer französischen Hegemonie in Westeuropa gebannt war. Nach seinem Eindruck wünschten die USA im Gegensatz zu Frankreich ein starkes Deutschland, d.h. eine starke Bundesrepublik. Die westdeutsche Außenpolitik konnte sich diesen Umstand im Interesse der eigenen Souveränität zunutze machen, wenn sie dazu entschlossen war. Es galt, wie er mehrfach bemerkt hatte, dies im geeigneten Augenblick zu tun, während langfristige Festlegungen wie jene im Rahmen der EVG und des Schuman-Planes schädlich seien. Die eigenen Ziele müsse man vorsichtig enthüllen, weil diese nicht ohne weiteres mit denen anderer Mächte übereinstimmten.

Seine Argumentation bewegte sich auf der im State Department herrschenden politischen Linie, solange sich nicht eine isolationistische Gegenbewegung durchsetzte. Immerhin konnte er mit einer Reihe von persönlichen Freunden wie Bruce Hopper, John Lord O'Brien, republikanischer Politiker im Staate New York, und den Demokraten Raymond Fosdick, Abbot Lawrence Lowell, Henry Shattuck sowie Herbert Hoover rechnen, die für ihn »noch alles Gute in den Vereinigten Staaten« verkörperten. Hoover war er besonders zugetan, weil dieser während seiner Präsidentschaft versucht hatte, eine tiefgehende soziale Krise durch »konstruktive Maßnahmen« zu überwinden. Man bestätigte sich gegenseitig darin, daß ihre guten Absichten von ihren unfähigen Nachfolgern ins Gegenteil verkehrt worden seien. Brüning hatte zuweilen das Gefühl, daß seine amerikanischen Freunde ihn besser verstanden als seine deutschen. Erfreut vernahm er, daß jemand seinen Düsseldorfer

Vortrag ins Englische übersetzen wolle. Er hatte schon früher gelegentlich bemerkt, daß ihm die Heimat fremd geworden war. Nicht nur er selbst, auch seine Landsleute hätten sich verändert.[26] Für McGeorge Bundy bildete die Bundesrepublik noch 1966 einen der letzten »großen politischen und sozialen Triumphe der letzten 20 Jahre« für die amerikanische Politik, was Brüning kaum behauptet hätte, ohne einem solchen Urteil von amerikanischer Seite offen zu widersprechen.[27]

Die Kritik an seinen Düsseldorfer Ausführungen, das »Trommelfeuer« gegen seine Person, für das er Bonner Amtsstellen verantwortlich machte, hatte ihn tief verletzt, was er nicht verwinden konnte. Er empfand sich mißverstanden und verunglimpft.[28] Die Scheu vor der Öffentlichkeit stand seinem Bedürfnis, der historischen und politischen Wahrheit, wie er sie sah, die Ehre zu geben im Wege – nicht zuletzt auf Grund der Erfahrungen der letzten Wochen, in denen er unerwartet in das Licht des öffentlichen Interesses geraten war. Ende 1954 kündigte er an, nach seiner Emeritierung im folgenden Jahr von Amerika aus auf alle Infamien zu antworten.[29]

Sein Gegenspieler Adenauer hatte die Episode für sich abgeschlossen, als er am 11. Oktober 1954 den CDU-Bundesvorstand auf einen Artikel der Basler Nationalzeitung unter dem Titel »Kritik der Gescheiterten« hinwies, in dem der Name Brünings neben dem Luthers, Wirths und v. Papens als Repräsentant einer anderen außenpolitischen Konzeption genannt wurde. Deren Kritik an Adenauer war nach Ansicht des Blattes gleichsam durch ihre eigene Politik in der Vergangenheit widerlegt worden. Der Kanzler bemerkte dazu ironisch, daß er sich den Titel nicht zu eigen machen wolle.[30]

In der deutschen Öffentlichkeit trat Brüning nur noch selten auf. Im Februar 1953 hatte er einen Vortrag in Wiesbaden gehalten, Anfang April 1955 vor Richtern und Staatsanwälten in Bad Meinberg gesprochen und angeregt, die Opposition in die politische Verantwortung einzubeziehen, um sie zu befähigen, einmal die Regierung zu übernehmen. In Kursen für Richter und höhere Verwaltungs- und Postbeamte hatte er wiederholt Vorträge gehalten, unter anderem sprach er über die Problematik einer aufgeblähten Bürokratie und den Erlaß von Notverordnungen.[31]

Abschied von Deutschland

Nach den Aufregungen des Sommers, die ihn gesundheitlich sehr belastet hatten, suchte er zunehmend Distanz zum politischen Leben. Zu Weihnachten 1954 war er zusammen mit Claire Nix in Münster bei seiner Schwester, mit deren Gesundheit es seit längerem nicht zum besten stand. Den Heiligen Abend verbrachten sie im Kreise von Freunden in Marias Wohnung in der Königsstraße. Am zweiten Feiertag fuhr er trotz seiner Ischias-Beschwerden zusammen mit Claire Nix auf die Hegge, um für ein paar Tage auszuspannen.[32]

Ein Verkehrsunfall auf der Rückfahrt brachte ihn jedoch für mehrere Wochen ins Krankenhaus nach Paderborn. Er hatte sich beim Zusammenstoß seines Wagens mit einem Lastwagen in einem Schneesturm Prellungen an der Schulter zugezogen. Hinzu kamen die Herzbeschwerden, von den Ärzten als Koronarinsuffizienz diagnostiziert. Doch erreichte er allmählich wieder einen stabilen Zustand. Die Ärzte rieten ihm, Aufregungen und Überanstrengungen zu vermeiden. Dennoch kündigte er für den Sommer Vorlesungen und Seminare in Köln an: Eine vierstündige Vorlesung über »Die internationale Politik zwischen den beiden Weltkriegen« und ein Seminar über »Verfassungs- und Verwaltungsprobleme«.[33]

Brüning wurde allerdings schon zum 31. März 1955 emeritiert. Auf seine Nachfolge hatte er, wie es scheint, wenig Einfluß. Zwei oder drei Kandidaten, die er gern als Nachfolger gesehen hätte, besäßen geringe Aussichten, weil sie, wie er behauptete, »zu sehr für oder gegen Bonn« seien. Im übrigen fürchteten angeblich sowohl Kultusminister Werner Schütz als auch die Wiso-Fakultät eine parteipolitische Diskussion um die Besetzung der Stelle.[34]

Der Tod seiner Schwester, die am 12. Mai 1955 im Alter von 74 Jahren einem Herzinfarkt erlegen war, bedeutete für Brüning einen schweren Schicksalsschlag.[35] Maria Brüning war die einzige nahe Verwandte gewesen, die ihm in Deutschland geblieben war. Die letzten beiden Tage vor ihrem Ableben hatte Brüning bei ihr in Münster verbracht. Es bedrückte ihn, daß sie, wie er sich eingestand, durch seine politische Tätigkeit viel hatte leiden müssen. Der Tod Marias dürfte seinen späteren Entschluß, seinen Lebensabend in den USA zu verbringen, beeinflußt haben. Zunächst hatte er nicht beabsichtigt, sich dort endgültig niederzulassen. So hatte er im Januar 1955 einen Freund wissen lassen, daß er nach dem Sommersemester Köln »für zwei Monate oder länger« verlassen wolle.[36] Im Februar 1955 hatte er angekündigt, er wolle im Sommer wieder nach Hartland gehen, um seine Memoiren fertigzustellen.[37]

Mitte Oktober tauchte in der Presse eine vereinzelte Nachricht auf, Brüning und Rauschning wollten, wie sie unter Freunden erklärt hätten, endgültig in die USA zurückkehren. In Deutschland sähen sie keine Wirkungsmöglichkeiten mehr. Gerüchteweise verlautete, Brüning habe das Angebot eines befreundeten Industriellen abgelehnt, ihm in Köln ein Haus zu bauen.[38] Seine Absicht, im Herbst 1956 wieder nach Deutschland, nach Köln, zu kommen, bekräftigte er noch einmal im November und Dezember.[39]

Den inneren Abschied von der Heimat hatte er – vielleicht unabsichtlich – mit seinem Testament dokumentiert, das er am 7. und 27. August 1955 in Gegenwart eines Notars auf der Hegge verfaßte.[40] Am 28. August ließ er Kultusminister Werner Schütz in Düsseldorf wissen, daß er sich für längere Zeit in den USA aufhalten werde.[41]

Am 7. September fuhr er zusammen mit Claire Nix nach Le Havre. Ihr Schiff, die »United States«, ging am folgenden Tag ab. Ursprünglich hatte Brüning schon am 30. Juli abreisen wollen. Als er am Kölner Hauptbahnhof den »Boat Train« bestieg, wurde er von seinem Assistenten Dr. Hermann Josef Unland, und dem befreundeten Staatssekretär Dr. Günther Bergemann verabschiedet. Gesundheitlich fühlte er sich während der Überfahrt nicht wohl – wegen des zeitweise stürmischen Wetters über dem Atlantik. Er verbrachte die meiste Zeit im Bett. In New York wurden die beiden Reisenden von Father Sweeney empfangen, der sie in sein Haus brachte, wo sich auch Patrick Barry eingefunden hatte. Mit dem Wagen fuhren die vier anschließend 500 Kilometer den Hudson entlang, dann durch die Berkshire Hills nach Vermont. Brüning empfand dort das Wetter, glühender Sonnenschein bei klarer Luft, als angenehm. Das Klima behagte ihm dort, so wie er dies schon bei früheren Aufenthalten in den Bergen von Vermont, vor allem in Hartland, erlebt hatte. »Ich fühlte mich sofort wieder gesund in dem Klima; auch am nächsten Tage, nach dem ersten Nachtfrost, als wir wieder eine lange Fahrt alle zusammen nach dem Norden machten.« Ihn faszinierte der Indian Summer, die Färbung des Laubes in den Wäldern unter der »Sonne von Rom«, die ihm lange Spaziergänge erlaubte. Den Indian Summer hatte er früher auch in Cambridge genossen, während er einen Frühling wie in der Heimat vermißte.[42]

Die nächsten Monate verbrachte Brüning ohne allzu große gesundheitliche Beschwerden. Der Winter 1955/56 war in Vermont wie üblich streng und erlaubte ihm bis in den März hinein nur gelegentlich das Haus zu verlassen. Noch im März lag der Schnee um das Haus einen Meter hoch. Vermont hatte diese Schneemenge seit 70 Jahren nicht mehr erlebt. Außerdem waren die Wege und die Treppen zum Eingang des Hauses sofort mit Glatteis bedeckt, wenn die Sonne durch die Wolken brach. Bei Glatteis blieb er im Hause, um einen Sturz zu vermeiden.[43]

Das Ende der Hoffnungen auf die Wiedervereinigung

In Hartland genoß er zusammen mit Claire Nix aufs neue die Gastfreundschaft der Malerin Ilse Bischoff. Er fühlte sich so wohl wie eh und je, wenn man von einem Zwischenfall absieht, der sich 1955 dort ereignete, als ein geistig behinderter Bekannter in seinem Zimmer ein Feuer legte. Bei einem anschließenden Handgemenge schlug dieser mit einer Kognakflasche auf Brüning ein und brachte ihm mehr als zehn Schnittwunden am Kopf bei. Es gelang Brüning dennoch das Feuer mit seiner bereits brennenden Jacke zu löschen.[44]

Auch in den Wäldern von Vermont ließen ihn die Probleme der Weltpolitik nicht los. Die Hoffnung auf die Einheit Deutschlands in kürzerer oder längerer Frist hatte er spätestens nach dem Scheitern der Genfer Gipfelkonferenz im Juli 1955 und dem Besuch Konrad Adenauers in Moskau im September so gut wie aufgegeben. Außenminister Eden hatte vergeblich die militärische Demobilisierung einer Zone in Mitteleuropa entlang der Demarkationslinie zwischen den beiden deutschen Staaten angeregt. Brüning hielt es für verhängnisvoll, daß sich Adenauer gegen diesen Plan ausgesprochen hatte.[45]

Die Souveränität der DDR, die die Sowjetunion am 25. März 1954 ebenso proklamiert hatte, wie die Westmächte dies am 5. Mai 1955 gegenüber der Bundesrepublik taten[46], wertete er als einen weiteren verhängnisvollen Schritt in die Richtung einer endgültigen Teilung seines Vaterlandes. Es bedeutete ihm wenig, daß die Vereinigten Staaten und ihre Verbündeten die DDR völkerrechtlich nicht anerkannten und die Sowjetunion für die Sicherheit Berlins verantwortlich machten, falls es zu einer neuen Blockade käme. Den Rechtsvorbehalt gegenüber der Souveränität der DDR, der noch einige Jahre den Alleinvertretungsanspruch der Bundesrepublik stützte, schätzte er nur als »theoretisch« wertvoll ein. Leider sei Adenauer bei seinem Moskauer Besuch, der immerhin zur Entlassung der letzten deutschen Kriegsgefangenen führte, der sowjetischen Politik angeblich »in die Falle gegangen«. Die »Russen« hätten alles bekommen, was sie wollten. Die Sowjetunion sei künftig das einzige Land, das in beiden deutschen Staaten durch einen Botschafter vertreten sei und einen großen Stab nach Bonn schicken werde. Die Hälfte davon werde aus

Spionen bestehen. Überhaupt komme sie stets den Alliierten in ihren Schachzügen zuvor. Die westliche Seite versäume es, sie zur Offenlegung ihrer Politik zu zwingen und gehe mit unklaren Vorstellungen in die nächsten Verhandlungen der Außenminister in Genf. Man tröste sich lediglich damit, daß das endgültige Schicksal Deutschlands einem Friedensvertrag vorbehalten sei.[47]

Brünings Urteil war insofern zutreffend, als schon eine Woche nach der Aufnahme diplomatischer Beziehungen zwischen Bonn und Moskau, die Sowjetunion ihre Beziehungen zur DDR auf eine neue Grundlage, »in völliger Gleichberechtigung, gegenseitiger Achtung der Souveränität und der Nichteinmischung in die inneren Angelegenheiten« stellte.[48] Im Dezember erklärte er resigniert, daß Bonn durch diese Entscheidung »den Russen die Grundlage für ihre Politik in der Ostzone geschaffen« habe.[49]

Er gewann allmählich die Gewißheit, daß die Deutsche Frage zwar noch mit dem Ost-West-Konflikt verknüpft war, aber zunehmend aus dem Zentrum des Konflikts an die Peripherie rückte. Die Teilung des Landes zeichnete sich als mögliche endgültige Lösung des Problems ab, da die Siegermächte des Zweiten Weltkrieges sich darin einig waren, wegen dieser Frage allein keinen Krieg zu führen. Anders als er es in den ersten Nachkriegsjahren getan hatte, wollte er jetzt einen Krieg auf deutschem Boden nicht mehr ausschließen. Ein solcher Waffengang werde jedoch nicht auf die lokalen Spannungen in der Mitte Europas oder gar auf eine Konfrontation zwischen den beiden deutschen Staaten zurückzuführen sein, sondern auf den inzwischen weltweit gewordenen Konflikt zwischen den USA und der Sowjetunion. Aufmerksam beobachtete er die entstehenden Konfliktherde in Südostasien und im Nahen Osten und befürchtete eine Gewichtsverschiebung in den Vereinten Nationen zuungunsten des Westens, die sich die Sowjetunion zunutze machen könne. Das Wettrüsten hatte, wie er beobachtete, die Dritte Welt erfaßt, die durch eine von Moskau gesteuerte kommunistische Propaganda unterminiert werde.[50]

Nach seiner Überzeugung war die Bundesrepublik gezwungen gewesen, sich für ein militärisches Bündnis mit dem Westen zu entscheiden, um nicht zum Schauplatz des Ost-West-Konflikts zu werden. Andererseits war nicht zu leugnen, daß die Teilung des Landes selbst Ausdruck dieses Konfliktes war. Der Friede in Europa besaß für ihn selbstverständlich Priorität und war nur durch eine westliche Sicherheitspolitik zu gewährleisten. Die Sicherheit der Bundesrepublik hing für ihn vom Schutz durch die USA und die NATO ab. Unter diesem Gesichtspunkt verfolgte er die Genfer Verhandlungen der Außenminister im Oktober und November 1955, die nach seiner Ansicht darauf hinausliefen, den bestehenden Status quo nicht anzutasten. Mit Interesse vermerkte er das Angebot des britischen Premierministers Macmillan vom 28. September, mit der Sowjetunion einen Sicherheitspakt für den Fall zu schließen, daß Deutschland wiedervereinigt werde. Er erwartete, daß Moskau auch in diesem Fall den Abzug der alliierten Truppen aus Westdeutschland verlangen werde.[51]

Nach Adenauers aufsehenerregendem Besuch in Moskau glaubte er, daß die Position der Bundesregierung als Anwalt des ganzen deutschen Volkes gegenüber Moskau nicht, wie diese der Öffentlichkeit glauben machen wollte, stärker, sondern schwächer geworden sei. Sie habe es von vornherein abgelehnt, in Moskau über die ehemaligen deutschen Ostgebiete zu verhandeln. Die Sowjets hätten daraufhin noch vor der Genfer Außenministerkonferenz angeordnet, daß die letzten dort verbliebenen Deutschen entweder Polen werden oder ihre Heimat verlassen sollten.[52]

Das Genfer Außenministertreffen, das auf der Gipfelkonferenz der Großmächte im Juli verabredet worden war, blieb in der Deutschen Frage ohne greifbare Ergebnisse. Nach Brüning hatte sich die Sowjetunion in allen Verhandlungen gegenüber den Westmächten als überlegen gezeigt. Die internationale Lage sei »für die Westmächte allmählich kritisch geworden«. Die Folgerung, die er daraus zog, war ernüchternd. Man müsse zwar den »Gedanken der Wiedervereinigung in unserem Volke lebendig halten«, befand er, sie sei aber nicht um jeden Preis, etwa der Aufgabe Westdeutschlands, anzustreben. Es dürfe nicht zu einer Vereinigung kommen, »in der schließlich die Kommunisten herrschend sein könnten.«[53]

In Brünings politischen Betrachtungen schob sich nach und nach der weltpolitische Sicherheitsaspekt in den Vordergrund. Er selbst führte dies darauf zurück, daß mit der Integration der Bundesrepublik in den Westen Fakten geschaffen wurden, die kaum noch rückgängig zu machen waren. Die politischen Fehler sowohl der Westmächte wie auch der Bundesregierung hätten zur Erstarrung der politischen Fronten in Europa wesentlich beigetragen. »Daß man bei den Westmächten glaubte, man könne mit den Russen erfolgreich verhandeln, wenn man verlangte, daß ein wiedervereinigtes Deutschland ein Mitglied der NATO werden müsse, geht über meine Fassungskraft.«[54]

Differenzierte, sowohl innenpolitisch als auch europäisch orientierte Überlegungen des deutschen Problems, wie sie von pazifistisch beziehungsweise neutralistisch gesinnten Persönlichkeiten wie Ulrich Noack, Gustav Heinemann, Martin Niemöller, Rudolf Augstein, Paul Sethe, Karl Georg Pfleiderer, Hermann Rauschning und Margret Boveri angestellt wurden[55], interessierten ihn nur noch am Rande. Er kannte deren Positionen, glaubte aber nicht, daß sie noch auf irgendeine Weise fruchtbar gemacht werden könnten.

Am 18. Mai 1955 hatte Präsident Eisenhower in einer Pressekonferenz auf die Frage eines Journalisten die Einrichtung eines neutralen Staatengürtels in Europa für möglich erklärt und dabei sowohl Deutschland als auch Österreich erwähnt. Die österreichische Neutralität sei bewaffnet und schaffe deshalb kein machtpolitisches Vakuum. Neutrale Staaten könnten die Sicherheit des Kontinents gewährleisten, wenn sie ihre eigene Unabhängigkeit verteidigten. Die Bundesregierung war durch Eisenhowers Andeutung alarmiert und erklärte sofort, daß sie wie bisher eine deutsche Neutralität strikt ablehne, was innerhalb von zwei Tagen von dem französischen Außenminister Pinay und dem amerikanischen Außenminister Dulles aufgenommen wurde, die sich im gleichen Sinne äußerten. Dies kam einem klaren Dementi gleich. Für Adenauer hätte eine Neutralisierung faktisch eine Vorstufe der Sowjetisierung bedeutet.[56]

Der Vorgang dürfte Brüning, der sich damals noch in Deutschland aufhielt, nicht entgangen sein. Vermutlich bestärkte er ihn ebenso wie Paul Sethe in der Ansicht, daß die Bundesrepublik in jenen Jahren der »Politik der Stärke«, die Adenauer nach außen hin gerne beschwor, bereits über ein beträchtliches politisches Gewicht verfügte, das sich in der Deutschen Frage ausspielen ließ. Er teilte mit Sethe die Einsicht, daß die amerikanische Außenpolitik keineswegs auf das Atlantische Bündnis festgelegt war, wenn sich eine Chance zu einem Arrangement mit der Sowjetunion in Europa bot. Die Errichtung eines umfassenden Gürtels neutraler Staaten im europäischen Vorfeld der Sowjetunion, die Sethe vorgeschwebt hatte, hielt Brüning angesichts der Entwicklung der Kernwaffen nicht mehr für realistisch.

Die Chancen für eine Lösung der Deutschen Frage in einem solchen Rahmen waren in seiner Sicht vertan, seit sich Österreich 1955 angeblich »auf eigene Faust« mit den Westmächten und der Sowjetunion arrangiert hatte. Konventionelle Truppen und Waffen seien nicht mehr in der Lage, die von den neuen Atomwaffen herrührenden Gefahren auszugleichen. Eine militärische Neutralisierung Mitteleuropas war für ihn längst nicht mehr denkbar. Sie werde deshalb auch nicht mehr ernsthaft erwogen. Eine Ausrüstung der Bundeswehr mit leichteren Atomwaffen, »sogenannter Atomartillerie«, d. h. atomaren Gefechtsfeldwaffen, sei erforderlich, wenn es nicht zur Vereinigung der beiden deutschen Staaten komme. Eine solche Lösung konnte er sich allerdings nur vorstellen, wenn die Amerikaner ihre bisherige Politik, ihre Präsenz in Europa, beibehielten.[57]

Inzwischen fand er die Einsicht Kennans von 1945 bestätigt, der damals geschrieben hatte, die Idee, Deutschland gemeinsam mit den Russen regieren zu wollen, sei ein Wahn. Bis dahin hatte er allerdings noch geglaubt, es sei möglich, ein »Kabinett von Staatssekretären« oder eine »stellvertretende Beamtenregierung« unter der Oberhoheit der Siegermächte zu etablieren, war sich jedoch der Tatsache bewußt gewesen, daß dies allenfalls eine Notlösung gewesen wäre, um den offenen Konflikt unter den Siegermächten zu vermeiden. Für das Scheitern eines solchen Projekts, das seinerzeit von Byrnes vertreten worden war, machte er jedoch nicht die Sowjets, sondern die Franzosen verantwortlich. Kennan hatte damals das »dismemberment«, die Zerstückelung Deutschlands nach der Abtrennung der Gebiete jenseits von Oder und Neiße als bereits gegebene Tatsache konstatiert und die Idee zurückgewiesen, eines Tages könnten sich Amerikaner und Sowjets »höflich aus Deutschland zurückziehen, und aus dem Vakuum werde ein gesundes, friedliches, stabiles und freundliches Deutschland steigen«. Nach Kennan hatten Amerikaner und Briten – abgesehen von den Franzosen, denen sie einen Teil ihres ursprünglich vorgesehenen Besatzungsgebietes überlassen hatten – keine andere Wahl, als ihren Teil von Deutschland »zu einer Form von Unabhängigkeit zu führen, die so befriedigend, so gesichert, so überlegen ist, daß der Osten sie nicht gefährden kann.«[58]

Die angeblichen Gefahren von seiten Frankreichs als dritter westlicher Besatzungsmacht, die er in den letzten Jahren wiederholt beschworen hatte, spielten in der gegenwärtigen Lage, die Kennan richtig vorausgesagt hatte, keine Rolle mehr. Doch vermochte sich Brüning nicht von diesem Schreckbild zu befreien. Er argwöhnte weiterhin, daß das State Department und der Quai d'Orsay immer stärker auf die »Integration« der Bundesrepublik in einen »westeuropäischen Überstaat« drängten, was die Kluft zwischen den beiden deutschen Staaten nur vertiefen könne. Der Quai d'Orsay arbeite unbeirrt daran, seine langfristigen Ziele zu erreichen, behauptete er, im Hinblick auf einen westeuropäischen Atompool, aber auch den Kohle- und Stahlpool.

Andererseits hatte sich für den freien Teil Deutschlands, die Bundesrepublik, auch nach seiner Ansicht die Option für den Westen als unvermeidlich erwiesen. Für die Amerikaner hatte sich eine Konfrontation mit zwei totalitären Großmächten ergeben, nachdem neben der Sowjetunion mit dem kommunistischen China unter Mao

Tse-tung eine neue Großmacht aufgetreten war. Die amerikanische Öffentlichkeit sei ratlos angesichts der eigenen Naivität in den letzten Jahren, obwohl die leitenden Militärs die Gefahr frühzeitig hätten heraufziehen sehen.

Nicht zuletzt die Unberechenbarkeit der Wasserstoffbombe habe zu der Erkenntnis geführt, daß es keine Seite auf eine militärische Entscheidung ankommen lassen dürfe. Dies begünstige die totalitären Mächte. Ein Gegensatz zwischen ihnen sei wahrscheinlich, werde aber nicht so bald eintreten, »um uns noch helfen zu können«. In den USA sei die Kritik an der bisherigen amerikanischen Außenpolitik verbreitet, teilweise mit Formulierungen, die er in Düsseldorf gebraucht habe.[59]

Brüning hatte in seinen Kölner Jahren peinlich darauf geachtet, nicht von der kommunistischen Propaganda aus Moskau und Ost-Berlin mißbraucht zu werden. Politischen Weggenossen aus der Weimarer Zeit riet er daher dringend, sich ebenso zu verhalten. Die »wirklichen Patrioten« dürften nicht so sprechen wie sie es wollten und sollten, da »jedes Wort politisch von beiden Seiten für eine uns nicht wohltuende Politik ausgenutzt« werde.[60]

Verzweifelt versuchte er die gegenwärtige Lage aus der Perspektive der großen Weltkrise zwischen 1929 und 1933 zu verstehen, obwohl er wußte, daß angesichts der Wasserstoffbombe in der Außenpolitik »alle Analogien der Vergangenheit« versagten. Die Erschütterungen und die Verwirrung dieser Krise seien größer gewesen als die unmittelbaren Folgen des Ersten Weltkrieges und erschwerten noch in der Gegenwart der amerikanischen Regierung und dem Federal Reserve Board die Rückkehr zu einer normalen Finanz- und Wirtschaftspolitik.[61]

Bei aller Kritik an der Bonner Deutschland- und Europa-Politik erkannte er den langfristigen Aufschwung der Wirtschaft unter Ludwig Erhard ohne jede Einschränkung an, befürchtete jedoch, daß der Gemeinsame Markt der Bundesrepublik jede selbständige Außenpolitik unmöglich machen werde.[62]

Der siebzigste Geburtstag

Im Hause von Ilse Bischoff feierte Brüning seinen siebzigsten Geburtstag im kleinen Kreise, zusammen mit Claire Nix, den Andersons, dem Ehepaar Harold und Carola Terwilliger aus South Woodstock, Vermont, das mit Ilse Bischoff verwandt war (Carola Terwilliger war die Schwester Ilse Bischoffs), und Bruce Hopper. Die Feier fand am 24. November, zwei Tage vor dem eigentlichen Datum, statt, um den Andersons die Anwesenheit zu ermöglichen.

Brüning war durchaus zufrieden, daß ihm durch den Aufenthalt in den USA die Teilnahme an einer öffentlichen Feier in Münster oder Köln erspart geblieben war, war aber erstaunt über die große Zahl der Grüße aus der Heimat, für deren Beantwortung er mehrere Wochen benötigte. Unter den rund 800 Glückwünschen befanden sich auch solche von Bundespräsident Heuss und Ministerpräsident Arnold. Heuss sandte ein persönlich gehaltenes Schreiben, in dem er das gemeinsame Schicksal der Demokraten in der Weimarer Zeit beschwor.[63]

In der Aula des Schlosses von Münster fand am Vormittag des 26. November eine Feier des Gymnasium Paulinum zu seinen Ehren statt. Zugegen waren unter anderen Bischof Michael Keller, der evangelische Superintendent Georg Gründler, der

Rektor der Universität, Professor Hellmut Becher, und der Präsident des nordrhein-westfälischen Oberverwaltungs- und Verfassungsgerichts, Paul van Husen. Die Festrede hielt Kultusminister Werner Schütz. Er überreichte der Schule ein Bild des Jubilars. Als Brüning im Februar 1956 eine Tonbandaufnahme der Feierstunde erhielt, war er allerdings von den Ausführungen des Ministers enttäuscht. Sie seien in den Einzelheiten »völlig unrichtig« gewesen. Schütz habe erkennen lassen, daß er vor »Bonn« Angst habe.

Zwar ließ der Minister den Wirbel um die Düsseldorfer Affäre und die Differenzen mit Adenauer unerwähnt, um so warmherziger und verständnisvoller war aber die Würdigung des Jubilars und seines verzweifelten Kampfes um die Erhaltung der Weimarer Republik, die das negative Urteil des Betroffenen keineswegs rechtfertigte. Schütz' Rede zeugte von einer intimen Kenntnis der zeitgenössischen Entwicklung aber auch der Persönlichkeit Brünings, mit dem er vor nicht allzu langer Zeit die Grundprobleme der Weimarer Zeit erörtert hatte. Daß er das problematische Verhältnis zu Hindenburg erwähnte, über das sich Brüning gegenüber dem Minister im Gefühl allzu großer Betroffenheit in seiner Kölner Zeit nicht gern hatte äußern wollen, beeindruckte Brüning kaum. Gegenüber Besuchern aus der Heimat pflegte er kurz darauf hinzuweisen, daß Hindenburg »das Beste gewollt« habe. Selbst auf den schmeichelhaften Vergleich zwischen dem gerechten und sittenstrengen athenischen Staatsmann Aristides aus der Zeit der Perserkriege und ihm, ging er nicht ein. Schütz, bis vor kurzem Brünings Dienstherr, hatte die bekannte Anekdote des Plutarch über den schreibunkundigen Bauern, der den Aristides gebeten hatte, seinen eigenen Namen auf eine Tonscherbe zu schreiben, um ihn dem Ostrakismus zu überantworten, zitiert. Die Geschichte entbehrte nicht der Pikanterie, hatte doch der erwähnte Bauer den Staatsmann und Feldherrn in persona nicht gekannt und nur gehört, daß man ihn allenthalben den Gerechten nenne. Aristides hatte sich nicht zu erkennen gegeben, und ihn nur gefragt, ob ihm jener Staatsmann etwas zuleide getan habe. Er hatte den Wunsch des Bauern erfüllt und sich damit selbst zur Verbannung verurteilt, aber die Hoffnung geäußert, daß die Athener seiner in der Zukunft nicht mehr bedürften.[64]

Die wichtigsten Artikel, die anläßlich seines Geburtstages in der deutschen Presse erschienen und vor allem sein Wirken als Reichskanzler würdigten, gelangten zwar zu Brünings Kenntnis, scheinen ihn aber nicht allzu sehr beeindruckt zu haben, wenn man davon absieht, daß es ihn amüsierte, wie sehr einige der Verfasser bemüht gewesen seien, »mit den Auffassungen des hohen Herrn (= Adenauer, d. Verf.) konform zu bleiben«.[65]

Brüning hatte darauf verzichtet, an der Geburtstagsfeier in Münster teilzunehmen, was schon wegen der Entfernung verständlich war, wenn man ihm nicht unterstellt, er sei unter anderem deshalb in den USA geblieben, um öffentlichen Ehrungen in der Heimat aus dem Wege zu gehen. Ein Vertrauter Brünings, der Münsteraner Rechtsanwalt Otto Eulerich hatte im Namen der Veranstalter zwei Wochen zuvor den Bundespräsidenten zu der Feier eingeladen, was dieser unter anderem mit dem Bedenken ablehnte, es könne der Eindruck entstehen, als ob er Brüning als den Nachfolger Adenauers »besichtigen« wolle, obwohl mit dessen Teilnahme schon nicht mehr zu rechnen war. Heuss bot jedoch auf Vorschlag seines Staatssekretärs Manfred Klaiber an, den Text seines Glückwunschschreibens an den

Jubilar verlesen zu lassen. Als man Brüning Anfang 1957 einlud, als Festredner bei der Philisterfeier seiner alten Straßburger CV-Verbindung Badenia in Frankfurt am Main aufzutreten, lehnte er ebenfalls ab, ohne sich auf naheliegende äußerliche Hindernisse zu berufen. Ihn belastete immer noch die Kritik, die er in der Heimat, vor allem nach seinem Düsseldorfer Auftritt, auf sich gezogen hatte. Er müsse jedes Wort, das er »öffentlich in der Heimat spreche, auf die Waagschale legen«. Dies behindere ihn sehr und habe ihn befangen gemacht. »Ich habe einsehen müssen, daß es sehr schwer ist, nach so langen Jahren der Abwesenheit und nach all den schweren Ereignissen den richtigen Ton bei einer solchen Gelegenheit zu finden. Aber gerne würde ich an einer solchen Feier teilnehmen.«[66]

Verhärtung in der Deutschen Frage

In Hartland besaß Brüning genügend Distanz zu den politischen Vorgängen in Bonn, aber auch in Washington, um wieder wie in den ersten Jahren seines amerikanischen Exils über seine politische Laufbahn und die Erfahrungen nachzudenken, die er in den letzten Jahren gemacht hatte. Der siebzigste Geburtstag bildete einen äußeren Anlaß, eine Bilanz seines politischen Lebens zu ziehen. In der Rolle des privaten politischen Ratgebers, die er schon während des Exils angestrebt hatte[67], glaubte er ebenso gescheitert zu sein, wie zwei Jahrzehnte zuvor als aktiver Politiker im Amt des Reichskanzlers. Die Erfahrungen der Weimarer Jahre hatte er, wie er sich eingestand, nicht in die Außenpolitik der jungen Bundesrepublik einbringen können. Die Spaltung Deutschlands hatte politische Verhältnisse geschaffen, die in der Weimarer Zeit nicht vorherzusehen waren. Dies wollte er im Gegensatz zu Adenauer nicht wahrhaben. Für ihn blieb Deutschland nach dem Zweiten Weltkrieg ein politisches Subjekt, wie Japan oder Österreich, auch wenn es vorderhand als Ganzes nicht handlungsfähig war. Die geopolitischen Fakten betrachtete er auch jetzt noch als eherne Gesetze, die nur vorübergehend außer Kraft gesetzt werden konnten.

Die Ergebnisse der Genfer Verhandlungen der Großmächte bestärkten ihn in der Ansicht, daß eine Lösung der Deutschen Frage in weite Ferne gerückt war. Er sah die »Lösung« jedoch keineswegs in dem machtpolitischen Arrangement, das die Mächte indirekt erzielt hatten, indem sie das Problem gleichsam liegenließen oder einfroren, um es notfalls durch eine Art Krisenmanagement zu beherrschen, wenn es durch das Verhalten der Deutschen selbst außer Kontrolle geraten sollte. Andererseits war er sich darüber im klaren, daß unter für Westdeutschland tragbaren Bedingungen erfolgreich mit der Sowjetunion über die Wiedervereinigung verhandelt werden konnte, nachdem die Pankower Regierung über eigene Streitkräfte im Rahmen des Warschauer Paktes verfügte.

Das östliche Angebot, zwischen den beiden Militärblöcken normale Beziehungen herzustellen und Deutschland als Ganzes von Atomwaffen freizuhalten, kam nach seiner Ansicht zu spät, um etwaige Hoffnungen zu wecken, ganz Deutschland von der Kontrolle der ehemaligen Besatzungsmächte zu befreien. Die Mitgliedschaft der Bundesrepublik in der NATO setzte den Verzicht auf die Herstellung atomarer, biologischer und chemischer Waffen voraus, ließ aber den Besitz oder auch die Verwendung solcher Waffen im Rahmen des Bündnisses zu. Tatsächlich blieben die atomaren Sprengköpfe unter amerikanischem Verschluß. Die USA hatten spätestens 1954 ihre Verbündeten wissen lassen, daß sie die Kernwaffen auch in Zukunft keineswegs als konventionelle Waffen betrachteten. Brüning wußte, daß man in Washington die Konsequenzen eines Disengagements zwischen Ost und West prüfte. Versuche, die Deutsche Frage diplomatisch im Gespräch zu halten, betrachtete er als ebenso wirkungslos wie die Aufforderung der Bundesregierung an Eisenhower und Eden, bei ihren Washingtoner Verhandlungen Anfang Februar 1956, die Forderung nach Wiedervereinigung gegenüber Moskau zu bekräftigen. Mit Sorge registrierte er, daß Deutschland in der politischen Diskussion der amerikanischen Öffentlichkeit keine Rolle mehr spielte und Adenauer »nur gelegentlich noch auf der 7. oder 8. Seite der ›N. Y. Times‹« erwähnt werde. Der Kanzler mache sich geradezu lächerlich »durch die dauernden Selbsteinladungen nach Washington«.[68] Allerdings stand er, wie sein alter Freund Heinrich Krone im September 1956 bei einem Besuch in Hartland bemerkte, den »Sorgen der Heimat nicht mehr nahe genug«. Es überraschte Krone nicht, daß Brüning die deutsche Außenpolitik bei aller gebotenen Bindung an den Westen als »zu einseitig« beurteilte.[69]

Das Ergebnis des Treffens von Washington war lediglich ein Passus in dem Kommuniqué vom 2. Februar 1958, der den Alleinvertretungsanspruch der Bundesrepublik und den freien Zugang nach West-Berlin bestätigte. Großbritannien sei gegenwärtig mehr am Nahen Osten als an der Deutschen Frage interessiert, meinte er resigniert. Vergeblich sei auch die Bitte von Vizekanzler Blücher an den indischen Ministerpräsidenten Nehru um Vermittlung zwischen Bonn und Moskau gewesen. Bonn müsse aber an seiner Forderung nach der Einheit Deutschlands festhalten, selbst wenn es sich vorübergehend der Kritik im Westen aussetze. Im übrigen sah er weiterhin die Weltlage sich zuungunsten der Westmächte verschlechtern, was er unter anderem darauf zurückführte, daß man zumindest in den USA die »Psyche der Bolschewisten nie richtig verstanden« habe. Die einzige Hoffnung bleibe allerdings das Unvorhersehbare, das immer in der Geschichte eintreten könne.[70]

Immer neue Konferenzen mit den Sowjets hielt er für wenig sinnvoll, wenn die westlichen Vertreter nicht in der Lage seien, sich auf die »Dynamik des kommunistischen Denkens« einzustellen. »Man hat in Genf und anderswo verhandelt, als ob man es mit Politikern zu tun hätte, die genau so wie die westlichen sich in reiner diplomatischer Taktik erschöpfen.« Eine leise Hoffnung setzte er auf die Auswirkungen der Abrechnung Chruschtschows mit Stalin auf dem XX. Parteitag der KPdSU 1956 in der Sowjetunion selbst, mehr aber noch in den Satellitenstaaten.[71] Die allmähliche Bildung einer Opposition dort wollte er nicht ausschließen. Damit rechneten auch einflußreiche Kreise in Washington. Doch beobachtete er mit Argwohn, daß der frühere Hohe Kommissar John McCloy, den er persönlich schätzte, nunmehr Aufsichtsratsvorsitzender der Ford Foundation und Präsident der Chase Manhattan Bank, zusammen mit den Emigrantenorganisationen aus Polen, Ungarn und der Tschechoslowakei die Propaganda gegen eine Rückkehr der früheren deutschen Ostgebiete zu Deutschland förderte. Nach seinem Eindruck hatte Außenminister Heinrich von Brentano bei seinem ersten Besuch in Washington eine höchst unglückliche Figur gemacht, als er auf diesen Kurs einschwenkte und sich dann wieder wegen der Proteste in Deutschland mit einem Dementi korrigieren mußte. Letzteres werde international unverbindlich bleiben. Er argwöhnte, daß das »Einfangen von

Brentano« bei den bevorstehenden Wahlen »den Republikanern die Stimmen der wohlorganisierten Polen im Staate New York und im nördlichen Mittleren Westen bringen« werde. Demgegenüber hätten die deutschstämmigen Amerikaner keinen Einfluß.[72]

Mehr als einen Ruf nach den »besten Rußlandkennern« als Beratern der Bundesregierung war aus seinen Äußerungen kaum abzuleiten, wie er dies schon früher getan hatte. Die Haltung der Westmächte erschien ihm unklar und zerfahren. In Washington hoffe man, den Rüstungsvorsprung vor allem in der Luft noch einige Zeit halten zu können, was mit gewaltigen Anstrengungen verbunden sei, die ihrerseits ein Abbröckeln der Konjunktur noch einige Zeit verzögern könnten.[73]

Die Bonner Politik selbst stellte sich ihm weiterhin als »hoffnungslos« verfehlt dar. Allmählich distanzierte er sich auch von der CDU. Er beklagte das Vordrängen früherer Nazis im Parteiapparat und hoffte, daß sich der katholische Klerus nicht mit der Partei identifiziere. Nach Kriegsende hatte er sich gegen die Neubegründung des Zentrums ausgesprochen, um einer solchen Identifikation vorzubeugen. Insbesondere die katholische Männerseelsorge wähnte er auf einem verhängnisvollen Kurs. Eine solche veraltete Verquickung von Politik und Religion bringe die größte Gefahr für eine »tief religiöse Haltung«, die allein dem weltweiten Vordrängen des Kommunismus entgegenwirken könne. In diesem Zusammenhang beklagte er auch, daß sich Papst Pius XII. am 1. Mai für eine »freie Wirtschaftsform« – im Widerspruch zur traditionellen katholischen Soziallehre – ausgesprochen habe. Es sei nicht auszuschließen, daß selbst die nichtkommunistischen Länder zu einer weltweiten Planwirtschaft übergehen müßten.[74]

Warten auf den »gegebenen Augenblick«

Neben den Entwicklungen in jenem innenpolitischen Lager, dem er sich trotz aller Kritik zugehörig fühlte, beobachtete er aufmerksam die weltpolitische Lage, in der die Bundesrepublik ihren Platz behaupten mußte. Gerüchte, die USA wollten nur noch einige wenige taktische Einheiten mit Atomraketen in Deutschland belassen, nachdem die Bundeswehr aufgestellt worden sei, irritierten ihn. Dieser Gesichtspunkt sei der deutschen Öffentlichkeit jahrelang verschwiegen worden. Längst war er nicht mehr sicher, daß die USA in Europa militärisch und politisch präsent bleiben müßten, wie er dies vor Jahren dem skeptischen Adenauer gegenüber so entschieden betont hatte. Dies war die Kehrseite des Umstandes, daß die USA eine »Großmacht in Verteidigungsstellung« (Stanley Hoffmann) darstellten, die sich zwangsläufig in Europa während und nach dem Kriege engagieren mußte, obwohl sie stets versucht war, sich aus der Weltpolitik zurückzuziehen.[75]

Im Gespräch mit Experten aus aller Welt, etwa auf der ersten »Pugwash-Konferenz«, die von dem Atomphysiker Joseph Rotblat nach dem Russell-Einstein Manifest auf der Pressekonferenz von Caxton Hall, London (9. Juli 1955), im Juli 1957 nach Pugwash/Neuschottland einberufen worden war, versuchte er sich immer wieder Klarheit über die internationale Lage zu verschaffen, um den Stellenwert der Deutschen Frage und den Handlungsspielraum der Bonner Politik genauer zu erkunden. Ihm brachte die zehntägige Veranstaltung für die Abschaffung der atomaren Massenvernichtungswaffen lediglich die Erkenntnis, daß die Sowjets früher oder später mit einem Konflikt mit China rechneten, nebenher aber auch zwei Einladungen nach Moskau und Peking, die er höflich ablehnte.[76]

Um so größeres Interesse weckten bei ihm die Vorgänge im Sommer und Herbst 1956 in Osteuropa und im Nahen Osten. Den Ausbruch der Krise um den Suez-Kanal sah er im Zusammenhang mit den amerikanischen Präsidentenwahlen im November 1956, als Eisenhowers Wiederwahl zur Entscheidung stand. Der Konflikt um den Suez-Kanal war nach seiner Einschätzung von langer Hand vorbereitet worden und zu einem Zeitpunkt ausgebrochen, als die amerikanische Außenpolitik wegen der Wahlkampagne handlungsunfähig gewesen sei. Dabei unterstellte er, daß auch wahltaktische Aspekte auf amerikanischer Seite beim Abbruch der Verhandlungen mit Ägypten über die Finanzierung des Assuan-Staudammes mitgespielt hätten, ehe Kairo die Suez-Kanal-Gesellschaft verstaatlichte. Deren Aktien befanden sich in britisch-französischem Besitz. Den Abbruch der Verhandlungen hielt er insofern für einen schweren politischen Fehler, als die Sowjets als Kreditgeber – gegen langfristige Lieferungen von Baumwolle – einsprangen, um Austauschgeschäfte ebenso wie mit anderen Ländern zu machen, obwohl sie dabei finanzielle Einbußen erlitten. So übernähmen sie die gesamte Wollproduktion Uruguays und lieferten dafür ägyptische Baumwolle. Die Transaktion habe den Absatz der amerikanischen Baumwolle auf dem Weltmarkt erschwert, so daß diese subventioniert werden müsse.[77]

In Brünings Sicht zeigte der Konflikt, in den sich auch die Sowjetunion einmischte, daß die Atombombe keine Garantie für die Sicherheit der Vereinigten Staaten darstellte, weil sie nur bedingt, wenn überhaupt als politisches Druckmittel gegenüber den Sowjets zu gebrauchen war, nachdem diese ebenfalls über eine solche Waffe verfügten, abgesehen davon, daß Raketen vom Typ Nike mit einer Reichweite von 1.500 Meilen vorerst nicht in der erforderlichen Anzahl zur Verfügung standen. Es war jene »relative Stabilität der industrialisierten Welt« (M. Howard), die später wesentlich zum friedlichen Ausgang des Kalten Krieges beitragen sollte. Die kommunistische Welt sei in der Lage, so Brüning, politische Vorstöße unterhalb der absoluten Bedrohung westlicher Lebensinteressen zu unternehmen, so daß die Warnung vor dem Atomkrieg nicht zu rechtfertigen sei. Umgekehrt sei der Westen unfähig, eine ähnliche Strategie in der östlichen Hemisphäre zu entfalten. Die Bestrebungen der McCloy-Gruppe, im Zeichen des sogenannten *Roll Back* Unabhängigkeitsbewegungen in den Ostblockstaaten – außer der DDR – zu fördern, betrachtete er im Hinblick auf die deutschen Interessen, etwa einer Rückgewinnung der früheren deutschen Ostgebiete, als schädlich.[78] Schon 1951 hatte er bezweifelt, daß der Westen in der Lage sei, den Kalten Krieg zehn Jahre lang auszuhalten.[79]

Angesichts der tragischen Entwicklung nach dem Volksaufstand in Warschau am 17. und in Budapest am 23. Oktober erscheinen seine Beobachtungen einseitig. So sehr es zutreffen mag, daß sich die Aufständischen allzu große Hoffnungen auf die Solidarität der sogenannten »Freien Welt« machten, die beispielsweise von den politischen Sendungen von »Radio Freies Europa« genährt wurden, so wenig entspricht es den Tatsachen, daß die Aktivitäten McCloys und seiner Mitstreiter selbst den Aufstand auslösten. Als entscheidend für den Ausgang der Erhebung betrachtete er die militärische Situation, die einen Erfolg von vornherein aussichtslos habe erscheinen lassen. Die Ungarn hätten, wie er wenige Tage nach dem Eingreifen der Roten Armee am 1. November bemerkte, zunächst einige Erfolge erzielen können, da ihr Land an Österreich und Jugoslawien grenzte.

Für Polens Schicksal sei hingegen entscheidend, daß die Sowjetunion allein in der DDR 22 Elitedivisionen unterhalte, was ihr gewisse innenpolitische Zugeständnisse an die Polen erlaube, ohne daß diese sich aus der sowjetischen Umklammerung befreien könnten. Selbst die »patriotischsten Polen« müßten einsehen, daß sie die russische Herrschaft nicht abschütteln könnten, so lange die »Ostzone« nicht von den Russen unabhängig sei. Schon vor dem Ausbruch des Aufstandes in Posen im Juni 1956 hatte er gemeint, es sei vorläufig das beste, »überhaupt keine Initiative für irgendeine dauernde Gestaltung Europas« zu entwickeln. Die Sowjets dürften ihre Position in Deutschland kaum aufgeben, wenn sie Polen halten wollten.

Das zeitliche Zusammenfallen des Suez-Abenteuers der Engländer und Franzosen mit dem Ungarn-Aufstand hatte in Brünings Sicht die weltpolitische Stellung der Sowjetunion keineswegs geschwächt. Ein Urteil in rein militärischen Fragen traute er sich stets zu, sofern er über die notwendigen Informationen verfügte. Glücklicherweise sei die Entscheidung über das Ende des Suez-Abenteuers von einem »General« – gemeint war Eisenhower – getroffen worden, der mit den Risiken eines Krieges vertraut sei. Außer Eisenhower schrieb er John Foster Dulles schließlich das Verdienst zu, einen neuen Weltkrieg verhindert zu haben, obwohl er noch im Januar 1956 angenommen hatte, Dulles' Position in Washington sei »sehr gefährdet«.[80]

Brüning übersah nicht, daß die sechste amerikanische Flotte – mit Atomwaffen ausgerüstet – während des Angriffs auf Ägypten im östlichen Mittelmeer kreuzte. In diesem Zusammenhang erwähnte er auch polnische Truppenkonzentrationen an der deutschen Grenze im Frühjahr 1932, worauf die Reichswehr auf seine Anweisung hin Truppen aus den schlesischen Garnisonen nach Ostpreußen verlegt habe, was von Hindenburg gebilligt worden sei. Dieser habe daran erinnert, daß der polnische Staatschef Piłsudski etwas von Kriegführung verstehe und sich daher nicht in ein Abenteuer einlassen werde. Brüning erinnerte daran, daß Marshall Piłsudski vor 1933 einen Krieg mit Deutschland vermeiden wollte. Piłsudski habe regelmäßig die Taktik verfolgt, außenpolitischen Druck lediglich mit der Demonstration von Stärke und Angriffsbereitschaft zu beantworten. Insgesamt folge aus der gegenwärtigen Lage, daß Moskau in absehbarer Zeit seine Politik im Hinblick auf eine Vereinigung der »beiden Zonen« in Deutschland ändern werde. Gleichwohl müsse man immer bereit sein, sich im »gegebenen Augenblick« in die Verhandlungen einzuschalten, wenn dies die Konstellation zwischen den Großmächten zulasse.

Dies entsprach seiner alten Spekulation, es sei möglich, mit einer »geschickten Diplomatie und einem Geistesblitz im richtigen Augenblick« die außenpolitische Situation zugunsten Deutschlands zu verändern. Der Gedanke entsprang seiner Neigung zu militärischem Denken und war von der Vorstellung bestimmt, daß die glückliche Hand eines Feldherrn oder Heerführers eine unübersichtliche militärische Situation entscheiden und beherrschen könne. Der richtige Augenblick setzte freilich immer voraus, daß man auf ihn warten konnte. Schon in den Jahren der Emigration, als er gegen seinen Willen weitgehend zur politischen Untätigkeit verurteilt war, hatte er sich, wie Max Jordan berichtet, zu der Maxime Talleyrands »Surtout pas de zèle« bekannt, nicht zuletzt, um sich mit seiner persönlichen Lage abzufinden.[81]

Solche Betrachtungen setzten in der nun gründlich veränderten Lage voraus, daß es möglich sei, gleichsam mit taktischen oder diplomatischen Mitteln eine vorübergehende weltpolitische Instabilität oder eine partielle Handlungsunfähigkeit, ein Engagement der Großmächte in einem anderen Konfliktherd auszunutzen, wie es beispielsweise die österreichische Regierung getan hatte, um die Zustimmung der Sowjets zu ihrem Staatsvertrag zu erreichen. Man dürfe jedoch nicht den Fehler begehen, sich zur Unzeit für die Zukunft festzulegen, wie dies bei dem geplanten Ausbau der Montanunion zu einem westeuropäischen Bundesstaat beabsichtigt sei. Der »gegebene Augenblick« war für ihn gebunden an das Unvorhersehbare in aller Politik, das »fast immer in der Geschichte« entscheidende neue Entwicklungen herbeiführe. Im Hintergrund stand für ihn die in den Weimarer Jahren gewonnene Beobachtung, daß die Politik Washingtons und Moskaus ebenso unberechenbar wie unsicher sei.[82] Die Überzeugung, daß sich eine solche Einsicht in ein praktisches politisches Rezept verwandeln lasse, entsprach seiner alten enthusiastischen Neigung zu geheimnisvollen Deutungen der Wirklichkeit, die sich, wie er glaubte, durch geschicktes Handeln beherrschen lasse. Die Argumentation erinnert von ferne an jenes von Machiavelli formulierte Postulat, daß das Schicksal immer nur zur Hälfte die Herrin über die Taten der Menschen sei und die andere Hälfte oder beinahe die Hälfte ihren Entscheidungen überlasse. Fortuna beherrsche sie nie völlig und lasse im gegebenen Augenblick, der *occasione*, der *virtú* Raum, damit diese wirksam werden könne.[83]

Nach seinen Beobachtungen hatte man sich in Washington seit Monaten nicht mehr mit der Wiedervereinigungsfrage beschäftigt.[84] Eine Initiative mußte nach Lage der Dinge von der Bundesregierung ausgehen, deren Legitimation und deren Alleinvertretungsrecht für Deutschland Brüning ohne Einschränkung anerkannte, wie sein Urteil über das Bonner Memorandum beziehungsweise die Note vom 2. September 1956 über eine Wiedervereinigung zeigte.[85]

Westliche Erwartungen, daß die Sowjets wegen der Aufstände in Polen und in Ungarn sich aus der Suez-Krise heraushalten würden, erfüllten sich nicht. Auch für Brüning war diese Krise ein Abenteuer, in das sich Großbritannien und Frankreich im Verein mit Israel gestürzt hatten, nachdem ihnen die USA zunächst freie Hand für ein Vorgehen gegen Präsident Nasser gelassen hatten. Der Waffenstillstand auf Druck der Vereinten Nationen am 6. November bedeutete einen Erfolg für die Sowjetunion. Die USA hatten sich die Forderung der Vereinten Nationen nach einem Ende der Intervention zu eigen gemacht, um nicht ins außenpolitische Abseits zu geraten.

Brüning ging in seinem Urteil über die Politik in London und Paris unter Eden und Mollet so weit, sie für die Tragödie in Ungarn und für die Verstärkung der sowjetischen Truppen in der DDR mitverantwortlich zu machen. Der Westen könne froh sein, daß Moskau darauf verzichtet habe, bei dieser Gelegenheit auch das abtrünnige Jugoslawien zu besetzen und dem Regime Titos ein Ende zu bereiten, so daß auch Griechenland und die Türkei den Sowjets offengestanden hätten. Nur der »volle Einsatz der Atomwaffe« hätte die Sowjetunion davon abhalten können. Der Schutz des amerikanischen Territoriums mit einer dreifachen Radarkette zur Abwehr eines sowjetischen Angriffs sei allerdings noch nicht fertiggestellt. Bedeutsam war demnach, daß die Sowjets ihre militärischen Möglichkeiten angeblich keineswegs ausgenutzt hatten, und sogar zu einem Arrangement mit den Vereinigten Staaten im Nahen Osten bereit gewesen waren.

In seiner beständigen Suche nach einem »gegebenen Augenblick«, auf den die deutsche Politik vorbereitet sein müsse, sah er selbst in der amerikanischen Verlegenheit, das amerikanische Territorium nicht wirklich unverwundbar machen und einen wirklichen militärischen Schutz nicht gewährleisten zu können, immer noch eine Chance, das deutsche, also das gesamtdeutsche Interesse ins Spiel zu bringen. »Wenn in Bonn jemand wäre«, schrieb er an seinen Vertrauten Johannes Maier-Hultschin, »der die Erkenntnisse, die hier reifen, in dieser Beziehung ausnutzen würde, um die Wiedervereinigung den Engländern, Franzosen und Amerikanern, als das entscheidendste Moment klar zu machen, um ein russisches Vordrängen aufzuhalten, so würde die Weltpolitik ganz anders verlaufen.«

Er wollte demonstrieren, daß der Westen im eigenen Interesse gut daran täte, gleichsam die gesamtdeutsche Karte zu spielen und die Bonner Politik dahin wirken müsse, dies zu erreichen, indem sie sich die Unwägbarkeiten der internationalen Spannungen zunutze machte. Bisher hätten allerdings die Sowjets die Bedeutung ihres deutschen Brückenkopfes strategisch richtig eingeschätzt und die praktischen Konsequenzen daraus gezogen.[86]

Der Kalte Krieg

Es fällt auf, daß Brüning angesichts der Ereignisse in Polen und Ungarn den Aufmarsch der sowjetischen Truppen aufmerksam beobachtete. Die sowjetische Bedrohung Westeuropas hielt er grundsätzlich, wenn auch nicht unmittelbar, für gegeben. Insgesamt stünden 25 Elitedivisionen für einen Angriff nach Westen bereit.[87] Die Westmächte hielt er auf längere Sicht für außerstande, der sowjetischen Provokation durch weitere Rüstungsanstrengungen zu begegnen. Zugleich verfolgte er die Weltkonjunktur und den Umfang der amerikanischen Rüstungsausgaben.

Spätestens 1956 gestand er sich ein, daß die angebliche Anpassungskrise, die er zwei Jahre zuvor öffentlich prophezeit hatte, auf sich warten ließ. Die unsichere internationale Lage habe dies bisher verhindert. In rein finanzieller Hinsicht sei dies allerdings ein Trost. Selbst das Nachlassen der Konjunktur 1957 hielt er angesichts der gewaltigen Rüstungsanstrengungen der USA nicht mehr für gefährlich, »wenigstens solange wie dieses Land jährlich für Rüstungen in Gold gerechnet soviel Geld ausgibt wie die uns auferlegten Reparationen nach dem Ersten Weltkriege«.

Nach Brüning täuschte sich der sowjetische Ministerpräsident Chruschtschow und beging einen »schweren Fehler«, wenn er mit einer Weltkrise wie der von 1929 rechne, weil man im Westen die Inflationsgefahren besorgt abzuwenden suche. Es sei trotz fallender Preise für Agrar- und Mineralölprodukte, so vermutete er jetzt, allenfalls eine »mäßige Gesundungskrise« zu erwarten. Er staunte daher 1957 sowohl über den Devisenüberfluß als auch über den Umfang der Produktionskapazität Westdeutschlands. Die Ausfuhr werde noch für längere Zeit hoch bleiben, wegen der Bezüge neutraler Staaten, die weder von den Angelsachsen noch von den

Sowjets abhängig sein wollten.⁸⁸ Solange Fritz Schäffer Finanzminister in Bonn sei und die Bundesbank den Kurs der Wirtschaftspolitik mitbestimme, könne es in Westdeutschland nicht zu einer schweren Wirtschaftskrise kommen, allenfalls zu einem Abflauen der Hochbeschäftigung.⁸⁹ Nach der Abschiebung Schäffers vom Finanz- ins Justizministerium nach der Bundestagswahl 1957 meinte er, dies werde sich eines Tages rächen.⁹⁰

In den USA und in England glaubte er indessen 1957 einige Anzeichen zu erkennen, die darauf hindeuteten, daß dort »aus rein strategischen Gründen« die Notwendigkeit einer Wiedervereinigung angeblich »immer offener und stärker betont« werde. Dafür spreche auch das »elementarste strategische Interesse der beiden angelsächsischen Nationen«. Dies entsprach seiner häufig zu beobachtenden Sympathie für Argumente, die in militärischen Kreisen erörtert wurden. Er vermerkte indessen auch, daß man in den USA die Notwendigkeit einer westeuropäischen Zollunion betone.⁹¹

Brüning war sich offensichtlich nicht darüber im klaren, in welchem Maße die politische Klasse der Vereinigten Staaten die europäischen Verhältnisse seit langem, d. h. zumindest seit dem Ende des Zweiten Weltkrieges unter dem Gesichtspunkt einer früher oder später eintretenden politischen Vereinigung wahrnahmen, was notwendig zu vielfältigen Mißverständnissen mit den Europäern führen mußte. Allerdings war ihm sehr wohl die »Romantik der Amerikaner« vertraut, d. h. deren Neigung, »die ganze Welt, auch Länder mit 5000jähriger Zivilisation wie China«, mit ihrer »eigenen politischen Entwicklung beglücken« zu wollen. Dieser Tendenz verdankten, wie Brüning einräumte, Einrichtungen wie UNO und UNESCO ihre Entstehung.⁹²

Er akzeptierte die Tatsache, daß die USA sich weigerten, »irgendeinem europäischen Heer« atomare Sprengköpfe außer bei einem sowjetischen Angriff zu überlassen, um die »Kontrolle über alle kriegerischen Maßnahmen in Europa« zu behalten. Befriedigt stellte er aber fest, daß die USA sich zu gegenseitigen Inspektionen auf beiden Seiten der Demarkationslinie im Sinne des Eden-Planes, wie er am 27. Oktober 1954 vorgelegt worden war, bereit erklärten, was sich keineswegs auf ein Drängen Bonns zurückführen ließ.⁹³ Kritik an »Bonn« steckte freilich hinter dem Hinweis auf das erfolgreiche Beispiel Österreichs bei den Verhandlungen über den Staatsvertrag mit den Siegermächten, doch verkannte er nicht, daß die Aussicht, es für Deutschland nachzuahmen, nicht zuletzt durch die veränderte sowjetische Haltung gesunken war. Die Sowjets wollten lediglich Verhandlungen zwischen Bonn und Ost-Berlin zulassen, was Bonn vorläufig nicht akzeptierte.⁹⁴

Im Juni 1957 meinte er resigniert, der Eden-Plan sei im wesentlichen an der »negativen Haltung Bonns« gescheitert, offenbar in Kenntnis der Kritik, die im Jahr zuvor auch im Bundestag erhoben worden war.⁹⁵ Vorsichtige Sympathie hegte er auch für den sogenannten Rapacki-Plan von 1957 für ein sicherheitspolitisches Disengagement in Mitteleuropa, ohne dies allerdings deutlich zu äußern. Dieser Plan, der eine in Etappen sich vollziehende Wiedervereinigung andeutete, diente unter anderem als Antwort auf Kennans Vorschläge wenige Monate zuvor. Nach Brünings Ansicht war der Plan nicht ohne das Einverständnis Moskaus mit großem Propagandaaufwand vorgelegt worden. Er werde die Verhandlungen über eine Wiedervereinigung allerdings kaum erleichtern. Brüning wies gelegentlich darauf hin, daß die

Sowjets 1955 und 1956 anscheinend aus wirtschaftlichen Gründen ein Zurückziehen der sowjetischen und der westalliierten Truppen aus Deutschland angeregt hätten. Die amerikanische Außenpolitik habe seit Acheson und Dulles eine zwiespältige Haltung gegenüber solchen Verhandlungen gezeigt. Auf ein Nachgeben Moskaus in der Deutschen Frage hoffte er, wenn der chinesisch-sowjetische Konflikt eskalieren würde, schloß aber auch nicht aus, daß die USA sich aus ihren asiatischen Interessensphären zurückziehen könnten, wenn dort ihre Kräfte überfordert würden. Bedenklich sei vor allem die Politik Bonns in der Deutschen Frage. Wenn aber die Bundesrepublik die Einheit Deutschlands nicht wolle, sei nichts an der gegenwärtigen Lage zu ändern. »Wir haben jetzt, praktisch gesprochen, ein Wiederaufleben des ›Rheinbundes‹ ohne einen Napoleon.«[96]

Folgerichtig kritisierte er Adenauer, als sich dieser im Frühjahr 1958 weigerte, auf eine atomare Bewaffnung der Bundeswehr zu verzichten, falls sich die Sowjets mit den Westmächten darüber verständigten, keine Atomgranaten einzusetzen. Die Kritik bezog sich auf die politische Zielsetzung, nicht auf die taktischen Fähigkeiten des Kanzlers. »Aber das Schlimme ist, daß ein solcher gerissener Taktiker außenpolitisch versagt und auch keinen aufkommen lassen will, der eine andere taktische Einstellung gegenüber den Russen in all diesen Fragen herbeiführen könnte.« Zumindest der Versuch hätte gemacht werden müssen, »durch nichtamtliche Persönlichkeiten«, damit wiederholte er seine Lieblingsthese, in einem Gedankenaustausch die sowjetische Haltung zu sondieren.

Er berief sich auf die Erfahrungen seiner Regierungszeit, um eine möglichst diskrete Behandlung außenpolitischer Fragen in einem Land in der geopolitischen Lage Deutschlands zu empfehlen. »Wir haben, so weit wie nur möglich, immer durch Privatpersonen, denen die Russen trauten, zunächst einmal vertrauliche Gespräche mit russischen Vertretern in Berlin oder Moskau gehabt und damit bis zu einem gewissen Grade eine Vertrauensatmosphäre geschaffen, wobei wir uns darüber klar waren, daß die Russen jeden Augenblick bereit waren, mit anderen Westmächten Verhandlungen anzubahnen, vor allem mit Frankreich, die uns völlig isolieren konnten.« Der Auswärtige Ausschuß des Reichstages sei nur zweimal, zu Anfang und zu Ende seiner Amtszeit zusammengetreten. Über außenpolitische Fragen habe er jedoch mit »zuverlässigen und verschwiegenen Persönlichkeiten aller Regierungsparteien« und gelegentlich auch mit Vertretern der Opposition gesprochen.[97]

So sehr er Adenauers Willen, die Einheit Deutschlands zu erreichen, bezweifelte,[98] so meinte er doch nur wenig später, daß auch »der beste deutsche Kanzler und Außenminister« vorläufig nichts an der Haltung Moskaus in der Deutschen Frage ändern könne, abgesehen davon, daß allein die Entwicklung der Waffentechnik die »besten Diplomaten zur Sterilität« verurteile.[99]

Bedeutsam war, daß Brüning die Stationierung von Atomwaffen in Europa nicht schlechthin ablehnte, zumindest sprach er sich gegen jede Agitation gegen die Stationierung aus. Das Gleichgewicht zwischen den Atommächten bedeute, daß die Chancen für Verhandlungen in der Deutschen Frage nicht vertan seien. In der Sowjetunion gebe es »genügend weitschauende Militärs«, die wüßten, daß jeder Atomkrieg zur Vernichtung auch der sowjetischen Industrie führen werde. Das Argument setzte voraus, daß keine Seite trotz aller Drohungen und Rüstungsanstrengungen den Einsatz von Kernwaffen riskieren wollte. Die öffentliche Agitation im Westen

1. Ratlosigkeit und Resignation

gegen die Atomwaffen ermuntere daher lediglich die östliche Seite zu politischen Provokationen.[100] Die Ausrüstung der Bundeswehr mit Atomwaffen – ohne Sprengköpfe, die unter amerikanischem Verschluß bleiben sollten – bedeutete für Brüning, die Hoffnung auf Wiedervereinigung vorläufig zu begraben. Gleichwohl erklärte er, daß die atomare Aufrüstung Westdeutschlands unvermeidlich sei, da die Bundesregierung sie nicht selbst zum Verhandlungsgegenstand gemacht habe.[101]

Andererseits schätzte Brüning den außenpolitischen Handlungsspielraum der Bundesregierung geringer als früher ein. So lehnte er alle Überlegungen über eine »Befreiung« der ostmitteleuropäischen Satellitenstaaten ab, wie sie nicht zuletzt Außenminister v. Brentano gelegentlich andeutete. Das Schicksal dieser Staaten ginge die Bundesrepublik »realpolitisch« nichts an. Deren außenpolitisches Interesse erlaube es nicht, sich in die Auseinandersetzungen der Sowjetunion mit ihren Satelliten einzumischen. Mit ihren Elitedivisionen auf deutschem Boden seien die Sowjets in der Lage, ihr gesamtes europäisches Vorfeld zu beherrschen. Bonn solle sich, meinte er im Gegensatz zu Brentano, möglichst wenig um die Ostblockstaaten kümmern, um die Chancen einer bilateralen Verständigung mit Moskau zu erhöhen. Man müsse sich in Bonn im übrigen von der Vorstellung befreien, »daß Washington allein maßgebend für die weitere Entwicklung« sei.[102] Zwar hatte Brüning wenige Monate zuvor die Aufnahme diplomatischer Beziehungen zwischen Bonn und Moskau als Fehler bezeichnet, inzwischen aber erkannt, daß daraus auch ein Vorteil erwachsen konnte, wenn die Bundesrepublik sich den Umstand zunutze machte, daß sie im Gegensatz zur DDR zu allen vier Mächten über diplomatische Beziehungen verfügte.

Brüning schätzte die militärischen Anstrengungen der Sowjets und ihre Versuche, Verbündete außerhalb ihres engeren Einflußbereichs zu gewinnen, als für den Westen bedrohlich ein. Dies entsprach der Lageanalyse, die in Washington vorherrschte. Man befürchtete dort einen Verlust der Ölproduktion des Irak und Kuwaits durch einen Angriff Syriens auf Veranlassung Moskaus und hielt sich nach Brünings Beobachtung diplomatisch möglichst zurück, um die Sowjets nicht herauszufordern. Die USA verfolgten, wie ihre Taktik in der Ungarn-Frage zeigte, eine politische Linie, die sich im Rahmen der Vereinten Nationen vertreten ließ.[103]

Um so mißtrauischer registrierte er, daß Engländer und Franzosen nach dem Ende der Suez-Aktion gegenüber den Amerikanern die Bedeutung des NATO-Bündnisses in Europa betonten, während die USA auf den Vorrang der UNO in der Nahost-Frage verwiesen. Schließlich akzeptierte Außenminister John Foster Dulles den Vorschlag, sich unter den westlichen Verbündeten über die Nahost-Frage zu verständigen.[104] Die Suez-Krise hatte den Minister gelehrt, daß die Zuspitzung der Lage im Nahen Osten und die dadurch bedingte Gefahr für die Ölversorgung Europas die strategische Lage des Westens schwächte. Dies wirkte sich nach Brünings Eindruck auch auf die innenpolitische Lage in der Bundesrepublik aus, was dort sowohl von der Regierung wie von der Opposition verkannt werde. In der Außenpolitik betreibe man in Bonn entweder Schönfärberei oder huldige Illusionen.[105]

Mit Bedauern konstatierte er eine angeblich falsche Europa-Begeisterung der westdeutschen Jugend. Den jungen Deutschen sei es gleichgültig, ob sie Franzosen, Deutsche oder Amerikaner seien. Dafür sei vor allem die Regierung verantwortlich, die der Öffentlichkeit nur internationale und keine nationalen politischen Ziele aufzeige. Dabei lag ihm jeder Chauvinismus fern. Jedes Volk gehe zugrunde, wenn es nicht bereit sei, persönliche und materielle Opfer für eigene Anliegen zu bringen. »Der Opferwille und nicht das demokratische und internationalistische Geschwätz ist entscheidend für die Zukunft eines Volkes.«[106]

Dem entsprach sein Urteil über die Mentalität seiner westdeutschen Landsleute in der zweiten Hälfte der fünfziger Jahre. Stabilität und Sicherheit seien im Hinblick auf den Geldwert erwünscht, »auch um den Preis der praktischen Aufgabe aller Souveränität«.[107] Nach seinen Beobachtungen bewiesen die Westdeutschen wenig Mitgefühl für die Landsleute in der »Ostzone«.[108] Dem Nationalstaat falle immer noch eine wichtige Aufgabe für die Verteidigung Europas gegenüber der Bedrohung aus dem Osten zu. Die Vereinigung der beiden deutschen Staaten (»Zonen«) setze daher eine Phase des Wiedererstehens des Nationalstaates voraus. Es sei zu hoffen, daß eine »nationale Idee« in Westdeutschland nicht erst dann wieder lebendig werde, wenn die Wirtschaftsblüte abflaue.[109]

2. Letzte Jahre in Norwich, Vermont

Distanzierter Beobachter der internationalen Szene

Im Jahre 1957 entschied sich Brüning endgültig, die letzten Jahre seines Lebens in den USA zu verbringen. Im Februar hatte er die letzten Doktor- und Prüfungsarbeiten erledigt nach Köln geschickt, die man ihm von dort zur Beurteilung übersandt hatte. Dies bedeutete die Entscheidung für ein zweites, nunmehr freiwilliges Exil. Die Einsicht, daß er nicht nur, wie einst als Kanzler, sondern auch als politischer Berater in Deutschland gescheitert war, erleichterte ihm den Entschluß.[110]

Die These Rüdiger Robert Beers, seines ersten Biographen, Brünings »zweite Emigration« bedeute psychologisch gesehen eine Art freiwillige Selbstbestrafung, fast eine Ostrakisierung im Sinne der bei Plutarch überlieferten Geschichte des Aristides, ist nicht ganz unberechtigt. Brünings Bemühungen, einen Beitrag zum Wiederaufstieg Deutschlands zu leisten, waren an Adenauers außenpolitischem Kurs gescheitert.[111] Er versuchte sich mit dem Gedanken zu trösten, man dürfe nicht enttäuscht sein, »wenn man am Ende des Lebens sieht, wie wenig man erreicht hat.« »Man sollte oft bedenken, wie viel man doch vielleicht hat verhindern können«.[112]

Im Herbst 1957 verließ er den bisherigen Wohnsitz in Hartland und zog in das Städtchen Norwich im Staate Vermont an der Grenze zu New Hampshire, wo er mit Hilfe Erwin Brettauers im September in der Carpenter Street (Nr. 17) ein kleines graues Holzhaus, das später rostrot angestrichen wurde, inklusive Garten mit einer Anzahlung von 2.500 Dollar und einer Hypothek erwarb. Von Brettauer erhielt er 2.000 Dollar. Es sei »ein kleines, aber sehr modernes und praktisches Häuschen«, schrieb er an Hermann Joseph Schmitt, obwohl es äußerlich etwas primitiv aussehe. Für die darauf liegende Hypothek von 10.500 bzw. 10.000 Dollar mußte er nur etwa 50 Dollar monatlich Zinsen zahlen.

Norwich liegt 20 Kilometer nordöstlich von Hartland in der Nähe von Hanover / New Hampshire und des Dartmouth College, das ihm seit den ersten Jahren seines Aufenthaltes in den Vereinigten Staaten vertraut war. Um zu der Bibliothek des College zu gelangen, benötigte er mit dem Auto, das Miss Nix von ihrer Mutter geerbt hatte, fünf Minuten. Von seinem Fenster konnte er die Türme des College im Osten sehen. Er empfand es als angenehm, daß sein Haus nicht so sehr von jeder Nachbarschaft isoliert war, wie jenes von Ilse Bischoff in Hartland, wo er und Miss Nix den ganzen Winter hindurch kaum einen Menschen zu Gesicht bekamen. Zeitweise hatte er die Einsamkeit in Hartland als wohltuend empfunden; dann hatte sie doch wieder sein Gemüt belastet. Vor allem im Winter war das Leben im Gegensatz zu dem des herrlichen Spätherbstes schwer erträglich gewesen. Man sah sich nicht imstande noch einen weiteren Winter dort zu verbringen, nicht zuletzt wegen der unzureichenden Heizungsanlage. Nach dem Urteil von Sachverständigen war das Haus, vor allem dessen Fundament, kaum den schweren Nordstürmen eines weiteren harten Winters gewachsen, nachdem bereits die Doppelfenster seines Arbeitszimmers dem scharfen Wind nicht standgehalten hatten. Ilse Bischoff wollte das Haus umbauen lassen und noch ein Ehepaar darin unterbringen, das sich während ihrer Abwesenheit um ihr Atelier kümmern sollte. Brüning hatte sich jedoch im Sommer 1957 nach einer neuen Behausung umgesehen und sich entschlossen, das »so geliebte Häuschen in Hartland« aufzugeben.[113]

Das Haus in Norwich, an einem steilen felsigen Abhang gelegen, kaufte er von einem Dozenten des Dartmouth College, der nach Pennsylvanien gezogen war. Nach Osten breiteten sich damals weite Felder aus, im Westen grenzte das Grundstück an einen Wald und die umliegenden Hügel, während die Fenster nach Süden den Blick auf das Städtchen freigaben. In Norwich waren nur die Hauptstraßen gepflastert, das Geschäftsleben durch den General Store geprägt. Das gut eingerichtete Haus hatte einen »ausgezeichneten Keller und Heizung«, was ihm nach den Erfahrungen von Hartland sehr wichtig war. Miss Nix brauchte nun nicht mehr frierend »den Winter hindurch an der Schreibmaschine zu sitzen«, gestand er Erwin Brettauer. In dem neuen Haus konnte er alle seine Bücher unterbringen, die fünf Jahre lang in Boston eingelagert gewesen waren. In Norwich hatte sich schon früher ein Bekannter Brünings, der Soziologe Eugen Rosenstock-Huessy niedergelassen, der 1933 in die USA emigriert war und seither in Dartmouth lehrte. Insgesamt waren es vier Familien, mit denen er dort verkehrte[114]

Den Haushalt führte weiterhin Claire Nix. Den Garten pflegten sie gemeinsam. Während Brüning Bäume pflanzte, legte Miss Nix Blumenbeete an. Der Hausherr hatte seine Freude daran, »Bäume wachsen zu sehen«, und liebte es, die zahlreichen Vogelarten, besonders die Zugvögel, zu beobachten. Das Haus wurde von einem kleinen ungarischen Schäferhund (»Puli«) bewacht. Die Fenster nach Osten und Süden seien breit, so daß man die Heizung im Winter nicht anmachen müsse, wenn die »Sonne Roms« darauf scheine, schrieb er an Herta Vollmar. In der Nacht werde es jedoch sehr kalt.[115] Im Januar 1959 war sein Haus tief eingeschneit. Nachts erreichte die Temperatur minus vierzig Grad Celsius.[116]

Bis zum Erwerb des Hauses in Norwich[117] hatte er sich die Möglichkeit offen gehalten, wieder nach Deutschland heimzukehren, vielleicht auch nur besuchsweise, wie er noch 1957 gegenüber mehreren Freunden angedeutet hatte. Auf keinen Fall wollte er jedoch vor dem 15. September, dem Tag der Bundestagswahl, dorthin reisen.[118] Noch im selben Monat sah er für die nächste Zeit keine Möglichkeit, nach Deutschland zurückzukehren. »Ich würde nur in Schwierigkeiten, selbst durch Privatgespräche, hineinkommen. Soweit ich die Bonner Herren beurteilen kann, würden sie ... jeden Rat von mir von vornherein ablehnen.«[119]

Im Sommer 1958 gestand er Erwin Brettauer, daß er nach den Erfahrungen und Beobachtungen von 1954 und 1955 nicht mehr nach Europa zurückgehen wolle.[120] Die Verbindung zur Heimat brach er nicht ab, obwohl er offensichtlich die räumliche Distanz zunehmend als wohltuend empfand. Gleichzeitig stellte sich ein neues Heimatgefühl gegenüber seinem Gastland und der neuen Umgebung ein. Die Nachbarn erwiesen sich als ebenso hilfsbereit wie zurückhaltend. Claire Nix verglich sie mit den Westfalen, sie seien freilich noch zurückhaltender als diese.

Vermont war der erste Staat der USA gewesen, den Brüning seinerzeit von Montreal kommend besucht hatte. Selbst der Name Norwich weckte bei ihm ein Gefühl der Vertrautheit, da er die englische Stadt dieses Namens durch seinen Bruder Hermann Joseph im Jahre 1905 kennengelernt hatte. Die alte Verwaltungs- und Verfassungstradition von East Anglia hatte sich, wie er festzustellen meinte, in Vermont noch bemerkbar gemacht.[121] Bis 1966 ließ er sich täglich von Claire mit deren kleinem grünen Auto durch die Berge der Umgebung chauffieren. Diese Ausflüge dauerten jedoch selten länger als eine Stunde.[122] 1968 berichtete Claire Nix, daß Brüning die »leichteste Änderung des Gewohnten in Erregung« versetze. Glücklicherweise trügen die »friedliche Gegend« und die »ruhigen Nachbarn« zu seinem Wohlbefinden bei. Er sei entschieden ruhiger und wesentlich zufriedener als im Jahr zuvor.[123]

Seine Sicht der politische Lage in Europa brachte er in den letzten Jahren jedermann, der sie hören oder nicht hören wollte, zur Kenntnis. Die großen Veränderungen der Weltlage meinte er von den USA aus besser verfolgen und analysieren zu können, ohne dem politischen Druck von »Bonn« her ausgesetzt zu sein. Das Echo auf seinen Düsseldorfer Vortrag wertete er zunehmend als persönliche Niederlage, da er sich nicht verhehlen konnte, den Vorstoß allzu unbekümmert und ohne das notwendige taktische Geschick unternommen zu haben, während Adenauer den Vorfall souverän für sich ausgenutzt hatte, um seine eigene Position wirkungsvoll herauszustellen. Noch mehr bedrückte ihn der Umstand, daß sich die Weltlage, so wie sie sich ihm darbot, seither zuungunsten Deutschlands verschlechtert hatte. Im Herbst 1958 gewann Josef Horatz bei einer Begegnung in Great Barrington in den Berkshire Hills in Massachusetts den Eindruck, daß der Konflikt vom Sommer 1954 bei Brüning immer noch nachwirkte.[124]

Seine Grundüberzeugungen wurden durch die weltpolitische Entwicklung der folgenden Jahre kaum erschüttert, zumindest sah er sich in seinen politischen Erwartungen immer wieder bestätigt oder suchte nach Anzeichen und Fakten, die für sein Urteil sprachen. In nächster Zeit erwartete er keinen politischen Kurswechsel in Deutschland und befürchtete, zu alt zu sein, wenn das deutsche Volk »einmal zu einer realistischen Besinnung seiner Zukunft kommt, um noch etwas an den Verhältnissen ändern zu können.«[125]

Brüning konnte sich, als er wieder in Amerika lebte und von dort aus die europäischen Verhältnisse beobachtete, auch nicht mit dem Aufbau des Gemeinsamen Marktes abfinden. Frankreich betreibe eine Wirtschaftspolitik, die im Gegensatz zu dessen Grundprinzipien die Landwirtschaft durch garantierte Preise stütze und den Franc nach Bedarf abwerte. Noch schwerer wog sein Vorwurf, Paris beabsichtige durch das geplante europäische Föderativsystem die Wiedervereinigung der beiden deutschen Staaten, die er gern als die »beiden Zonen« bezeichnete, zu verhindern.

Unverständlich erschien es ihm, daß deutsche Politiker wie Walter Hallstein als Präsident der Europäischen Kommission sich die These Jean Monnets zu eigen machten, daß die Länder des Gemeinsamen Marktes ein europäisches Parlament ins Leben rufen sollten, das über der Souveränität der Einzelstaaten stehen solle. »Solange wie die westdeutsche Politik auf die Pläne Monnets eingestellt ist, bleibt die Diskussion um die Wiedervereinigung Deutschlands ein leeres Gerede.« Die Aussichten auf eine Wiedervereinigung seien angesichts der Entwicklung in Europa »fast gleich Null«.[126] Deshalb lehnte er auch die Bestrebungen des Generalsekretärs der NATO, des ehemaligen belgischen Ministerpräsidenten Paul-Henri Spaak, ab, aus dem Verteidigungsbündnis eine politisch-ökonomische Gemeinschaft zu machen. Dies führe zu einer finanziellen und wirtschaftlichen Kontrolle der Mitgliedstaaten.

Auf der anderen Seite glaubte er den Kommunismus überall im Vordringen, was die weltpolitische Lage verschlechtere. Dies führte er teilweise auf die unüberlegte industrielle Entwicklungshilfe der USA für einige Länder zurück, die dort soziale Spannungen hervorrufe, was von der kommunistischen Propaganda ausgenutzt würde. Ganz Afrika werde gegenwärtig unterwühlt durch die Rundfunkpropaganda aus Kairo. Auch in Südamerika gäre es. Die Situation werde durch die Unsicherheit im Westen, selbst in hohen militärischen Kreisen, verschlimmert, wie ein sowjetischer Vorstoß zu beantworten sei.[127]

Die Erfolge der Sowjets in der Entwicklung interkontinentaler Atomraketen bei ihren Versuchen in Sibirien und im nördlichen Eismeer sowie der Vorstoß in den Weltraum durch den Sputnik am 4. Oktober 1957 bestärkten ihn in der Überzeugung, daß diese in absehbarer Zeit zu keinerlei Konzessionen in der Deutschen Frage bereit seien. Er erwartete nicht, daß Parteichef Chruschtschow, der seit März 1958 auch als Ministerpräsident fungierte, einen Krieg beginnen werde, erinnerte aber daran, daß er schon 1954 davor gewarnt hatte, von den Sowjets zu verlangen, politischen Selbstmord zu begehen. Nach seiner Rede vom 7. Februar habe Chruschtschow jede Verhandlungsmöglichkeit ausgeschlossen. Die Sowjets seien stets in der Lage, sich rasch auf eine neue Situation einzustellen, um den Westen zu verwirren.

Die Unterminierung der westlichen Position in Afrika und Asien ging nach seinen Beobachtungen ununterbrochen weiter. Ihn beherrschte die Sorge, daß die USA bei einem Konflikt von einem konventionellen Vorstoß zwangsläufig zu einem »vollen Atomkrieg« übergehen würden. Andererseits nahm er an, daß die Sowjets damit rechneten, die USA seien finanziell und wirtschaftlich durch ihre Entwicklungshilfe in Asien und Afrika überfordert. Moskau sei jedoch durch sein Engagement in den kommunistisch beeinflußten Staaten ebenfalls an die Grenze seiner Kapazität gelangt.[128] Die Haltung der USA sei stets, wie er schon in früheren Situationen festgestellt hatte, unberechenbar und unklar. Die Stimmungen in Washington wechselten rasch, was für europäische Beobachter oft unverständlich sei. Es falle den USA aus historischen Gründen schwer, sich auf die führende Rolle einzustellen. »In beiden

Weltkriegen hätte die Regierung dieses Landes einen konstruktiven Frieden herbeiführen können, wenn man sich der eigenen Macht bewußt gewesen wäre und konkrete Ziele gehabt hätte.«

Brüning charakterisierte die außenpolitische Linie der USA ähnlich wie er dies drei Jahre zuvor im Falle der Sowjetunion getan hatte, als er meinte, daß dort jederzeit ein plötzlicher Kurswechsel eintreten könne. Allerdings attestierte er den Sowjets im Gegensatz zu den USA langfristige Ziele. Vor allem aber war er spätestens – auf Grund unzureichender Informationen – seit dem Sputnik-Flug überzeugt, daß die Sowjets auf dem Gebiet der Atomraketen den Amerikanern überlegen waren, so daß sie nicht zu Zugeständnissen an die andere Seite bereit seien, während die USA aus demselben Grunde vorläufig kein Interesse an Verhandlungen hätten.

Glücklicherweise habe George Kennan, mit dessen politischen Ansichten er häufig übereinstimmte, einen gewissen Einfluß auf die öffentliche Meinung im Westen. Kennan hatte im November und Dezember 1957 in der BBC sechs Vorträge über ein militärisches Disengagement zwischen Ost und West gehalten, die er im folgenden Jahr unter dem Titel »Russia, the Atom and the West« veröffentlichte. Darin hatte er erklärt, daß der Marshall-Plan und die NATO den Zweck gehabt hätten, die Verhandlungsposition des Westens zu stärken, nicht aber die Spaltung Europas zu vertiefen. Es kam ihm darauf an, dem militärischen Denken neben der Diplomatie, damit auch der Geheimdiplomatie, einen Platz zu sichern, während er die Reisediplomatie und die spektakulären Gipfelkonferenzen mit Distanz betrachtete.[129] Erfreut stellte Brüning fest, daß Kennans Analyse die Diskussion über Deutschland aufs neue belebte, obwohl sich auch Stimmen regten, die die Position Adenauers verteidigten.[130] Kennan rechnete er neben dem amerikanischen Botschafter in Moskau, Llewellyn E. Thompson, zu den besten Kennern der sowjetischen Politik. Seine Stellungnahmen hätten in den USA eine »dauernde Wirkung hervorgerufen«.[131]

Der grandiose Sieg Adenauers bei den Wahlen vom 15. September 1957 beeindruckte ihn, obwohl er zwar einen Erfolg, nicht aber die absolute Mehrheit der CDU/CSU im Bundestag erwartet hatte. Seine Zweifel an der Bonner Politik und an der Urteilsfähigkeit ihrer Repräsentanten wurden dadurch allerdings eher verstärkt. Er machte sowohl die nationalsozialistische als auch die alliierte Umerziehungspropaganda dafür verantwortlich, daß sich die deutsche Bevölkerung angeblich kein eigenes politisches Urteil über die Lage bilden wolle. Es sei nicht verwunderlich, daß »das deutsche Volk mehr oder minder Adenauer als einen politischen Wundertäter ansieht, zumal angesichts des von der Welt bewunderten und beneideten wirtschaftlichen Aufschwunges in Deutschland, der natürlich dem Marshall-Plan, der einzigartigen Arbeitslust des deutschen Volkes, einer guten Finanzpolitik und einer erstklassigen Zentralbankpolitik zu verdanken ist«.[132]

Brüning war trotz allem weit davon entfernt, die positive wirtschaftliche Entwicklung als bloße Scheinblüte abzutun, spekulierte auch nicht auf das Ende der Hochkonjunktur, um gleichsam als Untergangsprophet recht zu behalten. Eine »echte politische Gesinnung« werde sich erst langsam wieder herausbilden. Es sei jedoch zu hoffen, daß sich in einer Wirtschaftskrise, die auf jeden Fall leichter verlaufen werde als in den Nachbarländern, die deutsche Neigung zu übertriebener Kritik nicht auf gefährliche Weise bemerkbar mache.[133] Er hielt jedoch sein Urteil gegenüber Vertrauten wie Erwin Brettauer und Helene Weber aufrecht, daß die westdeutsche Politik gegenüber Moskau wesentliche Chancen versäumt habe. Darin war er sich mit Jakob Kaisers Mitarbeiter Wilhelm Wolfgang Schütz einig, der 1958 in seinem Buch »Das Gesetz des Handelns« eine entmilitarisierte Zone entlang der Zonengrenze vorgeschlagen hatte. Das Buch hatte in England Aufsehen in außenpolitisch interessierten Kreisen erregt.

Das Verdikt über die Bonner Politik milderte Brüning nur insofern, als er die verantwortlichen Politiker der Westmächte, vor allem Eisenhower als früheren Oberbefehlshaber der amerikanischen Streitkräfte und den damaligen Präsidenten Truman dafür mitverantwortlich machte, daß einst in Jalta und Potsdam die Grundlage für die gefährliche Weltlage in der Gegenwart geschaffen worden war. Eine öffentliche Diskussion über die Ursachen der gegenwärtigen Probleme finde nicht statt, weil sich die Verantwortlichen noch oder wieder in den entscheidenden Stellungen befänden.[134]

Chruschtschow hielt er für einen raffinierten Gegner des Westens vor allem nach dessen Berlin-Ultimatum vom 27. November 1958, nach dem West-Berlin zu einer Freien Stadt innerhalb der DDR werden sollte. Indessen glaubte er nicht an einen militärischen Konflikt, da die Sowjets auch durch andere Mittel ihre Ziele erreichen könnten. Chruschtschow wolle vor allem einen Abzug der westlichen Truppen aus der Bundesrepublik erreichen.[135] Die Westmächte wüßten nicht, wie man »totalitäre Regierungen behandeln« müsse.[136] Er warnte vor der Illusion, durch gewaltige Summen für die Entwicklungshilfe erwünschte Modernisierungseffekte in Südamerika, Afrika und Asien erreichen zu können. Damit zerstöre man meist nur alte Traditionen und bereite den Boden für kommunistische Propaganda. »Wenn man in einem Lande wie Siam mit einer tausendjährigen religiösen und politischen Tradition ein modernes Stahlwerk mit amerikanischer Hilfe baut, so werden die Arbeiter innerhalb eines Jahres Kommunisten.«[137]

Irritationen um die Nachfolge von Theodor Heuss

Wider Erwarten fand Brünings Name 1959 noch einmal öffentliches Interesse in der Bundesrepublik, als der FDP-Politiker Thomas Dehler den Exkanzler als möglichen Nachfolger von Bundespräsident Heuss nannte. Der Vorschlag wurde auch in der CDU-Fraktion diskutiert.[138] Den Bundespräsidenten hatte er zuletzt am 30. Mai 1958 bei dessen Besuch in Dartmouth College gesehen, wo diesem die Ehrendoktorwürde verliehen wurde. Heuss hielt sich damals zu einem Staatsbesuch in den USA auf. Brüning hatte mit ihm am selben Tisch gesessen und sich einige Minuten, allerdings mit Unterbrechungen, mit ihm unterhalten. Gegenstand des Gesprächs war die Auszeichnung Hans Schäffers mit dem Bundesverdienstkreuz auf Vorschlag des Auswärtigen Amtes. Brünings Einwände gegen diese Ehre für Schäffer empfand Heuss verwundert als »überraschendes Malaise«. Der Exkanzler seinerseits betrachtete die Ehrung des früheren Staatssekretärs als persönliche Kränkung. Gegenüber Josef Horatz ließ er bei dessen Besuch in Great Barrington erkennen, daß ihn das kurze Gespräch mit Heuss verstimmt hatte.[139]

Wenige Monate zuvor hatte er sich gegenüber Treviranus befriedigt gezeigt, daß Heuss – gegenüber Adenauer – schärfer in der Öffentlichkeit hervortrete.[140] Nun legte er Wert darauf, daß er sich nie an der Debatte um die Nachfolge von Heuss beteiligt habe, räumte jedoch ein, sich vor einiger Zeit anerkennend über das Wirken Heinrich Krones geäußert zu haben, allerdings ohne an die anstehende Neuwahl für das Präsidentenamt zu denken. Im Herbst 1958 bezeichnete er Krone gegenüber Horatz dann doch unumwunden als geeignet für die Nachfolge von Heuss.

Als er erfuhr, daß er selbst als möglicher Nachfolger im Gespräch war, bat er Krone, die Diskussion um seine Person möglichst zu unterbinden. Er wolle nicht nach Deutschland zurückkehren. Es wäre ihm »aus einer Reihe von Gründen sehr unangenehm, wenn eine solche Diskussion weiterginge«. Die Absage entsprach nicht nur seiner bisherigen Haltung, die er schon in Deutschland eingenommen hatte, sondern auch dem Bedürfnis des Siebzigjährigen nach Ruhe vor der Unrast des politischen Betriebes. Wenn die amerikanische Presse von den Bonner Überlegungen erführe, sei es um seine Ruhe und seinen Frieden »auch hier« geschehen.[141]

Gegenüber Thomas Dehler führte er allerdings einen schwerwiegenden politischen Grund an. Er wolle eine »öffentliche Auseinandersetzung mit dem jetzigen Herrn Bundeskanzler« vermeiden, die »dem Ansehen unseres Vaterlandes nur abträglich sein könnte«.[142] Sein Bedenken war nicht unbegründet. Brüning ahnte, was ihn in Bonn erwartete, wenn er sich auf einen Kampf mit Adenauer um das Präsidentenamt einließ. Zweifellos war er darüber unterrichtet, daß führende Politiker der CDU im Februar 1959 auf Betreiben Adenauers Ludwig Erhard als Bundespräsidenten nominiert hatten.

Dahinter stand die Absicht des Kanzlers, eine Kanzlerkandidatur Erhards zu verhindern, was diesen dazu bewog, seine Bereitschaft, das Präsidentenamt zu übernehmen, am 3. März zurückzuziehen. Daraufhin signalisierte Adenauer am 7. April in einer Rundfunkansprache kurzentschlossen seine Absicht, selbst Bundespräsident zu werden. Völlig überraschend gab er diesen Entschluß am 4. Juni wieder auf, was zu einem schweren Konflikt mit Erhard führte, nachdem ihm der Kanzler öffentlich eine mangelnde außenpolitische Erfahrung und damit fehlende Eignung für seine Nachfolge als Regierungschef bescheinigt hatte. Schließlich wurde der frühere Landwirtschaftsminister Heinrich Lübke am 1. Juli 1959 zum Staatsoberhaupt gewählt. Krone hatte schon am 23. Februar auf den dringenden Wunsch Adenauers hin auf eine Kandidatur verzichtet.[143]

Lübkes Wahl begrüßte Brüning aufrichtig. Ihm hatte er schon in den Weimarer Jahren politisch nahegestanden. Er sei ein zuverlässiger Charakter und hasse alle Intrigen, könne aber auch energisch werden. Adenauer hatte nach Brünings Überzeugung in Wirklichkeit nie Präsident werden wollen und war lediglich von seiner Partei zu der vorübergehenden Kandidatur gedrängt worden. Auch noch in seinen letzten Jahren betrachtete Brüning Lübke gleichsam als seinen Protegé.[144]

Außenpolitische Sorgen

Die Vorgänge um die Bundespräsidentenwahl verschafften Brüning eine letzte Klarheit über sein Verhältnis zur Bonner Politik, vor allem ließen sie ihn erkennen, daß er sich innerlich längst weit von der Heimat entfernt hatte. Er hätte sich dort kaum wieder zurecht gefunden, selbst wenn Adenauer die politische Bühne verlassen hätte. Im November 1960, wenige Tage nach der Wahl des damals dreiundvierzigjährigen Präsidenten John F. Kennedy, gestand er Heinrich Krone, daß es in einem gewissen Alter sehr schwer sei, »sich auf neue Entwicklungen rechtzeitig einzustellen und jüngeren Leuten die Entscheidungen zu überlassen«.[145]

Nach Brüning ging die Bürde der Verantwortung, die der bisherige Präsident Eisenhower in den letzten Jahren zu tragen hatte, über die Kräfte eines einzelnen hinaus. Die USA könnten ohnehin auf längere Sicht die Lasten der gesamten Weltpolitik nicht mehr tragen. Für Kennedy hegte er Sympathien und traute ihm insbesondere zu, eine Abwertung des Dollars zu verhindern. Außerdem sehe Kennedy die Gefahren des Kommunismus schärfer als Eisenhower und dessen Vizepräsident Nixon. Die Familie Kennedy hatte er 1939 kennengelernt, als ihn der Vater des neuen Präsidenten, der einige Jahre Botschafter in London gewesen war, mehrmals am Sonntagnachmittag eingeladen hatte. Dabei hatte er bemerkt, daß die Familie die Kinder in größter Einfachheit erzog. Für ihn waren sie »nette, gut erzogene junge Leute.«[146]

Brüning kommentierte die weltpolitische Entwicklung bis in seine letzten Jahre im Lichte der Erfahrungen der Weimarer Zeit. Für ihn blieben nicht zuletzt die geographischen, »geopolitischen« Faktoren und die »Clausewitzschen Kategorien von Raum und Zeit« in der Politik weiterhin gültig, auch wenn die politischen und militärischen Verhältnisse gegenwärtig schwieriger als zu Zeiten Wirths und Rathenaus seien. Wenn sich die Bundesrepublik immer auf die Linie festlege, die gerade opportun sei, könne sie die Vorteile der geopolitischen Lage nicht nutzen. Dies gelte ebenso für die Westmächte, die die taktischen und psychologischen Möglichkeiten nicht erkennten.[147] Auf der anderen Seite war er weiterhin überzeugt, daß trotz der festgefahrenen Lage angesichts des Ost-West-Konflikts und trotz aller vorgeblichen »Freundschaft« zwischen de Gaulle und Adenauer die französische Politik langfristig angelegt sei, so daß eines Tages ein neuer Vertrag zwischen Paris und Moskau abgeschlossen werden könne, »um zu verhindern, daß Westdeutschland zu stark werden könnte«. Er verkannte beispielsweise die weittragenden Folgen der historischen Begegnung zwischen Adenauer und de Gaulle vom September 1958 in Colombey-les-deux-Églises.[148]

Die Absicht der Amerikaner, ihre Position in Europa und anderswo zu halten, billigte er, nicht zuletzt im Hinblick auf die Stellung West-Berlins, die glücklicherweise auch für Großbritannien und Frankreich eine Prestigefrage sei. Als Taktik gegenüber Moskau empfahl er, die eigene Lagebeurteilung möglichst nicht erkennen zu lassen und den Eindruck zu erwecken, über bedeutende Fortschritte in der Rüstung zu verfügen, um die Gegenseite unsicher zu machen. Juristische Argumente, wie sie Dulles bevorzugt habe, beantworte Moskau gewöhnlich mit einem scheinbaren Entgegenkommen, das schließlich zu keinem Ergebnis führe. Nach seiner Ansicht war auch Dulles, der im Mai 1959 gestorben war, in die frühere Politik von Truman, Eisenhower und Acheson verstrickt gewesen, obgleich er geringere Schuld an der gegenwärtigen Lage auf sich geladen habe.[149]

Nicht zuletzt unter dem Eindruck der Genfer Außenministerkonferenz, die am 5. August 1959 ergebnislos vertagt wurde, verlor Brüning den Glauben an die Wirksamkeit solcher Rezepte. Für ihn war dieses Treffen von vornherein zum Scheitern verurteilt gewesen, obwohl Vertreter der beiden deutschen Staaten als »Berater« beteiligt gewesen waren. Er glaubte sich einig mit dem amerikanischen Außenminister Christian Herter, den er seit langem kannte, und vermutete, daß dieser ebenso wie er das Verfahren, die »Methode« der Genfer Verhandlungen für verfehlt hielt. Washington habe sich darauf nur eingelassen, um Verhandlungen auf höchster Ebene, zwischen Eisenhower und Chruschtschow vorzubereiten, die im September 1959 zustande kamen.[150]

Alle Chancen, die klassischen Regeln der Diplomatie im deutschen Interesse anzuwenden, seien in den letzten Jahren mehrfach vertan worden. Die indirekte Beteiligung der Regierungen in Bonn und in Pankow hielt er offensichtlich für ein sekundäres Phänomen. Politische Konzepte, wie Adenauers Vorschlag einer »Österreich-Lösung« für die DDR vom März 1958 und den Globke-Plan für eine stufenweise zu realisierende Wiedervereinigung von Anfang 1959 bzw. November 1960 scheinen ihm unbekannt gewesen zu sein. Um so mehr betonte er den angeblichen Gegensatz zwischen den Weimarer Verhältnissen und denen der Bundesrepublik, etwa wenn er daran erinnerte, daß es damals oft enge persönliche Freundschaften zwischen Parlamentariern verschiedener Couleur gegeben habe, etwa zwischen Sozialdemokraten und Deutschnationalen, was oft die Überwindung politischer Krisen erleichtert habe. Er erwähnte nicht, daß dies alles die Funktionsuntüchtigkeit des Reichstages nach 1930 nicht verhindert hatte. Es habe auch keine »Herrschsucht seitens einzelner Persönlichkeiten im Kabinett und in den Fraktionen« gegeben, wie dies in Bonn der Fall sei. Im gleichen Sinne hob er die Unterstützung der Stresemannschen Außenpolitik durch alle Parteien einschließlich seiner eigenen mit Ausnahme der Kommunisten und der Extremisten in der DNVP hervor.[151]

Einsamkeit

Schon bei der Begegnung im Herbst 1958 hatte Josef Horatz den Eindruck gewonnen, daß Brüning »nach wie vor in der Vergangenheit lebt und sich vornehmlich mit den Problemen beschäftigt, die in den Jahren seiner Kanzlerschaft auf ihn zukamen.«[152] Brüning lebte zwar in selbstgewählter Einsamkeit, hielt aber noch einzelne Kontakte zu Bekannten und Freunden in den USA und auch in Europa aufrecht. So kehrte er zu einer alten Gewohnheit zurück, gelegentlich eine Woche bei Patrick Barry in Huntington auf Long Island zu verbringen. Regelmäßig hatte er vor seiner Kölner Zeit die Weihnachtstage dort verbracht. Auch in Cambridge ließ er sich gelegentlich wieder sehen.[153] Die Beziehungen zu ausgewählten Freunden korrespondierten mit seiner Neigung, die große Gesellschaft zu meiden. Freilich zog er seinen Lebenskreis mit zunehmendem Alter immer enger, bis er schließlich das Alleinsein dem Kontakt mit anderen Menschen vorzog, abgesehen davon, daß er in seinen letzten Jahren in Gesprächen mit Besuchern leicht ermüdete. Das zunehmende Bedürfnis, allein zu sein, entsprach dem melancholischen Grundzug seines Charakters.

Er hielt noch lange Zeit einige wichtige Tageszeitungen, darunter die Luftpostausgabe der »Times« und informierte sich auch durch das Radio intensiv über die politische Lage in Deutschland. Die Bibliothek des Dartmouth College bot ihm wichtige Literatur für seine Studien. Wenigstens einmal, im Juli 1957, hielt er dort vor Studenten einen Vortrag, bei dem er seinen »Kopf sehr anstrengen mußte«, aber glücklicherweise auf einen älteren Text zurückgreifen konnte. Oft fuhr er mit Claire Nix dorthin, um Samstag nachmittags um 17 Uhr in der Clemens-Kapelle, die zum College gehörte, die Messe zu hören. Der Gottesdienst in seiner Pfarrkirche in Norwich strengte ihn sehr an, vor allem das Stehen fiel ihm schwer.

Das Scheitern der Politiker an ihren großen Aufgaben hielt er für ein allgemeines Kennzeichen ihres Schicksals. Jeder müsse immer daran denken, daß die Zeit komme, »wo er scheitern wird«. Wenn er sich dessen bewußt bleibe, könne er ohne Bitterkeit an die Vergangenheit denken. Persönlich tröstete sich Brüning über die Vergeblichkeit alles menschlichen Tuns im Gedanken an eine höhere Fügung.[154] Er dürfte indessen das Urteil Golo Manns nicht akzeptiert haben, er habe sich im Gegensatz zu Hermann Rauschning sein Schicksal selbst bereitet.[155]

Die Arbeit an den Memoiren, die er – angeblich in Hartland – fertigstellen wollte, hatte er bis zum Ende des Jahres 1955 nicht wieder in Angriff genommen. Nach Weihnachten wollte er dies tun, doch fehlte ihm »jeder seelische Antrieb für eine Selbstdarstellung«, so daß das Manuskript immer wieder liegen blieb. Tatsächlich arbeitete er nur sporadisch an seinen Erinnerungen. Es koste ihn überhaupt eine schwere Überwindung, gestand er Günther Joël (1899-1986), dem Sohn seines früheren Justizministers, sie zu veröffentlichen. Er wolle aber seinem Vaterland einen Dienst erweisen, »da jetzt in der allgemeinen Ratlosigkeit in der Welt gegenüber der russischen Politik alle die in 20 Jahren im Auslande durch einseitige Propaganda gegen Deutschland hervorgerufenen Vorstellungen im Wanken sind«. Wenn dieser Dienst nicht möglich sei, würde er lieber darauf verzichten.[156]

Im Juli 1957 hatte er sich wieder einmal vorgenommen, die Memoiren »im nächsten Frühjahr« erscheinen zu lassen, jetzt in der Absicht, die »Schwierigkeiten und Leistungen der Weimarer Republik« deutlich zu machen. Nach seiner Ansicht hatten sich unter dem Einfluß der nationalsozialistischen Propaganda im deutschen Volk Mißverständnisse und falsche Auffassungen über die Geschichte der Weimarer Republik festgesetzt. Er wollte sie berichtigen, ohne seine eigene Person herauszustellen, um zu zeigen, warum das völlig zerschlagene und verhaßte Deutschland damals zu dem am meisten vom Ausland umworbenen Land geworden sei.[157]

Im Juni 1958 teilte er seinem Harvard-Kollegen Werner Jaeger mit, daß er in zwei Monaten sein Manuskript an seinen Verleger Gottfried Müller nach Stuttgart schicken wolle. Im August beendete er die Arbeit an dem seit 1934/35 vorliegenden Manuskript, ohne es abzuschließen. Die Fertigstellung vertraute er Claire Nix an. Im Herbst kündigte er noch einmal die Veröffentlichung gegenüber Josef Horatz für das folgende Jahr an und versprach, diesem zuvor ein Exemplar zugänglich zu machen. Im März 1959 erklärte er, er wolle die Memoiren vorläufig nicht veröffentlichen, damit die Sowjets oder andere sie nicht propagandistisch ausnützten.[158] Im März 1960 hielt es Treviranus für angezeigt, den Freund nachdrücklich daran zu erinnern, seine Verpflichtungen gegenüber dem Verlag zu erfüllen, nachdem er schon vor längerer Zeit einen Vorschuß in Höhe von 10.000 DM erhalten hatte. Ein Lektor sei unter anderem wegen der großzügigen Vorschüsse an ihn und andere prominente Autoren fristlos entlassen worden.[159]

Die Korrespondenz mit Freunden und Bekannten aus Deutschland ging seit 1959 auffällig zurück. Auch die Zahl der Besucher aus Deutschland wurde geringer. Hatte er bis dahin jährlich noch mehrere Hundert Briefe geschrieben, die in gewissem

Umfang als Ersatz für die nicht vorhandenen Memoiren der Zeit nach 1933 gelten können, so betrug ihre Zahl 1960 noch gerade ein Dutzend, danach nicht einmal mehr eine Handvoll.[160] Im Herbst 1959 erkundigte sich Hermann Josef Unland im Namen der ehemaligen Kölner Mitarbeiter sowohl bei Claire Nix als auch bei Brüning selbst nach dem Befinden ihres früheren Chefs, von dem man lange Zeit nichts gehört habe.[161] Im April hatte dieser ihm noch eine Empfehlung für eine Anstellung beim Minister für Wirtschaft und Verkehr in Nordrhein-Westfalen gegeben.[162]

Selbst Treviranus und Schauroth mußten sich daran gewöhnen, daß Brüning ihre Briefe nicht mehr beantwortete, so daß sie froh waren, von Zeit zu Zeit eine Nachricht von Claire Nix zu erhalten.[163] Brünings physischer Zustand blieb instabil und hatte sich nach der Rückkehr in die USA nur vorübergehend gebessert. Zu den Beschwerden, die ihn schon in früheren Jahren geplagt hatten, kamen neue hinzu. So fesselten ihn seit 1956 langwierige grippale Infektionen wiederholt in den Frühjahrsmonaten wochenlang ans Bett.[164]

Gewöhnlich war er an Tagen, an denen er sich wohl fühlte, mit der Lektüre deutscher und amerikanischer Zeitungen beschäftigt, was immer mehr zu seiner ausschließlichen Tätigkeit wurde. Zunehmend suchte er Ruhe und ertrug keine Aufregung, wie Claire Nix schon 1960 bestätigte. Diesen Eindruck gewann auch sein Patenkind Renate Bergemann, deren Eltern ihm nahegestanden hatten.[165] Dem entsprach seine Empfindlichkeit gegen vermeintliche Kränkungen. Als ihm Bundespräsident Lübke 1960 im Einvernehmen mit Konrad Adenauer, der dies angeregt hatte, über den deutschen Konsul Guenther Motz in Boston das Bundesverdienstkreuz aus Anlaß seines 75. Geburtstages anbot, wies er dieses Ansinnen ab, indem er noch einmal daran erinnerte, daß auch Hans Schäffer eine solche Auszeichnung erhalten hatte, was ihn daran hindere, sie seinerseits anzunehmen. In einem Schreiben, das er durch Heinrich Krone übermitteln ließ, wiederholte er seine schon bei früherer Gelegenheit geäußerten Vorwürfe gegen Schäffer, den er unumwunden des Landesverrats auch nach 1945 bezichtigte. Der Gedanke sei ihm unerträglich, auf die »gleiche Ebene« mit dem früheren Staatssekretär im Reichsfinanzministerium gestellt zu werden.[166] Von diesem Urteil hatte er sich auch nicht durch eine Mitteilung Kurt Birrenbachs im Dezember 1959 abbringen lassen, nach der Schäffer ihn sehr verehre. Birrenbach hatte mit Schäffer im Sommer ein längeres Gespräch in Stockholm geführt.[167]

Dabei mag der Umstand mitgespielt haben, daß zuvor einige andere Politiker der Weimarer Zeit wie Dietrich, Gessler, Reusch, Schlange-Schöningen, Pünder, v. Keudell und Hermes wie Schäffer mit dem Großen Bundesverdienstkreuz mit Stern beziehungsweise mit Stern und Schulterband ausgezeichnet worden waren. Nicht nur das Verhältnis zu Schlange-Schöningen und Hans Schäffer, sondern auch zu Pünder war getrübt. Insofern konnte er sich übergangen fühlen. Vielleicht war dies sogar der eigentliche Grund, den er nicht zu nennen wagte. Lübke mußte sich daher darauf beschränken, in einem Glückwunschtelegramm zu betonen, daß Brünings »große Verdienste ihre gerechte und dankbare Würdigung gefunden« hätten. Adenauer schickte nur einen knappen Glückwunsch.[168] Die deutsche und die internationale Presse registrierte den Ehrentag und würdigte ihn mit einer Reihe von Kommentaren. Brüning ließ seine Freunde über seine Ablehnung der staatlichen Ehrung nicht im unklaren, wie nach einigen Wochen dem »Spiegel« zu entnehmen war. Er halte sie »nicht für angebracht«, ließ er verlauten.[169]

1961 gestand er Annemarie Tennstedt, daß er sich nur noch schwer konzentrieren und sich etwa bei der Erinnerung an seine Amtszeit nicht mehr auf sein Gedächtnis verlassen könne. 1962 hieß es in der New York Herald Tribune, Brüning lebe in fast vollständiger Zurückgezogenheit und verbringe die meiste Zeit in einem kleinen, von Büchern überfüllten Zimmer. Er verzichte auf politische Erklärungen und verweigere der Presse und dem Fernsehen Interviews. Nach Aussage von Freunden sei er ein scharfsinniger politischer Beobachter und lese täglich eine Reihe von Zeitungen und ausländischen Zeitschriften. Das Blatt berichtete, daß Brüning sich sonst ausgezeichneter Gesundheit erfreue und noch kürzlich, am 15. November, mit seinen Nachbarn den Thanksgiving Day begangen hätte.[170]

Wir wissen, daß er sich in den letzten Jahren gerne von Claire Nix vorlesen ließ, etwa Texte von Alexander v. Humboldt, Annette v. Droste-Hülshoff oder Ferdinand Gregorovius.[171] Dem Einfluß von Claire Nix, die ihn in den letzten Jahren betreute, schrieb der Rechtsanwalt Otto Eulerich den Umstand zu, daß Brüning den Kontakt zu ihm 1958 abgebrochen hatte, obwohl dieser ihn ursprünglich als Testamentsvollstrecker eingesetzt hatte.[172]

Seine Gewohnheit, zu Hause klassische Musik zu hören, behielt er in diesen späten Jahren bei. Als ihn Werner Vollmar im April 1962 besuchte, hörte er gerade das Kaiser-Quartett von Haydn und Lieder von Franz Schubert. Claire Nix klagte allerdings darüber, daß Brüning am liebsten allein sei. Er schreibe nur noch ungern und selten. Nach ihrem Eindruck freute er sich vor allem über die Besuche der Vollmars und Theoderich Kampmanns.[173] Eine Anfrage des Spiegel-Herausgebers Rudolf Augstein, ob er einen persönlichen Artikel über Konrad Adenauer schreiben werde, ließ er 1963 offensichtlich unbeantwortet, obwohl ihm der Spiegel-Herausgeber Länge, Form und Thema überlassen wollte. Brüning werde es ihm nachsehen, daß ihm ein solcher Text »ganz besonders willkommen wäre«, hatte Augstein mitgeteilt.[174]

Nicht alle Kontakte brach Brüning ab. Wir wissen, daß er im Frühjahr 1963 an der Beisetzung Paul Scheffers auf einem Hügel über Woodstock, Vermont, teilnahm. Mit ihm war er in den letzten Jahren wieder in nähere Verbindung getreten.[175] Verzweifelt versuchte sein früherer Staatssekretär Hermann Pünder, die alte Freundschaft, die inzwischen zerbrochen war, wiederzubeleben, indem er ihn bat, ihn mit einem »Briefchen« als Zeichen der Versöhnung zu erfreuen, was Brüning vor Weihnachten mit einem kurzen handgeschriebenen Weihnachtsgruß tat.[176] Zu den letzten Besuchern aus Deutschland gehörte der frühere Botschafter in Bern, Friedrich Holzapfel, der ihm viermal zwischen 1964 und 1967 seine Aufwartung machte. Ende Februar 1964 erörterten sie unter anderem mehrere Stunden die Politik der CDU und deren Zukunft.[177]

Nur hin und wieder empfing Brüning noch Besucher aus Deutschland, etwa die Brüder Friedrich, die im November 1960 nach Norwich kamen. Im Sommer 1962 war Werner Vollmar, Hertas Ehemann noch einmal bei ihm.[178] Als Uwe Siemon-Nettig, ein Reporter der »Welt«, ihn im Frühjahr 1964 in einem Gespräch über sein Verhältnis zu Konrad Adenauer befragte, griff die Haushälterin besorgt ein: »Nicht mehr! Keine politischen Interviews.« Er ließ sich jedoch nicht hindern, zu betonen, daß er an die Wiedervereinigung Deutschlands glaube und ihm das Schicksal Berlins, das er liebte, nahe gehe.[179]

Im Sommer 1965 holte Brüning Holzapfel noch persönlich mit dem Wagen zusammen mit Claire Nix von der etwa 10 Meilen entfernten Busstation ab, um sich dann mit ihm einen ganzen Nachmittag lang »sehr ausführlich und sehr offen in seinem Hause über alle Fragen« zu unterhalten. Brüning verhehlte dabei seine Verbitterung über alles, was ihm in Deutschland widerfahren war, nicht. Holzapfel gewann den Eindruck, daß der Exkanzler sich weigern würde, irgendeinen offiziellen Gratulanten aus Bonn bei seinem bevorstehenden 80. Geburtstag zu empfangen. Es käme alles darauf an, jemanden für diese heikle Aufgabe zu finden, der Brünings Vertrauen genieße, um diesen mit Deutschland auszusöhnen. Damals gab es sogar Bestrebungen, seine Rückkehr vorzubereiten. Ein Wohnsitz in der Gegend von Paderborn war unter nicht näher bekannten Freunden im Gespräch.[180] Als ihn Holzapfel am 9. Juni 1967 in Norwich besuchte, war ihm das Alter und die jahrelange Einsamkeit deutlich anzumerken. Brüning freute sich über das Wiedersehen und versicherte ihm, er sei der einzige, mit dem er politische Fragen aus »gemeinsamer Kenntnis« besprechen könne. Eine Rückkehr nach Deutschland schien immer noch sein Wunsch zu sein, so daß sich Holzapfel fragte, wie dies bewerkstelligt werden könne. »Ob nach dem Tode Adenauers Bonn sich darauf besinnt, daß es wohl Pflicht sein könnte, Heinrich Brüning die Rückkehr in die alte Heimat zu ermöglichen? Er würde gern kommen, denn sein Herz gehört nach wie vor Deutschland. Aber wer könnte in Bonn dafür die Initiative ergreifen?«[181]

Der 80. Geburtstag 1965 verlief anders, als dies Brüning erwartet hatte. Seine Heimatstadt ehrte ihn, indem sie eine Straße nach ihrem Ehrenbürger benannte. Es war die »Verbindungsstraße zwischen Klemensstraße und Salzstraße in Verlängerung der Stubengasse«, in der einst sein Elternhaus gestanden hatte. Über die Ehrung war er außerordentlich erfreut.[182] Der deutsche Generalkonsul in Boston überbrachte Glückwünsche von Bundespräsident Lübke, Bundeskanzler Erhard und Außenminister Schröder. Freundlich gehaltene Telegramme erhielt er von Prinz Louis Ferdinand von Preußen und Prinzessin Kyra, sowie von den SPD-Politikern Willy Brandt, Herbert Wehner und Fritz Erler.[183] Der Jubilar verbrachte seinen Ehrentag in guter Stimmung, freute sich über die Grüße aus Deutschland und genoß eine gute Spätlese und Baumkuchen, was ihn an die Heimat erinnerte. Die Stellungnahmen zu seinem Lebenswerk fielen freundlicher aus als fünf oder zehn Jahre zuvor, als Konrad Adenauer noch in Bonn amtierte.[184]

Die Universität zu Köln ernannte ihn zu ihrem Ehrensenator und veranstaltete – in seiner Abwesenheit – am 26. und 27. November 1965 in der Universität ein wissenschaftliches Symposion auf Einladung des Forschungsinstituts für Politische Wissenschaft über sein Wirken in der Weimarer Republik, an dem rund dreißig Historiker und Politologen teilnahmen. Initiator war Brünings Nachfolger Ferdinand Aloys Hermens.[185] Die Veranstalter und Referenten waren, wie Beobachter meinten, beinahe ängstlich bemüht, jeden aktuellen oder gar tagespolitischen Bezug zu vermeiden. Man hielt sich streng an den Rahmen der Weimarer Politik und die Regierungszeit Brünings. Unter den Anwesenden befanden sich der ehemalige Minister Treviranus und die ehemaligen Abgeordneten des Reichs- beziehungsweise des preußischen Landtages, Krone, Zilliken, Hieronymi und Schwering. Herta und Werner Vollmar kamen ebenfalls nach Köln, um die Vorträge der Historiker Werner Conze und Karl Buchheim zu hören.

In einem öffentlichen Vortrag in Hörsaal I vor einem überwiegend studentischen Publikum würdigte Conze Brüning als Staatsmann, der den Kernbestand der Weimarer Verfassung gegen den Ansturm der Nationalsozialisten verteidigte, beklagte aber den Umstand, daß der Reichskanzler »wenig dazu getan« habe, »sein eigenes Bild zu zeichnen«. Er zeigte aber Verständnis für Brünings immer wieder betontes Motiv, andere Zeitgenossen nicht »belasten« zu wollen. Brüning habe alle Voraussetzungen mitgebracht, die er als Reichskanzler benötigte, als er in der Krise berufen wurde: Härte, eine ausgezeichnete Vorbildung und eine in schweren Kriegsjahren bewährte persönliche Opferbereitschaft.

Der Gelehrte, der Offizier, der Gewerkschafter und der Parlamentarier habe nur geringen persönlichen Ehrgeiz gezeigt, dafür aber eine ausgeprägte Leidenschaft »für das sachlich Aufgegebene im Dienst am Gemeinwohl des Vaterlandes in sittlicher und religiöser Gebundenheit«. Kritisch beurteilte er allenfalls, daß sich Brüning zu Beginn seiner Kanzlerzeit den Bedingungen Hindenburgs gebeugt hatte, ohne die Sozialdemokratie zu regieren. »Die Zwischenstellung Brünings zwischen Parlament und Präsident machte ihn beim Reichstag unmöglich und drängte ihn an die Seite des Präsidenten, der seinerseits von obskuren ›Königsmachern‹ umgeben« gewesen sei.

Der Bonner Jurist Ulrich Scheuner widersprach der verbreiteten These, daß eine mißbräuchliche Anwendung des Artikels 48 der entscheidende Konstruktionsfehler der Weimarer Verfassung gewesen sei und den Untergang der Republik gefördert habe. Im Zentrum der Expertendiskussion stand bei allem Bemühen um wissenschaftliche Objektivität dann doch die Frage, ob Brüning ein »Verhältnis zur Macht« gehabt habe. Man verständigte sich freilich nicht, unter anderem deshalb nicht, weil jeder anscheinend etwas anderes darunter verstand. Schließlich spekulierte man über die Bedeutung der immer noch nicht veröffentlichten Memoiren. Einige befürchteten, daß der Kanzler seine Gedanken und Erinnerungen mit ins Grab nehmen werde.[186]

Heinrich Krone, sowohl mit Adenauer wie mit Brüning befreundet, würdigte ohne Umschweife und Vorbehalte die Leistungen des ehemaligen Reichskanzlers im Kampf um die Verteidigung der Demokratie gegen den Ansturm der Nationalsozialisten. Daraus leitete er auch ein Verdienst für die spätere Bundesrepublik her: »Er hat in allem konsequent die Trennungslinie gezogen zwischen Demokratie und Unfreiheit. So ist es gerade ihm zu danken, daß das freiheitlich gesinnte Deutschland die Selbstachtung nicht zu verlieren brauchte und auch nicht verlor.«[187]

Unverkennbar war das Bemühen, ein lebendiges Bild des Politikers, dessen Wirken bereits dem öffentlichen Bewußtsein zu entschwinden drohte, zu entwerfen, das jenseits der zeitgenössischen Auseinandersetzungen vor und nach dem Zweiten Weltkrieg dessen wesentlichen Anliegen und Verdienste um das bedrohte Gemeinwesen bewahren sollte. Diesen Ton schlugen auch Paul Sethe in der »Zeit« und Jürgen Tern in der »Frankfurter Allgemeinen Zeitung« an. Sethe stand nicht an, Brüning zu bescheinigen, daß die »Deflationspolitik« seinerzeit verfehlt gewesen sei. Als faszinierend empfand er aber dessen Persönlichkeit: »Brüning hat in seiner ganzen Laufbahn immer höchst ritterlich gehandelt. Aber was der Mensch gewinnt, verliert der Politiker. Der Maßstab bleibt immer der Erfolg.« Tern glaubte, Brüning habe bei seinem Auftritt in Düsseldorf davor gewarnt, »die Sowjetunion als Bestimmungselement deutscher Außenpolitik zu übersehen«. Adenauer habe sich jedoch von Brüning, dem »vielleicht wegen seines Scheiterns in der großen Krise (1930/32) viel verehrten Reichskanzler« distanziert.[188]

1966 erschien noch einmal eine Gruppe von deutschen Besuchern. Bei dieser Gelegenheit sagte er zu dem Historiker Rudolf Morsey, er würde gern seine Heimatstadt Münster wiedersehen, fürchte aber, dort als »Kuriosität« herumgereicht zu werden.[189] Im Oktober desselben Jahres hielt sich Patrick Barry, ein Jahr jünger als er, eine ganze Woche bei ihm in Norwich auf. Mitte der sechziger Jahre unterlag sein Gesundheitszustand stetem Wechsel zwischen klaren und lebhaften Phasen und Zeiten völliger Erschöpfung, die eine ständige medizinische Kontrolle geraten erscheinen ließen. Die Ärzte warnten ihn ständig vor Überanstrengung. Nicht länger als fünfzehn Minuten vermochte er Nachrichten aus Bonn im Radio anzuhören, danach wolle er nichts mehr davon wissen, beobachtete Claire Nix im November 1966. Besuche ermüdeten ihn schon nach zwanzig bis dreißig Minuten. Glücklicherweise war von mehreren Seiten für eine medizinische Behandlung gesorgt. Der deutsche Generalkonsul in Boston bot dafür im Frühjahr 1967 Hilfe an.[190]

Jahrelang war Brünings Wohlbefinden durch Herzbeschwerden und Kreislaufstörungen beeinträchtigt, die nach einer Krise im Frühjahr 1967 durch neuartige Medikamente mit einem gewissen Erfolg behandelt wurden. Betreut wurde er von einem Arzt der Dartmouth Medical School, notfalls standen ihm Ärzte der Harvard Medical School zur Verfügung. Er litt freilich darunter, daß seine bisherige Arbeitskraft nachließ und er sich zu schwach fühlte, um die Aufgaben, die er sich selbst vornahm, zu erfüllen. Gewöhnlich hielt er sich im Hause auf und besuchte auch keine Konzerte mehr, was er früher oft getan hatte, weil er sich nun nicht mehr gern unter vielen Menschen aufhielt. Nur bei sehr gutem Wetter machte er noch kurze Spaziergänge oder unternahm eine Fahrt mit dem Wagen, was er früher, als er noch regelmäßig um vier Uhr aufgestanden war, jeden Tag getan hatte.

Als ihn 1967 wieder einmal deutsche Freunde baten, die Heimat zu besuchen, rieten die Ärzte dringend ab. Er schien dazu physisch nicht mehr in der Lage. Regelmäßig besuchten ihn seine engsten Freunde aus New York im Frühjahr und im Herbst. Diese Besuche hatten einen festen Platz im Jahresablauf. Nach dem Eindruck von Claire Nix verschlechterte sich Brünings Gesundheitszustand insgesamt zusehends, obgleich die Tagesform wechselte und es Tage gab, an denen er sich besser als an anderen fühlte. Sein Interesse an politischen Vorgängen hatte, wie sie feststellte, seit etwa 1964 deutlich abgenommen.[191]

Herta Vollmar meinte nach einem Besuch im Frühjahr 1967, daß man ihren Patenonkel nicht um jeden Preis bewegen solle, wieder nach Deutschland zurückzukommen. Die Sehnsucht, die er nach seiner Heimat empfinde, könne nicht mehr gestillt werden, da es diese nicht mehr in dem Sinne gebe, wie er sie gekannt habe. Man solle ihm nur dazu verhelfen, zurückzukehren, wenn er selbst darauf bestehe, um ihm Enttäuschung und Aufregung zu ersparen. Die Ansicht ihrer Familie sei immer gewesen, »daß es für ihn das bessere Los« sei, »in einem fremden, von ihm sehr geschätzten Land zu leben«.[192]

Der Verleger Josef Hofmann (1897-1973), der Brüning viermal nach dessen Rückkehr in die USA besuchte, stellte im Herbst 1967 erschüttert fest, daß mit ihm ein »Sachgespräch« nicht mehr möglich sei, da seine Gedanken bereits durcheinander gingen.¹⁹³ Ein Jahr später fand Treviranus, daß der Freund »ohne jede Lebensfreude im Dämmerlicht« existiere. Wiederum ein knappes Jahr später besuchte er ihn erneut, wie einem Foto vom 8. September 1969 zu entnehmen ist.¹⁹⁴ Der letzte Besucher aus Deutschland war Hugo Habig aus Oelde, der Mitte Dezember 1969 nach Norwich gekommen war. Es hieß auch, daß Freunde, die ihn sahen, zuletzt nicht mehr versuchten, ihn für längere Zeit in ernsthafte Gespräche über alte und neue politische Fragen zu verwickeln.¹⁹⁵ Eine letzte Freude scheint ihm eine Großdruck-Bibel bereitet zu haben, in der er gemäß seiner Gewohnheit mit dem Rotstift Anmerkungen machte.¹⁹⁶

Tod

Für den Fall seines Todes äußerte Brüning den Wunsch, in der Familiengruft in Münster beigesetzt zu werden, jedoch nicht in Form eines Staatsbegräbnisses. Ihm schwebte das Beispiel des Reichskanzlers Konstantin Fehrenbach vor, dessen Begräbnis 1926 »mit der etwas feuchten Fröhlichkeit so wahrlich im Sinne des Verstorbenen« stattgefunden habe. Er wünschte sich, daß der Sohn seines 1963 verstorbenen Freundes und Reichstagskollegen Friedrich Dessauer die Exequien hielt.¹⁹⁷ Tatsächlich erlebte er die letzten sechs Monate seines Lebens nach dem Eindruck von Claire Nix mit einer auffälligen, wenn auch seinem Wesen keineswegs fremden Heiterkeit. In den letzten Jahren sprach er fast täglich von seiner Heimatstadt Münster.¹⁹⁸

Brüning starb am Ostermontag, dem 30. März 1970 im Alter von 84 Jahren an Altersschwäche und an den Folgen eines Darmtumors, der nicht mehr behandelt werden konnte. Er sei »sanft entschlafen«, meldete der deutsche Generalkonsul in Boston, Dr. Sante, was auch von Claire Nix bestätigt wurde. Sein Ableben fiel auf den vierzigsten Jahrestag seines Amtsantritts als Reichskanzler im Jahre 1930. Gegen Ende seines Lebens, das von so vielen Kämpfen, Niederlagen, gelegentlicher Anerkennung, Freundschaften, aber auch unerbittlichen Feindschaften – meist aus Enttäuschung über fehlende Loyalität – bestimmt gewesen war, bemerkte er einmal: »Etwas habe ich erreicht: Ich habe niemanden verachtet.«¹⁹⁹ Es gibt auch Äußerungen, die darauf schließen lassen, daß er nicht mehr mit dem Schicksal in der Emigration haderte. Schon 1955 hatte er einem früheren Reichstagskollegen geschrieben: »Ich habe mich immer damit getröstet, daß diejenigen unter den griechischen Politikern, die in entscheidender Stunde das Geschick ihrer Staaten leiteten, im Exil sterben mußten.«²⁰⁰

Bundespräsident Heinemann und die Bundesregierung mit Willy Brandt an der Spitze respektierten die Bitte der Freunde des Verstorbenen, gemäß Brünings Wunsch, auf ein Staatsbegräbnis zu verzichten. Doch fanden sie Wege, ihren Respekt vor dem toten Reichskanzler angemessen zu bekunden. Die Bundesregierung ordnete für den Tag der Beisetzung an, daß öffentliche Gebäude halbmast flaggen sollten. Da er keine Verwandten mehr besaß, kondolierten Heinemann, Brandt und Außenminister Walter Scheel der Patentochter Herta Vollmar. Heinemann erinnerte als Zeitgenosse an den »schwarzen Montag« von Brünings Rücktritt am 30. Mai 1932. Brandt, einst ein politischer Gegner Brünings in den Weimarer Jahren, betonte, daß der Verstorbene »als verantwortungsbewußter Politiker mit aller Kraft sich dafür eingesetzt« habe, »die heraufkommende Katastrophe von dem deutschen Volk abzuwenden«.[201]

Der Leichnam wurde in Begleitung von Claire Nix per Flugzeug von Boston nach Frankfurt am Main gebracht und von dort in einer Noratlas-Maschine der Luftwaffe nach Köln-Wahn überführt, wo er am 3. April um 12.30 Uhr Ortszeit landete und mit militärischen Ehren durch die Luftwaffenkompanie des Bonner Wachbataillons der Bundeswehr in Anwesenheit des Bundeskanzlers, des Bundestagsvizepräsidenten Hermann Schmitt-Vockenhausen, des CDU-Vorsitzenden und ehemaligen Bundeskanzlers Kiesinger, der Brüning seit den zwanziger Jahren gekannt und sich nach dem Kriege vergeblich darum bemüht hatte, ihn wiederzusehen, des stellvertretenden CDU-Vorsitzenden Gerhard Stoltenberg und des Staatssekretärs Dietrich Spangenberg, der den Bundespräsidenten vertrat, sowie des Regierungssprechers Conrad Ahlers empfangen wurde.

Unter den Klängen eines Trauermarsches wurde der Sarg von Soldaten aus dem Flugzeug gehoben. Das Wetter war stürmisch und regnerisch. Der Sarg war in eine schwarz-rot-goldene Fahne gehüllt, deren Farben auch jene der Weimarer Republik gewesen waren. Während die Kompanie das Gewehr präsentierte, spielte das Stabsmusikkorps den Choral »Jesus meine Zuversicht«, das Lied vom guten Kameraden und die Nationalhymne. Bundeskanzler Brandt erlebte die Zeremonie mit unverkennbarer innerer Bewegung. Es war die Begegnung mit dem toten Reichskanzler, dem er sich durch das gemeinsame Schicksal der Emigration verbunden fühlte. Die sterblichen Überreste des Reichskanzlers wurden von acht Unteroffizieren zu einem Katafalk gebracht, gefolgt von Kränzen des Bundespräsidenten und der Bundesregierung, die von je zwei Soldaten getragen wurden. Danach wurde der Katafalk zur Autobahn und von dort aus von zwei Polizeifahrzeugen weiter nach Münster geleitet. Dort wurde der Sarg von sechs Ratsherren empfangen, die ihn zur Kapelle des Zentralfriedhofs geleiteten.[202]

Am Sonntag, dem 5. April fand eine Feierstunde im Rathaus statt, bei der der Historiker Rudolf Morsey die Trauerrede hielt. Dieser würdigte vor allem das Persönlichkeitsprofil und die politischen Ziele des ehemaligen Reichskanzlers. Der Redner stellte sich die Frage, was der »Historiker über Größe und Grenze eines Politikers aussagen« könne, »dessen Werk noch ähnlich umstritten ist wie vor nahezu vierzig Jahren«. Man könne ihm nicht gerecht werden, ohne seine »Sicht der Menschen und Dinge« zu kennen, was jedoch ohne die bei seinem Tode noch nicht erschienenen Memoiren kaum möglich sei. Morsey beschrieb die verschiedenen Stationen von Brünings Leben und bescheinigte ihm eine ungewöhnliche persönliche Hilfsbereitschaft, die Bereitschaft zur politischen Verantwortung, sowie den Willen, die freiheitliche Staats- und Gesellschaftsordnung zu erhalten.[203]

Die Exequien fanden drei Tage später in St. Ludgeri, Brünings Taufkirche, als Pontifikalamt mit dem Münsteraner Bischof Heinrich Tenhumberg statt.[204] Das politische Bonn war bei diesem Gottesdienst durch den Vizepräsidenten des Bundestages, Carlo Schmid, Landwirtschaftsminister Josef Ertl für die Bundesregierung, den nordrhein-westfälischen Ministerpräsidenten Heinz Kühn, den CDU/CSU-Fraktionsvorsitzenden Barzel und die ehemaligen Minister Krone, Wuermeling und Westrick, der seit Jahrzehnten mit Maria und Heinrich Brüning befreundet gewesen war, sowie den früheren Botschafter in Moskau und Ankara, Horst Groepper und den Chef des Protokolls, Botschafter Hans Schwarzmann, vertreten. Bischof Tenhumberg würdigte die strenge Pflichtauffassung des Politikers vor dem Hintergrund einer christlichen Grundhaltung. Über seinem Leben habe ein »eigenartiges Geheimnis« gelegen. Der verstorbene Staatsmann sei immer auch ein einsamer Beter gewesen, der den politischen Dienst an seinem Vaterland als ein persönliches Kreuz auf sich genommen habe.[205]

Die Beisetzung fand anschließend im engsten Kreise in aller Stille in der Familiengruft, im Südostteil des Erbgruftenfeldes St. Antonius, statt. Als persönliche Freunde nahmen Heinrich Krone und Franz-Josef Wuermeling an der Feier teil. Zuvor war der Leichnam in der Kapelle des Zentralfriedhofs aufgebahrt worden, wo sich rund 450 Personen in das Kondolenzbuch eintrugen.[206] Die Kosten für Überführung und Beisetzung trug die Staatskasse, da der Exkanzler mittellos verstorben war.[207] Nach den Unterlagen im Gemeindearchiv von Norwich wurde der Wert des Hauses auf 25.000 Dollar, der Hausrat auf 540 und die vorhandenen unveröffentlichten Papiere auf 100 Dollar geschätzt.[208]

Brünings Grab schmückt ein schlichtes Steinkreuz und eine Steinplatte, der zu entnehmen ist, daß er in den Jahren 1930 bis 1932 Reichskanzler und Ehrenbürger der Stadt Münster gewesen war. Der Nachruf Heinrich Krones im »Rheinischen Merkur« ging auf eine Anregung von Bundeskanzler Willy Brandt zurück. Krone verwies ebenso wie in einem vier Jahre zuvor veröffentlichten Geburtstagsartikel auf das gemeinsame Verdienst jener Emigranten, die einen entschiedenen Trennungsstrich zu den Machthabern des Dritten Reiches gezogen hätten und denen man dafür dankbar sein müsse, »wenn der Glaube an ein freiheitliches Deutschland draußen nicht ganz erloschen sei«.

Die Anspielung auf Adenauers Kritik an den führenden SPD-Politikern wie Brandt und Wehner war unverkennbar. Krone rückte im übrigen die Kritik Adenauers an Brüning zurecht: »Ich weiß aus meinen Unterhaltungen mit Brüning, daß er das deutsche Gespräch mit dem Osten für unausweichlich hielt, ich weiß aber auch, daß er dabei vor aller Selbstsicherheit und Euphorie warnte; und ich weiß vor allem, daß er nie bedingungslos in Verhandlungen hineingehen wollte. Was hier einmal vertan würde, bliebe vertan; wer mit Moskau verhandeln wolle, müsse ebenso wie Moskau Zeit mitbringen; keine Verhandlung nach Osten dürfe die Existenz des eigenen Staates gefährden.« Krone scheute sich nicht, die Differenz zwischen den beiden Staatsmännern hervorzuheben, indem er Brünings Kritik an Adenauers allzu großer Eile in der Außenpolitik und dessen Hinweise auf das Vorbild der Japaner immerhin im Rückblick als erwägenswert bezeichnete, ohne in seiner irenischen Art einen prinzipiellen Gegensatz anzuerkennen.[209]

V. BILANZ EINES POLITISCHEN LEBENS

> »Überdies war jener tüchtige Mann in all seinem Unglück sehr stark. Nur in einem Dinge war er, ich weiß nicht, ob ich sagen soll, unduldsam oder gehässig, nämlich in Parteisachen, und seit der Verbannung weit mehr, als es seiner Würdigkeit zustand und er selbst wollte, daß es andere von ihm glauben sollten.« (Giovanni Boccaccio, Leben Dantes)[1]

1. Die Staats- und Wirtschaftskrise der Weimarer Republik

Das Notverordnungsregime

Brünings Denken und Handeln war seit dem Ende des Ersten Weltkrieges von einem ausgeprägten Krisenbewußtsein bestimmt, das ihn dazu trieb, wichtige politische Aufgaben als Geschäftsführer der Christlichen Gewerkschaftsbewegung und als Abgeordneter der Zentrumspartei im Deutschen Reichstages zu übernehmen. Allerdings meinte er bei seiner Ernennung zum Reichskanzler 1930, daß seine Sache bereits zu neunzig Prozent verloren sei. Sein politisches Schicksal war insofern mit der historischen Situation verknüpft, in die er hineingestellt war. Die Verantwortung für andere Menschen in schwierigen, hoffnungslosen Situationen hatte er jahrelang als Frontkämpfer des Ersten Weltkrieges tragen müssen, obwohl seine psychische und physische Konstitution dies nicht ohne weiteres erwarten ließ. Als der Kriegsfreiwillige 1919 von der Front zurückgekehrt war, ging er nach Berlin, nicht zuletzt in der Absicht, in irgendeiner politischen Funktion zur Überwindung der Folgen der militärischen Niederlage Deutschlands beizutragen.

Auf Betreiben der Reichswehr hatte sich Reichspräsident v. Hindenburg nach dem Ende der Regierung Hermann Müller im März 1930 entschlossen, ein weitgehend von den Parteien unabhängiges Kabinett unter Brüning zu berufen. Brüning hatte den Sturz des Kanzlers nicht betrieben, sondern vielmehr alles getan, um Müller zu unterstützen. Die neue Regierung ist nicht von vornherein ein »Präsidialkabinett« gewesen, auch wenn von Anfang an in politischen Kreisen von einem »Hindenburg-Kabinett« die Rede war. Sie stellte allerdings einen Versuch dar, die Handlungsfähigkeit der Exekutive in der Krise der Republik wiederherzustellen.[2]

Die Entmachtung des Reichstages war nicht die Absicht des neuen Kanzlers. Er scheint ursprünglich sogar beabsichtigt zu haben, während seiner Kanzlerschaft den Fraktionsvorsitz seiner Partei beizubehalten.[3] Der Sozialdemokrat Julius Leber erkannte 1933 rückblickend nicht ohne Grund die Herkunft der Regierung Brüning aus der parlamentarischen Praxis an. Für ihn war sie bei allen Vorbehalten die letzte Form einer verfassungsmäßigen Regierung gewesen, der nur noch der von Oswald Spengler beschworene Caesarismus oder ein Faschismus nach italienischem Vorbild folgen konnte. Für Leber, der Brünings Lohn- und Gehaltssenkungen leidenschaftlich bekämpft hatte, machte dessen Sturz »der Demokratie von Grund auf ein Ende«.[4]

Die verfassungspolitische Problematik des Regierens mit Hilfe von Notverordnungen war Brüning von Anfang an bewußt. Er zögerte, sich der Präsidialvollmacht zur Sanierung des Haushaltes zu bedienen, und bemühte sich deshalb zunächst um die Zustimmung des Reichstages. Allerdings hielt er die Anwendung des Artikels 48 zur Lösung haushaltspolitischer Probleme in der Amtszeit Eberts in den Jahren 1923-1924 für legitim und betrachtete eine Rückkehr zu dieser Praxis als vertretbar. Dies war auch die Ansicht Hermann Müllers gewesen, der sich noch kurz vor dem Bruch der Großen Koalition um Vollmachten Hindenburgs zur Haushaltssanierung bemüht hatte. Die Stabilisierung der Währung unter Ebert war nicht zuletzt durch die Anwendung des Notstandsartikels gelungen. Sie stellte seinerzeit bereits eine gesetzesvertretende Maßnahme dar. In der problematischen Anwendung dieses Artikels in Verbindung mit Artikel 25 war am 13. März 1924 ein Präzedenzfall für spätere Maßnahmen unter Hindenburg geschaffen worden.[5]

Daß die Haushaltsvorlage im Juli 1930 abgelehnt wurde, war nicht unbedingt vorauszusehen, doch mußte sich Brüning vorwerfen lassen, er habe mit Rücksicht auf den Willen des Reichspräsidenten, die Sozialdemokratie von jedem Einfluß auf die Regierungspolitik ferngehalten und nicht den letzten Verhandlungsspielraum für eine Zustimmung der SPD zur Regierungsvorlage ausgelotet und genutzt. Die überstürzte Reichstagsauflösung, die auf die Abstimmungsniederlage der Regierung folgte, sollte sich als ein für das Schicksal der Republik verhängnisvoller Fehler erweisen, obwohl sich die großen Parteien davon Vorteile versprachen. Sie erwarteten jeweils für sich Stimmengewinne, doch erfüllten sich am 14. September 1930 nur die Hoffnungen der Nationalsozialisten und – in geringerem Maße – der Kommunisten.

Brüning hatte vergeblich gehofft, daß die Volkskonservativen unter Führung von Treviranus die gemäßigte bisherige deutschnationale Wählerschaft zu sich herüberziehen würde. 1947 behauptete er einmal rückblickend, die Regierung habe mit noch größeren Erfolgen der Nationalsozialisten gerechnet, wenn die Wahlen später stattgefunden hätten. Damit war der schwere politische Fehler, den Reichstag aufzulösen, nicht zu entschuldigen. Da die SPD nach den Wahlen die Regierung tolerierte, konnte der Kanzler eine neuerliche Reichstagsauflösung vermeiden.

Die Reparationsfrage

Die Weltwirtschaftskrise bestimmte die Entscheidungen des Reichskanzlers in der Wirtschaftspolitik, die zunächst den Reichshaushalt sanieren sollten, schließlich aber in das umfassende Konzept mündeten, das darin bestand, eine mittelfristige Lösung der Wirtschaftskrise mit dem Ende der Reparationen an die Siegermächte des Ersten Weltkrieges zu verbinden. Die Reparationsfrage wurde wenige Wochen nach Brünings Rücktritt gelöst, nachdem erfolgversprechende Verhandlungen zwischen Deutschland und Frankreich in Luxemburg (Comité Mayrisch) begonnen hatten. Die Wirtschaftskrise war damit freilich noch nicht überwunden, ob sie durch die deflationären Wirkungen der Sanierungsmaßnahmen Brünings wesentlich verstärkt wurde, ist fraglich. Hier ist daran zu erinnern, daß auch Frankreich und die sogenannten »Goldblock-Länder« im Westen durch Steuererhöhungen, Ausgabensenkungen und eine Minderung der Preise und Löhne versuchten, ihren Staatshaushalt zu sanieren.[6]

Im Sommer 1931 hatte die Wirtschaftskrise zu einem Zusammenbruch des deutschen Bankensystems im Gefolge der Danat-Krise geführt, den die Regierung Brüning mit großen Anstrengungen, d. h. massiven Eingriffen und mit Unterstützung der USA, vor allem mit Hilfe des sogenannten Hoover-Moratoriums in seinen wirtschaftspolitischen Auswirkungen zu begrenzen versuchte. Brüning erkannte spätestens im Herbst 1931, daß die staatlichen Haushaltseinsparungen, die er nicht zuletzt unter reparationspolitischen Gesichtspunkten weiterhin für notwendig hielt, einer aktiven Beschäftigungspolitik im Wege standen. Er wußte auch, daß solche Maßnahmen angesichts der wirtschaftlichen Depression kaum die auf vielen Seiten befürchteten inflationären Wirkungen gezeigt hätten.[7] Die Reichsregierung wäre grundsätzlich bereit gewesen, die Reparationssachleistungen fortzusetzen, da die deutsche Industrie durch das Moratorium Auslandsaufträge in Höhe von 600 Millionen Reichsmark verlor.[8] Eine kreditfinanzierte Beschäftigungspolitik wäre andererseits aber mit der angestrebten Haushaltssanierung unvereinbar gewesen. Angesichts der in wenigen Monaten schon greifbaren Lösung der Reparationsfrage wollte Brüning jedoch jedes falsche Signal an die Adresse der Siegermächte vermeiden, das die Parole »Wir können nicht zahlen!« Lügen gestraft hätte.

Prinzipiell sollten die Reparationen aus dem Reichshaushalt gezahlt werden. Dies hätte im günstigsten Fall einen beträchtlichen Exportüberschuß vorausgesetzt, der nach dem Ausbruch der Wirtschaftskrise noch weniger als vorher zu erwarten war. Die Absicht Brünings, die Unmöglichkeit der Zahlungen zu demonstrieren, entsprach einem politischen Konzept, das auf die Überwindung der Ordnung von Versailles zielte.[9] Die rechtlichen Hindernisse auf Grund des Reichsbankgesetzes, die Brüning gegenüber Keynes Anfang 1932 betonte, dürfen nicht übersehen werden, obwohl sie für ihn nicht ausschlaggebend waren. Auch wenn Brüning eine »Keynesianische« Lösung der Krise ablehnte, so blieb er doch stets unsicher, ob er genug getan hatte, um die Massenarbeitslosigkeit und damit die Ausbreitung der Hitler-Bewegung zu bekämpfen. An diesem Punkt hat die Kritik an seiner Politik immer wieder angesetzt. Seine Zweifel dürften sich angesichts der Popularität der Keynesschen Prinzipien in den fünfziger Jahren verstärkt haben, obwohl er von seinem Kollegen Alvin Hansen gehört hatte, daß der Brite seine Theorie vor seinem Tode angeblich noch habe modifizieren wollen.[10]

Eine kreditfinanzierte Arbeitsbeschaffung zum falschen Zeitpunkt barg nach seiner Ansicht die Gefahr, die Arbeitslosigkeit durch eine Verlängerung der Krise noch zu verschärfen, insbesondere, wenn man eine weitgehende Vollbeschäftigung anvisierte. Erreichbar sei allenfalls eine »gute durchschnittliche Beschäftigung auf mehrere Jahre«.[11] Seine stets bewiesene Bereitschaft, unpopuläre Ansichten zu vertreten, wenn er von ihrer Richtigkeit überzeugt war, fand hier eine Grenze. Brüning zweifelte, ob er Keynes zumindest teilweise recht geben mußte. Lange Zeit blieb er unsicher, ob er ihn bei dessen Besuch in Berlin 1932 richtig verstanden habe. Die Unsicherheit im Hinblick auf das Keynessche Konzept teilte er mit anderen deutschen Politikern wie Carl Goerdeler.[12] Dagegen sind die Überwindung der Bankenkrise 1931 und die Vorbereitung des Reparationsendes letztlich als bedeutsame Erfolge zu konstatieren, die durch eine insgesamt glückliche Hand in der Außenpolitik möglich wurden, wenn man von dem Scheitern der deutsch-österreichischen Zollunion absieht, das freilich indirekt zu einer Revision der alliierten Haltung gegenüber Deutschland beitrug.

Das Problem der Deflationspolitik

Seit Herbst 1930 setzte die Regierung Brüning die Maßnahmen zur Sanierung des Haushaltes fort, in der Absicht, die Unfähigkeit zur Zahlung der Reparationen nach dem Young-Plan gegenüber den Westmächten zu demonstrieren. Die Staatsausgaben wurden um 38 Prozent beziehungsweise 4,4 Milliarden Reichsmark gesenkt. Die vage Hoffnung, Deutschland werde rascher die Wirtschaftskrise überwinden als vergleichbare Industriestaaten, erwies sich dennoch bald als trügerisch. In der Rückschau behauptete Brüning, es wäre im Hinblick auf dieses Ziel besser gewesen, wenn der Dawes-Plan noch ein Jahr länger in Kraft geblieben wäre. In diesem Falle wäre der Reparationsagent für die deutschen Zahlungen bis zu ihrer Aufhebung verantwortlich gewesen.[13]

Die Sparmaßnahmen der Regierung hatten die Krise nicht verursacht, wirkten ihr aber auch nicht entgegen. Denn sie schwächten den Wirtschaftskreislauf und erschwerten den Export. Der deutsche Auslandskredit war zudem nach dem verfehlten Tributaufruf vom 5. Juni 1931 weitgehend vernichtet. Der Versuch, Preise und Löhne zu senken, um die Wirtschaft vor den Folgen des fallenden Preisniveaus auf dem Weltmarkt zu schützen, hatte kaum Erfolg. Die Bankenkrise im Sommer 1931 stellte eine zusätzliche schwere Belastung der Wirtschaft dar, die die Regierung jedoch durch eine einschneidende Verschärfung der Bankenaufsicht und Beschränkungen des Devisenverkehrs zu beherrschen suchte.

In seinen restriktiven Maßnahmen sah sich Brüning im Gegensatz zu Keynes, aber doch in Übereinstimmung mit den meisten führenden Finanz- und Wirtschaftsexperten seiner Zeit. Als sich Ende 1931 die deflationären Folgen der Sparmaßnahmen zeigten, erkannte er, daß die vielfach beschworene Inflationsgefahr während der Wirtschaftskrise kaum bestand und die Wirtschaft von seiten des Staates verstärkt gefördert werden müsse. Er lehnte gleichwohl eine umfassende kreditfinanzierte Arbeitsbeschaffung ab, zumal sich die Reichsbank wegen des Reichsbankgesetzes weigerte, die entsprechenden Kredite bereitzustellen. Andere Kreditgeber standen nicht zu Verfügung, da der deutsche Kapitalmarkt darniederlag.[14]

Brüning sah den günstigsten Zeitpunkt für einen wirtschaftspolitischen Kurswechsel unmittelbar nach dem offiziellen Ende der Reparationen.[15] Im übrigen leugnete er stets, eine Deflationspolitik als primäres Ziel betrieben zu haben, was ihm von einem Teil der Forschung bestätigt wird.[16] Der Streit geht um die sozialen Folgen seiner, wie sich schon wenige Jahre nach seinem Sturz herausstellte, insgesamt erfolgreichen wirtschafts- und außenpolitischen Konzeption.[17]

Nicht erst in den Jahren der Emigration hatte Brüning Zweifel, ob er mit seiner indirekten Deflationspolitik den richtigen Weg eingeschlagen hatte. Nach Richard Schüller, der ihn in Harvard besuchte, kam er nicht von der Frage los, ob er wirtschaftspolitisch Hitler unabsichtlich den Weg gebahnt habe.[18] Neue Wege der Arbeitsbeschaffung waren seit Herbst 1931 verstärkt unter den Fachleuten diskutiert worden. Tatsächlich waren alle diese Pläne, die nicht wesentlich über ein Volumen von einer Milliarde RM hinausgingen, kaum geeignet, nennenswerte Beschäftigungseffekte zu erzielen. Auch der Kanzler suchte nach Wegen, den Arbeitsmarkt auf indirektem Wege zu beleben, teilweise gelang dies durch heimliche Kreditgewährung, zuletzt auch durch Siedlungsförderung vor allem im Osten, was freilich den Widerstand der Großlandwirtschaft, des Reichslandbundes, hervorrief. Der Vorwurf des »Siedlungsbolschewismus« gegen die Regierung bestärkte Hindenburg schließlich in seinem Willen, sich von Brüning zu trennen.

Das Ende der Reparationen im Zeichen der Wirtschaftskrise betrachtete Brüning als ein in absehbarer Zeit erreichbares politisches Ziel, von dem er sich günstige Auswirkungen auf die Wirtschaftsentwicklung und die innenpolitische Lage versprach. Dagegen glaubte er, daß Kreditspritzen für den Arbeitsmarkt nur von geringer oder nur vorübergehender Wirkung sein würden, so lange der Tiefpunkt der Krise nicht durchschritten war. Dies war im Frühjahr 1932 noch nicht der Fall. 1956 schrieb er, daß viele neuere zeitgeschichtliche Darstellungen, etwa Brachers Werk über die Auflösung der Weimarer Republik, die Bedeutung der Reparationen für die Innen- und Außenpolitik unterschätzten.[19]

Faktisch war das Problem schon bei Brünings Abgang gelöst gewesen – wenige Wochen vor der Lausanner Konferenz im Juli 1932, auf der Reichskanzler Franz v. Papen die Streichung der Reparationen gegen eine Restzahlung von drei Milliarden RM erreichte. Die Zahlung unterblieb letztlich, unter anderem, weil das Abkommen keinen festen Termin vorsah.

Erfolge in der Außenpolitik

Zwar entschied sich Brünings Schicksal in der Innenpolitik, doch betrachtete er die Außenpolitik als seine eigentliche Domäne. Sie bildete den Hintergrund für sein Selbstverständnis als Politiker. Die Einsicht, daß jeder Staatsmann in einem prinzipiellen Sinne irgendwann einmal scheitern müsse, formulierte er, wie wir gesehen haben, erst in den Jahren seines zweiten, freiwillig gewählten Exils. Bis zuletzt blieb er überzeugt, daß Außenpolitik nicht Sache der Parteien und des Volkes sein dürfe. Es bedeute eine ungeheure Gefahr, wenn diese die Führung in der Außenpolitik übernähmen.[20]

An seinem Willen, als Kanzler zu einer Verständigung mit den ehemaligen Kriegsgegnern zu gelangen, ist nicht zu zweifeln, obwohl er eine härtere Gangart in der Reparationsfrage als seine Vorgänger einschlug. Um Brünings innenpolitisches Dilemma zu verstehen, muß man berücksichtigen, daß die Pflege der auswärtigen Beziehungen im öffentlichen Bewußtsein der Weimarer Zeit gegenüber den innenpolitischen Aufgaben und Problemen nur einen geringen Stellenwert besaß, was Brüning ebenso wie Papen erfahren mußte. Selbst Hindenburg und Schleicher ignorierten angesichts der innenpolitischen Lage weitgehend die außenpolitischen Zusammenhänge. Brüning versuchte vergeblich, den innenpolitischen Druck auf die Regierung durch außenpolitische Erfolge zu kompensieren. Rathenau und Stresemann hatten seinerzeit ähnliche Erfahrungen machen müssen.[21] Brüning hielt sich an die traditionellen Linien der Weimarer Außenpolitik, insofern als diese nicht zuletzt durch den Willen charakterisiert war, keine Bündnisse einzugehen, um eine – angeblich übermächtige – politische Abhängigkeit zu vermeiden.[22] Diesem Prinzip huldigte er noch nach dem Zweiten Weltkrieg, als er beispielsweise in seinem Düsseldorfer Vortrag von 1954 vor einer »dogmatischen« Außenpolitik warnte.

Vor allem im Hinblick auf die Außenpolitik war Brüning sicher, daß das Handeln der Staatsmänner von größter Tragweite für das Schicksal der Völker sei. In den Monaten nach der Berufung Hitlers und den Jahren des Exils verstärkte sich diese Gewißheit, als es auch für ihn darum ging, Wege zu suchen, um Hitlers Herrschaft zu beseitigen. Er wußte, daß das Regime nicht demokratisch legitimiert war und folglich auch nicht dem wirklichen Volkswillen entsprach. Ebensowenig wie andere Gegner Hitlers konnte Brüning allerdings den massenhaften Rückhalt ignorieren, den die Nationalsozialisten in mehreren Wahlen gewonnen hatten, obwohl Hitler bei der letzten noch einigermaßen repräsentativen Wahl vom 5. März 1933 die absolute Mehrheit verfehlt und parlamentarisch auf die Unterstützung der Deutschnationalen angewiesen war.

Brüning wußte als Kanzler, daß er sich innenpolitisch nicht auf eine klare Mehrheit in der Bevölkerung stützen konnte, so wichtig die Tolerierungsmehrheit im Reichstag auch gewesen war. Er fühlte sich an den Regierungsauftrag des Reichspräsidenten gebunden und glaubte im Interesse seines Landes zu handeln. Ihm war freilich klar, daß die Erkenntnis des richtigen Weges, wie er ihn verstand, nicht ohne weiteres der Mehrheit der Wähler zu vermitteln war. Das war jener Mut zur Unpopularität, den er stets im Sinne des Gemeinwohls, vielleicht auch einer schweigenden Mehrheit für sich beanspruchte. Die Gefahr, die mit einer solchen Haltung verbunden war, bestand darin, jede unpopuläre Maßnahme, selbst jede unkluge, von vornherein als richtig im Sinne des Staatsinteresses zu verstehen, oder im Extremfall zu unterstellen, daß auch in einem demokratischen System die Mehrheit immer Unrecht haben müsse. Brüning wollte nicht so weit gehen, blieb aber zeitlebens skeptisch gegenüber der jeweils aktuellen öffentlichen Meinung. Diskretion war ihm selbstverständlich, nicht jedoch die Kraft, seine Gegner im politischen Spiel zu beherrschen, wie dies Kissinger Metternich nachsagte, was voraussetzte, daß diese alle »Produkte der gleichen Kultur« gewesen waren.[23] Eine andere Frage ist die, ob die beschworene Diskretion einen »unpolitischen« Begriff des Politischen voraussetzte, der den »Bedingungen und Möglichkeiten politischen Planens und Handelns in der modernen Massengesellschaft« (K. D. Bracher) widersprach.[24] Politische Planung und Diskretion müssen keineswegs einander widersprechen. Brüning nahm immer für sich in Anspruch, »staatspolitisch« zu handeln, so problematisch und unlogisch der Begriff scheinen mag.[25]

Zur Tragik seiner politischen Laufbahn gehört, daß die Alliierten 1932 jene Zugeständnisse, die sie Papen und Schleicher machten, nicht schon ihm zukommen ließen, von jenen ganz zu schweigen, die ihnen Hitler abnötigte. Dieser Mangel an politischer Fortune war auch hellsichtigen Zeitgenossen wie Konrad Adenauer gegenwärtig, der nach dem Zweiten Weltkrieg gelegentlich die westlichen Alliierten an diese schweren politischen Fehler in der Vergangenheit erinnerte, um eigene Forderungen durchzusetzen.[26]

Neben der Bewältigung der Bankenkrise im Sommer 1931 sind die Vorbereitung der Vereinbarungen über die Reparationen und die militärische Gleichberechtigung, die Brüning nur als Erlaubnis zu einer relativen Aufrüstung im Sinne des europäischen Gleichgewichts verstand, sowie die Steigerung des internationalen Prestiges seiner Regierung und seiner Person, nicht zuletzt durch seine Verhandlungen in London und Paris als Erfolge seiner Politik anzusehen. Seine Begegnungen mit führenden britischen Politikern in Chequers Anfang Juni 1931 sollten sich günstig auf die internationalen Beziehungen auswirken. Dennoch blieb ihm der entscheidende Durchbruch, eine breite Anerkennung in der deutschen Öffentlichkeit, versagt. Um so größeres Gewicht gewannen außenpolitische Mißerfolge, wie das Scheitern der deutsch-österreichischen Zollunion im Frühjahr 1931, die im Zeichen einer traditionellen »Mitteleuropa«-Konzeption stand.[27]

Der Verlauf der Wirtschaftskrise zum Zeitpunkt der Entlassung des Kanzlers galt seinen zeitgenössischen und seinen späteren Kritikern neben der wenige Monate später erfolgten Machtübernahme Hitlers als ein grundlegendes Argument gegen seine Politik. In wirtschaftspolitischer Hinsicht spielte die Kritik an seiner Deflationspolitik die entscheidende Rolle. Sekundäre Folgen seiner Sparmaßnahmen leugnete er keineswegs. Kreditfinanzierte Konjunktureingriffe im Sinne von Keynes lehnte er trotz aller Bedenken nicht prinzipiell ab, wollte damit aber bis nach der Lausanner Konferenz warten, vorausgesetzt, Deutschland erhielt dafür die Zustimmung der Alliierten gemäß der Währungssicherungsklausel des Young-Plans zugunsten der Reparationsgläubiger. Dies galt auch für eine Abwertung der Reichsmark gegenüber dem Gold beziehungsweise gegenüber dem Dollar, die er nach dem Abflauen der Wirtschaftskrise einleiten wollte. Insofern war seine Politik langfristig angelegt, ohne daß man seine Behauptung allzu wörtlich nehmen muß, er habe einen umfassenden Plan, gleichsam einen *Grand Dessein* verfolgt. Seine Fähigkeit, bei politischen Entscheidungen zu improvisieren und sich notfalls auch taktischer Aushilfen zu bedienen, stand dem nicht entgegen. Brünings Deflationspolitik, die zum Anwachsen der Arbeitslosenzahl beitrug, galt nach 1945 allerdings lange Zeit als »Paradebeispiel« für eine prinzipiell falsche wirtschaftspolitische Option, obwohl sie zu einer Zeit betrieben wurde, in der der Reichstag die Steuern nicht erhöhen wollte, einheimische Banken keine Kredite geben konnten und der internationale Kapitalmarkt erschöpft war. Aus diesem Grunde hat man Brüning ein »verbissenes Festhalten an der Marktstabilität« (J. K. Galbraith) vorgeworfen.[28]

»Zwangslagen und Handlungsspielräume«

Indessen wissen wir seit Knut Borchardts Untersuchungen über die »Zwangslagen und Handlungsspielräume«, die Brünings Politik äußerlich Grenzen setzten, daß die deutsche Wirtschaftspolitik seit Anfang der zwanziger Jahre durch übersteigerte

Subventionen in eine Schieflage geraten war. Die Krise für die Lösung der Reparationsfrage zu »instrumentieren« angesichts eines »Bündels« von »kurzfristig nicht lösbaren Aufgaben«, lag auf Grund des damaligen Wissensstandes nahe. Andererseits scheint Brünings Sparpolitik dazu beigetragen zu haben, daß Deutschland die Talsohle der Krise, die er als eine Art »Reinigungskrise« verstand, im Sommer 1932 erreichte. Eine frühere Gelegenheit, aktiv in die Konjunktur mit Aussicht auf einen nachhaltigen Erfolg einzugreifen, dürfte es nicht gegeben haben.[29] Das Problem wurde vordergründig unter dem Wirtschaftsminister Luther gelöst[30], ohne daß die von Brüning im Frühjahr und Sommer 1932 erkannte Chance wahrgenommen wurde, den Ersten Weltkrieg in seinen gleichsam anarchischen Folgen für die Weltwirtschaft und die internationalen Beziehungen zu liquidieren. Man konnte in diesem Sinne geradezu von einem »Normaljahr 1932« (Albert Mirgeler) sprechen. Die politischen Chancen dieses Jahres sollten Brüning auch in den nachfolgenden Jahrzehnten als Orientierungspunkte der Außenpolitik vorschweben.[31]

Anders ist die Frage zu beurteilen, ob es zu Beginn der dreißiger Jahre möglich gewesen wäre, die Anzahl der Arbeitslosen zu vermindern, wenn man dafür eine Verlängerung der Krise hingenommen hätte. Eine Keynesianische Lösung der Wirtschaftskrise hätte es damals nicht geben können, ob sich die Reichsregierung über die Bestimmungen des Reichsbankgesetzes hinweggesetzt und die internationalen Wirtschaftsbeziehungen durch einseitige Schuldenstreichungen gefährdet hätte oder nicht. Die Übereinstimmung der meisten Experten mit Brünings Sparkurs hielt ungefähr ein Jahr lang an.[32] Ausschlaggebend für ihn war, wie wir gesehen haben, zuletzt ein Zeitplan in der Reparationsfrage, der seit Sommer 1931 vor allem von der bevorstehenden Lausanner Konferenz bestimmt war.

Brünings unablässige Bemühungen um die Überwindung der Abrüstungsbestimmungen des Versailler Vertrages im Zeichen »militärischer Gleichberechtigung« Deutschlands haben einen anderen Stellenwert als die Lösung der Reparationsfrage im Rahmen seiner Außenpolitik. Die von ihm verfolgte »Aufrüstung für uns und die Abrüstung der anderen« hatte jedoch trotz der gegenteiligen Zielsetzung der Reichswehrführung keinen aggressiven, sondern lediglich einen sicherheitspolitischen Charakter, auch wenn er sich, wie er Stimson gegenüber erkennen ließ, nicht auf die Unterstützung der angelsächsischen Mächte für den – nicht allzu wahrscheinlichen – Fall verlassen wollte, daß Deutschland von dritter Seite, etwa durch Polen, angegriffen würde. Dies ist ihm nach dem Zweiten Weltkrieg von keinem Geringeren als Winston Churchill zugestanden worden. Nach dessen Auffassung hätte eine solche Regelung Brünings »persönliche Stellung selbstverständlich zu triumphaler Höhe erhoben«, was tatsächlich kaum zu erwarten war.[33] Die »militärische Gleichberechtigung« war Brüning im Frühjahr 1932 nach seinem Auftritt auf der Genfer Abrüstungskonferenz zumindest von amerikanischer und britischer Seite »im Prinzip« zugestanden worden. Mit der Zustimmung Frankreichs hatte er zum Zeitpunkt seines Rücktritts rechnen dürfen. Den öffentlichen Erfolg verbuchte allerdings Schleicher am 11. Dezember 1932 in Genf für sich, ohne daß er dies noch innenpolitisch ausmünzen konnte.

2. Der Untergang der Republik

Die Ära Brüning

Die Hochachtung, die Brüning gebühre, meinte Bundeskanzler Willy Brandt anläßlich seines Todes 1970, werde nicht dadurch gemindert, daß er trotz aller Mühen die mit dem Nationalsozialismus heraufkommende Katastrophe nicht habe verhindern können.[34] Brandt setzte den Akzent auf das Wirken des Exkanzlers in der Weimarer Zeit und damit auf die historische Rolle, die ihm die Geschichte in der Rückschau damals, drei Jahre nach Adenauers Tod, zugewiesen hatte. Seine Aktivitäten in der deutschen Politik nach dem Zweiten Weltkrieg wurden in der deutschen und der internationalen Presse kaum noch erwähnt. Brünings Kritik an Adenauer war weitgehend vergessen, während das Wirken des Reichskanzlers in den Jahren 1930/32 als dessen eigentlicher Beitrag zur deutschen Politik galt. Das Wort von Bischof Heinrich Tenhumberg während des Pontifikalrequiems deutete die Problematik eines langen politischen Lebensweges an: »Heinrich Brünings Lauterkeit ist von den Großen der Politik nicht verstanden worden. Mit Trauer stellen wir diese Mißverständnisse fest und beklagen die Folgen.«[35]

Damit wurde die historische Perspektive gleichsam wieder zurechtgerückt. Die Veröffentlichung der lange erwarteten Memoiren Brünings belebte die Auseinandersetzung um dessen Politik in den Weimarer Jahren, allerdings weniger in der Richtung, die Rudolf Morsey in seiner Rede anläßlich der Trauerfeier der Stadt Münster erwartet hatte. Es ging in der Folgezeit weniger um die Auseinandersetzung Brünings mit den Parteien, um die Deflationspolitik, das politische und persönliche Verhältnis zwischen dem Reichspräsidenten und seinem Kanzler, sowie den Kampf gegen Hitler als um ein Problem, das in der Diskussion um das Ende der Weimarer Republik bis dahin kaum beachtet worden war: die angeblichen Pläne Brünings, die Hohenzollernmonarchie im Einvernehmen mit Hindenburg wiederherzustellen.[36]

Diese Frage und ein fast gleichzeitig ausbrechender Rechtsstreit um die Authentizität der Memoiren, die Claire Nix herausgegeben hatte, überdeckten im öffentlichen Bewußtsein längere Zeit die Diskussion über das Wirken Brünings vor, während und nach dem Zweiten Weltkrieg. Ob Brüning Monarchist, gar »Herzensmonarchist« im Sinne Friedrich Meineckes gewesen war, erschien in den siebziger Jahren wichtiger als die Frage, ob seine Wirtschaftspolitik einst auf der Höhe der Zeit gestanden hatte, oder ob die Strategie in der Deutschlandpolitik, der er im Gegensatz zu Adenauer nach dem Zweiten Weltkrieg das Wort geredet hatte, richtig gewesen war. In diesen Zusammenhang gehört auch die Frage: War er ein »heimlicher Monarchist«, der seine Restaurationspläne hinter einer »Biedermannsmiene« (K. O. Frhr. v. Aretin) ebenso verborgen hat wie manche anderen Pläne?[37]

Der Vorwurf, Restaurationspläne verfolgt zu haben, schien zeitweise gleichbedeutend mit der Anklage, Gegner der Republik, mehr noch: der Demokratie gewesen zu sein, was angesichts der politischen Atmosphäre jener Jahre genügte, ihn nach dem physischen gleichsam auch einen »historischen Tod« (E. Deuerlein) sterben zu lassen.[38] Das Argument war zu simpel, um sich die Vergangenheit im Falle Brünings »vom Halse zu schaffen« (Goethe) und den Wert der Memoiren und der kurz danach veröffentlichten Aufzeichnungen als wertlos abzutun, gleichsam das Werk des gescheiterten Exkanzlers politisch zu entsorgen. Seine Äußerungen zur Restaurationsfrage nach dem Zweiten Weltkrieg waren entweder nicht bekannt oder wurden nicht beachtet. Die Monarchie nannte er zunächst historisch erledigt, später schränkte er dies ein, indem er meinte, es sei im Augenblick ungünstig, das Thema aufzuwerfen. Zu einem früheren Zeitpunkt hätte man, so meinte er gelegentlich, die Monarchie durch Volksabstimmung wiederherstellen können.[39]

Wichtiger war für ihn die Frage nach den Hintergründen seiner Entlassung als Reichskanzler im Mai 1932. Brüning versuchte sich noch nach Jahrzehnten immer wieder über die Ursachen, die zu seinem Sturz geführt hatten, klar zu werden, ohne zu einem endgültigen, der historischen Realität entsprechenden Ergebnis zu gelangen. Die Audienzen am 9. und 29. Mai 1932 im Reichspräsidentenpalais erwiesen sich zumindest vordergründig als entscheidende Ereignisse in seiner Laufbahn als Kanzler, deren Bedeutung durch die weltgeschichtliche Entwicklung der nachfolgenden Jahrzehnte eher unterstrichen als relativiert wurde. Sie demonstrieren dem historischen Betrachter, daß Anlaß und Ursache der Entstehung der deutschen Diktatur für den früheren Kanzler lebensgeschichtlich untrennbar miteinander verknüpft waren. Im Hinblick auf Deutschland, Österreich und die baltischen Staaten hat man mit guten Gründen von einer dritten Welle (G. Mai) der Errichtung von Diktaturen nach 1921-23 und 1926 zu Beginn der dreißiger Jahre gesprochen.[40]

Nach den Ursachen seines Sturzes zu fragen, hieß für ihn in den Jahrzehnten nach seinem Abschied von der aktiven Politik, immer auch dem Geheimnis der späteren Entwicklungen auf die Spur zu kommen. Daß sich die Frage für ihn als unlösbar erwies, daß er immer wieder andere geheimnisvolle Drahtzieher – Schleicher, Oskar v. Hindenburg und zuletzt auch Hans Schäffer – dafür verantwortlich machte, verweist auf das Problem, daß die Ursachen für die Entstehung des Dritten Reiches und dessen Zusammenbruch, ja das Schicksal Deutschlands und dessen weltpolitische Stellung im 20. Jahrhundert, ihm und vielen seiner Zeitgenossen mit zunehmendem Abstand immer rätselhafter wurden. Brüning erkannte die Unlösbarkeit dieses Problems, wenn er versuchte, eine einfache Erklärung für sein politisches Scheitern zu finden.

Das Mißverhältnis zwischen dem relativ alltäglichen Vorgang einer Kanzlerentlassung aus diesem oder jenem Grunde, wie man sie mehrfach in den Weimarer Jahren erlebte, und dem »Hineinschlittern« eines zivilisierten Landes in die Gewaltherrschaft blieb ihm unverständlich. Die Mängel der Weimarer Reichsverfassung und ein unzureichendes Demokratieverständnis seiner wesentlichen Repräsentanten reichen nicht aus, um den Aufstieg Hitlers und den Erfolg seiner Revolution zu erklären. Unausgesprochene Voraussetzung einer solchen Sicht war indessen die Überzeugung, daß sich die Hitler-Diktatur hätte verhindern lassen und ihr Entstehen von bestimmten konkreten Entscheidungen abhing, die auch anders hätten getroffen werden können. Daß er nach dem Zweiten Weltkrieg die strukturellen Mängel des politischen Systems der Weimarer Republik nicht mehr sehen wollte, ja sie verharmloste, steht auf einem anderen Blatt. Sein politisches Denken war auch in dieser Hinsicht bestimmt von der 1932 bestehenden außenpolitischen Lage, die nach seiner Überzeugung erstmals seit dem Ende des Ersten Weltkrieges eine internationale Friedensordnung bei Anerkennung aller legitimen Interessen der europäischen Staaten möglich gemacht hatte. Rückblickend beklagte er in seinen Memoiren, daß »der Sommer 1932 für die Welt und für Deutschland ungenützt verloren« gegangen sei.

Sein Sturz als Reichskanzler stellte für Brüning ein lebenslang nachwirkendes Trauma dar. Die Metapher von den hundert Metern, auf die er unter anderem auch noch in seiner Breslauer Wahlkampfrede von 1933 zurückgriff, erweckt die Vorstellung, daß er sein Ziel, die Stabilisierung der politischen Verhältnisse – und wohl auch sein Verbleiben im Amt – beinahe erreicht hätte. Es ging ihm in erster Linie darum, Hindenburg auf seiner Seite zu halten. Die Formel offenbarte aber auch die Hoffnungen, die er im Frühjahr 1932 hegte, obwohl er die Lösung der Reparationsfrage in Lausanne nicht von vornherein als sicher betrachtete. Er wußte, daß sein Sturz die deutsche Politik in die Richtung einer Diktatur der Nationalsozialisten lenken konnte. Den an sich geringfügigen taktischen Fehler, das unüberlegte Rücktrittsangebot bei der Audienz vom 29. Mai 1932, verzieh er sich nie, da er ihn als seinen eigenen Beitrag zu der verhängnisvollen Entwicklung sah, obwohl er dies gegenüber anderen nicht oder nur ungern eingestand. Tatsächlich hatte er das Vertrauen des Präsidenten zu diesem Zeitpunkt bereits verloren.[41]

So erforschte er immer wieder die Hintergründe, die den Sinneswandel des Reichspräsidenten bewirkt hatten. Er wußte, daß Schleicher seit langem an seiner politischen Fortune zweifelte, was auch Hindenburg bekannt war. Eine ostelbische Fronde spielte ebenfalls eine wichtige Rolle in der Umgebung des Reichspräsidenten, vor allem verstärkt durch den Einfluß, den sie auf Oskar von Hindenburg ausübte. Aber auch hier muß bedacht werden, daß die öffentliche Kritik an der Osthilfe im Januar 1933 das Urteil Brünings in der Rückschau über diese Vorgänge zusätzlich bestimmt hat. Die Gefahr eines Untersuchungsausschusses und das Gespenst einer Anklage des Reichspräsidenten, die sich kurz vor der sogenannten Machtergreifung Hitlers abzeichneten, scheint nicht nur im Bewußtsein Brünings nachträglich auch die Ereignisse vom Mai 1932 überschattet zu haben.

Brünings Weg als Politiker nach 1918 läßt sich in drei deutlich erkennbare Epochen einteilen: Die Jahre seines Wirkens als Parlamentarier und Reichskanzler, das Exil bis zum Ende des Zweiten Weltkrieges und sein inoffizielles Engagement in der Deutschlandpolitik bis zu seinem Tode. Die innere Einheit seines Lebens seit seiner Jugend erscheint durch die großen Katastrophen des Jahrhunderts bedingt. Sein Schicksal als Reichskanzler entschied sich durch den Ansturm der nationalsozialistischen Bewegung, nicht durch persönliche Fehler, nicht durch Intrigen gegen seine Politik und auch nicht durch verbreitete Zweifel in der Umgebung des Reichspräsidenten und in der Reichswehrführung an seiner politischen Begabung.

Das persönliche Format, die intellektuelle Überlegenheit gegenüber den meisten anderen Repräsentanten der damaligen politischen Klasse, schadete seiner Stellung eher, als daß sie ihm zugute gekommen wäre. Seine Entlassung als Reichskanzler blieb, wie angedeutet, das entscheidende Ereignis seines politischen Lebens, sowohl im Hinblick auf seine Rolle in der Weimarer Republik als auch für seinen späteren Weg in den Jahren des Exils, als er immer wieder, sogar noch in letzter Stunde versuchte, den Widerstand gegen Hitler zu stärken, womöglich sogar den Ausbruch des Krieges zu verhindern. Schließlich war er bestrebt, die Politik der Alliierten gegenüber Deutschland nach Kriegsende zu beeinflussen. Diese Versuche waren im Endergebnis ebenso vergeblich wie zuvor sein Kampf gegen die Wirtschaftskrise, den Verfall der Republik und später sein Widerstand gegen die Spaltung Deutschlands.

Der Politiker der Nachkriegszeit gewinnt nicht zuletzt aus der Perspektive der Weimarer Jahre an Profil. Das tatsächliche oder vermeintliche Scheitern des Reichskanzlers, symbolisiert durch seine von vielen Zeitgenossen unerwartete Entlassung durch Hindenburg, diente anläßlich seiner 1954 in Düsseldorf vorgetragenen Kritik an Adenauers Deutschlandpolitik oft als wohlfeiles Argument, ihn schlechthin als ewigen politischen Versager zu charakterisieren. Seine frühere Politik widerlegte angeblich von vornherein seine späteren Ansichten und Ratschläge. So wurde seine Kritik an Adenauers außenpolitischem Kurs unter Hinweis auf sein Schicksal als Reichskanzler oft als unqualifiziert abgetan. Die »Fehler« Brünings und die »Mängel« der Weimarer Republik gerieten in einen inneren Zusammenhang, abgesehen davon, daß sich die Bonner Republik oft geradezu als »Gegenentwurf« zu ihrer »gescheiterten« Vorgängerin verstand. Diese Sicht beherrschte zeitweise auch die zeitgeschichtliche Forschung. Gelegentlich wurde seine Rolle so vergröbert dargestellt, daß man ihn zum Wegbereiter Hitlers machte. Anders steht es freilich mit der Frage, in welchem Maße er unabsichtlich die Machtübernahme Hitlers begünstigt hat. Positiv gewendet lief dies darauf hinaus, zu fragen, ob er durch richtige Maßnahmen, Einsicht und Willen vorausgesetzt, die Machtübernahme Hitlers hätte verhindern können. Letzteres war vor allem auf wirtschaftspolitischem Gebiet durch beschränkte Handlungsspielräume und Zwangslagen begrenzt, wie Knut Borchardt nachgewiesen hat. Eine alternative Politik hätte demnach kaum wesentliche bessere Ergebnisse gezeitigt.[42]

Der Weimarer Politiker

Die Kritiker Brünings führten sein Scheitern immer wieder auf politische Fehlentscheidungen, vor allem eine falsche Wirtschaftspolitik, zuweilen auch eine falsche taktische Haltung gegenüber der NS-Bewegung zurück. Andererseits konstatierte Rudolf Morsey in seinem Münsteraner Vortrag zu Brünings 100. Geburtstag, Brüning habe die politischen Entscheidungen in seiner Regierungszeit persönlich stärker beeinflußt, als dies von den meisten der früheren Reichskanzler gesagt werden könne.[43]

Dieses Faktum ist vordergründig darauf zurückzuführen, daß Brüning seine Laufbahn im Konflikt mit dem Reichstag begann und daß er den Auftrag des Reichspräsidenten von vornherein mit einer wichtigen Aufgabe, der Sanierung des Reichshaushaltes, verband. Aber auch dieser Auftrag wirft die Frage nach dem politischen Selbstverständnis des damals vierundvierzigjährigen Politikers auf, der seine Laufbahn als Mitarbeiter des Berliner Großstadtseelsorgers Carl Sonnenschein nach dem Ende des Ersten Weltkrieges in Berlin begonnen hatte.

Lebenslang war Brüning durch sein katholisches Elternhaus, das Gymnasium Paulinum und sein Studium in München, Straßburg und Bonn geprägt. In diesem Sinne trifft das Urteil des Journalisten Hans Henrich zu, man könne gegen den »Mann der Tugend« sagen, was man wolle, aber selbst die schärfsten Gegner müßten anerkennen, daß »zwischen seiner persönlichen Frömmigkeit und seiner politischen Praxis zeitlebens eine echte Harmonie« bestanden habe.[44] In seinem persönlichen

Leben war ihm das Bibelwort: Der »Buchstabe tötet« (2 Korinther 3, 6) und die Frage: »Wer ist mein Nächster?« maßgebend.[45]

Daß Hitler ihn 1932 einfachhin einen »Römling« nannte, ihn später als charakterloses Subjekt bezeichnete und ihm eine »verbrecherische Gedankenlosigkeit« nachsagte, spricht für sich.[46] Staatssekretär Ernst v. Weizsäcker urteilte aus persönlicher Kenntnis, wenn er die Gewandtheit des Kanzlers auf dem internationalen Parkett in einen Zusammenhang mit dessen weltanschaulicher Orientierung stellte: »Sein ziemlich undurchdringlich-katholisch wirkendes Wesen paßte nicht schlecht in die internationale Sphäre und förderte uns so weit, daß im Wirbel der Weltwirtschaftskrise sein Nachfolger von Papen die reife Reparationslösung 1932 vom Baum schütteln konnte. Die Umwelt realisierte, daß eben von uns nicht mehr zu bekommen war.«[47] So war Brüning zumindest international keine völlig singuläre Erscheinung, wie Hans-Peter Schwarz im Hinblick auf Zeitgenossen wie Tardieu, Daladier und Reynaud feststellt, die ebenso wie er »gescheiterte Hoffnungsträger« gewesen seien. Schwarz nennt ihn »rational, unendlich wohlmeinend, staatstragend gesinnt, völlig unkorrupt und bemerkenswert selbstlos«.[48]

Der Dienst an der Westfront während des Ersten Weltkrieges, wo er zweimal verwundet worden war, hatte ihn in seiner Absicht bestärkt, eine politische Laufbahn einzuschlagen. Das Lehramt an einem Gymnasium schien ihm schon am Ende seines Straßburger Studiums nicht mehr erstrebenswert, was ihn schließlich zum Studium der Nationalökonomie in Bonn bewogen hatte. Das Berufsziel Privatdozent hatte ihm vorgeschwebt, als er an die Front kam. Er hatte sich aber auch eine Tätigkeit als Journalist, etwa für den »Economist« in London vorstellen können.[49]

Die Tätigkeit als Geschäftsführer des »Deutschen Gewerkschaftsbundes« führte Brüning mit einer gewissen Folgerichtigkeit 1924 in den Reichstag. Er war ein Vertreter des Gewerkschaftsflügels in der Zentrumspartei, obwohl er diese überwiegend an den katholischen Bevölkerungsteil gebundene Partei schon frühzeitig mit politischen und persönlichen Vorbehalten betrachtete. Dies bewies nicht zuletzt die bekannte Stegerwaldsche Rede in Essen von 1920, an deren Redaktion er wesentlichen Anteil hatte. Dem dort beschworenen Ideal einer überkonfessionellen christlich-demokratischen Partei blieb er Zeit seines Lebens verpflichtet. Er bedauerte es nach dem Zweiten Weltkrieg, daß sich die Hoffnungen auf eine Annäherung der Konfessionen nicht im gewünschten Maße erfüllten.[50]

Es war nur konsequent, daß er beispielsweise 1950 die Definition eines neuen Mariendogmas durch Pius XII. bedauerte. Er hatte Verständnis dafür, daß diese Entscheidung des Papstes innerhalb und außerhalb der katholischen Kirche teilweise auf Ablehnung stieß. Brüning war der Meinung, daß diese Schwierigkeiten auf nicht ausgetragenen Gegensätzen zwischen der jüdischen Tradition und dem griechischen Denken in der Lehre von der Auferstehung des Fleisches beruhten, die die Kirche besser früher hätte klären sollen. Hier zeigte er sich als gelehriger Schüler seines Lieblingsautors Walter Pater, der einer paritätischen Rezeption der heidnischen und christlichen Kulturbereiche im Sinne abendländischer Kontinuität das Wort geredet hatte. »Hätte man den Streit um den spanischen Semipelagianismus entschieden, so wäre kein Luther, wenigstens als Dogmatiker der Gnadenlehre, möglich gewesen, und das deutsche Volk würde Europa beherrscht haben.« Dies hätte, wie er annahm, allerdings vorausgesetzt, daß Martin Luther mit den Entscheidungen der Kurie angesichts der »feinen und wunderbaren Subtilitäten der deutschen Sprache«, die nicht ins Lateinische zu übersetzen seien, einverstanden gewesen wäre.[51]

Brüning schätzte die führenden Vertreter des deutschen Protestantismus, die er 1948 in Bethel getroffen hatte. Die traditionellen Zentrumsanhänger, vor allem viele Mitglieder katholischer Vereine aber auch der CDU, seien in ihrem Denken oft oberflächlicher als die (kirchlich gesinnten) Protestanten. Es sei notwendig, künftig die kirchenfernen Bevölkerungskreise für christliche Grundsätze zu gewinnen, sofern sie nicht ausdrücklich kirchenfeindlich seien.[52] Während Brüning Pius XII. stets reserviert gegenüberstand, so schätzte er doch dessen Vorgänger Pius XI., dem er 1931 bei seinem Besuch im Vatikan begegnet war. Mit Freude begrüßte Brüning 1958 die Wahl Johannes XXIII., dessen Persönlichkeit nach seinem Eindruck jener des zweiten Vorgängers auf dem Stuhl Petri ähnelte. Beide seien aus der Seelsorge, will sagen: nicht aus der päpstlichen Diplomatie hervorgegangen.[53]

Spuren seiner früheren gewerkschaftlichen Tätigkeit lassen sich in seiner politischen Laufbahn bis in die Zeit nach 1945 nachweisen, als er empfahl, bestimmte Formen der genossenschaftlich organisierten Wirtschaft wie in der Kaliindustrie und in der Elektrizitätswirtschaft auszuweiten. Im Reichstag war Brüning 1929 eine parlamentarische Führungsrolle zugefallen, nachdem er sich als Haushaltsexperte einen Namen gemacht hatte. Als Vertrauter des Parteivorsitzenden Kaas war er an die Spitze der Zentrumsfraktion gelangt, ohne daß er wesentliche Widerstände hätte überwinden müssen. Das Amt des Reichskanzlers war für ihn früher oder später erreichbar, abgesehen davon, daß er wiederholt als Minister im Gespräch gewesen war.

Die NS-Bewegung

Brüning sah die Ursachen der nationalsozialistischen Bewegung in erster Linie in der Wirtschaftskrise und erwartete, daß sie sich wieder verlaufen werde, wenn die Krise abflaute. Die NS-Ideologie hielt er selbst für intellektuell unerheblich und nicht der näheren Analyse und Auseinandersetzung wert. So ist es nicht verwunderlich, daß er Hitlers »Mein Kampf« erst in den Jahren der Emigration las. Die Nazis hätten keine Ideen und keinen »einzigen eigenen Gedanken«, meinte er noch 1939. Die vom Regime massenhaft organisierte Entfernung von mißliebigen Büchern aus den öffentlichen Bibliotheken betrachtete er als bezeichnend für die inhaltliche Dürftigkeit des ideologischen Programms.[54] Die Phraseologie faszinierte ihn keineswegs, obwohl ihm selbst nationales Pathos im Sinne der Zeit durchaus geläufig war. Von einer »nationalistischen Mimikry« bei Brüning selbst zu sprechen, wie Leopold Schwarzschild unmittelbar nach dessen Entlassung meinte, scheint allerdings unangebracht.[55] Ein Körnchen Wahrheit enthält der von rechts gegen ihn erhobene Vorwurf, er sei der »nationalen Bewegung« verschlossen gewesen und habe sie mit den Mitteln der »parlamentarischen Taktik« zu bekämpfen versucht.[56]

Für ihn gab es zwei Wege, die Hitler-Bewegung einzudämmen und zu bekämpfen: Man müsse sie entweder gewaltsam unterdrücken oder einer Art Abnutzungsstrategie unterwerfen, indem man sie auf irgendeine Weise in die politische Verantwortung einbeziehe. Die erstere Lösung lehnte Hindenburg entschieden ab, so daß Brüning ohnehin die Möglichkeit genommen war, sie zu realisieren. Eine vertrauliche Denkschrift, die aus den Beratungen eines Kreises demokratisch gesinnter Persönlichkeiten aus mehreren Parteien in Köln hervorgegangen war, empfahl dem Kanzler beispielsweise, einen Schlag gegen die NSDAP und ihre Hintermänner, darunter auch ihre industriellen Förderer, durch die Veröffentlichung von belastendem Material zu führen. Sie sah vor, die Nationalsozialisten zu einem Putschversuch zu provozieren und daraufhin zu verbieten. Brüning nahm dies zwar interessiert zur Kenntnis, ging aber nicht darauf ein. Dagegen scheint er mit führenden Militärs und maßgeblichen Politikern der SPD im Herbst 1931 Pläne für eine Unterdrückung der NSDAP für die Zeit nach der Lausanner Konferenz erörtert zu haben. Auch bei den Siegermächten sondierte die Reichsregierung anscheinend wegen einer zeitweiligen Einberufung von Freiwilligen für den Fall von gleichzeitig ausbrechenden Aufständen der Nationalsozialisten und Kommunisten. Dies wäre nach den Versailler Abrüstungsbestimmungen nur mit Zustimmung der Alliierten zulässig gewesen.[57]

Da sich der Reichspräsident weigerte, die extremen Parteien zu verbieten, stand die Beteiligung der Nationalsozialisten an einer Reichsregierung spätestens im Herbst 1931 auf der Tagesordnung. Eine Unterstützung der Regierung Brüning durch die Deutschnationalen hatte Hugenberg dagegen schon im Sommer 1930 abgelehnt und so die Rückkehr zu parlamentarischen Verhältnissen, zur Bildung einer regierungsfähigen Mehrheit, verhindert. Er verlangte ebenso wie Hitler die Entlassung Brünings und erweckte den Anschein, daß die Deutschnationalen unter Umständen im Gegenzug einer Verlängerung der Amtszeit Hindenburgs zustimmen würden.

Bald stellte sich heraus, daß dies ein Scheinmanöver war, um Brüning irrezuführen und seine Stellung zu schwächen, da dessen Regierung davon abhing, daß Hindenburg vorläufig im Amt blieb. Die Folge war, daß sich schließlich Hindenburg und Hitler als Wahlkandidaten gegenüberstanden. Brüning gelang es mit großer Mühe, die Wiederwahl Hindenburgs, der zunächst gezögert hatte, sich überhaupt noch einmal zur Wahl zu stellen, durchzusetzen. Der Sieg Hindenburgs im Zweiten Wahlgang am 10. April 1932 bedeutete für Hitler weniger eine Niederlage als einen Achtungserfolg, auf dem er seine weitere Strategie aufbaute. Dagegen profitierte Brüning nicht von der Wiederwahl Hindenburgs, obwohl diese eine beachtliche strategisch-taktische Leistung darstellte.[58]

Das Verbot von SA und SS unmittelbar danach erwies sich als eine ebenso halbherzige wie fragwürdige Maßnahme, die zur Entfremdung zwischen Hindenburg und Brüning entscheidend beitrug. Der Kanzler selbst hatte den Zeitpunkt nicht für günstig gehalten, dann aber den Wünschen Groeners nachgegeben. Andererseits hatte Hindenburg das Verbot nur mit Bedenken unterzeichnet und wollte schon nach wenigen Tagen auch andere – demokratische – Organisationen, wie das republikanische Reichsbanner verbieten lassen, was Groener und Brüning mühsam verhinderten. Im Hintergrund war Schleicher tätig gewesen, der zunächst das Verbot favorisiert, im letzten Augenblick aber davon abgeraten hatte. Das SA-Verbot hatte Groener in den Augen der Reichswehr und beim Reichspräsidenten unglaubwürdig gemacht. Schleicher betrieb seither den Sturz seines Chefs.

Als am 12. Mai 1932 bekannt wurde, Groener werde als Reichswehrminister zurücktreten, brach die Krise des Kabinetts Brüning offen aus, die Ende Mai zu dessen Sturz führte. Das Innenressort, das Groener nur kommissarisch verwaltete, hätte dieser gerne als Minister weitergeführt, was Hindenburg entschieden ablehnte. Brüning wollte Groener im Kabinett behalten und ließ die Sache zunächst unentschieden, da Hindenburg sich zu seinem Pfingsturlaub in Neudeck aufhielt.⁵⁹

Nebenher verhandelte Schleicher – teilweise mit Wissen des Kanzlers – über eine Beteiligung der Nationalsozialisten an einer neuen Rechtsregierung. Brüning erkannte indessen früher als Schleicher, daß Hitler von Anfang an keine ernsthaften Koalitionsverhandlungen führen wollte. Er mißtraute allen Versprechungen Hitlers, den er seit langem kannte. Die politische Schlüsselstellung Schleichers sollte sich in diesem Punkt als besonders fatal erweisen.⁶⁰

Brüning hielt eine Regierungsbeteiligung Hitlers in Preußen nach den Landtagswahlen vom 24. April 1932 für vertretbar, vorausgesetzt, daß die Nationalsozialisten nicht die preußische Polizei in die Hand bekämen. Im Reich verfolgte er, wie er Hindenburg mehrfach erklärte, angeblich die Taktik, eine künftige Rechtsregierung nach dem Abschluß der Reparationsverhandlungen vorbereiten zu wollen. Er selbst wollte einer solchen Regierung nicht angehören, nachdem ihn die SPD seit Herbst 1930 parlamentarisch toleriert hatte. Die Bindung an die SPD und die Gewerkschaften zeigte sich beispielsweise darin, daß Brüning das geltende Tarifvertragsrecht trotz des Drucks der Industrie nicht außer Kraft setzte.⁶¹ Eine Zeitlang ließ sich Hindenburg von Brüning hinhalten. Als er Ende Mai 1932 aus Neudeck zurückkehrte, kam es zum offenen Konflikt. Das unüberlegte Rücktrittsangebot des Kanzlers vom 29. Mai, Hindenburgs Weigerung, Groener zum Innenminister zu ernennen, und seine Erklärung, er werde keine weiteren Notverordnungen unterzeichnen, besiegelten den Bruch.

Der Kampf gegen Hitler

Die seit den fünfziger Jahren häufig erörterte Frage, ob Brüning ebenso wie seine Nachfolger Papen und Schleicher zu den »Wegbereitern« Hitlers zu rechnen sei, ist nicht schlüssig zu beantworten, ohne die retardierenden Momente zu berücksichtigen, die die Machtübernahme Hitlers zwar nicht verhindert, aber doch verzögert haben. Die Gegnerschaft Brünings zu Hitler und dessen Bewegung vor und nach seiner Entlassung als Reichskanzler steht jenseits aller Diskussionen über die Details seiner Politik außer Frage.⁶² Der Rückgang der Stimmen für die NSDAP bei der Reichstagswahl vom 6. November 1932 ist oft als Indiz dafür gewertet worden, daß sich die nationalsozialistische Bewegung keineswegs auf einem unaufhaltsamen Siegeszug durch Deutschland befand. Daß Hitler schließlich im Zeichen einer Koalitionsvereinbarung an die Macht gelangte, läßt vermuten, daß er durch seine politischen Gegenspieler auch davon hätte ferngehalten werden können. Daher hat man Brüning dafür getadelt, daß er beispielsweise die umstrittenen Boxheimer Dokumente, die der preußische Innenminister Carl Severing für ein Verbot der NSDAP heranziehen wollte, nicht für einen massiven Angriff gegen die NSDAP ausnutzte, obwohl das gerichtliche Nachspiel der Affäre Brünings Verhalten in gewissem Maße rechtfertigte.

Brüning trug selbst zu seinem eigenen Sturz bei, indem er Groener ohne jeden Vorbehalt in seinen Maßnahmen gegen die NSDAP unterstützte. Er beging den Fehler, sich in dem Konflikt zwischen Schleicher und Groener auf die Seite des letzteren zu schlagen. So geriet er in einen nicht mehr zu überwindenden Gegensatz zu Hindenburg, der Groener unter keinen Umständen im Amt belassen wollte. Das SA-Verbot hatte ein Signal gegen den Rechtsradikalismus setzen sollen, brachte aber nicht die erwünschte Wirkung, da die NS-Bewegung auf den Schlag vorbereitet war. Sie verlegte einen wesentlichen Teil des Machtapparates in die Illegalität, was zu einem entscheidenden Nachteil für ein Vorgehen der Reichswehrführung und der zahlenmäßig starken preußischen Polizei werden konnte, wenn es zum Konflikt kam. Ein günstiger Zeitpunkt hätte sich unmittelbar nach Bekanntwerden der Boxheimer Dokumente im November 1931 ergeben können. Brüning hatte im übrigen das SA-Verbot zu spät durchgesetzt, um die Machtfrage zu seinen Gunsten klären zu können.

Die Aufhebung des Verbots unter Papen sollte sich insofern als verhängnisvoll erweisen, als sie gleichsam den Marsch der NS-Bewegung durch den Staatsapparat geradezu förderte. Der Staat hatte vor der Öffentlichkeit seine eigene Entscheidung desavouiert. Die Aufhebung war den Nationalsozialisten von Schleicher zugesagt worden, freilich mit dem Hintergedanken, die NS-Bewegung zu spalten und deren Massenbasis zu verringern. Für diese Kehrtwendung ist Brüning nicht verantwortlich gewesen. Man kann ihm allenfalls vorwerfen, nicht den günstigsten Zeitpunkt für das Verbot gewählt zu haben. Nachträglich bestätigten sich allerdings seine Bedenken gegen das Verbot. Nachdem es aber erlassen war, hätte es unter keinen Umständen aufgehoben werden dürfen, wenn man der NS-Bewegung wirksam entgegentreten wollte.

Unverkennbar spielte Brüning in der Auseinandersetzung mit den Nationalsozialisten ebenso auf Zeit, wie er es gegenüber Hindenburg tat. Den Reichspräsidenten suchte er, wie angedeutet, mit Versprechungen zu beschwichtigen, durch seine schwierigen außenpolitischen Verhandlungen in der Reparationsfrage einer Rechtsregierung den Weg bereiten zu wollen. Gelegentlich hatte er Hindenburg sogar davon überzeugen wollen, seine Regierung, die er im Herbst 1931 umgebildet hatte, sei bereits eine Rechtsregierung.

Die Präsidentenwahl im Frühjahr 1932 hätte eine einmalige Chance bieten können, Hindenburg in der Frage einer Rechtsregierung die Entscheidungsfreiheit zu nehmen und ihn zumindest partiell vom Kanzler abhängig zu machen. In Wirklichkeit aber schuf die Wiederwahl Hindenburgs die Voraussetzung dafür, daß sich Hindenburg des Kanzlers entledigen konnte. Sein Wahlsieg, den Brüning gleichsam in »schiefer Schlachtordnung« herbeigeführt hatte, verhinderte zwar die Wahl Hitlers mit Hilfe der Kräfte des demokratisch und republikanisch gesinnten Lagers, bedeutete aber keine wirkliche Niederlage Hitlers, der seine Anhängerschaft auf Kosten der Deutschnationalen vermehren konnte.

Ein Staatsstreich mit Hilfe der Reichswehr hätte in dieser Situation zu einer vorübergehenden, also zeitlich begrenzten Diktatur führen können, die vielleicht Hitlers Herrschaft verhindert hätte. Der angebliche »stille Halbdiktator« beziehungsweise »pre-dictator« (Vansittart)[63] wollte diesen Weg, weder vor noch nach der Wiederwahl Hindenburgs gehen und widersetzte sich schließlich auch seiner eigenen Entlassung nicht. So bleibt die Bestätigung Hindenburgs im Amt ein Verdienst Brünings, das die Chancen, Hitler abzuwehren, noch für mehrere Monate offen hielt und dessen Gegnern gleichsam eine Atempause verschaffte.

2. Der Untergang der Republik

Mit der Wiederwahl Hindenburgs hatte Brüning allerdings zuletzt auch seine eigene Stellung festigen wollen, was sich als Fehlspekulation erwies. Ob er dies vorausahnte, mag dahingestellt bleiben. Er war seinem »Sachlichkeitsprinzip« folgend in unterschiedlichen Situationen häufig überzeugt, nicht wirklich zwischen mehreren Alternativen wählen zu können, sondern entschied sich oft für die angeblich einzig mögliche Lösung. Angesichts der politischen Lage seit dem Frühjahr 1930 glaubte er sich stets zu Maßnahmen gezwungen, die in der Öffentlichkeit unpopulär waren und weithin auf Widerspruch stießen. Insofern fehlte ihm das »Gespür für die Bedürfnisse und Nöte der Massen« (G. Jasper).[64]

Andererseits hat man Brünings Improvisationstalent hervorgehoben, das ihn befähigte, sich auf Situationen einzustellen, die er nicht oder nur bedingt beeinflussen konnte. Diese Fähigkeit kam ihm zugute in den Auseinandersetzungen mit den politischen Parteien, so daß er sich bis zuletzt gegenüber dem Reichstag behaupten konnte. Gegen die Widersacher in seiner engeren politischen Umgebung, die ihn als Kanzler installiert hatten, vermochte er sich allerdings auf Dauer nicht zu halten. Im Gegenteil, seine außenpolitischen Erfolge trugen dazu bei, daß sich die Aktionen und Intrigen gegen ihn verstärkten.

Brüning schätzte, wie bereits erwähnt, das ideologische Potential des Nationalsozialismus und damit dessen Zukunftsfähigkeit von Anfang an gering ein. Folgerichtig versuchte er während seiner Kanzlerschaft vor allem Zeit zu gewinnen und die innerhalb der NSDAP auftretenden Spaltungserscheinungen zu fördern. Die Hitler-Bewegung war für ihn nichts anderes als eine soziale Protestbewegung.

Um so stärker bewertete er die Unterschiede zwischen Hitler und Mussolini, dessen Persönlichkeit ihn zeitweise faszinierte, während Stresemann den Diktator stets gemieden hatte.[65] Die weltgeschichtliche Bedeutung der antidemokratischen, antiliberalen Bewegungen in Europa unterschätzte er auch später, obwohl er sich vor allem in Harvard mit der Problematik des modernen Totalitarismus, der den liberalen politischen Systemen entgegenstand[66], auseinandersetzte. Größeres Gewicht besaß für ihn die »Mitschuld« des Auslands am Aufstieg Hitlers und der Konsolidierung von dessen Herrschaft, insofern auch am Ausbruch des Krieges. Vergeblich warnte er in den Jahren seines Exils immer wieder die britische Regierung davor, durch ihre Handelspolitik das Dritte Reich zu stärken. Charakteristisch für sein Urteil über die historischen Folgen der nationalsozialistischen Herrschaft im ganzen blieb jedoch der Umstand, daß er schon im Frühjahr 1934 Deutschland verlassen mußte, und die politische Entwicklung in der nachfolgenden Zeit nur noch gleichsam von außen, wenn auch auf einem hohen Informationsstand, verfolgen konnte.

Er neigte auch noch nach dem Zusammenbruch des NS-Regimes dazu, die Rolle Deutschlands vor allem aus der Perspektive der beginnenden dreißiger Jahre zu betrachten, und Hitler und den Krieg gedanklich in gewissem Maße auszublenden, um die gleichsam »natürlichen« Faktoren zu bestimmen, auf denen ein Wiederaufbau Deutschlands nach dem Vorbild der Jahre nach 1918 erfolgen könne. Er beschwor häufig das geopolitische Faktum, daß Europa nicht ohne Deutschland bestehen könne. Dies werde auch von den Siegermächten früher oder später respektiert werden müssen, behauptete er. Das Wiederaufbrechen des alten Antagonismus zwischen den USA und ihren Verbündeten einerseits und der Sowjetunion, die er gewöhnlich nur als »Rußland« etikettierte[67], andererseits erkannte er spätestens nach dem Fall von

Stalingrad Anfang Februar 1943, wie seine militärstrategischen Analysen in »Foreign Affairs« zeigen. Ebenso wie George Kennan und Konrad Adenauer rechnete er mit einer Konfrontation der beiden Hauptmächte der Anti-Hitler-Koalition nach dem Ende des Krieges.

Die Nachfolger: Papen und Schleicher

Die Aufhebung des Verbotes von SA und SS durch Papen auf Betreiben Schleichers im Sommer 1932 bedeutete das Ende aller ernsthaften Versuche, mit staatlichen Machtmitteln die NS-Bewegung einzudämmen. Danach konzentrierten sich die Bemühungen ihrer Gegner darauf, Hitler und die NSDAP in eine Koalition mit den anderen bürgerlichen Parteien einzubeziehen. Unter Papen betrieb Schleicher dieses Projekt auf Reichsebene weiter, während Brüning allenfalls eine Regierungsbeteiligung in Preußen unter den genannten Kautelen für vertretbar hielt, falls Hitler seinerseits einer solchen Koalition überhaupt zustimmte, was er für unwahrscheinlich hielt.

Brüning mißbilligte Papens Vorgehen gegen die geschäftsführende preußische Regierung am 20. Juli 1932, den »Preußenschlag«, der wenige Monate später vom Staatsgerichtshof als teilweise verfassungswidrig erklärt wurde. Notmaßnahmen im Sinne einer Übernahme der Exekutive in Preußen durch das Reich hatte er in seiner Regierungszeit nicht grundsätzlich abgelehnt, wie seine Gespräche mit Ministerpräsident Otto Braun belegen. Auch der Gedanke einer Reichsreform hatte dabei mitgespielt. Daß Papen mit seinen Maßnahmen die sich dort seit Wochen hinziehenden Koalitionsverhandlungen zwischen NSDAP und Zentrum unterbrochen hatte, ohne wirklich von der Übernahme der preußischen Polizei durch das Reich zu profitieren, betrachtete Brüning als verhängnisvollen Fehler. Nach seiner Ansicht war Papen ohne Not über den von der Verfassung und durch die Präzedenzien von 1923 gesetzten Rahmen hinausgegangen. Als verdeckten Schlag gegen die Nationalsozialisten, der sich vordergründig gegen die Kommunisten richtete, wollte er Papens Aktion nicht werten.[68]

Nach der Niederlage Papens bei den Reichstagswahlen vom Juli 1932 setzte Brüning die letzten Hoffnungen, eine Machtübernahme der Nationalsozialisten zu verhindern, auf Schleicher, den er schon Anfang Mai 1932 aufgefordert hatte, aus seiner Rolle im Hintergrund herauszutreten und die politische Führung zu übernehmen. Dessen Zähmungsstrategie gegenüber der Hitler-Bewegung sollte sich jedoch als aussichtslos erweisen, da Hitler nicht bereit war, sich in irgendeine Koalition einbinden zu lassen, nachdem es am 13. August 1932 zum offenen Bruch zwischen Papen und Hitler gekommen war. Schleichers Verhältnis zu Papen verschlechterte sich, als dieser auf eigene Faust, und nicht etwa als politischer Strohmann des Generals zu agieren begann. Brüning stimmte mit Schleicher in der Kritik an Papen überein, der auf einen Konflikt mit den Parteien und den Gewerkschaften zusteuerte, um einen nebulosen autoritären »Neuen Staat« zu errichten.

Brüning überwand nie seinen Groll gegen den Kanzlermacher Schleicher, – haßte er doch die Intrige stets mehr als die »wildeste Agitation«[69] – empfahl ihn aber doch als Nachfolger Papens, als man ihn um Rat fragte, wen er dem Reichspräsidenten vorschlagen könne. Das Querfront-Konzept Schleichers billigte er, befürchtete aber, daß der Plan, die Nationalsozialisten durch ein Bündnis mit der Gruppe um Gregor Strasser zu spalten, scheitern werde. Es entging ihm nicht, daß seine beiden Nachfolger unter parlamentarischen Bedingungen regierten, die wesentlich ungünstiger waren als jene, die ihm beschieden gewesen waren. Der Reichstag tolerierte weder Papen noch Schleicher.

Das Querfront-Konzept scheiterte daran, daß Schleicher die Partner, auf die er angewiesen war, nämlich die SPD und die sozialistischen Gewerkschaften, nicht gewann. In ihren Zielen, in ihrem Kampf gegen Hitler, stimmten Brüning und Schleicher überein. Letzterer geriet als Kanzler in eine Lage, aus der er sich nicht mehr befreien konnte, als sich Hindenburg zuletzt weigerte, ihm die geforderten Vollmachten gegen die NS-Organisationen zu geben. Die Furcht vor einer Anklage wegen des Preußenschlages vom 20. Juli 1932 oder auf Grund von Belastungsmaterial, das sich in den Händen Hitlers befand, veranlaßten Hindenburg und seine Entourage, Schleicher fallen zu lassen.

3. Widerstand im Exil

Der Flüchtling

Nach der Ernennung Hitlers zum Reichskanzler gab Brüning den Kampf gegen den Nationalsozialismus nicht auf. Er war zunächst gewiß, daß es auf mittlere Frist zu einer Reaktion gegen das NS-Regime kommen werde, wenn die neue Regierung nicht aus anderen Gründen bald abwirtschaftete. Bei seinem letzten Gespräch mit Schleicher am 11. Februar 1933 erörterte er die letzten Möglichkeiten, Hitler von der totalen Macht im Staate fernzuhalten. Schleicher hielt es zu diesem Zeitpunkt noch für möglich, durch politischen Druck von seiten der Reichswehr eine Umbildung der Regierung Hitler-Papen-Hugenberg zu erzwingen. Brüning scheint die Aussichten für solche Pläne skeptisch beurteilt zu haben, ebenso wie die Aussichten, Hitler stufenweise zu entmachten. Er war sich allerdings schon damals sicher, daß die Reichswehr beziehungsweise die Wehrmacht die einzige Macht in Deutschland sei, die Hitler stürzen könne.[70]

Die auf den 5. März festgelegten Reichstagswahlen boten eine letzte Chance zu einer politischen Auseinandersetzung mit Hitler, die sich jedoch schon nach dem Erlaß der Reichstagsbrandverordnung zunehmend als Illusion erweisen sollte. Spätestens nach der Annahme des Ermächtigungsgesetzes am 23. Mai 1933 war Brünings persönliche Sicherheit ebenso wie die vieler anderer Politiker der demokratischen und sozialistischen Parteien gefährdet. Im Oktober mußte er die Wohnung im Hedwigskrankenhaus aufgeben. An Emigration dachte er zunächst nicht ernsthaft, vermutlich, weil er damit rechnete, daß Hitlers Herrschaft nicht von langer Dauer sein werde. Er entschloß sich zur Flucht ins Ausland erst in dem Augenblick, als sich die Informationen über eine Verhaftung oder einen Anschlag auf sein Leben verdichteten. So entging er der Mordaktion vom 30. Juni 1934.

Solange er sich noch auf dem Kontinent aufhielt, fühlte er sich bedroht und war ständig bemüht, sich den Nachstellungen der Gestapo zu entziehen. Seine Furcht vor Aktivitäten und Anschlägen deutscher Agenten blieb auch anderen Emigranten wie Graf Kessler nicht verborgen. Arnold Brecht attestierte Brüning eine »beinahe pathologische Ängstlichkeit, sich über Personen und Sachen zu äußern«. In England, noch mehr in den USA, fühlte er sich vor Anschlägen sicherer als in Holland oder in der Schweiz. Er tarnte seine Aktivitäten, indem er den Anschein erweckte, lediglich wissenschaftlichen Arbeiten nachzugehen, und aus persönlicher Enttäuschung über die Erfahrungen der letzten Jahre auf jegliches politisches Engagement zu verzichten. Die Rolle des Wissenschaftlers wirkte auch auf wohlwollende Beobachter überzeugend. So meinte G. N. Shuster schon 1931, daß Brüning eher an einen Arzt als an einen amerikanischen Politiker erinnere. Die verbreitete Kritik aus deutschen Emigrantenkreisen an seinem Schweigen in der Öffentlichkeit[71], stand dieser Taktik nicht entgegen, so sehr der Vorwurf ihn verdrießen mochte. Die Erlebnisse mit Gestapoagenten in den Niederlanden und in der Schweiz vor und nach 1936, aber auch der bekannte Venlo-Zwischenfall von 1938 sprachen für seine Vorsicht.

Die langen Jahre des Exils erlebte Brüning sowohl in der Rolle des gejagten Flüchtlings als auch in derjenigen des aktiven Widerstandskämpfers, der als international bekanntester deutscher Politiker im Exil seine vielfältigen Kontakte nutzte, um die gegen Hitler gerichteten Kräfte zu stärken. Dabei versuchte er vor allem, die westlichen Regierungen für eine aktive Politik gegen Hitler zu gewinnen.[72] Es kam ihm allerdings weder darauf an, die deutsche noch die internationale Öffentlichkeit gegen das Regime zu mobilisieren. Die Gewaltherrschaft in Deutschland war nach seiner Ansicht durch öffentliche Agitation nicht zu überwinden, nachdem Hitler sich höchst effektvoll der Straße bemächtigt hatte, um die Macht zu erobern. Die Unterdrückung der Bevölkerung und die Verfolgung politischer Gegner in dem letzten Jahr, das er noch in Deutschland verbrachte, hatten ihm mit aller Klarheit vor Augen geführt, daß solche Formen des Widerstandes aussichtslos waren.

Nach seiner Flucht 1934 erkundete Brüning in seiner Rolle als ehemaliger Reichskanzler die Möglichkeiten einer Unterstützung der innerdeutschen Opposition. Zunächst versuchte er vor allem die Haltung der Regierung Chamberlain zu beeinflussen, die lange Zeit eine Politik des Appeasement gegenüber Hitler betrieb. Da ihm der unmittelbare Zugang zu den amtierenden Politikern zunehmend erschwert wurde, suchte er auch den Kontakt zu Persönlichkeiten wie Winston Churchill, der sich in Opposition zur Regierung befand. So verfolgte er vor, aber auch noch nach dem Ausbruch des Krieges, eine abgestufte Strategie. Er agierte, soweit es seine Stellung als Emigrant und schließlich sein Status als »feindlicher Ausländer« zuließen, gleichsam als »Diplomat« im eigenen Auftrag. Auffällig sind seine vielfältigen Kontakte zu Politikern der zweiten Reihe und politisch interessierten Intellektuellen, denen er einen indirekten Einfluß auf die britische und amerikanische Regierung zutraute. Dies gilt auch für Institutionen wie dem Chatham House in London und die Brooking Institution in Washington. In den USA kam ihm der Umstand zustatten, daß er trotz aller öffentlichen Zurückhaltung in politischen Kreisen Washingtons im Ruf stand, er werde eines Tages nach dem Sturz Hitlers eine führende Rolle in Deutschland einnehmen. Dieser Aspekt spielte für die britische Regierung von vornherein keine wesentliche Rolle. Sie hätte Brüning wie den anderen Emigranten allenfalls eine Funktion in der Anti-Nazi-Propaganda zugewiesen, wenn er dies akzeptiert hätte.

Vor Ausbruch des Krieges versuchte er, die alliierten Regierungen zu einer entschiedenen Haltung zu bewegen, um Hitler von seinen Aggressionsabsichten abzubringen. Außerdem wollte er eine indirekte Unterstützung der militärischen Opposition in der Wehrmacht durch das Ausland erreichen. Diese Strategie entsprach im wesentlichen den Bestrebungen, die auch Goerdeler bei seinen Auslandskontakten verfolgte. Die gleichsam diplomatischen Bemühungen der beiden Politiker litten darunter, daß sie im Ausland nirgendwo einen wirklichen machtpolitischen Rückhalt besaßen.

Brüning verzichtete im Ausland möglichst auf öffentliche Auftritte oder politische Stellungnahmen. Er selbst sah sich seit 1930 als politischer Repräsentant seines Landes und fühlte sich noch nach Jahren an die Amtsverschwiegenheit seiner Kanzlerzeit gebunden, auch wenn er nur im Auftrag seines Gewissens handelte. Seine Existenz, sein Lebensunterhalt, war seit seiner Flucht keineswegs gesichert. Vor äußerster Not wurde der ehemalige Reichskanzler, der als mittelloser Flüchtling dem Zugriff der Gestapo entronnen war, wiederholt durch die Hilfe von Freunden bewahrt, teilweise auch diskret unterstützt von politischer Seite. Ein völliger Rückzug in die traditionelle Rolle eines politischen Emigranten, der sich gegenüber seinem Gastland zur politischen Abstinenz verpflichtete, wäre nicht ausgeschlossen gewesen, wenn er dies gewollt hätte. Er wahrte vielmehr den Schein politischer Resignation, um seine vielfältigen Aktivitäten zu tarnen.

Die äußerlich demonstrierte Zurückhaltung trug ihm den erwähnten Vorwurf vor allem aus Emigrantenkreisen ein, zu den politischen Vorgängen in Deutschland und zu den Verbrechen des Dritten Reiches geschwiegen zu haben. Er legte nach dem Krieg allerdings Wert darauf, daß es nicht nur einen Kampf linker Emigranten, die in der ausländischen Öffentlichkeit eine rege Agitation entfalteten, gegen Hitler gegeben habe.[73] Außer ihm wären konservative Emigranten wie Joseph Wirth, Hubertus Prinz zu Löwenstein, Gustav Stolper und Dietrich von Hildebrand zu nennen.[74] Allerdings lehnte Brüning deren politische Bestrebungen ab, ja hielt sie über weite Strecken für schädlich. Er beschränkte sich darauf, über Mittelsmänner indirekte Kontakte zu einigen Emigrantenorganisationen zu unterhalten, um auf dem laufenden zu bleiben. Öffentliche Vorträge hielt er gewöhnlich im Rahmen seiner Lehrtätigkeit an Universitäten und Colleges. Daneben pflegte er den Kontakt zu Regierungsstellen, Politikern und Journalisten. Die Intensität dieser Kontakte blieb in der Emigrantenszene weitgehend unbekannt.

Seine Zurückhaltung, sein »Schweigen für Deutschland«, war im übrigen durch die Furcht vor der Überwachung durch die deutsche Auslandsspionage bedingt, aber auch durch die Rücksichtnahme auf die Regierungen der Gastländer, insbesondere die britische und die amerikanische. Der Überwachung durch die Geheimpolizei war er sich bewußt. Die Angst um seine Sicherheit mag dabei mitgespielt haben, wie sie von Freunden und Gegnern beobachtet wurde. Sein vorsichtiges Verhalten dürfte der Grund dafür gewesen sein, daß die deutsche Auslandsaufklärung nur in Umrissen über Brünings politische Arbeit unterrichtet gewesen ist.

Nach Ausbruch des Krieges, als Brüning in den USA Zuflucht gefunden hatte, war er von vielen Informationsquellen, über die er noch in Europa, besonders in den Niederlanden und in London verfügt hatte, abgeschnitten. Zum letzten Mal sprach er im Oktober 1939 mit einem aktiven Mitglied der Widerstandsbewegung, als er mit Adam von Trott zu Solz in seinem Zufluchtsort Cambridge zusammentraf. Dieser Umstand zwang ihn künftig dazu, gleichsam auf eigene Faust zu handeln, um in den USA Verständnis für die gegen Hitler arbeitenden Kräfte in Deutschland, vor allem innerhalb der Wehrmacht, zu wecken. In England hatte er vor 1939 die Regierungen MacDonald und Chamberlain vergeblich zu einer festen Haltung gegenüber Hitler gedrängt, um den Krieg zu verhindern. Die militärische Opposition sollte dadurch ermuntert werden, Hitlers aggressiven Plänen entgegenzutreten. Brüning setzte ursprünglich alle Hoffnungen auf die »preußischen Generäle«, insbesondere auf Fritsch und Rundstedt. Mit beiden stand er noch jahrelang in Verbindung. Daß sich das Konzept nicht realisieren ließ, lastete er nach 1945 jenen politischen Kräften im Westen an, die »von einer gewissen Zeit an nur Kommunisten und Linkssozialisten« als politische Bundesgenossen gegen Hitler akzeptiert hätten.[75]

Nachdem es zum Krieg gekommen war, hoffte Brüning, daß er für Deutschland glimpflich beendet und das NS-Regime gestürzt werden könne. Darauf richteten sich seine Bemühungen während seines Aufenthaltes in den USA. Die Vereinigten Staaten wären nach seiner Ansicht noch vor ihrem Kriegseintritt in der Lage gewesen, die Hitler-Gegner in der Wehrmacht dadurch zu unterstützen, daß sie Großbritannien davon abhielten, eine Aktion der deutschen Generalität militärisch auszunutzen. Eine entsprechende Zusage an die militärische Opposition hatte er in einem mehrstündigen Gespräch mit Roosevelt am 31. Januar 1938 vergeblich zu erreichen versucht, das sein langjähriger Freund, Henry Stimson, vermittelt hatte. Letzterer wurde im Juni 1940 Kriegsminister unter Roosevelt.

Auch später hielt Brüning an diesem Gedanken fest, als die Bedingungen, ihn zu realisieren, sich beträchtlich verschlechterten. Seine Argumentation gegenüber alliierten Politikern blieb stets von geopolitischen Gesichtspunkten mitbestimmt, die sich auf eine künftige europäische Friedensordnung bezogen. Die Politik von Schlüsselfiguren wie Churchill und Roosevelt vermochte er trotz aller Bemühungen nicht zu beeinflussen, weil sie nach seiner Ansicht sein Verständnis eines europäischen Interessenausgleichs jenseits aller ideologischen Fronten nicht teilten. Ihnen warf er deshalb in den fünfziger Jahren vor, dadurch die Weltmachtstellung des Empire und der USA »dauernd erschüttert« zu haben.[76]

Politische Erfahrungen in den USA

Der Ertrag seiner politischen Bestrebungen während des Krieges ist in der Summe gering geblieben. Anders steht es mit den Erfahrungen und theoretischen Einsichten, die er als Beobachter der politischen Entwicklung in den USA und als Professor of Government in Harvard gewann. Brüning setzte sich in diesen Jahren eingehend mit den internationalen Beziehungen und mit der Theorie politischer Systeme, vor allem der liberalen Demokratie, auseinander. Den Hintergrund dieser Betrachtungen bilden die kulturelle Entwicklung der Neuzeit seit der Französischen Revolution und das Schicksal der Weimarer Republik.

Die Ursachen für den Untergang der Weimarer Republik führte er auf die inhärenten Gefahren des demokratischen Meinungsbildungsprozesses zurück, nicht etwa auf strukturelle Mängel des Verfassungswerks von 1919. Die Geschichte der angelsächsischen Demokratie bestärkte ihn in der Ansicht, daß eine fehlerhafte Verfassung nicht zwangsläufig die Gesellschaft und den Willen zur Selbstbestimmung bedrohen müsse. Der Emigrant haderte mit dem Schicksal seines Landes, in dem es einst beachtliche rechtsstaatliche Traditionen gegeben hatte. Ihrer habe sich die Hitler-Diktatur zum Zwecke der Gleichschaltung der Gesellschaft bemächtigt.

Er zog sich dann aber auf die These zurück, daß die rechtsstaatliche Tradition Preußens und Deutschlands nicht völlig in den Jahren des Dritten Reiches untergegangen sei. Zweifel an der inneren Legitimität demokratischer Regime verwiesen ihn allerdings auch immer wieder auf die Verantwortung des handelnden Politikers in unübersichtlichen Situationen, die er gern mit dem Handeln des Offiziers verglich, der oft ohne Befehl handeln müsse. Nach diesem Schema meinte er, die charakterlichen Qualitäten von Führungskräften unterschiedlicher Art beurteilen zu können. Nicht von ungefähr nannte einer seiner Freunde, George N. Shuster, seine Neigung, den Soldatenberuf zu »romantisieren«, seinen größten Fehler. Als ehemaliger Führer einer Maschinengewehr-Scharfschützen-Kompanie sei er so sehr von deren Bedeutung überzeugt gewesen, daß man gelegentlich den Eindruck gehabt habe, er habe geglaubt, seinerzeit die Kriegsniederlage allein abwenden zu können. Die Erfahrungen des Ersten Weltkrieges prägten sein ganzes politisches Leben.[77]

Auf alliierter Seite war in den Jahren des Dritten Reiches der Wille unverkennbar, sich des Expertenwissens der verschiedenen Gruppen der deutschen wie auch der übrigen europäischen Emigration zu versichern, ohne sich von ihnen abhängig zu machen oder deren Einfluß zu unterwerfen. Auch Brüning machte diese Erfahrung, etwa im Zusammenhang mit amerikanischen Plänen, eine deutsche Exilregierung zu installieren, die dann als Partner eines Friedensvertrages von Gnaden der Alliierten hätte auftreten können. Dazu war er nicht bereit, was ihn nicht hinderte, Ratschläge für künftige Führungspositionen zu geben, die nach seinen Vorstellungen als Staatssekretariate unter einem alliierten Kontrollrat fungieren sollten. Seine Personalvorschläge, die unter anderen den Namen Konrad Adenauers enthielten, wurden beachtet, ohne die Konzeption Brünings zu berücksichtigen, die ihnen zugrunde lag.

In veränderter Form sollte Brünings Namensliste beim Aufbau des politischen Lebens vor und nach der Gründung der Bundesrepublik noch eine wichtige Rolle spielen. Brünings problematischer Vorschlag, die deutsche Rechtsstaats- und Selbstverwaltungstradition wiederzubeleben, um die Nazi-Ideologie aus dem öffentlichen Leben zu verbannen, fand hingegen kaum Beachtung. Diese Anregungen beruhten auf zwei Voraussetzungen: Einmal war er sicher, daß das NS-Regime auf den alten noch weitgehend intakten Verwaltungsapparat angewiesen gewesen sei, und deshalb die überkommenen Strukturen nicht völlig zerstören konnte – zum andern hatte ihn seine wissenschaftliche Auseinandersetzung mit der amerikanischen politischen Tradition davon überzeugt, daß diese der deutschen bis in die Weimarer Zeit hinein keineswegs überlegen gewesen sei.

Seit den dreißiger Jahren hegte er Vorbehalte hinsichtlich der Funktionstüchtigkeit des modernen Parlamentarismus in Krisenzeiten, was sich darin zeigte, daß er einen überbordenden Einfluß der politischen Parteien für bedenklich hielt und davor warnte, zu viel von einem perfektionistischen Konstitutionalismus zu erwarten, wenn es an gewachsenen demokratischen Traditionen fehlte.[78] Jener müsse nicht immer perfekt sein, um lebendig zu bleiben. Insofern hielt er eine übertriebene »Reeducation« durch die Alliierten für verfehlt.

Eine angemessene Stellung Deutschlands in der europäischen Außenpolitik blieb für ihn auf Dauer unabdingbar, um die Mängel des Versailler Vertrages im Interesse einer stabilen Friedensordnung zu korrigieren. Die Regelungen von 1919 machte er in erster Linie für die verhängnisvolle Entwicklung der dreißiger Jahre verantwortlich. Auf die Anerkennung berechtigter nationaler Interessen Deutschlands hinzuwirken, fiel ihm allerdings immer schwerer, je mehr sich das Kriegsende näherte. Nach der Kapitulation hoffte er nur noch darauf, daß die Westmächte nach einer angemessenen Frist einsähen, daß Europa ohne Deutschland nicht existieren könne. Die deutsche Widerstandsbewegung hätte nach seiner Ansicht Erfolg haben können, wenn man ihr auf westlicher Seite entsprechende Zugeständnisse gemacht hätte. Hier sah Brüning eine Parallele zwischen Hitler und Napoleon, der von den jeweils gegnerischen Mächten ähnlich behandelt worden sei.[79]

So sehr er den Überfall Hitlers auf Polen und die Erpressung der Tschechoslowakei verabscheute, so entschieden befürwortete er im Interesse des Friedens eine Klärung der Grenzfragen im Osten im Sinne einer Revision zugunsten Deutschlands. Nach dem Eintritt der USA in den Krieg beobachtete er aufmerksam die Bestrebungen der Emigranten aus den von deutschen Truppen besetzten Ländern, und registrierte deren Erfolge in der Beeinflussung der amerikanischen Regierungsstellen und der öffentlichen Meinung.

Nachdem 1939 seine letzten direkten Kontakte zur Widerstandsbewegung, insbesondere die zu Goerdeler abgerissen waren, verfolgte Brüning seine Linie weiter, die amerikanische und die britische Regierung zu einem Verhalten zu ermuntern, das dem militärischen Widerstand in der Wehrmacht eine Chance zum Vorgehen gegen Hitler eröffnet hätte. Statt dessen mußte er beobachten, daß Nachrichten über oppositionelle Bestrebungen in Deutschland in die Presse lanciert wurden, oft genug auch in Form von Falschmeldungen, die ebenso unbeabsichtigte wie gefährliche Folgen haben konnten. Gegen Ende des Krieges, vor allem nach dem gescheiterten Attentat Stauffenbergs, erwiesen sich alle seine Hoffnungen auf die Widerstandskräfte als Illusionen.

Außenpolitischer Berater Stimsons

Während des Zweiten Weltkrieges konzentrierte sich Brünings Denken auf strategische Fragen, um ein möglichst realistisches Bild der Lage in Europa zu gewinnen und als Kenner der deutschen Verhältnisse ernstgenommen zu werden. Der wichtigste Gesprächspartner in der Roosevelt-Administration blieb Kriegsminister Stimson, der ihn als Gegner Morgenthaus vor allem gegen Ende des Krieges konsultierte und ihm Einfluß auf die Nachkriegsplanungen für Deutschland zu verschaffen suchte.

In der Schlußphase des Krieges wies Washington Brüning eine bescheidene inoffizielle Beraterrolle zu. Die Funktion eines Experten für europäische und deutsche Angelegenheiten hatte ihm das State Department offensichtlich schon von vornherein zugestehen wollen, als es ihm eine Lehrtätigkeit als Professor in Harvard ermöglichte. Seit Jahren hatte er sich zu politischen Fragen der Weimarer Zeit in zahlreichen Vorträgen und Vorlesungen in Harvard, aber auch an anderen Orten, geäußert. Anfang 1942 veröffentlichte er in »Foreign Affairs«, die dem State Department nahestand, eine detaillierte Analyse der Entwicklung an der Ostfront, in der er den ideologischen und politischen Gegensatz zwischen den USA und der Sowjetunion und die mögliche Lage nach dem Sturz Hitlers hervorhob.

Je näher das Kriegsende kam, um so mehr steigerte sich Brünings Angst, daß dies nach den Zerstörungen und den Leiden der Bevölkerung zu einer Teilung Deutschlands, ja zu einem Verlust großer Gebietsteile führen werde. In den USA gab es starke Strömungen, die eine solche Lösung der Deutschen Frage für wünschenswert hielten, um der angeblichen Gefahr eines Dritten Weltkrieges vorzubeugen. Als Repräsentant dieser Richtung galt Finanzminister Morgenthau, der mit dem nach ihm benannten Plan Deutschland zu einem Agrarstaat machen wollte. Gegen diese Tendenzen vermochte der Exkanzler nichts auszurichten, auch wenn bei Kriegsende sein Rat in Washington, das er lange Zeit gemieden hatte, wieder stärker gefragt war. Als das State Department Pläne für den Aufbau einer politischen Ordnung in Deutschland nach Hitler ausarbeiten ließ, bat ihn Stimson im Oktober 1944 um jene erwähnten Personalvorschläge für einen deutschen Verwaltungsrat unter dem geplanten Besatzungsregime.

Anfang September 1944 hatte Stimson vergeblich versucht, ihm noch einmal eine Gelegenheit zu verschaffen, seine Lagebeurteilung führenden Mitgliedern der US-Administration zur Kenntnis zu bringen. Die Aktion mißlang, da sich die von Morgenthau verfolgte politische Linie inzwischen vorübergehend durchgesetzt hatte. Sie bildete die Grundlage für die amerikanische Besatzungspolitik im Zeichen der Direktive JCS 1067. Vergeblich sprach sich Brüning wiederholt gegen die Forderung nach bedingungsloser Kapitulation des Dritten Reiches aus. Später warnte er davor, von einer Kollektivschuld des deutschen Volkes zu sprechen und schrieb, soweit es ihm tunlich erschien, einzelne Berichte über Massenverbrechen einer angeblichen alliierten »Greuelpropaganda« zu, obwohl er bald erschüttert die Nachrichten über die Konzentrationslager und das Ausmaß der Judenverfolgung zur Kenntnis nehmen mußte. Die Verbrechen des Dritten Reiches, der rassenideologische Vernichtungskrieg im Osten und die Verbrechen hinter der Front, wie sie spätestens nach dem Frankfurter Auschwitz-Prozeß (1963-1965) stärker in das Bewußtsein der deutschen Öffentlichkeit gelangten, nahm er zögernd und beschämt zur Kenntnis. Dies veranlaßte ihn, sich in der Folgezeit nicht mehr über dieses Thema zu äußern, weder öffentlich noch privat.[80] Im ganzen blieb er aber bei aller Sensibilität für die Folgen der Katastrophe des Dritten Reiches und die Leiden der Kriegsopfer persönlich den Lebensverhältnissen der Weimarer Zeit und seinen eigenen früheren politischen Erfahrungen verhaftet. Fragwürdige Parallelen zum Kriegsausgang 1918 beherrschten auch nach 1945 lange Zeit sein politisches Denken.

Sorge um das Schicksal Deutschlands

Nach Kriegsende sah Brüning bei allem Interesse an den politischen Entwicklungen seine persönliche Hauptaufgabe darin, notleidenden Menschen in Deutschland materiell zu helfen, wofür er oft seine letzten privaten Mittel hergab. Daneben sammelte er weiterhin Informationen, um verantwortliche und einflußreiche amerikanische Politiker über die Lage in seiner Heimat zu unterrichten.

Brüning bemühte sich nach den Konferenzen von Jalta und Potsdam, vor allem in den USA die von der Sowjetunion ausgehenden Gefahren zu verdeutlichen. Die Sowjetunion befand sich nach seiner Ansicht bei Kriegsende in einer überlegenen Verhandlungsposition gegenüber den Westmächten und war keineswegs an einer gemeinsamen Deutschlandpolitik mit ihren bisherigen Verbündeten interessiert, sondern verfolgte eine umfassende Expansionsstrategie in Europa. Sie war für ihn der eigentliche Sieger des Zweiten Weltkrieges, während die angelsächsischen Mächte wenig von ihrer Expeditions- und Interventionsstrategie profitierten. Lediglich das Frankreich de Gaulles befinde sich strategisch in einer ähnlichen Position wie die Sowjetunion, da es in die Lage gekommen sei, an seine frühere Zernierungsstrategie gegenüber Deutschland anzuknüpfen.

Die Rolle des inoffiziellen Diplomaten, des Experten und Beraters im eigenen Auftrag, auch diejenige des *elder statesman* scheint er insgesamt für sich akzeptiert zu haben. Seine ohnehin schwache Gesundheit hatte in den Jahren des Exils erheblich gelitten. Sein physisches Wohlbefinden hing oft von äußeren Faktoren, dem Wetter und Klima seines jeweiligen Aufenthaltsortes, vor allem aber auch von seiner seelischen Stimmung ab. Ein Unfall im Februar 1949 in New York, bei dem er einen komplizierten Beinbruch erlitt, behinderte ihn noch lange in seiner Bewegungsfreiheit. Seine chronischen Herzbeschwerden erwiesen sich als Folgen seelischer Erschütterungen, aber auch nervöser Störungen, die ihm schon seit seiner Kindheit vertraut waren.

4. Die Ära Adenauer

Der Faktor Deutschland

Nach George N. Shuster hätte Brüning nach dem Zweiten Weltkrieg eine wichtige Rolle in Deutschland spielen können, wenn er dies wirklich gewollt hätte.[81] Dies aber hatte er in den Jahren des Exils und ebenso nach seiner Rückkehr nach Deutschland mehrfach und mit großer Deutlichkeit abgelehnt. Als ehemaliger Reichskanzler war er wiederholt im Gespräch für wichtige politische Aufgaben, was er jedoch stets zurückwies, so wie er im allgemeinen davon abriet, frühere Emigranten wieder in die deutsche Politik zurückkehren zu lassen. Gelegentlich meinte er, daß nur solche Persönlichkeiten politische Verantwortung übernehmen sollten, die während der Hitler-Jahre in Deutschland gewesen seien.

Sein Unmut über den verhängnisvollen Einfluß von früheren Emigranten auf die Politik der Besatzungsmächte wuchs im Laufe der ersten Nachkriegsjahre, vermutlich auch deshalb, weil er selbst als »feindlicher Ausländer« von den USA im Unterschied zu den naturalisierten Emigranten bis 1948 keine Reiseerlaubnis nach Deutschland erhielt. Bei seiner eigenen Haltung mag der Umstand mitgespielt haben, daß er sich einer politischen Führungsaufgabe nicht mehr gewachsen fühlte, vielleicht auch aus gesundheitlichen Gründen. Zweifellos war er entschlossen, sich auf die Rolle des welterfahrenen *elder statesman* zu beschränken. Er kannte die Politik und Strategie der westlichen Siegermächte aus langjähriger Erfahrung und konnte sich zutrauen, als Ratgeber zum Wiederaufbau des politischen Lebens in Deutschland beizutragen. Die außenpolitischen Erfahrungen der Weimarer Zeit glaubte er angesichts der sich abzeichnenden Spaltung des Landes fruchtbar machen zu können. Ein Bundestagsmandat für die CDU, das man ihm anbot, lehnte er ab, um nicht in den Vordergrund des politischen Lebens treten zu müssen. Seine politischen Vorstellungen beruhten auf Überlegungen, die er in den langen Jahren des Exils angestellt hatte. In ihnen hatten nicht nur Einsichten, sondern auch Irrtümer über die Struktur des Hitler-Regimes, sowie eine detaillierte Kritik an der alliierten Politik einen hohen Stellenwert.

Auf der Liste jener Persönlichkeiten, die Brüning 1944 für ein Kabinett von Staatssekretären empfahl, hatte Brüning den Namen Adenauers bewußt nicht an die erste Stelle gesetzt, was auf die Erfahrungen zurückzuführen war, die er mit dem Kölner Oberbürgermeister in den Weimarer Jahren gemacht hatte. Als er ihn 1948 wiedersah, änderte sich sein Urteil, das er freilich später wieder revidierte. Adenauer erschien ihm als überragende Führungspersönlichkeit, an den andere Politiker, die er von früher kannte, kaum heranreichten, obwohl er mehreren, wie Jakob Kaiser und Heinrich Krone bescheinigte, daß sie sehr »gewachsen« seien. Das Lob galt eingeschränkt. Von Kaisers Karriere war er bald enttäuscht. Sein »Ministerium für gesamtdeutsche Fragen« sei eine »ganz unmögliche Einrichtung«. Seine Frau, Elfriede Kaiser-Nebgen, versuchte, wie Brüning glaubte, ihn zur Aufgabe des Ministeriums zu bewegen.[82]

Brüning bewertete die Weimarer Erfahrungen nach dem Zweiten Weltkrieg vor dem Hintergrund der politischen Entwicklung in Westdeutschland zunehmend günstiger. Dies schloß nicht aus, daß er einige Lehren aus der politischen Entwicklung der Weimarer Republik ziehen wollte. So sprach er sich dagegen aus, die Zentrumspartei, deren letzter Vorsitzender er gewesen war, nach 1945 wieder ins Leben zu rufen. Damit zog er die Konsequenz aus der Tatsache, daß die Zentrumspartei ihre traditionelle Mittelstellung zwischen den Parteien schon am Ende der Weimarer Epoche verloren hatte[83] und auch unter den veränderten politischen Bedingungen nach dem Zweiten Weltkrieg nicht wiedergewinnen konnte. Die Gründung einer Einheitsgewerkschaft, die 1933 in letzter Stunde von den Gewerkschaftsführern der verschiedenen Richtungen angestrebt worden war, betrachtete er dagegen als das Gebot der Stunde, so sehr er es bedauerte, daß seine Kollegen aus den Christlichen Gewerkschaften in dem neu begründeten Deutschen Gewerkschaftsbund (DGB) nur eine untergeordnete Rolle spielten.

Beim Zusammenbruch des Dritten Reiches glaubte Brüning ein brauchbares Konzept für den politischen Wiederaufbau Deutschlands zu besitzen. Es war vor allem von außenpolitischen Gesichtspunkten bestimmt. Die innere Überwindung der NS-Ideologie und der sittlichen und moralischen Folgen für die deutsche Gesellschaft empfand er als ein nachrangiges Problem, was sich auch in seinem Urteil über die Folgen der nationalsozialistischen Herrschaft in Europa niederschlug. Im Unterschied zu vielen anderen Schicksalsgenossen hatte Brüning in den Exiljahren kein negatives Deutschlandbild entwickelt. Er identifizierte Deutschland und die Deutschen zu keinem Zeitpunkt mit der Nazi-Herrschaft. Sein Ziel bestand darin, Deutschland gleichsam von einer Art Fremdherrschaft zu befreien, indem er an jene Kräfte im westlichen Ausland appellierte, die nach seinem Urteil bereit schienen, die Repräsentanten eines besseren Deutschland zu unterstützen. Folgerichtig hätte er nach dem Sturz Hitlers gerne eine möglichst rasche Verständigung zwischen Deutschland und den angelsächsischen Mächten gesehen, damit das freie Europa der wachsenden Bedrohung durch die Sowjetunion widerstehen könne.

Charakteristisch für Brünings Sicht der internationalen Lage im Jahre 1945 war die Meinung, daß der Zweite Weltkrieg erst mit der Kapitulation Japans im August und nicht bereits mit der Kapitulation der deutschen Wehrmacht im April beendet gewesen sei. Er sah Parallelen, aber auch Unterschiede in der außenpolitischen Lage Deutschlands und Japans. So rechnete er mit einer territorialen Zerstückelung Deutschlands, erheblichen Gebietsverlusten und mit einer Massenvertreibung der Bevölkerung aus dem Osten. Andererseits glaubte er, daß der Faktor Deutschland nicht aus der politischen Geographie Europas getilgt werden könne und daß die Siegermächte dies, ob sie es wollten oder nicht, jeweils auf ihre Weise respektieren und einkalkulieren müßten. In dieser Hinsicht schien ihm die Lage Deutschlands mit der Japans vergleichbar, obwohl dieses in seiner Politik im wesentlichen einer einzigen Siegermacht gegenüberstand und in seinem territorialen Bestand nicht gefährdet war, wenn man von der Annexion der Kurilen durch die Sowjetunion gemäß den Vereinbarungen von Jalta absieht.

Brüning fand sich bald in seiner Erwartung bestätigt, daß sich die Beziehungen zwischen den USA und Japan nach der Einführung des demokratischen Systems im Kaiserreich und dem Sieg Mao Tse-tungs in China in absehbarer Zeit verbesserten. Die japanische Politik des Abwartens könne, so glaubte er, angesichts der Spannungen zwischen den Großmächten im asiatischen Raum rasch wieder an politischem Gewicht gewinnen, um ein Mitspracherecht in der Region zu erhalten. Eine ähnliche Strategie empfahl sich nach seiner Ansicht auch für Deutschland, obwohl dessen Lage ungleich komplizierter war als die Japans. Doch erwartete er, daß es über kurz oder lang zu einem Wettlauf der USA und der Sowjetunion um die Vorherrschaft in Europa und in Deutschland kommen werde. Nach seiner Einschätzung ließ sich die Stellung Deutschlands nur verbessern, wenn es gelang, die Gegensätze unter den Großmächten in der Schwebe zu halten und definitive bzw. voreilige Entscheidungen über die Zukunft des Landes möglichst zu vermeiden beziehungsweise hinauszuschieben. Dabei hielt er es lange Zeit für möglich, unter veränderten internationalen Verhältnissen, irgendwann einmal den Verlust der Gebiete jenseits von Oder und Neiße rückgängig zu machen, die ihm als einem früheren Abgeordneten eines schlesischen Wahlkreises besonders am Herzen lagen.

Auswirkungen des Ost-West-Konflikts

Nach dem Ausbruch des Ost-West-Konflikts war Brüning klar, daß sich in Deutschland zwei antagonistische politische Systeme etablieren würden. Man dürfe der Sowjetunion keinen Vorwand für die Einsetzung eines kommunistischen Regimes in ihrer Besatzungszone liefern, erklärte er Ende 1947. In seinen Lageanalysen mußte er freilich die jeweils aktuelle Politik des State Department berücksichtigen. So achtete er peinlich darauf, nicht in einen Gegensatz zur offiziellen Washingtoner Linie zu geraten, um dort nicht jeden Einfluß zu verlieren. Diese Haltung beruhte auf der Einsicht, daß das Schicksal Deutschlands in erster Linie von Washington und Moskau abhing, daß aber die Interessen Deutschlands am ehesten mit denen der USA in Einklang zu bringen waren. Darin unterschied er sich nicht wesentlich von Adenauer.

Dennoch klagte er häufig darüber, daß der außenpolitische Kurs des State Department unter dem Einfluß der anderen europäischen Mächte oft unklar und unsicher sei, was sich die Sowjetunion zunutze mache und ihr beträchtliche Vorteile etwa während der Korea- und der Suez-Krise verschafft habe. Brüning wußte aber auch, daß die amerikanische Europapolitik im Zeichen des Marshall-Planes bei allen Schwankungen spätestens seit 1947 auf eine politische und wirtschaftliche Einheit des alten Kontinents zielte. Dagegen hielten Großbritannien und Frankreich noch einige Zeit an den handels- und außenpolitischen Ziele fest, die sie schon in den zwanziger und dreißiger Jahren verfolgt hatten. Trotz des aufziehenden Ost-West-Gegensatzes verfolgten sie bis zum Beginn der fünfziger Jahre die Demontagepläne nach dem Level-of-Industry-Plan vom 26. März 1946, die erst durch den Deutschlandvertrag vom 26. Mai 1952 offiziell beendet wurden. Nach Brüning folgte Großbritannien mit einiger Verzögerung dem neuen Kurs der USA, die europäische Wirtschaft einschließlich der westdeutschen durch eine großzügige Kredithilfe nach dem Marshall-Plan anzukurbeln, während Frankreich sich noch längere Zeit weigerte, der amerikanischen Linie zu folgen.

Die Sowjetunion unter Stalin und dessen Nachfolgern hielt er für ein totalitäres Regime[84] und betrachtete daher den sowjetisch-amerikanischen Gegensatz als unüberwindbar. Nachdem sich herausgestellt hatte, daß der alliierte Kontrollrat in Berlin zum Scheitern verurteilt war, vertrat er die Ansicht, daß der Aufbau zentraler politischer Strukturen von deutscher Seite möglichst verzögert werden sollte. Deutsche Politiker sollten sich nicht in den Konflikt der Siegermächte hineinziehen lassen und eine Politik des Abwartens verfolgen. Unter diesem Gesichtspunkt beobachtete er argwöhnisch die französische Deutschlandpolitik, der er unterstellte, daß sie auf eine Zernierungs- und Teilungsstrategie hinauslief. Frankreich betrieb nach seiner Einschätzung noch jahrelang eine Europapolitik, die auf eine Beherrschung Westeuropas und – in stillem Einverständnis mit den Sowjets – auf die Teilung Deutschlands ausgerichtet war. Deshalb bekämpfte er alle Pläne, eine europäische Einigung auf wirtschaftlichem und politischem Gebiet zu erreichen, um die bisherigen nationalen Souveränitäten zu überwinden. Eine Verständigung zwischen den europäischen Staaten lehnte er zwar nicht a limine ab, hielt aber alle Integrationspläne für verfehlt, zumindest für verfrüht angesichts der politischen Lage Deutschlands. Trotz der Katastrophe seines Landes glaubte er, daß die Großmächte das »deutsche Potential« durchweg hoch einschätzten, wenn auch unter sehr gegensätzlichen Gesichtspunkten. Die Gegensätze unter ihnen im deutschen Interesse auszunutzen, lautete seine politische Empfehlung.

Die Gründung der Bundesrepublik 1949 hielt er für verfrüht, aber dann doch für unvermeidlich, nachdem die Entscheidung in den westlichen Hauptstädten, vor allem in Washington, gefallen war. Um die Teilung des Landes nicht zu verewigen, sondern in absehbarer Zeit zu überwinden, hatte er sogar eine vorübergehende Neutralisierung zwischen Ost und West hinnehmen wollen, ehe der Ost-West-Gegensatz sich im Zeichen des Koreakrieges verfestigte. Die daraus resultierende Problematik einer Blockfreiheit Deutschlands beurteilte er nicht wesentlich anders als andere Emigranten wie Treviranus, Rauschning, Sollmann, Otto Braun und Carl Spiecker.[85]

Stillhalte- oder Integrationspolitik?

Im Gegensatz zu Adenauer war Brüning sicher, daß die USA nach 1945 ihre Position in Europa halten müßten, um der Sowjetunion nicht das Feld zu überlassen. Adenauers Befürchtung, daß die amerikanischen Truppen ebenso wie nach 1918 Europa bald räumen würden, hielt er für unbegründet, wie er 1948 gegenüber dem CDU-Vorsitzenden der Britischen Zone erklärte. Auf dieser Annahme beruhte Brünings Position in der Deutschlandpolitik, die derjenigen Konrad Adenauers in allen wesentlichen Aspekten widersprach. Obwohl er Adenauers politisches Talent schätzte und seine Wahl zum Bundeskanzler billigte, geriet er doch schon zu Beginn der fünfziger Jahre zu diesem in einen unversöhnlichen politischen Gegensatz, in dem alte Differenzen aus den Weimarer Jahren wieder auflebten.

Mit Adenauer war er sich allerdings darin einig, daß die deutsche Politik unter keinen Umständen in einen Gegensatz zu den Vereinigten Staaten geraten dürfe. Die Gründung der DDR ignorierte er zwar nicht, hielt sie aber für ein Gebilde, das ohne jeden Rückhalt in der Bevölkerung existierte und der Sowjetunion lediglich als außenpolitische Trumpfkarte diente. Von Verhandlungen zwischen Bonn und Pankow versprach er sich nichts, wollte aber Kontakte nicht ausschließen. Brüning sprach im Hinblick auf die Bundesrepublik stets von »Westdeutschland«, was Adenauer öffentlich monierte, obwohl Brüning deren Legitimität keineswegs in Frage stellte. Adenauer meinte mit »Deutschland« gewöhnlich die Bundesrepublik, freilich auch im Sinne des eigentlichen, legitimen Deutschlands.[86]

Brüning dachte gesamtdeutsch, wobei er nicht nur Mitteldeutschland, sondern auch die unter polnischer Verwaltung stehenden ehemaligen deutschen Ostgebiete einbezog. Für ihn war die Lage Deutschlands in den späten vierziger und frühen fünfziger Jahren noch in hohem Maße ungeklärt und unentschieden – auch hier zeigte sich wieder eine Differenz zu Adenauer. Er glaubte aber, daß der Gegensatz zwischen der Sowjetunion und den Westmächten, nicht zuletzt nach dem Ausbruch des Koreakrieges, die Chancen für eine Lösung der Deutschen Frage erhöhte. Die Sicherheit der Bundesrepublik und Westeuropas sah auch er wegen des Koreakrieges zu Beginn der fünfziger Jahre gefährdet, doch aus anderen Gründen als Adenauer.

Nach seiner Ansicht war Westeuropa wegen des Engagements der USA in Südostasien sowjetischem Druck ausgesetzt, da die USA ihre Präsenz in Europa unter Umständen vermindern müßten. Man dürfe die Sowjetunion nicht durch Rüstungsanstrengungen im Westen provozieren. Zu Anfang der fünfziger Jahre distanzierte er sich daher von Adenauers politischem Kurs, als der Kanzler nach dem Ausbruch des Koreakrieges das Sicherheitsmemorandum vom 29. August 1950 vorlegte, in dem von einem westdeutschen Verteidigungsbeitrag die Rede war.

Brüning lehnte entsprechend seiner allgemeinen Neigung zu einer Taktik des Abwartens und Verzögerns wegen der Teilung Deutschlands einen verfrühten Aufbau von deutschen Streitkräften in der Bundesrepublik ab, obwohl die DDR bereits eine mehrere Tausend Mann umfassende Kasernierte Volkspolizei aufgestellt hatte. Er sah in diesen Formationen allerdings keine Gefahr für die Bundesrepublik und wollte in ihnen lediglich ein Instrument zur Unterdrückung der mitteldeutschen Bevölkerung sehen. Anders bewertete er die Stärke der sowjetischen Truppen in der DDR. Sie dienten nach seiner Ansicht dazu, das strategische Glacis der Sowjetunion in Europa zu sichern.

Dieses Bedürfnis schätzte er hoch ein, während er das kommunistische Prinzip einer weltrevolutionären Außenpolitik für sekundär hielt. Eine westliche Politik des *Containment*, wie sie Kennan vertrat, billigte er, nicht jedoch weitergehende Pläne eines *Roll Back*. Überlegungen, einen »Freiheitskampf« im Innern des Sowjetblocks zu unterstützen, die auch in Reden deutscher Politiker wie Heinrich v. Brentanos in der Mitte der fünfziger Jahre anklangen, wies er als verfehlt zurück. Einen »Kreuzzug für die Freiheit« betrachtete er zu keinem Zeitpunkt als aussichtsreich. Die Sowjetunion könne nur von innen her zermürbt werden. Wenn dies nicht geschehe, werde sie in einigen Jahren unbesiegbar sein.[87]

Brüning erwartete nicht, daß Moskau um jeden Preis seinen europäischen Machtbereich ausdehnen wollte. Er rechnete andererseits auch nicht damit, daß die USA ihre Truppen aus Deutschland und Europa zurückziehen würden, so lange die Konfrontation mit der Sowjetunion fortbestand oder sich gar noch verschärfte. Schon frühzeitig spekulierte er darüber, ob der 1948 offen ausgebrochene Kalte Krieg Deutschland zum Vorteil gereichen könne. Eine Sowjetisierung des ganzen Landes und auch Deutschlands in absehbarer Zeit befürchtete er im Gegensatz zu manchen anderen deutschen Politikern nicht. Er sah vielmehr für die Bundesrepublik Spielräume in der internationalen Politik gerade angesichts des sowjetisch-amerikanischen Gegensatzes, die durch eine besonnene Strategie des Abwartens ausgenutzt und erweitert werden könnten. Nach Heinrich Krone war Brüning im Rückblick überzeugt, daß Adenauer beim Westen mehr hätte »herausholen« können, wenn er zurückhaltender gewesen und dem Beispiel der Japaner gefolgt wäre.[88]

Die Europa-Politik Adenauers und Schumans

Lange Zeit überschätzte Brüning im Gegensatz zu der Bedrohung aus dem Osten die angebliche Gefahr einer französischen Hegemonie, die hinter einer Fassade supranationaler Integration auf wirtschaftlichem und politischem Gebiet verwirklicht werden konnte. Die Europäische Verteidigungsgemeinschaft hielt er für eine Fehlkonstruktion, da sie eine französische Hegemonie auf militärischem Gebiet begünstige. Daher kritisierte er deren Aufbau, weil diese unter dem faktischen Oberbefehl der französischen Armee stehe und damit den außenpolitischen Zielen Frankreichs diene. Dagegen sei – so meinte er noch vor dem Scheitern der EVG im Jahre 1954 – ein Beitrag Westdeutschlands zur Verteidigung des Westens im Rahmen der NATO vertretbar, was auch der Ansicht einflußreicher Militärs in Washington entsprach.

Die europäischen Integrationsbestrebungen beurteilte er, wie zu erwarten war, in der Perspektive seiner eigenen politischen Erfahrungen in den frühen dreißiger Jahren, auch wenn er eine wirtschaftliche Zusammenarbeit unter den europäischen Staaten befürwortete, um die politischen Spannungen unter ihnen allmählich abzubauen. 1943 hatte er behauptet, daß nur durch eine »Beschränkung gewisser Souveränitätsrechte (über Wechselkurs, Handelsbarrieren, Produktion schwerer Angriffswaffen usw.) aller europäischen Nationen ... ein Gefühl der Sicherheit und Vertrauen zu einem kooperativen Bund der Nationen entstehen« könne und »nicht durch vollständige Abschaffung unabhängiger Souveränität«. Dabei schwebte ihm das Vorbild des ehemaligen Deutschen Bundes vor.[89] Langfristige internationale Verträge als Grundlage jeder Integration betrachtete er als Hindernisse für die Handlungsfähigkeit jeder deutschen Politik, wie sie in Bonn betrieben werden sollte. Sein außenpolitisches Konzept stellte in allen wesentlichen Teilen das Gegenstück zur Adenauerschen Integrationspolitik dar. Die innenpolitischen Schwierigkeiten, die sich der Realisierung der Europäischen Verteidigungsgemeinschaft in Frankreich entgegenstellten, betrachtete er folgerichtig als günstige Voraussetzung für einen Kurswechsel in der westdeutschen Außenpolitik. Die Stalin-Noten von März und April 1952 bewertete er als ein Indiz, daß eine Wende in der sowjetischen Außenpolitik jederzeit möglich sei.

Brüning hielt es für sinnvoll, über die sowjetischen Vorschläge zu verhandeln. Es ging ihm nicht darum, zu prüfen, ob sie angesichts der EVG-Verhandlungen »ernst gemeint« waren oder nicht. Dies war auch für Adenauer nicht die entscheidende Frage. Beide wußten, daß im Westen vor allem die USA das Angebot einer bewaffneten Neutralität für ein wiedervereinigtes Deutschland ablehnten. Doch glaubte er im Gegensatz zu Adenauer, daß Verhandlungen und Gespräche fruchtbar sein könnten. Zumindest solle man die Integrationsmaßnahmen, auch die Aufstellung deutscher Truppen im Westen nicht überstürzen, um sich nicht zur Unzeit durch langfristige Verträge wie jene über die Montanunion zu binden. Der Kanzler befürchtete demgegenüber Irritationen im Westen, wenn die Bundesrepublik sich nicht der Position der westlichen Alliierten anschlösse.

Der Ost-West-Konflikt stellte für Brüning eine Chance dar, die man durch eine Politik des Abwartens auf den »geeigneten Augenblick« nutzen konnte, während der Kanzler um die Existenz des verbliebenen freien Teils von Deutschland fürchtete, wenn sich Bonn zu kurzsichtigen außenpolitischen Vorstößen hinreißen lassen würde. Nach Brünings Eindruck war das letzte Wort Moskaus in der Deutschen Frage noch nicht gesprochen. Schon während des Krieges hatte er Vorstellungen über einen gestuften Friedensvertrag entwickelt, bei dem einige Regelungen sofort, andere entsprechend dem Abbau der Spannungen durch neue Verhandlungen eintreten sollten.[90] So hätte man möglicherweise die Risiken in den Verhandlungen mit den Sowjets verringern können. Die Differenz zwischen Adenauer und Brüning bestand darin, daß der eine den aktuellen Handlungsspielraum deutscher Politik höher einschätzte als der andere, wenn man davon absieht, ob es darum ging, »sach- oder machtgerecht« im Sinne Eschenburgs zu handeln.

Adenauers Reaktion auf Brünings umstrittenen Düsseldorfer Auftritt vom 2. Juni 1954 wies deshalb Züge einer politischen Inszenierung auf, die ein beachtliches Echo in der Öffentlichkeit hervorrief. Adenauer setzte Brüning politisch gleichsam schachmatt, was dieser sehr wohl erkannte. Den Rat des Exkanzlers, einen Kurswechsel in der Deutschlandpolitik einzuleiten, wies Adenauer zurück. Brüning geriet in ein politisches Zwielicht, aus dem er sich nicht wieder befreien konnte. Den Eklat als Folge von Mißverständnissen oder Fehldeutungen zu erklären, lehnte er ab. Er blieb auch künftig überzeugt, daß Adenauers Politik auf Illusionen beruhe, zu übereilten Festlegungen auf Dauer führe und deshalb verhängnisvoll für Deutschland sei. Fritz Schäffer, der sich als Freund Brünings bekannte, fragte sich, ob der Exkanzler auf seine Weise »Politik machen« oder bloß eine Meinung habe äußern wollen. Im ersten Fall sei sein Verhalten »nicht ungeschickt« gewesen, vorausgesetzt, daß er sich von vornherein mit Adenauers Gegenreaktion hätte abfinden können.[91]

Er hatte in Adenauer gleichsam seinen Meister gefunden. Dieser hatte ihn keineswegs mißverstanden, sondern hatte seine Äußerungen dazu benutzt, die eigene Position publikumswirksam herauszustellen. Im übrigen war Adenauer nicht der Mann, der einen eigenen Fehler in einer solchen Auseinandersetzung eingestanden oder sich gar entschuldigt hätte, um seinem Gegner Gerechtigkeit widerfahren zu lassen.[92] In seiner Neigung zur Rechthaberei ähnelte er dem ehemaligen Reichskanzler. Wenige Monate später verließ Brüning unter dem Druck der daraufhin gegen ihn einsetzenden Kampagne die politische Bühne der Bundesrepublik, auf der er nach der Rückkehr aus dem Exil nur ein kurzes Gastspiel gegeben hatte. Die Rückkehr in die Vereinigten Staaten war nur konsequent, nachdem er, wie die Düsseldorfer Affäre gezeigt hatte, in seiner selbstgewählten Rolle als politischer Berater so offensichtlich gescheitert war.

Die Überwindung der Spaltung Deutschlands nach dem Ende des Kalten Krieges läßt in der Rückschau den damaligen Konflikt zwischen den beiden Staatsmännern in einem neuen Licht erscheinen. Die Adenauersche »Politik der Stärke« durch eine enge Anlehnung an den Westen könnte man als eine Voraussetzung für den späteren Beitritt der DDR zur Bundesrepublik am 3. Oktober 1990 nach der sogenannten Wende im gesamten Ostblock betrachten. Das gilt wohl auch für die Politik des »Wandels durch Annäherung«, wie sie von Egon Bahr zu Beginn der siebziger Jahre konzipiert wurde, und die Vereinbarungen über die Menschenrechte nach »Korb 3« der Konferenz für Sicherheit und Zusammenarbeit in Europa in Helsinki im Jahre 1975.

Jedes dieser Konzepte läßt sich in der Rückschau mit verschiedenen Argumenten rechtfertigen. Brüning hat die Politik der Sowjets ebenso wie jene der Vereinigten Staaten für unstet gehalten und gerade deshalb eine zielbewußte Strategie des Abwartens auf eine günstige weltpolitische Konstellation verfochten. Sein Konzept war nicht weniger langfristig angelegt als dasjenige Adenauers. So erhebt sich die Frage nach den Ursachen für die Dauer der Spaltung Deutschlands und Europas, die erst nach über vierzig Jahren überwunden werden konnte. Brüning hatte sogar die deutschen Ostgebiete, die Stalin zu Polen geschlagen hatte, in seine Überlegungen, wahrscheinlich in Form eines Stufenplans, einbezogen, was Adenauer ablehnte.

Im Westen hatte nach Brünings Einschätzung lediglich Frankreich ursprünglich eine klare, wenn auch traditionellen Kategorien verhaftete Vorstellung von der Zukunft Europas, indem es in kleinen Schritten die Kontrolle Deutschlands durch bewußte Teilungsmaßnahmen zunächst innerhalb seines begrenzten Machtbereichs, der Französischen Zone und an der Saar, einzuleiten suchte. Gleiches ließ sich von den angelsächsischen Mächten nicht sagen, die die Dauer ihrer militärischen Anwesenheit auf dem Kontinent von der europäischen Sicherheitslage abhängig machten. Die Europa-Politik Stalins ließ trotz der beträchtlichen Ausdehnung seines Machtbereichs nicht darauf schließen, daß er die Herrschaft über ganz Europa anstrebte und die anderen Sieger des Zweiten Weltkrieges als Großmächte ausschalten wollte. Brüning erwartete allerdings, daß der Konflikt unter den ehemaligen Mitgliedern der Anti-Hitler-Koalition in absehbarer Zeit nicht beigelegt werden könne.[93]

Die Integrationsbestrebungen in Westeuropa vertieften, solange die Spaltung Deutschlands und der Ost-West-Konflikt fortbestanden, nach Brüning die politische Teilung des Kontinents in zwei feindliche Lager. Bis zum Ende seines Lebens fand er dies bestätigt. Im Zeichen der europäischen Integration arbeitete die Zeit nach seinem Empfinden nicht mehr für, sondern gegen die deutsche Einheit, wenn die Bonner Politik nichts tat, um diesen Prozeß im Sinne der Präambel des Grundgesetzes zu beeinflussen, wenn nicht gar umzukehren. Die tatsächliche Entwicklung bestätigte demnach nur die Fehler einer Politik, die man in einer wenn auch schwierigen Lage unbedingt hätte vermeiden müssen. Die Erfolgsaussichten seiner eigenen Konzeption vermochte er freilich ebensowenig abzuschätzen wie die seiner politischen Gegenspieler.

Brüning beobachtete den Aufbau der Bundesrepublik unter dem Gesichtspunkt, in welchem Umfang es ihr als Rechtsnachfolgerin des Deutschen Reiches gelang, die im Krieg verlorene Souveränität Deutschlands im Sinne einer politischen Handlungsfähigkeit wiederzugewinnen. Die Bedrohung, die von der Sowjetunion ausging, ignorierte er nicht, doch registrierte er, daß es auch im Westen Kräfte gab, die einem Wiederaufbau Deutschlands nicht wohlwollend gegenüberstanden.

Die Bestrebungen Schumans und Adenauers um eine deutsch-französische Verständigung beeindruckten ihn wenig. Für ihn war die Position Schumans, den er aus seiner Jugendzeit kannte, ohnehin nicht identisch mit der des Quai d'Orsay. Insofern unterschätzte er das politische Gewicht Schumans in der französischen Politik und dessen Rückhalt im State Department. Zwar hing die Politik des Westens letztlich von dem außenpolitischen Kurs Washingtons ab, doch erwartete Brüning im Gegensatz zu Adenauer, daß die französische Europapolitik sich dem amerikanischen Einfluß weitgehend entziehen werde. Gerade nach den Erfahrungen der dreißiger Jahre glaubte er, auch Adenauer vor Naivität warnen zu müssen. Allen supranationalen Tendenzen stand er seit den dreißiger Jahren mißtrauisch gegenüber. Die Teilung Deutschlands, die sich ständig vertiefte, entzog nach seiner Ansicht allen Integrationsplänen die Grundlage, ja machte diese unglaubwürdig und ließ sie als bloßen Vorwand einer Zernierungsstrategie erscheinen.

In Frankreich sah er den Hauptgegner der Einheit Deutschlands. Gelegentlich hat man den Eindruck, daß er die französische Außenpolitik wegen ihrer Kontinuität und Konsequenz insgeheim bewunderte, auch wenn er sie in ihrer Reichweite überschätzte. Sein Verständnis der französischen Position kam einem negativen Urteil über strukturelle Schwächen der deutschen Außenpolitik gleich. Sein Urteil über Großbritannien wurde allmählich wohlwollender – vor allem in den fünfziger Jahren –, doch glaubte er lange Zeit, daß London vor allem die Konkurrenz der deutschen Wirtschaft auf den Weltmärkten fürchte. Die Skepsis gegenüber allen europäischen Einigungsbestrebungen verstellte ihm den Blick für den realen Stellenwert Frankreichs und Großbritanniens als Verbündete der Vereinigten Staaten.

Die französische Saarpolitik in den späten vierziger Jahren widerlegte nach seiner Auffassung schlagend den Wert der großen Entwürfe Schumans und Monnets für eine europäische Zusammenarbeit auf politischem und wirtschaftlichem Gebiet. Internationale Verträge als Mittel einer Integrationspolitik, die wie der Schuman-Plan Jahrzehnte gültig sein sollten, hielt er noch nach seiner endgültigen Rückkehr in die USA angesichts der unsicheren Weltlage für fragwürdig. Nach anfänglichen Zweifeln erkannte Brüning die überragende Bedeutung des Marshall-Plans für die Verteidigung Westeuropas an, ohne daß ihn dies zum Anhänger einer europäischen Einigung, wie sie den USA vorschwebten, gemacht hätte. Im Rahmen seiner Möglichkeiten unterstützte er die Marshall-Plan-Hilfe für die Bundesrepublik.

Seine Kritik an Adenauers Westorientierung fand teilweise Beifall sowohl im Lager der Unionsparteien als auch bei den Freien Demokraten bis in die Reihen der Sozialdemokraten. Doch wollte er sich nicht zum Sprecher einer bestimmten politischen Richtung machen und beharrte darauf, sich nicht in die Tagespolitik einmischen zu wollen. Die Kritik an der Wiederbewaffnung war nicht etwa pazifistisch bestimmt. Den Krieg der Alliierten gegen das Dritte Reich hatte er für prinzipiell gerechtfertigt gehalten, so sehr er sich bemüht hatte, ihn zu verhindern.[94]

In der Wiederbewaffnungsfrage scheint er noch in den fünfziger Jahren das japanische Vorbild vor Augen gehabt zu haben. Die Japaner beriefen sich trotz des Sieges von Mao Tse-tung in China und dem Ausbruch des Koreakrieges darauf, daß ihnen nach dem Friedensvertrag mit den USA jede Rüstung verboten sei, als die USA ihre Politik in Südostasien änderten. Im Hintergrund stand freilich auch hier die Sorge um die Einheit des Landes.

Vor diesem Hintergrund wird Brünings Haltung zur sogenannten Stalin-Note vom 10. März 1952 verständlich. Übereinstimmend mit einigen CDU- und SPD-Politikern empfahl er, wie erläutert, eine eingehende Prüfung, obwohl er sich der taktischen Aspekte des sowjetischen Vorstoßes und der Abhängigkeit der Bundesregierung vom Kurs der Westmächte, vor allem der USA, bewußt war. So forderte er wiederum eine Politik des Abwartens, um verhängnisvolle Fehlentscheidungen zu vermeiden. Sie könne auch darin bestehen, den westlichen Preis für eine Annahme des sowjetischen Angebots zu erhöhen, indem man das Schicksal der Gebiete jenseits von Oder und Neiße ins Spiel bringe, wie dies sogar in der Antwortnote des Westens vom 25. April angedeutet wurde. Dies läßt darauf schließen, daß Brünings Risikobereitschaft im Hinblick auf die Deutsche Frage größer war als die Adenauers. Die Differenz beruhte in erster Linie auf der unterschiedlichen Einschätzung der amerikanischen Außenpolitik, die Brüning besser zu kennen glaubte als der Kanzler, der seinerseits die aktuelle Weltlage »realistischer« einzuschätzen meinte. Allerdings empfahl Brüning, die Rückgabe der Ostgebiete nicht als Maximalforderung aufzustellen, um die Verhandlungen nicht von vornherein zum Scheitern zu verurteilen.

Ein neutralisiertes Deutschlands hielt er eine Zeitlang als Bestandteil eines neuen europäischen Sicherheitssystems für denkbar, wenn es in umfassenden Verhandlungen der Großmächte errichtet werde. In diesem Prozeß hätten auch die Grenzfragen zwischen Deutschland und seinen Nachbarn einvernehmlich gelöst werden können. Im Hinblick auf eine solche Lösung vermißte er bei der Bundesregierung ein konstruktives Konzept. Daß der sowjetische Vorstoß vom März 1952 offenkundig in erster Linie die geplante Europäische Verteidigungsgemeinschaft verhindern sollte, irritierte ihn keineswegs, da er sie ohnehin ablehnte. In der Politik der »eisernen Verträge« über eine westeuropäische Integration sah er vor allem die französische Handschrift, während er die amerikanische und teilweise auch die britische Position in der Deutschen Frage bis zum Frühjahr 1952 nicht für entschieden hielt. So lange betrachtete er eine Neutralisierung noch als eine mögliche Lösung der Deutschen Frage.

Als das State Department im Sommer desselben Jahres einen schärferen Kurs gegenüber der Sowjetunion einschlug, war Brünings bisherige Position nicht mehr haltbar. Die Annahme, daß die USA in der weltpolitischen Konfrontation mit der kommunistischen Weltmacht in Europa weniger auf Frankreich als vielmehr auf Großbritannien und Westdeutschland als ernsthafte Bündnispartner rechnen könnten, hatte sich in Washington durchgesetzt.

Dies muß als Hintergrund seiner Kritik an Adenauers Außenpolitik in seinem Düsseldorfer Vortrag vom 2. Juni 1954 beachtet werden. Damals war die Entscheidung über das Schicksal der EVG noch nicht gefallen und eine NATO-Mitgliedschaft stand noch nicht auf der Tagesordnung. Seine Ausführungen entsprachen seiner Neigung, grundsätzliche Fragen pointiert zu behandeln, wie er dies bei seinen zahlreichen *lectures* in den USA gewohnt war und setzte voraus, daß das deutsche Auditorium dies honorierte und nicht als Beitrag zu einer tagespolitischen Auseinandersetzung mißverstand. Letzteres hätte er einkalkulieren müssen. Er hatte eine grundsätzliche Sorge über langfristig wirksame Probleme äußern, ein bestimmtes außenpolitisches Konzept, einen Gegenentwurf zu Adenauers Linie, die er als beinahe gescheitert betrachtete, vortragen wollen.

Als sich herausstellte, daß die USA unter keinen Umständen eine Neutralisierung Deutschlands zulassen wollten, mußte Brüning seinen Standpunkt revidieren. Er distanzierte sich jetzt von jenen Kritikern Adenauers, die eine neutralistische Lösung bevorzugten. Für ihn war die Handlungsfreiheit der Bundesregierung, die bis 1955 unter der Souveränität der westlichen Siegermächte stand, außerordentlich begrenzt. Dieses Problem stellte sich für ihn jedoch anders als für Adenauer, der die Teilung Deutschlands und den Verlust der deutschen Ostgebiete frühzeitig, schon bei Kriegsende als eine zumindest vorläufig feststehende Tatsache erkannte. Für Brüning handelte es sich um die Folgen der Katastrophe Deutschlands, die es irgendwann zu überwinden galt.

5. Das Vermächtnis:
Weltbild und Weltanschauung

Die Persönlichkeit

Brüning gehört zu den umstrittensten deutschen Politikern des 20. Jahrhunderts, obwohl seine persönliche Integrität weit über die Grenzen seiner eigenen Partei hinaus anerkannt wurde. Das Vertrauen, das ihm die meisten verantwortlichen westlichen Staatsmänner während seiner Amtszeit als Reichskanzler entgegenbrachten, scheint größer gewesen zu sein, als dasjenige, das selbst Stresemann bei ihnen genoß, wenn man von dessen Freundschaft mit Briand absieht.[95]

Sachlichkeit im Hinblick auf das Staatsinteresse, persönliche Zurückhaltung, ja eine ausgesprochene Scheu vor der Öffentlichkeit, aber auch vor jeder Demagogie sagte man ihm ebenso nach wie eine komplizierte politische Argumentationsweise und ein distanziertes, wenn nicht gar gestörtes Verhältnis zur politischen Macht. Er habe nichts von der »prallen Humanität Stresemanns« (Michael Freund) gehabt, schrieb der englische Historiker George N. Clark. Er sei gleichsam nicht der Führer, sondern der Arzt gewesen, der »kalt arbeitet, um das Leben des Patienten zu retten und diesen zwingt, die widerlichste Medizin zu nehmen«. Dies sei ein Fehler gewesen, den Hitler nicht beging.[96]

Nach Carl Jacob Burckhardt war er in seiner Außenpolitik »viel zurückhaltender« als Stresemann – ein Urteil, das im Hinblick auf Frankreich nur schwer zu vertreten ist und daher cum grano salis genommen werden muß. Sein Freund Hermann Ullmann glaubte ihm zugute halten zu müssen, daß er zu spät ins Amt gelangt sei, um die Republik noch vor dem Untergang zu retten, meinte aber einschränkend, »daß er dann zuviel Anlaufzeit verlor, daß alle Probleme zugleich aufbrachen, daß er alle nur vor sich herschob, statt die wichtigsten herauszugreifen und zu gestalten, und daß seine Konzeption sich schließlich ins allzu Komplizierte verlor«.[97]

Seine sachliche Kompetenz in vielen wichtigen Fragen war unbestritten. Man bescheinigte dem Reichstagsabgeordneten und nachmaligen Kanzler außerordentliche Fähigkeiten als Finanzexperte und als Kenner der internationalen Verhältnisse. Gewiß gab es viele Menschen in Deutschland, die von Brünings ebenso zurückhaltendem wie vornehmen Wesen angetan waren, sich sogar für den »Führer Brüning« im Gegensatz zu Hitler begeisterten und das Bild eines integren Politikers, der Deutschland vor der Katastrophe des Dritten Reiches hätte retten können, noch nach Jahrzehnten bewahrten. Doch erwies sich die Faszination Hitlers in der Masse der Bevölkerung im Vergleich zu der nüchternen »Sachlichkeit« Brünings als ungleich stärker.[98]

Der Reichskanzler, der von Hindenburg in die Regierungsverantwortung berufen worden war, lehnte grundsätzlich jede polemische Agitation im Stile Hitlers, Hugenbergs oder auch Thälmanns ab, wenn er seine Politik in der Öffentlichkeit vertrat. Dies hinderte ihn nicht, sich nach seiner Entlassung als Wahlkämpfer und sogar als letzter Parteiführer des Zentrums zu profilieren. Die Konfrontation mit der nationalsozialistischen Bewegung warf allerdings ein um so schärferes Licht auf seine Persönlichkeit. Er war weder Demagoge noch Agitator, wollte vielmehr stets als ein verantwortungsbewußter Staatsmann gelten, dem es darauf ankam, seine Entscheidungen ausschließlich im Interesse des Gemeinwohls zu treffen, wenn auch nicht unbedingt im Zeichen kurzfristiger Bedürfnisse, von vorübergehenden Stimmungen ganz zu schweigen. Der handelnde Staatsmann sei dem Volkswillen verpflichtet, sofern dieser dem wirklichen Interesse des Landes entspreche. Er sei insofern wiederum auf sein Gewissen und sein Erkenntnisvermögen verwiesen.

Brüning war überzeugt, daß der verantwortliche Leiter der Politik seine wirklichen Absichten nicht immer offen äußern dürfe, wenn die Zeit dafür nicht reif sei oder das nationale Interesse dies erfordere. Selbst als Professor für politische Wissenschaft hielt er an dieser Maxime fest, die darauf hinauslief, daß er die *arcana im-*

perii gegenüber der Öffentlichkeit nicht wirklich, zumindest nicht zur Unzeit, enthüllen wollte. Er erweckte jedoch gerne den Eindruck, daß er jeweils über ein geheimes Rezept zur Lösung eines Problems verfüge. In wichtigen Fragen deckte er gleichsam seine Karten selbst gegenüber wichtigen Mitarbeitern nicht immer auf, so sehr er nach außen hin, gegenüber der Öffentlichkeit, den Eindruck der Ehrlichkeit und Sachlichkeit zu erwecken suchte. Die Folge waren Spekulationen über seine politischen Ziele, die nach seinem Tode in den Auseinandersetzungen um seine angeblichen Restaurationspläne gipfelten. Die Grenzen des nationalen Interesses sah er dort, wo der Nationalismus »die elementarsten Forderungen des Christentums zu zerstören« beginne. Diese Tendenz sah er beispielsweise in dem kirchenpolitischen Kurs des polnischen Kardinals August Hlond (1881-1948) in den deutschen Ostgebieten gegeben.[99]

Brüning versuchte in den Jahrzehnten nach seiner Rückkehr aus dem Ersten Weltkrieg, sich immer wieder aufs neue nicht nur über die Aufgaben der deutschen Politik und seine eigenen politischen Ziele, sondern auch über seine Rolle als Staatsmann und Politiker klar zu werden. Philosophische Leitbilder im Sinne Hegels oder Heideggers dürften ihm vertraut gewesen sein, ohne daß sie ihn geprägt hätten.[100] Für den Weimarer Politiker und Parlamentarier ging es in Notzeiten stets um das Problem der Führung in der Demokratie. Als Reichskanzler betrieb er die Sanierung der Staatsfinanzen, indem er ein Experiment erprobte, das auf die definitive Lösung der Reparationsfrage und eine Chance für einen neuen Aufschwung der Wirtschaft zielte. Seine Diskretion im Hinblick auf seine politischen Pläne verschleierte die Tatsache, daß er bei all seinen taktischen Aushilfen, etwa in der Wirtschafts- und Finanzpolitik, immer auch langfristige Ziele verfolgte, etwa die Absicht, Deutschland rasch durch die Wirtschaftskrise zu führen, um günstige Startbedingungen für eine neue Hochkonjunktur zu gewinnen. So sollte Deutschlands Konkurrenzfähigkeit steigen, um womöglich sogar einen zeitlichen Vorsprung auf den Weltmärkten zu erreichen. Dies wurde indirekt von der französischen Delegation auf der Konferenz von Lausanne 1932 bestätigt, als sie die Ansicht vertrat, Deutschland dürften die Reparationsschulden nicht erlassen werden, da die geringe innere Verschuldung des Reiches dank der Sparmaßnahmen unter Brüning eine »Exportoffensive« nach dem Ende der Wirtschaftskrise erwarten lasse.

Das Denken in langfristigen Perspektiven als Alternative zu einer vordergründigen Tagespolitik vor dem Hintergrund weltgeschichtlicher Krisen entsprach dem Weltbild, das er als Soldat während des Ersten Weltkrieges an der Front im Westen gewonnen hatte, wenn man von den frühen Begegnungen mit der Welt des Politischen in seiner Gymnasial- und Studienzeit absieht. In den Jahren der Emigration suchte er unbeirrt nach Wegen, den Sturz des Hitler-Regimes herbeizuführen. Nach dem Zweiten Weltkrieg entwickelte er in der Auseinandersetzung mit Adenauer eine außenpolitische Konzeption, die die Folgen der Vereinbarungen der Siegermächte in Jalta und Potsdam überwinden sollte.

Einmal als richtig erkannte Ziele verfolgte er ebenso hartnäckig wie Adenauer, ohne sich durch irgendwelche Zweifel davon abbringen zu lassen. Dies erklärt zum Teil das Trauma seines Sturzes als Reichskanzler, das ihn jahrzehntelang verfolgte. Er war überzeugt, daß er seinerzeit ein überaus lohnenswertes, in absehbarer Zeit erreichbares Ziel verfolgt hatte, das seine Entlassung nicht rechtfertigte. Aus diesem

5. Das Vermächtnis: Weltbild und Weltanschauung

Grunde verdrängte er eigene Fehler, die er im Umgang mit Hindenburg begangen hatte. Man hat dies teilweise auf eine intellektuelle Arroganz, auf eine Art »Geisteshochmut« (H. Köhler) zurückgeführt, der darin begründet lag, daß er sich intellektuell den meisten Menschen in seiner unmittelbaren Umgebung überlegen fühlte. Die Neigung zur Rechthaberei und Selbstgerechtigkeit[101] verstärkte sich im Laufe seines Lebens und führte häufig zum Bruch alter Freundschaften. Die oft verletzende Schärfe im Urteil über andere Persönlichkeiten entsprach diesem Charakterzug. Allenfalls warf er sich im Nachhinein eine unbegründete Gutgläubigkeit vor, die er angeblich früher hätte überwinden müssen.[102]

Der Neigung zu schroffen Urteilen über andere Menschen stand eine ausgeprägte, an die Grenzen seiner Möglichkeiten gehende persönliche Hilfsbereitschaft gegenüber, etwa wenn es sich um andere Emigranten in den USA oder um Hilfsbedürftige in Deutschland nach dem Kriege handelte.[103]

Melancholie und Kontemplation

Ein durch eine melancholische Disposition geprägtes Sendungsbewußtsein hatten Jugendfreunde schon an dem Straßburger Studenten wahrgenommen. Es war jene von Enthusiasmus geprägte Sachlichkeit, die seine wissenschaftlichen und politischen Interessen bestimmte. Die Neigung zur Melancholie ist oft mit hoher Intelligenz und der Bereitschaft zur Kontemplation gepaart, was man auch ihm nachsagte. Eine solche Disposition kann nach historischer Erfahrung ebenso zum Trübsinn wie auch zur Ekstase ausarten, wie schon der Florentiner Arzt Marsiglio Ficino (1433-1499) bemerkte. Seither galt eine melancholische Disposition geistesgeschichtlich weithin als Voraussetzung von Genialität.[104] Kant und mit ihm auch Clausewitz unterschieden je zwei Temperamente des Gefühls und der Tätigkeit. Danach steht auf der Gefühlsebene dem sanguinischen das melancholische Temperament gegenüber. Hinsichtlich der äußeren Tätigkeit gelten das cholerische und das phlegmatische Temperament traditionell als Gegensatz.[105]

Im Falle Brünings von einer melancholisch-phlegmatischen Disposition zu sprechen, würde die innere Spannung seines Charakters verkennen. Doch läßt sich der melancholische Grundzug seines Wesens über sein ganzes Leben hin verfolgen. Diese Disposition hinderte ihn jedoch nicht daran, beachtliche politische Aktivitäten zu entfalten, wenn sie ihm geboten schienen. Andererseits empfand er sich gesellschaftlich immer als Außenseiter und sah sich im Laufe seines Lebens in dieser Rolle wiederholt bestätigt. Er verstand sich allerdings nie als »Feind« der Gesellschaft, der diese auf irgendeine Weise herausfordern wollte. Die Konflikte mit seiner Umgebung ergaben sich nicht daraus, daß er wegen einer bestimmten revolutionären politischen Konzeption in eine Außenseiterrolle geriet. Im Gegenteil, er wollte als Politiker, vor allem als verantwortlicher Staatsmann, wie er sich selbst sah, eher den latenten Konsens in der Gesellschaft durch entschlossenes Handeln »stabilisieren« und so das Interesse des sozialen Ganzen wahren.

Wenn er vom »Staatsmann« verlangte, daß dieser verschwiegen sein müsse, dann deutete dies vielleicht ein psychologisches »Rückzugsverhalten«[106] an, dessen Auswegslosigkeit die Rolle des politischen Wissenschaftlers logisch teilweise ad absurdum führte, wenn er das Prinzip der Verschwiegenheit zum Kern einer Theorie machen wollte. Es liegt indessen nahe, auch Brünings Denken in militärischen Kategorien in diesem problematischen Zusammenhang zu sehen. Hatte doch schon Clausewitz auf einen melancholischen Grundzug des Lebens im Krieg hingewiesen, in dem das Stillstehen und Nichtstun die Regel, das Handeln vielmehr die Ausnahme sei.[107]

Brüning wurde häufig, nicht zuletzt von Schleicher als »Zauderer« bezeichnet[108], der sich stets nur mühsam zu einem Entschluß durchrang. Schacht sprach von dem »ehrlich ringenden, aber niemals entschlußkräftigen Brüning«.[109] Theodor Eschenburg hielt ihn, wie erwähnt, für einen Mann, der ständig mit sich selbst verhandelte. Das geflügelte Wort von den letzten hundert Metern ist dem Prinzip des geduldigen Abwartens verpflichtet, mehr noch sein oft wiederholter Rat, auf den gegebenen Augenblick frühzeitig vorbereitet zu sein, den er der Bonner Deutschlandpolitik gab. Der Wille, auf den rechten Augenblick zu warten, entsprach der Selbstdeutung seines Naturells, bildete die positive – im Grunde subjektive – Variante des Zauderns, das man ihm vorwarf.

Das Prinzip des geduldigen, aber zielgerichteten Abwartens war verbunden mit einer gesteigerten Reflexion über die möglichen politischen Zukunftschancen, die den Charakter eines utopischen Entwurfs annehmen konnten. Dies galt weniger für die Hoffnungen auf das Ende der Reparationen zu Beginn der dreißiger Jahre als für die Chancen einer neuen Deutschlandpolitik im Zeichen des Ost-West-Konflikts nach 1945, wenn die Großmächte eines Tages, wie Brüning erwartete, gezwungen sein würden, um die Gunst der Deutschen zu werben. Die Kehrseite dieser Haltung bildete eine melancholisch gefärbte Handlungshemmung, die Brüning selbst für eine Tugend halten mochte.[110] Seine Vorstellungen von den Tugenden eines Staatsmanns waren offensichtlich von älteren, vordemokratischen Vorstellungen des Herrscher- und Heldentums beeinflußt, die beispielsweise einst Schiller am Beispiel Wallensteins als Klugheit, Gerechtigkeit, Festigkeit und Mut bezeichnet hatte.[111]

Die Utopie des Abwartens

In dem Maße, wie sich nach dem Zweiten Weltkrieg die politischen Verhältnisse in Deutschland – sowohl in der Bundesrepublik wie in der DDR – stabilisierten, verlor sein Konzept an Realitätsgehalt, bis es schließlich nur noch Ausdruck seines persönlichen Lebensgefühls war, dem er sich psychisch nicht mehr zu erwehren wußte. Seine Politik des Abwartens war seit dem Herbst 1931 darauf gerichtet gewesen, das Ende der Reparationen noch in seiner Amtszeit zu erreichen. Dieses Ziel erwies sich insofern als realistisch, als die Entscheidung faktisch noch vor seiner Entlassung fallen sollte, auch wenn ihm der äußere Erfolg versagt blieb und seinem Nachfolger v. Papen zufiel. Der langfristigen Zielsetzung entsprach eine vordergründig kurzfristige: das Ende der Reparationen, das Brüning grundsätzlich zwar schon zu Beginn seiner Amtszeit, in aller Entschiedenheit aber erst seit dem Herbst 1931 verfolgte. Im Frühjahr 1932 ging es nur noch darum, wenige Monate bis zum offiziellen Ende der Zahlungsverpflichtungen durchzuhalten. Dies hätte ihm in der deutschen Öffentlichkeit einen beachtlichen Prestigeerfolg bringen können, wenn er noch im Amt gewesen wäre, auch wenn es zutrifft, daß ein solcher Erfolg bei weitem nicht mehr das Gewicht haben konnte, das er noch vor Ausbruch der Krise, etwa zu Zeiten des Young-Plan-Volksbegehrens von 1929 gehabt hätte. Als das Ende der Reparationen unter Papen offiziell verkündet wurde, löste es kein nennenswertes innenpolitisches Echo mehr aus. Es ist aber bezeichnend, daß Brünings Gegner alles taten, um ihn vorher aus dem Amt zu drängen.

Der utopische Charakter einer jeden Politik des Abwartens, die in den dreißiger Jahren noch von einem hohen zeitlichen Erwartungsdruck der Öffentlichkeit begleitet war, enthüllte sich in der Deutschlandpolitik nach 1945 in dem Maße, wie die Wiedervereinigung der Besatzungszonen und schließlich der beiden deutschen Staaten auf sich warten ließ. Sie beruhte auf der Erwartung, daß Deutschland seine politische Funktion in der Mitte Europas nach der Katastrophe des Dritten Reiches und nach Jahren einer vorübergehenden Teilung irgendwann wiedergewinnen werde. Die Reichsideologie, wie sie in den letzten Weimarer Jahren vor allem in konservativen Kreisen gepflegt wurde, spielte für ihn dabei ebenso wie damals keine Rolle. Die Einheit Deutschlands blieb sein wichtigstes politisches Anliegen neben der Bewahrung der politischen Freiheit des Westens. Darin stimmte er mit vielen deutschen Politikern seiner Generation überein. Das Land sollte möglichst bald wieder moralisch und ökonomisch erstarken, um seine internationale Unabhängigkeit und Souveränität wiederzuerlangen.[112]

Dieses Konzept modifizierte Brüning schließlich insofern, als er die Funktion der Bundesrepublik als Treuhänderin des gesamten Deutschland akzeptierte, doch mußte er einsehen, daß die Integrationspolitik Adenauers auf der Linie der amerikanischen Containment-Politik lag. Eine gleichsam doppelbödige Deutschlandpolitik, wie sie ihm ursprünglich vorschwebte, enthüllte sich ihm zunehmend als Illusion, so daß ihm nur die Kritik an jenen Gelegenheiten blieb, die Adenauer angeblich verpaßt oder verspielt hatte, weil diesem die gesamtdeutsche Perspektive vermeintlich innerlich fremd gewesen sei. Gegenüber Thomas Dehler faßte er dies 1956 folgendermaßen zusammen: »Es wäre das Beste, wenn wir überhaupt keine Initiativen für irgendeine dauernde Gestaltung Europas entwickeln würden. Eine solche Initiative muß man den Westmächten und den Russen überlassen. Aber man muß sich im gegebenen Augenblick in solche Verhandlungen einschalten. Nur dann kann man Forderungen stellen und sie ... durchsetzen.« Freilich hielt auch Adenauer das Prinzip der Vier-Mächte-Verantwortung jahrelang hoch, allerdings in der Absicht, Verhandlungen mit Ost-Berlin zu vermeiden. Brüning lehnte diese Strategie nicht schlechthin ab, betonte aber, daß die Aufnahme diplomatischer Beziehungen zwischen Bonn und Moskau die westdeutsche Position geschwächt habe. Es sei schon ein Fehler gewesen, daß die Bundesregierung vor Adenauers Moskau-Besuch ausdrücklich darauf verzichtet habe, die Frage der Oder-Neiße-Gebiete mit der Sowjetregierung zu erörtern.

Brüning widerriet keineswegs einer aktiven westdeutschen Außenpolitik, die über die Proklamation völkerrechtlicher Ansprüche wesentlich hinausging. Selbst Verhandlungen zwischen Bonn und Moskau schloß er nicht aus. Sie müßten jedoch, wenn sie erfolgversprechend sein sollten, nach den Weimarer Erfahrungen diskret vorbereitet werden. Es sei »ein schwerer Fehler« zu glauben, Bonn müsse immer öffentlich die Initiative in Verhandlungen mit anderen Ländern ergreifen. Dies könnten sich die Vereinigten Staaten leisten, nicht aber Westdeutschland. »Eine solche öffentliche Initiative unsererseits versperrt uns die Möglichkeiten, berechtigte Forderungen aufzustellen.«[113]

Dieser Gedanke wird nicht ohne Brünings politische Erfahrungen verständlich. Die Spätzeit seines zweiten, diesmal freiwilligen Exils stand wie angedeutet im Zeichen einer gleichsam saturnischen Melancholie, die sich in den ersten Jahren sowohl durch Depression und Erschöpfung als auch durch angestrengtes Denken und Grübeln offenbarte. Diese Momente bildeten den Ausdruck von starker psychischer Aktivität, zugleich aber einer verhaltenen, mühsam unterdrückten Energie, wie sie in Dürers Kupferstich »Melencolia I« (1514) dargestellt ist.[114] Lediglich während des Ersten Weltkrieges und in der Weimarer Zeit, vor allem in seiner Kanzlerzeit, vermochte Brüning die düsteren Stimmungen durch angestrengte äußere Aktivität zu überwinden. Die Neigung zur Einsamkeit als Symptom eines melancholischen Lebensgefühls[115] ist in allen seinen Lebensphasen erkennbar. In den Exiljahren dürfte er seine melancholischen Anwandlungen in dem Maße beherrscht haben, wie er politische Aktivitäten wenn auch diskret und im Hintergrund zu entwickeln vermochte.

Die menschlich und politisch fruchtbare Seite des Lebens im Exil ist Brüning bei allem Pessimismus nicht verschlossen geblieben. Den Gewinn an Erkenntnis und Erfahrungen hat er nie geleugnet und die Jahre im Ausland nicht schlechthin als verloren angesehen. Er scheute freilich davor zurück, bei Kriegsende als Konkursverwalter der Nation aufzutreten, und wehrte sich dagegen, von den Alliierten lediglich als Partner eines schmachvollen Friedensvertrages benutzt zu werden. Eine gelegentliche Bemerkung Briands ihm gegenüber, die Geschichte bestehe aus gemachten und vermiedenen Fehlern, beeindruckte ihn, doch hielt er dies nicht für ein schlagendes Argument gegen seinen Pessimismus.[116] Um so verwunderlicher ist es, daß Brüning, wie wir gesehen haben, weder seinen Sturz noch die Jahre des Exils als Chance wahrnahm, etwa unter neuen, günstigeren Bedingungen als zuvor zur Macht zurückzukehren.

Das Exil als Epoche im Leben eines Staatsmanns, in der er sich für künftige, noch größere Aufgaben oder gar den Untergang seiner Feinde und Gegner vorbereitet, ist ein geläufiges Phänomen in der politischen Geschichtsschreibung. Die Bewährung im Exil unter den wechselnden Launen Fortunas erscheint dort als ein Vorzeichen künftiger historischer Leistungen. Im Exil stärken und entfalten sich gelegentlich Kräfte, die sich zuvor nicht gezeigt haben. Ein »zeitweiliges Außensein« schenke dem Staatsmann eine »neue Frische des Blicks, ein besseres Überdenken und Berechnen des politischen Kräftespiels«, meinte Stefan Zweig 1929 im Hinblick auf den wiederholten Rückzug Fouchés aus der großen Politik in den Wirren der Französischen Revolution. Im Hinblick auf das Schicksal Brünings und die Geschichte Deutschlands bestätigt sich dies nicht. Gleiches gilt auch für den Hinweis des Dichters, daß die »bedeutsamsten Botschaften der Menschheit« aus dem – zeitweiligen – Exil gekommen seien, wie vornehmlich die großen Religionen demonstrierten.[117]

Brüning bezeichnete wiederholt sein politisches Exil als »Verbannung« und spielte damit auf das klassische antike Vorbild, das tragisch empfundene Exil etwa bei Ovid und Horaz an, wie es ihm seit seinen Gymnasial- und Universitätszeiten vertraut war. Nicht weniger als sieben Oden des Horaz habe er noch 1933 aus dem Gedächtnis zitieren können, erzählte er einmal. Vor seiner Flucht nach Holland, als er sich von einem Versteck zum anderen begeben mußte, habe er in den Wintertagen abends kein Licht zum Lesen machen dürfen, um nicht bemerkt zu werden. Langsam sei es ihm damals gelungen, eine Reihe klassischer Texte – Chöre und Monologe aus den griechischen Tragödien, lateinische Hymnen und deutsche Gedichte –, die er in der Schule gelernt hatte, wieder ins Gedächtnis zurückzurufen.[118]

Zu keiner Zeit bereitete er in den Jahren des Exils eine Rückkehr in die deutsche Politik vor. Gewiß wäre ihm wie den meisten prominenten Emigranten eine historische Stunde willkommen gewesen, in der er, etwa nach einem erfolgreichen Putsch der Wehrmacht vor oder kurz nach Kriegsausbruch, nach Deutschland hätte zurückkehren können. So lange der Krieg noch nicht ausgebrochen war, tröstete er sich mit der Hoffnung, daß Hitler früher oder später doch noch scheitern und stürzen werde. Die Kriegsgefahr, die Hitlers Außenpolitik schon frühzeitig heraufbeschwor, sprach dafür. Brüning selbst tat alles, um die westlichen Regierungen zu einer entschiedenen Haltung gegenüber Hitler zu bewegen und befand sich dabei im Einklang mit den meisten anderen Emigrantengruppen. Doch tat er nichts, um diese etwa auf seinen politischen Kurs zu bringen, ihnen gegenüber seine Autorität und sein Ansehen zu stärken oder sich selbst als Gegenspieler Hitlers zu profilieren. Der verbreitete Anschein, daß er sich von jeder politischen Betätigung fernhielt, wie es sich für einen im Ausland befindlichen ehemaligen Regierungschef gehöre, war nicht nur Tarnung, sondern auch Ausdruck seines politischen Selbstverständnisses und einer inneren Haltung.

Einen Kampf um politische Macht scheute er sowohl im Exil als auch nach seiner vorübergehenden Rückkehr. Er schlug jede Chance für eine führende Rolle nach dem Ende des Dritten Reiches aus. Dennoch taten viele Beobachter seine Erklärungen, nicht für ein politisches Amt zur Verfügung zu stehen, als taktisches Mittel ab. Tatsächlich ging es ihm nie um den Genuß der Macht, sondern um politischen Einfluß, den er in seiner aktiven Zeit gern als »Sachlichkeit« deklariert hatte. Sie war nicht nur Vorwand für bereits ins Auge gefaßte bestimmte Ziele, sondern auch ein Indiz dafür, wie sehr Brüning stets zwischen persönlicher und sachlicher Sphäre zu unterscheiden wußte. Das Handeln des Staatsmanns war ihm subjektiv mehr persönliches Opfer als politische Leidenschaft. Diese war ihm nur zu eigen, wenn es darum ging, einen Gegner der Unwahrheit oder Unehrlichkeit zu überführen. Der gewagte Vergleich mit Aristides, den Werner Schütz anläßlich von Brünings achtzigstem Geburtstag beschwor, schmeichelte ihm nicht, sondern erfüllte ihn mit Unwillen, da er darin einen Hinweis auf die Unlösbarkeit des Problems politischer Sachlichkeit erblickte.

Depressive Anwandlungen stellten sich um so häufiger ein, je mehr ihm der Zugang zur amerikanischen Politik während des Krieges verwehrt war. Brünings persönliche Tragik nach 1933 beruhte auf jener zu weitgehender Untätigkeit verurteilten Existenz eines Intellektuellen, dem nicht einmal der Ausweg zu einem nonkonformistischen Verhalten, das unter Umständen öffentliche Beachtung bringen kann, gegeben war. Enthusiasmus für eine große Aufgabe vermochte er kaum noch zu entfalten. So hat man ihm mit guten Gründen etwas »bedrückend Fixiertes bei unsteter Verfassung und Urteilsweise« (G. Schulz) nachgesagt. Dies schloß im einzelnen hellsichtige Beobachtungen und Deutungen neben unklaren Vermutungen und manischen Empfindungen ein und schlug sich beispielsweise in charakteristischen Wendungen wie »Mir wurde blitzschnell klar« und dergleichen nieder.[119]

Seit seiner Entlassung als Reichskanzler 1932 überwog, wie zu erwarten war, das reflektierende Element in seinem politischen Denken, das immer wieder um die Ursachen und Hintergründe seiner Entlassung kreiste und die Schuldigen dafür zu bestimmen suchte. Solche Deutungen erlaubten es ihm, den Reichspräsidenten von jeder Verantwortung freizusprechen, vielleicht auch, um sich nicht selbst für die Verschlechterung des Vertrauensverhältnisses, das lange Zeit zwischen ihm und Hindenburg bestand, mitverantwortlich machen zu müssen. Das wohlwollende Urteil über den ostpreußischen Adel, das er vor allem nach dem Zweiten Weltkrieg kultivierte, entsprach dem Bedürfnis, andere Kräfte für seinen Sturz verantwortlich zu machen, denen er sich politisch nicht gewachsen fühlte, weil er ihnen in der Rückschau – uneingestanden – in manchen Einzelfragen recht geben mußte.[120]

Das Lebenswerk

Hier stellt sich aufs neue die Frage nach dem politischen Format des Staatsmanns, wenn man sein Scheitern nicht ihm selbst, sondern widrigen Umständen, gleichsam der »Fortuna« im Sinne Machiavellis zuzuschreiben sucht. Wenn Brüning kein durchschlagender persönlicher Erfolg im Kampf gegen Hitler beschieden war, so mindert dies seine Verdienste um die Lösung der Bankenkrise, der Reparationsfrage und des Abrüstungsproblems nicht. Entsprechend meinte der Historiker Edgar Salin, es gehöre zu den Merkmalen eines politisch reifen Volkes, wie England, daß es seine Staatsmänner auch dann ehre, wenn diesen der Erfolg versagt geblieben sei.[121]

Es wäre fatal, wenn Historiker und Politiker das Werk eines Staatsmanns nur nach dem bleibenden Erfolg beurteilten und es den Dichtern, vielleicht auch dem Gedächtnis der Völker überließen, dem Vergeblichen und Gescheiterten die Ehre zu geben, sofern ihm eine tragische Dimension, eine intellektuelle und moralische Qualität eignet.[122] Doch zielt die Kritik an Brüning nicht selten darauf, daß er seine Absichten mit höchst untauglichen Mitteln verfolgt habe. So meinte der sozialdemokratische Emigrant und spätere nordrhein-westfälische Ministerpräsident Heinz Kühn – ein Politiker, der aus ganz anderem Holz geschnitzt war – nach dem Zweiten Weltkrieg, die deutsche Arbeiterschaft und die deutschen Demokraten brauchten Brüning kein »Mitgefühl« entgegenzubringen, da dieser mit seinen Notverordnungen »die Last der Krise den Arbeitnehmern und Arbeitslosen auf die Schultern gebürdet« habe.[123]

Trotz allem hätte der Reichskanzler mit seiner Politik im ganzen Erfolg haben und die Herrschaft Hitlers verhindern können. Diese Aussichten standen günstiger als seine späteren Versuche, vom Ausland her einen Sturz Hitlers durch andere Kräfte zu fördern. Sein Widerstand gegen die Politik der Westorientierung unter Adenauer, die er auf weite Strecken als einen Weg ansah, die Spaltung Deutschlands zu vertiefen, war noch weniger erfolgversprechend als alle seine früheren Bestrebungen.

Die Führungsqualitäten Adenauers hat er bei aller Kritik stets anerkannt. Er mußte sich auch eingestehen, daß ihm dieser, wie der Streit um die Düsseldorfer Affäre zeigte, als Politiker taktisch weit überlegen war. Brüning hatte dort einen schwerwiegenden Fehler begangen, der ihn in seiner eigenen Sicht als Politiker ins Unrecht gesetzt hatte. Seine Neigung zur Rechthaberei hinderte ihn daran, sich zu korrigieren. Er scheute sich, seinen Vorstoß kurzerhand als Mißverständnis zu dementieren und auf die nächste Gelegenheit zu warten, um seine Position erneut zu vertreten. In der Deutschlandpolitik blieben Adenauer und Brüning in den fünfziger Jahren Kontrahenten und vertraten gegensätzliche Positionen im Grundsätzlichen, was man für die Weimarer Zeit nicht im gleichen Sinne behaupten kann, so daß die Frage abwegig ist, ob Adenauer als Reichskanzler erfolgreicher gewesen wäre als Brüning.

Der Publizist Walter Dirks, der nach dem Zweiten Weltkrieg weder Brüning noch Adenauer nahestand, vor allem aber die »Restaurationspolitik« in der Bundesrepublik oft scharf attackierte, sagte Brüning 1950 ebenso wie einst sein Straßburger Studienkollege Eduard Stadtler ein mangelndes Verhältnis zur politischen Macht nach. Er sei »nicht der beste Führertyp« und sei auch nicht populär gewesen. Sinn für die Wirklichkeit der Macht und Popularität hingen zusammen. Der Politiker müsse nicht »nur den richtigen Weg, sondern auch das richtige Wort« finden. Zuweilen seien die »alten sittlichen Typen unfruchtbar«.[124]

Der ehemalige französische Botschafter und spätere Hochkommissar François-Poncet warf Brüning in der Rückschau vor, die Mentalität seiner eigenen Landsleute in einem wesentlichen Punkt verkannt zu haben. Kein anderer Reichskanzler habe sich soviel Sympathien bei den ausländischen, vor allem den angelsächsischen Staatsmännern erworben: »Er hat nicht gesehen, daß das Lob, das er im Ausland erntete, ihm daheim schadete.«[125] 1948 erinnerte der Publizist Franz Josef Schöningh in der Süddeutschen Zeitung nach einer Begegnung mit Brüning an das Wort Pascals (Pensées 163), nach dem das Antlitz der Erde ohne die lange Nase der Kleopatra anders ausgesehen hätte. Seine Sachlichkeit habe Brüning zwar zum richtigen Kalkül und damit zur richtigen Entscheidung befähigt. Er habe aber die Bedeutung der politischen Leidenschaften verkannt, so daß er in seiner Kanzlerzeit die öffentliche Meinung nicht vor seinen Wagen habe spannen können.[126] Sein plötzlicher Sturz gehörte in diesem Sinne nicht zu den verhängnisvollen Zufällen, an denen historische Erklärungen regelmäßig scheitern.

Für den Historiker Hans-Peter Schwarz gehörte Brüning ebenso wie dessen Parteifreund, der viermalige Reichskanzler Wilhelm Marx, »zum guten Durchschnitt der deutschen Politiker ohne mitreißendes Temperament«. Er rechnet ihn zu den »bemühten, aber ehrbaren Mediokritäten« wie Otto Wels und Theodor Heuss, wie es sie auch in anderen Ländern gab. Weltgeschichtlichen Figuren wie Clemenceau und Churchill seien sie nicht ebenbürtig gewesen.[127]

Schon für viele Zeitgenossen schien Brüning unfähig gewesen zu sein, die politische Macht, die ihm für gut zwei Jahre zugefallen war, mit innerer Befriedigung auszuüben.[128] Auf der anderen Seite war sein Führungsstil durch Verzicht, Entsagung und Opferbereitschaft charakterisiert, wobei gerade dies von großen Teilen der Öffentlichkeit in den Notzeiten der Wirtschaftskrise erwartet wurde. Daß ihm politischer Ehrgeiz fehlte, wird man ihm nicht ohne weiteres bescheinigen, obwohl er sich wiederholt abfällig über den Ehrgeiz anderer äußerte. Ehrgeiz und Eitelkeit in der Politik bezeichnete er nach dem Zweiten Weltkrieg als verhängnisvoll, machte sich allerdings selbst den Vorwurf, dies in seiner Regierungszeit nicht hinreichend einkalkuliert zu haben.[129] Man müsse alle Freunde meiden, die politischen Ehrgeiz hätten[130], behauptete er, was alles in allem darauf schließen läßt, daß er sich solchen

»Freunden« nicht ohne weiteres gewachsen fühlte. Für die Qualitäten der politisch Handelnden gelte das Postulat, so Brüning, daß der Staat auf ein »absolutes Verantwortlichkeitsgefühl« angewiesen sei. Im übrigen halte nur Vertrauen die Menschen zusammen.[131]

Christliches Bekenntnis

Bei seinem letzten Auftritt als Reichskanzler vor der Auslandspresse repräsentierte Brüning, wie Heinrich Mann an seinen Bruder Thomas schrieb, »doch etwas Großes und Merkwürdiges«. Der Kanzler sei »persönlich nur stark als Höchstprodukt religiöser Erziehung«, meinte er – wohl im Hinblick darauf, daß der Apostolische Nuntius, Erzbischof Cesare Orsenigo, an der Veranstaltung teilgenommen und das internationale Wohlwollen gegenüber der Reichsregierung signalisiert hatte.[132] Der Vorgang war aber durchaus untypisch für Brünings Verhältnis zur kirchlichen Hierarchie, zu der er als Reichskanzler gewöhnlich Distanz hielt.

Zu diesem Zeitpunkt war der Bruch zwischen Hindenburg und dem Kanzler bereits eine vollendete Tatsache. Brüning lehnte es ab, den Fehdehandschuh aufzunehmen, um einen Kampf um die Macht in der Republik zu beginnen, wozu ihm manche seiner Freunde dringend rieten. Ein Bruch der Verfassung kam für ihn nicht in Betracht: »Ich war ein christlicher Staatsmann; als solcher konnte ich den Boden des Rechtes nicht verlassen, solange auf diesem Boden noch die Möglichkeit bestand, die notwendigen Reformen durchzuführen.«[133]

Einen solchen Standpunkt hätte auch ein nicht religiös gebundener Politiker einnehmen können. Indessen bedeutete seine Aussage kein bloßes Lippenbekenntnis. Ein christliches Verständnis politischer Verantwortung war ihm eigen, ohne sich etwa auf eine integralistische katholische Ideologie festzulegen. Die nationalsozialistische »Macht- und Ausnützungspolitik« stand für ihn in einem schreienden Gegensatz zu allen christlichen Grundsätzen, die von den katholischen Bischöfen in aller Klarheit gegen einen grundsatzlosen Interessenliberalismus, den es in allen Parteien gebe, vorgebracht wurden. In diesem Sinne sprach er von einer »christlichen Politik«, die ein »Kampf um eine christliche Gesinnung« sei. »Wenn man von einer christl[ichen] Politik und Parteien spricht, die einer solchen Politik dienen, und an das Gewissen appelliert, so hat man auch die Pflicht, gegen Mißbräuche des Gedankens einer christl[ichen] Politik offen und scharf aufzutreten. Denn sonst erzeugt man Antiklerikalismus.«[134]

Brüning war in seiner sensiblen und empfindlichen Natur kein Programmatiker[135], verstand sich aber gleichermaßen als konservativer wie auch als christlicher Politiker. Als Katholik war er jedoch besorgt, daß die Kirche durch ein ihrem Verkündigungsauftrag unangemessenes politisches Engagement Schaden nehmen könne. Die Konkordatspolitik von Kardinalstaatssekretär Pacelli gegenüber dem Dritten Reich betrachtete er als verhängnisvoll. Dieses Urteil änderte sich auch in späteren Jahren kaum, als Pacelli als Pius XII. den Stuhl Petri bestiegen hatte und der Kirchenkampf im Reich ausbrach. Befriedigt registrierte er jedoch, daß der Papst ihm nachträglich in seinem Urteil über Hitler und das Konkordat erklärtermaßen auf »herzlichste Weise« recht gab. Nach dem Ende des Dritten Reiches galt ihm die politische Linie der Kurie in der Auseinandersetzung mit dem Kommunismus als kurzsichtig und dem Ansehen der Kirche als abträglich.

Einer christlich geprägten Gesellschaftstheorie fühlte er sich stets verpflichtet. 1948 meinte er, es wäre eine große Ehre für ihn gewesen, wenn man ihn auf den Lehrstuhl des Sozialpolitikers Franz Hitze in Münster berufen hätte.[136] Im Sinne Hitzes, der einst dem Reichstag und ebenso noch der Nationalversammlung angehört hatte, wollte er auch nach dem Zweiten Weltkrieg ein christlicher Politiker sein. Wesentlich waren ihm klare Grundsätze, die aus der christlichen Tradition hervorgingen, ohne daß er daraus im einzelnen konkrete Richtlinien herleiten wollte. Alles komme jedoch darauf an, »in der Politik, vom Standpunkt christlicher Grundsätze an einer immer weiterschreitenden Vervollkommnung des gesellschaftlichen Zustandes zu arbeiten, ein Idealbild gesellschaftlicher Ordnung immer vor Augen zu haben, aber es Schritt für Schritt ohne Erschütterung des wirtschaftlichen Gleichgewichtes und der rechtlichen Traditionen durchzuführen [sic].«[137]

Sein Politikbegriff war gleichwohl nicht im Sinne einer bestimmten Schule doktrinär oder programmatisch bestimmt, sondern zielte vor allem auf das Handeln des verantwortlichen Politikers in konkreten Situationen. Es sei »zu einem großen Teil die Gabe, Menschen zu behandeln und im richtigen Augenblick das Richtige zu tun.« Politik sei nicht allein eine »Sache des Glaubens und des Idealismus«, sondern verlange vielmehr auch große Erfahrung in der Gesetzgebung und Verwaltung. Jedoch hielt er Mäßigung und Geduld, sowie die Unterordnung der eigenen Persönlichkeit unter politische Ziele im Gegensatz zu Max Webers Postulat, daß der Politiker Augenmaß und Leidenschaft miteinander verbinden müsse, für unabdingbar. Die positiven Merkmale, wie er sie sah, hielt er seiner enthusiastischen Grundeinstellung entsprechend bei gläubigen Christen eher für gegeben als bei anderen Menschen.[138]

Dies relativierte er jedoch dahin, daß es niemals eine Politik gegeben habe oder geben werde, die die »höchsten sittlichen und religiösen Ideale wie die der Bergpredigt verwirklichen« könne. Für ihn stellte die »ewige Wahrheit der Bergpredigt und des Johannesevangeliums zusammen die Grundlage für eine nahezu zweitausendjährige Entwicklung aufwärts« dar, die durch den »Wahnsinn der Französischen Revolution« unterbrochen worden sei. Deren Ideale verneinten die »Politik als solche«, da das Reich Gottes nicht mit den Mitteln der Politik verwirklicht werden könne. Politik schaffe keinen Himmel auf Erden. In ihr gebe es keinen Dank und keine »Erfüllung rein idealistischer Hoffnungen«. Verhängnisvoll sei aber eine Politik, »die die Bergpredigt nicht als Ideal« ansehe, dem man täglich zustreben müsse. Dies führe zu Zuständen, »wo eine Katastrophe die andere ablöst«. Diese seien in Europa seit 150 Jahren gegeben.[139]

Große kirchliche Feiern wie die Siebenhundertjahrfeier des Kölner Domes oder den Mainzer Katholikentag 1948 betrachtete er gerade wegen der äußeren Prachtentfaltung angesichts der sozialen Notlage skeptisch. Die Kirchen dürften sich »nie mit unmittelbarer taktischer Politik identifizieren.« Für ihn war das gegenwärtige Zeitalter ohnehin charakterisiert durch den »taktischen Mißbrauch aller ewigen sittlichen Werte«.[140] Die religiösen und sittlichen Traditionen Europas müßten nach den Verheerungen der jüngsten Zeit überhaupt erst wiedergewonnen werden. Die Kirchen sollten daher in allen Fragen ihre Stimme erheben, in denen »christlich-sittliche

Grundsätze« im Vordergrund stünden. Taktische Gesichtspunkte oder gar irgendwelches Paktieren mit politischen Parteien dürften für ihre prinzipiellen Stellungnahmen keine Rolle spielen. So nannte er beispielsweise die Zustimmung der katholischen Kirche für den Aufbau der NATO verhängnisvoll.[141]

Er bedauerte es, daß zwischen der deutschen Sozialdemokratie, die unter Führung Schumachers in den fünfziger Jahren einen deutschen Wehrbeitrag ablehnte, und der katholischen Kirche nicht wenigstens ein Verhältnis gegenseitiger Neutralität hergestellt werden konnte.[142] Hier zeigte sich eine allmählich stärker werdende Distanz zur CDU, deren Gründung er befürwortet hatte. Seine besondere Sorge galt der Jugend, der der Wert der christlichen Tradition nach dem Ende des Dritten Reiches verdeutlicht werden müsse. Abstrakte Postulate wirkten sich in einer konkreten Situation stets verhängnisvoll aus. In Deutschland gebe es zwar mehr als anderswo Ansätze zu einem vertieften religiösen Leben, doch bestehe die Gefahr, daß diese rasch verkümmerten.[143] Während des Krieges hatte er allerdings mit Eric Voegelin darin übereingestimmt, daß selbst die traditionell konservativ gesinnten Schichten in Deutschland einer proletarischen Ideologie verfallen seien.[144]

Brünings weltanschauliche Position, auch sein Verhältnis zur Kirche veränderten sich seit seiner Jugend kaum. Seine lebenslange Sympathie für die klösterliche Lebensform ist schon früh zu beobachten, als er sich mit Freunden für die Liturgische Bewegung in der katholischen Kirche begeistert und sich an den kirchlichen Hochfesten bei den Benediktinern in Beuron oder in Maria Laach eingefunden hatte. Dagegen hatte er der Jugendbewegung der zwanziger Jahre, auch der katholischen, eher distanziert gegenübergestanden. In der Rückschau machte er sie dafür verantwortlich, daß vor allem die jüngeren christlichen Parlamentarier gegenüber dem Nationalsozialismus 1933 wenig Widerstand geleistet hätten.[145]

Seither distanzierte er sich aus politischen Gründen von den Benediktinern von Maria Laach, fand aber im Konvent von Huntington auf Long Island eine neue Stätte regelmäßiger Einkehr, in die er sich in den Jahren seines amerikanischen Exils häufig zurückzog. Huntington bot ihm wieder eine geistige Heimat, die er vor allem seinem Freund Patrick Barry verdankte. Trotz seiner engen Bindung an die katholische Kirche war Brüning, der sich häufig mit theologischen Fragen beschäftigte[146], schon in seinen Studienjahren ökumenisch gesinnt, was sich später noch verstärken sollte.

Wahrscheinlich wurde er in dieser Aufgeschlossenheit gegenüber dem Protestantismus seinerzeit durch seinen Lehrer Martin Spahn und auch durch Albert Schweitzer beeinflußt. Als Geschäftsführer des Deutschen Gewerkschaftsbundes und als Abgeordneter des Deutschen Reichstages pflegte er später auch zahlreiche Kontakte zu protestantischen Politikern außerhalb seiner eigenen Partei. Während des Dritten Reiches stand er in Verbindung zu führenden katholischen und evangelischen Widerstandskämpfern, die sich wie er aus ethischen und religiösen Motiven gegen die Herrschaft Hitlers stellten.

Schon bei seinen ersten Besuchen in Deutschland nach dem Zweiten Weltkrieg suchte er Zugang zu führenden Vertretern der Evangelischen Kirche in Norddeutschland, um den Zusammenschluß katholischer und evangelischer Christen auf politischem Gebiet, wenngleich nicht unbedingt im Rahmen der neugegründeten CDU, zu fördern. Der CDU gab er als politischer Organisation christlich gesinnter

Politiker allerdings den Vorzug und lehnte daher auch die Wiederbelebung des alten Zentrums ab.

Epochenbewußtsein

Die nationalsozialistische Ära mußte nach Brünings Urteil in einem zeitgeschichtlichen Zusammenhang verstanden werden, der durch einen Bruch mit den religiösen und kulturellen Tradition Deutschlands und Europas charakterisiert sei. Die Herrschaft der Nazis stelle »nur eine höchst krasse Phase in dieser Entwicklung dar«.[147] Bei Kriegsende meinte er einmal, man lebe in einer »durchaus verkommenen Welt, die ihre Parallele im dekadenten römischen Kaisertum« habe. Die »Basis der großen europäischen christlichen Tradition« sei »völlig unterwühlt«.[148] Dies lief weniger darauf hinaus, den Gegensatz zwischen dem NS-Regime und der westlich-demokratischen Tradition zu betonen, als auf eine Kulturkritik, die den Nationalsozialismus als Produkt jener säkularen und politischen Entwicklungen betrachtete, die ganz Europa seit dem Beginn des 19. Jahrhunderts erfaßt hatten.[149] So erkannte er im Denken Hitlers Einflüsse des Führers der österreichischen »Los-von-Rom«-Bewegung, des alldeutschen Politikers Georg v. Schönerer (1842-1921), und anderer. Hitler sei ein Produkt einer bestimmten Spielart von süddeutschem Liberalismus gewesen.[150] Brüning glaubte sich in seinem – oft durchaus einseitigen und fragwürdigen – Urteil über das Wesen des Nationalsozialismus bestätigt, hatte er doch die Entwicklung der nationalsozialistischen Bewegung und deren politische Folgen schon frühzeitig realistisch eingeschätzt.[151] Dies dürfte auch für seine militärische Analyse von 1941 gelten, als er feststellte, die Lage sei 1939/40 für Deutschland günstiger als 1914 gewesen.[152]

Der Traditionsverfall habe sich nach dem Zweiten Weltkrieg fortgesetzt. Allenfalls seien die Heimatvertriebenen aus dem Osten noch älteren wertvollen Traditionen verpflichtet, da sie sich im Westen als »Fremde« fühlten.[153] Als belastend für die Zukunft empfand er die Gewalt des Dämonischen und die »moralische Zersetzung in der ganzen Welt«, wie er 1948 dem Schriftsteller Werner Bergengruen gestand. Im Hinblick auf das Gedicht »Die Lüge« aus dessen Werk »Dies Irae« (1946) relativierte er sogar die sittlichen Schäden, die das deutsche Volk unter der Hitler-Tyrannei erlitten habe. Er hoffe, eines Tages werde die Welt erkennen, »daß es in Deutschland mehr unbedingte Gegner eines unmoralischen politischen Systems gegeben hat als sonst auf der Welt.«[154]

Die massenhafte Not breiter Schichten, nicht so sehr die Schuld, die seine Landsleute nach Ansicht vieler auf sich geladen hatten, belastete ihn in den ersten Nachkriegsjahren. Trost fand er indessen in der Einsicht, daß Deutschland für den Bestand Europas und der Welt unverzichtbar sei. »Wenn ich das Leid in Deutschland für Augenblicke vergessen kann, so erfüllt mich grimmige Zuversicht nur auf Grund der Tatsache, daß die Welt trotz allem auf dem Wege ist, ein Körper zu werden. Solch ein Körper kann nur ein Leben haben, wenn das Herz in seiner Mitte wieder schlägt.«[155] Er wollte sich nicht eingestehen, daß Deutschland nicht mehr, wie er früher einmal glauben mochte, das »Herz der Welt« war.[156]

Dies lief nicht darauf hinaus, die moralischen oder auch nur geistesgeschichtlichen Konsequenzen aus der Hitlerschen Gewaltherrschaft zu ziehen, sondern darauf, sie gleichsam in beschränktem Umfang »aufzuarbeiten«. Brüning verstand diese Herrschaft beinahe als ein dem Wesen des deutschen Volkes fremdes Geschehen, fast als eine »Prüfung« im biblischen Sinne. Die Hoffnung, daß die Menschheit mit Gottes Hilfe »nicht weiter sinken« möge, sah er in einem alten Breviergebet ausgesprochen, auf das ihn einst sein Jugendfreund Hermann Platz aufmerksam gemacht hatte. So gelangte er zu der anfechtbaren Ansicht, es gebe kein internationales Recht mehr, da man die Prinzipien geopfert habe, »die sich aus der christlichen und griechischen Tradition ergeben«.

Es gelte daher, wie er 1945 meinte, im gegenwärtigen Zeitalter die »letzten Reste eines objektiven Rechts« zu retten. Der Nürnberger Prozeß bestärkte ihn in seinem Urteil.[157] Die Ursachen sah er in einem umfassenden Säkularisierungsprozeß der europäischen Kultur, der dem öffentlichen Leben die sittliche Grundlage entzogen habe. Im übrigen müsse sich jede neue Generation bedingungslos ihren Idealen hingeben, ohne daß sie für »politische Machtziele von Männern oder Gruppen ausgenützt« werden dürfe.[158]

In seinem Denken war Brüning nicht schlechthin auf den ethisch-moralischen Horizont allen politischen Handelns fixiert. Lediglich der Glaube an das »Walten eines Höheren« spende Trost, wenn der Mensch einsehe, daß der menschliche Verstand »noch immer in der Geschichte widerlegt wurde«. Der historische Prozeß sei letztlich undurchschaubar. Alles sei »Fügung einer höheren Macht«, deren Wirken wir nicht verstünden.[159]

Skeptisches Demokratieverständnis

Entsprechend beurteilte Brüning den begrenzten Wert politischer Theorien. Sie seien gewöhnlich das Ergebnis eines zeitweiligen politischen Notstandes, was ihnen immer nur einen begrenzten Wert für andere Zeiten und Zustände verleihe. Tradition als »Summe der tiefsten Erfahrungen vieler Generationen« sei wichtiger als politische Spekulation.[160] Politik war für ihn insofern stets etwas »Praktisches, das auf Erfahrung beruht«. Es gebe keine »fehlerfreie Politik«, was den ewigen moralischen Maßstäben nicht widerspreche. Sie sei ihrem Wesen nach kompromißhaft und könne sich idealen Zielen allenfalls zu nähern versuchen, was Theologen und Geistlichen oft nicht einleuchte.[161]

So wichtig ihm erklärtermaßen politische Erfahrungen von Generationen waren, weil er ihnen gleichsam eine »höhere« Einsicht zumaß, so sehr neigte er andererseits dazu, einzelnen Persönlichkeiten besondere Einsicht in politische Zusammenhänge zu bescheinigen, was ihn immer wieder dazu verleitete, ihr konkretes historisches Wirken zu überschätzen. Zu nennen sind Namen wie Willisen, Groener, Max Hoffmann, Stimson und Tuchatschewski. Auch nach der negativen Seite neigte er zu extremen Urteilen wie im Falle von Hans Schäffer, Schleicher und Kaas, häufig, nachdem er solchen Persönlichkeiten lange Zeit besonders nahegestanden hatte.

Brüning zeigte Verständnis für die Distanz der jungen Generation in Deutschland zu den politischen Parteien. 1945 hatte er gegenüber Friedrich Stampfer einmal behauptet, er selbst habe wohl niemals eine »parteipolitische Rede« gehalten.[162] Andererseits hatte ihn die Kenntnis der angelsächsischen politischen Verhältnisse im Laufe der Jahre immer mehr die deutsche Verwaltungstradition schätzen gelehrt. Sie erschien ihm als ein Element der Kontinuität unter wechselnden politischen Formen beziehungsweise Verfassungen. Ein ähnlicher Gedanke war auch nach 1918 in der Öffentlichkeit vertreten worden, um die Republik mit dem Kaiserreich innerlich zu versöhnen.¹⁶³ Nach diesem Schema beurteilte er schließlich auch die Stabilität der überkommenen staatlichen Strukturen während des Dritten Reiches, das er aus eigener Anschauung nur in den ersten Monaten seines Bestehens kennengelernt hatte, ohne darüber zu reflektieren, daß es gerade die obrigkeitsstaatlichen Traditionen waren, die nicht zuletzt die Stabilität der NS-Diktatur begünstigt hatten.

Folgerichtig suchte er das Ideal eines ebenso stabilen wie entwicklungsfähigen Gemeinwesens jenseits aller Ideologie und Utopie unter den Bedingungen einer »ungeschriebenen« Verfassung im Sinne traditioneller deutscher Vorstellungen des Staates als einer übergesetzlichen Ordnung zu verstehen. »Die besten verfassungsmäßigen Sicherungen für jedes Land sind gesunde wirtschaftliche Bedingungen, eine lebendige Aufgeschlossenheit für die sittlichen Grundsätze – in gleicher Weise gültig für alle Völker und Einzelpersonen – auf denen jede konstruktive Politik aufgebaut sein muß ...«, heißt es in dem viel beachteten Brief an Rudolf Pechel von 1947.¹⁶⁴ Er teilte die Überzeugung des Philosophen Karl Jaspers, daß es »keine zuverlässige Maschinerie« gebe, die die politische Freiheit auf Dauer aufrechtzuerhalten vermag.¹⁶⁵

In erster Linie ging es ihm auch hier darum, der verbreiteten Kritik an seinen umstrittenen Notverordnungen entgegenzutreten. Dies tat er auch bei späteren Gelegenheiten, ohne damit auf besonderes Verständnis in der deutschen Öffentlichkeit zu stoßen. Gegenüber dem Historiker Gerhard Ritter behauptete er, daß Notverordnungen gerade nach geschichtlicher Erfahrung keineswegs zur Diktatur führen müßten.¹⁶⁶

Offensichtlich wurde sein Verfassungsverständnis nach dem Zweiten Weltkrieg, sein Urteil über die Weimarer Staatskonstruktion und auch jene von 1871 durch seine Auseinandersetzung mit den angelsächsischen Traditionen während seines Exils geprägt, ohne daß es wesentlich verändert worden wäre. Der Etatismus, die Überzeugung, daß der Staat immer schon bestehe, ehe er eine bestimmte politische Form, eine Verfassung finde, verfestigte sich bei Brüning in den Jahren nach 1933 zu einer umfassenden konservativen Doktrin einer »ungeschriebenen Verfassung«. Brüning bezog diese Lehre trotz seiner Auseinandersetzung mit den angelsächsischen Selbstverwaltungsinstitutionen, die er für bemerkenswert elastisch für Notzeiten hielt, schließlich in erster Linie auf die preußisch-deutsche Verwaltungstradition.¹⁶⁷ Diese dürfte ihm seit seiner Straßburger Studienzeit vertraut gewesen sein. Bereits Friedrich der Große hatte in seinem Testament von 1768 die Sicherheit für Besitz und Eigentum als die »Grundlage jeder Gesellschaft und jeder guten Regierung« bezeichnet.¹⁶⁸ Diesem Staatsverständnis entsprach bereits das Notverordnungsregime der Regierung Brüning.¹⁶⁹

Man hat mit Recht die »Ambivalenz der preußisch-konservativen Traditionen des Bismarck-Reiches« (J. Becker) für den gescheiterten Versuch des »katholischen Preußen«, eine konservativ verstandene Demokratie und den Rechtsstaat zu retten, verantwortlich gemacht.¹⁷⁰ Er sei in seinem Denken schon in der Weimarer Zeit mehr der Vergangenheit als der Zukunft zugewandt gewesen, hieß es. In seiner Gewissenhaftigkeit und Redlichkeit fühlte er sich historischen Größen wie dem

Reichsgründer oder auch Beratern, die er für sachkundiger hielt als sich selbst, verpflichtet.¹⁷¹ Der Westfale bekannte sich aber keineswegs zu einem spezifischen »Preußentum«, obwohl er, wie die Memoiren zeigen, persönlich neben seinen oft beklagten Schwächen jene positiven Eigenschaften repräsentierte, die man traditionell als klassische preußische Tugenden zu bezeichnen pflegte: Ehre, Fleiß, Opferbereitschaft und selbstlose Staatstreue. Der *furor teutonicus* sei älter als Preußen, behauptete er einmal.¹⁷² Nicht von ungefähr machte er den Nationalsozialisten ein unseriöses Finanzgebaren und eine mangelnde Loyalität gegenüber dem Staate zum Vorwurf.¹⁷³

Eine Reform des »Parlamentarismus« hatte der Politiker schon in den Weimarer Krisenjahren als notwendig betrachtet, um den »Staat« wieder handlungsfähig zu machen. Dies bestimmte ihn auch nach seinem Regierungsantritt.¹⁷⁴ Nach dem Zweiten Weltkrieg rechtfertigte er nicht nur seine damaligen Notmaßnahmen, sondern bewertete zunehmend auch die politische Kultur der Weimarer Republik im Verhältnis zur Bundesrepublik günstiger.

Er kritisierte einige Entwicklungen in der Nachkriegszeit im Lichte älterer Vorstellungen aus dem 19. Jahrhundert. Kritik an den Institutionen der Weimarer Republik und des Kaiserreichs lehnte er dagegen häufig ab und erklärte sie für unhistorische Fehleinschätzungen. Im einzelnen hatte dies absurde Konsequenzen. So sprach er sich beispielsweise gegen das sogenannte Konstruktive Mißtrauensvotum im Bonner Grundgesetz aus. Es sei dessen größter Fehler. Angeblich hätten die unqualifizierten Mißtrauensanträge in der Weimarer Zeit jede Regierung mit Ausnahme der Regierung Luther gerettet. Mit einem Seitenhieb auf Adenauer verstieg er sich zu der Bemerkung, der Kampf und das Risiko seien das »Wesen der Politik«, und nicht die »Oberbürgermeisterei«.¹⁷⁵

Die Kritik war zumindest insofern befremdlich, als das Fehlen des Konstruktiven Mißtrauensvotums ursächlich mit den häufigen Regierungswechseln nach 1918 zusammenhing. Es behob gerade jene Mängel der Weimarer Verfassung, die Brüning einst selbst beklagt hatte. Durch ein solches Instrument wären auch die geschäftsführenden Regierungen nach 1930 beträchtlich gestärkt worden. Die Bildung von Präsidialkabinetten wäre dagegen unmöglich, aber auch nicht erforderlich gewesen. Statt dessen verwies er darauf, daß SPD und DNVP durch den häufigen Wechsel der Kabinette und Koalitionen gezwungen gewesen seien, Regierungsverantwortung zu übernehmen. Nicht von ungefähr hatte der ehemalige Innenminister Erich Koch-Weser in seinem »Entwurf einer Deutschen Reichsverfassung nach Hitlers Sturz« 1942 die Position der Regierung gegen leichtfertige Mißtrauensanträge zu stärken versucht.¹⁷⁶ Den Föderalismus des Grundgesetzes lehnte Brüning im Gegensatz zu der Gruppe von Emigranten im Schweizer Exil um Wilhelm Hoegner, Otto Braun und Joseph Wirth a limine als ein Element der Besatzungsherrschaft ab, ohne sich auf die Details der Mitwirkung der Länder an der Gesetzgebung des Bundes einzulassen, so wahr es ist, daß er weder an allen Teilen der Reichsverfassung von 1871 noch der von 1919 festhalten wollte.¹⁷⁷

Im Hintergrund solcher Überlegungen stand ein skeptisches Demokratieverständnis, das er seit den dreißiger Jahren entwickelte, ohne sich durch die damals häufig vertretene Meinung irritieren zu lassen, das demokratische Prinzip sei in der »Epoche des Faschismus« dem Untergang geweiht. Die nicht allzu originelle Ansicht, daß die Demokratien wie auch andere Staatsformen soziologisch gesehen von Minderheiten getragen würden[178], bestärkte ihn in der Überzeugung, daß das Gemeinwohl und das Schicksal eines Volkes am besten bei denen aufgehoben seien, die von ihrer Bildung her gleichsam in das *Arcanum* der Politik eingeweiht seien. Unter dem Eindruck des Kriegsausbruchs 1939 glaubte er allerdings eine Zeitlang, daß die »Demokratie in Europa, ausgenommen die kleineren Staaten in Nord- und Westeuropa, nichts mit dem demokratischen Ideal zu tun hat«. Zu dieser Erkenntnis sei er in den letzten 15 Jahren gelangt, wobei ihn das französische politische System besonders enttäuscht habe. Nach der Lektüre des dritten Bandes der Briand-Biographie von Georges Suarez (1939) meinte er, im demokratischen System dieser Art könnten »konstruktive Lösungen" in der Außenpolitik kaum durchgesetzt werden.[179]

Diese Ansicht beruhte jedoch ebenso auf der Erfahrung, daß die Hitler-Bewegung eine Massenbasis besaß, während die demokratischen Parteien einen großen Teil ihrer Anhängerschaft verloren hatten. Selbst in der Demokratie entschieden nicht »die nachdenklichen Menschen«, sondern die »‚schwimmende' Masse der Wähler«.[180] Er bekannte sich gleichwohl zu der Maxime, daß der verantwortliche Politiker imstande sein müsse, vorübergehend den Willen der Mehrheit der Bürger zu ignorieren, aber auch Mehrheiten für seine Politik zu gewinnen. In einer anderen Zeit und unter anderen Umständen wäre ihm diese Einsicht vermutlich zustatten gekommen. So bleibt sein Lebenswerk an das Schicksal der Weimarer Republik gebunden, die er nicht zu retten vermochte.

ANMERKUNGEN

Vorbemerkungen

1. Theodor Fontane, Von Zwanzig bis Dreißig. Autobiographisches (1898), Berlin 1997, S. 330.
2. St. A. Schuker, Ambivalent Exile, S. 356.
3. Hinweis bei L. Volk, Die unverzeihlichen Sünden des Prälaten Kaas, S. 352.
4. W. L. Patch, Brünings Recollections, S. 342.
5. Albert Mirgeler, Heinrich Brüning, Briefe und Gespräche 1934-1945. In: Communio. Internationale katholische Zeitschrift 4 (1975), S. 59-75 und 169-180.
6. Edmund D. Spevack, Enigma in Exile: Heinrich Bruening in America 1937-1952, Harvard College, Cambridge Massachusetts, 28. Februar 1986.
7. Frank Müller, Die »Brüning Papers«. Der letzte Zentrumskanzler im Spiegel seiner Selbstzeugnisse, Frankfurt/Main 1993.
8. Peer Volkmann, Heinrich Brüning im amerikanischen Exil, Diss. Augsburg 2004.
9. Der Reichskanzler Dr. Brüning, S. 14 ff.
10. Zu diesem Problem u. a. G. Mann, Noch ein Versuch über Geschichtsschreibung, in: Ders., Zwölf Versuche, S. 16 ff.; D. Fulda, Wissenschaft aus Kunst, S. 9 ff. et passim; Markus Völkel, Gibt's gar nicht! Hat er sich selbst ausgedacht! Gibt's aber bei den großen Historikern von Tacitus bis Gibbon: Die Geschichtswissenschaft sollte das Spiel mit der Fiktion nicht länger scheuen, FAZ Nr. 82 vom 9. 4. 2002, S. 47.
11. Vgl. Hayden White, Metahistory. Die historische Einbildungskraft im 19. Jahrhundert, Frankfurt/Main 1991, S. 536.
12. Vgl. J. Rüsen, Die vier Typen historischen Erzählens, in: R. Koselleck / H. Lutz / J. Rüsen, Formen der Geschichtsschreibung, S. 514 ff.
13. Dazu Jörn Rüsen, Zeit und Sinn. Strategien historischen Denkens, Frankfurt/Main 1990, S. 110 ff. Vgl. E. Kolb, »Die Historiker sind ernstlich böse« – Der Streit um die »Historische Belletristik« in Weimar-Deutschland, in: N. Finzsch / H. Wellenreuther, Liberalitas, S. 67 ff.
14. Siegfried Kracauer, Die Biographie als neubürgerliche Kunstform, in: Ders., Aufsätze 1927-1931, hrsg. von Inka Mülder-Bach Bd. 5,2, Frankfurt/Main 1990, S. 195 ff.
15. Eckhard Kessler, Das rhetorische Modell der Historiographie, in: R. Koselleck / H. Lutz / J. Rüsen, Formen der Geschichtsschreibung, S. 58.
16. Lytton Strachey, A New History of Rome (1909), in: Spectatorial Essays, London 1964, S. 13 ff. Vgl. Charles Richard Sanders, Lytton Strachey. His Mind and Art, New Haven 1957, S. 206 ff.
17. Johan Huizinga, Wege der Kulturgeschichte, München 1930, S. 33-46; ders., Die Geschichtswissenschaft in ihrer heutigen Lage, in: Ders., Im Bann der Kulturgeschichte, Basel 1943, S. 84 ff. Vgl. Christoph Strupp, Johan Huizinga. Geschichtswissenschaft als Kulturgeschichte, Göttingen 2000, S. 85 f.
18. Jürgen Oelker, Biographik. Überlegungen zu einer unschuldigen Gattung, in: Neue Politische Literatur I (1974), S. 299, hier nach: A. Gestrich, Einleitung: Sozialhistorische Biographieforschung, in: A. Gestrich / P. Knoch / H. Merkel, Biographie, S. 6.

19 G. W. Allport, 1950, Personality: a problem for science or a problem for art?, in: Ders., The Nature of Personality: Selected Papers, Cambridge, Mass., S. 207; H. Thomae, Zur Geschichte der Anwendung biographischer Methoden in der Psychologie, in: G. Jüttemann / H. Thomae (Hrsg.), Biographie und Psychologie, Berlin 1987, S. 3. Dazu H. Schulze, Die Biographie, S. 513 f.
20 G. W. Allport, Gestalt und Wachstum in der Persönlichkeit, hrsg. v. Helmut v. Bracken, Meisenheim 1970, S. 399.
21 Stefan Fisch, Erzählweisen des Historikers. Heinrich von Treitschke und Thomas Nipperdey, in: W. Hardtwig / H.-H. Brandt, Deutschlands Weg in die Moderne. Politik, Gesellschaft und Kultur im 19. Jahrhundert, München 1993, S. 54 f.
22 Johann Wolfgang v. Goethe, Vorwort zu Dichtung und Wahrheit, 1. Buch, Werke, Hamburger Ausgabe, hrsg. von Erich Trunz, Bd. 9, München 1994, S. 9.
23 A. Gestrich, Einleitung: Sozialhistorische Biographieforschung, in: A. Gestrich / P. Knoch / H. Merkel, Biographie, S. 9. Vgl. H. Schulze, Biographie, S. 516 f.
24 Vgl. dazu u. a. Reinhard Buchwald, Schiller. Leben und Werk, Wiesbaden 1959, S. 5 et passim.
25 Anthony Grafton, Der Gelehrte als Held. Mit manchem Makel mochten sie sich gar nicht erst abgeben. Biographen als Wegbereiter der Wissenschaftsberichterstattung, FAZ Nr. 227 I vom 29. 9. 2001.
26 H. Brüning an J. Wheeler-Bennett vom 22. 7. 1953, Briefe 1946-1960, S. 334.
27 Vgl. H. Brüning an G. Olef vom 10. 7. 1958, Briefe 1946-1960, S. 454 f.
28 Vgl. Franz Rodens, Wann erscheinen Brünings Memoiren, in: Das Neue Journal, 27. März 1957, S. 5.

I. DAS NACHSPIEL DER KANZLERSCHAFT

1 Vgl. u. a. W. Deist, Brüning, Herriot und die Abrüstungsgespräche von Bessinge 1932, S. 272; G. Jasper, Die gescheiterte Zähmung, S. 95.
2 Vgl. Schultheß 1932, S. 399 ff.; K. Kadzik, England und Deutschland, S. 68 f.; E. R. Huber, Verfassungsgeschichte Bd. 7, S. 995; U. Hörster-Philipps, Konservative Politik, S. 285 ff.
3 Vgl. Schultheß 1932, S. 401 ff.; F. Stampfer, Die ersten 14 Jahre, S. 635; E. R. Huber, Verfassungsgeschichte Bd. 7, S. 995 ff.; J. L. Heineman, Neurath, S. 48 f.; Th. Vogelsang, Papen und das außenpolitische Erbe Brünings, S. 496 ff.; H. Graml, Europa zwischen den Kriegen, S. 257 f.; St. Nadolny, Abrüstungsdiplomatie, S. 163; W. Deist, Schleicher und die deutsche Abrüstungspolitik, S. 169 f.; dens., Schleicher und die deutsche Abrüstungspolitik, S. 157; P. Schmidt, Statist, S. 245; H. Graf Kessler, Tagebücher (1. 7. 1932), S. 673; dazu u. a. E. R. Huber, Verfassungsgeschichte Bd. 7, S. 996 ff.; H. Graml, Zwischen Stresemann und Hitler, S. 213 ff.; W. Seuß, Als Brüning stürzte, FAZ vom 29. 5. 1982; Karl Strupp, Der Vertrag von Lausanne. Text mit Erläuterungen und ausführlicher Einleitung über die Entwicklung des Reparationsproblems, Gießen 1932.
4 Vgl. H. Brüning an H. Dräger vom 15. 10. 1954, Durchschlag, Nachl. Brüning, HUG FP 93.10 Box 7; ders. an J. Borkin vom 3. 3. 1944, Durchschlag, ebd. Box 2. Dazu u. a. Th. Vogelsang, Papen und das außenpolitische Erbe Brünings, S. 496 f.
5 H. Brüning an M. v. Brünneck vom 12. 2. 1949, Ausf., Nachl. M. v. Brünneck II, Nr. 1, Geh. Staatsarchiv Berlin.
6 Vgl. Schultheß 1932, S. 414 f.; E. R. Huber, Verfassungsgeschichte Bd. 7, S. 998 f.; G. Schulz, Von Brüning zu Hitler, S. 908 f.
7 Vgl. H. Graml, Zwischen Stresemann und Hitler, S. 209 f.

8 Vgl. H. Brüning, Memoiren, S. 614, 616 f.; P. Schmidt, Statist, S. 240, 243; W. Deist, Schleicher und die deutsche Abrüstungspolitik, S. 168 ff.; Th. Vogelsang, Papen und das außenpolitische Erbe Brünings, S. 499 ff.; G. Schulz, Von Brüning zu Hitler, S. 913 f.; H. Graml, Zwischen Stresemann und Hitler, S. 210, 222 f.; J. Fest, Papen, S. 233; M. C. Sterling, The Herrenreiter in Politics, S. 299 ff.
9 H. Brüning an H. F. Berger vom 21. 1. 1951, Durchschlag, Nachl. H. Brüning, HUG FP 93.10 Box 3.
10 H. Graml, Zwischen Stresemann und Hitler, S. 224 ff.
11 K. v. Schleicher an F. v. Bredow, Juni 1932, Nachl. F. v. Bredow, IfZ München, ED 86 Bd. 1, S. 62. Vgl. Th. Vogelsang, Papen und das außenpolitische Erbe Brünings, S. 506 f.; H. Köhler, Arbeitsbeschaffung, Siedlung und Reparationen, S. 307; M. C. Sterling, The Herrenreiter in Politics, S. 289 ff.
12 KZ Nr. 250 vom 8. 5. 1932.
13 Vgl. Faksimile des Westfälischen Volksblattes Nr. 1874 vom 30. 7. 1932, Abdruck bei G. Buchstab / B. Kaff / H. O. Kleinmann, Keine Stimme dem Radikalismus, S. 79.
14 H. Brüning, Memoiren, S. 615 f. Vgl. K. v. Reibnitz, Im Dreieck Schleicher, Hitler, Hindenburg, S. 60.
15 So R. Morsey, Untergang, S. 53.
16 R. Morsey, Ende der Zentrumspartei, S. 292 f.; L. Schwering, Stegerwald und Brünings Vorstellungen über Parteireform und Parteiensystem, S. 35. Rede Brünings vom 3. Juli 1932 in Köln, zit. nach Art. Das Zentrum zieht in die Wahlschlacht, KVZ Nr. 184 vom 4. 7. 1932; W. Kiefer, Brüning, der Führer der ganzen Nation, in: Der gerade Weg Nr. 28 vom 10. 7. 1932. Vgl. H. Brüning, Memoiren, S. 617 f.; J. Becker, Brüning, Prälat Kaas und das Problem einer Regierungsbeteiligung der NSDAP, S. 104. Zum Verlauf der Wahlreise siehe auch Art. Brüning auf der Rheinlandfahrt. Neuß – Krefeld – M. Gladbach bzw. Oberhausen – Wuppertal, KVZ Nr. 185 und 186 vom 5. und 6. 7. 1932.
17 Plakat »Wählt Zentrum Feld 4«, Abbildung in Westfälisches Volksblatt vom 27. 7. 1932, Wahlaufruf »Für ein freies Volk im freien Deutschland!«, ebd. vom 30. 7. 1932. Vgl. Art. Dr. Brüning in Dortmund und Bochum, ebd.; ferner H. J. Brühl, Brüning – unser Führer, passim; R. Morsey, Untergang, S. 52.
18 Vgl. R. Morsey, Untergang, S. 52.
19 Vgl. Art. Das Zentrum zieht in die Wahlschlacht, KVZ Nr. 184 vom 4. 7. 1932; Art. Generalappell im Westfalenland. Die Begeisterung für Brüning, KVZ Nr. 204 vom 27. 7. 1932; Hans-Ulrich Thamer, Stadtentwicklung und politische Kultur während der Weimarer Republik, in: F.-J. Jakobi, Geschichte der Stadt Münster Bd. 2, S. 279. H. Brüning, Memoiren, S. 618 f. verwechselt teilweise die Einzelheiten der Auftritte von Köln, Bochum und Münster.
20 Art. Mit Brüning für ein neues Deutschland, Westfälisches Volksblatt vom 27. 7. 1932. Vgl. R. Morsey, Untergang, S. 52.
21 Auszug der Rundfunkansprache Papens vom 20. 7. 1932, Ursachen und Folgen Bd. 8, Nr. 1861 d, S. 574 ff. Vgl. die Bekanntmachung Papens und die Niederschrift über die Unterredung Papens mit den Ministern Hirtsiefer und Severing ebd. Nr. 1861 a und b, S. 572 f. – Dazu J. Petzold, Der Staatsstreich vom 20. Juli 1932 in Preußen, S. 1172 f.
22 H. P. Ehni, Bollwerk Preußen?, S. 244, 251 f.; H. Hömig, Das preußische Zentrum, S. 258 ff.; R. Morsey, Untergang, S. 51; E. R. Huber, Verfassungsgeschichte Bd. 7, S. 1017, 1021; G. May, Kaas Bd. 3, S. 231 f.
23 Vgl. A. Brecht, Mit der Kraft des Geistes, S. 216 f.
24 Vgl. J. A. Bach, Papen, S. 180 ff.
25 H. P. Ehni, Bollwerk Preußen?, S. 227 f., 253 f. Vgl. H. Brüning, Ein Brief, S. 241, 249 f.; dens., Memoiren, S. 569 f., 618 f.; R. Morsey, Untergang, S. 54; H. Mommsen, Die Stellung

der Beamtenschaft, S. 164 f.; J. W. Bendersky, Schmitt, S. 157; G. Schulz, Aufstieg des Nationalsozialismus, S. 669; E. R. Huber, Verfassungsgeschichte Bd. 7, S. 1011 f. – Brüning behauptete nach dem Zweiten Weltkrieg, er habe schon im Oktober 1930 den Nazis erklärt, er werde die Justiz- und Polizeigewalt in jenen Ländern, in denen sie in eine Koalitionsregierung eintreten würden, per Notverordnung auf das Reich übertragen, um ihnen diese Ressorts notfalls zu entziehen. H. Brüning, eidesstattliche Erklärung für L. Graf Schwerin v. Krosigk, Durchschlag, Nachl. H. Brüning, HUG FP 93.10 Box 20.

26 H. Brüning, Memoiren, S. 619. Vgl. E. R. Huber, Verfassungsgeschichte Bd. 7, S. 1010 f.
27 Vgl. H. P. Ehni, Bollwerk Preußen?, S. 254.
28 H. P. Ehni, Bollwerk Preußen?, S. 250 f. Vgl. J. Petzold, Der Staatsstreich vom 20. Juli 1932, S. 1147; G. Schulz, Von Brüning zu Hitler, S. 882 ff.
29 Vgl. u. a. H. Muth, Schmitt, S. 131 f.; W. Pyta, Verfassungsumbau, Staatsnotstand und Querfront, S. 177 ff. et passim.
30 Art. Mit Brüning für ein neues Deutschland, Westfälisches Volksblatt vom 27. 7. 1932. Vgl. R. Morsey, Untergang, S. 52. – Verfassungsrechtliche Bedenken gegen die Einsetzung eines Staatskommissars hatte der dem Zentrum angehörende Staatsrechtler Hans Peters noch Anfang Juli öffentlich geäußert. Vgl. Art. Reichskommissar für Preußen? Eine verfassungsmäßige Unzulässigkeit, KVZ Nr. 184 vom 4. 7. 1932; G. Schulz, Triebkräfte und Ziele der Reichsreform, S. 97 f.
31 H. Brüning, Memoiren, S. 620. – Die Kundgebung im Sportpalast wurde am 29. Juli gehalten. Vgl. Art. Brüning schließt den Wahlkampf ab, FZ Nr. 564 vom 30. 7. 1932. Danach betonte Brüning, daß die Autorität des Staatsoberhaupts unter allen Umständen gewahrt werden müsse. Der Bericht der KVZ Nr. 207 vom 30. 7. 1932 enthält keine einschlägige Passage.
32 Brief eines ungenannten Verfassers vom Juni 1934, Nachl. H. Brüning, HUG FP 93.35 Box 4.
33 H. Brüning, Memoiren, S. 620.
34 H. Brüning, Memoiren, S. 619. Vgl. E. R. Huber, Verfassungsgeschichte Bd. 7, S. 1013; H. Höhne, Machtergreifung, S. 189 f.; G. Schulz, Von Brüning zu Hitler, S. 895 f.
35 H. P. Ehni, Bollwerk Preußen?, S. 264 f.; dazu E. R. Huber, Verfassungsgeschichte Bd. 7, S. 1012 ff. Vgl. F. Stampfer, Die ersten 14 Jahre, S. 630.
36 Zit. nach C. Severing, Mein Lebensweg Bd. 2, S. 358; H. Brüning, Memoiren, S. 620 f. Vgl. Art. Brüning in Bayern, KVZ Nr. 199 vom 22. 7. 1932.
37 Einzelheiten bei E. R. Huber, Verfassungsgeschichte Bd. 7, S. 1048 f. Vgl. M. Vogt, Parteien, S. 153 f.; G. Jasper, Die gescheiterte Zähmung, S. 107; W. Pyta, Gegen Hitler und für die Republik, S. 181.
38 Vgl. Schultheß 1932, S. 136 f.; E. R. Huber, Verfassungsgeschichte Bd. 7, S. 1056; H. Muth, Schmitt, S. 118, 121 f.; U. Hörster-Philipps, Konservative Politik, S. 330 ff.; G. Buchheit, Papen, S. 54; F.-K. v. Plehwe, Schleicher, S. 244; G. Jasper, Die gescheiterte Zähmung, S. 90; G. Schulz, Von Brüning zu Hitler, S. 1008 ff.; F. Müller, Papen, S. 38. – Über den Einfluß des Herrenklubs und des Ring-Kreises auf die Verfassungspläne der Regierung Papen siehe H. Mommsen, Regierung ohne Parteien, S. 10 ff.; H. Muth, Schmitt, S. 114 ff.; Raimund von dem Bussche, Konservatismus in der Weimarer Republik. Die Politisierung des Unpolitischen, Heidelberg 1998, S. 290 ff.; E. Kolb / W. Pyta, Die Staatsnotstandsplanung, S. 159 ff. Unter Papen erreichte der Herrenklub mit 5000 Mitgliedern seinen Höchststand, dazu Y. Ishida, Jungkonservative, S. 62; H.-U. Thamer, Verführung und Gewalt, S. 190.
39 Vgl. M. Vogt, Parteien, S. 154; A. Dorpalen, Hindenburg, S. 330 f.; E. R. Huber, Verfassungsgeschichte Bd. 7, S. 1056 f.
40 Vgl. A. Hillgruber, Die politischen Kräfte der Mitte, S. 49 f.; W. Pyta, Gegen Hitler und für die Republik, S. 180 f.

⁴¹ W. Keil, Erlebnisse Bd 2, S. 466; W. Spael, Das katholische Deutschland, S. 293. Vgl. G. Schulz, Die Suche nach dem Schuldigen, S. 672; G. Jasper, Die gescheiterte Zähmung, S. 89 f. – Der Artikel stammte von Josef Hofmann, der die Formulierung auf Wunsch von Joseph Joos verwendet hatte. Kaas befürchtete, daß Papen ihn als Urheber der Formulierung verdächtigte, was sein Verhältnis zu ihm belasten könne. Vgl. J. Hofmann, Journalist, S. 64 f.

⁴² Vgl. H. Brüning an J. Joos vom 23. 12. 1948, Durchschlag, Nachl. H. Brüning, HUG FP 93.10 Box 16; dens. an [N.] Breucker vom 29. 8. 1955, Durchschlag, ebd. Box 2.

⁴³ Vgl. J. Becker, Brüning, Prälat Kaas, S. 104 f.; H. Pünder, Politik in der Reichskanzlei, S. 143; R. Morsey, Untergang, S. 56 f.; G. Schulz, Von Brüning zu Hitler, S. 953; P. Stachura, Strasser, S. 59; G. May, Kaas Bd. 3, S. 552 f.

⁴⁴ Vgl. R. Morsey, Untergang, S. 57, 62; G. Schulz, Von Brüning zu Hitler, S. 958.

⁴⁵ Vgl. R. Morsey, Ende der Zentrumspartei, S. 316; dens., Untergang, S. 57 ff.; M. Schumacher, Zwischen »Einschaltung« und »Gleichschaltung«, S. 279 ff.

⁴⁶ Vgl. H. Brüning an R. Kircher vom 10. (?) 5. 1951, Durchschlag, Nachl. H. Brüning, HUG FP 93.10 Box 17; dens. an F. Graf v. Galen vom 20. 11. 1947, Durchschlag, ebd. Box 11; dens. an R. Leiber vom 31. 8. 1946, ebd. Box 20. – Zum Problem der häufigen Abwesenheit von Kaas siehe G. May, Kaas Bd. 3, S. 649 ff.

⁴⁷ R. Morsey, Untergang, S. 58 f. Vgl. H. Brüning, Memoiren, S. 621; H. Brüning an N. Ebbutt vom 11. 6. 1946, Durchschlag, Nachl. H. Brüning, HUG FP 93.10 Box 8; J. Joos, So sah ich sie, S. 97.

⁴⁸ Vgl. H. Brüning an J. Joos vom 23. 12. 1948, Durchschlag, Nachl. H. Brüning, HUG FP 93.10 Box 16.

⁴⁹ Eidesstattliche Versicherung H. Brünings vom 13. 8. 1948 bei Notar Theodor Petermann, Münster, Abschrift, Nachl. H. Pünder, HAStK 1304/849.

⁵⁰ A. Dorpalen, Hindenburg, S. 337; E. R. Huber, Verfassungsgeschichte Bd. 7, S. 1058 ff.; E. Kolb / W. Pyta, Die Staatsnotstandsplanung, S. 162.

⁵¹ R. Morsey, Protokolle der Zentrumsfraktion 1926-1933, Nr. 707 vom 29. 8. 1932, S. 584. Vgl. dens., Untergang, S. 56 ff. et passim.

⁵² Vgl. G. R. Treviranus, Ende von Weimar, S. 336 f.; E. R. Huber, Verfassungsgeschichte Bd. 7, S. 1053; W. Conze, Die politischen Entscheidungen in Deutschland, S. 242 f.; G. Schulz, Von Brüning zu Hitler, S. 949 f.

⁵³ A. Hillgruber, Die Reichswehr und das Scheitern der Weimarer Republik, S. 188 f.

⁵⁴ Dazu W. Pyta, Gegen Hitler und für die Republik, S. 181 f.; W. Mommsen, Regierung ohne Parteien, S. 4; ders., Die verspielte Freiheit, S. 467.

⁵⁵ Vgl. Aufzeichnung des Staatssekretärs Dr. Meissner über die Besprechung Hindenburg – Hitler vom 13. 8. 1932, in: E. R. Huber, Dokumente Bd. 3, Nr. 455, S. 517; W. Pyta, Verfassungsumbau, Staatsnotstand und Querfront, S. 179 ff.; F.-K. v. Plehwe, Schleicher, S. 230 f.; K. Bracher, Diktatur, S. 193; M. C. Sterling, The Herrenreiter in Politics, S. 237 ff.

⁵⁶ Eidesstattliche Versicherung H. Brünings vom 13. 8. 1948 bei Notar Theodor Petermann, Münster, Abschrift, Nachl. H. Pünder, HAStK 1304/849.

⁵⁷ H. Pünder, Politik in der Reichskanzlei, S. 141, 149; W. Hubatsch, Hindenburg, S. 126; G. Schulz, Von Brüning zu Hitler, S. 961 ff. Vgl. Schultheß 1932, S. 140 f.; Th. Vogelsang, Zur Politik Schleichers gegenüber der NSDAP 1932, S. 86 ff., 101 f., 115 f.; G. Jasper, Die gescheiterte Zähmung, S. 113; R. Morsey, Protokolle der Zentrumsfraktion 1926-1933, Nr. 709 vom 12. 9. 1932, S. 587; F. v. Papen, Der Wahrheit eine Gasse, S. 223 f.; A. Dorpalen, Hindenburg, S. 331 ff.; R. Neebe, Großindustrie, Staat und NSDAP, S. 131 f.; E. R. Huber, Verfassungsgeschichte Bd. 7, S.1057, 1061. Dazu A. Hillgruber, Die Auflösung der Weimarer Republik, S. 235; E. Kolb / W. Pyta, Die Staatsnotstandsplanung, S. 163 f.

⁵⁸ R. Morsey, Untergang, S. 59 f.

59 R. Morsey, Untergang, S. 61; H. Brüning, Memoiren, S. 622 f.; E. R. Huber, Verfassungsgeschichte Bd. 6, S. 315. – Nach eigener Darstellung war Brüning in der Nacht zum 14. August nach München gefahren, so daß die Unterredung in München eine Woche früher stattgefunden hätte. Vgl. G. Schulz, Von Brüning zu Hitler, S. 967. Nach einer anderen Darstellung Brünings hatten Strasser und sein Adjutant Schulz ihn im Zug getroffen. Hernach habe ihn Strasser in München und Tübingen besucht. H. Brüning an J. Joos vom 23. 12. 1948, Durchschlag, Nachl. H. Brüning, HUG FP 93.10 Box 16.

60 Vgl. E. R. Huber, Verfassungsgeschichte Bd. 7, S. 1168 ff.

61 H. Brüning, Memoiren, S. 623; H. Brüning an J. Joos vom 23. 12. 1948, Durchschlag, Nachl. H. Brüning, HUG FP 93.10 Box 16. Vgl. R. Morsey, Untergang, S. 61; F. Wiesemann, Die Vorgeschichte, S. 246; G. Schulz, Von Brüning zu Hitler, S. 967 f.

62 H. Weiß / P. Hoser, Die Deutschnationalen, S. 243; J. A. Leopold, Hugenberg, S. 201.

63 H. Brüning, Memoiren, S. 623.

64 Schultheß 1932, S. 151. Vgl. A. Dorpalen, Hindenburg, S. 340; D. Junker, Die Deutsche Zentrumspartei, S. 102.

65 Vgl. H. Brüning, Memoiren, S. 624. Dazu H. Muth, Schleicher und die Gewerkschaften 1932, S. 201 ff.

66 R. Morsey, Untergang, S. 63 f. Vgl. H. Pünder, Politik in der Reichskanzlei, S. 145; Bericht über die 71. Generalversammlung der deutschen Katholiken in Essen vom 31. August bis 5. September 1932, hrsg. von der Geschäftsstelle des Lokalkomitees, Essen 1932, S. 366 f. – Nach H. Brüning an Th. Abele vom 17. 2. 1951, Durchschlag, Nachl. H. Brüning, HUG FP 93.10 Box 1, hatte Löwenstein Brüning gebeten, nicht auf dem Katholikentag zu erscheinen, da Papen eingeladen sei.

67 Rede Papens am 11. 10. 1932 vor dem Bayerischen Industriellenverband in München, Schultheß 1932, S. 177 f. Vgl. u. a. F. v. Papen, Der Wahrheit eine Gasse, S. 237; C.-L. Holtfrerich, Alternativen zur Wirtschaftspolitik, S. 608; P. Temin, Lessons from the Great Depression, S. 101; F. Blaich, Staat und Verbände, S. 92. Dazu H. Marcon, Arbeitsbeschaffungspolitik, S. 149 ff.; D. Petzina, Hauptprobleme der deutschen Wirtschaftspolitik 1932/33, S. 18-55; ders., Elemente der Wirtschaftspolitik, S. 132; M. Funke, Republik im Untergang, S. 513; Kabinett v. Schleicher (Einleitung), S. XXVIII; M. v. Prollius, Das Wirtschaftssystem der Nationalsozialisten, S. 73 f.

68 H. Dräger, Arbeitsbeschaffung durch produktive Kreditschöpfung, S. 23 ff.; A. Wissler, Wagemann, S. 33 f. Vgl. G. D. Feldman, Aspekte deutscher Industriepolitik, S. 220, 223.

69 Vgl. G. D. Feldman, Aspekte deutscher Industriepolitik, S. 220.

70 R. Morsey, Ende der Zentrumspartei, S. 320 f.; ders., Untergang, S. 61 ff.; F. Blaich, Staat und Verbände, S. 92. Vgl. Schultheß 1932, S. 144, 152 ff.; C. Horkenbach, Das Deutsche Reich Bd. 3, S. 308 ff.; F. Blaich, Der Schwarze Freitag, S. 108 f.; R. Morsey, Protokolle der Zentrumsfraktion 1926-1933, Nr. 709 vom 12. 9. 1932, S. 586; H. Brüning, Memoiren, S. 624; L. Schwarzschild, Die nächsten Stationen, 4. Juni 1932, in: Dems., Die letzten Tage vor Hitler, S. 192; F. Stampfer, Die ersten 14 Jahre, S. 640; A. Dorpalen, Hindenburg, S. 339, 341; H. A. Turner, German Big Business, S. 276; U. Hörster-Philipps, Konservative Politik, S. 301 ff.; W. Pyta, Gegen Hitler und für die Republik, S. 181.

71 H. Brüning, Memoiren, S. 629. Vgl. C. W. Guillebaud, The Economic Recovery of Germany, S. 30.

72 H. Brüning, Memoiren, S. 623; H. Brüning an J. Joos vom 23. 12. 1948, Durchschlag, Nachl. H. Brüning, HUG FP 93.10 Box 16; R. Morsey, Ende der Zentrumspartei, S. 321; ders., Untergang, S. 61; Art. Das Zentrum im Wahlkampf. Dessauer in Frankfurt, Rhein-Mainische Volkszeitung vom 20. 191932 (Expl. Sammlung F. Dessauer, Teil 2, Kommission für Zeitgeschichte, Bonn, Nr. 338). Vgl. D. Junker, Die Deutsche Zentrumspartei, S. 102 f.; E. R. Huber, Verfassungsgeschichte Bd. 7, S. 1072 f.; H. Roder, Der christlich-nationale Ge-

werkschaftsbund, S. 504. Über Paul Schulz (1898-1963), der am 30. Juni 1934 einem Anschlag durch die SS entging und als Emigrant ins Ausland ging, siehe E. R. Huber, Verfassungsgeschichte Bd. 7, S. 352 f., ferner P. Schulz an H. Brüning vom 15. 12. 1947, Ausf., Nachl. H. Brüning, HUG FP 93.10 Box 31.

73 H. Brüning an J. Joos vom 23. 12. 1948, Durchschlag, Nachl. H. Brüning, HUG FP 93.10 Box 16; Eidesstattliche Versicherung H. Brünings vom 13. 8. 1948 bei Notar Theodor Petermann, Münster, Abschrift, Nachl. H. Pünder, HAStK 1304/849.

74 Vgl. H. Brüning an J. Joos vom 23. 12. 1948, Durchschlag, Nachl. H. Brüning, HUG FP 93.10 Box 16.

75 Vgl. R. Morsey, Ende der Zentrumspartei, S. 320; dens., Untergang, S. 62 f.; dens., Protokolle der Zentrumsfraktion 1926-1933, Nr. 708 vom 30. 8. 1932, S. 585; H. Pünder, Politik in der Reichskanzlei, S. 144; H. Brüning, Memoiren, S. 625; H. Brüning, Littauer-Interview vom September 1945, Nachl. H. Brüning, HUG FP 93.10 Box 16, S. 5; Schultheß 1932, S. 150; Sten. Berichte Bd. 454, S. 1 ff.; F. v. Papen, Der Wahrheit eine Gasse, S. 234; A. Dorpalen, Hindenburg, S. 341 f.; W. Conze, Die politischen Entscheidungen in Deutschland, S. 247 f.

76 J. Becker, Brüning, Prälat Kaas, S. 106.

77 J. Becker, Brüning, Prälat Kaas, S. 103, 110 f. Vgl. H. Brüning, Memoiren, S. 609; G. Schulz, Aufstieg des Nationalsozialismus, S. 610; H. Werner, Kaas, S. 42; M. Schumacher, Zwischen »Einschaltung« und »Gleichschaltung«, S. 284 ff.

78 Vgl. Entscheidung des Staatsgerichtshofs für das Deutsche Reich vom 25. 10. 1932, in: E. R. Huber, Dokumente Bd. 3, Nr. 474, S. 536 ff.; H. Brüning, Memoiren, S. 625 f.; H. Brüning an G. Stolper vom 25. 1. 1947, Nachl. H. Brüning, HUG FP 93.10 Box 32.

79 E. R. Huber, Verfassungsgeschichte Bd. 7, S. 1062 f.

80 Vgl. E. R. Huber, Verfassungsgeschichte Bd. 7, S. 1063 f.

81 Schultheß 1932, S. 158. Vgl. H. Brüning, Memoiren, S. 626 f.

82 Vgl. Schultheß 1932, S. 156.

83 Vgl. Schultheß 1932, S. 156; A. Dorpalen, Hindenburg, S. 342; Th. Vogelsang, Reichswehr, S. 274.

84 R. Morsey, Ende der Zentrumspartei, S. 321; ders., Untergang, S. 65; H. Brüning, Memoiren, S. 627.

85 W. Pyta, Verfassungsumbau, Staatsnotstand und Querfront, S. 183. Vgl. J. H. Knoll, Konservative Ideologie, S. 224 ff.; F.-K. v. Plehwe, Schleicher, S. 240 f.; H. Höhne, Papen, S. 331 f.

86 Vgl. Schultheß 1932, S. 140, 149, 156; Th. Vogelsang, Reichswehr, S. 271; E. Kolb / W. Pyta, Die Staatsnotstandsplanung, S. 165.

87 H. Brüning, Memoiren, S. 627. Vgl. R. Morsey, Protokolle der Zentrumsfraktion 1926-1933, Nr. 710 vom 12. 9. 1932, S. 589; Schultheß 1932, S. 158. Zum Datum der Sitzung des Ältestenrates (30. August) siehe die Rede Ernst Torglers vom 12. September, Sten. Berichte Bd. 454, S. 13.

88 R. Morsey, Protokolle der Zentrumsfraktion 1926-1933, Nr. 709 vom 12. 9. 1932, S. 587 ff.; H. Brüning, Memoiren, S. 627. – J. Joos, So sah ich sie, S. 97, berichtet, daß er zusammen mit Kaas bei Papen gewesen sei, um ihm mitzuteilen, daß die Fraktion den Kanzler nicht unterstützen werde. Der Zeitpunkt ist jedoch nicht angegeben.
E. R. Huber, Verfassungsgeschichte Bd. 7, S. 1096 bezweifelt Brünings Aussage, er habe nicht an der Reichstagssitzung teilgenommen, da dessen Name nach den Sten. Berichten Bd. 454, S. 15 ff. in der Liste der Abgeordneten, die das Mißtrauensvotum gegen Papen unterstützten, aufgeführt sei. Dagegen spricht jedoch, daß Brüning in den Protokollen der Sitzungen der Zentrumsfraktion, die vor und nach der Plenarsitzung stattfanden (Nr. 709 ff., S. 585 ff.), nicht als anwesend vermerkt ist, was einen Fehler in den Stenographischen Berichten nahelegt. Kaas ist im Gegensatz zu Brüning als »krank« registriert.

89 Vgl. Sten. Berichte Bd. 454, S. 15 ff.; F. Blaich, Der Schwarze Freitag, S. 110; J. Fest, Papen, S. 234; W. Pyta / G. Seiberth, Carl Schmitts Tagebuch, S. 600 f.
90 Vgl. E. R. Huber, Verfassungsgeschichte Bd. 7, S. 1095; R. Morsey, Protokolle der Zentrumsfraktion 1926-1933, Nr. 711 und 712 vom 12. 9. 1932, S. 589 ff.; H. Mommsen, Regierung ohne Parteien, S. 4; Th. Vogelsang, Reichswehr, S. 279; R. Morsey, Untergang, S. 66 f.
91 Vgl. Sten. Berichte Bd. 454, S. 14 f.; Schultheß 1932, S. 158 f.; H. Brüning, Memoiren, S. 628; Art. Der Reichstag beginnt, FZ Nr. 683-684 vom 13. 9. 1932; Art. R K (Rudolf Kircher), Der Reichstag aufgelöst! Skandal oder Komödie?, FZ Nr. 685 vom 13. 9. 1932; Th. Vogelsang, Reichswehr, S. 279; E. R. Huber, Verfassungsgeschichte Bd. 7, S. 1093. Verordnung des Reichspräsidenten zur Belebung der Wirtschaft vom 4. 9. und Verordnung der Reichsregierung zur Vermehrung und Erhaltung der Arbeitsgelegenheit vom 5. 9. 1932, RGBl 1932 I, S. 425 ff., 433 ff. Nach H. Pünder, Politik in der Reichskanzlei, S. 146 lag die Blankovollmacht ohne (begründenden) Text mit den Unterschriften von Hindenburg und Papen vor. Vgl. G. Buchheit, Papen, S. 53; F. v. Papen, Der Wahrheit eine Gasse, S. 235; A. Dorpalen, Hindenburg, S. 340, 343; W. Pyta / G. Seiberth, Carl Schmitts Tagebuch, S. 600 f.
92 Vgl. A. Dorpalen, Hindenburg, S. 342 f.; F. Hiller v. Gaertringen, Die Deutschnationale Volkspartei, S. 564; H. Mommsen, Regierung ohne Parteien, S. 14; E. Kolb / W. Pyta, Die Staatsnotstandsplanung, S. 160.
93 Vgl. H. Brüning, Memoiren, S. 628 f.; G. May, Kaas Bd. 3, S. 190. Über Brünings Verhältnis zu Leicht siehe u. a. R. Morsey, Brüning und Bayern, S. 204.
94 W. Pyta, Verfassungsumbau, Staatsnotstand und Querfront, S. 183; E. R. Huber, Verfassungsgeschichte Bd. 7, S. 1081 ff., 1092 f.
95 H. Pünder, Politik in der Reichskanzlei, S. 146.
96 H. Brüning, Memoiren, S. 629.
97 H. Pünder, Politik in der Reichskanzlei, S. 146.
98 A. Schildt, Militärdiktatur, S. 153.
99 Schultheß 1932, S. 161 f. Vgl. Th. Vogelsang, Reichswehr, S. 282 f.
100 Vgl. Art. R K (Rudolf Kircher), Der Reichstag aufgelöst! Skandal oder Komödie?, FZ Nr. 685 vom 13. 9. 1932; Art. Löbe beruft den Überwachungsausschuß ein, ebd.; R. Morsey, Protokolle der Zentrumsfraktion 1926-1933, Nr. 711, S. 590; A. Dorpalen, Hindenburg, S. 343; E. R. Huber, Verfassungsgeschichte Bd. 7, S. 1099 f.
101 A. Dorpalen, Hindenburg, S. 343.
102 Kabinett v. Papen Bd. 2, Nr. 141 vom 14. 9. 1932, S. 582 f. und Nr. 146 vom 17. 9. 1932, S. 599; Th. Vogelsang, Reichswehr, S. 282; D. Grimm, Verfassungserfüllung, S. 197 f.; E. Kolb / W. Pyta, Die Staatsnotstandsplanung, S. 166; H. Höhne, Papen, S. 333; G. Schulz, Von Brüning zu Hitler, S. 961; H. A. Winkler, Die deutsche Abweichung vom Westen, S. 136.
103 Schultheß 1932, S. 176 ff.; E. R. Huber, Verfassungsgeschichte Bd. 7, S. 1116 ff. Vgl. G. Jasper, Die gescheiterte Zähmung, S. 115; H. Quaritsch, Positionen und Begriff Carl Schmitts, S. 98 f.; E. Kolb / W. Pyta, Die Staatsnotstandsplanung, S. 160 f.; D. Grimm, Verfassungserfüllung, S. 197.
104 Walther Schotte, Der Neue Staat, Berlin 1932. Dazu u. a. U. Hörster-Philipps, Konservative Politik, S. 118 ff.; E. Kolb / W. Pyta, Die Staatsnotstandsplanung, S. 161; Y. Ishida, Jungkonservative, S. 193; K. D. Bracher, Auflösung, S. 576 f.
105 Vgl. H. Brüning, Memoiren, S. 630 f.; Schultheß 1932, S. 181. Dazu R. Morsey, Ende der Zentrumspartei, S. 326 ff.; ders., Untergang, S. 70 f.; J. Becker, Zentrum und Ermächtigungsgesetz, S. 196 f.; Doris Kaufmann, Katholisches Milieu in Münster 1928-1933. Politische Aktionsformen und geschlechtsspezifische Verhaltensräume, Düsseldorf 1984, S. 128 f.
106 Hier nach R. Morsey, Ende der Zentrumspartei, S. 326 ff.; ders., Untergang, S. 71.
107 Hinweis bei R. Morsey, Protokolle der Zentrumsfraktion 1926-1933, Nr. 715 vom 19. 11. 1932, S. 595; H. Pünder, Politik in der Reichskanzlei, S. 153.

108 Vgl. R. Morsey, Untergang, S. 72.
109 Flugblatt des Zentrums, Faksimile in: G. Buchstab / B. Kaff / H. O. Kleinmann, Keine Stimme dem Radikalismus, S. 96 f.
110 Vgl. Aufruf »Katholiken! Kämpft für die Zentrumspartei!«, Faksimile, in: G. Buchstab / B. Kaff / H. O. Kleinmann, Keine Stimme dem Radikalismus, S. 98 f.
111 Wahlrede vom 4. 11. 1932 in Breslau. Vgl. D. Junker, Die Deutsche Zentrumspartei, S. 109.
112 Vgl. H. Brüning, Memoiren, S. 629.
113 Schultheß 1932, S. 196; E. R. Huber, Verfassungsgeschichte Bd. 7, S. 1140 f. Vgl. R. Morsey, Ende der Zentrumspartei, S. 329; W. Rauscher, Hitler und Mussolini, S. 158.
114 R. Morsey, Ende der Zentrumspartei, S. 329 f.; ders., Protokolle der Zentrumsfraktion 1926-1933, Nr. 715 vom 19. 11. 1932, S. 595. Vgl. Th. Vogelsang, Reichswehr, S. 315; G. May, Kaas Bd. 3, S. 192; dens., Kaas, S. 229; Schultheß 1932, S. 198-201.
115 Vgl. D. Grimm, Verfassungserfüllung, S. 198; E. Kolb / W. Pyta, Die Staatsnotstandsplanung, S. 167; A. Hitler an O. Meissner vom 30. 11. 1932, Kabinett v. Papen Bd. 2, Nr. 238, S. 1034 f.; Kabinett v. Schleicher (Einleitung), S. XXV; Schultheß 1932, S. 202; G. R. Treviranus, Ende von Weimar, S. 338; F.-K. v. Plehwe, Schleicher, S. 233; G. Schulz, Von Brüning zu Hitler, S. 1014 f.
116 R. Morsey, Ende der Zentrumspartei, S. 330; ders., Untergang, S. 75; J. Becker, Brüning, Prälat Kaas, S. 111; F. v. Papen, Der Wahrheit eine Gasse, S. 242.
117 Schultheß 1932, S. 202 f.
118 J. Wirth an R. Breitscheid vom 14. 11. 1932, zit. nach Gerald D. Feldman, Der 30. Januar 1933 und die politische Kultur von Weimar, in: A. H. Winkler, Die deutsche Staatskrise, S. 270 f.; M. F. Feldkamp, Pius XII., S. 83 f.
119 R. Morsey, Protokolle der Zentrumsfraktion 1926-1933, Nr. 715 und 717 vom 19. und 29. 11. 1932, S. 597, 599; Schultheß 1932, S. 202. Vgl. G. Schulz, Von Brüning zu Hitler, S. 1016; R. G. Reuth, Goebbels, S. 234.
120 R. Morsey, Untergang, S. 75 ff.; A. Schildt, Militärdiktatur, S. 128 ff.; W. Pyta, Verfassungsumbau, Staatsnotstand und Querfront, S. 185; H. Brüning, Memoiren, S. 638 f.; F. Müller, Papen, S. 40. Vgl. G. Schulz, Deutschland seit dem Ersten Weltkrieg, S. 113; dens., Von Brüning zu Hitler, S. 1037; M. Schumacher, Zwischen »Einschaltung« und »Gleichschaltung«, S. 283; M. Funke, Republik im Untergang, S. 516 f.; Kabinett v. Schleicher (Einleitung), S. XXI; ferner die Aufzeichnung von F. Grass vom 26. 11. 1932, R. Morsey, Ende der Zentrumspartei, Nr. 10, S. 426 f.
121 Schultheß 1932, S. 203 f. Vgl. G. Schulz, Von Brüning zu Hitler, S. 1016, 1022; W. Rauscher, Hitler und Mussolini, S. 158 f.
122 Vgl. Schultheß 1932, S. 203 ff.; H. Brüning, Memoiren, S. 634; O. Meissner an A. Hitler vom 24. 11. 1932, W. Hubatsch, Hindenburg Nr. 99, S. 361 f.; Kabinett v. Schleicher (Einleitung), S. XXVIII; G. Jasper, Die gescheiterte Zähmung, S. 124; Th. A. Cline, Schleicher, S. 37; G. Schulz, Von Brüning zu Hitler, S. 1017, 1021. – Nach W. Gans zu Putlitz, Unterwegs nach Deutschland, S. 100 sagte Hindenburg zu Meissner: »Mit diesem böhmischen Gefreiten setze ich mich nicht hin! ... Und einen solchen Schlawiner, dem ich nicht einmal eine Rekrutengruppe anvertrauen würde, wollen Sie zum Reichskanzler machen?«
123 Vgl. Schultheß 1932, S. 213; Aufzeichnung O. Meissners über die Besprechung Hindenburgs mit L. Kaas vom 24. 11. 1932 und Aufzeichnung O. Meissners über den Empfang des Prälaten Kaas bei Hindenburg vom 25. 11. 1932, W. Hubatsch, Hindenburg Nr. 100 f., S. 362 ff.; H. Brüning, Memoiren, S. 635; Th. Vogelsang, Reichswehr, S. 323 f.; R. Morsey, Ende der Zentrumspartei, S. 331 f.; dens., Untergang, S. 76; dens., Eugenio Pacelli als Nuntius in Deutschland, in: H. Schambeck, Pius XII. zum Gedächtnis, S. 133; K. D. Bracher, Auflösung, S. 584; M. Schumacher, Zwischen »Einschaltung und »Gleichschaltung«, S. 283; G. Jasper, Die gescheiterte Zähmung, S. 117; Th. A. Cline, Schleicher, S. 38 f.; G. Schulz, Von Brüning zu Hitler, S. 1027.

124 R. Morsey, Protokolle der Zentrumsfraktion 1926-1933, Nr. 715 vom 19. 11. 1932, S. 595 ff.
125 Vgl. Th. Vogelsang, Reichswehr, S. 322 ff.; E. Kolb / W. Pyta, Die Staatsnotstandsplanung, S. 173; R. Morsey, Protokolle der Zentrumsfraktion 1926-1933, Nr. 717 vom 29. 11. 1932, S. 598 f.; F.-K. v. Plehwe, Schleicher, S. 245 ff.; M. Funke, Republik im Untergang, S. 515.
126 Vgl. Vortrag: Lage bei einem Generalstreik, 2. 12. 1932, Nachl. F. v. Bredow, IfZ München ED 86 Bd. 4, fol. 86-88. Dazu E. Kolb / W. Pyta, Die Staatsnotstandsplanung, S. 174 ff.; A. Hitler an O. Meissner vom 30. 11. 1932, Kabinett v. Papen Bd. 2, Nr. 238, S. 1034 f. Vgl. u. a. H. G. Wieck, CDU, S. 20, A. 16.
127 W. Pyta, Verfassungsumbau, Staatsnotstand und Querfront, S. 188 ff.; ders., Vorbereitungen für den militärischen Ausnahmezustand, S. 386. Vgl. G. Stolper, Deutsche Wirtschaft, S. 143; H. Höhne, Papen, S. 330.
128 Vgl. u. a. H. A. Winkler, Weimar, S. 606; Chr. Gusy, Schleicher, S. 279 f.
129 K. Sontheimer, Der Tatkreis, in: G. Jasper, Von Weimar zu Hitler, S. 214 ff.; G. R. Treviranus, Brüning geht, S. 811; G. Kroll, Von der Weltwirtschftskrise zur Staatskonjunktur, S. 565; B. H. Liddell Hart, Lebenserinnerungen, S. 136; St. Breuer, Anatomie der Konservativen Revolution, S. 157 f. Vgl. J. Pöhls, Die »Tägliche Rundschau« und die Zerstörung der Weimarer Republik, S. 62 ff., 159 ff.; W. L. Patch, Christian Trade Unions, S. 214; F. Blaich, Staat und Verbände, S. 92; W. Gans zu Putlitz, Unterwegs nach Deutschland, S. 101. – Dazu auch ausführlich H. Mommsen, Regierung ohne Parteien, S. 5 f.; ders., Der lange Schatten der untergehenden Republik, S. 553, 558; ders., Die verspielte Freiheit, S. 504 f.; K. Fritzsche, Politische Romantik, S. 267 ff. – Allgemein zum Konzept Zehrers, S. Delmer, Die Deutschen und ich, S. 169; H. Hecker, Die Tat, S. 140 f.; K. Sontheimer, Antidemokratisches Denken, S. 205 f.; Walther L. Bernecker, Kapitalismus und Nationalsozialismus. Zum Problem der Unterstützung Hitlers durch die Wirtschaft, in: J. Becker, 1933 – 50 Jahre danach, S. 80 f. – Zu Schmitts Verhältnis zu den Kabinetten Brüning, Papen und Schleicher siehe u. a. P. Noack, Schmitt, S. 205; W. Pyta / G Seiberth, Carl Schmitts Tagebuch, S. 594 ff.; Helmut Quaritsch (Hrsg.), Carl Schmitt. Antworten in Nürnberg, Berlin 2000, S. 110, Anm. 119 f.
130 Th. Vogelsang, Reichswehr, S. 325; H. A. Turner, Die Großunternehmer, S. 362, 410; R. Morsey, Untergang, S. 65 ff.; F.-K. v. Plehwe, Schleicher, S. 334; D. Grimm, Verfassungserfüllung, S. 198; E. Kolb / W. Pyta, Die Staatsnotstandsplanung, S. 175. Vgl. R. Morsey, Ende der Zentrumspartei, S. 333 f.; W. Conze, Die politischen Entscheidungen in Deutschland, S. 242 ff.; Th. A. Cline, Schleicher, S. 116; H. Muth, Schleicher und die Gewerkschaften 1932, S. 206 ff.; E. R. Huber, Verfassungsgeschichte Bd. 7, S. 1177; Kabinett v. Schleicher (Einleitung), S. XXVI; M. v. Prollius, Das Wirtschaftssystem der Nationalsozialisten, S. 65 f.
131 R. Morsey, Untergang, S. 76; ders., Brüning, ein Staatsmann, S. 106; W. Gans zu Putlitz, Unterwegs nach Deutschland, S. 105; E. R. Huber, Verfassungsgeschichte Bd. 7, S. 1153; H. Brüning, Memoiren, S. 635 f.; H. Brüning an Friedrich Dessauer vom 22. 1. 1947, Durchschlag, Nachl. H. Brüning, HUG FP 93.10 Box 7; F. v. Papen, Der Wahrheit eine Gasse, S. 242 f. Vgl. G. R. Treviranus, Ende von Weimar, S. 338 f.; dens., Schleicher, S. 381; Kabinett v. Schleicher (Einleitung), S. XXVIII; G. Schulz, Von Brüning zu Hitler, S. 1027, 1029.
132 H. Brüning an M. v. Brünneck vom 19. 8. 1949, Nachl. M. v. Brünneck II, Nr. 1, Geh. Staatsarchiv Berlin.
133 Schultheß 1932, S. 212 ff. (Zitat S. 214); Eidesstattliche Versicherung H. Brünings vom 13. 8. 1948 bei Notar Theodor Petermann, Münster, Abschrift, Nachl. H. Pünder, HAStK 1304/849; O. Meissner, Staatssekretär, S. 249; F. v. Papen, Der Wahrheit eine Gasse, S. 243 f.; L. Schwerin v. Krosigk, Staatsbankrott, S. 153 f.; E. Eyck, Weimarer Republik Bd. 2, S. 553 f.; H. Marcon, Arbeitsbeschaffungspolitik, S. 237 f., 255 ff.; H. James, Deutschland in der Weltwirtschaftskrise, S. 357; W. Pyta, Verfassungsumbau, Staatsnotstand und Querfront, S.

186 f.; Th. A. Cline, Schleicher, S. 53 ff.; F.-K. v. Plehwe, Schleicher, S. 236; E. R. Huber, Verfassungsgeschichte Bd. 7, S. 1159; G. Jasper, Die gescheiterte Zähmung, S. 119 ff.; G. Schulz, Von Brüning zu Hitler, S. 1031. Vgl. R. Neebe, Konflikt und Kooperation, S. 235 f.

134 B. B. Burke, Sackett, S. 291. Vgl. B. Fromm, Blood and Banquets, S. 67 ff. Vgl. den Bericht Gregor Strassers an seinen Bruder Otto Strasser über die Vorgänge, die im November – Dezember 1932 zu seinem Ausscheiden aus der Führung der NSDAP führten, K. Gossweiler, Die Röhm-Affäre, S. 556.

135 Aktennotiz O. Meissners über Besprechungen beim Reichspräsidenten am 1. und 2. 12. 1932, W. Hubatsch, Hindenburg Nr. 103, S. 366 f.; H. Brüning, Memoiren, S. 636 f.; Schultheß 1932, S. 213 f.; Vorstandssitzung vom 29. 11. 1932, R. Morsey, Protokolle der Zentrumsfraktion 1926-1933, Nr. 716, S. 598; E. R. Huber, Verfassungsgeschichte Bd. 7, S. 1154 f., 1160, 1179; O. Meissner, Staatssekretär, S. 250; G. R. Treviranus, Ende von Weimar, S. 164, 339; ders., Für Deutschland im Exil, S. 14 f.; P. Stachura, Strasser, S. 95, 102; F.-K. v. Plehwe, Schleicher, S. 235, 241; W. Pyta, Verfassungsumbau, Staatsnotstand und Querfront, S. 189; F. v. Papen, Der Wahrheit eine Gasse, S. 243 ff. Vgl. K. D. Bracher, Auflösung, S. 576 f., 588 f.; G. Schulz, Deutschland seit dem Ersten Weltkrieg, S. 113.

136 Tagebuch-Aufzeichnung L. Schwerin v. Krosigk über den Verlauf der Ministerbesprechung vom 2. 12. 1932, Kabinett v. Papen Bd. 2, Nr. 239 b, S. 1036 ff.; H. Brüning, Memoiren, S. 637; ders., Ein Brief, S. 251; F. v. Papen, Der Wahrheit eine Gasse, S. 246 ff.; Kabinett v. Schleicher (Einleitung), S. XXIV; E. Eyck, Weimarer Republik Bd. 2, S. 544 ff.; H. Foertsch, Schuld und Verhängnis, S. 21; F.-K. v. Plehwe, Schleicher, S. 242 ff.; G. Jasper, Die gescheiterte Zähmung, S. 116; Th. A. Cline, Schleicher, S. 49 ff.; Hans-Otto Mühleisen, Die Rolle des Militärs bei der Machtübernahme der Nationalsozialisten, in: J. Becker, 1933 – 50 Jahre danach, S. 30 f.; L. Berthold, Schmitt, S. 22 f.; K. D. Bracher, Auflösung, S. 589 f.; R. Morsey, Papen, S. 81. – Einzelheiten bei E. R. Huber, Verfassungsgeschichte Bd. 7, S. 1156 f. und Aufzeichnung des Botschafters a. D. E. Ott über das Kriegsspiel der Reichswehrführung von Ende November 1932, in: Dems., Dokumente Bd. 3, Nr. 492, S. 561 ff. und O. E. Schüddekopf, Das Heer und die Republik, S. 374 f.; W. Pyta, Verfassungsumbau, Staatsnotstand und Querfront, S. 177, 184 f., 194; ders., Vorbereitungen für den militärischen Ausnahmezustand, S. 387 ff.

137 Schultheß 1932, S. 214; H. Brüning, Memoiren, S. 637. Einzelheiten aus dem Bericht Otts bei F. v. Papen, Der Wahrheit eine Gasse, S. 247 ff.

138 F.-K. v. Plehwe, Schleicher, S. 243; R. Olden, Hindenburg, S. 300, 313 f.; G. R. Treviranus, Ende von Weimar, S. 341; M. v. Braun, Weg durch vier Zeitepochen, S. 258; E. Ludwig, Hindenburg, S. 267 f.; H. R. Berndorff, General zwischen Ost und West, S. 206 f.; G. Schulz, Von Brüning zu Hitler, S. 1021.

139 F.-K. v. Plehwe, Schleicher, S. 248 f.; J. Pöhls, Die »Tägliche Rundschau« und die Zerstörung der Weimarer Republik, S. 173 f.

140 Schultheß 1932, S. 214 f.; E. R. Huber, Verfassungsgeschichte Bd. 7, S. 1163; E. Eyck, Weimarer Republik Bd. 2, S. 551; F.-K. v. Plehwe, Schleicher, S. 243 f.; F. v. Papen, Der Wahrheit eine Gasse, S. 250 f.; Kabinett v. Schleicher (Einleitung), S. XXIX f.; G. Schulz, Von Brüning zu Hitler, S. 1030.

141 Vgl. H. Brüning, Memoiren, S. 637; E. R. Huber, Verfassungsgeschichte Bd. 7, S. 1166.

142 H. Brüning, Memoiren, S. 99, 649; R. Olden, Hindenburg, S. 347 f. Hinweis auf die frühen Kontakte zwischen Brüning und Canaris in einem Brief H. Brünings (Durchschlag) aus der Nachkriegszeit an einen Adressaten in Deutschland, Nachl. H. Brüning, HUG FP 93.10, Fundstelle vom Verf. versehentlich nicht registriert. Dazu H. Brüning an H. Ullmann vom 13. 7. 1946, Ausf., Nachl. H. Ullmann, BA Koblenz, N 1195 Nr. 6. Dort der Hinweis Brünings, Canaris habe seinerzeit einen Nachrichtendienst für die Reichswehr aufgebaut, was er selbst abgelehnt habe.

143 G. R. Treviranus, Ende von Weimar, S. 337. Vgl. F.-K. v. Plehwe, Schleicher, S. 247 ff.; Kabinett v. Schleicher (Einleitung), S. XXI ff.; E. Eyck, Weimarer Republik Bd. 2, S. 350; M. v. Braun, Weg durch vier Zeitepochen, S. 258, 261 f.; G. Schulz, Von Brüning zu Hitler, S. 1029 f., 1037; H. D. Deutsch, Verschwörung, S. 59 ff.; St. A. Schuker, Ambivalent Exile, S. 352.
144 E. Eyck, Weimarer Republik Bd. 2, S. 550. Vgl. D. Clemens, Herr Hitler, S. 296.
145 Vorstandssitzung vom 29. 11. 1932, R. Morsey, Protokolle der Zentrumsfraktion 1926-1933, Nr. 716, S. 598. Vgl. dens., Untergang, S. 76; F.-K. v. Plehwe, Schleicher, S. 237, 244.
146 Vgl. Kabinett v. Schleicher (Einleitung), S. XXVIII.
147 Vgl. H. Brüning, Memoiren, S. 630 ff.; F.-K. v. Plehwe, Schleicher, S. 245; Kabinett v. Schleicher (Einleitung), S. XXVII.
148 G. Schulz, Von Brüning zu Hitler, S. 1030 f. Vgl. E. Eyck, Weimarer Republik Bd. 2, S. 554; K. v. Hammerstein, Spähtrupp, S. 31; E. R. Huber, Verfassungsgeschichte Bd. 7, S. 1165; Th. A. Cline, Schleicher, S. 60 f. – H. Brüning erklärte am 18. 1. 1949 eidesstattlich, daß ihm nicht bekannt sei, daß der Parteivorstand der SPD Leipart jede Zusammenarbeit mit Schleicher untersagt habe, F. v. Papen, Vom Scheitern, S. 388.
149 Vgl. Kabinett v. Schleicher (Einleitung), S. XXIII f., XXX IV f.
150 H. Brüning, Memoiren, S. 637 f.
151 Vgl. Schultheß 1932, S. 229; E. Eyck, Weimarer Republik Bd. 2, S. 562; H. Bausch, Der Rundfunk, S. 131 ff.; Klaus-Ulrich Benedikt, Emil Dovifat. Ein katholischer Hochschullehrer und Publizist, Mainz 1986, S. 58 f.
152 Rundfunkrede des Reichskanzlers vom 15. 12. 1932, Kabinett v. Schleicher, Nr. 25, S. 101-117; Schultheß 1932, S. 223; G. Jasper, Die gescheiterte Zähmung, S. 118; K.-J. Müller, Die Reichswehr und die Machtergreifung, in: W. Michalka, Die nationalsozialistische Machtergreifung, S. 142 f. Vgl. R. Olden, Hindenburg, S. 314 f.; K. D. Bracher, Auflösung, S. 598; W. Gans zu Putlitz, Unterwegs nach Deutschland, S. 100; H. A. Winkler, Weimar, S. 608 f.; K. v. Hammerstein, Spähtrupp, S. 31; E. R. Huber, Verfassungsgeschichte Bd. 7, S. 1182 ff.; Th. A. Cline, Schleicher, S. 216; M. Funke, Republik im Untergang, S. 516 f.; Kabinett v. Schleicher (Einleitung), S. XXXV, XXXVIII; J. Pöhls, Die »Tägliche Rundschau« und die Zerstörung der Weimarer Republik, S. 175. – G. Buchheit, Papen, S. 58 berichtet, daß zuweilen von einem »sozialen Portepée« die Rede gewesen sei.
153 K. v. Hammerstein, Spähtrupp, S. 65.
154 Vgl. E. Eyck, Weimarer Republik Bd. 2, S. 556; F.-K. v. Plehwe, Schleicher, S. 236 f., 247; Kabinett v. Schleicher (Einleitung), S. XXII ff.; G. Schulz, Von Brüning zu Hitler, S. 1029; H. Graml, Zwischen Stresemann und Hitler, S. 227; H. A. Winkler, Der Weg in die Diktatur, S. 861; dens., »Eine wirklich noch nicht dagewesene Situation«: Rudolf Hilferding in der Endphase der Weimarer Republik, in: Jürgen Kocka / Hans-Jürgen Puhle / Klaus Tenfelde (Hrsg.), Von der Arbeiterbewegung zum modernen Sozialstaat. Festschrift für Gerhard A. Ritter zum 65. Geburtstag, München 1994, S. 147 f.
155 Vgl. H. Brüning, Memoiren, S. 640 f.
156 H. Brüning, Memoiren, S. 637 f.
157 G. Schulz, Deutschland seit dem Ersten Weltkrieg, S. 113. Vgl. J. Hofmann, Journalist, S. 68.
158 P. Stachura, Strasser, S. 95; J. Petzold, Wegbereiter des deutschen Faschismus, S. 294; H. Höhne, Machtergreifung, S. 168 f.; H. Brüning an H. Ullmann vom 13. 7. 1946, Briefe und Gespräche, S. 444; H. Foertsch, Schuld und Verhängnis, S. 21; F.-K. v. Plehwe, Schleicher, S. 324; F. v. Schlabrendorff, Begegnungen in fünf Jahrzehnten, S. 60 f.; D. Clemens, Herr Hitler, S. 240; R. Morsey, Papen, S. 80; H. Gräfin Schall-Riaucour, Halder, S. 321; O. John, Falsch und zu spät, S. 134. Dazu die eidesstattliche Erklärung H. Brünings für Elbrechter vom 10. 1. 1953, Ausf. unterz., Nachl. H. Brüning, HUG FP 93.10 Box 8. – Über Elbrechter siehe E. R. Huber, Verfassungsgeschichte Bd. 7, S. 1179, Anm. 85.

159 G. R. Treviranus, Schleicher, S. 379.
160 Vgl. Kabinett v. Schleicher (Einleitung), S. XXVI f., XLI f.; R. Olden, Hindenburg, S. 314; G. Jasper, Die gescheiterte Zähmung, S. 117; J. Aretz, Katholische Arbeiterbewegung, S. 68; B. Forster, Adam Stegerwald, S. 585 f.
161 V. Bücker, Groß, S. 186.
162 H. Brüning, Memoiren, S. 638. Vgl. E. R. Huber, Verfassungsgeschichte Bd. 7, S. 1165; K. D. Bracher, Auflösung, S. 602; H. Gruber, Muckermann, S. 208; Theo Stammen, »Verrat der Intellektuellen?«, in: J. Becker, 1933 – 50 Jahre danach, S. 112 ff.
163 Vgl. B. Fromm, Blood and Banquets, S. 68 f.; P. Stachura, Strasser, S. 109; H. Brüning, Ein Brief, S. 252; R. Morsey, Brüning, ein Staatsmann, S. 106.
164 P. Stachura, Strasser, S. 108 f.; E. Eyck, Weimarer Republik Bd. 2, S. 552; G. R. Treviranus, Für Deutschland im Exil, S. 15; F.-K. v. Plehwe, Schleicher, S. 251; L. Schwerin v. Krosigk, Staatsbankrott, S. 157; W. L. Patch, Christian Trade Unions, S. 215; M. Funke, Republik im Untergang, S. 517; H. Mommsen, Die verspielte Freiheit, S. 504. Zum Hintergrund auch S. Delmer, Die Deutschen und ich, S. 170 f., der behauptet, die Nachricht über das vertrauliche Treffen im Auftrage Papens telefonisch an das »Braune Haus« in München, Brienner Straße, weitergegeben zu haben.
165 So G. R. Treviranus, Ende von Weimar, S. 340; E. R. Huber, Verfassungsgeschichte Bd. 7, S. 1179; Th. A. Cline, Schleicher, S. 63; P. Stachura, Strasser, S. 111, 113 f. (engl. Fassung des Briefes von G. Strasser an A. Hitler vom 8. 12. 1932).
166 K. D. Bracher, Auflösung, S. 593, 596; H. A. Turner, Die Großunternehmer, S. 374; H. Brüning, Memoiren, S. 634. Brüning verlegt den Vorgang irrtümlich auf den 24. November und damit in die Zeit vor der Ernennung Schleichers. Vgl. P. Stachura, Strasser, S. 109, 116; B. Schwertfeger, Rätsel um Deutschland, S. 189; G. R. Treviranus, Ende von Weimar, S. 340; dens., Für Deutschland im Exil, S. 15; G. Schulz, Von Brüning zu Hitler, S. 1040 f.; E. R. Huber, Verfassungsgeschichte Bd. 7, S. 1177 f., 1178 (Zitat Strasser), 1180.
167 A. Brecht, Mit der Kraft des Geistes, S. 253 ff.
168 K. D. Bracher, Auflösung, S. 593.
169 Schultheß 1932, S. 217; Sitzung vom 7. 11. 1932, Sten. Berichte Bd. 455, S. 19 ff.; K. D. Bracher, Auflösung, S. 597. – »Es wurde nur geschrien, Tintenfässer und Briefbeschwerer flogen durch die Luft, der Kronleuchter wurde zersplittert, und zum Schluß mußten wir, die auf der Regierungstribüne saßen, hinter den Bänken Deckung nehmen, weil die Abgeordneten rechts und links auf den Treppen aufeinander einschlugen.« W. Gans zu Putlitz, Unterwegs nach Deutschland, S. 101 f.
170 Schultheß 1932, S. 215 ff.; E. Eyck, Weimarer Republik Bd. 2, S. 554; E. Ludwig, Hindenburg, S. 269; W. Ruge, Hindenburg, S. 394; G. Schulz, Von Brüning zu Hitler, S. 1031.
171 H. Brüning, Memoiren, S. 637 f.
172 H. Brüning, Memoiren, S. 638. Vgl. Schultheß 1932, S. 218 ff.; K. D. Bracher, Auflösung, S. 595; E. R. Huber, Verfassungsgeschichte Bd. 7, S. 1167, 1171 ff., 1176, 1184, 1191; R. Morsey, Protokolle der Zentrumsfraktion 1926-1933, Nr. 729 vom 20. 1. 1933, S. 606, Anm. 3; R. Neebe, Konflikt und Kooperation, S. 235. – Die Notverordnung vom 4. September hob der Reichstag am 9. 12. 1932 auf Antrag des Zentrums auf, Sitzung vom 9. 12. 1932, Sten. Berichte Bd. 455, S. 110. Vgl. R. Morsey, Untergang, S. 78. – Die Notverordnung vom 5. 9. 1932 wurde durch die Verordnung der Reichsregierung über die Aufhebung der Verordnung zur Vermehrung und Erhaltung der Arbeitsgelegenheit vom 14. Dezember 1932, RGBl I, S. 545 ersetzt.
173 E. R. Huber, Verfassungsgeschichte Bd. 7, S. 1168 ff.; D. Kolbe, Bumke, S. 189 ff.; M. Funke, Republik im Untergang, S. 516. Zur Problematik des Gesetzes siehe Ulrich Thiele, Advokative Volkssouveränität. Carl Schmitts Konstruktion einer ›demokratischen‹ Diktaturtheorie im Kontext der Interpretation politischer Theorien der Aufklärung, Berlin 2003, S. 502 ff.

174 Zu diesem Problem, D. Kolbe, Bumke, S. 197 f.
175 K. D. Bracher, Auflösung, S. 595 ff.; D. Kolbe, Bumke, S. 199 f.
176 Vgl. K. D. Bracher, Auflösung, S. 597; K. v. Hammerstein, Spähtrupp, S. 38 f.; Kabinett v. Schleicher (Einleitung), S. XIX f.; Felicitas Hagen-Dempf, Alois Dempf – ein Lebensbild, in: V. Berning / H. Maier, Dempf, S. 12; Chr. Gusy, Schleicher, S. 280.
177 Vgl. H. Brüning, Memoiren, S. 639 f.; M. Funke, Republik im Untergang, S. 518 f.; J. Becker, Brüning, Prälat Kaas, S. 105.
178 H. Brüning, Memoiren, S. 640. Vgl. R. Morsey, Protokolle der Zentrumsfraktion 1926-1933, Nr. 722 vom 5. 12. 1932, S. 604.
179 Vgl. G. Schulz, Von Brüning zu Hitler, S. 1037, 1041.
180 Vgl. G. Schulz, Von Brüning zu Hitler, S. 1034 ff.; H. Marcon, Arbeitsbeschaffungspolitik, S. 255; A. Barkai, Das Wirtschaftssystem des Nationalsozialismus, S. 152; M. Funke, Republik im Untergang, S. 516 f.
181 H. Brüning an Franz Dessauer vom 31. 8. 1953, Durchschlag, Nachl. H. Brüning, HUG FP 93.10 Box 7. Vgl. Enzyklika Quadragesimo anno vom 15. Mai 1931, AAS 25 (1931), S. 177-228.
182 Vgl. Genfer Vereinbarungen über die deutsche Gleichberechtigung in Rüstungsfragen, in: E. R. Huber, Dokumente Bd. 3, Nr. 499, S. 569 f.; J. Wheeler-Bennett, Munich, S. 205; K. D. Bracher, Auflösung, S. 598; Wolfgang Michalka, Deutsche Außenpolitik 1920-1933, in: K. D. Bracher / M. Funke / H. A. Jacobsen, Die Weimarer Republik, S. 325 f.; G. Schulz, Von Brüning zu Hitler, S. 1038 f.; P. Hoffmann, Stauffenberg, S. 101 f.; H. v. Riekhoff, German-Polish Relations, S. 375 f.; Th. Vogelsang, Schleicher, S. 90 f.; H. Bernhard, Finis, S. 274; Chr. M. Kimmich, Germany and the League of Nations, S. 170 f.; H. Höhne, Die Zeit der Illusionen, S. 54; W. Deist, Die Haltung der Westmächte, S. 186 ff.; dens., Schleicher und die deutsche Abrüstungspolitik, S. 175; G. Schultze-Rhonhof, 1939. Der Krieg, S. 242 f.; M. Geyer, Die Genfer Abrüstungskonferenz, S. 193. – Über die Aufrüstungspläne des Generalstabschefs des Heeres, General Ludwig Beck, siehe R. F. Schmidt, Die Außenpolitik des Dritten Reiches, S. 139.
183 Vgl. H. Zaun, Hindenburg, S. 523 f.
184 H. Brüning, Memoiren, S. 638 f. Vgl. E. Forschbach, Jung, S. 46 ff. Vgl. H. Hömig, Zentrum, S. 149 ff. et passim.
185 H. Brüning, Diktat der Erstfassung der Memoiren, S. 339.
186 H. Brüning, Memoiren, S. 639.
187 H. Brüning, Memoiren, S. 640 f.
188 E. Eyck, Weimarer Republik Bd. 2, S. 563.
189 H. Brüning, Memoiren, S. 639 f.; H. Brüning an M. Brüning vom 22. 10. 1947, Briefe 1946-1960, S. 100 (Nachl. H. Brüning, HUG FP 93.10 Box 27); H. Schulze, Weimar, S. 401; H. Köhler, Deutschland, S. 275; Felicitas Hagen-Dempf, Alois Dempf – ein Lebensbild, in: V. Berning / H. Maier, Dempf, S. 12; E. R. Huber, Verfassungsgeschichte Bd. 7, S. 1209, 1215 f.; Th. A. Cline, Schleicher, S. 269; F.-K. v. Plehwe, Schleicher, S. 268; H. P. Greenwood, The German Revolution, S. 139; A. Weber, A New Germany, S. 31. – Nach F. v. Papen, Der Wahrheit eine Gasse, S. 254 fragte v. Schröder am 28. 12. 1932 bei Papen telefonisch in Wallerfangen an, ob er in nächster Zeit zu einer Aussprache mit Hitler zur Verfügung stehe.
190 Rede Papens vom 16. 12. 1932, in: G. Buchheit, Im Schatten Bismarcks. Brüning – Papen – Schleicher, S. 85 ff.; Vgl. K. D. Bracher, Auflösung, S. 602 f.; E. Eyck, Weimarer Republik Bd. 2, S. 568 f.; Th. Eschenburg, Papen, S. 280 f.; G. W. Hallgarten, Hitler, Reichswehr und Industrie, S. 116; J. A. Leopold, Hugenberg, S. 127; R. G. Reuth, Goebbels, S. 247; Erklärung von Papens Verteidiger Egon Kubuschok vom 23. 1. 1946 und Papens vom 18. 1. 1946, IMT Bd. 6, 41. Tag, S. 94 bzw. Bd. 16, 157. Tag, S. 380 f.; F. v. Papen, Der Wahrheit eine Gasse, S. 253 ff.; E. R. Huber, Verfassungsgeschichte Bd. 7, S. 1205; H. Köhler, Deutsch-

land, S. 275; Gerhard Feldbauer / Joachim Petzold, Deutscher Herrenklub, Lexikon der Parteiengeschichte Bd. 2, S. 109.
191 Vgl. H. Brüning, Memoiren, S. 641; F. v. Papen, Der Wahrheit eine Gasse, S. 257 ff.
192 H. Brüning, Memoiren, S. 641. Vgl. Schultheß 1933, S. 7 f.; Th. Eschenburg, Papen, S. 281; O. Meissner, Staatssekretär, S. 261 f.; E. R. Huber, Verfassungsgeschichte Bd. 7, S. 1210 f.; E. Eyck, Weimarer Republik Bd. 2, S. 573 f.; G. Jasper, Die gescheiterte Zähmung, S. 121, 123.
193 R. Olden, Hindenburg, S. 312.
194 Vgl. Schultheß 1933, S. 7 f.; E. R. Huber, Verfassungsgeschichte Bd. 7, S. 1216, 1226; F.-K. v. Plehwe, Schleicher, S. 268.
195 H. Hömig, Das preußische Zentrum, S. 273; A. Schildt, Militärdiktatur, S. 172; R. Morsey, Protokolle der Zentrumsfraktion 1926-1933, Nr. 722 vom 5. 12. 1932, S. 603 f. Vgl. O. Braun, Weimar, S. 276 ff.; H. Schulze, Braun, S. 773 ff.; dens., Weimar, S. 399 f.; O. E. Schüddekopf, Das Heer und die Republik, S. 375 ff.; E. R. Huber, Verfassungsgeschichte Bd. 7, S. 1217 ff.; H. Mommsen, Die verspielte Freiheit, S. 506.
196 H. Brüning, Ein Brief, S. 252.
197 H. A. Winkler, Der Weg in die Katastrophe, S. 862 f.
198 Vgl. H. A. Winkler, Der Weg in die Katastrophe, S. 862 f., Anm. 164.
199 G. Seiberth, Anwalt des Reiches, S. 212 f.
200 H. Brüning, Memoiren, S. 641 f.
201 H. Brüning, Memoiren, S. 642.
202 O. Meissner, Staatssekretär, S. 261 f.
203 H. Brüning, Memoiren, S. 642.
204 H. Kessler, Tagebücher (20. 7. 1935), S. 739.
205 Verordnung des Reichspräsidenten über Maßnahmen zur Förderung der Arbeitsbeschaffung und der ländlichen Siedlung vom 15. Dezember 1932, RGBl I, S. 543 f.; Verordnung über Wirtschaft und Finanzen vom 23. Dezember 1932, RGBl I, S. 571 f. Vgl. Ministerbesprechung vom 14. 12. 1932, Kabinett v. Schleicher, Nr. 24, S. 89 ff.; E. R. Huber, Verfassungsgeschichte Bd. 7, S. 1185 ff.
206 Vgl. H. Brüning, Memoiren, S. 643; R. Morsey, Protokolle der Zentrumsfraktion 1926-1933, Nr. 724 ff., S. 605 ff.; Aussage Papens vom 14. 1. 1946 in Nürnberg, IMT Bd. 16, 155. Tag, S. 288; R. Morsey, Untergang, S. 78, 103; E. R. Huber, Verfassungsgeschichte Bd. 7, S. 1225 f., 1237 f.; A. Brecht, Mit der Kraft des Geistes, S. 254.
207 Schultheß 1933, S. 23 f.; E. Ludwig, Hindenburg, S. 272; H. Brüning, Memoiren, S. 642; H. Brüning an M. v. Brünneck vom 21. 1. 1951, Durchschlag, Nachl. H. Brüning, HUG FP 93.10 Box 5. Vgl. K. D. Bracher, Auflösung, S. 609, 617; R. Olden, Hindenburg, S. 318 ff.; A. Weber, A New Germany, S. 31 f.; E. Eyck, Weimarer Republik Bd. 2, S. 576; W. Gans zu Putlitz, Unterwegs nach Deutschland, S. 104; R. Morsey, Untergang, S. 81; E. R. Huber, Verfassungsgeschichte Bd. 7, S. 1234 f., 1253; H. A. Winkler, Der Weg in die Katastrophe, S. 846 f.; dens., Die deutsche Abweichung vom Westen, S. 137; H. Mommsen, Die verspielte Freiheit, S. 520; F.-K. v. Plehwe, Schleicher, S. 271 f.; D. M. Schneider, Schauff, S. 52 ff. Zu Ersings Kritik an der Osthilfe siehe auch dessen »Antwort an Herrn v. Oldenburg-Januschau«, KVZ Nr. 29 vom 29. 1. 1933.
208 R. Morsey, Protokolle der Zentrumsfraktion 1926-1933, Nr. 729 und 730 vom 20. 1. 1933, S. 606 f.; W. Gans zu Putlitz, Unterwegs nach Deutschland, S. 104; H. Brüning, Memoiren, S. 642, 645; Art. Im Januar 1933, unterzeichnet von Dr. H. Brüning, Cambridge, Massachusetts 14. 5. 1952, Deutsche Zeitung vom 28. 5. 1952, Ausschnitt-Kopie in: Nachl. J. Maier-Hultschin, BA Koblenz N 1043, Nr. 5; R. Morsey, Untergang, S. 82 f., 86; R. Olden, Hindenburg, S. 353; E. R. Huber, Verfassungsgeschichte Bd. 7, S. 1236; H. A. Winkler, Weimar, S. 606. – »Die Harzburger Lösung bringt die Gefahr der Verfassungsüberschreitung und

der Konflikte mit sich. Die Sicherung vertragsmäßigen Weiterregierens wird aber eine Voraussetzung für die Unterstützung des Zentrums sein und bleiben. – Die Haltung der Zentrumsfraktion in der morgigen Sitzung des Ältestenrats wird sich danach richten, welche Maßnahmen zur parlamentarischen Lösung der Regierungsfrage vorhanden sind. Die Fraktion, die sich heute versammelte, besprach in völliger Einmütigkeit die politische Gesamtlage, ohne irgendwelche Beschlüsse zu fassen.« Art. Wettlauf zwischen Schleicher und Hitler, Berlin 26. Jan., KVZ Nr. 27 vom 27. 1. 1933. Vgl. Art. Im Januar 1933. Ein Brief von Dr. Heinrich Brüning, Deutsche Zeitung und Wirtschaftszeitung vom 28. 5. 1952.

209 H. Brüning, Memoiren, S. 642. Vgl. K. D. Bracher, Auflösung, S. 613 f.; R. Morsey, Untergang, S. 82 f.; E. R. Huber, Verfassungsgeschichte Bd. 7, S. 1220 ff.; H. Schulze, Weimar, S. 402; H. A. Winkler, Der Weg in die Katastrophe, S. 834; F.-K. v. Plehwe, Schleicher, S. 273. – Übersicht der Landtagswahlen in Lippe bei M. Overath / F. W. Saal, Die Weimarer Republik, S. 631.

210 E. R. Huber, Verfassungsgeschichte Bd. 7, S. 1211 f., 1236. Vgl. ebd. S. 83 f.; Erwägungen der Regierung Schleicher über die Ausschaltung des Reichstags, Vortragsnotiz aus der Wehrmachtsabteilung des Reichswehrministeriums vom 20. 1. 1933, in: Ders., Dokumente Bd. 3, Nr. 599, S. 587 f.; H. A. Turner, Hitlers Weg zur Macht, S. 145.

211 Vgl. H. Brüning, Memoiren, S. 645; E. R. Huber, Verfassungsgeschichte Bd. 7, S. 1240; H. Brüning an M. v. Brünneck vom 19. 8. 1949, Nachl. M. v. Brünneck II, Nr. 1, Geh. Staatsarchiv Berlin. Im Protokoll der 3. Vorstandssitzung vom 20. 1. 1933 heißt es: »Wir hatten Interesse an Entscheidung, ohne Lösungsmöglichkeiten zu stören, und ließen uns auf eine Vertagung um eine Woche ein. ... Die Zentrumspartei hält aber in Übereinstimmung mit den anderen Parteien, die eine Klärung der Mehrheitsverhältnisse und der politischen Lage fordern, eine kurze Vertagung bis zum 31. Januar für wünschenswert.« R. Morsey, Protokolle der Zentrumsfraktion 1926-1933, Nr. 731, S. 607 f.

212 Vgl. K. v. Hammerstein, Spähtrupp, S. 37; J. Fest, Hitler, S. 501; H. Brüning an G. R. Treviranus vom 9. 7. 1958, Durchschlag, Nachl. H. Brüning, HUG FP 93.10 Box 34.

213 E. R. Huber, Verfassungsgeschichte Bd. 7, S. 1212 f.; H. A. Turner, Die Großunternehmer, S. 371 f.

214 Vgl. Schultheß 1933, S. 25 f.; Art. Hugenbergs Vorstoß gegen Schleicher, KVZ Nr. 26 vom 26. 1. 1933; K. D. Bracher, Auflösung, S. 611, 616; P. Pistorius, Breitscheid, S. 304 ff.; K. v. Hammerstein, Spähtrupp, S. 31; E. R. Huber, Verfassungsgeschichte Bd. 7, S. 1213 ff., 1237 ff.; H. Mommsen, Die verspielte Freiheit, S. 506; Th. A. Cline, Schleicher, S. 82; F.-K. v. Plehwe, Schleicher, S. 269 f.; G. Jasper, Die gescheiterte Zähmung, S. 119.

215 E. R. Huber, Verfassungsgeschichte Bd. 7, S. 1217 ff.; H. Schulze, Braun, S. 775; F.-K. v. Plehwe, Schleicher, S. 270 f.

216 H. Brüning, Ein Brief, S. 252 f.; R. Morsey, Protokolle der Zentrumsfraktion 1926-1933, Nr. 732 vom 26. 1. 1933, S. 608 f.; Schultheß 1933, S. 27; E. Ludwig, Hindenburg, S. 274; Art. Die Gerüchte um den Staatsnotstand und Art. Kaas an Schleicher und Hindenburg, KVZ Nr. 25 und 29 vom 25. bzw. 29. 1. 1933; P. Noack, Schmitt, S. 161 ff.; H. Quaritsch, Positionen und Begriffe Carl Schmitts, S. 98 f.; Art. Im Januar 1933. Ein Brief von Dr. Heinrich Brüning, Deutsche Zeitung und Wirtschaftszeitung vom 28. 5. 1952; Text des Schreibens von L. Kaas an K. v. Schleicher vom 26. 1. 1933, in: E. R. Huber, Dokumente Bd. 3, Nr. 511, S. 589 f. und R. Morsey, Ende der Zentrumspartei, Nr. 11, S. 428 f. Vgl. dens., Untergang, S. 85; K. v. Hammerstein, Spähtrupp, S. 36; H. A. Winkler, Der Weg in die Katastrophe, S. 847 f.; J. Becker, Brüning, Prälat Kaas, S. 111; G. Schulz, Von Brüning zu Hitler, S. 1049.

217 Vgl. H. A. Winkler, Der Weg in die Katastrophe, S. 862 f., Anm. 164; Ministerbesprechung vom 16. 1. 1933, Kabinett v. Schleicher, Nr. 56, S. 230 ff.

218 Vgl. O. Wagener, Hitler aus nächster Nähe, S. 454; H. A. Turner, Hitlers Weg zur Macht, S. 172.

219 E. R. Huber, Verfassungsgeschichte Bd. 7, S. 1231 ff.
220 Vgl. F.-K. v. Plehwe, Schleicher, S. 271.
221 Vgl. H. Brüning, Memoiren, S. 649.
222 K. D. Bracher, Auflösung, S. 616 ff.; G. R. Treviranus, Ende von Weimar, S. 357; W. Gans zu Putlitz, Unterwegs nach Deutschland, S. 103. Vgl. W. Maser, Nürnberg, S. 393; M. Funke, Republik im Untergang, S. 520 f. – Dazu die fragwürdige marxistische Deutung des Gegensatzes zwischen Papen und Schleicher bei K. Gossweiler, Die Röhm-Affäre, S. 292.
223 K. D. Bracher, Auflösung, S. 619 f.; E. Eyck, Weimarer Republik Bd. 2, S. 577; G. Besier, Der Heilige Stuhl, S. 174. Vgl. W. Gans zu Putlitz, Unterwegs nach Deutschland, S. 102 f.
224 Vgl. E. Eyck, Weimarer Republik Bd. 2, S. 578 f.; E. Ludwig, Hindenburg, S. 274; K. v. Hammerstein, Spähtrupp, S. 37 f.; W. Gans zu Putlitz, Unterwegs nach Deutschland, S. 105; F.-K. v. Plehwe, Schleicher, S. 275 ff.; H. A. Winkler, Der Weg in die Katastrophe, S. 846; W. Pyta / G. Seiberth, Carl Schmitts Tagebuch, S. 609 f.
225 Niederschrift K. v. Hammersteins vom 28. 1. 1935, in: K. D. Bracher, Auflösung (Anhang), S. 639; K. v. Hammerstein, Spähtrupp, S. 41 f.; F.-K. v. Plehwe, Schleicher, S. 279; H. Foertsch, Schuld und Verhängnis, S. 26 f.; G. R. Treviranus, Ende von Weimar, S. 349 f.; H. O. Meissner / H. Wilde, Die Machtergreifung, S. 178 f.; E. R. Huber, Verfassungsgeschichte Bd. 7, S. 1259 (Dort auch Hinweise zur Frage der Datierung. Nach Huber fanden möglicherweise zwei Besprechungen zwischen Hindenburg und verschiedenen Vertretern der Reichswehr am 27. und 29. Januar statt). Hammerstein gab als Datum den 26., v. d. Bussche den 27. Januar an. Vgl. Th. A. Cline, Schleicher, S. 371; Schultheß 1933, S. 28 ff.
226 Ministerbesprechung vom 28. 1. 1933, Kabinett v. Schleicher, Nr. 71, S. 306 ff.; R. Morsey, Untergang, S. 85; F.-K. v. Plehwe, Schleicher, S. 279; H. A. Winkler, Weimar, S. 584 f.
227 Ministerbesprechung vom 28. 1. 1933, Niederschrift aus dem Büro des Reichspräsidenten über den Empfang des Reichskanzlers am 28. 1. 1933, Kabinett v. Schleicher, Nr. 71 und 72, S. 306 ff. Vgl. Schultheß 1933, S. 28 f.; E. R. Huber, Verfassungsgeschichte Bd. 7, S. 1253; M. Funke, Republik im Untergang, S. 518; H. A. Winkler, Weimar, S. 585. – Einzelheiten u. a. bei K. v. Hammerstein, Spähtrupp, S. 44.
228 O. Braun an K. v. Schleicher bzw. L. Kastl und E. Hamm an O. Meissner vom 28. 1. 1933, Kabinett v. Schleicher, Nr. 73 und 74, S. 311 ff.; Th. Trumpp, Die Finanzierung der NSDAP durch die deutsche Großindustrie, S. 151. Vgl. H. Schlange-Schöningen, Am Tage danach, S. 82; E. R. Huber, Verfassungsgeschichte Bd. 7, S. 1253; H. A. Winkler, Der Weg in die Katastrophe, S. 850, 853.
229 Carl Zuckmayer, Als wärs ein Stück von mir, Frankfurt 1966, S. 437.
230 H. Brüning, Memoiren, S. 646; R. Morsey, Protokolle der Zentrumsfraktion 1926-1933, Nr. 734 f., S. 610 f. Vgl. E. Ludwig, Hindenburg, S. 277; Art. Im Januar 1933. Ein Brief von Dr. Heinrich Brüning, Deutsche Zeitung und Wirtschaftszeitung vom 28. 5. 1952.
231 Schultheß 1933, S. 30; W. Pyta / G. Seiberth, Carl Schmitts Tagebuch, S. 605 ff., 610; P. Noack, Schmitt, S. 158 f.; H. Quaritsch, Positionen und Begriffe Carl Schmitts, S. 98.
232 Der Allgemeine Deutsche Gewerkschaftsbund, Allgemeiner Freier Angestelltenbund, Gesamtverband der Christlichen Gewerkschaften, Gewerkschaftsring Deutscher Arbeiter-, Angestellten- und Beamtenverbände, Allgemeine Deutsche Beamtenbund an den Reichspräsidenten vom 28. 1. 1933, Kabinett v. Schleicher, Nr. 75, S. 314.
233 Vgl. H. Brüning, Memoiren, S. 646.
234 Erklärung Görings vom 13. 3. 1946 in Nürnberg, IMT Bd. 9, 80. Tag, S. 283; H. Foertsch, Schuld und Verhängnis, S. 27 ff.; V. Berghahn, Der Stahlhelm, S. 247 f.; F.-K. v. Plehwe, Schleicher, S. 281 f.; H. C. Deutsch, Das Komplott, S. 19. Vincenz Müller, Ich fand das wahre Vaterland, Leipzig 1963, S. 349 f. behauptete, daß Schleicher noch am Tage vor seiner Ermordung erzählt habe, daß Hammerstein zu dem fraglichen Zeitpunkt Hindenburg ver-

haften lassen und mit der Reichswehr regieren wollte. Vgl. H. C. Deutsch, Das Komplott, S. 382, Anm. 16.

235 R. Morsey, Protokolle der Zentrumsfraktion 1926-1933, Nr. 737 vom 31. 1. 1933, S. 612; J. Goebbels, Tagebücher (30./31. 1. 1933) Bd. I, 2, S. 355 ff.; R. Morsey, Hitlers Verhandlungen, S. 186. Vgl. E. Ludwig, Hindenburg, S. 277; F.-K. v. Plehwe, Schleicher, S. 280 f., 290; H. Höhne, Mordsache Röhm, S. 237; J. Wheeler-Bennett, Nemesis, S. 339; S. Delmer, Die Deutschen und ich, S. 163, 173 ff.; J. Fest, Hitler, S. 504 f.; E. R. Huber, Verfassungsgeschichte Bd. 7, S. 1258 ff.; Schultheß 1933, S. 31 f.; E. Eyck, Weimarer Republik Bd. 2, S. 590 f.; G. R. Treviranus, Ende von Weimar, S. 349; H. Foertsch, Schuld und Verhängnis, S. 27 f.; G. Ritter, Goerdeler, S. 131; W. Ruge, Hindenburg, S. 405 f.; Th. Vogelsang, Schleicher, S. 107; H. A. Winkler, Weimar, S. 582 ff.; P. Steinbach, Widerstand gegen den Nationalsozialismus, in: P. Steinbach / J. Tuchel, Widerstand gegen den Nationalsozialismus, S. 19; G. May, Kaas Bd. 3, S. 231. – Angeblich hatte Schleicher dem Publizisten Friedrich Sieburg von einem Putsch eines Dragonerregiments erzählt, berichtete René Schickele im Februar 1933 Annette Kolb, vgl. Hans Bender (Hrsg.), Annette Kolb / René Schickele, Briefe im Exil 1933-1935, Mainz 1987, S. 39.
236 Niederschrift K. v. Hammersteins vom 28. 1. 1935, in: K. D. Bracher, Auflösung (Anhang), S. 639; E. Eyck, Weimarer Republik Bd. 2, S. 590 f.
237 Vgl. K. v. Hammerstein, Spähtrupp, S. 35, danach hatte Hammerstein schon 1933 bzw. 1934 Berichte über die Ereignisse vom 30. Januar 1933 und vom 30. Juni 1934 verfaßt, die jedoch nicht mehr erhalten sind; ferner ebd. S. 48 ff.; Erklärung Görings vom 13. 3. 1946 in Nürnberg, IMT Bd. 9, 80. Tag, S. 283; K. D. Erdmann, Die Zeit der Weltkriege, S. 325 ff.; H. C. Deutsch, Das Komplott, S. 31.
238 K. v. Hammerstein, Spähtrupp, S. 53. Vgl. ebd. S. 61 f., 79.
239 H. Kessler, Tagebücher (25. 1. 1933), S. 701.
240 H. Pentzlin, Schacht, S. 174.
241 H. Brüning, Memoiren, S. 646; Erklärung Görings vom 13. 3. 1946 in Nürnberg, IMT Bd. 9, 80. Tag, S. 283; K. v. Hammerstein, Spähtrupp, S. 52; E. R. Huber, Verfassungsgeschichte Bd. 7, S. 1261; H. Schulze, Weimar, S. 405; G. R. Treviranus, Ende von Weimar, S. 349; H. Foertsch, Schuld und Verhängnis, S. 24. Vgl. Th. A. Cline, Schleicher, S. 124; F.-K. v. Plehwe, Schleicher, S. 278 ff.; E. Eyck, Weimarer Republik Bd. 2, S. 591 f. – Blomberg war von Hindenburg telegrafisch nach Berlin gerufen worden. Er wurde am 30. 1. 1933 von Oberstleutnant Kuntzen, Adjutant Hammersteins als Chef der Heeresleitung, abgeholt. Kuntzen sollte den General, der nicht wußte, daß man ihn im Reichswehrministerium als Nachfolger Schleichers ins Auge gefaßt hatte, ins Ministerium bringen, um ihn auf seine künftige Aufgabe vorzubereiten. Das Büro des Reichspräsidenten verhinderte dies, indem es ihn durch Oskar v. Hindenburg anwies, sofort zum Präsidentenpalais zu fahren. E. R. Huber, Verfassungsgeschichte Bd. 7, S. 1261; Goebbels notiert am 31. 1. 1933: »Hammerstein wollte Blomberg abfangen. Mißglückt!«, J. Goebbels, Tagebücher Bd. I, 1, S. 358; K. v. Hammerstein, Spähtrupp, S. 65 f.
242 Vgl. u. a. G. R. Treviranus, Ende von Weimar, S. 365; K. v. Hammerstein, Spähtrupp, S. 45; K. D. Bracher, Diktatur, S. 260 ff.; H. Foertsch, Schuld und Verhängnis, S. 24; M. Geyer, Die Genfer Abrüstungskonferenz, S. 190; H. Hömig, Brüning Bd. 1, S. 472 f.
243 H. Brüning, Memoiren, S. 646; Art. Im Januar 1933. Ein Brief von Dr. Heinrich Brüning, Deutsche Zeitung und Wirtschaftszeitung vom 28. 5. 1952.
244 F. v. Papen, Der Wahrheit eine Gasse, S. 270. Vgl. R. Morsey, Untergang, S. 95; F. Wiesemann, Die Vorgeschichte, S. 162.
245 H. Brüning an H. B. Gisevius vom 20. 8. 1946, Nachl. H. Brüning, HUG FP 93.10 Box 11; ders. an J. Joos vom 23. 12. 1948, Durchschlag, ebd. Box 16; Eidesstattliche Erklärung H. Brünings vom 18. 1. 1949: »Eine Beteiligung von Mitgliedern der Zentrumspartei an einem

Kabinett Hitler im Reiche ist von mir immer abgelehnt worden; sie würde keine Zustimmung bei der Mehrheit der Zentrums-Fraktion finden.« F. v. Papen, Vom Scheitern, S. 388.

246 Vgl. R. Morsey, Untergang, S. 86, 95.

247 H. Brüning, Memoiren, S. 647. Die widerspruchsvolle Passage endet: »... Ich hätte ihn wegen seines weiteren Verbleibens in späteren Kabinetten gedeckt und verteidigt, aber er müsse sich klar darüber werden, daß er nicht alles mitmachen könne, falls nicht sein Charakter vor der Geschichte leiden solle.« Abweichende Darstellung bei G. R. Treviranus, Ende von Weimar, S. 359. – Otto Schmidt-Hannover war an diesem Tage zusammen mit Duesterberg und Seldte zur Wilhelmstraße gefahren, um Papen von einer Regierungsbildung mit Hitler abzuraten. »Später, als ich sah, daß Seldte bereits umgefallen war und die Dinge in unseliger Form in Fluß kamen, forderte ich Duesterberg auf, mit mir zu Hindenburg vorzudringen. Da dieser bereits in Verhandlungen saß, konnten wir nur Oskar H. sprechen, der in Weißglut über Schleicher war und mit Putsch aus Potsdam rechnete. ...«
Zum Vorgang der Kabinettsbildung vgl. B. Schwertfeger, Rätsel um Deutschland, S. 218 ff.; R. Morsey, Hitlers Verhandlungen, Dok. 1, S. 184 ff.; V. Berghahn, Der Stahlhelm, S. 249 f.; G. Schulz, Von Brüning zu Hitler, S. 1048.

248 Empfang des Staatsrats Schäffer beim Reichspräsidenten am 17. 2. 1933, Regierung Hitler Bd. I,1, Nr. 23, S. 88. Vgl. H. Schlange-Schöningen, Am Tage danach, S. 83 f.; E. Eyck, Weimarer Republik Bd. 2, S. 593 f.; V. Berghahn, Der Stahlhelm, S. 248 ff.; G. R. Treviranus, Ende von Weimar, S. 360; J. A. Leopold, Hugenberg, S. 137; G. Jasper, Die gescheiterte Zähmung, S. 124 ff.

249 H. Brüning, Memoiren, S. 646 ff., 655; Eidesstattliche Versicherung H. Brünings vom 13. 8. 1948 bei Notar Theodor Petermann, Münster, Abschrift, Nachl. H. Pünder, HAStK 1304/849; J. Becker, Zentrum und Ermächtigungsgesetz, S. 198; R. Morsey, Untergang, S. 86 f.; ders., Hitlers Verhandlungen mit der Zentrumsführung, S. 182 ff. (Text des Protokolls der Besprechung mit Hitler, unterschrieben von Perlitius, und der Vorstandssitzung vom 31. 1. 1933, S. 184-190); ders., Zentrumspartei und Zentrumspolitiker, S. 402; J. Becker, Das Ende der Zentrumspartei, S. 347; Ministerbesprechung vom 30. 1. und 31. 1. 1933, Regierung Hitler Bd. I,1, Nr. 1, S. 1 und 6 f.; Text des Briefwechsels Kaas-Hitler vom 31. 1. bis 2. 2. 1933, Ursachen und Folgen Bd. 9, Nr. 1968, S. 11-15; Schultheß 1933, S. 32. Vgl. G. Schulz, Von Brüning zu Hitler, S. 1049.

250 H. Brüning, Memoiren, S. 646 ff.; R. Morsey, Protokolle der Zentrumsfraktion 1926-1933, Nr. 736 vom 31. 1. 1933, S. 611, Anm. 4; ders., Hitlers Verhandlungen mit der Zentrumsführung, S. 193 f. Vgl. Schultheß 1933, S. 32 f.; R. Morsey, Untergang, S. 92.

251 H. Brüning, Memoiren, S. 648. Zur Kritik Brünings an Kaas im Zusammenhang mit dem Ermächtigungsgesetz siehe u. a. G. May, Kaas Bd. 3, S. 368 ff.

252 Vgl. Tagebuch-Aufzeichnungen L. Schwerin v. Krosigks über die Vorgänge in Berlin am 29. und 30. 1. 1933, Kabinett v. Schleicher, Nr. 79, S. 323.

253 H. Brüning, Memoiren, S. 645.

254 H. Brüning, Memoiren, S. 648; H. Brüning an Friedrich Dessauer vom 22. 1. 1947, Durchschlag, Nachl. H. Brüning, HUG FP 93.10 Box 7; J. Wheeler-Bennett, Nemesis, S. 338 f.; R. Morsey, Zentrumspartei und Zentrumspolitiker, S. 405 (Zitat); K. O. v. Aretin, Prälat Kaas, S. 257 f., Anm. 21; ders., Ein Reichskanzler im Wettlauf mit der Zeit, Süddeutsche Zeitung vom 9./10. Januar 1971, S. 86. Dazu die undatierte (1945) Erklärung v. Aretins, Ausf., Nachl. H. Brüning, HUG FP 93.90 Box 1. – Dazu E. Hamburger, Betrachtungen über Heinrich Brünings Memoiren, S. 22; Cl. Nix an J. Hofmann undatiert [1971], Durchschlag, Nachl. H. Brüning, HUG FP 93.90 Box 1. Vgl. die Fotokopie des ersten diktierten Manuskripts mit hs. Korrekturen und Ergänzungen des Verf.s ca. 1934/35. (570 S.), Nachl. H. Brüning, HUG FP 93.4 F, S. 368 f.; E. v. Aretin, Krone und Ketten, S. 42; W. Sauer, Die Mobilmachung der Gewalt, S. 921.

255 Spruchkammer Nürnberg, Stadtkreis I, 24. 2. 1947 gegen Franz v. Papen, Abschrift, Nachl. H. Brüning, HUG FP 93.35 Box 4.
256 K. v. Schleicher zu Vincenz Müller am 29. 4. 1934, zit. nach E. Deuerlein, Deutsche Kanzler, S. 419 f.
257 H. Brüning, Memoiren, S. 648; ders., Ein Brief, S. 253 ff., 260; W. Sauer, Die Mobilmachung der Gewalt, S. 733; F.-K. v. Plehwe, Schleicher, S. 286; K. v. Hammerstein, Spähtrupp, S. 65, 80. Vgl. K. D. Bracher, Stufen der Machtergreifung, S. 160; A. Barkai, Das Wirtschaftssystem des Nationalsozialismus, S. 166 ff.; Briefe und Gespräche, S. 39, Anm. 1; G. Schulz, Die Suche nach dem Schuldigen, S. 623 f.; B. J. Wendt, Economic Appeasement, S. 212 ff., 260 ff.; H. R. Berndorff, General zwischen Ost und West, S. 272 f.
258 G. R. Treviranus, Ende von Weimar, S. 399 f.
259 H. Brüning, Memoiren, S. 649. Vgl. H. Hömig, Brüning Bd. 1, S. 537.
260 Ministerbesprechung vom 31. 1. 1933, Regierung Hitler Bd. I,1, Nr. 2, S. 5 ff.
261 L. Kaas an A. Hitler vom 2. 2. 1933, Ursachen und Folgen Bd. 9, Nr. 1968 d, S. 14; Ministerbesprechung vom 31. 1. 1933, Regierung Hitler Bd. I,1, Nr. 2, S. 5 ff., bes. Anm. 6; Schultheß 1933, S. 37. Vgl. R. Morsey, Untergang, S. 92 f.; Briefwechsel Kaas-Hitler, J. Hohlfeld, Dokumente der deutschen Politik Bd. 4, Nr. 4 b, S. 4 ff.
262 H. Hömig, Das preußische Zentrum, S. 274; RGBl 1933 I, S. 6 f.; Art. Reichstag aufgelöst / Neuwahlen am 5. März, und Kaas-Hitler / Ein aufschlußreicher Briefwechsel, KVZ Nr. 33 und 34 vom 2. bzw. 3. 2. 1933. Vgl. R. Morsey, Untergang, S. 93 ff.
263 Vgl. R. Morsey, Untergang, S. 96 f., 104, 109 ff.; dens., Zentrumspartei und Zentrumspolitiker, S. 398; K. Buchheim, Brüning, S. 511.
264 R. Morsey, Untergang, S. 98.
265 Art. Das Zentrum wird kämpfen, bzw. Brüning antwortet mit Kraft und Würde, KVZ Nr. 51 und 52 vom 20. bzw. 21. 2. 1933. Zum Hintergrund G. Jasper, Die gescheiterte Zähmung, S. 128.
266 H. Brüning, Memoiren, S. 651. Nach Art. Die Führer im Wahlkampf, KVZ Nr. 48 vom 17. 2. 1933 trat Brüning am 18. Februar in Würzburg, am 19. in Ravensburg, am 20. in Kaiserslautern, am 22. in Breslau, am 23. in Schweidnitz, am 25. in Hannover, am 26. in Altenhundem im Sauerland, am 27. in Gelsenkirchen, sowie am 1. März im Rheinland und am 3. März in Berlin auf. Abweichende Angaben in KVZ Nr. 56 vom 25. 2. und Nr. 61 vom 2. 3. 1933 (Art. Die Wucht der großen Stunde) über die Auftritte in Düsseldorf, Elberfeld, Dortmund und Essen.
267 Vgl. Kaas' Rede in Osnabrück am 22. 1. 1933, in der er Drohungen von Regierungsseite erwähnte, auch ohne Mehrheit die Macht zu behaupten. Er wolle sich dagegen an den »klar zum Ausdruck gebrachten Willen unseres Staatsoberhauptes« halten, das eine Mehrheit verlange. KVZ Nr. 55 vom 24. 2. 1933. (Unvollständige) Übersicht über die Wahlkampftermine von Kaas und Brüning, Art. Die Führer im Wahlkampf, KVZ Nr. 48 vom 17. 2. 1933.
268 Vgl. Art. Kaas und Gronowski von Beifallsstürmen umtost, KVZ Nr. 55 vom 24. 2. 1933.
269 H. Brüning, Memoiren, S. 651; Art. Brüning sprach vor 16.000, KVZ Nr. 57 vom 26. 2. 1933. Vgl. Rede Brünings am 12. 3. 1932, Art. Der Retter des deutschen Ostens. Begeisterte Hindenburgkundgebung in der Breslauer Jahrhunderthalle. Ein letzter Appell Brünings, Germania Nr. 73 vom 13. 12. 1932, Expl. in ACDP Zentrum VI-051/317; Art. Die Führer im Wahlkampf, KVZ Nr. 48 vom 17. 2. 1933.
270 Art. Schwere Zusammenstöße in Kaiserslautern, KVZ Nr. 53 vom 22. 2. 1933.
271 Art. Brüning in Gelsenkirchen »Ich habe der nationalen Erhebung die Bahn freigemacht«, KVZ Nr. 58 vom 27. 2. 1933.
272 Ebd.; Hinweis auf einen Bericht der Rheinischen Zeitung bei Heinz Kühn, Widerstand und Emigration, S. 62.

²⁷³ H. Brüning, Memoiren, S. 650 f. Vgl. Art. Schwere Zusammenstöße in Kaiserslautern, KVZ Nr. 53 vom 22. 2. 1933; R. Morsey, Untergang, S. 107. – Nach dem Telegramm, das Brüning an die Zentrumspartei nach Kaiserslautern sandte, hatte er erst nach seiner Rückkehr nach Berlin von dem Überfall auf die Pfalzwacht erfahren, Art. Brüning und Kaas senden Telegramme, KVZ Nr. 53 vom 22. 2. 1933. – Bei einer Versammlung in Bamberg übernahm die »Bayernwacht« seinen persönlichen Schutz, H. Brüning an F. Elsen vom 29. 12. 1951, Durchschlag, Nachl. H. Brüning, HUG FP 93.35 Box 3.

²⁷⁴ H. Brüning, Memoiren, S. 651; Art. Faustrecht über Zentrumsversammlungen, KVZ Nr. 54 vom 23. 2. 1933; R. Morsey, Untergang, S. 107. Vgl. die (fehlerhafte) Angabe bei H. Brüning an J. Maier-Hultschin vom 17. 6. 1946, Ausf., Nachl. J. Maier-Hultschin, BA Koblenz N 1043, Nr. 2.

²⁷⁵ Vgl. Art. »Reden von Parteiführern im Rundfunk verboten«. So erklärte man Herrn Dingeldey – Das Zentrum erhielt überhaupt keine Antwort, KVZ Nr. 63 vom 4. 3. 1933; Art. Brüning im Rundfunk, bzw. Rundfunk wird Brüning versagt, Lokalanzeiger (Köln) Nr. 95 und Nr. 97 vom 25. bzw. 27. 2. 1933. Vgl. J. A. Leopold, Hugenberg, S. 143; R. Morsey, Untergang, S. 112.

²⁷⁶ Art. Brüning spricht in Berlin, KVZ Nr. 61 vom 4. 3. 1933; Golo Mann, Erinnerungen und Gedanken. Eine Jugend in Deutschland, Frankfurt/Main 1986, S. 501. Vgl. Art. Die Wahrheit über den »Trümmerhaufen«, KVZ Nr. 53 vom 22. 2. 1933; Art. Wahlreden und Art. Brüning in Berlin, FZ Nr. 169-170 und 172-173 vom 4. bzw. 5. 3. 1933; Schultheß 1933, S. 53 f.; Art. Das Ende der Weimarer Zeit. Eine Rückschau zum 70. Geburtstag des Reichskanzlers a. D. Professor Dr. Heinrich Brüning, in: Deutsches Volksblatt Nr. 273 vom 26. 11. 1955 (Ex. Nachl. J. Beyerle, ACDP I-56-017). Über Brünings Fernbleiben von Berlin nach dem Zweiten Weltkrieg siehe S. 750 Anm. 92.

²⁷⁷ H. Brüning, Memoiren, S. 652.

²⁷⁸ H. Brüning, Memoiren, S. 651 f. Vgl. H. Hömig, Brüning Bd. 1, S. 516.

²⁷⁹ H. Brüning, Memoiren, S. 652; A. Milatz, Wähler und Wahlen, S. 149. – »Obgleich ich nie die geringsten katholischen Neigungen verspürt hatte, stimmte ich bei den Reichstagsbrand-Wahlen für das Zentrum, die Partei der Klerikalen. Alles schien mir besser als die Parteien der Harzburger Front. Bei den Katholiken bestand wenigstens eine geringe Hoffnung, daß sie sich als Opposition halten würden.« W. Gans zu Putlitz, Unterwegs nach Deutschland, S. 121.

²⁸⁰ H. Brüning, Memoiren, S. 652 f. Vgl. G. Schulz, Von Brüning zu Hitler, S. 1018; H. Hürten, Verfolgung und Widerstand, S. 29.

²⁸¹ H. Brüning, Memoiren, S. 653. Vgl. Schultheß 1933, S. 55 ff.; J. Wheeler-Bennett, The New Regime in Germany, S. 315 f.; K. D. Bracher, Stufen der Machtergreifung, S. 141.

²⁸² Zum Stellenwert des Ermächtigungsgesetzes E. R. Huber, Verfassungsgeschichte Bd. 7, S. 160 f., 288 f.; M. Frehse, Ermächtigungsgesetzgebung, passim.

²⁸³ R. Morsey, Untergang, S. 124. Vgl. J. Becker, Das Ende der Zentrumspartei, S. 348.

²⁸⁴ Vgl. H. Brüning, Memoiren, S. 653 f.; F. v. Winterfeld an A. Hitler vom 6. 3. 1933, Regierung Hitler Bd. I,1, Nr. 42, S. 156 f.; J. Goebbels, Tagebücher (15. 3. 1933) Bd. I, 2, S. 393; R. Morsey, Untergang, S. 106, 124 f.; A. Milatz, Wähler und Wahlen, S. 149; Schultheß 1933, S. 57; Wippermann 1933 A, S. 13; E. K. Bramsted, Goebbels, S. 103; R. G. Reuth, Goebbels, S. 269 ff.; Erlaß des Reichspräsidenten über die vorläufige Regelung der Flaggenhissung vom 12. 3. 1933, RGBl 1933 I, S. 103; K. D. Bracher, Stufen der Machtergreifung, S. 147.

²⁸⁵ Vgl. H. Brüning, Memoiren, S. 62 ff.

²⁸⁶ Schultheß 1933, S. 50; R. Morsey, Untergang, S. 110. Vgl. Art. Schäffer bei Hindenburg, KVZ Nr. 49 vom 18. 2. 1933; K. D. Bracher, Stufen der Machtergreifung, S. 137 ff.

²⁸⁷ H. Brüning, Memoiren, S. 653 f. Zitat: Art. Brüning sprach vor 16.000, KVZ Nr. 57 vom 26. 2. 1933; Vgl. auch G. N. Shuster, In Amerika und Deutschland, S. 157 f.; R. G. Huber,

Rundstedt, S. 103. – Nach R. Morsey, Untergang, S. 250, Anm. 13 ist Lehr am 11. und 27. 3. 1933 in Berlin gewesen, was nicht ausschließt, daß er auch in der Zwischenzeit dort war.

288 H. Brüning, Memoiren, S. 654. Vgl. Walter Först, Robert Lehr, in: Ders. (Hrsg.), Zwischen Ruhrkampf und Wiederaufbau, Köln 1972, S. 129.

289 H. Brüning, Ein Brief, S. 258; ders., Memoiren, S. 654 f.; R. Morsey, Untergang, S. 129; Hugo Stehkämper, Protest, Opposition und Widerstand im Umkreis der (untergegangenen) Zentrumspartei – Ein Überblick Teil I: Protest und Opposition, in: J. Schmädeke / P. Steinbach, Der Widerstand gegen den Nationalsozialismus, S. 121; E. Forschbach, Jung, S. 63 ff.; H. Weiß / P. Hoser, Die Deutschnationalen, S. 243; J. A. Leopold, Hugenberg, S. 134; D. M. Schneider, Schauff, S. 59. Nach dem Zweiten Weltkrieg gab Brüning für Hugenberg eine eidesstattliche Versicherung ab, in der es u. a. heißt: »Nach meiner Auffassung hat Herr Hugenberg nie verfassungs- und gesetzwidrige politische Ziele verfolgt oder illegale und vom Standpunkt der politischen Moral verwerfliche Methoden bei der Verfolgung seiner politischen Ziele eingenommen (sic).« 16. 2. 1949, Abschrift, Nachl. A. Hugenberg, BA Koblenz, N 1231, Nr. 96. Vgl. J. A. Leopold, Hugenberg, S. 144 f.

290 H. Brüning, Ein Brief, S. 249 f., 258, 261; ders., Memoiren, S. 654; G. R. Treviranus, Ende von Weimar, S. 368; G. Clemens, Spahn, S. 201 f.; G. Jasper, Die gescheiterte Zähmung, S. 130, 135; H. Schneider, Das Ermächtigungsgesetz vom 24. März 1933, S. 423 f.; Kurt Nowak, Kirchen und Religion, in: W. Benz / H. Graml / H. Weiß, Enzyklopädie des Nationalsozialismus, S. 193; Klaus H. Revermann, Die stufenweise Durchbrechung des Verfassungssystems der Weimarer Republik in den Jahren 1930 bis 1933. Eine staatsrechtliche und historisch-politische Analyse. Diss. Köln 1959, S. 103 ff.; M. Frehse, Ermächtigungsgesetzgebung, S. 174 f.; E. Fraenkel, Der Doppelstaat, S. 138. Vgl. R. Olden, Hindenburg, S. 304 f.; K. D. Bracher, Stufen der Machtergreifung, S. 159 ff.; G. Schulz, Deutschland seit dem Ersten Weltkrieg, S. 131 f.; M. Funke, Republik im Untergang, S. 518; R. Morsey, Untergang, S. 129; dens., Zentrumspartei und Zentrumspolitiker, S. 401 ff.; G. Schulz, Permanente Gleichschaltung des öffentlichen Lebens und Entstehung des nationalsozialistischen Führerstaates in Deutschland, in: Ders., Die Große Krise der dreißiger Jahre, S. 81 f.; H. Möller, Republikanismus, S. 220; A. Brecht, Mit der Kraft des Geistes, S. 305; dens., Vorspiel zum Schweigen, S. 127 ff.; Manfred Botzenhart, Deutsche Verfassungsgeschichte 1806-1949, Stuttgart 1993, S. 170 ff. – Dokumente zur Verlängerung des sogenannten Ermächtigungsgesetzes bei R. Morsey, Das »Ermächtigungsgesetz«, S. 99 ff. – Nach G. R. Treviranus, Ende von Weimar, S. 369 formulierte Brüning auf »Veranlassung Oberfohrens, des Fraktionsführers der DNVP, gemeinsam mit Dr. Bell und Perlitius einen Zusatzantrag zur Regierungsvorlage ..., der die Wiederherstellung der bürgerlichen und politischen Freiheiten sichern sollte. Der Antrag sollte mit Hugenbergs Zustimmung von der DNVP eingebracht werden.« H. Brüning an H. B. Gisevius vom 20. 8. 1946, Nachl. H. Brüning, HUG FP 93.10 Box 11.

291 »Ich habe es für richtig gehalten, daß Herr Hugenberg und andere Nichtmitglieder der NSDAP, soweit dieselben über große politische Erfahrung verfügten, im Kabinett Hitler blieben, unter der Voraussetzung, daß 1. Herr von Papen, wie damals mitgeteilt wurde, im Namen des Reichspräsidenten ein Veto gegen alle Kabinettsbeschlüsse ausüben konnte, 2. Hindenburg seinen in Privatgesprächen bekundeten Willen, die NSDAP nur eine auf mehrere Monate befristete Zeit regieren zu lassen, durchführen würde oder in der Lage sein würde, ihn durchzuführen.« Eidesstattliche Erklärung H. Brünings vom 18. 1. 1949, F. v. Papen, Vom Scheitern, S. 388. Vgl. R. Morsey, Ende der Zentrumspartei, S. 362, Anm. 56; dens., Untergang, S. 129 f.; E. Forschbach, Jung, S. 65 f.

292 Ministerbesprechung vom 20. 3. 1933, Regierung Hitler Bd. I,1, Nr. 68, S. 249 f.; J. Goebbels, Tagebücher (20. 4. 1933) Bd. I, 2, S. 395; Schultheß 1933, S. 60. Vgl. K. D. Bracher, Stufen der Machtergreifung, S. 156 ff.; J. A. Leopold, Hugenberg, S. 145.

293 Ministerbesprechung vom 24. 3. 1933, Regierung Hitler Bd. I,1 Nr. 72, S. 252; R. Morsey, Untergang, S. 149. Zur Hintergrundproblematik des nationalsozialistischen Rechtsverständnisses siehe E. Fraenkel, Der Doppelstaat, S. 136 f.
294 Vgl. R. Morsey, Protokolle der Zentrumsfraktion 1926-1933, Nr. 742 und 746 vom 20. bzw. 22. 3. 1933, S. 622 und 625 ff.; H. Brüning, Ein Brief, S. 262; K. D. Bracher, Stufen der Machtergreifung, S. 155; G. Jasper, Die gescheiterte Zähmung, S. 133; R. Morsey, Untergang, S. 126 ff.; H. A. Winkler, Der Weg in die Katastrophe, S. 904; E.-W. Böckenförde, Kirchlicher Auftrag, S. 77; J. Maier, Die katholische Kirche und die Machtergreifung, S. 155; K. Scholder, Die Kirchen und das Dritte Reich Bd. 1, S. 312; Ministerbesprechung vom 15. 3. 1933, Regierung Hitler Bd. I,1, Nr. 60, S. 214; Peter Herde, Die Unionsparteien zwischen Tradition und Neubeginn: Adam Stegerwald, in: Winfried Becker (Hrsg.), Die Kapitulation von 1945 und der Neubeginn in Deutschland. Symposion an der Universität Passau 30.-31. 10. 1985, Köln 1987, S. 254. – Zu Hitlers Zusagen an das Zentrum im Vergleich mit der Regierungserklärung vom 23. 3. 1933, siehe R. Morsey, Das »Ermächtigungsgesetz«, S. 49 ff.; dens., Zentrumspartei und Zentrumspolitiker, S. 403.
295 R. Morsey, Untergang, S. 134 f.; ders., Zentrumspartei und Zentrumspolitiker, S. 404; D. M. Schneider, Schauff, S. 54 f.; H. Schneider, Das Ermächtigungsgesetz vom 24. März 1933, S. 419. Vgl. E. R. Huber, Verfassungsrecht des Großdeutschen Reiches, S. 38; G. Jasper, Die gescheiterte Zähmung, S. 134, 137. Zum ganzen siehe u. a. K. D. Bracher, Stufen der Machtergreifung, S. 152 ff. passim; O. Meissner, Staatssekretär, S. 296.
296 R. Morsey, Protokolle der Zentrumsfraktion 1926-1933, Nr. 749 f., S. 629 f. Text der Forderungen des Zentrums vom 22. 3. 1933 im Vergleich zu den Passagen der Regierungserklärung vom folgenden Tage, R. Morsey, Ende der Zentrumspartei, Nr. 12, S. 429 ff. Vgl. J. Becker, Das Ende der Zentrumspartei, S. 347 f.
297 R. Morsey, Protokolle der Zentrumsfraktion 1926-1933, Nr. 750, S. 630 f.; ders., Untergang, S. 124 f. Vgl. G. R. Treviranus, Ende von Weimar, S. 369; K. Scholder, Die Kirchen und das Dritte Reich Bd. 1, S. 315; K. D. Bracher, Stufen der Machtergreifung, S. 161.
298 R. Morsey, Untergang, S. 125, 128; Aufzeichnung K. Bachems vom 22. 4. 1933, R. Morsey, Ende der Zentrumspartei, Nr. 16, S. 434 f. Vgl. dens., Protokolle der Zentrumsfraktion 1926-1933, Nr. 741 ff., S. 621 ff.; E.-W. Böckenförde, Kirchlicher Auftrag, S. 35; J. Becker, Brüning, Prälat Kaas, S. 111; K. Scholder, Die Kirchen und das Dritte Reich Bd. 1, S. 312; dens., Die Kapitulation des politischen Katholizismus. Die Rolle des Zentrums-Vorsitzenden Kaas im Frühjahr 1933, FAZ Nr. 224 vom 27. 9. 1977; J. Aretz, Katholische Arbeiterbewegung, S. 78.
299 Ministerbesprechung vom 7. 3. 1933, Regierung Hitler Bd. I,1, Nr. 44, S. 161. Vgl. G. R. Treviranus, Ende von Weimar, S. 368; K. O. v. Aretin, Prälat Kaas, S. 259 f.; E.-W. Böckenförde, Der deutsche Katholizismus, S. 175; R. Morsey, Untergang, S. 116 ff., 124, 135.
300 Vgl. H. Brüning, Ein Brief, S. 256 ff.; G. R. Treviranus, Ende von Weimar, S. 373; K. D. Bracher, Stufen der Machtergreifung, S. 163; E.-W. Böckenförde, Der deutsche Katholizismus, S.175; J. Fest, Hitler, S. 569; A. Wegmann an K. Repgen vom 9. 7. 1966, Durchschlag, Nachl. A. Wegmann, ACDP I-366-040/2, S. 3.
301 G. R. Treviranus, Ende von Weimar, S. 389. Zitat ebd.; F. Müller, Die »Brüning Papers«, Selbstzeugnisse, S. 35 f. Dazu kritisch W. Ruge, Der Weg der deutschen Diplomatie durch Nachkriegsrepublik und Vorkriegsdiktatur, in: L. Nestler, Der Weg deutscher Eliten, S. 203; E. Fraenkel, Der Doppelstaat, S. 138.
302 Rede Hitlers vom 23. 5. 1933, Sten. Berichte Bd. 457, S. 25 ff.; H. Brüning, Memoiren, S. 657; G. R. Treviranus, Ende von Weimar, S. 370, 374; R. Morsey, Untergang, S. 136 ff.; K. D. Bracher, Stufen der Machtergreifung, S. 160, 166. Vgl. H. Brüning an H. B. Gisevius vom 20. 8. 1946, Nachl. H. Brüning, HUG FP 93.10 Box 11; J. Fest, Hitler, S. 569; J. Maier, Die katholische Kirche und die Machtergreifung, S. 155 f.; M. Steinert, Hitler, München

1994, S. 272; R. Morsey, Zentrumspartei und Zentrumspolitiker, S. 402; W. Rauscher, Hitler und Mussolini, S. 171. – Wahrscheinlich geht die Behauptung G. N. Shusters, In Amerika und Deutschland, S. 157, auf Brüning zurück, Kaas habe die Passage über die Beziehungen zum Hl. Stuhl verfaßt. Sie habe den päpstlichen Nuntius, Cesare Orsenigo, dazu veranlaßt, Göring zu gratulieren. Noch nie habe sich eine deutsche Regierung so herzlich über die Kirche geäußert. Dazu die Aufzeichnung K. Bachems vom 25. 3. 1933, R. Morsey, Ende der Zentrumspartei, Nr. 13, S. 432.

303 H. Brüning, Memoiren, S. 557 f.; R. Morsey, Protokolle der Zentrumsfraktion 1926-1933, Nr. 751, S. 631 f.; Aufzeichnung K. Bachems vom 28. 4. 1933 nach dem Bericht von Frau Joos, R. Morsey, Ende der Zentrumspartei, Nr. 17, S. 435. Vgl. dens., Untergang, S. 139 f.; dens., Brüning und die Verantwortung. Der ehemalige Reichskanzler 80 Jahre, Handelsblatt, Düsseldorf, vom 26. 11. 1965; F. Dessauer, Unsere Haltung, Rhein-Mainische Volkszeitung Nr. 83. Reichsausgabe vom 7. 4. 1933 (Expl. Sammlung F. Dessauer, Teil 2, Kommission für Zeitgeschichte, Bonn, Nr. 338); D. M. Schneider, Schauff, S. 60; G. R. Treviranus, Ende von Weimar, S. 370; K. D. Bracher, Stufen der Machtergreifung, S. 154, 159 f.; dens., Diktatur, S. 318; H. Möller, Die nationalsozialistische Machtergreifung, S. 48; H. Werner, Kaas, S. 42; G. Besier, Der Heilige Stuhl, S. 179; H. Roos, Die »Präventivkriegspläne« Piłsudski von 1933, S. 345 ff.; H.-A. Jacobsen, Nationalsozialistische Außenpolitik, S. 401; G. Mai, Europa, S. 231; G. Jasper, Die gescheiterte Zähmung, S. 13; J. Fest, Hitler, S. 559 f.; K.-E. Lönne, Politischer Katholizismus, S. 237 f.; Chr. Höltje, Die Weimarer Republik und das Ostlocarno-Problem, S. 222 ff.; A. Gill, Eine tragische Staatsgrenze, S. 34 f.; B. Forster, Adam Stegerwald, S. 596. Über die Bedeutung des Ermächtigungsgesetzes in nationalsozialistischer Sicht siehe E. R. Huber, Verfassungsrecht des Großdeutschen Reiches, S. 43. Danach durchbrach die Verordnung nicht nur die alte Verfassung, sondern vernichtete sie völlig.

304 Sitzung vom 23. 3. 1933, Sten. Berichte Bd. 457, S. 37; K. D. Bracher, Stufen der Machtergreifung, S. 166 f.; R. Morsey, Untergang, S. 136 ff.

305 H. Brüning, Memoiren, S. 638. Vgl. H. Brüning an H. v. Raumer vom 18. 7. 1957, Briefe 1946-1960, S. 430; R. Morsey, Untergang, S. 143; Th. Heuss, Tagebuchbriefe, 16. 12. 1955, S. 117; G. Jasper, Die gescheiterte Zähmung, S. 136 f.

306 H. Brüning, Memoiren, S. 658; ders., Ein Brief, S. 264. Dessauer ging 1934 nach einem Diffamierungsprozeß, der mit seinem Freispruch endete, als Professor für Radiologie und Biophysik nach Istanbul. Über Brünings Verhältnis zu Dessauer: R. Morsey, Zentrumspartei und Zentrumspolitiker, S. 406 f. Siehe auch Dessauers Kommentar zur Lage der Zentrumspartei nach der Annahme des Ermächtigungsgesetzes: F. Dessauer, Unsere Haltung, Rhein-Mainische Volkszeitung Nr. 83. Reichsausgabe vom 7. 4. 1933 (Expl. Sammlung F. Dessauer, Teil 2, Kommission für Zeitgeschichte, Bonn, Nr. 338).

307 Edgar Alexander, eigentlich Edgar Alexander Emmerich (1902-1970), emigrierte nach 1933 zunächst nach Rom, wo er für den Vatikan tätig war. Danach ging er nach Paris und Toulouse. Seit 1941 lebte er in den USA. Vgl. Th. Heuss, Tagebuchbriefe, S. 529, Anm. 4.

308 Vgl. E. Alexander an K. Thieme vom 6. 7. 1956, Abschrift, Nachl. H. Brüning, HUG FP 93.10 Box 1, S. 11 f. Vgl. Th. Heuss, Tagebuchbriefe, 16. 12. 1955, S. 117.

309 H. Brüning, Memoiren, S. 659.

310 G. R. Treviranus, Ende von Weimar, S. 370, 374; H. Brüning, Ein Brief, S. 263; H. Schneider, Das Ermächtigungsgesetz vom 24. März 1933, S. 415 f. Vgl. R. Morsey, Untergang, S. 143; H. Brüning an H. B. Gisevius vom 20. 8. 1946, Durchschlag, Nachl. H. Brüning, HUG FP 93.10 Box 11; dens. an G. R. Treviranus vom 9. 7. 1958, Durchschlag, Nachl. H. Brüning, ebd. Box 34; K. D. Bracher, Stufen der Machtergreifung, S. 166 f.; O. Meissner, Staatssekretär, S. 297.

311 Vgl. Aufzeichnung K. Bachems vom 22. 4. 1933, R. Morsey, Ende der Zentrumspartei, Nr. 16, S. 434 f.; dens., Untergang, S. 144; dens., Zentrumspartei und Zentrumspolitiker, S. 403;

G. Jasper, Die gescheiterte Zähmung, S. 137; Konrad Löw, Die Schuld. Christen und Juden im Urteil der Nationalsozialisten und der Gegenwart, Gräfelfing 2002, S. 43.

312 Aufzeichnung K. Bachems vom 25. 3. 1933, R. Morsey, Ende der Zentrumspartei, Nr. 13, S. 431 f.; ders., Untergang, S. 145.

313 Vgl. Sitzung vom 23. 3. 1933, Sten. Berichte Bd. 457, S. 40 bzw. 45; Gesetz zur Behebung der Not von Volk und Reich vom 24. 3. 1933, RGBl 1933 I, S. 141; H. Brüning, Ein Brief, S. 263. Dazu u. a. K. D. Bracher, Stufen der Machtergreifung, S. 167; H. Schneider, Das Ermächtigungsgesetz vom 24. März 1933, S. 417 ff.; H.-U. Thamer, Verführung und Gewalt, S. 273 ff.

314 Vgl. H. Brüning, Memoiren, S. 658 ff.; R. Morsey, Protokolle der Zentrumsfraktion 1926-1933, Nr. 752, S. 632 f.; dens., Untergang, S. 143, 145 f., 148; H. Brüning an G. R. Treviranus vom 9. 7. 1958, Durchschlag, Nachl. H. Brüning, HUG FP 93.10 Box 34; L. Volk, Die unverzeihlichen Sünden des Prälaten Kaas, S. 325.

315 Vgl. R. Morsey, Protokolle der Zentrumsfraktion 1926-1933, Nr. 752, S. 632 f.; dens., Untergang, S. 146.

316 Vgl. H. Brüning, Memoiren, S. 661 f.; R. Morsey, Untergang, S. 148 f.; G. N. Shuster, In Amerika und Deutschland, S. 157 ff.

317 Schultheß 1933, S. 61; K. D. Bracher, Stufen der Machtergreifung, S. 150 f.; H. Brüning, Memoiren, S. 662. Vgl. O. Meissner, Staatssekretär, S. 300 f.

318 K. D. Bracher, Stufen der Machtergreifung, S. 167.

319 Vgl. M. Jordan, Beyond all Fronts, S. 124; R. Morsey, Zentrumspartei und Zentrumspolitiker, S. 409 f.

320 Vgl. H. Brüning, Ein Brief, S. 263 f.

321 Vgl. K. D. Bracher, Diktatur, S. 236, 251.

322 Vgl. F.-K. v. Plehwe, Schleicher, S. 289 f.; K. v. Hammerstein, Spähtrupp, S. 65, 82 f.; H.-U. Thamer, Verführung und Gewalt, S. 765. Nach W. Hubatsch, Hindenburg, S. 140 wurde Hammerstein formell schon am 23. 12. 1933 zum 31. 1. 1934 entlassen.

323 Vgl. G. R. Treviranus, Ende von Weimar, S. 372; R. Morsey, Kaas, S. 265, 273; H. A. Turner, Hitlers Weg zur Macht, S. 36.

324 Vgl. Art. Schwere Zusammenstöße in Kaiserslautern, bzw. Art. Brüning sprach vor 16.000, KVZ Nr. 53 und 57 vom 22. bzw. 26. 2. 1933; G. R. Treviranus, Ende von Weimar, S. 373.

325 Über die Verhandlungen des »Klepper-Ausschusses« des preußischen Landtages vom 19. 10. 1932, siehe Art. Wie die Goerreshaus-Gesellschaft finanziert wurde. Frankfurter Zeitung Nr. 784 vom 20. 10. 1932, S. 2; Aufzeichnung K. Bachems vom 7. 7. 1933, R. Morsey, Ende der Zentrumspartei, Nr. 23, S. 448; G. R. Treviranus, Ende von Weimar, S. 373; Peter Joseph Hasenberg, Der Görreshaus-Prozeß 1933, S. 1 f. (Manuskript im Besitz des Verf.s); R. Morsey, Untergang, S. 172, 216; G. May, Kaas Bd. 3, S. 374 f.; K. Adenauer an D. Heineman vom 2. 5. 1933, H. P. Mensing, Adenauer im Dritten Reich, Nr. 72, S. 126; Th. A. Knapp, Brüning im Exil, S. 109; F. Müller, Die »Brüning Papers«, Selbstzeugnisse, S. 101, 112, 141, Anm. 621.

326 R. Morsey, Untergang, S. 172, 216; ders., Lübke, S. 63 ff. Vgl. G. R. Treviranus, Ende von Weimar, S. 373; P. J. Hasenberg, Der Görreshaus-Prozeß 1933, S. 1 f.; E. Häussermann, Regime zerstört letzte Bastionen, in: Rundschau am Sonntag (Köln) Nr. 47 vom 21. 11. 1971, S. 13 f.; dens., Konrad Adenauer und die Presse vor 1933, in: Hugo Stehkämper (Hrsg.), Konrad Adenauer. Oberbürgermeister von Köln. Festgabe der Stadt Köln zum 100. Geburtstag ihres Ehrenbürgers am 5. Januar 1976, Köln 1976, S. 228 f.; G. May, Kaas Bd. 3, S. 374 f.; Th. A. Knapp, Brüning im Exil, S. 109.

327 H. Brüning an Franz Dessauer vom 1. 3. bzw. 8. 5. 1959, Durchschlag, Nachl. H. Brüning, HUG FP 93.10 Box 7. Vgl. H. P. Mensing, Adenauer im Dritten Reich, S. 530.

328 H. Brüning, Memoiren, S. 662 f.; R. Morsey, Untergang, S. 149.

329 G. R. Treviranus, Ende von Weimar, S. 373 f.; K. Repgen, Über die Entstehung der Reichskonkordats-Offerte, S. 517. Vgl. R. Morsey, Protokolle der Zentrumsfraktion 1926-1933, Nr. 752 vom 24. 3. 1933, S. 632 f.; dens., Untergang, S. 149; E. E. Evans, German Center Party, S. 394; J. Becker, Das Ende der Zentrumspartei, S 349.
330 Vgl. H. Hömig, Brüning Bd. 1, S. 206.
331 F. Müller, Die »Brüning Papers«, Selbstzeugnisse, S. 141, Anm. 621; P. J. Hasenberg, Der Görreshaus-Prozeß 1933, S. 2; H. Werner, Kaas, S. 42; E. E. Evans, German Center Party, S. 388.
332 Vgl. G. Besier, Der Heilige Stuhl, S. 178 f.
333 Vgl. H. Brüning an R. Leiber vom 31. 8. 1946, Durchschlag, Nachl. H. Brüning, HUG FP 93.10 Box 20; R. Morsey, Leben und Überleben im Exil, S. 108. Nach einer Mitteilung Brünings an Th. Kampmann vom 2. 7. 1958 war ihm eine Summe von 5.000 RM von »angesehener jüdischer Seite« für die Angestellten der Zentrumspartei in Berlin zur Verfügung gestellt worden. Er hatte sie Kaas übergeben, der vor seiner letzten Reise nach Bonn Hitler auch noch gefragt habe, ob er das Geld mitnehmen dürfe. Hitler habe später geleugnet, dem zugestimmt zu haben, und einen Skandalprozeß gegen Kaas vorbereitet, »wodurch er einen Druck auf Kaas und nachher auf die Zentrumspartei ausüben konnte«. Dazu F. Müller, Die »Brüning Papers«, Selbstzeugnisse, S. 190. Brüning wehrte sich später gegen den Vorwurf H. Vockels, das Geld in die eigene Tasche gesteckt zu haben. Dazu H. Brüning an O. Eulerich vom 3. 6. 1958, Durchschlag, Nachl. H. Brüning, HUG FP 93.10 Box 9.
334 H. Brüning an R. Leiber vom 31. 8. 1946, Durchschlag, Nachl. H. Brüning, HUG FP 93.10 Box 20. Zu dem Verhältnis zwischen Brüning und Kaas siehe auch D. M. Schneider, Schauff, S. 55 f.
335 G. R. Treviranus, Ende von Weimar, S. 374 f.; H. Brüning, Memoiren, S. 663, 665; Schultheß 1933, S. 89; G. May, Kaas Bd. 3, S. 516, 531. Vgl. L. Volk, Kirchliche Akten (Einleitung), S. XXII ff.; P. J. Hasenberg, Der Görreshaus-Prozeß 1933, S. 2; R. Morsey, Ende der Zentrumspartei, S. 371 f.; dens., Leben und Überleben im Exil, S. 88; dens., Untergang, S. 162, 171; G. May, Kaas Bd. 3, S. 369, 371 ff.; K. O. v. Aretin, Prälat Kaas, S. 255, 276; L. Kaas, Tagebuchartige Aufzeichnungen für den 7.-18. April 1933, in: A. Kupper, Staatliche Akten Nr. 4, S. 12; R. Morsey, Kaas-Tagebuch, S. 425; D. M. Schneider, Schauff, S. 60 f. – Über Kaas' positives Urteil über die Lateranverträge siehe K. Scholder, Altes und Neues, S. 556 f.
336 L. Volk, Brüning contra Pacelli. Ein Dokument korrigiert die Memoiren, in: Ders., Katholische Kirche und Nationalsozialismus, S. 319; K. Scholder, Altes und Neues, S. 545, 549; G. Besier, Der Heilige Stuhl, S. 155 f., 190. Vgl. K. Repgen, Über die Entstehung der Reichskonkordats-Offerte, S. 512 f., 517 f.; H. Hömig, Brüning Bd. 1, S. 359 ff.
337 H. Brüning, Memoiren, S. 663; L. Kaas, Tagebuchartige Aufzeichnungen für den 7.-18. April 1933, in: A. Kupper, Staatliche Akten Nr. 4, S. 12 ff.; H. Brüning an Franz Dessauer vom 1. 4. 1959, Durchschlag, Nachl. H. Brüning, HUG FP 93.10 Box 7; L. Volk, Reichskonkordat, S. 50 ff., 97 f., 106; Rudolf Lill, Katholische Kirche und Nationalsozialismus, in: R. Lill / H. Oberreuter, Machtverfall und Machtergreifung, S. 258 ff. Vgl. G. May, Kaas Bd. 3, S. 269 ff., 553; L. Volk, Brüning contra Pacelli. Ein Dokument korrigiert die Memoiren, in: Ders., Katholische Kirche und Nationalsozialismus, S. 315 ff.; E. E. Evans, German Center Party, S. 394; R. Morsey, Zur Problematik der Geschichte des Reichskonkordats, Sp. 16 ff.; L. Haupts, Reichskonkordat, S. 196; J. Bohn, Das Verhältnis zwischen katholischer Kirche und faschistischem Staat, S. 211 ff., 277; Wilhelm Zimmermann, Die Wehrpolitik der Zentrumspartei in der Weimarer Republik, Freiburg 1992, S. 276 ff.; K. O. v. Aretin, Prälat Kaas, S. 256 f., 263, 267; dens., Das unheilige Reich. Glaubensnot und Glaubenstugend: Alois Dempf war der klarsichtigste Prophet gegen Hitler, FAZ Nr. 150 vom 2. 7. 1993, S. 37. – Brüning berichtete 1959, daß Kaas nach Rom gereist sei, um zu ver-

hindern, daß Papen über einen – älteren – Referentenentwurf verhandele, den das Zentrum früher abgelehnt habe. Insofern wäre das Zusammentreffen zwischen Kaas und Papen nicht völlig zufällig gewesen. Kaas habe sein Ziel nicht erreicht. Vgl. H. Brüning an H. J. Schmitt vom 12. 5. 1959, Briefe 1946-1960, S. 468 bzw. an Franz Dessauer vom 8. 5. 1959, Durchschlag, Nachl. H. Brüning, HUG FP 93.10 Box 7. Dazu G. May, Kaas Bd. 3, S. 392.

338 R. Morsey, Papen, S. 86.
339 L. Volk, Reichskonkordat, S. 98.
340 Vgl. R. Morsey, Untergang, S. 153 f.; K. Scholder, Altes und Neues, S. 548 f.; E.-W. Böckenförde, Der deutsche Katholizismus, S. 193 ff.; L. Haupts, Reichskonkordat, S. 198 f.; H. Kessler, Tagebücher (20. 7. 1935), S. 742 f.
341 Ludwig Volk, Akten Kardinal Michael von Faulhabers 1917-1945, Bd. 1: 1917-1934, Mainz 1975, Nr. 278, S. 671; C. Orsenigo an E. Pacelli vom 2. 4. 1933, L. Volk, Kirchliche Akten Nr. 3, S. 7 ff.; J. Maier, Die katholische Kirche und die Machtergreifung, S. 157 f.; Herbert Immenkötter, Die christlichen Kirchen und die Machtergreifung, in: J. Becker, 1933 – 50 Jahre danach, S. 179; K. Heiden, Geburt des Dritten Reiches, S. 205; H. Brüning an das deutschsprachige St.-Josephs-Blatt (Oregon) vom 30. 10. 1942, Durchschlag, Nachl. H. Brüning, HUG FP 93.10 Box 29; ders. an Franz Dessauer vom 1. 4. bzw. 8. 5. 1959, Durchschlag, ebd. Box 7; Briefe und Gespräche, S. 415, Anm. 1; Albert Wucher, Postwendend eine Antwort aus Rom (Zitat Pacelli), FAZ Nr. 86 vom 11. 4. 2003, S. 44. Vgl. R. Leiber, Pius XII., S. 96; K. O. v. Aretin, Das unheilige Reich. Glaubensnot und Glaubenstugend: Alois Dempf war der klarsichtigste Prophet gegen Hitler, FAZ Nr. 150 vom 2. 7. 1993, S. 37; H. Brüning, Memoiren, S. 663 f.; K. O. v. Aretin, Prälat Kaas, S. 261 f.; R. Morsey, Untergang, S. 153 ff.; L. Volk, Nationalsozialismus, S. 122; E.-W. Böckenförde, Der deutsche Katholizismus, S. 178; K.-E. Lönne, Politischer Katholizismus, S. 238.
342 Gesetz zur Gleichschaltung der Länder mit dem Reich, bzw. Gesetz zur Wiederherstellung des Berufsbeamtentums vom 7. 4. 1933, RGBl 1933 I, S. 173 ff.; H. Brüning, Memoiren, S. 663 f., 666; R. Morsey, Untergang, S. 159 ff.; E.-W. Böckenförde, Kirchlicher Auftrag, S. 94 f.; J. Bohn, Das Verhältnis von katholischer Kirche und faschistischem Staat, S. 221 f. Vgl. Ministerbesprechung vom 7. 4. 1933, Regierung Hitler Bd. I,1, Nr. 93, S. 321; Art. Zentrum und Regierung. Der Arbeitsausschuß, Rhein-Mainische Volkszeitung Nr. 84. Reichsausgabe vom 8. 4. 1933 (Expl. Sammlung F. Dessauer, Teil 2, Kommission für Zeitgeschichte, Bonn, Nr. 338). Dazu M. F. Feldkamp, Pius XII., S. 86.
343 Art. Der Weg des Zentrums, KVZ Nr. 92 vom 5. 4. 1933. Vgl. J. Becker, Zentrum und Ermächtigungsgesetz, S. 194, Dok. Nr. 1 ebd. S. 202 ff.; R. Morsey, Untergang, S. 163 ff.; J. Bohn, Das Verhältnis zwischen katholischer Kirche und faschistischem Staat, S. 225 f.; B. Forster, Adam Stegerwald, S. 601 f. – Dazu eingehend G. May, Kaas Bd. 3, S. 376 ff.
344 Vgl. R. Morsey, Untergang, S. 165 ff.
345 H. Brüning, Memoiren, S. 664.
346 H. Brüning, Memoiren, S. 664.
347 H. Brüning, Memoiren, S. 665. Vgl. H. Brüning an H. Baumann vom 15. 1. 1950, Briefe 1946-1960, S. 217; M. Jordan, Beyond all Fronts, S. 88; E. Spevack, Enigma, S. 29 f.
348 Vgl. H. Brüning, Memoiren, S. 666; R. Morsey, Untergang, S. 168 ff.; H. Gottwald / G. Wirth, Zentrum, S. 622.
349 H. Brüning, Memoiren, S. 666 f. Vgl. R. Morsey, Untergang, S. 170 ff., 177.
350 H. Brüning, Memoiren, S. 665 f. Vgl. R. Morsey, Untergang, S. 172; L. Volk, Die unverzeihlichen Sünden des Prälaten Kaas, S. 325; E.-W. Böckenförde, Kirchlicher Auftrag, S. 37; E. Häussermann, Regime zerstört letzte Bastionen, Rundschau am Sonntag (Köln) Nr. 47 vom 21. 11. 1971, S. 13 f.; U. v. Hehl, Marx, S. 469 f.
351 H. Brüning, Memoiren, S. 666 f.; Robert Bürgers, Selbstbesinnung, KVZ Nr. 115 vom 29. 4. 1933; R. Morsey, Untergang, S. 175 f.

352 H. Brüning, Memoiren, S. 667 f.; K. O. v. Aretin, Prälat Kaas, S. 277; R. Morsey, Ende der Zentrumspartei, S. 384; ders., Untergang, S. 177 f.; ders., Zentrumspartei und Zentrumspolitiker, S. 401; ders., Brünings Vorstellungen, S. 176; G. May, Kaas Bd. 3, S. 381. Vgl. den Bericht über die Lage der Zentrumspartei vom 6. 5. 1933, R. Morsey, Ende der Zentrumspartei, Nr. 18, S. 437 f.; dens., Brüning – ein Staatsmann, S. 107 f.; K. Scholder, Die Kirchen und das Dritte Reich Bd. 1, S. 493.

353 H. Brüning, Memoiren, S. 667 f. Vgl. H. J. Schorr, Stegerwald, S. 265; R. Morsey, Untergang, S. 177, 180; M. Schumacher, Zwischen »Einschaltung und »Gleichschaltung«, S. 280; K. Scholder, Die Kirchen und das Dritte Reich Bd. 1, S. 493.

354 H. Brüning, Memoiren, S. 668; R. Morsey, Untergang, S. 178. Vgl. G. Jasper, Die gescheiterte Zähmung, S. 136; R. Morsey, Zentrumspartei und Zentrumspolitiker, S. 401.

355 K. Fritzsche, Politische Romantik, S. 133.

356 »*Brüning war nicht genug Brüning*; das ist die Schlußformel unter diesen zwei Jahren. Er blieb Führer einer Partei statt Führer *seiner* Partei zu sein.« H. Ullmann, In der großen Kurve, S. 82 (Kursiv im Original Fettdruck).

357 R. Morsey, Untergang, S. 178 f.; ders., Ende der Zentrumspartei, S. 384 f.

358 Vgl. R. Morsey, Untergang, S. 166; G. Jasper, Die gescheiterte Zähmung, S. 137.

359 Bericht über die Lage der Zentrumspartei vom 6. 5. 1933, R. Morsey, Ende der Zentrumspartei, Nr. 18, S. 435 ff. Der Bericht gelangte über eine NS-Parteistelle am 30. 5. 1933 in die Reichskanzlei.

360 Bericht über die Lage der Zentrumspartei vom 6. 5. 1933, R. Morsey, Ende der Zentrumspartei, Nr. 18, S. 435 ff.; ders., Untergang, S. 179 ff.

361 Vgl. R. Morsey, Untergang, S. 179 ff., 183.

362 Vgl. H.-A. Jacobsen, Nationalsozialistische Außenpolitik, S. 395 f.; J. Schmädeke, Militärische Umsturzversuche, S. 297; Paul Heider, Der totale Krieg – seine Vorbereitung durch Reichswehr und Wehrmacht, in: L. Nestler, Der Weg deutscher Eliten, S. 56 ff.

363 H. Brüning, Memoiren, S. 669; Schultheß 1933, S. 126 f.; R. Morsey, Untergang, S. 181; H. Roos, Die »Präventivkriegspläne« Piłsudskis von 1933, S. 349, 357 f., 360 f. Zu der angeblichen Rede Papens siehe auch den Brief C. Melchiors an P. v. Hindenburg vom 6. 5. 1933, in dem sich dieser auf Ausführungen Papens gegen das »Gerede« von einem Präventivkrieg beruft. Regierung Hitler Bd. I,1, Nr. 120, S. 432; J. Simon an H. Rumbold vom 11. 5. 1933, DBFP II, Bd. 5, Nr. 4, S. 138 ff.; H. Rumbold an J. Simon vom 11. 5. 1933, ebd. Nr. 139, S. 231 ff.; Aufzeichnungen K. v. Neuraths vom 11. 5. 1933, ADAP C Bd. I, 1, Nr. 223, S. 400 ff. Papen hielt am 25. 3. 1933 eine Rede auf der Grenzlandkundgebung auf der Iburg vor 40.000 Vertretern völkischer Minderheiten, auf der er sich gegen »kriegerische Experimente« aussprach, F. v. Papen, Der Wahrheit eine Gasse, S. 333 f.

364 L. P. Lochner, Stets das Unerwartete, S. 285 ff.

365 Vgl. S. Haffner, Anmerkungen zu Hitler, S. 36 ff.

366 Schultheß 1933, S. 123 f.; Franz Menges, Oberfohren, NDB Bd. 19, S. 384 f. Vgl. u. a. H. Brüning, Memoiren, S. 657; H. Schlange-Schöningen, Am Tage danach, S. 88; H. Weiß / P. Hoser, Die Deutschnationalen, S. 243; J. A. Leopold, Hugenberg, S. 243; F. Hiller v. Gaertringen, Die Deutschnationale Volkspartei, S. 606; G. May, Kaas Bd. 3, S. 376. Zum Problem der nationalsozialistischen »Revolution« siehe u. a. H. Möller, Die nationalsozialistische Machtergreifung, S. 47 ff.

367 H. Brüning, Memoiren, S. 669; H. Brüning an J. Maier-Hultschin vom 17. 8. 1954, Ausf., Nachl. J. Maier-Hultschin, BA Koblenz N 1043, Nr. 4. Vgl. Schultheß 1933, S. 123 f.; W. Deist, Die Haltung der Westmächte, S. 216 f.; R. Morsey, Untergang, S. 184; dens., Brüning – ein Staatsmann, S. 107; G. Jasper, Die gescheiterte Zähmung, S. 169; G. Mai, Europa, S. 236. Kritisch über Brünings Beitrag zu der Hitler-Rede vom 17. Mai: H. Höhne, Die Zeit der Illusionen, S. 159. – O. Meissner, Staatssekretär, S. 300 f. behauptet wahrheitswidrig,

daß die Reichstagsbrandverordnung bald nach Inkrafttreten des Ermächtigungsgesetzes aufgehoben wurde. Dazu A. Brecht, Vorspiel zum Schweigen, S. 129.

368 H. Brüning, Memoiren, S. 669 f. Vgl. R. Morsey, Untergang, S. 184 f.

369 L. Volk, Reichskonkordat, S. 211; R. Morsey, Ende der Zentrumspartei, S. 388. Danach H. Höhne, Die Zeit der Illusionen, S. 159. Vgl. R. Morsey, Untergang, S. 184; Ch. Kindleberger, Die Weltwirtschaftskrise, S. 226 ff.; H.-J. Schrönder, Das Dritte Reich und die USA, S. 109 ff.

370 Sitzung vom 17. 5. 1933, Sten. Berichte Bd. 457, S. 47-54; Schultheß 1933, S. 129 ff.; H. Brüning, Memoiren, S. 660; H.-A. Jacobsen, Nationalsozialistische Außenpolitik, S. 396 f.; B. J. Wendt, Economic Appeasement, S. 87 (dort Zitat aus dem Spectator). Vgl. R. Morsey, Ende der Zentrumspartei, S. 388; Chr. M. Kimmich, Germany and the League of Nations, S. 179 f.

371 Vgl. R. Morsey, Untergang, S. 184 ff.

372 Vgl. R. Morsey, Untergang, S. 185.

373 H. Brüning, Memoiren, S. 670; Schultheß 1933, S. 150; R. Morsey, Ende der Zentrumspartei, S. 391. – Bericht über Brünings Schilderung seiner Erlebnisse im Krankenhaus bei F. Muckermann, Im Kampf zwischen zwei Epochen, S. 458.

374 R. Morsey, Untergang, S. 187. Vgl. G. van Roon, Neuordnung im Widerstand, S. 112; ders., Moltke, S. 150, Anm. 1; J. Hofmann, Journalist, S. 175; V. Bücker, Groß, S. 184; H. Brüning, Tagebuch vom 17. 3. 1935, Briefe und Gespräche, S. 64.

375 M. Spahn an H. Brüning, o. D. (Frühjahr 1933), Entwurf, Nachl. M. Spahn, BA Koblenz N 1324, Nr. 22; G. Clemens, Spahn, S. 204.

376 Günter Moltmann, Ein Botschafter tritt zurück. Friedrich von Prittwitz und Gaffron, Washington, 6. März 1933, in: N. Finzsch / H. Wellenreuther, Liberalitas, S. 367 ff. Vgl. F. v. Prittwitz und Gaffron, Zwischen Petersburg und Washington, S. 317 ff.

377 H. Rumbold an Sir J. Simon vom 14. 6. 1933, DBFP II, Bd. 5, S. 351 ff.; G. A. Gordon an Secretary of State vom 17. 6. 1933, FRUS 1933 II, 862.00/3010, S. 234 ff. Vgl. R. Morsey, Untergang, S. 189 f.; M. Gilbert, Rumbold, S. 383; J. Becker, Brüning, Prälat Kaas, S. 110. Kritisch auch H. Gottwald / G. Wirth, Zentrum, S. 623; R. G. Huber, Rundstedt, S. 109 f. – Über das Verhältnis Brüning – Rumbold: D. Clemens, Herr Hitler, S. 297.

378 H. Brüning, Littauer-Interview vom September 1945, Nachl. H. Brüning, HUG FP 93.10 Box 16, S. 7; H. Brüning an Th. Draper vom November 1947, hier nach Briefe und Gespräche, S. 26 f., Anm. 9; K. v. Hammerstein, Spähtrupp, S. 66, 80 ff.; W. Röder / H. A. Strauss, Biographisches Handbuch Bd. 1, S. 58. Vgl. G. R. Treviranus, Ende von Weimar, S. 370; Briefe 1946-1960, S. 126, Anm. 1; Georg Bernhard, Die deutsche Tragödie. Der Selbstmord einer Republik, Prag 1933, S. 264; P. Steinbach / J. Tuchel, Widerstand gegen den Nationalsozialismus, S. 264; Dieter Marc Schneider, »Ein Land der Zukunft«. Deutschsprachige Emigranten in Brasilien nach 1933, in: P. Gordan, Um der Freiheit willen, S. 162; W. Sauer, Die Mobilmachung der Gewalt, S. 733; K. H. Salzmann, Georg Bernhard, NDB Bd. 2, S. 117 f.

379 H. Brüning, Memoiren, S. 670 f.; G. May, Kaas Bd. 3, S. 393 ff.; A. Kupper, Staatliche Akten, Entwurf Kaas II (11. 5. 1933), S. 41-55. Vgl. K. O. v. Aretin, Prälat Kaas, S. 279; M. Jordan, Beyond all Fronts, S. 123 f.

380 H. Brüning, Memoiren, S. 671.

381 H. Brüning, Memoiren, S. 671. Vgl. R. E. Grözinger an H. Brüning vom 25. 4. 1948, H. Brüning an R. E. Grözinger vom 3. 7. 1948, Durchschlag, Nachl. H. Brüning, HUG FP 93.10 Box 32.

382 Dazu H. Hömig, Das preußische Zentrum, S. 54 ff., 204 ff.

383 Vgl. H. Brüning, Memoiren, S. 671 f.; Antonius John, Experten gaben Brüning schlechten Rat, Handelsblatt, Düsseldorf, vom 2. 4. 1970; E.-W. Böckenförde, Der deutsche Katholi-

zismus, S. 182; L. Volk, Nationalsozialismus, S. 117; R. Leiber, Pius XII., S. 96; L. Haupts, Reichskonkordat, S. 200 f., 205; K. Scholder, Altes und Neues, S. 566 f.; Stewart A. Stehlin, Weimar and the Vatican 1919-1933. German-Vatican Diplomatic Relations in the Interwar Years, Princeton 1983, S. 441; H. Hürten, Verfolgung und Widerstand, S. 27; A. Dempf, Leserbrief an den Rheinischen Merkur vom 8. 5. 1970, abgedruckt in: V. Berning / H. Maier, Dempf, S. 193 ff.; V. Berning, Kommentierendes Nachwort zum Neudruck der Schrift: Die Glaubensnot der deutschen Katholiken, ebd. S. 244. – Nach Vincent Berning, Der deutsche Katholizismus am Ausgang der Weimarer Republik unter Berücksichtigung des »Katholischen Akademikerverbands«. Eine Replik, in: Dieter Breuer / Gertrude Cepl-Kaufmann (Hrsg.), Moderne und Nationalsozialismus im Rheinland, Paderborn 1997, S. 615 intervenierten im Frühjahr 1933 Dempf und Schmitt im Einverständnis mit Brüning oder in dessen Auftrag bei Leiber in Rom gegen das geplante Konkordat.

384 Vgl. Kabinettssitzung vom 14. 7. 1933, Regierung Hitler Bd. I,1, Nr. 193, S. 681 ff.; A. Kupper, Staatliche Akten, S. 235, Anm. 2; M. Huttner, Britische Presse und nationalsozialistischer Kirchenkampf, Paderborn 1995, S. 408 f.

385 H. Gottwald / G. Wirth, Zentrum, S. 623.

386 Vgl. L. Volk, Nationalsozialismus, S. 120; dens., Die unverzeihlichen Sünden des Prälaten Kaas, S. 323 ff.; L. Haupts, Reichskonkordat, S. 202 f.; F. v. Papen an D. v. Bergen vom 26. 5. 1933, A. Kupper, Staatliche Akten Nr. 32, S. 72; G. May, Kaas Bd. 3, S. 391 ff.; K. Scholder, Altes und Neues, S. 556 f., 562. – Kaas schrieb alle Reden Pacellis in dessen Berliner Jahren, behauptet Brüning, ders. an Franz Dessauer vom 8. 5. 1959, Nachl. H. Brüning, HUG FP 93.10 Box 7; F. Muckermann, Im Kampf zwischen zwei Epochen, S. 460 f.; K. O. v. Aretin, Prälat Kaas, S. 255; G. May, Kaas Bd. 3, S. 224; F. J. Strauß, Die Erinnerungen, S. 27.

387 Vgl. H. Kessler, Tagebücher (20. 7. 1935), S. 742; R. Morsey, Brünings Vorstellungen, S. 176; J. Hohlfeld, Dokumente der deutschen Politik Bd. 4, Nr. 30 e, S. 71 f.

388 H. Brüning, Memoiren, S. 672; ders., Ein Brief, S. 264; Schultheß 1933, S. 165 ff.; F. v. Schlabrendorff, Offiziere gegen Hitler, S. 26; ders., Begegnungen in fünf Jahrzehnten, S. 62. Vgl. K. Scholder, Die Kirchen und das Dritte Reich Bd. 1, S. 420 ff., 450, 493 f.; K. Heiden, Geburt des Dritten Reiches, S. 202 f.; Schultheß 1933, S. 148 ff., 159 ff., 186; J. Bariéty / J. Droz, République de Weimar et Régime hitlérien 1918/1945, Paris 1973, S. 177 f.; L. Volk, Nationalsozialismus, S. 117; dens., Die unverzeihlichen Sünden des Prälaten Kaas, S. 325; G. N. Shuster, Dr. Brüning's Sojourn, S. 458; R. Morsey, Brüning in der historischen Forschung, S. 30; U. Schmidt, Zentrum oder CDU, S. 145. – Über Brünings Kontakte zur katholischen Hierarchie in dieser Zeit ist wenig bekannt. Er berichtet jedoch, daß ihn der Bischof von Ermland, Maximilian Kaller (1880-1947), 1933 im Hedwigskrankenhaus aufgesucht habe, Briefe 1946-1960, S. 84.

389 K. Scholder, Die Kirchen und das Dritte Reich Bd. 1, S. 422.

390 G. May, Kaas Bd. 3, S. 395. Vgl. L. Volk, Nationalsozialismus, S. 115 ff.; U. Schmidt, Zentrum oder CDU, S. 114 ff.; J. Bohn, Das Verhältnis von katholischer Kirche und faschistischem Staat, S. 230 f.

391 L. Volk, Reichskonkordat, S. 124 ff.; ders., Nationalsozialismus, S. 117. Vgl. K. O. v. Aretin, Prälat Kaas, S. 266; R. Morsey, Ende der Zentrumspartei, S. 195, 207; Dieter Albrecht, Der Hl. Stuhl und das Dritte Reich, in: K. Gotto / K. Repgen (Hrsg.), Die Katholiken und das Dritte Reich, 3. Aufl. Mainz 1990, S. 27. Dazu R. Morsey, Ludwig Kaas – Franz von Papen, Briefe zum Reichskonkordat, Nr. 7 ff., S. 21 ff.; K. Scholder, Die Kirchen und das Dritte Reich Bd. 1, S. 493 f.; K. Repgen, Über die Entstehung der Reichskonkordats-Offerte, S. 505; K.-E. Lönne, Politischer Katholizismus, S. 239 f.; H. Hürten, Verfolgung und Widerstand, S. 24 f.; J. Bohn, Das Verhältnis von katholischer Kirche und faschistischem Staat, S. 231, 274.

392 L. Volk, Reichskonkordat, S. 106 f., 127; K. O. v. Aretin, Prälat Kaas, S. 267, 272. Vgl. R. Morsey, Zur Problematik der Geschichte des Reichskonkordats, Sp. 17 f.; J. Maier, Die katholische Kirche und die Machtergreifung, S. 160; L. Haupts, Reichskonkordat, S. 198 f.; K. Scholder, Die Kirchen und das Dritte Reich Bd. 1, S. 826, Anm. 49; K. Repgen, Über die Entstehung der Reichskonkordats-Offerte, S. 512; J. Bohn, Das Verhältnis von katholischer Kirche und faschistischem Staat, S. 239; K. Heiden, Die Geburt des Dritten Reiches, S. 206 f. – Nach H. Kessler, Tagebücher (20. 7. 1935), S. 742 behauptete Brüning, Kaas habe noch nach dem Abschluß der eigentlichen Verhandlungen einen Paragraphen in den Vertrag »hineinzuschmuggeln« versucht, von dem zuvor nie die Rede gewesen sei, was ihn in der vatikanischen Bürokratie unmöglich gemacht habe. Um welche Bestimmung es sich angeblich handelte, ist unklar.

393 Vgl. L. Volk, Die unverzeihlichen Sünden des Prälaten Kaas, S. 315 f., 321 f.

394 H. Brüning, Memoiren, S. 672; K. O. v. Aretin, Prälat Kaas, S. 274; F. v. Papen, Zum Reichskonkordat (Rede auf der Dritten soziologischen Sondertagung des Katholischen Akademikerverbandes in Maria Laach am 22. Juli 1933), in: Der katholische Gedanke 6 (1933), S. 331-336; G. May, Kaas Bd. 3, S. 388; K. Breuning, Die Vision des Reiches, S. 210; K. Repgen, Über die Entstehung der Reichskonkordats-Offerte, S. 513 f.; W. Struve, Elites Against Democracy, S. 347; W. Spael, Das katholische Deutschland, S. 308 ff.; R. van Dülmen, Katholischer Konservativismus, S. 300; H. Rink, Ildefons Herwegen (1874-1946), in: R. Morsey, Zeitgeschichte in Lebensbildern Bd. 2, S. 71; K. M. Grass, Edgar Jung, Papenkreis und Röhmkrise, S. 7; E. Forschbach, Jung, S. 110 f., 117; B. Jenschke, Kritik der konservativ-revolutionären Ideologie, S. 171 f. – F. Muckermann, Im Kampf zwischen zwei Epochen, S. 567 f. meint, daß sich der Katholische Akademikerverband in der Auseinandersetzung mit den nationalsozialistischen Gleichschaltungsversuchen von allen Verbänden »am ruhmlosesten« verhalten habe.

395 Vgl. H. Brüning, Memoiren, S. 673; G. R. Treviranus, Ende von Weimar, S. 396 f.; Schultheß 1933, S. 161; F. Hiller v. Gaertringen, Die Deutschnationale Volkspartei, S. 615; F. Meinecke, Katastrophe, S. 387; E. Forschbach, Jung, S. 65 f.

396 Vgl. H. Brüning, Memoiren, S. 673; Auflösungsbeschluß der Reichsleitung des Zentrums vom 5. 7. 1933 und Aufzeichnung K. Bachems vom 7. 7. 1933, R. Morsey, Ende der Zentrumspartei, Nr. 20 bzw. 23, S. 439 f., 443 ff.; dens., Untergang, S. 193, 201, 203; E. E. Evans, German Center Party, S. 389; D. M. Schneider, Schauff, S. 61 f.

397 Abschlußkundgebung der Reichsleitung des Zentrums vom 5. 7. 1933, R. Morsey, Ende der Zentrumspartei, Nr. 21, S. 440. Vgl. dens., Untergang, S. 199.

398 H. Brüning, Memoiren, S. 673 f.; R. Morsey, Untergang, S. 195 f. Vgl. dens., Untergang, S. 198; L. Volk, Reichskonkordat, S. 209 f.; F. Muckermann, Im Kampf zwischen zwei Epochen, S. 458 f.; K. Scholder, Die Kirchen und das Dritte Reich Bd. 2, S. 227.

399 R. Morsey, Untergang, S. 196; K. Scholder, Altes und Neues, S. 562 f.

400 Edmund Raitz von Frentz, Vertrauliche Information, Rom 21. 11. 1958, Abschrift, Kopie im Besitz des Verf.s.

401 H. Brüning, Memoiren, S. 673. Vgl. R. Morsey, Untergang, S. 198.

402 H. Brüning, Memoiren, S. 658, 671; R. Morsey, Untergang, S. 191.

403 Aufzeichnung K. Bachems vom 7. 7. 1933, R. Morsey, Ende der Zentrumspartei, Nr. 23, S. 443; K. Gotto / H. G. Hockerts / K. Repgen, Nationalsozialistische Herausforderung und kirchliche Antwort. Eine Bilanz, in: K. Gotto / K. Repgen, Kirche, Katholiken und Nationalsozialismus, Mainz 1980, S. 104 ff.; J. Bohn, Das Verhältnis von katholischer Kirche und faschistischem Staat, S. 232 f.

404 H. Brüning, Ein Brief, S. 261; L. P. Lochner, Stets das Unerwartete, S. 285 f.; M. Gilbert, Rumbold, S. 373; M. Gilbert / R. Gott, The Appeasers, S. 27.

405 Auszug aus einem Brief A. Haushofers an R. Heß vom 24. 8. 1933 und dessen Antwort vom 28. 8. 1933, Art. Hess hat Brüning das Leben gerettet, Associated Press Nürnberg vom

4. 1. 1946, N. Y. Staatszeitung, 6. 1. 1946 (Expl. Nachl. E. Alexander, Kommission für Zeitgeschichte, Bonn, Mappe 52).

[406] G. R. Treviranus, Ende von Weimar, S. 333; H. Vollmar, Tennstedt, S. 1; M. Jordan, Beyond All Fronts, S. 88. – Annemarie und Rudolf Tennstedt wohnten zunächst in Gotha, der Heimatstadt Rudolfs, dann seit 1926 in Bad Godesberg – Mehlem, danach kurze Zeit in Köln, 1927 in Breslau und seit 1928 in Berlin, ebd.

[407] L. P. Lochner, Stets das Unerwartete, S. 287.

[408] H. Brüning, Memoiren, S. 678; H. Brüning an Th. Kampmann vom 15. 3. 1956, Durchschlag, Nachl. H. Brüning, HUG FP 93.10 Box 18; ders. an H. Tennstedt vom 28. 11. 1953, Durchschlag, ebd. Box 2; J. Wheeler-Bennett, Knaves, Fools and Heroes, S. 74 f.; Art. »weil Himmler befohlen hatte, mich zu verhaften«, Münsterische Zeitung vom 7. 1. 1981; H. Brüning an A. v. Schauroth vom 9. 4. 1955, Ausf., Sammlung Gärtringen. Vgl. H. Brüning an M. Anderson vom 25. 12. 1939, Briefe und Gespräche, S. 301; G. N. Shuster, Dr. Brüning's Sojourn, S. 450; Michael Höhle, Die Gründung des Bistums Berlin 1930, Paderborn 1996, S. 80, 91; E. Lemmer, Manches war doch anders, S. 194 f.; H. Vollmar, Tennstedt, S. 1 f.; Briefe und Gespräche, S. 24, Anm. 5; M. Jordan, Beyond all Fronts, S. 88; W. Deist, Die Haltung der Westmächte, S. 245 ff.; Chr. M. Kimmich, Germany and the League of Nations, S. 188 f. Bei dem »Versteck im Grunewald« handelte es sich wahrscheinlich um die Villa Hermann Muckermanns in der Klopstockstraße.

[409] G. R. Treviranus, Ende von Weimar, S. 398.

[410] M. Gilbert, Rumbold, S. 390 f.

II. Das Exil

[1] H. Brüning an H. v. Bredow-Bismarck vom 8. 11. 1958, F. Müller, Die »Brüning Papers«, Selbstzeugnisse, S. 176.

[2] Art. »weil Himmler befohlen hatte, mich zu verhaften«, Münsterische Zeitung vom 7. 1. 1981; H. Brüning an A. Kahle vom 6. 11. 1946, H. Amely, Brüning, S. 38. Himmler und Heydrich hatten Listen von Personen, die im Zusammenhang des sog. Röhm-Putsches liquidiert werden sollten, angelegt, Th. Vogelsang, Schleicher, S. 104.

[3] H. Brüning, Memoiren, S. 677 ff.; H. Brüning an H. Rumbold vom 9. 7. 1934, Briefe und Gespräche, S. 25 f.; F. Muckermann, Im Kampf zwischen zwei Epochen, S. 570. – J. V. Bredt warnte Brüning kurz vor dessen Flucht telefonisch vor einer aktuellen Bedrohung, was dieser jedoch weit von sich gewiesen habe. Daraufhin sei Bredt nach Berlin gefahren, um mit Brüning unter vier Augen zu sprechen. Mitteilung von Frau Ada Rambeau, der Tochter Bredts, an Prof. Klaus Goebel, Wuppertal, K. Goebel an den Verf. vom 7. 3. 2001.

[4] H. Brüning, Memoiren, S. 97 f., Anm. 14, 679; G. R. Treviranus, Ende von Weimar, S. 398 f.; ders., Für Deutschland im Exil, S. 28; H. Muckermann, Wie Heinrich Brüning, S. 114; H. Brüning an M. Anderson vom 24. 2. 1948, Briefe 1946-1960, S. 118; H. Krone, Tagebücher Bd. 1, S. 88; R. Morsey, Emigration und Nachkriegsplanung, S. 223; F. Müller, Die »Brüning Papers«, Selbstzeugnisse, S. 33 ff.; H. Vollmar, Tennstedt, S. 2; H. Brüning an Th. Draper vom November 1947, hier nach: Briefe und Gespräche, S. 26 f., Anm. 9. Vgl. ebd. S. 97, Anm. 14; R. Morsey, Brünings Einschätzung, S. 381, Anm. 2; dens., Brünings Vorstellungen, S. 176; M. Jordan, Beyond all Fronts, S. 148; Art. »weil Himmler befohlen hatte, mich zu verhaften«, Münsterische Zeitung vom 7. 1. 1981. – Während des Nürnberger Kriegsverbrecherprozesses tauchte die Nachricht auf, Rudolf Heß habe Brüning das Leben gerettet, indem er eine rechtzeitige Warnung an dessen Freunde gelangen ließ, dazu E. Spevack,

Enigma in Exile, S. 5 f. Tatsächlich hatte Albrecht Haushofer am 24. 8. 1933 Heß gebeten, Bruning vor Anschlägen seiner Organisation zu schützen, und offenbar eine positive Antwort erhalten, dazu J. Douglas-Hamilton, Geheimflug, S. 35. – Über die Verfolgung Wandels als Gestapobeamter nach dem Zweiten Weltkrieg siehe M. Brüning an H. Brüning vom 19. 1. 1948, H. Brüning an M. Anderson vom 24. 2. 1948, Briefe 1946-1960, S. 114, 118 f.; Neues Tageblatt, Osnabrück vom 11. 6. 1947, hier nach: Reichskanzler a. D. Heinrich Brüning, S. 2 f. – Charakteristik Buchs bei A. Krebs, Tendenzen und Gestalten, S. 198 ff.

5 Vgl. Fides Krause-Brewer, Humanität gleich Widerstand?, in: Rüdiger von Voss / Günther Neske (Hrsg.), Der 20. Juli 1944. Annäherung an den geschichtlichen Augenblick, Pfullingen 1984, S. 118.

6 Vgl. Aufzeichnung betr. Lage der Juden in Deutschland von 1937, Briefe und Gespräche, S. 162 ff.; H. Brüning an H. Peters vom 18. 5. 1948, an L. Baeck vom 13. 5. 1953, Briefe 1946-1960, S. 126, 329; H. Brüning an A. v. Schauroth vom 4. 4. 1958, Ausf., Sammlung Gärtringen.

7 H. Brüning, Memoiren, S. 679; H. Muckermann, Wie Heinrich Brüning, S. 114. Vgl. F. Muckermann, Im Kampf zwischen zwei Epochen, S. 570; A. L. Mannes, Brüning, S. 202.

8 H. Brüning an C. Gauss vom 7. 4. 1941, Briefe und Gespräche, S. 350. Vgl. R. Morsey, Emigration und Nachkriegsplanung, S. 228; dens., Brünings Einschätzung, S. 373.

9 Michael Williams vom 15. 6. 1933, Ausf., mit Registraturvermerk des amtierenden Staatssekretärs Phillips, in: Secretary of State, HTH 811-4611/889.46, National Archives, Washington, D. C.

10 G. R. Treviranus, Ende von Weimar, S. 399; H. Muckermann, Wie Heinrich Brüning, S. 114 f.; R. Morsey, Brüning (1995), S. 271; ders., Brüning – ein Staatsmann, S. 108; Art. »weil Himmler befohlen hatte, mich zu verhaften«, Münsterische Zeitung vom 7. 1. 1981; Briefe und Gespräche, S. 167, Anm. 1; H. Brüning an H. v. Bredow-Bismarck vom 8. 11. 1958, F. Müller, Die »Brüning Papers«, Selbstzeugnisse, S. 176; P. Mecklenbrauck, Brüning, S. 282. Vgl. Art. So verließ Reichskanzler Brüning Deutschland. Professor Hermann Muckermann half ihm zur Flucht nach Holland, KNA/PD (Katholische Nachrichtenagentur, Pressedienst) VI/331v vom 28. 7. 1954; F. Müller, Die »Brüning Papers«, Selbstzeugnisse, S. 33.

11 H. Brüning, Memoiren, S. 679; H. Brüning an A. H. Berning vom 1. 9. 1955, Nachl. H. Brüning, HUG FP 93.10 Box 3; H. Muckermann, Wie Heinrich Brüning, S. 112. Vgl. F. Muckermann, Im Kampf zwischen zwei Epochen, S. 458, 578; A. Dempf, Leserbrief an den Rheinischen Merkur vom 8. 5. 1970, abgedruckt in: V. Berning / H. Maier, Dempf, S. 193 ff.; A. L. Mannes, Brüning, S. 202; R. Morsey, Brünings Vorstellungen, S. 176.

12 G. van Roon, Dutch Contacts with the Resistance in Germany, S. 209. – Msgr. Poels nahm als Ehrengast der Wahlveranstaltung Brünings in der Kölner Rheinlandhalle am 3. 7. 1932 teil, Art. Das Zentrum zieht in die Wahlschlacht, KVZ Nr. 184 vom 4. 7. 1932. Über Poels auch J. Joos, So sah ich sie, S. 18 ff.

13 H. Muckermann, Wie Heinrich Brüning, S. 115; G. R. Treviranus, Ende von Weimar, S. 399; ders., Für Deutschland im Exil, S. 34 f.; St. A. Schuker, Ambivalent Exile, S. 330; Art. »weil Himmler befohlen hatte, mich zu verhaften«, Münsterische Zeitung vom 7. 1. 1981; H. Vollmar, Tennstedt, S. 1; H. Vollmar, Münster, an den Verf. vom 14. 12. 2001; Hans Peter Mensing, Amerika-Eindrücke Konrad Adenauers und Adenauer-Bilder in den USA, in: Klaus Schwabe, Rhöndorfer Gespräche Bd. 13 (Adenauer und die USA), Bonn 1994, S. 259; ders., Adenauer im Dritten Reich, S. 522; J. Becker, La politique Révisionniste, S. 23; Carel ter Haar, P. Friedrich Muckermann S. J. und »Der Deutsche Weg«. Katholisches Exil in den Niederlanden, in: W. Frühwald / H. Hürten, Christliches Exil, S. 309; H. Gruber, Muckermann, S. 26 f.; A. L. Mannes, Brüning, S. 202; Briefe und Gespräche, S. 21, 39, Anm. 1, 40, Anm. 1, 51, Anm. 1, 67; Tagebuch vom 5. 4. 1935, ebd. S. 67; M. Schumacher, M. d. R., S. 191; Th. A. Knapp, Brüning im Exil, S. 94 f.; Mitteilung über Churchs Aus-

scheiden aus dem Parlament von Frau Cl. Nix, Keene, an den Verf. vom 17. 4. 2003. – Nach R. Morsey, Brünings Einschätzung, S. 382, Anm. 3 wurde Brüning bei seiner Flucht nicht wie gelegentlich behauptet, von dem amerikanischen Generalkonsul in Berlin, George Messersmith, unterstützt. Vgl. Th. A. Knapp, Brüning im Exil, S. 94, Anm. 6.

14 G. R. Treviranus, Für Deutschland im Exil, S. 36 f. Vgl. M. Huttner, Britische Presse und nationalsozialistischer Kirchenkampf, S. 211 ff.; B. H. Liddell Hart, Lebenserinnerungen, S. 393. – Über Ebbutts Ausweisung aus Berlin im August 1937 siehe B. Fromm, Blood and Banquets, S. 249, 307; M. Huttner, Britische Presse und nationalsozialistischer Kirchenkampf, S. 205 ff.

15 M. Gilbert, Rumbold, S. 390 f.; G. R. Treviranus, Für Deutschland im Exil, S. 51. Vgl. D. Junker, Brüning, S. 322; R. Morsey, Brünings Einschätzung, S. 382, Anm. 5.

16 H. Brüning, Ein Brief, S. 265 f.; P. Stachura, Strasser, S. 122 ff. Vgl. F.-K. v. Plehwe, Schleicher, S. 289 f.; A. Mirgeler, Brüning, S. 74. Zum Hintergrund siehe auch S. Delmer, Die Deutschen und ich, S. 230 ff.; H. Hürten, Verfolgung und Widerstand, S. 60 ff.

17 Zu Hitlers Ernennung zum Reichskanzler als politische Niederlage der Demokraten siehe S. Haffner, Anmerkungen zu Hitler, S. 34 ff.; K. D. Bracher, Diktatur, S. 232 ff.; ders., Die totalitäre Erfahrung, München 1987, S. 45 f.; G. Jasper, Die gescheiterte Zähmung, S. 126.

18 Prager Manifest der Sopade vom 28. 1. 1934 – »Kampf und Ziel des revolutionären Sozialismus«, in: Erich Matthias, Mit dem Gesicht nach Deutschland, S. 215 ff. Vgl. W. Benz, Widerstand im Exil, S. 7 f.; dens., Prager Manifest, in: W. Benz / W. H. Pehle, Lexikon des deutschen Widerstandes, S. 273 f. – Zum Problem der »Revolution von rechts« siehe u. a. H. Möller, Die nationalsozialistische Machtergreifung – eine Revolution, in: R. Lill / H. Oberreuter, Machtverfall und Machtergreifung, S. 124 ff.

19 H. Brüning, Aufzeichnung vom 14. 6. 1934, Essen mit dem Premierminister und Vansittart, Briefe und Gespräche, S. 21 ff.; H. Brüning an H. Callender, New York Times vom 5. 5. 1943, Durchschlag, Nachl. H. Brüning, HUG FP 93.35 Box 3; H. Brüning an A. v. Schauroth vom 9. 4. 1955, Ausf., Sammlung Gärtringen; Wolfram Fischer, Bergbau, Industrie und Handwerk 1914-1970, in: Hermann Aubin / Wolfgang Zorn (Hrsg.), Handbuch der deutschen Wirtschafts- und Sozialgeschichte Bd. 2, Stuttgart 1976, S. 818. Vgl. L. Schwarzschild, Das Armutstheater des Dr. Schacht, in: Ders., Die Lunte am Pulverfaß, S. 63 ff.; R. Vansittart, The Mist Procession, S. 478; B. J. Wendt, Economic Appeasement, S. 143 f.; R. Morsey, Brünings Einschätzung, S. 385 f., Anm. 25; G. Schulz, Die Suche nach dem Schuldigen, S. 671; D. Marquand, MacDonald, S. 749 ff.; G. Mai, Europa, S. 70; A. Hillgruber, Rundstedt, S. 318; H. Hürten, Ein Reichskanzler im Exil, S. 198; E. Spevack, Enigma, S. 60; H. Gründer, Heinrich Brüning und das Problem der außenpolitischen »Kontinuität«, S. 80 f.; St. A. Schuker, Ambivalent Exile, S. 330; A. Schwarz, Die Reise ins Dritte Reich, S. 69. Über die territorialen Forderungen des nationalkonservativen Widerstandes in Deutschland siehe u. a. L. E. Hill, The National-Conservatives, S. 226 f.

20 R. Morsey, Brünings Einschätzung, S. 374.

21 R. Morsey, Brünings Einschätzung, S. 382, Anm. 3. – Am 12. 5. 1957 berichtete Brüning Treviranus, in der Gesellschaftsspalte der »Times« sei erwähnt worden, daß er in London angekommen sei unter Angabe der Adresse bei den Andersons, Durchschlag, Nachl. H. Brüning, HUG FP 93.10 Box 34. Nach einem Runderlaß der Gestapo vom 4. Mai 1933 wurden alle politischen Emigranten und deren Tätigkeit systematisch erfaßt, vgl. G. Paul, Repressionen, S. 125 f.

22 K. Gossweiler, Die Röhm-Affäre, S. 426, 493, Anm. 47.

23 G. R. Treviranus, Ende von Weimar, S. 399. Vgl. M. J. Bonn, So macht man Geschichte, S. 358.

24 H. Vollmar an H. Brüning vom 24. 8. 1962, Ausf., Nachl. H. Brüning, HUG FP 93.10 Box 28. – »Die Auslandssender und zahlreiche wie ein Flugfeuer über das Land verbreitete

mündliche Berichte bringen Einzelheiten über das infernalische Geschehen dieser Tage, über die Massenerschießungen in München, Berlin und anderen Städten, über die Methoden der Erledigung Röhms, des Ritters v. Kahr in München, Gregor Strassers in Berlin, über die Flucht Brünings, Treviranus' und anderer bekannter politischer Persönlichkeiten.« W. Keil, Erlebnisse Bd. 2, S. 523. Dazu Briefe und Gespräche, S. 21; H. Brüning an H. Rumbold vom 9. 7. 1934, ebd. S. 25 f.; R. Morsey, Leben und Überleben im Exil, S. 103; H. Schulze, Braun, S. 797; D. M. Schneider, Schauff, S. 67; H. Hömig, Brüning Bd. 1, S. 20. – Über die Gegenpropaganda des NS-Regimes, H. A. Tutas, NS-Propaganda, S. 28 f.

25 St. Breuer, Anatomie der Konservativen Revolution, S. 160 f., 167; Text der Marburger Rede des Vizekanzlers, in: J. Hohlfeld, Dokumente der deutschen Politik Bd. 4, Nr. 63, S. 159 ff.; J. Petzold, Papen, S. 223; J. H. Knoll, Konservative Ideologie, S. 229. Zum Inhalt auch ebd. S. 206 ff.; St. A. Schuker, Ambivalent Exile, S. 151; E. Forschbach, Jung, S. 104 f.; F. Müller, Papen, S. 55 ff.; J. Fest, Papen, S. 238 f.; A. François-Poncet, Souvenirs d'une Ambassade, S. 193 ff.; B. Jenschke, Kritik der konservativ-revolutionären Ideologie, S. 172 f.; H.-G. Richardi / K. Schumann, Geheimakte Gerlich/Bell, S. 173 ff.; H. Höhne, Mordsache Röhm, S. 233. Über Jungs Wandlung siehe u. a. K. Sontheimer, Antidemokratisches Denken, S. 283 ff.

26 Bericht der Staatspolizeistelle Kassel an das Geheime Staatspolizeiamt Berlin, ebd. S. 164 f. – Nach B. Jenschke, Kritik der konservativ-revolutionären Ideologie, S. 177 war die Rede vorher auf Anraten von Edmund Forschbach gedruckt und in 1.000 Exemplaren in Sicherheit gebracht worden.

27 H. Muckermann, Wie Heinrich Brüning, S. 116 ff.; Briefe und Gespräche, S. 21; H. Brüning an H. Rumbold vom 9. 7. 1934, bzw. an Th. Draper vom November 1947, ebd. S. 25 ff., Anm. 9; L. Schwerin v. Krosigk, Staatsbankrott, S. 159; F. J. Schöningh, Ein Deutscher sucht sein Vaterland, Süddeutsche Zeitung vom 21. 8. 1948; H. Brüning an F. J. Schöningh vom 5. 8. 1949, Briefe und Gespräche, S. 27, Anm. 10; Background-Interview Brünings vom September 1945, ebd. S. 539 ff.; A. Hillgruber, Rundstedt, S. 319; W. Struve, Elites Against Democracy, S. 347; St. A. Schuker, Ambivalent Exile, S. 341; P. Steinbach, Widerstand im Widerstreit, S. 302; J. Petzold, Papen, S. 185, 210, 223; D. M. Schneider, Schauff, S. 66; J. Wheeler-Bennett, Nemesis, S. 338 f.; S. Delmer, Die Deutschen und ich, S. 230 f., 236 ff.; E. Forschbach, Jung, S. 105, 122; I. v. Fallois, Kalkül und Illusion, S. 127 ff.; F. Müller, Papen, S. 61; H. Höhne, Mordsache Röhm, S. 247 f.; E. K. Bramsted, Goebbels, S. 69; Abschrift (Fotokopie) der Denkschrift Jungs für Papen vom April 1934, Institut für Zeitgeschichte, Nr. 98, 2375/59.
– H. Kessler, Tagebücher, S. 740 f. berichtet irrtümlich, daß Brüning Goebbels und nicht dieser ihm das Leben gerettet habe. Vgl. zum Ganzen F. v. Papen, Der Wahrheit eine Gasse, S. 345; G. Ritter, Goerdeler, S. 123; G. R. Treviranus, Für Deutschland im Exil, S. 12, 25; H. Foertsch, Schuld und Verhängnis, S. 53 ff.; R. Morsey, Papen, S. 83; dens., Brünings Einschätzung, S. 381, Anm. 2; K. M. Graß, Edgar Jung, Papenkreis und Röhmkrise, S. 200 ff., 213 ff., 226 ff., 235 f., 260 ff.; H. Graml, Edgar-Jung-Kreis, in: Lexikon des deutschen Widerstandes, S. 206; A. Mirgeler, Brünings Memoiren, S. 221, Anm. 14; W. Sauer, Die Mobilmachung der Gewalt, S. 922; H.-U. Thamer, Verführung und Gewalt, S. 326 ff.; K.-J. Müller, Revision, Aufrüstung und nationale Sicherheit, S. 21; dens., Über den »militärischen Widerstand«, S. 267 f.; Jeremy Noakes, German Conservatives and the Third Reich an ambiguous relationship, in: Martin Blinkhorn (Hrsg.), Fascist and Conservatives. The radical right and the establishment in twentieth-century Europe, London 1990, S. 83; B. Jenschke, Kritik der konservativ-revolutionären Ideologie, S. 177; H.-G. Richardi / K. Schumann, Geheimakte Gerlich/Bell, S. 52 ff. – Am 9. 4. 1932 kam es zu einem Revolverattentat auf Reichsbankpräsident Luther, der jedoch nur leicht verletzt wurde. Dazu Schultheß 1932, S. 65.

28 Vgl. K. Gossweiler, Die Röhm-Affäre, S. 426; B. Menne, The Case of Dr. Bruening, S. 78. Über das Gerücht, auch Hitler habe Brüning durch Mittelsmänner das Auswärtige Amt anbieten lassen, siehe Oscar Richardt, Heinrich Brüning, Rhein-Zeitung, Koblenz, vom 11. 6. 1947 (Auszug: Sopade Informationsdienst – Denkschriften 10. Reichskanzler a. D. Heinrich Brüning, Hannover 1947, S. 6, hektographiert); J. Wheeler-Bennett, Knaves, Fools and Heroes, S. 87.
29 K. v. Hammerstein, Spähtrupp, S. 68 ff.; W. Sauer, Die Mobilmachung der Gewalt, S. 922 f. – K. Mann, Tagebücher 1934-1935, München 1989, S. 80 erwähnt unter dem 23. 12. 1934, daß ein Stahlhelm-Mitglied F. als angeblicher Gegner des Regimes von einer »Kombination Fritsch-Mackensen-Papen« gesprochen habe.
30 K. v. Hammerstein, Spähtrupp, S. 73 ff.; W. Gans zu Putlitz, Unterwegs nach Deutschland, S. 212; H. Foertsch, Schuld und Verhängnis, S. 29.
31 H. Brüning, Memoiren, S. 679; G. R. Treviranus, Ende von Weimar, S. 400; ders., Für Deutschland im Exil, S. 33; K. v. Hammerstein, Exil, S. 70 ff.; J. W. Brügel, Tschechen und Deutsche, S. 223; H. Muckermann, Wie Heinrich Brüning, S. 116 ff.; H. Brüning, Aufzeichnung von März/April 1936, Entführungsversuche, Briefe und Gespräche, S. 115; H. Brüning an H. Rumbold vom 9. 7. 1934, ebd. S. 25 ff. Vgl. A. L. Mannes, Brüning, S. 202; H. J. Schorr, Stegerwald, S. 271; Briefe und Gespräche, S. 21. – In Regendanz' Haus hatten sich Schleicher und François-Poncet nach der Ernennung Hitlers zum Reichskanzler getroffen, vgl. J. W. Brügel, Tschechen und Deutsche, S. 223.
32 Vgl. H. Brüning, Aufzeichnung vom 17. 9. 1934, Briefe und Gespräche, S. 28 ff.; Memorandum vom 31. 8. 1935, ebd. S. 466 ff.; R. R. James, Churchill, S. 306; R. Morsey, Brünings Vorstellungen, S. 178. – Über den »feuerköpfigen Abgeordneten Winston Churchill« siehe u. a. W. Gans zu Putlitz, Unterwegs nach Deutschland, S. 208. Vgl. W. S. Churchill, The World Crisis. The Eastern Front, London 1931, S. 186 ff.; dens., Hindenburg (1934), in: Great Contemporaries, S. 86 ff.; dens., Hitler and his Choice (1935), ebd. S. 198 f.
33 Vgl. K. Gossweiler, Die Röhm-Affäre, S. 426.
34 H. Brüning, Aufzeichnung vom 17. 9. 1934, Briefe und Gespräche, S. 28 f. Vgl. ebd. S. 21; H. Brüning, Tagebuch vom 18. 3. 1935, ebd. S. 64; G. R. Treviranus, Für Deutschland im Exil, S. 51 ff., 55; H. Hömig, Brüning Bd. 1, S. 20; W. L. Patch, Bruning, S. 8, 306; dens., Brüning's Recollections, S. 364 f.
35 Briefe und Gespräche, S. 211, Anm. 4. Vgl. A. Mirgeler, Brüning, S. 172.
36 H. Brüning, Aufzeichnung vom 17. 9. 1934, Briefe und Gespräche, S. 30; G. R. Treviranus, Für Deutschland im Exil, S. 52.
37 Hier nach: E. Eyck, Weimarer Republik Bd. 2, S. 558 ff. Vgl. D. Marquand, MacDonald, S. 748 ff.; Ch. Bloch, Hitler und die europäischen Mächte, S. 22; W. Ruge, Hindenburg, S. 395.
38 B. H. Liddell Hart, Lebenserinnerungen, S. 207; Matthias Peter, John Maynard Keynes und die britische Deutschlandpolitik. Machtanspruch und ökonomische Realität im Zeitalter der Weltkriege 1919-1946, München 1997, S. 194.
39 H. Brüning, Aufzeichnung vom 17. 9. 1934, Briefe und Gespräche, S. 30.
40 Vgl. The International Who's Who, 16. Aufl. London 1952, S. 1038; P. Krüger / E. J. C. Hahn, Der Loyalitätskonflikt, S. 397 ff., 409; L. Kettenacker, Krieg zur Friedenssicherung, S. 37 f. – Wheeler-Bennett arbeitete zeitweise mit General Neill Malcolm, dem Leiter der britischen Militärmission in Berlin (1919-1921) zusammen, Mitteilung von Frau Cl. Nix, Keene, an den Verf. vom 15. 12. 2004. – Zur Geschichte des Instituts siehe u. a. E.-O. Czempiel, Die Entwicklung der Lehre von den Internationalen Beziehungen, S. 276; A. Bosco / C. Navari (Hrsg.), Chatham House and British Foreign Policy 1919-1945, passim. – zum ganzen auch die berühmte Denkschrift von Sir Eyre Crowe, Memorandum über den

gegenwärtigen Stand der britischen Beziehungen zu Frankreich und Deutschland vom 1. 1. 1907, in: Die Britischen Amtlichen Dokumente über den Ursprung des Weltkrieges 1898-1914. Hrsg. von G. P. Gooch und H. Temperley. Vom Britischen Auswärtigen Amt autorisierte einzige deutsche Ausgabe von Hermann Lutz, Stuttgart 1929, Bd. III, S. 645 ff.; ferner Friedrich Fritsch, Der Einfluß Sir Eyre Crowes auf das deutsch-englische Verhältnis, Diss. Erlangen 1958, S. 65 ff.; David P. Calleo, Legende und Wirklichkeit der deutschen Gefahr. Neue Aspekte zur Rolle Deutschlands in der Weltgeschichte von Bismarck bis heute, Bonn 1981, S. 63 f.

41 H. Brüning, Aufzeichnung vom 17. 9. 1934, ders. an P. Pfeiffer vom 29. 1. 1947, Briefe und Gespräche, S. 30 f.; 32, Anm. 22 f., 455; G. R. Treviranus, Für Deutschland im Exil, S. 54, 60 f.; Memorandum Sir R. Vansittarts vom 7. 4. 1934, DBFP II, Bd. 6, S. 988 f.; R. Vansittart, The Mist Procession, S. 418; L. P. Lochner, Die Mächtigen und der Tyrann, S. 213; A. Crozier, Chatham House and Appeasement, in: A. Bosco / C. Navari, Chatham House, S. 217; J. Charmley, Churchill, S. 303 f., 312 f.; Briefe und Gespräche, S. 165, Anm. 2; G. Ritter, Goerdeler, S. 179; P. Kluke, Großbritannien, S. 381.

42 Zit. nach H. Kühn, Widerstand und Emigration, S. 215. Vgl. Ph. W. Fabry, Mutmaßungen über Hitler, S.221; R. R. James, Churchill, S. 223 f.; N. Forbes, London Banks und German Debts, S. 578 ff., 582 f.

43 H. Brüning, Aufzeichnung vom September 1934, Briefe und Gespräche, S. 33 f. Vgl. dens., Aufzeichnungen vom 24./26. 6. 1939, ebd. S. 269; Harold James, Der Magier des Geldes, FAZ Nr. 16 vom 20. 5. 1987, S. 35; H. Brüning an Friedrich Dessauer vom 13. 2. 1935, Nachl. F. Dessauer, Kopien im Besitz des Verf.s; A. Boyle, Norman, S. 303 f., 307 f. – Über die Beziehungen zwischen Brüning und Church war beispielsweise der amerikanische Botschafter in Berlin wenn auch ungenau unterrichtet: Diplomat auf heißem Boden. Tagebuch des USA-Botschafters William E. Dodd in Berlin 1933-1938, Berlin 1962, S. 345.

44 H. Brüning an M. Anderson vom 28. 10. 1934; ders., Einzelheiten über den Entführungsversuch im März/April 1936, Briefe und Gespräche, S. 36, 480; Mitteilung von Frau Cl. Nix, Keene, an den Verf. vom 17. 4. 2003. Vgl. H. Hürten, Ein Reichskanzler im Exil, S. 197.

45 G. R. Treviranus, Für Deutschland im Exil, S. 33 ff.

46 H. Brüning an M. Anderson vom 9. 10. bzw. 15. 11. 1934 aus Melide bzw. Brignoles, Briefe und Gespräche, S. 42, dazu ebd. Anm. 1.

47 H. Brüning an C. Friedrich vom 9. 5. 1941, Briefe und Gespräche, S. 142, Anm. 3.

48 Zu dieser Problematik allgemein R. Morsey, Leben und Überleben im Exil, S. 106 f.

49 K. Mann, Tagebücher 1934-1935 (23. 12. 1934), München 1989, S. 80.

50 H. Brüning, Aufzeichnung vom Oktober 1935, Italienischer Abessinienfeldzug, Briefe und Gespräche, S. 94; H. Kessler, Tagebücher (20. 7. 1935), S. 742; R. F. Schmidt, Die Außenpolitik des Dritten Reiches, S. 29 f.; H. v. Riekhoff, German-Polish Relations, S. 361, 363; H. Roos, Polen und Europa, S. 61. Vgl. G. N. Shuster, Dr. Brüning's Sojourn, S. 455; F. Knipping, La diplomatie allemande et la France (1933-1936), in: La France et L'Allemagne, S. 220; H. Hecker, Die Tat, S. 184 f.; K. D. Bracher, Geschichte als Erfahrung, S. 175; Jan Zaufall, Misja Ludwika Hieronima Morstina, in: Niepodleglosc 8 (1972), S. 161-166.

51 Robert W. Mühle, Frankreich und Hitler, S. 99.

52 H. Kessler, Tagebücher (20. 7. 1935), S. 737 f.; H. Brüning, Tagebuch vom 20. 7. 1935, Briefe und Gespräche, S. 76 f.; W. Köhler, Wolff, S. 276; A. Kolb, 1907-1964. Zeitbilder, S. 133; Sigrid Bauschinger (Hrsg.), Ich habe etwas zu sagen. Annette Kolb 1870-1967, München 1993, S. 16; Maria-Luise Kreuter, Emigration, in: W. Benz / H. Graml / H. Weiß, Enzyklopädie des Nationalsozialismus, S. 300; Charlotte Marlo Werner, Annette Kolb. Biographie einer literarischen Stimme, Königstein 2000, S. 128, 164; L. Eiber, Verschwiegene Bündnispartner, S. 68; Rita Thalmann, L'immigration allemande et l'opinion publique en France de

1933 à 1936, in: La France et l'Allemagne, S. 150. – Über die Gründung der »Deutschen Volksfront« im Hotel Lutétia in Paris am 6. Februar 1936 siehe ebd. S. 155 f., dazu die Übersicht über die erzwungene Auswanderung nach 1933, D. Petzina / W. Abelshauser / A. Faust, Sozialgeschichtliches Arbeitsbuch Bd. 3, S. 133.

53 Vgl. J. Wheeler-Bennett / A. Nicholls, The Semblance of Peace, S. 29.
54 W. Röder / H. A. Strauss, Biographisches Handbuch Bd. 1, S. 586 f. Vgl. H. Brüning an E. Brettauer vom 7. 10. 1948, Durchschlag, Nachl. H. Brüning, HUG FP 93.10 Box 5.
55 H. Brüning, Aufzeichnung vom 7. 8. 1937, Briefe und Gespräche, S. 144; H. Vollmar, Münster, an den Verf. vom 14. 12. 2001; E. Spevack, Enigma, S. 73. Vgl. Th. Mann, Aufzeichnung vom 14. 7. 1937, Tagebücher 1937-1939, hrsg. von Peter de Mendelssohn, Frankfurt/Main 1980, S. 76. Danach handelte es sich um eine konservative Halbmonatsschrift.
56 Entwurf eines Schreibens von R. Katz an F. Stampfer vom Juni 1939, E. Matthias, Mit dem Gesicht nach Deutschland, S. 402 ff.; Chr. Mauch, Schattenkrieg, S. 118.
57 H. Pünder, Von Preußen nach Europa, S. 146; H. Brüning an H. Pünder vom Juni 1947, Briefe und Gespräche, S. 455; F. Müller, Die »Brüning Papers«, Selbstzeugnisse, S. 37.
58 H. Brüning an M. Anderson vom 9. bzw. 28. 10. 1934, Briefe und Gespräche, S. 34, 36.
59 Vgl. M. J. Bonn, So macht man Geschichte, S. 359.
60 H. Brüning, Tagebuch vom 31. 10., 1., 3., 26. 11. 1934, H. Brüning an M. Anderson vom 2. 11. 1934, ders., Einzelheiten über den Entführungsversuch im März/April 1936, Briefe und Gespräche, S. 36, 38 f., 45, 115, 490; H. Brüning an Friedrich Dessauer vom 10. 11. 1934, Nachl. F. Dessauer, Kopien im Besitz des Verf.s. Vgl. M. Huttner, Britische Presse und nationalsozialistischer Kirchenkampf, S. 213.
61 H. Brüning, Tagebuch vom 6.-10. 11. 1934, 14. 8. 1935, H. Brüning an M. Anderson, Nymwegen, August 1938 bzw. 7. 6. 1945, Briefe und Gespräche, S. 40 f., 80, 208 f., 431 f.; H. Brüning an B. Reismann vom 28. 8. 1926, Briefe 1946-1960, S. 46; H. Brüning an Friedrich Dessauer vom 10. 11. 1934, Durchschlag, Nachl. H. Brüning, HUG FP 93.10 Box 7; H. Brüning an R. Leiber vom 25. 9. 1957, Durchschlag, ebd. Box 22; Manuskript der Ansprache Brünings, ebd. HUG FP 93.35 Box 4; H. Brüning an A. Kahle vom 6. 11. 1946, H. Amely, Brüning, S. 38; Carel ter Haar, P. Friedrich Muckermann S. J. und »Der Deutsche Weg«. Katholisches Exil in den Niederlanden, in: W. Frühwald / H. Hürten, Christliches Exil, S. 309; H. Gruber, Muckermann, S. 26 f.; G. R. Treviranus, Für Deutschland im Exil, S. 74. Vgl. Briefe und Gespräche, S. 72, Anm. 1; Bezirksanwalt M. Kaegi, Zürich, Bericht über die Untersuchung gegen Hugo Römer und Heinrich Müller vom 9. 7. 1936, S. 6, Bundesarchiv Bern, E 4320 (B) 1974/47 Bd. 17 Dossier A. 14.10.
62 H. Brüning an Friedrich Dessauer vom 10. 11. 1934, Nachl. F. Dessauer, Kopien im Besitz des Verf.s.
63 H. Brüning an E. Brettauer vom 7. 10. 1948, Durchschlag, Nachl. H. Brüning, HUG FP 93.10 Box 5.
64 Vgl. Briefe und Gespräche, S. 21; H. Brüning an M. Anderson vom 10. 10. 1934, ebd. S. 35; H. Brüning an E. Brettauer vom 7. 10. 1948, Durchschlag, Nachl. H. Brüning, HUG FP 93.10 Box 5; F. Müller, Die »Brüning Papers«, Selbstzeugnisse, S. 36; H. Vollmar, Tennstedt, S. 2.
65 H. Brüning, Tagebuch vom 26., 30. 11. und 1.-8. 12. 1934, Briefe und Gespräche, S. 46 ff. Vgl. Tagebucheintrag vom 3. und 17. 11. 1934, ebd. S. 39, 42.
66 H. Brüning, Tagebuch vom 9. 12. 1934, Briefe und Gespräche, S. 50. Vgl. H. Brüning an Friedrich Dessauer vom 10. 11. 1934 und vom 13. 2. 1935, Nachl. F. Dessauer, Kopien im Besitz des Verf.s; Friedrich Dessauer an H. Brüning vom 20. 11. 1935, Nachl. H. Brüning, HUG FP 93.10 Box 7; G. R. Treviranus, Für Deutschland im Exil, S. 37. Nach H. Kessler, Tagebücher (22. 8. 1935), S. 745 bewohnte die Familie in dem palastartigen Apartment-Haus in Portman Square eine »hübsche, etwas präraffaelitisch hergerichtete Etage«.

67 H. Brüning an M. Anderson vom 19. 1. 1941, Briefe und Gespräche, S. 337.
68 Mitteilung von Frau Cl. Nix, Keene, an den Verf. vom 15. 12. 2004.
69 H. Brüning, Tagebuch vom 13. und 16. 12. 1934, Briefe und Gespräche, S. 50 f. Vgl. H. Brüning an H. Bergemann vom 2. 9. 1954, Durchschlag, Nachl. H. Brüning, HUG FP 93.10 Box 3; Mitteilung von Frau Cl. Nix, Keene, an den Verf. vom 15. 12. 2004.
70 H. Brüning, Tagebuch vom 18.-24. 12. 1934, Briefe und Gespräche, S. 51 ff.
71 H. Brüning, Tagebuch vom 25.-31. 12. 1934, Briefe und Gespräche, S. 53 f.; G. R. Treviranus, Für Deutschland im Exil, S. 26.
72 Briefe und Gespräche, S. 55; H. Brüning an W. Thormann vom 21. 1. 1941, ebd. S. 338; G. R. Treviranus, Für Deutschland im Exil, S. 73; R. Morsey, Leben und Überleben im Exil, S. 88 ff.; F. Mülller, Die »Brüning Papers«, Selbstzeugnisse, S. 33, 37. Vgl. H. Brüning an E. Brettauer vom 18. 4. 1949, Durchschlag, Nachl. H. Brüning, HUG FP 93.10 Box 3; H. Brüning an G. N. Shuster vom 19. 10. 1940, Ausf., Nachl. G. N. Shuster, Notre Dame CSHU Box 10, 2; A. Mirgeler, Brüning, S. 73. – Über W. Thormann, der nach seiner Emigration in die USA für den amerikanischen Geheimdienst arbeitete siehe u. a. Chr. Mauch, Schattenkrieg, S. 71 f.
73 H. Brüning, Tagebuch vom 3. und 26. 1. 1935, Briefe und Gespräche, S. 57.
74 Dazu R. Morsey, Leben und Überleben im Exil, S. 88 ff.; ders., Zentrumspartei und Zentrumspolitiker, S. 408 f.; ders., Brünings Einschätzung, S. 373; H. Kessler, Tagebücher (22. 8. 1935), S. 745. Zu den internen Hintergründen siehe u. a. A. Krebs, Tendenzen und Gestalten, S. 146 f.
75 H. Brüning, Tagebuch vom 11. und 12. 3. 1935, Briefe und Gespräche, S. 63; R. Morsey, Brünings Kritik am politischen Wiederaufbau, S. 365; Art. Reichswehr, in: Wörterbuch zur deutschen Militärgeschichte Bd. 2, S. 817; J. Schmädeke, Militärische Umsturzversuche, S. 297. Vgl. Gerd R. Ueberschär, Wehrmacht, in: W. Benz / H. Graml / H. Weiß, Enzyklopädie des Nationalsozialismus, S. 98 ff.; K.-J. Müller, Revision, Aufrüstung und nationale Sicherheit, S. 28; (Hanns Hubert Hofmann,) Vietinghoff, in: Hellmuth Rößler / Günther Franz (Hrsg.), Biographisches Wörterbuch zur deutschen Geschichte Bd. 3, München 1975, Sp. 2987 f. – Über die Rolle Vietinghoffs als Befreier des sogenannten Prominententransports in Tirol siehe P. Hoffmann, Widerstand, Staatsstreich, S. 620.
76 Vgl. u. a. J. Dülffer, Weimar, Hitler, S. 334 ff.; N. Henderson, Failure of a Mission, S. 112; R. R. James, Churchill, S. 254 ff.; A. François-Poncet, De Versailles à Potsdam, S. 226.
77 Vgl. u. a. G. Schulz, Deutschland seit dem Ersten Weltkrieg, S. 169 f.; Resolution der Vertreter der Regierungen Italiens, Frankreichs und Englands vom 14. 4. 1935, in: J. Hohlfeld, Dokumente der deutschen Politik Bd. 4, Nr. 89, S. 227 f.
78 H. Kessler, Tagebücher (22. 8. 1935), S. 745.
79 H. Brüning, Aufzeichnung vom April 1935, bzw. vom Januar 1936, »Friedrichs« Bote, Briefe und Gespräche, S. 70, 104; St. A. Schuker, Ambivalent Exiles, S. 343. Vgl. H. Hürten, Ein Reichskanzler im Exil, S. 198; R. Morsey, Zur Problematik einer zeitgeschichtlichen Briefedition, S. 76; dens., Brünings Einschätzung, S. 374; dens., Brünings Vorstellungen, S. 183; A. Mirgeler, Brüning, S. 74 f.; E. Spevack, Enigma, S. 61.
80 J. Wheeler-Bennett, The New Regime in Germany, S. 319.
81 Vgl. K. M. Graß, Edgar Jung, Papenkreis und Röhmkrise, S. 218 ff., 235 ff., 249; E. Forschbach, Jung, S. 105 ff., 113; Ch. Bloch, Hitler und die europäischen Mächte, S. 72 f.; H. Brüning, Tagebuch vom 18. 3. 1935, Briefe und Gespräche, S. 64, Anm. 1; H. Kessler, Tagebücher, S. 741; H. Brüning an G. Bucerius vom 8. 8. 1952, Briefe 1946-1960, S. 315; W. S. Churchill, Der Zweite Weltkrieg Bd. 1, 1, S. 87; G. Mai, Europa, S. 234; H. Brüning an C. Goetz vom 13. 11. 1952, F. Müller, Die »Brüning Papers«, Selbstzeugnisse, S. 186; M. Poulain, Deutschlands Drang nach Südosten, S. 147; A. François-Poncet, Souvenirs d'une Ambassade, S. 296 f. – Mitte Februar 1935 behandelte Brüning in seinem Diktat der Memoiren

die Ereignisse von 1933, H. Brüning an Friedrich Dessauer vom 13. 2. 1935, Nachl. F. Dessauer, Kopien im Besitz des Verf.s. – Von Brünings Absicht, seine Memoiren zu verfassen, erfuhr auch die Gestapo, die der Stenotypistin Gisela v. Alvensleben ein Honorar in unbestimmter Höhe anbot. Sie schrieb in Melide täglich etwa 15 Seiten ohne Durchschlag und ließ das Manuskript schließlich zweifach von ihrer Tochter kopieren. Die Kopien wurden an eine Zürcher Bank geschickt, kamen aber dort nicht an. Nach Ansicht von G. v. Alvensleben fielen sie in die Hände der Nazis. Dazu G. v. Alvensleben an Cl. Nix vom 23. 12. 1974, Ausf., Nachl. H. Brüning, HUG FP 93.10 Box 1; dies. an Cl. Nix (Poststempel vom 25. 3. 1972), Ausf., ebd. HUG FP 93.90 Box 1; dies., Zuschrift an Publik (Nr. 15) vom 2. 4. 1970, S. 10.

82 H. Brüning, Tagebuch vom 16.-27. 3. 1935, Briefe und Gespräche, S. 63 ff.; G. R. Treviranus, Für Deutschland im Exil, S. 73 f.; H. Brüning an M. Brüning vom 31. 8. 1946, Durchschlag, Nachl. H. Brüning, HUG FP 93.10 Box 27; H. Brüning an A. v. Schauroth vom 9. 4. 1955, Ausf., Sammlung Gärtringen; Mitteilung von Frau Cl. Nix, Keene, an den Verf. vom 15. 12. 2004. – Brüning schrieb am 15. 8. 1946 an Frau Letterhaus, ihr Mann sei der einzige gewesen, der in der Lage gewesen wäre, »wirklich die politische Führung zu übernehmen.« Hier nach: G. van Roon, Neuordnung im Widerstand, S. 266. – Gegenüber Allen W. Dulles bezeichnete er ihn im Hinblick auf eine künftige politische Aufgabe als »einen der Besten.« A. W. Dulles, Verschwörung in Deutschland, S. 252. Vgl. R. Morsey, Zentrumspartei und Zentrumspolitiker, S. 406.

83 Vgl. H. Brüning, Tagebuch vom 5.-7. 4. 1935, Briefe und Gespräche, S. 67 f.

84 H. Brüning Aufzeichnung vom 11. 4. 1935, Briefe und Gespräche, S. 68 f. Vgl. P. Kluke, Großbritannien, S. 381; B. J. Wendt, Economic Appeasement, S. 142 f.; dens., Die englische Politik des ›Appeasement‹ in den dreißiger Jahren und ihre Beurteilung in der Geschichtswissenschaft, in: G. Schulz, Die Große Krise der dreißiger Jahre, S. 234 ff.; H.-J. Schröder, Das Dritte Reich und die USA, S. 127.

85 H. Brüning, Aufzeichnung vom April 1935, Briefe und Gespräche, S. 70. Dazu F. Leith-Ross, Money Talks, S. 250 f.

86 H. Brüning an M. Anderson vom 23. 4. bzw. 29. 5. 1935, Briefe und Gespräche, S. 71, 73; Tagebuch vom 14. 8. 1935, ebd. S. 80; H. Brüning an Friedrich Dessauer vom 22. 1. 1947, Durchschlag, Nachl. H. Brüning, HUG FP 93.10 Box 7; H. Kessler, Tagebücher (20. 7. 1935), S. 742. Vgl. W. Gans zu Putlitz, Unterwegs nach Deutschland, S. 208; A. Mirgeler, Brüning, S. 170; B. J. Wendt, Economic Appeasement, S. 142 f.

87 Chr. Müller, Stauffenberg, S. 118.

88 H. Brüning an M. Anderson vom 24. 5. 1935, Briefe und Gespräche, S. 72 f.

89 H. Brüning an M. Anderson vom 24. bzw. 29. 5. 1935, Briefe und Gespräche, S. 72 f.; ders., Für meine politischen Freunde im Falle eines Zusammenbruchs des gegenwärtigen Regierungssystems, ebd. Anhang, S. 464 f. Vgl. H. Brüning an F. Elsen vom 29. 12. 1951, Durchschlag, Nachl. H. Brüning, HUG FP 93.35 Box 3; A. Mirgeler, Brüning, S. 63; R. Morsey, Brünings Einschätzung, S. 372; dens., Brünings Kritik am politischen Wiederaufbau, S. 365; dens., Zentrumspartei und Zentrumspolitiker, S. 406; dens, Brünings Vorstellungen, S. 180.

90 H. Brüning, Tagebuch vom 8. und 19. 8. 1935, Aufzeichnung vom Januar 1936, »Friedrichs Bote«, Briefe und Gespräche, S. 79, 82 bzw. 103. Vgl. ebd. S. 41, Anm. 1; H. Brüning an H. B. Gisevius vom 20. 8. 1946, Nachl. H. Brüning, HUG FP 93.10 Box 11; B. H. Liddell Hart, Lebenserinnerungen, S. 183; P. Hoffmann, Widerstand, Staatsstreich, S. 169; A. Hillgruber, Rundstedt, S. 318 f.; Chr. Müller, Stauffenberg, S. 66, 118, 290; G. Buchheit, Der deutsche Geheimdienst, S. 131; St. A. Schuker, Ambivalent Exile, S. 351; R. Morsey, Brünings Kritik am politischen Wiederaufbau, S. 366; Maurice Philipp Remy, Mythos Rommel, München 2002, S. 212 ff.; R. G. Huber, Rundstedt, S. 134, 136 f.; H. Brüning an P. Schwarz vom 3. 5. 1942, Briefe und Gespräche, S. 395. – Über das gespannte Verhältnis Geyr von

Schweppenburgs zur Abwehr in den Tagen um die Rheinlandbesetzung am 7. März 1936, H. Höhne, Canaris, S. 198 ff.

91 H. Brüning, Aufzeichnung vom April 1935, bzw. vom Januar 1936, »Friedrichs« Bote, Memorandum vom 31. 8. 1935, Briefe und Gespräche, S. 79, 82, 104, 466 ff. Vgl. H. Hürten, Ein Reichskanzler im Exil, S. 198; F. Müller, Die »Brüning Papers«, Selbstzeugnisse, S. 38.

92 H. Brüning, Tagebuch vom 20. 8. 1935, H. Brüning an M. Anderson vom 25.-28. 8. 1935, Briefe und Gespräche, S. 82, 87; Memorandum vom 31. 8. 1935, ebd. S. 466.

93 H. Brüning an H. B. Gisevius vom 20. 8. 1946, Nachl. H. Brüning, HUG FP 93.10 Box 11.

94 H. Kessler, Tagebücher (22. 8. 1935), S. 745. Im Februar 1935 berichtete Brüning Dessauer, daß sich in der »gesamten Reichswehr eine verächtliche Stimmung« gegen Hitler breit mache, den man als »Dalai Lama« bezeichne. H. Brüning an Friedrich Dessauer vom 10. 11. 1934 und vom 13. 2. 1935, Nachl. F. Dessauer, Kopien im Besitz des Verf.s. – In der Wohnung am Portman Square empfing Brüning 1936 auch andere Besucher, beispielsweise Sir Arthur Salter, Professor für politische Theorie und Institutionen in Oxford, vgl. H. Brüning, Aufzeichnung vom Mai 1936, Briefe und Gespräche, S. 117 ff.

95 H. Brüning an H. Schäffer vom Februar 1935, Briefe und Gespräche, S. 105 ff. Vgl. H. Hürten, Ein Reichskanzler im Exil, S. 198; G. Schulz, Die Suche nach dem Schuldigen, S. 680; G. Golla, Nationalsozialistische Arbeitsbeschaffung, S. 87 ff., 230; H. James, Deutschland in der Weltwirtschaftskrise, S. 349; H. Brüning an Friedrich Dessauer vom 10. 11. 1934 und vom 13. 2. 1935, Nachl. F. Dessauer, Kopien im Besitz des Verf.s – Nach H. Kessler, Tagebücher, S. 741 f. hatte sich Brüning am 20. 7. 1935 in ähnlichem Sinne geäußert: »Die Katastrophe, in die das Regime hineintreibe, lasse sich noch vielleicht ein bis anderthalb Jahre hinausschieben. Ein Jahr könnten sie [die Nationalsozialisten, d. Verf.] noch Granaten drehen und Kanonen gießen. Wenn aber alle Lager voll und das Geld alle sei, würden sie die Rüstungsindustrie abbauen und Hunderttausende von Arbeitern wieder auf die Straße werfen. Dann könnten sie sich vielleicht noch ein halbes Jahr (Winter 1936-37) halten, indem sie überall im Lande täglich soundso viel Menschen ›umlegten‹. Aber dann müsse die Explosion so oder so (durch Krieg oder Revolution) erfolgen.«

96 Vgl. H. Pünder, Von Preußen nach Europa, S. 145. – Über das Verhältnis Schacht – Hitler und Schachts hinhaltenden Widerstand gegen die Aufrüstung siehe A. Fischer, Schacht, S. 71 f.; G. Golla, Nationalsozialistische Arbeitsbeschaffung, S. 296 f.; Fritz Ermarth, The new Germany. National Socialist government in theory and practice, Washington, D. C., 1936, S. 154 ff.; A. Boyle, Norman, S. 303 f.

97 Vgl. die Erklärung Schachts während des Nürnberger Kriegsverbrecherprozesses am 1. 5. 1946, IMT Bd. 12, S. 535; Ch. Kindleberger, Die Weltwirtschaftskrise, S. 298; A. Ritschl, Wirtschaftspolitik im Dritten Reich, S. 131 f.; F. Blaich, Wirtschaft und Rüstung in Deutschland, S. 292 f.

98 C. E. Clingan, Finance, S. 223 f. Vgl. H. James, Deutschland in der Weltwirtschaftskrise, S. 357 ff.; K. Hardach, Wirtschaftsgeschichte Deutschlands, S. 76.

99 G. Schulz, Deutschland seit dem Ersten Weltkrieg, S. 162.

100 Vgl. M. Jordan, Beyond all Fronts, S. 154 f., 178.

101 H. Kessler, Tagebücher (20. 7. 1935), S. 740. Vgl. S. Haffner, Anmerkungen zu Hitler, S. 156 ff. Zu der umstrittenen These, Hitler sei ein schwacher Diktator gewesen, siehe u. a. H. Hömig, Hitlers Herrschaftssystem. Von der Diktatur zur Tyrannei, in: Ders., Von der Deutschen Frage zur Einheit Europas. Historische Essays, 2. Aufl. Bochum 1993, S. 144 ff.; M. Steinert, Hitler, S. 332 ff., dazu die Kritik von K. Hildebrand, Im Zentrum herrscht Schweigen. Eine neue Hitler-Biographie scheitert an ihrem Gegenstand, FAZ Nr. 236 vom 11. 10. 1994, S. 12.

102 Vgl. R. Morsey, Vorstellungen Christlicher Demokraten, S. 208 ff.; dens., Christliche Demokraten in Emigration und Widerstand, S. 11.

103 »Den Staat nur auf vorübergehende Nützlichkeitserwägungen zu gründen ist außerordentlich bedenklich und architektonisch schwierig. Das Bedürfnis nach einem Staatsbekenntnis, nach dem demokratischen Freiheitsstaat Deutschland, der als moralische Notwendigkeit hervorgewachsen ist, scheint mir absolut vorhanden zu sein, ein Bedürfnis, das über Rechtsformulierungen hinwegschreitet, das ein Bedürfnis der Staatsweisheit und Staatsvorsicht ist.« Zit. nach Theodor Heuss, Friedrich Naumann. Der Mann, das Werk, die Zeit, Stuttgart 1949, S. 470. Zu den jungkonservativen Wahlrechtsvorstellungen in den dreißiger Jahren siehe J. H. Knoll, Konservative Ideologie, S. 230 ff.

104 Brüning erläuterte seinen »Plan« auch gegenüber Graf Kessler und Annette Kolb, H. Kessler, Tagebücher (20. 7. 1935), S. 743.

105 »Daß die Politik an den Krieg Forderungen macht, die er nicht leisten kann, wäre gegen die Voraussetzung, daß sie das Instrument kenne, welches sie gebrauchen will, also gegen eine natürliche, ganz unerläßliche Voraussetzung. ... es ist ein widersinniges Verfahren, bei Kriegsentwürfen Militäre zu Rate zu ziehen, damit sie rein militärisch darüber urteilen sollen, wie die Kabinette wohl tun; aber noch widersinniger ist das Verlangen der Theoretiker, daß die vorhandenen Kriegsmittel dem Feldherrn überwiesen werden sollen, um danach einen rein militärischen Entwurf zum Kriege oder Feldzuge zu machen ... Nur dann, wenn die Politik sich von gewissen kriegerischen Mitteln und Maßregeln eine falsche, ihrer Natur nicht entsprechende Wirkung verspricht, kann sie mit ihren Bestimmungen einen schädlichen Einfluß auf den Krieg haben.« C. v. Clausewitz, Vom Kriege, S. 994 f.

106 Vgl. G. Stolper, Deutsche Wirtschaft, S. 153; H.-J. Schröder, Das Dritte Reich und die USA, S. 120.

107 Vgl. H. Winkel, Der Glaube an die Beherrschbarkeit von Wirtschaftskrisen, S. 28; T. W. Mason, Zur Funktion des Angriffskrieges, S. 379 f.; N. Schausberger, Der Griff nach Österreich, S. 433.

108 Denkschrift Bülows vom 13. 3. 1933, in: K.-J. Müller, Armee und Drittes Reich, Nr. 119, S. 264 ff.; Marshall M. Lee / Wolfgang Michalka, German Foreign Policy 1917-1933. Continuity and Break, Leamington 1987, S. 143 ff.; A. Mirgeler, Brüning, S. 75; P. Krüger / E. J. C. Hahn, Der Loyalitätskonflikt, S. 390 ff.; I. v. Fallois, Kalkül und Illusion, S. 153 f.; K.-J. Müller, Revision, Aufrüstung und nationale Sicherheit, S.19 f.; H. Gründer, Heinrich Brüning und das Problem der außenpolitischen »Kontinuität«, S. 66 ff., 80; Rudolf Stucken, Besonderheiten der Geld- und Kreditpolitik in Westdeutschland und ihre konjunkturpolitische Bedeutung, Berlin 1954, S. 10 ff.; Dietmar Petzina, Die deutsche Wirtschaft in der Zwischenkriegszeit, Wiesbaden 1977, S. 117 ff.; M. v. Prollius, Das Wirtschaftssystem der Nationalsozialisten, S. 102; Michael Kißener, »Nach außen ruhig, nach innen lebendig«. Widerstand aus der katholischen Arbeiterschaft, in: P. Steinbach / J. Tuchel, Widerstand gegen den Nationalsozialismus, S. 161. Dagegen nimmt R. Morsey, Christliche Demokraten, S. 11 an, daß Brüning die Revisionsforderungen nach den Grenzen von 1914 unterstützte.

109 F. Halder an W. v. Fritsch vom 6. 8. 1934, hier nach: Gerd R. Ueberschär, Generaloberst Franz Halder, Generalstabschef, Gegner und Gefangener Hitlers, Göttingen 1991, S. 22 f.

110 K.-J. Müller, Über den »militärischen Widerstand«, S. 269 ff.

111 H. Brüning, Tagebuch vom 23. 8. 1935, Briefe und Gespräche, S. 83; R. Morsey, Brünings Vorstellungen, S. 181. Vgl. H. Kessler, Tagebücher (22. 8. 1935), S. 745; J. Stephan, Begleiterin im langen Schatten. Nach G. N. Shuster, In Amerika und Deutschland. Erinnerungen eines amerikanischen College-Präsidenten, 1965, S. 144 f., 149, J. Radkau, Emigration, S. 184 bzw. M. Schumacher, M. d. R., S. 191 handelte es sich um die Gustav-Oberlaender-Stiftung. – Die Stiftung scheint Brüning in Amerika und Europa bis 1937 finanziell unterstützt zu haben. Vgl. G. N. Shuster, Dr. Brüning's Sojourn, S. 451; dens., In Amerika und Deutschland, S. 144; dens., The Ground I Walked On, S. 147; E. Spevack, Enigma, S. 8; F. Müller, Die »Brüning Papers«, Selbstzeugnisse, S. 37.

112 Maurice Paléologue, Un grand tournant de la politique mondiale (1904-1906), Paris 1934; Rudolf Olden, Hindenburg oder der Geist der preußischen Armee, Paris 1935; H. Brüning, Tagebuch vom 25. 8. 1935, Briefe und Gespräche, S. 84. Vgl. H. Brüning an G. N. Shuster vom 19. 10. 1940, Ausf., Nachl. G. N. Shuster, Notre Dame CSHU Box 10, 2; W. Köhler, Wolff, S. 274.
113 H. Brüning an M. Anderson vom 25.-30. 8. 1935, Briefe und Gespräche, S. 86 f.
114 H. Brüning, Tagebuch vom 25.-30. 8., 4.-7. 9. 1935, Briefe und Gespräche, S. 88 ff.; H. Brüning an M. Anderson vom 25.-30. 8., 9. 9. 1935, ebd. S. 86 f., 92. Vgl. H. Brüning an H. Ullmann vom 24. 12. 1957, Briefe 1946-1960, S. 443; H. Brüning an G. R. Treviranus vom 24. 12. 1957, Nachl. H. Brüning, HUG FP 93.10 Box 34.
115 H. Brüning, Tagebuch vom 11. 9. 1935, Briefe und Gespräche, S. 93. Vgl. ebd. S. 55 f.; H. Brüning an St. v. Raumer vom 4. 11. 1946, Briefe 1946-1960, S. 53 f.; H. Pünder an H. Brüning vom 27. 3. 1951, Entwurf, Nachl. H. Pünder, Ausf., BA Koblenz N 1005, Nr. 613; G. N. Shuster, Dr. Brüning's Sojourn, S. 451, 455; G. R. Treviranus, Für Deutschland im Exil, S. 90, 102; J. Radkau, Die deutsche Emigration, S. 184 f.; St. A. Schuker, Ambivalent Exile, S. 330; Msgr. James Coffey an Msgr. Prof. Dr. Gerhard Fittkau vom 13. 4. 1988, Kopie im Besitz des Verf.s. – Patrick Barry, geb. am 22. 6. 1886 in Freemount, Co. Cork hatte 1926 in München über »Die Zustände im Wiener Schottenkloster vor der Reform des Jahres 1418« (Aichach 1927) promoviert.
116 H. Brüning an M. Anderson vom 25.-30. 8. 1935, Briefe und Gespräche, S. 87; ders., Aufzeichnung vom Januar 1936, »Friedrichs Bote«, ebd. S. 103. H. Brüning an H. B. Gisevius vom 20. 8. 1946, Nachl. H. Brüning, HUG FP 93.10 Box 11; J. Coffey an G. Fittkau vom 13. 4. 1988, Kopie im Besitz des Verf.s; Foreign or Communist Front?, National Archives, Washington, S. 3 f.; G. N. Shuster, Dr. Brüning's Sojourn, S. 451; ders., In Amerika und Deutschland, S. 144 ff.; ders., The Ground I Walked On, S. 146 f.; ders., Conversations with Dr. Bruening 1936, Nachl. G. N. Shuster, Notre Dame CSHU Box 2; G. R. Treviranus, Für Deutschland im Exil, S. 34 f., 40; E. Spevack, Enigma, S. 6 f., 40; J. Radkau, Die deutsche Emigration, S. 184; H. Vollmar, Münster, an den Verf. vom 14. 12. 2001. – Brüning notierte am 20. 12. 1934 nach einem Essen mit Lord Eustace Percy und Frau v. Einem, deren Rolle sei ihm »plötzlich klar geworden«, Briefe und Gespräche, S. 52. Nach der Verhaftung und Verurteilung der Frau von Einem in Frankreich schrieb Brüning am 25. 3. 1940 an M. Anderson, nun werde Church verstehen, warum er seinerzeit den Kontakt mit ihm abbrechen mußte. Sie habe ihm und seinen Freunden größeres Unheil zugefügt als sonst jemand. – Frau v. Einem war im Sommer 1939 in Paris in Abwesenheit wegen Spionage verurteilt worden. Vor Kriegsende wurde sie vom Volksgerichtshof zum Tode verurteilt, aber 1948 von einem französischen Gericht freigesprochen, vgl. Briefe und Gespräche, S. 52, Anm. 2, 312, Anm. 3; Chr. Mauch, Schattenkrieg, S. 38. – Zur Biographie G. N. Shusters siehe Friederike Maria Zweig, George N. Shuster, in: Güte – Wissen – Verstehen. Drei Lebensbilder großer amerikanischer Erzieher, Esslingen 1949, S. 38 ff.
117 H. Brüning, Aufzeichnung vom Januar 1936, »Friedrichs Bote«, Briefe und Gespräche, S. 103 f.; ders., Aufzeichnung, undatiert (1945), mit hs. Vermerk »Chalet Edelweiß, Gstaad«, Nachl. H. Brüning, HUG FP 93.10 Box 22. Vgl. G. R. Treviranus, Für Deutschland im Exil, S. 69; R. Morsey, Zur Problematik einer zeitgeschichtlichen Briefedition, S. 76; H. Kessler, Tagebücher (20. 7. 1935), S. 741; A. François-Poncet, De Versailles à Potsdam, S. 229 f.; R. Morsey, Brünings Vorstellungen, S. 183. – In einem Brief an H. B. Gisevius vom 20. 8. 1946, Nachl. H. Brüning, HUG FP 93.10 Box 11, verlegt Brüning den Besuch des Oberstleutnants der Nachrichtenabteilung irrtümlich auf Januar 1935.
118 »Rundstedt hat mir Ende 35 (= Januar 1936, d. Verf.) einen Offizier nach der Schweiz geschickt, der mich fragen sollte, was er gegen Hitler tun könne und ob ich ihm eine Garantie geben könne, daß im Falle eines Zugreifens der Armee das Ausland freundlich zusehen

würde. Das Ausland war aber damals gar nicht an einer Beseitigung der Nazis interessiert. Das ist die Wahrheit.« H. Brüning an Th. Eßer vom 22. 12. 1947, Durchschlag, Nachl. H. Brüning, HUG FP 93.10 Box 9. – F. v. Schlabrendorff, Offiziere gegen Hitler, S. 25 erwähnt ein Gespräch mit Rundstedt über dessen Haltung gegenüber Hitler, das etwa 1937 stattgefunden haben dürfte. Vgl. H. Brüning, Aufzeichnung von Anfang August 1939, Briefe und Gespräche, S. 283; H. Hürten, Ein Reichskanzler im Exil, S. 199.

119 Vgl. Art. Schweiz – Die Zürcher Gestapoaffäre, Nationalzeitung, Basel, Abendblatt vom 17. 6. 1936; Bezirksanwalt Dr. M. Kaegi, Zürich, Bericht über die Untersuchung gegen Hugo Römer und Heinrich Müller vom 9. 7. 1936, S. 3, Bundesarchiv Bern, E 4320 (B) 1974/47 Bd. 17 Dossier A. 14.10. Zum Hintergrund B. J. Wendt, Economic Appeasement, S. 141 ff.

120 Vgl. G. R. Treviranus, Für Deutschland im Exil, S. 69.

121 P. Hoffmann, Widerstand gegen Hitler, S. 33 ff.

122 H. Brüning an J. Wheeler-Bennett vom 9. 3. 1936, Briefe und Gespräche, S. 113; E. Spevack, Enigma, S. 69. Vgl. Briefe und Gespräche, S. 101 (Kommentar); H. Stimson, Democracy and Nationalism in Europe, S. 36 ff. – Über den Council on Foreign Relations siehe E.-O. Czempiel, Die Entwicklung der Lehre von den Internationalen Beziehungen, S. 276; M. Wala, Winning the Peace, S. 18 ff.

123 St. A. Schuker, Ambivalent Exile, S. 331. – Die Lowell Lecture Hall wurde nach A. L. Lowell (1856-1943), Präsident der Harvard Universität von 1909 bis 1933, benannt.

124 Erinnerungsbericht des Dekans Reginald H. Phelps, in: G. N. Shuster, Dr. Brüning's Sojourn, S. 461. Vgl. Briefe und Gespräche, S. 101 f. (Kommentar); K. Mann, Der Wendepunkt. Ein Lebensbericht, Frankfurt 1952, S. 382. – Brüning behauptet, die Godkin Vorlesungen Ende 1937 für den Druck vorbereitet zu haben. Doch sei das Manuskript, das er G. N. Shuster vorübergehend für dessen Forschungen überlassen habe, 1938 in Wien verloren gegangen und in die Hände der Gestapo gefallen, H. Brüning an W. Sollmann vom 29. 9. 1940, Th. A. Knapp, Brüning im Exil, S. 107; E. Spevack, Enigma, S. 26 f. Das Manuskript der Godkin Lectures ist in dem Bestand »Lectures in America« nicht enthalten, F. Müller, Die »Brüning Papers«, Selbstzeugnisse, S. 29, 37 f.

125 G. N. Shuster, Dr. Brüning's Sojourn, S. 462. Vgl. E. Spevack, Enigma, S. 115; St. A. Schuker, Ambivalent Exile, S. 331.

126 E. Spevack, Enigma, S. 26 ff., 39 f. Vgl. ebd. S. 29; Th. A. Knapp, Brüning im Exil, S. 95; M. Jordan, Beyond all Fronts, S. 177.

127 H. Brüning Aufzeichnung von März/April 1936, H. Brüning an O. Sprague vom 18. 9. 1936 und an M. Anderson vom 4. 10. 1940, Briefe und Gespräche, S. 115 ff., 124, 322 (danach auch das Folgende); H. Brüning an R. Leiber vom 25. 9. 1957, Durchschlag, Nachl. H. Brüning, HUG FP 93.10 Box 22; J. Aretz, Letterhaus, S. 19; H. Brüning an Th. Abele vom 29. 4. 1947, in: H. Brüning, Reden, S. 333 f.; St. A. Schuker, Ambivalent Exile, S. 330; R. Morsey, Brünings Vorstellungen, S. 182. Vgl. Bezirksanwalt M. Kaegi, Zürich, Bericht über die Untersuchung gegen Hugo Römer und Heinrich Müller vom 9. 7. 1936, S. 7, Bundesarchiv Bern, E 4320 (B) 1974/47 Bd. 17 Dossier A. 14.10; H. Höhne, Canaris, S. 351 f.; V. Bücker, Groß, S. 187 f.; Ed. G. Groeneveld, The Resistance in the Netherlands, in: G. van Roon, Europäischer Widerstand im Vergleich. Die Internationalen Konferenzen Amsterdam, Berlin 1985, S. 311.

128 Es dürfte sich um den »politiecommissaris van Nijmegen«, S. W. J. van der Marck, handeln. Dieser amtierte von März 1934 bis Dezember 1936, ehe er wegen Untreue aus dem Dienst entfernt wurde. Freundlicher Hinweis von Herrn Leon Grupelaar, Archief Nijmegen. Der Verf. dankt Herrn Marcus Sikosek, Rotterdam, für die Vermittlung der Information. Dazu Johannes Andreas Schimmel, De Nijmeegse politie 1810-1968, Nijmegen 1968, S. 38 ff. – Über Schmutzer: G. van Roon, Dutch Contacts with the Resistance in Germany, S. 212.

129 Nach den Vernehmungsunterlagen der Stadtpolizei Zürich handelte es sich um Heinrich Eduard Klemens Müller, geboren am 23. (nicht 29.) 9. 1905 in Dortmund-Hörde, verstorben am 12. 12. 1941 in Maulhausen (lt. Mitteilungen des Standesamtes Dortmund Hörde vom 6. 4. und 7. 5. 2004; Vermerk Sonderstandesamtes Arolsen unter Nr. 928/1951). Sohn des Heinrich Müller und der Luise Kleff, ledig, ohne bestimmten Wohnort. Er wird als »jüngerer blonder Mann« beschrieben, so Stadtpolizei Zürich an das Polizei-Inspektorat Zürich vom 20. 4. 1936, unterz. mit Bleistift Frey II, Det., Durchschlag, Urteil des Bezirksgerichts Zürich gegen Müller und Römer vom 26. 9. 1936, Ausf., Bundesarchiv Bern, E 4320 (B) 1974/47 Bd. 17 Dossier A. 14.10. Vgl. H. Brüning an R. Leiber vom 25. 9. 1957, Durchschlag, Nachl. H. Brüning, HUG FP 93.10 Box 22. Die Angabe der Vornamen bei Claire Nix, Briefe und Gespräche, S. 115, Heinrich Edmond Clemens dürfte fehlerhaft sein. Im Document Center Berlin befindet sich eine Akte Heinrich Klemens Müller, nach der dieser 1937 Leiter des Kirchendezernats im SD-Hauptamt wurde, siehe H. Schulze, Braun, S. 1016, Anm. 66. Ob er mit dem angeblich aus Dortmund stammenden Müller identisch ist, bleibt zweifelhaft. Er ist nicht identisch mit dem späteren Gestapo-Chef Heinrich Müller (»Gestapo-Müller«) geboren 1900, seit 1945 verschollen. Dazu Franz Menges, Art. Müller, Heinrich, in: NDB Bd. 18 (1997), S. 407 f.; Andreas Seeger, »Gestapo-Müller«. Die Karriere eines Schreibtischtäters, Berlin 1996, S. 210, passim.

130 Hugo Römer, geb. 21. 9. 1897 in Altenderne Kreis Dortmund, Mitglied der SA seit Mai 1934 (seit 1. 11. 1933 Anwärter, seit 1. 5. 1937 Mitglied der NSDAP mit der Nummer 3 94 2686). Im Dezember 1938 war Römer Kriminal-Kommissar der Gestapo in Dortmund. R. u. S.-Fragebogen vom 15. 12. 1938, BA Berlin, Akten des Reichssiedlungshauptamtes, Personalakte Römer, Hugo. Nach eigenhändigem Lebenslauf trat Römer zusammen mit seiner Frau Anfang 1937 aus der evangelischen Kirche aus. Ebd.

131 Vgl. Art. Schweiz – Die Zürcher Gestapoaffäre, Nationalzeitung, Basel, Abendblatt, vom 17. 6. 1936.

132 H. Brüning, Einzelheiten über den Entführungsversuch im März/April 1936, Briefe und Gespräche, S. 483 ff.; Bezirksanwalt M. Kaegi, Zürich, Bericht über die Untersuchung gegen Hugo Römer und Heinrich Müller vom 9. 7. 1936, S. 5, 9, 11 ff., 15-23, 25, 29 ff., ferner M. Kaegi, Zürich, Bericht über die Konferenz von Oberregierungsrat Dr. Stahlecker II, Stuttgart mit Bezirksanwalt Dr. M. Kaegi, Zürich, am 20. 6. 1936, vom 9. 7. 1936, S. 4 f., Urteil des Bezirksgerichts Zürich gegen Müller und Römer vom 26. 9. 1936, Ausf., S. 9, Bundesarchiv Bern, E 4320 (B) 1974/47 Bd. 17 Dossier A. 14.10; Art. Gestapo-Spitzel verurteilt, Volksrecht, Zürich, Nr. 228 vom 28. 9. 1935. – Assessor Dr. Karl Hinkmann leitete zwischen November 1935 und Mai 1936 die Stapo- bzw. Gestapo-Stelle für den Regierungsbezirk Arnsberg in Dortmund, Mitteilung von Herrn Privatdozenten Dr. Friedrich-Wilhelm Saal, Dortmund, an den Verfasser vom 13. 11. 2004; Kurt Klotzbach, Gegen den Nationalsozialismus. Widerstand und Verfolgung in Dortmund 1930-1945. Eine historisch-politische Studie, Hannover 1969, S. 239, Anm. 1. – Über die Gräfin Plettenberg siehe den Bericht O. Johns über die Flucht Dr. Erich Vermehrens und seiner Frau, geborene Gräfin Plettenberg, die als Gegner des NS-Regimes sich in Ankara aufhielten, bevor sie sich Anfang 1944 nach London absetzten, was darauf schließen läßt, daß Brüning die Rolle der »Gräfin« erkannt hatte. O. John, Falsch und zu spät, S. 36.

133 H. Brüning, Aufzeichnung von März/April 1936, Briefe und Gespräche, S. 115; ders., Einzelheiten über den Entführungsversuch im März/April 1936, Briefe und Gespräche, S. 115 f., 483, Zitat S. 487; H. Brüning an O. Sprague vom 18. 9. 1936, ebd. S. 124; Bezirksanwalt M. Kaegi, Zürich, Bericht über die Untersuchung gegen Hugo Römer und Heinrich Müller vom 9. 7. 1936, S. 3 ff., 10, 14, 24, 29, 32, Bundesarchiv Bern, E 4320 (B) 1974/47 Bd. 17 Dossier A. 14.10; W. Hoegner, Der schwierige Außenseiter, S. 158; H. Brüning, Erklärung an Eidesstatt, undatiert (1945), Durchschlag, Nachl. H. Brüning, HUG FP 93.10 Box 20,

danach wurde, wie Brüning versicherte, der Vorgang auf Veranlassung der niederländischen Regierung an Scotland Yard übergeben; H. Schulze, Braun, S. 1016 f., Anm. 66.

134 Vgl. Bezirksanwalt M. Kaegi, Zürich, Bericht über die Untersuchung gegen Hugo Römer und Heinrich Müller vom 9. 7. 1936, S. 3 f., Bundesarchiv Bern, E 4320 (B) 1974/47 Bd. 17 Dossier A. 14.10. Nach Auszug aus dem Schweizerischen Zentralpolizeibüro, ebd.

135 Vgl. H. Brüning, Einzelheiten über den Entführungsversuch im März/April 1936, Briefe und Gespräche, S. 490 f.; Stadtpolizei Zürich an das Polizei-Inspektorat Zürich vom 20. 4. 1936, unterz. mit Bleistift Frey II, Det., Durchschlag, Bundesarchiv Bern, E 4320 (B) 1974/47 Bd. 17 Dossier A. 14.10; Chef der Abteilung für Auswärtiges, Bern an die Schweizerische Gesandtschaft in Berlin vom 30. 4. 1936, Durchschlag, Bundesarchiv Bern, E 2001 (C) -/4, Band 14, Dossier B. 11.4.a. S. 2; Bezirksanwalt M. Kaegi, Zürich, Bericht über die Untersuchung gegen Hugo Römer und Heinrich Müller vom 9. 7. 1936, S. 6, 8-11, 17-20, 25, 27, 32 f., Bundesarchiv Bern, E 4320 (B) 1974/47 Bd. 17 Dossier A. 14.10. Vgl. A. Meyer, Anpassung oder Widerstand, S. 27 ff. – Die Angaben Brünings und Kaegis reichen nicht aus, um auf ein bestimmtes Gift schließen zu lassen. Freundliche Mitteilung von Herrn Prof. Dr. Dr. Hans-Peter Klöcking, Erfurt, an den Verf. vom 13. 12. 2002.

136 Bezirksanwalt M. Kaegi, Zürich, Bericht über die Untersuchung gegen Hugo Römer und Heinrich Müller vom 9. 7. 1936, S. 19 ff., Urteil des Bezirksgerichts Zürich gegen Müller und Römer vom 26. 9. 1936, S. 2, Ausf., Bundesarchiv Bern, E 4320 (B) 1974/47 Bd. 17 Dossier A. 14.10; Art. Schweiz – Die Verhaftung eines Gestapobeamten in Zürich, Nationalzeitung Nr. 209 vom 8. 5. 1936.

137 Art. Um den Anschlag auf Dr. Brüning in Zürich, Volksrecht, Zürich, Nr. 139 vom 16. 6. 1936.

138 Mitteilung von H. Vollmar, Münster, an den Verf. vom 12. 2. 2005.

139 H. Brüning an A. J. M. Cornelissen vom Dezember 1946, ders., Einzelheiten über den Entführungsversuch im März/April 1936, Briefe und Gespräche, S. 454, 491 ff.; H. Brüning an R. Leiber vom 25. 9. 1957, Durchschlag, Nachl. H. Brüning, HUG FP 93.10 Box 22; Bezirksanwalt M. Kaegi, Zürich, Bericht über die Untersuchung gegen Hugo Römer und Heinrich Müller vom 9. 7. 1936, S. 10, 18 f., 29, Bundesarchiv Bern, E 4320 (B) 1974/47 Bd. 17 Dossier A. 14.10; sehr wichtig: Art. Die Agenten des Dritten Reiches in der Schweiz. Verhaftungen und Anklage in Zürich – Ein Doppelspion verrät den ehemaligen Reichskanzler an die Gestapo. Volksrecht, Zürich, Nr. 135 vom 11. 6. 1936; Lebenslauf Römers zum R. u. S.-Fragebogen vom 15. 12. 1938, BA Berlin, Akten des Reichssiedlungshauptamtes, Personalakte Römer, Hugo. – Über die Kollaboration des Polizeipräsidenten von Nymwegen mit der Gestapo siehe W. Gans zu Putlitz, Unterwegs nach Deutschland, S. 226. Dazu A. Mirgeler, Brüning, S. 64.

140 W. Gans zu Putlitz, Unterwegs nach Deutschland, S. 223 ff. Vgl. J. Radkau, Die deutsche Emigration, S. 186.

141 Das Schwarze Korps Nr. 16 vom 16. 4. 1936, hier nach: Art. »Brüning kann nicht als Privatmann ...«, Deutsche Briefe Nr. 82 vom 24. 4. 1936, H. Hürten, Deutsche Briefe Bd. 2, S. 166; H. Schulze, Braun, S. 797; Mitteilung des Schweizerischen Bundesarchivs an den Verf. vom 23. 4. 2003; Direktion der Justiz des Kantons Zürich vom 5. 11. 1936 an die Schweizerische Bundesanwaltschaft, Original, bzw. Bericht über die Untersuchung gegen Hugo Römer und Heinrich Müller, passim, ferner Bezirksanwalt M. Kaegi, Zürich, Bericht über die Untersuchung gegen Hugo Römer und Heinrich Müller vom 9. 7. 1936, S. 26 f., sowie Urteil des Bezirksgerichts Zürich gegen Müller und Römer vom 26. 9. 1936, Ausf., ebd. S. 1-22, und Vermerk des Obergerichts des Kantons Zürich an das Eidg. Justiz- und Polizeidepartement in Bern vom 6. 11. 1936, Ausf., Bundesarchiv Bern, E 4320 (B) 1974/47 Bd. 17 Dossier A. 14.10. Auszug aus dem Schweizerischen Zentralpolizeibüro vom 15. 6. 1936, ebd.; Art. Gestapo-Spitzel verurteilt, Volksrecht, Zürich, Nr. 228 vom 28. 9. 1935. Nach R.

u. S.-Fragebogen vom 15. 12. 1938, BA Berlin, Akten des Reichssiedlungshauptamtes, Personalakte Römer, Hugo, war Römer auf Dienstreise in der Schweiz festgenommen und wegen »Vorschubleistung zum politischen Nachrichtendienst zugunsten Deutschlands zu vier Monaten Gefängnis unter Nichtanrechnung der Untersuchungshaft« verurteilt worden. Siehe auch BA Berlin, Personalbericht der SS-Führerpersonalakte (SSO) vom 16. 10. 1939.

[142] Einzelheiten über den Entführungsversuch im März/April 1936, Briefe und Gespräche, S. 487 ff.; H. Schulze, Braun, S. 797, 1016, Anm. 66. – Vgl. H. Brüning, Aufzeichnungen vom 11. 9. 1935 und März/April 1936, Entführungsversuche, Briefe und Gespräche, S. 93, 116 f.; dens., Aufzeichnung: Für die Freunde vom 19. 9. 1936, ebd., S. 127; H. Brüning an H. B. Gisevius vom 20. 8. 1946, Nachl. H. Brüning, HUG FP 93.10 Box 11; Direktion der Justiz des Kantons Zürich an das Eidgenössische Justiz- und Polizeidepartement, Abschrift, gez. G. Nobis vom 11. Juli 1936, Deutsche Botschaft in Bern an das Eidgenössische Justiz- und Polizeidepartement vom 15. 7. 1936, Abschrift, gez. Fröhlicher, Bundesarchiv Bern, E 2001 (C) -/4, B. 11.5.1.a.; W. Gans zu Putlitz, Unterwegs nach Deutschland, S. 223 ff.; E. Spevack, Enigma, S. 40.

[143] H. Brüning an H. Simons vom 16. 12. 1941, Briefe und Gespräche, S. 350.

[144] H. Brüning, Aufzeichnung von März/April 1936, Entführungsversuche, Briefe und Gespräche, S. 115 f. Dazu H. Brüning, Erklärung an Eidesstatt, undatiert (1945), Durchschlag, Nachl. H. Brüning, HUG FP 93.10 Box 20; Th. A. Knapp, Brüning im Exil, S. 95. Vgl. Art. Schweiz – Die Verhaftung eines Gestapobeamten in Zürich, Nationalzeitung, Basel, Nr. 209 vom 8. 5. 1963, bzw. Arbeiterzeitung, Basel, Nr. 108 vom 9. 5. 1936, Art. Letzte Nachrichten – Um den Gestapobeamten, der in Zürich verhaftet worden ist – Es soll eine ganz große Sache werden; Art. Die Agenten des Dritten Reiches in der Schweiz – Verhaftungen und Anklage in Zürich – Ein Doppelspion verrät den ehemaligen Reichskanzler an die Gestapo, Volksrecht, Zürich, Nr. 135 vom 11. 6. 1936; Art. Um den Anschlag auf Dr. Brüning in Zürich, Volksrecht, Zürich, Nr. 139 vom 16. 6. 1935; Art. Schweiz, Die Zürcher Gestapoaffäre, Nationalzeitung, Basel, Abendblatt vom 17. 6. 1936; R. Morsey, Brünings Vorstellungen, S. 181. – Brüning sei zwar ein Anhänger eines autoritären Staates, es gebe aber keinen auch noch so fernen Zusammenhang mit dem Nazistaat, hieß es in der Neuen Volkszeitung anläßlich der Entführungsversuche, vgl. J. Radkau, Die deutsche Emigration, S. 186.

[145] Gerhard Paul, »… alle Repressionen unnachsichtlich ergriffen werden«. Die Gestapo und das politische Exil, in: Exilforschung 15 (1997), S. 128 ff.

[146] A. Meyer, Anpassung oder Widerstand, S. 31; V. Fry, Auslieferung auf Verlangen, S. 275, 289, Anm. 27 f., 339.

[147] Bezirksanwalt M. Kaegi, Zürich, Bericht über die Untersuchung gegen Hugo Römer und Heinrich Müller vom 9. 7. 1936, S. 26 f., ferner M. Kaegi, Zürich, Bericht über die Konferenz von Oberregierungsrat Dr. Stahlecker II, Stuttgart, mit Bezirksanwalt Dr. M. Kaegi, Zürich, am 20. 6. 1936, vom 9. 7. 1936, S. 3, Bundesarchiv Bern, E 4320 (B) 1974/47 Bd. 17 Dossier A. 14.10. – Zum Echo über die »Vortragsreise« Brünings in Deutschland siehe Art. Schweiz – Die Zürcher Gestapoaffäre, Nationalzeitung, Basel, Abendblatt vom 17. 6. 1936.

[148] Vgl. R. Morsey, Leben und Überleben im Exil, S. 103; J. Radkau, Die deutsche Emigration, S. 192; H. Brüning an H. J. Schmitt, 1947, Durchschlag, Nachl. H. Brüning, HUG FP 93.10 Box 31; B. Bouvier, Die Deutsche Freiheitspartei, S. 27, 82, Anm. 4 et passim; H. Höhne, Canaris, S. 351 f.; F. H. Hinsley / C. A. G. Simkins, Security and Counter-Intelligence, S. 300; W. Gans zu Putlitz, Unterwegs nach Deutschland, S. 278 ff.; Walter Schellenberg, Memoiren, Köln 1959, S. 86 ff.; H. Schulze, Braun, S. 797; M. Schumacher, M. d. R., S. 191; P. Hoffmann, Widerstand gegen Hitler, S. 52; R. Morsey, Vorstellungen Christlicher Demokraten, S. 208; F. Müller, Die »Brüning Papers«, Selbstzeugnisse, S. 37; W. Röder / H. A. Strauss, Biographisches Handbuch Bd. 1, S. 714 f.; K. v. Klemperer, Die verlassenen Verschwörer, S. 146 ff., 434, Anm. 48; U. Schlie, Carl Marcus (1911-1989) und das Jahnke-Bü-

ro im Fadenkreuz anglo-amerikanischer Dienste im Zweiten Weltkrieg, in: R. R. Doerries, Diplomaten und Agenten, S. 98. – Brüning behauptete 1954, Spiecker sei nie »Reichsbeauftragter zur Bekämpfung der NSDAP« gewesen, schloß aber nicht aus, daß dieser von Innenminister Wirth aus einem Fonds der preußischen Regierung finanziert wurde. H. Brüning an J. Maier-Hultschin vom 29. 3. 1954, Ausf., Nachl. J. Maier-Hultschin, BA Koblenz N 1043 Nr. 4.

149 K. v. Klemperer, Die verlassenen Verschwörer, S. 434, Anm. 48; H. Brüning an H. J. Schmitt, 1947, Durchschlag, Nachl. H. Brüning, HUG FP 93.10 Box 31. Dazu auch P. Hoffmann, Widerstand gegen Hitler, S. 52.

150 F. Müller, Die »Brüning Papers«, Selbstzeugnisse, S. 37.

151 Vgl. u. a. H. Brüning an F. Sackett vom 15. 2., an J. Wheeler-Bennett vom 9. 3. 1936, Briefe und Gespräche, S. 111 ff.

152 H. Schacht, 76 Jahre, S. 456 f.; W. Sauer, Die Mobilmachung der Gewalt, S. 787. Vgl. G. Kroll, Von der Weltwirtschaftskrise zur Staatskonjunktur, S. 577; R. Stucken, Deutsche Geld- und Kreditpolitik, S. 153 ff., 291; K. Hardach, Wirtschaftsgeschichte Deutschlands, S. 78 f., 86 f.; H. Winkel, Der Glaube an die Beherrschbarkeit von Wirtschaftskrisen, S. 27; H. Köhler, Deutschland, S. 303; Erklärung Schachts während des Nürnberger Kriegsverbrecherprozesses am 1. 5. 1946, IMT Bd. 12, S. 536 f. Zum Hintergrund Paul Einzig, Germany's Default. The Economics of Hitlerism, London 1934, S. 44 ff.

153 H. Brüning an H. Schäffer vom Februar 1936, an G. Murnane vom 29. 5. 1936, Briefe und Gespräche, S. 107 bzw. 119 f. Vgl. A. Fischer, Schacht, S. 78, Anm. 345; A. Boyle, Norman, S. 304.

154 Vgl. Briefe und Gespräche, S. 126, Anm. 4; H. James, Der Magier des Geldes, FAZ Nr. 116 vom 20. 5. 1987, S. 35; A. Bullock, Hitler und die Ursprünge des Zweiten Weltkrieges, S. 348; A. Ritschl, Wirtschaftspolitik im Dritten Reich, S. 125; K. Hardach, Wirtschaftsgeschichte Deutschlands, S. 84 ff.; A. Hillgruber, Kontinuität und Diskontinuität in der deutschen Außenpolitik, S. 42.

155 F. Leith-Ross, Money Talks, S. 235 f. Vgl. H. Hömig, Brüning Bd. 1, S. 123 ff. et passim.

156 Dazu A. Fischer, Schacht, S. 72.

157 H. Brüning an O. Sprague vom 18. 9. 1936, Briefe und Gespräche, S. 125. Über die Bemühungen zur Verminderung der deutschen Importabhängigkeit im Bereich der Benzin- und Kautschukproduktion siehe u. a. A. Ritschl, Wirtschaftspolitik im Dritten Reich, S. 123 ff.

158 Hier nach: L. Schwarzschild, Von Krieg zu Krieg, S. 454. Dazu ders., Art. Exit Dr. Schacht (28. 1. 1938), in: Ders., Die Lunte am Pulverfaß, S. 312 ff., 425. Vgl. Tabelle der Kriegsfinanzierung im Reichshaushalt 1933-1944, in: W. Steitz, Quellen zur Wirtschafts- und Sozialgeschichte Bd. 1, S. 218; Lutz Graf Schwerin von Krosigk, Finanz- und Außenpolitik unter Hitler, in: M. Funke, Hitler, Deutschland und die Mächte, S. 313 f.; Otto Pfleiderer, Währungen, in: Staatslexikon, Staat, Wirtschaft, Gesellschaft, hrsg. von der Görres-Gesellschaft, Bd. 8, 6. Aufl. Freiburg 1963, S. 414; Gottfried Haberler, Die Weltwirtschaft und das internationale Währungssystem in der Zeit zwischen den beiden Weltkriegen, in: Deutsche Bundesbank (Hrsg.), Währung und Wirtschaft in Deutschland 1876-1975, Frankfurt/Main 1976, S. 224; R. Stucken, Deutsche Geld- und Kreditpolitik, S. 150; Willi A. Boelcke, Die Finanzpolitik des Dritten Reiches. Eine Darstellung in Grundzügen, in: K. D. Bracher / M. Funke / H. A. Jacobsen, Deutschland 1933-1945, S. 103; T. W. Mason, Zur Funktion des Angriffskrieges, S. 383; D. Petzina / W. Abelshauser / A. Faust, Sozialgeschichtliches Arbeitsbuch Bd. 3, S. 149; H. Knoche, Die Wirtschafts- und Sozialpolitik der Regierungen Brüning, Papen, Schleicher und Hitler, S. 218; H. James, Deutschland in der Weltwirtschaftskrise, S. 367.

159 L. Schwarzschild, Von Krieg zu Krieg, S. 454.

160 Vgl. L. Schwarzschild, Von Krieg zu Krieg, S. 456 ff.

161 Vgl. J. Schmädeke, Militärische Umsturzversuche, S. 294 ff.; H. Höhne, Canaris, S. 371 ff.

162 A. Hillgruber, Nationalsozialistische Außenpolitik, in: R. Lill / H. Oberreuter, Machtverfall und Machtergreifung, S. 146 f.
163 Brüning erhielt am 2. 10. 1935 und am 19. 4. 1937 die Bücher: Democracy and Nationalism in Europe, Princeton 1934 bzw. The Far Eastern Crisis. Recollections and Oberservations, New York 1936 mit persönlicher Widmung von »seinem Freund Henry L. Stimson« geschenkt, vgl. G. Lassalle, 1200 Jahre Paulinum, S. 489.
164 Archiv der Gegenwart 5 (1935), S. 2095. Die letzten Absprachen wurden am 2. 3. 1936 getroffen, nach Reuters in: Archiv der Gegenwart 6 (1936), S. 2447. A. Crozier, Chatham House and Appeasement, in: A. Bosco / C. Navari, Chatham House, S. 213; P. Hoffmann, Widerstand, Staatsstreich, S. 34; Jean Monnet, Erinnerungen eines Europäers, München 1988, S. 149; H. Bernhard, Finis, S. 274. Über J. Monnets Rolle während des Zweiten Weltkrieges siehe u. a. M. Kipping, Kontinuität oder Wandel?, S. 213 f.
165 H. Brüning an F. Sackett vom 15. 2., bzw. an J. Wheeler-Bennett vom 19. 3. 1936, Briefe und Gespräche, S. 111 ff. Vgl. ebd. Anm. 2; Aktennotiz von G. N. Messersmith vom 30. 1. 1938, ebd. S. 170 f.; H. Bernhard, Finis Germaniae, S. 274; W. S. Churchill, Great Temporaries, S. 196; H.-U. Thamer, Verführung und Gewalt, S. 537; E. Spevack, Enigma, S. 69.
166 Vgl. F. J. Strauß, Die Erinnerungen, S. 27.
167 H. Brüning, Aufzeichnung: Für die Freunde vom 19. 9. 1936, Briefe und Gespräche, S. 127. Vgl. E. Spevack, Enigma, S. 29 f.; R. Morsey, Christliche Demokraten in Emigration und Widerstand, S. 11.
168 H. Brüning an K. M. Stewart-Murray, Duchess of Atholl, vom 18. 9. 1936, Briefe und Gespräche, S. 126. – Die Duchess of Atholl dürfte Brüning durch die Andersons kennengelernt haben. Ian Anderson war Adjutant des Herzogs gewesen. Vgl. G. R. Treviranus, Für Deutschland im Exil, S. 35.
169 H. Brüning, Für die Freunde vom 19. 9. 1936, ders. an K. M. Stewart-Murray vom 23. 9. 1936, Briefe und Gespräche, S. 127 ff.
170 H. Möller, Republikanismus, S. 207. Vgl. K. D. Bracher, Staatsbegriff und Demokratie in Deutschland, S. 5.
171 H. Brüning, Memoranden für DeWitt C. Poole, »Mögliche Gruppierungen politischer Kräfte nach dem Untergang der Nazis«, Briefe und Gespräche, S. 527. Englisches Original (Memorandum I: ohne Titel, 10 S., Memorandum II: The Reconstruction of Administrative Services 20 S., dazu Summary of Administrative Adjudication in Germany (14 S.), Durchschlag, Nachl. H. Brüning, HUG FP 93.35 Box 4.
172 G. N. Shuster, Dr. Brüning's Sojourn, S. 451.
173 H. Brüning an K. M. Stewart-Murray, Duchess of Atholl, vom 23. 9. 1936, Briefe und Gespräche, S. 130. Vgl. H. Brüning, Aufzeichnung: Für die Freunde vom 19. 9. 1936, Briefe und Gespräche, S. 127 f.; R. Morsey, Brünings Vorstellungen, S. 182; dens., Vorstellungen Christlicher Demokraten, S. 204.
174 Th. A. Knapp, Brüning im Exil, S. 95, Anm. 8; R. Phelps, Erinnerungsbericht, in: G. N. Shuster, Dr. Brüning's Sojourn, S. 463; P. Mecklenbrauck, Brüning, S. 283.
175 New York Times vom 29. 1. 1936, hier nach: Briefe und Gespräche, S. 108, Anm. 3; H. Kessler, Tagebücher (20. 7. 1935), S. 741. Vgl. J. Radkau, Die deutsche Emigration, S. 185; M. Jordan, Beyond all Fronts, S. 177.
176 Vgl. Briefe und Gespräche, S. 102, 126, Anm. 1; G. N. Shuster, Dr. Brüning's Sojourn, S. 460 f.; G. R. Treviranus, Für Deutschland im Exil, S. 90; E. Spevack, Enigma, S. 8; F. Müller, Die »Brüning Papers«, Selbstzeugnisse, S. 28; dens., Die »Brüning Papers«, Nachl., S. 402.
177 Vgl. Briefe und Gespräche, S. 101, 135.
178 Vgl. H. Brüning an A. J. M. Cornelissen vom 1. 2. 1937, an L. Perlitius vom Juni 1937, an DeWitt Poole vom 21. 6. 1937, Briefe und Gespräche, S. 137 bzw. 141 f., 135 (Kommentar); G. R. Treviranus, Für Deutschland im Exil, S. 90.

179 H. Brüning an M. Brüning vom 18. 12. 1937, Briefe und Gespräche, S. 161.
180 St. A. Schuker, Ambivalent Exile, S. 330.
181 Briefe und Gespräche, S. 135 (Kommentar); G. N. Shuster, Dr. Brüning's Sojourn, S. 454 ff.; ders., In Amerika und Deutschland, S. 144 (Zitat); ders., The Ground I Walked On, S. 146; G. N. Shuster, Brüning Memoir and Foreword, Manuskript, S. 71, Nachl. G. N. Shuster, Notre Dame CSHU Box 2; H. Brüning an G. N. Shuster vom 19. 10. 1940, Ausf., Nachl. G. N. Shuster, Notre Dame CSHU Box 10, 2; R. Conklin, Shuster, ebd.; Th. A. Knapp, Brüning im Exil, S. 95; H. Brüning an H. Ullmann vom 24, 12, 1957, Fotokopie der Ausf., Nachl. H. Ullmann, BA Koblenz N 1195, Nr. 6. Vgl. G. N. Shuster an H. Brüning vom 19. 6. 1945, Ausf., Nachl. H. Brüning, HUG FP 93.10 Box 31; R. Morsey, Brünings Vorstellungen, S. 181.
182 Vgl. Kurt v. Fritz, Totalitarismus und Demokratie im Alten Griechenland und Rom, in: Ders., Schriften zur griechischen und römischen Verfassungsgeschichte und Verfassungstheorie, Berlin 1976, S. 567 ff. et passim; E. Fraenkel, Der Doppelstaat, S. 142 ff.
183 Rundschreiben Pius' XI. vom 14. 3. 1937 .... über die Lage der katholischen Kirche im Deutschen Reich, Text AAS 29 (1937), S. 145-167; auch in: J. Hohlfeld, Dokumente der deutschen Politik Bd. 4, Nr. 139, S. 327 ff.
184 H. Brüning an H. Diman vom 13. 4. 1937, Briefe und Gespräche, S. 137 f., Zitate ebd. Anm. 1 und Dartmouth College, 2nd Lecture, März 1937, hier nach: F. Müller, Die »Brüning Papers«, Selbstzeugnisse, S. 77; R. Phelps, Erinnerungsbericht, in: G. N. Shuster, Dr. Brüning's Sojourn, S. 462; G. R. Treviranus, Für Deutschland im Exil, S. 102; E. Spevack, Enigma, S. 23 f., 115. Vgl. K.-E. Lönne, Politischer Katholizismus, S. 243 f.; F. Müller, Die »Brüning Papers«, Selbstzeugnisse, S. 28; Walter Bagehot, Die englische Verfassung, Neuwied 1971.
185 H. Brüning an H. Diman vom 13. 4. 1937, Briefe und Gespräche, S. 138; H. Hürten, Verfolgung und Widerstand, S. 34 ff.; P. Godman, Der Vatikan und Hitler, S. 227 ff. Vgl. A. Mirgeler, Brüning, S. 179; H. Kessler, Tagebücher (20. 7. 1935), S. 742 f. Danach wollte Brüning schon im Sommer 1935 wissen, daß eine Enzyklika gegen die nationalsozialistische Ideologie bereits fertiggestellt sei. Die Veröffentlichung unterblieb, nachdem Pius XI. am 10. Februar 1939 verstorben war. Dazu Briefe und Gespräche, S. 210, Anm. 2; E. v. Weizsäcker, Erinnerungen, S. 352; R. Morsey, Zur Problematik der Geschichte des Reichskonkordats, Sp. 18; Klaus Gotto / Hans Günter Hockerts / Konrad Repgen, Nationalsozialistische Herausforderung und kirchliche Antwort. Eine Bilanz, in: K. D. Bracher / M. Funke / H.-A. Jacobsen, Nationalsozialistische Diktatur, S. 661 f.; P. Godman, Der Vatikan und Hitler, S. 148 ff., Anhang: Thesenliste zu Nationalismus, Rassismus und Totalitarismus bzw. [zu verurteilende Thesen zu] Rassismus, Nationalismus, Kommunismus, Totalitarismus (1934), S. 252 ff.; G. Besier, Der Heilige Stuhl, S. 158.
186 Dazu P. Godman, Der Vatikan und Hitler, S. 211 ff.; Hubert Wolf, Vertagt auf unbestimmte Zeit, FAZ Nr. 87 vom 12. 4. 2003, S. 8.
187 Siehe dazu auch das Memorandum Pacellis vom April 1938 über die Lage in Österreich, das über den amerikanischen Botschafter in London, Joseph P. Kennedy, an Präsident Roosevelt übermittelt wurde, in: America. The National Catholic Weekly, September 2003, hier nach: www.America-magazine.org/pacelli.cfm, S. 1-4. Vgl. Thomas Brechenmacher, In Widerspruch zum göttlichen Recht, FAZ Nr. 238 vom 14. 10. 2003, S. 48.
188 H. Brüning an P. Barry vom 13. 5. 1937, Briefe und Gespräche, S. 140. Vgl. Rudolf Lill, Katholische Kirche und Nationalsozialismus, in: R. Lill / H. Oberreuter, Machtverfall und Machtergreifung, S. 260 f.; Peter Steinbach, Der Widerstand gegen die Diktatur. Hauptgruppen und Grundzüge der Systemopposition, in: K. D. Bracher / M. Funke / H.-A. Jacobsen, Deutschland 1933-1945, S. 463 f.; U. v. Hehl, Die Kirchen in der NS-Diktatur. Zwischen Anpassung, Selbstbehauptung und Widerstand, ebd. S. 174 f.; M. F. Feldkamp, Pius XII., S. 105 ff.

189 J. Aretz, Katholische Arbeiterbewegung, S. 199, Anm. 45. Vgl. U. v. Hehl, Die Kirchen in der NS-Diktatur. Zwischen Anpassung Selbstbehauptung und Widerstand, in: K. D. Bracher / M. Funke / H.-A. Jacobsen, Deutschland 1933-1945, S. 174 f. – Letterhaus hielt sich im Sommer 1937 in Nymwegen auf, wo er mit G. N. Shuster zusammentraf, G. N. Shuster, Conversations with Bernhard Letterhaus, undatierte Ausf., Nachl. G. N. Shuster, Notre Dame CSHU Box 1.

190 H. Brüning an P. Barry vom 13. 5. 1937, Briefe und Gespräche, S. 139 f., 150, Anm. 3; H. Vollmar, Tennstedt, S. 3; Mitteilung von H. Vollmar, Münster, an den Verf. vom 11. 6. 2003 und 5. 8. 2004; G. N. Shuster, Dr. Brüning's Sojourn, S. 456; H. Kessler, Tagebücher (22. 8. 1935), S. 745. Vgl. H. Brüning, Aufzeichnung vom Mai 1936, Briefe und Gespräche, S. 117; L. Curtis an H. Anderson (Brüning) vom 20. 4. 1939, Ausf., Nachl. H. Brüning, HUG FP 93.10 Box 3; G. Pettee, Nachwort, Briefe 1946-1960, S. 494; E. Spevack, Enigma, S. 115; E. Wandel, Schäffer, S. 229; A. W. Dulles, Verschwörung in Deutschland, S. 178 f.; H. Staudinger, Wirtschaftspolitik in der Republik von Weimar, S. 107; Dieter Albrecht, Der Heilige Stuhl und das Dritte Reich, in: K. Gotto / K. Repgen, Kirche, Katholiken und Nationalsozialismus, S. 42 f. Die Deutsche Botschaft in London meldete am 26. Mai 1937 an das Auswärtige Amt, daß Brüning nach einer Meldung des »Daily Herald« zum Lektor am Queen's College bestimmt worden sei und seine Vorlesungen im Oktober aufnehmen werde. BA Koblenz R 43 I / 2875, Abschrift. – Auszüge aus der ersten Vorlesung am Queen's College in Oxford in: F. Müller, Die »Brüning Papers«, Selbstzeugnisse, S. 206 ff.; A. Mirgeler, Brüning, S. 73.

191 Mitteilungen von Frau Cl. Nix, Keene, an den Verf. vom 15. 12. bzw. Frau Herta Vollmar, Münster, vom 28. 12. 2004; H. Brüning an I. v. Willisen vom 25. 1. 1946, Briefe 1946-1960, S. 69 f.

192 H. Brüning, Aufzeichnung vom Mai 1937, Briefe und Gespräche, S. 138 f.

193 H. Brüning an C. Friedrich vom 31. 5. und an DeWitt Poole vom 21. 6. 1937, Briefe und Gespräche, S. 141 ff.

194 H. Brüning, Aufzeichnung vom 4. 8. 1937, Briefe und Gespräche, S. 143.

195 H. Brüning an H. B. Gisevius vom 20. 8. 1946, Nachl. H. Brüning, HUG FP 93.10 Box 11.

196 W. S. Churchill an Cl. Churchill vom 3. 8. bzw. H. Brüning vom 4. 8. 1937, M. Gilbert, Churchill Bd. 5, Companion Part 3, Documents, S. 742 f.

197 H. Brüning an W. S. Churchill vom 5. 8. 1937, Briefe und Gespräche, S. 143 f. Das englische Original des Briefes lag dem Verf. nicht vor, der Wortlaut wurde sinngemäß korrigiert.

198 W. S. Churchill, Great Contemporaries, London 1937 bzw. 1943, Hinweis in: Briefe und Gespräche, S. 150, Anm. 1; W. S. Churchill an H. Brüning vom 4. 8. 1937, M. Gilbert, Churchill Bd. 5, Companion Part 3, Documents, S. 743.

199 H. Brüning an W. S. Churchill vom 28. 8. 1937, Briefe und Gespräche, S. 147 ff., englische Fassung in: M. Gilbert, Churchill Bd. 5 Companion Part 3, Documents, S. 752 ff. Vgl. Briefe und Gespräche, S. 150, Anm. 1; W. S. Churchill, Great Contemporaries, Hitler and his Choice (1935), S. 195 ff.; H. Foertsch, Schuld und Verhängnis, S. 142. – Fritsch gehörte zu denjenigen, die im Zusammenhang mit dem 30. Juni 1934 im Rundfunk – fälschlich – als erschossen genannt wurden. Ebd. S. 147. Kritisch über das Verhaltnis Fritschs zu Hitler O. John, Falsch und zu spät, S. 100 f.

200 Vgl. H. Brüning an J. Wheeler-Bennett vom 8. 10. 1937, Briefe und Gespräche, S. 136; E. Spevack, Enigma, S. 57, 70.

201 Dazu G. N. Shuster, In Amerika und Deutschland, S. 144 f.

202 H. Brüning an H. Stimson vom 1. 9. 1937, Briefe und Gespräche, S. 150 f.; H. Stimson, Democracy and Nationalism in Europe, S. 40 ff., 84 ff.; G. Mai, Europa, S. 234. Vgl. u. a. J. Fest, Hitler, S. 676 f., 686 ff.; E. Spevack, Enigma, S. 42 f., 70; Rudolf Lill, Italienischer Faschismus und deutscher Nationalsozialismus, in: R. Lill / H. Oberreuter, Machtverfall und Machtergreifung, S. 179 f.; A. Messemer, André François-Poncet und Deutschland, S. 533.

203 Mitteilung von Frau Cl. Nix, Keene, an den Verf. vom 17. 12. 2004. Vgl. H. Brüning an G. Messersmith vom 9. 10. 1937, Briefe und Gespräche, S. 157 ff.; E. Spevack, Enigma, S. 71; B. Fromm, Blood and Banquets, S. 322; R. Morsey, Emigration und Nachkriegsplanung, S. 227; Th. A. Knapp, Brüning im Exil, S. 94, Anm. 6; F. Müller, Die »Brüning Papers«, Selbstzeugnisse, S. 42..

204 H. M. Wriston an H. Brüning vom 23. 6. 1937, Ausf., Nachl. H. Brüning, HUG FP 93.35 Box 3; H. Brüning an F. Sackett vom 7. 10. 1937, Briefe und Gespräche, S. 154 f.; Art. »Appell an Dr. Heinrich Brüning«, Deutsche Briefe Nr. 166 vom 26. 11. 1937, H. Hürten, Deutsche Briefe Bd. 2, S. 972; Art. Ein Mann kehrt heim, »Michael« vom 18. 11. 1951; Bericht in: »Der Deutsche in Polen« vom 31. 10. 1937, 2. Beiblatt, Abschrift in: Nachl. J. Maier-Hultschin, BA Koblenz N 1043, Nr. 1. Über die Verfasserschaft J. Maier-Hultschins als Herausgeber siehe J. Maier-Hultschin an H. Brüning vom 25. 7. 1951, Durchschlag, und H. Brüning an F. Stampfer, ungez. Entwurf vom 4. 8. 1957, ebd. Nr. 4; R. Morsey, Vorstellungen Christlicher Demokraten, S. 208.

205 Brown U. Convention Sept. 22. 1937, Typoskript, Nachl. H. Brüning, HUG FP 93.10 Box 38. Dazu H. Brüning, Memoiren, S. 62 ff.

206 Präsident (Franklin D.) Roosevelt, Amerika und Deutschland, (Washington) 1945, S. 11 ff. Vgl. Briefe und Gespräche, S. 155, Anm. 5; H. Brüning an M. Anderson vom Oktober 1938, ebd. S. 216; E. Angermann, Die Vereinigten Staaten, S. 211 f.; H. Graml, Europa zwischen den Kriegen, S. 353 f.; G. Schultze-Rhonhof, 1939. Der Krieg, S. 127 f. Offensichtlich vergeblich versuchte Edward Spears, im Juli 1937 Churchill zu bewegen, Brüning erneut zu treffen. Vgl. E. Spears an W. S. Churchill vom 19. 7. 1937, The Churchill Papers. A Catalogue, Char 1/299/98 (www-archives.chu. cam.ac.uk).

207 Briefe und Gespräche, S. 155, Anm. 5; Archiv der Gegenwart 7 (1937), S. 3243 f.; Gebhard Schweigler, Die Außenpolitik der USA, in: Karl Kaiser / Hans-Peter Schwarz (Hrsg.), Weltpolitik. Strukturen – Akteure – Perspektiven, Bonn 1985, S. 321 f.

208 H. Brüning an F. Sackett vom 7. 10. 1937, Briefe und Gespräche, S. 154 f.

209 H. Brüning an F. Sackett vom 7. bzw. 8. 10. 1937, Briefe und Gespräche, S. 155 f. Vgl. G. N. Shuster, Dr. Brüning's Sojourn, S. 449; H. Hömig, Brüning Bd. 1, S. 570 ff.

210 Vgl. Briefe und Gespräche, S. 156, Anm. 1.

211 Briefe und Gespräche, S. 156 f., Anm. 1; Zitat ebd. S. 153, Anm. 2; H.-J. Schröder, Das Dritte Reich und die USA, S. 127 ff. Vgl. William L. Langer / S. E. Gleason, The Challenge to Isolation, New York 1952, S. 21 f.; K. Schwabe, Die Ära Roosevelt in der Geschichte der Vereinigten Staaten und ihr Einfluß auf die Weltpolitik, S. 207; H. P. Mensing, Adenauer im Dritten Reich, S. 522.

212 G. Messersmith, Memorandum of a Conversation with Brüning, 27. 12. 1937, B. B. Burke, Sackett, S. 291.

213 H. Brüning, Goerdeler in den Vereinigten Staaten, Briefe und Gespräche, S. 153 f.; H. Brüning an A. v. Schauroth, vom 9. 4. 1955, Ausf., Sammlung Gärtringen. Vgl. C. Goerdeler an R. Schairer vom 28. 9. 1937, in: S. Gillmann / H. Mommsen, Politische Schriften Goerdelers, S. 635 f.; E. Spevack, Enigma, S. 63 f.; I. Reich, Goerdeler, S. 257 ff., 265.

214 Briefe und Gespräche, S. 156, Anm. 1.

215 H. Brüning an A. Ickler vom 8. 12. 1937, Briefe und Gespräche, S. 159.

216 E. und K. Mann, Escape to Life, S. 343 f. (Zitat bei G. N. Shuster, Dr. Brüning's Sojourn, S. 459); K. Mann, Brüning in New York, Die Neue Weltbühne (New York) XXXIII. Jahrgang Nr. 52 vom 23. 12. 1937, abgedruckt in: Ders., Heute und morgen. Schriften zur Zeit, hrsg. von Martin Gregor-Dellin, München 1969, S. 200 ff. Vgl. E. Spevack, Enigma, S. 37; R. Morsey, Zur Problematik einer zeitgeschichtlichen Briefedition, S. 88. – K. Mann, Tagebücher 1936-1937, München 1990, S. 170; R. Phelps, Erinnerungsbericht, in: G. N. Shuster, Dr. Brüning's Sojourn, S. 462; R. Morsey, Brüning und Adenauer (1972), S. 7, Anm. 2.

217 E. und K. Mann, Escape to Life, S. 345.
218 E. und K. Mann, Escape to Life, S. 346.
219 E. und K. Mann, Escape to Life, S. 346.
220 Th. A. Knapp, Brüning im Exil, S. 97 f.; E. Spevack, Enigma, S. 53. Vgl. Art. »Brüning kann nicht als Privatmann ...«, Art. »Appell an Dr. Heinrich Brüning«, Deutsche Briefe Nr. 82 vom 24. 4. 1936 bzw. Nr. 166 vom 26. 11. 1937, H. Hürten, Deutsche Briefe Bd. 2, S. 166, 969 ff.; dens., Ein Reichskanzler im Exil, S. 197; G. N. Shuster, In Amerika und Deutschland, S. 143 f.
221 Vgl. u. a. Th. A. Knapp, Brüning im Exil, S. 97 f.; E. Alexander an K. Thieme vom 6. 7. 1956, Abschrift, Nachl. H. Brüning, HUG FP 93.10 Box 1.
222 Bruce C. Hopper (= H. Brüning) an G. Shuster vom 13. 2. 1940, Abschrift, Nachl. G. N. Shuster, Notre Dame CSHU Box 14.
223 New York Times vom 22. 9. 1937, hier nach: E. Spevack, Enigma, S. 36. – Ähnlich verhielt sich Brüning bei einem Vortrag im Hunter College, ebd., S. 143.
224 Vgl. C. A. Coolidge an H. Brüning betr. Annual Dinner of the Massachusetts Society of the Cincinnati am 22. 2. 1940, im Algonquin Club of Commonwealth, Boston, vom 25. 1. 1940, Ausf., Nachl. H. Brüning, HUG FP 93.35 Box 3; H. Brüning an H. Callender, New York Times, vom 5. 5. und 17. 5. 1943, Durchschlag, ebd.; H. Callender an H. Brüning vom 18. 5. 1943, Ausf., ebd.
225 Vgl. Bruce C. Hopper (= H. Brüning) an G. Shuster vom 13. 2. 1940, Abschrift, Nachl. G. N. Shuster, Notre Dame CSHU Box 14; R. Morsey, Vorstellungen Christlicher Demokraten, S. 205.
226 H. Brüning an H. Stimson vom 23. 12. 1937, Briefe und Gespräche, S. 161. Vgl. ebd. S. 162, Anm. 1 f.; E. Angermann, Die Vereinigten Staaten, S. 212; E. Spevack, Enigma, S. 70; James MacGregor Burns, Roosevelt: The Lion and the Fox, New York 1956, S. 424; R. H. Ferrell, Kellog – Stimson, S. 282 f.; J. Dülffer, Der Beginn des Krieges 1939, S. 197; R. Spitzy, So haben wir das Reich verspielt, S. 324 f. – Zur Berufung Stimsons siehe A. Frye, Nazi Germany, S. 189 f.
227 H. Brüning an H. Stimson vom 23. 12. 1937, Briefe und Gespräche, S. 161; Anne Orde, Großbritannien und die Selbständigkeit Österreichs 1918-1938, in: VfZG 28 (1980), S. 243. Vgl. E. v. Weizsäcker, Erinnerungen, S. 139 f.; G. Mai, Europa, S. 37 f., 232.
228 Vgl. H. Brüning an H. Stimson vom 1. 9. bzw. 23. 12. 1937, Briefe und Gespräche, S. 150 f.; A. Bullock, Hitler und die Ursprünge des Zweiten Weltkrieges, S. 347 f.; J. Fest, Hitler, S. 688 f.
229 H. Brüning an E. Eisenlohr vom November 1946, an R. Pechel vom 9. 2. 1947, Briefe 1946-1960, S. 54, 74.
230 Vgl. H. Hömig, Brüning Bd. 1, S. 66.
231 H. Brüning an M. Brüning vom 18. 12. 1937, Briefe und Gespräche, S. 161.
232 H. Brüning an P. Barry vom 4. 1. 1938, Briefe und Gespräche, S. 167, Anm. 1, Faksimile ebd. S. 213; Art. Heinrich Bruning. Former German Chancellor, The Times, London, 1. 4. 1970. Vgl. Personalbogen Personalakte H. Brüning, UA Köln, Zug. 17/II 294.
233 H. Brüning an P. Barry vom 4. 1. 1938, Briefe und Gespräche, S. 167, Anm. 3 und 4; F. Müller, Die »Brüning Papers«, Selbstzeugnisse, S. 29. Vgl. H. Brüning an J. Borkin, Department of Justice, Washington, D. C. vom 4. 3. 1944, Durchschlag, Nachl. H. Brüning, HUG FP 93.10 Box 2; Art. Dr. Heinrich Bruening als Verfassungssachverstaendiger fuer Kanada. So ehrt das Ausland den deutschen Staatsmann, »Der Deutsche in Polen« vom 27. 3. 1938, Abschrift, Nachl. J. Maier-Hultschin, BA Koblenz N 1043, Nr. 1.
234 Vgl. E. Spevack, Enigma, S. 67.
235 H. Brüning an P. Barry vom 15. 2. 1938, Briefe und Gespräche, S. 170 ff.; Th. Reuther, Die ambivalente Normalisierung, S. 84 f.; Gerhard Hirschfeld, Deutsche Emigranten in Groß-

britannien und ihr Widerstand gegen den Nationalsozialismus, in: K.-J. Müller / D. N. Dilks, Großbritannien und der deutsche Widerstand, S. 114 f.; E. Middell, Exil in den USA, S. 65 f.; A. Klein, Rettung und Restriktion, S. 213; William R. Smyser, How Germans Negotiate. Logical Goals, Practical Solutions, Washington, D. C. 2003, S. 45; M. Huttner, Britische Presse und nationalsozialistischer Kirchenkampf, S. 253, 265; R. Morsey, Zur Problematik einer zeitgeschichtlichen Briefedition, S. 76; ders., Brünings Vorstellungen, S. 183; A. Mirgeler, Brüning, S. 169. – Der Besuch Brünings bei Roosevelt und das – negative – Ergebnis wurden anscheinend auch in Moskau bekannt. Vgl. Art. Wie Brüning die Amerikaner hereinlegen will, Neues Deutschland vom 8. 6. 1948; A. Armstrong, Unconditional Surrender, S. 200. Über das Programm »Hier spricht Deutschland ...« siehe Conrad Pütter, Rundfunk gegen das »Dritte Reich«. Deutschsprachige Rundfunkaktivitäten im Exil 1933-1945. Ein Handbuch, München 1986, S. 104 f.

236 Vgl. F. W. Foerster, Erlebte Weltgeschichte, S. 575 ff.

237 Vgl. E. Middell, Exil in den USA, S. 223; A. Frye, Nazi Germany, S. 33 ff., 46, 57 f., 90 f., 139; B. Fromm, Blood and Banquets, S. 270; E. Angermann, Die Vereinigten Staaten, S. 213; H.-J. Schröder, Das Dritte Reich und die USA, S. 131 f.

238 Memorandum by the Assistant Secretary of State (Messersmith) to the Secretary of State vom 18. 2. 1938, FRUS 1938 I, Nr. 762.63/489 1/2, S. 17 ff.; O. John, Falsch und zu spät, S. 96; H. Brüning an P. Barry vom 15. 2. 1938, Briefe und Gespräche, S. 170; H. Brüning an G. N. Shuster vom 8. 5. 1950, Durchschlag, Nachl. H. Brüning, HUG FP 93.10 Box 31. Dazu Briefe und Gespräche, S. 170 f., Anm. 1; G. R. Treviranus, Für Deutschland im Exil, S. 175. Vgl. H. Krausnick, Goerdeler und Großbritannien 1937-1938, S. 284; W. Schumann / M. Seckendorf, Richtung Südost, in: L. Nestler, Der Weg deutscher Eliten, S. 253 ff., 262 ff.; H.-J. Schröder, Die deutsche Südosteuropapolitik und die Reaktion der angelsächsischen Mächte 1929-1933-1934, in: J. Becker / K. Hildenbrand, Internationale Beziehungen, S. 350 ff.; dens., Das Dritte Reich und die USA, S. 146 f.; K. Schwabe, Die Ära Roosevelt in der Geschichte der Vereinigten Staaten und ihr Einfluß auf die Weltpolitik, S. 207; L. D. Clay, Entscheidung in Deutschland, S. 19; Th. A. Knapp, Brüning im Exil, S. 96; R. Morsey, Zur Problematik einer zeitgeschichtlichen Briefedition, S. 74; dens., Brünings Vorstellungen, S. 182; F. T. Epstein, Rezension zu J. Radkau, Die deutsche Emigration, S. 281, Jahrbuch für Amerika-Studien 18 (1973); A. Mirgeler, Brüning, S. 175; E. Spevack, Enigma, S. 71. – Zu Brünings Ansichten über Hitlers »Mein Kampf«, siehe H. Hömig, Brüning Bd. 1, S. 205. – Außer der Duchess of Atholl gehörte auch Churchill zu jenen, die die programmatische Seite von »Mein Kampf« frühzeitig erkannten, A. Schwarz, Die Reise ins Dritte Reich, S. 205 ff. Über die Lektüre des Buches durch führende Politiker (Barthou, Litvinow, Henderson, Brüning) siehe auch J. Wheeler-Bennett, Munich, S. 215, Anm. 2.

239 H. Brüning an O. Eulerich vom 3. 6. 1958, Durchschlag, Nachl. H. Brüning, HUG FP 93.10 Box 9; ders. an A. J. M. Cornelissen vom Dezember 1946, Durchschlag, ebd. Box 6; G. R. Treviranus, Für Deutschland im Exil, S. 175.

240 Vgl. H. Brüning an H. B. Gisevius vom 20. 8. 1946, Durchschlag, Nachl. H. Brüning, HUG FP 93.10 Box 11; G. N. Shuster, Brüning Memoir and Foreword, Manuskript, S. 65, Nachl. G. N. Shuster, Notre Dame CSHU Box 2; A. Mirgeler, Brüning, S. 175 f. Über die Haltung britischer Regierungskreise gegenüber einem deutschen Militärputsch siehe L. Kettenacker, Krieg zur Friedenssicherung, S. 306.

241 Vgl. G. F. Kennan, Memoiren, S. 129.

242 Vgl. H. Brüning an H. Stimson vom 2. 2. 1938, Briefe und Gespräche, S. 168 f.; E. E. Morison, Turmoil and Tradition, S. 467; E. Spevack, Enigma, S. 70.

243 Vgl. H. Brüning an P. Barry vom 15. 2. 1938, an G. Messersmith vom 23. 5. 1939, Briefe und Gespräche, S. 170, 255 ff.; E. Spevack, Enigma, S. 71.

²⁴⁴ Schultheß 1938, S. 16 ff.; Amtliche Mitteilung vom 26. 11. 1937, in: J. Hohlfeld, Dokumente der deutschen Politik Bd. 4, Nr. 155, S. 376 f.; Briefe und Gespräche, S. 170, Anm. 2; H. Brüning, Aufzeichnungen vom 15./17. bzw. 18./22. 3. und 8. 4. 1938, ebd. S. 176 f., 182, Anm. 1, 192; G. L. Weinberg, Deutschlands Wille zum Krieg, S. 415. Vgl. N. Henderson, Failure of a Mission, S. 108 ff.; K.-J. Müller, Das Heer und Hitler, S. 255 ff.; dens., Beck, S. 129 ff.; W. Görlitz, Generalstab, S. 450 ff.; W. Foerster, Beck, S. 86 f.; K.-J. Müller, Armee und Drittes Reich, S. 89 ff.; H. Fraenkel / R. Manvell, Canaris, S. 49 f.; O. John, Falsch und zu spät, S. 98 ff.; A. Bullock, Hitler und die Ursprünge des Zweiten Weltkrieges, S. 347 f.; J. Dülffer, Weimar, Hitler, S. 464 f.; I. Colvin, The Chamberlain Cabinet, S. 91; C. E. Clingan, Finance, S. 226; Ch. Kindleberger, Die Weltwirtschaftskrise, S. 298; H. C. Deutsch, German Soldiers in the 1938 Munich Crisis, S. 306 f. – Zu den Hintergründen der Affäre siehe Ronald Rathert, Verbrechen und Verschwörung: Arthur Nebe. Der Kripochef des Dritten Reiches, Münster 2001, S. 66 ff.; R. G. Huber, Rundstedt, S. 133 ff.

²⁴⁵ Vgl. H. Foertsch, Schuld und Verhängnis, S. 142 ff. et passim; H. C. Deutsch, Das Komplott, S. 177 ff., 202 ff.; O. John, Falsch und zu spät, S. 99 f.

²⁴⁶ Lord Lothian, To the Pilgrims of the United States, Vortrag vom 25. 10. 1939, in: Ders., Pacifism is not Enough, S. 272. Vgl. G. Schmidt, Weltmachtrolle und Sicherheitspartnerschaft, S. 145 ff.; A. Bullock, Hitler und die Ursprünge des Zweiten Weltkrieges, S. 357; G. Kennan, Amerikas Außenpolitik, S. 92 ff.; N. Forbes, London Banks und German Debts, S. 572; D. C. Watt, Personalities and Politics, S. 127 f.; M. Wala, Winning the Peace, S. 18 ff.; N. Schausberger, Der Griff nach Österreich, S. 519 ff.

²⁴⁷ Lord Lothian, Speech to the Chicago Council on Foreign Relations vom 4. 1. 1940, Speech to the American Farm Bureau Federation at Baltimore vom 11. 12. 1940, in: Ders., Pacifism is not enough, S. 302 und 327.

²⁴⁸ Vgl. Donald Cameron Watt, Foreword, in: A. Bosco / C. Navari, Chatham House, S. 1 ff.; Gordon Martel, From Round Table to New Europe. Some Intellectual Origins of the Institute of International Affairs, ebd. S. 13 ff.; J. Wheeler-Bennett, Special Relationships, S. 32; A. Bosco, Chatham House and Federalism, ebd. S. 338; A. Crozier, Chatham House and Appeasement, ebd. S. 245; P. Hoffmann, Widerstand, Staatsstreich, S. 428, 743, Anm. 68; G. Mai, Europa, S. 241; K. v. Klemperer, Die verlassenen Verschwörer, S. 79.

²⁴⁹ R. H. Keyserlingk, Der Fall Otto Strasser, S. 643; C. D. Cameron, Foreword, in: A. Bosco / C. Navari, Chatham House, S. IV; A. Bosco, Introduction, ebd. S. 9; A. Crozier, Chatham House and Appeasement, ebd. S. 208 ff.

²⁵⁰ Schultheß 1938, S. 22 f.; H. Brüning, Aufzeichnungen vom Februar und von März/April 1938, ders. an J. Wheeler-Bennett vom 23. 12. 1940, Briefe und Gespräche, S. 172 ff., 184, 331; W. Churchill, Der Zweite Weltkrieg Bd. 1, S. 135 ff.; A. Crozier, Chatham House and Appeasement, in: A. Bosco / C. Navari, Chatham House, S. 221. Vgl. B. Schwertfeger, Rätsel um Deutschland, S. 522 f.; K. D. Bracher, Diktatur, S. 350; N. Henderson, Failure of a Mission, S. 119 ff.; I. Colvin, The Chamberlain Cabinet, S. 94 f.; A. Bullock, Hitler und die Ursprünge des Zweiten Weltkrieges, S. 345 f.; E. Spevack, Enigma, S. 31; Klaus Hornung, Die offene Flanke der Freiheit. Studien zum Totalitarismus im 20. Jahrhundert, Frankfurt/Main 2001, S. 114 ff. – Brüning vermied es Ende 1938 in Harvard, Lothian zu begegnen, H. Brüning an M. Anderson vom 30. 12. 1938, Briefe und Gespräche, S. 223.

²⁵¹ H. Brüning, Aufzeichnung vom Februar 1938, Briefe und Gespräche, S. 173. Vgl. H. Brüning an M. Anderson vom 15. 9. 1941, ebd. S. 369; ferner ebd. S. 174, Anm. 2; M. Huttner, Britische Presse und nationalsozialistischer Kirchenkampf, S. 159; A. Mirgeler, Brüning, S. 170.

²⁵² H. Brüning, Aufzeichnung vom Februar 1938, Briefe und Gespräche, S. 172 ff.

²⁵³ H. Brüning an Franz Dessauer vom 8. 7. 1953, Durchschlag, Nachl. H. Brüning, HUG FP 93.10 Box 7. Die Namen Gort, Vansittart und Roosevelt sind im Durchschlag mit Bleistift

eingefügt. – Über John Standish Surtees Prendergast Vereker, 6 th. Viscount Gort (1886-1946), siehe u. a. John Keegan / Andrew Whetcroft, Who's Who in Military History. From 1453 to the present day, London 1976, S. 140.

254 H. Brüning, Aufzeichnung von März/April 1938, Briefe und Gespräche, S. 184 ff. Vgl. Chr. Bussfeld, Democracy, S. 129; R. R. James, Churchill, S. 306.

255 E. H. Carr, The Twenty Years' Crisis, S. 72 f. (Zitat Churchill); O. Harvey, Diplomatic Diaries, 19. März 1938, S. 121. Vgl. J. Dülffer, Weimar, Hitler, S. 464. Vgl. The Earl of Birkenhead, Halifax, S. 381 ff.

256 H. Brüning, Aufzeichnung von März/April 1938, Briefe und Gespräche, S. 184. Vgl. H. v. Riekhoff, German-Polish Relations, S. 364, 369.

257 Vgl. Winston S. Churchill, Marlborough. His Life and Times, 4 Bde. (1933-1938), Edition in zwei Büchern, London 1947 (dt. Ausgabe: Marlborough. Bd. 1: Der Weg zum Feldherrn 1650-1705, Bd. 2: Der Feldherr und Staatsmann 1705-1722, München 1968 f.); P. Kluke, Großbritannien, S. 381; Ch. Bloch, Hitler und die europäischen Mächte, S. 27; M. Gilbert, Rumbold, S. 434; P. Ludlow, The Unwinding of Appeasement, S. 13 f.; G. Schmidt, Weltmachtrolle und Sicherheitspartnerschaft, S. 146 f.; L. P. Lochner, Die Mächtigen und der Tyrann, S. 213; The Marquess of Londonderry (Charles Stewart Henry Vane-Tempest Stewart, 7th Marquess of Londonderry), England blickt auf Deutschland (deutsche Ausgabe von »Ourselves and Germany«), S. IX, 3 et passim. – Zum Urteil Churchills über Marlborough und Bolingbroke siehe u. a. das Kapitel »Marlborough in the new reign 1714-1716« Teil 2, S. 1016 ff.; R. R. James, Churchill, S. 310 f.; J. Charmley, Churchill, S. 309; Andreas Kilb, Die Erfindung des europäischen Gleichgewichts. Der Starke ist am mächtigsten vereint: Vor dreihundert Jahren begann der Spanische Erbfolgekrieg, FAZ Nr. 209 vom 8. 9. 2001.

258 O. Harvey, Diplomatic Diaries, 17. März 1938, S. 119.

259 W. Churchill, Nach dem Kriege (engl. The World Crisis. The Aftermath, London 1929), Zürich, Leipzig, Wien 1930, S. 437 f.

260 H. Brüning, Aufzeichnung von März/April 1938, Briefe und Gespräche, S. 184 f. Vgl. H.-P. Schwarz, Das Gesicht des Jahrhunderts, S. 389.

261 H. Brüning an Franz Dessauer vom 31. 8. 1953, Durchschlag, Nachl. H. Brüning, HUG FP 93.10 Box 7.

262 H. Brüning, Aufzeichnungen von März/April 1938, Juli bis September 1944, Briefe und Gespräche, S. 184 ff., 417; Schultheß 1938, S. 66 ff. Vgl. G. Ritter, Goerdeler, S. 163 ff.; J. Wheeler-Bennett, Nemesis, S. 523 ff.; H. C. Deutsch, Das Komplott, S. 135; G. L. Weinberg, Deutschlands Wille zum Krieg, S. 415; A. François-Poncet, De Versailles à Potsdam, S. 237; W. Foerster, Beck, S. 89 ff.; H. Gräfin Schall-Riaucour, Aufstand und Gehorsam, S. 220 f.; K.-J. Müller, Über den »militärischen Widerstand«, S. 271; A. Mirgeler, Brüning, S. 171; H. Hürten, Ein Reichskanzler im Exil, S. 199; E. Spevack, Enigma, S. 61 f., 64; K. Strong, Die Geheimnisträger, S. 114.

263 R. Spitzy, So haben wir das Reich verspielt, S. 154 f.

264 H. Brüning, Aufzeichnung vom 15./17. 3., ders. an M. Anderson vom 17. 3., ders., Aufzeichnung von März/April 1938, ders. an D. Heineman, Briefe und Gespräche, S. 176 ff., 184 ff., 349; H. Brüning an W. Stennes vom 11. 8. 1949, Briefe 1946-1960, S. 193; H. Brüning an H. Pünder vom 15. 12. 1946, Hinweis von Prof. Dr. R. Morsey, Speyer, an den Verf.; H. Mommsen, Gesellschaftsbild und Verfassungspläne des deutschen Widerstandes, in: W. Schmitthenner / H. Buchheim, Der deutsche Widerstand gegen Hitler, S. 110, 113, 142; St. A. Schuker, Ambivalent Exile, S. 352; L. Kettenacker, Die britische Haltung, S. 67; H. Mommsen, Alternative zu Hitler, S. 90. Vgl. auch den Bericht von H. J. Schmitt vom 4. 3. 1938, ebd. S. 182, Anm. 1; P. Hoffmann, Widerstand, Staatsstreich, S. 75; L. J. Edinger, German Exile Politics, S. 139; E. Spevack, Enigma, S. 64; Susanne Meinl, Nationalsozialisten

gegen Hitler. Die nationalrevolutionäre Opposition um Friedrich Wilhelm Heinz, Berlin 2000, S. 262 f., 338. Danach wurde Jahnke nach dem Zweiten Weltkrieg von den Sowjets liquidiert. – Über Canaris' frühere Haltung zum Nationalsozialismus siehe beispielsweise H. Höhne, Canaris, S. 132 ff.

[265] H. Brüning an M. Anderson vom 17. 3. 1938, Briefe und Gespräche, S. 180 f.; ders., Memorandum über Wirtschaftsprobleme für König Leopold vom März 1938, ebd. S. 493 ff. Vgl. H. Brüning an P. Barry vom 15. 2. 1938, ebd. S. 170 f.; »A Dialogue Between a Foreign Statesman and an English Student of Affairs« (Auszug Mai 1935), Briefe und Gespräche, Anhang, S. 462 f.; Franz Petri, Belgien, Niederlande, Luxemburg vom Ende des I. Weltkriegs bis zur Politik der europäischen Integration 1918-1970, in: Handbuch der europäischen Geschichte, hrsg. von Theodor Schieder, Bd. 7, 2, Stuttgart 1979, S. 707; F. Leith-Ross, Money Talks, S. 236; Fernand Baudhuin, Belgique 1900-1960, Löwen 1961, S. 168 ff.; Ch. P. Kindleberger, Geschichte der Weltwirtschaftskrise Bd. 4, S. 262; A. Mirgeler, Brüning, S. 171; E. v. Weizsäcker, Erinnerungen, S. 136.

[266] H. Brüning an M. Anderson vom 17. 3. 1938, Briefe und Gespräche, S. 180 f.

[267] Bericht von H. J. Schmitt vom 4. 3. 1938, H. Brüning an M. Hapig vom 1. 10. 1946, an A. J. M. Cornelissen vom Dezember 1946, Briefe und Gespräche, S. 182 f., Anm. 1, 451, 454; H. Brüning an M. Brüning vom Dezember 1947, Durchschlag, Nachl. H. Brüning, HUG FP 93.10 Box 28; H. Brüning an J. Gronowski vom 13. 9. 1948, Durchschlag, Nachl. J. Gronowski, ACDP 01-205-001/3. Vgl. G. R. Treviranus, Für Deutschland im Exil, S. 165; G. Ritter, Goerdeler, S. 224; B. Bouvier, Die Deutsche Freiheitspartei, S. 81 ff.

[268] H. Brüning, Aufzeichnung von März/April 1938, ders. an D. Heineman vom 7. 4. 1941, Briefe und Gespräche, S. 186; ebd. S. 165 (Kommentar); H. Brüning an H. B. Gisevius vom 20. 8. 1946, Durchschlag, Nachl. H. Brüning, HUG FP 93.10 Box 11. Vgl. C. Goerdeler an R. Schairer vom 19. 10. 1938, in: S. Gillmann / H. Mommsen, Politische Schriften Goerdelers, S. 645 f.; H. Krausnick, Goerdeler und Großbritannien 1937-1939, S. 284 f., 349; G. Ritter, Goerdeler, S. 160, 164 f.; P. Ludlow, The Unwinding of Appeasement, S. 37; G. R. Treviranus, Für Deutschland im Exil, S. 52; K. v. Klemperer, Die verlassenen Verschwörer, S. 90 f. Zum Hintergrund Klemens v. Klemperer, Die »Außenpolitik« des Widerstandes, in: K.-J. Müller / D. N. Dilks, Großbritannien und der deutsche Widerstand, S. 85; K.-J. Müller, Über den »militärischen Widerstand«, S. 270 f.; Chr. Bussfeld, Democracy, S. 129.

[269] H. Brüning, Aufzeichnung von März/April 1938, Briefe und Gespräche, S. 185.

[270] H. Brüning, Aufzeichnung von März/April 1938, Briefe und Gespräche, S. 187.

[271] Vgl. H. Fraenkel / R. Manvell, Canaris, S. 82; F. v. Schlabrendorff, Offiziere, S. 35; W. Bußmann, Biographische Bemerkungen, ebd. S. 9; G. Ritter, Goerdeler, S. 223 f.; K. v. Klemperer, Die »Außenpolitik« des deutschen Widerstandes, in: K.-J. Müller / D. N. Dilks, Großbritannien und der deutsche Widerstand, S. 85, Anm. 3.

[272] H. Brüning, Aufzeichnung von März/April 1938, Briefe und Gespräche, S. 187. Vgl. A. P. Young, Die >X<-Dokumente, S. 285.

[273] H. Foertsch, Schuld und Verhängnis, S. 165 ff.

[274] P. Hoffmann, Widerstand, Staatsstreich, S. 77 ff. Vgl. G. Ritter, Goerdeler, S. 154 f.

[275] H. Brüning, Aufzeichnung vom 8. 4. 1938, Briefe und Gespräche, S. 192.

[276] H. Brüning an H. Stimson vom 8. 4. 1938, Briefe und Gespräche, S. 190 f. Vgl. E. Spevack, Enigma, S. 28.

[277] J. Charmley, Churchill, S. 307. Vgl. H. Brüning an M. Anderson vom 13. 5. 1938, Briefe und Gespräche, S. 197; J. Valette, Problèmes des Relations Internationales, S. 96 f.; A. François-Poncet, Souvenirs d'une Ambassade, S. 298.

[278] W. Rauscher, Hitler und Mussolini, S. 389 f. Vgl. P. Kluke, Großbritannien, S. 386.

[279] H. Brüning, Aufzeichnung vom 8. 4. 1938, Briefe und Gespräche, S. 191 f. Vgl. H. Hürten, Ein Reichskanzler im Exil, S. 199.

²⁸⁰ H. Brüning an P. Barry vom 7. 9. 1938, Briefe und Gespräche, S. 209. Dazu u. a. L. Schwarzschild, Art. Das katholische Drama (9. 4. 1938), in: Ders., Die Lunte am Pulverfaß, S. 279 ff.
²⁸¹ Briefe und Gespräche, S. 165 (Einleitung). Vgl. H. Brüning an H. Stimson vom 13. 8. 1938, ebd. S. 206.
²⁸² H. Brüning an M. Anderson vom 1. 5. 1938, Briefe und Gespräche, S. 194 f. Vgl. E. Spevack, Enigma, S. 56, 91; F. Müller, Die »Brüning Papers«, Selbstzeugnisse, S. 29.
²⁸³ Vgl. Margret Boveri, Verzweigungen. Eine Autobiographie, München 1977, S. 295.
²⁸⁴ H. Brüning an M. Anderson vom 1. 5., an W. R. Forrester vom 21. 11. 1938, Briefe und Gespräche, S. 194 f. bzw. 218 ff.; Queen's College, 1937, 1ˢᵗ lecture, Nachl. H. Brüning, HUG FP 93.45, hier nach: F. Müller, Die »Brüning Papers«, Selbstzeugnisse, S. 77; H. Brüning, Wartime Administration in Germany and Great Britain, S. 158.
²⁸⁵ Rede Brünings vor der 53. Jahresversammlung der New England Association of Colleges and Secondary Schools, Hotel Statler, Boston; zusammenfassender Bericht des Deutschen Konsulats in Boston, Mass. an die Deutsche Botschaft in Washington vom 29. 12. 1938, Ausf., nach »Boston Evening Transcript« vom 2. 12. 1938, BA Koblenz R 43 I / 2875.
²⁸⁶ H. Brüning an M. Anderson vom 1. 5. 1938, Briefe und Gespräche, S. 194 f.
²⁸⁷ H. Brüning an M. Anderson vom 15. 5. 1938, Briefe und Gespräche, S. 197. Vgl. R. Morsey, Brünings Vorstellungen, S. 182.
²⁸⁸ Vgl. u. a. C. Hull, Memoirs Bd. 1, S. 590; Timothy W. Mason, Einige Ursprünge des Zweiten Weltkrieges, in: G. Niedhart, Kriegsbeginn 1939, S. 111 f.; G. Schmidt, Weltmachtrolle und Sicherheitspartnerschaft, S. 148 f. – Übersicht bei K. H. Hermann, Deutsche Militärgeschichte, S. 437.
²⁸⁹ Vgl. W. A. Boelcke, Kriegspropaganda, S. 642, 700. – »Deutschland hat eine riesige Luftwaffe entwickelt, während England geschlafen und Frankreich sich Hoffnungen auf ein Bündnis mit Rußland gemacht hat«, Charles A. Lindbergh, Kriegstagebuch 1938-1945, Wien 1970, S. 30 (23. 6. 1938).
²⁹⁰ H. Brüning, Aufzeichnung von Mai/Juni 1938, Briefe und Gespräche, S. 196. Vgl. I. Colvin, Vansittart in Office, S. 127 ff.; L. Schwarzschild, Von Krieg zu Krieg, S. 467; K.-J. Müller, Kriegsausbruch 1939, S. 270 f.; E. Spevack, Enigma, S. 57; Mitteilung von Frau Cl. Nix, Keene, an den Verf. vom 27. 4. 2003. – Lindbergh schickte Brüning nach dem Krieg sein Buch »Of Flight and Life«, New York 1948, mit persönlicher Widmung, siehe G. Lassalle, 1200 Jahre Paulinum, S. 489.
²⁹¹ H. Brüning an M. Anderson vom 1. 5. 1938, Briefe und Gespräche, S. 194. Vgl. J. Wheeler-Bennett, Munich, S. 153 f., 464 ff.
²⁹² H. Rönnefarth, Die Sudetenkrise, S. 277 ff.; R. Smelser, Das Sudetenproblem, S. 201; R. Blasius, Für Großdeutschland, S. 39 f.; Klaus Hildebrand, Das Dritte Reich, 2. Aufl. München 1980, S. 35; G. L. Weinberg, Deutschlands Wille zum Krieg, S. 410. Vgl. K.-J. Müller, Beck, S. 126 f.; R. Spitzy, So haben wir das Reich verspielt, S. 299.
²⁹³ H. Brüning an M. Anderson bzw. ders. Memorandum über das tschechoslowakische Problem für Lord Runciman vom 9. 8. 1938, Ders., Aufzeichnung: Winston Churchill in der Tschechoslowakei-Krise, Briefe und Gespräche, S. 203 ff. bzw. 500 ff. Vgl. H. Rönnefarth, Die Sudetenkrise, S. 376, 386; K. Robbins, München 1938, S. 198 ff.; B. Celovsky, Das Münchner Abkommen 1938, S. 281 ff.; H. Hürten, Ein Reichskanzler im Exil, S. 198 f.
²⁹⁴ Dazu u. a. E. v. Weizsäcker, Erinnerungen, S. 177.
²⁹⁵ ADAP Serie D Bd. 2, S. 281 f.; Ursachen und Folgen Bd. 12, Nr. 2678, S. 191 ff.; H. Brüning, Aufzeichnung vom Juni 1939, Briefe und Gespräche, S. 264. Vgl. H. Rothfels, Die deutsche Opposition, S. 71; A. Bullock, Hitler und die Ursprünge des Zweiten Weltkrieges, S. 358; R. Smelser, Das Sudetenproblem, S. 200 f.; W. H. Maehl, Germany in Western Civilization, S. 641.

²⁹⁶ Vgl. R. Smelser, Das Sudetenproblem, S. 200 ff.
²⁹⁷ Ernst Nittner (Hrsg.), Dokumente zur sudetendeutschen Frage 1916-1967, München 1967, Nr. 104 und 108, S. 193 und 195 f.; ders., Der böhmisch-mährische Raum als Objekt des hitlerischen Imperialismus, München 1960, S. 20 f.; R. Smelser, Das Sudetenproblem, S. 199; J. W. Brügel, Tschechen und Deutsche, S. 413 ff.; P. Ludlow, The Unwinding of Appeasement, S. 23; H. Graml, Zwischen Stresemann und Hitler, S. 39. Vgl. The Earl of Birkenhead, Halifax, S. 383.
²⁹⁸ U. Schlie, Wirth im Exil, S. 182; J. Später, Vansittart, S. 187 f.; L. Eiber, Verschwiegene Bündnispartner, S. 72.
²⁹⁹ J. K. Hoensch, Geschichte der Tschechoslowakei, S. 85 f.; L. Kettenacker, Die britische Haltung, S. 58; E. H. Carr, The Twenty Years' Crisis, S. 164; Kurt Kluxen, Geschichte Englands. Von den Anfängen bis zur Gegenwart, Stuttgart 1968, S. 794 ff.; K. Robbins, München 1938, S. 215. Vgl. D. C. Watt, Personalities and Politics, S. 171 f.
³⁰⁰ Vgl. die Dokumente bei Václav Král (Hrsg.), Die Deutschen in der Tschechoslowakei 1933-1947. Dokumentensammlung, Prag 1964, Nr. 102 ff. und 107, S. 165 ff. bzw. 172 f.
³⁰¹ Vgl. J. K. Hoensch, Geschichte der Tschechoslowakei, S. 82 und 87 f.; H. Rönnefarth, Die Sudetenkrise, S. 325 f.; J. W. Brügel, Tschechen und Deutsche, S. 437 ff.
³⁰² Vgl. A. M. de Zayas, Die Anglo-Amerikaner, S. 53.
³⁰³ H. Brüning an W. Y. Elliott vom 13. 9. 1938, Briefe und Gespräche, S. 213. Vgl. R. Morsey, Zur Problematik einer zeitgeschichtlichen Briefedition, S. 76 f.; I. Colvin, Vansittart in Office, S. 205 f.; Hans-Jürgen Schröder, Der Aufbau der deutschen Hegemonialstellung in Südosteuropa 1933-1936, in: M. Funke, Hitler, Deutschland und die Mächte, S. 772; P. Hoffmann, Widerstand, Staatsstreich, S. 78 f.; dens., Widerstand gegen Hitler, S. 51; R. Morsey, Vorstellungen Christlicher Demokraten, S. 205; E. Kordt, Nicht aus den Akten, S. 254; K.-J. Müller, Beck, S. 271; H.-J. Schröder, Die deutsche Südosteuropapolitik und die Reaktion der angelsächsischen Mächte 1929-1933-1934, in: J. Becker / K. Hildenbrand, Internationale Beziehungen, S. 350 ff.; M. Poulain, Deutschlands Drang nach Südosten, S. 129 ff.; H. Graml, Die außenpolitischen Vorstellungen des deutschen Widerstandes, in: W. Schmitthenner / H. Buchheim, Der deutsche Widerstand gegen Hitler, S. 29; K.-J. Müller, Über den »militärischen Widerstand«, S. 273.
³⁰⁴ Vgl. H. Hürten, Ein Reichskanzler im Exil, S. 198 f.
³⁰⁵ R. Smelser, Das Sudetenproblem, S. 190.
³⁰⁶ Carl J. Burckhardt, Memorabilien. Erinnerungen und Begegnungen, München 1977, S. 282.
³⁰⁷ Vgl. Schultheß 1938, S. 132 ff.
³⁰⁸ E. Halifax an B. C. Newton vom 25. 7. 1938, DBFP III, Bd. 2 (1938), Nr. 542, S. 4 f. Vgl. W. Churchill, Der Zweite Weltkrieg Bd. 1, 1, S. 355 f.; H. Rönnefarth, Die Sudetenkrise, S. 376, 386; P. Hoffmann, Widerstand, Staatsstreich, S. 81 f.; W. Foerster, Beck, S. 125 f.; K. Robbins, München 1938, S. 198 ff.; B. Celovsky, Das Münchner Abkommen 1938, S. 281 ff.; Vortragsnotiz Becks vom 29. 7. 1938, in: K.-J. Müller, Armee und Drittes Reich, Nr. 161, S. 351 f.; I. Kershaw, Hitler Bd. 1, S. 158. Über Wiedemann siehe u. a. B. Fromm, Blood and Banquets, S. 260, 269 f., 336 f.; Carl E. Schorske, Two German Ambassadors, in: G. A. Craig / F. Gilbert, The Diplomats, S. 485 f.
³⁰⁹ R. Smelser, Das Sudetenproblem, S. 200. Vgl. R. Spitzy, So haben wir das Reich verspielt, S. 299; G. Schultze-Rhonhof, 1939. Der Krieg, S. 148 f.
³¹⁰ H. Rönnefarth, Die Sudetenkrise, S. 412 und 416 f.
³¹¹ Vgl. J. W. Brügel, Tschechen und Deutsche, S. 438 f.; Schultheß 1938, S. 237; A. Mirgeler, Brüning, S. 75.
³¹² Peter Steinbach, Der Widerstand gegen die Diktatur. Hauptgruppen und Grundzüge der Systemopposition, in: K. D. Bracher / M. Funke / H.-A. Jacobsen, Deutschland 1933-1945, S. 469 f.; W. Foerster, Beck, S. 142 ff.; H. Gräfin Schall-Riaucour, Aufstand und Gehorsam,

S. 221; K.-J. Müller, Über den »militärischen Widerstand«, S. 273 ff.; A. Messemer, André François-Poncet und Deutschland, S. 529. Vgl. H. C. Deutsch, German Soldiers in the 1938 Munich Crisis, S. 308 f.; W. Churchill, Der Zweite Weltkrieg Bd. 1, 1, S. 378 ff.; O. John, Falsch und zu spät, S. 142.

313 W. Jaksch, Europas Weg nach Potsdam, S. 319.

314 Bericht Vansittarts vom 18. 8. 1938 über seine Begegnung mit Kleist, Ursachen und Folgen Bd. 12, Nr. 2688 a, S. 259-262; I. Colvin, Vansittart, S. 223 ff.; G. Buchheit, Der deutsche Geheimdienst, S. 362 f.; K. Middlemas, Diplomacy of Illusion, S. 288; P. Hoffmann, Widerstand, Staatsstreich, S. 82 f. Zitat dort nach I. Colvin, Vansittart, S. 223 und dems., Master Spy, S. 69 f.; H. Gräfin Schall-Riaucour, Halder, S. 246 f. Dazu H. Rothfels, Die deutsche Opposition, S. 73; J. Wheeler-Bennett, Nemesis, S. 460; H. Fraenkel / R. Manvell, Canaris, S. 82; G. R. Treviranus, Für Deutschland im Exil, S. 155 ff.; E. Kordt, Nicht aus den Akten, S. 248 ff.; R. F. Schmidt, Die Außenpolitik des Dritten Reiches, S. 273, 322; K. v. Klemperer, Die verlassenen Verschwörer, S. 95; ders., Der deutsche Widerstand, S. 270 f. – G. Ritter, Goerdeler, S. 477 bezweifelt, daß Kleist von Beck und Canaris gemeinsam nach London entsandt wurde.

315 Vgl. P. Hoffmann, Widerstand, Staatsstreich, S. 83.

316 Vgl. Bericht Vansittarts über seine Begegnung mit Kleist vom 18. 8., bzw. N. Chamberlain an E. Halifax vom 19. 8. 1938, Ursachen und Folgen Bd. 12, Nr. 2688 a und b, S. 260 ff.; P. Hoffmann, Widerstand, Staatsstreich, S. 83.

317 H. Brüning an I. Anderson vom 9. 8. 1938, Briefe und Gespräche, S. 204 f.

318 H. Brüning an M. Anderson vom 11. 8. 1938, Briefe und Gespräche, S. 205.

319 Vgl. J. W. Brügel, Tschechen und Deutsche, S. 99 ff.; B. Celovsky, Das Münchner Abkommen 1938, S. 100 ff.; W. Jaksch, Europas Weg nach Potsdam, S. 231 ff.

320 H. Brüning, Winston Churchill in der Tschechoslowakei-Krise, Briefe und Gespräche, S. 206 ff. Vgl. Th. A. Knapp, Brüning im Exil, S. 95; Manfred Schlenke, Die Westmächte und das nationalsozialistische Deutschland, in: G. Niedhart, Kriegsbeginn 1939, S. 295; K.-J. Müller, Kriegsausbruch 1939, S. 268 f.; A. Mirgeler, Brüning, S. 171. – Über Churchills Charakter und Temperament siehe u. a. R. R. James, Churchill, S. 333 f.

321 Wenzel Jaksch, Nach dem 21. Mai (Der Kampf, Prag, Juli 1938, Nr. 7), in: Seliger-Gemeinde (Hrsg.), Wenzel Jaksch. Sucher und Künder, München 1967, S. 241 f.

322 H. Brüning an M. Anderson vom August 1938, Briefe und Gespräche, S. 208 f.

323 H. Brüning an M. Anderson vom August 1938 bzw. an P. Barry, London 7. 9. 1938, Briefe und Gespräche, S. 208 ff. Vgl. ebd. S. 210, Anm. 2; E. Spevack, Enigma, S. 28.

324 H. Brüning an W. Y. Elliott vom 12. 9. 1938, Briefe und Gespräche, S. 212; Schultheß 1938, S. 134 ff. Vgl. J. W. Brügel, Tschechen und Deutsche, S. 466 f.; D. C. Watt, Personalities and Politics, S. 168 f.

325 H. Brüning, Aufzeichnung vom 11. 9. 1938, Briefe und Gespräche, S. 210 f. Vgl. J. Dippel, Two Against Hitler, S. 17.

326 Vgl. W. Churchill an E. v. Kleist-Schmenzin vom 19. 8. 1938, Ursachen und Folgen Bd. 12, Nr. 2688 c, S. 264 f.

327 W. Churchill, The European Crisis, September 15, 1938, in: Ders., Step by Step 1936-1938, London 1942, S. 272.

328 H. Brüning, Aufzeichnung vom 11. 9. 1938, letztes Treffen mit Winston Churchill, Briefe und Gespräche, S. 210 f. Vgl. A. Mirgeler, Brüning, S. 171 f. Die bei G. Ritter, Goerdeler, S. 224 erwähnte Begegnung Churchills mit Brüning fand nicht im April 1939, sondern im April 1938 statt.

329 Zu diesem Problem P. Steinbach, Widerstand im Widerstreit, S. 145; A. Schwarz, Die Reise ins Dritte Reich, S. 154; P. Marquardt-Bigman, Amerikanische Geheimdienstanalysen, S. 99.

³³⁰ Vgl. zu diesem Problem u. a. Hedley Bull, Die anarchische Gesellschaft, in: Karl Kaiser / Hans-Peter Schwarz (Hrsg.), Weltpolitik. Strukturen – Akteure – Perspektiven, Bonn 1985, S. 33 ff.; E. Spevack, Enigma, S. 41; J. Später, Vansittart, S. 160 ff., 203 ff.

³³¹ Vgl. H. Brüning, Tagebuch vom 17. 9. 1938, H. Brüning an M. Anderson vom 24. 11. 1938, Briefe und Gespräche, S. 214, 220; W. Churchill an E. v. Kleist-Schmenzin vom 19. 8. 1938, Ursachen und Folgen Bd. 12, Nr. 2688 c, S. 264 f.

³³² W. Churchill an E. v. Kleist-Schmenzin vom 19. 8. 1938, Ursachen und Folgen Bd. 12, Nr. 2688 c, S. 264 f.

³³³ N. Chamberlain an E. Halifax vom 19. 8. 1938, Ursachen und Folgen Bd. 12, Nr. 2688 b, S. 262 f.

³³⁴ Bericht Th. Kordts über eine Besprechung mit Lord Halifax vom 7. 9. 1938, Ursachen und Folgen Bd. 12, Nr. 2688 e, S. 267 ff.; W. Jaksch, Europas Weg nach Potsdam, S. 319; R. Blasius, Für Großdeutschland, S. 60 f. Vgl. u. a. E. v. Weizsäcker, Erinnerungen, S. 177 f.; H. Rothfels, Die deutsche Opposition, S. 74 f.; R. F. Schmidt, Die Außenpolitik des Dritten Reiches, S. 273 f.; C. J. Burckhardt, Meine Danziger Mission, S. 191; K.-J. Müller, Das Heer und Hitler, S. 351; H. C. Deutsch, German Soldiers in the 1938 Munich Crisis, S. 314.

³³⁵ Vgl. u. a. P. Hoffmann, Widerstand, Staatsstreich, S. 73.

³³⁶ A. Messemer, André Francois-Poncet, S. 531 f.

³³⁷ H. Brüning an P. Barry vom 7. 9. 1938, Briefe und Gespräche, S. 209. Vgl. G. Schmidt, Weltmachtrolle und Sicherheitspartnerschaft, S. 148 ff.

³³⁸ Schultheß 1938, S. 312; Briefe und Gespräche, S. 214, Anm. 1.

³³⁹ H. Brüning an W. Y. Elliott vom 13. 9. 1938, Briefe und Gespräche, S. 212. Vgl. H. Rönnefarth, Die Sudetenkrise, S. 485 f. und 499; K. Robbins, München 1938, S. 223 f.; Schultheß 1938, S. 242; Amtliche Mitteilungen der Sudetendeutschen Partei vom 13. 9. 1938, Ursachen und Folgen Bd. 12, Nr. 2700 f., S. 321 ff.; H. Herzfeld, Zur Problematik der Appeasement-Politik, in: G. Niedhart, Kriegsbeginn 1939, S. 259.

³⁴⁰ H. Brüning an W. Y. Elliott vom 13. 9. 1938, Briefe und Gespräche, S. 212. Vgl. ebd. S. 214, Anm. 1; H. Wentker, Der Widerstand gegen Hitler, S. 6 f.; Chr. Bussfeld, Democracy, S. 298; W. D. Gruner, »British Interest« in der Zwischenkriegszeit. Aspekte britischer Europa-Politik 1918-1938, in: K. Bosl, Gleichgewicht, S. 87 ff.; J. Dülffer, Der Beginn des Krieges 1939, S. 195 f.

³⁴¹ H. Brüning an DeWitt Poole vom 21. 6. 1937, Briefe und Gespräche, S. 142.

³⁴² Vgl. H. Spiel, Psychologie des Exils, S. 431 ff.

³⁴³ H. Brüning, Tagebuch vom 17. 9. 1938, Briefe und Gespräche, S. 214. Vgl. H. Brüning an M. Brüning vom 9. 12. 1938, ebd. S. 222, Anm. 1; Briefe 1946-1960, S. 60; H. Brüning an E. Brettauer vom 7. 10. 1948, Durchschlag, Nachl. H. Brüning, HUG FP 93.10 Box 5; H. Vollmar, Tennstedt, S. 4; H. Brüning an J. Maier-Hultschin vom 2. 9. 1946, Ausf., Nachl. J. Maier-Hultschin, BA Koblenz N 1043, Nr. 2; Mitteilung von H. Tennstedt, Münster, an den Verf. vom 11. 6. 2003. Herta Tennstedt hielt sich vom 1. 8. – 25. 9. 1937 und vom 23. 6. bis 17. 12. 1938 in England auf. Von Purley aus besuchte sie des öfteren am Wochenende die Andersons in Old Surrey Hall und die Familie Treviranus in Ottersham. Im Dezember 1938 machte sie am Institute of Linguistics in London ein Sprachexamen.

³⁴⁴ Vgl. L. Kettenacker, Die britische Haltung, S. 49.

³⁴⁵ Vgl. H. Brüning an M. Anderson vom 24. 9. 1938, Briefe und Gespräche, S. 214; H. Brüning, Aufzeichnung vom Juni 1939, Staatssekretär und parlamentarischer Staatssekretär des Foreign Office, Briefe und Gespräche, S. 264.

³⁴⁶ H. Brüning an M. Anderson vom Oktober 1938, Briefe und Gespräche, S. 215. Vgl. A. Mirgeler, Brüning, S. 169 f.

³⁴⁷ G. Messersmith an C. Hull vom 29. 9. 1938, FRUS 1938 I, Nr. 760F.62/1193 1/2, S. 704 ff. Vgl. H. Rönnefarth, Die Sudetenkrise, S. 692.

348 Vgl. H. Brüning an G. Messersmith vom 22. 12. 1939, Briefe und Gespräche, S. 299; E. Spevack, Enigma, S. 299.
349 H. Brüning an M. Anderson vom 24. 11. 1938, Briefe und Gespräche, S. 220. Vgl. E. Spevack, Enigma, S. 11.
350 Newsweek vom 1. 11. 1943, hier nach: E. Spevack, Enigma, S. 40; H. Brüning an E. Klee vom 11. 12. 1946, Briefe und Gespräche, S. 454; K. Buchheim, Brüning, S. 510.
351 Briefe und Gespräche (Kommentar), S. 225; H. Brüning an H. Poels vom 20. 1. 1940, ebd. S. 305; Th. A. Knapp, Brüning im Exil, S. 94 f.; M. Jordan, Beyond all Fronts, S. 155; E. Spevack, Enigma, S. 41; E. Wandel, Schäffer, S. 229; H. Staudinger, Wirtschaftspolitik in der Republik von Weimar, S. 107. Vgl. E. Spevack, Enigma, S. 8, 10; Personalbogen Personalakte H. Brüning, UA Köln, Zug. 17/II, 294; E. Spevack, Enigma, S. 8, 10; R. Morsey, Brünings Vorstellungen, S. 178.
352 E. Middell, Exil in den USA, S. 53; P. Marquardt-Bigman, Amerikanische Geheimdienstanalysen, S. 67; H. W. Gatzke, Germany and the United States, S. 112. – Middell gibt die Zahl der Wissenschaftler, Publizisten und Schriftsteller mit 1900, die der Musiker mit 1018 an. H. Mehringer / W. Röder, Gegner, Widerstand, Emigration, S. 179 beziffern sie auf über 2000. Vgl. M. R. Davie, Refugees in America, S. 300 ff., 324 f., 435 ff.
353 H. Brüning, The Changing Background of Democracy, Typoskript mit hs. Korrekturen und Ergänzungen, Lectures in America 1937-1946, Nachl. H. Brüning, HUG FP 93.45 Box 1; Briefe und Gespräche, S. 16, 229, Anm. 1; G. N. Shuster, Brüning Memoir and Foreword, Manuskript, S. 65, Nachl. G. N. Shuster, Notre Dame CSHU Box 2; G. R. Treviranus, Für Deutschland im Exil, S. 91; E. Spevack, Enigma, S. 9, 47, 115; St. A. Schuker, Ambivalent Exile, S. 331; Walter F. Peterson, Das Umfeld: Die Vereinigten Staaten und die deutschen Emigranten, in: U. Langkau-Alex / Th. M. Ruprecht, Was soll aus Deutschland werden, S. 60. Vgl. W. A. Nelson an H. Brüning vom 26. 10. 1938, Ausf., Nachl. H. Brüning, HUG FP 93.35 Box 3; H. Brüning an den Headmaster der Milton Academy vom 24. 6. 1938, Durchschlag, ebd.; H. Brüning, Wartime Administration in Germany and Great Britain, S. 81-168; F. Müller, Die »Brüning Papers«, Selbstzeugnisse, S. 28; dens., Die »Brüning Papers«, Nachl., S. 402.
354 R. Morsey, Brünings zweite Emigration, S. 419; ders., Brünings Vorstellungen, S. 178.
355 E. Spevack, Enigma, S. 47 f.
356 E. Spevack, Enigma, S. 9 f., 15, 39, 56, 68, 72; H. Brüning an M. Anderson vom 21. 3. 1941, Briefe und Gespräche, S. 347; St. A. Schuker, Ambivalent Exile, S. 331. Vgl. J. Radkau, Die deutsche Emigration, S. 190; H. Brüning an I. v. Willisen vom 25. 1. 1947, Briefe 1946-1960, S. 69 f.
357 G. N. Shuster, Dr. Brüning's Sojourn, S. 462; Briefe und Gespräche (Einführung), S. 16; Ernst Müller Hermann, Manuskript für Radio Bremen, Nachl. E. Müller-Hermann, ACDP I-412-001/1; H. Brüning an R. Bergemann vom 4. 5. 1947, Durchschlag, Nachl. H. Brüning, HUG FP 93.10 Box 3; H. Brüning an I. v. Willisen vom 25. 1. 1947, Briefe 1946-1960, S. 69 f. Vgl. H. Brüning an M. Brüning vom 22. 10. 1947, ebd. S. 100; G. R. Treviranus, Für Deutschland im Exil, S. 91.
358 G. R. Treviranus, Für Deutschland im Exil, S. 98.
359 H. Brüning an M. Anderson vom 11. 1. 1939, Briefe und Gespräche, S. 227; H. Brüning an G. Messersmith vom 23. 5. 1932, Abschrift, Franklin D. Roosevelt Library, German Diplomatic Files Box 31. Vgl. A. Mirgeler, Brüning, S. 174.
360 Vgl. H. Brüning, Eindrücke in England, März 1939, Briefe und Gespräche, S. 233.
361 Hier nach: K. v. Klemperer, Die verlassenen Verschwörer, S. 189 f.; Vgl. H. Rothfels, Trott und die Außenpolitik des Widerstandes, S. 306 f.; K.-J. Müller, Das Heer und Hitler, S. 556 f.; R. Lamb, Das Foreign Office und der deutsche Widerstand, in: K.-J. Müller / D. N. Dilks, Großbritannien und der deutsche Widerstand, S. 56; J. Lonsdale Bryans, Zur briti-

schen amtlichen Haltung, S. 349; J. Douglas-Hamilton, Feindflug, S. 115; A. Glees, Exile Politics, S. 149 f.; H. Gräfin Schall-Riaucour, Halder, S. 247.

362 Hier nach: K. v. Klemperer, Die verlassenen Verschwörer, S. 189 f. Vgl. L. Kettenacker, Die britische Haltung, S. 58 ff.; R. Lamb, Das Foreign Office und der deutsche Widerstand, in: K.-J. Müller / D. N. Dilks, Großbritannien und der deutsche Widerstand, S. 56; H. Fraenkel / R. Manvell, Canaris, S. 29 ff.

363 Page-Barbour Lectures, Charlottesville, Virginia, The Changing Background of Democracy, 1. und 2. Lecture Typoskript mit hs. Korrekturen und Ergänzungen von J. Wheeler-Bennett; 3. und 4. Lecture in der Handschrift Brünings: – Aufbau: I. The Essence of Democracy: the different conceptions; II. What is the natural basis: control of the government by the people; III. Government based on law and permanent natural law; IV. Authoritarian democracy; Lectures in America 1937-1946, Nachl. H. Brüning, HUG FP 93.45 Box 1; Briefe und Gespräche, S. 229, Anm. 1; Details auch bei F. Müller, Die »Brüning Papers«, Selbstzeugnisse, S. 60 ff., 78 ff. Vgl. H. Mommsen, Heinrich Brünings Politik als Reichskanzler, S. 18 ff.; allgemein G. Kennan, Amerikas Außenpolitik, S. 88 ff.; John J. Mearsheimer, The Tragedy of Great Power Politics, New York 2001, S. 319 ff.

364 H. Brüning an M. Anderson vom 3. 2., bzw. an G. Messersmith vom 23. 5. 1939, Memorandum für G. Messersmith vom 29. 1. 1939, Briefe und Gespräche, S. 228, 256, 506 ff. Vgl. H. Brüning an G. Messersmith vom 23. 5. 1939, Abschrift, Franklin D. Roosevelt Library, German Diplomatic Files Box 31; Th. A. Knapp, Brüning im Exil, S. 95 f.; F. Müller, Die »Brüning Papers«, Selbstzeugnisse, S. 80; E. H. Carr, Berlin – Moskau, S. 157; K. v. Klemperer, Die verlassenen Verschwörer, S. 91; J. Wheeler-Bennett, Special Relationships, S. 54 ff.; I. Montanelli / M. Cervi, Hitler und Mussolini in München, S. 30 ff.; M. Poulain, Deutschlands Drang nach Südosten, S. 139; J. Valette, Problèmes des Relations Internationales, S. 107 ff.; M. Funke, Hitler, Mussolini und die Substanz der »Achse«, S. 352.

365 P. Schmidt, Statist, S. 377 ff. Vgl. u. a. H. Lehmann, Schmidt, S. 221 ff.; K. Hildebrand, Das Dritte Reich, S. 32; K. Middlemas, Diplomacy of Illusion, S. 133; D. C. Watt, Restraints on War in the Air before 1945, in: Michael Howard (Hrsg.), Restraints on War. Studies in the Limitation of Armed Conflicts, Oxford 1979, S. 73; B. J. Wendt, Economic Appeasement, S. 446 f.; The Earl of Birkenhead, Halifax, S. 365 ff.

366 Vgl. Schultheß 1937, S. 168 f., 312; P. Schmidt, Statist, S. 398 f.; H. Lehmann, Schmidt, S. 222 ff., 230 ff.; K. Middlemas, Diplomacy of Illusion, S. 136; L. P. Lochner, Die Mächtigen und der Tyrann, S. 215; K. D. Erdmann, Die Zeit der Weltkriege, S. 541; R. Blasius, Für Großdeutschland, S. 43. – Schmidt berichtet ferner, daß er bei der Besprechung zwischen Hitler und Chamberlain am 15. September 1938 in Berchtesgaden ebenfalls eine Niederschrift anfertigte, diese aber auf Ribbentrops Anweisung der britischen Seite nicht aushändigen durfte.

367 H. Brüning an H. Pünder vom Juni 1947, Briefe und Gespräche, S. 455. Vgl. The Earl of Birkenhead, Halifax, S. 365 ff.

368 Niederschrift über die Besprechung in der Reichskanzlei am 5. 11. 1937, ADAP Serie D Bd. 1, Nr. 19, S. 25 ff. Vgl. W. Jaksch, Europas Weg nach Potsdam, S. 303; F. Müller, Papen, S. 348 f.; J. Petzold, Papen, S. 251; K.-J. Müller, Das Heer und Hitler, S. 303 f.; W. Schumann / M. Seckendorf, Richtung Südost, in: L. Nestler, Der Weg deutscher Eliten, S. 243.

369 H. Brüning, Memorandum für G. Messersmith vom 29. 1. 1939, Briefe und Gespräche, S. 507 f.

370 H. Brüning, Memorandum für G. Messersmith vom 29. 1. 1939, Briefe und Gespräche, S. 507; F. v. Papen, Der Wahrheit eine Gasse, S. 456 erwähnt die sogenannten Tavs-Papiere, unter denen sich ein Dokument gefunden hatte, dem zufolge Papen oder dessen Militärattaché ermordet werden sollte, um einen Vorwand für einen Einmarsch der Wehrmacht nach Österreich zu schaffen. Die Papiere wurden am 25. 1. 1928 von der österreichischen Polizei

im Wiener Hauptquartier der österreichischen Nationalsozialisten im Büro des von der Regierung tolerierten »Siebener-Komitees« in der Teinfaltstraße 4 beschlagnahmt. Schuschnigg verzichtete auf einen Protest gegen diese Aktion, während das Mitglied des Siebener-Ausschusses, Leopold Tavs, wegen Hochverrats angeklagt wurde. – Nach F. Müller, Papen, S. 360 f. wurde in den Papieren kein Plan zur Ermordung Papens gefunden. Nach seiner Ansicht stammte der Plan aus der »britisch-tschechoslowakischen Gerüchteküche«. Die Meldung sei erstmals am 7. 2. 1938 im Prager Montagsblatt aufgetaucht, das sich auf den britischen Geheimdienst berief. – J. Petzold, Papen, S. 12 bzw. 252 f. erwähnt den Vorgang nicht, verweist aber darauf, daß Papens Mitarbeiter Wilhelm Freiherr v. Ketteler, der im Februar 1938 von Gestapo-Leuten in Wien ermordet wurde, Attentatspläne gegen Hitler nachgesagt wurden.

371 H. Brüning, Memorandum für G. Messersmith vom 29. 1. 1939, Briefe und Gespräche, S. 509 ff.; E. H. Carr, The Twenty Years' Crisis, S. 124. Vgl. Paul Einzig, In the Centree of Thins. The Autobiography, London 1960, S. 176 ff.; Alan Bullock, Hitler und die Ursprünge des Zweiten Weltkrieges (1967), in: Gilbert Ziebura (Hrsg.), Grundfragen der deutschen Außenpolitik seit 1871, Darmstadt 1975, S. 360 f.; B. J. Wendt, Economic Appeasement, S. 95 f., 142 f.; H. Hürten, Ein Reichskanzler im Exil, S. 199.

372 H. Brüning an M. Anderson vom 3. 2. 1939, Briefe und Gespräche, S. 228; G. N. Shuster, In Amerika und Deutschland, S. 146; ders., The Ground I Walked On, S. 148 f.; R. Conkling, Shuster; A. Klein, Rettung und Restriktion, S. 213; H. Fish Armstrong an H. Brüning vom 20. 9. 1935, Ausf., Nachl. H. Brüning, HUG FP 93.10 Box 1; Charles G. Dawes, A Journal of Reparations, S. XXI ff.; St. A. Schuker, Ambivalent Exile, S. 333, Anm. 13; A. Heilbut, Exiled in Paradise, S. 83. Vgl. Sten. Berichte Bd. 460, S. 2 ff.; Schultheß 1939, S. 15 ff.; J. Wheeler-Bennett, Special Relationships, S. 33; M. Wala, Winning the Peace, S. 33 ff.; P. Koch, Adenauer, S. 117.

373 Entwurf eines Schreibens von R. Katz an F. Stampfer vom Juni 1939, E. Matthias, Mit dem Gesicht nach Deutschland, S. 402 ff.

374 H. Brüning, Aufzeichnung vom März 1939, Eindrücke in England, Briefe und Gespräche, S. 230 f.; O. Harvey, Diplomatic Diaries, 18. 3. 1938, S. 121. Vgl. H.-U. Thamer, Verführung und Gewalt, S. 607 f.; Rede Hitlers vom 22. 8. 1939, in: M. Domarus, Hitler, Reden II, 1, S. 1236 ff.; R. Morsey, Zur Problematik einer zeitgeschichtlichen Briefedition, S. 75.

375 Vgl. R. Spitzy, So haben wir das Reich verspielt, S. 324.

376 Ch. Bloch, Hitler und die europäischen Mächte, S. 16, 51; H. Brüning an M. Anderson vom 30. 12. 1938, bzw. Aufzeichnung vom März 1939, Eindrücke in England, Briefe und Gespräche, S. 223 f., 231; Chr. Höltje, Die Weimarer Republik und das Ostlocarno-Problem, S. 226 f. Vgl. H. Brüning, Page-Barbour Lecture I: The Essence of Democracy, Lectures in America 1937-1946, Nachl. H. Brüning, HUG FP 93.45 Box 1; Nichtangriffsvertrag zwischen Deutschland und der Union der Sozialistischen Sowjetrepubliken vom 23. 8. 1939, ADAP Serie D Bd. 7, Nr. 228, S. 205 ff.; Sten. Berichte Bd. 460, S. 23 ff.; Schultheß 1934, S. 22 f., bzw. 1939, S. 91 ff.; Friedrich Heer, Von der Paulskirche nach Bonn, 1848-1963, in: Die Ära Adenauer. Einsichten und Ausblicke, Frankfurt/Main 1964, S. 87; P. Krüger, Außenpolitik, S. 502, 532 f.; A. Gill, Eine tragische Staatsgrenze, S. 36 f.; S. Haffner, Der Teufelspakt, S. 137 f.

377 Vgl. u. a. M. Boveri, Der Verrat im 20. Jahrhundert Bd. 2, S. 27; H. Wentker, Der Widerstand gegen Hitler, S. 7 ff.; I. Kershaw, Hitler Bd. 1, S. 333 f.

378 Vgl. G. Ritter, Goerdeler, S. 180; M. Thielenhaus, Zwischen Anpassung und Widerstand, S. 134 f.; R. Morsey, Brünings Vorstellungen, S. 183; K. v. Klemperer, Die verlassenen Verschwörer, S. 115 f.

379 Dazu u. a. G. Ritter, Goerdeler, S. 226 f.; H. Wentker, Widerstand gegen Hitler, S. 11.

380 H. Brüning, Aufzeichnung vom März 1939, Eindrücke in England, Briefe und Gespräche, S. 230 ff.; H. Brüning an G. Messersmith vom 23. 5. 1939, Abschrift, Franklin D. Roosevelt

Library, German Diplomatic Files Box 31. Vgl. den Freundschaftsvertrag zwischen Deutschland und der Union der Sozialistischen Sowjetrepubliken vom 24. 4. 1926, ADAP Serie B Bd. 2,1, Nr. 168, S. 402 ff. und das Schreiben U. v. Brockdorff-Rantzaus vom 8. 7. 1926 an P. v. Hindenburg, ebd. Bd. 2, 2, Nr. 41, S. 98 ff.; H.-J. Perrey, Der Rußlandausschuß der Deutschen Wirtschaft, S. 288 ff.; R.-D. Müller, Das Tor zur Weltmacht, S. 259 ff.; K.-J. Müller, Kriegsausbruch 1939, S. 273.

381 H. Brüning, Aufzeichnung vom März 1939, Eindrücke in England, Briefe und Gespräche, S. 231 f.

382 H. Brüning, Aufzeichnung vom März 1939, Eindrücke in England, Briefe und Gespräche, S. 232 ff.; H. Brüning an J. Wheeler-Bennett vom 29. 3. 1939, ebd. S. 238. Vgl. W. Foerster, Beck, S. 63 ff.; E. Spevack, Enigma, S. 59.

383 H. Brüning an J. Wheeler-Bennett vom 29. 3. 1939, Briefe und Gespräche, S. 237 ff.; H. Brüning an G. Messersmith vom 23. 5. 1939, Abschrift, Franklin D. Roosevelt Library, German Diplomatic Files Box 31; B. Schwertfeger, Rätsel um Deutschland, S. 523; B. J. Wendt, Außenpolitik, in: W. Benz / H. Graml / H. Weiß, Enzyklopädie des Nationalsozialismus, S. 79 ff.; G. Kennan, Amerikas Außenpolitik, S. 88 f.; Übersicht der Industrieproduktion 1913-1944 bei D. Petzina / W. Abelshauser / A. Faust, Sozialgeschichtliches Arbeitsbuch Bd. 3, S. 61. – Über François-Poncet siehe F. L. Ford, Three Observers, S. 474 ff.

384 H. Brüning an J. Wheeler-Bennett vom 29. 3. 1939, Briefe und Gespräche, S. 239 f. Vgl. G. Ritter, Goerdeler, S. 222.

385 H. Brüning an H. Schäffer vom 30. 3. 1939, Briefe und Gespräche, S. 240 f.

386 H. Brüning an J. Wheeler-Bennett vom 29. 3. 1939, Briefe und Gespräche, S. 237. Vgl. ebd. S. 225. Goerdeler hatte sich seit August 1938 wiederholt, zuletzt am 16. März 1939 insgeheim mit dem Industriellen Arthur Young, einem Informanten Vansittarts, getroffen, A. P. Young, Die >X<-Dokumente, S. 51 ff., 190 ff.; Briefe und Gespräche, S. 154, Anm. 3.

387 >X<-Dokument Nr. 6 vom 16. 3. 1939, A. P. Young, Die >X<-Dokumente, S. 190 ff. Vgl. Schultheß 1939, S. 58 f., ferner Michael Krüger-Charlé, From Reform to Resistance: Carl Goerdeler's 1938 Memorandum, in: David Clay Large (Hrsg.), Contending with Hitler. Varieties of German Resistance in the Third Reich, Cambridge University Press 1994, S. 77 f.; I. Reich, Goerdeler, S. 271; R. Stucken, Deutsche Geld- und Kreditpolitik, S. 154; L. E. Hill, The National-Conservatives, S. 233 f.; W. Schumann / M. Seckendorf, Richtung Südost, in: L. Nestler, Der Weg deutscher Eliten, S. 261 f. Vgl. Friedrich-Wilhelm Henning, Die zeitliche Einordnung der Überwindung der Weltwirtschaftskrise in Deutschland, in: Harald Winkel (Hrsg.), Finanz- und wirtschaftspolitische Fragen der Zwischenkriegszeit, Berlin 1973, S. 165 f.

388 >X<-Dokument Nr. 6 vom 16. 3. 1939, A. P. Young, Die >X<Dokumente, S. 198.

389 H. Brüning, Aufzeichnung vom April 1939, Briefe und Gespräche, S. 242. Über Gerüchte, die deutsche Opposition habe Ende März 1939 die britische Regierung über den Entschluß Hitlers unterrichtet, Polen zu überfallen, siehe G. Ritter, Goerdeler, S. 223f. – Brüning scheint darüber informiert gewesen zu sein.

390 G. Ritter, Goerdeler, S. 222 f.

391 H. Brüning an M. Anderson vom 6. 4. 1939, Briefe und Gespräche, S. 242; H. Hürten, Ein Reichskanzler im Exil, S. 199.

392 H. Brüning an H. Rauschning vom 8. 4. 1939, Briefe und Gespräche, S. 243 f. Vgl. H. Hürten, Ein Reichskanzler im Exil, S. 200; Th. A. Knapp, Brüning im Exil, S. 97; R. Morsey, Zur Problematik einer zeitgeschichtlichen Briefedition, S. 76; E. Spevack, Enigma, S. 43, 52, 73; W. Becker, Demokratie, S. 34.

393 H. Brüning, Aufzeichnung vom 22. 4. und ders. an J. Wheeler-Bennett vom 24. 4. 1939, Briefe und Gespräche, S. 247 ff. Vgl. ebd. S. 195, Anm. 1. Extracts from letters to J. W.-B. from H. B. (Briefe vom 21. und 24. 4. 1939), Abschrift, Franklin D. Roosevelt Library,

German Diplomatic Files Box 31; R. Morsey, Zur Problematik einer zeitgeschichtlichen Briefedition, S. 75.

394 H. Brüning an M. Anderson vom 29. 4. 1939, Briefe und Gespräche, S. 250 f.; H. Brüning, Aufzeichnung, undatiert (1945), mit hs. Vermerk »Chalet Edelweiß, Gstaad«, Nachl. H. Brüning, HUG FP 93.10 Box 22; J. Heideking / Chr. Mauch, Das Herman-Dossier, S. 574 f. Vgl. I. Montanelli / M. Cervi, Hitler und Mussolini in München, S. 27 ff.; H. Graml, Europa zwischen den Kriegen, S. 383 f.; K. v. Klemperer, Die verlassenen Verschwörer, S. 79; G. van Roon, Moltke, S. 20; dens., Der Kreisauer Kreis zwischen Widerstand und Umbruch, S. 3 ff.; Schultheß 1939, S. 325 f.; Archiv der Gegenwart 9 (1939), S. 3987 f.

395 H. Brüning an D. Clark vom 18. 10. 1945, Briefe 1946-1960, S. 15; H. Brüning, Aufzeichnung, undatiert (1945), mit hs. Vermerk »Chalet Edelweiß, Gstaad«, Nachl. H. Brüning, HUG FP 93.10 Box 22.

396 H. Brüning an J. Wheeler-Bennett vom 24. 4., bzw. an M. Anderson vom 29. 4. 1939, Briefe und Gespräche, S. 249 ff. Text des Freundschafts- und Bündnispaktes zwischen Deutschland und Italien vom 15. 6. 1939, RGBl 1939 II, S. 825 ff. Dazu G. Ciano, Tagebücher (21., 22., 23. 5. 1939), S. 92 f. und E. v. Weizsäcker, Erinnerungen, S. 160. Über die Vorbehalte Cianos gegen den Pakt C. J. Lowe / F. Marzari, Italian Foreign Policy 1870-1940, London 1975, S. 331 ff.; M. Funke, Hitler, Mussolini und die Substanz der »Achse«, S. 365; Rudolf Lill, Italienischer Faschismus und deutscher Nationalsozialismus, in: R. Lill / H. Oberreuter, Machtverfall und Machtergreifung, S. 179.

397 H. Brüning an G. Messersmith vom 23. 5. 1939, Abschrift, Franklin D. Roosevelt Library, German Diplomatic Files Box 31. Vgl. G. Ciano, Tagebücher (27. und 28. 5. 1939), S. 93 f.

398 H. Brüning an G. Messersmith vom 23. 5. 1939, Briefe und Gespräche, S. 255 f.

399 H. Brüning an M. Anderson vom 8. 5. 1939, Briefe und Gespräche, S. 252. Vgl. Chr. Mauch, Schattenkrieg, S. 257; Jon Kimche, General Guisans Zweifrontenkrieg, Die Schweiz zwischen 1939 und 1945, Berlin 1962.

400 H. Brüning an H. Rauschning vom 8. 5. 1939, Briefe und Gespräche, S. 253.

401 Telegramm F. Roosevelts an A. Hitler vom 14. (bzw. 15.) 4. 1939, FRUS 1939 I, Nr. 740.00/817a, S. 130 ff.; Schultheß 1939, S. 615 ff. Vgl. H. Brüning, Aufzeichnung, undatiert (1945), mit hs. Vermerk »Chalet Edelweiß, Gstaad«, Nachl. H. Brüning, HUG FP 93.10 Box 22; C. Hull, Memoirs Bd. 1, S. 620.

402 Vgl. A. Hillgruber, »Revisionismus«, S. 79 ff.; H. Brüning an G. Messersmith vom 23. 5. 1939, Abschrift, Franklin D. Roosevelt Library, German Diplomatic Files Box 31; G. Ciano, Tagebücher (15., 29. 4. 1939), S. 75 ff.; Walter Zechlin, Pressechef bei Ebert, Hindenburg und Kopf, Erlebnisse eines Pressechefs und Diplomaten, Hannover 1956, S. 159 f.; J. Fest, Hitler, S. 795 ff.; E. Spevack, Enigma, S. 59. – Über die Verwendung der Informationen Brünings über Hitlers Persönlichkeit für die psychologische Kriegführung der Amerikaner siehe Chr. Mauch, Schattenkrieg, S. 191.

403 Vgl. Friends of Europe Information Service Nr. 17, Aims and Methods of German Policy (6. Juli 1939), Franklin D. Roosevelt Library, German Diplomatic Files Box 31; Schultheß 1939, S. 364.

404 Schultheß 1939, S. 91 ff.; Sten. Berichte Bd. 460, S. 23 ff.

405 H. Brüning an G. Messersmith vom 23. 5. 1939, Briefe und Gespräche, S. 255 ff., Abschrift Franklin D. Roosevelt Library, German Diplomatic Files Box 31. Vgl. Schultheß 1939, S. 617 f.; W. Churchill, After President Roosevelt's Message, 20. 4. 1939, in: W. Churchill, Step by Step 1936-1939, London 1942, S. 344 f.; E. Spevack, Enigma, S. 81; K. Schwabe, Die Ära Roosevelt in der Geschichte der Vereinigten Staaten und ihr Einfluß auf die Weltpolitik, S. 206.

406 H. Brüning an J. Wheeler-Bennett vom 2. 6. 1939 (Entwurf), Briefe und Gespräche, S. 260 f. Vgl. ebd. Anm. 1; H. Brüning an Th. Abele vom 29. 4. 1947, in: Ders., Reden, S. 333

f.; R. Morsey, Zur Problematik einer zeitgeschichtlichen Briefedition, S. 75; H. L. Wuermeling, Die weiße Liste, S. 52.
407 H. Brüning an R. Kuenzer vom 28. 10. 1941, Briefe und Gespräche, S. 374. Vgl. ebd. S. 260 f., Anm. 1; F. Müller, Die »Brüning Papers«, Selbstzeugnisse, S. 40.
408 R. Lamb, Das Foreign Office und der deutsche Widerstand, in: K.-J. Müller / D. N. Dilks, Großbritannien und der deutsche Widerstand, S. 56; P. Hoffmann, Widerstand, Staatsstreich, S. 139; M. Thielenhaus, Zwischen Anpassung und Widerstand, S. 125 f.; M. Gilbert / R. Gott, The Appeasers, S. 215; C. Messenger, Rundstedt, S. 182.
409 H. Brüning, Littauer-Interview vom September 1945, Nachl. H. Brüning, HUG FP 93.10 Box 16, S. 16.
410 H. Brüning an J. Wheeler-Bennett vom 2. 6. 1939 (Entwurf), Briefe und Gespräche, S. 260 f. Vgl. C. Goerdeler an R. Schairer vom 28. 9. 1937, in: S. Gillmann / H. Mommsen, Politische Schriften Goerdelers, S. 635 f; K. v. Klemperer, Die verlassenen Verschwörer, S. 398, Anm. 233; Chr. Mauch, Schattenkrieg, S. 108 f.
411 E. Spevack, Enigma, S. 65.
412 Vgl. H. Brüning, Aufzeichnungen von April und Juni 1939, Briefe und Gespräche, S. 241, 263.
413 Vgl. A. P. Young, Die >X<-Dokumente, S. 170 ff.; K. v. Klemperer, Die verlassenen Verschwörer, S. 115 f., 139; H. Brüning an S. Fay vom 7. 7. und Aufzeichnung vom 10. 7. 1939, Briefe und Gespräche, S. 273 bzw. 275; P. Hoffmann, Widerstand, Staatsstreich, S. 200 ff.; E. Spevack, Enigma, S. 57; J. Lonsdale Bryans, Zur britischen amtlichen Haltung, S. 348; J. Douglas-Hamilton, Geheimflug, S. 88; U. Schlie, Carl Marcus und das Jahnke-Büro im Fadenkreuz anglo-amerikanischer Dienste im Zweiten Weltkrieg, in: R. R. Doerries, Diplomaten und Agenten, S. 85, Anm. 2.
414 O. Harvey, Diplomatic Diaries, 11. 12. 1938, S. 226 f.; Felix Gilbert, Two British Ambassadors, Perth and Henderson, in: G. Craig / F. Gilbert, The Diplomats, S. 542 ff.; Background-Interview mit zwei Offizieren des U. S. Judge Advocate Generals' Office zur Vorbereitung der Beweisführung für die Anklagebehörde im Hauptkriegsverbrecherprozeß vom September 1945, Briefe und Gespräche, S. 541; P. Ludlow, The Unwinding of Appeasement, S. 23. Dazu G. Ritter, Goerdeler, S. 164; K. v. Klemperer, Die verlassenen Verschwörer, S. 147 ff.; ders., Der deutsche Widerstand, S. 273; E. Spevack, Enigma, S. 61.
415 H. Brüning, Aufzeichnung vom Juni 1939, Briefe und Gespräche, S. 261 ff.; H. Brüning an B. Hopper vom 8. 12. 1946, Briefe 1946-1960, S. 58; E. v. Aretin, Krone und Ketten, S. 427. – Zweifel an Brünings Darstellung angesichts der Quellenlage äußert J. Becker, La politique révisionniste, S. 22. – Zaleski hatte noch im September 1930 gegenüber dem Danziger Senatspräsidenten Ziehm erklärt, daß nur ein polnisches Armeekorps die Danzig-Frage lösen könne, vgl. G. Schultze-Rhonhof, 1939. Der Krieg, S. 377.
416 H. Gräfin Schall-Riaucour, Aufstand und Gehorsam, S. 321 f. Vgl. R. Smelser, Das Sudetenproblem, S. 157; H. B. Gisevius, Bis zum bitteren Ende Bd. 2, S. 362.
417 Vgl. H. Brüning an R. Pechel vom 9. 2. 1947, Durchschlag, Nachl. H. Brüning, HUG FP 93.10 Box 24.
418 H. Brüning, Aufzeichnung vom 24./26. 6. 1939, Briefe und Gespräche, S. 266 f. Vgl. Deborah Lavin, Lionel Curtis and the founding of Chatham House, in: A. Bosco / C. Navari, Chatham House, S. 61 ff.; A. Crozier, Chatham House and Appeasement, ebd. S. 251.
419 Vgl. H. Brüning an Th. Steltzer vom 14. 12. 1947, Briefe 1946-1960, S. 107; W. Becker, Demokratie, S. 60 f.
420 Sir James Marshall-Cornwall, Geographic Disarmament, London 1935. Vgl. Briefe und Gespräche, S. 272, Anm. 1; J. Valette, Problèmes des Relations Internationales, S. 101 f.; A. Mirgeler, Brüning, S. 70.
421 Aufzeichnung des Vortragenden Legationsrates Hewel über eine Unterredung v. Ribbentrops mit Lipski, in: J. Hohlfeld, Dokumente der deutschen Politik Bd. 4, Nr. 200, S. 494. –

Dazu H.-U. Thamer, Verführung und Gewalt, S. 608; J. Valette, Problèmes des Relations Internationales, S. 154 f.; K.-J. Müller, Kriegsausbruch 1939, S. 275; S. Haffner, Der Teufelspakt, S. 137 f.

422 H. Brüning, Aufzeichnungen vom Februar 1938 und 24./26. 6. 1939, Briefe und Gespräche, S. 172 ff. bzw. 265 ff. Vgl. A. Crozier, Chatham House and Appeasement, in: A. Bosco / C. Navari, Chatham House, S. 216 f.

423 H. Brüning an S. Fay vom 7. 7. 1939, Briefe und Gespräche, S. 273.

424 H. Brüning, Aufzeichnung vom 26. 6. 1939 bzw. ders. an H. Pünder vom Juni 1947, Briefe und Gespräche, S. 270 ff., 455; F. L. Ford, Three Observers, S. 438 ff.; M. Gilbert, Rumbold, S. 454; D. Marquand, MacDonald, S. 748; Kondolenzschreiben H. Brünings an Lady Rumbold vom 3. 6. 1941, ebd. S. 454; D. Clemens, Herr Hitler, S. 297.

425 Vgl. H. Brüning, Aufzeichnungen vom 26. 6. und 28. 7. 1939, Briefe und Gespräche, S. 270 bzw. 279 f.

426 H. Brüning an H. Rauschning und S. Fay vom 18. 4. und 7. 7. 1939, Aufzeichnung vom 28. 7. 1939, Briefe und Gespräche, S. 245 bzw. 273 und 279; H. Brüning an G. Messersmith vom 23. 5. 1939, Abschrift, Franklin D. Roosevelt Library, German Diplomatic Files Box 31.

427 H. Brüning, Littauer-Interview vom September 1945, Nachl. H. Brüning, HUG FP 93.10 Box 16, S. 16.

428 H. Brüning, Aufzeichnungen vom 13. 4. und 10. 7. 1939, Briefe und Gespräche, S. 244 bzw. 275. Vgl. J. Wheeler-Bennett, Nemesis, S. 460; Schultheß 1939, S. 331 f.; R. F. Schmidt, Die Außenpolitik des Dritten Reiches, S. 322 f. – Anfang 1942 erfuhr Brüning von Wheeler-Bennett, daß Großbritannien schon 1939 Polen Ostpreußen zugesagt habe, wenn das Land Widerstand gegen die deutschen Forderungen in der Grenzfrage leiste und sich nicht auf einen Kompromiß einließe. Dazu H. Brüning an R. Pechel vom 9. 2. 1947, Durchschlag, Nachl. H. Brüning, HUG FP 93.10 Box 24.

429 H. Brüning, Aufzeichnung vom 14. 7. 1939, Briefe und Gespräche, S. 278 f.; P. Hoffmann, Widerstand gegen Hitler, S. 54; R. A. Blasius, The Foreign Office, S. 288 f. Vgl. Christoph Mauch, Das Dritte Reich und die Politik des amerikanischen Geheimdienstes. Prognosen, Projekte und Operationen im Spannungsfeld von Dilettantismus und Mythenbildung, in: R. Doerries, Diplomaten und Agenten, S. 184 f.; dens., Schattenkrieg, S. 284.

430 H. Brüning an H. Rauschning und S. Fay vom 18. 4. und 7. 7. 1939, Aufzeichnung vom 13. 7. 1939, Briefe und Gespräche, S. 244 bzw. 273 und 279; H. Brüning an G. Messersmith vom 23. 5. 1939, Abschrift, Franklin D. Roosevelt Library, German Diplomatic Files Box 31.

431 H. Brüning an J. Maier-Hultschin vom 14. 10. 1958, Ausf., Nachl. J. Maier-Hultschin, BA Koblenz N 1043, Nr. 4; H. Brüning an Franz Dessauer vom 1. 4. 1959, Durchschlag, Nachl. H. Brüning, HUG FP 93.10 Box 7.

432 H. Brüning, Aufzeichnung von Anfang August 1939, Briefe und Gespräche, S. 281; J. Wheeler-Bennett, Nemesis, S. 463; H. Brüning, Aufzeichnung, undatiert (1945), mit hs. Vermerk »Chalet Edelweiß, Gstaad«, S. 9, Nachl. H. Brüning, HUG FP 93.10 Box 22; Bericht über die Besprechung am 23. 5. 1939 in der Neuen Reichskanzlei, IMT Bd. 37, S. 546 ff.; Dorothea Groener-Geyer, General Groener. Soldat und Staatsmann, Frankfurt/Main 1955, S. 345; F. W. Prinz von Preußen, Das Haus Hohenzollern, S. 285; Mitteilung von Frau Cl. Nix, Keene, an den Verf. vom 17. 12. 2004. Vgl. H. Brüning an H. Pünder vom Juni 1947, Briefe und Gespräche, S. 455; H. Brüning an Th. Abele vom 29. 4. 1947, in: Ders., Reden, S. 333 f.; G. N. Shuster, In Amerika und Deutschland, S. 145; J. Wheeler-Bennett, Nemesis, S. 460 f., 482 f.; Wilhelm Schmidt, Gegenwart und Zukunft des Abendlandes Bd. 3, Luzern 1949, S. 149; I. Kershaw, Hitler Bd. 1, S. 301; O. John, Falsch und zu spät, S. 130 f., 138; H. C. Deutsch, Verschwörung, S. 50; H. Wentker, Widerstand gegen Hitler, S. 11; E. Spevack, Enigma, S. 57.

433 P. Schmidt, Statist, S. 394 ff.; N. Henderson, Endgültiger Bericht, S. 16; G. Binder, Geschichte im Zeitalter der Weltkriege Bd. 1, S. 563; I. Kershaw, Hitler Bd. 1, S. 333 f.
434 H. Brüning, Aufzeichnung von Anfang August 1939, Briefe und Gespräche, S. 280 ff.; W. Daschitschew, Planungen und Fehlschläge Stalins, S. 66 f. – Aufschlußreich, teilweise entlarvend über Hitlers militärische Führungsqualitäten ist die Charakteristik durch Keitel vor dem Nürnberger Kriegsverbrechertribunal, dazu W. Maser, Nürnberg, S. 248 f.
435 H. Brüning an M. Anderson vom 27. 8. und 1. 9. 1939, Briefe und Gespräche, S. 286 ff.; Schultheß 1939, S. 685; N. Henderson, Endgültiger Bericht, S. 14 ff. Vgl. R. Spitzy, So haben wir das Reich verspielt, S. 263 f.
436 Vgl. Schultheß 1939, S. 687 ff.
437 H. Brüning an S. Fay vom 7. 7. 1939, Briefe und Gespräche, S. 372.
438 Vgl. A. Glees, Exile Politics, S. 32 f.
439 E. Spevack, Enigma, S. 10. – Inhalt der Postkarte Pechels teilweise zitiert in: Briefe und Gespräche, S. 285, Anm. 2. Vgl. ebd. S. 225.
440 H. Brüning an M. Anderson vom 27. 8. / 1. 9. 1939, Briefe und Gespräche, S. 288. Vgl. ebd. S. 214, Anm. 1(2); H. Brüning an Th. Abele, in: Ders., Reden, S. 333 f. H. Vollmar, Tennstedt, S. 4; Arnold Kludas, Die großen deutschen Passagierschiffe, Oldenburg 1971, S. 98 f.; Mitteilung von H. Tennstedt, Münster, an den Verf. vom 11. 6. 2003. Herta Tennstedt hielt sich vom 14. 7. – 25. 8. 1939 in England auf. Für den Fall, daß die Kriegsgefahr noch einmal abgewendet werden konnte, sollte sie wieder dorthin zurückkehren.
441 H. Brüning an G. Messersmith vom 23. 5. 1939, Abschrift, Franklin D. Roosevelt Library, German Diplomatic Files Box 31.
442 H. Brüning an M. Anderson vom 27. 8. / 1. 9. 1939, Briefe und Gespräche, S. 288 f.
443 New York Times, 8. 9. 1939, hier nach: E. Spevack, Enigma, S. 32 f., 38.
444 H. Brüning an M. Anderson vom 25. 10. 1939, Briefe und Gespräche, S. 291 f. Vgl. G. R. Treviranus, Für Deutschland im Exil, S. 100.
445 G. R. Treviranus, Für Deutschland im Exil, S. 102. Vgl. A. Strohmeyr, Kolb, S. 225.
446 G. R. Treviranus, Für Deutschland im Exil, S. 91; St. A. Schuker, Ambivalent Exile, S. 331; J. Wheeler-Bennett, Special Relationships, S. 166.
447 G. R. Treviranus, Für Deutschland im Exil, S. 100.
448 Vgl. H. Brüning an M. Anderson vom 30. 8. 1943, Briefe und Gespräche, S. 405; G. R. Treviranus, Für Deutschland im Exil, S. 98; H. Brüning an G. Messersmith vom 23. 5. 1939, Abschrift, Franklin D. Roosevelt Library, German Diplomatic Files Box 31. J. Stephan, Begleiterin im langen Schatten.
449 Vgl. H. Brüning an Th. Steltzer vom 10. 3. 1948, Briefe 1946-1960, S. 119 f.; H. Brüning an A. Kahle vom 6. 11. 1946, H. Amely, Brüning, S. 37; K. D. Bracher, Geschichte als Erfahrung, S. 280.
450 H. Brüning an M. Anderson vom 23. 10. 1939, Briefe und Gespräche, S. 291 f. Vgl. ebd. Anm. 7; R. Morsey, Zur Problematik einer zeitgeschichtlichen Briefedition, S. 78; J. Wheeler-Bennett, Nemesis, S. 465, Anm. 1; G. R. Treviranus, Für Deutschland im Exil, S. 92, 153; G. van Roon, Neuordnung, S. 68, 148; Th. A. Knapp, Brüning im Exil, S. 96; H. O. Malone, Trott, S. 222; K. v. Klemperer, Die verlassenen Verschwörer, S. 169 f.; G. Ritter, Goerdeler, S. 231; W. Gans zu Putlitz, Unterwegs nach Deutschland, S. 281; H. Brüning, Memorandum vom 13. 11. 1939, Briefe und Gespräche, S. 293 ff.
451 G. R. Treviranus, Für Deutschland im Exil, S. 102. Vgl. W. Röder / H.-A. Strauss, Biographisches Handbuch Bd. 2, Teil 2, S. 835; Art. Hildegarde, in: Anna Rothe / Helen Demarest, Current Biography. Who's News and Why 1944, New York 1944, S. 293-296.
452 H. O. Malone, Trott's Contacts, S. 270 f.; J. Glasneck, Blum, S. 169; O. John, Falsch und zu spät, S. 120 f. Vgl. David Astor, Vorwort zu Lord Lothian, Pacifism is not enough, S. 3; E. Zeller, Geist der Freiheit, S. 149; F. W. Prinz von Preußen, Das Haus Hohenzollern, S.

270; Chr. Mauch, Schattenkrieg, S. 47. Über die Entwicklung von Trotts nationalkonservativen politischen Vorstellungen siehe u. a. H. Mommsen, Der lange Schatten der untergehenden Republik, S. 564 f.; L. E. Hill, The National-Conservatives, S. 223 f.

453 G. Messersmith an C. Hull vom 20. 11. 1939, H. Rothfels, Adam von Trott und das State Department, S. 329 ff.; H. Brüning an M. Anderson vom 23. 10. 1939, an E. Carter vom 29. 1. 1942, Aufzeichnungen von Juli bis September 1944, an H. Ullmann vom 17. 7. 1946, Briefe und Gespräche, S. 291 f., 391, 417, 446, 519; A. Glees, Exile Politics, S. 52; ders., Das deutsche politische Exil in London 1939-1945, in: G. Hirschfeld, Exil in Großbritannien, S. 67; M. Gilbert / R. Gott, The Appeasers, S. 215; J. Wheeler-Bennett / A. Nicholls, The Semblance of Peace, S. 23; J. Wheeler-Bennett, Special Relationships, S. 111 ff.; A. v. Trott zu Solz an H. Brüning vom 4. 10. 1939, in: G. van Roon, Moltke, S. 152 f.; H. Brüning, Littauer-Interview vom September 1945, Nachl. H. Brüning, HUG FP 93.10 Box 16, S. 12; H. Brüning an R. Leiber vom 31. 8. 1946, Durchschlag, ebd. Box 20; ders. an A. J. M. Cornelissen vom Dezember 1946, Durchschlag, ebd. Box 6; ders. an Th. Kordt vom 17. 4. 1946, Durchschlag, ebd. Box 19; ders., Aufzeichnung, undatiert (1945), mit hs. Vermerk »Chalet Edelweiß, Gstaad«, passim, ebd. Box 22; H. Brüning an G. Letterhaus vom 15. 8. 1946, Kopie der Ausf., in: Bernhard-Letterhaus-Schule, Festschrift, S. 52. Vgl. H. Brüning an Th. Abele vom 29. 4. 1947, in: Ders., Reden, S. 333; H. Brüning, Aufzeichnungen von Juli bis September 1944; dens. an H. Ullmann vom 15. 7. 1946, Briefe und Gespräche, S. 416 f., 443 ff., 519 ff.; H. Brüning an H. Pünder vom Juni 1947, Briefe 1946-1960, S. 87; O. John, Zweimal kam ich heim, S. 113; E. Kordt, Nicht aus den Akten, S. 341; J. Aretz, Bernhard Letterhaus, in: R. Morsey, Zeitgeschichte in Lebensbildern Bd. 2, S. 21; dens., Katholische Arbeiterbewegung, S. 228; J. Wheeler-Bennett, Nemesis, S. 465, Anm. 1; G. R. Treviranus, Für Deutschland im Exil, S. 153; G. van Roon, Neuordnung, S. 68, 148; Th. A. Knapp, Brüning im Exil, S. 96; H. O. Malone, Trott, S. 215, 221 f.; V. Bücker, Groß, S. 188; J. Dippel, Two Against Hitler, S. 119; F. Müller, Die »Brüning Papers«, Selbstzeugnisse, S. 38 f.; A. Schott, Trott, S. 170; K. v. Klemperer, Die verlassenen Verschwörer, S. 68, 169; E. Spevack, Enigma, S. 65 f. – Nach einer Mitteilung Alexander Bökers, eines Rhodes-Stipendiaten, der Ende 1938 in die USA emigrierte, an den Verf. vom 7. 9. 1986, führte dieser Trott, den er aus Deutschland kannte, bei Brüning ein. Dazu H. O. Malone, Trott, S. 166; W. Röder / H. A. Strauss, Biographisches Handbuch Bd. 1, S. 77; D. M. Schneider, Remigranten, S. 165.

454 H. Brüning an A. R. Elliott vom 25. 3. und an E. Carter vom 29. 1. 1942, Briefe und Gespräche, S. 393, 519; E. Spevack, Enigma, S. 66.

455 Vgl. F. Müller, Die »Brüning Papers«, Selbstzeugnisse, S. 39 f.; H. Brüning an H. B. Gisevius vom 20. 8. 1946, Nachl. H. Brüning, HUG FP 93.10 Box 11; J. Lonsdale Bryans, Zur britischen amtlichen Haltung, S. 349.

456 Vgl. G. van Roon, Neuordnung, S. 148; H. O. Malone, Trott, S. 222; P. Hoffmann, Widerstand, Staatsstreich, S. 151; J. Wheeler-Bennett / A. Nicholls, The Semblance of Peace, S. 23; M. Boveri, Wir lügen alle, S. 636; J. Dippel, Two Against Hitler, S. 119; E. Zeller, Geist der Freiheit, S. 149; K. v. Klemperer, Die verlassenen Verschwörer, S. 169 f.

457 H. Brüning an E. Carter vom 29. 1. 1942, Briefe und Gespräche, S. 519.

458 G. Messersmith an C. Hull vom 20. 11. 1939, H. Rothfels, Adam von Trott und das State Department, S. 327; Chr. Sykes, Trott, S. 232 f., 244. Vgl. H. Rothfels, Adam von Trott und das State Department, S. 318 f.; dens., Trott und die Außenpolitik des Widerstandes, S. 304; W. Bußmann, Das Auswärtige Amt unter der nationalsozialistischen Diktatur, in: M. Funke / H.-A. Jacobsen / H.-H. Knütter / H.-P. Schwarz, Demokratie und Diktatur, S. 263; H. C. Deutsch, Verschwörung, S. 162, 267; P. Hoffmann, Widerstand, Staatsstreich, S. 151.

459 J. Heideking, Die ›Breakers‹-Akte, S. 12 f.; K. Strong, Die Geheimnisträger, S. 199; Telegramm von A. W. Dulles (OSS Bern) an OSS Washington vom 14. 1. 1943, in: J. Heideking

/ Chr. Mauch, USA und deutscher Widerstand, S. 20 f.; Chr. Mauch, Schattenkrieg, S. 92 ff., 152 ff.
460 Vgl. H. F. Armstrong an H. Brüning care of Mr. Allen W. Dulles vom 20. 9. 1935, Ausf., Nachl. H. Brüning, HUG FP 93.35 Box 4.
461 G. Ritter, Goerdeler, S. 231; J. Wheeler-Bennett, Nemesis, S. 576; A. W. Dulles, Verschwörung in Deutschland, S. 178 f.
462 Vgl. Eckardt Opitz, Die Bismarcks in Friedrichsruh, Hamburg 1990, S. 111; J. Wheeler-Bennett, Nemesis, S. 583; P. Hoffmann, Widerstand gegen Hitler, S. 54; H. Mommsen, Alternative zu Hitler, S. 193.
463 Vgl. W. Gans zu Putlitz, Unterwegs nach Deutschland, S. 281; E. Kordt, Nicht aus den Akten, S. 339; W. Schumann / G. Hass, Deutschland im Zweiten Weltkrieg Bd. 1, S. 238; S. Haffner, Der Teufelspakt, S. 144 f.; J. Wheeler-Bennett, Nemesis, S. 483. Umfassend: W. L. Langer / S. E. Gleason, The Challenge to Isolation, S. 237 ff.
464 H. Brüning an G. Messersmith vom 30. 11. 1939, Aufzeichnung vom 25. 5. 1941, an F. v. Moltke vom 10. 8. 1946, Briefe und Gespräche, S. 296 f., Anm. 1, 361, 450. Vgl. H. Brüning, Littauer-Interview vom September 1945, Nachl. H. Brüning, HUG FP 93.10 Box 16, S. 16; dens., Aufzeichnung, undatiert (1945), mit hs. Vermerk »Chalet Edelweiß, Gstaad«, S. 9, ebd. Box 22; H. Hürten, Ein Reichskanzler im Exil, S. 200.
465 H. Brüning, Aufzeichnung vom 25. 5. 1941, Briefe und Gespräche, S. 361; E. v. Weizsäcker, Erinnerungen, S. 276 f.; S. Welles, The Time for Decision, S. 102 ff.; M. Thielenhaus, Zwischen Anpassung und Widerstand, S. 202 ff.; P. Blet, Pius XII., S. 32.
466 Vgl. H. Brüning an J. Ersing vom 10. 10. 1946, Briefe und Gespräche, S. 451. Danach gab Brüning 1939 einem »maßgebenden Mann« gegenüber eine entsprechende Auskunft.
467 H. O. Malone, Trott, S. 222; ders., Trott's Contacts, S. 270; G. van Roon, Neuordnung, S. 149; P. Hoffmann, Widerstand, Staatsstreich, S. 149, 151; J. Dippel, Two Against Hitler, S. 118 f.; E. Spevack, Enigma, S. 17; J. Wheeler-Bennett / A. Nicholls, The Semblance of Peace, S. 23; Cl.-D. Krohn, Der Council for a Democratic Germany, S. 29; M. Thielenhaus, Zwischen Anpassung und Widerstand, S. 171; W. Becker, Demokratie, S. 38. – Text des Memorandums bei H. Rothfels, Adam von Trott und das State Department, S. 322-329; Bericht Scheffers bei M. Boveri, Wir lügen alle, S. 638 ff.; H. Brüning an Th. Kordt vom 17. 4. 1946, Durchschlag, Nachl. H. Brüning, HUG FP 93.10 Box 19; A. Schott, Trott, S. 142. Vgl. J. Radkau, Die deutsche Emigration, S. 36, 49, 56, 94; F. T. Epstein, Rezension zu J. Radkau, Die deutsche Emigration, S. 282; Willi Paul Adams, Krise des amerikanischen Konstitutionalismus: Der New Deal vor Gericht, in: H. A. Winkler (Hrsg.), Die große Krise in Amerika. Vergleichende Studien zur politischen Sozialgeschichte 1929-1939, Göttingen 1973, S. 200; W. Killy / R. Vierhaus, Deutsche Biographische Enzyklopädie Bd. 8, S. 583 f.; R. Lamb, Das Foreign Office und der deutsche Widerstand, in: K.-J. Müller / D. N. Dilks, Großbritannien und der deutsche Widerstand, S. 56; G. van Roon, Widerstand im Dritten Reich, S. 198; H. C. Deutsch, Verschwörung, S. 167; K. v. Klemperer, Die verlassenen Verschwörer, S. 68, 171 ff. – Eine Mitarbeit Brünings, die Klemperer zu vermuten scheint, ist bisher nicht nachzuweisen. Dagegen behauptet Brünings Schüler Alexander Böker in einem Schreiben an den Verf. vom 9. 7. 1986, er selbst habe an Trotts Memorandum mitgearbeitet.
468 H. Brüning an F. Stampfer, o. D., Durchschlag, Nachl. H. Brüning, HUG FP 93.10 Box 32.
469 Vgl. P. Hoffmann, Widerstand gegen Hitler, S. 50, 52 f.; Hugo Stehkämper, Protest, Opposition und Widerstand im Umkreis der (untergegangenen) Zentrumspartei. Ein Überblick. Teil II: Widerstand, in: J. Schmädeke / P. Steinbach, Der Widerstand gegen den Nationalsozialismus, S. 891; R. Leiber, Pius XII., S. 98; W. Becker, CDU und CSU, S. 21; O. John, Falsch und zu spät, S. 140 f.; K. v. Klemperer, Die verlassenen Verschwörer, S. 69; P. Marquardt-Bigman, Amerikanische Geheimdienstanalysen, S. 99 f.

470 O. John, Falsch.und zu spät, S. 140; H. Fraenkel / R. Manvell, Canaris, S. 102 f.; G. van Roon, 205; W. Becker, CDU und CSU, S. 21. H. Tittmann, Vatican, S. 212.

471 H. Brüning an F. v. Moltke vom 10. 8. 1946, Briefe und Gespräche, S. 450; H. Brüning an Th. Kordt vom 17. 4. 1946, Durchschlag, Nachl. H. Brüning, HUG FP 93.10 Box 19; ders. an A. J. M. Cornelissen vom Dezember 1946, Durchschlag, ebd. Box 6. Vgl. F. Müller, Die »Brüning Papers«, Selbstzeugnisse, S. 39 f.

472 Vgl. Briefe und Gespräche, S. 292 f., Anm. 7, und 297, Anm. 1; H. Rothfels, Die deutsche Opposition, S. 165; dens., Adam von Trott und das State Department, S. 321, 326 f.; M. Boveri, Wir lügen alle, S. 638; F. Müller, Die »Brüning Papers«, Selbstzeugnisse, S. 81; K. v. Klemperer, Die verlassenen Verschwörer, S. 171 f.

473 H. Brüning, Memorandum vom 13. 11. 1939, Briefe und Gespräche, S. 293 ff. Vgl. L. E. Hill, The National-Conservatives, S. 230.

474 P. Sethe, Der Kanzler der Notverordnungen. Heinrich Brüning – halb preußischer Offizier, halb römischer Kardinal, Die Zeit, Hamburg, vom 26. 11. 1965, auch in: Ders., In Wasser geschrieben, Frankfurt/Main 1968, S. 14. Vgl. R. Morsey, Brünings Einschätzung, S. 381; dens., Brünings Vorstellungen, S. 178; R. Berndt, Brüning, in: M. Schumacher, M. d. R., S. 168 f.

475 Vgl. H. Hürten, Ein Reichskanzler im Exil, S. 196; E. Spevack, Enigma, S. 41, 55 f.; F. Müller, Die »Brüning Papers«, Selbstzeugnisse, S. 44; G. van Roon, Widerstand im Dritten Reich, S. 196; F. H. Hinsley / C. A. G. Simkins, Security and Counter Intelligence, S. 147; H. Brüning an W. J. Donovan vom 25. 3. 1936, Briefe und Gespräche, S. 115; W. L. Langer / S. E. Gleason, The Challenge to Isolation, S. 715; K. Strong, Die Geheimnisträger, S. 188; P. Marquardt-Bigman, Amerikanische Geheimdienstanalysen, S. 15 ff.; Th. Reuther, Die ambivalente Normalisierung, S. 117; D. O'Sullivan, Stalins »Cordon sanitaire«, S. 137 f.; Chr. Mauch, Schattenkrieg, S. 9 ff., 22 f., 27.

476 H. Brüning an C. Gauss vom 7. 4. 1941, Briefe und Gespräche, S. 350; H. Brüning an H. Callender, New York Times, vom 5. 5. 1943, Durchschlag, Nachl. H. Brüning, HUG FP 93.35 Box 3; R. Morsey, Emigration und Nachkriegsplanung, S. 224; ders., Brünings Kritik am politischen Wiederaufbau, S. 365, 367.

477 H. Hürten, Ein Reichskanzler im Exil, S. 197.

478 E. Spevack, Enigma, S. 46 f., 50, 72 f., 77 f.; L. J. Edinger, German Exile Politics, S. 139; F. Müller, »Die Brüning Papers«, Selbstzeugnisse, S. 45; B. Bouvier, Die Deutsche Freiheitspartei, S. 101; Memorandum über Aufgaben und Möglichkeit der Deutschen Opposition, 3 Seiten, Durchschlag, gez. O. St. [Strasser] (Begleitschriften vom 4. 7. 1938), Nachl. H. Brüning, HUG FP 93.35 Box 4; R. H. Keyserlingk, Der Fall Otto Strasser, S. 631 f.; Hermann Weiß, Schwarze Front, in: W. Benz / W. H. Pehle, Lexikon des deutschen Widerstandes, S. 292 ff. – 1949 distanzierte sich Brüning gegenüber dem Benediktiner Bernhard Strasser in Minnesota entschieden von den Bestrebungen Otto Strassers und wehrte sich dagegen, mit diesen in Verbindung gebracht zu werden. Er drohte andernfalls mit einer öffentlichen Erklärung. H. Brüning an Bernhard Strasser vom 24. 1. 1949, Abschrift, dpd vom 1. 7. 1949, Nur zur Information (BPA).

479 H. Hürten, Ein Reichskanzler im Exil, S. 199. Vgl. R. Berndt, Brüning, in: W. Schumacher, M. d. R., S. 168 f.

480 Hier nach: R. Morsey, Christliche Demokraten, S. 12 f. und dems., Vorstellungen Christlicher Demokraten, S. 209. Über das Verhältnis Sturzo – Brüning siehe u. a. J. Bohn, Das Verhältnis von katholischer Kirche und faschistischem Staat, S. 280 f.

481 G. R. Treviranus, Für Deutschland im Exil, S. 160. Vgl. E. Spevack, Enigma, S. 42 f., 55.

482 H. Brüning an C. Gauss vom 7. 4. 1941, Briefe und Gespräche, S. 350. Vgl. ebd. S. 297 f., Anm. 1 und 2.

483 Vgl. H. Brüning an G. Messersmith vom 30. 11. 1939, Briefe und Gespräche, S. 296 ff.; H. Fraenkel / R. Manvell, Canaris, S. 102 f. Dazu auch ebd. Anm. 2; H. Brüning an Th. Kordt

vom 17. 4. 1946, Durchschlag, Nachl. H. Brüning, HUG FP 93.10 Box 19; H. Mommsen, Alternative zu Hitler, S. 268.

484 H. Brüning an G. Messersmith vom 22. 12. 1939, Briefe und Gespräche, S. 299 f. Dazu auch ebd. Anm. 1. Vgl. M. Boveri, Wir lügen alle, S. 640 f.; E. Spevack, Enigma, S. 61. Zum Hintergrund: F. T. Epstein, Rezension zu J. Radkau, Die deutsche Emigration, S. 281.

485 Vgl. R. Morsey, Brüning, in: L. Gall, Die großen Deutschen, S. 272; H. Hürten, Ein Reichskanzler im Exil, S. 200.

486 Vgl. H. Brüning an St. v. Raumer vom 4. 11. 1946, Briefe und Gespräche, S. 452. – Über Sondierungen Pius' XII. bei Halifax Anfang 1940 siehe P. Blet, Pius XII., S. 30 f. Dazu G. Besier, Eugenio Pacelli, die Römisch-Katholische Kirche und das Christentum (1933-1945) in historisch-religiöser Kritik, in: R. Bendel, Die katholische Schuld, S. 201 f.

487 H. Brüning an St. v. Raumer vom 4. 11., an H. Dietrich vom 9. 12. 1946, Briefe und Gespräche, S. 452 f. Vgl. H. Hürten, Ein Reichskanzler im Exil, S. 200.

488 Vgl. K. v. Klemperer, Die verlassenen Verschwörer, S. 67 f.; E. Spevack, Ein Emigrant in amerikanischen Diensten. Zur Rolle des Politikwissenschaftlers Hans Simons in Deutschland nach 1945, in: Cl.-D. Krohn / P. v. zur Mühlen, Rückkehr und Aufbau nach 1945, S. 321 ff.; Percy Ellwood Corbett, Post-war worlds, New York 1942.

489 Harvard Foreign Relations Club Conference on Peace Through a New International Order, April 12-13, Littauer Center, Harvard University, Summary of Proceedings, Nachl. H. Brüning, HUG FP 93.35 Box 3.

490 Vgl. H. Brüning an G. Messersmith vom 22. 12. 1939 und an H. Poels vom 20. 1. 1940, Briefe und Gespräche, S. 299, 305; P. Blet, Pius XII., S. 28 ff.; W. Jussen, Gerechtigkeit schafft Frieden, S. 25 ff., 132 ff.; C. Hull, Memoirs Bd. 1, S. 713 ff.; Schultheß 1939, S. 489 f., 630; Archiv der Gegenwart 9 (1939), S. 4360 f.; Enzyklika »Summi Pontificatus« vom 20. 10. 1939, AAS 31 (1939), S. 413-453; Antwortschreiben Pius' XII. an F. D. Roosevelt vom 7. 1. 1940, AAS 32 (1940), S. 43-45; E. v. Weizsäcker, Erinnerungen, S. 272; H. Hürten, Ein Reichskanzler im Exil, S. 200; A. Armstrong, Unconditional Surrender, S. 262; K. R. Grossmann, Emigration, S. 279; Rudolf Weiler, Pius XII. und die Ideologien, in: H. Schambeck, Pius XII. zum Gedächtnis, S. 597 f.; Antonio Kardinal Samoré, Pius XII., mutiger Diener des Friedens, ebd. S. 185. H. Tittmann, Vatican, S. 5 ff.

491 R. A. Graham, Pius XII., S. 160 ff.; P. Godman, Der Vatikan und Hitler, S. 216.

492 Vgl. J. Radkau, Die deutsche Emigration, S. 189.

493 H. L. Stimson / M. Bundy, On active service, S. 280. Mitteilung von Frau Cl. Nix, Keene, an den Verf. vom 15. 12. 2004.

494 H. Brüning an M. Anderson vom 25. 12. 1939, Briefe und Gespräche, S. 300 ff.; Th. Wyckoff, Stimson, S. 282 f.; W. Jussen, Gerechtigkeit schafft Frieden, S. 25 ff., 132 ff.; Schultheß 1939, S. 489 f., 630; Archiv der Gegenwart 9 (1939), S. 4360 f. Vgl. H. Hürten, Ein Reichskanzler im Exil, S. 200; R. H. Ferrell, Kellogg / Stimson, S. 279 ff.; J. M. Burns, Roosevelt, S. 272 f.

495 Vgl. R. Morsey, Emigration und Nachkriegsplanung, S. 224; dens., Brünings Kritik am politischen Wiederaufbau, S. 365; dens., Brünings Einschätzung, S. 372; dens., Brünings Vorstellungen, S. 179; St. A. Schuker, Ambivalent Exiles, S. 332; H. Spiel, Psychologie des Exils, S. 432 ff.; D. Junker, Brüning, S. 323.

496 R. Berndt, Brüning, in: M. Schumacher, M. d. R., S. 168 f.

497 E. Spevack, Enigma, S. 10 f.

498 Un Allemand en juge d'un autre, Republique du Sud-Est vom 13. 1. 1940, hier nach: Harvey H. Bundy an den deutschen Konsul Herbert Scholz vom 25. 4. 1940, Briefe und Gespräche, S. 312 f., Anm. 2. Vgl. H. Brüning an C. Gauss vom 7. 4. 1941, ebd. S. 350; E. Spevack, Enigma, S. 58; B. Fromm, Blood and Banquets, S. 60, 200, 202, 329; G. Paul, Repressionen, S. 126; Hans-Adolf Jacobsen, Zur Rolle der Diplomatie im 3. Reich, in:

Klaus Schwabe, Das Diplomatische Korps 1871-1945, Büdinger Forschungen zur Sozialgeschichte, Boppard 1985, S. 188 f.; Carl E. Schorske, Two German Ambassadors: Dirksen and Schulenburg, in: G. Craig / F. Gilbert, The Diplomats, S. 481 ff.; Mitteilung von Frau Cl. Nix, Keene, an den Verf. vom 15. 12. 2004. – Zu dem positiven Urteil Dirksens über Brüning siehe H. v. Dirksen, Moskau – Tokio – London, S. 122.

499 Niederschrift der German Labor Delegation (New York) vom 29. 9. 1939, E. Matthias, Mit dem Gesicht nach Deutschland, S. 421 f.
500 H. Brüning an M. Anderson vom 9. 3. und 19. 5. 1940, Briefe und Gespräche, S. 310, 313 f. Vgl. R. Morsey, Zentrumspartei und Zentrumspolitiker, S. 398.
501 Vgl. E. Spevack, Enigma, S. 11; H. Brüning an M. Anderson vom 14. 5., 11. 6., 4. 10. 1940, an A. Herzog vom 24. 11. 1940, an P. Barry vom 16. 9. 1942, Briefe und Gespräche, S. 313, 315 f., 322, 324 f., 399.
502 H. Brüning an E. Eisenlohr vom 29. 10. 1947, Briefe 1946-1960, S. 103.
503 Vgl. H. Brüning an M. Anderson vom 9. und 25. 3., 14. 5. 1940, Briefe und Gespräche, S. 310 ff.; H. Brüning an A. Kahle vom 6. 11. 1946, H. Amely, Brüning, S. 37; S. Buchanan an H. Brüning vom 8. 4. 1940, Ausf., Nachl. H. Brüning, HUG FP 93.35 Box 3; H. Brüning, Vortrag in der Iowa School of Religion, ohne Titel Durchschlag; dens., Meier Katz Memorial Lectures vom 27. und 28. 2. 1941 (Expl. der Ankündigung im Nachl. H. Brüning, ebd. Box 3); dens., Vortrag in Detroit über »major problems in the encyclical ›Quadragesimo anno‹« vom 7. 12. 1941, hektographiert; Vortrag am 1. 11. 1943 an der Universität Boston, Typoskript; alle Belege im Bestand Lectures in America, 1937-1946, Nachl. H. Brüning, HUG FP 93.45 Box 1; Zusammenfassung der Todd Lecture, ebd. HUG FP 93.35 Box 4; vgl. ferner dens. an J. Blesch vom 1. 8. 1952, ebd. HUG FP 93.10 Box 4; E. Spevack, Enigma, S. 39; F. Müller, Die »Brüning Papers«, Selbstzeugnisse, S. 28 f. – Auszug aus dem Vortrag in Iowa City, ebd. S. 211.
504 E. Spevack, Enigma, S. 39.
505 H. Brüning an J. Crocker vom 27. 6. 1941, Durchschlag, bzw. H. Stimson an Rev. John Crocker, Groton School, Groton, Massachusetts, vom 2. 7. 1941, Ausf., Nachl. H. Brüning, HUG FP 93.10 Box 32; H. Brüning an A. Kahle vom 6. 11. 1946, H. Amely, Brüning, S. 37.
506 Vgl. Archiv der Gegenwart 10 (1940), S. 4440; Schultheß 1940, S. 36; S. Welles, The Time for Decision, S. 112 ff.
507 H. Brüning, Aufzeichnung vom 25. 5. 1941, Briefe und Gespräche, S. 361. Vgl. S. Welles, The Time for Decision, S. 104 ff.
508 Vgl. Schultheß 1940, S. 458; Archiv der Gegenwart 10 (1940), S. 4419; E. v. Weizsäcker, Erinnerungen, S. 278; S. Welles, The Time for Decision, S. 92 f.; C. Hull, Memoirs Bd. 1, S. 777 f.; P. Blet, Pius XII., S. 32 ff.; L. Kettenacker, Die britische Haltung, S. 52; G. Kennan, Memoiren, S. 121 ff.; K.-J. Müller, Kriegsausbruch 1939, S. 280.
509 Vgl. G. Kennan, Memoiren, S. 129.
510 H. Hürten, Ein Reichskanzler im Exil, S. 200. Am 6. März 1941 traf Brüning anläßlich seines Vortrages über »Democratic Reorientation« bei der Brookings Institution in Washington mit Unterstaatssekretär Breckinridge Long zusammen, der ihn um ein Gespräch am nächsten Tag am selben Ort ersuchte. Vgl. H. Brüning, Aufzeichnung, undatiert (1945) und Brief an J. Goldschmidt vom 7. 3. 1943, Briefe und Gespräche, S. 344 f., 428.
511 Memorandum of a conversation with Bruening, July 26, 1931, zit. in: H. L. Stimson / M. Bundy, On Active Service, S. 272. Vgl. P. Ludlow, The Unwinding of Appeasement, S. 22; R. Morsey, Emigration und Nachkriegsplanung, S. 226 f.
512 »The chief lesson I have learned in a long life is that the only way you can make a man trustworthy is to trust him; and the surest way to make him untrustworthy is to distrust

him and show your mistrust.« Memorandum vom 11. 9. 1945, H. L. Stimson / M. Bundy, On Active Service, S. 644.
513 E. H. Carr, The Twenty Years' Crisis, S. 36 f.
514 Vgl. H. Brüning an M. Anderson vom 14. 5. und 27. 7. und an G. Messersmith vom 24. 5. 1949, Briefe und Gespräche, S. 313 ff.
515 Vgl. E. Spevack, Enigma, S. 30 f.
516 Vgl. H. Brüning an G. Messersmith vom 24. 5. 1940, Briefe und Gespräche, S. 314 f.; G. R. Treviranus, Für Deutschland im Exil, S. 35, 122; Archiv der Gegenwart 10 (1940), S. 4532; H. Höhne, Canaris, S. 362; Gerd R. Ueberschär, Wehrmacht, in: W. Benz / H. Graml / H. Weiß, Enzyklopädie des Nationalsozialismus, S. 103.
517 Vgl. H. Brüning an J. Wheeler-Bennett vom 3. 2. 1940, an H. Ullmann vom 13. 7. 1946, Briefe und Gespräche, S. 307 f., 445; R. Morsey, Zur Problematik einer zeitgeschichtlichen Briefedition, S. 77.
518 A. Bosco, Introduction, in: A. Bosco / C. Navari, Chatham House, S. 10; A. Bosco, Chatham House and Federalism, ebd. S. 331 ff. Vgl. A. Bosco, Federal Union and the Origin of the »Churchill Proposal«. The Federalist Debate in the United Kingdom from Munich to the Fall of France 1938-1940, London 1992, S. 2, 182 ff. Vgl. W. Churchill, Der Zweite Weltkrieg Bd. 2, S. 251 f.
519 H. Brüning, Memorandum für das zentraleuropäische Subkomitee der Weltordnungsgruppe in Chatham House vom Mai 1939, Briefe und Gespräche, S. 254 f.; Chr. Brewin, Arnold Toynbee and Chatham House, in: A. Bosco / C. Navari, Chatham House, S. 146. Vgl. »A Dialogue Between a Foreign Statesman and an English Student of Affairs« (Auszug Mai 1935), Briefe und Gespräche, Anhang, S. 462 f.; W. Becker, Demokratie, S. 60. Eine »erste Serie« der sogenannten World Order Papers erschien im September 1940, dazu A. Bosco, Chatham House and Federalism, in: A. Bosco / C. Navari, Chatham House, S. 336 f.
510 H. Brüning, Kommentare, an J. Wheeler-Bennett adressiert, zu einem Memorandum der Chatham-House-Gruppe vom 27. 11. 1939 (Februar 1940), Briefe und Gespräche, S. 514 ff.
521 G. Kennan, Memoiren, S. 130. Vgl. D. C. Watt, Foreword, in: A. Bosco / C. Navari, Chatham House, S. I ff.; A. Crozier, Chatham House and Appeasement, S. 245 ff.; A. Mirgeler, Brüning, S. 67. – Brüning war grundsätzlich für Jagdflugzeuge, nicht für Bombenflugzeuge als Verteidigungswaffe, H. Brüning an F. Kern vom 4. 2. 1947, Briefe 1946-1960, S. 70 f.
522 H. Brüning an G. Messersmith vom 24. 5. 1940, Briefe und Gespräche, S. 314 f. Vgl. H. Brüning, Wartime Administration in Germany and Great Britain, S. 158 f.
523 H. Brüning an M. Anderson vom 11. 6. 1940, Briefe und Gespräche, S. 315 f. Vgl. R. Morsey, Brünings Vorstellungen, S. 184, 188.
524 H. Brüning an M. Anderson vom 12. 11. 1940, Briefe und Gespräche, S. 324.
525 H. Brüning an M. Anderson vom 27. 6. und 4. 10. 1940, Briefe und Gespräche, S. 316, 322 f.
526 H. Brüning, Aufzeichnung vom 20. 5. 1941, Briefe und Gespräche, S. 358. Vgl. H. Hürten, Ein Reichskanzler im Exil, S. 201.
527 H. Brüning an A. Herzog vom 30. 7. 1941, Briefe und Gespräche, S. 367.
528 H. Brüning an H. Stimson vom 1. 12. 1940, Briefe und Gespräche, S. 325. Vgl. Schultheß 1940, S. 464; E. Spevack, Enigma, S. 70; Th. Reuther, Die ambivalente Normalisierung, S. 86.
529 Vgl. Henry L. Stimson, Vorspiel zur Invasion, New York o. J., S. 3 ff. Chr. Mauch, Schattenkrieg, S. 33 f., 41.
530 W. L. Langer / S. E. Gleason, The Challenge to Isolation, S. 727 f.
531 H. Brüning an W. Sollmann vom 15. 8. 1940, Th. A. Knapp, Brüning im Exil, S. 104; H. Brüning an P. Barry vom 19. 8. und 6. 9. 1940, Aufzeichnungen vom 24. und 25. 5. 1941, Briefe und Gespräche, S. 317 f., 360 f.; E. Middell, Exil in den USA, S. 42 ff., 58 ff.; P. Eppel, Österreichische Emigranten in den USA 1938-1945, in: P. Steinbach, Widerstand, S. 181; K.

R. Grossmann, Emigration, S. 252 f., 264 ff., 277 f.; M. R. Davie, Refugees in America, S. 13. Vgl. ebd. S. 332, Anm. 1, 358, Anm. 1, 361, Anm. 3; H. Brüning an J. Crooker vom 3. 5. 1941, Durchschlag, Nachl. H. Brüning, HUG FP 93.35 Box 3; Cl. Nix an A. B. Moreland, Jacksonville, Florida, vom 14. 5. 1941, Durchschlag, ebd. Box 3; V. Fry, Auslieferung auf Verlangen, S. 9 f., 276 ff., 281, Anm. 1; A. Heilbut, Exiled in Paradise, S. 40 f.; G. R. Treviranus, Für Deutschland im Exil, S. 177 ff.; Th. A. Knapp, Brüning im Exil, S. 101 f.; H. Brüning an W. Sollmann vom 15. 8. 1940, ebd. S. 104 f.; E. Spevack, Enigma, S. 71 f., 76 f.; Stephen Duggan / Betty Drury, The Rescue of Science and Learning. The Story of the Emergency Committee in Aid of Displaced Foreign Scholars, New York 1948, passim; A. Klein, Rettung und Restriktion, S. 214, 219 f., 227.

532 H. Brüning an G. L. Warren vom 18. 9. 1940, Briefe und Gespräche, S. 319. Vgl. R. H. Keyserlingk, Der Fall Otto Strasser, S. 631 f., 635; K. v. Klemperer, Die verlassenen Verschwörer, S. 206 ff.; Th. A. Knapp, Brüning im Exil, S. 101. Vgl. H. Brüning an W. Sollmann vom 1. 6. 1942, Ausf., Kopie, Nachl. W. Sollmann, HAStK 1120/534.

533 W. Röder / H. A. Strauss, Biographisches Handbuch Bd. 1, S. 92 und 296. Vgl. H. Brüning an G. N. Shuster vom 27. 9. 1940, an R. Katz vom 16. 12. 1940, Briefe und Gespräche, S. 321, 327 f.; H. Brüning an W. Sollmann vom 16. 12. 1946, Briefe 1946-1960, S. 62 f.; P. Pistorius, Breitscheid, S. 379 ff.; H. Adolph, Wels, S. 338 f.; M. R. Davie, Refugees in America, S. 333 ff.; J. Radkau, Die deutsche Emigration, S. 186; W. Sollmann an F. Stampfer vom 4. 9. 1940, Bericht über das Schicksal Breitscheids und Hilferdings (Mai 1940-1941), in: E. Matthias, Mit dem Gesicht nach Deutschland, S. 468 ff., 482 ff.; E. Middell, Exil in den USA, S. 58 ff.; V. Fry, Auslieferung auf Verlangen, S. 18; A. Klein, Rettung und Restriktion, S. 219; Th. A. Knapp, Brüning im Exil, S. 101; H. Hürten, Ein Reichskanzler im Exil, S. 200; E. Spevack, Enigma, S. 75; W. Smaldone, Hilferding, S. 218, 255.

534 H. Brüning an G. Messersmith vom 6. 9., an G. N. Shuster vom 27. 9., an S. Morgan vom 4. 12., an R. Katz vom 16. 12. 1940, an F. Demuth vom 10. 3. 1942, Briefe und Gespräche, S. 318, 320, 326 f., 392; H. Brüning an W. Sollmann vom 13., 29. 8., 5. 10., 26. 11. 1940, Th. A. Knapp, Brüning im Exil, S. 104 ff., 110 f.; G. R. Treviranus, Für Deutschland im Exil, S. 178 ff.; W. Röder / H. A. Strauss, Biographisches Handbuch Bd. 1, S. 92, 296; R. Berndt, Breitscheid, in: M. Schumacher, M. d. R., S. 154 f.; E. O. Dankelmann, Hilferding, ebd. S. 548 f.; E. Middell, Exil in den USA, S. 60 f.; E. Wandel, Schäffer, S. 268; P. Pistorius, Breitscheid S. 381 ff.; V. Fry, Auslieferung auf Verlangen, S. 202 ff., 210; L. J. Edinger, German Exile Politics, S. 229 f.; W. Smaldone, Hilferding, S. 259 ff.; A. Klein, Rettung und Restriktion, S. 224. – Einzelheiten auch bei W. Hoegner, Der schwierige Außenseiter, S. 162 ff.; Klaus Schröter, Heinrich Mann, Reinbek 1986, S. 139 f.

535 W. Hoegner, Der schwierige Außenseiter, S. 163 f.; H. Brüning an S. Morgan vom 4. 12. 1940, an P. Barry vom 27. 9. 1941, Briefe und Gespräche, S. 326, 372. Vgl. V. Fry, Auslieferung auf Verlangen, S. 202; Th. A. Knapp, Brüning im Exil, S. 101.

536 F. Müller, Die »Brüning Papers«, Selbstzeugnisse, S. 47.

537 Hier nach: St. A. Schuker, Ambivalent Exile, S. 335; H. Brüning an G. N. Shuster vom 27. 9. 1940, Briefe und Gespräche, S. 321 f.; F. T. Epstein, Rezension zu J. Radkau, Die deutsche Emigration, S. 282. Dazu Cl.-D. Krohn, »Let us be prepared to win the peace«. Nachkriegsplanungen emigrierter deutscher Sozialwissenschaftler an der New School for Social Research in New York, in: Th. Koebner / G. Sautermeister / S. Schneider, Deutschland nach Hitler, S. 123 ff.; A. Heilbut, Exiled in Paradise, S. 87 ff.

538 E. Spevack, Enigma, S. 74.

539 Vgl. H. Brüning an S. Morgan vom 4. 12. 1940, Briefe und Gespräche, S. 362 f.; H. Brüning an W. Sollmann vom 15. 8. 1940, Th. A. Knapp, Brüning im Exil, S. 104; E. Spevack, Enigma, S. 76; St. A. Schuker, Ambivalent Exile, S. 333.

540 G. R. Treviranus, Für Deutschland im Exil, S. 193; M. Schumacher, M. d. R., S. 191; E. Spevack, Enigma, S. 52 f. Vgl. H. Brüning an St. v. Raumer vom 4. 11. 1946, Briefe 1946-1960, S. 53.

541 H. Brüning an R. Katz vom 16. 12. 1940, Briefe und Gespräche, S. 327 f. Vgl. Niederschriften der Sitzungen der German Labor Delegation (New York) vom 18. 8. und 26. 9. 1939, E. Matthias, Mit dem Gesicht nach Deutschland, S. 412 ff., 421 f. Dazu ebd. S. 375, Anm. 1; Th. Wyckoff, Stimson, S. 31; E. Middell, Exil in den USA, S. 148; H. L. Wuermeling, Die weiße Liste, S. 52.

542 H. Brüning an R. Katz vom 16. 12. 1940, Briefe und Gespräche, S. 327 f.; Th. Mann an F. Stampfer vom 6. 12. 1938, E. Matthias, Mit dem Gesicht nach Deutschland, S. 375 f.

543 Hier nach: A. Glees, Das deutsche politische Exil in London 1939-1945, in: G. Hirschfeld, Exil in Großbritannien, S. 67. Vgl. J. Später, Vansittart, S. 144 ff.; H. Mehringer, Impulse sozialdemokratischer Remigranten auf die Modernisierung der SPD, in: Cl.-D. Krohn / P. v. zur Mühlen, Rückkehr und Aufbau nach 1945, S. 90; Anette Hild-Berg, Toni Sender – Aus Amerika ein »Blick nach Deutschland«, in: Helga Grebing / Christl Wickert (Hrsg.), Das »andere Deutschland« im Widerstand gegen den Nationalsozialismus. Beiträge zur politischen Überwindung der nationalsozialistischen Diktatur im Exil und im Dritten Reich, Essen 1994, S. 125 f.; P. v. zur Mühlen, Exil und Widerstand, in: W. Benz / W. H. Pehle, Lexikon des deutschen Widerstandes, S. 138 ff.; H. Mehringer / W. Röder, Gegner, Widerstand, Emigration, S. 182 f.; R. Morsey, Brünings Vorstellungen, S. 185.

544 J. Radkau, Die deutsche Emigration, S. 194; R. G. Vansittart, Lessons of my life, S. 20 ff. et passim; R. A. Blasius, The Foreign Office, S. 281. Vgl. L. P. Lochner, Die Mächtigen und der Tyrann, S. 324; A. Grzesinski, Im Kampf um die deutsche Republik, Einleitung, S. 25; A. Schwarz, Die Reise ins Dritte Reich, S. 67; Ph. W. Fabry, Mutmaßungen über Hitler, S. 220.

545 R. A. Blasius, The Foreign Office, S. 281. – Sir Robert Vansittart seit 7. März 1941 Lord Bexley.

546 H. Brüning an R. Katz vom 16. 12. 1939, Briefe und Gespräche, S. 327 f., 337, Anm. 2; E. Spevack, Enigma, S. 44 f.; J. Radkau, Die deutsche Emigration, S. 193; Walter F. Peterson, Das Umfeld: Die Vereinigten Staaten und die deutschen Emigranten, in: U. Langkau-Alex / Th. M. Ruprecht, Was soll aus Deutschland werden?, S. 63. Vgl. A. Grzesinski, Im Kampf um die deutsche Republik, Einleitung, S. 25; W. Benz, Widerstand im Exil, S. 8; W. F. Peterson, Zwischen Mißtrauen und Interesse, S. 48, 50.

547 W. F. Peterson, Zwischen Mißtrauen und Interesse, S. 51.

548 Vgl. A. Brecht, Mit der Kraft des Geistes, S. 334; E. Spevack, Enigma, S. 48 f.

549 Vgl. K. Harpprecht, Mann, S. 1231 ff.; R. Morsey, Leben und Überleben im Exil, S. 103 f.; E. Spevack, Enigma, S. 50; F. Müller, Die »Brüning Papers«, Selbstzeugnisse, S. 45.

550 H. Brüning an R. Katz vom 16. 12. 1939, Briefe und Gespräche, S. 327 f.; H. Brüning an W. Sollmann vom 4. 2. 1941, Th. A. Knapp, Brüning im Exil, S. 113 f.; P. Hoffmann, Widerstand, Staatsstreich, S. 142 f.

551 J. Goebbels, Tagebücher (24. 10. 1939) Bd. I, 3, S. 619. – Protokoll der Konferenz im Propagandaministerium vom 25. 11. 1939, in: W. A. Boelcke, Kriegspropaganda, S. 233. Über Wirths Aktivitäten in Frankreich: H. C. Deutsch, German Soldiers in the 1938 Munich Crisis, S. 312 f.

552 Vgl. H. Brüning an A. Herzog vom 7. 1., an K. E. Kempski vom 10. 1. und an F. Ermarth vom 13. und 27. 1. 1941, Briefe und Gespräche, S. 335 f., 340, 350, Anm. 2, 412, Anm. 3; H. Brüning an F. Ermarth vom 27. 1. 1941, Durchschlag unterz., Nachl. H. Brüning, HUG FP 93.10 Box 8; Niederschrift der Sitzung der German Labor Delegation (New York) vom 14. 7. 1939, E. Matthias, Mit dem Gesicht nach Deutschland, S. 408 ff.; Susanne Miller, Sozialistischer Widerstand im Exil. Prag – Paris – London, in: Informationszentrum Berlin (Hrsg.), Beiträge zum Thema Widerstand Heft 25, Berlin 1984, S. 13; J. Wheeler-Bennett,

Knaves, Fools and Heroes, S. 127 f.; E. und K. Mann, Escape to Life, S. 334 ff.; K. R. Grossmann, Emigration, S. 301; D. M. Schneider, Remigranten, S. 165, Anm. 37; W. Röder / H. A. Strauss, Biographisches Handbuch Bd. 1, S. 457; Th. A. Knapp, Brüning im Exil, S. 102; E. Spevack, Enigma, S. 45, 51; E. Middell, Exil in den USA, S. 90; F. Müller, Die »Brüning Papers«, Selbstzeugnisse, S. 45; R. Morsey, Brünings Vorstellungen, S. 179. Zum ganzen F. Ermarth, Decries Military Peace. Writer Urges Post-War Settlement with »Thoroughly He-Hitlerized Germany by Negotiations, New York Herald Tribune vom 25. 4. 1943, ferner Hans Schmidt [i. e. Fritz Ermarth], Negotiated Peace Without Hitler, Christian Science Monitor vom 24. 7. 1941, Expl. Nachl. H. Brüning, HUG FP 93.10 Box 8.

553 Telegramm des örtlichen KGB-Verbindungsmannes, Vizekonsul Grigori Cheifez, vom 31. Oktober 1943, der sich auf eine Mitteilung Heinrich Manns berief, Art. Heinrichs Verrat, Der Spiegel 50 (1999), S. 241. Vgl. Chr. Mauch, Schattenkrieg, S. 120 ff.

554 P. Eppel, Österreichische Emigranten in den USA 1938-1945, in: P. Steinbach, Widerstand, S. 189.

555 A. Glees, Exile Politics, S. 198.

556 Attendance Peace Aims Group, Council House, February 28, 1944, 4:50 P. M., sowie Agenda, Nachl. H. Brüning, HUG FP 93.35 Box 3. – Der Historiker William L. Langer hatte maßgeblichen Anteil am Aufbau der Division of Special Information innerhalb der OSS, Thomas Koch, Der amerikanische Geheimdienst OSS (Office of Strategic Services) und die Widerstandsbewegungen, in: G. Schulz, Geheimdienste und Widerstandsbewegungen, S. 80 f.; P. Marquardt-Bigman, Amerikanische Geheimdienstanalysen, S. 27 ff.

557 Vgl. P. Steinbach, Widerstand im Widerstreit, S. 135 ff.; W. Benz, Widerstand im Exil, S. 6 f.

558 H. Brüning an J. Wheeler-Bennett vom 2. 5., an C. Landauer vom 29. 9. 1941, Briefe und Gespräche, S. 357, 373. Vgl. H. Hürten, Ein Reichskanzler im Exil, S. 200; E. Spevack, Enigma, S. 51.

559 H. Brüning an M. Anderson vom 26. 11. 1941, Briefe und Gespräche, S. 377.

560 H. Brüning an J. Fisahn vom 16. 6. 1941, an W. Sollmann vom 20. 2. 1943, Briefe und Gespräche, S. 363, 400. Vgl. H. Hürten, Ein Reichskanzler im Exil, S. 200.

561 H. Brüning an K. Kempski vom 10. 1., an F. Ermarth vom 27. 1. 1941, Briefe und Gespräche, S. 336, 442. Vgl. H. Brüning, Aufzeichnung vom 24. 4. 1941, ebd. S. 355; E. Spevack, Enigma, S. 50; F. Müller, Die »Brüning Papers«, Selbstzeugnisse, S. 46.

562 H. Brüning an M. Anderson vom 4. 10., an D. Heineman vom 7. 4. 1941, an J. Wheeler-Bennett vom 11. 2. 1944, Briefe und Gespräche, S. 323, 349, 412. Vgl. J. Wheeler-Bennett, Munich, S. 79, Anm. 1; G. Ritter, Goerdeler, S. 160.

563 U. Schlie, Wirth im Exil, S. 186 ff.; O. John, Falsch und zu spät, S. 126 f., 137. Vgl. L. Kettenacker, Die britische Haltung, S. 56 f.; P. Ludlow, The Unwinding of Appeasement, S. 38 f.; P. Kluke, Großbritannien, S. 385; R. Blasius, Für Großdeutschland, S. 60; M. Thielenhaus, Zwischen Anpassung und Widerstand, S. 182.

564 U. Schlie, Wirth im Exil, S. 182 f.; P. Ludlow, The Unwinding of Appeasement, S. 37; H. C. Deutsch, German Soldiers in the 1938 Munich Crisis, S. 312.

565 H. Brüning an F. Ermarth vom 13., 27. 1. 1941, Briefe und Gespräche, S. 336, 341. Vgl. H. Brüning an F. v. Moltke vom 10. 8. 1946, ebd. S. 450.

566 H. Brüning an W. Thormann vom 21. 1. 1941, Briefe und Gespräche, S. 338. Vgl. Th. A. Knapp, Brüning im Exil, S. 93 ff.; E. Radkau, Die deutsche Emigration, S. 191; E. Spevack, Enigma, S. 73 f.

567 H. Brüning an F. Ermarth vom 27. 1. 1941, Briefe und Gespräche, S. 340 f.

568 H. Brüning an B. Strasser vom 30. 1. 1941, Briefe und Gespräche, S. 342 f.

569 H. Brüning an W. Sollmann vom 4. 2. 1941, Briefe und Gespräche, S. 343. Vgl. H. Brüning an C. Gauss vom 7. 4. 1941, ebd. S. 350; G. R. Treviranus, Für Deutschland im Exil, S. 159; E. Spevack, Enigma, S. 37, 43, 52, 68.

570 C. v. Clausewitz, Vom Kriege, S. 210; A. Friedel, Clausewitz und die Auswirkungen seiner Theorie vom Kriege, S. 39.
571 L. Kettenacker, Die britische Haltung, S. 56.
572 Vgl. H. Brüning an F. Ermarth vom 27. 1. 1941, Briefe und Gespräche, S. 341; A. Hillgruber, Kontinuität und Diskontinuität in der deutschen Außenpolitik von Bismarck bis Hitler, ferner: Militarismus am Ende der Weimarer Republik und im Dritten Reich, in: Ders., Großmachtpolitik und Militarismus, S. 30 f., 42 ff.
573 Vgl. H. Brüning an E. Voegelin vom 28. 4. 1941, Briefe und Gespräche, S. 353.
574 Vgl. zum ganzen: A. Hillgruber, Militarismus am Ende der Weimarer Republik und im Dritten Reich, in: Ders., Großmachtpolitik und Militarismus, S. 43 ff.; J. Dülffer, Der Beginn des Krieges 1939, S. 200 ff.
575 A. Hillgruber, Die weltpolitischen Entscheidungen, S. 458.
576 H. Brüning an C. Gauss vom 7. 4. 1941, Briefe und Gespräche, S. 350.
577 X (= H. Brüning), German Strategy 1914 and 1940, in: Foreign Affairs 19 (Oktober 1940-Juli 1941), S. 495-515.
578 Rolf Dieter Müller / Gerd R. Ueberschär, Hitlers Krieg im Osten 1941-1945. Ein Forschungsbericht, Darmstadt 2000, S. 90 f.
579 F. Blaich, Wirtschaft und Rüstung, S. 314 ff. Vgl. den zusammenfassenden Überblick über die Wehrwirtschaftsberichte der Wehrwirtschaftsinspektionen zum 20. 2. 1939, in: W. Steitz, Quellen zur Wirtschafts- und Sozialgeschichte Bd. 1, Nr. 33, S. 192 ff.; Max Sievers, Unser Kampf gegen das Dritte Reich. Von der nazistischen Diktatur zur sozialistischen Demokratie, Stockholm 1939, S. 188 ff., R.-D. Müller, Das Tor zur Weltmacht, S. 299 f.; A. François-Poncet, Souvenirs d'une Ambassade, S. 141; Monika Rosengarten, Die Internationale Handelskammer. Wirtschaftspolitische Empfehlungen in der Zeit der Weltwirtschaftskrise 1929-1939, Berlin 2001, S. 267 f.
580 M. Schumacher, M. d. R., S. 391.
581 Vgl. H. Brüning, Wartime Administration in Germany and Great Britain, S. 81-168, besonders S. 125 ff.; J. Dippel, Two Against Hitler, S. 100 f.; H. C. Deutsch, German Soldiers in the 1938 Munich Crisis, S. 315. – Über Respondeks Rolle als Vertrauter Wirths nach dem Zweiten Weltkrieg siehe G. Herbstritt, Wirth, S. 51, 73 ff. Mit Respondek stand auch Hermann Muckermann in Verbindung, H. C. Deutsch, German Soldiers in the 1938 Munich Crisis, S. 315.
582 Democratic Orientation, by Dr. Heinrich Brüning, Chancellor of the German Reich, 1919-1932. Vermerk: »This ›off-the-record‹ address delivered at the Brookings Institution March 6. 1941, is at Dr. Brüning's request not to be printed or public quoted«, Maschinenschrift, Durchschlag, Lectures in America, 1937-1946, Nachl. H. Brüning, HUG FP 93.45 Box 1. – Das Thema war neben fünf anderen für ein Honorar von 200 Dollar vorgegeben. Das Publikum bestand aus etwa 200 geladenen Gästen aus »governmental and professional circles«, H. G. Moulton an H. Brüning vom 28. 1. 1941, Ausf., Nachl. H. Brüning, HUG FP 93.10 Box 2. Vgl. H. Brüning, Aufzeichnung, undatiert (1945), und dens. an M. Anderson vom 21. 3. 1941, Briefe und Gespräche, S. 345, Anm. 6, 347 f.; J. Schmädeke, Militärische Umsturzversuche, S. 308 f.; E. Spevack, Enigma, S. 58, 115; F. Müller, Die »Brüning Papers«, Selbstzeugnisse, S. 78 f.; dens., Die »Brüning Papers«, Nachl., S. 402. Dazu J. Dippel, Two Against Hitler, S. 10, 12, 17 f., 46 f., 116, 120; P. Hoffmann, Widerstand, Staatsstreich, S. 133, 173 f.; X (= H. Brüning), German Strategy 1914 and 1940, in: Foreign Affairs 19 (Oktober 1940-Juli 1941), S. 495-515. – Auszüge in F. Müller, Die »Brüning Papers«, Selbstzeugnisse, S. 210 f.; Übersetzung teilweise: G. R. Treviranus, Für Deutschland im Exil, S. 115 ff. – Einige Belege in: Nachl. H. Brüning: »Heutiger Stand und Entwicklungslinien unserer Wirtschaft« (September 1935); »Deutschlands Wirtschaft« (15. 12. 1935); »Die Finanzierung der deutschen Staatskonjunktur« (ohne Datum); »Rohstahlerzeugung und

Walzwerkerzeugung Deutschlands September 1936 bis Februar 1937«; »Die Finanzen«, Berlin 30. März 1937; »Die unausgleichbare Agrarbilanz in der autarkischen Planung, Berlin 8. 1. 1938«; »Bilanz der Finanz- und Wirtschaftslage, Berlin 28. Mai 1938«; »Sonder-Aufzeichnung über die I. Rohstoffbewirtschaftung und II. Handelspolitik«; »Raw Stuff situations, Memorandum I«, Berlin 24. 1. 1941, Vermerk »strictly confidential«; »Information Regarding the Military Situation« 19. 2. 1941, Vermerk rot: »Secret«, Nachl. H. Brüning, HUG FP 93.35 Box 4. Dazu Chr. Hartmann, Halder, S. 168.

583 Vgl. H. Brüning an L. Sturzo vom 11. 4. 1941, Briefe und Gespräche, S. 354.
584 J. Dippel, Two Against Hitler, S. 47; Briefe und Gespräche, S. 345, Anm. 3; Chr. Mauch, Schattenkrieg, S. 154.
585 D. Heineman vom 7. 4. 1941, Briefe und Gespräche, S. 349. Vgl. H. Brüning an J. Wheeler-Bennett vom 11. 2. 1944, Briefe und Gespräche, S. 412; R. Morsey, Zur Problematik einer zeitgeschichtlichen Briefedition, S. 76; L. Kettenacker, Die britische Haltung, S. 56; F. Müller, Die »Brüning Papers«, Selbstzeugnisse, S. 40.
586 H. Brüning an G. Letterhaus vom 15. 8. 1946, Kopie der Ausf., in: Bernhard-Letterhaus-Schule, Festschrift, S. 52.
587 O. Harvey, Diplomatic Diaries, 11. 12. 1938, S. 226 f.; Viscount Templewood (Sir Samuel Hoare), Nine Troubled Years, London 1954, S. 298. Vgl. G. Ritter, Goerdeler, S. 164; Hermann Graml, Die außenpolitischen Vorstellungen des deutschen Widerstandes, S. 26; P. Hoffmann, Widerstand, Staatsstreich, S. 76 f.; H. Wentker, Der Widerstand gegen Hitler, S. 8; L. Kettenacker, Die britische Haltung, S. 56 f.
588 H. Brüning an D. Heineman vom 7. 4. 1941, Briefe und Gespräche, S. 349.
589 Vgl. H. Brüning an R. Kuenzer vom 28. 10. 1941, Briefe und Gespräche, S. 374; J. Heideking, Die »Schweizer Straßen« des europäischen Widerstands, in: G. Schulz, Geheimdienste und Widerstandsbewegungen, S. 171.
590 Vgl. Schultheß 1940, S. 34; W. A. Boelcke, Kriegspropaganda, S. 291 ff.
591 Vgl. Schultheß 1940, S. 34; G. Ritter, Goerdeler, S. 160; P. Blet, Pius XII., S. 33 f.
592 Vgl. H. Brüning an H. Ullmann vom 13. 7. 1946, Briefe und Gespräche, S. 444 f.
593 H. Brüning an J. Wheeler-Bennett vom 2. 5. 1941, Briefe und Gespräche, S. 356 ff.; H. Brüning, Aufzeichnung vom 20. 6. 1941, ebd. S. 364. Vgl. H.-J. Perrey, Der Rußlandausschuß der Deutschen Wirtschaft, S. 308 f.
594 Gottfried Zieger, Die Atlantik-Charter, Hannover 1963, S. 93 ff. et passim; I. v. Münch, Dokumente des geteilten Deutschland Bd. 1, Nr. 1 a, S. 3 f.; L. Kettenacker, Die britische Haltung, S. 60 ff.; H. Prinz zu Löwenstein, Deutsche Geschichte, S. 602; P. Hoffmann, Widerstand gegen Hitler, S. 55; A. Hillgruber, Die weltpolitischen Entscheidungen, S. 451; ders., Der Zusammenbruch im Osten, S. 22 f.; ders., Großmachtpolitik und Militarismus, S. 60; Th. Reuther, Die ambivalente Normalisierung, S. 86.
595 F. Blaich, Wirtschaft und Rüstung in Deutschland, S. 296 ff.
596 H. Brüning an C. Landauer vom 29. 9. 1941, Briefe und Gespräche, S. 373. Vgl. E. Spevack, Enigma, S. 44.
597 Vgl. A. Brecht, Mit der Kraft des Geistes, S. 334; H. Brüning an H. Prinz zu Löwenstein vom 29. 11. 1941, an F. Demuth vom 10. 3. 1943, Briefe und Gespräche, S. 378 f., 392; H. Hürten, Ein Reichskanzler im Exil, S. 200 f.
598 H. Hürten, Ein Reichskanzler im Exil, S. 201.
599 L. Kettenacker, Die britische Haltung, S. 59.
600 Vgl. A. Hillgruber, Zum Kriegsbeginn im September 1939, in: G. Niedhart, Kriegsbeginn 1939, S. 176 f.
601 X (= H. Brüning), Russia and Germany. Political and Military Reflections, in: Foreign Affairs 20 (1941-1942), S. 303 ff. Danach auch das Folgende. Vgl. S. Haffner, Anmerkungen zu Hitler, S. 145 f.

602 Vgl. John Keegan / Andrew Wheatcroft, Who's Who in Military History. From 1453 to the present day, London 1976, S. 162; R. Ernest Dupuy / Trevor N. Dupuy, The Encyclopedia of Military History from 3500 B. C. to the present, London 1977, S. 941 f.

603 H. Brüning an M. v. Brünneck vom 19. 1. 1955, Durchschlag, Nachl. H. Brüning, HUG FP 93.10 Box 5. Vgl. F. A. Krummacher / H. Lange, Krieg und Frieden, S. 39 f., 113; Karl Friedrich Nowak (Hrsg.), Die Aufzeichnungen des Generalmajors Max Hoffmann, 2 Bde., Berlin 1929; B. Fromm, Blood and Banquets, S. 59; E. Buchfinck, Hoffmann, S. 231 ff.; A. Groener, Lebenserinnerungen. Jugend, Generalstab, Weltkrieg. Hrsg. von Friedrich Freiherr Hiller von Gaertringen, Göttingen 1957 (Nachdruck Osnabrück 1972), S. 541, 543, 568.

604 Vgl. L. Besymenski, Stalin und Hitler, S. 26 f.; E. Buchfinck, Hoffmann, S. 234.

605 Vgl. u. a. H. Hömig, Brüning Bd. 1, S. 474 ff.

606 H. Brüning an F. Kern vom 4. 2. 1947, Briefe 1946-1960, S. 70.

607 Walter Lippmann, Die Außenpolitik der Vereinigten Staaten (1943), Zürich 1944, S. 154 ff. Vgl. Th. Reuther, Die ambivalente Normalisierung, S. 114 f., 117.

608 Vgl. D. C. Poole an W. J. Donovan vom 19. 10. 1944, Ausf. paraphiert, Omgus, vorl. Nr. 16864, Shipment POLA Box 826, Folder 24, IfZ München; Chr. Mauch, Schattenkrieg, S. 28, 56, 73, 108 ff.

609 Vgl. Memorandum der Research and Analysis Branch des OSS vom 27. 7. 1944, in: J. Heideking / Chr. Mauch, USA und deutscher Widerstand, S. 113.

610 C. H. Hermann, Deutsche Militärgeschichte, S. 515 f.

611 Über das deutsche und britische Rußlandbild in den zwanziger Jahren siehe Donal O'Sullivan, Furcht und Faszination. Das deutsche und britische Rußlandbild 1921-1933, Köln 1996, S. 183 ff.

612 M. Zeidler, Reichswehr und Rote Armee, S. 279. Vgl. H. Hecker, Die Sowjetunion und der Beginn der Regierung Hitler, S. 292 ff.; H.-J. Perrey, Der Rußlandausschuß der Deutschen Wirtschaft, S. 251.

613 Vgl. H.-J. Perrey, Der Rußlandausschuß der Deutschen Wirtschaft, S. 206, 216 f., 250 ff., 276 ff.

614 Vgl. Timothy W. Mason, Domestic Dynamics of Nazi Conquests. A Response to Critics, in: Thomas Childers / Jane Caplan (Hrsg.), Reevaluating the Third Reich, New York 1993, S. 164 f.; H. v. Dirksen, Moskau – Tokio – London, S. 77 ff., 103 ff., 117; W. Daschitschew, Planungen und Fehlschläge Stalins, S. 66 ff.; R. Morsey, Brünings Vorstellungen, S. 188; S. Haffner, Der Teufelspakt, S. 142 f.

615 Vgl. H. Roos, Geschichte der polnischen Nation, S. 130 f.; dens., Polen und Europa, S. 44 ff., 51; A. Gill, Eine tragische Staatsgrenze, S. 34. – Über Brünings Einstellung zur Sowjetunion siehe H. v. Dirksen, Berlin – Tokio – Moskau, S. 115 ff.

616 Vgl. M. Hoffmann, An allen Enden Moskau (Das Problem des Bolschewismus), in: K. F. Nowak, Aufzeichnungen M. Hoffmann Bd. 2, S. 364 ff. et passim.

617 Vgl. C. v. Clausewitz, Vom Kriege, S. 924 f.

618 Vgl. A. Hillgruber, Der Zusammenbruch im Osten, S. 13 f.; Chr. Hartmann, Halder, S. 298.

619 Es handelte sich um ein strategisches Konzept, das im März 1938 von General Boris Schaposchnikow (1882-1945) ausgearbeitet worden war. Damals war Tuchatschewski stellvertretender Volkskommissar für Verteidigung. Das Dokument setzte einen Zweifrontenkonflikt im Westen (Deutschland im Bündnis mit Polen, Italien, Ungarn, Rumänien und Finnland) und im Osten (Japan) voraus, L. Besymenski, Stalin und Hitler, S. 302.

620 Nach der wechselvollen Schlacht um Smolensk stoppte der Vormarsch der Heeresgruppe Mitte in Richtung Moskau, vgl. A. Hillgruber, Die weltpolitischen Entscheidungen, S. 458.

621 Vgl. A. Hillgruber, Die weltpolitischen Entscheidungen, S. 455.

622 Vgl. K. D. Erdmann, Die Zeit der Weltkriege, S. 530; Chr. Hartmann, Halder, S. 297, 302; R. G. Huber, Rundstedt, S. 229 f., 237, 249; C. Messenger, Rundstedt, S. 156.

623 Vgl. F. Uhle-Wettler, Wendepunkte deutscher Militärgeschichte, S. 313 f.; C. H. Hermann, Deutsche Militärgeschichte, S. 495 f.
624 H. Brüning an F. Sackett vom 7. 10. 1937, Briefe und Gespräche, S. 154 f. Vgl. E. H. Carr, Berlin – Moskau, S. 154; M. Zeidler, Reichswehr und Rote Armee, S. 257, 299 f.
625 F. A. Krummacher / H. Lange, Krieg und Frieden, S. 244.
626 H. Brüning, Antworten auf einen Fragebogen von Dorothy Thompson vom 20. 4. 1943, Briefe und Gespräche, S. 523.
627 Vgl. H. Stuart Hughes, The Sea Change. The Migration of Social Thought 1930-1965, New York 1977, S. 241 f.
628 So St. A. Schuker, Ambivalent Exile, S. 333, Anm. 13. Vgl. E. Buchfinck, Hoffmann, S. 234 f.; A. Hillgruber, Großmachtpolitik und Militarismus, S. 60.
629 Vgl. E. H. Carr, Berlin – Moskau, S. 154 ff.; K. Niclauss, Die Sowjetunion und Hitlers Machtergreifung, S. 122 ff.; F. A. Krummacher / H. Lange, Krieg und Frieden, S. 333 ff.; W. Görlitz, Generalstab, S. 444; O. Groehler, Selbstmörderische Allianz, S. 84 ff. – Zur politischen Problematik der Moskauer Prozesse siehe Hannah Arendt, Elemente totalitärer Herrschaft, Frankfurt/Main 1958, S. 61 ff., 83 f.
630 Dazu K. Niclauss, Die Sowjetunion und Hitlers Machtergreifung, S. 181; W. S. Rogowin, 1937 – Jahr des Terrors, S. 503 f., 531 ff.; L. Besymenski, Stalin und Hitler, S. 67, 75, 302 f.; O. Groehler, Selbstmörderische Allianz, S. 76 ff.; W. Daschitschew, Planungen und Fehlschläge Stalins, S. 69. Vgl. Andreas Seeger, »Gestapo-Müller«. Die Karriere eines Schreibtischtäters, Berlin 1996, S. 35; E. H. Carr, Berlin – Moskau, S. 153 f.; S. Haffner, Der Teufelspakt, S. 132.
631 Vgl. F. A. Krummacher / H. Lange, Krieg und Frieden, S. 335 f.; W. S. Rogowin, 1937 – Jahr des Terrors, S. 543 f.; D. O'Sullivan, Stalins »Cordon sanitaire«, S. 128 und 136.
632 C. v. Clausewitz, Vom Kriege, S. 685 ff. Vgl. A. Friedel, Clausewitz und die Auswirkungen seiner Theorie vom Kriege, S. 40; O. Groehler, Selbstmörderische Allianz, S. 180 f.; D. O'Sullivan, Stalins »Cordon sanitaire«, S. 134, 224.
633 Schultheß 1940, S. 463. Vgl. H. Wentker, Widerstand gegen Hitler, S. 13.
634 X (=H. Brüning), Policy and Strategy in the War in Russia. The Winter Interlude, in: Foreign Affairs 20 (1941-1942), S. 606-634. Übersetzung teilweise bei G. R. Treviranus, Für Deutschland im Exil, S. 133 ff. Vgl. E. Spevack, Enigma, S. 58.
635 Vgl. A. Hillgruber, Der Zusammenbruch im Osten, S. 12, 14 ff.
636 Vgl. A. Friedel, Clausewitz und die Auswirkungen seiner Theorie vom Kriege, S. 41.
637 Vgl. W. S. Rogowin, 1937 – Jahr des Terrors, S. 503 f.
638 Vgl. Franz Uhle-Wettler, Höhepunkte deutscher Militärgeschichte, S. 308 f.
639 K. D. Erdmann, Die Zeit der Weltkriege, S. 530.
640 Archiv der Gegenwart 11 (1941), S. 5236; Andreas Hillgruber / Gerhard Hümmelchen, Chronik des Zweiten Weltkrieges. Kalendarium militärischer und politischer Ereignisse 1930-1945, Königstein 1978, S. 99.
641 Vgl. u. a. A. Hillgruber, Die weltpolitischen Entscheidungen, S. 456 ff.
642 H. Brüning an W. Sollmann vom 5. 8. und 15. 10., an M. Brauer vom 8. 12. 1941, Briefe und Gespräche, S. 368, 373, 380. Dazu ebd. S. 368, Anm. 1; A. Mirgeler, Brüning, S. 176; E. Spevack, Enigma, S. 48; H. Hürten, Ein Reichskanzler im Exil, S. 201; H. Spiel, Psychologie des Exils, S. 432 f.
643 H. Brüning an M. Brauer vom 8. 12. 1941, Briefe und Gespräche, S. 380. Vgl. ebd. S. 368, Anm. 1; H. Hürten, Ein Reichskanzler im Exil, S. 201; Th. A. Knapp, Brüning im Exil, S. 97; F. Müller, Die »Brüning Papers«, Selbstzeugnisse, S. 45.
644 Vgl. H. Brüning an F. Ermarth vom 28. 8. und 21. 11. 1941, Briefe und Gespräche, S. 368 f., 375; A. Hillgruber, Militarismus am Ende der Weimarer Republik und im Dritten Reich, in: Ders., Großmachtpolitik und Militarismus, S. 47 ff.; R. Morsey, Zur Problematik einer zeitgeschichtlichen Briefedition, S. 77; E. Spevack, Enigma, S. 62.

⁶⁴⁵ H. Brüning an F. Ermarth vom 21. 11. und 2. 12. 1941, Briefe und Gespräche, S. 375 f., 379. Vgl. A. Mirgeler, Brüning, S. 173; E. Spevack, Enigma, S. 62.
⁶⁴⁶ H. Brüning an F. M. Eliot vom 21. 11. 1941, Briefe und Gespräche, S. 376.
⁶⁴⁷ M. Boveri, Der Verrat im 20. Jahrhundert Bd. 2, S. 34 f.; P. Hoffmann, Widerstand gegen Hitler, S. 51.
⁶⁴⁸ H. Brüning an E. Carter vom 29. 1. 1942, Briefe und Gespräche, S. 519.
⁶⁴⁹ H. Brüning an P. Schwarz vom 3. 6. 1942, Briefe und Gespräche, S. 395. Vgl. St. A. Schuker, Ambivalent Exile, S. 352; W. Carroll, Persuade or Perish, S. 273.
⁶⁵⁰ E. Spevack, Enigma, S. 58.
⁶⁵¹ F. J. Strauß, Die Erinnerungen, S. 27 f.
⁶⁵² H. Brüning an M. Anderson vom 26. 11. 1941, Briefe und Gespräche, S. 377.
⁶⁵³ A. Hillgruber, Die weltpolitischen Entscheidungen, S. 459 f.
⁶⁵⁴ H. Brüning an G. v. Simson vom 16. 4. 1948, Nachl. H. Brüning, HUG FP 93.10 Box 32, hier nach: F. Müller, Die »Brüning Papers«, Selbstzeugnisse, S. 46; H. Brüning an W. Stennes vom 11. 8. 1949, Briefe 1946-1960, S. 193; W. Dauch an H. Brüning vom 7. 3. 1941, Ausf., Nachl. H. Brüning, HUG FP 93.10 Box 6; R. Morsey, Emigration und Nachkriegsplanung, S. 226 f.; St. A. Schuker, Ambivalent Exile, S. 332 f.; Anne Klein, Rettung und Restriktion, US-amerikanische Notvisa für politische Flüchtlinge in Südfrankreich 1940/41, in: Exilforschung 15 (1997), S. 216. Vgl. Andrea Schumacher, Der Krieg ist der Vater aller Wirtschaft. Wie die Vereinigten Staaten gegen deutsche Firmen und Staatsbürger in Lateinamerika kämpften, FAZ Nr. 28 vom 3. 2. 2004, S. 40. Über Gerüchte, den *enemy-alien* Status im Oktober 1942 aufzuheben und den Widerstand auf britischer Seite Chr. Mauch, Schattenkrieg, S. 71. Die Angabe über Walther Dauch ist zweifelhaft. Der frühere DVP-Reichstagsabgeordnete Dr. Hugo Walther Dauch, geboren 1974 in Dresden, starb 1943 in Ummendorf bei Magdeburg, dazu M. Schumacher, M. d. R., S. 212.
⁶⁵⁵ Vgl. H. Brüning an M. Anderson vom 15. 9., an P. Barry vom 31. 12. 1941, an M. Anderson vom 5. 1., an P. Barry vom 15. 3. und 31. 8. 1942, Briefe und Gespräche, S. 369, 383, 387, 392 f., 398 f.; dens. an I. v. Willisen vom 25. 1. 1947, Briefe 1946-1960, S. 69; dens. an J. St. Murphy vom 4. 12. 1941, Nachl. H. Brüning, HUG FP 93.35 Box 3; dens. an Mrs. Gray vom 19. 5. 1942, Durchschlag, ebd.; dens. an B. Long vom 21. 12. 1931; B. Long an H. Brüning vom 5. 3. 1942, Ausf., ebd. Box 5; H. Brüning an E. Brettauer vom 30. 11. 1943, Durchschlag, ebd.; dens. an E. Dovifat vom 17. 12. 1946, Durchschlag, ebd.; dens. an Franz Dessauer vom 27. 9. 1957, Durchschlag, ebd. Box 7; G. R. Treviranus, Für Deutschland im Exil, S. 102; E. Spevack, Enigma, S. 70; St. A. Schuker, Ambivalent Exile, S. 332; R. Morsey, Brünings Vorstellungen, S. 190 f.; Andrea Schumacher, Der Krieg ist der Vater aller Wirtschaft. Wie die Vereinigten Staaten gegen deutsche Firmen und Staatsbürger in Lateinamerika kämpften, FAZ Nr. 28 vom 3. 2. 2004, S. 40.
⁶⁵⁶ H. Brüning an F. Olshausen vom 18. 8. 1954, Durchschlag, Nachl. H. Brüning, HUG FP 93.10 Box 1; Mitteilung von Frau Cl. Nix, Keene, an den Verf. vom 15. 12. 2004.
⁶⁵⁷ H. Brüning an M. Anderson vom 12. 9. 1952, Briefe 1946-1960, S. 318.
⁶⁵⁸ Vgl. H. Brüning an M. Anderson vom 4. 10. 1940, an P. Barry vom 25. 2. 1943, Briefe und Gespräche, S. 322 f., 401; H. Brüning an W. Sollmann vom 7. 2. 1943, Ausf., Kopie, Nachl. W. Sollmann, HAStK 1120/534; H. Brüning an G. N. Shuster vom 19. 10. 1940, Ausf., Nachl. G. N. Shuster, Notre Dame CSHU Box 10, 2; G. R. Treviranus, Für Deutschland im Exil, S. 158; E. Spevack, Enigma, S. 75 f.; I. Geiss, Treviranus, in: M. Schumacher, M. d. R., S. 591 f.
⁶⁵⁹ Chr. Mauch, Schattenkrieg, S. 235.
⁶⁶⁰ Vgl. H. Brüning an M. Anderson vom 25. 1. und an P. Barry vom 15. 3. 1942, Briefe und Gespräche, S. 390 ff.; H. Brüning an R. Pechel vom 9. 2. 1947, Durchschlag, Nachl. H. Brüning, HUG FP 93.10 Box 24; G. R. Treviranus, Für Deutschland im Exil, S. 177 f.; St.

A. Schuker, Ambivalent Exile, S. 332 ff.; J. Stephan, Begleiterin im langen Schatten; R. Morsey, Brünings Vorstellungen, S. 184.

661 H. Brüning an Franz Dessauer vom 27. 9. 1957, Durchschlag, Nachl. H. Brüning, HUG FP 93.10 Box 7.

662 H. Brüning an M. Anderson vom 4. 6., an P. Barry vom 17. 8. 1943, Briefe und Gespräche, S. 402 ff.

663 H. Brüning an H. Stimson vom Januar 1942, an J. Goldschmidt vom 7. 3. 1945, an H. Dietrich vom 9. 12. 1946, Briefe und Gespräche, S. 387 f., 428, 453; Th. Wyckoff, Stimson, S. 84; Winfried Becker, Stationen amerikanischer Besatzungspolitik am Beispiel Bayerns, in: Ders., Die Kapitulation von 1945, S. 160 f. Vgl. Briefe und Gespräche, S. 412, Anm. 3; H. Brüning an P. Simon vom 7. 12. 1946, Briefe 1946-1960, S. 57; R. Morsey, Zur Problematik einer zeitgeschichtlichen Briefedition, S. 77; E. Spevack, Enigma, S. 70.

664 H. Brüning an F. Demuth vom 3. 12. 1943, Briefe und Gespräche, S. 408 f. Vgl. ebd. S. 388, Anm. 1.

665 Vgl. H. Brüning an J. K. Pollock vom 10. 1. 1942, Briefe und Gespräche, S. 389; R. Morsey, Brünings Vorstellungen, S. 179.

666 Vgl. H. Brüning an W. Sollmann vom 5. 8., an H. Prinz zu Löwenstein vom 29. 11. 1941 (Zitat Brüning), an J. K. Pollock vom 10. 1. 1942, an F. Demuth vom 3. 12. 1943, an J. Wheeler-Bennett vom 11. 2. 1944, Briefe und Gespräche, S. 368, 379, 389, 408, 412 (Original des Briefes vom 29. 11. 1941, in: Nachl. H. Prinz zu Löwenstein, BA Koblenz N 1222, Nr. 49); A. Mirgeler, Brüning, S. 173. Dazu ebd. S. 388, Anm. 1, 409, Anm. 1; W. Thormann an H. Brüning vom 9. 9. 1941, Ausf., Nachl. H. Brüning, HUG FP 93.10 Box 33 (über Kurzwellensendungen des WRUL Boston nach Deutschland); St. A. Schuker, Ambivalent Exile, S. 332 f. (Zitat Salvemini), 334; B. Menne, The Case of Dr. Bruening, passim; G. R. Treviranus, Für Deutschland im Exil, S. 159; H. Hürten, Ein Reichskanzler im Exil, S. 200; J. Später, Vansittart, S. 388 f.; R. Morsey, Emigration und Nachkriegsplanung, S. 228; dens., Brünings Vorstellungen, S. 179; E. Spevack, Enigma, S. 38, 52, 54; D. C. Watt, Großbritannien, S. 19; W. Röder / H. A. Strauss, Biographisches Handbuch Bd. 1, S. 481. Nach Ansicht von Fritz Demuth, eines Bekannten von Brüning, wurde das Pamphlet Mennes in London weder besonders beachtet, noch ernstgenommen, siehe F. Demuth an H. Brüning vom 23. 3. 1943, Ausf., Nachl. H. Brüning, HUG FP 93.10 Box 6.

667 H. Brüning an R. Pechel vom 9. 12. 1947, Nachl. H. Brüning, HUG FP 93.10 Box 11; ders. an M. Brüning vom Dezember 1947, Durchschlag, ebd. Box 28.

668 W. Röder / H. A. Strauss, Biographisches Handbuch Bd. 2, S. 555 f.; E. Spevack, Enigma, S. 53 f. Vgl. H. Brüning an H. Vollmar vom 28. 9. 1947, Briefe 1946-1960, S. 97.

669 J. Radkau, Die deutsche Emigration, S. 190.

670 H. Brüning an I. v. Willisen vom 25. 1. 1947, Briefe 1946-1960, S. 69.

671 Vgl. Briefe und Gespräche, S. 388, Anm. 1; St. A. Schuker, Ambivalent Exile, S. 334; W. Röder / H. A. Strauss, Biographisches Handbuch Bd. 1, S. 724; Sigrid Schneider, Johannes Steel: »The Future of Europe«. Analysen und Konzepte eines populären Journalisten in den USA, in: Th. Koebner / G. Sautermeister / S. Schneider, Deutschland nach Hitler, S. 68 et passim; F. Müller, Die »Brüning Papers«, Selbstzeugnisse, S. 46.

672 H. Brüning an W. Sollmann vom 20. 2. 1943, Briefe und Gespräche, S. 400. Vgl. F. Müller, Die »Brüning Papers«, Selbstzeugnisse, S. 46; R. Morsey, Brünings Einschätzung, S. 372; dens., Brüning – ein Staatsmann, S. 110; dens., Brünings Vorstellungen, S. 180; W. Röder / H. A. Strauss, Biographisches Handbuch Bd. 2, S. 307 f.; K. v. Klemperer, Die verlassenen Verschwörer, S. 189; H. Spiel, Psychologie des Exils, S. 432 ff. – In seinen Memoiren milderte Foerster sein Urteil über Brüning, den er bei all seinen Schwächen einen »Ehrenmann« nannte, F. W. Foerster, Erlebte Weltgeschichte, S. 367. Über Foersters Aufenthalt in den USA siehe Maria Hoschek, Friedrich Wilhelm Foerster (1869-1966). Mit besonderer

Berücksichtigung seiner Beziehungen zu Österreich, 2. Aufl. Frankfurt/Main 2003, S. 161 ff.

673 H. Brüning an P. Barry vom 15. 3. 1942, Briefe und Gespräche, S. 392 f.; H. Brüning an St. v. Raumer vom 4. 11. 1946, Briefe 1946-1960, S. 53; H. Brüning an E. Rudolph vom 3. 12. 1947, Ausf., Sammlung K. Goebel, Wuppertal; G. R. Treviranus, Für Deutschland im Exil, S. 176; E. Spevack, Enigma, S. 53. – Als Foerster eines Tages in Harvard erschien, hörte er bei einer Diskussion, daß er dort im Ruf stand, ein »Extremist« zu sein, was er – wohl nicht ganz unberechtigt – auf den Einfluß Brünings und Carl J. Friedrichs zurückführte, F. W. Foerster, Erlebte Weltgeschichte, S. 560.

674 Vgl. E. Spevack, Enigma, S. 49.

675 Vgl. H. Brüning an W. Sollmann vom 1. 12. 1942, an H. Gibson vom 22. 9. 1945, Briefe und Gespräche, S. 399, 437 f.; E. Spevack, Enigma, S. 81.

676 Briefe und Gespräche, S. 350, Anm. 1, 388, Anm. 1. Siehe dazu die Operationsvorschläge Paul Hagens für den amerikanischen Geheimdienst vom 10. 4. 1942, in: J. Heideking / Chr. Mauch, USA und deutscher Widerstand, S. 155 ff. Vgl. Foreign or Communist Front?, National Archives, Washington, S. 4, 8; W. F. Peterson, Zwischen Mißtrauen und Interesse, S. 46; L. Eiber, Verschwiegene Bündnispartner, S. 77; Chr. Mauch, Schattenkrieg, S. 238 f.

677 G. R. Treviranus, Für Deutschland im Exil, S. 173; Briefe und Gespräche, S. 350, Anm. 1; Foreign or Communist Front?, National Archives, Washington, S. 1 ff.; E. Spevack, Enigma, S. 45; A. Grzesinski, Im Kampf um die deutsche Republik, Einleitung, S. 26; H. Bungert, ›Ein meisterhafter Schachzug‹, S. 99 f.; Th. Reuther, Die ambivalente Normalisierung, S. 152 ff.; W. Benz, Flucht aus Deutschland, S. 151 ff. (Zitate); U. Langkau-Alex / Th. M. Ruprecht, Was soll aus Deutschland werden?, passim; insbesondere Cl.-D. Krohn, Der Council for a Democratic Germany, ebd. S. 17 ff.; J. Wheeler-Bennett, Nemesis, S. 571 f.; Chr. Mauch, Schattenkrieg, S. 118 f., 123. Vgl. Dokumentation zu den Deutschlandplänen der Vereinigten Staaten 1941-45, in: L. Kettenacker, Das »Andere Deutschland«, S. 246; D. Thompson, Listen, Hans, Boston 1942 (lag nicht vor), Auszug unter dem Titel: The Invasion of the German Mind. Part one of Dorothy Thompson's new book Listen, Hans, ebd. 1942; W. F. Peterson, Zwischen Mißtrauen und Interesse, S. 51; Erdmann Sturm, Schrecklicher Heidegger! Ein Fund: Zwei unbekannte Briefe Thomas Manns, FAZ Nr. 140 vom 20. 6. 2002, S. 45.

678 J. Radkau, Die deutsche Emigration, S. 195; E. Spevack, Enigma, S. 46; L. Kettenacker, Krieg zur Friedenssicherung, S. 304; Erdmann Sturm, Schrecklicher Heidegger! Ein Fund: Zwei unbekannte Briefe Thomas Manns, FAZ Nr. 140 vom 20. 6. 2002, S. 45. – Zu A. Schreiner vgl. W. Röder / H. A. Strauss, Biographisches Handbuch Bd. 1, S. 668; Ilko-Sascha Kowalczuk, Schreiner, Albert, in: Helmut Müller-Enbergs / Jan Wielgohs / Dieter Hoffmann (Hrsg.), Wer war wer in der DDR? Ein biographisches Lexikon, Berlin 2000, S. 767.

679 H. Brüning an A. Macleish vom 15. 6. 1942, Briefe und Gespräche, S. 396.

680 H. Brüning an C. Friedrich vom 9. 5. 1941, Briefe und Gespräche, S. 142, Anm. 3. Vgl. H. Hürten, Ein Reichskanzler im Exil, S. 200.

681 H. Brüning an F. Dreiheller vom 8. 5. 1948, Abschrift, Nachl. W. Hilpert, ACDP I-021-018/1; C. Hull, Memoirs Bd. 2, S. 1603. Vgl. A. M. de Zayas, Die Anglo-Amerikaner, S. 37.

682 H. Brüning an R. Katz vom 1. 11. 1943, an H. Pünder vom Juni 1947, Briefe und Gespräche, S. 407, 455; H. Brüning an F. Thedieck vom 17. 8. 1946, Abschrift; Nachl. H. Globke, ACDP I-070- 059/1, H. Brüning an M. Brüning vom Dezember 1947, Durchschlag, Nachl. H. Brüning, HUG FP 93.10 Box 28. Vgl. R. Morsey, Zur Problematik einer zeitgeschichtlichen Briefedition, S. 77; F. Müller, Die »Brüning Papers«, Selbstzeugnisse, S. 46; W. Benz, Widerstand im Exil, S. 7.

683 Vgl. Jörg Morré, Hinter den Kulissen des Nationalkomitees. Das Institut 99 in Moskau und die Deutschlandpolitik der UdSSR 1943-1946, München 2001, S. 67 ff.

684 H. Brüning an B. Morgan vom 11. 8. 1942, Briefe und Gespräche, S. 397 f. Vgl. die Abschrift der Predigt des Bischofs Clemens August Graf v. Galen vom 3. August 1941 in der Lamberti-Kirche zu Münster: »Ich hoffe, es ist noch Zeit; aber es ist die höchste Zeit ...«, ferner den Bericht aus Deutschland vom 3. 3. 1942: »Starke Zunahme des religiösen Lebens. Unerschrockenheit des Klerus – Widerstand gegen die Klosteraufhebungen. Es wird mehr und besser gepredigt.« Durchschlag, Vermerk mit Bleistift, »Johannes Maier-Hultschin«; Flugblatt »The Church as the Defender of the Sacred Rights of Man«, Durchschlag; Bericht aus Argentinien vom 6. August 1941: »Grenzenloser Naziterror. Deutsche Katholiken müssen gegen einen deutschen Bischof protestieren«, über die Agitation des Nazi-Organs »El Pampero« über einen Fastenhirtenbrief Bischof C. Gröbers, Durchschlag, alle Belege im Nachl. H. Brüning, Working Papers, HUG FP 93.25 Box 4. Dazu A. Frye, Nazi Germany, S. 123 ff.

685 H. Brüning an P. Barry vom 9. 9. 1943, Briefe und Gespräche, S. 406; Platon, Politeia Buch 7.

686 Briefe und Gespräche, S. 339, Anm. 2. Vgl. H. Kühn, Widerstand und Emigration, S. 328.

687 H. Brüning an R. Pechel vom 9. 2. 1947, Briefe 1946-1960, S. 72 f.; R. Morsey, Brünings Vorstellungen, S. 194 f.

688 Vgl. H. Brüning an E. Straus vom 4. 3. 1943, Briefe und Gespräche, S. 401 f.; R. Morsey, Brünings Vorstellungen, S. 184; dens., Vorstellungen Christlicher Demokraten, S. 205.

689 Vgl. H. Brüning an W. Sollmann vom 20. 2. 1943, Briefe und Gespräche, S. 400; H. Brüning an G. N. Shuster vom 20. 2. 1943, Nachl. H. Brüning, HUG FP 93.10 Box 31; G. N. Shuster an H. Brüning vom 4. 3. 1943, Ausf., ebd.; R. Morsey, Christliche Demokraten, S. 11.

690 H. Brüning, Memorandum for Mr. and Mrs. Waitstill Hastings Sharp: »German Policy as It Stood When I Left Office« vom 13. 4. 1943, nach: St. A. Schuker, Ambivalent Exile, S. 352 f.

691 H. Brüning an R. Katz vom 1. 11. 1943, Briefe und Gespräche, S. 407 f.

692 H. Schäffer an J. Maier-Hultschin vom 12. 11. 1945, zit.: E. Wandel, Schäffer, S. 276.

693 H. Brüning an W. Sollmann vom 19. 3. 1943, Briefe und Gespräche, S. 402; Th. A. Knapp, Brüning im Exil, S. 102, 115. Vgl. H. Hürten, Ein Reichskanzler im Exil, S. 201; R. Morsey, Emigration und Nachkriegsplanung, S. 227; E. Spevack, Enigma, S. 69; F. Müller, Die »Brüning Papers«, Selbstzeugnisse, S. 42.

694 H. Brüning an M. Anderson vom 4. 6. 1943, Briefe und Gespräche, S. 402. Vgl. F. Müller, Die »Brüning Papers«, Selbstzeugnisse, S. 42.

695 P. Hoffmann, Widerstand, Staatsstreich, S. 453.

696 H. Brüning an J. Wheeler-Bennett vom 11. 2. 1944, Briefe und Gespräche, S. 412.

697 H. Brüning an M. Breslauer vom 4. 9. 1943, an J. Wheeler-Bennett vom 11. 2. 1944, Briefe und Gespräche, S. 405 f., 412.

698 H. Brüning an J. Wheeler-Bennett vom 11. 2. 1944, Briefe und Gespräche, S. 412.

699 H. Brüning an M. Brüning vom Dezember 1947, Durchschlag, Nachl. H. Brüning, HUG FP 93.10 Box 28.

700 H. Brüning an W. Sollmann vom 24. 6. 1943, Briefe und Gespräche, S. 404; W. F. Peterson, Zwischen Mißtrauen und Interesse, S. 52 ff.

701 Vgl. W. Lippmann, U. S. War Aims, S. 47 f.; dens., A Preface to Morals, London 1929, S. 71; Augustinus, De civitate Dei 19, 21. – Dazu: W. Lippmann, Philosophia Publica. Vom Geist des guten Staatswesens (engl. Essays in the Public Philosophy. On the Decline and Revival of the Western Society, Boston 1955), München 1957, S. 173, dort Zitat aus De civitate Dei XXII, 30: »In der Civitas Dei, sagt St. Augustinus, ›wird die Sünde keine Macht haben zu locken‹, und die Menschen werden ›nicht imstande sein zu sündigen.‹« Zu Lippmanns politischer Philosophie siehe: A. Messemer, Lippmann, S. 153 ff.; Th. Reuther, Die ambivalente Normalisierung, S. 110 ff.

702 H. Brüning an L. Lyons vom 13. 12. 1943, Briefe und Gespräche, S. 410 f. Vgl. Hedley Bull, Die anarchische Gesellschaft, in: Karl Kaiser / Hans-Peter Schwarz (Hrsg.), Weltpolitik.

Strukturen – Akteure – Perspektiven, Bonn 1985, S. 33 f.; Karl-Heinz Ilting, Art. »Herrschaft« im rationalen Naturrecht des 17. und 18. Jahrhunderts, in: Otto Brunner / Werner Conze / Reinhart Koselleck (Hrsg.), Geschichtliche Grundbegriffe, Historisches Lexikon zur politisch-sozialen Sprache in Deutschland Bd. 3, Stuttgart 1982, S. 35. – Zum *pactum societatis* bei Augustin, Confessiones 3, 8 siehe Franz Klüber, Die katholische Gesellschaftslehre, Bd. 1: Geschichte und System, Osnabrück 1968, S. 113.

703 »Illud quidem apud omnes bonos extra controversiam est; si quid imperent naturali iuri aut divinis praeceptis contrarium, non esse faciendum quod iubent« (Das jedenfalls ist bei allen rechtlich denkenden Menschen unbestritten, daß, wenn jene [die Machthaber] etwas befehlen sollten, was dem Naturrecht oder dem Gebote Gottes widerspricht, es niemand zu tun braucht.) Hugonis Grotii De Iure Belli Ac Pacis Libri Tres (1625), ed. P. C. Molhuysen, Buch I, Kap. IV, § 1, 3, Leiden 1919, S. 104. Vgl. u. a. Hasso Hofmann, Hugo Grotius, in: Michael Stolleis (Hrsg.), Staatsdenker im 17. und 18. Jahrhundert. Reichspublizistik – Politik – Naturrecht, Frankfurt/Main 1977, S. 61 ff.

704 »Imperantium autem officia omnia hoc vno dicto continentur: Salus populi suprema lex«, Thomas Hobbes, De cive. The Latin Version entitled in the first edition Elementorvm philosophiae sectio tertia de cive and in later editions elementa philosophica de cive. A critical edition by Howard Warrender, Oxford 1983, S. 195.

705 Vgl. H. Brüning an P. Barry vom 20. 4. 1944, Briefe und Gespräche, S. 415. Vgl. ebd. Anm. 1; H. Brüning, Wartime Administration in Germany and Great Britain, S. 81 ff. et passim.

706 Vgl. Briefe und Gespräche, S. 415, Anm. 1. Über die Haltung Orsenigos gegenüber dem NS-Regime während des Krieges siehe Hans Preuschoff, Pater Eduard Gehrmann SVD (1888-1960). Diener der Kirche in zwei Diktaturen (Beiheft 4 der Zeitschrift für die Geschichte und Altertumskunde Ermlands), Münster 1984, S. 90 ff.; R. A. Graham, Pius XII., S. 164 ff.

707 H. Brüning an P. Barry vom 4. 3. 1944, Briefe und Gespräche, S. 413 f. Vgl. ebd. Anm. 1; Llewellyn Woodward, British Foreign Policy in the Second World War, London 1962, S. 443; Foreign or Communist Front?, National Archives, Washington, S. 12; R. Morsey, Zur Problematik einer zeitgeschichtlichen Briefedition, S. 77; L. P. Lochner, Stets das Unerwartete, S. 357; E. Spevack, Enigma, S. 81 ff.; F. Müller, Die »Brüning Papers«, Selbstzeugnisse, S. 42; Th. Reuther, Die ambivalente Normalisierung, S. 143, 155; Chr. Mauch, Schattenkrieg, S. 282 ff.

708 Vgl. Briefe und Gespräche, S. 414, Anm. 1.

709 H. Brüning an H. J. Schmitt vom 5. 2. 1947, Durchschlag, Nachl. H. Brüning, HUG FP 93.10 Box 31; Mitteilung von Frau Cl. Nix, Keene, an den Verf. vom 15. 12. 2004.

710 Bericht von OSS Washington über ein Telegramm des OSS-Vertreters in Madrid, 1. Juni 1944, in: J. Heideking / Chr. Mauch, USA und deutscher Widerstand, S. 80 f.; W. Becker, Amerikanische Besatzungspolitik, S. 160 f. Über Johns Kontakte zu dem amerikanischen Militärattaché William Hohenthal in Madrid siehe O. John, Falsch und zu spät, S. 43 f., 48 ff., 59 f.

711 Th. Wyckoff, Stimson, S. 122; H. Brüning, Aufzeichnungen von Juli bis September 1944, an H. Ullmann vom 13. 7. 1946, Briefe und Gespräche, S. 416 ff., 443 ff.; H. Brüning an H. Pünder vom 15. 12. 1946, Kopie, Archiv R. Morsey, Auszug freundlicherweise dem Verfasser überlassen. – Der erwähnte von Brüning autorisierte Artikel von Charles S. Jennings trug die Überschrift: »Brüning Denies He Will Become Chancellor of Reich«, datiert vom 17. 6. 1944, für die »North Atlantic News Paper Alliance« und erschien wohl in mehreren Zeitungen, u. a. im Boston Sunday Globe vom 18. 6. 1944. Vgl. Briefe und Gespräche, S. 420, Anm. 6; A. Mirgeler, Brüning, S. 175; F. Müller, Die »Brüning Papers«, Selbstzeugnisse, S. 42; P. Hoffmann, Widerstand gegen Hitler, S. 56. – In der Rückschau glaubte sich Brüning daran zu erinnern, den Verschwörern mitgeteilt zu haben, daß es für eine Aktion

gegen Hitler zu spät sei (vielleicht unter der Voraussetzung, wenn man noch auf eine Zusage der Alliierten warten wolle), H. Brüning an H. J. Schmitt vom 5. 2. 1947, Durchschlag, Nachl. H. Brüning, HUG FP 93.10 Box 31 und ders. an G. Letterhaus vom 22. 3. 1948, Kopie der Ausf., in: Bernhard-Letterhaus-Schule, Festschrift, S. 51 (Dort spricht er von einem einzigen Interview, das er während des Krieges gewährt habe, im Schreiben an G. Letterhaus datiert auf Mai 1944).

712 Dazu u. a. J. Wheeler-Bennett, Nemesis, S. 576 ff.; P. Hoffmann, Widerstand gegen Hitler, S. 56.

713 Vgl. H. Brüning an H. Ullmann vom 13. 7. 1946, Briefe und Gespräche, S. 443 ff.; ebd. Anm. 5; H. Brüning an H. J. Schmitt vom 5. 2. 1947, Durchschlag, Nachl. H. Brüning, HUG FP 93.10 Box 31. Dazu der kritische Artikel von S. Haffner, General von Rundstedt, Oberbefehlshaber West, vom 3. 1. 1943, in: Ders., Schreiben für die Freiheit, S. 19 ff. – Im Mai 1944 bezeichnete A. v. Trott Rundstedt gegenüber Allen Dulles als Gegner Hitlers, C. Messenger, Rundstedt, S. 182.

714 L. Kettenacker, Die britische Haltung, S. 65.

715 H. Brüning, Antworten auf einen Fragebogen von Dorothy Thompson vom 20. 4. 1943, Briefe und Gespräche, S. 523.

716 H. Brüning, Aufzeichnungen von Juli bis September 1944, Briefe und Gespräche, S. 418.

717 Vgl. H. Brüning, Aufzeichnungen von Juli bis September 1944, Briefe und Gespräche, S. 418; H. Brüning an R. Pechel vom 9. 2. 1947, Durchschlag, Nachl. H. Brüning, HUG FP 93.10 Box 24; H. Brüning an F. Dreiheller vom 8. 5. 1948, Abschrift, Nachl. W. Hilpert, ACDP I-021-018/1; A. Mirgeler, Brüning, S. 63.

718 Vgl. Der Herman Plan. Ein Vorschlag Helmuth James Graf von Moltkes zur militärischen Kooperation des deutschen Widerstands mit den Westmächten, Zweite Dezemberhälfte 1943, in: J. Heideking / Chr. Mauch, USA und deutscher Widerstand, S. 52 ff.; J. Heideking / Chr. Mauch, Das Herman-Dossier, S. 567 ff. Dazu die Stellungnahmen von Karl Brandt vom 28. 2. 1944 und William L. Langer vom 1. 3. 1944, in: J. Heideking / Chr. Mauch, USA und deutscher Widerstand, S. 59 ff.

719 Memorandum des OSS für Secretary of State Cordell Hull vom 16. 5. 1944, in: J. Heideking / Chr. Mauch, USA und deutscher Widerstand, S. 77 ff. Vgl. dazu die Kontakte zwischen Canaris über Papen als Botschafter in der Türkei und dem amerikanischen Militärattaché George H. Earle zu General Albert C. Wedemeyer. Dazu dessen Buch: Wedemeyer Reports!, New York 1958, S. 416 ff. – Nach Brüning räumte Wedemeyer, der zwischen 1936 und 1938 die deutsche Kriegsakademie besuchte »gründlich mit den Mären über den deutschen Generalstab« auf, die auf einer aktuellen Verwechslung mit dem Oberkommando der Wehrmacht beruhten, H. Brüning an A. v. Schauroth vom 31. 12. 1958, Ausf., Sammlung Gärtringen.

720 H. Bungert, ›Ein meisterhafter Schachzug‹, S. 45, Anm. 40. Vgl. Chr. Mauch, Schattenkrieg, S. 27, 68.

721 Vgl. H. Brüning, Aufzeichnungen von Juli bis September 1944, Briefe und Gespräche, S. 418 f., 421 f., Anm. 8 f.; H. Bungert, ›Ein meisterhafter Schachzug‹, S. 101; G. R. Treviranus, Für Deutschland im Exil, S. 102; F. Müller, Die »Brüning Papers«, Selbstzeugnisse, S. 42.

722 Th. Reuther, Die ambivalente Normalisierung, S. 89. Vgl. C. Hull, Memoirs Bd. 1, S. 207 f.; H. R. (Hans Rothfels), Vorbemerkung zu W. L. Dorn, Die Debatte über die amerikanische Besatzungspolitik, S. 61; W. L. Dorn, Die Debatte über die amerikanische Besatzungspolitik, S. 71; W. H. McNeill, America, Britain & Russia, S. 483 f.

723 Über die Rolle von Hopkins seit dessen Moskauer Besuch im Juli 1941 siehe D. O'Sullivan, Stalins »Cordon sanitaire«, S. 145.

724 H. Morgenthau, Germany, S. 13 ff.; W. L. Dorn, Die Debatte über die amerikanische Besatzungspolitik, S. 71; Th. Wyckoff, Stimson, S. 84, 123, 209 ff.; E. Deuerlein, Die Einheit

Deutschlands, S. 47; B. Greiner, Morgenthau-Plan, S. 358 f.; J. Wheeler-Bennett / A. Nicholls, The Semblance of Peace, S. 176 f.; H. Brüning an R. Pechel vom 9. 2. 1947, Durchschlag, Nachl. H. Brüning, HUG FP 93.10 Box 24; H. Brüning an F. Thedieck vom 17. 8. 1946, Abschrift, Nachl. H. Globke, ACDP I-070-059/1; C. Hull, Memoirs Bd. 1, S. 208. Vgl. H. Prinz zu Löwenstein, Deutsche Geschichte, S. 603 f.; Briefe und Gespräche, S. 421, Anm. 8, 422, Anm. 9; W. Sheldon, Die amerikanische Außenpolitik gegenüber der Tschechoslowakei 1938, in: K. Bosl, Gleichgewicht, S. 50; M. Jonas, The United States and Germany, S. 269; R. Morsey, Zur Problematik einer zeitgeschichtlichen Briefedition, S. 77; dens., Emigration und Nachkriegsplanung, S. 226, 236; dens., Brünings Vorstellungen, S. 185; H. Rönnefarth / H. Euler, Konferenzen und Verträge Teil 2, Bd. 4 A, S. 230; G. Wettig, Entmilitarisierung und Wiederbewaffnung, S. 46 ff.; J. M. Blum, Deutschland – ein Ackerland, S. 229 ff., 248 f.; J. M. Burns, Roosevelt, S. 452, 519 f. Siehe dazu allgemein: H. Morgenthau, Germany, passim; W. H. McNeill, America, Britain & Russia, S. 284 f. – Über White: E. Deuerlein, Die Einheit Deutschlands, S. 46. – Über die spätere Rolle von Hopkins: Ders., Deklamation oder Ersatzfrieden? S. 38 ff.

[725] H. Brüning, Aufzeichnungen von Juli bis September 1944, Briefe und Gespräche, S. 419; ebd. S. 422, Anm. 9 und 10. Vgl. R. H. Ferrell, Kellogg / Stimson, S. 279; A. Mirgeler, Brüning, S. 176.

[726] H. Brüning an R. Leiber vom 31. 8. 1946, Durchschlag, Nachl. H. Brüning, HUG FP 93.10 Box 20. Vgl. R. Morsey, Zur Problematik einer zeitgeschichtlichen Briefedition, S. 77; C. Hull, Memoirs Bd. 2, S. 1609 f. – E. v. Weizsäcker, Erinnerungen, S. 372 berichtet, daß Spellman von oppositionell gesinnten Mitarbeitern der deutschen Vatikan-Botschaft »über einen deutschen Priester« eine Denkschrift über eine künftige Reichsverfassung entgegengenommen habe. Demnach sollte die neue politische Ordnung durch amerikanische Truppen eingeführt werden. Ein gemeinsamer Vormarsch sämtlicher alliierter Truppen, also einschließlich der sowjetischen, auf Berlin sollte nicht angestrebt werden. – Über Spellmans Kontakte zu Papen als Botschafter in Ankara im Frühjahr 1943 siehe I. Colvin, Master Spy, S. 215 f.

[727] Vgl. Briefe und Gespräche, S. 420, Anm. 2; H. Rothfels, Trott und die Außenpolitik des Widerstandes, S. 309; P. Hoffmann, Widerstand gegen Hitler, S. 54; K. v. Klemperer, Die verlassenen Verschwörer, S. 293 ff., 337 ff.; E. Spevack, Enigma, S. 57; J. Heideking, Die ›Breakers‹-Akte, S. 13, 23; H. O. Malone, Trott's Contacts, S. 272; P. Marquardt-Bigman, Amerikanische Geheimdienstanalysen, S. 109 ff.

[728] Briefe und Gespräche, S. 458, Anm. 2. Vgl. R. H. Smith, OSS, S. 226 f.

[729] E. Spevack, Enigma, S. 67 f. Vgl. Th. A. Knapp, Brüning im Exil, S. 102.

[730] Vgl. E. Spevack, Enigma, S. 67 f., 72; H. Brüning an A. Herzog vom 25. 9. 1945, Briefe und Gespräche, S. 439; G. N. Shuster an H. Brüning vom 18. 3. 1940, Ausf., Nachl. H. Brüning, HUG FP 93.35 Box 3; A. Glees, Exile Politics, S. 52; G. N. Shuster, In Amerika und Deutschland, S. 146; dens., The Ground I Walked On, S. 148 f.; K. Adenauer, Briefe 1945-1947, S. 577, Anm. 1.

[731] L. Kettenacker, Der nationalkonservative Widerstand aus angelsächsischer Sicht, in: J. Schmädeke / P. Steinbach, Der Widerstand gegen den Nationalsozialismus, S. 722 f.

[732] R. H. Keyserlingk, Der Fall Otto Strasser, S. 643 ff.; J. Wheeler-Bennett, Special Relationships, S. 100, 166 f. Vgl. L. Kettenacker, Krieg zur Friedenssicherung, S. 307; Mitteilung von Frau Cl. Nix, Keene, vom 15. 12. 2004. – Über Wheeler-Bennett als Organisator der britischen Propaganda in New York siehe Chr. Mauch, Schattenkrieg, S. 71.

[733] Reproduktion der Fassung des Morgenthau-Plans, auf die sich Roosevelt auf der Konferenz stützte, in: H. Morgenthau, Germany, S. [1- 4].

[734] H. Rönnefarth / H. Euler, Konferenzen und Verträge Teil 2, Bd. 4 A, S. 230 ff.; K. Schwabe, Die Ära Roosevelt in der Geschichte der Vereinigten Staaten und ihr Einfluß auf die Welt-

politik, S. 207; Th. A. Knapp, Brüning im Exil, S. 102; C. Hull, Memoirs Bd. 2, S. 1614 ff.; J. Wheeler-Bennett / A. Nicholls, The Semblance of Peace, S. 179 f.; Lord Moran, Winston Churchill. The struggle for survival 1940-1965, London 1966, S. 177 ff.; Felix Somary, Erinnerungen aus meinem Leben, Zürich 1959, S. 298 f. Vgl. Memorandum Initialed by President Roosevelt und Prime Minister Churchill, The Conference at Quebec, FRUS 1972, S. 466 f.; Briefe und Gespräche, S. 422, Anm. 10; M. Jonas, The United States and Germany, S. 270; S. Welles, The Time for Decision, S. 173 f.; H. Prinz zu Löwenstein, Deutsche Geschichte, S. 604; G. Wettig, Anthony J. Nicholls, American views of Germany's future during World War II, in: L. Kettenacker, Das »Andere Deutschland«, S. 83; G. Wettig, Entmilitarisierung und Wiederbewaffnung, S. 51 ff.; W. H. McNeill, America, Britain & Russia, S. 489 ff.; J. M. Blum, Deutschland – ein Ackerland, S. 248; D. C. Watt, Großbritannien, S. 23; B. Greiner, Morgenthau-Plan, S. 359; J. Charmley, Churchill, S. 585; W. Mausbach, Morgenthau, S. 64 f.; H. Brüning an J. Maier-Hultschin vom 11. 6. 1952, Ausf., Nachl. J. Maier-Hultschin, BA Koblenz N 1043, Nr. 3; A. Mirgeler, Brüning, S. 176 f.

735 Memorandum H. Stimsons für F. D. Roosevelt vom 15. 9. 1944, Franklin D. Roosevelt Library, German Diplomatic Files Box 31. Danach auch das Folgende. Vgl. G. Wettig, Entmilitarisierung und Wiederbewaffnung, S. 49; C. Hull, Memoirs Bd. 2, S. 1609 f.

736 Vgl. das Memorandum Stimsons für F. D. Roosevelt vom 9. 9. 1944, Franklin D. Roosevelt Library, German Diplomatic Files Box 31.

737 Vgl. Briefe und Gespräche, S. 422 f., Anm. 10; F. Müller, Die »Brüning Papers«, Selbstzeugnisse, S. 43; J. M. Burns, Roosevelt, S. 519 f.; R. Morsey, Brüning – ein Staatsmann, S. 110.

738 Briefe und Gespräche, S. 422, Anm. 10.

739 Vgl. Briefe und Gespräche, S. 422, Anm. 10. Zum Verhältnis Murphy – Brüning siehe W. F. Peterson, Zwischen Mißtrauen und Interesse, S. 54.

740 Briefe und Gespräche, S. 415, Anm. 1.

741 G. R. Treviranus, Für Deutschland im Exil, S. 162; W. Carroll, Persuade or Perish, S. 275 ff.; H. Brüning, Aufzeichnung, undatiert (1945), mit hs. Vermerk »Chalet Edelweiß, Gstaad«, S. 16, Nachl. H. Brüning, HUG FP 93.10 Box 22.

742 Vgl. Briefe und Gespräche, S. 422, Anm. 10; H. Morgenthau, Germany, S. 155 ff.; W. Carroll, Persuade or Perish, S. 300 ff.; E. Spevack, Enigma, S. 66.

743 Vgl. K. v. Klemperer, Die verlassenen Verschwörer, S. 271 f., 294 f.; L. Kettenacker, Großbritannien und die zukünftige Kontrolle Deutschlands, in: J. Foschepoth / R. Steininger, Britische Deutschland- und Besatzungspolitik, S. 43.

744 Briefe und Gespräche, S. 420, Anm. 3. Vgl. K. v. Klemperer, Die verlassenen Verschwörer, S. 280.- Über Hoppers Mitarbeit als Osteuropa-Analytiker für das OSS siehe Chr. Mauch, Schattenkrieg, S. 56.

745 Vgl. A. Hillgruber, Die »Endlösung« und das deutsche Ostimperium als Kernstück des rassenideologischen Programms des Nationalsozialismus, in: M. Funke, Hitler, Deutschland und die Mächte, S. 118; A. Brecht, Mit der Kraft des Geistes, S. 334 f.; L. Kettenacker, Die britische Haltung, S. 62. Dazu u. a. J. Wheeler-Bennett, Nemesis, S. 582 f.

746 Die beiden ersten Denkschriften sind in deutscher Übersetzung gedruckt in: H. Brüning, Memoranden vom Oktober 1944 für DeWitt C. Poole, Office of Strategic Services (OSS), Briefe und Gespräche, S. 525 ff. Original der Denkschrift Pooles: D. C. Poole an W. J. Donovan vom 19. 10. 1944, Ausf. paraphiert, Omgus, vorl. Nr. 16864, Shipment POLA Box 826, Folder 24, IfZ München. Vgl. J. Riddleberger, Department of State, Washington an R. D. Murphy vom 21. 10. 1944, Ausf., ebd.; H. Brüning an Th. Kampmann vom 16. 7. 1957, Durchschlag, Nachl. H. Brüning, HUG FP 93.10 Box 18; Th. A. Knapp, Brüning im Exil, S. 103; E. Spevack, Enigma, S. 69; R. Morsey, Brünings Einschätzung, S. 377 f.; dens., Brünings Vorstellungen, S. 186; W. F. Peterson, Zwischen Mißtrauen und Interesse, S. 45 f.; F. Müller, Die »Brüning Papers«, Selbstzeugnisse, S. 41 f.; Chr. Mauch, Schattenkrieg, S. 28,

68. – Brüning behauptete später, daß DeWitt Poole seinerzeit von Stimson »gezwungen« worden sei, ihn aufzusuchen und um Vorschläge für die Nachkriegsordnung in Deutschland zu ersuchen, H. Brüning an J. Maier-Hultschin vom 4. 9. 1952, Ausf., Nachl. J. Maier-Hultschin, BA Koblenz N 1043, Nr. 3.

747 E. Spevack, Enigma, S. 69. Vgl. H. Brüning an W. Sollmann vom 7. 11. 1944, Briefe und Gespräche, S. 424; Th. A. Knapp, Brüning im Exil, S. 115 f.; F. Müller, Die »Brüning Papers«, Selbstzeugnisse, S. 42. Vgl. H. Brüning an W. Sollmann vom 10. 11. 1944, Ausf., Kopie, Nachl. W. Sollmann, HAStK 1120/534.

748 J. M. Blum, Deutschland – ein Ackerland, S. 248 ff. Vgl. Th. Reuther, Die ambivalente Normalisierung, S. 155.

749 H. Brüning an R. Pechel vom 9. 2. 1947, Durchschlag, Nachl. H. Brüning, HUG FP 93.10 Box 24 (Briefe 1946-1960, S. 73). Vgl. R. Morsey, Emigration und Nachkriegsplanung, S. 230 f.

750 Vgl. H. Brüning, Antworten auf einen Fragebogen von Dorothy Thompson vom 20. 4. 1943, Briefe und Gespräche, S. 522; H. Brüning an W. Sollmann vom 7. 11. 1944, Th. A. Knapp, Brüning im Exil, S. 115 f.; H. Hürten, Ein Reichskanzler im Exil, S. 198, 201; R. Morsey, Zur Problematik einer zeitgeschichtlichen Briefedition, S. 75, 77; dens., Emigration und Nachkriegsplanung, S. 227 f.; Royal Institute of International Affairs, Das Problem Deutschland, S. 46 ff.; Th. Isajiw, Was soll aus Deutschland werden?, S. 56; A. Hillgruber, Der Zusammenbruch im Osten, S. 23 f.; E. Spevack, Enigma, S. 29; F. Müller, Die »Brüning Papers«, Selbstzeugnisse, S. 77; R. Morsey, Christliche Demokraten, S. 12.

751 Vgl. H. Brüning an P. Barry vom 7. 12. 1935, Briefe und Gespräche, S. 95 f. Dazu ebd. S. 97, Anm. 13; R. Morsey, Brünings Einschätzung, S. 376, 378; W. Benz, Flucht aus Deutschland, S. 86 f.; G. Paul, Repressionen, S. 127. – Nach M. F. Feldkamp, Pius XII., S. 69 entging auch Kaas der Ausbürgerung, da diese vom Innenministerium abgelehnt wurde. – Zur ersten Ausbürgerungsliste von 1933 siehe John P. Fox, Das nationalsozialistische Deutschland und die Emigration nach Großbritannien, in: G. Hirschfeld, Exil in Großbritannien, S. 27 f. Dazu auch W. Köhler, Wolff, S. 273 ff.

752 G. May, Kaas, S. 233.

753 M. Steinert, Hitlers Krieg, S. 59 ff. Vgl. Ernst Ritter, Justiz und innere Verwaltung, in: W. Benz / H. Graml / H. Weiß, Enzyklopädie des Nationalsozialismus, S. 86 f.; A. Hillgruber, Kontinuität und Diskontinuität in der deutschen Außenpolitik, S. 42; R. Morsey, Brünings Vorstellungen, S. 180, 184 f. – Zum Problem des preußischen Militarismus dagegen Talcott Parsons on National Socialism, ed. Uta Gerhardt, New York 1993, S. 220 ff.

754 Vgl. W. Benz, Widerstand im Exil, S. 8 f.

755 Dazu Christian Jacobs, Von Olson zu Stauffenberg. Eine politökonomische Analyse des Widerstandes in Diktaturen, Frankfurt/Main 2002, S. 159 f.

756 R. Morsey, Brünings Kritik am politischen Wiederaufbau, S. 366. Vgl. H. Mommsen, Alternative zu Hitler, S. 122; Wilhelm v. Schramm (Hrsg.), Beck und Goerdeler. Gemeinschaftsdokumente für den Frieden 1941-1944, München 1965, S. 156 ff.; H. Mommsen, Verfassungs- und Verwaltungsreformpläne der Widerstandsgruppen des 20. Juli 1944, in: J. Schmädeke / P. Steinbach, Der Widerstand gegen den Nationalsozialismus, S. 577 ff.

757 D. C. Poole an W. J. Donovan vom 19. 10. 1944, Ausf. paraphiert, Omgus, vorl. Nr. 16864, Shipment POLA Box 826, Folder 24, IfZ München.

758 W. R. Deuel an R. D. Murphy vom 1. 11. 1944, ungez., Omgus, vorl. Nr. 16864, Shipment POLA Box 826, Folder 24, IfZ München.

759 G. Baur an H. Schlange-Schöningen vom 17. 2. 1949, Abschrift, Nachl. H. Brüning, HUG FP 93.10 Box 7; H. Brüning an O. Friedrich vom 30. 8. 1954, Briefe 1946-1960, S. 364; H. Brüning an J. Gronowski vom 18. 12. 1950, Ausf., Nachl. J. Gronowski, ACDP I-205-001/3; H. Brüning, Reden, S. 280. Vgl. H. Brüning an F. Dessauer vom 9. ?. 1957, Durch-

schlag, Nachl. H. Brüning, HUG FP 93.10 Box 7; R. Morsey, Emigration und Nachkriegsplanung, S. 226, 230 ff.; dens., Christliche Demokraten, S. 11; dens., Brüning, ein Staatsmann aus Westfalen, S. 114; dens., Brüning und Adenauer, S. 38; dens., Brünings Kritik am politischen Wiederaufbau, S. 366; dens., Zentrumspartei und Zentrumspolitiker, S. 405; dens., Zur Problematik einer zeitgeschichtlichen Briefedition, S. 79; dens., Vorstellungen Christlicher Demokraten, S. 205; H. Brüning an G. R. Treviranus vom 10. 1. 1956, Durchschlag, Nachl. H. Brüning, HUG FP 93.10 Box 34, hier nach: F. Müller, Die »Brüning Papers«, Selbstzeugnisse, S. 118 f.; H. Brüning an Th. Kampmann vom 16. 7. 1957, Durchschlag, Nachl. H. Brüning, HUG FP 93.10 Box 18; H. Brüning an H. Dietrich vom 22. 12. 1947, an H. Pünder vom 6. 5., an H. Weber vom 27. 11.-3. 12. 1948, Briefe 1946-1960, S. 109 f., 159 f.; Gerhard Ritter, Stein. Eine politische Biographie, Bd. 2, Stuttgart 1931, S. 105 ff.; H. Schlange-Schöningen, Im Schatten des Hungers, S. 45 ff., 61, 157; H. L. Wuermeling, Die weiße Liste, S. 21 f., 253; T. Pünder, Das bizonale Interregnum, S. 72 f., 150 f.; W. Benz, Besatzungsherrschaft, S. 68; B. Forster, Adam Stegerwald, S. 629; Wilhelm Kosch, Biographisches Staatshandbuch. Lexikon der Politik, Presse und Publizistik, Bd. 1, Bern 1963, S. 243; Walther Killy / Rudolf Vierhaus (Hrsg.), Deutsche Biographische Enzyklopädie (DBE) Bd. 8, München 1998, S. 655.

760 R. Morsey, Emigration und Nachkriegsplanung, S. 232 f.
761 R. Morsey, Brüning und Adenauer, S. 35; ders., Brüning, ein Staatsmann aus Westfalen, S. 114; H.-P. Schwarz, Adenauer Bd. 1, S. 428 f. Vgl. E. Spevack, Enigma, S. 85 f.; H. Brüning an E. Rudolph vom 22. 1. 1950, Ausf., Sammlung K. Goebel, Wuppertal.
762 H. Brüning an F. Dessauer vom 8. 5. 1959, Durchschlag, Nachl. H. Brüning, HUG FP 93.10 Box 7; H. Brüning an J. Baumhoff, o. D. (1955?), Abschrift, Nachl. H. Pünder, HAStK 1304/360; R. Morsey, Emigration und Nachkriegsplanung, S. 233; B. Forster, Adam Stegerwald, S. 676 f. Vgl. H. Brüning an J. Maier-Hultschin vom 4. 9. 1952, Ausf., Nachl. J. Maier-Hultschin, BA Koblenz N 1043, Nr. 3.
763 H. Brüning an H. Pünder vom Juni 1947, Briefe und Gespräche, S. 456 f.
764 H. Brüning an F. Thedieck vom 17. 8. 1946, Abschrift, Nachl. H. Globke, ACDP I-070-059/1.
765 H. Brüning an W. Sollmann vom 7. 11. 1944, an G. R. Treviranus vom 17. 11. 1945, Briefe und Gespräche, S. 424 f., 435. Vgl. R. Morsey, Emigration und Nachkriegsplanung, S. 231; A. Mirgeler, Brüning, S. 174; E. Spevack, Enigma, S. 51; W. F. Peterson, Zwischen Mißtrauen und Interesse, S. 48; Art. Heinrich Brüning, Rheinischer Merkur Nr. 30 vom 22. 7. 1950: »Ich bin nicht ausgebürgert worden, Freunde im Auswärtigen Amt haben das verhütet«.
766 Vgl. W. Röpke, Gegen die Brandung, S. 369 ff.; W. Krieger, Clay, S. 87; Chr. Mauch, Schattenkrieg, S. 108 ff.
767 Boston Globe vom 28. 2. 1945, hier nach: E. Spevack, Enigma, S. 39.
768 Stenographische Auszüge des Background Interviews mit zwei Offizieren des U. S. Judge Advocate General's Office zur Vorbereitung der Beweisführung für die Anklagebehörde im Hauptkriegsverbrecherprozeß vom September 1945, Briefe und Gespräche, S. 539 ff.; Zusammenfassung in Form eines Memorandums für Lt. Colonel John W. Griggs vom 1. 10. 1945 bei St. A. Schuker, Ambivalent Exile, S. 337 ff.
769 Vgl. E. Fraenkel, Das amerikanische Regierungssystem, S. 132 f.
770 Vgl. St. A. Schuker, Ambivalent Exile, S. 341 ff.
771 H. Brüning an P. Barry vom 29. 11. 1944, an F. Demuth vom 1. 2. 1945, Briefe und Gespräche, S. 425 ff.; H. Brüning an G. Letterhaus vom 22. 3. 1948, Kopie der Ausfertigung, in: Bernhard-Letterhaus-Schule, Festschrift, S. 51. Vgl. auch H. Brüning an P. Barry vom 29. 11. 1944, an M. Anderson vom 7. 6. 1945, Briefe und Gespräche, S. 425 f., 431 f.; H. Brüning an M. Brüning vom 9. 5. 1946, Briefe 1946-1960, S. 35 f., 434, Anm. 2, und S. 434; E. Spevack, Enigma, S. 79, 83.

⁷⁷² Vgl. H. Brüning an E. Eisenlohr vom November 1946, Briefe 1946-1960, S. 54.
⁷⁷³ Vgl. H. Brüning an E. Rosenstock-Huessy vom 7. 3. 1945, Briefe und Gespräche, S. 427 f.; R. Morsey, Zur Problematik einer zeitgeschichtlichen Briefedition, S. 77.
⁷⁷⁴ Vgl. H. Brüning an J. Goldschmidt vom 20. 3., an C. Pickett vom 22. 5. 1945, Briefe und Gespräche, S. 429 f.; R. Morsey, Zur Problematik einer zeitgeschichtlichen Briefedition, S. 77.
⁷⁷⁵ Vgl. H. Brüning, Aufzeichnungen von Juli bis September 1944, Briefe und Gespräche, S. 416 ff., Anm. 9, und S. 422; G. Wettig, Entmilitarisierung und Wiederbewaffnung, S. 48 f.; R. Ferrell, Kellogg – Stimson, S. 274 f., 282 f.; E. Spevack, Enigma, S. 70.
⁷⁷⁶ G. Wettig, Entmilitarisierung und Wiederbewaffnung, S. 44 f., 53 f.; H. W. Gatzke, Germany and the United States, S. 147. Vgl. W. L. Dorn, Die Debatte über die amerikanische Besatzungspolitik, S. 69; J. M. Blum, Deutschland ein Ackerland?, S. 241 ff., 318; W. H. McNeill, America, Britain & Russia, S. 483.
⁷⁷⁷ J. M. Blum, Deutschland ein Ackerland?, S. 248; E. Deuerlein, Die Einheit Deutschlands, S. 47 ff. – Zu dem Problem Entindustrialisierung siehe W. Mausbach, Morgenthau, S. 369.
⁷⁷⁸ H. R. (Hans Rothfels), Vorbemerkung zu W. L. Dorn, Die Debatte über die amerikanische Besatzungspolitik, S. 61; E. Deuerlein, Die Einheit Deutschlands, S. 48; G. Wettig, Entmilitarisierung und Wiederbewaffnung, S. 67 ff.; J. M. Blum, Deutschland ein Ackerland?, S. 253 ff., 262 ff.; R. Mayne, The Recovery of Europe, S. 77; R. Morsey, Emigration und Nachkriegsplanung, S. 226. Vgl. A. Gill, Eine tragische Staatsgrenze, S. 99 ff.; I. v. Münch, Dokumente des geteilten Deutschland (Bd. 1), Nr. 1 d, S. 5 ff.; H. K. G. Rönnefarth / H. Euler, Konferenzen und Verträge Teil 2, Bd. 4 A, S. 245 f.
⁷⁷⁹ H. Brüning an H. B. Gisevius vom 20. 8. 1946, an R. Pechel vom 9. 2. 1947, Durchschlag, Nachl. H. Brüning, HUG FP 93.10 Box 11 bzw. 24. Vgl. H. L. Wuermeling, Die weiße Liste, S. 20, 77.
⁷⁸⁰ Vgl. H. Brüning an P. Barry vom 19. 4. 1945, Briefe und Gespräche, S. 429. Vgl. J. M. Blum, Deutschland ein Ackerland?, S. 276.
⁷⁸¹ R. Mayne, The Recovery of Europe, S. 77; W. Mausbach, Morgenthau, S. 52.
⁷⁸² Vgl. Direktive JCS 1067, Ursachen und Folgen Bd. 24, Nr. 3662, S. 25 ff.; H. R. (Hans Rothfels), Vorbemerkung zu W. L. Dorn, Die Debatte über die amerikanische Besatzungspolitik, S. 60; W. L. Dorn, Die Debatte über die amerikanische Besatzungspolitik, S. 66; J. M. Blum, Deutschland ein Ackerland?, S. 248 ff., 307; W. Bührer, Reparationen, S. 162.
⁷⁸³ Vgl. H. Brüning an J. Maier-Hultschin vom 22. 5. 1945, Briefe und Gespräche, S. 431; G. N. Shuster, Brüning Memoir and Foreword, Manuskript, S. 68, Nachl. G. N. Shuster, Notre Dame CSHU Box 2 ; R. Morsey, Zur Problematik einer zeitgeschichtlichen Briefedition, S. 77; St. A. Schuker, Ambivalent Exile, S. 340; E. Spevack, Enigma, S. 60, 80.
⁷⁸⁴ Mitteilung von Herrn Dr. H. J. Unland an den Verf. 24. 4. 2004.
⁷⁸⁵ H. Brüning, Antworten auf einen Fragebogen von Dorothy Thompson vom 20. 4. 1943, Briefe und Gespräche, S. 521; G. N. Shuster, Brüning Memoir and Foreword, Manuskript, S. 68, Nachl. G. N. Shuster, Notre Dame CSHU Box 2.
⁷⁸⁶ E. Spevack, Enigma, S. 81.
⁷⁸⁷ H. Brüning an H. Ullmann vom 13. 7., an F. v. Moltke vom 10. 8., an H. Dietrich vom 9. 12. 1946, Briefe und Gespräche, S. 443, 446 f., 453; H. Brüning an K. v. Fritz vom 29. 10. 1946, Briefe 1946-1960, S. 51; R. Morsey, Vorstellungen Christlicher Demokraten, S. 205.
⁷⁸⁸ Vgl. H. Brüning an H. Pünder vom Juni 1947, Briefe und Gespräche, S. 456 f., Anm. 1; E. Spevack, Enigma, S. 54 f., 87.
⁷⁸⁹ H. L. Stimson an H. S. Truman vom 16. 7. 1945, FRUS, The Conference of Berlin (The Potsdam Conference) 1945 Bd. 2, Nr. 849 und 1022, S. 754 ff., 990 ff. Vgl. ebd. Nr. 871 o. D., S. 808 f.; G. Wettig, Entmilitarisierung und Wiederbewaffnung, S. 92, 140; D. O'Sullivan, Stalins »Cordon sanitaire«, S. 241.

790 H. Brüning, Aufzeichnung vom September 1945, Briefe und Gespräche, S. 432 f. Vgl. H. L. Stimson / M. Bundy, On Active Service, S. 609 ff., 637 ff.; Th. Wyckoff, Stimson, S. 190, 222 ff.; E. E. Morison, Turmoil and Tradition, S. 610 f., 649; Lucius D. Clay, Entscheidung in Deutschland, S. 69; G. R. Treviranus, Für Deutschland im Exil, S. 180; R. Morsey, Emigration und Nachkriegsplanung, S. 236; E. Spevack, Enigma, S. 70; Mitteilung von Frau Cl. Nix, Keene, an den Verf. vom 15. 12. 2004. Brüning erklärte 1954, daß in den Memoiren Stimsons »außerordentlich wichtige Tatsachen fehlen«, die dieser ihm nach der Rückkehr aus Potsdam mitgeteilt habe, H. Brüning, Reden, S. 203.

791 H. L. Stimson / M. Bundy, On Active Service, S. 642 ff.

792 H. Brüning, Aufzeichnung vom September 1945, Briefe und Gespräche, S. 432 f. Vgl. FRUS, The Conference of Berlin (The Potsdam Conference) 1945 Bd. 2, S. 12; R. Morsey, Emigration und Nachkriegsplanung, S. 236.

793 H. Brüning an H. Dietrich vom 9. 12. 1946, Briefe und Gespräche, S. 453; H. Brüning an G. R. Treviranus vom 10. 1. 1956, Durchschlag, Nachl. H. Brüning, HUG FP 93.10 Box 34, hier nach: F. Müller, Die »Brüning Papers«, Selbstzeugnisse, S. 118.

794 Vgl. FRUS, The Conference of Berlin (The Potsdam Conference) 1945 Bd. 2, Log of the President's trip, Stimson-Churchill conversation 21. und 22. 7. 1945, Stimson-Stalin conversation 5. 7. 1945, S. 4 ff., 203, 225, 396 f. et passim.

795 Vgl. H. L. Stimson / M. Bundy, On Active Service, S. 594 f.; Th. Wyckoff, Stimson, S. 233.

796 H. Brüning an G. R. Treviranus vom 10. 1. 1956, Nachl. H. Brüning, HUG FP 93.10 Box 34, hier nach: F. Müller, Die »Brüning Papers«, Selbstzeugnisse, S. 118 f.

797 Vgl. H. L. Stimson / M. Bundy, On Active Service, S. 657, 666 ff.; H. Feis, From Trust to Terror, S. 18 f.; G. Wettig, Entmilitarisierung und Wiederbewaffnung, S. 48.

798 Vgl. H. L. Stimson / M. Bundy, On Active Service, S. 615, 628 ff.; Th. Wyckoff, Stimson, S. 236 ff., 242 (Zitat Stimson); S. Haffner, Der Teufelspakt, S. 151.

799 H. Brüning, Aufzeichnung vom September 1945, Briefe und Gespräche, S. 433.

800 G. R. Treviranus, Für Deutschland im Exil, S. 101.

801 J. Stephan, Begleiterin im langen Schatten.

802 H. Brüning an F. Stampfer vom 30. 11. 1945, Briefe 1946-1960, S. 23 f.

803 R. G. Vansittart, Lessons of my Life, S. XV. Vgl. dens., The German Octopus, London o. J., passim.

804 H. Brüning an H. Pentzlin vom 1. 2. 1949, Briefe 1946-1960, S. 179 f. Vgl. dens., Aufzeichnung vom Februar 1938, Briefe und Gespräche, S. 172 ff.

805 Vgl. H. Brüning an M. Anderson vom 22. 5. 1945, Briefe und Gespräche, S. 431; E. Spevack, Enigma, S. 80.

806 Dazu Chr. Mauch, Schattenkrieg, S. 46 ff., 57 f.

807 Vgl. H. Brüning an P. Barry vom 16. 9., an A. Herzog vom 25. 9., an M. Anderson vom 15. 10. 1945, Briefe und Gespräche, S. 434, 439 f.; H. Brüning an M. Brüning vom 31. 8. 1946 und 22. 10. 1947, an H. Vollmar vom 15. 6. 1948, Briefe 1946-1960, S. 47 f., 100, 132. Dazu die Briefe Brünings vom Juli 1947, ebd. S. 90 ff., ferner H. Brüning an J. Maier-Hultschin vom 2. 1. 1947, hs. Original, Nachl. J. Maier-Hultschin, BA Koblenz N 1043, Nr. 2.

808 G. R. Treviranus, Für Deutschland im Exil, S. 100 f. Vgl. E. Spevack, Enigma, S. 116.

809 J. Stephan, Begleiterin im langen Schatten. Vgl. H. Brüning an G. Bergemann vom 4. 5. 1947, Durchschlag, Nachl. H. Brüning, HUG FP 93.10 Box 3; Mitteilung von Frau H. Vollmar, Münster, an den Verf. vom 4. 3. 2003.

810 Heinrich Brüning zu seinem sechzigsten Geburtstag, N. Y. Staats-Zeitung vom 25. 11. 1945 (Expl. Nachl. E. Alexander, Kommission für Zeitgeschichte, Mappe 52).

811 G. R. Treviranus, Für Deutschland im Exil, S. 181; R. Morsey, Brüning (Zeitgeschichte Bd. 1), S. 260; H. Brüning an G. Olef vom 20. 7., an G. R. Treviranus vom 31. 7., an H. Vollmar vom 16. 12., an I. Heaton vom 20. 12. 1947, an I. v. Willisen vom 21. 7. 1952, Briefe 1946-

1960, S. 89, 93, 108, 312; E. Spevack, Enigma, S. 80. Vgl. Briefe und Gespräche, S. 383; H. Brüning an G. Olef vom 20. 1. 1948, Briefe 1946-1960, S. 115; R. Morsey, Zur Problematik einer zeitgeschichtlichen Briefedition, S. 78; F. Müller, Die »Brüning Papers«, Selbstzeugnisse, S. 48; H. Brüning an R. Bergemann vom 4. 5. 1947, Durchschlag, Nachl. H. Brüning, HUG FP 93.10 Box 3; Art. Dr. Brüning über das deutsche Problem, Stuttgarter Nachrichten vom 24. 8. 1948.

812 Vgl. H. Brüning an Th. Dengler vom 16. 9. 1945, Briefe und Gespräche, S. 434 ff. – 1951 behauptete Brüning, seit 1945 45.000 Briefe erhalten zu haben, hier nach R. Morsey, Zur Problematik einer zeitgeschichtlichen Briefedition, S. 80.

813 Vgl. H. Brüning an P. Barry vom 16. 9., an A. Herzog vom 25. 9. 1945, Briefe und Gespräche, S. 434, 439, ferner ebd. S. 36, Anm. 1; Mrs. G. N. Shuster an H. Brüning vom 10. 9. 1945, Ausf., Nachl. G. N. Shuster, Notre Dame CSHU Box 14.

814 Vgl. Briefe 1946-1960, S. 13; H. Brüning an Cl. Schmidt vom 23. 10. 1947, ebd. S. 100 f.

815 Vgl. H. Brüning an G. R. Treviranus vom 17. 9. 1945, Briefe und Gespräche, S. 436, Anm. 1; H. Brüning, Antworten auf einen Fragebogen von Dorothy Thompson vom 20. 4. 1943, Briefe und Gespräche, S. 522; E. Spevack, Enigma, S. 83; R. Poidevin, Die französische Deutschlandpolitik, S. 18 f.; A. W. DePorte, De Gaulle's Foreign Policy, S. 285 f.; W. Loth, Die Franzosen und die deutsche Frage, S. 28 ff. – Über die französische Grenz- und Sicherheitspolitik im Sommer 1945 siehe auch die Instruktionen der amerikanischen Delegation für Potsdam: E. Deuerlein, Deklamation oder Ersatzfrieden?, S. 101 f.

816 Vgl. H. Brüning an H. Gibson vom 22. 9., an F. Meinow vom 16. 10. 1945, Briefe und Gespräche, S. 437, 440 f.

817 P. Blet, Pius XII., S. 120.

818 H. Schlange-Schöningen, Im Schatten des Hungers, S. 118 f.; R. Mayne, The Recovery of Europe, S. 74; H. D. Ahrens, Demontage, S. 43, 50; J. Gimbel, Administrative Konflikte in der amerikanischen Deutschlandpolitik, in: J. Foschepoth, Kalter Krieg und Deutsche Frage, S. 121 f.; W. Mausbach, Morgenthau, S. 328 ff. Vgl. M. Boveri, Die Deutschen und der Status quo, S. 22 f.; Irwin L. Collier, Art. Gustav Stolper, DBE Bd. 9, S. 553; L. P. Lochner, Stets das Unerwartete, S. 366 ff.; R. Morsey, Emigration und Nachkriegsplanung, S. 237.

819 H. Brüning an H. Pünder vom Juni 1947, Briefe 1946-1960, S. 85. Vgl. Art. Brüning ist unterwegs. Ein sensationeller Brief enthüllt seine Rolle in der Marshall-Politik, Berliner Zeitung vom 2. 6. 1948.

820 Hier nach: H. D. Ahrens, Demontage, S. 51, ohne Herkunftsangabe. Vgl. W. H. Maehl, Germany in Western Civilization, S. 707 f.

821 H. D. Ahrens, Demontage, S. 51 f.

822 Vgl. R. Morsey, Brüning (Zeitgeschichte Bd. 1), S. 262; E. Spevack, Enigma, S. 83.

823 Walter Rohland, Bewegte Zeiten. Erinnerungen eines Eisenhüttenmannes, Stuttgart 1978, S. 95 ff.; W. Abelshauser, Wirtschaft in Westdeutschland 1945-1948, S. 55; M. Knapp, Politische und wirtschaftliche Interdependenzen, S. 171.

824 Vgl. H. Brüning an H. Gibson vom 22. 9. 1945, Briefe und Gespräche, S. 437.

825 Background-Interview mit zwei Offizieren des U. S. Judge Advocate General's Office zur Vorbereitung der Beweisführung für die Anklagebehörde im Hauptkriegsverbrecherprozeß vom September 1945, Briefe und Gespräche, S. 539.

826 H. Brüning an P. Simon vom März 1946, Briefe 1946-1960, S. 30.

827 H. Brüning an F. Stampfer vom 6. 1. 1946, Briefe 1946-1960, S. 26.

828 H. Brüning an A. Brecht vom 8. 12. 1945, an H. Poels vom 26. 1. 1946, Briefe 1946-1960, S. 24 f., 27. Vgl. A. Hillgruber, Großmachtpolitik und Militarismus, S. 66 f.

829 Vgl. S. Delmer, Die Deutschen und ich, S. 755.

830 H. Brüning an C. Lammers vom 9. 5. 1946, Briefe 1946-1960, S. 36.

831 H. Brüning, Antworten auf einen Fragebogen von Dorothy Thompson vom 20. 4. 1943, Briefe und Gespräche, S. 524.
832 H. Brüning an H. Ullmann vom 13. 7. 1946, Briefe und Gespräche, S. 443.
833 H. Brüning an H. Peters vom 18. 5. 1948, Durchschlag, Nachl. H. Brüning, HUG FP 93.10 Box 24.
834 H. Brüning an H. Michael vom 11. 5., an H. Ullmann vom 13. 7. 1946, Briefe 1946-1960, S. 37, bzw. Briefe und Gespräche, S. 443 f.
835 G. R. Treviranus, Für Deutschland im Exil, S. 193.
836 K. v. Klemperer, Die verlassenen Verschwörer, S. 188 ff. Vgl. aus späterer Sicht W. S. Churchill, Der Zweite Weltkrieg Bd. 1, 1, S. 379 ff.
837 Vgl. H. Höhne, Canaris, S. 351 ff.
838 H. Brüning an H. Ullmann vom 17. 7. 1946, Briefe und Gespräche, S. 444; ders. an J. Diel vom 28. 8. 1954, Briefe 1946-1960, S. 362; H. Brüning an M. v. Brünneck vom 31. 8. 1951, Ausf., Nachl. M. v. Brünneck, Berlin, Hinweis von Prof. Dr. R. Morsey, Speyer, an den Verf.; H. Brüning an A. v. Schauroth vom 10. 12. 1956, Ausf., Sammlung Gärtringen. Vgl. T. Prittie, Deutsche gegen Hitler, S. 59 f.; H. C. Deutsch, Verschwörung, S. 61 ff.; St. A. Schuker, Ambivalent Exiles, S. 352.
839 H. Brüning an H. Mann vom 10. 12. 1941, Briefe und Gespräche, S. 380.
840 H. Brüning an H. Ullmann vom 17. 7. 1946, Briefe und Gespräche, S. 444 ff.
841 Vgl. J. Wheeler-Bennett, Nemesis, S. 574 f.; M. Huttner, Britische Presse und nationalsozialistischer Kirchenkampf, S. 121; L. P. Lochner, Stets das Unerwartete, S. 356 f.; F. W. Prinz von Preußen, Das Haus Hohenzollern, S. 283 f.
842 H. Brüning an F. v. Moltke vom 10. 8. 1946, Briefe und Gespräche, S. 449. Vgl. G. van Roon, Der Kreisauer Kreis zwischen Widerstand und Umbruch, S. 4 f.
843 H. Brüning an einen unbekannten Kaplan vom 30. 11. 1947, Kopie im Besitz des Verf.s.
844 Vgl. H. Brüning an J. Ersing vom 10. 10. 1946, Briefe und Gespräche, S. 451.
845 H. Brüning an St. v. Raumer vom 4. 11. 1946, Briefe und Gespräche, S. 452; E. Spevack, Enigma, S. 79. Vgl. E. Deuerlein, Die Einheit Deutschlands, S. 51 f.
846 Interview on Nazis' Rise to Power, September 1945, Nachl. H. Brüning, HUG FP 93.10 Box 16, S. 2 f., hier nach: F. Müller, Die »Brüning Papers«, Selbstzeugnisse, S. 44.
847 Vgl. H. Brüning an O. Piper vom 26. 10. 1945, an H. Muckermann vom 8. 6. 1946, Briefe 1946-1960, S. 17 f., 38.
848 H. Brüning an F. Stampfer vom 6. 1. 1946, Briefe 1946-1960, S. 26.
849 H. Brüning an F. Stampfer vom 25. 4. 1946, an F. Dessauer vom 17. 1. 1948, Briefe 1946-1960, S. 33 f., 113 f.
850 H. Brüning an C. Lammers vom 9. 5. 1946, Briefe 1946-1960, S. 37.
851 H. Brüning an H. Michael vom 11. 5. 1946, Briefe 1946-1960, S. 37; H. Brüning, Der Staatsmann, in: Ders., Reden, S. 189 ff. Danach auch das Folgende. Vgl. auch Art. Der Staatsmann, Neue Zeitung Nr. 30 vom 15. 4. 1948, Expl. im Nachl. J. Kannengießer, ACDP I-182-018/1.
852 H. Hömig, Brüning Bd. 1, S. 217 et passim.
853 Vgl. H. Brüning an K. v. Fritz vom 29. 10. 1946, Briefe 1946-1960, S. 51; H. Brüning an H. B. Gisevius vom 20. 8. 1946, an R. Pechel vom 9. 2. 1947, Durchschlag, Nachl. H. Brüning, HUG FP 93.10 Box 11 bzw. 24; H. Brüning an A. v. Schauroth vom 1. 3. 1948, Ausf., Sammlung Gärtringen; R. Morsey, Brüning, ein Staatsmann aus Westfalen, S. 109 f.; H. D. Ahrens, Demontage, S. 32 und 43.
854 H. Brüning an Th. Dengler vom 16. 9., an F. Meinow vom 16. 10. 1945, Briefe und Gespräche, S. 435 f., 440 f.; H. Brüning an J. Maier-Hultschin vom 14. 11. 1945 (über Exeter nach Deutschland gelangt), Briefe 1946-1960, S. 18 f.; H. Brüning an einen ungenannten Empfänger vom November 1945, nicht unterz., Nachl. H. Pünder, HAStK 1304/360, Abschrif-

ten dieses und weiterer einschlägiger Briefe im Nachl. L. Schwering, ebd. 1193/506; W. F. Peterson, Zwischen Mißtrauen und Interesse, S. 45. Vgl. H. G. Wieck, CDU, S. 65, 130 f.; E. Spevack, Enigma, S. 85; R. Morsey, Zentrumspartei und Zentrumspolitiker, S. 399; dens., Vorstellungen Christlicher Demokraten, S. 206; Art. Heinrich Brüning gegen das neue Zentrum! Abschrift aus »Informationsbriefe der Christlich-Demokratischen Union für Westfalen-Lippe« Nr. 3/46, März 1946, Nachl. B. Dörpinghaus, ACDP I-009-014/3.

[855] H. Brüning an F. Thedieck vom 17. 8. 1946, Abschrift, Nachl. H. Globke, ACDP I-070-059/1. Vgl. den Brief H. Brünings an einen ungenannten Empfänger vom November 1945, nicht unterz., Nachl. H. Pünder, HAStK 1304/360.

[856] H. Brüning an J. Maier-Hultschin vom 14. und an F. Kühr vom 29. 11. 1945, Briefe 1946-1960, S. 18 f., 22 f. Vgl. H. G. Wieck, CDU, S. 131 f.; R. Morsey, Emigration und Nachkriegsplanung, S. 234; dens., Brünings Kritik am politischen Wiederaufbau, S. 366; F. Müller, Die »Brüning Papers«, Selbstzeugnisse, S. 53. Dazu L. Schwering, Stegerwalds und Brünings Vorstellungen über Parteireform, S. 35; danach H. Heitzer, Die CDU in der britischen Zone, S. 33.

[857] Vgl. H. Brüning an R. Pechel vom 9. 2. 1947, Durchschlag, Nachl. H. Brüning, HUG FP 93.10 Box 24.

[858] H. G. Wieck, CDU, S. 131 f. Vgl. R. Morsey, Emigration und Nachkriegsplanung, S. 234 f.; dens., Zentrumspartei und Zentrumspolitiker, S. 399.

[859] H. Heitzer, Die CDU in der britischen Zone, S. 85 ff.

[860] H. Brüning an P. Simon vom März, an J. Maier-Hultschin vom 13. 3., an U. Biel vom 24. 4. 1946, Briefe 1946-1960, S. 29 ff.; H. Brüning an F. Dessauer vom 13. 2. 1935, Nachl. F. Dessauer, Kopien im Besitz des Verf. – Ähnliche Charakteristik Kaisers bei S. Haffner in einem Artikel vom 4. 1. 1948, in: Ders., Schreiben für die Freiheit, S. 167 ff. Vgl. A. Hillgruber, Europa in der Weltpolitik der Nachkriegszeit, S. 49 f.

[861] H. Brüning an J. Maier-Hultschin vom Juli 1946, an H. Weber vom 27. 11.-3. 12. 1948, Briefe 1946-1960, S. 42, 163. Vgl. R. Morsey, Zentrumspartei und Zentrumspolitiker, S. 407.

[862] Hier nach: Reichskanzler a. D. Heinrich Brüning, S. 21.

[863] Vgl. Vorschlag des CDU-Politikers Jakob Kaiser vom 6. 9. 1947 zur Schaffung eines deutschen Konsultativrates, Ursachen und Folgen Bd. 25, Nr. 3753, S. 391 f.; M. Brüning an H. Brüning vom 18. 6., H. Brüning an B. Reismann vom 28. 8. 1946, an G. Olef vom 20. 1. 1948, Briefe 1946-1960, S. 43 f., 46 f., 115.

[864] H. Brüning an F. Kühr vom 29. 11. 1945, Briefe 1946-1960, S. 22 f. Vgl. H. G. Wieck, CDU, S. 140 ff.; H. Brüning an einen ungenannten Empfänger vom November 1945, nicht unterz., Nachl. H. Pünder, HAStK 1304/360; H. Brüning, Brief vom 1. 1. 1946, zit. in: K. Spiecker, Brüning-Briefe (Flugschrift an die Kreisvorsitzenden und Sekretäre der Zentrumspartei), 1946, Expl. im Nachl. R. Muckermann, ACDP I-293-001/3; Art. Heinrich Brüning gegen das neue Zentrum! Abschrift aus »Informationsbriefe der Christlich-Demokratischen Union für Westfalen-Lippe« Nr. 3/46, März 1946, Nachl. B. Dörpinghaus, ACDP I-009-014/3; Th. A. Knapp, Brüning im Exil, S. 117, Anm. 85; U. Schmidt, Zentrum oder CDU, S. 168 ff.

[865] H. Brüning an G. R. Treviranus vom 31. 7. 1947, Briefe 1946-1960, S. 93. Vgl. J. Radkau, Die deutsche Emigration, S. 192. Am 17. 8. 1946 hatte Brüning F. Thedieck u. a. berichtet, daß Spiecker »dem Klerus in Canada, wo ich einen guten Namen hatte, erfolgreich klargemacht« habe, daß seine, Brünings, »ganze Politik darauf gezielt hätte, Hitler an die Macht zu bringen«, Abschrift, Nachl. H. Globke, ACDP I-070-059/1; H. Brüning an einen ungenannten Empfänger vom November 1945, nicht unterz., Nachl. H. Pünder, HAStK 1304/360.

[866] H. Brüning an H. Peters vom 18. 5. 1948, Durchschlag, Nachl. H. Brüning, HUG FP 93.10 Box 24.

867 Vgl. H. Brüning an F. Kühr vom 8. 7. 1949, an F. Rettig vom 31. 12. 1951, an J. Kabus vom 26. 11. 1954, Briefe 1946-1960, S. 189 f., 291 f., 372.
868 H. Brüning an C. Lammers vom 9. 5. 1946, Briefe 1946-1960, S. 36. Vgl. Reichskanzler a. D. Heinrich Brüning, S. 22 f.
869 Vgl. H. Brüning an H. Poels vom 29. 1. 1946, an L. Ruffini vom Juli, an B. Reismann vom 28. 8. 1946, an R. Pechel vom 7. 3., an M. Brüning vom 22. 10. 1947, Briefe 1946-1960, S. 27 f., 41, 43, 79, 100; H. Brüning an einen unbekannten Adressaten vom 1. 1. 1946, zit. in: Heinrich Brüning gegen das neue Zentrum! Abschrift aus »Informationsbriefe der Christlich-Demokratischen Union für Westfalen-Lippe« Nr. 3/46, März 1946, Expl. im Nachl. B. Dörpinghaus, ACDP I-009-014/3; Herbert Hupka, Am Katheder: ein Professor namens Brüning, FAZ vom 11. 11. 1952. – Nach eigener Aussage lag Brüning Anfang 1947 fünf Monate wegen einer Nierenentzündung im Krankenhaus, H. Brüning an F. Dreiheller vom 8. 5. 1948, Abschrift, Nachl. Werner Hilpert, ACDP I-021-018/1.
870 H. Brüning an P. Simon vom März 1946, Briefe 1946-1960, S. 31 f.; St. A. Schuker, Ambivalent Exile, S. 355.
871 H. Brüning an H. Poels vom 3. 1. 1947, Briefe 1946-1960, S. 68. Vgl. H. Brüning an H. Pünder vom Juni 1947, ebd. S. 88; H. Brüning an R. Pechel vom 9. 2. 1947, Durchschlag, Nachl. H. Brüning, HUG FP 93.10 Box 24; Art. Heinrich Brüning greift wieder ein. Ein Staatsmann kehrt zurück, Schweizer Weltwoche vom 25. 4. 1947, hier nach: Reichskanzler a. D. Heinrich Brüning, S. 8 f. Dazu R. Morsey, Brünings Berufung, S. 713.
872 H. Brüning an P. v. Husen vom 8. 5. 1947, Briefe 1946-1960, S. 84 und ebd. Anm. 2; Art. »Brüning«, handschriftl. Vermerk: »Tgo« (= Neue Tagespost, Osnabrück?) Nr. 145 vom 25. 6. 1947, Expl. in Nachl. J. Kannengießer, ACDP I-182-018/1.
873 H. Brüning an H. Muckermann vom 1. 5., an H. Pünder vom Juni 1947, Briefe 1946-1960, S. 82 f., 85; R. M. W. Kempner, Ankläger einer Epoche, S. 168. Vgl. Art. Brüning will nicht in das politische Leben Deutschlands zurückkehren, dpd, Reuters vom 4. 7. 1947, BPA-Sammlung; Art. Brüning will Privatmann bleiben, Neues Tageblatt Nr. 120 vom 7. 3. 1947, Expl. im Nachl. J. Kannengießer, ACDP I-182-018/1; H. Brüning an H. Pünder vom Juni 1947, Briefe 1946-1960, S. 85 ff.
874 Art. Keine Einreiseerlaubnis für Brüning, Süddeutsche Zeitung vom 13. 5. 1947. Vgl. Art. Brüning ist unterwegs. Ein sensationeller Brief enthüllt seine Rolle in der Marshall-Politik, Berliner Zeitung vom 2. 6. 1948; Art. Märchen um Dr. Brüning. Eine sehr fehlerhafte Darstellung, Neue Zeit vom 3. 7. 1947; Art. Brüning will nicht in das politische Leben Deutschlands zurückkehren, dpd, Reuters vom 4. 7. 1947, BPA-Sammlung; TASS vom 24. 6. 1947, hier nach: Reichskanzler a. D. Heinrich Brüning, S. 24 ff.; Artikel in der Sächsischen Zeitung, Zwickau, vom 8. 7. 1947, hier nach: Reichskanzler a. D. Heinrich Brüning, S. 27.
875 Art. Brüning gegen dogmatische Außenpolitik, Frankfurter Rundschau vom 4. 6. 1954; Mitteilung von Frau Bettina von Heeren, Rottenbuch, an den Verf. vom 6. 12. 2002.
876 M. Brüning an H. Brüning vom 27. 1. 1948, Briefe 1946-1960, S. 116. Vgl. R. Morsey, Zur Problematik einer zeitgeschichtlichen Briefedition, S. 78; dens., Emigration und Nachkriegsplanung, S. 227.
877 Art. Um die soziale Mündigkeit, Die Neue Zeitung, Berliner Ausgabe Nr. 55 vom 15. 7. 1947.
878 Vgl. H. Brüning an H. B. Gisevius vom 20. 8. 1946, Durchschlag, Nachl. H. Brüning, HUG FP 93.10 Box 11.
879 H. Brüning an F. Stampfer vom 6. 11. 1946, Briefe 1946-1960, S. 55.
880 Vgl. H. Brüning an H. Neuerburg vom 28. 7. 1948, Briefe 1946-1960, S. 92 f.
881 H. Schlange-Schöningen, Im Schatten des Hungers, S. 65 ff., 125 f. Vgl. Briefe 1946-1960, S. 65; H. Brüning an I. Heaton vom 20. 11. 1970, ebd. S. 108; H. D. Ahrens, Demontage, S. 22 ff.

[882] W. Abelshauser, Die Wirtschaft der deutschen Besatzungszonen, S. 292; ders., Wirtschaft in Westdeutschland 1945-1948, S. 135 ff. Vgl. H. D. Ahrens, Demontage, S. 22; Rainer Gries, Die Rationen-Gesellschaft. Versorgungskampf und Vergleichsmentalität. Leipzig, München und Köln nach dem Kriege, Münster 1991, S. 51 ff., 102 f., 257 ff.

[883] Vgl. H. Brüning an B. Hopper vom 8. 12. 1946, Briefe 1946-1960, S. 59 f.; L. P. Lochner, Stets das Unerwartete, S. 365 ff.; H. D. Ahrens, Demontage, S. 42 f.

[884] H. Brüning an F. v. Moltke vom 16. 12. 1946, Briefe 1946-1960, S. 62. Über Karl Brandt siehe J. Heideking, Das Office of Strategic Services, S. 118.

[885] H. Brüning an F. Stampfer vom 8. 7. 1946, Briefe 1946-1960, S. 39 f.

[886] H. Brüning an P. Simon vom Juli, an O. Friedrich vom 16. 8. 1946, Briefe 1946-1960, S. 40, 43. Vgl. ebd. S. 13. Vgl. W. Becker, CDU und CSU, S. 21.

[887] Vgl. H. Brüning an P. Simon vom 7. 12., an B. Hopper vom 8. 12. 1946, Briefe 1946-1960, S. 57 ff.

[888] H. Brüning an W. Sollmann vom 16. 12. 1946, Briefe 1946-1960, S. 62 f. Zum Hintergrund R. Niebuhr, Germany and Western Civilization, S. 4 ff.

[889] Vgl. H. Brüning an P. Barry vom 14. 7. 1946, Briefe 1946-1960, S. 41; L. P. Lochner, Stets das Unerwartete, S. 366 f.

[890] H. Feis, From Trust to Terror, S. 133 f.; H. Brüning an P. Barry vom 14. 7. 1946, Briefe 1946-1960, S. 41, einschl. Anm. 3. Vgl. H. Brüning an J. Maier-Hultschin vom Juli 1946, ebd. S. 42.

[891] J. F. Byrnes Rede vom 6. 9. 1946, Ursachen und Folgen Bd. 25, S. 31 ff. Vgl. H. Feis, From Trust to Terror, S. 156 ff. Dazu A. Hillgruber, Europa in der Weltpolitik, S. 42.

[892] H. Brüning an K. v. Fritz vom 29. 10. 1946, Briefe 1946-1960, S. 51.

[893] Vgl. E. Nolte, Deutschland und der Kalte Krieg, S. 221 ff.; A. Hillgruber, Europa in der Weltpolitik, S. 37 f.; dens., Alliierte Pläne, S. 9 ff.

[894] E. Nolte, Deutschland und der Kalte Krieg, S. 225.

[895] H. Brüning an W. Y. Elliott vom 5. 9. 1957, Briefe 1946-1960, S. 95.

[896] »The Tragedy of Europe«, W. S. Churchill, Complete Speeches Bd. 7, S. 7379 ff.

[897] A. Werth, Interview mit J. W. Stalin vom 17. 6. 1946, Ursachen und Folgen Bd. 25, S. 43 f.; Briefe 1946-1960, S. 50, Anm. 1. Vgl. E. Nolte, Deutschland und der Kalte Krieg, S. 226.

[898] H. Brüning an G. R. Treviranus vom 30. 12. 1946, Briefe 1946-1960, S. 50.

[899] H. Brüning an K. v. Fritz vom 29. 10. 1946, an H. Poels vom 3. 1. 1947, Briefe 1946-1960, S. 51 f., 67 f. Vgl. H. Brüning an U. Biel vom 24. 4. 1946, ebd. S. 32; H. Brüning an W. Sollmann vom 22. 4. 1949, Ausf., Kopie, Nachl. W. Sollmann, HAStK 1120/534.

[900] H. Brüning an R. Pechel vom 9. 2. 1947, Durchschlag, Nachl. H. Brüning HUG FP 93.10 Box 2 (Briefe 1946-1960, S. 73 f.).

[901] Vgl. H. Brüning an Th. Steltzer vom 14. 12. 1947, Briefe 1946-1960, S. 107; R. Poidevin, Die französische Deutschlandpolitik, S. 22 f.; W. Loth, Die Franzosen und die deutsche Frage, S. 39 f.

[902] H. Brüning an E. Link vom 2. 6. 1948, Briefe 1946-1960, S. 131.

[903] H. Brüning an H. Poels vom 26. 1. 1946, Briefe 1946-1960, S. 27. Vgl. R. Poidevin, Die französische Deutschlandpolitik, S. 18 f.; E. Deuerlein, Deklamation oder Ersatzfrieden?, S. 89 ff., 101 f.

[904] H. Brüning an F. Stampfer vom 8. 7. 1946, Briefe 1946-1960, S. 39.

[905] H. Brüning an W. Y. Elliott vom 5. 9. 1947, Briefe 1946-1960, S. 94.

[906] Vgl. H. Brüning an G. Kennan vom 30. 5. 1948, Briefe 1946-1960, S. 129 f.; A. Hillgruber, Europa in der Weltpolitik der Nachkriegszeit, S. 44 f.; G. F. Kennan, Memoiren, S. 357 ff.; H. Feis, From Trust to Terror, S. 221 ff.; G. Elgey, La République des Illusions, S. 324 f.; R. Morsey, Emigration und Nachkriegsplanung, S. 229; E. Nolte, Geschichtsdenken, S. 422 ff.

[907] D. Acheson, Sketches from Life, S. 22. Vgl. E. Spevack, Enigma, S. 82; H. D. Ahrens, Demontage, S. 20, 49.

908 Background-Interview mit zwei Offizieren des U. S. Judge Advocate General's Office zur Vorbereitung der Beweisführung für die Anklagebehörde im Hauptkriegsverbrecherprozeß vom September 1945, Briefe und Gespräche, S. 539. Vgl. R. Morsey, Christliche Demokraten, S. 11 f.

909 Briefe 1946-1960, S. 544, Anm. 2; E. E. Morison, Turmoil and Tradition, S. 649. – »Such procedure must embody in my judgement, at least the rudimentary aspects of the accused of the charge, the right to be heard and, within reasonable limits, to call witnesses in his defense.« Memorandum Stimsons für F. D. Roosevelt vom 9. 9. 1944, Franklin D. Roosevelt Library, German Diplomatic Files Box 31, Germany 1944 (i297), S. 3. Vgl. S. Haffner, Anmerkungen zu Hitler, S. 158 ff.; Th. Wyckoff, Stimson, S. 220 f.

910 »Gerechtigkeit für Feldmarschälle«. Artikel des früheren Dekans der St.-Pauls-Kathedrale, Die Welt vom 2. 9. 1948.

911 H. Brüning an B. Reismann vom 28. 8. 1946, Briefe 1946-1960, S. 46 f. Vgl. H. Brüning an J. Ruffini vom 8. 12. 1948, ebd. S. 169.

912 H. Brüning an J. Wheeler-Bennett vom 2. 9. 1946, Briefe 1946-1960, S. 48; Mitteilung von Frau Cl. Nix, Keene, vom 15. 12. 2004. Vgl. H. Brüning an A. Brecht vom 8. 12. 1945, an P. Simon vom März 1946, ebd. S. 24 f., 30 f.; Schultheß 1940, S. 283 f.

913 H. Brüning an K. v. Fritz vom 29. 10. 1946, an H. Michael vom 12. 9. 1947, Briefe 1946-1960, S. 51, 95 f. Vgl. H. Brüning an J. Maier-Hultschin vom 10. 12. 1946, Ausf., Nachl. J. Maier-Hultschin, BA Koblenz N 1043, Nr. 2.

914 H. Brüning, Antworten auf einen Fragebogen von Dorothy Thompson vom 20. 4. 1943, Briefe und Gespräche, S. 522; New York Times vom 7. 2. 1952, hier nach: E. Spevack, Enigma, S. 83.

915 H. Brüning an H. Ullmann vom 13. 7. 1946, Briefe und Gespräche, S. 443.

916 H. Brüning an W. Bergengruen vom 18. 5. 1948, Briefe 1946-1960, S. 126 f.

917 Vgl. H. Brüning an E. Munzer vom 30. 4. 1947, Briefe 1946-1960, S. 82 f.

918 Vgl. H. Weichmann, Kritische Bemerkungen zu den Briefen Brünings an Sollmann, in: VfZG 22 (1974), S. 459 f.; K. Oldenhage, Ansichten Heinrich Brünings, S. 48; F. Müller, Die »Brüning Papers«, Selbstzeugnisse, S. 46 f., 69.

919 H. Brüning an H. Peters vom 18. 5. 1948, Durchschlag, Nachl. H. Brüning, HUG FP 93.10 Box 24 (Briefe 1946-1960, S. 126). Vgl. H. Brüning, Aufzeichnung betr. Lage der Juden in Deutschland von 1937, Briefe und Gespräche, S. 162 ff.; H. Brüning an M. Anderson vom 30. 12. 1938, ebd. S. 223 f.; St. A. Schuker, Ambivalent Exile, S. 344; E. Spevack, Enigma, S. 60; H. Hömig, Brüning Bd. 1, S. 94.

920 H. Brüning an E. Munzer vom 30. 4., an H. Muckermann vom 1. 5., an J. Maier-Hultschin vom 24. 10. 1947, Briefe 1946-1960, S. 82, 101.

921 H. Brüning, Ein Brief, S. 224 et passim.

922 H. Schlange-Schöningen, Am Tage danach, Hamburg 1946, S. 61 ff. et passim; R. Morsey, Emigration und Nachkriegsplanung, S. 233 f.

923 H. Brüning an H. Ullmann vom 23. 7. 1947, an A. Lipp vom 6. 1. 1948, Briefe 1946-1960, S. 96 f., 113.

924 H. Brüning an H. Ullmann vom 23. 9., an H. Weber vom 27. 10., an C. Hoff vom 29. 10. 1947, Briefe 1946-1960, S. 96, 102, 104. Vgl. Art. Brünings Brief, Neue Zeitung Nr. 56 vom 14. 7. 1947; Reichskanzler a. D. Heinrich Brüning, S. 22 f.; R. Morsey, Zentrumspartei und Zentrumspolitiker, S. 395 ff. – Am 17. 4. 1948 schrieb H. Brüning an J. Gronowski, daß man seinen Namen für die neue Zentrumspartei gebrauchen wolle, aber nicht ihn selbst. Nachl. J. Gronowski, ACDP I-205-001/3.

925 A. François-Poncet, Als Botschafter in Berlin, Mainz 1947.

926 H. Brüning an C. Hoff vom 29. 10. 1947, Briefe 1946-1960, S. 104.

927 Vgl. H. Brüning an H. Peters vom 17. 10. 1947, Briefe 1946-1960, S. 98 f.; G. van Roon, Der Kreisauer Kreis zwischen Widerstand und Umbruch, S. 9.

928 H. Brüning an W. Y. Elliott vom 5. 9. 1947, Briefe 1946-1960, S. 94.
929 Vgl. R. Morsey, Emigration und Nachkriegsplanung, S. 227; E. Spevack, Enigma, S. 87.
930 Vgl. für die Frühzeit der Bundesrepublik: Fritz René Allemann, Bonn ist nicht Weimar, Köln 1956, S. 90 ff., 411 ff.; ferner: Charles S. Maier, Bonn ist doch Weimar. Informal Reflections on the Historical Legacy of the Federal Republic, in: A. S. Markovits, The Political Economy of West Germany, S. 188 ff.; R. Morsey, Emigration und Nachkriegsplanung, S. 227; E. Spevack, Enigma, S. 84; St. A. Schuker, Ambivalent Exile, S. 355 f.
931 Vgl. Boston Globe vom 18. 6. 1944 und New York Herald Tribune vom 1. 1. 1947, hier nach: E. Spevack, Enigma, S. 84 bzw. Reichskanzler a. D. Heinrich Brüning, S. 21; H. Brüning an H. Pünder vom Juni 1947, Briefe 1946-1960, S. 85.
932 Art. Heinrich Brüning greift wieder ein. Ein Staatsmann kehrt zurück, Schweizer Weltwoche, Zürich, vom 25. 4. 1947, hier nach: Reichskanzler a. D. Heinrich Brüning, S. 8 f.
933 Vgl. E. Spevack, Enigma, S. 93.
934 H. J. Schorr, Stegerwald, S. 294. Vgl. Art. Unser Porträt: Dr. Heinrich Brüning. Zu seinem Deutschland-Besuch, Kasseler Zeitung vom 18. 6. 1948.
935 Felix Langner, Stepping Stones to Peace, London 1943, S. 143. Vgl. Th. Mann, Tagebücher 1944 – 1. 4. 1946, hrsg. von Inge Jens, Frankfurt/Main 1986, S. 349; ebd. Eintragung vom 14. 1. 1944, S. 9 f., wo Mann die Stelle erwähnt und meint: »Im Ganzen vernünftiges blue print über What to do with Germany.«
936 J. Radkau, Die deutsche Emigration, S. 186.
937 Leitartikel im »Schwarzen Korps« vom 17. 2. 1944, S. 2, anonym, hier nach: Th. Mann, Eintragung vom 19. 4. 1944, Tagebücher 1944 – 1. 4. 1946, S. 46.
938 H. Brüning an P. Simon vom 7. 12., an B. Hopper vom 8. 12. 1946, Briefe 1946-1960, S. 57 ff.; T. Pünder, Das bizonale Interregnum, S. 55 f.; H. Brüning an E. Rudolph vom 3. 12. 1947, Ausf., Sammlung K. Goebel, Wuppertal; Leserbrief von Stadt- und Landesrat Dr. Dr. Erich Schulte, Wiesbaden: Heinrich Brüning – casus belli?, in: Rheinischer Merkur Nr. 15 vom 10. 4. 1970; Walden, Die neue Graue Eminenz, Tägliche Rundschau Nr. 130 (935) vom 6. 6. 1948 (*), S. 3. Vgl. H. Brüning an W. Sollmann vom 16. 12. 1946, Ausf., Kopie, Nachl. W. Sollmann, HAStK 1120/534; A. Frohn, Deutschland zwischen Neutralisierung und Westintegration, S. 73.
939 H. Brüning an P. Simon vom 7. 12., an B. Hopper vom 8. 12., an W. Sollmann vom 16. 12. 1946, an H. Muckermann vom 1. 5. 1947, Briefe 1946-1960, S. 57 f., 62 f., 82. Vgl. Neue Zürcher Zeitung vom 8. 6. 1947, in: Reichskanzler a. D. Heinrich Brüning, S. 21, 23 f.; Art. Brüning, Der Tagesspiegel, Berlin, vom 25. 6. 1947; Art. Das Ende der Weimarer Zeit. Eine Rückschau zum 70. Geburtstag des Reichskanzlers a. D. Professor Dr. Heinrich Brüning, Deutsches Volksblatt Nr. 273 vom 26. 11. 1955, Expl. Nachl. J. Beyerle, ACDP I-56-017.
940 Vgl. U. Schmidt, Zentrum oder CDU, S. 177, Anm. 78.
941 Vgl. H. Brüning an G. Kennan vom 30. 5. 1948, Briefe 1946-1960, S. 129; R. Murphy, Diplomat, S. 31, 251; W. Krieger, Clay, S. 89; A. Frohn, Deutschland zwischen Neutralisierung und Westintegration, S. 37, 51, 71, 85. – Das lange Telegramm war bereits im September 1944 verfaßt worden, D. O'Sullivan, Stalins »Cordon sanitaire«, S. 315, 322.
942 Reichskanzler a. D. Heinrich Brüning, S. 21. Der Bericht beruhte teilweise auf der New York Herald Tribune vom 1. 1. 1947. Vgl. Auszug aus der Neuen Zürcher Zeitung vom 8. 6. 1947, ebd. S. 23; W. Krieger, Clay, S. 89.
943 Vgl. Briefe 1946-1960, S. 66; New York Times vom 14. 11. 1951, hier nach: E. Spevack, Enigma, S. 85.
944 H. Brüning an F. Thedieck vom 17. 8. 1946, Abschrift, Nachl. H. Globke, ACDP I-070-059/1.
945 H. Brüning an H. Poels vom 3. 1. 1947, Briefe 1946-1960, S. 67. Vgl. H. Brüning an H. Vollmar vom 28. 9. 1947, ebd. S. 97.

946 H. Brüning an W. Sollmann vom 16. 12. 1946, an H. Poels vom 3. 1. 1947, Briefe 1946-1960, S. 62 f., 67. Vgl. H. Brüning an einen ungenannten Empfänger vom November 1945, nicht unterz., Nachl. H. Pünder, HAStK 1304/360; H. Brüning an Prälat Dr. Monse vom 18. 4. 1948, Ausf., Bistumsarchiv Osnabrück 6-08-51-10, Kopie im Besitz des Verf.s; R. Morsey, Brünings zweite Emigration, S. 417. Vgl. W. L. Dorn, Die Debatte über die amerikanische Besatzungspolitik, S. 68. – Zur Haltung K. Schumachers gegenüber den Siegermächten bei Kriegsende siehe u. a. P. Merseburger, Schumacher, S. 224 ff.

947 H. Brüning an H. Poels vom 3. 1., M. Brüning an H. Brüning vom 9. 1. 1947, Briefe 1946-1960, S. 67 ff. Vgl. H. Brüning an H. Pünder vom (wohl 3.) Juni 1947, an H. Weber vom 27. 11.-3. 12. 1948, ebd. S. 85 ff., 162 f.; Walden, Die neue Graue Eminenz, Tägliche Rundschau Nr. 130 (935) vom 6. 6. 1948 (*), S. 3; R. Morsey, Die Deutschlandpolitik Adenauers, S. 12 ff.

948 Briefe 1946-1960, S. 65. Vgl. H. Brüning an Cl. Schmidt vom 23. 10., an H. Dietrich vom 22. 12. 1947, an Th. Steltzer vom 10. 3., an C. J. Görres vom 28. 5. 1948, ebd. S. 100 f., 109, 119, 128. Vgl. W. L. Dorn, Die Debatte über die amerikanische Besatzungspolitik, S. 69; Rede G. C. Marshalls vom 5. 6. 1947 in Harvard, Ursachen und Folgen Bd. 25, Nr. 3742, S. 308 ff.; H. W. Gatzke, Germany and the United States, S. 147 f.; Forrest Pogue, George C. Marshall and the Marshall Plan, in: Ch. S. Maier / G. Bischof, The Marshall Plan and Germany, S. 49 ff.

949 H. Brüning an M. Brüning vom 22. 10. 1947, Briefe 1946-1960, S. 100.

950 H. Brüning an E. Eisenlohr vom 29. 10. 1947, an A. Vollmann vom 29. 12. 1950, Briefe 1946-1960, S. 103, 252. Vgl. ebd. S. 104, Anm. 1; H. Brüning an O. Friedrich vom 27. 2. 1951, ebd. S. 264 f.; R. Mayne, The Recovery of Europe, S. 122 f.; W. Loth, Die Franzosen und die deutsche Frage, S. 40; G. Elgey, La République des Illusions, S. 324; Michael J. Hogan, European Integration and German Reintegration: Marshall Planners and the Search for Recovery and Security in Western Europe, in: Ch. S. Maier / G. Bischof, The Marshall Plan and Germany, S. 115 ff.; Charles P. Kindleberger, Toward the Marshall Plan: A Memoir of Policy Development in Germany (1945-1947), ebd. S. 71 ff.; »Issue then is Germany and with it Future of Europe«, ebd. S. 1 ff.; H.-J. Schröder, European Recovery Program, S. 260, 262; M. Knapp, Politische und wirtschaftliche Interdependenzen, S. 185 f.; Th. Isajiw, Was soll aus Deutschland werden?, S. 212 ff.

951 Vgl. Willi Semler, Economic Aspects of Model Germany: A Comparison with the United States, in: A. S. Markovits, The Political Economy of West Germany, S. 26 f.

952 H. Brüning an H. Pünder vom (wohl 3.) Juni 1947, Briefe 1946-1960, S. 87. Vgl. H. Brüning an R. Pferdmenges vom 19. 5. 1948, an F. Holzapfel vom 12. 2. 1951, ebd. S. 127 f., 261 f.; Walden, Die neue Graue Eminenz, Tägliche Rundschau Nr. 130 (935) vom 6. 6. 1948 (*), S. 3.

953 New York Times vom 14. 9. 1945, hier nach: E. Spevack, Enigma, S. 93; Foreign or Communist Front?, National Archives, Washington, S. 7 f.; H. Brüning an J. Maier-Hultschin vom Januar 1947, Briefe 1946-1960, S. 70. Vgl. F. W. Foerster, Erlebte Weltgeschichte, S. 577; L. P. Lochner, Stets das Unerwartete, S. 370 f.

954 H. Brüning an R. Pechel vom 9. 2. 1947, Durchschlag, Nachl. H. Brüning, HUG FP 93.10 Box 24 (Briefe 1946-1960, S. 73 f.). Vgl. H. D. Ahrens, Demontage, S. 32; William R. Smyser, From Yalta to Berlin. The Cold War Struggle over Germany, London 1999, S. 10 ff.

955 H. Brüning an F. Stampfer vom 21. 2., Memorandum für Robert Taft von Ende Februar 1947, H. Brüning an B. Hopper für W. A. Harriman vom 3. 7. 1947, Briefe 1946-1960, S. 75 ff., 89 ff. Danach auch das Folgende.

956 R. Morsey, Zur Problematik einer zeitgeschichtlichen Briefedition, S. 78; W. Mausbach, Morgenthau, S. 231 f. Vgl. dens., Brünings Kritik am politischen Wiederaufbau, S. 366.

957 Briefe 1946-1960, S. 91, Anm. 1. Vgl. R. Morsey, Zur Problematik einer zeitgeschichtlichen Briefedition, S. 77.

⁹⁵⁸ H. Brüning an H. Pünder vom (wohl 3.) Juni 1947, Briefe 1946-1960, S. 87. Vgl. Walden, Die neue Graue Eminenz, Tägliche Rundschau Nr. 130 (935) vom 6. 6. 1948 (*), S. 3.
⁹⁵⁹ H. Brüning an R. Pechel vom 7. 3., an E. Klee vom 29. 4. 1947, Briefe 1946-1960, S. 79 ff.
⁹⁶⁰ H. Brüning an H. Pünder vom (wohl 3.) Juni 1947, Briefe 1946-1960, S. 85 ff. Vgl. ebd. S. 88, Anm. 1; Reichskanzler a. D. Heinrich Brüning, S. 23; M. Boveri, Die Deutschen und der Status quo, S. 23; Walden, Die neue Graue Eminenz, Tägliche Rundschau Nr. 130 (935) vom 6. 6. 1948 (*), S. 3; L. P. Lochner, Stets das Unerwartete, S. 371 f.; J. Bariéty, Die Rolle der persönlichen Beziehungen zwischen Bundeskanzler Adenauer und General de Gaulle für die deutsch-französische Politik zwischen 1958 und 1963, S. 21 f.
⁹⁶¹ H. Brüning an Cl. Nix vom 26. 9. 1947, Briefe 1946-1960, S. 97 und ebd. Anm. 1.
⁹⁶² H. Brüning an C. J. Görres vom 28. 5. 1948, Briefe 1946-1960, S. 128.
⁹⁶³ Vgl. R. Poidevin, Die französische Deutschlandpolitik, S. 23.
⁹⁶⁴ Vgl. H. B. Price, The Marshall Plan, S. 31 ff.; H. Brüning an R. Pferdmenges vom 19. 5. 1948, Briefe 1946-1960, S. 127; H.-J. Schröder, European Recovery Program, S. 263.
⁹⁶⁵ H. Brüning an H. Pünder vom (wohl 3.) Juni 1947, an F. Kuhnen vom 21. 7. 1947, Briefe 1946-1960, S. 87 f., 91. Vgl. Walden, Die neue Graue Eminenz, Tägliche Rundschau Nr. 130 (935) vom 6. 6. 1948 (*), S. 3; W. Abelshauser, Die Wirtschaft der deutschen Besatzungszonen, S. 292; R. Morsey, Brünings Kritik am politischen Wiederaufbau, S. 375; St. A. Schuker, Ambivalent Exile, S. 349.
⁹⁶⁶ H. Brüning an B. Hopper für W. A. Harriman vom 3. 7. 1947, Briefe 1946-1960, S. 90 ff. Vgl. W. Abelshauser, Die Wirtschaft der deutschen Besatzungszonen, S. 291 f.; A. François-Poncet, De Versailles à Potsdam, S. 285; W. Loth, Die Franzosen und die deutsche Frage, S. 40 f.; H.-J. Schröder, European Recovery Program, S. 261; W. Bührer, Reparationen, S. 165; M. Köchling, Demontagepolitik, S. 197; W. Benz, Besatzungsherrschaft, S. 83; W. Mausbach, Morgenthau, S. 330. – R. Morsey, Brüning, ein Staatsmann aus Westfalen, S. 110 meint, daß Brüning zu den Initiatoren des Marshall-Planes gehört habe.
⁹⁶⁷ Vgl. Michael Balfour, Vier-Mächte-Kontrolle in Deutschland, Düsseldorf 1959, S. 253 f.; W. Bührer, Reparationen, S. 166.
⁹⁶⁸ Briefe 1946-1960, S. 89, Anm. 1, S. 91, Anm.1 und 2, S. 111; H. Feis, From Trust to Terror, S. 270. Vgl. den revidierten Industrieplan für die amerikanische und britische Besatzungszone Deutschlands vom 26. 8. 1947, Ursachen und Folgen Bd. 25, Nr. 3746 c, S. 254 f.; H. Brüning an R. Pferdmenges vom 28. 7. 1947, Briefe 1946-1960, S. 92; W. Abelshauser, Die Wirtschaft der deutschen Besatzungszonen, S. 292 f.; Th. Isajiw, Was soll aus Deutschland werden? S. 166 ff.; W. Mausbach, Morgenthau, S. 347 ff.
⁹⁶⁹ H. Brüning an F. Dessauer vom 17. 1. 1948, Briefe 1946-1960, S. 113. Vgl. W. Loth, Die Franzosen und die deutsche Frage, S. 40 f.
⁹⁷⁰ Vgl. H. Brüning an J. Maier-Hultschin vom 16. 2. 1948, Briefe 1946-1960, S. 117; K. v. Klemperer, Die verlassenen Verschwörer, S. 264; T. Pünder, Das bizonale Interregnum, S. 53 f.; G. Wettig, Entmilitarisierung und Wiederbewaffnung, S. 514 ff.
⁹⁷¹ H. Brüning an M. Anderson vom 28. 3. 1948, Briefe 1946-1960, S. 121.
⁹⁷² Briefe 1946-1960, S. 121, Anm. 1.
⁹⁷³ H. Brüning an C. Schreck vom 30. 12. 1949, Briefe 1946-1960, S. 211.
⁹⁷⁴ W. Krieger, Clay, S. 246 f.
⁹⁷⁵ Vgl. H. Brüning an Th. Steltzer vom Januar 1950, Briefe 1946-1960, S. 215 und 216, Anm. 1.
⁹⁷⁶ H. Brüning an H. Peters vom 21. 1. 1950, Briefe 1946-1960, S. 217 f. Vgl. M. Boveri, Die Deutschen und der Status quo, S. 576; R. Morsey, Emigration und Nachkriegsplanung, S. 233. – Ähnliche Vorstellungen wie Brüning entwickelte der Philosoph Karl Jaspers bei Kriegsende. Vgl. K. Jaspers, Philosophische Autobiographie. Erweiterte Neuausgabe, 2. Aufl. München 1984, S. 82 f.

977 Vgl. H. Brüning an H. Pünder vom 6. 5., an H. Weber vom 27. 11. bis 3. 12. 1948, Briefe 1946-1960, S. 124, 159 f.; H. Brüning an einen ungenannten Empfänger vom November 1945, nicht unterz., Nachl. H. Pünder, HAStK 1304/360; W. Abelshauser, Die Wirtschaft der deutschen Besatzungszonen, S. 292 f.; H. Brüning an R. Pechel vom 9. 2. 1947, Durchschlag, Nachl. H. Brüning, HUG FP 93.10 Box 24; R. Morsey, Emigration und Nachkriegsplanung, S. 233; dens., Pünder, S. 76 f.

III. DIE RÜCKKEHR NACH DEUTSCHLAND

1 Vgl. H. Brüning an H. Vollmar vom 12. 6. 1948, Briefe 1946-1960, S. 132; Art. Brüning ist unterwegs, Berliner Zeitung vom 2. 6. 1948; H. Brüning an Th. Abele vom 3. 7. 1948, Durchschlag, Nachl. H. Brüning, HUG FP 93.10 Box 1; H. Brüning an H. Peters vom 18. 5. 1948, Durchschlag, ebd. Box 24.
2 Vgl. H. Brüning an W. Lichtenstein vom 1. 7. 1948, Briefe 1946-1960, S. 133 ff.; Deutschland-Union-Dienst vom 17. 7. 1948, Expl. Nachl. J. Beyerle, ACDP I-056-017. Danach stand fest, daß mit einem Erscheinen Brünings auf dem Mainzer Katholikentag im September nicht zu rechnen war, wenn die amerikanischen Militärbehörden nicht eine Verlängerung der Aufenthaltserlaubnis erwirkten.
3 H. Brüning an Cl. Nix vom 23. 7. 1948, Briefe 1946-1960, S. 135; K. Oldenhage, Ansichten Heinrich Brünings, S. 410. Vgl. R. Morsey, Brünings Kritik am politischen Wiederaufbau, S. 367.
4 H. Brüning an Cl. Nix vom 23. und vom 29. 7. 1948, Briefe 1946-1960, S. 135 f. und S. 136, Anm. 2. – Das Treffen mit Halifax im August 1939 fand in Oberst Hans Bons Wohnung am Grosvenor Square statt, vgl. Aufzeichnung H. Brünings von Anfang August 1939, Treffen mit dem Außenminister, Briefe und Gespräche, S. 280.
5 H. Brüning an Cl. Nix vom 1. 8. 1948, Briefe 1946-1960, S. 136 f. Vgl. R. Morsey, Brünings Kritik am politischen Wiederaufbau, S. 367.
6 Vgl. H. Brüning an Cl. Nix vom 1. 8. 1948, Briefe 1946-1960, S. 136 f.; J. Joos, So sah ich sie, S. 22. Vgl. Art. Keine Einreiseerlaubnis für Brüning, Süddeutsche Zeitung vom 13. 5. 1947; Art. Dr. Brüning in Münster, Westfälische Nachrichten, Münster, Nr. 78 vom 5. 8. 1948 und Art. Brüning in Münster, Die Welt vom 5. 8. 1948; Art. Heinrich Brüning: Noch kein Auftrag, Westdeutsche Allgemeine Zeitung, Essen, vom 30. 6. 1950.
7 H. Brüning an H. Pünder vom (wohl 3.) Juni 1947, Briefe 1946-1960, S. 85-88, teilweise abgedruckt in: Art. Peinliche Enthüllungen für Truman. Brüning verrät das intimste Militärgeheimnis der USA und Art. Brüning an diejenigen, die den »Mund halten können«, Neues Deutschland vom 1. 6. 1948; Art. Brünings Mitverschworene, ebd. vom 6. 6. 1948; Art. Wie Brüning die Amerikaner reinlegen will, ebd. vom 8. 6. 1948. Vgl. Art. Brüning ist unterwegs. Ein sensationeller Brief enthüllt seine Rolle in der Marshall-Politik, Berliner Zeitung vom 2. 6. 1948; Walden, Die neue Graue Eminenz, Tägliche Rundschau Nr. 130 (935) vom 6. 6. 1948 (*), S. 3. – Nach einer Meldung des Deutschland-Union-Dienstes Ausg. A vom 5. 6. 1948 bezeichnete Pünder den Brief als nicht authentisch, Expl. Nachl. J. Beyerle, ACDP I-056-017; Art. Das Ende der Weimarer Zeit. Eine Rückschau zum 70. Geburtstag des Reichskanzlers a. D. Professor Dr. Heinrich Brüning, Deutsches Volksblatt Nr. 273 vom 26. 11. 1955, Expl. Nachl. J. Beyerle, ACDP I-056-017.
8 Vgl. Art. Brüning ist unterwegs, Berliner Zeitung vom 2. 6. 1948; R. Morsey, Brünings Kritik am politischen Wiederaufbau, S. 367.
9 H. Brüning an P. Barry vom 16. 9. 1948, Briefe 1946-1960, S. 149 f.

10 Vgl. H. Brüning an Cl. Nix vom 5. 9., an P. Barry vom 16. 9. 1948, Briefe 1946-1960, S. 139, 149 f.
11 H. Brüning an Cl. Nix vom 5. 9. 1948, Briefe 1946-1960, S. 139 f.
12 H. Brüning an Cl. Nix vom 5. 9. 1948, Briefe 1946-1960, S. 139 ff.; Mitteilung von Frau H. Vollmar an den Verf. vom 19. 11. 2004.
13 F. J. Schöningh, Ein Deutscher sucht sein Vaterland, Süddeutsche Zeitung vom 21. 8. 1948, unter dem Titel: Gespräch mit Brüning, in: Rheinischer Merkur Nr. 35 vom 28. 8. 1948; Art. Brüning in Münster, Die Welt vom 5. 8. 1948; Art. Münster Festsitzung zu Ehren Dr. Brünings, Die Welt vom 13. 8. 1948. Vgl. Art. Personalien, Der Spiegel 2. Jg. Nr. 33, 14. 8. 1948, S. 19; Mitteilung von H. Vollmar, Münster, an den Verf. vom 11. 6. 2003.
14 Vgl. H. Brüning an Cl. Nix vom 5. 8. und 5. 9. 1948, Briefe 1946-1960, S. 138 ff.
15 H. Brüning an Cl. Nix vom 5. 9. 1948, Briefe 1946-1960, S. 139; Franz Thedieck, Gespräche und Begegnungen mit Konrad Adenauer, in: D. Blumenwitz u. a., Adenauer und seine Zeit (I), S. 329; Art. Dr. Brüning in Münster, Westfälische Nachrichten, Münster, Nr. 78 vom 5. 8. 1948; Art. Geschenk Dr. Brünings an die Stadt, Westfälische Nachrichten vom 10. 8. 1948; Art. Dr. Brüning trug sich ins Goldene Buch ein, Westfälische Nachrichten vom 14. 8. 1948; Art. Ehrenbürger Heinrich Brüning, Westfälische Nachrichten vom 26. 11. 1960; Mitteilung von Frau H. Vollmar an den Verf. vom 18. 7. 2002. – Im Juni 1933 war Brüning auch von der Saarpfalz-Gemeinde Mittel-Bexbach im Pfälzer Kohlengebiet am Höcherberg zum Ehrenbürger ernannt worden. Urkunde in Nachl. Brüning, Stadtarchiv Münster Kasten Nr. 2.3.
16 H. Brüning an Cl. Nix vom 5. 8. 1948, Briefe 1946-1960, S. 138; Art. Dr. Brüning verläßt Deutschland, Die Welt vom 21. 8. 1948; C. Egbring an A. Wegmann vom 5. 8. 1948, Ausf., Nachl. A. Wegmann, ACDP I-366-040/2. Nach Art. Dr. Brüning in Köln, Kölnische Rundschau vom 19. 8. (18. 8.) 1948 wollte er nach kurzem Aufenthalt in Bethel wieder nach Münster zurückkehren, um die Rückfahrt in die Vereinigten Staaten vorzubereiten. Nach Art. Dr. Brüning in Köln, Volksstimme vom 18. 8. 1948, traf Brüning am 17. 8. 1948 in Köln ein.
17 Art. Dr. Brüning über das deutsche Problem, Stuttgarter Nachrichten vom 24. 8. 1948; Art. Dr. Brüning in Köln, Kölnische Rundschau vom 19. 8. 1948; H. Brüning an Cl. Nix vom 5. 9. 1948, Briefe 1946-1960, S. 141 f.; F. J. Schöningh, Ein Deutscher sucht sein Vaterland, Süddeutsche Zeitung vom 21. 8. 1948, unter dem Titel: Gespräch mit Brüning, in: Rheinischer Merkur Nr. 35 vom 28. 8. 1948; Art. Brüning wieder in Deutschland. Altkanzler ohne politischen Ehrgeiz, Kurzdienst 5 (Juni 1950), BPA-Sammlung. H. Brüning an R. Pechel vom 16. 6. 1956, Durchschlag, Nachl. H. Brüning, HUG FP 93.10 Box 24; H. Brüning an O. Friedrich vom 30. 8. 1954, Briefe 1946-1960, S. 364; H. Brüning an J. Maier-Hultschin vom 14. 11. 1945, Ausf., und vom 18. 3. 1951, Abschrift, gez. H. B., Nachl. J. Maier-Hultschin, BA Koblenz N 1043, Nr. 1 bzw. 5; R. Morsey, Brüning und Adenauer, S. 38 f.; ders., Brüning, ein Staatsmann aus Westfalen, S. 111; ders., Brünings Kritik am politischen Wiederaufbau, S. 370 f.; Freundliche Mitteilung nach dem Gästebuch der Familie von Herrn Dr. Tilman Pünder an den Verf. vom 28. 6. 2002. Vgl. K. Adenauer an H. Brüning vom 9. 8. 1948, zweifache Ausf., Nachl. H. Brüning, HUG FP 93.10 Box 1 (lt. handschriftl. Vermerk Brünings (»saw him in Cologne«) traf dieser auch Adenauer erstmals am 18. August vormittags gegen 10.30 Uhr in Köln, möglicherweise anläßlich des Empfangs der Stadtverwaltung), Druck: K. Adenauer, Briefe 1947-1949, Nr. 918, S. 287; G. Elgey, La République des Illusions, S. 386 f. (dort Zitat Schuman: »La France n'a pas de politique allemande; elle se met à la traîne des États-Unis.«); Th. Isajiw, Was soll aus Deutschland werden?, S. 105 ff.; Th. Heuss, Tagebuchbriefe, 19. 10. 1956, S. 202; H. Brüning an H. v. Raumer vom 3. 11., an H. Weber vom 27. 11.-3. 12. 1948, Briefe 1946-1960, S. 155, 162 und ebd. S. 168, Anm. 2; H. Brüning an J. Gronowski vom 19. 1. 1949, Ausf., Nachl. J. Gronowski, ACDP I-205-

001/3; H. Köhler, Adenauer, S. 463; R. Poidevin, Die französische Deutschlandpolitik, S. 24; dens., Die Neuorientierung der französischen Deutschenlandpolitik 1948/49, in: J. Foschepoth, Kalter Krieg und Deutsche Frage, S. 129 f.; I. v. Münch, Dokumente des geteilten Deutschland (Bd. 1), S. 82 ff.; J. Gimbel, American Occupation, S. 208; M. Köchling, Demontagepolitik, S. 193 f.

18 Vgl. H. Brüning an Cl. Nix vom 5. 9. 1948, Briefe 1946-1960, S. 140 ff.; dens. an E. Brettauer vom 7. 10. 1948, ebd. S. 151 f.; Art. Kohle-Sozialisierung, Handelsblatt Nr. 40 vom 10. 8. 1948.

19 H. Brüning an A. H. Berning vom 11. 7. 1949, Briefe 1946-1960, S. 191.

20 H. Brüning an Cl. Nix vom 5. 9., an A. H. Berning vom 12. 11. 1948, Briefe 1946-1960, S. 144 f., 157; Art. Am 28. wird Dr. Brüning wieder abreisen, Westfälische Nachrichten, Münster, vom 24. 8. 1948; Art. Brüning bei Severing, Die Welt vom 24. 8. 1948; G. Gereke, Ich war königlich-preußischer Landrat, S. 352; E. Stockhorst, 5000 Köpfe, S. 375; F. Holzapfel an L. Schwering vom 8. 9. 1965, Ausf., Nachl. L. Schwering, HAStK 1193/509; K. Breuning, Die Vision des Reiches, S. 211; H. Brüning an A. v. Schauroth vom 22. 6. 1948, Ausf., Sammlung Gärtringen; R. van Dülmen, Katholischer Konservativismus, S. 294; Felicitas Hagen-Dempf, Alois Dempf – ein Lebensbild, in: V. Berning / H. Maier, Dempf, S. 12; A. Dempf, Leserbrief an den Rheinischen Merkur vom 8. 5. 1970, abgedruckt in: V. Berning / H. Maier, Dempf, S. 193 ff. Vgl. Michael Schäffler (= A. Dempf), Die Glaubensnot der deutschen Katholiken (Zürich 1934), in: V. Berning / H. Maier, Dempf, S. 196 ff.; H.-P. Schwarz, Adenauer Bd. 1, S. 642; A. Mirgeler, Brüning, S. 170.

21 Vgl. H. Brüning an Cl. Nix vom 5. 9. 1948, Briefe 1946-1960, S. 140 ff.; Art. Am 28. wird Dr. Brüning wieder abreisen, Westfälische Nachrichten, Münster, vom 24. 8. 1948; Art. Vom Tage, Der Tagesspiegel, Berlin, vom 7. 9. 1948; Notiz A. Wegmanns o. D., Nachl. A. Wegmann, ACDP I-366-040/2.

22 Vgl. H. Brüning an Cl. Nix vom 5. 9. 1948, Briefe 1946-1960, S. 139 ff.; G. N. Shuster, Brüning Memoir and Foreword, Manuskript, S. 67 ff., Nachl. G. N. Shuster, Notre Dame CSHU Box 2; R. Conkling, Shuster; K. Oldenhage, Ansichten Heinrich Brünings, S. 409 ff.; H. Brüning an R. Pechel vom 9. 2. 1947, Durchschlag, Nachl. H. Brüning, HUG FP 93.10 Box 24; H. Brüning an G. Shuster vom 8. 5. 1950, ebd. Box 31; Text der Niederschrift von J. Elliott an E. Litchfield vom 30. 8. 1948, in: K. Oldenhage, Ansichten Heinrich Brünings, S. 413 ff., (Original paraphiert, Omgus, vorl. Nr. 13932, Shipment 17 Box 254-1, Folder 16, IfZ München); J. Radkau, Die deutsche Emigration, S. 191; R. Morsey, Zur Problematik einer zeitgeschichtlichen Briefedition, S. 79; dens., Emigration und Nachkriegsplanung, S. 231; H. P. Mensing, Amerika-Eindrücke Konrad Adenauers und Adenauer-Bilder in den USA, in: K. Schwabe, Adenauer und die USA, S. 257. – Zum Urteil Schumachers über Brüning, Papen und Schleicher siehe u. a. Lewis J. Edinger, Kurt Schumacher. A Study in Personality and Political Behavior, Stanford 1965, S. 225.

23 Vgl. H. Brüning an Cl. Nix vom 5. 9., an A. H. Berning vom 8. 9. 1948, Briefe 1946-1960, S. 146, 149.

24 Vgl. H. Brüning an Cl. Nix vom 5. 9. 1948, Briefe 1946-1960, S. 142, 147; G. N. Shuster, Brüning Memoir and Foreword, Manuskript, S. 69, Nachl. G. N. Shuster, Notre Dame CSHU Box 2; Erwin Wendt an R. Murphy vom 6. 8. 1948, Ausf. paraphiert, Omgus Nr. 8535, Shipment POLA Box 461, Folder 52, IfZ München. Dazu R. Morsey, Brünings Kritik am politischen Wiederaufbau, S. 367.

25 Vgl. H. Schacht, 76 Jahre, S. 636 ff.

26 Vgl. H. Brüning an E. Löser vom 3. 5. 1950, Briefe 1946-1960, S. 226.

27 Vgl. H. Brüning an F. Buchholz vom 18. 10. 1948, Briefe 1946-1960, S. 152; Art. Dr. Brüning erscheint nicht, Die Welt vom 14. 8. 1948; H. Schacht, 76 Jahre, S. 639, 641; die Erklärung Schachts während des Nürnberger Kriegsverbrecherprozesses am 30. 4. bzw. 1. 5. 1946, IMT Bd. 12, S. 476 f., 535.

28 Vgl. Art. »Schacht war ein Hochverräter«, Die Welt vom 24. 8. 1948; H. Schacht, 76 Jahre, S. 362 ff.
29 Vgl. H. Schacht, 76 Jahre, S. 636 ff.; H. Brüning an H. Ullmann vom 8. 11. 1948, Briefe 1946-1960, S. 156. – Zum Urteil Brünings über Schachts Transaktionen siehe St. A. Schuker, Ambivalent Exile, S. 343. – Ein Ermittlungsverfahren der Staatsanwaltschaft Lüneburg wegen Verbrechens gegen die Menschlichkeit wurde Ende 1950 wegen mangelnden Tatverdachts eingestellt. Das Entnazifizierungsverfahren in Hamburg wurde daraufhin eingeleitet. Dazu Kölnische Rundschau vom 1. 8. bzw. 3. 8. 1950.
30 H. Brüning an H. Lukaschek vom 17. 11. 1949, Briefe 1946-1960, S. 181.
31 Vgl. H. Brüning an A. v. Schauroth vom 17. 2. 1948, Ausf., Sammlung Gärtringen; H. Brüning an G. Letterhaus vom 22. 3. 1948, Kopie der Ausf., in: Bernhard-Letterhaus-Schule, Festschrift, S. 51; H. Brüning an W. Stennes vom 11. 8., an C. Baeumker vom 4. 12. 1949, Briefe 1946-1960, S. 193, 201; R. Morsey, Emigration und Nachkriegsplanung, S. 236 f.
32 Vgl. H. Brüning an A. H. Berning vom 8. 9. 1948, Briefe 1946-1960, S. 149; H. Brüning an L. Baeck vom 28. 9. 1948, Durchschlag, Nachl. H. Brüning, HUG FP 93.10 Box 2.
33 Adolf Frisé, Brüning unter Quarantäne. Rätsel um den Besuch des früheren Reichskanzlers, Die Zeit Nr. 34 vom 19. 8. 1948; Art. Kanzler, Professor und Asket. Dr. Brünings stille Heimkehr aus 17jährigem Exil, Hamburger Abendblatt vom 1. 12. 1951. Vgl. H. Brüning an P. Barry vom 16. 9., an E. Brettauer vom 7. 10. 1948, Briefe 1946-1960, S. 149, 151.
34 H. Brüning an P. Barry vom 16. 9. 1948, Briefe 1946-1960, S. 149; F. J. Schöningh, Ein Deutscher sucht sein Vaterland, Süddeutsche Zeitung vom 21. 8. 1948; Th. Abele an H. Brüning vom 14. 8. 1948, Ausf., Nachl. H. Brüning, HUG FP 93.10 Box 1. Vgl. H. Brüning an Cl. Nix vom 5. 9., an A. H. Berning vom 8. 9. 1948, Briefe 1946-1960, S. 142, 149. – Das »Neue Tageblatt« erwähnte Brünings farbige modische Kleidung, die im Gegensatz zu dessen schwarzen Anzügen in der Kanzlerzeit gut zu seinem braun gebrannten Gesicht passe. Außerdem strahle seine Persönlichkeit trotz »des befremdlichen Akzents seiner Sprache ... Kraft, Wärme und Bescheidenheit wie vor zwanzig Jahren aus.« Art. Dr. Brüning wieder in Deutschland, (mit Bild), Neues Tageblatt, Osnabrück, vom 13. 6. 1950, Nachl. J. Kannengießer, ACDP I-182-018/1.
35 G. Shuster, Sojourn, S. 454.
36 F. J. Strauß, Die Erinnerungen, S. 27 f.
37 Vgl. H. Brüning an Cl. Nix vom 24. 9. 1948, Briefe 1946-1960, S. 150 f.; W. S. Churchill, Der Zweite Weltkrieg Bd. 1, 1, S. 86 ff.
38 H. Brüning an E. Brettauer vom 7. 10., Memorandum für W. Y. Elliott vom 2. 11. 1948, Briefe 1946-1960, S. 151 f., 154. Vgl. H. B. Price, The Marshall Plan, S. 264 ff.; W. Bührer, Reparationen, S. 165.
39 W. Abelshauser, Wirtschaft in Westdeutschland 1945-1948, S. 163 ff.
40 Vgl. das Memorandum Brünings für W. Y. Elliott vom 2. 11. 1948, Briefe 1946-1960, S. 154.
41 H. Brüning an H. Weber vom 27. 11.- 3. 12., an K. Adenauer vom 1. 12. 1948, Briefe 1946-1960, S. 159 ff., 168. Vgl. dpa Inf. 1571 vom 25. 10. 1951 (Dt. Bundestag, Pressearchiv); R. Morsey, Zur Problematik einer zeitgeschichtlichen Briefedition, S. 78.
42 Vgl. H. J. Schorr, Stegerwald, S. 295.
43 H. Brüning an Cl. Nix vom 5. 9., an H. v. Raumer vom 8. 11. 1948, Briefe 1946-1960, S. 146, 155; H. Brüning an G. Letterhaus vom 15. 8. 1946, Kopie der Ausf., in: Bernhard-Letterhaus-Schule, Festschrift, S. 52; Mitteilung von Frau Ursula Letterhaus, Bornheim, an den Verf. vom 22. 5. 2003. Vgl. R. Morsey, Vorstellungen Christlicher Demokraten, S. 197, Anm. 28. – Zur Problematik von Adenauers Westorientierung siehe u. a. R. Morsey, Die Deutschlandpolitik Adenauers, S. 11 ff.
44 Vgl. J. Hofmann, Journalist, S. 146 f.
45 F. Thedieck, Gespräche und Begegnungen mit Konrad Adenauer, in: D. Blumenwitz u. a., Adenauer und seine Zeit (I), S. 329 f.; Anneliese Poppinga, Meine Erinnerungen an Konrad

Adenauer, Stuttgart 1970, S. 144 (Zitat); Hinweis von Herrn Dr. H. P. Mensing, Bad Honnef an den Verf. vom 24. 1. 2005. Vgl. E. Pikart, Theodor Heuss und Konrad Adenauer, in: Adenauer-Studien I, S. 68. Über Schumans Reise nach Koblenz siehe R. Poidevin, Die Neuorientierung der französischen Deutschlandpolitik 1948-49, in: J. Foschepoth, Kalter Krieg und Deutsche Frage, S. 132 f.; ders., Robert Schuman und Deutschland, in: Walther L. Bernecker und Volker Dotterweich (Hrsg.), Deutschland in den internationalen Beziehungen des 19. und 20. Jahrhunderts. Festschrift für Josef Becker zum 65. Geburtstag, München 1996, S. 222 f.

46 Äußerung gegenüber den Brüdern Carl Joachim und Otto A. Friedrich und seinem Harvard-Kollegen John Elliott in Cambridge, Massachusetts, zit. in O. A. Friedrich, Brünings große Konzeption, in: W. Vernekohl, Heinrich Brüning. Ein deutscher Staatsmann im Urteil der Zeit, S. 63.

47 Vgl. H. Brüning an H. v. Raumer vom 3. 11., an H. Peters vom 4. 11. 1948, Briefe 1946-1960, S. 155; H. Brüning an E. Rudolph vom 22. 1. 1950, Ausf., Sammlung K. Goebel, Wuppertal; Hans August Lücker, Die Politik der europäischen Einigung von 1945-1963, in: Hans August Lücker / Jean Seitlinger, Robert Schuman und die Einigung Europas, Luxemburg 2000, S. 39 f., 59 f., 72 f.; R. Rochefort, Schuman, S. 78; R. Poidevin, Schuman, S. 76; H.-P. Schwarz, Adenauer Bd. 1, S. 562; H. Köhler, Adenauer, S. 470, 586 f., 591 f. Nach K. Adenauer, Erinnerungen Bd. 1, S. 296 war dieser mit Schuman im Oktober 1948 erstmals zusammengetroffen.

48 H. Brüning an A. H. Berning vom 12. 11., an J. Ruffini vom 8. 12. 1948, Briefe 1946-1960, S. 157 f., 169 f.; H. Brüning an B. Raestrup vom 13. 9. 1948, Durchschlag ungez., Nachl. J. Gronowski, ACDP I-205-001/3; H. Brüning an G. Letterhaus vom 15. 8. 1946, Kopie der Ausf., in: Bernhard-Letterhaus-Schule, Festschrift, S. 52 (Zitat über Letterhaus); K. Gumbel, Hans Globke – Anfänge und erste Jahre im Bundeskanzleramt, in: K. Gotto, Der Staatssekretär Adenauers, S. 77; Art. Dr. Brüning und das Neue Zentrum, Westfälische Nachrichten, Münster, Nr. 77 vom 15. 10. 1948. Vgl. R. Morsey, Zentrumspartei und Zentrumspolitiker, S. 406.

49 Vgl. H. Brüning an B. Raestrup vom 13. 9. 1948, Durchschlag ungez., Nachl. J. Gronowski, ACDP I-205-001/3.

50 Vgl. H. J. Schorr, Stegerwald, S. 294.

51 Art. Heinrich Brüning gegen das neue Zentrum! Abschrift aus »Informationsbriefe der Christlich-Demokratischen Union für Westfalen-Lippe« Nr. 3/46, März 1946, Expl. im Nachl. B. Dörpinghaus, ACDP I-009-014/3.

52 H. Brüning an H. Weber vom 27. 11.- 3. 12. 1948, Briefe 1946-1960, S. 165 f. Vgl. Art. Dr. Brüning und das Neue Zentrum, Westfälische Nachrichten, Münster, Nr. 77 vom 15. 10. 1948 (Brief Brünings vom 13. 9. 1948 an einen ungenannten Verf., wohl B. Raestrup); R. Morsey, Emigration und Nachkriegsplanung, S. 235; U. Schmidt, Zentrum oder CDU, S. 175 f.

53 Schon im Frühjahr 1946 hatten die Bischöfe von Hildesheim, Osnabrück und Paderborn in unterschiedlichen Stellungnahmen ihre Sympathie für die CDU bekundet. Vgl. Auszug der Stellungnahmen von Machens (8. 2. 1946), Berning und Jaeger (15. 4. 1946), Nachl. R. Muckermann, Bestand CDU-DZP, ACDP I-003/1.

54 H. Brüning an H. Weber vom 27. 11.- 3. 12. 1948, Briefe 1946-1960, S. 165.

55 Vgl. H. Brüning, Aufzeichnung vom Januar 1949, Briefe 1946-1960, S. 175 und 168, Anm. 2; W. Loth, Die Franzosen und die deutsche Frage, S. 42 ff.; Th. Isajiw, Was soll aus Deutschland werden?, S. 37 ff.

56 Vgl. H. Brüning an H. Pünder vom Januar 1949, Briefe 1946-1960, S. 175 ff.; W. Loth, Die Franzosen und die deutsche Frage, S. 41 f.

57 Vgl. Th. Abele an H. Brüning vom 1. 11. 1947, vom 13. 8. 1949, vom 11. und 19. 8. 1950, Nachl. H. Brüning, HUG FP 93.10 Box 1; R. Rochefort, Schuman, S. 233 ff.; K. Adenauer

an H. Brüning vom 30. 12. 1948, K. Adenauer, Briefe 1947-1949, Nr. 1043, S. 371 f.; J. Steinle, Pünder, S. 432; P. Merseburger, Schumacher, S. 488 f.; D. Acheson, Sketches from Life, S. 2 ff., 41 ff.
58 Telegramm von Botschafter J. Caffery vom 10. 11. 1948, FRUS 1948 II, S. 434, Anm. 1. Dazu Wolfgang Krieger, General Lucius D. Clay und die amerikanische Deutschlandpolitik, S. 434 und H. Köhler, Adenauer, S. 483.
59 Ernst Müller-Hermann, Manuskript für Radio Bremen, Nachl. E. Müller-Hermann, ACDP I-412-001/1; H. Brüning an H. Pünder vom 9. 1. 1951, Ausf., Nachl. H. Pünder, BA Koblenz N 1005, Nr. 613; K. D. Bracher, Das Anfangsstadium der Hitlerschen Außenpolitik, in: W. Michalka (Hrsg.), Nationalsozialistische Außenpolitik, Darmstadt 1978, S. 204. Vgl. T. Pünder, Das bizonale Interregnum, S. 263 ff.
60 Vgl. H. Brüning an K. Müller bzw. an A. Wegmann vom 29. 1. 1948, Briefe 1946-1960, S. 178 f.
61 Vgl. H. Brüning an H. Pünder vom 19. 2. 1949, Briefe 1946-1960, S. 181 f.; M. Köchling, Demontagepolitik, S. 122 ff.
62 Vgl. H. Brüning an M. Anderson vom 15. 9. 1941, Briefe und Gespräche, S. 369; H. Brüning an R. Pechel vom April, an H. Weber vom 7. 7. und 29. 9. 1949, an M. Brüning vom 31. 5. 1951, an I. v. Willisen vom 21. 7. 1952, an H. J. Schmitt vom 6. 10. 1955, Briefe 1946-1960, S. 173, 183, 189, 197, 272, 312, 390; H. Brüning an A. v. Schauroth vom 24. 8. 1949, Ausf., Sammlung Gärtringen; H. Brüning, Am Sarge des Reichsministers a. D. Dietrich (Rede in Stuttgart am 9. 3. 1954), Reden und Aufsätze, S. 277; G. Shuster, Sojourn, S. 454; G. N. Shuster, Brüning Memoir and Foreword, Manuskript, S. 69, Nachl. G. N. Shuster, Notre Dame CSHU Box 2; Th. Abele an H. Brüning vom 12. 4. 1949, H. Brüning an Th. Abele vom 27. 7. 1949, Durchschlag, Nachl. H. Brüning, HUG FP 93.10 Box 1; J. Stephan, Begleiterin im langen Schatten; H. Brüning an A. Wegmann vom 31. 12. 1949, Ausf., Nachl. A. Wegmann, ACDP I-366-040/2; H. Brüning an Prälat Dr. Monse vom 18. 4. 1948, Ausf., Bistumsarchiv Osnabrück 6-08-51-10, Kopie im Besitz des Verf.s.
63 Vgl. H. Brüning an R. Pechel vom April 1949, Briefe 1946-1960, S. 183; R. Morsey, Brünings Kritik am politischen Wiederaufbau, S. 368 ff.
64 W. Lippmann, U. S. War Aims, S. 113 ff. Vgl. dagegen später R. Niebuhr, Germany and Western Civilization, S. 8 ff.
65 H. Brüning an R. Pferdmenges vom 20. 4. 1949, Briefe 1946-1960, S. 184. Vgl. R. Morsey, Brünings zweite Emigration, S. 414 f.; Kabinettsprotokolle der Bundesregierung Bd. 4, S. 69, Anm. 31. – Zu Adenauers Außenpolitik u. a. A. Hillgruber, Adenauer und die Stalin-Note, S. 370, 382; H.-P. Schwarz, Adenauer Bd. 1, S. 909 ff.
66 H.-P. Schwarz, Adenauer Bd. 1, S. 671 f. Vgl. A. Hillgruber, Adenauer und die Stalin-Note, S. 372 f., 379 f.; dens., Alliierte Pläne, S. 20 ff.; Gottfried Niedhart / Normen Altman, Zwischen Beurteilung und Verurteilung: Die Sowjetunion im Urteil Konrad Adenauers, in: J. Foschepoth, Adenauer und die Deutsche Frage, S. 110 f.; Hans-Jürgen Schröder, Kanzler der Alliierten? Die Bedeutung der USA für die Außenpolitik Adenauers, ebd. S. 18 ff.
67 Vgl. H. Brüning an K. Mönnig vom 22. 4. 1949, Briefe 1946-1960, S. 184 f.; ferner ebd. S. 180, Anm. 1; W. Loth, Die Franzosen und die deutsche Frage, S. 47.
68 Vgl. H. Brüning an K. Mönnig vom 22., an O. Friedrich vom 28. 4. 1949, Briefe 1946-1960, S. 184 f.; R. Morsey, Zentrumspartei und Zentrumspolitiker, S. 401.
69 Vgl. H. Brüning, Memorandum für H. Pünder, Anfang Mai 1949, Briefe 1946-1960, S. 185 f.
70 Vgl. H. Brüning, Memorandum für H. Pünder, Anfang Mai 1949, Briefe 1946-1960, S. 185 f.; St. Hoffmann, Gulliver's Troubles, S. 83.
71 H. Brüning, Memorandum für H. Pünder und K. Adenauer, Ende Mai 1949, ders. an H. Weber vom 29. 9., an Th. Heuss vom 20. 12. 1949, an O. Friedrich vom 27. 2. 1951, Briefe 1946-1960, S. 187 ff., 197 f., 249, 265; P. Merseburger, Schumacher, S. 491 f. Vgl. Briefe

1946-1960, S. 188 f., Anm. 1 und 216, Anm. 1; H. Brüning an B. Hopper vom 13. 1. 1950, ebd. S. 222, Anm. 2; H. Brüning an H. Weber vom 8. 3. 1950, an H. J. Schmitt vom 26. 5. 1951, ebd. S. 221, 272; W. Krieger, Clay, S. 86 ff.

72 H. Brüning an H. Pünder vom Juli 1949, Briefe 1946-1960, S. 191.
73 H. Brüning an H. Pünder vom Juli 1949, Briefe 1946-1960, S. 191 f.
74 Vgl. Viermächte-Abkommen betreffend die Beendigung der Blockade West-Berlins vom 4. 5. 1949, I. v. Münch, Dokumente des geteilten Deutschland (Bd. 1), S. 155; Erklärung des amerikanischen Außenministeriums vom 26. 4. 1949 zur Berliner Frage, in: Dokumente zur Berlin-Frage 1944-1966, hrsg. vom Forschungsinstitut der Deutschen Gesellschaft für Auswärtige Politik, München 1987, Nr. 80, S. 107 f.; Art. Berlin, in: DDR-Handbuch, hrsg. vom Bundesministerium für innerdeutsche Beziehungen, Bonn 1975, S. 115; E. Nolte, Deutschland und der Kalte Krieg, S. 248; A. Hillgruber, Deutsche Geschichte, S. 39. Nach dem Art. Deutsche Frage, in: Wolfgang Kerff / Horst Seydewitz, Wörterbuch der Außenpolitik, Berlin 1965, S. 164 f. war die Sowjetunion u. a. wegen der westlichen Währungsreform gezwungen gewesen, »eine Reihe von Beschränkungen im Verbindungswesen, im Transport und im Handel zwischen den Westzonen Deutschlands und Berlin durchzuführen«.
75 A. Hillgruber, Europa in der Weltpolitik der Nachkriegszeit, S. 52; H. Brüning, Memorandum für H. Pünder vom Juli 1949, Briefe 1946-1960, S. 191 f.
76 Vgl. H. Brüning, Memorandum für G. Kennan vom Mai 1949, für H. Pünder vom Juli 1949, Briefe 1946-1960, S. 186 f., 191 f.
77 Dazu u. a. A. Frohn, Deutschland zwischen Neutralisierung und Westintegration, S. 124 ff.; A. Hillgruber, Alliierte Pläne, S. 14 ff.
78 So der Journalist Thomas L. Stokes im Washington Evening Star vom 27. 1. 1949, zit. in: H. D. Ahrens, Demontage, S. 174; H. Brüning an F. Kühr vom 8. 7. 1949, Briefe 1946-1960, S. 189 f. Vgl. R. Niebuhr, Germany and Western Civilization, S. 6 f.
79 Vgl. H. Brüning an J. Gronowski vom 20. 8. 1949, Briefe 1946-1960, S. 194; Klaus Altmeyer, Saarland, in: Carola Stern / Thilo Vogelsang / Erhard Klöss / Albert Graff (Hrsg.), Lexikon zur Geschichte und Politik im 20. Jahrhundert Bd. 2, S. 691.
80 H. Brüning an F. Kühr vom 8. 7., an H. Weber vom 30. 12. 1949, Briefe 1946-1960, S. 189 f., 210. Vgl. H. Brüning an H. Pünder vom 19. 11. 1949, Briefe 1946-1960, S. 200.
81 H. Brüning an W. v. Baltz vom 23. 6. 1950, Briefe 1946-1960, S. 230.
82 H. Brüning an G. Olef vom 25. 8. 1949, Briefe 1946-1960, S. 195; H. Brüning an R. Pechel vom 4. 11. 1948, Durchschlag, Nachl. H. Brüning, HUG FP 93.10 Box 24.
83 Vgl. H. Brüning an H. Ullmann vom 4. 11., an M. Brüning bzw. H. Dietrich vom 5. 11., an J. Maier-Hultschin vom 5. und 20. 12., an F. v. Galen vom 21. 12. 1949, an Th. Prange vom 24. 7. 1953, Briefe 1946-1960, S. 198 f., 202, 207 f., 334 f. und S. 199, Anm. 1; H. Brüning an O. Friedrich vom 18. 6. 1956, Durchschlag, Nachl. H. Brüning, HUG FP 93.10 Box 10; F. Thedieck, Gespräche und Begegnungen mit Konrad Adenauer, in: D. Blumenwitz u. a., Adenauer und seine Zeit (I), S. 328; Johann Baptist Gradl, Adenauer und Berlin, ebd. S. 343; Mitteilung von Frau Bettina von Heeren, Rottenbuch, an den Verf. vom 6. 12. 2002. Dazu R. Morsey, Brünings Kritik am politischen Wiederaufbau, S. 370 f.; ders., Zentrumspartei und Zentrumspolitiker, S. 407. Zu den wirtschaftspolitischen Differenzen zwischen Adenauer und Brüning in den Jahren 1930/31 siehe Volker Frielingsdorf, Konrad Adenauers Wirtschaftspolitik als Kölner Oberbürgermeister 1917-1933, Basel 2002, S. 154 ff.
84 Vgl. Art. Augustus, Begegnung mit Brüning in München. Aussprache des ehemaligen Reichskanzlers mit bayerischen Politikern, Schwäbische Landeszeitung, Augsburg, vom 24. 1. 1953. Ernst Deuerlein, Heinrich Brüning wird 80 Jahre alt. Ein politisches Porträt. Kanzler der Weimarer Republik. Er trug schwer an der Verantwortung, Bayern-Kurier, München, vom 27. 11. 1965.

85 »Ich weiß, welche große Verantwortung und schwere Arbeit Sie mit Ihrem Amte übernommen haben. Aber angesichts Ihrer langen politischen Erfahrung, Ihrer politischen Einsicht und Ihrer persönlichen Eigenschaften habe ich die feste Überzeugung, daß es Ihnen gelingen wird, trotz der übermenschlichen Schwierigkeiten, die im Wege stehen, unser armes Volk durch weitsichtige und verantwortungsvolle Arbeit ein gutes Stück voranzubringen auf dem Wege zu einer versöhnlichen politischen Entwicklung im Innern und zum wirtschaftlichen sozialen Wiederaufstiege. ...« H. Brüning an K. Adenauer zur Kanzlerwahl vom 12. 9. 1949, in: J. V. Wagner, Deutschland nach dem Krieg, Kapitulation. Neubeginn. Teilung. Ausstellung im Hist. Archiv der Stadt Köln 1975 (Dortmund o. J.), S. 336. Dazu R. Morsey, Brüning, ein Staatsmann aus Westfalen, S. 114.

86 Vgl. H. Brüning an M. Brüning vom 5. 11., an J. Maier-Hultschin vom 20. 12. 1949, an B. Reismann vom 27. 3. 1951, Briefe 1946-1960, S. 198, 207, 268 f.; H. Brüning an J. Horatz vom 28. 2. 1950, Durchschlag, Nachl. H. Brüning, HUG FP 93.10 Box 15; H. Pünder an H. Brüning vom 26. 7. 1951, Entwurf, Nachl. H. Pünder, BA Koblenz N 1005, Nr. 613; K. Gumbel, Hans Globke – Anfänge und erste Jahre im Bundeskanzleramt, in: K. Gotto, Der Staatssekretär Adenauers, S. 77; J. Steinle, Pünder, S. 428; R. Morsey, Pünder, S. 78 f., 81; W. Benz, Besatzungsherrschaft, S. 247 f. Über Vorbehalte innerhalb des Wirtschaftsrates gegen Pünder siehe F. J. Strauß, Die Erinnerungen, S. 86.

87 H. Brüning an H. Dietrich vom 5. 11. 1949, Briefe 1946-1960, S. 199.

88 Vgl. H. Brüning an R. Pferdmenges vom 11. 11. 1949, an O. Friedrich vom 15. 2. 1951, Briefe 1946-1960, S. 199 f., 263.

89 Vgl. H. Brüning an H. Pünder vom 19. 11., an C. Baeumker vom 4. 12., an J. Maier-Hultschin vom 5. 12., an H. J. Schmitt vom 17. 12. 1949, Briefe 1946-1960, S. 200 ff., 207.

90 H. Brüning an H. Weber vom 30. 12. 1949 bzw. 22. 8. 1951, Briefe 1946-1960, S. 210 f., 281; R. Morsey, Brüning, ein Staatsmann aus Westfalen, S. 114; ders., Brüning und Adenauer, S. 39.

91 Vgl. H. Brüning an H. F. Berger vom 16. 12., an M.-P. Engelmeier vom 20. 12. 1949, Briefe 1946-1960, S. 206, 209.

92 Vgl. H. Brüning an H. Peters vom 21. 1. 1950, Briefe 1946-1960, S. 217; Mitteilung von Frau Bettina von Heeren, Rottenbuch, an den Verf. vom 6. 12. 2002. – Brüning scheint nie das Flugzeug für seine Reisen benutzt zu haben, was erklären würde, warum er nach dem Zweiten Weltkrieg niemals nach Berlin reiste, obwohl dort beispielsweise das Ehepaar Tennstedt wohnte. Mitteilung von Frau H. Vollmar, Münster, und Frau Cl. Nix, Keene, an den Verf. vom 15. bzw. 17. 4. 2003.

93 Vgl. H. Brüning an B. Reismann vom Januar 1950, Briefe 1946-1960, S. 216 f.

94 Vgl. Briefe 1946-1960, S. 213 (Kommentar). Dazu Dietmar Petzina, Weltwirtschaft, in: Hugo Ott / Hermann Schäfer (Hrsg.), Wirtschafts-Ploetz, Freiburg 1984, S. 420 f.; W. Abelshauser, Westeuropa vor dem Marshall-Plan. Entwicklungsmöglichkeiten und Wirtschaftsordnung in Großbritannien, Frankreich, Westdeutschland und Italien 1945-1950, in: Othmar Nikola Haberl / Lutz Niethammer (Hrsg.), Der Marshall-Plan und die europäische Linke, Frankfurt/Main 1986, S. 125 f.; W. Loth, Marshall-Plan, in: Staatslexikon, hrsg. von der Görres-Gesellschaft, Bd. 3, 7. Aufl. Freiburg 1987, Sp. 1023 f.

95 Vgl. H. Brüning an F. Thedieck vom 23. 1., an H. Weber vom 1. 3. 1950, Briefe 1946-1960, S. 218 ff.; R. Steininger, Wiederbewaffnung, S. 15 ff.

96 R. Steininger, Wiederbewaffnung, S. 16 ff.

97 H. Brüning an W. Faltz vom 12. 2. 1950, Briefe 1946-1960, S. 219.

98 Vgl. H. Maier, Konrad Adenauer (1876-1967), in: R. Morsey / K. Repgen, Adenauer-Studien (I), S. 17; Karsten Krieger, Parteien, in: W. Benz, Deutschland unter alliierter Besatzung, S. 155.

99 Vgl. H. Brüning an F. Thedieck vom 22. 3. 1950, Abschrift, Nachl. H. Wegmann, ACDP I-070-059/1, Teildruck unter dem Datum 8. 3. 1950, Briefe 1946-1960, S. 222. »... We should

not attempt now – it is much too late to negotiate with the Russians about Germany. We should invite the Germans to propose a German settlement – dealing with unification, armed forces and police, guarantees against aggression, evacuation, and their own neutralization – agreements on which the four powers might then try to agree, which if they did agree, could they be subject to plebiscite of the German nation«. Walter Lippmann in: New York Herald Tribune vom 20. 3. 1950, zit. H. Brüning an F. Thedieck, a. a. O. Dazu E. Nolte, Geschichtsdenken, S. 337.

[100] New York Herald Tribune vom 17. 4. 1950, Notiz H. Brüning für F. Thedieck, Abschrift, Nachl. H. Wegmann, ACDP I-070-059/1. Vgl. Briefe 1946-1960, S. 226, Anm. 1.

[101] Vgl. H. Brüning an H. Weber vom 8. 3. 1950, Briefe 1946-1960, S. 221 (Zitat). Vgl. H. Brüning an J. Maier-Hultschin vom 12. 5. 1950, ebd. S. 226 f.

[102] Vgl. H. Brüning an F. Thedieck vom 29. 12. 1949, Abschrift, Nachl. H. Wegmann, ACDP I-070-059/1; H. Brüning an K. Mönnig vom 17. 12. 1950, Briefe 1946-1960, S. 245; R. Morsey, Brünings Kritik am politischen Wiederaufbau, S. 375 ff.

[103] Vgl. H. Brüning an F. Thedieck vom 8. 3. 1950, Briefe 1946-1960, S. 221; A. Hillgruber, Europa in der Weltpolitik, S. 56; K. Adenauer, Erinnerungen Bd. 1, S. 319 ff.; J. Foschepoth, Westintegration statt Wiedervereinigung, S. 37.

[104] H. Brüning an M. v. Brünneck vom 23. 6. 1950, Briefe 1946-1960, S. 229.

[105] Vgl. H. Brüning an H. Weber vom 10. 10., an F. Thedieck vom 22. 12. 1950, Briefe 1946-1960, S. 237 f. bzw. 250.

[106] H. Brüning an F. Thedieck vom 5. 2. 1951, Briefe 1946-1960, S. 261. Vgl. J. Bariéty, Die Rolle der persönlichen Beziehungen zwischen Bundeskanzler Adenauer und General de Gaulle für die deutsch-französische Politik zwischen 1958 und 1963, S. 16.

[107] Vgl. H. Brüning an G. Olivier vom 12. 2., an H. J. Schmitt vom 26. 5. 1951, Briefe 1946-1960, S. 263, 272. Dazu die Erklärung François-Poncets auf einer Pressekonferenz in Kiel am 30. 1. 1951, Archiv der Gegenwart 21 (1951), S. 2794.

[108] Vgl. H. Brüning an H. J. Schmitt vom 2. 4. 1951, Briefe 1946-1960, S. 270.

[109] Vgl. H. Brüning an F. Thedieck vom 8. 3., an H. Vockel vom 28. 3., an W. Hamacher vom April 1950, Briefe 1946-1960, S. 221, 223 f.

[110] Vgl. H. Brüning an H. Weber vom 5. 4., an W. Hamacher vom April 1950, Briefe 1946-1960, S. 224 f.; A. Hillgruber, Adenauer und die Stalin-Note, S. 372 ff.; Klaus Dohrn, Das Amerikabild Adenauers, in: D. Blumenwitz u. a., Adenauer und seine Zeit (I), S. 519 ff.; Anneliese Poppinga, Konrad Adenauer – Geschichtsverständnis, Weltanschauung und politische Praxis, Stuttgart 1975, S. 92.

[111] Archiv der Gegenwart 20 (1950), S. 2372; H.-P. Schwarz, Adenauer Bd. 1, S. 714. Vgl. G. Moltmann, Die Entwicklung Deutschlands, S. 79 f.; R. Poidevin, Schuman, S. 87 ff.; A. Hillgruber, Europa in der Weltpolitik, S. 56; R. Morsey, Brünings Kritik am politischen Wiederaufbau, S. 373 f.; K. Hänsch, Frankreich zwischen Ost und West, Berlin 1972, S. 241 f.; H. Köhler, Adenauer, S. 605 ff.; P. Merseburger, Schumacher, S. 488 f.

[112] Vgl. u. a. W. Loth, Die Franzosen und die deutsche Frage, S. 47; G. Moltmann, Die Entwicklung Deutschlands, S. 79; H. Köhler, Adenauer, S. 607.

[113] G. Moltmann, Die Entwicklung Deutschlands, S. 79.

[114] R. Morsey, Die Deutschlandpolitik Adenauers, S. 19 f., 24 f. Vgl. A. Hillgruber, Deutschland in der Weltpolitik, S. 54; St. A. Schuker, Ambivalent Exile, S. 355 f.; K. Repgen, Konrad Adenauer und die Wiedervereinigung, S. 302 f.; M. Knapp, Politische und wirtschaftliche Interdependenzen, S. 167 f.

[115] H. Brüning an R. Pferdmenges vom 15. 5. 1950, an J. Vögele vom 1. 3., an G. Bucerius vom 8. 8. 1952, an W. Lichtenstein vom 3. 2. 1953, Briefe 1946-1960, S. 227, 296, 315, 325; H. Brüning an E. Lincoln vom 21. 2. 1953, Durchschlag, Nachl. H. Brüning, HUG FP 93.10 Box 20.

116 A. W. DePorte, De Gaulle's Foreign Policy, S. 286; W. Loth, Die Franzosen und die deutsche Frage, S. 47.
117 H. Brüning an H. Pünder vom 9. 1. 1951, Briefe 1946-1960, S. 256 f. Vgl. H. Brüning an H. Pünder vom 25. 10. 1950, Ausf., Nachl. H. Pünder, BA Koblenz N 1005, Nr. 613.
118 Art. Dr. Brüning in Deutschland, Die Welt vom 10. 6. bzw. Kölnische Rundschau vom 11. 6. 1950; Briefe 1946-1960, S. 214 (Kommentar); H. Brüning an P. Barry vom 14. 8., an E. Brettauer vom 19. 12. 1950, Briefe 1946-1960, S. 231 f., 248; Art. Dr. Brüning in Münster, dpa-Meldung vom 9. 6. 1950; Art. Nach 14 Jahren wieder einen Reisepaß, Essener Allgemeine Zeitung vom 13. 6. 1950.
119 Art. Nach 14 Jahren wieder einen Reisepaß, Essener Allgemeine Zeitung vom 13. 6. 1950; H. Krone, Tagebücher Bd. 1 (18. 6. 1950), S. 88 f.; Art. Reichskanzler a. D. Dr. Brüning spricht heute 18 Uhr in Münster, Westfälische Nachrichten, Münster, vom 26. 6. 1950; Art. Dr. Brüning sprach in Münster, Westfälische Nachrichten vom 27. 6. 1950; Art. Heinrich Brüning: Noch kein Auftrag, Westdeutsche Allgemeine Zeitung, Essen, vom 30. 6. 1950; Art. Ohne Ressentiment. Wiedersehen mit Heinrich Brüning, Sonntagsblatt, Hamburg, vom 3. 8. 1950; H. Brüning an Cl. Nix vom 20. 6., an J. Kaiser vom 15. 8., an E. Brettauer vom 19. 12. 1950, Briefe 1946-1960, S. 228, 233 f., 248 f.
120 Vgl. H. Brüning an P. Barry vom 14. 8., an J. Kaiser vom 15. 8., an E. Brettauer vom 19. 12. 1950, an H. Vollmar vom 23. 7. 1957, Briefe 1946-1960, S. 231 ff. bzw. 248, 431; H. Brüning an A. v. Schauroth vom 1. 2. 1954, Ausf., Sammlung Gärtringen.
121 Vgl. H. Brüning an M. Brüning vom 29. 3. 1950, Briefe 1946-1960, S. 224.
122 Art. Brüning setzt sich ab von Politik, Westdeutsche Allgemeine Zeitung, Essen, vom 17. 6. 1950; Art. Brüning kehrt nicht zurück, Art. Will er wieder in die Politik zurück?, Süddeutsche Zeitung bzw. Westdeutsche Nachrichten vom 23. 6. 1950.
123 Vgl. Art. Brüning kehrt nicht zurück, Art. Will er wieder in die Politik zurück?, Art. Brüning: Politisch wiedergefunden, Süddeutsche Zeitung bzw. Westdeutsche Nachrichten bzw. Bonner Rundschau vom 23. 6. 1950.
124 Art. Dr. Brüning zieht eine Bilanz: Für Einheitsgewerkschaft und Mitbestimmung, Welt der Arbeit vom 7. 7. 1950; H. Brüning an H. J. Schmitt vom 2. 2. 1951, Briefe 1946-1960, S. 260; Kommentar ebd. S. 260 f., Anm. 1. Vgl. H. Brüning an A. Vollmann vom 29. 12. 1950, Briefe 1946-1960, S. 252.
125 Zu der möglichen Berufung Schäffers ins Auswärtige Amt siehe auch G. Schulz, Die Suche nach dem Schuldigen, S. 683 f.; R. Morsey, Brünings Berufung, S. 715. – Unzutreffend dürfte die Nachricht sein, die Unterredung sei beiderseits zur Zufriedenheit verlaufen. Siehe Art. Brüning künftiger deutscher Außenminister, Basler Nachrichten vom 16. 7. 1950.
126 Adenauer berichtete im April 1959 im Zusammenhang mit der Diskussion um die Bundespräsidentenwahl, daß ihm Brüning selbst erzählt habe, daß dieser am Ende seiner Kanzlerzeit kaum noch zu Hindenburg vorgelassen wurde. Dies dürfte sich auf das Gespräch in Rhöndorf, nicht auf die Begegnung von 1948 beziehen. Vgl. K. Adenauer, Erinnerungen Bd. 3, S. 507.
127 H. Brüning an K. Adenauer vom 26. 6. 1950, Durchschlag, Nachl. H. Brüning, HUG FP 93.10 Box 1; R. Morsey, Brünings Kritik an Adenauers Westpolitik, S. 363, Anm. 50. Dazu H. P. Mensing, Adenauer-Briefe 1949-1951, Nr. 262, S. 237 u. 523, Anm. 3.
128 Vgl. H. Brüning an Cl. Nix vom 20. 6., an M. v. Brünneck vom 23. 6., an H. Pünder vom 25. 10., an J. Maier-Hultschin vom 3. 9. 1950, an G. Bucerius vom 29. 10. 1950, Briefe 1946-1960, S. 228 f., 230, Anm. 2, S. 239, 240; H. Brüning an J. Maier-Hultschin vom 18. 3. 1951, Abschrift, gez. H. B., an dens. vom 15. 4. 1952, Ausf., gez. H. B., Nachl. J. Maier-Hultschin, BA Koblenz N 1043, Nr. 5 bzw. Nr. 3; K. Adenauer an H. Brüning vom 21. 6. 1954, Ausf., Nachl. H. Brüning, HUG FP 93.10 Box 1; D. Acheson, Sketches from Life, S. 33, 42; R. Poidevin, France, The Marshall Plan and Germany, in: Ch. S. Maier / G. Bischof,

The Marshall Plan and Germany, S. 339 f.; Th. Isajiw, Was soll aus Deutschland werden?, S. 90 ff,
129 Vgl. H. Brüning an H. Pünder vom 25. 10. 1950, Ausf., Nachl. H. Pünder, BA Koblenz N 1005, Nr. 613; G. Schulz, Die Suche nach dem Schuldigen, S. 684. – »Er (Adenauer, d. Verf.) schmeichelte sich zwar, daß er in der Lage sein würde, eine zweihundertjährige Politik des Quai d'Orsay zu überwinden, aber scheint inzwischen doch bis zu einem gewissen Grade eines Besseren belehrt zu sein.« H. Brüning an H. Pünder vom 9. 1. 1951, Ausf., Nachl. H. Pünder, BA Koblenz N 1005, Nr. 613. Dazu R. Morsey, Brünings Kritik am politischen Wiederaufbau, S. 373 f. – Zur zeitgenössischen Diskussion G. Wettig, Entmilitarisierung und Wiederbewaffnung, S. 236 ff.
130 Vgl. H. Brüning an Cl. Nix vom 20. 6. 1950, Briefe 1946-1960, S. 228 f., 230, Anm. 2; R. Poidevin, Schuman, S. 89 ff.; J. Horatz an H. Globke vom 11. 12. 1958, Ausf., Notiz vom 27. 10. 1958 (über ein Gespräch mit Brüning), ungez. Typoskript, Nachl. H. Globke, ACDP I-070-059/1; G. Schulz, Die Suche nach dem Schuldigen, S. 679-682; St. A. Schuker, Ambivalent Exile, S. 355; Stanley Hoffmann / Charles Maier (Hrsg.), The Marshall Plan – A Retrospective, Boulder and London 1984, S. 132; E. Wandel, Schäffer, S. 276; R. Morsey, Zur Problematik einer zeitgeschichtlichen Briefedition, S. 93; A. L. Mannes, Brüning, S. 250 f. – In einem Vortrag in München äußerte sich Brüning kritisch über die Zweigleisigkeit der französischen Politik, wo der Minister nicht wisse, was die Ministerialbürokratie im Schilde führe. Dazu Art. Augustus, Begegnung mit Brüning in München. Aussprache des ehemaligen Reichskanzlers mit bayerischen Politikern, Schwäbische Landeszeitung, Augsburg, vom 24. 1. 1953; Art. Dr. Brüning in München, Kölnische Rundschau vom 19. 1. 1953.
131 H. Brüning an F. Olshausen vom 10. 8. 1954, Durchschlag, Nachl. H. Brüning, HUG FP 93.10 Box 1.
132 Vgl. Wolfgang Höpker, Eremit im fernen Vermont. Der einsame Brüning – eine tragische Figur, Christ und Welt, Stuttgart, vom 26. 11. 1965.
133 H. Krone, Heinrich Brüning, Statt eines Nachrufs, Rheinischer Merkur Nr. 15 vom 10. 4. 1970.
134 H. Brüning an W. Hamacher vom 19. 6. 1951, Briefe 1946-1960, S. 276. Vgl. ebd. S. 253; H. Brüning an H. Pünder vom 6. 8. 1951, ebd.; Kommentar ebd. S. 473, Anm. 1.
135 Vgl. H. Brüning an E. Voegelin vom 25. 1. 1952, Briefe 1946-1960, S. 295 f.
136 H. Brüning an G. Bucerius vom 8. 8. 1952, Briefe 1946-1960, S. 315.
137 St. E. Ambrose, Eisenhower Bd. 1, S. 508 f.
138 Art. Dr. Brüning verläßt Deutschland, Die Welt vom 21. 8. 1948; Art. Am 28. wird Dr. Brüning wieder abreisen, Westfälische Nachrichten Nr. 86 vom 24. 8. 1948; Art. Heinrich Brüning, Interpress. Internationaler Biographischer Pressedienst Nr. 260 vom 24. 11. 1950, Archiv des Deutschen Bundestages; Art. Ehrenausschuß für die 300-Jahr-Feier, Die Welt vom 31. 8. 1948.
139 Ansprache am 9. 7. 1950, in: H. Brüning, Reden, S. 271 f.; Walter Werland, Dem Ehrenbürger der Stadt Münster Prof. Heinrich Brüning zum Gedenken, Westfälische Nachrichten, Münster, vom 4. 4. 1970; Art. Die Rede des Reichskanzlers a. D. Dr. Brüning, Münstersche Zeitung vom 10. 7. 1950; Art. Unser Rathaus – Grundstein zu seinem Wiederaufbau gelegt, Westfälische Nachrichten vom 10. 7. 1950; Art. Dr. Brüning in Münster: »Nirgendwo ist Sicherheit«, Der Mittag, Düsseldorf, vom 10. 7. 1950.
140 Art. Heinrich Brüning in Deutschland, Frankfurter Rundschau vom 22. 6. 1950.
141 H. Brüning an Th. Heuss vom 12. 6. 1951, Briefe 1946-1960, S. 273 f. Dazu R. Morsey, Brüning und Adenauer, S. 43; ders., Brünings Berufung, S. 715.
142 R. Morsey, Emigration und Nachkriegsplanung, S. 230 f.
143 Vgl. Art. Das Streiflicht, Süddeutsche Zeitung vom 23. 6. 1950; Art. Dr. Brüning appelliert an die Jugend, Kölnische Rundschau vom 11. 7. 1950; Art. Dr. Brüning vor Kölner Studen-

ten, Kölner Stadtanzeiger vom 11. 7. 1950; Art. Brüning spricht für die Kriegsteilnehmer, FAZ vom 9. 7. 1950; Art. Dr. Brüning zieht eine Bilanz: Für Einheitsgewerkschaft und Mitbestimmung, Welt der Arbeit vom 7. 7. 1950; H. Brüning an E. Löser vom 3. 5. 1950, an Th. Heuss vom 12. 6. 1951, an W. Lichtenstein vom 3. 2., an J. Goldschmidt vom 13. 5. 1953, Briefe 1946-1960, S. 226, 273 f., 325, 329; kritisch: Hans Henrich, Mann der Tugend, Frankfurter Rundschau vom 13. 7. 1950.

144 H. Brüning an Th. Kordt vom 17. 4. 1946, Durchschlag, Nachl. H. Brüning, HUG FP 93.10 Box 19.

145 Vgl. H. Brüning an P. Barry vom 14. 8. 1950, Briefe 1946-1960, S. 231 f.

146 Art. Dr. Brüning appelliert an die Jugend, Kölnische Rundschau vom 11. 7. 1950; H. Brüning an A. v. Schauroth vom 10. 6. 1954, Ausf., Sammlung Gärtringen.

147 Vgl. H. Henrich, Mann der Tugend, Frankfurter Rundschau vom 13. 7. 1950; R. Morsey, Brünings Berufung, S. 715.

148 Art. Heinrich Brüning, gez. F. R. C., in: Rheinischer Merkur Nr. 30 vom 22. 7. 1950; Art. Die Rückkehr Heinrich Brünings, Sonntagsblatt, Hamburg, vom 23. 7. 1950. Vgl. Art. Bemühungen um ein come back, Nationalzeitung, Basel, vom 9. 8. 1950.

149 Wilhelm Grewe, Rückblenden 1976-1951, Frankfurt/Main 1979, S. 351 f.

150 H. Brüning an H. Huber vom 10. 9. 1950, Briefe 1946-1960, S. 235; Helmut Schelsky, Die skeptische Generation. Eine Soziologie der deutschen Jugend (1957), 2. Aufl. Frankfurt/Main 1975, S. 77 ff. Vgl. H. Brüning an G. Fröhlich vom 21. 3. 1950, Briefe 1946-1960, S. 222 f.

151 Karl Jaspers, Die Schuldfrage, Heidelberg 1946.

152 August Weber, A New Germany in a New Europe, London 1945, S. 79, zit. nach: E. Alexander an K. Thieme vom 6. 7. 1956, Abschrift, Nachl. H. Brüning, HUG FP 93.10 Box 1.

153 Art. Dienststelle für »AA«, Kölnische Rundschau vom 11. 6. 1950; Art. Bonn will Auswärtiges Amt bauen, Kölnische Rundschau vom 28. 6. 1950; Art. Brüning ohne Ambitionen, Art. Wird Brüning Außenminister?, Neue Ruhr-Zeitung bzw. Essener Allgemeine Zeitung vom 16. 7. 1950. Vgl. Art. Im Herbst: Außenministerium, Kölnische Rundschau Nr. 177 vom 2. 8. 1950.

154 Art. Brüning in Königswinter, Bonn 2. Aug. (dpa), zit. in: Sondervotum zum Antrag des Kuratoriums der Universität Köln, Brüning zum Professor für Politische Wissenschaft zu berufen. Unterz. Görlinger, Braubach, Haubrich vom 4. 8. 1950, Blatt 3, Durchschlag, Personalakte H. Brüning, UA Köln, Zug. 17/II Nr. 294. – Vgl. H. Brüning an J. Maier-Hultschin vom 18. 3. 1951, Abschrift, gez. H. B., Nachl. J. Maier-Hultschin, BA Koblenz N 1043, Nr. 5; Briefe 1946-1960 (Kommentar), S. 214, 233 Anm. 1; L. Haupts, Heinrich Brüning, S. 206-209.

155 E. Kosthorst, Kaiser, S. 104, 366; P. Weymar, Adenauer, S. 522 f.; H. Köhler, Adenauer, S. 616; Art. Adenauer nimmt Genesungsurlaub, Westfälische Nachrichten, Münster, vom 11. 7. 1950; Art. Adenauer übergab Regierungsgeschäfte, Westfälische Nachrichten vom 13. 7. 1950. Vgl. Art. Dr. Adenauer völlig gesundet, Westfälische Nachrichten vom 4. 8. 1950; Art. Blücher wird Brüning empfangen. Besprechungen des ehemaligen Reichskanzlers in Königswinter, Westdeutsche Nachrichten vom 4. 8. 1950; Art. Brüning führt politische Gespräche, Kasseler Zeitung vom 5. 8. 1950; Art. Brüning setzt politische Gespräche fort, Art. Unpolitischer Besuch im Bundeshaus, Westdeutsche Allgemeine Zeitung, Essen, bzw. Süddeutsche Zeitung, München, vom 7. 8. 1950; Art. Wird Brüning Außenminister?, Rheinische Post vom 8. 8. 1950; Art. Bemühungen um ein come back, Nationalzeitung, Basel, vom 9. 8. 1950; Art. In Erwartung des Kanzlers. Selbständige deutsche Außenpolitik zeichnet sich ab, Kölner Stadtanzeiger vom 9. 8. 1950; Art. Dr. Adenauer wieder in Bonn, Westfälische Nachrichten vom 12. 8. 1950; Art. Dr. Adenauer wieder in Bonn, Art. Adenauer wieder im Amt, Kölnische Rundschau vom 12. bzw. 15. 8. 1950; Art. Brüning-Kandidatur

nicht ernst gemeint, Rhein-Neckar-Zeitung vom 14. 8. 1950; Art. Ein »geheimnisvoller Reisender« in Deutschland, Bremer Nachrichten vom 17. 8. 1950; Art. Adenauer – Blücher über Schumanplan. Der Kanzler legt das Gewicht auf die politische Seite des französischen Planes, Kölnische Rundschau vom 16. 8. 1950; Josef Rust, Streifzug mit Hans Globke durch gemeinsame Bonner Jahre, in: K. Gotto, Der Staatssekretär Adenauers, S. 35. – Nach Art. Gerüchte um Brüning, Neue Zürcher Zeitung vom 9. 8. 1950, fand ein Gespräch zwischen Brüning und Blücher drei Wochen früher, etwa Mitte Juli statt. Zeitlich unbestimmt der Hinweis bei E. Lohe, Brüning, S. 89.

156 Vgl. Art. Wird Brüning Außenminister?, Rheinische Post vom 8. 8. 1950; Art. Bemühungen um ein come back, Nationalzeitung, Basel, vom 9. 8. 1950; Art. Brüning ante portas, Westdeutsche Rundschau vom 22. 8. 1950; H.-P. Schwarz, Adenauer Bd. 1, S. 776.

157 Vgl. Art. Kanzler Brünings Wiederkehr, Der Fortschritt vom 18. 8. 1950.

158 Vgl. H. Brüning an J. Gronowski vom 9. 8. 1950, Briefe 1946-1960, S. 231; Art. Um die Rückkehr Brünings, Stuttgarter Nachrichten vom 11. 8. 1950; Art. Rätselraten um Brüning, Stuttgarter Zeitung vom 17. 8. 1950; K. Gumbel, Hans Globke – Anfänge und erste Jahre im Bundeskanzleramt, in: K. Gotto, Der Staatssekretär Adenauers, S. 88; Josef Becker, »Deutsche Frage« und »Bayerische Frage« in der Politik Hans Ehards in der Konstituierungsphase der Bundesrepublik Deutschland 1947-1949, in: Harald Dickerhof (Hrsg.), Festgabe Heinz Hürten zum 60. Geburtstag, Frankfurt/Main 1988, S. 603 ff.

159 Art. Ein »geheimnisvoller Reisender« in Deutschland, Bremer Nachrichten vom 17. 8. 1950; Art. Brüning in Deutschland, Der Tagesspiegel, Berlin, vom 20. 8. 1950; Art. Kommt Brüning wieder?, Hannoversche Allgemeine vom 6. 9. 1950; Art. Die typische »Vorwärts«-Lüge, Die Tat, Zürich, vom 19. 9. 1950; H. Brüning an M. v. Brünneck vom 21. 1. 1950, an J. Goldschmidt vom 28. 5. 1952, Briefe 1946-1960, S. 230, Anm. 2 bzw. S. 307. Vgl. K. Gumbel, Hans Globke – Anfänge und erste Jahre im Bundeskanzleramt, in: K. Gotto, Der Staatssekretär Adenauers, S. 88. – Nach Claire Nix hielt sich Brüning schon einmal im Juli in Süddeutschland und in Zürich auf, Briefe 1946-1960, S. 214 (Kommentar), 233, Anm. 1.

160 Vgl. H. Brüning an J. Gronowski vom 9. 8., an J. Kaiser vom 15. 8., an J. Maier-Hultschin vom 3. 9. 1950, Briefe 1946-1960, S. 231, 233 f.; ebd. S. 214; Art. Überraschung bei der Kabinettsbildung, Kölnische Rundschau vom 1. 8. 1950; Art. Arnold bot den Rücktritt an, Kölnische Rundschau vom 5. 8. 1950; Art. Brüning verließ Deutschland – und kommt wieder, Die Welt vom 6. 9. 1950; Art. Kommt Brüning wieder?, Hannoversche Allgemeine vom 6. 9. 1950.

161 H. Brüning an P. Barry vom 14. 8., an J. Maier-Hultschin vom 3. 9. 1950, Briefe 1946-1960, S. 233 f. Vgl. R. Morsey, Brünings Berufung, S. 717.

162 Art. Gerüchte um Reichskanzler Brüning. Angebliche Verwendung im Außendienst – Berufung zur Kölner Universität (eig. Bericht), Kölnische Rundschau Nr. 185 vom 11. 8. 1950; R. Morsey, Emigration und Nachkriegsplanung, S. 229.

163 H. Brüning an M. Brüning vom 19. 9. 1950, Briefe 1946-1960, S. 235 f.; Art. Brüning bei Schlange-Schöningen, Stuttgarter Nachrichten vom 14. 9. 1950; Art. Brüning lehnt ab, Hamburger Freie Presse vom 14. 9. 1950. Vgl. H. Brüning an P. Barry vom 14. 8. 1950, Briefe 1946-1960, S. 231. Brüning bezeichnete Schlange kurze Zeit später als geeignet für das Amt des Bundeskanzlers oder des Außenministers, H. Brüning an J. Gronowski vom 3. 11. 1950, Ausf., Nachl. J. Gronowski, ACDP I-205-001/3.

164 »European Unity and a European Army«, W. S. Churchill, Complete Speeches Bd. 8, S. 8065 ff.

165 Vgl. H. Brüning an W. v. Baltz vom 23. 6. 1950, an E. Salin vom 16. 1. 1951, Briefe 1946-1960, S. 230, 257 f.; W. S. Churchill, Complete Speeches Bd. 8, S. 8065 ff.; W. Lipgens, Europäische Integration, S. 234; A. Hillgruber, Alliierte Pläne, S. 13 ff.; dens., Europa in der Weltpolitik der Nachkriegszeit, S. 58.

166 Art. Berufene Stimme, Süddeutsche Zeitung vom 29. 9. 1950.
167 H. Brüning an J. Blesch vom 5. 9. 1952, Briefe 1946-1960, S. 317. Vgl. A. Hillgruber, Heinemanns evangelisch-christlich begründete Opposition, in: Ders., Die Last der Nation, S. 102 ff.
168 Vgl. H. Brüning an Th. Steltzer vom Januar 1950, an M. v. Brünneck vom 23. 6. 1950, Briefe 1946-1960, S. 215 f. bzw. 229.
169 H. Brüning an H. Weber vom 10. 10., an H. Pünder vom 25. 10., an J. Vögele vom 28. 12. 1950, an O. Friedrich vom 15. 2. 1951, Briefe 1946-1960, S. 237 ff., 251, 263; H. Brüning an H. Pünder vom 9. 1. 1951, Ausf., Nachl. H. Pünder, BA Koblenz N 1005, Nr. 613. Dazu G. Wettig, Entmilitarisierung und Wiederbewaffnung, S. 348 ff.
170 H. Brüning an H. Vockel vom 8. 12. 1950, Briefe 1946-1960, S. 242 f. Vgl. H. Brüning an G. Shuster vom 26. 3. 1951, ebd. S. 243, Anm. 2.
171 Vgl. H. Brüning an G. Bucerius vom 29. 10., an F. Holzapfel vom 11. 12., an J. Vögele vom 28. 12. 1950, Briefe 1946-1960, S. 240, 244, 251.
172 Vgl. H. Brüning an G. Bucerius vom 16. 11., an J. Kaiser vom 12. 12., an J. Blesch vom 28. 12. 1950, an F. Holzapfel vom 12. 2. 1951, an H. Pünder vom 3. 9. 1952, Briefe 1946-1960, S. 242, 244 f., 251, 261, 294, 316; H. Brüning an J. Maier-Hultschin vom 18. 3. 1951, Abschrift, gez. H. B., Nachl. J. Maier-Hultschin, BA Koblenz N 1043, Nr. 5.
173 H. Brüning an F. Holzapfel vom 12. 2. 1951, Briefe 1946-1960, S. 261 f.
174 Adenauer argumentierte in der Abrüstungsfrage ähnlich wie einst Brüning im Sinne eines ungefähren Gleichgewichts, so H.-P. Schwarz, in: Adenauer-Studien (I), S. 94.
175 Vgl. H. Brüning an F. Thedieck vom 22. 12. 1950, an H. Pünder vom 9. 1. 1951, Briefe 1946-1960, S. 250, 256.
176 Vgl. H. Brüning an H. Vockel vom 1. 1., an H. Pünder vom 9. 1., an E. Salin vom 16. 1., an G. Olivier vom 12. 2. 1951, Briefe 1946-1960, S. 255, 257 f., 263.
177 Vgl. Aufzeichnung H. Brünings für J. Kaiser vom 9. 1. 1951, Briefe 1946-1960, S. 255 f.; P. Merseburger, Schumacher, S. 492.
178 Vgl. H. Brüning an O. Friedrich vom 27. 2. 1951, Briefe 1946-1960, S. 265.
179 Vgl. H. Brüning an J. v. Ostau vom 22. 3. 1951, Briefe 1946-1960, S. 268.
180 H. Brüning an H. Weber vom 10. 6. 1951, Briefe 1946-1960, S. 273. Vgl. Archiv der Gegenwart 21 (1951), S. 2926.
181 Vgl. H. Brüning an H. J. Schmitt vom 2. 4. 1951, Briefe 1946-1960, S. 270.
182 Vgl. H. Brüning an K. Mönnig vom 30. 10., an J. Wheeler-Bennett vom 16. 12., an J. Gronowski vom 18. 12. 1950, Briefe 1946-1960, S. 241, 245 ff.
183 H. Brüning an G. R. Treviranus vom 24. 10. 1950, Briefe 1946-1960, S. 238.
184 H. Brüning an A. Wegmann vom 31. 12. 1949, Ausf., Nachl. A. Wegmann, ACDP I-366-040/2.
185 Vgl. Briefe 1946-1960, S. 214; H. Brüning an K. Mönnig vom 17. 12., an J. Gronowski vom 18. 12. 1950, ebd. S. 245 ff.
186 Vgl. Briefe 1946-1960, S. 214; H. Brüning an H. Weber vom 10. 6. 1951, ebd. S. 273.
187 Beschluß vom 21. 7. 1950, Personalakte H. Brüning, UA Köln, Zug. 17/II Nr. 294. Vgl. Dekanat der Wirtschafts- und Sozialwissenschaftlichen Fakultät an das Kuratorium der Universität zu Köln vom 2. 8. 1950, unterz. Berkenkopf, Abschrift, Personalakte H. Brüning, ebd.; R. Morsey, Keine »hundert Meter vor dem Ziel«. Die Politik Heinrich Brünings wird weiterhin umstritten bleiben, Publik, Frankfurt/Main, Nr. 15 vom 10. 4. 1970, S. 10; dens., Brünings zweite Emigration, S. 414 f.; dens., Brünings Berufung, S. 711 ff.; dens., Pünder, S. 76; L. Haupts, Heinrich Brüning, S. 198 f., 204, 208; Mitteilung von Herrn Prof. Dr. L. Haupts, Köln, an den Verf. vom 18. 12. 2002.
188 Oberbürgermeister E. Schwering an das Kultusministerium Nordrhein-Westfalen vom 3. 8. 1950 mit Anlagen: Sondervoten der Juristischen Fakultät und von drei Mitgliedern des

Kuratoriums (Bürgermeister Görlinger, Braubach, Haubrich) vom 4. 8. 1950, Durchschlag paraphiert; Dekan E. v. Hippel an Oberbürgermeister E. Schwering vom 24. 7. 1950, Personalakte H. Brüning, UA Köln, Zug. 17/II Nr. 294. Dazu R. Morsey, Brünings zweite Emigration, S. 414; L. Haupts, Die Stadt Köln, »ihre« Universität und die Parteien. Von der städtischen Universität zur Landesuniversität 1945-1954, in: Jost Dülffer (Hrsg.), Köln in den 50er Jahren. Zwischen Tradition und Modernisierung, Köln 2001, S. 351; R. Morsey, Brünings Berufung, S. 716; L. Haupts, Heinrich Brüning, S. 204 ff.

[189] Vgl. R. Morsey, Brünings Berufung, S. 717.
[190] Vgl. Art. Dr. Brüning an der Kölner Uni, Kölnische Rundschau vom 8. 9. 1951; Vermerk des Kuratoriums der Universität Köln vom 12. 9. 1951, Personalakte H. Brüning, UA Köln, Zug. 17/II Nr. 294.
[191] R. Morsey, Brünings Berufung, S. 717 f. Vgl. Ch. Teusch an H. Brüning vom 11. 6. 1951, Durchschlag, Nachl. J. Maier Hultschin, BA Koblenz N 1043, Nr. 3; Art. Dr. Brüning erhält Lehrstuhl für Politik an der Universität Köln, Kölner Stadtanzeiger vom 3. 10. 1951; Art. Professor Brüning liest in Köln, Kölnische Rundschau vom 23. 10. 1951.
[192] R. Morsey, Brünings Berufung, S. 718. Vgl. H. Brüning an J. Maier-Hultschin vom 18. 3. 1951, Abschrift, gez. H. B., Nachl. J. Maier-Hultschin, BA Koblenz N 1043, Nr. 5.
[193] Vgl. Briefe 1946-1960, S. 253, 267 Anm. 1; Art. Berufung von Dr. Brüning, Bonner Rundschau vom 16. 12. 1950; R. Morsey, Zur Problematik einer zeitgeschichtlichen Briefedition, S. 78.
[194] Vgl. Art. Brüning geht nach Köln, Süddeutsche Zeitung vom 3. 3. 1951; Art. Brüning zurück?, Ruhr-Nachrichten, Dortmund, vom 7. 3. 1951; Art. Nur eine Anfrage an Dr. Brüning, Die Neue Zeitung vom 12. 3. 1951; Art. Brüning dementiert, FAZ vom 17. 3. 1951; Art. Brüning kommt nicht, Die Welt vom 17. 3. 1951. H. Brüning an J. Maier-Hultschin vom 18. 3. 1951, bzw. 30. 3. 1951, Abschrift, gez. H. B., Nachl. J. Maier-Hultschin, BA Koblenz N 1043, Nr. 5; G. N. Shuster, Brüning Memoir and Foreword, Manuskript, S. 70 f., Nachl. G. N. Shuster, Notre Dame CSHU Box 2; M. Krauss, Heimkehr in ein fremdes Land, S. 85. Dazu H. Brüning an H. Pünder vom 27. 3., Ausf., H. Pünder an H. Brüning vom 26. 7. 1951, Entwurf, Nachl. H. Pünder, BA Koblenz N 1005, Nr. 613; A. Klose an H. Brüning vom 6. 6. 1951, Ausf., Nachl. H. Brüning, HUG FP 93.10 Box 18; Archiv der Gegenwart 20 (1950), S. 2688 und 2722.
[195] R. Morsey, Brünings Berufung, S. 719 f.; Ch. Teusch an H. Brüning vom 11. 6. 1951, Durchschlag, Nachl. J. Maier Hultschin, BA Koblenz N 1043, Nr. 3; H. Pünder an H. Brüning vom 26. 7. 1951, Entwurf, Nachl. H. Pünder, BA Koblenz N 1005, Nr. 613.
[196] H. Brüning an H. Pünder vom 6. 8. 1951, Nachl. H. Pünder, BA Koblenz N 1005, Nr. 613. – Kurz zuvor hatte Brüning J. Maier-Hultschin mitgeteilt, daß »ein Herr« gegen ihn arbeitete und er einen »Wink« erhalten habe, daß ihm die Ausreise aus den USA verweigert werden könne, H. Brüning an J. Maier-Hultschin vom 14. 6. 1951, Ausf., Nachl. J. Maier-Hultschin, BA Koblenz N 1043, Nr. 3.
[197] H. Brüning an A. Klose vom 10. 1. 1951, Durchschlag, Nachl. H. Brüning, HUG FP 93.10 Box 18.
[198] H. Brüning an J. Maier-Hultschin vom 15. 5. und vom 29. 8. 1951, Ausf., Nachl. J. Maier-Hultschin, BA Koblenz N 1043 Nr. 3.
[199] R. Morsey, Brünings Berufung, S. 721; Vgl. H. Brüning an J. Maier-Hultschin vom 15. 5. und 29. 8. 1951, Ausf. und J. Maier-Hultschin an H. Brüning vom 3. 9. 1951, Durchschlag, Nachl. J. Maier-Hultschin, BA Koblenz N 1043 Nr. 3; H. Brüning an das Kuratorium vom 10. 10. 1951, Abschrift, Personalakte H. Brüning, UA Köln, Zug. 17/II Nr. 294. Am 21. 6. teilte Brüning J. Maier-Hultschin mit, daß er den Ruf nach Köln annehmen wolle, am 22. 8. 1951 entschuldigte er sich bei ihm, daß er noch nicht an Christine Teusch geschrieben habe und gab dafür u. a. eine Erkrankung als Grund an, Ausf., Nachl. J. Maier-Hultschin, BA Koblenz N 1043 Nr. 3.

²⁰⁰ Vgl. H. Brüning an J. Maier-Hultschin vom 15. 5. 1951 Ausf., Nachl. J. Maier-Hultschin, BA Koblenz N 1043 Nr. 3.
²⁰¹ . H. Brüning an J. Maier-Hultschin vom 29. 8. 1951 Nachl. J. Maier-Hultschin, BA Koblenz N 1043 Nr. 3. Die erwähnte Operation fand noch vor Brünings Ankunft in Deutschland statt, vgl. H. Brüning an J.Maier-Hultschin vom 24. 10. 1951, ebd.
²⁰² Vgl. Art. Reiseverbot für Dr. Brüning, Generalanzeiger, Bonn, vom 25. 5. 1951.
²⁰³ Vgl. H. Brüning an M. Brüning vom 31. 5. 1951, Briefe 1946-1960, S. 272 f.; F. Müller, Die »Brüning Papers«, Selbstzeugnisse, S. 55; H. Pünder an H. Brüning vom 26. 7. 1951, Entwurf, Nachl. H. Pünder, BA Koblenz N 1005, Nr. 613; Art. Heinrich Brüning, Altkanzler in Amerika, Interpress. Internationaler biographischer Pressedienst, Hamburg, Nr. 260/1950 (24. 11. 1950).
²⁰⁴ Vgl. H. Brüning an H. F. Berger vom 16. 4. 1957, Briefe 1946-1960, S. 426; H.-P. Schwarz, Adenauer Bd. 2, S. 29.
²⁰⁵ Vgl. Art. Stempel tut not, Die Welt vom 20. 7. 1951; Art. Keine Kandidatur Brünings. Die Schwierigkeiten für das Bundesverfassungsgericht, Badische Neueste Nachrichten vom 28. 7. 1951; H. Brüning an H. Pünder vom 26. 7. 1951, Ausf., Nachl. H. Pünder, BA Koblenz N 1005, Nr. 613.
²⁰⁶ Vgl. H. Pünder an H. Brüning vom 26. 7. und 6. 8. 1951, Entwurf, Nachl. H. Pünder, BA Koblenz N 1005, Nr. 613.
²⁰⁷ Arnulf Baring, Außenpolitik in Adenauers Kanzlerdemokratie. Bonns Beitrag zur Europäischen Verteidigungsgemeinschaft, München 1969, S. 417, Anm. 17.
²⁰⁸ H. Pünder, Tagebuch, 14. 6. 1957, hier nach: J. Steinle, Pünder, S. 426.
²⁰⁹ H. Brüning an M. Brüning vom 31. 5. 1951, Briefe 1946-1960, S. 272 f.
²¹⁰ Dekan P. Berkenkopf an das Kuratorium der Universität vom 12. 7. 1950, Ausf.; Kultusminister Ch. Teusch an H. Brüning vom 8. 11. 1951, Personalakte H. Brüning, UA Köln, Zug. 17/II Nr. 294; Dekan G. Schmölders an das Kultusministerium vom 23. 5. 1952, Abschrift paraphiert, Personalakte J. J. Schokking, UA Köln, Zug. 17 Nr. 5395; Briefe 1946-1960, S. 254; Art. Dr. Brüning an der Kölner Uni, Kölnische Rundschau vom 8. 9. 1951; Art. Dr. Brüning in Köln, Ruhr-Nachrichten, Dortmund, vom 17. 9. 1951; Art. Brüning in Köln eingetroffen. Besuch in Bonn erwartet, General-Anzeiger vom 18. 9. 1951; Art. Brüning wird Professor für Politik in Köln, Frankfurter Neue Presse vom 22. 10. 1951; Art. Professor Brüning liest in Köln, Kölnische Rundschau vom 23. 10. 1951. Vgl. L. Haupts, Heinrich Brüning, S. 200 ff. – Die von mehreren Blättern verbreitete Nachricht, Brüning sei im September in Köln angekommen, traf nicht zu. Vgl. R. Morsey, Brünings Berufung, S. 715, Anm. 30.
²¹¹ Vgl. H. Brüning an J. Maier-Hultschin vom 24. 10. 1951, Ausf., Nachl. J. Maier-Hultschin, BA Koblenz N 1043, Nr. 3; Art. Dr. Brüning eingetroffen, Der Mittag, Düsseldorf, vom 2. 11. 1951; Art. Reichskanzler a. D. Dr. Brüning, FAZ vom 2. 11. 1951; Art. Brüning: Keine politische Absicht, General-Anzeiger, Bonn, vom 3. 11. 1951; Art. Brüning: »Keine politischen Absichten«, Rheinische Post, Düsseldorf, vom 3. 11. 1951; Art. Dr. Brüning in Bremerhaven, Kölnische Rundschau vom 3. 11. 1951.
²¹² Vgl. Art. Brüning wurde vereidigt, Die Welt vom 7. 11. 1951; Art. Brüning als Professor der Universität Köln vereidigt, Die Neue Zeitung vom 7. 11. 1951; Art. Brüning übernimmt seinen Lehrstuhl, Frankfurter Rundschau vom 8. 11. 1951; Art. Brünings Heimkehr, Die Welt vom 9. 11. 1951; Art. Brüning soll »außenpolitischer Ratgeber« werden, Stuttgarter Nachrichten vom 9. 11. 1951; Art. Unsere Meinung. Der Schrittmacher in den Abgrund, Rheinische Zeitung vom 10. 11. 1951.
²¹³ Vgl. Berufungsvereinbarung vom 5. 11. 1951, Abschrift, Personalakte H. Brüning, UA Köln, Zug. 17/II Nr. 294; H. Brüning an O. Friedrich vom 13. 12. 1951, Briefe 1946-1960, S. 289 und ebd. Anm. 1; Art. »Schachspiel mit Brüning«, (pir.), Aachener Nachrichten vom

28. 11. 1952, Ausschnitt Nachl. J. Maier-Hultschin, BA Koblenz N 1043, Nr. 5; R. Morsey, Brünings Berufung, S. 721.

214 Vgl. Art. Altkanzler kehrt heim. Dr. Heinrich Brüning auf dem Kölner Professorenstuhl, Westfalenpost, Hagen, vom 25. 10. 1951; Art. Dr. Brüning wird Professor in Köln. Rückkehr nach Deutschland ohne Rückkehr in die Politik, Flensburger Tageblatt vom 25. 10. 1951; Art. Kombinationen um Brüning, Ruhr-Nachrichten, Dortmund, vom 31. 10. 1951; Archiv der Gegenwart 21 (1951) (13. 3.), S. 2855 f.

215 Vgl. Art. »Hauptprobleme der großen Politik zwischen 1924 und 1934«, Bonner Rundschau vom 8. 11. 1951; Art. Dienstag: Erste Vorlesung Dr. Brünings, Rheinische Post, Düsseldorf, vom 8. 11. 1951; Art. Brünings erste Vorlesung, Die Welt vom 14. 11. 1951.

216 H. Brüning an P. Sethe vom 9. 9., an O. Friedrich vom 16. 12. 1951, Briefe 1946-1960, S. 281, 290.

217 Vgl. H. Brüning an Cl. Nix vom 12. 11. 1951, an E. Voegelin vom 1. 2., an O. Most vom 29. 4. 1954, an H. Elbrechter vom 28. 2., an O. Most vom 8. 8. 1957, Briefe 1946-1960, S. 287, 347, 349, 424, 435; Fritz Brühl, Professor Brüning lehrt politische Weisheit, Süddeutsche Zeitung vom 14. 11. 1951; Art. Der Politiker von heute. Erste Vorlesung von Prof. Brüning in der Kölner Universität, Kölner Stadtanzeiger vom 14. 11. 1951; Art. Brüning auf dem Lehrstuhl für Politik. Antrittsvorlesung in Köln – Keine politischen Gegenwartsprobleme – Große Zurückhaltung, Rhein-Neckar-Zeitung, Heidelberg, vom 14. 11. 1951; Art. Brüning will Kontakt mit der Jugend. Erste Vorlesung des ehemaligen Kanzlers nicht über aktuelle Politik, Frankfurter Neue Presse vom 14. 11. 1951; Art. Ehrlichkeit der Gesinnung überzeugt, Bonner Rundschau vom 14. 11. 1951; Art. Brünings erste Vorlesung, Die Welt vom 14. 11. 1951; Art. Brüning umreißt Aufgaben und Grundlagen des echten Politikers, Die Neue Zeitung vom 14. 11. 1951; Art. Rückkehr zur alten Diplomatie, FAZ vom 14. 11. 1951; Fried Wesemann, Professor Dr. Heinrich Brüning unterrichtet in Politik, Frankfurter Rundschau vom 14. 11. 1951; Wolfgang Wagner, Professor Brünings erste Vorlesung, Südkurier, Konstanz, vom 15. 11. 1951; Art. Erziehung zum Politiker, FAZ vom 16. 11. 1951.

218 Vgl. Fried Wesemann, Professor Dr. Heinrich Brüning unterrichtet in Politik, Frankfurter Rundschau vom 14. 11. 1951; Art. Erziehung zum Politiker, FAZ vom 16. 11. 1951; Art. Unterricht in Außenpolitik, Neuer Vorwärts, Hannover, vom 16. 11. 1951; Viscount d'Abernon, Ein Botschafter der Zeitenwende, Memoiren Bd. 3: Locarno (1924-1926), Leipzig o. J. (1931). – Dazu Angela Kaiser, Lord d'Abernon und die englische Deutschlandpolitik 1920-1926, S. 333 ff. et passim.

219 Vgl. Hans-Joachim Kausch, Brünings Heimkehr, Die Welt vom 9. 11. 1951; Art. Brüning – der Mann in der Reserve?, Hessische Nachrichten, Kassel, vom 15. 11. 1951; Wolfgang Wagner, Professor Brünings erste Vorlesung, Südkurier, Konstanz, vom 15. 11. 1951; Art. Erziehung zum Politiker, FAZ vom 16. 11. 1951; Art. Kanzler, Professor und Asket, Dr. Brünings stille Heimkehr aus 17jährigem Exil, Hamburger Abendblatt vom 1. 12. 1951.

220 R. Morsey, Brünings Berufung, S. 722; K. Adenauer an H. Brüning vom 16. 11. 1951, Ausf., Nachl. H. Brüning, HUG FP 93.10 Box 1.

221 Art. Prof. Brüning liest ..., Kölnische Rundschau vom 2. 12. 1951; Art. Brüning hat Vorlesungen abgeschlossen, Bonner Rundschau vom 28. 1. 1952.

222 H. Brüning an J. Goldschmidt vom 9. 12., an O. Friedrich vom 13. 12. 1951, Briefe 1946-1960, S. 288 f.

223 Art. Brüning hat Vorlesungen abgeschlossen, Bonner Rundschau vom 28. 1. 1952; Art. »Ich wünsche Deutschland eine friedliche Entwicklung«. Brüning kehrt im Oktober endgültig in die Bundesrepublik zurück, Die Neue Zeitung vom 30. 1. 1952; Art. Brüning: Hinter der deutschen Fassade viele Unterstützungsempfänger, Westdeutsche Allgemeine Zeitung, Essen, vom 8. 2. 1952. Vgl. H. Brüning an J. Goldschmidt vom 9. 12., an O. Friedrich vom 13. 12. 1951, an W. Fonk vom 21. 3. 1954, Briefe 1946-1960, S. 288 ff. – Noch im Sommer

1953 klagte Brüning darüber, daß er nach wie vor keinen Seminarraum besitze, um dort Bücher aufstellen zu lassen, das Geld für einen Assistenten und eine Sekretärin sei ihm gestrichen worden, was allerdings nur eine vorübergehende Maßnahme gewesen sein dürfte, H. Brüning vom 26. 7. 1953, Hartland, an J. Maier-Hultschin, Ausf., Nachl. J. Maier-Hultschin, BA Koblenz, N 1043, Nr. 3. Vgl. L. Haupts, Heinrich Brüning, S. 209 f.

224 H. Brüning an F. Rettig vom 31. 12. 1952, Briefe 1946-1960, S. 292, ebd. S. 323 (Kommentar).

225 Vgl. H. Brüning an I. v. Willisen vom 21. 7. 1952, Briefe 1946-1960, S. 312. Dazu ebd. S. 293.

226 Vgl. H. Brüning an M. Anderson vom 12. 9. 1952, Briefe 1946-1960, S. 318; H. Pünder an H. Brüning vom 27. 3. 1951, Ausf., Nachl. H. Pünder, BA Koblenz N 1005, Nr. 613; H. Conradis, Begegnung mit Brüning, Bremer Nachrichten vom 25. 10. 1951; Art. Brünings erste Vorlesung, Die Welt vom 14. 11. 1951.

227 Briefe 1946-1960, S. 289, Anm. 1. – Hermann Pünder berichtet 1970, daß Brüning nach dem Kriege »wochenlang« in seinem Kölner Haus gewohnt habe, was sich entweder auf seinen Besuch von 1970 oder auf die Zeit ab 1950 bezog, Art. Memoiren, um die sich eine dichte Legende rankt, Kölnische Rundschau vom 28. 10. 1970.

228 H. Brüning an J. Goldschmidt vom 9. 12., an O. Friedrich vom 13. 12. 1951, Briefe 1946-1960, S. 288 f.; Mitteilung von Herrn Dr. Max-Leo Schwering, Köln, an den Verf. vom 15. 6. 2001.

229 Vgl. H. Brüning an G. Pettee vom 19. 9. 1953, Briefe 1946-1960, S. 338.

230 Briefe 1946-1960, S. 293 (Kommentar); Universität zu Köln, Vorlesungsverzeichnis für das Wintersemester 1952/53, S. 56. Siehe auch die Vorlesungsverzeichnisse für die Jahre 1953 bis 1955; Art. Der ehemalige deutsche Reichskanzler, General-Anzeiger, Bonn, vom 12. 10. 1952; Art. Der ehemalige deutsche Reichskanzler ..., Ruhr-Nachrichten, Dortmund, vom 29. 10. 1952. Vgl. L. Haupts, Heinrich Brüning, S. 209.

231 H. Hupka, Am Katheder: Ein Professor namens Brüning, FAZ vom 11. 11. 1952; Briefe 1946-1960, S. 294 (Kommentar).

232 Eugen Skasa-Weiß, Es liest: Professor Brüning, Reichskanzler a. D. Begegnung in der Kölner Universität, Der Tagesspiegel, Berlin, vom 8. 5. 1953; Mitteilung von Herrn Dr. J. Kerz, Köln, an den Verf. vom 4. 12. 2002.

233 R. Morsey, Brünings zweite Emigration, S. 419. Zur Entwicklung der Politischen Wissenschaft nach 1945 in Deutschland siehe u. a. K. D. Bracher, Staatsbegriff und Demokratie in Deutschland, S. 2 ff.

234 H. Brüning an A. Dempf vom 30. 9. 1952, Briefe 1946-1960, S. 320. Vgl. K. D. Bracher, Staatsbegriff und Demokratie in Deutschland, S. 3 f.

235 H. Brüning an H. Luther vom 7. 8. 1952, Nachl. H. Brüning, HUG FP 93.10 Box 20; H. Brüning an E. Voegelin vom 1. 2. 1954, Briefe 1946-1960, S. 347.

236 R. Morsey, Brünings Kritik am politischen Wiederaufbau, S. 377.

237 Vgl. Universität zu Köln, Vorlesungsverzeichnis für das Wintersemester 1952/53, S. 13, 56, ferner Vorlesungsverzeichnisse Sommersemester 1953, S. 61, Wintersemester 1953/54, S. 60, Sommersemester 1954, S. 62, Wintersemester 1954/55, S. 68. Da Brüning im Sommersemester 1952 beurlaubt war, wurde Schokkings Lehrauftrag für dieses Semester noch einmal verlängert und aus den Mitteln des Lehrstuhls Brüning bezahlt. Dekan G. Schmölders an das Kultusministerium vom 4. 2. bzw. 23. 5. 1952, Durchschlag, paraphiert, Abschrift der Ernennungsurkunde vom 10. 7. 1952, gez. Ch. Teusch; Dekan G. Schmölders an die Verwaltung der Universität vom 31. 1. 1961, Personalakte J. J. Schokking, UA Köln, Zug. 17 Nr. 5395. Mitteilung von Herrn Dr. J. Kerz, Köln, an den Verf. vom 4. 12. 2002.

238 H. Brüning an Cl. Nix vom 7. 11. 1951, Briefe 1946-1960, S. 286 f.

239 H. Brüning an Cl. Nix vom 19. 11. 1952, Briefe 1946-1960, S. 321; L. Haupts, Heinrich Brüning, S. 209; R. Morsey, Brünings zweite Emigration, S. 414.

240 Übereinstimmende Mitteilungen von Prof. Dr. Theodor Rutt und Prof. Dr. Leo Haupts, Köln, an den Verf.
241 Karl Kaiser / Gerda Zellentin an den Dekan K. H. Hansmeyer vom 16. 5. und 24. 5. 1974, Ausf., Personalakte J. J. Schokking, UA Köln, Zug. 17 Nr. 5395; H. Brüning an J. Goldschmidt vom 28. 5. 1952, Briefe 1946-1960, S. 307. Vgl. Briefe 1946-1960 (Kommentar), S. 345, 375.
242 H. Brüning an P. Barry vom 18. 6. 1953, Briefe 1946-1960, S. 331. Vgl. H. Brüning an H. Pünder, Ausf. vom 9. 1. 1951, Entwurf, Nachl. H. Pünder, BA Koblenz N 1005, Nr. 613.
243 Vgl. H. Brüning an J. Goldschmidt vom 28. 5. 1952, Briefe 1946-1960, S. 307. Dazu ebd. S. 345, 375; Eugen Skasa-Weiß, Es liest: Professor Brüning, Reichskanzler a. D. Begegnung in der Kölner Universität, Der Tagesspiegel, Berlin, vom 8. 5. 1953. Vgl. R. Morsey, Brünings zweite Emigration, S. 414 f.
244 H. Brüning an Cl. Nix vom 14. 11. 1953, Briefe 1946-1960, S. 341. Vgl. Schriftverkehr UA Köln Zug. 17 Nr. 5395. Nach Auskunft von Herrn Dr. J. Kerz, Köln, an den Verf. vom 4. 12. 2002, und laut Mitteilung von Frau Bettina von Heeren, Rottenbuch, hat Brüning seine Kölner Lehrtätigkeit faktisch bereits 1954 nach dem Eklat um seinen Düsseldorfer Vortrag eingestellt, ehe er für längere Zeit schwer erkrankte. Dr. Kerz promovierte 1957 mit einer Dissertation über »Die Krise des französischen Parlamentarismus und ihre Auswirkungen auf den Franc Poincaré«, die von Brüning betreut worden war.
245 H. Brüning an P. Barry vom 3. 11. 1953, Briefe 1946-1960, S. 340.
246 Vgl. H. Brüning an H. Ullmann vom 7. 11., an Cl. Nix vom 14. 11., an P. Barry vom 19. 12. 1953, an R. Pechel vom 10. 6. 1954, Briefe 1946-1960, S. 340 ff., 352.
247 Vgl. H. Brüning an H. J. Schmitt vom 6. 10. 1955, Briefe 1946-1960, S. 390; R. Morsey, Brünings Kritik an Adenauers Westpolitik, S. 351; Mitteilung von Herrn Dr. J. Kerz, Köln, an den Verf. vom 4. 12. 2002; R. Morsey, Brünings zweite Emigration, S. 415.
248 Vgl. Briefe 1946-1960, S. 292; H. Brüning an H. J. Schmitt vom 1. 8., an J. Maier-Hultschin vom 2. 10. 1952, ebd. S. 313, 320; H. Brüning an H. Pünder vom 6. 8. 1951, Ausf., Nachl. H. Pünder, BA Koblenz N 1005, Nr. 613; R. Drummond / G. Coblentz, Duell am Abgrund, S. 45 f.; Vortrag Brünings: »Politische und verfassungsrechtliche Auswirkungen der Weltkrise 1929-1934« am 25. 2. 1952 im Schwurgerichtssaal des Landgerichts Bonn, hier nach: Art. »Übertriebene Bürokratie gefährdet den Rechtsstaat«, General-Anzeiger, Bonn, vom 26. 2. 1953; W. Lipgens, Europäische Integration, S. 532 f. Dazu Art. Reichskanzler a. D. Brüning spricht, Kölnische Rundschau vom 18. 2. 1953; R. Morsey, Zur Problematik einer zeitgeschichtlichen Briefedition, S. 79; K. Adenauer, Erinnerungen Bd. 2, S. 288.
249 St. E. Ambrose, Eisenhower Bd. 1, S. 504, 508, Bd. 2, S. 120. Vgl. H. Brüning an H. Pünder vom 6. 8. 1951, Ausf., Nachl. H. Pünder, BA Koblenz N 1005, Nr. 613.
250 Vgl. H. Brüning an P. Sethe vom 9. 9. 1951, Briefe 1946-1960, S. 281 f.
251 Vgl. H. Brüning an H. Pünder vom 6. 8., an H. Weber vom 22. 8., an W. Hallstein vom 15. 10., an A. H. Berning vom 21. 10. 1951, Briefe 1946-1960, S. 278, 281, 283 f.; ebd. S. 279, Anm. 2.
252 Vgl. H. Brüning an H. Pünder vom 19. 8. 1951, Briefe 1946-1960, S. 280.
253 H. Brüning an W. v. Baltz vom 3. 10., an R. Quaatz vom 4. 10. 1951, Briefe 1946-1960, S. 282.
254 Vgl. H. Brüning an E. Voegelin vom 25. 1., an H. Pünder vom 10. 6. 1952, Briefe 1946-1960, S. 295 f., 308 f.
255 Vgl. H. Brüning an J. Maier-Hultschin vom 15. 10. 1951, Briefe 1946-1960, S. 283.
256 H. Brüning an J. Goldschmidt vom 9. 12. 1951, Briefe 1946-1960, S. 288. Vgl. W. S. Churchill, Complete Speeches Bd. 8, S. 8302 ff.
257 Vgl. H. Brüning an O. Friedrich vom 16. 12., an A. H. Berning vom 30. 12. 1951, Briefe 1946-1960, S. 290 f.

258 Vgl. H. Brüning an J. Goldschmidt vom 9. 12. 1951, an E. Löser vom 8. 1. 1952, Briefe 1946-1960, S. 288 f., 295.
259 Note der Sowjetregierung an die Westmächte über den Friedensvertrag mit Deutschland vom 10. 3. 1952, Europa-Archiv 7 (1952), S. 4932 f. Vgl. A. Hillgruber, Europa in der Weltpolitik der Nachkriegszeit, S. 60 f.
260 Vgl. H. Brüning an H. Vockel bzw. O. Friedrich vom 15. 3., an H. Pünder vom 10. 6. 1952, Briefe 1946-1960, S. 297 ff., 308; H. Brüning an J. Maier-Hultschin vom 15. 3. 1952, Ausf., Nachl. J. Maier-Hultschin, BA Koblenz N 1043, Nr. 3.
261 Vgl. K. Adenauer, Erinnerungen Bd. 2, S. 87 f.; A. Hillgruber, Adenauer und die Stalin-Note, S. 380.
262 H. Brüning an H. Pünder vom 10. 6. 1952, Briefe 1946-1960, S. 308.
263 Antwortnote der Westmächte an die Sowjetunion vom 25. 3. 1952, Europa-Archiv 7 (1952), S. 4833 f.
264 Vgl. H. Brüning an H. J. Schmitt vom 23. 3. 1952, an P. Sethe vom Mai 1952, Briefe 1946-1960, S. 300, 302; ebd. S. 300, Anm. 1; H. A. Winkler, Der lange Weg, S. 150 f.
265 Vgl. H. Brüning an J. Maier-Hultschin vom 6. 4. 1952, Briefe 1946-1960, S. 301 f.; R. Morsey, Die Deutschlandpolitik Adenauers, S. 29 f.
266 Vgl. C. Bell, The Conventions of Crisis, S. 71; Dean Acheson, Present at the Creation. My Years in the State Department, London 1970, S. 630 f.; R. Drummond / G. Coblentz, Duell am Abgrund, S. 45; W. Lipgens, Europäische Integration, S. 534 f.; P. Berglar, Adenauer, S. 104; A. Hillgruber, Alliierte Pläne, S. 18 ff.; W. F. Hanrieder, Deutschland, Europa, Amerika, S. 14; R. Steininger, Eine vertane Chance, S. 30 ff., 40; R. Morsey, Die Deutschlandpolitik Adenauers, S. 31 f.
267 Vgl. A. Hillgruber, Adenauer und die Stalin-Note, S. 373, 380 ff.; J. Foschepoth, Westintegration statt Wiedervereinigung, S. 48 f.; W. F. Hanrieder, Deutschland, Europa, Amerika, S. 13; Wilfried Loth, Stalins ungeliebtes Kind. Warum Moskau die DDR nicht wollte, Berlin 1994, S. 175 ff.; C. Bell, The Conventions of Crisis, S. 98; R. Morsey, Die Deutschlandpolitik Adenauers, S. 33; W. G. Grewe, Rückblenden, S. 414. Dazu P. Koch, Adenauer, S. 329.
268 Vgl. H. Brüning an J. Maier-Hultschin vom 6. 4. 1952, Briefe 1946-1960, S. 300 f.
269 H. Brüning an M. v. Brünneck vom 15. 4. 1952, Briefe 1946-1960, S. 301.
270 Art. Drei Voraussetzungen. Vorbehalte des Bundesministers Kaiser zur Sowjetnote, Die Welt Nr. 62 vom 12. 3. 1952; Art. Kaiser fordert sorgsame Prüfung, FAZ Nr. 62 vom 13. 3. 1952. Dazu A. Hillgruber, Adenauer und die Stalin-Note, S. 367 f.; R. Steininger, Eine vertane Chance, S. 38 ff.; ders., Die Stalin-Note vom März 1952 – eine Chance zur Wiedervereinigung Deutschlands? in: J. Foschepoth, Kalter Krieg und Deutsche Frage, S. 162 ff.; J. Zerusky, Die Stalin-Note (Einleitung), S. 8 f.; Hans-Erich Volkmann, Adenauer und die deutschlandpolitischen Opponenten in CDU und CSU, in: J. Foschepoth, Adenauer und die Deutsche Frage, S. 192 ff.
271 Paul Sethe, Stalins jähe Wendung, FAZ Nr. 61 vom 12. 3. 1952. Vgl. dens., So stark ist Deutschland nicht, ebd. Nr. 72 vom 24. 3., Die allzu einsamen Beschlüsse, ebd. Nr. 78 vom 31. 3., Wer garantiert die Neutralität?, ebd. Nr. 99 vom 28. 4. 1952; Paul Noack / Paul Sethe, Publizistische Opposition gegen Adenauer, in: J. Foschepoth, Adenauer und die Deutsche Frage, S. 235 ff.; J. Zerusky, Die Stalin-Note (Einleitung), S. 19 f. Dazu kritisch K. Repgen, Konrad Adenauer und die Wiedervereinigung, S. 305.
272 Paul Sethe, Die allzu einsamen Beschlüsse, FAZ Nr. 78 vom 31. 3. 1952. Vgl. A. Hillgruber, Adenauer und die Stalin-Note, S. 384.
273 Vgl. H. Brüning an J. Maier-Hultschin vom 6. 4. 1952, an P. Sethe vom Mai 1952, an E. Brettauer vom 6. 5. 1952, Briefe 1946-1960, S. 302 ff.; H. Brüning an H. Pünder vom 9. 1. 1951 und 10. 6. 1952, Ausf., Nachl. H. Pünder, BA Koblenz N 1005, Nr. 613.

274 Vgl. H. Brüning an P. Sethe vom Mai 1952, Briefe 1946-1960, S. 304; A. Hillgruber, Adenauer und die Stalin-Note, S. 367, 380, 384; dens., Heinemanns evangelisch-christliche Opposition, S. 114 f., 117; E. Lohe, Brüning, S. 89 f.; R. Steininger, Eine vertane Chance, S. 59 ff., 71 ff.; J. Foschepoth, Westintegration statt Wiedervereinigung, S. 46 f.; B. Stöver, Die Befreiung vom Kommunismus, S. 686. Über die Diskussion in der sowjetischen Führung siehe W. Loth, Die Entstehung der »Stalin-Note«, Dokumente aus Moskauer Archiven, in: J. Zarusky, Die Stalin-Note, S. 30 ff.; H. Graml, Eine wichtige Quelle – aber mißverstanden. Anmerkungen zu Wilfried Loth, »Die Entstehung der ›Stalin-Note‹ Dokumente aus Moskauer Archiven« ebd. S. 117 ff.

275 H. Brüning an P. Sethe vom Mai 1952, an J. Maier-Hultschin vom 2. 10. 1952, Briefe 1946-1960, S. 304, 320; R. Schuman, France and Europe, S. 354 f.; E.-O. Czempiel, Die Bundesrepublik und Amerika, S. 564; P. Merseburger, Schumacher, S. 488, 490. Vgl. H. Brüning an H. Pünder vom 10. 6., an J. Blesch vom 18. 6. 1952, Briefe 1946-1960, S. 308 ff.; ebd. S. 240, Anm. 1; Hier irrte Heinrich Brüning, S. 8.

276 Vgl. H. Brüning an G. Bucerius vom 8. 8. 1952, Briefe 1946-1960, S. 315.

277 Vgl. Charles E. Bohlen, Witness to History 1929-1969, London 1971, S. 387; K. Repgen, Konrad Adenauer und die Wiedervereinigung, S. 308 f.

278 Vgl. H. Brüning an E. Brettauer vom 8. 5., an H. Elbrechter bzw. J. Blesch vom 18. 6. 1952, Briefe 1946-1960, S. 309 f.; W. G. Grewe, Rückblenden, S. 415; P. Koch, Adenauer, S. 340 ff.; R. Morsey, Die Deutschlandpolitik Adenauers, S. 8.

279 H. Brüning an H. Ullmann vom 4. 4. 1955, Briefe 1946-1960, S. 386.

280 Vgl. C. v. Clausewitz, Vom Kriege, 3. Buch, Kap. 3: Geometrisches Element, S. 301 ff. et passim.

281 H. Brüning an E. Lincoln vom 13. 5. 1952, Briefe 1946-1960, S. 306. Vgl. J. Gimbel, The American Occupation, S. 168 f.

282 P. Sethe, Die allzu einsamen Beschlüsse, FAZ Nr. 78 vom 31. 3., Wer garantiert die Neutralität?, ebd. Nr. 99 vom 28. 4. 1952.

283 Carlo Schmid, Germany and Europe: The German Social Democratic Program, Foreign Affairs 30 (Juli 1952), S. 544. Vgl. Ulrich Buczylowski, Kurt Schumacher und die deutsche Frage. Sicherheitspolitik und strategische Offensivkonzeption vom August 1950 bis September 1951, Stuttgart 1973, S. 166.

284 Vgl. Günter Moltmann, Die Entwicklung Deutschlands von 1949 bis zu den Pariser Verträgen 1955, in: H. Lilge, Deutschland 1945-1963, S. 103 f.; W. G. Grewe, Rückblenden, S. 150, 414; A. Hillgruber, Deutsche Geschichte, S. 51.

285 H. Brüning an H. Pünder vom 10. 6., an J. Blesch vom 18. 6., an A. H. Berning vom 11. 7., an K. Kluge vom 2. 8., an R. Pechel vom 11. 8. 1952, Briefe 1946-1960, S. 308 ff., 314 f.

286 H. Brüning an H. Elbrechter bzw. J. Blesch vom 18. 6., an M. v. Brünneck vom 19. 6. 1952, Briefe 1946-1960, S. 309 ff.

287 Vgl. H. Brüning an J. Blesch vom 19. 6. und 1. 8. 1952, Briefe 1946-1960, S. 310, 314.

288 Vgl. H. Brüning an A. H. Berning vom 11. 7., an H. Weber vom 26. 7., an J. Blesch vom 1. 8., an J. Maier-Hultschin vom 2. 10., an Cl. Nix vom 15. 12. 1952, Briefe 1946-1960, S. 311 ff., 320 f.; H. Brüning an H. Ullmann vom 13. 5. 1957, Fotokopie der Ausf., Nachl. H. Ullmann, BA Koblenz N 1195, Nr. 6; St. E. Ambrose, Eisenhower Bd. 1, S. 526; E. Fraenkel, Das amerikanische Regierungssystem, S. 145; B. Stöver, Die Befreiung vom Kommunismus, S. 75.

289 Vgl. H. Brüning an R. Pechel vom 11. 8. 1952, Briefe 1946-1960, S. 315 f.

290 Vgl. H. Brüning an J. Blesch vom 1. 8., an H. Pünder vom 3. 9. 1952, Briefe 1946-1960, S. 314, 316.

291 H. Brüning an H. Pünder vom 3. 9. 1952, Briefe 1946-1960, S. 316.

292 Vgl. A. Hillgruber, Adenauer und die Stalin-Note, S. 370.

²⁹³ Vgl. H. Brüning an O. Most vom 12. 9., an G. Bucerius vom 18. 9. 1952, an H. Dräger vom 30. 8. 1953, Briefe 1946-1960, S. 317, 319, 337; Art. Augustus, Begegnung mit Brüning in München. Aussprache des ehemaligen Reichskanzlers mit bayerischen Politikern, Schwäbische Landeszeitung, Augsburg, vom 24. 1. 1953; Horst Urs, Brüning bleibt keine Antwort schuldig. Der ehemalige Reichskanzler plaudert über seine amerikanischen Erfahrungen, Münchner Merkur vom 24. 1. 1953.

²⁹⁴ H. Brüning an G. R. Treviranus vom 17. 2., an H. Rauschning vom 19. 2., an A. H. Berning vom 26. 2., an K. v. Priesdorff vom 5. 3., an K. Mönnig vom 31. 3., an J. Ersing vom 8. 7. 1953, Briefe 1946-1960, S. 327 f., 333. H. Brüning an E. Lincoln vom 21. 2. 1953, Durchschlag, Nachl. H. Brüning, HUG FP 93.10 Box 20. Vgl. R. Morsey, Brünings Kritik am politischen Wiederaufbau, S. 367; G. Herbstritt, Ein Weg der Verständigung? Die umstrittene Deutschland- und Ostpolitik des Reichskanzlers a. D. Dr. Joseph Wirth in der Zeit des Kalten Krieges (1945/51-1955), Frankfurt/Main 1993, S. 150 f., 160; J. Steinle, Pünder, S. 432; M. Knapp, Politische und wirtschaftliche Interdependenzen, S. 155 f.

²⁹⁵ Vgl. H. Brüning an Cl. Nix vom 30. 4., an J. Goldschmidt vom 13. 5. 1953, Briefe 1946-1960, S. 328 f.; Art. Wird Brüning NRW-Minister?, Art. Nordrhein-Westfalen hält Ministersessel für Brüning bereit, General-Anzeiger, Bonn, bzw. Frankfurter Neue Presse vom 18. 12. 1952; Art. »Heil unserm König, Heil!«, Deutscher Merkur vom 23. 1. 1953; Art. Brüning: Kein Botschafterposten, Rheinische Post, Düsseldorf, vom 12. 3. 1953; R. Morsey, Brünings Kritik am politischen Wiederaufbau, S. 376; F. J. Strauß, Die Erinnerungen, S. 27. – Nach J. Kannengießer hatten CDU-Kreise Brüning schon 1949 ein Bundestagsmandat verschaffen wollen. Dazu R. Morsey an J. Kannengießer vom 20. 4. 1970, Ausf., Nachl. J. Kannengießer ACDP I-182-018.

²⁹⁶ Art. Brüning. Ich bleibe für immer. General-Anzeiger, Bonn, vom 13. 7. 1953.

²⁹⁷ H. Brüning an R. Pechel vom 23. 3., an J. Goldschmidt vom 30. 5. 1954, Briefe 1946-1960, S. 348, 352; H. Brüning an A. v. Schauroth vom 6. 1. 1953, Ausf., Sammlung Gärtringen. Vgl. R. Morsey, Brünings zweite Emigration, S. 414.

²⁹⁸ Vgl. K. Adenauer an H. Brüning vom 27. 1. 1953, Ausf., Nachl. H. Brüning, HUG FP 93.10 Box 1; H. Brüning an K. Adenauer vom 30. 1. 1953, Ausf., Nachl. H. Globke, ACDP I-070-059/1. Das Schreiben trägt den Vermerk »erl.«, anscheinend von Adenauers Hand. Dazu Eugen Skasa-Weiß, Es liest: Professor Brüning, Reichskanzler a. D. Begegnung in der Kölner Universität, Der Tagesspiegel, Berlin, vom 8. 5. 1953; Art. Klare Linie, gez. we., FAZ vom 13. 2. 1953.

²⁹⁹ Bei einer Abendveranstaltung im Rahmen des Bundesverbandes der Deutschen Industrie am 15. 7. 1954, einige Wochen nach Brünings aufsehenerregender Rede im Rhein-Ruhr-Club bemerkte Adenauer, er habe Brüning viermal vergeblich mitteilen lassen, daß er ihn aufsuchen möge, Kopie einer Aktennotiz vom 20. 7. 1954, Nachl. H. Brüning, HUG FP 93.10 Box 1, S. 3.

³⁰⁰ H. Brüning an J. Goldschmidt vom 13. 5. 1953, Briefe 1946-1960, S. 329. Brüning schrieb am 30. 8. 1954, Adenauer habe ihn nach 1954 nicht mehr direkt eingeladen, ohne die Einladung von 1953 zu erwähnen. Es seien lediglich »Anregungen« über Staatssekretär Globke und den Abgeordneten Horatz an ihn gelangt. Dazu ebd. S. 364.

³⁰¹ H. Brüning an G. Olef vom 20. 5. 1953, Briefe 1946-1960, S. 320; P. Weymar, Adenauer, S. 707.

³⁰² Vgl. H. Brüning an P. Barry bzw. J. Vögele vom 18. 6. 1953, Briefe 1946-1960, S. 331 f. Vollst. Text, Durchschlag, in: Nachl. H. Brüning, HUG FP 93.10 Box 3; Otto B. Roegele, Sie kämpften für Freiheit und Recht, Rheinischer Merkur Nr. 24 vom 12. 6. 2003.

³⁰³ Briefe 1946-1960, S. 322 (Kommentar).

³⁰⁴ H. Brüning an O. Friedrich vom 23. 9., an F. König vom 29. 9., an J. Horatz vom 19. 10. 1953, Briefe 1946-1960, S. 338 f.

305 H. Brüning an E. Voegelin vom 1. 2., an O. Friedrich vom 17. 4. 1954, Briefe 1946-1960, S. 347, 349.
306 H. Brüning an J. Goldschmidt vom 30. 5. 1954, Briefe 1946-1960, S. 352; P. Koch, Adenauer, S. 344.
307 Vgl. Briefe 1946-1960, S. 356, Anm. 3; E. Deuerlein, Deutsche Kanzler, S. 419 f.; W. Besson, Die Außenpolitik der Bundesrepublik, S. 145 f.
308 Die Vereinigten Staaten und Europa, Stuttgart 1954, hier nach: H. Brüning, Reden, S. 283-306, Durchschlag in: Nachl. J. Maier-Hultschin, BA Koblenz N 1043, Nr. 6, fol. 4-19; Manuskript M-H., »Deutschland als Faktor der Befriedung. Dr. H. Brüning kritisiert die dogmatische deutsche Außenpolitik«, ebd. fol. 20-26. – Ein Stenogramm des Wortlauts der Rede liegt nicht vor. Ursprünglich lautete das Thema: »Die Vereinigten Staaten von Europa – Gedanken zur Gegenwart«, wurde aber auf Wunsch des Veranstalters verändert. Dazu W. Joost, Kommt Brüning wieder?, S. 18. – Auf der Einladung vom 19. 5. 1954 stand irrtümlich: »Die Vereinigten Staaten von Europa«, Exemplar u. a. in: Nachl. J. Maier-Hultschin, BA Koblenz N 1043, Nr. 6. Vgl. R. Morsey, Brünings Kritik am politischen Wiederaufbau, S. 377 f. bzw. dens., Brünings Kritik an Adenauers Westpolitik, S. 353.
309 Laut Kopfbogen »Vereinigung zum Studium politischer, wirtschaftlicher, kultureller Fragen, Gevelsberg, Südstraße. 60«, Nachl. H. Brüning, HUG FP 93.10 Box 28. Vgl. D. van Laak, Schmitt, S. 50; Th. Trumpp, Zur Finanzierung der NSDAP durch die deutsche Großindustrie, S. 144 f.; R. Morsey, Brünings Kritik an Adenauers Westpolitik, S. 349; Art. Hitlers Düsseldorfer Vortrag, FZ Nr. 71 vom 27. 1. 1932; Art. Hitler vor Industriellen. Die gefährliche Inhaltslosigkeit seines Programms, KVZ Nr. 28 vom 28. 1. 1932. Dazu u. a. J. Fest, Hitler, S. 428 ff.; L. P. Lochner, Die Mächtigen und der Tyrann, S. 107 f.; H. A. Turner, Die Großunternehmer, S. 261 ff.; Hans Becker, 100 Meter vor dem Ziel, Reichskanzler a. D. Brüning wird heute 75 Jahre alt, Rheinische Post, Düsseldorf, Nr. 276 vom 26. 11. 1960.
310 R. Morsey, Brünings Kritik an Adenauers Westpolitik, S. 353; Art. Wilder Mann, Der Spiegel, Hamburg, vom 14. 6. 1971. – Eulerich wurde Anfang 1971 Sprecher des Rhein-Ruhr-Klubs, Art. Brüning-Memoiren wahrscheinlich vorher »frisiert«. Zweifel verstärken sich an der Echtheit, Kölnische Rundschau vom 10. 5. 1972.
311 Mitteilung von Frau Bettina von Heeren, Rottenbuch, an den Verf. vom 6. 12. 2002; Rhein-Ruhr-Klub, unterz. Meyner, an H. Brüning vom 25. 5. 1954, handschr. Vermerk Brünings: 16.30 Abfahrt, Nachl. H. Brüning, HUG FP 93.10 Box 28.
312 H. Brüning an W. v. Baltz vom 14. 6. 1954 und 30. 12. 1955, Durchschlag, Nachl. H. Brüning, HUG FP 93.10 Box 3; R. Morsey, Brünings Kritik an Adenauers Westpolitik, S. 352; Mitteilung von Frau Bettina von Heeren, Rottenbuch, an den Verf. vom 6. 12. 2002.
313 H. v. Borch an H. Brüning vom 25. 5. 1954, Ausf., Nachl. H. Brüning, HUG FP 93.10 Box 5.
314 Dazu R. Morsey, Brünings Kritik an Adenauers Westpolitik, S. 351 f., 357. – In einer Ende Juni abgegebenen Erklärung bezog sich Brüning sowohl auf den Bad Dürkheimer als auch auf den Düsseldorfer Vortrag, durch die er in den Meinungsstreit geraten sei. Siehe: Hier irrte Heinrich Brüning, S. 25.
315 Vgl. Hier irrte Heinrich Brüning, S. 25; PPP-Informationen (Parlamentarisch-Politischer Pressedienst) vom 9. 7. 1954. – Am 10. Juni berichtete der von der SED gesteuerte Deutschlandsender um 13.00 Uhr, der Düsseldorfer Veranstaltung sei eine Zusammenkunft der beiden ehemaligen Reichskanzler Brüning und Luther in einem kleinen Ort in der Pfalz vorhergegangen. Dabei habe man festgestellt, daß die Außenpolitik Adenauers einer öffentlichen Kritik unterzogen werden müsse. Monitorbericht, hektographiert: »Brüning und Dr. Luther hatten Brüning-Rede gemeinsam vorbereitet« vom 10. 6. 1954, BPA-Sammlung bzw. Art. »Lüdenscheid: Aussprache zwischen Brüning und Dr. Luther«, ADN Nr.

33 vom 10. 6. 1954, BPA, Nachrichtenzentralstelle, hektographiert, Nachl. H. Globke, ACDP I-070-059/1. – Der für seine Sympathien gegenüber der Pankower Regierung bekannte Journalist Wilhelm Karl Gerst, der früher der katholischen Jugendbewegung angehört hatte, berichtete, daß Freunde Brünings behauptet hätten, er habe den Zeitpunkt für seine Rede sorgfältig gewählt, Wilhelm Karl Gerst, Adenauer verbittet sich Brüning-Reden, G – Dienst aus Bonn, Ausgabe Nr. 288 vom 23. 6. 1954, S. 1, BPA-Sammlung.

316 Vgl. E. Alexander, Adenauer, S. 144 f., Anm. 25.

317 Dazu R. Morsey, Brünings Kritik an Adenauers Westpolitik, S. 352; Mitteilung von Frau Bettina von Heeren, Rottenbuch, an den Verf. vom 6. 12. 2002.

318 Vgl. Art. »Verschwörer um Brüning«, Industriekurier vom 16. 6. 1954; R. Morsey, Brünings Kritik an Adenauers Westpolitik, S. 353; D. van Laak, Schmitt, S. 49. – Mende strebte nach der Emeritierung Brünings 1955 dessen Nachfolge an, was diesem jedoch nicht angenehm gewesen wäre, R. Morsey, Brünings zweite Emigration, S. 417 f.; L. Haupts, Heinrich Brüning, S. 210 f.

319 Dazu u. a. E. Kosthorst, Kaiser, S. 105. Vgl. W. W. Schütz, Deutschland, S. 39 ff.

320 Über Stalins Strategie siehe dessen Rede vom 10. März 1939, L. Besymenski, Stalin und Hitler, S. 134 ff.

321 Art. Brüning im Wortlaut, Das Ganze Deutschland, Heidelberg, vom 3. 7. 1954.

322 Vgl. Art. Brüning warnt vor einseitiger Bindung. Wiedervereinigung und Verteidigungsgemeinschaft, FAZ vom 4. 6. 1954.

323 W. Joost, Kommt Brüning wieder?, S. 18. Vgl. R. Morsey, Zur Problematik einer zeitgeschichtlichen Briefedition, S. 80; dens., Brüning – ein Staatsmann, S. 115; Mitteilung von Dr. H. J. Unland, Münster, an den Verf. vom 27. 11. 2003.

324 H. Brüning an H. Hauser vom 8. 2. 1947, Briefe 1946-1960, S. 491.

325 Nach »Das Zentrum« vom 25. 6. 1954 sagte Brüning wörtlich: »Keinem Vertragspartner, auch den Russen nicht ist zuzumuten, daß er politischen Selbstmord begeht.« Die Druckfassung stimmt inhaltlich überein, erscheint aber formal gemildert: »Es ist ja keinem Vertragspartner zuzumuten, daß er politische Selbstmord begeht – vor allem, wenn, wie in diesem Fall noch immer, das Bündnis zwischen Rußland und Frankreich besteht, daß General de Gaulle 1945 mit der Sowjetunion geschlossen hat.« Demnach wäre formal auch die – inhaltlich abwegige – Deutung zulässig, es handele sich um die Bundesrepublik, wenn sie sich der EVG anschließe. – Dazu: Hier irrte Heinrich Brüning, S. 15.

326 Vgl. H. Brüning an F. Olshausen vom 18. 8. 1954, Durchschlag, Nachl. H. Brüning, HUG FP 93.10 Box 1.

327 Vgl. Peter Paul Nahm, Brünings Tragik auf deutscher Bühne. Zu der Rede im Rhein-Ruhr-Klub, Rheinischer Merkur Nr. 24 vom 11. 6. 1954; Art. Brünings tragisches Geschick, Süddeutsche Zeitung vom 11. 6. 1954; H. Brüning, Antworten auf einen Fragebogen von Dorothy Thompson vom 20. 4. 1943, Briefe und Gespräche, S. 522; H. Brüning an P. Sethe vom 9. 9. 1951, Durchschlag, Nachl. H. Brüning, HUG FP 93.10 Box 31. Dazu R. Morsey, Brünings Kritik am politischen Wiederaufbau, S. 378, Anm. 91; St. A. Schuker, Ambivalent Exile, S. 350.

328 H. Mommsen, Diskussionsbeitrag in: H. A. Winkler, Staatskrise, S. 55.

329 Vgl. Art. »Vereinigte Staaten und Europa«. Zum Düsseldorfer Vortrag des Altreichskanzlers Heinrich Brüning, Saarländische Volkszeitung, Saarbrücken, vom 15. 7. 1954.

330 W. Weber / W. Jahn, Synopse der Deutschlandpolitik, S. 154 f.; E. Nolte, Deutschland und der Kalte Krieg, S. 306 f.; Karl-Heinz Schlarp, Alternativen zur deutschen Außenpolitik 1952-1954, in: Wolfgang Benz / Hermann Graml (Hrsg.), Aspekte deutscher Außenpolitik im 20. Jahrhundert. Aufsätze. Hans Rothfels zum Gedächtnis, Stuttgart 1976, S. 211 ff.; W. Besson, Die Außenpolitik der Bundesrepublik, S. 135 ff. Vgl. Art. Franz Rodens, Wann erscheinen Brünings Memoiren, in: Das Neue Journal, 27. März 1957, S. 3 f.

331 Archiv der Gegenwart 24 (1954), S. 4564 f.; Briefe 1946-1960, S. 358, Anm. 2; Art. Brüning warnt vor einseitiger Bindung. Wiedervereinigung und Verteidigungsgemeinschaft, FAZ vom 4. 6. 1954; Art. Wehmütiger Rückblick auf Locarno, Süddeutsche Zeitung vom 4. 6. 1954; Art. Duell Reichskanzler a. D. – Bundeskanzler, Main-Post vom 4. 6. 1954; Art. Brüning gegen die EVG. Die USA müssen in Europa bleiben. Hamburger Anzeiger vom 3. 6. 1954; Art. Adenauer contra Brüning, Saarländische Volkszeitung, Saarbrücken, vom 5. 6. 1954; H. Baumgarten, Brünings politische Vorlesung, FAZ vom 9. 6. 1954; Art. Brüning warnt vor unbeweglicher Außenpolitik, Süddeutsche Zeitung vom 22. 6. 1954. Vgl. H. Brüning an H. v. Biel vom 28. 8. 1954, Briefe 1946-1960, S. 363; E. Alexander, Adenauer, S. 143 f., Anm. 25; E. Alexander an K. Thieme vom 6. 7. 1956, Abschrift, S. 2, Nachl. H. Brüning, HUG FP 93.10 Box 1.

332 Nach A. Gallus, Die Neutralisten, S. 88 f.

333 Art. Professor Brüning, Der Telegraf, Berlin, vom 4. 6. 1954; Art. Keine Wahlrede für Adenauer, Der Mittag, Düsseldorf, vom 3. 6. 1954; W. Joost, Kommt Brüning wieder?, S. 18; Hier irrte Heinrich Brüning, S. 5. Vgl. R. Morsey, Zur Problematik einer zeitgeschichtlichen Briefedition, S. 80; dens., Emigration und Nachkriegsplanung, S. 229 f.; dens., Brünings Vorstellungen, S. 195; A. Kurz, Demokratische Diktatur?, S. 193. – Kritisch zur schwachen Stellung des Bundespräsidenten und zur Einführung des Konstruktiven Mißtrauensvotums hatte sich Brüning schon 1950 gegenüber Heuss geäußert. Nach seiner Ansicht waren die Folgerungen aus den Weimarer Erfahrungen überzogen gewesen. Einschlägige Äußerungen Brünings gegenüber Kabinettsmitgliedern waren von einem Sprecher der SPD in die Öffentlichkeit lanciert worden. Vgl. H. Brüning an Th. Heuss vom 20. 12. 1950, Durchschlag, Nachl. H. Brüning, HUG FP 93.10 Box 2.

334 Art. Adenauer: Für Rapallo- und Schaukelpolitik nicht zu haben. Kritik an einer Rede Brünings – Der Bundeskanzler vor der Internationalen Handelskammer, Stuttgarter Nachrichten vom 4. 6. 1954; W. Joost, Kommt Brüning wieder?, S. 18; Art. Brüning gegen dogmatische Außenpolitik, Frankfurter Rundschau vom 4. 6. 1954; Art. Adenauer is angered by Bruening Speech, The New York Times vom 22. 6. 1954; Hier irrte Heinrich Brüning, S. 3; G. A. Craig, Staatskunst, S. 153. – Brüning selbst behauptete, Luther sei rein zufällig anwesend gewesen und habe kein Wort zu seinem Vortrag gesagt, H. Brüning an R. Pechel vom 10. 6. 1954, Briefe 1946-1960, S. 353. Über Luthers Haltung zur EVG siehe u. a. G. Herbstritt, Wirth, S. 160.

335 Art. Brüning warnt vor einseitiger Bindung. Wiedervereinigung und Verteidigungsgemeinschaft, FAZ vom 4. 6. 1954; Archiv der Gegenwart 24 (1954), S. 4565. Nach Art. Zurückgewandt, Rheinische Post, Düsseldorf, vom 4. 6. 1954, sagte Brüning, in der Bundesrepublik werde »wieder jahrelang eine dogmatische Außenpolitik betrieben«.

336 Abdruck des dpa-Berichtes vom 2. Juni »prof. bruening gegen ›dogmatische aussenpolitik‹«, Nachl. J. Maier-Hultschin, BA Koblenz N 1043, Nr. 6, fol. 30-34.

337 H. Brüning an H. Ullmann vom 18. 8. 1954, Durchschlag, Nachl. H. Brüning, HUG FP 93.10 Box 34; Mitteilung von Frau Bettina von Heeren, Rottenbuch, an den Verf. vom 6. 12. 2002. – Ein hs. korrigiertes, allerdings im Vergleich zur Druckfassung wesentlich kürzeres Typoskript ohne nennenswerte Varianten befindet sich im Nachl. H. Brüning, HUG FP 93.35 Box 3.

338 H. Brüning an H. Ullmann vom 18. 8. 1949, Durchschlag, Nachl. H. Brüning, HUG FP 93.10 Box 34.

339 H. Brüning, Deutschland als Mittler, ohne Datum (etwa 6. 6. 1954), hektographiert, elite – Copyright Artikel des Elite-Namendienstes, dpa (Expl. in BPA-Sammlung); Mitteilung von Frau Bettina von Heeren, Rottenbuch, an den Verf. vom 6. 12. 2002. Die Broschüre wurde in hoher Auflage gedruckt und war zum Preis von 1.- DM erhältlich, vgl. G. Müller an J. Maier-Hultschin vom 9. 6. 1954, Ausf., Nachl. J. Maier-Hultschin, BA Koblenz N 1043, Nr. 6.

340 H. Brüning an Erich Danner vom 8. 8. 1954, Durchschlag, Nachl. H. Brüning, HUG FP 93.10 Box 6.
341 H. Brüning, Deutschland als Mittler, ohne Datum (etwa 6. 6. 1954), hektographiert, elite – Copyright Artikel des Elite-Namendienstes, dpa (Expl. in BPA-Sammlung); Art. »Adenauer wollte Brüning zum Dementi veranlassen« (Ost-Berlin, DS vom 4. 6. 1954, 18 und 20 Uhr), Sowjetzonen-Pressespiegel vom 5. 6. 1954 (Expl. in BPA-Sammlung); H. Brüning an F. Olshausen vom 18. 8. 1954, Durchschlag, Nachl. H. Brüning, HUG FP 93.10 Box 1. Vgl. R. Morsey, Brüning und Adenauer, S. 40; dens., Brünings Kritik an Adenauers Westpolitik, S. 351 f., 354; Art. Brüning: Nicht für die breite Öffentlichkeit, FAZ vom 5. 6. 1954; Art. Brüning in Verlegenheit, Die Welt, Essen, vom 5. 6. 1954; Art. Die Rede Dr. Brünings, FAZ vom 8. 6. 1954; Art. E. G. Bonn, 7. Juni, Die Kontroverse zwischen Adenauer und Brüning, Neue Zürcher Zeitung vom 9. 6. 1954; Art. Nochmals die Brüning-Rede, Kölnische Rundschau vom 17. 6. 1954; Art. Adenauer verbittet sich Verbreitung der Brüning-Rede, Frankfurter Rundschau vom 18. 6. 1954; Art. Erneute Kritik an Brüning, ebd.; Hier irrte Heinrich Brüning, S. 25; Art. Brüning warnt vor unbeweglicher Außenpolitik, Süddeutsche Zeitung vom 22. 6. 1954; Art. Personalpolitische Hintergründe der Klubrede Heinrich Brünings, Freie Presse, Bielefeld, vom 23. 6. 1954; W. Joost, Kommt Brüning wieder?, S. 19; Art. (Johann Wilhelm Koch), Heinrich Brüning, der kurz vorm Ziel scheiterte, Kölnische Rundschau vom 26. 11. 1965; Briefe 1946-1960, S. 420 (Kommentar).
342 H. Brüning an W. v. Baltz vom 14. 7. 1954, Durchschlag, Nachl. H. Brüning, HUG FP 93.10 Box 3. Vgl. u. a. D. Sternberger, Zur Ablehnung des Pfleiderer-Plans und der Reise des Ost-Ausschusses der deutschen Wirtschaft. Zu den Ausführungen Dr. Brünings, Hessischer Rundfunk vom 10. 6. 1954, S. 2 ff. (BPA-Sammlung). Der Ostausschuß der deutschen Wirtschaft konstituierte sich vorläufig am 7. Juni, definitiv am 17. Dezember 1952, H. J. Perrey, Der Rußlandausschuß der Deutschen Wirtschaft, S. 329 f.
343 Vgl. H. Brüning an R. Pechel vom 10. 6. 1954, Briefe 1946-1960, S. 352 f.
344 Art. Brünings Kritik und Bonner Gegenkritik. Brüning verkennt die Weltlage in einer Rede vor dem Rhein-Ruhr-Klub, Kölnische Rundschau vom 4. 6. 1954; Art. Brüning: Nicht für die breite Öffentlichkeit, FAZ vom 5. 6. 1954; Hans Becker, 100 Meter vor dem Ziel, Reichskanzler a. D. Brüning wird heute 75 Jahre alt, Rheinische Post, Düsseldorf, Nr. 276 vom 26. 11. 1960.
345 Art. Brüning fordert Realismus, Die Welt, Essen, vom 3. 6. 1954. Ähnlich auch Art. Brüning in Düsseldorf, Neue Zürcher Zeitung bzw. M. S. Handler, Bruening for a Neutral Germany; Criticizes the Policy of Adenauer, The New York Times vom 5. 6. 1954 (Expl. Nachl. E. Alexander, Kommission für Zeitgeschichte, Bonn, Mappe 52).
346 Vgl. Peter Paul Nahm, Brünings Tragik auf deutscher Bühne. Zu der Rede im Rhein-Ruhr-Club, Rheinischer Merkur Nr. 24 vom 11. 6. 1954.
347 Art. Keine Wahlrede für Adenauer, Der Mittag, Düsseldorf, vom 3. 6. 1954.
348 Vgl. Art. Brüning in Düsseldorf, Neue Zürcher Zeitung bzw. M. S. Handler, Bruening favors Neutral Germany, The New York Times vom 5. 6. 1954.
349 Washington Post vom 8. 6. 1954, nach: DPA Inf. 947/10. 6. 1954 (Deutscher Bundestag, Presse-Archiv); Art. Washington sieht Bonner Außenpolitik gefährdet. Neuorientierung befürchtet / USA sprechen von Druck auf Adenauer / Brünings Rede erregt Aufsehen, Frankfurter Rundschau vom 8. 6. 1954; R. Drummond / G. Coblentz, Duell am Abgrund, S. 94 ff.; Hier irrte Heinrich Brüning, S. 23 f.; US News and World Report vom 22. 10. 1954, hier nach: E. Spevack, Enigma, S. 89; Otto W. Butz, Dr. Adenauer – A Failing Ally?, New Republik, 17. 8. 1953. Dazu D. N. Heineman an K. Adenauer vom 13. 8. 1953, Nachl. D. N. Heineman, Stiftung Bundeskanzler-Adenauer-Haus Bad Honnef – Rhöndorf I/10.12.
350 H. Brüning an J. Goldschmidt vom 29. 6. 1954, Briefe 1946-1960, S. 355; H. Brüning an F. Olshausen vom 18. 8. 1954, Durchschlag, Nachl. H. Brüning, HUG FP 93.10 Box 1. Vgl.

Parlamentarisch-Politischer Pressedienst vom 2. 7. 1954 (BPA-Sammlung); R. Morsey, Brünings Kritik an Adenauers Westpolitik, S. 349, 356 f.

351 Vgl. Art. »Verschwörer um Brüning«, Industriekurier vom 16. 6. 1954.

352 Vgl. Gaston Coblentz, Bruening Advocates Bonn-Moscow Talks, New York Herald Tribune, European Edition, Paris, vom 8. 7. 1954; dens., Bruening for Accord with Russia, New York Herald Tribune vom 8. 7. 1954 (Expl. Nachl. H. Brüning, HUG FP 93.10 Box 1); H. Brüning an J. Blesch vom 15. 2. 1957, Briefe 1946-1960, S. 423.

353 Vorschlag des britischen Außenministers Eden für die Wiedervereinigung Deutschlands, vorgelegt am 29. 1. 1954, Europa-Archiv 9 (1954), S. 6525 f.; Revidierte Fassung vom 27. 10. 1955 als Vorschlag der Regierungen Frankreichs, Großbritanniens und der Vereinigten Staaten zur Wiedervereinigung Deutschlands, Dokumente zur Deutschlandpolitik, Bd. 3, 1, S. 492 ff.

354 Art. Involuntary Political Return of Dr Bruening. Danger of »Dogmatism« in Foreign Policy, The Manchester Guardian vom 21. 6. 1954. Auszüge in: Art. Was will Brüning?, Tägliche Rundschau, Berlin, vom 24. 6. 1954. Vgl. J. Horatz an H. Globke vom 24. 6. 1954, Nachl. H. Globke, ACDP I-070-059/1; H. Brüning an J. B. Conant vom 18. 6. 1954, Durchschlag, Nachl. H. Brüning, HUG FP 93.10 Box 4.

355 Betr. Beziehungen Nuschke – Dr. Brüning, Aktennotiz Geheim vom 9. 6. 1954, dem Herrn Staatssekretär vorzulegen, Nachl. H. Globke, ACDP I-070-059/1. Vgl. Briefe 1946-1960, S. 358, Anm. 1; H. Brüning an E. Respondek vom 21. 1., an H. F. Armstrong vom 5. 2. 1955, ebd. S. 377 f.; H. Brüning an A. H. Berning vom 4. 1. 1955, Durchschlag, Nachl. H. Brüning, HUG FP 93.10 Box 3. Über Semjonows Rolle in der sowjetischen Deutschlandpolitik siehe u. a. Elke Scherstjanoi / Rolf Semmelmann, Die Gespräche Stalins mit der SED-Führung im Dezember 1948 und im April 1952, ZfG 12 (2004), S. 139 ff.

356 H. Brüning an A. H. Berning vom 30. 7., an M. Anderson vom 31. 7., an J. Diel vom 28. 8. 1954, Briefe 1946-1960, S. 358 f., 362; H. Brüning an A. v. Schauroth vom 21. 8. 1954, Ausf., Sammlung Gärtringen. – Zitat John vom 28. 7. 1954: Verfahren gegen den früheren Präsidenten des BfV Dr. Otto John, in: »Hochverrat und Staatsgefährdung. Urteile des Bundesgerichtshofes, Bd. 2, Karlsruhe 1958, S. 90.

357 H. Brüning an A(nni) Eckert vom 8. 9. 1954, Durchschlag, Nachl. H. Brüning, HUG FP 93.10 Box 8.

358 Mitteilung von Frau Bettina von Heeren, Rottenbuch, an den Verf. vom 6. 12. 2002.

359 H. Brüning an H. F. Armstrong vom 23. 10. 1954, Briefe 1946-1960, S. 368. Vgl. ebd. Anm. 1; O. John, Zweimal kam ich heim, S. 257.

360 H. Brüning an A(nni) Eckert vom 8. 9. 1954, Durchschlag, Nachl. H. Brüning, HUG FP 93.10 Box 8.

361 Vgl. Art. Eine Schaukelpolitik kommt nicht in Frage. Objektive Feststellungen zum viel diskutierten Problem des Ostwesthandels, Bulletin des Presse- und Informationsamtes der Bundesregierung Nr. 108 vom 12. 6. 1954, S. 966 ff.; Manuskript der Rede Adenauers vom 3. 6. 1954, in: Nachl. E. Alexander, Kommission für Zeitgeschichte, Bonn, Mappe 52; H. Brüning an R. Pechel vom 10. 6. 1954, Briefe 1946-1960, S. 352 f.; H. Brüning an J. Diel vom 14. 8. 1954, Durchschlag, Nachl. H. Brüning, HUG FP 93.10 Box 7; Mitteilung von Dr. H. J. Unland, Münster, an den Verf. vom 27. 11. 2003; Art. Adenauer: Für Rapallo- und Schaukelpolitik nicht zu haben, Stuttgarter Zeitung vom 4. 6. 1954; Art. Die Kontroverse zwischen Adenauer und Brüning, Neue Zürcher Zeitung vom 9. 6. 1954; Kabinettssitzung vom 15. 6. 1954, Kabinettsprotokolle der Bundesregierung Bd. 7, S. 255, Anm. 11; R. Morsey, Brünings Kritik am politischen Wiederaufbau, S. 377 f.; dens., Brünings Kritik an Adenauers Westpolitik, S. 356 f.; Art. Zurückgewandt, Rheinische Post, Düsseldorf, vom 4. 6. 1954; Hier irrte Heinrich Brüning, S. 4; U. Hörster-Philipps, Wirth, S. 833.

362 Bulletin des Presse- und Informationsamtes der Bundesregierung Nr. 108 vom 12. 6. 1954, S. 966 ff.; Archiv der Gegenwart 24 (1954), S. 4565 f. – Auszüge in: Hier irrte Heinrich Brüning, S. 4 ff. Vgl. R. Morsey, Brünings Kritik am politischen Wiederaufbau, S. 377 f.
363 Dazu R. Morsey, Brünings Kritik an Adenauers Westpolitik, S. 354.
364 Dazu L. Haupts, Adenauer und die deutsche Einheit, in: Geschichte in Köln 32 (Dezember 1992), S. 11.
365 Art. Eine Schaukelpolitik kommt nicht in Frage. Objektive Feststellungen zum viel diskutierten Problem des Ostwesthandels, Bulletin des Presse- und Informationsamtes der Bundesregierung Nr. 108 vom 12. 6. 1954, S. 968; Hier irrte Heinrich Brüning, S. 5. Vgl. E. Alexander, Adenauer, S. 145, Anm. 25; R. Morsey, Brünings Kritik an Adenauers Westpolitik, S. 355.
366 Hier irrte Heinrich Brüning, S. 6; Art. Adenauer: Für Rapallo- und Schaukelpolitik nicht zu haben, Stuttgarter Nachrichten vom 4. 6. 1954; Art. Dr Bruening's Attack on German Policy. Nostalgia for the Old Role in Central Europe, The Manchester Guardian vom 7. 6. 1954. Vgl. G. Herbstritt, Wirth, S. 160; Manfred Overesch, Einheit oder Teilung? Westdeutsche Entscheidungsträger vor der gesamtdeutschen Frage 1945-1947, in: J. Foschepoth, Kalter Krieg und Deutsche Frage, S. 175 ff.
367 R. Morsey, Brüning und Adenauer, S. 40; ders., Zur Problematik einer zeitgeschichtlichen Briefedition, S. 79; H. Brüning an H. J. Schmitt vom 26. 5. 1951, Durchschlag, Nachl. H. Brüning, HUG FP 93.10 Box 31. Vgl. A. Baring, Außenpolitik in Adenauers Kanzlerdemokratie, S. 57; G. A. Craig, Staatskunst, S. 153; J. Wright, Stresemann, S. 513 f., 525; H. Gründer, Heinrich Brüning – der Kanzler zwischen Republik und Diktatur, S. 10.
368 J. Becker, Heinrich Brüning und das Scheitern der konservativen Alternative, S. 17.
369 Vgl. Hier irrte Heinrich Brüning, S. 12; P. Berglar, Adenauer, S. 105.
370 Art. Brünings Kritik und Bonner Gegenkritik. Brüning verkennt die Weltlage in einer Rede vor dem Rhein-Ruhr-Club, Kölnische Rundschau vom 4. 6. 1954; Art. Wieder: Bundeskanzler gegen Reichskanzler. Scharfe Stellungnahme Dr. Adenauers zur Rede Dr. Brünings, Südkurier, Konstanz, vom 18. 6. 1954; Art. Brünings Kritik an der Politik Adenauers, Neue Zürcher Zeitung vom 22. 6. 1954; Art. Bundeskanzler Adenauer in Bad Boll, Badische Neueste Nachrichten, Karlsruhe, vom 22. 6. 1954. Vgl. Frank Vogl, Brüning zwischen Ost und West, Der Mittag, Düsseldorf, vom 22. 6. 1954.
371 Kabinettssitzung vom 15. 6. 1954, Kabinettsprotokolle der Bundesregierung Bd. 7, S. 254 f. – Am 16. 6. 1954 äußerte sich H. v. Brentano in Werl kritisch über die Positionen Brünings und Pfleiderers, dpa-Meldung »Brentano wünscht gemeinsame Außenpolitik der Parteien«, Nachl. J. Maier-Hultschin, BA Koblenz, N 1043 Nr. 6, fol. 35. Vgl. Georges Blun, Les élections dans l'Etat Rhin-Westphalie. L'électeur appelé à se prononcer pour ou contre la politique étrangère du chancelier Adenauer, La Libre Belgique vom 26. 6. 1954.
372 Archiv der Gegenwart 24 (1954), S. 4605.
373 Art. Brüning – Kaiser – Adenauer, Westdeutsche Rundschau vom 15. 6. 1954; Frank Vogl, Brüning zwischen Ost und West, Der Mittag, Düsseldorf, vom 22. 6. 1954; Art. Prof. Brüning wird wieder aktiv. Nach der Düsseldorfer Rede Fühlungnahme mit maßgeblichen Politikern, General-Anzeiger, Bonn, vom 21. 6. 1954; Art. Brünings politische Aktivität, Stuttgarter Nachrichten vom 22. 6. 1954; Art. Der Bundeskanzler zürnt dem ehemaligen Reichskanzler immer noch. Eifersucht Adenauers auf Brüning? Bonn glaubt, Ursache seien Brünings Aspirationen auf das Außenministerium, Nürnberger Nachrichten vom 23. 6. 1954. Vgl. Art. »Adenauer wollte Brüning zum Dementi veranlassen« (Ost-Berlin, DS vom 4. 6. 1954, 18 und 20 Uhr), Sowjetzonen-Pressespiegel vom 5. 6. 1954 (Expl. In BPA-Sammlung); D. van Laak, Schmitt, S. 48; B. Stöver, Die Befreiung vom Kommunismus, S. 361; E.-O. Czempiel, Die Bundesrepublik und Amerika, S. 563.

374 Vgl. Art. Bundeskanzler Adenauer in Bad Boll, Badische Neueste Nachrichten, Karlsruhe, vom 22. 6. 1954; Art. Adenauer is angered by Bruening speech, The New York Times vom 22. 6. 1954. Über Pfleiderer siehe u. a. P. Sethe, Die großen Entscheidungen, S. 122 ff.

375 Vgl. Art. Adenauer contra Brüning, Saarländische Volkszeitung, Saarbrücken, vom 5. 6. 1954; Art. Von Diel bis Brüning, Das Zentrum vom 25. 6. 1954. Zu Schumans Urteil über Brünings Haltung in der Saarfrage siehe R. Schuman, France and Europe, S. 359.

376 Art. Reale Politik betreiben!, Heinrich Brüning: Adenauers Politik ist dogmatisch / Gegen USA-Vorherrschaft, Neues Deutschland, Berlin, vom 4. 6. 1954. Vgl. D. Sternberger, Zur Ablehnung des Pfleiderer-Plans und der Reise des Ost-Ausschusses der deutschen Wirtschaft. Zu den Ausführungen Dr. Brünings, Hessischer Rundfunk vom 10. 6. 1954, S. 1 ff. (BPA-Sammlung); W. Weber / W. Jahn, Synopse zur Deutschlandpolitik, S. 199.

377 Vgl. H. Brüning an A. H. Berning vom 30. 7. 1954, Briefe 1946-1960, S. 358; H. Brüning an F. Olshausen vom 18. 8. 1954, Durchschlag, Nachl. H. Brüning, HUG FP 93.10 Box 1; G. Herbstritt, Wirth, S. 150 f.; R. Morsey, Zentrumspartei und Zentrumspolitiker, S. 408 f.

378 Art. Reichskanzler Brüning warnt. Eine offene Stimme gegen die Außenpolitik des Bundeskanzlers, Hannoversche Presse vom 4. 6. 1954; Art. Brünings Kritik und Bonner Gegenkritik. Brüning verkennt die Weltlage in einer Rede vor dem Rhein-Ruhr-Club, Kölnische Rundschau vom 4. 6. 1954; Art. Brüning warnt vor unbeweglicher Außenpolitik, Süddeutsche Zeitung vom 22. 6. 1954; Hier irrte Heinrich Brüning, S. 25. Vgl. H. Brüning an F. Olshausen vom 18. 8. 1954, Durchschlag, Nachl. H. Brüning, HUG FP 93.10 Box 1; G. Herbstritt, Wirth, S. 150 f.

379 Vgl. Hier irrte Heinrich Brüning, S. 14, 25; Art. Des Kanzlers neue Antwort an Brüning, Frankfurter Neue Presse vom 22. 6. 1954. Brüning bestritt entschieden, in der Broschüre einen Satz seiner Rede ausgelassen zu haben. Dies sei eine »absolute Unwahrheit«, H. Brüning an J. Vögele vom 4. 1. 1955, Briefe 1946-1960, S. 375. Von einem »gefälschten Text« in der Berichterstattung sprach er in einem Brief an A. v. Schauroth vom 14. 7. 1954, Ausf., Sammlung Gärtringen.

380 Art. Brünings Kritik und Bonner Gegenkritik. Brüning verkennt die Weltlage in einer Rede vor dem Rhein-Ruhr-Club, Kölnische Rundschau vom 4. 6. 1954; Art. Adenauer is angered by Bruening Speech, The New York Times vom 22. 6. 1954; Art. »Wir vertrauen der Politik des Bundeskanzlers nach wie vor!« Definitive Option der deutschen Industrie für den Westen – Der beste Weg zur Befriedung Europas, in: Bulletin des Presse- und Informationsamtes der Bundesregierung Nr. 115 vom 25. 6. 1954, S. 1033; Art. Berg gegen Brüning, FAZ vom 25. 6. 1954; Hier irrte Heinrich Brüning, S. 19 f.; R. Morsey, Brünings Kritik an Adenauers Westpolitik, S. 355 f.

381 Vgl. D. Sternberger, Zur Ablehnung des Pfleiderer-Plans und der Reise des Ost-Ausschusses der deutschen Wirtschaft. Zu den Ausführungen Dr. Brünings, Hessischer Rundfunk vom 10. 6. 1954, S. 3 (BPA-Sammlung).

382 G. Jasper, Die gescheiterte Zähmung, S. 86.

383 Vgl. J. Sobotta, Adenauer und Brüning waren sich nicht grün. Der Reichskanzler und der Bundeskanzler, Rheinische Post, Düsseldorf, Nr. 30 vom 5. 2. 1972.

384 G. Mann, Adenauer, in: Ders., Zwölf Versuche, S. 112; R. Strobel, Adenauer und der Weg Deutschlands, S. 30.

385 Vgl. G. Mann, Adenauer, in: Ders., Zwölf Versuche, S. 112, 140; R. Strobel, Adenauer und der Weg Deutschlands, S. 29; Immanuel Birnbaum, Reichskanzler Brüning gestorben. Ein Republikaner als Vorläufer der Diktatur, Süddeutsche Zeitung vom 1. 4. 1970.

386 R. Strobel, Adenauer und der Weg Deutschlands, S. 28 f.

387 Mitteilung von Herrn Dr. J. Kerz, Köln, an den Verf. vom 4. 12. 2002.

388 Art. Brünings Kritik, Westdeutsche Allgemeine Zeitung, Essen, vom 4. 6. 1954; Art. Veraltete (sic) Vorstellungen Brünings, Christlich-Demokratischer Pressedienst, Bonn, Nr. 115 vom 3. 6. 1954 (BPA-Sammlung).

389 Art. Herren von gestern?, Handelsblatt vom 9. 6. 1954.
390 Peter Paul Nahm, Brünings Tragik auf deutscher Bühne. Zu der Rede im Rhein-Ruhr-Club, Rheinischer Merkur Nr. 24 vom 11. 6. 1954. Vgl. Robert Tillmanns, Deutschland als Mittler, Union in Deutschland, Informationsdienst 8. Jg. Nr. 66 vom 18. 8. 1954; Art. Von Diel bis Brüning, Das Zentrum vom 25. 6. 1954; Hier irrte Heinrich Brüning, S. 17 f.; R. Morsey, Brünings Kritik am politischen Wiederaufbau, S. 378, Anm. 91; Hans Georg Lehmann, Rückkehr nach Deutschland? Motive, Hindernisse und Wege von Remigranten, in: Cl.-D. Krohn / P. v. zur Mühlen, Rückkehr und Aufbau nach 1945, S. 52 ff.
391 Mitteilung von Frau H. Vollmar an den Verf. vom 5. 4. 2004; J. Titzer, Hauptarbeitsstelle für Männerseelsorge und Männerarbeit vom 19. 6. 1954, hektographiert, Expl. im Nachl. H. Globke, ACDP I-070-059/1; H. Brüning an J. Baumhoff, o. D. (um 1955), Abschrift, Nachl. H. Pünder, HAStK 1304/360. Dazu R. Morsey, Brünings Kritik an Adenauers Westpolitik, S. 357. – Im Jahre 1958 kritisierte Brüning die Hauptarbeitsstelle wegen ihrer Propaganda für die NATO im Auftrag der Kurie, weil dies einen »unüberbrückbaren Riß im deutschen Volke« herbeiführen müsse, H. Brüning an H. Weber vom 29. 1. 1958, Briefe 1946-1960, S. 448 f. – Joos legte gegenüber Brüning darauf Wert, daß er an dem fraglichen Rundschreiben nicht beteiligt gewesen sei. Vgl. H. Brüning an A. H. Berning vom 16. 2. 1955, Durchschlag, Nachl. H. Brüning, HUG FP 93.10 Box 3. – Über Brünings gespanntes Verhältnis zu Joos nach 1945 siehe R. Morsey, Zentrumspartei und Zentrumspolitiker, S. 407 f.; H. Brüning an A. H. Berning vom 31. 12. 1958, Durchschlag, Nachl. H. Brüning, HUG FP 93.10 Box 3.
392 Hier irrte Heinrich Brüning. Deutschland im west-östlichen Spannungsfeld. Sondernummer der Bonner Hefte, Stuttgart 1954. Die Schrift erschien, wie aus dem Hinweis auf das Scheitern der EVG in der französischen Nationalversammlung (S. 8) zu entnehmen ist, nach dem 30. August als Terminus post quem. Dazu R. Morsey, Brünings Kritik an Adenauers Westpolitik, S. 358 f.
393 Hier irrte Heinrich Brüning, S. 9 f.
394 Vgl. Art. Altreichskanzler Brüning fällt vernichtendes Urteil über Adenauers Außenpolitik, Freie Presse (SPD), Bielefeld, vom 4. 6. 1954; Art. Personalpolitische Hintergründe der Klubrede Heinrich Brünings. Ruhrindustrielle sorgen vor, daß nicht demnächst die Sozialdemokraten das deutsche Feld beherrschen, Freie Presse, Bielefeld, vom 23. 6. 1954. – Im »Neuen Vorwärts«, Hannover, erschien am 11. 6. 1954 ein Artikel »Brüning«, aus der Feder »eines Katholiken« (gez. F. D.), der Brüning vorwarf, sich zu spät mit seinen Bedenken gemeldet zu haben. Seit zwei Jahren habe Brüning »zugeschaut, wie ein anderer katholischer Politiker auf falschen Bahnen« gewandelt sei.
395 H. Brüning an F. Olshausen vom 18. 8. 1954, Durchschlag, Nachl. H. Brüning, HUG FP 93.10 Box 1; R. Morsey, Brünings Vorstellungen, S. 205; Mitteilung von Dr. H. J. Unland, Münster, an den Verf. vom 27. 11. 2003. Vgl. Art. Sind die Verfassungsschutzämter schon eine geheime Staatspolizei?, Abendpost, Frankfurt/Main, vom 26. 6. 1954; Presse- und Informationsamt der Bundesregierung, Mitteilung an die Presse Nr. 691/54; Art. Telephon des Clubs wird überwacht. Folgen der Brüning-Rede – Haussuchung erfolgte, Hamburger Echo vom 29. 6. 1954. Dazu R. Morsey, Brünings Kritik an Adenauers Westpolitik, S. 357; Cl. Nix an E. Deuerlein vom 17. 1. 1971, Durchschlag, Nachl. H. Brüning, HUG FP 93.90 Box 1; ferner Mitteilung von Frau Bettina von Heeren, Rottenbuch, an den Verf. vom 6. 12. 2002.
396 Hier nach: F. Müller, Die »Brüning Papers«, Selbstzeugnisse, S. 53.
397 Vgl. Wolfgang Höpker, Eremit im fernen Vermont. Der einsame Brüning – eine tragische Figur, Christ und Welt, Stuttgart, vom 26. 11. 1965. Die Neigung zum Verfolgungswahn war schon in Brünings Amtszeit von Schwerin v. Krosigk beobachtet worden, dazu: St. A. Schuker, Ambivalent Exile, S. 335.

398 H. Brüning an A. H. Berning vom 30. 7. 1954, Briefe 1946-1960, S. 358; R. Morsey, Brünings Kritik an Adenauers Westpolitik, S. 357; F. Müller, Die »Brüning Papers«, Selbstzeugnisse, S. 53 f.; O. John, Zweimal kam ich heim, S. 257. Brüning hatte Siemer, der mit einigen der Verschwörer des 20. Juli 1944 in Verbindung gestanden hatte und danach untertauchen mußte, wahrscheinlich durch A. Eckert persönlich kennengelernt und war mit ihm gut bekannt. Mitteilung von Dr. H. J. Unland, Münster, an den Verf. vom 24. 5. 2003.

399 Nach: Hier irrte Heinrich Brüning, S. 26.

400 Kabinettssitzung vom 23. 6. 1954, Kabinettsprotokolle der Bundesregierung Bd. 7, S. 266 f.; Einladung des Rhein-Ruhr-Klubs für Sonnabend, den 3. 7. 1954, um 16 Uhr, Hagen Hotel van de Weyer, Expl. im Nachl. H. Brüning, HUG FP 93.10 Box 28. – Belege über die persönlichen Einladungen ebd. Vgl. H. Brüning an H. v. Raumer vom 4. 7. 1954, Briefe 1946-1960, S. 356 f.

401 H. v. Borch an H. Brüning vom 2. 7. 1954, Ausf., Nachl. H. Brüning, HUG FP 93.10 Box 5; H. Brüning an H. v. Borch vom 4. 7. 1954, Durchschlag, ebd.

402 Art. Ein einziger Weg. Eine deutsche Schaukelpolitik wäre selbstmörderisch, Rheinischer Merkur Nr. 28 vom 9. 7. 1954, auch in: Hier irrte Heinrich Brüning, S. 26 f.

403 Aktennotiz »Abendveranstaltung mit Rahmen des Bundesverbandes der Deutschen Industrie beim Bundeskanzler am 15. 7. 1954 um 18 Uhr«, 20. Juli 1954 Dr. Me/kr mit handschriftlichem Vermerk »Streng vertraulich nur zu pers. Händen«, S. 3, Expl. Nachl. H. Brüning, HUG FP 93.10 Box 1.

404 Art. Keine Musik in des Kanzlers Ohren, Hannoversche Presse vom 4. 6. 1954. Vgl. A. Baring, Außenpolitik in Adenauers Kanzlerdemokratie, S. 54 ff.

405 Art. Professor Brüning, Telegraf, West-Berlin, vom 4. 6. 1954.

406 Hans Henrich, Brüning contra Adenauer, Frankfurter Rundschau vom 5. 6. 1954. Ähnlich äußerte sich am 9. 11. 1959 Wilhelm Grewe in einem Vortrag im Council on Foreign Relations, New York, abgedruckt in: ders., Deutsche Außenpolitik, S. 416.

407 Vgl. H. Brüning an P. Barry vom 24. 7. 1954, Briefe 1946-1960, S. 357; H. Brüning an A. v. Schauroth vom 24. 7. 1954, Ausf., Sammlung Gärtringen; R. Morsey, Brünings Kritik an Adenauers Weltpolitik, S. 358.

408 Hans Baumgarten, Brünings politische Vorlesung, FAZ vom 9. 6. 1954. Vgl. Hier irrte Heinrich Brüning, S. 15 f., ähnlich auch ebd. S. 27 f.

409 Vgl. Art. Germany – A Giant Awakened, Life, New York, Special Issue, May 10, 1954. Hinweis bei E. Alexander, Adenauer, S. 18.

410 D. Sternberger, Zur Ablehnung des Pfleiderer-Plans und der Reise des Ost-Ausschusses der deutschen Wirtschaft. Zu den Ausführungen Dr. Brünings, Hessischer Rundfunk vom 10. 6. 1954, S. 1 ff. (BPA-Sammlung). Dazu: Hier irrte Heinrich Brüning, S. 16 f.

411 Dietrich Mende, »Deutschland zwischen West und Ost«. Betrachtungen zum Vortrag des Reichskanzler a. D. Dr. Brüning über »Die Vereinigten Staaten und Europa«, Europa-Archiv 9 (1954), S. 6771-6781. Dazu R. Morsey, Brünings Kritik an Adenauers Westpolitik, S. 358.

412 Art. Wo stehen wir? Zu den Bemerkungen Brünings über die deutsche Außenpolitik, gez. M. F., Die Gegenwart vom 28. 8. 1954, S. 555 ff. Dazu Art. Der Reichskanzler a. D., ebd. vom 14. 8. 1954, S. 519 ff.

413 Vgl. Art. Reichs- und Bundeskanzler, Christ und Welt, Stuttgart, vom 10. 6. 1954; Art. Der Bundeskanzler zürnt dem ehemaligen Reichskanzler immer noch. Eifersucht Adenauers auf Brüning? Bonn glaubt, Ursache seien Brünings Aspirationen auf das Außenministerium, Nürnberger Nachrichten vom 23. 6. 1954; U. Hörster-Philipps, Wirth, S. 833 f.; G. Herbstritt, Wirth, S. 150 f., 160.

414 Karl Grampp, Kontroverse Dr. Adenauer – Dr. Brüning, Radio Saarbrücken vom 26. 6. 1930, hektographierter Text (BPA-Sammlung).

415 Art. Der Bundeskanzler zürnt dem ehemaligen Reichskanzler immer noch. Eifersucht Adenauers auf Brüning? Bonn glaubt, Ursache seien Brünings Aspirationen auf das Außenministerium, Nürnberger Nachrichten vom 23. 6. 1954.
416 Kopie einer Aktennotiz vom 20. 7. 1954 über die Abendveranstaltung im Rahmen des Bundesverbandes der Deutschen Industrie am 15. 7. 1954, S. 3, Nachl. H. Brüning, HUG FP 93.10 Box 1.
417 Europa-Archiv 9 (1954), S. 6978 ff.; W. Weber / W. Jahn, Synopse zur Deutschlandpolitik, S. 206 ff. Vgl. K. Hänsch, Frankreich zwischen Ost und West, S. 242; E.-O. Czempiel, Die Bundesrepublik und Amerika, S. 361.
418 Reiner Marcowitz, Option für Paris? Unionsparteien, SPD und Charles de Gaulle 1958 bis 1969, München 1969, S. 13 f.; A. Baring, Außenpolitik in Adenauers Kanzlerdemokratie, S. 104.
419 Eigentlich Edgar Alexander Emmerich. Er verwendete seine beiden Vornamen nach eigener Aussage im Exil als »pen name«. Dazu E. Alexander an K. Thieme vom 6. 7. 1956, Abschrift, S. 1, 8 f., Nachl. H. Brüning, HUG FP 93.10 Box 1. Vgl. H. Hömig, Brüning Bd. 1, S. 24 f. – E. Alexander war mit G. Shuster befreundet. Brüning begegnete ihm in den USA einmal, lehnte aber jeden weiteren Kontakt mit ihm ab. Über ihn wurde Brüning vom FBI in Harvard vernommen. Er hatte den Eindruck, daß das FBI vor Kontakten zu Alexander warnen wollte. Vgl. H. Brüning an Franz Dessauer vom 8. 5. 1959, Nachl. H. Brüning, HUG FP 93.10 Box 7; H. Globke an R. Muckermann MdB, vom 7. 3. 1955, Nachl. H. Globke, ACDP I-070-059/1; H. A. Strauss / W. Röder, International Biographical Dictionary II, 1, S. 16.
420 E. Alexander, »Der Düsseldorfer Dolchstoß gegen die Bonner Republik und die Einheit Europas«, in: New Yorker Staats-Zeitung, hier nach: Deutscher Informationsdienst vom 29. 6. 1954 und nach BPA Schnell-Information vom 2. 7. 1954. Vgl. Franz Rodens, Wann erscheinen Brünings Memoiren, in: Das Neue Journal, 27. März 1957, S. 4 f. R. Morsey, Brünings Kritik an Adenauers Westpolitik, S. 357 f.; dens., Zentrumspartei und Zentrumspolitiker, S. 412.
421 G. Shuster an H. Globke vom 14. 3. 1955, Ausf., Nachl. H. Globke, ACDP I-070-059/1.
422 H. Brüning an O. Friedrich vom 27. 2. 1951, Briefe 1946-1960, S. 265.
423 F. Müller, Die »Brüning Papers«, Selbstzeugnisse, S. 54, Anm. 208. Dazu den »Auszug« aus einer undatierten Erklärung Brünings in: Nachl. H. Globke, ACDP I-070- 059/1.
424 Friedrich Wilhelm Foerster (Förster, sic), Der deutsche Katholizismus und die politischen Probleme der Gegenwart, Neue Zürcher Zeitung vom 12. 6. 1954, Expl. im Nachl. H. Globke, ACDP I-070-059/1.
425 Vgl. E. Alexander an K. Thieme vom 6. 7. 1956, Abschrift, Nachl. H. Brüning, HUG FP 93.10 Box 1.
426 Vgl. E. Alexander an K. Thieme vom 6. 7. 1956, Abschrift, Nachl. H. Brüning, HUG FP 93.10 Box 1; Hier irrte Heinrich Brüning, S. 23 f.
427 Nach dem Manuskript E. Alexanders, »Church and Society« bzw. »Konrad Adenauer – Porträt eines Staatsmannes«, ohne Seitenzahl, im Nachl. H. Globke, ACDP I-070-059/1. Zu E. Troeltsch, Naturrecht und Humanität (1923), siehe H. Angermeier, Deutschland als politisches Rätsel, S. 86 f. Vgl. Edgar Alexander, Church and Society in Germany. Social and Political Ideas in German and Austrian Catholicism, 1789-1933. In: Church and Society. Catholic social and political thought and movements 1789-1950, hrsg. von Joseph N. Moody, Edgar Alexander u. a., New York 1953, S. 500 f.
428 Vgl. Briefe und Gespräche, S. 40, Anm. 2.
429 H. Globke an Mr. Dohrn, Zürich, Schweiz vom 22. 2. 1955, Durchschlag, Nachl. H. Globke, ACDP I-070-059/1. Edgar Alexander, Church and Society in Germany. Social and Political Ideas in German and Austrian Catholicism, 1789-1933. In: Church and Society. Catho-

lic social and political thought and movements 1789-1950, hrsg. von Joseph N. Moody, Edgar Alexander u. a., New York 1953, S. 500 f.
430 E. Alexander, Adenauer, S. 139 ff., Anm. 11. Vgl. ebd. S. 25 ff., 143 ff., Anm. 25; E. Alexander, Church and Society in Germany. Social and Political Ideas in German and Austrian Catholicism, 1789-1933. In: Church and Society. Catholic social and political thought and movements 1789-1950, hrsg. von Joseph N. Moody, Edgar Alexander u. a., New York 1953, S. 500 f. Franz Rodens, Wann erscheinen Brünings Memoiren in: Das Neue Journal, 27. März 1957, S. 4; R. Morsey, Brünings Einschätzung, S. 384, Anm. 13. – Auch das angekündigte zweibändige Werk: Konrad Adenauer, Porträt eines Staatsmannes Bd. 1: Traditionen und Wirken des Politikers 1976-1933, Bd. 2: Der christliche Staatsmann und die Gegenwart 1945-1955, ist nicht im Druck erschienen. Vgl. E. Alexander an H. Globke vom 12. 4. und 30. 12. 1955, Ausf. bzw. H. Globke an E. Alexander vom 4. 7. 1955, Durchschlag, Nachl. H. Globke, ACDP I-070-059/1. Disposition eines Buches über die »Brüning-Legende« nebst einiger Vorarbeiten im Nachl. E. Alexander, ACDP, Mappe 52.
431 Siehe E. Alexander, Adenauer, S. 139 ff., Anm. 17. Dazu R. Morsey, Brünings Kritik an Adenauers Westpolitik, S. 357 f., 364, Anm. 57.
432 Vgl. H. Hömig, Brüning Bd. 1, S. 24; W. Bitter an K. Adenauer vom 20. 2. 1959, Ausf., an M. Adenauer vom 20. 2. 1959, Ausf. paraphiert und Kopie, Nachl. H. Globke, ACDP I-070-059/1. – Alexander veröffentlichte 1957 eine kleine Schrift mit dem Titel: Menschlichkeit und Gewissen in der Politik. Konrad Adenauer zum 5. Januar 1957 (Bonn 1957); H. A. Strauss / W. Röder, International Biographical Dictionary II, 1, S. 16.

IV. Rückzug in die USA

1 Mitteilung von Frau Bettina von Heeren, Rottenbuch, an den Verf. vom 6. 12. 2002.
2 Vgl. H. Brüning an Th. Röhr vom 19. 8. 1954, Durchschlag, Nachl. H. Brüning, HUG FP 93.10 Box 27; R. Morsey, Brünings Kritik an Adenauers Westpolitik, S. 351; dens., Brünings zweite Emigration, S. 415.
3 H. Brüning an J. Diel bzw. H. v. Biel vom 28. 8., an P. Barry vom 3. 11. 1954, Briefe 1946-1960, S. 362 ff., 371; H. Brüning an M. v. Brünneck vom 7. 9. 1954, ebd. S. 365, Anm. 1.
4 Vgl. H. Brüning an H. Lilje vom 25. 10. 1954, Briefe 1946-1960, S. 370 f.; H. Brüning an K. Birrenbach vom 6. 8. 1954, Nachl. H. Brüning, HUG FP 93.10 Box 4; Art. Brünings Bild blieb in zahlreichen Kreisen der Bevölkerung lebendig, Westfälische Nachrichten vom 8. 4. 1970.
5 Vgl. Art. »Diese Persönlichkeiten fehlen uns heute«. Reichskanzler a. D. Dr. Heinrich Brüning auf der Totengedenkfeier der KAB, Westdeutsche Allgemeine, Essen, vom 22. 11. 1954.
6 Vgl. den Widerstandsbegriff bei Martin Broszat / Elke Fröhlich: Alltag und Widerstand – Bayern im Nationalsozialismus, München 1987, S. 49 f. Dazu H. Wentker, Der Widerstand gegen Hitler und der Krieg oder Was bleibt vom »Aufstand des Gewissens«?, in: GWU 1 (2002), S. 4.
7 H. Brüning an P. Barry vom 3. 11. 1954, Briefe 1946-1960, S. 371.
8 H. Brüning an A. H. Berning vom 4. 1. 1955, Durchschlag, Nachl. H. Brüning, HUG FP 93.10 Box 3. Nach Art. Brüning kritisiert Bonner Außenpolitik, Süddeutsche Zeitung, München, bzw. Art. Reichskanzler Dr. Brüning erneut gegen Adenauer. Bonner Außenpolitik ist gefährlich – Mit der Sowjetunion verhandeln, Freies Volk (KPD), Düsseldorf, vom 25. 11. 1954; Art. Brüning dementiert, Die Welt, Hamburg, vom 1. 12. 1954. – Laut Mittei-

lung von Frau Bettina von Heeren, Rottenbuch, an den Verf. vom 6. 12. 2002, erschien in einer ungenannten deutschen Zeitung, die wahrscheinlich in Münster verlegt wurde, ein gefälschtes Interview. Der Nuovo Corriere della Sera dementierte am 7. 12. 1954, ein Interview mit Brüning geführt zu haben. Carlo Borelli an J. Maier-Hultschin vom 7. 12. 1954, Abschrift, Nachl. J. Maier-Hultschin, BA Koblenz N 1043, Nr. 4.

9 Vgl. H. Brüning an P. Barry vom 20. 12. 1954, Briefe 1946-1960, S. 373; Art. Brüning war nicht dabei, Kasseler Post vom 11. 2. 1955.
10 H. Brüning an K. v. Priesdorff vom 29. 10. 1954, Briefe 1946-1960, S. 371. Vgl. Ph. Windsor, Deutschland gegen Deutschland, S. 92 ff.
11 H. Brüning an J. Vögele vom 4. 1., an H. F. Armstrong vom 5. 2. 1955, Briefe 1946-1960, S. 377 f. Dazu H. Brüning an M. Anderson vom 31. 7. 1954, ebd. S. 359.
12 Vgl. P. Sethe, Zwischen Bonn und Moskau, S. 110 f.; A. Gallus, Die Neutralisten, S. 132 ff.
13 Vgl. H. Brüning an H. v. Raumer vom 29. 11. 1955, Briefe 1946-1960, S. 393.
14 Vgl. H. Brüning an J. Kabus vom 26. 11. 1954, Briefe 1946-1960, S. 372 f.
15 Vgl. H. Brüning an E. Respondek vom 21. 1. und an H. F. Armstrong vom 5. 2. 1955, Briefe 1946-1960, S. 377 ff. Dazu ebd. Anm. 1; ferner Hans Ehlert, Innenpolitische Auseinandersetzung um die Pariser Verträge und die Wehrverfassung 1954 bis 1956, in: Anfänge westdeutscher Sicherheitspolitik Bd. 3, S. 345 f.; Elisabeth Friese, Helene Wessel (1898-1969). Von der Sozialdemokratie zur Zentrumspartei, Essen 1993, S. 250.
16 H. Brüning an J. Goldschmidt vom 25. 11. 1954, Briefe 1946-1960, S. 372.
17 Schnellinformationen, BPA vom 15. 2. 1955; Art. Brüning: Falsch und unverantwortlich, Kieler Nachrichten vom 16. 2. 1955; Art. Brüning gegen Volksbefragung, General-Anzeiger, Bonn, vom 16. 2. 1955; Art. Brüning gegen SPD-Aktion, Die Welt, Essen, vom 17. 2. 1955.
18 Vgl. H. Brüning an O. Friedrich vom 30. 8. 1954, Briefe 1946-1960, S. 365; Arnold Wolfers, Britain and France between Two Wars. Conflicting Strategies of Peace since Versailles, Hamden, Conn. 1963, S. 84 f.; J. Wright, Stresemann, S. 511; Thomas Nipperdey, 1933 und die Kontinuität der deutschen Geschichte, in: M. Stürmer, Die Weimarer Republik, S. 379 f.
19 Vgl. H. Brüning an G. Olef vom 3. 9. 1954, an W. W. Schütz vom Oktober 1954, an H. J. Schmitt vom 6. 10. 1955, Briefe 1946-1960, S. 365, 367, 390 f.; dazu ebd. S. 391, Anm. 1.
20 H. Brüning an A. Nobel vom 10. 9. 1954, Briefe 1946-1960, S. 366.
21 H. Brüning an H. F. Armstrong vom 23. 10. 1954, an B. Hopper vom 9./10. 2. 1955, Briefe 1946-1960, S. 368, 382.
22 H. Brüning an B. Hopper vom 9./10. 2. 1955, Briefe 1946-1960, S. 379 ff.
23 Vertrag über die Gründung der Europäischen Verteidigungsgemeinschaft vom 27. 5. 1952, H. Rönnefarth / H. Euler, Konferenzen und Verträge Teil 2, Bd. 4 A, S. 414-423; Johannes Hohlfeld (Hrsg.), Dokumente der Deutschen Politik und Geschichte von 1848 bis zur Gegenwart, Bd. VII, Berlin 1955, Dok. 39 a und c, S. 311 ff.
24 Vgl. Günter Kießling, Neutralität ist kein Verrat. Entwurf einer europäischen Friedensordnung, Erlangen 1989, S. 266 ff.; Briefe und Gespräche, S. 113, Anm. 3.
25 H. Brüning an E. Brettauer vom 13. 12. 1956, Briefe 1946-1960, S. 418; G. F. Kennan, Auszüge aus dem Drahtbericht vom 22. 2. 1956, in: Ders., Memoiren, S. 56. Dazu E. Nolte, Deutschland und der Kalte Krieg, S. 233 ff.; W. Loth, Der Krieg, der nicht stattfand, S. 292 f.
26 Vgl. H. Brüning an M. Plimpton vom 9. 2., an H. Franzen vom 16. 2. 1955, Briefe 1946-1960, S. 382 ff.; St. A. Schuker, Ambivalent Exile, S. 347. Dazu R. Morsey, Brünings Kritik an Adenauers Westpolitik, S. 351; dens., Zur Problematik einer zeitgeschichtlichen Briefedition, S. 80; dens., Brünings zweite Emigration, S. 415; H. Spiel, Psychologie des Exils, S. 425 f. Allgemein: Hans Georg Lehmann, Rückkehr nach Deutschland? Motive, Hindernis-

se und Wege von Remigranten, in: Cl.-D. Krohn / P. v. zur Mühlen, Rückkehr und Aufbau nach 1945, S. 32 ff.
27 McGeorge Bundy, Erklärung vom 20. Juni 1966 im Senatsausschuß für Auswärtige Angelegenheiten, zit. nach: Eleanor Lansing Dulles, Berlin und die Amerikaner, Köln 1967, S. 268.
28 Dazu R. Morsey, Brünings Kritik an Adenauers Westpolitik, S. 356 ff.
29 R. Morsey, Brünings Kritik an Adenauers Westpolitik, S. 359.
30 Art. Kritik der Gescheiterten, Basler Nationalzeitung vom 3. 10. 1954; Protokoll des CDU-Bundesvorstandes, Nr. 5 vom 11. 10. 1954, Günter Buchstab (Bearb.), Adenauer: »Wir haben wirklich etwas geschaffen.« Die Protokolle des CDU-Bundesvorstands 1953-1957, Düsseldorf 1990, S. 260 f.
31 Art. »Mut, Voraussicht und Verantwortung«. Reichskanzler a. D. Dr. Brüning vor Bonner Richtern, Trierische Landeszeitung vom 23. 2. 1953; Art. Brüning äußert Bedenken gegen Erlaß von Notverordnungen, Die Neue Zeitung vom 23. 2. 1953; Briefe 1946-1960, S. 384 (Kommentar); Art. Mahnende Worte des Altreichskanzlers. Dr. Brüning sprach vor Juristen in Bad Meinberg über das Wechselspiel Regierung – Opposition, Freie Presse Nr. 80 vom 4. 4. 1955 (Ausschnitt im Nachl. J. Maier-Hultschin, BA Koblenz N 1043, Nr. 1). Vgl. H. Brüning an A. Brecht vom 4. 1. 1956, Briefe 1946-1960, S. 401. – Im Dezember 1952 hatte Brüning in Königswinter einen Vortrag vor den »Richtern des Düsseldorfer Bezirks« über den »Parlamentarismus« gehalten, H. Brüning an Cl. Nix, Briefe 1946-1960, S. 321.
32 Mitteilung von Frau H. Vollmar, Münster, an den Verf. vom 6. 4. 2004. Vgl. Briefe 1946-1960, S. 375; H. Brüning an J. Goldschmidt vom 11. 3. 1955, ebd. S. 384; H. Brüning an Th. Kampmann vom 15. 3. 1956, ebd. S. 408; H. Brüning an Dr. Schürmeyer vom 12. 4. 1955, Nachl. H. Brüning, HUG FP 93.10 Box 29; K. Birrenbach an H. Brüning vom 15. 1. 1955, Ausf., Nachl. H. Brüning, HUG FP 93.10 Box 5; H. Unland an H. Bertram vom 4. 2. 1955, Durchschlag, ebd. Box 2; H. Brüning an G. v. Einem vom 17. 1.(?) 1955, Durchschlag, ebd. Box 8; H. Brüning an J. Maier-Hultschin vom 29. 12. 1954, Ausf., Nachl. J. Maier-Hultschin, BA Koblenz N 1043, Nr. 4; Universität zu Köln, Vorlesungsverzeichnis für das Sommersemester 1955, S. 67.
33 H. Brüning an J. Maier-Hultschin vom 13. 1. 1955, Nachl. J. Maier-Hultschin, BA Koblenz N 1043, Nr. 4.
34 Vgl. H. Brüning an P. Barry vom 9. 4. 1955, Briefe 1946-1960, S. 386; Urkunde vom 31. 3. 1955, Nachl. H. Brüning, HUG FP 93.10 Box 29; Brüning wurde auf Antrag der Fakultät am 1. August dann aber bis auf weiteres mit der Wahrnehmung seines Lehrstuhls beauftragt, obwohl er seine Kölner Lehrtätigkeit schon im Sommersemester 1955 beendet hatte. Seine Dienstzeit war auf Kabinettsbeschluß erstmals im März 1954 verlängert worden. Personalakte J. J. Schokking, UA Köln Zug. 17 Nr. 5395.
35 H. Brüning an A. Schellenberger vom Mai 1955, Briefe 1946-1960, S. 388. Vgl. R. Morsey, Brünings zweite Emigration, S. 415. – Todesanzeige für Maria Brüning vom 12. Mai 1955, in: Nachl. H. Pünder, BA Koblenz N 1005, Nr. 613, fol. 27.
36 H. Brüning an G. Banasch vom 19. 1. 1955, Durchschlag, Nachl. H. Brüning, HUG FP 93.10 Box 3.
37 Vgl. H. Brüning an M. Plimpton vom 9. 2. 1955, Briefe 1946-1960, S. 382; H. Brüning an H. Ullmann vom 4. 4. 1955 (Die Hegge), Nachl. H. Brüning, HUG FP 93.10 Box 34; [Notiz: Brüning] Deutsche Zeitung und Wirtschaftszeitung vom 19. 11. 1955; Art. Dr. Brüning in Amerika, Kölnische Rundschau vom 29. 10. 1955; Art. Reichskanzler Brüning 70 Jahre, Die Zeit, Hamburg, vom 24. 11. 1955. – Anscheinend hatte Brüning zuletzt 1946 ein Kapitel über die Vorgänge von 1923 diktiert, H. Brüning an H. Ullmann vom 7. 11. 1953, Briefe 1946-1960, S. 340 f.
38 Art. Ex-Reichskanzler Brüning, Neue Rhein-Zeitung, Köln, vom 16. 10. 1955; H. Brüning an G. Funcke vom 2. 12. 1955, Briefe 1946-1960, S. 394 f.; R. Morsey, Brüning, ein Staats-

mann, S. 116; ders., Brüning und Adenauer, S. 42; ders., Brünings zweite Emigration, S. 416 f.

39 H. Brüning an Th. Abele vom 10. 11. 1955, Durchschlag, Nachl. H. Brüning, HUG FP 93.10 Box 1; H. Brüning an H. Peters vom 14. 12., an K. Birrenbach vom 21. 12. 1955, Briefe 1946-1960, S. 397.

40 F. Müller, Die »Brüning Papers«, Selbstzeugnisse, S. 10, Anm. 6 und S. 13, Anm. 17; R. Morsey, Brünings zweite Emigration, S. 416. Englische Fassung des Testaments vom 27. 8. 1955, Nachl. H. Brüning, HUG FP 93.10 Box 1.

41 H. Brüning an H. Elbrechter vom 24. 10. 1955, Durchschlag, Nachl. H. Brüning, HUG FP 93.10 Box 8; R. Morsey, Brünings zweite Emigration, S. 416.

42 R. Morsey, Brünings zweite Emigration, S. 416; H. Brüning an P. Barry vom 9. 4., an H. J. Schmitt vom 6. 10. 1955, Briefe 1946-1960, S. 387, 390; H. Brüning an J. v. Egan-Krieger vom 5. 8. 1954, Durchschlag, Nachl. H. Brüning, HUG FP 93.10 Box 8; H. Brüning an H. Elbrechter vom 24. 10. 1955, Durchschlag, ebd. Box 8; H. Brüning an Th. Abele vom 10. 11. 1955, Durchschlag, ebd. Box 1; Mitteilung von H. J. Unland, Münster, an den Verf. vom 27. 11. 2003. Vgl. H. Brüning an G. R. Treviranus vom 20. 12. 1955, Briefe 1946-1960, S. 397; H. Brüning an G. Letterhaus vom 22. 3. 1948, Kopie der Ausf., in: Bernhard-Letterhaus-Schule, Festschrift, S. 51; R. Morsey, Brünings Kritik an Adenauers Westpolitik, S. 351. – Die »Sonne von Rom«: W. Shakespeare, Julius Caesar V, 3.

43 Vgl. H. Brüning an Th. Kampmann vom 15. 3. 1956, Briefe 1946-1960, S. 408; H. Brüning an E. Brettauer vom 4. 5. 1956, Durchschlag, Nachl. H. Brüning, HUG FP 93.10 Box 3.

44 Vgl. Art. Wilder Mann, Der Spiegel, Hamburg, vom 14. 6. 1971; Briefe 1946 1960, S. 173 (Kommentar). – Nach Informationen Pünders gingen Gerüchte über den Zimmerbrand im Jahre 1959 in Deutschland um, H. Pünder an H. Brüning vom 13. 11. 1959, Kopie, Nachl. H. Pünder HAStK 1304/360.

45 H. Brüning an H. Ullmann vom 13. 5. 1957, Briefe 1946-1960, S. 427; H. Brüning an H. J. Schmitt vom 25. 7. 1957, Durchschlag, Nachl. H. Brüning, HUG FP 93.10 Box 31; H. J. Schmitt an H. Brüning vom 30. 7. 1957, Ausf., ebd.; Eröffnungserklärung des Premierministers Eden in Genf am 18. 7. 1955 bzw. Memorandum der britischen Delegation zur Abrüstungsfrage, Dokumente zur Deutschlandpolitik Bd. 3, 1, S. 162 ff., 199. Vgl. P. Sethe, Zwischen Bonn und Moskau, S. 119 f.

46 Proklamation betreffend die Aufhebung des Besatzungsstatus und die Auflösung der Alliierten Hohen Kommission vom 5. 5. 1955 bzw. Erklärung der Regierung der UdSSR über die Gewährung der Souveränität an die Deutsche Demokratische Republik vom 25. 3. 1954, I. v. Münch, Dokumente des geteilten Deutschland (Bd. 1), S. 249 ff. und 329 ff.

47 Vgl. H. Brüning an H. J. Schmitt vom 6. und 21. 10., an B. Hopper vom 20. 10. 1955, Briefe 1946-1960, S. 390 ff.

48 Vgl. H. Rönnefarth / H. Euler, Konferenzen und Verträge Teil 2, Bd. 4 A, S. 504 ff.

49 H. Brüning an J. v. Egan-Krieger vom 7. 12. 1955, Durchschlag, Nachl. H. Brüning, HUG FP 93.10 Box 8.

50 Vgl. H. Brüning an O. Eulerich vom 1. 10., an H. J. Schmitt vom 21. 10. 1955, Briefe 1946-1960, S. 389, 391 f. – Dazu St. Hoffmann, Gulliver's Troubles, S. 70.

51 H. Brüning an O. Eulerich vom 1. 10., an J. v. Egan-Krieger vom 2. 11. 1955, Briefe 1946-1960, S. 389 f., 392 f.

52 Vgl. H. Brüning an Th. Kampmann vom 31. 10. 1955, Briefe 1946-1960, S. 392.

53 H. Brüning an J. v. Egan-Krieger vom 2. 11. 1955, Briefe 1946-1960, S. 392 f.

54 H. Brüning an H. v. Raumer vom 28. 11. 1955, Briefe 1946-1960, S. 393.

55 E. Nolte, Deutschland und der Kalte Krieg, S. 296 ff., 307; A. Gallus, Die Neutralisten, S. 57 ff. et passim; G. A. Craig, Staatskunst, S. 153; W. Benz, Nauheimer Kreis, in: Ders., Deutschland unter alliierter Besatzung, S. 287; D. van Laak, Schmitt, S. 47.; H.-P. Schwarz,

Adenauer Bd. 2, S. 254 ff. Dazu die Bücher von P. Sethe, Zwischen Bonn und Moskau, Frankfurt/Main 1956, und M. Boveri, Die Deutschen und der Status quo. Eine zweite Studie aus den Landschaften von Schuld und Verrat, München 1974.

56 Vgl. Archiv der Gegenwart 25 (1955), S. 5178 f.; Europa-Archiv 10 (1955), S. 7943; L. Haupts, Adenauer und die deutsche Einheit, in: Geschichte in Köln 32 (Dezember 1992), S. 16. Dazu P. Sethe, Zwischen Bonn und Moskau, S. 144 f.

57 H. Brüning an H. Weber vom 25. 5. 1957, Briefe 1946-1960, S. 428 f. Vgl. P. Sethe, Zwischen Bonn und Moskau, S. 114 ff.; A. Gallus, Die Neutralisten, S. 132 ff.

58 G. F. Kennan, Memoiren, S. 262 f. Vgl. A. Hillgruber, Europa in der Weltpolitik der Nachkriegszeit, S. 20 f.; Th. Reuther, Ambivalente Normalisierung, S. 247 f.

59 H. Brüning an H. v. Raumer vom 29. 11., an A. Stohr vom 2. 12., an J. v. Egan-Krieger vom 7. 12. 1955, an H. Pünder vom 6. 1., an J. Maier-Hultschin vom 7. 3. 1956, Briefe 1946-1960, S. 393 ff., 402, 407. Vgl. R. Morsey, Brünings Kritik an Adenauers Westpolitik, S. 359; St. Hoffmann, Gulliver's Troubles, S. 389 ff.

60 H. Brüning an J. v. Egan-Krieger vom 7. 12. 1955, Briefe 1946-1960, S. 395. Vgl. H. Brüning an E. Respondek vom 21. 1. 1955, ebd. S. 376.

61 Vgl. H. Brüning an H. v. Raumer vom 29. 11., an F. Schäffer vom 7. 12. 1955, Briefe 1946-1960, S. 394 ff.

62 H. Brüning an J. Horatz vom 7. 8. 1957, Briefe 1946-1960, S. 432 f.

63 Th. Heuss an H. Brüning vom 20. 11. 1955, in: W. Vernekohl, Heinrich Brüning. Ein deutscher Staatsmann im Urteil der Zeit, S. 11 ff. Vgl. H. Brüning an J. v. Egan-Krieger vom 7. 12. 1955, Durchschlag, Nachl. H. Brüning, HUG FP 93.10 Box 8; H. Brüning an G. R. Treviranus vom 20. 12. 1955, an W. Vollmar vom 13. 2. 1956, Briefe 1946-1960, S. 397, 405 f.; H. Brüning an A. v. Schauroth vom 26. 1. 1956, Ausf., Sammlung Gärtringen; Art. Glückwünsche für Brüning, FAZ vom 28. 11. 1955; R. Morsey, Brünings zweite Emigration, S. 417.

64 W. Schütz, Ein Appell an die Vernunft, in: W. Vernekohl, Heinrich Brüning. Ein deutscher Staatsmann im Urteil der Zeit, S. 20 f.; R. Morsey, Brüning und Hindenburg. Akten der Reichskanzlei 1930-1932, FAZ vom 21. 5. 1990. Vgl. u. a. Plutarch, Aristeides, in: Plutarch, Fünf Doppelbiographien 1. Teil. Griechisch und Deutsch, übersetzt von Konrat Ziegler und Walter Wuhrmann, ausgewählt von Manfred Fuhrmann, Darmstadt 1994, S. 353 ff. Dazu F. J. Strauß, Die Erinnerungen, S. 27; H. Brüning an W. Schütz vom 16. 12. 1955 bzw. 29. 3. 1956, Durchschlag, Nachl. H. Brüning, HUG FP 93.10 Box 31; Mitteilungen von W. Schütz an den Verf. um 1971. – Über eine angebliche Verstimmung in der Leitung der Kölner Universität wegen der Feier in Münster siehe Hildegard Vollmar an H. Brüning vom 5. 1. 1956, Ausf., Nachl. H. Brüning, HUG FP 93.10 Box 28.

65 Art. Paulinum ehrte Brüning, Die Welt, Essen, vom 28. 11. 1955; Brünings Porträt für das Paulinum, Westfälische Nachrichten vom 28. 11. 1955; H. Brüning an W. Vollmar vom 13. 2. 1956, Briefe 1946-1960, S. 405 f.; W. Schütz, Ein Appell an die Vernunft, in: W. Vernekohl, Heinrich Brüning. Ein deutscher Staatsmann im Urteil der Zeit, S. 15 ff.

66 Vgl. Th. Heuss, Tagebuchbriefe, 11. 11. 1955, S. 93; ebd. S. 539, Anm. 19; H. Brüning an F. Burgbacher vom 17. 2. 1956, Briefe 1946-1960, S. 406.

67 H. Brüning an M. Breslauer vom 4. 9. 1943, Briefe und Gespräche, S. 406. Vgl. R. Morsey, Zur Problematik einer zeitgeschichtlichen Briefedition, S. 75.

68 H. Brüning an G. R. Treviranus vom 30. 1. 1956, Durchschlag, Nachl. H. Brüning, HUG FP 93.10 Box 34. Vgl. W. F. Hanrieder, Die stabile Krise, S. 22, 27; Christian Greiner, Die militärische Eingliederung der Bundesrepublik Deutschland in die WEU und die NATO 1954 bis 1957, in: Anfänge westdeutscher Sicherheitspolitik Bd. 3, S. 720 ff.; W. Abelshauser, Wirtschaft und Rüstung in den fünfziger Jahren, ebd. Bd. 4, S. 36.

69 H. Krone, Tagebücher Bd. 1 (2. 9. 1956), S. 225.

70 H. Brüning an Th. Dehler vom 5. 2., an J. Blesch vom 7. 2. 1956, Briefe 1946-1960, S. 403 ff.; Britisch-amerikanisches Kommuniqué vom 2. 2. 1956, Archiv der Gegenwart 26 (1956), S. 5599 f.
71 H. Brüning an H. Lilje vom 29. 3. 1956, Briefe 1946-1960, S. 409 f.
72 Vgl. H. Brüning an H. Ullmann vom 16. 6., an Th. Kampmann vom 26. 9. 1956, Briefe 1946-1960, S. 411 ff.; H. Brüning an R. Pechel vom 16. 6. 1956, Durchschlag, Nachl. H. Brüning, HUG FP 93.10 Box 24.
73 H. Brüning an J. Maier-Hultschin vom 1. 3. 1956, Briefe 1946-1960, S. 407 f.
74 Vgl. H. Brüning an J. Maier-Hultschin vom 1. 3., an A. H. Berning vom 15. 5., an L. Siemer vom 26. 8. 1956, Briefe 1946-1960, S. 407 f., 410 ff.; Pius XII., Sodalibus Societatem Christianorum Operariorum Italicorum (A.C.I.L.), Ansprache vom 1. 5. 1956 vor italienischen Arbeitern und Arbeiterinnen, AAS 48 (1956), S. 287-292.
75 Vgl. H. Brüning an G. R. Treviranus vom 30. 1. 1956, Durchschlag, Nachl. H. Brüning, HUG FP 93.10 Box 34; H. Brüning an G. Olef vom 30. 8. 1956, Briefe 1946-1960, S. 412; H. Brüning an A. v. Schauroth vom 5. 9. 1957, Ausf., Sammlung Gärtringen; Harald Biermann, Chruschtschow fürchtete einen Regimewechsel, FAZ vom 14. 10. 2002, S. 46; St. Hoffmann, Gulliver's Troubles, S. 84 et passim; W. F. Hanrieder, Die stabile Krise, S. 25 ff.
76 Vgl. H. Brüning an P. Barry vom 6. 9. 1956, Briefe 1946-1960, S. 413.
77 H. Brüning an Th. Kampmann vom 26. 9. 1956, an E. Brettauer vom 14. 1. 1959, Briefe 1946-1960, S. 413 f., 462.
78 Vgl. H. Brüning an Th. Dehler vom 12. 10. 1956, Briefe 1946-1960, S. 414 ff.; Michael Howard, War in European History, London 1976, S. 138 f.; H. Brüning an A. v. Schauroth vom 27. 5. 1956, Ausf., Sammlung Gärtringen; Harald Biermann, Chruschtschow fürchtete einen Regimewechsel, FAZ vom 14. 10. 2002, S. 46.
79 H. Brüning an A. v. Schauroth vom 31. 5. 1951, Ausf., Sammlung Gärtringen.
80 H. Brüning an G. R. Treviranus vom 30. 1. 1956, Durchschlag, Nachl. H. Brüning, HUG FP 93.10 Box 34.
81 Vgl. M. Jordan, Beyond all Fronts, S. 155; H. Hecker, Die Tat, S. 138, 185 f.
82 Vgl. H. Brüning an Th. Dehler vom 12. 10. bzw. 18. 11., an E. Brettauer vom 13. 12. 1956, an H. Ullmann vom 22. 7. 1957, an Th. Dehler vom 28. 2. 1958, Briefe 1946-1960, S. 414 ff., 418, 431, 450 f.; H. Brüning, Ein Brief, S. 226 f.; H. Roos, Geschichte der Polnischen Nation, S. 129.
83 Vgl. Niccolò Machiavelli, Il Principe – Der Fürst. Italienisch/Deutsch übers. und hrsg. von Philipp Rippel, Stuttgart 1986, Kap. VI, S. 42, XXV, S. 192, XXVI, S. 198.
84 H. Brüning an F. Hüffmeier vom 14. 12. 1956, Briefe 1946-1960, S. 419.
85 Vgl. H. Brüning an Th. Kampmann vom 26. 9. 1956, Briefe 1946-1960, S. 413. Memorandum der Bundesregierung vom 2. 9. 1956, in: W. Weber / W. Jahn, Synopse zur Deutschlandpolitik, S. 270 f.
86 H. Brüning an J. Maier-Hultschin vom 13. 11. 1956, Briefe 1946-1960, S. 416.
87 Vgl. H. Brüning an G. R. Treviranus vom 27. 11. 1956, Briefe 1946-1960, S. 418.
88 H. Brüning an Th. Beste vom 22. 12. 1956, an H. F. Berger vom 13. 7., an J. Horatz vom 7. 8. 1957, Briefe 1946-1960, S. 420, 430, 432, 421 (Kommentar). Vgl. W. W. Schütz, Deutschland, S. 33 f.
89 H. Brüning an H. Krone vom 5. 9., an A. H. Berning vom 8. 10. 1957, Briefe 1946-1960, S. 436, 439 f. – Brüning bezeichnete die Bundesbank, die am 26. 7. 1957 gegründet worden war, irrtümlich noch als Bank Deutscher Länder.
90 H. Brüning an G. R. Treviranus vom 6. 1. 1958, Briefe 1946-1960, S. 448.
91 Vgl. H. Brüning an F. Hüffmeier vom 10. 4., an K. v. Kardorff-Oheimb vom 2. 8. 1957, Briefe 1946-1960, S. 425, 432; J. Horatz an H. Globke vom 11. 12. 1958, Ausf., Notiz vom 27. 10. 1958 (über ein Gespräch mit Brüning), ungez. Typoskript, Nachl. H. Globke, ACDP I-070-059/1.

⁹² Vgl. H. Brüning an H. Elbrechter vom 6. 6. 1957, Briefe 1946-1960, S. 429. Zu diesem Problem siehe u. a. St. Hoffmann, Gulliver's Trouble, S. 101 ff.
⁹³ Vgl. H. Brüning an H. Weber vom 25. 5. 1957, Briefe 1946-1960, S. 428. Revidierte Fassung vom 27. 10. 1955 als Vorschlag der Regierungen Frankreichs, Großbritanniens und der Vereinigten Staaten zur Wiedervereinigung Deutschlands, Dokumente zur Deutschlandpolitik, Bd. 3, 1, S. 492 ff.
⁹⁴ H. Brüning an H. Weber vom 25. 5. 1957, Briefe 1946-1960, S. 428 f.
⁹⁵ H. Brüning an H. Pünder vom 3. 6. 1957, Ausf., Nachl. H. Pünder, HAStK 1304/360. Vgl. W. Grewe, Deutsche Außenpolitik, S. 232.
⁹⁶ H. Brüning an Th. Dehler vom 28. 2. 1958, Durchschlag, Nachl. H. Brüning, HUG FP 93.10 Box 6. Vgl. H. Brüning an K. v. Kardorff-Oheimb vom 2. 8. 1957, an A. H. Berning vom 17. 2., an Th. Dehler vom 28. 2. 1958, Briefe 1946-1960, S. 432, 449 f., 451, Anm. 2; Ph. Windsor, Deutschland gegen Deutschland, S. 111 f.; Der Rapacki-Plan (2. 10. 1957), Europa-Archiv 13 (1958), S. 10482 ff.; W. H. Maehl, Germany in Western Civilization, S. 710; W. F. Hanrieder, Deutschland, Europa, Amerika, S. 100 f., 195 f.; V. Erhard, Adenauers deutschlandpolitische Geheimkonzepte, S. 59 f.
⁹⁷ H. Brüning an H. J. Schmitt bzw. an J. Horatz vom 3. 4. 1958, an H. F. Berger vom 12. 5. 1959, Briefe 1946-1960, S. 451 ff., 468.
⁹⁸ Vgl. J. Horatz an H. Globke vom 11. 12. 1958, Ausf., Notiz vom 27. 10. 1958 (über ein Gespräch mit Brüning), ungez. Typoskript, Nachl. H. Globke, ACDP I-070-059/1.
⁹⁹ H. Brüning an H. F. Berger vom 9. 7. 1958, Briefe 1946-1960, S. 454.
¹⁰⁰ H. Brüning an Th. Dehler vom 28. 2. 1958, Durchschlag, Nachl. H. Brüning, HUG FP 93.10 Box 6. Vgl. H. Brüning an O. Eulerich vom 3. 6. 1958, Briefe 1946-1960, S. 452, Anm. 1.
¹⁰¹ Vgl. H. Brüning an J. Horatz vom 3. 4. 1958, Briefe 1946-1960, S. 453.
¹⁰² H. Brüning an J. Blesch vom 15. 2. 1957, Briefe 1946-1960, S. 423.
¹⁰³ Vgl. H. Brüning an G. R. Treviranus vom 27. 11. 1956, Briefe 1946-1960, S. 418.
¹⁰⁴ Vgl. H. Brüning an F. Hüffmeier vom 14. 12. 1956, Briefe 1946-1960, S. 419; ebd. Anm. 2.
¹⁰⁵ H. Brüning an H. J. Schmitt vom 15. 4. 1957, Briefe 1946-1960, S. 425.
¹⁰⁶ H. Brüning an K. v. Kardorff-Oheimb vom 13. 5. 1957, Briefe 1946-1960, S. 427 f. Zu diesem Problem siehe M. Greiffenhagen, Das Dilemma des Konservatismus, S. 265 f.
¹⁰⁷ H. Brüning an H. v. Raumer vom 18. 7. 1957, Briefe 1946-1960, S. 430.
¹⁰⁸ H. Brüning an H. Vollmar vom 23. 7. 1957, Briefe 1946-1960, S. 431. Aus dem Zusammenhang wird jedoch nicht klar, ob Brüning mit »Ostzone« die sowjetische Besatzungszone oder die Gebiete jenseits von Oder und Neiße meinte.
¹⁰⁹ Vgl. H. Brüning an H. Ullmann vom 22. 7., an K. v. Kardorff-Oheimb vom 2. 8. 1957, Briefe 1946-1960, S. 431 f.
¹¹⁰ Vgl. F. Müller, Die »Brüning Papers«, Selbstzeugnisse, S. 53. Vgl. die Dissertation von Joachim Kerz, Die Krise des französischen Parlamentarismus und ihre Auswirkung auf den Franc Poincaré, wurde von Brüning und Günter Schmölders begutachtet. Die mündliche Prüfung fand u. a. bei Schokking und Schmölders am 26. 7. 1957 statt. Dazu Mitteilung von Herrn Dr. J. Kerz, Köln, an den Verf. vom 4. 12. 2002.
¹¹¹ R. R. Beer, Rückschau nach 30 Jahren, in: W. Vernekohl, Heinrich Brüning. Ein deutscher Staatsmann im Urteil der Zeit, S. 112 f.
¹¹² H. Brüning an J. Ruffini vom 8. 12. 1948, Briefe 1946-1960, S. 169.
¹¹³ H. Brüning an J. Blesch vom 15. 2., an H. J. Schmitt vom 5. 9., an H. Ullmann vom 24. 12. 1957, Briefe 1946-1960, S. 423, 435 f., 443; Kommentar, ebd. S. 42 f.; Cl. Nix an K. Birrenbach vom 12. 11. 1968, Nachl. K. Birrenbach, ACDP I-433-048/2; H. Brüning an H. Vollmar vom 23. 7. 1957, Durchschlag, Nachl. H. Brüning, HUG FP 93.10 Box 28; ders. an E. Brettauer vom 17. 9. 1957, Durchschlag, ebd. Box 5; ders. an J. Blesch vom 1. 8. 1952, ebd. Box 4; ders. an A. Eckert vom 19. 9. 1957, Durchschlag, ebd. Box 8; ders. an H. Ullmann

vom 24. 12. 1957, Durchschlag, ebd. Box 34; ders. an J. Maier-Hultschin vom 24. 12. 1957, Durchschlag, ebd. Box 22; U. Siemon-Nettig, Altreichskanzler Brüning lebt in den Staaten wie ein Eremit, Norwich USA, 9. Mai, Welt am Sonntag vom 10. 5. 1964, S. 5 (Ausschnitt im Nachl. H. Pünder, HAStK 1304/360); O. Friedrich, Brünings große Konzeption, in: W. Vernekohl, Heinrich Brüning. Ein deutscher Staatsmann im Urteil der Zeit, S. 60; Th. Heuss, Tagebuchbriefe, 30. 5. 1958, S. 335; F. Müller, Die »Brüning Papers«, Selbstzeugnisse, S. 49 f.; R. Morsey, Brünings zweite Emigration, S. 416, 418 ff.; A. L. Mannes, Brüning, S. 252; Art. In Norwich (USA): Auf den Spuren von Brüning (d), in: Academia 6 (1999), S. 442 f.; J. Stephan, Begleiterin im langen Schatten; Mitteilung von Frau H. Vollmar, Münster, an den Verf. vom 4. 3. 2003; Cl. Nix an H. Vollmar vom 21. 7. 2004 (Kopie im Besitz des Verfassers) – dort abweichende Angaben über den Zuschuß Brettauers, der 5.000 Dollar gegeben habe.

114 H. Brüning an E. Brettauer vom 17. 9. 1957, Durchschlag, Nachl. H. Brüning, HUG FP 93.10 Box 5; ders. an A. Eckert vom 4. 12. 1957, Durchschlag, ebd. Box 8; ders. an H. Ullmann vom 24. 12. 1957, Durchschlag, ebd. Box 34; J. Stephan, Begleiterin im langen Schatten; Cl. Nix an H. Vollmar vom 21. 7. 2004, Kopie im Besitz des Verf.

115 H. Brüning an H. Vollmar vom 4. 12. 1957, an Th. Kampmann vom 25. 9. 1958, Briefe 1946-1960, S. 441, 457; H. Brüning an G. R. Treviranus vom 2. 7. 1958, Durchschlag, Nachl. H. Brüning, HUG FP 93.10 Box 34; A. L. Mannes, Brüning, S. 252; Cl. Nix an H. Vollmar vom 21. 7. 2004, Kopie im Besitz des Verf.

116 H. Brüning an Th. Abele vom 5. 1. 1959, Ausf., Nachl. H. Brüning, HUG FP 93.10 Box 1.

117 Adresse: Norwich, Vermont USA, Box 28.

118 Vgl. Briefe 1946-1960, S. 421 (Kommentar); R. Morsey, Brünings zweite Emigration, S. 419.

119 H. Brüning an O. Friedrich vom 23. 9. 1957, Briefe 1946-1960, S. 437.

120 H. Brüning an E. Brettauer vom 25. 9. 1958, Briefe 1946-1960, S. 456.

121 Vgl. H. Brüning an H. Ullmann vom 24. 12. 1957, Briefe 1946-1960, S. 443; H. Brüning an G. R. Treviranus vom 24. 12. 1957, Nachl. H. Brüning, HUG FP 93.10 Box 34; Cl. Nix an K. Birrenbach vom 12. 11. 1968, Nachl. K. Birrenbach, ACDP I-433-048/2.

122 U. Siemon-Nettig, Altreichskanzler Brüning lebt in den Staaten wie ein Eremit, Norwich USA, 9. Mai, Welt am Sonntag vom 10. 5. 1964 (Ausschnitt im Nachl. H. Pünder, HAStK 1304/360); Cl. Nix an H. Vollmar vom 17. 11. 1966, Auszug, Kopie im Besitz des Verf.s

123 Cl. Nix an H. Vollmar vom 17. 4. bzw. 8. 9. 1968, Auszug, Kopie im Besitz des Verf.s

124 J. Horatz an H. Globke vom 11. 12. 1958, Ausf., Notiz vom 27. 10. 1958 (über ein Gespräch mit Brüning), ungez. Typoskript, Nachl. H. Globke, ACDP I-070-059/1. Vgl. R. Morsey, Brünings Vorstellungen, S. 205.

125 Vgl. H. Brüning an O. Friedrich vom 23. 9. 1957, Briefe 1946-1960, S. 437.

126 Vgl. H. Brüning an O. Friedrich vom 23. 9., an R. Bergemann vom 19. 12. 1957, an A. H. Berning vom 17. 2. 1958, an H. Krone vom 7. 1. 1959, Briefe 1946-1960, S. 437, 442, 449 f., 461; H. Brüning an J. Blesch vom 18. 7. 1956, Durchschlag, Nachl. H. Brüning, HUG FP 93.10 Box 5; dens. an E. Brettauer vom 17. 9. 1957, ebd. Box 5; dens. an H. J. Schmitt vom 3. 4. 1958, Durchschlag, ebd. Box 31; J. Horatz an H. Globke vom 11. 12. 1958, Ausf., Notiz vom 27. 10. 1958 (über ein Gespräch mit Brüning), ungez. Typoskript, Nachl. H. Globke, ACDP I-070-059/1.

127 Vgl. H. Brüning an R. Leiber vom 23. 9. 1957, an H. F. Berger vom 2. 1. 1958, Briefe 1946-1960, S. 438, 447, 448, Anm. 1; H. Brüning an A. Brecht vom 9. 1. 1958, Durchschlag, Nachl. H. Brüning, HUG FP 93.10 Box 2.

128 Vgl. H. Brüning an A. H. Berning vom 8. 10. 1957, an H. F. Berger vom 2. 1., an A. H. Berning vom 17. 2., an Th. Dehler vom 28. 2., an H. J. Schmitt vom 3. 4., an G. Olef vom 31. 12. 1958, Briefe 1946-1960, S. 439 f., 447, 448, Anm. 1, 449 ff., 459 f.

129 Vgl. H. Brüning an R. Pechel vom 3. 12., an A. H. Berning vom 22. 12. 1957, an J. Maier-Hultschin vom 22. 3., an H. F. Berger vom 9. 7., an H. Weber vom 19. 7. 1958, Briefe 1946-

1960, S. 440 ff., 448, Anm. 1, 454 ff.; W. F. Hanrieder, Deutschland, Europa, Amerika, S. 100 f. Dazu P. Sethe, Die großen Entscheidungen, S. 36 ff.; V. Erhard, Adenauers deutschlandpolitische Geheimkonzepte, S. 59.

[130] Vgl. H. Brüning an H. Weber vom 29. 1. 1958, Briefe 1946-1960, S. 448 f.; Th. Heuss, Tagebuchbriefe, 23. 1. 1958, S. 304.

[131] H. Brüning an Th. Dehler vom 28. 2. 1958, Briefe 1946-1960, S. 450 f.; Zitat nach Th. Heuss, Tagebuchbriefe, 12. 1. 1958, S. 301.

[132] Vgl. H. Brüning an Franz Dessauer vom 27. 9. 1957, Briefe 1946-1960, S. 438 f.; R. Morsey, Brünings zweite Emigration, S. 419 f.

[133] Vgl. H. Brüning an Franz Dessauer vom 27. 9. 1957, Briefe 1946-1960, S. 439.

[134] Vgl. H. Brüning an H. Weber vom 19. 7. 1958, an W. W. Schütz vom 28. 2. 1959, an H. v. Raumer vom 13. 4. 1960, Briefe 1946-1960, S. 456, 463 f., 471; J. Horatz an H. Globke vom 11. 12. 1958, Ausf., Notiz vom 27. 10. 1958 (über ein Gespräch mit Brüning), ungez. Typoskript, Nachl. H. Globke, ACDP I-070-059/1; H. Brüning an R. Pechel vom 16. 6. 1956, Durchschlag, Nachl. H. Brüning, HUG FP 93.10 Box 24; dens. an E. Brettauer vom 23. 12. 1957, Durchschlag, ebd. Box 5; W. W. Schütz, Das Gesetz des Handelns. Zerrissenheit und Einheit unserer Welt, Frankfurt/Main (1958), S. 91 ff. et passim.

[135] Vgl. H. Brüning an R. Pechel vom 30. 12. 1958, an H. Krone vom 7. 1. 1959, Briefe 1946-1960, S. 459, 461.

[136] H. Brüning an G. R. Treviranus vom 12. 2. 1959, Durchschlag, Nachl. H. Brüning, HUG FP 93.10 Box 34.

[137] H. Brüning an A. v. Schauroth vom 24. 9. 1958, Ausf., Sammlung Gärtringen.

[138] Vgl. H. Brüning an H. Krone vom 25. 3., an Th. Dehler vom 28. 4. 1959, Briefe 1946-1960, S. 465 f.

[139] Vgl. Th. Heuss, Tagebuchbriefe, 8. 6. 1958, S. 335; Wilhelm Grewe, Rückblenden 1976-1951, Frankfurt/Main 1979, S. 351 f.; H. Brüning an G. Olef vom 10. 7. 1958, Briefe 1946-1960, S. 454 f.; J. Horatz an H. Globke vom 11. 12. 1958, Ausf., Notiz vom 27. 10. 1958 (über ein Gespräch mit Brüning), ungez. Typoskript, Nachl. H. Globke, ACDP I-070-059/1; G. Schulz, Die Suche nach dem Schuldigen, S. 685.

[140] Hier nach: Th. Heuss, Tagebuchbriefe, 12. 1. 1958, S. 301.

[141] Vgl. H. Brüning an H. Pünder vom 24. 3., an H. Krone vom 25. 3. 1959, Briefe 1946-1960, S. 464 f.; J. Horatz an H. Globke vom 11. 12. 1958, Ausf., Notiz vom 27. 10. 1958 (über ein Gespräch mit Brüning), ungez. Typoskript, Nachl. H. Globke, ACDP I-070-059/1.

[142] H. Brüning an Th. Dehler vom 28. 4. 1959, Briefe 1946-1960, S. 466.

[143] Dazu insbesondere W. Wagner, Die Bundespräsidentenwahl, S. 12, 21 f., 31 ff., 60 ff. et passim.

[144] H. Brüning an A. Tennstedt vom 26. 10. 1959, Briefe 1946-1960, S. 470; H. Brüning an A. Tennstedt vom 27. 12. 1960, Durchschlag, Nachl. H. Brüning, HUG FP 93.10 Box 28; U. Siemon-Nettig, Altreichskanzler Brüning lebt in den Staaten wie ein Eremit, Norwich USA, 9. Mai, Welt am Sonntag vom 10. 5. 1964, S. 5 (Ausschnitt im Nachl. H. Pünder, HAStK 1304/360) Vgl. R. Morsey, Lübke, S. 70.

[145] H. Brüning an H. Krone vom 16. 11. 1960, Briefe 1946-1960, S. 471 f.

[146] Vgl. H. Brüning an Th. Beste vom 30. 11., an D. Heineman vom 12. 12. 1960, Briefe 1946-1960, S. 472 f.; U. Siemon-Nettig, Altreichskanzler Brüning lebt in den Staaten wie ein Eremit, Norwich USA, 9. Mai, Welt am Sonntag vom 10. 5. 1964, S. 5 (Ausschnitt im Nachl. H. Pünder, HAStK 1304/360).

[147] H. Brüning an F. Burgbacher vom 7. 5. 1959, Briefe 1946-1960, S. 466. Vgl. C. v. Clausewitz, Vom Kriege, S. 388 ff.

[148] Vgl. H. Brüning an H. F. Berger vom 12. 5. 1959, Briefe 1946-1960, S. 468; W. Loth, Die Franzosen und die deutsche Frage, S. 44 f.; J. Bariéty, Die Rolle der persönlichen Beziehun-

gen zwischen Bundeskanzler Adenauer und General de Gaulle für die deutsch-französische Politik zwischen 1958 und 1963, S. 17 ff.

[149] Vgl. H. Brüning an G. Banasch vom 28. 3., an H. F. Berger vom 22. 7., an A. Tennstedt vom 26. 10. 1959, Briefe 1946-1960, S. 465, 469 f.; J. Horatz an H. Globke vom 11. 12. 1958, Ausf., Notiz vom 27. 10. 1958 (über ein Gespräch mit Brüning), ungez. Typoskript, Nachl. H. Globke, ACDP I-070-059/1.

[150] H. Brüning an F. Burgbacher vom 6. 8. 1959, Briefe 1946-1960, S. 469 f. Vgl. ebd. S. 465, Anm. 1.

[151] H. Brüning an Franz Dessauer vom 8. 5. 1959, Briefe 1946-1960, S. 467. Vgl. V. Erhard, Adenauers deutschlandpolitische Geheimkonzepte, S. 21 ff., 95 ff.

[152] J. Horatz an H. Globke vom 11. 12. 1958, Ausf., Notiz vom 27. 10. 1958 (über ein Gespräch mit Brüning), ungez. Typoskript, Nachl. H. Globke, ACDP I-070-059/1.

[153] H. Brüning an R. Pechel vom 16. 6. 1956, Durchschlag, Nachl. H. Brüning, HUG FP 93.10 Box 24; ders. an O. Friedrich vom 18. 6. 1956, Durchschlag, ebd. Box 10; H. Brüning an A. Wegmann vom 31. 1. 1950, Ausf., Nachl. A. Wegmann, ACDP I-366-040/2. – Lediglich Weihnachten 1948 war Brüning nicht in Huntington gewesen, ebd.

[154] H. Brüning an A. Tennstedt vom 23. 7. 1957, Durchschlag, Nachl. H. Brüning, HUG FP 93.10 Box 28; U. Siemon-Nettig, Altreichskanzler Brüning lebt in den Staaten wie ein Eremit, Norwich USA, 9. Mai, Welt am Sonntag vom 10. 5. 1964 (Ausschnitt im Nachl. H. Pünder, HAStK 1304/360); H. Brüning an L. Jaeger vom 7. 12. 1955, Briefe 1946-1960, S. 396. – Zu dem Problem der Vergeblichkeit siehe u. a. Wolfram von den Steinen, Das Vergebliche in der Weltgeschichte, Schloß Laupheim o. J., S. 8.

[155] G. Mann, Hermann Rauschning, in: Ders., Zwölf Versuche, S. 183.

[156] H. Brüning an Günther Joël vom 10. 12. 1955, Briefe 1946-1960, S. 396 f. Dazu ebd. S. 398 (Kommentar). Vgl. ferner: F. Müller, Die »Brüning Papers«, Selbstzeugnisse, S. 138 f.

[157] Vgl. H. Brüning an H. v. Raumer vom 18. 7., an H. Luther vom 7. 8. 1957, Briefe 1946-1960, S. 430, 433; R. Morsey, Brünings zweite Emigration, S. 419.

[158] H. Brüning an W. Jaeger vom 17. 6. 1958, Durchschlag, Nachl. H. Brüning, HUG FP 93.10 Box 16; J. Horatz an H. Globke vom 11. 12. 1958, Ausf., Notiz vom 27. 10. 1958 (über ein Gespräch mit Brüning), ungez. Typoskript, Nachl. H. Globke, ACDP I-070-059/1; H. Brüning an H. Pünder vom 24. 3. 1959, Briefe 1946-1960, S. 464; F. Müller, Die »Brüning Papers«, Selbstzeugnisse, S. 138 f.; R. Morsey, Brünings zweite Emigration, S. 419 f.

[159] G. R. Treviranus an H. Brüning vom 18. 3. 1960, Ausf., Nachl. H. Brüning, HUG FP 93.10 Box 34. Vgl. R. Morsey, Brünings Vorstellungen, S. 205.

[160] Hier nach: F. Müller, Die »Brüning Papers«, Selbstzeugnisse, S. 22; dems., Die »Brüning Papers«, Nachl., S. 392. Vgl. J(ürgen) T(ern), Heinrich Brüning, FAZ vom 1. 4. 1970; Cl. Nix an H. Vollmar, undatiert (November 1966), Auszug, Kopie im Besitz des Verf.s; R. Morsey, Brünings zweite Emigration, S. 415; ders., Brünings Vorstellungen, S. 205. – Der letzte längere Brief an A. v. Schauroth ist vom 31. 12. 1958, Ausf. datiert. Dort handschriftlicher Vermerk des Empfängers, Sammlung Gärtringen.

[161] H. J. Unland an H. Brüning vom 18. 9. 1959, sowie an H. Brüning bzw. Cl. Nix vom 21. 11. 1959, Ausf., Nachl. H. Brüning, HUG FP 93.10 Box 34.

[162] H. Brüning an Minister Hans Lauscher vom 7. 4. 1959, Durchschlag, Nachl. H. Brüning, HUG FP 93.10 Box 34.

[163] Vgl. G. R. Treviranus an H. Brüning vom 18. 3. 1960, Ausf., Nachl. H. Brüning, HUG FP 93.10 Box 34; H. Krone an A. v. Schauroth vom 4. 6. 1963, Ausf., Sammlung Gärtringen.

[164] Vgl. H. Brüning an H. v. Raumer vom 15. 4. 1960, Briefe 1946-1960, S. 471. – Im Frühjahr 1958 wurde er durch eine »Pferdekur« von seiner »höchst unangenehmen Darmgrippe« in der Klinik von Dartmouth geheilt, H. Brüning an G. R. Treviranus vom 9. 7. 1958, Durchschlag, Nachl. H. Brüning, HUG FP 93.10 Box 34; dens. an O. Eulerich vom 3. 6. 1958,

Durchschlag, ebd. Box 9; dens. an H. Lübke vom 15. 11. 1960, Durchschlag, ebd. Box 20; H. Brüning an A. v. Schauroth vom 19. 7. 1958, Ausf., Sammlung Gärtringen.
165 Cl. Nix an H. Klasen vom 3. 12. 1960, hier nach: A. L. Mannes, Brüning, S. 252; H. J. Schmitt an Cl. Nix vom 9. 12. 1960, Ausf., Nachl. H. Brüning, HUG FP 93.10 Box 31. Mitteilung von Frau H. Vollmar, Münster, an den Verf. vom 22. 9. 2003.
166 Vgl. H. Brüning an H. Lübke vom 15. 11. 1960, Durchschlag, Nachl. H. Brüning, HUG FP 93.10 Box 20; R. Morsey, Brüning, ein Staatsmann, S. 116; A. L. Mannes, Brüning, S. 250 ff.
167 K. Birrenbach an H. Brüning vom 17. 12. 1959, Ausf., Nachl. H. Brüning, HUG FP 93.10 Box 4.
168 Vgl. G. Schulz, Die Suche nach dem Schuldigen, S. 685; Bulletin des Presse- und Informationsamtes vom 26. bzw. 29. 11. 1960. Vgl. Art. Lübke gratuliert Brüning, FAZ vom 26. 11. 1960; H. Pünder an H. Brüning vom 6. 6. 1964, Durchschlag, Nachl. H. Pünder, HAStK 1304/360.
169 Art. Heinrich Brüning, Der Spiegel, Hamburg, vom 11. 1. 1961.
170 Art. Bruening, Chancellor in 1932, Writing His Memoirs in U. S., New York Herald Tribune vom 27. 11. 1962; H. Vollmar, Münster, an den Verf. vom 12. 12. 2002.
171 Cl. Nix an H. und W. Vollmar vom 29. 11. 1965, Ausf., Kopie im Besitz des Verf.s.
172 Vgl. Art. Wilder Mann, Der Spiegel, Hamburg, vom 14. 6. 1971.
173 Nach F. Müller, Die »Brüning Papers«, Selbstzeugnisse, S. 23; dems., Die »Brüning Papers«, Nachl., S. 393 f.; Tagebuch W. Vollmar, Auszug, lt. Mitteilung von Frau H. Vollmar, Münster, an den Verf. vom 12. 12. 2002 bzw. vom 5. 4. 2004.
174 R. Augstein an H. Brüning vom 26. 7. 1963, Ausf., Nachl. H. Brüning, HUG FP 93.10 Box 1.
175 M. Boveri, Wir lügen alle, S. 662, 681.
176 H. Pünder an H. Brüning vom 6. 6. 1964, Durchschlag, Nachl. H. Pünder, HAStK 1304/360; H. Brüning an H. Pünder vom 29. 11. 1964, handschriftliche Ausf. auf Notizzettel mit Adresse, ebd. Vgl. H. Pünder an H. Brüning vom 13. 11. 1959, Kopie, ebd. – Zweizeiliger Weihnachtsgruß Brünings ähnlich an A. v. Schauroth vom 29. 11. 1964, Sammlung Gärtringen.
177 F. Holzapfel an L. Schwering vom 2. 3. 1964, Ausf., Nachl. L. Schwering, HAStK 1193/191.
178 H. Vollmar an H. Brüning vom 24. 8. 1962, Ausf., Nachl. H. Brüning, HUG FP 93.10 Box 28.
179 Vgl. U. Siemon-Nettig, Altreichskanzler Brüning lebt in den Staaten wie ein Eremit, Norwich USA, 9. Mai, Welt am Sonntag vom 10. 5. 1964 (Ausschnitt im Nachl. H. Pünder, HAStK 1304/360); Art. Heinrich Brüning, 78, Der Spiegel, Hamburg, vom 20. 5. 1964.
180 F. Holzapfel an L. Schwering vom 8. 9. 1965, Ausf., Nachl. L. Schwering, HAStK 1193/509.
181 F. Holzapfel an L. Schwering vom 12. 8. 1967, Ausf., Nachl. L. Schwering, HAStK 1193/191.
182 Vgl. Grußbotschaft Münsters zum 80. Geburtstag, H. Brüning, Reden, S. 327 f.; Cl. Nix an H. und W. Vollmar vom 29. 11. 1965, Ausf., Kopie im Besitz des Verf.s.
183 Cl. Nix an H. und W. Vollmar vom 29. 11. 1965, Ausf., Kopie im Besitz des Verf.s. Original des Telegramms (25. Nov. 1965 PM 2.26), Nachl. H. Brüning, HUG FP 93.35 Box 3.
184 Vgl. die Glückwünsche von Bundespräsident Lübke, Bundeskanzler Erhard und Außenminister Gerhard Schröder, Bulletin des Presse- und Informationsamtes vom 26. 11. 1965; Cl. Nix an H. und W. Vollmar vom 29. 11. 1965, Ausf., Kopie im Besitz des Verf.s.
185 Vgl. Universität zu Köln, Vorlesungsverzeichnis Sommersemester 1966, S. 9; E. Häussermann, Brünings Bild wird noch lange im dunkeln liegen. Historiker feierten 80. Geburtstag

des Reichskanzlers, Kölnische Rundschau vom 28. 11. 1965; Nachruf von Rektor und Senat anläßlich des Todes von Brüning 1970 (im Besitz des Verf.s); F. A. Hermens / Th. Schieder, Staat, Wirtschaft und Politik in der Weimarer Republik, Vorwort, S. V. Die Würde eines Ehrensenators war Brüning vom Rektor der Universität, Günter Schmölders, angetragen worden. – Hermens war schon 1947 von der Wiso-Fakultät für eine Berufung nach Köln favorisiert worden. Am 11. 5. 1959 wurde er Brünings Nachfolger, vgl. L. Haupts, Heinrich Brüning, S. 199 f., 211.

186 E. Häussermann, Brünings Bild wird noch lange im dunkeln liegen. Historiker feierten 80. Geburtstag des Reichskanzlers, Kölnische Rundschau vom 28. 11. 1965; H. Vollmar an Cl. Nix vom 18. 12. 1965, Ausf., Nachl. H. Brüning, HUG FP 93.10 Box 28. Dazu die Beiträge von W. Conze, Die Regierung Brüning, Ulrich Scheuner, Die Anwendung des Art. 48 der Weimarer Reichsverfassung unter den Präsidentschaften von Ebert und Hindenburg, Ferdinand A. Hermens, Das Kabinett Brüning und die Depression, in: F. A. Hermens / Th. Schieder, Staat, Wirtschaft und Politik in der Weimarer Republik, S. 233 ff. Zur Problematik des Artikels 48 allgemein: A. Kurz, Demokratische Diktatur?, S. 162 ff. et passim.

187 H. Krone, Heinrich Brüning. Zu seinem 80. Geburtstag, Politisch-Soziale Korrespondenz Nr. 22 / 14. Jg. vom 15. 11. 1965. Vgl. Art. Krone weist auf Brünings Geburtstag hin, FAZ vom 12. 11. 1965.

188 J(ürgen) T(ern), Brüning: achtzig Jahre, FAZ vom 26. 11. 1965.

189 Otto A. Friedrich, Ansprache am 26. November 1960 in Münster, bei: W. Vernekohl, Heinrich Brüning. Ein deutscher Staatsmann im Urteil der Zeit, S. 60 ff.; R. Morsey, Brüning, ein Staatsmann, S. 116.

190 Mitteilungen von Cl. Nix vom 15. 11. 1967, handschr. Manuskript unterz. J. Höfer, Rom 15. 12. 1967, sowie J. Hofmann an J. Kannengießer vom 23. 11. 1967, Ausf., Nachl. J. Kannengießer, ACDP I-182-018; Cl. Nix an H. Vollmar vom 17. 11. bzw. 28. 11. 1966, Auszug, Kopie im Besitz des Verf.s.

191 Cl. Nix an K. Birrenbach vom 12. 11. 1968, Ausf., Nachl. K. Birrenbach, ACDP I-433-048/2; H. Brüning an G. R. Treviranus vom 9. 7. 1958, Durchschlag, Nachl. H. Brüning, HUG FP 93.10 Box 34; U. Siemon-Nettig, Altreichskanzler Brüning lebt in den Staaten wie ein Eremit, Norwich USA, 9. Mai, Welt am Sonntag vom 10. 5. 1964, S. 5 (Ausschnitt im Nachl. H. Pünder, HAStK 1304/360). Vgl. F. Holzapfel an L. Schwering vom 8. 9. 1965, Ausf., Nachl. L. Schwering, HAStK 1193/509; Cl. Nix an H. Urtel vom 5. 6. 1970, Abschrift, Sammlung Gärtringen.

192 H. Vollmar an Cl. Nix vom 29. 5. 1967, Ausf., Nachl. H. Brüning, HUG FP 93.10 Box 28; Cl. Nix an H. Urtel vom 5. 6. 1970, Abschrift, Sammlung Gärtringen.

193 J. Hofmann an J. Kannengießer vom 23. 11. 1967, Ausf., Nachl. J. Kannengießer, ACDP I-182-018. Vgl. J. Hofmann, Brüning und die Monarchie. Zur Diskussion um seine »Memoiren«, Publik vom 26. 2. 1971; H. Brüning an K. Birrenbach vom 4. 8. 1960 (erwähnt den Besuch Hofmanns und seiner Familie vom 3. 8. 1960), Durchschlag, Nachl. H. Brüning, HUG FP 93.10 Box 4; A. L. Mannes, Brüning, S. 252 f.

194 G. R. Treviranus an J. Schauff vom 17. 10. 1968, F. Müller, Die »Brüning Papers«, Nachl., S. 394. Aufnahme vom 8. 9. 1969, Nachl. H. Brüning, Stadtarchiv Münster, Kasten Nr. 1.6. – Treviranus hatte Brüning auch im Mai 1958 besucht, vgl. H. Brüning an O. Eulerich vom 3. 6. 1958, Durchschlag, Nachl. H. Brüning, HUG FP 93.10 Box 9; R. Morsey, Brünings zweite Emigration, S. 421.

195 J(ürgen) T(ern), Heinrich Brüning, FAZ vom 1. 4. 1970; Cl. Nix an H. Urtel vom 5. 6. 1970, Abschrift, Sammlung Gärtringen.

196 Cl. Nix an W. Fonk vom 6. 1. 1971, Durchschlag, Nachl. H. Brüning, HUG FP 93.90 Box 1.

197 Mitteilungen von Cl. Nix vom 15. 11. 1967, handschr. Manuskript unterz. J. Höfer, Rom 15. 12. 1967, Nachl. J. Kannengießer, ACDP I-182-018. Dort ist irrtümlich von zwei Söh-

nen die Rede, die die Exequien halten sollten. Dessauer hatte nur einen Sohn, Ottmar (1914-1997), der Priester war und als Studentenpfarrer tätig gewesen ist. Dessen Brüder Gerhard und Christof, die 1936 bzw. 1941 in die USA auswanderten, waren von Beruf Chemiker bzw. Ingenieur. Mitteilung von Herrn Georg Wilhelm, Bonn, an den Verf. vom 19. 12. 2002; Franz Dessauer war der Bruder Friedrich Dessauers. O. Dessauer an H. Brüning vom 23. 11. 1965, Ausf., Nachl. H. Brüning, HUG FP 93.35 Box 3. – Zum ganzen siehe auch J(ürgen) T(ern), Heinrich Brüning, FAZ vom 1. 4. 1970.

[198] Cl. Nix an H. Urtel vom 5. 6. 1970, Abschrift, Sammlung Gärtringen.

[199] Art. Der frühere Reichskanzler Brüning gestorben, FAZ vom 1. 4. 1970; G. Pettee, Nachwort, Briefe 1946-1960, S. 507; Cl. Nix an H. Urtel vom 5. 6. 1970, Abschrift, Sammlung Gärtringen; Leitart. J(ürgen) T(ern), Heinrich Brüning, FAZ vom 1. 4. 1970; R. Morsey, Brünings Vorstellungen, S. 201.

[200] R. Morsey, Ein Staatsmann, der seine Pflicht erfüllte. Gedenkansprache bei der Trauerfeier zum Tode von Heinrich Brüning am 5. April 1970, FAZ vom 7. 4. 1970.

[201] J(ürgen) T(ern), Brünings Beisetzung, FAZ vom 2. 4. 1970; Art. Bundeskanzler Brandt ehrt Brüning – Militärisches Zeremoniell in Wahn – »verantwortungsvoller Politiker«, General-Anzeiger, Bonn, vom 3. 4. 1970; Art. Brandt: Brüning gab Beispiel (Die Regierung ordnet Trauerbeflaggung an), Westfälische Nachrichten vom 3. 4. 1970; Art. Trauer um Dr. Heinrich Brüning. Ehrlicher Makler zwischen der jungen deutschen Republik und den ehemaligen Feindstaaten, Bulletin des Presse- und Informationsamtes vom 3. 4. 1970; Beileid zum Tode von Reichskanzler a. D. Brüning, Bulletin vom 7. 4. 1970; Art. H. S., Späte Einsicht, Bayern-Kurier vom 11. 4. 1970.

[202] Vgl. Art. Bundeskanzler Brandt ehrt Brüning – Militärisches Zeremoniell in Wahn – »verantwortungsvoller Politiker«, General-Anzeiger, Bonn, vom 3. 4. 1970; Art. Brandt: Brüning gab Beispiel, Westfälische Nachrichten vom 3. 4. 1970; Art. Ehrung für Heinrich Brüning, ebd. vom 4./5. 4. 1970; Wilfried Höhnke, Bundeskanzler ehrte schweigend den toten Reichskanzler Brüning, Neue Rhein-Ruhr-Zeitung, Essen, vom 4. 4. 1970; Kurt Georg Kiesinger, Dunkle und helle Jahre 1904-1958, hrsg. v. Reinhard Schmoeckel, Stuttgart 1989, S. 110 f., 152; J. Stephan, Begleiterin im langen Schatten.

[203] Vgl. Art. Abschied von Heinrich Brüning. Militärische Ehrung in Anwesenheit Brandts auf dem Kölner Flughafen, FAZ vom 4. 4. 1970; R. Morsey, Ein Staatsmann, der seine Pflicht erfüllte. Gedenkansprache bei der Trauerfeier zum Tode von Heinrich Brüning am 5. April 1970, FAZ vom 7. 4. 1970.

[204] Art. Abschied von Heinrich Brüning. Militärische Ehrung in Anwesenheit Brandts auf dem Kölner Flughafen, FAZ vom 4. 4. 1970.

[205] Art. Kein Regierungsvertreter zur Beisetzung Brünings, Süddeutsche Zeitung, München, vom 2. 4. 1970; J(ürgen) T(ern), Brünings Beisetzung, FAZ vom 2. 4. 1970; Art. Bundeskanzler Brandt ehrt Brüning, General-Anzeiger, Bonn, vom 3. 4. 1970; Art. Abschied von Heinrich Brüning, FAZ vom 9. 4. 1970; Art. Reichskanzler Brüning in Münster beigesetzt. Viele Trauergäste gaben dem Toten das letzte Geleit, Bonner Rundschau vom 9. 4. 1970; Art. Brüning ein Vorbild für die jüngere Generation, Westfälische Nachrichten vom 9. 4. 1970. – Kondolenzschreiben Heinemanns und Brandts, Bulletin des Presse- und Informationsamtes vom 3. 4. 1970; Übersicht über die ausländischen Pressestimmen: Roger Berthoud, Enigma of man who preceded Hitler, The Times, London, vom 2. 4. 1970.

[206] Art. Abschied von Heinrich Brüning. Militärische Ehrung in Anwesenheit Brandts auf dem Kölner Flughafen, FAZ vom 4. 4. 1970; Art. Abschied von Heinrich Brüning, FAZ vom 9. 4. 1970; Art. Reichskanzler Brüning in Münster beigesetzt. Viele Trauergäste gaben dem Toten das letzte Geleit, Bonner Rundschau vom 9. 4. 1970. – Kondolenzbriefe und Kondolenzbuch befinden sich im Nachl. H. Brüning, Stadtarchiv Münster, Kasten Nr. 3. 4.

207 Art. Brüning starb völlig mittellos. Der Dank des Vaterlandes, Stuttgarter Zeitung vom 3. und 4. 4. 1970.
208 Norbert Matern, In Norwich (USA): Auf den Spuren von Brüning (d), in: Academia 6 (1999), S. 442 f.
209 H. Krone, Heinrich Brüning. Statt eines Nachrufs, Rheinischer Merkur Nr. 15 vom 10. 4. 1970. Vgl. J(ürgen) T(ern), Brünings Beisetzung, FAZ vom 2. 4. 1970.

V. Bilanz eines politischen Lebens

1 Giovanni Boccaccio, Leben Dantes, übers. v. O. v. Taube, Insel-Bücherei Nr. 275, Leipzig o. J., S. 56.
2 Dazu u. a. F. Müller, Die »Brüning Papers«, Selbstzeugnisse, S. 61 ff.
3 Vgl. G. May, Kaas Bd. 3, S. 280.
4 Vgl. Dorothea Beck, Julius Leber. Sozialdemokrat zwischen Reform und Widerstand, Berlin 1983, S. 107; Ein Mann geht seinen Weg. Schriften, Reden und Briefe von Julius Leber, Berlin 1952, S. 296. Dazu G. Ritter, Goerdeler, S. 300.
5 Dazu die Rezension Hans Fenskes zu H. Hömig, Brüning Bd. 1, in: Der Staat 41 (2002), S. 308 f.
6 G. Kroll, Von der Weltwirtschaftskrise zur Staatskonjunktur, S. 703; J. Becker, La politique révisionniste, S. 20.
7 Dagegen G. Kroll, Von der Weltwirtschaftskrise zur Staatskonjunktur, S. 641; G. Golla Zielvorstellungen und Auswirkungen der Brüningschen Sparmaßnahmen, S. 114 ff.
8 H. Brüning an H. Dräger vom 13. 9. 1954, in: H. Dräger, Arbeitsbeschaffung, S. 134.
9 H. Klausinger, Die Alternativen zur Deflationspolitik Brünings, S. 19; (Matthias?) Walden, Die neue Graue Eminenz, Tägliche Rundschau, Berlin, Nr. 130 (935) vom 6. 6. 1948 (*), S. 3.
10 St. A. Schuker, Ambivalent Exile, S. 347. Vgl. H. Brüning an W. W. Schütz vom 10. 4. 1956, Durchschlag, Nachl. H. Brüning, HUG FP 93.10 Box 31; dens. an H. Dräger vom 13. 9. 1954, in: H. Dräger, Arbeitsbeschaffung, S. 126 f.; W. Röpke, Was lehrt Keynes? Alte, neue und wahre Ökonomie, in: Ders., Gegen die Brandung, S. 256 ff.; P. D. Stachura, Introduction: Weimar, National Socialism and Historians, in: Ders. (Hrsg.), The Nazi Machtergreifung, London 1983, S. 9 f.
11 H. Brüning an H. Dräger vom 13. 9. 1954, in: H. Dräger, Arbeitsbeschaffung, S. 127. Vgl. M. Funke, Republik im Untergang, S. 509; M. v. Prollius, Das Wirtschaftssystem der Nationalsozialisten, S. 71.
12 Vgl. H. Brüning an J. Goldschmidt vom 31. 10. 1951 über die Keynes-Biographie von Henry Roy Harrod, The Life of John Maynard Keynes, London 1951, Briefe 1946-1960, S. 285 f. – Goerdeler kritisiert ebenso wie Brüning die Theorien von Keynes, so auch in seinem Vortrag von 1938, G. Ritter, Goerdeler, S. 164.
13 Vortrag Brünings »Politische und verfassungsrechtliche Auswirkungen der Weltkrise 1929-1934« am 25. 2. 1952 im Schwurgerichtssaal des Landgerichts Bonn, hier nach: »Übertriebene Bürokratie gefährdet den Rechtsstaat«, Generalanzeiger, Bonn, vom 26. 2. 1953. Dazu Art. Reichskanzler a. D. Brüning spricht, Kölnische Rundschau vom 18. 2. 1953; Wolfram Fischer, Die wirtschaftspolitische Situation der Weimarer Republik, Hannover 1960, S. 51.
14 Vgl. A. Barkai, Das Wirtschaftssystem des Nationalsozialismus, S. 66.
15 Vgl. W. Smaldone, Hilferding, S. 208, 211.
16 F. A. Hermens, Keine Deflationspolitik, Leserbrief in: FAZ vom 8. 4. 1970; St. A. Schuker, Ambivalent Exile, S. 347; Heywood Fleisig, War-related Debts and the Great Depression, in: American Economic Review 66 (1976), S. 56 f.

17 Vgl. Andreas Wirsching, Vom Weltkrieg zum Bürgerkrieg? Politischer Extremismus in Deutschland und Frankreich 1918-1933/39. Berlin Paris im Vergleich, München 1999, S. 364 f.
18 J. Nautz, Unterhändler des Vertrauens, S. 186, 190. – Brüning hatte Schüller zu einem Vortrag in seinem Seminar eingeladen.
19 H. Brüning an W. W. Schütz vom 10. 4. 1956, Durchschlag, Nachl. H. Brüning, HUG FP 93.10 Box 31. Vgl. M. Funke, Republik im Untergang, S. 509 f.
20 Vgl. H. Brüning an H. F. Berger vom 16. 4. 1957, Briefe 1946-1960, S. 426. Zum tragischen Hintergrund eines konservativen Weltverständnisses siehe M. Greiffenhagen, Das Dilemma des Konservatismus, S. 234 f.
21 Zu diesem Problem vgl. u. a. P. Sethe, Schicksalsstunden einer Generation der Weltgeschichte. Die Außenpolitik der Großmächte von Karl dem Fünften bis Stalin, Frankfurt/Main 1952, S. 278 f.; J. Wheeler-Bennett, Knaves, Fools and Heroes, S. 42 f.; K. D. Bracher, Geschichte als Erfahrung, S. 73. Vgl. auch E. Eyck, Geschichte der Weimarer Republik Bd. 2, S. 319; W. Conze, Die Regierung Brüning, S. 245; H. Gründer, Heinrich Brüning – der Kanzler zwischen Republik und Diktatur, S. 11; G. Golla, Zielvorstellungen und Auswirkungen der Brüningschen Sparmaßnahmen, S. 109 f. – Kritisch zu Brünings außenpolitischem Kurs: H. Mommsen, Diskussionsbeitrag, in: H. A. Winkler, Staatskrise, S. 55. Mommsen behauptet, die relative Stabilität der Weimarer Republik sei von der außenpolitischen Abhängigkeit Deutschlands bedingt gewesen.
22 Vgl. H.-A. Jacobsen, Nationalsozialistische Außenpolitik, S. 388; W. Conze, Die Regierung Brüning, S. 246 f.
23 Henry A. Kissinger, Großmacht Diplomatie. Von der Staatskunst Castlereaghs und Metternichs, Düsseldorf 1962, S. 366 f. Vgl. H. A. Winkler, Der lange Weg, S. 643.
24 K. D. Bracher, Brünings unpolitische Politik, S. 115.
25 Vgl. u. a. W. Conze, Brüning als Reichskanzler, S. 381 f.
26 Interview K. Adenauers mit der Londoner »Times« vom 24. 4. 1950, hier nach: R. Morsey, Brüning in der historischen Forschung, S. 28.
27 M. Funke, Republik im Untergang, S. 508.
28 John Kenneth Galbraith, Geld. Woher es kommt, wohin es geht, München 1976, S. 196. Vgl. R. Morsey, Brüning in der historischen Forschung, S. 26; W. Conze, Brüning als Reichskanzler, S. 328 ff.; St. A. Schuker, Ambivalent Exile, S. 347; M. v. Prollius, Das Wirtschaftssystem der Nationalsozialisten, S. 71 f.
29 Vgl. K. Borchardt, Die Wirtschaftspolitik Brünings, S. 34 f.; M. v. Prollius, Das Wirtschaftssystem der Nationalsozialisten, S. 71 f.
30 W. Sauer, Die Mobilmachung der Gewalt, S. 786 ff.; G. Kroll, Von der Weltwirtschaftskrise zur Staatskonjunktur, S. 577.
31 A. Mirgeler, Brüning, S. 65 f., 68.
32 Vgl. K. Borchardt, Die Wirtschaftspolitik Brünings, S. 40 f.; Charles S. Maier, The unmasterable Past, Cambridge 1988, S. 37; H.-U. Wehler, Deutsche Gesellschaftsgeschichte Bd. 4, S. 127 ff.; G. Golla, Zielvorstellungen und Auswirkungen der Brüningschen Sparmaßnahmen, S. 116 ff.; M. v. Prollius, Das Wirtschaftssystem der Nationalsozialisten, S. 71 ff.
33 W. Churchill, Memoiren. Der Zweite Weltkrieg Bd. 1, 1, S. 88.
34 Art. Trauer um Dr. Heinrich Brüning, Bulletin des Presse- und Informationsamtes vom 3. 4. 1970. Vgl. Art. Brandt: Brüning gab Beispiel, Westfälische Nachrichten vom 3. 4. 1970.
35 Art. Die Großen der Politik haben Brüning nicht verstanden. Tenhumberg würdigt »hohes Ethos« des Reichskanzlers, Westfälische Nachrichten vom 9. 4. 1970.
36 Vgl. dazu u. a. H.-U. Wehler, Deutsche Gesellschaftsgeschichte Bd. 4, S. 586, der die Darstellung in den Memoiren als »durchschaubaren Schwindel« abtut.
37 K. O. Frhr. v. Aretin, Brünings ganz andere Rolle, S. 918.

³⁸ E. Deuerlein, Zu den Memoiren von Heinrich Brüning, in: Der Katholische Gedanke 27 (1971), S. 22; H. Hömig, Brüning Bd. 1, S. 25. Dazu allgemein W. Conze, Die Reichsverfassungsreform als Ziel der Politik Brünings, S. 341 ff.
³⁹ H. Brüning, Background-Interview vom September 1945, Briefe und Gespräche, S. 542; H. Brüning an J. H. v. Ostau vom 16. 3. 1952, Briefe 1946-1960, S. 299.
⁴⁰ G. Mai, Europa, S. 188 ff.
⁴¹ Dazu H. Graml, Zwischen Stresemann und Hitler, S. 204 f. Vgl. H. P. Greenwood, The German Revolution, S. 127 f.
⁴² Vgl. etwa Walden, Die neue Graue Eminenz, Tägliche Rundschau, Berlin, Nr. 130 (935) vom 6. 6. 1948 (*), S. 325 f.; neuerdings Wolfgang Ruge, Wer war Heinrich Brüning, Bonn 2003, S. 89 ff.
⁴³ R. Morsey, Brüning in der historischen Forschung, S. 14.
⁴⁴ H. Henrich, Brüning contra Adenauer, Frankfurter Rundschau vom 5. 6. 1954.
⁴⁵ G. Pettee, Nachwort, in: Briefe und Gespräche 1946-1960, S. 496.
⁴⁶ Vgl. H. Hömig, Brüning Bd. 1, S. 23; O. Wagener, Hitler aus nächster Nähe, S. 328 f.
⁴⁷ Leonidas E. Hill (Hrsg.), Die Weizsäcker-Papiere 1933-1950 (16. III. 33. Eindrücke von unserer Politik vom Anfang 1927 bis Anfang 1933 I), Frankfurt/Main 1974, S. 65.
⁴⁸ H.-P. Schwarz, Das Gesicht des Jahrhunderts, S. 407 f.
⁴⁹ Vgl. G. Pettee, Nachwort, Briefe 1946-1960, S. 494.
⁵⁰ Vgl. H. Brüning an G. Funcke vom 2. 12. 1955, Briefe 1946-1960, S. 394 f.
⁵¹ H. Brüning an H. Ullmann vom 18. 12. 1950, Briefe 1946-1960, S. 247 f. Vgl. Heidrun-Edda Weikert, Paters Beitrag zu unserer europäischen Leitkultur, in: Archiv für Kulturgeschichte 84 (2002), Heft 2, S. 382 ff., 412.
⁵² Vgl. H. Brüning an A. H. Berning vom 12. 11. 1948, Briefe 1946-1960, S. 157 f.
⁵³ H. Brüning an H. Krone vom 7. 1. 1959, Briefe 1946-1960, S. 461.
⁵⁴ H. Brüning an J. Elliott vom 13. 9. 1938, Briefe und Gespräche, S. 212. Vgl. H. P. Greenwood, The German Revolution, S. 126.
⁵⁵ L. Schwarzschild, Die nächsten Stationen, 4. Juni 1932, in: Ders., Die letzten Tage vor Hitler, S. 190, 192. – Nach Ch. Bloch, Hitler und die europäischen Mächte, S. 15 erreichte der »Nationalismus« des Zentrums unter Brüning seinen Höhepunkt. Vgl. dazu W. Conze, Die Regierung Brüning, S. 245.
⁵⁶ Art. Die Aera Brüning, Katholische Führerbriefe. Mitteilungsblatt für rechtsstehende Katholiken (Für Druck und Inhalt verantwortlich: Dr. Josef Pietsch), 1. Jg., Nr. 11 vom 1. 6. 1932, S. 3.
⁵⁷ Vgl. H. Brüning, Ein Brief, S. 229; Oscar Richardt, Heinrich Brüning, Rhein-Zeitung vom 11. 6. 1947 (Auszug: Sopade Informationsdienst – Denkschriften 10. Reichskanzler a. D. Heinrich Brüning, Hannover 1947, S. 4 ff., hektographiert); auch Art. Brüning, Osnabrücker Tageblatt Nr. 145 vom 25. 6. 1947 (Expl. im Nachl. J. Kannengießer, ACDP I-182-018/1). – Ähnlich der Tenor einer in den möglichen Konsequenzen ausgeführten Denkschrift aus Stahlhelm-Kreisen: Brüning als quasi-legaler Diktator mit Unterstützung des Stahlhelm gegen die Nationalsozialisten, möglichst noch vor der Preußenwahl 1932. Inhalt referiert in einem Schreiben der Redaktion des Vorwärts an Otto Braun vom 8. 12. 1932, Ausf., ohne Unterschrift, IISG Amsterdam, Nachl. O. Braun, N. 239/2 ff.
⁵⁸ Vgl. G. Jasper, Die gescheiterte Zähmung, S. 82 ff.
⁵⁹ Vgl. auch G. Jasper, Die gescheiterte Zähmung, S. 84 ff.
⁶⁰ Vgl. H. Brüning, Ein Brief, S. 240; W. Conze, Brüning als Reichskanzler, S. 328; dens., Die Regierung Brüning, S. 233 ff.
⁶¹ Dazu H. Mommsen, Das Menetekel. Was wir von Weimar lernen können, Süddeutsche Zeitung Nr. 274 vom 27. 11. 2002, S. 13.
⁶² Vgl. u. a. M. Funke, Republik im Untergang, S. 511; Horst Möller, Die Weimarer Republik in der zeitgeschichtlichen Perspektive der Bundesrepublik Deutschland, in: K. D. Bracher /

M. Funke / H.-A. Jacobsen, Die Weimarer Republik, S. 598 ff.; W. Conze, Die Reichsverfassungsreform als Ziel der Politik Brünings, S. 345.
63 (Lord Robert Gilbert), Lessons of my life, New York 1943, S. XV.
64 Vgl. G. Jasper, Die gescheiterte Zähmung, S. 79-82.
65 So Ernst Niekisch, Schicksalsverfehlung (1933), in: Uwe Sauermann (Hrsg.), Ernst Niekisch. Ausgewählte Aufsätze aus seinen »Blättern für sozialistische und nationalrevolutionäre Politik«, Krefeld 1982, S. 189. Niekisch bezeichnete Brüning als einen »halbfaschistischen Kanzler«.
66 Vgl. u. a. G. Mai, Europa, S. 254 ff.
67 Auch Adenauer scheute sich, von der Sowjetunion zu sprechen und benutzte den veralteten, beinahe eigenwillig klingenden Titel »Sowjetrußland« (»Soffjetrußland«). Vgl. Karl-Heinz Janßen, Zeitgenossen diskutieren über Konrad Adenauer. Apologie für einen Kanzler. Wie das Bild vom ersten Regierungschef der Bundesrepublik sich in der Erinnerung verklärt, in: Die Zeit, Hamburg, Nr. 48 vom 22. 11. 1985.
68 Vgl. H. Brüning, Ein Brief, S. 249 f.
69 H. Brüning an G. Bucerius vom 18. 9. 1952, Briefe 1946-1960, S. 319.
70 Hier nach E. Deuerlein, Deutsche Kanzler, S. 404.
71 G. N. Shuster in: Commonweal vom 15. 4. 1931, hier nach G. N. Shuster, Memoir, Nachl. G. N. Shuster, undatierte Ausf., Notre Dame CSHU Box 2. Vgl. Jakob Stöcker, Porträts aus der Weimarer Republik, Der Tagesspiegel, Berlin, vom 22. 4. 1947, hier nach: Reichskanzler a. D. Heinrich Brüning, S. 13 ff.; E. Deuerlein, Deutsche Kanzler, S. 405 (Zitat H. Köhler).
72 Dazu E. Spevack, Enigma, S. 77 f.
73 Vgl. H. Brüning an H. Pünder vom Juni 1947, Briefe 1946-1960, S. 85; R. Morsey, Leben und Überleben im Exil, S. 110.
74 M. Krauss, Heimkehr in ein fremdes Land, S. 103.
75 H. Brüning an Franz Dessauer vom 8. 7. 1953, Durchschlag, Nachl. H. Brüning, HUG FP 93.10 Box 7.
76 H. Brüning an W. W. Schütz vom 10. 4. 1956, Durchschlag, Nachl. H. Brüning, HUG FP 93.10 Box 31.
77 G. Shuster, In Amerika und Deutschland, S. 146; St. A. Schuker, Ambivalent Exile, S. 350. Vgl. E. Deuerlein, Deutsche Kanzler, S. 422.
78 W. Conze, Die Reichsverfassungsreform als Ziel der Politik Brünings, S. 346.
79 Vgl. M. Jordan, Beyond all Fronts, S. 154.
80 Vgl. u. a. Friedrich-Martin Balzer / Werner Renz (Hrsg.), Das Urteil im Frankfurter Auschwitz-Prozeß (1963-1965, Bonn 2004. Mitteilung von Herrn Dr. H. J. Unland an den Verf. 24. 4. 2004.
81 Vgl. G. Shuster, In Amerika und Deutschland, S. 147.
82 H. Brüning an H. Ullmann vom 7. 1. 1956, Nachl. H. Brüning, HUG FP 93.10 Box 34; Art. Brüning geht in keine Partei, Aachener Nachrichten vom 28. 11. 1952; Art. »Schachspiel mit Brüning«, (pir.) ebd., Ausschnitte im Nachl. J. Maier-Hultschin, BA Koblenz N 1043, Nr. 5; Mitteilung von Frau H. Vollmar an den Verf. vom 5. 4. 2004. Vgl. R. Morsey, Brünings Vorstellungen, S. 202.
83 Dazu H. P. Greenwood, The German Revolution, S. 125 f.
84 Vgl. H. Brüning an H. Dietrich vom 22. 12. 1947, Briefe 1946-1960, S. 110.
85 Vgl. E. Spevack, Enigma, S. 74.
86 Vgl. Gottfried Niedhart, Die ökonomische Variante deutscher Machtpolitik: Revisionspolitik und Friedenssicherung bei Stresemann und Adenauer, in: Gottfried Niedhart / Dieter Riesenberger (Hrsg.), Lernen aus dem Krieg? Deutsche Nachkriegszeiten 1918 und 1945. Beiträge zur historischen Friedensforschung, München 1992, S. 87 f., 92.
87 H. Brüning an H. Dietrich vom 22. 12. 1947, Briefe 1946-1960, S. 109 f.
88 H. Krone, Tagebücher Bd. 1 (26. 11. 1955), S. 195.

⁸⁹ Antworten auf einen Fragebogen von D. Thompson, Nachkriegsverhältnisse in Deutschland betreffend, 30. 4. 1943, Briefe und Gespräche, S. 523 f. Dagegen deutet St. A. Schuker, Ambivalent Exile, S. 346 an, Brüning habe einen freiwilligen Zusammenschluß der europäischen Nationen kaum für möglich gehalten.
⁹⁰ Vgl. Kommentare zu einem Memorandum der Chatham-House-Gruppe vom Februar 1940, Briefe und Gespräche, S. 514 ff.; Antworten auf einen Fragebogen von D. Thompson, Nachkriegsverhältnisse in Deutschland betreffend, 30. 4. 1943, ebd. S. 520 ff.
⁹¹ F. Schäffer gegenüber O. Friedrich am 16. 7. 1954, nach Manuskript: »Für die Besprechung mit Herrn Professor Brüning«, hs. Vermerk: »Otto Friedrich?«, Nachl. H. Brüning, HUG FP 93.35, Box 4.
⁹² Th. Eschenburg gegenüber O. Friedrich am 18. 7. 1954, Nachl. H. Brüning, HUG FP 93.35 Box 4.
⁹³ K. J. Müller, Kriegsausbruch 1939, S. 255.
⁹⁴ Vgl. u. a. H. Brüning an P. Cot vom 17. 9. 1941, Briefe und Gespräche, S. 369 f.; H. Wentker, Der Widerstand gegen Hitler, S. 5 f.
⁹⁵ Vgl. E. v. Aretin, Krone und Ketten, S. 44; J. Wright, Stresemann, S. 506 ff.
⁹⁶ Zit. nach: Michael Freund, Der Reichskanzler a. D., in: Die Gegenwart vom 14. 8. 1954, S. 520; G. Schwarz, Krise des Parteienstaates, S. 688. Vgl. H. Hömig, Brüning Bd. 1, S. 228 f.
⁹⁷ C. J. Burckhardt, Meine Danziger Mission, S. 46; Hermann Ullmann, In der großen Kurve. Führer und Geführte, Berlin 1933, S. 90.
⁹⁸ Vgl. G. Jasper, Die gescheiterte Zähmung, S. 79 f.
⁹⁹ H. Brüning an H. J. Schmitt vom 13. 5. 1948, Durchschlag, Nachl. H. Brüning, HUG FP 93.10 Box 31.
¹⁰⁰ Vgl. H. Hömig, Brüning Bd. 1, S. 226 f.
¹⁰¹ Vgl. F. Müller, Die »Brüning Papers«, Selbstzeugnisse, S. 48; R. Morsey, Zentrumspartei und Zentrumspolitiker, S. 397; E. Deuerlein, Deutsche Kanzler, S. 404.
¹⁰² G. Schulz, Die Suche nach dem Schuldigen, S. 686.
¹⁰³ Vgl. F. Müller, Die »Brüning Papers«, Selbstzeugnisse, S. 48; R. Morsey, Zentrumspartei und Zentrumspolitiker, S. 397.
¹⁰⁴ Vgl. Raymond Klibansky / Erwin Panofsky / Fritz Saxl, Saturn und Melancholie. Studien zur Geschichte der Naturphilosophie und Medizin, der Religion und der Kunst, Frankfurt/Main 1990, S. 367 ff.; W. Lepenies, Melancholie und Gesellschaft, S. 215 ff.
¹⁰⁵ Zu diesem Problem siehe Raymond Aron, Clausewitz. Den Krieg denken, Frankfurt/Main 1980, S. 669 f.
¹⁰⁶ W. Lepenies, Melancholie und Gesellschaft, S. 10 ff. et passim.
¹⁰⁷ C. v. Clausewitz, Vom Kriege, S. 406 ff.
¹⁰⁸ Vgl. E. Deuerlein, Deutsche Kanzler, S. 420.
¹⁰⁹ H. Pentzlin, Schacht, S. 162.
¹¹⁰ Dazu W. Lepenies, Melancholie und Gesellschaft, S. 190 ff.
¹¹¹ Vgl. Friedrich Schiller, Geschichte des Dreißigjährigen Krieges, Viertes Buch, Schillers Werke hrsg. von Paul Merker, Bd. 7, Leipzig o. J., S. 339; Reinhard Buchwald, Schiller, Leben und Werk, Wiesbaden 1959, S. 675.
¹¹² Vgl. das Nachwort G. Pettees in: Briefe 1946-1960, S. 505 ff.; E. Spevack, Enigma, S. 91 ff.
¹¹³ H. Brüning an Th. Dehler vom 12. 10. 1956, Durchschlag, Nachl. H. Brüning, HUG FP 93.10 Box 6. Vgl. G. A. Craig, Staatskunst, S. 153.
¹¹⁴ Vgl. zu diesem Problem allgemein: R. Klibansky / E. Panofsky / F. Saxl, Saturn und Melancholie, S. 406 f.
¹¹⁵ Vgl. W. Lepenies, Melancholie und Gesellschaft, S. 87 ff.
¹¹⁶ Art. Im Januar 1933, unterzeichnet von Dr. H. Brüning, Cambridge, Massachusetts, vom 14. 5. 1952, Deutsche Zeitung vom 28. 5. 1952, Ausschnitt-Kopie in: Nachl. J. Maier-Hultschin, BA Koblenz N 1043, Nr. 5.

117 Stefan Zweig, Joseph Fouché. Bildnis eines politischen Menschen, Frankfurt/Main 1952, S. 106 f.
118 H. Brüning an A. Kahle vom 6. 11. 1946, H. Amely, Brüning, S. 37; H. Spiel, Psychologie des Exils, S. 425.
119 G. Schulz, Die Suche nach dem Schuldigen, S. 676. Vgl. H. Hömig, Brüning Bd. 1, S. 228 f.
120 Vgl. G. Schulz, Die Suche nach dem Schuldigen, S. 686.
121 Hier nach: F. A. Hermens / Th. Schieder, Staat, Wirtschaft und Politik, Vorwort, S. V. Dazu H. P. Greenwood, The German Revolution, S. 125.
122 Zu diesem Problem siehe Wolfram von den Steinen, Das Vergebliche in der Weltgeschichte, Schloß Laupheim o. J., S. 7 f.
123 H. Kühn, Widerstand, S. 41.
124 Walter Dirks, Brüning, Frankfurter Neue Presse vom 4. 9. 1950.
125 Artikel im Südostkurier, Bad Reichenhall, vom 9. 10. 1946, hier nach: Reichskanzler a. D. Heinrich Brüning, S. 7. Vgl. E. Deuerlein, Deutsche Kanzler, S. 405.
126 F. J. Schöningh, Ein Deutscher sucht sein Vaterland, Süddeutsche Zeitung vom 21. 8. 1948.
127 H.-P. Schwarz, Das Gesicht des Jahrhunderts, S. 389, 410.
128 Vgl. E. Deuerlein, Deutsche Kanzler, S. 406.
129 H. Brüning an J. Maier-Hultschin vom 24. 10. 1947, Briefe 1946-1960, S. 101; St. A. Schuker, Ambivalent Exile, S. 356.
130 Vgl. H. Brüning an R. Leiber vom 31. 8. 1946, Durchschlag, Nachl. H. Brüning, HUG FP 93.10 Box 20.
131 H. Brüning an Th. Kampmann vom 16. 7. 1957, Durchschlag, Nachl. H. Brüning, HUG FP 93.10 Box 18. Vgl. H. Brüning an A. Brecht vom 8. 12. 1945, Briefe 1946-1960, S. 24 f.
132 Heinrich Mann an Thomas Mann vom 31. 5. 1932, Thomas Mann / Heinrich Mann, Briefwechsel 1900-1949, Frankfurt/Main 1984, S. 171 f.
133 Hier nach: F. Muckermann, Im Kampf zwischen zwei Epochen, S. 462.
134 H. Brüning an F. J. Schöningh vom 11. 12. 1949, Briefe 1946-1960, S. 205 f.
135 Vgl. G. Schulz, Erfolgreich – und gescheitert.
136 H. Brüning an J. Steffes vom 17. 5. 1948, Briefe 1946-1960, S. 477.
137 H. Brüning an J. Steffes vom 17. 5. 1948, Briefe 1946-1960, S. 477 f.
138 H. Brüning an J. Zurek vom 4. 11. 1948 bzw. an H. Hauser vom 8. 2. 1947, Briefe 1946-1960, S. 479, 491.
139 Vgl. H. Brüning an F. Söhlmann vom 22. 3., an H. Peters vom 18. 5. 1948, an L. Brengelmann vom 21. 1. 1951, Briefe 1946-1960, S. 126, 259 f., 480.
140 H. Brüning an F. Stampfer vom 30. 11. 1945, an P. Barry vom 14. 8. 1950, Briefe 1946-1960, S. 23 f., 231 ff.; H. Gründer, Heinrich Brüning – der Kanzler zwischen Republik und Diktatur, S. 11.
141 H. Brüning an F. Söhlmann vom 22. 3. 1948, an H. Weber vom 29. 1. 1958, Briefe 1946-1960, S. 448 f., 481. Vgl. H. Brüning an J. Ruffini vom 8. 12. 1948, ebd. S. 170.
142 Vgl. H. Brüning an H. J. Schmitt vom 5. 9. 1957, an H. F. Berger vom 2. 1., an A. H. Berning vom 17. 2. 1958, Briefe 1946-1960, S. 435, 447, 449.
143 Vgl. H. Brüning an C. J. Görres vom 28. 5. 1948, Briefe 1946-1960, S. 128 f.
144 H. Brüning an E. Voegelin vom 10. 4. 1941, Briefe und Gespräche, S. 353.
145 Vgl. H. Brüning an H. Hauser vom 5. 2. 1947, Briefe 1946-1960, S. 491.
146 Brüning behauptete beispielsweise, die Indizierung von K. Adam, Christus unser Bruder, in Rom 1931 verhindert zu haben. Er verdanke auch viel dem Jesuiten George Tyrrell, Briefe und Gespräche, S. 87, Anm. 3.
147 H. Brüning an F. Söhlmann vom 22. 3. 1948, Briefe 1946-1960, S. 480.
148 H. Brüning an F. Stampfer vom 30. 11. 1945, an C. J. Görres vom 28. 5. 1948, Briefe 1946-1960, S. 23 f., 128.

¹⁴⁹ Zu diesem Problem siehe u. a. G. Ritter, Goerdeler, S. 88-94.
¹⁵⁰ H. Brüning an R. L. Buell vom 21. 9. 1939, Briefe und Gespräche, S. 289 ff. Dazu E. Spevack, Enigma, S. 59.
¹⁵¹ Vgl. R. Morsey, Christliche Demokraten, S. 11. Ähnlich Th. A. Knapp, Brüning im Exil, S. 96.
¹⁵² Vgl. X (H. Brüning), German Strategy. 1914 and 1940, S. 495 ff. Dazu E. Spevack, Enigma, S. 34 f.
¹⁵³ H. Brüning an E. Brettauer vom 25. 9. 1958, Briefe 1946-1960, S. 456 f.
¹⁵⁴ H. Brüning an W. Bergengruen vom 18. 5. 1948, Briefe 1946-1960, S. 126 f.
¹⁵⁵ H. Brüning an H. Peters vom 18. 5. 1948, Durchschlag, Nachl. H. Brüning, HUG FP 93.10 Box 24. Vgl. R. Morsey, Zur Problematik einer zeitgeschichtlichen Briefedition, S. 79.
¹⁵⁶ Vgl. E. Spevack, Enigma, S. 91 ff.
¹⁵⁷ Vgl. H. Brüning an F. Stampfer vom 30. 11. 1945, an J. Ruffini vom 8. 12. 1948, an G. Joël vom 10. 4. 1951, Briefe 1946-1960, S. 23 f., 169, 489.
¹⁵⁸ Vgl. H. Brüning an J. Ruffini vom 8. 12. 1948, an D. Dovifat vom 29. 10. 1947, Briefe 1946-1960, S. 169, 492.
¹⁵⁹ H. Brüning an F. Kern vom 7. 8. 1946, an L. Jaeger vom 7. 12. 1955, Briefe 1946-1960, S. 39, 396. Dazu H. Brüning an W. L. Sperry vom 13. 7. und an B. Morgan vom 11. 8. 1942, Briefe und Gespräche, S. 397 f.
¹⁶⁰ Vgl. H. Brüning an Th. Steltzer vom 10. 3. 1948, Briefe 1946-1960, S. 119 f.
¹⁶¹ H. Brüning an H. Dietrich vom 22. 12. 1947, an A. Lipp vom 6. 1., an B. Schröer vom 21. 4., an C. J. Görres vom 28. 5. 1948, Briefe 1946-1960, S. 109 f., 113, 123, 128 f.
¹⁶² H. Brüning an F. Stampfer vom 30. 11. 1945, Briefe 1946-1960, S. 23. Vgl. G. Schwarz, Krise des Parteienstaates, S. 688.
¹⁶³ Vgl. H. Brüning an H. Dietrich vom 22. 12. 1947, Briefe 1946-1960, S. 109 f.; A. Mirgeler, Brüning, S. 69 f.
¹⁶⁴ H. Brüning, Ein Brief, S. 269. Vgl. K. D. Bracher, Staatsbegriff und Demokratie in Deutschland, S. 5; dens., Brünings unpolitische Politik, S. 116.
¹⁶⁵ Karl Jaspers, Von Ursprung und Ziel der Geschichte (1949), 8. Aufl. München 1983, S. 209.
¹⁶⁶ Vgl. H. Brüning an G. Ritter vom 4. 9. 1952, Briefe 1946-1960, S. 484.
¹⁶⁷ Vgl. H. Brüning an H. Dietrich vom 22. 12. 1947, Briefe 1946-1960, S. 109 f.
¹⁶⁸ Friedrich der Große, Die Politischen Testamente, übersetzt von Friedrich v. Oppeln-Bronikowski, 3. Aufl. München 1941, S. 119; J. Becker, Heinrich Brüning und das Scheitern der konservativen Alternative, S. 17.
¹⁶⁹ Vgl. G. Jasper, Die gescheiterte Zähmung, S. 79.
¹⁷⁰ J. Becker, Heinrich Brüning und das Scheitern der konservativen Alternative, S. 16. Vgl. H. Brüning an F. J. Schöningh vom 28. 6. 1948, Briefe 1946-1960, S. 133; K. O. Frhr. v. Aretin, Brünings ganz andere Rolle, S. 919.
¹⁷¹ G. Schulz, Erfolgreich – und gescheitert.
¹⁷² St. A. Schuker, Ambivalent Exile, S. 356; H. Brüning an R. L. Buell vom 21. 9. 1939, Briefe und Gespräche, S. 289.
¹⁷³ Vgl. St. A. Schuker, Ambivalent Exile, S. 343; J. Becker, Heinrich Brüning und das Scheitern der konservativen Alternative, S. 17.
¹⁷⁴ Vgl. W. Conze, Brüning als Reichskanzler, S. 320.
¹⁷⁵ H. Brüning an A. Nobel vom 15. 2. 1951, Briefe 1946-1960, S. 264; H. Brüning an P. Sethe vom 9. 9. 1951, Nachl. H. Brüning, HUG FP 93.10 Box 31. Vgl. R. Morsey, Zentrumspartei und Zentrumspolitiker, S. 400.
¹⁷⁶ H. Brüning an W. Hamacher vom 1. 8. 1951, Briefe 1946-1960, S. 277. Vgl. Ernst Portner, Koch-Wesers Verfassungsentwurf. Ein Beitrag zur Ideengeschichte der deutschen Emigration, VfZG 14 (1966), S. 280 ff.; W. Benz, Widerstand im Exil, S. 9.

177 Vgl. H. Brüning an E. Link vom 2. 6. 1948, Briefe 1946-1960, S. 131; W. Conze, Brüning als Reichskanzler, S. 330 f. – Die Arbeitsgemeinschaft »Das Demokratische Deutschland« veröffentlichte 1945 »Grundsätze und Richtlinien für den deutschen Wiederaufbau im demokratischen, republikanischen, föderalistischen und genossenschaftlichen Sinne«, W. Benz, Widerstand im Exil, S. 9.
178 H. Brüning an F. v. Hippel vom 22. 3. 1956, Briefe 1946-1960, S. 485 f.
179 H. Brüning an R. L. Buell vom 21. 9. 1939, Briefe und Gespräche, S. 289 f. Vgl. H. Hömig, Brüning Bd. 1, S. 228 f.
180 Vgl. H. Brüning an A. H. Berning vom 3. 2. 1953, Briefe 1946-1960, S. 326.

DANKSAGUNG

für Informationen von

Botschafter a. D. Dr. Alexander Böker, München
Andreas Burtscheidt M. A., Düren
Msgr. Prof. Dr. Gerhard Fittkau, Essen +
Dr. Erik Gieseking, Leverkusen
Prof. Dr. Klaus Goebel, Wuppertal
Leon Grupelaar, Nijmegen
Dr. Bernhard Haunfelder, Münster
Prof. Dr. Leo Haupts, Köln
Bettina v. Heeren, geb. v. Radowitz, Rottenbuch
Dr. Joachim Kerz, Köln
Ursula Letterhaus, Bornheim
Dr. Karl J. Mayer, Calw-Hirsau
Dr. Hans Peter Mensing, Bad Honnef
Prof. Dr. Rudolf Morsey, Speyer
Claire M. Nix, Keene, N. H., USA
Dr. Tilman Pünder, Münster
Prof. Dr. Theodor Rutt, Köln
Privatdozent Dr. Friedrich Wilhelm Saal, Dortmund
Dr. Max-Leo Schwering, Köln
Marcus Sikosek, Rotterdam
Dr. Jürgen Steinle, Düsseldorf
Herta Vollmar, Münster
Dr. Hermann Josef Unland, Münster
Georg Wilhelm, Bonn

ABKÜRZUNGEN

AA	Auswärtiges Amt
AAS	Acta Apostolicae Sedis
ACDP	Archiv für Christlich-Demokratische Politik, St. Augustin
ADAP	Akten zur deutschen auswärtigen Politik
ADGB	Allgemeiner Deutscher Gewerkschaftsbund
ADN	Allgemeiner Deutscher Nachrichtendienst (Berlin-Ost)
AP	Associated Press
Art.	Artikel
Ausf.	Ausfertigung
BA	Bundesarchiv
BIZ	Bank für Internationalen Zahlungsausgleich
BPA	Bundespresseamt
BVP	Bayerische Volkspartei
CARE	Cooperative for American Remittance to Europe
CDU	Christlich Demokratische Union
CEH	Central European History
DAZ	Deutsche Allgemeine Zeitung
DBFP	Documents on British Foreign Policy
DDP	Deutsche Demokratische Partei
DS	Deutschlandsender
DGB	Deutscher Gewerkschaftsbund
DHV	Deutschnationaler Handlungsgehilfenverband
Diss.	Dissertation
DNVP	Deutschnationale Volkspartei
Drucks.	Drucksache(n) des Reichstags
ERP	European Recovery Program
Expl.	Exemplar
EVG	Europäische Verteidigungsgemeinschaft
FAZ	Frankfurter Allgemeine Zeitung
FBI	Federal Bureau of Investigation
FDP	Freie Demokratische Partei
FRUS	Foreign Relations of the United States, Papers Relating to the
FZ	Frankfurter Zeitung
GWU	Geschichte in Wissenschaft und Unterricht
H.	Heft
HAStK	Historisches Archiv der Stadt Köln
HJB	Historisches Jahrbuch
HZ	Historische Zeitschrift
IMT	Internationales Militärtribunal (Nürnberg)
IWK	Internationale Wissenschaftliche Korrespondenz zur Geschichte der deutschen Arbeiterbewegung

IfZ	Institut für Zeitgeschichte, München
IISG	Internationales Institut für Sozialgeschichte
JCS	Joint Chiefs of Staff
KPD	Kommunistische Partei Deutschlands
KPdSU	Kommunistische Partei der Sowjetunion
KVP	Kasernierte Volkspolizei
KVZ	Kölnische Volkszeitung
KZ	Kölnische Zeitung
NATO	North Atlantic Treaty Organization
NDB	Neue Deutsche Biographie
NF	Neue Folge
NS	Nationalsozialismus, nationalsozialistisch
NSDAP	Nationalsozialistische Deutsche Arbeiterpartei
OEEC	Organisation for European Economic Cooperation
ÖGL	Österreich in Geschichte und Literatur
OSB	Ordo Sancti Benedicti
OSS	Office of Strategic Services
OMGUS	Office of Military Government for Germany (US)
PA.AA	Politisches Archiv des Auswärtigen Amtes
PVS	Politische Vierteljahresschrift
RDI	Reichsverband der Deutschen Industrie
RGBl	Reichsgesetzblatt
RLB	Reichslandbund
SA	Sturmabteilung(en)
SJ	Societas Jesu
SPD	Sozialdemokratische Partei Deutschlands
SS	Schutzstaffel(n)
Sten. Berichte	Stenographische Berichte über die Verhandlungen des Reichstags
UA	Universitätsarchiv (Köln)
UNRRA	United Nations Relief and Rehabilitation Administration
VDA	Vereinigung Deutscher Arbeitgeberverbände
Verf.	Verfasser(s)
VfZG	Vierteljahrshefte für Zeitgeschichte
VSWG	Vierteljahrsschrift für Sozial- und Wirtschaftsgeschichte
WRV	Weimarer Reichsverfassung
WTB	Wolff's Telegraphisches Büro
YMCA	Young Men's Christian Association
Z	Zentrum, Deutsche Zentrumspartei
ZfG	Zeitschrift für Geschichtswissenschaft
zit.	zitiert

QUELLEN UND LITERATUR

A. Ungedruckte Quellen

Bundesarchiv (BA) Berlin
    Bestände des ehemaligen Berlin Document Center, SS-Führungspersonalakte (SSO) betr. Hugo Römer
    Reichssiedlungshauptamt (RS) Akte betr. Hugo Römer
Bundesarchiv (BA) Koblenz
    Nachlaß Alfred Hugenberg, N 1231.
    Nachlaß Hubertus Prinz zu Löwenstein-Wertheim-Freudenberg, N 1222.
    Nachlaß Johannes Maier-Hultschin, N 1043.
    Teil-Nachlaß Hermann Pünder, N 1005.
    Nachlaß Hans Schlange-Schöningen, N 1071.
    Nachlaß Martin Spahn, N 1324.
    Nachlaß Hermann Ullmann, N 1195.
Bundesarchiv (BA), Militärarchiv, Freiburg (Potsdam)
    Nachlaß Kurt von Schleicher, N 42/21-22; 25; 52; 76.
Geheimes Staatsarchiv Berlin-Dahlem
    Nachlaß Manfred v. Brünneck II, Rep. 300.
Bundespresseamt
    Ausschnitt-Sammlung Heinrich Brüning.
Schweizerisches Bundesarchiv Bern
    E 4320 (B) 1974/47, Band 17, Dossier A. 14.10: Hugo Römer / Heinrich Müller 1936.
    E 2001 (C) -/4, Band 14, Dossier B. 11.4.1.a: Hugo Römer / Heinrich Müller, 1935-36.
Archiv für Christlich-Demokratische Politik (ACDP), St. Augustin
    Nachlaß Edgar Alexander, Mappe 52 (Brüning).
    Nachlaß Josef Beyerle.
    Nachlaß Kurt Birrenbach.
    Nachlaß Bruno Dörpinghaus.
    Nachlaß Hans Globke.
    Nachlaß Johannes Gronowski.
    Nachlaß Werner Hilpert.
    Nachlaß Josef Kannengießer.
    Nachlaß Ernst Müller-Hermann.
    Nachlaß Richard Muckermann.
    Nachlaß Adam Stegerwald (I).
    Nachlaß August Wegmann.
Historisches Archiv der Stadt Köln (HAStK)
    Teil-Nachlaß Hermann Pünder, Bestand 1304.
    Nachlaß Leo Schwering, Bestand 1193.
    Nachlaß Wilhelm Sollmann, Bestand 1120.

Stiftung Bundeskanzler-Adenauer-Haus, Bad Honnef-Rhöndorf
    Nachl. Dannie N. Heineman, I/10.12.
Institut für Zeitgeschichte (IfZ), München
    Nachlaß Ferdinand von Bredow, ED 86.
    Omgus Akten, Microfiches aus den National Archives, Washington.
Kommission für Zeitgeschichte, Bonn
    Nachlaß (Sammlung) Friedrich Dessauer.
    Nachlaß Edgar Alexander (Emmerich).
Franklin D. Roosevelt Library & Museum, Hyde Park, New York
    President's Secretary's File, German Dplomatic Files Box 31.
Harvard University Archives, Pusey Library, Cambridge, Mass., USA
    Nachlaß Heinrich Brüning (HUG FP 93.4; FP 93.10; FP 93.35; FP93.90).
National Archives, Washington, D.C. / College Park, Maryland
    Volksfront or Communist Front? Foreign Nationalities Groups in the United States, Memorandum by the Foreign Nationalities Branch to the Director of Strategic Studies Services, Nr. 187 (12. 5. 1944): (http:// www.foia.cia.gov).
University of Notre Dame Archives, Notre Dame, Indiana
    Nachlaß George Nauman Shuster, CSHU Box 1 – 4 (Kopien teilweise vorhanden im Archiv der Stiftung Bundeskanzler-Adenauer-Haus, Bad Honnef-Rhöndorf).
Sammlung Gärtringen bei Böblingen
    Korrespondenz H. Brüning – A. v. Schauroth (im Besitz der Freiherren Hiller v. Gaertringen).
Stadtarchiv Münster (StdAMs)
– Nachlaßunterlagen betr. Reichskanzler a. D. Heinrich Brüning (1885-1970), Kasten Nr. 1 – 6 (Stadtgeschichtliche Dokumentation, Brüning).

Materialien im Besitz des Verfassers:
– Herta Vollmar, Rudolf und Annemarie Tennstedt (Manuskript, 2001).
– Peter Joseph Hasenberg, Der Görreshaus-Prozeß 1933 (Manuskript).

B. GEDRUCKTE QUELLEN UND LITERATUR

ABELSHAUSER, Werner, Die Wirtschaft der deutschen Besatzungszonen. In: H. Ott / H. Schäfer, Wirtschafts-Ploetz, S. 290-295.
– Wirtschaft in Westdeutschland 1945-1948. Rekonstruktion und Wachstumsbedingungen in der amerikanischen und britischen Zone, Stuttgart 1975.
ACHESON, Dean, Sketches from Life. Of Men I Have Known, New York 1961.
ADENAUER (Konrad), Briefe 1945-1947. Bearb. von Hans Peter Mensing (Adenauer Rhöndorfer Ausgabe. Stiftung Bundeskanzler-Adenauer-Haus. Hrsg. von Rudolf Morsey und Hans-Peter Schwarz), Berlin 1983.
– Briefe 1947-1949, Berlin 1984.
ADENAUER, Konrad, Erinnerungen (I) 1945-1953, Stuttgart 1965.
– Erinnerungen (II) 1953-1955, Stuttgart 1966.
ADENAUER IM DRITTEN REICH. Bearb. von Hans Peter Mensing (Adenauer. Rhöndorfer Ausgabe. Stiftung Bundeskanzler-Adenauer-Haus. Hrsg. von Rudolf Morsey und Hans-Peter Schwarz), Berlin 1991.
– Erinnerungen (III) 1955-1959, Stuttgart 1967.

AHRENS, Hanns D., Demontage. Nachkriegspolitik der Alliierten, München 1982.
AKTEN ZUR DEUTSCHEN AUSWÄRTIGEN POLITIK 1918-1945, Serie B 1925-1933, 21 Bde., Göttingen 1966-1983.
– Serie D 1937-1945, 13 Bde., Baden-Baden / Göttingen 1950-1970.
AKTEN DER REICHSKANZLEI. Weimarer Republik. Hrsg. von Karl Dietrich Erdmann und Wolfgang Mommsen.
– Das Kabinett von Papen. 1. Juni bis 3. Dezember 1932. Bearb. von Karl-Heinz Minuth, 2 Bde., Boppard 1989.
– Das Kabinett von Schleicher. 3. Dezember 1932 bis 30. Januar 1933. Bearb. von Anton Golecki, Boppard 1986.
– Die Regierung Hitler 1933-1938. 30. Januar 1933 bis 31. Dezember 1935. Bearb. von Karl-Heinz Minuth, 2 Bde., Boppard 1983 u. 1999.
ALEXANDER, Edgar, Adenauer und das neue Deutschland. Einführung in das Wesen und Wirken des Staatsmannes, Recklinghausen 1956.
– Konrad Adenauer. Portrait eines Staatsmannes. Eine Sozio-Biographie I: Traditionen und Wirken des Politikers 1876-1933, Recklinghausen o. J.
AMBROSE, Stephen E., Eisenhower Bd. 2: The President 1952-1969, London 1984.
AMELY, Hanno, Heinrich Brüning an einen seiner ehemaligen Lehrer am Paulinum. In: G. Lassalle, 1200 Jahre Paulinum, S. 35-38.
ANFÄNGE WESTDEUTSCHER SICHERHEITSPOLITIK 1945-1956. Hrsg. vom Militärgeschichtlichen Forschungsamt, 4 Bde. (Bd. 1: Roland G. Foerster u. a., Von der Kapitulation bis zum Pleven Plan; Bd. 2: Lutz Köllner u. a., Die EVG-Phase; Bd. 3: H. Ehlert u. a., Die NATO-Option; Bd. 4: W. Abelshauser u. W. Schwengler: Wirtschaft und Rüstung. Souveränität und Sicherheit) München 1982-1997.
ANGERMANN, Erich, Die Vereinigten Staaten von Amerika seit 1917, München 1966.
ANGERMEIER, Heinz, Deutschland als politisches Rätsel. Gegenwartsanalysen und Zukunftsperspektiven repräsentativer Zeitgenossen des 20. Jahrhunderts, Würzburg 2001.
ARCHIV DER GEGENWART, siehe KEESINGS ARCHIV DER GEGENWART.
ARETIN, Erwein von, Krone und Ketten. Erinnerungen eines bayerischen Edelmannes. Hrsg. von Karl Buchheim und Karl Otmar von Aretin, München 1954.
ARETIN, Karl Otmar Frhr. von, Brünings ganz andere Rolle. Seine Verfassungspläne. Bemerkungen zu den Memoiren. In: Frankfurter Hefte Jg. 26 (1971), H. 7, S. 931-939.
– Prälat Kaas, Franz von Papen und das Reichskonkordat von 1933, In: VfZG 14 (1966), S. 252-279.
ARETZ, Jürgen, Katholische Arbeiterbewegung und Nationalsozialismus. Der Verband katholischer Arbeiter- und Knappenvereine Westdeutschlands 1923-1945, Mainz 1978.
– Bernhard Letterhaus (1894-1944). In: Ders., Zeitgeschichte in Lebensbildern Bd. 2, S. 11-24.
ARMSTRONG, Anne, Unconditional Surrender. The Impact of Casablanca Policy upon World War II, New Brunswick, N. J., 1961.
BARIÉTY, Jacques, Die Rolle der persönlichen Beziehungen zwischen Bundeskanzler Adenauer und General de Gaulle für die deutsch-französische Politik zwischen 1958 und 1963. In: H.-P. Schwarz (Hrsg.), Adenauer und Frankreich. Die deutsch-französischen Beziehungen 1958 bis 1969, Bonn 1985, S. 12-27.
BARING, Arnulf, Außenpolitik in Adenauers Kanzlerdemokratie. Westdeutsche Innenpolitik im Zeichen der Europäischen Verteidigungsgemeinschaft, 2 Bde., München 1971.
BARKAI, Avraham, Das Wirtschaftssystem des Nationalsozialismus. Ideologie, Theorie, Politik 1933-1945, Frankfurt/Main 1988.
BECKER, Josef, Brüning, Prälat Kaas und das Problem einer Regierungsbeteiligung der NSDAP. 1930-1932. In: HZ 196 (1963), S. 74-111.

– Heinrich Brüning und das Scheitern der konservativen Alternative. In: Aus Politik und Zeitgeschichte B 22 (1988), S. 3-17.
– Das Ende der Zentrumspartei und die Problematik des politischen Katholizismus in Deutschland. In: G. Jasper, Von Weimar zu Hitler, S. 344-376.
– Geschichtsschreibung im politischen Optativ? Zum Problem der Alternativen im Prozeß der Auflösung einer Republik wider Willen. In: Aus Politik und Zeitgeschichte B 50 (1980), S. 27-36.
– (Hrsg.), 1933 – Fünfzig Jahre danach. Die nationalsozialistische Machtergreifung in historischer Perspektive, München 1983.
– La politique révisionniste du Reich, de la mort de Stresemann à l'avènement de Hitler. In: La France et l'Allemagne, S. 15-26.
– Zentrum und Ermächtigungsgesetz 1933. In: VfZG 9 (1961), S. 195-210.
BECKER, Josef / HILDEBRAND, Klaus (Hrsg.), Internationale Beziehungen in der Weltwirtschaftskrise 1929-1933. Referate und Diskussionsbeiträge eines Augsburger Symposiums, 29. März bis 1. April 1979, München 1980.
BECKER, Winfried, CDU und CSU 1945-1950. Vorläufer, Gründung und regionale Entwicklung bis zum Entstehen der CDU-Bundespartei, Mainz 1987.
– Demokratie, Zentralismus, Bundesstaat und Staatenbund in den Verfassungsplänen von Emigranten. In: C.-D. Krohn / M. Schumacher, Exil und Neuordnung, S. 33-62.
– (Hrsg.), Die Kapitulation von 1945 und der Neubeginn in Deutschland. Symposion an der Universität Passau, 30-31.10. 1985, Köln 1987.
BELL, Coral, The Conventions of Crisis. A Study in Diplomatic Management, Oxford 1971.
BENDEL, Rainer (Hrsg.), Die katholische Schuld? Katholizismus im Dritten Reich zwischen Arrangement und Widerstand, Münster 2003.
BENNETT, Edward W., German Rearmament and the West, 1932-1933, Princeton, N. J.,1979.
BENZ, Wolfgang, Von der Besatzungsherrschaft zur Bundesrepublik. Stationen einer Staatsgründung 1946-1949, Frankfurt/Main 1984.
– (Hrsg.), Deutschland unter alliierter Besatzung 1945-1949/55. Ein Handbuch, Berlin 1999.
– Flucht aus Deutschland. Zum Exil im 20. Jahrhundert, München 2001.
– Widerstand im Exil, Exil als Widerstand. In: Gedenkstätte Deutscher Widerstand, Beiträge zum Widerstand 1933-1945, Berlin 1991.
BENZ, Wolfgang / GRAML, Hermann / WEISS, Hermann (Hrsg.), Enzyklopädie des Nationalsozialismus, Stuttgart 1997.
BENZ, Wolfgang / PEHLE, Walter H. (Hrsg.), Lexikon des deutschen Widerstandes, Frankfurt/Main 1994.
BERGHAHN, Volker R., Der Stahlhelm. Bund der Frontsoldaten 1918-35, Düsseldorf 1966.
BERGLAR, Peter, Konrad Adenauer. Konkursverwalter oder Erneuerer der Nation?, Göttingen 1975.
BERNDORFF, Hans Rudolf, General zwischen Ost und West. Aus den Geheimnissen der deutschen Republik, Hamburg o. J. [1951].
BERNHARD, Henry, Finis Germaniae. Aufzeichnungen und Betrachtungen, Stuttgart 1947.
BERNHARD-LETTERHAUS-SCHULE (Hrsg.), Nur aus Standhaftigkeit wird diese Welt gerettet. Festschrift zur Namengebung, Wuppertal 1994.
BERNING, Vincent / MAIER, Hans (Hrsg.), Alois Dempf 1891-1982. Philosoph, Kulturtheoretiker, Prophet gegen den Nationalsozialismus, Weißenhorn 1992.
BERTHOLD, Lutz, Carl Schmitt und der Staatsnotstandsplan am Ende der Weimarer Republik, Berlin 1999.
BESIER, Gerhard (In Zusammenarbeit mit Francesca Piombo), Der Heilige Stuhl und Hitler-Deutschland. Faszination des Totalitären, München 2004.
BESSON, Waldemar, Die Außenpolitik der Bundesrepublik. Erfahrungen und Maßstäbe, München 1970.

BESYMENSKI, Lew, Stalin und Hitler. Das Pokerspiel der Diktatoren, Berlin 2002.
(BIRKENHEAD) THE EARL OF BIRKENHEAD, Halifax. The Life of Lord Halifax, London 1965.
BLAICH, Fritz, Der Schwarze Freitag. Inflation und Wirtschaftskrise (Deutsche Geschichte der neuesten Zeit vom 19. Jahrhundert bis zur Gegenwart, hrsg. von Martin Broszat / Wolfgang Benz / Hermann Graml), München 1985.
– Staat und Verbände in Deutschland zwischen 1871 und 1945, Wiesbaden 1979.
– Wirtschaft und Rüstung in Deutschland 1933-1939. In: K. D. Bracher / M. Funke / H.-A. Jacobsen, Nationalsozialistische Diktatur, S. 285-316.
BLASIUS, Rainer A., Für Großdeutschland – gegen den großen Krieg. Ernst von Weizsäcker in den Krisen um die Tschechoslowakei und Polen 1938/39, Köln 1981.
– Waiting for Action: The Debate on the ›Other Germany‹ in Great Britain and the Reaction of the Foreign Office to German ›Peace-Feelers‹, 1942. In: F. R. Nicosia / L. D. Stokes, Germans against Nazism, S. 279-304.
BLET, Pierre SJ, Papst Pius XII. und der Zweite Weltkrieg. Aus den Akten des Vatikans, Paderborn 2000.
BLOCH, Charles, Hitler und die europäischen Mächte 1933/34. Kontinuität oder Bruch, Frankfurt/Main 1966.
BLUM, John Morton, Deutschland – ein Ackerland? Morgenthau und die amerikanische Kriegspolitik 1941-1945. Aus den Morgenthau-Tagebüchern, Düsseldorf 1968.
BLUMENWITZ, Dieter / GOTTO, Klaus / MAIER, Hans / REPGEN, Konrad / SCHWARZ, Hans-Peter (Hrsg.), Konrad Adenauer und seine Zeit (I). Politik und Persönlichkeit des ersten Bundeskanzlers. Beiträge von Weg- und Zeitgenossen, Stuttgart 1976.
BÖCKENFÖRDE, Ernst-Wolfgang, Kirchlicher Auftrag und politische Entscheidung, Freiburg 1973.
– Der deutsche Katholizismus im Jahre 1933 (1960/61). In: R. Bendel, Die katholische Schuld?, S. 171-199.
BOELCKE, Willi A. (Hrsg.), Kriegspropaganda 1939-1941. Geheime Ministerkonferenzen im Reichspropagandaministerium, Stuttgart 1966.
BOHN, Jutta, Das Verhältnis zwischen katholischer Kirche und faschistischem Staat in Italien und die Rezeption in deutschen Zentrumskreisen 1922-1933, Frankfurt/Main 1992.
BONN, M(oritz) J(ulius), So macht man Geschichte. Bilanz eines Lebens, München 1953.
BORCHARDT, Knut, Die Wirtschaftspolitik Brünings. In: Der Reichskanzler Dr. Brüning, S. 31-43.
BOSCO, Andrea (Hrsg.), The Federal Idea. The History of Federalism from the Enlightenment to 1945, London (1990).
BOSCO, Andrea / NAVARI, Cornelia (Hrsg.), Chatham House and British Foreign Policy: 1919-1945. The Royal Institute of International Affairs During the Inter-war Period, London 1994.
BOSL, Karl (Hrsg.), Gleichgewicht – Revision – Restauration. Die Außenpolitik der Ersten Tschechoslowakischen Republik im Europasystem der Pariser Vorortverträge, München 1976.
BOUVIER, Beatrix, Die Deutsche Freiheitspartei (DFP). Ein Beitrag zur Geschichte der Opposition gegen den Nationalsozialismus, Diss. Frankfurt/Main 1972.
BOVERI, Margret, Die Deutschen und der Status quo. In: Merkur 8 (1954), S. 571-586.
– Der Verrat im 20. Jahrhundert. Bd. 2: Für und gegen die Nation (Rowohlts deutsche Enzyklopädie Bd. 24), Reinbek 1956.
– Wir lügen alle. Eine Hauptstadtzeitung unter Hitler, Olten 1965.
BOYLE, Andrew, Montagu Norman: A Biography, London 1967.
BRACHER, Karl Dietrich, Die Auflösung der Weimarer Republik. Eine Studie zum Problem des Machtverfalls in der Demokratie, 5. Aufl. Villingen 1971.

– Brünings unpolitische Politik und die Auflösung der Weimarer Republik. In: VfZG 19 (1971), S. 113-123.
– Die deutsche Diktatur. Entstehung – Struktur – Folgen des Nationalsozialismus, Köln 1969.
– Geschichte als Erfahrung. Betrachtungen zum 20. Jahrhundert, Stuttgart 2001.
– Parteienstaat, Präsidialsystem, Notstand. In: G. Jasper, Von Weimar zu Hitler, S. 58-71.
– Staatsbegriff und Demokratie in Deutschland. In: PVS 9 (1968), S. 2-27.
– Stufen der Machtergreifung. In: K. D. Bracher / W. Sauer / G. Schulz, Die nationalsozialistische Machtergreifung, S. 31-368.
BRACHER, Karl Dietrich / FUNKE, Manfred / JACOBSEN, Hans-Adolf (Hrsg.), Die Weimarer Republik 1918-1933. Politik, Wirtschaft, Gesellschaft, Bonn 1987.
– Deutschland 1933-1945. Neue Studien zur nationalsozialistischen Herrschaft, Bonn 1992.
– Nationalsozialistische Diktatur 1933-1945. Eine Bilanz, Bonn 1983.
BRACHER, Karl Dietrich / FUNKE, Manfred / SCHWARZ, Hans-Peter (Hrsg.), Deutschland zwischen Krieg und Frieden. Beiträge zur Politik und Kultur im 20. Jahrhundert, Bonn 1990.
BRACHER, Karl Dietrich / SAUER, Wolfgang / SCHULZ, Gerhard (Hrsg.), Die nationalsozialistische Machtergreifung. Studien zur Errichtung des totalitären Herrschaftssystems in Deutschland 1933/34, Köln 1960.
BRAMSTED, Ernest K., Goebbels und die nationalsozialistische Propaganda 1925-1945, Frankfurt/Main 1971.
BRAUN, Magnus Frhr. v., Weg durch vier Zeitepochen. Vom ostpreußischen Gutsleben der Väter bis zur Weltraumforschung des Sohnes, Limburg 1964.
BRAUN, Otto, Von Weimar zu Hitler, 2. Aufl. New York 1940 (3. Nachdruck Hildesheim 1979).
BRECHT, Arnold, Gedanken über Brünings Memoiren. In: PVS (1971), S. 607-640.
– Mit der Kraft des Geistes. Lebenserinnerungen Zweite Hälfte 1927-1967, Stuttgart 1967.
– Vorspiel zum Schweigen. Das Ende der deutschen Republik, Wien 1948.
BREUER, Stefan, Anatomie der Konservativen Revolution, Darmstadt 1993.
BREUNING, Klaus, Die Vision des Reiches. Deutscher Katholizismus zwischen Demokratie und Diktatur 1929-1934, München 1969.
BRÜGEL, Johann Wolfgang, Tschechen und Deutsche 1918-1938, München 1967.
BRÜNING, Heinrich, Ein Brief. In: Deutsche Rundschau 70 (1947), S. 1-22 (zit. nach: H. Brüning, Reden, S. 223-269).
– Briefe 1946-1960. Hrsg. von Claire Nix unter Mitarbeit von Reginald Phelps und George Pettee, Stuttgart 1974.
– Briefe und Gespräche 1934-1945. Hrsg. von Claire Nix unter Mitarbeit von Reginald Phelps und George Pettee, Stuttgart 1974.
– Foreword. In: Charles G. Dawes, A Journal of Reparations, London 1939, S. XXI-XXXIII.
– Memoiren 1918 – 1934, Stuttgart 1970.
– (anonym: X), Policy and Strategy in the War in Russia. The Winter Interlude. In: Foreign Affairs 20 (Dezember 1941 – Juli 1942), S. 607-634.
– (anonym: X), Russia and Germany. Political and Military Reflections. In: Foreign Affairs 20 (Dezember 1941-Juli. 1942), S. 303-323.
– Reden und Aufsätze eines deutschen Staatsmanns. Hrsg. von Wilhelm Vernekohl unter Mitwirkung von Rudolf Morsey, Münster 1968.
– The Statesman. In: The Works of Mind. The University Press of Chicago 1947, S. 93-118. Deutsch in: PVS 6 (1965), S. 325-340, sowie in: H. Brüning, Reden und Aufsätze, S. 189-222.
– (anonym: X), German Strategy. 1914 and 1940. In: Foreign Affairs 19 (Oktober 1940-Juli 1941), S. 495-515.

– Die Vereinigten Staaten und Europa. Ein Vortrag gehalten im Rhein-Ruhr-Klub Düsseldorf, Stuttgart 1954 (auch abgedruckt in: H. Brüning, Reden, S. 283-306).
– Wartime Administration in Germany and Great Britain. In: W. Y. Elliott / H. D. Hall (Hrsg.), The British Commonwealth at War, S. 81-168.
BRYANS, J(ames) Lonsdale, Zur britischen amtlichen Haltung gegenüber der deutschen Widerstandsbewegung. In: VfZG 1 (1953), S. 349-351.
BUCHFINCK, E(rnst), Max Hoffmann (1869-1927), Preußischer Generalmajor. In: Ingeborg Schnack (Hrsg.), Lebensbilder aus Kurhessen und Waldeck 1830-1930, Marburg 1942, S. 219-235.
BUCHHEIM, Karl, Heinrich Brüning und das Ende der Weimarer Republik. In: Hochland 58 (1965/66), S. 501-512.
BUCHHEIT, Gert, Der deutsche Geheimdienst. Geschichte der militärischen Abwehr, München 1966.
– Franz von Papen, Breslau 1933.
BÜCKER, Vera, Nikolaus Groß. Politischer Journalist und Katholik im Widerstand des Kölner Kreises, Münster 2003.
BÜHRER, Werner, Reparationen. In: W. Benz, Deutschland unter alliierter Besatzung, S. 161-166.
BULLOCK, Alan, Hitler und die Ursprünge des Zweiten Weltkrieges. In: G. Ziebura, Grundfragen der deutschen Außenpolitik seit 1871, S. 337-375.
BUNGERT, Heike, Ein meisterhafter Schachzug: Das Nationalkomitee Freies Deutschland in der Beurteilung der Amerikaner 1943-1945. In: J. Heideking / Chr. Mauch, Geheimdienstkrieg gegen Deutschland, S. 90-121.
BURCKHARDT, Carl Jacob, Meine Danziger Mission 1937-1939, Bern 1971.
BURKE, Bernard V., Ambassador Frederic Sackett and the collapse of the Weimar Republic, 1930-1933. The United States and Hitler's rise to power, Cambridge University Press 1995.
BURNS, James MacGregor, Roosevelt. The Soldier of Freedom, London 1971.
BUSSFELD, Christina, »Democracy versus Dictatorship«. Die Herausforderung des Faschismus und Kommunismus in Großbritannien 1932-1937, Paderborn 2001.
CARR, Edward Hallett, Berlin – Moskau. Deutschland und Rußland zwischen den beiden Weltkriegen, Stuttgart 1954.
– The Twenty Years' crisis 1919-1939. An Introduction to the Study of International Relations, London 1939.
CARROLL, Wallace, Persuade or Perish, Boston 1948.
CELOVSKY, Boris, Das Münchener Abkommen 1938, Stuttgart 1958.
CHARMLEY, John, Churchill: The End of Glory. A Political Biography, London 1993.
CHURCHILL, Winston S., His Complete Speeches 1897-1963, Bd. 7 u. 8, London 1974.
– Great Contemporaries (1937), London 1943.
– Der Zweite Weltkrieg Bd. 1 u. 2 (Memoiren Bd. 1 und 2), Hamburg 1950.
CIANO, Galeazzo Graf, Tagebücher 1939-1943, Bern 1946.
CLAUSEN, Carsten Peter (Hrsg.), Neue Perspektiven aus Wirtschaft und Recht. Festschrift für Hans Schäffer zum 80. Geburtstag am 11. April 1966, Berlin 1966.
CLAUSEWITZ, Carl von, Vom Kriege. Vollständige Ausgabe im Urtext, hrsg. von Werner Hahlweg, 18. Aufl. Bonn 1973.
CLEMENS, Detlev, Herr Hitler in Germany. Wahrnehmungen und Deutungen des Nationalsozialismus in Großbritannien 1920-1939, Göttingen 1996.
CLEMENS, Gabriele, Martin Spahn und der Rechtskatholizismus in der Weimarer Republik, Mainz 1983.
CLINE, Theodore Albert, The chancellorship of General Kurt von Schleicher December 1932 – January 1933, Diss. University of Texas, Austin 1976.

CLINGAN, C. Edmund, Finance from Kaiser to Fuehrer: Budget Politics in Germany, 1912-1934, Westport, Ct., 2000.
COLVIN, Ian, The Chamberlain Cabinet. How the meetings in 10 Downing Street, 1937-9 led to the Second World War told for the first time from the cabinet papers, London 1971.
– Master Spy. The Incredible story of Admiral Wilhelm Canaris, who, while Hitler's Chief of intellegence, was a secret ally of the British, New York 1951.
– Vansittart in Office. A historical survey of the originis of the second world war based on the papers of Sir Robert Vansittart, London 1965.
CONKLING, Richard, George Shuster dies, helped U. S. Catholics come of age. In: National Catholic Register, Febr. 1977.
CONZE, Werner, Brüning als Reichskanzler. Eine Zwischenbilanz. In: HZ 214 (1972), S. 310-334.
– Die politischen Entscheidungen in Deutschland 1929-1933. In: W. Conze / H. Raupach, Die Staats- und Wirtschaftskrise, S. 176-252.
– Die deutschen Parteien in der Staatsverfassung vor 1933. In: E. Matthias / R. Morsey, Das Ende der Parteien 1933, S. 3-28.
– Die Regierung Brüning. In: F. A. Hermens / Th. Schieder, Staat, Wirtschaft und Politik in der Weimarer Republik, S. 233-248.
– Die Reichsverfassungsreform als Ziel der Politik Brünings. In: Der Staat 11 (1972), S. 209-217 (zit. nach: Michael Stürmer (Hrsg.), Die Weimarer Republik. Belagerte Civitas, 2. erw. Aufl. Königstein/Ts. 1985, S. 340-348).
CONZE, Werner / RAUPACH, Hans (Hrsg.), Die Staats- und Wirtschaftskrise des Deutschen Reichs 1929/33, Stuttgart 1967.
COUDENHOVE-KALERGI, Richard, Brüning – Hitler. In: Paneuropa 7 (1931), H. 2, Februar 1931, S. 35-45.
CRAIG, Gordon A., Deutsche Staatskunst von Bismarck bis Adenauer, Düsseldorf 1961.
CRAIG, Gordon A. / GILBERT, Felix (Hrsg.), The Diplomats 1919-1939, New York 1953, Neuaufl. Princeton 1994.
CZEMPIEL, Ernst-Otto, Die Bundesrepublik und Amerika: Von der Okkupation zur Kooperation. In: R. Löwenthal / H. P. Schwarz, Die zweite Republik, S. 554-579.
– Die Entwicklung der Lehren von den internationalen Beziehungen. In: PVS 6 (1965), S. 270-290.
CZEMPIEL, Ernst-Otto / SCHWEITZER, Carl-Christoph, Weltpolitik der USA nach 1945, Bonn 1987.
DASCHITSCHEW, Wjatscheslaw, Planungen und Fehlschläge Stalins am Vorabend des Zweiten Weltkrieges. Der XVIII. Parteitag der KPdSU (B) und der sowjetisch-deutsche Nichtangriffspakt. In: K. D. Bracher / M. Funke / H.-P. Schwarz, Deutschland zwischen Krieg und Frieden, S. 66-74.
DAVIE, Maurice R., Refugees in America. Report of the Committee for the Study of Recent Immigration from Europe, New York 1947.
DEIST, Wilhelm, Die Haltung der Westmächte gegenüber Deutschland während der Abrüstungskonferenz 1932/33, Diss. Freiburg 1956.
– Schleicher und die deutsche Abrüstungspolitik im Juni/Juli 1932. In: VfZG 7 (1959), S. 163-176.
DELMER, Sefton, Die Deutschen und ich, Hamburg 1962.
DEPORTE (DePorte), A. W., De Gaulle's Foreign Policy 1944-1946, Cambridge, Mass., 1968.
DEUERLEIN, Ernst, Deklamation oder Ersatzfrieden? Die Konferenz von Potsdam 1945, Stuttgart 1970.
– Die Einheit Deutschlands. Ihre Erörterung und Behandlung auf den Kriegs- und Nachkriegskonferenzen 1841-1949. Darstellung und Dokumentation, Frankfurt/Main 1957.

– Deutsche Kanzler von Bismarck bis Hitler, München 1968.
– Zu den Memoiren von Heinrich Brüning. In: Der katholische Gedanke 27 (1971), S. 20-22.
DEUTSCH, Harold C., Das Komplott oder die Entmachtung der Generale. Blomberg- und Fritsch-Krise. Hitlers Weg zum Krieg, (Konstanz) 1974.
– German Soldiers in the 1938 Munich Crisis. In: F. R. Nicosia / L. D. Stokes, Germans against Nazism, S. 305-322.
– Verschwörung gegen den Krieg. Der Widerstand in den Jahren 1939-1940, München 1969.
DIPPEL, John Van Houten, Two Against Hitler: Stealing the Nazis' best kept secrets, New York 1992.
DIRKSEN, Herbert von, Moskau – Tokio – London. Erinnerungen und Betrachtungen zu 20 Jahren deutscher Außenpolitik 1919-1939, Stuttgart 1949.
DOCUMENTS ON BRITISH FOREIGN POLICY (DBFP). 2nd – 3rd Series, 21 Bde., ed. E. L. Woodward / Rohan Butler, London 1947-1984.
DOERRIES, Reinhard R. (Hrsg.), Diplomaten und Agenten. Nachrichtendienste in der Geschichte der deutsch-amerikanischen Beziehungen, Heidelberg 2001.
DOKUMENTE ZUR DEUTSCHLANPOLITIK. Hrsg. von Ernst Deuerlein unter Mitwirkung von Hansjürgen Schierbaum, 3. Reihe, Bd. 1, Frankfurt/Main 1961.
DOMARUS, Max (Hrsg.), Hitler. Reden und Proklamationen 1932-1945. Kommentiert von einem deutschen Zeitgenossen, 2 Bde., Wiesbaden 1973.
DORN, Walter L., Die Debatte über die amerikanische Besatzungspolitik für Deutschland (1944-1945). In: VfZG 6 (1958), S. 60-77.
DOUGLAS-HAMILTON, James, Geheimflug nach England. Der »Friedensbote« Rudolf Heß und seine Hintermänner, Düsseldorf 1973.
DRÄGER, Heinrich, Arbeitsbeschaffung durch produktive Kreditschöpfung. Neudruck einer Schrift von 1932 mit Stellungnahmen von Heinrich Brüning, Hans Luther sowie von Gottfried Reinhold Treviranus aus den Jahren 1953/54 und mit einem Geleitwort von Ernst Wagemann, Düsseldorf 1956.
DRUMMOND, Roscoe / COBLENTZ, Gaston, Duell am Abgrund. John Foster Dulles und die amerikanische Außenpolitik 1953-1959, Köln 1961.
DÜLFFER, Jost, Der Beginn des Krieges 1939. Hitler, die innere Krise und das Mächtesystem. In: Im Zeichen der Gewalt. Krieg und Frieden im 19. und 20. Jahrhundert, Köln 2003, S. 181-204.
– Weimar, Hitler und die Marine. Reichspolitik und Flottenbau 1920-1939, Düsseldorf 1973.
DÜLMEN, Richard van, Katholischer Konservativismus oder die »soziologische« Neuorientierung. Das »Hochland« in der Weimarer Zeit. In: Zeitschrift für bayerische Landesgeschichte 36 (1973), S. 254-301.
DUGGAN, Stephen / DRURY, Betty, The Rescue of Science and Learning. The Story of the Emergency Committee in Aid of Displaced Foreign Scholars, New York 1948.
DULLES, Allen Welsh, Verschwörung in Deutschland, Zürich 1948 (engl. Germany's Underground, New York 1947).
DUMAINE, Jacques, Quai d'Orsay (1945-1951), Paris 1955.
EDINGER, Lewis J., German Exile Politics. The Social Democratic Executive Committee in the Nazi Era, Berkeley 1956.
EIBER, Ludwig, Verschwiegene Bündnispartner. Die Union deutscher sozialistischer Organisationen in Großbritannien und die britischen Nachrichtendienste. In: Exilforschung 15 (1997), S. 66-87.
ELGEY, Georgette, La république des illusions 1945-1951 ou la vie secrète de la IVe République, Paris 1965.
ELLIOTT, William Yandell / HALL, Hessel Duncan (Hrsg.), The British Commonwealth at War, Freeport N. Y., (1943), Neuaufl. Freeport, N. Y., 1971.

EPPEL, Peter, Österreichische Emigranten in den USA 1938-1945. In: Peter Steinbach (Hrsg.), Widerstand. Ein Problem zwischen Theorie und Geschichte, Köln 1987, S. 177-193.
EPSTEIN, Fritz T., Rezension von J. Radkau, Die deutsche Emigration. In: Jahrbuch für Amerikastudien 18 (1973), S. 275-283.
ERDMANN, Karl Dietrich, Die Zeit der Weltkriege (Gebhardt, Handbuch der deutschen Geschichte. Hrsg. von Herbert Grundmann Bd. 4), 9. Aufl. Stuttgart 1976.
ERHARD, Volker, Adenauers deutschlandpolitische Geheimkonzepte während der zweiten Berlin-Krise, 1958-1962. Eine Studie aus den Akten der westlichen Diplomatie, Hamburg 2003.
ESCHENBURG, Theodor, Franz von Papen. In: Ders., Die improvisierte Demokratie. Gesammelte Aufsätze zur Weimarer Republik, München 1964, S. 270-286.
EVANS, Ellen L., The German Center Party 1870-1933. A Study in Political Catholicism, Carbondale, Ill., 1981.
EYCK, Erich, Geschichte der Weimarer Republik, 2 Bde., 5. Aufl. Erlenbach-Zürich 1973.
FABRY, Philipp W., Mutmaßungen über Hitler. Urteile von Zeitgenossen, Düsseldorf 1969.
FALLOIS, Immo v., Kalkül und Illusion. Der Machtkampf zwischen Reichswehr und SA während der Röhm-Krise 1934, Berlin 1994.
FEIS, Herbert, From Trust to Terror. The Onset of the Cold War 1945-1950, New York 1970.
FELDKAMP, Michael F., Pius XII. und Deutschland, Göttingen 2000.
FERGUSON, Niall, Virtuelle Geschichtsschreibung. Unterwegs zu einer Chaostheorie der Vergangenheit. In: Ders. (Hrsg.), Virtuelle Geschichte, Historische Alternativen im 20. Jahrhundert, Darmstadt 1999, S. 9-114.
FERRELL, Robert H., Frank B. Kellogg / Henry L. Stimson (The American Secretaries of State and their Diplomacy Bd. XI), New York 1963.
FEST, Joachim C., Hitler. Eine Biographie, Frankfurt/Main, Berlin, Wien 1973.
– Franz von Papen und die konservative Kollaboration. In: G. Jasper, Von Weimar zu Hitler, S. 228-245.
FINZSCH, Norbert / WELLENREUTHER, Hermann, Liberalitas. Festschrift für Erich Angermann, Stuttgart 1992.
FISCHER, Albert, Hjalmar Schacht und Deutschlands »Judenfrage«. Der »Wirtschaftsdiktator« und die Vertreibung der Juden aus der deutschen Wirtschaft (Wirtschafts- und sozialhistorische Studien Bd. 2), Köln 1995.
FOERSTER, Friedrich Wilhelm, Erlebte Weltgeschichte 1869-1953, Nürnberg 1953.
FOERSTER, Wolfgang, Generaloberst Ludwig Beck. Sein Kampf gegen den Krieg. Aus nachgelassenen Papieren des Generalstabschefs, München 1953.
FOERTSCH, Hermann, Schuld und Verhängnis. Die Fritsch-Krise im Frühjahr 1938 als Wendepunkt in der Geschichte der nationalsozialistischen Zeit, Stuttgart 1951.
FORBES, Neil, London Bankers, the German Standstill Agreements and »Economic Appeasement« in the 1930s. In: The Economic History Review 40 (1987), S. 571-587.
FORD, Franklin L., Three Oberservers in Berlin. Rumbold, Dodd, and François-Poncet. In: G. A. Craig / F. Gilbert, The Diplomats 1919-1939, S. 437-476.
FORSCHBACH, Edmund, Edgar J. Jung. Ein konservativer Revolutionär. 30. Juni 1934, Pfullingen 1984.
FORSTER, Bernhard, Adam Stegerwald 1874-1945. Christlich-nationaler Gewerkschafter. Zentrumspolitiker. Mitbegründer der Unionsparteien, Düsseldorf 2003.
FOSCHEPOTH, Josef (Hrsg.), Adenauer und die Deutsche Frage, Göttingen 1988.
– Kalter Krieg und deutsche Frage. Deutschland im Widerstreit der Mächte 1945-1952, Göttingen 1985.
– Westintegration statt Wiedervereinigung: Adenauers Deutschlandpolitik 1949-1955. In: Ders., Adenauer und die Deutsche Frage, S. 29-60.

FOSCHEPOTH, Josef / STEININGER, Rolf (Hrsg.), Die britische Deutschland- und Besatzungspolitik 1945-1949, Paderborn 1985.
FRAENKEL, Ernst, Der Doppelstaat, Frankfurt/Main 1974.
– Das amerikanische Regierungssystem. Eine politologische Analyse, 3. Aufl. Köln 1976.
FRAENKEL, Heinrich / MANVELL, Roger, Canaris. Spion im Widerstreit, Bern 1969.
LA FRANCE ET L'ALLEMAGNE 1932-1936. Communications presentées du Colloque franco-allemand tenu à Paris (Palais du Luxembourg, salle Medicis du 10 au 12 mars 1977), Paris 1980.
FRANÇOIS-PONCET, André, Souvenirs d'une Ambassade à Berlin Septembre 1931-Octobre 1938, Paris 1946.
– De Versailles à Potsdam. La France et le problème allemand contemporain 1919-1945, Paris 1948 (dt. Mainz 1949).
FREHSE, Michael, Ermächtigungsgesetzgebung im Deutschen Reich 1914-1933, Pfaffenweiler 1985.
FRIEDEL, Alois, Carl von Clausewitz und die Auswirkungen seiner Theorie vom Kriege. In: Aus Politik und Zeitgeschichte B 22 (1980), S. 34-45.
FRITZSCHE, Klaus, Politische Romantik und Gegenrevolution. Fluchtwege in der Krise der bürgerlichen Gesellschaft. Das Beispiel des »Tat«-Kreises, Frankfurt/Main 1976.
FROHN, Axel, Neutralisierung als Alternative zur Westintegration. Die Deutschlandpolitik der Vereinigten Staaten von Amerika 1945-1949, Frankfurt/Main 1985.
FROMM, Bella, Blood and Banquets. A Berlin Social Diary, New York 1990.
FRÜHWALD, Wolfgang / HÜRTEN, Heinz (Hrsg.), Christliches Exil und christlicher Widerstand. Ein Symposion an der Katholischen Universität Eichstätt 1985 (Eichstätter Beiträge Bd. 22 – Abteilung Geschichte 4), Regensburg 1987.
FRY, Varian, Auslieferung auf Verlangen. Die Rettung deutscher Emigranten in Marseille 1940/41, München 1986.
FRYE, Alton, Nazi Germany and the American Hemisphere 1933-1941, New Haven 1967.
FUNKE, Manfred (Hrsg.), Hitler, Deutschland und die Mächte. Materialien zur Außenpolitik des Dritten Reiches, Düsseldorf 1978.
FUNKE, Manfred, Hitler, Mussolini und die Substanz der »Achse«. In: K. D. Bracher / M. Funke / H.-A. Jacobsen, Nationalsozialistische Diktatur, S. 345-369.
– Republik im Untergang. Die Zerstörung des Parlamentarismus als Vorbereitung der Diktatur. In: K. D. Bracher / M. Funke / H.-A. Jacobsen, Die Weimarer Republik, S. 505-531.
FUNKE, Manfred / JACOBSEN, Hans-Adolf / KNÜTTER, Hans-Helmuth / SCHWARZ, Hans-Peter (Hrsg.), Demokratie und Diktatur. Geist und Gestalt politischer Herrschaft in Europa (Festschrift zum 65. Geburtstag von Karl Dietrich Bracher), Bonn 1987.
GALLUS, Alexander, Die Neutralisten. Verfechter eines vereinten Deutschland zwischen Ost und West 1945-1990, Düsseldorf 2001.
GATZKE, Hans W., (Hrsg.), European Diplomacy between two wars 1919-1939, Chicago 1972.
GATZKE, Hans W., Germany and the United States. A »Special Relationship«?, Cambridge, Mass., 1980.
GANS EDLER HERR ZU PUTLITZ, Wolfgang, Unterwegs nach Deutschland, 4. Aufl. Berlin 1957.
GEREKE, Günther, Ich war königlich-preußischer Landrat, Berlin 1970.
GESTRICH, Andreas / KNOCH, Peter / MERKEL, Helga (Hrsg.), Biographie sozialgeschichtlich, Göttingen 1988.
GEYER, Michael, Die Genfer Abrüstungskonferenz 1932 und das Problem der Rüstung in der Zwischenkriegszeit. In: Jost Dülffer (Hrsg.), Parlamentarische und öffentliche Kontrolle von Rüstung in Deutschland 1700-1970. Beiträge zur historischen Friedensforschung, Düsseldorf 1992, S. 175-201.

GILBERT, Martin, Winston S. Churchill. Bd. 5 Companion Part 3, Documents. The Coming of War 1936-1939, London 1982.
- Sir Horace Rumbold. Portrait of a Diplomat 1869-1941, London 1973.
GILBERT, Martin / GOTT, Richard, The Appeasers, London 1963.
GILL, Arnon, Eine tragische Staatsgrenze. Geschichte der deutsch-polnischen Grenze von 1918-1945, Frankfurt/Main 1997.
GILLINGHAM, John, Jean Monnet and the New Europe. In: St. A. Schuker, Deutschland und Frankreich, S. 197-210.
GILLMANN, Sabine / MOMMSEN, Hans (Hrsg.), Politische Schriften und Briefe Carl Friedrich Goerdelers Bd. 1, München 2003.
GIMBEL, John, The American Occupation of Germany. Politics and the Military, 1945-1949, Stanford 1968.
- The Origins of the Marshall Plan, Stanford 1976.
GISEVIUS, Hans, Bis zum bitteren Ende, 2 Bde., Zürich 1946.
GLASNECK, Johannes, Léon Blum - Republikaner und Sozialist, Frankfurt/Main 2003.
GLEES, Anthony, Exile Politics During the Second World War. The German Social Democrats in Britain, Oxford 1982.
GODMAN, Peter, Der Vatikan und Hitler: Die geheimen Archive, München 2004.
(GOEBBELS, Joseph,) Die Tagebücher von Joseph Goebbels. Sämtliche Fragmente. Hrsg. von Elke Fröhlich im Auftrag des Instituts für Zeitgeschichte und in Verbindung mit dem Bundesarchiv. Teil 1, Aufzeichnungen 1924-1930, Bd. 1: 27. 6. 1924-31. 12. 1930, Bd. 2: 1. 1. 1931-31. 12. 1936, Bd. 3: 1. 1. 1937-31. 12. 1939, München 1987.
GÖRLITZ, Walter, Der deutsche Generalstab. Geschichte und Gestalt 1657-1945, Frankfurt/Main 1950.
- Hindenburg. Ein Lebensbild, Bonn 1953.
GOLLA, Guido, Nationalsozialistische Arbeitsbeschaffung in Theorie und Praxis 1933 bis 1936, Köln 1994.
- Zielvorstellungen und Auswirkungen der Brüningschen Sparmaßnahmen. Hrsg. von Friedrich Wilhelm Henning, Köln 1994.
GORDAN, Paulus (Hrsg.), Um der Freiheit willen. Eine Festgabe für und von Johannes und Karin Schauff zum 80. Geburtstag, Pfullingen 1983.
GOSSWEILER, Kurt, Die Röhm-Affäre. Hintergründe - Zusammenhänge - Auswirkungen, Köln 1983.
GOTTO, Klaus (Hrsg.), Der Staatssekretär Adenauers. Persönlichkeit und politisches Wirken Hans Globkes, Stuttgart 1980.
GOTTO, Klaus / REPGEN, Konrad (Hrsg.), Kirche, Katholiken und Nationalsozialismus, Mainz 1980.
GRAHAM, Robert A., Papst Pius XII. und seine Haltung zu den Kriegsmächten. In: H. Schambeck, Pius XII. zum Gedächtnis, S. 141-167.
GRAML, Hermann, Europa zwischen den Kriegen, 4. Aufl. München 1979.
- Zwischen Stresemann und Hitler. Die Außenpolitik der Präsidialkabinette Brüning, Papen und Schleicher (Schriftenreihe der Vierteljahrshefte für Zeitgeschichte Bd. 83), München 2001.
GRASS, Karl Martin, Edgar Jung, Papenkreis und Röhmkrise 1933/34, Diss. Heidelberg 1966.
GREENWOOD, H. Powys, The German Revolution, London 1934.
GREIFFENHAGEN, Martin, Das Dilemma des Konservatismus in Deutschland, München 1971.
GREINER, Bernd, Morgenthau-Plan. In: W. Benz, Deutschland unter alliierter Besatzung 1945-1949/1955, Berlin 1999, S. 358-360.
GREWE, Wilhelm G., Deutsche Außenpolitik der Nachkriegszeit, Stuttgart 1960.

– Spiel der Kräfte in der Weltpolitik. Theorie und Praxis der internationalen Beziehungen, Düsseldorf 1970.
GROEHLER, Olaf, Selbstmörderische Allianz. Deutsch-russische Militärbeziehungen 1920-1941, Berlin 1992.
GROSSMANN, Kurt R., Emigration. Geschichte der Hitler-Flüchtlinge 1933-1945, Frankfurt/Main 1969.
GRUBER, Hubert, Friedrich Muckermann S. J. 1883-1946. Ein katholischer Publizist in der Auseinandersetzung mit dem Zeitgeist, Mainz 1993.
GRÜNDER, Horst, Heinrich Brüning – Der Kanzler zwischen Republik und Diktatur. In: Geschichte, Politik und ihre Didaktik. Beiträge und Nachrichten für die Unterrichtspraxis 14 (1986), H. 1/2, S. 9-12.
– Heinrich Brüning und das Problem der außenpolitischen »Kontinuität« im Untergang der Republik von Weimar. In: Der Reichskanzler Dr. Brüning, S. 57-81.
GRUNER, Wolf D., »British Interests« in der Zwischenkriegszeit. Aspekte britischer Europa-Politik 1918-1938. In: K. Bosl, Gleichgewicht – Revision – Restauration, S. 85-151.
GRZESINSKI, Albert, Im Kampf um die deutsche Republik. Erinnerungen eines Sozialdemokraten. Hrsg. von Eberhard Kolb (Schriftenreihe der Stiftung Reichspräsident-Friedrich-Ebert-Gedenkstätte Bd. 9), München 2001.
GUSY, Christoph, Kurt von Schleicher (1882-1934). In: Michael Fröhlich (Hrsg.), Die Weimarer Republik. Portrait einer Epoche in Biographien, Darmstadt 2002, S. 269-281.
(HABSBURG, Otto v.) Otto of Austria, Danubian Reconstruction. In: Foreign Affairs 20 (1941/42), S. 243-252.
HÄNSCH, Klaus, Frankreich zwischen Ost und West. Die Reaktion auf den Ausbruch des Ost-West-Konflikts 1946-1948, Berlin 1972.
HAFFNER, Sebastian, Anmerkungen zu Hitler, München 1978.
– Von Bismarck zu Hitler. Ein Rückblick, Berlin 1987.
– Churchill. Eine Biographie, Berlin 2001.
– Germany: Jekyll and Hyde: 1939 – Deutschland von innen betrachtet, Berlin 1996.
– Schreiben für die Freiheit. 1942-1949: Als Journalist im Sturm der Ereignisse. Hrsg. von Rainer Nitsche, Berlin 2001.
– Der Teufelspakt. Die deutsch-russischen Beziehungen, 2. Aufl. Zürich 1989.
HALLGARTEN, George W. F., Hitler, Reichswehr und Industrie. Zur Geschichte der Jahre 1918-1933, Frankfurt/Main 1962.
HAMMERSTEIN, Kunrat Frhr. v., Spähtrupp, Stuttgart 1953.
HANDBUCH DER DEUTSCHSPRACHIGEN EMIGRATION 1933-1945. Hrsg. von Claus-Dieter Krohn, Patrik von zur Mühlen, Gerhard Paul und Lutz Winckler unter redaktioneller Mitarbeit von Elisabeth Kohlhaas, Darmstadt 1998.
HANRIEDER, Wolfram F., Deutschland, Europa, Amerika. Die Außenpolitik der Bundesrepublik Deutschland 1949-1989, Paderborn 1991.
– Die stabile Krise. Ziele und Entscheidungen der bundesrepublikanischen Außenpolitik 1949-1969, Düsseldorf 1971.
HARDACH, Karl, Wirtschaftsgeschichte Deutschlands im 20. Jahrhundert, Göttingen 1976.
HARPPRECHT, Klaus, Thomas Mann. Eine Biographie, 2 Bde., Reinbek 1995.
HARTMANN, Christian, Halder. Generalstabschef Hitlers 1938-1942, Paderborn 1991.
(HARVEY, Oliver), The diplomatic Diaries of Oliver Harvey 1937-1940, hrsg. von John Harvey, London 1970.
HAUPTS, Leo, Adenauer und die deutsche Einheit. In: Geschichte in Köln 32 (1992), S. 5-27.
– Heinrich Brüning und die Besetzung des Lehrstuhls für Politische Wissenschaften an der Universität zu Köln. In: Jahrbuch des Kölnischen Geschichtsvereins 74 (2003) S. 193-211.

– Das Reichskonkordat vom 20. Juli 1933. Rückblick aus dem Abstand von 60 Jahren. In: Historische Mitteilungen 6 (1993), H. 2, S. 194-210.
HECKER, Hans, Die Tat und ihr Osteuropa-Bild 1909-1939, Köln 1974.
HEIDEKING, Jürgen, Die ›Breakers‹-Akte. Das Office of Strategic Services und der 20. Juli 1944. In: J. Heideking / Chr. Mauch, Geheimdienstkrieg gegen Deutschland, S. 11-50.
HEIDEKING, Jürgen / HUFNAGEL, Gerhard / KNIPPING, Franz (Hrsg.), Wege in die Zeitgeschichte. Festschrift zum 65. Geburtstag von Gerhard Schulz, Berlin 1989.
HEIDEKING, Jürgen / MAUCH, Christof (Hrsg.), Geheimdienstkrieg gegen Deutschland. Subversion, Propaganda und politische Planungen des amerikanischen Geheimdienstes im Zweiten Weltkrieg, Göttingen 1973.
– Das Herman-Dossier: Helmuth James Graf von Moltke, die deutsche Emigration in Istanbul und der amerikanische Geheimdienst Office of Strategic Services (OSS). In: VfZG 40 (1992), S. 567-623.
– Das Office of Strategic Services und der deutsche Widerstand gegen den Nationalsozialismus. Wahrnehmungen, Reflexionen und Reaktionen. In: R. R. Doerries, Diplomaten und Agenten, S. 112-148.
– USA und deutscher Widerstand. Analysen und Operationen des amerikanischen Geheimdienstes (OSS) 1942-1945, Tübingen 1993.
HEIDEN, Konrad, Geburt des Dritten Reiches. Die Geschichte des Nationalsozialismus bis Herbst 1933, Zürich 1934.
HEILBUT, Anthony, Exiled in Paradise. German Refugee Artists and Intellectuals in America, from the 1930's to the Present, New York 1983.
HEITZER, Horstwalter, Die CDU in der britischen Zone, Düsseldorf 1988.
(HENDERSON, Nevile) Endgültiger Bericht von Sir Nevile Henderson über die Umstände, die zur Beendigung seiner Mission in Berlin führten (20. 9. 1939), Basel 1939.
HENDERSON, Nevile, Failure of a Mission. Berlin 1937-1939, London 1941.
HERBSTRITT, Georg, Ein Weg der Verständigung? Die umstrittene Deutschland- und Ostpolitik des Reichskanzlers a. D. Dr. Joseph Wirth in der Zeit des Kalten Krieges (1945/51-1955), Frankfurt/Main 1993.
HERMANN, Carl Hans, Deutsche Militärgeschichte. Eine Einführung, Frankfurt/Main 1968.
HERMENS, Ferdinand A. / SCHIEDER, Theodor (Hrsg.), Staat, Wirtschaft und Politik in der Weimarer Republik. Festschrift für Heinrich Brüning, Berlin 1967.
HEUSS, Theodor, Tagebuchbriefe 1955/1963. Eine Auswahl aus Briefen an Toni Stolper. Hrsg. und eingel. von Eberhard Pikart, Tübingen, Stuttgart 1970.
HIER IRRTE HEINRICH BRÜNING. Deutschland im west-östlichen Spannungsfeld. Sondernummer der Bonner Hefte, Stuttgart 1954.
HILDEBRAND, Klaus, Das Dritte Reich, 2. Aufl. München 1980.
HILL, Leonidas E., The National-Conservatives and the Opposition to the Third Reich before the II World War. In: F. R. Nicosia / L. D. Stokes, Germans Against Nazism, S. 221-252.
HILLER VON GAERTRINGEN, Friedrich, Die Deutschnationale Volkspartei. In: E. Matthias / R. Morsey, Das Ende der Parteien, S. 543-652.
HILLGRUBER, Andreas, Adenauer und die Stalin-Note vom 10. März 1952. In: Ders., Deutsche Großmacht- und Weltpolitik, S. 365-388.
– Europa in der Weltpolitik der Nachkriegszeit (1945-1963), 3. Aufl. München 1987.
– Deutsche Großmacht- und Weltpolitik im 19. und 20. Jahrhundert, Düsseldorf 1977.
– Generalfeldmarschall Gerd von Rundstedt. In: Ders., Deutsche Großmacht- und Weltpolitik, S. 316-332.
– Deutsche Geschichte 1945-1986. Die deutsche Frage in der Weltpolitik, 6. Aufl. Stuttgart 1987.

- Heinemanns evangelisch-christlich begründete Opposition gegen Adenauers Politik 1950-1952. In: Ders., Die Last der Nation. Fünf Beiträge über Deutschland und die Deutschen, Düsseldorf 1984, S. 102-118.
- Großmachtpolitik und Militarismus im 20. Jahrhundert. 3 Beiträge zum Kontinuitätsproblem, Düsseldorf 1974.
- Kontinuität und Diskontinuität in der deutschen Außenpolitik von Bismarck bis Hitler. In: G. Ziebura, Grundfragen der deutschen Außenpolitik seit 1871, S. 15-47.
- Die weltpolitischen Entscheidungen vom 22. Juni 1941 bis 11. Dezember 1941. In: K. D. Bracher / M. Funke / H.-A. Jacobsen, Nationalsozialistische Diktatur, S. 440-464.
- Alliierte Pläne für eine »Neutralisierung« Deutschlands 1945-1955, Opladen 1987.
- Der Zusammenbruch im Osten 1944/45 als Problem der deutschen Nationalgeschichte und der europäischen Geschichte (Rheinisch-Westfälische Akademie der Wissenschaften. Vorträge G 277), Opladen 1985.

HINSLEY, Francis Harry / SIMKINS, C. Anthony G., Security and Counter Intelligence (British Intelligence in the Second World War Bd. 4), London 1990.

HIRSCHFELD, Gerhard (Hrsg.), Exil in Großbritannien. Zur Emigration aus dem nationalsozialistischen Deutschland, Stuttgart 1983.

HOEGNER, Wilhelm, Der schwierige Außenseiter. Erinnerungen eines Abgeordneten, Emigranten und Ministerpräsidenten, München 1959.

HÖHNE, Heinz, Canaris. Patriot im Zwielicht, München 1978.
- Die Machtergreifung. Deutschlands Weg in die Hitler-Diktatur, Reinbek 1983.
- Mordsache Röhm. Hitlers Durchbruch zur Alleinherrschaft 1933-1934, Hamburg 1984.
- Franz von Papen (1879-1969). In: W. v. Sternburg, Die deutschen Kanzler von Bismarck bis Kohl, S. 325-335.
- Die Zeit der Illusionen. Hitler und die Anfänge des Dritten Reiches 1933-1936, Düsseldorf 1991.

HÖLTJE, Christian, Die Weimarer Republik und das Ostlocarno-Problem 1919-1934. Revision oder Garantie der deutschen Ostgrenze von 1919, Würzburg 1958.

HÖMIG, Herbert, Brüning. Kanzler in der Krise der Republik. Eine Weimarer Biographie, Paderborn 2000.
- Das preußische Zentrum in der Weimarer Republik, Mainz 1979.

HOENSCH, Jörg K., Geschichte der Tschechoslowakei, 3. Aufl. Stuttgart 1992.

HÖRSTER-PHILIPPS, Ulrike, Konservative Politik in der Endphase der Weimarer Republik. Die Regierung Franz von Papen, Köln 1982.

HOFMANN, Josef, Journalist in Republik, Diktatur und Besatzungszeit. Erinnerungen 1916-1947, bearb. von R. Morsey, Mainz 1977.

HOFFMANN, Joachim, Stalins Vernichtungskrieg 1941-1945. Planung, Ausführung und Dokumentation, München 2001.

HOFFMANN, Peter, Claus Schenk Graf von Stauffenberg und seine Brüder, 3. Aufl. Stuttgart 2004.
- Widerstand gegen Hitler. Probleme des Umsturzes, München 1979.
- Widerstand – Staatsstreich – Attentat. Der Kampf der Opposition gegen Hitler, München 1969.

HOFFMANN, Stanley, Gulliver's Troubles oder die Zukunft des internationalen Systems, Bielefeld 1970.

HOHLFELD, Johannes (Hrsg.), Dokumente der Deutschen Politik und Geschichte von 1848 bis zur Gegenwart Bd. 4: Die Zeit der nationalsozialistischen Diktatur 1933-1945. Aufbau und Entwicklung 1933-1938, Berlin (1964).

HUBATSCH, Walther (Hrsg.), Hindenburg und der Staat. Aus den Papieren des Generalfeldmarschalls und Reichspräsidenten von 1878 bis 1934, Göttingen 1966.

HUBER, Ernst Rudolf (Hrsg.), Dokumente zur deutschen Verfassungsgeschichte Bd. 3, Stuttgart 1966.
HUBER, Ernst Rudolf, Deutsche Verfassungsgeschichte seit 1789 Bd. 7, Stuttgart 1984.
– Verfassungsrecht des Großdeutschen Reiches, 2. Aufl. Hamburg 1939.
HUBER, Rudolf Günter, Gerd von Rundstedt. Sein Leben und Wirken im Spannungsfeld gesellschaftlicher Einflüsse und persönlicher Standortbestimmung, Frankfurt/Main 2004.
HÜRTEN, Heinz (Hrsg.), Deutsche Briefe 1934-1938. Ein Blatt der katholischen Emigration, 2 Bde., Mainz 1969.
– Deutsche Katholiken 1918 bis 1945, Paderborn 1992.
– Ein Reichskanzler im Exil. Heinrich Brüning als Emigrationspolitiker. In: Zeitgeschichte Bd. 2 (1974/1975), Nr. 9/10, Juni-Juli 1975, S. 195-202.
– Verfolgung, Widerstand und Zeugnis. Kirche im Nationalsozialismus. Fragen eines Historikers, Mainz 1987.
HÜSER, Dietmar, Druckmittel Deutschland? Französische Sicherheit und amerikanisches Engagement in Europa, 1945-1950. In: St. A. Schuker, Deutschland und Frankreich, S. 179-196.
(HULL, Cordell) The Memoirs of Cordell Hull, 2 Bde., New York 1948.
HUTTNER, Markus, Britische Presse und nationalsozialistischer Kirchenkampf. Eine Untersuchung der »Times« und des »Manchester Guardian« von 1930 bis 1939, Paderborn 1995.
ROYAL INSTITUTE OF INTERNATIONAL AFFAIRS (Hrsg.), Das Problem Deutschland. Bericht einer Studiengruppe des Chatham-House, Zürich 1945.
ISAJIW, Thomas, Was soll aus Deutschland werden? Konzeptionen, Weg und Ergebnisse der französischen Deutschlandpolitik 1940-1948. Darstellung und Dokumentation auf der Grundlage unveröffentlichter französischer Akten, Diss. Münster 1988.
JACOBSEN, Hans-Adolf, Nationalsozialistische Außenpolitik 1933-1938, Frankfurt/Main 1968.
JAKOBI, Franz-Josef (Hrsg.), Geschichte der Stadt Münster Bd. 2, Münster 1993.
JAKSCH, Wenzel, Europas Weg nach Potsdam, Stuttgart 1958.
JAMES, Harold, Deutschland in der Weltwirtschaftskrise 1924-1936, Stuttgart 1988.
– Der Magier des Geldes. Wollte Hjalmar Schacht Nazi-Deutschland verlassen? In: FAZ Nr. 116 vom 20. 5. 1987, S. 35.
JAMES, Robert Rhodes, Churchill. A Study in Failure 1900-1939, London 1970.
JASPER, Gotthard (Hrsg.), Von Weimar zu Hitler. 1930-1933, Köln, Berlin 1968.
– Die gescheiterte Zähmung. Wege zur Machtergreifung 1930-1934, Frankfurt/Main 1986.
JENSCHKE, Bernhard, Zur Kritik der konservativ-revolutionären Ideologie in der Weimarer Republik. Weltanschauung bei Edgar Julius Jung, München 1971.
JOHN, Otto, »Falsch und zu spät.« Der 20. Juli 1944. Epilog, Frankfurt/Main 1989.
– Zweimal kam ich heim. Vom Verschwörer zum Schützer der Verfassung, Düsseldorf 1969.
JONAS, Manfred, The United States and Germany. A Diplomatic History, Ithaca 1984.
JOOS, Joseph, So sah ich sie. Menschen und Geschehnisse, Augsburg 1958.
JOOST, Wilhelm, Kommt Brüning wieder? In: Bonner Hefte für Politik, Wirtschaft und Kultur 2 (1954), S. 17-20.
JORDAN, Max (Dom Placidus, OSB), Beyond All Fronts. A Bystander's Notes on this Thirty Years War, Milwaukee 1944.
JUNKER, Detlef, Heinrich Brüning. In: W. v. Sternburg, Die deutschen Kanzler von Bismarck bis Kohl, S. 311-323.
JUSSEN, Wilhelm (Hrsg.), Gerechtigkeit schafft Frieden. Reden und Enzykliken des Heiligen Vaters Papst Pius XII., Hamburg 1946.
KAAS, Ludwig, Tagebuch 7.-20. April 1933. Aus dem Nachlaß hrsg. von R. Morsey. In: Stimmen der Zeit 166 (1960), S. 422-430.
KAAS, Ludwig / PAPEN, Franz von, Briefe zum Reichskonkordat. Hrsg. von R. Morsey. In: Stimmen der Zeit 167 (1960/61), S. 11-30.

DIE KABINETTSPROTOKOLLE DER BUNDESREGIERUNG. Hrsg. von Hans Booms bzw. Friedrich P. Kahlenberg.
– Bd. 4 1951: Bearb. von Ursula Hüllbüsch, Boppard am Rhein 1986.
– Bd. 7 1954: Bearb. von Ursula Hüllbüsch und Thomas Trumpp, Boppard am Rhein 1993.
KAISER, Karl / SCHWARZ, Hans-Peter (Hrsg.), Weltpolitik. Strukturen – Akteure – Perspektiven, Bonn 1985.
KEESINGS ARCHIV DER GEGENWART. Wien 1931 ff.
KEMPNER, Robert M. W., Ankläger einer Epoche. Lebenserinnerungen, Frankfurt/Main 1983.
KENNAN, George F., Amerikas Außenpolitik 1900-1950, Stuttgart 1952.
– Memoiren eines Diplomaten. Memoirs 1925-1950, Stuttgart 1968.
KERSHAW, Ian, Hitler, 3 Bde., Stuttgart 2000.
KESSLER, Harry Graf, Tagebücher 1918-1937. Hrsg. von Wolfgang Pfeiffer-Belli, Frankfurt/Main 1961.
KETTENACKER, Lothar (Hrsg.), Das »Andere Deutschland« im Zweiten Weltkrieg. Emigration und Widerstand in internationaler Perspektive, Stuttgart 1977.
– Die britische Haltung zum deutschen Widerstand während des Zweiten Weltkrieges. In: Ders., Das »Andere Deutschland«, S. 49-76.
– Krieg zur Friedenssicherung. Die Deutschlandplanung der britischen Regierung während des Zweiten Weltkrieges, Göttingen 1989.
KEYSERLINGK, Robert H., Die deutsche Komponente in Churchills Strategie der nationalen Erhebungen 1940-42. Der Fall Otto Strasser. In: VfZG 31 (1983), S. 614-645.
KIERSCH, Gerhard, Die französische Deutschlandpolitik 1945-1949. In: Cl. Scharf / H.-J. Schröder, Politische und ökonomische Stabilisierung, S. 61-76.
KILLY, Walther / VIERHAUS, Rudolf (Hrsg.), Deutsche Biographische Enzyklopädie (DBE), 13 Bde., München 1995-2003.
KIMMICH, Christoph M., Germany and the League of Nations, Chicago 1976.
KINDLEBERGER, Charles P., Die Weltwirtschaftskrise 1929-1939, München 1973.
KIPPING, Matthias, Kontinuität oder Wandel? Der Schuman-Plan und die Ursprünge der wirtschaftlichen Integration in Europa. In: St. A. Schuker, Deutschland und Frankreich, S. 211-230.
KLAUSINGER, Hansjörg, Die Alternativen zur Deflationspolitik Brünings im Lichte zeitgenössischer Kritik. Zugleich ein neuer Blick auf die Borchardt-These, Arbeitshefte Wirtschaftsuniversität Wien, Reihe Volkswirtschaft (Department of Economics. Vienna University of Economics and Business Administration), Working Paper Nr. 49, Wien Juni 1997.
KLEIN, Anne, Rettung und Restriktion. US-amerikanische Notvisa für politische Flüchtlinge in Südfrankreich 1940/41. In: Cl.-D. Krohn [u. a.], Exilforschung 15 (1997), S. 213-232.
KLEMPERER, Klemens von, Die verlassenen Verschwörer. Der deutsche Widerstand auf der Suche nach Verbündeten 1938-1945, Berlin 1994.
– Der deutsche Widerstand gegen den Nationalsozialismus im Lichte der konservativen Tradition. In: M. Funke / H.-A. Jacobsen / H.-H. Knütter / H.-P. Schwarz, Demokratie und Diktatur, S. 266-283.
KLIBANSKY, Raymond / PANOFSKY, Erwin / SAXL, Fritz, Saturn und Melancholie. Studien zur Geschichte der Naturphilosophie und Medizin, der Religion und der Kunst, Frankfurt/Main 1994.
KLUKE, Paul, Großbritannien und das Commonwealth in der Zwischenkriegs- und Nachkriegszeit. In: Th. Schieder (Hrsg.), Handbuch der europäischen Geschichte Bd. 7, Stuttgart 1979, S. 353-437.
KNAPP, Manfred, Deutschland und der Marshallplan: Zum Verhältnis zwischen politischer und ökonomischer Stabilisierung in der amerikanischen Deutschlandpolitik nach 1945. In: Cl. Scharf / H.-J. Schröder, Politische und ökonomische Stabilisierung, S. 19-43.

– Politische und wirtschaftliche Interdependenzen im Verhältnis USA – (Bundesrepublik) Deutschland 1945-1975. In: M. Knapp / W. Link / H.-J. Schröder / K. Schwabe, Die USA und Deutschland 1918-1975, S. 153-219.

KNAPP, Manfred / LINK, Werner / SCHRÖDER, Hans-Jürgen / SCHWABE, Klaus, Die USA und Deutschland 1918-1975. Deutsch-amerikanische Beziehungen zwischen Rivalität und Partnerschaft, München 1978.

KNAPP, Thomas A., Heinrich Brüning im Exil. Briefe an Wilhelm Sollmann 1940-1946. In: VfZG 22 (1974), S. 93-120.

KNOCHE, Heinrich, Die Wirtschafts- und Sozialpolitik der Regierungen Brüning, Papen, Schleicher und Hitler in den Jahren der Weltwirtschaftskrise von 1928/30-34, Diss. Marburg 1989.

KNOLL, Joachim H., Der autoritäre Staat. Konservative Ideologie und Staatstheorie am Ende der Weimarer Republik. In: Hans-Gerd Schumann (Hrsg.), Konservativismus, Köln 1974, S. 224-243.

KNOX, Alfred William Fortescue, With the Russian Army, 1914-1917 being chiefly extracts from the diary of a military attaché. London o. J.

KOCH, Diether, Heinemann und die Deutschlandfrage, München 1972.

KOCH, Peter, Konrad Adenauer. Eine politische Biographie, Reinbek 1985.

KOEBNER, Thomas / SAUTERMEISTER, Gert / SCHNEIDER, Sigrid (Hrsg.), Deutschland nach Hitler. Zukunftspläne im Exil und aus der Besatzungszeit, 1939-1949, Opladen 1987.

KÖCHLING, Martina, Demontagepolitik und Wiederaufbau in Nordrhein-Westfalen, Essen 1995.

KÖHLER, Henning, Adenauer. Eine politische Biographie, Frankfurt/Main 1994.
– Deutschland auf dem Weg zu sich selbst. Eine Jahrhundertgeschichte, Stuttgart 2002.

KÖHLER, Wolfram, Der Chef-Redakteur Theodor Wolff. Ein Leben in Europa 1868-1943, Düsseldorf 1978.

KOENEN, Andreas, Der Fall Carl Schmitt. Sein Aufstieg zum »Kronjuristen des Dritten Reiches«, Darmstadt 1995.

KOLB, Eberhard / PYTA, Wolfgang, Die Staatsnotstandsplanung unter den Regierungen Papen und Schleicher. In: H. A. Winkler, Die deutsche Staatskrise, S. 155-181.

KOLBE, Dieter, Reichsgerichtspräsident Dr. Erwin Bumke. Studien zum Niedergang des Reichsgerichts und der deutschen Rechtspflege, Karlsruhe 1975.

KORDT, Erich, Nicht aus den Akten ..., Stuttgart 1950.

KOSELLECK, Reinhart / LUTZ, Heinrich / RÜSEN, Jörn (Hrsg.), Formen der Geschichtsschreibung, München 1982.

KOSTHORST, Erich, Jakob Kaiser. Bundesminister für gesamtdeutsche Fragen 1949-1957, Stuttgart 1972.

KRACAUER, Siegfried, Die Biographie als neubürgerliche Kunstform. In: Ders., Schriften. Hrsg. von Inka Mülder-Bach, Bd. 5: Aufsätze 1927-1931, Frankfurt/Main 1990, S. 195-199.

KRAUSNICK, Helmut, Goerdeler und Großbritannien 1937-1938. In: A. P. Young, Die >X<-Dokumente, S. 272-319.

KRAUSS, Marita, Heimkehr in ein fremdes Land. Geschichte der Remigration nach 1945, München 2001.

KREBS, Albert, Tendenzen und Gestalten der NSDAP. Erinnerungen an die Frühzeit der Partei, Stuttgart 1959.

KRIEGER, Wolfgang, General Lucius D. Clay und die amerikanische Deutschlandpolitik 1945-1949, Stuttgart 1987.

KROHN, Claus-Dieter, Der Council for a Democratic Germany. In: U. Langkau-Alex / Th. M. Ruprecht, Was soll aus Deutschland werden?, S. 17-48.

KROHN, Claus-Dieter / MÜHLEN, Patrik von zur (Hrsg.), Rückkehr und Aufbau nach 1945. Deutsche Remigranten im öffentlichen Leben Nachkriegsdeutschlands, Marburg 1997.
KROHN, Claus-Dieter / ROTERMUND, Erwin / WINCKLER, Lutz / KOEPKE, Wulf (Hrsg.), Exilforschung. Ein internationales Jahrbuch Bd. 15: Exil und Widerstand, München 1997.
KROHN, Claus-Dieter / SCHUMACHER, Martin (Hrsg.), Exil und Neuordnung. Beiträge zur verfassungspolitischen Entwicklung in Deutschland nach 1945, Marburg 2000.
KROLL, Gerhard, Von der Weltwirtschaftskrise zur Staatskonjunktur, Berlin 1958.
KRONE, Heinrich, Tagebücher. Erster Band: 1945-1961. Bearb. von Hans Otto Kleinmann, Düsseldorf 1995.
KRÜGER, Peter / HAHN, Erich J. C., Der Loyalitätskonflikt des Staatssekretärs Bernhard Wilhelm von Bülow im Frühjahr 1933. In: VfZG 20 (1972), S. 376-410.
KRUMMACHER, F(riedrich) A(rnold) / LANGE, Helmut, Krieg und Frieden. Geschichte der deutsch-sowjetischen Beziehungen. Von Brest-Litowsk zum Unternehmen Barbarossa, München, Esslingen 1970.
KÜHN, Heinz, Widerstand und Emigration. Die Jahre 1928-1945, Hamburg 1980.
KUPPER, Alfons (Hrsg.), Staatliche Akten über die Reichskonkordatsverhandlungen 1933, Mainz 1969.
KURZ, Achim, Demokratische Diktatur? Auslegung und Handhabung des Artikels 48 der Weimarer Reichsverfassung 1919-1925 (Schriften zur Verfassungsgeschichte Bd. 43), Berlin 1992.
LANGER, William Leonard / GLEASON, Sarell Everett, Challenge to Isolation 1937-1940, London 1952.
LANGKAU-ALEX, Ursula / RUPRECHT, Thomas M. (Hrsg.), Was soll aus Deutschland werden? Der Council for a Democratic Germany in New York 1944-1945. Aufsätze und Dokumente, Frankfurt/Main 1995.
LASSALLE, Günter (Hrsg.), 1200 Jahre Paulinum in Münster 797-1997, Münster 1997.
LEHMANN, Hartmut, Der Statist als Akteur: Chefdolmetscher Dr. Paul Schmidt zwischen Hitler und Lord Halifax am 19. November 1937. In: Walther L. Bernecker / Volker Dotterweich (Hrsg.), Deutschland in den internationalen Beziehungen des 19. und 20. Jahrhunderts. Festschrift für Josef Becker zum 65. Geburtstag, München 1996, S. 221-233.
LEIBER, Robert, Pius XII.+. In: Stimmen der Zeit 163 (1958/59),. S. 81-100.
(LEITH-ROSS, Frederick) Money Talks: Fifty Years of International Finance. The Autobiography of Sir Frederick Leith-Ross), London 1968.
LEMMER, Ernst, Manches war doch anders. Erinnerungen eines deutschen Demokraten, Frankfurt/Main 1968.
LEOPOLD, John A., Alfred Hugenberg. The Radical Nationalist Campaign Against the Weimar Republic, New Haven 1977.
LEPENIES, Wolf, Melancholie und Gesellschaft. Mit einer neuen Einleitung: Das Ende der Utopie und die Wiederkehr der Melancholie, Frankfurt/Main 1998.
LIDDELL HART, Basil Henry, Lebenserinnerungen, Düsseldorf 1966.
LILGE, Herbert (Hrsg.), Deutschland 1945-1963, Hannover 1967.
LILL, Rudolf / OBERREUTER, Heinrich (Hrsg.), Machtverfall und Machtergreifung. Aufstieg und Herrschaft des Nationalsozialismus, München 1983.
LIPGENS, Walter, Europäische Integration. In: R. Löwenthal / H.-P. Schwarz, Die zweite Republik, S. 519-553.
LIPPMANN, Walter, U. S. War Aims (1944), New York 1976.
LOCHNER, Louis P., Die Mächtigen und der Tyrann (engl. Tycoons and Tyrant). Die deutsche Industrie von Hitler bis Adenauer, Darmstadt 1955.

– Stets das Unerwartete. Erinnerungen aus Deutschland 1921-1953, Darmstadt 1955.
LÖNNE, Karl-Egon, Politischer Katholizismus im 19. und 20. Jahrhundert, Frankfurt/Main 1987.
LÖWENSTEIN, Hubertus Prinz zu, Deutsche Geschichte, München 1976.
LÖWENTHAL, Richard / SCHWARZ, Hans-Peter, Die zweite Republik. 25 Jahre Bundesrepublik Deutschland – eine Bilanz, Stuttgart 1974.
LOHE, Eilert, Heinrich Brüning. Offizier – Staatsmann – Gelehrter, Göttingen 1969.
LONDONDERRY, The Marquess of (Charles Stewart Henry Vane-Tempest Stewart, 7th Marquess of Londonderry), England blickt auf Deutschland (engl. Ourselves and Germany), Essen 1938.
(LONG, Breckinridge) War Diary of Breckinridge Long. Selections from the Years 1939-1944. Hrsg von Fred L. Israel, Lincoln 1966.
LOTH, Wilfried, Die Franzosen und die deutsche Frage 1945-1949. In: Cl. Scharf / H.-J. Schröder, Die Deutschlandpolitik Frankreichs, S. 27-48.
– Der Krieg, der nicht stattfand: Ursprünge und Überwindung des Kalten Krieges. In: B. Wegner, Wie Kriege entstehen, S. 285-298.
(LOTHIAN, Lord), Pacifism is not enough. Collected Lectures and Speeches of Lord Lothian (Philip Kerr). Hrsg. von Andrea Bosco / John Pinder with a foreword by the Hon. David Astor, London 1990.
LUDLOW, Peter, The Unwinding of Appeasement. In: L. Kettenacker, Das »Andere Deutschland«, S. 9-48.
LUDWIG, Emil, Hindenburg. Legende und Wirklichkeit, Hamburg 1962.
MAEHL, William H., Germany in Western Civilization, Alabama 1979.
MAI, Gunther, Europa 1918-1939. Mentalitäten, Lebensweisen, Politik zwischen den Weltkriegen, Stuttgart 2001.
MAIER, Charles S. / BISCHOF, Günter (Hrsg.), The Marshall Plan and Germany. West German Development within the Framwork of the European Recovery Program, New York 1991.
MAIER, Joachim, Die katholische Kirche und die Machtergreifung. In: W. Michalka, Die nationalsozialistische Machtergreifung, S. 152-167.
MALONE, Henry O., Adam von Trott zu Solz. Werdegang eines Verschwörers 1909-1938, Berlin 1986.
– Adam von Trott's Contacts with the British. In: F. R. Nicosia / L. D. Stokes, Germans against Nazism, S. 253-278.
MANN, Erika und Klaus, Escape to Life. Deutsche Kultur im Exil, München 1991.
– The Other Germany, New York 1940.
MANN, Golo, Zwölf Versuche. Frankfurt/Main 1973.
MANN, Michael, The Autonomous Power of the State: Its Origins, mechanisms, and results. In: Archives Européennes de sociologie 25 (1984), S. 185-213.
MANNES, Astrid Luise, Heinrich Brüning. Leben, Wirken, Schicksal, München 1999.
MANVEL, Roger / FRAENKEL, Heinrich, The Canaris Conspiracy. The Secret Resistance to Hitler in the German Army, London 1969.
MARCON, Helmut, Arbeitsbeschaffungspolitik der Regierungen Papen und Schleicher: Grundsteinlegung für die Beschäftigungspolitik im Dritten Reich, Frankfurt/Main 1974.
MARKOVITS, Andrei S. (Hrsg.), The Political Economy of West Germany: Modell Deutschland, New York 1982.
MARQUAND, David, Ramsay MacDonald, London 1977.
MARQUARDT-BIGMAN, Petra, Amerikanische Geheimdienstanalysen über Deutschland 1942-1949, München 1995.
MASER, Werner, Nürnberg. Tribunal der Sieger, Düsseldorf 1977.

MASON, Timothy. W., Zur Funktion des Angriffskrieges 1939. In: G. Ziebura, Grundfragen der deutschen Außenpolitik seit 1871, S. 376–413.
MATTHIAS, Erich (Hrsg.), Mit dem Gesicht nach Deutschland. Eine Dokumentation über die sozialdemokratische Emigration. Aus dem Nachlaß Friedrich Stampfers ergänzt durch andere Überlieferungen. Bearbeitet von Werner Link, Düsseldorf 1968.
MATTHIAS, Erich / MORSEY, Rudolf (Hrsg.), Das Ende der Parteien 1933, Düsseldorf 1960.
MATTHIAS, Erich / MORSEY, Rudolf, Die Deutsche Staatspartei, S. 31-97.
MAUCH, Christof, Schattenkrieg gegen Hitler. Das Dritte Reich im Visier der amerikanischen Geheimdienste 1941-1945, Stuttgart 1999.
MAUSBACH, Wilfried, Zwischen Morgenthau und Marshall. Das wirtschaftspolitische Deutschlandkonzept der USA 1944-1947, Düsseldorf 1996.
MAY, Georg, Ludwig Kaas. Der Priester, der Politiker und der Gelehrte aus der Schule von Ulrich Stutz, 3 Bde., Amsterdam 1981 f.
– Ludwig Kaas (1881-1952). In: Rheinische Lebensbilder 10 (1985), S. 223-235.
MAYNE, Richard, The Recovery of Europe. From Devastation to Unity, London 1970.
McNEILL, William H., America, Britain & Russia. Their Cooperation and Conflict, 1941-1946, New York 1970.
MECKLENBRAUCK, Petra, Heinrich Brüning. In: G. Lassalle, 1200 Jahre Paulinum, S. 273-284.
MEHRINGER, Hartmut / RÖDER, Werner, Gegner, Widerstand, Emigration. In: Martin Broszat / Norbert Frei, PLOETZ – Das Dritte Reich. Ursprünge, Ereignisse, Wirkungen, Freiburg 1983, S. 173-184.
MEINECKE, Friedrich, Die deutsche Katastrophe (1945). In: Ders., Autobiographische Schriften (Werke Bd. 8). Hrsg. von Eberhard Kessel, Stuttgart 1969, S. 323-445.
MEISSNER, Hans-Otto / WILDE, Harry, Die Machtergreifung. Ein Bericht über die Technik des nationalsozialistischen Staatsstreichs, Augsburg 1958.
MEISSNER, Otto, Staatssekretär unter Ebert, Hindenburg, Hitler. Der Schicksalsweg des deutschen Volkes von 1918-1945, wie ich ihn erlebte, 3. Aufl. Hamburg 1950.
MENDE, Dietrich, »Deutschland zwischen West und Ost«. Betrachtungen zum Vortrag des Reichskanzlers a. D. Dr. Brüning über »Die Vereinigten Staaten und Europa«. In: Europa-Archiv 9, 15. Folge (5. August 1954), S. 6771-6781.
MENNE, Bernhard, The Case of Dr. Bruening, London 1942.
MERSEBURGER, Peter, Der schwierige Deutsche. Kurt Schumacher. Eine Biographie, Stuttgart 1995.
MESSEMER, Annette, François-Poncet und Deutschland. Die Jahre zwischen den Kriegen. In: VfZG 39 (1991), S. 505-534.
– Walter Lippmann und die Mächte. Eine ideengeschichtliche Studie zu Entwicklung, Positionen und Konzepten eines amerikanischen Denkers der internationalen Beziehungen, Diss. Bonn 1995.
MESSENGER, Charles, The Last Prussian. A Biography of Field Marshall Gerd v. Rundstedt 1875-1953, London 1991.
MEYER, Alice, Anpassung oder Widerstand. Die Schweiz zur Zeit des deutschen Nationalsozialismus, Frauenfeld 1965.
MEYER, Georg, Zur Situation der deutschen militärischen Führungsschicht im Vorfeld des westdeutschen Verteidigungsbeitrages 1945-1950/51. In: Anfänge westdeutscher Sicherheitspolitik Bd. 1, S. 577-735.
MICHALKA, Wolfgang (Hrsg.), Die nationalsozialistische Machtergreifung, Paderborn 1984.
MIDDELL, Eike [u. a.], Exil in den USA. Mit einem Bericht. Shanghai – eine Emigration am Rande. Kunst und Literatur im antifaschistischen Exil 1933-1945, Bd. 3, Leipzig 1979.

MIDDLEMAS, Keith, Diplomacy of Illusion. The British Government and Germany 1937-1939, London 1972.
MILATZ, Alfred, Das Ende der Parteien im Spiegel der Wahlen 1930 bis 1933. In: E. Matthias / R. Morsey, Das Ende der Parteien, S. 741-793.
MIRGELER, Albert, Heinrich Brüning, Briefe und Gespräche 1934-1945. In: Communio. Internationale katholische Zeitschrift 4 (1975), S. 59-75 und 169-180.
MÖLLER, Horst, Die nationalsozialistische Machtergreifung. Konterrevolution oder Revolution? In: VfZG 31 (1983), S. 25-51.
– Gottfried Reinhold Treviranus. Ein Konservativer zwischen den Zeiten. In: P. Gordan, Um der Freiheit willen, S. 118-146.
MOLT, Harro, Hegemonialbestrebungen der deutschen Außenpolitik in den letzten Jahren der Weimarer Republik. Gustav Stolpers »Dienstag-Kreis«. In: Jahrbuch des Instituts für Deutsche Geschichte 5 (1976), S. 419-448.
MOLTMANN, Günter, Amerikas Deutschlandpolitik im Zweiten Weltkrieg. Kriegs- und Friedensziele 1941-1945, Heidelberg 1958.
– Die Entwicklung Deutschlands von 1949 bis zu den Pariser Verträgen 1955. In: H. Lilge, Deutschland 1945-1963, S. 71-154.
MOMMSEN, Hans, Alternativen zu Hitler. Studien zur Geschichte des deutschen Widerstandes, München 2000.
– Der lange Schatten der untergehenden Republik. Zur Kontinuität politischer Denkhaltungen von der späten Weimarer Republik zur frühen Bundesrepublik. In: K. D. Bracher / M. Funke / H.-A. Jacobsen, Die Weimarer Republik, S. 552-586.
– Der Weg der Republik von Weimar in den Untergang 1918 bis 1933 (Propyläen Geschichte Deutschlands Bd. 8), Berlin 1989.
MORGENTHAU, Henry, Jr., Germany Is Our Problem, New York 1945.
MORISON, Elting E., Turmoil and Tradition. A Study of the Life and Times of Henry L. Stimson, Boston 1960.
MORSEY, Rudolf, Heinrich Brüning (1885-1970). In: Ders., Zeitgeschichte in Lebensbildern (Bd. 1), S. 251-262.
– Brüning und Adenauer. Zwei deutsche Staatsmänner, Düsseldorf 1972.
– Brüning in der historischen Forschung. In: Der Reichskanzler Dr. Brüning, S. 13-30.
– Brüning, ein Staatsmann aus Westfalen. In: Walter Först (Hrsg.), Zwischen Ruhrkampf und Wiederaufbau, Köln 1972, S. 83-116.
– Christliche Demokraten in Emigration und Widerstand 1933-1945 (Kirche und Gesellschaft. Hrsg. von der katholischen Sozialwissenschaftlichen Zentralstelle Mönchengladbach Nr. 145), Köln 1987.
– Die Deutschlandpolitik Adenauers, Opladen 1991.
– Brünings Einschätzung der politischen Entwicklung in Deutschland 1934-1948. In: W. Frühwald / H. Hürten, Christliches Exil, S. 371-393.
– Emigration und Nachkriegsplanung. Vorschläge und Vorstellungen Heinrich Brünings über den Neuaufbau in Deutschland. In: Lothar Albertin / Werner Link (Hrsg.), Politische Parteien auf dem Weg zur parlamentarischen Demokratie, Düsseldorf 1981, S. 223-237.
– Heinrich Brünings zweite Emigration aus Deutschland 1955. In: Ders., Von Windthorst bis Adenauer, S. 413-421.
– Das »Ermächtigungsgesetz« vom 24. März 1933. Quellen zur Geschichte und Interpretation des »Gesetzes zur Behebung der Not von Volk und Reich«, Düsseldorf 1992.
– Ludwig Kaas. In: Ders., Zeitgeschichte in Lebensbildern (Bd. 1), S. 263-272.
– Brünings Kritik an Adenauers Westpolitik. Vorgeschichte und Folgen seines Düsseldorfer Vortrags vom 2. Juni 1954. In: M. Funke / H.-A. Jacobsen / H.-H. Knütter / H.-P. Schwarz,

Demokratie und Diktatur. Geist und Gestalt politischer Herrschaft in Deutschland und Europa, Düsseldorf 1987, S. 349-359.
- Brünings Kritik am politischen Wiederaufbau in Deutschland. In: Ders., Von Windthorst bis Adenauer, S. 365-379.
- Leben und Überleben im Exil. Am Beispiel von Joseph Wirth, Ludwig Kaas und Heinrich Brüning. In: P. Gordan, Um der Freihcit willen, S. 86-117.
- Heinrich Lübke. Eine politische Biographie, Paderborn 1996.
- Franz von Papen (1879-1969). In: Ders., Zeitgeschichte in Lebensbildern Bd. 2, S. 75-87.
- Zur Problematik einer zeitgeschichtlichen Briefedition. Heinrich Brüning, Briefe und Gespräche. In: HZ 221 (1975), S. 69-95.
- Zur Problematik der Geschichte des Reichskonkordats. In: Neue Politische Literatur 5 (1960), Sp. 1-30.
- (Bearb.), Die Protokolle der Reichstagsfraktion und des Fraktionsvorstands der Deutschen Zentrumspartei 1926-1933, Mainz 1969.
- Hermann Pünder (1888-1976). In: Geschichte im Westen 3 (1988), S. 69-83.
- Adam Stegerwald (1874-1945). In: Ders., Zeitgeschichte in Lebensbildern (Bd. 1), S. 206-219.
- Hitlers Verhandlungen mit der Zentrumsfraktion am 31. Januar 1933. In: VfZG 9 (1961), S. 182-194.
- Die Vorgeschichte von Brünings Berufung an die Universität Köln 1941. In: P. R. Weilemann / H. J. Küsters / G. Buchstab, Macht und Zeitkritik, S. 711-722.
- Heinrich Brünings Vorstellungen über Deutschland nach Hitler 1944-1950. In: C.-D. Krohn / M. Schumacher, Exil und Neuordnung, S. 175-206.
- Vorstellungen« Christlicher Demokraten innerhalb und außerhalb des »Dritten Reiches« über den Neuaufbau Deutschlands und Europas. In: Winfried Becker / Rudolf Morsey (Hrsg.), Christliche Demokratie in Europa. Grundlagen und Entwicklungen seit dem 19. Jahrhundert, Köln 1988, S. 189-212.
- Von Windthorst bis Adenauer. Ausgewählte Aufsätze zu Politik, Verwaltung und politischem Katholizismus im 19. und 20. Jahrhundert. Hrsg. von Ulrich von Hehl / Hans Günter Hockerts / Horst Möller / Martin Schumacher, Paderborn 1997.
- (Hrsg.), Zeitgeschichte in Lebensbildern. Aus dem deutschen Katholizismus des 20. Jahrhunderts, 2 Bde., Mainz 1973 und 1975.
- Zentrumspartei und Zentrumspolitiker im rückblickenden Urteil Heinrich Brünings. In: Ders., Von Windthorst bis Adenauer, S. 395-412.
- Die Deutsche Zentrumspartei. In: E. Matthias / R. Morsey, Das Ende der Parteien 1933, S. 281-453 (zit. R. Morsey, Ende der Zentrumspartei).
MORSEY, Rudolf / REPGEN, Konrad (Hrsg.), Adenauer-Studien I, Mainz 1971.
MUCKERMANN, Friedrich, Im Kampf zwischen zwei Epochen. Lebenserinnerungen. Bearb. und eingel. von Nikolaus Junk, Mainz 1973.
MUCKERMANN, Hermann, Wie Heinrich Brüning am 21. Mai 1934 Deutschland verließ. In: Deutsche Rundschau 71 (1948), H. 8 (August 1948), S. 112-117.
MÜLLER, Christian, Oberst i. G. Stauffenberg. Eine Biographie, Düsseldorf (1971).
MÜLLER, Frank, Die »Brüning Papers«: Der Nachlaß des letzten Zentrumskanzlers in Harvard. In: HJB 113 (1993), S. 388-410.
- Die »Brüning Papers«. Der letzte Zentrumskanzler im Spiegel seiner Selbstzeugnisse, Frankfurt/Main 1993.
MÜLLER, Franz, Ein »Rechtskatholik« zwischen Kreuz und Hakenkreuz: Franz von Papen als Sonderbevollmächtigter Hitlers in Wien 1934-1938, Frankfurt/Main 1990.
MÜLLER, Klaus-Jürgen, General Ludwig Beck. Studien und Dokumente zur politisch-militärischen Vorstellungswelt und Tätigkeit des Generalstabschefs des deutschen Heeres 1933 bis 1938, Boppard 1980.

– Das Heer und Hitler. Armee und nationalsozialistisches Regime 1933-1940, Stuttgart 1969.
– Kriegsausbruch 1939: Der Wille zum Krieg und die Krise des internationalen Systems. In: B. Wegner, Wie Kriege entstehen, S. 253-282.
– Revision, Aufrüstung und nationale Sicherheit. Der Grundsatzkonflikt zwischen Militär und Diplomatie in Deutschland 1933-1945. In: K. D. Bracher / M. Funke / H.-P. Schwarz, Deutschland zwischen Krieg und Frieden, S. 19-30.
– Über den »militärischen Widerstand«. In: P. Steinbach / J. Tuchel, Widerstand gegen den Nationalsozialismus, S. 266-279.
MÜLLER, Klaus-Jürgen / DILKS, David N. (Hrsg.), Großbritannien und der deutsche Widerstand 1933-1944, Paderborn 1994.
MÜLLER, Rolf-Dieter, Das Tor zur Weltmacht. Die Bedeutung der Sowjetunion für die deutsche Wirtschafts- und Rüstungspolitik zwischen den Weltkriegen, Boppard 1984.
MÜLLER-ROSCHACH, Herbert, Die deutsche Europapolitik. Wege und Umwege zur politischen Union Europas, Baden-Baden 1974.
– Die deutsche Europa-Politik 1949-1977. Eine politische Chronik, Bonn 1980.
MÜNCH, Ingo v. (Hrsg.), Dokumente des geteilten Deutschland. Quellentexte zur Rechtslage des Deutschen Reiches, der Bundesrepublik Deutschland und der Deutschen Demokratischen Republik (Bd. 1), 2. Aufl. Stuttgart 1976.
MURPHY, Robert, Diplomat unter Kriegern. Zwei Jahrzehnte Weltpolitik in Sondermission, Berlin 1965 (engl. Diplomat Among Warriors, New York 1964).
MUTH, Heinrich, Schleicher und die Gewerkschaften 1932. Ein Quellenproblem. In: VfZG 29 (1981), S. 189-215.
– Carl Schmitt in der Innenpolitik des Sommers 1932. In: Th. Schieder, Beiträge zur Geschichte der Weimarer Republik (Beihefte der Historischen Zeitschrift 1 N. F.), München 1971, S. 75-147.
NADOLNY, Sten, Abrüstungsdiplomatie 1932/33. Deutschland auf der Genfer Konferenz im Übergang von Weimar zu Hitler, München 1978.
NAUTZ, Jürgen (Hrsg.), Unterhändler des Vertrauens. Aus den nachgelassenen Schriften von Sektionschef Dr. Richard Schüller, Wien 1990.
NEEBE, Reinhard, Großindustrie, Staat und NSDAP. 1930-1933. Paul Silverberg und der Reichsverband der Deutschen Industrie in der Krise der Weimarer Republik, Göttingen 1981.
– Konflikt und Kooperation 1930-1933. In: Werner Abelshauser (Hrsg.), Die Weimarer Republik als Wohlfahrtsstaat. Zum Verhältnis von Wirtschafts- und Sozialpolitik in der Industriegesellschaft (VSWG Beiheft 81), Stuttgart 1987, S. 226-237.
NESTLER, Ludwig [u. a.] (Hrsg.), Der Weg deutscher Eliten in den Zweiten Weltkrieg. Nachtrag zu einer verhinderten deutsch-deutschen Publikation, Berlin 1990.
NICHOLLS, Anthony J., American views of Germany's Future during World War II. In: L. Kettenacker, Das »Andere Deutschland«, S. 77-87.
NICLAUSS, Karlheinz, Die Sowjetunion und Hitlers Machtergreifung. Eine Studie über die deutsch-russischen Beziehungen der Jahre 1929 bis 1935, Bonn 1966.
NICOSIA, Francis R. / STOKES, Lawrence D. (Hrsg.), Germans against Nazism. Nonconformity, Opposition and Resistance in the Third Reich. Essays in Honour of Peter Hoffmann, New York 1990.
NIEBUHR, Reinhold, Germany and Western Civilisation. In: Hans J. Morgenthau (Hrsg.), Germany and the Future of Europe, Chicago 1951, S. 1-11.
NIEDHART, Gottfried (Hrsg.), Kriegsbeginn 1939. Entfesselung oder Ausbruch des Zweiten Weltkriegs?, Darmstadt 1976.
NOLTE, Ernst, Deutschland und der Kalte Krieg, München 1974.
– Geschichtsdenken im 20. Jahrhundert. Von Max Weber bis Hans Jonas, Frankfurt/Main 1991.

OLDEN, Rudolf, Hindenburg oder der Geist der preußischen Armee (Paris 1935), Hildesheim 1982.
OLDENHAGE, Klaus, Ansichten Heinrich Brünings zu deutschen Problemen im August 1948. Ein Dokument aus den Akten des Office of Military Government for Germany <OMGUS> (1945-1949). In: Jahrbuch für westdeutsche Landesgeschichte 5 (1979), S. 409-419.
O'SULLIVAN, Donal, Stalins »cordon sanitaire«. Die sowjetische Osteuropapolitik und die Reaktionen des Westens 1939-1949, Paderborn 2003.
OTT, Hugo / SCHÄFER, Hermann (Hrsg.), Wirtschafts-PLOETZ. Die Wirtschaftsgeschichte zum Nachschlagen, 2. Aufl. Freiburg 1984.
PAPEN, Franz von, Der Wahrheit eine Gasse, München 1952.
PATCH, William Lewis, Jr., Heinrich Brüning's Recollections of Monarchism. The Birth of a Red Herring. In: Journal of Modern History 70 (1998), Nr. 2, S. 340-370.
– Christian Trade Unions of the Weimar Republic 1918-1933. The Failure of »Corporate Pluralism«, Diss. Yale University 1981.
PAUL, Gerhard, »... alle Repressionen unnachsichtlich ergriffen werden«. Die Gestapo und das politische Exil. In: Exilforschung Bd. 15 (1997), S. 120-149.
PENTZLIN, Heinz, Hjalmar Schacht. Leben und Wirken einer umstrittenen Persönlichkeit, Berlin 1980.
PERREY, Hans-Jürgen, Der Rußlandausschuß der deutschen Wirtschaft. Die deutsch-sowjetischen Wirtschaftsbeziehungen der Zwischenkriegszeit. Ein Beitrag zur Geschichte des Ost-West-Handels, München 1985.
PETERSON, Walter F., Zwischen Mißtrauen und Interessen. Regierungsstellen in Washington und die deutsche politische Emigration 1939-1945. In: Manfred Briegel / Wolfgang Frühwirth (Hrsg.), Die Erfahrung der Fremde. Kolloquium des Schwerpunktprogramms »Exilforschung« der Deutschen Forschungsgemeinschaft. Forschungsbericht, Weinheim 1988, S. 45-59.
PETZINA, Dietmar / ABELSHAUSER, Werner / FAUST, Anselm (Hrsg.), Sozialgeschichtliches Arbeitsbuch, Bd. 3: Materialien zur Statistik des Deutschen Reiches 1914-1945, München 1978.
PETZOLD, Joachim, Franz von Papen. Ein deutsches Verhängnis, München 1995.
– Der Staatsstreich vom 20. Juli 1932 in Preußen. In: ZfG 4 (1956), S. 1146-1186.
– Wegbereiter des deutschen Faschismus. Die Jungkonservativen in der Weimarer Republik, Köln 1978.
PISTORIUS, Peter, Rudolf Breitscheid 1874-1944. Ein biographischer Beitrag zur deutschen Parteiengeschichte, Diss. Köln 1970.
PLEHWE, Friedrich-Karl von, Reichskanzler Kurt von Schleicher. Weimars letzte Chance gegen Hitler, Esslingen 1983.
PÖHLS, Joachim, Die »Tägliche Rundschau« und die Zerstörung der Weimarer Republik 1930 bis 1933, Münster 1975.
POIDEVIN, Raymond, Die französische Deutschlandpolitik 1943-1949. In: Cl. Scharf / H.-J. Schröder, Die Deutschlandpolitik Frankreichs, S. 15-25.
– Robert Schuman, Paris 1988.
– Die Vernunftehe 1945-1975. In: Raymond Poidevin / Jacques Bariéty (Hrsg.), Frankreich und Deutschland. Die Geschichte ihrer Beziehungen 1815-1975, München 1982, S. 423-447.
POULAIN, Marc, Deutschlands Drang nach Südosten contra Mussolinis Hinterlandpolitik 1931-1943. In: Der Donauraum 22 (1977), S. 129-153.
PREUSSEN, Friedrich Wilhelm Prinz von, Das Haus Hohenzollern 1918-1945, München 1985.
PRICE, Harry Bayard, The Marshall Plan and Its Meaning, Ithaca, N. Y. 1955.

PRITTIE, Terence, Deutsche gegen Hitler. Eine Darstellung des deutschen Widerstandes gegen den Nationalsozialismus während der Herrschaft Hitlers, Tübingen 1964.
PRITTWITZ UND GAFFRON, Friedrich v., Zwischen Petersburg und Washington. Ein Diplomatenleben, München 1952.
PROLLIUS, Michael v., Das Wirtschaftssystem der Nationalsozialisten 1933-1939. Steuerung durch emergente Organisation und politische Prozesse, Paderborn 2003.
DER PROZESS GEGEN DIE HAUPTKRIEGSVERBRECHER VOR DEM INTERNATIONALEN MILITÄRGERICHTSHOF, 42 Bde., Nürnberg 1947 ff. (zit. IMT mit Bandangabe).
PÜNDER, Hermann, Von Preußen nach Europa. Lebenserinnerungen, Stuttgart 1968.
PÜNDER, Tilman, Das bizonale Interregnum. Die Geschichte des Vereinigten Wirtschaftsgebietes 1946-1949, Köln 1966.
PYTA, Wolfram, Verfassungsumbau, Staatsnotstand und Querfront. Schleichers Versuche zur Fernhaltung von der Reichskanzlerschaft August 1932 bis Januar 1933. In: W. Pyta / L. Richter, Gestaltungskraft des Politischen, S. 173-197.
– Vorbereitungen für den militärischen Ausnahmezustand unter Papen/Schleicher. Dokumentation. In: Militärgeschichtliche Mitteilungen Bd. 51 (1992), S. 385-428.
PYTA, Wolfram / RICHTER, Ludwig (Hrsg.), Gestaltungskraft des Politischen. Festschrift für Eberhard Kolb, Berlin 1998.
PYTA, Wolfram / SEIBERTH, Gabriel, Die Staatskrise der Weimarer Republik im Spiegel des Tagebuchs von Carl Schmitt. In: Der Staat Bd. 38, H. 3 u. 4 (1999), S. 423 ff., 594-610.
QUARITSCH, Helmut, Positionen und Begriffe Carl Schmitts, Berlin 1989.
– (Hrsg.), Carl Schmitt – Antworten in Nürnberg, Berlin 2000.
RADKAU, Joachim, Die deutsche Emigration in den USA. Ihr Einfluß auf die amerikanische Europapolitik 1933-1945, Düsseldorf 1971.
RAUSCHER, Walter, Hitler und Mussolini. Macht, Krieg und Terror, Darmstadt 2001.
REICH, Ines, Carl Friedrich Goerdeler. Ein Oberbürgermeister gegen den NS-Staat, Köln 1997.
REICHSGESETZBLATT (RGBl). Hrsg. vom Reichsministerium des Innern, Berlin 1919 ff.
DER REICHSKANZLER DR. BRÜNING. Das Brüning-Bild in der zeitgeschichtlichen Forschung. Gedenkveranstaltung zum 100. Geburtstag. Hrsg. vom Oberstadtdirektor der Stadt Münster. Redaktion Franz Matuszczyk, Münster 1986.
REICHSKANZLER A. D. HEINRICH BRÜNING. Hrsg. vom Vorstand der Sozialdemokratischen Partei Deutschlands (SOPADE Informationsdienst –, Denkschriften 10), Hannover (1947).
FOREIGN RELATIONS OF THE UNITED STATES (FRUS) 1930 ff., PAPERS RELATING TO THE, bzw. DIPLOMATIC PAPERS, Washington, D. C. 1945 ff.
REPGEN, Konrad, Konrad Adenauer und die Wiedervereinigung Deutschlands in einem freien vereinten Europa. In: Klaus Weigelt (Hrsg.), Heimat und Nation. Zur Geschichte und Identität der Deutschen, Mainz 1984, S. 302-333.
– Über die Entstehung der Reichskonkordatsofferte im Frühjahr 1933 und die Bedeutung des Reichskonkordats. In: VfZG 26 (1978), S. 499-534.
REUTH, Ralf Georg, Goebbels, München 1990.
– Hitler. Eine politische Biographie, München 2003.
REUTHER, Thomas, Die ambivalente Normalisierung. Deutschlanddiskurs und Deutschlandbilder in den USA 1941-1955 (Transatlantische Historische Studien Bd. 11), Stuttgart 2000.
RICHARDI, Hans-Günter / SCHUMANN, Klaus, Geheimakte Gerlich/Bell. Röhms Pläne für ein Reich ohne Hitler, München 1993.
RIEKHOFF, Harald von, German Polish Relations 1918-1933, Baltimore 1971.

RITSCHL, Albrecht, Wirtschaftspolitik im Dritten Reich – Ein Überblick. In: K. D. Bracher / M. Funke / H.-A. Jacobsen, Deutschland 1933-1945, S. 118-134.
RITTER, Gerhard, Carl Goerdeler und die deutsche Widerstandsbewegung, Stuttgart 1954.
ROBBINS, Keith, München 1938. Ursprung und Verhängnis. Zur Krise der Politik des Gleichgewichts, Gütersloh 1969.
(RÖDER, Werner / STRAUSS, Herbert A.), Biographisches Handbuch der deutschsprachigen Emigration / International Biographical Dictionary of Central European Emigrés 1933-1945. Hrsg. vom Institut für Zeitgeschichte München und von der Research Foundation für Jewish Immigration, Inc., New York unter der Gesamtleitung von Werner Röder und Herbert A. Strauss. Bd. 1 u. 2, München 1980.
RÖNNEFARTH, Helmuth K. G., Die Sudetenkrise in der internationalen Politik, Wiesbaden 1961.
RÖNNEFARTH, Helmuth K. G. / EULER, Heinrich, Konferenzen und Verträge. Vertrags-PLOETZ. Ein Handbuch geschichtlich bedeutsamer Zusammenkünfte, Vereinbarungen, Manifeste und Memoranden Teil II: Bd. 4 A: 1914-1959, Würzburg 1974.
RÖPKE, Wilhelm, Gegen die Brandung. Zeugnisse eines Gelehrtenlebens unserer Zeit. Hrsg. von Albert Hunold, Erlenbach 1959.
ROGOWIN, Wadim S., 1937 – Jahre des Terrors, Essen 1998.
ROON, Ger van, Dutch Contacts with the Resistance in Germany. In: F. R. Nicosia / L. D. Stokes, Germans against Nazism, S. 204-220.
– Der Kreisauer Kreis zwischen Widerstand und Umbruch, Berlin 1988.
– (Hrsg.), Helmuth James Graf von Moltke. Völkerrecht im Dienste der Menschen. Dokumente, Berlin 1986.
– Widerstand im Dritten Reich. Ein Überblick, 2. Aufl. München 1981.
ROOS, Hans, Geschichte der Polnischen Nation 1918-1985. Von der Staatsgründung im Ersten Weltkrieg bis zur Gegenwart, 4. Aufl. fortgeführt von Manfred Alexander, Stuttgart 1961.
– Polen und Europa. Studien zur polnischen Außenpolitik 1931-1939, Tübingen 1957.
– Präventivkriegspläne Piłsudskis von 1933. In: VfZG 3 (1955), S. 344-365.
ROSENFELD, Günter, Sowjetunion und Deutschland 1922-1933, Berlin 1984.
ROTHFELS, Hans, Die deutsche Opposition gegen Hitler. Eine Würdigung, 3. Aufl. Frankfurt/Main 1969.
– Trott und die Außenpolitik des Widerstands. In: VfZG 12 (1964), S. 300-323.
– Adam von Trott und das State Department. Dokumentation. In: VfZG 7 (1959), S. 318-332.
RUGE, Wolfgang, Hindenburg. Porträt eines Militaristen, Köln 1981.
– Wer war Heinrich Brüning?, Bonn 2003.
SAUER, Wolfgang, Die Mobilmachung der Gewalt. In: K. D. Bracher / W. Sauer / G. Schulz, Die nationalsozialistische Machtergreifung, S. 685-966.
SCHACHT, Hjalmar, 76 Jahre meines Lebens, Bad Wörishofen 1953.
(SCHÄFFER, Hans, Tagebuchaufzeichnung), Konrad Adenauer und der Schuman-Plan. Ein Quellenzeugnis. In: K. Schwabe, Die Anfänge des Schuman-Plans, S. 131-140.
SCHALL-RIAUCOUR, Heidemarie Gräfin, Aufstand und Gehorsam. Offizierstum und Generalstab im Umbruch. Leben und Wirken von Generaloberst Franz Halder. Generalstabschef 1938-1942, Wiesbaden 1972.
SCHAMBECK, Herbert (Hrsg.), Pius XII. zum Gedächtnis, Berlin 1977.
SCHARF, Claus / SCHRÖDER, Hans-Jürgen (Hrsg.), Die Deutschlandpolitik Frankreichs und die französische Zone 1945-1949, Wiesbaden 1983.
– Politische und ökonomische Stabilisierung Westdeutschlands 1945-1949. Fünf Beiträge zur Deutschlandpolitik der westlichen Alliierten, Wiesbaden 1977.
SCHAUSBERGER, Norbert, Der Griff nach Österreich. Der Anschluß, 2. Aufl. Wien 1979.

SCHILDT, Axel, Militärdiktatur mit Massenbasis? Die Querfrontkonzeption der Reichswehrführung um General von Schleicher am Ende der Weimarer Republik, Frankfurt/Main 1981.
SCHILLING, René, »Kriegshelden«. Deutungsmuster heroischer Männlichkeit in Deutschland 1813-1945, Paderborn 2002.
SCHLABRENDORFF, Fabian von, Begegnungen in fünf Jahrzehnten, Tübingen 1979.
– Offiziere gegen Hitler. Neue, durchges. und erw. Ausgabe von Walter Bußmann. Nach der Edition von Gero v. Gaevernitz, Berlin 1984.
SCHLANGE-SCHÖNINGEN, Hans, Am Tage danach, Hamburg 1946.
– (Hrsg.), Im Schatten des Hungers. Dokumentarisches zur Ernährungspolitik und Ernährungswirtschaft in den Jahren 1945-1949. Bearb. von Hans Rohrbach, Hamburg 1955.
SCHLIE, Ulrich, Altreichskanzler Joseph Wirth im Luzerner Exil (1939-1948). In: Exilforschung 15 (1997), S. 180-199.
SCHMÄDEKE, Jürgen, Militärische Umsturzversuche und diplomatische Oppositionsbestrebungen zwischen der Münchner Konferenz und Stalingrad. In: P. Steinbach / J. Tuchel (Hrsg.), Widerstand gegen den Nationalsozialismus, S. 294-318.
SCHMÄDEKE, Jürgen / STEINBACH, Peter (Hrsg.), Der Widerstand gegen den Nationalsozialismus. Die deutsche Gesellschaft und der Widerstand gegen Hitler, München 1985.
SCHMIDT, Gustav, Weltmachtrolle und Sicherheitspartnerschaft: Die britische Appeasement-Politik im Widerstreit von Selbstbehauptung und Selbstbindung an Frankreich. In: St. A. Schuker, Deutschland und Frankreich, S. 139-158.
SCHMIDT, Paul, Statist auf diplomatischer Bühne 1923-45. Erlebnisse des Chefdolmetschers im Auswärtigen Amt mit den Staatsmännern Europas, Bonn 1958.
SCHMIDT, Rainer F., Die Außenpolitik des Dritten Reiches 1933-1939, Stuttgart 2002.
SCHMIDT, Ute, Zentrum oder CDU. Politischer Katholizismus zwischen Tradition und Anpassung, Opladen 1987.
SCHMITTHENNER, Walter / BUCHHEIM, Hans (Hrsg.), Der deutsche Widerstand gegen Hitler. Vier historisch-kritische Studien, Köln 1966.
SCHNEIDER, Dieter Marc, Christliche und konservative Remigranten. Das Beispiel Johannes Schauff. In: C.-D. Krohn / P. von zur Mühlen, Rückkehr und Aufbau nach 1945, S. 157-187.
– Johannes Schauff (1902-1990). Migration und »Stabilitas« im Zeitalter der Totalitarismen, München 2001.
SCHNEIDER, Hans, Das Ermächtigungsgesetz vom 24. März 1933. In: G. Jasper, Von Weimar zu Hitler, S. 405-442.
SCHOLDER, Klaus, Altes und Neues zur Vorgeschichte des Reichskonkordats. Erwiderung auf Konrad Repgen. In: VfZG 26 (1978), S. 535-571.
– Die Kirchen und das Dritte Reich, 2 Bde., Frankfurt/Main bzw. Berlin 1977, 1985.
SCHOTT, Andreas, Adam von Trott zu Solz: Jurist im Widerstand. Verfassungsrechtliche und staatspolitische Auffassungen im Kreisauer Kreis, Paderborn 2001.
SCHRÖDER, Hans-Jürgen, Das Dritte Reich und die USA. In: M. Knapp / W. Link / H.-J. Schröder / K. Schwabe, Die USA und Deutschland 1918-1975, S. 107-152.
– European Recovery Program. In: W. Benz, Deutschland unter alliierter Besatzung, S. 260-264.
– Die deutsche Südosteuropapolitik und die Reaktion der angelsächsischen Mächte 1929-1933/34. In: J. Becker / K. Hildebrand, Internationale Beziehungen in der Weltwirtschaftskrise 1929-1933, S. 343-360.
SCHUBERT, Klaus v., Wiederbewaffnung und Westintegration. Die innere Auseinandersetzung um die militärische außenpolitische Orientierung der Bundesrepublik 1950-1952, Stuttgart 1975.
SCHÜDDEKOPF, Otto-Ernst, Das Heer und die Republik. Quellen zur Politik der Reichswehrführung 1918 bis 1933, Hannover 1955.

SCHÜTZ, Wilhelm Wolfgang, Deutschland am Rande zweier Welten. Voraussetzungen und Aufgabe unserer Außenpolitik, Stuttgart 1952.

SCHUKER, Stephen A. (Hrsg.), Deutschland und Frankreich. Vom Konflikt zur Aussöhnung. Die Gestaltung der westeuropäischen Sicherheit 1914-1963, München 2000.

SCHUKER, Stephen A., Ambivalent Exile: Heinrich Brüning and America's Good War. In: Christoph Buchheim / Michael Hutter / Harold James (Hrsg.), Zerrissene Zwischenkriegszeit. Wirtschaftshistorische Beiträge. Knut Borchardt zum 65. Geburtstag, Baden-Baden 1994, S. 329-358.

SCHULTHESS' Europäischer Geschichtskalender, Bd. 59 ff. (Neue Folge Bd. 34 ff.), München 1922 ff.

SCHULTZE-RHONHOF, Gerd, Der Krieg, der viele Väter hatte. Der lange Anlauf zum Zweiten Weltkrieg, München 2003.

SCHULZ, Gerhard, Aufstieg des Nationalsozialismus. Krise und Revolution in Deutschland, Frankfurt/Main, Berlin, Wien 1975.

– Zwischen Demokratie und Diktatur. Verfassungspolitik und Reichsreform in der Weimarer Republik, Bd. 1: Die Periode der Konsolidierung und der Revision des Bismarckschen Reichsaufbaus 1918-1930 (Berlin 1963), 2. Aufl. Berlin 1987; Bd. 2: Deutschland am Vorabend der Großen Krise (Berlin 1962), 2. Aufl. Berlin 1987; Bd. 3: Von Brüning zu Hitler. Der Wandel des politischen Systems in Deutschland 1930-1933, Berlin 1992.

– Deutschland seit dem Ersten Weltkrieg 1918-1945, Göttingen 1976.

– (Hrsg.), Geheimdienste und Widerstandsbewegungen im Zweiten Weltkrieg, Göttingen 1982.

– (Hrsg.), Die große Krise der dreißiger Jahre. Vom Niedergang der Weltwirtschaft zum Zweiten Weltkrieg, Göttingen 1985.

– Die Suche nach dem Schuldigen. Heinrich Brüning und seine Demission als Reichskanzler. In: Staat und Parteien. Festschrift für Rudolf Morsey zum 65. Geburtstag. Hrsg. v. Karl Dietrich Bracher [u. a.], Berlin 1992, S. 669-687.

SCHULZE, Hagen, Die Biographie in der ›Krise der Geschichtswissenschaft‹. In: GWU 29 (1978), S. 508-518.

– Otto Braun oder Preußens demokratische Sendung. Eine Biographie, Frankfurt/Main, Berlin, Wien 1977.

SCHUMACHER, Martin, Zwischen »Einschaltung« und »Gleichschaltung«. Zum Untergang der Deutschen Zentrumspartei 1932/33. In: HJB 99 (1979), S. 268-303.

– (Hrsg.), M. d. R. Die Reichstagsabgeordneten der Weimarer Zeit in der Zeit des Nationalsozialismus. Politische Verfolgung, Emigration und Ausbürgerung 1933-1945. Eine biographische Dokumentation, 3. Aufl. Düsseldorf 1994.

SCHUMAN, Robert, France and Europe. In: Foreign Affairs Bd. 31 (April 1953), S. 349-360.

SCHUMANN, Wolfgang / SECKENDORF, Martin, Richtung Südost – Politik und Wirtschaft in Vorbereitung der ersten deutschen Aggressionen: Österreich/Tschechoslowakei 1938-1939 (eine Fallstudie). In: L. Nestler [u. a.], Der Weg deutscher Eliten, S. 227-277.

SCHWABE, Klaus, Die Ära Roosevelt in der Geschichte der Vereinigten Staaten und ihr Einfluß auf die Weltpolitik. In: G. Schulz, Die große Krise der dreißiger Jahre, S. 200-214.

– (Hrsg.), Die Anfänge des Schuman-Plans 1950/51. Beiträge des Kolloquiums in Aachen, 28.-30. Mai 1986, Baden-Baden 1988.

SCHWARZ, Angela, Die Reise ins Dritte Reich. Britische Augenzeugen im nationalsozialistischen Deutschland (1933-39), Göttingen 1993.

SCHWARZ, Gotthart, Krise des Parteienstaates oder Problematik des Präsidialsystems? Zur Kontroverse um die »Auflösung der Weimarer Republik«. In: GWU 20 (1969), S. 683-689.

SCHWARZ, Hans-Peter, Adenauer. Der Aufstieg 1876-1952 (zit. H.-P. Schwarz, Adenauer Bd. 1), Stuttgart 1986.

– Adenauer. Der Staatsmann 1952-1967 (zit. H.-P. Schwarz, Adenauer Bd. 2), Stuttgart 1991.

– Das Gesicht des Jahrhunderts. Monster, Retter und Mediokritäten, Berlin 1998.
SCHWARZSCHILD, Leopold, Die letzten Jahre vor Hitler. Aus dem ›Tagebuch‹ 1929-1933. Hrsg. von Valerie Schwarzschild. Mit einem Vorwort von Golo Mann, Hamburg 1966.
– Von Krieg zu Krieg, Amsterdam 1947.
– Die Lunte am Pulverfaß. Aus dem ›Neuen Tagebuch‹ 1933-1940. Hrsg. von Valerie Schwarzschild, Hamburg 1965.
SCHWENGLER, Walter, Der doppelte Anspruch: Souveränität und Sicherheit. Zur Entwicklung des völkerrechtlichen Status der Bundesrepublik Deutschland 1949-1955. In: Anfänge westdeutscher Sicherheitspolitik Bd. 4, S. 187-566.
SCHWERIN, Gerd, Wilhelm Freiherr von Gayl, der Innenminister im Kabinett Papen 1932, Phil. Diss. Erlangen 1972.
SCHWERIN VON KROSIGK, Lutz Graf, Staatsbankrott. Die Geschichte der Finanzpolitik des Deutschen Reiches von 1920 bis 1945, geschrieben vom letzten Reichsfinanzminister, Göttingen 1974.
SCHWERTFEGER, Bernhard, Rätsel um Deutschland. 1933 bis 1945, Heidelberg 1947.
SEIBERTH, Gabriel, Anwalt des Reiches. Carl Schmitt und der Prozeß »Preußen contra Reich« vor dem Staatsgerichtshof, Berlin 2001.
SETHE, Paul, Die großen Entscheidungen, Frankfurt/Main 1958.
– Zwischen Bonn und Moskau, Frankfurt/Main 1956.
SHUSTER, George N., In Amerika und Deutschland. Erinnerungen eines amerikanischen College-Präsidenten, Frankfurt/Main 1965.
– Dr. Brüning's Sojourn in the United States. In: F. A. Hermens / Th. Schieder, Staat, Wirtschaft und Politik in der Weimarer Republik, S. 399-466.
– The Ground I Walked on, Notre Dame, Indiana, 1969.
SMALDONE, William Thomas, Rudolf Hilferding. Die Tragödie eines deutschen Sozialdemokraten, Bonn 2000.
SMELSER, Ronald M., Das Sudetenproblem und das Dritte Reich 1933-1938. Von der Volkstumspolitik zur Nationalsozialistischen Außenpolitik, München 1980.
SMITH, Richard Harris, OSS: Office of strategic services. The secret history of America's first central intelligence agency, Berkeley, Calif. 1982.
SONTHEIMER, Kurt, Antidemokratisches Denken in der Weimarer Republik. Die politischen Ideen des deutschen Nationalismus zwischen 1918 und 1933, 3. Aufl. München 1992.
– Der Tatkreis. In: G. Jasper, Von Weimar zu Hitler, S. 197-228.
SPAEL, Wilhelm, Das katholische Deutschland im 20. Jahrhundert. Seine Pionier- und Krisenzeiten 1890-1945, Würzburg 1964.
SPÄTER, Jörg, Vansittart. Britische Debatten über Deutsche und Nazis 1902-1945, Göttingen 2003.
SPEVACK, Edmund D., Enigma in Exile: Heinrich Bruening in America 1937-1952, (B. A. Thesis, masch.), Harvard University 1986.
SPIEL, Hilde, Psychologie des Exils. In: Neue Rundschau 86 (1975), S. 424-439.
SPITZY, Reinhard, So haben wir das Reich verspielt. Bekenntnisse eines Illegalen, München 1986.
STACHURA, Peter D., Gregor Strasser and the Rise of Nazism, London 1983.
STEHLE, Hansjakob, Deutsche Friedensfühler bei den Westmächten im Februar/März 1945. In: K. D. Bracher / M. Funke / H.-A. Jacobsen, Nationalsozialistische Diktatur, S. 509-528.
STEINBACH, Peter, Widerstand im Widerstreit. Der Widerstand gegen den Nationalsozialismus in der Erinnerung der Deutschen. Ausgewählte Studien, 2. Aufl. Münster 2001.
STEINBACH, Peter / TUCHEL, Johannes (Hrsg.), Widerstand in Deutschland 1933-1945. Ein historisches Lesebuch, München 1994.
STEINBACH, Peter / TUCHEL, Johannes (Hrsg.), Widerstand gegen den Nationalsozialismus, Bonn 1994.

STEINERT, Marlis, Hitlers Krieg und die Deutschen. Stimmung und Haltung der deutschen Bevölkerung im Zweiten Weltkrieg, Düsseldorf 1970.
STEININGER, Rolf, Eine Chance zur Wiedervereinigung? Die Stalin-Note vom 10. März 1952. Darstellung und Dokumentation auf der Grundlage unveröffentlichter britischer und amerikanischer Akten, Bonn 1985.
– Eine vertane Chance: Die Stalin-Note vom 10. März 1952 und die Wiedervereinigung. Eine Studie auf der Grundlage unveröffentlichter britischer und amerikanischer Akten, 2. Aufl. Berlin 1986.
– Der Mauerbau. Die Westmächte und Adenauer in der Berlinkrise 1958-1963, München 2001.
– Wiederbewaffnung. Die Entscheidung für einen westdeutschen Verteidigungsbeitrag: Adenauer und die Westmächte 1950, Erlangen 1989.
STEINLE, Jürgen, Europa-Vorstellungen der ersten Nachkriegszeit. Aufgezeigt am Beispiel Hermann Pünders. In: Zeitschrift für Politik 36 (1999), S. 424-440.
STEITZ, Walter (Hrsg.), Quellen zur deutschen Wirtschafts- und Sozialgeschichte in der Zeit des Nationalsozialismus, 2 Teilbde., Darmstadt 2000.
STEPHAN, Juliane, Begleiterin im langen Schatten. Claire Nix: Heinrich Brünings Eckermann in Neuengland. In: FAZ Nr. 54 vom 4. 3. 2000, S. III.
STERLING, Michael Carl, The Herrenreiter in Politics: The Government of Franz von Papen May 31, 1932 – December 2, 1932, Diss. Indiana University, Bloomington 1975.
STERNBURG, Wilhelm von (Hrsg.), Die deutschen Kanzler von Bismarck bis Kohl, Frankfurt/Main 1994.
STIMSON, Henry L., Democracy and Nationalism in Europe, Princeton 1934.
– (with McGeorge Bundy), On Active Service in Peace and War, New York 1947.
STÖVER, Bernd, Die Befreiung vom Kommunismus. Amerikanische »Liberation Policy« im Kalten Krieg 1947-1991, Köln 2002.
STOLPER, Gustav, Deutsche Wirtschaft seit 1870. Fortgeführt von Karl Häuser und Knut Borchardt, Tübingen 1964.
STRAUSS, Franz Josef, Die Erinnerungen, Berlin 1989.
STROBEL, Robert, Adenauer und der Weg Deutschlands, Luzern 1965.
STROHMEYR, Armin, Annette Kolb. Dichterin zwischen den Völkern, München 2002.
STRONG, Kenneth, Die Geheimnisträger. Männer im Nachrichtendienst, Wien 1971.
STRUVE, Walter, Elites against Democracy. Leadership Ideals in Bourgeois Political Thought in Germany, 1890-1933, Princeton 1973.
STUCKEN, Rudolf, Deutsche Geld- und Kreditpolitik 1914 bis 1963, 3. Aufl. Tübingen 1964.
SYKES, Christopher, Adam von Trott. Eine deutsche Tragödie, Düsseldorf 1969.
TANSILL, Charles Callan, Die Hintertür zum Kriege. Das Drama der internationalen Diplomatie von Versailles bis Pearl Harbour, Düsseldorf 1956.
THAMER, Hans-Ulrich, Verführung und Gewalt. Deutschland 1933-1945, Berlin 1986.
THIELENHAUS, Marion, Zwischen Anpassung und Widerstand. Deutsche Diplomaten 1938-1941, Paderborn 1984.
TITTMANN, Harold H. Jr., Inside the Vatican of Pius XII. The Memoir of an American Diplomat During World War II, edited by Harold H. Tittmann III, New York 2004.
TREVIRANUS, Gottfried Reinhold, Für Deutschland im Exil, Düsseldorf 1973.
– Das Ende von Weimar. Heinrich Brüning und seine Zeit, Düsseldorf 1968.
– Zur Rolle und Person Kurt von Schleichers. In: F. A. Hermens / Th. Schieder, Staat Wirtschaft und Politik in der Weimarer Republik, S. 363-382.
TRUMPP, Thomas, Zur Finanzierung der NSDAP durch die deutsche Großindustrie. In: K. D. Bracher / M. Funke / H.-A. Jacobsen, Nationalsozialistische Diktatur, S. 132-154.
TURNER, Henry Ashby, Jr., German Big Business and the Rise of Hitler, Oxford 1985.
– Hitlers Weg zur Macht. Der Januar 1933, München 1997.

TUTAS, Herbert E., NS-Propaganda und deutsches Exil 1933-39, Meisenheim 1973.
UHLE-WETTLER, Franz, Höhe- und Wendepunkte deutscher Militärgeschichte, Hamburg 2000.
URSACHEN UND FOLGEN. Vom deutschen Zusammenbruch 1918 und 1945 bis zur staatlichen Neuordnung Deutschlands in der Gegenwart. Hrsg. und bearb. von Herbert Michaelis und Ernst Schraepler unter Mitwirkung von Günter Scheel, Bd. 8: Die Weimarer Republik. Das Ende des parlamentarischen Systems. Brüning – Papen – Schleicher. 1930-1933; Bd. 9: Das Dritte Reich. Die Zertrümmerung des Parteienstaates und die Grundlegung der Diktatur; Bd. 10: Das Dritte Reich. Die Errichtung des Führerstaates. Die Abwendung von dem System der kollektiven Sicherheit; Bd. 24: Deutschland unter dem Besatzungsregime; Bd. 25: Der Zerfall der alliierten Koalition, Berlin 1963 ff.
VALETTE, Jacques, Problèmes des Relations Internationales 1918-1949, Paris 1980.
VANSITTART, Lord (Robert Gilbert), Lessons of my life, New York 1943.
– The Mist Procession. The Autobiography of Lord Vansittart, London 1958.
VERHANDLUNGEN DES REICHSTAGS. III. Wahlperiode, Stenographische Berichte und Drucksachen Bd. 454 ff., Berlin 1932 f.
VERNEKOHL, Wilhelm (Hrsg.), Heinrich Brüning. Ein deutscher Staatsmann im Urteil der Zeit. Reden und Aufsätze gesammelt von Wilhelm Vernekohl, Münster 1961.
– Reden und Aufsätze eines deutschen Staatsmanns, Münster 1968.
VOGELSANG, Thilo, Papen und das außenpolitische Erbe Brünings. Die Lausanner Konferenz 1932. In: C. P. Clausen, Neue Perspektiven aus Wirtschaft und Recht, S. 488-507.
– Kurt von Schleicher. Ein General als Politiker, Göttingen 1965.
– Zur Politik Schleichers gegenüber der NSDAP. In: VfZG 6 (1958), S. 86-118.
VOLK, Ludwig (Hrsg.), Kirchliche Akten über die Reichskonkordatsverhandlungen 1933, Mainz 1969.
– Katholische Kirche und Nationalsozialismus. Ausgewählte Aufsätze. Hrsg. von Dieter Albrecht, Mainz 1987.
– Die unverzeihlichen Sünden des Prälaten Kaas. Was Heinrich Brüning nicht verwinden konnte. In: Ders., Katholische Kirche und Nationalsozialismus, S. 321-327.
– Nationalsozialismus. In: Katholische Kirche und Nationalsozialismus, S. 114-143.
– Das Reichskonkordat vom 20. Juli 1933, Mainz 1972.
WAGENER, Otto, Hitler aus nächster Nähe. Aufzeichnungen eines Vertrauten 1929-1932. Hrsg. von Henry Asby Turner, Jr., Berlin 1978.
WAGNER, Wolfgang, Die Bundespräsidentenwahl 1959 (Adenauer Studien II, hrsg. von R. Morsey und K. Repgen), Mainz 1972.
WALA, Michael, Winning the Peace. Amerikanische Außenpolitik und der Council on Foreign Relations, 1945-1950, Stuttgart 1990.
WANDEL, Eckhard, Hans Schäffer. Steuermann in wirtschaftlichen und politischen Krisen 1886-1967, Stuttgart 1974.
WATT, David Cameron, Personalities and Policies, London 1965.
– Großbritannien, die Vereinigten Staaten und Deutschland. In: J. Foschepoth / R. Steininger, Die britische Deutschland- und Besatzungspolitik, S. 15-25.
WEGNER, Bernd (Hrsg.), Wie Kriege enden. Wege zum Frieden von der Antike bis zur Gegenwart, Paderborn 2002.
– Wie Kriege entstehen. Zum historischen Hintergrund von Staatenkonflikten, Paderborn 2000.
WEHLER, Hans-Ulrich, Deutsche Gesellschaftsgeschichte, Bd. 4: Vom Beginn des Ersten Weltkrieges bis zur Gründung der beiden deutschen Staaten 1914-1949, München 2003.
WEILEMANN, Peter R. / KÜSTERS, Hanns Jürgen / BUCHSTAB, Günter (Hrsg.), Macht und Zeitkritik. Festschrift für Hans-Peter Schwarz zum 65. Geburtstag, Paderborn 1999.

WEINBERG, Gerhard L., Deutschlands Wille zum Krieg. Die internationalen Beziehungen 1937-1939. In: K. D. Bracher / M. Funke / H.-A. Jacobsen, Nationalsozialistische Diktatur, S. 407-426.
WEISS, Hermann / HOSER, Paul (Hrsg.), Die Deutschnationale Volkspartei und die Zerstörung der Weimarer Republik. Aus dem Tagebuch von Reinhold Quaatz 1928-1933, München 1989.
WEIZSÄCKER, Ernst v., Erinnerungen, München 1950.
WELLES, Sumner, The Time for Decision, New York 1944.
WENDT, Bernd-Jürgen, Economic Appeasement. Handel und Finanz in der britischen Deutschland-Politik 1933-1939, Düsseldorf 1971.
WERNER, Heidrun, Zum Wirken des Zentrumspolitikers Ludwig Kaas in der Endphase der Weimarer Republik. In: Wissenschaftliche Zeitschrift der Wilhelm-Pieck-Universität Rostock, Gesellschaftswissenschaftliche Reihe 32 (1983), S. 39-43.
WERNER, Weber / JAHN, Werner (Bearb.), Synopse zur Deutschlandpolitik 1941 bis 1973, Göttingen 1973.
WETTIG, Gerhard, Entmilitarisierung und Wiederbewaffnung in Deutschland 1943-1955. Internationale Auseinandersetzung um die Rolle der Deutschen in Europa, München 1967.
WHEELER-BENNETT, John W., The End of the Weimar. In: Foreign Affairs 50 (1971/72), S. 351-371.
– Knaves, Fools and Heroes in Europe between the Wars, London 1974.
– Munich. Prologue to Tragedy, London 1948.
– Die Nemesis der Macht. Die deutsche Armee in der Politik 1918-1945, Düsseldorf 1954.
– The New Regime in Germany. In: International Affairs 12 (1933), S. 312-326.
– Special Relationships, London 1975.
WHEELER-BENNETT, John W. / NICHOLLS, Anthony, The Semblance of Peace. The Political Settlement after the Second World War, London 1972.
WIECK, Hans Georg, Die Entstehung der CDU und die Wiedergründung des Zentrums im Jahre 1945, Düsseldorf 1955.
WIESEMANN, Falk, Die Vorgeschichte der nationalsozialistischen Machtübernahme in Bayern 1932/1933, Berlin 1975.
WINDSOR, Philip, Deutschland gegen Deutschland. Die Überwindung der Gegensätze. German Reunification, Zürich 1971.
WINKEL, Harald, Der Glaube an die Beherrschbarkeit von Wirtschaftskrisen (1933-1970). Lehren aus der Weltwirtschaftskrise. In: G. Schulz, Die große Krise der dreißiger Jahre, S. 17-43.
WINKLER, Heinrich August, Die deutsche Abweichung vom Westen. Der Untergang der Weimarer Republik im Lichte der »Sonderwegs-These«. In: W. Pyta / L. Richter, Gestaltungskraft des Politischen, S. 127-137.
– (Hrsg. unter Mitarbeit von Elisabeth Müller-Luckner), Die deutsche Staatskrise 1930-1933. Handlungsspielräume und Alternativen, München 1992.
– Der lange Weg nach Westen, 2 Bde. (Bd. 2: Deutsche Geschichte vom Dritten Reich bis zur Wiedervereinigung), München 2000.
– Weimar 1918-1933. Die Geschichte der ersten deutschen Demokratie, München 1993.
WIPPERMANN, Karl, Deutscher Geschichtskalender. Hrsg. von Friedrich Purlitz, Leipzig 1918 ff.
WUERMELING, Henric L., Die weiße Liste, Frankfurt/Main 1981.
WYCKOFF, Theodore, Henry L. Stimson. Amerikanischer Kriegsminister im II. Weltkrieg, Diss. Bonn 1968.
YOUNG, Arthur P., Die >X<-Dokumente. Die geheimen Kontakte Carl Goerdelers mit der britischen Regierung 1938-1939, München 1989.
ZARUSKY, Jürgen (Hrsg.), Die Stalin-Note vom 10. März 1952. Neue Quellen und Analysen (Schriftenreihe der Vierteljahrshefte für Zeitgeschichte Bd. 83), München 2002.

ZAYAS, Alfred-Maurice de, Die Anglo-Amerikaner und die Vertreibung der Deutschen, 3. Aufl. München 1977.
- Anmerkungen zur Vertreibung der Deutschen aus dem Osten, 3. Aufl. Stuttgart 1993.
ZEIDLER, Manfred, Reichswehr und Rote Armee 1920-1933. Wege und Stationen einer ungewöhnlichen Zusammenarbeit, München 1993.
ZELLER, Eberhard, Geist der Freiheit. Der zwanzigste Juli 1944, 5. Aufl. München 1965.
ZIEBURA, Gilbert (Hrsg.), Grundfragen der deutschen Außenpolitik seit 1871, Darmstadt 1975.

INDEX

Abcle, Theodor 440, 447, 469, 645, 683, 705, 707 ff., 743, 746 ff., 778, 782
Abernon, Edgar Vincent Viscount d' 493, 520, 547
Abraham, Hans Fritz 283
Abs, Hermann Josef 517
Acheson, Dean 418, 490, 501, 505, 566, 575
Adam, Karl 793
Adam, Wilhelm 79
Adenauer, Gussie 432
Adenauer, Konrad 14, 87, 111, 207, 259, 373 f., 399, 401, 416 f., 423, 429 f., 432 f., 442 ff., 446-453, 456-465, 468 ff., 476-484, 487, 489 ff., 494, 501-517, 520, 524-538, 540-544, 547 f., 550, 552 ff., 557-560, 566, 568, 570, 572-576, 578-582, 585, 592, 594, 597, 604, 609, 613, 615-622, 624, 627, 630 f., 638, 664, 744, 746-750, 752 f., 756, 759, 764 f., 768 f., 775, 789, 791
Adenauer, Max 543, 775
Ahlers, Conrad 584
Albers, Johannes 433 f.
Alexander, Edgar 104, 517, 541 ff., 663, 692, 754, 767, 774 f.
Allport, Gordon Willard 13
Alphand, Hervé 469
Alsop, Joseph 402
Alvensleben, Gisela von 679
Alvensleben, Werner von 63, 80 f., 148
Anderson, Colin 142
Anderson, Ethel 142
Anderson, Familie 142, 153, 159, 168, 175, 187, 198, 201, 220, 229 f., 281, 297, 427, 440, 479, 556, 673, 688, 700
Anderson, Fiona 142
Anderson, Henry, Deckname von Heinrich Brüning 157, 173, 201, 690
Anderson, Ian 142, 218, 234, 241, 279, 427, 688, 699
Anderson, John 142
Anderson, Mona 142, 153, 156, 174 f., 227, 229, 232, 234, 248, 251, 259, 281, 300, 306, 342 f., 352, 384, 671 f., 676-680, 682 f., 691, 694-697, 699-705, 708 f., 712 ff., 717 f., 722 f., 725, 731, 733, 739, 742, 748, 760, 769, 776
Annaert, Hugo, Deckname von Heinrich Eduard Klemens Müller 182, 188

Antonius, Marcus 101
Apollonia, Schwester im Hedwig-Krankenhaus in Berlin 136
Arendt, Hannah 336
Aretin, Karl Otmar Frhr. von 85, 594, 658
Aristides 557, 568, 629
Aristoteles 284
Armstrong, Hamilton Fish 259, 313, 547, 703, 710, 769, 776
Arnold, Karl 374, 430, 433 f., 437, 441, 449, 451, 458, 462, 467, 471, 478, 489 f., 514, 556
Ashton-Gwatkin, Frank 314 f., 320 f.
Astor, Lord David 271, 273
Astor, John Jacob 220 f.
Astor, Lord John Jacob Waldorf 273, 428
Astor, Lady Nancy 440
Atherton, Ray 351 f., 354, 358, 365
Atholl, Duchess of, siehe Stewart-Murray, Katherine Marjorie
Attlee, Clement Richard 402
Augstein, Rudolf 554, 579, 785
August Wilhelm, Prinz von Preußen 149
Augustinus, Aurelius 352, 725 f.
Axelsson, George 357
Bachem, Karl 105, 135 f., 662 ff., 670
Badoglio, Pietro 327
Baeck, Leo 140, 411, 672, 746
Baerwald, Leo 348
Baeumker, Clemens 140, 431, 746, 750
Bagehot, Walter 199
Bahr, Egon 619
Baldwin, Stanley, Earl of Bewdley 165, 205, 225, 265
Balfour, Arthur James 409
Ballin, Albert 277
Baltz, Walter von 749, 755, 761, 765, 768
Banasch, Georg 777, 784
Bares, Nikolaus 137, 353
Barker, Sir Ernest 490
Barraclough, John A. 459
Barry, Patrick 174, 232, 297, 381, 384, 500, 551, 576, 582, 634, 682, 689 f., 692 f., 696 f., 699 f., 713 ff., 722-726, 730-734, 738, 743 f., 746, 752, 754 f., 761, 764, 773, 775-778, 780, 793
Barthou, Louis 693
Barzel, Rainer 584

Bauer, Max 342
Baumann, Herbert 666
Baumert, Watson A. 358
Baumgarten, Hans 538
Baumhoff, Josef 434, 731, 772
Baur, Georg 730
Beaverbrook, Lord William 147
Becher, Hellmut 557
Bechstein, Carl 81
Bechthold, Benno 283
Beck, Józef 328
Beck, Ludwig 217, 224, 229, 238, 240 f., 257, 262, 285, 289, 294, 317, 319, 327, 357, 361, 392, 653, 698 f.
Becker, Josef 530, 637, 706
Beer, Rüdiger Robert 568
Beethoven, Ludwig van 140
Bell, George 277
Bell, Johannes 59, 83, 95, 100, 435, 661
Bell, Trude 435
Blesch, Josephina 756
Beneš, Edvard 221, 239, 241, 246, 314, 351, 376
Berg, Fritz 533, 536
Bergemann, Günther 551, 733
Bergemann, Hildegard 678
Bergemann, Renate 578, 701, 734, 782
Bergen, Diego von 132, 669
Bergengruen, Werner 410, 635, 739, 794
Berger, Hans F. 435, 642, 750, 758, 780-784, 789, 793
Berglar, Peter 505, 531
Bergner, Elisabeth 348
Berkenkopf, Paul 485 f., 756, 758
Berle, Adolf 287
Bernhard, Georg 128
Berning, August Heinrich 672, 745 ff., 761, 763 f., 769, 771 ff., 775, 780 ff., 790, 793, 795
Berning, Vincent 669
Berning, Wilhelm 132, 747
Berthelot, Philippe 522
Bertram, Adolf 115 f., 131, 180
Bertram, H. 777
Beste, Theodor 780, 783
Bethmann-Hollweg, Theobald von 323, 390, 395
Betters, Paul 207
Beveridge, William 304
Bevin, Ernest 402
Bidault, Georges 446, 470
Biel, Heinrich von 767, 775
Biel, Ulrich 736, 738
Bilfinger, Carl 24
Birrenbach, Kurt 578, 775, 777 f., 781 f., 785 f.
Bischoff, Ilse 449, 552, 556, 569
Bismarck, Otto von 31, 51, 56, 115, 118, 176, 195 f., 199, 285, 341, 367, 391, 436, 465, 472, 486, 494, 520, 530

Bitter, Wilhelm 543, 775
Blankenhorn, Herbert 478
Bleiker, Fritz 183, 187
Blesch, Josephina 713, 756, 763, 769, 780 ff.
Bley, Bernhard 135
Bloch, Charles 790
Bloch, Ernst 348
Blomberg, Werner von 81 f., 85 f., 124, 144, 147 f., 216 f., 224 f., 229, 256, 657
Blücher, Franz 477, 503, 559, 755
Blum, Léon 155, 231
Boccaccio, Giovanni 586
Bock, Fedor von 137, 144, 331, 334, 339
Bockius, Fritz 28, 102
Bodelschwingh, Friedrich von 131
Böker, Alexander 709 f.
Bolingbroke, Henry Saint-John, Viscount of 223, 695
Bolz, Eugen 27 f., 34 f., 66, 99, 102, 135
Bon, Hans 278, 743
Bonhoeffer, Dietrich 277
Bonn, Max J. 156
Bonnet, Georges 235, 266
Borch, Herbert von 517, 536, 765, 773
Borchardt, Knut 592, 597
Borelli, Carlo 776
Borgia, Cesare 187
Borkin, Joseph 641, 692
Bormann, Martin 100
Bosch, Robert 321
Bose, Herbert von 145 f.
Boveri, Margret 554
Bowman, Isaiah 354
Bracher, Karl Dietrich 108, 590 f.
Bracht, Franz 22, 54 f., 65
Brand, Robert 230, 428
Brandt, Karl 172, 402, 727, 738
Brandt, Willy 580, 583 ff., 594, 787
Braubach, Max 754, 757
Brauchitsch, Walther von 217, 224, 240, 357
Brauer, Max 312, 340, 374, 721
Braun, Dr., Deckname von Heinrich Brüning 145, 182 f.
Braun, Magnus Frhr. von 71
Braun, Max 190
Braun, Otto 21, 23 ff., 65, 68 f., 74, 78, 87, 127, 182, 185, 309, 351, 415, 604, 616, 638, 656, 790
Brecht, Arnold 60, 283, 312, 606, 734, 739, 777, 782, 793
Bredow, Ferdinand von 19, 147, 642
Bredow, Kurt von 45, 82
Bredow-Bismarck, Hannah von 671 f.
Bredt, Johann Viktor 671
Breitscheid, Rudolf 35, 45, 51, 55, 74, 308 ff., 510, 648, 715
Breitscheid, Toni 309

Brengelmann, Leo 793
Brentano, Heinrich von 478, 489, 559 f., 567, 617, 770
Breslauer, Marianna 725, 779
Brettauer, Alfred 343
Brettauer, Erwin 145, 155, 157 f., 160, 164, 176, 180-185, 191, 247, 280, 283, 310, 343, 411, 568 ff., 572, 677 f., 700, 722, 745 f., 752, 762 f., 776, 778, 780-783, 794
Breucker, N. 644
Briand, Aristide 212, 461, 465, 479, 623, 628
Brockdorff-Rantzau, Ulrich Graf von 539, 704
Brockmann, Johannes 441
Bronisch, Gotthelf 208
Bronstein, Leib, siehe Trotzki, Leo
Brown, Henry Dr., Deckname von Heinrich Brüning 142, 148
Brown, Lewis 510
Broz, Josip, siehe Tito
Brüning, Anton P. 110 f., 220
Brüning, Hermann Joseph 346, 570
Brüning, Maria 66, 140 f., 164, 179, 181, 213, 243, 248, 352, 377, 386, 399, 401, 415, 427, 430, 458, 467, 500, 514, 516, 535, 550 f., 584, 653, 672, 679, 689, 692, 696, 700 f., 723 ff., 731, 733, 736 f., 741, 748 ff., 752, 755, 758, 777
Brüning, Postbeamter 32
Brünneck-Belschwitz, Manfred Graf von 641, 649, 654 f., 720, 735, 751 f., 755 f., 762 f., 775
Brunstäd, Friedrich 435
Brunstäd, Gunther 435
Bryans, James Lonsdale 272
Bucerius, Gerd 678, 751 ff., 756, 763 f., 791
Buch, Walter 100, 139 f., 186, 672
Buchanan, S. 713
Bucharin, Nikolai Iwanowitsch 259
Buchheim, Karl 580
Buchheit, Gert 651
Buchholz, Franz 745
Buck, Paul 360
Budjonny, Semjon Michailowitsch 332, 338
Buell, Raymond L. 794 f.
Bullitt, William 215
Bullock, Malcolm 143
Bülow, Bernhard Wilhelm von 14, 17 f., 151, 173, 503, 681
Bumke, Erwin 62
Bumm, Franz 136
Bundy, Harvey Hollister 360, 712
Bundy, McGeorge 550, 777
Burckhardt, Carl Jacob 623
Burgbacher, Fritz 779, 783 f.
Bürgers, Robert 120
Busch, Wilhelm 62
Bussche-Ippenburg, Erich Frhr. von dem 78 f., 656

Butler, Richard Austen 271 f.
Byrnes, James Francis 403 ff., 417, 555, 738
Cadogan, Sir Alexander 271 f.
Caesar, Gaius Julius 101, 462
Caffery, Jefferson 748
Callender, H. 673, 692, 711
Campbell, engl. Brigadier 431
Canaris, Wilhelm 54, 224, 226, 241, 289, 294, 342, 356, 391, 650, 696, 699, 727
Capone, Al (Alphonse Gabriel) 146
Carr, Edward Hallett 273
Carter, Edward C. 284 ff., 295, 709, 722
Chamberlain, Neville 147, 193, 205, 216, 222, 225, 230, 236 ff., 240, 242-246, 255-259, 262, 266 f., 271, 279 ff., 295, 301 f., 314 f., 384, 606, 608, 699 f., 702
Cheifez, Grigori 717
Cherwell, Lord Frederick Alexander, eigentl. Frederick Alexander Lindemann 362
Child, Richard Wasburn 124
Christie, Malcolm Graham 237, 315
Chruschtschow, Nikita 559, 564, 571, 573, 576
Church, Archibald 142 f., 145, 148, 152-155, 157, 159 f., 165, 220, 227, 346, 672, 676, 682
Churchill, Clementine Ogiloy, geb. Hozier 149, 224, 690
Churchill, Randolph 223
Churchill, Sir Winston Leonard Spencer 148-152, 156, 160, 162 f., 165, 193 f., 202 f., 205, 212, 218, 222-225, 228-231, 237, 240-246, 252, 260, 262, 270, 277, 287, 295, 302, 304, 314 f., 322 f., 329, 338, 357, 359, 362, 364, 378 f., 382, 391, 394, 402, 405, 440, 480, 503, 516, 593, 606, 608, 631, 675, 690 f., 693, 695, 697, 699 f., 733
Ciano, Galeazzo, Graf di Cortellazzo 267, 705
Citrine, Sir Walter 312
Clark, Dale 705
Clark, George N. 623
Clausewitz, Carl von 171, 316 f., 330, 338, 509, 575, 625 f.
Clay, Lucius D. 381, 416, 419, 425, 436 ff., 441, 446
Clemenceau, Georges 631
Coffey, James 682
Coke, Gerald E. 272
Colina, Rafael de 295
Colvin, Ian 241
Conant, James B. 528, 769
Conkling, Samuel R. 375
Conwell-Evans, Philip 315
Conze, Werner 580 f.
Coolidge, Charles A. 692
Cooper, Duff 314
Corbett, Percy Ellwood 295
Cornelissen, A. J. M. 179, 184, 187 f., 685, 688, 693, 696, 709, 711

Cot, Pierre 792
Crane, John 545
Crater, Familie 141
Cripps, Sir Stafford 287
Crocker, John 713
Crooker, J. 715
Crowe, Sir Eyre 151, 675
Curtis, Lionel 218 ff., 267, 271, 273 ff., 304, 406, 690
Curtius, Julius 468
Daladier, Edouard 154, 235, 255, 266, 598
Dalai-Lama 680
Danner, Erich 768
Dante Alighieri 586
Dauch, Hugo Walther 722
Dauch, Walther 343, 722
Dawson, Geoffrey 220 f., 384
Deák, Francis 295
Dehler, Thomas 532, 573 f., 627, 780-783, 792
Delcassé, Théophile 174
Delmer, Sefton Denis 80, 147, 652
Dempf, Alois 66, 130, 434 f., 669, 672, 745, 760
Demuth, Fritz 715, 719, 723, 731
Dengler, Theobald 385, 397, 734 f.
Derby, Lord Edward George Villers Stanley 143
Dernburg, Bernhard 140
Dessauer, Christof 787
Dessauer, Franz 653, 664 ff., 669, 694 f., 707, 722 f., 774, 783 f., 787, 791
Dessauer, Friedrich 34, 102, 104, 135, 157, 583, 649, 658, 663, 676 f., 679 f., 730 f., 735 f., 742, 787
Dessauer, Gerhard 787
Dessauer, Ottmar 787
Deuel, W. R. 730
Deuerlein, Ernst 594, 772
Dewey, Thomas 424
Dickens, Charles 421
Diel, Jakob 532, 735, 769, 775
Dietrich, Hermann 38, 103, 172, 373, 430, 459, 503, 578, 712, 723, 731 ff., 741, 749 f., 791, 794
Dietrich, Otto 46, 286
Diman, H. 689
Dingeldey, Eduard 44
Diokletian, röm. Kaiser 431
Dirks, Walter 631
Dirksen, Herbert von 299, 713
Dodd, William E. 137, 676
Dohrn, Mr. 774
Dollfuß, Engelbert 231, 490
Donovan, William J. 292, 365, 384, 711, 720, 729 f.
Dorpmüller, Julius 370
Dorthausen, Deckname von Heinrich Eduard Klemens Müller 188
Douglas, Lewis 428

Dovifat, Dorothee 794
Dovifat, Emil 722
Dräger, Heinrich 34, 641, 764, 788
Draper, Theodore 668, 671, 674
Dreiheller, F. 724, 727, 737
Drood, Edwin 421
Droste-Hülshoff, Annette von 579
Droysen, Johann Gustav 12
Drummond, Sir Eric 427
Dryander, Gottfried von 435
Dryden, John 12
Duesterberg, Theodor 83, 118, 658
Dulles, Allen W. 287, 354, 361, 374, 424, 453, 527, 679, 709 f., 727
Dulles, John Foster 401, 424, 501, 505, 527, 554, 562, 566 f., 575
Dürer, Albrecht 628
Earle, George H. 727
Ebbutt, Norman 142, 220, 644, 673
Ebert, Friedrich 32, 58, 288, 472, 497, 587
Eckert, Anni 769, 773, 781 f.
Eckert, Christian 496
Eden, Sir Anthony 149, 194, 208, 230, 252, 255, 263, 383, 391, 552, 559, 563, 769, 778
Egan-Krieger, Jeno von 778 f.
Egbring, Carl 744
Eggert, Wilhelm 50, 55, 57
Ehard, Hans 437, 476, 478
Ehlers, Hermann 517, 532
Ehrenburg, Ilja 380
Ehrle, Gertrud 434
Einem, Gerta-Luise von 175, 682, 777
Einstein, Albert 310, 415
Einzig, Paul 218
Eisenhower, Dwight David 359, 363, 381, 501 f., 507 f., 511, 546, 554, 559, 561 f., 573, 575 f.
Eisenlohr, Ernst 692, 713, 732, 741
Eisler, Hanns 308
Elbrechter, Hellmuth 58, 67, 651, 759, 763, 778, 781
Elfes, Wilhelm 533, 540
Eliot, Frederick M. 722
Elliott, A. R. 709
Elliott, John 436, 745, 747, 790
Elliott, William Y. 250, 258, 283, 698 ff., 738, 740, 746
Elsen, Franz 660, 679
Eltz-Rübenach, Paul Frhr. von 52
Engelmeier, Max-Paul 750
Ephialtes 27
Erhard, Ludwig 453 f., 456 f., 469, 516, 534, 556, 574, 580, 785
Erler, Fritz 580
Ermarth, Fritz 313, 341, 716 ff., 721 f.
Ernst, Johannes 105
Ersing, Joseph 38, 70 f., 102, 654, 710, 735, 764

Ertl, Josef 584
Eschenburg, Theodor 66, 618, 626, 792
Eßer, Thomas 34 f., 42, 59, 72 f., 76, 94, 113, 118, 683
Etscheid, Alfred 124, 140
Etzel, Hans 517
Eugen, Prinz von Savoyen 222 f.
Eulerich, Otto 516, 557, 579, 665, 693, 765, 778, 781, 784, 786
Euripides 249
Eyck, Erich 77
Fahrenbrach, Heinrich 102
Falkenhausen, Alexander von 267, 285, 315
Falkenhayn, Erich von 331
Faltz, Walter 750
Faulhaber, Michael von 115, 200
Fay, Sidney B. 250 f., 283, 706 ff.
Feder, Gottfried 51, 60
Fehrenbach, Konstantin 583
Feldkamp, Michael F. 730
Feuchtwanger, Lion 309, 348
Ficino, Marsiglio 625
Fisahn, Joseph 717
Fittkau, Gerhard 682
Flanders, Ralph 546
Flandin, Pierre-Étienne 255, 258
Flick, Friedrich 66
Foch, Ferdinand 154
Foerster, Friedrich Wilhelm 347, 363, 397, 542, 723 f.
Föhr, Ernst Gottlieb 52, 166
Fonk, Wilhelm 431 f., 759, 786
Fontane, Theodor 9
Ford, George B. 198
Forell, Friedrich Joachim 348
Forrester, W. R. 697
Forschbach, Edmund 674
Fosdick, Raymond 549
Foster, Michael Beresford 490
Fouché, Joseph, Herzog von Otranto 628
Fraenkel, Ernst 344
Franco y Bahamonde, Francisco 255
François-Poncet, André 17, 56, 146, 204, 246, 263, 413, 451, 459, 463, 478, 631, 675, 704, 751
Frank, Karl Borromäus, siehe Hagen, Paul
Frankfurter, Felix 288
Franzen, Hans 776
Freund, Michael 540, 623
Frey, Albert 183 f., 187, 684
Frick, Wilhelm 30 f., 34, 38 f., 51, 60, 72 f., 83, 94, 97 ff., 104, 108, 116, 125 f., 134
Friedensburg, Ferdinand 532
Friedrich II., König von Preußen 56, 329, 637
Friedrich, Carl Joachim 250, 283 f., 349 f., 484, 676, 690, 724, 747
Friedrich, Deckname eines Boten der Heeresleitung 166, 173

Friedrich, Otto A. 579, 730, 738, 741, 744, 747-750, 756, 758-762, 764 f., 774, 776, 782, 784, 786, 792
Frings, Joseph 385, 445, 471, 478
Frisé, Adolf 439
Fritsch, Werner Frhr. von 146, 148, 162, 166, 173, 194, 203, 217 f., 221, 224, 229, 257, 327, 608, 675, 681, 690
Fritz, Kurt von 732, 735, 738 f.
Fröhlich, Georg 754
Fromm, Friedrich 319
Fry, Varian 307 ff.
Funcke, Gottlieb 430, 777, 790
Funk, Walter 217
Galbraith, John Kenneth 592
Galen, Antonia Gräfin von 164
Galen, Clemens August Graf von 725
Galen, Franz Graf von 88, 120, 123, 164, 644, 749
Gamelin, Maurice 262
Gans zu Putlitz, Wolfgang 648
Gaulle, Charles de 386, 406, 421, 424, 446, 463, 521, 575, 612, 766
Gauss, Christian 672, 711 f., 717 f.
Gayl, Wilhelm Frhr. von 26, 29, 37, 41 f., 54
Gehlen, Reinhard 529, 536
George, Robert 174
Gereke, Günther 50, 54 f., 59, 64, 435
Gerst, Wilhelm Karl 766
Gessler, Otto 55, 578
Geyr von Schweppenburg, Leo Frhr. 167, 680
Gibson, Hugh S. 724, 734
Gisevius, Hans Bernd 361, 397, 657, 661 ff., 679 f., 682, 686, 690, 693, 696, 709, 732, 735, 737
Globke, Hans 477, 515, 529, 542 f., 753, 764, 769, 774 f., 780-784
Gockeln, Josef 437, 442, 471
Goebbels, Joseph 27, 46, 51, 60, 66, 80, 94, 97, 105, 119, 146 f., 155, 168, 224 f., 266, 270, 312, 314, 474, 657, 674
Goebel, Klaus 671
Goerdeler, Anneliese 226, 229
Goerdeler, Carl Friedrich 11, 55, 108, 146, 207 f., 224-231, 237-240, 260, 264 f., 270-273, 285, 287, 294, 315, 318, 320 f., 357, 361, 363, 372, 390 ff., 589, 607, 610, 691, 696, 704, 706, 788
Goethe, Johann Wolfgang von 13, 594
Goetz, Carl 678
Goldschmidt, Jakob 310, 527, 713, 723, 732, 754 f., 759-762, 764 f., 768, 776 f., 788
Gollancz, Victor 311
Gordon, G. A. 128, 668
Göring, Hermann 29, 34 f., 37 ff., 46, 60, 65, 69, 79 f., 91, 97 f., 103 f., 108, 113, 118, 132, 140,

146 f., 163, 168, 175 f., 192, 215, 217, 223 ff., 237, 243, 252, 256, 272, 287, 291, 294, 301, 315, 317, 320, 349, 408, 656 f., 663
Görlinger, Robert 757
Görres, Carl Josef 741 f., 793 f.
Gort, John Viscount 221, 271, 276, 694 f.
Gossweiler, Kurt 656
Graef, Walter Reinhold Viktor 35, 37
Grafton, Anthony 14
Grass, Fritz 27, 31, 65, 74, 98, 133, 648
Gray, Mrs. 722
Graziani, Rodolfo 327
Green, William 311
Greene, Jerome 285
Gregorovius, Ferdinand 579
Greig, Sir Louis 276, 428
Grewe, Wilhelm 474, 505, 773
Grigg, Sir Edward 273
Grigg, Sir James 273
Griggs, John W. 731
Grimme, Adolf 24
Grix, François Le 100
Gröber, Conrad 131, 135, 725
Groener, Wilhelm 54, 58, 144, 244, 259, 279, 303, 305 ff., 323, 327, 330, 371, 413, 600 ff., 636
Groepper, Horst 585
Gronowski, Johannes 435, 478, 696, 730, 739, 744, 749, 755 f.
Groß, Elisabeth 432
Groß, Nikolaus 393, 432, 545
Grotewohl, Otto 482, 544
Grotius, Hugo 165, 353
Grözinger, R. E. 668
Gründler, Georg 556
Grupelaar, Leon 683
Grzesinski, Albert C. 311, 313, 322, 340, 344, 348, 415
Guderian, Heinz 332
Guisan, Henri 267
Gurian, Waldemar 210, 293
Gürtner, Franz 52, 55
Habermann, Max 52, 58
Habig, Hugo 583
Hackelsberger, Albert 97 ff., 101, 106, 108, 120, 123, 125, 128 f., 131, 133 f., 163
Haffner, Sebastian 124 f., 736
Hagen, Paul (Pseudonym für Karl Borromäus Frank) 347, 724
Halder, Franz 173, 229, 240, 273, 285, 317, 319, 681
Hale, Oron James 250
Halifax, Lord Edward F. 221 f., 230, 239 f., 242, 246, 252, 255 ff., 269, 271 f., 277-280, 289, 361, 428, 698 ff., 712, 743
Hallstein, Walter 478, 489, 506, 571, 761

Hamacher, Wilhelm 399, 441, 751, 753, 794
Hamm, Eduard 656
Hammerstein-Equord, Kurt Frhr. von 58 f., 78-81, 85 f., 105, 108 f., 143, 162, 173, 216, 244, 261, 278 f., 285 f., 295, 315, 364, 656 f., 664
Hansen, Alvin 588
Hansmeyer, Karl Heinrich 761
Hapig, Marianne 696
Harriman, William Averell 419, 423 f., 446, 481, 741 f.
Harrod, Henry Roy 788
Harvey, Oliver 260, 272
Hassell, Ulrich von 272, 338, 352, 363
Haubrich, Josef 754, 757
Haupts, Leo 756, 761
Hauser, Helmut 766, 793
Haushofer, Albrecht 136, 670, 672
Haushofer, Karl 347
Haydn, Joseph 579
Heaton, Irene 733, 737
Heeren, Bettina von, geb. Radowitz 495, 525, 737, 749 f., 761, 765 ff., 769, 772, 775 f.
Hegel, Georg Wilhelm Friedrich 513, 624
Heidegger, Martin 624
Heilmann, Ernst 22, 180, 182
Heineman, Dannie 142, 207, 224, 226, 264, 291, 303, 470, 664, 695 f., 717, 719, 783
Heineman, Dannie N. 768
Heinemann, Gustav 480, 508, 546, 554, 583, 787
Heinrichs, Waldo 295
Heister, Johann 141 f., 179
Held, Heinrich 93
Helldorf, Wolf Graf von 147, 363
Henderson, Arthur 150
Henderson, Hubert Douglas 234
Henderson, Sir Nevile M. 241, 272, 279 f., 693
Henderson, William 428
Henlein, Konrad 237, 240
Henrich, Hans 474, 537, 597
Hermens, Ferdinand Aloys 484, 580, 786
Hermes, Andreas 398, 578
Hermes, Anna 434
Herriot, Edouard 16 f.
Herter, Christian 576
Hertling, Georg Frhr. von 323
Herzberg, Max 32
Herzog, Anna 713 f., 716, 728, 733 f.
Heß, Joseph 27, 65
Heß, Rudolf 67, 136, 670 ff.
Heuss, Theodor 103, 458, 472, 556 f., 573 f., 631, 748, 753 f., 767, 779
Hewel, Walther 706
Heydebreck, Otto von 85
Heydrich, Reinhard 145, 186, 297, 671
Heymann, siehe Heilmann, Ernst
Hieronymi 580

Higginson, Ehepaar 306
Higginson, Henry Lee 192
Hildebrand, Dietrich von 293, 607
Hilferding, Rose 309 f.
Hilferding, Rudolf 35, 57, 81, 105, 308 ff., 715
Hillgruber, Andreas 29, 318, 337
Himmler, Heinrich 67, 77, 140, 147, 186, 217, 224, 237, 257, 287, 291, 349, 359, 373, 671
Hindenburg, Oskar von 51, 63, 69, 71, 73, 77, 81 f., 86, 108, 209 f., 595 f., 657 f.
Hindenburg, Paul von 9, 14, 17, 19 f., 22, 27, 29-33, 35 ff., 39 ff., 44-47, 49, 51 ff., 55 f., 59, 61-64, 66-82, 84, 86 ff., 92-96, 103, 107 ff., 128, 131, 133, 140, 145 f., 148 ff., 163, 178, 203, 209 f., 239, 278, 330, 335, 408, 412 f., 430 f., 534 f., 557, 562, 581, 586 f., 590 f., 594, 596 f., 599-603, 605, 623, 625, 630, 632, 644, 647 f., 656 ff., 661, 667, 704, 752
Hinkmann, Karl 182, 184 f., 684
Hippel, Ernst von 757
Hippel, Fritz von 795
Hirtsiefer, Heinrich 23 ff., 27, 31, 87, 110, 113, 642
Hitler, Adolf 9 f., 26 f., 29-36, 39, 43-46, 49-52, 56, 58-63, 66-70, 72 ff., 76-88, 91-109, 111-116, 118 f., 123-128, 130-135, 138, 143-147, 149, 151 f., 154 f., 160-164, 168 f., 171 ff., 175-178, 191-196, 199 f., 202-205, 207, 209 f., 212, 214-226, 228 f., 231, 233, 235-252, 255-270, 272-280, 282, 286-294, 296, 299-305, 307, 311, 314 f., 317 f., 320-330, 334, 337, 339-342, 346 f., 349 f., 353, 355, 357 ff., 363, 368, 372 ff., 376, 380, 383, 387 ff., 391-396, 408 f., 411 ff., 418, 431, 439 f., 442, 447, 474 f., 492 f., 497, 515 f., 518, 520, 528, 534, 538, 590 ff., 594-608, 610 f., 614, 623, 629 f., 632, 634 f., 638, 644, 648 f., 652 f., 658-662, 665, 673, 675, 680, 682 f., 690, 693, 702-705, 708, 727, 736
Hitze, Franz 633
Hlond, August 624
Hoar, Edward 189
Hoare, Samuel, Lord Templewood of Chelsea 216, 324
Hobbes, Thomas 353
Hoegner, Wilhelm 273, 638
Höfer, Josef 786
Hoff, Curt 435, 739
Hoffmann, Johannes 183
Hoffmann, Max 323-326, 329 f., 332, 335, 337, 636
Hoffmann, Paul G. 446, 546
Hoffmann, Stanley 560
Hofmann, Josef 582, 644, 658, 786
Hohenlohe-Richter, Stefanie 258
Hohenthal, William 726
Holcombe, Arthur 250, 283

Hölderlin, Friedrich 474
Höltermann, Karl 56, 58, 293
Holzapfel, Friedrich 435, 579 f., 741, 745, 756, 785 f.
Hoover, Calvin B. 313
Hoover, Herbert 177, 211, 307, 386 f., 396, 401 f., 404, 414, 421, 423 f., 439, 549
Höpker-Aschoff, Hermann 517
Hopkins, Harry 359, 384, 727 f.
Hopper, Bruce C. 250, 283, 313, 324, 364, 415 f., 419, 424, 427, 449, 548 f., 556, 706, 729, 738, 740 ff., 749, 776, 778
Hopper, Bruce C., zeitweise Deckname für Brüning, Heinrich 692
Horatz, Josef 490, 570, 573 f., 576 f., 750, 753, 764, 769, 779-784
Horatz, Margot 496
Horaz 137, 628
Hore-Belisha, Lord Leslie 276
Horkheimer, Max 250
Howard, Michael 561
Hubatsch, Walther 664
Huber, Ernst Rudolf 76, 646, 656, 663
Huber, Heinz 754
Hubertus, Prinz zu Löwenstein-Wertheim-Freudenberg 312, 607, 719, 723
Hüffmeier, Friedrich 780 f.
Hugenberg, Alfred 20, 33, 39, 43 f., 49, 63, 69 f., 80-85, 89, 91, 93, 95-98, 121 f., 133, 600, 605, 623, 661
Hughes, Charles Evans 508
Huizinga, Johan 13
Hull, Cordell 173, 207, 214, 301, 308, 322, 357, 359 f., 362 ff., 378, 381, 418, 700, 709, 727
Humboldt, Alexander von 579
Hüni, Walter 187
Hupka, Herbert 496 f.
Hurtwood, Lord Allen of 219
Husen, Paul van 557, 737
Ickler, Albert 691
Ilgner, Max 376
Imbusch, Heinrich 102
Jackson, Robert 375
Jacob, Berthold (eigentl. Berthold Salomon) 190
Jacob, Hans 346 f.
Jacobi, Erwin 24
Jaeger, Lorenz 435, 747, 784, 794
Jaeger, Werner 284, 577, 784
Jahn, Hedwig 435
Jahn, Joseph 435
Jahnke, Kurt (Deckname Zebu) 226, 696
Jaksch, Wenzel 242
James, William 251
Jasper, Gotthard 96, 603
Jaspers, Karl 410, 475, 637, 742
Jefferson, Thomas 385

Jennings, Charles S. 726
Jenschke, Bernhard 674
Jessner, Leopold 348
Joël, Curt 23, 171
Joël, Günther 577, 784, 794
Johannes XXIII., Papst 599
John, Otto 285, 356, 529, 536, 684, 690, 726, 769
Johnson, Alvin 309
Joos, Barbara 663
Joos, Joseph 27 f., 34 f., 37 f., 40, 42, 102, 118 ff., 123, 134 f., 164, 179, 181, 189, 535, 644 ff., 657, 772
Jordan, Max 562
Joseph I., Kaiser 223
Jung, Edgar Julius 133, 146 f., 163, 674
Jünger, Ernst 59
Kaas, Ludwig 9, 27 f., 32, 36, 38 ff., 42-47, 49 f., 53, 59, 65 f., 70, 75, 79 f., 82 ff., 86-89, 92 f., 96-122, 125 f., 128-133, 135, 140, 285, 289, 318, 360, 369, 599, 636, 644, 646, 648, 655, 658 f., 663, 665 f., 669 f., 730
Kabus, Jakob 737, 776
Kaegi, M., Bezirksanwalt 185, 190, 685
Kaes, Bernhard 123
Kahle, August 671, 677, 708, 713, 793
Kahr, Gustav Ritter von 674
Kaisen, Wilhelm 517
Kaiser, Jakob 58, 102, 374, 398 f., 416, 429, 432 f., 437, 442 f., 462, 476 f., 483, 486, 506 ff., 518, 529, 532, 573, 613, 736, 752, 755 f.
Kaiser, Karl 761
Kaiser-Nebgen, Elfriede 613
Kalckreuth, Eberhard Graf von 63
Kaller, Maximilian 669
Kameke, Felix von 435
Kampmann, Theoderich 435, 579, 665, 671, 729, 731, 777 f., 780, 782, 793
Kannengießer, Josef 398, 764, 786
Kant, Immanuel 625
Kantona, Georg 387
Kantorowicz, Alfred 348
Kardorff-Oheimb, Katharina von 780 f.
Karl V., Kaiser 158
Kaskell (Kaskel), Joseph 348
Kastl, Ludwig 656
Katz, Rudolf 310 ff., 349, 677, 703, 715 f., 724 f.
Keitel, Wilhelm 217, 242, 708
Keller, Michael 435, 445, 556
Kempner, Robert M. W. 400
Kempski, Karl E. 716 f.
Kennan, George F. 216, 305, 407, 416, 418, 455 f., 511, 549, 555, 565, 572, 604, 617, 738, 740, 749, 776
Kennedy, John F. 575
Kennedy, Joseph P. 575, 689
Keppler, Wilhelm 67

Kerenskij, Alexander Feodorowitsch 323
Kern, Fritz 714, 720, 794
Kerr, Philip, Marquess of Lothian 219 f., 235 f., 271, 273, 275, 284, 286, 694
Kerrl, Hanns 22, 31, 65, 87
Kerz, Joachim 760 f., 771, 781
Kessler, Harry Graf 17, 81, 131, 155, 161, 168 f., 606, 670, 674, 677, 680 f., 689
Ketteler, Wilhelm Emmanuel Frhr. von 146, 703
Keudell, Walter von 578
Keynes, John Maynard 522, 588 f., 592 f., 788
Kiesinger, Kurt Georg 517, 584
Kilgore, Harley M. 378
Kircher, Rudolf 38, 644
Kirdorf, Emil 66
Kissinger, Henry 591
Klaiber, Manfred 557
Klasen, Heinrich 785
Klee, Eugen 701, 742
Kleff, Luise 684
Klein, Kaspar 179
Kleist-Schmenzin, Ewald von 240 f., 245, 260, 271, 699 f.
Klemperer, Klemens von 710
Kleopatra 631
Klöcking, Hans-Peter 685
Klönne, Aenne 430
Klönne, Moritz 33, 430
Klose, Alfred 757
Kluge, Kurt 763
Knox, Frank 306
Koch, Gauleiter 82
Koch-Weser, Erich 638
Köhler, Erich 425
Köhler, Henning 625
Kolb, Annette 154 f., 169, 283, 657, 681
König, Emmi 430
König, Fritz 430, 435, 764
Kordt, Erich 237, 314
Kordt, Theo 237, 246, 260, 314, 473, 700, 709 ff., 754
Kortner, Fritz 348
Kracauer, Siegfried 12
Kramer, Franz Albert 273
Krauthausen, preuß. MinRat 458
Krone, Heinrich 91, 467, 470, 559, 574 f., 578, 580 f., 584 f., 613, 617, 780, 782 ff., 790
Krupp, Alfred 408
Kube, Wilhelm 27, 65
Kubuschok, Egon 653
Kuenzer, Richard 706, 719
Kühlmann, Richard von 151
Kühn, Heinz 584, 630
Kuhnen, Fritz 742
Kühr, Fritz 736 f., 749
Kuntzen, Adolf 657

Kyra, Prinzessin von Preußen 580
LaGuardia, Fiorello Henry 175
Lammers, Clemens 734 f., 737
Lamont, Thomas W. 207
Landau, Jacob 411
Landauer, Carl 387, 717, 719
Lange, K. 423
Langer, William L. 313, 717, 727
Langner, Felix 415
Lansdowne, Lord Henry Charles Petty Fitzmaurice 395
Lauscher, Albert 45, 65 f., 74, 87, 121
Lauscher, Hans 784
Laval, Pierre 154
Layton, Sir Walter 18, 142, 383
Leber, Julius 312, 586 f.
Leeb, Wilhelm Ritter von 331, 333 f.
Lehr, Robert 94 f., 484, 661
Leiber, Robert 129 f., 135, 180, 289, 360, 644, 665, 669, 677, 683 ff., 709, 728, 782, 793
Leicht, Johann 28, 39 f., 72, 166, 647
Leipart, Theodor 49 ff., 55, 58, 74, 651
Lejeune-Jung, Paul 363
Lemmer, Ernst 137 f.
Lenin, Wladimir Iljitsch 324, 338
Leopold III., König der Belgier 226 f., 696
Leopold, Prinz von Bayern 323
Letterhaus, Bernhard 99, 161, 164, 179, 181, 189, 200, 228, 285 f., 320, 398, 442 f., 545, 690
Letterhaus, Grete 443, 679, 709, 719, 727, 731, 746 f., 778
Letterhaus, Ursula 746
Leuschner, Wilhelm 74, 108, 363, 392
Leverich, Henry P. 415
Ley, Robert 60, 67, 408
Libby, Frederick J. 396, 402
Lichtenstein, Walter 743, 751, 754
Lilje, Hanns 545, 775, 780
Lincoln, Edmond 751, 763 f.
Lindbergh, Charles A. 235, 697
Lindemann, Frederick Alexander 148, 151 f.
Lindenberg, Paul 142
Link, Ewald 738, 795
Lipp, August 739, 794
Lippert, Dr. (Chef der Firma Klosterfrau) 517
Lippmann, Walter 324, 351 ff., 418, 450, 462, 725, 751
Lipski, Józef 274, 706
Litchfield, Edward 745
Litvinow, Maksim 693
Litzmann, Karl 61
Lloyd, Lord Geoffrey 148, 240, 260 f., 271
Lloyd George, David, Earl of Dwyfor 150, 222, 329
Löbe, Paul 35, 38, 61
Lochner, Louis P. 124, 137, 392 f.
Lohe, Eilert 755
Londonderry, Charles William Stewart Marquess of 223
Long, Breckinridge 308, 318 f., 343, 356, 713, 722
Löser, Ewald 745, 754, 762
Lothian, Lord, siehe Kerr, Philip
Louis Ferdinand, Prinz von Preußen 279, 285, 393, 529, 580
Lowell, Abbott Lawrence 177, 549, 683
Löwenstein, Alois Fürst zu 33, 645
Lubbe, Marinus van der 96
Lübke, Heinrich 110, 574, 578, 580, 785
Ludendorff, Erich 149 f., 323, 325, 332, 335
Ludwig, Emil 12, 397
Lukaschek, Hans 746
Luther, Hans 127, 401, 517, 525, 537, 540, 550, 593, 638, 674, 760, 765, 767, 784
Luther, Martin 598
Lutze, Viktor 147
Luxford, Ansel F. 359
Lyons, Louis 725
MacArthur, Douglas 382, 454
MacDonald, James Ramsay 16 f., 143, 149, 151, 160, 164 f., 205, 271, 372, 383, 608
Machens, Joseph Godehard 747
Machiavelli, Niccolò 431, 563, 630
Mackensen, August von 168, 675
Macleish, Archibald 724
Macmillan, Harold 553
Maglione, Luigi 301
Mai, Gunther 595
Maier-Hultschin, Johannes 434, 488, 564, 660, 667, 687, 691, 700, 707, 725, 729-733, 735 f., 738 f., 741 f., 744, 749-752, 754-758, 760-763, 767, 776 f., 779 f., 782, 793
Malcolm, Sir Neill 220, 675
Mallory, Walter L. 313
Malloy, Thomas E. 175
Manley, Oberrichter aus Singapur 283
Mann, Golo 577
Mann, Heinrich 309, 348, 632, 717, 793
Mann, Henry 392, 735
Mann, Klaus 154, 178, 208 ff., 232, 675
Mann, Thomas 11, 156, 211, 232, 310-313, 348, 407, 415, 632, 677, 716, 740, 793
Marck, S. W. J. van der 683
Marcks, Erich 72
Margerie, Roland de 232, 266
Marie, André 433
Marlborough, John Churchill, Herzog von 222 f., 695
Marshall, George C. 318, 418, 446, 741
Marshall-Cornwall, Sir James 274 ff.
Marshall-Cornwall, Marjorie 275
Marx, Wilhelm 259, 452, 631

Masaryk, Thomas G. 241, 259
Masloh, Gestapo-Agent 182
Maurois, André 306
Maurois, Simone 306
Maus, Heinrich 111
Mayer, René 470
Mayr, Ludwig 458
McCloy, John Jay 360, 365, 407, 436, 461, 463, 481, 501, 559, 561
McGuire, Constantine 355-359
McKenna, Reginald 142, 201 f.
Mehringer, Hartmut 701
Meinecke, Friedrich 133, 472, 493, 594
Meinow, Fritz 734 f.
Meissner, Otto 14, 44, 46 f., 50 f., 68, 77, 80 f., 83, 104, 107, 209, 376, 644, 648 ff., 656, 667
Melchior, Carl 667
Mende, Dietrich 539
Mende, Erich 517, 766
Mendelssohn-Bartholdy, Felix 208
Menne, Bernhard 346, 542, 723
Mensing, Hans Peter 747
Messersmith, George N. 205, 207 f., 214-217, 248, 255, 258, 267, 283, 286-292, 294 f., 302 f., 308, 343, 361, 438, 470, 673, 688, 691, 693, 700-705, 707-712, 714 f.
Metternich-Winneburg, Klemens Lothar Fürst von 539, 591
Meyer, ehem. dter Botschaftsrat 299
Meyner 765
Micara, Clemente 433
Michael, Horst 735, 739
Michels, Thomas 293
Middelhauve, Friedrich 533
Middell, Eike 701
Mill, C. J. F. 220
Miller, Spencer 271
Mirgeler, Albert 10, 593
Moch, Jules 508
Moldenhauer, Paul 468
Mollet, Guy 563
Molotow, Wjatscheslaw M. 328, 403 f., 547
Moltke, Freya von 710 f., 717, 732, 735, 738
Moltke, Helmuth Graf von 509
Moltke, Helmuth James Graf von 11, 266 f., 274, 285 f., 348, 358, 363, 393, 727
Moltke, Helmuth von 150
Mommersteeg, Pieter 179, 283, 427
Mommsen, Hans 254, 789
Monnet, Jean 194, 447, 464, 469 f., 501, 571, 621, 688
Mönnig, Hugo 434
Mönnig, Käthe 748, 751, 756, 764
Monse, Franz 741, 748
More, Sir Thomas 201
Moreland, Alan B. 715

Morgan, Barbara 725, 794
Morgan, Shepard 310, 715
Morgenthau, Henry J., jr. 359-365, 378 ff., 387, 389, 402, 404, 418 f., 423 f., 488, 541, 610 f.
Morsey, Rudolf 10, 292, 465, 499, 582, 584, 594, 597, 661, 673, 681, 695, 735, 742, 764
Mosheim, Grete 284
Most, Otto 759, 764
Motz, Guenther 578
Moulton, Harold G. 718
Muckermann, Friedrich 139, 670, 793
Muckermann, Hermann 139-142, 148, 157, 159, 671, 718, 735, 737, 739 f.
Muckermann, Richard 774
Muhle, Hans 295
Müller (-Bern), Adolf 23
Müller (-Franken), Hermann 58
Müller, Frank 10
Müller, Franz 703
Müller, Gottfried 577
Müller, Gotthold 526, 767
Müller, Heinrich 183, 684
Müller, Heinrich (»Gestapo-Müller«) 684
Müller, Heinrich Eduard Klemens 180-191, 684
Müller, Heinrich Klemens 684
Müller, Hermann 126, 275, 586 f.
Müller, Josef 289, 294, 462
Müller, Katharina 748
Müller, Ludwig 82, 131
Müller, Otto 183, 545
Müller, Vincenz 656, 659
Müller-Hermann, Ernst 748
Munzer, Egbert 739
Murnane, Familie 297
Murnane, George 173, 175, 192, 687
Murphy, J. St. 722
Murphy, Robert Daniel 363, 416, 419, 729 f., 745
Mussolini, Benito 31, 114, 129, 163, 196, 204 f., 211 f., 218, 231, 242, 255, 257, 264, 267 f., 270, 277, 282, 293, 301, 321, 326, 395, 603
Mutschmann, Martin 66
Nadolny, Rudolf 530, 533
Nahm, Peter Paul 534 f.
Napoleon I. 330 ff., 566, 610
Nasser, Gamal Abd-el 563
Naumann, Friedrich 170
Nehring, Alfons 348
Nehru, Jawaharlal 559
Nell-Breuning, Oswald von 434
Nelson, W. A. 701
Neuerburg, Heinrich 737
Neurath, Konstantin von 17, 55, 65, 83, 106, 150, 154, 202, 217, 223, 242, 255 f., 408, 667
Newton, Basil Cochrane 138, 698
Nicolson, Harold 143, 237
Niekisch, Ernst 791

Niemöller, Martin 350, 409 f., 554
Nix, Claire 10, 291, 383, 385, 430, 449, 487, 499 f., 544, 550 ff., 556, 569 f., 577-580, 582 ff., 594, 658, 673, 675 f., 678 f., 684, 690 f., 697, 707, 712 f., 715, 722, 726, 728, 733, 739, 742-746, 750, 752 f., 755, 759 ff., 763 f., 772, 777, 781 f., 784-787
Nixon, Richard Milhous 575
Noack, Ulrich 554
Nobel, Alphons 286, 776, 794
Nobis, G. 686
Norman, Montagu 142, 152 f., 156
Northcliffe, Lord Alfred Harmsworth 311
Noske, Gustav 58
Nuschke, Otto 528, 769
O'Brien, Lord John 549
Oberfohren, Ernst 37 ff., 125, 661
Odo von Württemberg 385
Oelker, Jürgen 13
Olden, Rudolf 55, 68, 174
Oldenburg-Januschau, Elard von 71, 654
Olef, Gustav 641, 733 f., 736, 749, 764, 776, 780, 782 f.
Olivier, Georges 751, 756
Ollenhauer, Erich 532, 535
Olshausen, Franz 722, 753, 766, 768, 771 f.
Oppenheim, Carl Frhr. von 444
Orsenigo, Cesare 77, 115, 129, 353, 632, 663, 666, 726
Osborne, Sir Godolphin Francis d'Arcy 289
Ostau, Joachim von 756, 790
Oster, Hans 241, 285
Ott, Eugen 53, 650
Otte, Bernhard 50
Otto von Habsburg 362
Ovid 628
Pacelli, Eugenio 77, 113-116, 129-132, 135, 200, 277, 289, 294, 296 f., 319, 337, 434, 445, 560, 598 f., 632, 666, 669, 689, 712, 780
Paléologue, Maurice 174
Palmer, Gerald 428
Papen, Franz von 9 f., 16-58, 62-69, 72, 74, 76-91, 94-97, 99 f., 103, 107-110, 113 ff., 124, 128, 130-133, 135, 140, 145 ff., 154, 163, 168, 209, 226, 253 f., 257, 271, 295, 325, 413, 535, 550, 590, 598, 601 f., 604 f., 626 f., 642-647, 649, 652 ff., 656, 658 f., 661, 666 f., 669, 674 f., 702 f., 727 f., 745
Pascal, Blaise 631
Pate, George W. 251
Pater, Walter Horatio 232, 598
Paulus, Friedrich 405
Pechel, Rudolf 146, 278, 280, 406, 412 f., 430, 637, 692, 706 ff., 722 f., 725, 727 f., 730, 732, 735-738, 741-745, 748 f., 761, 763 f., 767 ff., 780, 782 ff.

Pehle, John 359
Pentzlin, Heinz 733
Percy, Lord Eustace 682
Perlitius, Ludwig 39 f., 72 f., 76, 83, 97, 113, 121, 658, 661, 688
Perth, Lord, siehe Drummond, Sir Eric
Pertinax (Géraud André) 401
Petermann, Theodor 644, 646, 649, 658
Peters, Hans 127, 140, 413, 643, 672, 735 f., 739, 742 f., 747, 750, 778, 793 f.
Pettee, George 283, 343, 496, 760, 792
Petzold, Joachim 703
Pfeiffer, Anton 28, 32
Pfeiffer, Peter 676
Pferdmenges, Robert 111, 451, 459, 465, 468 f., 543, 741 f., 748, 750 f.
Pfleiderer, Karl Georg 524, 531 ff., 536 ff., 554, 770 f.
Phelps, Reginald H. 683
Philipps, William 672
Pickett, Clarence 732
Piłsudski, Józef 124, 154, 325, 328, 562
Pinay, Antoine 554
Piper, Otto A. 735
Pius XI., Papst 130 f., 135, 200, 599, 689
Pius XII., Papst, siehe Pacelli, Eugenio
Planck, Erwin 17 f., 31, 33, 39, 59, 61, 66, 73 ff., 318
Planck, Nelly 434
Platon 495, 519
Platz, Hermann 636
Plettenberg, Elisabeth Gräfin von 181, 684
Pleven, René 470
Plimpton, Mary 776 f.
Plutarch 557, 568
Plympton, George 251
Poels, Hendrik 400
Poels, Henricus Andreas 142, 157, 164, 428, 672, 701, 712, 734, 737 f., 740 f.
Poincaré, Raymond 259
Pollock, James K 723
Polybios 199
Poole, DeWitt Clinton 324, 365, 372, 394, 405, 688, 690, 700, 720, 729 f.
Popitz, Johannes 113, 363
Praetorius, Ehepaar 430
Prange, Theodor 749
Priesdorff, Kurt von 764, 776
Prittwitz und Gaffron, Friedrich Wilhelm von 127
Pünder, Hermann 30, 40, 156, 168, 192, 373, 401, 426, 429 f., 432 f., 435, 442 f., 446, 448 f., 452 f., 455 f., 458 f., 469, 471, 477, 484, 486 f., 489, 496, 503 f., 512, 578 f., 647, 677, 682, 695, 702, 707, 709, 724, 726, 731 f., 734, 737, 740-743, 747-750, 752 f., 756 ff., 760-763, 778 f., 781, 783 ff., 791

Pünder, Magda 434
Pünder, Tilman 744
Puschkin, Georgij Maximowitsch 546
Quaatz, Reinhold 32, 761
Quisling, Vidkun 349
Radford, Arthur W. 519
Radowitz, Bettina von, siehe Heeren, Bettina von
Raeder, Erich 357, 376
Raestrup, Bernhard 747
Raitz von Frentz, Edmund 670
Rambeau, Ada 671
Ranke, Leopold von 14
Rathenau, Walter 151, 411, 528, 575, 591
Rauch, Johann Baptist Rudolf 35, 37
Raumer, Hans von 663, 744, 746 f., 773, 776, 778 f., 781, 783 f.
Raumer, Stephanie von 682, 712, 716, 724, 735
Rauschning, Hermann 155 f., 265, 273, 278, 293, 312 f., 361, 533, 551, 554, 577, 616, 704 f., 707, 764
Rediger, Franz 431
Regendanz, Wilhelm Guido 148, 675
Reichenau, Walter von 79, 82, 108, 147, 240, 242, 317
Reinhardt, Max 284
Reismann, Bernhard 399, 677, 736 f., 739, 750
Repgen, Konrad 662
Respondek, Erwin 318 f., 514, 718, 769, 776, 779
Rettig, Fritz 737, 760
Reusch, Paul 578
Reuter, Ernst 517
Reynaud, Paul 598
Ribbentrop, Joachim von 63, 77, 162, 217, 223, 225, 236, 267, 274, 276, 291, 294, 301, 408, 702, 706
Ricardo, David 304
Richelieu, Armand Jean du Plessis, Herzog von 406
Richthofen, Charlotte von 430
Richthofen, Ehepaar von 431
Riddleberger, James W. 729
Ridgway, Matthew Bunker 482
Riezler, Kurt 283, 288, 295
Rings, Johannes 432
Rintelen, Friedrich Maria 435
Rippel, Otto 435
Ritter, Gerhard 80, 263, 637, 699, 794
Ritter, Hans 315
Röhm, Ernst 27, 31, 51, 77, 80, 145 ff., 210, 674
Röhr, Franz 108
Röhr, Thomas 435, 775
Rome, Morton E. 375
Römer, Hugo 180, 182-191, 684, 686
Roosevelt, Anna Eleanor 214, 308
Roosevelt, Eleanor B. (Mrs. Theodore Roosevelt, jr.) 306

Roosevelt, Franklin D. 124 f., 141, 204-207, 211, 214 ff., 221, 258, 266 ff., 270, 281, 286, 288 ff., 295 f., 301, 306 ff., 318, 322, 338, 345, 349, 354 f., 359-362, 364, 378 f., 381 f., 384, 392 ff., 397, 419, 439, 445, 481, 488, 509, 511, 608, 689, 693 f., 705, 712, 728 f., 739
Roosevelt, Theodore, jr. 306
Röpke, Wilhelm 273, 374
Rosenberg, Alfred 124, 151
Rosenstock-Huessy, Eugen 298 f., 377, 569, 732
Rotblat, Joseph 560
Rothfels, Hans 248
Rotter, Fritz 284
Rudolph, E. 724, 731, 740, 747
Ruffini, Joseph 443, 739, 747, 781, 793 f.
Ruffini, Luise 737
Rumbold, Lady Etheldred Constantia 707
Rumbold, Sir Horace 55, 57, 128, 136, 142, 163, 275 ff., 667 f., 671, 674 f.
Runciman, Lord Walter, Viscount of Doxford 236-241, 697
Rundstedt, Gerd von 144, 146 f., 166 f., 176 f., 179 f., 188, 191, 217, 221, 224, 271, 331 f., 334, 339, 342, 357, 608, 682 f., 727
Rundstedt, Luise von 271
Ruppel, Aloys 444
Rüsen, Jörn 12
Rutt, Theodor 761
Saal, Friedrich-Wilhelm 684
Sabath, Hermann F. 146
Sackett, Frederick 205 ff., 343, 687 f., 691, 721
Salin, Edgar 630, 755 f.
Salter, Sir Arthur 234, 680
Salvemini, Gaetano 346
Sandys, Duncan 244
Sante, Dr., Generalkonsul in Boston 583
Schacht, Hjalmar 55, 78, 152 f., 168 f., 171 f., 191 f., 217, 264, 322, 352, 408, 437 f., 626, 680, 687, 745 f.
Schäffer, Fritz 28, 32, 34, 44, 47, 82 f., 85, 94, 516 f., 565, 619, 658, 752, 779, 792
Schäffer, Hans 168, 201, 249, 264, 351 f., 468 ff., 573, 578, 595, 630, 636, 680, 687, 704, 725
Schäffer, Hugo 54
Schairer, Reinhold 229 f., 271, 315, 691, 696, 706
Schaposchnikow, Boris 720
Schauff, Johannes 98, 102, 146, 398, 786
Schauroth, Athos von 435, 578, 671 ff., 679, 691, 727, 735, 745 f., 748, 752, 754, 764, 769, 771, 773, 779 f., 783 ff.
Scheel, Walter 583
Scheffer, Paul 288 ff., 295, 310, 579, 710
Scheidemann, Philipp 190
Schell, Herman 434
Schellenberg, Walter 191
Schellenberger, Annemarie 777

Schelsky, Helmut 475
Schering-Kahlbaum, Firma 60
Schetter, Rudolf 171, 434
Scheuner, Ulrich 581
Schickele, René 657
Schiller, Johann Friedrich von 13, 626
Schlabrendorff, Fabian von 132, 230, 683
Schlange-Schöningen, Hans 20, 172, 373, 412, 479, 578, 730, 755
Schleicher, Kurt von 9 f., 14, 17 ff., 23 f., 26-33, 36 f., 40 f., 44 f., 47-82, 84 ff., 93, 103, 108 ff., 118, 140, 143, 145, 147 ff., 162 f., 167, 173, 210, 254, 317, 325, 391, 413, 475, 516, 591, 593, 595 f., 600 ff., 604 f., 626, 636, 642, 649, 651 f., 655-659, 675, 745
Schlieffen, Alfred Graf von 109, 306, 330
Schmid, Carlo 457, 510, 517, 584
Schmidt (-Hannover), Otto 95 f., 658
Schmidt, Clara 734, 741
Schmidt, Paul 256, 702
Schmitt, Carl 24, 41, 49, 75, 79, 649
Schmitt, Hermann Joseph 102, 130, 164, 166, 228, 430, 442, 497, 568, 666, 669, 686 f., 695 f., 726 f., 748-752, 756, 761 f., 770, 776, 778, 781 f., 785, 792 f.
Schmitt-Vockenhausen, Hermann 584
Schmitz, Hermann 376
Schmölders, Günter 758, 760, 781, 786
Schmutzer, J. Prof. 179, 181, 683
Schnabel, Franz 14
Schokking, Jan Jurriaan 490, 499 f., 760, 781
Scholz, Herbert 299, 712
Schöneberg, SA-Standartenführer 136
Schönerer, Georg von 635
Schönfeld, Hans von 277
Schöningh, Franz Josef 430 f., 440, 631, 674, 793 f.
Schotte, Walther 42
Schreck, Carl 742
Schreiber, Walther 38, 398
Schreiner, Albert 348, 724
Schröder, Gerhard 580, 785
Schröder, Kurt von 66 f., 76, 653
Schröer, Bernard 794
Schubert, Franz 579
Schuker, Stephen A. 9, 792
Schuller, Erwin 230
Schüller, Richard 314, 590, 789
Schulte, Deckname von Heinrich Eduard Klemens Müller 183, 188
Schulte, Erich 740
Schulz, Gerhard 629
Schulz, Paul 34, 645 f.
Schulze-Gaevernitz, Gero von 287
Schumacher, Kurt 417, 437, 447, 452, 454, 457 f., 483, 508, 510, 514, 634, 741, 745

Schuman, Robert 433, 443 f., 446 f., 451, 464 ff., 469 f., 501, 507, 512, 526, 620 f., 744, 747, 771
Schürmeyer, Dr. 777
Schurz, Carl 436
Schuschnigg, Kurt von 219, 257, 490, 703
Schütz, Werner 551, 557, 629, 779
Schütz, Wilhelm Wolfgang 518, 573, 776, 783, 788 f., 791
Schwarz, Hans-Peter 598, 631
Schwarz, Paul 175, 342, 385, 679, 722
Schwarzmann, Hans 585
Schwarzschild, Leopold 599
Schweitzer, Albert 157, 634
Schwerin von Krosigk, Lutz (Johann Ludwig) Graf 18, 53, 55, 83, 96, 181, 643, 650, 658, 772
Schwerin, Gerhard Graf von 271
Schwering, Ernst 433, 486 f., 756 f.
Schwering, Leo 496, 580, 745, 785 f.
Schwering, Max-Leo 760
Seeckt, Hans von 170, 538 f.
Seger, Gerhart 190, 374
Seldte, Franz 69, 83, 658
Sell, Hildegarde Loretta 284
Semjonow, Wladimir 524, 528, 532, 546, 769
Sethe, Paul 292, 506 ff., 510, 546, 554 f., 581, 759, 761 ff., 766, 794
Severing, Carl 22, 24 f., 435, 437, 601, 642
Seydlitz-Kurzbach, Walther von 350
Seyß-Inquart, Arthur 219
Shakespeare, William 101
Sharp, Waitstill Hastings 725
Shattuck, Henry 545, 549
Shaw, George Bernard 284
Shirer, William L. 313
Shuster, Doris 198, 734
Shuster, George N. 175, 198, 250, 259, 292, 313, 361, 379, 386, 436 f., 440, 449, 487, 542, 606, 609, 612, 663, 678, 681 ff., 689 f., 692 f., 715, 722, 725, 728, 745, 756, 774, 791
Sieburg, Friedrich 657
Siemer, Laurentius 536, 773, 780
Siemon-Nettig, Uwe 579
Sikorski, Władysław 350
Sikosek, Marcus 683
Silverberg, Paul 49
Simon, Paul 128 f., 164, 352, 403, 435, 514, 723, 734, 736-740
Simon, Sir John 64, 150, 194, 216, 255, 266, 271, 276, 667 f.
Simons, Hans 288, 295, 686
Simpfendörfer, Wilhelm 69
Simson, Georg von 722
Skasa-Weiß, Eugen 497 f.
Smith, Sir Aubrey 276
Smith, Walter Bedell 381
Smuts, Jan Christiaan 151

Snowden, Philip Viscount 273
Sobotta, Joachim 534
Söhlmann, Fritz 793
Sollmann, Wilhelm 265, 293, 316, 340, 347, 351, 616, 683, 714-717, 721-725, 730 f., 738, 740 f.
Sonnenschein, Carl 475, 534, 597
Spaak, Paul-Henri 571
Spahn, Martin 84, 95, 127, 472, 493, 634, 668
Spangenberg, Dietrich 584
Spann, Otmar 64
Spears, Edward L. 148, 691
Spellman, Francis 360, 728
Spengler, Oswald 587
Spens, Sir Will 148, 265
Sperry, Willard L. 794
Spevack, Edmund D. 10
Spiecker, Carl 191, 215, 228, 361, 374, 399, 441, 451 f., 458, 616, 687, 736
Spiro, Eugen 385, 431
Sprague, Oliver 177, 193, 683 f., 687
Sprünken, Franz 141 f.
Stadtler, Eduard 95, 631
Staehelin, Willy 476
Stahlecker, Walter 185, 191
Stalin, Joseph 151, 261, 292, 323, 325-329, 334-338, 350, 364, 373, 375, 376, 378 f., 381 f., 386, 388, 393, 403 ff., 407 f., 450, 455 f., 504 ff., 508, 510, 515, 519 ff., 530, 559, 615, 619 f., 733, 738, 766
Stallforth, Federico 384
Stamp, Lord Josiah Charles 259, 383
Stamp, Sir Josiah 142
Stampfer, Friedrich 25, 156, 283, 374, 636, 677, 691, 703, 710, 715 f., 733 ff., 737 f., 741, 793 f.
Stauffenberg, Claus Schenk Graf von 165, 167, 355, 610
Stearns, Foster 174
Steel, Johannes (Herbert Stahl) 347, 401
Steffes, Johann 793
Stegerwald, Adam 27, 35, 38, 40, 58, 91, 97, 117, 148, 373 f., 397, 399, 415, 444, 503, 598
Stein, J. H. 66
Stein, Karl Frhr. vom und zum 56, 369, 373
Steinmann, Paul 91
Steltzer, Theodor 706, 708, 738, 741 f., 756, 794
Stennes, Walter 695, 722, 746
Sternberger, Dolf 538
Stettinius, Edward 378 f.
Stevens, Richard 191
Stewart-Murray, Katherine Marjorie, Duchess of Atholl 196, 215, 688, 693
Stier, Franz 184, 187
Stimson, Familie 297
Stimson, Henry Lewis 177, 194, 204-207, 211 f., 214, 217, 231, 259, 292, 297 f., 300, 302, 306 f., 310, 318 f., 342-345, 348 f., 353, 355 f., 358 ff., 362-365, 368, 373, 378-383, 390, 407 f., 418 f., 519, 593, 608, 610 f., 636, 688, 690, 692 f., 696 f., 713 f., 723, 729 f., 732 f., 739
Stimson, Mabel 204, 297, 381
Stinnes, Edmund 375
Stocky, Julius 111
Stohr, Albert 200, 779
Stokes, Thomas L. 749
Stolper, Gustav 387, 510, 607, 646
Stoltenberg, Gerhard 584
Stoltenhoff, Ernst 471
Stone, Harlan Fiske 409
Stone, William T. 288
Strachey, Lytton 13
Strasser, Bernhard 711, 717
Strasser, Gregor 27, 29 f., 32 ff., 45, 49, 51 f., 54, 58 ff., 62 ff., 66 ff., 74, 108, 110, 140, 143, 605, 645, 650, 652, 674
Strasser, Otto 273, 293, 308, 650, 711
Straus, Erwin 725
Strauß, Franz Josef 342, 440, 536
Street, Sir Arthur 428
Streicher, Julius 168, 408
Stresemann, Gustav 18, 126, 151, 190, 195, 239, 259, 451, 468, 524, 528, 530, 539, 547, 576, 591, 603, 623
Stresemann, Wolfgang 348, 375
Strong, George V. 356
Sturzo, Don Luigi 293, 711, 719
Suarez, Georges 639
Süss, Theodor 400
Suth, Willy 487
Sveistrup, Karla 430
Sweeney, Edmund 500, 551
Syrup, Friedrich 53
Taft, Robert 419, 421 f., 447, 507, 511, 741
Talleyrand, Charles Maurice Herzog von 361, 414, 562
Tapolski, preuß. MinRat 458
Tardieu, André 447, 465, 598
Tarnow, Fritz 271
Tav s, Leopold 702 f.
Taylor, Myron 296, 301
Tenhumberg, Heinrich 584 f., 594
Tennstedt, Annemarie 136 ff., 140 ff., 145, 160, 377, 386, 579, 671, 750, 783 f.
Tennstedt, Herta, verheiratete Vollmar 145, 164, 201, 247, 281, 385, 430, 569, 579, 580, 582 f., 671 ff., 677, 682, 685, 690, 700, 708, 723, 733, 740, 743 f., 750, 752, 772, 777, 781 f., 784 ff., 791
Tennstedt, Rudolf 136 ff., 140, 142, 160, 377, 386, 671, 750
Tern, Jürgen 581
Terwilliger, Carola 556
Terwilliger, Harold 556

Teusch, Christine 102, 434, 471, 479, 486 ff., 490, 500, 757 f., 760
Thälmann, Ernst 623
Thann, Trabert von der 85
Thannhauser, Siegfried 283, 385, 427
Thedieck, Franz 374, 430, 462, 724, 728, 731, 736, 740, 750 f., 756
Thieme, Karl 663, 692, 754, 767, 774
Thoma, Hermann 435
Thomas, Georg 285
Thompson, Dorothy 214, 348, 389, 522, 529, 721, 727, 730, 732, 734 f., 739, 766, 792
Thompson, Llewellyn E. 572
Thormann, Werner 678, 717, 723
Thyssen, Fritz 66
Tigges, Eduard 171
Tillich, Paul 347
Tippelskirch, Werner von 197
Tirpitz, Alfred von 494
Tito, eigentl. Josip Broz 563
Torgler, Ernst 38 ff., 646
Toynbee, Arnold 304
Trendelenburg, Ernst 503
Treviranus, Agnes 159, 176
Treviranus, Familie 384, 700
Treviranus, Gottfried Reinhold 86, 100, 104 f., 108, 128, 137 f., 142, 145, 148, 153, 155, 159, 161, 176, 179, 198, 201, 240, 247, 265, 283 f., 293, 312 f., 343 f., 347, 358, 363, 375, 384 f., 390, 399, 413, 427, 435, 467, 573, 577 f., 580, 583, 587, 616, 655, 661, 663 f., 673 f., 682, 731, 733 f., 736, 738, 756, 764, 778-784, 786
Troeltsch, Ernst 542
Trott zu Solz, Adam von 11, 271, 284-290, 294 f., 298, 319, 342, 357 f., 361, 363, 608, 709 f., 727
Trotzki, Leo (Leib Bronstein) 259
Truman, Harry S. 379, 381, 387, 402, 421, 424, 503, 511, 573, 575, 732
Tschirschky, Fritz-Günther von 146
Tschu, En-lai 545
Tse-tung, Mao 455, 460, 556, 614, 621
Tuchatschewski, Michail Nikolajewitsch 332, 335, 337 ff., 636, 720
Twardowski, Fritz von 337
Tyrrell, George 793
Tyrrell, Lord William G. 276 ff.
Ulbricht, Walter 482
Ulitzka, Carl 103, 166
Ullmann, Hermann 122, 390, 410, 623, 650 f., 682, 689, 709, 714, 719, 726 f., 732, 735, 739, 746, 749, 761, 763, 767, 777 f., 780 ff., 790 f.
Unland, Hermann Josef 495, 551, 578, 766, 769, 772 f., 777 f., 784, 791
Urtel, Hermann 786 f.
Utley, Freda 510

Vandenberg, Arthur H. 404
Vansittart, Sir Robert 143 f., 147, 151 f., 164 f., 218, 221 f., 230, 237 f., 240 f., 244 f., 259, 265, 275, 288, 308, 311, 320, 346 f., 359, 372, 383 f., 405, 602, 673, 676, 694, 699, 704, 716
Velden, Johannes van der 435, 442
Veraguth, Otto 182
Vermehren, Erich 684
Vernon, Ambrose 355
Vietinghoff-Scheel, Heinrich-Gottfried 162 f., 678
Viëtor, Karl 284
Vockel, Heinrich 28, 463, 467, 665, 751, 756, 762
Voegelin, Eric (Erich) 317, 634, 718, 753, 759, 760 f., 765, 793
Vogel, Hans 322
Vögele, Josef 751, 756, 764, 771, 776
Vogl, F. 530
Volkmann, Peer 10
Vollmann, Albert 741, 752
Vollmar, Familie 579
Vollmar, Herta, siehe Tennstedt, Herta
Vollmar, Hildegard 779
Vollmar, Werner 579 f., 779, 785
Waetjen, Edvard 361
Wagemann, Ernst 34
Wallenberg, Familie 201
Wallenberg, Jacob 287, 357, 469
Wallenberg, Marcus 38, 287, 357
Wallenberg, Marcus sen. 38, 201, 469
Wallenstein, Albrecht Eusebius Wenzel von 626
Walzer, Erzabt Raphael 137
Wandel, Lothar 140, 672
Warburg, Siegmund 142
Warmbold, Hermann 71
Warren, George L. 715
Wavell, Archibald Percival 329
Weber, August 476
Weber, Helene 102, 433, 442-445, 460 f., 511, 572, 731, 736, 739, 741, 743 f., 746-751, 756, 761, 763, 772, 779, 781 ff., 793
Weber, Max 633
Wedemeyer, Albert C. 727
Wegmann, August 83, 100, 417, 435, 442, 662, 744 f., 748, 756, 784
Wegner, August 542
Wehler, Hans-Ulrich 789
Wehner, Herbert 580, 585
Weichmann, Herbert 309, 348
Weizsäcker, Ernst Frhr. von 212, 239, 246, 287, 294, 408, 598, 728
Welles, Sumner 288, 301, 320
Wels, Otto 102, 105, 308, 631
Wendt, Erwin 745
Werfel, Franz 309
Werth, Alexander 405, 738

Wesemann, Hans 190
Wessel, Helene 451, 546
Wessels, Theodor 494
Westrick, Ludger 435, 584
Wheeler-Bennett, John 137, 147, 151, 159, 163 f., 208, 220, 255, 266, 273, 283 ff., 295, 306, 322, 352, 361, 405, 409, 415, 440, 529, 641, 675, 683, 687 f., 690, 694, 702, 704-707, 714, 717, 719, 723, 725, 728, 739, 756
White, Harry Dexter 359
White, Hayden 12, 728
Wiedemann, Fritz 215, 239, 698
Wiegand, Karl von 421
Wigram, Robert 247
Wiley, John C. 365
Wilhelm I., dt. Kaiser 389
Wilhelm II, dt. Kaiser 203, 353
Wilhelm, Georg 787
Williams, Francis 142
Williams, Michael 141, 672
Willisen, Friedrich Wilhelm Frhr. von 166, 170, 203, 330, 636
Willisen, Irmgard von 166 f., 175, 201, 430, 690, 701, 722 f., 733, 748, 760
Wilson, Hugh 208
Wilson, Sir Horace J. 246, 265
Wilson, Woodrow 290, 508 f.
Winckelmann, Johann Joachim 474
Windthorst, Ludwig 101, 117 f., 121 f., 397 f., 444
Winterfeld, Friedrich von 22, 660

Wirmer, Josef 363, 392
Wirth, Joseph 45, 101 f., 112, 129, 161, 191, 312, 315, 374 f., 441, 514, 520, 530, 533, 540, 550, 575, 607, 638, 648, 687, 716, 718
Wittmaack, Ernst 22
Witzig, Oberleutnant 303
Witzleben, Erwin 319
Wolff, Otto 81
Wollmann, Fabrikant 34
Woods, Sam E. 319
Woroschilow, Kliment 338
Wriston, Henry M. 691
Wuermeling, Franz-Josef 584 f.
Wysocki, Alfred 124
Xerxes 27
Young, Arthur P. 264, 272, 704
Zaleski, August 222, 273 f., 328, 416, 706
Zeeland, Paul van 227
Zehrer, Hans 49, 58, 67, 686
Zeiger, Ivo SJ 160
Zellentin, Gerda 761
Zetkin, Clara 35
Ziegler, Leopold 146
Ziehm, Ernst 706
Zillken, Elisabeth 580
Zuckmayer, Carl 78
Zuhorn, Karl 431
Zurek, Josef 793
Zweig, Stefan 12, 628
Zweigert, Erich 23